日本思想史辞典

代表編者──石毛 忠・今泉淑夫
笠井昌昭・原島 正・三橋 健

山川出版社

日本思想史辞典

代表編者
石毛　忠
今泉淑夫
笠井昌昭
原島　正
三橋　健

山川出版社

目次

刊行のことば……………………… *1*
凡例……………………………… *3*
編集委員・執筆者……………… *5*
分野別項目一覧………………… *7*
本文……………………………… *1*
日本思想史年表………………… *1071*

刊行のことば

　21世紀を迎え，歴史の大きな転換期にある今日，国民各層において歴史への関心が一段と高まりつつあります。こうした現象は目下多くの人々が，自国の歴史の中から未来への道標を見出そうとしていることを物語っているように考えられます。

　他方，日本史の研究も多方面において飛躍的に進展を遂げています。学際的・国際的視野に立ち，隣接諸科学の方法と成果を積極的に取り入れながら，多種多様な研究領域（社会史・女性史等々）を開発し，また世界史あるいはアジア史の中に，日本史像を構築しようとしています。

　しかし，周辺諸科学を横断する研究の拡大とその多彩な成果を国民の確かな知的共有財産とするためには，歴史を連続的・統一的に捉える視座を設定しなければなりません。その点についてはさまざまな議論がありますが，私たちはその一つの有力な視座として，日本史上の各時代のあらゆる分野に認められる広狭両義の思想を考えています。いうまでもなく「狭義の思想」は，哲学思想に代表されるような厳密な言語表現による理論的体系性をもったものでありますが，「広義の思想」は，政治・経済活動や芸術活動などとその所産，さらに衣食住の日常生活に融合し，それらを特色づけている意識作用を指し，いまだ言語化されておらず，理論として体系化されていないものです。このような広狭両義の思想を対象とする「思想史の視座」が，日本史の全体像の把握に大きく貢献するものと考えられます。

　もちろんこうした「思想史の視座」は，歴史学上の意義にとどまるものではありません。ポストモダンの到来が叫ばれ，混迷を続ける新世紀の現代を主体的に生き抜くためには，拠り所となる思想的支点が必要になります。事実，そうした要請に応えるかのように，新奇な意匠をこらした数々の思想が世界中に溢れていますが，結局のところ，激動の時代に人生の糧となりうるような思想は，既製品として手軽に選べるようなものではな

刊行のことば

く，各人が自国の思想的遺産を積極的に探究するところから生まれてくるもののように思います。当然私たちにも，日本の思想史を常に新たな視点から照射し，これからの思索の道筋を発見することが求められています。

ところで「日本思想史の視座」に立って，このような課題に取り組むためには，多方面にわたる要請に対し，正確な情報を十分に提供しうるような『日本思想史辞典』が必要不可欠となります。しかし現在，狭義の日本思想史関係の項目を収録する辞（事）典類はあっても，日本史上における人間生活の諸分野を覆う広狭両義の思想を包括的に取り上げた『日本思想史辞典』はまだつくられていないといっても過言ではないでしょう。

そこで私たちは，1991年以来そのような『日本思想史辞典』の完成を目指して，広範かつ新鮮な項目選定と最適の執筆者の人選に努力し，大方のご賛同とご協力を得て，本辞典の編集作業を進めてきました。しかしながら，このような新しい企画にもとづく編集作業は予定どおりに進捗することが難しく，そのため執筆者各位には，いろいろなご負担をおかけすることになってしまいましたが，幸いにも多くの方々が快く応じて下さり，それによって本書の内容は一層充実したものとなりました。こうした多くの方々のご厚意とお力添えにより，ようやく〈完成〉というゴールに到達できましたことを深く感謝しております。

前世紀末から今世紀初めにかけての社会の大きな変動が，出版界にも厳しい状況をもたらし，一時は本辞典の刊行が危うくなったこともありましたが，関係者の情熱とご尽力に支えられて，ここにようやく刊行の日を迎えることになりました。編集委員一同，心からのお礼を申し上げる次第です。長期にわたり多くの困難を克服して完成させた本辞典が，広く諸賢に愛され，活用されることを願ってやみません。

  2009年1月

代表編者
石毛　忠
今泉　淑夫
笠井　昌昭
原島　正
三橋　健

凡　例

●構　成
◎本辞典の本文は約5850項目（本項目約4750項，全送り項目約1100項）からなる。
◎本文以外に冒頭に「分野別項目（事項項目，人名項目，史料・著作物項目）一覧」，巻末に「日本思想史年表」を付した。
◎本辞典は小項目を中心とするが，項目の重要度などに応じて適宜中項目・大項目を設けた。
◎本項目立ては昭和戦前期（～1945年8月）までを対象としたが，関連する項目の解説は最現代まで言及した。

●見出し語
◎本見出し，仮名見出しの順に掲げた。
◎外国語・外来語，アイヌ語・琉球語，民俗関係の項目本見出しは，漢字表記が慣用とされている場合を除いてカタカナとした。カタカナ表記には「ヴ」は用いず，バ行音で表記した。
◎日本人名は姓，名の順とした。ただし，近世以前の俳人・連歌師は号のみ，僧は法諱，禅僧は道号を付して表記した。
◎記紀神話などの神名の本見出しはカタカナ表記を原則とした。本文中ではカタカナ・漢字表記を併用した。
◎仮名見出しについて，日本語の項目は現代仮名遣いによるひらがなとした。
◎「日本──」の読みは原則として「にほん──」とした。

●配　列
◎五十音順に配列し，促音・拗音も音順に加え，清音→濁音→半濁音の順とした。長音符（ー）は音順に含めなかった。
◎同音の項目はカタカナ→ひらがな→漢字の順とした。
◎同音の漢字項目は字数の少ないもの，第一字目の画数の少ないものを先に配列した。
◎同音同字の場合は，事項項目→人名項目→史料・著作物項目の順とした。
◎同音同字の人名・書名など同種のものが複数ある場合は1項目にまとめ，**1**　**2**を付して区別した。その配列は日本人名は生年順，外国人名はパーソナルネームの欧文アルファベット順，その他は年代順とした。

●本　文
◎項目解説は最新の研究成果にもとづき，正確で信頼のおけるものとし，平易な記述を心がけた。なお，編集にあたっては執筆者の原稿を基本としたが，他の関連項目との調整など一部校閲を加えた。

凡例

◎仮名遣いは現代仮名遣いにより、固有名詞・引用文などは旧仮名遣いも用いた。
◎漢字は「常用漢字表」「人名用漢字表」による字体を用いた。それ以外は慣用のものを除いて正字を用いた。
◎書名・引用などは「　」で括った。
◎引用は読み下し文を原則とし、「原漢文」などの注記は省略した。
◎全送り項目は→で送り先の本項目を示した。
◎本項目の異記・別称は本文冒頭に〈○○とも〉と、また異訓は〈「○○」とも〉と示し、それぞれ「書く」「読む」などの語は省略した。
◎難読語には、できるだけ振り仮名をつけるように努めた。ただし、人名など読み方がいまだ定着していない場合は、あえて振り仮名をつけないこととした。
◎民族や身分などに関し、歴史上用いられた「穢多」「旧土人」などの差別語・賤称はそのままとした。また、尊称や敬語は用いなかった。
◎人名項目の出身地は生年が江戸時代以前の場合は旧国名など、明治期（1868年）以降は現都道府県名で示した。なお、本文中の旧地名については適宜現地名を補った。
◎立項されている関連項目については該当箇所に＊を付すか、本文末尾に→に続けて示した。

● 年次・暦・年号・時代 ─────

◎年次は原則として西暦で表記し、初出に（　）で日本年号を付した。崇峻天皇以前は西暦を用いず、天皇年紀で表記した。外国に関する記述で特に日本と関係しない場合は西暦のみとした。
◎和暦を使用していた1872年（明治5）12月3日以前の記述は、西暦年次で表記し、これに和暦の月日を続けて記した。改暦以前は西暦と和暦にズレが生じるが、換算は年単位とし、月日の太陽暦換算はしていない。ただし、外交関係など必要に応じて両暦の年月日を併記した。
◎改元の年は月日に関係なく新年号で示した。ただし、改元前の月日を併記する場合は旧年号とした。
◎南北朝期の年号は北朝、南朝の順で示した。
◎歴史時代の呼称は、古代・中世・近世・近代・現代のほか、飛鳥時代、奈良時代、平安時代（前・中・後期）、鎌倉時代（前・中・後期）、室町時代（南北朝期・室町中期・戦国期）、安土桃山時代（織豊期）、江戸時代（前・中・後・幕末期）、明治期、大正期、昭和期、平成期などの時代区分を用いた。

編集委員 (五十音順, *代表編者)

石毛 忠*	今泉 淑夫	笠井 昌昭*	鈴木 美南子	竹居 明男
田尻 祐一郎	原島 正*	前田 勉	三橋 健*	吉馴 明子

執筆者 (五十音順)

厚谷 和雄	雨宮 昭一	荒井 英子	新井 大祐	荒木田 岳
李 省展	家塚 智子	五十嵐 沙千子	井ケ田 良治	石井 研士
石川 松太郎	石毛 忠	市川 浩史	井手 勝美	伊藤 克己
伊藤 聡	伊藤 益	伊藤 彌彦	稲田 敦子	稲田 篤信
稲田 雅洋	井野上 眞弓	今井 修	今泉 淑夫	今谷 明
今西 幹一	岩崎 佳枝	岩田 茂樹	鵜沼 裕子	宇野 美恵子
遠藤 潤	大川 真	大久保 美佐緒	大桑 斉	岡部 一興
沖田 行司	荻原 稔	長田 真紀	小澤 富夫	掛川 トミ子
影山 礼子	笠井 昌昭	桂島 宣弘	加藤 榮一	加藤 智見
金子 幸子	加茂 正典	苅部 直	神田 より子	菅野 聡美
菊地 大樹	岸野 久	北 康宏	木村 真美子	栗本 徳子
河野 哲也	小島 康敬	小林 晃	昆野 伸幸	斉藤 小百合
酒井 哲哉	阪本 是丸	佐藤 賢一	佐藤 弘夫	佐藤 眞人
佐藤 裕子	澤井 啓一	島尾 新	白山 芳太郎	末柄 豊
末木 文美士	菅原 昭英	菅原 正子	鈴木 淳	鈴木 正崇
鈴木 美南子	鈴木 芳徳	曽根原 理	大東 敬明	高木 謙次
高橋 章則	高橋 明彦	高橋 慎一朗	高橋 範子	高橋 美由紀
高橋 裕次	竹居 明男	武井 和人	武田 徹	田尻 祐一郎
辰巳 和弘	田中 宏巳	千葉 慶	塚原 東吾	土田 健次郎
所 功	永井 美紀子	中川 久嗣	中見 真理	中村 春作
中山 郁	西岡 和彦	西岡 直樹	西岡 芳文	西田 毅
芳賀 直哉	橋本 雄	畑中 健二	濱砂 義弥	原 武史
原島 正	原田 正俊	東島 誠	平石 直昭	平山 洋
藤原 良章	本郷 和人	本郷 恵子	本間 栄男	前田 一郎
前田 勉	益田 宗	松前 健	松村 紀明	松本 公一
松本 久史	三浦 國雄	光川 康雄	三橋 健	源 了圓
宮家 準	三宅 正彦	宮村 治雄	村松 晋	本井 康博
八木 清治	八木 聖弥	矢崎 格	山口 直孝	山口 宗之

山下 裕二	山田 央子	山田 邦明	山中 裕	山室 信一
山本 眞功	山本 博文	山家 浩樹	由木 義文	横山 泰子
吉田 公平	吉田 昌彦	由谷 裕哉	吉馴 明子	米山 勇
龍福 義友	若尾 政希	渡邉 正男	綿抜 豊昭	

分野別項目一覧

1) 立項された本項目および全送り項目5850余項を,〈事項項目〉〈人名項目〉〈史料・著作物項目〉に3分類し,五十音順に配列した。なお,全送り項目については→で参照すべき本項目を示した。
2) 記紀神話などの神々は,〈事項項目〉として扱った。
3) 民話・伝承上の人物や家名などは,〈人名項目〉として扱った。
4) 前近代の法令は〈史料・著作物項目〉として,近代の法令は〈事項項目〉として扱った。
5) 新聞・雑誌・機関紙(誌)などは〈史料・著作物項目〉として扱った。

I 事項項目

●ア
愛（あい）
愛国婦人会（あいこくふじんかい）
会津心学（あいづしんがく）→会津藤樹学（あいづとうじゅがく）
会津藤樹学（あいづとうじゅがく）
アイヌ同化政策（アイヌどうかせいさく）
アウグスチノ会（アウグスチノかい）
アエノコト
白馬節会（あおうまのせちえ）
県居（あがたい）→賀茂真淵（かものまぶち）
アカマタ・クロマタ
明神（あきつかみ）→明神（みょうじん）
商神（あきな）
秋葉信仰（あきはしんこう）
悪所（あくしょ）
悪態祭（あくたいまつり）→悪口祭（あっこうまつり）
悪人正機説（あくにんしょうきせつ）
赤穂事件（あこうじけん）
字（あざ）
アジア主義（アジアしゅぎ）→人アジア主義（だいアジアしゅぎ）
足尾鉱毒事件（あしおこうどくじけん）
足利学校（あしかががっこう）

葦原中国（あしはらのなかつくに）
阿闍梨（あじゃり）
飛鳥仏教（あすかぶっきょう）→飛鳥文化
飛鳥文化（あすかぶんか）
東遊（あずまあそび）
あずま・みちのく
阿蘇神社（あそじんじゃ）
遊び（あそび）
愛宕信仰（あたごしんこう）
新しき村（あたらしきむら）
阿知女作法（あちめのわざ）
悪口祭（あっこうまつり）
熱田神宮（あつたじんぐう）
安土宗論（あづちしゅうろん）
安土城（あづちじょう）
アナ・ボル論争（アナ・ボルろんそう）
アニミズム
アヘン戦争（アヘンせんそう）
雨乞（あまごい）→祈雨（きう）
雨乞踊（あまごいおどり）
天津神・国津神（あまつかみ・くにつかみ）
天津罪・国津罪（あまつつみ・くにつつみ）
アマテラスオオミカミ

阿弥陀信仰（あみだしんこう）
阿弥陀堂（あみだどう）
阿弥陀如来（あみだにょらい）
阿弥陀来迎図（あみだらいごうず）
アメノミナカヌシノカミ
アライザラシ→流灌頂（ながれかんじょう）
散斎（あらいみ）→忌（いみ）,斎戒（さいかい）
阿羅漢（あらかん）→羅漢（らかん）
荒陵寺（あらはかでら）→四天王寺（してんのうじ）
荒魂（あらみたま）→和魂・荒魂（にぎみたま・あらみたま）
淡路人形（あわじにんぎょう）
あはれ（あわれ）
安家神道（あんげしんとう）→土御門神道（つちみかどしんとう）
安居（あんご）
安国寺（あんこくじ）
安中教会（あんなかきょうかい）
安楽律（あんらくりつ）

●イ
異安心（いあんじん）
飯野八幡宮（いいのはちまんぐう）
イエ（家）

分野別項目一覧(事項項目)

イエズス会	一期一会	今堀日吉神社
家元	一乗思想	今宮
伊賀八幡宮	一年神主	今宮神社
斑鳩寺 →法隆寺	一念義・多念義	今様
いき	一宮	忌
異義 →異安心	市姫 →市神	忌詞
生き神	一万度祓 →万度祓	諱
生霊 →生霊		忌日 →日忌
易行	一味神水	異類婚姻譚
生霊	一流相承利生要説 度弟院	色
遺偈 →遺偈		岩倉遣外使節
意見状	五日節会	石清水八幡宮
意見封事	一揆	石清水放生会
異国降伏祈禱	斎宮 →斎宮	隠逸思想
イザナキノミコト	一気留滞論	因果
イザナミノミコト	厳島神社	隠語
石	厳島詣で	印刷文化
石の間造 →権現造	一君万民論	淫祠
	一向一揆	隠者 →隠逸思想
石山寺	一向宗	印章
石山本願寺	一切経	引接
伊豆山権現 →走湯権現	一切成就祓	印信
	一子相伝	院政
伊豆山権現像	一灯園 →西田天香	院政文化
出雲大社		因縁
石動信仰	逸年号 →異年号	印仏
異姓養子論	一夫一婦制	忌部神道
伊勢講	以酊庵	陰陽五行説
伊勢猿楽	田舎紳士	●ウ
伊勢三座 →伊勢猿楽	稲荷信仰	浮き世
	稲荷神社	浮世絵
伊勢神宮	犬神人	浮世草子
伊勢信仰 →神明信仰	異年号	誓約 12
	位牌	宇佐八幡宮
伊勢神道	気吹乃屋 →平田篤胤	氏
伊勢御師		氏神
伊勢詣	今来神 →客人神	氏子調
石上神宮	新熊野神社	氏寺
板碑	今神明	氏長者
市神	新日吉神宮	有心

分野別項目一覧(事項項目)

歌合(うたあわせ)
謡本(うたいぼん) →謡曲(ようきょく)
歌垣(うたがき)
ウタキ
歌枕(うたまくら)
歌物語(うたものがたり)
内村鑑三不敬事件(うちむらかんぞうふけいじけん) →第一高等中学校不敬事件(だいいちこうとうちゅうがっこうふけいじけん)
卯杖(うづえ)
烏伝神道(うでんしんとう)
有徳人(うとくにん)
優婆夷・優婆塞(うばい・うばそく)
産土神(うぶすながみ)
ウミチムン(御三物) →ヒヌカン
梅(うめ)
浦上崩れ(うらかみくずれ)
浦島伝説(うらしまでんせつ)
占い(うらない) →卜占(ぼくせん)
卜部神道(うらべしんとう) →吉田神道(よしだしんとう)
盂蘭盆会(うらぼんえ)
後妻打ち(うわなりうち)
芸亭(うんてい)
雲伝神道(うんでんしんとう)
運命観(うんめいかん)

●エ

郢曲(えいきょく)
盈虚思想(えいきょしそう)
影供(えいぐ)
永平寺(えいへいじ)
ええじゃないか
疫神(えきしん)
易姓革命(えきせいかくめい)
絵系図(えけいず)
穢国(えこく) →穢土(えど)
絵詞(えことば)
絵図(えず)
えせ法門(えせほうもん) →異安心(いあんじん)

蝦夷(えぞ) →蝦夷(えみし)
穢多・非人観(えた・ひにんかん)
越山(えっさん) →永平寺(えいへいじ)
穢土(えど)
絵解き(えとき)
恵美酒御前(えびすごぜん)
恵比須信仰(えびすしんこう)
絵踏(えふ)
烏帽子(えぼし)
烏帽子親(えぼしおや) →元服(げんぷく)
絵本(えほん)
絵馬(えま)
円満井座(えまんいざ) →円満井座(えんまんいざ)
蝦夷(えみし)
エログロ文化(エログロぶんか)
縁(えん)
円覚寺(えんがくじ)
縁起(えんぎ)
宴曲(えんきょく) →早歌(そうか)
縁起流記資財帳(えんぎるきしざいちょう) →資財帳(しざいちょう)
縁日(えんにち)
延年舞(えんねんまい)
円本(えんぽん)
閻魔王(えんまおう)
円満井座(えんまんいざ)
延暦寺(えんりゃくじ)

●オ

追腹(おいばら) →殉死(じゅんし)
王学(おうがく) →陽明学(ようめいがく)
欧化主義(おうかしゅぎ)
扇(おうぎ)
奥義(おうぎ) →秘伝(ひでん)
王子神(おうじがみ) →御子神(みこがみ)
往生(おうじょう)
往生伝(おうじょうでん)
王政復古(おうせいふっこ)
王道・覇道(おうどう・はどう)

王土思想(おうどしそう)
黄檗宗(おうばくしゅう)
王法仏法(おうぼうぶっぽう)
近江猿楽(おうみさるがく)
嚶鳴社(おうめいしゃ)
往来物(おうらいもの)
黄竜派(おうりゅうは)
応和の宗論(おうわのしゅうろん)
大歌(おおうた)
大内(おおうち) →内裏(だいり)
大江義塾(おおえぎじゅく)
大岡政談物(おおおかせいだんもの)
正親町神道(おおぎまちしんとう)
大王(おおきみ) →大王(だいおう)
オオクニヌシノカミ
大阪朝日新聞筆禍事件(おおさかあさひしんぶんひつかじけん)
大坂学問所(おおさかがくもんじょ) →懐徳堂(かいとくどう)
大阪事件(おおさかじけん)
大坂対論(おおさかたいろん) →不受不施派(ふじゅふせは)
大坂本願寺(おおさかほんがんじ) →石山本願寺(いしやまほんがんじ)
被仰出書(おおせいだされしょ)
大嘗(おおにえ) →大嘗祭(だいじょうさい)
大祓(おおはらえ)
大原社会問題研究所(おおはらしゃかいもんだいけんきゅうじょ) →大原孫三郎(おおはらまごさぶろう)
大原問答(おおはらもんどう)
大峰八大金剛童子(おおみねはちだいこんごうどうじ)
大宮(おおみや) →内裏(だいり)
大神神社(おおみわじんじゃ)
大本教(おおもときょう)
大本教事件(おおもときょうじけん) →大本教(おおもときょう)
オオモノヌシノカミ
公私(おおやけわたくし)
大山信仰(おおやましんこう)

お蔭参り
をかし
おからす様 →熊野牛王
お仮屋 →御旅所
掟
沖ノ島
阿国歌舞伎
御蔵法門 →秘事法門
謚
オコナイ →春祈禱
御師
お七夜 →報恩講
オシラ神
おたがの本地 →ものくさ太郎
オタキ →ウタキ
御旅所
御伽草子
踊念仏 →念仏踊
オナリ神
鬼
鬼遣 →追儺
小野流 →野沢二流
オハケ
オビシャ →春祈禱
お百度 →百度参り
御仏名 →仏名会
お水取り →修二会
御雇外国人
大蛇 →蛇
音義説
園城寺
御嶽信仰
御姥信仰
おん祭 →春日若宮祭

陰陽道
陰陽寮
隠幽教
怨霊思想

●カ

開化思想 →開明思想
回忌 →周忌
開国論
華夷思想
改正教育令 →教育令
戒壇
懐徳堂
海南学 →南学
開白 →表白
開物学 →皆川淇園
会輔 →石門心学
解放令
海防論
会輔席 →心学講舎
戒名
開明思想
戒律
燿歌 →歌垣
家学
歌学
雅楽
鏡
鏡物
加冠 →元服
柿本影供 →影供
家業
覚園寺
隠し念仏
学習院
学生
革新倶楽部 →犬養毅

犬養
学制
廓清会
学生社会科学連合会
学制序文 →被仰出書
学問所 →昌平坂学問所
神楽
神楽歌 →神事歌
学侶方 →高野三方
隠れキリシタン →キリシタン
隠れ念仏
学連事件 →学生社会科学連合会
家訓
過激社会運動取締法案
懸仏
香椎宮 →香椎廟
香椎廟
加持祈禱
鹿島神宮
鹿島信仰
加上説
家職奉公論 →職分
春日大社
春日神人
春日曼荼羅
春日明神
春日若宮祭
化政文化
歌仙絵
家族国家論
華族女学校
気質物

分野別項目一覧(事項項目)

方違(かたたがえ)	神役(かみやく)	官庫(かんこ) →官文庫(かんぶ)
語部(かたりべ)	神今食(かみいまけ)	元興寺(がんごうじ)
語り物(かたりもの)	賀茂御祖神社(かもみおやじんじゃ) →上賀茂社・下鴨社(かみがもしゃ・しもがもしゃ)	官国幣社(かんこくへいしゃ) →近代社格制度(きんだいしゃかくせいど)
学校令(がっこうれい) →師範学校令(しはんがっこうれい), 小学校令(しょうがっこうれい), 中学校令(ちゅうがっこうれい), 帝国大学令(ていこくだいがくれい)	賀茂御蔭祭(かもみかげまつり)	官寺(かんじ)
	賀茂別雷神社(かもわけいかづちじんじゃ) →上賀茂社・下鴨社(かみがもしゃ・しもがもしゃ)	元日節会(がんじつのせちえ)
		干支の法(かんしのほう)
葛城神道(かつらぎしんとう) →雲伝神道(うんでんしんとう)	粥占(かゆうら)	慣習法(かんしゅうほう)
	歌謡(かよう)	勧請(かんじょう)
花道(かどう)	傘連判(からかされんぱん)	灌頂(かんじょう)
門付(かどづけ)	漢才(からざえ) →才(ざえ)	勧進(かんじん)
香取神宮(かとりじんぐう)	烏伝神道(からすでんしんとう) →烏伝神道(からすでんしんとう)	観心主義(かんじんしゅぎ)
仮名(かな)		勧進帳(かんじんちょう)
金沢文庫(かなざわぶんこ) →金沢文庫(かねざわぶんこ)	唐物(からもの)	勧進能(かんじんのう)
	唐様(からよう)	含翠堂(がんすいどう)
仮名草子(かなぞうし)	伽藍配置(がらんはいち)	寛政異学の禁(かんせいいがくのきん)
仮名法語(かなほうご)	狩場明神(かりばみょうじん)	寛政の三奇人(かんせいのさんきじん)
金沢文庫(かねざわぶんこ)	仮宮(かりみや) →御旅所(おたびしょ)	寛政の三博士(かんせいのさんはかせ)
狩野派(かのうは)	かるみ	観世音菩薩(かんぜおんぼさつ) →観音菩薩(かんのんぼさつ)
姓(かばね)	枯山水(かれさんすい) →庭(にわ)	
歌病(かびょう)	歌論(かろん)	観世座(かんぜざ) →大和四座(やまとよざ)
家譜(かふ) →系図(けいず)	河合栄治郎事件(かわいえいじろうじけん) →ファシズム批判(ファシズムひはん)	勧善懲悪(かんぜんちょうあく)
かぶき踊(かぶきおどり)		観想念仏(かんそうねんぶつ)
かぶき者(かぶきもの)	川井訓導事件(かわいくんどうじけん)	惟神の道(かんながらのみち)
壁書(かべがき)	川施餓鬼(かわせがき) →流灌頂(ながれかんじょう)	看話禅(かんなぜん) →黙照禅(もくしょうぜん)
鎌倉仏教(かまくらぶっきょう)		願人坊主(がんにんぼうず)
鎌倉文化(かまくらぶんか)	河原巻物(かわらまきもの)	観音信仰(かんのんしんこう)
神(かみ)	不改常典(かわるまじきつねののり) →不改常典(ふかいのじょうてん)	観音菩薩(かんのんぼさつ)
神遊び(かみあそび)		関白(かんぱく) →摂政・関白(せっしょう・かんぱく)
神送り・神迎え(かみおくり・かみむかえ)	冠位十二階(かんいじゅうにかい)	
神がかり(かみがかり)	寛永寺(かんえいじ)	灌仏会(かんぶつえ)
神風(かみかぜ)	寛永文化(かんえいぶんか)	官文庫(かんぶんこ)
上賀茂社・下鴨社(かみがもしゃ・しもがもしゃ)	漢学(かんがく)	官民調和論(かんみんちょうわろん)
上御霊神社(かみごりょうじんじゃ)	勧学院(かんがくいん)	官務文庫(かんむぶんこ) →官文庫(かんぶんこ)
神棚(かみだな)	勧学会(かんがくえ)	願文(がんもん)
神の国運動(かみのくにうんどう) →賀川豊彦(かがわとよひこ)	願掛け(がんがけ)	●キ
	咸宜園(かんぎえん)	気(き)
神使(かみのつかい) →神使(しんし)	看経(かんきん) →諷経(ふぎん)	帰一協会(きいつきょうかい) →成瀬仁蔵(なるせじんぞう)
神迎え(かみむかえ) →神送り・神迎え(かみおくり・かみむかえ)	勧化帳(かんげちょう) →勧進帳(かんじんちょう)	
	諫言(かんげん)	祈雨(きう)

分野別項目一覧(事項項目)

祈雨踊（きうお）→雨乞踊（あまごいどり）	格式（きゃくしき）	寺（なんば）
祇園会（ぎおんえ）	逆修（ぎゃくしゅ）	行人方（ぎょうにんかた）→高野三方（こうやさんかた）
祇園社（ぎおんしゃ）	木遣歌（きやりうた）	
祇園祭（ぎおんまつり）→祇園会（ぎおんえ）	九大事件（きゅうだいじけん）	教派神道（きょうはしんとう）
伎楽（ぎがく）	救らい事業（きゅうらいじぎょう）	教判（きょうはん）→教相判釈（きょうそうはんじゃく）
記紀神話（ききしんわ）	窮理学（きゅうりがく）	教部省（きょうぶしょう）→神道国教化政策（しんとうこっきょうかせいさく）
紀元二千六百年（きげんにせんろっぴゃくねん）	器用（きよう）	
乞巧奠（きこうでん）	教育赤化事件（きょういくせっかじけん）	教諭所（きょうゆじょ）
擬古物語（ぎこものがたり）	教育勅語（きょういくちょくご）	教諭書（きょうゆしょ）
貴種の観念（きしゅのかんねん）	教育と宗教の衝突論争（きょういくとしゅうきょうのしょうとつろんそう）	教養主義（きょうようしゅぎ）
貴種流離譚（きしゅりゅうりたん）		共和演説事件（きょうわえんぜつじけん）
偽書（ぎしょ）	教育ニ関スル勅語（きょういくにかんするちょくご） →教育勅語（きょういくちょくご）	居家（きょか）→在家（ざいけ）
起請の失（きしょうのしつ）		清明心（きよきあかきこころ）
起請文（きしょうもん）	教育令（きょういくれい）	曲芸（きょくげい）
鬼神論（きしんろん）	教王護国寺（きょうおうごこくじ）→東寺（とうじ）	虚実皮膜論（きょじつひにくろん）→難波土産（なにわみやげ）
競狩（きょうがり）→薬猟（くすりがり）	京学（きょうがく）	清水寺（きよみずでら）
貴族院（きぞくいん）	教学刷新評議会（きょうがくさっしんひょうぎかい）	桐（きり）→鳳凰と桐（ほうおうときり）
北野大茶湯（きたのおおちゃのゆ）	教科書制度（きょうかしょせいど）	切紙（きりがみ）
北野天満宮（きたのてんまんぐう）	教外別伝（きょうげべつでん）	キリシタン
北野祭（きたのまつり）	狂言（きょうげん）	キリシタン禁制（キリシタンきんせい）
北山文化（きたやまぶんか）	狂言綺語（きょうげんきご）	キリシタン大名（キリシタンだいみょう）
吉祥悔過会（きちじょうけかえ）→吉祥天（きちじょうてん）	教授グループ事件（きょうじゅグループじけん） →人民戦線事件（じんみんせんせんじけん）	キリシタン文化（キリシタンぶんか）
吉祥天（きちじょうてん）		キリスト教社会主義（キリストきょうしゃかいしゅぎ）
吉川神道（きっかわしんとう）→吉川神道（よしかわしんとう）	鏡像（きょうぞう）	義理・人情（ぎり・にんじょう）
橘家神道（きっけしんとう）	教相・事相（きょうそう・じそう）	極書（きわめがき）
乞巧奠（きっこうでん）→乞巧奠（きこうでん）	教相判釈（きょうそうはんじゃく）	禁忌（きんき）→タブー
吉祥天（きっしょうてん）→吉祥天（きちじょうてん）	共存同衆（きょうぞんどうしゅう）	緊急勅令（きんきゅうちょくれい）
紀伝道（きでんどう）	京大事件（きょうだいじけん）→滝川事件（たきがわじけん）	金鶏学院（きんけいがくいん）→安岡正篤（やすおかまさひろ）
祈祷（きとう）	境致（きょうち）	禁書令（きんしょれい）
鬼道（きどう）	行地社（ぎょうちしゃ）→大川周明（おおかわしゅうめい）	近代社格制度（きんだいしゃかくせいど）
偽年号（ぎねんごう）→異年号（いねんごう）		勤王の志士（きんのうのしし）→志士（しし）
祈年祭（きねんさい）	経塚（きょうづか）	金平本（きんぴらぼん）
季御読経（きのみどきょう）	経筒（きょうづつ）→経塚（きょうづか）	金峰山（きんぷせん）
忌服（きぶく）	教導職（きょうどうしょく）	禁裏（きんり）→内裏（だいり）
亀卜（きぼく）	京都学派（きょうとがくは）	●ク
義民物語（ぎみんものがたり）→百姓一揆（ひゃくしょういっき）	郷土芸能（きょうどげいのう）→民間芸能（みんかんげいのう）	悔返し（くいかえし）
崎門（きもん）	京都南蛮寺（きょうとなんばんでら）→南蛮寺（なんばんでら）	空（くう）

分野別項目一覧(事項項目)

空也上人像(くうやしょうにんぞう)	熊野九十九王子(くまのつくもおうじ) → 熊野九十九王子(くまのくじゅうおうじ)	敬内義外説(けいないぎがいせつ)
公界(くがい)		啓白(けいびゃく) →表白(ひょうびゃく)
苦界(くがい)	熊野御師(くまのおし)	系譜(けいふ) →系図(けいず)
盟神探湯(くかたち)	熊野比丘尼(くまのびくに)	啓明会(けいめいかい)
傀儡(くぐつ)	熊野曼荼羅(くまのまんだら)	啓蒙思想(けいもうしそう)
公家新制(くげしんせい)	熊野詣(くまのもうで)	経綸学盟(けいりんがくめい)
口訣(くけつ) →口伝(くでん), 面授(めんじゅ)	熊本バンド(くまもとバンド)	悔過(けか)
公家法(くげほう)	求聞持法(ぐもんじほう) →虚空蔵求聞持法(こくうぞうぐもんじほう)	穢(けがれ) →罪穢(つみけがれ)
草芝居(くさしばい) →辻能(つじのう)		外宮神道(げくうしんとう) →伊勢神道(いせしんとう)
籤(くじ)	庫裡法門(くりほうもん) →秘事法門(ひじほうもん)	
公事(くじ)		下剋上(げこくじょう)
倶舎宗(くしゃしゅう)	黒川能(くろかわのう)	華厳宗(けごんしゅう)
口授(くじゅ) →面授(めんじゅ)	黒住教(くろずみきょう)	解斎(げさい)
口称念仏(くしょうねんぶつ)	軍記物語(ぐんきものがたり)	戯作(げさく)
国栖舞(くずまい)	軍国美談(ぐんこくびだん) →軍人神話(ぐんじんしんわ)	偈頌(げじゅ)
薬猟(くすりがり)		解除(げじょ) →祓(はらえ)
曲舞(くせまい)	郡司(ぐんじ)	外清浄(げしょうじょう)
九相(くそう)	軍事教練(ぐんじきょうれん)	血脈(けちみゃく)
宮僧(ぐうそう) →社僧(しゃそう)	君主主権説(くんしゅしゅけんせつ) →天皇主権説(てんのうしゅけんせつ)	結界(けっかい)
供僧(ぐそう) →社僧(しゃそう)		潔斎(けっさい) →斎戒(さいかい)
屈葬(くっそう)	軍神(ぐんしん) →軍人神話(ぐんじんしんわ)	血判(けっぱん)
口伝(くでん)	軍人神話(ぐんじんしんわ)	血盟団事件(けつめいだんじけん)
口伝法門(くでんほうもん)	軍人勅諭(ぐんじんちょくゆ)	護園学派(けんえんがくは)
クドマイリ	●ケ	喧嘩祭(けんかまつり) →悪口祭(あっこうまつり)
国津神(くにつかみ) →天津神・国津神(あまつかみ・くにつかみ)	褻(け)	顕教(けんぎょう)
	偈(げ) →偈頌(げじゅ)	元号(げんごう)
国津罪(くにつつみ) →天津罪・国津罪(あまつつみ・くにつつみ)	夏安居(げあんご) →安居(あんご)	玄旨帰命壇(げんしきみょうだん)
	慶応義塾(けいおうぎじゅく)	遣隋使(けんずいし)
クニノトコタチノミコト	敬義学派(けいぎがくは) →崎門(きもん)	憲政擁護運動(けんせいようごうんどう)
風俗歌(くにぶりうた) →風俗歌(ふぞくうた)	敬義内外説(けいぎないがいせつ) →敬内義外説(けいないぎがいせつ)	建設者同盟(けんせつしゃどうめい)
国見(くにみ)		現世利益(げんぜりやく)
国譲り神話(くにゆずりしんわ)	稽古(けいこ)	還俗(げんぞく)
九品往生(くほんおうじょう)	芸娼妓解放令(げいしょうぎかいほうれい)	検断(けんだん)
熊襲(くまそ)	系図(けいず)	建長寺(けんちょうじ)
熊野王子(くまのおうじ)	傾城(けいせい) →遊女(ゆうじょ)	遣唐使(けんとうし)
熊野街道(くまのかいどう)	経世論(けいせいろん)	建仁寺(けんにんじ)
熊野九十九王子(くまのくじゅうおうじ)	慶長遣欧使節(けいちょうけんおうしせつ)	元服(げんぷく)
熊野牛王(くまのごおう)	敬天(けいてん) →広瀬淡窓(ひろせたんそう)	源平交替思想(げんぺいこうたいしそう)
熊野三山(くまのさんざん)	芸道論(げいどうろん)	憲法制定会議(けんぽうせいていかいぎ)
熊野信仰(くまのしんこう)	敬と誠(けいとまこと)	元本宗源神道(げんぽんそうげんしんとう) →吉

●コ

田神道(よしだしんとう)
顕密体制(けんみつたいせい)
倹約と正直(けんやくとしょうじき)
硯友社(けんゆうしゃ)
玄洋社(げんようしゃ) →頭山満(とうやまみつる)
原理日本社(げんりにほんしゃ) →蓑田胸喜(みのだむねき)
元禄文化(げんろくぶんか)
顕露教(けんろのきょう)
言論出版集会結社等臨時取締法(げんろんしゅっぱんしゅうかいけっしゃとうりんじとりしまりほう)

五・一五事件(ごいちごじけん)
古医方(こいほう)
後院(ごいん)
孝(こう)
講(こう)
公案(こうあん)
甲乙人(こうおつにん) →雑人(ぞうにん)
郷学(ごうがく) →郷校(ごうこう)
郷学校(ごうがっこう) →郷校(ごうこう)
黄禍論(こうかろん)
後期水戸学(こうききみとがく) →水戸学(みとがく)
公議輿論(こうぎよろん)
郷校(ごうこう)
興国寺(こうこくじ)
皇国史観(こうこくしかん)
講座派(こうざは)
郊祀(こうし)
公私観(こうしかん)
講式(こうしき)
皇室典範(こうしつてんぱん)
講釈(こうしゃく) →講談(こうだん)
交詢社(こうじゅんしゃ)
公帖(こうじょう)
迎接(ごうしょう) →引接(いんじょう)
考証学(こうしょうがく)
工場法(こうじょうほう)
荒神(こうじん)

庚申講(こうしんこう) →庚申信仰(こうしんしんこう)
庚申信仰(こうしんしんこう)
庚申待(こうしんまち) →庚申信仰(こうしんしんこう)
講席(こうせき) →心学講舎(しんがくこうしゃ)
強訴(ごうそ)
小歌(こうた)
皇太子(こうたいし)
皇大神宮(こうだいじんぐう) →伊勢神宮(いせじんぐう)
講談(こうだん)
皇典講究所(こうてんこうきゅうじょ)
皇道大本(こうどうおおもと) →大本教(おおもときょう)
高等学校令(こうとうがっこうれい)
高等教育会議(こうとうきょういくかいぎ)
高等女学校(こうとうじょがっこう)
高踏派(こうとうは)
皇道派(こうどうは)
幸徳事件(こうとくじけん) →大逆事件(たいぎゃくじけん)
弘仁・貞観文化(こうにん・じょうがんぶんか)
公武合体論(こうぶがったいろん)
興福寺(こうふくじ)
告文(こうぶん) →告文(こうもん)
弘文院(こうぶんいん)
光明真言(こうみょうしんごん)
皇民化政策(こうみんかせいさく)
告文(こうもん)
高野山(こうやさん) →金剛峰寺(こんごうぶじ)
高野三方(こうやさんかた)
高野聖(こうやひじり)
高野明神(こうやみょうじん) →狩場明神(かりばみょうじん)
高野詣(こうやもうで)
広隆寺(こうりゅうじ)
幸若舞(こうわかまい)
牛王宝印(ごおうほういん)
郡崩れ(こおりくずれ)

御恩・奉公(ごおん・ほうこう)
古学(こがく)
呉楽(ごがく) →伎楽(ぎがく)
五箇条の誓文(ごかじょうのせいもん)
御願寺(ごがんじ)
国忌(こくき)
古義学(こぎがく) →伊藤仁斎(いとうじんさい)
五行説(ごぎょうせつ) →陰陽五行説(おんみょうごぎょうせつ)
五経博士(ごきょうはかせ)
古今伝授(こきんでんじゅ)
虚空蔵求聞持法(こくうぞうぐもんじほう)
虚空蔵菩薩(こくうぞうぼさつ)
黒衣(こくえ)
国益思想(こくえきしそう)
国学(こくがく)(古代)
国学(こくがく)(近世)
国忌(こくき) →国忌(こくき)
国司(こくし)
国師(こくし)
国儒論争(こくじゅろんそう)
国粋主義(こくすいしゅぎ)
国体明徴運動(こくたいめいちょううんどう)
国体論(こくたいろん)
国定教科書制度(こくていきょうかしょせいど) →教科書制度(きょうかしょせいど)
国風文化(こくふうぶんか) →藤原文化(ふじわらぶんか)
国分寺(こくぶんじ)
国本社(こくほんしゃ)
国民学校令(こくみんがっこうれい)
国民主義(こくみんしゅぎ)
国民精神作興に関する詔書(こくみんせいしんさっこうにかんするしょうしょ)
国民精神総動員運動(こくみんせいしんそうどういんうんどう)
国民精神文化研究所(こくみんせいしんぶんかけんきゅうじょ)
国民道徳論(こくみんどうとくろん)
国民優生法(こくみんゆうせいほう)

分野別項目一覧(事項項目)

国約欽定論争こくやくきんていろんそう
極楽寺ごくらくじ
極楽浄土ごくらくじょうど
黒竜会こくりゅうかい →内田良平うちだりょうへい
五堅固思想ごけんごしそう
護国神社ごこくじんじゃ
五五百年説ごごひゃくねんせつ →五堅固思想ごけんごしそう
心こころ
御斎会ごさいえ
五山制度ござんせいど
五山版ござんばん
五山文学ござんぶんがく
乞食こじき
護持僧ごじそう
後七日御修法ごしちにちのみしほ
古浄瑠璃こじょうるり
古神道こしんとう
牛頭天王ごずてんのう
戸籍法こせきほう
故戦防戦こせんぼうせん
古則こそく →公案こうあん
五台山ごだいさん
国会期成同盟こっかいきせいどうめい
国家改造運動こっかかいぞううんどう
国家学会こっかがっかい
国家社会主義こっかしゃかいしゅぎ
国家主義こっかしゅぎ
国家神道こっかしんとう
国家神道廃止令こっかしんとうはいしれい →神道指令しんとうしれい
「国歌八論」論争こっかはちろんろんそう
国家仏教こっかぶっきょう
国家法人説こっかほうじんせつ →天皇機関説論争てんのうきかんせつろんそう
国権論こっけんろん
乞食こつじき →乞食こじき
コップ
古道論こどうろん

言霊ことだま
言霊説ことだません
金刀比羅信仰ことひらしんこう →金毘羅信仰こんぴらしんこう
言依ことよ
後南朝ごなんちょう
木幡寺こはたじ →浄妙寺じょうみょうじ
古筆こひつ
護符ごふ
古墳こふん
古文辞学こぶんじがく
護法善神ごほうぜんじん
護法童子ごほうどうじ
護摩ごま
暦こよみ
御流神道ごりゅうしんとう
御霊会ごりょうえ
御霊信仰ごりょうしんこう
五倫五常ごりんごじょう
五輪塔ごりんとう
コレジオ
語録ごろく
婚姻こんいん
金戒光明寺こんかいこうみょうじ
権現ごんげん →権社の神ごんしゃのかみ
権現思想ごんげんしそう
権現造ごんげんづくり
金光教こんこうきょう
金剛座こんごうざ →大和四座やまとよざ
金剛幢下こんごうどうげ
金剛峰寺こんごうぶじ
権社の神ごんしゃのかみ
言上状ごんじょうじょう →申状もうしじょう
混沌社こんとんしゃ
金春座こんぱるざ →大和四座やまとよざ
金比羅行人こんぴらぎょうにん →願人坊主がんにんぼうず
金毘羅信仰こんぴらしんこう
コンフラリア
根本枝葉花実説こんぽんしようかじつせつ

根本崇源神道こんぽんすうげんしんとう →忌部神道いんべしんとう
軒廊御卜こんろうのみうら

●サ
斎院さいいん
斎戒さいかい
雑賀一揆さいかいっき
西教寺さいきょうじ
裁許状さいきょじょう
斎宮さいぐう
在家ざいけ
西国さいごく →東国・西国とうごく・さいごく
西国三十三所さいごくさんじゅうさんしょ
祭祀遺跡さいしいせき
最勝会さいしょうえ
祭神論争さいじんろんそう
祭政一致さいせいいっち
西大寺さいだいじ
ざいどう(祭堂・在堂) →大日堂舞楽だいにちどうぶがく
裁判さいばん
西芳寺さいほうじ
祭文さいもん
最要祓さいようのはらえ
祭礼図さいれいず
才ざえ
塞の神さえのかみ →道祖神どうそじん
サエバ送りサエバおくり →虫送りむしおくり
蔵王権現ざおうごんげん
蔵王堂ざおうどう
榊さかき
嵯峨釈迦堂さがしゃかどう →清凉寺せいりょうじ
坂迎えさかむかえ
作神さくがみ →田の神たのかみ
冊封体制さくほうたいせい
桜さくら
鎖国さこく

作善さぜ	三重七箇法門さんじゅうしちかほうもん	式神しきがみ →式神しきじん
坐禅ざぜん	三従七去さんじゅうしちきょ	私擬憲法しぎけんぽう
沙汰さた	32年テーゼねんテーゼ	式社しきしゃ →式内社しきないしゃ
殺牛祭神さつぎゅうさいしん	三十番神さんじゅうばんしん	式神しきじん
薩南学派さつなんがくは →桂庵玄樹けいあんげんじゅ	三種大祓さんしゅのおおはらえ	色道しきどう
	三種の神器さんしゅのしんき	式内社しきないしゃ
札幌バンドさっぽろバンド	三途さんず	式神しきがみの →式神しきじん
茶道さどう →茶の湯ちゃのゆ	三大事件建白運動さんだいじけんけんぱくうんどう	師行しぎょう
里神楽さとかぐら	三大神呪さんだいしんじゅ →三種大祓さんしゅのおおはらえ	地狂言じきょうげん
さび		持経者じきょうじゃ
左翼教員事件さよくきょういんじけん →教育赤化事件きょういくせっかじけん	三大特筆さんだいとくひつ →大日本史だいにほんし	四劫しこう
		師号しごう →賜号しごう
去状さりじょう →譲状ゆずりじょう	山王一実神道さんのういちじつしんとう →山王神道さんのうしんとう	賜号しごう
猿楽さるがく		諡号しごう →諡おくりな
猿蟹合戦さるかにかっせん	山王信仰さんのうしんこう	地獄じごく
沢柳事件さわやなぎじけん	山王神道さんのうしんとう	地獄絵じごくえ
三・一五事件さん・いちごじけん	山王二十一社さんのうにじゅういっしゃ	地獄変相じごくへんそう →地獄絵じごくえ
三一権実論争さんいちごんじつろんそう	山王曼荼羅さんのうまんだら	四国霊場しこくれいじょう
三・一独立運動さん・いちどくりつうんどう	三部経さんぶきょう	自己神格化じこしんかくか
算置さんおき	三宝さんぽう	資財帳しざいちょう
山臥さんが →山伏やまぶし	三宝興隆の詔さんぽうこうりゅうのみことのり	志士しし
算賀さんが	讒謗律ざんぼうりつ →出版条例しゅっぱんじょうれい	地芝居じしばい →地狂言じきょうげん
山岳信仰さんがくしんこう		獅子舞ししまい
山岳曼荼羅観さんがくまんだらかん	山門・寺門さんもん・じもん	寺社縁起じしゃえんぎ
三教一致論さんきょういっちろん	山陵さんりょう	寺社興行法じしゃこうぎょうほう
三教院さんきょういん →綜芸種智院しゅげいしゅちいん	山林さんりん →林下りんか	時衆じしゅう →時宗じしゅう
	山林修行さんりんしゅぎょう	時宗じしゅう
三教会同さんきょうかいどう	参籠さんろう	四重興廃しじゅうこうはい
三教根本枝葉花実説さんきょうこんぽんしようかじつせつ →根本枝葉花実説こんぽんしようかじつせつ	三論宗さんろんしゅう	四十七士論しじゅうしちしろん →赤穂事件あこうじけん
	●シ	
	寺院法じいんほう	四種三昧ししゅざんまい
懺悔さんげ →悔過けか	紫衣事件しえじけん	地主神じしゅしん
参詣曼荼羅図さんけいまんだらず	四王天しおうてん →四天王してんのう	辞書じしょ
三関さんげん →関せき	しほりしおり	時処位論じしょいろん
三業惑乱さんごうわくらん	死骸敵対しがいてきたい	私小説ししょうせつ
散斎さんさい →忌みいみ，斎戒さいかい	四角四界祭しかくしかいさい	四神しじん
産児制限運動さんじせいげんうんどう	地神じがみ →地主神じしゅしん	氏姓制度しせいせいど
三舎印鑑さんしゃいんかん →石門心学せきもんしんがく	止観しかん	辞世頌じせいじゅ →遺偈ゆいげ
	時宜じぎ	自然しぜん
三社託宣さんしゃたくせん	四季絵しきえ	自然主義文学しぜんしゅぎぶんがく

分野別項目一覧(事項項目)

事相じそう →教相・事相きょうそう・じそう	慈悲じひ	闍梨じゃり →阿闍梨あじゃり
	四方拝しほうはい	舎利信仰しゃりしんこう
地蔵信仰じぞうしんこう	島原の乱しまばらのらん	社例伝記神道しゃれいでんきしんとう →本
思想善導しそうぜんどう	持明院統じみょういんとう →両統迭立りょうとうてつりつ	迹縁起神道ほんじゃくえんぎしんとう
地蔵菩薩じぞうぼさつ		自由じゆう
士族反乱しぞくはんらん	四民平等しみんびょうどう	十王じゅうおう
時代区分法じだいくぶんほう	下鴨社しもがも →上賀茂社・下鴨社かみがもしゃ・しもがもしゃ	住家じゅうか →在家ざいけ
志多羅神しだらがみ		集会及政社法しゅうかいおよびせいしゃほう
七献上章祭しちこんじょうしょうさい →泰山府君祭たいざんふくんさい	霜月神楽しもつきかぐら →湯立神楽ゆだてかぐら	集会条例しゅうかいじょうれい
		十月事件じゅうがつじけん
七世父母しちせいふぼ	寺門じもん →山門・寺門さんもん・じもん	周忌しゅうき
七大寺しちだいじ →南都七大寺なんとしちだいじ	社会主義運動しゃかいしゅぎうんどう	十牛図じゅうぎゅうず
	社会主義協会しゃかいしゅぎきょうかい	自由教育運動じゆうきょういくうんどう
七博士建白事件しちはくしけんぱくじけん	社会主義研究会しゃかいしゅぎけんきゅうかい	自由教育令じゆうきょういくれい →教育令きょういくれい
七福神信仰しちふくじんしんこう	社会進化論しゃかいしんかろん	
十界じっかい	社会政策学会しゃかいせいさくがっかい	宗教局しゅうきょうきょく →内務省宗教局ないむしょうしゅうきょうきょく
十界修行じっかいしゅぎょう	社会大衆党しゃかいたいしゅうとう	
十界図じっかいず →十界じっかい	車会党しゃかいとう →奥宮健之おくのみやけんし	宗教団体法しゅうきょうだんたいほう
実学じつがく		修身しゅうしん
実学党じつがくとう →肥後実学党ひごじつがくとう	社会民衆党しゃかいみんしゅうとう →社会大衆党しゃかいたいしゅうとう	十善じゅうぜん
		自由大学じゆうだいがく →土田杏村つちだきょうそん
実社の神じっしゃのかみ	社会民主党しゃかいみんしゅとう	
悉曇学しったんがく	社会問題研究会しゃかいもんだいけんきゅうかい	十二天じゅうにてん
執筆ひっぴつ →右筆ゆうひつ	釈迦信仰しゃかしんこう	宗派図しゅうはず
十方住持じっぽうじゅうじ	釈迦如来しゃかにょらい	十八神道じゅうはちしんとう
四天王してんのう	邪義じゃぎ →異安心いあんじん	自由民権思想じゆうみんけんしそう
四天王寺してんのうじ	写経しゃきょう	修養団しゅうようだん
私度しど	写経所しゃきょうしょ	十楽じゅうらく
士道しどう →武士道ぶしどう	折伏しゃくぶく	宗論しゅうろん
侍読じどう	写実主義文学しゃじつしゅぎぶんがく	受戒・授戒じゅかい・じゅかい
児童の村小学校じどうのむらしょうがっこう →野口援太郎のぐちえんたろう	社稷しゃしょく	儒学じゅがく →儒教じゅきょう
	捨身しゃしん	儒家神道じゅかしんとう
侍読じとう →侍読じどう	捨世派しゃせいは	儒教じゅきょう
神人じにん	写生文しゃせいぶん	宿願しゅくがん →本願ほんがん
自然じねん →自然しぜん	社僧しゃそう	宿業しゅくごう
私年号しねんごう →異年号いねんごう	釈教歌しゃっきょうか	宿世しゅくせ →宿世すくせ
自然法爾じねんほうに	社殿しゃでん	綜芸種智院しゅげいしゅちいん
誌しのびごと	シャーマニズム	修験道しゅげんどう
支配しはい	沙弥・沙弥尼しゃみ・しゃみに	主権論争しゅけんろんそう
師範学校令しはんがっこうれい	三味線しゃみせん	呪禁じゅごん

呪師じゅ
朱子学しゅし がく
呪術じゅじゅつ
修多羅宗しゅたらしゅう
出家しゅっけ
出版条例しゅっぱんじょうれい
衆徒しゅと
修二会しゅにえ
呪符じゅふ　→護符ふ
受不施派じゅふせは
儒仏論争じゅぶつろんそう
修法院しゅほういん　→真言院しんごんいん
須弥山しゅみせん
殉教じゅんきょう
殉死じゅんし
純神道じゅんしんとう　→古神道こしんとう
殉葬じゅんそう　→殉死じゅんし
巡礼じゅんれい
書しょ
疏しょ
聖一派しょういちは
称謂論しょういろん
攘夷論じょういろん
奨学院しょうがくいん
定額寺じょうがくじ
松下村塾しょうかそんじゅく
小学校教員心得しょうがっこうきょういんこころえ
小学校教則大綱しょうがっこうきょうそくたいこう
小学校祝日大祭日儀式規定しょうがっこうしゅくじつたいさいじつぎしきぎてい
小学校令しょうがっこうれい
正月様しょうがつさま　→歳神さいじん
娼妓の自由廃業運動しょうぎのじゆうはいぎょううんどう
常行三昧じょうぎょうざんまい
上下定分の理じょうげじょうぶんのり　→林羅山はやしらざん
聖護院しょうごいん
上皇じょうこう
彰考館しょうこうかん

相国寺しょうこくじ
招魂社しょうこんしゃ
上巳じょうし
尚歯会しょうしかい❶❷
成実宗じょうじつしゅう
上巳祓のはらえ
聖衆来迎図しょうじゅうらいごうず　→阿弥陀来迎図あみだらいごうず
清浄しょうじょう　→外清浄げしょうじょう，内清浄ないしょうじょう
清浄光寺しょうじょうこうじ
聖浄二門しょうじょうにもん
瀟湘八景しょうしょうはっけい
祥瑞災異の思想しょうずいさいいのしそう
浄利じょうり　→浄土じょうど
肖像画しょうぞうが
正像末しょうぞうまつ　→末法思想まっぽうしそう
浄土じょうど
唱導しょうどう
聖道しょうどう
聖道門しょうどうもん　→聖浄二門しょうじょうにもん
浄土教じょうどきょう
浄土教芸術じょうどきょうげいじゅつ
浄土寺じょうどじ　→山田寺やまだでら
浄土宗じょうどしゅう
浄土信仰じょうどしんこう　→浄土教じょうどきょう
浄土真宗じょうどしんしゅう
浄土変相図じょうどへんそうず
浄土門じょうどもん　→聖浄二門しょうじょうにもん
小日本主義しょうにほんしゅぎ　→石橋湛山いしばしたんざん
昌平黌しょうへいこう　→昌平坂学問所しょうへいざかがくもんじょ
昌平坂学問所しょうへいざかがくもんじょ
障壁画しょうへきが
正法しょうぼう　→末法思想まっぽうしそう

正法律しょうぼうりつ
上巳じょうみ　→上巳じょうし
声明しょうみょう
浄妙寺じょうみょうじ
称名念仏しょうみょうねんぶつ　→口称念仏くしょうねんぶつ
声聞師しょうもんじ
抄物しょうもの
条約改正じょうやくかいせい
請来目録しょうらいもくろく
常楽会じょうらくえ　→涅槃会ねはんえ
条理学じょうりがく　→三浦梅園みうらばいえん
生類憐みの令しょうるいあわれみのれい
浄瑠璃節じょうるりぶし
丈六じょうろく
昭和維新しょうわいしん
諸行しょぎょう
諸行往生しょぎょうおうじょう
触穢しょくえ
職人尽歌合しょくにんづくしうたあわせ
職分しょくぶん
女訓書じょくんしょ
女紅場じょこうば
書札礼しょさつれい
女子英学塾じょしえいがくじゅく　→津田梅子つだうめこ
処士横議しょしおうぎ
女子教育刷新要綱じょしきょういくさっしんようこう
女子挺身隊じょしていしんたい
女中詞じょちゅうことば　→女房詞にょうぼうことば
職工義友会しょっこうぎゆうかい　→労働組合期成会ろうどうくみあいきせいかい
処分状しょぶんじょう　→譲状ゆずりじょう
諸法実相しょほうじっそう
諸分しょぶん　→色道しきどう
白樺派しらかばは
白川神道しらかわしんとう　→伯家神道はっけしんとう
新羅明神しんらみょうじん　→新羅明神

分野別項目一覧(事項項目)

白拍子(しらびょうし)
芝蘭堂(しらんどう)
自力・他力(じりき・たりき)
私立学校令(しりつがっこうれい)
史料編纂所(しりょうへんさんじょ)
詩論(しろん)❶❷
仁(じん)
神位(しんい) →神階(しんかい)
神異(しんい)
神階(しんかい)
心学(しんがく) →石門心学(せきもんしんがく)
心学講舎(しんがくこうしゃ)
進化論(しんかろん)
新感覚派(しんかんかくは)
神祇官(じんぎかん)❶
神祇官(じんぎかん)❷ →明治神祇官(めいじじんぎかん)
神祇講式(じんぎこうしき)
新技巧派(しんぎこうは) →新思潮派(しんしちょうは)
神祇道家(じんぎどうけ)
信教の自由(しんきょうのじゆう)
神宮皇学館(じんぐうこうがくかん)
神宮寺(じんぐうじ)
新劇運動(しんげきうんどう)
新興教育研究所(しんこうきょういくけんきゅうじょ) →プロレタリア教育運動(プロレタリアきょういくうんどう)
神国思想(しんこくしそう)
神護寺(じんごじ)
真言院(しんごんいん)
真言院御修法(しんごんいんのみしほ) →後七日御修法(ごしちにちのみしほ)
神今食(じんこんじき) →神今食(かみこんじき)
真言宗(しんごんしゅう)
真言神道(しんごんしんとう) →両部神道(りょうぶしんとう)
真言八祖(しんごんはっそ)
神使(しん)

神事歌(しんじうた)
新思潮派(しんしちょうは)
神事能(しんじのう)
神事舞(しんじまい)
神社(じんじゃ)
神社局(じんじゃきょく) →内務省神社局(ないむしょうじんじゃきょく)
神社合祀(じんじゃごうし)
神社神道(じんじゃしんとう)
神社制度(近代)(じんじゃせいど) →近代社格制度(きんだいしゃかくせいど)
神社非宗教論(じんじゃひしゅうきょうろん)
神儒一致思想(しんじゅいっちしそう) →儒家神道(じゅかしんとう)
神主仏従説(しんしゅぶつじゅうせつ) →神本仏迹説(しんぽんぶつじゃくせつ)
神職請(しんしょくうけ)
神職宗門(しんしょくしゅうもん) →神道宗門(しんとうしゅうもん)
新人会(しんじんかい)
神身離脱(しんしんりだつ)
人生相渉論争(じんせいあいわたるろんそう)
仁政思想(じんせいしそう)
神仙(しんせん) →仙(せん)
神泉苑(しんせんえん)
神仙思想(しんせんしそう)
陣座(じんのざ)
神僧(しんそう) →社僧(しゃそう)
神像(しんぞう)
陣僧(じんそう)
神葬祭(しんそうさい)
新体詩運動(しんたいしうんどう)
新体制運動(しんたいせいうんどう) →大政翼賛会(たいせいよくさんかい)
神代復古誓願運動(じんだいふっこせいがんうんどう)
神託(しんたく) →託宣(たくせん)
身池対論(しんちたいろん)
寝殿造(しんでんづくり)
神道(しんとう)
神道方(しんとうかた)

神道国教化政策(しんとうこっきょうかせいさく)
神道護摩(しんとうごま)
神道裁許状(しんとうさいきょじょう)
神道十三派(しんとうじゅうさんぱ) →教派神道(きょうはしんとう)
神道修正派(しんとうしゅうせいは) →新田邦光(にったくにてる)
神道宗門(しんとうしゅうもん)
神道指令(しんとうしれい)
神道大成教(しんとうたいせいきょう) →平山省斎(ひらやませいさい)
神道伝授(しんとうでんじゅ)
神道美術(しんとうびじゅつ) →垂迹美術(すいじゃくびじゅつ)
親友(しんゆう) →善知識(ぜんちしき)
神武会(じんぶかい) →大川周明(おおかわしゅうめい)
新婦人協会(しんふじんきょうかい)
神仏隔離(しんぶつかくり)
神仏習合(しんぶつしゅうごう)
神仏分離令(しんぶつぶんりれい)
新聞紙条例(しんぶんしじょうれい) →出版条例(しゅっぱんじょうれい)
神木(しんぼく)
神本仏迹説(しんぽんぶつじゃくせつ)
神名帳(しんめいちょう)
人民戦線事件(じんみんせんせんじけん)
神武紀元(じんむきげん)
神武東征伝承(じんむとうせいでんしょう)
神馬(しんめ)
神明信仰(しんめいしんこう)
神名帳(しんめいちょう) →神名帳(じんみょうちょう)
神輿(しんよ)
新羅明神(しんらみょうじん)
新理智派(しんりちは) →新思潮派(しんしちょうは)
神竜社(しんりゅうしゃ)
神話(しんわ)

●ス

粋(すい)

垂加神道すいかしんとう	清凉寺せいりょうじ	賤称廃止令せんしょうはいしれい →解放令かいほうれい
垂加霊社すいかれいしゃ	性霊派せいれいは	
垂迹美術すいじゃくびじゅつ	清滝権現せいろうごんげん	戦陣訓せんじんくん
瑞祥ずいしょう →祥瑞災異の思想しょうずいさいいのしそう	施印せいん →石門心学せきもんしんがく	扇子せんす →扇おうぎ
	施餓鬼せがき	先達せんだつ
水平社すいへいしゃ →全国水平社ぜんこくすいへいしゃ	関せき	善知識ぜんちしき
	赤山明神せきさんみょうじん	選択せんちゃく →選択せんじゃく
水墨画すいぼくが	釈奠せきてん	千度祓せんどばらえ
数寄すき →茶の湯ちゃのゆ	石門心学せきもんしんがく	泉涌寺せんにゅうじ
宿世すくせ	赤瀾会せきらんかい	仙人せんにん →仙せん
宿曜道すくようどう	世間虚仮・唯仏是真せけんこけ・ゆいぶつぜしん	善友ぜんゆう →善知識ぜんちしき
スサノオノミコト		千年札せんねんふだ →熊野牛王くまのごおう
呪師じゅし →呪師しゅし	説経せっきょう	宣命せんみょう
頭陀ずだ →斗藪とそう	摂政・関白せっしょう・かんぱく	専門学校令せんもんがっこうれい
頭陀行ずだぎょう →乞食こじき	殺生禁断せっしょうきんだん	先例せんれい
すたすた坊主すたすたぼうず →願人坊主がんにんぼうず	折衷学せっちゅうがく	●ソ
	折中の法せっちゅうのほう	惣掟そうおきて →村法そんぽう
相撲節会すまいのせちえ	節分せつぶん	惣置文そうおきぶみ →村法そんぽう
炭焼長者すみやきちょうじゃ	セミナリオ	早歌そうが
住吉大社すみよしたいしゃ	施薬院せやくいん	僧形八幡神そうぎょうはちまんしん
諏訪神社すわじんじゃ	施浴せよく	箏曲そうきょく
●セ	仙せん	宗源神道そうげんしんとう →吉田神道よしだしんとう
生活綴方運動せいかつつづりかたうんどう	禅ぜん →禅定ぜんじょう	
征韓論せいかんろん	戦記物語せんきものがたり →軍記物語ぐんきものがたり	宗源宣旨そうげんせんじ
政教社せいきょうしゃ		僧綱そうごう
清家流神道せいけりゅうしんとう	宣教使せんきょうし	創氏改名そうしかいめい →皇民化政策こうみんかせいさく
静坐せいざ →石門心学せきもんしんがく	善巧方便ぜんぎょうほうべん →方便ほうべん	
誓紙せいし →起請文きしょうもん	善光寺ぜんこうじ	総持寺そうじじ
政治小説せいじしょうせつ	全国小学校女教員会ぜんこくしょうがっこうじょきょういんかい	総社そうじゃ
青少年学徒ニ賜ハリタル勅語せいしょうねんがくとにたまわりたるちょくご		増上寺ぞうじょうじ
	全国水平社ぜんこくすいへいしゃ	装飾古墳そうしょくこふん →壁画古墳へきがこふん
精神主義せいしんしゅぎ	宣旨せんじ	
聖代思想せいだいしそう	禅師号ぜんじごう	葬制そうせい
政体書せいたいしょ	選択せんじゃく	造像銘ぞうぞうめい
生長の家せいちょうのいえ	専修せんじゅ	相続制そうぞくせい
聖堂せいどう →昌平坂学問所しょうへいざかがくもんじょ	禅宗ぜんしゅう	騒動打ちそうどううち →後妻打ちうわなりうち
	専修寺せんじゅじ	
青鞜社せいとうしゃ →青鞜せいとう	善書ぜんしょ	走湯権現そうとうごんげん
青年団せいねんだん	禅定ぜんじょう	曹洞宗そうとうしゅう
誓文せいもん →起請文きしょうもん	禅浄双修ぜんじょうそうしゅう	像内納入品ぞうないのうにゅうひん

分野別項目一覧(事項項目)

雑人（ぞうにん）
宗廟（そうびょう）
崇福寺（そうふくじ）
僧兵（そうへい）
像法（ぞうほう） →末法思想（まっぽうしそう）
草莽崛起論（そうもうくっきろん）
草莽の国学（そうもうのこくがく）
草莽の志士（そうもうのしし） →志士（しし）
草木国土悉皆成仏（そうもくこくどしっかいじょうぶつ）
即位灌頂（そくいかんじょう）
触穢（そくえ） →触穢（しょくえ）
即身成仏（そくしんじょうぶつ）
即身仏（そくしんぶつ）
底根国（そこつね） →根国（ねのくに）
祖師（そし）
祖師伝（そしでん）
蘇生譚（そせいたん）
祖先崇拝（そせんすうはい）
卒塔婆（そとば）
存心持敬（そんしんじけい） →林羅山（はやしらざん）
尊王攘夷論（そんのうじょういろん）
尊王斥覇（そんのうせきは）
尊王論（そんのうろん）
村法（そんぽう）
●タ
田遊（たあそび）
大アジア主義（だいアジアしゅぎ）
大安寺（だいあんじ）
第一高等中学校不敬事件（だいいちこうとうちゅうがっこうふけいじけん）
大王（だいおう）
大学（だいがく）
大覚寺統（だいかくじとう） →両統迭立（りょうとうてつりつ）
大学別曹（だいがくべっそう）
太神楽（だいかぐら）
大学寮（だいがくりょう） →大学（だいがく）
大学令（だいがくれい）
大化の改新（たいかのかいしん）

大官大寺（だいかんだいじ） →大安寺（だいあんじ）
大義名分論（たいぎめいぶんろん）
大逆事件（たいぎゃくじけん）
大教宣布の詔（だいきょうせんぷのみことのり） →神道国教化政策（しんとうこっきょうかせいさく）
大元宮（だいげんきゅう）
大元神（だいげんじん）
太元帥法（たいげんのほう）
太鼓踊（たいこおどり）
大黒天（だいこくてん）
大黒舞（だいこくまい）
醍醐寺（だいごじ）
泰山府君祭（たいざんふくんさい）
太子信仰（たいししんこう）
大師信仰（だいししんこう）
大衆（だいしゅ） →衆徒（しゅと）
大衆文学（たいしゅうぶんがく）
大衆舞（だいしゅうまい）
大乗戒壇（だいじょうかいだん）
大嘗祭（だいじょうさい）
大正自由教育（たいしょうじゆうきょういく） →自由教育運動（じゆうきょういくうんどう）
大正デモクラシー（たいしょうデモクラシー）
太上天皇（だいじょうてんのう） →上皇（じょうこう）
大乗非仏説（だいじょうひぶつせつ） →加上説（かじょうせつ）
大正文化（たいしょうぶんか）
太子流神道（たいしりゅうしんとう）
大政委任論（たいせいいにんろん）
大政翼賛会（たいせいよくさんかい）
大蔵経（だいぞうきょう） →一切経（いっさいきょう）
太々神楽（だいだいかぐら）
太々講（だいだいこう） →伊勢講（いせこう）
大東亜共栄圏（だいとうあきょうえいけん）
大道芸（だいどうげい）
大徳寺（だいとくじ）
大儺（たいな） →追儺（ついな）
胎内潜り（たいないくぐり）
胎内五位（たいないごい）

第二維新論（だいにいしんろん）
大日堂舞楽（だいにちどうぶがく）
大日如来（だいにちにょらい）
大日本言論報国会（だいにほんげんろんほうこくかい）
大日本国防婦人会（だいにほんこくぼうふじんかい）
大日本青少年団（だいにほんせいしょうねんだん）
大日本帝国憲法（だいにほんていこくけんぽう）
大日本婦人会（だいにほんふじんかい）
大仏造立の詔（だいぶつぞうりゅうのみことのり）
太平記読（たいへいきよみ）
大本教（だいほんきょう） →大本教（おおもときょう）
大犯三箇条（だいぼんさんかじょう）
台密（たいみつ）
題目（だいもく）
内裏（だいり）
台湾教育令（たいわんきょういくれい）
田植歌（たうえうた）
たをやめぶり（たをやめぶり） →にひまなび（にいまなび）
他界の観念（たかいのかんねん）
高雄山寺（たかおさんじ） →神護寺（じんごじ）
鷹狩（たかがり）
高天原（たかまがはら） →高天原（たかまのはら）
高蒔絵（たかまきえ）
高天原（たかまのはら）
高御座（たかみくら）
滝川事件（たきがわじけん）
宅神（たくじん） →第宅神（ていたくじん）
託宣（たくせん）
托鉢（たくはつ） →乞食（こつじき）
竹田の座（たけだのざ） →円満井座（えんまんいざ）
竹橋女学校（たけばしじょがっこう） →東京女学校（とうきょうじょがっこう）
祟り（たたり）
立川流（たちかわりゅう）
塔頭（たっちゅう）
多念義（たねんぎ） →一念義・多念義（いちねんぎ・たねんぎ）
田の神（たのかみ）

旅たび
旅芸人たびげいにん
タブー
多宝塔たほうとう
玉たま
鎮魂なまし →鎮魂ちんこん
鎮魂なま →鎮魂ちんこん
多聞天たもんてん →毘沙門天びしゃもんてん
陀羅尼だらに
他力たりき →自力・他力じりき・たりき
達磨忌だるまき
談義だんぎ
談義本だんぎぼん
端午節会たんごのせちえ →五日節会いつかのせちえ
男色だんしょく →男色なんしょく
●チ
治安維持法ちあんいじほう
治安警察法ちあんけいさつほう
知行ちぎょう
知行合一説ちこうごういつせつ →陽明学ようめいがく
稚児舞ちごまい
致斎ちさい →忌み,斎戒いみ,さいかい
知識ちしき
千度祓ちたびのはらえ →千度祓せんどばらえ
秩父事件ちちぶじけん
秩父霊場ちちぶれいじょう
地動説ちどうせつ
地方改良運動ちほうかいりょううんどう
地方芸能ちほうげいのう →民間芸能みんかんげいのう
茶の湯ちゃのゆ
中学校令ちゅうがっこうれい
忠君愛国ちゅうくんあいこく
忠孝ちゅうこう
中国思想ちゅうごくしそう
忠臣蔵ちゅうしんぐらもの
中世日本紀ちゅうせいにほんぎ

中世法ちゅうせいほう
中尊寺ちゅうそんじ
超国家主義ちょうこっかしゅぎ →国家主義こっかしゅぎ
町衆ちょうしゅう
朝鮮教育令ちょうせんきょういくれい
超然主義ちょうぜんしゅぎ
朝鮮通信使ちょうせんつうしんし
朝鮮本ちょうせんぼん
町人道徳ちょうにんどうとく
徴兵令ちょうへい
頂法寺ちょうほうじ →六角堂ろっかくどう
重陽宴ちょうようのえん
勅撰漢詩集ちょくせんかんししゅう
勅撰和歌集ちょくせんわかしゅう
勅令主義ちょくれいしゅぎ →緊急勅令きんきゅうちょくれい
樗蒲ちょ →賭博とばく
鎮火祭ちんかさい
鎮護国家思想ちんごこっかしそう
鎮魂ちんこん
鎮守神ちんじゅがみ
頂相ちんそう
●ツ
追加法ついかほう
追善ついぜん
追儺つい
通つう
通詞つうじ
通信使つうしんし →朝鮮通信使ちょうせんつうしんし
通俗道徳つうぞくどうとく
月次祭つきなみのまつり
憑物落しつきものおとし
都久夫須麻神社つくぶすまじんじゃ
ツクヨミノミコト
作り神つくりがみ →田の神たのかみ
付沙汰つけさた →寄沙汰よせさた
辻能つじのう
津島祭つしままつり

津田事件つだじけん
度弟院つでいん
土御門神道つちみかどしんとう
罪穢つみけがれ
鶴岡八幡宮つるがおかはちまんぐう
兵の道つわものみち →もののふの道もののふのみち
●テ
帝国教育会ていこくきょういくかい
帝国国策遂行要領ていこくこくさくすいこうようりょう
帝国主義ていこくしゅぎ
帝国大学令ていこくだいがくれい
第宅神ていたくしん
庭中ていちゅう
丁酉倫理会ていゆうりんりかい
手印てい
デウス
手鑑てかがみ
適塾てきじゅく
哲学館事件てつがくかんじけん
手習所てならいしょ →寺子屋てらこや
寺請制度てらうけせいど
寺子屋てらこや
寺屋てらや →寺子屋てらこや
出羽三山でわさんざん
天てん
天下一号てんかいちごう
田楽でんがく
天下思想てんかしそう
天狗てんぐ
天狗党てんぐとう
転向てんこう
転向文学てんこうぶんがく
天社神道てんしゃしんとう →土御門神道つちみかどしんとう
天正遣欧使節てんしょうけんおうしせつ
天壌無窮の神勅てんじょうむきゅうのしんちょく
天神信仰てんじんしんこう
天孫降臨神話てんそんこうりんしんわ

天台山（てんだいさん）
天台宗（てんだいしゅう）
天台神道（てんだいしんとう）→山王神道（さんのうしんとう）
天台律宗（てんだいりっしゅう）→安楽律（あんらくりつ）
天道思想（てんどうしそう）
天皇（てんのう）
天皇機関説論争（てんのうきかんせつろんそう）
天皇主権説（てんのうしゅけんせつ）
天王信仰（てんのうしんこう）
天皇制（てんのうせい）
天皇大権（てんのうたいけん）
天平文化（てんぴょうぶんか）
天賦人権説（てんぷじんけんせつ）
天文法華の乱（てんぶんほっけのらん）
天満大自在天神（てんまだいじざいてんじん）
天満天神（てんまてんじん）→天満大自在天神（てんまだいじざいてんじん）
天文道（てんもんどう）
天理教（てんりきょう）
天竜寺（てんりゅうじ）
●ト
党（とう）
塔（とう）
東亜共同体論（とうあきょうどうたいろん）
東亜新秩序声明（とうあしんちつじょせいめい）
東亜同文会（とうあどうぶんかい）
東亜連盟協会（とうあれんめいきょうかい）→石原莞爾（いしはらかんじ）
踏歌節会（とうかのせちえ）
淘宮（とうきゅう）
道教（どうきょう）
同行（どうぎょう）
東京音楽学校（とうきょうおんがっこう）
東京女医学校（とうきょうじょいがっこう）→吉岡弥生（よしおかやよい）
東京女学校（とうきょうじょがっこう）
東京専門学校（とうきょうせんもんがっこう）
東京大学（とうきょうだいがく）

東京美術学校（とうきょうびじゅつがっこう）
東宮（とうぐう）→皇太子（こうたいし）
東国・西国（とうごく・さいごく）
当山派（とうざんは）
東寺（とうじ）
同志社英学校（どうししゃえいがっこう）→新島襄（にいじまじょう）
当事者主義（とうじしゃしゅぎ）
道場（どうじょう）
東照宮（とうしょうぐう）
東照大権現（とうしょうだいごんげん）
唐招提寺（とうしょうだいじ）
統帥権（とうすいけん）
統制派（とうせいは）
道祖神（どうそじん）
東大寺（とうだいじ）
灯台社（とうだいしゃ）→明石順三（あかしじゅんぞう）
銅鐸（どうたく）
多武峰（とうのみね）
塔婆（とうば）→卒塔婆（そとば）
東福寺（とうふくじ）
唐物（とうぶつ）→唐物（からもの）
湯武論（とうぶろん）
同朋（どうぼう）→同行（どうぎょう）
東方会（とうほうかい）→中野正剛（なかのせいごう）
同朋衆（どうぼうしゅう）
東密（とうみつ）
頭屋（とうや）
頭役（とうやく）→神役（かみやく）
東洋社会党（とうようしゃかいとう）→樽井藤吉（たるいとうきち）
東洋自由党（とうようじゆうとう）
東洋道徳・西洋芸術（とうようどうとく・せいようげいじゅつ）
東洋文庫（とうようぶんこ）
道理（どうり）
棟梁（とうりょう）
道話（どうわ）

戸隠修験（とがくししゅげん）
徳育論争（とくいくろんそう）
土偶（どぐう）
土公神（どこうじん）
得度（とくど）
徳人（とくじん）→有徳人（うとくにん）
独立学派（どくりつがくは）
独立自尊（どくりつじそん）
土公神（どこうじん）→土公神（どくうじん）
床柴灯作法（とこさいとうさほう）
常世国（とこよのくに）
年占（としうら）
歳神（としがみ）
祈年祭（としごいのまつり）→祈年祭（きねんさい）
土砂加持（どしゃかじ）
斗藪（とそう）
渡宋天神（とそうてんじん）→渡唐天神（ととうてんじん）
土蔵法門（どぞうほうもん）→秘事法門（ひじほうもん）
渡唐天神（ととうてんじん）
賭博（とばく）
都鄙（とひ）→鄙（ひな），都（みやこ）
飛神明（とびしんめい）
ドミニコ会（ドミニコかい）
豊受大神宮（とようけだいじんぐう）→伊勢神宮（いせじんぐう）
豊国神社（とよくにじんじゃ）→豊国神社（ほうこくじんじゃ）
渡来人（とらいじん）
鳥居（とりい）
遁世（とんせい）
●ナ
名（な）
儺（な）→追儺（ついな）
内供奉十禅師（ないぐぶじゅうぜんじ）
内侍所（ないしどころ）
内清浄（ないしょうじょう）
内証山伏（ないしょうやまぶし）
内鮮融和運動（ないせんゆうわうんどう）

分野別項目一覧(事項項目)

内談(ないだん)
内地雑居問題(ないちざっきょもんだい)
内務省警保局(ないむしょうけいほきょく)
内務省宗教局(ないむしょうしゅうきょうきょく)
内務省神社局(ないむしょうじんじゃきょく)
直会(なおらい)
流灌頂(ながれかんじょう)
夏越祓(なごしのはらえ) →六月祓(みなづきのはらえ)
撫物(なでもの)
七瀬祓(ななせのはらえ)
奈良絵本(ならえほん)
奈良仏教(ならぶっきょう)
鳴滝塾(なるたきじゅく)
南学(なんがく)
男色(なんしょく)
南禅寺(なんぜんじ)
南曹(なんそう) →勧学院(かんがくいん), 奨学院(しょうがくいん)
南都七大寺(なんとしちだいじ)
南都北嶺(なんとほくれい)
南都六宗(なんとろくしゅう)
南蛮学(なんばんがく) →洋学(ようがく)
南蛮寺(なんばんじ)
南蛮誓詞(なんばんせいし)
南北朝(なんぼくちょう)
南北朝正閏問題(なんぼくちょうせいじゅんもんだい)

●ニ

新嘗(にいなめ)
ニイールビトゥ →アカマタ・クロマタ
仁王(におう)
二河白道図(にがびゃくどうず)
和魂・荒魂(にぎみたま・あらみたま)
二宮一光説(にくいっこうせつ)
西田哲学(にしだてつがく)
西本願寺(にしほんがんじ)
二十一社(にじゅういっしゃ) →二十二社(にじゅうにしゃ)
二十五三昧会(にじゅうごさんまいえ)
二十四節気(にじゅうしせっき)

27年テーゼ(にじゅうしちねんテーゼ)
二十二社(にじゅうにしゃ)
二所詣(にしょもうで)
似絵(にせえ)
日元貿易(にちげんぼうえき)
日明貿易(にちみんぼうえき)
日蓮宗(にちれんしゅう)
日露講和条約反対運動(にちろこうわじょうやくはんたいうんどう)
日宋貿易(にっそうぼうえき)
日中行事(にっちゅうぎょうじ)
日朝貿易(にっちょうぼうえき)
入唐八家(にっとうはっけ)
ニニギノミコト →ホノニニギノミコト
二・二六事件(に・にろくじけん)
日本紀講書(にほんぎこうしょ)
日本共産党(にほんきょうさんとう)
日本基督公会(にほんキリストこうかい)
日本国王(にほんこくおう)
日本思想史学(にほんしそうしがく)
日本資本主義論争(にほんしほんしゅぎろんそう)
日本主義(にほんしゅぎ) →国粋主義(こくすいしゅぎ)
日本出版文化協会(にほんしゅっぱんぶんかきょうかい)
日本女子大学校(にほんじょしだいがっこう) →成瀬仁蔵(なるせじんぞう)
日本人移民排斥問題(にほんじんいみんはいせきもんだい)
日本二十六聖人(にほんにじゅうろくせいじん)
日本農民組合(にほんのうみんくみあい) →杉山元治郎(すぎやまもとじろう)
日本フェビアン協会(にほんフェビアンきょうかい)
日本プロレタリア作家同盟(にほんプロレタリアさっかどうめい)
日本プロレタリア文化連盟(にほんプロレタリアぶんかれんめい) →コップ
日本文学報国会(にほんぶんがくほうこくかい)
日本放送協会(にほんほうそうきょうかい)

日本労働総同盟(にほんろうどうそうどうめい)
如意宝珠(にょいほうじゅ)
女院(にょいん)
女房詞(にょうぼうことば)
女紅場(にょこうば) →女紅場(じょこうば)
女人禁制(にょにんきんせい)
女人成仏(にょにんじょうぶつ)
如来(にょらい)
如来教(にょらいきょう)
ニライカナイ
庭(にわ)
人情(にんじょう) →義理・人情(ぎり・にんじょう)
仁和寺(にんなじ)
仁王会(にんのうえ)

●ネ

根国(ねのくに)
子日(ねのひ)
涅槃会(ねはんえ)
練供養(ねりくよう) →迎講(むかえこう)
年忌(ねんき) →周忌(しゅうき)
年号(ねんごう) →元号(げんごう)
念誦(ねんじゅ) →諷経(ふぎん)
年中行事(ねんじゅうぎょうじ)
年譜(ねんぷ)
念仏(ねんぶつ)
念仏踊(ねんぶつおどり)
念仏講(ねんぶつこう)
念仏宗(ねんぶつしゅう)
念仏禅(ねんぶつぜん) →禅浄双修(ぜんじょうそうしゅう)

●ノ

能(のう)
農神(のうがみ) →田の神(たのかみ)
農耕儀礼(のうこうぎれい)
納骨(のうこつ)
能芝居(のうしばい) →辻能(つじのう)
農書(のうしょ)
農兵論(のうへいろん)
能本(のうほん) →謡曲(ようきょく)

農本主義(のうほんしゅぎ)
荷前(のさき)
ノビシヤド
祝詞(のりと)
ノロ
呪師(のろし) →呪師(じゅし)

●ハ
俳諧連歌(はいかいれんが)
廃娼運動(はいしょううんどう)
拝塔嗣法(はいとうしほう)
廃仏毀釈(はいぶつきしゃく) →神仏分離令(しんぶつぶんりれい)
排仏論(はいぶつろん)
売文社(ばいぶんしゃ)
排耶論(はいやろん)
俳論(はいろん)
墓(はか)
博打(ばくうち) →賭博(とばく)
博奕(ばくえき) →賭博(とばく)
白画(はくが) →白描画(はくびょうが)
幕政委任論(ばくせいにんろん) →仁政思想(じんせいしそう)
薄葬思想(はくそうしそう)
白百比丘尼(はくびゃくびくに) →八百比丘尼(はっぴゃくびくに)
白描画(はくびょうが)
博文館(はくぶんかん)
白鳳文化(はくほうぶんか)
筥崎八幡宮(はこざきはちまんぐう)
恥(はじ)
柱源護摩(はしらもとごま)
走湯権現(はしりゆごんげん) →走湯権現(そうとうごんげん)
八菅修験(はすげしゅげん)
長谷寺(はせでら)
秦公寺(はたのきみでら) →広隆寺(こうりゅうじ)
蜂岡寺(はちおかでら) →広隆寺(こうりゅうじ)
八部祓(はちぶのはらい)
八幡神(はちまんしん)
八幡信仰(はちまんしんこう)

八幡曼荼羅(はちまんまんだら)
伯家神道(はっけしんとう)
八講(はっこう) →法華八講(ほっけはっこう)
八紘一宇(はっこういちう)
白虹事件(はっこうじけん) →大阪朝日新聞筆禍事件(おおさかあさひしんぶんひっかじけん)
八朔(はっさく)
抜歯(ばっし)
法度(はっと)
八百比丘尼(はっぴゃくびくに)
伴天連(バテレン)
伴天連追放令(バテレンついほうれい)
覇道(はどう) →王道・覇道(おうどう・はどう)
花(はな)
花祭(はなまつり)
土津霊神(はにつれいしん) →保科正之(ほしなまさゆき)
埴輪(はにわ)
母子神(ははこがみ)
囃子(はやし)
流行神(はやりがみ)
祓(はらい)
張文(はりぶみ) →壁書(かべがき)
春祈禱(はるきとう)
晴(はれ)
挽歌(ばんか)
藩学(はんがく) →藩校(はんこう)
反観合一(はんかんごういつ) →三浦梅園(みうらばいえん)
藩校(はんこう)
万歳事件(ばんざいじけん) →三・一独立運動(さん・いちどくりつうんどう)
蛮社の獄(ばんしゃのごく)
蕃書調所(ばんしょしらべしょ)
蛮書和解御用(ばんしょわげごよう)
番神(ばんしん) →三十番神(さんじゅうばんしん)
鑁阿寺(ばんなじ)
反本地垂迹説(はんほんじすいじゃくせつ) →神本仏迹説(しんぽんぶつじゃくせつ)
煩悶青年(はんもんせいねん)

●ヒ
日忌(ひいみ)
比叡山(ひえいざん) →延暦寺(えんりゃくじ)
日吉山王神道(ひえさんのうしんとう) →山王神道(さんのうしんとう)
日吉神社(ひえじんじゃ)
東本願寺(ひがしほんがんじ)
東山御物(ひがしやまごもつ)
東山文化(ひがしやまぶんか)
彼岸(ひがん)
比丘尼(びくに)
比丘尼御所(びくにごしょ)
肥後実学党(ひごじつがくとう)
秘事口伝(ひじくでん) →秘伝(ひでん)
鎮火祭(ひしずめのまつり) →鎮火祭(ちんかさい)
秘事法門(ひじほうもん)
毘沙門天(びしゃもんてん)
聖(ひじり)
聖方(ひじりかた) →高野三方(こうやさんかた)
非戦論(ひせんろん)
日嗣(ひつぎ)
秘伝(ひでん)
悲田院(ひでんいん)
悲田派(ひでんは) →不受不施派(ふじゅふせは)
ひとのみち教団(ひとのみちきょうだん)
人麻呂影供(ひとまろえいぐ) →影供(えいぐ)
鄙(ひな)
日次記(ひなみき)
ヒヌカン
日待(ひまち)
火祭(ひまつり)
秘密宗(ひみつしゅう) →真言宗(しんごんしゅう)
百王思想(ひゃくおうしそう)
百座会(ひゃくざえ) →仁王会(にんのうえ)
百姓一揆(ひゃくしょういっき)
百度参り(ひゃくどまいり)
百科事典(ひゃっかじてん)
百鬼夜行(ひゃっきやこう)
廟(びょう) →宗廟(そうびょう)

平等院びょういん	武士道ぶしどう	踏絵ふみえ →絵踏えふみ
表白びょう	武州御嶽ぶしゅうみたけ →武蔵御嶽	冬の時代ふゆのじだい
日吉神社ひよしじんじゃ →日吉神社ひえじんじゃ	神社むさしみたけじんじゃ	部落解放令ぶらくかいほうれい →解放令かいほうれい
平賀粛学ひらがしゅくがく	不受不施派ふじゅふせは	フランシスコ会フランシスコかい
毘盧遮那仏びるしゃなぶつ →盧遮那仏るしゃなぶつ	不浄観ふじょうかん	風流ふりゅう
広沢流ひろさわりゅう →野沢二流やたくにりゅう	不生禅ふしょうぜん →盤珪永琢ばんけいようたく	不立文字ふりゅうもんじ
広瀬竜田祭ひろせたつたさい	不浄土ふじょうど →穢土えど	部類記ぶるいき
琵琶歌びわうた	付属状ふしょくじょう	プロレタリア科学研究所プロレタリアかがくけんきゅうじょ
火渡りひわたり	藤原文化ふじわらぶんか	プロレタリア教育運動プロレタリアきょういくうんどう
琵琶法師びわほうし	婦人解放の思想ふじんかいほうのしそう	文芸協会ぶんげいきょうかい
●フ	婦人参政権運動ふじんさんせいけんうんどう	文人ぶんじん
無為ぶい →無為むい	布施ふせ	文人画ぶんじんが →文人ぶんじん
封事ふうじ →意見封事いけんふうじ	普説ふせつ →陞座しんぞ	文明めい
不易法ふえきほう	普選運動ふせんうんどう	文明開化ぶんめいかいか
不易流行ふえきりゅうこう	風俗歌ふぞくうた	●ヘ
不改常典ふかいのじょうてん	補陀落ふだらく	平安仏教へいあんぶっきょう
諷経ふきょう →諷経ふぎん	補陀落渡海ふだらくとかい →補陀落ふだらく	平曲へいきょく
諷経ふぎん	二人舞ふたり →幸若舞こうわかまい	平民社へいみんしゃ
福島事件ふくしまじけん	不断念仏ふだんねんぶつ	平民主義へいみんしゅぎ →徳富蘇峰とくとみそほう
服色ふくしょく →服制ふくせい	峰中記ぶちゅうき	壁画古墳へきがこふん
復飾ふくしょく →還俗げんぞく	仏家神道ぶっかしんとう	壁書へきしょ →壁書かべがき
福神信仰ふくじんしんこう	仏忌ぶっき →涅槃会ねはんえ	別格官幣社べっかくかんぺいしゃ →近代社格制度きんだいしゃかくせいど
服制ふくせい	服忌ぶっき	
副葬品ふくそひん	服忌令ぶっきれい	別号べつごう
服喪ふくも	仏光派ぶっこうは	別時念仏べつじねんぶつ
福本イズムふくもとイズム	仏国派ぶっこくは	別所べっしょ
不敬罪ふけいざい	復古神道ふっこしんとう	蛇じゃ
普化宗ふけしゅう	物産会ぶっさんかい	弁才天べんざいてん
武家法ぶけほう	仏像ぶつぞう	弁天べんてん →弁才天べんざいてん
普賢菩薩ふげんぼさつ	仏足石ぶっそくせき	●ホ
富国強兵論ふこくきょうへいろん	仏陀ぶっだ →釈迦如来しゃかにょらい	保安条例ほあんじょうれい
賦算ふさん	仏法ぶっぽう →王法仏法おうぼうぶっぽう	法印神楽ほういんかぐら
富士講ふじこう	仏名会ぶつみょうえ	法皇ほうおう
藤沢道場ふじさわどうじょう →清浄光寺しょうじょうこうじ	不動明王ふどうみょうおう	鳳凰堂ほうおうどう →平等院びょういん
富士信仰ふじしんこう	太占ふとまに	
不二道ふじどう →富士講ふじこう	船歌ふなうた	鳳凰と桐ほうおうときり
	船魂ふなだま	報恩講ほうおんこう

分野別項目一覧(事項項目)

放下（ほうか）
法語（ほうご）
奉公（ほうこう） →御恩・奉公（ごおん・ほうこう）
方広寺（ほうこうじ）
方向転換論（ほうこうてんかんろん）
豊国神社（ほうこくじんじゃ）
法呪師（ほうじゅし） →呪師（じゅし）
放生（ほうじょう）
宝生座（ほうしょうざ） →大和四座（やまとよざ）
法成寺（ほうじょうじ）
法灯派（ほうとうは） →法灯派（ほっとうは）
報徳運動（ほうとくうんどう）
報徳会（ほうとくかい）
報徳仕法（ほうとくしほう）
報徳社（ほうとくしゃ）
望楠軒神道（ぼうなんけんしんとう）
豊年踊（ほうねんおどり）
方便（ほうべん）
蓬莱（ほうらい）
法律学校（ほうりつがっこう）
法隆寺（ほうりゅうじ）
宝暦事件（ほうれきじけん）
墨跡（ぼくせき）
卜占（ぼくせん）
法華経寺（ほけきょうじ）
菩薩（ぼさつ）
菩薩道（ぼさつどう）
母子神（ぼしじん） →母子神（ははこがみ）
蒲室疏（ほしつそ）
戊申詔書（ぼしんしょうしょ）
母性保護論争（ぼせいほごろんそう）
ほそみ
菩提（ぼだい）
菩提道場（ぼだいどうじょう） →道場（どうじょう）
北海道旧土人保護法（ほっかいどうきゅうどじんほごほう） →アイヌ同化政策（アイヌどうかせいさく）
発願文（ほつがんもん） →願文（がんもん）
法華三十番神（ほっけさんじゅうばんしん） →三十番神（さんじゅうばんしん）

法華宗（ほっけしゅう） →日蓮宗（にちれんしゅう）
法華神道（ほっけしんとう）
法華懺法（ほっけせんぽう）
法華八講（ほっけはっこう）
法性寺（ほっしょうじ）
法相宗（ほっそうしゅう）
法灯派（ほっとうは）
北方性教育運動（ほっぽうせいきょういくうんどう） →生活綴方運動（せいかつつづりかたうんどう）
没理想論争（ぼつりそうろんそう）
仏（ほとけ） →如来（にょらい）
ホノニニギノミコト
暮露々々（ぼろぼろ）
盆踊（ぼんおどり）
本覚思想（ほんがくしそう）
本歌取（ほんかどり）
本願（ほんがん）
本願寺（ほんがんじ）
本願誇り（ほんがんぼこり）
凡下（ぼんげ） →雑人（ぞうにん），凡夫（ぼんぷ）
本下迹高説（ほんげじゃっこうせつ） →神本仏迹説（しんぽんぶつじゃくせつ）
本圀寺（ほんこくじ）
本山派（ほんざんは）
本地（ほんじ）
本地垂迹説（ほんじすいじゃくせつ）
本迹縁起神道（ほんじゃくえんぎしんとう）
本所法（ほんじょほう）
本草学（ほんぞうがく）
煩悩（ぼんのう）
凡夫（ぼんぷ）
本法寺（ほんぽうじ）
ほんみち不敬事件（ほんみちふけいじけん）
本門仏立講（ほんもんぶつりゅうこう）
梵暦運動（ぼんれきうんどう） →円通（えんつう）

●マ
埋経（まいきょう）
舞々（まいまい） →幸若舞（こうわかまい）
致斎（まい） →忌み，斎戒（さいかい）

勾玉（まがたま）
枕詞（まくらことば）
尸者（ましゃ） →憑坐（よりまし）
呪（まじ） →呪術（じゅじゅつ）
ますらをぶり →にひまなび
摩多羅神（またらじん）
町衆（まちしゅ） →町衆（ちょうしゅう）
松囃子（まつばやし）
末法思想（まっぽうしそう）
祭（まつり）
祭座（まつりざ） →宮座（みやざ）
祭囃子（まつりばやし）
継子話（ままこばなし）
マリア観音（マリアかんのん）
マルクス主義（マルクスしゅぎ）
丸山教（まるやまきょう）
まれびと
客人神（まろうどがみ）
万歳（まんざい）
万座祓（まんざはらえ） →万度祓（まんどはらえ）
曼荼羅（まんだら）
曼荼羅宗（まんだらしゅう） →真言宗（しんごんしゅう）
万灯会（まんどうえ）
万度祓（まんどはらえ）

●ミ
みあれ
三井寺（みいでら） →園城寺（おんじょうじ）
御蔭祭（みかげまつり） →賀茂御蔭祭（かもみかげまつり）
三種大祓（みくさのおおはらえ） →三種大祓（さんしゅのおおはらえ）
三熊野（みくまの） →熊野三山（くまのさんざん）
巫女（みこ）
御子神（みこがみ）
神輿（みこし） →神輿（しんよ）
神輿宿（みこしやど） →御旅所（おたびしょ）
御斎会（みさいえ） →御斎会（ごさいえ）
三島神社（みしまじんじゃ）

御正体（みしょうたい） →懸仏（かけぼとけ），鏡像（きょうぞう）
禊（みそぎ）
禊教（みそぎきょう）
三田演説会（みたえんぜつかい）
道（みち）
道饗祭（みちあえのまつり）
みちのく →あずま・みちのく
道々の者（みちみちのもの）
密教（みっきょう）
密教芸術（みっきょうげいじゅつ）
密教図像（みっきょうずぞう）
密教法具（みっきょうほうぐ）
ミッションスクール
密伝（みつでん） →秘伝（ひでん）
三峰信仰（みつみねしんこう）
水戸学（みとがく）
六月祓（みなづきのはらえ）
壬生狂言（みぶきょうげん）
宮組（みやぐみ） →宮座（みやざ）
都（みやこ）
宮座（みやざ）
みやび
宮役（みややく） →神役（かみやく）
明王（みょうおう）
明経道（みょうぎょうどう）
名号（みょうごう）
妙好人（みょうこうにん）
明神（みょうじん）
妙心寺（みょうしんじ）
明法道（みょうぼうどう）
未来記（みらいき）
ミルヤカナヤ →ニライカナイ
弥勒信仰（みろくしんこう）
弥勒菩薩（みろくぼさつ）
三輪神社（みわじんじゃ） →大神神社（おおみわじんじゃ）
三輪流神道（みわりゅうしんとう）

民間芸能（みんかんげいのう）
民芸運動（みんげいうんどう） →柳宗悦（やなぎむねよし）
民衆宗教（みんしゅうしゅうきょう）
民撰議院論争（みんせんぎいんろんそう）
民俗芸能（みんぞくげいのう） →民間芸能（みんかんげいのう）
民法典論争（みんぽうてんろんそう）
民本主義（みんぽんしゅぎ）

●ム
無（む）
無為（むい）
迎講（むかえこう）
無我苑（むがえん）
武蔵御嶽神社（むさしみたけじんじゃ）
虫送り（むしおくり）
虫の音（むしのね）
無常感（むじょうかん）
無常観（むじょうかん）
無心（むしん） →有心（うしん）
産霊信仰（むすひしんこう）
無政府主義（むせいふしゅぎ）
夢窓派（むそうは）
宗像神社（むなかたじんじゃ）
紫野社（むらさきののしゃ） →今宮神社（いまみやじんじゃ）
村芝居（むらしばい） →地狂言（じきょうげん）
村人神主（むらびとかんぬし） →一年神主（いちねんかんぬし）
室生寺（むろうじ）

●メ
名君（めいくん）
明治憲法（めいじけんぽう） →大日本帝国憲法（だいにっぽんていこくけんぽう）
明治神祇官（めいじじんぎかん）
明治神宮（めいじじんぐう）
明治美術会（めいじびじゅつかい）
明治文化（めいじぶんか）
名所絵（めいしょえ）
名分論（めいぶんろん） →大義名分論（たいぎめいぶんろん）

明六社（めいろくしゃ）
明和事件（めいわじけん）
明和・天明文化（めいわ・てんめいぶんか）
巡り神（めぐりがみ）
召禁（めしきんず） →召籠（めしこめ）
召籠（めしこめ）
面授（めんじゅ）

●モ
申詞（もうしことば）
申状（もうしじょう）
盲僧（もうそう）
毛越寺（もうつじ）
朦朧派（もうろうは）
殯（もがり）
黙照禅（もくしょうぜん）
モダニズム
もの
物（もの）
物忌（ものいみ）
物語（ものがたり）
物語僧（ものがたりそう）
物語風歴史（ものがたりふうれきし） →歴史（れきし）
物語（ものがたり）
もののあはれ
物の怪（もののけ）
もののふの道（もののふのみち）
桃山文化（ももやまぶんか）
森戸事件（もりとじけん）
文殊菩薩（もんじゅぼさつ）
文章経国（もんじょうけいこく）
文章道（もんじょうどう） →紀伝道（きでんどう）
門跡（もんぜき）
門徒（もんと）
文部省教学局（もんぶしょうきょうがくきょく）
文部省訓令第12号（もんぶしょうくんれいだいじゅうにごう）

●ヤ
八百比丘尼（やおびくに） →八百比丘尼（はっぴゃくびくに）

分野別項目一覧(事項項目)

八百万の神(やおよろずのかみ)
薬師寺(やくしじ)
薬師信仰(やくししんこう)
薬師如来(やくしにょらい)
疫神(えきしん) →疫神(えきしん)
厄年(やくどし)
やぐら
八坂神社(やさかじんじゃ) →祇園社(ぎおんしゃ)
社(やしろ) →神社(じんじゃ)
やすらい祭(やすらいまつり)
耶蘇会(やそかい) →イエズス会(イエズスかい)
八十島祭(やそしままつり)
野沢二流(やたくにりゅう)
八幡神(やはたのかみ) →八幡神(はちまんしん)
流鏑馬(やぶさめ)
山川イズム(やまかわイズム)
山里(やまざと)
山階道理(やましなどうり)
山城国一揆(やましろのくにいっき)
山田寺(やまだでら)
大和絵(やまとえ)
大和猿楽(やまとさるがく)
大和魂(やまとだましい)
大和朝廷(やまとちょうてい)
大和四座(やまとよざ)
山の神(やまのかみ)
山伏(やまぶし)
山伏神楽(やまぶしかぐら)
山伏祭文(やまぶしさいもん)
●ユ
唯一神道(ゆいいつしんとう) →吉田神道(よしだしんとう)
遺偈(ゆいげ)
唯識(ゆいしき)
唯識宗(ゆいしきしゅう) →法相宗(ほっそうしゅう)
唯物論研究会(ゆいぶつろんけんきゅうかい)
維摩会(ゆいまえ)
友愛会(ゆうあいかい)

幽玄(ゆうげん)
友社(ゆうしゃ)
遊女(ゆうじょ)
猶存社(ゆうぞんしゃ)
融通念仏宗(ゆうづうねんぶつしゅう)
右筆(ゆうひつ)
遊民(ゆうみん)
幽冥観(ゆうめいかん)
湯神楽(ゆかぐら) →湯立神楽(ゆだてかぐら)
ユーカラ
湯起請(ゆぎしょう)
譲状(ゆずりじょう)
ユタ
湯立神楽(ゆだてかぐら)
ユニテリアン
夢(ゆめ)
夢記(ゆめのき)
●ヨ
夜居僧(よいのそう) →護持僧(ごじそう)
洋学(ようがく)
謡曲(ようきょく)
陽明学(ようめいがく)
吉川神道(よしかわしんとう)
吉田神社(よしだじんじゃ)
吉田神道(よしだしんとう)
義経伝説(よしつねでんせつ)
寄沙汰(よせきた)
予託(よたく) →託宣(たくせん)
世直し大明神(よなおしだいみょうじん)
黄泉国(よみのくに)
嫁入婚(よめいりこん)
黄泉国(よもつくに) →黄泉国(よみのくに)
余裕派(よゆうは) →高踏派(こうとうは)
寄神(よりがみ)
憑祈禱(よりきとう) →憑物落し(つきものおとし)
依代(よりしろ)
憑坐(よりまし)
●ラ
来迎会(らいごうえ) →迎講(むかえこう)

雷神(らいじん)
羅漢(らかん)
落書(らくしょ)
落書起請(らくしょきしょう)
洛中洛外図(らくちゅうらくがいず)
蘭学(らんがく) →洋学(ようがく)
●リ
理(り)
理学神道(りがくしんとう) →吉川神道(よしかわしんとう)
陸軍パンフレット問題(りくぐんパンフレットもんだい)
李朱医学(りしゅいがく)
理想主義文学(りそうしゅぎぶんがく)
理想団運動(りそうだんうんどう)
立花(りっか)
立憲政友会(りっけんせいゆうかい)
立志社(りっししゃ)
律宗(りっしゅう)
立正佼成会(りっしょうこうせいかい)
立身出世(りっしんしゅっせ)
律令(りつりょう)
理当心地神道(りとうしんちしんとう)
竜宮(りゅうぐう)
竜安寺(りゅうあんじ)
両界曼荼羅(りょうかいまんだら)
令外官(りょうげのかん)
良知心学(りょうちしんがく) →陽明学(ようめいがく)
両統迭立(りょうとうてつりつ)
両部神道(りょうぶしんとう)
両墓制(りょうぼせい) →葬制(そうせい)
料理書(りょうりしょ)
林下(りんか)
臨済宗(りんざいしゅう)
臨時教育会議(りんじきょういくかいぎ)
臨川寺(りんせんじ)
●ル・レ
盧遮那仏(るしゃなぶつ)
霊験記(れいけんき)

霊場れいじょう
霊宗神道れいそうしんとう
黎明会れいめいかい
歴史物語れきしものがたり
暦道れきどう
恋愛れんあい
連歌れんが
連歌師れんがし
連歌七賢れんがしちけん
連歌新式れんがしんしき
蓮華王院れんげおういん

●ロ
老壮会ろうそうかい
労働組合期成会ろうどうくみあいきせいかい
労農派ろうのうは
浪漫主義文学ろうまんしゅぎぶんがく
櫓歌ろかい →船歌ふなうた
鹿苑寺ろくおんじ

鹿苑僧録ろくおんそうろく
六斎日ろくさいにち
六斎念仏ろくさいねんぶつ
六色の禁忌ろくしきのきんき
六地蔵ろくじぞう
六字名号ろくじみょうごう
六勝寺ろくしょうじ
六道絵ろくどうえ
六道思想ろくどうしそう
六波羅蜜寺ろくはらみつじ
鹿鳴館ろくめいかん →欧化主義おうかしゅぎ
六角堂ろっかくどう

●ワ
和わ
和学わがく
和学講談所わがくこうだんしょ →塙保己一はなわほきいち
ワカドシサン →歳神としがみ

若宮わかみや
和漢のさかいわかんのさかい
和光同塵わこうどうじん
和魂漢才わこんかんさい
和魂洋才わこんようさい
和算わさん
和讃わさん
和市わし
私小説わたくししょうせつ →私小説ししょうせつ
度会神道わたらいしんとう →伊勢神道いせしんとう
話頭わとう →公案こうあん
佗びわび
佗茶わびちゃ
和与わよ
和様わよう
宏智派わんしは

II 人名項目

●ア
会沢正志斎あいざわせいしさい
青木興勝あおきおきかつ
青木昆陽あおきこんよう
青木周弼あおきしゅうすけ
青地林宗あおちりんそう
青山拙斎あおやませっさい
赤井東海あかいとうかい
阿覚大師あかくだいし →安然あんねん
明石順三あかしじゅんぞう
赤染衛門あかぞめえもん
赤松克麿あかまつかつまろ
赤松滄洲あかまつそうしゅう
秋篠僧正あきしのそうじょう →善珠ぜんしゅ
秋山玉山あきやまぎょくざん
安居院法印あぐいのほういん →聖覚しょうかく、澄憲ちょうけん
芥川竜之介あくたがわりゅうのすけ
暁烏敏あけがらすはや

浅井了意あさいりょうい
安積艮斎あさかごんさい
安積澹泊あさかたんぱく
朝河貫一あさかわかんいち
朝川善庵あさかわぜんあん
麻田剛立あさだごうりゅう
浅田宗伯あさだそうはく
浅見絅斎あさみけいさい
浅見仙作あさみせんさく
朝山意林庵あさやまいりんあん
朝山日乗あさやまにちじょう
足利義政あしかがよしまさ
足利義満あしかがよしみつ
芦田恵之助あしだえのすけ
蘆野東山あしのとうざん
飛鳥井雅親あすかいまさちか
麻生久あそうひさし
阿直岐あちき
阿知吉師あちきし →阿直岐あちき

跡部良顕あとべよしあきら
跡見花蹊あとみかけい
姉崎正治あねさきまさはる
阿仏尼あぶつに
安部磯雄あべいそお
阿部次郎あべじろう
安倍晴明あべのせいめい
安倍泰福あべのやすとみ →土御門泰福つちみかどやすとみ
安倍能成あべよししげ
安部竜平あべりゅうへい
天草四郎あまくさしろう
天野信景あまのさだかげ
天野為之あまのためゆき
天野貞祐あまのていゆう
雨森芳洲あめのもりほうしゅう
新井奥邃あらいおうすい
新井白蛾あらいはくが
新井白石あらいはくせき

荒木田氏経（あらきだうじつね）
荒木田久老（あらきだひさおゆ）
荒木田守武（あらきだもりたけ）
荒木田守晨（あらきだもりとき）
荒畑寒村（あらはたかんそん）
有島武郎（ありしまたけお）
有賀長雄（あるがながお）
アルメイダ
安嘉門院四条（あんかもんいんのしじょう）→阿仏尼（あぶつに）
アンジロー
安藤昌益（あんどうしょうえき）
安東省庵（あんどうせいあん）
安藤為章（あんどうためあきら）
安藤東野（あんどうとうや）
安然（あんねん）
安楽庵策伝（あんらくあんさくでん）

●イ

飯田忠彦（いいだただひこ）→野史（やし）
猪飼敬所（いかいけいしょ）
生田長江（いくたちょうこう）
生田万（いくたよろず）
井口喜源治（いぐちきげんじ）
池田草庵（いけだそうあん）
池田光政（いけだみつまさ）
惟高妙安（いこうみょうあん）
伊古田純道（いこたじゅんどう）
伊沢修二（いさわしゅうじ）
石川三四郎（いしかわさぶしろう）
石川丈山（いしかわじょうざん）
石川啄木（いしかわたくぼく）
石川千代松（いしかわちよまつ）
石川雅望（いしかわまさもち）
石田梅岩（いしだばいがん）
石橋湛山（いしばしたんざん）
石原莞爾（いしはらかんじ）
石原正明（いしはらまさあきら）
以心崇伝（いしんすうでん）
和泉式部（いずみしきぶ）
和泉真国（いずみまくに）

出雲路信直（いずもじのぶなお）
出雲のお国（いずものおくに）
伊勢貞丈（いせさだたけ）
伊勢上人（いせのしょうにん）→慶光院周養（けいこういんしゅうよう）
板垣退助（いたがきたいすけ）
市川鶴鳴（いちかわかくめい）
市川匡麻呂（いちかわただまろ）→市川鶴鳴（いちかわかくめい）
市川房枝（いちかわふさえ）
一条兼良（いちじょうかねよし）
市野迷庵（いちのめいあん）
斎静斎（いつきせいさい）
一休宗純（いっきゅうそうじゅん）
一茶（いっさ）
佚斎樗山（いっさいちょざん）
一山一寧（いっさんいちねい）
一山国師（いっさんこくし）→一山一寧（いっさんいちねい）
一絲文守（いっしもんしゅ）
乙堂喚丑（いつどうかんちゅう）→乙堂喚丑（おつどうかんちゅう）
一遍（いっぺん）
伊藤圭介（いとうけいすけ）
伊東玄朴（いとうげんぼく）
伊藤証信（いとうしょうしん）→無我苑（むがえん）
伊藤仁斎（いとうじんさい）
伊藤単朴（いとうたんぼく）
伊藤東涯（いとうとうがい）
伊藤野枝（いとうのえ）
伊藤梅宇（いとうばいう）
伊藤博文（いとうひろぶみ）
伊藤鳳山（いとうほうざん）
伊藤蘭嵎（いとうらんぐう）
稲葉迂斎（いなばうさい）
稲葉黙斎（いなばもくさい）
稲村三伯（いなむらさんぱく）
犬養毅（いぬかいつよし）
井上円了（いのうええんりょう）
井上金峨（いのうえきんが）

井上毅（いのうえこわし）
井上四明（いのうえしめい）
井上哲次郎（いのうえてつじろう）
井上日召（いのうえにっしょう）→血盟団事件（けつめいだんじけん）
井上正鉄（いのうえまさかね）
井上蘭台（いのうえらんだい）
稲生若水（いのうじゃくすい）
伊能忠敬（いのうただたか）
猪俣津南雄（いのまたつなお）
伊波普猷（いはふゆう）
井原西鶴（いはらさいかく）
井深梶之助（いぶかかじのすけ）
今北洪川（いまきたこうせん）
色川三中（いろかわみなか）
岩下壮一（いわしたそういち）
岩野泡鳴（いわのほうめい）
巌本善治（いわもとよしはる）
巌谷小波（いわやさざなみ）
隠渓智脱（いんけいちだつ）
隠元隆琦（いんげんりゅうき）
忌部正通（いんべのまさみち）
印融（いんゆう）

●ウ

上河淇水（うえかわきすい）
植木枝盛（うえきえもり）
植崎九八郎（うえざきくはちろう）
上杉慎吉（うえすぎしんきち）
上杉憲実（うえすぎのりざね）
上田秋成（うえだあきなり）
上田作之丞（うえださくのじょう）
植松有信（うえまつありのぶ）
植松茂岳（うえまつしげたけ）
植松自謙（うえまつじけん）
植村正久（うえむらまさひさ）
鵜飼石斎（うかいせきさい）
鵜飼錬斎（うかいれんさい）
浮田和民（うきたかずたみ）
宇佐美灊水（うさみしんすい）
宇田川玄随（うだがわげんずい）

宇田川榕庵（うだがわようあん）
宇多天皇（うだてんのう）
内田百閒（うちだひゃっけん）
内田良平（うちだりょうへい）
内田魯庵（うちだろあん）
内村鑑三（うちむらかんぞう）
内山愚童（うちやまぐどう）
内山真竜（うちやままたつ）
宇都宮遯庵（うつのみやとんあん）
宇都宮黙霖（うつのみやもくりん）
海上随鴎（うながみずいおう） →稲村三伯（いなむらさんぱく）
宇野円空（うのえんくう）
厩戸皇子（うまやどのみこ） →聖徳太子（しょうとくたいし）
梅田雲浜（うめだうんぴん）
卜部兼方（うらべかねかた）
卜部兼倶（うらべかねとも） →吉田兼倶（よしだかねとも）
卜部兼直（うらべかねなお）
卜部兼永（うらべかねなが）
卜部兼文（うらべかねふみ）
卜部兼好（うらべかねよし） →吉田兼好（よしだけんこう）
運慶（うんけい）
雲居希膺（うんごきよう）
雲章一慶（うんしょういっけい）
●エ
永観（えいかん）
栄西（えいさい）
叡尊（えいそん）
英甫永雄（えいほようゆう）
江川坦庵（えがわたんあん）
恵灌（えかん）
江木鰐水（えぎがくすい）
江木千之（えぎちゆき）
慧慈（えじ）
恵心僧都（えしんそうず） →源信（げんしん）
恵信尼（えしんに）
枝吉経種（えだよしつねたね）

海老名弾正（えびなだんじょう）
慧猛（えみょう）
江村北海（えむらほっかい） →日本詩史（にほんしし）
円戒国師（えんかいこくし） →真盛（しんせい）
円空（えんくう）
円珍（えんちん）
円通（えんつう）
円通大応国師（えんつうだいおうこくし） →南浦紹明（なんぽじょうみん）
円爾（えんに）
円耳真流（えんにしんりゅう）
円仁（えんにん）
円応禅師（えんのうぜんじ） →寂室元光（じゃくしつげんこう）
役行者（えんのぎょうじゃ）
円満常照国師（えんまんじょうしょうこくし） →無学祖元（むがくそげん）
●オ
おいとの方（おいとのかた） →清原マリア（きよはらのマリア）
応供広済国師（おうぐこうさいこくし） →高峰顕日（こうほうけんにち）
応其（おうご） →木食上人（もくじきしょうにん）
応神天皇（おうじんてんのう）
横山景三（おうざんけいざん）
近江聖人（おうみせいじん） →中江藤樹（なかえとうじゅ）
淡海三船（おうみのみふね）
大海人皇子（おおあまのみこ） →天武天皇（てんむてんのう）
大井憲太郎（おおいけんたろう）
大内青巒（おおうちせいらん）
大江卓（おおえたく）
大江朝綱（おおえのあさつな）
大江維時（おおえのこれとき）
大江親通（おおえのちかみち）
大江匡衡（おおえのまさひら）
大江匡房（おおえのまさふさ）
大江文坡（おおえぶんぱ）

大川周明（おおかわしゅうめい）
正親町公通（おおぎまちきんみち）
大国隆正（おおくにたかまさ）
大久保利通（おおくぼとしみち）
大隈言道（おおくまことみち）
大隈重信（おおくましげのぶ）
大蔵永常（おおくらながつね）
大塩平八郎（おおしおへいはちろう）
大島有隣（おおしまうりん）
大杉栄（おおすぎさかえ）
大高坂芝山（おおたかさかしざん）
太田牛一（おおたぎゅういち）
大田錦城（おおたきんじょう）
太田全斎（おおたぜんさい）
太田道灌（おおたどうかん）
大田南畝（おおたなんぽ）
大塚金之助（おおつかきんのすけ）
大塚退野（おおつかたいや）
大槻玄沢（おおつきげんたく）
大槻磐渓（おおつきばんけい）
大月履斎（おおつきりさい） →燕居偶筆（えんきょぐうひつ）
大友宗麟（おおともそうりん）
大伴旅人（おおとものたびと）
大伴家持（おおとものやかもち）
大西祝（おおにしはじめ）
大西克礼（おおにしよしのり）
太安万侶（おおのやすまろ）
大橋訥庵（おおはしとつあん）
大原孫三郎（おおはらまごさぶろう）
大原幽学（おおはらゆうがく）
大村由己（おおむらゆうこ）
大森義太郎（おおもりよしたろう）
大山郁夫（おおやまいくお）
大山為起（おおやまためおき）
丘浅次郎（おかあさじろう）
岡熊臣（おかくまおみ）
岡倉天心（おかくらてんしん）
岡島冠山（おかじまかんざん）
岡田寒泉（おかだかんせん）

分野別項目一覧(人名項目)

緒方洪庵おがたこうあん	加賀美桜塢かがみおうう	金沢実時かねざわさねとき
岡白駒おかはっく	香川景樹かがわかげき	狩野永徳かのうえいとく
岡本かの子おかもとかのこ	香川修庵かがわしゅうあん	狩野亨吉かのうこうきち
岡本保孝おかもとやすたか	賀川豊彦かがわとよひこ	嘉納治五郎かのうじごろう
小川未明おがわみめい	柿本人麻呂かきのもとのひとまろ	狩野探幽かのうたんゆう
荻生徂徠おぎゅうそらい	廓山かくざん	狩野正信かのうまさのぶ
荻原守衛おぎわらもりえ	覚超かくちょう	狩野元信かのうもとのぶ
奥田頼杖おくだいじょう →心学道の話しんがくみちのはなし	覚如かくにょ	加納諸平かのうもろひら
	覚鑁かくばん	鹿子木員信かのこぎかずのぶ
奥宮健之おくのみやけんし	覚猷かくゆう	鎌田一窓かまたいっそう →売卜先生
奥宮慥斎おくのみやぞうさい	葛西因是かさいいんぜ	糠俵ぬかだわら
奥むめおおくむめお	笠麻呂かさのまろ →満誓まんぜい	鎌田柳泓かまたりゅうおう
奥村五百子おくむらいおこ →愛国婦人会あいこくふじんかい	花山院長親かざんいんながちか	亀井茲監かめいこれみ
	峨山韶碩がさんじょうせき	亀井昭陽かめいしょうよう
小倉金之助おぐらきんのすけ	柏木義円かしわぎぎえん	亀井南冥かめいなんめい
尾崎行雄おざきゆきお	春日潜庵かすがせんあん	亀田鵬斎かめだぼうさい
小山内薫おさないかおる	片岡健吉かたおかけんきち	蒲生君平がもうくんぺい
小沢蘆庵おざわろあん	片上伸かたかみのぶる	鹿持雅澄かもちまさずみ
小関三英おぜきさんえい →小関三英こせきさんえい	荷田春満かだのあずままろ	鴨祐之かものすけゆき
	荷田在満かだのありまろ	賀茂忠行かものただゆき
小瀬甫庵おぜほあん	片山円然かたやまえんねん	鴨長明かものちょうめい
乙堂喚丑おつどうかんちゅう	片山兼山かたやまけんざん	賀茂規清かものりきよ
小津安二郎おづやすじろう	片山潜かたやません	賀茂真淵かものまぶち
鬼貫おにつら →独ごとひとりごと	片山北海かたやまほっかい	茅原華山かやはらかざん
小野梓おのあずさ	勝海舟かつかいしゅう	狩谷棭斎かりやえきさい
小野塚喜平次おのづかきへいじ	桂川甫粲かつらがわほさん →森島中良もりしまちゅうりょう	河合栄治郎かわいえいじろう
小野妹子おのいもこ		河井継之助かわいつぐのすけ
小野僧正おののそうじょう →仁海にんがい	桂誉重かつらたかしげ	川上音二郎かわかみおとじろう
小野篁おののたかむら	加藤宇万伎かとううまき	河上肇かわかみはじめ
小野蘭山おのらんざん	加藤枝直かとうえなお	河口慧海かわぐちえかい
小山田与清おやまだともきよ	加藤完治かとうかんじ	河崎なつかわさきなつ
折口信夫おりくちしのぶ	加藤玄智かとうげんち	川路聖謨かわじとしあきら
オルガンティノ	加藤千蔭かとうちかげ	河竹黙阿弥かわたけもくあみ
尾張僧都おわりのそうず →賢璟けんきょう	加藤弘之かとうひろゆき	皮聖かわひじり →行円ぎょうえん
飲光おんこう →慈雲じうん	楫取魚彦かとりなびこ	河村秀根かわむらひでね
●カ	金井延かないのぶる	川本幸民かわもとこうみん
快川紹喜かいせんじょうき	仮名垣魯文かながきろぶん	関山慧玄かんざんえげん
貝原益軒かいばらえきけん	蟹養斎かによさい	元三大師がんざんだいし →良源りょうげん
海保漁村かいほぎょそん	金子馬治かねこうまじ	閑室元佶かんしつげんきつ
海保青陵かいほせいりょう	金子大栄かねこだいえい	鑑真がんじん

神田孝平かんだたかひら
神田白竜子かんだはくりょうし
菅茶山かんちゃざん
管野スガかんのすが
菅野八郎かんのはちろう
姜沆カンハン →姜沆きょうこう
桓武天皇かんむてんのう
観勒かんろく

●キ
義演ぎえん
祇園南海ぎおんなんかい
岸田俊子きしだとしこ
岸田劉生きしだりゅうせい
岸本能武太きしもとのぶた
岸本由豆流きしもとゆずる
北一輝きたいっき
喜田貞吉きださだきち
北畠親房きたばたけちかふさ
北原白秋きたはらはくしゅう
北村透谷きたむらとうこく
吉川惟足きっかわこれたり →吉川惟足よしかわこれたり
吉川従長きっかわよりなが →吉川従長よしかわよりなが
義堂周信ぎどうしゅうしん
城戸千楯きどちたて
木下順庵きのしたじゅんあん
木下竹次きのしたたけじ
木下長嘯子きのしたちょうしょうし
木下尚江きのしたなおえ
木下杢太郎きのしたもくたろう
紀僧正きのそうじょう →真済しんぜい
紀貫之きのつらゆき
紀長谷雄きのはせお
吉備真備きびのまきび
紀平正美きひらただよし
木村兼葭堂きむらけんかどう
木村泰賢きむらたいけん
救済きゅうせい
行円ぎょうえん

景戒きょうかい
行基ぎょうき
行教ぎょうきょう
姜沆きょうこう
行信ぎょうしん
行智ぎょうち
凝然ぎょうねん
曲亭馬琴きょくていばきん
清沢洌きよさわきよし
清沢満之きよざわまんし
清原枝賢きよはらのえだかた →清原枝賢きよはらのしげかた
清原国賢きよはらのくにかた
清原枝賢きよはらのしげかた
清原宣賢きよはらののぶかた
清原マリアきよはらのマリア
桐生悠々きりゅうゆうゆう
欽明天皇きんめいてんのう

●ク
空海くうかい
空也くうや
陸羯南くがかつなん
九鬼周造くきしゅうぞう
救済くさい →救済きゅうせい
久坂玄瑞くさかげんずい
草間直方くさまなおかた
櫛田民蔵くしだみんぞう
九条兼実くじょうかねざね
九条政基くじょうまさもと
九条道家くじょうみちいえ
楠葉西忍くすばさいにん
楠本端山くすもとたんざん
朽木昌綱くつきまさつな
愚堂東寔ぐどうとうしょく
工藤平助くどうへいすけ
グナイスト
国木田独歩くにきだどっぽ
久布白落実くぶしろおちみ
熊谷元直くまがいもとなお
熊沢蕃山くまざわばんざん

久米邦武くめくにたけ
雲井竜雄くもいたつお
倉田百三くらたひゃくぞう
栗田土満くりたひじまろ
栗田寛くりたひろし
栗本鋤雲くりもとじょうん
厨川白村くりやがわはくそん
栗山潜鋒くりやません ぽう
黒川道祐くろかわどうゆう
黒住宗忠くろずみむねただ
黒田清輝くろだせいき
桑木厳翼くわきげんよく
桑田熊蔵くわたくまぞう

●ケ
芸阿弥げいあみ →三阿弥さんあみ
桂庵玄樹けいあんげんじゅ
景戒けいかい →景戒きょうかい
慶光院周養けいこういんしゅうよう
瑩山紹瑾けいざんじょうきん
景徐周麟けいじょしゅうりん
契沖けいちゅう
解脱房げだつぼう →貞慶じょうけい
月海元昭げっかいげんしょう →高遊外こうゆうがい
月枝元皓げっしげんこう →大潮元皓だいちょうげんこう
月舟寿桂げっしゅうじゅけい
月性げっしょう
月照げっしょう
ケーベル
釼阿けんあ →釼阿けんな
玄恵げんえ
賢璟けんきょう
源空げんくう →法然ほうねん
賢憬けんけい →賢璟けんきょう
賢俊けんしゅん
源信げんしん
元政げんせい
釼阿けんな
顕如けんにょ

分野別項目一覧（人名項目）

玄恵ね →玄恵げ	小西如庵こにしじ →内藤如安	嵯峨天皇さがて
玄昉ぼう		坂本竜馬さかもと
彦竜周興げんりゅう	近衛文麿このえふ	相楽総三さがらそ
●コ	近衛政家このえま	策彦周良さくげん
小石元俊こいしげ	小林一茶こばやし →一茶いっ	策伝さく →安楽庵策伝あんらく
小泉八雲こいずみ	小林多喜二こばやし	でん
五井蘭洲ごいらん	小林秀雄こばやし	佐久間象山さくまし
皇円こうえん	小堀遠州こぼりえ	桜田虎門さくらだ
甲賀三郎こうがさ	五味釜川ごみふ	佐々木月樵ささきげ
興教大師こうぎょう →覚鑁かく	小宮山楓軒こみやま	佐々木惣一ささきそ
光謙こうけ →霊空れい	後村上天皇ごむらかみ	佐々木導誉ささき
孝謙天皇こうけん	金光大神こんこう →金光教こう	佐藤一斎さとうい
光定こうじ	きょう	佐藤泰然さとうた
幸田露伴こうだ	権田直助ごんだな	佐藤直方さとうな
幸徳秋水こうとくし	権田保之助ごんだやすのすけ	佐藤信淵さとうの
江南院竜霄こうなんいん	金地院崇伝こんちいん →以心	佐野学さのまな
河野広中こうのひ	崇伝いしん	ザビエル
高弁こうべ →明恵みょうえ	近藤重蔵こんどうじ	猿丸大夫さるまる
杲宝ごうほう	権藤成卿ごんどうせ	沢田東江さわだと
高峰顕日こうほう	近藤篤山こんどう	沢野忠庵さわのち
弘法大師こうぼう →空海くう	コンドル	沢柳政太郎さわやなぎ
光明皇后こうみょう	金春禅竹こんぱる	三阿弥さんあみ
弘也こうや →空也くう	●サ	三条西実隆さんじょうに
高遊外こうゆ	西園寺公望さいおんじ	山東京伝さんとうき
古賀謹一郎こがきん	西行さいぎょう	三遊亭円朝さんゆうてい
古賀精里こがせ	西吟さい	●シ
古賀侗庵こがと	西郷隆盛さいごう	椎尾弁匡しいお
虎関師錬こかんし	西笑承兌さいしょう →西笑承	慈雲じう
五行ごぎょう →木食上人もくじきし	兌せいしょう	慈円じえ
古在由重こざい	最澄さいちょう	塩谷宕陰しおのや
小崎弘道こざきひ	斎藤月岑さいとう	慈覚大師じかく →円仁えん
後三条天皇ごさんじょう	斎藤拙堂さいとう	志賀重昂しがし
後白河天皇ごしらかわ	斎藤隆夫さいとう	志賀直哉しがな
小関三英こせきさ	斎藤竹堂さいとう	式子内親王しきしない
五大院大徳ごだいいん →安然あ	斎藤茂吉さいとう	竺仙梵僊じくせん
ねん	堺利彦さかい	重明親王しげあきら
後醍醐天皇ごだいご	境野黄洋さかいの	滋野貞主しげのの
小谷三志こだに	榊原篁洲さかきばら	重野安繹しげの
後藤艮山ごとうこ	坂士仏さかし	慈眼大師じげん →天海てん
後藤象二郎ごとうしょ	阪谷素さかたに	慈山じさん →妙立みょう

慈周じしゅう →六如りくにょ	聖応大師しょうおうだいし →良忍りょうにん	●ス
慈摂大師じしょうだいしょう →真盛しんせい	聖覚しょうかく	瑞渓周鳳ずいけいしゅうほう
思託したく	松花堂昭乗しょうかどうしょうじょう	崇伝すうでん →以心崇伝いしんすうでん
慈鎮じちん →慈円じえん	静観房好阿じょうかんぼうこうあ	末広鉄腸すえひろてっちょう
志筑忠雄しづきただお	証空しょうくう	菅江真澄すがえますみ
至道無難しどうぶなん	上宮太子じょうぐうたいし →聖徳太子	菅野真道すがののまみち
慈忍じにん →慧猛えみょう	貞慶じょうけい	菅原孝標女すがわらのたかすえのむすめ
司馬江漢しばこうかん	聖冏しょうげい	菅原道真すがわらのみちざね
柴四朗しばしろう →東海散士とうかいさんし	貞慶じょうけい	杉浦重剛すぎうらじゅうごう
	性憲しょうけん	杉亨二すぎこうじ
柴田鳩翁しばたきゅうおう	正司考祺しょうじこうき	杉田玄白すぎたげんぱく
司馬達等しばたっと	証真しょうしん	杉田成卿すぎたせいけい
柴野栗山しばのりつざん	成尋じょうじん	杉田定一すぎたていいち
渋井太室しぶいたいしつ	貞崇じょうそう	杉山元治郎すぎやまもとじろう
渋沢栄一しぶさわえいいち	正灯国師しょうとうこくし →宗峰妙超	鈴木重胤すずきしげたね
慈遍じへん	寂室元光じゃくしつげんこう	鈴木春山すずきしゅんさん
シーボルト	聖徳太子しょうとくたいし	鈴木正三すずきしょうさん
島木健作しまきけんさく	肖柏しょうはく	鈴木石橋すずきせっきょう
島崎藤村しまざきとうそん	聖宝しょうほう	鈴木大拙すずきだいせつ
島地黙雷しまじもくらい	聖武天皇しょうむてんのう	鈴木文治すずきぶんじ
島田三郎しまださぶろう	蜀山人しょくさんじん →大田南畝おおたなんぼ	鈴木牧之すずきぼくし →夜職草よねぐさ
島田忠臣しまだのただおみ		鈴木雅之すずきまさゆき
島村抱月しまむらほうげつ	式子内親王しきしないしんのう →式子内親王しきしないしんのう	鈴木三重吉すずきみえきち
清水浜臣しみずはまおみ		●セ
下河辺長流しもこうべちょうりゅう	白河天皇しらかわてんのう	世阿弥ぜあみ
下田歌子しもだうたこ	白柳秀湖しらやなぎしゅうこ	聖覚せいかく →聖覚しょうかく
下中弥三郎しもなかやさぶろう	心越興儔しんえつこうちゅう	西山上人せいざんしょうにん →証空しょうくう
釈雲照しゃくうんしょう	真教しんき	西笑承兌せいしょうじょうたい
寂室元光じゃくしつげんこう	新宮涼庭しんぐうりょうてい	清少納言せいしょうなごん
釈宗演しゃくそうえん	心敬しんけい	清拙正澄せいせつしょうちょう
謝花昇じゃはなのぼる	真言院僧都しんごんいんそうず →貞崇じょうそう	清田儋叟せいだたんそう
周文しゅうぶん		関孝和せきこうわ →関孝和せきたかかず
宗峰妙超しゅうほうみょうちょう	真盛しんせい	関孝和せきたかかず
朱舜水しゅしゅんすい	信西しんぜい	絶海中津ぜっかいちゅうしん
春屋妙葩しゅんおくみょうは	真済しんぜい	雪舟等楊せっしゅうとうよう
俊芿しゅんじょう	尋尊じんそん	雪窓宗崔せっそうそうさい
俊乗房しゅんじょうぼう →重源ちょうげん	真迢しんちょう	雪村周継せっそんしゅうけい
淳和天皇じゅんなてんのう	森羅万象しんらばんしょう →森島中良もりしまちゅうりょう	妹尾義郎せのおぎろう
聖一国師しょういちこくし →円爾えんに	親鸞しんらん	仙覚せんがく
乗因じょういん		千家俊信せんけとしざね

分野別項目一覧(人名項目)

千光法師せんこうほうし →栄西えいさい	大愚宗築だいぐそうちく	高山樗牛たかやまちょぎゅう
善珠ぜんじゅ	大光普照国師だいこうふしょうこくし →隠元隆琦いんげんりゅうき	高山彦九郎たかやまひこくろう
千秋藤篤せんしゅうふじあつ		田川大吉郎たがわだいきちろう
専順せんじゅん	大黒屋光太夫だいこくやこうだゆう →北槎聞略ほくさぶんりゃく	滝鶴台たきかくだい
千利休せんのりきゅう		滝沢馬琴たきざわばきん →曲亭馬琴きょくていばきん
専誉せんよ	醍醐天皇だいごてんのう	
善鸞ぜんらん	袋中たいちゅう	滝田樗陰たきたちょいん
●ソ	大潮元皓だいちょうげんこう	沢庵宗彭たくあんそうほう
相阿弥そうあみ →三阿弥さんあみ	大典だいてん →梅荘顕常ばいそうけんじょう	沢彦宗恩たくげんそうおん
草庵恵中そうあんえちゅう	大灯国師だいとうこくし →宗峰妙超しゅうほうみょうちょう	田口卯吉たぐちうきち
宗因そういん		竹越与三郎たけこしよさぶろう
増賀ぞうが	大道寺友山だいどうじゆうざん	武市瑞山たけちずいざん
宗鑑そうかん	諦忍たいにん	竹内式部たけのうちしきぶ
宗祇そうぎ	タウト	武野紹鷗たけのじょうおう
宋希璟そうきけい	田岡嶺雲たおかれいうん	竹久夢二たけひさゆめじ
僧濬そうしゅん →鳳潭ほうたん	高雄僧正たかおのそうじょう →真済しんぜい	建部綾足たけべあやたり
宗性そうしょう	高楠順次郎たかくすじゅんじろう	建部賢弘たけべかたひろ
宋素卿そうそけい	高倉徳太郎たかくらとくたろう	建部清庵たけべせいあん
左右田喜一郎そうだきいちろう	高三隆達たかさぶりゅうたつ	竹村茂雄たけむらしげお
宗長そうちょう	高階隆兼たかしなのたかかね	武元立平たけもとりっぺい →勧農策かんのうさく
双峰国師そうほうこくし →双峰宗源そうほうそうげん	高島嘉右衛門たかしまかえもん	
	高島秋帆たかしましゅうはん	太宰治だざいおさむ
双峰宗源そうほうそうげん	高島米峰たかしまべいほう	太宰春台だざいしゅんだい
相馬御風そうまぎょふう	高杉晋作たかすぎしんさく	田沢義鋪たざわよしはる
相馬黒光そうまこっこう	高田早苗たかたさなえ	田添鉄二たぞえてつじ
蘇我稲目そがのいなめ	高田保馬たかたやすま	多田南嶺ただなんれい
蘇我馬子そがのうまこ	高野岩三郎たかのいわさぶろう	只野真葛ただのまくず
曾我量深そがりょうじん	高野昌碩たかのしょうせき →富強六略ふきょうりくりゃく	橘曙覧たちばなあけみ
即伝そくでん		橘孝三郎たちばなこうざぶろう
薗田守良そのだもりよし	高野長英たかのちょうえい	橘南谿たちばななんけい
蘇民将来そみんしょうらい	高野房太郎たかのふさたろう	橘逸勢たちばなのはやなり
存覚ぞんかく	高橋是清たかはしこれきよ	橘広相たちばなのひろみ
●タ	高橋五郎たかはしごろう	橘諸兄たちばなのもろえ
他阿弥陀仏たあみだぶつ →真教しんきょう	高橋里美たかはしさとみ	橘三喜たちばなみつよし
大瀛だいえい	高畠素之たかばたけもとゆき	橘守部たちばなもりべ
大我だいが	鷹見泉石たかみせんせき	立原翠軒たちはらすいけん
大覚禅師だいかくぜんじ →蘭渓道隆らんけいどうりゅう	高村光雲たかむらこううん	辰野金吾たつのきんご
	高村光太郎たかむらこうたろう	伊達千広だてちひろ
大鑑禅師だいかんぜんじ →清拙正澄せいせつしょうちょう	高群逸枝たかむれいつえ	田中王堂たなかおうどう
	高山右近たかやまうこん	田中正造たなかしょうぞう

田中智学 たなかちがく
田中不二麻呂 たなかふじまろ
田辺元 たなべはじめ
谷川士清 たにかわことすが
谷秦山 たにじんざん
谷本富 たにもととめり
田能村竹田 たのむらちくでん
玉木正英 たまきまさひで
玉田永教 たまだながのり
玉松操 たままつみさお
為永春水 ためながしゅんすい
田安宗武 たやすむねたけ
田山花袋 たやまかたい
樽井藤吉 たるいとうきち
弾誓 たんせい
潭北 たんぼく
●チ
智覚普明国師 ちかくふみょうこくし →春屋妙葩 しゅんおくみょうは
近角常観 ちかずみじょうかん
近松門左衛門 ちかまつもんざえもん
智光 ちこう
智証大師 ちしょうだいし →円珍 えんちん
智真 ちしん →一遍 いっぺん
智蔵 ちぞう
智洞 ちどう
中巌円月 ちゅうがんえんげつ
潮音 ちょうおん
潮音道海 ちょうおんどうかい
澄憲 ちょうけん
重源 ちょうげん
奝然 ちょうねん
超然 ちょうねん
珍海 ちんかい
●ツ
冢田大峰 つかだたいほう
都賀庭鐘 つがていしょう
塚本虎二 つかもととらじ
津阪東陽 つさかとうよう
辻潤 つじじゅん

辻蘭室 つじらんしつ
津田梅子 つだうめこ
津田仙 つだせん
津田左右吉 つだそうきち
津田真道 つだまみち
土井晩翠 どいばんすい →土井晩翠 どいばんすい
土田杏村 つちだきょうそん
土御門家 つちみかどけ
土御門泰福 つちみかどやすふく
堤朝風 つつみあさかぜ
綱島梁川 つなじまりょうせん
角田忠行 つのだただゆき
坪井信道 つぼいしんどう
坪内逍遙 つぼうちしょうよう
鶴峰戊申 つるみねしげのぶ
鶴屋南北 つるやなんぼく
●テ
貞安 ていあん
鄭舜功 ていしゅんこう
鄭成功 ていせいこう →国性爺合戦 こくせんやかっせん
貞徳 ていとく
出口王仁三郎 でぐちおにさぶろう
出口なお でぐちなお
出口延佳 でぐちのぶよし →度会延佳 わたらいのぶよし
手島堵庵 てしまとあん
鉄眼道光 てつげんどうこう
寺門静軒 てらかどせいけん
寺田寅彦 てらだとらひこ
天隠竜沢 てんいんりゅうたく
天海 てんかい
伝教大師 でんぎょうだいし →最澄 さいちょう
天桂伝尊 てんけいでんそん
天竺老人 てんじくろうじん →平賀源内 ひらがげんない
天智天皇 てんじてんのう
天章周文 てんしょうしゅうぶん →周文 しゅうぶん
天武天皇 てんむてんのう

●ト
土井晩翠 どいばんすい
東海散士 とうかいさんし
道鏡 どうきょう
道鏡慧端 どうきょうえたん
道元 どうげん
桃源瑞仙 とうげんずいせん
道興 どうこう
道慈 どうじ
稲若水 とうじゃくすい →稲生若水 いのうじゃくすい
道昌 どうしょう
道昭 どうしょう
東条一堂 とうじょういちどう
東条義門 とうじょうぎもん
桃中軒雲右衛門 とうちゅうけんくもえもん
東常縁 とうつねより
藤貞幹 とうていかん
多武峰聖 とうのみねのひじり →増賀 ぞうが
銅脈先生 どうみゃくせんせい →畠中観斎 はたなかかんさい
頭山満 とうやまみつる
常盤潭北 ときわたんぼく →潭北 たんぼく
独庵玄光 どくあんげんこう
徳一 とくいつ
徳川家康 とくがわいえやす →東照大権現 とうしょうだいごんげん
徳川斉昭 とくがわなりあき
徳川光圀 とくがわみつくに
独湛性瑩 どくたんしょうけい
徳富蘇峰 とくとみそほう
徳冨蘆花 とくとみろか
徳永直 とくながすなお
徳本 とくほん
徳門 とくもん →普寂 ふじゃく
徳竜 とくりゅう
戸坂潤 とさかじゅん
戸沢正令 とざわまさよし
豊島豊洲 としまほうしゅう
鳥栖寺僧都 とすでらそうず →貞崇 じょうすう

分野別項目一覧(人名項目)

う
兜率僧都〈とそつそうず〉 →覚超〈かくちょう〉
戸田茂睡〈とだもすい〉
舎人親王〈とねりしんのう〉
鳥羽天皇〈とばてんのう〉
登張竹風〈とばりちくふう〉
富田高慶〈とみたたかよし〉
富永仲基〈とみながなかもと〉
留岡幸助〈とめおかこうすけ〉
朝永三十郎〈ともながさんじゅうろう〉
伴林光平〈ともばやしみつひら〉
伴部安崇〈ともべやすたか〉
友松円諦〈ともまつえんたい〉
外山正一〈とやままさかず〉
豊田天功〈とよだてんこう〉
鳥居素川〈とりいそせん〉
トルレス❶❷
トレス →トルレス
頓阿〈とんあ〉
曇徴〈どんちょう〉
曇鸞〈どんらん〉

●ナ
内藤湖南〈ないとうこなん〉
内藤如安〈ないとうじょあん〉
内藤耻叟〈ないとうちそう〉
永井荷風〈ながいかふう〉
中井甃庵〈なかいしゅうあん〉
中井竹山〈なかいちくざん〉
中井正一〈なかいまさかず〉
中井履軒〈なかいりけん〉
中江兆民〈なかえちょうみん〉
中江藤樹〈なかえとうじゅ〉
永岡鶴蔵〈ながおかつるぞう〉
仲雄王〈なかおのおおきみ〉
中沢道二〈なかざわどうに〉
中島徳蔵〈なかじまとくぞう〉
中島信行〈なかじまのぶゆき〉
中島広足〈なかじまひろたり〉
永田広志〈ながたひろし〉
長塚節〈ながつかたかし〉

中天游〈なかてんゆう〉
永富独嘯庵〈ながとみどくしょうあん〉
中根元圭〈なかねげんけい〉
中根東里〈なかねとうり〉
中野重治〈なかのしげはる〉
長野主膳〈ながのしゅぜん〉
中野正剛〈なかのせいごう〉
長野豊山〈ながのほうざん〉
長野義言〈ながのよしとき〉 →長野主膳
中林成昌〈なかばやししげまさ〉
中原中也〈なかはらちゅうや〉
那珂通世〈なかみちよ〉
中村敬宇〈なかむらけいう〉 →中村正直
中村惕斎〈なかむらてきさい〉
中村正直〈なかむらまさなお〉
中村守臣〈なかむらもりおみ〉
中山みき〈なかやまみき〉
名古屋玄医〈なごやげんい〉
梨木祐之〈なしのきすけゆき〉 →鴨祐之〈かもゆきゆき〉
夏目漱石〈なつめそうせき〉
夏目甕麿〈なつめかめまろ〉
那波活所〈なばかっしょ〉
那波魯堂〈なばろどう〉
鍋山貞親〈なべやまさだちか〉
並河天民〈なみかわてんみん〉
並木正三〈なみきしょうざ〉
成島柳北〈なるしまりゅうほく〉
成瀬仁蔵〈なるせじんぞう〉
那波活所〈なばかっしょ〉 →那波活所
那波魯堂〈なばろどう〉 →那波魯堂
南化玄興〈なんかげんこう〉
南渓〈なんけい〉
南江宗沅〈なんこうそうげん〉
南条文雄〈なんじょうぶんゆう〉
南村梅軒〈なんそんばいけん〉 →南村梅軒

南原繁〈なんばらしげる〉
南部艸寿〈なんぶそうじゅ〉 →倭忠経〈やまとただつね〉
南浦紹明〈なんぽじょうみん〉
南摩綱紀〈なんまつなのり〉
南陽紹弘〈なんようじょうこう〉
南里有隣〈なんりありちか〉

●ニ
新島襄〈にいじまじょう〉
ニコライ
西周〈にしあまね〉
西川光二郎〈にしかわこうじろう〉
西川如見〈にしかわじょけん〉
西島蘭渓〈にしじまらんけい〉
西晋一郎〈にししんいちろう〉
西田幾多郎〈にしだきたろう〉
西田天香〈にしだてんこう〉
西田直養〈にしだなおかい〉
西村伊作〈にしむらいさく〉
西村茂樹〈にしむらしげき〉
西山拙斎〈にしやませっさい〉
西山宗因〈にしやまそういん〉 →宗因〈そういん〉
二条良基〈にじょうよしもと〉
西依成斎〈にしよりせいさい〉
日奥〈にちおう〉
日遠〈にちおん〉
日寛〈にちかん〉
日輝〈にちき〉
日経〈にちきょう〉
日尭〈にちぎょう〉
日乾〈にちけん〉
日珖〈にちこう〉
日樹〈にちじゅ〉
日重〈にちじゅう〉
日乗〈にちじょう〉 →朝山日乗〈あさやまにちじょう〉
日像〈にちぞう〉
日文〈にちもん〉 →昊〈みん〉
日蓮〈にちれん〉
日快〈にっかい〉 →安楽庵策伝〈あんらくあんさくでん〉

分野別項目一覧（人名項目）

でん
日経(にっきょう) →日経(にちきょう)
日親(にっしん)
日政(にっせい) →元政(げんせい)
日㫋(にっせん)
新田邦光(にったくにてる)
新田義貞(にったよしさだ)
新渡戸稲造(にとべいなぞう)
二宮尊徳(にのみやそんとく)
乳井貢(にゅういみつぎ)
如幻明春生伝(にょげんみょうじゅんきんせいおうじょうでん) →近世往生伝
仁海(にんがい)
忍向(にんこう) →月照(げっしょう)
忍性(にんしょう)
仁如集尭(にんじょしゅうぎょう)
忍澂(にんちょう)
仁徳天皇(にんとくてんのう)

●ヌ・ネ
沼田順義(ぬまたゆきよし)
沼間守一(ぬまもりかず)
根本遜志(ねもとそんし)

●ノ
能阿弥(のうあみ)
野口援太郎(のぐちえんたろう)
野中兼山(のなかけんざん)
野間三竹(のまさんちく)
野村芳兵衛(のむらよしべえ)
野呂栄太郎(のろえいたろう)
野呂元丈(のろげんじょう)

●ハ
梅荘顕常(ばいそうけんじょう)
芳賀矢一(はがやいち)
萩原朔太郎(はぎわらさくたろう)
萩原広道(はぎわらひろみち)
白隠慧鶴(はくいんえかく)
羽倉簡堂(はぐらかんどう)
橋本稲彦(はしもといなひこ)
橋本左内(はしもとさない)
橋本宗吉(はしもとそうきち)

芭蕉(ばしょう)
長谷川昭道(はせがわあきみち)
長谷川時雨(はせがわしぐれ)
長谷川天渓(はせがわてんけい)
長谷川如是閑(はせがわにょぜかん)
畠中観斎(はたなかかんさい)
畑中太冲(はたなかたちゅう)
波多野精一(はたのせいいち)
抜隊得勝(ばっすいとくしょう)
八田知紀(はったとものり)
服部之総(はっとりしそう)
服部蘇門(はっとりそもん)
服部中庸(はっとりなかつね)
服部南郭(はっとりなんかく)
鳩山春子(はとやまはるこ)
花園天皇(はなぞのてんのう)
塙保己一(はなわほきいち)
羽仁五郎(はにごろう)
羽仁もと子(はにもとこ)
馬場孤蝶(ばばこちょう)
馬場辰猪(ばばたつい)
馬場文耕(ばばぶんこう)
ハビアン
林鶴梁(はやしかくりょう)
林鵞峰(はやしがほう)
林家(はやしけ) →林家(りんけ)
林子平(はやししへい)
林述斎(はやしじゅっさい)
林読耕斎(はやしどっこうさい)
林鳳岡(はやしほうこう)
林羅山(はやしらざん)
林良斎(はやしりょうさい)
原敬(はらたかし)
原田東岳(はらだとうがく) →詩学新論
原坦山(はらたんざん)
原念斎(はらねんさい)
バリニャーノ
盤珪永琢(ばんけいようたく)
伴蒿蹊(ばんこうけい)

万安英種(ばんなんえいしゅ)
伴信友(ばんのぶとも)
伴林光平(ばんばやしみつひら) →伴林光平(ともばやしみつひら)
万里集九(ばんりしゅうきゅう)

●ヒ
稗田阿礼(ひえだのあれ)
東沢潟(ひがしたくがた)
樋口一葉(ひぐちいちよう)
ビゴー
久松真一(ひさまつしんいち)
尾藤二洲(びとうじしゅう)
日野富子(ひのとみこ)
美福門院(びふくもんいん)
平泉澄(ひらいずみきよし)
平賀源内(ひらがげんない)
平田篤胤(ひらたあつたね)
平田銕胤(ひらたかねたね)
平塚らいてう(ひらつからいちょう)
平野金華(ひらのきんか)
平野国臣(ひらのくにおみ)
平野義太郎(ひらのよしたろう)
平林初之輔(ひらばやしはつのすけ)
平山行蔵(ひらやまこうぞう)
平山省斎(ひらやませいさい)
ビレラ
広池千九郎(ひろいけちくろう)
広瀬旭荘(ひろせきょくそう)
広瀬淡窓(ひろせたんそう)

●フ
風来山人(ふうらいさんじん) →平賀源内(ひらがげんない)
フェノロサ
フェレイラ →沢野忠庵(さわのちゅうあん)
深田康算(ふかだやすかず)
福沢諭吉(ふくざわゆきち)
福住正兄(ふくずみまさえ)
福田行誠(ふくだぎょうかい)
福田徳三(ふくだとくぞう)

福田英子ふくだひでこ　→妾の半生涯めかけのはんせいがい
福地源一郎ふくちげんいちろう
福羽美静ふくばよしずか
福本日南ふくもとにちなん
福亮ふくりょう
藤井右門ふじいうもん
藤井高尚ふじいたかなお
藤井武ふじいたけし
藤井日達ふじいにったつ
藤井懶斎ふじいらんさい
藤沢東畡ふじさわとうがい
藤田東湖ふじたとうこ
富士谷成章ふじたになりあきら
富士谷御杖ふじたにみつえ
藤田幽谷ふじたゆうこく
藤塚知直ふじつかともなお
藤村操ふじむらみさお
藤本箕山ふじもときざん
藤森弘庵ふじもりこうあん
普寂ふじゃく
藤原貞幹ふじわらさだもと　→藤貞幹とうていかん
藤原惺窩ふじわらせいか
藤原明衡ふじわらのあきひら
藤原鎌足ふじわらのかまたり
藤原公任ふじわらのきんとう
藤原定家ふじわらのさだいえ　→明月記めいげつき
藤原実資ふじわらのさねすけ
藤原得子ふじわらのとくし　→美福門院びふくもんいん
藤原俊成ふじわらのとしなり
藤原仲麻呂ふじわらのなかまろ
藤原不比等ふじわらのふひと
藤原冬嗣ふじわらのふゆつぐ
藤原道綱母ふじわらのみちつなのはは
藤原道長ふじわらのみちなが
藤原通憲ふじわらのみちのり　→信西しんぜい
藤原武智麻呂ふじわらのむちまろ

藤原宗忠ふじわらのむねただ
藤原基経ふじわらのもとつね
藤原師輔ふじわらのもろすけ
藤原良房ふじわらのよしふさ
藤原頼長ふじわらのよりなが
布施松翁ふせしょうおう
蕪村ぶそん
二葉亭四迷ふたばていしめい
淵岡山ふちこうざん
仏慧円応禅師ぶっけいえんのうぜんじ　→蘭坡景茝らんぱけいし
仏光禅師ぶっこうぜんじ　→無学祖元むがくそげん
仏国禅師ぶっこくぜんじ　→高峰顕日こうほうけんにち
仏智広照浄印翊聖国師ぶっちこうしょうじょういんよくしょうこくし　→絶海中津ぜっかいちゅうしん
仏日燄慧禅師ぶつにちえんねぜんじ　→明極楚俊みんきそしゅん
仏日禅師ぶつにちぜんじ　→了庵桂悟りょうあんけいご
船橋宣賢ふなはしのぶかた　→清原宣賢きよはらのぶかた
ブラウン
古川古松軒ふるかわこしょうけん
古田織部ふるたおりべ
古橋暉児ふるはしてるのり
フルベッキ
フロイス
文雄ぶんゆう　→文雄もんのう
●ヘ
別当大師べっとうだいし　→光定こうじょう
ヘボン
ベルツ
●ホ
帆足万里ほあしばんり
ボアソナード
彭叔守仙ほうしゅくしゅせん
北条氏長ほうじょううじなが

北条時頼ほうじょうときより
北条泰時ほうじょうやすとき
鳳潭ほうたん
法道ほうどう
法然ほうねん
法霖ほうりん
保科正之ほしなまさゆき
細井平洲ほそいへいしゅう
細川ガラシャほそかわガラシャ
細川政元ほそかわまさもと
穂積陳重ほづみのぶしげ
穂積八束ほづみやつか
堀杏庵ほりきょうあん
堀景山ほりけいざん
本阿弥光悦ほんあみこうえつ
梵舜ぼんしゅん
本多利明ほんだとしあき
●マ
前野良沢まえのりょうたく
真木和泉まきいずみ
牧口常三郎まきぐちつねさぶろう
正岡子規まさおかしき
正木ひろしまさきひろし
正宗白鳥まさむねはくちょう
益田時貞ますだときさだ　→天草四郎あまくさしろう
増穂残口ますほざんこう
松岡恕庵まつおかじょあん
松岡雄淵まつおかゆうえん
松尾芭蕉まつおばしょう　→芭蕉ばしょう
松崎慊堂まつざきこうどう
松下見林まつしたけんりん
松平君山まつだいらくんざん
松平定信まつだいらさだのぶ
松永尺五まつながせきご
松永貞徳まつながていとく　→貞徳ていとく
松宮観山まつみやかんざん
松村介石まつむらかいせき
松本奎堂まつもとけいどう
松本佐兵衛まつもとさへえ　→大山為おおやまため

起おおやまためおき	宮内嘉長みやうちよしなが	村瀬栲亭むらせこうてい
松浦佐用姫まつらさよひめ	宮負定雄みやおいやすお	村田春門むらたはるかど
松浦静山まつらせいざん	宮城道雄みやぎみちお	村田春海むらたはるみ
真名部忠庵まなべちゅうあん →藤井懶斎ふじいらんさい	三宅観瀾みやけかんらん	村田了阿むらたりょうあ
	三宅尚斎みやけしょうさい	村松家行むらまついえゆき →度会家行わたらいいえゆき
丸山作楽まるやまさくら	三宅石庵みやけせきあん	
丸山真男まるやままさお	三宅雪嶺みやけせつれい	室鳩巣むろきゅうそう
マレー	都良香みやこのよしか	●メ・モ
万巻まん →満願まんがん	宮崎滔天みやざきとうてん	面山瑞方めんざんずいほう
満願まんがん	宮崎安貞みやざきやすさだ	黙庵霊淵もくあんれいえん
卍元師蛮まんげんしばん	宮沢賢治みやざわけんじ	木食応其もくじきおうご →木食上人もくじきしょうにん
満済さい	宮地直一みやじなおかず	
卍山道白まんざんどうはく	宮武外骨みやたけがいこつ	木食五行もくじきごぎょう →木食上人もくじきしょうにん
満済まんさい →満済まんさい	宮部鼎蔵みやべていぞう	
満誓まんせい	宮本武蔵みやもとむさし →五輪書ごりんしょ	木食上人もくじきしょうにん
●ミ		黙霖もくりん →宇都宮黙霖うつのみやもくりん
三浦環みうらたまき	明庵栄西みょうあんえいさい →栄西えいさい	
三浦梅園みうらばいえん	明恵みょうえ	物集高見もずめたかみ
三浦命助みうらめいすけ	妙立みょうりゅう	牧谿法常もっけいほうじょう
三木清みききよし	三善清行みよしのきよゆき	本居大平もとおりおおひら
御子左家みこひだりけ	三善為康みよしのためやす	本居宣長もとおりのりなが
三島中洲みしまちゅうしゅう	三輪執斎みわしっさい	本居春庭もとおりはるにわ
水足博泉みずたりはくせん	旻みん	本木良永もときりょうえい
溝口健二みぞぐちけんじ	明極楚俊みんきそしゅん	元田永孚もとだながざね
三谷隆正みたにたかまさ	●ム	元良勇次郎もとらゆうじろう
箕作阮甫みつくりげんぽ	向井元升むかいげんしょう	森有礼もりありのり
箕作秋坪みつくりしゅうへい	無外如大尼むがいにょだいに	森鷗外もりおうがい
箕作麟祥みつくりりんしょう	無学祖元むがくそげん	森槐園もりかいえん
南方熊楠みなかたくまぐす	武者小路実篤むしゃのこうじさねあつ	森島中良もりしまちゅうりょう
皆川淇園みながわきえん	無住道暁むじゅうどうぎょう	森田節斎もりたせっさい
南淵請安みなぶちのしょうあん	夢窓国師むそうこくし →夢窓疎石むそうそせき	森近運平もりちかうんぺい
南村梅軒みなみむらばいけん		モルレー →マレー
源順みなもとのしたごう	夢窓疎石むそうそせき	文雄もんのう
源高明みなもとのたかあきら	六人部是香むとべよしか	●ヤ
源隆国みなもとのたかくに	無能むのう	矢島楫子やじまかじこ
源為憲みなもとのためのり	村井知至むらいともし	ヤジロー →アンジロー
嶺田楓江みねたふうこう →海外新話かいがいしんわ	村岡典嗣むらおかつねつぐ	屋代弘賢やしろひろかた
	村上専精むらかみせんしょう	安井息軒やすいそっけん
蓑田胸喜みのだむねき	村上天皇むらかみてんのう	安井てつやすいてつ
美濃部達吉みのべたつきち	紫式部むらさきしきぶ	安岡正篤やすおかまさひろ

保田与重郎（やすだよじゅうろう）
宿屋飯盛（やどやのめしもり） →石川雅望（いしかわまさもち）
矢内原忠雄（やないはらただお）
梁川星巌（やながわせいがん）
柳沢淇園（やなぎさわきえん）
柳田国男（やなぎたくにお）
柳宗悦（やなぎむねよし）
柳原紀光（やなぎわらもとみつ） →続史愚抄（ぞくしぐしょう）
矢野玄道（やのはるみち）
矢野守光（やのもりみつ）
矢野竜渓（やのりゅうけい）
藪孤山（やぶこざん）
藪慎庵（やぶしんあん）
山岡浚明（やまおかまつあけ）
山鹿素行（やまがそこう）
山県有朋（やまがたありとも）
山県周南（やまがたしゅうなん）
山県太華（やまがたたいか）
山県大弐（やまがただいに）
山片蟠桃（やまがたばんとう）
山川菊栄（やまかわきくえ）
山川均（やまかわひとし）
山崎闇斎（やまざきあんさい）
山崎宗鑑（やまざきそうかん） →宗鑑（そうかん）
山路愛山（やまじあいざん）
山田方谷（やまだほうこく）
山田盛太郎（やまだもりたろう）
山田わか（やまだわか）
山梨稲川（やまなしとうせん）
山井崑崙（やまのいこんろん）
山上憶良（やまのうえのおくら）
山上宗二（やまのうえそうじ）
山部赤人（やまべのあかひと）
山村才助（やまむらさいすけ）
山室軍平（やまむろぐんぺい）
山本覚馬（やまもとかくま）
山本鼎（やまもとかなえ）
山本周五郎（やまもとしゅうごろう）

山本宣治（やまもとせんじ）
山本亡羊（やまもとぼうよう）
山本北山（やまもとほくざん）
山本有三（やまもとゆうぞう）
山脇東洋（やまわきとうよう）
●ユ
湯浅常山（ゆあさじょうざん）
雄略天皇（ゆうりゃくてんのう）
遊佐木斎（ゆさぼくさい）
由利公正（ゆりきみまさ）
●ヨ
永観（ようかん） →永観（えいかん）
栄西（ようさい） →栄西（えいさい）
横川僧都（よかわそうず） →源信（げんしん）
横井小楠（よこいしょうなん）
横井千秋（よこいちあき）
横光利一（よこみつりいち）
横山源之助（よこやまげんのすけ）
横山大観（よこやまたいかん）
与謝野晶子（よさのあきこ）
与謝野寛（よさのひろし）
与謝蕪村（よさぶそん） →蕪村（ぶそん）
吉岡弥生（よしおかやよい）
吉川惟足（よしかわこれたり）
吉川従長（よしかわよりなが）
慶滋保胤（よししげのやすたね）
吉田兼倶（よしだかねとも）
吉田兼見（よしだかねみ）
吉田兼右（よしだかねみぎ）
吉田熊次（よしだくまじ）
吉田兼好（よしだけんこう）
吉田篁敦（よしだこうとん）
吉田松陰（よしだしょういん）
吉田静致（よしだせいち）
吉田東洋（よしだとうよう）
吉田令世（よしだのりよ）
芳野金陵（よしのきんりょう）
吉野作造（よしのさくぞう）
吉益東洞（よしますとうどう）
吉満義彦（よしみつよしひこ）

良岑安世（よしみねのやすよ）
吉見幸和（よしみゆきかず）
吉村秋陽（よしむらしゅうよう）
依田学海（よだがっかい）
依田貞鎮（よださだしず）
四方赤良（よものあから） →大田南畝（おおたなんぽ）
●ラ
頼杏坪（らいきょうへい）
頼山陽（らいさんよう）
頼春水（らいしゅんすい）
頼三樹三郎（らいみきさぶろう）
蘭渓道隆（らんけいどうりゅう）
蘭坡景茝（らんぱけいし）
●リ
六如（りくにょ）
理源大師（りげんだいし） →聖宝（しょうぼう）
隆円（りゅうえん）
竜温（りゅうおん）
竜渓性潜（りゅうけいしょうせん）
隆光（りゅうこう）
竜湫周沢（りゅうしゅうしゅうたく）
柳亭種彦（りゅうていたねひこ）
竜熙近（りゅうひろちか）
了庵桂悟（りょうあんけいご）
良寛（りょうかん）
良観（りょうかん） →忍性（にんしょう）
竜渓性潜（りゅうけいしょうせん） →竜渓性潜（りゅうけいしょうせん）
良源（りょうげん）
良定（りょうじょう） →袋中（たいちゅう）
良忍（りょうにん）
了誉（りょうよ） →聖冏（しょうげい）
林家（りんけ）
●ル～ロ
留守希斎（るすきさい）
霊空（れいくう）
蓮如（れんにょ）
ロエスレル
魯迅（ろじん）

ロドリゲス
ロレンソ
●ワ
若林強斎（わかばやしきょうさい）
若松賤子（わかまつしずこ）
脇坂義堂（わきさかぎどう）
脇蘭室（わきらんしつ）
ワーグマン

和気清麻呂（わけのきよまろ）
和気広世（わけのひろよ）
和気真綱（わけのまつな）
渡辺重石丸（わたなべいかりまろ）
渡辺海旭（わたなべかいきょく）
渡辺崋山（わたなべかざん）
渡辺蒙庵（わたなべもうあん）
度会家行（わたらいいえゆき）

度会常昌（わたらいつねよし）
度会延佳（わたらいのぶよし）
度会行忠（わたらいゆきただ）
和辻哲郎（わつじてつろう）
王仁（わに）
和邇吉師（わにきし） →王仁（わに）

III 史料・著作物項目

●ア
愛国志林（あいこくしりん）
会津神社志（あいづじんじゃし）
愛と認識との出発（あいとにんしきとのしゅっぱつ）
塩嚢鈔（あいのうしょう）
青笹秘要録（あおざさひようろく）
青根が峰（あおねがみね） →俳諧問答（はいかいもんどう）
赤い鳥（あかいとり）
赤蝦夷風説考（あかえぞふうせつこう）
商人生業鑑（あきんどなりわいかがみ）
商人夜話草（あきんどやわそう）
朝倉英林壁書（あさくらえいりんかべがき）
朝倉宗滴話記（あさくらそうてきわき）
朝倉孝景条々（あさくらたかかげじょうじょう） →朝倉英林壁書（あさくらえいりんかべがき）
朝倉敏景十七箇条（あさくらとしかげじゅうしちかじょう） →朝倉英林壁書（あさくらえいりんかべがき）
朝日新聞（あさひしんぶん）
朝熊岳儀軌（あさまだけぎき）
朝熊山縁起（あさまさんえんぎ）
蘆野東山上書（あしのとうざんじょうしょ）
排蘆小船（あしわけおぶね）
飛鳥川（あすかがわ）
飛鳥浄御原令（あすかきよみはらりょう）
吾妻鏡（あづまかがみ）
あづま新聞（あづましんぶん）
化野物語（あだしののものがたり） →二人比（ににんくら）

丘尼（にくに）
熱田宮寛平縁起（あつたぐうかんぴょうえんぎ）
熱田宮秘釈見聞（あつたぐうひしゃくけんもん）
熱田講式（あつたこうしき）
阿波羅波記（あはらはき） →天照坐（あまてらします）
伊勢二所皇太神宮御鎮座次第記（いせにしょこうたいじんぐうごちんざしだいき）
阿仏房紀行（あぶつぼうきこう） →十六夜日記（いざよいにっき）
阿部一族（あべいちぞく）
鴉片始末（アヘンしまつ）
鴉片醸変記（アヘンじょうへんき） →古賀侗庵（こがとうあん）
天照坐伊勢二所皇太神宮御鎮座次第記（あまてらしますいせにしょこうたいじんぐうごちんざしだいき）
阿弥陀経（あみだきょう）
あめの夜の夢咄し（あめのよのゆめばなし）
天稚彦物語絵詞（あめわかひこものがたりえことば）
あらすき →歌学提要（かがくていよう）
アララギ
或る女（あるおんな）
ある心の自叙伝（あるこころのじじょでん） →長谷川如是閑（はせがわにょぜかん）
安位寺殿御自記（あんいじどののごじき） →経覚私要鈔（きょうがくしようしょう）
暗黒日記（あんこくにっき） →清沢洌（きよさわきよし）
暗夜行路（あんやこうろ）

●イ
井伊直孝遺状（いいなおたかゆいじょう）
イエズス会日本書翰集（イエズスかいにほんしょかんしゅう）
イエズス会日本年報（イエズスかいにほんねんぽう）
為学玉箒（いがくたまははき）
為学初問（いがくしょもん）
異義集（いぎしゅう）
「いき」の構造（いきのこうぞう）
為愚痴物語（いぐちものがたり）
池田光政訓誡（いけだみつまさくんかい）
意見十二箇条（いけんじゅうにかじょう）
異国日記（いこくにっき）
十六夜日記（いざよいにっき）
石田先生語録（いしだせんせいごろく）
異称日本伝（いしょうにほんでん） →松下見林（まつしたけんりん）
医事或問（いじわくもん）
伊豆山権現縁起（いずさんごんげんえんぎ） →走湯山縁起（そうとうさんえんぎ）
和泉式部日記（いずみしきぶにっき）
出雲国風土記（いずものくにふどき）
伊勢太神宮参詣記（いせだいじんぐうさんけいき）
伊勢貞丈家訓（いせていじょうかくん）
伊勢二所皇太神宮御鎮座本縁（いせにしょこうたいじんぐうごちんざほんえん）
伊勢二所皇太神御鎮座伝記（いせにしょこうたいじんごちんざでんき）

分野別項目一覧(史料・著作物項目)

伊勢二所太神宮神名秘書(いせにしょだいじんぐうしんめいひしょ)
伊勢宝基本記(いせほうきほんき) →造伊勢二所太神宮宝基本記(ぞういせにしょだいじんぐうほうきほんき)
伊勢物語(いせものがたり)
石上私淑言(いそのかみささめごと)
伊曾保物語(いそほものがたり)
板倉重矩遺書(いたくらしげのりいしょ)
板倉政要(いたくらせいよう)
一外交官の見た明治維新(いちがいこうかんのみためいじいしん)
一言芳談(いちごんほうだん)
一実神道記(いちじつしんとうき)
一乗要決(いちじょうようけつ)
一年有半(いちねんゆうはん)
一宮記(いちのみやき) →大日本国一宮記(だいにほんこくいちのみやき)
一枚起請文(いちまいきしょうもん)
五日市憲法(いつかいちけんぽう)
逸史(いっし)
稜威道別(いつのちわき)
一遍聖絵(いっぺんひじりえ)
田舎荘子(いなかそうじ)
いにしへふり(いにしへふり) →にひまなび(にいまなび)
犬筑波集(いぬつくばしゅう)
井上主計頭覚書(いのうえかずえのかみおぼえがき) →東照宮御遺訓(とうしょうぐうごゆいくん)
今鏡(いまかがみ)
今川大双紙(いまがわおおぞうし)
当風辻談義(いまようつじだんぎ)
当世下手談義(いまようへただんぎ)
夷虜応接大意(いりょおうせつたいい)
彝倫抄(いりんしょう)
色部氏年中行事(いろべしねんじゅうぎょうじ)
石清水八幡宮の縁起(いわしみずはちまんぐうのえん)
岩にむす苔(いわにむすこけ)
岩淵夜話(いわぶちやわ) →大道寺友山(だいどうじゆう)

因果物語(いんがものがたり)
陰隲録(いんしつろく) →善書(ぜんしょ)
陰徳太平記(いんとくたいへいき)
忌部八箇祝詞(いんべはっかのりと)
允澎入唐記(いんぽうにっとうき) →釈笑雲入明記(しゃくしょううんにゅうみんき)
蔭涼軒日録(いんりょうけんにちろく)

●ウ
うひ山ぶみ(ういやまぶみ)
上杉定正状(うえすぎさだまさじょう)
宇下人言(うかのひとごと) →宇下人言(うげのひとごと)
浮雲(うきぐも)
浮世の有さま(うきよのありさま)
浮世物語(うきよものがたり)
雨月物語(うげつものがたり)
宇下人言(うげのひとごと)
迂言(うげん)
宇佐八幡宮縁起(うさはちまんぐうえんぎ)
宇佐八幡宮託宣集(うさはちまんぐうたくせんしゅう) →八幡宇佐宮御託宣集(はちまんうさぐうごたくせんしゅう)
宇治左府記(うじさふき) →台記(たいき)
宇治拾遺物語(うじしゅういものがたり)
牛若物語(うしわかものがたり) →義経記(ぎけいき)
宇内混同秘策(うだいこんどうひさく) →混同秘策(こんどうひさく)
歌よみに与ふる書(うたよみにあたうるしょ)
宇津保物語(うつほものがたり)
産須那社古伝抄広義(うぶすなしゃこでんしょうこうぎ)
韞蔵録(うんぞうろく)
雲萍雑志(うんぴょうざっし)
運歩色葉集(うんぽいろはしゅう)

●エ
栄花物語(えいがものがたり)
永正記(えいしょうき)
英将秘訣(えいしょうひけつ)

永超録(えいちょうろく) →東域伝灯目録(とういきでんとうもくろく)
永平初祖学道用心集(えいへいしょそがくどうようじんしゅう) →学道用心集(がくどうようじんしゅう)
永和大嘗会記(えいわだいじょうえき)
益軒十訓(えきけんじっくん)
絵師草紙(えしのそうし)
越俎弄筆(えっそろうひつ)
江戸繁昌記(えどはんじょうき)
江戸名所図会(えどめいしょずえ)
延喜式(えんぎしき)
延喜式神名帳頭註(えんぎしきじんみょうちょうとうちゅう) →神名帳頭註(じんみょうちょうとうちゅう)
延喜式祝詞講義(えんぎしきのりとこうぎ)
燕居偶筆(えんきょぐうひつ)
厭世詩家と女性(えんせいしかとじょせい)
役談十義(えんだんじゅうぎ)
艶道通鑑(えんどうつがん)
延宝伝灯録(えんぽうでんとうろく)
延暦儀式帳(えんりゃくぎしきちょう) →太神宮儀式帳(だいじんぐうぎしきちょう)

●オ
老の路種(おいのみちぐさ)
応永記(おうえいき)
王学駁議(おうがくばくぎ)
小右記(おうき) →小右記(しょうゆうき)
鶯谷庵独言(おうこくあんどくげん) →夢酔独言(むすいどくげん)
奥州合戦記(おうしゅうかっせんき) →陸奥話記(むつわき)
往生拾因(おうじょうじゅういん)
往生要集(おうじょうようしゅう)
応仁記(おうにんき)
近江令(おうみりょう)
鸚鵡返文武二道(おうむがえしぶんぶのふたみち)
鸚鵡籠中記(おうむろうちゅうき)
嚶鳴館遺草(おうめいかんいそう)
大内義弘退治記(おおうちよしひろたいじき) →応永記(おうえいき)

分野別項目一覧（史料・著作物項目）

大鏡（おおかがみ）
大久保彦左衛門筆記（おおくぼひこざえもんひっき） →三河物語（みかわものがたり）
大阪平民新聞（おおさかへいみんしんぶん）
大阪毎日新聞（おおさかまいにちしんぶん）
大塩平八郎の檄文（おおしおへいはちろうのげきぶん）
大田命訓伝（おおたのみことくんでん） →伊勢二所皇太神御鎮座伝記（いせにしょこうたいじんごちんざでんき）
大祓詞（おおはらえのことば） →大祓（おおはらえ）
大峰界会万行自在次第（おおみねかいえまんぎょうじざいしだい）
大日本国一宮記（おおやまとのくににちのみやき） →大日本国一宮記（だいにほんこくいちのみやき）
翁の文（おきなのふみ）
翁問答（おきなもんどう）
おくのほそ道（おくのほそみち）
小倉百人一首（おぐらひゃくにんいっしゅ）
小栗判官（おぐりはんがん）(説経節)
小笹秘要録（おざさひようろく）
惜みなく愛は奪ふ（おしみなくあいはうばう）
小田原御陣（おだわらごじん） →天正記（てんしょうき）
落窪物語（おちくぼものがたり）
落穂集（おちぼしゅう） →大道寺友山（だいどうじゆうざん）
伽婢子（おとぎぼうこ）
男衾三郎絵巻（おぶすまさぶろうえまき）
御文（おふみ）
女郎花物語（おみなえしものがたり）
御身抜（おみぬき）
御室和書目録（おむろわしょもくろく） →本朝書籍目録（ほんちょうしょじゃくもくろく）
於茂秘伝草（おもひでぐさ）
おもろさうし（おもろそうし）
御湯殿上日記（おゆどののうえのにっき）
遠羅天釜（おらてがま）
和蘭医事問答（オランダいじもんどう）
和蘭通舶（オランダつうはく）
和蘭天説（オランダてんせつ）
和蘭話訳（オランダわやく）
折たく柴の記（おりたくしばのき）
俄羅斯情形臆度（オロスじょうけいおくど）
尾張国熱田太神宮縁起（おわりのくにあつただいじんぐうえんぎ） →熱田宮寛平縁起（あつたぐうかんぴょうえんぎ）
御師沙汰文（おんしさた文） →詔刀師沙汰文（のりとしさたぶみ）
温知政要（おんちせいよう）
女仁義物語（おんなじんぎものがたり）
女大学（おんなだいがく）
女大学宝箱（おんなだいがくたからばこ） →女大学（おんなだいがく）
女大学評論（おんなだいがくひょうろん）
女重宝記（おんなちょうほうき）
蔭涼軒日録（おんりょうけんにちろく） →蔭涼軒日録（いんりょうけんにちろく）

●カ
槐安国語（かいあんこくご）
海外新話（かいがいしんわ）
槐記（かいき） →台記（たいき）
廻国雑記（かいこくざっき）
外国事情書（がいこくじじょうしょ）
海国図志（かいこくずし）
海国兵談（かいこくへいだん）
改邪鈔（かいじゃしょう）
海上物語（かいじょうものがたり）
改造（かいぞう）
誡太子書（かいたいしのしょ）
解体新書（かいたいしんしょ）
華夷通商考（かいつうしょうこう）
回天詩史（かいてんしし）
海道記（かいどうき）
貝原益軒家訓（かいばらえきけんかくん）
懐風藻（かいふうそう）
解放（かいほう）
海防臆測（かいぼうおくそく）
海防備論（かいぼうびろん）
海防問答（かいぼうもんどう）
開目鈔（かいもくしょう）
海游録（かいゆうろく）
廻瀾条議（かいらんじょうぎ）
臥雲日件録（がうんにっけんろく）
呵刈葭（かかりのあし）
下学邇言（かがくじげん）
下学集（かがくしゅう）
歌学提要（かがくていよう）
鑑草（かがみぐさ）
餓鬼草紙（がきぞうし）
嘉吉記（かきつき）
歌経標式（かきょうひょうしき）
学者職分論（がくしゃしょくぶんろん）
覚禅抄（かくぜんしょう）
学則（がくそく）
学談雑録（がくだんざつろく）
学統弁論（がくとうべんろん）
学道用心集（がくどうようじんしゅう）
学統論（がくとうろん）
隔蓂記（かくめいき）
革命評論（かくめいひょうろん） →宮崎滔天（みやざきとうてん）
学問関鍵（がくもんかんけん）
学問源流（がくもんげんりゅう） →那波魯堂（なばろどう）
学問のすゝめ（がくもんのすすめ）
神楽岡縁起（かぐらおかえんぎ）
摑裂邪網編（かくれつじゃもうへん）
学論（がくろん）
花月草紙（かげつそうし）
かげろふ日記（かげろうにっき）
価原（かげん）
過去現在因果経（かこげんざいいんがきょう）
歌式（かしき） →歌経標式（かきょうひょうしき）
可笑記（かしょうき）
可笑記評判（かしょうきひょうばん）
貨殖論（かしょくろん）
華胥国物語（かしょこくものがたり）
春日御託宣記（かすがごたくせんき） →春日大明神御託宣記（かすがだいみょうじんごたくせんき）

分野別項目一覧(史料・著作物項目)

春日権現験記（かすがごんげんげんき）
春日大明神御託宣記（かすがだいみょうじんごたくせんき）
歌体約言（かたいやくげん）
学校問答書（がっこうもんどうしょ）
甲子夜話（かっしやわ）　→松浦静山（まつらせいざん）
葛城宝山記（かつらぎほうざんき）　→大和葛城宝山記（やまとかつらぎほうざんき）
家庭雑誌（かていざっし）
家庭之友（かていのとも）　→羽仁もと子（はにもとこ）
花伝（かで）　→風姿花伝（ふうしかでん）
家伝（かでん）　→藤氏家伝（とうしかでん）
加藤清正掟書（かとうきよまさおきてがき）
仮名性理（かなしょうり）
仮名性理竹馬抄（かなしょうりちくばしょう）　→仮名性理（かなしょうり）
仮名手本忠臣蔵（かなでほんちゅうしんぐら）
仮名文年中行事（かなぶんねんじゅうぎょうじ）　→公事根源（くじこんげん）
兼倶記（かねともき）　→番神問答記（ばんじんもんどうき）
兼見卿記（かねみきょうき）
かのやうに（かのよう に）
鎌倉右大臣集（かまくらうだいじんしゅう）　→金槐和歌集（きんかいわかしゅう）
鎌倉大草紙（かまくらおおぞうし）
鎌倉紀行（かまくらきこう）　→海道記（かいどうき）
神路の手引草（かみじのてびきぐさ）
神本地之事（かみほんじのこと）
禿高野（かむろこうや）　→刈萱（かるかや）
呵妄書（かもうしょ）
鴨の騒立（かものさわぎたち）
駁戎慨言（からおさめうれたみごと）　→駁戎慨言（ぎょいげん）
唐錦（からにしき）
刈萱（かるかや）(謡曲)

河内屋可正旧記（かわちやかせいきゅうき）
寛永諸家系図伝（かんえいしょかけいずでん）
環海異聞（かんかいいぶん）
観経（かんぎょう）　→観無量寿経（かんむりょうじゅきょう）
閑居友（かんきょのとも）
閑吟集（かんぎんしゅう）
菅家後集（かんけこうしゅう）
菅家文草（かんけぶんそう）
敢語（かんご）　→三語（さんご）
勧孝記（かんこうき）
元興寺伽藍縁起幷流記資財帳（がんごうじがらんえんぎならびにるきしざいちょう）
閑散余録（かんさんよろく）
願生帰命弁（がんしょうきみょうべん）
関城書（かんじょうしょ）
官職秘抄（かんしょくひしょう）
観心本尊抄（かんじんほんぞんしょう）
観心略要集（かんじんりゃくようしゅう）
寛政重修諸家譜（かんせいちょうしゅうしょかふ）
菅茶山翁筆のすさび（かんちゃざんおうふでのすさび）
関東往還記（かんとうおうかんき）
関東御成敗式目（かんとうごせいばいしきもく）　→御成敗式目（ごせいばいしきもく）
堪忍記（かんにんき）
勧農教訓録（かんのうきょうくんろく）
勧農策（かんのうさく）
勧農或問（かんのうわくもん）
関白任官記（かんぱくにんかんき）
寛平御遺誡（かんぴょうのごゆいかい）　→宇多天皇（うだてんのう）
観無量寿経（かんむりょうじゅきょう）
看聞日記（かんもんにっき）
漢洋内景説（かんようないけいせつ）
看羊録（かんようろく）　→姜沆（きょうこう）
管蠡秘言（かんれいひげん）

●キ

祇園物語（ぎおんものがたり）
気海観瀾（きかいかんらん）　→青地林宗（あおちりんそう）

気海観瀾広義（きかいかんらんこうぎ）　→川本幸民（かわもとこうみん）
擬極論時事封事（ぎきょくろんじじふうじ）
義挙三策（ぎきょさんさく）
菊と刀（きくとかたな）
義経記（ぎけいき）
季瓊日録（きけいにちろく）　→蔭凉軒日録（いんりょうけんにちろく）
きけわだつみのこえ
紀州御発向記（きしゅうごほっこうき）　→天正記（てんしょうき）
紀州政事草（きしゅうせいじそう）
鬼神新論（きしんしんろん）
鬼神論（きしんろん）
擬泰西人上書（ぎたいせいじんじょうしょ）
喜多院職人尽絵（きたいんしょくにんづくしえ）
北野天神縁起（きたのてんじんえんぎ）
喫茶往来（きっさおうらい）
橘窓茶話（きっそうさわ）
きのふはけふの物語（きのうはきょうのものがたり）
疑問録（ぎもんろく）
ぎやどぺかどる
鳩翁道話（きゅうおうどうわ）
九桂草堂随筆（きゅうけいそうどうずいひつ）
九経談（きゅうけいだん）
九経談総論評説（きゅうけいだんそうろんひょうせつ）
泣血余滴（きゅうけつよてき）
旧辞（きゅうじ）
嬉遊笑覧（きゆうしょうらん）
鳩巣上言録（きゅうそうじょうげんろく）　→献可録（けんかろく）
及門遺範（きゅうもんいはん）
糺問次第（きゅうもんしだい）
窮理通（きゅうりつう）
究理或問（きゅうりわくもん）
教育議（きょういくぎ）
教育時論（きょういくじろん）
狂医之言（きょういのげん）

狂雲集きょううんしゅう
経覚私要鈔きょうかくしようしょう
教学聖旨きょうがくせいし
行基年譜ぎょうきねんぷ
教行信証きょうぎょうしんしょう
教訓抄きょうくんしょう
教訓雑長持きょうくんぞうながもち
恭軒先生初会記きょうけんせんせいしょかいき
狂言昔語鈔きょうげんむかしがたりしょう →わらんべ草わらんべぐさ
匡正論きょうせいろん
京門記きょうもんき →明月記めいげつき
玉籤集ぎょくせんしゅう
玉葉ぎょくよう →九条兼実くじょうかねざね
馭戎概言ぎょじゅうがいげん
毀誉相半書きよそうはんしょ
御物御画目録ぎょぶつぎょがもくろく →御物御画目録えもくろくおん
清水物語きよみずものがたり
貴理師端来往キリシタンおうらい
切支丹宗門来朝実記キリシタンしゅうもんらいちょうじっき
鬼利至端破却論伝キリシタンはきゃくろんでん
吉利支丹物語キリシタンものがたり
義論集ぎろんしゅう
金烏玉兎集きんうぎょくとしゅう →簠簋内伝ほきないでん
金槐和歌集きんかいわかしゅう
琴学発揮きんがくはっき
禁河十二部書きんがじゅうにぶしょ
銀河鉄道の夜ぎんがてつどうのよる
キング
金句集きんくしゅう
近時政論考きんじせいろんこう
金集談きんじゅうだん
今書きんしょ
近世往生伝きんせいおうじょうでん
近世畸人伝きんせいきじんでん
近世見聞南紀念仏往生伝きんせいけんぶんなんきねんぶつおうじょうでん →南紀念仏往生伝なんきねんぶつおうじょうでん
近世叢語きんせいそうご
近世に於ける「我」の自覚きんせいにおけるがのじかくし
近世日本国民史きんせいにほんこくみんし →徳富蘇峰とくとみそほう
近世念仏往生伝きんせいねんぶつおうじょうでん
近代思想きんだいしそう
近代の超克きんだいのちょうこく
禁秘抄きんぴしょう
金峰山雑記きんぷせんざっき
金峰山秘密伝きんぷせんひみつでん
訓蒙図彙きんもうずい
●ク
空華日用工夫略集くうげにちようくふうりゃくしゅう
宮寺縁事抄ぐうじえんじしょう
愚管記ぐかんき
愚管抄ぐかんしょう
公事根源くじこんげん
旧事大成経くじだいせいきょう
旧事本紀くじほんぎ →先代旧事本紀せんだいくじほんぎ
旧事本紀玄義くじほんぎげんぎ
孔雀楼筆記くじゃくろうひっき
九条殿遺誡くじょうどののゆいかい
楠木合戦注文くすのきかっせんちゅうもん
楠諸士教訓くすのもろしのおしえくん →明君家訓めいくんかくん
くず花くずばな
口遊くちずさみ
熊野御幸記くまのごこうき
熊野権現御垂迹縁起くまのごんげんすいじゃくえんぎ
熊野の本地くまのほんじ
熊野影向図くまのようごうず
愚迷発心集ぐめいほっしんしゅう
黒田如水教諭くろだじょすいきょうゆ
黒田長政遺言くろだながまさゆいごん
黒谷上人語灯録くろだにしょうにんごとうろく
群書類従ぐんしょるいじゅう
君台観左右帳記くんだいかんそうちょうき
軍中竜馬奔走録ぐんちゅうりょうまほんそうろく →英将秘訣えいしょうひけつ
訓蒙画解集くんもうがかいしゅう
訓幼字義くんようじぎ
●ケ
経緯愚説けいいぐせつ
形影夜話けいえいやわ
経義折衷けいぎせっちゅう →井上金峨いのうえきんが
経義捃説けいぎくんぜつ
経国集けいこくしゅう
稽古談けいこだん
経済学大綱けいざいがくたいこう →河上肇かわかみはじめ
経済纂要けいざいさんよう
経済十二論けいざいじゅうにろん →井上四明いのうえしめい
敬斎箴けいさいしん
絅斎先生敬斎箴講義けいさいせんせいけいさいしんこうぎ →敬斎箴けいさいしん
絅斎先生仁義礼智講義けいさいせんせいじんぎれいちこうぎ
経済問答秘録けいざいもんどうひろく
経済要略けいざいようりゃく
経済録けいざいろく
経済録拾遺けいざいろくしゅうい
芸術に関する走り書的覚え書げいじゅつにかんするはしりがきてきおぼえがき
経世談けいせいだん
経世秘策けいせいひさく
敬説筆記けいせつひっき
啓発録けいはつろく
渓嵐拾葉集けいらんしゅうようしゅう
欠舌小記けつぜつしょうき
欠舌或問けつぜつわくもん
華厳経けごんきょう
戯財録ぎざいろく
藝園随筆げいえんずいひつ
顕戒論けんかいろん

分野別項目一覧(史料・著作物項目)

献可録(けんかろく)
建久年中行事(けんきゅうねんじゅうぎょうじ) →皇太神宮年中行事(こうたいじんぐうねんじゅうぎょうじ)
鉗狂人(けんきょうじん)
顕偽録(けんぎろく)
献芹詹語(けんきんせんご)
献芹徹衷(けんきんびちゅう)
元元集(げんげんしゅう)
蹇蹇録(けんけんろく)
玄語(げんご) →三語(さんご)
元亨釈書(げんこうしゃくしょ)
源語外伝(げんじげいでん) →源氏外伝
原古編(げんこへん)
乾坤弁説(けんこんべんせつ)
兼山麗沢秘策(けんざんれいたくひさく)
源氏外伝(げんじげいでん)
建治三年記(けんじさんねんき)
言志四録(げんししろく)
源氏物語(げんじものがたり)
源氏物語絵巻(げんじものがたりえまき)
源氏物語玉の小櫛(げんじものがたりたまのおぐし)
源氏物語抜書(げんじものがたりぬきがき) →源氏外伝(げんじげいでん)
源氏物語評釈(げんじものがたりひょうしゃく) →萩原広道(はぎわらひろみち)
健寿御前日記(けんじゅごぜんにっき) →建春門院中納言日記(けんしゅんもんいんちゅうなごんにっき)
建春門院中納言日記(けんしゅんもんいんちゅうなごんにっき)
憲政の本義を説いて其有終の美を済すの途を論ず(けんせいのほんぎをといてそのゆうしゅうのびをなすのみちをろんず)
建内記(けんだいき) →建内記(けんないき)
現代国家批判(げんだいこっかひはん)
現代日本の開化(げんだいにほんのかいか)
建内記(けんないき)
源平盛衰記(げんぺいじょうすいき)

憲法撮要(けんぽうさつよう)
憲法十七条(けんぽうじゅうしちじょう)
建保職人歌合(けんぽうしょくにんうたあわせ) →東北院職人歌合(とうほくいんしょくにんうたあわせ)
建武年間記(けんむねんかんき)
建武年中行事(けんむねんじゅうぎょうじ)
見聞談叢(けんもんだんそう) →伊藤梅宇(いとうばいう)
顕幽順考論(けんゆうじゅんこうろん)
建暦御記(けんりゃくぎょき) →禁秘抄(きんぴしょう)
鈐録(けんろく)

●コ

弘安参詣記(こうあんさんけいき) →太神宮参詣記(だいじんぐうさんけいき)
弘安礼節(こうあんれいせつ)
広益国産考(こうえきこくさんこう)
広益武士訓(こうえきぶしくん) →武士訓(ぶしくん)
交易論(こうえきろん)
航海遠略策(こうかいえんりゃくさく)
功過格(こうかかく) →善書(ぜんしょ)
広疑瑞決集(こうぎずいけつしゅう)
孝経啓蒙(こうきょうけいもう)
孝経楼詩話(こうきょうろうしわ)
孝義録(こうぎろく)
江家次第(ごうけしだい) →江次第(ごうしだい)
孔子縞于時藍染(こうしじまときにあいぞめ)
江次第(ごうしだい)
好色一代男(こうしょくいちだいおとこ)
好色五人女(こうしょくごにんおんな)
厚生新編(こうせいしんぺん)
興禅護国論(こうぜんごこくろん)
構想力の論理(こうそうりょくのろんり)
皇太神宮儀式帳(こうたいじんぐうぎしきちょう) →太神宮儀式帳(だいじんぐうぎしきちょう)
皇太神宮年中行事(こうたいじんぐうねんじゅうぎょうじ)
江談抄(ごうだんしょう)
皇朝史略(こうちょうしりゃく)

弘道館記(こうどうかんき)
弘道館記述義(こうどうかんきじゅつぎ)
皇道述義(こうどうじゅつぎ)
皇字沙汰文(こうじさたぶみ)
講孟剳記(こうもうさっき) →講孟余話(こうもうよわ)
紅毛雑話(こうもうざつわ)
講孟余話(こうもうよわ)
高野春秋(こうやしゅんじゅう)
拘幽操(こうゆうそう)
甲陽軍鑑(こうようぐんかん)
古学要(こがくよう)
粉河寺縁起絵巻(こかわでらえんぎえまき)
古今和歌集(こきんわかしゅう)
国意考(こくいこう)
国益本論(こくえきほんろん)
国学忘貝(こくがくわすれがい)
国史館日録(こくしかんにちろく)
国史纂論(こくしさんろん) →山県太華(やまがたたいか)
告志篇(こくしへん)
国是三論(こくぜさんろん)
国性爺合戦(こくせんやかっせん)
国体新論(こくたいしんろん)
国体総論(こくたいそうろん) →九経談総論評説(きゅうけいだんそうろんひょうせつ)
国体の本義(こくたいのほんぎ)
国体論及び純正社会主義(こくたいろんおよびじゅんせいしゃかいしゅぎ) →北一輝(きたいっき)
獄中記(ごくちゅうき)
国防の本義と其強化の提唱(こくぼうのほんぎとそのきょうかのていしょう) →陸軍パンフレット問題(りくぐんパンフレットもんだい)
国民新聞(こくみんしんぶん)
国民性十論(こくみんせいじゅうろん) →芳賀矢一(はがやいち)
国民之友(こくみんのとも)
極楽寺殿御消息(ごくらくじどのごしょうそく) →北条重時家訓(ほうじょうしげときかくん)
極楽浄土九品往生義(ごくらくじょうどくほんおうじょうぎ)

御禊記(ぎょけいき) →永和大嘗会記(えいわだいじょうえき)
護国三部経(ごこくさんぶきょう)
護国の経典(ごこくのきょうてん) →護国三部経(ごこくさんぶきょう)
古語拾遺(こごしゅうい)
こころ
古今学変(ここんがくへん)
古今著聞集(ここんちょもんじゅう)
古今百物語評判(ここんひゃくものがたりひょうばん)
古今役者論語魁(ここんやくしゃろんごさきがけ)
古今妖魅考(ここんようみこう)
五山堂詩話(ござんどうしわ)
古事記(こじき)
古事記伝(こじきでん)
古事記灯(こじきともしび)
古史成文(こしせいぶん)
古事談(こじだん)
古史徴(こしちょう)
古史通(こしつう)
御実紀(ごじっき) →徳川実紀(とくがわじっき)
古史伝(こしでん)
後拾遺往生伝(ごしゅういおうじょうでん)
五重塔(ごじゅうのとう)
五常訓(ごじょうくん)
古史略(こしりゃく)
後深心院関白記(ごしんしんいんかんぱくき) →愚管記(ぐかんき)
ごすゐでん(ごすいでん) →熊野の本地(くまののほんじ)
御誓言の書(ごせいごんのしょ) →一枚起請文(いちまいきしょうもん)
御成敗式目(ごせいばいしきもく)
古声譜(こせいふ) →山梨稲川(やまなしとうせん)
梧窓漫筆(ごそうまんぴつ)
古代研究(こだいけんきゅう) →折口信夫(おりくちしのぶ)
五代帝王物語(ごだいていおうものがたり)
御鎮座次第記(ごちんざしだいき) →天照坐伊勢二所皇太神宮御鎮座次第記(あまてらしますいせにしょこうたいじんぐうごちんざしだいき)
御鎮座伝記(ごちんざでんき) →伊勢二所皇太神御鎮座伝記(いせにしょこうたいじんごちんざでんき)
御鎮座本紀(ごちんざほんぎ) →豊受太神御鎮座本紀(とようけたいじんごちんざほんぎ)
国家構造論(こっかこうぞうろん)
国家と宗教(こっかとしゅうきょう)
国歌八論(こっかはちろん)
国記(こっき) →天皇記・国記(てんのうき・こっき)
古道大意(こどうたいい)
御当代記(ごとうだいき)
木葉衣(このはごろも)
御パシヨンの観念(ごパシヨンのかんねん)
後深草院弁内侍家集(ごふかくさいんべんのないしかしゅう) →弁内侍日記(べんのないしにっき)
五部書説弁(ごぶしょせつべん)
御文章(ごぶんしょう) →御文(おふみ)
後法興院記(ごほうこういんき)
護法資治論(ごほうしじろん)
古本説話集(こほんせつわしゅう)
古本大学刮目(こほんだいがくかつもく)
語孟字義(ごもうじぎ)
御物御画目録(ぎょもつぎょがもくろく)
御遺訓(ごゆいくん) →東照宮御遺訓(とうしょうぐうごゆいくん)
古来風体抄(こらいふうていしょう)
五輪書(ごりんのしょ)
惟任退治記(これとうたいじき)
瑚璉集(これんしゅう)
古老口実伝(ころうこうじつでん)
金剛頂経(こんごうちょうきょう)
金光明経(こんこうみょうきょう)
艮斎間話(こんさいかんわ)
今昔物語集(こんじゃくものがたりしゅう)
厳神鈔(ごんじんしょう)
こんちりさんのりやく
コンテムツス・ムンヂ
混同秘策(こんどうひさく)
坤輿図識(こんよずしき)

●サ
西鶴織留(さいかくおりどめ)
西宮記(さいきゅうき)
西国立志編(さいごくりっしへん)
摧邪評論(さいじゃひょうろん)
摧邪輪(さいじゃりん)
最勝王経(さいしょうおうきょう) →金光明経(こんこうみょうきょう)
妻妾論(さいしょうろん)
済生要略(さいせいようりゃく)
西方の人(さいほうのひと) →西方の人(さいほうのひと)
采覧異言(さいらんいげん)
細流抄(さいりゅうしょう)
祭礼草紙(さいれいそうし)
酒井家教令(さかいけきょうれい)
酒井隼人家訓(さかいはやとかくん)
逆髪(さかがみ) →蟬丸(せみまる)
さかき葉の日記(さかきばのにっき)
サカラメンタ提要(サカラメンタていよう)
前左大臣尊氏卿遺書事(さきのさだいじんたかうじきょういしょのこと) →等持院殿御遺書(とうじいんどののごいしょ)
策彦入明記(さくげんにゅうみんき) →策彦周良(さくげんしゅうりょう)
作詩志彀(さくしこう)
瑣語(さご)
鎖国論(さこくろん)
沙石集(しゃせきしゅう) →沙石集(しゃせきしゅう)
沙汰未練書(さたみれんしょ)
劄録(さつろく)
小夜寝覚(さよのねざめ)
更級日記(さらしなにっき)
申楽談儀(さるがくだんぎ)
サルバトル・ムンヂ
沢能根世利(さわのねせり)
三彝訓(さんいくん)

分野別項目一覧(史料・著作物項目)

三界一心記 →三賢一致書	山王一実神道記 →一実神道記	自然真営道
山家集	山王縁起 →耀天記	自然と人生
三貨図彙		死線を越えて
三経義疏	三王外記	地蔵堂通夜物語
三教鼎足論	山王霊験記	子孫鑑
三教要論	三之逡 →滝鶴台	時代閉塞の現状
山家学式	三兵答古知幾	七箇条制誡
山家要略記	三宝絵詞	七経孟子考文補遺
懺悔録	三略諺解	七十一番職人歌合
三賢一致書	山陵志	七大寺巡礼私記
三語	●シ	七大寺日記
産語	寺院法度	十巻抄 →図像抄
三教指帰	塩竈大明神御本地	実業之日本
三国最上之祓	塩尻 →天野信景	十訓抄
三国通覧図説	詩学新論	実語教
三才報徳金毛録	詩学逢原	実理学之捷径 →沢庵和尚法語
山子垂統 →片山兼山	紫家七論	
参州記 →三河物語	信貴山縁起絵巻	詩轍
三十三年の夢 →宮崎滔天	史記抄	志道軒蝴蝶物語 →風流志道軒伝
	色道大鏡	至道要抄
	式目抄	士道要論
さんせう太夫(説経節)	卮言抄	支那思想と日本 →津田左右吉
三帖和讃	四国御発向幷北国御動座記 →天正記	級長戸風
三酔人経綸問答	地獄草紙	東雲新聞
三冊子	自娯集	縉白往生伝
三代御記	紫芝園稿 →春台先生紫芝園稿	柴田合戦記
三大考		渋柿
三体詩抄	紫芝園漫筆	士仏参詣記 →伊勢太神宮参詣記
三代実録 →日本三代実録	時事新報	
三太郎の日記 →阿部次郎	持授抄	紫文要領
	私聚百因縁集	島井宗室遺書
山中人饒舌	四条河原図屏風	島津家久訓誡
三哲小伝	私小説論	島津綱貴教訓
参天台五台山記	紫女七論 →紫家七論	時務策
三徳抄		霜女覚書
サントスの御作業の内抜書	自然活真営道 →自然真営道	寺門伝記補録
		社会主義神髄

邪教大意(じゃきょうたいい)　→対治邪執論(たいじじゃしゅうろん)	修験常用秘法集(しゅげんじょうようひほうしゅう)	春波楼筆記(しゅんぱろうひっき)
釈笑雲入明記(しゃくしょううんにゅうみょうき)	修験心鑑鈔(しゅげんしんかんしょう)	松陰快談(しょういんかいだん)
釈日本紀(しゃくにほんぎ)	修験深秘行法符呪集(しゅげんじんぴぎょうほうふじゅしゅう)	紹運録(しょううんろく)　→本朝皇胤紹運録(ほんちょうこういんしょううんろく)
蔗軒日録(しゃけんにちろく)	修験伝記(しゅげんでんき)　→本山修験伝記(ほんざんしゅげんでんき)	貞永式目(じょうえいしきもく)　→御成敗式目(ごせいばいしきもく)
沙石集(しゃせきしゅう)	修験道切紙(しゅげんどうきりがみ)　→修験	松翁道話(しょうおうどうわ)
釈教正謬(しゃっきょうせいびゅう)	修要秘決集(しゅようひけつしゅう)	松翁ひとり言(しょうおうひとりごと)
拾遺往生伝(しゅういおうじょうでん)	修験道見聞鈔(しゅげんどうけんぶんしょう)	承久記(じょうきゅうき)
拾芥抄(しゅうがいしょう)	修験道十八箇条警策(しゅげんどうじゅうはっかじょうさく)	上宮皇太子菩薩伝(じょうぐうこうたいしぼさつでん)
集義外書(しゅうぎがいしょ)	修験道法度(しゅげんどうはっと)	上宮聖徳太子伝補闕記(じょうぐうしょうとくたいしでんほけつき)
宗門制法論(しゅうもんせいほうろん)	修験道秘決灌頂巻(しゅげんどうひけつかんじょうのまき)　→彦山修験道秘決灌頂巻(ひこさんしゅげんどうひけつかんじょうのまき)	上宮聖徳法王帝説(じょうぐうしょうとくほうおうていせつ)
宗教哲学骸骨(しゅうきょうてつがくがいこつ)		
拾玉集(しゅうぎょくしゅう)		
集義和書(しゅうぎわしょ)		照光記(しょうこうき)　→明月記(めいげつき)
修史始末(しゅうししまつ)		
十七条憲法(じゅうしちじょうけんぽう)　→憲法十七条(けんぽうじゅうしちじょう)	修験頓覚速証集(しゅげんとんがくそくしょうしゅう)	衝口発(しょうこうはつ)
	修験秘奥鈔(しゅげんひおうしょう)　→峰中灌頂本軌(ぶちゅうかんじょうほんき)	沼山閑話(しょうざんかんわ)
十住心論(じゅうじゅうしんろん)		常山紀談(じょうざんきだん)
自由新聞(じゆうしんぶん)	修験秘記略解(しゅげんひきりゃくげ)	沼山対話(しょうざんたいわ)
十善法語(じゅうぜんほうご)	修験秘要義(しゅげんひようぎ)　→修練秘要義(しゅれんひようぎ)	条々聞書(じょうじょうききがき)　→宗五大草紙(そうごおおそうし)
重訂解体新書(じゅうていかいたいしんしょ)		
自由党史(じゆうとうし)	守護国界章(しゅごこっかいしょう)	正信念仏偈(しょうしんねんぶつげ)
周南先生為学初問(しゅうなんせんせいいがくしょもん)　→為学初問(いがくしょもん)	儒釈筆陣(じゅしゃくひつじん)	攘斥茅議(じょうせきぼうぎ)
	出家とその弟子(しゅっけとそのでし)	小説神髄(しょうせつしんずい)
十二類合戦絵巻(じゅうにるいかっせんえまき)	出定後語(しゅつじょうごご)	樵談治要(しょうだんちよう)
自由之理(じゆうのことわり)	出定笑語(しゅつじょうしょうご)	正徹物語(しょうてつものがたり)
十八神道源起(じゅうはちしんとうげんき)	酒呑童子(しゅてんどうじ)	聖徳太子伝暦(しょうとくたいしでんりゃく)
聚分韻略(じゅぶんいんりゃく)	儒仏合論(じゅぶつごうろん)	浄土三部経(じょうどさんぶきょう)　→阿弥陀経(あみだきょう)、観無量寿経(かんむりょうじゅきょう)、無量寿経(むりょうじゅきょう)
宗門無尽灯論(しゅうもんむじんとうろん)	儒仏問答(じゅぶつもんどう)	
修養(しゅうよう)(新渡戸稲造著)	儒仏論聞書(じゅぶつろんききがき)	
修練秘要義(しゅれんひようぎ)	儒仏或問(じゅぶつわくもん)	浄土法門源流章(じょうどほうもんげんりゅうしょう)
朱学弁(しゅがくべん)	主婦之友(しゅふのとも)	上人御詞抄(しょうにんごことばにょうしょう)　→明恵上人遺訓(みょうえしょうにんいくん)
授業編(じゅぎょうへん)	儒門空虚聚語(じゅもんくうきょしゅうご)	
修験三正流儀教(しゅげんさんしょうりゅうぎきょう)	儒門思問録(じゅもんしもんろく)	昇平夜話(しょうへいやわ)
修験十八箇条警策(しゅげんじゅうはっかじょうけいさく)　→修験道十八箇条警策(しゅげんどうじゅうはっかじょうけいさく)	聚楽行幸記(じゅらくぎょうこうき)	正法眼蔵(しょうぼうげんぞう)
	儒林評(じゅりんひょう)	正法眼蔵随聞記(しょうぼうげんぞうずいもんき)
	俊寛(しゅんかん)(能)	証菩提山等縁起(しょうぼだいさんとうえんぎ)
修験修練秘要義(しゅげんしゅれんひようぎ)　→修練秘要義(しゅれんひようぎ)	春鑑抄(しゅんかんしょう)	勝鬘経義疏(しょうまんぎょうぎしょ)　→三経義疏(さんぎょうぎしょ)
	春記(しゅんき)	
修験修要秘決集(しゅげんしゅようひけつしゅう)	春台先生紫芝園稿(しゅんだいせんせいししえんこう)	上毛教界月報(じょうもうきょうかいげっぽう)　→

分野別項目一覧(史料・著作物項目)

柏木義円(かしわぎぎえん)	心学五倫書(しんがくごりんしょ)	慎思録(しんしろく)
将門記(しょうもんき)	心学奥の桟(しんがくおくのかけはし)	新人(しんじん)
小右記(しょうゆうき)	心学五則(しんがくごそく)	人臣去就説(じんしんきょしゅうせつ)
将来之日本(しょうらいのにほん)	心学五倫書(しんがくごりんしょ)	新真公法論并付録(しんしんこうほうろんならびにふろく)
性霊集(しょうりょうしゅう)	人格主義(じんかくしゅぎ)(阿部次郎著)	
女学雑誌(じょがくざっし)	神学初会記(しんがくしょかいき) →恭軒先生初会記(きょうけんせんせいしょかいき)	信心録(しんじんろく) →ヒデスの導師(ひですのどうし)
書紀集解(しょきしっかい) →河村秀根(かわむらひでね)		
	心学早染草(しんがくはやぞめぐさ)	真政大意(しんせいたいい)
職原抄(しょくげんしょう)	心学道の話(しんがくみちのはなし)	新政談(しんせいだん)
続日本紀(しょくにほんぎ)	神祇訓(じんぎくん)	信西入道蔵書目録(しんぜいにゅうどうぞうしょもくろく) →通憲入道蔵書目録(つうけんにゅうどうぞうしょもくろく)
続日本後紀(しょくにほんこうき)	新紀元(しんきげん)	
職方外紀(しょくほうがいき)	神祇雑々(じんぎざつざつ)	
植民及植民政策(しょくみんおよびしょくみんせいさく) →矢内原忠雄(やないはらただお)	神祇拾遺(じんぎしゅうい)	仁説問答(じんせつもんどう)
	神祇正宗(じんぎせいそう)	仁説問答師説(じんせつもんどうしせつ)
女訓(じょくん)	神祇正宗秘要(じんぎせいそうひよう)	新撰字鏡(しんせんじきょう)
女訓抄(じょくんしょう)	神祇伯家学則(じんぎはくけがくそく)	新撰姓氏録(しんせんしょうじろく)
蕉軒日録(しょうけんにちろく) →蕉軒日録(しょうけんにちろく)	神祇秘鈔(じんぎひしょう)	新撰髄脳(しんせんずいのう)
	神祇譜伝日記(じんぎふでんにっき)	新撰菟玖波集(しんせんつくばしゅう)
女工哀史(じょこうあいし)	神祇宝山記(じんぎほうざんき) →大和葛城宝山記(やまとかつらぎほうざんき)	新撰万葉集(しんせんまんようしゅう)
諸国見聞近世往生伝(しょこくけんぶんきんせいおうじょうでん) →近世念仏往生伝(きんせいねんぶつおうじょうでん)		神代垂加翁講義(じんだいすいかおうこうぎ) →神代巻講義(じんだいのまきこうぎ)
	神祇宝典(じんぎほうてん)	
諸国風俗問状答(しょこくふうぞくといじょうこたえ)	慎機論(しんきろん)	神代巻口訣(じんだいのまきくけつ)
	神宮雑例集(じんぐうぞうれいしゅう)	神代巻講義(じんだいのまきこうぎ)
書斎より街頭に(しょさいよりがいとうに)	神君御遺状(しんくんごゆいじょう) →徳川成憲百箇条(とくがわせいけんじょうかっかじょう)	神代巻惟足抄(じんだいのまきこれたりしょう)
諸山縁起(しょざんえんぎ)		神代巻塩土伝(じんだいのまきしおつちでん)
女四書(じょししょ)	人権新説(じんけんしんせつ)	神代巻日蔭草(じんだいのまきひかげぐさ) →神代巻藻塩草(じんだいのまきもしおぐさ)
諸士法度(しょしはっと)	塵劫記(じんこうき)	
諸社禁忌(しょしゃきんき)	新古今和歌集(しんこきんわかしゅう)	神代巻風葉集(じんだいのまきふうようしゅう)
諸社根元抄(しょしゃこんげんしょう) →神道集(しんとうしゅう)	神国王御書(しんこくおうごしょ)	神代巻藻塩草(じんだいのまきもしおぐさ)
	神国決疑編(しんこくけつぎへん)	信長記(しんちょうき)
諸社禰宜神主等法度(しょしゃねぎかんぬしとうはっと)	新墾談(しんこんだん)	信長公記(しんちょうこうき)
	新策(しんさく) →通議(つうぎ)	神敵二宗論(しんてきにしゅうろん) →出定笑語(しゅつじょうしょうご)
諸神本懐集(しょしんほんがいしゅう)	新猿楽記(しんさるがくき)	
職工事情(しょっこうじじょう)	神社条目(じんじゃじょうもく) →諸社禰宜神主等法度(しょしゃねぎかんぬしとうはっと)	神道烏伝祓除抄(しんとうからすでんはらえしょう)
白樺(しらかば)		神道学則日本魂(しんとうがくそくやまとだましい)
白川侯家訓(しらかわこうかくん) →明君家訓(めいくんかくん)	神社法度(じんじゃはっと) →諸社禰宜神主等法度(しょしゃねぎかんぬしとうはっと)	神道簡要(しんとうかんよう)
		神道五部書(しんとうごぶしょ)
白山之記(しらやまのき)	神儒偶談(しんじゅぐうだん)	神道私抄(しんとうししょう) →神道同一鹹味抄(しんとうどういつかんみしょう)
死霊解脱物語聞書(しりょうげだつものがたりききがき)	神儒問答(しんじゅもんどう)	
心学明日も見よ(しんがくあすもみよ) →	新女界(しんじょかい)	神道集(しんとうしゅう)

神道集成しんとうしゅうせい
神道生死之説しんとうしょうしのせつ
神道書紀縁起しんとうしょきえんぎ →旧事本紀玄義くじほんぎげんぎ
神道大意しんとうたいい 1 2
神道大意講談しんとうたいいこうだん
神道通国弁しんとうつうこくべん
神道伝授しんとうでんじゅ
神道同一鹹味抄しんとうどういつかんみしょう
神道独語しんとうどくご
神道秘伝折中俗解しんとうひでんせっちゅうぞっかい
神道由来の事しんとうゆらいのこと
神道要語しんとうようご
神道論議しんとうろんぎ →神儒問答しんじゅもんどう
新日本史しんにほんし
新日本之青年しんにほんのせいねん →徳富蘇峰とくとみそほう
神皇系図じんのうけいず
神皇正統記じんのうしょうとうき
心御柱記しんのみはしらのき
深秘鈔しんぴしょう →金峰山雑記きんぷせんざっき
神武権衡録しんぶけんこうろく
新仏教しんぶっきょう
神鳳鈔じんぽうしょう
神名帳頭註じんみょうちょうとうちゅう
臣民の道しんみんのみち
神武巻藻塩草じんむのまきもしおぐさ →神代巻藻塩草じんだいのまきもしおぐさ
神明法施式しんめいほうせいしき →神祇講式じんぎこうしき
心友記しんゆうき
新葉和歌集しんようわかしゅう
真理一斑しんりいっぱん
神理十要しんりじゅうよう
神令しんれい
新論しんろん
●ス
水雲問答すいうんもんどう

垂加翁神説すいかおうしんせつ
垂加社語すいかしゃご
垂鈎卵すいこうらん
垂統秘録すいとうひろく
豹言すうげん →新政談しんせいだん
数寄道次第すきどうしだい →僊林せんりん
資房卿記すけふさきょうき →春記しゅんき
鈴屋答問録すずのやとうもんろく
図像抄ずぞうしょう
須田弥兵衛妻出家絵詞すだやひょうえつまだがっけ →二人比丘尼ににんびくに
スバル
スピリツアル修行スピリツアルしゅぎょう
住吉本地すみよしのほんじ
住吉物語すみよしものがたり
諏訪大明神絵詞すわだいみょうじんえことば
諏訪大明神講式すわだいみょうじんこうしき
諏訪大明神御本地すわだいみょうじんごほんじ
駿台雑話すんだいざつわ
駿台秘書すんだいひしょ →献可録けんかろく
寸鉄録すんてつろく
●セ
西域物語せいいきものがたり
正学指掌せいがくししょう
政覚大僧正記せいかくだいそうじょうき
聖学問答せいがくもんどう
生活の探求せいかつのたんきゅう
斉家論せいかろん
清眼記せいがんき →世鏡抄せきょうしょう
正気歌せいきのうた
政教新論せいきょうしんろん
聖教要録せいきょうようろく
靖献遺言せいけんいげん
政権恢復秘策せいけんかいふくひさく
省𥡴録せいけいろく
贅語ぜいご →三語さんご
西山遺事せいざんいじ →桃源遺事とうげんいじ
聖書せいしょ

聖書之研究せいしょのけんきゅう →内村鑑三うちむらかんぞう
精神界せいしんかい →精神主義せいしんしゅぎ
醒睡笑せいすいしょう
西説内科撰要せいせつないかせんよう →宇田川玄随うだがわげんずい
政談せいだん
青鞜せいとう
聖道得門せいどうとくもん
制度通せいどつう
西方の人せいほうのひと
舎密開宗せいみかいそう →宇田川榕庵うだがわようあん
正名論せいめいろん
西洋学師ノ説せいようがくしのせつ
西洋画談せいようがだん
西洋紀聞せいようきぶん
西洋雑記せいようざっき
西洋事情せいようじじょう
西洋事情書せいようじじょうしょ
西洋列国史略せいようれっこくしりゃく
世界史的立場と日本せかいしてきたちばとにほん
世界地図屏風せかいちずびょうぶ
世界婦人せかいふじん
世界文化せかいぶんか
析玄せきげん
尺素往来せきそおうらい
世鏡抄せきょうしょう
赤𧞣𧞣せきほうほう
世間学者気質せけんがくしゃかたぎ
世事見聞録せじけんぶんろく
世子六十以後申楽談儀せしろくじゅういごさるがくだんぎ →申楽談儀さるがくだんぎ
勢多唐巴詩せたのからはし →畠中観斎はたなかかんさい
節用集せつようしゅう
蟬丸せみまる(能)
前衛ぜんえい

分野別項目一覧(史料・著作物項目)

禅海一瀾ぜんかいいちらん
戦旗せんき
仙境異聞せんきょういぶん
禅教統論ぜんきょうとうろん
前九年合戦絵巻ぜんくねんかっせんえまき
前訓ぜんくん
仙源抄せんげんしょう
宣言一つせんげんひとつ
賤策雑収せんさくざっしゅう
前識談ぜんしきだん
選択本願念仏集せんじゃくほんがんねんぶつしゅう
撰集抄せんじゅうしょう
洗心洞劄記せんしんどうさっき
先代旧事本紀せんだいくじほんぎ
先代旧事本紀大成経せんだいくじほんぎたいせいきょう →旧事大成経くじたいせいきょう
先達遺事せんだついじ
善中談ぜんちゅうだん
船中八策せんちゅうはっさく
先哲叢談せんてつそうだん
先哲像伝せんてつぞうでん
専応口伝せんのうくでん →立花りっか
善の研究ぜんのけんきゅう
禅鳳雑談ぜんぽうぞうだん
僊林せんりん

●ソ

宗安小歌集そうあんこうたしゅう
造伊勢二所太神宮宝基本記ぞういせにしょだいじんぐうほうきほんぎ
早雲寺殿廿一箇条そううんじどのにじゅういっかじょう
蒼海一滴集そうかいいってきしゅう
創学校啓そうがっこうけい
宗祇廻国雑記そうぎかいこくざっき →廻国雑記かいこくざっき
草径集そうけいしゅう →大隈言道おおくまことみち
宗五大草紙そうごおおぞうし
蔵志ぞうし
雑事条目ぞうじじょうもく →諸士法度

書しょはっと
草人木そうじんぼく
総斥排仏弁そうせきはいぶつべん
創造国学校啓そうぞうこくがっこうけい →創学校啓そうがっこうけい
草賊前記そうぞくぜんき
雑談集ぞうたんしゅう
宗滴物語そうてきものがたり →朝倉宗滴話記あさくらそうてきわき
走湯山縁起そうとうざんえんぎ
僧尼令そうにりょう
僧分教誡三罪録そうぶんきょうかいさんざいろく
草茅危言そうぼうきげん
草茅危言摘議そうぼうきげんてきぎ
僧妙達蘇生注記そうみょうたつそせいちゅうき
曾我物語そがものがたり
続古事談ぞくこじだん
続史愚抄ぞくしぐしょう
俗神道大意ぞくしんとうたいい
続神皇正統記ぞくじんのうしょうとうき
属文楷梯ぞくぶんかいてい
続本朝往生伝ぞくほんちょうおうじょうでん
続世継ぞくよつぎ →今鏡いまかがみ
素餐録そさんろく
曾根崎心中そねざきしんじゅう
園能池水そののいけのみず
徂来先生答問書そらいせんせいとうもんしょ
尊卑分脈そんぴぶんみゃく
尊容抄そんようしょう →図像抄ずぞうしょう

●タ

他阿上人参詣記たあしょうにんさんけいき
戴恩記たいおんき
大槐秘抄たいかいひしょう
大学非孔氏之遺書弁だいがくはこうしのいしょにあらざるのべん
大学要略だいがくようりゃく
大学或問だいがくわくもん
大家商量集たいかしょうりょうしゅう
台記たいき
大疑録たいぎろく

大君の都たいくんのみやこ
体源鈔たいげんしょう
大元神一秘書だいげんしんいっぴしょ
太閤記たいこうき
大かうさまくんきのうちだいこうさまくんきのうち
第三帝国だいさんていこく
対治邪執論たいじじゃしゅうろん
大嘗会記だいじょうえき →永和大嘗会記えいわだいじょうえき
大嘗会便蒙だいじょうえべんもう
太上感応篇たいじょうかんのうへん →善書ぜんしょ
退食間話たいしょくかんわ
太神宮儀式帳だいじんぐうぎしきちょう
太神宮参詣記だいじんぐうさんけいき
太神宮諸雑事記だいじんぐうしょぞうじき
太神宮神祇本記だいじんぐうじんぎほんき
大神宮両宮之御事だいじんぐうりょうぐうのおんこと
大成経たいせいきょう →旧事大成経くじたいせいきょう
大勢三転考たいせいさんてんこう
大山寺縁起絵巻だいせんじえんぎえまき
泰澄和尚伝記たいちょうおしょうでんき
大帝国論だいていこくろん
大道或問だいどうわくもん
大日経だいにちきょう
大日本国一宮記だいにほんこくいちのみやき
大日本史だいにほんし
大日本野史だいにほんやし →野史やし
大般若経だいはんにゃきょう
太平記たいへいき
太平記評判秘伝理尽鈔たいへいきひょうばんひでんりじんしょう
太平策たいへいさく
大宝律令たいほうりつりょう
大菩薩峠だいぼさつとうげ
大迷弁だいめいべん →出定笑語しゅつじょうしょうご
待問雑記たいもんざっき

太陽(たいよう)
平政連諫草(ひらまさつらのいさめぐさ)
高雄観楓図屏風(たかおかんぷうずびょうぶ)
高館(たかだち)
多賀墨卿君にこたふる書(たがぼっけいくんにこたうるしょ)
高光日記(たかみつにっき) →多武峰少将物語(とうのみねしょうしょうものがたり)
滝川心学論(たきがわしんがくろん)
沢庵和尚法語(たくあんおしょうほうご)
竹崎季長絵詞(たけさきすえながえことば) →蒙古襲来絵詞(もうこしゅうらいえことば)
武田信繁家訓(たけだのぶしげかくん)
竹取物語(たけとりものがたり)
竹むきが記(たけむきがき)
多胡辰敬家訓(たごたつたかかくん)
立花宗茂家訓(たちばなむねしげかくん) →立花立斎家中定書(たちばなりっさいかちゅうさだめがき)
立花立斎家中定書(たちばなりっさいかちゅうさだめがき)
脱亜論(だつあろん)
謫居童問(たっきょどうもん)
立山曼荼羅(たてやままんだら)
種蒔く人(たねまくひと)
ターヘル・アナトミア →解体新書(かいたいしんしょ)
玉勝間(たまかつま)
玉木土佐守覚書(たまきとさのかみおぼえがき) →身自鏡(みのかがみ)
たまきはる →建春門院中納言日記(けんしゅんもんいんのちゅうなごんにっき)
玉くしげ(たまくしげ)❶
玉くしげ(たまくしげ)❷ →秘本玉くしげ(ひほんたまくしげ)
玉襷(たまだすき)
霊能真柱(たまのみはしら)
民の繁栄(たみのさかえ)
多聞院日記(たもんいんにっき)
多波礼草(たわれぐさ)

弾出定後語(だんしゅつじょうごご) →摧裂邪網編(かいれつじゃもうへん)
胆大小心録(たんだいしょうしんろく)
歎異抄(たんにしょう)
●チ
近きより(ちかきより)
逐条憲法精義(ちくじょうけんぽうせいぎ)
竹林抄(ちくりんしょう)
逐鹿評(ちくろくひょう) →大学要略(だいがくようりゃく)
治国家根元(ちこっかこんげん)
知心弁疑(ちしんべんぎ)
知恥篇(ちちへん)
池亭記(ちていき)
治邦要旨(ちほうようし)
地北寓談(ちほくぐうだん)
茶の本(ちゃのほん)
茶湯一会集(ちゃのゆいちえしゅう)
中央公論(ちゅうおうこうろん)
中外新聞(ちゅうがいしんぶん)
籌海図編(ちゅうかいずへん)
中興鑑言(ちゅうこうかんげん)
忠孝類説(ちゅうこうるいせつ)
中国弁(ちゅうごくべん)
中国論集(ちゅうごくろんしゅう)
中朝事実(ちゅうちょうじじつ)
中右記(ちゅうゆうき)
中庸発揮(ちゅうようはっき)
長寛勘文(ちょうかんかんもん)
長者教(ちょうじゃきょう)
鳥獣戯画(ちょうじゅうぎが)
長寿養生論(ちょうじゅようじょうろん)
町人考見録(ちょうにんこうけんろく)
町人囊(ちょうにんぶくろ)
朝野新聞(ちょうやしんぶん)
勅規雲桃鈔(ちょくきうんとうしょう)
直言(ちょくげん)
勅語衍義(ちょくごえんぎ)
千代見草(ちよみぐさ)

千代もと草(ちよもとぐさ) →仮名性理(かなしょうり)
鎮国三部経(ちんこくさんぶきょう) →護国三部経(ごこくさんぶきょう)
鎮守勧請覚悟要(ちんじゅかんじょうかくごよう)
椿葉記(ちんようき)
●ツ
通海参詣記(つうかいさんけいき) →太神宮参詣記(だいじんぐうさんけいき)
通議(つうぎ)
通憲入道蔵書目録(つうけんにゅうどうぞうしょもくろく)
通語(つうご)
撞賢木(つきのさかき)
菟玖波集(つくばしゅう)
土(つち)
堤中納言物語(つつみちゅうなごんものがたり)
徒然草(つれづれぐさ)
●テ
帝紀(てき)
庭訓往来(ていきんおうらい)
丁巳封事(ていしふうじ)
訂正増訳采覧異言(ていせいぞうやくさいらんいげん)
鼎足論(ていそくろん) →三教鼎足論(さんきょうていそくろん)
迪彝篇(てきいへん)
鉄眼禅師仮字法語(てつげんぜんじかなほうご)
天海道春殿中問答(てんかいどうしゅんでんちゅうもんどう) →殿中問答(でんちゅうもんどう)
天学初函(てんがくしょかん)
天下国家之要録(てんかこっかのようろく) →本佐録(ほんさろく)
天狗芸術論(てんぐげいじゅつろん)
天口事書(てんこうじしょ)
天狗草紙(てんぐぞうし)
天口事書(てんこうことがき) →天口事書(てんこうじしょ)
天経或問(てんけいわくもん)
天慶和句文(てんけいわくぶん)
天寿国繡帳(てんじゅこくしゅうちょう)

天主実義(てんしゅじつぎ)
伝述一心戒文(でんじゅついっしんかいもん)
天正記(てんしょうき)
天正遣欧使節記(てんしょうけんおうしせつき)
天神講式(てんじんこうしき)
天説弁々(てんせつべんべん)
天地神祇審鎮要記(てんちじんぎしんちんようき)
天地始之事(てんちはじまりのこと)
天柱記(てんちゅうき)
殿中問答(でんちゅうもんどう)
天地理譚(てんちりたん)
天道覚明論(てんどうかくめいろん)
天道大福帳(てんどうだいふくちょう)
天皇記・国記(てんのうき・こっき)
天王談(てんのうだん)
天民遺言(てんみんいげん)
天明録(てんめいろく)
天文義論(てんもんぎろん)
天文弁惑(てんもんべんわく)
●ト
土井利勝遺訓(どいとしかついくん)
東域伝灯目録(とういきでんとうもくろく)
踏雲録事(とううんろくじ)
東雅(とうが)
東海璃華集(とうかいけいかしゅう)
東海夜話(とうかいやわ)
桃華蘂葉(とうかずいよう)
東家秘伝(とうかひでん)
東関紀行(とうかんきこう)
東京経済雑誌(とうきょうけいざいざっし)
東京独立雑誌(とうきょうどくりつざっし)
東京日日新聞(とうきょうにちにちしんぶん)
桃源遺事(とうげんいじ)
道賢上人冥途記(どうけんしょうにんめいどき)
東西遊記(とうざいゆうき) →橘南谿(たちばななんけい)
当山修験深秘行法符呪集(とうざんしゅげんじんぴぎょうほうふじゅしゅう) →修験深秘行法符呪集(しゅげんじんぴぎょうほうふじゅしゅう)
当山秘鈔(とうざんひしょう) →金峰山雑記(きんぶせんざっき)
記(きんぶせんき)
当山門源起(とうざんもんげんき)
等持院殿御遺書(とうじいんどのごいしょ)
藤氏家伝(とうしかでん)
童子教(どうじきょう)
唐詩選(とうしせん)
童子問(どうじもん)
東照宮御条目百箇条(とうしょうぐうごじょうもくひゃっかじょう) →徳川成憲百箇条(とくがわせいけんひゃっかじょう)
東照宮御遺訓(とうしょうぐうごゆいくん)
東照社縁起(とうしょうしゃえんぎ)
東照大権現縁起(とうしょうだいごんげんえんぎ) →東照社縁起(とうしょうしゃえんぎ)
当世穴噺(とうせいあなばなし)
当世書生気質(とうせいしょせいかたぎ)
東潜夫論(とうせんぷろん)
東素山消息(とうそざんしょうそく)
東大寺要録(とうだいじようろく)
唐大和上東征伝(とうだいわじょうとうせいでん)
統道真伝(とうどうしんでん)
藤堂高虎遺書(とうどうたかとらいしょ)
道二翁道話(どうにおうどうわ)
多武峰少将物語(とうのみねしょうしょうものがたり)
等伯画説(とうはくがせつ)
東武実録(とうぶじつろく)
東北院職人歌合(とうほくいんしょくにんうたあわせ)
童蒙先習(どうもうせんしゅう)
答問十策(とうもんじっさく)
答問録(とうもんろく) →鈴屋答問録(すずのやとうもんろく)
東洋学芸雑誌(とうようがくげいざっし)
東洋経済新報(とうようけいざいしんぽう)
東洋自由新聞(とうようじゆうしんぶん)
東洋大日本国々憲案(とうようだいにほんこっこくけんあん) →日本国国憲案(にほんこくこっけんあん)
東洋の理想(とうようのりそう)
東洋民権百家伝(とうようみんけんひゃっかでん)
遠野物語(とおのものがたり)
遠山毘古(とおやまびこ) →宮内嘉長(みやうちよしなが)
言継卿記(ときつぐきょうき)
徳川実紀(とくがわじっき)
徳川成憲百箇条(とくがわせいけんひゃっかじょう)
徳川光圀教訓(とくがわみつくにきょうくん)
独語(どくご)
独笑妄言(どくしょうもうげん)
読史余論(とくしよろん)
読直毘霊(どくなおびのみたま)
特命全権大使米欧回覧実記(とくめいぜんけんたいしべいおうかいらんじっき)
土左日記(とさにっき)
ドチリナ・キリシタン
鄰艸(となりぐさ)
都鄙問答(とひもんどう)
止由気宮儀式帳(とゆけぐうぎしきちょう) →太神宮儀式帳(だいじんぐうぎしきちょう)
豊葦原神風和記(とよあしはらしんぷうわき)
豊受皇太神御鎮座本紀(とようけこうたいじんごちんざほんぎ)
豊鑑(とよかがみ)
豊臣記(とよとみき) →太閤記(たいこうき)
鳥居元忠遺書(とりいもとただいしょ)
鳥の鳴音(とりのなくね) →和寿礼加多美(わすれかたみ)
とはずがたり(とはずがたり)
●ナ
内宮年中行事(ないくうねんじゅうぎょうじ) →皇太神宮年中行事(こうたいじんぐうねんじゅうぎょうじ)
内藤義泰家訓(ないとうよしやすかくん)
内部生命論(ないぶせいめいろん)
直茂公御壁書(なおしげこうおんかべがき)
直毘霊(なおびのみたま)
直幹申文絵詞(なおもともうしぶみえことば)
中臣祓聞書(なかとみのはらえききがき) 🅁🅂
中臣祓訓解(なかとみのはらえくんげ)
中臣祓講義(なかとみのはらえこうぎ)
中臣祓塩土伝(なかとみのはらえしおつちでん)

中臣祓注抄（なかとみのはらえちゅうしょう）
中臣祓風水草（なかとみのはらふうすいそう）
長等の山風（ながらのやまかぜ）　→伴信友
梨本集（なしのもととしゅう）
梨本書（なしのもとのしょ）
那智参詣曼荼羅（なちさんけいまんだら）
那智山浜宮示現図（なやさんはまぐうじげんず）
　→熊野影向図（くまのこうごうず）
ナップ
難波土産（なにわみやげ）
滑川談（なめりかわだん）
南留別志（なるべし）
南郭先生灯火書（なんかくせんせいとうかのしょ）
南学伝（なんがくでん）　→大高坂芝山（おおたかさかしざん）
南柯法語（なんかほうご）
南紀念仏往生伝（なんきねんぶつおうじょうでん）
南光坊林道春殿中問答（なんこうぼうはやしどうしゅんでんちゅうもんどう）　→殿中問答（でんちゅうもんどう）
難古事記伝（なんこじきでん）
南総里見八犬伝（なんそうさとみはっけんでん）
難太平記（なんたいへいき）
南蛮寺興廃記（なんばんじこうはいき）
南蛮寺物語（なんばんじものがたり）
南方録（なんぽうろく）

●ニ
にひまなび（にいまなび）
新学異見（にいまないけん）
にぎはひ草（にぎわいぐさ）
にごりえ
廿世紀之怪物帝国主義（にじっせいきのかいぶつていこくしゅぎ）
西山物語（にしやまものがたり）
二十一社記（にじゅういっしゃき）
二十二社註式（にじゅうにしゃちゅうしき）
二十二社弁本地（にじゅうにしゃべんほんじ）
二条河原落書（にじょうかわらのらくしょ）
二所大神宮神祇百首和歌（にしょだいじんぐうじんぎひゃくしゅわか）

異人恐怖伝（いじんぐうじんきょうふでん）
二水記（にすいき）
二中歴（にちゅうれき）
日間瑣事備忘録（にっかんさじびぼうろく）　→広瀬旭荘（ひろせきょくそう）
日光邯鄲枕（にっこうかんたんまくら）
日光山縁起（にっこうさんえんぎ）
日新館童子訓（にっしんかんどうじくん）
日新公伊呂波歌（にっしんこういろはうた）
日新真事誌（にっしんしんじし）
入唐記（にっとうき）　→釈笑雲入明記（しゃくしょううんにゅうみんき）
入唐求法巡礼行記（にっとうぐほうじゅんれいこうき）
日葡辞書（にっぽじしょ）
日本永代蔵（にっぽんえいたいぐら）　→日本永代蔵（にほんえいたいぐら）
二人比丘尼（ににんびくに）
二宮翁夜話（にのみやおうやわ）
日本一鑑（にほんいっかん）
日本逸史（にほんいっし）
日本イデオロギー論（にほんイデオロギーろん）
日本永代蔵（にほんえいたいぐら）
日本往生極楽記（にほんおうじょうごくらくき）
日本王代一覧（にほんおうだいいちらん）
日本覚書（にほんおぼえがき）
日本開化小史（にほんかいかしょうし）
日本外史（にほんがいし）
日本改造法案大綱（にほんかいぞうほうあんたいこう）
日本楽府（にほんがふ）
日本紀私抄（にほんぎしちょう）
日本教会史（にほんきょうかいし）
日本紀略（にほんきりゃく）
日本後紀（にほんこうき）
日本古学派之哲学（にほんこがくはのてつがく）
　→日本朱子学派之哲学（にほんしゅしがくはのてつがく）
日本国見在書目録（にほんこくげんざいしょもくろく）
日本国国憲案（にほんこっけんあん）
日本国書（にほんこくしょ）
日本三代実録（にほんさんだいじつろく）
日本史（にほんし）（フロイス著）

日本誌（にほんし）　→鎖国論（さこくろん）
日本詩史（にほんしし）
日本社会主義史（にほんしゃかいしゅぎし）
日本朱子学派之哲学（にほんしゅしがくはのてつがく）
日本巡察記（にほんじゅんさつき）
日本書紀（にほんしょき）
日本書紀纂疏（にほんしょきさんそ）
日本書紀神代巻抄（にほんしょきじんだいのまきしょう）🈁🈂
日本書紀通証（にほんしょきつうしょう）
日本書紀伝（にほんしょきでん）
日本人（にほんじん）
日本政記（にほんせいき）
日本西教史（にほんせいきょうし）
日本政治思想史研究（にほんせいじしそうしけんきゅう）
日本帝国憲法（にほんていこくけんぽう）　→五日市憲法（いつかいちけんぽう）
日本的霊性（にほんてきれいせい）
日本道徳論（にほんどうとくろん）
日本之下層社会（にほんのかそうしゃかい）
日本のカテキズモ（にほんのカテキズモ）
日本の労働運動（にほんのろうどううんどう）
日本評論（にほんひょうろん）🈁🈂
日本風景論（にほんふうけいろん）
日本文化史序説（にほんぶんかしじょせつ）
日本文徳天皇実録（にほんもんとくてんのうじつろく）
日本陽明学派之哲学（にほんようめいがくはのてつがく）　→日本朱子学派之哲学（にほんしゅしがくはのてつがく）
日本霊異記（にほんりょういき）
日本倫理思想史（にほんりんりしそうし）
日本浪曼派（にほんろうまんは）
入学新論（にゅうがくしんろん）
女人往生伝（にょにんおうじょうでん）
二六新報（にろくしんぽう）
庭のをしへ（にわのおしえ）　→乳母の文（めのとのふみ）
任官之事（にんかんのこと）　→関白任官

記かんぱくに
人間の学としての倫理学にんげんのがくとしてのりんりがく
仁王経にんのうきょう
●ヌ・ネ
沼山閑話ぬやまかんわ →沼山閑話しょうざんかんわ
沼山対話ぬやまたいわ →沼山対話しょうざんたいわ
鼠の草子ねずみのそうし
根南志具佐ねなしぐさ
寝惚先生文集ねぼけせんせいぶんしゅう
ねむりさまし
燃犀録ねんさいろく
年山紀聞ねんざんきぶん
年々随筆ねんねんずいひつ
念仏草紙ねんぶつそうし
●ノ
農家訓のうかくん
農業自得のうぎょうじとく
農業全書のうぎょうぜんしょ
農政本論のうせいほんろん
農民教訓状のうみんきょうくんじょう
農喩のうゆ
後鑑のちかがみ
野槌のづち
詔刀師沙汰文のっとしさたぶみ →詔刀師沙汰文のりとしさたぶみ
信長記のぶなが →信長記しんちょうき
信長公記のぶながこうき →信長公記しんちょうこうき
のらくろ
祝詞講義のりとこうぎ →延喜式祝詞講義えんぎしきのりとこうぎ
詔刀師沙汰文のりとしさたぶみ
●ハ
梅園三語ばいえんさんご →三語さんご
俳諧十論はいかいじゅうろん
俳諧問答はいかいもんどう
梅花無尽蔵ばいかむじんぞう

排吉利支丹文はいキリシタンぶん →属文楷梯ぞくぶんかいてい
梅松論ばいしょうろん
配所残筆はいしょざんぴつ
梅村載筆ばいそんさいひつ
売卜先生糠俵ばいぼくせんせいぬかたわら
排耶蘇はいやそ
破戒はかい
葉隠はがくれ
破吉利支丹はキリシタン
白山之記はくさんのき →白山之記はくさんのき
白山曼荼羅はくさんまんだら
莫妄想ばくもうそう
箱根本地由来はこねのほんじゆらい
筥根山縁起并序はこねやまえんぎならびにじょ
破邪顕正記はじゃけんしょうき
場所的論理と宗教的世界観ばしょてきろんりとしゅうきょうてきせかいかん
破提宇子はだいうす
旗本法度はたもとはっと →諸士法度しょしはっと
八代集はちだいしゅう
八幡宇佐宮御託宣集はちまんうさぐうごたくせんしゅう
八幡宮寺巡拝記はちまんぐうじじゅんぱいき
八幡愚童訓はちまんぐどうくん
八老独年代記はちろうひとりねんだいき
八筒祝詞はっかのりと →忌部八筒祝詞いんべはっかのりと
八宗綱要はっしゅうこうよう
伴天連記バテレンき
英草紙はなぶさそうし
浜成式はまなりしき →歌経標式かきょうひょうしき
浜松中納言物語はままつちゅうなごんものがたり
播磨国風土記はりまのくにふどき
播磨別所記はりまべっしょき →天正記てんしょうき
春雨物語はるさめものがたり

波留麻和解ハルマわげ →稲村三伯いなむらさんぱく
藩翰譜はんかんぷ
盤珪禅師語録ばんけいぜんじごろく
蕃史ばんし
蛮社遭厄小記ばんしゃそうやくしょうき
番神問答記ばんじんもんどうき
般若心経はんにゃしんぎょう
万民徳用ばんみんとくよう
●ヒ
ヒイデスの導師ヒイデスのどうし →ヒイデスの導師ヒデスのどうし
日吉山王利生記ひえさんのうりしょうき
日吉社神道秘密記ひえしゃしんとうひみつき
日吉社禰宜口伝抄ひえしゃねぎくでんしょう
日吉本記ひえほんき
光ひかり
氷川清話ひかわせいわ
日暮硯ひぐらしすずり
彦山修験道秘決灌頂巻ひこさんしゅげんどうひけつかんじょうのまき
彦山修験秘訣印信集ひこさんしゅげんひけついんじんしゅう
彦山峰中灌頂密蔵ひこさんぶちゅうかんじょうみつぞう
彦山流記ひこさんるき
比古婆衣ひこばえ
非出定後語ひしゅつじょうごご
肥前国風土記ひぜんのくにふどき
秘蔵宝鑰ひぞうほうやく
非徂徠学ひそらいがく
常陸帯ひたちおび
常陸国風土記ひたちのくにふどき
非徴ひちょう
ヒデスの導師ヒデスのどうし
秀吉事記ひでよし →天正記てんしょうき
秀頼事記ひでより →豊内記ほうないき
非天経或問ひてんけいわくもん
人となる道ひととなるみち
独考ひとりかんがえ

独ごと
独寝
非物篇
秘本玉くしげ
秘密曼荼羅十住心論 →十住心論
微味幽玄考
比売鑑
神籬磐境之大事
百一新論
百姓往来
百姓嚢
百姓分量記
百八町記
百練抄
百巻抄 →覚禅抄
病閒録
病者を扶くる心得
瓢鮎図
兵法家伝書
貧窮問答歌
貧乏物語
●フ
ファシズム批判
風姿花伝
風水草 →中臣祓風水草
風葉集 →神代巻風葉集
風葉和歌集
風流志道軒伝
普勧坐禅儀
富強六略
福音週報
福音新報
福音的基督教 →高倉徳太郎
福翁自伝
袋草紙
武家官位装束考

武家義理物語
武家事紀
武家諸法度
武功雑記
武江年表
武士訓
武士道(新渡戸稲造著)
不恤緯
婦女新聞
婦人倶楽部
不尽言
婦人公論
武政軌範
扶桑略記
峰中灌頂本軌
仏教活論序論
仏国暦象編
仏道大意 →出定笑語
仏法護国論 →月性
仏法之次第略抜書
物理小識
物類品隲
武道初心集
不動智神妙録
武道伝来記
武徳大成記
武徳編年集成
蒲団
不亡抄
夫木和歌集
父母状触書
麓草分
武野燭談
プロレタリア文化
文会雑記
文会筆録
文化価値と極限概念

文学界
文学に現はれたる我が国民思想の研究
文学評論
文学論(夏目漱石著)
文華秀麗集
文鏡秘府論
文芸春秋
文芸戦線
豊後国風土記
文章達徳綱領
文武二道万石通
文明一統記
文明東漸史
文明論之概略
●ヘ
米欧回覧実記 →特命全権大使米欧回覧実記
平家物語
平治物語
平治物語絵巻
兵法家伝書 →兵法家伝書
平民新聞
平民文庫
闢異
碧山日録
闢邪小言
辺鄙以知吾
遍照発揮性霊集 →性霊集
弁道
弁道書
弁内侍日記
弁復古
弁名
弁妄
●ホ

防海新策（ぼうかいしんさく）
判官物語（ほうがんものがたり）→義経記（ぎけいき）
宝慶記（ほうきょうき）
礐掛（ほう）
保建大記（ほうけんたいき）
保建大記打聞（ほうけんたいきうちぎき）
保元物語（ほうげんものがたり）
奉公心得書（ほうこうこころえがき）
豊国祭礼図屛風（ほうこくさいれいずびょうぶ）
北条氏綱遺状（ほうじょううじつなゆいじょう）
方丈記（ほうじょうき）
北条五代記（ほうじょうごだいき）
北条重時家訓（ほうじょうしげときかくん）
北条早雲廿一ケ条（ほうじょうそううんにじゅういっかじょう）→早雲寺殿廿一箇条（そううんじどのにじゅういっかじょう）
報徳記（ほうとくき）
豊内記（ほうないき）
法然上人絵伝（ほうねんしょうにんえでん）
放屁論（ほうひ）
保暦間記（ほうりゃくかんき）
放浪記（ほうろうき）
捕影問答（ほえいもんどう）
慕帰絵詞（ぼきえことば）
簠簋内伝（ほきないでん）
北槎聞略（ほくさぶんりゃく）
北山抄（ほくざんしょう）
北地危言（ほくちきげん）
法華経（ほけきょう）
法華経義疏（ほけきょうぎしょ）→三経義疏（さんぎょうぎしょ）
反故集（ほごしゅう）
保科正之家訓（ほしなまさゆきかくん）
戊子入明記（ぼしにゅうみんき）
戊戌夢物語（ぼじゅつゆめものがたり）
法華三十番神抄（ほっけさんじゅうばんじんしょう）
法華神道秘訣（ほっけしんとうひけつ）
法華番神問答書（ほっけばんじんもんどうしょ）→番神問答記（ばんじんもんどうき）

発心集（ほっしんしゅう）
本阿弥行状記（ほんあみぎょうじょうき）
本学挙要（ほんがくきょよう）
梵学津梁（ぼんがくしんりょう）
本教外篇（ほんきょうがいへん）
本佐録（ほんさろく）
本山修験深秘印信集（ほんざんしゅげんしんじんじんしゅう）
本山修験伝記（ほんざんしゅげんでんき）
本草正譌（ほんぞうせいが）→松平君山（まつだいらくんざん）
本多中書家訓（ほんだちゅうしょかくん）→本多平八郎忠勝家訓（ほんだへいはちろうただかつかくん）
本多平八郎忠勝家訓（ほんだへいはちろうただかつかくん）
本朝怪談故事（ほんちょうかいだんこじ）
本朝画史（ほんちょうがし）
本朝月令（ほんちょうげつれい）
本朝皇胤紹運録（ほんちょうこういんしょううんろく）
本朝高僧伝（ほんちょうこうそうでん）
本朝女鑑（ほんちょうじょかん）
本朝書籍目録（ほんちょうしょじゃくもくろく）
本朝神社考（ほんちょうじんじゃこう）
本朝神仙伝（ほんちょうしんせんでん）
本朝世紀（ほんちょうせいき）
本朝智恵鑑（ほんちょうちえかがみ）
本朝通鑑（ほんちょうつがん）
本朝遯史（ほんちょうとんし）
本朝二十不孝（ほんちょうにじゅうふこう）
本朝編年録（ほんちょうへんねんろく）→本朝通鑑（ほんちょうつがん）
本朝法華験記（ほんちょうほっけげんき）
本朝無題詩（ほんちょうむだいし）
本朝文粋（ほんちょうもんずい）
本朝麗藻（ほんちょうれいそう）
本福寺跡書（ほんぷくじあとがき）
梵網経（ぼんもうきょう）

●マ
舞姫（まいひめ）

末賀能比連（まがのひれ）
莫妄想（まくもうそう）→莫妄想（ばくもうそう）
枕草子（まくらのそうし）
真言弁（まことのべん）→富士谷御杖（ふじたにみつえ）
正信記（まさきのき）→本佐録（ほんさろく）
政基公旅引付（まさもとこうたびびきつけ）
増鏡（ますかがみ）
松平中納言家久訓誡（まつだいらちゅうなごんいえひさくんかい）→島津家久訓誡（しまづいえひさくんかい）
末灯鈔（まっとうしょう）
松永道斎聞書（まつながどうさいききがき）→東照宮御遺訓（とうしょうぐうごゆいくん）
末法灯明記（まっぽうとうみょうき）
マルクス・エンゲルス全集（マルクス・エンゲルスぜんしゅう）
マルチリヨの栞（マルチリヨのしおり）
丸血留の道（マルチルのみち）
万善簿（まんぜんぼ）
万葉集（まんようしゅう）
万葉集古義（まんようしゅうこぎ）→鹿持雅澄（かもちまさずみ）
万葉集註釈（まんようしゅうちゅうしゃく）→仙覚（せんがく）
万葉代匠記（まんようだいしょうき）

●ミ
三河物語（みかわものがたり）
身自鏡（みじか）→身自鏡（みのかがみ）
水鏡（みずかがみ）
三田文学（みたぶんがく）
道酒佐喜草（みちのさかえぐさ）
三井高利遺訓（みついたかとしいくん）
御堂関白記（みどうかんぱくき）
水戸家訓（みとかくん）→明君家訓（めいくんかくん）
身自鏡（みのかがみ）
身のかたみ（みのかたみ）
都新聞（みやこしんぶん）
宮寺縁事抄（みやでらえんじしょう）→宮寺

縁事抄（えんじしょう）
明恵上人遺訓（みょうえしょうにんいくん）
妙好人伝（みょうこうにんでん）
名語記（みょうごき）
明星（みょうじょう）
妙正物語（みょうしょうものがたり）
妙貞問答（みょうていもんどう）
妙法蓮華経（みょうほうれんげきょう）→法華経（ほけきょう）
妙々奇談（みょうみょうきだん）
三輪大明神縁起（みわだいみょうじんえんぎ）
三輪物語（みわものがたり）
民家分量記（みんかぶんりょうき）→百姓分量記（ひゃくしょうぶんりょうき）
民間格致問答（みんかんかくちもんどう）
民間雑誌（みんかんざっし）
民芸四十年（みんげいよんじゅうねん）
民権自由論（みんけんじゆうろん）
民撰議院設立建白書（みんせんぎいんせつりつけんぱくしょ）
明律国字解（みんりつこくじかい）

●ム
麦と兵隊（むぎとへいたい）
無刑録（むけいろく）→蘆野東山（あしのとうざん）
無言道人筆記（むげんどうじんひっき）
夢酔独言（むすいどくげん）
夢中問答（むちゅうもんどう）
陸奥話記（むつわき）
無名抄（むみょうしょう）
紫式部日記（むらさきしきぶにっき）
無量寿経（むりょうじゅきょう）

●メ
明訓一斑抄（めいくんいっぱんしょう）
明君家訓（めいくんかくん）
明月記（めいげつき）
明治文化全集（めいじぶんかぜんしゅう）
明心宝鑑（めいしんほうかん）→善書（ぜんしょ）
名疇（めいちゅう）→皆川淇園（みながわきえん）
明道書（めいどうしょ）

明徳記（めいとくき）
名物六帖（めいぶつりくじょう）
明六雑誌（めいろくざっし）
めのとのさうし（めのとのそうし）
乳母の文（めのとのふみ）

●モ
盲安杖（もうあんじょう）
蒙古襲来絵詞（もうこしゅうらいえことば）
孟子古義（もうしこぎ）
毛利元就遺誡（もうりもとなりいかい）
黙識録（もくしきろく）
本居宣長（もとおりのりなが）（村岡典嗣著）
元長神祇百首（もとながじんぎひゃくしゅ）→二所大神宮神祇百首和歌（にしょだいじんぐうじんぎひゃくしゅわか）
ものくさ太郎（ものくさたろう）
文緯（もんい）→山梨稲川（やまなしとうせん）
問学挙要（もんがくきょよう）
文徳実録（もんとくじつろく）→日本文徳天皇実録（にほんもんとくてんのうじつろく）
門葉記（もんよき）

●ヤ
夜会記（やかいき）
約言（やくげん）
役者論語（やくしゃばなし）
野史（やし）
夜船閑話（やせんかんな）
野叟独語（やそうどくご）
耶蘇会士日本通信（やそかいしにほんつうしん）→イエズス会日本書翰集（いえずすかいにほんしょかんしゅう）
耶蘇会日本年報（やそかいにほんねんぽう）→イエズス会日本年報（いえずすかいにほんねんぽう）
病草紙（やまいのそうし）
山鹿語類（やまがごるい）
大和葛城宝山記（やまとかつらぎほうざんき）
大和義礼（やまとぎれい）→滝川心学論（たきがわしんがくろん）
大和三教論（やまとさんきょうろん）

大和小学（やまとしょうがく）
大和俗訓（やまとぞくくん）
倭忠経（わちゅうきょう）
倭姫命世記（やまとひめのみことせいき）
大和本草（やまとほんぞう）
和論語（わろんご）→和論語（わろんご）
山上宗二記（やまのうえのそうじき）
山伏口伝（やまぶしくでん）→彦山修験道秘決灌頂巻（ひこさんしゅげんどうひけつかんじょうのまき）
山伏帳（やまぶしちょう）
山伏二字義（やまぶしにじぎ）

●ユ
唯一神道大意（ゆいいつしんとうたいい）→神道大意（しんとうたいい）❶
唯一神道名法要集（ゆいいつしんとうみょうほうようしゅう）
唯物論研究（ゆいぶつろんけんきゅう）→唯物論研究会（ゆいぶつろんけんきゅうかい）
維摩経義疏（ゆいまきょうぎしょ）→三経義疏（さんぎょうぎしょ）
幽囚録（ゆうしゅうろく）
郵便報知新聞（ゆうびんほうちしんぶん）
遊佐木斎書簡（ゆさぼくさいしょかん）→神儒問答（しんじゅもんどう）
夢の代（ゆめのしろ）
夢物語（ゆめものがたり）→戊戌夢物語（ぼじゅつゆめものがたり）

●ヨ
夜明け前（よあけまえ）
洋外紀略（ようがいきりゃく）
洋外通覧（ようがいつうらん）
幼学綱要（ようがくこうよう）
養生訓（ようじょうくん）
鎔造化育論（ようぞうかいくろん）
耀天記（ようてんき）
陽復記（ようふくき）
陽明攅眉（ようめいさんび）
養老律令（ようろうりつりょう）
義経物語（よしつねものがたり）→義経記（ぎけいき）

世継草（よつぎぐさ）
世継物語（よつぎものがたり）→大鏡（おおかがみ）
夜職草（よなべぐさ）
余は如何にして基督信徒となりし乎（よはいかにしてキリシトしんとなりしか）
与人役大体（よひとやくたいたい）
読売新聞（よみうりしんぶん）
万朝報（よろずちょうほう）
夜半の寝覚（よはのねざめ）

●ラ
来由記（らいゆき）→河内屋可正旧記（かわちやかまさきゅうよしきゅうき）
欄外書（らんがいしょ）→佐藤一斎（さとういっさい）
蘭学階梯（らんがくかいてい）
蘭学事始（らんがくことはじめ）

●リ
理学捷径（りがくしょうけい）→沢庵和尚法語（たくあんおしょうほうご）
理学秘訣（りがくひけつ）
理気差別論（りきさべつろん）→沢庵和尚法語（たくあんおしょうほうご）
六合雑誌（りくごうざっし）
六韜諺解（りくとうげんかい）
六諭衍義大意（りくゆえんぎたいい）
理趣経（りしゅきょう）
立斎公御咄之覚（りっさいこうおんはなしのおぼえ）→立花立斎家中定書（たちばなりっさいかちゅうさだめがき）
栗山上書（りつざんじょうしょ）
立正安国論（りっしょうあんこくろん）
李部王記（りぶおうき）→李部王記（りほうき）

●ウ
蕊不恤緯（りふじゅつい）
李部王記（りほうき）
琉球神道記（りゅうきゅうしんとうき）
留魂録（りゅうこんろく）
柳子新論（りゅうししんろん）
凌雲集（りょううんしゅう）
両儀集説外記（りょうぎしゅうせつがいき）→天文義論（てんもんぎろん）
両宮幣物論（りょうぐうへいもつろん）→詔刀師沙汰文（のりとしきたぶん）
梁塵秘抄（りょうじんひしょう）
両部神道口決鈔（りょうぶしんとうくけつしょう）
両部神道口決鈔心鏡録（りょうぶしんとうくけつしょうしんきょうろく）
旅愁（りょしゅう）

●ル・レ
類聚国史（るいじゅうこくし）
類聚神祇本源（るいじゅうじんぎほんげん）
麗気記（れいき）
礼儀類典（れいぎるいてん）
玲瓏集（れいろうしゅう）
歴史哲学（れきしてつがく）
暦象新書（れきしょうしんしょ）

●ロ
驢鞍橋（ろあんきょう）
老子形気（ろうしかたぎ）
老子国字解（ろうしこくじかい）
老子特解（ろうしとっかい）
老松堂日本行録（ろうしょうどうにほんこうろく）→宋希璟（そうきけい）
狼疐録（ろうちろく）
労働世界（ろうどうせかい）

労農（ろうのう）
鹿苑日録（ろくおんにちろく）
六代勝事記（ろくだいしょうじき）
六波羅殿御家訓（ろくはらどのごかくん）→北条重時家訓（ほうじょうしげときかくん）
ロザリヨ記録（ロザリヨきろく）
論語古義（ろんごこぎ）
論語古訓外伝（ろんごこくんがいでん）
論語集説（ろんごしゅうせつ）→安井息軒（やすいそっけん）
論語徴（ろんごちょう）

●ワ
和学大概（わがくたいがい）
和学弁（わがくべん）
我津衛（わがつえ）
和漢三才図会（わかんさんさいずえ）
和漢朗詠集（わかんろうえいしゅう）
和訓栞（わくんのしおり）
倭寇図巻（わこうずかん）
和字年中行事（わじねんじゅうぎょうじ）→建武年中行事（けんむねんじゅうぎょうじ）
和寿礼加多美（わすれがたみ）
早稲田文学（わせだぶんがく）
和荘兵衛（わそうべえ）
和俗童子訓（わぞくどうじくん）
私の個人主義（わたしのこじんしゅぎ）
和田正勝家訓（わだまさかつかくん）
和名類聚抄（わみょうるいじゅうしょう）
妾の半生涯（わらわのはんせいがい）
わらんべ草（わらんべぐさ）
我等（われら）
和論語（わろんご）

あ

愛 あい　日本において「愛」という漢語は古来使われてきた。「古事記」では「愛」は,「うるはし」と「うつくし」の語の表記にあてられている。「うるはし」は尊敬の念のこもった讃美の表現,「うつくし」は目上から目下の者にいだく愛情の表現と解されている。垂仁天皇の后沙本毘売(狭穂姫)は,〈兄と夫の天皇と,どちらを「うるはし」と思うか〉と兄から問われ,肉親への情愛と夫への思慕愛情の板挟みとなり悲劇へと導かれていく。応神天皇は,大山守命と大雀命の兄弟に〈年上の子と年下の子のどちらを「うつくし」と思うか〉と問うている。その後これらの理念のうえに,仏教的,儒教的,さらにはキリスト教的な愛の理念が流入した。「万葉集」の*山上憶良の歌(巻5-793)には,早くも仏教思想の影響をうけた「愛河」(愛欲の煩悩)などの語をみることができる。仏教的な愛は,まず物に対する強い執着を意味し,人間の根源的な衝動にもとづくものとされ,愛欲(肉欲)のように否定される面をもったが,その反面,子に対する親の愛が純粋で深いように,一切衆生に対してそれと同じような隔てのない愛情を注ぐことを勧める。それが菩薩の愛,*慈悲である。大乗仏教では特に慈悲が強調されている。

儒教では,愛は*孝や*仁と結びついて説かれている。親に深い愛をもって仕えることが孝であり(「孝経」),人を分け隔てなく愛すること,それが仁であった(「論語」)。ここに,キリスト教思想の流入以前に博愛の観念がもたらされていることが注目されよう。721年(養老5)7月25日の*放生に際しての詔には,「仁,動植に及び,……周孔の風(儒教),尤も仁と愛とを先にし,釈迦の教(道教と仏教),深く殺生を禁ず」(「続日本紀」)とあり,これらの思想が表れている。ただ孝については,親に対する単なる愛情だけではなく,多分に義務的な観念を伴うものであることが留意されなければならない。

平安時代になると,しだいに男女の愛が語られるようになったが,なお根強く近世まで一貫して,愛は,強者が弱者を慈しみあわれむ意味に用いられることが多かった。そのためキリシタンは,キリストの愛を表すのに「愛」の語は不適当と考え,「ご大切」の語を用いたことが指摘されている。事実「*日葡辞書」では,「大切」の語にAmor(愛)の訳語をあてている。江戸前期の儒者*林羅山は,「飲食(食欲)ト男女ノ道(性欲)トハ,人々ノ欲ニテ,皆ナクテハカナワヌ事ナリ。愛ミニ礼アリ法アリテ用ユル道アリ」(「敵戒説」)〈漢文〉に付された和文の「同和抄」)といって,礼節に背かない男女の愛を積極的に肯定した。また,「*もののあはれ」を説いた*本居宣長は「人の情のふかくかかること,恋に勝るものはなし」(「源氏物語玉の小櫛」)といい,人情の最たるものとして男女の愛を強調している。さらに,朱子学を否定した*伊藤仁斎の古義学を特徴づけるものは,仁すなわち愛であった。

愛国志林 あいこくしりん　再興愛国社の機関誌。再興愛国社は1879年(明治12)3月の第2回大会で機関紙の発行を決めたが資金が集まらず,機関誌に切り換え,80年3月13日に第1編を発行したのが「愛国志林」であり,本局は大阪におかれた。会長は*植木枝盛,編集長は喜多川林之丞,印刷長は永田一二である。同年8月8日までに第10編をだしたが,「摂海雑誌」を吸収して「愛国新誌」と改題し,8月14日の第1号から翌81年6月17日の第36号まで発行した。永田一二の「国会論」(全15編),植木枝盛の「代議院論」(全15回)・「無上政法論」(全11回)など,自由民権思想の中でも特筆される論説が両誌にわたって連載されている。

愛国婦人会 あいこくふじんかい　明治期に軍事援護のために設立された女性団体。1900年(明治33)東本願寺慰問使として北清事変(義和団事件)下の中国へ渡った奥村五百子は,兵士に後顧の憂いを与えぬためには軍人・遺家族の慰問救護が必要とみてとり,公爵近衛篤麿らに働きかけ,01年創設した。*下田歌子が趣意書を書き,会長は公爵夫人岩倉久子,会員は主に皇族・華族など上流層からなる。傷痍

軍人や遺家族の救護に従事し，日露戦争時に会員数が50万人近くに急増，大正期には社会事業にも取り組んだ。満州事変後は婦人報国運動をおこし，軍国主義的傾向を強めた。内務省との結び付きを深め，組織拡大を図って*大日本国防婦人会と競合した。42年(昭和17)*大日本婦人会に統合した。

会沢正志斎 あいざわせいしさい　1782～1863(天明2～文久3)　江戸後期の水戸学者。名は安, 字は伯民, 通称は恒蔵, 正志斎はその号。別に憩斎・欣賞斎と号す。父は水戸藩の下士。1791年(寛政3)10歳で*藤田幽谷に師事し，1803年(享和3)*彰考館の写字生となる。04年(文化元)諸公子侍読となり，のちの藩主*徳川斉昭を教育した。24年(文政7)イギリス人が大津浜に上陸した際には，筆談役を命ぜられ，対外的危機意識を深め，翌年，主著「*新論」を著して，*水戸学の尊王攘夷思想を理論化した。幽谷没後の26年に彰考館総裁代役となった。29年には，*藤田東湖とともに斉昭の藩主擁立に奔走した。31年(天保2)彰考館総裁となり，藩校弘道館の創設に尽力して，40年に初代の教授頭取(総教)となった。斉昭の失脚後は致仕・蟄居したが，55年(安政2)には弘道館総教に復帰し，戊午の密勅をめぐって，鎮派の領袖として尊攘激派と対立した。著書は「弘道館記」の解説書「*退食間話」，「*下学邇言」，「*迪彝篇」「正志斎文稿」など多数。

会津心学 あいづしんがく　→会津藤樹学

会津神社志 あいづじんじゃし　会津藩領の古社268座の社志。1巻。1672年(寛文12)撰。藩主*保科正之は, 領内と南山御蔵入内の神仏習合色の濃い神社や淫祠, そして新しく建立された神社, また不当な僧侶のいる寺院や邪教集団などを, 家臣の友松氏興や服部安休に命じて調査・整理させ, さらに荒廃していた式内社などの名社を再興させた(1667～72〈寛文7～12〉の間)。その結果, 神社約1800座を公認して社域を免除地とした。その中から由緒正しき古社268座を選び, 別帳にまとめたのが「会津神社志」である。林鵞峰・鳳岡父子と山崎闇斎の序文, 吉川惟足と安休の跋文が付されている。

会津藤樹学 あいづとうじゅがく　会津心学とも。陸奥国会津の医師であった大河原養庵と荒井真庵の二人が, 中江藤樹の門人である*淵岡山に入門し, 寛文年間(1661～73)にその学問を会津に紹介したことに始まる。肝煎とよばれた豪農を担い手とし, 農閑期に各地を巡回して, 平易な言葉で農民層に「孝」を中核とする実践道徳を教えていった。1683年(天和3), 山崎闇斎の思想を正統とする*保科正之の遺した方針から「心学禁止令」がだされたが, のちに解除され, 藩士の中にもこれを学ぶ者が現れた。

愛と認識との出発 あいとにんしきとのしゅっぽつ　大正・昭和期の宗教文学者*倉田百三の評論集。1914年(大正3)第一高等学校校友会雑誌に発表された論文「愛と認識との出発」に他の論文や評論を加え, 21年一書として岩波書店から出版された。西田幾多郎の「*善の研究」に感激し, 直接会い, その深い影響のもとに書かれた。生命・異性・恋・愛・善・真理・友情・信仰などについて, 自己の内省体験をとおしてのべられている。揺れ動く自己の思考とありのままの心を告白した, いわば青春の記念碑であり, 大正期の人道主義を代表するものでもあった。「善の研究」「三太郎の日記」とともに, 青春を生きる青年たちの必読書となった。

アイヌ同化政策 アイヌどうかせいさく　明治以降の北海道開拓事業にともなって行われた先住民アイヌに対する統治政策。明治政府は1869年(明治2)蝦夷地を北海道と改称し, これを開拓し内国化することを重要課題として開拓使を設置した。言語・生活文化を異にするアイヌの存在は開拓の妨げになると考え, 抑圧的な同化政策で臨んだ。71年開拓使は日本語の習得, 農業の奨励, アイヌの風習禁止などの布達をだし, また呼称を「旧土人」に統一しつつ, 戸籍を編成して順次日本の姓をつけた。72年以降, 一連の土地政策でアイヌ居住地を官有地とする一方, 伝統的生業である狩猟・漁労法を禁止し, 強制移住などで農耕への転換を図るなどの施策を行った。86年北海道庁が設置され, 全道にわたる植民地の選定・区画が進められて,「官有未開地」の払い下げや貸し付けにより, 90年代以降大規模な入植, 資本誘致などが展開された。アイヌ

居住地のほとんどが処分対象となり，和人入植地のアイヌは道庁管理の土地に移され農民化が図られた。

こうした根こそぎの生活破壊からアイヌの窮乏化が進行し「保護」事業が求められて，99年に近代アイヌ政策の集成ともいえる「北海道旧土人保護法」が公布された。これは農業に従事する者への土地の下付やアイヌ小学校の設置などを定めており，骨子は統治と同化を促進する勧農と教育の督励であった。その「旧土人」小学校は，日本語の普及，習俗の「改良」，帝国臣民の基礎教育を目的とする4年制の簡易な内容のものであった。開拓と同化の目標がほぼ達せられた1920年(大正9)頃から，差別教育への批判もあってアイヌ小学校は漸次廃止され，37年(昭和12)同保護法の改正で全廃された。

壒嚢鈔（あいのうしょう） 室町時代に成立した語源辞書。1446年(文安3)，京都観勝寺住僧の行誉（ぎょうよ）の著。全7巻。「塵袋（ちりぶくろ）」の体裁にならい，仏教および世俗の事物や語彙の起源や意味を解説したもの。全体を素問（そもん）(巻1～4)・縮問（しゅくもん）(巻5～7)に分け，計536条を収録する。記事には配列や分類の形跡がなく，雑学的な知識を羅列するにとどまる。1532年(天文元)に「塵袋」の記事を合成して重複を省いた「塵添（じんてん）壒嚢鈔」として再編集され，近世初期に出版されたため，「壒嚢鈔」単独本は流布しなかった。

アウグスチノ会（アウグスチノかい） 聖アウグスチヌスの会則を戒律とする托鉢（たくはつ）修道会。日本では，フィリピンを経由して来日したスペイン人司祭が主体である。初来日は，1584年(天正12)マニラからマカオへ向かう途中難破し，肥前国平戸へ漂着したパードレ・マンリケとパードレ・メンドーサである。次は漂着したサン・フェリーペ号に同乗し，*日本二十六聖人の殉教事件を目撃したパードレ・ゲバラら4名である。1602年(慶長7)パードレ・ゲバラおよびパードレ・オルティスが来日して本格的な布教を開始し，主として豊後国の臼杵（うすき）・佐伯・津久見などで活動した。32年(寛永9)まで来日した同会士は36名であり，そのうち24名が殉教した。

アエノコト 石川県奥能登地方の農家で行われる田の神祭。「アエ」は饗応，「コト」は祭の意といわれている。各家により祭の内容や次第は異なるが，一般的には，12月5日(旧暦11月5日)，来年苗代（なわしろ）に蒔く種籾俵の上に二股大根をすえ，そこに苗代田から*田の神を迎えて甘酒を供える。田の神は田の草をとっていた時，稲の葉で目をついて失明したので，家主(ゴテ)は注意深く案内し，細かく説明しながら田の神が実際にそこにいるように接待するのだという。田の神はそのまま俵に宿って越年し，翌年の2月9日(旧暦正月9日)に同様のアエノコト儀礼を行い，同月11日の田打ち始めに田へでるといわれている。神社での新嘗祭（しんじょうさい）や*祈年祭（きねんさい）の原初的形態を思わせる行事であり，その根底に神去来の思想をうかがうことができる。国指定の重要無形民俗文化財。

白馬節会（あおうまのせちえ） 毎年正月7日に行われた古代宮廷の行事。天皇が青馬(のち白馬)を見ることによってその年の邪気を払う儀式で，中国に起源がある。七日節会自体は持統朝から行われ，青馬の儀も奈良時代にはみられるが，儀式としての整備は平安初期である。「内裏式（だいりしき）」ほかによると，当日豊楽殿（ぶらくでん）(文徳朝頃以降は紫宸殿（ししんでん）)に天皇が出御し，御弓奏（みゆみのそう）などについで，引かれる馬の毛並みを奏上する白馬奏（あおうまのそう）が行われ，ついで左右馬寮（めりょう）の官人が馬を引いて南庭を渡る。このののち賜宴・奏楽・賜禄などがあって終了する。後世しだいに衰微し，明治初年に廃絶したが，大阪市住吉大社などでは，これを移した白馬神事が現在も行われている。

青木興勝（あおきおきかつ） 1762～1812(宝暦12～文化9) 江戸後期の儒学者・蘭学者。名は興勝，字は定遠・季方，通称は次右衛門，号は五竜山人・危言狂夫。福岡藩士の子。禄米20石の青木武兵衛の養子となる。*亀井南冥（なんめい）に学び，1787年(天明7)福岡藩西学問所甘棠館（かんとうかん）の指南加勢役となった。98年(寛政10)甘棠館の廃校後，買物奉行として長崎に赴き，阿蘭陀通詞（つうじ）からオランダ語を学び，1801年(享和元)帰藩して，福岡藩の初代蘭学教授となった。04年(文化元)ロシア使節レザノフの長崎来航時，外国貿易の拒絶を説いた意見書「*答問十策（とうもんじっさく）」を藩に提出したが，受け入

れられず致仕した。

青木昆陽 あおきこんよう　1698〜1769（元禄11〜明和6）　江戸中期の儒者，蘭学の先駆者。名は敦書、字は厚甫，通称は文蔵，昆陽と号した。江戸の商家に生まれ，最初*伊藤東涯に師事した。のちオランダ語を志し，江戸参府のオランダ商館長に教わり，長崎にも遊学した。「和蘭語解」「和蘭文字略考」などを著し，のちの「蘭学」の先駆者であり，「解体新書」刊行にかかわった*前野良沢は昆陽よりオランダ語を学んだとされる。また，1735年（享保20）には「蕃藷考」を著し，飢饉時の食料としてサツマイモの普及に努め，〈甘藷先生〉とよばれた。

青木周弼 あおきしゅうすけ　1803〜63（享和3〜文久3）江戸後期の医者。名は邦彦，字は周弼，月橋と号した。周防国大島郡和田村の医師の家系に生まれる。最初は萩藩医能美洞庵に医術を学ぶが，長崎遊学ののち，江戸にでて*坪井信道に師事し，ついで*緒方洪庵とともに宇田川玄真にも師事し，蘭方医学を学んだ。1839年（天保10）萩藩医となり，萩藩内での種痘の実施や周防医学所好生館を設立するなど，同藩への蘭学の普及に大きく貢献した。著作に「察病論」「袖珍内外方叢」「済美堂方函」などがある。

青笹秘要録 あおざさひようろく　中世の大峰山における*山伏の口伝11項をまとめた書。1巻。全体が書写されたのは1465年（寛正6）のことで，*修験道の最初の*切紙集成といえる。本来は無題であるが，大正時代に編まれた「修験道章疏」所収に際して，大半の切紙が相伝された地名をとって書名が付けられた。全体の書写の前（14世紀前半頃）に相伝された前半の6項は，峰中の三大秘儀である閼伽・小木・採灯（柴灯）の宗教的意味と役小角（*役行者）伝説が中心となっており，書写の年に抜き書きされた後半の五つの切紙も，入峰修行に必要な口伝が簡潔に記されている。

青地林宗 あおちりんそう　1775〜1833（安永4〜天保4）　江戸後期の蘭学者。名は盈，号は芳滸，字は林宗。伊予国松山藩の侍医青地快菴の子。幼年から医学を学び，のちに蘭学を志して馬場貞由（佐十郎）・杉田立卿らに学んだという。1822年（文政5）幕府天文方の*蛮書和解御用掛として立卿とともに出仕し，ゴローニンの「日本幽囚記」を翻訳し「遭厄日本紀事」として刊行した。また，ボイスの物理学書にもとづき「格物綜凡」を翻訳，その一部である「気海観瀾」を日本初の物理学書として刊行した。さらに幕府の命により「輿地誌略」7巻を訳述・編纂した。31年（天保2）には同志会を提唱し，蘭語の訳語の統一を協議した。翌年，水戸藩の西学講究となる。また，幕末の蘭学者*坪井信道と*川本幸民は女婿である。

青根が峰 あおねがみね　→俳諧問答

青山拙斎 あおやませっさい　1776〜1843（安永5〜天保14）　江戸後期の水戸学者。名は延于，字は子世，通称は量介，拙斎はその号。別号は雲竜。水戸藩の彰考館員青山延彝の子。*立原翠軒に師事し，1794年（寛政6）彰考館員として出仕し，1823年（文政6）江戸彰考館の総裁となった。40年（天保11）*会沢正志斎とともに，藩校弘道館の教授頭取に任命された。水戸徳川家の家史「東藩文献志」を編集したほかに，簡明な日本通史の書「*皇朝史略」や，水戸藩の学者54人の評伝「文苑遺談」を著した。

赤井東海 あかいとうかい　1787〜1862（天明7〜文久2）　江戸後期の儒学者。名は縄，字は士巽，通称は厳三，東海はその号。讃岐国高松藩士の子。昌平黌で*古賀精里に学んだが，この頃に漢文体の戯作「昔々春秋」を著した。1813年（文化10）昌平黌を辞して教授を業としたが，1829年（文政12）高松藩儒となり江戸で務め，*渡辺崋山・*高野長英や精里の息子*古賀侗庵ら，いわゆる蛮社グループの人々と交わった。彼らと対外的危機意識を共有する東海は，蘭学の必要性を説き，西洋の大艦・大砲導入と愛郷心による国土防衛を訴えた「海防論」（1849）を著した。また，江戸の情報を高松に送った「奪紅秘事」（1839）は，蛮社の獄の経緯を伝えている資料として貴重である。

赤い鳥 あかいとり　夏目漱石門下の作家*鈴木三重吉主宰の児童文芸雑誌。1918年（大正7）

発行，36年(昭和11)鈴木の死により終刊。創刊の動機は，「芸術として真価のある純麗な童話と童謡を創作する最初の運動」をおこすことにあった。この理念に当時の文学者や美術家，たとえば*島崎藤村・*北原白秋・*小川未明・*芥川竜之介・野上弥生子・山本鼎ら多数の作家が共鳴を寄せた。巻末の「募集作文」は鈴木が自ら「選定補修」し，その方針は新教育における子供の自己活動の原理と重なり，綴方教育・児童詩・自由画などの分野に多大な影響を与え，のちに*生活綴方運動に合流した。「赤い鳥」関係者の子供観，子供を無垢で純真な存在とみなすロマン主義的なまなざしは，〈童心主義〉とよばれている。

赤蝦夷風説考 あかえぞふうせつこう　江戸中期のロシア誌およびロシア東方事情書。日本初のロシア研究書。上・下2巻。仙台藩医*工藤平助の著。下巻は1781年(天明元)，上巻は83年成立。赤蝦夷とはロシア人，カムチャツカの人々のこと。下巻では，蘭書にもとづくロシア東方経営事情と蝦夷地との地理的関連を記述する。上巻は，ロシアの蝦夷地での交易と開発を論じ，ロシア南下に対抗する北辺開発の必要性を説く。老中田沼意次に献呈されて蝦夷地開発を促すが，田沼の失脚により計画は頓挫した。多種の異本・抄本が一般に流布して影響を与えた。

阿覚大師 あかく　→安然

明石順三 あかしじゅんぞう　1889〜1965(明治22〜昭和40)　大正・昭和期のキリスト教徒。滋賀県出身。渡米して，ものみの塔聖書冊子協会に入り，1926年(昭和元)帰国する。ただちに神戸に日本支部として灯台社を設立し，関西を中心に講演会を開催した。昭和期に入って東京に本拠を移したが，灯台社から軍隊内兵役拒否者をだしたために39年(昭和14)に検挙された。だが絶対平和の思想を変えず，獄中に残った5人の仲間とともに法廷で堂々と「一億対五人の戦」を勝ち抜く決意を表明した。戦後釈放されたが，アメリカのものみの塔本部の戦中期の姿勢を批判して除名され，栃木県鹿沼市で同志とともに晩年をすごした。多くの著作を残しながら，現在もなお単行本として公刊されたものは一つもない。

赤染衛門 あかぞめえもん　生没年不詳　平安中期の歌人。*大江匡衡の妻。*藤原道長の妻の倫子や娘の彰子に仕え，長寿を保ち晩年まで歌壇で活躍した。1041年(長久2)までの生存が確認される。赤染の名は，彼女の母が彼女を身ごもったまま赤染時用と再婚したことに由来し，実父は平兼盛と伝える。彼女が長く道長の周辺にいたことや，彼女の嫁した大江家に未定稿に終わった「新国史」の草稿が伝えられていた可能性などから，「*栄花物語」正編30巻の作者として有力視されている。

県居 あがたい　→賀茂真淵

アカマタ・クロマタ　ニイールピトゥとも。沖縄県八重山諸島の来訪神。旧暦6月のプリー(穂利)という豊年祭の2日目(ムラプリー)に赤い面と黒い面をつけ，身体を草で装ったアカマタ・クロマタという2神が，海の彼方のニーラスク(*ニライカナイ)から五穀豊穣と繁栄を予祝するために訪れる。マタは仮面の意で，2神は夫婦神ともいい，シロマタという子神を伴って訪れる島もある。このように神が定期的に村を訪れ，人々に祝福を与えるという思想の基底には，折口信夫のいう〈*まれびと〉に対する信仰がみられ，神社に神が常住する以前の祭祀形態を具体的に残すものともいわれている。秋田県男鹿半島のナマハゲ，石川県能登地方のアマメハギ，鹿児島県甑島のトシドンなどにも共通する思想がみられる。

赤松克麿 あかまつかつまろ　1894〜1955(明治27〜昭和30)　大正・昭和期の社会運動家。山口県徳山出身。赤松連城の孫，*吉野作造の女婿。東京帝国大学法科大学に在学中，吉野作造の協力をえて，1918年(大正7)12月*新人会を結成した。翌年東京帝大を卒業し，東洋経済新報社に入社する。*日本労働総同盟に加わり，22年日本共産党の設立に参加したが，検挙され転向した。26年社会民衆党の結成に参画，中央委員になり，30年(昭和5)書記長に就任した。満州事変が勃発すると公然とこれを支持し，党の右旋回を図ったが党の実権を握れず，32年脱党し日本国家社会党を結成した。赤松はさらに*国家社会主義から日本主義へ再転向し，37年日本革新党を組織

した。40年大政翼賛会結成には企画局制度部長に就任、戦時体制に協力した。終戦後、公職追放となった。

赤松滄洲（あかまつそうしゅう）　1721～1801（享保6～享和元）　江戸中期の儒学者。名は鴻、字は国鷟、通称は良平、滄洲と号す。播磨国三日月生れ。舟曳通益の子で、赤穂藩医大川耕斎の養子となる。舟曳・大川両氏ともに赤松氏よりでたため、著述のうえでは赤松氏を名乗る。京都にでて、医学を*香川修庵に、儒学を宇野明霞に学ぶ。1747年（延享4）赤穂藩の博文館の祭酒となり、60年（宝暦10）病のため致仕した。その後は京都で儒学を講じ、晩年は赤穂に帰った。滄洲は闇斎学派の固陋さを批判する一方で、蘐園学派末流の詩文偏重と放蕩にも肯んじえなかった。こうした立場から、「正学」と「異学」を峻別する*寛政異学の禁に反対し、かつて京都の詩社三白社のメンバーとして親しかった*柴野栗山に批判の書を送った。文集に『静思亭集正編』10巻（1772刊）がある。

秋篠僧正（あきしののそうじょう）　→善珠

明神（あきつかみ）　→明神さん

商神（あきない）　商売の繁昌を守護する神。室町末期頃から商業の発達にともなって商家で祀られた。商神に対する信仰は江戸時代に盛行をみたが、現在も衰えていない。祭神は一定していないが、稲荷・恵比寿・大黒天の神が代表的であり、ほかに弁財天・毘沙門天などを祀る場合もみられる。稲荷は「日本書紀」に倉稲魂命と表記するように、古くから稲倉としての神格が認められ、これが商業の倉庫や金庫の守護神となり、商神として信仰されたものと思われる。また恵比寿・大黒天・弁財天・毘沙門天は七福神のメンバーでもあり、これらは金銀財宝をもたらす神とされたので、やがて商神としても信仰された。

秋葉信仰（あきばしんこう）　静岡県浜松市の秋葉山に祀られる秋葉山三尺坊大権現に対する信仰。*愛宕信仰と並ぶ火伏の信仰として全国に知られる。すでに17世紀には、東海地方において火伏の神として信仰されていた。1685年（貞享2）、東海道沿いの地方に秋葉祭が盛行し、幕府はこれを禁じたが、そのことがかえって全国的に秋葉信仰を宣布することとなり、江戸をはじめ諸国で三尺坊大権現の分祀社が建てられ、講が結成された。秋葉講は秋葉山参詣を目的とする代参講であり、参詣路である秋葉街道は東海道の脇街道として賑わった。現在では浜松市にある秋葉神社と、神社よりやや下ったところにある秋葉寺、袋井市にある曹洞宗寺院の可睡斎が、それぞれ秋葉信仰の重要な聖地となっている。

秋山玉山（あきやまぎょくざん）　1702～63（元禄15～宝暦13）　江戸中期の儒学者。名は定政・儀、字は子羽、通称は儀右衛門、玉山と号した。別号は青柯。熊本藩の作事方棟梁中山定勝の次男。幼くして藩医秋山常庵の養子となる。養母の兄水足屏山に儒学を学んだ。1724年（享保9）藩主に従って江戸にでて、*林鳳岡に入門する。32年に藩の学問指南役となる。藩主細川重賢のもとで藩校時習館の創建に尽力し、55年（宝暦5）初代教授となった。玉山の制定した「時習館学規」には、古注を主としながらも新注をも廃さずとあるように、学風は折衷的・包容的であった。それは林家の学風であるとともに、蘐園学派の*服部南郭・高野蘭亭らとの詩酒の交わりが影響していた。弟子に古屋愛日斎・*片山兼山・千葉芸閣らがいる。著書は『玉山先生詩集』（1754刊）など。

商人生業鑑（あきんどなりわいかがみ）　岩垣光定が1757年（宝暦7）に著した商人のための教訓書。全5巻。72年（安永元）刊。著者については、心学者だという以外は不明。士農工商それぞれの*職分が冒頭に説かれ、倹約と吝嗇の相違が論じられている。「偽り多きもの」と世間からみなされている商人にとっての心得全般に話題は及んでいるが、泰平の日本に生まれたことを「よき国に生をうけたる」として謳歌する心情がみられ、さらに「物事不自由」な田舎ではなく京都に、女にではなく男として生まれたことを誇る一節が興味深い。大坂・京都・長崎の商業風土の比較なども試みられている。

商人夜話草（あきんどやわぐさ）　京都の商人によって著された教訓書。全3巻。1727年（享保12）刊。著者については、心学者として高名な手島堵庵

てじまの実父である上河原宗義だともいわれる。「どかもうけ」を斥けて、「かげひなたなく真実を第一」として、売り買いする双方が「相応の利益のあるように」すべきだと論じている。「正直」「堪忍」「思案」「養生」「用捨」を掲げて、「無理」「慮外」「奢」「油断」「虚言」を戒めている。

安居院法印 あぐいのほういん →聖覚しょうかく 澄憲ちょうけん

悪所 あくしょ 男色なんしょくと女色にょしょくの場所という意味であるが、一般的に日常道徳からみると好ましくない場所、悪所場として遊廓ゆうかくや芝居町しばいまち・料理茶屋など遊興歓楽の地をさす。遊廓や芝居町を、生活空間とは異なる非日常的な空間として特にいう場合がある。遊廓は、江戸や京都のような近世都市では、町屋まちやの形成とともに、辺界の悪所として周辺部に封じ込められていく。江戸の吉原、京都の島原などがその例である。また芝居町も、江戸の浅草猿楽町さるがくちょうに移転した1842年(天保13)以後は、都市の周辺部に区域を限定されて悪場所の地域的な特色をもっていた。両者ともに、その非日常的・祝祭的なエネルギーが遊芸や音楽・演劇・文学をうみだす力になったため、江戸文化に少なからぬ役割をはたしている。

悪態祭 あくたいまつり →悪口祭あっこうまつり

芥川竜之介 あくたがわりゅうのすけ 1892〜1927(明治25〜昭和2) 大正期の小説家。東京都出身。新原にいはら家の長男として生まれるが、生後まもなく母ふくが発狂したため、母方の実家芥川家の養子となり、本所深川で育つ。早くから読書を好み、古典や西欧文学にも親しんだ。東京帝国大学英文学科在学中の1914年(大正3)、菊池寛かん・久米正雄・松岡譲ゆずるらと第3次「新思潮」を創刊する。15年に「羅生門らしょうもん」を発表、翌16年第4次「新思潮」創刊号に掲載した「鼻」は、夏目漱石の激賞をうけ、同年の「芋粥いもがゆ」で文壇デビューをはたす。これらの作品は、のちに〈王朝もの〉とよばれるようにいずれも「*今昔物語集」「*宇治拾遺物語」に取材したものであり、平安時代に舞台を求めつつ、主人公の屈折した心理の提示に主眼をおいていた。自己告白的な作品が主流の中、芥川の歴史小説は異彩を放ち、独自の地位を築いた。〈切支丹キリシタンもの〉の「奉教人の死」、〈開化期もの〉の「舞踏会」、曲亭馬琴きょくていばきんを主人公にした「戯作三昧げさくざんまい」などの秀作がうみだされていく。しかし、知的な興味と技巧的な文体とを中核とする自己の創作方法にしだいに限界を感じるようになり、「蜜柑みかん」や「秋」などの現代小説をへて、晩年は「大導寺信輔だいどうじしんすけの半生」や「点鬼簿てんきぼ」などの私小説的な作品世界にたどりつく。

27年(昭和2)7月、芥川は「ぼんやりした不安」という言葉を残し、睡眠薬自殺をする。芥川の死は、不安な時代・世相を象徴する事件として、世に大きな衝撃を与えた。作家としての芥川の歩みは、理性による自己制御の努力から無意識の発見にともなうその不可能性の了解へという近代から現代への思考の推移と対応するものであり、その意味で彼の死は、近代文学の終焉および現代文学の出発を告げるものといえよう。代表作としてはほかに、「藪の中」「河童かっぱ」「歯車」「*西方さいほうの人」などや箴言集「侏儒しゅじゅの言葉」があげられる。数種の全集がある。⇒新思潮派 私小説ししょうせつ

悪人正機説 あくにんしょうきせつ *浄土教の思想の一つ。煩悩が多く自力で善行を積むことのできない者(悪人)こそが、*阿弥陀如来あみだにょらいが第一に救済する対象(正機)である、という説。自分で修行を積み悟りをえることのできる者(善人)は、阿弥陀の救済対象としては二次的なものとなる。従来は「*歎異抄たんにしょう」の「善人なをもて往生をとぐ、いはんや悪人をや」の一節によって、もっぱら*親鸞の中心的思想として理解されてきたが、近年は親鸞の師*法然ほうねんにおいてすでに同様の言説があったとの指摘がなされている。さらに、法然と同時代の法相宗の*貞慶じょうけいの思想にも悪人正機説がみられるとの説もある。

暁烏敏 あけがらすはや 1877〜1954(明治10〜昭和29) 明治〜昭和期の仏教思想家。真宗大谷派の僧。石川県松任市の真宗大谷派明達寺みょうたつじに生まれる。1900年(明治33)真宗大学卒業後、東本願寺留学生として外国語学校ロシア語別科に学ぶ。*清沢満之まんしの浩々洞こうこうどうに*佐々木月樵げっしょうや多田鼎かなえらとともに入る。雑誌「精神界」の編集・庶務にたずさわり、

情熱的な文を寄せ大胆な発言もした。16年浩々洞が解散されると自坊に帰り，叢書「にほひ草」を刊行し，著作・講演・布教に専念した。36年著書3冊が国体の尊厳を傷つけるとして処分をうける。45年失明。51年大谷派宗務総長となり，宗門改革に努力する。「暁烏敏全集」全27巻・別巻1がある。

赤穂事件 あこうじけん　1701年(元禄14)3月，勅使下向にあたって馳走役となった赤穂藩主浅野内匠頭長矩ながのりが江戸城内松の廊下で高家筆頭吉良上野介義央うえのすけよしなかに刃傷に及び，浅野は即日幕命により切腹，吉良はお構いなし，赤穂藩は取り潰しの処分が下された。翌年12月，これを不服とした元赤穂藩家臣47人が，家老であった大石良雄を首領とし，亡君の仇討ちと称して本所吉良邸に討ち入り，義央の首級をあげて自訴し，03年2月に全員が切腹に処せられた。この一連の顛末を赤穂事件という。事件直後から浄瑠璃・歌舞伎の演目に数多くとりあげられ，竹田出雲いずもらによる「*仮名手本忠臣蔵かなでほんちゅうしんぐら」に集大成されて人気を博し，以来現在に至るまで小説・映画などの媒体をとおして国民劇として不動の地位を占めている。

事件後まもなく浪士たちの挙をめぐって賛否の議論がまきおこった。*林鳳岡ほうこう・*室鳩巣きゅうそう・*浅見絅斎けいさい・*三宅尚斎しょうさいらは亡君の敵討ちは武士の鑑であるとして賞賛したが，*佐藤直方なおかたは敵討ち説は成立しないとし，彼らを「大罪人」とした。また*荻生徂徠おぎゅうそらいは，道徳的見地からは義士であるとしても法的見地に立てば天下の法を犯した者として処罰されるべきとした。さらに山本常朝つねともはその口述書「*葉隠はがくれ」で，浪士たちは主君その人への一途な思い入れに欠け，武士として遅れをとったとしてその動機の不純・不徹底を批判した。

事件後30年ほどたって，*太宰春台だざいしゅんだいの事件の本質を突いた最もラディカルな論難書がでるに及んで，義士論争は再燃した。春台に対して*松宮観山かんざん・*赤松惟洲けいしゅう・*五井蘭洲らんしゅう・横井也有やゆうらが反論の陣を張った。春台は，浅野家臣が怨むべき対象は吉良家ではなく，処分を下した幕府にこそあったとして，法的な筋道論，儒教的な君臣関係のあり方，武士としての生きざまの，どの点においても浪士たちの行動には非があったと糾弾した。春台への反駁書は，いずれも春台の議論が浪士に過酷にすぎるとし，法的な筋道論を度外視してまでも，主君の遺志を継承して怨みを晴らそうとした点こそが賞賛されるべきとの人情論を展開している。

赤穂事件の背後には，*武士道をどう解するのか，君臣関係はどうあるべきか，幕法と武士の意気地の抵触の問題など，重要な問題が集約されており，日本思想史上の一大事件でもあった。赤穂事件をめぐっての是非論の主なものは，日本思想大系「近世武家思想」に収録されている。→忠臣蔵物

浅井了意 あさいりょうい　？〜1691(？〜元禄4)　江戸初期の仮名草子かなぞうし作者・僧侶。別号を瓢水子・松雲とも。摂津国三島江の本照寺ほんしょうじ(浄土真宗)の僧侶の子に生まれた。慶長年間(1596〜1615)頃に父が僧籍を失って長く浪々の生活であったらしい。この間，京都や大坂に居住し，儒・仏・道の三教を修め，講釈や談義を行う一方で，啓蒙的な仏書の解説書やわが国の古典文学の注解書，また*仮名草子を多数残している。著書はきわめて多く，刊行書は60点近くに及ぶ。そのうち「浄土三部経鼓吹じょうぶきょうこすい」(1668)など仏書は十数点あり，「伊勢物語」についての注解書や，漢籍から説話を抜き出した「新語園しんごえん」(1681)のような編著もある。仮名草子の代表的な作者であり，1657年(明暦3)正月の江戸大火のルポルタージュ「むさしあぶみ」(1661)，江戸地誌の濫觴「江戸名所記」(1662)，キリシタン批判書「*鬼利至端破却論伝きりしたんはきゃくろんでん」(1662)，怪異小説の「*伽婢子おとぎぼうこ」(1666)など多種多様のすぐれた作品がある。晩年に，京都正願寺(東本願寺派)の住職になって僧籍を回復し，最後には本性寺ほんしょうじの紙寺号の免許をうける。80歳前後で没したらしい。

安積艮斎 あさかごんさい　1791〜1860(寛政3〜万延元)　江戸後期の儒学者。名は重信しげのぶまたは信，字は思順しじゅん，通称は祐助ゆうすけ，艮斎はその号。書室を見山楼けんざんろうという。陸奥国安積郡郡山の安積国造くにつこ神社の神官の三男。二本松藩儒の今泉徳輔に学び，名主今泉家の養子となるが，志を立て，1807年(文化4)出奔し

て江戸にでる。*佐藤一斎の学僕となり、10年*林述斎に入門した。14年神田駿河台で開塾した。36年(天保7)二本松藩儒に登用され、43年に二本松藩校敬学館の教授となり、さらに50年(嘉永3)には昌平黌儒官に抜擢された。広瀬蒙斎・古賀穀堂・*斎藤拙堂らと海鷗社を結び、会員相互の文章を批評しあうとともに、いわゆる蛮社グループの*渡辺崋山らとも親しく交わった。文章家として知られ、「艮室文略」(1831)は代表作である。著書は「*艮斎間話」(1841)、「洋外紀略」(1848)、「禦戎策」など。

安積澹泊 あさかたんぱく　1656～1737(明暦2～元文2)　江戸中期の朱子学者・水戸藩士。名は覚、字は子先、通称は覚兵衛。澹泊斎また老圃と号した。水戸城下に生まれる。1665年(寛文5)江戸で明の遺臣である*朱舜水に師事し、唐話をよくした。93年(元禄6)に*彰考館総裁となり、藩主である*徳川光圀のもとで史書(のちに「*大日本史」と名づけられる)の編纂に大きな功績を残した。1716年(享保元)からは「論賛」の執筆にかかり、その後「烈祖成績」を編纂した。「論賛」では、朱子学の立場から普遍的な道徳律に立って、歴史的な人物の行為に対して憚ることのない評価を下している。学風は、博識を重んじて、広く史書にあたって字句の異同を疎かにしなかった。*室鳩巣や*新井白石といった朱子学者のみならず、*荻生徂徠とも親しく書簡の交換をし、徂徠の礼楽説に対する疑問を投げかけている。著書はほかに「澹泊斎文集」8巻や「*桃源(西山)遺事」「澹泊史論」など。

朝河貫一 あさかわかんいち　1873～1948(明治6～昭和23)　明治～昭和前期の歴史家。福島県二本松に生まれる。東京専門学校(現、早稲田大学)に進んで哲学者の*大西祝に師事する。1895年(明治28)卒業後に渡米、ダートマス大学に学び、99年イェール大学大学院歴史学科に入学する。1902年「大化改新の研究」(英文)で博士号を取得する。04年に日露戦争での日本の立場を擁護する著作を英語で著し、09年には「日本の禍機」(和文)で日本外交の行き過ぎを戒めた。30年(昭和5)イェール大学歴史学準教授、37年教授となる。日米開戦直前にはルーズベルト大統領の昭和天皇への親書案を起草した。

朝川善庵 あさかわぜんあん　1781～1849(天明元～嘉永2)　江戸後期の儒学者。名は鼎、字は五鼎、善庵と号す。江戸生れ。折衷学者*片山兼山の末子で、医者朝川黙翁の養子となる。1792年(寛政4)12歳の時、*山本北山に入門する。養父に連れられて諸国に遊学したのち、江戸で開塾した。1815年(文化12)12月、清国南京船が伊豆国下田に漂着した際、韮山代官の江川英毅に招かれ、筆談役を務めた。藤堂・大村・松浦などの諸侯の賓師となった。著書に「大学原本釈義」1巻(1830刊)、田制租税法の沿革を考証した「田園地方紀原」2巻など。

朝倉英林壁書 あさくらえいりんかべがき　「朝倉敏景十七箇条」「朝倉孝景条々」とも。越前国守護朝倉孝景(教景・敏景とも)の制定した*家訓。ただし単なる日常的家訓の範囲をこえ、領国支配に必要な基本法規(家法)ともいえる条文を含む。1471年(文明3)から81年の間に成立か。自己の体験にもとづく合理主義の立場から、家格による世襲制の否定と人材の登用、適材適所の活用、民生の保護と民心の把握、奢侈の禁制、裁判の公正などについて直截に説く。総じて治世においては、「論語」の言葉であってもこれに盲従せず、合戦の時と同様に臨機応変の時宜に適った対応が大切であるとし、政道の要諦は「専ら主君の一心」にあるという。そして人君の理想は不動・愛染明王のごとく、一面は恐るべき、一面は慈悲深い心をもつ〈専制的仁君〉であると教え諭している。近年、父孝景の遺戒をもとに新しい条々を加え、この家訓を最終的に完成させたのは孝景の末子教景(法名宗滴)であるとする説がある。

朝倉宗滴話記 あさくらそうてきわき　「宗滴物語」「宗滴夜話」とも。朝倉孝景(英林)の末子教景のりかげの談話を、その死後に側近の荻原某が記憶をもとに筆録した教訓書。宗滴は入道後の法号。成立は弘治・永禄年間(1555～70)とされる。内容は、教景が18歳の初陣から79歳の加賀出陣まで12度に及ぶ戦闘体験からえたもので、戦国武将に求められたきびしい生き方がリアルに語られている。教景が「武者は犬と

もいへ，畜生ともいへ，勝つ事が本にて候」といい，弱肉強食の世に生き残るためには手段を選ばず外敵に打ち勝たねばならないことを力説しつつ，他方では，朝倉家内部における*下剋上を意識しながら，武将たる者の自己規制と主従間の道義を切々と教え諭しているところに，当代の複雑な世相の一端がうかがえる。

朝倉孝景条々 あさくらたかかげじょうじょう →朝倉英林壁書えいりんかべがき

朝倉敏景十七箇条 あさくらとしかげじゅうしちかじょう →朝倉英林壁書あさくらえいりんかべがき

麻田剛立 あさだごうりゅう 1734〜99（享保19〜寛政11）江戸中期の暦学者・医家。名は妥彰やすあき，号は璋庵しょうあん・正庵で，剛立は字。豊後国杵築きつき藩儒，綾部絅斎けいさいの四男に生まれる。若年より天文・医術に興味をもち独学する。1767年（明和4）に藩主の侍医となるが，天文学研究に専念するため，72年（安永元）に大坂に出奔する。姓を麻田と改め，医を生業としつつ天文研究に没頭する。86年（天明6）の日蝕の予報では，その精度が官暦よりも優れており名声を博す。95年（寛政7）に改暦のために幕府から招かれるが老齢を理由に固辞し，代わりに弟子の高橋至時よしとき・間重富はざましを推挙する。独自の消長法しょうちょうほうを打ち立て，寛政暦に採用された。医術の方面では，諸獣の解剖を実際に行ったことが知られている。

浅田宗伯 あさだそうはく 1815〜94（文化12〜明治27）幕末〜明治期の漢方医。名は直民のちに惟常これつね，通称は宗伯。信濃国生れ。医家の出で，1832年（天保3）より京都にて中西深斎しんさいに医学を学ぶ。のちに江戸にでて，幕府の医師本康宗円を介して多紀元堅もとかたの助けをえ，55年（安政2）幕府の御目見おめみえ医師となる。65年（慶応元）に駐日フランス公使レオン・ロッシュの腰痛を癒し，フランス皇帝ナポレオン3世より褒賞をうけた。明治維新後には，西洋医学の導入を図る新政府の方針に反して漢方医学を擁護し続けた。「浅田飴」は宗伯の案出で，その名に由来する。

字 あざな 人名称呼法の一つ。もとは中国の士大夫したいふの習慣で，男子は20歳になり，女子は嫁すると，生まれてすぐにつけられる実名じつみょう（*諱いみ・本名ほんみょう）のほかに字をつけた。平安時代，日本の公家もこの影響で大学に入ると字をつけたが，実生活では用いられず儀礼的なものであった。その後，中国では仏教の俗化によって僧侶も字をつけるようになり，南宋期には法諱ほうきの上に居住した寺の山号・寺院号をつけて4字連称し，さらに字は居所から離れて法諱の下字と字義上の関連がある文字を意識的に選んだ。僧侶の道号どうごうは中国では禅宗にかぎらず教・律にも共通し，その影響下に日本では鎌倉時代以後，禅宗のほかに泉涌寺せんにゅうじ派下の北京律ほっきょうりつ，廬山寺ろざんじ系天台宗，浄土宗西山派せいざんはに道号がみられ，特に禅宗で発達した。4字連称のうち上の2字は正式には道号にあたるが，俗習との関係から字あざなともよばれたのである。江戸時代には儒者・文人の間で字をつける習慣が盛んになった。総じて選ばれる文字には時代と集団の趣向が反映され，字は他人から尊敬してよばれるのが基本であり，相手との上下関係によって適宜に使い分けられた。公的文書には実名（諱）を用い，「字を以て称せらる」ことは名誉とされた。

朝日新聞 あさひしんぶん 日刊新聞。1879年（明治12）1月に大阪で創刊。村山竜平りょうへいと上野理一りいちが共同出資して経営にあたる。さらに東京に進出し，88年には「東京朝日新聞」を創刊するとともに，90年には「朝日新聞」の題号を「大阪朝日新聞」に改めた。日清・日露戦争では多数の特派員を送って評判を高める一方，1907年からは*夏目漱石そうせきが社員となり小説を連載するなど，文化欄にも力を注いだ。大正期に入ると，「大阪朝日新聞」は「*大阪毎日新聞」と並ぶ大新聞となり，*鳥居素川そせん・*長谷川如是閑にょぜかん・*大山郁夫いくおら当代一流の論客が民衆にデモクラシーを浸透させる一方，中等学校野球大会（現在の全国高校野球）の開催などの文化・娯楽事業を展開した。しかし，1918年（大正7）の*大阪朝日新聞筆禍事件（いわゆる白虹はっこう事件）により村山が社長を退き，鳥居・長谷川・大山らが退社してからは，しだいに忠君愛国主義に傾き，やがて言論そのものが国家の統制をうけるようになる。1940年（昭和15）に題号を再び「朝日新聞」に統一し，発行所を東京・大阪・中部（名古屋）・西部（小倉）の各本社とし

朝熊岳儀軌（あさまがたけぎき）　三重県伊勢市東部にそびえる朝熊山（あさまやま）山頂にある金剛証寺（こんごうしょうじ）の縁起。朝熊山は応永年間（1394〜1428）初期に，臨済宗建長寺の東岳文昱（とうがくぶんいく）によって再興された。その頃に編まれた縁起が「朝熊岳儀軌」である。明確な成立年は不明であるが，久保田収は，応永から文安（1444〜49）に至る間と考察している。神宮文庫本・竜谷大学図書館本・金剛三昧院本などが存在し，また，金剛証寺には１巻本・２巻本それぞれの「儀軌」が所蔵されている。ほかに「儀軌」の上巻に相当する部分だけをまとめた「*朝熊山縁起」がある。朝熊山は，寺伝によれば欽明天皇の代に開創，825年（天長２）に*空海（くうかい）が*虚空蔵求聞持法（こくうぞうぐもんじほう）を修し堂塔を建立したとされ，世義寺（せぎでら）とともに伊勢・志摩方面の修験者の拠点であった。

内容は，824年，空海が大和鳴川善根寺（ぜんこんじ）の明星石（みょうじょうせき）の上で，求聞持法を行っている時，赤精（しゃくしょう）童子から伊勢国の朝熊岳で修行するようにとのお告げをうけた。朝熊岳で求聞持法を修したところ，束帯（そくたい）を着けた人が現れ，空海を天照大神（あまてらすおおみかみ）のもとに連れて行った。そして大神から，国家擁護のために朝熊岳を興してほしい，古来この山にいる雨宝（うほう）童子を護法とし，求聞持法を修行する行者を守護させると語った，とのことが記されている。また，雨宝童子は天照大神の化身でもあるとされている。本書の文中には，葛城山・大峰山・越中石動山（せきどうさん）・戸隠山（とがくしやま）などの修験霊山の名が記載されており，また，朝熊山が世義寺とともに，伊勢・志摩方面の修験者の拠点であったことからも，本書は修験者の手になると考えられる。

朝熊山縁起（あさまやまえんぎ）　三重県伊勢市東部にそびえる朝熊山山頂にある金剛証寺（こんごうしょうじ）の縁起。寺伝によれば欽明天皇の世に開創，825年（天長２）に*空海（くうかい）が*虚空蔵求聞持法（こくうぞうぐもんじほう）を修し堂塔を建立したとされる。世義寺（せぎでら）とともに，伊勢・志摩方面の修験者の拠点であったが，応永年間（1394〜1428）初期に，臨済宗建長寺の東岳文昱（とうがくぶんいく）によって再興された。その頃に編まれた縁起として，「*朝熊岳儀軌（あさまがたけぎき）」がある。明確な成立年代は不明であるが，応永から文安（1444〜49）に至る間と考えられている。この「儀軌」の上巻に相当する部分だけをまとめたものが「朝熊山縁起」である。「朝熊山縁起」と神宮文庫所蔵「朝熊岳儀軌　上」とを対校してみると，ほぼ同一内容であるものの，量的には後者のほうが多くなっており，訓読・訓点にも相違点がみられる。

浅見絅斎（あさみけいさい）　1652〜1711（承応元〜正徳元）　江戸中期の朱子学者。*佐藤直方（なおかた）・*三宅尚斎（しょうさい）とともに〈崎門（きもん）の三傑〉とされる。名は安正（やすまさ），通称は重次郎。近江国高島郡の生れ。京都にでて医者として立ったが，*山崎闇斎（あんさい）に入門し，医業を捨てて儒者として生きた。この時，浅見姓に復した。*敬内義外説（けいないぎがいせつ）をめぐって師の闇斎と対立して破門され，闇斎の葬儀に列することも認められなかった。この対立には，闇斎の神道説を認めるべきか否かの問題があり，佐藤直方・三宅尚斎とともに，絅斎も神道の価値を認めなかった。後年，これを悔いたともいわれている。闇斎以上に厳格な学風で，やはり経書の解釈をめぐり，直方・尚斎とも対立して絶交することとなった。「理」をやむにやまれぬ至情の発露の中にみようとする傾向があって，直方とは多くの点で対照的である。経書に関して多くの講義筆記があるが，主著は「*靖献遺言（せいけんいげん）」８巻，「靖献遺言講義」８巻，「拘幽操（こうゆうそう）附録」１巻。弟子に若林強斎（きょうさい）・山本復斎（ふくさい）ら。その勤王主義的な大義名分論は，幕末の勤王運動に強い影響を与えた。

浅見仙作（あさみせんさく）　1868〜1952（明治元〜昭和27）　明治〜昭和期の無教会主義伝道者。新潟県北蒲原郡安田村に生まれ，野村私塾に学び小学校の代用教員となる。24歳の時に札幌近郊の篠路（しのろ）村で５万坪を譲り受け，農業に従事し一時は成功するが，石狩川洪水で開拓事業は失敗する。1902年（明治35）11月，逆境の中に札幌メソジスト教会で受洗する。渡米すること４年，07年帰国後，*内村鑑三（かんぞう）に師事し，石狩郡五ノ沢開拓を行いつつ独立伝道者として福音の説教をなす。17年（大正６）石狩川帝国製麻会社を設立，工場主として７年間働く。31年（昭和６）月刊「喜の音（よろこびのおとずれ）」

を創刊するも、37年反戦思想のため発禁となる。43年再臨信仰と反戦思想が問われ、思想犯として検挙される。44年札幌地方裁判所で治安維持法違反懲役3年を言い渡されるが、45年大審院で無罪判決をえる。代表的著書に「小十字架」がある。

朝山意林庵 あさやまいりんあん 1589〜1664（天正17〜寛文4） 江戸前期の儒学者。名は素心、字は藤丸。京都の人。*朝山日乗の孫。8歳で父に死別して僧となり、はじめ五山僧に禅学を学んだ。1614年（慶長19）26歳の時に朝鮮の儒者李文長に入門し、朱子学を学んだ。30年（寛永7）徳川忠長に仕え駿河国に赴くが、諫言がいれられず1年で致仕した。53年（承応2）後光明天皇に「易」を講じ、これを*室鳩巣は「鳩巣小説」で「意林庵と申す儒者、軽き者に候へども、易に通し候旨、叡聞に達し」と評した。内容的には「論語」顔淵編の「知とは人を知る」から、「賢才を知りて其の士を用ふること」を説くといった程度のものである。また仮名草子「*清水物語」の作者とされ、「*わらんべ草」の序文などに名を残す。小瀬甫庵は「*太閤記」の政道論・戦略論にも影響を与え、交友関係も推測される。詩文集があるといわれるが伝わらない。

朝山日乗 あさやまにちじょう ？〜1577（？〜天正5） 戦国・織豊期に朝廷・将軍足利義昭・織田信長の間で活動した天台宗（法華宗とも）の僧。出雲国の人。名族朝山氏の出。1555年（弘治元）上洛して梶井宮御所で出家し、後奈良天皇より上人の号をうけた。禁裏の復興を念願し、69年（永禄12）に上洛した信長との仲介者となり、キリスト教排撃を進言し、69年にはイエズス会の宣教師フロイス、修道士ロレンソと問答して敗れたが、朝廷による五畿内宣教師追放令を実現した。70年（元亀元）に信長と将軍義昭が不和となるとその調停にも介在したが、その後は活動が途絶えた。

アジア主義 アジアしゅぎ →大アジア主義

足尾鉱毒事件 あしおこうどくじけん 栃木県足尾の古河鉱業から廃棄された鉱毒が栃木・群馬・埼玉・茨城県の渡良瀬川・利根川流域を汚染し、それに対して被害民たちが操業停止を求めておこした運動の総称。足尾銅山は1610年（慶長15）に発見され、やがて幕府直轄となり、48年（慶安元）から本格的な開発が進められて、17世紀後半に最盛期を迎え、84年（貞享元）には1500トンを生産した。しかし18世紀に入り衰退し、19世紀には廃鉱同然となり、明治期なって1871年（明治4）民営となった。77年に古河市兵衛が鉱業権をえて以降、新鉱の発見などにより、生産量は84年に2286トンとなり全国銅生産量の26％弱にまでなった。

しかし、早くも1880年代に入ると近傍の樹木が枯れたり、渡良瀬川の魚類が大量に死ぬなどの事態がおこり始め、ついに90年に流域の1650町歩の農地に鉱毒被害がでたことから、被害農民から操業停止の声があがった。しかし、栃木県と政府が有効な対策をとらなかったことから、91年12月、栃木県選出の代議士*田中正造が衆議院で鉱毒問題で質問し、操業停止を要求した。同月、栃木県知事が被害補償交渉案を被害町村に提示し、翌年第1回示談契約が完了した。だが、その後も渡良瀬川洪水によって被害が繰り返されたことから、農民たちは操業停止を求めて97年以降東京への大挙請願運動をおこし、1900年3月にはそれを実力で阻止しようとする警官隊によって100人以上が逮捕された（川俣鉱事件。02年12月宮城控訴院判決で全員無罪となる）。これ以後、鉱毒事件は世論を喚起し、知識人・学生などの支援をよび、この運動は明治社会主義を準備することになる。しかし栃木県は、谷中村を廃村にして遊水池を作る計画を立て、05年から買収を開始した。その際に土地収用を拒否する16戸の農家が最後まで抵抗を続けたので、07年6〜7月に強制執行が行われたが、村民たちは仮小屋を建てて住み続けた。一方、土地収用の不服の訴訟をおこし、裁判は18年（大正7）8月まで続けられた（収用額を1.5倍の買収額とするという判決をえた）。しかし、鉱毒被害は、その後も続き、太田市毛里田地区などの汚染農地の損害賠償が成立したのは1970年代になってからである。

足利学校 あしかががっこう 室町初期に足利氏一門によって下野国足利荘に設立された学校。修道よりも漢学の研修を主な目的とした。創設につ

いては，平安初期の*小野篁（おののたかむら）によるとする説もあったが確証はない。室町中期，関東管領*上杉憲実（のりざね）が鎌倉建長寺より快元（かいげん）を庠主（しょうしゅ）（学校長）に招いて再興して以後については学校関係資料がある。上杉憲実・憲忠（のりただ）父子は経典を寄進し，*金沢（かねさわ）文庫から移管した典籍も少なくない。室町時代を通じて僧俗・歴代庠主による寄進本が多い。1560年（永禄3），北条氏政（うじまさ）は郷里大隅国に帰ろうとした7代庠主九華（きゅうか）を引き留めるために，金沢文庫から「文選（もんぜん）」を取り寄せて思い止まらせようとしたことが，その識語にみえる。9代三要（さんよう）の時に，豊臣秀次（ひでつぐ）は足利学校を京都に移したが，それが伏見円光寺と考えられる。95年，秀次は豊臣秀吉に追われて高野山で自殺し，秀吉の没する前年の97年（慶長2），徳川家康は足利学校・金沢文庫の書籍を元に返却させた。また，安国寺恵瓊（えけい）が朝鮮から請来した典籍も，没収して学校に贈った。現存する10代寒松（かんしょう）の日記には学校・学徒関係の記事が多く，近世初期の学校のようすを知ることができる。学校は禅僧が管理し，全国各地から入学した多数の僧は在学中，正規の道号・法諱（ほうき）とは別に学徒名を称した。漢学の中でも特に易学が盛んで，武家が合戦のために兵法・占法を重んじた時代の思想を反映している。明治維新の時に足利藩主戸田忠行の管轄下に入り，のち栃木県の管下となる。その後，学校跡に市立足利学校遺蹟図書館が設立されて蔵書保存がなされ，現在に至る。近年，学校跡の発掘調査が行われた。

足利義政（あしかがよしまさ）　1436～90（永享8～延徳2）　室町幕府8代将軍（在職1449～73）。初名義成（よしなり）。父は6代将軍義教（よしのり），母は日野重子。*日野富子（とみこ）はその正妻。官位は従一位左大臣，准三宮に至る。同母兄義勝の早世で将軍職を継ぐ。若年の間は管領の畠山持国（もちくに）・細川勝元（かつもと）が幕政を主導したが，成長とともに将軍親裁の傾向を強め，政所（まんどころ）執事の伊勢貞親（さだちか）を重用して守護大名抑制策をとるに至った。1466年（文正元）諸大名が共同して貞親を失脚に追い込むと，その政治的基盤は弱体化し，翌年年頭，管領畠山氏の家督争いについて双方の実力による解決を容認してしま

った。これが双方を後援していた細川勝元と山名持豊（もちとよ）（法名宗全（そうぜん））の対立を激化させ，大名勢力を二分する応仁の乱の勃発を招くことになった。73年（文明5）将軍職を嫡子義尚（よしひさ）（のち義熙（よしひろ）と改名）に譲り，83年東山山荘に移って東山殿（ひがしやまどの）と称されたが，以後も政務に関与し続けた。義熙の没した翌年に病没した。法号慈照院喜山道慶。庭園・絵画など芸術に明るく，芸能者・文化人に庇護を加え，いわゆる*東山文化の興隆を支えた人物でもあった。家集「源義政公集」を残す。

足利義満（あしかがよしみつ）　1358～1408（延文3・正平13～応永15）　室町幕府の最盛期を担った3代将軍。北山殿（きたやまどの）・鹿苑院殿（ろくおんいんどの）と称される。法号鹿苑院天山道義（はじめ道有）。父は足利義詮（よしあきら），母は石清水八幡宮祠官家出身の紀良子（きのよしこ）。父の死後1368年（応安元・正平23）に将軍を継職し，管領（かんれい）の細川頼之（よりゆき）の後見をえたのち自立する。室町第（むろまちてい）に居を据え，細川家をはじめ有力守護の勢力削減に腐心して，守護のバランスの上に自らをおき，92年（明徳3・元中9）南北両朝の統一を強行して，幕府を全国政権として安定させた。94年（応永元）子の義持（よしもち）を将軍とし，翌年公家官位をきわめたのち出家し，新造の北山第で公武をこえて政治を支配した。将軍家菩提寺の*相国寺（しょうこくじ）を建立して禅宗の統轄を進めた一方，旧仏教に対しても子息を門跡寺院に入室させるなど統制に努めた。さらに義満の時代に，警察権・課税権など京都市中の管轄権も幕府に帰した。このように公家・寺社中心の文化空間であった京都の支配を心がけたうえ，明との正式な貿易を開始して中国文化の流入を拡大し，*北山文化とよばれる独自の文化を主導した。晩年，後妻日野康子を国母に准じて院号をうけ，子の義嗣（よしつぐ）を親王に准じて元服させるなど，天皇家への接近をめざしている。

芦田恵之助（あしだえのすけ）　1873～1951（明治6～昭和26）　筆名は小芦。明治末より大正期における綴方（つづりかた）教育改革の先駆者。兵庫県出身。1887年（明治20）氷上高等小学校を卒業後，小学校訓導をへて98年上京し，東京高等師範学校付属小学校嘱託となり，活動主義教授法で活躍中の樋口勘次郎（かんじろう）に師事する。その後

姫路中学校をへて, 高師付属小学校に帰任, 「教育研究」誌上の授業実践報告により〈綴り方の芦田〉として知られた。坐禅家岡田虎二郎により禅堂教育にふれた。13年(大正2)「綴り方教授」, 16年「読み方教授」を公刊。「指導の第一義は綴らんとする心を養うことである」(「語録芦田恵之助先生の道と教育」)として子供の欲求を基盤とする綴方教育を唱え, 課題主義と対立した。随意選題・自由選題を提唱し, 〈教授行脚〉などにより国語教育の新展開の源流となった。「芦田恵之助国語教育全集」全25巻がある。

蘆野東山 あしのとうざん　1696～1776(元禄9～安永5)　江戸中期の儒学者・仙台藩士。本姓は岩淵, 修姓して蘆野のち蘆。名は徳林, 東山はその号, 晩年には東民と称した。陸奥国東磐井郡渋民村の肝煎の子。1714年(正徳4)仙台藩大番士にあげられ, 16年(享保元)京都でて, *三宅尚斎に従学した。21年仙台藩儒となり, のち藩主に従って出府し, *室鳩巣に師事した。藩学の創設に尽力したが, 藩校内の坐列をめぐって役人と争い, 38年(元文3)から61年(宝暦11)まで幽閉生活を送り, その間に主著である「無刑録」を著した。「天子ヨリ以下何様ノ卑賤ナル庶民マテモ人ハ皆同シ人ナリ」という道徳的な人間平等論に立つ東山は, 刑罰のない「無刑」の世をめざし, そこに至る過程で必要悪としての刑罰は, 威嚇・見懲しのためのものではなく, 教育的なものであるべきだと捉えた。「無刑録」は明治初年の刑法制定の参考に供され, 1877年(明治10)にはじめて刊行された。⇒蘆野東山上書

蘆野東山上書 あしのとうざんじょうしょ　仙台藩の儒学者である*蘆野東山が, 1755年(宝暦5)仙台藩5代藩主の伊達吉村に奉った上書。1巻。剛直な東山らしく, 君主たるものの禁欲・倹約, 賢才の登用, 諫言の重視, 学校の意義, 民情把握の重要性などが説かれている。農村政策を中心とした民政について, 東山の体験をふまえた具体論が展開されている点に特色がある。

葦原中国 あしはらのなかつくに　*記紀神話における地上世界の呼称。*高天原の下位, 葦の茂る原の中央に位置する国。*イザナキノミコト・*イザナミノミコトの国生みに始まるが, 厳密には*黄泉国の話以降に登場する概念で, 死の世界という観念に媒介されて措定される現実世界のことであろう。事実, そこに住む人類もまた黄泉国の話をへてはじめて青人草という語で表現されるようになる。最初, この国は*スサノオノミコトとその子孫*オオクニヌシノカミによって統治されるが, のち*アマテラスオオミカミの神勅によりその子孫が治めるようになる。いわゆる*国譲り神話である。この関係を, 畿内政権への国造の服属を象徴したものと解して, 日本古代国家の国制を説明した物語とする説もある。

阿闍梨 あじゃり　闍梨とも。梵語ācāryaの音訳「阿闍梨耶」の略で, 弟子の行為を正し, その規範となる高徳の師が本義。種々の別があるが, 律宗などでいう出家・受戒・教授・受経・依止の五種阿闍梨のほか, 密教では大日如来や諸仏・諸菩薩また三密(身密・口密・意密)に通じた高僧をいい, 特に伝法灌頂を受けた者, また灌頂を授ける導師その人をさす。灌頂の際の正導師は大阿闍梨(略して大阿), 儀式作法を教示する者は教授阿闍梨と称する。このほか貴顕の子弟一代に限って伝法灌頂授与が許された一身阿闍梨, 東寺一長者の称した一の阿闍梨など, さらには比叡山など七高山に勅命によっておかれた祈禱僧など, 定員を設けた一種の職官となった阿闍梨もある。

排蘆小船 あしわけおぶね　*本居宣長の歌論書。1巻。宣長の在京時代の1756・57年(宝暦6・7)頃に成立(松坂帰郷後の1758・59年成立説もある)。未刊行の草稿であり, 近世にも写本は少なく, 1927年(昭和2)「増補本居宣長全集」第10に所収されてはじめて広く知られる。宣長の文芸論の処女作であり, 内容は「歌の用」に始まり, *古今伝授に終わる全66項目が問答体で記述される。中世以来の和歌伝授や堂上歌壇に対し批判を加え, 政治や道徳のためではなく, 心に思うことをありのままに表現することに和歌の本質をみる。「*もののあはれ」の思想の萌芽はみえるが, 中心的テーマとはされていない。古道論への関心以前の初期宣長の歌道論としての意義をもつ。

飛鳥井雅親 あすかい まさちか　1417〜90(応永24〜延徳2)　室町時代の公家。和歌・蹴鞠の師範家。権中納言雅世の子。正二位権大納言。1465年(寛正6)、後花園上皇より勅撰集編纂の院宣をうけたが、応仁の乱のために自宅に設けた和歌所などが焼けて中止した。乱を避けて、その後長く家領のあった近江国柏木郷に退居して柏木殿とよばれ、73年(文明5)に出家した(法名栄雅)。嫡男雅俊がまだ幼かったので、弟雅康(号は二楽軒)に家領を譲って家を維持しようとしたが、京都の乱がおさまると81年頃から在京するようになり、将軍家歌合の判者となるなどふたたび歌壇の中心として活躍した。一方、雅康も京都・地方で歌鞠師範としての活動を続け、二つの流れが併存したが、雅康は雅俊を助けて家流の保持に努めた。飛鳥井氏は鎌倉に下って活躍した雅経を祖とする新興の公家で、歌鞠の技芸によって名をなしたことを批判する向きもあったが、師範家としての権威は江戸時代まで続いた。代々門人に伝授した歌鞠の秘伝書も数多く残っている。雅親の著書に「亜槐集」「栄雅千首」「筆のまよひ」がある。

飛鳥川 あすかがわ　江戸初期の*仮名草子。全3巻。中山三柳(1614〜84)の著。1648年(慶安元)成立。三柳は儒医。曲直瀬道三学派の長沢道寿の弟子で、医書もあり、名医として知られた。その立場から、86カ条に分けて随筆風に、また時に具体的な例話を用い、儒・仏・道三教にも理解を示しながら教訓をのべる。話題は人事・天象の多岐にわたるが、怪異不可思議の現象も取るに足らないとする弁惑的な論調は、怪力乱神を語らずとする儒家の立場を表している。末尾は儒仏問答で、常と権(仮)、死と活という論理を用いて批判をかわしながら道と法を論じ、儒学のすぐれる所以をのべる。

飛鳥浄御原令 あすかきよみはらりょう　681年(天武10)2月に*天武天皇の命をうけて草壁皇子を中心として編纂が開始され、689年(持統3)6月に諸司に班賜された令。全22巻。律の存在については疑問視する説が有力である。具体的条文は現在伝わらないが、戸令・考仕令の編目の存在は他史料から確認され、*大宝律令がほぼ浄御原朝廷をもって准正とするというから、おおむね同様の編目を有していたと考えられる。この班賜をうけて、同年7月に官人の選任が、9月には造籍が開始されており、大宝律令に先立って律令制の先行的施行にはたした役割は大きい。

飛鳥仏教 あすかぶっきょう　→飛鳥文化あすかぶんか

飛鳥文化 あすかぶんか　6世紀後半から7世紀前半にかけて、飛鳥の地を中心とする畿内地方に栄えた文化。その中核は中国六朝時代の仏教文化の影響をうけた推古天皇時代を中心とする仏教文化であるが、その仏教文化にともなって、礎石をおいて柱を立てたり、屋根に瓦を葺いたりする新しい建築技術や、本格的な彫塑や絵画の技術、絵具や墨、また紙の製造技術など次々に新しい文物や技術が伝えられ、日本の文化を飛躍的に発展させた。造形美術では、飛鳥寺や*法隆寺西院伽藍の中門・金堂・五重塔の建築、法隆寺金堂釈迦三尊像や戊子年銘釈迦像、および法隆寺献納四十八体仏中の止利様式の菩薩像などの仏像彫刻がその代表としてあげられる。

造形芸術の面だけではなく、仏教思想の受容にともなって、在来の平面的思考にはじめて三次元的思考が加わったことが注目される。たとえば*記紀神話において、生と死は「黄泉比良坂」を境にして区別されているが、「平坂」の語が示しているように、生と死は一直線上に位置し、ある点を境にして区別されているにすぎない。それに対して、仏教は此岸と彼岸など次元の異なる思想的世界の存在を教えたのであった。それとともに、仏教は、土地に居着く在来の神と違って、どこにでも現れ、誰にでも恵みを与える仏・菩薩を説くことによって、開かれた精神を用意し、その開かれた精神がやがて閉ざされた氏族社会をこえて、大化の改新以後の開かれた統一国家を準備することにもなった。

また、飛鳥の地には、以前から酒船石や亀石などの石造遺物のあることが知られているが、近年また新しい石造遺物の発見もあり、仏教文化以外に、*道教や*神仙思想の流入があり、当時その比重の大きかったことが考えられる。

東遊 あずまあそび　宮廷や賀茂・石清水などの神社

の儀式で行われ，近衛府の官人によってつかさどられた古代の歌舞。祖形は大化前代に東国からの舎人や弓・馬などの貢進にともなって朝廷にもたらされた風俗歌舞に求められる。駿河歌・求子歌からなる。室町時代に中絶し，江戸時代に復興された。

吾妻鏡（あづまかがみ） 「東鑑」とも。鎌倉幕府の歴史書。漢文体。13世紀末の幕府自身の編纂であるが，完成しなかったらしい。1180年（治承4）から1266年（文永3）までの日記の形をとるが，実際は将軍ごとの編年史である。中間飛び飛びに10年分欠落し，散逸した冊とも編纂手つかずの年次ともいう。南北朝期に手持ちの写本をもとに欠落年次は飛ばし，最初から順送りに巻第を付けた目録が作られているため，世間一般にはこの巻第によって52巻とするが，古写本には巻第がない。序文は見当らない。記事は幕府の所在地鎌倉が中心で，それ以外での武士関係の記述は，使者が鎌倉に参着し報告する形をとって収める。典拠は明示せず，資料をそのまま転載した部分や編纂者による加筆・書き替え部分などが混在するため，史実かどうか認定するには本文批判が必要となる。鎌倉幕府の滅亡後，まもなく本書は散り散りになったらしい。室町時代以降，鎌倉幕府に範をとろうとした武将たちは，各地に少しずつ写本を探し求めた。右田弘詮本の吉川本，徳川家康の紅葉山文庫本はその成果である。現在では，その後に出現した年次も含めて，出版された「新訂増補国史大系」所収の本文が研究の基礎となっている。鎌倉時代の武家社会を知るための根本史料である。

あづま新聞 1890年（明治23）12月13日に発刊された立憲自由党急進派の日刊新聞。あづま新聞社より刊行され，社主は*大井憲太郎，主筆は曾田病鶴である。同紙は，それまでの新聞を社会の中等以上を対象とするものとして批判し，労働社会の保護と細民の済度を目標とした。そのため紙面は読みやすいように総振り仮名つきで，価格も1部5厘と安く，初号は3万余部を売りつくした。しかし91年10月休刊し，翌11月再刊したが，まもなく廃刊した。なお，96年12月からだされた同名の新聞は「絵入日報」が改題したもの

で，これとは別のものである。

あづま・みちのく 現実の東国や陸奥を離れて，幻想的に理想郷化された東国・東北地方観。9世紀中頃以降に現れ，「*伊勢物語」において最も顕著となる。藤原京の造営以来，平城京・長岡京そして平安京と隋唐文化に飾りたてられた都が次々と造営され，高い文化価値として成熟していく一方，地方は「天離る*鄙」として低い文化価値の中に取り残された。そこに都鄙の懸隔が目立ってくることになるが，この意識の増大は9世紀半ば頃から，国司の遙任の風をさえうんだ。しかし，都において志を遂げえなかった失意の貴族たちが，文化価値の高いはずの都にありわびて，しだいに東国や陸奥の地に幻想的理想郷を求めるようになっていった。

麻生久（あそうひさし） 1891〜1940（明治24〜昭和15）大正・昭和前期の社会運動家・政治家。大分県生れ。第三高等学校をへて東京帝国大学仏法科卒，「東京日日新聞」に入社。ロシア革命に動かされて社会主義研究を始める一方，*黎明会・*新人会の結成にも関与した。1919年（大正8）*友愛会に入り，最大の労働組織を指導する立場となり，主に鉱山労働運動に専念した。25年以降無産政党運動に参加し，労働農民党の分裂後，日本労農党を結成した。以後一貫して中間派無産政党を率い，32年（昭和7）右派と合同し成立した*社会大衆党の書記長となる。この頃から軍部の「革新」勢力と結んだ日本的革命を構想する。36・37年衆議院議員に当選。40年*近衛文麿の新体制運動に積極的に協力して，社会大衆党を解党した。大政翼賛会の発足直前に病没した。著書は「濁流に泳ぐ」「黎明」など。

阿蘇神社（あそじんじゃ） 旧称は健磐竜命神社。阿蘇宮・阿蘇大明神とも。熊本県阿蘇市に鎮座。旧官幣大社。健磐竜命・阿蘇都媛命をはじめ，その子の速瓶玉命など阿蘇十二明神を祀る。これらの諸神を奉斎してきた阿蘇氏は速瓶玉命の子孫と称し，阿蘇国造に任ぜられた。もと噴火口に立つ巨岩を神格化した健磐竜神への信仰があり，ついで神霊池（阿蘇岳火口）が注目され，平安時代に入ると，司雨神としての信仰が盛んとなった。延喜の制では名神大社，ついで肥後

国一宮となる。阿蘇氏は阿蘇大宮司として権力を保持し，11世紀に入ると私領の拡大を進め，12世紀後半には阿蘇社と阿蘇大宮司職の分をあわせると，社領(荘園)は九州全土のほとんどを占めることになった。しかし1587年(天正15)，豊臣秀吉の九州平定によって社領を没収され，阿蘇大宮司職は終りを告げた。その後は加藤清正・細川氏などの庇護をうけ，阿蘇氏は神主としての地位を保持し，現宮司は91代目を数える。例祭日は7月28日。御田植神幸式(御田祭)・火焚神事など農耕神事が有名である。

遊び あそび　日常的・世俗的な世界から離れて，非日常的な世界や境地に精神を解放し，羽ばたかせること。原初的には，宗教的な境域と深い関わりをもつ。のちしだいに宗教的意味合いが薄れ，もっぱら遊戯をさしたり，直接生業とは関わりあいのない何かに時間を費やすことなどに対して，マイナス評価を含んだ意味で使われるようになった。英語のplayをはじめとして，各国語に類似した概念をもつ言葉がある。しかし留意しなければならないのは，「聖人の門に遊ぶ」や「遊学する」(他郷で学ぶこと)などの用法にしても，もともと中国の古典にもとづいており，漢字の「遊」を離れて，独自に大和言葉の「あそび」が存在するかどうかは，むずかしい問題である。しかしまた，古代，天皇の殯宮で葬送儀礼に従事した部民を「遊部」といっていることは，注意に値しよう。

愛宕信仰 あたごしんこう　京都の西北に位置する愛宕山に祀られる愛宕大権現に対する信仰。本来は火の神迦具槌命を中心に祀ることから，火伏せの神としての信仰が篤い。平安時代以前から神仏習合し，朝日山白雲寺が建立され，勝軍地蔵・泰澄大師・不動明王・毘沙門天などを祀る。これらを総称して愛宕大権現とよぶ。特に勝軍地蔵は本地仏と位置づけられ，広く信仰を集めた。勝軍地蔵は，もともと坂上田村麻呂が延鎮とともに清水寺を建立した際，本尊十一面観音菩薩の脇侍として地蔵菩薩と毘沙門天を祀ったことに由来し，前者を勝軍，後者を勝敵と名づけた。この時，田村麻呂が戦勝祈願を行ったことから，中世以降，愛宕大権現の勝軍地蔵も武士の信仰を集めることになる。一方，愛宕山は修験者の行場としても名高く，比叡山・比良山などとともに七高山に数えられた。

化野物語 あだしのものがたり　→二人比丘尼

新しき村 あたらしきむら　*武者小路実篤によって，1918年(大正7)に宮崎県児湯郡木城村(現，木城町石河内)につくられた理想主義的共同体。実篤は同年7月に雑誌「新しき村」を創刊したが，その理想に共鳴して全国から集まった20人ほどが，初年に実篤とともに入村した。村民は2～3年目に増加したが，その後は出入りが繰り返された。個性尊重，自由平等，芸術性・宗教性の尊重などをめざした生活は，実篤の描いた理想郷であったが，実際には村内会員だけでの自立はむずかしく，実篤個人や村外会員に依拠する部分が多く，実篤自身も26年1月に村をでて，村外会員として活動し村の存続を支えた。現実社会の問題や矛盾から切り離されたところに理想郷を築こうとする試みに対しては，当初より*堺利彦・*山川均らの社会主義者や白樺同人の*有島武郎からの批判があった。離村者があいついだことや村民の高齢化によって村は縮小化を余儀なくされたが，1939年(昭和14)からは埼玉県入間郡毛呂山町葛貫で「東の村」をつくる試みがなされ(46年実現)，2村とも現在に至っている。

阿直岐 あちき　生没年不詳　阿知吉師とも。阿直岐史の祖。百済の肖古王の使いとして良馬2匹をもたらした人物。「*日本書紀」では，学問にも優れ，応神天皇の太子菟道稚郎子の師となり，彼の推薦で*王仁が渡来したと伝える。しかし「*古事記」には，馬を伝えたことしか記されていない。

阿知吉師 あちきし　→阿直岐

阿知女作法 あちめのさほう　*神楽における神事作法。阿知女とは神楽を奏する時に唱える言葉のこと。本方が「阿知女おおおお」と唱えると，これに対して末方が「おけ阿知女おおおお」と調子をあわせる。安曇磯良を招き寄せるために唱えたもので，「おおおお」は返答であり，「おけ」は囃子詞の一種である。磯良は筑前国志賀島を本拠とする安曇氏が奉斎した神で，神功皇后が新羅へ赴い

た際に水先案内を務めた。阿知女はもとは*八幡信仰に属する神楽の神事作法であったが、やがて宮廷神楽にも受容された。

悪口祭（あっこうまつり） 悪態祭（あくたいまつり）・喧嘩祭とも。祭に参加した者同士が互いに悪口を言い合う祭。その時，言い合いに勝った者は幸運に恵まれるという。全国的にみられた祭であったが，現在はほとんど廃絶してなくなった。祭日は一定していないが，大晦日から元旦にかけて行われるところが多く，*年占の要素がみられる。たとえば井原西鶴の「世間胸算用」には，京都八坂神社の白朮祭で悪口を言い合ったことが記されている。また，栃木県足利市大岩町の最勝寺（大岩の毘沙門天）では，現在も大晦日に悪態祭を行っており，参詣者が互いに悪口を言い合う。茨城県笠間市泉の愛宕山頂にある飯綱神社でも，悪態祭が旧暦11月14日に行われている。

熱田宮寛平縁起（あつたぐうかんびょうえんぎ） 「尾張国熱田太神宮縁起」などとも。*熱田神宮の根本縁起。1冊。奥書にその完成が寛平2年（890）とあることから「寛平縁起」とよばれる。作者不詳。平安時代の貞観・寛平・永久といった年号や当時の人物の名がみられるが，不審な点も多く，およそ鎌倉初・中期頃の成立と考えられている。記紀や「尾張国風土記」にみえるヤマトタケルや后神のミヤズヒメ，同社神体である草薙剣についての記述が大半を占めるが，天智朝におこった新羅の僧の道行の神剣奪取説話や天武天皇の神剣の障りによる病臥などを記紀よりも詳しく掲げることが注目される。内閣文庫本など多数の伝本がある。

熱田宮秘釈見聞（あつたぐうひじゃくけんもん） 両部神道論から*熱田神宮の縁起や本地を説いたもの。1冊。著者不詳。鎌倉末・室町初期の成立といわれる。熱田大明神，すなわち素戔嗚尊以下5柱の祭神の本地を五智如来とし，また天叢雲剣を天照大神や熊野権現と同体と説き，これを国常立尊が作ったものと記す。随所に記紀とはかけ離れた記述が散見し，「日本書紀」に対する中世的な解釈がみられる点が留意される。真福寺本・東京大学史料編纂所本など数点の伝本が現存する。⇒熱田宮寛平縁起 中世日本紀

熱田講式（あつたこうしき） 中世の*熱田神宮の講式。1冊。著者不詳。南北朝～室町中期頃の成立とされる。講式とは仏・菩薩（神祇）を讃仰する講の儀式書のこと。内容は3段から構成される。*神仏習合・*和光同塵思想にもとづき，第1段では南北両社の本地を「胎金一躰法王」とのべ，第2段では垂迹神を称え，同社が神剣を神体とする濫觴であることを説く。第3段では，同社地を蓬莱宮・竜宮として当地が霊感ある聖地と記す。ついで，和讃・神分などを載せているが，各所に*記紀神話とは内容を異にする記述が散見し，中世の熱田社の神仏習合の様相を伝えるものとして注目される。写本は真福寺本が有名である。⇒中世日本紀

熱田神宮（あつたじんぐう） 熱田神社とも。名古屋市熱田区神宮に鎮座。日本武尊の妃宮簀媛が，熱田の地に草薙剣を奉斎したのを創祀とする。この神剣は*三種の神器の一つで，主祭神の熱田大神の御霊代である。また相殿の神として，素戔嗚尊・日本武尊など5柱を祀る。なお，草薙剣を奉斎するということで，当宮は伊勢神宮につぐ由緒ある大社とされ，古来，格別の尊崇を集めてきた。ところが，668年（天智7）新羅の僧道行による神剣盗難事件がおき，その後，神剣は皇居に安置された。しかし686年（天武15）6月，天武天皇の病は神剣の祟りとの卜占があり，再び神剣を当宮へ遷し，現在に至っている。源頼朝をはじめ足利・織田・豊臣・徳川諸氏も尊崇し，全国に鎮座する2000に及ぶ熱田神社の総本宮として，年間1000万人をこえる参拝者がある。

安土宗論（あづちしゅうろん） *日蓮宗が*浄土宗を方便の教えとみなすことの是非をめぐる，1579年（天正7）の両宗の対論。実質的には，織田信長による日蓮宗弾圧事件。信長は，当時安土で教線を拡大し，京や堺でも町衆に大きな影響力をもつ日蓮宗を強く警戒し，5月27日に近江国安土の浄土宗浄厳院における対論を命じた。参加したのは浄土宗側が玉念・貞安ら4名，日蓮宗側が*日珖・日諦・日淵ら4名，勝敗の判定役として鉄叟景秀（臨済宗）・因果居士（華厳宗か）

ら4名である。対論は「*法華経」や浄土三部経の解釈をめぐって進められたが、日蓮宗側優勢のところで突然浄土宗側が勝ちどきをあげ、周囲を警護していた奉行所の者によって日蓮宗側は暴行・監禁され、脅迫をうけて屈辱的な詫証文を書かされた。この証文に、豊臣秀吉の時代の返還まで（多額の罰金とともに）苦しめられた結果、日蓮宗教団は以前に比べ摂受主義の傾向を強めた。なお、同じ日蓮宗側でも、民間布教に力点をおく普伝が斬首された一方、教団内で指導的立場にある学僧たちへの処罰は軽かった。こうした教団の保全を前提とする支配の志向に、江戸幕府の宗教政策の先蹤がうかがえる。

安土城 織田信長が近江国安土山（滋賀県安土町）に1576年（天正4）から81年にかけて完成した平山城で、近世城郭の先駆をなす。安土城は信長の天下統一の拠点となったが、単なる城館にとどまらず、彼の超越的権威を周知させる思想的媒体でもあった。その中心は総高約46m、外観5層、地上6階・地下1階の構造をもつ壮麗な天主（守）閣であった。

安土城天主閣に形象化された思想は主として、地階の宝塔（「法華経」に説く）を中核とする3階までの吹き抜け空間（南蛮風建築様式の影響か）を作ったこと、1階にのちに信長が自己の神体代りにしたという盆山をおく部屋を設けたこと、5階の障壁画の画題が釈門十大弟子や釈尊成道説法など仏教的なものであり、それらに囲まれた中央に信長の御座があったこと、6階の画題が三皇五帝・文王・周公・孔子・孔門十哲・老子など儒教的・道教的なものであったことなどに具現されている。こうした天主閣の造型的特色と信長の*自己神格化の意図、*天道思想（既往の諸思想を包摂する）や*天下思想（新秩序をめざす）などを併せ考えると、「天主」とは取りも直さず「天道」（現当二世、天地間唯一の統一的絶対者）のことであり、「天主」閣の主となった信長は事実上「天道」との一体化を志向していたのではないかと推測される。

跡部良顕 1658〜1729（万治元〜享保14）江戸前・中期の垂加神道家・旗本。姓は源。名は良賢のち良顕、晩年は良武、通称は宮内・民部、号は光海翁のち海翁・重舒斎、霊社号は光海霊社。家は2500石取の旗本。柳生宗厳（石舟斎）の玄孫。駿府城在番中に浅間神社の神主志貴泰賢より吉田神道を学び、*伴部安崇とともに儒者*佐藤直方に師事した。その後、直方と絶交し、出雲路信直の弟子竹下青山・*正親町公通・*玉木正英・渋川春海らに師事して、*垂加神道を学んだ。安崇とともに「垂加文集」「*垂加翁神説」などを刊行して、垂加神道の普及にも努めた。

跡見花蹊 1840〜1926（天保11〜大正15）明治・大正期の教育家。旧名は滝野。号は花蹊・西成・木の花・不言。摂津国の郷士の子。幼少より漢学・絵画・書・詩文の才を磨き、父の私塾を助けたのち、京都で私塾を経営する。父が姉小路家に仕えたため、東京に移住後は同家の家庭教師をへて、1875年（明治8）日本的教養に重点をおく女子中等教育機関の草分けである跡見女学校（現、跡見学園）を創立する。絵画・琴曲・点茶など純日本式の芸事を導入した女性の伝統的な教養教科、東洋的徳性を重視した教育で優美な女性の育成に努めた。花蹊は華族階級の信望厚く、赤坂御所で女官たちに漢学や絵画を教授したこともあって、同校は華族をはじめ中流階級以上の子女を多く集め発展した。

アナ・ボル論争 アナーキズム（無政府主義）とボリシェビズム（マルクス主義。当時、ロシア共産党正統派・ボリシェビキが代表）との論争。ロシア革命の影響下、1920年代初め、日本社会主義運動の本格的な第一歩を画した日本社会主義同盟（1920年結成）内部での思想・組織論争として展開された。社会主義政党の結成を展望した労働戦線の統一（集中的合同論）を主張した*堺利彦・*山川均らに対し、*大杉栄らは政治闘争と国家権力を否定する無政府主義の立場から、労働組合（サンディカ）による「直接行動」と労働組合の自由連合論を主張した。1922年（大正11）に堺・山川を中心とする第1次*日本共産党（委員長は堺）が結成されて、前者の側の

あにみ

勝利に終わった。

アニミズム animism イギリスの人類学者E.B.タイラー(1832~1917)が、宗教起源論において、原始宗教の規定として用いた用語で、原始宗教における霊的な存在への信仰のことをいう。その語源は「霊魂」を意味するラテン語のアニマ(anima)に由来する。タイラーによれば、未開人は霊魂の存在を信じ、死・睡眠(夢)・病気などの現象を霊魂が身体から分離したための作用と理解し、さらに動植物・無生物・自然現象にも霊魂が宿り、それらの事物も霊的存在に起因するものと考えていたとする。タイラーはこのアニミズムを宗教の最小限の定義と提唱し、進化論的立場から、アニミズムを基礎に精霊信仰、多神教、そして一神教の観念に発展すると説いた。タイラーの論じたアニミズム理論はその後の宗教学説に影響を与え、J.G.フレーザー(1854~1941)はアニミズムを基盤として厖大な呪術論を完成させた。またW.ブント(1832~1920)は、霊魂観念の最も原始的なものは身体霊であり、非人格的な霊質たる遊離魂の観念はそののちに発生すると説いた。

姉崎正治 あねさきまさはる 1873~1949(明治6~昭和24) 明治中期~昭和前期の宗教学者。号は嘲風ちょうふう。京都生れ。第三高等中学校をへて、*桑木厳翼ごんよく・*高山樗牛ちょぎゅうらとともに1896年(明治29)帝国大学文科大学哲学科を卒業。大学院進学後に宗教家懇話会を企画し、翌97年横井時雄とき・*大西祝はじめ・*岸本能武太のぶたらを交えて丁酉ていゆう懇話会(のち*丁酉倫理会と改称)を組織した。98年東京帝国大学講師となり宗教学を講じ、1900年同助教授となりドイツに留学、主にキール大学のドイッセンに学んだ。04年同教授、翌年宗教学講座の初代主任となる。30年(昭和5)日本宗教学会の初代会長に選ばれ、34年に退官し名誉教授となる。大学院での研究テーマ「宗教の発達」の延長上になされた1900年の「宗教学概論」において、宗教心理学・宗教倫理学・宗教病理学という枠組みを提示した。ドイツ留学後は神秘主義へと関心を広げ、04年刊行の「復活の曙光」以後は宗教のもつ非合理性を強調するようになった。また、日蓮を主題とする「法華経の行者日蓮」(1916)、「切支丹キリシタン宗門の迫害と潜伏」(1925)などの著作のほか、「姉崎正治集」全9巻がある。

阿波羅波記 あはらはき →天照坐伊勢二所皇太神宮御鎮座次第記あまてらしますいせにしょこうたいじんぐうごちんざしだいき

阿仏尼 あぶつに ?~1283(?~弘安6) 安嘉門院四条あんかもんのいんのしじょう・北林禅尼ほくりん・阿仏とも。鎌倉時代の歌人。「新古今和歌集」以下勅撰集に48首入首。はじめ安嘉門院邦子に出仕した。その出仕中の失恋による出奔、出家などについて記した日記が「うたたね」である。1253年(建長5)頃から、歌壇で重きをなす藤原為家ためいえと親密な関係になり、側室となって為相ためすけ・為守ためもりを出産する。為相はのちの冷泉家れいぜいけの祖となる。為家の没後、播磨国細川荘の相続に関して為家の嫡男である為氏ためうじと争い、訴訟のために鎌倉に下向する。その折の日記が「*十六夜日記いざよい」である。訴訟は生前に決着がつかず、鎌倉で客死したとされる。その著とも伝えられる「庭のをしへ」(「*乳母の文めのふみ」とも)は、成立時期の早い、女性の手による教訓書として注目される。

阿仏房紀行 あぶつぼうきこう →十六夜日記いざよい

安部磯雄 あべいそお 1865~1949(慶応元~昭和24) 明治~昭和期のキリスト教社会主義者・代議士。福岡藩士の子として出生。1879年(明治12)同志社に入学、82年*新島襄にいじまから受洗する。同校卒業後、郷里で教員や牧師を務めたのち、91年アメリカのハートフォード神学校で3年、ベルリン大学で5カ月学び、その間に社会主義への確信をえて95年帰国する。一時伝道に従事し、さらに同志社中学教頭となるが、宣教師と対立して辞職する。その後上京して早稲田中学で教職につき、1903年より早稲田大学教授となり、野球部創設などスポーツにも尽力する。
それ以前の1898年に片山潜かたやません・幸徳秋水こうとくしゅうすいらと*社会主義研究会を発足させ、1900年それが*社会主義協会と改称するに際し会長に推される。また、01年に幸徳秋水ら6人で*社会民主党を結成する。その後、社会主義運動内部の対立が顕在化する中でキリスト教社会主義者の側に身をおくも、10年の*大逆事件頃に運動から離れた。しかし、11年に*廓清会かくせいかいの結成に参加し、23年には理事長

になるなど*廃娼運動にかかわる。24年（大正13）4月、*日本フェビアン協会の創立に際して会長になり、さらに同年6月、普通選挙の気運が高まる中で、無産階級に立脚する政党の樹立をめざす目的で作られた政治研究会に参加し、26年（昭和元）12月、社会民衆党委員長に推されて早大を辞任する。

28年最初の普通選挙で当選し、以後4回（第16・18・19・20回）の総選挙で当選する。対立と分裂を繰り返していた無産政党が、32年に合同して*社会大衆党が結成された時に委員長に推されたが、40年民政党代議士斎藤隆夫の反軍演説に懲罰動議をだすことに反対して片山哲ら9名とともに議会を欠席したことから、社会大衆党を除名され、のち議員を辞職する。その後、勤労国民党の結成をめざしたが結社禁止となった。戦後は、日本社会党の結成をよびかけ顧問となる。⇒キリスト教社会主義

阿部一族 あべいちぞく　*森鷗外の歴史小説。「興津弥五右衛門の遺書」(1912)に続く第2作目の歴史小説で、鷗外のいわゆる〈豊熟の時代〉に書かれたものである。1913年（大正2）1月「中央公論」に発表、同年6月籾山書店より刊行。肥後藩主細川忠利はその死に際して、かねてより反りの合わなかった阿部弥一右衛門の殉死を許さず、生き残った弥一右衛門は終に追腹を切ることとなる。しかも、遺族は俸禄分割という屈辱をうけ、忠利の一周忌に髻を切って武士を捨てようと考えた嫡子権兵衛は縛首となり、次男弥五兵衛以下一族が屋敷に立て籠り、壮烈な最期を遂げる。乃木希典の殉死の1カ月後に発表された「興津弥五右衛門の遺書」と比べて、意地と自らの誇りに殉ずる阿部一族の死の意味を考える時、殉死に対する鷗外の意識が、そうした行為に疑問を投げかける方向へ変化していることは見逃せない。

阿部次郎 あべじろう　1883〜1959（明治16〜昭和34）　明治〜昭和期の倫理学者・美学者。山形県生れ。鶴岡庄内中学校から父の転勤で山形中学校に転校したが、校長排斥運動のため退学となる。東京の中学校卒業後、第一高等学校に入学。東京帝国大学文科大学で哲学を専攻し、R.*ケーベルに師事する。在学中に「帝国文学」の編集委員となり、卒業後は、*夏目漱石の門下生となる。1914年（大正3）に出版した「三太郎の日記」は長く青年たちの愛読書となる。22年、ヨーロッパに留学。翌年帰国し、東北帝国大学教授となり美学を講ずる。T.リップスの影響をうけて理想主義・*人格主義を唱え、その思想は「人格主義」(1922)にまとめられた。晩年は日本文化研究所を設立して本格的な日本文化研究をめざしたが、志半ばで死去した。「阿部次郎全集」全17巻がある。

安倍晴明 あべのせいめい　921〜1005（延喜21〜寛弘2）　「―はるあきら」とも。平安中期の陰陽師。*賀茂忠行・保憲父子に*陰陽道・天文道を学び、天文博士などを歴任する。一条天皇や藤原道長のもとで活躍し、「*今昔物語集」などに逸話・伝説が伝えられている。陰陽道安倍氏の祖。

安倍泰福 あべのやすとみ　→土御門泰福つちみかどやすとみ

安倍能成 あべよししげ　1883〜1966（明治16〜昭和41）　大正・昭和期に活躍した哲学者にして教育家。愛媛県松山の出身で、第一高等学校から東京帝国大学文科大学哲学科へと進み、1909年（明治42）に卒業。ラファエル・*ケーベル、*波多野精一に師事して、哲学者としてはカントの説く自律をみずからの立場とし、著書に「カントの実践哲学」(1924)などがある。しかし、その活躍が知られ、世に影響を残したのは、専門をこえた幅広い仕事によってである。大正期には、訳書であるルドルフ・オイケン「大思想家の人生観」(1912)が旧制高校生に愛読され、岩波書店の「哲学叢書」の編集にかかわって、読書界での*人格主義・*教養主義の風潮を支えた。法政大学・京城帝国大学の教授を務めたのち、40年（昭和15）に第一高等学校の校長となり、戦時下にリベラルな校風を守ったことで知られる。戦後は、貴族院議員、幣原内閣の文部大臣、帝室博物館長、学習院院長を歴任するとともに、講和問題に際しては平和問題談話会の議長として活躍した。著作集「安倍能成選集」全5巻(1948〜49)、自伝「戦後の自叙伝」(1959)、「我が生ひ立ち」(1966)などがある。

安部竜平 あべりゅうへい　1784〜1850（天明4〜嘉永

あへん

3) 江戸後期の蘭学者。字は士魚，名は竜，号は蘭畝・蘭圃。竜平は通称。筑前国粕屋郡名島村の農家の生れで，福岡藩士の養子として士族になる。同藩の蘭学者*青木興勝や，オランダ通詞で蘭学に通じた*志筑忠雄に蘭学を学ぶ。1819年(文政2)直礼城代組になる。のちに藩主黒田斉清の蘭学指南役となり，蘭学の研究を行う。編著に斉清とシーボルトの本草学問答集「下問雑載」，斉清の海防論を増補した「海寇窃策」，著作に南北アメリカの地誌「新宇小識」などがある。

鴉片始末 てまつ *アヘン戦争の発端から南京条約締結以後に至る経過を叙述し，論評した書。*斎藤竹堂の著。写本1冊。1843年(天保14)成立。「鴉片の事，曲は英に在り，直は清に在り」と，道義的な観点からイギリスの侵略を批判するとともに，一方で西洋の進んだ科学技術を摂取しようとしない清朝の独善的な中華思想をも批判している。この竹堂の論評は，当時，昌平黌で師事していた*古賀侗庵の「鴉片醸変記」(1841成)の引き写しであり，1840年末までの本書の叙述も「鴉片醸変記」に負うところが多い。本書は幕末に多く伝写され，また*塩谷宕陰のアヘン戦争の資料集ともいえる「阿芙蓉彙聞」にも収録され，識者に対外的な危機意識を喚起した。

鴉片醸変記 →古賀侗庵

アヘン戦争 せんそう 幕末日本の対外観に大きな影響を与えた事件。イギリスの中国侵略戦争であるアヘン戦争(1840〜42)での中国の敗北の情報は，和蘭風説書・唐風説書の二つのルートから幕府にもたらされ，幕府内外の識者の間に伝わった。「唐虞以来の礼楽之区」(佐久間象山)中国が夷狄に無残に敗北した事実は，それまでの中国(=中華)，西洋(=夷狄)観の転換を迫るものであった。

老中水野忠邦は，異国船打払令の撤回などの対外政策の変更と江戸湾の防備策とを実施したが，この事件を思想的な次元で深刻にうけとめたのは，昌平黌の儒官の*古賀侗庵であった。侗庵は風説書の最新情報をもとに，1841年(天保12)に「鴉片醸変記」を著し，イギリスの「非理無道」を道義的な観点から非難するとともに，西洋の艦船・銃砲に対抗するための準備をしていなかった清朝政府の独善的な中華意識を批判している。侗庵の弟子，斎藤竹堂の「*鴉片始末」(1843)は「鴉片醸変記」を受け継ぎ，南京条約の締結までを叙述し，幕末期に広く伝写された。*塩谷宕陰のアヘン戦争の資料集「阿芙蓉彙聞」(1847)には，この「鴉片始末」が収録されている。

中国の敗因を独善的な中華意識に求める見解は，*安積艮斎や*横井小楠にもみられるが，道義的な観点からイギリスの侵略行為を非難する見解は，幕末期にはそれほど多くない。その中で，アヘン戦争の読物小説である嶺田楓江の「*海外新話」(1849)は，イギリス軍の侵略に対して，節義に殉じた烈女を描くなど抗英運動に共感を示しているが，*佐藤信淵・*帆足万里らは，侵略行為の是非を棚上げにして西洋砲術の充実を求めている。

天草四郎 あまくさ 1622?〜38(元和8?〜寛永15) *島原の乱の大将。肥後国宇土郡江部村に，小西行長の旧臣益田甚兵衛好次の子として生まれた。本名益田時貞，洗礼名はジェロニモ。9歳の時から3年間手習いし，5〜6年間時々長崎へ行き学問を修めた。才気煥発の美丈夫であったという。1637年(寛永14)に島原・天草でおこった一揆に，小西・有馬の旧臣などが呼応し，キリシタン信仰のもとに四郎を「天人」に祭り上げ，精神的統一の象徴とした。彼は，3カ月の原城籠城中，教えを説いて城中の士気を高めたが，幕府軍の総攻撃をうけて討死した。

雨乞 あまごい →祈雨

雨乞踊 あまごいおどり 祈雨立願の踊り・祈雨踊・雨乞風流などとも。雨が降ることを祈願する祭で行われる踊り。多くは民間の雨乞祭にみられ，室町時代から盛んになった。現在，各地に伝えられる太鼓踊・かんこ踊の中には雨乞踊の痕跡をとどめているものが多い。若者が首から吊るした太鼓を叩きながら踊るもので，これに鉦が加わることもある。これらは雷鳴を模倣したもので，そのことにより雷神に刺激を与え，雨を降らせようとし

たものである。雨乞踊は地域によりさまざまな所作がみられ、熊本県山鹿市などでは瓢簞を振りながら踊り、また香川県綾歌郡綾川町滝宮の滝宮踊(念仏踊)では「南無阿弥陀仏」を略した「ナデモ」という語を繰り返しながら踊る。雨乞踊には、稲作農業に欠くことのできない水を求める人々の願いがこめられている。

天津神・国津神（あまつかみ・くにつかみ） 天津神とは、*高天原（天上）にいる神、高天原より地上に降臨した神およびその子孫に連なる神。国津神とは、*葦原中国（この国土）に生成した神、とする『*古事記伝』の解釈が通説。神々の区分で同時に総称となり、天神地祇ともいい、略して神祇ともいう。「職員令集解」所引「跡記」には、天より下り坐すものを神、地について顕れたものを祇と記している。また「職員令集解」所引「古記」や「神祇令義解」では、天神として伊勢（伊勢神宮）、山代鴨（賀茂神社）、住吉（摂津の住吉大社）、出雲国造の奉斎神（出雲の熊野大社）をあげ、地祇としては大神（大和の大神神社）、大倭（大和の大和神社）、葛木鴨（大和の葛木御歳神社か）、出雲大汝神（出雲の杵築大社）をあげている。*記紀神話の体系のもとで成立した神々の分類概念と思われる。『*新撰姓氏録』の氏族分類では、天神地祇の後裔とされる氏族は「神別」に類別され、さらに、「天神」「天孫」「地祇」に区分される。天神は主として、津速魂命・高皇産霊尊・神皇産霊尊・神饒速日命の後裔氏族で、天孫は主として、天穂日命・火明命・天津彦根命の後裔氏族、地祇は主として、大国主命の後裔氏族となっている。

天津罪・国津罪（あまつつみ・くにつつみ） 恒例・臨時の*大祓の儀式において除去すべき対象となる罪の包括的な概念。「延喜祝詞式」の「大祓祝詞」は、人々が犯した雑々の罪を天津罪と国津罪に大別し、天津罪は、畦放ち（田のあぜを破壊すること）・溝埋め（溝を埋めること）・樋放ち（水路となる樋を破壊すること）・頻蒔き（重ねて種子をまくこと）・串刺し（家畜殺害、または他の田に棒を刺し立て横領・呪詛することと解釈する説もある）・生剝ぎ（家畜の皮を生きたまま剝ぐこと）・逆剝ぎ（家畜の皮を逆に剝ぐこと）・屎戸（汚物をまき散らすこと、または肥料呪害）の8種、国津罪は、生膚断ち（生膚を切ること、または傷害）・死膚断ち（死者の膚を切ること、または殺人）・白人（皮膚の白くなる病人）・こくみ（瘤のできること）・己が母犯す罪（近親相姦）・己が子犯す罪（同）・母と子と犯す罪（不倫姦通）・子と母と犯す罪（同）・畜犯す罪（獣姦）・昆虫の災（這う虫の災害）・高つ神の災（雷の災害）・高つ鳥の災（空高く飛ぶ鳥による災害）・畜仆し蠱物する罪（家畜を殺し、人を呪詛すること）の13種、としている。

両罪区別の解釈は諸説あるが、天津罪は農耕妨害の罪で、農耕社会の根幹にかかわる社会的犯罪とし、国津罪を個人性が強い犯罪とする解釈が有力である。天津罪は*記紀神話の*スサノオノミコトが高天原で犯した種々の罪にほぼ含まれ、同神話がその起源伝承とされるが、スサノオノミコトの罪を「天罪」と記しその種類が一致するのは『*古語拾遺』の所伝である。また、「仲哀紀」にも天津罪・国津罪に該当する罪が列挙されている。

天照坐伊勢二所皇太神宮御鎮座次第記（あまてらしますいせにしょこうたいじんぐうごちんざしだいき） 「阿波羅波記」「神記第二」、また略して「御鎮座次第記」とも。中世*伊勢神道の主要典籍の一つ。1巻。「*伊勢二所皇太神御鎮座伝記」「*豊受皇太神御鎮座本紀」とともに神宮三部書として重視された。本書は撰録者として、安康天皇時代の阿波羅波命ら3人の度会氏の遠祖と清寧天皇時代の荒木田押刀ら2人の荒木田氏の遠祖の名を記すが、仮託されたものである。著者および成立年代については、1295年（永仁3）以前に*度会行忠の手になるものとする説と、奥書にある度会高倫書写の記事に信憑性を認め、1185年（文治元）までに外宮祠官の手により成立していたとする説がある。内

容は, 伊勢の内宮・外宮両宮の鎮座の由来, 両宮の相殿神あいどのと, 両宮の別宮である荒祭宮あらまつりのみやと多賀宮たがみやの祭神について簡潔に記している。外宮の祭神止由気(豊受)大神とゆけおおかみを天御中主神あめのみなかぬしのかみなりとし, 内宮神天照大神と幽契を結んで天上天下を治めると説くなど, 外宮を重要視する伊勢神道の教説を展開している。

アマテラスオオミカミ　天照大神。*記紀神話体系の頂点に位置する神。*高天原たかまのはらの主宰神, 皇室の祖先神とされる。*伊勢神宮の内宮の祭神。記紀神話に以下のように記される。誕生について,「*日本書紀」本文は, イザナキ・イザナミが大八洲おおやしま国と山川草木の祖を生成したのちに「天下の主者」を生もうといって誕生させた日神ひのかみで, 別名を大日孁貴おおひるめのむち・天照大神・天照大日孁尊あまてらすおおひるめのみことも記し, 天上のことを授けられて天に送られ, さらに月神つきのかみ・ヒルコ・スサノオが誕生するとする。「*古事記」では, 黄泉国よみのくにから帰ったイザナキが禊みそぎをした時に左目から誕生し, 御倉板挙神みくらたなのかみである御頸珠みくびたまを授かり, 高天原の統治神となる。また右目からはツクヨミ, 鼻からはスサノオが誕生する。この「古事記」の誕生譚は, 左右の目から日月が生じたという中国古代の盤古ばんこ神話(「史記」)と一致し, 漢籍に依拠した記述と思われる。

誓約うけい神話では, アメノオシホミミらの母となる。天石屋戸あまのいわやと神話の石屋戸籠もりにより, 天上も葦原中国あしはらのなかつくにも暗闇の常夜とこよとなるが, アメノウズメの踊りと哄笑に誘われ再び出現し世界に日の光が戻る。*国譲り神話では, タカミムスヒとともに平定の使者を送る(「古事記」。ただし「日本書紀」本文・一書はタカミムスヒとする)。また*天孫降臨神話においては, 降臨に際して*三種の神器をニニギノミコトに授けた(記, 紀一書)。なお, 伊勢神宮の鎮座伝承は「日本書紀」垂仁天皇25年条に記されている。「神代紀」「神武・用明即位前紀」に日神と明記されていること, 石屋戸籠もりのために暗黒となったことから, 神格は太陽神である。しかし, 単なる自然崇拝ではなく, 特に「古事記」では世界秩序の根源を担う皇祖神として位置づけられている。「天照」は天に照りたまう意の称辞で神名には実態を示す語を含まないとされるが, 一方,「大神」に意味を見出し, 各地方国において信仰される大神より, 日本国の大神・国家神と解釈する考え方もある。また, 別名の大日孁貴の孁を巫女みこの意にとり, 日の妻, 日に仕える巫女と理解し, 男性太陽神の神妻として仕えた巫女が神格化したもので, その太陽神をタカミムスヒと推定する説がある。律令制下では, 伊勢神宮は皇祖神を祀る最高の国家祭祀の対象としての地位を確立し, *斎宮さいぐうが設置され, 私的な個人の奉幣ほうへいが禁止された。

天野信景　あまのさだかげ　1663〜1733(寛文3〜享保18)　近世中期の国学者。名古屋藩士。字は子顕, 通称は権三郎・源蔵・治部じぶ, 号は残翁・白華はっか・問津亭もんしんていなど。藩主の命をうけて「尾張風土記など」を編纂し, *吉見幸和よしみゆきかずとも交わり, *垂加すいか神道を学ぶ。1730年(享保15)致仕し, 出家する。考証にすぐれ, 研究領域は地誌・神社・文学・有職故実ゆうそくこじつなど広範囲に及び, 多数の著述をなした。旧来の吉田神道や日蓮宗に対しては批判的態度をとった。30余年にわたって執筆された大部の随筆「塩尻しおじり」は, 信景の学問領域の幅広さがうかがえ, のちのさまざまな書物に典拠として引用されることが多い。門人に河村秀穎しゅうえい・*河村秀根ひでね・山本格安かくあんらがいる。著書は「尾張国人物誌」「尾張国志」「参考尾張本国帳」「牛頭天王弁ごずてんのうのべん」など。

天野為之　あまのためゆき　1860〜1938(万延元〜昭和13)　明治・大正期の経済学者。唐津藩医であった天野松庵しょうあんの長男として江戸深川に生まれ, 唐津藩英語学校で高橋是清これきよに学ぶ。東京開成学校をへて, 1882年(明治15)東京大学文学部政治理財科を卒業。立憲改進党に入党。*東京専門学校(のちの早稲田大学)の創設に寄与し, 早稲田大学の教授・商科長・学長, 早稲田実業学校校長を歴任した。*高田早苗さなえ・*坪内逍遥しょうよう(雄蔵ゆうぞう)とともに早稲田三尊と称せられる。J.S.ミルの学説を紹介し, 自ら「日本理財雑誌」を創刊した。のち, 町田忠治ちゅうじが95年に創刊した*東洋経済新報」に客員として加わり, 97年から主宰, 日清戦争から日露戦争までの10年

あみだ

間, 自由主義の論陣をはった。*福沢諭吉・*田口卯吉と並んで明治初期の三大経済学者とよばれる。

天野貞祐 あまのていゆう　1884～1980(明治17～昭和55) 大正・昭和期の哲学者。神奈川県出身。少年時代に病をえて, 第一高等学校に入学したのは22歳の時である。続いて京都帝国大学哲学科で*桑木厳翼に学び, 1912年(大正元)に卒業した。第七高等学校・学習院での教職歴をへて, 26年(昭和元)京都帝国大学文学部助教授(のち教授)となり, 西洋哲学史・倫理学を担当する。その立場は一貫して, 桑木から学び, ドイツ留学(1923～24)をへて深められたカント哲学にもとづく。研究書として「カント純粋理性批判の形而上学的性格」(1935)があるが, 自由な人格としての個人を強調するその姿勢は, 評論集「道理の感覚」(1937)が日中戦争下で絶版に追いこまれる事態も招いた。戦後は, *安倍能成の後を継いで一高校長となり, さらに第3次吉田内閣の文部大臣, 独協大学初代学長などを歴任した。文相としては, 51年に教育勅語に代わる「国民実践要領」の大綱を世に問い, 保守的見解として批判にさらされた。著作をまとめた「天野貞祐全集」全9巻(1971～72)のほか, 自伝「わたしの生涯から」(1953),「教育五十年」(1974)がある。

阿弥陀経 あみだきょう　「*無量寿経」「*観無量寿経」とともに浄土三部経とよばれる。また「無量寿経」を「大経」とよぶのに対して「小経」ということもある。三訳があるが, わが国では鳩摩羅什訳の「仏説阿弥陀経」が広く用いられた。ただし奈良時代には本経のほかに玄奘訳の「称讃浄土仏摂受経」も書写されている。釈尊が舎利弗に対して説く形式をとり, 阿弥陀の西方極楽浄土の荘厳や功徳の優れた有様の描写に続いて, 阿弥陀仏の名号を一心不乱に執持すれば浄土に往生できること, また六方世界の諸仏がこの釈尊の所説を証し, この経を受持する者を護念することなどを説く。浄土系の諸宗派において広く用いられたが, とりわけ時宗では, 浄土三部経の中でも本経を主とし, 重んじた。

阿弥陀信仰 あみだしんこう　*阿弥陀如来の救済を信じて念仏などを実践し, 如来の来迎によって西方*極楽浄土へ往生することを願う信仰。大乗仏教の中で大きな流れを作り, インドから中央アジアをへて, 東アジアに広く流布し発展をとげた。まずインドにおいて, 紀元100年頃に「*無量寿経」「*阿弥陀経」が成立し, 4～5世紀頃に漢訳された。また, 4～5世紀に中央アジアで主要部分が成立し, 漢訳に際して中国的要素が加味されたと推定されている「*観無量寿経」が加わり, これらを浄土三部経とし, 中国での阿弥陀信仰は隆盛を迎えた。

日本には7世紀前半に伝えられ, 9世紀に*円仁によって中国五台山の念仏三昧法が, 比叡山にもたらされた。10～11世紀にかけて, *空也や*源信の活動によって信仰が広がったが, 特に源信の「*往生要集」で説かれる*観想念仏による影響で, 11～12世紀にかけて, 極楽の阿弥陀如来を現実に眼前にあるかのように表現した, *阿弥陀堂や浄土庭園などが多数造形された。12世紀末から13世紀にかけて, *法然が「*選択本願念仏集」で口称念仏を説いて*浄土宗を開き, 弟子の*親鸞が「*教行信証」を著して*浄土真宗の開祖となった。13世紀には, 踊念仏を説いた*一遍が*時宗を開き, 諸国を遊行した。このように, 中世初頭に諸宗派が現れ, 阿弥陀信仰は幅広い層の支持をうけて発展をとげ, 日本の仏教信仰の中でも大きな位置を占めて今日に至っている。

阿弥陀堂 あみだどう　*阿弥陀如来像を本尊として祀る堂宇。奈良時代には, 東大寺阿弥陀院において阿弥陀悔過が行われ, 法華寺にも浄土院があって光明皇后の追善が行われるなど, 阿弥陀を主尊とする堂宇がすでに建立されていたが, 平安中期以降の*阿弥陀信仰ないし浄土信仰の隆盛により, その建立が飛躍的に増加する。日本の天台宗では, 開祖*最澄が止観業の学生の修すべき行としてあげた四種三昧のうちの*常行三昧が, 阿弥陀如来と4菩薩を安置する堂宇(常行三昧堂ないし常行堂)における行道をその内容とするものであった。この伝統のうえに立って, 平安中期にでた源信が

「*往生要集」を著して阿弥陀如来を本尊とする*観想念仏を説き、これが浄土願生者に大きな影響を与えた結果、阿弥陀堂が多数建立されることとなった。また「観無量寿経」所説の*九品往生になぞらえ、9体の阿弥陀如来を祀る九体阿弥陀堂も現れる。藤原道長が建立し、その臨終の場ともなった無量寿院(のちの法成寺)が、九体阿弥陀堂の中でも華麗かつ大規模なものとして特筆される。そのほか、摂関・院政期を通じて多くの九体阿弥陀堂の存在が文献上に知られるが、現存するものとしては京都浄瑠璃寺のそれが唯一の遺構である。また道長の子の頼通が建立した平等院鳳凰堂は、阿弥陀一尊のみを安置する常行堂の伝統を継承する堂宇で、この系統のものとしては、ほかに京都法界寺の阿弥陀堂や大分県富貴寺大堂、福島県願成寺阿弥陀堂など、畿内のみならず広く全国に遺存しており、その流行の様がしのばれる。

阿弥陀如来 梵語 Amitāyus, Amitābha 阿弥陀仏・弥陀とも。大乗仏教における最も重要な如来の一つで、*浄土教の中心となる如来。阿弥陀は2種のサンスクリット原名、アミターユス(無量寿)とアミターバ(無量光)の両方に相当する音写語。この如来を主題とする経典には、「*無量寿経」「*観無量寿経」「*阿弥陀経」の浄土三部経などがある。「無量寿経」では、阿弥陀如来はもと国王で過去久遠の昔、世自在王仏の時、発心して法蔵菩薩となり四十八の本願を立て、長い修行ののち、十劫の昔に本願を成就して仏となり、この世界から十万億土を隔てた西方の極楽浄土で現在も説法していると説く。また衆生が如来の救済を信じて、念仏などを実践すれば、来迎して浄土へ往生させると説かれている。

阿弥陀来迎図 死者を極楽浄土へ迎えるため、*阿弥陀如来が雲に乗って飛来する様を描いた仏画。阿弥陀が多くの菩薩を引き連れる聖衆来迎図と、阿弥陀独尊ないし観音・勢至菩薩のみをともなう三尊形式の来迎図とがある。構図的には、正面向きと斜め向きのものとがあり、また往生者の姿を描くものとそうでないものがあるなど多様だが、構図・図様の差によって、礼拝形式に相違があった可能性がある。また、仏堂内にはしばしば「観無量寿経」に依拠する*九品往生図(来迎図)が描かれた。京都府平等院鳳凰堂の扉壁画は、その代表的な遺例である。独立した掛幅装のものとしては、高野山の有志八幡講十八箇院所蔵の聖衆来迎図が著名である。阿弥陀来迎図の発案者は*源信とされるが、確定できない。ただし、その著「*往生要集」が阿弥陀来迎図の成立に関係があることは認められる。

アメノミナカヌシノカミ 天之御中主神。「*古事記」上巻によると天地初発の時、*高天原に最初に誕生した神。天の中央にいる主の神の意。続いて高御産巣日神・神御産巣日神が生まれ、この三神を「造化三神」ともよぶ。ただし「*日本書紀」では国常立尊が天神第一で、天御中主尊は本文では記述がなく、第四の一書にのみみえる。*記紀神話では誕生以外に活動の記事はなく、また、祭神として「延喜式」*神名帳にもみえず、古代中国の北極星の神格をもとに、記紀神話の構想において机上で観念的に創造された神であるとする説が有力である。「新唐書」「宋史」では「天御中主」と記載される。「*新撰姓氏録」によると、大和国神別の服部連・御手代首の始祖とする。近世の復古神道においては、所生第一神の元始神として重視された。のちに妙見信仰と習合する。

雨森芳洲 1668～1755(寛文8～宝暦5) 江戸中期の儒学者。名は俊良また誠清また東、字は伯陽、通称は東五郎。芳洲また尚絅堂と号した。近江国伊香郡生れ。江戸で朱子学者の*木下順庵に入門し、1689年(元禄2)、その推挙で対馬国府中藩儒となった。唐話をよくし韓国語に秀でて、本邦初のハングル辞典(「隣語大方」「交隣須知」)を編集し、比較文化論的な感覚をもっていた。主著は「*橘窓茶話」3巻、「*多波礼草」3巻など。

あめの夜の夢咄し *菅野の八郎の著作。ペリー来航を契機に対外危機意識を募らせた八郎は、夢に東照太神君(徳川家康)が現れ海防策を授けられたと称し、1854

年(安政元)に幕府に海防策を箱訴し捕らえられた。その経過を記したのが、この「あめの夜の夢咄し」である。一介の庶民である八郎の天下国家への強烈な関心と行動力には、驚嘆させられる。その後半には、1853年(嘉永6)刊行の世界地図「万国興地全図」に拠りつつ「世界六大州」の地図を書写して概略を論じており、八郎の世界観が、すでに三国世界(日本・唐・天竺)観を越えていることがわかる。

天稚彦物語絵詞 あめわかひこものがたりえことば　御伽草子
「天稚彦物語」を絵画化した絵巻物。上・下2巻の構成で、上巻はベルリン国立東洋美術館蔵、1巻。下巻はサントリー美術館蔵、1巻。上巻は15世紀の成立。下巻は江戸初期の新写本で、「たなばた」と称する。ベルリン本奥書には「詞　当今宸筆、絵　土佐弾正藤原広周筆」とある。その筆跡は後崇光上皇のものと思われ、「当今」はその子後花園天皇である公算が高い。内容は、長者の娘が大蛇の首から現れた天稚彦と結ばれ、天上に帰った天稚彦を追って娘は天上にのぼる。鬼が瓜を投げると天の川となり、二人は年に一度だけ一緒に住むことができた、というもの。いわゆる天上遍歴譚で、牽牛織女星の本地物といえる。

新井奥邃 あらいおうすい　1846〜1922(弘化3〜大正11)　明治・大正期のキリスト教神秘思想家。仙台生れ。本名は常之進。仙台藩の藩校養賢堂で学ぶ。1866年(慶応2)に藩命により江戸にでて、*安井息軒の三計塾で学び、戊辰戦争では奥羽越列藩同盟のために尽力する。箱館で*ニコライに出会いキリスト教に接する。1870年(明治3)同志の生活費調達のため仙台に帰るが、すぐに同信の金成善左衛門の命により上京。*森有礼と知り合い、その勧めでアメリカに留学する。71年トマス・レーク・ハリスの経営する「新生同胞教団」(Brotherhood of The New Life)に加わる。99年帰国後は、明治女学校の校宅などに住んだが、1903年知人の援助により東京巣鴨に謙和舎を設立し、若者たちと共同生活をする。そこでの話は「奥邃広録」としてまとめられ、*高村光太郎を感動させ、*田中正造からは師と仰がれた。

その思想は儒教・老子から多くの影響をうけつつ、唯一の神は大父神と大母神であり、相互内在しつつ、「二而一、一而二」であるとする。「新井奥邃著作集」全10巻がある。

アライザラシ　→流灌頂

新井白蛾 あらいはくが　1715〜92(正徳5〜寛政4)　江戸中期の儒学者。名は祐登、字は謙吉、通称は織部、号は白蛾・古曼館など。江戸の人。儒医の子。1727年(享保12)佐藤直方門下の菅野兼山に入門し、37年(元文2)には神田で塾を開いた。宝暦年間(1751〜64)京都に移り住み、易学に精通して門戸を張った。91年(寛政3)金沢藩校明倫堂の初代学頭になった。「周易」を卜筮の書とする朱子説、それを敷衍した山崎闇斎の「朱易衍義」によって、「学」と「占」との統合をめざし、「周易」を基とする筮竹を用いた、今日でも使われる占筮法を普及させた。著書に「易学小筌」(1754刊)、「古周易断」(1759刊)のほかに、老子の無為柔弱の処世法を説いた談義本「*老子形気論」(1753刊)がある。

新井白石 あらいはくせき　1657〜1725(明暦3〜享保10)　江戸中期の儒学者・政治家。名は君美、字は在中・済美、通称は与五郎・伝蔵・勘解由、号は白石・紫陽・錦屛山人・天爵堂など。上総国久留里藩士新井正済の子。はじめ久留里藩主土屋利直に仕えたが、御家騒動にまきこまれ父子ともに主家を追われて牢人となった。ついで大老堀田正俊に出仕したが、正俊の死後再び牢人となる。青年時代まで独学ですごしてきたが、1686年(貞享3)*木下順庵に入門して研鑽を積み、木門の五先生または十哲の一人に数えられた。93年(元禄6)順庵の推挙で甲府藩主徳川綱豊(のちの6代将軍家宣)の侍講となり、1709年(宝永6)家宣の将軍就任とともに幕政に参画した。家宣の死後も7代将軍家継を補佐し、儒教的政治理念にもとづき金銀貨の改良、長崎貿易の制限、朝鮮外交の刷新などを実行した(正徳の治)。しかし、16年(享保元)8代将軍吉宗の襲職後、失脚した。

白石の学問的業績は多方面に及び、それぞれの分野で優れた成果をあげているが、白石

はまず歴史家であった。(1)「*藩翰譜」，(2)「*読史余論」，(3)「*古史通」は，白石の歴史に関する代表的著作である。(1)の内容は諸大名337家の家史を集成した近現代史である。(2)は独特の時代区分観により，江戸幕府成立までの武家政権成立史を詳述する，中世中心の日本通史である。(3)は史料批判と比較研究の重要性を強調し，神話の合理的解釈を試みた古代史である。その他にイタリア人宣教師シドッチからえた知識をもとに世界事情・地理を紹介した「*西洋紀聞」「*采覧異言」，物名に語源的解釈をほどこした「*東雅」，和漢の各種文字の起源・沿革を扱った「同文通考」などがあり，人文地理学や言語学上画期的な業績といわれる。こうした卓越した学問的成果には，人間世界に生起しかつ変化していく諸々の具体的事象をとおして，普遍的理法を探究するという白石学の性格が顕著に認められる。なお，失脚後和文で綴った「*折たく柴の記」は，わが国における自伝の白眉であるとともに，当代の政治史史料としても貴重である。また白石は日記も残している。

散斎 あらいみ →忌む 斎戒

阿羅漢 あらかん →羅漢

荒木田氏経 あらきだうじつね 1402～1487(応永9～長享元) 室町時代の伊勢神宮内宮の祠官。1432年(永享4)はじめて十禰宜に補任され，以後累進して62年(寛正3)に一禰宜に昇った。73年(文明5)従三位に叙せられる。以後，卒去するまでの25年余の間，武士による神宮領の侵略，神宮領からの上分米や御贄を運搬する神役船の妨害などによる，神宮の経済基盤の衰退に果敢に立ち向かうとともに，神宮祭儀の維持・復興に努力した。彼が改訂・修補した「*皇太神宮年中行事」や彼の日記「氏経卿神事記」(「氏経日次記」とも)は，中世の神宮祭祀や時代状況を知るうえで重要である。

荒木田久老 あらきだひさおゆ 1746～1804(延享3～文化元) 近世後期の国学者・伊勢神宮祠官。度会正恭・正董，小田中務卿・主殿とも名乗り，通称は主税か・斎，号は五十槻園。外宮祠官度会正身の次男として伊勢国山田に生まれ，のちに内宮祠官宇治家の養子となって荒木田姓を名乗り，内宮権禰宜に補せられる。早くから「*万葉集」に関心を寄せ，1765年(明和2)に*賀茂真淵に入門し，さらに*本居宣長にも兄事する。万葉調の歌風で知られ，真淵の遺志の継承を主張するとともに，「祝詞考」など真淵の著書の刊行に尽力した。晩年は京坂に赴き，門人の獲得を企図するなど宣長と対抗しようとした。門人に足代弘訓や渡辺重名らがいる。著書は「万葉考槻落葉」「日本紀歌之解」「信濃漫録」など。

荒木田守武 あらきだもりたけ 1473～1549(文明5～天文18) 室町後期の伊勢神宮内宮の祠官で，連歌・俳諧作者。内宮の三禰宜の守秀の子。母は一禰宜氏経の女。兄に一禰宜守晨がいる。1487年(文明19)十禰宜に補任され，1541年(天文10)に一禰宜に昇った。神宮の維持に尽力するかたわら，内外両宮祠官を中心として活況を呈した伊勢連歌壇の中心的存在として活躍した。とりわけ，神宮法楽のために詠じられ，1540年に成稿をみた「守武千句」(「飛梅千句」とも)は，山崎宗鑑の「*犬筑波集」とともに，独立した文芸としての俳諧の成立を示す書として名高い。ほかに「秋津洲千句」「世中百首」「守武随筆」などがある。

荒木田守晨 あらきだもりとき 1466～1516(文正元～永正13) 室町後期の伊勢神宮内宮の祠官。内宮の三禰宜の守秀の子。母は一禰宜氏経の女。*荒木田守武の兄。1478年(文明10)三禰宜であった父守秀の死去にともない十禰宜に補任され，累進して1516年(永正13)11月に一禰宜に昇ったが，在任わずか6日，51歳で没した。外祖父氏経の学問を継承して神宮の故実・典礼に通じ，「*永正記」「荒木田守晨引付」(「永正引付」)などの書を残している。「永正記」の奥書に「神道荒廃の家を興し，神家衰滅の道を改めんが為」とあるように，彼の学問は神宮祭儀の維持・復興への切実な思いによるものであり，本書が長く神宮祠官の規範とされたのも故なしとしない。

あらすき →歌学提要

荒陵寺 あらはかでら →四天王寺

荒畑寒村 あらはたかんそん 1887～1981(明治20～昭和56) 大正・昭和期の社会主義者・社会運動

家。本名勝三(かつぞう)。横浜生れ。小学校卒業後，外国商社の給仕として働き，その間に宣教師バラから受洗する。1903年(明治36)横須賀海軍造船工廠見習職工の時に「万朝報(よろずちょうほう)」紙上での*堺利彦・*幸徳秋水(こうとくしゅうすい)らの社会主義思想にふれ，04年*社会主義協会に入会，横浜で平民結社を創立し，月例研究会・演説会などを開く。05年，社会主義伝道行商の際に栃木県谷中村で*田中正造(しょうぞう)と会する。以後「牟婁(むろ)新報」「*光(ひかり)」「日刊平民新聞」などの編集にかかわる。08年の赤旗事件で入獄したため，大逆事件の連坐をまぬかれる。「冬の時代」には，大杉栄と12～14年「*近代思想」を発刊した。20年社会主義同盟の創立に参加，22年の*日本共産党の創立に際して書記に選ばれ，翌23年ソ連に密航する。24年共産党の解党に反対し，その後再建に尽力するも第2次産党には*福本イズムを批判して加わらず，27年「*労農」創刊に参加する。以後，政党・労働運動において極左主義と右派協調主義の双方と闘い，37年*人民戦線事件で検挙され入獄，39年出獄。戦後，日本社会党の結成に参加し，46年総選挙で当選するも，48年芦田内閣の予算案に反対して離党する。51年旧労農派が結集した*社会主義協会に参加，しかし向坂逸郎(さきさかいつろう)と対立して脱会する。以後は組織との関わりをもつことなく，病魔と闘いながらも著作や講演を通じて社会主義の普及に努めた。「荒畑寒村著作集」全10巻がある。

荒魂 あらみたま →和魂・荒魂(にぎみたま・あらみたま)

アララギ 短歌雑誌。*正岡子規(しき)没後の根岸短歌会の存続と統率のために機関誌の必要をおぼえた伊藤左千夫(さちお)は，「馬酔木(あしび)」(1903～08)，ついで「アカネ」(1908～09)を創刊した。しかし，三井甲之(こうし)との確執から袂をわかち，1908年(明治41)10月に蕨真(けつしん)の助けを借り「アララギ」を創刊し，子規以来の写生主義・万葉主義にもとづく短歌の継承・発展を期した。左千夫，ついで古泉千樫(ちかし)，島木赤彦，*斎藤茂吉(もきち)，土屋文明(ぶんめい)と編集・発行を受け継ぎ，大正・昭和期を通じて短歌界の主勢力を形成した。各時期ごとに多くの俊秀歌人を擁して，写実的現実主義と万葉的声調を基本に時代の息吹きを伝えた。99年(平成11)その使命を終えるかたちで廃刊し，主なもので4誌に分かれた。

有島武郎 ありしまたけお　1878～1923(明治11～大正12)　大正期の小説家。東京都出身。弟に洋画家の有島生馬(いくま)，小説家の里見弴(とん)がいる。幼少期より英語を学び，西洋の文化に親しんだ。学習院中等科を卒業した1896年(明治29)札幌農学校に編入，*新渡戸稲造(にとべいなぞう)・*内村鑑三(かんぞう)を知り，キリスト教に入信する。1903年渡米し，ハバフォード大学などで学ぶ。留学による異文化体験は，外国文学への接近，社会主義思想との出会い，キリスト教に対する懐疑など，多くのものを有島にもたらした。帰国後，生馬・弴とともに「*白樺(しらかば)」に参加，搾取される港湾労働者の窮状を題材とした「かんかん虫」や三角関係を教養小説的に描いた「宣言」，「*或る女」の前身である「或る女のグリンプス」などを発表する。17年(大正6)，原始的性情の農夫仁右衛門を主人公とした「カインの末裔(まつえい)」により，文壇での地位を確立する。代表作としてはほかに，芸術家をめざす漁師の少年の葛藤を扱う「生れ出づる悩み」や，独自の本能・生命観を思索的に綴った「*惜(おし)みなく愛は奪ふ」などがある。

19年の「或る女」完成以降は創作力の衰えをみせるようになり，22年「*宣言一つ」の発表を転機に，私有財産を放棄して生活の一新を図るがはたせず，翌23年，雑誌記者波多野秋子との心中によってその生涯を終えた。有島の最期は，人気作家の醜聞としてジャーナリズムの話題を独占する一方で，労働者階級の台頭に対する知識人の敗北・挫折を象徴的に示す事件として，作家たちに衝撃を与えた。有島の創作活動には，労働者や女性といった自己とは異質な存在と，いかに関係しうるかというモチーフが一貫しているといえる。彼の場合，それを実践的な課題としても誠実に引き受けたところに独自さがある。また，その作品群は，さまざまな形式的試みの集積であり，その前衛性が近年改めて評価されている。「有島武郎創作全集」全6巻などがある。⇒白樺派

或る女 あるおんな　*有島武郎(たけお)の長編小説。1919年(大正8)完結。前編・後編の2部構

成。前編は「或る女のグリンプス」と題して「*白樺」に連載された。美貌と才気との持ち主早月葉子を主人公とする。自身の魅力を武器に男を選び、利用してきた葉子が、妻子のいる男との同棲生活の結果、周囲の圧力から心身の安定を失い、生活を荒ませ、最後には病で命を落としてしまう経緯を扱う。男性中心の社会の中で、過剰な身体を抱えながら主体的であろうとする葉子には、圧倒的な存在感があり、近代小説のヒロインの中でも異彩を放っている。その二律背反的な人物像の評価をめぐっては、今日でも議論が絶えない。

有賀長雄（あるがながお） 1860～1921（万延元～大正10）明治・大正期の公法学者・国際法学者。摂津国西成郡川崎村に生まれる。1882年（明治15）東京大学哲学科卒業後、御用掛として東京大学に勤務する。86年ヨーロッパに私費留学してL.シュタインに師事し、ドイツ国法学を学ぶ。帰朝後、枢密院書記官兼総理大臣秘書官、92年農務省特許局長兼参事官、96年陸軍大学校教授に任ぜられる。また1886年以降、東京専門学校（現、早稲田大学）にて教鞭をとる。それまでの憲法思想の担い手であった前近代的教育をうけた幕末以来の支配層出身者に代わって、大日本帝国憲法発布以後のアカデミズムとしての憲法学の成立に貢献した。*天皇大権の無制約を説いた*穂積八束の天皇主権説憲法論を天皇機関説の立場から批判し、後年の*上杉慎吉と*美濃部達吉との間の*天皇機関説論争の先駆となった。著書に「帝国憲法講義」（1897）、「近時外交史」（1898）、「日清戦役国際法論」（1896）、「国法学」上・下（1903）がある。

ある心の自叙伝（あるこころのじじょでん） →長谷川如是閑

アルメイダ Luís de Almeida 1525～83 日本に最初に西洋医学を伝えたポルトガル人イエズス会士。リスボンのユダヤ人家系に生まれた。1548年商人としてインドへ渡り、東アジアで貿易に従事して財をなし、56年*イエズス会に入会した。この時、私財約5000クルサドがイエズス会に提供され、布教資金として生糸貿易に投資された。1552年（天文21）来日し、豊後国府内（現、大分市）で孤児院や病院を建て医療活動を行うとともに、渉外的手腕をいかし、宣教師*トルレスの名代として九州全域および関西を精力的にめぐり、布教拡大に貢献した。

淡路人形（あわじにんぎょう） 兵庫県淡路島で行われてきた人形浄瑠璃。戦国期頃から淡路島三条村に始まったという。古代の*傀儡の系統に属し、宗教的色彩が濃厚である。上村源之丞座が最も栄え、江戸中期には40余座が存在した。正月には門付と称し、各家を歩き、三番叟を舞い、また大漁を予祝して夷舞を行うこともあった。諸国にでて旅興行すること、また人形が主で浄瑠璃が従となっているところに一つの特徴がある。明治20年代には21座となったが、その後、しだいに衰えて現在は3座を残すのみとなった。古い作品を伝承している点が貴重である。

あはれ（あわれ） 平安中期、いわゆる摂関時代の美意識を代表する語の一つ。「あはれ」の語の使用は、「*万葉集」では4500首中わずか9例にすぎないが、「*古今和歌集」で20例、「*枕草子」で86例、「*宇津保物語」では317例としだいにふえていき、「*源氏物語」では1044例と多用される。「枕草子」では、「*をかし」の語の使用例が466例で「あはれ」の語例をはるかに上まわるが、「一筋にあはれともをかしきとも聞きおきつるものは」といっているところからみれば、「あはれ」と「をかし」とは同義語ともうけとれる。ちなみに「源氏物語」における「をかし」の使用例は863例である。後世、*本居宣長は、この「あはれ」をさまざまな「もの」に対する感動として捉え、文芸の本質としての「*もののあはれ」論を展開し、「あはれ」の概念の中から仏教的悲哀感をつとめて排除しようとした。しかし、この時代の文芸に即してみるかぎり、やはり「あはれ」の感動には悲哀・同情の念がその基底にあるとみなければならない。それは、「あはれ」の感動をもたらす対象である「もの」そのものが、奈良時代のような常住不変のものとしては認識されなくなり、やがて「あえか」に「はかなく」消え去りいくものとして捉えられているからである。

安位寺殿御自記（あんいじどのごじき） →経覚私要鈔

安嘉門院四条〈あんかもんいんの しじょう〉 →阿仏尼〈あぶつに〉

安家神道〈あんげしんとう〉 →土御門神道〈つちみかどしんとう〉

安居〈あんご〉 仏道修行者が一定期間一カ所に集まって修行すること，またその期間をいう。安居は梵語varṣaの訳で，「雨期」が本義。もともとインドの雨期は外出に不便であったところから，その時期に一定の場所で仏道修行に専念するようになったことに由来し，夏安居〈げあんご〉ともいう。陰暦4月16日から3カ月間行われるのが普通で，これを一夏〈いちげ〉と称した。わが国では，683年(天武12)に宮中で行ったのが文献上の初見。以後，諸寺院で行われたほか，平安時代初頭からは十五大寺および諸国国分寺において「最勝王経」や「仁王般若〈にんのうはんにゃ〉経」を講説させる国家鎮護の法会〈ほうえ〉としても行われた。なお中世には禅宗で冬期にも行われた。

安国寺〈あんこくじ〉 南北朝初期，室町幕府が諸国に設定した禅宗寺院。1340年代，足利尊氏・直義〈ただよし〉は，鎌倉末以来の戦没者の遺霊を弔うため，*夢窓疎石〈むそうそせき〉の勧めにより，全国66カ国などの国ごとに安国寺・利生塔〈りしょうとう〉を設けた。五重塔などの利生塔は主に旧仏教系の大寺院に設けられ，既存の五山派の有力禅院が安国寺に認定されて寺名を改めた。特に安国寺は各国守護との関わりが深く，守護をとおして支配を深めようとする初期室町幕府の姿勢が現れている。南北朝末期には，幕府は禅宗寺院を五山以下の官寺機構で統制する体制を整え，安国寺は十刹〈じっせつ〉・諸山〈しょざん〉として組みこまれた。→五山制度

暗黒日記〈あんこく にっき〉 →清沢洌〈きよさわきよし〉

アンジロー 生没年不詳 ヤジローとも。戦国期の日本人初のキリスト教徒。鹿児島の貿易商人と思われる。人を殺めて日本を脱出し，1547年12月マラッカで宣教師*ザビエルに会った。ザビエルはアンジローをとおして日本と日本人に関心をもち，布教を決意した。アンジローはゴアで洗礼をうけ，パウロ・デ・サンタ・フェと称した。神学校聖パウロ学院でキリスト教教理やポルトガル語を学び，小教理書を翻訳し，ザビエルに日本の情報を提供した。49年(天文18)8月ザビエルとともに帰国し，1年間余りザビエルの布教協力者として不可欠の働きをした。

安藤昌益〈あんどうしょうえき〉 1703～62(元禄16～宝暦12) 江戸中期の医者・農本思想家。孫左衛門〈まござえもん〉(農家の当主名)，確竜堂安氏正信〈かくりゅうどうあんしまさのぶ〉(初期の筆名)，確竜堂良中〈りょうちゅう〉(後期の筆名)と称した。昌益は医者(後世方〈ごせいほう〉の漢方医)としての号。秋田藩領の出羽国秋田郡南比内〈みなみひない〉二井田〈にいだ〉村に出生。生家はもと肝煎〈きもいり〉(村長相当)を務めた上層農民だが，昌益の出生時には所持地の大部分を失い村役人層から転落していた。次男以下に生まれた昌益は，出羽国北部の比内地方(米代川中流域)の文化を基盤にして育ち，村内の医者大黒玄達〈げんたつ〉らから漢方を学んで二井田村を離村する(時期未確定)。1744年(延享元)から58年(宝暦8)前半までは，八戸〈はちのへ〉藩領の陸奥国三戸郡八戸城下十三日町〈じゅうさんにちまち〉で町医者をしている。家族は5人(男2人，女3人)で，地所をもって居住していた。八戸での門人としては藩主の側医役神山仙庵〈せんあん〉ら9人が判明している。生家の当主であった兄(推定)が56年に死去，昌益は58年に二井田村に帰り，当主を継ぐ。帰村時には所持地は皆無で，昌益はその買い戻しに努め20石余の高持となる。二井田村の門人には安達清左衛門ら村役人層が10人いる。二井田村も宝暦の飢饉で窮乏し，昌益は経費のかかる祭・神事・講を村のしきたりに従って中止するように村寄合を主導する。死後は，村内の曹洞宗巌松山温泉寺の墓地に葬られる。戒名は最初村役人格で賢正道因禅定門。だが昌益の遺言で，門人たちが排仏的な自然の神道の祀法で昌益の石碑・石塔を建て祭事を行ったことが判明して，戒名は平百姓級の堅勝道因士に降格される。門人は寺入〈てらいり〉，昌益の遺族は村払〈むらばらい〉の処分をうける。門人・遺族が許されてのち，平百姓上層級の昌安久益信士と追授される。

読書傾向は，訓点付漢文や漢字仮名交り文で書かれた啓蒙書・実用書に依存する。著作のうち，延享・寛延期(1744～51)の「暦大意〈こよみたいい〉」2巻2冊，「博聞〈はくぶん〉抜粋」3巻3冊などは，西川如見〈じょけん〉著「教童暦談〈きょうどうれきだん〉」，井口常範〈つねのり〉著「天文図解」，西道智〈さいどうち〉注釈「太平記大全」などの抜き書きを主とし，既成思想の枠内に止まる。1752年(宝暦2)頃に成立し

た「*統道真伝とうどう」5巻5冊,「*自然真営道しんえいどう」刊本3巻3冊,「自然真営道」稿本101巻93冊は種々の書物を参照しながらも,18世紀前半の気一元論・神仏分離論・尊王斥覇論きんのうはの展開に立って独自の主張を強化する。世界・万物を生成する根源的実在を活真しん(気)といい,その生成活動を直耕ちょっこうとよぶ。農業は人の直耕で,天照大神あまてらすおおみかみが開始し歴代の天皇が人民の間に普及させた(中国の王が人民の生産物の収奪者であるのと対立的)。このような万人直耕の原理を自然の神道といい,それが実現している時代を自然の世という。儒教・仏教の渡来によって自然の神道は巫(神仏習合)に転化し,自然の世は収奪者―被収奪者の身分差別がある法世ほっせに転落した。これを克服して自然の神道と自然の世を回復するのが昌益の課題であり,「自然真営道」稿本中に展望する。なお,昌益の思想は封建領主制・主従制を否定した点で先進的意義を有しているが,家父長を否定せず,民族・性・障害者・被差別身分などへの差別を内包していた。

安東省庵 あんとうせいあん　1622〜1701(元和8〜元禄14)　江戸前期の儒学者・柳川藩士。名は守約しゅやく,字は魯黙または子牧,通称は市之進。省庵または恥斎と号した。筑後国柳川藩士の子。朱子学者の*松永尺五せきごの門人。明の遺臣である*朱舜水しゅんすいが亡命した時,舜水の学徳を慕い,自らの俸禄の半ばを割いてその生活を助けた。主著は「省庵先生遺集」12巻。

安藤為章 あんどうためあきら　1659〜1716(万治2〜享保元)　江戸前期の国学者。名は為章,通称は右平のち新介,号は年山ねんざん。丹波国生れ。はじめ伏見宮家に仕えたが,のちに要請されて,兄の為実ためざねとともに水戸徳川家に仕えた。水戸城内に設置された彰考館の別館において,「*礼儀類典」の編集に従った。また徳川光圀みつくにに命じられて,*契沖けいちゅうの指導をうけ「万葉集」の研究に従事した。契沖の聞き書きや伝記が含まれることで知られる随筆「*年山紀聞ねんざんきぶん」,「源氏物語」やその作者を論じた「*紫家七論しかしちろん」などがある。後者は「紫式部日記」を用いるなど,実証的な姿勢が評価されている。伴蒿蹊ばんこうけい「近世畸人伝せいきじん」(1790)では,その人柄を温恭と評している。

安藤東野 あんどうとうや　1683〜1719(天和3〜享保4)　江戸中期の儒学者。名は煥図かん,字は東壁,通称は仁右衛門,東野と号した。下野国那須の人。唐話とうわに通じた中野撝謙きけん(徳川綱吉の寵臣である牧野成貞なりさだの儒臣)に学び,*荻生徂徠そらいに入門した。同じように撝謙に学んだ*太宰春台だざいしゅんだいとも親しく,春台を徂徠に入門させたのも,東野の尽力によるものである。徂徠の唱えた*古文辞学こぶんじがくに理解が深かった。主著は「東野遺稿」3巻。

安中教会 あんなかきょうかい　群馬県安中市にある,現在は日本基督教団所属のプロテスタント教会。上野国安中藩出身の*新島襄にいじまじょうが,キリスト教伝道者としてアメリカから帰朝後,郷里で1878年(明治11)に創立した。のち86年,日本組合基督教会の設立後は同教会に属した。中山道の安中宿有数の醸造業者であった湯浅治郎ら,旧藩士ら30名が最初に新島から受洗し,教会を支えた。西上州の養蚕業が当初の多くの会員の有力な経済的背景となって,代表的な農村教会として発展した。初代牧師は*海老名弾正えびなだんじょう。4代牧師の*柏木義円ぎえんが,非戦論をはじめとしたメッセージを「上毛じょうもう教界月報」を通じて,この教会から38年にわたり発し続けた。『安中教会史―創立から100年まで』(1988)がある。

安然 あんねん　生没年不詳　五大院大徳だいとく・阿覚あかく大師とも。平安前期の天台宗の僧。天台密教の教義を大成した学匠。近江国の人。最澄さいちょうの同族で,841年(承和8)生れとの伝えがある。幼少時に比叡山で*円仁えんにんの弟子となり出家する。877年(元慶元)入唐の官符をえて大宰府に至ったがはたせず,884年,元慶寺がんぎょうじの遍照へんじょうより三部(胎蔵界たいぞうかい・金剛界こんごうかい・蘇悉地法そしつじほう)の伝法阿闍梨位じゃりい灌頂かんじょうをうけ,ついで事実上の元慶寺主となる。晩年,比叡山に五大院を建て籠居したという。思想的には円仁・*円珍えんちんを継ぎながらも,さらに尖鋭化し,天台宗を真言宗(空海の開いた真言宗ではなく,安然が立てた真言秘密教の意)と改め,これを第一として*台密たいみつの教判を確立した。平安前期の密教学の集大成ともいうべき*教相・事相に関する著作

は90余部に及ぶという。代表的なものは「教時問答」，「菩提心義抄ぼだいしんぎしょう」，「悉曇蔵しったんぞう」8巻，「八家秘録はっけひろく」など。

暗夜行路 あんやこうろ ＊志賀直哉しがなおやの長編小説。1937年(昭和12)完結。第1～第4の4部構成。祖父と母との間に生まれた主人公時任謙作ときとうけんさくが，自らの出生と妻の過失とに悩まされながら，自然との融合を体感することによって安定した境地にたどりつくまでを描く。完結までに永い年月を要し，成立過程が複雑なことでも知られる。他の登場人物の存在感の希薄さ，設定の不明確さや矛盾など多くの欠陥を抱えつつ，主人公が精神的な危機を克服していく姿は同時代の文学者の感動を集め，近代小説の一大達成と評価された。作者の履歴とは異なる虚構の設定がなされているにもかかわらず，＊私小説として読まれ，理解されてきたことも注目される。

安楽庵策伝 あんらくあんさくでん 1554～1642(天文23～寛永19) 織豊～江戸初期の僧侶(浄土宗)・咄本はなし作者。諱は日快にっかい。安楽庵は晩年の茶室。美濃国生れ。幼くして仏門に入り，美濃国浄音寺や京都禅林寺で修行した。山陽地方の布教および寺院再興に尽力して，一時堺の正法寺住職になったが，再び浄音寺に帰った。精力的で有能な説法唱導僧であったようである。1613年(慶長18)に京都誓願寺55世法王となった。以来，70歳で退隠して境内に竹林院を営み，死去するまで，近衛信尋のぶひろ・中院通村なかのいんみちむら・烏丸光広からすまるみつひろ・伊達政宗まさむねら京都の名家貴顕と，茶の湯・狂歌・行楽など文芸と数寄すきの交流をもった。京都所司代の板倉重宗しげむねもその一人で，近世咄本の祖と称される笑話集「＊醒睡笑せいすいしょう」(1628)は重宗に献上された。晩年の交遊のようすを伝える史料に「策伝和尚送答控」がある。花卉かきを愛し，「百椿集ひゃくちんしゅう」のような観察記もある。

安楽律 あんらくりつ 天台律宗とも。＊妙立慈山みょうりゅうじざん・＊霊空光謙れいくうこうけん・玄門智幽げんもんちゆうらが主唱した，比叡山安楽院を本拠とする律の一派。小乗律である四分律を梵網大乗戒ぼんもうだいかいに併修し，この行儀をもって戒儀とする。近世の戒律復興の機運の中で，妙立によって唱えられたもので，彼ははじめ禅を修学するが，天台三大部を読み天台宗に転じ，天台戒律主義の復興と教観の妙旨を説いた。ついで霊空がでて妙立の説を宣揚し，小乗兼学律の大成に努め，1693年(元禄6)には比叡山安楽院の住持となり，妙立を中興第一祖として四分兼学の律院とした。その後，東叡山に浄名院，日光山に楽雲院が整備され，門末律院は五十有余を数えた。妙立・霊空に師事した玄門は，安楽院に伝法灌頂でんぼうかんじょうを始め，岡山に円然院えんねんいんを再興し律院とした。

1739年(元文4)，輪王寺宮公寛こうかん法親王の命で，天台宗の一紀12年満了の籠山僧は必ず安楽律院に入り四分兼学することになると，山家正統との間に対立が激化し，いわゆる安楽騒動がおこった。一時は兼学派が退去させられたこともあったが，72年(安永元)，江戸幕府の裁定により，兼学律への復旧が命じられて騒動は終息した。

い

異安心 （いあんじん）
浄土真宗における正統に反する教義理解、異端のこと。鎌倉時代には異義とよばれ、室町時代の本願寺8世*蓮如は「えせ法門」「くせ法門」「ひが法門」あるいは非義・邪見とも称した。江戸時代では邪義・異解・異計などと称された。親鸞の存命中においては、親鸞の子*善鸞が異義として義絶されたことが知られる。本願寺3世覚如は「*改邪鈔」を、その子存覚は「破邪顕正鈔」をそれぞれ著して批判したように、初期教団の段階から異義が問題化されていた。蓮如もまた、*御文で十劫安心・口称づのり・*秘事法門を異義として戒めている。

江戸時代においては、末寺僧侶・一般門徒の教学的営為の深まりの中で聖教解釈の相異が生じ、特に本願寺派では、承応鬨牆・明和法論・*三業惑乱の三大法論がおこった。中央のみならず、地方でも異安心事件は頻発したが、それは、一方での教団秩序の安定化、教団の信仰統制権の確立をめざす寛文〜享保期（1661〜1736）の東西両本願寺派の教学の樹立に対応している。江戸時代における秘事法門は異安心の一形態であるが、それらは民衆信仰を基に醸成された秘密信仰の形態をとっている。

飯田忠彦 （いいだただひこ）
→野史

井伊直孝遺状 （いいなおたかいじょう）
「井伊掃部頭直孝息直澄へ遺訓条々」とも。近江国の彦根藩主井伊直孝が死期の迫った1659年（万治2）6月、家督を相続した次男直澄に書き置いたと、遺状の内容から推定される。その遺訓の根幹は、たとえいかなる無理な命令でも公儀には絶対服従すべきこと、将軍家への忠節奉公こそ藩政の基であるとする。そこには幕府あっての彦根藩であり井伊家が存在するという考えが明確にうかがえる。また、嫡子直滋は父直孝との対立から出家したが、その事情からか直澄に対して、兄直滋の嫡子を養嗣子として迎え井伊家の家督を譲るように指示している。遺状は、幕藩体制下の藩主としての心すべき指示である。直澄はこの父の遺訓を厳守し、1668年（寛文8）大老職につき将軍徳川家綱を補佐した。

飯野八幡宮 （いいのはちまんぐう）
福島県いわき市平に鎮座。旧県社。品陀別命・息長帯姫命・比売神を祀る。例祭日は9月15日。源頼朝が1186年（文治2）に創祀したと伝える。はじめは好島荘内の赤目崎物見岡に所在したが、のちに現社地へ遷祀したという。旧社地は鎌倉将軍家の所領であった好島荘の中心にあたり、その構成などを知る中世史料が223点も存する。これらは「飯野文書」と称され、南北朝内乱期の関東および東北地方に関する政治史料の豊富なことに特徴がある。神主は好島荘預所も兼ね、1247年（宝治元年）に関東御家人の伊賀盛光が同西荘預所となり、以後、伊賀氏が預所を相伝した。現宮司家の飯野氏はその子孫である。

イエ（家） （いえ）
日本語「イエ」の原義は住居・家族。中国語「家」も同じだが、天子の天下、諸侯の国に対する卿大夫の支配領域の意味にも拡延して用いられる。現在、人文系諸科学では、家は家産・*家業およびそれにともなう社会的諸関係を継受する血縁集団の基礎単位をいう。家は、支配階級にあっては古代の氏上層の内部（貴族・豪族）に萌芽し、古代末期（院政期）から中世初期にかけて荘園領主層（天皇家・公家・武家）に普遍的に成立した。被支配階級では中世の名主*層（複合的大家族）、近世の百姓・町人層（小家族）に普遍的に成立した。したがって、大名・武士・百姓・町人など諸階級に家が一般的に存在するのは近世からである。近世の被支配階級では本百姓・家持町人層をはじめとして、しだいに水呑百姓・店借町人・被差別民層へと拡大した。

家は通常、家父長（父である家長）の支配と家族・奉公人・下人の服従によって秩序を維持する。家父長権は、家産・家業の管理と先祖祭祀などの家長権、妻を支配する夫権、子を支配する父権、奉公人・下人を支配する主人権などよりなる。儒教の*五倫五常思想は子の父への孝、奉公人・下人の主人に対する忠、妻の夫への貞、弟の兄への悌（ほ

かに朋友間の信）より構成され、家父長制支配に適合する倫理として広く浸透した。家は累代的に維持されるため、先祖に象徴される家の伝統性と家父長の個人性とが家父長制支配のうちに結合する。特に近世大名と武士の関係にあっては、武士の忠の対象を大名個人より大名の御家におく意識もしだいに形成される。血縁擬制を含む一族内の本家—分家関係、集落内の大家(有力な家)—小家(有力でない家)関係も家意識の一環として成立する。

近代の天皇制国家は、家父長制支配の家制度を国民の基礎単位とし、天皇家を国民の家族総体の宗家として位置づける*家族国家論をそのイデオロギーとした。父への孝を拡大すれば天皇への忠となり、天皇への忠を縮約すれば父への孝となる(忠孝一本)。現代(第2次大戦後)では家制度は解体され、家族国家論は歴史上の思想となった。

イエズス会 耶蘇会とも。1534年、イグナティウス・デ・ロヨラを中心とする同志7名が創設したカトリックの修道会。ロヨラはパンプローナ攻防戦に従軍して瀕死の傷をうけ、奇跡的に助かり、これを機に宗教家の道を歩み始めた。マンレサでえた神秘体験をもとに霊的訓練の方法を確立し、これにより霊的指導を行った。1528年パリで*ザビエルらと出会い、同志を募って34年8月15日、モンマルトルの丘の小聖堂で新修道会イエズス会を結成した。同会は旧来の修道会と異なり、ロヨラを主とする同志的結合を特色とし、名称を「イエスの仲間(Societas Jesu)」とした。会のモットーは「より大いなる神の栄光のために(Ad majorem Dei gloriam)」であり、清貧・貞潔・聖地巡礼の誓願を立て、教皇への絶対的忠誠を誓った。同会は40年に教皇パウロ3世によって認可され、学問と教育、海外布教において実績をあげ、対抗宗教改革の旗手としての役割をはたした。ザビエルは同会が海外へ派遣した宣教師の第1号である。

イエズス会日本書翰集 ザビエル以来1580年(天正8)までヨーロッパへ送られたイエズス会士の日本書翰集。*イエズス会の創設者ロヨラは、会員に定期的に報告を送るように義務づけた。これらは会員に回覧され、あるものは刊行された。日本関係書翰は三度出版され、最も名高いのがエボラ刊の「日本書翰集」(1598)であり、全部で166通が収録されている。書翰の内容は布教報告のみならず、政治・社会・文化など日本社会のさまざまな分野に及んでおり、当時の日本に関する貴重な史料となるが、ヨーロッパ人向けに編纂されたので、仏教関係の記述などに削除や省略がある。

イエズス会日本年報 16〜17世紀における在日*イエズス会の年次報告。1579年(天正7)来日した日本巡察師*バリニャーノは、日本布教の成果について、従来の書翰形式から一定の書式にもとづき、一定の権威ある者に毎年定期的に執筆させることにした。内容はまず日本の一般的政治状況、次にキリスト教界の現況と日本人イエズス会の概況、そして各地の布教機関の報告からなる。これにより各年の出来事、布教の成果、会員の動向などが統一的に容易に把握できるようになった。

家元 芸能に関する家元の実質的な起源は、すでに平安時代に雅楽の笙・篳篥・笛の三管の家、和歌では二条家・冷泉家などがある。鎌倉時代になると、弓馬の小笠原家や衣紋の高倉家が名高い。能・狂言、貴族社会の香や書・神楽・琵琶・和琴・蹴鞠・鷹・神祇・包丁・卜筮などの家が南北朝期から戦国期にかけて現れた。その頃に*立花の池坊家も出現した。江戸時代になると、武家の間で茶・花・香・歌・俳諧などがはやり、剣術や茶の湯の秘伝書が作られ、多くの家元が登場してくる。江戸中期の18世紀頃には、三都(京・大坂・江戸)をはじめ全国各地に都市が栄え、裕福な町人が現れ、富裕町人の間でも茶の湯・香道・歌などが流行した。町人たちは、京都の家元である千家や池坊家から免許状をもらって、師匠になりたいという人が多くなっていった。その後、すべての免許状は家元が発行することになり、家元制度が確立する。時期的には18世紀中頃の宝暦期(1751〜64)以後と思われる。「家元」の語が文献に現れるのは1689年(元禄2)が最も古いと思われる。し

かし，芸能関係の家元という言葉は，馬場文耕の「近世江都著聞集(えどちょしゅう)」が刊行された1757年(宝暦7)が初見である。

猪飼敬所(いかいけいしょ)　1761～1845(宝暦11～弘化2)　江戸後期の儒学者。名は彦博，字は希文・文卿，通称は三郎右衛門，敬所と号した。父は近江国坂本の人で，京都西陣の糸商。少年時は*手島堵庵(とあん)・植村正助に石門心学を学んだが，1783年(天明3)，儒者を志して岩垣竜渓(りゅうけい)の門下となった。91年(寛政3)西陣で塾を開き，1831年(天保2)には伊勢国津藩に招かれ，藩校有造館(ゆうぞうかん)の設立に尽くした。経史は広く諸説を折衷し，偏固な説を喜ばず，天文暦学にも通じ，有用な「実学」(「猪飼敬所書束集(しょそくしゅう)」)を志向した。著書は，清人毛奇齢(れい)を批判した「西河折妄(せっぽう)」3巻(1829刊)，円通(えんつう)の「*仏国暦象編(ぶっこくれきしょうへん)」を論難した「病間一滴(びょうかんいってき)」，「管子補正(かんしほせい)」など多数。

為学玉箒(いがくぎょくそう)　「一たまぼうき」とも。近世後期の石門心学書。内容は*手島堵庵(とあん)が儒者その他の質問に答えて，心学思想の要諦について説いたところを筆録したもの。正編3巻，後編3巻で，前者は*上河淇水(きすい)の編で堵庵没後の1789年(寛政元)に，後者は手島毅庵(きあん)の編で1808年(文化5)に，それぞれ公刊された。相対的な有と無，主観と客観とを止揚する「本心」の修得により，日常生活の中で，他より強制されることなく，自ら進んで悪を退け善に向かう主体的な行為の育成を強調する。師である*石田梅岩(ばいがん)の教説を祖述しながら，堵庵独自の思想が展開されている。

為学初問(いがくしょもん)　「周南(しゅうなん)先生為学初問」とも。*山県(やまがた)周南の著した書。和文。全2巻。1760年(宝暦10)刊。基本的に*荻生徂徠(おぎゅうそらい)の議論をふまえながら，学問論・君子論から制度論にまで及んでいる。鎌倉時代から戦国期までの武士に「文徳」がないことをきびしく批判し，徳川体制を，聖人に導かれた古代中国の理想の世と並ぶ「封建」体制として賛美している。礼義に習熟することで，欲心が自然に治まるを説くところに，徂徠の礼楽(れいがく)説からの一つの展開がみられる。

伊賀八幡宮(いがはちまんぐう)　愛知県岡崎市伊賀町に鎮座。旧県社。応神天皇・仲哀天皇・神功皇后を祀る。例祭日は10月2日。文明年間(1469～87)に松平信光の嫡子親忠(ちかただ)が額田郡下井田村に創祀した。以後，松平家は氏神(うじがみ)として崇拝した。1566年(永禄9)，松平広忠の長男として生まれた家康が徳川に復姓したこと，三河守に任じられたことを報謝して社殿を修復し，ついで1602年(慶長7)に社領を寄進し，11年には社殿の造立を命じている。このようにして540石の社領をもつ地方の有力な神社となった。また国重要文化財に指定されている社殿は，3代将軍徳川家光が1636年(寛永13)に造営したものである。

斑鳩寺(いかるがでら)　→法隆寺(ほうりゅうじ)

いき　江戸の美的理念の一つ。語源は「意気」で，粋の字をあてることもある。その発生は文化・文政期(1804～30)以後の江戸の遊里で，遊女と客の関係の理想的なあり方を基礎とし，特に人情本，ほかに歌舞伎・曲音などの文芸や江戸の庶民生活全般にさまざまな形で発現した。その内実は*粋(すい)とほぼ同義である。1930年(昭和5)，「いき」をはじめて哲学的にとりあげた九鬼周造(しゅうぞう)の「*「いき」の構造」は，「春色梅児誉美(しゅんしょくうめごよみ)」「春色辰巳園(たつみのその)」などの人情本を参看しつつ，いきの内実を客に対する遊女の緊張感ある媚態とみなし，垢抜けして(諦め。仏教の非現実性)，張りのある(意気地。武士道の理想主義)，色っぽさ(媚態。熱烈なるエロス)の3点から定義し，〈いき－野暮(やぼ)，渋味－甘味，地味(じみ)－派手(はで)，上品－下品〉の4組の対概念の相対関係を図式化した。また，いきの具体的な表れを声・顔・姿・挙措などの身体的表現および文様・色彩・建築・音律などの芸術的・人工的表現の両面から追究し，加えて，いきの根源に，二者間における相手と合一することのない永遠の二元性を見出した。また，いきは客観的存在ではなく，それを感じとる主体の意識を俟ってはじめて成立しうるものである。九鬼が「いき」の研究は形相的でなく解釈的であるべきだと説くのもこのためである。→通(つう)

異義(いぎ)　→異安心(いあんじん)

生き神(いきがみ)　生きたまま神として崇められた人々のこと。民衆的信仰としては江戸時代

に成立。生き神として崇められた存在としては、その特異な体験によって病気直しなどの現世利益をもたらすと考えられた人々、善政を行ったと考えられた領主・代官層、諸人救済を掲げた入定行者などがあげられる。*山崎闇斎の垂加霊社にみられるような*吉田神道における精進者への霊神号の付与なども、一種の生き神とみられる。小農間での家意識の醸成にともなう祖霊崇拝観念の広範な普及、*地蔵信仰・*観音信仰・*金毘羅信仰など仏教信仰から派生した信仰の現世利益的人神信仰への変質とその民衆的展開など、民俗信仰の隆盛という現象も、生き神の成立の社会的基盤を提供したものといえる。これらの生き神は、一時的かつ局所的な*流行神である場合が一般的であったが、江戸後期に入ると、特定の生き神を教祖と仰ぎ、教祖の所為を平易かつ通俗的な教えとして整備し、さらに講社などの組織を有した*如来教・黒住教・*天理教・*金光教などの*民衆宗教がおこった。近代以降には、こうした生き神信仰はさらに多くの新宗教・新新宗教の土壌となった。

異義集 いぎしゅう　江戸後期、真宗大谷派の妙音院了祥が編んだ真宗異義書の集成。全16巻。「真宗仮名聖教」に収録されない著者不明の真宗典籍を集め、批判・考証を加えたものである。自筆本は大谷大学図書館に蔵されるが、その全体は未公刊。「真宗全書」第58巻に収録される第1巻は、黒谷門下異流について歴史と教義の両面から考察したもの、また、第6〜10巻に相当する部分を誓名不同計・専修賢善計・知識帰命計の3部5巻に編集したものが「真宗大系」第36巻に収録される。

生霊 いきすだま　→生霊いきりょう

「いき」の構造 いきのこうぞう　*九鬼周造の著書。パリ留学中の1926年(大正15)執筆の未発表論文「「いき」の本質」を発展させ、帰国後の30年(昭和5)雑誌「思想」92・93号に掲載、同年単行本として刊行する。*「いき」の精神とは江戸の遊里からうまれた美意識で、媚態・意気地・諦めという三つの契機にもとづくとする。媚態とは異性との精神的緊張を持続させるところに生じる色っぽさ、意気地とは異性にもたれかからない心の強み、また、諦めとは異性との離別を運命としてうけいれるあっさりした心持ちのことである。本書は、フランスのシック論に相当する美学が日本にもありうることを示している。

易行 いぎょう　難行に対する語。行いやすい仏教修行の意。竜樹菩薩の作といわれ、後秦の鳩摩羅什訳になる「十住毘婆沙論」巻第五の「易行品第九」では、諸仏・諸菩薩の名号を称することを易行とするが、中国六朝時代の曇鸞や唐の道綽らの浄土教家はもっぱら阿弥陀仏に対する信仰に関してこれをのべる。その影響をうけたわが国の*法然(源空)も、その著「*選択本願念仏集」において、聖道門などを難行道、浄土門を易行道と位置づけた。すなわち天台・真言両宗および南都の教学を凡夫には修しがたい難行とし、阿弥陀一仏に帰依し、*口称念仏に励むことによって、凡夫にも浄土への往生が可能であると説いた。法然以後、*親鸞・*一遍ら、いわゆる鎌倉新仏教の中でも浄土教系の諸師が鼓吹した阿弥陀信仰は、いずれも易行による浄土往生を説くものである。

生霊 いきりょう　「いきすだま・いきずだま」とも。生きている人の霊が他の人に取り憑いて、祟りをなすもの。「*枕草子」の「名おそろしきもの」の段に「いきすだま」があがっている。具体的にその働きが描かれるのは「*源氏物語」である。「夕顔」の巻では、夕顔を取り殺した生霊の正体は必ずしも明確にされていないが、いろいろな悩みで病気になった六条御息所の「いきすだま」が葵上に取り憑く「葵」の巻の話は有名である。しかし、現実に信じられた形跡は少なく、物語の世界の産物か。「*和名類聚抄」巻1には「窮鬼　遊仙窟云　窮鬼〈師説伊岐須太万〉」とあり、このおどろおどろしい思想が中国伝来のものであることを示している。

生田長江 いくたちょうこう　1882〜1936(明治15〜昭和11)　明治〜昭和前期の評論家・翻訳家・小説家・戯曲家。本名浩治。鳥取県日野郡根雨村の生れ。東京帝国大学哲学科卒。大阪の桃山学院在学中の1898年(明治31)にユニバ

ーサリスト教会で受洗する。第一高等学校在学中に栗原古城・森田草平らと回覧雑誌をだし、その縁で*馬場孤蝶や*与謝野寛(鉄幹)・晶子夫妻の知遇をえ、「明星」「芸苑」に参加し寄稿する。1906年4月「芸苑」に「小栗風葉論」を発表し、以後本格的に文芸評論家としての活動を展開する。同年秋に*与謝野晶子を中心とした閨秀文学会を結成する。*平塚らいてう・*山川菊栄らを育て、青鞜社の創立を支える。11年「ツアラトウストラ」を訳刊し、以後「ニーチェ全集」刊行が彼の活動の支柱となる。大正期に入り文明批評へと転じ、東洋の精神・文化による近代の超克を唱え、晩年は宗教的境地を求めることとなる。「生田長江全集」(5巻で中絶)がある。

生田万 いくたよろず 1801〜37(享和元〜天保8) 江戸後期の国学者。名は国秀、万は通称。大中道人・利鎌屋などと号した。上野国館林藩士。はじめ藩校、のちに独学で儒学諸派を学ぶも、同郷の本居派門人荒井静野の影響もあり国学に転じ、1824年(文政7)江戸にでて*平田篤胤に入門、その宗教的な死後安心論などに傾倒する。そこで篤胤の養子となり代講を任されるほどになるが、いったん帰郷した。28年藩政改革の提言書である「*岩にむす苔」を館林藩に提出するが、これにより藩を追放され、再び江戸の気吹乃舎(平田塾)へ戻った。31年(天保2)には上野国太田に退き、ついで36年平田派門人の招きで越後国柏崎に移住し、桜園塾を開く。ときに当地の民衆は、天災や買い占めによる米価高騰ため飢餓に瀕しており、万はたびたびその救済を嘆願したが受け入れられず、37年ついに同志を集めて桑名藩柏崎陣屋を襲撃し、敗れて自刃した。直接には*大塩平八郎の乱に共感しての決起だが、本来非政治的な学問であった国学が、平田篤胤をへてしだいにその政治性・実践性を強めてきた結果・先駆として重要である。著書は「良薬口苦」「古易大象経伝」など。

井口喜源治 いぐちきげんじ 1870〜1938(明治3〜昭和13) 明治〜昭和期の教育者、研成義塾の主宰者。長野県南安曇郡東穂高村に生まれる。1894年(明治27)禁酒会員らと芸妓置屋設立反対運動をおこし、小学校教師を罷職された。相馬愛蔵らの協力をえて自主独立の研成義塾を開設した。*内村鑑三から学んだキリスト教の人格尊重と、「偉い人より良い人たれ」という井口の教育思想は、彼を排斥した信州教育界に強い影響を与え、〈信州のペスタロッチ〉と称された。渡米した塾出身者の中から、*清沢洌や平林利治らが輩出し、信州の教育界では手塚縫蔵・松岡弘らが影響をうけた。

為愚痴物語 いぐちものがたり 江戸前期の*仮名草子。全8巻8冊。1662年(寛文2)、京都の吉野屋権兵衛刊。作者は曾我休自、ただし自序に生国を越後国とするほかは来歴未詳。書名の由来は、自著を「欠唇のうそ」と謙譲しつつ、「愚のために知しむるものがたり」として記したと終章にみえる。自序および第1章では、人性の善悪は陰陽の転変によりおこるとし、これに五輪(地・水・火・風・空)や六根(眼・耳・鼻・舌・身・意)などの仏説を習合する。以下、儒教の天命、仏教の因果、自力・他力などをのべ、儒・仏・神それぞれの主張を穏当に融合すべきと説き、いずれにも偏らず、過不及なき「天心中道」を理想とする。随筆形式の教訓書で、全142章よりなる。短い説話も含み、和漢の故事・逸話を引き、話題は多岐・多彩である。長者を礼賛する致富譚、正直・無欲を称揚する話、機知・頓智の話などにおいても教訓的言辞でしめくくる。

遺偈 いげ →遺偈ゆい

池田草庵 いけだそうあん 1813〜78(文化10〜明治11) 幕末〜明治期の陽明学者。名は緝、字は子敬、通称は禎蔵、草庵と号した。但馬国養父郡宿南村の百姓の三男。少年時に両親を失い、真言宗満福寺で修行していたが、1831年(天保2)ひそかに寺をでて、京都の相馬九方の塾に入門する。*春日潜庵と切磋琢磨しながら、陽明学、特に劉念台の慎独説を尊信するようになった。43年(天保14)帰郷し、立誠舎を開き、47年(弘化4)には青谿書院を開塾して学を講じた。その後は、潜庵や*林良斎・*吉村秋陽らと陽明学を奉ずる「同志」として対等に交流するとともに、幕末騒乱の中、講学と静坐の工夫に沈潜

した。生前唯一の出版である「古本大学略解」(1872)を含めた著書は、「池田草庵全集」(1981)に収録されている。

池田光政(いけだみつまさ) 1609〜82(慶長14〜天和2) 江戸前期の備前国岡山藩主。父は播磨国の姫路藩主池田利隆(としたか)。藩政の成立期、*熊沢蕃山(ばんざん)を家老に登用し、儒学を家臣に奨励して花畠(はなばたけ)教場(花園学舎)や閑谷(しずたに)学校を設立した。藩主自ら「心学流の仕置(しおき)」による仁政(じんせい)を施行した近世前期の好学の*名君といわれた藩主である。蕃山学の経世済民策にもとづく藩政改革は、承応・明暦年間(1652〜58)に顕著にみられ、地方知行(ちぎょう)制度の根本的な改革、天災飢饉に対する領民の救済施策や武士土着論、幕府の寺請(てらうけ)制に対して*神職請(しんしょくうけ)などが行われた。光政のこうした藩政改革は、家老・家臣に示した教諭・示達(じたつ)・申渡(もうしわたし)にその精神が示されているが、その基本理念は「上様は日本国中の人民を天より預り成さされ候、国主は一国の人民を上様より預り奉る」という近世大名通有の政道論である。

池田光政訓誡(いけだみつまさくんかい) 備前国岡山藩の藩祖*池田光政が家臣に与えた訓誡。光政は、江戸初期、*徳川光圀(みつくに)・前田綱紀(つなのり)・*保科正之(ほしなまさゆき)とともに*名君といわれた大名である。その藩政は「光政流の仕置(しおき)」と称され、*熊沢蕃山(ばんざん)を重用し心学(王学)を政治理念の根幹にすえている。「池田光政日記」では、諭示・教示・説論・厳訓・覚として、家老をはじめ組頭(くみがしら)・物頭(ものがしら)・郡奉行(こおりぶぎょう)・町奉行(まちぶぎょう)・代官に与えた訓誡が多い。その根幹は心学流の仁政(じんせい)にあり、「当国は大事の御国を預り候」、「上様は日本国中の人民を天より預り」、「国主は一国の人民を上様より預り」、「家老と士とは其君を助けて、其民を安くせん事をはかる者なり」という近世的政道論が説かれている。「百姓は国の宝、経済は国家の宝」とした光政の藩政に対する訓誡は、1682年(天和2)の遺言にも明確に示されている。

意見十二箇条(いけんじゅうにかじょう) 古代、律令官人が天皇の詔に応じて密封して提出した政治意見書である「*意見封事(いけんふうじ)」の代表的なもの。914年(延喜14)に醍醐(だいご)天皇の命によって*三善清行(きよゆき)が提出した12カ条の意見書。序論で、備中国下道(しもつみち)郡邇磨(にま)郷の課丁(かてい)の減少を例にとって律令政治の衰退を具体的に論じ、国家財政の窮乏の原因を*国分寺(こくぶんじ)・国分尼寺(こくぶんにじ)の造営や長岡・平安の遷都に求め、その打開策を論じるとともに、*大学の振興策などについても進言している。

意見状(いけんじょう) 室町中・後期、訴訟について将軍の諮問に応えるために、主に政所奉行人(まんどころぶぎょうにん)が作成した上申文書。まず訴訟案件が明記され、審議内容、結論、審議に参加した全員の署判が記される。永享〜天文年間(1429〜1555)の60通ほどが今に伝えられる。はじめ幕府内のさまざまな部局で作成されたが、文明年間(1469〜87)頃からは奉行人の合議体である右筆方(ゆうひつがた)が唯一の意見機関になった。右筆方は毎月3回会議を開き、相談のうえ意見状を作成し、将軍に提出した。奉行人の意見は将軍の裁定を強く拘束し、意見状に沿った判決が下されることが多かった。

意見封事(いけんふうじ) 単に「封事」とも。古代、天皇の求めに応じて、諸臣が意見を具申したこと。意見は密封した封書に書かれて上奏されたので、意見封事とよばれた。内容は、政治に対する意見、社会情勢の分析が主となった。公式令(くしきりょう)陳意見条に意見封事についての規定があり、少納言がこれを受け取り、封を開かずに天皇に奏聞し、もし官人の不正に関することであれば、奏聞後に弾正台(だんじょうだい)に下された。759年(天平宝字3)を初例とする。平安中期以降は名目的な行事と化し、内実を失った。ただし、官人が意見を上申する行為は、簡略化された「某(なにがし)奏事」として鎌倉時代まで伝えられた。

惟高妙安(いこうみょうあん) 1480〜1567(文明12〜永禄10) 室町後期の禅僧。臨済宗*夢窓派(むそうは)。別号は懶安(らんあん)・葉巣子(ようそうし)。近江国の人。一説に久我氏。はじめ相国寺広徳軒(のちの光源院)の瀑岩等紳(ばくがんとうしん)に参じ、ついで*景徐周麟(けいじょしゅうりん)・梅雲承意(ばいうんじょうい)・月翁周鏡(げつおうしゅうきょう)・*月舟寿桂(げっしゅうじゅけい)・桂林徳昌(けいりんとくしょう)らの五山禅林の著名な詩文僧に学び、瀑岩の法嗣となった。のち伯耆国の山名氏、出雲国の尼子(あまご)氏に招かれ、伯耆国保国寺・出雲国海蔵寺に住して、30年に及んだ。1538年(天文7)景徳寺

（諸山きん）・臨川寺りんせん（十刹じっさつ）の*公帖こうちょうをうけ，40年11月，相国寺（五山）に住した。43年7月南禅寺の公帖をうけた。64年（永禄7）10月まで相国寺再住を重ね，1543年12月から50年10月頃まで鹿苑ろくおん院主となり，*鹿苑僧録をつかさどった。この間は諸寺院に住し，*策彦周良さくげんしゅうりょう・*彭叔守仙ほうしゅくしゅせんらの著名な詩文僧と交友した。日記「夢升瓊言むしょうけいげん」，「韻府群玉いんぷぐんぎょく」の抄「玉塵ぎょくじん」，「詩学大成」の抄「詩淵一滴しえんいってき」などの著書があり，62年2月に*瑞渓周鳳ずいけいしゅうほうの日記を抄録した「臥雲日軒録抜尤がうんにっけんろくばつゆう」のあることでも知られる。やがて，室町時代の五山叢林が衰微する直前に光明を放った人と評価される。享年86。

異国降伏祈禱 きこうふく 文永・弘安両度の蒙古襲来の際に，朝廷・幕府をあげて主要な神社仏閣において行われた国難救済の祈願。1268年（文永5）元より服属を要求する国書が到来して以降，元による侵略への危機感が一気に高まり，全国的規模で異国降伏祈禱が執り行われた。朝廷では，伊勢神宮への公卿勅使の発遣，石清水いわしみず八幡宮への院の御幸，二十二社奉幣ほうへい，山陵使さんりょうしの派遣，延暦寺や興福寺での祈禱，仙洞御所せんとうごしょでの法会ほうえなどがたびたび行われた。鎌倉幕府もまた，伊勢神宮・宇佐八幡宮・鹿島神宮に異国降伏祈願を行うとともに，79年（弘安2）頃から全国の守護をとおして諸国一宮・国分寺以下の主要な社寺での祈禱を命じている。異国による侵略の危機は，日本の神聖性と優越性を強調する*神国思想を発揚させた。そのうえ，二度にわたる侵攻がいずれも暴風により退けられたことは，神々の参戦を示す「*神風」の所為とみなされた。朝廷の異国降伏祈禱は13世紀末，幕府の祈禱は14世紀初めまで継続的に行われたが，この長期にわたる神事の興行と元の敗退は神祇信仰を活性化させ，鎌倉後期における有力神社の霊験の唱道を軸とする神道思想の興起をもたらした。

異国日記 にっき 江戸初期の日本の外交関係文書を集成したもの。全2冊。上巻は主に*以心崇伝いしんすうでんが，下巻は主に最岳元良さいがくげんりょうが編集を行ったと考えられる。原本は南禅寺金地院こんちいんにあり，1712年（正徳2）に新井白石きが発見した。上巻は，1608年（慶長13）7月，呂宋ルソン総督からの書簡を崇伝が将軍徳川秀忠の面前で読み上げた記事から，ほぼ編年で29年（寛永6）10月の暹羅シャム*国使節の帰国記事で終わる。崇伝の記録が主要部分を占めるが，ほかに*西笑承兌せいしょうじょうたい・*閑室元佶かんしつげんきつのものを含む。下巻は編年ではないが，43年の韓使贈答日録に始まり，55年（明暦元）の*朝鮮通信使との筆談に終わる。諸外国との往復書翰に加えて，執筆事情も記され，外交史の基本文献である。また，本地垂迹ほんじすいじゃく的な*神国思想を背景とした幕府の自国観やキリスト教観などもうかがうことができる。

伊古田純道 いこたじゅんどう 1802〜86（享和2〜明治19） 江戸後期・明治前期の医者。名は寧，字は致遠，橊陵りゅうりょうと号した。純道は通称。武蔵国秩父郡伊古田村に生まれる。地元の医者小室元兆に師事し医学を学ぶ。江戸にでて一時名古屋藩に仕えるが，のちに秩父に戻り，産科医として活躍した。1852年（嘉永5）には日本ではじめての帝王切開手術を行ったことで有名である。産婦は最初は別の医者の患者であったが，あまりの難産のために純道がよばれ切開手術を行ったといわれる。すでに胎児は死亡していたが，産婦の命を救った。

イザナキノミコト 伊邪那岐命（記）・伊奘諾尊（紀）。天照大神の父神で，女神*イザナミノミコトとともに国土を創造する。「イザ」は誘う，「ナ」は助詞のノ，「キ」は男性を表す接尾語。*記紀神話によると，天神の命により，イザナキ・イザナミの二神は天の浮橋あまのうきはしに立ち，天の沼矛あめのぬぼこ（記）を海に指し下してかきまわす。矛の先より滴り落ちた塩が固まってオノゴロ島ができ，この島に二神が天降り，天の御柱を巡って成婚し国生みを行う。はじめヒルコ・淡島あわしまを生む（記）が，改めて天神の指示を仰ぎ，大八島おおやしま国を生み，さらに石・海・水門・風・山野の神を生む。「*古事記」では，火神カグツチノカミを生んだためにイザナミは死に至る。イザナキはイザナミを追い*黄泉国よみのくにに行くが，禁忌を破ったために，人の生と死の起源が語られる。イザナキは穢けがれを祓うために筑紫の日向の橘の阿波岐あわき原で禊みそぎをし，種々の神を生んだ

後、左の目を洗うことによりアマテラスオオミカミ、右の目を洗うことによってツクヨミノミコト、鼻を洗うことによってタケハヤスサノオノミコトの3貴子が誕生する。なお「*日本書紀」本文では、イザナミの死、黄泉国神話はなく、3貴子も二神の交合により誕生する。イザナキの鎮座地は、「古事記」では淡海の多賀（淡海は近江・淡路の二説があるが、淡路とすべきであろう）。「日本書紀」本文では、幽宮を淡路につくり隠棲した。また、天に昇って日の少宮に留まったとある。「記紀」や風土記のイザナキ・イザナミ二神の神話と、二神を祀る式内社の分布から、その神話の原型を、瀬戸内海東部を中心とした海人たちの信仰と神話に求める説が有力である。また、同神話は世界的に広く分布する兄妹相婚神話・洪水神話の一種に位置づけられる。

イザナミノミコト 伊邪那美命（記）・伊奘冉尊（紀）。天照大神の母神で、男神*イザナキノミコトとともに国土を創造する。「イザ」は誘う、「ナ」は助詞のノ、「ミ」は女性を表す接尾語。*記紀神話によると、イザナキとともに、オノゴロ島に天降り天の御柱を巡って成婚し国生みを行う。はじめヒルコ・淡島を生む（記）が、改めて天神の指示を仰ぎ、大八島国を生み、さらに石・海・水門・風・山野の神を生む。「*古事記」によれば、イザナミは火神カグツチノカミを生んだために病臥し、さらに嘔吐や糞尿より鉱山・粘土・水の神などを生成するが死に至る。イザナキはイザナミを追い*黄泉国に行くが、イザナミはすでに黄泉国の竈で炊いた食物を食べたために、現世には戻れず（黄泉戸喫）、見てはならないという禁忌を破ってイザナミを見ると、体は腐敗し蛆が集まり、その各所には八柱の雷神が生じていた。怒ったイザナミはイザナキを追うが、イザナキは鬘・櫛・桃を投げつけ逃げ（呪的逃走）、黄泉国との境の黄泉比良坂に巨岩を立て、女神との絶縁を宣言する。イザナミは1日に1000人の人間を殺すといい、イザナキは1日に1500人の人間を誕生させると応答し、人間の生と死の起源が語られる。イザナミの葬地は、「古事記」は出雲国と伯耆国との境の比婆山

とし、「*日本書紀」一書では紀伊国熊野の有馬村と記している。なお「日本書紀」本文には、イザナミの死、黄泉国神話はない。

十六夜日記 いざよいにっき 「阿仏房紀行」「阿仏道の記」とも。鎌倉時代の日記文学。作者は*阿仏尼で、安嘉門院四条ともよばれる。1279年（弘安2）から翌年頃にかけて成立か。亡夫藤原為家の遺した播磨国細川荘の相続をめぐって、前妻の子為氏と争いになり、鎌倉幕府に訴訟をおこすため下向した折の紀行と、鎌倉での滞在の記からなる。流布本では、最後に、鶴岡八幡宮の加護を求めた勝訴祈願の長歌を載せる。紀行としての性格とともに、子の為相らに与える二条派の歌論書的な性格ももつ。為家ははじめ、細川荘を他の荘園とともに、長男為氏に譲る旨の*譲状を記したが、のちに阿仏尼との間に為相が生まれると、為氏からこれを取り返して為相に譲る旨の譲状を書いた。為家の没後、為氏が細川荘を為相に渡さなかったために争いがおきた。為氏の主張は、*悔返しを認めない公家法からのものであって、悔返しを認める武家法の立場からは、当然認められるはずのないことであった。しかし、阿仏尼は判決を聞かないまま、83年鎌倉で没したという。この訴訟は、1313年（正和2）最終的に為相の勝訴となって終わった。

伊沢修二 いさわしゅうじ 1851～1917（嘉永4～大正6） 明治・大正期の文部官僚、音楽・開発主義教授法・吃音矯正教育の開拓者。号は楽石。信濃国伊那高遠藩士の子。藩校進徳館や大学南校に学ぶ。1874年（明治7）より文部省官吏。アメリカのブリッジウォーター師範学校卒。L.W.メーソンから音楽を、G.ベルから視話法を学び、帰国後、東京師範学校校長となる。体操伝習所・音楽取調掛の創設にかかわり、和洋折衷の「小学唱歌集」や「読書入門」など特色ある教科書を刊行する。東京音楽学校初代校長・東京盲啞学校校長を務め、91年退官。国家教育社など多くを組織する。台湾総督府民政局学務部長・東京高等師範学校校長をへて、晩年は吃音矯正の社会事業に尽力する。思想は国家重視であるが、創始力があり、合理主義的な広い視野をもつ。著作は「伊沢修二選集」など

いし

多数ある。

石 いし　石と人の関係は，材料として建築物などに利用するほかに，石そのものの鑑賞，素材として自然石を*庭に配置してその組み合わせによって効果的に心象を表現する造庭・造園や，石に大幅な加工を加えてまったく別の形態を造形する作業など多様であるが，ここでは，石に枯淡その他の言葉をあてて鑑賞し，その特質を最も端的にとらえて，石を論じて人を論じた言説について注目する。この言説は，中世における盆石ぼんせきや石庭（枯山水かれさんすい）の描写として，主に禅僧・詩文僧の作品にみられる。

初期の作として，*虎関師錬こかんしれんの「盆石賦ぼんせきのふ」は，「それ盆石の玩するや，山水に仮るなり」という愛石の基本を提示して，盆石に小高い丘を見て巨嶽を見ない客に弁論する形式をかりて，小盆石には大自然の変幻が秘められていること，その扱いには時々刻々の細心の用意があるべきこと，小に大を見る視点は本来物の大小は相対的なものにすぎないと知る老荘ろうそう思想に至るべきであることを，多彩な表現によって展開している。*中巌円月ちゅうがんえんげつの「謝盆石詩并序ぼんせきのしならびにじょ」には，「石の人を眠るや猶人の石を視るごとし」云々とあり，「石が人をみる」視点を導入して，抜群の感性を示した。*万里集九ばんりしゅうくは，「独醒石記どくせいせきき」に「我が老父の四十年来庭背に貯う所の頑がんなり，その長七，八尺にして厚さは尺に盈みたず，若し旱するときは則ち色乾き易しと雖も，陰り雨るときは則ち苔曇ること，実に藍より青し」云々として，京の筆工のためにその海石の図をみて石記を作った。頑は石のことで，石のおおよその形状と気候に即応して変化する表情を記している。石記としてごく標準的な記述である。正宗竜統しょうそうりゅうとう（1428～98）の「先人故宅花石記せんじんこたくのかせききき」は，父東益之ひがしえきしの旧居のようすを記して，「大石林列す，或いは立ち或いは跪き，屹然として危あやうく，傻然えんぜんとして快こころよぶ，澳あつること奔雲ほんうんの如く，錯まじれること碁を置く如し，怒るは虎の闘い，企つつは鳥の厲するさ，その穴を抉れば則ち鼻口相呀あいよし，その根を捜せば蹄股交峙ていこうこうじす」云々と文飾を連ねた。また常庵竜崇じょうあんりゅうそう（？～1536)の

「道人石記どうどうじん」は，「道人の之を待すること賓友の如く，之に親しむこと賢哲の如く，之を重んずること宝玉の如く，之を愛すること児稚の如し」云々と，愛石のようすを形容した。詩文僧の石記は，その周辺に禅僧に限らない真俗の同じ趣向があったことを告げている。

愛石の系譜は中国に「本歌」を求め，北宋末の米芾べいふつの愛石や南宋初の杜綰とわんの「雲林石譜うんりんせきふ」などが知られ，奇石愛玩はその後の文人共通の趣味であった。書物・文章を介してこれらの趣向は日本に移され，詩文僧は自他のために文飾をこらした。文章の工夫はそれぞれに石の発見でもある。石の形状をたどり，その変化をみとどける視線は，そこに見立てとしての人間の理想境を見出し，自然と人間の関係について思弁をこらした。いわゆる枯山水の流行は，中世における特徴的な自然観の展開を示唆するものである。

石川三四郎 いしかわさんしろう　1876～1956(明治9～昭和31)　明治・大正期の社会運動家。号は旭山きょくざん。埼玉県生れ。1898年(明治31)東京法学院に入学し，1901年受洗。同年卒業後，「*万朝報よろずちょうほう」に入社するも日露非戦を表明して退社し，*平民社に入社する。同社の解散後，「*新紀元」や日刊「*平民新聞」の発行に携わるが，筆禍事件で入獄し，その間に英国人エドワード・カーペンターの近代物質文明批判を知る。13～20年(大正2～9)の西欧滞在中に2回カーペンターの実験的共同体を訪ね，そこでの体験が帰国後の「土民生活」思想の提唱や共学社の創立(1927)につながる。*日本フェビアン協会の結成(1924)や農民自治会の創立(1925)に参加して，アナーキズム系の人物と関係をもつが，「土民生活」思想にもとづく独自の位置を保ち，29年(昭和4）個人誌「ディナミック」を発刊し(34年第59号まで刊行)，非戦の論稿を発表し続ける。35年以降は東洋文化史研究を通じてファシズムへの抵抗を貫き，戦後は唯物論批判を明らかにして，46年日本アナキスト連盟の結成に参加した。石川の思想内容は多岐にわたるが，特に「地方的小リズムの振り子動」による「複式網状組織」の提唱は，ネットワーク論の先駆といえる。「石川三四郎著作集」

全8巻がある。⇒日本社会主義史

石川丈山 じょうざん 1583〜1672(天正11〜寛文12) 江戸前期の文人。名は重之しげゆき・凹かう、字は丈山、通称は嘉右衛門・左近、号は東渓とうけい・六六山人など。三河国碧海郡泉郷で本多正信まさのぶの姪を母として生まれ、幼くして徳川家康に従い武功をあげた。33歳の時、大坂夏の陣ののちに剃髪し、*藤原惺窩せいかの門に学んだ。洛北一乗寺村に凹凸窠おうとつか(詩仙堂しせんどう)を営んで隠逸の生活を送り、*狩野探幽たんゆう・*林羅山らざん・*堀杏庵きょうあんらと文人としての交わりをもち、詩を友として生きた。その詩は朝鮮使節から「日東の李杜りと」と評された。漢詩集に「覆醤集ふしょうしゅう」がある。

石川啄木 たくぼく 1886〜1912(明治19〜45) 明治期の歌人・詩人。本名一はじめ。岩手県出身。父が住職であった北岩手郡渋民しぶたみ村で育つ。盛岡中学時代に文学にめざめ、しだいに学業を怠るようになり、1902年(明治35)中学5年生の時にカンニング事件をおこして退学となった。中学時代から新詩社の「*明星みょうじょう」に投稿し、早熟な才能の開花を示した。*与謝野寛よさの(鉄幹てっかん)・晶子あきこの知遇を頼りに上京したが、生活に活路を見出せず帰郷した。04年再度上京して、翌年第一詩集「あこがれ」を刊行し、一躍浪漫派ろうまんはの新進詩人として高い評価をうけた。この年19歳で堀合ほりあい節子と結婚する。また、宗費の扱いをめぐって父が寺を追われるなどのため、家族は離散状態となる。文学によって一家の生活を立てなおそうとして、東京との間を往来した。渋民村の小学校代用教員のかたわら小説「雲は天才である」(1906)などを発表するが、校長排斥のストライキを主導して失職した。北海道に渡って、教員・新聞記者などの職をえたが、上司や仲間との衝突、新聞社が火事にあうなどの不運から、家の再建と生計確立の目論見はくずれる。そのためふたたび上京し、母と妻子をよびよせ小説家として身を立てようとする。「鳥影ちょうえい」(1908)などの小説を書くが生計の足しにならず、困窮と失意のうちに放蕩三昧に陥った。母が家をで、妻も出奔して打撃をうける中で、鬱積した心情を短歌に託し、カタルシスをえる。10年大逆事件がおこり、新聞記者時代以来の社会事象への関心に加えて、社会主義思想にもめざめ、歌の奥行を深くする。同年に歌集「一握いちあくの砂」を刊行し、生活の中からにじみでる真率な感情を歌い、また三行分かち書きを試みて世の耳目を集めた。東京朝日新聞社に校正係として入社し生活の安定をえていたが、長男真一を生後まもなく失うなど不遇のまま生涯を閉じた。歌集「悲しき玩具」(1912)が没後に刊行されたほか、時代・社会・文芸の動向を洞察した評論を多く残した。「啄木全集」全8巻がある。

石川千代松 ちよまつ 1860〜1935(万延元〜昭和10) 明治〜昭和前期の動物学者。江戸で旗本の次男として生まれる。維新後は一時静岡に転居するが、東京に帰り開成学校予科をへて、東京大学理学部生物学科に入学する。卒業の翌1883年(明治16)母校東大の動物学の助教授になる。85〜89年ドイツに留学し、90年に帝国大学農科大学の教授となる。動物の発生学研究をするとともに、E.S.モースから学んだ*進化論にもとづく人間観・教育観・社会観を公にする。「石川千代松全集」全10巻がある。

石川雅望 まさもち 1753〜1830(宝暦3〜文政13) 江戸後期の狂歌師・国学者・読本ほん作者。別号を六樹園ろくじゅえん・五老ごろう・蛾術斎がじゅつさい。狂歌名は宿屋飯盛やどやのめしもり。江戸日本橋小伝馬町の宿屋主人であったが、1791年(寛政3)に公事宿くじやど事件に連坐して生業を廃し、隠棲した。それ以降は文筆に専念し、国学・読本の分野において活躍した。狂歌は天明期(1781〜89)に若くして四天王の一人と評され、また文化・文政期(1804〜30)には江戸狂歌壇の中心人物として名を残した。また「源氏物語」の語彙注釈「源註余滴げんちゅうよてき」(成立年未詳)、近代国語辞典の基礎を作った「雅言集覧がげんしゅうらん」(1826・49)などの古典研究の業績がある。1808〜09年(文化5〜6)には、「近江県物語おうみあがたものがたり」「飛弾匠物語ひだのたくみものがたり」「天羽衣あまのはごろも」の読本三部作を刊行した。それらは、道教的な禍福観を加味した滑稽な味わいをもつ和文小説である点に特色がある。

石田先生語録 いしだせんせいごろく 近世中期の石門心学書。*石門心学の始祖の*石田梅岩ばいがんは1729年(享保14)より没する44年(延享元)まで、自

宅を教場に教化活動を展開したが、この間ほぼ毎月、道友と道義のありようについての会輔（討論会）を重ねた。本書は会輔にあたり、あらかじめ配布した題目（策問）と梅岩の断案を記す草稿とからなり、285問に及ぶ。内容は多岐にわたり、まずすべての人間が等しく具備する「性」の本質を究め、「心」と「行」との関わりを求める。そのうえで、さまざまな日常生活に即した道義の課題がとりあげられ、石門心学の教化思想を知るうえで必須の文献となっている。

石田梅岩（いしだばいがん） 1685～1744（貞享2～延享元） 近世中期から後期に普及した人生哲学であり教化運動であった*石門心学の始祖。諱は興長、通称は勘平、梅岩は号。丹波国桑田郡東懸村の農家に生まれ、23歳で上京して商家黒柳氏に仕えた。勤務とともに、商業の意義、商人の役割、さらに人間の本性とありようを求めて、神道をはじめ儒教・仏教など広範な修学に努めた。特に43歳の折、市井の隠者である小栗了雲について禅を修行し開悟するところがあった。1729年（享保14）45歳で主家を辞して、京都車屋町の自宅を拠点に開悟した人生哲学の布教を開始した。

当代は商業資本、町人階層の興隆期であり、こうした動向は近世社会の構造・機能を阻害するものとして、抑商・廃商の論が有力であった。梅岩はこれに正面より対峙して、商業の社会的役割を説き、利潤追求の正当性を論じ、〈町人も人間〉の立場を表明した。士農工商の階層は、社会的職務の相違により、人間価値の上下・貴賤に基因しない。ここより梅岩は、社会階層（身分）をこえて人間そのものの本性探究へと志向する。人間は内奥に「性」を具備することで平等である。性が働く様態が「心」であり、心は「行」と相即不離に機能する。こうして、性と心と行との関わりの中に、人間の本質を見出し、日常生活に即した道義のありようを求めるのが、梅岩教学の思想的特徴といえる。

没する44年（延享元）までの約15年間、こうした人生哲学にもとづく布教は続けられるが、門弟は400人に満たなかった。けれども、斎藤全門・小森売布・*手島堵庵をはじめ多くの逸材が輩出し、後代における心学興隆の基盤を築いたといえる。著書に「*都鄙問答」「*斉家論」「莫妄想」があり、会輔（道友と催した道義のありようを求める討論会）用に梅岩自らが執筆した「*石田先生語録」も逸せられない。これらすべては柴田実編「石田梅岩全集」（上・下2巻）に収録されている。

石の間造（いしのまづくり） →権現造

石橋湛山（いしばしたんざん） 1884～1973（明治17～昭和48） 大正・昭和期のジャーナリスト・政治家。東京生れ。1907年（明治40）早稲田大学文学部卒業。在学中は*田中王堂のプラグマティズム哲学に傾倒した。「東京毎日新聞」の記者をへて、11年東洋経済新報社に入社、24年（大正13）主幹、39年（昭和14）社長に就任する。「*東洋経済新報」では自由主義的立場から論陣をはり、「小日本主義」を掲げ、貿易立国主義から過剰人口対策としての移民の必要性を否定し、植民地の放棄を説いた。第2次大戦後は、46年4月の総選挙に日本自由党から出馬し落選したが、翌月第1次吉田内閣の蔵相に起用され、石炭増産などのため、復興金融金庫融資を梃子としたインフレ的財政政策をとり、二・一ストに向かう労働組合との交渉でも実績をあげた。47年6月GHQの指示で公職追放になったが、この背景には、進駐軍の諸経費である終戦処理費の削減を石橋が企図したため、占領行政の妨害者とみなされたことがあった。51年6月追放解除となり政界に復帰すると、鳩山派の中心人物になり反吉田路線をとった。このため、自由党から除名されたり、分党派自由党を結成したりした。54年自由党鳩山派・岸派と改進党の合同による日本民主党の形成に参画し、最高委員の一人となった。第1次・第2次鳩山内閣の通産大臣に就任し、保守合同後の第3次鳩山内閣でも留任した。鳩山の引退後、自由民主党大会で決選投票の末に岸信介を下し総裁に就任、56年12月石橋内閣を組閣したが、病気のため、わずか2カ月余りで辞職した。鳩山内閣が日ソ国交回復を実現したのに対して、石橋は日中貿易促進を図り日中国交正常化に取り組もうとした。首相退陣後も中国・ソ連との関係調整に熱心で、59年9月訪

中し周恩来首相と共同コミュニケを発表した。60年日ソ協会会長，64年日本国際貿易促進協会総裁に就任した。「石橋湛山全集」全15巻がある。

石原莞爾 いしはらかんじ　1889～1949(明治22～昭和24)　昭和期の陸軍軍人。山形県出身。1915年(大正4)陸軍大学校卒。22年からドイツに留学し，総力戦論やデルブリュックの戦史研究を学ぶ。帰国後，陸軍大学校で戦争史を講義，日蓮宗信仰にもとづく世界最終戦論を体系化した。28年(昭和3)関東軍作戦主任参謀となり，満州領有構想にもとづく準備工作に着手した。31年9月，満州事変を主導し，満州国建設を推進した。35年参謀本部作戦課長の要職に就き，日中戦争では対ソ作戦重視の立場から不拡大を主張したが容れられなかった。37年関東軍参謀副長となったが，東条英機らと対立する。39年には満州国協和会の系譜をひく日本・満州国・中国の大同団結をめざす東亜連盟協会(1943年に東亜連盟同志会と改称)を設立し，その指導にあたった。41年予備役に編入された。

石原正明 いしはらまさあきら　1760～1821(宝暦10～文政4)　江戸後期の国学者。号は蓬堂。尾張国の農家に生まれたが，学問を好み，*本居宣長のもとに名簿を送って入門した。江戸にでて，*塙保己一のもとで信任されて塾長を務め，「*群書類従」「*類聚国史」の校訂・編集を手伝った。古典学者としては，有職故実の学問から始めたようであるが，「新古今和歌集」のすぐれた注釈である「尾張廼家苞」(1819)が最もよく知られる。自身も新古今風の和歌を得意とし，和学講談所にその人ありと知られた。1813年(文化10)*屋代弘賢らと「諸国風俗問状」を作成して各地の知友に配布し，風俗や年中行事の調査を行った。その成果である「*諸国風俗問状答」は，諸国民俗誌の先駆的な業績として貴重である。随筆に「年々随筆」(1800～15頃)がある。

石山寺 いしやまでら　滋賀県大津市内に所在する東寺真言宗の別格本山。山号は石光山。*西国三十三所観音霊場の第13番札所。*聖武天皇の勅願で良弁の開基と伝え，当初は東大寺との関係が深かったが，平安時代には真言宗寺院となり，観賢・淳祐・朗澄らの名僧が輩出した。一方，平安中期からは本尊如意輪観音をめぐる*観音信仰と遊楽とを兼ねた石山詣が盛行し，「大和物語」や「*かげろふ日記」など多くの文芸作品に散見する。中世には紫式部が当寺で「*源氏物語」を起筆したとの伝承が生じ，本堂の一隅に「源氏の間」も設けられた。国宝の本堂・多宝塔，また一切経・校倉聖教ほか文化財が多い。

石山本願寺 いしやまほんがんじ　大坂本願寺とも。摂津国大坂(石山)に建立された浄土真宗本願寺教団の拠点寺院。本願寺8世の*蓮如は，1496年(明応5)に大坂に坊舎を建立，隠居所として使用した。その後本願寺10世証如の時，1532年(天文元)に山科本願寺が焼き討ちされ，*本願寺が大坂坊舎に移転された。本願寺を中心に寺内町も形成される。織田信長との合戦(石山合戦)の結果，80年(天正8)に本願寺11世顕如は大坂を退去し，同年本願寺は炎上・消滅し，跡地には豊臣秀吉が大坂城を築造した。なお，中世には「石山」の呼称は用いられず，もっぱら「大坂」と称していた。

異称日本伝 いしょうにほんでん　→松下見林

医事或問 いじわくもん　江戸中期の医書。*古医方四大家の一人である*吉益東洞の著。1769年(明和6)成立。上・下2巻よりなる。東洞の医説は「万病一毒論」に代表され，すべての病気は唯一つの毒より生じると主張し，病因についてはあえて議論しないという姿勢を貫き，従来の陰陽五行説や臓腑経絡説を排撃した。ある意味で彼の医説は徹底した「実証主義」ともいうことができ，従来の説にとらわれない独特の薬の使用法を提示した。しかしながら，東洞の主張はあまりにも急進的であったために，多くの疑問を抱かれ，反対する者との論争にも発展した。このため東洞は晩年になって自らのそれまでの主張をまとめ，刊行した。これが「医事或問」である。したがって，文章構成も問答形式になっており，反対派あるいは自説に異論を唱える人間を強く意識したものとなっている。「万病唯一毒」，「死生は医の与る事にあらず」，病名・病因の議論を「空論」と

いしん

して排撃するなど，東洞の医説の集大成ともいえる著作である。

以心崇伝 いしんすうでん　1569～1633（永禄12～寛永10）　織豊期～江戸前期の臨済宗の僧で，徳川家康の駿府政権の出頭人の一人。円照本光国師と賜号。足利義輝の家臣一色紀伊守秀勝の子。南禅寺の玄圃霊三に師事し，1605年（慶長10）公帖をうけて南禅寺270世住持となり，金地院に住して再興を図った。鹿苑僧録の西笑承兌を介して家康に接近し，08年駿府に赴いて記室となる。以後，外交文書を管掌し，寺社行政を中心に幕政に関与，*寺院法度・*武家諸法度・禁中並公家諸法度の起草・作成，朝鮮通信使への復書立案，*伴天連追放令の起草，方広寺鐘銘事件での幕府方擁護，大坂冬の陣での参謀，*紫衣事件での沢庵宗彭らの処分など，「黒衣の宰相」としての治績がある。著作に「本光国師日記」「本光国師法語」「*異国日記」などがある。

伊豆山権現 いずさんごんげん　→走湯権現

伊豆山権現縁起 いずさんごんげんえんぎ　→走湯山縁起

伊豆山権現像 いずさんごんげんぞう　伊豆山権現（*走湯権現）の祭神を俗体に表した像。同形体の遺品が数軀伝存する中で，最も有名なのは静岡県熱海市伊豆山の般若院蔵のものである。当院は明治の神仏分離以前は，伊豆山権現の別当寺であった。そこの伊豆山権現像は，木造・寄木造，像高48.8cmの立像で，制作年代は鎌倉時代とされる。烏帽子に袍・指貫を着け，袈裟をかけるという姿をしている。これは他に類例のない珍しい権現像である。「*走湯山縁起」巻1に，走湯権現が俗体形で現れたと記し，その姿態を説明してあるのと，当権現像とが類似していることが注目される。

和泉式部 いずみしきぶ　生没年不詳　平安中期の歌人。大江雅致の女。和泉守橘道貞と結婚し，小式部内侍を生む。冷泉天皇皇子の為尊親王・敦道親王兄弟と次々に激しい恋愛に陥ったが，両親王があいついで没したのち，中宮彰子のもとへ出仕し，やがて藤原保昌に再嫁した。一生を恋愛に終始し，情熱的な歌を詠んだことで知られる。「和泉式部集」「*和泉式部日記」がある。

和泉式部日記 いずみしきぶにっき　1巻。1003年（長保5）4月から翌年正月までの敦道親王との恋愛の経過を，和歌を交じえて物語風に記す。他作説もあるが，歌集との関係や日記そのものからみて，*和泉式部の自作説が有力である。冒頭しばらくは主語を省いた叙述が続くが，やがて和泉式部には「女」の語があてられて，綴られている。

和泉真国 いずみまくに　1764？～1805（明和元？～文化2）　江戸後期の国学者。本姓石橋，名は和麿のちに真国。通称は東吉郎・文三郎。江戸の書肆であり，渡辺屋と号した。1801年（享和元）鈴屋門（*本居学派）に入り，はじめ*本居宣長，その没後は養子*本居大平に師事した。享和年間（1801～04）には，*村田春海による「令義解」の講筵に列した真国が，晴海の解釈に疑義を呈したことを発端として，両者は，宣長の思想や儒教の評価をめぐる大論争を展開した。この論争は04年（文化元）「*明道書」としてまとめられるが，その過程で真国の激情をたしなめる友人*平田篤胤との絶交などもおきた。著書は「真道考」「神代紀正考」など。

出雲路信直 いずもじのぶなお　1650～1703（慶安3～元禄16）　春原信直・板垣春信とも。江戸前期の垂加神道家。本姓は忌部。名は信直，通称は民部，神号は八塩道翁。家は代々京都下御霊神社の社家。京都生れ。*山崎闇斎に師事し，*垂加神道をうける。生前の闇斎の魂（心神）を生祠垂加霊社に勧請し，師の葬祭では斎主をつとめた。1682年（天和2）の闇斎没後，*大山為起や*鴨祐之とともに，垂加神道の道統者となった。*正親町公通の後見役となって後進の育成に努めた。下御霊神社では垂加霊社の祭典（2月）や御火焚の神事（11月）が行われるなど垂加神道の聖地的役割をはたし，霊元天皇も自身の御霊を当社へ勧請した。

出雲大社 いずもたいしゃ　島根県出雲市杵築東に鎮座。主祭神は大国主命。式内社・名神大社・出雲国一宮・旧官幣大社。記紀神話の国譲り条に，天孫降臨に際して大国主命は国土を譲り，同命の希望により，柱を太く立て，空に千木を高くあげた御殿（天日隅宮

）を多芸志の小浜に造営し，盛大に神饌を供え，天穂日命をもって奉斎させた（「日本書紀」一書）とあるのが創祀伝承である。天穂日命を祖とする出雲臣氏が祭祀職を継承し，また，令制下においても国造職を世襲し（出雲国造家），奈良・平安時代には国造新任時，朝廷に赴き，忠誠を誓う「出雲国造神賀詞」を奏上している。「出雲国造神賀詞」に八百丹杵築宮，「延喜式」神名帳に杵築大社とあり，出雲大社と改称されたのは1871年（明治4）である。神階は867年（貞観9）正二位。

970年（天禄元）の「*口遊」によれば，出雲大社神殿は高さ15丈という東大寺大仏殿よりも高大であった。1031年（長元4）以降，しばしば神殿転倒の記録がみられ，その高層形式がうかがえる。現本殿は1744年（延享元）に造営されたもので，その高さは千木の先端まで8丈（約24m）あり，大社造の代表例として神社建築の古式を伝えている。社殿の高さが出雲大社の特徴の一つであるが，本殿について，上古32丈（約96m），中古16丈（約48m）という社伝がある。2000年（平成12）4月，境内発掘調査により巨大な柱が出土し，これが出雲国造家千家家に伝わる「金輪御造営指図」に記された，3本の巨大な杉を鉄の輪で引き締めて柱とした宇豆柱（棟持柱）であることが判明した。また，同10月には同じ構造をもつ柱（心御柱と南東側柱）がさらに2カ所から発見され，16丈本殿の存在説が有力となりつつある。

出雲国造家は南北朝期に千家家と北島家の2家に分かれ，神事・所領を分掌することとなるが，明治以降は千家家が神職を相承している。5月14〜16日の例祭のほか，神在祭・古伝新嘗祭などの祭礼が著名である。

出雲のお国 生没年不詳 「お国」は阿国・於国・おくに，単に国・郡・久仁・くにとも。*阿国歌舞伎の創始者。また阿国歌舞伎が歌舞伎のもとになったことから歌舞伎の始祖ともされる。伝説によれば，1572年（元亀3）に生まれたとも，1607年（慶長12）に小田原で没したとも，出雲で尼になり87歳で死去したとも伝えている。出自は明白でないが，出雲大社の巫女，同国杵築の鍛冶職人の小村三右衛門の女など，さまざまな伝えがあるが，歩き巫女との説が有力である。「時慶卿記」は，1600年に京都で「国」と「菊」という二人の女性が「ややこ踊」を演じたと記している。また桑名で勧進興行を行ったともいわれている。しかし，それらが同人であるかは確かではなく，何人かの「おくに」がいたことも知られている。

出雲国風土記 713年（和銅6）5月の風土記撰進の詔をうけて編まれた諸国風土記の一つ。1巻。733年（天平5）成立。現存の風土記の中で完全な形で伝わる唯一のもの。最初に出雲国についての地勢や出雲の名の由来，神社の数（399社），意宇郡以下の郡名を記す総説がある。次に意宇郡に始まって，島根・秋鹿・楯縫・出雲・神門・飯石・仁多・大原の9郡それぞれの地勢や郡郷などの地名の由来，行政施設・神社・寺院・山川・物産などのほか，記紀にはない国引き神話などを記す。郡ごとの記述のあとにそれぞれの郡の郡司の名が記されており，郡ごとに記述がなされ，それを国司の責任のもとにまとめたことが知られる。巻末に勘造者として，秋鹿郡の神宅臣金太理，意宇郡大領で国造の出雲臣広島の名が記されている。他の風土記に比べて，寺院の造立者の名が記されていること，国府・郡家や駅家間の里程が記されていることなどにも特色がある。

石動信仰 能登半島の入口に位置する石動山に対する信仰。山名「いするぎ山」「ゆするぎの山」の由来は山上に〈流れ落ちた星が三千世界を護る〉との動字石が所在することによるという。頂上は大御前・御前山とも称し，神の天下り，祖霊の鎮まる聖地，水分の山と信じられ，また，その地理的状況から日本海の航路標識の山としても尊ばれてきた。古来，修験の霊場として栄えた。また，延喜式内社で能登二宮でもある伊須流岐比古神社が山上に所在し，別当の天平寺の配下に，盛時には末社80，院坊360余，衆徒3000人を擁した勅願の道場であった。明治初年の*神仏分離令により一山は解体し，わずかな社殿と堂跡を残すのみと

なったが，琵琶湖周辺から東北地方にかけての日本海沿岸に散在する石動山分祀社の総本宮として信仰されている。能登地方の民間伝承には数多くの〈いするぎ坊主〉が登場することから，かつては石動信仰の栄えたことが知られる。

異姓養子論 いせいようしろん 江戸時代の儒者の抱えた難問の一つ。中国・朝鮮では，同一の「気」の連続を重んじる儒教の立場から，宗族内の同姓婚と異姓養子が禁じられていた。ところが，家名・家業の維持を一義とする江戸のイエ社会では，異姓の養子・聟養子を迎えることが，武士・町人・百姓に広く行われていた。そのため，「神は非類を歆けず」(「春秋左伝」僖公10年）という儒教の原則と当代の慣行との板挟みの中で，原理主義的な立場をとる者がいる一方で，「俗」への妥協・適応を説いた儒者も，学派にかかわらず多かった。浅見絅斎「養子弁証」，太宰春台「*経済録」などは前者の立場であるのに対して，熊沢蕃山「*集義和書」，跡部良顕「日本養子説」，三輪執斎「養子弁之弁」，大橋訥庵「養子鄙断」などは後者の立場に立っている。

伊勢講 いせこう 伊勢太々講・太々講とも。*伊勢神宮を信仰する人々が，全国各地において一生に一度かなえられたら幸せとされた伊勢参宮(*伊勢詣)を実現させるため，共同で出資しあった資金をもとに，籤などの方法により代表参拝する人物を決め，順次かわりあって参拝をはたしていく組織。のちには，参宮費用として蓄えられた掛金を元金として貸し出し事業を行い，講参加者すなわち結衆の相互扶助組織としても機能した。また，伊勢講の集会として，各地でその掛金の運用方法を合議したり，籤を引くための寄合が飲食をともなって開催され，社交的な要素も加わっていった。

伊勢貞丈 いせさだたけ 1717～84(享保2～天明4) 江戸中期の故実家。通称は平蔵，号は安斎，俗に名を「ていじょう」という。江戸の人。新井白石らに次ぐ武家故実の大家として有名である。伊勢家は小笠原家とともに，江戸幕府に武家故実家として仕える旗本であった。だが，父貞益と兄貞陳があいついで亡くなったため，幕府は格別に10歳の貞丈に300石を下賜し，12歳として寄合の列に加えて伊勢家を存続させた。彼は小笠原家に対抗意識を燃やし，小笠原家が弓馬など外向きの礼法家であるのに対し，伊勢家は殿中の作法など内向きの礼法家であるとして，自家の優位性を主張した。学問では，家蔵の膨大な古書・古記録を整理・分類するほか，それらを解説・研究して家学の武家故実の研鑽に努めた。そのほか，弓馬軍陣のことや公家の有職故実の研究にも努め，晩年には「*神道独語」「三社託宣考」などの神道書も著した。平田篤胤は本居宣長と並んで彼の研究方法や学説を高く評価し，著書の「*俗神道大意」は貞丈の「神道独語」を敷衍したものであった。主著は「貞丈雑記」「安斎随筆」「安斎叢書」など。弟子に斎藤彦麿らがいる。

伊勢猿楽 いせさるがく *伊勢神宮に奉納する能，すなわち法楽能としての発達をとげた猿楽・田楽・呪師などの系統を引く神事芸能。伊勢国飯野郡和屋村，のちには度会郡一色村(現，三重県伊勢市一色)に移住した和屋大夫と，度会郡勝田村から同郡通村(現，伊勢市通町)に移住した勝田大夫，飯野郡阿波曾村から度会郡竹鼻(現，伊勢市竹ケ鼻)に移住した青苧大夫の三座があったため，伊勢三座と称する。しかし青苧大夫座の子孫が絶え，勝田大夫が一時継ぎ，それも絶えて二座となるが，名は三座という。観能料を徴収しない法楽能以外に，勧進能という観能費を支払う興行もあった。1871年(明治4)の神宮諸事改正により廃絶した。

伊勢三座 いせさんざ →伊勢猿楽

伊勢神宮 いせじんぐう 伊勢国度会郡宇治と同郡山田(現，三重県伊勢市)鎮座の，それぞれ皇大神宮および豊受大神宮の総称。単に神宮とよぶことを正式名称とし，皇大神宮を内宮，豊受大神宮を外宮ともいう。内宮は天照大神を祀り，外宮は豊受大神を祀る。この二宮とともに14の別宮，50の摂社，その他の末社・所管社をあわせ，125の神社集合体である。内宮祭神は「*日本書紀」によると崇神天皇の時代，大和国笠縫邑に皇居内の同床共殿を変更して

移され、次の垂仁天皇の時代に、皇女の倭姫命(やまとひめのみこと)に託されて東方各地を転々と移動してよき宮処(みやどころ)などを求め、ついに五十鈴川上に鎮座したと記されている。豊受大神については「止由気宮儀式帳(とゆけぐうぎしきちょう)」によると、雄略天皇の時代、丹波国から遷座したと記されている。恒例祭としては神嘗祭(かんなめさい)、6月の月次祭(つきなみさい)、12月の月次祭の三祭が中心で、律令時代には斎王(さいおう)が、現在は祭主(皇族の女性)が、祠官とともに奉祀する。また、持統天皇以後、20年に一度建て替えて遷宮祭を臨時祭として行う儀があり、中世末期に約120年の延引はあるものの、それ以外は、ほぼ実施されて今日に至っている。

伊勢信仰(いせしんこう) →神明信仰(しんめいしんこう)

伊勢神道(いせしんとう) 外宮(げくう)神道・度会(わたらい)神道とも。伊勢神宮外宮の祠官度会氏を中心に、平安末から鎌倉時代にかけて形成された神道に関する教説。日本の神信仰は、元来自然崇拝を基礎とする儀礼宗教で教義をもたないが、平安後期における*末法(まっぽう)思想の高まりと*本地垂迹(ほんじすいじゃく)説の普及にともなう*神仏習合の進展により、仏教思想によって神や社殿・儀礼などを意味づけようとする動きが僧侶の間におこった。伊勢神宮をめぐって形成された*両部神道はその最も早いものであり、神宮を密教の大日如来とし、内宮・外宮を胎蔵界・金剛界とみなすもので、神宮祠官にも浸透した。

この両部神道に触発されて、外宮祠官の中から独自の教説を樹立しようとする動きがおこり、いわゆる*神道五部書をはじめとする伊勢神道書が作られる。その思想の内容と特色は、(1)仏教的な言辞による神道の意味づけを排除すること、(2)道家(どうか)思想の「道」の観念を援用して神や神道を解釈すること、(3)天地の根源の神を重視するとともに始源の時空への回帰に神道的境地を求め、正直と清浄(しょうじょう)の徳を強調すること、(4)外宮を天神(てんじん)第一代の神、内宮を地神(ちじん)第一代の神とし、内外両宮を陰陽・日月に配当して天地をつかさどる神と説くこと、(5)外宮神を天孫の父方の祖神と説き、両宮の皇祖神としての比類なき尊貴性を主張すること、(6)神皇は一体であり、天皇の治世は儒教的徳治主義によって神意を実現することにあると説くこと、などである。

これらの教説は*度会行忠(わたらいゆきただ)によって形を整えられ、*度会常昌(つねよし)や*度会家行(いえゆき)によって継承され大成された。その思想は、神官の立場から神道の教説化を図ったもので、*北畠親房(きたばたけちかふさ)や*慈遍(じへん)らの同時代の思想家に多大な影響を与えただけでなく、*吉田神道や近世の*儒家神道など後世の神道説の成立に大きな影響を与えた。しかし、*国学の登場とともに、偽書性や儒教・道家思想などの外来思想による神道の教説化が、古代の神信仰をゆがめるものとしてきびしく批判された。

伊勢太神宮参詣記(いせだいじんぐうさんけいき) 「太神宮参詣記」「士仏(しぶつ)参詣記」とも。中世の代表的参宮紀行。1巻。坂士仏(さかじぶつ)著。著者については、後光厳天皇以下三帝の侍医を務めた*坂士仏と伝えられてきたが、父十仏の誤り。坂十仏は著名な医師として、また連歌の名手として広く知られた人物である。本書は1342年(康永元・興国3)10月の伊勢神宮参詣の紀行文である。安濃津(あのつ)(現、三重県津市)到着より筆をおこし、阿漕(あこぎ)が浦・雲出川(くもずがわ)・小野古江渡・三渡浜・櫛田川・祓殿(はらいどの)などの名所をへて斎宮(さいくう)跡の荒廃を嘆き、宮川を渡って山田の三宝院に宿をとったのち、外宮に参拝して長官*度会家行(わたらいいえゆき)に対面して伊勢神道の教説を聴聞し、内宮参拝を終えて二見浦にて西行(さいぎょう)に思いを馳せ、三宝院に帰って法楽(ほうらく)の連歌に興じ、帰洛の途につくまでを記す。文中、随所に和歌や漢詩をちりばめ、室町時代の紀行文学の先駆けとして重要な作品である。また、南北朝期の神宮のようすを知るための貴重な史料であるばかりでなく、家行の言葉として書き留められた豊富な神道についての記述は、当時の*伊勢神道の教説を知るうえで不可欠のものである。

伊勢貞丈家訓(いせさだたけかくん) 江戸中期の有職故実(ゆうそくこじつ)家である*伊勢貞丈(さだたけ)(俗に「ていじょう」ともいう)の家訓。伊勢家は室町幕府以来、礼法家として著名な家柄であり、貞丈もその*家学を継承し、武家故実に精通した当代随一の学者であった。家訓は1763年(宝暦13)、子孫に与えられた「人の法」として

いせに

「五常五倫ごりん，其外身の為になるべき事」を記したもので，〈五常・五倫・先祖・家業・衣食住・神仏・酒（気ちがひ水）色（女にまよふ）財（金銀）奕（とばく）・苦楽・慎独しんどく・省身せい・改過・非理法権天けんほう・倹約・堪忍・自暴自棄〉の15項目にわたり訓誡している。

伊勢二所皇太神宮御鎮座本縁いせにしょこうたいじんぐうごちんざほんえん　伊勢神宮の縁起書。1巻。887年（仁和3）の奥書があるが仮託であり，南北朝期以降の成立とみられる。主に「*伊勢二所皇太神御鎮座伝記」「*豊受とようけ皇太神御鎮座本紀」「*倭姫命世記やまとひめのみことせいき」「*天口事書てんこうことがき」などの伊勢神道書によって内外両宮の鎮座の由来と祭神について詳述する。さらに，内宮では御門神・御倉神みくらのかみ・酒殿神さかどののかみ・興玉神おきたまのかみ・滝祭神たきまつりのかみなどの境内に祀る神々，別宮の荒祭宮あらまつりのみや・滝原宮たきはらのみや・滝原並宮たきはらならびのみや・伊雑宮いざわのみや，摂社の朝熊あさくま神社，外宮では調御倉神つきのみくらのかみ・酒殿神・御井神みいのかみ，別宮の多賀宮たがのみや，さらに山田原地主大土御祖神おおつちみおやのかみと高倉岩屋神について祭神と縁起を説く。

伊勢二所皇太神御鎮座伝記いせにしょこうたいじんごちんざでんき　「大田命訓伝おおたのみことくんでん」「神記第一」，また略して「御鎮座伝記」とも。*伊勢神道の主要典籍の一つ。1巻。「*天照坐あまてらします伊勢二所皇太神宮御鎮座次第記」「*豊受とようけ皇太神御鎮座本紀」とともに神宮三部書として重視された。著者・成立年代不詳。1285年（弘安8）までに外宮祠官の手により成立。大田命すなわち猨田彦大神さるたひこのおおかみの神宣という形で，天孫降臨より説きおこし，伊勢の内宮・外宮両宮の鎮座の由来，祭神，宮域の主要な神々，別宮などについてのべる。特に「神鏡座事」の一段を設けて神鏡について詳述するとともに，神々の託宣としての教説を多く含んでおり，三部書中の最重要書である。

伊勢二所太神宮神名秘書いせにしょだいじんぐうしんめいひしょ　*伊勢神宮の祭神について解説した書。1巻。1285年（弘安8）*度会行忠わたらいゆきただが関白藤原兼平かねひらの命をうけて撰進し，亀山上皇の奏覧に与った。序文において「宗廟」たる神宮の祭神と天皇の関係を「神は君の内証」「君は神の外用」とのべ，神皇一体の思想を説く。伊勢神道の教説に立脚しつつも，内外両宮神の鎮座の由来，および相殿神あいどのかみ，別宮，摂末社の諸神について神格・神座・縁起などを詳述し，最後に斎宮さいぐう・離宮院・機殿はたどのに説き及んでいる。依拠する文献を明示し，また史実へ言及することが多く，鎌倉時代の神宮の動向や神道教説の展開を知るうえで重要な書である。広本と略本の2系統の伝本がある。

伊勢御師いせのおんし　*御師を伊勢では「おんし」と称する。伊勢御師の源流は古代末期にみられるが，それが，祈禱師兼宿主として，熊野御師などにもみられるような典型的な形態をとるのは鎌倉中・末期である。その頃より，1871年（明治4）の神宮諸事改正までの間，祈禱依頼者としての檀那だんなと師檀関係を結び，毎年一定の時期に，伊勢内宮または外宮の祈禱札を授与して回り，檀那の*伊勢詣でに際しては自家に宿泊させ，神楽かぐらを行うなどの便宜を図ってきた宗教者である。御師制度の発達は，特に経済的基盤が弱かった外宮において著しく，しだいに人々を誘引して参宮者を拡大したため，近世には概して内宮より外宮の参宮者数が多かった。

伊勢上人いせのしょうにん　→慶光院周養けいこういんしゅうよう

伊勢宝基本記いせほうきほんき　→造伊勢二所太神宮宝基本記ぞういせにしょだいじんぐうほうきほんき

伊勢詣いせもうで　*伊勢神宮に参詣すること。近世には伊勢参りと称されることが多く，また「伊勢参宮」（「おくのほそ道」）とも称された。伊勢古市ふるいちに遊女屋まで付随して発生せしめ，それが本末転倒して「伊勢参り大神宮へも顔を出し」と川柳に詠まれるほどの一大民衆娯楽となり，京・大坂の芝居小屋で出世する芸人の登竜門としての古市芝居・中之地蔵なかのじぞう芝居などもうみだす。一生に一度でも参宮したいと願う人々により，*伊勢講などの組織が結成され，また熊野に足を伸ばし，那智山から紀三井寺きみいでら・粉河寺こかわでら，摂河泉をへて美濃国の華厳寺けごんじまで参って東国に戻る名所・旧跡の旅（*西国三十三所巡り）も促進させた。

伊勢物語いせものがたり　平安中期の歌物語。作者不詳。10世紀中頃までに成立。在原業平ありわらのなりひら（825〜880）と思われる男を主人公とし，奈良の京春日の里での初々しい恋の話に始まり，辞世の歌の章段まで125話（歌209首）を連ね

て，一人の男の生涯をたどる形になっている。しかし主人公は「むかし男」とだけ書かれ，209首中，業平の歌は45首ほどにすぎない。春日の里での恋を描いた第1段に，「むかし人は，かくいち早きみやびをなんしける」とある。「*みやび」の語は全編中この第1段にしか使われていない。しかし，第2段以降の話はみなこの「みやび男」の物語なのであり，各段の話の中には，そのみやび男と「ひな(*鄙)」(の女)との出会いがしばしば扱われ，「みやび」と「ひな」の対比が行われている。

石上神宮（いそのかみじんぐう）　奈良県天理市布留町に鎮座。「*延喜式」では，石上坐布留御魂（いそのかみにますふるみたま）神社とあり，名神（みょうじん）大社に列し，祈年祭（きねんさい）・月次祭（つきなみ）・相嘗祭（あいなめ）・新嘗祭（にいなめのまつり）の班幣（はんぺい）に与る。祭神は布都御魂（ふつのみたま）とし，これは神武天皇の東征に際し，熊野の高倉下（たかくらじ）が奉った神剣で，天神の御魂代（みたましろ）が天降ったものとする（「*古事記」）。「*日本書紀」によると，垂仁天皇の長子五十瓊敷命（いにしきのみこと）が作った剣1000口を石上神宮に奉納し，これを五十瓊敷命に管理させたが，年老のために神宝の管理を物部十千根大連（もののべのとおちねのおおむらじ）に委譲したとする（「垂仁紀」）。また，674年（天武3）に忍壁（おさかべ）皇子を同神宮に派遣して，膏油をもって神剣を磨かせ，さらに，かつて諸氏族が奉納した神宝をその子孫の家に返却させたとある。これは同神宮の神庫が朝廷の武器庫であったことを示す記事として著名である。神庫を管理した物部氏はのちに石上氏と改姓する。804年（延暦23）には，桓武天皇が社蔵の器仗を山城国葛野郡に遷し兵庫に収めさせたが，まもなく神異があり，翌年再び返納させた（「*日本後紀」）。「延喜臨時祭式」によると，同宮社門の鑰（かぎ）・匙（さじ）は官庫に保管され，祭祀に際して官人・神部（かんべ）・卜部（うらべ）各一人を遣わして持参させた。神階は867年（貞観9）正一位まで昇る。平安末期には*二十二社の一社に列す。1871年（明治4）に官幣大社となる。

現在の本殿は1913年（大正2）の造営であるが，明治初年までは本殿はなく拝殿のみがあり，拝殿背後の一区画は，古来禁足地とよばれて立ち入ることができない聖地であった。1874年宮司菅政友（すがまさとも）が禁足地の発掘調査を行い，剣・矛身・勾玉などが出土，その剣を神体布都御魂とし，同地に新たに本殿を建て奉安した。同宮には多くの宝物が所蔵されているが，特に百済（くだら）王より贈られたという七支刀（しちしとう），また大型の鉄盾が有名である。

石上私淑言（いそのかみのささめごと）　*本居宣長（もとおりのりなが）の歌論書。全3巻。1763年（宝暦13）頃成立。生前は刊行されず，3巻のうち巻1・巻2は本居大平（おおひら）門人の斎藤彦麿（ひこまろ）が，1816年（文化13）に上・下2冊の板本として刊行し，巻3は1927年（昭和2）「増補本居宣長全集」第10にはじめて収録された。本書は「*排蘆小船（あしわけおぶね）」と同様に問答形式をとり，その内容を深化・拡充した性格をもち，歌の定義・起源・本質などについて組織的に記されている。巻1は歌の起源を記紀歌謡を中心に解説し，定義や本質については「*もののあはれ」の概念で説明を加えた。巻2では「やまと」の言葉について旧説を批判して日本と中国との対比に及び，和歌が神代の心をそのまま伝えているとするなど，*古道論の萌芽がみられる。

伊曾保物語（いそほものがたり）　Esopo no Fabvlas.「イソップ物語」のローマ字・口語訳本。上・下2巻。1593年（文禄2）天草刊。大英図書館蔵唯一の稀覯本で，「平家の物語」「*金句集（きんくしゅう）」とともに一冊に合綴されている。原題「エソポのファブラス（寓話）。ラチン（ラテン語）を和して，日本の口（言葉）となすものなり」のように，ヨーロッパ人宣教師の日本語学習用教科書として使用された。ローマ字会話体口語文であるので，国語研究上，口語資料としてきわめて重要な文献である。教外の西洋古典邦訳の最初のキリシタン版であり，倫理的教訓書のゆえに，禁制下の江戸初期の元和・寛永年間（1615〜44）に9種の文語本が，1659年（万治2）には絵入り整板本が出版され，江戸末期にも流布するなど，最も長く読まれた。

板垣退助（いたがきたいすけ）　1837〜1919（天保8〜大正8）　明治期の政治家。自由民権運動の指導者の一人。高知藩士乾（いぬい）栄六（正成）の長男。1868年（明治元）大隊司令・総督府参謀として戊辰（ぼしん）戦争に参加する。69年高知藩大参事となり，藩政改革を行う。71年廃藩置県ののち

いたく

参議に列せられるが、73年10月、*征韓論で敗れて辞任する。74年1月、同時に下野した元参議らと*民撰議院設立建白書を左院に提出する。高知に帰郷して*立志社を設立し、自由民権運動の先鞭をつけた。81年10月、自由党総理に推された。82年5月、岐阜中教院で暴漢に襲われて「板垣死すとも自由は死せず」と名をあげたが、同年11月の外遊に際しては、その資金の出所をめぐって党内外に論議をひきおこし、自由民権運動の衰退をもたらすことになり、自由党は84年10月に解党した。議会開設後、立憲自由党総裁となり、96年4月に第2次伊藤内閣の内相、さらに98年6月の自由・改進両党の合同した憲政党による第1次大隈内閣で内相となるも、1900年9月、立憲政友会の成立を機に政界から引退した。「板垣退助全集」1巻がある。→自由党史

板倉重矩遺書 いたくらしげのりいしょ 江戸前期の譜代大名の遺書。板倉重矩は、1639年(寛永16)三河国深溝藩主となり、その後、大坂定番・老中・京都所司代を歴任し、70年(寛文10)再び老中に補任されて幕政に参与した。72年その功績により下野国烏山藩主に転封され、5万石の大名となった。遺言は翌73年(延宝元)死去の直前、嗣子重道(のち重種)に対して書き留められたと推査される。その内容は、政務の体験から政道に不可欠である学文の心得と「忠孝の道」とが訓誡される。嫡子としての家老をはじめとする家人の扱い方、および主人たる者は常に正しき賞罰を心得ておくこと、他人の異見を聴き「我心を穿鑿」する兵法の心掛けをもつべきことが説かれ、最後に「人は恥を知るを宝」とすべきであると、すべて為政者としての心得が簡潔に訓誡されている。

板倉政要 いたくらせいよう わが国初の実録体裁判小説。全10巻。写本。編者不明。元禄期(1688～1704)以前の成立と推定される。巻5までは、京都所司代として名高い板倉勝重・重宗父子2代の法令集。巻6からはその裁判判決の実例を簡略ながら文学的に全63話に記すが、中国宋代の桂万栄編「棠陰比事」に取材した話や、任期の異なる板倉重矩の関与した公事(訴訟および裁判)も混じえて

おり、虚構化の傾向は明瞭である。また、瓢箪公事や三方一両損などの原話もみえ、のちの「大岡政談」などの裁判物の実録体小説、*井原西鶴の「本朝桜陰比事」などの*浮世草子へ影響を与えている。→大岡政談物

板碑 いたび 鎌倉前期に関東を初見とし、中世に流行した石塔の一種。その起源については諸説があるが、*五輪塔の発展と考えるのが一般的である。主として一族・父母などの*追善や、本人などの*逆修のために建立された。分布は列島各地にわたり、形態・材質も地方により異なる特徴を有する。しかし、緑泥片岩を長方形・平面に整形し、上部に突起・二条線をうがった武蔵型板碑はその一典型で、表面には種子・荘厳・偈・願意・願主・被供養者・供養年月日などが陰刻され、金泥がほどこされることも多い。また墨書される場合もあり、主尊をレリーフで表した図像板碑も知られている。

一外交官の見た明治維新 いちがいこうかんのみためいじいしん イギリスの外交官アーネスト・サトウ(1843～1929)の7年にわたる回想録(原著は"A Diplomat in Japan", 1921)。サトウは、1862年(文久2)日本の領事部門に勤務する通訳生として横浜に着任し、以後69年(明治2)の賜暇帰国まで、駐日公使のオールコックやパークスを助けて対日政策の方針確定に寄与した。その間、生麦事件や薩英戦争、四国連合艦隊の下関砲撃事件などの衝突をへながら薩長討幕派との交流を深めた。徳川政権の動揺から尊王攘夷運動の高揚をへて明治政府の樹立に至る動乱期が、そうした幅広い情報収集をもとに生き生きと描かれており、さらにイギリスのみならず、西洋各国の外交政策の角逐をとおしても維新が捉えられている。

市神 いちがみ 市姫とも。市の守護神。「金光寺縁起」によると、795年(延暦14)、藤原冬嗣が平安京の東市に宗像大神を祀ったとみえ、これを市神の起源としている。宗像大神を市神に祀ったのは、宗像三女神に市杵島姫があり、神名の「市」に関係づけたものと思われる。「和漢三才図会」には聖徳太子が市を始め、商売の守護神として蛭子神を祀ったと記してある。中世以降、商

業が隆盛し，各地に市が開設され，市神が祀られた。祭神は一定しないが，市杵島姫が最も多く，ほかに事代主神・大国主神，あるいは恵比寿・大黒天などを祀る場合もある。

市川鶴鳴 いちかわかくめい　1740～95(元文5～寛政7)　江戸中期の儒学者。名は匡・匡麻呂，通称は多門・藤兵衛，鶴鳴と号した。上野国高崎藩士市川正芳の子。徂徠学派の大内熊耳に学び，高崎藩に右筆として仕え，のち京都に遊学した。一時，信濃国飯田藩に仕えたが，のち去って尾張国名古屋に住み，さらに1780年(安永9)鹿児島藩に招かれ，支藩垂水の郷校文行館の儒者となった。84～86年(天明4～6)の3年間，垂水では家老となって藩政改革を進めたが，反対派の讒にあい解任された。91年(寛政3)高崎藩に帰り，150石を給されて世子の侍読となった。名古屋在住中の1780年に，本居宣長の「*直毘霊」稿本に対する批判の書「*末賀能比連麻がの」を著した。宣長も「*くず花」を著してこれに反論した。このほかにも「大学精義」(1789刊)などの著作がある。

市川匡麻呂 いちかわただまろ　→市川鶴鳴いちかわかくめい

市川房枝 いちかわふさえ　1893～1981(明治26～昭和56)　大正・昭和期の女性運動家・政治家。愛知県生れ。中農の市川藤九郎とたつの三女。愛知県立女子師範学校卒。新聞記者をへて，20年(大正9)*平塚らいてうらと*新婦人協会を創設，治安警察法第5条の改正運動をおこした。21年渡米し，労働組合や女性団体と接触した。24年婦人参政権獲得期成同盟会を結成し，*婦人参政権運動の中心的存在となる。戦時下には大日本言論報国会理事。戦後すぐに戦後対策婦人委員会を結成，政治参加を要求した。47年(昭和22)公職追放となるが，50年解除後，日本婦人有権者同盟会長となる。以後，参議院議員(二院クラブ)として理想選挙を掲げて政治浄化を訴え続けた。56年売春防止法制定に尽力，74年家庭科の男女共修をすすめる会を発足させ，女性差別撤廃条約の批准(1985)にも貢献した。「市川房枝集」全8巻・別巻1がある。

一期一会 いちごいちえ　今日一日は，もう二度と来ないことを真剣に考え，今日の茶会は生涯に一度の茶会であると思い，その茶会を誠心誠意心掛けることを説明した言葉。古くは「*山上宗二記やまのうえのそうじき」の「茶湯者覚悟十体」に「道具開キ，亦ハ口切ハ云フニ及バズ，常ノ茶湯ナリトモ，路地ヘ入ルヨリ出ヅルマデ，一期ニ一度ノ会ノヤウニ，亭主ヲ敬ヒ畏ルベシ」とある。また，幕末に井伊直弼いいなおすけが「*茶湯一会集」においてこの語をかなり力説し，「猶，一会に深き主意あり，抑とも，茶湯の交会が，一期一会といひて，たとへバ幾度おなし主客交会するとも，今日の会にふたつひかへらさる事を思ヘバ，実ニ我一世一度の会也」とある。この語は茶の湯だけでなく，人生の教訓ともいえる。

一言芳談 いちごんほうだん　鎌倉後期に成立した仏教書。上・下2巻。編者は*高野聖こうやひじりとする説，浄土宗鎮西派ちんぜいはの僧とする説，頓阿どんあに擬する説などがあるが確定しない。法然・聖光・重源ちょうげん・禅勝ら34人の念仏行者の言行を平易な文体で記した仮名法語集。152条の短い文章を集めている。源信げんしんの伊勢参宮のエピソードから始まり，*本地垂迹説ほんじすいじゃくせつの影響が認められる。類書として「祖師一口法語そしひとくちほうご」があり，63条が共通する。「*徒然草つれづれぐさ」に本書が引用されていることから，それ以前の成立ということがわかる。

一実神道記 いちじつしんとうき　「山王さんのう一実神道記」とも。天台学僧慈本じほん(1795～1869)の山王一実神道の書。1冊。1828年(文政11)刊。*天海てんかい以来唱えられてきた山王一実神道説を断ち，*日吉ひえ神社(山王)の祭神大己貴命おおなむちのみことの神徳を「*日本書紀」を中心に近世の神道説をふまえて再解釈し，一実神道は最澄さいちょうの時に成立したものとした。なかでも，一実神道は山王の化導けどうによって啓発されたもので，それは日吉の神道としてのみならず，八百万やおよろずの神々もその一実神道の妙理にもとづいて無窮の化導をほどこすと説いた。

一条兼良 いちじょうかねよし　1402～81(応永9～文明13)　「一かねら」とも。室町時代の古典学者・歌人。桃華とうか老人・桃華野人・桃華老禅・桃叟とうそう・柿下庸材かきのもと・詞林樗散りんちょさん・北岸主人・三関野人・東斎とうさいなどと号す。法号は覚恵，諡号は後成恩寺殿ごじょうおんじどの。父は成恩寺殿関白経嗣つぐつぐ，母は原(東坊城ひがしぼうじょう)秀長の女。

いちじ

1412年(応永19)元服し、非参議・権大納言・内大臣・右大臣・左大臣をへて、32年(永享4)摂政・氏長者となる。46年(文安3)太政大臣、翌年関白・氏長者となり、以後生涯に三度関白となる。68年(応仁2)乱を避けて興福寺大乗院に疎開し、77年まで滞在する。

早くから有職学・古典学における才を発揮する。有職学では「*公事根源」「江次第抄」などが、また古典学では「花鳥余情」「伊勢物語愚見抄」などが必見の文献と仰がれたように、後代の有職・古典学に深甚なる影響を与えた。また、「後撰集」「日本書紀」「伊勢物語」など多数の古典籍をも書写した。ほかの主な著作は、「*日本書紀纂疏」「四書童子訓」「古今集童蒙抄」「歌林良材」「南都百首」「藤川の記」「*樵談治要」「*小夜寝覚」「*文明一統記」「連珠合璧集」「*桃華蘂葉」「代始和抄」「令抄」など。歌合判詞・序跋・合点・抄出なども多数存する。

一乗思想 乗とは、悟りの世界に至るための乗り物の意。一乗とは、完全な悟りに至る唯一の教えをいう。「*法華経」には「十方仏土中に唯一乗の法のみ有り」(方便品)と説かれている。*最澄は「法華経」に依拠して法華一乗の立場をとり、天台法華宗を開いて「悉有仏性、悉皆成仏」を主張し、万民平等の救済を告げた。これにより、声聞乗・縁覚乗・菩薩乗の三乗を説く南都教団、特に三論宗と対立することになった。

一乗要決 *源信の著作。その序文により、1006年(寛弘3)に執筆が開始されたことが知られる。全3巻。「法華に依りて一乗を立つる」「余教の二乗作仏の文を引く」「無余界の廻心を弁ず」「一切衆生有性成仏の文を引く」「定性二乗の永滅の計を斥す」「無性有情の執を遮す」「仏性の差別を弁ず」「諸教の権実を明す」の8門からなる。天台宗の宗義にもとづき、法華の*一乗思想を弁じて悉有仏性説をのべ、法相の三乗思想による五性各別の説を駁したものである。この仏性についての論争は、中国においては玄奘による唯識教学の興隆によって活発化し、わが国では平安初期に天台宗の*最澄と法相宗の*徳一との間に論戦がかわされた。本書は源信が、最澄や最澄が依った唐の法宝らの立場を継承しつつ、一切の衆生に関して悉有仏性を認め、悉皆成仏しうることを主張したものである。

一年神主 村人神主・*頭屋・頭屋神主などとも。*宮座において1年交代で神事に奉仕する神主のこと。村落の自立が高まり神事を運営するための宮座が成立すると、座衆の中から籤引ないし年齢順などによって一年神主が選出された。神主に選ばれると、一切の不浄をさけ、常に清浄を保つための精進潔斎の日々を送ることが求められ、専業神主と同じように神事の準備、神饌の供進、祝詞の奏上などを務める。神事の複雑化にともない神主が専業化すると、その補助役となった場合もある。なお交代の際には頭屋渡しと称する、祭具や帳簿類を引き継ぐ儀式がある。一年神主は神職の古態を残す制度であるといわれる。

一念義・多念義 *法然門下における、往生と念仏の回数の関係についての二つの立場。一念義は、信心をもって念仏をすれば1回の念仏だけでも往生は決定し、多数の念仏は不要である、という立場である。一方、多念義は、臨終の時に至るまで日々念仏を継続する、すなわち多数の念仏を積み重ねることによって往生が決定する、という立場である。必然的に、一念義は生前(平生)の往生を重んじ、多念義は臨終の往生を重んずる。一念義は主として行空や幸西らによって提唱されたとされ、*証空や*親鸞・住蓮房・安楽房らも一念義系とみなされていた。1206年(建永元)の建永の法難は、一念義系の人々が特に処罰されており、一念義系に対する弾圧との見方もある。多念義は主として隆寛が主張したとされ、弁長も多念義系とみなされる。ただし、法然自身はどちらの立場にも属さず、むしろ両者をともに重視し、「行をば多念にとり、信をば一念にとるべきなり」とのべたと伝えられている。また隆寛についても、多念のみを強調する立場はその著作からはうかがわれな

い。

一年有半　いちねんゆうはん　*中江兆民かねえみんの遺著。正・続各1冊。1901年（明治34）刊。1901年4月，喉頭癌で余命1年余の宣告をうけた兆民は，療養のかたわら「生前の遺稿」と題した「一年有半」を8月に脱稿した。さらに9月，わずか10日間で「無神無霊魂」と題した「続一年有半」を書き上げ，同年12月13日に死去した。前著で，自らの生涯をみすえながら同時代の政治・文学・人物を縦横に批評し，また「民権自由」の普遍不滅を訴えた。後著では，「道徳の根底」としての「自省の能」を「物質論」として基礎づけようとする年来の持論を展開した。「虚無海上一虚舟」と自らをよんでの兆民最後の思想的格闘であった。

一宮　いちのみや　平安中期〜中世に設定され，その国で最も重視された神社のこと。平安時代には国司こくしが新任すると第一に管内の神社を神拝しんぱいするという慣例があり，さらに朔幣さくへいといって国内の神社へ幣帛を捧げることが行われた。このような国衙こくが神事を順序よく執行するために神社の序列化が行われた。一宮は，そのような中で成立したものと考えられる。これは一種の社格であるが，やがて二宮・三宮も成立し，それらが公的な意味をもつようになった。一宮は必ずしも固定したものではなく，時代によって変化がみられる。一国一社を原則とするが，一宮が二社存在する国もみられる。また*総社そうじゃが成立すると，一宮が総社を兼ねることもみられた。

一宮記　いちのみやき　→大日本国一宮記だいにほんこくいちのみやき

市野迷庵　いちのめいあん　1765〜1826（明和2〜文政9）江戸後期の儒者。名は光彦，字は俊卿，通称は三右衛門，迷庵はその号。江戸神田弁慶橋の質商の子。林家門下の黒沢雉岡きじおかに学び，*林述斎じゅっさい・市川寛斎かんさいらと交わった。この間，「公義名分」の立場から南北朝期の忠臣と邪臣を弁別した「詩史饗しんし」（1792）を著した。1794年（寛政6）30歳以後，交友を絶って質屋の家業に専念する。文化初年，*狩谷棭斎かりやえきさいとの論争後，朱子学から漢唐の注疏を重んずる考証学に転じ，*松崎慊堂こうどうとも親交した。著書に日本最初の本格的な経書の解題書「読書指南どくしょしなん」（1818）がある。

市姫　いちひめ　→市神いちがみ

一枚起請文　いちまいきしょうもん　「一枚起請」「一枚消息」「御誓言ごせいごんの書」とも。*法然ほうねんの最晩年の著述。わずか一紙に，念仏の奥義を平易な仮名書きで記したもの。1212年（建暦2）正月の死の直前に，門弟たちのために書き遺したものと思われる。源智げんちに与えた真筆と伝えられる金戒光明寺本には，本文と奥書（著述の経緯をのべ，「建暦二年正月二十三日　源空（花押）」と記される）があるが，奥書の部分は後世の加筆の可能性がある。本文では，極楽往生のためには「疑いなく往生するぞ」と信じて念仏するほかにはないとのべ，知識に頼らずただひたすら念仏すべし，と結んでいる。いわゆる一般の起請文の形式からははずれており，内容としては法語に近い。

一万度祓　いちまんどはらえ　→万度祓まんどばらえ

一味神水　いちみじんすい　一定の目的をもった仲間同士が行った*誓約せいやくの儀式ないし作法。村民が氏神社うじがみしゃの神前に水を供え，その水を互いに酌み交わし，掟書おきてがき・*起請文きしょうもん・契約状などを作成し，それらに違反しないと誓うこと。もし違反したりすると村から追放された。鎌倉末期以降，特に畿内の村落では一味同心いちみどうしんして村内外の問題に対処するために，このような方法がとられた。また室町中期以降におこった*一揆いっきなどの際にも，一同が挨を一つにするために掟書などに連署し，それを燃やし，その灰を神前に供えた水に混ぜ，全員が回し飲みをすることが行われた。これを一味同心と称した。

一流相承刹　いちりゅうそうじょうせつ　→度弟院たいていん

五日市憲法　いつかいちけんぽう　1881年（明治14）に作られた*私擬しぎ憲法の一つ。1968年（昭和43）に東京都西多摩郡五日市町深沢（現，あきる野市）で発見されたのでこのようによばれるが，正式名は「日本帝国憲法」。起草の中心となったのは千葉卓三郎たくさぶろうである。この憲法が作られた当時，五日市には学芸講談会や学術討論会などの政治結社・学習結社があり，そこでの学習や討論にもとづいて作られた面のあることから，この名称がつけられた。〈第一篇国帝，第二篇公法，第三篇立法権，第四篇行政権，第五篇司法権〉の全204条よりなる。約半分の条文は*嚶鳴社おうめいしゃによる私擬憲法と類似しており，議院内閣制や君民共治の立憲国

家を謳っているほか，人権規定も多い。

五日節会　いつかのせちえ　端午の節会とも。奈良時代以降，毎年5月5日に宮廷で行われた行事。中国漢代以来この日を端午と称し，邪気を払うさまざまな行事が行われたのを継承したもの。早く推古朝にはこの日に*薬猟が行われたことが知られ，令制でも節日に規定された。宮廷では，この日邪気を払う菖蒲（ショウブの古名）が天皇に献上され，菖蒲鬘をつけた群臣に薬玉を賜って，宴会・騎射が行われた。中世以降，宮廷行事としてはしだいに衰退していったが，武家では菖蒲を屋根に挿し，菖蒲枕・菖蒲酒などを用いて祝い，やがて男子の節句として定着した。

一揆　いっき　中世や近世を中心にたびたびみられた歴史現象を示す用語で，本来は〈揆を一にする〉すなわち〈一致団結する〉という意味である。中世においてはまず武士の結合を示すものとして登場し，一定地域の国人たちが共通の政治的課題のもとで組織した国人一揆がその代表的なものである。武蔵・上野国の中小武士たちの集団である白旗一揆や，信濃国で守護に対抗した大文字一揆，応仁の乱後に南山城を支配した*山城国一揆などが著名である。このような武士の一揆は，本来的に組織そのものの呼称であり，〈一揆を結ぶ〉という形でよく語られるが，やがてこうした一揆による実力行使の行動を「一揆」と表現することが一般化していき，〈一揆を起こす〉という用法がひんぱんに用いられるようになる。百姓たちの領主に対する強訴などは「荘家の一揆」とよばれ，地域の牢人などが主導した「土一揆」，一向宗の門徒による「*一向一揆」，徳政実施を要求する「徳政一揆」などが，室町時代以降頻発することになる。近世になると百姓たちの要求行動は「*百姓一揆」とよばれ，各地に広まって社会に大きな影響を与えた。

斎静斎　いつきせいさい　1729〜78（享保14〜安永7）　江戸中期の儒学者。名は必簡，字は大礼，通称は五右衛門，静斎はその号。本姓は斎藤，のち斎あるいは斎宮と称した。安芸国沼田郡中調子村の農民の子。少壮にして，京都の宇野明霞，江戸の*服部南郭に徂徠学を学び，自らの学問を斎子学と称して，京都で講説を業とした。1773年（安永2）伊予国松山藩に招かれ，「尚書説命篇」を講じ，松山に*蘐園学派を導入した。没後，有栖川宮より諡号を賜った。著作は「斎子学叢書」130冊にまとめられている。

斎宮　いつきのみや　→斎宮（さいぐう）

一休宗純　いっきゅうそうじゅん　1394〜1481（応永元〜文明13）　室町時代の禅僧。臨済宗大応派。後小松天皇の皇子とされる。22歳の時，近江国堅田祥瑞庵の華叟宗曇に参じた。その後，京都にでて庵居を営み，門人を従えて本寺大徳寺の外で活動した。兄弟子の養叟宗頤が教線を広げるために容易に印可して得悟を認める手法をとるのをきびしく批判し，自分の門下には嗣法を認めない絶法を主張して，特異な家風を確立した。中国宋に渡り虚堂智愚の法を嗣いで筑前国の横岳山崇福寺の開山となった南浦紹明（大応国師）の法流は，大徳寺開山*宗峰妙超（大灯国師）とその門下からでた京都妙心寺の開山*関山慧玄の門流に分かれ，この法系は応灯関とよばれ，今日の臨済宗はすべてこの法系をうけている。一休を指導した華叟は宗峰―徹翁義亨―言外宗忠―華叟と続く人であるが，一休は華叟から与えられた印可状を拒否したのである。大灯派と関山派は長く確執を繰り返し，華叟門下の養叟一派と一休一派の対立があり，一休は複雑な人脈の中で生涯を送った。大徳寺内では養叟派が主流であり，一休派は傍流であった。

1474年（文明6），一休は大徳寺住持の勅をうけたが，入寺法語だけを作り，実際には入院しなかった。山城国薪の酬恩庵を拠点に，応仁の乱前後を通じて洛中・摂津国住吉など京都周辺を転々とし，主にこれらの地の群小信者の帰依をうけて，遠く地方に下向することはなかった。その間大徳寺を修復し，徹翁を開山とする徳禅寺を応仁の乱後に和泉国堺の豪商尾和宗臨の援助で再興するなど，一門寺院の維持に努めた。一休派は師の没後，尾和宗臨の出資で大徳寺内に真珠庵を造り，門弟の没倫紹等が中心となり，越前国朝倉氏と俗縁のある祖心紹越

がその経済的援助をうけて，真珠庵・酬恩庵の経営を維持した。この二庵の歴代として，没倫以後，睦室紹睦・歇叟紹休・祖心紹越・桐岳紹鳳・済岳紹派らの名が知られている。これらの門人たちは一休の遺志を守り，徳禅寺・真珠庵・酬恩庵のほかに住持せず，大徳寺住持になった人はいない。

　一休は少年時代から詩才をうたわれ，その作品に長文の散文はなく，詩偈であり，「*狂雲集」に収められている。また養叟一派の布教を非難した仮名交じり文と詩偈は「自戒集」としてまとめられている。住吉社で出会った盲女森女との交情の詩をはじめとして，「狂雲集」には一休の門人と周辺の人々に対する情愛の深さを語り，また独特の「方便」を用いたようすがみえる。その背景には，一休が「維摩経」に深く学んだ影響がある。一休にはいくつかの墨跡と肖像が残され，その生涯の履歴をたどった「一休和尚年譜」がある。室町時代の禅宗史に際立った足跡を残した逸材である。

一気留滞論　*後藤艮山(1659～1733)の唱えた医説。*李朱医学の陰陽五行説・五運六気説・臓腑経絡説などを排斥した艮山が，〈宇宙間に広まり万物をつかさどる気が，我々の体の中に元気として充満し循環しており，これの運行が留滞することによってすべての病気が起こる〉と主張した医説のこと。これにともなって艮山は，留滞した気を取り除くための順気剤を自ら考案し，独創的な治療法を実施した。彼独特の「一気留滞論」と治療法によって，「*古医方」は江戸時代の医学において確固たる流れになった。

厳島神社　通称は安芸の宮島。広島県廿日市市の厳島(宮島)に鎮座。旧官幣中社。安芸国一宮。古くは伊都伎島神社・厳島大明神と称した。市杵島姫命・田心姫命・湍津姫命を祀る。厳島は宮島ともよばれ，それは神を〈斎く島〉の意味という。593年(推古元)，佐伯鞍職が託宣により社殿を造営したのを創祀とし，延喜の制では名神大社に列せられた。859年(貞観元)に従四位下に叙せられて以来，神位は940年(天慶3)には正四位上となった。平安時代は航海の守護神として有名であったが，平清盛の並々ならぬ庇護をうけ，平氏の氏神社となった。平家一族が納めた国宝の「平家納経」をはじめ，多くの文化財を所蔵する。

厳島詣　広島県廿日市市にある*厳島神社へ参詣すること。厳島は，古くから海路守護神として漁民や商人などの参詣があった。平清盛は安芸守に任じられると当社を尊崇し，大規模な社殿の修造を行い，神威は中央にも聞こえた。1174年(承安4)，後白河法皇は清盛をはじめ平家一門と参詣し，ついで80年(治承4)に高倉上皇は二度の参詣を行った。室町時代には足利尊氏・同義満らも参詣し，また豊臣秀吉も参詣している。江戸時代になると，一般庶民の参詣が増え，門前町としての賑わいをみせた。現在は「安芸の宮島」とよばれ，日本三景の一つとして全国各地からの参詣者がある。

一君万民論　天皇がすべての民の君であるとする考え。近世国家では公儀を頂点とする幕藩支配を骨格としていたため，それぞれの領主の民であるとする領民意識を基本としていたが，官位叙任など天皇を頂点とする国家システムも温存され，すべての土地や人民を天皇のものとする律令制以来の王土王民論も，豊臣政権の御前帳の天皇への奉献などにみられるように存続していた。近世中葉以降現れた本居国学は，一君万民論を本質的関係，幕藩領主と士庶民との関係を副次的な関係とし，後期*水戸学も，眼前の領主や主君への奉仕が最終的には天皇への奉仕につながるとし，一君万民論と幕藩制的身分階層秩序を両立させた。幕末期，天皇を頂点とする国家システムの比重が増大し始め，*吉田松陰は，階層秩序を無視して大名や士庶民が王臣・王民として直接尊王をはたす途を開き，*真木和泉らが完成させた。また，1863年(文久3)，王土王民論に立脚し藩相続の天皇への御礼のため大名が上洛すべきことが令され，69年(明治2)の版籍奉還により土地・人民は領主のもとを離れ天皇のみのものとなった。⇒王土思想

一向一揆　戦国期に，浄土真宗の本願寺教団をはじめとする*一向宗の信者が

いっこ

結成した地域的な組織，およびその組織による軍事的行動。浄土教の信仰を媒介としつつも，経済的・政治的な共同の利害がからんで結成される。戦国期には，本願寺8世*蓮如の布教活動により本願寺教団が飛躍的に発展し，各地で多数の信者を獲得したことが背景にある。*一揆とは一般に，構成員が平等の資格で連帯する自治的な組織であるが，なかでも一向一揆は反権力の側面が強い。その構成員の階層は，武士・商工業者・農民などさまざまである。本格的な一向一揆の最初の事例は，1474年(文明6)に軍事蜂起した加賀の一向一揆で，守護富樫氏を破り約1世紀の間加賀一国を支配した。その後，畿内・北陸・東海地方で次々と一向一揆がおこるが，1570年(元亀元)に*本願寺が織田信長と対立して以降，各地の一向一揆は信長軍との戦争に突入した。結局80年(天正8)に本願寺は和睦を余儀なくされ，一向一揆は解体された。

一向宗 いっこうしゅう　一向衆とも。ただひたすらに阿弥陀仏の名を唱える宗派，という意味。当初は，浄土教教団のうちでも，雑信仰をとりこみ，より先鋭的な活動をする集団をさす呼称であったらしい。中世には一向俊聖を祖とする一向派，*時宗，*浄土真宗などが一向宗とよばれていたが，戦国期以降はもっぱら浄土真宗の*本願寺教団をさすようになった。本願寺8世の蓮如は自派が一向宗とよばれることを好まず，浄土真宗の名を提唱するが定着せず，浄土真宗の名が公称となるのは明治期になってからである。

一茶 いっさ　1763〜1827(宝暦13〜文政10)　江戸後期の俳人。本姓は小林。幼名は弥太郎，別号は俳諧寺など。信濃国柏原村の農民の子に生まれる。家庭内の不和により，15歳で江戸に奉公にでて辛酸をなめたが，離職して，蕉門葛飾派に入門し俳諧師の経歴を始める。西国を遊歴したのち，晩年は帰郷して生家に暮らした。化政期(1804〜30)を代表する俳人であり，「おらが春」(没後の1852年刊)に代表される句風は一茶調とよばれ，数多い発句には平明な俗語を用いて，滑稽・風刺の味わいの中に，都市住民の根無し草的な生活，また地方農民の窮乏の生活の断面が捉えられている。また，「父の終焉日記」(1801)

は病父の看取り日記であるが，父への愛情とともに，零細な農民のきびしい家族生活が赤裸々に記録されている。

一切経 いっさいきょう　大蔵経とも。仏教の経典・経疏などの典籍のすべてを集成したものを称していう。経蔵・律蔵・論蔵の三蔵を中心とする。わが国では，651年(白雉2)12月に味経宮で2100人余の僧尼に一切経を読ませ，673年(天武2)3月には，書生を集めて川原寺で一切経を写させたことが「日本書紀」に記録される。奈良時代には，僧*玄昉が中国唐より5000余巻の経論をもたらしたが，これを底本として，*光明皇后がその父母藤原不比等・橘三千代のために書写させたのが，天平写経として著名ないわゆる五月一日経である。

平安時代に入っても一切経の書写が流行したことは，奥州藤原氏による中尊寺経のような華麗な紺紙金字経の存在によって知られる。文献のうえでも，1069年(延久元)に宇治平等院の一切経会が(「初例抄」「濫觴抄」)，1148年(久安4)には祇園一切経会が始められる(「濫觴抄」)など，その書写供養の盛んな様が記録されている。また987年(永延元)2月に入宋求法の旅から帰国した*奝然がもたらしたように，宋版の一切経もあいついで請来され，日本国内に流布した。

一切経の開版は鎌倉時代以降に試みられ，江戸時代に入ると，*天海による寛永寺版，*鉄眼道光による黄檗版などが刊行され，近代以降の金属活字による数種の大蔵経へと展開する。

一切成就祓 いっさいじょうじゅはらえ　*罪穢を除去する祓詞の一つ。その内容は「極めて汚濁なき事も，滞り無ければ穢濁きはあらじ，内外の玉垣清し浄しと申す」というもので，これを唱えると罪穢が除去され，一切のことは成就するといわれた。特に伊勢神宮で重視され，内宮禰宜の荒木田氏顕(1381年に71歳で没)相伝の「古代祝詞集」に所収されており，すでに南北朝時代に存在していたことがわかる。江戸中期の垂加神道家*伴部安崇は「一切成就祓抄」の中で，この祓は倭姫命の神宣にして，伊勢両宮伝来の太諄辞であり，祭祀の要に位置する

祓の本意を漏らさず伝えていると説いている。

佚斎樗山 いっさいちょざん　1659〜1741（万治2〜寛保元）　江戸前・中期の*談義本作者。本名は丹羽十郎右衛門忠明。三河国の深溝*松平家の一族に生まれ，下総国の関宿藩主久世家に3代にわたって仕えた。享保期(1716〜36)より著述を開始し，1731年(享保16)73歳で致仕し著述に専念した。1727年刊「*田舎荘子いなかそうじ」をはじめ，「樗山七部の書」とよばれる一連の著作で知られる。近世において「荘子そうじ」を受容した文学作品の嚆矢であり，当時こうした卓抜した「荘子」理解は林希逸りんきいつの「荘子鬳斎口義ぐんさいくぎ」をも凌ぐものと賞賛された(「田舎荘子外編」の赤井得水とくすいによる序文)。ただし，「荘子」の哲学を万物斉同(道徳的価値基準は相対的なものであり，それをこえた自然の理法があるとする)と因循主義(その自然の理法にしたがって生きる人生哲学)の二点に見出すならば，樗山は前者の人間的な道徳観をこえる視点を欠き，代わりに封建制下の分度論に基礎をおいたうえで庶民教化を目的として因循主義を説くために，他人の富貴をうらやまず自らの貧賤を嘆かず，心の持ち方ひとつで人生を幸福なものとせよ，といった単純な現実肯定の保守主義に止まる面がみうけられる。さらには，「荘子」の根本には儒教があるとみなし，また仏教も憎むべきでないとするなど，総花的に三教を許容する。なお，その思想的背景として*熊沢蕃山ばんざんの陽明心学の影響も指摘される。→天狗芸術論てんぐげいじゅつろん

一山一寧 いっさんいちねい　1247〜1317（南宋淳祐7・宝治元〜文保元）　元から来日した鎌倉時代の禅僧。臨済宗曹源派そうげんはの頑極行弥がんごくぎょうみの法嗣。天台教学を学び，大慧派だいえはの文筆僧に学芸を学んだ。1299年(正安元)，元の成宗せいそうの外交使節として西澗子曇せいかんすどんらと来日。一時，伊豆国修禅寺に幽閉されたが，すぐ許されて，執権北条貞時さだときの招きによって建長寺(9世)・円覚寺(7世)に住した。1313年(正和2)8月，後宇多法皇に招かれて南禅寺3世となり，晩年は公家社会に宋朝禅の広まる基盤を作った。鎌倉滞在中には門人たちに修道・学芸にわたる大きな影響を与え，正統

的な中国文化を伝えて*五山文学の祖と称される。勅して一山国師の号を賜り，東福寺派の虎関師錬しれんが「一山国師行状」を著した。その門派を一山派という。

一山国師 いっさんこくし　→一山一寧いっさんいちねい

逸史 いっし　徳川家康の伝記。*中井竹山ちくざんの著。全12巻・首1巻。1770年(明和7)に草稿がなり，5回の改稿をへて天明期(1781〜89)に完成し，99年(寛政11)幕府に献上された。首には大君たいくん(将軍)系表・参考書目・釈言(叙述規則)・目録がある。巻1には，徳川氏の歴史と1542年(天文11)の家康誕生から59年(永禄2)までの記事が叙事体で記される。以下，1616年(元和2)の家康の死去までが編年体で記される。論賛にみるべきものがあり，頼山陽らいさんようの「*日本外史」の粉本となったほか，幕末から明治期には家康伝のテキストとして多く用いられた。

一子相伝 いっしそうでん　家の芸を受け継ぐことを「相伝」とよんだが，この時，何人かいる子供のうち，ただ一人のみに家芸を相伝することをいう。平安時代，紀伝道きでんどう・明法道みょうぼうどうなどの各学問は，特定の貴族家に伝わる「*家学かがく」と化した。また文学や雅楽など，さまざまな文化についても専掌する貴族の家が現れた。かかる家で，家を継ぐ嫡子だけに家学・家芸の秘技秘伝を伝えることが行われるようになった。また時代が下るにしたがって，学芸・武芸・遊芸など広範な文化領域において相伝が行われるようになるとともに，貴族の家だけでなく，さまざまな階層の家で一子相伝がなされるようになる。

一絲文守 いっしぶんしゅ　1608〜46（慶長13〜正保3）　「いちぶんしゅ」とも。江戸前期の臨済宗の僧。号は桐江散人とうこうさんじん・丹山たんざん・東関とうかん主人・耕関こうかん，諱号は定慧明光じょうえみょうこう仏頂国師。一絲は道号。岩倉具尭ともたかの三男。はじめ京都相国寺の雪岑梵崟せつしんぼんぎんに参禅し，のち堺南宗寺の*沢庵宗彭そうたくあんそうほうに面謁した。1626年(寛永3)槙尾西明寺の賢俊けんしゅんの下で出家・受戒して再び沢庵に従った。*紫衣事件で沢庵が出羽国に流された時，1年間随侍して帰洛し，烏丸光広からすまるみつひろ・近衛信尋のぶひろ・板倉重宗しげむねと親交し後水尾ごみずのお上皇の帰依をえた。賀茂の霊源寺や丹波国の法常寺を開き，近江国の永源

いっと

寺に入住し再興に尽力した。44年(寛永21)、妙心寺の*愚堂東寔の法を嗣いだ。持戒禅で知られ、反幕府感情があったという。著作は「定慧明光仏頂国師一絲和尚語録」「大梅山夜話」など。

一灯園 いっとうえん　→西田天香　にしだてんこう

乙堂喚丑 おつどうかんちゅう　→乙堂喚丑　おつどうかんちゅう

逸年号 いつねんごう　→異年号　いねんごう

稜威道別 いつのちわき　「日本書紀」神代巻の解釈書。全12巻。国学者*橘守部の著。1844年(弘化元)頃に成立。自著「温故録」を下敷きに書かれ、複数の別伝(一書)を載せる「日本書紀」の重視と、「神秘五箇条」という独自の神典解釈の方法を示す点に特色がある。守部によれば、神代に神々が伝えた古伝承は、古くは人に伝わり万人が諳んじていたが、さまざまな人に口承される過程で多様な潤色「幼言」「談辞」「省語」「含言」などが加えられ、表現に混乱をきたすに至ったという。これらは今日の寓意・比喩・虚構・誇張・省略などにあたり、その事実をふまえた神話読解の方法を、自身の「幽」「天」「黄泉」などの理解と交差させながら展開したのが「神秘五箇条」である。

一夫一婦制 いっぷいっぷせい　一人の夫と一人の妻からなる婚姻形式。江戸時代に幕府法で重婚は禁止されたが、妾の存在は認められ(その身分は配偶者から奉公人へと低下)一夫多妻的状況が続いた。1871年(明治4)公布の新律綱領は大法令にならい、妻と妾を夫の2等親とし妻妾を同格視した。80年新律綱領改定で旧刑法第114条は親属から妾を削除、これに反対し元老院で妾を加える案がだされたが否決された。同刑法は82年施行され、法律から妾は消えた。だが、89年制定の皇室典範は皇位継承を男系男子とし庶子による継承も規定、妾制が存続した。また、98年明治民法の「家」制度も一夫一婦を建て前としながら家督相続で嫡女子より庶男子を優先、実質的に一夫多妻が容認された。

こうした男女観に対し明治啓蒙期に*森有礼や*福沢諭吉が一夫一婦を主張した。明治20年代に婦人矯風会が、キリスト教倫理観にもとづき清潔な家庭の実現を求めて一夫一婦の請願運動を始めた。昭和初期に民法改正要綱が答申され、家督相続で庶男子より嫡女子優先としたが改正には至らなかった。戦後の民主憲法で夫婦は同等の権利をもつことが明示され、新民法の成立をみた。→妻妾論　矢島楫子

一遍 いっぺん　1239〜89(延応元〜正応2)　鎌倉中期の僧。伊予国の武士の子として生まれ、天台宗の寺で出家し、のち九州で浄土宗西山派を学ぶ。一時還俗して武士に戻ったが、再び出家して信濃国善光寺に参籠、また紀伊国熊野本宮に参籠して、ここで念仏賦算の啓示をうけて、智真から一遍と改名した。時宗教団では、1274年(文永11)が開宗の年とされる。一遍は遊行と賦算、踊念仏によって民衆救済の教えを全国に広めようとして、北は奥州江刺、南は大隅国まで、一部を除く全国に及び、15年にわたって回国した。1274年と81年(弘安4)に蒙古来襲があって世相不安が強まった時期に、一遍は僧となり、全国を遊行した。その布教は、同時代のいわゆる鎌倉仏教の祖師たちの活動と比べて、行動的であったことが注目される。積極的に民衆の中に入り、内面の欲求を踊りと念仏で身体的に表現する宗風は、不安な世相におびえる人々に迎えられて、その連帯感と宗教的高揚感から熱狂的な信仰が広まった。弘安期(1278〜88)頃にはその多数の信者の中で、旅する一遍に従って遊行する道時衆と、在俗したままで帰依してそれぞれの土地に在住する俗時衆との区別がうまれた。他宗の僧に寛容であり、在俗の信仰篤い社寺に詣で、専修念仏を敵視する南都北嶺の寺には行かず、庶民はもとより公家・武家にも帰依されたが、自らは道場をもたず、神祇への崇敬が著しかった。その遊行や踊念仏のようすは一遍の伝記である「*一遍聖絵」などに描かれたが、当時の民衆の風俗・生活のようすも具体的に描かれていて、歴史的資料として重視されている。→時宗

一遍聖絵 いっぺんひじりえ　鎌倉時代、時宗の開祖*一遍の伝記を描いた絵巻物。絹本著色。全12巻。成立は1299年(正安元)。原本ははじめ京都六条道場の歓喜光寺に伝存した。第7巻の絵は東京国立博物館蔵。現在は神奈川県藤沢市の清浄光寺と歓喜光寺に共同管理さ

れている。一遍の伝記を描いたものとして別に「遊行上人縁起絵」10巻、「一遍上人行状絵」10巻などがあるが、編者聖戒が一遍と血縁的に近い直弟子であること、奥書に「正安元年」の年記があり、一遍の没後10年に成立したとみられることから、この本が最も史料的価値が高いとされる。内容は絵と詞書からなり、13歳の一遍が九州に旅立つところに始まり、各地の事跡と諸国遊行のようす、1289年(正応2)8月に入滅するまでの活動を描いている。聖戒は「聖絵」を作るにあたり、数人の時衆と絵師を従えて、一遍の遊行した地をたどり、その事跡を確かめたと思われる。詞書に国名・地名や年月日が細かに記されているのは、一遍の行動を記録した時衆がいたのではないかとされる。詞書の起草は聖戒、画図は法眼円伊とされるが、この絵巻物を制作するための費用を負担ないしは企画にかかわった人物、絵師については諸説がある。成立が没後に近いことから一遍の実像に近いといわれ、図は布教のようすや当時の上下階層の生活実態をよく描写している。

以酊庵 いていあん 幕末期まで長崎県対馬市にあった臨済宗寺院。山号は瞎驢山。1580年(天正8)に対馬国守護宗義調が博多聖福寺の景轍玄蘇(幻住派)を開山として建立。庵名は、景轍が生まれた1537年(天文6)の干支〈丁酉〉に因む。朝鮮との外交文書をつかさどるために創建されたもので、通常の禅院とは性格が異なる。景轍没後は、その弟子規伯玄方が相続した。1635年(寛永12)、規伯が柳川一件(宗氏の家臣柳川調興による国書改竄・不正事件)に連坐して陸奥国盛岡藩へ御預けになると、幕府は南禅寺を除く京都五山の輪番所とした。輪番僧は、幕府により天竜寺・相国寺・建仁寺・東福寺の碩学の僧から任命され、1年ないし3年間住庵して朝鮮書契御用を務めた。任期を終えた輪番僧には、前南禅の称号と紫衣の着用が許された。

伊藤圭介 いとうけいすけ 1803〜1901(享和3〜明治34) 幕末・明治期の医者・本草学者。名は舜民のち清民、字は戴堯のち圭介、太古山樵などと号した。町医者である西山玄道の次男として、名古屋呉服町に生まれる。水谷豊文に師事して*本草学を学び、蘭学は藤林泰助・吉雄常三(南皐)・*シーボルト(Seibold)らに師事し、医学・植物学を学んだ。種痘の実施やコレラの対策、蘭学教育、物産会の開催など活動は多岐にわたり、蕃書調所に勤め、1881年(明治14)東京大学教授になる。「泰西本草名疏」など、本草・物産に関係する著作が多数ある。

伊東玄朴 いとうげんぼく 1800〜71(寛政12〜明治4) 江戸後・明治初期の蘭方医の大家。肥前国神崎郡出身。名は淵、字は伯寿、冲斎と号する。玄朴は通称。本姓は執行氏。*シーボルト(Seibold)に師事し、のちに江戸にでる。1835年(天保6)には「医療正始」を訳述・刊行し、肥前国佐賀鍋島藩の藩医をへて、58年(安政5)幕府の奥医師に抜擢される。59年には江戸に種痘所を開設し、これは63年(文久3)に医学所と改称され、東京大学医学部の起源となる。また、彼が江戸で開いた象先堂は、緒方洪庵の*適塾と並び称される幕末の蘭学塾である。

伊藤証信 いとうしょうしん →無我苑

伊藤仁斎 いとうじんさい 1627〜1705(寛永4〜宝永2) 江戸前期の儒学者。名は維楨、字は源佐または源助、通称は鶴屋七右衛門。はじめ敬斎、のち仁斎と号した。別号は棠隠。古学先生と諡された。京都生れ。父方の先祖は堺の商人で、祖父の時に京都に移住した。母方は連歌師の里村家で、母は里村紹巴の孫になる。外祖母は角倉了以の姪。最初の妻は尾形光琳・乾山兄弟の従姉にあたる。これらの事実が示すように、仁斎は、生まれながらに京都の高級文化人の世界を身近なものとしていた。十代の仁斎は、「大学」の説く「修己治人」のスケールの大きな朱子学的理想主義にうたれ、ついで「李延平答問」の内省的な朱子学に傾倒し、「朱子語類」や「性理大全」を熟読する熱心な朱子学者として、学問三昧の日々を送った。しかしこれは、高級文化人の世界に交わる上層商人の後継者としての仁斎に対して周囲が期待するものではなく、仁斎は追いつめられていった。28〜29歳から36歳

までの隠棲の時期には，朱子学において「太極」といわれた実在の根源を求めて，仏教や老荘思想にも手がかりを求めようとしたが，しだいに朱子学への疑問がつのっていった。

1662年（寛文2）自宅に塾を開いて同志会という研究会をもち，「論語」「孟子」「中庸」といった古典の研究に専心して，古義学とよばれる独自の儒学思想を確立した。仁斎の思想は，「最上至極宇宙第一の書」と称えた「論語」の思想を，その「義疏」としての「孟子」の議論によって解釈することで獲得されたものであり，仏教（禅）の唯心論によって「論語」の「古義」を歪曲するものとして朱子学を斥けた。「心」の確立は，大いなる「道」を学ぶことによって果たされるのであり，朱子学にいうような禁欲的な「持敬」や「存養」の工夫，形而上的な「理」や「太極」の高遠な議論は，「論語」の説く平易で日常的な実践道徳からは異質なものとされたのである。仁斎によれば，この世の万物は「生々」として動的であり，人間には「四端」として善に向かう萌芽，他者を愛する心がある。それを学問・教育によって「拡充」すればよいのである。政治（「仁政」）とは，他者への「愛」に社会的な実効をもたせるべき結果責任に満ちた営みである。「論語」「孟子」の伝える「道」や「教」は，人間の日常的な生活に密着したもので，悟りをめざすものでもないし，自然や宇宙のメカニズムを知り尽くそうとするものでも，神秘的な世界の解明や死後の安心をえるためのものでもない。日常卑近なもの，毎日の隣人との交際の中にこそ，人間的な真理があると仁斎は考えた。それは「俗」そのままの肯定ではない。「俗」を離れるのではなく，「俗」の中に「俗」を超えながら「俗」を「俗」たらしめる人間的な真理への敬意を持ち続けることなのである。

このような思想を演繹するために，仁斎は「論語」「孟子」の逐条の注解を作る作業に没頭した。その中から，「大学」を孔子の思想と無縁なものと断定し，「中庸」の中に漢代の思想の混入を見出し，「論語」を「上論」（最初に編纂された郷党篇までの部分）と「下論」（遅れて編纂された先進篇以下の部分）に分けて理解するというような，文献批判の成果がうみだされた。「論語」「孟子」の逐条についてなされた注解，その補正・書き換えの記録は，「中庸」や「易経」をはじめ，ほかの古典解釈の原稿とともに多くの稿本として，天理図書館に収められている。仁斎の生前には，著作の刊行はなかったが，贋刻や写本として流布していた。主著である「*論語古義」10巻，「*孟子古義」7巻，「*語孟字義」2巻，「*童子問」3巻などは，嗣子である*伊藤東涯の手によって刊行された。ほかに「古学先生文集」6巻，「古学先生詩集」2巻など。東涯のほか，次男の梅宇，三男の介亭，四男の竹里，五男の蘭嵎も学者として知られる。

伊藤単朴 いとうたんぼく　1680〜1758（延宝8〜宝暦8）　江戸中期の*談義本作者。号は青柳散人など，通称は半右衛門。号の単朴は，庶民教化を精力的に行った常磐潭北にならったものと考えられる。江戸石町で商家を営んでいたようだが，正徳年間（1711〜16）に武蔵国八王子付近に隠居し医を本業とした。1750年（寛延3）にはすでに*静観房好阿との交流があり，好阿の「*当世下手談義」に触発されて，52年（宝暦2）「*教訓雑長持」を刊行している。同書および54年刊「銭湯新話」が代表作で，将軍吉宗治世下の庶民教化政策に呼応して，*三教一致論を平易に俗解した知足安分論に終始する当時きわめて一般的な教訓を説くが，むしろみるべきは戯作的な「うがち」の手法による当世風俗・人品の活写であり，江戸語を駆使した軽妙な文体である。死後に出版された「教訓差出口」「不断用心記」「楚古良探」の3作は，遺稿を書肆が編集したためであろう，前二者ほどの新味はなく教訓臭さが直接に表れている。

伊藤東涯 いとうとうがい　1670〜1736（寛文10〜元文元）　江戸中期の儒学者。名は長胤，字は源蔵，東涯を号とした。*伊藤仁斎の長子で，古義学の後継者。紹述先生と諡された。京都生れ。父仁斎の学問を継いでその著作を公刊し，「*学問関鍵」1巻，「*訓幼字義」8巻を和文で著して古義学の解

説・普及に尽くした。東涯の個性的な業績としては、儒学思想史としての「*古今学変」3巻、中国語学としての「用字格」3巻、「助字考」2巻、中国の制度史としての「*制度通」13巻があり、いずれも博識かつ穏当な書として今日でも高く評価されている。特に「古今学変」は、東アジア世界を通じて最初の学問通史となっている。和文の随筆として「秉燭譚」5巻、ほかに「周易経翼通解」18巻、「紹述先生文集」30巻がある。

伊藤野枝 いとうのえ　1895～1923(明治28～大正12)　大正期の女性運動家。福岡県生れ。伊藤亀吉・ウメの長女。東京の上野高等女学校卒業後、教師辻潤と同棲する。1912年(大正元)青鞜社に加わり、15年「*青鞜」を*平塚らいてうから引き継ぎ、貞操・堕胎・廃娼問題を積極的に取り上げた。エマ・ゴールドマン(Emma Goldman)に共鳴し、アナーキズムに引かれた。足尾鉱毒事件をきっかけに*大杉栄と結ばれ、彼との間に5児をもうけた。大杉とともに18年「文明批評」、翌年新聞「労働運動」を刊行した。21年*赤瀾会を結成、メーデーでの官憲の暴力に「労働運動」誌上で抗議した。関東大震災直後に大杉と甥とともに憲兵隊により虐殺された。「定本伊藤野枝全集」全4巻がある。

伊藤梅宇 いとうばいう　1683～1745(天和3～延享2)　江戸中期の儒学者。名は長英、字は重蔵(十蔵)、梅宇を号とした。*伊藤仁斎の次男で、東涯の異母弟。周防国徳山藩儒のち備後国福山藩儒。京都生れ。和文の随筆である「見聞談叢」6巻(1738自序)で知られる。「見聞談叢」では、日本の制度・文物・人物などに関する該博な知識を披瀝するとともに、中江藤樹・熊沢蕃山・山崎闇斎・浅見絅斎・佐藤直方らの学問に言及している。

伊藤博文 いとうひろぶみ　1841～1909(天保12～明治42)　明治期の政治家。幼名俊輔、号は春畝・滄浪閣主人。周防国熊毛郡生れ。*松下村塾に学び、木戸孝允に従って尊王攘夷運動に参加する。1863年井上馨らとイギリスに渡ったが、下関砲撃事件を知って帰国、開国論を唱えて討幕運動に尽力する。明治新政府に入って兵庫県知事・工部大輔となり、71～73年*岩倉遣外使節の副使として欧米を視察した。帰国後、参議兼工部卿として殖産興業政策を推進する。大久保利通の死後は内務卿となり、さらに明治十四年の政変で大隈重信を政府から追放して藩閥政権の中心人物となった。82年憲法調査のため渡欧し、グナイストらに学ぶ。帰朝後、*井上毅らをブレーンにして華族制度や内閣制度を創設、自ら伯爵、初代総理大臣となった。さらに枢密院設置とともに議長となり、*大日本帝国憲法や*皇室典範の制定に努力した。外交政策においても、井上馨外相とともに欧化政策による条約改正を図ったが失敗した。他方、94年日英通商航海条約の締結後、日清戦争を強行して植民地国家への道を開いた。1900年*立憲政友会を結成して総裁となり、第4次伊藤内閣を組織したが辞職する。日露戦争後の1905年に日韓協約を結んで韓国総督府を設置、初代統監となった。09年統監を辞したのち、満州視察と日露関係調整のため訪れたハルビンで韓国人安重根に射殺された。

伊藤鳳山 いとうほうざん　1806～70(文化3～明治3)　幕末期の儒学者。名は馨、字は子徳、通称は大三郎、号は鳳山。出羽国酒田の町医者の子。1820年(文政3)15歳の時に儒者を志し、借金をして江戸にでて、*朝川善庵に入門した。苦学して経学を修め、33年(天保4)善庵の養子となったが、3年ほどで離縁した。38年、*渡辺崋山の推挙で三河国の田原藩校成章館の教授に抜擢された。翌年、崋山が蛮社の獄で捕らえられると、江戸にでて嘆願書を老中水野忠邦に提訴し、崋山の田原幽居中は崋山を慰めた。そのため罪に問われて田原藩を辞し、京都や江戸の私塾学半楼で教えた。ペリー来航時には、開国論を唱えて「経国無是問答」を建白した。64年(元治元)再び田原藩に招かれ、成章館の教授に返り咲いた。著書は「論語詳解」「孫子詳解」「傷寒論文字攷」など。

伊藤蘭嵎 いとうらんぐう　1694～1778(元禄7～安永7)　江戸中期の儒学者。名は長堅、字は才蔵、蘭嵎を号とした。*伊藤仁斎の五男で、東涯の異母弟。父仁斎68歳の時に京

都で生まれ、12歳で父に死別、嗣子の東涯により教育された。仁斎の5人の息子たちは名に「蔵」の字をもち、いずれも学者として有名で「五蔵」とされた。特に東涯（源蔵）と蘭嵎は傑出して「首尾蔵」とよばれた。和歌山藩儒で、紹明先生と諡された。詩文集に「紹述稿」6巻がある。

田舎紳士　カントリー・ジェントルマン（country gentleman）を援用した*徳富蘇峰の言葉。蘇峰は「*将来之日本」において、産業の発達を基礎とする平民社会の担い手として「田舎紳士」に着目した。田舎紳士とは、イギリス産業革命の担い手であったカントリー・ジェントルマンから転用された概念で、日本では地方豪農層をさすものとされた。彼らは、江戸時代には農民として支配される側にありながら、同時に村の名主・名代として実質的に村の人々を治めてきた人々である。蘇峰は彼らに中産階級として生産活動の中心ひいては政治の主体となることを期待した。しかし、彼らは殖産興業政策のもとに育成された政商たちに圧倒されて衰退し、平民主義の担い手を見失った蘇峰の思想的変転が始まった。

田舎荘子　初期の*談義本。*佚斎樗山の作。内・外2編からなり、内編は上・中・下・付録の全4巻4冊、外編は全6巻6冊。ともに1727年（享保12）夏、江戸の和泉屋儀兵衛刊。当時において卓抜した「荘子」理解にもとづき、原典の万物斉同などの超越的な哲学性は捨象し、現実の社会制度を肯定したうえで知足安分や運命随順の庶民向け人生哲学を説いた。同時に、儒教・仏教も習合し、それらを関連づけて平易に説く。また、文学的表現法として「荘子」の寓言論により、禽獣や植物による対話の形式を用い、その後の談義本や*上田秋成・*曲亭馬琴らの読本の小説作法にも影響を与えた。

稲葉迂斎　1684〜1760（貞享元〜宝暦10）江戸中期の儒学者。名は正義、通称は十五郎のち十左衛門。迂斎と号した。肥前国唐津藩儒。江戸生れ。*山崎闇斎の高弟で、朱子学者である*佐藤直方の門人。はじめは垂加神道家の*伴部安崇に学んだ。直方をはじめとする崎門諸家の学問・学談を子の黙斎に伝え、それらが黙斎によって集成されて「*先達遺事」「墨水一滴」などになった。主著として「親民須知」「迂斎先生学話」があり、「近思録」「太極図説」などの講義は、口語・俗語を駆使した巧みなものとして知られた。

稲葉黙斎　1732〜99（享保17〜寛政11）江戸中期の朱子学者。*稲葉迂斎の次男で、江戸で生まれる。名は正信、通称は又三郎、号は黙斎・孤松庵。崎門三傑の一人*佐藤直方の高弟であった父迂斎に学び、長じて野田剛斎に師事した。唐津藩・新発田藩・館林藩などの諸侯に教授した。1781年（天明元）上総国清名幸谷村に隠棲して、近隣の農民にも講学して上総道学とよばれる、強い道統意識のもとで結束した学派の基礎を作った。黙斎は、師説を忠実に伝える〈述べて作らず〉という山崎闇斎以来の学問姿勢を生涯貫き、佐藤直方の全集「*韞蔵録」や「迂斎文集」の編集、崎門の人々の言行を集めた「*先達遺事」「墨水一滴」を著して、徂徠学派盛行の時代、闇斎学派の継承・発展に努めた。著書は門人の編纂になる「孤松全稿」にまとめられている。

稲村三伯　1758〜1811（宝暦8〜文化8）江戸後期の蘭学者・蘭方医。因幡国鳥取藩の藩医。名は箭、字は白羽。鳥取の町医者松井如水の三男で、のち藩医稲村家の養子となる。蘭学を志し、35歳で江戸にでて*大槻玄沢の*芝蘭堂に学ぶ。同志とともにハルマ（F. Halma）の蘭仏辞典の翻訳を志し、1796年（寛政8）に完成する。これが日本初の蘭日辞書「波留麻和解」で、「ドゥーフ・ハルマ」（「長崎ハルマ」）と区別して「江戸ハルマ」ともよばれる。実弟の過誤により下総国海上郡に一時隠居し、海上随鴎と改名する。のち京都で蘭学塾を開き、京畿地方の蘭学発展に貢献した。著作は「八譜」「洋註傷寒論」など。

稲荷信仰　もとは稲霊を祀る穀霊信仰に始まる。神号は宇迦之御魂。「山城国風土記」逸文の稲荷社の縁起では秦氏が祀ったものとし、京都市の伏見稲荷大社（*稲荷神社）がそれにあたる。「延喜式」には稲荷社3

座とする。正史には827年（天長4）の淳和天皇への祟りを初見とし、のち940年（天慶3）に従一位、942年に正一位の神階を授けられた。*東寺との結びつきが強く、*鎮守神となり、以後真言密教の影響により荼吉尼天とも習合した。また摂関時代以降、2月の初午の稲荷詣が盛んとなり、稲荷の眷属神の阿小町には異性の愛を祈る愛法が行われ、「*新猿楽記」や「*今昔物語集」などにみえる。狐がその使者とされた。後世、商売繁昌の福の神とされ、江戸時代には屋敷神として広く祀られるようになった。

稲荷神社 いなりじんじゃ　現称は伏見稲荷大社。京都市伏見区の稲荷山西麓に鎮座する、全国4万余の稲荷神社の総本社。宇迦之御魂神・佐田彦大神・大宮能売大神ほか計5座。伝説では餅が白鳥と化して止まった山上から稲が生じたといい、古来の稲荷山に対する神体山信仰を母体に、秦氏が創始したと伝える。平安初期には真言宗*東寺の鎮守神ともなり、「延喜式」には名神大社としてみえ、のちに*二十二社に数えられる。また後三条天皇以下、鎌倉時代まで歴代天皇の行幸があり、2月の初午祭には庶民が群参した。3月中の午日から4月上の卯日にかけての稲荷祭も著名で、中世以降、神輿還幸の際には馬長以下の行列が東寺に立ち寄り、寺家の神供をうけたが、その費用は下京の氏子に地子銭として課された。中世には密教の荼吉尼天とも習合し、神使の狐に対する信仰も盛んとなった。近世以降は商業神として庶民の信仰を集め、広く全国に勧請されるとともに、各地に稲荷講も組織された。本殿は1499年（明応8）の建造で、神宮寺（愛染寺）もあったが、明治の神仏分離の際に廃絶した。⇒稲荷信仰

いにしへふり いにしえふり　→にひまなび

犬養毅 いぬかいつよし　1855～1932（安政2～昭和7）明治～昭和初期の政党政治家。備中国生れ。号は木堂。慶応義塾中退。在学中、西南戦争に「郵便報知新聞」記者として従軍する。1880年（明治13）豊川良平らと「東海経済新報」を発刊し、保護貿易論を唱えた。統計院権少書記官をへて明治十四年の政変により*大隈重信に従って下野、82年立憲改進党の結成に参加し、大同団結運動に加わる。90年第1回衆議院議員選挙に当選、以後第18回総選挙まで連続当選する。96年進歩党を結成し、松方内閣と提携する。98年自由・進歩両党が合同して憲政党を結成、隈板内閣で文相となる。同年の憲政党分裂後は憲政本党に属し、非政友・藩閥打破を唱え、輿論を喚起して野党的立場を貫いた。経済的軍備論を提唱して、1909年立憲国民党を結成する。*憲政擁護運動の先頭に立ち「憲政の神様」と称された。桂園時代は野党として活躍し、この間、孫文や金玉均らアジア各国の亡命者を庇護し、辛亥革命を支援するなど大陸問題への関心を示した。シーメンス事件では曖昧な態度をとり、17年（大正6）国民党総理となると寺内内閣の臨時外交調査会に参加する。22年革新倶楽部を組織し、第2次山本内閣および加藤高明内閣の逓相となる。25年革新倶楽部を立憲政友会と合同させ、一時引退する。29年（昭和4）田中義一死後の政友会総裁となり、31年政友会内閣を組織する。32年総選挙で圧勝しながら軍部急進派の攻撃の的となり、*五・一五事件で射殺された。戦前最後の政党内閣であった。

犬神人 いぬじにん　*神人の一種。下級神職の寄人として*祇園社（八坂神社）に仕えた。鎌倉時代以降、歴史の表に登場するが、祇園社に隷属し雑役をなした賤民がその前身という。最下層の神人として掃除など日常の雑務、神事祭礼での警護から、強訴を含む武装活動までさまざまな任務にあたった。通常は京都清水坂・建仁寺付近に居住し、赤・茶系統の衣服を着て、弓弦などの製造・行商を生業とした。賤民視が強まる中、江戸時代には「つるめそ」とよばれるが、これは売声の「弦召そう」からきたとされる。なお、他の神人・職人同様、独自の始祖伝承も残っていて、祇園社の祭神の牛頭天王とともに将来した2匹の白犬を自らの祖とする。

犬筑波集 いぬつくばしゅう　「竹馬狂吟集」に次ぐ第2の俳諧撰集。*宗鑑編。宗鑑の推定没年とされる1539～40年（天文8～9）頃の成立か。古写本では「誹諧連歌」または「誹諧連歌抄」とあり、寛永整版本が流布する以前に成立した伝本の異同がはなはだしい。

「*菟玖波集」ないし「*新撰菟玖波集」に対し「犬筑波」と卑称した人物は不明ながら、この呼称が定着する。収録作品には、自由奔放ともいうべき、既成の美意識や倫理観に反する可笑しみがみられる。「守武千句」とともに、その俳諧の特質は談林派に受け継がれた。

異年号 いねんごう 私年号・偽年号・逸年号とも。朝廷の制定に拠らない私的な年号。40以上の例が知られるが、著名な異年号に古代の白鳳・朱雀などがある。単なる誤記や誤読のほかに、改元に際しての伝達経路の混乱や後世の仮託によるものなどがその原因として考えられる。中世になると異年号が頻出するようになり、その数は30以上にのぼり、15世紀後半以降の異年号の中には関東を中心に広範囲に通用したものが多く存在する。特に使用例の多い年号に延徳・福徳・徳応・弥勒・永喜・命禄などがあり、その用字例から攘災招福の思想や*弥勒信仰との関係が考えられている。→元号

井上円了 いのうええんりょう 1858～1919（安政5～大正8） 明治後期～大正前期の仏教哲学者。越後国三島郡に生まれる。長岡洋学校や東本願寺の教師教校をへて、1881年（明治14）東京大学哲学科に入学、85年卒業。仏教を顕彰しキリスト教を批判する「破邪新論」（1885）などを著す一方、87年に「哲学会雑誌」を刊行し、また同年哲学館（現、東洋大学）を創設した。「哲学一夕話」（1887）は*西田幾多郎を哲学の道へと誘った著書であったが、*大西祝は、西洋哲学の立場からその内容が曖昧であると批判した。また「仏教活論序論」（1887）では、西洋哲学や進化論を基準として仏教とキリスト教の比較を行い、近代的宗教としては仏教が優越しているとした。88年には*三宅雪嶺・*島地黙雷らと*政教社を設立し、機関誌「*日本人」を創刊した。また、民間の迷信を打破するために妖怪の研究を始め、〈妖怪博士〉として広く知られることになった。1902年東京中野に釈迦・孔子・ソクラテス・カントの四聖を祀った哲学堂を建てた。哲学館で講義を担当するほか、全国を遊説して仏教の伝道に努めた。中国を巡業中に大連で倒れ、死去した。

井上主計頭覚書 いのうえかずえのかみおぼえがき →東照宮御遺訓

井上金峨 いのうえきんが 1732～84（享保17～天明4） 江戸中期の儒者。名は立元、字は純卿、通称は文平、金峨・考槃翁・柳塘閑人などと号す。父は常陸国笠間藩の侍医で、江戸で生まれる。はじめ*伊藤仁斎の学統を引く川口熊峰に、ついで林家門下の*井上蘭台に学ぶ。金峨は侍医の職を辞し、儒学の売講で生計を立てた。1765年（明和2）多紀藍渓（元徳）に幕府の医学校躋壽館の学政を一任されたが、翌年、辞す。71年には二本松藩に招かれて客遊し、80年（安永9）に江戸上野輪王寺の侍読となった。*吉田篁墩・*亀田鵬斎ら門人は数多い。

金峨の活動した明和・安永期（1764～81）の儒学界は、のちに折衷学派と称されるようになる、既成の学問体系のどれにもとらわれない自由な学問が流行した。「凡ソ学問ハ、自得ニ在リ」（「師弁」、1755年序）と説く金峨は、その代表者であった。彼は朱子学・陽明学・徂徠学・仁斎学を相対化して、それらを批判的に取捨選択する「創造」（「匡正録」、1776刊）、「自信」（「病間長語」）ある主体性を押し出していった。しかし、その主体性は、どこまでも経典注釈の範囲にとどまり、社会性を欠如するものであった。「経義折衷」（1764刊）は、朱子学・陽明学・徂徠学・仁斎学の要点を捉えている、格好の儒学概説書である。著書はほかに「金峨先生焦余稿」7巻（1768刊）など。

井上毅 いのうえこわし 1843～95（天保14～明治28） 明治期の官僚・政治家。号は梧陰。熊本藩出身。藩儒木下犀潭の門に入り、ついで長崎・江戸でフランス学を学ぶ。1870年（明治3）大学南校中舎長をへて司法省に出仕する。72年フランス、ドイツに派遣され、法制調査にあたる。帰国後、台湾出兵に関する*大久保利通の清国派遣に随行して頭角を現し、その法制についての知識と文才によって、岩倉具視や*伊藤博文らの命で意見書の起案にたずさわるようになった。また、75年「王国建国法」を訳出してプロシア憲法を紹介して以来、憲法調査を進めていたが、81年、大隈重信による政党内閣・国会早期

開設論に対抗するため欽定憲法構想をまとめて岩倉に提出した。この構想にもとづいて伊藤中心の薩長政府樹立と大隈追放を画策し、明治十四年の政変を断行させた。以後、伊藤のもとで*ロエスレルを顧問として憲法体制の確立に尽力し、*大日本帝国憲法・*皇室典範をはじめとするほとんどの法律・勅令の起案にあずかった。さらに90年には*教育勅語を起草する。93年第2次伊藤内閣の文部大臣となり、高等教育の改革・実業教育の振興を推し進めた。著書に「内外臣民公私権考」「梧陰存稿」などがあり、その関係文書は国学院大学梧陰文庫に保管されている。

井上四明　いのうえしめい　1730〜1819（享保15〜文政2）　江戸中期の儒学者。名は潜、字は仲竜、四明は号である。江戸の人。6歳で孤児となり、義理の叔父尾崎孤雲に養われた。江戸で*井上蘭台に学び、その養嗣子となった。蘭台を継いで岡山藩儒となり、主に江戸藩邸に住み、1802年（享和2）世子の侍講となる。1764年（明和元）朝鮮通信使が備前国牛窓津に宿泊した際、詩を応酬・唱和して、名声を高めた。経世論の書「経済十二論」（1787序）の中で四明は、賢者の登用を阻んでいる世禄制度（世襲俸禄制）を批判し、間引きが横行する農村荒廃の原因を過重な年貢収奪にあると論じている。

井上哲次郎　いのうえてつじろう　1855〜1944（安政2〜昭和19）　明治・大正期に活躍した哲学者。号は巽軒。筑前国大宰府の医師船越俊達の三男として生まれ、井上鉄英の養子となった。漢学・英学を学び、東京開成学校予科から1877年（明治10）に新設された東京大学哲学科に進んで第1回卒業生となる。82年に東大助教授となって東洋哲学を教えるかたわら、西洋哲学の紹介に努める。その後ドイツに長期留学し、90年帰国後は日本人初の帝国大学哲学科教授としてドイツ観念論を中心とする近代日本の哲学研究を方向づけた。同時に漢学の立場から国民道徳に強い関心をもち、教育勅語の注釈書「*勅語衍義」や修身の教科書を編纂するなど教育界にも隠然たる勢力を保持し、国家主義的立場からキリスト教を排撃し忠君愛国の精神を説いた。東西哲学の融合・統一を主張したが、折衷にとどまっ

て成功していない。また外山正一らとの*新体詩運動の提唱者としても知られる。著書は「現象即実在論」「*日本朱子学派之哲学」「教育ト宗教ノ衝突」「国民道徳概論」など多数あり、蟹江義丸との共編「日本倫理彙編」全10巻などの資料集もある。

井上日召　いのうえにっしょう　→血盟団事件

井上正鉄　いのうえまさかね　1790〜1849（寛政2〜嘉永2）　名は「まさがね」とも。*禊教の教祖。江戸浜町で山形藩士の次男として生まれる。医術や観相学を生業としつつ、求道を続けていたが、44歳になって神夢を感得し、「息の術」を中心とする行法によって教化活動を始めた。1840年（天保11）には千住近郊の梅田神明宮（東京都足立区に鎮座）の神主となったが、寺社奉行による二度の取締りのあと三宅島に遠島となり、その地で没した。著書には奉行に提出した「唯一問答書」のほか、書簡を集成した「井上正鉄翁遺訓集」がある。

井上蘭台　いのうえらんたい　1705〜61（宝永2〜宝暦11）　江戸中期の儒学者。名は通熙、字は叔・子叔、通称は嘉膳、号は蘭台・玩世教主など。将軍徳川家宣の侍医井上通翁の三男として江戸で生まれる。1727年（享保12）*林鳳岡の門弟となり、29年林家員長となった。40年（元文5）岡山藩儒となったが、岡山へは48年（寛延元）に朝鮮通信使の迎接のために一度下ったのみで、生涯を江戸で過ごした。仁斎学・徂徠学ばかりか、朱子学にも距離をおき、*折衷学への道を開いた。*井上金峨・*渋井太室らの弟子を育てた。また、当時流行した「唐詩選」の詩句を断章取義した「唐詩笑」（1759刊）などの漢文戯作を著した。著書はほかに「蘭台先生遺稿」（1786刊）、「山陽行録」（1751）など。

稲生若水　いのうじゃくすい　1655〜1715（明暦元〜正徳5）　稲若水とも。江戸前・中期の本草学者。名は宜義、字は彰信、通称は正助、若水と号した。大坂の人。元の姓は稲生であったが、のち稲に改める。福山徳潤に師事して*本草学を学び、1693年（元禄6）から金沢藩に仕える。藩の好意をうけ、主に京都で研究に専心し、「庶物類纂」（中国の群書から動植物・鉱物に関する記事を抄出・

分類し，和名などを実物によって検証した）を著す。これは1000巻にも及ぶ大著であるが，若水が中途で死去したので，将軍徳川吉宗の命により，若水の弟子たちがこの事業を継続し，1738年(元文3)完成した。のち54巻を増補する。「庶物類纂」は実地調査がともなわない部分もみられるものの，比類なきものとして評価されている。門人には*松岡恕庵・丹羽正伯・*野呂元丈らがいる。

伊能忠敬 いのうただたか　1745～1818(延享2～文政元)　江戸後期の地理学者・測量家。字は子斉，号は東河，通称は三郎右衛門のち勘解由。上総国山辺郡で生まれ，18歳で下総国佐原の名家伊能家に入婿。傾いていた家を再興し，公益に尽くして苗字帯刀を許される。1794年(寛政6)に50歳で家督を譲り，江戸で幕府天文方の高橋至時や間重富に天文暦学を学ぶ。緯度1度の長さの測定から地球の大きさを知ることが動機で，1800年から16年(文化13)まで北海道から九州まで全国を10回にわたって測量した。その結果は，21年(文政4)に「大日本沿海輿地全図」「輿地実測録」として忠敬の死後に幕府に上呈された。

猪俣津南雄 いのまたつなお　1889～1942(明治22～昭和17)　戦前期日本における*労農派系の代表的なマルクス経済学者。新潟生れ。早稲田大学卒業後に渡米し，ウィスコンシン大学大学院などで学ぶ。渡米中，*片山潜らと接触する中でマルクス主義者となる。帰国後，1937年(昭和12)の*人民戦線事件による検挙に至るまで，雑誌「*労農」などに拠りながら，経済理論全般，戦略・戦術論，翻訳にわたってマルクス・レーニン主義の普及に貢献した。主要著訳書として，「金融資本論」「帝国主義研究」「現代日本ブルジョアジーの政治的地位」「農村問題入門」や「マルクス・エンゲルス全集」第7・10巻がある。

位牌 いはい　死者の*戒名や法名を記し，礼拝の対象とする木などで作られた板。中国の儒教による祖先祭で使用され，官位や名前を記す位版・木主・神主などに由来するとか，日本の神道の霊代などが起源と諸説ある。日本では鎌倉時代に禅宗が入ってき

た時，仏殿の須弥壇上に祀った皇帝などの寿命を祈るための牌がしだいに死者のためのものとしても普及し，諸宗派にも広がった。南北朝期には禅宗の影響で，将軍の位牌が作成され，室町時代の初めには公家社会でも作られた例がみえる。形式的には頭部に雲形の飾りを付けたものが古く，漆塗りのものが多いが，一般に葬儀の際には，白木の位牌が作成され，四十九日後，塗り位牌が作成される。

伊波普猷 いはふゆう　1876～1947(明治9～昭和22)　近代日本における沖縄研究の先駆者。号は物外。琉球処分以前に那覇の士族身分の家に生まれ，沖縄尋常中学校に進むが校長排斥運動の首謀者として退学処分となる。その後第三高等学校をへて，1903年(明治36)東京帝国大学に新設された言語学科に入学し，同期の橋本進吉・小倉進平，一期後輩の金田一京助らとともに近代日本の言語学研究の発展に寄与した。研究範囲は言語にとどまらず琉球の歴史・文化全般に広がり，また啓蒙運動家としても活躍するなど，近代沖縄の進むべき方向を模索した生涯を送った。没後，「伊波普猷全集」全11巻が刊行されている。

井原西鶴 いはらさいかく　1642～93(寛永19～元禄6)　江戸前期の大坂の俳諧師・浮世草子作者。本名は平山藤五，ただし伝記は不明な点が多い。談林俳諧の後継者と目され，奇抜な句風から〈おらんだ西鶴〉とよばれたが，談林風の衰退ともあいまって，1682年(天和2)*浮世草子の嚆矢「*好色一代男」を発表し，小説史に一時代を画した。その後，「好色一代女」「*好色五人女」「諸艶大鑑」「男色大鑑」などの好色物，「*日本永代蔵」「世間胸算用」「*西鶴織留」などの町人物，「*武道伝来記」「*武家義理物語」などの武家物，「*本朝二十不孝」「西鶴諸国ばなし」などの雑話物など25作の小説を書いた。特に好色物や町人物では，色欲や金銭欲など庶民の価値観を肯定し，精力的な人間像を描いた。また，それらの夢に破れた人物を描く際にも，冷静さとともに好意的な温かさをもっている。

近世を通じて著名な小説家として常に回想

され，近代では自然主義文学者にリアリズム作家の祖として崇敬され，人間の実存的な生を描いた作家としての評価を決定づけた。その後，風俗小説や笑いの文学性を重視する立場から幅広い西鶴像が研究・提示された。1980年代以降は，西鶴本人は社会に対して何かしらの価値観を主張する者ではなく，価値観のさまざまな表れを「世の人心(ひとごころ)」の諸相として描き分けたのみとする説のほか，俳諧的な言語遊戯性を小説に多用している点，大坂の商業出版の進展を直接に牽引したらしい点，などの多面的な評価がなされる。

井深梶之助 いぶかかじのすけ 1854〜1940(安政元〜昭和15) 明治〜昭和前期の牧師・教育者。会津藩校日新館(にっしんかん)学頭の井深宅右衛門(たくえもん)の長男。日新館に学び，戊辰(ぼしん)戦争では人知れぬ苦痛を味わった。藩命により東京に遊学し，1871年(明治4)横浜修文館(しゅうぶんかん)の学僕となり，S.R.*ブラウンに出会う。73年1月に受洗し，ブラウン塾から東京一致神学校に進み，伝道者となる。80年麹町(こうじまち)教会牧師，81年東京一致神学校助教授となり，90年ユニオン神学校に留学，翌年ヘボンの後を継いで明治学院第2代総理となり，その後30年にわたり総理として学院に尽くす。99年*文部省訓令第12号の発布に対し，訓令の撤廃こそならなかったが，明治憲法に違反することを文部省に訴え，キリスト教教育を貫き通した。また日本基督教会にあっては，大会議長を歴任し，各種の国際宗教会議や世界YMCA運動にかかわった。「井深梶之助とその時代」全3巻と「井深梶之助宛書簡集」がある。

気吹乃屋 いぶきのや →平田篤胤(ひらたあつたね)

今鏡 いまかがみ 「続世継(しょくよつぎ)」とも。平安中・後期を素材とした*歴史物語。全10巻。成立は1170〜75年(嘉応2〜安元元)頃で，作者は藤原為経(ためつね)(寂超(じゃくちょう))説が有力。「*大鏡」の後をうけて後一条天皇の1025年(万寿2)から高倉天皇の1170年に至る13代146年間の歴史を紀伝体で記す。「すべらぎ」3巻は天皇の本紀，「藤波」3巻および「村上源氏」「御子(みこ)たち」各1巻は，藤原氏・源氏・皇親の列伝，「昔語」「打聞(うちぎき)」は説話や芸道評論，という整然とした構成をとる。表現は比較的単調であるが，和歌を多く含み，王朝的情趣を

醸し出しており，内容も宮廷貴族社会の儀式や風流に比重がおかれている。史実に忠実で，この時代を知るうえで重要な史料となっている。

今川大双紙 いまがわおおぞうし 室町後期に成立したとみられる武家故実書。1巻。「京極大双紙」「小笠原大双紙」「佐々木大双紙」と称するものも同じであり，今川・京極・小笠原・佐々木といった室町幕府に仕えた大名家に伝来した書物であることがうかがわれる。南北朝期の武将今川貞世(さだよ)(了俊)の作と伝えられるが，これは誤りで，室町後期の成立とみられる。弓・鷹・太刀・躾(しつけ)・陣具・衣類・馬・輿・酒・鞠・食物・歌道の12項目からなる。武家の儀式や生活の作法にかかわる問題を幅広く扱うが，主人や貴人に接する時の礼法を重視しており，大名に仕える武士たちを対象としたものと考えられる。首実検の方法など，珍しい記載もみられる。

今北洪川 いまきたこうせん 1816〜92(文化13〜明治25) 江戸後期〜明治期の臨済宗の僧。幼名は新三郎。諱は宗温(そうおん)，号は案山子(かかし)・蒼竜窟(そうりゅうくつ)・虚舟子(きょしゅうし)，道号は洪川。摂津国福島の人。今北善蔵の三男。14歳で藤沢東畡(とうがい)に徂徠(そらい)学を学び，宋学をへて，19歳で浪速中之洲で折衷学の塾を開いた。その後「禅門宝訓(ほうくん)」を読んで，1840年(天保11)京都相国寺の大拙承演(だいせつじょうえん)の下で出家し，42年見性悟入(けんしょうごにゅう)し，さらに47年，備前国岡山の曹源寺の儀山善来(ぎさんぜんらい)に参禅した。岩国藩主に請われて，59年(安政6)周防国岩国の永興寺(ようこうじ)に入住した。75年(明治8)には鎌倉の円覚寺に昇住し，82年七山管長職となる。儒禅一致を説き，また在家の居士禅(こじぜん)を勧めた。著書は「*禅海一瀾(ぜんかいいちらん)」「蒼竜広録」「勧善余論」「飲醍醐(いんだいご)」「心経捷解(しんぎょうしょうげ)」など。

今来神 いまのかみ →客人神(まろうどかみ)

新熊野神社 いまくまのじんじゃ 京都市東山区に鎮座。祭神は現在は伊弉冊命(いざなみのみこと)とするが，もとは証誠殿(しょうじょうでん)(家都御子神(けつみこのかみ))・中御前・西御前の*熊野三山を祀った。1160年(永暦元)に後白河法皇が，紀伊国の熊野権現を院御所の法住寺殿(ほうじゅうじどの)の近くに鎮守として勧請したもの。法皇はたびたび臨幸・参籠し，その回数は100余度に及んだという。また，*熊野詣の

いまし

際の精進のために，北接する精進屋にたびたび参籠した。その他，法華堂・九体阿弥陀堂も境内に存在した。行事としては熊野本山の例にならい，恒例六月会があった。社領は，81年（養和元）12月8日「後白河院庁下文案」に16カ国28カ所が列記されている。92年（建久3）には後鳥羽上皇により神社維持のため起請五カ条が定められた。

今神明　いましんめい　大神宮信仰の一形態。「今」は「新」とも書き，新たにとの意，「神明」は伊勢の大神宮のこと。*神明（大神宮）信仰が広く行きわたると，庶民の間で皇大神宮（内宮）を身近に奉斎したいとの願いが募り，伊勢の天照大神が影向した，あるいは飛来したなどと言い触らし，その影向ないし飛来地に神明社を勧請することが流行した。このようにして成立した神明社を今神明・今伊勢などと称した。これは庶民の大神宮に対する篤い信仰からうまれたものであり，それは大神宮のみならず他の神社信仰にもみられた。今八幡・新八幡・今宮・新熊野・新日吉などにも今神明と共通する思想がみられる。

新日吉神宮　いまひえじんぐう　京都市東山区に鎮座。祭神は日吉山王権現。1160年（永暦元）10月に後白河法皇が，院御所の法住寺殿の東に社殿を造営し，比叡山の日吉山王権現を勧請した。同時に*新熊野神社も法住寺殿近くに勧請された。いずれも後白河法皇の信仰篤い神社であったが，両社とも遠方であったため，それらを院御所近くに勧請したのである。61年（応保元）には院庁下文により社領が設定され，翌62年よりは小五月会が行われ，競馬・流鏑馬などが奉納され，以後恒例の祭となり，法皇の臨幸もあった。

今堀日吉神社　いまぼりひえじんじゃ　滋賀県東近江市に鎮座。延暦寺鎮守社の大津市坂本にある日吉大社を勧請した日吉神社の一つ。もともと日吉山王十禅師社の所領で比叡山東塔東谷仏頂尾の管領地とされる得珍保の鎮守社。当社の文書「今堀日吉神社文書」（影写本7冊）は「滋賀県史」にも収められ，「日吉神人」と自称した当地の住人，すなわち近江商人の行った商業の実際と内部組織や掟・取り決めを知るための中心史料である。その中には神事に関する約束事なども含まれ，神事奉仕を中心に結束していった惣の人々の経済的・社会的・宗教的生活を知ることができる。

今宮　いまみや　本宮に対し，分祀された神社。単なる新たな神社をもいう。「日本紀略」に京都祇園社が*疫神として先行しているのに対し，長保3年（1001）5月9日条で紫野に疫神を祀り（現，京都市北区紫野今宮町の*今宮神社），それを「今宮と号す」と称している例は，文字どおり新たな宮の意である。つまり，本宮に対する今宮でない例である。大阪市浪速区恵美須町の今宮戎神社の場合は，当社に隣接して広田神社があり，兵庫県西宮市の西宮戎神社と広田神社の関係をうけたものと思われ，西宮戎神社を本宮とする今宮にあたる。

今宮神社　いまみやじんじゃ　紫野社とも。京都市北区紫野今宮町に鎮座。現在の祭神は大己貴命・事代主命・奇稲田姫命。旧府社。「日本紀略」長保3年（1001）5月9日条に，天下疾疫により紫野に*疫神を祀るための*御霊会を執り行い，そのために木工寮・修理職が神殿三宇を建立して今宮社と号したとあり，これが今宮社の初見記事である。これより先の994年（正暦5）には，木工寮・修理職が神輿2基を造り，鎮座地近くの船岡山上に神輿を安置して疫神のために御霊会が行われている（「紀略」同年6月27日条）。*やすらい祭と今宮祭が有名で，今宮祭は1001年の紫野御霊会を起源とし，以後，公祭化して官幣が奉献されることとなる（「紀略」寛弘3年5月9日条，「百練抄」正元元年5月9日条）。なお，同社内より天治2年（1125）7月の紀年銘が刻まれている線刻四面仏石が発見されている。

今様　いまよう　平安中・後期に流行した当世風の歌謡。早くも10世紀末の「*枕草子」には「今様歌は長くてくせづいたり」とあるが，自由な表現と今めかしさをもった新興歌謡は，のち12世紀初めに爆発的に流行した。なかでも，後白河法皇は若い時からこれを愛好し，自ら今様を分類して「*梁塵秘抄」を撰した。

当風辻談義　いまようつじだんぎ　江戸中期の*談義本。全

5巻5冊。嫌阿弥陀仏の作。1753年(宝暦3)江戸の須原屋茂兵衛刊。前年刊の*静観房好阿の「*当世下手談義」がとりあげた芝居・開帳・豊後節などの江戸の庶民風俗を,その一話ごとに登場人物の設定もほぼそのままに逐一批判したものである。好阿の教訓調に比べ,庶民風俗や現実の都市社会を功利・享楽的な自由さの表れとして肯定的に受け止める。また,教訓に対する根本的な議論や批判よりは,うがちやへんちき論など戯作的な滑稽に興味が移っている。作者の事歴は未詳だが,法華僧であることは序文やその論からも明白で,翌54年刊の談義本評判記「千石簁」でも,日蓮宗から還俗した夜講釈師の三浦某と指摘されている。

当世下手談義 いまようへたたんぎ　*談義本の嚆矢。全5巻5冊,全7話。*静観房好阿の作。1752年(宝暦2)江戸で刊行。作者は大坂の僧侶で,見聞した江戸の流行風俗の種々を滑稽味を交えて教訓的見地から批評した。第1話では工藤祐経の亡霊が江戸歌舞伎での祐経は常に悪役であることを嘆き,さらに忠臣・孝子・烈女など教訓的な人物を描けば世の役に立つと説く。このほか,知足安分・質素倹約・俗信の排除などの庶民向けの教訓を説き,寺社の開帳・引札・豊後節などの江戸風俗を風刺的に描く。江戸戯作の嚆矢と評され(「古朽木」序),続編に「教訓続下手談義」があり,*伊藤単朴の「*教訓雑長持」(1752刊),嫌阿弥陀仏の「*当風辻談義」(1753刊)など追従作・批判作をうんだ。

忌 いみ　斎とも。神事などに際して畏まり慎むこと,また不浄・不吉を回避すること。平安時代初頭より「斎」は忌み清まる意,「忌」は忌み嫌う意として使い分けたとされる。祭祀を実修するために,心身の清浄を高め保つことが求められる。そのため祭祀奉仕者には,祭祀だけに専念する「致斎」と,その前後の「散斎」という一定期間の*斎戒が課される。「儀式」巻4によると,*大嘗祭の散斎は11月の1カ月間,致斎は同月の丑・寅・卯の3日間と規定され,その間の忌むべきこと6カ条として,〈喪を弔う,疾を問う,死罪を審理し,罪人を決罰する,音楽を作すこと〉,〈言語(*忌詞)のこと——死を直る,病を息む,哭を垂塩,血を赤汗,宍を菌と言い換えること〉,〈喪と産に与ること,雑蓄の死と産に触れること〉,〈穢悪に与ること〉,〈仏法を行うこと〉,〈挙哀,改葬のこと〉をあげている。また平安時代には,*陰陽道の盛行により,日常生活におけるさまざまな忌が設定され,外出をひかえる*物忌,また,大将軍・天一神・太白神などの時節ごとに遊行する神を避けるための方忌・*方違が行われた。

忌詞 いみことば　特定の場所(山・海など)や時(正月・夜など)にあたり,口にしてはならないとされた言葉,もしくはその代用の言葉。神木・神使など神や神聖性に関連する言葉,逆に死・血などにつながる不吉(不浄)な言葉がはばかられた。非力な人間にとり神・神聖性との接近・接触は,それが清浄・善であったとしても非常な危険を予測させた。よって人はそれとかかわる場所・時に直面する場合,不吉な言葉を避けるだけでなく,神や神聖性とかかわる言葉を不用意にだすことで,その過剰な力が発現する事態をも避ける必要があった(代用語の忌詞さえ極力使用は慎んだ)。これは「忌(斎)む」という態度が本来,清浄と不浄という二元論的な区別をこえた,過剰としての神聖性全体へと向けられていた事実に起因する。またその背景には,言葉の使用が類似の現実を生起させるとする言霊信仰がある。民間では山言葉・沖言葉・正月言葉・夜言葉・縁起言葉などがあり,たとえば神聖な場所である山では,神や神使の可能性さえある蛇をさして「クチナワ」などと言い換えた。なお,伊勢神宮には仏教や死を忌み,仏を「中子」,死を「奈保留」などとよぶ16の斎宮忌詞がある(「延喜式」)。

諱 いみな　人名のよびかた。実名・本名にあたる。平安時代以後,俗家に一字名・二字名が定着し,二字名の場合に同一の家流で名の上か下に法則的に同じ文字を系字として用い,行系字・列系字・班系字とよばれる。高貴な人との同諱をさけ,音読みして敬意を払う習慣があった。僧家では禅宗におい

いみび

て，道号に対する法諱の上字について特に系字の意識が発達し，その文字によって門派が推定できるほどに特定の文字が選択され，規則性を示した。夢窓派の「周」，大徳寺派の「宗」などがその例である。僧ははじめ諱をつけられ（安名），修行をへたのち道号を与えられるが，道号と法諱の文字をあわせて典拠のある熟語となるように工夫され，字諱相応とよばれる。真俗を含めて，ものの名がその本性を表すとみる「名詮自性」の観念があり，人名にもこの考えが反映した。→字

忌日 いみび →日忌

夷虜応接大意 いりょおうせつたいい 1853年（嘉永6）*横井小楠が，ロシアの外交使節プチャーチンとの応接掛となった旧知の*川路聖謨に，外国の使節への応接の基本方針についての自分の考えを示した文書。小楠はこの中で，応接の基本論理は「只此天地仁義の大道を貫くの条理を得」ることにあり，外夷に処する国是は「有道の国は通信を許し，無道の国は拒絶するの二ツ」であると断定する。そして，「有道無道を分たず一切拒絶する」のは「天地公共の実理」に反するという。本論で小楠はまだ攘夷論者でありつつ，普遍主義者としての思想的骨格を形成したといえよう。

彝倫抄 いりんしょう *松永尺五が著した，朱子学の立場からの倫理道徳の書。1冊。1640年（寛永17）自跋。三綱五常の道を説き，朱子学の立場を平易に説明している。「今此国仏法繁盛」とのべられるように，儒教の勢力の小さな状況の中で，啓蒙的な役割を演じた。朱子学の入門書として広く読まれた「北渓先生性理字義」に依拠するところが大きいが，仏教の五戒と儒教の五常を重ね，「敬」を説明するのに仏説を利用し，「孝」を説くにあたって「父母重恩経」を引くなど，中世の禅林での儒教理解に連続する過渡的な性格を併せもっている。

異類婚姻譚 いるいこんいんたん 人間と異類との婚姻を主題とする昔話。異類とは，鶴・狐・蛇・猿などの動物のほか，また鬼のような精霊をさす場合もある。このタイプは，「鶴女房」「狐女房」などにみられるように人間の男性と異類の女性とが婚姻する女房型と，「蛇婿入り」「猿婿入り」などにみられるように人間の女性と異類の男性とが婚姻する婿入り型との二つに大別される。これらの昔話の古型は，「古事記」の豊玉姫神話や三輪山の神話にみられる。そこでは人間と神の婚姻，英雄や一族の出自が語られている。しかし，異類婚姻譚では，動物を神とみる思想は薄れ，人間と動物の婚姻に対する嫌悪が前面にでることも多い。

色 いろ 「色」の語には，色彩，定められた服の色（服制など），ものの種類，顔色や表情，容姿などが美しいこと，男女の情愛に関することなど，多義の意味が包摂されている。しかし，日本の上代には「いろ」という語にこれほどの広がりはなかったと考えられる。まず古語にみられる色名のアカ・クロ・シロ・アオの4語は概念化した色相を表現するのではなく，アカ＝明，クロ＝暗，シロ＝顕，アオ＝漠を表しているとされる。自然事象の印象を視覚によって捉えてはいるが，今日的な色彩という抽象概念とは異なることがうかがえる。「*古事記」ではこの4色の色名が代表的なものだが，「*万葉集」に至って，さまざまな色名がみられるようになり，豊かな色相が表される。また「いろ」の語は，「雪の色を奪ひて咲ける梅の花」（「万葉集」巻5）のように用いられるが，「黄葉（黄はあからむの意）のにほひは繁し」（「万葉集」巻10）など，対象（特に植物やそれになぞらえるものなど）の鮮やかに映えてみえる色合いに「におひ（匂）」という語が多用される。「いろ」「におひ」とも色彩を表現する語として併用されていた。「万葉集」にみられる具体的な色名で最も多いのは「白」であるが，人工的に抽出された色としての染料名もよくみられる。たとえば「くれなゐ（紅）」は，呉の国（中国）から伝わった藍（染料の意）で，紅花で染められた赤色をさし，橡は，クヌギの実の煎じ汁を鉄媒染で染めた黒色をさすが，「紅は移ろふものそ橡のなれにし衣になほ及かめやも」（「万葉集」巻18）の歌には，「衣服令」の「家人奴婢」は，橡墨の衣」から，慣れ親しんだ妻を橡の衣に例えるなど，服制の影響もみることができる。位

階に応じた服色の制定を行った「衣服令」は中国唐代の影響をうけているが、中国では皇帝の衣服が黄色であるのに対し、この当時天子の衣服は、上代より神に捧げる神聖な「いろ」とされてきた白となっている。このように奈良朝までは、中国の影響をうけながらも固有の色彩観を保っていたことがうかがえるが、大和言葉の「いろ」に漢字の「色」があてられることで、漢字のもっていた意味が加わり、徐々に「いろ」の意味内容の拡大が進んでいった。

「形づくられたもの」というサンスクリット語のrūpaを漢訳した「色」が、物質的現象として存在するものを意味する語として漢訳仏典によってもたらされた。万物はすべて因縁によっておこる仮の相で、実体のないものとする「空」とともに用いられ、「*般若心経」の「色即是空、空即是色」など、大乗仏教の「*空」の思想を説く時、不可欠な概念として浸透していった。9世紀に入り、*空海は「声字実相義」において「色」(rūpa)を顕色(色彩に近いもの)・形色(形状)・表色(状態)と三分して定義する。特に「顕色」には黄・白・赤・黒・青・影・光・明・闇・雲・煙・霧・空をあげており、5色をそなえる中国的色彩観がうかがえるものの、上代以来の固有の色彩観と結びつく内容をも含んでいるといえる。つまり、「いろ」に漢字「色」をあてることの妥当性に連なる思想ともいえる。「いろは歌」は、伝説的に空海の作とされるものの、その成立は10世紀末以降と考えられるものであるが、「色は匂へど散りぬるを」には、仏教思想の「色」と「いろ」が融合した意味の広がりを見出せる。このように「いろ」の意味は、平安時代には大きく内容を拡大していく。

その一つが、「いろ」の男女の情愛に関する意味である。漢字の「色」は象形文字で男女和合の形を表しており、本来男女の情愛を意味する語であった。この漢字の意味が「いろ」に加わることで、平安時代、9世紀末から10世紀頃には成立していたと考えられる「いろごのみ」の語へとつながっていく。「いろごのみ」とは、異性との恋愛・情事にまつわる情趣をよく解し、多数の異性との間においても、それぞれ円満な恋愛関係を築くことができることや、またそのような人物をさす言葉で、たとえば「*源氏物語」の光源氏が一つの理想的な人物像といえる。漢語の「好色」は、後世よく使われるようになるが、その意味は肉体的な情事を好むこととされ、時として卑しまれるものであるが、「いろごのみ」は、これとは異なった肯定的な意味を含んでいる。「いろごのみ」のこうした意味をとりあげたのは*折口信夫である。文献に残る言語としては奈良朝以前に遡ることができない「いろごのみ」であるが、折口は、大和朝廷成立以前の神話的世界の大国主命や雄略天皇などに起源するもので、多くの女性(巫女)との恋愛を遂げることで宗教的な力をえて支配を広げるという、神や天子の強大な力とも結びつくものであったとする。「いろごのみ」の本質は、上古以来の日本の伝統の中に脈々と存在していたとしても、「いろ」を男女の恋愛にかかわる語として使用しだしたのは、やはり平安時代になってからのことと考えるのが妥当であろう。一方、「いろごのみ」の本質は時代が降るとともに失われ、近世になると「色」は遊里や情人など、性愛にかかわるものを表す意味に偏っていくことになり、そのイメージは現代にも引き継がれている。

色川三中 いろかわさんなか 1801〜55(享和元〜安政2) 江戸後期の国学者。通称は桂助・三郎兵衛・弥三郎、号は東海。常陸国土浦の商家に生まれ、家業を継ぐ。1836年(天保7)*橘守部に入門して国学を学び、以後、家業と学問を両立させる。家業が江戸の問屋と関係をもったことから、しばしば江戸に赴き、*平田篤胤・黒川春村・*大国隆正らと交流した。三中には守部の古道論の影響はみられず、古語や修辞を学ぶことを主とした。三中の学問において注目されるものは、土地制度・税制・度量の研究と史料の収集・編纂である。著書に「検田考証」「租庸調考」「度量衡考」などがある。

色部氏年中行事 いろべしねんじゅうぎょうじ 越後国北部の国人領主であった色部氏に伝えられた年中行事書。1冊。上杉景勝が越後国を支配

し、これに仕えた色部長真（ながざね）が当主であった天正～慶長(1573～1615)頃の作成と考えられている。正月行事が記述の中心であり、色部氏の一門や家臣、地域寺院の僧侶、さらには百姓たちの当主との対面儀礼などが細かく記されている。海に面していた色部領の状況を反映して、鮭・鮑・鯡などの海産物が多く記事にみえ、また粟島の百姓たちからの海産物進上にかかわる記述もある。中世の国人領主の年中行事として類をみないものであり、百姓たちと領主との儀礼的つながりをうかがわせる記事がみられることも貴重である。

岩倉遣外使節 いわくらけんがいしせつ　1871年(明治4)から73年にかけて欧米に派遣された使節団。岩倉具視（ともみ）を特命全権大使とし、木戸孝允（たかよし）・*大久保利通（としみち）・*伊藤博文（ひろぶみ）・山口尚芳（ますか）を副使に、各省から選抜された理事官ら46名と随従者18名が1年10カ月にわたってアメリカ、イギリス、フランス、ベルギー、オランダ、ドイツ、ロシアなど12カ国を歴訪し、73年9月に帰国した。また、*津田梅子ら5名の女子留学生を含む59名の留学生も同行した。派遣の目的は、条約締結国への図書の捧呈、条約改正の予備交渉、欧米各国の制度・文物の調査であったが、ワシントンで条約改正交渉に入ったものの成功せず、以後、制度・文物調査に主眼がおかれた。この歴訪の記録として久米邦武編修『*特命全権大使米欧回覧実記』が78年に刊行された。また、各省派遣の理事官も各々の視察目的に従って「理事功程（こうてい）」や復命書を作成しており、法律・経済・軍事・教育など多方面にわたってその後の制度形成や政策決定に寄与した。なお、使節団と留守政府との間には、政治上の大改革を行わないなどの協定があったが守られず、使節団の外遊体験による内治優先思想と相まって*征韓論をめぐる政治的対立をうむこととなった。

岩下壮一 いわしたそういち　1889～1940(明治22～昭和15)　近代日本カトリック界の理論的指導者。東京都出身。父は実業家岩下清周（きよちか）。暁星小学校・中学校をへて、1906年(明治39)第一高等学校文科甲類に入学する。東京帝国大学文学部哲学科では*ケーベルに師事、卒業論文はアウグスティヌス研究であった。東京帝大大学院、第七等学校教授をへて、19年(大正8)ヨーロッパに私費留学する(形式上は文部省留学生)。6年後、司祭に叙任されて帰国後は、カトリック思想家として活躍した。近代の「主観主義」ならびにその起源としてプロテスタンティズムを批判した。30年(昭和5)以降はハンセン病者のため、神山復生病院長としても尽力した。40年10月、興亜院の要請で中国へ行き、帰国後まもない同年12月病没した。著作に『信仰の遺産』(1941)、『中世哲学思想史研究』(1942)など、また『岩下壮一全集』全9巻・別巻1がある。

石清水八幡宮 いわしみずはちまんぐう　山城国綴喜郡、今の京都府八幡市の男山（おとこやま）に鎮座。祭神は八幡大菩薩・大帯命（おおたらしのみこと）・比咩大神（ひめおおかみ）。860年(貞観2)に大和国大安寺の僧*行教（ぎょうきょう）が、豊前国*宇佐八幡宮より勧請した。寺院組織に準じ、社僧が社務組織を掌握する宮寺（みやでら）制をとり、石清水八幡護国寺と称した。979年(天元2)3月に円融天皇がはじめて行幸し、1081年(永保元)には二十二社に加列した。942年(天慶5)に臨時祭が始められ、971年(天禄2)より3月午日（うまのひ）が恒例となる。863年以後、8月15日に*石清水放生会（ほうじょうえ）が行われる。護国神として、また伊勢神宮に次ぐ第二の宗廟として朝廷の尊崇が篤かったが、1046年(永承元)の源頼信の告文（こくもん）には、八幡を源氏の祖神とする旨がみえ、これ以降、源頼義（よりよし）・義家（よしいえ）父子とその信仰篤く、特に義家は八幡太郎とも称された。

石清水八幡宮の縁起 いわしみずはちまんぐうのえんぎ　京都府八幡市に鎮座する*石清水八幡宮の草創を伝える根本縁起。大安寺の*行教（ぎょうきょう）が記したという「石清水八幡宮護国寺略記」1巻と、平寿（たいらのひさし）という署名のある「石清水遷座略縁起」1巻の2種がある。後者の「略縁起」は、995年(長徳元)2月に前者の「略記」をもとにして編述したもので、内容は両書とも大同小異だが、「略縁起」には加筆した重要な記事もみられる。なお「略記」は、863年(貞観5)正月11日に述作したとされる。行教は、豊前国の宇佐宮三所大菩薩の託宣により、その神霊を京都南部の男山（おとこやま）の峰に勧請して社殿を造営し、これを石清水八幡宮と

石清水放生会〔いわしみずほうじょうえ〕　京都府八幡市に鎮座する*石清水八幡宮の最も重要な祭祀。863年（貞観5），宇佐八幡宮の放生会にならって始められたとの説がある。その後，948年（天暦2）に勅祭となり，974年（天延2）諸節会に準じて舞楽が行われ，1070年（延久2）行幸の儀に準じた神幸祭が行われるようになった。仏教の殺生禁断の思想にもとづき，魚鳥を池に放ち，天下太平を祈願して「最勝王経」を講じ，行道をなすなどの仏教儀礼が神前で行われた。1483年（文明15）に中絶したが，1679年（延宝7）に再興され，1868年（明治元）に中秋祭，さらに男山祭，1918年（大正7）に石清水祭と改称し，現在に至っている。祭日は9月15日だが，明治以前は旧暦8月15日に行われていた。→放生

岩にむす苔〔いわにむすこけ〕　江戸後期の政治意見書。館林藩士*生田万の著。1828年（文政11）25万両もの借財を抱える同藩へ，藩政改革提言書として提出された。全体の基調は倹約による支出抑制で，藩士の城下から農村への移住（武士の土着）を進め，過分な交際や奢侈などの都市生活的な風潮を抑えることで，財政の健全化を図るというのがその骨子である。またこのような風潮とからめ，藩の無駄な役職・人員の整理・削減や農民の年貢の引き下げ，国学の大学校設立などもあわせて主張された。本居宣長の「*秘本玉くしげ」を念頭に書かれるが，武士土着論など具体的施策に及んでいる点が注目される。

岩野泡鳴〔いわのほうめい〕　1873〜1920（明治6〜大正9）　明治・大正期の評論家・小説家。本名美衛。兵庫県津名郡洲本の生れ。大阪の泰西学館時代に受洗し，一時は伝道者を志す。東北学院在学中に戯曲「魂迷月中刃」を「女学雑誌」に発表する。1895年（明治28）竹腰幸と結婚。1901年第1詩集「露じも」を自費出版し，それから07年頃までが詩作の最盛期にあたり，1905年刊「悲恋悲歌」に収められた作品はこの間のものである。06年彼の文学の原理論となる「神秘的半獣主義」を刊行，09年*自然主義文学の代表作とされる「耽溺」を発表する。他方，事業に失敗して北海道を放浪し，のちに「放浪」以下の泡鳴五部作といわれる作品を発表する。生涯，一元描写論を貫いた。「泡鳴全集」全18巻がある。

岩淵夜話〔いわぶちやわ〕　→大道寺友山

巌本善治〔いわもとよしはる〕　1863〜1942（文久3〜昭和17）　明治期の女子教育家・文筆家。但馬国生れ。母の兄の養子となり京都で成長した。1876年（明治9）上京し，*中村正直の同人社に入学。80〜84年*津田仙の学農社農学校に学ぶ。彼らをとおして英・漢・農学と自由主義的な開明精神を学び，キリスト教と女子教育への関心も開かれた。さらに津田を介して木村熊二を知り，その思想・教育事業に共鳴し，83年木村より受洗した。85年「*女学雑誌」を創刊し，男女の平等社会のために「女学」の普及と振興が必要であると考えて，キリスト教の立場から女性の啓蒙と地位向上を図る幅広い議論を展開した。同じ85年，木村熊二・鐙子夫妻に協力して明治女学校を創立した。87年同校教頭，92年木村のあと校長となり，20余年にわたって同校を主宰し，自由開発主義の高い教育をめざした。89年*若松賤子と結婚。91年内村鑑三不敬事件（*第一高等中学校不敬事件）では，植村正久らとキリスト教側から反論を発表した。96年心血を注いだ明治女学校の火災，賤子の病死が続いた。1900年「女学雑誌」は*足尾鉱毒事件に関する記事で発行禁止処分をうけ，以後発行が不規則となり，1904年終刊した。明治女学校もしだいに経営が困難となって，08年閉校し，巌本も女子教育界から離れた。

巌谷小波〔いわやさざなみ〕　1870〜1933（明治3〜昭和8）　明治〜昭和初期の児童文学者・小説家・俳人。本名季雄。別号ははじめ漣山人・大江小波。幕末・明治期の書家巌谷一六の三男。東京麹町平河町の生れ。はじめ医家への道を歩まされるが，反発し文学の道を志す。1887年（明治20）*硯友社同人となり，「我楽多文庫」に「真如の月」を発表する。当時の作品はもっぱら少年少女の純愛をテーマとしていたが，91年近代日本初の児童文学「こがね丸」を執筆し，児童文学の確立者としての地位を築く。95年創刊の児童雑誌「少年世界」の主筆となる。「日本昔噺

」(1894〜96),「日本お伽噺」(1896〜98),「世界お伽噺」(1899〜1908),「世界お伽文庫」(1910)などで,内外の児童文学を組織的に集成・紹介した。

隠逸思想 実社会から遁れ,隠れて生活することを肯定的に捉える思想。もともとは中国における思想の一流である。「隠逸」の語は,「漢書」が初出とされる。隠逸思想を実践する人を意味する「逸民」「隠者」の語は「論語」にもみられ,ほかに「隠士」「逸士」「高逸」などともいわれた。今日,日本では「隠者」の語が一般によく使用されるようだが,古くは「世捨人」や「遁世者」がよく用いられた。また「後漢書」に「逸民伝」,「晋書」「宋書」に「隠逸伝」,「南斉書」に「高逸伝」などが設けられるなど,中国の史書には多くの隠逸者がとりあげられている。

日本で隠逸者をとりあげたものとしては,元政の「扶桑隠逸伝」(1664刊)とその続編となる義堂の「続扶桑隠逸伝」(1712刊)がよく知られる。「扶桑隠逸伝」では,役小角(*役行者)や蟬丸のような伝説的な人物や,仏教説話にとりあげられることの多い玄賓・*増賀らの,中世後期までの75名に及ぶ隠逸者がとりあげられている。また「続扶桑隠逸伝」では,善仲・清和天皇・*源信らから,近世の俳人*芭蕉まで90人ほどがとりあげられている。

隠逸の生き方の根底にあるのは,一般に清貧・守拙・自由・孤高であるとされる。中国では,「竹林の七賢人」に代表されるように,汚れた政治から離れて山などに隠遁し,文芸などに価値を見出し,自適な生き方をする隠逸が行われた。一方日本では,仏教と密接な関係をもちながら実践されることが多く,実社会を汚濁なものと捉え,それからの逃避をめざす仏道の修行者が,自適にすごす形が多くみられる。時代が下るにつれて隠逸の様相も変化していき,中世に比較して近世は,濁った実社会からの逃避というよりは,ありきたりな日常からの逃避といったものになるなど,その目的や実践の仕方が変貌し,宗教的なものにこだわらない,広い意味で使用されるようになる。中国では,山などに暮らすのではなく,市井に身を隠すことが真の隠逸であるとする考えがあったが,日本においても,市井の粋人などを「艶隠者」といって,これも隠逸として認識された。

また,隠逸者が著した作品は隠者文学と称され,それらは中世文学において重要な位置を占めている。「扶桑隠逸伝」には文学史上注目される人物が多くとりあげられているが,特に*西行・*鴨長明・*吉田兼好は隠者文学の代表的作者で,西行の俗世を避けて旅をした行為,長明の洛南日野法界寺の奥に結庵した行為,兼好の遁世をしながら俗人と交流を持ち続けた行為は,隠逸思想の表れと捉えることができる。長明の「*方丈記」と兼好の「*徒然草」は隠者文学の代表的作品である。⇒遁世

因果 いんが 仏教語。*因縁と果報,すなわち一切の現象における原因と結果の法則をいう。仏教の根本教説の一つで,一切の現象は決して偶然に起こるものではなく,すべて原因があって結果が生じるという法則下にあり,しかもその法則は前世・現世・来世の三世を通じて作用するとされる。そして善い行為(善業)には善い結果としての報いが,悪い行為(悪業)には悪い結果としての報いが生じるとされ,これを「善因善果,悪因悪果」といい,端的に「因果応報」とも称する。平安初期の「*日本霊異記」序文には「因果の報を示すにあらずは,何に由りてか悪心を改めて善道を修めむ」と記されているが,後世には主として「果報」の語が善い面で,「因果」の語が悪い面で使用されるようになった。⇒縁

因果物語 いんがものがたり 江戸前期の*仮名草子。*鈴木正三の著。片仮名本3巻,平仮名本6巻,ほかに抄出本1巻。正三が見聞した怨霊怪奇の実話を,1628年(寛永5)から正三の没する2年前の52年(承応元)までの長期にわたり集録したものである。弟子の雲歩が刊行した片仮名本の序文に「門人堅秘シテ世ニ出デザル也」とあり,正三は刊行を意図せず,一門内での唱導・談義の題材に用いられていた。実話集の体裁でコメントは付されなかったが,58年(万治元)頃に教訓文言を加えた平仮名本が刊行され(浅井了意刊行説があ

る），それに対抗して61年（寛文元）正三真本が片仮名本で出版された。本書にみられる過去の因果からの脱却には現在の一念が重要とする考え方は，正三の思想の基本を表すものとして注目される。

隠渓智脱 いんけいちだつ　生没年不詳　江戸前期の臨済宗の僧。京都妙心寺の塔頭蟠桃院4世。通称は脱蔵主だつぞうす。*山崎闇斎きんが妙心寺の塔頭大通院で湘南しょうなんの弟子として絶蔵主ぜつぞうすとよばれていた時に交友した。闇斎の排仏論書である「*闢異へき」に対して，その反駁書である「*儒仏合論」を著した。

隠元隆琦 いんげんりゅうき　1592～1673（明・万暦20～延宝元）　江戸前期の*黄檗宗おうばくの渡来僧。万福寺まんぷくの開祖。諱は隆琦，道号は隠元，号は松隠堂，諡は大光普照だいこうふしょう国師・仏慈広鑑国師・径山けいさん首出国師・覚性円明国師・真空大師・華光大師。俗姓は林氏。中国福州福清県の人。はじめ農業に従事したが，23歳の時に普陀山ふだの潮音洞主の茶頭となり，1634年費隠通容ひいんつうようの法を嗣ぎ，37年福州黄檗山に住し祖風宣揚と堂宇設営に尽力した。明王朝衰退期の54年（承応3）、長崎興福寺の逸然いつねんらの招請によって門弟を引き連れて同寺に入った。翌年，妙心寺の*竜渓性潜りゅうけいしょうせんの帰依をうけて摂津国普門寺に入り，後水尾ごみず天皇に謁した。58年（万治元）江戸で将軍徳川家綱に謁し，山城国宇治に寺領400石を与えられ，61年（寛文元）万福寺を創建した。隠元は戒律を重視し，浄禅一致・念仏禅をかかげ，伽藍様式をはじめ行儀・儀式など明の風習を伝え，日本臨済宗と一線を画して黄檗宗を開宗した。また煎茶法とその製法を伝え，書・画・漢詩に秀でた。著作は「普照国師語録」3巻，「隠元禅師語録」16巻，「黄檗清規しんぎ」「雲濤集うんとう」「太和集たいわ」など。

隠語 いんご　一般社会に通用する言葉とは別に，特殊な集団・職業において使用された言葉。また，特定の故事・典拠に還元しなければ正確な意味がわからない言葉。狭義には暗号・符丁のように，特定の職業で慣習的に用いられるものをさし，広義には別号・異名のように，各時代の文化活動における表現技巧としての言葉も含む。狭義の隠語は，音節の反転，音節の省略・添加，形態や色彩の転用・連想，禁忌による反対語など，成立に法則性があり，集団の構成員にだけ通用して，内部において結束を固め，外部に対して排他的な人工的言語であることで共通している。広義の隠語には，僧侶・公家などの知識人が仏典・経書・古典などの教養を前提に，典拠となる文脈から特定の言葉を切り離して別の文脈にくみいれた異名・機縁語きえんごなどが含まれる。素養がなければ意味が通じないが，あれば集団の内外にかかわらず，重層的な語感とやや複雑な文章技巧を味得しうる。特に中世・近世の禅林では，中国の古典・禅籍など共通する素養をもとに，四六文しろくぶんや偈頌げじゅにおいて，この技巧が発揮された。多用された語彙の一部は，日常の日記・書状などにも用いられた。たとえば，中国浙江省の径山けいさんとよばれる峰の麓に中国五山の一つ能仁興聖万寿禅寺のうにんこうしょうまんじゅぜんじがあり，ここに住した無準師範ぶじゅんが日本僧に大きな影響を与えたことから，日本では「径山」「径塢けいう」で無準をさすことがあった。酒を「羅浮春らふしゅん」「青州従事じゅうじ」「玉瀾ぎょくらん」など，銭100文を「天竜てんりゅう」，500文を「煙景えんけい」といい，麺を「引水いんすい」，香炉を「博山はくざん」，盗賊を「緑林りょくりん」と言い換えたのがその例である。それぞれ典拠があったが，時代が下るにつれて意味不明となり，古辞書などに付載されてわずかに記憶された。

印刷文化 いんさつぶんか　書写に代わって印刷により作品を量産する活動とその作品。最古の印刷物で現存するのは，8世紀に作られ法隆寺に伝わる「百万塔陀羅尼どうだらに」。平安末期に死者供養のために経文を印刷する摺経すりきょうが流行し，印刷術は京都から奈良・高野山に伝わった。奈良興福寺の印刷物は春日社に奉納されて，「春日版かすが」とよばれる。高野山では祈禱のための願経が多く印刷され，のちにその影響で根来寺の「根来版ねごろ」がでた。京都の比叡山・東寺・知恩院，大和国の東大寺・法隆寺でも印刷が盛んであった。印刷文化は書籍を中心に発達し，鎌倉時代に禅宗が定着すると室町時代にかけて，五山など禅宗関係者による「*五山版ござん」が普及した。中国の宋元版覆刻を中心に日本僧の*語録・詩文集，辞書なども出版された。南北朝期に集

いんし

団で移住した元の刻工に依存するところが大きい。戦国期には豊臣秀吉の朝鮮出兵によって多数の朝鮮本と活版印刷術が請来された。キリスト教宣教師による「キリシタン版」もある。江戸初期には「勅版(ちょくはん)」「古活字版(こかつじばん)」が出版され、さらに整版(せいはん)の技法により、民間の出版元が企画・販売して、漢籍・仏書のほかに、物語・歌書・絵草紙など、新しい分野が開発された。出版物が仏教から離れて、大衆の嗜好にあわせて市場を開拓した動きは注目すべきものである。明治期には近代印刷による出版が盛んとなり、啓蒙運動や教育普及の有効な手段となった。

淫祠 いんし *道祖神(どうそじん)など性に関係する神々を祀った祠。また時の為政者からみて反体制的だと判断され、取締りや禁断の対象となった祭祀施設およびその呼称である。

陰隲録 いんしつろく →善書(ぜんしょ)

隠者 いんじゃ →隠逸思想(いんいつしそう)

印章 いんしょう 古く公式令(くしきりょう)に規定された公文書には官印が捺され、個人も私印を捺す風潮がみられた。公式様文書が衰えると官印も廃れ、私印もみられなくなった。鎌倉時代、宋・元との通交が盛んとなって、中国における印章使用の習慣が伝えられると、それ以後禅僧およびこれに帰依した武士が用いるようになった。この頃は画像の賛(さん)や蔵書印・鑑蔵印(かんぞういん)として使われ、まだ自署・花押(かおう)の代用をするものではなかった。花押の代わりに印章が用いられたのは、禅僧では南北朝期、武士では室町中期になってからである。

戦国期になると多くの武将が使い、小田原北条氏は家印・個人印・特殊文書専用印を用意して、用途によって使い分けた。花押のように本人でなければ書けないものではないことから、幼少であったり、病気・怪我などで花押が書けない場合に用いられた。また諸大名が領国統治のために用いた例では、厚礼を要しない場合、同文の文書を一時に多数発給する場合などに始まって、領主の権威を象徴するものとして、大型で、印文・図柄・印の形の特殊を互いに競った。織田信長の例では、ある時期から印章のみを用いて花押を書かなくなったことが知られ、信長は楕円形朱印「天下布武(てんかふぶ)」をはじめ、いくつかの変化した印章を使い、子たちもその印文に代々の統治理想を表現する文字を選んだ。印章は東国で多く使われ、西国に少ない。九州の大名には、キリシタン信仰の影響で、ローマ字印がみられた。

印章を文書のどの位置に捺すかは家によって異なる場合があった。印肉の色は、特殊な例として紫・青色があるほかは、多くは朱・黒色が用いられた。同じ印では朱印(しゅいん)が厚礼、黒印(こくいん)は薄礼とされた。室町時代の印章は単純・簡素なものであり、戦国期の諸大名の印章は、その形態・印文などに時代の政治思想・美意識などが反映されたものが多い。江戸時代には、それ以前の伝統と中国文人の新たな影響によって、書画世界で篆刻(てんこく)が流行し、多様・華麗な印章が用いられ、印譜(いんぷ)が作られるなどして流行した。

引接 いんじょう 引摂(いんじょう)とも。迎接(ごうしょう)と同義。来迎(らいごう)の語もほぼ同じ意味で用いられることが多いが、厳密には、仏が臨終に臨んだ人を迎えとるために現世へ来たり(来迎)、仏国土(ぶっこくど)へ引導(いんどう)するまでをいう。*浄土教において用いられることの多い概念であるため、阿弥陀如来の*極楽浄土への引接が最も一般的であるが、中世には弥勒(みろく)菩薩や地蔵菩薩などの他尊の来迎引接も思想として成立する。ただし浄土教以外の仏典などで用いられる場合、必ずしも臨終時に限らず、平生の教化・教導をさす場合もある。

印信 いんじん 仏教の付法状(ふほうじょう)の一種で、師から弟子への伝授を証明する文書。もと中国で証拠という意味に用いられたが、のちには印可(いんか)を与えるための文書の意味に限定されていく。特に密教で*灌頂(かんじょう)などの際、事相(じそう)伝授のために授与され、10世紀初頭を初見とする。狭義には、伝授された印契(いんげい)・真言(しんごん)、伝授の日付、受者名、伝授の大阿闍梨(だいあじゃり)の名などが記された「印明(いんみょう)」をさすが、「*血脈(けちみゃく)」「紹文(じょうもん)」などを加えて「印信」と総称されることもある。印信は原則として受者の死去とともに破棄するものとされ、多くは写しの形で伝来するが、派祖などの印信は一流の正統性を証明する機能を派生し、正文(しょうもん)が伝来する場合もある。

院政 いんせい *上皇あるいは*法皇が院庁(いんのちょう)を

おいて国政をつかさどる政治形態。特に1086年(応徳3)の白河上皇による院政からをいう。中世から江戸時代末の光格上皇まで，建武の中興時の中断をはさんで形式的には続くが，特に白河・鳥羽・後白河3代の時代を院政期とよぶ。上皇が政治をみることは，なにも目新しいことではなく，奈良時代においてすでに持統上皇は文武天皇と並んで政治をみた。嵯峨上皇や宇多上皇・円融上皇にもその片鱗はうかがわれる。院政は摂関政治に対する王権の対抗措置として現れたといわれているが，摂関時代の一条天皇から後三条天皇までは，現天皇が即位した時にはその父の天皇は他界しており，父天皇に代わって母后が発言権をえ，その母后を媒介として外戚である*摂政・関白が権勢をえた時代であった。したがって，白河以後は，ふたたび父天皇の存在と権威がとりもどされた時代ともいえる。

院政文化 1070年代から1170年代頃まで，後三条天皇時代から後白河院政期にかけての文化の総称。貴族的で物静かな特徴をもった前代の藤原文化と対比される。(1)のちに天皇の氏寺とよばれた法勝寺の造営や鳥羽離宮・*蓮華王院などのあいつぐ巨大土木工事，(2)「*今昔物語集」にみる膨大な量の説話の編纂や，蓮華王院における1001体の千手観音像の造造などに代表される数量的文化，(3)それらの説話集や「*梁塵秘抄」，また「*信貴山縁起絵巻」や「*鳥獣戯画」などの絵巻物，また田楽騒動などにみられるような庶民性・奇抜性，そして一種の騒々しさなどをともなった性格が，この院政文化を特色づけている。

白河・鳥羽両院のあいつぐ造寺造仏の中で，多くの仏画が制作された。鮮烈な色彩と技巧に富む京都国立博物館「十二天画像」，東寺「五大明王画像」，神護寺「釈迦如来画像」，東京国立博物館「孔雀明王画像」などはその代表である。仏像彫刻は，寺院造営ラッシュの大量生産の中で創造性を失い，型にはまった作品が多く，残念ながらみるべき作品に乏しい。しかし，12世紀半ばに入ると奈良仏師によって，京都とは違った自由な作風が試みられ，長岳寺阿弥陀三尊像

(1151)には玉眼の嵌入など新しい手法もみられ，鎌倉彫刻の萌芽がみられるようになる。書においては，11世紀末に藤原伊房がととのった形よりも速度と変化をめざした仮名を書き，12世紀初めは仮名書の爛熟期の様相をみせている。「関戸本古今集」，「元永本古今集」，西本願寺「三十六人家集」などがこの期の仮名を代表している。

陰徳太平記 毛利氏の中国制覇を中心に，戦国期から織豊期に至るおよそ110年間の西日本を舞台とする諸家の盛衰を記述した軍記。全81巻。香川正矩原作，宣阿(正矩の次男で歌人，俗名は景継)補訂。1695年(元禄8)頃成立。1712年(正徳2)刊行(近年，1717年〈享保2〉頃の刊行とする説がある)。正矩は岩国吉川家の老臣として，吉川氏歴代の武功と祖先の忠勇を後世に伝えるため原作「陰徳記」を書いた。「陰徳記」と題したのは「陰徳有れば必ず陽報有り」(人知れずなした善行には必ずよき報いがある)という陰徳思想をふまえ，子孫に「戦を好むことを誡めて徳を積むこと」を求めたからである(宇都宮遯庵の序)。宣阿はこの陰徳思想により，事実を曲げながら毛利元就を陰徳の人として理想化している。なお，本書刊行の経費を拠出した岩国藩からも，家格上昇を意図する加筆修正の指示があったといわれる。

因縁 仏教における根本的な思想を表す語。因とは結果を生じさせる直接の原因，縁は因を助長する間接の原因。この世のすべての存在は，因縁によって生じ，因縁によって滅すると説かれる。因と縁が相互に作用して結果の生ずることを，因縁合成もしくは因縁和合という。転じて，前世から定まっていたつながりのことや，単なる原因・理由のことをも因縁という。さらには，無理な理由，言いがかりのことを意味することもある。⇒因果

印仏 仏像や*名号などを版木に刻み付け，押印したもの。一座の供養を終えるたびに一体印仏することが多いと考えられ，おびただしい数量を一紙に印仏することもある。*追善・*逆修のために行われることが多いが，追善の場合には，しばしば被供養者の生前の消息などを集めて料紙とし，その

紙背に印仏する。供養が終わると、遺髪などの遺品とともに仏像の胎内に一括して納められることもあり、胎内文書として現存するものが多い。印仏はすでに平安時代には行われていたが、東京都日野市の高幡(たかはた)不動尊(金剛寺)不動明王像や、最近発見された栃木県真岡(もおか)市の荘厳寺(そうごんじ)不動明王像の胎内文書には、いずれも南北朝期の印仏がみられ、貴重である。

忌部神道(いんべしんとう)

根本崇源(こんぽんそうげん)神道とも。＊忌部正通(まさみち)の唱えた神道。正通の伝記は未詳であるが、南北朝期の神道家といわれている。忌部神道の根本経典は「日本書紀」神代巻の注釈書「＊神代巻口訣(じんだいのまきくけつ)」5巻であり、当書を中心に展開した神道説である。その成立については序文の終りに「貞治丁未黄鐘(こうしょう)水泉動日、忌部正通謹て識す」とあることから、1367年(貞治6・正平22)11月に忌部正通が書き記したことがわかる。しかし、朱子学の宇宙論である理気説(りきせつ)の影響がみられること、天御中主神(あめのみなかぬしのかみ)を明理の本源とする神道説を展開していることなどから、当書を思想的には近世初期の偽作とする説もある。なお、神の語源を「上は神、常に高天原(たかまのはら)に在す故に、宇会(うえ)を嘉牟(かむ)と云ふ」と説くことが注目される。これは〈神は上なり〉との語源説の嚆矢であり、この説はその後に影響を及ぼし、明治期には定説のようになった。

正通は儒教や仏教は異国の善道としてこれらを排し、わが国の正路は神道であると説いた。一方、江戸時代に活躍した忌部坦斎(いんべたんさい)(広田丹斎とも)の説いた神道を忌部神道と称する場合もあり、この神道の別名である根本崇源神道との名称は、坦斎の「神代巻神亀抄」の中にみえる用語である。＊垂加(すいか)神道を創唱した＊山崎闇斎(あんさい)は、忌部神道から多大な影響をうけた一人である。

忌部正通(いんべまさみち)

生没年不詳　南北朝期の神道家。忌部氏は朝廷の祭祀を担当した古代の氏族で、正通もその系統に連なる人物と推定されるが、生涯の事跡は不明である。通説に従えば、「＊神代巻口訣(じんだいのまきくけつ)」の序文に「貞治丁未黄鐘(こうしょう)水泉動日、忌部正通謹て識す」とみえるその人であるという。これが正しいとすれば、正通は1367年(貞治6・正平22)11月に、「＊日本書紀」神代巻の注釈書全5巻を完成したことになるが、思想史上からみて本書の成立を近世初期とする見解もある。正通は儒・仏二道を異国の善道と認め、神道をわが国の正しき路とし、天命を仰ぎ、明理を尊び、元を元とする教えと主張する。このような神道説は宋学の理気説(りきせつ)を基本としたもので、その論理を応用して「日本書紀」神代巻を注釈した。

まず神を解釈して「神者清明之理」とのべる。これは神とは理の最も清く明らかなものとの意で、この清明の理こそが神の本質であると説く。神の語源もカムカミ(鑑)がつづまってカミとなったといい、神慮とは明鏡が万物を照らすように、一法も捨てず、一塵もうけないとのべ、鏡をして清明なる理の表象と考えたのである。そして、このような清明な理体は天にあれば神、万物にあれば霊、人間にあれば真心とものべる。天地を未分以前と以後とに分け、前者を空虚といい、よって＊高天原(たかまがはら)は「空虚清浄」であり、そこで生成した天御中主尊(あめのみなかぬしのみこと)は明理の本源で、これが人間にあっては一念もなき胸中であると説き、ついで神と人との関係に言及している。さらに開闢後へと展開し、高皇産霊(たかみむすひの)尊は万物を化生し、神皇産霊(かみむすひの)尊は生物の魂を生成したとのべ、これら天御中主尊・高皇産霊尊・神皇産霊尊の3神は1神にして国常立(くにとこだちの)尊とも同一の理とし、これが神道の眼目であると説いている。

正通の神道説は哲学的・理論的で宗教味の薄い内容であったが、のちの儒学者などに影響を及ぼした。なかでも江戸初期の忌部(広田)坦斎(たんさい)は、正通の思想を継承して＊忌部神道を形成した。また＊山崎闇斎(あんさい)は「神代巻口訣」を重視し、これを校刊している。

忌部八箇祝詞(いんべはっかのりと)

「忌部色布知(いんべしこぶち)八箇祝詞」「八箇祝詞」とも。＊忌部神道の聖典の一つ。忌部氏の遠祖天太玉命(あめのふとだまのみこと)の口訣(くけつ)として同家に伝来したものを忌部色布知(色布智・色夫知・色弗、？～701)がはじめて文字化したといわれている。一説に忌部連(いんべのむらじ)自丸の作とも伝える。「土金之伝(つつみのでん)」は土金(つつみ)の思想を重視しており、そこには伊

勢神道の影響がみられる。おそらく伊勢神道の系統を引く忌部氏の誰かによる偽作と思われる。内容は天地祝詞・陽祝詞・陰祝詞・木祝詞・火祝詞・土祝詞・金祝詞・水祝詞の8章からなるので「八箇祝詞」という。なお，土金の思想は*垂加神道に影響を与え，注釈書として伴部安崇（とものべやすたか）の「八箇祝詞解」などがある。

允澎入唐記（いんぽうにっとうき） →釈笑雲入明記（しゃくしょううんにゅうみんき）

印融（いんゆう） 1435〜1519（永享7〜永正16） 室町後期の学僧。武蔵国久良岐（くらき）郡の人。1459年（長禄3）に武蔵国小机鳥山の三会寺（さんねじ）において賢継（けんけい）より法を授けられ，受法を重ねて真言宗三宝院流の正嫡の地位に立った。一時高野山に赴き，無量光院の中興をはたしたが，まもなく関東に戻り，武蔵国榎下（えのした）の観護寺，金沢の光徳寺，麻生の王禅寺などに住しながら，多くの僧侶に法を授け，膨大な数の聖教の書写に励み，独自の著作も残した。特に晩年，中世の代表的な百科事典とされる「塵袋（ちりぶくろ）」の書写をはたしたことは特筆される。1519年（永正16）8月に観護寺で没する。享年85。室町後期の代表的真言僧であり，関東における真言宗の発展を象徴する人物といえる。

陰陽五行説（いんようごぎょうせつ） 陰陽は「周易」の繋辞伝（けいじでん）に，八卦（はっけ）の構成要素である二気の名としてみえるが，易は陰陽の消長を自然の変化，また天地間のあらゆる事象は陰陽二気の消長によると説く。五行（水・火・木・金・土）の名は「書経（尚書）」の甘誓（かんせい）にみえるが，その思想は同経の洪範篇，特に戦国時代の陰陽家鄒衍（すうえん）（騶衍）の五行説の影響をうけた仮託の作という「洪範九疇（こうはんきゅうちゅう）」に詳しい。五行は単なる人生に必要な具との原始的意味から発展し，天地間のすべての事物を生ずる元素と考えられるに至り，五行の配当が行われ，鄒衍の五徳終始篇に至って相生（そうじょう）（木・火・土・金・水）・相剋（そうこく）（木・土・水・火・金）の説が行われた。戦国時代には五行家と陰陽家とはほとんど同一学派と考えられており，この鄒衍の五行説は秦をへて漢代に至り流行し，政治や道徳の思想に大きな影響を与えたが，ついには混和して陰陽五行説にまで発展した。古代の中国思想にあっては，この陰陽説と五行説とが，天地間における事象の生成変化を最も合理的に説明する思想であった。

蔭凉軒日録（いんりょうけんにちろく） 室町時代，蔭凉軒主の公務日記。1435〜93年（永享7〜明応2）の記事があるが，途中の応仁の乱当時の記事が欠ける。蔭凉職（いんりょうしき）はもと将軍家の侍僧役で，のち僧事に関する披露奉行の役を務め，一山派（いっさんは）の拠点であった。五山制度は夢窓派（むそうは）が圧倒的な勢力をもち，その統轄機関である鹿苑僧録（ろくおんそうろく）の支配下にあったが，将軍と僧録の間を連絡して諸寺住持公帖（くじょう）の発給など細かな実務にたずさわる職務柄しだいに実権をもつようになり，禅林内部のようすが細かに記録されている。1435〜41年（永享7〜嘉吉元）と1458〜66年（長禄2〜文正元）の記主は季瓊真蘂（きけいしんずい）で，「永享（えいきょう）日録」「季瓊日録」ともよばれる。1484〜93年（文明16〜明応2）の記主は亀泉集証（きせんしゅうしょう）で，84年8〜12月の記事は亀泉の就任以前にあたるが，前任者の益之宗箴（えきししゅうしん）に代わって執筆した。また93年4月に辞任したが，死去直前の9月まで執筆している。亀泉の日録は，「季瓊日録」に比べて私的な性格が強くなった。もと原本が大正初期に東京帝国大学付属図書館に購入されたが，関東大震災で焼失した。写本は比較的多くあり，伊達家旧蔵の東京国立博物館本，江戸幕府が原本から謄写した国立公文書館内閣文庫本（翰林（かんりん）本），金沢藩前田綱紀（つなのり）が原本を影写させた尊経閣文庫本などが良本として知られる。刊本は数種ある。

う

うひ山ぶみ 「宇比山踏」（外題）とも。*本居宣長の著作。1巻。1798年（寛政10）成立，翌年刊行。初学者に学問の精神と研究方法を説いた書。まず本文を立て，次にそれを項目ごとに敷衍してのべる構成となっている。不断に勉学することの重要性を説き，漢学を含めた古典や語学の学習と和歌の実作とを不可欠なものとしつつ，漢意に陥らないようにと注意を促している。宣長最晩年の著であり，「*古事記伝」の執筆などでえた自らの体験を簡潔に示している。神学，官職・儀式・律令の学，有職学，国史の学，歌学という宣長の古学領域の概要を知ることができ，宣長学入門の書としての性格ももつ。

上河淇水 1748～1817（寛延元～文化14） 江戸後期の石門心学者。諱は正揚，通称は蔵蔵，淇水は号。近江国神崎郡今田居の士族志賀家に生まれ，京都の*手島堵庵に養われ，その嗣子となった。堵庵の母方の生家上河氏を名乗り，1791年（寛政3），堵庵・手島和庵のあとをうけて明倫舎3世舎主となり，これより約30年間，門弟の養成と全国の*心学講舎の統御に専念した。儒学，特に朱子学に造詣が深く，心学の教化理念をここに基礎づけ，*石田梅岩・堵庵の思想を堯・舜このかた孔子・孟子をへて朱子に至る系譜に位置づけた。このため，儒・仏・神三教を広くとりいれようとする関東の心学者との間に，しだいに対立の溝を深めた。著書に「心学承伝之図」「聖賢証語国字解」がある。→石門心学

植木枝盛 1857～92（安政4～明治25） 明治期の自由民権家。自由民権運動を代表する理論家。高知藩士植木直枝の長男として土佐国土佐郡井口村中須賀で生まれる。1867年（慶応3）藩校致道館に入学。73年（明治6）2月，東京の南海私学に入学するも，学校の方針に不満をもち12月帰郷する。74年4月立志社の創設期の活動にふれて関心をもつ。75年1月に再度上京し，以後2年間遊学生活を送り，三田演説会・明六社演説会にはほぼ毎回出席する。76年2月，「郵便報知新聞」掲載の「猿人君主」が新聞紙条例にふれて，禁獄2カ月に処され入獄する。同年9月，*板垣退助の家に寄寓し，77年2月，高知に帰郷後，立志社建白や立志社機関誌「海南新誌」「土陽雑誌」（のち「土陽新聞」）の編集の任にあたる。さらに愛国社の再興にも尽力し，南海・山陰・山陽の各地を遊説した。愛国社機関誌「*愛国志林」「愛国新誌」の編集に関与した。81年8月頃，私擬憲法「*日本国国憲案」を起草，同年10月の自由党結成に参加する。82年5月，官憲を出し抜いて京都で酒屋会議を開催し，増税反対を決議した。自由党解党後の85年3月高知に帰郷し，「土陽新聞」補助員となり，婦人解放・家庭改革論などを多数執筆するとともに，86年から88年まで高知県会議員となる。植木の主張は，人民の「自主自由」の強調，憲法に依存せぬ天賦の「民権」に特徴づけられる。90年7月の第1回総選挙で愛国公党より当選し，のち立憲自由党に参加するも，翌年2月の予算審議でいわゆる「土佐派の裏切り」に加担し，一時自由党を離れる。92年1月，胃腸病が悪化し没した。主著に「民権自由論」（1879），「言論自由論」（1880），「天賦人権弁」（1883），「一局議院論」（1884），「東洋之婦女」（1889）などがあるほか，新聞・雑誌に多数の論稿がある。

植崎九八郎 1756～1807（宝暦6～文化4） 江戸後期の幕臣。名は政由，通称は九八郎。小普請組の旗本で，40俵二人扶持。1787年（天明7），この年，老中に就任した*松平定信に，田沼意次の金権政治を批判した上申書を提出した（「植崎九八郎上書」）。そこでは，田沼の賄賂政治と「金銀より上の大切成もの」はないとする風潮に対して，年貢・公役の軽減，消費の抑制の「仁政」と，才徳ある人材の登用を求めている。この時点では，定信に期待をかけていたが，1801年（享和元）には，寛政の改革を批判する「*賤策雑収」を幕府に建言している。1782年に家督を継いで以来，「賤策雑収」を上申するまでの20年間，何の役にも就

かず小普請組に属していたが、この建言のため罪をえた。

上杉定正状（うえすぎさだまさじょう）
1489年（延徳元）、扇谷上杉家の当主定正が養嗣子朝良とその側近の家臣を訓戒するために書いた家訓。定正は学問・芸能、身分的権威などを無意味なものとして否定し、経験に根ざした現実的・合理的な知力と武略を重視する。したがって「論語」「孝経」や「七書」（「孫子」など7部の中国兵書）といった儒書・兵書を無用の書ときめつけ、これらは大国（中国）の観念的知識をのべたもので、わが国の現実に適合しないという。そして学ぶべきことは実戦の経験からえられた軍陣の組織、統率の方策、攻守の戦法などであるとし、そのため合戦の経験者から話を聞き、合戦について語り合うことを勧める。まさしく本状は、*下剋上の乱世を実力主義の精神をもって生き抜こうとした武将の家訓である。

上杉慎吉（うえすぎしんきち）
1878〜1929（明治11〜昭和4）　明治・大正期の憲法学者・行政法学者。福井に生まれ、医師の父の転勤にともなって武生・輪島・金沢と転居する。1903年（明治36）東京帝国大学法科大学を卒業後、法科大学長*穂積八束の推薦により、助教授に任ぜられる。12年穂積の後継として憲法講座担当の教授となる。初期の上杉は、「天皇ヲ国家ノ機関ト見」（「帝国憲法」、1905）る天皇機関説に立脚した憲法論を唱えていたが、1906〜09年のヨーロッパ在外研究をへて、国家主義的イデオロギー、君主権の復権、議会制・政党制への敵視に傾く。11年、根本的に真っ向から対立する憲法論を展開した、上杉の「国民教育帝国憲法講義」と*美濃部達吉の「憲法講話」とがほぼ同時期に公刊され、両者の相互批判から、いわゆる*天皇機関説論争に発展した。この論争で、上杉は学問的に論破され、しだいにアカデミズムの世界から退き、政治的活動に力を注ぐことになる。著書には「帝国憲法述義」（1914）、「議会政党及政府」（1916）、「国体論」（1925）、「国家論」（1925）がある。

上杉憲実（うえすぎのりざね）
1410〜66（応永17〜文正元）　室町時代の武将。越後守護上杉房方の子で、本家筋の上杉憲基の跡を継ぎ、関東管領となる。鎌倉公方足利持氏を補佐しつつ関東の政務にあたり、京都の将軍足利義教と持氏の対立が深まる中で、両者の和解を求めて腐心する。結局、公方持氏との間に亀裂を生じ、1438年（永享10）に幕府軍の侵攻を招いて、翌年持氏を滅ぼすこととなった。こうして憲実は関東の政治の中心に立ったが、ただちに出家して政界からの引退を表明した。その後、幕府の要請によって一時俗界に復帰するが、47年（文安4）頃に伊豆国に退隠した。さらに弟の道悦とともに諸国を巡歴し、晩年に住した長門国の大寧寺において没した。享年57。幕府の信頼厚い有能な政治家でありながら、政務復帰をかたくなに拒否し、子息たちもほとんど出家させて政治にたずさわることを強く戒め、諸国を巡歴したその生き方は、尋常とは異なるものとして当時の人からも注目を集めた。下野国の*足利学校を再興したことでも知られ、「尚書正義」などの書物を寄進している。

上田秋成（うえだあきなり）
1734〜1809（享保19〜文化6）　江戸中期の読本作者・国学者・歌人。名は東作、別号に無腸・余斎など。秋成は字である。大坂に生まれる。母は大和国樋野村の松尾氏の女。大坂の商家上田氏の養子となり、青年時は自ら浮浪子と称するような放蕩の時期もあったらしい。38歳の時に罹災し、生業を廃して、*都賀庭鐘に学んだ医学で生活した。1793年（寛政5）に家郷を捨てて京都に移り、*小沢蘆庵・*村瀬栲亭らと交遊し、多くの著述をなした。門人の羽倉信美の邸で没した。

同時代には歌道の達人と評されたが、江戸時代の怪異小説の白眉「*雨月物語」（1776）、晩年の独自の運命観を託した「春雨物語」（1808頃）などの作品がある。国学は、賀茂真淵門の*加藤宇万伎に学んだ。1786年（天明6）頃の*本居宣長との論争（「*呵刈葭」）は古代音韻と神話についての論争であるが、国学者が当面した世界解釈に及ぶ本格論争でもある。ほかに自らの歴史観・学問観・分度観を示した「安々言」（1792）、万葉注釈書「金砂」（1803〜04）などがある。また、「*胆大小心録」（1808）は率直・辛辣に語られた自伝的な語録

風の随筆であり,「清風瑣言」(1794)は煎茶の書である。

上田作之丞 うえださくのじょう　1787～1864(天明7～元治元)　江戸後期の経世思想家。名は耕,字は叔稼,通称は作之丞,竜郊・竜野・幻斎と号した。金沢藩の重臣本多氏に仕えた陪臣の次男。1809年(文化6)藩に招かれた*本多利明に入門し,養子に望まれたが断る。藩校明倫堂に学ぶとともに,私塾拠遊館を開いて子弟を教育した。17年に本多氏の儒臣となったが,のち辞した。実践躬行の実学を求めた作之丞は,嘉永年間(1848～54)に本百姓の年貢を軸に据えた藩政改革を強力に推進しようとした黒羽織党の理論的指導者となったが,54年(安政元)藩年寄役の長連弘の失脚とともに,他国への旅行と門人への教授を禁止された。*横井小楠らとも交遊があった。著書に「*老の路種」「済急問答」「聖学俚譚」などがある。

植松有信 うえまつありのぶ　1758～1813(宝暦8～文化10)　近世中・後期の国学者。通称は市九郎・忠兵衛。名古屋藩士植松信貞の五男として名古屋に出生。17歳の時に父が牢し,有信は京都遊学後に板木師となる。「*古事記伝」の下書きや版下製作を行ったのをはじめ,そのほか多くの*本居宣長著述の板本製作にかかわっている。1789年(寛政元)宣長の名古屋訪問を機に入門し,名古屋における有力な宣長後援者の一人となった。宣長没後には*本居春庭にも入門する。著書は「山室日記」「今ひとしほ」「長閑日記」など。

植松茂岳 うえまつしげおか　1794～1876(寛政6～明治9)　近世後期～明治初期の国学者・名古屋藩士。名は繁樹・茂岳,通称は啓作・庄左衛門。名古屋藩士小林和六常倫の次男として名古屋に出生。幼少時に父が没し,*植松有信の養子となる。*本居大平および*本居春庭に入門する。1816年(文化13),平田篤胤の「*霊能真柱」の批判書「天説弁」を書き,篤胤は「*天説弁々」で再反論した。その他,神代文字説など篤胤の所説にも反対の立場をとった。門人は名古屋藩士や名古屋の町人が中心だが,信濃国飯田・伊那地方で和歌の講義を行っている。板木屋としても養父の跡を継ぎ,本居宣長の「*古事記伝」出版に尽力し,22年(文政5)に完成させた。35年(天保6)名古屋藩校明倫堂に出仕して古典を教授し,藩校における国学の地位を向上させた。58年(安政5)に安政の大獄にかかわり蟄居・閉門を命じられるが,のちに赦され,70年(明治3)致仕する。

植松自謙 うえまつじけん　1750～1810(寛延3～文化7)　江戸後期の石門心学者。信濃国諏訪郡落合村に名主徳左衛門の嫡子として生まれ,家督を継いだ。やがて弟に家督を譲り,江戸にでて貸本業を営み,また心学講舎の参前舎で*中沢道二について心学を修めた。道二心学の特徴である,禅を中核に神儒の思想を広く受容する教化理念を継承し,布教に専従するに至った。温厚な人柄と*道話に長じていたため,聴講を望む者が多数にのぼり,布教の地域は江戸を中心に関東甲信越一帯に及んだ。晩年の1810年(文化7),信濃国諏訪郡金目村(現,長野県諏訪郡富士見町)に興した時中舎は,活発な活動を展開して近代にまで及んだ。→石門心学

植村正久 うえむらまさひさ　1857～1925(安政4～大正14)　明治・大正期のプロテスタント思想家・牧師。幼名道太郎,号は謙堂・桔梗生など。生家は1500石の旗本。上総国山辺郡武謝田村(一説に江戸芝露月町)に生まれる。明治維新で一家は瓦解,1868年(明治元)家族とともに横浜に移る。この地で宣教師J.H.バラの私塾で英語などを学ぶうちキリスト教にふれ,73年にバラより洗礼をうける。キリスト教伝道を志し,ブラウン塾・東京一致神学校に学ぶ。80年,按手礼をうけて牧師となり,下谷一致教会の牧師に就任する。82年,山内季野と結婚。87年,番町一致教会(のちの一番町,現在の日本基督教団富士見町教会)を設立し,その後,生涯同教会の牧師として,日本におけるプロテスタントの受容と形成に指導的役割をはたした。88年,アメリカ,イギリスに8カ月間滞在する。1901～02年,*海老名弾正との間でキリスト論をめぐる論争を展開した。04年,東京神学社(東京神学大学の前身の一つ)を設立し,伝道者の育成にあたった。関東大震災に

より焼失した富士見町教会・東京神学社の復興に奔走する中で過労のため健康を害し，東京柏木の自宅で急逝した。

カルビニズムを基調とする正統的福音主義に立ち，罪による神と人との隔絶を強調，神の子イエス・キリストの受肉降世，十字架上の死と復活による人類の罪からの解放をもって，キリスト教宣教の中心的内容であることを明確にした。一教会の牧師としての働きにとどまらず，戦前までの主要なプロテスタント教派の一つである日本基督教会の形成に指導的役割をはたした。また，聖書の和訳や讃美歌の編纂への貢献，日本における英文学の紹介などの功績も評価されている。「植村全集」全8巻(1931～34)，「植村正久著作集」全7巻(1966～67)がある。→真理一斑

日本評論❶ 福音週報 福音新報

鵜飼石斎 うかいせきさい 1615～64(元和元～寛文4) 江戸前期の儒学者。名は信之，字は子直。石斎はその号。死後，門人が貞educate先生と諡した。江戸生れ。*那波活所に学び，1646年(正保3)摂津国尼崎藩儒となり，60年(万治3)致仕したのち，京都で講説し，深草の*元政とも交わった。「四書大全」「朱子語類大全」「自省録」「武経七書直解」などを翻刻し，その訓点は石斎点として知られる。また，「本朝編年小史」「明清闘記」「国姓爺忠義伝」などを刊行し，史学にも通じていた。

鵜飼錬斎 うかいれんさい 1648～93(慶安元～元禄6) 江戸前期の儒学者。名は真昌，字は子欽，通称を金平という。錬斎はその号。京都の人。*鵜飼石斎の次男で，20歳の時に*山崎闇斎に入門した。1678年(延宝6)水戸の彰考館に入り，京都・関西方面の史料調査にあたり，「*大日本史」の編纂に従事した。92年(元禄5)彰考館総裁に進んだ。「資治通鑑綱目」「魯斎全書」を校訂・訓読して刊行した。その訓点は金平点とよばれる。

宇下人言 うかのひとこと →宇下人言うげのひごと

浮雲 うきぐも *二葉亭四迷の長編小説。第1編の発表は1887年(明治20)，第3編で中断。役所を免職になった主人公内海文三は，厄介者として周囲から疎まれるようになる。ひそかに思いを寄せるお勢も元同僚本田昇と親密になっていく中で，文三がしだいに現実から遊離していく過程を扱う。言文一致体の創出により，本格的な内面描写を実現し，森鷗外の「*舞姫」と並ぶ日本の近代小説の先駆けである。主人公が母子家庭に育ったこと，地方出身者であること，官吏でありながら失職することなど，設定でも「舞姫」と重なる部分が多く，余計者・落伍者の系譜として近代小説史を捉えた場合においても，出発点に位置づけられる。

浮田和民 うきたかずたみ 1859～1946(安政6～昭和21) 明治・大正期の政治学者・政論家。肥後国熊本生れ。熊本洋学校に入学し，ジェーンズ(Leroy Lansing Janes)の薫陶をうけ，*熊本バンドの一員となる。1879年(明治12)同志社英学校を卒業。翌年「*六合雑誌」の創刊に参与，評論活動を開始した。92～94年アメリカのエール大学に留学，帰国後に同志社大学教授となる。97年東京専門学校(早稲田大学の前身)に移り政治学・社会学などを講ずる一方で，1909年雑誌「*太陽」の主幹となり論壇の雄として活躍した。09年に出版された「倫理的帝国主義」をはじめ多数の著書があり，〈内には立憲主義，外には帝国主義〉という特色をもつ，大正デモクラシー前期の代表的な思想家として知られる。

浮き世 うきよ 仏教的な厭世観から，希求すべき来世に対して，無常な厭どうべきこの世，の意味の「憂き世」が原義。定めない人の命・人生の意の漢語「浮世」の訓が通じ，室町後期あたりから，楽しむべき，肯定すべき現世の意味に用いられるようになった。17世紀の仮名草子である浅井了意の「*浮世物語」では，「浮世坊」という，当座の浮薄な現世を浮かれて生きる主人公を登場させている。他界意識の変化，儒・仏・道三教の現世肯定的な思想の影響による。今風の世，当世風の意味から俗世間の一般名詞でも用いられている。好色の意味も加わり，近世の小説ジャンルの*浮世草子，絵画の*浮世絵は，好色や当世の世態人情・風俗を描いているので，こう称される。

浮世絵 うきよゑ うきよゑ。江戸時代，庶民向けに発達した風俗画。遊里や遊女を描いた肉筆画に始まる。元禄期(1688～1704)の菱川師

うきよ

宣ひしかが以降，木版画によるものが一般的になり，その木版技法もしだいに発達して，明和期(1764〜72)には鈴木春信はるのぶによって錦絵にしきえとよばれる多色刷りが完成した。天明・寛政期(1781〜1801)には鳥居清長きよながや喜多川歌麿きたがわうたまろの美人画，東洲斎写楽とうしゅうさいしゃらくの役者絵などがうまれ最盛期を迎える。化政期(1804〜30)には葛飾北斎かつしかほくさいや安藤広重あんどうひろしげらが，風景画や花鳥画などの新しいジャンルを開拓した。現世を「憂き世」と観じた中世的な観念が払拭されたところに，近世的な「*浮き世」観がうまれたが，「浮世絵」の語の初見は，1682年(天和2)に書かれた*井原西鶴いはらさいかくの「好色一代男」巻7である。また陰影をほどこさない平明な色調の浮世絵版画は，ヨーロッパの近代絵画に大きな影響を与えた。

浮世草子 うきよぞうし 上方を中心に行われた近世小説の一ジャンルで，当世の人のさまざまなあり方を描いた。好色物こうしょくもの・町人物・雑話物・*気質物かたぎもの・時代物などに大別される。1682年(天和2)刊，*井原西鶴いはらさいかくの「*好色一代男」を嚆矢とし，ほぼ100年間続く。西鶴没後は北条団水だんすい・西沢一風いっぷう・都乃錦みやこのにしき・錦文流にしきぶんりゅうらの多くの作者がでるが，やがて京都の書肆八文字屋はちもんじやがこれを独占的に統一し，江島其磧えじまきせき・*多田南嶺なんれい・八文字白露はくろの作者がでる。のちに京都の菊屋七郎兵衛や大坂の吉文字屋きちもんじや市兵衛が参入し，作者に和訳わやく太郎(*上田秋成うえだあきなり)や鳥飼酔雅とりかいすいがでる。

浮世草子は日本初の本格的商業文学であるため，版元の経営戦略のもとにもっぱら庶民向けの娯楽的な読み物として販売され，町人的な教訓がのべられる際においてさえ，町人の欲望をみたすための処世智のあり方を説くものであって，*仮名草子かなぞうし的な政道批判も，*談義本的な知足安分論ちそくあんぶんろんによる庶民教化の意図も希薄である。また，浮世草子の根本的な論理として，現世を否定する中世以来の「憂き世うきよ」に対し，「*浮き世」とは現世を肯定し快楽主義的に「浮きに浮いて慰む」(「浮世物語」序)べきものとして捉える。また，金銭・性愛・立身の欲望を肯定するが，そうした欲望が破綻した場合には，現世からの解脱や逃げ場はなく，悲惨な生活に甘

んじるしかないという現世唯一主義的な思想をもつ。

儒・仏・神三教いずれに対しても絶対的な信仰をもつことはなく，町人独自の世間智による処世を描いた。加えて，現実的な合理精神により幽霊・妖怪などの怪異現象も基本的には否定し，たとえそれが描かれても仏教的因果論などで解釈されることは稀である。町人物や気質物などでいう「世間」とは，こうした世界像をいったものである。他方，時代物は御家騒動や武人譚を基本ストーリーとする娯楽的な長編小説で，筋立てや登場人物・趣向などにおいて歌舞伎・浄瑠璃じょうるりとの相互的な影響がみられる。天明期(1781〜89)以降のジャンル途絶によって新作の刊行はなくなるが，近世を通じて広く読まれ，明治期の*坪内逍遥しょうようや自然主義文学者にも影響を与えた。

浮世の有さま うきよのありさま 江戸後期の世相・見聞を書き留めた随筆。全13巻17冊。著者は美作国勝山藩領出身で，大坂で医者をしていた人物と推定されるが，名前などは未詳である。1806年(文化3)から46年(弘化3)までの40年間にも及ぶ記事を収めており，内容は，異国船の来航，各地の災害，百姓一揆いっき，大塩の乱，天保改革，*お蔭参りなど多岐に及び，19世紀前半の社会情勢・風俗を伝える貴重な史料である。特にその第2巻は「御蔭耳目ごいんじもくど」と題し，1巻を通して1830年(天保元)のお蔭参りについての見聞を収集しており，お蔭参りに関する史料として第一級のものである。

浮世物語 うきよものがたり 江戸初期の*仮名草子。全5巻。*浅井了意りょういの著。寛文初年(1661〜)に了意自筆の版下による本が刊行されている。もと武士であった町人の子「瓢太郎ひょうたろう」が博奕ばくちと遊女に身をもち崩し，「浮世坊」と名乗って，畿内を放浪し，大名の御伽衆おとぎしゅう(話の衆)となって仕える。求めに応じて，武士の心得，主君のあるべき姿勢などさまざま教訓をのべ，最後は仙人になろうとするが失敗し，行方知れずとなる。全52話は完結したエピソードで構成されているが，滑稽で愚人譚の主人公のようなアンチ・ヒーローの一代記の形をとりながらも，悪政に対する批判

者としても描かれる。教訓談義的な部分に作者の主張があり、主人公はその屈折した戯画と捉える見方がある。

誓約 うけい ❶宇気比ともいう。神前で誓いを立てて祈り、神の意志として示された現象・結果により、ことの成否・吉凶・真偽・善悪・正邪などを判断する古代の占いの一種。「神代記」に「宇気比」、「神代紀」に「誓約」とみえる。「うけい」を言語呪術と捉え、神意を判断するに際して、示される現象・結果を先に予言する言立を重視する説が有力である。*記紀神話では、出生神の性別により清心・濁心を判断した*アマテラスオオミカミと*スサノオノミコトのうけい（神代記紀）、ニニギノミコトに娘のイワナガヒメ・コノハナノサクヤヒメを奉った時のオオヤマヅミノカミのうけい（神代記）、カシツヒメ（コノハナノサクヤヒメ）の火中出産（神代紀）のほか、進路を阻まれた時の神武天皇・椎根津彦のうけい（神武即位前紀戊午年9月条）、出雲大神の夢告についての曙立王のうけい（垂仁記）、神功皇后の年魚釣りのうけい（神功摂政前紀）、香坂・忍熊二王のうけい狩（仲哀紀、神功摂政元年紀2月条）など、多くの例がみられる。その他、「日本霊異記」に*藤原仲麻呂が聖武天皇の前でうけいを行う説話（38話）、「播磨国風土記」託賀郡条には「盟酒」による父親発見の説話がみえ、また、「竜田風神祭祝詞」にも「宇気比賜支」という文言がある。

❷誓・祈ともいう。物事の実現を神に祈ること。また、神仏に対して誓いを立てること。誓約にあたっては、なんらかの表徴をもって神意を知り、物事の実現や誓いの真偽を示すことが一般的で、またその実現を阻止する者や、偽りの誓いを立てた者に対する呪詛を伴うことが多かった。後者は、中世において新たな誓約の作法にともなって発生した*起請文にもみえる。起請文においては神仏を勧請して誓いを立てたうえ、本人の偽り・裏切りに対する自己呪詛文言が付された。

雨月物語 うげつものがたり 江戸中期の読本。全5巻。*上田秋成の著。1776年（安永5）刊。讃岐国白峰の崇徳院陵に西行が詣でる「白峰」から、陸奥国の蒲生氏郷の家臣岡左内が、一夜枕許に現れた黄金の精霊と論じあう「貧福論」まで、各地の奇談・怪談9編を収録する。和漢の典籍を巧みに自己薬籠中のものとした秋成の文章によって、近世小説の傑作となっている。諸国物語の形式をとった怪異小説集であるが、主人公は多く分度を逸脱する人物として描かれ、近世人の深層に抑圧された生の自然が表面化する時の恐怖体験として描かれている。

宇下人言 うげのひとこと 「うかのー」とも。*松平定信の自叙伝。全4冊。書名は「定・信」の2字を分解して4字としたもの。成立年は不詳であるが、1793年（寛政5）の老中退職後まもない頃の執筆と推定される。1758年（宝暦8）の誕生から老中を辞任するまでの生いたち、学芸・交友、自ら精魂を傾けた白河藩政や幕政などについて記す。寛政の改革時の政治・社会状況のほか、著者の人柄・政見・思想などを知ることができる貴重な史料である。なお本書は、松平家において老中に就任した者以外には閲覧を許さぬ門外不出の秘書であったが、1928年（昭和3）定信没後100年祭の折、子孫により初めて公刊・頒布された。

迂言 うげん *広瀬淡窓の*経世論の書。1840年（天保11）の序文では、著者の姓名を隠している。55年（安政2）刊。全2巻・付録1巻。国本・君道・禄位・兵農・学制・雑論の6編からなる。冒頭の国本で、諸藩の経済的困窮の共通の原因として、武士の尊大と誇張、秘密主義と先例主義、「門地卑シヤケレバ、才徳芸能アリテモ、貴ブニ足ラズ」とする門閥主義、そして君臣の文盲不学をあげている。以下、この六つの弊害を克服すべく、藩主自ら率先すること、役禄と家禄の分離、農兵制、学校論を展開する。特に学制改革では、教官の担任科目を分けること、世子から足軽の子まで同列に取り扱い、「朋友」の交わりを結ぶべきことを説き、私塾*咸宜園での経験がいかされている。付録では、庶民の奢侈禁止を論じている。

宇佐八幡宮 うさはちまんぐう 大分県宇佐市に鎮座。祭神は誉田別尊（応神天皇）・比売大神（玉依姫）・大帯姫命（神功皇

后)。その大本の神格については不明な点が多いが，母神と幼童神という母子信仰が根底にある。のちに応神天皇を祭神とした。正史では，737年(天平9)新羅の無礼を報告したことが初見。早くから仏教との習合が進み，741年，藤原広嗣の乱の報賽には「最勝王経」「法華経」と僧・三重塔が奉納された。749年(天平勝宝元)には上京し，東大寺大仏造立の援助を託宣した。この際，禰宜尼大神杜女が同行して上京したが，尼という僧形の禰宜である点も仏教との習合が認められる。これ以後，仏教擁護の神として，東大寺・薬師寺・大安寺などに祀られた。また769年(神護景雲3)には神託により*道鏡の即位を阻止し，皇室の守護神的な性格もみられる。社伝によれば，725年(神亀2)に神宮寺として弥勒寺が建立された。平安時代には豊前国一宮となる。また大安寺の*行教により，860年(貞観2)に山城国男山に勧請され，*石清水八幡宮となった。12世紀には，伊勢神宮と並ぶ二所宗廟とみなされた。

宇佐八幡宮縁起 全国に鎮座する八幡神社の総本宮である大分県宇佐市の*宇佐八幡宮の縁起を記したもの。宇佐重栄が1335年(建武2)11月3日に著したとされる。上・下2巻よりなる。上巻には，八幡神の示現のこと，第2殿の創建のこと，八幡神の託宣と東大寺大仏鋳造のことなどを記す。ついで下巻には，弘法大師(空海)・伝教大師(最澄)の宇佐神宮への参宮のこと，第3殿の創建のこと，摂社のことなどを記している。このように宇佐八幡宮の鎮座と社殿の創建，さらに仏教との関係，あるいは摂社のことなどを要領よくまとめてあり，宇佐八幡宮を理解するうえでの根本史料の一つである。

宇佐八幡宮託宣集 →八幡宇佐宮御託宣集

宇佐美灊水 1710～76(宝永7～安永5) 江戸中期の儒学者。名は恵，字は子迪，通称は恵助。灊水または優遊館を号とした。上総国夷隅郡長者村の富農の子で，1726年(享保11)江戸にでて，*荻生徂徠に入門する。48年(寛延元)出雲国松江藩儒となった。徂徠の説に傾倒し，「学庸解」「南留

別志」などの徂徠の遺著の校訂・公刊に尽力し，徂徠の著述に注釈を加えた「弁道考注」「弁名考註」を著した。「灊水叢書」には，松江藩の藩主や家老に世子教育を勧めるなどの意見書が収録されている。

氏 日本古代における氏は，単なる自然発生的な血族社会集団ではなく，日本の古代王権が編成した政治的集団である。治天下大王から特定の職をうけて，これを世襲的に受け継ぐことでアイデンティファイされる奉仕集団で，その証として氏の名と*姓とが賜与される。したがって古代王権の確立と起源をともにし，5世紀に制度的に整備される。しかし，推古朝・大化の改新をへて官人制が整備されてくると，個人の政治能力が評価されるようになり，律令国家の完成とともに氏はいったんその歴史的役割を終える。

氏神 古代には，氏族集団において祀られる守護神をいう。氏神は祖先神だけに限定されるものではなく，その氏族に由緒ある神を氏神とすることもある。氏神を奉斎した氏の社として，藤原氏の春日神社，賀茂氏の賀茂神社，橘氏の梅宮神社，秦氏の稲荷神社などがある。氏神の祭は通例年2回行われ，「続日本紀」和銅7年(714)2月丁酉条に，大倭忌寸五百足を氏上として神祭を管掌せしめたとあり，*氏長者が氏人を率いて執り行った。また同祭参列の場合，五位以上の氏人は官符を待たず京内外を往還することができた(「続日本後紀」承和元年〈834〉2月辛丑条)。藤原氏の氏神祭である春日祭の祭儀次第は，「儀式」に規定があるが，祭儀の中心を神祇官人が担当するなど公祭化した実態を伝えている。中世末以降，*産土神と混同されることとなる。

氏子調 1871年(明治4)7月4日に太政官布告として発令され，73年5月29日に停止された法令。正式な名称は「大小神社氏子取調規則」である。同日に発令された「郷社定則」とともに，*寺請制度の廃止にともなって必要とされた。それまで戸籍簿の役割をはたしていた「宗門人別帳」に代わる戸籍の整理，国民への神道教化を目的として制定されたものである。この法令は7項目よりなり，子供が誕生した際は，氏名・住所・生

年月日と父親の名を記した戸長の証書をもって氏神社に参拝して守札をうけ、死亡時には神社へ返還することが義務づけられた。また、守札は6年に一度、戸長の検査をうけるものとされた。なお、「郷社定則」は、生児の氏子区域を知るために用いられた。

宇治左府記　うじさふき　→台記

宇治拾遺物語　うじしゅういものがたり　鎌倉時代の説話集。本来は2巻2冊か、15巻15冊に仕立てた流布本もある。編者は不詳であるが、序文には「宇治大納言物語」にもれた話を取り集め宇治拾遺の物語としたとする。「宇治大納言物語」は現存しないが、源隆国が宇治平等院の南泉房に隠棲し、往来の人々から、話を集めたとされる。序文についても不明なところが多く、「宇治大納言物語」と「宇治拾遺物語」の関係ははっきりしないが、中世においては、両書は混同されたこともある。

　成立は話の題材から、1212～15年(建暦2～建保3)頃と考えられる。仮名交りの和文体で、197話の説話を集め、「*今昔物語集」「*古本説話集」「*古事談」などの説話集と同内容のものも多い。内容としては、仏教説話も多くあるが、世俗的な滑稽譚・奇談珍談の類が多く、同じ内容の話にしても、「今昔物語集」などと比べて教訓的・仏教的な説示は少なく、抄出も多く、読み手の興味にまかせる姿勢である。性的な話や身体にまつわるものなど卑俗な話もあり、貴族たちの興味の在処をみるうえでもおもしろく、貴族社会や寺院の生活、庶民生活のようすも活写されている。室町時代においては、後崇光院伏見宮貞成や三条西実隆が内裏へ進覧している。

氏寺　うじでら　特定の氏族が建立し、その一門が帰依・護持・相伝した寺院。仏教伝来以降、その受容が進むにつれて、有力氏族はその本拠地に氏寺を建立し、奈良時代には藤原氏の*興福寺のように、平城京の内外に建立ないし移建される氏寺もあった。氏寺は通常、その管理・人事権を建立氏族が握るか、またはその氏族出身者が住僧をつとめることによって、氏族の繁栄を祈願し、また氏寺での法会は氏族の連帯を強める役割もはたした。平安時代以降は貴族の氏寺も興隆したが、有力貴族の細分化とともに、家寺・菩提寺がその機能を吸収していった。なお院政期の*六勝寺は「国王の氏寺」と称された。

氏長者　うじのちょうじゃ　*氏の首長である氏上(氏宗・氏長郎)に対する一呼称。8世紀末以降この呼称が用いられ始める。氏の中の官位第一の者が任命され、*氏神祭祀や*氏寺の管理、氏爵の推挙などを行った。なかでも藤原氏の藤氏長者は、摂関任命とともに宣旨により補任され、朱器台盤、殿下渡領ほかの摂関家領などを相続して、大きな経済基盤を獲得した。氏上から氏長者への変化の背後には、氏の再編成と家産の成立という大きな社会構造の変化が存する。

牛若物語　うしわかものがたり　→義経記

有心　うしん　思慮分別や情趣などがあること。もともと「心あり」の意。仏教語としては、ものにとらわれた心を意味するが、歌学では、歌の趣向、歌の表現内容などに情趣があるものに対して使用された。藤原定家の和歌十体の一つ「有心体」は至極の体であり、情趣深い歌体のことをいう。また情趣がある世の常の歌は「有心」、狂歌を「無心」ともいい、俳諧の連歌を意味する「無心」(無心連歌とも)に対する純正の連歌を「有心」(有心連歌とも)ということがあり、有心は無心と対に扱われることが多い。

歌合　うたあわせ　左右に別れた歌人から、一首ずつ詠歌をだして番わせ、その優劣を競う文学的遊戯。物合から発生したとされる。歌題は、前もってだしておく「兼題」と当日の席上でだす「当座」がある。優劣の判定には、勝・負・持(引き分け)があり、特定の判者が下すが、合議による判定「衆議判」もある。現存最古の歌合は、仁和年間(885～889)披講の「民部卿家歌合」で、960年(天徳4)の「天徳内裏歌合」が歌合の代表的なものとしてよく知られる。もともとは左右に別れた集団の勝ち負けを争う遊戯的要素が強かったが、平安末・鎌倉初期頃になると遊戯性は薄れ、個人の詠歌の優劣が重視されるようになる。結果として、歌人には創意工夫などが必要とされ、また判者には優劣を判定できるだけの力量が要求されることになる。*歌学や*歌論が論議される歌合の場

は，文学的営為の中心的場の一つでもあったが，南北朝期以後は，和歌は多く詠まれるものの，歌合はあまり行われなくなった。江戸時代には行われはしても，歌学や歌論が積極的に論議される場ではなくなった。

宇内混同秘策 うだいこんどうひさく →混同秘策こんどうひさく

謡本 うたいぼん →謡曲ようきょく

歌垣 うたがき 古代社会において，結婚の機会として行われた集会。東国では嬥歌かがいともいう。本来は豊作を祈る農耕儀礼の一つで，春秋の年2回，播種前と収穫後の農閑期に，山上・海辺などの神の威力が示されると考えられた広場で行われた。男女の歌のかけあいを中心に舞い，共食をともなう。大和国の海柘榴市つばいち，常陸国の筑波山のものが有名で，風土記ふどきや「*万葉集」にはその際の歌が収録されている。宮廷に入るとその原義は失われ，芸能化して踏歌とうかの行事と同化していった。その例としては，734年(天平6)2月，聖武しょうむ天皇が朱雀門で数百人の貴紳の歌垣を観覧したことや，770年(宝亀元)3月に葛井ふじい・船・津などの渡来人氏族6氏の男女が行ったことなどが著名である。

宇田川玄随 うだがわげんずい 1755～97(宝暦5～寛政9) 江戸中・後期の蘭医。名は晋しん，字は明卿めいけい・槐園かいえん，通称は玄随，東海とうかいと号した。江戸の生れで，美作国津山藩医宇田川道紀みちのりの嗣子。はじめ漢学を学び，のち洋学を志す。1779年(安永8)桂川甫周ほしゅうの門に入って蘭学を修め，*杉田玄白げんぱく・*前野良沢りょうたくにも教えをうける。*大槻玄沢げんたくにオランダ語を学び，92年(寛政4)には甫周の勧めによりゴルテルの内科書を苦心の末に翻訳し，「西説内科撰要せいせつないかせんよう」18巻を刊行する。これは日本におけるオランダ内科書の最も早い出版物の一つであり，その功績は大きい。玄随は晩年にその補注を志したがはたせず，没後に養子の玄真げんしんが完成させた。

宇田川榕庵 うだがわようあん 1798～1846(寛政10～弘化3) 江戸後期の蘭医。名は榕よう，榕庵(正しくは榕菴)と号した。美濃国大垣藩の侍医江沢養樹の長子，のち宇田川玄真げんしんの養子となる。江戸生れ。馬場貞由さだよしに蘭学を学んだ。語学の才質に優れ，若年から翻訳および養父の訳著を編集・校訂した。西欧自然科学，特に化学・博物学の受容と紹介に努め，1822年(文政5)仏典様式で西洋植物学の訳書「菩多尼訶経ぼたにかきょう」を刊行した。26年，幕府の*蛮書和解御用ばんしょわげごように任ぜられる。33年(天保4)に近代植物学の書「植学啓原しょくがくけいげん」3巻を刊行し，37年からはわが国初の本格的化学書「舎密開宗せいみかいそう」(内編18巻・外編3巻)の刊行を開始し，邦語による化学用語体系を確立した。ほかにもその業績は，昆虫学・兵学また西洋音楽の紹介など多岐にわたる。

ウタキ 沖縄の村落に所在する聖地のこと。オタキとも称し，現在は一般に「御嶽」という漢字をあてているが，以前はオガミヤマ(拝み山)・ウガンジョ(拝所)・クサテムイ(森)など村落によってさまざまな呼称があった。多くは樹木がこんもりと茂る森，あるいは泉・川などであり，その中心はイビ(威部)とよばれ，石やクバ，ガジュマルの老樹などがある。これらは神の依代よりしろであり，その前に線香を供える香炉がおかれている。そこでの祭祀はもっぱら巫女みこが行い，男性が進入することは禁止されている。ウタキに祀られる神は，そこに常在する祖先神と祭祀のたびに海の彼方の楽土*ニライカナイから来訪する神との2種がある。ウタキは，神社の古い形態を残すともいわれており，村落祭祀の中心となる聖域で，その中で最も神聖な場所がイビである。

宇多天皇 うだてんのう 867～931(貞観9～承平元) 在位887～897。諱は定省さだみ。光孝天皇の第7皇子。母は班子女王。源姓をうけて臣籍にあったが，光孝天皇の病が重くなった時，まだ皇嗣を決めずにいた天皇の内意を察した*藤原基経もとつねの推挙により即位したという。しかし，基経の処遇をめぐって「阿衡あこうの紛議」とよばれる紛争がおこったように，当初から基経の圧力をうけてきたようである。891年(寛平3)基経が没すると，ようやく内裏に入り，親政を志すことになる。藤原保則やすのり・*菅原道真みちざねを重用し，のちに寛平の治かんぴょうのちとよばれる先例にとらわれない積極的な政治改革を推進した。醍醐天皇への譲位に際して「寛平御遺誡かんぴょうのごゆいかい」を記し，*仁和寺で出家した。法名は空理・金剛覚。法皇になったのちも醍醐朝を通じてその発言力は大きかった。

和歌に堪能で「古今和歌集」にも御製を残し、歌合を盛行させた。日記「宇多天皇宸記」10巻は現在逸文のみを残す。陵は大内山陵。

歌枕（うたまくら） もともとは和歌に使用される特別な語である「歌語」を意味し、またその歌語を説明する書物をも意味した。のちに歌語のうちでも特に地名に対して用いられるようになる。特定の景物や情感、また掛詞などの修辞とともに使用されることが多い。のちに「歌枕名寄」のごとく、歌枕が地域別に編纂・整理された書物も作られるようになる。歌枕は必ずしも実景そのものではなく、観念的なものもあったが、そこを訪れることが風雅な行為として認識されるようになり、紀行文の重要な素材となる。

歌物語（うたものがたり） 平安時代の物語の一形式。和歌を主体として、その和歌が詠まれるに至った事情を説明する短い物語、およびそれらの短編を集めたもの。「*伊勢物語」「大和物語」「平中物語」などがその代表。10世紀後半以降、しだいに廃れていったが、「*源氏物語」のような本格的長編小説においても、それぞれの巻に核となる和歌が配されており、物語のうえでそれらの和歌が重要な役割をはたしているところに、歌物語の伝統が脈打っている。

歌よみに与ふる書（うたよみにあたうるしょ） *正岡子規の歌論。俳句の革新をほぼ達成したのち、子規は1898年（明治31）より短歌の革新に乗り出した。その最初の烽火が、同年2月、新聞「日本」に10回にわたって発表した「歌よみに与ふる書」である。旧套になじむ当時の歌人たちに覚醒をうながす書簡体の歌論である。彼らを馬鹿とし、当時歌聖として崇められていた*紀貫之を下手な歌人よばわりする劇越な調子で論を展開した。写生は表面にださず、技巧を排し、「*万葉集」を範として、感情の真率な表出と素朴な表現を第一とした。子規は、そのかたわら11人の歌人に自作歌を示し、その中から10首を選ばせ実践にともなう和歌革新の途についたのであった。

内田百閒（うちだひゃっけん） 1889～1971（明治22～昭和46） 大正・昭和期の小説家・随筆家。本名栄造。百鬼園と号する。岡山市左京町の生れ。東京帝国大学独文科卒。中学時代に「中学世界」「文章世界」へ投稿、入選して田山花袋に激賞された。六高時代に*夏目漱石に師事し、もっぱらその著作の校正を担当する。1934年（昭和9）法政大学を辞職してからは文筆家の生活に入り、作家としての出発は漱石門下生の中でも著しく遅かった。第1文集は「冥途」。以後、幻想的作品の系列と独特のユーモアに満ちた随筆の系列との二方向に、その文学世界を展開させていった。「旅順入城式」(1934)、「贋作吾輩は猫である」(1949)、「実説艸平記」(1950)、「阿房列車」シリーズ(1952～56)、晩年の「日没閉門」(1971)などがある。「内田百閒全集」全10巻がある。

内田良平（うちだりょうへい） 1874～1937（明治7～昭和12） 明治～昭和前期の国家主義運動家。福岡県出身。叔父の玄洋社々社長平岡浩太郎の影響で、朝鮮・中国への日本の勢力拡大、*大アジア主義、天皇中心主義を唱えた。1894年（明治27）甲午農民戦争に天佑侠という団体を組織し、朝鮮へ渡る。97年シベリアを横断し、ロシアの内情を探る。1901年*頭山満を顧問として黒竜会を創立し、ロシアとの開戦を主張する。フィリピン独立運動、日韓併合促進、中国革命運動、日清・日露戦争、北清事変などで裏面工作を行った。1931年（昭和6）黒竜会を改組して大日本生産党を結成し、総裁に就任する。

内田魯庵（うちだろあん） 1868～1929（明治元～昭和4） 明治・大正期の評論家・小説家・翻訳家・随筆家。本名貢。別号は不知庵・藤阿弥・三文字屋金平など。江戸生れ。東京専門学校（現、早稲田大学）中退。父は幕府の御家人。1888年（明治21）「女学雑誌」に「山田美妙大人の小説」が掲載され、石橋忍月と並ぶ新進の文芸批評家として注目される。翌89年ドストエフスキーの「罪と罰」、さらに*二葉亭四迷との出会いによって深い感銘と影響をうけ、文学の〈遊戯性〉を否定し、人生と深く切り結ぶ文学の使命について模索するようになる。翻訳家として「イワンの馬鹿」(1906)、「復活」(1908～10)などトルストイの作品を紹介し、ゾラやディケンズなど西欧文学の翻訳を通じて、*自然主義

文学に深い影響を与えた。代表作に「くれの廿八日」(1898)や文壇回想録の「思ひ出す人々」(1925)がある。

内村鑑三（うちむらかんぞう） 1861～1930(文久元～昭和5) 近代日本の代表的なキリスト者。無教会主義の創唱者。高崎藩士内村宜之（よしゆき）の長男として江戸藩邸に生まれる。政府の官吏であった父の転勤により、高崎・石巻などで幼少時をすごす。1873年(明治6)東京の有馬学校で英語を学び、さらに東京英語学校に入学するが中退。札幌農学校の2期生となり、在学中にキリスト教の洗礼をうけ、81年に首席で卒業。卒業後は開拓使・農商務省水産課の役人として水産学の調査に従事し、論文を発表した。85年アメリカに自費で行き、知的障害者の施設で看護人として働き、福祉事業の先駆者となる。しかし、エゴイズムの問題に苦しみ、*新島襄（にいじま）の紹介によりアーモスト大学で学ぶ。総長のシーリーの感化で十字架による贖罪信仰にめざめる。帰国後は新潟の北越（ほくえつ）学校で教えたが、宣教師と衝突して辞任。90年第一高等中学校の嘱託教員となるが、翌91年不敬事件(*第一高等中学校不敬事件)により解職された。その後いくつかの学校で教えたが、その間文筆活動を開始する。97年には「*万朝報（よろずちょうほう）」の英文欄主筆となり、時の政府と社会を徹底的に批判した文章を書き、社会評論家として活躍した。*足尾鉱毒事件では理想団をつくり、現地を調査した。日露戦争を前にしては*非戦論を唱え、開戦論の立場をとる「万朝報」を*幸徳秋水（こうとくしゅうすい）・*堺利彦（さかいとしひこ）とともに辞めた。

このように水産学・社会福祉事業の先駆者あるいは社会評論家であったが、また無教会主義を唱えた宗教者でもあった。内村は、ヨーロッパ文明の母胎であったキリスト教を日本の宗教とすることをめざした。「キリストの福音は外から移植されたものにあらずして、内より生まれたものならざるべからず」を持論として、外国の宣教師に頼らずにキリスト教の福音を日本に伝えることに励んだ。そこから「二つのJ」(JesusとJapan)への生涯をかけての献身となり、さらに、その志を実現するために1900年9月に「聖書之研究」を創刊し、主筆として死去するまで執筆と編集に尽力した。初期の著作である「基督（キリスト）信徒の慰（なぐさめ）」(1893)、「求安録（きゅうあんろく）」(1893)，"Japan and the Japanese"(「日本及び日本人」、1894)，"HOW I BECAME A CHRISTIAN"(「*余は如何（いか）にして基督信徒となりし乎（か）」、1895)などを除いて、主にこの雑誌に掲載されたものであり、のち単行本として出版された。その一つが弟子の畔上賢造（あぜがみけんぞう）との共著「羅馬書（ローマしょ）の研究」(1924)であり、日本人の書いた聖書講解として第一級である。内村の信仰は弟子たちに継承され、また近代日本の文学者・思想家に影響するところ大であった。「内村鑑三全集」全40巻がある。

内村鑑三不敬事件（うちむらかんぞうふけいじけん） →第一高等中学校不敬事件（だいいちこうとうちゅうがっこうふけいじけん）

内山愚童（うちやまぐどう） 1874～1911(明治7～44) 明治期の仏教社会主義者。新潟県生れ。幼名は慶吉。1897年(明治30)得度し、98～99年曹洞宗第12中学校で修学する。1904年箱根林泉寺の住職となる。この頃から、仏教の「一切衆生悉有仏性（いっさいしゅじょうしつうぶっしょう）」「此法平等無高下（しほうびょうどうむこうげ）」などの教理と社会主義に一致点を見出し、*平民社の社会主義者と交流した。さらに*幸徳秋水（こうとくしゅうすい）の影響により無政府主義者となる。革命思想の伝道のため、08年に寺で主著「無政府共産」などを非合法に印刷・配布し、同書で地主制・軍国主義・天皇崇拝を批判していた。翌年、出版法違反さらに爆発物取締罰則違反が加えられ、懲役16年の刑をうけて入獄した。10年*大逆事件がおこり、愚童も大逆罪を被せられ、翌年死刑に処せられた。

内山真竜（うちやまたつりゅう） 1740～1821(元文5～文政4) 江戸中・後期の国学者。通称は弥兵衛。遠江国大谷村に生まれ、父の死後、庄屋職を継ぐ。1762年(宝暦12)*賀茂真淵（かものまぶち）に入門して国学を、65年(明和2)古文辞学派の*渡辺蒙庵（もうあん）に入門して漢学を修める。真竜は、遠州国学の中心的人物として門人の育成にあたり、石塚竜麿（たつまろ）・*夏目甕麿（みかまろ）らを本居宣長（もとおりのりなが）のもとに送り、修学させている。真竜の学問は、実地踏査を含む歴史地理学的なものである。86年(天明6)には山陽・山陰地方より長崎に至る旅行を行い、その踏査をもとに「出雲国風土記解」を著した。また「日本紀

類聚解(にほんるいじゅうかい)」は，宣長の「*古事記伝」に対抗する意気込みをもって書かれたもので，天覧に供された。

卯杖(うづえ) 古代の年中行事の一つで，正月上の卯日(う)に僻邪(へきじゃ)の杖を献上する儀式。またその杖をも称し，祝(いわい)の杖ともいう。中国漢代の剛卯杖の故事に由来するもので，わが国では689年(持統3)に大学寮が献じたのが初見。平安時代には大舎人(おおとねり)寮・六衛府から天皇・皇后・東宮などに，椿などの陽の木を5尺3寸(約1.6m)に切って束ねたものを机に載せて献上する。その際に寿詞(よごと)を奏することもあり，卯杖祝(うづえほかい)と称した。このほか伊勢神宮などでも行われ，貴族たちの間では卯杖贈答の習慣もあった。なお正倉院には，758年(天平宝字2)の銘をともなう卯日机・卯杖が現存する。

宇都宮遯庵(うつのみやとんあん) 1633～1707(寛永10～宝永4) 江戸前期の儒学者。名は的，字は由的。遯斎と号した。周防国岩国藩士の子。17歳の時に京都にでて，*松永尺五(せきご)に師事し，1657年(明暦3)君命により帰郷して岩国藩儒となった。75年(延宝3)，著書「日本古今人物史」中の中川清秀伝が幕府の忌諱にふれ，岩国に禁錮されたが，数年後に許されて京都に上り講学した。91年(元禄4)再び帰藩して藩儒となった。詳細な注解をほどこした「鼇頭近思録(ごうとうきんしろく)」「小学句読口義詳解(しょうがくくとうこうぎしょうかい)」「鼇頭標註錦繡段(ごうとうひょうちゅうきんしゅうだん)」などの標註書を著した。南総時代の*荻生徂徠(おぎゅうそらい)も，高遠な義理を説くことなく，字義に即した説明を与えたこれらの標註書で学び，その学恩に感謝している。このほかに，児童の日常生活の心構えを説く入門書「童蒙須知(どうもうすち)」を刊行し，朱子学の普及に努めた。

宇都宮黙霖(うつのみやもくりん) 1824～97(文政7～明治30) 幕末・維新期の勤王僧。諱は覚了・鶴梁，俗名は雄綱，通称は真名介・采女，字は絢夫(けんぷ)，黙霖は号。安芸国生れ。幼少より耳が不自由で，浄土真宗本願寺派の僧として出家。安政年間(1854～60)以来諸国を歴遊して勤王の志士と交わり，*吉田松陰(しょういん)・*頼三樹三郎(みきさぶろう)・*梅田雲浜(うんぴん)らと親交した。1858年の安政の大獄，64年(元治元)第1回長州戦争の時に投獄された。66年(慶応2)還俗した。69年(明治2)許されて大阪府貫属となり，ついで兵庫県の湊川神社，京都府の石清水(いわしみず)八幡宮の神官となったが，辞職後，大蔵経の和訳に従事した。著作は「神仏討論批評」。→尊王論

宇津保物語(うつほものがたり) 平安前期の物語。全20巻。作者・成立年不詳。日本最古の大長編小説。主人公仲忠の祖父清原俊蔭(としかげ)の漂流譚に始まり，秘琴伝授やそれに付随する学芸尊重の話と，弾琴の徳による一家の繁栄を主旋律としながら，長々とした政争説話や求婚説話などが複雑にからんで物語が展開する。その政争や求婚説話のとりこみが，この物語を単なる伝奇小説に終わらせず，平安時代の現実社会をも浮かび上がらせることになった。「*源氏物語」をはじめ，のちのちの物語や文学に大きな影響を与えた。

烏伝神道(うでんしんとう) 「からすづたえ―」とも。江戸末期に上賀茂神社の社家*賀茂規清(かものりきよ)が創唱した神道。賀茂氏の祖先建角身命(たけつぬみのみこと)の祖神八咫烏(やたがらす)から伝来したとされる神道教説を，「日本書紀」を中心に陽明学や禅学の要点を交じえて通俗的かつ平易に説いたもので，それに静坐の行法をとりいれた。その教えとは，人間にもともと仁・義・礼・智・信の五常の道が備わっているのは，天地の神の働きによるからだとし，それをわが国で神道というのは，天照大神(あまてらすおおみかみ)の道であるからだ，と説いた。後年，江戸下谷池之端に本社瑞烏園(ずいえん)を構え，別に支社を設けて，多くの庶民に布教し，信徒は数千人に及んだという。だが，彼の教えは時に幕政批判に発展したため，寺社奉行は子の呈清(ていせい)とともに捕らえて糾問し，規清を八丈島へ配流した。すると彼は配所で日夜修行と著述に専念し，島民の教化に努め，一方，配流を免じられた呈清は配所から送られてくる規清の著書をもとに布教活動を続けたという。烏伝神道関連の書は「日本書紀常世長鳴鳥(とこよのながなきどり)」「烏伝神道大意」「*神道烏伝祓除抄(ふつじょしょう)」など多数ある。

有徳人(うとくにん) 有徳人・徳人・得人とも。富裕な者の意。鎌倉後期から多くみられる語で，商業・金融業などにたずさわり，流通の発達，貨幣経済の進展にともなって財貨を蓄えた階層をさす。「徒然草(つれづれぐさ)」には，財産を

殖やすことを最優先し、倹約・正直・契約の遵守などを心掛けるべきであるとする、ある大福長者の生活哲学が紹介されている。徳＝得は得分の得に通じるとともに、社会的信用を築いて資産の効率的運用を行うための、商業道徳の実践という意味での徳を表していると考えられる。

海上随鷗（うなかみずいおう）　→稲村三伯（いなむらさんぱく）

宇野円空（うのえんくう）　1885〜1949（明治18〜昭和24）　大正・昭和期の宗教学者、浄土真宗本願寺派の僧。京都の人。1910年（明治43）東京帝国大学卒業。ドイツ、フランスなどに留学する。竜谷大学教授をへて、東京帝国大学教授となる。43〜46年（昭和18〜21）には東洋文化研究所所長を務める。原始宗教についての研究を進め、文化人類学的な実証主義によって宗教民族学に多大な貢献をした。1942年「マライシヤに於ける稲作儀礼」により帝国学士院恩賜賞を受賞した。著書は「宗教民族学」（1929）、「宗教学」（1931）など。

優婆夷・優婆塞（うばい・うばそく）　仏教で、三帰五戒をうけた在俗の信者をいい、女性を優婆夷、男性を優婆塞という。仏教徒の集団を構成する七衆の一つ。それぞれ梵語のupāsaka, upāsikāの音訳で、漢訳では近事女（ごんじにょ）・清信女（しょうしんにょ）、近事男（ごんじなん）・清信士（しょうしんし）などと表記する。「正倉院文書」中には、彼らを得度させるよう政府に推薦した優婆塞（夷）貢進文が100余通残り、被貢進者の氏名・年齢・本貫・戸主、読誦経典、推薦者氏名などの記載から、8世紀の民間仏教の実態、畿内を中心とした仏教の浸透の様相などを知ることができる。

産土神（うぶすな）　人が出生した土地を守護する神。室町時代の「塵嚢鈔」（じんのうしょう）に「うぶすなと云ふは何事そ、当時は所生の所の神を云歟。或は本居と書き、或は産生と書き、又宇夫須那（うぶすな）共書也」とある。「本居」の表記は「日本書紀」推古32年（624）10月条にすでにみえ、「ウブスナ」の古訓が付されている（岩崎本）。語源は諸説あるが、生産の意のウブスと、土地の意のナの2語からなったものか。「延喜式」神名帳では尾張国葉栗郡に宇夫須那神社があり、また「塵嚢鈔」に「風土記に云、尾州葉栗郷若栗郷に宇夫須那の社あり、盧入姫誕生の産屋の地なり、故に此号あり」

という同社の所伝を記している。中世末以降、地縁的*氏神（うじがみ）と混同されることとなる。平田派の国学者は産土神信仰を重視し、六人部是香（むとべよしか）は「産須那社古伝抄（うぶすなしゃこでんしょう）」において、産須那神信仰を説いた。

産須那社古伝抄広義（うぶすなしゃこでんしょうこうぎ）　*六人部是香（むとべよしか）の著した神道書。1859年（安政6）刊。神職取締の卜部（吉田）良熙（よしひろ）が序文を寄せている。1857年の自著「産須那社古伝抄」に対する詳細な解説書である。前著は要点のみの簡潔な構成になっているが、本書はより詳しく具体的に論を展開している。なかでも「幽冥」についてはきわめて具体的であり、「産須那神が掌り給ふ」ものであると説き、道徳に背く行為をなす者には、死後に辛苦が待ちうけているとの思想を展開している。それは幽冥界の概念を創出した*平田篤胤（あつたね）が、幽冥界の主神を大国主神（おおくにぬしのかみ）としたのとは異なり、身近な*産土神（うぶすながみ）を中心に論じ、より日常に即した実践的な概念とし死後の世界を提示している。「*顕幽順考論（けんゆうじゅんこうろん）」とともに、是香の代表的著作である。特に本書では「産須那神」論を力説しており、全国各地に鎮座する産土神に対する信仰を普及させようとしたものである。

厩戸皇子（うまやどのみこ）　→聖徳太子（しょうとくたいし）

ウミチムン（御三物）　→ヒヌカン

梅（うめ）　バラ科の落葉喬木。もともと日本にはなく、中国からの渡来植物。中国の文人たちがこよなく愛し、詩文に歌われたこともあって、奈良時代にはいわば隋唐文化の象徴の一つであった。梅花の宴が宮廷行事としてばかりでなく、大宰府や越中国など地方の国衙（こくが）でも催された。「*万葉集」には梅を歌った歌が117首あり、*桜の歌47首を大きく上まわっている。しかし、「*古今和歌集」では梅と桜の地位は逆転した。

梅田雲浜（うめだうんぴん）　1815〜59（文化12〜安政6）　幕末尊攘派の指導的志士。若狭国小浜藩士。名は定明（さだあき）、通称は源次郎。16歳で江戸にでて、山口菅山（かんざん）に崎門（きもん）学をうける。帰藩して近江国大津に寓し上原立斎に学び、同地に湖南塾を開いて子弟に教授する。29歳の時京都に移って崎門の学塾たる望楠軒（ぼうなんけん）講主となり、*梁川星巌（やながわせいがん）・*頼三樹三郎（らいみきさぶろう）ら

と交遊を深めてその名は高くなった。講学の目的は経世済民にあり，藩政ないし海防問題についてしばしば藩主酒井忠義に献言したため，38歳の時に士籍を削られた。ペリー来航後は江戸・水戸・福井・萩などに遊説して対策を講じ，将軍継嗣問題では一橋派を支持した。違勅条約がなされると，戊午の密勅降下を策して大老井伊直弼の排斥をはかり，安政の大獄での逮捕第1号となり判決前に病死した。梁川・頼とともに，この時期の反幕派の巨頭であった。

浦上崩れ（うらかみくずれ）　江戸時代から明治期にかけて長崎浦上村山里でおこった，4回にわたるキリシタン検挙・弾圧事件。崩れとは，関係者の大量検挙により組織が崩壊すること。浦上のキリシタンは禁教後，地下組織を作り，250年余り信仰を守っていたが，信仰が発覚するごとに弾圧された。一番崩れは1790～95年（寛政2～7）で，19名が検挙されたが，証拠不十分で釈放された。二番崩れは1842年（天保13）で，証拠不十分で釈放。三番崩れは56年（安政3）で，密告により最高指導者である帳方の吉蔵以下多くの指導者が検挙され，吉蔵は牢死，組織は大打撃をうけた。四番崩れは67～73年（慶応3～明治6），キリシタン復活後，外国人宣教師の指導をうけたキリシタンが自葬事件をきっかけに公然と信仰を表明したので，長崎奉行所は指導者68名を検挙した。この一件は明治政府に引き継がれ，68年（明治元）中心的信者114名が4藩へ，70年に信者三千数百名が西国20藩に配流され，諸外国の外交団から強い抗議をうけた。73年，*キリシタン禁制の高札の廃止後に帰国を許された。その数は帰還者2911名，死亡者613名，脱走者14名，転び（棄教）11名であった。

浦島伝説（うらしまでんせつ）　竜宮訪問の説話。一種の異界訪問譚。その背景には*神仙思想による潤色がある。古代においては，主人公を水江浦島子とする。「日本書紀」雄略天皇22年条，「万葉集」巻9の高橋連虫麻呂の長歌，「丹後国風土記」逸文など奈良時代の段階で現れ，平安時代にも「浦島子伝」「続浦島子伝記」や「続日本後紀」嘉祥2年（849）条などにみえる。7世紀後半に伊余部連馬養が筆録したものが最古のものだが，現存しない。これらは，主人公の水江浦島子が亀を釣りあげると，その亀が女人となり，ともに仙人の住む*常世国に赴くという筋書きである。なお「日本書紀」では，常世国を蓬萊山と表記している。

占い（うらない）　→卜占

卜部兼方（うらべかねかた）　生没年不詳　鎌倉中期の神祇官人・神祇古典学者。卜部氏平野流の兼文の子。神祇権大副。弘安～嘉元年間（1278～1306）にその活動が認められる。1274年（文永11）より1301年（正安3）頃までに「*釈日本紀」を編纂した。本書は現存する「*日本書紀」注釈書の中でも成立の早いものであり，その中に平安初期の日本紀講義を録した「日本紀私記」などの逸文や卜部氏の家説を記しており，「日本書紀」の研究史上重要な書である。

卜部兼倶（うらべかねとも）　→吉田兼倶

卜部兼直（うらべかねなお）　生没年不詳　鎌倉前期の神祇官人・神祇故実家。卜部氏吉田流の兼茂の子。神祇大副。通称は参河大副・冷泉大副ともいう。1224年（元仁元）兼直は吉田流の兼頼とともに神祇伯家業資王の家司を辞退しており，卜部氏が神祇故実の家として自立していく契機となった。「上卿故実」の「上卿神事」条には「神祇大副兼直説」が引かれており，また，1232年（貞永元）には蔵人頭より神祇作法の指南に与るなど，卜部氏の神祇故実の形成に大きく関与したことがうかがわれる。著作として「*神道大意」「日月行儀」「八雲神詠口訣」「神代紀和訓抄」などが伝えられるが，前2著は*吉田兼倶の偽作とされ，他も仮託の可能性が高いとされている。歌人としても有名で，「古今著聞集」をはじめとして「新勅撰和歌集」「続古今和歌集」「続拾遺和歌集」「風雅和歌集」「新千載和歌集」などの勅撰和歌集に採られている。また日記として「参大記」が「宮主秘事口伝」の中に引かれるが，現存しない。

卜部兼永（うらべかねなが）　1467～1536（応仁元～天文5）　室町後期の神道家。卜部氏吉田流の兼倶の第2子として生まれ，卜部兼緒の養子となり，平野流を継いだ。神祇大副・

平野社預あずかりとなり、「延喜式神名帳秘釈えんぎしきじんみょうちょうひしゃく」を著し、「*先代旧事本紀せんだいくじほんぎ」「*唯一神道名法ゆいいつしんとうみょうぼう要集」を写し、その内容究明に努めた。実父の兼倶と平野社社務の領掌をめぐって訴論し、1510年（永正7）頃に兼倶と義絶した。その後も実家の吉田流との対立は続き、*唯一神道の正統をめぐって相論となったが、33年（天文2）後奈良天皇の綸旨により吉田流が公認された。兼永は承服せず争ったが、天文法華ほっけの乱にまきこまれて戦死した。

卜部兼文 うらべかねふみ　生没年不詳　鎌倉中期の神祇じん官人・神道古典学者。卜部氏吉田流の兼直なおの子であり、平野流の兼頼よりの養子となる。1266年（文永3）頃に神祇権大副ごんのたいふに在任する。69年「卜部兼文宿禰勘文すくねかんもん」、70年「天照太神御事抄あまてるおおかみおんことしょう」「高皇産霊神皇産霊たかみむすびかみむすび御事抄」「建御名方神たけみなかたのかみ御事抄」「石上いそのかみ神宮御事抄」「鹿島香取抄」など数々の勘文・抄文を作成した。74年6月以降から翌年にかけて、一条家の実経さねつね・家経らと「日本書紀」の講筵を開き、これをもとに子息兼方かねかたによって「*釈日本紀」が編纂された。

卜部兼好 うらべかねよし　→吉田兼好よしだけんこう

卜部神道 うらべしんとう　→吉田神道よしだしんとう

盂蘭盆会 うらぼんえ　「盂蘭盆経」の目蓮もくれん救母説話にもとづき、陰暦7月15日の中元ちゅうげんに死者や先祖の霊を迎え、食物などを供えて供養する仏事。単に盂蘭盆・盆ともいい、ウラボンの由来については梵語またはイラン語説がある。日本では推古朝に初見され、斉明朝の時に京内諸寺に「盂蘭盆経」を講じさせて以来、恒例の行事となった。平安時代には、宮中清涼殿せいりょうでんで米を盛って供養したのち先帝ゆかりの寺院に送ることが行われ、また法成寺ほうじょうじ・法勝寺ほっしょうじなど諸大寺でも論義をともなう盂蘭盆講が行われた。以後、民間に普及していく過程でさまざまな行事・信仰を吸収していき、盆の期日も7月の13日から16日まで拡大されるようになった。

後妻打ち うわなりうち　相当打ち・騒動打ちとも。平安時代から江戸初期にかけて行われた、前妻さきめが後妻を打ちたたく習俗。「御堂関白記みどうかんぱくき」の長和元年（1012）条の記事にすでにみえ、室町時代頃の成立と考えられる謡曲「葵上あおいのうえ」にもこの語がみられる。「むかしむかし物語」という書物によると、離別された前妻が、親しい女性たちを集め、あらかじめ使者を遣わして決起を予告し、台所から乱入して後妻方の女性たちと打ち合い、機をみて仲介役の調停が始まり落着する、という形式で行われたという。この習俗は江戸時代には廃れたが、これに興味を示した山東京伝さんとうきょうでんや曲亭馬琴きょくていばきんによって詳細な言及がなされている（京伝「骨董集こっとうしゅう」、馬琴「烹雑ほうぞうの記」）。

運慶 うんけい　？〜1223（？〜貞応2）　鎌倉初期の仏師。康慶こうけいの子。南都仏師中の第一人者。現存する確実な作品は少ないが、1176年（安元2）に制作した奈良円成寺えんじょうじの大日如来像が初期の作例である。源頼朝により招かれた成朝せいちょうを継いで、鎌倉の武士関係の造仏にたずさわり、文覚もんがくにも重用されて京都に拠点をもった。南都の復興に際し、1203年（建仁3）に東大寺南大門の金剛力士こんごうりきし像を、快慶かいけいら同門の仏師を率いて2カ月で造立した。康慶の写実主義をさらに深め、天平以来の彫刻をもとに完成した様式は、男性的で堂々とした風貌や体軀、複雑で彫りの深い衣文、躍動的な姿態などに特色がある。

雲居希膺 うんごきよう　1582〜1659（天正10〜万治2）　江戸前期の臨済宗の僧。近世の仏教復興運動の一員で、陸奥国松島瑞巌寺ずいがんじの中興。号は把不住軒はふじゅうけん。勅諡号は慈光不昧禅師、大悲円満国師と追号。土佐一条家の臣小浜氏の出身。妙心寺で峻厳な禅風で知られた一宙東黙とうちゅうとうもくに侍したが、同門の*大愚宗築だいぐそうちくと仏教復興を盟約し、妙心寺をでて各地を行脚した。大坂冬の陣への関与により、一時幽居の身となる。許されたのち、一宙の法を嗣ぐ。若狭国京極氏、会津加藤氏の外護をうけたが、大愚から外護者のための仏教と批判され摂津国勝尾山に隠棲した。その後、伊達政宗まさむねの招聘を固辞できず、1636年（寛永13）政宗の子忠宗の請をうけ松島瑞巌寺に入る。念仏禅の禅風で、政宗夫人のために著した「往生要歌」には唯心弥陀思想がうかがえる。

雲章一慶 うんしょういっけい　1386〜1463（至徳3・元中3〜寛正4）　室町時代の禅僧。臨済宗*聖一

派奇山円然ᵉⁿᵉⁿの法嗣。一条兼良ᵏᵃⁿᵉʳᵃの俗兄。山城国普門寺ᶠᵘᵐᵒⁿⁱや東福寺（132世）・南禅寺（172世）を歴住。東福寺内に宝渚庵ʰᵒᵘˢʰᵒを開いて退居し、別号を宝渚という。聖一派の岐陽方秀ᵍⁱʸᵒᵘʰᵒᵘˢʰᵘに従学した。学僧として名声が高く、門派を問わず多くの門人がいたが、一条家の出身であることから廷臣にも強い影響を与えた。禅林の先例・規則に詳しく、特に1459年（長禄3）から62年（寛正3）にかけての「勅修百丈清規ᶜʰᵒᵘˢʰⁱᵏⁱ」の講義はよく知られている。⇒勅規雲桃鈔ᵘⁿᵗᵒᵘˢʰᵒᵘ

韞蔵録 ᵘⁿᶻᵒᵘʳᵒᵏᵘ ＊佐藤直方ⁿᵃᵒᵏᵃᵗᵃの文集。全5編67巻。内訳は、初編16巻、拾遺30巻、続拾遺6巻、4編5巻、5編10巻。4編までは＊稲葉黙斎ᵐᵒᵏᵘˢᵃⁱ（迂斎ᵘˢᵃⁱの子）の編集、5編は尾関当補ᵗᵒᵘʰᵒ（黙斎の門人）の編集。1752年（宝暦2）初編序。「仁説講義」「静坐説」「王学論談」「中国論集」「四十六士論」をはじめ、門人が記録した学談・講義記録などが、直方の思想をその口調に至るまで活写している。迂斎の遺志を黙斎が継ぎ、その遺漏を門人である当補が補ったのであろう。書名の「韞蔵」は「論語」子罕ˢʰⁱᵏᵃⁿ篇による。⇒学談雑録

芸亭 ᵘⁿᵗᵉⁱ 奈良時代末のわが国最初の私立公開図書館。文人貴族として知られる大納言兼式部卿石上宅嗣ⁱˢᵒⁿᵒᵏᵃᵐⁱⁿᵒʸᵃᵏᵃᵗˢᵘᵍᵘ（729～781）が晩年私宅を寺として阿閦寺ᵃˢʰᵘᵏᵘʲⁱと名づけ、その一隅に内典・外典を集めた芸亭を設けて好学の士に開放した。「＊続日本紀」天応元年（781）6月条の宅嗣薨伝に記載がある。

雲伝神道 ᵘⁿᵈᵉⁿˢʰⁱⁿᵗᵒᵘ 葛城ᵏᵃᵗˢᵘʳᵃᵍⁱ神道とも。江戸中期の真言僧＊慈雲尊者飲光ʲⁱᵘⁿˢᵒⁿʲᵃᵒⁿᵏᵒᵘが創唱した神道。〈日本のお釈迦様〉と讃えられ、サンスクリット研究の大家で、河内国葛城山高貴寺を中興した慈雲（葛城山人と号す）は、＊両部神道再興のために神・儒・仏三教折衷の神道説を創唱した。彼は、堕落していた仏教界を正すため、宗派にとらわれず広く教理を学び、きびしい修行を重ね、若くして儒者＊伊藤東涯ᵗᵒᵘᵍᵃⁱにも師事した。晩年、彼は本格的に神道の研究に取り組み、本居宣長ⁿᵒʳⁱⁿᵃᵍᵃと同様に神道研究には「古事記」を第一とし、その次に「日本書紀」をみるべしとした。そして、近世儒家の神道説（垂加ˢᵘⁱᵏᵃ神道など）を人事に付会したものと批判し、「＊神儒偶談ᵍᵘᵘᵈᵃⁿ」「天

の御蔭ᵃᵐᵉ」「神道要語」などを著した。神道の教えは、理屈で説くものではなく、素直に神祇ʲⁱⁿᵍⁱを信ずる心、すなわち赤心をもった時に顕れるものとしたことから、彼の神道説は人倫の道、日本人としての道、君民一体の道にもなった。また神道は諸道の根源で、儒教や仏教はその枝葉花果であり、その枝葉花果を盛んならしめるために、神道を固めよ、とも教えた。この教えは景観をへて与謝野寛ʰⁱʳᵒˢʰⁱ（鉄幹ᵗᵉᵏᵏᵃⁿ）の兄和田大円ᵈᵃⁱᵉⁿに継承され、現在も真言宗では雲伝神道灌頂ᵏᵃⁿʲᵒᵘが行われている。

雲萍雑志 ᵘⁿᵖʸᵒᵘᶻᵃˢʰⁱ 江戸後期の随筆。全4巻。著者不詳。1843年（天保14）刊。特に標題を掲げず、武士と思われる著者の人生論・夫婦論・義侠譚、一休宗純ⁱᵏᵏʸᵘᵘˢᵒᵘʲᵘⁿや千利休ˢᵉⁿⁿᵒʳⁱᵏʸᵘᵘおよびその周辺人物や著者の知人の逸話、奇談・巷説など、歴史上また見聞・知見の話題や教訓を短文で160余条に記す。本書は山崎美成ʸᵒˢʰⁱˢʰⁱᵍᵉの筆になる木村蒹葭堂ᵏᵉⁿᵏᵃᵈᵒᵘの序を掲げ、また桃花園の識語にも柳沢淇園ᵏⁱᵉⁿの手沢ˢʰᵘᵗᵃᵏᵘの書とあって、書画・古器など風流韻事の話題があることから、大和国郡山藩の重臣で文人画家として名高い柳沢淇園の著とされてきた。しかし、現在では森銑三ˢᵉⁿᶻᵒᵘによって、蒹葭堂の序にも問題があり、淇園の著とする内部徴証もなく、山崎美成のからむ作者仮託の書と解されている。

運歩色葉集 ᵘⁿᵖᵒⁱʳᵒʰᵃˢʰᵘᵘ 室町時代に作られた、語彙数の多い実用的な古辞書。全3巻。編者不明。1548年（天文17）の序をもつ。全体をイロハ順に配列し、二字熟語・固有名詞・単字の訓を羅列する。巻末には魚・鳥・獣・花木名の一覧をおく。百科事典風の内容を含み、固有名詞や地名・暦注関係の説明が充実し、多くの出典注記を有する。「節用集ˢᵉᵗˢᵘʸᵒᵘ」に先行すると考えられるが、出版されなかったために流布の範囲は狭い。古写本に静嘉堂文庫本・天正17年本（下巻欠）・元亀2年本（以上2本京都大学蔵）があり、いずれも影印本が刊行されている。

運命観 ᵘⁿᵐᵉⁱᵏᵃⁿ 人の才能・努力・予測をこえた吉凶禍福のめぐりあわせについての考え方。人生における幸・不幸がいかんともしがたい大きな力によって支配されていると考え

る運命観は，古今東西を問わず人類の歴史をとおして説かれており，日本においても古来認められる。わが国の古代においては宿命論的傾向を強く示す仏教の「*宿世(すくせ)」の語と観念が公家社会に流布したが，中世になると主として武家社会を中心に「運命」の語がより多く用いられるようになる。超越的な力を意味する運命は，中国の「文選(もんぜん)」などに由来するもののようである。鎌倉時代の運命観の特色は「*平家物語」に典型的に認められ，ここでは歴史的世界を貫く道徳的理法を強調しながら，人の善悪の行為自体を運命のしからしめるものと解している。

しかし，南北朝動乱期をへて武士の運命観はさらに変わっていく。当該期の武士の生き方をビビッドに描く「*太平記」では，特定の人物を主語とする「運を開く」という表現に象徴されるような積極的な運命観が目立ってくる。こうした人の幸・不幸が各人の努力によって左右されることも大いにありうるとする積極的な運命観は，当時の*天道(てんどう)思想と無関係ではなかった。南北朝期以降になると，運命は必ずしも天道の道徳的応報という形で一元的に決定されるものではなく，偶然的要因によって方向づけられることも少なからずあると認識されるようになる。かくして己の開運に通ずるチャンスの到来とみるや打算的判断によって決起し，その結果つかんだ幸運(勝利)を天道思想によって強引に正当化する者が現れるようになり，「運に乗じ」「運比べ」をするという考え方がうまれてきた。こうした積極的な運命観は戦国期に至って一般化し，「運に乗じてあた(敵)をくだくときんバ善悪ともに善なり。運尽る時に至ハ善悪共に悪也」，「此儀批判すべからず。是天道のしめす所にて人心のをよぶ所にあらず」(「北条五代記」)と揚言され，*下剋上(げこくじょう)を肯定することにもなった。

なお，同時期のキリシタン教義においてもしばしば「(利)運を開く」という表現が使われ，死後天国に行くためには宇宙の創造主宰神*デウス(当時「天道」と訳された)の恩寵に支えられ，三敵(人間界・天狗・色身)の誘惑と徹底的に闘って「運を開」き，「あにま(霊魂)の自由」を保持しなければならないと説かれている。

江戸時代になり幕藩体制が成立すると，不定性・偶然性を媒介とし過激に開運を志向するという生き方は姿を消し，運命の通塞を最終的に決定するのは天道であり，人間の道徳的意志・行為によって身分相応の開運は実現できると論じられるようになる。しかし江戸中期以降になると，現実世界に不可測・不可抗力なるものの存在することを率直に認めたうえで，開運のために人間の主体的努力を極力尊重しようとする，近代的運命観に連接する積極的運命観が一般社会に徐々に定着していった。

え

栄花物語 えいがものがたり　平安時代の*歴史物語。仮名書きの歴史物語の最初のもの。正編30巻，続編10巻。村上天皇の時代から堀河天皇に至る約200年間を扱う編年体の摂関時代史。作者については諸説あるが，正編の作者は*赤染衛門あかぞめえもん説が有力で，長元年間(1028～37)に成立したと考えられている。続編は1092年(寛治6)以降に成立。各巻ごとに「*源氏物語」にならった物語風のあでやかな巻名がつけられているが，叙述は比較的史実に忠実に進められており，「*大鏡おおかがみ」のほうが史実とはいえない記事を含んでいる。

巻1が宇多うだ天皇から起筆されたことは，六国史りっこくしの終わったあとを引き継ぐ姿勢ともみられているが，宇多・醍醐だいご両天皇については至って簡単で，村上天皇の時代からが詳しい叙述の対象となっている。それはあくまでも「こちよりてのこと」を記すという態度にでるもので，作者の近代観，つまりこの物語の主人公*藤原道長みちながの栄華をもたらした摂関政治の出発点を，村上天皇の時代にみることにもとづいている。しかも巻1において，娘をもつ貴族たちの熾烈な入内じゅだい争いに始まる外祖父がいそふ政治としての摂関政治の本質をみごとに描きだした。藤原道長をはじめ権力の座についた人々も，その人の政治的実力というよりは，その人が女子をもち，首尾よく入内させ，そして皇子を生みえたかどうかというきわめて偶然的・運命的要因によっていることを，するどく描きだしている。

永観 えいかん　1033～1111(長元6～天永2)　「ようかん」とも。平安後期の南都三論宗の学僧。文章生源国経みなもとのくにつねの子。2歳の時に石清水八幡宮別当元命がんみょうの養子となる。11歳で禅林寺の深観じんかんに師事，12歳で出家する。東大寺で具足戒をうけ，三論宗に属したが，法相宗にも通じたという。平等院の番論義，法成寺八講ほうじょうじはっこうの堅義りゅうぎなどをつとめ，また朝廷からの公請にも応じたが，32歳にして南山城の東大寺別所光明山寺こうみょうせんじに籠居した。のち禅林寺に帰り，寺内の東南院に住した。念仏の行の妨げになるとして辞退を望んだが，その高名により興福寺維摩会ゆいまえの講師こうじに請じられ，朝廷での法会にも招かれた。1099年(康和元)権律師ごんのりっしに任ぜられるが，翌日に辞任した。翌年に東大寺別当に補任され，勅封蔵ちょくふうぞうや七重塔・食堂じきどうなどを修理，また東大寺荘園を寺の法会の料とすることに意を用いた。白河法皇・藤原忠実ただざねらの帰依篤く，生涯を通じて顕密の行業ぎょうごうに努めたが，薬王寺における丈六阿弥陀像の造立，中山吉田寺よしだでらにおける迎講むかえこうの勤修，また往生講を修せしめつつ臨終を迎えるなど，浄土教家としての足跡が顕著である。その著書も「*往生拾因おうじょうじゅういん」「往生講式」「決定往生行業文けつじょうおうじょうぎょうごうもん」など浄土教関係のものが多い。諸書にその伝がみえるが，同時代史料である「拾遺往生伝」巻下・第26が最も重要なものである。

郢曲 えいきょく　歌謡。郢は，中国春秋時代の楚その都で，その郢ではやった俗曲の意から，流行り歌・俗曲をいう。また，平安・鎌倉時代の謡い物の総称。平安初期には神楽かぐら・催馬楽さいばら・風俗歌ふぞくうた・東遊歌あずまあそびうた・朗詠ろうえいなどの音曲をさし，のちに*今様いまようや雑芸ぞうげいをもさすようになった。鎌倉時代になると*早歌そうが(宴曲えんきょく)も含む。また狭義には，早歌・朗詠をさす。「徒然草」に「梁塵秘抄りょうじんひしょうの郢曲の言葉こそまたあはれなることは多かめれ」とあるのは広義の謡い物の意であろう。

盈虚思想 えいきょしそう　盈虚は月の満ち欠けのこと。「満ちれば欠ける」の意から，身分の高い人が学問を身につけるなどして満ち足りすぎると，若死になどをして身を滅ぼすといい，平安時代における大学の衰退を招く一因となった。*紫式部むらさきしきぶはこれに反発して，「*源氏物語」の「乙女」の巻に，元服を迎えた夕霧を光の君(光源氏)が人々の予想を裏切って六位の低い位につけ，大学に学ばせることを描き，知育論を展開している。

影供 えいぐ　柿本かきのもと影供・人麻呂ひとまろ影供とも。*柿本人麻呂の画像を掲げて，歌聖としての人麻呂を賛仰する祭祀。平安後期から鎌倉時代にかけて行われた。大学寮で孔子の画像を

掲げて孔子を祀る*釈奠が日本化したもの。大学寮における釈奠は、やがて*明経道をしのぐ*文章道の隆盛とともに、「白氏文集」がもてはやされ、それによって白居易(白楽天)の画像が礼拝の対象としてうまれたが、そのさらなる日本化が人麻呂影供であった。1118年(元永元)の人麻呂影供を初見とし、その次第については、大学頭藤原敦光の「柿本影供記」に詳しい。

栄西 えいさい　1141～1215(永治元～建保3)　「ようさい」とも。鎌倉初期に*臨済宗を伝えた禅密兼修の僧。台密葉上流の祖。茶祖ともされる。葉上房・千光法師ともいい、道号は明庵。備中国の人。比叡山で受戒し、密教と天台学を学び、山林で修行し、伯耆国大山寺の基好らから密教事相を習得した。1168年(仁安3)南宋に渡り、天台山・阿育王山で奇瑞を体験した。天台の新章疏60巻を入手して帰国し、備前国日応山、備中国金山寺、筑前国今津誓願寺などで活躍した。87年(文治3)4月再度入宋し、インド仏蹟参拝は挫折したが、天台山万年寺の虚庵懐敞に出会って参禅し、虚庵とともに天童山景徳寺に行き、臨済宗黄竜派の印可をうけた。91年(建久2)帰朝し、筑前国建久報恩寺、博多聖福寺などを創建した。94年朝廷は、大日房能忍の達磨宗と栄西の禅宗を禁ずる宣旨を下した。99年(正治元)鎌倉に赴き北条政子と源頼家の帰依をうけ、鎌倉寿福寺に住し、1202年(建仁2)京都*建仁寺の開山とされ、真言・止観・禅の三宗をおくとして朝廷にも公認された。栄西の禅宗は、戒律実践を主眼とした。06年(建永元)重源の跡を継いで東大寺大勧進職となり、法勝寺九重塔の再建をもつかさどり、13年(建保元)権僧正に任ぜられた。門弟に栄朝・退耕行勇・明全らがいる。著書に「出纏大綱」「出家大綱」「興禅護国論」「喫茶養生記」などがある。

永正記 えいしょう　*服忌・*触穢などのことを古書より抜き書きした書。文明年間(1469～87)以降徐々に増補し、1513年(永正10)に完成した。*荒木田守晨の著。著者の自筆本が三重県伊勢市の神宮文庫に現存しており、上・下2巻。表紙に「永正記」と墨書されている。上巻は「内外親族仮服事」以下37カ条、下巻は「神明遺勅幷朝家憲章及両宮規範」として120カ条を収めている。古書からの抜き書きの様相は、上巻は先行文献の「文保記」、下巻は「文保記」と「古老口実伝」の影響下で編纂される。服忌・触穢・禁忌に関する伊勢内宮における総合的文献である。

英将秘訣 えいしょう　「軍中竜馬奔走録」とも。幕末における変革的な価値意識、秩序観などをストレートに示す語録。全90カ条。*平田鉄胤(篤胤の養子)の門人で、1863年(文久3)の足利将軍3代の木像梟首事件で検挙された三輪田元綱らの寓居から発見された。もとは坂本竜馬の言とされてきたが、現在では鉄胤か元綱か、いずれにしても平田派国学者志士グループの作と目されている。奇抜かつ辛辣な表現でそれまでの一般的・常識的価値観をドラスティックに否定し、実利主義の立場から新秩序をめざすべきことを主張する(ここでは「殺(人)」「悪」の文字が肯定的に多用されている)。しかし、この語録では人間を鳥獣や虫と同一視したり、一種の人間平等観を強調する一方、天皇については特別にその存在意義を認め、「本朝の国風、天子を除くの外、主君と云ふ者は其世の名目也」、「日本にては開闢より天子は殺さぬ例なれば是ばかりは生けて置べし」などと揚言している。しかし現存する天皇の権威を必ずしも絶対視していたわけではなく、「今世の活物にては唯我を以て最上とすべし。されば天皇を志すべし」とものべている。

叡尊 えいぞん　1201～90(建仁1～正応3)　「えいそん」とも。睿尊・思円房とも。真言律宗の開祖、奈良*西大寺の中興。大和国の人。源氏出身の興福寺の学侶慶玄の子。醍醐寺の叡賢に入門し、高野山で修行し東密小野流をうける。のち大和国西大寺の持斎衆となり、東大寺で「四分律」を学んで戒律の復興を発願する。1236年(嘉禎2)覚盛らの同志とともに自誓受戒をはたす。これによって東大寺内外の非難を浴びるが、38年(暦仁元)西大寺に戻り、大和国を中心に戒

律の流布に努める。62年(弘長2)には北条時頼・北条実時の要請によって鎌倉へ下向し、幕府要人に授戒し、東国に律宗の基礎を築く。蒙古襲来の中、戒律による平和回復を主張し、幕府の全面的な支援をうけ、殺生禁断令や布薩・無遮大会を興して貧民救済に尽力した。79年(弘安2)には後深草・亀山上皇に招かれて宮中で「*梵網経」を講演し、皇族・公家に授戒した。東密においては西大寺流を樹立し、石清水八幡宮・四天王寺・大御輪寺(大神神社)を拠点として門流は全国に展開した。主著「梵網経古迹文集」などのほか、自伝「感身学正記」、鎌倉下向の記録「*関東往還記」がある。

永超録 →東域伝灯目録

永平寺 越山(越前の本山の意味)とも。福井県吉田郡永平寺町にあり、横浜市鶴見の総持寺とともに*曹洞宗の大本山である。山号は吉祥山。1243年(寛元元)僧団を率いて京都から越前国に移動した*道元が、翌年大仏寺を開創し、46年永平寺と改称した。道元没後の内紛期をへて、1314年(正和3)越前国大野宝慶寺の寂円の弟子義雲が入寺して復興され、南北朝・室町時代は代々寂円派が正住したが、居成り住持の制(のちの瑞世)などによって他派を許すに至った。江戸時代には関三刹(下総国総寧寺、下野国大中寺、武蔵国竜穏寺)から交替で晋住した。1507年(永正4)後柏原天皇から「本朝曹洞第一道場」の勅額をえた。ほとんどの伽藍は新しいが宋代の七堂伽藍の様式を伝え、修行僧が多い。また一般参詣者で賑わう。

永平初祖学道用心集 →学道用心集

英甫永雄 1547〜1602(天文16〜慶長7) 「一えいゆう」とも。戦国・織豊期の臨済宗の僧で、*五山文学の最後期の一人。号は武牢・小渓・芳洲。若狭国の人。武田信高(あるいは信重)の子。幼年より法門に入り、建仁寺の文渓永忠に随伴して句読を習い、遊россyyyyyy後に法嗣になる。はじめ建仁寺如是院に住し、1586年(天正14)建仁寺に住持し、94年(文禄3)の南禅寺出仕をはさみ、21住を重ねた。若年にして*策彦周良にその文才を認められ、宮中連句会・詩歌会などにしばしば出席するなど文名高く、里村紹巴・中院通勝や叔父の細川幽斎とも交友があった。豊臣秀吉の命により、玄圃霊三・西笑承兌ら他の五山僧とともに大がかりな謡本の注釈事業にも参加している。晩年には「長恨歌」「老子」「三体詩」などの講義を行い、*林羅山もここに参加して知遇をえている。多くの狂歌を残し、近世狂歌の祖でもある。

永和大嘗会記 「永和御禊記」「御禊記」「永和元年大嘗会記」「大嘗会記」とも、また仮名文で記されていることから「永和大嘗会仮名記」「永和度大嘗会仮名次第」などとも。1375年(永和元・天授元)11月23日に行われた大嘗会の記録。*二条良基の著。後円融天皇は1371年(応安4・建徳2)3月23日に践祚したが、当時の世の中が混乱していたことから、即位式は延びて、3年後の74年(応安7・文中3)12月28日にようやく行われた。同年10月28日の鴨川での御禊行幸から11月26日午後の豊明節会に至るまでの諸行事を、見物人の立場から記したものである。その中で、良基の*三種の神器に対する考え方がのべられていることが注意される。

ええじゃないか 1867年(慶応3)から翌年にかけて、東海道・中山道沿いの宿場町や、中国・四国地方を中心に発生した民衆運動・大衆乱舞。言葉の意味自体は、近畿地方などで連呼された囃子言葉の文句であるが、現在ではこの民衆運動・大衆乱舞の総称として使用されている。天からお札が降ったとして、お札を祭壇に祀り、参詣人に酒食を振る舞い、富豪者の家に押し入り施行を要求し、また男装・女装、奇抜な服装、裸体などの姿で乱舞するなど日常生活から逸脱する行動をともなった。お札の降下を契機に民衆が乱舞する形態には、*お蔭参りの影響が考えられるが、伊勢参宮におもむく者は少なかった。この運動には、幕末における民衆の世直し願望が体現されていると考えられるが、倒幕派が人為的に作為したものという説もある。

江川坦庵 1801〜55(享和元〜安政2)

幕末期の砲術家。世襲名は太郎左衛門，坦庵は号。名は英竜，字は九淵。江川家は江戸幕府の伊豆国韮山世襲代官で，1835年（天保6）代官職を継承し，善政を布き「世直し江川大明神」とよばれた。老中水野忠邦に抜擢され，幕政に参与した。*渡辺崋山と交わり海防を論じるも，*蛮社の獄の禍は逃れる。41年（天保12）*高島秋帆に洋式砲術を学び，翌年砲術師範として*佐久間象山らを教える。53年（嘉永6）ペリー来航を機に勘定吟味役として海防にあたり，品川台場の築造にたずさわる。翌年，大砲鋳造用の韮山反射炉に着工するも，57年（安政4）の完成をみることなく没した。

恵灌 えかん　生没年不詳　飛鳥時代の高句麗僧。625年（推古33）に来日し，僧正に任じられた。渡来以前，隋に赴いて嘉祥大師吉蔵に三論を学んだと伝えられ，日本三論宗の初伝とされる。

江木鰐水 えぎがくすい　1810〜81（文化7〜明治14）幕末〜明治期の儒学者。名は貞通・戩，字は晋戈，通称は繁太郎，号は鰐水。安芸国豊田郡戸野村の福原藤右衛門貞章の三男。のちに備後国の福山藩医江木玄朴の家を継ぐ。1830年（天保元）京都にでて，*頼山陽に入門する。山陽の没後，35年に昌平黌の*古賀侗庵に従学した。また清水赤城に長沼流兵学を学んだ。37年藩主阿部正弘に抜擢され，のちに藩校誠之館の儒官，さらに蘭学御用を命じられた。国学者の*大国隆正が「やまとこゝろ」を藩主に提出した際には，その内容を論難した。藩主正弘の幕府老中就任後は顧問として重用され，箱館戦争では福山藩参謀を務めた。廃藩置県以後は，士族の授産事業を中心に尽力した。刊行されている著述は「江木鰐水日記」のみで，数多い詩文・建白書類などは東京大学史料編纂所に収蔵されている。

江木千之 えぎちゆき　1853〜1932（嘉永6〜昭和7）　明治・大正期の官僚・政治家。周防国岩国藩士の子。大学南校などで学ぶ。1874年（明治7）文部省に入省し，各種重要教育法規の起草にたずさわる。80年「改正教育令」で政府管理を強化，81年「*小学校教員心得」では儒教思想に欧米の教師論・学校管理論を混和させ，83年「小学校教則綱領」で世界歴史を廃止し国史を重視する。90年ドイツの学校制度規定を参考に「*小学校令」を改定する。92年内務省に転じ，茨城・栃木・愛知・広島・熊本県知事を歴任する。貴族院議員として教育関係の多くの委員を務め，大正期の国民精神運動を担った。1924年（大正13）清浦内閣文部大臣。晩年は皇典講究所所長・全国神職会会長などの民間団体役員を務め，27年（昭和2）国学院大学学長となる。述著に「江木千之翁経歴談」がある。

益軒十訓 えきけんじつくん　「─じゅっくん」とも。*貝原益軒の著した通俗的な教訓書10種の総称。「家訓」1巻，「君子訓」3巻，「*大和俗訓」8巻，「*和俗童子訓」5巻，「楽訓」3巻，「五常訓」5巻，「家道訓」6巻，「*養生訓」4巻，「文武訓」6巻，「初学訓」5巻の10種をいう。多くの読者を予想して執筆した益軒らしく，広い学識を背景に，自らの体験を織りこみ，平易な仮名交り文で書かれている。いずれも，天地の「生々」の働きを大いなる恩恵として，感謝の心でもって「生」を肯定する思想にあふれている。

疫神 えきしん　「えきじん・やくし（じ）ん」とも。行疫神・疫病神・厄病神とも。疫病をもたらし流行らせる神。古代では，疫病は疫神や祭祀を要求する神の祟りなどが原因と考えられ，それを防ぐため*道饗祭や鎮花祭が国家祭祀として行われた。中世には，疫神は奇怪な姿の老人など擬人化して捉えられるようになるが，これは当時流行していた人霊への信仰である*御霊信仰に疫神の観念が結合した結果である。しかし，*菅原道真のケースに顕著なように，疫病をおこした御霊のすべてが悪神・悪霊とされたわけでなく，むしろ悪を糺す正義の神とうけとめられた場合も多い。また民間では，疱瘡流し・鹿島流しなど，疫病をおこす悪霊を人形に取り込んで外界に送り返す疫病送りの習俗が発達していった。

易姓革命 えきせいかくめい　中国において王朝交替を説明する説。伝説上の三皇（尭・舜・禹）は，聖人である後継者に天下を譲り（禅譲），人間の世となった夏・殷以後の王朝末

期の皇帝は，徳を失って武力で地位を追われ（放伐ほうばつ），天命によって王朝が交替し，皇帝の姓が替わったとする。天の命が革あらたまることを革命といい，王朝の徳を五行説ごぎょうせつで説明することが行われた。日本では古代より皇室は万世一系とされ，この考えは一般化しなかったが，辛酉年の革命を予言する讖緯説しんいせつによって，神武天皇即位の年代が算出されたり，改元の根拠とされた。平安末期より発生した*百王ひゃくおう思想は，皇統の断絶を予言するが，風説以上には具体化しなかった。武臣たる源氏と平氏の交替によって覇権の推移を説く歴史観（*源平交替思想）が「平家物語」「太平記」を通じて広まったのは，易姓革命の矮小化された形といえよう。

絵系図 えいけいず　中世以降に盛んとなる肖像画を描き連ねて系譜関係を示した系図。代表的なものは，浄土真宗の一流派で，了源りょうげんを祖とする仏光寺派ぶっこうじはにおいて作成されたもので，狭義にはこれをさす。厳密には，明光みょうこう（了源の師）の他の門流においても作例があり，了源をはじめとする明光門流で作成されたものである。仏光寺派の絵系図は，了源が本願寺の*覚如かくにょから独立して仏光寺派を設立した鎌倉後期から作成されはじめ，名帳みょうちょう（道場に集う信徒の名簿）とともに教団繁栄のために重要な役割をはたした。室町後期に教団が衰退するにしたがって作成されなくなる。形態は一般に巻子装で，巻頭に了源ら師僧の名による序文が書かれ，以下に門徒の肖像が師弟関係にしたがって連ねられている。絵系図はまず仏光寺より門徒もんとに授けられ，以後歴代の道場主によって管理された。なお，絵系図という企画の背後には，覚如から義絶された*存覚ぞんかくがいたと考えられている。絵系図・名帳による仏光寺派の隆盛に危機感を抱いた本願寺の覚如が，「*改邪鈔がいじゃしょう」を記して名帳・絵系図を批判している。仏光寺派の絵系図のほかでは，「若狭国鎮守神人にんにん絵系図」などが著名である。

穢国 えこく　→穢土えど

絵詞 えことば　絵巻の詞書のこと。また，「紫式部日記絵詞」のように詞書だけを書写したものをいう。「絵詞」と「絵巻」を同義語として用いた例があるが間違い。「*源氏物語絵巻」などの王朝貴族に求められた物語絵巻の詞書は，荘厳な装飾料紙に当時の能筆の手によってなされたもので，鑑賞の書としての役割を担っている。また，「*信貴山しぎさん縁起絵巻」などの縁起絵巻，宗教説話や高僧の伝記に取材した絵巻の詞書には，信仰にもとづく謹厳な執筆の意図がある。しかし，合戦絵巻になると絵詞は，説明のために多くの文字を詰めこんで鑑賞の側面を失ってしまう。絵詞の説明的な性格を強めたものが，画中の余白に文字や文章を挿入する「画中詞がちゅうし」である。→絵巻物

慧慈 えじ　？～623　恵慈とも。飛鳥時代に来日した高句麗こうくり僧。595年（推古3）に来日し，*聖徳太子の師となる。この年来日した百済くだらの慧聡えそうとともに仏教を広めるのに努め，「三宝さんぼう」の棟梁とされた。615年に本国へ帰る。高句麗の地で聖徳太子死去の報に接し，翌年太子の命日と日を同じくして没したという。

絵師草紙 えしのそうし　鎌倉時代，14世紀前半に成立の物語絵巻。紙本著色。詞書ことばがき3段，絵3段で構成される短編の1巻。御物。伊予守にするという朝廷からの喜ばしき宣旨せんじをうけた貧しい宮廷絵師とその家族の，つかの間の喜びと人生の悲哀を，おおらかに描き上げる。宣旨をうけた絵師の家での祝宴の乱舞と歓喜のようすが描かれる（第1段）。しかし知行地ちぎょうちから何の沙汰もなく，土地はすでに人の手にあるという知らせ（第2段）。訴えもかなわず，息子は寺に，絵師も仏道を志すという結末に至る（第3段）。物語の風刺精神や自然描写を排して，人物表現や時代の生活を主体に描写する点に異色の作風を示す。縦30.0×横790.3㎝。

恵心僧都 えしんそうず　→源信げんしん

恵信尼 えしんに　1182～？（寿永元～？）　浄土真宗の祖*親鸞しんらんの妻。越後国の豪族と推測される三善為則（教）みよしためのりの女。親鸞と結婚した時期は定かではないが，1207～11年（承元元～建暦元）の5年間，親鸞が越後に流罪になっていた時期には同居している。親鸞の赦免後も，関東から京都へと行動をともにしているが，56年（康元元）までには別れて越後へ移住している。*善鸞ぜんらんや覚信尼かくしんにら6人の

子を生んだと伝えられる。1921年（大正10）に，娘の覚信尼へ宛てた書状が発見され，親鸞とその家族たちの実像を探る貴重な史料となっている。

絵図　えず　絵画表現を含んだ地図類に対する呼称。8世紀に国家事業として作成された班田図の台帳の田図は伝存せず，東大寺の初期荘園の実測図で条里・坪を描いた奈良時代の開田図が現存最古である。「絵図」の史料上の初見は11世紀頃である。平安時代以降，荘園制が展開する中で，立荘・係争などを契機とする四至傍示図・下地中分図など，荘園支配にかかわるさまざまな種類の荘園絵図が作られた。鎌倉時代に種々の相論に際して作られた絵図は領域を明示し，注記など多くの情報が盛りこまれ，荘園村落の様相を今日に伝えている。また日本図の古いものに，13世紀の称名寺所蔵図などがあり，山城国を中心に七道を貫く線を引き，丸みをおびた形の国を並べたものは「行基図」と総称される。室町時代以降は信仰にかかわる社寺参詣図などが多くみられる。江戸時代には，幕府や藩が軍事・政治などの目的で作成した国絵図や郡絵図，城絵図・城下絵図のほか，村ごとに村境や地形，集落や街道などを精密に描いた村絵図などがある。これらの絵図には，当事者の主張や意志が明確に描きだされている。

えせ法門　えせほうもん　→異安心

蝦夷　えぞ　→蝦夷

穢多・非人観　えたひにんかん　儒学は，一般的には「穢」の観念に薄く，穢多・非人への差別を内包するとはいえない。その中で*山鹿素行は，士農工商の外の存在として，斃牛馬の処理や掃除に従事すべきものとしての穢多・非人に論及している。*儒家神道も「穢」を，身分と結びつけて説くよりも，自己の心身に即して問題にする傾向が強い。それに対して*国学や*復古神道は，記紀神話や「中臣祓」をはじめとする文献に立脚点をおいて，社会的な「穢」についてきわめて敏感であった。本居内遠や*伴信友らの国学者は，それが当然の伝統だという視点から，穢多の語源や穢の由来について論文を著している。

さらに近世中期からは，穢多について異民族起源説がだされて，いっそう差別的な視線が強化された。荻生徂徠の「*政談」が異民族起源説を説いているかどうかは，解釈が分かれている。異民族起源説の典型としては，海保青陵の「*善中談」があげられる。攘夷思想が高揚すると，肉食・産穢・同火などをタブーとする観念が強まり，穢多・非人への差別も強化されたといわれている。穢多・非人への差別を積極的に否定するものとしては，金沢藩の尊王攘夷論者である*千秋藤篤の議論が知られている。藤篤は，「国家は四海をもって家となし，万民をもって子となす」という見地から，穢多・非人を漸次に「民籍」に復することを主張した。このほかにも，幕末の民衆宗教や朱子学の人間観からも，同じように差別を克服する思想がうまれた。

枝吉経種　えだよしつねたね　1822〜62（文政5〜文久2）　幕末期の佐賀藩の志士・国学者。字は世徳，通称は木之助，号は神陽。佐賀藩校弘道館の教授枝吉種彰（南濠）の長男。副島種臣は次弟。1840年（天保11）弘道館に入学し，「古事記」・律令などの研究による父の「日本一君論」の影響をうけた。42年江戸の昌平黌に入学，舎長となり，*藤田東湖らと交わる。48年（嘉永元）に佐賀に戻り弘道館の国学教諭となり，経学を批判し歴史を重視する史学派を形成した。種臣・大木喬任・江藤新平・大隈重信・島義勇ら佐賀藩尊王派を養成した。51年，弟子らと義祭同盟を作り，佐賀郡西河内村の梅林庵に楠公父子甲冑像を祀った。「日本一君論」にもとづき将軍宣下の廃止を唱え，58年（安政5）に種臣を上京させて公家大原重徳に入説させた。贈従四位。

越山　えっさん　→永平寺

越俎弄筆　えっそろうひつ　江戸中期の解剖書。全18葉の小冊子。大坂の儒者*中井履軒の著。1773年（安永2）成立。*麻田剛立の解剖学の知識を履軒が紹介したものである。「解体新書」刊行に1年先立ち，解剖所見の精緻さは「蔵志」や「解屍編」を上回り，東洋医学の人体構造論を脱しているが，生理学的説明は漢方の影響を脱しきれていない。

「越俎弄筆」は，三浦梅園の「造物余譚」と並んで，麻田剛立の解剖学的知識を今日に伝えるものとされている。

穢土 えど 穢国・不浄土とも。*浄土に対する語。わが国では特に，煩悩から脱することのできない六道輪廻の衆生の住む娑婆世界，すなわち現世をさす言葉として用いられることが多い。平安中期にでた*源信の「*往生要集」大文第一「厭離穢土」に，地獄をはじめとする六道の苦に満ちた様が描かれ，つづく「欣求浄土」において極楽浄土の快楽にあふれたようすが対比的に著され，これによって穢土のイメージが浄土教家の間に定着した。戦国期に一向一揆の徒が用いた旗に記された「厭離穢土 欣求浄土」の文言も，これに依拠するものである。

絵解き えとき 仏伝図・社寺縁起絵・高僧伝絵などの掛幅・絵巻，また地獄極楽図などを，画面に即して視聴者の前で解説する行為，またその解説をする人をいう。その起源は中国からインドにさかのぼるものとされ，日本では931年(承平元)の洛南貞観寺の仏堂柱絵が最古の記録。平安時代の絵解きは，寺僧がもっぱら貴族を対象に行ったようだが，中世以降は芸能化・世俗化し，専門の下級僧の絵解法師や琵琶の伴奏をともなう俗体の絵解きなどが，人通りの多い大道や橋のたもとで即興の話芸も交じえて行い，庶民の教化に大きな役割をはたした。中世末期以降には，各地を漂泊して地獄極楽図を絵解きした*熊野比丘尼の類もあった。

江戸繁昌記 えどはんじょうき 近世末期の漢文戯作。全5編5冊。*寺門静軒著。1832～36年(天保3～7)刊，克己塾蔵版。享保期(1716～36)頃から始まった漢文戯作は，雅文芸たる漢文体によって本来それに馴染まぬ俗な発想・素材を表現し滑稽や風刺を狙うものだったが，本作は質・量ともにその第一級の力作である。序文の「嗟，斯の無用の人にして斯の無用の事を録す」との言は，不遇の牢人儒者としての韜晦的な立場と，描かれた江戸の庶民風俗のあり方を特徴づけるものである。内容として，「千人会」「山鯨」「書画会」などの章には痛烈な儒者批判があり，特に「裏店」においては自身が水戸藩への仕官運動の際に提出した文書を用いて，旧藩への再仕官を望む牢人生活を描き，同時に天命の不公正を訴え，世の腐敗・堕落をなじる。これは私憤に支えられた執念深い公憤と評される。他方，「吉原」「戯場」「金竜山浅草寺」などは猥雑な都市生活を活写した江戸讃歌ともいえ，その視線には穏やかな愛着も感じられる。1842年，天保の改革の風俗取締りの対象とされ，静軒は武家奉公御構いの処分をうけた。

江戸名所図会 えどめいしょずえ 図入りの江戸とその近郊の地誌。編者は斎藤幸雄(長秋)・幸孝(莞斎)・幸成(月岑)父子三代。全7巻20冊。1834・36年(天保5・7)刊。版元は江戸須原屋。各巻は江戸城を起点にして時計回りに南西北東と配列される。巻1は武蔵・江戸の名義，江戸城の沿革のほか府内中心部から品川周辺まで，巻2は品川・大森から南の横浜に及び，巻3以下，西は日野，北は浦和・大宮，東は市川・船橋に及ぶ。記事は神社仏閣や古蹟などの沿革と現状を記し，俯瞰的かつ細密な絵図は長谷川雪旦・雪旦(雪旦)による。ともに実地・実見にもとづくもので，史料的価値が高く，江戸文化史研究の必読書である。⇒斎藤月岑

恵美酒御前 えびすごぜん 春瑜本「日本書紀私見聞」や中世の神社縁起集「*神道集」などにみられるエビス神の呼称。記紀神話によれば，イザナキノミコトとイザナミノミコトの間に生まれたヒルコは身体的な理由によって海に流し遣られ，のちの消息は不明であるが，「神道集」巻5の27「天神七代事」などでは，竜宮に漂着し，のち兵庫県西宮神社のエビス神となったとある。また，他の中世の文献ではヒルコを男神とするが，「神道集」においては一貫して女神とする。これは同書を編んだ者，あるいは彼らがその題材を採訪した地などに伝承されていたヒルコ説が反映したものであろう。さらに，恵美酒は「海人共が大に営みて秋の祭を成す」と記すように，元来はエビス神が海人の信仰する神であったことがわかる。⇒恵比須信仰

恵比須信仰 えびすしんこう 恵比須は夷・戎などとも書くように，元来は異郷やそこに住む人々の意であったが，のちに海の彼方から幸を持ち

来るものをさすようになり，漁民の神として祀られた。漁村では，石などを拾いエビスと称して祀る。エビスは民俗神的性格の神であったが，中世になると記紀神話と結びつきつつも，それらとは異なる伝承を展開した。すなわち，神話において海の彼方へ去り，行方のしれないヒルコやコトシロヌシと混合し，ついには兵庫県の西宮神社や島根県の美保神社と結びつき，その中心的な神として信仰されるようになった。また，漁民の奉斎神のみならず*市神としても崇敬を集め，さらに農業神・福神などの性格をもあわせもつようになった。→寄神

海老名弾正 えびなだんじょう　1856～1937(安政3～昭和12)　明治・大正期のプロテスタント・牧師・教育者。筑後国柳川藩士の子。幼名喜三郎。熊本洋学校でキリスト教に入信する。同志社を卒業後，「神を愛慕してやまぬ」心に気づき，第二の回心ともよぶべき「神子の意識の宗教」に目覚めた。安中・熊本・神戸教会をへて，1897年(明治30)東京の本郷教会の牧師となる。雑誌「*新人」を発行し，青年特に学生に大きな影響を及ぼした。「神子の意識の宗教」は個人の内面の神性を説くものであることから，個々人の尊厳を説く「天賦人権」的な個人主義の主張となった。他方，神の歴史支配をヘーゲルの歴史内在的支配を手がかりにして理解した海老名は，儒教の「*気」論に重点をおいた道の理解や，*黒住教によってキリスト教の教えや信仰を説明するなど，日本在来の宗教思潮によってキリスト教を理解，発展させようとした。このようにキリスト教に国粋的色彩を加えただけでなく，キリスト教を信じ宣教する組織についても，それを教会に限定せず，国家もその機能をはたしうると考え，その意味で日本国が「神の国」を具現できるとした。日本の朝鮮・満州への膨張が，同時に*大和魂を媒介としてキリスト教を広める機会となるとした。この理解をめぐっては，海老名・*吉野作造らと*木下尚江・*幸徳秋水らとの間で論争があった。確かにこのようなキリスト教理解は，帝国膨張のイデオロギーというほかない。しかし他面で，その積極的な社会に対する関心から，*石川三四郎のよう

な社会主義への同調者や，吉野作造のような人格主義に立つ民本主義者のような青年たちを育てた。

絵踏 えぶみ　江戸時代，十字架やキリシタンの聖画像を踏ませる行事で，キリシタン検索の一手段。踏まれる対象物を踏絵，踏む行為を絵踏と称したが，いつしか両者は混用されるようになった。絵踏は長崎奉行水野守信によって1628年(寛永5)に開始され，長崎をはじめ九州各地で毎年あるいは数年おきに実施され，出島のオランダ人・朝鮮人，のちに唐人屋敷の中国人，漂着した外国人にも適用された。精神的拷問として悪名高い絵踏は「ガリバー旅行記」にも記され，ヨーロッパでも知られた。長崎では，1858年(安政5)オランダ商館長クルチウスの進言により停止された。

烏帽子 えぼし　成年男子のかぶりもの。布や紙を袋状に仕立てて黒く染めた帽子。立烏帽子・折烏帽子の種類がある。はじめ羅紗などの柔らかな材質が使われていたが，平氏政権の頃から強装束が流行するのにともない，漆を塗って強く張らせるような傾向が生じた。「*源氏物語絵巻」には柏木が烏帽子をつけて寝ている場面がある。これによって，髻のままの姿を他者にみられることを嫌い，寝ている時も烏帽子をつけた，という見解が江戸時代からある。しかし，柏木は見舞いにきた夕霧に，礼として起き上がって対面しなければならないのに，病が篤く起き上がれないので，装束を正す代わりに烏帽子だけつけて，寝たまま対面したのであった。これは特別な場面を描いているのであって，ふだん烏帽子をつけたまま寝たわけではない。

烏帽子親 えぼしおや　→元服

絵本 えほん　絵入り本の総称であるが，時代によっていくつかの具体的な意味が確認される。(1)「*鳥獣戯画」丙巻巻末にある建長5年(1253)の奥書にみる「秘蔵々々絵本也」の記載は，*絵巻物とほぼ同意語として用いられている。(2)「*古今著聞集」11では，絵手本すなわち画本・粉本の意。「……此の障子の絵本ども，鴨居殿の御倉にぞ侍るなる。……絵本をもたざりければ，取り出してかかせられけり……」。また，「等

伯画説」の記述も絵手本の意。「……等春カ云絵本ヲ持テ……其ノ内夏珪カ絵本ヲ以三枚書テ上ル也……」。当時の絵画制作において重要な役割をもった絵本の存在が確認される。(3)*奈良絵本。主に*「御伽草子」を主題にして描かれた絵入り冊子のこと。室町末期から江戸時代にかけて作られた御伽草子絵の普及版である。(4)絵入りの冊子板本。近世初期には墨摺本から部分的に手彩色による丹・緑・黄をほどこす丹緑本へと発展する。菱川師宣に代表される大形浮世絵本に受け継がれる。(5)絵を主体にした子供向けの読物の意をもつ絵本の登場は、20世紀初頭の*巌谷小波の「お伽画帖」を待たねばならない。

絵馬 えま　祈願や報謝のために、神社・寺院あるいは小祠・小堂に奉納した絵。木板に馬を描くことが多い。馬は古来神の乗り物として神聖視され、神馬として奉納されたが、土馬・木馬による代用をへて、板絵の馬を納める習慣が成立した。奈良時代にはすでに存在し、中世では大型で豪華なものがしだいに増加し、近世には扁額形式が流行した。有力者などが専門の絵師に委託する大絵馬の場合、伝統的な馬が描かれることが多かったが、室町時代以降、市井の絵師や庶民自身の手による小絵馬の場合には、神仏をはじめ寺社、祈願の内容、干支、植物、富士山、日の出、和算の問題と解法など、馬以外の多様なモチーフが描かれた。現在でも社頭などで一般的にみられる。

円満井座 えまいざ　→円満井座

絵巻物 えまきもの　絵巻とも。巻子本の形式をとった絵画作品。はじめに詞書があり、それに応じた絵をおき、それを繰り返すのが一般的だが、稀に絵だけのものもある。左手で繰り広げ、右手で巻きとりながら鑑賞する。奈良時代に中国から伝わり、平安・鎌倉時代に盛んに制作された。室町時代には*御伽草子に取材した絵巻が多くみられるが、芸術的に優れたものは少ない。主題は多岐にわたり、経典を絵解きした「*過去現在因果経」、物語や日記を絵画にした「*源氏物語絵巻」「更級日記絵巻」、説話や社寺縁起あるいは高祖伝を絵に描いた「*信貴山縁起絵巻」「西行物語絵巻」「*法然上人絵伝」、さらに「*蒙古襲来絵詞」のような戦記絵などもある。→絵詞

蝦夷 えみし　古代、律令政府が東北地方の住民に対して与えた呼称。中華思想の「東夷・西戎・南蛮・北狄」から「東夷」をあてはめたもの。古くは「毛人」とも記され、平安中期以降は「えぞ」と読んだ。奈良・平安初期の律令政府は、軍事力をもって東北経営に力を入れ、従えた人々を「俘囚」として、中央に同化させる政策をとった。

慧猛 えみょう　1614〜75(慶長19〜延宝3)　江戸前期の真言律宗の僧。近世戒律主義の復興者。法諱は慧猛、字は慈忍。河内国讃良郡秦村の秦宗伯の子。26歳の時、真空阿律師に従い得度し、泉涌寺雲竜院の如周律師に学ぶ。京都槇尾の心王律院に入り修学したのち、1641年(寛永18)通受の法によって自誓受戒した。その後、密教・戒律を学び、請雨法を行い、*虚空蔵求聞持法を修する。57年(明暦3)に西大寺で伝法灌頂をうけ、興正菩薩忍性所伝の秘璽を伝授された。69年(寛文9)には聖徳太子創建と伝える河内国野中寺を中興した。泉涌寺系の北京律と西大寺流の南都律を統合する。慧猛の戒律主義は、密教的修法の実践と結合し、衆生済度を志向した点に特徴がある。

江村北海 えむらほっかい　→日本詩史

エログロ文化 エログロぶんか　「エロ・グロ・ナンセンス」をキャッチフレーズとし、1930年(昭和5)からの数年間日本を席巻した。エロはエロティシズム、グロはグロテスクの略語であるが、日本的な変容の結果、本来の語とは異なる意味あいをもった。すなわちエロは性的魅力や露出症的色情ぶりを、グロは変態性欲的魅力をさす。具体的には、性的サービスを売りにするカフェー、エロ・レビュー、エロ漫談、猟奇・変態雑誌などであり、女性雑誌にも性欲記事が氾濫した。エログロ文化は、不況と国家の思想統制に対する逃避ないしは消極的抵抗である刹那主義的退廃文化と評されている。だが、戦前日本に成立した、知識人と大衆そして女性を巻き込んだ大衆文化としての意義は見逃せない。

えん

縁 えん 仏教では，もと因と縁を同じものとして，広く原因と解し，すべては*因縁によって生じているとしたが，のちに因を直接原因または原因，縁を間接原因または条件とする解釈がなされた。その後ここから多くの細部にわたる解釈がなされるようになって，四縁の論がうまれ，直接的・内的原因としての因縁，前の心が滅して次の心の原因となる等無間縁，認識の対象が認識をおこさせる原因となる所縁縁，上の3種以外のすべての原因を含む増上縁に分けられた。*因果の論とともに，修道・教義解釈の基本的課題として重視された。法然「往生要集」大文第4に「四の弘き誓願なり，此れに二種あり，一には，事ものを縁とする四の弘き願なり，是れ即ち，衆生を縁とする慈なり，或は復た，法を縁とする慈なり，二には，理を縁とする四の弘き〔願〕なり，是れ，縁とするもの無き慈悲なり」云々とみえる。一般的に由来，手段，機縁，物事相互の関係をいう語としても用いられる。

円戒国師 えんかいこくし →真盛

円覚寺 えんがくじ 鎌倉市山ノ内に所在する臨済宗円覚寺派の大本山。山号は瑞鹿山。正しくは円覚興聖禅寺と称する。開山は渡来僧の*無学祖元。開基は北条時宗。弘安の役での戦死者追薦を名目に，1282年（弘安5）創建された。1342年（康永元・興国3）に五山第2位に列せられ，86年（至徳3・元中3）の改定で鎌倉五山の第2位となる。住持は，*十方住持制により臨済宗の各派のみならず曹洞宗宏智派からも選ばれることになっていた。南北朝前期までは隆盛をきわめたが，その後はしばしば火災にあって衰退した。古河公方足利氏や後北条氏・太田氏などの外護をえて，寺勢を維持した。戦国期に京都より幻住派の法脈が伝えられ，以後建長寺とともに江戸中期まで同派の拠点となる。寺内には開山塔正続院や檀那塔仏日庵をはじめ，多くの塔頭が創建されたが，廃絶・合併などにより現存するのは12院のみである。末寺は神奈川県下を中心に210カ寺余あるが，その多くは近世以降に帰属した寺院である。

縁起 えんぎ 仏教の中心的思想の一つ「因縁生起」のことで，一切の現象（精神的なものも含む）は種々の因（原因＝直接原因）や縁（条件＝間接原因）によって生じるという考え。仏教思想発展の諸段階に応じて，縁起説も展開をみたが，日本では本来の意味が転用されてさまざまな語義が生じ，吉凶の前兆や事物の起源・由来を意味したほか，仏像や社寺の創立・沿革などを説いたものも縁起と称するようになった。*寺社縁起も，奈良から平安時代にかけては漢文体で創立・沿革本位であったが，平安末期以降中世全期にわたっては霊験利生譚を中心とした縁起が制作され，その多くは絵をともなった。「*信貴山縁起絵巻」「*北野天神縁起」などは早い時期の縁起絵巻の傑作である。⇒資財帳

延喜式 えんぎしき 日本古代の体系的な単行法令集。全50巻。三代格式の最後。905年（延喜5）*醍醐天皇の勅をうけて藤原時平らが編纂し，927年（延長5）に藤原忠平が奏進した。さらに修訂をへて967年（康保4）に施行された。律令が唐令の枠組みを継受しているのに対して，官司ごとに編目をなし，古代日本の実情に即した具体的な単行法令集であって，当該期の国制・文化をリアルに伝えている。ただし先行する弘仁式・貞観式を吸収し，追加・修正を加えたものであるから，9世紀中葉・前期，さらには8世紀にまでさかのぼる規定もあり，各条文に即していつの時期の現行法かを判断する必要がある。⇒格式

延喜式神名帳頭註 えんぎしきじんみょうちょうとうちゅう →神名帳頭註

延喜式祝詞講義 えんぎしきのりとこうぎ たんに「祝詞講義」とも。幕末の国学者*鈴木重胤の著。1848年（嘉永元）成立。全15巻。先行学説や関連の文献を用いつつ，「延喜式」巻8「祝詞」所収の27編の祝詞を事細かに考証した注釈書である。「*日本書紀伝」とあわせて，重胤の神典・祭祀研究における主要著作とされる。重胤は記紀を「大御正史」と捉え，祝詞に対しては「天下の大御政の御制度書」との見解を掲げた。本書以前の国学者による祝詞研究は大祓詞に重きをおいたものが大半であるが，本書は広く先行学説をもって「延喜式」の「祝詞」全般にわたって本格的な考証

を加えたもので，国学者による祝詞研究の集大成となっている。

宴曲 えんきょく →早歌そうが

燕居偶筆 えんきょぐうひつ 大月履斎おおつきりさい(1674～1734)の著した経世済民の書。全2巻。履斎は，*山崎闇斎あんさいの学統にある朱子学者で，伊予国松山藩儒である。上巻は，仁君に要求される徳・人格を「君タルノ職分」として論じ，能楽をはじめとする芸事の世界に深入りせずに「道義ノ学問」に励むべきことを説いている。下巻は，理財の方法を丁寧に論じ，会津藩での闇斎の経験をふまえて，実際の見聞による情報も組み込みながら，井田せいでん・社倉しゃそう・常平法(古代中国で実施されたといわれる穀物価格の調整制度)などを実現すべきと訴えている。

縁起流記資財帳 えんぎるきしざいちょう →資財帳しざいちょう

円空 えんくう 1632～95(寛永9～元禄8) 江戸前期の天台宗の修験者。諱は円空，通称は今釈迦・窟上人くつしょうにん。美濃国竹ケ鼻の人。出自は木地師きじとされる。1663年(寛文3)頃出家し，尾張国高田寺で密教を学ぶ。65年伊吹山で，71年頃に大峰山おおみねさんで修行し，法隆寺で法相宗の血脈をうける。75年(延宝3)再び大峰山で修行した。79年園城寺おんじょうじで尊栄そんえいから金剛宝戒を，82年(天和2)日光修験の高岳こうがくから各種修法をうけた。84年(貞享元)尾張名古屋観音寺の円盛えんせいから円頓菩薩戒えんどんぼさつかいを，89年(元禄2)園城寺の尊栄から「授決集最秘師資相承血脈じゅけつしゅうさいひししそうじょうけちみゃく」をうけた。また，自ら再建した美濃国の弥勒寺みろくじも園城寺末となる。生涯を通じて，北海道から四国・九州に及ぶ日本各地を行脚・遍歴した。また庶民の救済を願って仏像12万体の造像を発願し，90年には10万体を造像したことを自ら記し，現在，5000体ほどの円空仏とよばれる仏像が確認されている。その作風は，丸木を縦に割り，割った面を活かして，鉈彫なたぼりという彫刻法で作られ，慈悲深く素朴な美しさにあふれている。著作に『円空歌集』など。

厭世詩家と女性 えんせいしかとじょせい *北村透谷とうこくが，1892年(明治25)に『女学雑誌』303・305号に連載した論文。冒頭の文章「恋愛は人世の秘鑰ひやくなり，恋愛ありて後人世あり，恋愛を抽ぬき去りたらむには人生何の色味かあらむ」は，当時の若者に衝撃を与えた。その主題は，恋愛に生きる詩人とその妻との悲劇である。実世界の強大な勢力に敗れた詩人は想世界に立て籠もるのであるが，恋愛はその牙城となる。恋愛によって「実世界に乗入る欲望を惹起」された詩人は，文学の創造へと向かう。しかし恋愛の相手である女性は，詩人の思いを理解せず，齟齬が生じ，詩人は「女性を冷罵」する。透谷によれば「男女相愛して始めて社界の真相を知る」。そして「婚姻は人を俗化」するのであるが，その俗化こそ「人をして正常の位置に立たしめ」，上帝と人間との義務もそこから生じる。「人生の正午期」に入った者の当然の生き方である。けれども，詩人は「社界といふ組織を為す可き資格を欠く者」である。かくして詩人とその妻は結婚生活に失望し，夫婦は対立することになる。結局，妻たる女性との生活が破綻してしまう。本論文は，恋愛と結婚，理想世界と現実世界との葛藤に苦しんだ透谷自身の経験による評論であり，明治初期に「舶来の言葉」として若者をひきつけた「*恋愛」に命を懸けた一人の文学者の悲劇であった。

役談十義 えんだんじゅうぎ *修験道の要義を10項目に分けて論じた，*本山派ほんざんはの教義書。1冊。奥書によると1699年(元禄12)の記とされるが，著者は不明である。本書は，当山派の「*修験心鑑鈔しんかんしょう」と並んで，「般若はんにゃ経」系統の「*空くう」の観念をもとに修験道思想を組み立てたもので，それ以前の本覚ほんがく思想や密教にもとづいて書かれた修験道教義書とは異なる，近世初期に新しい立場から著された教義書の一つである。

円珍 えんちん 814～891(弘仁5～寛平3) 平安前期の僧。延暦寺5代座主。天台宗寺門派じもんはの祖。俗姓和気わけ氏。*空海くうかいの甥。讃岐国那珂郡に生まれる。15歳で比叡山に登り，最澄さいちょうの高弟義真ぎしんに師事した。850年(嘉祥3)内供奉十禅師ないぐぶじゅうぜんじとなる。853年(仁寿3)に大宰府から唐の商船に乗り入唐，天台山国清寺こくせいじ，越州開元寺，長安青竜寺しょうりゅうじなどで密教を学んだ。青竜寺では胎蔵・金剛・蘇悉地そしつじの三部大法をうけ，858年(天安2)帰国し，「五部心観」をはじめとする新しい図像などを請来した。入唐の記録として「行歴抄

「山王院在唐記」がある。また、*園城寺の不動明王画像(黄不動)は円珍感得像とされる。入唐の頃より藤原良房の庇護をうけ、清和天皇の護持僧となり、陽成・光孝天皇にも重用された。866年(貞観8)園城寺を延暦寺の別院とし、円珍は初代別当となった。最澄の伝記「伝教大師略伝」や、「法華論記」「大日経義釈目録縁起」などの教学面での多くの著作がある。没後、927年(延長5)法印大和尚位を追贈、智証大師を追諡された。伝記は三善清行の「智証大師伝」がある。円珍の著作は「智証大師全集」(大日本仏教全書)に収録。

円通 えんつう 1754~1834(宝暦4~天保5) 江戸後期の天台宗の僧。梵暦運動の中心人物。字は珂月、号は無外子・普門。俗姓は山田。因幡国の人。7歳で日蓮宗に出家するも、宗弊改革の企図を罰せられて追放、天台宗へ改宗する。伯耆国大山から比叡山安楽院入りし、慧澄・隆教と交わり、京都積善院の豪潮に学び、その座下に侍した。晩年、江戸の増上寺恵照院に住した。蘭書の輸入解禁、西洋地動説による仏教的宇宙観の批判がなされる中で須弥山説を擁護し、西洋暦学はすべて梵暦にもとづくものであると主張して梵暦運動を展開した。さらに同説は形而下的な西洋天文学と異なり、天眼天心により洞察されうるものであると主張した。地動説をはじめて本格的に問題としてとりあげ、のちの梵暦運動・排耶運動に大きな影響を与えた。主著に「*仏国暦象編」5巻などがある。

円通大応国師 えんづうだいおうこくし →南浦紹明なんぽじょうみょう

艶道通鑑 えんどうつがん 男女和合の観点から神道思想の復興を説いた通俗神道書。*増穂残口の著。全5巻6冊。1715年(正徳5)の序がある。初版本の版元は京都加登屋長右衛門。京・大坂を地盤として民間への神道教化を重視し、講釈した神道家の増穂残口による残口八部書の一つ。「神祇恋之恋」「釈教恋之恋」「恋之上」「恋之下」「無常之恋」「雑之恋」という分冊形式から構成される。日本精神を儒教・仏教思想の受容以前に復古させることを提唱している。日本古典を評論しつつ、恋情が世の大本から日本の国柄の基軸に

なっていると主張して、男女共権の和合の重要性を説いた。

円爾 えんに 1202~80(建仁2~弘安3) 鎌倉時代の臨済宗の僧。聖一国師。その門派を*聖一派とよぶ。駿河国の人。1235年(嘉禎元)に入宋し、径山の無準師範の法を嗣いで帰国し、九条道家によって*東福寺開山に請じられた。天台の教学・密教に詳しかった。無準会下同門の兀庵普寧ぶねいを招くなど、禅宗を日本に定着させることに努めた。円爾は道号(字)で、法諱を弁円とする説がある。円爾の門下には癡兀大慧ちこつだいえ・白雲慧暁はくうんえぎょうらの密教に関係深い流れと、南山士雲なんざんしうん・双峰宗源そうほうそうげんらの密教と関わりの薄い流れがあり、室町時代に禅宗に統一されたが、教学的宗風は聖一派の特色となった。円爾の伝記として、虎関師錬こかんしれんの「*元亨釈書げんこうしゃくしょ」の円爾伝と、鉄牛円心てつぎゅうえんしんが作り、岐陽方秀ぎようほうしゅうが手を加えた「聖一国師年譜」(1417刊)とがあり、別に虎関が編集した「聖一国師語録」(1331成立)がある。

円耳真流 えんにしんちゅう 1711~?(正徳元~?) 江戸時代の天台宗の僧で、安楽騒動の当事者。伊勢国の人。比叡山で禅定院9代智濤ちとうに師事し、1724年(享保9)禅定院看坊に、30年同住持となる。35年戒壇院で大乗戒をうけて籠山し、47年(延享4)満期ののち安楽院住持になる。52年(宝暦2)曼殊院の公啓こうけい法親王が輪王寺宮となると、円耳は祖式復古、*安楽律の廃止と一向大乗院への改組を請い、律僧100名余を放逐して安楽騒動となった。58年兼学律は廃止となり、安楽院末の律院すべてが一向大乗寺末に改められ、円耳は安楽院住持兼浄土院別当となった。72年(安永元)公啓法親王が没し、公遵こうじゅん法親王が再任されると兼学律は復され、円耳は退院を命ぜられて南禅院草庵にてまもなく没した。

縁日 えんにち 神仏と縁を結ぶことのできる特別の日。縁日に参詣すると、普段に増して御利益ごりやくをえると信じられている。縁日はそれぞれの神仏により異なるが、地蔵の24日、薬師の8日と12日、観音の18日、阿弥陀の15日、不動の28日、また弘法の21日、日蓮の13日などが知られており、神社では天神さんの25日が有名である。縁日には参詣者を相手に

した市が開かれ，見世物小屋がたつ場合もある。室町・戦国時代頃に京都を中心にして盛んになり，江戸時代になると全国的に縁日参りの習俗がみられるようになったが，時代が下るとともに宗教性を失った。7月10日を四万六千日といって，この日に参詣すると4万6000日間日参したのと同じ功徳があるといわれ，今も京都の清水寺，東京の浅草寺に多くの人が参詣に集まる。これも縁日の一つである。

円仁 えんにん 794〜864（延暦13〜貞観6） 平安前期の僧。延暦寺3代座主。天台宗山門派の祖。俗姓壬生氏。下野国都賀郡に生まれ，少年時代に兄から経史を学び，同国大慈寺の広智のもとで仏教を修行。808年（大同3）比叡山に登り，*最澄の弟子となる。838年（承和5）遣唐請益僧となり入唐。五台山に登り，青竜寺などで密教を学ぶが，845年に会昌の廃仏にも遭遇した。在唐は10年に及び，847年帰国した。「*入唐求法巡礼行記」はこの在唐中の記録である。*空海の請来した新訳密教経典をあらためて天台宗にすべて伝えるとともに，空海が伝えなかった蘇悉地の大法を伝え，天台宗の密教化を進めた。また，五台山から*常行三昧の作法を伝えて五会念仏を始め，常行三昧堂を建立した。この五会念仏がのちに不断念仏となり，山の念仏といわれた。延暦寺横川に首楞厳院，また東塔に総持院・前唐院を建てた。没後，866年（貞観8）に慈覚大師の諡号を贈られた。これは日本における大師号の初めである。伝記には「慈覚大師伝」がある。円仁は最澄の東北巡錫に従ったため，東北地方には円仁の開基寺院や遺跡があり，山形県立石寺には円仁の墓と頭部の像が伝えられ，岩手県黒石寺にも伝慈覚大師像がある。

延年舞 えんねんまい 平安時代中頃から寺院を舞台に僧侶によって上演された芸能の総称。延年とは延命のことで，法会に際して寺の守護神を讃えるために歌舞を行ったが，法会以外の機会にも演じられる。たぶんに娯楽的色彩が濃く，*稚児舞も含まれていたらしい。東大寺・興福寺・多武峰・延暦寺・園城寺などで盛んに行われ，現在でも平泉*毛越寺などに伝承されている。連事・開口・答弁などのように問答形式で，当意即妙のやりとりをしたり，舞楽を崩した舞があったり，*風流としてきらびやかな衣裳で舞踊を行うなど，後世の猿楽能に与えた影響は大きい。

円応禅師 えんのうぜんじ →寂室元光

役行者 えんのぎょうじゃ *修験道の開祖役小角のこと。7〜8世紀頃の人。諡号は神変大菩薩。その像は鎌倉時代以降にみられる。像容は山中修行の姿が一般的で，長頭巾・衲衣・高下駄をつけ，手には錫杖・数珠をもち，盤石座に半行半坐の姿をとっている。最初の役行者の伝記として，室町時代末に作られたとみられる「役行者」がある。役行者の生涯の事跡を集めたものとして「えんの行者」，物語風に記した絵本として「役行者御伝記図会」，また役行者の講の折に誦す讃文と勤行次第を記したものとして「役行者講法則」，事跡を讃える和讃として「役行者和讃」などがある。

延宝伝灯録 えんぽうでんとうろく 日本の禅宗の高僧・居士などおよそ1000人の伝記集。全41巻。*卍元師蛮編著。1678年（延宝6）成立，1706年（宝永3）刊。宋の1004年（景徳元）に成立した「景徳伝灯録」にならい，成立時の年号を冠して書名とした。序に，日本に禅宗が伝来して以来，名賢・聖徳の伝や機縁の語句を集成したもののないことを嘆き，自ら30余年の歳月をかけて語録・行状・碑文・塔銘を収集し，完成させたという。収録者は禅僧のほか，帰依した天皇・皇后や他宗派の僧に及び，36巻以降には高僧の広語・拈古・頌古・偈讃・雑著などもあわせて所載されている。

円本 えんぽん 昭和初期に多くの出版社から刊行された，1冊1円という低価格による文学書・思想書の全集本を総称してこうよぶ。嚆矢となったのは，1926年（大正元）12月に刊行が始まった，改造社の「現代日本文学全集」全63巻であり，不況にもかかわらず，予約は40〜50万部にまで達したといわれる。予約金の前納という支払形式と，細かい活字で大量の内容をつめこむ編集に特徴があり，新潮社・春陽堂・春秋社なども追随して200点以

上が刊行された。文化の大衆への普及に大きく貢献したが，昭和恐慌の到来により，30年（昭和5）頃にブームは終焉を迎える。

閻魔王（えんまおう）　地獄で死者の生前の罪業を審判するとされる王。梵語Yamaの音訳で，死者の世界での征服者・束縛者が原義。エンマの用字は他にも種々ある。中国で道教の俗信仰と習合し，冠に道服を着して笏をもつ姿で表現されて，死後の世界の裁判官である*十王の一つとして信仰されるようになった。すなわち「地蔵十王経」によると，十王の中では第五で，死後五七日（三十五日）忌の審判にあたるとされる一方，六道の辻で亡者を救済する地蔵菩薩の化身ともされた。日本では平安初期の「日本霊異記」以降の諸文献に散見するようになるが，絵画や彫刻で表現され，閻魔堂が登場するようになるのは鎌倉時代に入ってからである。

円満井座（えんまんいざ）　「えまいざ」とも。*大和四座の一つ。最も歴史が古く，大和国磯城郡田原本町竹田を本拠地としたことから，竹田座ともいう。また，のちには金春座とも称した。伝承はともかく，実質的には毘沙王権守を始祖とし，長男光太郎，孫毘沙王次郎と続き，ついで光太郎の弟である金春権守の子弥三郎，禅竹へと流れる。弥三郎は早世したらしく，光太郎の没後は金春権守が棟梁の為手を名乗ったと思われ，金春座の名称も彼の名による。また，禅竹は父弥三郎よりも岳父*世阿弥に教えをうけ，多くの芸理論書を著すとともに，世阿弥の秘伝書を預かっている。世阿弥の子元雅が早世したこともあって，秘伝書は長く金春座に蔵された。

円満常照国師（えんまんじょうしょうこくし）　→無学祖元

延暦儀式帳（えんりゃくぎしきちょう）　→太神宮儀式帳

延暦寺（えんりゃくじ）　滋賀県大津市に所在する天台宗の総本山。山門とも称する。785年（延暦4）*最澄が比叡山に登って修行し，788年薬師如来像を小堂に安置し，比叡山寺・一乗止観院と号したことに始まる。822年（弘仁13）に*大乗戒壇が設立され，翌年延暦寺の寺号を賜った。初代座主は義真。818年，最澄の六所宝塔建立の祈願にもとづき，山城国に東塔，近江国に西塔が建立された。

*円仁が829年（天長6）に横川を開き，ここに三塔が整備された。のちそれぞれの周辺も開発され，三塔十六谷に分かれた。東塔は根本中堂（*円珍が一乗止観院を改修），西塔は釈迦堂・常行三昧堂など，横川は根本観音堂（横川中堂）がその中心となった。*良源が座主となった年の966年（康保3）10月，火災により大半を焼失した。その後，良源により堂塔が復興され，また三塔が寺務行政上独立した。この頃から円仁・円珍門徒の対立が激化し，ついに994年（正暦5）には円珍門徒は下山して*園城寺によった。院政期には，山内の黒谷別所や山外の洛北大原別所をはじめとする別所において，別所聖の活動が活発となった。中世には法然・親鸞・日蓮らの鎌倉新仏教の祖師たちを生んだ。

お

おいとの方 _{おいとのかた} →清原マリア_{きよはらのマリア}

老の路種 _{おいのみちくさ} *上田作之丞_{うえださくのじょう}が、金沢藩領内の加賀・能登・越中国、および領外の近江国や京都での見聞に触発されて書いた随筆。全10巻。1835年（天保6）成立。作之丞は「天下の宝は視観察の三字に過ぎず」と説き、自己の狭い知見を克服する、事物に即した経験的な認識方法を重視し、その具体的な認識の有り様を生き生きと語っている。たとえば雲助_{くもすけ}に、何かにつけ「理窟」をいうのは天下の広さをみていないからだ、とたしなめられると、書籍ばかりを読んで「理窟」に陥っていた自己を素直に反省する。そればかりか、「人は同類」であるので、大槻玄沢_{げんたく}「*環海異聞_{かんかいいぶん}」に記されたロシアの事柄についても、聞くべき点はあり理解できるだろうと説き及び、「異類無情の物」の他者認識の必要性をのべている。

追腹 _{おいばら} →殉死_{じゅんし}

応永記 _{おうえいき} 「大内義弘退治記_{おおうちよしひろたいじき}」とも。応永の乱を記した軍記物。1巻。著者・成立年不詳。1399年（応永6）10月、大内義弘が、将軍足利義満_{よしみつ}の上洛命令に従わずに堺に留まったことに始まり、12月21日、義弘の討死に終わる経過を詳しく記す。従来の軍記に比べて仏教的色彩が薄く、敗者をめぐる哀話に乏しい反面、記録という性格が強く、歴史史料としての価値は高い。尊経閣文庫蔵「堺記」は異本で、より語り物の要素をもつ。大部な「*太平記」から、同一事件に複数の小規模な軍記が作られる状況への過渡期の作品として、直前の明徳_{めいとく}の乱を扱った「*明徳記」とともに重要な意義をもつ。

王学 _{おうがく} →陽明学_{ようめいがく}

王学駁議 _{おうがくばくぎ} 朱子学の立場から陽明学を批判した書。若林強斎_{きょうさい}の学統に属している山口菅山_{かんざん}（1772〜1854）の著。1巻。1843年（天保14）成立。王陽明_{おうようめい}の事績と学問を概略したのちに、陽明の「古本大学」序を逐条ごとに批判している。陽明心学が「聖賢の規矩成法」を無視し、己の器量に任せて「猖狂妄肆_{しょうきょうもうし}」に陥っていると非難する点、陽明学批判の常套の域をでていないが、本書で注目すべきは、陽明学の末流として石門心学者と*大塩平八郎とを同時に批判しているところにある。陽明学を学ぶと、温厚凡庸な者は老婆をたらしこむ*手島堵庵_{としまとあん}や*中沢道二_{どうに}のようになり、怒気盛んな者は「君父に敵対」する大塩平八郎のようになってしまうと、その危険性を指摘している。

欧化主義 _{おうかしゅぎ} 開国後の日本で欧米社会の文物をとりいれようという動向のこと。狭義には1880年代半ば、西欧列強と対等になって条約改正を実現するために政府がとった政策と、それを背景とした思潮と風俗をさす。幕末、西欧列強の圧倒的な勢力によって開国を余儀なくされた日本は、「文明開化」期にみられるように、国の独立を守るためにも急速な西欧化の必要が自覚された。初期には、「*東洋道徳・西洋芸術」といわれるように、輸入するものは主として武器・科学技術であった。しかし、*岩倉遣外使節をまつまでもなく、幕府や藩から欧米へ多くの留学生が送られ、社会・政治制度が紹介された。さらには宗教だけでなく、*明六社_{めいろくしゃ}の活動にみられるように哲学や、科学的なものの考え方までとりいれなければならないと考えられるようになった。不平等条約の改正を願う外務卿井上馨_{かおる}は「外面的に欧州に倣うべし」とのべ、ともかく日本社会の慣行を西欧化することによって欧米諸国の譲歩を引き出そうとして、鹿鳴館_{ろくめいかん}の建設をはじめ、東京倶楽部_{クラブ}・婦人慈善会・羅馬字会_{ローマじかい}を発会させるなど政府主導で急激な改革を行った。これに対し、鹿鳴館の舞踏会に象徴されるような、政府要人や「貴顕」な人々のきらびやかな欧風趣味は、「茅屋_{ぼうおく}」に住む一般の人々の反感を買わずにはおかなかった。そのような欧化主義に対抗して、*徳富蘇峰_{とくとみそほう}は下からの欧化主義「平民主義」をもって対抗し、*志賀重昂_{しげたか}らは「日本主義」を主張した。明治後半になると、欧化主義とよばれる運動自体はみられなくなるが、現在に至るまで欧米をモデルとしてその文物を輸入しようという動きが途絶えることはない。

小右記　おうき　→小右記(しょうゆうき)

扇　おうぎ　扇子(せんす)とも。団扇(うちわ)と同様に風を送る道具であるが、儀礼・贈答・技芸にも用いられる。団扇は文明発祥の頃から存在し、日本へは7世紀頃に伝来した。折り畳みができる扇は、日本で発明され、文献上では「続日本紀」天平宝字6年(762)8月20日の条にみえる。京都東寺(教王護国寺)の千手観音像の像内納入品で、877年(元慶元)の檜扇(ひおうぎ)が最古の実例である。檜または杉の薄板を束ねて下方を要で留めるもので、平安時代に宮中で扇合(おうぎあわせ)などが行われるようになり、美しい装飾がほどこされた。竹などを扇骨として紙・絹を張った蝙蝠扇(かわほりおうぎ)は、主に夏用であったが、のちに略儀に檜扇の代わりにも用いられ、平安時代には檜扇とともに中国に渡り、さらにヨーロッパに広まった。室町時代、武士の軍陣において使用する武者扇(むしゃおうぎ)や軍扇(ぐんせん)は、身分に応じて模様などに違いがあり、鉄扇(てっせん)などもある。中世より近世にかけて、蹴鞠・香道・茶道などの方面にさまざまな流儀の扇がみられる。近世には民間にも普及し、祝儀の進物として広く用いられた。謡曲・邦楽・舞踊の各流派では、その作法やしぐさも定まっている。

奥義　おうぎ　→秘伝(ひでん)

応供広済国師　おうぐこうさいこくし　→高峰顕日(こうほうけんにち)

応其　おうご　→木食上人(もくじきしょうにん)

鶯谷庵独言　おうこくあんどくげん　→夢酔独言(むすいどくげん)

王子神　おうじがみ　→御子神(みこがみ)

奥州合戦記　おうしゅうかっせんき　→陸奥話記(むつわき)

往生　おうじょう　臨終を迎えた衆生(しゅじょう)が仏国土(ぶっこくど)へ生まれ変わる意。日本の*浄土教では*阿弥陀(あみだ)信仰が主流となったため、浄土三部経に説かれる*阿弥陀如来ないし無量寿(むりょうじゅ)如来の*極楽浄土への往生をいうことが多い。天台浄土教の立場では、自らを凡夫(ぼんぷ)とみなし劣機の自覚から、往生によっていったん菩薩となり、再び現世へ戻って(還来(げんらい))衆生を救う菩薩行を積んだのちの成仏(じょうぶつ)が考えられた。これが*法然(ほうねん)・*親鸞(しんらん)らの鎌倉新仏教における浄土教になると、浄土への往生そのものが目的と化した観がある。彼らの所説は、現世を苦界とみなし、そこからの逃避を願う当時の庶民にうけいれられ、後世の浄土宗・浄土真宗の隆盛につながったと考えられる。

往生拾因　おうじょうじゅういん　*永観(ようかん)の著作。1巻。奥書に「南都東大寺　沙門永観卅」とあることから、彼が東大寺の別当をつとめた1100〜02(康和2〜4)年の間の作とわかる。冒頭に自らを「念仏宗　永観」と記し、一心に阿弥陀仏を称念すれば必ず往生することができるとし、その理由として10種の因のあることをのべる。その十因とは、念仏ないし阿弥陀仏の、広大善根(ぜんごん)の故、衆罪(しゅざい)消滅の故、宿縁深厚の故、光明摂取の故、聖衆護持(しょうじゅごじ)の故、極楽化主(けしゅ)の故、三業(さんごう)相応の故、三昧発得(さんまいほっとく)の故、法身(ほっしん)同体の故、随順本願の故をいう。源信(げんしん)の*往生要集同様に*観想念仏(かんそうねんぶつ)と*口称(くしょう)念仏の双方に意義を認めることは共通するが、「往生要集」に比していっそう口称念仏の比重が高い点、*法然(ほうねん)による専修(せんじゅ)念仏に近づいたとの評価も可能である。ただし、密教の影響による*名号(みょうごう)の功徳の重視、念仏時の「一心」を重視する点に現れた自力重視の態度、必然的に、関連する諸行・雑行をも包摂するところに、法然の所説との相違が横たわる。

往生伝　おうじょうでん　*阿弥陀如来の*極楽浄土に往生したとされる人々の行業(ぎょうごう)や臨終時の奇瑞などを含む伝記を集成したもの。中国唐代の迦才(かさい)の「浄土論」下に20人の往生者を収めたものが最初のもの。独立した単行書としては、文諗(ぶんしん)・少康の「往生西方浄土瑞応刪伝(さんでん)」がある。日本では、平安時代に慶滋保胤(よししげのやすたね)が、唐代の往生伝にならって「*日本往生極楽記」を編纂したのに始まる。院政期に入り大江匡房(まさふさ)の「*続本朝往生伝」、三善為康(ためやす)の「*拾遺往生伝」「*後拾遺往生伝」、蓮禅(れんぜん)「三外(さんげ)往生記」、藤原宗友の「本朝新修往生伝」が、そして鎌倉時代に入り如寂(にょじゃく)「高野山(こうやさん)往生伝」、行仙房(ぎょうせんぼう)「念仏往生伝」が編まれた。これらの往生伝は、真剣に往生を願う念仏者たちが、他人の往生の瑞相を書き留めていくことによって、自己の往生への確信を深め、往生への不安を抱いている念仏者たちへの支えとなることを意図したものである。

往生要集　おうじょうようしゅう　平安中期の天台僧*源信(げんしん)

の著した仏教経論集。984年（永観2）11月に比叡山横川の首楞厳院で書き始められ、翌年4月に完成した。原本は遺存せず、源信在世中の996年（長徳2）に僧長胤によって書写された石川県聖徳寺本（中巻のみ遺存）が現存最古の写本である。上・中・下3巻。大文第一の厭離穢土以下、欣求浄土、極楽の証拠、正修念仏、助念の方法、別時念仏、念仏の利益、念仏の証拠、往生の諸行、問答料簡の10門からなる。著作の中心部は大文第四の正修念仏以下の3門にあり、極楽浄土への往生のための行法を詳説するが、*観想念仏と*口称（称名）念仏の双方を認めた点が源信の浄土教の特色である。特に観想念仏を説いたことは、平安後期に華麗な*浄土教芸術の開花をうむ要因となった。全編を通じて最も印象的なのは、冒頭の2門である。厭離穢土では地獄以下の六道の凄惨な光景が執拗ともいうべき筆致で精写され、つづく欣求浄土においては極楽浄土の美と快楽が描写される。その豊かな視覚的イメージは、*六道絵や*阿弥陀来迎図など、浄土曼荼羅などの浄土教美術の成立に強い影響力を及ぼしたとみられる。のちに*法然の思想的転回の一契機にもなるなど、日本浄土教史上、最も重要な著作の一つといえる。

応神天皇 おうじんてんのう　記紀系譜上の15代天皇。「古事記」では品陀和気命・大鞆和気命、「日本書紀」では誉田天皇と表記。父は仲哀天皇、母は神功皇后。在位41年。「宋書」の倭の五王の最初の讃にあてる説もある。その出生は、父仲哀の死後、神功皇后の新羅出兵の後に生まれるという、一種の処女懐胎説話である。記紀ではこの天皇の代に、*渡来人の来朝や*儒教の伝来がみえる。儒教伝来については、「古事記」は*王仁が「論語」「千字文」を献上したという具体的記事であるのに対し、「日本書紀」の記述は簡潔である。のち*八幡神とみなされるが、応神を八幡神とする史料は「住吉大社神代記」「承和縁起」などが早いものである。

王政復古 おうせいふっこ　江戸幕府が廃止され、政権がもとの朝廷に復すること。王政復古の気運は、1858年（安政5）年頃からみられたが、それが本格化したのは慶応年間（1865～68）に入ってからである。主力ははじめ長州（萩）藩にあったが、66年に薩摩（鹿児島）藩も加わり、同2月薩長同盟が結ばれた。翌67年10月14日、15代将軍徳川慶喜は征夷大将軍の職を辞し、政権を朝廷に返上することを申し出て、翌日、朝廷はそれを許可した。同年12月9日、討幕派は王政復古の大号令を発し、幕府・摂関制を廃止し、総裁・議定・参与の三職を設置し、新政府の樹立を宣言し、「諸事神武創業ノ始ニ原ヅ」くことを新政の理念に掲げた。この理念は外国側にも通告され、復古を唱えながらも新政権は着実に新政の整備を開始した。⇒大政委任論

横川景三 おうせんけいさん　1429～93（永享元～明応2）　室町時代の禅僧。臨済宗*夢窓派。曇仲道芳の法嗣。別号補庵。播磨国の人。相国寺の*瑞渓周鳳に従学し、瑞渓の没後は希世霊彦に学んだ。1467年（応仁元）、生涯にわたっての友人*桃源瑞仙とともに近江国に乱を避け、72年（文明4）に帰京してのち、山城国景徳寺・等持寺・相国寺を歴住し、南禅寺の公帖をもうけた。92年（明応元）相国寺鹿苑院主となり、僧録司となったが、半年で辞任した。先の上洛後に細川勝元が与えた相国寺常徳院小補軒に定住していた。文筆にすぐれ、作品は「補庵集」「小補東遊集」（前・後・続集）「補庵京華集」（前・後・別・新・外集）」などに収められて年代順に整理され、大部分は自筆原本が残っている。横川の編んだ日本禅林の七絶アンソロジー「百人一首」は、これに入った人の名誉とされた。筆跡は名筆と称され、禅林内部や公家・武家の間で名高く、室町時代の五山文筆僧の代表的存在であった。

王道・覇道 おうどう・はどう　「王道」「覇道」を価値的に対項をなすものとして捉え、「王道」を、仁義の道徳にもとづいた理想の政治、「覇道」を、本質的に暴力・武力にもとづきながらポーズとして仁義の道徳を借りた悪しき政治と捉えたのは「孟子」であり、朱子学がこれを継いだ。この議論が近世日本にもたらされると、江戸幕府の支配をどのように性格づけるべきかという問題が浮上する。近世前

期の朱子学者たちは，原理的には「王道」を称えたが，幕府支配との関係という微妙な問題にはふみこまない傾向が強かった。内乱の時代を平定して泰平の時代をもたらした徳川支配は，あまりにも自明なものだったのである。

「孟子」の議論の政治的意味を正面から掲げたのは，*伊藤仁斎であった。仁斎は，おそらく眼前の綱吉政権を念頭におきながら，「覇道」による政治は「民の父母」としての仁政ではありえず，民衆は決して心服しているわけではないと論じた。仁斎の議論を真っ向から否定したのが，幕府支配の正当性を確立させようとする*荻生徂徠であり，徂徠は，「王道」と「覇道」を価値的に対立させる発想が，そもそも三代の聖人の時代にはない後世のもので，孔子さえそうした議論をしていないと主張した。幕末に至って*吉田松陰は，「孟子」解釈としては「王道」「覇道」論を承認しながらも，「王道」「覇道」論からする価値評価を，ただちに日本の政治体制にあてはめるべきではないと論じた。

王土思想　おうどしそう　全天下みな国王の領土であるとする思想。古く中国の「詩経」に発し，「孟子」万章句(上)に「詩に云く，普天の下王土に非ずといふことなし」とあるのにもとづく。「天下＝王土」の思想は，「天に二つの日無く，地に二人の王無し」の観念のもとに，公地公民制を基礎として出発した古代律令国家が健全な間は，自明なことであり，改めて強調される必要はなかった。院政期から鎌倉時代以降，「王土」の語の使用がみられるようになり，「*平家物語」の「大教訓」の段には，「孟子」の章句がそのまま使われている。また奈良時代の「何々宮治天下天皇」という称号に示されていたように，国家＝天下として認識されてきた図式が，源頼朝の「天下草創」の宣言によってくずれてきたこと(天下が朝廷から遊離したこと)も，改めて「王土」が強調されなければならない要因であった。

応仁記　おうにんき　応仁・文明の乱(1467〜77)を題材とした軍記。1巻本・2巻本・3巻本の3系統がある。成立時期・作者不明。2巻本は序の次に「野馬台詩」とその注解を載せること以外に1巻本との差異はなく，1巻本と2巻本のいずれが先行したものかには両説ある。3巻本は，1巻本(または2巻本)に「応仁別記」を参看して編纂したと考えられる。乱の原因から起筆し，諸大名の帰国で乱の終結するまでを叙述し，記事は比較的正確である。なお，2巻本が先行したとする論によれば，「応仁記」は「野馬台詩」の「百王思想」によってこの乱を捉えようとしたものだとする。

黄檗宗　おうばくしゅう　日本禅宗三派(臨済・曹洞・黄檗宗)の一派。本山は京都府宇治市の黄檗山万福寺。宗祖は*隠元隆琦。隠元は1654年(承応3)明から長崎に渡来し，58年(万治元)将軍徳川家綱に謁し，山城国宇治に寺領400石を与えられ，61年(寛文元)万福寺を創建した。本来臨済宗に属するが，戒律を重視し，浄禅一致・念仏禅を掲げ，伽藍様式をはじめ行儀・儀式など明の風習を伝えて，日本臨済宗と一線を画した。万福寺住持は隠元以後，13世竺庵浄印まで木庵性瑫・慧林性機・*独湛性瑩ら中国からの渡来僧が担ったが，14世竜統元棟以後は日本僧となった。幕府をはじめとして武家の支持をえて，1745年(延享2)の末寺帳では51カ国897カ寺を数えるに至った。高泉性激が黄檗宗の法脈に関して「黄檗宗鑑録」を著し，*鉄眼道光が「黄檗版大蔵経」を刊行した。文化面では，絵画において黄檗僧の水墨画や専門画家による黄檗僧肖像画を中心とする黄檗派がおこり，書では黄檗僧の墨蹟に代表される黄檗様(唐様)が盛んとなった。また煎茶法・普茶料理が愛好されるようになった。1874年(明治7)政府の方針で臨済宗に統合されたが，76年再び分離・独立した。

王法仏法　おうぼうぶっぽう　「王法」と「仏法」の併称。仏法は，仏が発見した真理，仏の説いた教えという意味で，広く仏教と同義でも用いられた。王法は，仏教では一般に王のとるべき正しい道，あるいは王の定めた法令や政治をさすが，やがて出世間の法を説く「仏法」に対して，世間を律するための法や，世俗的な政治権力ないし社会秩序を広く称するようにな

った。この王法をもって根本とする立場が王法為本で，仏法を根本として仏の救済を中心にするのが仏法為本である。日本の古代仏教は王法と仏法とが車の両輪のように一つとなるべきだとする立場が基本であったが，王法・仏法を対概念として論じるようになるのは平安中期以後で，中世には両者が相依り相助けることによって全き世界が維持されるという王法仏法相依論が，いわゆる*顕密体制のもとで展開された。これは全体として仏教の側の発想ないし主張から発生してきたもので，この場合，仏法とは現実の社会的・政治的権力としての大寺社とその活動をさす。鎌倉仏教では，仏法為本を主張する*日蓮らもいたが，在家主義の浄土真宗においてはしだいに王法が重要視されていき，本願寺8世*蓮如に至って王法為本説が強調された。

近江猿楽 おうみさるがく 鎌倉・室町時代に活動した猿楽座のうち，滋賀県に本拠地をおく6座。日吉大社付近の比叡座，湖東北部の山階座および下坂座を上三座とよび，湖東南部の敏満寺座・大森座・酒人座を下三座とよぶ。このうち最も古い歴史をもつのは敏満寺座で，*世阿弥の「*申楽談儀」にもその名をのせる。近江猿楽の芸風は，いわゆる*幽玄を旨としていたらしく，物まねを主においた*大和猿楽とは一線を画していた。なかでも比叡座の犬王は，将軍足利義満に重用され，後小松天皇の北山殿行幸の際にも出演の機会を与えられ，義満の法名道義の「道」をいただき道阿弥と称した。世阿弥は犬王の影響を強くうけ，自らの芸風を犬王に近づけ，新たな幽玄論を確立した。

近江聖人 おうみせいじん →中江藤樹

淡海三船 おうみのみふね 722～785（養老6～延暦4）奈良時代の文人・学者。天智天皇の皇子大友皇子の曾孫。751年（天平勝宝3）淡海真人の姓を賜る。大学頭・文章博士のほか，内外の官を歴任。天平宝字年間（757～765）より後，石上宅嗣とともに文人の首と称せられ，石川名足とともに「*続日本紀」大宝元～天平宝字元年（701～757）部分の編纂に参加した。また国風の諡号でよばれていた歴代天皇に対し，「*日本書紀」の内容をよくくみとったうえで漢字2字で神武天皇以下歴代の漢風諡号を選んだ功績は大きい。「*唐大和上東征伝」1巻を撰し，「*経国集」に5首の漢詩がとられている。淡海姓を賜った751年に撰上された「*懐風藻」も，彼の撰とする説がある。

近江令 おうみりょう 天智朝に編纂されたと伝える日本最初の法典。養老3年（719）10月の詔（「続日本紀」）や「藤氏家伝」「弘仁格式序」などからその存在が想定されるが，「日本書紀」にその存在を示す確実な記事がないこと，天智朝に律令官人制成立史上の画期が確認できないことなどから，その実在を疑う説もある。そのほか，*飛鳥浄御原令を近江朝に編纂が開始された令の完成とみる説もある。近江令の評価は，7世紀後半の政治過程の理解にかかわる重要な問題である。またその存否とは別に，8世紀以降に天智朝を現在の国制の始まりとみなす観念がみられることでも注目される。

鸚鵡返文武二道 おうむがえしぶんぶのふたみち 江戸中期の草双紙（黄表紙）。全3巻。恋川春町作，北尾政美画。1789年（寛政元）刊。延喜帝から政治補佐を命じられた菅原道真の一子菅秀才は，源義経・同為朝・小栗判官らを登用して武を奨励するが行き過ぎる。今度は大江匡房を登用して文を奨励すると，文武二道に励むようになったという筋立てである。題名を朋誠堂喜三二の「*文武二道万石通」の鸚鵡返し（真似）と，松平定信の「鸚鵡言」に掛ける。寛政の改革の施策に対応して，右往左往する武士を諷刺する。春町はこの後まもなく死亡するが，本作の作者が主君の松平信義ではないかとの風聞もあり，このことと春町の死との関連をいう説もある。

鸚鵡籠中記 おうむろうちゅうき 江戸前期の武士の日記。大本全37冊。写本。著者の朝日文右衛門（定右衛門とも）重章（1674～1718）は名古屋藩士。禄高100石の御目見格で，御畳奉行・足軽頭などを歴任した。記載期間は，1684年（貞享元）から死の前年1717年（享保2）まで34年間にわたるが，1691年（元禄4）以前は父の留書などである。書名の鸚鵡は，見聞をそのまま口写しに記すの意と推測される。自身の

身辺雑記から社会的事件・出来事まで幅広く筆録するが、客観的事実の列記にとどまらず、著者の意見・感想を自由に記すところも多い。赤穂事件や生類憐れみの令、数々の殺害事件など、見聞の範囲は名古屋にとどまらない。儒学を基礎として仏教を排斥し、怪異・妖怪の噂の類を合理的に解釈する傾向が顕著であり、また病母の看護やサラリーマン化した武士の酒食、遊芸におぼれる様など近世武士の実態を活写する。

嚶鳴館遺草（おうめいかんいそう）　*細井平洲（へいしゅう）の教訓書。全6巻。細井徳昌（中台（だい））編。1835年（天保6）、諸侯や門人の要請に応じて回答した、平洲の書簡や文書などを編纂し、林述斎（じゅっさい）の序文を付して出版したものである。平洲は、苦労艱難を知らずに成長した君主に、万人の「手本」としての自覚をもち、倹約と自己規律を勧め、家臣には、「君の政事を手伝」う行政官僚として一致協力を求めた。また、藩校教育の本質は「人民を善に向はせ申事が専務」であると説いて、朱子学・徂徠（そらい）学・仁斎（じんさい）学の学派にこだわらず、被教育者の才能・性質を尊重すべきであると、折衷的な態度を表明している。吉田松陰（しょういん）や西郷隆盛（たかもり）も本書を愛読したと伝えられる。

嚶鳴社（おうめいしゃ）　明治前期の学術団体。1874年（明治7）頃から河野敏鎌（こうの とがま）・*沼間守一（ぬま もりかず）・*島田三郎・金子堅太郎（けんたろう）・*田口卯吉（うきち）らの官吏が中心となり活動を始めていた法律講習会を前身として、77年9月以降、島田・田口が発起人となり結成された。社名は「詩経」の「嚶として夫れ鳴く其友を求むる声あり」による。政治・法律・経済・宗教・教育などの演説会を定期的に開いていたが、78年10月に社則を制定した。関東・東北などに20数社の支社をもち、最盛期の社員数は1000人をこえた。会員には官吏が多かったが、79年5月に官吏政談演説禁止令がだされたことから、会員の主張を発表する場として同年10月「嚶鳴雑誌」を発刊した（83年5月、75号で終刊）。79年に作成した*私擬憲法は、当時民権派の憲法草案の中では代表的なものである。国会期成同盟系の動きに参画して自由党結成に加わる志向もあったが、加わらずに改進党結成の一部をなした。その後も活動は続いたがしだいに停滞し、90年5月以降自然消滅した。

往来物（おうらいもの）　往来とも。平安後期より明治初年まで（11世紀後半〜19世紀後半）、数多く作られ広く学ばれた初等教科書。往復一対の手紙模範文・模型文を集めた教科書が源流で、平安貴族*藤原明衡（あきひら）の作と伝える「明衡（雲州）往来（めいこう（うんしゅう）おうらい）」が濫觴である。古代より中世にかけては、貴族・僧侶の子弟用に編集された。中世半ば以降になると、「*庭訓往来（ていきんおうらい）」を代表とするような武家用の往来物（のちには庶民も使用）が現れ、近世には、庶民の家庭や*寺子屋で使用できる手本として作られた。このような推移にともない、編集の法式や内容も変動して、手紙文以外の韻文体や散文体で綴られ、日常百般の内容を備えた手本でも、初等教科書・教材用に作られたものはすべて「往来物」とよぶようになった。近世以降は、印刷技術の発展とも相まって、編集と普及は全国的なものとなった。その種類は約7000種にも及ぶが、主題により教訓・社会・消息・語彙（ごい）・地理・歴史・産業・理数などの種類に分けられる。日本思想史の観点より特に注目されるのは近世の教訓物の分野であって、武家や庶民の日常生活に要用とされた諸道徳の理念、礼儀作法・立居振舞（たちいふるまい）にかかわる躾（しつけ）の理念を把握するうえに大切な史料となっている。

黄竜派（おうりょうは）　*臨済宗の一派。中国の黄竜慧南（おうりょうえなん）に始まる一派で、1191年（建久2）、宋から帰国した明庵*栄西（みんなんえいさい）によって日本に伝えられた。また1305年（嘉元3）に入元した黄竜派の竜山徳見（りゅうざんとくけん）は古林清茂（くりんせいむ）に*偈頌（げじゅ）を学び、帰国後に建仁寺35世となり、義堂周信（ぎどうしゅうしん）・絶海中津（ぜっかいちゅうしん）らに影響を与えた。慕哲竜攀（ぼってつりゅうはん）・江西竜派（こうせいりゅうは）・瑞巌竜惺（ずいがんりゅうせい）・九渊竜㗊（きゅうえんりゅうちん）・正宗竜統（しょうじゅうりゅうどう）・常庵竜崇（じょうあんりゅうすう）などのこの法系に属する著名な詩文僧がでて、建仁寺を拠点に*五山文学の一翼を担う有力な一派をなした。

応和の宗論（おうわのしゅうろん）　963年（応和3）8月21〜25日の5日間にわたり、村上天皇の求めにより宮中清涼殿（せいりょうでん）で行われた、天台宗と南都仏教との論争。天皇自らが「法華経」を書写し、その完成に際し、法華経講筵（法華会（ほっけえ）

を行った。天台宗では覚慶・*良源らが、南都側は法相宗の法蔵・仲算らが招かれた。この時、天台側は一切すべてのものが成仏できるという一切成仏を、南都側は菩薩・声聞・縁覚のうち、声聞・縁覚の二乗は成仏できないという二乗不成仏を主張して争った。この論争そのものの勝敗は決しなかったが、活躍した仲算は恩賞を賜り、法相宗をもって南都六宗の長官とされた。良源も翌964年(康保元)に内供奉十禅師に任じられた。

大海人皇子 おおあまのみこ →天武天皇

大井憲太郎 おおいけんたろう 1843～1922(天保14～大正11) 明治期の政治家。自由民権運動の理論家。豊前国宇佐郡高並村の庄屋高並彦郎の三男として生まれ、幼名は彦六。1862年(文久2)より2年間、長崎に遊学、その間に大井卜新と義兄弟になり大井姓を名乗る。65年(慶応元)江戸にでて開成所でフランス学・舎密学を学び、明治維新後、箕作麟祥の家塾や大学南校でフランス学を深めた。71年(明治4)暮れに兵部省翻訳官になるも72年に辞任し、さらに73年からは陸軍省に出仕する。74年の*民撰議院論争では、馬城台二郎の筆名で民撰議院の早期実現を説いて、*加藤弘之の時期尚早論を批判した。自由党結党の翌82年6月、党の常議員となり党内急進派の指導者と目された。同党解党後は85年11月に発覚した*大阪事件により、重懲役9年に処せられたが、89年大日本帝国憲法発布の大赦で出獄する。国会開設の90年12月、自由党の妥協的方針に反対して貧民・労働者の立場にたって「*あづま新聞」を発刊し、さらに92年11月に*東洋自由党を結成した。94年3月の第3回総選挙で初当選し、この期だけ議員を務めた。晩年は、労働者・小作人の組織化や普通選挙運動に尽力したが、対外的には強硬論を貫いた。

大歌 おおうた *元日節会・*白馬節会・*大嘗祭などの宮廷儀式で歌われた古来の歌謡。大歌所によって伝習された。「*古今和歌集」巻20に「大歌所大歌」が収められている。また記紀歌謡の大部分も大歌であるといわれる。

大内 おおうち →内裏

大内青巒 おおうちせいらん 1845～1918(弘化2～大正7) 明治期の在家仏教者・実践家。父は仙台藩士大内権右衛門、母はセイ。幼名退多、別号は藹々居士。早くに両親を失い、16歳で上京し、*原坦山や*福田行誡らに学ぶ。1874年(明治7)仏教界最初の雑誌「報四叢談」、翌年には最初の新聞「明教新誌」を創刊し、活版印刷の秀英舎(現、大日本印刷)も創立する。79年には身体障害者教育のため築地に訓育院、捨児救済のため福田会などを創設する。89年*島地黙雷ら・*井上円了らと尊皇奉仏大同団を結成し、さらに死刑廃止運動を展開する。また、曹洞宗の基本聖典となった「洞上在家修証義」を編集、道元の精神に近づくよう説いた。1914年(大正3)東洋大学学長。著書は「修証義講話」など。

大内義弘退治記 おおうちよしひろたいじき →応永記

大江義塾 おおえぎじゅく 1882年(明治15)*徳富蘇峰が郷里熊本の自宅に開校した私塾。英学・漢学・皇学のような学問の出自による区別を廃し、政治・経済・修身・歴史・算数などの授業があり、T.B.マコーレーのエッセーと英国史、F.ギゾーの文明史などの英書講読、「論語」「孟子」などが教えられた。また、塾の運営は生徒の自治に任され、週末の演説会には蘇峰から12～13歳の生徒まで演壇に登ることができた。熊本だけでなく広く九州一円から生徒が集まり、新しい知識の中心となった。

大江卓 おおえたく 1847～1921(弘化4～大正10) 明治・大正期の政治家・実業家。通称卓造、晩年に天也と改名。高知藩出身。1867年(慶応3)陸援隊員となり討幕運動に参加する。71年(明治4)「穢多非人」廃止の建白を行う。72年神奈川県権令の時、ペルー船のマリア・ルス号による清国の苦力輸送事件を奴隷売買として本国送還を決定した。77年西南戦争に呼応して林有造らと挙兵を計画したが、発覚して7年間入獄する。89年大同団結運動に参加し、第一議会では予算委員長として政府と民党の妥協を図った。92年衆議院選挙に落選し、その後は東京株式取引所取や京釜鉄道重役などを務めて実業界で活躍する。朝鮮宮内府顧問となり、中国を訪れ

おおえ

て東亜同盟論を唱えた。また，被差別部落の融和事業に従事した。

大江朝綱（おおえのあさつな） 886〜957（仁和2〜天徳元） 平安中期の学者。「*日本文徳天皇実録」や「貞観式（じょうがんしき）」などを編纂した大江氏の祖，大枝音人（おおえのおとんど）の孫。953年（天暦7）文章博士（もんじょうはかせ）から参議に任ぜられた。「*日本三代実録」の後をうけて編纂が開始された「新国史」の編纂に撰国史所（せんこくしどころ）の別当としてあたった。後江相公（のちのごうしょうこう）と称せられる。

大江維時（おおえのこれとき） 888〜963（仁和4〜応和3） 平安中期の官人・学者。大枝音人（おおえのおとんど）の孫で，*大江朝綱（あさつな）とは従兄弟。醍醐・朱雀・村上3天皇の侍読（じとう）。950年（天暦4）参議となり，960年（天徳4）中納言に昇った。957年（天徳元）12月に大江朝綱の没した後を襲って撰国史所（せんこくしどころ）の別当に任ぜられ，安和（あんな）の変（969）後に撰国史所が霧散してしまうまで，その任にあった。撰国史所が編纂にあたった「新国史」の草稿本は，そのまま大江家に伝わったと考えられている。のちに活躍する*大江匡衡（まさひら）・*大江匡房（まさふさ）・大江広元（ひろもと）らは，いずれもこの維時の家系である。

大江親通（おおえのちかみち） ?〜1151（?〜仁平元） 平安時代の篤信者。系譜未詳。「本朝新修往生伝」所収の伝によると，左京出身で大学寮の学生であったが，仏舎利（ぶっしゃり）への信仰が篤く，経論中の舎利の功徳を説いた文句や，遠くインドから日本にわたる*舎利信仰の記録を集成して「駄都抄（だっしょう）」30巻を著した。また生涯にわたって毎日6万遍の弥陀念仏を欠かさず，晩年に至って出家したという。「駄都抄」は「扶桑舎利集（ふそうしゃりしゅう）」あるいは「一切設利羅集（しゃりらしゅう）」と同一の書と思われるが，大部分は散逸している。今日写本が現存している「七大寺日記」「七大寺巡礼私記」は，それぞれ1106年（嘉承元），1140年（保延6）に親通が*南都七大寺などを巡礼した時の見聞記録とされるもので，後者の序文には「散位大江親□」との記載がある。

大江匡衡（おおえのまさひら） 952〜1012（天暦6〜長和元） 平安中期の学者。*大江維時（これとき）の孫。妻は*赤染衛門（あかぞめもん）。文章博士（もんじょうはかせ）や一条天皇の侍読（じとう）などを歴任する。詩文の才に秀で，しばしば*藤原道長をはじめとする貴族たちの文章を代作し，名声をえた。漢詩文集「江吏部集（ごうりほうしゅう）」，家集「匡衡集」がある。

大江匡房（おおえのまさふさ） 1041〜1111（長久2〜天永2） 平安後期の文人公卿・漢学者。*大江匡衡（まさひら）の曾孫。後三条天皇のブレーンとして重用され，白河・堀河天皇の東宮学士を務め，1088年（寛治元）参議に任じられて公卿の仲間入りをし，94年（嘉保元）権中納言に昇った。院近臣として白河院政を支える一方，文筆活動は多方面に及んだ。宮廷の儀式書として「*江次第（ごうしだい）」があり，多くの和歌作品は家集「江帥集（ごうそつしゅう）」にまとめられている。また「江都督納言願文集（ごうととくなごんがんもんしゅう）」「*続本朝往生伝」「*本朝神仙伝」「傀儡子記（くぐつき）」「遊女記」「狐媚記（こびき）」「洛陽田楽記（らくようでんがくき）」など，その著述は多方面にわたる。さらに「*江談抄（ごうだんしょう）」は彼の語ったところを記述したものであるが，この書は一種の説話索引といった性格をももつ。匡房自身，一種の説話管理者とでもいうような性格をもっていたとも考えられている。

大江文坡（おおえぶんぱ） ?〜1790（?〜寛政2） 江戸中期の読本・説教本作者，神道家。名は匡弼（まさすけ），文坡は字，菊丘臥山人・臥仙子などと号す。享年60余。青年期は僧侶であったらしいが，京都にでて還俗し，神道と老荘思想を混淆したような独自の神仙教を唱えた。代表作の「勧善桜姫伝（かんぜんさくらひめでん）」「弥陀次郎発心伝（みだじろうほっしんでん）」（ともに1765刊），「小野小町（おののこまち）行状伝」（1767刊）などの初期作品は長編仏教説話であるが，その後，神道さらに庚申（こうしん）信仰などの民間信仰の傾向を強める。拠って立つ浄明派仙教は仙術・幻術を排し，浄明・忠孝などの徳目を中心とした仙教で，これを神・儒・仙の三教一致風に説くものである。その代表作は「天真坤元霊符伝（てんしんこんげんれいふでん）」（1773刊），「荘子絵抄（そうしえしょう）」（1767刊），「成仙玉一口玄談（まじょくいっこうげんだん）」（1768刊）など。

大岡政談物（おおおかせいだんもの） 江戸時代の実録体小説の一ジャンル。8代将軍徳川吉宗のもとで町奉行として名高い大岡越前守忠相（ただすけ）に仮託した裁判小説の一群。しかし，ほとんどの事件は大岡が担当した事実はなく，「棠陰比事（とういんひじ）」「*板倉政要（いたくらせいよう）」など和漢の先行書や巷説，ほかの奉行が担当した事件をみな大岡に

仮託して小説化してあるが，正義の為政者によって正しく裁判がなされるという庶民の勧善懲悪を希求する願いがこめられているといってよい。近世ではほかの実録体小説と同様に貸本屋などによって写本で広く流通し，読本や芝居にも転用された。明治期に至ってはじめて出版され，講談や今日の映画やテレビドラマに至るまで命脈を保っている。代表的なものに実録「天一坊実記」がある。

大鏡 おおかがみ　「世継」「世継物語」とも。平安後期の*歴史物語。「*栄花物語」と並ぶ仮名書きの摂関時代史。成立年代・作者ともに諸説がある。序，帝紀(文徳から後一条天皇まで14代)，列伝(左大臣*藤原冬嗣から*藤原道長まで20人の摂関大臣)，始祖*藤原鎌足から冬嗣以前についての補説である藤氏物語，社寺縁起，技芸譚などの雑々物語，という紀伝体の構成。語りの場を道長在世中の1025年(万寿2)に設定して，190歳の大宅世継と180歳の夏山繁樹が歴史を語り，ときおり口をはさむ青侍を配して，それを側で聞いていた作者が書きとめたという趣向をとる。扱われている期間は176年間で，多くの人物が登場するが，類いまれな藤原道長の栄華を説くことが目的である。しかし，一方で王威が強調され，冷泉天皇以後の世の衰えが語られていることなどが注意される。

　日本の史書において「大鏡」にはじめて，歴史は変化であるという観念がみえ，王威の衰えた世であるからこそ，臣下である道長の類いまれな栄華もありえたのだという考えが示されている。王威の強調もまた，衰えた世であるからこそかえって強調されなければならないのであった。「大鏡」の語り手たちが，不自然なほど長寿の老人たちに設定されているのは，ここに語られていることはすべて彼らの見聞きした体験談なのだとする姿勢の結果である。この点で「大鏡」は「*江談抄」などのような口語りの系譜につながる。ここに語られていることは，老人たちの体験談であり，いわば気軽な宮廷の噂話である。したがって史実に忠実とはいえない部分も多いが，そのような噂話的な性格の中に，平安後期における個人への関心の高まりが示されているともいえるのである。

大川周明 おおかわしゅうめい　1886～1957(明治19～昭和32)　昭和期のファシズム運動家・国家主義者・思想家・著述家。山形県出身。東京帝国大学文学部哲学科で印度哲学を学ぶ。植民地インドの現状に関心をもち，反欧米思想，白人からのアジアの解放をめざす。*松村介石の日本教会(道会)で活動し，機関誌「道」に多くの論文を書いた。日本の歴史・古典や東洋哲学を研究，国体や日本精神に独自の見解をもち，日本を中心とする*大アジア主義を唱える。ドイツ語文献も参謀本部嘱託として翻訳する。超大国の世界支配を予想して経済的自給自足体制の必要を説き，1918年(大正7)*老壮会に入会する。19年満鉄(南満州鉄道)に入社。同年，満川亀太郎らと*猶存社をおこし*国家改造運動の指導者として*北一輝を迎えるが，のちに袂を分かつ。満州や中国での日本の権益縮小に憤り，24年行地社を創立する。31年軍の幕僚将校の桜会幹部とクーデタによる軍政権をめざし，3月事件・満州事変・10月事件に関与する。32年には国民運動による国家改造を図るべく神武会を創立する。*五・一五事件では将校古賀清志らに資金や武器を提供する。出獄後は満鉄顧問，法政大学の大陸部長を務めながら大川塾を主宰し，アジア主義・戦争賛美の活動を行った。戦後A級戦犯として逮捕されたが，精神に異常をきたし不起訴・釈放となる。その後「コーラン」を原語から全訳した。著書は「宗教原理講話」「日本文明史」「日本二千六百年史」のほか，「大川周明全集」全7巻がある。

正親町公通 おおぎまちきんみち　1653～1733(承応2～享保18)　江戸中期の垂加神道家・公卿。姓は藤原。名は公通，号は風水翁・風水軒・守初斎，霊社号は白玉霊社。武家伝奏，従一位権大納言。*山崎闇斎の没後，*垂加神道の道統者となる。公通は，闇斎の遺志を継いで垂加神道を後西上皇や霊元天皇に伝え，朝廷内では*正親町神道と称された。また*吉見幸和を猶子とし，*大山為起を父実豊の猶子として優秀な垂加神道家を支援するとともに，垂加神道の体系化をめざし，*玉木正英らに命じて「*持授抄」などを編纂させ，みだりに奥義を公開さ

おおぎ

せることを防いだ。一方、*古今伝授をうけるなど和歌や狂歌にも優れた見識を示し、霊元天皇の篤い信任をえたことでも知られる。

正親町神道（おおぎまちしんとう） *正親町公通が天皇をはじめ朝臣に伝えた*垂加神道をいう。公通は*山崎闇斎の遺志を実現するため、関白一条兼輝かねとともに後西上皇に垂加神道を伝え、闇斎の「*中臣祓風水草なかとみのはらいふうすいそう」を叡覧に供した。上皇はその書には貴重な説があるとして、「家秘トシテ、妄リニ人ニ示スコト勿レ」とのべ、それ以降、正親町神道と称されるようになった。正親町神道を信奉した霊元天皇は、生前鏡に自身の神霊を勧請して、それを下御霊しもごりょう神社に遷座し、関白一条兼香かねかは霊元・東山・中御門なかみかどそして桜町天皇に、正親町神道にならってそれぞれ神号を奉った。また、宮中の祭儀再興においても、正親町神道がはたした役割は大きかった。

大王（おおきみ） →大王だいおう

大国隆正（おおくにたかまさ） 1792～1871（寛政4～明治4） 幕末・明治初期の国学者・神道家。初名は秀文・秀清、通称は仲衛なか・匠作・仲、字は子蝶。号は戴雪だい・天隠・如意山人・佐紀乃屋・真瓊園などと称した。はじめ今井氏と称したが、のち野之口のぐち、ついで大国と改姓した。石見国津和野藩士の今井秀馨ひでかの子として江戸桜田の藩邸で生まれる。1807年（文化4）に*平田篤胤あつたねと邂逅、その後、*村田春門はるかどから音韻学を、また昌平坂学問所で*古賀精里せいりに学んだ。2年後には同所の舎長となるが、しばらくして退いた。また数カ月間長崎に遊学し、西洋の理学書や梵書を学び知識を広めた。故あって脱藩し、その後は牢人学者として、貧苦の中で古伝の解明と思索と著述とに専念し、主に関西・山陽・山陰地方で教説活動を展開した。特に京都では私塾報本ほうほん学舎を中心にして活動し、〈本教・本学〉の名を普及・発展させた。その学問と思想は、わが国に正しく伝わる「神代の古事」を万象の実理に照らして解明することにあり、「本につく道」と「あひたすくる道」の実践を説き、「万国総帝説」の予言を説いた。門人には明治神祇行政に重きをなした*福羽美静びせいや*玉松操みさおのほか多くの

宗教関係者がいる。主著に「*本学挙要ほんがくきょよう」「*学統弁論」「古伝通解つうかい」「神道みちしるべ」などがある。

オオクニヌシノカミ 大国主神。「*古事記」上巻ではスサノオノミコトの6世孫で、天之冬衣神あめのふゆきぬのかみと刺国若比売さしくにわかひめの子とし、別名として大穴牟遅おおあなむじ神・葦原色許男あしはらしこお神・八千矛やちほこ神・宇都志国玉うつしくにたま神を記す。「*日本書紀」では大国主神の用例は巻1の8段第1の一書と同段第6の一書の2カ所にしかみえず、物語は大己貴おおあなむち神の名で語られている。8段第1の一書には清すみの湯山主三名狭漏彦八嶋篠ゆやまぬしみなさろひこやしましの五世孫とし、第6の一書では六つの別名を記し、その子は181神ありとする。

「古事記」によると同神の物語は、(1)八十神やそがみとともに八上やかみ比売への求婚途中、稲羽いなばの素兎しろうさぎを助け、さらに八十神により二度殺され二度蘇生する、(2)八十神の迫害を逃れ、*スサノオノミコトの坐す根国ねのくにに至り、さまざまな試練を克服して神宝の剣・弓・琴を持ち出し同神より大国主神と命名される、(3)歌謡を中心とした沼河ぬなかわ比売への求婚、(4)少名毘古那すくなびこな神との国作り、(5)葦原中国あしはらのなかつくに平定の命をうけて天降った建御雷たけみかづち神に国譲りをして、出雲国の多芸志たぎしの小浜に神殿を建て隠身かくりみの神となる、にわたっている。各説話がそれぞれ大国主神の別名によって語られているのは、複数の説話を大国主神という総括的な神名によってまとめたためで、また、(1)(2)の説話は大穴牟遅神が大国主神に成長し葦原中国の支配者となる物語であることより、説話構成の核は大穴牟遅神であると考えられている。後世、*大黒天だいこくてんと習合する。

大久保利通（おおくぼとしみち） 1830～78（天保元～明治11） 明治期の政治家。幼名一蔵いちぞう、号は甲東こうとう。鹿児島（薩摩）藩出身。1861年（文久元）*西郷隆盛たかもりらと藩政改革を進めるとともに、藩主島津久光ひさみつのもとで公武合体運動に尽力した。66年以降は倒幕運動に転じ、萩（長州）藩との薩長連合による*王政復古実現を画策した。維新後は新政権の参与・参議として、東京奠都てんと・版籍奉還・廃藩置県などを断行した。71年*岩倉遣外使節の副使として欧米

各国を巡遊。帰国後，内政優先の立場から*征韓論に反対したが，74年に台湾出兵を強行した。73年に内務省を創設して警察から殖産興業にわたる内政全般を統轄した。自由民権運動の勃興に対しては大阪会議で板垣退助らとの妥協を策し，漸次立憲制を立てる方針を採った。相次ぐ士族反乱を冷徹に鎮圧したが，反感をうけて暗殺された。

大久保彦左衛門筆記（おおくぼひこざえもんひっき）→三河物語（みかわものがたり）

大隈言道（おおくまことみち） 1798〜1868（寛政10〜明治元） 江戸後期の歌人。号は池泙堂，通称は清助。筑紫国福岡の商家に生まれたが，39歳の時，家業を弟に譲って福岡今泉の池泙堂に隠棲して歌道に専念した。家集もあり，人にも知られた歌人であったが，1857年（安政4）60歳の時，思い立って大坂にでて，自己の歌の世界を広げようとした。「吾は天保の民なり。古人にあらず」（「ひとりごち」）と弟子に言い残したのは，この時のことである。大坂では，*八田知紀（はったとも）・*萩原広道（ひろみち）と交流をもった。「草径集（そうけいしゅう）」（1863刊）は在坂10年を記念する家集であり，日常卑近の素材を俗語を嫌わずに率直に詠んだ歌が収められている。1898年（明治31）になって，偶然この歌集を手にした歌人の佐佐木信綱（のぶつな）によって，その真価が発見された。

大隈重信（おおくましげのぶ） 1838〜1922（天保9〜大正11） 明治・大正期に活躍した政治家。佐賀藩士の家に生まれる。明治維新の際には尊攘派から出発し，明治政府内では財政・外交などで手腕を発揮した。明治十四年の政変で薩長勢力と衝突して辞職，その後は立憲改進党・進歩党・憲政党などの政党党首となった。また1898年（明治31）には短命ながらわが国最初の政党内閣を組織し，首相となった。1914年（大正3）にも内閣を組織，第1次大戦への参戦や対華二十一カ条要求を行い，日本の軍国主義化と中国侵略の動きを加速させた。同時に*東京専門学校（早稲田大学の前身）の創立などの文化活動にも力を入れ，08年（明治41）に開始した大日本文明協会による文明運動もその一つである。これは政界人・財界人・学者・軍人などから広範に会員を募り，大量の欧米書籍の翻訳，学術講演会，各種の文化事業などを行ったもので，大隈は，日本はいまだ西洋文明から多くのことを学ばねばならぬとの決意のもとに，これらの事業を推進した。大隈自身の未完の遺著「東西文明之調和」（1922）では，西洋文明と東洋文明の調和によってそれぞれの短所を相互に補い，また長所をあわせ，そこから新しい文明をうみだすことが日本民族の使命である，との文明論が展開されている。

大蔵永常（おおくらながつね） 1768〜1860？（明和5〜万延元？） 江戸後期の農学者。名は永常，字は孟純，通称は徳兵衛・喜内，号は亀翁・受和園主人など。豊後国日田の町人の次男。はじめ儒者を志すが，親の反対をうけて，「草木と偕に朽ち」ないためにも「農家の術」を志した（「農家益」序）。20歳の頃に出奔し，薩摩国で製糖技術を修得，1796年（寛政8）大坂にでて，苗の取次販売を営んだ。1825年（文政8）江戸に居を移し，34年（天保5）*渡辺崋山（かざん）の推薦で，三河国田原（たはら）藩の興産方に召し抱えられたが，蛮社（ばんしゃ）の獄による崋山の蟄居とともに解雇され，42年には浜松藩に出仕した。禄位のない「草莽（そうもう）の鄙人」であっても，「世に益」（「農具便利論」）あることをなしたいという強い願望をもっていた永常は，農業ジャーナリストとして生前27部69冊の*農書を刊行し，櫨・木綿などの商品作物の栽培技術や害虫駆除法の普及による農民の経済的利益の増大をめざした。著書は「*広益国産考（こうえきこくさんこう）」「綿圃要務（めんぽようむ）」「除蝗録（じょこうろく）」など。

大阪朝日新聞筆禍事件（おおさかあさひしんぶんひっかじけん） 白虹（はっこう）事件とも。1918年（大正7）「大阪朝日新聞」がこうむった筆禍事件。「大阪朝日新聞」の政府批判に手を焼いていた寺内内閣は，内閣攻撃の関西記者大会を報じた8月26日付夕刊記事に「白虹日を貫けり」の一句があったのをとらえて，この句は「史記」などで君主に対する反乱・暗殺の予兆として使用されていることを理由に，この夕刊を発売禁止とした。ついで朝憲紊乱として関係者を起訴した。右翼団体の大阪朝日攻撃も強まり，社長村山竜平（りゅうへい）は浪人会の壮士により白昼襲撃された。10月に村山社長は辞職，編集局長*鳥居素川（そせん）以下，*長谷川如是閑（にょぜかん）・丸山

幹治ら・*大山郁夫ら論説陣も退社した。代わって編集局長となった西村天囚は社風の転向を宣言し，ようやく処分を編集発行人と記事執筆者の禁錮2カ月にとどめ，発行停止はまぬかれた。

大坂学問所 →懐徳堂

大阪事件 *大井憲太郎らによる朝鮮改革運動が発覚して捕らえられた事件。1884年（明治17）の甲申事変によって朝鮮宮廷から排除された日本の勢力を回復しようとする動きは，当時の日本で朝野を問わず広まったが，大井・小林樟雄・磯山清兵衛ら旧自由党員は，朝鮮に渡り保守派を殺害し親日政権を樹立して改革を実施するとともに，清国からの独立を達成し，それによって停滞していた当時の日本の改革の突破口としようとした。この計画の資金集めのために檄文がだされ，一部では強盗も企てられたが，85年11月に磯山の変心などから発覚し，130余人が大阪や長崎で捕らえられた。先の3人をはじめ新井章吾・影山（福田）英子ら31人が裁判で有罪となったが，89年2月憲法発布の大赦で出獄した。

大坂対論 →不受不施派

大阪平民新聞 1907年（明治40）6月1日から10月20日（第10号）まで大阪平民社からだされた新聞。月2回刊行，タブロイド判，16頁。大阪の社会主義研究会の機関誌「活殺」が，宮武外骨と日野国明との対立から第1号（07年5月）だけで廃刊したのち，それを継ぐ形で宮武が約5000円を出資して刊行された。発行兼編集人は森近運平。その後，幸徳秋水ら東京の直接行動派による日刊「*平民新聞」（同年4月10日に第74号で廃刊）が合流したことにより，第11号（11月5日）よりは「日本平民新聞」と改題するが，第23号（08年5月5日）の付録「労働者 第四」が筆禍にあい，森近が拘留されて休刊し，そのまま廃刊となった。

大坂本願寺 →石山本願寺

大阪毎日新聞 日刊新聞。1876年（明治9）に「大阪日報」として創刊され，1888年に「大阪毎日新聞」と改題した。略称は「大毎」。*原敬・本山彦一らが社長となり発展した。1911年には「*東京日日新聞」

（「東日」）を合併し，商法上の支社とする。本来の新聞事業のほかに，私鉄会社と提携しながら，さまざまな文化・娯楽事業を進めた。すなわち南海鉄道とは明治末期に浜寺海水浴場を開設，箕面有馬電気軌道（のちの阪急）とは大正初期に箕面や宝塚で山林子供博覧会・婦人博覧会などの博覧会を開催した。そのほか，社会事業を行うため13年（大正2）に設立した大阪毎日新聞慈善団では，箕面有馬電気軌道の創業者小林一三が発案した宝塚少女歌劇団をいち早く紹介した。25年には，1万5000号の発刊と，大阪市の市域拡張（いわゆる大大阪市の誕生）を記念して，天王寺公園と大阪城跡で開かれた「大大阪記念博覧会」を主催した。1927年（昭和2）年の内務省の調査によれば，発行部数は117万部と，「大阪朝日新聞」（「大朝」）の126万部とほぼ同数となっている。1943年には，「大毎」「東日」両紙を「毎日新聞」の題号に統一した。

大塩平八郎 1793〜1837（寛政5〜天保8） 江戸後期の儒学者。幼名は文之助，実名は正高のち後素，号は連斎・中斎・洗心洞，平八郎は通称。父は大塩敬高，母は大西氏の出で，その長男として大坂天満に出生。家は8代にわたって大坂東町奉行所与力で，禄高200石。平八郎7歳の時に父，8歳の時に母が死去したので祖父成余の嗣子となり，職務を継ぐ。なお「平八郎」は父の通称の襲名である。1820年（文政3）東町奉行に着任した旗本高井実徳に重用され，擬似切支丹・汚職与力・破戒僧の検挙が三大功績とされる。修学上の問題については，青少年時代の師として林述斎・篠崎三島（郁洲）ら諸説があるが，その根拠は不十分である。20歳代で大坂の朱子学者篠崎小竹と交友，27歳で*近藤重蔵，32歳で*頼山陽を知る。しかし，独自の思想形成の端緒となったのは，中国の明代の朱子学者呂坤の「呻吟語」を24歳で読み，ついで王陽明の「伝習録」を読んだことによる。創設の時期は不明であるが家塾洗心洞を開き，25年「入学盟誓書」を定めた。28年には王陽明の三百年祭を行った。陽明学派の系を引いて帰太虚の説が大塩の学説の中心であるが，自分では孔孟学と称した。30

年(天保元)東町奉行高井実徳の退任とともに，与力の職を養子格之助に譲った。

33年より天候不順で凶作・飢饉の状況になり，西町奉行矢部定謙に救済案を献策した。だが，36年矢部が勘定奉行に転任し，後任の西町奉行は空席のまま，東町奉行として跡部良弼が赴任した。以後，大塩の献策はいれられず，大坂市中の餓死者は激増した。37年2月，蔵書を売って困窮の家に施行し，同月19日，二十数人の門人と百姓・町人・被差別民300人余を率い，奉行・役人・金持町人の誅戮と年貢・諸役の減免，神武帝政道への恢復を掲げて挙兵した。その日のうちに鎮圧されて潜伏，3月27日に自殺した。大塩は尊王敬幕論者で，幕府への出仕を切望しており，この挙兵は幕府への反逆を意図しない。大塩の著書は「*洗心洞劄記」2巻2冊(1833刊)，「*儒門空虚聚語」2巻2冊(同)，「*古本大学刮目」1巻7冊(1836刊)など。→大塩平八郎の檄文

大塩平八郎の檄文 おおしおへいはちろうのげきぶん　陽明学者で大坂東町奉行所与力を引退した*大塩平八郎が，天保の飢饉中の1837年(天保8)2月19日，挙兵するに際して大坂市中や周辺農村に配布した文書。職人に断片的に彫らせた版木を組み合わせて大塩の屋敷内で印刷し，黄絹の袋にいれた。袋には「天より被下候，村々小前のものに至迄へ」と墨書し，裏に伊勢神宮の札を貼りつけた。檄文の日付は「天保八丁酉年月日」，宛先は摂津・河内・和泉・播磨国の庄屋・年寄・百姓・小前百姓。文章は2000字余で，徳川家康の政治目的は仁政で徳川家が全国の人民の支配権をもつこと，天子は足利家以来政治から引退していること，奉行(大坂東町奉行跡部良弼)・諸役人の重税取り立てと金持町人の驕奢に対する人民の怨気が天に通じて飢饉となったこと，彼らを誅戮してその金・米を人民に分配し年貢・諸役も軽減することを記して，乱への参加をよびかけた。尊王敬幕論・儒教的仁政論・神儒一致論が檄文中に一貫している。

大島有隣 おおしまゆうりん　1755～1836(宝暦5～天保7)　江戸後期の心学者。名は義展，通称は幸右衛門，有隣は号。武蔵国葛飾郡大島村の名主の家に生まれる。27歳で江戸の参前舎において*中沢道二について*石門心学を修めた。やがて優れた資質と熱心な修行とにより，*植松自謙と交代で参前舎の舎主を務め，郷里の杉戸に恭倹舎を興した。さらに津和野藩などに招かれて出講し，江戸の諸大名や旗本の屋敷でも*道話を行い，道二を継いで人足寄場において囚人の教化にあたった。思想史上では，心学教化を，儒教とともに神道・国学の理念によって基礎づけた点に特徴があり，儒教，特に朱子学のみで心学を説く*上河淇水からの京都の心学者ときびしく対立した。著書に「心学和合歌」「心学初入手引草」「心学心得草」などがある。

大杉栄 おおすぎさかえ　1885～1923(明治18～大正12)　大正期の無政府主義者。香川県丸亀生れ。軍人の父の転任で少年期を新潟県新発田ですごし，1899年(明治32)名古屋陸軍幼年学校に入学するも，1901年学友と喧嘩して重傷をおわせて退学となる。02年上京し，順天中学校に編入，翌03年卒業後，東京外国語学校仏語科に入学し，その間に受洗する。「万朝報」を通じて*足尾鉱毒事件を知り，やがて*平民社に入る。06年，電車賃値上げ反対運動に参加して検挙・投獄される。同年釈放後，日本エスペラント協会を設立し，さらに堀保子(最初の妻)と「家庭雑誌」を発刊する。07年に*幸徳秋水らの「直接行動」論に共鳴し*無政府主義に近づく。この年の「*光」紙上での筆禍，08年の金曜会屋上演説事件，赤旗事件で出入獄を繰り返し，10年10月出獄する。その後の「冬の時代」の中で，12年(大正元)荒畑寒村らと「*近代思想」を発刊する(14年9月に全23号で休刊)。13年2月には〈センヂカリスム研究会〉を組織し，生の哲学や進化論・無政府主義関係の翻訳・著書を多数出版する。16年，*伊藤野枝との自由恋愛で神近市子に刺され(日蔭茶屋事件)，以後伊藤と同棲，保子とは離婚する。18年に伊藤と「文明批評」を，和田久太郎・近藤憲二らと「労働新聞」を創刊し，アナルコ・サンヂカリスム論を展開する。20年，日本社会主義同盟の発起人となり，極東社会主義者会議に出席するため上海に密航するも，その後は「ボル派」(ボリシェビ

キ派）との対立を深める。22年にベルリン国際アナーキスト大会出席のために密出国，23年にパリのメーデー集会で演説して収監され強制送還となる。帰国後，関東大震災後の混乱の中で，甘粕正彦憲兵大尉らによって，妻の野枝，甥の橘宗一とともに虐殺された。「大杉栄全集」全14巻がある。

被仰出書（おおせいだされしょ） 学制序文とも。明治政府が「＊学制」公布の趣旨を示した太政官布告。1872年（明治5）8月3日，太政官布告214号をもって「学制」とともに公布された。その内容は，過去の身分的教育観，武士の学問的態度，封建教学の内容などを批判しつつ，(1)従来の差別的教育システムを廃し，四民が平等に女性も対象として，すべての国民が学校教育をうけるべきこと，(2)武士の学問が「国家の為」として，ともすれば「空理虚談」に陥った弊を改め，「身に行い事に施すこと」のできる実用的な学問が必要であること，(3)「学問は身を立るの財本」であり，立身治産昌業による個人の幸福実現が教育の目的であること，などである。すなわち，身分・性差によらない国民皆就学，実学思想，個人主義的・功利主義的教育観が表明されている。この教育理念は，同年2月に出版され広く読まれた福沢諭吉の「＊学問のすゝめ」初編の内容に近似している。その思想と同様，学制の制定意図も，国民個々の自立を促し民力を向上させることにより，国家の独立・発展を図るところにあった。

大高坂芝山（おおたかさかしざん） 1647～1713（正保4～正徳3） 江戸前期の儒学者。名は季明，字は清介，号は芝山・喬松など。土佐国の人。はじめ姉婿の谷一斎に朱子学を学び，1664年（寛文4）京都へ遊学し，ついで江戸にでた。内藤・稲葉の諸侯に仕えたのち，85年（貞享2）伊予国松山藩儒となり，江戸で奏者番を務めた。「南学伝」（「芝山会稿」所収）を著し，＊南村梅軒に始まる土佐の独特の朱子学を「＊南学」とよぶことは，ここから始まる。ただ「南学伝」中の＊山崎闇斎への人格的な攻撃は，闇斎門人の反感を招いた。ほかに，伊藤仁斎の「＊語孟字義」を朱子学の立場から痛罵した「適従録」（1697刊）を著した。妻の維佐子の「＊唐錦」13巻は女訓書として著名である。

太田牛一（おおたぎゅういち） 1527～？（大永7～？） 織豊期の武士・軍記作者。通称は又介（助），実名牛一，のちに和泉守に任じられた。1610年（慶長15）以後没か。尾張国春日井郡の人。弓足軽として織田信長に仕え，武功をたてる。その後昇進して近江国で代官的地位につく。本能寺の変後，豊臣秀吉のもとで山城国の蔵入地代官や検地奉行となり，京都醍醐の花見では側室付警固役を務め，さらに秀吉没後は秀頼にも仕えた。のち大坂玉造に隠退し，仕官時の日記や記録をもとに，「＊信長公記」「＊大かうさまくんきのうち」「豊国大明神臨時御祭礼記録」「関ケ原御合戦双紙」などを著した。これらの作品は合戦のあいつぐ激動の時代を，おおむね牛一が自らの体験をふまえ，「私作・私語」なく実録として描いたものであり，＊天道思想にもとづく因果応報観によって論評を加えている。

大田錦城（おおたきんじょう） 1765～1825（明和2～文政8） 江戸後期の儒学者。名は元貞，字は公幹，通称は才佐，錦城と号した。加賀国の大聖寺藩医大田玄覚の子で，はじめ医術を修めた。1780年（安永9），京都の＊皆川淇園のもとに行こうとして出奔するが引き戻され，一時幽閉される。84年（天明4）江戸に下って，折衷学者＊山本北山に学ぶが，意に満たず，以後は独学する。1811年（文化8）三河国の吉田藩主松平信明に仕えたが，22年（文政5）には金沢藩主前田斉広に懇望されて金沢藩に移った。清朝考証学の影響のもとに，「＊九経談」10巻（1804刊）を著した。ほかの著作に「＊梧窓漫筆」3編6巻，「＊疑問録」2巻（1831刊）など。

太田全斎（おおたぜんさい） 1759～1829（宝暦9～文政12） 江戸後期の儒学者。名は方・経方，字は叔亀，通称は八郎，全斎はその号。備後国福山藩士。江戸の生れ。1788年（天明8）福山藩校弘道館の文学教授となり，その後，側用役・勝手掛年寄役となり，1823年（文政6）致仕した。＊山本北山に師事し，近藤正斎・大田錦城らと交わった。主著「韓非子翼毳」（1783成，1808刊）は，初見秦・存韓2編を韓非子の説でないとみなし，

付録にして出版した。音韻・諺語研究にも優れ，*東条義門とも交流し，「漢呉音図」(1815)，「諺苑」(1797序)，「俚言集覧」などを著した。

太田道灌 おおたどうかん　1432～86（永享4～文明18）　室町後期の武将。太田資清（入道道真）の子。扇谷上杉氏の重臣の立場にあったが，若くして頭角を現し，1457年（長禄元）頃には武蔵国江戸城を築いてここを本拠とし，関東の政務を主導した。76年（文明8）に長尾景春が山内・扇谷上杉氏に対する反乱をおこすと，配下の武士を率いてその鎮定にあたり，各地で勝利を収めて内乱を収束させた。この活躍によって関東に平和がもたらされ，道灌の地位は不動のものとなったが，そうした中，85年に詩文家の*万里集九を江戸城中に招くなど，文化的な活動も行った。当代一流の政治家であるとともに，すぐれた戦略家でもあり，さらに詩文や和歌にも秀で，和歌集「砕玉類題」を残したといわれる。しかし，こうした幅広い活動によってえた名声が主君にあたる上杉（扇谷）定正の疑念を招き，86年7月，定正の居所の相模国糟屋において謀殺された。享年55。主家を凌駕する実力をもちながらも体制変革の姿勢をみせず，結局は主君に滅ぼされた彼の生き方は，この時代の武将の行動規範を物語るものとして興味深い。

大田南畝 おおたなんぽ　1749～1823（寛延2～文政6）　江戸後期の文人・狂歌師。通称は直次郎。江戸牛込に御徒の武士の家に生まれ，のち学問吟味に及第して支配勘定となる。早くから詩文・戯作の才能を現し，19歳の時に「寝惚先生文集」を刊行して以来，南畝・四方赤良・蜀山人の号で江戸文芸界の中心人物として君臨した。狂詩・狂文・狂歌・洒落本など刊行された戯作は多いが，当代有数の知識人でもあり，達意の文章で書かれた随筆には克明・精細な学識がうかがわれる。孝子・孝婦の伝記「*孝義録」や幕府記録「竹橋余筆」など公務にかかわる文業も，「三十幅」や「麓の塵」のような古書抄記もある。詩作には，1771年（明和8）以降の詩集（18冊）が現存する。

大田命訓伝 おおたのみことくんでん　→伊勢二所皇太神御鎮座伝記

大塚金之助 おおつかきんのすけ　1892～1977（明治25～昭和52）　大正・昭和期の経済学者・歌人。東京商科大学（のち一橋大学と改称）教授，一橋大学経済研究所所長。東京都出身。神戸高等商業学校で坂西由蔵に，東京高等商業学校専攻部で*福田徳三に学んだ。ドイツに留学してゾンバルトに師事し，1924年（大正13）帰国。以来，東京商科大学で経済原論・経済学史・社会思想史などの講義を担当した。マーシャル「経済学原理」を訳出し，また島木赤彦に嘱望され「*アララギ」で活躍した。マルクス主義に接近し，「日本資本主義発達史講座」の編集に加わり，その執筆のため滞在していた伊豆で検挙された。豊多摩刑務所に収監され，出獄後に失職した。45年（昭和20）の敗戦により，東京商科大学教授に復職，社会思想史を担当した。50年日本学士院会員。「大塚金之助著作集」全10巻，歌集「人民」がある。

大塚退野 おおつかたいや　1677～1750（延宝5～寛延3）　江戸中期の儒学者。名は久成，通称は丹左衛門，退野はその号。別号は蹇斎・孚斎。熊本藩儒。はじめ佐藤竹塢に朱子学を学ぶ。のち*中江藤樹の著作をとおして陽明学を信ずるが，朝鮮の朱子学者李退渓の「自省録」を熟読することによって，再び朱子学に転じた。心の内面的な主体性を重んじ，真実にして人間社会に即した「実学」を追究し，友人の*薮慎庵らと研鑽に努めた。致仕後は，肥後国玉名村で子弟を教育した。門人には平野深淵・森省斎・*西依成斎らがいる。熊本実学党の横井小楠が敬愛していたことは有名である。著書に「孚斎存稿」などがある。

大槻玄沢 おおつきげんたく　1757～1827（宝暦7～文政10）　江戸中・後期の蘭方医・蘭学者。名は茂質，号は磐水・芝蘭堂，字は子煥，通称は玄沢。仙台藩支藩の一関藩藩医大槻玄梁の長子。1778年（安永7）江戸で*杉田玄白門下でオランダ医学を，*前野良沢に蘭語を学ぶ。85年（天明5）長崎に遊学。翌年江戸に戻り，仙台藩藩医として抜擢されて江戸詰めとなる。江戸の屋敷に蘭学塾*芝蘭堂を開き，多くの門弟を集め蘭学を広め

おおつ

た。1811年（文化8）より幕府天文方に出仕した。著作・翻訳は300をこえ、蘭学入門書に「*蘭学階梯」「蘭訳梯航」、医学書としてハイステルの外科書の抄訳「瘍医新書」、それに師玄白の依頼による「解体新書」の増補版「*重訂解体新書」を21年（文政4）に公表した。対外関係として「*捕影問答」「北辺探事」や、ロシア使節レザノフが送り届けてきた仙台藩領民からの聞き書きを基にして北方の事情を記した「*環海異聞」(1807)により、幕府に蝦夷地政策を献策した。1811年より幕命によりショメールの百科事典の翻訳を企て、「*厚生新編」として上呈した。子の磐里は蘭学と医学を学び、磐渓は洋学と儒学を学んだ。この磐渓の子が「言海」を執筆する国語学者文彦である。

大槻磐渓 おおつきばんけい　1801〜78（享和元〜明治11）幕末〜明治期の儒学者。名は清崇、字は士広、通称は平次、磐渓はその号。寧静とも号す。蘭学者*大槻玄沢の次男として、江戸で生まれた。16歳で昌平黌に入る。1832年（天保3）仙台藩江戸藩邸の儒員となる。高島秋帆の門人大塚同庵から西洋砲術の免許をうけ、49年（嘉永2）「*献芹微衷」を著し、開国論を説いた。65年（慶応元）仙台藩校養賢堂の学頭となる。戊辰戦争の際、薩長の攘夷論に反対し、佐幕開国論を唱え、執政但木土佐や玉虫左太夫と画策したが、69年（明治2）仙台で投獄された。のち赦免され、上京して風雅の道に遊んだ。近代国語辞書の「言海」を著した大槻文彦は、磐渓の三男。著書に詩文集「寧静閣集」「近古史談」など。

大月履斎 おおつきりさい　→燕居偶筆

大友宗麟 おおともそうりん　1530〜87（享禄3〜天正15）*キリシタン大名。豊後国主大友義鑑の長子。臼杵城主。諱は義鎮。府蘭・宗滴などと号した。全盛期には豊後・肥後・肥前・豊前・筑前・筑後など諸国の守護職、九州探題を併任した。1551年（天文20）イエズス会士フランシスコ・*ザビエルと会談し、インド副王と通信を重ね教会を保護して、78年（天正6）日本布教長カブラルから臼杵で受洗。霊名はザビエルを記念してフランシスコ。同年キリスト教の理想郷実現を夢みて出陣し、日向国耳川の戦いで島津義久に大敗した。その後、家運は傾いたが信仰を深めつつ、86年大坂城で豊臣秀吉の救援を要請し、秀吉の島津制圧直後に豊後国津久見で没した。82年*天正遣欧使節を派遣したとされているが、これには関与しなかった。

大伴旅人 おおとものたびと　665〜731（天智4〜天平3）奈良時代の公卿・歌人。従二位大納言。父は安麻呂。*大伴家持は子。異母妹に坂上郎女がいる。中務卿・中納言・征隼人持節大将軍を歴任、神亀年間(724〜729)には大宰帥として赴任し、*山上憶良らとともに、大宰府を中心とする歌壇を形成した。730年（天平2）帰京して大納言に任じられ、翌年従二位に昇ったが、その年7月病没。中国の思想・文芸に造詣が深く、老荘・神仙思想にも心をよせた。「*万葉集」に長短あわせて70余首の作品が収められているほか、「*懐風藻」にも漢詩が採択されている。大宰府赴任中、都に残した妻を失い「世の中は空しきものと知る時しいよよますます悲しかりけり」（「万葉集」巻5-793）と嘆いた歌には、仏教思想の影響も現れている。ちなみにこの歌は「万葉集」における「世の中は空し」の表現の初見である。

大伴家持 おおとものやかもち　718?〜785（養老2?〜延暦4）奈良時代の官人・歌人。*大伴旅人の子。「*万葉集」の編纂に大きな役割をはたす。「万葉集」に収められた歌数は最も多く、479首（うち長歌46首）を数える。越中守・因幡守をはじめ薩摩・相模・上総・伊勢の国守を歴任したほか、751〜758年（天平勝宝3〜天平宝字2）の7年間は京官として過ごす。746年（天平18）から5年間の越中守時代は、20代の終りから30代前半にあたり、「天離る鄙」の地で「中央」への憧憬と地方官としての使命感に板挟みになりながら、「春の苑紅にほふ桃の花下照る道に出で立つをとめ」（「万葉集」巻19-4139）など艶麗な中にも構成美をもつ秀歌を残し、独特の歌風を作りあげた。越中国から戻ったあとの京官時代は、聖武上皇の死去、左大臣橘諸兄の致仕という状況下で、*藤原仲麻呂が政権を握った時期であった。家持も仲麻呂派・反仲麻呂派の対立の渦にまきこまれ、「族に

喩す歌」で武門大伴氏を強く意識している。757年(天平宝字元)の橘奈良麻呂の乱で一族の大半を失い、759年正月、都を遠く離れた因幡の国衙で国郡の官人などを前にしながら詠じた「新しき年の始の初春の今日降る雪のいや重け吉事」(巻20-4516)をもって「万葉集」は巻を閉じ、以後、家持自身も歌わぬ詩人となる。

「万葉集」の歌人の中でも、さまざまな花に心を寄せて歌い、また「わが宿のいささ群竹吹く風の音のかそけきこの夕べかも」(巻19-4291)と小市民的な境地をさえ歌いあげたこの詩人は、奈良時代の政治史の中で、しばしば政変に加担している。そして亡くなる寸前には長岡京造営長官の藤原種継暗殺事件の計画に加担し、家持の没後におこったこの事件の責任を問われて、墓をあばかれるという不名誉なことになった。

大嘗 おおにえ →大嘗祭

大西祝 おおにしはじめ 1864〜1900(元治元〜明治33) 明治中期の哲学者・評論家。号は操山。岡山藩士の家に生まれる。1877年(明治10)同志社英学校に入学し、*新島襄より受洗する。85年東京大学に入学、89年帝国大学哲学科を卒業。大学院在籍中にT. H. グリーンの自己実現説の影響をうけ、代表作「良心起原論」を執筆する。91年東京専門学校(現、早稲田大学)講師に就任し、*綱島梁川らの弟子を養成した。カントの批判哲学とM. アーノルドの批評精神を総合した批評主義の立場から、対象に制約されない徹底的な批判の必要を唱えた。同志社以来の親友徳富蘇峰の「*国民之友」や編集長を務めていた「*六合雑誌」では、思想の自由を擁護しつつ「*教育勅語」の教育など保守主義に懸念を示した。またキリスト者として、国内教会の海外宣教組織からの独立を主張した。1898年ドイツに留学したが、病気のため翌年帰国。療養中に京都帝国大学の教育学担当講師に就任したが、出講できぬまま36歳で没した。弟子の手になる「大西博士全集」全7巻は、後進の*西田幾多郎らにも影響を与えた。

大西克礼 おおにしよしのり 1888〜1959(明治21〜昭和34) 大正・昭和期の美学者。愛媛県出身。京都の第三高等学校から東京帝国大学の哲学科に進み、同大学院を修了後に文学部講師・助教授となる。ヨーロッパ留学後、1931年(昭和6)教授として美学・美術史の講座を担当する。カントの「判断力批判」研究により学位を授与されたが、西洋の美学研究にとどまらず日本の文芸研究にも従事し、「幽玄とあはれ」(1939)では、東洋的美意識の構造を〈芸術美的形成+自然美的形成)+素材=芸術品〉とし、西洋のそれを〈芸術美的形成+(自然美的形成+素材)=芸術品〉として両者を対比した。さらに晩年には、美学の体系化をめざし、その成果は「美学」全2巻として1959・60年に出版された。

太安万侶 おおのやすまろ ?〜723(?〜養老7) 太安麻呂とも。奈良前期の官人。「*古事記」の編者として知られる。「古事記」序文に自ら記すところによれば、711年(和銅4)9月、元明天皇の詔をうけ、*稗田阿礼が天武天皇の時代に誦習した「*帝紀」「*旧辞」を撰録して「古事記」3巻にまとめ、翌年正月に献上した。「弘仁私記」序には「日本書紀は、一品舎人親王、従四位下勲五等太朝臣安麻呂を勅を奉りて撰するところ」とあり、「*日本書紀」の編纂にもかかわったと考えられている。没した時の官位は従四位下民部卿。

大橋訥庵 おおはしとつあん 1816〜62(文化13〜文久2) 幕末期の朱子学者。名は正順、字は周道、通称は順蔵、訥庵はその号。また曲洲・承天と号した。長沼流の兵学者清水赤城の三男として、江戸に生まれた。1829年(文政12)信濃国飯山に赴き、飯山藩士酒井義重の養子となる。35年(天保6)藩命により江戸の*佐藤一斎に入門した。藩儒との論争をきっかけに養家を離れ、旧姓に復した。41年(天保12)江戸の豪商大橋淡雅の婿養子となり、宇都宮藩の士籍をえて、江戸に私塾思誠塾を開いた。はじめ朱王折衷学であったが、30歳頃に朱子学に転じ、「*闢邪小言」(1852序)では洋学を徹底的に批判した。53年(嘉永6)、ペリー来航時には攘夷論を主張し、「鄰疝臆議」を著して、水戸の*徳川斉昭に即時攘夷決行を献策した。61年(文久元)には、公武合体論に反対し、日光輪王寺宮擁立運動にかかわり、「草莽微賤

の臣の「勤王ノ義気」を信じて、幕府を介在させずに朝廷が全国に攘夷の勅命を渙発するよう迫る密奏(「*政権恢復秘策」)を、議奏正親町三条実愛_{おおぎまちさんじょうさねなる}に依頼した。老中安藤信正_{のぶまさ}襲撃計画に参加し、62年、坂下門外の変の直前に逮捕され、同年7月、出獄直後に病死した。

訥庵の思想は、「草莽」の立場から攘夷の論理を提示したところに特質がある。水戸学者*会沢正志斎_{せいしさい}の攘夷思想が基本的には尊王敬幕であり、功利的・術策的であったのに対して、訥庵のそれは義と利を峻別する心情倫理的なものであった。著書はこのほかに「恐惶神論_{きょうこう}」「元寇紀略_{きりゃく}」などがある。

大祓 _{おおはらえ} 天下万民に付着した*罪穢_{つみけが}や災厄などを除いて清浄_{しょうじょう}にする国家的行事。確実な最古の事例は「日本書紀」にみえる676年(天武5)8月。大宝・養老両令では、中央政府が行うものとして毎年6月・12月晦日の恒例のものと臨時のものとが規定され、諸国の国造_{くにのみやつこ}・郡司らに行わせるものは後者に限られた。臨時の大祓は、具体的には大嘗祭_{だいじょうさい}、斎宮_{さいぐう}群行、服喪の解除、名神_{みょうじん}大社の祭や祭使派遣、仁王会_{にんのうえ}の前、触穢_{しょくえ}や天変地異・災厄・火事の発生、謀反・流罪、造作・造営などに際して行われた。「延喜式」ほか儀式書などによれば、中央政府の大祓では、朱雀_{すざく}門の祓所_{はらえど}に御麻_{おおぬさ}・祓刀_{はらえのたち}・馬・稲などの祓物_{はらえつもの}を並べ、大臣以下諸司百官が会して、切麻_{きりぬさ}の頒布、中臣_{なかとみ}による大祓詞_{おおはらえのことば}(中臣祓)の読誦、卜部_{うらべ}による祓が行われたが、記録上、宮中紫宸殿_{ししんでん}前庭や八省院東廊、また建礼門などでも大祓が行われたことが知られる。平安中期以降はしだいに形骸化し、応仁の乱頃に廃絶したが、民間では6月晦日の大祓の流れをくむ*六月祓(水無月祓)_{みなづきのはらえ}が広く定着して近世以降に及んだ。

大祓詞 _{おおはらえのことば} →大祓_{おおはらえ}

大原社会問題研究所 _{おおはらしゃかいもんだいけんきゅうじょ} →大原孫三郎_{おおはらまごさぶろう}

大原孫三郎 _{おおはらまごさぶろう} 1880〜1943(明治13〜昭和18) 明治〜昭和前期の実業家。岡山県倉敷の大地主の家に生まれ、倉敷紡績社長・中国銀行頭取・倉敷絹織社長などを務めた。石井十次_{じゅうじ}の感化で1905年(明治38)に受洗した。理想主義とキリスト教にもとづき社会問題や労働問題、文化事業に深い関心を抱き、私財を投じて大原社会問題研究所を19年(大正8)に設立した。同研究所には当初は高野岩三郎・河田嗣郎_{しろう}・米田庄太郎らが、のちには櫛田民蔵_{たみぞう}・森戸辰男_{たつお}・大内兵衛_{ひょうえ}・細川嘉六_{かろく}・笠信太郎_{しんたろう}らが加わり、わが国の社会科学の発展に大いに寄与した。その他、倉敷労働科学研究所・大原農業研究所(大原家奨農会)・倉敷中央病院などを設立した。

大原問答 _{おおはらもんどう} 大原談義とも。天台宗の顕真_{けんしん}の主催により、1186年(文治2)に京都大原の勝林院_{しょうりんいん}で行われた、*法然_{ほうねん}と諸宗学僧との浄土教学をめぐる論義。当時大原に隠遁していた顕真は、浄土教に関する疑問を質すため、法然と非浄土系、いわゆる聖道門_{しょうどうもん}の諸学僧を招いた。三論宗の明遍_{みょうへん}、法相宗の*貞慶_{じょうけい}、東大寺の*重源_{ちょうげん}、天台宗の*証真_{しょうしん}らが法然と問答を行い、300人ほどが聴聞したと伝えられる。議論は一昼夜に及んだ後、顕真の提唱により参加者全員による不断念仏が行われて終了した。のちに法然は、議論は互角であったが、どちらが今に適した法かという点では自分が勝った、と回想したという。

大原幽学 _{おおはらゆうがく} 1797〜1858(寛政9〜安政5) 江戸後期の農村指導者。名古屋藩士の家に生まれたといわれるが、その出自と前半生は未詳。通称は左門_{さもん}、号を幽玄堂_{ゆうげんどう}、のちに幽学と称す。自身の語るところによれば、1814年(文化11)18歳で勘当され、畿内・中国・四国の各地を和歌・俳諧の宗匠として遊歴した。30年(天保元)伊吹山で救世済民の実践をすることを決意する。翌年より天保の飢饉で疲弊していく房総の地に身をおき、村役人層を教化して門弟とし(「*義論集」は幽学・門弟の討論をまとめたもの)、農村復興に尽力した。その学を「性学_{せいがく}」といい、「人」は「天地の和の別神霊_{わけしんれい}の長」であるから、各個人は天地の和に生じるところの万物を養育する必要があると説く。下総国香取郡長部_{ながべ}村を拠点として先祖株組合の結成や

大規模な耕地整理を行うなど、農村復興仕法を次々と具体化し、領主から模範村として表彰されるも、性学運動の発展に対して幕府より嫌疑をうけ処罰され、自刃する。主著に『*微味幽玄考』などがある。

大峰界会万行自在次第 おおみねかいえまんぎょうじざいしだい　中世の真言系修験における、自身成仏のための秘法次第を説いたもの。醍醐寺座主となった成賢（1162～1231）の撰とされる。本題の部分のほか、「当道不二之事」「理智不二秘密灌頂式衆之事」を加えた3部よりなっている。大峰界会とは息、万行とは随尊修行を意味するとされ、本書全体の内容は即身成仏に至るための修行の次第となっている。最後の部分には、*聖宝が900年（昌泰3）に恵印灌頂を修したことが記されている。

大峰八大金剛童子 おおみねはちだいこんごうどうじ　大峰山中で修行する行者を守護する八神格。検増・後世・虚空・剣光・悪除・香精・慈悲・除魔の八童子のこと。吉野から熊野に連なる大峰山中で、役小角（*役行者）が蔵王権現を湧出した時、それに続いて十五童子が現れる。役小角はこのうち、八童子を大峰山の護法神としてとどめ、残りの七童子を葛城山の護法神としたといわれる。現在、重要視されている水のあるところに祀られている。その姿はおのおのの手に除魔を表す法具をもち、長髪で異様な顔つきと服装をしている。

大宮 おおみや　→内裏

大神神社 おおみわじんじゃ　三輪神社・三輪明神とも。奈良県桜井市三輪に鎮座。祭神は大物主神で、大己貴神・少彦名神を配祀する。大物主神は、「神代記・紀（一書）」に大国主神の国作りに協力し、御諸山（三輪山）に祀られたとあり、「崇神記・紀」では疫病をおこす祟り神として子孫であるオオタタネコによる奉祀を求めた。当社には本殿はなく、拝殿だけが設置され、三輪山を神体とする。「崇神紀」48年正月戊子条の崇神天皇の後嗣決定譚などから、三輪山は古代王権と深い関わりをもっていたことが指摘されている。朝廷よりの崇敬が篤く、765年（天平神護元）に神戸160戸が神封としてあてられ、859年（貞観元）には正一位に昇る。「延喜式」では大神大物主神社と記し、名神大社、また祈年・月次・相嘗・新嘗の各祭の案上の官幣および祈雨の幣に与る。大和国一宮・二十二社中社・旧官幣大社。神宮寺としては大御輪寺・平等寺があり、聖林寺の十一面観音像は、明治の神仏分離まで大御輪寺の本尊であった。

　*神仏習合により、真言系の両部神道の一流派である*三輪流神道が成立し、天上の天照大神、地上に降臨した伊勢の皇太神、三輪大明神は大日如来が垂迹したものと説く。拝殿と三輪山の間にある三ツ鳥居は、明神型鳥居を三つあわせた形式で三輪鳥居とよばれる。「崇神紀」8年条に「此の神酒は我が神酒ならず倭成す大物主の醸みし神酒」とあり、酒造の神として著名である。例祭は貞観年間（859～877）以来4月上の卯日とされてきたが、明治以降は4月9日。鎮花祭は4月18日。

大村由己 おおむらゆうこ　?～1596（?～慶長元）　織豊期の儒僧・軍記作者。豊臣秀吉の御伽衆（昼夜、主君の側近に侍して話相手などを務める、すなわち御伽をする職掌）。梅庵・藻虫斎と号す。播磨国三木の出身。相国寺の*仁如集堯に禅や漢詩を学び、諸家を尋ねて歌道を修め、これらを巧みにしたため、「外典第一」と称されたという（「川角太閤記」）。早くから秀吉の知遇をえて、大坂中島の天満宮の社僧となり、また御伽衆に加えられ、山科言継・*藤原惺窩・里村紹巴ら当代一流の人々と親交を結んだ。過渡期の文化人らしく和歌・連歌・俳諧・狂歌・謡曲などの多方面にわたって活躍し、多くの作品を残しているが、代表作は秀吉の功業を賛える軍記『*天正記』（作品名の伝えられる12巻のうち8巻が現存）である。また同じく秀吉の事績を題材とした新作能の詞章として「高野参詣」などがある。

大本教 おおもときょう　単に大本とも。旧称は大本教・皇道大本とも。神道系の新宗教。1892年（明治25）旧正月、京都府綾部の*出口なおは霊夢をみて神がかりをし、艮の金神の言葉を託宣し、のちにはそれらをお筆先に書くようになる。この託宣は人々の病

気を治したことで評判となり，信者が増えた。98年，なおと上田喜三郎が出会い，喜三郎はなおの神がかりを本物と認める。翌99年，二人は金明会を組織するが，ほどなく金明霊学会と改称した。1900年に喜三郎はなおの五女すみと結婚し，*出口王仁三郎と改名した。なおのお筆先をもとにして王仁三郎は霊学によって教義を体系化し，世の立て替え，立て直しを唱え，「みろくの世」を理想とする世界の実現を説いた。08年頃より布教が始まり，13年（大正2）に大本教と，16年には皇道大本と改称した。この頃より知識人層や軍人の入信が相つぎ，布教活動も活発化したが，20年には教団の拡張が社会問題となり，当局の警戒が強化され，翌21年に第1次大本教事件がおきた。ついで皇道大本を大本と改称したが，29年（昭和4）から35年にわたり第2次大本教事件がおき，弾圧をうけた。これにより本部の施設などは徹底的に破壊され，全幹部が拘束され，35年に解散した。戦後の46年に愛善苑の名で再出発し，52年旧称の大本に復し，平和運動を中心にした活動を展開している。

大本教事件 →大本教

オオモノヌシノカミ 大物主神。大和の三輪山に鎮座する神で，*大神神社の祭神。偉大な「モノ」（精霊・霊力）の支配者の意。「日本書紀」の一書に大国主神の別名，「古語拾遺」には大己貴神の一名とし，「出雲国造神賀詞」では大己貴神の和魂を倭の大物主櫛甕玉命と記す。「神代記・紀（一書）」の国作り神話に，海を照らして来臨した神が大国主神の国作りに協力し，御諸山（三輪山）に祀られたとあり，同神が大物主神とされる。「神武記」では，丹塗矢となりセヤダタラヒメに通じ，誕生したイスケヨリヒメは神武妃となる。「崇神記・紀」には疫病をおこす祟り神としての性格がうかがえ，子孫であるオオタタネコによる奉祀を求める。また，「崇神記」にイクタマヨリビメと，「崇神紀」にはヤマトトトビモモソヒメとの神婚説話があり（箸墓伝承），その姿は蛇体であった。「雄略紀」では，天皇の命により少子部連蜾蠃が御諸岳の神を捉え奉るが，その姿は大蛇で目が輝き雷鳴がとどろき，斎戒していなかった天皇は見ることができなかったとの説話を記載する。

大森義太郎 1898～1940（明治31～昭和15） 大正・昭和前期のマルクス経済学者で，*労農派の理論的指導者。横浜市生れ。1922年（大正11）東京帝国大学経済学部を卒業，24年同大学助教授となるが，*三・一五事件を機に退職した。26年（昭和元）鈴木茂三郎と雑誌「大衆」を刊行，27年に*堺利彦・*山川均・鈴木らと雑誌「*労農」を刊行した。また28年には世界最初の「*マルクス・エンゲルス全集」の編集・刊行に向坂逸郎とともにあたる。37年の*人民戦線事件による検挙まで精力的に活躍したが，40歳代で病死した。主な著訳書として「史的唯物論」「唯物弁証法読本」や「マルクス・エンゲルス全集」第9巻などがある。

公私 歴史的にみれば「オホヤケ」の対をなす語は「ワタクシ」ではなく「ヲヤケ」であった。「オホヤケ」とは大宅であり，「ヲヤケ」とは小宅の意である。「ワタクシ」が「オホヤケ」の対語となるのは，中国から律令が継受され，「公私」の概念が輸入されて以降のことである。律令国家の誕生という事件は，「大」が「小」を包摂し，秩序づけていく過程でもあったが，実はこの「公私」の前史こそが，前近代日本における「公私」概念の基本的な用例を規定することとなり，中国の「公私」ともヨーロッパのpublic/privateとも異なる分岐点をうみだすこととなった。日本における「私」が「公」と原理のうえで対立する概念とはなりえず，「公」に対する部分性，すなわちimpartial/partialという語義で用いられるのはそのためである。なお中世の禅林社会では，やや例外的に，publicに近い「公議」「公論」「公挙」「公選」などの語が，「江湖」の理念のもとに使用され，近世儒学においては，just/unjustの意で「公私」が用いられた。→公私観

大山郁夫 1880～1955（明治13～昭和30） 大正・昭和期の政治学者・社会運動家。兵庫県出身。1905年（明治38）早稲田大学政治経済科を卒業，翌年同大講師となる。米・独留学をへて14年（大正3）帰国，教授となった

が，同僚教授の不当罷免に抗議して17年早稲田大学を辞職，大阪朝日新聞社に入社した。18年10月*大阪朝日新聞筆禍事件を機に鳥居素川らとともに退社，吉野作造と*黎明会を結成し，19年には長谷川如是閑らと雑誌「*我等」を創刊し，*民本主義の論陣をはった。20年早大に復帰，「政治の社会的基礎」「現代日本の政治過程」を刊行し，政治現象を社会集団の抗争から捉える視座を拓き，科学としての政治学の確立に努めた。24年安部磯雄・鈴木茂三郎らと政治研究会を設立する。26年労働農民党委員長に就任，早大当局より退職勧告をうけたため，これに抗する全学ストがおきた。27年(昭和2)教授を辞して実践運動に身を投じ，〈輝ける委員長〉とよばれた。28年三・一五事件で同党が解散したのちは，河上肇らとともに29年新たに労働者農民党を創立したが，30年には日本共産党による労農党解消運動がおき，翌年全国大衆党と合同，全国労農大衆党が結成され，大山は第一線を退いた。満州事変後に渡米し，太平洋戦争終結後47年に帰国し，早大に復帰した。戦後は一貫して平和運動に従事し，51年国際スターリン平和賞を受賞した。「大山郁夫著作集」全7巻がある。

大山信仰 神奈川県伊勢原市にある大山に対する信仰。大山は別名を阿夫利山ともいう。阿夫利は雨降りということで，雨乞きの霊験があり，古来，農耕を営む人々にとっては水をもたらす霊山として信仰された。相模湾の漁撈民からは，自船の所在や進路を知るための山アテとして重視された。縁起によれば，開山は奈良時代の僧良弁であり，中世には，鎌倉幕府や後北条氏の尊崇をうけて発展したという。江戸中期以降は，*御師の活躍により大山に対する信仰は関東・東海地方を中心に広まり，大山講が結成され，多くの参拝者で賑わった。明治初年の*神仏分離令をうけて，祠官*権田直助によりて徹底した神仏分離が行われ，現在の大山阿夫利神社の基礎が形成された。

大山為起 1651～1713(慶安4～正徳3) 松本佐兵衛・弓兵政所秦忌寸為起大山佐兵衛とも。江戸前期の垂加神道家。伏見稲荷神社の社家。姓は秦，氏は松本のち大山氏。名は為起，通称は佐兵衛，霊社号は葦水霊社。京都生れ。*松下見林・*山崎闇斎・伏原宣通に師事し，闇斎没後の*垂加神道の重鎮であった。伏見稲荷神社の遷宮では*徳川光圀と交渉し，社史の研究に努めた。伊予国松山藩の招聘をうけ，正親町実豊の猶子となって味酒神社の神主となり，当地の神職などを教導した。文献の考証に優れ，垂加神道書「唯一論」のほか，「日本書紀」全巻の注釈書「味酒講記」や，「職原抄」を注釈した「職原抄垂撰」，「新撰姓氏録」を注釈しイロハの順で編纂した「氏族母鑑」など優れた研究書を多数残した。

大日本国一宮記 おおやまとのくにいちのみやき → 大日本国一宮記

丘浅次郎 1868～1944(明治元～昭和19) 明治・大正期の生物学者・評論家。静岡県に生まれる。東京帝国大学動物選科を修了し，2年間動物学教室で研究ののち，1891年(明治24)ドイツに留学し，フライブルク大学・ライプチヒ大学で学ぶ。博士の学位をえて94年に帰国し，山口高等学校をへて，東京師範学校で生物学を講じた。生物学の研究とともに，*進化論の普及のための書物を多数出版し，主著に「進化論講話」(1904)，「進化と人生」(1906)などがある。進化論は生物学の理論にとどまらず，人間界すべてに妥当し，世の中は平和ではなく，競争が常態であり，人類は滅亡に向かいつつあることを説いた。「丘浅次郎著作集」全6巻がある。

岡熊臣 1783～1851(天明3～嘉永4) 江戸後期の国学者・神職。通称は蔵之助，号を桜廼舎と称した。石見国鹿足郡木部村に鎮座する富長山八幡宮の神官岡忠英の子として生まれる。幼い頃より，*本居宣長を敬慕する父の忠英から国学の教育をうけ，自身も同郡津和野で神葬祭復興運動に尽力しつつ，神官としての職務のかたわら国学の研鑽にも努めた。長ずるに及んでは江戸に上って*村田春門の教えを請い，また*平田篤胤の思想も尊信し，帰郷後は出雲国造家の*千家俊信(清主・梅廼舎)に師事した。主に古学と故実学とに通暁し，津和野藩校養老館の国学教師となってか

らは藩士に対する国学・神道の教育に従事した。また、家塾の桜蔭館では著述と教育活動に専念し、多くの門人を育て世に輩出させた。明治初期における神祇行政にたずさわった*福羽美静や大谷秀実らは熊臣の門人である。熊臣の思想は、敬神と尊王愛国を重視して「天皇の天下を治め給ふ道」を宣揚し、僧侶による死後の導きとは別に神道独自の安心観を確立しようとした。同郷の*大国隆正らとともに、津和野藩校養老館とその学問の確立のため邁進した。主著に「日本書紀私伝」「兵制新書」「千代の住処」などがある。

岡倉天心 おかくらてんしん　1862〜1913(文久2〜大正2)　明治期の美術批評家・思想家。本名は覚三。横浜で生糸商を営む元越前福井藩士石川屋勘右衛門の次男に生まれる。幼少の頃より漢籍を学ぶと同時に英語に親しんだことが、天心のアジア主義の土壌となるとともに、西洋文化を理解し、英語圏へ向けて日本文化・アジア文化を紹介する基礎をつくったといえるだろう。東京外国語学校などをへて、1877年(明治10)東京大学文学部に入学し、政治学などを学んだ。在学中、*フェノロサの知遇をえて美術研究を助け、卒業後もさらに交友を深めた。大学卒業後、文部省出仕音楽取調掛などを歴任する中で、社寺の宝物調査にもたずさわった。フェノロサらとともに訪れた法隆寺で秘仏の救世観音像を調査したことは、近代の文化財研究の始まりを告げるエピソードの一つであった。官僚として美術行政を担うと同時に、伝統をふまえた新しい日本画運動の理論的指導者としても注目を集める。*東京美術学校の創立にも尽力し、89年の開校時には幹事に就任、翌年校長となる。98年に天心を排斥する事件がおこって校長を退くと、日本美術院を創設し、自らの哲学に立脚する美術運動を同志・門下生らと推進した。1904年、ボストン美術館の招きで渡米し東洋部の顧問を依嘱され、再訪した翌05年には東洋部長に就任した。

天心は、「*東洋の理想」(1904)、「日本の覚醒」(1905)、「*茶の本」(1906)といった英語で著した一連の著作によって、アジアの文化的優越性、さらには、日本がアジア全体のすぐれた継承者であるという日本文化の優越性を説いた。天心の主張は、西洋帝国主義からのアジアの解放を訴えるものでもあったが、日本においては1930年(昭和5)以降の独善的な国粋主義勢力に利用された。天心の説いた「アジア」「東洋」といった自己規定、さらにはその中での「日本」という自己規定には、オリエンタリズムをはじめとしてさまざまな問題が潜んでいると考えられる。隈元謙次郎ほか編「岡倉天心全集」全8巻・別巻がある。

お蔭参り おかげまいり　江戸時代を中心とした伊勢神宮への集団参詣。伊勢神宮のお札降下を契機に*伊勢詣が開始され、多くは親・主人に無断で参宮する抜参りであった。中世にもみられたが、江戸時代では1650年(慶安3)に最初に発生し、特に1705年(宝永2)、71年(明和8)、1830年(天保元)の3回は大規模であった。ほぼ60年に1回の割合で発生した。伊勢神宮への参宮者は毎年40万人ほどであったが、お蔭参りの年にはそれをはるかに上回る人々が参宮し、1771年のお蔭参りには200万人、1830年には500万人もの参加があったといわれている。参宮者が通る沿道では富豪者が施行を行い、また旗・笠や性的な絵などをもって踊り歩き、女性が男装するなど日常から逸脱した行動がみうけられた。封建社会からの解放を願う民衆の運動であったと評価されている。⇒ええじゃないか

をかし おかし　「*あはれ」とともに、摂関時代を代表する美意識の一つ。「*枕草子」において最も多用され、「あはれ」の用例86に対して「をかし」の語は466例にのぼる。「一筋に、あはれともをかしとも聞きをきつるものは、草も木も、鳥・虫も、おろかにこそおぼえね」という「枕草子」の記述によってみれば、「あはれ」と「をかし」とはほとんど同義語ともうけとられる。ただ、これらがともに「趣深い」「興趣がある」といった意味合いをもつにしても、「をかし」のほうが「あはれ」よりもやや範囲が広く、明るさを帯びていると考えられている。「をかし」の原義に滑稽さをみるかどうかについては、議論があり、意見が分かれている。

岡島冠山 おかじまかんざん　1674〜1728(延宝2〜享保

13）江戸中期の儒学者。名は璞、字は玉成、通称は弥太夫。冠山を号とした。長崎の人で、唐話（口語の中国語）に通じた。*林鳳岡に学んで朱子学の学統にあるが、唐話の学習によって*荻生徂徠やその周辺の学者と交遊をもった。「水滸伝」を国訳して、のちの*曲亭馬琴ら多くの文学者に影響を与えた。主著の「唐話纂要」6巻以外にも、「字海便覧」は「朱子語類」の中の俗語を簡便に解説した書として広く活用された。

岡田寒泉 おかだかんせん　1740～1816（元文5～文化13）江戸後期の朱子学者。名は恕、字は中卿・子強、通称は清助、寒泉と号す。1200石の旗本岡田善富の次男。稲葉迂斎の弟子村士玉水に師事した。1789年（寛政元）幕府儒官となり、新井白石らの「*藩翰譜」の書嗣を命ぜられた。*柴野栗山と学制の改革にあたり、*尾藤二洲とともに*寛政の三博士と称された。94年、常陸国筑波郡鹿島村下小目の代官となり、治政に功があった。そのため1810年（文化7）下小目の農民が、寒泉の生存中から「岡田大明神」として生祠を建てて祀った。玉水の喪祭礼の著「二礼儀略」（1792跋）を校訂した寒泉は、儒式で葬られた。著書に「幼学指要」（1792）がある。

緒方洪庵 おがたこうあん　1810～63（文化7～文久3）江戸後期の医者・蘭学者。名は三平あるいは判平、諱は章、字は公裁、洪庵・適々斎・華陰と号した。備中国足守藩士佐伯家の三男として生まれる。大坂の*中天游に師事し、ついで江戸の*坪井信道や宇田川玄真らのもとで蘭方医学を学んだ。1836年（天保7）に長崎に遊学し、オランダ語を学んだといわれる。38年に大坂に蘭学・蘭方医学を教える*適塾（適々斎塾）を開き、ここから大村益次郎・*橋本左内・長与専斎・*福沢諭吉らをはじめ多くの人材が輩出した。また、医者としても種痘の普及やコレラの予防などにも努力、幕府の奥医師兼西洋医学所頭取にもなった。著作は「扶氏経験遺訓」「病学通論」など多数。

岡白駒 おかはっく　1692～1767（元禄5～明和4）江戸中期の儒学者。名は白駒、字は千里、通称は太仲、竜洲と号す。播磨国網干の人。岡部宗繁の子。修姓して岡。はじめ医を学び、のち儒者となって京都に塾を開いた。唐話に堪能だった*岡島冠山と交渉をもつ。1743年（寛保3）中国の白話短編小説に訓点をほどこした「小説精言」を、続いて53年（宝暦3）には「小説奇言」を刊行し、冠山とともに白話小説翻訳の魁となる。1747年（延享4）肥前国蓮池の藩儒として迎えられた。「人に勝つことを好」（「日本詩史」）んだと評される白駒は、「詩経毛伝補義」（1746刊）、「孟子解」（1762刊）をはじめとする多くの経典注釈書を著した。著書はほかに「世説新語補觿」（1749刊）など。

岡本かの子 おかもとかのこ　1889～1939（明治22～昭和14）明治～昭和前期の小説家・歌人。本名カノ。旧姓大貫。東京赤坂区青山南町に生まれる。跡見女学校卒。大貫家は神奈川県高津村二子の大地主。次兄雪之助（号は晶川）の影響で文学と和歌に目覚め、1906年（明治39）*与謝野晶子に師事する。「明星」に投稿、「明星」廃刊後は「スバル」同人として活躍する。10年岡本一平と結婚し、翌年長男太郎が生まれる。歌集に「かろきねたみ」（1912）、「愛のなやみ」（1918）、「浴身」（1925）、「わが最終歌集」（1929）。小説「鶴は病みき」（1936）で実質的に文壇デビューをはたした。ほかに「母子叙情」（1937）、「老妓抄」（1938）、死後に発表された作品に「生々流転」（1939）、「女体開顕」（1943）など。「岡本かの子全集」全15巻がある。

岡本保孝 おかもとやすたか　1797～1878（寛政9～明治11）江戸後期～明治前期の考証学者。通称は勘右衛門、号は況斎・麻志天之屋。江戸根津の旗本若林包貞の次男として生まれるが、本郷の幕臣岡本保修の養子となる。1817年（文化14）清水浜臣の門に入り、国学を学ぶ。19年（文政2）浜臣宅にて*狩谷棭斎と対面し、以後、儒学の教えを請い、また終生の友となった。保孝は和漢に通じ、博覧強記として知られ、主著の「況斎雑話」は和漢の書籍・風習・歴史・音韻などにも言及している。ほかの著書に「難波江」「栄華

おから

物語抄」などがあり，その多くは自筆稿本などを集成した「岡本況斎雑著」に収められている。

おからす様 →熊野牛王

お仮屋 →御旅所

小川未明 おがわみめい 1882～1961(明治15～昭和36) 明治～昭和期の小説家・児童文学者。本名健作。号の未明は本来は「びめい」と読む。新潟県高田の生れ。早稲田大学英文科卒。1906年(明治39)雑誌「少年文庫」を編集，翌年読売新聞社に入社する。青鳥会を結成，新浪漫主義文学を研究し独自の作風を打ち立てる。07年に短編集「愁人」「緑髪」，10年に日本初の創作童話集「赤い船」を刊行，12年には「北方文学」を創刊し主宰する。*大杉栄との交流を通じて社会主義に近づき，20年日本社会主義同盟の発起人に加わる。童話「牛女」(1919)，「赤い蠟燭と人魚」(1921)，「月夜と眼鏡」(1922)。「小川未明選集」(1925～26)の完結を機に童話に専念する声明を発表する。マルクス主義と決別し，アナーキスト系の自由芸術家連盟を結成，雑誌「童話の社会」上で反ブルジョア・反マルクス主義の立場から多くの良心的な美しい童話を書き続けた。「(定本)小川未明童話全集」全16巻，「小川未明作品集」全5巻がある。

掟 おきて 中世後期以降にみられる成文法の形式の一つ。村落の定めた惣掟・村掟が有名であるが，「大内氏掟書」(「大内家壁書」)のような戦国大名の分国法，室町幕府による徳政令・撰銭令も掟と称されることがあり，様式も一定していない。中世末期成立の「日葡辞書」では法令・規則と解説されているが，1232年(貞永元)9月11日付の北条泰時書状に「律令のおきて」とあるように，語源は〈あらかじめ取り決める〉ことを意味する「掟つ」の名詞化であり，作成時点から一般的・永続的な効力を期待して制定された成文法を意味したと考えられる。

翁の文 おきなのふみ *富永仲基の和文の著。1巻。1738年(元文3)の自序，46年(延享3)の刊行。儒教・仏教・神道の三教が今の日本にそのまま適うものではなく，「誠の道」を知るべきだと説く。儒教は「文(かざりたて)」，仏教は「幻(神秘への傾斜)」，神道は「絞(ナイーブな単純さ)」といった漢民族・インド人・日本人のそれぞれの民族性に由来するものだという観察は，思想を研究者の眼でみる態度の成立を感じさせる。また，思想の発展を法則的・客観的に分析する方法(*加上説)，言語の歴史的な展開を類型的に把握しようとする視点(「三物五類」の説)も自覚されている。

翁問答 おきなもんどう *中江藤樹の和文の著。天君と門人である体充との問答形式で，全5巻または2巻。1640年(寛永17)ないし翌41年成立，43年刊行。その後に改筆し，50年(慶安3)に改正編を付して刊行。人間の心には，霊的な実体「天下無双の霊宝」が内在し，万人がそれに従う時，天下は治まると説く。その霊的な実体とは「明徳」であり「良知」であるが，具体的には「孝」の徳であり，それはあらゆる生命の根源としての「太虚の皇上帝」の子孫としての自覚に至ることだとされた。ここでの「孝」は，父子の血縁の閉鎖性から解き放たれて，万物との生命的な一体感にまで拡大されている。また聖賢を学ぶことは，その「迹」をなぞることではなく，聖賢の「心」を心とすることだとして，訓詁・記誦の学問を強く戒めている。これは，林羅山らを念頭においたものと思われる。藤樹の思想はその後も進展し，1644年(正保元)に「陽明全書」をえてから，さらに宗教性が強まったとされ，その意味でも，藤樹自身としては「翁問答」に満足するものではなかった。しかし，幕末までに8回公刊され，藤樹の著作としては最も多くの読者をえた。「心学」「心法」の語が多く用いられ，明末の*三教一致論の影響がみられるといわれる。

沖ノ島 おきのしま 福岡県宗像市神湊より北西57kmの玄界灘に位置する孤島。東西約1km，南北約0.5kmで周囲は約4km。*宗像神社の沖津宮が鎮座し，祭神は宗像三女神の一神である田心姫神。磐座を中心とする古代祭祀の実態と変遷をうかがわせる遺跡で著名である。古代の祭祀遺跡は島の南西側の中腹にある巨岩群地区にあり，23カ所が確

認されている。祭場は巨岩上（4～5世紀），岩陰（5世紀後半～7世紀），半岩陰・半露天（7～8世紀），露天（8～9世紀）と推移し，遺物は多彩で，畿内系遺物，中国・朝鮮からの舶載品，またペルシアのカットグラスも出土している。本島において，大和政権さらには律令国家が対外交渉の航海に際して，国家的祭祀を執り行ったと考えられる。現在も全島が神域で女人禁制とされ，上陸には海水で禊ぎが課せられる。また，全島の原生林は国の天然記念物に指定されている。

荻生徂徠 おぎゅうそらい 1666～1728（寛文6～享保13）　江戸中期の儒学者。名は雙松なべまつ，字は茂卿しげのり，通称は惣右衛門，徂徠（徂来）または蘐園けんえん・赤城翁などを号とした。祖先が物部もののべ氏を名乗っていたことから，物部を中国風に単姓にして物茂卿ぶつもけいとも名乗る。江戸生れ。父の方庵ほうあんは館林藩主（のちに将軍）徳川綱吉つなよしの侍医であったが，その勘気にふれ，1679年（延宝7）に江戸所払いとなり，一家は上総国長柄ながら郡に移住した。90年（元禄3，一説に1692年とも）に赦されて江戸に帰り，芝の増上寺の門前で私塾を開いた。この時の講義が後日に「訳文筌蹄やくぶんせんてい」6巻となる。96年，増上寺の了也りょうや大僧正の推挙で，老中格柳沢吉保やなぎさわよしやすの儒臣となる。唐話とうわの学習を始めたのは，この頃からと思われる。

1709年（宝永6）吉保の隠退にあわせて柳沢邸をでて，日本橋茅場町に私塾蘐園を開いた。蘐園の号は，茅かや（蘐）にちなむ。14年（正徳4）に「*蘐園随筆」5巻を公刊し，*伊藤仁斎じんさいの学問・文章を批判した。この著作には，すでに「物」や「大」の思想，礼楽れいがくを重視する発想がみられ，徂徠の独特な思想が形成されつつあることをうかがわせる。17年（享保2）前後に，主著である「*弁道べんどう」1巻，「*弁名べんめい」2巻をはじめ，「*学則がくそく」1巻，「*論語徴ちょう」10巻（清で翻刻された）などを精力的に著した。その特色は，何よりも古典解釈の方法的な自覚にあって，それは*古文辞学こぶんじがくとよばれる。李攀竜りはんりょう・王世貞おうせいていらによる明代の古文復興運動の主張に示唆をえて，徂徠は，古典を古典の著された時代の文法と字義に即して読もうとした。そのためには，先秦の文献を広く読んで，古い時代の言語感覚を体得する必要があるとされた（「学則」）。

こうしてえられた古文辞学の方法に立って，朱子や伊藤仁斎の古典解釈はすべて後世の歪みをもつとされ，「道」「天」「徳」といった基礎概念を，すべて唐虞とうぐ3代の先王の時代のそれらに復帰させると宣言したのが「弁道」「弁名」である。徂徠は，「道」を天下を安定させるための文化装置とし，何代もの先王が深い叡智をもって創造した普遍的なものだとした。開国の君は，「道」に則って一代の制度（礼楽）を作るのである。「君子」は，礼楽を学んで政治文化である「徳」を個性的に獲得し，主君は「君子」の能力を充分に発揮させることで，民を安んずるのであるという。

このような徂徠の思想の性格は，徳川社会に対する深刻な危機感にもとづくものであった。徂徠によれば，徳川社会の公共性・共同性は，貨幣（市場）経済の進行によって寸断され，歴史意識をもたないバラバラな個人の群れがうまれつつある。人々は，享楽と奢侈を事とするが，一方には貧困と騒擾が近づいていると徂徠はみた。武士の土着と制度の確立を柱として，最後の制度改革の可能性を賭けて将軍徳川吉宗よしむねに献策したのが「*政談せいだん」4巻であるが，幕府の制度改革は徂徠の望むようには進まず，おそらく幕府の将来に対する深い絶望のうちに没したと思われる。

儒学にかぎらず万般の事象に関心を示したが，それは，学問があらゆる事実を収集するところから始まる（「飛耳長目ひじちょうもく」）という考え方に立ってのことである。徂徠の出現は，近世の思想史を二分するほどの衝撃的な出来事であり，考証の学，言語の学，諸子（儒学以外の思想家たち）の学の発展，唐詩の流行などは，徂徠の影響なしには考えられない。門人には，*太宰春台だざいしゅんだい・*服部南郭はっとりなんかくをはじめ*平野金華きんか・*山県周南やまがたしゅうなん・*山井崑崙やまのいこんろん・*安藤東野とうやらの多彩な才能がそろっている。著作はほかに「*徂来先生答問書」3巻，「*明律国字解みんりつこくじかい」37巻，「*太平策たいへいさく」1巻，「*南留別志なるべし」5巻，「*鈐録けんろく」20巻など多数ある。詩文集に「徂徠集」30巻・同補遺がある。

荻原守衛 おぎわら　1879～1910(明治12～43)
もりえ
明治期の彫刻家。長野県南安曇郡東穂高村の農家の五男として生まれる。1894年(明治27)東穂高禁酒会に入会し，キリスト教にふれる。1901年受洗し，同年渡米，ニューヨークでアート・ステューデントリーグに入学，洋画を学ぶ。03年パリに渡り，アカデミー・ジュリアンでローランスに師事するが，翌年，サロン出品のロダン作「考える人」に接し，彫刻家への転向を決意した。ニューヨークおよびパリでの彫刻修行をへて，07年にロダンを訪問する。滞仏中にロダン芸術を体得し，08年にイタリア，ギリシア，エジプトを巡遊して帰国する。帰国後は，東京新宿中村屋の近所にアトリエを建築，旺盛な制作活動を行う。しかし，10年に突然喀血し急死。代表作には「鉱夫」「女」などがある。〈日本のロダン〉と称される。

奥田頼杖 おくだ　→心学道の話
らいじょう　　　　しんがくみちのはなし

阿国歌舞伎 おくに　17世紀初め，*出雲のお国と名乗る女性が始めた芸能。豪奢な衣裳や黄金の十字を身につけて，男装のお国が猿若と名乗る道化役とからみ，女性の小歌などもとりいれた。のちには名古屋山三郎の亡霊を登場させて*念仏踊をするなど，これまでの信仰や芸能を総合させたうえで，新たな芸態をうみだした。約10年間流行した。

おくのほそ道 おくのほそみち　江戸初期の紀行文。1冊。*芭蕉の著。1702年(元禄15)刊。1689年3月27日(旧暦)，弟子の曾良を同行して江戸を立ち，奥州・北陸をへて美濃国大垣に至り，9月6日に伊勢に出立するまでの間の旅の記である。各地の歌枕を探訪し，門人・知友と交遊し，長旅の辛苦を記す。*西行・*宗祇のような先人の詩的伝統に自己を重ねて，また宗教者のような求道的な俳諧実践者として，東北各地を行脚し，新しい風景・自然の情緒の発見や各地の俳人との交遊が，俳諧師芭蕉の緊張した文学体験として綴られている。また，作中に織りこまれる発句と詩情あふれる俳文は紀行文の模範として仰がれ，多くの追随作をうんだ。日本人の風景観に大きな影響を与えた書である。

奥宮健之 おくのみや　1857～1911(安政4～明治
けんじ　44)　明治期の社会運動家・社会主義者。土佐国土佐郡布師田村の生れ。父は陽明学者の*奥宮慥斎。1867年(慶応3)藩校致道館に学ぶ。70年(明治3)上京して英学を学び，79年私塾育英舎を開く。81年に三菱会社に入るが，同年10月に自由党に入党して，以後党活動に従事し，*馬場辰猪・大石正巳らと国友会で活躍する。82年10月，鉄道馬車・乗合馬車の出現により生活が脅かされた人力車夫たちのために車会党を作ろうとしたが禁止される。同年11月官束職務妨害で重禁固4カ月，罰金7円，さらに83年8月集会条例違反で軽禁固1カ月半に処される。その後は，講談師先醒亭覚明(〈専制〉亭〈革命〉の意)と称して活動するも，9月演説とまぎらわしい軍談をしたことにより営業停止となる。石川島監獄で服役したのち，84年鹿児島に行く途中に名古屋事件と関わりをもち，警察官殺害の嫌疑をうけて捕われ無期徒刑となる。97年7月，特赦により出獄し，以後*大井憲太郎の大日本労働協会などに加わる。1910年6月，*大逆事件にまきこまれ，*幸徳秋水に爆裂弾の製法を教えたとして検挙され，11年1月，死刑に処せられた。

奥宮慥斎 おくのみや　1811～77(文化8～明治10)
ぞうさい　幕末～明治期の儒学者。名は正由，字は子道，通称は忠次郎・周次郎，慥斎はその号。高知藩士奥宮正樹の長男。弟は暁峰。土佐国土佐郡布師田村に生まれる。1830年(天保元)江戸にでて，翌年，*佐藤一斎に入門して陽明学を学ぶ。33年帰郷後，私塾蓮池書院で教授し，明代の王竜渓・王心斎らの王学左派(良知現成論)の陽明学を修めた。59年(安政6)藩校教授館の教授役兼侍読に抜擢された。江戸で*藤森弘庵・*安井息軒らと交わり，下士軽格組の勤王党を援助したため，65年(慶応元)閉門に処せられた。維新後，藩校致道館の文学教授，さらに高知藩大属となり，*浦上崩れで土佐に流罪されていたキリシタンを改宗させるための異宗徒係を命じられ，72年(明治5)には教部省に出仕した。*板垣退助とも交渉をもち，中江兆民・岩崎弥太郎は門下である。息子の*奥宮健之は自由民権家・初期社会主義者で，大逆事件で処刑された。著書に「聖学問要」「神道弁」などがある。

奥むめお おくむめお　1895〜1997（明治28〜平成9）　大正・昭和期の女性運動家。福井市生れ。旧姓和田。日本女子大学校卒業後，婦人問題研究のため女工を体験した。1920年（大正9）*新婦人協会に参加，治安警察法第5条の改正に尽力して一部修正に成功した。23年職業婦人社を創立，「職業婦人」（のちに「婦人運動」）を刊行した。働く婦人の家を設立，セツルメントで活動した。戦時下は国民精神総動員で厚生省労務管理調査委員を務める。41年（昭和16）「婦人運動」は時局に不適として廃刊となる。戦後は47年参議院議員に当選する。48年不良マッチ退治運動をおこし，物価騰貴に悩み生活を守る主婦のために主婦連合会を結成した。運賃・電気料値下げ運動を進め，戦後消費者運動の先導役をはたした。著書は『婦人問題十六講』（1925）など。

奥村五百子 おくむらいおこ　→愛国婦人会

小倉金之助 おぐらきんのすけ　1885〜1962（明治18〜昭和37）　大正・昭和期の数学者，数学教育改革の先駆者。山形県出身。東京物理学校卒業。1911年（明治44）東北帝国大学助手，16年（大正5）理学博士，17年大阪医科大学教授。20〜22年フランスに遊学し，J.ペリー，F.クラインらの数学教育近代化運動に接した。帰国後，伝統的な徳川時代の*和算をその直観的見透しの確かさと機能的推理力において高く評価した。同時に，近代社会における国民一般の近代的科学精神，数理的能力の必要を力説した。また，社会の発展と数学および数学教育の変容の関連を追究，「近代的科学精神の開発」「函数観念の養成」の必要を主張した。第2次大戦後は，46〜62年（昭和21〜37）民主主義科学者協会会長，48年日本科学史学会会長に就任。『小倉金之助著作集』全8巻がある。

小倉百人一首 おぐらひゃくにんいっしゅ　「百人一首」「小倉山荘色紙和歌」とも。鎌倉時代の秀歌撰。藤原定家が嵯峨小倉山の山荘で選んだといわれる100首の歌。天智天皇から順徳天皇までの，100人の歌人の秀歌を1首ずつ集めたもの。成立は1235年（嘉禎元）頃。宇都宮入道蓮生の小倉山荘の障子の色紙形として書かれたもので，現存する藤原定家筆「小倉色紙」がそれだとされるが，まだ定説をみない。定家撰の「百人秀歌」が草案本とされるが，配列・内容に一部異同がある。室町中期に二条派で重視され，*宗祇らによって広まったのち，江戸時代にかけて類書が多く作られた。また，江戸時代以降「歌加留多」として親しまれた。

御蔵法門 おぞうほうもん　→秘事法門

諡 おくりな　諡号とも。天皇・公家・僧侶の没後に，生前の徳を称えるために称号を贈ること，またその称号。天皇については，持統天皇の大倭根子天之広野日女尊などの和風（国風）諡号と，神武・桓武・仁明・光格・仁孝・孝明などの漢字音をもって称する漢風諡号がある。崇徳・安徳など，争乱で没した天皇の霊を鎮めるために贈られたことがあり，明治期に大友皇子を天皇の列に加えて弘文と追諡された例もある。諡号の撰字には，在所の号によって朱雀・一条・正親町などとしたもの，先の天皇号に後字をつけて後一条・後朱雀などと称したもの，また仁明の一称深草によって後深草，光孝の一称小松によって後小松とするなど，前代天皇の一称号に後字をつけて称したもの，称光のように先の天皇の称徳・光仁から一字ずつ採ったものなどがある。平城・嵯峨などのように，生前に院号となった人で没後に諡となったかどうか不明のものは，諡号とは別に追号とよばれ，淳仁天皇の父舎人親王を崇道尽敬皇帝と称するのは追尊とよばれる。また后・皇太子・臣下にも諡される場合があった。

僧侶の諡は，天台座主増命の静観など二字諡号のほかに，大師号・菩薩号・国師号・禅師号・和尚号・上人号などがあり，同じ人が国師号と禅師号を贈られることがある。夢窓疎石のように，国師号を数代の天皇から追贈されて七朝帝師とよばれた人もいる。また南禅寺の希世霊彦のように侍者の位で禅師号をうけた人もあり，必ずしも位階の高さによるのではなかったが，寺院や教団・門派の権威を高めるために門人・信者が意図的に働きかけ，諡号をめぐって宗派間の対立が顕在化することもあった。

小栗判官（おぐりはんがん）　常陸国の城主小栗を主人公とする作品。説経節や古浄瑠璃などで演じられ、五説経の一つ。小栗判官が鞍馬参詣の途中、深泥ケ池の大蛇が姿を変えた美女と契る。天変がおこるのはその罪のためであるとされ、常陸国に流される。小栗は相模国の郡代の女照手と密通し、照手の父らは小栗を毒殺する。あの世の小栗は、閻魔庁から餓鬼阿弥の姿で娑婆に送り返される。藤沢上人は夢中でこのことを知り、小栗を熊野の湯へ送る。照手は小萩と名を変え、水汲みをしていたが、小栗の乗る車を引いて熊野の湯に入れると、小栗は蘇生する。二人で郡代に敵討ちする。「餓鬼阿弥」「藤沢上人」「熊野の湯」といった語句から、物語には時宗の影響が強いとみなされ、神奈川県清浄光寺には今も照手の墓がある。奈良絵本にも「おくり」があり、古浄瑠璃では延宝3年(1675)本などがある。のちには歌舞伎でもとりいれられ、*近松門左衛門も脚本を書いている。

オコナイ　→春祈禱（はるぎとう）

尾崎行雄（おざきゆきお）　1858〜1954(安政5〜昭和29)　明治〜昭和期の政党政治家。号は咢堂。相模国出身。慶応義塾を中退後、新聞記者・統計院権少書記官をへて、1882年(明治15)立憲改進党創立に参画した。87年の大同団結運動では保安条例によって東京から退去処分をうけ、欧米に遊学した。90年第1回総選挙に当選、以降25回連続当選して代議士生活は63年に及んだ。98年第1次大隈内閣の文相として入閣したが、*共和演説事件により辞職した。1900年*立憲政友会の結成に参加し、1903年から12年(大正元)まで東京市長を務めた。12年第1次*憲政擁護運動をおこして*犬養毅とともに桂内閣を総辞職に追い込み、〈憲政の神様〉との世評をうけた。13年政友会が薩派の第1次山本内閣と提携したため、脱党して中正会を結成、藩閥政治批判の立場を貫いた。14年第2次大隈内閣の法相として入閣、大浦兼武内相の瀆職事件に厳正に対処した。16年憲政会を結成し、寺内内閣の非立憲政治を攻撃した。19年欧米を視察、帰国後は普通選挙即行論を唱えて憲政会幹部と対立して除名処分となった。またシベリア出兵に反対し、軍備縮小同志会をおこして各地を遊説した。以後、反軍事的立場を強め、43年(昭和18)に翼賛選挙を攻撃し、不敬罪で告発されたが無罪となった。戦後は世界連邦建設を提唱した。

小笹秘要録（おざさひようろく）　「小篠秘要録」とも。中世に大峰山中の小篠で相伝された*山伏の口決など3項をまとめたもの。1冊。1465年(寛正6)に乗円が、内山(永久寺のこと)の先達御坊の切紙より書写したという奥書により、仮にこうよばれている。「*青笹秘要録」後半5通の切紙の書写と同じ時期のものである。3項おのおのの内容は、役小角(*役行者)の小伝と金剛蔵王権現感得譚、熊野参詣の意義、十五童子の名称と居所の記である。

小山内薫（おさないかおる）　1881〜1928(明治14〜昭和3)　明治・大正期の演出家・劇作家・演劇評論家・小説家。広島の大手町に生まれる。父は陸軍一等軍医。1885年(明治18)上京。東京府立尋常中学時代に雑俳を学び、のちの2代目市川左団次と出会い、一校時代に*内村鑑三門下となる。大学入学後「万年艸」に送ったメーテルリンクの「群盲」の翻訳を*森鷗外に認められ、三木竹二の紹介で新派の伊井蓉峰一座に加わる。1904年2月、武林無想庵らと同人誌「七人」を創刊する。東京帝国大学英文科を卒業。*柳田国男・*田山花袋・*島崎藤村らとイプセン会を結成し、西欧近代劇の紹介・翻訳に努めた。09年市川左団次と自由劇場を創立し、無形劇場・反商業主義・自然主義の理念を掲げて、歌舞伎でも新派でもない新しい演劇の樹立をめざした。12〜13年の第1次外遊で、モスクワ芸術座に深い影響をうける。19年自由劇場が瓦解、24年土方与志と築地小劇場を設立する。詩集「小野のわかれ」(1905)、小説「大川端」(1913)、演劇評論「演劇新潮」(1908)、「演劇新声」(1912)、戯曲「第一の世界」(1923)、「息子」(1924)など。「小山内薫全集」全8巻、「小山内薫演劇論全集」全5巻がある。

小沢蘆庵（おざわろあん）　1723〜1801(享保8〜享和元)　江戸後期の歌人。名は玄仲、観荷堂と号す。難波の武士の家に生まれたが、1765年

（明和2）まで京都の鷹司家に仕えたのち，歌道に専念した。冷泉為村に入門したが，のちに破門される。伝統的な堂上派に対して，古語・雅語を墨守するのではなく，「ただこと」（当代のふつうの言葉）を用いて，真情を詠むべきであると主張して（「布留の中道」），革新的な立場をとり，伝統的な歌学を墨守する堂上歌人とは相容れぬものがあった。寛政期（1789〜1801）には澄月・慈延・伴高蹊とともに，平安和歌四天王と称された。京都の地下歌壇の雄として，多くの門人を擁した。多くの人々との文雅の交遊が知られ，妙法院宮・*上田秋成・*蒲生君平らはその特筆すべきものである。「六帖詠草」（1811）が代表歌集である。

御師　おし　「御」は体言の上について敬意を表す接頭語であるが，「師」については，祈師の略（「大言海」），詔刀師の略などの諸説がある。古代末期に発生して中世・近世と活発化し，近代初頭に廃絶した。祈祷依頼者としての檀那と師檀関係を結び，檀那の崇敬社参詣に際して，祈祷師兼宿主の立場で世話をする一方，毎年，各地檀那に祈祷札を配布して回った。熊野・出雲・多賀・津島社などでは「おし」とよぶのに対し，伊勢では「おんし」と称されていた。一神社における御師家の数は大小さまざまであるが，近世末期の*伊勢御師の場合が数多く，約860軒にのぼった。

お七夜　おしちや　→報恩講

惜みなく愛は奪ふ　おしみなくあいはうばふ　*有島武郎の晩年の評論。1917年（大正6）6月，「新潮」に発表された同名の文章を原型に大幅な加筆を行い，20年6月，「有島武郎著作集」第11輯として刊行した。愛の名でよばれる行為の深奥に潜む，対象への利己的衝動を告発することで，キリスト教的通念における「愛」の「偽善性」を剔抉した画期的な作品である。パウロに依拠した挑発的なタイトルとともに，かつて帰依したキリスト教，ことに深く師事した*内村鑑三への批判を含意するものと受け取れる。以後，有島に長編小説はなく，23年の自殺へと至るだけに，本書は「背教者としての有島武郎」（内村）が，その精神

史を総括した事実上の「遺著」とみることもできる。

オシラ神　オシラがみ　おしら様・おしらぼとけとも。東北・関東・中部地方にみられる家の神の一種。農業や養蚕の神といわれ，特に東北地方の民間で信仰される。神体は長さ30cmほどの桑の木に男女や馬の頭部を取り付け，衣服を着せたもので，男女二体一対である場合が多い。家ごとないし同族・講集団で祀られており，旧暦1月・3月・9月の16日が祭日で，これらを命日とよんでいる。オシラ神は神棚や床の間に祀られていたり，またイタコ（巫女）が保有している場合もあるが，3月と9月の命日になるとそれを取り出し，イタコを招いて祭を行う。イタコは神饌を供えて経文を読み，ついで二体のオシラ神を左右の手にもち，オシラ祭文を唱えながら踊らせる。これをオシラアソバセという。またオセンダクといって，オシラ神に布切れを重ねて着せることが行われる。関東・中部地方では養蚕の守護神として信仰されていることが多く，その姿は女人の絵像として表されており，軸物に仕立て，それを床の間などに掛けて崇拝している。これは女性だけの会合で正月に行われており，蚕日待とも称している。

小関三英　おぜきさんえい　→小関三英（こぜきさんえい）

小瀬甫庵　おぜほあん　1564〜1640（永禄7〜寛永17）　江戸初期の儒医。尾張国春日井郡の出身。名は道喜（機）・又四郎・長大夫。甫庵は号。美濃土岐氏の支流小瀬氏から坂井氏の養子となり，池田恒興・豊臣秀次に侍医として仕え，秀次の滅亡後，世間を憚り姓を土肥ついで小瀬と改め，京都に住んだ。その頃，主として医書の編集・刊行にたずさわる。関ケ原合戦後に松江城主堀尾吉晴に出仕し，1611年（慶長16）吉晴の没後，播磨国や京都に移り住んだ。その頃までに「*信長記」15巻を著した。24年（寛永元）子の坂井就安が仕える前田利常の臣となり，その頃に「*太閤記」22巻を完成させた。ほかに儒学の要点を説いた「*童蒙先習」などの著作がある。甫庵は儒学・兵学に通じ，儒学については朱子学を摂取したが，総じて彼の思想を特徴づけているものは前代以来の*天

おたが

道教思想と一体化した中国明代の*善書の思想であった。

おたがの本地(おたがのほんじ) →ものくさ太郎(ものくさたろう)

オタキ →ウタキ

御旅所(おたびしょ)　「おたびどころ・おたびのみや」とも。御旅・仮宮(かりみや)・お旅屋・宿院(しゅくいん)・行宮(あんぐう)・頓宮(とんぐう)・神輿宿(しんよしゅく)・神霊舎などとも。神輿が本宮から神幸(しんこう)した際に神霊を仮に奉安する所。神社の祭礼などの際に，本殿の神体は神輿に乗って氏子(うじこ)区域を渡御(とぎょ)するが，その途中，仮に留まって氏子や崇敬者の祭祀をうける場所があり，これを一般に御旅所とよんでいる。御旅所は，本社や祭神と由緒のある場所が選ばれて設けられることが多く，そこには常設の建物があったり，または本社の祭神と関係の深い神を祀ってあったりする。一方，仮屋を設営したり，ある氏子の家を選んで臨時に奉安する場合もみられる。御旅所に神輿が留まる期間は一定していないが，長期間にわたる場合もある。御旅所では神輿の前で祭祀が営まれ，神輿が留まっている期間は氏子・崇敬者の参拝がみられる。

小田原御陣(おだわらごじん)　→天正記(てんしょうき)

落窪物語(おちくぼものがたり)　一般に，平安時代の物語として扱われているが，厳密には成立年代不詳。全4巻。古い物語の中には，後代までかなりの年月にわたって書き継がれたり，書き変えられたりしてきたものがあるが，この物語もまたその代表的なものであろうとされる。床の落ちくぼんだ部屋に入れられたために「おちくぼの君」と綽名(あだな)された姫を主人公とした，継子(ままこ)いじめの物語である。

落穂集(おちぼしゅう)　→大道寺友山(だいどうじゆうざん)

乙堂喚丑(おつどうかんちゅう)　?～1760(?～宝暦10)　「いつどう―」とも。江戸中期の曹洞宗の僧。乙堂は道号，喚丑は法諱。上野国境野片山の人。隠之道顕(いんしどうけん)の法を嗣ぎ，1731年(享保16)武蔵国氷川の盛徳寺に住し，*天桂伝尊(てんけいでんそん)の「正法眼蔵弁註(しょうぼうげんぞうべんちゅう)」を「正法眼蔵続絃講義(しょうぼうげんぞうぞくげんこうぎ)」で論駁した。翌年，「洞上叢林公論(とうじょうそうりんこうろん)」で*独庵玄光(どくあんげんこう)の「俗談」や万回一線(まんかいいっせん)の「証道歌直截(しょうどうかちょくせつ)」を批判した。他方，*卍山道白(まんざんどうはく)の宗統復古運動を推賞し，その説を弁護した。51年(宝暦

元)に上野国山田の鳳仙寺(ほうせんじ)に住し，鳳仙寺版「正法眼蔵」を刊行し，57年退穏した。法嗣には天麟独暁(てんりんどくぎょう)がいる。ほかの著作は「駁弁道書(ばくべんどうしょ)」など。

小津安二郎(おづやすじろう)　1903～1963(明治36～昭和38)　昭和期の映画監督。東京に生まれ，本居宣長(もとおりのりなが)の本姓小津一族の郷里三重県松阪で育つ。中学校を卒業後，1923年(大正12)松竹キネマ蒲田撮影所に入社する。都市に住む小市民のささやかな喜びや悲しみをきめ細かい演出で描き出す手法は小津調とよばれ，後進の山田洋次らに大きな影響を与えている。子供たちに会うため広島県尾道から上京した老夫婦と，彼らを心底から敬愛する戦死した次男の嫁との交流を描いた「東京物語」(1953)が代表作である。戦前の作品「生れてはみたけれど」(1932)から「晩春」(1949)をへて，遺作「秋刀魚(さんま)の味」(1962)まで駄作はほとんどない。

御伽草子(おとぎぞうし)　室町時代から江戸時代にかけて著された庶民を対象とする短編。「伽」の語義については諸説あるが，戦国期の御伽衆にみられるように，つれづれを慰めるために相手をすることをいう。したがって，御伽草子も話者が聞き手に読み聞かせることを前提に編まれたといえよう。内容は多岐にわたり，ものの本縁を語り前世を明らかにする本地物(ほんじもの)(「*熊野の本地」「諏訪本地」など)，身分の低い者が出世する物語(「文正草子」「*ものくさ太郎」など)，恋愛物(「鉢かづき」「花よのひめ草子」など)，英雄物語(「*酒呑童子(しゅてんどうじ)」「弁慶物語」など)，稚児(ちご)物語(「あしびき」「ちごいま」など)，異類物(「玉虫の草紙」「こほろぎ草子」など)などといった分類がなされるが，重複した内容をもつものもあり，一定しない。大半が作者・成立年代ともに不詳であるが，特に本地物は14世紀中頃に成立したとされる「*神道集」に依拠しており，それ以後の成立とみなすべきであろう。また，出世物語は庶民の夢を代弁するが，現実社会においても一揆(いっき)などにみられるように，権力者に対抗する精神が確立しており，こうした時代環境の反映とみることもできる。

伽婢子(おとぎぼうこ)　江戸初期の*仮名草子。全13巻。

*浅井了意の著。1666年(寛文6)刊。中国明代の文言伝奇小説「剪灯新話」などの中国怪異譚をわが国の歴史風土のうえに置き換えて，翻案した全68話の短編集である。多くの追随作をうみ，近世怪異小説の源流に位置する。「牡丹灯記」を翻案した「牡丹灯籠」のように，流麗な和文で描かれた物語性の豊かなものから，奇病や奇物の短い紹介のようなものまで，異界性に接する多彩な話が含まれている。仮名草子の代表的な作品であり，絵入り読み物として，娯楽を供する目的のほかに，浄土真宗の僧であった了意には因果応報思想を鼓吹する意図があった。

踊念仏 おどりねんぶつ →念仏踊

オナリ神 オナリがみ　奄美や沖縄地方で，兄弟を守護すると信じられている姉妹の霊威のこと。沖縄の方言で兄弟をエケリ，姉妹をオナリという。オナリにはエケリの長寿と安全を守護する霊威があるとされ，エケリが作る作物の豊穣をも守護すると信じられている。それゆえオナリはオナリ神と称して尊敬される。またエケリが海にでかける際などには，オナリの手織りの手拭や毛髪などを護符として身につける。オナリ不在の場合は父のオナリ(オバ神)に代行させることもある。このようなオナリ神に対する信仰は沖縄の民間祭祀の根幹をなしており，村落の祭祀などにもみられる。

鬼 おに　想像上の生き物で，「古事記」「日本書紀」や風土記では人を食べたり，略奪をするなど恐ろしい存在とされる。平安時代になるとその姿はさまざまに表現され，夜中に悪しきものが徘徊することを*百鬼夜行とよんだり，流行病も鬼が原因とされた。また，人の心の中の邪悪な部分を鬼と表現し，心の闇を鬼とよんだ。視覚的な表現では，仏像の足下に踏みつけられる鬼の姿が早いものとして知られる。中世になると絵画では，「*北野天神縁起」などにみるように地獄の獄卒や雷神は，現代人が思い浮かべる鬼の姿であり，角・牙があり，革や布の褌をした半裸体で描かれる。中世には*酒呑童子などのより具体性をもった鬼の説話や絵巻物が描かれていく。鬼の出没する場所は，都と地方の境界である京都の西山・老の坂や近江国伊吹山が注目され，追放・退治されるべき悪しきものの代表として鬼が描かれる。ここでは異形ゆえに捨てられた子や，疎外された人々を鬼に見立てており，日本の周縁にいる人々，外国人を鬼として意識することとつながっていく。また，戒律を破った僧が鬼になったり，女性が嫉妬により鬼となるなどの話が多い。

鬼貫 おにつら →独ごと
鬼遣 おにやらい →追儺

小野梓 おのあずさ　1852～86(嘉永5～明治19)　明治前期の法学者・政治家。東洋と号す。土佐国に生まれ，藩士として戊辰戦争に従軍する。1869年(明治2)東京にでて，昌平黌に通ったのち71年に渡米，72年からは大蔵省官費留学生としてイギリスに留学する。74年に帰国し，まもなく*共存同衆を結成して講演会を開くほか，75年には「共存雑誌」を発刊し，国民の自由・権利の重要性とその法的・制度的保障として民法・刑法制定の必要性を説いた。76年司法省に任官し，有能な法制官僚として活躍する中で*大隈重信らとも接触する。81年には「今政十宜」など政治改革への提言も行い，明治十四年の政変に際して辞任するが，その後政党準備に着手し，82年大隈や河野敏鎌を核とする立憲改進党を結成した。同時に立憲政治の実現をめざし，学問の独立を掲げて早稲田大学の前身*東京専門学校を設立，83年には出版社東洋館を立ち上げた。その間82～85年に，全3巻からなる主著「国憲汎論」を刊行する。ベンサムの功利主義から多くを学んだ小野は，「最多衆の最大安楽」を実現すべく国憲制定とそれを支える国民の国憲意識の重要性を説き，イギリス型の代議政治を日本における立憲政のモデルとした。35歳で病死した。「小野梓全集」全5巻・別冊1がある。

小野塚喜平次 おのづかきへいじ　1870～1944(明治3～昭和19)　明治後期～昭和初期の代表的政治学者。新潟県長岡出身。1895年(明治28)帝国大学法科大学卒業。1901年ほぼ4年にわたる欧州留学から帰国，東京帝国大学法科大学教授に就任した。以後25年間政治学講座を担当し，日本における講壇政治学の開祖となった。特に03年に刊行された「政治学大綱」

は，政治学を「国家ノ事実的説明ヲ与ヘ其政策ノ基礎ヲ論スルノ学」と定義し，伝統的国法学から実証主義的政治学が自立する途を拓くものであった。いわゆる*七博士建白事件の一人として対露主戦論を展開し，戸水寛人が日露講和条約批判の言動で休職処分をうけた際には，大学自治のため抗議した。以後は研究に専心し欧州政治の実証的研究に従事する一方，*吉野作造・蠟山政道らおおくの後進を育成した。25年(大正14)帝国学士院選出の貴族院議員，28～34年(昭和3～9)東京帝国大学総長を務めた。

小野妹子 おののいもこ　生没年不詳　7世紀初めの*遣唐使。隋では，蘇因高そいんこうとよばれた。607年(推古15)隋に使いし，「日出づる処の天子，書を日の没するところの天子に致す」との国書を呈し，煬帝ようだいの怒りを買う。しかし隋は答礼として，翌年，帰国する妹子に裴世清はいせいを隋使として従わせた。しかし，煬帝の返書には倭国の無礼をなじるところがあったらしく，妹子は百済くだら人に奪われたとして朝廷に隋の国書を奉じなかった。だが妹子は罰せられることもなく，その年のうちに遣隋使に再任され，この時は，僧*旻みん・高向玄理たかむこのげんり・*南淵請安みなぶちのしょうあんらが留学生としてともに渡海した。

小野僧正 おののそうじょう　→仁海にんがい

小野篁 おののたかむら　802～852(延暦21～仁寿2)　平安前期の文人貴族。父は小野岑守みねもり。文章生試もんじょうしょう及第ののち東宮とうぐう学士となる。831年(天長8)「令義解りょうのぎげ」の撰修に参画し，その序を撰述する。剛直な性格で，846年(承和13)の法隆寺の僧善凱ぜんがい訴訟事件の際には自らの所信をのべ，その解決を早めた。また834年の遣唐使派遣の際に遣唐副使となったが，838年に大使藤原常嗣つねつぐとその乗船をめぐり対立し，病と称して乗船を拒否した。そのため嵯峨天皇の勅勘をうけ，隠岐国に配流された。のち許され本官に復す。847年参議。漢詩集「野相公集やしょうこうしゅう」(散逸)がある。「江談抄ごうだんしょう」「今昔物語集」では地獄の冥官とされる。京都の六道珍皇寺ろくどうちんこうじには，篁が地獄に通ったとされる井戸がある。

小野蘭山 おののらんざん　1729～1810(享保14～文化7)　江戸中・後期の本草学者。名は職博もとひろ，字は以文，通称は喜内，蘭山と号した。本姓は佐伯で，京都桜木町に生まれる。最初*松岡恕庵じょあんに師事して*本草学を学び，1753年(宝暦3)京都河原町に私塾を開く。99年(寛政11)には幕命により江戸に下り，医学館において本草学を講じた。また，この頃，採薬のために諸国をめぐったといわれる。1803年(享和3)に刊行された48巻に及ぶ「本草綱目啓蒙ほんぞうこうもくけいもう」は，本草学書としては群を抜いたものである。ほかの著作に「薬名考やくめいこう」「飲膳摘要いんぜんてきよう」などがある。

小野流 おのりゅう　→野沢二流のざわにりゅう

オハケ　神社や村落祭祀で，神祭かみまつりを担当する*頭屋とうやが物忌ものいみをしていることを示す標示物の一種。その形は青竹の先に大きな御幣ごへいや神符を付けたものが一般的である。一方，神を祀るための仮屋をオハケとよぶ地方もあるなど，オハケの概念は一定していない。バッカイ・ハッカイなどとも称され，名称は地方によって異なる。オハケは，御ハケと解され，ハケの尊称との説が有力である。オハケに御八卦・御祓解・御刷毛の字をあてる場合もある。なお，ハケは目印や標示物を意味する語であったが，それが神祭に用いられたことからオを付して尊称したとも説明される。本来は標示物であったオハケは，のちに神霊の宿る*依代よりしろの一種と解されるようにもなった。

オビシャ　→春祈禱はるきとう

お百度 おひゃくど　→百度参りひゃくどまいり

男衾三郎絵巻 おぶすまさぶろうえまき　鎌倉時代に成立した絵巻物。絹本著色。1巻。文化庁蔵。国重文。武蔵国在住の武士の暮らしと継子ままいじめを題材とする物語で，後半が欠ける。京都風の優雅な生活を送る兄吉見二郎とものゝふの道を歩む弟男衾三郎の兄弟は，大番警固おおばんけいごのために上洛するが，途中で山賊に襲われて兄は死に，兄の娘(名は慈悲)と妻は，三郎の家で下女となり，虐待される。失われた物語の後半では，慈悲母子が観音の利益によって救済されることが予測される。各段に春・夏・秋の季節の草花や鳥獣が描かれ，13世紀末の「伊勢新名所絵歌合うたあわせ」によく似た画風が指摘されている。男衾三郎の武道一筋の暮らしの描写や慈悲母子の働く姿は，鎌倉武

士の居住まいや日常生活が具体的に描かれていることでよく知られる。都ごのみと無骨な生活態度を対比的に描写し、その中に継子いじめの主題をからませる構成は、のちの*御伽草子の先駆とされ、鎌倉時代の生活思想をうかがうことができる。

御仏名 おぶつみょう →仏名会

御文 おふみ 「御文章」とも。本願寺8世の*蓮如が、門徒に書き与えた手紙。多くは浄土真宗の教義をわかりやすく仮名交じり文で記したものである。現存のものは、1461年（寛正2）3月が最初で、死没3月前の1498年（明応7）12月15日付のものが最後である。この間、およそ250通ほどが書かれている。とりわけ越前国吉崎滞在中に、精力的に書かれている。のちに本願寺9世実如が80通を選びだして編集したものが「五帖御文」（「帖内御文」）で、そのほかのものを「帖外御文」ともいう。御文は、蓮如の布教手段の中心をなすもので、信心の何たるかを説き、親鸞の教えに違う異端を戒めた。

お水取り おみずとり →修二会

女郎花物語 おみなえしものがたり 平安時代の貴族女性を題材にした*御伽草子。全3巻3冊。作者不詳。16世紀後半〜17世紀前半の成立。写本は江戸初期のものとして内閣文庫本（全2巻2冊）などがある。全55話。版本は1661年（万治4）、中野小左衛門刊。*紫式部や*赤染衛門らの平安時代の貴族女性をあげ、その逸話や行状を記す。江戸時代、儒教の倫理観によって女性の地位が著しく低下したが、本書は平安朝女性に一種の理想を求め、もって教訓とした。近世の教育思想史上においても基本文献である。

御身抜 おみぬき 近世*富士講の始祖である長谷川角行（1541〜1646）が、自らの信仰世界を表現したもの。独特な創成文字と富士山の絵図よりなり、軸ものとして床の間に掛けられ、礼拝の対象とされた。そこには基本的に図形化された富士山が描かれ、その上には富士山の信仰上の呼び名である「明藤開山」という文字が、下には神言が記されている。神道・仏教・神仙・五行説などさまざまな影響をみることができる。御身抜という名称は、仙元大菩薩と一つになった角行の

御身より、その神聖な文字が抜き取られたというところに由来している。

御室和書目録 おむろわしょもくろく →本朝書籍目録ほんちょうしょじゃくろく

於茂秘伝草 おもひでぐさ 「於母比伝草」とも。*伴林光平の著作。1冊。1862年（文久2）4月成立。冒頭に「目標」として「筆を以て桴に換ふ」以下21の項目を掲げ、その順で本文が配される。全編をとおして内尊外卑の皇国尊重思想がみられ、大半が短編であるが、中には「君臣名義」条などやや長いものもある。徳川光圀や水戸学派については皇国尊重の点を評価しつつ、儒教に偏していることには批判を加えている。また、文武の軽重については武を主とし文を従とするが、両者は一体であるとする。天皇が政治の中心であると捉え、幕府主導による「公武一和」を批判しているが、一方では徳川家康を称揚しており、あくまでも幕藩体制内における尊王攘夷思想が表現されている。

おもろさうし おもろそうし 沖縄の歌謡集。全22巻。1531年（尚清5）から1623年（尚豊3）にかけて成立。沖縄・奄美諸島に伝わる各種の神歌をオモロといい、これを宮廷歌謡として整理・編集したもの。12世紀から17世紀に至る琉球王府の神事歌謡である。1554首（実数1248首）。日神や高級神官の神女、王や首長など共同体の権力者などへの賛美、神女の祭祀舞踊の歌詞などが中心で、祭式儀礼に用いられ、村落共同体を予祝する内容である。全体は地域や内容で分類・整理され、対句や押韻・反復などの修辞的な特色をもち、呪禱・叙事・叙情の始源的な短詩形歌謡として、記紀歌謡や「万葉集」のような古代性を濃厚に保持している。

御雇外国人 おやといがいこくじん 明治前期に近代文明や科学技術導入のための指導・助言者として、政府・府県の官庁や学校などに、主として欧米諸国から招聘・雇用された外国人。幕末にも幕府や藩が200人ほどの語学・技術顧問を雇っていたが、明治政府は早急に近代化政策を進めるため、1871年（明治4）から御雇外国人を急増させ、74年には858人に達した。74・75年をピークとして71〜80年が400〜800人前後で、その後減少していくが、明治期の実総

人数は3000人をこえる。彼らが協力した分野は、政治・法制・軍事・金融・産業・鉄道・造船・建築・開拓・科学・教育・芸術など広範囲にわたり、近代日本の建設にはたした役割は顕著である。国籍はイギリスが最多で、ついでフランス、ドイツ、アメリカが大半を占める。政府内部門では工部省、文部省、陸・海軍省が多く、特に工部省が殖産興業を推進した時期は半数が、技師や職人を含む同省雇であった。85年の工部省廃止頃まで御雇外国人の中心は技術者で、その後学校教師の雇用に比重が移っていく。総じて彼らは高給で優遇され、その支出は明治期の国家予算の約5％にあたった。この官雇が減少する頃から、会社や学校などの私雇外国人が増加していく。

小山田与清 おやまだともきよ　1783~1847(天明3~弘化4)　近世後期の国学者。幼名寅吉、通称は庄次郎・将曹、字は文儒、号は松屋。武蔵国多摩郡小山田村に生まれる。*村田春海に学ぶ。見沼通船問屋高田家の養子となり、養家の財力をもって5万冊以上の書籍を蔵する「擁書楼」とよばれる文庫を完成し、そこでの講会や書物の貸与を通じて広く文人・学者と交流をもった。考証にすぐれ、その才により水戸家に出入し、平田篤胤・伴信友とともに当時「三大家」と称される。卓越した蔵書を活用して「群書捜索目録」を企画し、書籍の分類検索の便を図ろうとしたことは近代図書館学の先駆的業績である。また、「松屋筆記」120巻は近代になっても柳田国男ら民俗学者が資料として活用するなど、当時の風俗の記録としても貴重である。著書は「擁書楼日記」「倭学戴恩日記」など。

御湯殿上日記 おゆどののうえのにっき　内裏常御殿の御湯殿上間に詰める女官の当番日記。1477~1826年(文明9~文政9)の日記が伝存する。江戸時代以前のものは、原本はほとんど残らず、東山御文庫本・高松宮本の二つの写本を祖本とする多くの写本が伝わる。江戸時代については、原本の大部分が京都御所内の文庫(東山御文庫ではない)に収められ、一部が宮内庁書陵部に移されている。天皇に近侍する女御代(上臈)・典侍・掌侍の(内

侍)らが執筆し、ときに天皇自らが記すこともあった。*女房詞とよばれる女官独特の用語を用い、平仮名で綴られており、国語学的にも重要な史料となっている。内容は、天皇の動静をはじめ、物品の進献・下賜、女官の動静など宮廷内部の生活が主である。また、儀式・任宮叙位など表向きのことがらについても、内部からの視点を有する貴重な記録といえる。諸寺・諸尼寺の門跡を含む皇族あるいは廷臣の動静にも詳しく、内廷にかぎらず、室町時代から江戸時代における朝廷について研究するための根本史料である。

遠羅天釜 おらてがま　「遠羅天賀麻」とも。江戸中期の仮名法語。全3巻・続集1巻。臨済宗の僧*白隠慧鶴の著。1749年(寛延2)の自筆刻本があり、51年(宝暦元)に改版本刊。書名は白隠が平生用いていた茶釜の名。上巻は「鍋島摂州殿下近侍に答ふる書」(1748年奥書)、中巻は「遠方の病僧に贈りし書」、下巻は「法華宗の老尼の間に答ふる書」(1747年奥書)および付録からなる。続集は、改版時に「念仏と公案と優劣如何の問に答ふるの書」と「客難に答ふる」を加えたものである。多くは和文で、内観と正念工夫を重視する白隠の参禅学道観や「法華経」観などが記されるとともに、下巻には自らの半生と修行について語っている部分もあり、白隠の思想形成を知る手掛りとなる。

和蘭医事問答 オランダいじもんどう　*杉田玄白と*建部清庵との往復書簡。かねてからオランダの医学に興味をもっていた一関藩田村家の藩医建部清庵は、自らの疑問を書き留めておき(1770)、これを門人の衣関甫軒に託し江戸に上らせた。これを読んだ玄白との間に2回のやりとりがなされ、この問答が「和蘭医事問答」とよばれる。やりとりがなされた時期が「解体約図」(1773)の刊行から「*解体新書」(1774)の刊行の時期に重なっていたため、蘭医学の根幹に関する玄白の見解が表明されている。そのため、玄白門下で蘭学の入門書として読まれ、1795年(寛政7)上・下2巻本として刊行された。

和蘭通舶 オランダつうはく　江戸後期の世界地理書。全2巻。*司馬江漢の著。1805年(文化2)

刊。銅版地図「瀕海之図」に対する解説書。オランダ船が本国から日本に来るまでに通過する諸国の地理がとりあげられるので，通舶の名がある。巻之1はそれまでの江漢の著作の要約であり，本論は巻之2に始まる。オランダを起点とし，欧州の地誌からアフリカ沿海よりインド，ジャワ，フィリピンなどをへて日本への航海，その帰路などにしたがって各地の地誌が語られる。他方，江漢がおそらく蘭書から模写したピラミッドや当時も存在しなかったロドス島大灯台，食人国の珍妙な挿絵も含む。

和蘭天説 オランダてんせつ　西洋天文学・気象学に関する啓蒙書。*司馬江漢こうかんの著。1巻。1796年(寛政8)刊(異版がいくつかある)。中国清代の天文学書「*天経或問てんけいわくもん」「暦象考成れきしょうこうせい」や，ブラウの世界地図などからの挿図をまとめ，解説を付している。プトレマイオス，ティコ・ブラーエ，コペルニクスの3人の宇宙体系が紹介されているのが目を引く。また，地動説に対しては好意的な見解を示している。ただし「刻白爾ケプ」をコペルニクスと誤読した箇所も間々みられる。気象学方面では，アリストテレスの説と宋学を折衷した説を展開している。

和蘭話訳 オランダわやく　江戸中期の蘭語の入門書。前・後2集。*青木昆陽こんようの著。前集は，1743年(寛保3)に江戸参府したオランダ商館長一行から直接蘭語を学び，その成果を記したもの。四つの文と一つの手紙文の蘭語原文と注釈翻訳を含む。たとえば第1文は「Ik ga uit om Bloemen te kijken」(英語の直訳ではI go out to see flowers)と簡単な文章だが，先人の苦労は並ではなかったろう。後集は，翌44年(延享元)の江戸参府の機会に学んだ，さらに四つの文と幕閣役職の蘭語訳を付す。後集には公式の挨拶の蘭語が載り，語学的に少し進歩している。

折口信夫 おりくちしのぶ　1887〜1953(明治20〜昭和28)　歌人としての筆名は釈迢空しゃくちょうくう。大正・昭和前期に活躍した国文学者・歌人・詩人。大阪に生まれる。生家は医業のかたわら生薬や雑貨を商っていたが，祖父が奈良県明日香村にある飛鳥坐あすかにます神社の神主家から養子に入ったこともあり，早くから古典や短歌に関心を抱いていた。府立第五中学校の卒業が遅れたのも古典に耽溺したためというが，その後，国学院大学に進み三矢重松しげまつの指導をうける。卒業後は一時大阪で教員となるが，上京して*柳田国男と出会い，民俗学に傾倒する。1921年(大正10)と23年の沖縄本島・先島さきしま諸島の民俗，26年(昭和元)から数年に及ぶ愛知・長野などの山間部に残る民間芸能といった実地調査から，古代日本における文学の発生・変遷過程を直観的に把握し，それを「古代研究」3巻，「日本文学の発生序説」にまとめた。こうした独特の古代理解は，万葉人の生活を描いた小説「死者の書」からもうかがえる。また歌人・詩人としては，「アララギ」の同人から出発して独自の境地に到達しており，歌集「海やまのあひだ」，詩集「古代感愛集かんあいしゅう」などが代表作である。「折口信夫全集」全31巻・索引1巻がある。

折たく柴の記 おりたくしばのき　*新井白石はくせきの著した和文の自叙伝。全3巻。1716年(享保元)起草，完成の時期は不明。8代将軍徳川吉宗よしむねの登場によって幕閣から退けられ，余儀なくされた失意・孤独の日々に書かれた。祖父・父ともに牢人生活の体験をもった貧しい武士の子であって，詳しく先祖のことを知らず，祖父や父に聞き質すこともしなかったという後悔から，子孫に自分の生涯を詳しく正確に伝えたいという心情が執筆の動機だとされている。同時に，特別の恩寵をうけた将軍の事績を記録しておこうという使命感もあったと思われる。5代将軍綱吉つなよしの死までが上巻，6代家宣いえのぶの時代が中巻，7代家継いえつぐの時代が下巻になっている。簡潔で力強い名文としても評価が高い。

オルガンティノ Gnecchi-Soldo Organtino　1533〜1609(慶長14)　イタリア人のイエズス会士。カスト・ディ・バルサッビア出身。1556年*イエズス会に入会。70年(元亀元)来日し，*フロイスに協力するため京都に派遣され，76年(天正4)フロイスの転任にともない都地区長となり，その後同地で30年余り活躍した。日本人と日本文化を高く評価し，日本社会への適応を布教方針とし，77年には8000人の大改宗があった。織田信長の知遇を

えて，京都に*南蛮寺，安土に*セミナリオを建築し，宇留岸伴天連ともよばれて人々に親しまれた。

俄羅斯情形臆度（おろすじょうけいおくど） 江戸後期のロシアに関する歴史書。*古賀侗庵撰。全2巻2冊。1816年（文化13）頃の刊。同じく古賀侗庵編集の「俄羅斯紀聞」の最後に自ら収めたものである。侗庵の自序（1846）によると，30年前の撰述であり，俄羅斯つまりロシアの国勢や民風などの研究のために作成したという。内容は前野良沢訳の「柬砂葛記」や「魯西亜本紀」，山村才助（昌永）著訳の「魯西亜国志世紀」などの和漢の書からの抜粋を主としており，そこに侗庵自身の評論・意見を加え，また大槻玄沢の評文を併記したものである。

大蛇（おろち） →蛇

尾張国熱田太神宮縁起（おわりのくにあつただいじんぐうえんぎ） →熱田宮寛平縁起

尾張僧都（おわりのそうづ） →賢璵

音義説（おんぎせつ） 日本語の一つ一つの音ごとに，または五十音の各行ごとに固有の意味が存すると考え，語義・語源を説く音韻論の一つの立場。鎌倉時代，万葉学者の*仙覚が悉曇（梵字）学の知識により日本語の音韻を本韻・末韻・男声・女声・同韻・同内などに分け，一音一義を示したところに先蹤がある。近世において，*貝原益軒「日本釈名」（1700刊），*新井白石「東雅」（1719成）は五音の相通によって語源を探ったが，体系的な音義の発想はない。*多田南嶺「伊呂波声母伝」（1746成）が体系化の早い例で，イロハ47文字および一〜十，百，万の文字についての音義を詳述した。*谷川士清「*日本書紀通証」（1751成）の付録「倭語通音」，*賀茂真淵「語意考」（1769成）に至り，五十音図を基に音義を探るものとなった。音義説には，一音一義説と一行一義説の2通りがあり，前者に*橘守部・富樫広蔭，後者に*平田篤胤・*鈴木重胤がいる。また，鈴木朖「雅語音声考」（1816成）は音声と語彙の相関関係を穏当に立論したが，篤胤は神代文字の実在の主張ともあいまって国粋主義的な音義体系を示し語源説を展開した。五十音図を基とし

たこれらの研究は，活用研究としては優れた成果を残して今日に至るが，音義説は明治期の近代国語学成立に至って俗信として完全に否定されている。

飲光（おんこう） →慈雲

御師沙汰文（おんしさたぶみ） →詔刀師沙汰文

園城寺（おんじょうじ） 三井寺とも。滋賀県大津市にある天台宗寺門派の総本山。寺門とも称する。寺伝によれば，創建は686年（朱鳥元）に大友皇子の発願により，その子大友与多麿が建立と伝えるが，実際には大友村主氏の氏寺として白鳳時代頃に建立された。859年（貞観元）に*円珍が，壇越の大友都堵牟麿と住僧教待の付嘱により再興し，唐坊を設けた。866年天台別院となり，以後は円珍門流が相承した。993年（正暦4）に円珍派の余慶が法性寺座主に補任されたことにより，円仁派との対立が激化し，円仁派が円珍派の坊舎を破壊したため，円珍派は延暦寺を離れ，園城寺を拠点とした。その後も*大乗戒壇設立と天台座主の補任をめぐり両派は対立し，1081年（永保元）・1163年（長寛元）などたびたび山門（延暦寺）の攻撃をうけて焼失した。皇室・摂関家の庇護をうけ，堂舎はすぐに復興した。宇治*平等院は園城寺別院となり，特に後白河天皇は1173年（承安3）に当寺で覚忠より灌頂をうけるなど，その尊崇は篤かった。長官は別当（のち長吏）とよばれた。また，鎮守として*新羅明神が祀られた。

御嶽信仰（おんたけしんこう） 長野県と岐阜県の境にある木曾御嶽山に対する信仰。木曾の御嶽山を古くは〈王の御嶽〉と称し，鎌倉時代には熊野や吉野系の修験道の屈指の霊場として栄えた。室町中期頃からきびしい潔斎を行った人々による登拝が行われていたが，信仰圏は木曾を中心とする限られた地域であった。江戸中期には，覚明・普寛らが登拝の簡易化を行ったことにともない，登山道が整備された。これにより信仰の範囲は木曾谷から中部・関東地方へと広まり，各地に御嶽講が結成され，以後，庶民登拝の山として栄えた。明治期以後，御嶽講は御嶽教（〈みたけきょう〉とも称したこともある）として組織され，神道十三派の一つとなった。

温知政要（おんちせいよう）　江戸中期の政道論。陸奥国梁川藩主から尾張国名古屋藩の7代藩主として襲封した徳川宗春が、入国直前の1731年（享保16）3月、治政の方針を諸民に示すため「我本意を普く人にも知らし、永く遂行ふべき誓約の証本」として「思ふ事を其儘に和字に書つゞ」ったものである。宗春の治国安民の思想は、仁を根本におき、それを実践する人の心の慈と忍（仁の用と体）に注目した政道論である。そこには「法令多く過れば、人のこゝろいさみなく、せばくいじけ」ること、度をこえた倹約は「無益費」となること、好色の肯定などが説かれている。当時、将軍徳川吉宗が享保の改革を施行している中で、名古屋藩における遊廓の設置、常設の芝居小屋の認可、商業活動などの積極政策の展開は、幕府の咎めを招き、1739年（元文4）宗春は隠居謹慎を命じられた。

女仁義物語（おんなじんぎものがたり）　女訓ものの*仮名草子。全2巻。作者未詳。1659年（万治2）刊。宮仕えの女房3人が、80歳の老人と問答する形式をとる。女性の結婚生活を中心とした生き方について、儒教の五常（仁・義・礼・智・信）と仏教の五戒（不殺生・不偸盗・不邪婬・不妄語・不飲酒）が教えを一つとすること、五倫（君臣・父子・夫婦・兄弟・朋友）の正しいあり方、仏神一如であることなどを和漢の故事、仏説の比喩を用いて、平仮名・絵入りで平易に説く。封建身分社会の男性中心の教戒書ではあるが、空疎な建前論の域を脱して、現実的な女性の立場を理解した内容をもつ。全般に儒学優位の主張があり、儒者松永尺五の「*彝倫抄」に依拠した言説がある。

女大学（おんなだいがく）　「女大学宝箱」とも。江戸中期の女子教育書。1冊。著者未詳。1716年（享保元）、大坂の柏原清右衛門、江戸の小川彦九郎刊。書名は四書の1冊目である「大学」の女子版という意。全19条。*貝原益軒「*和俗童子訓」巻5「教女子法」のうち第10条の七去（離縁の七つの条件）、第16条の父母が嫁する娘に教えるべきことの2ヵ条を基礎として平易に敷衍する。大きな字の行書にて記され、手習いの用もなした。本書の第1条、女子は幼少の頃から父母が徳目や教訓をきちんと教えるべきであるとするのに典型なように、益軒には包含されていた男女平等思想は捨象され、徳目を列記し忍従を説くのみで、女子自身による主体的な家や社会の倫理に対する参与の契機をうむものとはいえない。版を重ね、また近代に至っても「女大学」の題を冠する類書を多くうみ、第2次大戦終了時まで封建的な家制度を支える女子教育書として利用された。

女大学宝箱（おんなだいがくたからばこ）　→女大学

女大学評論（おんなだいがくひょうろん）　*福沢諭吉の晩年の著作。1899年（明治32）4～7月に「新女大学」とともに「時事新報」で発表し、11月単行本「女大学評論　新女大学　全」として時事新報社より出版された。大正末頃までに約50版を重ねた。儒教道徳にもとづく「*女大学」の教えと男尊女卑の陋習を徹底的に批判し、男女対等の*一夫一婦制を主張、男性に品行を高めることを求めた。単婚家族を理想として舅姑との別居を奨励した。ただし、妻の職分は家の内にあって家事・育児を担当することにあるとし、女性に家計を維持・運営していくうえで経済・法律の知識をもつことを勧めた。前年に公布された明治民法親族編を一夫一婦を闡明にしたものと評価した。

女重宝記（おんなちょうほうき）　江戸前期の重宝記物の女子教訓書。全5巻5冊。苗村丈伯の著。1692年（元禄5）刊。中世以来の*往来物の知識と近世的な町人文化の成熟を統合し、女性の日常生活に必要な知識を項目分けし、読みやすく平仮名で百科事典風に略記・解説している。内容は、女性の起源から今日の姿までを「古事記」の引用より始めて、仏教・「論語」などの教えも加味して記す。そのほか女性の健康管理、諸身分、嗜みや諸芸、言葉遣い、化粧、衣類、婚姻の手続き、諸道具、食事作法、懐妊・出産の諸準備や心構え、日用品の漢語や仮名表記、小笠原流の熨斗の折り方、源氏香など多岐にわたる。後続の「男重宝記」をうむように、元禄期（1688～1704）の啓蒙・教化の風潮と出版業の繁栄を背景に流行した重宝記物の先駆的な著作となった。

御姥信仰（おんばしんこう）　立山修験の二大拠点は現富山県立山町の芦峅と岩峅であるが、

その芦峅集落の姥堂に祀られた姥尊に対する信仰のこと。姥尊はオンバサマとよばれ，優婆・老婆・御姥・祖母などとも書かれる。本地が大日如来である立山権現の親神で，醜悪な老婆の姿をした冥府神である。芦峅では秋の彼岸の中日に，死装束を身に付けた女性が閻魔堂から布橋をへて姥堂に案内され，姥尊ならびに立山三座を拝して，往生を確信させる布橋灌頂が行われていた。

おん祭 おんまつり →春日若宮祭

陰陽道 おんみょうどう 暦道・天文道と並ぶ陰陽寮所管の学問の分科。令の規定では，中務省の所管に造暦をはじめ天文密奏・卜筮・報時などを職掌とした*陰陽寮があり，管下に陰陽博士1人・陰陽生10人と陰陽師6人がおかれていた。陰陽生が任官に際して習得を義務づけられたものに，易占の書である「周易」のほか，「新撰陰陽書」「黄帝金匱」「五行大義」などの式占や日時・方角の禁忌に関する書物が指定されている。平安前期における陰陽道の名人滋岳川人の撰と伝えられる書に「滋川新術遁甲書」「金匱新注」などがあり，それらは遁甲式占や六壬式占を説いたものと考えられており，陰陽道の中心が遁甲式占や六壬式占などの占術にかかわる学問と技術とであったことがうかがわれる。平安中期に賀茂保憲がでて，暦道を子の光栄に，天文道を弟子の*安倍晴明に伝えて以降，賀茂・阿倍の両氏が陰陽博士をも独占するようになった。しかし，室町末期に賀茂氏の勘解由小路家が断絶すると，阿倍氏の*土御門家が天文道とともに家職とした。

　安倍晴明撰の「占事略決」が六壬式占の書であったように，陰陽道構成の中核となるものは占術であったが，このほかの構成要素としては日時や方角に関する吉凶・禁忌の管理と陰陽道祭祀とがある。前者は具注暦に付される暦注に代表されるもので，墨書の暦注は「大衍暦注」を手本とする「大唐陰陽書」を典拠とし，朱書の注は「群忌隆集」や密教の「宿曜経」などを典拠としているとされる。後者の祭祀関係では，天変をはじめ干魃・疫病などに際して公的に行われるものに*四角四界祭・天地災変祭・五竜祭などがあり，個人の息災・延命や招福にかかわるものに*泰山府君祭・天曹地府祭や属星祭などがあって，道教系の神格を祀るものが多くみうけられる。このほか，河臨祓・*七瀬祓などの*祓や反閉・身固なども重要な祭祀儀礼とされた。

陰陽寮 おんみょうりょう 令制の官司の一つ。中務省に属す。天文の観測，暦の作成，時刻の報知，吉凶の卜占をつかさどる。陰陽師6人，陰陽博士1人，暦博士1人，天文博士1人，漏刻博士2人のほか，陰陽生・暦生・天文生それぞれ10人をおいて，その教育と後継者の養成にもあたった。

隠幽教 おんゆうのおしえ 「おんゆうのおしえ」とも。*唯一神道（吉田神道）における顕密二教の一つ。*吉田兼俱による「*唯一神道名法要集」において説かれる。三部の本書（「先代旧事本紀」「古事記」「日本書紀」）に依拠する*顕露教に対し，隠幽教は三部の神経（「天元神変神妙経」「地元神通神妙経」「人元神力神妙経」）による奥秘の教えであるとする。三部の神経は，天児屋根命の神宣を北斗七元星宿真君が漢字に写して経としたと説く。隠幽教は三才の霊応，三妙の加持，三種の霊宝をその教相とし，三壇行事によって伝授された。

蔭涼軒日録 おんりょうけん →蔭涼軒日録（いんりょうけん）

怨霊思想 おんりょうしそう 非業の死などを遂げた人物の霊が，死後に祟りをなすとする思想。本来，祟りをなすものは神であり，祟りとは神の属性であったが，奈良時代頃から，死魂の祟りがいわれるようになった。しかし，奈良時代においては，それは非合理なものとして禁断の対象とされた。桓武天皇の時代に，天皇の同母弟である早良親王の怨霊騒ぎが早良親王の後を襲って皇太子に立てられた安殿親王の病に関しておこり，やがて天皇自らもこれを恐れて，「*日本後紀」延暦24年（805）4月5日条にはじめて「怨霊」の語が登場する。これが「怨霊」の語の初見である。ついで大きな怨霊騒ぎは，*菅原道真の怨霊であった。道真の死後20年たった923年（延長元）の皇太子保明親王の夭折にあたって，はじめて道真の霊の祟りがいわれ，

ついで皇太子に立てられた保明親王の遺児の慶頼王も925年5歳で没したことから，宮廷は恐怖に陥った。さらに930年の清涼殿への落雷は*醍醐天皇の死去の遠因ともなり，道真怨霊騒ぎの総仕上げの観があった。

平安時代の怨霊騒ぎはこの二つに指を屈するが，どちらも皇太子の長い病気やあいつぐ夭折という皇位継承の危機に際しておこっている点が注目される。神の祟りから人の祟りへの転換には，一つには，身分の高い人が非業の死を遂げ，その廟が正しく祀られていない時に祟りをなすとする「春秋左氏伝」の子産の説の影響（藪田嘉一郎説）や，また神仏習合思潮の展開の中で，*神宮寺建立の思想が〈仏の前には神もまた冥界の存在であり，冥界に迷っているゆえに神が祟りをなす〉と説いて，いわば神を人と同列においたことが，神の属性である祟りを人に移行させやすくもしたのであろう。平安初期に成立した天台教学が，宇宙の全存在を悉皆として捉え，その「悉皆成仏」を説くことによって怨霊もまた救済の対象とされ，天台教学によって怨霊思想が助長される傾向のあったことも無視できない。→御霊信仰

か

槐安国語 かいあんこくご　江戸中期の禅法語集。全7巻。*白隠慧鶴の編著。大徳寺の開山大燈国師（*宗峰妙超）の語録に，白隠が著語（短評）と評唱とを付したもの。日本の「碧巌録」とも評される。1749年（寛延2）成立，50年刊行。1～4巻に垂示・上堂，5・6巻に頌古，7巻に拈古・所感を収める。書名は，唐の淳于棼が夢の中で槐安国南柯郡の太守に任ぜられ，栄華をきわめたが醒めてみれば夢物語でしかなかったという寓話に因むが，本書は白隠が最も心血を注いで完成させた一大著作で，日本の禅思想史の一つの頂点をきわめるものである。

海外新話 かいがいしんわ　アヘン戦争の読物小説。田辺藩士で，箕作阮甫に蘭学を，梁川星巌やながわせいがんに詩文を学んだ嶺田楓江（1817～83）の著。全5巻。学問所の許可をうけずに，1849年（嘉永2）に刊行されたが，翌年，絶版を申し付けられ，楓江も押込の処分をうけ，さらに52年（嘉永5）三所所払いに処せられた。著者不明の「夷匪犯境録」や沈筠の編集した「乍浦集詠」によって，アヘン禁輸の発端からアヘン戦争の開戦・経過，清朝の敗戦と南京条約の締結に至るまでを，軍談風に描いている。イギリス軍の侵略に対して，節義に殉じた烈女を描くなど，抗英運動に共感している点は注目すべきである。

開化思想 かいかしそう　→開明思想かいめいしそう

回忌 かいき　→周忌しゅうき

槐記 かいき　→台記だいき

廻国雑記 かいこくざっき　「宗祇廻国雑記」「回国雑記」とも。室町末期の紀行文学。全5巻。古くは*宗祇の撰とされたが，関岡野洲良せきおかのすよしは「回国雑記標註」（1825刊）で准后*道興どうこうの著であることを考証した。道興は左大臣近衛房嗣の子で，大僧正法務・准三后・聖護院門跡などに任ぜられた。内容は，1486年（文明18）6月上旬から翌年3月までの遊歴記である。大原をこえて北陸路に入り，武蔵

国へと進んで関東各地をめぐり，さらに武蔵国には長く滞在し，ついで甲斐国へでて，87年3月には奥州へ向かい，松島などを訪れている。文中には多くの和歌・漢詩・俳諧などがみられ，文学作品としての価値も高いが，当時の地方文化や交通路などを知ることができる重要な史料である。

外国事情書〔がいこくじじょうしょ〕　江戸後期の外国地理・歴史書。*渡辺崋山〔かざん〕の著。1839年（天保10）成立。成立事情については「*西洋事情書」の項参照。本書は「西洋事情書」の第3稿として書かれ，江川坦庵〔たんあん〕によって命名された。これにさらに崋山が加筆・訂正した写本もある。世界地誌と主に西洋列強の領土・領民・文化を記述する一方，各国の軍事力と軍事技術の圧倒的優位を執拗に強調して列強が日本近隣に迫っていることの危機感を煽り，間接的に幕府の対外政策の転換を求めていた。上申前に*蛮社〔ばんしゃ〕の獄の際に「*慎機論〔しんきろん〕」とともに発見され，幕政批判の廉で崋山は処罰された。

海国図志〔かいこくずし〕　中国清末に刊行された世界地理書。魏源〔ぎげん〕（1794～1857）による米人ブリッジマンの著作の編訳。1842年に初版全50巻，47年に増補全60巻，52年にさらに増補全100巻。アヘン戦争後に海外情報の必要を痛感したことから書かれた。日本には1851年（嘉永4）60巻本が舶来。一時禁書扱いをうけ，54年（安政元）に8部が一般に流布しただけだった。ペリー来航後の状況下で海外知識が求められ，57年までに主要部分が一部分ずつ翻刻，和訳が出版され，幕末の志士・学者に広く読まれた。

海国兵談〔かいこくへいだん〕　江戸後期のロシア南下に備えた国防策を論じる兵書。全16巻。*林子平〔はやししへい〕の著。1787～91年（天明7～寛政3）刊。四方を海に囲まれた「海国」としての日本の地理的特性にもとづいて，国防を論じた*海防論の端緒である。洋式軍艦を備えた海軍の設立，沿岸防衛のための砲台の全国海岸への設置を提案，特に江戸沿海の防衛の重要性を説いた。92年に出版取締令により版木を没収されたが，のち1841年（天保12）に許され，51年（嘉永4）に「精校海国兵談」として再版された。

開国論〔かいこくろん〕　17世紀中頃に確立した江戸幕府の*鎖国体制を批判し，外国との交渉を推進する主張。18世紀後半から19世紀初頭にかけて，蘭学の知識にもとづいて開国論が登場する。ロシアの南下政策に対して，「*赤蝦夷風説考〔あかえぞふうせつこう〕」を著し，蝦夷地の開発を主張した*工藤平助〔へいすけ〕や，「*西域物語〔せいいきものがたり〕」で積極的な交易による富国政策を提唱した*本多利明〔としあき〕らが初期の開国論にあたる。イギリスの出現，とりわけ1825年（文政8）の異国船打払令以降は開国論が政治性を帯びるようになる。鎖国政策を批判した渡辺崋山〔かざん〕の「*慎機論〔しんきろん〕」や，積極的な海外侵略政策を提唱する佐藤信淵〔のぶひろ〕の「*混同秘策〔こんどうひさく〕」などの開国論がそれにあたる。1840年代のアヘン戦争からオランダ国王の開国勧告書が届く頃には，開国論は*攘夷論〔じょういろん〕との二者択一的な政治課題となる。1853年（嘉永6）のペリー来航を契機として，開国論と攘夷論の対立は，やがて倒幕運動にまで展開する。しかし，その過程で外国勢力に対抗するための戦略的な攘夷開国論が形成され，明治期の西洋文明受容を規定する要因ともなる。

華夷思想〔かいしそう〕　前近代の対外意識。中国の華夷思想によれば，全世界＝「天下」を支配する者は，「天」の媒介者としての「天子」（皇帝）である。天子は儒教の徳を具備した聖人であり，王道の体現者であって，理念的にいえば，「普天の下，王土に非ざるなく，率土の浜，王臣に非ざるなし」（「詩経」）とあるように，全世界は天子の「王土」である。ただ現実的には，儒教の礼教文化の中心である「中華」と，徳化のいまだ及んでいない周辺の野蛮な人々の住む「夷狄〔いてき〕」（東夷〔とうい〕・西戎〔せいじゅう〕・南蛮〔なんばん〕・北狄〔ほくてき〕）に二分される。この「中華」と「夷狄」の境界は固定的なものではなく，「夷狄」も自ら儒教の礼教文化を身につけた時には，「中華」の中に組み込まれた。その意味で，境界は流動的であって，一面では開放的であった。この中国の華夷思想が礼教文化を基準としていたのに対して，江戸時代，「武威」と皇統の一系性を根拠とした日本型華夷思想が，人々の対外意識を規定していた。皇統の一系性は中世の「*神皇正統記」などの神国思想と連続性をもつ観念で

あるが，「武威」の国のイメージが強調された。豊臣秀吉が「大明之長袖（ちょうしゅう）国」に対して「日本弓箭（きゅうせん）きびしき国」と説いたように，文弱な中国に対する「武威」の国日本の自国優越意識として，儒学・国学の学派的な違いをこえて広まっていた。

改邪鈔（かいじゃしょう） ＊覚如（かくにょ）の著作。1337年（建武4・延元2）成立。1巻。＊仮名法語。覚如は親鸞（しんらん）の曾孫で，大谷廟堂留守職を獲得したが，さらに本願寺教団の真宗各派内における正統性を確立する必要があった。そのため「執持鈔（しゅうじしょう）」によって親鸞至上主義にもとづく教理的立場を確立し，「口伝鈔（くでんしょう）」により血脈相承（そうじょう）にもとづく正統性を示した。本書はこれらの述作とともに覚如の代表作である。20カ条からなり，全体にわたって真宗内における他教団の邪義性を強調し，最後に他門流による，親鸞の廟堂たる本願寺への参詣妨害を糾弾して，ここでも自己の正統性を主張している。20カ条は名帳・絵系図の否定から始まり，当時優勢であった＊仏光寺派（ぶっこうじは）への攻撃を意図していたと思われる。

海上物語（かいじょうものがたり） 江戸前期の＊仮名草子。全2巻2冊。曹洞宗の＊草庵恵中（そうあんえちゅう）の著。1666年（寛文6）刊。1656年（明暦2）8月，諸国を一見している坂東方の老僧が長崎より薩摩へ向かう船の上で，人々と問答しながら平易に仏道を説法する。上巻では，後生一大事を知らしめ，勇猛心による仏道修行を勧める。また仏法と世法とは矛盾せず，三世因果説から悟りへと導く。下巻では，排仏論を意識して＊三教一致論を唱え，出家の功徳・仏道修行による福徳円満を教え，最後に禅念一致の立場から念仏を勧める。＊鈴木正三（しょうさん）の著作と思想的に密接に関係している。71年には「海上問答」と改題し再版された。

改正教育令（かいせいきょういくれい） →教育令（きょういくれい）

快川紹喜（かいせんじょうき） ？～1582（？～天正10）「─しょうき」とも。戦国・織豊期の臨済宗の僧。「心頭滅却すれば火も自ら涼し」の辞世句で有名である。諡号は大通智勝国師。俗姓は土岐。美濃国の人。妙心寺27世仁岫宗寿（にんしゅうそうじゅ）の法嗣。宗寿が創建した美濃国南泉寺，同国崇福寺（そうふくじ）に歴住した。その間，妙心寺43世住持になる。崇福寺時代，斎藤義竜（たつおき）の

不興を買い甲斐国へ逃れ，武田信玄に迎えられて恵林寺（えりんじ）に住した。武田家の滅亡時，恵林寺の焼き打ちにより一山の僧とともに焼死した。この時，上記の句を唱えた。信玄の外護をうけ，甲斐国の諸山位の官刹恵林寺を妙心寺末寺としたことは，戦国大名の外護をとりつけ，衰退する五山派の教線をとりこむ妙心寺派の勢力拡大の事例として捉えられる。

改造（かいぞう） 大正デモクラシーの高揚期に創刊され，言論界をリードした総合雑誌。1919年（大正8）4月，山本実彦（さねひこ）が改造社を設立して創刊した。当初は性格不鮮明であったが，4号から時代の社会改造思潮に視点をすえた「労働問題・社会主義批判号」「資本主義征服号」など，次々に特集を組んで急速に支持を広げ，大正末年には「中央公論」と並ぶまでに成長した。執筆者は最多の山川均（ひとし）ほか，堺利彦・大杉栄（さかえ）・賀川豊彦・河上肇（はじめ）・猪俣津南雄（つなお）・櫛田民蔵（くしだたみぞう）・長谷川如是閑（にょぜかん）・福田徳三（とくぞう）らで，社会主義・マルクス主義者が多いことが注目される。海外からもラッセル，アインシュタイン，デューイ，ローラン，ショウ，胡適（こてき），魯迅（ろじん）らの寄稿を求めた。文芸・評論でも，芥川竜之介「河童（かっぱ）」，武者小路実篤（さねあつ）「或る男」，志賀直哉（なおや）「＊暗夜行路」，横光利一（よこみつ）「紋章」，火野葦平（あしへい）「＊麦と兵隊」，細井和喜蔵（わきぞう）「＊女工哀史」などが掲載され，宮本顕治・小林秀雄らを輩出した。42年（昭和17）8・9月号掲載の細川嘉六（かろく）「世界史の動向と日本」が共産主義宣伝であるとされ，横浜事件にまで発展し，以後軍部の圧力が強まって44年6月号で停刊した。戦後復刊されるが，社内の争議で55年2月号で終刊となった。

誡太子書（かいたいしのしょ） ＊花園上皇が，甥の量仁（かずひと）親王（後伏見上皇の子，のちの光厳（こうごん）天皇）に宛てた意見書。1330年（元徳2）2月の日付をもつ。皇位に立つものとしての訓戒を記したもの。「暗愚」な「下民」を導くのは「仁義」であり，「無知」な「凡俗」を治めるのは「政術」である。「君」としてその「才」がなければ，その「位」にあってはならないとする，愚民観と徳治主義に立脚したもの。単に観念的所作というよりは，＊両統迭立（りょうとうてつりつ）の

中で，皇統の維持に対する具体的な危機感からでたものと評され，公家内部の重大な告発ともなっている。

解体新書（かいたいしんしょ）　江戸中期の西洋医学書の翻訳書。*杉田玄白・*前野良沢らがいわゆる「ターヘル・アナトミア」（Ontleedkundige Tafelen, 1734）を邦訳したもの。本文が4巻，図が1巻の全5巻。1771年（明和8）江戸千住の小塚原で腑分（解剖）を見学し，玄白・良沢らは西洋解剖図の精緻さに感動し，これの翻訳を開始，3年後の74年に「解体新書」として刊行された。オランダ語の知識がほとんどない状態だったので，訳が不正確な部分があり，原文の脚注をほとんど訳していない，などの不備はあるが，わが国最初の本格的な西洋医学の翻訳書であり，蘭学興隆の端緒を作った。

戒壇（かいだん）　仏教で，*戒律授受の儀式を行うための正方形・三重の壇。わが国では僧尼統制政策の一環として国家の管理のもと，754年（天平勝宝6）に*東大寺に設けられたのが最初で，ついで下野国薬師寺・筑紫国観世音寺にも設置された。特に東大寺の戒壇は後世まで機能し，南都および真言宗の学僧などが戒をうけた。一方*最澄は，天台宗独自の教理にもとづく戒壇を*延暦寺に設けることを主張し，死後の822年（弘仁13）認可された。山門派・寺門派の分裂により*園城寺も独自の戒壇を設置し，しばしば騒乱に発展したが，公認には至らなかった。その他，1027年（万寿4）に法成寺に設置された尼戒壇や，真言律宗の成立にともない*唐招提寺に鎌倉時代に築かれたと思われる戒壇なども知られる。

華夷通商考（かいつうしょうこう）　*西川如見の著した外国地誌の書。全2巻。1695年（元禄8）に刊行された。上巻は中華15省，下巻は外国（朝鮮・琉球など5カ国）と外夷（占城など11カ国），および阿蘭陀の通商国31カ国について，その地誌を記している。なお「増補華夷通商考」5巻も，1708年（宝永5）に刊行された。本格的な外国事情の紹介書として高い意義をもっている。

回天詩史（かいてんしし）　蟄居中の*藤田東湖が，「三たび死を決して死せず。二十五回刀水を渡る」に始まる自らの長詩の一句ごとに，漢文の解説をつけ，自己の閲歴や藩政の展開をのべた書。上・下2巻。1844年（弘化元）成立。垢と虱に苦しめられる幽囚の身を，内憂外患の危機に瀕している「神州」日本と同一化させ，逆境の中で自己が「大義」を貫き，「天地の正気」を充実させることが，そのまま「神州」日本を振起させ，衰えた国勢を一変させる「回天」につながることを歌う。長詩は漢詩特有のリズムによって，悲壮・悲憤の感情が表出され，「*正気歌」とともに幕末期の志士に愛誦された。

海道記（かいどうき）　「鎌倉紀行」とも。1223年（貞応2）4～5月の京都から鎌倉への紀行文。1巻。旅を終えてまもなくの執筆か。作者は，京都白河あたりで隠棲する50歳前後の出家者としかわからない。しかし，「*夫木和歌集」などは作中の和歌を鴨長明とし，近世には「鴨長明海道記」と題されて出版された。また「群書類従」では源光行作とされ，さらに藤原長行作とする説もあるが未詳。全般に仏教思想が強く表れている，思想性豊かな作品である。文体は和漢混淆体，対句と故事の引用が多い。隠者文学として，「*東関紀行」とともに鎌倉時代を代表する紀行文である。

懐徳堂（かいとくどう）　大坂学問所とも。江戸中期に創建された大坂の漢学塾。1724年（享保9），三星屋武右衛門（中村睦峰）・道明寺屋吉左衛門（富永芳春）・舟橋屋四郎右衛門（長崎克之）・備前屋吉兵衛（吉田盈枝）・鴻池又四郎（山中宗古）の「五同志」が出資して，摂津国尼崎町（現，大阪市中央区）に建設された。塾名は「君子懐徳」（「論語」里仁篇）による。初代の学主に*三宅石庵を迎え，町人（庶民）の教育機関として発展し，創設の2年後には官許の学問所となった。石庵をはじめ，*中井甃庵・*五井蘭洲・*中井竹山・*中井履軒・並河寒泉ら錚々たる学者が歴代の教授を務めた。*三輪執斎・*伊藤東涯らも出講した。はじめは朱子学と陽明学を折衷して「鵺学問」とよばれた石庵の学風が強かったが，しだいに朱子学が中心になり，徂徠学の流行に対立する姿勢を強めた。*荻生徂徠の古典理解への反発

と，詩文を重視して道徳を軽視する蘐園の才子たちへの反発は強かったが，その朱子学理解には，合理的・実学的（非形而上的）な性格が強く，無鬼論や中庸錯簡説などが唱えられた。そうした気風の中から，*富永仲基とみながや*山片蟠桃らの傑出した独創的思想家をうみ，頼春水や柴野栗山・尾藤二洲・古賀精里（寛政の三博士），また脇蘭室（愚山）や帆足万里らも交渉をもった。1869年（明治2）に閉鎖されたが，西村天囚らの尽力で1916年（大正5）に再興された。

海南学かいなんがく →南学

貝原益軒かいばらえきけん 1630〜1714（寛永7〜正徳4）江戸前期の儒学者，筑前国福岡藩士。名は篤信のぶ，字は子誠，通称は九兵衛ほか，損軒そんけん，致仕後は益軒と号した。先祖は備中国吉備津神社の神職で，祖父の代から福岡藩黒田家に仕えた。藩主の怒りにふれ，7年間の牢人生活を経験し，のちに再び出仕した。京都遊学で*松永尺五・*木下順庵・*中村惕斎・米川操軒らの朱子学者と交遊をもった。明儒陳清瀾の「学蔀通弁」を読んで，陸王学から離れて朱子学に拠ることを定めた。*益軒十訓とよばれる平易な和文の教訓書をはじめ，旅行案内を兼ねた紀行文など，出版資本と協力して実用的な知識を広く人々に提供しようという姿勢が強い。*向井元升・*黒川道祐・*宮崎安貞といった本草学者・農学者との交際もあり，「*大和本草」は，各地の旅行の経験をもとに，自宅の園内に実際に植物を植えて観察したうえで書かれたという。朱子学の「格物究理」の精神が，益軒においては実際の事物に即した自然の探求として現れたのである。また「黒田家譜」12巻，「筑前国続風土記」30巻を編纂した。学術的な著作は，漢文で書かれた「*慎思録しんしろく」6巻と「*大疑録たいぎろく」2巻に代表されるが，後者は，朱子の理気二元論に気一元論の立場から疑義を提出したものである。
　万物を生成する天地の営みへの感謝を土台とし，自己の生を充実させることが天地の恩に報いることだとするところに，益軒の思想的な特徴がある。著作の中に「楽しむ」という言葉がよく使われるのも，人間的な生の賛美につながっている。「*養生訓」の著者たるに恥じず，85歳の長寿をえた益軒であるが，晩年になるほど著作活動が旺盛であることも，特筆すべきことである。東アジアの朱子学の展開を考える時，*山崎闇斎による朱子学の敬虔な宗教的深化とならんで（闇斎学派からすれば，益軒は悪しき「俗知」の典型とされた），益軒の経験合理的な朱子学の展開は貴重な事例である。また，妻の東軒とうけんは和歌・古楽をよくし，益軒との合作の軸物をなし，また合奏を楽しんだ。甥に貝原好古よしふる（恥軒）がいて，「筑前国続風土記」の編纂に多大の協力をした。門人は竹田定直（春庵）ほか。⇒貝原益軒家訓

貝原益軒家訓かいばらえきけんかくん 「貝原篤信家訓」とも。福岡藩主黒田光之（長政の嫡子）に仕えた*貝原益軒の家訓。益軒は儒者・藩医で，名は篤信といった。1686年（貞享3），「我子孫たらん人，必厚く信じ慎ておもひ，常に心を保ちて守り行ふべし，違背すべからず，各其子十五に及ばゝ，此法を相伝すべし」と，その末文にあるように子孫に与えた家訓である。儒者である益軒は，第一にわが身のために聖学を必須とし，第二に「*和俗童子訓」における童子の早期教育にもとづく子弟教育論と「義方の訓をなすべし，姑息その愛をなすべからず」と養育論を訓誡している。最後に武士の道としての忠孝・義理と「家をおこす法」である勤倹の三綱を示している。

開白かいびゃく →表白ひょうびゃく

懐風藻かいふうそう 奈良後期の漢詩集。1巻。751年（天平勝宝3）成立。編者不詳。序文に「詩百二十篇，作者六十四人」とある。しかし群書類従本は117首，他の板本は116首。侍宴じえんなどの社交的な場における作品が多い。内容的には，儒教ばかりでなく，仏教や老荘の思想などがとりあげられており，奈良時代の中国の思想や文芸に対する憧憬やそれらを受容しようとする姿勢がそのまま現れている。しかし芸術的な昇華には至っていない。

開物学かいぶつがく →皆川淇園みながわきえん
会輔かいほ →石門心学せきもんしんがく
解放かいほう 大正後期・昭和初期の総合雑誌。1919年（大正8）黎明会の*吉野作造・*福田

徳三・*大山郁夫を顧問，新人会の*赤松克麿・*佐野学らを編集協力者として創刊された。論説は普選・労働・婦人問題など大正デモクラシーの主要問題を網羅し，なかでも佐野学「特殊部落民解放論」は水平社運動の理論的起点をなしたことで有名である。また，*島崎藤村を顧問とした文芸欄には，プロレタリア作家の初期作品が掲載されている。23年9月号の発行後，関東大震災で発行元の大鐙閣が全焼し休刊した。25年10月号から復刊し，「米国伯爵」を自称した気骨の弁護士山崎今朝弥は，解放社を同人制として，赤松克麿・*麻生久・新居格ら13名を迎えた。復刊後の「解放」はより急進化したが，部数は伸びず，27年(昭和2)5月号からは山崎の個人雑誌となり，論壇における影響力を失った。

海防臆測 天保期(1830～44)の代表的な*海防論の書。「蛮社」グループに属する*古賀侗庵の著。全2巻。巻上は，モリソン号情報のもたらされた1838年(天保9)に，巻下は蛮社の獄のあった39年とその翌40年に書かれている。50年(嘉永3)刊。侗庵は*渡辺崋山と同様に，異国船打払令を批判し，西洋式の銃砲や大型艦船の導入を求めているばかりか，そうした西洋の進んだ科学技術の摂取を阻害している独善的な自民族中心主義を批判している。また，キリスト教の脅威よりも，侵略の名目を与えないことが大事だと説いて，同時代の水戸学者の*攘夷論と一線を画し，「理義」と軍事力のバランスのうえに立った外交関係を求めている。

海防備論 幕末期の*海防論の書。全3巻。*藤森弘庵の著。ペリー来航直後の1853年(嘉永6)成立。「惣論」「処置の宜」「当務の急」からなる。「惣論」では，外国貿易による経済的損失という観点から開国拒否を説き，あわせて海防担当の総責任者の必要性を論じている。「処置の宜」では，経費削減，米穀運搬のための西洋式大艦の建造，文武合併の大学校創設などの内政改革をのべ，「当務の急」としてペリーへの回答文の文案を提示している。この時点では，弘庵は「天下の人の志」を一定にするために開国拒否策をとっていたが，和親条約の締結以後は，無謀な攘夷は適切ではないと批判した。

海防問答 文化年間(1804～18)の北方問題に対して，ロシアを恐れる必要はないと論じた兵学者の*海防論の書。*平山行蔵の著。1816年(文化13)成立。全4巻。西洋諸国は貿易によって立国しているため，国主は商人にすぎず，軍事的に侵略する能力はないと説いて，対外的危機を煽る林子平への「*海国兵談」は荒唐無稽の論であるばかりか，人々をいたずらに恐怖・動揺させるものだと非難している。さらに，ロシア王を「帝王」と尊称する蘭学者についても，「夷狄への奴隷」になっていると批判している。海外知識そのものは新井白石の「*采覧異言」の域をでていないが，武威を基準とする日本型*華夷思想を示す書として注目すべきである。

解放令 賤称廃止令・部落解放令とも。「賤民」身分の廃止とその職業選択の自由を認めた1871年(明治4)8月の太政官布告。明治政府は新たな政治・経済秩序を形成するため，従来の身分制を再編し，職業・居住の自由を保証する政策を推進したが，1870年には京都の被差別部落の住民から身分差別撤廃の要求もだされ，これを無視できなかった。こうした「賤民」身分廃止の気運の高まった中で，*大江卓の建白などが契機となって解放令がだされた。しかし，解放令反対一揆がおこるなど社会的・経済的な差別が根強く残存したため，職業・居住の自由はかえって生活上の困難を増大させた面があり，被差別部落解放運動をよびおこすこととなった。
⇒穢多・非人観　全国水平社

海防論 近世後期，西洋列強の侵出の危機感から提起された軍備の充実・増強論と，そこから派生する人材登用論や，軍備の財源を捻出するための国内改革論。ロシアの南下に危機感を抱いた*林子平は「*海国兵談」の中で，日本は「海国」であると説いて，江戸湾防備の緊要性を警告し，海軍の設立と海岸防御の砲台の設置とを求めた。以後，西洋の「大船」に対抗するために，海軍と銃砲を充実せねばならないという子平の主張は，狭義の海防論の共通認識になった。また国内改革論については，国内の閉塞状況を

打破する「有用」な人材の登用と、軍備の財源を捻出するための富国強兵策が論じられた。西洋列強に対抗する強兵を目的として富国を求めた点で、論者は共通するが、その富国の方法・内容については、意見が分かれた。*本多利明や佐藤信淵が積極的な経済政策を主張したのに対して、*会沢正志斎は儒教的な抑商・勧農策をとり、富国強兵を支える精神的な側面を重視し、民心統合を図るための*尊王攘夷論を説いた。このように海防論において提出された富国強兵などの問題は、幕末の一時期に限ったものではなく、明治以降にも大きな課題となった。

海保漁村 かいほぎょそん 1798～1866（寛政10～慶応2）「かいぼー」とも。江戸後期の儒学者。名は元備、字は純卿、通称は章之助、漁村と号す。上総国武射郡の人。儒医の子。1821年（文政4）江戸にでて、*大田錦城に入門する。多紀暁湖の推薦で、1857年（安政4）幕府医学館の処士で最初の儒学教授となった。また下谷に私塾伝経廬を開いて教授し、門弟に島田篁村・*渋沢栄一らがいる。錦城と同様、漢儒の訓詁と宋儒の義理の二つを折衷する立場を堅持し、考証学・書誌学の研究に努め、「文章軌範補註」など多くの著書を残した。清朝考証学者とともに、*伊藤東涯の博学洽聞を尊敬した。著書は「周易古占法」(1840刊)、「漁村文話」(1852刊)のほかに、佐藤一斎の「論語欄外書」を朱子学の立場から批判した「論語駁異」、「祇教紀原」がある。

海保青陵 かいほせいりょう 1755～1817（宝暦5～文化14）「かいぼー」とも。江戸後期の経世思想家。名は皐鶴、字は万和、通称儀平、青陵はその号。丹後国宮津藩の家老角田市左衛門の子として江戸に生まれた。父は青陵2歳の時に隠居し、のちに名古屋藩に出仕した。1776年（安永5）弟に家督を譲って、曾祖父の本姓海保を称した。宮津藩青山氏に儒者として仕えるが、84年（天明4）頃に致仕して牢（浪）人となる。89年（寛政元）に京都に上って以後、全国各地を遊歴した。1801年（享和元）より3年間、名古屋藩の江戸藩邸で儒者として務めたが、これも辞し、越後・加賀国を訪れ、06年（文化3）京都に帰って、「*稽古談」ん」「*新墾談」「*前識談」などを著した。生涯娶らず、牢人学者として自由な一生を送った。

1764年（明和元）徂徠学派の*宇佐美灊水の門に入り、古文辞学を学んだ青陵は、荻生徂徠・太宰春台の*経世論を発展させ、商品経済・貨幣経済の進展に即応した、「他国ノ金ヲ吸ヒ取ル」（「稽古談」）重商主義的な経世論を説いた。こうした政策の根底には、「天地ノ間ノ事ハ皆理ナリ。皆理中也。理外ナシ」（「*天王談」）とする合理主義的な世界観のもとで、君臣関係も売り買いの「市道」（「稽古談」）であるとする功利的な人間観と、「己ヲ他人ノ如クニ見ル」（「前識談」）、自己を対象化・客観化する独特の認識論とがあったことは注目すべきである。ほかの著書に「*老子国字解」「*善中談」などがある。

会輔席 かいほせき →心学講舎しんがくこうしゃ

戒名 かいみょう 出家得度した僧や在家の信者で、戒をうけた者に与えられる名前。*諱2字あるいは道号(2字)と諱(2字)の4字で、下に禅定門・禅定尼・居士・大姉・信士・信女が付される。インドではこうした慣習はなかったが、中国における死後に名を贈る風俗の影響をうけ、日本では戒名は死後の名として普及していく。晩年に受戒し戒名をうける者も多く、葬儀の際、死者に対して僧となす作法なども行われ、戒名は諸宗派で定着していった。中世の禅宗では、社会的身分や職業・出自などを反映させた戒名の書式が詳細に定められた。近世になると、被差別身分の人々に差別的な用字で戒名を付ける差別戒名まで現れた。

開明思想 かいめいしそう 近世後半期から近代への移行期に登場し、封建的な思想や制度を克服して新しい時代を構想する思想をさす。明治期になると「開化思想」という表現が使用される。開明思想は、近世における近代化傾向を表現するものとして用いられるのが一般的である。これらの用語は、いずれも欧米の近代文明に規定された「近代」像を前提として用いられることが多い。さらにいえば、開明思想はこの近代文明にどれほど近いものであるかという評価をともなった用語でもある。こ

の開明思想の特性としては，政治における封建割拠体制から統一国家への構想，外交における鎖国から開国への転換，経済における封建的な領主経済から民間資本を主体とした全国市場の形成と外国交易の推進などの資本主義的な諸要素の育成，さらに文化における西洋学の受容，とりわけ西洋の科学技術や議会制度の受容などがあげられる。幕末の開明思想家としては，*横井小楠や*佐久間象山・*橋本左内らが代表的である。また開明君主としては，鹿児島藩の殖産興業政策を推進した島津斉彬らも有名である。

開目鈔 かいもくしょう *日蓮の主要著作物で，三大部の一つ。上・下2巻。ただし，巻別は後世になされた可能性が高い。1272年(文永9)に配流先の佐渡国で記され，鎌倉の弟子・外護者へ「かたみ」として送る形をとっている。受難・迫害こそが「*法華経」の行者のしるしであることは経文にみえているとのべ，自らが「法華経」の行者であることを確認する。文中の「我日本の柱とならむ，我日本の眼目とならむ，我日本の大船とならむ」という三大誓願は特に著名である。「*観心本尊抄」が法を開顕するのに対して，本書は人を開顕するものとして，教学上重視されている。

海游録 かいゆうろく *朝鮮通信使として来日した申維翰(1681～?)の紀行文。全2巻。1719年(享保4)4月から翌年正月までの日記と「聞見雑録」からなる。観察は細かく，沿道の風景，旅宿のようす，日本人学者とのやりとりなどが活写されている。特に対馬国府中藩儒の*雨森芳洲への，学者としての尊敬と友情にあふれた記述は知られている。「文」「礼」を重んじる儒者の眼で，日本の制度・風俗が批判的に論じられている箇所は，比較文化論的な関心からも興味深い。

廻瀾条議 かいらんじょうぎ 「回瀾条議」とも。幕末期の建言書。萩藩士*久坂玄瑞の著。1862年(文久2)成立。萩藩主毛利敬親(慶親)・定広父子に，尊王攘夷の立場から国内外の政治政策の指針を示したものである。*公武合体論と*開国論を主張した長井雅楽を断罪し，*吉田松陰を顕彰するなど，藩内の正邪の別を明らかにし，日米修好通商条約の違

勅調印と安政の大獄の責任者の処罰を主張した。また，列強との徹底抗戦を覚悟のうえで，破約攘夷を決行すべきと論じ，幕府に前非を悔悟し勅諚の遵守を迫っている。さらに，外交の主導権を奪回したうえで海外への積極的な進出策も提唱する。

戒律 かいりつ 戒と律との合成語。戒は身・口・意の悪業(三業)を防ぐための規範で，もともと広く在家信者の遵守すべき徳目をも含み，律は教団維持のための出家者の犯行を禁止する条項であるが，両者に共通するものが多いのでしだいに同一視された。戒には在家と出家の別があり，在家の男女が守るべきものが殺生・偸盗・邪淫・妄語・飲酒の五戒で，すべての戒の基本とされる。また在家が一日一夜を期して守る八斎戒もあった。一方，出家の中でも20歳に満たない沙弥・沙弥尼の守るべきものが十戒で，20歳以上になると具足戒，すなわち比丘は250戒，比丘尼は348戒を守るものとされた。この具足戒をうける受戒(授戒)の儀式には戒和尚・教授師・羯磨師のほか，7人の証人(あわせて三師七証という)の立ち会いが必要とされたが，この制度の日本への伝来は*鑑真一行の渡来に始まり，授戒の場として東大寺に戒壇院が設けられた。のち*最澄は，かつて東大寺でうけた具足戒を小乗戒であるとして自ら破棄し，「*梵網経」に説く梵網戒のみを大乗の修行規範とすべきことを主張して菩薩僧の育成をめざした。こののち日本では，戒律復興の動きが一部にはあったが，戒律そのものの意義はしだいに低下し，*親鸞のように明確にそれを否定する者もいた。⇒受戒・授戒

臥雲日件録 がうんにっけんろく 室町中期，相国寺の禅僧*瑞渓周鳳の日記。1446年(文安3)から73年(文明5)の記主瑞渓の没する直前まで記述された。原日記は佚し，1562年(永禄5)に相国寺光源院の*惟高妙安が抄録した自筆抄本「臥雲日件録抜尤」1冊だけが存する(光源院旧蔵，現在は国立民俗博物館蔵)。ただし「抜尤」の写本は存する。冊尾に惟高の記した目録によれば，もと74冊であった。抄録は惟高の趣向・関心にまかせて選択されたもので，主に禅林の祖師・高僧や文

筆僧の逸事，叢林の文芸活動などに記事が限られた向きがあり，当時の社会的事件などについての記事はみられない。しかし，文安～寛正年間(1444～66)にわたる応仁の乱直前の禅林の動向を伝える史料として貴重なものである。

燿歌 かがい　→歌垣

呵刈葭 かがいか　*本居宣長が*上田秋成との論争を編集した書。全2巻。1787年(天明7)から90年(寛政2)4月の間に成立。1786～87年頃に行われた古代国語の音韻に関する論争を上編(「上田秋成論難同弁」)とし，同じ頃，宣長の「*鉗狂人」をめぐって行われた論争を下編(「鉗狂人上田秋成評同弁」)として構成される。上編は，秋成が宣長批判の文を菊屋兵部(荒木田末偶)に送り，それをみた宣長が86年8月に「菊屋主に贈る書」で反論，次に秋成は「宣長に対する上田秋成の答書」を宣長に送り，宣長は87年正月に「上田秋成論難之弁」を書いた(秋成には送らず)。宣長はこれら四つの書を16カ条に編集した。下編は，87年7月以前に秋成が「鉗狂人上田秋成評」を宣長に送り，宣長は「鉗狂人上田秋成評之弁」を作成し，この二つをもとに編集した。写本で流通し，1902年(明治35)吉川弘文館版「本居宣長全集」第4巻ではじめて活字化された。

内容は，上編は宣長が1785年刊行の「漢字三音考」で「ん」音，半濁音の存在を否定したが，秋成はそれを肯定する立場をとり，皇国の音を正とし外国を不正とする宣長の態度を批判したことへの再反論である。下編は「鉗狂人」において宣長が天照大神を実在の太陽と同一視することに対し，秋成は古伝は国ごとに違うが根本は共通しているとして，宣長の皇国中心観を批判したことに対する応酬である。上・下編を通じて，日本の古伝を正統とする宣長とそれに反駁する秋成という両国学者の古代観の相違が現れている。

家学 かがく　特定の家に相伝された学問・学説。律令制下では大学寮を拠点として，官吏として必要な学問・技能の修得・継承が行われる体制がしかれていたが，平安中期以降，各分野の大学寮教官職が，特定の家によって独占される傾向が進み，博士家とよばれて世襲されるようになった。律令国家から王朝国家への転換にあたって，専門性の高い職務や役割が*イエ(家)の継承原理によって担保され，家業化・家産化する動きは，朝廷における官人集団の整理・統合や，家格の形成とともに進行したが，学問分野における家学の形成も，その一環とみることができる。*明経道の中原・清原，文章道の菅原・日野・藤原南家，*明法道の坂上・中原，算道の小槻・三善などの諸氏がこれにあたり，*家業として，それぞれの学問の継承・研究を進め，その成果を「累代家説」として子孫に相伝した。その内容はヲコト点によるテキストの訓読法などで，家蔵の書物の伝授や書写・校合によって伝えられ，場合によっては秘伝とされた。なかでも儒学史上に大きな位置を占めるのが，平安末期の頼業に始まり，教隆・業忠・宣賢らをだした中原氏の一流である。このほかにも，陰陽・医・暦や有職故実・和歌・音楽などの諸分野で，家学の形成が進んだ。

歌学 かがく　和歌に関する学問。特に明治期以前になされたものをいうこともある。その中心となるのは「*歌論」であり，和歌の本質・要素・分類・歌風などについて論じる。中国の詩学の影響をうけた「*歌経標式」(772年5月成立)より始まり，*勅撰和歌集が編纂されるようになると歌学は盛んになった。平安末期には，「*袋草紙」「奥義抄」などを著した藤原清輔や顕昭らの六条藤家，「*古来風体抄」などを著した藤原俊成やその子定家らの*御子左家の人々によって，「家」および「道」が意識されるようになり，*古今伝授に代表されるような秘説や秘伝などを形成し，仏教や神道の理念をとりいれて，思想性を帯びたものとなる。

近世になると，和歌はさまざまな人々に享受されるようになり，細川幽斎の流れをくみ，中世的な思想性を有する堂上派の歌学，初期の*下河辺長流・*契沖ら，中期の*荷田在満・*賀茂真淵・小沢蘆庵ら，後期の*香川景樹らの地下派の歌学など，歌学も多種多様になる。概して

いえることは，中世に比較して合理的・実証的なものが多い。

雅楽（ががく）　古代から宮中や寺社に伝来されてきた音楽・歌舞。唐を中心とする東アジアの音楽を源流として，飛鳥・奈良時代に摂取され，平安時代に日本の歌舞を加え，外来音楽をしだいに日本化しながら成立したもの。本来，雅楽寮で教習・伝承され，宮廷行事や朝廷の主催する儀式で奏された。儒教では礼・楽が備わることが重要であり，儀礼の遂行に音楽は欠かすことのできないものであった。儀礼が正しく行われるためには，「あるべき正しい楽舞」（雅曲正舞）が要求されたのであり，雅楽の名もまたそれにもとづいている。

下学邇言（かがくじげん）　*会沢正志斎が自己の学問を体系的に集大成した書。1847年（弘化4）に起稿され，没年まで推敲していたと推定されている。正志斎の門人*内藤耻叟の跋を付けて，92年（明治25）刊行された。主著「*新論」の原理論に相当する書で，論道・論学・論政・論礼・論時の5編7巻よりなる。一君二民と陽尊陰卑の思想は「易経」，天および敬天の思想は「書経」，軍令内政一致思想は「周礼」にもとづいて論じている。「天祖」天照大神への報恩を求める思想的根拠である「報本反始」については，「天祖」を「天」と同一視して，日本での*易姓革命を否定している。

下学集（かがくしゅう）　室町時代の国語辞典。1444年（文安元）成立。著者は自序に「東麓破衲」と記すのみで不詳だが，禅宗の僧侶かと推定されている。書名は「論語」の「下学而上達」による。上・下2巻を天地・時節・神祇・人倫などの18門に分類し，それぞれに関係する単語を収めて3000余語に及ぶ。当時の常用語・俗語などを収録し，各語に片仮名の振仮名を付してあるので，室町時代の普通語の状態を伝えるものとして重要な意義をもつ。簡便かつ規範的な百科事彙として広く流布し，さらに増補・改編の手を加えられて，30種以上の古写本が知られる。のちの「*節用集」の成立にも寄与した。

歌学提要（かがくていよう）　「あらすき」とも。江戸後期の歌論。1冊。*香川景樹の著。1843年（天保14）成立，50年（嘉永3）刊。景樹の歌論を，弟子の内山真弓が編集して一書としたもの。真弓は信濃国北安曇郡十日市場村の人。「総論」以下「文詞」まで18カ条にわたって，景樹の歌論が整理されている。実作の作法書的な側面もあるが，和歌は自らの感情を作為することなく，日常の語を用いて実感をそこなわずに自然に詠じることであり，それがおのずと天然・自然の調べに同調するという「調べの説」が展開されている。桂園派歌論の要諦が整理され示されているので，幕末の歌壇に大きな影響を与えた。

鏡（かがみ）　古代日本にあっては姿見の具としてよりも，呪術的な機能が重視された。青銅製であるが，まれに鉄製もある。弥生時代には朝鮮半島や前漢・後漢から舶載された鏡のほか，後期には列島内でも製作されるようになる。弥生・古墳両時代をとおして，もっぱら葬具として用いられ，*神仙思想を基層とする他界観を反映し，また辟邪の道具として，一つの墓への多量埋納の事例が散見される。記紀には祭祀具としての使用をうかがわせる記載が散見され，福岡県沖ノ島の*祭祀遺跡などからの出土例や，腰に鈴鏡を所持する巫女形埴輪などの事例はそれをよく物語る。魏や呉の紀年銘をもつ鏡の*古墳からの出土は，文化交流の一側面を表している。

加賀美桜塢（かがみおうう）　1711～82（正徳元～天明2）江戸中期の儒学者・神官。実名は光章，字は小膳，桜塢は号，別号河上。父は旗本間宮高成。江戸小石川に出生。甲斐国山梨郡小河原村の山王権現神社別当加賀美尭光の養子となる。1727年（享保12）京都に上り，*三宅尚斎に崎門派朱子学，*玉木正英に垂加神道系の橘家神道，鳥谷長庸に和学，姉小路実紀に和歌，そのほか天文暦学・楽曲に至る諸学を学んだ。38年（元文3）家督を相続して別当となり，家塾蟠松亭を開き，寛容で多くの門人を育てた。45年（延享2）従五位下信濃守に任官した。67年（明和4）*明和事件の時，*山県大弐の旧師として逮捕されたが，無実として釈放された。著書は「神学指要」（1771刊），「大疑録弁評」（1764）など。

鑑草（かがみぐさ）　*中江藤樹の和文による女

性のため教訓書。全6巻。1643～44年（寛永20～正保元）頃の成立，47年刊。明代の顔真卿による「迪吉録ちょろく」にもとづく話が多い。やや怪異の要素が含まれたこれらの話に，評論を加えるという形式になっている。福善禍淫と因果応報という通俗道徳が説かれ，「明徳仏性」という言葉が用いられていることから，藤樹の仏教への親近感を示すともいわれるが異論もある。

鏡物 かがみもの　「*大鏡おおかがみ」の成功が追随者をうみ，「*今鏡」「*水鏡」「*増鏡ますかがみ」などが，平安時代末から室町時代初め頃までにあいついで書かれた。それらの歴史物語の総称。いずれも寺院などに場所を設定し，そこで出会った老人たちの話を書き留めたという趣向をもつ。それらの老人たちには現実をこえた年齢が与えられているが，それは彼らの話がすべて彼らの体験談・見聞談なのであり，それゆえに真実なのだという姿勢によるものである。このような形式上からいえば，「*梅松論ばいしょうろん」もまたこの鏡物の系譜にたつ史書である。

香川景樹 かがわかげき　1768～1843（明和5～天保14）江戸後期の歌人。幼名は銀之助，名は景樹，号は桂園けいえん。鳥取藩士の家に生まれる。26歳の時に上京し，代々，和歌宗匠の家柄であった香川景柄かげつらの養子となる。しかし，旧派の歌風にあきたらず，*小沢蘆庵ろあんの影響をうけ，平明でなだらかな詠み振りで，伝統的な歌語よりも当代の言葉を用いて，実感的な感情を感性豊かに詠んだ。歌集に「桂園一枝けいえんいっし」（1830）などがある。「*新学異見しんがくいけん」（1813），「*歌学提要かがくていよう」（1843）などの歌論においても，歌は「調べ」を第一とする主張，京極為兼ためかねの再評価，玉葉ぎょくよう・風雅的な歌風の評価など新風を吹きこみ，大きな影響を与えた。流派は桂園派とよばれ，多くの門人を擁して，幕末歌壇の主流を占め，また皇室を中心に近代に至っても命脈を保った。

香川修庵 かがわしゅうあん　1683～1755（天和3～宝暦5）江戸中期の医者・儒者。名は修徳しゅうとく，字は太冲，修庵は号。播磨国姫路の生れ。18歳で京都にでて，*伊藤仁斎じんさい門下に古学を，*後藤艮山こんざんに古医方こいほうを学ぶ。しかし，さまざまな医学古典に医学の理想を見出せず，わずかに「傷寒論しょうかんろん」だけを評価した。かえって儒学古典中に医学の理念を見出し，これを原理として本草ほんぞうなどの諸知識と親試実験を組み合わせる儒医一本論を主唱した。1755年（宝暦5）播磨国へ行き，京都への帰途客死する。著作は「薬選やくせん」「医事説約いじせつやく」「傷寒説考」など。

賀川豊彦 かがわとよひこ　1888～1960（明治21～昭和35）大正・昭和期のキリスト教社会運動家。父は徳島の賀川家の養子であったが，神戸にでて回漕業を営み，豊彦は庶子として神戸で生まれる。幼少期に両親があいついで死去したことから徳島の本家にひきとられ，徳島中学に入学，在学中に受洗する。1905年（明治38）明治学院高等学部神学予科に入学，07年修了，神戸神学校に入学する。その頃から肺結核を患い療養する。また，在学中の09年から神戸市葺合区新川の貧民街に住んで布教活動を行う。14年（大正3）渡米し，プリンストン大学で神学・心理学などを学び，17年帰国する。再び貧民街に戻り，馬島僩まじまあんの協力で無料巡回診療を行う。

同時に*友愛会に参加し，さらに19年，*鈴木文治ぶんじらと関西労働同盟会を結成し理事長となる。21年に神戸で川崎・三菱両造船所の争議を合法主義・非暴力主義に立って指導するも検挙され，争議も敗北する。同年，*杉山元治郎もとじろうらと日本農民組合を結成，さらに消費組合運動にも尽力する。23年に関東大震災救援のため上京し，以後活動の拠点を東京に移し，26年（昭和元）労働農民党中央執行委員となるも，同年末の党分裂を機に辞任する。以後，消費組合や農民福音学校などの社会事業に尽力する一方で，「神の国運動」を提唱して全国的な伝道活動を展開し，キリスト教の拡大に力を注いだ。太平洋戦争開始後はキリスト教活動を禁止されたが，43年末から戦争支持の立場をとり，それが戦後しばらく批判されることになる。晩年は世界連邦運動にもその名を連ねた。多数の著作があり，自伝小説「*死線を越えて」（1920）はベストセラーになる。「賀川豊彦全集」全24巻がある。

加冠 かかん　→元服げんぷく

餓鬼草紙 がきぞうし　「正法念処しょうぼうねんじょ経」餓鬼品

や「盂蘭盆経」などにもとづいて，六道世界の一つである餓鬼道のようすを描いた絵巻物。東京国立博物館本（国宝）1巻は欲色餓鬼などの10段からなり，京都国立博物館本（国宝）1巻は食水餓鬼などの7段からなる。いずれも作者不詳。12世紀後半の成立とみられ，備前国に旧蔵されていた。「*地獄草紙」「*病草紙」などとともに*六道絵といわれるが，いわゆる蓮華王院宝蔵の「六道御絵」に該当するかは不明である。*絵解きに利用したとの説もある。

嘉吉記 かきつき　嘉吉の乱(1441)を発端とする赤松氏の興廃を題材とする軍記。1巻。成立時期・作者は不明。1441年（嘉吉元）6月将軍足利義教の暗殺から起筆し，58年（長禄2）遺臣が*後南朝の与党から神璽を奪回し，その功で翌年赤松政則が加賀半国守護に補任されて赤松氏が再興されるまでを年代記的に叙述する。人名などに誤りが多く，注意を要する。なお，嘉吉の乱を扱った軍記は多様で，同名異本・異名同本が多い。「嘉吉記」の書名を有するものは，ほかに「続群書類従」所収の「嘉吉物語」の系統に属するものがある。

柿本影供 かきのもとえいぐ　→影供

柿本人麻呂 かきのもとのひとまろ　生没年不詳　持統・文武朝の代表的な宮廷歌人。「*万葉集」において年代判明歌のはじめは689年（持統3）の草壁皇子挽歌で，700年（文武4）の明日香皇女挽歌が最後である。「万葉集」に人麻呂作とあるものは，長歌18，短歌64首。ほかに「柿本朝臣人麻呂之歌集に出づ」として記載される歌が380首ほどあり，旋頭歌35首を含む。「人麻呂歌集」には，女性の手になる歌もあり，柿本一族の歌も含まれていると考えられているが，人麻呂の天武朝の作風をうかがう材料として見落とせない。また無名歌の藤原宮造営の役民の歌などにも，人麻呂が関与していると考えられている。「雷の丘」の短歌や，持統天皇に随行した「吉野離宮」での長歌にみられるように，人麻呂は，天皇をそのまま神とみる「神ながら」の思想を歌ったが，草壁皇子や高市皇子に捧げた挽歌には，天孫降臨神話をふまえて，天皇の神聖が高く歌いあげられている。「万葉集」の中で人麻呂歌だけに「*古事記」神話が詠まれていることは，人麻呂と「古事記」の関わりを示すものとして注意される。

家業 かぎょう　特定の*イエ（家）に継承される職業で，専門の知識・技術を必要とする。朝廷では平安後期以降，公家の家格が固定化して摂関家・清華家・大臣家・羽林家・名家などが成立し，特定の氏・家による官司請負制が発達した。中世において公家衆は官職などの技術を吸収して家業とし，神祇の白川・大中臣・吉田家，陰陽道の*土御門家，儒学・紀伝の高辻・東坊城・五条・唐橋家，明経の舟橋家，和歌の冷泉・飛鳥井・三条西家，書の持明院・世尊寺・清水谷家，蹴鞠の飛鳥井・難波家，神楽・郢曲の綾小路・持明院・鷲尾家，装束の高倉・山科家などは，家業を子孫・弟子などに伝授してその道の権威となった。また，庶民の家の家業として能・狂言や茶道などの芸道がある。これらの家業は伝統文化を後世に伝えた。⇒家学

歌経標式 かきょうひょうしき　「歌式」「浜成式」とも。日本最古の歌学書。1巻。序文・跋文によると，772年（宝亀3）に光仁天皇の命をうけた藤原浜成が撰述・献上したもの。7種の歌病論からなる前半と，歌体論からなる後半とで構成される。中国詩の詩病・詩体にならって，押韻や平仄式を和歌にそのまま適用しようとした限界はあるものの，和歌について多様な角度から論じた日本最初の歌学書としてその意義は大きい。引用された和歌は30首をこえ，「*万葉集」に類似するものも多いが，著者が例歌として独自に自作したものである。⇒歌学

覚園寺 かくおんじ　鎌倉市二階堂にある真言宗寺院。京都泉涌寺の末寺。鷲峰山真言院と号す。1218年（建保6）に源実朝の供養のために北条義時が建立した大蔵新御堂（薬師堂）が前身という。96年（永仁4），北条貞時が泉涌寺4世憲静門下の心慧智海を招き，北京律系の寺院として中興した。宋風の伽藍を設け，真言・律・禅・浄土の四宗兼学寺院として発足したが，室町時代以降，密教のみを伝える。足利尊氏以後，鎌倉公方の祈願所として保護をうけ，多くの寺領を

寄進されたが，戦国期以降は衰退した。現本堂は規模が縮小しているが，鎌倉の古建築として知られ，薬師三尊（本尊）および十二神将（ともに国重文）を安置する。

廓山 かくざん　1572〜1625（元亀3〜寛永2）　江戸前期に徳川家康の側近にあった浄土宗の僧。字は一実。号は定蓮社正誉。甲斐国の人。武田信玄の家臣高坂昌信（こうさかまさのぶ）の次男。幼少より秀才で知られ，1595年（文禄4）増上寺12世存応（ぞんのう）に師事し，以後片腕として活躍する。1608年（慶長13）日蓮宗の日経（にっきょう）らとの宗論の問答者として勝利した。同年9月，家康が生母於大の方（おだいのかた）の墓地として建立した伝通院（でんづういん）に300人の所化（しょけ）とともに入寺した。家康の厚い信任をうけ，多くの法談を行い，13年には南都留学を命じられている。その間，*以心崇伝（いしんすうでん）とともに駿府にあって大御所（おおごしょ）政治に参画した。大坂冬の陣に従軍して参謀として活躍したほか，15年（元和元）に制定された浄土宗諸法度（はっと）の草案を作るなど，幕藩制下の宗教統制に大きな影響を与えた。22年（元和8）に増上寺13世となり，翌年常紫衣（じょうしえ）を勅許された。

隠し念仏 かくしねんぶつ　岩手県を中心に東北地方に行われた秘密信仰。浄土真宗の*秘事法門（ひじほうもん）系統と，真言（しんごん）念仏の系統を引くものの2系統があるが，相互に重なりあっている。その源流としては諸説あるが，盛岡藩の事例では，*蓮如（れんにょ）に淵源し，金森道西（かなもりどうさい）に引き継がれ，西近江大溝の柏屋八郎衛門，朽木（くつき）の鍵屋，木屋，仙台藩水沢領と伝播したものという。1754年（宝暦4）に仙台藩水沢領で邪教として摘発され，磔刑にされた事件が有名である。福島県白河の大網常瑞寺系の秘事法門の分派とともに，幕末・明治期に多数の分派が生じた。その内容は，俗人の*善知識が帰依者を土蔵や山中に引き入れ「タスケタマエ」と連呼させ，放心状態になった時に往生の決定を告げるというもので，入信後は秘密保持を要請された。

学者職分論 がくしゃのしょくぶんをろんず　「がくしゃのしょくぶんをろんず」とも。*福沢諭吉の「*学問のすゝめ」4編の題名。1874年（明治7）頃。この4編と5編は初等中等教育の読本として執筆されたほかの諸編とは異なり，洋学者を対象に，国家および国民の独立と文明開化の推進という課題はいかに担われるべきかについて説いたものである。その論点の中心にある，学者はあくまで政府の外部にあって人民を指導すべきである，という主張が，大多数は官途に就いていた*明六社（めいろくしゃ）の同人への批判とうけとめられた。そのため，政府の内部にあってこそ学者としての職分をまっとうできる，という*加藤弘之・*森有礼（もりあり）・*津田真道（まみち）・*西周（にしあまね）による反論をうむことになった。

学習院 がくしゅういん　明治〜昭和前期の皇族・華族対象の教育機関。幕末京都に設立された公家を対象にした学習院が源流。明治維新時の遷都後，皇族・華族が東京に移ったため，1877年（明治10）華族会館経営の私立学校として新たに開設された。84年以降は宮内省所管の官立学校。乃木希典（のぎまれすけ）も院長を務め著名な教授陣に恵まれたが，陸海軍の準備教育としての学科編成がその教育の特色ともなった。85年女子部を分離し，*華族女学校（のち学習院女学部・女子学習院）を設立する。戦後は官制廃止。連合国軍の占領下で皇室の位置づけが変化したため，皇族・華族に限定した特殊な存立意義が失われた。1947年（昭和22）男女両学習院を合併し，一般の私学教育機関として*安倍能成（あべよししげ）院長のもとに再出発した。

学生 がくしょう　*大学や*国学・*大学別曹（べっそう）において，明経道（みょうぎょうどう）をはじめとする諸道を学習する生徒。職員令には400人と規定されている。擬文章生（ぎもんじょうしょう）あるいは文章生（もんじょうしょう）に採用されることをめざし，賦役免除などの優遇措置をうけた。一方，諸寺において修学に従事する学問僧も学生と称され，*最澄（さいちょう）は「*山家（さんげ）学生式」を著して，比叡山での12年の修学籠山や修学内容など延暦寺における学生の修学を規定した。他の顕密の大寺院にも学生が存在し，学侶（がくりょ）などともよばれて修学をむねとし，寺院内における独自の身分的集団を形成した。堂舎の維持や力役にたずさわる堂衆（どうしゅ）などと対立することもあったが，両者はしばしば大衆（だいしゅ）として和合し，僉議（せんぎ）や武装蜂起に臨むこともあった。

革新倶楽部 かくしんくらぶ　→犬養毅（いぬかいつよし）

学制 がくせい　近代教育制度に関する最初の総合

的教育法令。1871年(明治4)7月に設置された文部省は、初代文部卿大木喬任を中心に全国的な学校制度を確立する準備を進め、*箕作麟祥らを学制取調掛に任じ欧米教育を範として立案した。72年8月、109章からなる学制を「*被仰出書」とともに公布した。翌73年学制二編が追加布達され、全文は213章となった。全国を大・中・小学区に分け、それぞれに8大学、256中学校、5万3760小学校を設けることとした。小学校は国民が必ず就学すべきもので、満6歳入学、上等・下等各4年、中学校は14歳から上等・下等各3年とし、これに大学・師範学校・専門学校を加えた学校体系を示した。教育行政は文部省が全国を統轄し、大学区には大学本部に督学局をおき、その管理下、府県とその任命する中学区の学区取締が小学区のいっさいの学務を担当するとした。その他教員・生徒および試業・海外留学生・学費などを総括的に定め、画期的な公教育体制をめざすものであったが、財政的な裏付けがなく、主に小学校・師範学校の設立に力点がおかれた。強制的施行や教育内容、経費の負担が国民の実情に適さず、79年*教育令に代わったが、近代教育の普及にはたした意義は大きい。

廓清会 かくせいかい　大正期に*廃娼運動を進めた団体。1911年(明治44)4月、東京吉原遊廓の全焼を機に婦人矯風会は吉原廃止運動をおこすがはたせず、7月*島田三郎・*矢島楫子・*安部磯雄らキリスト者により男女協同の全国的廃娼団体として結成された。会の目的に公娼制度の廃止と男女貞潔の徳操を奨励することを掲げ、機関誌「廓清」を刊行した。14年(大正3)吉原花魁道中の禁止に成功し、16年大阪飛田遊廓の設置反対、25年公娼制度制限法案の提出などを行った。関東大震災後に運動は高まり、26年婦人矯風会の*久布白落実の呼びかけで廓清会婦人矯風会連合(のちに廃娼連盟)を発足させ、廃娼問題で財政・事業を共同、2団体の結束を強めて運動を推進した。

学生社会科学連合会 がくせいしゃかいかがくれんごうかい　1920年代の学生運動団体。略称学連。1922年(大正11)11月にロシア革命5周年を契機に、*新人会・*建設者同盟などにより学生連合会が結成され、24年学生社会科学連合会と改称した。25年学校で*軍事教練が実施されると反対運動を展開、特に小樽高等商業学校で軍事教官が朝鮮人の暴動を想定して演習を行ったことから反対運動が燃え上がったが、特高警察は学連関係の学生を検挙、翌年には治安維持法を初適用して30余名の学生を起訴した(学連事件)。28年(昭和3)の三・一五事件以後、学連への弾圧は強まり、各大学の社会科学研究会も解散させられたため、学連は先鋭化し、29年11月に日本共産青年同盟への改組のため解散した。

学制序文 がくせいじょぶん　→被仰出書

覚禅抄 かくぜんしょう　「百巻抄」とも。平安後期〜鎌倉前期に成立した真言密教の図像研究書。勧修寺などの僧金胎房覚禅によって、1176年(安元2)から1213年(建暦元)にかけて編纂された。密教修法に関する諸説や*口伝を集大成し、自身の注釈を加えて、400点近い豊富な図像が収録されている。覚禅自身は小野流に属する真言僧であり、小野流の図像集といえるが、広沢流からも取材している。正確な巻数は確定されていないが、140巻前後の存在が知られている。全体の構成は、諸仏・仏頂・諸経・観音・文殊・菩薩・明王・天等・雑の9部からなっている。先行する広沢流の「*図像抄」や「別尊雑記」を補う意図により編纂されたものと思われる。

学則 がくそく　*荻生徂徠が著した漢文による学問方法論の書。全7則からなる。成立は1717年(享保2)頃か、27年刊。巻末に書簡5通を付す。「東海、聖人を出さず、西海、聖人を出さず。これただ詩書礼楽の教へたるなり」という一節で始まるこの書は、徂徠の*古文辞学を全面的に明らかにしたものである。同時に、聖人の「道」が「統名」であることの指摘や、その寛容性の主張などによって、短いものではあるが徂徠学への優れた手引きとなっている。古代中国の「詩書礼楽」を記した書物を、中国語を母語としない者、中国の文物を実体験しない者が読むということはどういうことか、そもそもそれを読みうるものなのか、こういう問いの前に立ったことにおいて、前人未踏の地点に立っている。漢文訓読が、読むことになっていないと

徂徠はきびしく批判し、秦漢以前の文章への習熟による独自の古文辞の方法を説く。井上金峨らの「読学則」のような批判を招く一方、古代日本語に向き合う*国学に大きな刺激を与えた。

学談雑録 がくだんざつろく　*佐藤直方の学談を記録した書。写本で伝わり、「*韞蔵録」巻3に収められた。個々の話は短いが、「*理」の哲学を自由闊達に語る直方の語り口を、当時の口語で生き生きと伝えている。陸王学や仁斎学への批判、「日本正統万々世ヲ云」う者への批判などは、特に精彩にあふれている。師である直方の言葉を一言漏らさずに記録しようとするひたむきさに、闇斎学派における学問の継承の姿がよく示されているが、それは「朱子語類」の成立にも共通する姿であろう。

覚超 かくちょう　960〜1034（天徳4〜長元7）兜率僧都とも。平安中期の天台宗の僧。顕教・密教を兼学した学匠。和泉国の人。近江権大掾池辺只雄の次男。幼少時に比叡山に登って*良源の弟子となり、顕教を*源信に、密教を慶円に学ぶ。密教では台密十三流のうちの川流の祖とされ、谷流の皇慶とともに台密事相の双璧と称された。1028年（長元元）法橋、29年権少僧都、31年職を辞す。はじめ兜率院に住し、のち横川の首楞厳院に移り、*二十五三昧会では根本結衆の一人として浄土行を修した。また自筆の「修善講式」によって、郷里の人々とその先祖の霊に対する修善・供養の講を行ったことも知られる。34年1月24日75歳で没する。著作は、「東西曼荼羅抄」など密教関係のものが多い。

学統弁論 がくとうべんろん　幕末・維新期の国学者*大国隆正の著書。1巻。1857年（安政4）の自序がある。国学の学統に内在する優越性とその精神的意義について概論している。まず冒頭で儒・仏・洋学における得失をあげ、ついで国学の伝統を論じている。初祖*荷田春満・二祖*賀茂真淵・三祖*本居宣長・四祖*平田篤胤に一貫する道統をのべ、これら先人がそれぞれ師説を破りながら自説を展開させて学問の進展に貢献し、一方においてその師を尊んでいる美風を強調している。

このようなことは外国に類をみない国学独自の特質であるとのべ、この学統を誹謗する者は「心中の道統」を知らない者として排撃している。そこには著者自身が四大人に続く学統の継承者たる五祖としての自負をうかがうことができ、それはやがて波紋をよぶことになった。

学道用心集 がくどうようじんしゅう　「永平初祖学道用心集」とも。*道元が京都深草の興聖寺で著した書。1巻。1234年（文暦元）成立。第1「菩提心を発すべき事」以下、漢文で10カ条にまとめ、修行における心得や用心についてのべている。〈正師につくことができないのであれば学ばないほうがよい〉など、道元の修道に対する考えを端的に示すもので、のち1357年（延文2・正平12）に、永平寺6世の曇希が師の永平寺5世義雲の「義雲和尚語録」とともに刊行した。曇希は翌58年に「永平元禅師語録」も刊行し、これらは曹洞宗における最も初期の開版である。

学統論 がくとうろん　*寛政異学の禁を主導した朱子学「正学」派が自己の正統性を提示した論。*頼春水の著。1785年（天明5）成立。当初「学統弁」とされたが、「学統論」として「春水遺稿」巻10や「寛政異学関係文書」に収められている。1781年、広島藩儒に登用された春水は、徂徠学を中心とする「異学」者を排斥し、89年（寛政元）に「正学」朱子学に学制を統一した。本論はその過程で執筆された。春水は軍隊の指揮命令が一元化されているように、風俗教化のためには、藩校においても「学統」を朱子学によって統一することが必要であると論じている。

覚如 かくにょ　1270〜1351（文永7〜観応2・正平6）　鎌倉末〜南北朝期の浄土真宗の僧。諱は宗昭、覚如・毫摂と号した。京都生れ。父は親鸞の血統に連なる覚恵、母は周防権守中原某の女。1302年（乾元元）親鸞の墓所である京都大谷廟堂の管理者である留守職の地位を、父覚恵より譲られる。その後、廟堂をはじめて本格的な寺院に改め、*本願寺と名づけた。本願寺留守職をいったんは子の*存覚に譲るが、これを退け、孫の善如に譲与した。「口伝鈔」を著して、親鸞─如信─覚如という系譜で真宗の正

かくば

統的法流が相承されたことを主張した。そのほかの著作として「執持鈔しゅうじしょう」「*改邪鈔かいじゃしょう」などがある。

覚鑁 かくばん 1095〜1143(嘉保2〜康治2) 正覚房・興教こうぎょう大師(1690年〈元禄3〉贈諡号)とも。平安後期の真言宗の僧。後世，新義真言宗の派祖とされる。肥前国藤津荘の伊佐平次兼元の第3子。1108年(天仁元)仁和寺の寛助かんじょのもとで出家。興福寺の恵暁えぎょうに法相を学び，寛助に密教灌頂をうけ，また高野山に登り定尊・教尋きょうじんに師事した。鳥羽上皇の絶大な帰依をえて，高野山の大伝法会だいでんぽうえの復興を願い，30年(大治5)伝法院を創設，32年(長承元)さらに大伝法院を開いた。翌年，東台両密の受法を請い，院宣により園城寺の*覚猷かくゆう，醍醐寺の定海じょうかい，醍醐理性院の賢覚けんがく，勧修寺の寛信かんしんから受法する。34年大伝法院座主となり，金剛峰寺こんごうぶじ座主を兼ねる。これに対し金剛峰寺側から強い反発がおこり，翌年両職を辞し，密厳院みつごんいんに閉居したが紛争は続き，40年(保延6)金剛峰寺僧徒らの急襲をうけた。覚鑁は根来ねごろに移り，円明寺えんみょうじ(根来寺)を建立してこの地で没した。覚鑁は全密教法流の統一を図ったほか，密教と念仏を融合して真言念仏の基礎を築いたことでも知られる。著述も多く，「興教大師全集」全2巻に収められている。

隔蓂記 かくめいき 江戸前期の臨済宗の僧鳳林承章ほうりんじょうしょう(1593〜1668)の日記。1635年(寛永12)8月から68年(寛文8)6月まで。自筆本(30冊)が京都鹿苑寺ろくおんじに現存。承章は勧修寺晴豊はれとよの子で，*西笑承兌せいしょうじょうたいに師事して臨済宗を学び，相国寺・鹿苑寺の住持をつとめた。記事の多くは相国・鹿苑両寺に関する記事であるが，公家や文化人との交流も記されている。承章の交際は，後水尾ごみずのお上皇をはじめとして，五摂家，勧修寺家一門，茶人の金森宗和かなもりそうわや千宗旦せんのそうたん，画家の*狩野探幽かのうたんゆう(守信)や山本友我ゆうが，儒者の*林羅山らざん，陶工の野々村仁清にんせいらの広範囲に及び，この史料をもとに寛永期(1624〜44)の宮廷サロンの存在が指摘されている。

革命評論 かくめいひょうろん →宮崎滔天とうてん

学問関鍵 がくもんかんけん *伊藤東涯とうがいの学問論の書。1冊。成立は1730年(享保15)，刊行は37年(元文2)。父である*伊藤仁斎じんさいの思想を，平易な和文で著したもの。「論語」と「孟子」に拠って，高遠を斥けて日用常行の価値を主張している。朱子学の主張する概念が，「論語」と「孟子」にはみえず，漢代以降の文献から登場することを実証するところに，歴史家としての東涯の本領が発揮されている。

学問源流 がくもんげんりゅう →那波魯堂ろどう

学問所 がくもんじょ →昌平坂学問所しょうへいざかがくもんじょ

学問のすゝめ がくもんのすすめ *福沢諭吉ゆきちが著した啓蒙思想書。1872〜76年(明治5〜9)刊。1871年に故郷大分県中津の市学校創設を祝して書かれた初編の刊行が評判をよんだため，次々に書き継がれて17編まで続いた。初編の冒頭「天は人の上に人を造らず，人の下に人を造らずと云へり」はあまりにも有名であるが，T.ジェファーソンのアメリカ独立宣言の闊達な意訳であるとするのが通説である。この初編で概説的に説かれていた人間の平等，国家の独立，国法の尊重，国民の職分については，それぞれ2・3・6・7編で詳しく展開されていて，各編が発表されるたびに大きな反響をよんだ。とりわけ封建的忠義にもとづく死は無駄死であって国民の職分にもとるとする「楠公なんこう権助論」(7編)は，賛同ばかりではなく反発も招いた。そのほかにも，「*学者職分論」(4編)は明六社めいろくしゃ同人から反論がなされ，「女性解放論」(8編)は同種の意見としては最も早いものである。本書で明快に主張されている天賦人権論や封建批判，また近代科学受容の重要性は現代でもみずみずしい響きを有しているが，逆にその西洋文明礼賛のあまりに脱亜的な側面は反面教師とすべき思想である。

覚猷 かくゆう 1053〜1140(天喜元〜保延6) 鳥羽僧正とばそうじょうとも。平安後期の園城寺おんじょうじの僧。大納言*源隆国たかくにの子で，*源高明たかあきらの曾孫。1081年(永保元)四天王寺別当に補任され，在任十数年にして94年(嘉保元)辞退し，園城寺に籠もる。園城寺では法輪院を復興し，密教図像の収集・制作に努めたらしい。白河・鳥羽上皇の信任をえて，60歳代以降，大寺院や宮廷の法会ほうえの主役となる。1129年(大治4)白河法皇の死去に際して葬儀の指揮をとった。翌年，権僧正に任じられ，鳥羽離宮内の

成菩提院(じょうぼだいいん)に住し、これによって鳥羽僧正の称がうまれた。「*鳥獣戯画」や「*信貴山縁起絵巻」の作者と伝えられもするが、確証はまったくない。ただ、覚猷が画技に秀でていたことは事実で、上記二つの絵巻物など当時の革新的な絵画の作者と伝えられることが注意される。

神楽(かぐら)　神事芸能の一つ。神座(かみくら)の約で、座(くら)は神を招くための聖なる場所の意。一般的には巫女(みこ)が手に榊・篠竹・杖・弓などの採物(とりもの)をもって舞う。本来は採物を神座と称したが、のちに歌舞全体の名となり、やがて神楽とよばれるようになった。宮中の御神楽(みかぐら)と民間で行われる*里神楽(さとかぐら)に大別される。御神楽は平安時代からの伝統と歴史をもち、その起源は*アマテラスオオミカミが天の岩屋に籠もった際の舞踏にあるという。一般的には夜に庭燎(にわび)を焚いて演じられ、そこには鎮魂の思想をうかがうことができる。一方、里神楽は各地の神社の祭礼などで行われ、*太々(だいだい)神楽・岩戸(いわと)神楽などともよばれ、その根底には祓い清めの思想があるといわれている。⇒神遊び

神楽歌(かぐらうた)　→神事歌(しんじか)

神楽岡縁起(かぐらおかえんぎ)　「三社託宣本縁(さんしゃたくせんほんえん)」とも。室町末期の*三社託宣の解説書。*吉田兼倶(かねとも)の著作。1巻。成立年不詳。三社託宣の由来を*吉田神道の立場から解説した最古の著作。兼倶が三社託宣の信仰を宣布するために著作したものと思われる。また吉田神道の根本道場のある神楽岡(吉田山)の縁起を説明し、そこに祀られる諸神の由来を記述している。なかでも思想上で注目されるのは、817年(弘仁8)に*嵯峨天皇が智治麿(ちじまろ)をして如意峰(ほう)に斎場を設立させ、さらに天皇はそこへ行幸して天照大神(あまてらすおおみかみ)の内証を、また天皇に供奉した*空海は八幡大菩薩の内証を、そして智治麿は春日大明神の内証を作成したと記すことである。

学侶方(がくりょかた)　→高野三方(こうやさんかた)

隠れキリシタン(かくれキリシタン)　→キリシタン

摑裂邪網編(かくれつじゃもうへん)　副題は「弾出定後語(だんしゅつじょうごご)」。江戸後期の仏教書。上・下2巻。浄土真宗の*潮音(ちょうおん)の著。1819年(文政2)成立、28年刊。書名は「汝が邪見網を摑裂せん」と

いう意味で、*富永仲基(なかもと)が大乗非仏説をのべた「*出定後語」を完膚なきまでに否定することを意図したもの。その方法も「出定後語」の表題から始めて、逐一文章をあげて徹底的に批判する。誤字はもちろんのこと、「暗推」と称して仲基の経典解釈の誤りを指摘するとともに、衆生の根機の違いや仏法に大小権実(ごんじつ)があることで諸経の違いがあるとして仲基の*加上説(かじょうせつ)を批判する。小乗は大乗を含み、大乗は小乗を一階梯とし、両者は一具の仏法であって矛盾がないとする。

隠れ念仏(かくれねんぶつ)　江戸時代の鹿児島藩・人吉藩における禁制下の*浄土真宗の信仰およびその集団。鹿児島藩では戦国末期より真宗を禁じ、1876年(明治9)に至るまで信教を許さなかった。信徒はガマとよばれる洞穴や土蔵などに集まって念仏し、本尊などは壁や柱の中に隠された。仏飯講(ぶっぱんこう)とか椎茸講(しいたけこう)などという名称の組織をもち、西本願寺へ懇志を納めていた。度重なる弾圧が加えられ、なかでも1843年(天保14)の弾圧は熾烈なもので、摘発の本尊は2000幅にのぼり、当時の信徒は14万、講は70余に及んでいたという。また、カヤカベのように霧島(きりしま)神道と融合して呪術的な要素を孕み独自のタブーを有し、変質したものもある。

学連事件(がくれんじけん)　→学生社会科学連合会(がくせいしゃかいかがくれんごうかい)

学論(がくろん)　徂徠(そらい)学と仁斎(じんさい)学に対する批判の書。*松宮観山(かんざん)の著。初編は1755年(宝暦5)刊、二編は57年刊行。同時代の反徂徠学書の中で本書のユニークな点は、日本の国制に依拠して、儒者の中華崇拝を批判している点にある。観山は、古来、日本には「武」の伝統とともに、儒教と仏教の二つを包摂して政治的に有効に利用する伝統があったことを論じ、こうした観点から神祖徳川家康以来の幕府政治を正当化する。そのうえで、文弱な蘐園(けんえん)詩文派とともに偏狭な儒者の排仏論を批判している。また、徂徠の聖人作為説に対しては、作為を認めつつも、心法(しんぽう)の重要性を説き、朱子学の心性論に肯定的評価をしている。

家訓(かくん)　父祖や家長が家の存続・繁栄を期して、子孫・一族あるいは家臣に宛てて書き

残した訓戒。古代においても「寛平御遺誡かんぴょうのごゆいかい」（宇多天皇作）や「*九条殿くじょうどの遺誡」（藤原師輔もろすけ作）のように天皇や公家の手になる家訓があるが，土地や家産などを保有する家が武家社会を構成する重要な基本単位となった中世から近世にかけて，最も多く作成された。

現存最古の武家家訓は，鎌倉時代に成立した「*六波羅殿ろくはらどの御家訓」（北条重時しげとき作），「極楽寺殿御消息ごくらくじどのごしょうそく」（同前）である。前者は子息長時ながときに与えた功利的訓戒であり，後者は一般的な子孫への道徳的訓戒である。後者はその内容の普遍性により，早くから北条時頼に仮託され，室町時代から江戸時代にかけて改変されながら広く流布した。

室町時代には「公」の観念を強調し，武士が文武両道を兼備すべきことを訓戒する家訓が登場する（斯波義将しばよしまさ「竹馬抄ちくばしょう」）。しかし，室町幕政が「公」を没却して私情に左右されるようになると，打算的な方便道徳や社交的処世術を説くものが現れる（「伊勢貞親いせさだちか家訓」）。ついで戦国期に至ると，合理的実用主義や器量万能主義を主張するもの（「*朝倉英林壁書あさくらえいりんへきしょ」「*上杉定正状うえすぎさだまさじょう」），さらには家臣の倫理規範としての「正直」「ありのままなる心得」を教訓するもの（「*早雲寺殿そううんじどの廿一箇条」），また人倫を形成する重要な知恵として「算用さんよう」を最重要視するもの（「*多胡辰敬たごたつたか家訓」）などが作成された。

江戸時代になり幕藩制社会が成立すると，時代思潮の主流を形成した儒教道徳を援用しながら将軍家への忠誠，治者としての心構えなどを訓戒する諸大名の家訓が数多く作られた。そうした中で「*東照宮御遺訓とうしょうぐうごゆいくん」は偽書ではあるが，当該期の政治理念を典型的に示す家訓として諸大名をはじめ為政者層に大きな影響力をもった。なお江戸中期以降になると，被支配階層に属する町人や農民の家訓も多数みられるようになる（「*三井高利遺訓みついたかとしいくん」など）。

過激社会運動取締法案 かげきしゃかいうんどうとりしまりほうあん　1922年（大正11）2月，第45議会に提出された治安立法案。前年5月のコミンテルンから近藤栄蔵えいぞうへの資金供与が発覚したことを契機に，第1次大戦後に台頭した急進社会運動の取締りを図ったもの。司法省は緊急勅令として公布しようとしたが，内務省の反対で議会上程となった。「無政府主義共産主義其他ニ関シ朝憲ヲ紊乱スル事項」ならびに「社会ノ根本組織ヲ暴動暴行脅迫其他ノ不法手段ニ依リテ変革スル事項」の宣伝・勧誘・結社・集会を，前者の場合は10年以下の懲役，後者の場合は5年以下の懲役または禁錮刑とすることを主内容とした。法文が曖昧で国民の政治的自由を圧迫する恐れがあったため世論の反発をうけ，政府は，貴族院では法案を修正のうえようやく通過させたものの，野党の一致した反対のため衆議院では提案さえできず，審議未了となり廃案となった。

花月草紙 かげつそうし　*松平定信さだのぶの随筆。全6巻。1812年（文化9）に起稿，18年（文政元）成立。その後自筆版下によって刊行。冒頭に花・月の雅趣を語る文章がおかれ，それが書名の由来とされているが，本書は決して風流人の気ままな随想などではなく，風雅と一体化した，人の世の道理（ことわり）が説かれている。全156条で，話題は政治・経済・道徳・学問・文芸・神仏・医学・軍事などすこぶる多岐にわたり，格調高い擬古文ぎこぶんをとおして著者の卓越した識見と教養の深さが知られる。また総じて儒教的精神による言説が目立ち，教訓的色彩が強く，そこからかつて*寛政異学の禁を断行した著者の思想的立場をうかがうことができる。

懸仏 かけぼとけ　御正体みしょうたいとも。鏡面に表された仏像。平安時代以降，*神仏習合思想が発展し，それまで神体として神社に奉祀されていた神鏡に，本地ほんじの仏・菩薩・明王みょうおう・権現ごんげんなどを表すことによって成立したと考えられる。上部に釣環を設け，壁面に懸けて礼拝したことからこのようによばれる。銅版製・鋳銅製・木製などがある。初期には線刻や墨画が主流であったが，徐々に打出うちだしなどによる肉薄のレリーフ状の作例がみられるようになった。平安後期から鎌倉時代にかけては，別製の主尊を貼り付ける製作法が一般的となり，表現も肉厚から丸彫に近いものが多くなる。室町時代には装飾性を増す一方，主尊は肉薄・簡略的となる傾向があるが，江戸時代まで盛んに制作された。

かげろふ日記 かげろうにっき 「蜻蛉日記」とも。平安時代の日記文学。藤原兼家の妻で、道綱母の著。一人の男性に対して、相互の愛を貫き、貫かせようとしてあえぐ、ひたむきな女性の感情の激しい自己表出の結晶である。954年(天暦8)兼家との結婚に始まり、道綱の誕生、町の小路の女のこと、実母の死、村上天皇の死去、はじめての初瀬詣のことなど、968年(安和元)まで15年間の回想が上巻である。中巻では兼家との関係の悪化を描き、下巻では、すでに思いのたけを中巻までに吐き出した観があり、齢40を迎えて、やや落ち着いて身辺をみまわしてみたり、道綱のことに筆を費やしたりして、上・中巻とは少し調子の違うものとなっている。従前の和歌を中心とした歌物語の系譜を離れて、〈自分の身の上のことだけを書く日記〉の最初の作品として重要な位置を占めている。
→藤原道綱母

価原 かげん 江戸中期の経済思想書。1冊。*三浦梅園の著。1773年(安永2)成立。近代の貨幣思想に類似した思想を表明した書として注目される。奉公人の賃金が年ごとの豊凶によって上下するのは何故か、という問題を発端として論が展開される。その議論において交換手段としての貨幣がとりあげられる。貨幣の総量が大きくなれば物価は低くなり、逆に少なくなれば物価は上昇するという「貨幣数量説」の先駆ともみられる言明もある。また、「悪貨は良貨を駆逐する」というグレシャムの法則に類似した概念も記される。経済事象を理論的に分析しようとする本書は、近世においては画期的である。

過去現在因果経 かこげんざいいんがきょう 釈迦仏が過去の因と現在の果、すなわち*因果を諸弟子たちに説くという形式をとる仏伝。釈迦仏の前世から説き起こして、誕生・出家・修行・成道・説法、さらに舎利弗ら三大弟子の出家までをのべている。中国劉宋の444～453年(元嘉21～30)の間に求那跋陀羅の訳出したものが最も流通した。4巻本と5巻本とがある。日本では、4巻本を8巻に分け、経文を下段に記し、上段にはその経意を表した絵を連続して描いた、いわゆる絵因果経が著名である。

葛西因是 かさいいんぜ 1764～1823(明和元～文政6) 江戸後期の儒学者。はじめ新山氏。1805年(文化2)葛西に改姓。名は質、字は休文、通称は健蔵、因是と号す。大坂の生れ。早くより江戸に住み、1781年(天明元)林家に入塾するが、93年(寛政5)不行跡により破門となる。のち*林述斎に入門するも、1817年(文化14)「中庸弁錦」刊行後、再び破門となった。文章家と知られた因是は、「老子輯注」(1816刊)で「文法」=文章表現において老子と孔子は一致すると説き、また「源氏物語」の「雨夜の品定め」の批評「雨夜閑話」(1803)では、紫式部と孔子とが「筆勢」一様であるとのべる。*村田春海の歌文集「琴後集」に寄せた、和漢同情論の立場にたつ漢文の序文は、漢意を排斥する宣長学派の国学者から批判をうけた。著書は「因是文稿」など。

笠麻呂 かさのまろ →満誓

花山院長親 かざんいんながちか ?～1429(?～永享元) 南北朝期～室町前期の歌人。耕雲と号す。花山院家賢の子。はじめ南朝に仕え、内大臣まで昇ったが、南北朝合一の頃に出家して禅僧子晋明魏となる。のち将軍足利義持に重用され、大内氏とも近く、当時の文壇に重きをなした。80歳をこえて没する。南朝時代の「耕雲千首」、義持の命で詠んだ「雲窓腌語」(「耕雲百首」)、歌論「耕雲口伝」、義持の伊勢参宮に随従した時の「耕雲紀行」、韻書「倭片仮字反切義解」などのほか、寺社縁起の著作も多い。また耕雲本「源氏物語」など書写本も多種にわたる。

峨山韶碩 がさんじょうせき 1276～1366(建治2～貞治5・正平21)、1275年生・1365年没説もある。一紹碩とも。鎌倉・南北朝期の曹洞宗の僧。能登国の人。比叡山で天台宗を学び、のち*瑩山紹瑾・徹通義介に参禅した。1306年(徳治元)大悟し、臨済宗法灯派の恭翁運良らに遍参したのち、能登国に戻り瑩山紹瑾に嗣法した。24年(正中元)瑩山紹瑾から*総持寺の住持職を譲られ、その後能登国永光寺にも輪住した。中国曹洞宗以来の五位説を用いたが、宗風には修験的要素もみられる。太源宗真・通幻寂霊

かしい

らの五大弟子をはじめ多くの優れた門弟を養成し、総持寺は全国的な大門派に発展していった。南朝からの瑩山紹瑾に対する禅師号を断った。著書に「山雲海月」「仮名法語」がある。

香椎宮（かしいぐう）　→香椎廟

香椎廟（かしいびょう）　福岡市東区香椎に鎮座。祭神は神功皇后。後世の「香椎宮編年記」によれば、723年（養老7）に廟が造営されたとするが、「万葉集」巻6にみえる728年（神亀5）の大宰府官人の大伴旅人らの香椎廟奉拝が史料上の初見である。737年（天平9）に奉幣して新羅の無礼を告げたことをはじめ、対外的な問題がおきた時に奉幣が行われた。「延喜式」では神名帳に記載されず、「同式部式」に記載されたことより、霊を祀る廟とみなされ、*山陵として扱われていたことがわかる。11世紀になると香椎宮と称されることが多くなり、宇佐八幡宮に准じて奉幣などが行われた。

歌式（かしき）　→歌経標式

加持祈禱（かじきとう）　*密教の験者が行法によって祈禱すること。本来は、加持と祈禱は異なった概念である。加持は、梵語のadhisthanaの漢訳で加護の意味で用いられる。密教では特殊な解釈で「加」と「持」を2字に分け、「加」は仏から衆生への働きかけ、「持」は衆生がこれを受持するという、仏と行者が一体となり即身成仏することを意味する。各種修法の中で行者がえた諸仏の験力を、直接・間接に願主に付加する修法行儀をまた加持という。祈禱は神仏の冥加によって世俗的な利益を求めるものだが、平安時代、密教の修法に現世利益が期待される中で、両者は同一視され、加持祈禱と併称されるようになった。

鹿島神宮（かしまじんぐう）　茨城県鹿嶋市宮中に鎮座。常陸国一宮。旧官幣大社。武甕槌神を主神に祀り、経津主神・天児屋根命を配祀する。「日本書紀」によれば、祭神の武甕槌神は香取神宮の経津主神とともに、天照大神の神勅を奉じて大国主神との国譲りの交渉をし、建国の基礎を築いたとある。また藤原氏は鹿島・香取の神を氏神として尊崇し、*春日大社を創立するにあたり2神

を勧請し、これらに国家的な待遇を与えている。延喜の制では名神大社に列し、*香取神宮とともに「神宮」と号している。武家政権の時代になると武神として崇敬され、源頼朝以降、為政者たちの社領寄進をうけた。近世にも幕府の尊崇を集め、徳川家康は朱印地を寄せ、ついで徳川秀忠は社殿を造営した。現在の社殿がそれで、国の重要文化財に指定されている。例祭は9月1日。また12年に一度（毎午年）式年大祭〈御船祭〉が行われる。

鹿島信仰（かしましんこう）　鹿島大神に対する信仰。この神を祀る総本宮は、茨城県鹿嶋市に鎮座する*鹿島神宮で、その主神は武甕槌神である。鹿島大神は朝廷による東国経営、東北進出の守護神として重要な位置を占め、さらに藤原氏が氏神として*春日大社に奉祭することにより国家神へと昇華し、その信仰圏を拡大していった。〈カシマ〉の地名は全国的にみられ、そこは文字通り島であるほか、海や河口に近いところであり、水と深い関わりをもつ。関東以外の東日本では福島・宮城県などに〈カシマ〉の地名がみられるが、その地は「延喜式神名帳」にみるように、鹿島神（分霊・御子神を含む）が勧請されており、その信仰が地名となったものである。また、鎌倉時代には源頼朝の崇敬をうけ、その後も江戸時代に至るまで武神として武家の信仰が篤かった。さらに当宮には*物忌と称する童女がいて、穀物の豊凶などを託宣した。その託宣を「鹿島の事触」といわれる神人集団が全国にふれ歩いたことも、鹿島信仰が全国的に広まった要因の一つである。要石による地震除け、豊作・豊漁を祈って行われる〈鹿島踊り〉、常陸帯にまつわる安産を祈る〈鹿島講〉、また秋田・岩手・青森県では〈かしま人形〉〈鹿島流し〉といった塞の神・疫神送りの信仰もみられるが、これらも鹿島信仰によるものである。

可笑記（かしょうき）　江戸前期の*仮名草子。全5巻5冊。如儡子（斎藤親盛、1603?～74）の作。1642年（寛永19）刊。「徒然草」にならった随筆集。全280段。各段は「むかし去る人の云へるは」などの書き出しで、和漢の故事や先行書を引用・翻案し、話題は修

身・経世，仏儒の論から小咄・狂歌の類に及ぶ。儒教的な天道論・天人合一論などをふまえるが，その根底には自身の牢人生活による武家の主従問題に帰着する著者独自の激烈な当世批判がある。主君(諸大名や将軍)の本性は善であるが，家老や近習衆(出頭人ともいうもの)は私利私欲を貪る強欲邪心の徒ばかりで，主君の善なる性の発露を妨げており，そのため無慈悲で暗愚な主君もいるから，一般武士や牢人の幸福は主君の覚醒にかかる，といった趣旨が繰り返される。首尾一貫した思想体系を有せず矛盾も散見され，悲憤からくる激情の吐露に終始した観はあるが，平易な文章と知識的教訓性によって広く読まれた。
→百八町記

可笑記評判 かしょうきひょうばん　江戸初期の*仮名草子。全10巻。*浅井了意の作。1660年(万治3)刊。「*可笑記」(1642刊)は，中世以来の名家最上家に仕えた酒田城代の子で，主君改易のために牢人した如儡子(斎藤親盛)が書いた仮名草子である。器用のない主君，成り上がり家老を批判し，主従関係のあるべき姿など，さまざまな話題・教訓をのべた書である。本書は「可笑記」の本文を掲げて，ほとんどの箇所で逐条的に批判を加えている。評言は，「可笑記」に引かれた和漢の故事や例話の趣旨や人物を説明したものもあるが，如儡子が諸悪の根元として非難する家老や出頭人の存在を弁護するなど，当世に強い不満をもつ如儡子に対する再批判，仏徒を愚弄する言説に対する批判などが中心である。

加上説 かじょうせつ　*懐徳堂のうんだ思想家である*富永仲基が唱えた，思想発展についての独創的な見方。仲基によれば，思想言説の展開には法則があり，新しいものほど古い意匠を凝らし，後にでたものほど複雑にみせようとする。たとえば，緻密にみえる大乗仏典の煩瑣は，釈迦その人の教説ではなく，後代のものなればこそであると，このように仲基は考えた(大乗非仏説)。近代の文献批判につながる発想として，高く評価されている。

家職奉公論 かしょくほうこうろん　→職分

貨殖論 かしょくろん　貨殖の術の正当性を論じた書。1冊。*畑中太冲の著。1783年(天明3)に，商人から仙台藩の財政担当官に抜擢された阿部清右衛門に送られた。貨殖の術は聖人の法であって，利を賤しむことは孟子の僻見であると非難し，将軍から大名・武士に至るまで，貨殖に励むことは何らやましいところはないと説いている。物価の変動をにらみながら，売り買いのチャンスを逃さず貨殖に努めれば富み，反対に努めなければ貧しくなるまでであって，天道よりの定めがあるわけではないという。国産品を他国に売る財政策を擁護する一方で，老子の「功遂げ身退くは，天の道」を引照しながら，引き際の重要性を論じている。

華胥国物語 かしょのくにものがたり　「かしょのくにー」とも。江戸後期の時務策。1巻。*中井履軒の著。「華胥国」とは，中国古代の黄帝が午睡して夢に遊んだ理想郷のこと。履軒は，本書に黄帝の故事に託した寓話を和文で記し，民がしだいに豊かになり国が栄えていくユートピアを描いた。君主・役人が倹約や修身に努め，借財を解消し，参勤が中止され新田の開発がなり，教育も充実するといった江戸時代の現実の反指定ともとれる理想郷に遊ぶという論調のうちに，履軒の底意を読み取るべきであろう。履軒にはほかにも「華胥国」を冠した著作があり，その立脚点の意義を再確認する必要があろう。

柏木義円 かしわぎぎえん　1860～1938(万延元～昭和13)　明治～昭和初期のキリスト教伝道者・思想家。日本組合基督教会に属した*安中教会の4代牧師を約40年にわたって務めた。越後国与板の浄土真宗大谷派西光寺の8代住職徳円の子として出生。先祖は寛永年間(1624～44)の安中藩井伊家の藩士であった。長じて東京師範学校を卒業後，群馬県西部の小学校の教員となったが，*海老名弾正が牧師を務めていた安中教会でキリスト教にふれ，海老名から受洗した。そして教員を辞し，伝道者を志して同志社英学校に入学する。卒業後，1897年(明治30)に招聘され，先祖ゆかりの地の安中教会牧師に就任し，翌年に事実上の個人伝道誌「上毛教界月報」を創刊した。群馬県を中心とした日本組合基督教会所属の各教会の伝道を助けつつ，主に「上毛教界月報」巻頭論文をとおして，組合

教会独自の主張，日露戦争時には*非戦論，同教会の朝鮮伝道への批判などの鋭いメッセージを38年間にわたって発し続けた。柏木は浄土真宗の寺院出身者だけに，仏教や儒教に関する豊かな基礎的教養をもち，そのうえにキリスト教思想を福音信仰として正統的に受容した独自の思想を展開した。「柏木義円集」全2巻，「柏木義円日記」全2巻がある。

春日御託宣記（かすがごたくせんき） →春日大明神御託宣記（かすがだいみょうじんごたくせんき）

春日権現験記（かすがごんげんげんき）　たんに「春日験記」などとも。春日権現(*春日大社)の霊験記。全20巻の絵巻であるが，詞章のみをさすこともある。成立は1309年(延慶2)で，絵は絵所預（えどころあずかり）の*高階隆兼（たかしなたかかね），詞章は「前関白父子四人」と記す。この「四人」は鷹司基忠（たかつかさもとただ）とその子の冬平（ふゆひら）・冬基（ふゆもと）・良信（りょうしん）である。願主には「左大臣」とあり，これは西園寺公衡（さいおんじきんひら）のこととされる。明神の託宣や奇瑞，藤家との関わりについての記述を主とするが，1巻冒頭が「夫れ春日大明神は満月円明（えんみょう）の如来，久遠成道（くおんじょうどう）のひかりをやはらげ」に始まるなど，随所に*本地垂迹（すいじゃく）説，とりわけ，*和光同塵（わこうどうじん）思想にもとづく記述が散見する。

春日潜庵（かすがせんあん）　1811~78（文化8~明治11）幕末~明治期の陽明学者。名は仲襄，字は子賛，号は潜庵。讃岐守と称した。京都の人。父と同じく久我家（こがけ）の諸大夫となり，内大臣久我通明・建通（たてみち）父子に仕えた。16石4人扶持の「孤貧」な生活の中で崎門（きもん）朱子学を学んだが，*山田方谷（ほうこく）・*池田草庵（そうあん）らと交わって，陽明学に転じた。明朝滅亡の際，絶食して殉死した劉念台（りゅうねんだい）の慎独（しんどく）の工夫を推賞する一方で，王学左派の「王心斎全集」（1848刊）を翻刻した。幕末には*梁川星巌（やながわせいがん）・*西郷隆盛らと謀り，尊攘派として活躍し，安政の大獄では永押込に処せられた。1868年(明治元)奈良県知事に任命されたが，ほどなく罷免され，以後は学を講じた。門人に*末広鉄腸（てっちょう）がいる。「潜庵遺稿」（1893）に生涯の文章が収録されている。

春日大社（かすがたいしゃ）　奈良市春日野町に鎮座。祭神は，常陸国鹿島（かしま）神宮から迎えた武甕槌命（たけみかづちのみこと），下総国香取（かとり）神宮から迎えた経津主命（ふつぬしのみこと），河内国枚岡（ひらおか）から迎えた中臣（なかとみ）氏の祖神である天児屋根命（あめのこやねのみこと）・比売神（ひめがみ）の4神。武甕槌命は「古事記」によれば，武威によって大国主（おおくにぬし）命に国譲りを承認させた神で，また*神武東征伝承では横刀を降して神武天皇を助けたとあり，雷神・剣神の性格がうかがえる。経津主命は「古事記」にはみえず，「日本書紀」では武甕槌命とともに国譲りを承認させたとある。なお，「延喜祝詞式（のりとしき）」の「春日祭（かすがさい）祝詞」には香取神を「伊波比主（いわいぬし）命」とする。式内社・名神大社・二十二社上社・旧官幣大社。

創建については709年（和銅2)説もあるが（「神宮雑例集」），鎌倉初期の社家の記録「古社記」などによる768年（神護景雲2)説が有力である。左大臣藤原永手（ながて）によって藤原氏の氏の社として御蓋山（みかさやま）の西麓に創建されたとする。「日本三代実録」元慶8年(884) 8月26日条に，768年11月9日に春日神社に奉献された神琴が破損したので新造して奉献したとある。この記事より768年創建説が補強され，また，768年11月9日の祭祀（春日祭）が朝廷の公的祭祀に組み込まれていたことがうかがえる。756年（天平勝宝8)の「東大寺山堺四至図（とうだいじさんかいししず）」には御蓋山の西麓に「神地」と記され，その位置は現社殿地に該当し，近年の調査によりコの字型に囲む築地の遺構が発掘されている。例祭は旧暦2・11月の上の申日を祭日とする春日祭で，申祭（さるまつり）ともいう。伊勢の斎宮，賀茂の斎院に準じて，869年(貞観11)には斎女（いつきめ）が設置され，「儀式」巻1の「春日祭儀」に儀式次第が規定されている。現在の本殿は1863年(文久3)の造替で国宝，その建築様式は春日造の古式を伝える。

春日大明神御託宣記（かすがだいみょうじんごたくせんき）　「春日御託宣記」とも。*春日明神と，栂尾山高山寺（とがのおさんこうさんじ）（現，京都市右京区）中興の祖であり，同神への信仰が篤かった*明恵（みょうえ）上人（高弁（こうべん））との関わりについての説話を記した縁起書。1冊。貞永年間（1232~33)の成立か。筆者は識語によれば，同山の僧で明恵の弟子であった喜海（きかい）。内容は，ある時，明恵は修行のために大陸へ渡ることを決意するが，春日明神がある女に依り憑き，明恵に日本に留ま

るよう託宣を下すという話が中心となる。さらに，神託をうけた笠置寺*貞慶から明恵が仏舎利を譲りうける話，春日詣へ向かった明恵の身におこった奇瑞の話などを載せる。明恵の高僧伝としての性格も色濃く，さらに日本を唐・天竺と同等，あるいは上位におこうとする思想がうかがえる。

春日神人（かすがのじにん） 神人の一種。*春日大社に所属し，下級神職の寄人として仕えた。日常の雑事から神事・祭礼まで幅広く従事したが，同社と縁の深い興福寺の*強訴に加わるなど平安末から中世にかけて最も活躍した。本社神人と散在神人の区別があり，前者は通常本社に勤務し，主に社域の警護，庶民への祈禱や末社・社領の管理などを担当した。これに対し後者は，在地領主や商工民（京都のそれを春日在京神人という）でありながら春日社に従属し，同社からの保護と引き替えに金品の奉納（利益・製作物の提供）や雑役奉仕などを行った。前者は黄衣を着たため黄衣神人，後者は白衣を着たため白人神人ともよばれた。

春日曼荼羅（かすがまんだら） 藤原氏の守護神である奈良*春日大社と氏寺*興福寺の信仰によって描かれた垂迹・神道曼荼羅。春日山と春日明神の社殿を中心に描いた春日宮曼荼羅，各宮の本地仏を表した春日本地仏曼荼羅，興福寺を加えた春日社寺曼荼羅，春日山を浄土に見立てた春日浄土曼荼羅，春日明神や若宮の影向した姿を描いた影向図，春日明神が常陸国から鹿に乗って大和国へ遷座した縁起を形象した春日鹿曼荼羅などの種類があり，平安時代末から摂関家および藤原氏一門によって，祖先祭祀の対象として数多く作られた。鹿曼荼羅は立体彫刻として造形された作例も残る。

春日明神（かすがみょうじん） *春日大社祭神の神威・神徳を称えた尊称。*明神は神号の一つで，同音の名神から派生し，神への尊称とされる。武甕槌命・斎主命（経津主命）・天児屋根命・比売神の4座の神をいう（春日四所明神）。また，1135年（保延元）の若宮創建以後は春日若宮神をも含める場合があるが（五所明神），同神は春日明神の御子神。「大鏡」に，藤原氏出身の后宮・大臣公卿は氏神として春日明神に仕えたとあり，摂関家の栄華を叶える神として崇敬された。*興福寺は春日社との一体化を図り，神仏習合思想に乗じて，春日四所明神の本地を釈迦・薬師・地蔵・観音と説き，さらに春日大明神に仏教の護法神として慈悲万行菩薩の仏称をささげた。平安後期から強訴に用いられる春日神木は，春日明神の依代である。14世紀初頭の「*春日権現験記」は春日明神の霊験譚を描いた絵巻物として有名で，また，*神仏習合の春日信仰を語るものとして「*春日曼荼羅」・三社神号（*三社託宣）掛物などがある。

春日若宮祭（かすがわかみやまつり） おん祭とも。奈良市春日大社の摂社である春日若宮神社に伝わる祭。1136年（保延2）9月に始まると伝え，この時，猿楽や競馬などが催された。鎌倉時代になると，田楽や流鏑馬が人気を博し，田楽の楽頭には「装束賜」が行われた。南北朝期には*大和四座が勤仕し，同社大鳥居近くの影向の松の下で上演された。以後，祭は大規模になり，江戸時代には猿楽三座に参勤料として200両を給するなど保護に努めた。現在は12月17日に行われ，時代行列として*風流をみせるなどして，多くの観光客を集めている。神事芸能は国重要無形文化財。

化政文化（かせいぶんか） 江戸後期の文化・文政期（1804〜30）に江戸町人の活躍を中心に武士階層をもまきこみ，地方とも交流しながら花開いた文化の称。歌舞伎では「東海道四谷怪談」で知られる*鶴屋南北が活躍し，文芸では読本に*曲亭馬琴・*山東京伝，滑稽本に十返舎一九・式亭三馬，合巻に*柳亭種彦が筆を振るった。また*良寛は越後の地で和歌に，*一茶は信濃で俳句に，それぞれ独自の境地を示した。

絵画では，当時のあらゆる画法を身につけた谷文晁，文人画の*田能村竹田・浦上玉堂，琳派に私淑した大名家出身の酒井抱一，洋風画の*司馬江漢や亜欧堂田善らが多彩な展開をみせ，浮世絵では葛飾北斎や安藤広重の風景画が人気を博した。

儒者の間には*菅茶山・*頼山陽に代表される詩文の流行や，*狩谷棭斎・*屋代弘賢らに代表される考証学の盛行がみられ，蘭学の興隆は医学や自然科学などの分野に進展をもたらした。国学では本居宣長の没後の弟子を自称する*平田篤胤が宗教色を付加し，その影響は幕末・維新期にまで及んだ。

そのほか，寄席芸の発達をはじめとする大衆芸能，*伊勢詣に代表される神社仏閣への参詣を目的とする旅行などの行動文化，さまざまな芸道における*家元制度の広がり，盆栽や品種改良などにおける園芸の発達や各種工芸の精緻化などがみられる。また江戸の「*いき(粋)」，上方の「すい(*粋)」が，この時代の新たな美意識として誕生した。

歌仙絵 かせんえ　和歌の名人「歌仙」の絵姿を描き，そこに代表的な詠歌と略歴を書き添えたもの。人麻呂影供(*影供)などの歌詠みの場に掲げて，歌道精進を祈った柿本人麻呂の影像といった単独の歌仙画像の例もあるが，多くは六歌仙や三十六歌仙の揃いで構成される。なかでも*藤原公任による「三十六人撰」の三十六歌仙が主流となった。現存する最古の作例は，13世紀前半の佐竹本三十六歌仙絵。新興の肖像画「*似絵」の手法をえて，各歌仙の真に迫っている。伝統的な上畳本，業兼本，白描歌仙絵の後鳥羽院本，為家本，二首本，木筆本，類似の釈教三十六歌仙，女房三十六歌仙など三十六歌仙絵の作風は多彩に展開した。室町時代には神社に奉納された三十六歌仙扁額が確認される。*狩野派・土佐派・琳派の筆によって，近世に至るまで描き継がれた。

家族国家論 かぞくこっかろん　国家という政治の単位を家族に擬する考え方。特に長子単独相続により超世代的に継承される，本家を血縁集団の中心とする「*イエ(家)」制度に擬して，明治以降の天皇制国家を捉え，強調する。1890年(明治23)発布された*教育勅語は，80年代末年に整備された地方制度に支えられて，重層的な人間関係の絆に結ばれた「村」の淳風美俗こそ日本社会の基本であるとし，天皇を総本家の長とする忠孝一本を説いた。第2期の国定修身教科書には，この忠孝一致の家族国家観が具体的に示された。また，1908年の文部省教学局編纂の「*臣民の道」では，国は家の集まりではなく，国が家そのものであるとされ，「国を離れた私はなく」といわれた。いうまでもなく，家族においてはそのメンバーは出生によって決められ，メンバー間には強い情緒的な一体感が支配する。そのような関係を政治の世界にもちこむことによって，近代日本は統一国家の絆を確保し，特に危機的状況において「滅私奉公」的な一枚岩的結束を誇った。この家族国家観はやがて天皇のもとに世界を一大家族と見立てる「*八紘一宇」に拡張され，日本の侵略戦争を正当化するスローガンとして使われた。

華族女学校 かぞくじょがっこう　明治中期の宮内省管轄官立女学校で女子学習院の前身。伊藤博文の推薦で宮内省御用掛に任命された*下田歌子が中心となって，皇族・華族子女を対象に1885年(明治18)*学習院から分離・独立して設立された。下田の桃夭女塾や東洋英和女学校から転じた生徒もおり，例外的に士族・平民の子女の入学を認めた。校長は学習院院長谷干城が兼任，のち西村茂樹ほか。1906年学習院女学部と改称し，女学部部長には下田が就任した。教育思想には下田の思想が色濃く反映され，東洋的な徳性が重視された。18年(大正7)女子学習院に改組し，戦後は財団法人学習院に発展・解消された。

歌体約言 かたいやくげん　江戸中期の歌論。1冊。*田安宗武の著。1746年(延享3)成立。宗武は徳川御三卿の田安家の当主で，松平定信の父。大名歌人として知られる。詠歌に心の修養の効用を認める勧懲論，上代には歌に心の誠が備わっていたが，時代が下るにつれて堕落してきているので，古語を用いるべしという古文辞風の歌語論，万葉歌人の柿本人麻呂や山部赤人らを第一とする風体論などが主要な論点である。跋を寄せた*賀茂真淵の古道論，朱子学的な文学観が論の骨格にある。*荷田在満らとの*「国歌八論」論争をへた宗武の最終的な歌論とみなすことができる。

片岡健吉 かたおかけんきち　1843〜1903(天保14〜明治36)　明治期の政治家・自由民権家。高知藩士片岡俊平の長男。戊辰戦争に従軍する。

1871年(明治4)高知藩権大参事の在任中に欧米を視察して，73年3月に帰国し，同年10月，海軍中佐に任ぜられる。*板垣退助らの下野とともに辞任し，74年5月，立志社議長に推される。77年6月，立志社を代表して国会開設建白書を提出するも，西南戦争の際に武力挙兵計画に加わったという嫌疑をうけ禁獄100日に処せられる。79年10月，高知県会議長に当選するが，予算問題で県令と対立して翌月辞任する。80年3月，愛国社第4回大会の議長を務め，さらに翌4月，国会期成同盟を代表して，河野広中（ひろなか）とともに「国会を開設するの允可（いんか）を上願するの書」を提出した。84年10月の自由党解党大会でも議長を務める。87年12月，*三大事件建白運動に参加して東京からの退去を命じられたが，拒否したために軽禁錮2年6カ月に処せられた。89年2月，憲法発布の大赦で出獄する。1890年の第1回総選挙で自由党からでて当選し，以後没するまで代議士を務め，98年以降は衆議院議長をも務めた。その間，1885年に受洗し，日本基督教青年会理事長や同志社社長兼校長としても活躍した。

片上伸 かたかみのぶる　1884～1928(明治17～昭和3)　明治末・大正期の評論家。愛媛県出身。雅号は天弦（てんげん）。1907年(明治40)「早稲田文学」に「人生観上の自然主義」を発表，自然主義に含まれる主観的性格を説いて，自然主義論壇の一角をになった。以後はしだいに理想的傾向を強め，評論集「生の要求と文学」(1913)にまとめられる諸論においては，自己表白を重視するようになる。早稲田大学の教員を務めながら，15～18年(大正4～7)にかけてロシアへ留学，ロシア文学を学び，また革命にも遭遇した。帰国後「中間階級の文学」や「階級芸術の問題」などを発表，勃興しつつあったプロレタリア文学運動の理論的支柱となった。片上の評論活動の推移は，同時代の文学史の変遷をそのまま体現するものであったといえる。「片上伸全集」全3巻がある。
⇒自然主義文学

気質物 かたぎもの　*浮世草子の一ジャンル。1715年(正徳5)刊の江島其磧（きせき）「世間子息気質（せけんむすこかたぎ）」を嚆矢とするとされるが，同作自体が*井原西鶴（さいかく）の作品からの多大な剽窃があり，西鶴作品にも気質物の萌芽的要素が散見される。一般に気質とは，特定の職業・身分ごとに現れる人間の類型的な性格・性向・行動をいうが，これが小説化される際には，第1に外貌・見た目をさす言葉として理解されている。第2にストーリーの多くが，職業・身分から逸脱した珍奇な性格の人物，または何かに偏執的に熱中する人物を描くという2パターンからなる。そうした人物の有り様を好意的にはみず，突き放した視点からみて滑稽な失敗譚・愚人譚として描き出すものとなる。これが其磧の小説的方法であり，基本作法が一定しているため似たようなストーリーが多い。

ほかの代表的作者として，*多田南嶺（なんれい）は，珍奇な性格の表現をより徹底し，衒学的趣味とあいまって後世の*戯作（げさく）文学に通じるうがちの発想によって，人々の思惑の齟齬・すれ違いの様を冷徹な視点から滑稽譚として描いた。和訳（わやく）太郎（*上田秋成（あきなり））は，閉塞した社会状況において，自身の価値観に執着する人物のあり方を救いのない悲喜劇として，またはあぶれ者であるがゆえに逆に開き直って生き生きと世を渡る浮浪子（ふろうし）として描き出し，浮世草子がはぐくんだ現世唯一主義的な世界観を強調した。永井堂亀友（ながいどうきゆう）は，平俗な教訓とあいまって，人々の思いや願いが最終的には成就されるといったストーリーを描いたが，いずれも凡作である。

近代に入り*坪内逍遥（しょうよう）「*当世書生気質」など気質物を参照する風潮があったが，その後は井原西鶴による人間認識からの後退との評価がされてきた。1980年代以後は，人間の性格自体をモチーフとしたはじめての小説として，また近世人の価値意識をめぐる小説として再評価されつつある。

方違 かたたがえ　平安時代から江戸時代まで行われた*陰陽道（おんようどう）の俗信。忌むべき方角を避けるため，いったん他に居を移すこと。平安時代に貴族の間で行われ，鎌倉時代以降，武士階級にも及んだ。忌むべき内容は時代によって異なり，(1)生年の干支によるもの，(2)天一神（てんいちじん）遊行の方向を避けるもの，(3)金神（こんじん）のいる方角を避けるものなどがある。宿移りだけでなく，忌むべき方向に出立しなければな

らない場合には、いったん吉方の家に赴いてから、翌日出立することも行われた。

荷田春満（かだのあずままろ）　1669〜1736（寛文9〜元文元）　近世中期の国学者。幼名鶴丸、名は信盛のち東丸・東麻呂、通称は斎宮・斎宮。京都伏見稲荷社の祠官羽倉信詮の次男として生まれる。幼少から古典に親しみ、和歌を詠むとともに神書への理解を深める。1697年（元禄10）に妙法院宮の家士となり独立し、1700年に江戸へ下向した。以後23年（享保8）に至るまで、数度帰郷しながらも江戸において講筵を開き、和歌・神道を門人に講義した。22年、幕府の和学御用に任じられた幕臣の下田師古を通じ、古書の探索・鑑定ならびに注釈を行う。晩年は京都で門人の指導にあたり、その時の門人*賀茂真淵は、のちに春満が江戸に開拓した門人網を継承する。春満の学は、はじめ家伝の歌学と神学を中心とした中世的性格の強いものであったが、しだいにそれを脱し、「日本書紀」神代巻と「万葉集」を中心として古代に範を求める独自の古学を形成し、「*創学校啓」を起草したとされることもあって、幕末の国学者からは四大人の一人、*国学の創始者として尊崇された。著書に「日本書紀神代巻剳記」「万葉集僻案抄」「万葉集童子問」「伊勢物語童子問」「春葉集」などがあるが、自身の著作は少なく、ほとんどが門人による聞き書きである。

荷田在満（かだのありまろ）　1706〜1751（宝永3〜宝暦元）　近世中期の国学者。通称は長野大学・東之進、号は仁良斎。京都に生まれる。父は*荷田春満の弟羽倉高惟。春満の養子となり、1728年（享保13）以降江戸に赴き、春満の業を継いで門人を教授するとともに、和学をもって*田安宗武に仕える。律令・有職故実に詳しく、幕命をうけ令の注釈を行った。38年（元文3）桜町天皇の大嘗祭を拝観し、その時の記録である「*大嘗会便蒙」を公刊した件により蟄居・閉門を言い渡される。和文や和歌も巧みで、宗武の命により献上した「*国歌八論」は、和歌の政治からの独立を主張した歌論上画期的なものであり、それをめぐる論争により*賀茂真淵が宗武に仕える契機となった。早く没した

ためか、江戸での荷田派の学問は真淵に継承されていった。著作は「本朝度制略考」「羽倉考」「落合物語」など。

片山円然（かたやまえんぜん）　1768〜?（明和5〜?）　「ーえんぜん」とも。江戸後期の天文学者・著作家。名は国倍、号は松斎。片山家は旗本で、1786年（天明6）に19歳で家督を継承する。のちに三男に家督を譲って文筆活動に専念した。*司馬江漢と親交があり、その紹介によってコペルニクス体系などの西洋天文学の知識をえて、「天文法語」「天学略名目羽翼」「地転窮理論」で地動説などの西洋天文学説を説いた。ほかの著作に「*蒼海一滴集」など。

片山兼山（かたやまけんざん）　1730〜1782（享保15〜天明2）　江戸中期の儒者。名は世璠、字は叔瑟、通称は東造、兼山と号した。上野国平井村の富農の子。鵜殿士寧・*服部南郭・秋山玉山に学ぶ。一時、徂徠門下の*宇佐美灊水の養子となったが、徂徠学に疑問を抱いたため、1772年（安永元）義絶して復姓した。松江藩儒員をへて江戸にで、*折衷学とよばれる独自の経学を説いた。古注を主として諸説を折衷し、「論語」「孟子」「文選」などに新たに訓点を付して刊行した。その訓点は山子点とよばれた。主著「山子垂統」前編3巻（1775刊）・後編3巻（1780刊）は、兼山が選んだ経書の語句について、それにかかわる秦漢以前の古書を重畳的に博引傍証しつつ、「誠」の道徳性を本質とする聖人の道を示そうとした書で、折衷学的な注釈法が例示されている。

片山潜（かたやません）　1859〜1933（安政6〜昭和8）　日本の社会・労働運動の先駆的指導者。美作国久米南条郡の庄屋藪木家に生まれた。幼名菅太郎。17歳の時に片山家の養子となる。岡山師範学校を退学後、1881年（明治14）に渡米、96年まで在米して、苦学しながらグリンネル大学・エール大学などを卒業する。留学中にキリスト教へ入信。帰国後、キリスト教社会主義の立場から、97年東京の神田三崎町に宣教師の援助でキングスレー館を設立し、社会事業の拠点をつくった。他方、日本で最初の労働組合組織としての職工義友会、*労働組合期成会を*高野房太郎らとともに同

年結成した。また，98年には*安部磯雄・*幸徳秋水らとともに*社会主義研究会を組織，1901年には幸徳ら6人で日本最初の社会主義政党としての*社会民主党を結成するなど，黎明期の社会・労働運動において指導的役割をはたした。後年幸徳が無政府主義的な直接行動論を主張するようになると，片山は議会政策論を主張して対立した。14年(大正3)再渡米し，21年革命後のソ連に渡り，22年コミンテルン幹部会員となり，以降「*27年テーゼ」「*32年テーゼ」の作成など，コミンテルンによる日本共産党指導に関与した。モスクワにて客死。「片山潜著作集」全3巻のほか，「わが回想」がある。

片山北海 かたやまほっかい 1723〜90(享保8〜寛政2)
江戸中期の漢詩人。名は猷，字は孝秩，通称は忠蔵，居宅を孤雲館といい，北海は号である。越後国新潟の農家に生まれ，京都の宇野明霞に学び，大坂にでて町儒者として儒学を講じた。1765年(明和2)*混沌社が結成されると盟主に推され，以後十数年にわたってその中心にいた。しかし，伝えられた別集はなく，混沌社友の詩文集や頼家の「与楽園叢書」などに収録された作品がある。ほかに，没後に編集された「孤雲館遺稿」がある。*高山彦九郎・*藪孤山・*古賀精里ら，盛名を慕って訪問する人は多く，*頼春水らは「在津紀事」(1810)でその人柄を，素朴で人にへだてなく接したと評している。*梅荘顕常(大典)は明霞の同門で，ともに師の遺著の刊行に努めた。

語部 かたりべ
古伝承を語り伝え，公式の儀式の場でそれを奏することを職とした部。天武天皇の頃には，中央に語造，地方に語臣・語直・語部君・語部首の伴造があった。平安時代になっても，践祚大嘗祭に美濃・丹波・丹後・但馬・因幡・出雲・淡路の7カ国から語部が召集され，伴氏の率いる組と佐伯氏の率いる組に分かれて，新天皇への寿詞である古詞を奏した。

語り物 かたりもの
語りを主においた芸能。*説経・*平曲・*幸若舞・浄瑠璃などがある。叙情的な内容をもつものが〈うたわれる〉のに対して，叙事的な内容のものは〈かたられる〉。古代には語りを職掌とする*語部がいた。語るとはいっても今日でいう朗読ではなく，節をつけていたことは「延喜式」にみえる古詞が「歌声に渉る」と記されていることからも否定できず，言葉に呪術性を認めていたと思われる。のちにはしばしば伴奏をともなった。説経は平安時代から行われ，仏教説話の*唱導として曲節をつけて語られ，のちには説経節として流行した。平曲は盲目の僧琵琶法師が琵琶を奏でながら語った平家の物語として有名である。南北朝期に全盛期を迎え，「徒然草」にみえる生仏ののちに覚一が現れ，そのテキストがいわゆる語り本系「*平家物語」へと発展していく。幸若舞は舞々ともいうが，二人の人物が戦語りをしたものである。浄瑠璃は三味線を伴奏とし，のちには人形と結びついた人形浄瑠璃が江戸時代の代表的な娯楽芸能となった。⇒歌謡

勝海舟 かつかいしゅう 1823〜99(文政6〜明治32)
幕末〜明治期の政治家。名は義邦，通称は麟太郎，海舟は号。幕末に安房守を名乗るが，明治になって安芳と改名。家禄51石の旗本勝左衛門太郎(小吉)の長男として，江戸本所亀沢町に生まれる。少年時代は剣道に専念するが，長じて蘭学を学び1850年(嘉永3)蘭学塾を開く。53年のペリー来航の際，海軍の創設や兵制改革を内容とする意見書を提出し，目付海防掛の大久保忠寛らの認めるところとなり，蕃書の翻訳を命じられる。さらに長崎で海軍伝習に従事する。60年(万延元)咸臨丸の艦長として日米修好通商条約批准の使節団一行とともに太平洋を渡り，アメリカ社会を体験する。帰国後，神戸海軍操練所の創設に尽力し，*坂本竜馬ら多くの人材を教育する。64年(元治元)に軍艦奉行となるが，幕臣以外の人材を教育したことから嫌疑をうけ罷免される。鳥羽・伏見の戦いで幕府軍が敗れたのち，*西郷隆盛と江戸城で会談し，無血開城に成功した。明治維新後，徳川家とともに静岡に移ったが，72年(明治5)海軍大輔に就任し，その後，参議・海軍卿・枢密顧問官などを歴任する。編著書に「吹塵録」「海軍歴史」などがある。

学校問答書 がっこうもんどうしょ
*横井小楠が1852年

(嘉永5) 福井藩の求めに応じて書いた人材教育論。小楠の「学校問答書」を当時の多くの人材論と区別するのは、人材を育成しようとして学校を興さなかった名君はいなかったが、それにもかかわらず学校から傑出した人材がでた例がないと、人材教育論の包蔵する自己矛盾を直視したことにある。小楠はその根本原因は、世の人材教育論が「為己の学」の本を離れて、政事運用の末に走ったことを指摘する。そして修己治人(しゅうこちじん)の本源に帰って、学問・教育・政治の三者が三位一体となるような組織をつくり、学校が教育の場であると同時に公論形成の場となる学校教育論を提起した。

学校令(がっこうれい) →師範学校令(しはんがっこうれい) 小学校令(しょうがっこうれい) 中学校令(ちゅうがっこうれい) 帝国大学令(ていこくだいがくれい)

甲子夜話(かっしやわ) →松浦静山(まつらせいざん)

桂川甫粲(かつらがわほさん) →森島中良(もりしまちゅうりょう)

葛城神道(かつらぎしんとう) →雲伝神道(うんでんしんとう)

葛城宝山記(かつらぎほうざんき) →大和葛城宝山記(やまとかつらぎほうざんき)

桂誉重(かつらたかしげ) 1817~71(文化14~明治4) 江戸後期~明治初年の大庄屋・国学者。通称慎吾。越後国蒲原郡新津町の人。大庄屋の当主である桂誉正(たかまさ)の甥に生まれ、誉正の養子となり家督を相続した。1844年(弘化元)に越後国に来ていた*鈴木重胤(しげたね)に入門し、以後、出羽国の大滝光憲(おおたきみつのり)とともに有力門人として経済的な面を含めて重胤の門を支え、重胤「*日本書紀伝」の校閲にあたった。著書に「曲直小言(まがなおりごと)」「*済生要略(さいせいようりゃく)」「神習考(かんならいこう)」「天朝窮歴試式(てんちょうきゅうれきししき)」「世継草摘分(よつぎぐさつみわけ)」がある。

家庭雑誌(かていざっし) **1** 1892~98年(明治25~31)に出版された家庭向け雑誌。*徳富蘇峰(とくとみそほう)主筆。明治20年代に平民主義を説いた蘇峰は、1887年「*国民之友」を創刊、勤勉で品行正しい中等社会の家庭にその担い手を求めた。「家庭雑誌」ではこの考えをより具体的に示し、社説・家政・文芸欄などを設置、発刊の主旨で「社会の地盤を改革して、和楽光明なる家庭」をつくることを唱えた。理想的な家庭は品行正しい夫と貞淑で勤勉な妻からなるとし、質素・節約を勧め、女性の主な職務を家政と育児においた。

2 1903~07年(明治36~40)に出版された家庭向け雑誌。*堺利彦(さかいとしひこ)編集。「万朝報(よろずちょうほう)」の記者であった堺は、すでに同紙で女性の権利・職業的自立などを説いていた。「家庭雑誌」は彼の個人雑誌として出発し、その目的として、家庭の中から漸々社会主義を発達させていくことを掲げた。夫婦が平等で相愛し相助け真の共同生活をしていくことを家庭の理想とした。「平民新聞」発刊(1907)準備のため、06年より*大杉栄(さかえ)に編集が移った。執筆者には幸徳秋水(こうとくしゅうすい)・石川三四郎・木下尚江(なおえ)・荒畑寒村(かんそん)ら男性の社会主義者が多い。

家庭之友(かていのとも) →羽仁もと子(はにもとこ)

花伝(かでん) →風姿花伝(ふうしかでん)

家伝(かでん) →藤氏家伝(とうしかでん)

花道(かどう) 華道とも。花を鑑賞するために装飾する法。本来、わが国では自然の花を愛でることはあっても、切り花にして装飾する風習はなかった。切り花を瓶に入れるのは、仏教における「供花(くげ)」すなわち仏前に供える花として奈良時代から行われていた。ところが平安時代以降になると、大きな瓶に花を生ける風潮がうまれ(「枕草子」)、*寝殿造(しんでんづくり)の飾りとした。鎌倉時代になると、「立花(たてはな)」と称して七夕(たなばた)の折、花を贈答するようになる。

室町時代には書院造の座敷飾りとして、生け方の技術も問われるようになった。その背景には将軍の同朋衆(どうぼうしゅう)や文人貴族の存在が無視できない。なかでも六角堂池坊(いけのぼう)の専応(せんのう)は「専応口伝(くでん)」を著し、花の生け方を新たに創出するとともに、これを秘事口伝(ひじくでん)として確立しようと努めた。そのため立花は理論的に裏付けられるとともに形式化していく結果となる。一方で、当時流行しだした*茶の湯が生け花を必要としたため、茶室に花を添えることとなった。とりわけ*侘茶(わびちゃ)は過度の装飾を嫌い、必要最低限の花を求めたので、これまでの豪華さを競うような立花ではなく、簡素な「投入(なげいれ)」となった。しかし、茶の湯では花はあくまで脇役にすぎず、むしろ花を飾る瓶に名物が求められていた。

江戸時代に入ると「生花(せいか)」として独自の芸術を確立するようになり、多くの流派がうまれた。すなわち、池坊(池坊専好(せんこう))・青山

御流(園基香̪ｿﾉﾓﾘ)・源氏流(千葉竜卜̪ﾘｭｳ)・遠州流(春秋軒一葉̪ｼｭﾝｼﾞｭｳｹﾝｲﾁﾖｳ)・未生̪ﾐｼｮｳ流(未生斎一甫̪ｲｯﾎﾟ)・石州流(片桐石州)などがそれで、いわゆる*家元制度によって各流派の生花が維持・継承されるようになった。現在でも稽古事の一つとしてなお盛んである。→立花̪ﾘｯｶ

加藤宇万伎̪ｶﾄｳｳﾏｷ　1721〜77(享保6〜安永6)　一美樹̪ﾐｷとも。江戸中期の幕臣・国学者・歌人。通称大助、号は静舎̪ｼｽﾞﾉﾔ。1746年(延享3)*賀茂真淵̪ｶﾓﾉﾏﾌﾞﾁに入門し、国学を修め、*加藤千蔭̪ﾁｶｹﾞ・*村田春海̪ﾊﾙﾐ・楫取魚彦̪ｶﾄﾘﾅﾋｺとともに県居門̪ｱｶﾞﾀｲﾓﾝ(県門̪ｹﾝﾓﾝとも)の四天王と称された。真淵が本居宣長̪ﾉﾘﾅｶﾞ宛の書簡で、宇万伎は「わが流を伝へてことに古事記神代の事を好めり」と紹介しているように、真淵より「古事記」研究の学識を認められていたことがわかる。また、幕臣として江戸と京坂の間を往復した。在坂時の門人に*上田秋成̪ｱｷﾅﾘがおり、後年、秋成は宣長と音韻および日の神をめぐって論争(「*呵刈葭̪ｶｶｲｶ」)を行ったが、その学問・思想的背景には宇万伎の影響が大きかった。

加藤枝直̪ｶﾄｳｴﾅｵ　1692〜1785(元禄5〜天明5)　近世中期の幕吏・歌人・国学者。通称は又左衛門、名は為直のち枝直、号は南山・芳宜園̪ﾊｷﾞｿﾉ。伊勢国松坂に生まれる。枝直の代より本姓橘氏を称す。のちに江戸に出府して、1720年(享保5)町奉行所与力̪ﾖﾘｷとなり、大岡忠相̪ﾀﾀﾞｽｹの信任をえて法令編纂の任にあたり、63年(宝暦13)まで与力職を務めた。和歌にすぐれ、*賀茂真淵̪ｶﾓﾉﾏﾌﾞﾁを屋敷内に住まわせ、子の千蔭̪ﾁｶｹﾞを真淵に入門させるなど深い交友を結んだ。また、*青木昆陽̪ｺﾝﾖｳの登用を進言するなど、広く文人と交わり援助を与えた。自身は古今調の作歌を旨とし、真淵の万葉主義と相容れない点などがあり、晩年の真淵とは隔意を生じた。著作は家集「東歌̪ｱｽﾞﾏｳﾀ」、「加藤枝直日記」など。

加藤完治̪ｶﾄｳｶﾝｼﾞ　1884〜1967(明治17〜昭和42)　大正・昭和期の農本主義者。東京生れ。1911年(明治44)東京帝国大学農科大学を卒業後、帝国議会に入るが、13年(大正2)山崎延吉̪ﾉﾌﾞｷﾁの推薦で安城̪ｱﾝｼﾞｮｳ農林学校教諭となる。さらに15年、農林業の中堅人物養成を目的とした山形県立自治講習所の創立に際して所長とな

る。22年9月から約15カ月間欧米の農業を視察するが、大半はデンマークに滞在し国民高等学校を研究する。帰国後、石黒忠篤̪ﾀﾀﾞｱﾂらと日本国民高等学校の創立に尽力し、26年、茨城県宍戸町(現、笠間市)に設立し校長となる。同校はのち下中妻村内原(現、水戸市)に移転するが、そこでめざしたものは家族労働力にもとづく自給自足的な農業であり、企業的農業を否定するものであった。満州事変後は農業移民を推進し、さらに満蒙開拓青少年義勇軍訓練所(内原訓練所)所長として、「満蒙移民の父」といわれた。戦後、教職追放となり、解除後の53年、日本高等国民学校(現、日本農業実践学園)校長に復帰した。加藤は伝統的な*農本主義を筧克彦̪ｶｹﾋｺの神道論「神ながらの道」に結びつけて、一貫して国策に沿う農業教育を推進したといえる。「加藤完治全集」全5巻がある。

加藤清正掟書̪ｶﾄｳｷﾖﾏｻｵｷﾃｶﾞｷ　織豊〜江戸初期の武将・大名加藤清正(1562〜1611)が家臣に与えた教訓。掟書の内題に「加藤清正、家中へ申出されし七箇条、大身小身に依らず、侍共覚悟すべき条々」とあるように、内容は家老をはじめとする家臣の心得に関する掟である。その核心は、「武士の家に生れてより、太刀・刀を取って死道、本意」(第7条)であって、そのためには常に「武士の道を吟味」することを志すことにより「いさぎよき」討死を本義とすることにある。武士として生きる道は「忠孝の道」にあり、その理を悟るために学文̪ｶﾞｸﾓﾝに精を入れ、遊芸はもとより和歌などの「心に華の風」あるものは覚悟を弱めるとこれを禁じ、平生常に「奉公に油断なき」(第1条)ように励むべきであるとしている。その末文には、これらの掟が守れぬ家臣は、「男道成らざる者の験を付け、追放すべき」であると記されている。

加藤玄智̪ｶﾄｳｹﾞﾝﾁ　1873〜1965(明治6〜昭和40)　明治〜昭和期の宗教学者・神道学者。宗教学的方法にもとづき日本の宗教、特に神道の研究を行った。それらの業績は神道学をはじめ、民俗学・宗教制度史などに影響を及ぼした。東京府の真宗寺院に生まれ、東京帝国大学文化大学哲学科を卒業、「知識と信仰」により文学博士を授与される。その後陸軍士官

学校教授となり、1921年（大正10）東京帝国大学助教授に就任し、神道講座を担当する。31年（昭和6）に国学院大学教授となるが、大正大学・駒沢大学・神宮皇學館大学などにても宗教学・神道学などの講義をする。その間、明治聖徳記念学会の創立に尽力した。宗教学ではオランダのティーレ（C.P.Tiele）の宗教学に学び、神道学では天皇崇拝、国体と神道、神国思想などの理論づけに貢献した。著書「知性と宗教―聖雄信仰の成立」では神道の非宗教説を端的に解説し、また神道の海外紹介にも精力的に取り組んだ。主著に「本邦生祠の研究」「神道の宗教発達史研究」「神道精義」「神道信仰要系序論」などがある。

加藤千蔭 かとう ちかげ 1735～1808（享保20～文化5）近世後期の幕吏・歌人・国学者。名は佐芳も・千蔭、字は徳与麿、通称は要人・又左衛門、号は荒園・芳宜園。江戸に生まれる。父枝直の職を継いで町奉行所与力となる。10歳の時、*賀茂真淵に入門する。詠歌にすぐれ、*村田春海とともに県居門の双璧と称され、真淵没後は江戸県居門の重鎮として活躍した。致仕後まもなく、寛政の改革に際し、在職中の勤めが咎められて閉門・減封となったが、奮起して「万葉集」の全注釈に取り組み、春海・*本居宣長らの協力をえて、「万葉集略解」30巻を完成させる。歌風は古今調をよくし、真淵の万葉調とは異なる。また能書家としても知られ、その書法は「千蔭流」とよばれて文人の間に流行した。著作は「うけらが花」など。

加藤弘之 かとう ひろゆき 1836～1916（天保7～大正5）明治期の思想家。但馬国出石生れ。江戸で*佐久間象山に儒学を、坪井芳洲（為春）に蘭学を学ぶ。蕃書調所教授手伝となりドイツ語を学ぶ。開成所教授・宮内省侍読などを歴任する。1861年（文久元）「*鄰艸」を著し、良い政治は個人の道徳によるより制度的な工夫が重要であると、儒教的な政治論を排し立憲政体の導入を説いた。70年（明治3）に「*真政大意」、75年に「*国体新論」などを著し、功利的人間観・天賦人権論と、それにもとづく国民の安全と福利のための国家形成を主張した。*明六社に参加して啓蒙思想家として活躍

した。しかし、77年東京大学3学部（法・文・理）綜理となった頃から進化論、なかんずく*社会進化論の影響を受け始め、81年前述の2著を販売禁止にした。82年「*人権新説」を刊行して、天賦人権論は妄想主義であると非難・攻撃し、社会の進歩も「優勝劣敗」という自然科学の法則にしたがい、国家の制度が整った今日では「上等平民」が社会を左右する権力を握るとした。93年「強者の権利の競争」「道徳法律進化の理」で、人間社会における法則としての「適者生存」「弱肉強食」が補強・再論された。07年「吾国体と基督教」によってキリスト教を排斥した。89年雑誌「天則」を発行する。帝国学士院長・枢密顧問官を歴任。

門付 かどづけ 人家の門前を訪れ、芸を行って金品の報酬をえる人、または行為そのもの。元来、神が特定の時節、集落の境、辻、家の門など境界に来訪し祝福するという民間信仰に由来する祝福芸である。芸人は、神に代わり家の繁栄や農耕の豊穣を予祝する祝言人として古くは歓迎された。しかし中世、近世と時代が下るにつれて差別化が進行し、近世には乞食同様にみなされるに至った。正月の*万歳・春駒・鳥追や年の暮れの節季候など定期のものと、*説教・*祭文など不定期のものに分かれる。基本が祝福芸であるため、比較的単純で類型化された言語・所作が中心であり、音楽的要素も弱く、能・狂言のような芸能としての高度な発達はみられなかった。

香取神宮 かとりじんぐう 千葉県香取市に鎮座。下総国一宮。旧官幣大社。祭神は経津主神（斎主神）。「日本書紀」によれば、*鹿島神宮の神（武甕槌神）とともに国譲りを実現したのち、国内を平定し日本建国の礎を築いた。「延喜式」神名帳では名神大社に列し、鹿島神宮とともに「神宮」号を称している。源頼朝以降の武家政権下にあっては武神として崇敬篤く、広く武芸者の尊信を集めた。例祭は4月14日。また12年に一度（毎午年）式年神幸祭が行われ、神輿が御座船により利根川を上り、佐原の地にて鹿島の神の奉迎をうける。また毎年11月30日夜に

行われる大饗祭(だいきょうさい)では多くの神饌があげられ，古式の*新嘗(にいなめ)の祭式を今に残している。

楫取魚彦(かとりなひこ) 1723～82(享保8～天明2) 江戸中期の歌人・国学者・画人。本姓は伊能(いのう)，名は景良(かげら)。号を茅生庵(ちぶあん)・青藍(せいらん)とも。下総国香取郡佐原に生まれる。*賀茂真淵(まぶち)に学び，加藤宇万伎・加藤千蔭(ちかげ)・村田春海(はるみ)と並んで，県門(けんもん)四天王と称せられた。学者としては，真淵や宇万伎の助力をうけて，1769年(明和6)に古言(こげん)の用例辞典「古言梯(てい)」を編集した。真淵没後の江戸における万葉研究の中心人物であった。歌人としては，古語を巧みに詠みこんだ万葉風の歌風が知られる。「楫取魚彦歌集」があり，「県門遺稿」(1776)に収められる。また，*建部綾足(たけべあやたり)を師と仰ぐ画人であり，俳諧も綾足に師事した。

仮名(かな) 日本語表記のために，漢字を書きくずしたり，省略したりして作られた音節文字。通常，平仮名と片仮名の2種類をさすが，「*万葉集」における表記のように，漢字をその意味には関係なく，日本語1音節に1文字を当てて使う万葉仮名のようなものもある。「仮名」とは，私的に用いられる「仮りの文字」という意味で，漢字を公に用いる真の文字として「真名(まな)」とよぶのに対応する語である。公の場で用いられることのなかった仮名がはじめて表舞台に現れたのは，10世紀初めの「*古今和歌集」においてであった。のち摂関時代史として，また私撰史書として登場した「*栄花物語」が仮名で書かれたことも注意される。公の律令国家史として官撰された六国史(りっこくし)が漢文で書かれたのは当然だが，それに対して，律令体制内における外祖父(がいそふ)政治としての摂関政治の私的性格を考える時，それを描いた「栄花物語」や「*大鏡」が私的文字である仮名をもって書かれたことはむしろ当然であったといえよう。

金井延(かないのぶる) 1865～1933(慶応元～昭和8) 明治・大正期の経済学者。東京帝国大学教授。遠江国生れ。ドイツに留学して経済学・社会政策を学び，ドイツ社会政策学派の思想を紹介した。帰国後も社会政策・社会問題に関心をもち，特に貧困問題と*工場法に大きな関心をよせた。日清戦争後の労働問題の深刻化をみて，*社会政策学会の創立に参加した。社会主義を克服する道は社会政策以外にはありえないとし，国家による先行的な労働者保護を主張し，工場法制定運動の先導的役割を演じた。社会主義の抑止を説いて*片山潜(せん)と対立した。日露戦争に際しては「対露強硬論」を主張し，日露開戦を政府に迫ったいわゆる「七博士建白事件の一人であった。

仮名垣魯文(かながきろぶん) 1829～94(文政12～明治27) 幕末～文明開化期の戯作者。本姓野崎。江戸京橋の魚屋の長男として誕生。家運が傾き8歳で丁稚奉公にだされる。倹約を旨としつつ文芸への興味をいだき，花笠文京(はながさぶんきょう)に入門し英魯文と号した。25歳で一人立ちし，際物(きわもの)の草双紙や滑稽本，また引き札(広告のちらし)や瓦版の執筆などジャーナリスティックな仕事を請け負い，1855年(安政2)の大地震では「安政見聞誌」を書いた。仮名垣魯文と号を改めた60年(万延元)には，開港後の横浜の風俗を活写した膝栗毛物(ひざくりげもの)の「滑稽富士詣(もうで)」が好評を博した。明治初期には「西洋道中膝栗毛」(1890刊)，「安愚楽鍋(あぐらなべ)」(初編1971刊)などで一世を風靡し，また新聞でも活躍した。庶民出身ゆえか，武家出身の2世為永春水(はるすい)や万亭応賀(まんていおうが)に比べて，時代に応じた変わり身の速さをもち，軽妙な戯文によって政府の諸政策を無批判に鼓吹する作風が特徴である。

金沢文庫(かなざわぶんこ) →金沢文庫(かなざわぶんこ)

仮名性理(かなしょうり) 江戸初期の儒教の啓蒙書。1冊。*藤原惺窩(せいか)の著とされているが，きわめて疑わしい。おそらく寛文期(1661～73)に，何者かがすでに刊行されていた「*心学五倫書(しんがくごりんしょ)」に手を加え，これを惺窩に仮託して改題したものであろう。1691(元禄4)刊。母に頼まれて儒教の大意をのべるという体裁で，儒教の明徳・誠・敬，*五倫五常などを解説し，神道・儒教の一致を説き，仏教・出家を批判する。また天地宇宙の造物主・主宰者としての天道(てんとう)の存在を強調し，誠・正直・慈悲を眼目とする政道論を展開している。総じて朱子学をふまえているといえるが，天道の性格やその因果応報の説き方などには，前代に流布したキリシタンの投影も認められるようである。なお本書はのち「千

代もと草」（1788刊），「仮名性理竹馬抄」（1874刊）と題して出版された。

仮名性理竹馬抄 →仮名性理

仮名草子　江戸初期の小説ジャンル。1682年（天和2）の井原西鶴の「*好色一代男」に始まる*浮世草子までの間の，仮名で書かれた平易な通俗読み物の総称。慶長期（1596～1615）頃の古活字版から版木に彫った製版本まで，出版されたものがほとんどで，多くの場合挿絵が添えられる。恋愛や戦記の物語（「薄雪物語」「大坂物語」など），随筆（「*可笑記」など），名所記（「東海道名所記」など），色道指南書（「*心友記」など），遊女評判記（「都風俗鑑」など），女訓書（「仮名列女伝」など）など多彩な内容をもつ。*浅井了意・中川喜雲らが多作の作者であるが，「*清水物語」を書いた*朝山意林庵らのように寡作の作者がほとんどで，僧侶・医師・学者などさまざまな階層にわたる。出羽国の山形藩最上氏の改易にともなって牢人となった如儡子のように，失意の人が含まれているのも特色である。当代の新思潮である朱子学をはじめとして，儒・仏・道三教のそれぞれの立場から，新しい時代の生活倫理や人間関係のあり方を教訓的に説いたり，現世肯定の人生の意義を説くなど，幕藩制確立期の現実社会への関心にこたえて述作されている。

仮名手本忠臣蔵　江戸中期の浄瑠璃・歌舞伎。全11段。1748年（寛延元）大坂竹本座初演。竹田出雲・三好松洛・並木千柳の合作。1701年（元禄14）3月14日に江戸城内において，勅使・院使御馳走人の浅野長矩が吉良義央を傷つけ，即日切腹，翌年12月15日に遺臣大石良雄らが義央を討ち果たした，いわゆる赤穂浪士の討ち入り事件を劇作化したものである。それまでの数多い忠臣蔵劇の集成であるとともに，以後の小説を含めた*忠臣蔵物の分水嶺を形成している。時代を「*太平記」の世界にとり，塩谷判官とその妻顔世御前への高師直の横恋慕に始まる大序から，城明け渡し，討ち入りまで，緊密に構成された長編劇である。山崎街道（5段）や一力茶屋（7段）などの，独立して鑑賞にたえうる段が多い。時代物の枠組みに世話場を巧みに配して，大星由良之助を主人公とした，苦難を克服して大義に殉じる義士のヒロイズム，その周辺の勘平やお軽，その兄平左衛門など，大義名分のために犠牲となっていく悲運の人物を四季の移り変わりの中に描いて，名実ともに近世浄瑠璃の傑作である。今なお上演回数が最も多い。→赤穂事件

仮名文年中行事 →公事根源

仮名法語　かなほうご　仏教の教えを漢字仮名交り文で平易に説いた書物。*法語は，仏教の道理にもとづいて説かれた教えのこと。中国唐・宋の時代には，経典の内容や自らの知見を偈頌や散文で説いたものを法語といった。日本では，経典は基本的に漢文で受容されたが，平安時代に天台密教や真言密教で，*口伝の教えを仮名交りで記したものが書き始められ，やがて源信によって「横川法語」が著され，浄土教の教えを仮名法語によって説き示した。その後は，鎌倉仏教の祖師たちの著述や弟子たちによる編纂物には同様のものが多く，法然の「*一枚起請文」や一遍の弟子がまとめた「一遍上人語録」などがある。禅宗では，入寺や上堂説法などでは漢文の法語が作成されたが，道元の「*正法眼蔵」のようにその思想を詳述するにあたっては仮名法語で書かれた。顕密諸宗においても華厳宗の明恵が「栂尾明恵上人遺訓」，高野山の覚海の「覚海法橋法語」などがある。中世の仮名法語は，仏教思想の流布とともに随筆文学への影響も大きい。江戸時代になると仮名法語は版本として出版され，より広範囲に読まれるようになり，鈴木正三の「*盲安杖」，慈雲の「*人となる道」などがある。

蟹養斎　かにようさい　1705～78（宝永2～安永7）江戸中期の儒学者。名は維安，字は子定，通称は佐左衛門。養斎・東冥または静庵と号した。安芸国の人。*三宅尚斎の門人で，名古屋藩儒。和文の入門書や講義類を著して，*山崎闇斎学・尚斎の学問の普及に尽力した。また，徂徠学の流行によって，道を貴ぶことが薄くなり，気質は変わらないと称して放蕩を恥じることなく，新奇を好んで文章の技巧を争う気風が強くなったと論じ，その後

の徂徠学批判のパターンを作った。著作に「読書路径(どくしょろけい)」「非徂徠学」「易学啓蒙国字解(えきがくけいもうこくじかい)」などがある。

金子馬治(かねこうまじ) 1870～1937(明治3～昭和12) 明治後期～昭和初期の哲学者・文芸評論家。号は筑水(ちくすい)。長野県小県郡に生まれる。1888年(明治21)東京専門学校(現, 早稲田大学)に入学し, *坪内逍遥(しょうよう)から文学を, *大西祝(はじめ)から哲学を学ぶ。93年文学科を卒業して母校の講師となる。1900～03年ドイツに留学し, 帰国したのち1907年早稲田大学教授, 20年(大正9)同文学部長となる。「芸術の本質」(1924)では, 思想活動の中心に文芸と哲学の抱合をすえ, 芸術家の偏狭を真実に即した概念的考察としての学術によって適正なものとしようとした。哲学者としては「哲学概論」(1927)のほか, キルケゴールやベルグソンの思想を紹介した。

金子大栄(かねこだいえい) 1881～1976(明治14～昭和51) 明治～昭和期の仏教学者, 真宗大谷派の学僧。新潟県中頸城郡高田村の最賢寺に生まれる。1904年(明治37)真宗大学を卒業し, 11年間自坊で布教する。15年(大正4)*清沢満之(まんし)の浩々洞(こうこうどう)に入り, 雑誌「精神界」の主筆となる。翌16年大谷大学教授。22年*曾我量深(りょうじん)とともに「見真」を発行, 26年(昭和元)から「仏座」を主宰する。26年に刊行した「浄土の観念」などの著作が, 28年になって宗義違反とされ, 大谷大学教授を罷免, 翌年僧籍から除かれる。画期的な内容であったが理解されなかったのである。一時広島文理科大学講師などを務めたが, 14年後の42世大谷大学に復職する。清沢満之の精神主義を受け継ぎ, 真宗教学の近代化に尽力した。「金子大栄選集」全20巻などがある。

金沢実時(かねざわさねとき) 1224～76(元仁元～建治2) 金沢北条氏の祖, *金沢文庫・称名寺(しょうみょうじ)の創設者。父は北条実泰(さねやす), 母は天野政景の女。早く公職を退隠した父に代わり, 1234年(文暦元)鎌倉幕府の小侍所(こさむらいどころ)別当となる。文武に秀で, 叔父の北条泰時(やすとき)の引き立てをうけ, 52年(建長4)引付衆, 翌年評定衆に加えられ, 経時・時頼・時宗・貞時4代の執権の補佐役として, 蒙古襲来前後の危機的な政局の運営に尽力した。64年(文永元)越後守に任官し, 以後越州が通称となる。75年(建治元)公職を退く。実時は武蔵国六浦荘(むつうらのしょう)を所領とし, 荘内の金沢村に別邸および菩提寺の称名寺を創建した。中国の歴史や律令制度の文献を, 儒者の清原教隆(のりたか)について学び, 鎌倉における学問の基礎を築くと同時に, 多方面にわたる蔵書を金沢文庫に収めた。また1261年(弘長元)には南都の戒律復興運動に共鳴して*叡尊(えいそん)を鎌倉に招き, 執権時頼とともに受戒し, 称名寺を律院に改め, 東国の律学の拠点とした。

金沢文庫(かねざわぶんこ) 「かなざわ―」とも。鎌倉時代, 金沢北条氏によって設置された武家文庫。*金沢実時(さねとき)は晩年, 鎌倉市中の火災を恐れて, 多くの蔵書を武蔵国六浦荘金沢(現, 横浜市金沢区)の別邸に疎開し, ここに文庫を設けた。蔵書は隣接する菩提寺の称名寺(しょうみょうじ)によって管理され, 必要に応じて貸借されたらしい。孫の貞顕(さだあき)は, 十数年に及ぶ六波羅探題(たんだい)赴任中に, 公家に伝わる制度・法律・歴史などの書物を積極的に書写・収集したほか, 宋版の漢籍も海外交易によって多量に輸入し, これらを金沢文庫に収めた。金沢北条氏の蔵書はその質・量によって鎌倉でも著名で, 幕府要人や学僧の間で利用された。鎌倉幕府の滅亡後, 金沢文庫本は称名寺の管理下におかれたが, 足利氏や上杉氏らによって移出され, 散逸の方向をたどった。文庫の建物は南北朝期には朽損し, 称名寺に移されたため称名寺の仏典と混合して伝えられた。時期は不明だが, 金沢文庫本には長方形の金沢文庫印が捺されたため, 外部に流出した本もある程度追跡できる。近世初期, 徳川家康は称名寺より金沢文庫本を江戸城に移し, 幕府の紅葉山(もみじやま)文庫の基礎とした。1930年(昭和5)神奈川県は称名寺境内に旧跡を記念する神奈川県立金沢文庫を再建し, 現在は称名寺伝来の文化財を保管する歴史博物館として運営される。

兼倶記(かねともき) →番神問答記(ばんじんもんどうき)

兼見卿記(かねみきょうき) *吉田兼見(かねみ)(1535～1610)の日記。兼見は卜部(うらべ)氏。はじめ兼和と称し, 1586年(天正14)11月兼見に改名。兼右(かねみぎ)の子として*吉田神道の神祇管領長上(かんりょうちょうじょう)や吉田社の社務に任じられ, 織田信長・豊臣

秀吉をはじめ，明智光秀らと交渉をもった。1570年(元亀元)より92年(文禄元)まで(うち天正2・16・17年を欠く)と1610年(慶長15)の部分が残存しており，他に別記として「伊賀国一宮大明神遷宮下向記」(1587)，「多武峰下向記」(1591)，「伊賀国下向日次記」(同前)がある。記事には吉田神道や神祇故実に関するものを含む。

狩野永徳 かのうえいとく　1543~90(天文12~天正18)　安土桃山時代を代表する画家。*狩野元信の孫。父は松栄。幼少から祖父元信の訓育をうけ，倭・漢のさまざまな画法を体得した。安土城をはじめとする城郭建築の内壁や，城郭に付随する大書院の襖絵などの制作に従事し，従来なかった大画面の構図や大画面処理に関するさまざまな技法を工夫し，新時代の覇者たちの志向にそった絵画を作りあげた。信長・秀吉時代の作品が多いため，その大部分はそれらの城郭と運命を共にして失われた。「洛中洛外図屛風」(上杉本)，「唐獅子図屛風」「檜図屛風」などの金碧画のほか，大徳寺聚光院襖絵などの水墨画作品にも優れた手腕を示している。

狩野亨吉 かのうこうきち　1865~1942(慶応元~昭和17)　明治中期~大正期の哲学者・文献収集家。出羽国秋田郡大館に生まれる。東京大学で数学，改組後の帝国大学で哲学を修めた。1892年(明治25)金沢の第四高等中学校教授となる。95年数学物理学会での発表「志筑忠雄の星気説」において，江戸時代の優れた物理学者である志筑を紹介した。98年に第一高等学校校長となる一方で，*安藤昌益の原稿本「*自然真営道」の解読に取り組み始める。1906年京都帝国大学文科大学の初代学長となり，倫理学の講座を担当する。07年*関孝和の没後200年にあたって「記憶すべき関流の数学家」を発表し，その中ではじめて*本多利明の功績を紹介した。08年に文部省と衝突して京都帝大を辞職，その同じ年に発表した「大思想家あり」は安藤昌益の名を広めることになった。その後は古書の収集に専念し，東北大学図書館狩野亨吉文庫として知られる前近代の中国・日本の文献の大コレクションを築き上げた。思想的には唯物論者を称して終生合理的精神を堅持した。自身には一冊の著書もないが，安藤・本多・志筑らの業績を発掘した功績は大きい。

嘉納治五郎 かのうじごろう　1860~1938(万延元~昭和13)　明治~昭和前期の教育家，講道館柔道の創始者。摂津国菟原郡御影村に生まれる。東京大学を卒業後，学習院教授・宮内省御用掛・第一高等中学校校長・東京高等師範学校校長・文部省普通学務局長などを歴任した。また，講道館を開設し，伝統的な柔術に改良を加えた「柔道」の教授を行った。師範(教師・指導者)教育や教育行政などに尽力するとともに，国家社会の一員としての青年の修養を説き，学校教育では，課外での体育の振興に力を注いだ。アジアからはじめての国際オリンピック委員会(IOC)委員となり，第5回ストックホルム大会には団長として参加した。また1938年(昭和13)には，カイロでのIOC総会で東京への大会招致に成功するが，日本への帰路の船中，肺炎のため没した。「嘉納治五郎著作集」全3巻がある。

狩野探幽 かのうたんゆう　1602~74(慶長7~延宝2)　江戸初期の画家。*狩野永徳の孫。父は孝信。幼名は釆女，名は守信。幼少から天才ぶりを発揮し，10代の作品も知られている。1612年(慶長17)11歳で徳川家康に謁し，17年(元和3)幕府御用絵師となった。21年，鍛冶橋門外に屋敷と所領200石を賜り，鍛冶橋狩野の祖となる。その後も精力的に江戸と京都の間を往復し，二条城・江戸城・名古屋城などの城郭客殿，日光東照宮などの霊廟に筆を振るった。また宮廷絵師としても，紫宸殿の「賢聖障子」を描くこと生涯二度に及び，64年(寛文4)には後水尾上皇の画像の衣紋などを上皇の命によって描いた。さらに，大徳寺・妙心寺などをはじめとする寺院方丈の襖絵制作にも従事するなど，その活躍範囲はきわめて広い。二条城客殿にみるような極彩色も描くが，しだいに規矩正しい墨線と簡潔な賦彩に本領を示し，*狩野派の画風を一変させた。名古屋城襖絵に示された規矩正しい墨線の使用による画風が，新秩序を求める幕府の要望に合致したといえよう。探幽斎の号は，1635年(寛永12)に大徳寺の江月宗玩より与えられた。

狩野派 かのうは　近世日本画壇の最大の画派。東山時代に足利義政に仕えた幕府御用絵師の*狩野正信を始祖とし，その子*狩野元信によって，漢画技法の集大成とともに，さらに漢画と*大和絵との統合のうえに新しい様式が開拓された。元信の孫の*狩野永徳は織田信長・豊臣秀吉に仕えて，安土城・大坂城・聚楽第などの大建築を飾るにふさわしい巨大な*障壁画を次々に制作し，時の為政者たちの満足をかちえたばかりか，伝統的な宮廷絵師の地位をも独占しようと図り，他派の絵師たちの介入を退けることに努力した。永徳の孫の*狩野探幽は11歳で徳川家康に謁し，やがて幕府御用絵師の地位を獲得，また禁裏絵師の地位をもえた。探幽は極彩色の色の広がりを基調とした従来の狩野派の画風を，規矩正しい墨線を用い，賦彩も簡明にすることによって一変させた。一般に描線をおさえた色彩の広がりは人間感情の自由な横溢を意味するのに対し，規矩正しい墨線の支配は秩序への志向を意味する。そのような画風が，新しい封建秩序を確立していこうとする江戸幕府の意向にかなったのである。そののち狩野派は，幕府御用絵師ばかりか諸大名の奥絵師の地位をも独占したが，いたずらに探幽の祖法を墨守し，創造性に乏しいものばかりとなった。

狩野正信 かのうまさのぶ　1434～1530(永享6～享禄3)　室町中期の画師。号は性玄・祐勢。*狩野派の始祖。北伊豆地方の狩野家の出身とする伝承があるが，近年では上総国の狩野家の出身とする説が有力となっている。1475年(文明7)頃に大炊助兼刑部となる。82年から造営の始められた将軍*足利義政の東山殿に「瀟湘八景図」などの障屏画を描き，また足利義政・同義尚の肖像を描くなど，小栗宗湛没後の将軍家関係の画事に中心的な役割をはたした。正信は，山水画・肖像画から仏画に及ぶ幅広いメニューを用意して，パトロン層を拡大しかつマーケット化しつつあった絵画の需要に対応する体制をつくるとともに，五山の禅僧らの高度な教養がその理解に必要だった絵画の世界をより平明なものへと移行させた。これは応仁の乱後に生じた社会情勢の変化に即応したものであり，次代の元信にも受け継がれて狩野派隆盛の基礎をつくることとなった。

狩野元信 かのうもとのぶ　1476～1559(文明8～永禄2)　古法眼とも。室町後期の画家。室町幕府の御用絵師で*狩野派の始祖となった正信の子。幼名四郎二郎。大炊助。正信からは宋元画の画法を受け継ぎ，土佐派と婚姻を結んで*大和絵の画法を学んだといわれる。宋元画と大和絵の折衷のうえに立って，ことに花鳥山水図のジャンルにおいて，のちの狩野派の基礎となる画法を確立した。現存する代表作に大徳寺大仙院の襖絵「四季花鳥図」，妙心寺霊雲院の襖絵「四季花鳥図」などがある。1546年(天文15)までに法眼に叙せられている。

加納諸平 かのうもろひら　1806～57(文化3～安政4)　江戸後期の国学者。通称小太郎，号は柿園。内山真竜および本居宣長の門人であった*夏目甕麿の長男として遠江国に生まれる。1823年(文政6)和歌山藩医加納伊竹の養子となり，医学を修め，ほかに*本居大平より国学を学ぶ。31年(天保2)以後，藩命により「紀伊風土記新撰」の編纂を行う。33年，和学をもって藩に奉仕することを命じられる。その後，和歌山藩国学所の設立に尽力し，56年(安政3)国学所が設立されると総裁に就任した。編著書に「類題和歌鰒玉集」「柿園随筆」「竹取物語考」などがあり，なかでも「竹取物語考」は「*竹取物語」の原書について言及しており，のちの研究に大きな影響を与えた。

鹿子木員信 かのこぎかずのぶ　1884～1949(明治17～昭和24)　明治～昭和期の思想家。東京都出身。海軍機関学校卒。日本海海戦で海上をただよう非戦闘員のロシア人牧師を助けたことから〈人生〉を問い，軍を退役して哲学の研究に没頭する。ドイツなどに留学し，のち東京帝国大学講師・九州帝国大学教授・ベルリン大学教授・大日本言論報国会事務局長などを務める。超国家主義を唱えて思想運動を指導し，戦後A級戦犯に指定され，その後公職追放となる。著書に「日本精神の哲学」「すめらあじあ」「皇国学大綱」など。

かのやうに かのよ　1912年(明治45)1月「中央公論」に発表された*森鷗外の作品。五条

秀麿という青年貴族を主人公としており，連作に「吃逆(きつぎやく)」「藤棚」「鎚一下(ついつか)」がある。一般に〈秀麿もの〉ともいわれ，五条秀麿はすなわち森鷗外その人という見方が強い。折しも1911年1月に*大逆事件の判決が下り，それに続いて*南北朝正閏問題がにわかに浮上する。当時の小・中学校で用いられていた国定教科書は，実証的歴史学の観点から南北朝期には南朝・北朝の二つの朝廷が存立していたという記述がなされていた。それが1910年11月頃から問題視され始め，終に文部省教科書編纂官の*喜田貞吉(さだきち)が休職処分となった。学問上の真理が政治的イデオロギーにまきこまれる形で「危険思想」とされ，これに鷗外が危機意識を抱いたことは疑いえない。ただ作品成立の背景に存在するこれらの事情もさることながら，ここで鷗外が秀麿に語らせた「ドイツ新神学」に関する概要は正確なもので，ダーウィンの「進化論」と聖書「創世記」の天地創造の記述の両方をうけいれなければならなかった，〈近代知識人〉の矛盾を統括する意味でも興味深い。

姓 (かばね) 日本古代の*氏(うじ)が，その政治的立場に応じて大王(おおきみ)(天皇)から賜与された称号。令制以前には臣・連・君(きみ)・公(きみ)・直(あたい)など多様な姓が存在し，各地域の首長が称していた尊称が整理されたものと思われる。684年(天武13)の八色の姓(やくさのかばね)の制定によって，天皇との親疎などをもとに真人(まひと)・朝臣(あそみ)・宿禰(すくね)・忌寸(いみき)・道師(みちのし)・臣・連・稲置(いなぎ)に再編される。なお，古代朝鮮の骨品(こつほん)制との関わりも指摘されている。

歌病 (かびよう) 一首のうちに同音や同語が重複するのを病に見立てた歌学用語。「*歌経標式(かきようひようしき)」に和歌七病があげられ，藤原清輔(きよすけ)の「奥儀抄(おうぎしよう)」では，和歌七病のほかにさらに和歌四病(喜撰(きせん)式)と和歌八病(孫姫(ひこひめ)式)などが論じられている。これらは漢詩の詩病にならったもので，はじめは日本語や和歌の実情にあわないものもあったが，平安中期以降，わずか31音の短詩形の中での語の重複の可否が種々論じられるようになった。

家譜 (かふ) →系図(けいず)

かぶき踊 (かぶきおどり) *出雲のお国が始めたと伝える芸能。「かぶき」は「傾く(かぶく)」が名詞化したもので，非常識な扮装・言動をさす。その人物を「*かぶき者」という。「かぶき」もまた常人はしない衣裳を身につけ，舞台に登場する。記録では，1603年(慶長8)京都北野天満宮での上演が最初とする。のち四条河原などでも演じられた。遊女たちは好んでこれをまねて「遊女かぶき」として流行したが，風紀を乱すとの理由で幕府は29年(寛永6)禁止した。代わって少年が女装する「若衆かぶき」が演じられるようになった。

かぶき者 (かぶきもの) 江戸前期，異様な風体をして秩序に服さず反体制的な行動をする者をさす。京都や大坂などに滞留した牢人者(ろうにんもの)などがその源流だが，その心性は当時の武士や武家奉公人に共有され，その風俗は江戸でも流行した。名称の由来は「傾く(かぶく)」にあり，偏った異様な風体や行動をさす。かぶき者は男としての意地や面目を守り抜くことを信条とし，そのためには主人にも反抗した。これは武士の本来の姿でもあったことから，伊達政宗(まさむね)のような大名もかぶき者的行動を好んだ。家綱政権期(1651～80)の江戸では，旗本奴(はたもとやつこ)・町奴(まちやつこ)などの集団が組を結成してたがいに抗争し，放火・殺人などの社会治安を乱すようになったことからきびしく弾圧されて消滅した。

壁書 (かべがき) 「へきしょ」とも。中国において遵守すべき法令・規則を壁に書いて告示したところから，この方法で掲示した法令・規則全般をこうよぶようになった。日本においては直接壁に書かずに，紙や木に書いて張ったり懸けたりしたので，張文(はりぶみ)・押紙(おうし)・懸札(かけふだ)などともよんだ。最古の例は807年(大同2)の官吏の着座規定である。朝廷・幕府の各役所，国衙(こくが)・守護所(しゆごしよ)，諸寺院で用いられた。はじめは特定の当事者に示すものであったが，室町幕府のもとでは徳政令(とくせいれい)などを政所(まんどころ)の壁に貼って人々に示すようになり，これ以後，このような方式で一般の人々に布告する法令を壁書と称した。戦国大名も領民にあてて，しばしば用いている。

鎌倉右大臣集 (かまくらうだいじんしゆう) →金槐和歌集(きんかいわかしゆう)

鎌倉大草紙 (かまくらおおぞうし) 室町時代の関東の政治史を，鎌倉公方(くぼう)・足利氏などを軸に描いた軍

記。1379年（康暦元・天授5）の鎌倉公方足利氏満の幕府に対する反乱企図から、1479年（文明11）の*太田道灌の下総国臼井城攻略まで、100年間の記事を載せる。全体は大きく3部に分かれるが、第2部に属する、1440年（永享12）に始まる結城合戦の記事などは、当時の根本史料にもとづくものとみられ、史料価値は高い。第1部と第3部は軍記物語調の叙述が多く、記事に潤色もみられるが、室町時代を扱った軍記の中ではぬきんでた壮大さをもち、また当時の関東の社会の実像をうかがえる貴重な史料といえる。

鎌倉紀行 かまくらきこう →海道記

鎌倉仏教 かまくらぶっきょう　平安後期から鎌倉時代にかけて、新たに形成・展開された仏教の教義と教団の総称。大きくは二つの動きがみられる。まず、古代以来の南都六宗と天台宗・真言宗からなる旧仏教は、天台*本覚思想や密教を共通の思想基盤としつつ、授戒制や法会、僧官僧位などを通じて国家体制内に位置づけられる「顕密仏教」として再編成される。一方で、現実肯定的傾向を強める顕密仏教のあり方を批判し、戒律復興や新たな修行法を提唱するもう一つの動きがみられた。後者の動きのうち、顕密仏教の枠内で改革をめざす僧たちを「改革派」と称し、顕密仏教の枠を飛び出して新たな教団を発生させることになった僧たちを「異端」もしくは「新仏教」とも称する。鎌倉新仏教の宗派には、念仏をすすめる浄土教系では、*法然を祖とする*浄土宗、*親鸞の*浄土真宗、*一遍の*時宗があり、坐禅を実践する禅宗系では、*栄西の*臨済宗、*道元の*曹洞宗があり、そのほか「法華経」と題目を重視する*日蓮の法華宗（*日蓮宗）がある。現在の仏教教団の大半はこれら新仏教の系統であり、影響力の大きさがわかる。改革派とされる僧としては、法相宗の*貞慶、華厳宗の*明恵、律宗の*叡尊・*忍性らがあげられる。

鎌倉文化 かまくらぶんか　鎌倉時代、各地に台頭しつつあった武士や民衆は、公家を中心とした伝統的な文化と関わりをもちながら、しだいに新しい文化をつくりあげた。政治的には、貴族・社寺などの荘園領主と武士的な在地領主とが、対立しながらも補完しあって支配を行い、京都中心の文化から京都と鎌倉という文化の二元性を示すようになり、やがて地方文化の成立に至ったと考えられる。内容としては、前代の形式主義への反動や武士の性格を反映して、ありのままに事物を表そうとする写実主義の風潮が強まった。さらに中国からの来朝僧や帰国僧によって、宋・元の影響をうけた新しい文化が形成された。武家政権が成立する一方で、貴族は文化の諸分野を専門化し、*家業とすることによって家の存続を図ろうとした。たとえば歌人の藤原定家の場合には、和歌の家として歌論書などを著し、奥義は秘伝とされるようになった。

分野別にみると、文学では、新しい歌風の「*新古今和歌集」、時代の変化をみつめ無常感を主調とした鴨長明の「*方丈記」、平氏の発展から没落までを描いた軍記物の「*平家物語」や、動乱の時代を反映した説話集の流行などがみられる。また、庶民の芸能や地方の生活に関心がもたれるようになった。絵画では、肖像画における*似絵の制作が盛んになり、高僧の伝記や寺社の歴史などを主題とした絵巻物では、伝統的な大和絵の筆法に新しい要素が加わって、生き生きとした武士や民衆の姿や、各地の風景などが詳細に描かれた。彫刻では、平氏による南都の焼き打ちをうけた奈良東大寺の復興造営や鎌倉などの都市において、幕府の支持をえた*運慶らが、写実的で力強い作風の仏像を制作し、以後の鎌倉彫刻の基礎となった。工芸の分野では、多数の舶載品の刺激によって、その文様は写実的に細かく、ときに動的なものがみられるなど、新しい作品の生産が広まった。建築では、雄大な東大寺南大門や、宋の様式をとりいれた禅宗寺院がつくられた。

仏教では、平安末期から鎌倉時代にかけて、浄土思想の普及や禅宗の伝来の影響によって浄土宗（*法然）・浄土真宗（*親鸞）・臨済宗（*栄西）・曹洞宗（*道元）・時宗（*一遍）・法華宗（*日蓮）などの、いわゆる鎌倉新仏教が成立した。これらの新しい仏教は、公家のほか、武士や農民などの間にも広まり、特に禅宗は武士の気風にあったた

め、その保護をうけ、特に13世紀後半の文化に大きな影響を及ぼした。また旧仏教の中にも、新しい動きがみられ、華厳宗の*明恵・凝然、法相宗の*貞慶、真言宗の*覚鑁、あるいは真言律宗を開き社会事業を展開した*叡尊や*忍性らが、宗教上にダイナミックな展開をみせている。

鎌田一窓（かまたいっそう） →売卜先生糠俵（ばいぼくせんせいぬかだわら）

鎌田柳泓（かまたりゅうおう） 1754～1821（宝暦4～文政4） 江戸後期の心学者。諱は鵬、字は図南、柳泓は号。紀伊国湯浅に住む久保又右衛門の子として生まれ、10歳の折、京都で医業を営んでいた伯父鎌田一窓の養子となった。養父の跡を嗣いで医を学び世業とする。また、*石田梅岩の高弟富岡以直らや養父から*石門心学について学び、江村北海らのもとで詩文を修めた。彼は、梅岩の教説をうけて、儒教（朱子学・陽明学）・老荘・仏教・神道などを広くとりいれ、なお、西洋の天文学や蘭方医学の知識を参酌しながら「心」の究明を試み、これを「理学」と名づけた。静と動、有と無、といった一切の相対をこえたところに心の本態を求める彼の理学は思弁的であるが、江戸後期に海外より導入された経験科学・自然科学、特に心理・生理の合理的な解明による知見を包容している点も看過できない。こうした理学にもとづく道義の実践面として、〈持敬・積仁・知命・致知・長養〉の五則をあげ、これらすべてを「敬」の徳に収斂している。かくて柳泓は、石門心学の流れにあって、梅岩に次ぐ包摂的・体系的な思想家であったといえる。主著に「*朱学弁」「*心学五則」「*理学秘訣」「*心学奥の桟」などがある。

神（かみ） 神は日本人の思想形成や精神生活にとって、はなはだ重要な存在であり、また日本が神国であることは、すでに「日本書紀」神功皇后摂政前紀にみえている。しかし神の語源や名義はいまだよくわからない。鎌倉中期の1269年（文永6）に成立した*仙覚の「万葉集註釈」には「神明照覧の義なり」とあり、神とはどんなことも明らかにご覧になっている存在と記している。南北朝期の1367年（貞治6・正平22）に*忌部正通が著したとされる「*神代巻口訣」にも、神はカムカミ（照覧の意）の略語とし、仙覚と同様な説をのべている。このカムカミ説は江戸前期の*熊沢蕃山・*契沖・*度会延佳らに継承され、さらにカミ（神）はカムカミの略語のカガミ（鏡）との説もでてきた。さらに「神代巻口訣」に、上（カミ）は神（カミ）との説もみえており、その理由を神は常に*高天原（天上）にいるのでウエ（上）をカム（神）というとのべている。この〈神は上なり〉との語源説は、江戸前期に*新井白石・*伊勢貞丈・*賀茂真淵らにも支持され、明治期に入ると定説化するのである。

しかし、その一方で橋本進吉は、上代特殊仮名遣いにもとづきミ音に二つあることを示した。それによればカミ（神）のミは乙類、カミ（上）のミは甲類となり、〈神は上なり〉との説は成立しないことになる。また語源説とは別の立場から、江戸中期の*本居宣長は「*古事記伝」巻3で「迦微（カミ）とは、古御典等に見えたる天地の諸の神たちを始めて、其を祀れる社に坐ス御霊をも申し、又人はさらにも云ハず、鳥獣木草のたぐひ海山など、其余何にまれ、尋常ならず、すぐれたる徳のありて、可畏き物を迦微とは云なり」とのべている。このように神は雷や虎・狼あるいは妖怪のような恐ろしい存在であり、雷を「かみ」という例は「万葉集」などにもみえている。宣長は、カミ（神）を天神地祇、人神、自然神に類別している。つまり、古代の日本人の神観念は、森羅万象に神霊が宿るという汎神論的なものであり、「八百万神」の語が示すように多くの神々がいるということが、日本の神の特性の一つである。

次に、「古事記」の冒頭で神がこの世にはじめて生まれでた時、「独神と成り坐して、身を隠しき」と記しているように、神は姿を現さず、不可視な存在であった。ところが、神世七代の3代目からは男女神が現れ、イザナキノミコト・イザナミノミコトに至り、二神は結婚して国土や神々を生んだとある。ここでは神が人間と似た姿形で表現され、人間と同じような行動をとっている。律令神祇制度でも、神祇に対して人間と同じ位階（神階）が贈られたが、神は天神と地祇の2

種であり，人霊(人鬼)を神に祀ることはなかった。そして奈良中期頃から仏像の影響などにより神像が多作され，神がはっきりと姿を現してくるようになる。その反面，神社の祭神などは依然として不可視な存在としての神の伝統を厳守してきた。6世紀の中頃，仏教が公伝した時，仏は仏神ほとけがみ・蕃神あだしくに・他国神あだしくにのかみなどとよばれ，神の一種とみなされた。

奈良時代に入ると，神と仏の習合がみられ，神は苦悩する衆生と同類との思想がうまれた。つまり神は神身しんしんを離脱するため仏道に帰依することを願っているといい，神社に隣接して*神宮寺じんぐうじが建立され，また神前で読経や写経が行われた。ついで*護法善神ごほうぜんしん説が唱えられ，神は仏法を守護すべき存在といわれ，寺院の中に鎮守社ちんじゅしゃが建立された。さらに八幡大菩薩はちまんだいぼさつのように，神に大菩薩号を奉ることもみられた。これら一連の現象は*神身離脱という思想を背景にしている。

平安後期には*本地垂迹説ほんじすいじゃくせつが盛行し，神は仏・菩薩が衆生済度のために権に現れた姿との*権現ごんげん思想が説かれ，熊野権現・白山権現などと神を権現号でよぶことが流行した。一方，神を本覚ほんがく神・始覚しかく神・不覚ふかく神とか，*権社ごんしゃの神(霊神)と*実社じっしゃの神(邪神)などに分けることもみられた。

鎌倉末期の存覚ぞんかく「*諸神本懐集しょじんほんがいしゅう」には，先祖霊を神に祀ることが記されている。しかし，これは実社の神としており，現在みるような人霊を神に祀ることが顕著になるのは織豊以降である。

また，唯一神道・儒家神道・復古神道などにもそれぞれの神観念がみられる。さらに，戦国期の1549年(天文18)に来日したカトリック教の宣教師らは，日本の神を人間・悪魔・動物などとみなして，これらを崇拝しても救済されないと説いた。このように神は時代の推移につれて種々に変化し，地域や崇敬者によっても異なっており，その内容は複雑多岐にわたっている。

神遊び かみあそび　祭場に神を招き歌舞音楽を奉ること。のちに神を招く芸能である*神楽かぐらとも同義に使われる。「古事記」では天の岩戸の前で天宇受売命あめのうずめのみことが行った神がかりの俳優わざおぎを「楽あそびをし」と記していて，「遊び」と「楽」とは同義であった。神楽は，斎場に神の座を設け，そこに神を勧請して行う*鎮魂ちんこん(古訓ではタマシズメ・ミタマシズメとも)にともなう神事芸能である。鎮魂とは神霊や魂を招き，身体の中に安定させ，鎮めること。「古今和歌集」巻20には「神遊びの歌」が収められている。その内容は，採物とりものの歌，日女ひるめの歌，大嘗祭だいじょうさいの悠紀ゆき・主基すきの国の歌などである。

神送り・神迎え かみおくり・かみむかえ　旧暦10月に，諸国の神々が*出雲大社に集まるとされ，この際に神の旅立つのを送り，帰るのを迎える祭。この思想は，すでに平安末期に成立したという「奥儀抄おうぎしょう」にみえる。一般的には，9月晦日に神送りを行い，10月晦日または11月1日早朝に神迎えを行うが，これ以外に行われる例もある。日時が一定しないのは，神送りは，*田の神が収穫後に山へ帰って*山の神となるとの信仰に由来し，もとは田の神を送る祭と関係があったと考えられている。このように，神は常在せず，時に臨んで去来するとの思想は，日本人の神観念を知るうえで重要である。

神がかり かみがかり　神(神霊)が人間に憑依ひょういすること。その場合，神は人の口を借りて何かを伝えようとすることが多く，これを*託宣たくせんとよぶ。また，神がかりは通常女性や子供におこりやすいとされ，後者の場合を*憑坐よりましといった。祭祀の要求や皇位継承の指示などにかかわって古典文献に豊富に現れるが，突如それがおこるケースと，神意を知るために人間の側から意図的に試みられるケースに大別できる。前者では，巫女みこが平将門まさかどを新皇とせよという八幡大菩薩の託宣を下した「*将門記しょうもんき」の例，後者では，天照大神あまてらすおおみかみと住吉の三神が神功じんぐう皇后に憑依し，腹中の御子(*応神おうじん天皇)に西方の国(新羅しらぎ)を授けるとの神言を下した「*古事記」の例などが知られる。

神風 かみかぜ　文永ぶんえい・弘安こうあんの役(1274・81)の際に吹いた暴風に対する呼称。神風という言葉は，「伊勢」にかかる枕詞まくらことばとして用いられてきたが，二度にわたる蒙古襲来がいずれ

も暴風により退けられたことから、この暴風を神威の現れとみて、神風と称するようになった。蒙古襲来には、朝野をあげて神仏に対する*異国降伏祈禱が行われた。神風はそれに応えて神々が参戦した証と信じられ、*神国思想が高揚した。また、*伊勢神宮では内外両宮の風神社への信仰が高まり、1293年(永仁元)に朝廷より宮号宣下がなされ、*石清水八幡宮では「*八幡愚童訓」の中で神風を八幡神の霊験によると説くなど、これを機に各神社は神威の宣揚に努めた。

上賀茂社・下鴨社かみがもしゃ・しもがもしゃ　上賀茂社は賀茂別雷神社で上社とも略称し、京都市北区上賀茂本山に鎮座。下鴨社は賀茂御祖神社で下社とも略称し、同市左京区下鴨泉川町に鎮座。両社は賀茂川の左岸に沿って位置し、賀茂神社と総称する。祭神は賀茂(鴨)県主の氏神で、上社が賀茂別雷命、下社は賀茂建角身命と玉依日売命を祀る。賀茂建角身命は玉依日売命の父神で、玉依日売命と乙訓郡に坐せる火雷神との間に誕生した御子神が賀茂別雷命である(「山城国風土記逸文」賀茂社条)。式内社・二十二社上社・山城国一宮・旧官幣大社。

創祀に関しては、上社が先に成立したが、強大化したため、国家の宗教政策により8世紀中頃に至って下社が分立されたとする説がある。平安遷都後は王城鎮護の神社として崇敬をうけ、807年(大同2)には正一位に叙せられる。810年(弘仁元)伊勢斎宮に準じて、当社に仕える未婚の皇女を斎王とする賀茂斎院がおかれ、公的祭祀化が進んだ。当社への天皇行幸の確実な初例は939年(天慶2)の朱雀天皇行幸で(「日本紀略」)、以後、歴代天皇の神社行幸として定着する。1017年(寛仁元)には愛宕郡内の8郷を4郷ずつに分け、上社・下社にそれぞれ朝廷から施入され、社領が形成された。「鴨県主系図」をはじめとする社家の古系図が所蔵される。例祭は5月15日(以前は4月中酉日)の葵祭(賀茂祭)。

上御霊神社かみごりょうじんじゃ　京都市上京区上御霊竪町に鎮座。桓武天皇のほかに早良親王・他戸親王・井上内親王・藤原吉子・橘逸勢・文屋宮田麻呂・*菅原道真・*吉備真備など、いわゆる八所御霊を祀る。同じく京都の下御霊神社も有名である。このような御霊を祀る御霊神社は全国に数多くあり、いずれも遺恨の死をとげた人々の御霊が祀られている。そこには御霊の祟りを恐れ、それを鎮めることにより平穏な世の中となるようにとの思想がみられる。御霊の文献上の初見は「日本三代実録」貞観5年(863)5月20日条の記事で、神泉苑で*御霊会を行ったとあり、これが上・下両社の創始といわれている。また御霊会の祭礼は、京都の祇園祭(*祇園会)に代表される都市の夏祭の原型となった。

神路の手引草かみじのてびきぐさ　*増穂残口の著した通俗神道書。全3巻3冊。1719年(享保4)に大坂の山本九右衛門が刊行した。神道家の残口は、京・大坂の街頭で大衆への神道教化を実践し、その際の講釈に使われた残口八部書の一つである。伊勢参詣の途中に出会った老女との問答形式の文体をとる。鳥居、高天原、神像、神・儒・仏三教の関係、神道者、身道・心道・真道の別、神の訓、神護神罰、日待・月待、夷三郎殿(夷神)、魚肉の供饌、学問の要不要、神道仏法の相違、神道の事相の第一、平生の心の修行、大祓の八字などについて平易に解説してあり、安心立命の境地をえることが神道の本分と説いている。

神棚かみだな　家の中に伊勢神宮の大麻および諸社から授与されたお札を祀る棚。神棚の一般への普及は江戸中期の伊勢信仰などの伝播によるとされており、*伊勢御師が配った御祓大麻などを奉斎するために大神宮棚が設けられ、それが神棚のはじめとされている。1787年(天明7)刊行の聖познаの「胡蝶庵随筆」に「百姓町人の家内に神棚を設けて、大神宮を勧請し、朝夕に拝む故事、庸夫愚婦も神道と云事を知るなり、是に依て朝廷よりも強く咎めず」と記すように、江戸中期にはキリスト教禁制政策にともなって百姓・町人の家に神棚が設けられていたのである。

神の国運動かみのくにうんどう　→賀川豊彦
神使かみのつかい　→神使

神本地之事 かみほんちのこと　*浄土真宗の神祇関係の談義本。著者未詳。本文中に建長8年(1256)の年号を記すのでこの頃の成立か。1413年(応永20)書写の奥書をもつ。神祇を天神七代・地神五代や有力大社に祀られる本地垂迹の神である「*権社の神」と，悪鬼死霊などの「*実社の神」に分け，実社の神の信仰を否定している。また権社の神は諸仏の垂迹であるが，諸仏は阿弥陀一仏の分身より変化したものであり，一切の権現大明神を念ずるためには弥陀一仏を念ずべしと主張する。存覚の「*諸神本懐集」は，本書と信瑞の「*広疑瑞決集」をもとに著作されたと考えられる。

神迎え かみむかえ　→神送り・神迎え

神役 かみやく　社役・宮役・頭役などとも。神事や祭祀に奉仕する諸々の役目の総称。神事や祭祀の組織や規模によりさまざまな神役がみられ，それらの決定も輪番制や世襲など一律ではない。神役という語は，すでに鎌倉初期の文献に現れ，荘園における祭祀組織にもみられたが，それが一般化するのは荘園が解体し，村落共同体の展開にともなって地縁的な神事や祭祀が行われるようになってからである。その際の神事や祭祀の所役で最も基本となるのは，神事や祭祀を司る神主役・禰宜役，あるいは祝役である。ついで神饌調進役，幣帛を奉る役，あるいは神事の維持・運営にあたる役などである。

神今食 かみいまけ　「じんこんじき」とも。6月11日と12月11日の*月次祭の夜から翌朝にかけて，中和院の神嘉殿において天皇が親祭する恒例祭祀。最古の記事は，「本朝月令」所引「高橋氏文」が引用する延暦11年(792)3月19日付太政官符に，716年(霊亀2)12月に行われたことがみえる。国史上の初見は，「続日本紀」延暦9年6月13日条。祭儀は，神嘉殿に八重畳を三行に敷いた(第一)神座，御座，短畳の(第二)神座が鋪設され(「新儀式」)，天皇が二度神饌を親供し自らも食す。その時刻は亥の一刻(午後9時頃)と寅の一刻(午前3時頃)より始まる(「儀式」，「江次第抄」所引「内裏式」)。祭儀次第は新嘗祭・大嘗祭の卯日の神事と基本的に同じであるが，神今食では旧穀を用いる。訓みについては「釈日本紀」に「之を神今木と謂ふ」とあり，また「神今木」と記された木簡が平城宮二条大路より出土している。

禿高野 かむろこうや　→刈萱

亀井茲監 かめいこれみ　1825～85(文政8～明治18)幕末・維新期の津和野藩主。筑後国久留米藩主有馬頼徳の子。1839年(天保10)津和野藩主亀井茲方の養子となり，家督を継ぐ。国学を重視し，藩校養老館では*岡熊臣や*大国隆正を藩士子弟の教育にあたらせた。親長州派で*尊王論の信奉者として激動の幕末を乗り切り，68年(明治元)からは神祇事務局判事・同局輔，神祇官副知事などを歴任した。配下の*福羽美静らを使い，神学思想を異にする*矢野玄道ら平田派国学者を排除しつつ，維新政府の神祇行政の中心を担った。また*五箇条の誓文を示した天神地祇御誓祭など，維新後の重要祭儀の立案にもかかわった。

亀井昭陽 かめいしょうよう　1773～1836(安永2～天保7)　江戸後期の儒者。名は昱，字は元鳳，通称は昱太郎，昭陽と号した。筑前国福岡生れ。*亀井南冥の長男。幼少より家学をうけ，1791年(寛政3)父の友人，徳山藩校鳴鳳館の学頭島田藍泉に詩文作法を学んだ。翌年，南冥の罷免とともに家督を相続し，甘棠館訓導となったが，98年甘棠館の焼失によって儒職を免ぜられた。1801年(享和元)家塾を開いた。昭陽も，「儒侠」と評される父南冥に似て奔放豪壮な性格であったが，よく家学の徂徠学を継いで，「論語語由述志」，「読弁道」(1812成)，「家学小言」のほかに，「礼記抄説」をはじめとする数多くの考証学的な著述を残した。

亀井南冥 かめいなんめい　1743～1814(寛保3～文化11)　江戸後期の儒者。名は魯，字は道載，通称は主水，南冥と号した。筑前国早良郡姪浜に町医者亀井聴因の長子として生まれた。1756年(宝暦6)護園学派の僧*大潮元皓に入門し，詩文を学び，62年大坂に遊び，*永富独嘯庵に古医方を学んだ。父とともに，医業の傍ら私塾蜚英館を経営していたが，78年(安永7)福岡藩儒医兼帯として抜擢され，84年(天明4)には藩の学問稽古

所，西学甘棠館かんとう祭酒となる。ここで，南冥は「政事即学問，学問即政事」の教育理念を実現しようとしたが，彼の豪放な性格もあいまって朱子学派と軋轢が生じ，92年(寛政4)7月に排斥された。罷免後，「論語」を絶対視する南冥は，荻生徂徠そらいの「*論語徴ちょう」をもとに「論語語由ごゆう」(1793成，1806序)を著しているが，そこには徂徠の人材論をふまえた，個性尊重の考え方が示されている。著書には「肥後物語」1巻(1781自序)，「金印弁べん」1巻などがある。

亀田鵬斎 かめだほうさい　1752〜1826(宝暦2〜文政9)　江戸中・後期の儒者・文人。名は長興ながおき，字は図南となん・公竜・穉竜ちりょう，通称は文左衛門，号は鵬斎・善身堂。江戸の駿甲商長門屋の通い番頭亀田万右衛門の子で，江戸神田に生まれる。折衷学を*井上金峨きんがに学び，*寛政異学の禁に際しては反対論を唱え，異学の五鬼の一人に数えられた。1797年(寛政9)駿河台の家塾楽群堂を閉じ，各地を遊歴して多くの書画を残した。無用者であることを自認する鵬斎は，「荘子そうじ」に依拠して，詩と酒の享楽に身をゆだねる反俗的な生活を貫き，文人の一つのモデルとして伝説化された。著書に，「論語」を折衷学的に注釈した「善身堂一家言いっかげん」2巻(1823刊)，「善身堂詩鈔」2巻(1836刊)などがある。

蒲生君平 がもうくんぺい　1768〜1813(明和5〜文化10)　江戸後期の尊王思想家。名は秀美，字は君蔵または君平，通称は伊三郎，修静庵と号した。下野国宇都宮の油商福田又右衛門正栄の四男として生まれる。のちに遠祖が蒲生氏郷うじさとという家伝にしたがい蒲生姓を名乗る。14歳の時，鹿沼の儒者*鈴木石橋せっきょうに入門する。その後*藤田幽谷ゆうこくと交わって水戸学の影響をうけ，大義名分論を重んじ，尊王崇拝を説く。民間学者で国家的な危機意識を訴えた先駆者である。*高山彦九郎ひこくろう・*林子平しへいと並んで*寛政の三奇人と称された。著書に，時弊を論じた「*今書きんしょ」や陵墓の荒廃を悲憤した「*山陵志さんりょうし」，北方の防備を促した「*不恤緯ふじゅつい」などがある。

呵妄書 かもうしょ　太宰春台だざいしゅんだいの「*弁道書べんどうしょ」に対する*平田篤胤あつたねの批判書。全2冊。1803年(享和3)10月成立。全集の底本では，04年(文化元)3月の堤朝風つつみあさかぜによる序を付す。「大壑君だいがくくん御一代略記」によれば，篤胤最初の著述である。「弁道書」で春台が聖徳太子(厩戸うまやど皇子)以前の日本には道がなかったと論じたのに対して，太子作とされる「旧事本紀大成経くじほんぎたいせいきょう」の批判から始めて，神道が聖人の制作した道に包摂されるという説に反論し，儒・仏いずれの道も天地自然ではないとする。そして，皇国の道は天地自然ではなく，天地の神の制作した道だという。

鹿持雅澄 かもちまさずみ　1791〜1858(寛政3〜安政5)　江戸後期の国学者。旧姓は藤原，名は源太のち藤太。号は古義軒こぎけん・醜翁など。土佐国土佐郡福井村の生まれ。高知藩士。家は和歌の名家飛鳥井あすかい家の支流だが，当時は零落していた。十代後半より朱子学を学ぶかたわら，賀茂真淵かものまぶちの弟子筋の宮地仲枝なかえに師事し，万葉調の歌に傾倒する。1819年(文政2)より父を継いで仕官し，藩校教授官下役や文書校正の役，さらには最下級身分の武士ながら歌・国学の侍講などを務めた。また晩年に至るまで「万葉集古義」の執筆を続けるが，同書は独自の見解をも含む契沖けいちゅう以来の「万葉集」研究の集大成となった(のちに明治天皇に献上され刊行)。音義言霊説おんぎことだませつの信奉者でもある。ほかの著作に「万葉集品物解ひんぶつかい」「土左ど日記地理弁」など。

鴨の騒立 かものさわぎたち　「かものさわだち」とも。百姓一揆いっき物語の一つ。1836年(天保7)三河国加茂郡でおきた加茂一揆を題材にとったもの。著者と推定される渡辺政香まさか(1776〜1840)は，三河国幡豆はず郡寺津村の寺津八幡宮の神官であり，大著「参河志さんがし」を著した地方文人である。政香が，先行する一揆物語「鴨とりの騒噺さわぎばなし」や一揆情報などを参考にして執筆したと推定される。この「鴨の騒立」の中に，一揆勢が騒動を「世直しの神」の「現罰」と主張する記述があり，幕末の「世直し」意識の先駆的なものとして注目される。→世直し大明神

鴨祐之 かものすけゆき　1659〜1723(万治2〜享保8)　梨木なしのき祐之とも。江戸中期の垂加すいか神道家。京都下鴨神社の社家。通称は左京権大夫，号は桂斎けいさい，諡は善受院。山城国生れ。*山崎闇斎あんさいに師事し，*垂加神道をうけた。闇斎

没後, 垂加神道の道統者*正親町公通とともに支え, 垂加神道の発展に寄与し, *吉見幸和らを育てた。また「*日本後紀」の逸文を集成して, その復元を試みた「*日本逸史」40巻を編纂したほか, 彼の尽力により1694年 (元禄7) に葵祭 (賀茂祭) が再興された。

賀茂忠行 かものただゆき　生没年不詳　平安中期に陰陽道で活躍した官人。丹波介かの人, 952年 (天暦6) 従五位下。「*今昔物語集」巻28に, 陰陽師として「道につきて古にも恥じず, 当時も肩を並ぶるものなし」と評されている。しかし, 具体的な事跡は子の保憲 (917～977) のほうが知られており, ことに暦学は, 保憲以後, 賀茂家の学となった。また天文博士*安倍晴明も賀茂忠行に学んで, 天文道を伝えられた。*慶滋保胤は子。

鴨長明 かものちょうめい　1155～1216 (久寿2～建保4)　平安・鎌倉時代の歌人。俗名の訓は「ながあきら」。別称は菊大夫・南大夫。法名蓮胤。賀茂御祖神社 (下鴨神社) の正禰宜鴨長継の次男。1161年 (応保元) 従五位下に叙せられるが, 父が夭折したこともあって禰宜になることができなかった。また, 後鳥羽院の和歌所寄人に任じられていたが, のちに和歌所を去り, 出家する。官職に関しては不遇であったといえよう。

その随筆「*方丈記」は, 無常観あふれたものであり, 時代の変革期に生きた人の思想をよく表しているとされる。長明自身の代表作にとどまらず, 隠者文学を代表する作品で, 高く評価されている。詠歌は「千載和歌集」に1首,「新古今和歌集」に10首入集するほか, 300首余りが現存する。歌学を俊恵に学び, 歌書「無名抄」を著し, また仏教説話集「*発心集」を編纂する。そのほか随筆「四季物語」, 紀行「*海道記」の作者に擬せられる。また琵琶を中原有安に学び,「十訓抄」に「管弦の道, 人に知られたり」とあり, 琵琶の名手としても知られていた。また方丈の庵の設計を自らするなど多才な人であった。

賀茂規清 かものりきよ　1798～1861 (寛政10～文久元)　梅辻飛騨とも。幕末期の神道家。別姓は梅辻, 名は規清, 通称は飛騨守, 号は瑞烏園ほか。京都上賀茂神社の社家出身。幼少より神道・仏教・儒教を修め, 天文学・禅学・陽明学などに関心を示した。諸国を遊歴修行のかたわら独自の神道論を展開させ, それを*烏伝神道と称して布教活動した。1834年 (天保5) 江戸池之端に本社瑞烏園を構え布教したが, 勤王の志に篤く, 経世論を幕府に上書するなど, 政治的活動へと及んだ。そのため, 48年 (嘉永元) 八丈島へ配流され, 同島で病死した。著書は「烏伝神道大意」「*神道烏伝祓除抄」など多数。

賀茂真淵 かものまぶち　1697～1769 (元禄10～明和6)　近世中期の国学者。名は政藤・春栖, 通称は三四・衛士, 号は県居・県主。遠江国敷知郡伊場村に出生。生家の岡部家は, 京都賀茂氏末裔を称する神職家の分家。幼少時に*荷田春満の姪真崎に手習いをうけ, 長じて春満門下の杉浦国頭に和歌・神書を学ぶ。浜松宿本陣梅谷家の養子となるが, 1733年 (享保18) 上京して春満の教えをうけ, 37年 (元文2) 江戸に出府した。*荷田在満・*加藤枝直・村田春道 (春海の父) らの庇護をえつつ門人を教授する。46年 (延享3) に*田安宗武の和学御用として出仕し, 古典・有職の注釈を著す。60年 (宝暦10) 致仕したのちは, 著述・教授に専念した。真淵の学は,「万葉集」を中心とする古典解釈から「高く直きこころ」「ますらをぶり」などの概念を抽出して儒教の徹底的批判を展開し, 日本固有の道の存在を主張するに至った。門人に*本居宣長・*加藤千蔭・村田春海・*加藤宇万伎を輩出するなど, 以降, 江戸をはじめとする各地域に国学が定着することに大いに寄与した。著書に「万葉考」「祝詞考」「冠辞考」「*にひまなび」「国意考」など多数ある。

賀茂御祖神社 かもみおやじんじゃ　→上賀茂社・下鴨社

賀茂御蔭祭 かもみかげまつり　京都の賀茂御祖神社 (下鴨社) で, 賀茂祭の前に行う神事。5月12日に行われる。当日, 神職などは神馬をともなって比叡山麓の下鴨神社旧鎮座地と伝えられる御蔭神社まで神霊を迎えに行く。神霊を移した御生木を筥に入れ, 神馬の背に乗せて本社へ運んでくる。同日, 賀茂別雷

神社（上賀茂神社）でも御阿礼神事が行われ、この祭を御生（御阿礼）祭ともいう。御阿礼神事と同様に、もとは旧暦4月中の午日の行事であったが、1884年（明治17）以降新暦5月12日に行われることになった。

賀茂別雷神社 かもわけいかずちじんじゃ →上賀茂社・下鴨社

茅原華山 かやはらかざん 1870〜1952（明治3〜昭和27） 明治後期・大正期に活躍した評論家。東京生れ。幼名廉平、のち廉太郎と改める。華山は号。旧幕臣の長男として東京に生まれ、苦学しながら漢学を修め、1892年（明治25）「東北日報」の記者となる。いくつかの新聞を渡り歩いたのち、1904年「*万朝報」の論説記者に招かれた。05年〜10年海外通信員として欧米に滞在し、帰国後は軍人政治・官僚主義に対して*民本主義を唱えた。華山の論説は、吉野作造に先立つ最初期の民本主義の用例として知られている。13年（大正2）石田友治と雑誌「*第三帝国」を創刊、民本主義を鼓吹する代表的雑誌として地方都市・農村の青年にも読者を獲得した。だが、第1次大戦後に華山は拡張主義的外交政策を唱えて後藤新平に接近したため、石田とは対立し、16年華山は新雑誌「洪水以後」を創刊した。20年個人雑誌「内観」を発行し、44年（昭和19）廃刊した。

粥占 かゆうら *年占の一種。正月15日に行われて、1年間の天気や五穀の豊凶を占う。釜に小豆や米を入れ、竹・カヤ・ワラを上にのせて粥を煮て、竹・カヤなどの管穴に入った小豆・米の数をかぞえて判断する。粥棒とよばれる木の先を割って、そこについた粥で判断することもある。生活の基本的な事柄に関して、あらかじめ神意を問う日常的信仰を示す神事である。

歌謡 かよう 一般に一定の拍子や曲をつけて謡うものをいう。口誦性・音楽性をもち、集団的な要素すなわち宗教・遊宴・生活などと結びついて謡われたものが多く伝承している。文句と曲節から、旋律的・叙情的で短小型の多い「歌い物」（催馬楽・*今様・*小歌・民謡など）と、拍節的・叙事的で長大なものが多い「*語り物」とに大別されるが、「歌い物」が中心的なものと位置づけられる。初期のものとしては、「古事記」「日本書紀」に記載されている約200首のものが「記紀歌謡」として知られる。上代以来、宮廷では唐楽の旋律で謡うという特色をもつ催馬楽が、また神社では神楽歌などが謡われていたが、平安末期になると七五調四句を基本とする今様が身分の上下を問わず愛唱され、「*梁塵秘抄」がこれを主に集める。中世には武士は宴曲（*早歌）を、庶民は小歌を愛唱し、仏教の公布に*和讃が利用された。「*閑吟集」は小歌を主に集める。近世初期には隆達節が三味線と結びついて流行し、流行歌を集めた「松の葉」も刊行される。後期には長唄・小唄などが行われたりもした。

馭戎慨言 からおさめのうれたみごと →馭戎慨言ぎょじゅうがいげん

傘連判 からかされんぱん 多人数の者が一致同盟を誓う契約状を作成する際の連署の方式の一つで、円形を囲む形で各人が放射状に署名する。南北朝期以降盛んになった惣領や庶子家の一族一揆、在地領主の地縁的結合である国人一揆、国人一揆が一国規模に拡大した惣国一揆などの盟約を記す一揆契状に用いられ、署名者相互の平等性を表した。この方式は、江戸時代の農民の訴訟などに継承されたが、署名者の結束を固めるとともに、首謀者を隠す狙いがあった。傘連判という呼称は、近世になってからのものである。

漢才 からざえ →才ざえ

烏伝神道 からすつたえしんとう →烏伝神道でんしんとう

唐錦 からにしき 近世の*女訓書。全13巻13冊。1694年（元禄7）成立、1800年（寛政12）刊。著者の大高坂維佐子（成瀬維佐子・藤原伊佐とも、1660〜99）は松山藩儒*大高坂芝山の妻。校正を務めた芝山の主張も随所に交じる。朱子学的教訓を基調としつつも、女性独自の視点と豊富な学識により、忍従的・受動的な徳目主義をこえて、主体的で生き生きした教訓哲学が説かれる。全6部13巻からなる。中心は「女則」5巻で、女の学ぶべき法を説き、読むべき書として「小学」を第一とし「女誡」「女範」「列女伝」や「中臣祓」「倭姫命世紀」「旧事紀」（先代旧事本紀）「古事記」など和漢の書のほ

か，歌書として「古今和歌集」「新古今和歌集」を勧める。また，「源氏物語」は作品・作者ともに激賞しつつも，その世界に耽溺すべきでないと戒める。そのほか朱子学の理気二元論をわかりやすい譬喩をともなった和文脈で説き，男女を陰陽に比して相補的であり優劣はないとし，「二夫に見えず」の教えに対しても夫が非道に走るならば離縁・再婚すべきと説く。四行（婦徳・婦言・婦容・婦功）を説く際にも，平板な徳目としてでなく女性の主体性を促す。和漢書の故事や人物伝の引用も的確で，著者の学識の高さがうかがわれる。

唐物 からもの 「とうぶつ」とも。中国から輸入された文物の総称。まれに，中国以外の外国からのものをさす場合もある。近代における「舶来品」という概念と共通点が多い。平安時代から「源氏物語」などに用例があるが，主に鎌倉時代以降にもたらされた文物をいう。特に鎌倉・室町時代に輸入された美術工芸品をさす場合が多い。高僧の墨跡，画院画家による絵画，天目茶碗などの陶磁器，堆朱などの漆器，金襴などの織物などが，輸入品に対する憧憬の念をこめて唐物という総称でよばれた。唐物に対する嗜好が最も顕著なのは14〜15世紀であり，特に足利義満は*日明貿易を通じて多数の文物を請来した。また，それまで禅宗寺院などに蓄積されてきたものも，幕府の権威によって集積されていった。戦国期に，これらの文物は幕府から流出するが，のちに*東山御物（足利幕府旧蔵品）として特に尊重され，戦国大名・茶人などが競って収集した。以後，茶の湯の世界では，唐物一辺倒の価値観を否定する風潮もうまれたが，中世・近世を通じて，基本的な唐物に対する尊崇はゆらぐことはなかった。

唐様 からよう 一般的には中国風の形式をもつ意味で，日本固有の伝統的な*和様に対して用いる。書道では，奈良時代から江戸時代まで，日本の書に大きな影響を与えた中国の書を唐様とよぶこともある。なかでも江戸時代に渡来した禅僧が明・清の書を伝え，それを学んだ書家の一派が普及に努めた唐様は，江戸を中心に広く文人学者に行われ，文化・文政期（1804〜30）より幕末期にかけて隆盛した。建築では，鎌倉時代に宋・元の禅宗寺院建築の技術や意匠をとりいれた伽藍の構成や建築の様式を，近世になって唐様とよび，和様や天竺様の寺院建築と区別した。

伽藍配置 がらんはいち 伽藍とは，僧たちが集まって修行する清浄・閑静な場所が本意だが，のちに寺院そのもの，また寺院の建築物を意味するようになった。日本では金堂・講堂・塔（塔婆）・食堂・鐘楼・経蔵・僧房を七堂伽藍と総称したが，古代寺院の場合は，塔・金堂などの仏のための建物，講堂・僧房などの人のための建物，廻廊・門などの仕切りとなる建物に大別され，これらの主要建物の配置を伽藍配置と称する。この場合，塔・金堂の配置を基準にすると，両者を廻廊で区切った同一の空間におくものと，別の空間におくものとに大別される。前者には塔を三つの金堂が取り囲んだ飛鳥寺(*元興寺)の例のほか，塔・金堂を前後に並べる四天王寺式，左右に並べる法隆寺式，金堂の前に2基の塔を左右に並べる薬師寺式などがあり，後者には塔が1基のもの(興福寺)，2基のもの(東大寺)などがある。なお，講堂が廻廊の外にあって人のための建物が独立するものと，廻廊が講堂にとりついて人と仏のための建物が接続するなどの相違もあるが，時代が下るほど，塔が伽藍の中心部から遠ざかる一方，仏と人の建物が近接していく傾向がみられる。

狩場明神 かりばみょうじん 高野明神とも。高野山の*地主神で丹生明神の*御子神。高野山創始に際し，*空海をこの地に導いたとされる（「高野寺縁起」「金剛峰寺建立修行縁起」「今昔物語集」など）。猟師姿でイメージされている点から，在地住民の日々の生活に密着する形で信仰されてきた，空海入山以前からの土着の神であったと想像できる。また，丹生明神とともに仏法守護の神となったと記されるが，中世へと時代を下るにつれて分量・内容を増し，独立性を強めてくるその説話のあり方に，護法神という副次的な役割だけに収斂されえない同神への信仰の根強さ，あるいは伝統的な神祇信仰と新来の仏教とのダイナミックな緊張関係をみることが可能である。

仮宮 かりみや　→御旅所おたびしょ

狩谷棭斎 かりやえきさい　1775〜1835（安永4〜天保6）　江戸後期の国学者・儒学者。はじめ高橋氏，名は真末ますえ，字は自直，通称は与惣次。狩谷家を嗣いで名を望之ぼうし，字を卿雲，通称を三右衛門と改める。号は棭斎・蟬翁・求古楼など。法号は常関院実事求是居士。江戸の本屋高橋与惣次高敏の長男。1799年（寛政11），江戸の米屋で，弘前藩用達の津軽屋狩谷三右衛門保古ほかの養嗣子となる。1794年頃，上代制度の研究を志して*屋代弘賢やしろひろかたに学び，*清水浜臣はまおみ・*市野迷庵めいあん・*松崎慊堂こうどうらと親しく交わった。家業のかたわら和漢の古書を収集し，また文字の学を究め，「説文解字」の索引「説文検字篇せつもんけんじへん」を著す。1815年（文化12）長男懐之ゆきに家督を譲り，以後，書誌学の研究に努めた。著書は「日本霊異記攷証にほんりょういきこうしょう」（1820刊），「上宮聖徳法王帝説証註じょうぐうしょうとくほうおうていせつしょうちゅう」（1821跋），「和名類聚抄箋注わみょうるいじゅしょうせんちゅう」10巻（1827成），「古京遺文こきょういぶん」2巻（1818成）など。

刈萱 かるかや　「禿高野かむろこうや」とも。*謡曲の一つ。作者不詳。作曲は田楽能の喜阿弥きあみか。高野山に出家した刈萱を尋ねて妻と子（松若）が禿の宿に着く。高野山は女人禁制のため松若だけが登り，父と対面するが父は名乗らず，刈萱は死去したと告げる。その間，妻は病死し松若は下山，供養のために訪れた聖ひじりが刈萱であった。刈萱は対面を拒むが，宿の亭主に諭され父子は再会する。松若も仏道に入り，父とともに母の菩提を弔う。説経「刈萱」に取材した「泣き能」で，*高野聖の道心と妻子への愛情との葛藤がテーマである。

かるみ　俳諧用語。蕉風俳諧の理念の一つ。平明・平淡でありながら，物の機微をなだらかに表現することをいう。「炭俵すみだわら」（1694刊）が，この理念を体現した撰集といわれる。許六きょりくが「*俳諧問答」（1697〜98）において，総じて重いとは趣向や表現が人の好尚に迎合したり，理屈に堕したりすることで，軽いとはただ単純・平凡であるだけでなく，腸から搾りだしたような深刻な内容でも，自然・率直にうけとめられるような面白さのことであるといっている。趣向や古典の裏付け，内面との因果関係など，表現が他との関連にすが

った重みから自由になり，身軽に自立することをいう。

枯山水 かれさんすい　→庭にわ

歌論 かろん　和歌に関する評論。和歌の理念や本質論，和歌の起源から歴代の*勅撰和歌集に至る歴史，代表歌人の歌風などを記述し，あわせて秀歌を例示する。作歌のための作法・式目しきもくの故実や，歌人の逸話を記した歌学書とは区別して，その一分野とするのが通例である。しかし，歌学書の範囲自体が雑然としているため，厳密に区別できない問題も多い。また，歌合うたあわせは歌の優劣を競いあう文学遊戯であるが，美点や歌病かへい（和歌の欠点）をあげて判定の原則・基準を示した。その判詞はんしは，実作に対して優劣の批評と判定を記したものであり，これは歌論の中に含められる。

代表的な歌論書をあげると，次のようなものがある。古代の和歌四式しき（平安初・中期，「*歌経標式かきょうひょうしき」「倭歌作式わかさくしき」など），藤原公任きんとう「*新撰髄脳しんせんずいのう」（1001以後），源俊頼としより「俊頼髄脳」（1115頃），中世の藤原俊成としなり「*古来風体抄こらいふうていしょう」，藤原定家さだいえ「近代秀歌」（1209），同「詠歌大概えいがのたいがい」（1211以後），鴨長明かものちょうめい「*無名抄むみょうしょう」（1211以後），正徹しょうてつ「*正徹物語」（1448頃），近世の戸田茂睡もすい「*梨本集なしもとのしゅう」（1698），賀茂真淵かものまぶち「歌意考かいこう」（1764），本居宣長もとおりのりなが「*排蘆小船あしわけおぶね」（1750頃），近代の正岡子規まさおかしき「*歌よみに与ふる書」（1898）などである。

「歌経標式」（772）は，和歌の修辞を，歌病と歌体に分けて論じ，韻律に留意しているところからも，当初歌論が中国詩論の影響によって意識されたことがわかる。「やまと歌は，人の心を種として，万よろずの言ことの葉とぞ成れりける」の有名な一節に始まる「*古今和歌集」（905）の仮名序も，「詩経」大序に影響されたものではあるが，歌の本質と効用，和歌の歴史，六義，万葉歌人と六歌仙ろっかせんについての批評をのべ，日本の和歌に対する自覚史はここに始まる。以来，歌論書のほとんどが繰り返し立ち返り，引用することになる重要なマニフェストである。

鎌倉前期に成立した藤原俊成「古来風体

抄」においても，「古事記」のスサノオノミコトの「八雲たつ出雲八重垣妻籠め八重垣その八重垣を」を和歌のはじめとして，仁徳天皇・行基・最澄らの歌，「万葉集」，三代集以下の勅撰集の歌風の変遷を説く。そして，万葉集秀歌を抄出し，下巻には「古今集」から「千載和歌集」までの歌集から抄出した秀歌をあげ，寸評を添えている。

こうした数多くの歴代の歌論に扱われたのは，和歌表現の形式と内容にかかわるすべての事柄であるが，特に重要なのは，心と詞とと称される発想と表現の関係の問題や，〈余情・*有心・*幽玄・*みやび・まこと・*もののあはれ〉などの理念の問題である。心詞二元論は，両者の関係のあり方をめぐって，歌論史上さまざまに論議されてきた中心命題であった。また詞も，どの時代の歌語を規範とするかに応じて，信奉する歌風が異なった。近世の賀茂真淵における「万葉集」，本居宣長における「新古今和歌集」，子規における「万葉集」などがその例である。和歌の表現は理念とともに，伝統とその継承をどのように自己の主題にするかが，全時代を通じて最大の課題であった。

一方，詠歌の主体の側にある問題，詠まれた内容と作者の思想・信条との関係も歌論の重要な問題であった。すなわち，俊成の「古来風体抄」にも，歌が浮言綺語と法文金口の相違はあっても，歌の至高の境地に到達する道程は，天台止観の空・仮・中の三諦の教えに従うのと等しいといい，ここには歌道・仏道一致説がみられる。仏法からみれば，十悪の一つである妄語・綺語も仏乗を讃嘆することで，転じて来世への功徳となるという狂言綺語観である。これは，歌語はすなわち仏の言葉であるとする中世の陀羅尼観につながり，西行らの歌僧の精神的な根拠となった。

鎌倉・室町時代に至って，*吉田兼好や*頓阿・正徹らの歌論書の中に前代の歌学が継承され，とりわけ二条派歌学は江戸前期に至って全盛期を迎えている。しかし，歌論上では旧来の主張に変わるものはなく，むしろ地下歌人の中から古今伝授の批判など，伝統歌学への批判の主張があがってきた。

*田安宗武は，「詩経」大序の朱子学的な勧善懲悪思想の儒教的な和歌観をもち，和歌を教戒の一助として考えた。賀茂真淵は，これを退けて，古歌は古代精神の宿る器であり，これを学ぶのは古代精神の体得になると説いた。本居宣長の「排蘆小船」になると，歌は〈もののあはれ〉に由来するとのべ，政治や修身の助けに用いる手段ではなく，そうすればかえって人情・実情をそこなうと主張し，明確に歌の自律的な存在意義が揚言された。真淵の古道論的歌論は，香川景樹の「*新学異見」(1813)などによって批判され，またこれを批判する正岡子規の和歌革新運動によって，思想性・政治性よりも自我と写実を重んじる近代短歌の時代を迎えることになる。しかし，この問題は近代において，政治と文学，芸術と実践の命題で姿を変えて論議されていく問題である。→歌学

河合栄治郎 かわいえいじろう　1891～1944(明治24～昭和19)　大正・昭和期の経済学者・自由主義思想家。東京生れ。1915年(大正4)東京帝国大学政治学科卒。農商務省に入り労働問題に従事し，18年工場法研究のためアメリカに出張した。帰国後，第1回ILO会議に対する日本政府案を起草するが，上司と対立して辞職した。20年東京帝大経済学部助教授となり，経済学史を担当した。経済・社会思想の哲学的基礎づけを求め，自由主義の祖スミスからベンサム，ミルをへて，さらにフェビアン主義に結ぶグリーンの理想主義哲学にいきつく。22～25年イギリスに留学，帰国後は社会政策を担当，教授となる。留学中に，理想主義的自由主義に立つ社会民主主義の思想体系を確立した。この立場から昭和初年，学生や思想界をとらえたマルクス主義に批判的態度をとる。しかし，32年(昭和7)のドイツ留学ではマルクス主義を研究した。帰国後の日本はマルキシズムの退潮とともに，軍部ファシズムが台頭していた。河合は自由意志を蹂躙する国家主義・ファシズムに対決して，時事評論を次々発表した。二・二六事件への批判以降，右翼・軍部の圧迫が強まり，38年河合栄治郎事件がおこった。「*ファシズム批判」など4著書の発禁処分に端を発し，翌年*平賀粛学により休職となり，出版法違反で起訴

された。39～43年の法廷闘争でも自由主義擁護の弁論を展開した。「河合栄治郎全集」23巻・別巻1がある。

河合栄治郎事件 かわいえいじろうじけん →ファシズム批判ひはん

川井訓導事件 かわいくんどうじけん　大正期の信州自由主義教育に対する弾圧事件。1924年（大正13）長野県学務課は当時*白樺派の教師などが修身授業に国定教科書を使用しない風潮を危険視して、東京高等師範学校教授の樋口長市を臨時視学とし、学務課長・県視学らとともに松本女子師範学校付属小学校の修身授業を視察した。その結果、川井清一郎訓導は教材の森鷗外「護持院ケ原の敵討」の使用をきびしく叱責され、始末書提出と休職を命じられ、結局退職に至る。川井その人は白樺派教師というより人格主義を奉じ、国定教科書の注入主義に反対、「修身教材は児童の魂を呼び覚ます糧……。本来児童の魂に内在する善の要求、正の当為はこの具体的な材料によって覚醒してくる」とのべる理想主義的な教員であった。以後各地で自由教育への弾圧がおこった。

河井継之助 かわいつぐのすけ　1827～68（文政10～明治元）　幕末期の越後国長岡藩士。名は秋義、号は蒼竜窟。長岡藩士河井代右衛門秋紀（120石）の長男として生まれる。1852年（嘉永5）に江戸に遊学をし、*佐久間象山や*古賀茶渓に学ぶ。家督相続後も*山田方谷に入門し、経世済民の学に志す。藩主牧野忠恭の信任をえて、家老・軍事総裁などの要職に就任し、洋式軍備の採用や藩士禄高の平均化など斬新な藩政改革を断行する。攘夷論を批判し、開国通商による富国強兵策を主張する。大政奉還後、勤王派と佐幕派の対立の調停に尽力し、中立和平の立場を主張するが、やむなく官軍と交戦する。長岡城下の攻防で負傷し、会津塩沢で死亡する。

川上音二郎 かわかみおとじろう　1864～1911（元治元～明治44）　明治期の俳優・自由民権運動家。筑前国博多の商家に生まれる。14歳で上京、さまざまな職を転々としたのち郷里に帰って巡査になる。やがて自由党の考えに共鳴し、京都で自由童子と称して政府攻撃の過激な演説を行い、たびたび検挙される。その後、政談演説が禁止されたため芸人となり、寄席や芝居で政府を風刺し、オッペケペ節を歌って「演歌によって民権思想を啓蒙」し大評判になる。1891年（明治24）には川上書生芝居の一座を旗揚げし、99年と1901年に妻の貞奴と欧米を巡業する。帰国後、正劇運動を興し、興業形態の近代化に努めるとともに「オセロ」「ハムレット」など多くの翻案劇を上演し、新派劇の土台を築いた。

河上肇 かわかみはじめ　1879～1946（明治12～昭和21）　明治～昭和前期の経済学者・思想家。*櫛田民蔵と並んで、日本ではじめて「資本論」の本格的研究に取り組んだ、マルクス経済学の先駆的導入者。山口県生れ。山口高校をへて東京帝国大学政治科卒業。1903年（明治36）東京帝大農科大学講師となり、経済原論・農政学を担当した。08年京都帝国大学法科大学講師、15年（大正4）同教授。東京帝大在学中に聖書から学んだ絶対的非利己主義と東洋的人道主義が、生涯を貫く生き様となった。学説史的には、初期の頃は欧米のブルジョア経済学に依拠していたが、16年に「大阪朝日新聞」に連載した「*貧乏物語」が大反響をよび、河上を一躍ジャーナリズムの寵児たらしめた。19年に月刊「社会問題」を発刊して以降の10余年の中期は、この雑誌への執筆活動を中心に、マルクス経済学と唯物史観にしだいに接近していく。その本格的な研究への移行（後期）の契機となったのが、櫛田と福本和夫による河上批判、とりわけ前者（論文「社会主義は闇に面するか光に面するか」ほか）であった。のちに「この時代に私が櫛田君から受けた刺激、それなしには私はその後到底マルクス主義の真の理解に到達しえなかったろう」と述懐している（大内兵衛・大島清編「河上肇より櫛田民蔵への手紙」）。28年（昭和3）刊行の「経済学大綱」および「資本論入門」は、その最高の到達点をなしている。28年京都帝大を辞職、日本共産党に入党。33年治安維持法違反で検挙され、37年出獄後「自叙伝」を執筆する。人道主義的な制約や限界は生涯つきまとったものの、マルクス経済学の研究と啓蒙に大きな役割をはたした。著書・論文などは多数に上り、「河上肇著作集」全12巻、「河上肇全集」全8巻があ

る。

河口慧海 かわぐちえかい　1866～1945(慶応2～昭和20)　明治～昭和期の仏教学者。チベット探検家としても著名。和泉国堺生れ。本名は定治郎。1888年(明治21)に上京し、*井上円了の哲学館に学ぶかたわら、90年に得度し黄檗宗の僧となる。漢訳仏典の不備を解決するため、梵語原典とチベット語訳一切経の入手を志し、97年インドに渡航した。以後、ネパールおよび鎖国体制下のチベットへの旅を2回18年にわたって敢行する。1915年(大正4)帰国、ナルタン版チベット大蔵経をもたらして、チベット仏教学の礎を築いた。21年には僧籍を返上して、在家仏教を唱導した。晩年は「蔵和辞典」の編纂に従事する。著書に「西蔵旅行記」「西蔵文典」などがある。

河崎なつ かわさきなつ　1889～1966(明治22～昭和41)　大正・昭和期の女性運動家・教育者。奈良県生れ。東京女子高等師範学校卒。1918年(大正7)東京女子大学教授、21年文化学院教授、作文教育にたずさわる。*母性保護論争に影響をうけ、*新婦人協会・婦人参政権獲得期成同盟会に参加、このほか無産者託児所運動・母性保護法制定運動など戦前の主要な女性運動にかかわった。31～37年(昭和6～12)「読売新聞」身の上相談回答者となり、母性保護・民法改正・経済制度の改革を訴えた。42年*大日本婦人会理事。戦後は司法制審議会委員として「家」制度の廃止に貢献した。47年参議院議員(日本社会党)、55年日本母親大会事務局長となり、晩年まで母親運動の発展に尽した。著書には「新女性読本」(1933)など。→婦人参政権運動

川路聖謨 かわじとしあきら　1801～68(享和元～明治元)　幕末期の幕臣。豊後国日田郡代役所下吏の子。4歳の時に家族とともに江戸にで、9歳で小普請組川路家の養子となり、翌年家督を相続した。18歳で支配勘定出役に採用され、評定所留役・勘定組頭格と進んだ。35歳で寺社奉行を補佐して出石藩の御家騒動処理に手腕を発揮し、勘定吟味役に抜擢された。老中大久保忠真・水野忠邦にも重用されて佐渡奉行となり、小普請・普請各奉行をへて従五位下左衛門尉に叙任された。奈良・大坂町奉行をへて53歳で勘定奉行となり、海防掛を兼ねプチャーチンとの間で日露和親条約を成立させた。58歳の時、老中堀田正睦に随従して上京し、条約勅許問題に奔走したが安政の大獄で蟄居・謹慎となった。その後外国奉行に復職したが、5カ月で辞任。病臥中に江戸開城の報に接し、ピストル自殺した。

川施餓鬼 かわせがき　→流灌頂

河竹黙阿弥 かわたけもくあみ　1816～93(文化13～明治26)　江戸後期の歌舞伎作者。本姓は吉村、幼名を芳三郎。作者名を2世河竹新七といい、黙阿弥は引退後に称した。江戸日本橋に生まれ、遊蕩の青年時代であったらしいが、若くして作者部屋に出入りして、劇界に入った。2世河竹新七を名乗り立作者になって、以後、幕末・明治期に至るまで多くの名作を残した。世話物130編を筆頭に約360編、質・量ともに江戸作者を代表する存在である。幕末の名優4世市川小団次のために書いた講談種の白波物「鼠小紋東君新形」(鼠小僧)や、明治期になって、5世尾上菊五郎のために書いた人情物「梅雨小袖昔八丈」(髪結新三)」など、幕末の江戸市井の人間の閉塞感を描きだし、今日まで上演される作品が多い。

河内屋可正旧記 かわちやよしまさきゅうき　「来由記」とも。江戸初期の教訓書。著者は河内屋壺井可正(壺井姓。1636～1713)。全20巻(序とも)のうち現存するものは4綴16巻。元禄・宝永年間(1688～1711)に成立。著者は河内国石川郡大ケ塚村の商人・地主で、庄屋を務めた。正統的な古典を読んだことはなく、「かながきの書物」「草紙物語」などによって知識を形成した。本書の思想的特徴は、その時代を将軍の支配する「御聖代」とし、幕府の法度を順守し、家内を和合させ身代をよくする道を説いた点に集約される。

皮聖 かわひじり　→行円

河村秀根 かわむらひでね　1723～1792(享保8～寛政4)　近世中期の名古屋藩士・古典学者。通称は復太郎、字は君律、号は葎庵。名古屋藩士河村秀世の次男として名古屋に出生。藩主徳川宗春の小姓として出仕、そのかたわら神道や有職故実を学び始め、*多田南

嶺に入門、さらに*吉見幸和にも入門した。「日本書紀」を研究の中心におき、「書紀集解」(全30巻)の執筆を志して、同書は子の益根の時代に成稿した。河村家の家学は益根によって紀典学と称され、初代藩主徳川義直以降の神道への関心や吉見幸和に代表される実証的文献学など、名古屋藩における神道を中心においた古典学の系譜をくんでいる。しかし、国語学にもとづく研究方法をとらず、同時代の国学とは一線を画している。著書は「日本書紀撰者弁」「神学弁」など。

川本幸民 かわもとこうみん 1810～71 (文化7～明治4) 幕末・維新期の物理・蘭学者。幼名は敬蔵、名は裕、通称は周民のち幸民。裕軒と号した。摂津国三田藩の侍医川本周安の末子。藩校で学んだのち、18歳で村上良八より漢方医学を修学する。また1829年(文政12)江戸にでて足立長雋、さらに*坪井信道に蘭学を学ぶ。34年(天保5)三田藩医となり、翌年江戸で開業する。青地林宗の三女秀子と結婚した。その後51年(嘉永4)、林宗の「気海観瀾」を改訂・増補した「気海観瀾広義」を刊行する。58年(安政5)*蕃書調所の教授となり、のちに調所精錬方教授を兼任する。1857年には鹿児島藩籍に入る。著作はほかに「化学新書」「遠西奇器述」などがあり、写真やビール醸造に関する業績もある。

河原巻物 かわらまきもの 江戸時代、全国各地の被差別部落に伝わった由緒書や偽文書の総称。多くの場合、被差別部落の民衆が、自分たちの生業にかかわるさまざまな特権を保持するために、それらが天皇や将軍、あるいは神仏から自分たちに特別に与えられたものであることが説かれている。*神仏習合による独自の説話や「神代巻」をふまえたユニークな神話解釈が語られ、地域の信仰と結びつき、または神官や修験者との色濃い関係を示唆するものなどがあって、その内容はきわめて多彩である。思想史の見地からも、社会思想・宗教思想として興味深いものがあることはいうまでもなく、テキストの解釈・流布の歴史という点からも、また地域の特色を強くたたえた思想文献という意味からも、注目する必要がある。代表的なものとして、「弾左衛門由緒書」や「頼朝公御判物」「八幡重来授与記」などがある。

不改常典 かわるまじきつねののり →不改常典ふかいのじょうてん

冠位十二階 かんいじゅうにかい 603年(推古11)に制定され、647年(大化3)まで機能した冠位。日本最初の官人序列の制度として画期性をもつ。徳・仁・礼・信・義・智の六つの儒教徳目を大小に分けて、12種類の冠にあてたもので、氏姓と異なり官人個人に賜与された。のちの位階制度の萌芽とみることもできるが、対象は畿内豪族の氏上のレベル以上に限られ、旧来の秩序を前提としたものでもあった。「隋書倭国伝」からもその存在が確認される。

寛永寺 かんえいじ 東京都台東区上野桜木にある天台宗の寺院。東叡山円頓院と号す。江戸幕府の祈祷寺で、4代徳川家綱以降6名の将軍が葬られたことから、増上寺と並び徳川家の菩提寺としての役割もはたす。1625年(寛永2)、徳川家康神格化の中心人物である*天海を初代住職として創建され、そのため幕藩体制を護持する寺院の頂点に立った。天海の没後、54年(承応3)以降は法親王を住職(1655以降輪王寺門跡と称す)とし、門跡が寛永寺で天台宗の三山(日光山・東叡山・比叡山)を一元的に統轄する体制となった。近世を通じて格式を誇ったが、戊辰戦争や第2次大戦の被災、明治政府の寺領没収などの苦難をへて現在に至る。

寛永諸家系図伝 かんえいしょかけいずでん 江戸幕府が1641年(寛永18)に諸大名・旗本に命じて提出させた系図・系譜をもとにし、*林羅山が中心になって編纂した武家系譜書。和文体の内閣文庫蔵本、漢文体の日光東照宮蔵本があり各186巻。1643年完成。内容は、清和源氏・平氏・藤原氏・諸氏の4大分類からなり、巻末には医師・同朋衆・茶人を加える。総計約1400余家。提出史料の多寡により記述に精粗があるが、家伝の古文書を多く収め、史料的価値は高い。

寛永文化 かんえいぶんか 17世紀前半の京都を中心とする文化。1600年(慶長5)に始まり、元和・寛永期(1615～44)が盛期で、明暦・万治期(1655～61)頃に変質し、延宝期(1673～81)を

終期とする。文化史の流れは，安土桃山文化から元禄文化へと理解されてきたが，17世紀前半の文化は，そのどちらとも一括できない独自性をもつことから，林屋辰三郎によって提唱され，熊倉功夫によって緻密化された。

寛永文化の基本的な性格は，安土桃山文化が権力者を主体とする豪壮闊達な文化であったことに対して，より洗練された「奇麗数寄」とよばれる美意識をもつものである。その特徴は，王朝以来の和学の伝統や美意識，東山文化以来の武家文化の伝統，儒教を中心とする新しく移入された中国文化，南蛮文化などが重なりあうことによって現象する文化の総合性にあった。また，慶長勅版や仏寺の開版事業にみられるような啓蒙性も指摘できる。主たる担い手は，後水尾上皇のほか，金森宗和・*小堀遠州・*林羅山・千宗旦・松永貞徳・*本阿弥光悦・野々村仁清といった茶人・儒者・画家などの芸術家であるが，天皇から大名，下層の都市民まで包括するものである。

その特質は，京都で頻繁に行われた詩歌会，連句・連歌会，茶会，花会などにみられるような公家・僧侶・武士・町衆らが集まるサロン文化であった。これらのサロンは，後水尾上皇や五摂家などをはじめとする，核となる人物や家を中心として成立した小規模なもので，たがいに重なりあい，連鎖状に結びついていた。寛永文化は，京都を中心としたものであって，反幕府的な性格が指摘されることもあるが，京都所司代の板倉勝重・重宗父子らの保護もあり，総合化の主体は幕府であった。その意味で，寛永文化は，幕府権力を粉飾し，封建支配の一端を担う御用文化としての側面を色濃くもっていた。

環海異聞 かんかいいぶん 江戸後期にロシアに漂着した仙台藩領民からの聞き書きにもとづくロシア事情書。全15巻。*大槻玄沢の著。1807年（文化4）成立。1793年（寛政5）に陸奥国石巻を若宮丸で出帆した漁民たちは，8カ月の漂流ののちアリューシャン列島に至り，ロシア人に助けられた。ペテルブルクでロシア皇帝アレクサンドル1世に謁見し，8年の滞在ののちロシア使節レザノフにより送還された。書名の「環海」には，世界を周航してきたことの意がこめられている。ロシアの社会風俗などの報告を，仙台藩医の玄沢が蘭書からの知識で補充して記している。

漢学 かんがく 学問の種類。漢語としては，中国漢代の訓詁の学をいうが，広義には，わが国の立場で，中国清代までの儒学を中心とした中国学問の受容と日本的な展開をいう。奈良時代の「論語」「千字文」の請来（5世紀），*吉備真備の19年に及ぶ在唐（8世紀），五山禅林僧の渡宋，戦国武将の易の利用など話題に事欠かないが，特に江戸時代に至って文化の表面に立った学術をさして，狭義に漢学と称することがある。中国学の受容の歴史は明治期に至るまで1500年の長きに及び，わが国の文化の基底部分を形成している。

また，本来宗教儀礼と結びついていた儒教が，わが国では礼教・学問として受容されたのも大きな特色である。わが国にもたらされた漢籍は，多量かつ多彩である。藤原佐世の「*日本国見在書目録」（891以前），「*通憲入道蔵書目録」（成立年未詳），東寺の「普門院経論章疏語録儒書等目録」（1353），長崎唐船持渡書の「舶載書目」（江戸時代），狩谷棭斎「経籍訪古志」（1856）などによって，漢籍輸入と伝存の実態の一端がうかがえる。寺院にも多量の外典が蔵され，昌平黌を代表とする幕府や藩校にも蔵書がある。また，駿河版のように藩が官版として，あるいは兼葭堂版などのように私家版として和刻したものもある。

唐代までの旧鈔本は，南宋（12世紀）以降の刊本の普及，また各王朝の交替，戦乱，学風の変化などの要因によって廃滅が進み，かえってわが国に残存することになった。梁の皇侃「論語義疏」，唐の魏徴ら「群書治要」などは，亡佚をまぬかれて，版刻して本国に逆輸入している。

漢学の伝来は朝鮮半島を経由し，おそらくは朝鮮帰化人を担い手として始まったと考えられる。鎌倉・室町時代の禅僧，室町・江戸時代の黄檗僧，*朝鮮通信使のように直接来朝した人々に教授と刺激をうけたことも重要である。

律令の学制では，儒教の経書を学ぶ*明経

かんが

道が基本であったが、平安初期から詩文を学ぶ文章道と、史書を学ぶ*紀伝道が盛んになり、明経道はわずかに中原・清原などの限られた博士家に世襲されて伝えられた。*菅原道真をはじめとする菅家3代の文章道、吉田神道の家からでて清家学を継承した*清原宣賢がその例である。

平安時代では、古来の法令・儀式の集成「江次第」（江家次第）（1111以前）を著した*大江匡房、慈円「愚管抄」（1220）に「日本第一大学生」とその学才を称せられた*藤原頼長が名高い。頼長の日記「台記」(1236〜1155)には、研鑽・修学のおびただしい漢籍の名があげられる。頼長の本領は、唐代の正義を主とする五経の経学であった。

鎌倉・室町時代には、入宋の五山禅僧により宋刊本が請来された。上野国の*足利学校には関東管領上杉憲実が寄進した「毛詩注疏」などの宋本があり、五経の疏注本がおかれていた。その子憲忠が寄進した「周易注疏」は現存する。新儒学としての宋学、すなわち*朱子学がもたらされたのも、この時期であった。渡明した薩摩国の僧桂庵玄樹は、〈明の永楽帝の時、本国では四書五経の古注を廃棄して新注に改まり、足利高政の時、新注が渡来し、朱子の学説が紹介された〉（「桂庵和尚家法倭点」〈明応期頃〉）とのべている。

それぞれ相国寺・建仁寺の僧であった*藤原惺窩と*林羅山が徳川政権のイデオローグとなって、儒学が幕府の公認教学になるに至って、全面的な展開をみせ、日本朱子学として思想潮流を形成するようになった。明・清の実用的な医書・農書・本草書・百科事典・勧善書、新しい詩文の思潮や考証学、王陽明・李贄の*陽明学もわが国に受容された。*伊藤仁斎の古義学、荻生徂徠の*古文辞学、*中江藤樹の陽明学、*三浦梅園の自然哲学などはこのうえに花開いたものである。漢学は本居宣長に漢意のさかしらと批判されながらも、徳川300年を通じて教学の中心であった。都賀庭鐘校訂「康熙字典」(1780)のような小学の書も現れ、この時期にはじめて漢学が僧侶や搢紳貴族の手を離れて、武家・町人の学芸

となった。大坂の*懐徳堂、備後国神辺の廉塾のような学塾が町人教育にはたした役割も大きい。朱子学は、経験主義的・合理的思考、現実肯定の世界観において、日本の近代的思惟につながるエートスをもっていた。その反面、*石田梅岩の心学、山崎闇斎の*垂加神道のように、儒学が神仏二教と習合する形で、知識人の教養であることをこえて、通俗道徳として生活倫理化していたことが重要である。

勧学院 かんがくいん 南曹ともいう。*大学別曹の一つで、その最初のもの。821年（弘仁12）*藤原冬嗣が、大学寮に学ぶ藤原氏の学生のために大学寮の南に建てた寄宿舎。藤原氏子弟の大学入学準備のための勉強や在学中の補助的勉学、また卒業時の任官試験の受験勉強の助けとして、その財政には藤原氏の荘園があてられた。872年（貞観14）の格では、大学別曹として認可しながら、〈大学寮の管理下にない〉といっている。令の規定では、学生は大学寮に居住することが建前であり、それら直曹に起居する学生だけに任官試験に推薦される「貢挙」に与る権利があった。しかし、藤原氏の子弟が大学寮に起居せずに別曹である勧学院に移り住んだことは、大学令の建前をしだいにくずして、別曹居住の学生にも直曹居住の学生と同じ権利を与えていくことになり、しかもしだいに任官試験にあたっても藤原氏の子弟に有利になるようなこともでてきて、他氏が別曹を作る先駆けとなった。

勧学会 かんがくえ 平安時代に儒者・僧侶が合同して行った行事。3月と9月の15日に、「法華経」を講読し、経中の一句にかかわる詩作や念仏を行った。その開催時期は3期に分けられる。第1期は、*慶滋保胤・*源為憲らの儒者や教・慶雲らの天台僧が参加し、比叡山西坂本の月林寺・親林寺などが会場となった。986年（寛和2）に保胤の出家を機に解散したが、勧学会として有名なのはこれである。従来「学」といえば儒教であったが、仏教もまた「学」として認識されるようになったことが注目される。第2期は、寛弘年間(1004〜12)に藤原道長の後援により法興院で再興されたが、参加者は高階積善

たかしな・藤原有国ありくにの2人しか知られず，あまり発展せず廃絶した。第3期は，長元年間(1028～37)後半頃，天台座主慶命きょうみょうの主唱により比叡山麓の随願寺で復活した。会場はのちに六波羅蜜寺ろくはらみつじに一定した。康保元年(964)「勧学会記」，延久3年(1071)「勧学会之記」などに詳しい。

願掛け がんかけ 神仏への祈願の一種だが，特別な行為(呪法)がともなう点に特色がある。個人的な祈願と村落など集団による共同祈願に大別され，前者は病気平癒・商売繁盛・安産・厄除けやくよけなど多種多様にわたり，後者は雨乞きごい(*祈雨きう)や日和乞ひよりごいなどが知られる。また付随する行為としては，特定の社寺に連続して参詣する*百度参り・千度参り，集団で何度もの水垢離みずごりをとる千垢離・万垢離，断物ものだちといって特定の食物(米・塩・酒など)を摂らないなどがある。願いが叶えば縄を解くとする〈縛られ地蔵〉など，逆に神仏の側に履行を強いるものもあった。祈願成就のあかつきには，願解きがんほどき(願果たし)として金品の奉納やお礼参りなどが行われた。

咸宜園 かんぎえん *広瀬淡窓たんそうの私塾。淡窓は，1805年(文化2)開塾後，成章舎せいしょうしゃ・桂林園けいりんえんをへて，17年に豊後国日田だ郊外の堀田村に建てた塾舎を咸宜園と命名し，塾生と同居した。入門時に，年齢・学歴・身分の差を問わず，全員平等に取り扱う「三奪法さんだつほう」を行い，また入門後には，毎月の勉学の勤怠によって級位を定める「月旦評げったんぴょう」という厳正な成績評価を実施した。「官府の難」といわれる，日田代官による教育方法と人事の介入という緊張をうんだこともあったが，ユニークな教育方法は評判をよび，門弟3000人と称されるように，全国から多くの塾生を集めた。試験による公正な評価のもとで，塾生は競い合うとともに，勤労自治を営み朋友意識を培った。

観経 かんぎょう →観無量寿経かんむりょうじゅきょう

閑居友 かんきょのとも 鎌倉前期の仏教説話集。発心ほっしん・出家・往生譚などが主な内容。上・下2巻，全32話からなる。著者は慈円じえん説もあるが，慶政けいせい説が有力。成立は1222年(承久4)3月頃。上巻には，高僧や遁世者の話などを収めるが，下巻は，遊女の発心譚，嫉妬のため生きたまま鬼女となった女の話など，女性が主人公の話がほとんどで，仏教説話集として異色である。跋文から，高貴な女性に進献されたものと推測される。天台仏教色が濃く，厭離穢土おんりえどの思想が著しい。「*平家物語」の「大原御幸」は本書によるものと思われるし，「*撰集抄せんじゅうしょう」にも影響を与えた。また，近代では谷崎潤一郎「少将滋幹しげもとの母」の典拠となった。

看経 かんきん →諷経ふぎん

閑吟集 かんぎんしゅう 中世歌謡の*小歌こうたを集成したもの。漢文の序によると1518年(永正15)成立。作者は不詳だが，一説に*宗長そうちょう。春・夏・秋・冬・恋の5部立てで，合計311首をのせる。内容は宴曲えんきょく(*早歌そうが)からとったもの，*大和猿楽やまとさるがくや*田楽でんがくの詞章からとったものなどがあるが，最も多いのは小歌で226首を数える。自由詩で口語表現になっていることから，中世の庶民の生活をうかがう好資料といえる。

菅家後集 かんけこうしゅう 901～903年(延喜元～3)の間に，*菅原道真みちざねが配所大宰府だざいふで詠んだ漢詩46首を集めたもの。配流に際して道真の家族はばらばらにされた。妻と年長の娘は京に残り，年長の男子はまた各所に流され，幼い男女2児が同行を許されたが，設備や食料も十分でない配所で夭折する。そのような逆境にあって，詩人の魂はとぎすまされ，抒情的な深い感情が凝結された「叙意一百韻」「詠楽天北窓三友詩らくてんほくそうのさんゆうというしをよむ」など珠玉の詩編が多い。死期を悟った道真は都の畏友*紀長谷雄きのはせおにこれを贈り，長谷雄は読後，賛嘆して止むところがなかったという。

勧化帳 かんげちょう →勧進帳かんじんちょう

菅家文草 かんけぶんそう *菅原道真みちざねの漢詩文集。全12巻。平安時代の和歌の「家集」がそれぞれ自伝的な要素をもっているのと同じく，この漢詩文集もまた道真の一代記的色合いを帯びている。第1巻のはじめに，*島田忠臣ただおみの指導で作った11歳の時の漢詩の処女作をおき，以後，年代順に右大臣に至るまでの漢詩が6巻までに収められる。7巻以下は，賦ふ・銘・讃・祭文さいもん・記・詩序・策問さくもん・対策・詔勅・奏状・願文がんもんなどの漢文集。公的なものが四六駢儷体しろくべんれいたいの美文調なのに対

し，私的な文章には，平易な表現が使われ，漢文体の文章の中に，のちの仮名物語の文体へとつながる方向が模索されていることを感じ取ることができる。

諫言 かんげん　臣下が君主の不義・無道を諫めること，またその言葉。古来儒教でも父子・君臣間における諫言のあり方が説かれているが，わが国では主として近世武家社会において君臣関係にかかわることとして問題にされた。儒教本来の諫言論では「父子天合」「君臣義合」の立場から，子が父を三度諫めてもいれられなければ「号泣して之に従ふ」（「礼記」）とされる一方，臣下が君主を，「三たび諫めて聴かざれば則ち之を逃る」（同前）のが当然のこととされている。

こうした儒教的諫言論に対し，日本の幕藩制社会では，諫言が「*職分」の体系に組みこまれ，諫言を実行する者が家臣一般ではなく家老に限定されるとともに，諫言の臣は去ることを否定された。しかも諫言を実行するにあたっては，主君のほかに第三者を交じえず密かに繰り返し行うことが作法とされた。ただし，当該期に主君「押込」の慣行（家老・重臣層の手で不徳・無能の君主を拘束・監禁し，最悪の場合その廃立を決定する）が存在していたことを考慮すれば，諫言は決して暴君に対する哀訴などではなく，穏便な体裁をとりながら最終的には主君「押込」に通ずる威力をもっていたといえよう。

官庫 かんこ　→官文庫

敢語 かんご　→三語

勧孝記 かんこうき　孝道を進める教訓的な*仮名草子。上・下2巻。宗徳愚道の作。1655年（明暦元）刊。女性の立場から父母の在世時，病臥している時，死んだ時，祀る時と親との関わりの四つの時期に分けて，それぞれにふさわしい孝子，不孝者の例をあげて短章で記している。74章からなる。「礼記」「孝経」「論語」「孔子家語」「漢書」「後漢書」などの漢籍から顔淵・丁蘭・郭巨・老萊子などの人物，「雑宝経」「報恩経」などの仏書から釈迦などがとりあげられている。わが国の例は聖徳太子のみである。作者は出雲国松江を本住とする僧であるが，儒・仏・老の三教，とりわけ儒仏の一致の観点から平易な仮名文で故事を嚙みくだいて孝行を鼓吹している。

元興寺 がんごうじ　奈良市にある奈良時代の寺院。718年（養老2）頃，飛鳥の飛鳥寺（法興寺・元興寺）を平城京に移したもの。*東大寺が造営されるまでの天平年間（729～749）に，*大安寺・*薬師寺・*興福寺とともに四大寺として国家から重んじられた。

元興寺伽藍縁起幷流記資財帳 がんごうじがらんえんぎならびにるきしざいちょう　もと大和国飛鳥の地に創建され，のち平城京内に移建された元興寺（法興寺）の開創の経緯や財産を書き記した帳簿。746年（天平18）の僧綱の牒により翌年に作成されたもので，同種の帳簿として法隆寺・大安寺のものが現存する。ただし当寺縁起資財帳の場合，現存する醍醐寺本「諸寺縁起集」所収本には，1165年（永万元）に大法師慈俊の手が加わっており，「資財」の部分がほとんど省略されている一方で，「縁起」の部分には本尊に関する話の追加や慈俊の考証が付加されている。「縁起」の部分には「癸酉の歳」（613年＝推古21年か）に記されたとされる古縁起，孝徳天皇の辛亥年（651）の塔露盤銘，609年（推古17）に安置された丈六釈迦如来像光背銘などを引用しており，これらの引用史料を無批判に用いることはできないが，「日本書紀」とは別系統の仏教伝来記事などを載せていて古代史研究上重要な史料の一つとなっている。

官国幣社 かんこくへいしゃ　→近代社格制度

関山慧玄 かんざんえげん　1277～1360（建治3～延文5・正平15）　鎌倉後期・南北朝期の禅僧。臨済宗大応派。関山派の祖。大本山*妙心寺の開山。*宗峰妙超の法嗣。信濃国高梨氏の出身。1284年（弘安7）頃，鎌倉建長寺に掛籍し，晩年の*無学祖元により慧眼と安名されたといわれる。この後，1327年（嘉暦2）51歳までの事歴は不明という。29年（元徳元）京都において師事した宗峰に関山の道号をうけ，慧眼を慧玄と改め，翌年印可を授けられた。その後，美濃国伊深に退居したが，37年（建武4・延元2），病床にあった宗峰により花園上皇の参禅の師として推挙されて上洛した。この時すでに上皇は関山のために離宮を禅苑とし，宗峰によって

正法山妙心寺の号まで定められていたという。
　初期妙心寺の法脈継承について，その形式的不備の有無に関して多くの議論がなされている。関山から妙心寺2世授翁宗弼に対する印可状は，謀判であるともされる。また，関山よりその6世孫の雪江宗深に至る付法状（印可状）は，あるいはあり，あるいはなかったのを，後世その欠を補って作られた形跡があるともいわれる。関山とその門下の印可形式に対する姿勢がかかわっていた問題で，関山の事歴とともに後考すべき宿題である。関山の宗風は，「師天然胸次豁達なり，世縁の粘著を嫌ふ，在世の際禅誦規式に拘らず，殿堂の荘厳に意無し」といわれ，世俗を嫌う隠遁癖が強く，語録・頂相・書跡などを一切残さなかった。

元三大師　がんざんだいし　→良源

閑散余録　かんさんよろく　江戸初・中期の儒者の行状・逸話・口碑などを記した随筆。伊勢国菰野藩の藩医南川金渓（1732〜81）の著。1770年（明和7）になり，江村北海と竜草廬の序を付して，77年（安永6）に刊行された。全2巻。伊藤東涯門の竜崎致斎と，宇野明霞門の竜草廬に従学していたため，仁斎学派と徂徠学派の儒者に詳しいが，新井白石や闇斎学派，中江藤樹や熊沢蕃山らもとりあげ，学派をこえて「巨儒」の言行を比較的公平に叙述している。本書は，思想内容の弁別を目的としているのではなく，「近時浮軽の徒」（江村北海の序）に対する批判がこめられていた。本書の記事は，のちに原念斎「*先哲叢談」にも利用された。

官寺　かんじ　伽藍の造営や維持が国家によって行われる寺。国家的な仏教法会の執行の場でもある。古代においては，「延喜式」玄蕃寮では大寺・*国分寺・有食封寺・*定額寺の等級があり，官大寺として大官大寺（大安寺）・弘福寺（川原寺）・法興寺（飛鳥寺・元興寺）があり，のちに薬師寺を加え四大寺とされた。8世紀半ばには大安寺・薬師寺・元興寺・興福寺・東大寺・法隆寺・弘福寺は七大寺（*南都七大寺）とされ，その後平安時代には十五大寺にまで増加した。律令制が衰退すると国家による保護は衰退し，官寺の称はあまり使われなくなるが，天皇の御願を修する*御願寺が増加していく。中世後期になると京・鎌倉の五山以下十刹・諸山の官寺制度が成立した（*五山制度）。

閑室元佶　かんしつげんきつ　1548〜1612（天文17〜慶長17）　戦国〜江戸前期の臨済宗の僧。諱は元佶，道号は閑室，別号は三要，通称は佶長老・円光寺元佶。肥前国晴気の人。山城国の円通寺で出家し，南禅寺で諸学を修めた。のち*足利学校に学び，1587年（天正15）足利学校9代庠主となり，同校の中興に努めた。91年豊臣秀次に従って京都に戻り，秀次没後は徳川家康に信任され，1600年（慶長5）南禅寺住持となった。家康によって伏見と駿府に円光寺が創建され，その開山となった。*西笑承兌とともに，江戸幕府の寺社行政や外交事務にもあたった。伏見の円光寺では慶長古活字版のうち伏見版（円光寺版）の刊行に尽力した。

元日節会　がんじつのせちえ　元旦朝賀の後，天皇が群臣に宴を賜う儀式。文献上の確実な初見は716年（霊亀2）元日。「儀式」によれば，会場は豊楽殿。大臣が儀式の進行をとりしきる内弁を務める。天皇・皇后が同殿に着御すると，諸司奏がある。中務省は陰陽寮を率いて，その年の七曜暦を奏上する。宮内省は主水司を率いて，その年の氷の厚薄の寸法を奏上する氷様を奏し，さらに大宰府から献上されたその年の腹赤御贄である䱥（鱒の異名という）の寸法を奏上する。諸司奏が終わると，親王以下五位以上が殿前に参入して列立し，昇殿，謝座謝酒し，饗膳につく。吉野国栖の歌舞の奏上，大歌・立楽の奏上があり，宣命が宣制される。皇太子以下群臣は殿を降り，禄を賜り拝舞する。天皇は還御。なお「*江次第」では，諸司奏の前に，外任奏（節会に参加する地方官の姓名を連記した名簿を外記が奏する）を行うことを記している。また淳和朝より紫宸殿が用いられた。

干支の法　かんしのほう　甲乙丙丁……などの十干と，子丑寅卯……などの十二支を組み合わせた六十干支で年月日を表すのに用い，また十二

支を用いて方角や時刻を表す方法。暦の計算には干支は基本的なもので、年と日の干支は後漢以後、連続して用いられ、今日に至っている。また十干は五行(ごぎょう)思想とも結びついた。年では甲子(きのえね)・丙午(ひのえうま)・辛酉(かのととり)など、日では甲子・庚申(かのえさる)などが特別の意味づけをされ、迷信と結びついて、今日なお信じられているようなものもある。

慣習法 (かんしゅうほう)　実定法(実際に成文化された法)と対立する概念で、幕府や朝廷などの公権力による制定手続きをへることなく、慣習として存在・機能している規範を意味する語。たとえば承久(じょうきゅう)の乱ののち、幕府は後鳥羽上皇を隠岐島に配流したが、朝廷の法である*律令(りつりょう)には、天皇やそれを凌駕する治天(ちてん)の君に適用する罰則などはもちろんなかった。戦いの勝者が敗者のすべてを、命のありようまでを、左右して構わないという武家の慣習法にもとづいて罪が決定されていると解釈できる。

慣習法は社会の構成員の同意によって効力が生じてくるので、逸脱を罰する確実な手段を準備しにくいという弱点がともなう。また、互いにまったく矛盾する慣習法が併存する、という状況もありえた。有名な「*御成敗式目(ごせいばいしきもく)」は、北条泰時(やすとき)が〈*道理に従って制定した〉とのべているのを重くみて、慣習法を集約し編集したもの、と考えられていた時期もあった。だが、異なる方向性を有する慣習法の併存、という中世の特性を考慮すると、数ある道理や慣習の中の一つを選択している御成敗式目は、紛れもなく幕府が制定した実定法なのである。そうはいっても、中世において慣習法の占める割合は大きく、〈五畿七道之習(ならい)、諸国之習、諸国傍例(ほうれい)、諸国大法、鎮西(ちんぜい)之例、当国平均之例、当庄之例〉などが裁定の根拠となることが多かった。全国、一国、一荘園と、それぞれの地域に根ざした慣習法が併存したのである。

これに対して近世、江戸時代になると、法は幕府が制定する*武家法が慣習法に優越し始める。初代将軍徳川家康・2代秀忠の時代こそ慣習法が重視されたものの、3代家光・4代家綱の時代には幕府は大量の成文法を発して法を基礎とする支配の確立を図り、8代吉宗(よしむね)の時代にその意図はほぼ達成された。

勧請 (かんじょう)　本の社から神霊を分け、他の新しい場所に遷し祀る行為＝分祀(ぶんし)を、受け手の側からはこう表現した。本来は仏教用語で、仏がこの世に永久にとどまって法を説き、衆生を救済してくれることを請願するの意。日本では*神仏習合の流れの中、八幡大菩薩・熊野権現など垂迹神(すいじゃくしん)に神託を求めることをはじめ勧請といったが、しだいに神仏の霊を他所より招いて祀ることをこうよぶように変化した。また、招かれた神の分霊は勧請神といわれた。したがって、稲荷(いなり)・八幡(はちまん)・伊勢・天神(てんじん)(天満宮)・諏訪・日吉(ひよし)など数を誇る神社は、各地から頻繁に勧請されてきた来歴をもつ。なお、祭祀などで神仏に臨時の降臨を要請する場合をさしても勧請とよぶ。

灌頂 (かんじょう)　頭上に水を注ぐ*密教の儀式。古代インドにおいて国王が即位の際に海水を頭上に注いで世界掌握の象徴としたことにちなむ。密教では、如来の五智を象徴する五瓶の智水(ちすい)を注ぐ儀式となり、重視されるようになった。灌頂にはさまざまな形式があるが、大別すると、広く人々に仏縁を結ばせるための結縁(けちえん)灌頂、ある特定の行法を授けることを許可する受明(じゅみょう)灌頂、一定の修行を終えたことを証明し密教の奥義を授ける伝法(でんぽう)灌頂とに分類できる。伝法灌頂をうけた者は*阿闍梨(あじゃり)となり、弟子の育成を許される。

願生帰命弁 (がんしょうきみょうべん)　江戸中期、本願寺派三大宗論の一つ*三業惑乱(さんごうわくらん)の発端となった書。真宗本願寺派6代能化功存(こうぞん)(1720〜96)の著。全2巻。1764年(明和元)刊。1762年(宝暦12)、越前国浄願寺の竜養(りょうよう)の無帰命安心(あんじん)に対して、能化職就任以前の功存が同国録所において糺明し、回心させた演説を著述にまとめて刊行したものである。蓮如(れんにょ)が頻繁に使用する「後生たすけたまへと弥陀をたのむ」の語を祈願請求を示す欲生正因(よくしょうしょういん)と解釈する。身業(しんごう)・口業(くごう)・意業(いごう)の三業(さんごう)をそろえ、弥陀に願求すること(三業帰命説)をのべる。当時は本願寺の法如(ほうにょ)門主も賞賛し、7代能化*智洞(ちどう)もこの説を継承したので、学林を中心に盛行した。一方、当初から自力的偏向が強いとの批判があり、や

がて次々に反駁書が著された。

関城書（かんじょうしょ） 1342年（康永元・興国3），*北畠親房（ちかふさ）が結城親朝（ちかとも）に宛てた長文の書状。常陸国で足利軍と対戦していた親房が，小田城から関城に退去したのちに，親朝に参軍を促したもの。親朝宛ての親房書状は，「結城文書」に70余通も現存するが，本書は江戸時代に単独で流布し，天皇の統治の正当性や武士の本分を感動的に説いて影響を与えた。原本は伝わらず，偽作説もある。なお，「群書類従」雑部所収の「関城書裏書」は本書とは関係なく，「元弘（げんこう）日記裏書」とも称し，南北朝初期の貴重な記録である。ほかにも「関城書裏書」と題する史料は2種知られる。

官職秘抄（かんしょくひしょう） 令制の官職制度を解説した書。全2巻。1200年（正治2）平基親（もとちか）の撰。上巻は，神祇官・太政官および八省，諸寮・諸司・諸職，下巻は諸道・諸国および近衛府（このえふ）・衛門府（えもんふ）・検非違使（けびいし）・蔵人（くろうど）などの令外官（りょうげのかん）をのせる。職務内容についての説明はなく，当該の官職について，任官の資格や兼官の種類，家柄などを記す。特に任官の先例や慣例については詳しくのべられ，各官職の官制体系の中での位置づけの変化や，貴族社会における家格（かかく）の固定化との関係を知ることができる。

勧進（かんじん） 本義は人々に作善（さぜん）を勧めて仏道に入れること。転じて物質的な喜捨をえる経済活動をさし，さらには寺院・橋などの造営・修理のために資財を集める行為をさす。また，その活動を行う人を勧進聖（ひじり）という。後者の勧進は，1062年（康平5）に始まる僧善芳（ぜんぽう）の讃岐国曼荼羅寺（まんだらじ），75年（承保2）4月の京都六道珍皇寺（ちんこうじ）の修造勧進が早い例である。これらは国衙（こくが）や寺院の援助のもとに請負事業として行われ，1142年（康治元）の京都四条橋架橋の勧進活動は，勧進聖が全面的に事業を請け負った。また寺院の勧進には，その趣旨や目的を書いて寄付を募る*勧進帳が作成され，そこに寺院縁起がもりこまれたりした。鎌倉時代の初めまでに東大寺・四天王寺には大勧進職（だいかんじんしき）が成立した。

鑑真（がんじん） 688～763（唐垂拱4～天平宝字7）唐代の僧。日本律宗の祖。中国揚州江陽県に生まれる。栄叡（ようえい）・普照（ふしょう）の招請により来日を決意したが，5回の渡航はいずれも失敗に終わり，失明した。6回目の753年（天平勝宝5）に来日。翌年，奈良に入り，聖武太上天皇らに菩薩戒を授け，東大寺に戒壇院を建立，756年大僧都となる。新田部（にいたべ）親王の旧宅地を賜り，759年（天平宝字3）に*唐招提寺（とうしょうだいじ）を建立。763年76歳で没した。鑑真は，一切経の校正を行うほか，仏像・仏画・仏具・聖教（しょうぎょう）などを請来し，彫刻の新様式ももたらした。また薬品の知識も豊富であった。請来した聖教のうち天台三大部などの天台関係の論著は，*最澄（さいちょう）に影響を与えた。その伝記は「*続日本紀」「延暦僧録」「*唐大和上（とうだいわじょう）東征伝」などにある。

観心主義（かんしんしゅぎ） 天台*本覚（ほんがく）思想における思想的特徴の一つ。智顗（ちぎ）以来，一念三千論にもとづく*止観（しかん）や観法は天台宗における教理・実践の中心であった。しかし，平安中期以降，天台宗内で本覚思想が形成されると，極端な現実肯定主義にもとづき，穢土（えど）と浄土，凡夫（ぼんぶ）と仏などを同一と観じることをもって究極の悟りとする立場が顕在化し，ひいては教理研究を観心より低く位置づけ，修行を否定する風潮も現れた。ただし，このようなあるがまま主義に対し，本覚思想に立ちながらも心の原理を設定し，成仏に際してその一瞬の働きを重視する立場もあり，これをさして観心主義という場合もある。

勧進帳（かんじんちょう） 勧進状・勧化帳（かんげちょう）とも。寺社・仏像・梵鐘・橋・溜池などの造営・修復のための資金や資材を調達するにあたり，その趣旨や目的を記したもの。このほか大蔵経（だいぞうきょう）の購入，経典の開板などの際にも信者から寄進を集めるために作成された。一般に寺社の縁起や霊験をのべ，勧進に応じ私財を寄進することが，仏教的な善行（*作善（さぜん））になることを説く。勧進聖（ひじり）などがこれを読み聞かせ寄進を募った。仮名交り文のものもあり，巻物・帳簿の形式で，高僧や公家の名筆によることが多い。禅宗では，漢文の四六文で勧縁疏（かんねんそ）・幹縁疏が書かれた。

勧進能（かんじんのう） 入場料を徴収して臨時に上演された能。本来，*勧進は寺社の建立，架橋などの目的で，その功徳を勧めて寄付を仰ぐ

ことを意味するが、のちには能役者の収入のために行われることもあった。ただし、幕府などの許可が必要で、江戸時代には「御免能」「一代能」といって、一代一度の興行が観世大夫に限って許された。南北朝期には*田楽の勧進能が多く、「太平記」にみえる桟敷崩れの田楽が有名である。室町時代には*大和猿楽の興行が多く、1433年(永享5)や64年(寛正5)の下鴨社の南方糺河原における音阿弥の興行は、桟敷60間以上の大規模なものであった。

観心本尊抄 正式には「如来滅後五五百歳始観心本尊抄」。*日蓮の著作。1273年(文永10)成立。「*立正安国論」「*開目鈔」などとともに、日蓮教学の骨格をなす。本書は佐渡流罪以降、それまでの体験をふまえて日蓮の教学が深化したとされる時期(佐後)に著され、日蓮宗の本尊である十界曼陀羅の裏づけともなる独自の教学(法開顕)が展開される。末法の始めにあたり、「妙法蓮華経」の五字を受持することにより自然に久遠実成の釈迦如来の因果の功徳に浴し、また「南無妙法蓮華経」を中央にすえ、そのもとに十界互具を顕して本尊とすることを説く。自筆本が千葉県市川市の中山法華経寺に伝来する。

観心略要集 *源信の著作。「*往生要集」とならぶ彼の浄土教に関する主著。撰述年代は不明だが、「往生要集」に比して後年、おそらく晩年の作とみられ、その没年である1017年(寛仁元)の成立と推定する説もある。第一「娑婆界の過失を挙ぐ」以下、「念仏に寄せて観心を明す」「極楽の依正の徳を歎ず」「空仮中を弁じて執を蕩ず」「凡聖は一心に備はるを釈す」「流転生死の源を知らしむ」「出離生死の観を教へる」「空観を修し懺悔を行ふ」「真正の菩提心を発ず」「問答料簡して疑を釈す」の10章によって観行一門をのべる。冒頭に、観法を諸仏の秘要・衆教の肝心と規定し、ゆえに天台宗はこれを基礎とするという意を表明している。そのため、「往生要集」において念仏、特に*口称念仏を前面に押し出すかにみえる態度との相違を指摘し、日本浄土教史の中で源信の思想の後退を

みる学説もあるが、観想と称名とが究極的には相通ずるものとするところに本書の意義を認める立場もある。

含翠堂 摂津国平野郷市町(現、大阪市平野区)の学問塾。はじめ老松堂ともいった。1717年(享保2)、平野郷の土橋友直ら同志がはかって創設した。学風は、初期の懐徳堂と同じく朱子学・陽明学の折衷であり、さらに古義学の要素も混じっていた。*三輪執斎・*伊藤東涯・五井持軒・*五井蘭洲らが出講した。同志の寄付金による利子収入や家賃収入などで塾は経営された。1872年(明治5)の学制公布により廃止された。

寛政異学の禁 江戸幕府の思想統制。寛政の改革の一環として、1790年(寛政2)に一連の言論・出版・学問の統制が実施された。5月に新規の書物、特に黄表紙、9月には洒落本がそれぞれ著述・出版を禁止され、著者や出版元が処罰された。6月に首席老中*松平定信の「異学禁諭達書」が若年寄京極高久によって、その支配下の大学頭林錦峰と聖堂儒者の*柴野栗山・*岡田寒泉に通達された。要点は、(1)朱子学が正学で*林家はその学風を維持すべきこと、(2)最近流行している異学は林家門人には禁止すべきこと、である。

当時、古義学(伊藤仁斎系)・*古文辞学(荻生徂徠系)・*折衷学が盛んで、これを憂えた朱子学者*西山拙斎が親交のある栗山に異学の禁をすすめ、栗山が定信に建議したと伝えられる。定信は朱子学者であったが、個人的には異学の併存を認めたにもかかわらず、寛政の改革の思想統制・身分統制のために異学の禁を断行した。名古屋藩儒*冢田大峰をはじめ多くの反対論がでたが、93年定信の老中退任後も、後任の老中松平信明によって異学の禁は継承された。1792年幕臣の受験者への学問吟味が開始され、95年5月、学問吟味優秀者の役職登用が始まった。96年11月、15歳以下の幕臣またはその子弟への素読吟味も開始された。聖堂を林家の管理から幕府直轄に移し、付設の林家家塾を幕府の学問所(1843年*昌平坂学問所と公称)に昇格させた。異学の禁は諸

藩にも波及し，総じて朱子学は隆盛し他の儒教各派は衰退した。

寛政重修諸家譜 かんせいちょうしゅうしょか　江戸幕府が編纂した大名・旗本の系譜書「*寛永諸家系図伝」の補訂書。本文，序および条例，目録の合計1530巻からなる。1812年(文化9)成立。総裁堀田正敦。1799年(寛政11)に「寛永諸家系図伝」の全面改訂を決定した幕府は，諸家に呈譜を求め，大学頭*林述斎が中心となって武家の根本系譜を集大成した。諸大名以下の詳細な系譜と経歴の記述は，「是非決しがたきは，ふたつながら存して参考にそなへ」という条例の文言が示すような原典保持の姿勢に貫かれ，史料的価値が高い。

寛政の三奇人 かんせいのさんきじん　寛政の三奇士とも。*林子平・*高山彦九郎・*蒲生君平の3人をいう。この3人が事実上，関連づけられるのは，君平が先達の士とする子平・彦九郎に会おうとして陸奥国を旅したぐらいのことである。3人は生涯定職につかず，尊王・憂国の志をもって諸国をめぐり，遊説・調査・著作を行った。子平が幕府の命により「*三国通覧図説」「*海国兵談」の版木を没収され，蟄居させられたのが1792年(寛政4)，彦九郎が幕吏に追われて自刃したのが翌93年なので，幕末から「寛政の三奇人」の名称が用いられるようになった。

寛政の三博士 かんせいのさんはかせ　江戸時代寛政期(1789～1801)の聖堂付き朱子学者3名の通称。朱子学の正学化による思想統制を推進する基盤として，*林家が代々聖堂で行ってきた幕臣らへの教学体制を充実させるために，幕府は，1788年(天明8)徳島藩儒*柴野栗山，89年(寛政元)旗本*岡田寒泉，91年大坂在住の町人*尾藤二洲を聖堂付きの儒者として採用した。この3人を世間では「寛政の三博士」とよんだ。94年寒泉が代官に転出し，96年に佐賀藩儒*古賀精里を補充したので，栗山・二洲・精里の3人をもこうよんだ。寒泉以外は四国・九州の出身で，地域文化の充実をみることができる。また，林家の門人であったのは栗山1人で，朱子学者としても多様な傾向の人々が，幕府の教学体制整備のために努めたことになる。

観世音菩薩 かんぜおんぼさつ　→観音菩薩かんのんぼさつ

観世座 かんぜざ　→大和四座やまとしざ

勧善懲悪 かんぜんちょうあく　江戸時代の文学理念。善を勧め，悪をこらしめるの意の漢語。古くは「春秋左氏伝」成公14年9月条にみえる。わが国では，朱子「詩集伝」序の解釈などをとおして，文学を政教の一助として，慰みでありつつ，倫理的な効用をもつことで社会的に有用なものであると考え，特に江戸時代の文学理念上の標語となった。仮名草子の作者は，明代の*善書の影響をうけて，教訓と勧戒を標榜した。北村季吟「湖月抄」(1673)は，「源氏物語」の作者が善悪を記す本意は，勧善懲悪のためであるという。これを最も精密な文学理念に高めたのは*曲亭馬琴であり，仏教的な因果応報思想をとりこみ，小説の手法，人情世態のあり方，運命観などのさまざまな問題と関連させて，奥行きのある文学観を形成している。一方，文学は善悪邪正の人間の真実を伝える器であり，道徳上の効用を認めないとする立場があり，元禄期(1688～1704)の人情論，*本居宣長の〈*もののあはれ〉論，*上田秋成の「春雨物語」(1808)に示された命禄観のような反勧懲主義とは対立する。

観想念仏 かんそうねんぶつ　観想とは，その対象は仏の相好や浄土の荘厳であったり，あるいは逆に肉体の不浄であったりするが，いずれにせよ何らかの計画・構想のもとに想念を凝らし，もって煩悩を断ち，心の平安を獲得して，仏道の修行を行っていくための行法ということができる。ただし，浄土教の展開とともにクローズアップされた*口称念仏に対して観想念仏を位置づけることも多い。とりわけ*源信の著した「*往生要集」大文第四の正修念仏の第四「観察門」において，四十二相を備えた円満具足の*阿弥陀如来の姿を詳細に観察する念仏の法が説かれ，浄土教に関する学史においては，観想念仏の語をこのイメージで捉えることが一般的である。

神田孝平 かんだたかひら　1830～98(天保元～明治31)幕末～明治前期の洋学者・官僚。本名は孟恪。美濃国不破郡に生まれ，1849年(嘉永2)江戸で儒学者*塩谷宕陰・*安積艮斎について儒学を学んだ。ペリー来航後に蘭学

に転じ、*杉田成卿・*伊東玄朴らに師事した。62年（文久2）から蕃書調所・開成所で数学や経済学を講じ、維新後は公議所副議長・集議院判官・兵庫県令を務めた。70年（明治3）の「田租改革建議」は地租改正に大きな影響を与え、「明六雑誌」にも「民選議院の時未だ到らざるの論」などの論説を発表した。76年元老院議官、以後文部少輔・貴族院議員・帝国学士院会員・東京人類学会初代会長などを歴任した。

神田白竜子 かんだはくりょうし　1680～1760（延宝8～宝暦10）　江戸前・中期の軍学講釈師・*談義本作者。名は勝久、字は履道、通称は神田杢。江戸の武家に生まれ、幼少時に加賀の楠流軍学者の富田覚信による「太平記評判秘伝理尽鈔」の講釈を聴いたという。神田紺屋町に居住し、大名・高家へ出入りし軍談講釈を専業とした。武辺咄の集成として編んだ「武経七書合解大成俚諺鈔」30巻（1714刊）では、楠正成を絶賛する。この種の他の著作には「武家俗説弁」6巻（1717刊）などがある。刀剣鑑定にも優れ、「新刃銘尽」（1721刊）は新刀（近世以後の刀剣）の鑑定書として今日でも利用される。談義本には、1729年（享保14）交趾国からの象の献上にあてこんだ「三獣演談」（1729刊）があり、舶来の象に牛・馬が論戦を挑む内容である。その寓言論的手法は、友人の*伊斎樗山の影響かと推測され、樗山「*田舎荘子」外編に跋、「*天狗芸術論」に序を書く。前者には、儒教・仏教・道教・神道それぞれ説くところは違ってもその根本には勧善懲悪があるとし、その思想の一端がうかがわれる。「典籍作者便覧」（1812成）によれば、和漢の学に通じ子弟も多く、のちに金沢藩前田家に高禄で仕えたというがいまだ確証はなく、伝記には不明な点が多い。

菅茶山 かんちゃざん　1748～1827（寛延元～文政10）　江戸後期の漢詩人。名は晋帥、字は礼卿、通称は太仲、茶山は号である。備後国川北村に酒造業を営む菅波樗平の子として生まれる。京に遊学して*那波魯堂に朱子学を学び、帰国して神辺に私塾黄葉夕陽村舎（のちの廉塾）を開いて、子弟の教育にたずさわった。また、福山藩主の命を

うけて編集した「福山史料」（1809）は、大部の地誌であり、経世家の知識人として地域文化に対する貢献も大きい。江戸後期を代表する漢詩人であり、「黄葉夕陽村舎詩」（1812）は、農村の自然と日常生活に密着した平明・清新な作風で知られる。詩名と人柄を慕って来訪した学者・文人は多く、頼家との交流は知られ、*頼山陽は一時、塾生であった。

菅茶山翁筆のすさび かんちゃざんおうふでのすさび　江戸後期の随筆。*菅茶山の著。全4巻。刊行は没後の1857年（安政4）であるが、茶山没年の1827年（文政10）には成立し、晩年の述作である。161カ条にわたって、感興にまかせて、和漢の学問論、天文から人事に至る天変地異・異事奇聞、また史談・俗談など多彩な内容を和文で綴っている。茶山が一面識のあった当代の奇人高山彦九郎の伝など、旺盛な好奇心と活発に反応する精神とがうかがわれる。著者は、備後国神辺に住み、「黄葉夕陽村舎詩」で知られる漢詩人で、かつ儒者であるが、森銑三は漢学者臭のない趣味の豊かな読み物であると評している（「江戸随想集」）。

関東往還記 かんとうおうかんき　1262年（弘長2）2月、奈良西大寺の長老*叡尊が関東に下向し、同年8月、西大寺に戻るまでの、すなわち関東への往還を記した日記。随行した弟子性海が記した。もと上・下2巻というが、現存本は一部を欠く。鎌倉の釈迦堂に入り、連日説戒・授戒したことや、弟子*忍性が教化を助けたことなどが記される。叡尊は、多くの民衆に授戒するとともに、貴族の帰依もうけ、朝廷からも招かれた僧侶である。*北条時頼・実時らの帰依もえており、関東に下向したのもそのことによる。関東での叡尊の教化などを知るうえで貴重な作品である。

関東御成敗式目 かんとうごせいばいしきもく　→御成敗式目

惟神の道 かんながらのみち　日本固有の道、すなわち神道をさす言葉として用いられた語。「惟神」の初出は、「日本書紀」孝徳天皇の大化3年（647）4月条の「惟神者謂随神道亦自有神道也」であり、「万葉集」など奈良時代の文献にはみられるが、平安時代以降の用例は少な

い。また「かむながらの(大)道」という語は、近世に谷川士清が「*日本書紀通証」で用いて以降、国学者・儒学者双方によって用いられるようになった。明治期以降では、1870年(明治3)の大教宣布の詔に「惟神之大道」とあるように、純正なる神道という内容のもとに一般化した。さらに1926年(大正15)に筧克彦の「神ながらの道」が出版されて広く読まれたことにより、*古神道・純神道を意味する傾向はますます強くなっていった。しかし、奈良時代における「惟神」の語について、成立宗教としての仏教や儒教に比肩しうる具体的な教理を含意していたかどうかについては、*津田左右吉らにより、この語は、神の存在、神そのものを意味するものであるという否定的見解が示されている。

看話禅 かんなぜん →黙照禅もくしょうぜん

堪忍記 かんにんき　江戸初期の*仮名草子。全8巻。*浅井了意りょいの作。1659年(万治2)刊。忍耐を主題にする話題を和漢の書に求めて、25章に説話化している。身分制社会の主従制・家族制度において、忍従を美徳とする教化・教訓を唱道する目的がある。各話にはそれなりに人情の機微にふれたものが多く、のちに*井原西鶴さいかくが主題化するように、自己抑圧や自己規制が分度ぶんど・始末・節約といった近世庶民の生活倫理につながっている。朱子学の影響というより、出典となった中国書のうちに「明心宝鑑めいしんほうかん」のような明代の善書ぜんしょが含まれていることからも、*三教一致論の日常道徳が鼓吹されているといえる。

願人坊主 がんにんぼうず　すたすた坊主・金比羅行人ぎょうにん・半田行人はんだぎょうにんとも。坊主姿で諸国を巡回する*門付かどづけ芸人。寺社への代参や代垢離だいごりなど宗教行為の代行とともに、いろいろな芸能活動も行った。江戸時代に興隆するが、札配り・踊り・歌などを集団でなし、金品を求める肉食妻帯の乞食坊主として賎民視された。寺社奉行の管轄下にあり、藤沢派・鞍馬派に分かれ、日本橋橋本町・四谷天竜寺付近・芝新網町など江戸を中心に特定の地域に群居した。伊勢遷宮の木遣り歌きやりうたがもとの伊勢音頭や住吉大社に伝わる住吉踊りをはじめ、願人踊・阿保陀羅経あぼだらきょう・チョンガレ・チョボクレなど、さまざまな芸能を各地に広めた。かっぽれや浪花節なにわぶしも彼らにさかのぼる。

勧農教訓録 かんのうきょうくんろく　1821年(文政4)に上野国那波郡川越藩領でおきた百姓一揆いっきの首謀者として捕らえられ、入牢させられた東善養寺村の林八右衛門が、前橋牢内にて執筆したもの。26年成立。全3巻3冊からなる。「上御一人ヨリ下万人ニ至ルマデ、人ハ人」の一節で有名な前書に続けて、巻之一では、領民が越訴おっそを企てるに至る背景を記し、巻之二では、江戸に向かう領民を八右衛門が引き戻し越訴を未然に防いだが、一揆後、首謀者として捕らえられたことを記す。そして巻之三では、裁きにより八右衛門だけが「永牢ながろう」に処せられた経緯をのべるとともに、家業に励み年貢の上納にも遅滞したこともない自分が「難儀」にあったことを「不思議の事」と述懐して、子孫に対して「勧農」に励むよう教訓して筆をおいている。

勧農策 かんのうさく　近世の*農書。岡山藩藩校閑谷しずたに学校の教授を務めた武元立平たけもとりゅうへい(1770〜1820)の著作。立平の本姓は明石氏、名は正恒、字は君立くんりゅう、北林ほくりん・高林と号した。立平は、「農民ハ国ノ本」といい、国の本である農民が減り商人が増えている現状に対して危機感を抱き、「民富国富」をめざした勧農を行う必要があると為政者に提言している。本書はいわば為政者(岡山藩主池田氏である可能性が高い)に宛てて農政のあり方を説いた上書じょうしょであり、農業のあり方や技術を論じた書物ではない。

勧農或問 かんのうわくもん　*藤田幽谷ゆうこくの農政改革論の書。1799年(寛政11)成立。全2巻。上巻では水戸藩の財政窮乏をのべ、侈惰したと・兼併・力役・横斂おうれん・煩擾はんじょうの五弊を指摘し、下巻では「英雄豪傑富国の術」は勧農・抑商にあるという*農本主義の立場から、具体的な解決策を提起している。商品・貨幣経済の進展による農村荒廃と年貢減収に対して、税法の改革、さらに「仁政は必ず経界より始める」(「孟子」)という仁政論の立場から「均田きんでんの法」を主張し、豪農の兼併＝田地集積を制限し、貧富の格差の拡大を食い止めようとした。*徳川斉昭なりあきの天保藩政改革の全領検

かんの

地は，本書で提起された政策の実現を図ったものである。

管野スガ かんのすが　1881～1911(明治14～44)
明治期の革命家。大阪生れ。筆名は須賀子，号は幽月。父義秀の事業の失敗で独学する。作家宇田川文海の紹介で「大阪朝報」に入社する。1903年(明治36)基督教婦人矯風会大阪支部に入会。*木下尚江を知り，社会主義に近付く。05年*堺利彦の紹介で「牟婁新報」記者となり，*荒畑寒村と出会う。「筆の雫」で女性の奴隷的境遇を批判，四民平等の社会主義を説いた。08年赤旗事件で入獄，09年アナーキズムに引かれ*幸徳秋水に傾倒，ともに「自由思想」を刊行した。10年宮下太吉らと天皇暗殺を企てたとして*大逆事件で検挙され，翌年1月幸徳ら11名とともに処刑された。戦後，獄中記「死出の道艸」が発見された。

菅野八郎 かんのはちろう　1810～88(文化7～明治21)
江戸末期の百姓一揆の指導者。陸奥国伊達郡金原田村中屋敷に名主和蔵の息子として生まれる。1837年(天保8)父の死没にともない家督を相続，56年(安政3)に隠居している。その間，1854年には，ペリー来航を契機に対外危機意識を募らせ，徳川家康の霊夢をみたと称して幕府に箱訴し，捕らえられた(「*あめの夜の夢咄し」)。その後，安政の大獄で逮捕され，59年から64年(元治元)まで八丈島へ遠島に処せられる。ここで流罪中の*賀茂規清に出会い，その影響をうけて思想を深めていく(「八老百十カ条」)。帰郷後，誠信講を組織して農村復興の活動に従事した。66年(慶応2)の信達の世直し一揆を指導し，八郎を「世直し八老大明神」と評する摺物が出版されるほどその名が広く喧伝された。戊辰戦争に際しては，戦況を細かに調査し信達地域の戦禍を予測し，天皇が「一天の下の一世界」を支配する代の到来を主張した(「*八老独ばなし年代記」)。→世直し大明神

観音信仰 かんのんしんこう　除災招福や来世救済などを求めた*観音菩薩に対する信仰。インドにおいて紀元前1世紀頃におこったが，「*無量寿経」に，阿弥陀如来の浄土に観音・大勢至菩薩がいることが説かれ，「*法華経」普門品では七難消除の菩薩とされた。中国への伝来時期は不明だが，5世紀以降，祖先追善・現世利益のために民衆信仰の中心となった。

日本には7世紀前半に伝えられ，早くから盛んに造像された。6世紀以降，インドでヒンドゥー教の影響による密教の変化観音(十一面観音・不空羂索観音・千手観音など)が成立するが，その信仰は中国をへて8世紀前半には日本へ伝わり，たちまち新たな多面多臂像の造立が行われた。また8世紀は，特に観音を本尊として懺悔する観音悔過が，鎮護国家を目的として行われた。10世紀頃から浄土教の影響で，来世への引路菩薩としての信仰が加わり，六道抜苦の六観音信仰などがおこった。10世紀末以降，観音霊像を安置する寺院への参詣が流行し，12世紀には畿内周辺の観音霊場三十三所をめぐる*西国三十三所の巡礼がおこった。13世紀には坂東三十三所，15世紀には秩父三十三所も成立し，近世にはさらに大衆化し，各地に三十三所ができた。また観音霊験譚は，古くは「*今昔物語集」など古代・中世の文学のテーマとしても盛んにとりあげられ，民衆信仰の中でも最もポピュラーなものとして定着している。

観音菩薩 かんのんぼさつ　梵語Avalokiteśvara　慈悲救済の菩薩として，特に現世利益と結びついた救済を実現するもの，また浄土信仰と結びついて来世救済を実現するものとして，広く信仰された。サンスクリット語名アバローキテーシュバラは，「観察することに自在な」との意味で，鳩摩羅什(350～409頃)以前は〈光世音〉と漢訳され，羅什は「*法華経」の中で〈観世音〉とその略称としての〈観音〉を用いている。また隋唐時代には〈観自在〉と訳された。日本には7世紀前半には伝えられ，以後篤く信仰されて観音像の造立が盛んに行われ，またこうした霊像を安置する寺院の参詣から，観音三十三所霊場の*巡礼や観音霊験譚などが民衆にも広まっていった。→観音信仰

関白 かんぱく　→摂政・関白

関白任官記 かんぱくにんかんき　「任官之事」とも。現存「*天正記」の中の1巻で，豊臣秀吉の関

白任官の記録。*大村由己の著。1585年（天正13）成立。口宣案・勅書などの重要文書を引用しながら、秀吉が関白に任ぜられるまでの経緯、85年7月に挙行された関白任官の儀式、さらに秀吉の出自などについて記す。出自の記事で注目されるのは、秀吉の母が萩中納言（架空の人物）の女で、宮仕えすること3年、下国して関白殿下を生んだとしている点であり、暗に秀吉が天皇の血統をひくことをほのめかしている。こうした一種の皇胤説が説かれたのは秀吉が卑しい身分に生まれたことを隠すためばかりでなく、同時に血統の原理によって天皇の貴威を独占しようとする意図も含まれていたようである。

姜沆 カンハン →姜沆

寛平御遺誡 かんびょうのごゆいかい →宇多天皇

灌仏会 かんぶつえ 陰暦4月8日の釈迦降誕日に、釈迦像に香水をそそぎかけて洗浴する法会。仏生会・浴仏会・誕生会などともいい、その典拠については「灌仏経」ほかの諸説・故事がある。わが国では、推古朝の606年（推古14）以降諸寺で行われ、仁明天皇の840年（承和7）に清涼殿で行われて以来、宮中年中行事ともなり、その舗設・行事内容については「延喜図書寮式」や「公事根源」などに記載がある。民間行事としては花祭ともも称し、江戸時代以降は香水に代えて甘茶をかけるようになった。

官文庫 かんぶんこ 官庫・官務文庫とも。官務小槻氏の文庫。太政官符・官宣旨・宣旨などの案文は続文の形で官文殿に保管され（長案）、平安中期には大夫史らが文書別当として管理していた。同じ頃小槻氏による大夫史（のちに官務）の世襲化が進み、その私邸内の文庫にも官文書が集積されるようになった。官文殿は1226年（嘉禄2）の焼失後再建されず、小槻氏の文庫は官文殿に准ずる公的性格を有するに至った。官務家は壬生・大宮の二家に分かれたが、大宮家の記録・文書類は応仁の乱中に盗難で散逸した。ついで同家は断絶し、壬生家の文庫の重要性を増し、幕府・朝廷もこれを保護した。明治以後、収蔵の記録・文書類は大部分が宮内省に納められ、現在は宮内庁書陵部が所蔵する。なお、江戸時代には官庫の語は禁裏文庫の意で用いられており、注意する必要がある。

官民調和論 かんみんちょうわろん *福沢諭吉の政治構想。1879年（明治12）の「民情一新」で示唆され、「国会論」（1879）で具体化された議院内閣制と政権交替論を中心とする一連の主張をいう。自由民権運動の激化による政治の混乱を危惧した福沢が、それへの反論として提示した。官民の対立を調停するために、帝室が人民の文化的活動を奨励すべきであるとする。さらに「私権論」（1887）では、官民対立の原因は民が官をうらやんで政権を獲得しようとするにあるのだから、私権の拡大を図って官をその擁護のための装置とすれば羨望も解消して両者の調和が可能となる、と主張している。

桓武天皇 かんむてんのう 737〜806（天平9〜大同元）在位781〜806。諱は山部。光仁天皇の長子で、母は和乙継の女高野新笠。皇位とは遠いところにあり、母方の渡来系氏族の思想・文化をうけつつ幼年期をすごした。770年（宝亀元）に父白壁王の即位により親王となり、翌年には中務卿に任じた。772年、異母弟の皇太子他戸親王が皇后井上内親王とともに廃されたことをうけて、翌年に立太子。784年（延暦3）に仏教界の影響力が強い平城京を捨てて長岡京に遷都する。この過程で藤原種継暗殺事件がおこり、早良皇太子の廃太子へと発展し、794年には早くも平安京に遷都する。このほか三度の征夷を行い、さらなる征討を企てていたが、805年の藤原緒嗣と菅野真道との徳政相論をへて軍事と造作を停廃した。治世には多くの政変がおこり、天皇は早良親王の祟りを恐れて、その墓に陳謝の使を遣わし、崇道天皇号を贈った。こうした独特の*怨霊思想も、幼年期にうけた渡来系の霊魂観からの影響といわれる。天皇は百済王氏を自分の外戚とよんでいる。陵は柏原陵。

官務文庫 かんむぶんこ →官文庫

観無量寿経 かんむりょうじゅきょう 略して「観経」とも。劉宋の畺良耶舎訳、1巻。「*無量寿経」「*阿弥陀経」とともに浄土三部経の一つ。釈迦が摩訶陀国の王舎城内において、韋提希夫人らの求めに応じて極楽浄

土へ往生するための方法を説いた経典。その方法として説かれる日想観以下の十六観が経の中心をなすが、十四観以下の三観で*九品往生が説明されている。

阿弥陀如来の極楽浄土の様を絵画化した*浄土変相図や*九品往生を描いた九品往生図(来迎図)などの浄土教絵画のみならず、宇治平等院に代表される*阿弥陀堂や浄土式庭園など、華麗な*浄土教芸術をうんだ根本経典といえる。本経の注釈書のうち、特に唐の善導の著した「観無量寿経疏」(観経四帖疏)」が重視され、*法然の浄土宗開宗にも影響を与えた。

願文 「がんぶみ」とも。発願文・願書とも。神仏への祈願に際し、その目的・意志を示すため書かれた文書。病気平癒・子孫繁栄・極楽往生などその目的は多様だが、形式的には「敬白」から始め、願意をのべた本文、日付・差出し書へと続けるのが一般的である。仏事・神事や造寺・造社・写経など特別な行事の際に多く作成された。また、武将の戦勝祈願などの場合、相手の非道・不正を激しい言葉で呪詛したり、自らの血をもって書かれたものもある。ちなみに、社寺を保護する旨をのべ勝利を冷静に要請する武田信玄と、相手の悪行と自分の正義を並べ神仏の加護を情緒的に請願する上杉謙信の願文の対照は歴史上有名である。儀式のあとその多くは焼かれたり、仏像の胎内に収蔵された。

看聞日記 「看聞御記」とも。伏見宮貞成親王(後崇光院、1372～1456)の日記。日次記41巻・別記13巻を宮内庁書陵部に蔵す。日次記は、1416～48年(応永23～文安5)を収め、別記は、1408年が上限で、54年(享徳3)が下限。記主の貞成親王は、栄仁親王の第2子で、兄治仁王の死で家督を継承した。1428年(正長元)には子彦仁王が後小松天皇の猶子として践祚した(後花園天皇)。内容は、記主の日常生活をはじめ、幕府・朝廷の政局の動向、芸能文化など多岐にわたり、しかも詳細である。また35年(永享7)まで京都南郊の伏見に暮らしたため、膝下の荘民の動静や世間の巷説など、庶民生活にかかわる記事も多い。日次記18巻・別記3巻には紙背文書があり、書状や暦のほか、和歌・連歌懐紙や蔵書目録など、保存の意図をもって料紙に用いたものも少なくない。

漢洋内景説 江戸後期の医学書。*高野長英により書かれた解剖・生理学書。成立年不詳だが、内容的に1832年(天保3)の「西説医原枢要」の刊行後と思われる。解剖学を中心に東洋医学と西洋医学を比較したものであるが、「精巧卓絶ナルコト、西洋ノ人ニオヨブモノナシ」とし、紙面の大半は西洋医学の知識の紹介と漢方批判に割かれている。「*重訂解体新書」の強い影響がみられ、当時の日本の医学界における西洋医学の受容状況を知る手がかりとして重要である。

看羊録 → 姜沆

管蠡秘言 西洋思想にもとづく宇宙論。写本全1巻。*前野良沢の著。1777年(安永6)の序文。万物の本源固有の理をきめる本然の学を説く。西洋に古代ギリシア以来伝わる土・水・火・空気(地・水・火・空)の四元説に立ち、陰陽五行説を捨てる。医学などの学問において中国思想ではなく西洋に学ぶことを宣言し、天文学・世界地理などを論じる。総じて17世紀の科学革命以前の見解にもとづいており、主にイエズス会によって中国に伝えられた南蛮系漢籍に依拠して、それに蘭書からの知識を加えたものと考えられる。

観勒 生没年不詳 百済からの渡来僧。602年(推古10)に来日し、暦・天文・地理書・遁甲・方術などの書を朝廷に献上した。時の仏教界で重んじられ、624年はじめておかれた僧正に任じられ、僧官制度の始めをなす僧となった。

き

気 き 中国における存在論や宇宙論を構成している基本的なカテゴリー。「気」は万物を形成しているガス状の物質で、万物に生命力を賦与するエネルギーと考えられる。さらに気は物質ではあるが、西洋の二元論的思想と違って精神と対立するものではなく、「浩然の気」(孟子) という言葉が示すように、身体性をともなう精神作用もこの気の働きと考えられている。そして *物 を構成するだけでなく、物と物との間の空間をうずめているものも気であると考えられている。

気の語源は「气」すなわち「雲気」とされる(「説文解字」)が、甲骨文字では「風」と同一視され、やがて人間の「気息」を意味する(荘子)ようになったとされる。ここから天地と人間の身体を一貫する気という考え方が成立したものと思われる。

気は古代から陰陽の二気に分かれると考えられ、それが「易経」の基本思想とされた。さらに漢代以後、木・火・土・金・水の五気が気の五つの属性をになうものとされ、陰陽と五行の気の組合せによって天地間の現象を説明する思想が形成された。宋代になるとさらにスケールを大きくして、これらの形而下の「気」と形而上の「*理」の組合せによって、宇宙・世界・国家・社会・自己を一貫して説明する思惟体系ができた (朱子学の理気哲学)。その後明代になると宋学の理の先験的側面を否定し、経験的理のみを認める気の哲学(羅整庵ら)も形成され、清代の戴震によって気の哲学に大成した。なお明代において、気の思想にもとづく自然哲学(游芸・方以智)が形成されるようになる。気の概念は哲学だけでなく、芸術論・兵法・医学・候気の法・風水術・気功術などにおいても重要な役割をはたしている。

わが国には中国における気にあたる多面的な意味をもつ言葉はないが、「生く」「息吹き」の語幹「い」が気の生命的活動の意に通ずる。はじめ日本での訓読が定まらなかったが、しだいに「いき」とよばれることが多くなり、「気息」「気性」の意に使われることが多かった。その後実体がなく、感覚を通じて感じとられる気の性格から「け」と読むことが多くなった。「物気(物の怪)」(「台記」)、「なまめかしき気」「人の気」(「源氏物語」)という用例がそれである。「寒気」「色気」というように今日でも使われている。「き」という読み方が多く使われるようになるのは近世以降である。それまでの日本では「気」という文字は多く使われたにもかかわらず、気が一つの思想体系に結晶することがなかったが、江戸時代に宋学が本格的に受容されるとともに、儒者たちにとって重要な哲学的概念となった。

日本の儒学の理気論では、「理」を重視する*藤原惺窩・*中江藤樹・*山崎闇斎・*佐藤直方・*横井小楠らの人々がいたけれども、一般的には「気」を重視して、理をいう場合でも先験的理を重視せず、経験的理を重んずる傾向が強い。朱子学でも*林羅山・*貝原益軒・*中井履軒・*佐久間象山ら、心の思想に立脚しつつ理気混融論をとる*熊沢蕃山、古学派の*山鹿素行(理気妙合論)・*伊藤仁斎・*伊藤東涯、独立系の*西川如見・*三浦梅園・*安藤昌益ら、気の立場に立つ儒者や思想家の大きな流れがある。古神道以来の生命重視の思想、日本文化の即物的傾向がそれにかかわっていよう。特に儒者の場合、個々の死を超えた生の永続性を認め、死と散とは生と聚の欠如態とする死生観に立って、究極の実在を「一元気」とする立場に立って、朱子学の理の哲学を否定して、「天道」では「生生」、人道では道徳的実践を原理とする「気」の思想体系をつくった伊藤仁斎は、清の戴震と同型の、しかも戴震に先んじた思想家として注目すべきであろう。また、朱子学の立場に立ちつつ「気」の立場を堅持して朱子学の先験的理の側面を否定した貝原益軒は、朱子学と諸自然科学とをつなぐ役割をはたした先駆的存在であり、西川如見・三浦梅園へとつながっていく。

李朝では500年の間「理気論争」に終始したのに、日本では近世前期だけであり、*荻

生徂徠が理気論争を無意味として以後ほとんど問題とならず，江戸後期になると自然哲学・自然科学の側面で「気」の概念が重要な役割をはたした。哲学者としては三浦梅園，社会思想家としては安藤昌益がそれにあたる。前者は一元気の立場に立って，そこに「一対一」の「条理」(存在の体系)があるとし，その条理を明らかにするものが「反観合一」という認識方法であるという哲学体系をつくり，後者は天地(転定)と人身(小転定)との間に「自然の気行」の同一性の基盤があるとし，両者を具体的につなぐものは天人の「感応」ならびに「呼吸」であるとする。かくして同一の気が天地と人との間を循環し，人は「運気」によって万物の生成活動に参与すると考えられる。

他方，洋学者たちは，たとえば*志筑忠雄の場合は「真空」概念を「気」によって理解し(求力法論)，*青地林宗らは物理学・化学を核とする自然科学(理学)の対象とする自然の世界のことを「気海」と訳し(「気海観瀾」)，その訳語は幕末の*川本幸民によっても踏襲されている(「気海観瀾広義」)。そして，多くの自然科学者たちは「空気」「電気」「磁気」などの訳語をつくって，西洋の自然科学概念を理解している。これらをみると，「気」は「物」とともに西洋の自然科学の概念をうけいれる基本的概念となっている。このような知的状況において，物と気との差異はどう考えられたのか。それに答えるのが三浦梅園の「かたち有る物を物と申し，かたちなき物を気と申し候」(「*多賀墨卿君にこたふる書」)という定義である。

自然の世界における江戸後期や幕末期の「気」の概念の展開は前述のとおりであるが，精神の世界における気の思想はどうか。*熊沢蕃山を先駆とするこの方面の考え方は，幕末期になると「天地正大之気」(藤田東湖「*正気歌」)，「士気」(横井小楠「*国是三論」，吉田松陰「士気七則」)などの精神性と生命力の融合を強調する「気」の概念の用例が志士たちに多くみられる。

近代日本では，「気」の概念は自然科学の術語，さまざまの日常語を通じて重要な言葉として生き残っているが，長らく思想上のトピックとしては登場しなかった。しかし，気功術の流行，生態学的思想の形成などの現代的状況の中でもう一度見直される時がくるかもしれない。

なお，「気」の思想において忘れてならないのは，存在論における気の思想の人間の心における展開が「情」であることである。伊藤仁斎の場合，「性」は朱子学と違って経験的に捉えられ，この性が好悪の念をもって何かを欲した時，それが情(「情者生之欲」)であり，人間性の自然な発露であって，「苟も礼義以て之を裁することあるときは則ち情是れ道なり」として肯定されている。情を抑えることを道徳とする朱子学に反対して，「情」の復権を唱える仁斎の主張は，主気的立場に立つ朱子学者貝原益軒にもみられる。気の思想はこのような人間性の要求からうまれ，その点，*近松門左衛門の情の文学と通底するものがある。なお，非朱子学系の「気」の思想家たちは「敬」ではなく「誠」の心情道理を唱え，日本の朱子学者にはこれにしたがった者も多くみられる。これは日本の朱子学の大きな特徴である。

帰一協会 きいつきょうかい →成瀬仁蔵

祈雨 きう 雨乞ともいう。旱魃に際して降雨を祈願する呪術的・宗教的儀礼。貯水や揚水技術の未発達な農耕社会では，旱魃への対処は神霊に依存するほかない大問題で，国家や地域共同体の共同祈願として多様な儀式が行われた。国家的な祈雨儀礼は，正史では642年(皇極元)が初見。以後，神祇的儀礼と仏教的儀礼とに大別され，大和国丹生川上神社や山城国貴船神社での祈雨祭や，東密による京都神泉苑での請雨経法が代表的である。中世以降は，朝廷や幕府，荘園領主だけではなく，地域の村落共同体を担い手として行われるようになり，多様な祈雨習俗がうまれた。

祈雨踊 きうおどり →雨乞踊

義演 ぎえん 1558〜1626(永禄元〜寛永3) 織豊〜江戸初期の真言宗の僧。関白二条晴良の子として生まれ，将軍足利義昭の猶子となる。1571年(元亀2)に醍醐寺で得度し，報恩院の雅厳の法流を継ぐ一方，順調に出世し准三后・大僧正に至り，醍醐寺座主な

どをつとめた。摂関家出身という血筋を背景に豊臣秀吉と親密な関係を保ち、その外護をえて醍醐寺の復興を成し遂げた。また、精力的に醍醐寺の聖教の書写・整理を行った。多くの著作のうち、「醍醐寺新要録」は優れた寺誌として知られる。また「義演准后日記」は、1596〜1626年（慶長元〜寛永3）の政界・宗教界の動向に関する基礎史料である。

祇園会 ぎおんえ　古くは祇園祭・祇園御霊会などとも。旧暦6月7〜14日、現在は7月17〜24日に行われる京都の八坂神社（*祇園社）の祭礼。祇園会は、貞観・元慶年間（859〜885）に怨霊を慰撫するために祇園で行われた*御霊会がその始まりとされている。当初は禊や祓を中心とする水辺の行事であったが、しだいに神輿に付随して巡行する山車や鉾などが登場し、中世以降は華美になり、その数も増えた。さらに、行列と祇園囃子が京都祇園会のシンボルのようになった。それは、祇園会に京都の*町衆が中心となった山鉾が登場し、新しい都市祭礼へと発展したことと関係する。祭の本質は、*疫神の退散にあり、その思想は現行の行事へと継承されている。現在の祇園祭の中心は、山鉾とよばれる山車の巡行で、この山車は長大な鉾を立てている点が特徴的であり、この鉾によって疫病を退散させるのである。また、〈コンチキチン〉という囃子は、鉦を叩く音を基調としているが、金属の音には邪気を祓う呪力があるとされ、各地に伝承する祭囃子、または夏祭の形式の多くは、京都の祇園祭の影響をうけている。また、疫神退散という信仰より発した*風流は祇園会の特徴の一つであり、それは日本芸能史上にも重要な位置を占めてきた。

祇園社 ぎおんしゃ　祇園感神院などとも。京都市東山区に鎮座。祭神は素盞鳴命（古くは*牛頭天王）。876年（貞観18）に僧円如が堂宇を建立したのが始まりといい、*御霊信仰の高まりとともに、6月の*御霊会（のちの祇園祭）も都人の関心を集めた。もと*興福寺の末寺であったが、10世紀半ばすぎ以降は*延暦寺に属し、のちには*日吉神社の末社として僧兵や神人らの拠点ともなり、長く南都北嶺の確執・抗争の一因にもなった。しばしば火災にも見舞われたが、その都度復興し、豊臣秀吉や江戸幕府の助成によって隆盛をみた。本殿・鳥居ほかは国重文。明治の神仏分離にともない八坂神社と改称した。→祇園会

祇園南海 ぎおんなんかい　1676〜1751（延宝4〜宝暦元）　江戸中期の儒学者・漢詩人・文人画家。名は玩瑜、字は伯玉、通称は余一、南海・蓬莱・鉄冠道人・湘雲居などと号した。江戸生れ。和歌山藩医の子。1689年（元禄2）*木下順庵に入門し、97年和歌山藩儒となる。古文辞学の全盛期に、詩論においてこれと対立した。主著に「南海詩訣」「南海先生集」「詩学逢原」など。

祇園祭 ぎおんまつり　→祇園会

祇園物語 ぎおんものがたり　江戸前期の*仮名草子。全2巻2冊。著者は清水寺執行の宗親とされる。寛永末年（〜1644）頃までの刊行。*朝山意林庵の「*清水物語」の好評をうけ、その条項一つ一つを引用・要約しつつ批評したものである。京都東山の祇園を舞台に、好評の「清水物語」を語る入道と、それを批評する僧・侍らの談話形式で展開する。引用は全体で3割近くに及び、それに対する批評も和漢の故事を付加して肯定的に敷衍する追従書といえる。ただし、朱子学に基礎をおいて仏教の現世逃避的なあり方に批判的な「清水物語」に比べ、仏教からの補足的な解釈が付加される。儒教の五戒（不殺生・不偸盗・不邪淫・不妄語・不飲酒）と仏教の五常（仁・義・礼・智・信）は同一である、仏が仏法を伝えるために孔子・老子・顔回を唐に遣わし礼楽を広めたなど、儒仏一致の思想がその特徴である。

気海観瀾 きかいかんらん　→青地林宗
気海観瀾広義 きかいかんらんこうぎ　→川本幸民

伎楽 ぎがく　呉楽とも。推古朝から鎌倉時代にかけて行われた仮面音楽劇。古代インド・チベットに源流があるともいわれる。612年（推古20）に百済の味摩之が呉で学んで、大和国桜井に伝えたという。また「新撰姓氏録」によれば、欽明朝に和薬使主らが伎楽の調度一具を請来したという。南都諸寺で行われたほか、雅楽寮にも伎楽師1人、腰鼓

師銶2人がおかれ，楽戸49戸が設定されている。現在，法隆寺や正倉院などに伎楽面が伝来している。

記紀神話 ききしんわ
「*古事記」上巻と「*日本書紀」巻1・2に記された神話的叙述。天地創世，*イザナキノミコト・*イザナミノミコトの国生み，*黄泉国の訪問，*スサノオノミコトと*オオクニヌシノカミ，天孫降臨と国譲り，海神訪問などの話からなる。これらを厳密な意味での神話の範疇で捉えうるかについては議論がある。また，「記紀」と総称されるが，物語の構成や重点のおき方には両書に大きな相違がある。天地創世における世界観が大きく異なるし，「紀」の本文には黄泉国の叙述がない。その結果，*アマテラスオオミカミ以下の3貴子の誕生の事情も異なってくる。また天孫降臨を命ずる主体にも相違がある。両書の主張するところを区別して捉える必要があり，両者を補完的に読むことには問題がある。編纂の態度も，「記」が物語の完結性を追求しているのに対して，「紀」は歴史書らしく多くの一書を併記して異説を切り捨てない。

成立時期については，今日なお*津田左右吉の一連の研究が通説をなしており，6世紀に朝廷で述作された「*帝紀」「*旧辞」をもとにして，天武朝以降に天皇統治の正当性を政治的に主張するための潤色が加えられてできたと考えられている。津田学説は記紀の史料批判の基礎をなし，戦後の古代史研究の発展に大きな役割をはたした。ただし，述作のみでは割り切れない記事も多く，より広い総合的な観点から研究が求められている。
⇒国譲り神話　天孫降臨神話

擬極論時事封事 ぎきょくろんじじふうじ
文化年間(1804～18)の対外的危機に対して，海防と国政の革新を求めた書。1巻。*古賀侗庵の著。本書は幕末期に「極論時事封事」として伝写され，「日本経済叢書」には侗庵の父古賀精里の著として収録されているが，1809年(文化6)に侗庵が将軍徳川家斉に提出する上書に擬して書いたものである(「侗庵秘集」巻1)。ロシア，イギリスの侵略の危機感から，言路洞開，大型船建造，冗員削減，蝦夷地に諸侯を封ずること，外国との「和親」などの先駆的な提言をしている。蝦夷地警備のため，奥羽地方の街道沿いの農民が駆使され，怨嗟の声をあげていることを指摘し，外寇が国内体制の動揺につながるという認識のもとに，対外的な「和親」を求めている。

義挙三策 ぎきょさんさく
幕末尊攘激派の指導者である筑後国久留米水天宮の祠官*真木和泉の討幕決行計画案。1861年(文久元)12月，真木の脱藩・鹿児島行き直前にしたためられた。義挙すなわち討幕に3策があり，上策は大名に勧め挙兵すること，中策は大名に兵を借りること，下策は義徒のみで事をおこすことであるが，下策は成功が覚束なく，中策は8～9割まで成功がみこまれるであろうといいつつ，上策によるならば目的達成は疑いなしと説く。そのため義士たるもの憤激の情を抑え，百方手をつくして義を尚ぶ大藩の兵力に頼ることこそ肝要とした。かくして和泉は翌62年に島津久光の上京を利用し，最初の討幕行動を決行しようとしたが失敗する。

菊と刀 きくとかたな
文化人類学者ルース・ベネディクトが1946年にアメリカのボストンで出版した書物。原題は"The Chrysanthemum and the sword—Patterns of Japanese Culture"(「菊と刀—日本文化の型」)。アメリカ政府が日本の占領政策のため，ベネディクトに日本文化の特色を明らかにすることを依頼した。彼女は日本の映画をみて，日系アメリカ人にインタビューした。そして日本文化の型を「恥の文化」(shame culture)と規定して，欧米の「罪の文化」(guilt culture)と対応させた(第10章「徳のジレンマ」)。「罪の文化」では内面的な罪の自覚にもとづいて善行を行い，自分の非行を誰一人知る者がいなくても罪の意識に悩む。その罪を告白することで重荷をおろすことができ，道徳の絶対的基準にもとづいて自分の行動を律する。徳の高い人とは良心に潔白な人である。

それに対して「恥の文化」は，外面的強制力にもとづいて善行を行う。たとえ悪いことをしても，世人の前に露顕しなければよいとし，人間に対しても神に対しても告白しない。どこまでも隠しておき，世間にどうみられるかを気にする。徳の高い人は*恥を知る人である。このような罪と恥を区分する類型

化には批判があるが，日本人の行動様式を考察する一つの見解として注目された。なお，最初の日本語訳（長谷川松治訳）は48年（昭和23）に刊行されている。

義経記（ぎけいき） 「判官（ほうがん）物語」「牛若（うしわか）物語」「義経（よしつね）物語」とも。源九郎判官義経の一代を著したもので，後世の*義経伝説の基盤となった。作者・成立年代ともに不詳だが，室町時代に祖型ができたと考えられている。諸本あって，最も古態を示すのが「判官物語」とよばれ，その第1系列（橘本・慶応本・天理本・阿波本）から流布本が，第2系列（田中本・岩瀬文庫本）から「よしつね物語」（赤木文庫本・竜門文庫本）が生じた。全8巻8冊。前半は牛若伝説をはじめとするが，客観史料が欠落するだけに伝承の占める割合が大きい。後半は「*吾妻鏡」「*平家物語」などにもとづく伝承で，多少史実をふまえている。義経伝説を語ることによって怨霊の鎮魂をはたすと同時に，いわゆる判官贔屓（はんがんびいき）の思想をもたらす結果となった。

季瓊日録（きけいにちろく） →蔭涼軒日録（いんりょうけん）

きけわだつみのこえ 第2次大戦時の日本戦没学生の手記。1949年（昭和24）刊。渡辺一夫・真下信一（ましんいち）・小田切秀雄・桜井恒次（こうじ）ら日本戦没学生手記編集委員会の公募による全国大学高専出身戦没学生の遺稿が編集され，75人の手記が戦況の経過順に掲載された。序文によれば，過激な日本精神主義や戦争謳歌に近いものを省き，「若い生命のある人間として，また夢多かるべき青年として，また十分な理性を育てられた学徒として」の優れた若者の痛切な訴えを収録，その結果，暴力の極限を人間に強いる戦争への強烈な告発となっている。題名は公募により藤谷多喜雄（たきお）のものが選ばれ，その応募に記された短歌「なげけるか　いかれるか　はたもだせるか　きけ　はてしなきわだつみのこえ」に由来する。

紀元二千六百年（きげんにせんろっぴゃくねん） 日本紀元で2600年のこと。日本紀元は「*日本書紀」にある神武（じんむ）天皇即位の年から起算するとされたが，1940年（昭和15）が2600年にあたるとして，万国博覧会開催など祝賀行事が行われた。全国の学校では，一年をつうじて記念展覧会や運動会が開かれ，11月10日には市町村内の学校が合同の奉祝式典を行った。また，皇居前広場でも11月10日に政府主催の奉祝行事が行われ，この日のために奉祝賛歌もつくられた。キリスト教界では同日，東京青山公園で紀元二千六百年奉祝大会を開き，飛行機の献納や日本基督教団のもとに教派合同を進めることを決めた。ちょうど日中戦争が激化する時期にあたり，記念行事は挙国一致体制をつくるために利用された。

乞巧奠（きこうでん） 「きっこうでん」とも。「乞」はさまざまな技芸，「奠」は供物（くもつ）を供える祭礼の意。7月7日の夜に牽牛（けんぎゅう）と織女（しょくじょ）の二星が天の河を渡って出会うという漢代以来の伝説にちなみ，二星を祀って裁縫の上達を祈った宮廷年中行事。すでに奈良時代以前にも行われていたが，儀式として整うのは平安時代で，「*江次第（ごうしだい）」などによれば，清涼殿（せいりょうでん）東庭に高机4脚を立て，その上に梨や茄子（なすび）・大豆ほか数種の供物，酒杯・蓮房・香炉・箏（こと）や五色の糸を通した針を差した楸（ひさぎ）の葉を並べて周囲に灯台を立てた。そして天皇出御のもと，二星の会合を眺めながら，詩賦や管絃が行われた。のちには梶の木の葉に和歌を書く行事も行われ，それらのようすは今も京都冷泉（れいぜい）家の年中行事として催行・保存されている。

擬古物語（ぎこものがたり） 平安時代に創作された作り物語である「源氏物語」や「狭衣（さごろも）物語」を規範として，これにならって創作した物語。主に鎌倉時代に成立したものをさすが，院政期に成立したもの，また南北朝・室町時代に成立したものを含むこともある。規範とした物語に追従もしくは脱却を試みて趣向をこらしている。文化史の観点から注目されるものもあるが，文学史のうえではさほど評価をえていない。具体的な作品としては，院政期の改作「とりかへばや物語」，鎌倉時代の「我が身にたどる姫君」，南北朝期の改作「海人の刈藻（あまのかるも）」などがある。

岸田俊子（きしだとしこ） 1863～1901（文久3～明治34）明治期の女性民権家。号は湘煙（烟）（しょうえん）。京都生れ。1872年（明治5）官費で京都府中学に進学，77年西京女子師範学校に転ずるが病いで中退した。79年文事御用掛として宮中に出

仕し，皇后に進講した。81年病気を理由に辞す。この冬，土佐を訪れ自由民権運動に接触した。翌82年から2年間，大阪・岡山・徳島・和歌山・九州・滋賀などで女権伸長を掲げめざましい演説活動を展開，多数の女性共鳴者をえたが逮捕・拘留もうける。84年*中島信行(のぶゆき)と結婚する。その後は，主に「*女学雑誌」に女性の地位向上をめざす評論・随筆・小説・漢詩などを執筆した。88～90年フェリス和英女学校の漢学教師など女子教育にも従事した。主要著作は「函入娘(はこいりむすめ)」「婚姻之不完全」「同胞姉妹に告ぐ」「善悪の岐(わかれ)」「湘煙日記」などで，「湘煙選集」全4巻にまとめられる。

岸田劉生 きしだりゅうせい　1891～1929(明治24～昭和4)　大正期の洋画家。岸田吟香(ぎんこう)の四男として東京銀座に生まれる。1906年(明治39)田村直臣(なおおみ)から受洗する。のちにキリスト教に疑問をいだき離れるが，宗教的深みは生涯貫かれていた。08年白馬会(はくばかい)の洋画研究所に入り，*黒田清輝(せいき)に学ぶ。10年，19歳で第4回文部省美術展覧会に初入選する。その後，*柳宗悦(やなぎむねよし)・*武者小路実篤(むしゃのこうじさねあつ)ら*白樺派(しらかばは)の同人と交流，美的影響をうけ，13年(大正2)のフュウザン会第2回展にはゴッホやセザンヌに直接影響をうけた作品を出品する。15年に創立した草土社(そうどしゃ)では，後期印象派風の作風から一転，独自の写実様式を展開した。21年頃からは日本画を描き始め，作風は東洋的性格を深めるようになる。晩年は浮世絵や中国の宋元画の研究を熱心に行い，数冊の著作を出版している。代表作品は「道路と土手と塀」「麗子微笑」など。

岸本能武太 きしもとのぶた　1865～1928(慶応元～昭和3)　明治中期～大正期の宗教学者。岡山藩士の家に生まれる。1880年(明治13)同志社英学校に入学して，*新島襄(じょう)より受洗，85年神学科に進む。90年ハーバード大学神学科に留学して，*ユニテリアンの影響をうける。93年シカゴの万国宗教大会で「日本における宗教の将来」と題して演説，翌年帰国した。96年比較宗教学会を開催し，97年横井時雄・*大西祝(はじめ)・*姉崎正治(まさはる)らと丁酉(ていゆう)懇話会(のちの*丁酉倫理会)を結成した。また同年「*六合(りくごう)雑誌」の編集主任となる。98年片山潜(せん)らと*社会主義研究会を結成する。99年高等師範学校教授，1908年早稲田大学教授となる。著書に「宗教研究」(1899)などがある。

岸本由豆流 きしもとゆずる　1788～1846(天明8～弘化3)　江戸後期の国学者。初姓は朝田。名は弓弦(ゆずる)とも。別号に椎園(しいぞの)。出自に不明な点が残るが，山東京伝(きょうでん)の黄表紙「江戸生艶気樺焼(えどうまれうわきのかばやき)」(1785)の主人公のモデルとなった幕府弓弦(ゆづる)御用達商の朝田栄二郎は，父であるという説(小山田与清(ともきよ)「松屋筆記(まつのやひっき)」)がある。江戸派の*村田春海(はるみ)の門人となる。江戸後期の考証学のグループの*狩谷棭斎(かりやえきさい)・市野迷庵(めいあん)・*村田了阿(りょうあ)らと交遊があり，3万巻と称された蔵書を誇り，古器と善書の鑑定・考証にすぐれた。著作に「後撰和歌集標注」(1814刊)，「土佐日記考証」(1815成)，「万葉集攷証」(1828成)などの古典注解の業績がある。

紀州御政向記 きしゅうごほうこうき　→天正記(てんしょうき)

紀州政事草 きしゅうせいじぐさ　江戸中期の政道論。徳川吉宗(よしむね)が和歌山藩主在任中の1714年(正徳4)，家老の安藤帯刀(たてわき)・水野出羽守を召し出し，「紀伊宰相殿」が与えたことになっているが，吉宗の名を借りて藩政の理念・施策に関する心得を具体的に説いたものである。77カ条に及ぶ内容は，すべて治政に与る職務上の心得と施策であり，藩主・家老をはじめ諸役人・用人役・勝手役人などの職務のある者の心すべきこと，そこには嫡子でも「愚昧成生得に候(そうら)はゞ，二三男か親類の内にても宜敷者(よろしきもの)を決断」して家督を継がせるなど，きわめて現実的な施策がみられる。また，行政・財政のあり方や藩の「公事(くじ)出入」の心得，倹約令の施行，武士は身分の上下を問わず義・理・法の三つを常に忘れるべきでないとする武士のあり方なども示されている。

貴種の観念 きしゅのかんねん　古代では五位以上を通貴(つうき)といい，三位以上を貴(き)といった。しかし，899年(昌泰2)に右大臣に任じられた*菅原道真(みちざね)は正三位だったにもかかわらず「臣は貴種に非ずこれ儒林」といい，*三善清行(みよしきよゆき)からも「止足(しそく)の分を知れ」といわれた。その時，左大臣に任じられた藤原時平(ときひら)は，886年(仁和2)16歳で元服したおり光孝天皇から加冠され，正五位下を授かった。蔭位(おんい)

の制によれば，貴族の子弟が位階に叙せられるのは21歳で，その最高位は従五位下，親王の子が従四位下，諸王の子が従五位下に叙せられる規定であった。したがって，時平は諸王の子よりも上の待遇を与えられたことになる。すでに時平の祖父*藤原良房ふさは，嵯峨皇女の源潔姫きよひめを妻とする栄誉をうけていたが，時平に至ってここに藤原北家の貴種性が証明されたともいえる。摂関政治はこのような藤原北家の貴種性に支えられたものでもあった。

貴種流離譚 きしゅりゅうりたん　古代説話の中の一つのモチーフないし話型。高貴な身分の出身者が，何らかの事情で出生地を離れて他郷に流浪し，さまざまな艱難辛苦をなめた末に，高い身分についたり，あるいは信仰の対象とされたりする話。スサノオノミコトの神話や，オオクニヌシノカミの神話もその一つとされるが，記紀には，播磨にさすらった兄弟の皇子がやがて迎えられて即位する顕宗けんぞう・仁賢にんけん天皇の話があり，「*源氏物語」の「須磨」「明石」の巻は，この話型の最も洗練された一つとみられている。

偽書 ぎしょ　著者を著名な人物に仮託したり，または偽ったりして作成された書物，もしくは文書。作成の意図は従来，権威あると考えられている著名な人物に制作を仮託することで，当該書物に権威づけをすることにあったと考えられる。古代以来，近世に至るまで偽書はおおむね禁止されたにもかかわらず作成され続けてきた。たとえば古代の*律令りつりょうでは正直という道徳規範に違反し，かつ窃盗罪に相当する行為として，中世の「*御成敗式目しきもく」では所領没収や遠流おんる などの罰則規定を伴う「謀書ぼうしょ」罪（第15条）として，また近世の「御定書おさだめがき百箇条」では引き回しのうえ獄門という重罰に処される罪として，固く禁止されてきた。

しかし実例として，古代では聖徳太子や空海くうかい（弘法大師）に仮託された未来記など，中世では最澄さいちょうに仮託された「*末法灯明記まっぽうとうみょうき」や数多くの天台本覚論関係の論書，西行さいぎょうや藤原定家ていかに仮託された*歌論などがある。近世に至っても，諸家の家系を誇る系図や志摩国の伊雑宮いざわのみやが伊勢神宮に代わる権威をえるために古い時代の成立と偽って禅僧の*潮音おんらに作成させた「*旧事大成経くじたいじょうきょう」など，多数あげることができる。

これらの偽書が成立する背景としては，まずその背後にあるはずの権威，たとえば仏神やある流派の祖師または世俗の秩序などに付随してきた権威が相対化される，あるいはそれが権威でなくなっていく過程の存在が想定される。古代末期に盛んに登場した聖徳太子に仮託された未来記についていえば，古典的・固定的な仏教やその経論にまして「和国の教主」としての太子の権威が相対的に高まっていったという思想史的な事情が想定されるであろう。また中世には，理想的な遁世者として知られた西行や指導的な歌人であった藤原定家らに仮託された歌論書などがしばしば現れた。これらについていえば，和歌にかかわる王朝的な価値観をこえ，さらにそれを相対化するような中世的な文芸理念・規範が顕在化してきたことが考えられる。

そういった歴史的背景の意味は，近世の偽書をめぐる諸事情をみる時により明らかになろう。上述した，本来は伊勢神宮の別宮であった志摩国磯部の伊雑宮が潮音らに「旧事大成経」なる偽書を制作させたことの背後には，伊勢神宮の権威を相対化するとともに神領の回復をねらう意図があったようである。これらの偽書の盛行は諸家の系図を作ることが流行した事実一つに照らしても，従来権威とされてきたものを相対化してまでも主張すべきことがらが見出された時に，偽書が作成されたということに政治的な意味を読み取ることができる。豊臣秀吉の出自を日輪にちりんの申し子として誇る「*太閤記たいこうき」が，近世において人口に膾炙した事実，一町人にすぎない八五郎が大名にまで出世するという，18世紀末頃の川柳せんりゅうなどを題材にした落語「八五郎出世（妾馬めかうま）」のメッセージはそれを裏書きしていよう。

起請の失 きしょうの　*起請文は，後日の証文として永続的な効果が期待されて作成した文書であり，罰文ばつぶん・告文こうぶん・神判・誓紙せいしともよばれた。書き出しに「敬白　起請文事」と書き，ある事柄について偽りない旨を宣誓し，もし偽りがあれば神仏の罰をこうむるべ

きことを約して，罰をこうむるべき梵天・帝釈・四大天王(してんのう)，天照大神，春日大明神や当事者が居住する地方の神名などを列記した。この部分を神文(しんもん)とよぶ。特に後部の神名・神社などは当事者の実際の信仰と結びついているものが多く，当時の信仰の実情を知る史料的価値がある。起請文の神文の部分もしくは起請文全体は，*牛王宝印(ごおうほういん)の裏に書かれることが多く，熊野三山・石清水八幡宮・東寺(教王護国寺)・東大寺二月堂その他多様な宝印が用いられた。神仏に捧げるものとして，その当時において最も誠意を告げる文書であった。起請文は中世の裁判における立証方法としても行われ，ふつうの形態として参籠(さんろう)起請がある。起請文を書いて宣誓し，14日間ほどの一定の期間を神社に参籠して，その間に鼻血をだすなどの宣誓を破るとみなされる特定の現象がおきなければ，宣誓に虚偽がないと認められた。この特定の現象を起請の失とよぶ。中世の人々の信仰と思惟方法を知る興味深い実例である。

起請文 きしょうもん 誓紙(せいし)・誓文(せいもん)・告文(こうもん)とも。誓約書の一種。約束を取り交わす当事者が，偽りがあれば神仏の罰をうける旨を誓ったうえで，それを紙に記した。平安末期から近代に至るまで継続した。*誓約(せいやく)の内容である前書と，偽りがあれば罰をうけるとの神文(しんもん)・罰文からなり(ときに*牛王宝印(ごおうほういん)を料紙に使用)，鐘を叩いたり，香を炷(た)いたりする中で勧請(かんじょう)された神仏の面前で誓約が行われた。仏(如来・菩薩など)，外来神(梵天・吉祥天(きちじょうてん)など)から土着の神(天照大神など)までの多様な神仏が誓約対象となる。個人的な誓いから共同体のきめごとに至るまで，広範な決定の場面で作成されたが，中世後半には血判(けっぱん)をともなう例が増加する。一揆(いっき)に際しての*一味神水(いちみしんすい)は有名である。
→起請の失(しつ)

鬼神新論 きしんしんろん *平田篤胤(あつたね)の著書。1冊。1805年(文化2)春に最初の草稿をまとめ，20年(文政3)に部分的に書き改めたという。65年(元治2)3月に刊行。当初「新鬼神論」という題名で著され，*本居大平(おおひら)や*本居春庭(はるにわ)に校閲を求めた。題名はのちに「鬼神新論」に改められた。漢籍にみられる，天など

「甚く可畏物」に関する記述を便宜的な論述と捉える儒者に対して，篤胤は日本に正しく伝わる古伝がそこに含まれている場合があるとして，漢籍の実際の記述を多くとりあげながら説明している。最初の草稿の執筆後，神々の所業による世界の成立過程については，時系列にそって整理された「*霊能真柱(たまのみはしら)」が著されており，篤胤自身も両著が齟齬する部分については「霊能真柱」に依拠するのが適切だと考えていた。

鬼神論 きしんろん 超越的存在に関する，宗教哲学上の言説。中国においてはもとより古代から存在するが，これが思想上の重要なテーマとして自覚的に論議されるようになるのは，朱熹(しゅき)(朱子)による朱子学の形成以降のこととしてよい。朱熹と門人との問答集「朱子語類」全140巻は，最初の6巻が朱子学の基礎教程になっているが，「鬼神」(巻3)は「理気」(巻1・2)と「性理(せいり)」(巻4～6)との間におかれている。あたかも宇宙論と人間学とを媒介するようなこの位置取りは，その編纂者である朱熹の門人黄士毅(こうしき)の理解した朱子学という限定が必要であるにせよ，おのずからこの体系における鬼神論の性格を示している。そこで使われる基本概念は「鬼・神・魂・魄・陰・陽・気・理」である。

黄士毅はさらに「鬼神」というものを，(1)在天の鬼神，(2)在人の鬼神，(3)祭祀の鬼神，の3種に分類し(「朱子語類門目」)，朱熹の言説をこの分類にそって収録している。(1)は黄の言葉でいえば「陰陽造化」，すなわち自然現象，(2)は「人，死して鬼となる」もの，すなわち祟りや幽霊などの超霊現象や魂魄，(3)は「神示，祖考」，すなわちカミや祖霊，およびその祭祀，をそれぞれ意味している。これらに関してもう少し説明を加えておくと，(1)において鬼神は気や陰陽に還元され，いわば自然化される(「鬼神は天地の功用にして，造化の迹(あと)なり」〈「程子易伝(ていしえきでん)」乾卦〉，「鬼神は二気の良能なり」〈「正蒙(せいもう)」太和篇など〉)と同時に，自然が活霊化され，いわば鬼神化される(「中庸(ちゅうよう)」の「鬼神の徳」をめぐる朱熹の語をみよ)。(2)においても気論が貫徹され，いわゆる「怪力乱神」は自然現象と同じ造化の迹であって，「正」と「不正」

の違いがあるにすぎないとされる。魂魄論では，人が死ぬと魂が「神」となり魄が「鬼」となるといった議論のほか，「心・性・情・意」とは別種の人間論・心性論の系列としての魂・魄観が展開される。

(3)では，儒教における最重要の儀礼である祭祀があらためて論議の俎上にあげられるが，ここで注目すべきは朱熹の感格(祖霊の祭場への来臨)の論理である。朱熹においては祖霊も「*気」として捉えられるが，しかし彼の気論では，気は生々して止まぬものであり，死によっていったん散じた気が再び復帰してくるのはその気論と矛盾するし，また，気がいずれ散じてしまうとすれば，遠い祖先を祀るのは無意味になってくる。この破綻を調停ないし超克するために朱熹は「*理」をもちだしたのだとする解釈が*佐藤直方(なおかた)以来，今日まで唱えられてきた。しかし近年に至り，「祭祀における祖先の気の来格とは，子孫の心の中に祖先のイメージが生起し，ありありと再現されること。それが「祖先の気は祭祀の時に新たに生じおのずと伸びてくる」(『朱子語類』巻63)ということの意味であり，朱熹の言う気は，従来言われてきたような存在論的概念だけでなく，このような実存的意味もある。祭祀において祖先の気は，存在論的には無いが実存的には有る」という新しい説が提起された。

わが国の近世においても，儒学をはじめ，さまざまな思想的立場からの鬼神論があるが，新井白石(はくせき)の「*鬼神論」などはその代表的なものである。

鬼神論 きしんろん　江戸中期の儒者*新井白石(はくせき)の著書。全4巻1冊。1800年(寛政12)刊。鬼神に関し，霊魂から怪力乱神にいたる事々を，前半は朱子の説を根拠に，後半は経典を博捜して具体的に解き明かそうとしたものである。白石は，冒頭で「鬼神の事まことに言い難し」とのべたうえで，孔子があえて言及しなかった死や霊魂，怪力乱神の問題を，〈よく知った後によく信じる〉ことができ〈生を知ったなら死もわかるはず〉だとし，きわめて主知主義的・「合理」主義的立場から解明しようと試みている。しかし，あらゆる経験的事実を徹底的に追究する白石学の特色と不可分の，本書の錯雑する内容は，のちに「無鬼」論を唱えた*山片蟠桃(ばんとう)から慨嘆されるに至った。他方，その問題関心や叙述方法が国学者平田篤胤(あつたね)の「*鬼神新論」に影響を与えたともいわれる。

競狩 きそいがり　→薬猟(くすりがり)

貴族院 きぞくいん　*大日本帝国憲法の規定により，衆議院とともに帝国議会を構成した一院。1889年(明治22)の貴族院令によって組織・権限が定められた。議員は皇族・華族・勅選・多額納税者，のちに帝国学士院会員からなり，皇族，公・侯爵議員以外は定員が定められていた。その権限は天皇の立法権を協賛する点で衆議院と対等であったが，予算の先議権は衆議院にあった。他方，衆議院の容喙(ようかい)を防ぐため，議員の資格審査権を与えられていた。また，貴族院令の改正には貴族院の議決を必要としたため，貴族院制度の改革は困難であった。貴族院はその人的構成からみても，概して特権階級を代表することが多く，衆議院の政党勢力に対抗する藩閥勢力の拠点となりやすかった。そのため，明治末期から貴族院の中に政党に同調する勢力をつくりだす試みが繰り返された。立憲政友会の*原敬(たかし)による貴衆縦断工作はその一例であった。また，大正デモクラシー運動の高まりに応じて貴族院改革論がおき，1925年加藤高明内閣のもとで有爵議員数の削減，公選議員の新設などが図られたが，有爵議員数の若干の削減，帝国学士院互選議員の新設が実現したにとどまった。47年(昭和22)日本国憲法のもとに国会法が制定されて廃止された。

擬泰西人上書 ぎたいせいじんじょうしょ　*中村正直(まさなお)のキリスト教弁護論。旧幕臣の中村が維新後に務めていた静岡学問所での同僚カナダ人E. W. クラークの依頼をうけ，1871年(明治4)，漢文で記した明治天皇への上奏文。内容は，在留外国人の立場から，近年日本の西洋文明摂取には驚くばかりであるが，ただ一つキリスト教の禁止は残念である，その国禁があるかぎり西洋諸国は日本を対等の存在とは認めないし，また文明の真の受容もありえないだろう，というものである。その英語訳が翌72年「ザ・ジャパン・ウィークリー・メイル」に掲載されたことをきっかけに，73年キリス

教の宣教が許可されることになった。

北一輝 きたいっき　1883〜1937(明治16〜昭和12)　大正・昭和前期の国家社会主義者，国家主義運動の理論的・思想的指導者。本名輝次のち輝次郎，新潟県佐渡出身。早稲田大学聴講生。1906年(明治39)ほとんど独学で「国体論及び純正社会主義」を自費出版したが，発売禁止となる。社会主義者との交わりをへて中国革命同盟会に入党，11年中国第1次革命に参加，孫文と対立する民族主義者宗教仁と軍事革命に失敗して中国を追放される。中国革命は下層階級の国民軍によって実現され，中国統一のための対英露戦争を支援すべしと「支那革命外史」を執筆する。第3次革命にも参加したが，労働者・学生の五・四運動以降，革命の朋友が排日運動をしているのに接し，中国より日本改造に眼を向ける。19年(大正8)革命実践綱領として「国家改造案原理大綱」(のち改題して「*日本改造法案大綱」)を執筆する。北は「大綱」で，階級闘争の終結，個人財産の上限100万円，私的資本1000万円以上の企業の国営，皇室財産の国有，世界に君臨する国家建設，国難打破のため天皇を奉じ戒厳令を布いて国家改造をす，特権階級の排除，亜細亜連盟をつくり英露の侵略からアジアを解放せよ，と主張した。帰国した北は*猶存社に加わり，以後，ファシズム運動の理論的中心となって活動した。宮中某重大事件・安田生命争議事件・十五銀行事件・朴烈怪写真事件などでの宮中攻撃で金をとったり，統帥権干犯問題では首相狙撃事件に影響を与えた。また，満州事変後にはテロを懸念した三井財閥が付け届けをするなど種々政治的に策謀して，陸軍青年将校のカリスマ的存在だった。36年(昭和11)皇道派青年将校がおこした*二・二六事件では，影の最高指導者として暗躍し，軍法会議にかけられ死刑となる。「北一輝著作集」全3巻がある。

喜多院職人尽絵 きたいんしょくにんづくしえ　埼玉県川越市にある喜多院が所蔵する職人尽絵。六曲一双屏風。紙本著色。各扇に2枚ずつ絵を貼り，合計24図(仏師，傘師，矢細工師，甲冑師，筆師，経師，糸師，革細工師，扇師，檜物師，研師，畳師・結桶師，弓師，鐔師，数珠師，番匠師，馬具師，蒔絵師，縫取師，纐纈師，型置師，鍛冶師，機織師，薬細工師)。筆者は狩野昌菴吉信。色彩豊富で金箔散らし，金泥の霞引きをほどこすなど装飾性豊かである。近世初期の工芸技術や風俗を知るうえで貴重な資料である。

喜田貞吉 きだていきち　1871〜1939(明治4〜昭和14)　明治後期〜昭和初期の歴史家。号は斉東野人。徳島県櫛淵村の農家に生まれる。東京帝国大学国史学科に入学し栗田寛・星野恒らに師事し，卒業後に日本歴史地理研究会(のち日本歴史地理学会と改称)を創設する。1901年(明治34)文部省図書審査官に就職する。05年関野貞らの法隆寺非再建論を批判して，法隆寺再建非再建論争がおこる。国定教科書では審査官として南北両朝併立の立場をとったが，11年大逆事件に刺激された名分論派から批判をうけ，いわゆる*南北朝正閏問題がおこり文部省を休職となる。13年京都帝国大学講師，24年東北帝国大学講師に移る。彼の学風は日本古代史を中心に，考古・人類学方面にも及ぶ。「喜田貞吉著作集」全14巻がある。

北野大茶湯 きたののおおちゃのゆ　1587年(天正15)10月1日，京都*北野天満宮において行われた豊臣秀吉主催の茶会。同年5月に九州の島津氏を平定し，9月には聚楽第を造営した秀吉は，洛中・堺・奈良に高札を立て，貴賤を問わず参加を許すとともに，自ら収集した名器を展観することを宣言した。北野社を選んだのは，秀吉の*天神信仰によるものであろう。「兼見卿記」などによると，茶の湯のために「小屋構」を造営し，拝殿には黄金の茶室も組み立てた。徳川家康や*千利休・織田有楽斎らをはじめ，全国各地から1000人近い人が集まった。当初は10日間開催する予定だったが，肥後国で佐々成政の失政から一揆がおこったため，わずか1日で中止とした。

北野天神縁起 きたのてんじんえんぎ　京都*北野天満宮の創建ならびに*菅原道真の霊験にかかわる文書・絵巻物。最古の伝本は「天神記」と称するもので，奥書に1194年(建久5)に書写した旨が記されていることから建久本とよぶ。ただし現存本は，奥書に1318年(文保2)およ

び1726年(享保11)、さらに1828年(文政11)に書写されてきたことが書かれており、必ずしも建久年間(1190〜99)書写を忠実に反映しているとは限らないとともに、1194年以前に縁起文がすでに存在したことがわかる。作者は慈円説・菅原為長説などがあり確定しないが、本文からは天台宗の僧とするのが妥当であろう。このほか、制作時期によって建保本・承久本・正嘉本・弘安本などの存在が知られている。本文には多少の異同があるが、菅公出現に始まり、藤原時平らの讒言により大宰府に左遷されたこと、死後怨霊となって清涼殿に落雷することなど、大意に相違はない。また、承久本ははじめて縁起が絵巻化されたものとして重要で、「根本縁起」ともよばれる。絵巻にも諸本あり、荏柄本・メトロポリタン本・津田本・正嘉系本・弘安系本など、おびただしい数にのぼる。さらに「*神道集」の中にも「北野天神事」と題する一段があり、天神縁起が幅広い階層で享受されてきたことを物語る。

北野天満宮 きたのてんまんぐう

京都市上京区馬喰町に鎮座。古くは北野寺・北野聖廟・北野神社などとも称した。天満天神すなわち*菅原道真を主祭神とする。942年(天慶5)道真の託宣をうけた多治比奇子(文子)が右京七条の自宅の祠に祀り、947年(天暦元)現在地に移転したのが始まりと伝える。959年(天徳3)に藤原師輔の助成によって社殿も整えられ、987年(永延元)に毎年8月恒例の*北野祭を創始。1004年(寛弘元)にははじめての行幸(一条天皇)もあり、以後、*天神信仰の発展・展開とともに藤原氏摂関家以下広く崇敬を集め、*二十二社にも列せられた。当初は、雷神とも観念された天神道真の怨霊を鎮めんとする信仰が中心であったが、中世以降は文学・学問、また芸能の神としての性格が強まった。室町時代には将軍家から格別の崇敬をうけて多数の荘園を有するようになり、連歌や各種芸能の場ともなったほか、京都の麹を独占的に製造・販売した西京麹座は当社を本所としていた。13世紀初め頃の承久本「*北野天神縁起(根本縁起)」や1607年(慶長12)造営の本殿などは国宝。⇒天満大自在天神

北野祭 きたのまつり

京都*北野天満宮で行われる例祭。記録によれば、一条天皇の987年(永延元)、皇太后宮に託宣があり、北野社の神殿を改造し、同年、勅して8月5日を官祭日と定めた。菅原氏五位一人を勅使として行列を整え、奉幣したという。8月5日が選ばれたのは、北野社の創立の日によると思われ、多治比文子に託宣がおり、文子が自宅に祠を造って*菅原道真の霊を祀ったのがこの日であった。本来、私祭だったものを官祭に改めたのがこの年である。その後、1046年(永承元)祭日を8月4日に改める。これは後冷泉天皇の母后藤原嬉子の国忌にあたるため、以後4日は北野祭、5日は*御霊会となった。

北畠親房 きたばたけちかふさ

1293〜1354(永仁元〜文和3・正平9) 鎌倉後期〜南北朝期の公卿・学者。1300年(正安2)8歳で元服。兵部権大輔・左少将・右中将・左少弁・弾正大弼・参議・検非違使別当・権中納言・中納言・権大納言などを歴任し、24年(正中元)大納言となる。30年(元徳2)後醍醐天皇から養育係を委任されていた世良親王の死去に遭遇し、出家する。家督を長男の顕家に譲るが、その頃情勢が急変し、前大納言入道として、後醍醐天皇の隠岐脱出後の政治的・軍事的指導者となる。

そのような中で、常陸国小田城にあって、後醍醐天皇死去の報に接する。ただちに即位された幼帝の後村上天皇の政務の参考書として「*神皇正統記」を執筆し、同天皇に献じた。ところが、南朝方の将士がそれを書写して読んでいる姿に出会い、その内容を確かめてみると誤脱が多くみられるので、さらに再稿本を執筆した。その前後、「*元元集」「*職原抄」「*二十一社記」「東家秘伝」「古今集註」などの諸書を執筆している。その神道論は、伊勢神道を継承しつつ、伊勢神宮祠官の神明奉仕の態度である清浄・正直などの心掛けは、一般社会も見習うべきものという立場に立って説いている。

北原白秋 きたはらはくしゅう

1885〜1942(明治18〜昭和17) 明治〜昭和前期の詩人・歌人。本名隆吉。福岡県柳川の酒造家・海産物問屋の家に生まれる。中学時代から詞藻に富み、早

きたむ

稲田大学予科に進学後も雑誌「文庫」に投稿して，河井酔茗らに見出される。のち新詩社に参加して詩歌に才能を発揮し，詩集「邪宗門」(1909)，「思ひ出」(1911)など，歌集「桐の花」(1913)に青春の多彩な抒情を示した。また，言葉の錬金術師といわれる韻律・詞章に突出した創造をみせた。実家の破綻，姦通罪に問われるなど人生の辛酸をへて，詩歌ともに清明な中に古淡・幽玄な境地の詩風に到達する。晩年は歌誌「多磨」を創刊し短歌界のリーダーとなり，童謡や新民謡にも手を染めて国民詩人としての栄誉をえた。「白秋全集」全18巻がある。

北村透谷 きたむらとうこく 1868～94(明治元～27) 明治前期の評論家・詩人・戯曲家。神奈川県小田原に生まれる。本名門太郎。父親の勤務先の関係で上京し，京橋の泰明小学校に転入する。自由民権運動への関心から政治家になることを志す。小学校卒業後，受験予備校の共慣塾に入るが，精神的に不安定になり山梨県の蒙軒舎(近藤喜則が創立した英漢塾)に移り，ここでキリスト教にふれる。東京専門学校(現，早稲田大学)の政治科に入学。さらに三多摩の自由民権運動に参加し，「土岐，運，来らきたる」と記した法被を着て八王子を旅する。その間に，このグループのリーダー石坂昌孝の息子公歴と親しくなり，姉美那と出会う。運動の過激化に悩み，離脱してキリスト教に接近，数寄屋橋教会で田村直臣から受洗する。すでに婚約者がいた美那と恋愛，同棲する。1889年(明治22)には最初の詩「楚囚之詩」を自費出版する。同年，普連土派(クエーカー)派の信徒加藤万治が結成した日本平和会に参加し，水戸で普連土派の伝道演説をする。91年，横浜で外国人の劇団による「ハムレット」をみて感動し，同年，戯曲「蓬萊曲」を自費出版する。翌年「*厭世詩歌と女性」を「女学雑誌」303・305号に掲載する。同年，日本平和会の機関誌「平和」の印刷人となり，毎号論文を発表する。同年美那と正式に結婚し，長女英子が生まれる。1883年には*島崎藤村の代わりに明治女学校の教師となるが，生活は依然としてきびしく，生活のため*徳富蘇峰から委託された「エマソン」を執筆する。93年に自殺未遂，翌年自宅の庭で縊死し，芝瑞聖寺の墓地に埋葬される。

その評論は「唯だ須らく内部に入る可し」，「文学史の第一着は出たり」(1890)を方法としている。さらに，生きることの質を「文学界」に「*内部生命論」(未完を発表)の観点から考察した。*山路愛山との〈*人生相渉論争〉の論点も，「内部への洞察」にあった。さらに「今の時代は物質的革命によりて，その精神は奪われつつある」，それも「革命にあらず移動なり」(「漫罵」，1893)として「国民の元気」を問うなど，多岐にわたるその評論は問題提起に終わってしまったが，近代日本の思想史への大いなる遺産となった。「北村透谷全集」全3巻がある。

北山文化 きたやまぶんか 将軍*足利義満の時期をピークとみなした室町前期の文化をいう。足利義政を中心とした室町後期の*東山文化に対比される。北山第は，鎌倉時代に関東申次の役職や貿易により財力を貯えた西園寺家が，京都北山に営む別荘であった。南北朝期に西園寺家は政界での勢威を失ったが，西園寺実俊の室日野宣子(岡松一品尼)は，北山第に住み，女性ならではの調整力を発揮して朝廷と幕府の双方に重んじられた。後光厳上皇は宣子の女を寵愛して北山第に通い，さらに北山第には後円融天皇の生母広橋仲子(崇賢門院)が同居し，生後まもない後円融の皇子(のちの後小松天皇)が引き取られている。また，宣子の姪にあたる日野業子を室とした縁により，義満はしばしば北山第に遊んだ。南北朝の合体に成功した義満は，1394年(応永元)将軍職を嫡子義持に譲り，翌年出家して道義と名乗った。そして97年西園寺家から北山第を入手し大改造して移り住み，室町第(花御所)は義持に譲ったけれども，幕府・朝廷の実権を掌握し続けて「北山殿」とよばれた。

北山第は仙洞になぞらえられて，政治・文化の中心となった。その文化は，*二条良基の指導により義満が若くして身につけた公家文化を土台とし，貴賤老若の観衆を強く意識した大行事を企てるとともに，禅宗文化とそれに随伴した豪華な*唐物・唐絵や，新しい芸能文化を積極的にとりこんだ。庭

園・建築としては，北山第とそこに建てられた金閣(義満死後，*鹿苑寺となる)などがある。また*連歌が和歌と並んで重視されたこと，七夕花合(花会)の行事が*立花の芸能的成立を促したこと，猿楽能が*世阿弥によって完成されていったことなどが注目される。*五山制度が確立し，*五山文学では*義堂周信について*絶海中津が活躍した。義満死後の足利義持・義教の時代には，禅宗文化の比重が増した。その時期も含めて北山文化とする場合もある。

吉祥悔過会 きちじょうけかえ →吉祥天きちじょうてん

吉祥天 きちじょうてん 梵語Śrī-mahādevī, Mahasri「きっしょうてん」とも。大吉祥天女・功徳天とも。インドのヒンドゥー教神話の女神ラクシュミーが仏教にとりいれられたもの。福徳をつかさどる女神。ラクシュミーは美と繁栄の女神であり，ビシュヌ神の妃，また愛欲カーマ神の母ともいわれるが，仏教では毘沙門天の妃となった。多くの経典に説かれるが，わが国では奈良時代，吉祥悔過会が盛んに行われ，国分寺などで吉祥天を本尊として「金光明最勝王経」大吉祥天女品の読誦が行われ，天下泰平と五穀豊穣が祈願された。現存する薬師寺吉祥天画像，東大寺法華堂の塑像吉祥天も奈良時代の悔過会の本尊であったと考えられる。

吉川惟足 きっかわこれたり →吉川惟足よしかわこれたり

吉川神道 きっかわしんとう →吉川神道よしかわしんとう

吉川従長 きっかわよりなが →吉川従長よしかわよりなが

橘家神道 きっけしんとう 江戸中期以降，宮中や社家などに普及した*垂加神道の一つ。*玉木正英が，祖先の橘諸兄伝来の神道行法に，垂加神道の神学を融合し体系化した神道。正英は親戚の薄田以貞から橘家伝来の神道行法をうけ，*出雲路直信や*正親町公通から垂加神道をうけた。その後，垂加神道の切紙伝授をまとめて，秘伝を体系化することで垂加神道の統一化を図り，それに橘家伝来の行事を含めることで，垂加神道に欠けていた行法を補った。ところが，*松岡雄淵は行法に偏りがちな点を批判し，*若林強斎は秘伝をまとめてそれを機械的に教授したことに強く反対した。

乞巧奠 きんこう →乞巧奠きっこうでん

喫茶往来 きっさおうらい 南北朝・室町前期の茶の風俗を記した書。1巻。筆者は玄恵法印(北畠法印，1279〜1350)といわれているが，それ以後15世紀前期の著作という説もある。わが国で茶筅が使用されだしたのは，南北朝・室町初期であるが，この書には茶筅の文字がみられる。第2に，闘茶は鎌倉時代におこり，室町初期までが盛んであったが，ここには闘茶の記事に細かくふれている。第3に茶の本山を栂尾としていること，第4に唐様茶会のことが書かれ，茶亭や室内の装飾が唐様趣味であることから，鎌倉末・室町初期の茶の湯のことが書かれ，初期茶の湯の貴重な史料といえよう。

吉祥天 きっしょうてん →吉祥天きちじょうてん

橘窓茶話 きっそうちゃわ *雨森芳洲の漢文による随筆。全2巻。1747年(延享4)，翠巌承堅の序。対馬での講話を門人の二人の禅僧が筆録した。唐話・韓話をよくした芳洲だけに，その言語論には生彩があり，古今の人物評，特に同時代の儒学者へのコメントには，人物の性格の描写としても，思想的な論評としても興味深いものがある。明代の儒教への評価は低く，釈・老・儒の三教の比較論にも独自の視点がみられる。

紀伝道 きでんどう 平安時代，大学寮におかれた学科の一つ。中国の歴史・漢文学を専攻する学科。奈良時代に萌芽があるが，平安時代になって確立した学科。「文選」「爾雅」「史記」「漢書」「後漢書」を教科書とする。文章博士2人・文章得業生2人・文章生20人・擬文章生20人からなる。9世紀頃に最も隆盛し，*菅原道真らの優れた学者や文人を輩出した。文章博士や文章生などの名にひかれて，この学科を文章道とよぶのは，明治以後のことで，平安時代にはそのような呼称は行われていない。

祈禱 きとう 広義には祈り・祈願・祈念，狭義には何らかの具体的効果を期待してなされる*呪術・呪法をさす。一般に前者の行為には，神仏など超自然的な崇拝対象が必要と考えられるが，そのような対象を立てない禅などの場合でも，自己をこえた真理への祈りといった要素を見出すことは可能なので，必ずしも

そうとはいえない。また後者は、日本では密教・*陰陽道(おんみょうどう)の呪法などが代表的だが、そこにも何かしらの祈念は認められる点で、いくら現世利益(りやく)的性格が前面にでているといっても、これを前者と画然と区別することはできない。ここには、祈禱という観点からみた場合、宗教とりわけキリスト教など高等宗教と呪術とを分ける絶対的な線などないことが示されている。

鬼道 きどう 「魏志倭人伝(ぎしわじんでん)」に「倭国(わこく)乱れ、相攻伐すること歴年、乃(すなわ)ち共に一女子を立て、王と為す。名づけて卑弥呼(ひみこ)と曰ふ。鬼道に事(つか)へ、能く衆を惑はす」とある。また、「後漢書」倭伝にも「一女子有り、名づけて卑弥呼と曰ふ。年長じて嫁せず、鬼神の道に事へ、能く妖を以て衆を惑はす」とある。鬼道の語は「三国志魏書」の張魯(ちょうろ)伝、「同蜀書」の劉焉(りゅうえん)伝にもみえ、五斗米道(ごとべいどう)の張魯(ちょうろ)は鬼道をもって民に教え、自らを師君と号したとある。鬼道に事えるとは、直接に神霊と交わることと考えられ、卑弥呼は、神霊を依り付かせ託宣するシャーマン系の巫女であったとされる。

義堂周信 ぎどうしゅうしん 1325～88(正中2～嘉慶2・元中5) 南北朝期の禅僧。空華(くうげ)道人と号す。平氏。土佐国の人。はじめ延暦寺にて受戒し、1341年(暦応4・興国2)*夢窓疎石(むそうそせき)に受衣して禅僧となり、天竜寺の夢窓に従う。夢窓の死後は竜山徳見(とくけん)に随侍し、竜山の死後、関東公方足利基氏(もとうじ)の要請により関東に下る夢窓派僧に選ばれ、59年(延文4・正平14)下向する。円覚寺を拠点に、諸山の鎌倉善福寺などの住持となり、また関東での夢窓派の拠点である円覚寺黄梅院(おうばいいん)塔主として、夢窓派をめぐる諸難題に対処した。関東公方の政治顧問的な立場にあり、関東管領上杉能憲(よしのり)の要請で鎌倉報恩寺の開山ともなる。80年(康暦2・天授6)建仁寺住持として京都に召喚され、ついで将軍足利義満(よしみつ)の要請で等持寺・南禅寺に住持し、東山常在光院に住する。義満らの帰依をうけて、政治上にも重要な地位を占めた。塔頭は南禅寺慈氏院(じしいん)。詩文にも優れ、*五山文学を代表する一人で、大部の詩文集「空華集」がある。日記抜書の「*空華日用工夫略集」

は、南北朝後期の基本史料として重要である。語録「義堂和尚語録」のほか、宋元の禅僧の絶句を集めた「貞和類聚祖苑聯芳集(ていわるいじゅうそえんれんぽうしゅう)」なども残る。

城戸千楯 きどちたて 1778～1845(安永7～弘化2) 江戸後期の国学者で、書肆も営む。通称万次郎、鐸舎(たくしゃ)・紙魚室(しみむろ)と号した。京都生れ。1797年(寛政9)*本居宣長(もとおりのりなが)の門に入り、宣長の没後、1815年(文化12)に同志と鈴屋派(すずのやは)の京都における学問所として鐸舎をおこし、京都の鈴屋門の中心的な人物となった。鐸舎は古書の解読、定期的な歌会の場となり、*本居大平(おおひら)・*藤井高尚(たかなお)・*村田春門(はるかど)らの鈴屋門の高弟が招かれて講義を行うなどして、平田篤胤(あつたね)とは見解を異にしていた。また千楯の営む書肆は、恵比寿屋(えびすや)・国学書林とも称し、多くの和学関係の書物を上梓した。

偽年号 ぎねんごう →異年号(いねんごう)

祈年祭 きねんさい 「としごいのまつり」とも。一年の豊穣を祈願する律令国家の恒例祭祀。年は穀物や穀物の実りのこと。*月次祭(つきなみのまつり)(6・12月)・*新嘗(にいなめ)祭(11月)とともに年中恒例の重要祭祀。「儀式」「延喜式」によると、祭日は2月4日、伯以下の神祇官人と大臣以下の官人が神祇官斎院(西院(さいいん))に参集し、中臣(なかとみ)が祝詞(のりと)を読み、全国の諸社より参向した祝部(はふりべ)に忌部(いんべ)が幣帛(へいはく)を頒つ。「延喜神名式」記載の3132座の全官社(*式内社)が対象となる。ただし、天皇は祭儀には関与しない。「延喜式」には「祈年祭祝詞」が収録されている。令制祈年祭の成立については、「日本書紀」天智9年(670)3月壬午条を初見とみなす説と、「年中行事秘抄」所引「官史記」の675年(天武4)2月説とがある。8世紀末頃より遠国の祝部の欠怠が増加して、畿外の大部分の神社については、諸国の国庁で班幣(はんぺい)が行われるようになる。10世紀に入ると神祇官内部での祭祀として実修される。応仁・文明の乱後に廃絶し、1870年(明治3)再興された。

きのふはけふの物語 きのうはきょうのものがたり 江戸初期の咄本(はなしぼん)。作者不詳。全2巻。寛永初期(1624～)の成立。1636年(寛永13)製版本では153話を収める。戦国期の織田信長・豊臣秀

吉・細川幽斎・里村紹巴らの歴史上著名な人物を話題にした狂歌話のほか，僧侶や稚児，医者や山伏，百姓など階層・男女を問わず，多様な人物の好色譚・愚人譚を収録する。貴顕や大名に仕えていた御伽衆の手になる作品を，新しい徳川の時代の好みにあわせて編集したものである。文体や語り口に古拙な味わいが残ると評せられる。「戯言養気集」（元和頃刊，作者不詳），安楽庵策伝「*醒睡笑」（1628成）とあわせて，咄本の祖とよばれる。

木下順庵 きのしたじゅんあん 1621～98（元和7～元禄11） 江戸前期の儒学者。名は貞幹，字は直夫，順庵または錦里などと号した。京都生れ。*松永尺五の門人で，思想的には朱子学に拠った。*天海から法嗣男となるように要請されたが断ったとも伝えられている。金沢藩儒となったが，これも一度は断ってのことであった。教育者として優れ，*室鳩巣・雨森芳洲・*新井白石・*榊原篁洲・*祇園南海・*三宅観瀾といった個性的な人材を育てた。その門流は，木門とよばれている。詩人としての才能にも恵まれ，その詩文集に「錦里文集」がある。

木下竹次 きのしたたけじ 1872～1946（明治5～昭和21） 大正・昭和前期の新教育運動の指導者。福井師範学校・東京高等師範学校卒業。各地の師範学校をへて，1919年（大正8）奈良女子高等師範学校教授兼付属小学校主事となる。主著「学習原論」（1923）や「学習各論」上・中・下（1926～29）によれば，生活と学習を統合する主体の「渾一的発展」を図る「学習一元」すなわち「合科学習」の概念を掲げ，子供の独自学習と分団による相互学習を組織化する。その教育論は，「性質能力の異なったものは異なったように活動し，しかも自由と協同とに富んだ社会化した自己を建設創造」せんとする理念と目標にもとづく。大正デモクラシーの潮流と児童中心主義の思潮を背景とした新教育運動として，最も体系性をもつ理論と実践を残した。

木下長嘯子 きのしたちょうしょうし 1569～1649（永禄12～慶安2） 江戸初期の歌人。本名は木下勝俊。尾張国の武士の家柄に生まれ，豊臣秀吉の義甥にあたる。若狭国小浜の城主であったが，関ケ原の合戦後に封を奪われて，京都東山に隠棲した。家集に「挙白集」（1649刊）がある。細川幽斎の門人であったが，その歌風から離脱して，自由斬新な詠み口に特色がある。そのため貞徳系の人々との間に確執を生じたが，反面，*下河辺長流は評価して和歌撰集「林葉累塵集」（1670刊）に多数の歌を選んで収録した。また，「挙白集」は芭蕉の愛読した歌文集としても知られる。その序を記した門人の山本春正は，蒔絵師としても知られる。

木下尚江 きのしたなおえ 1869～1937（明治2～昭和12） 明治期に活躍したキリスト教社会主義者。信濃国松本生れ。開智学校・松本中学に学ぶ。自由民権運動の影響下，16歳の時，飯田事件の被告をみて政治革命への意志を強め，また共和主義者クロムウェルに感激，国王をも裁く法律を学ぶ決心をする。1888年（明治21）東京専門学校（現，早稲田大学）卒業，帰郷して新聞記者となり活発な言論活動を開始した。90年妹の感化でキリスト教に接近，特に闘う伝道者パウロに共鳴した。93年弁護士を開業，松本美以教会で受洗した。この時期，家族制度批判・廃娼・禁酒・分県移庁問題などに論陣をはる。日清戦争時，キリスト教界の戦争支持に強い憤りを覚える。97年松本で中村太八郎らと普通選挙同盟会を設立，普選運動の烽火をあげた。

99年上京し，石川半山の紹介で島田三郎の「毎日新聞」に入社した。*幸徳秋水と相知る。社会正義を求めて，平和論・反国体論・普選論や廃娼などの女性問題，足尾鉱毒問題などに筆を振るい，また弁論でも活躍した。1900年社会改革理論として社会主義を受容し，*社会主義協会に入会，また幸徳らと*社会民主党を結成した。03年日露開戦論が高まると，*平民社を支援して断乎たる*非戦論を展開した。04年初の社会主義小説「火の柱」を「毎日新聞」に連載し，キリスト教社会主義にもとづく反戦を訴えた。社会悪の糾弾は軍国主義・忠君愛国への批判として深まる一方，愛ある結婚，女性の人間的解放も一貫して主張した。

平民社の解散後に「*新紀元」を創刊，物欲を否定し愛による神の国建設をめざす，キ

きのし

リスト教社会主義を鮮明にするが，06年母の死をきっかけに政治的活動への内省がうまれる。しだいに運動から離れ，人間の肉欲・権力欲・罪への洞察，伝統宗教への関心を深め，「懺悔」「霊か肉か」「乞食」などを著した。10年以降，静坐法の岡田虎二郎の門に入り求道に専心しつつ，内面的自由に立つ評論集や「島田三郎全集」「田中正造之生涯」などをまとめた。「木下尚江著作集」全15巻がある。

木下杢太郎 きのしたもくたろう 1885〜1945(明治18〜昭和20) 明治〜昭和前期の詩人・劇作家・美術研究家・医学者。本名は太田正雄。静岡県出身。東京帝国大学医科大学卒。1907年(明治40)*与謝野寛(鉄幹)の新詩社同人となり，雑誌「明星」に「蒸気のにほひ」を発表した。また同年夏に長崎旅行をしたのを契機に，異国情緒豊かな作品を多く発表した。翌年，*北原白秋らとパンの会を結成した。「*スバル」にも執筆して耽美的世界を追求するとともに，高い知性と理性を内在させた。詩集「食後の唄」，戯曲「和泉屋染物店」，小説「唐草表紙」などが代表作である。皮膚学の権威で，「太田・ランジェロン分類」を発表し，レジオン・ドヌール・オフィシェ勲章を受章した。東京帝大医学部教授も務めた。南蛮文化・キリシタン史・古美術の研究においても大きな業績を残した。「木下杢太郎全集」全12巻がある。

紀僧正 きのそうじょう →真済

紀貫之 きのつらゆき 872?〜945?(貞観14?〜天慶8?) 平安前・中期の官人・歌人。越前権少掾・大内記・加賀介・美濃介・大監物・右京亮など低い官を歴任して，930年(延長8)土佐守となる。官人としては恵まれなかったが，和歌に秀で，20歳前後で初期の歌合の一つ「寛平后宮歌合」に列し，905年(延喜5)に紀友則・凡河内躬恒らとともに「*古今和歌集」を編纂し，その仮名序を書いた。土佐守の任を終えたのち仮名日記文学の最初である「*土左日記」を著した。唐風文化から国風文化への転換期に立つ人物である。

紀長谷雄 きのはせお 845〜912(承和12〜延喜12) 平安初期の公卿・文人。文章博士・大学頭・左大弁を歴任し，権中納言・従三位に至る。詩文に優れ，*菅原道真にその才を愛され，大宰府に配流された道真から「*菅家後集」を贈られた。宇多・醍醐天皇に重用され，「*延喜式」の編纂にも参加した。「*古今和歌集」真名序の作者紀淑望は子。長谷雄はのちに説話世界の中の人となり，鎌倉時代には，鬼神と美女を賭けて双六をする話が「長谷雄卿草紙」として絵巻物に描かれている。

季御読経 きのみどきょう 毎年春秋2季(2月と8月)に多数の僧を宮中に招き，「*大般若経」600巻を転読させて天皇や国家の安泰を祈る行事。8世紀初めに始まり，9世紀半ばに恒例化した。当初は春夏秋冬の年4回行われたが，まもなく2季となり，通例は100人の僧を招いて大極殿または紫宸殿で，時には清涼殿でも行われた。日数も当初の3日間が，10世紀半ば以降は4日間となった。また宮中にならって院宮や摂関家などでも行われるようになったが，宮中のそれは鎌倉時代には廃絶した。

吉備真備 きびのまきび 695〜775(持統9〜宝亀6) 奈良時代の公卿・学者。右衛士少尉下道朝臣圀勝の子。717年(養老元)に23歳で入唐。経史を学び，諸芸を広く渉猟し，阿倍仲麻呂とともに優れた留学生として唐に名をはせた。735年(天平7)帰国して正六位下大学助に任じられ，当時皇太子だった孝謙天皇に「礼記」と「漢書」とを教授した。その功で吉備朝臣の姓を賜る。孝謙の即位後，筑前・肥前国などの地方官となったが，751年(天平勝宝3)遣唐副使に任命される。帰国後，大宰大弐となり，対外防備のため怡土城を造営した。764年(天平宝字8)造東大寺長官。同年，恵美押勝の乱の平定に功あって参議に任じられ，翌年1年のうちに中納言・大納言と昇進し，766年(天平神護2)には右大臣に昇った。政治上のことばかりではなく，大学寮の整備にも力を尽くし，*釈奠などの儀式も充実させた。称徳天皇の没時，光仁天皇の擁立に与さず，光仁即位とともに致仕した。

紀平正美 きのひらただよし 1874〜1949(明治7〜昭和24) 大正〜昭和前期の哲学者。三重県生れ。

1900年(明治33)東京帝国大学哲学科を卒業。19年(大正8)学習院教授となり，また東京帝大・東京高等師範学校・東京商科大学の講師を兼任する。32年(昭和7)から43年まで国民精神文化研究所所員として戦争に協力した。最初の著作「認識論」(1915)は日本人による最初の認識論研究であるが，当時盛んだった新カント主義ではなくヘーゲル哲学を基礎にしている。また「行ぎょうの哲学」(1923)では，芸術・宗教・論理の三つの方向から*道元ぎょうの行(純粋行)の意義を弁証法的に明らかにしようとした。

忌服 きぶく

忌きは，喪もなど凶事にあった者が，一定の期間，ある建物に籠もって謹慎すること。服ぶくは衣服の意。衣服のことを今では「ふく」というが，もともと「ぶく」と読んでいたのを「ふく」と読むようになったものである。そこで，その名残として後世でも服ぶくといえば喪中の人が着る着物をさす。ひいては喪に服する行為自体も服ぶくという。「令義解りょうのぎげ」では父母の喪を重服じゅうぶく，それ以外を軽服とし，重服は1年，軽服は近親度により5カ月・3カ月・1カ月など期間が軽減された。近世の武家社会では，1684年(貞享元)に*服忌令ぶっきりょうを制定した。穢けがれを忌む祠官の忌服は「文保記ぶんぽうき」「*永正記えいしょうき」などによって知られる。

亀卜 きぼく

亀の甲を焼いた時に生じる割れ目の形で吉凶を卜する，東アジアに広範にみられる習俗。中国では殷いん代からみられるが，日本では5世紀頃の遺物に見出される。律令制下では神祇官の管轄のもとに卜部うらべが設置され，国家的な統制をうけた。陰陽おんよう寮の占とは明確に区別される。*大嘗祭だいじょうさいの悠紀ゆき国・主基すき国の卜定ぼくじょうや神社・山陵の祟りの認定など，主に天皇の身体に直接かかわる事象を亀卜している。

義民物語 ぎみんものがたり →百姓一揆ひゃくしょういっき

木村蒹葭堂 きむらけんかどう 1736~1802(元文元~享和2)

江戸中期の博物学者。名は孔恭こうきょう，字は世粛せいしゅく，号は巽斎そんさいほか。通称は坪井屋吉右衛門。蒹葭堂は文庫名からとった号。大坂北堀江の醸造業の家に生まれ，家は町年寄を務めた富裕の商家であった。家業のかたわら本草学・名物学を修め，書画典籍・古地図・古器・動植物標本など文物百般にわたって収集に努めて，集書数万巻といわれる豊富なコレクションと高い見識で知られる。晩年の一時期，密造事件に連坐し，謹慎して伊勢国長島に移住するが，のち大坂に戻り，全国の同好の士の訪問をうけている。その交友人名簿「蒹葭堂日記」(1779~1802)が知られる。若い時は*混沌社の一員であり，*上田秋成あきなり・森川竹窓ちくそうは友人である。

木村泰賢 きむらたいけん 1881~1930(明治14~昭和5)

大正・昭和初期の印度哲学・仏教学者，曹洞宗の学僧。岩手県南岩手郡田頭でんどう村に生まれる。父は農業山本亀治。小学校を卒業後，曹洞宗の寺に入り得度する。曹洞宗大学林を終え，東京帝国大学を卒業，1912年(大正元)同大学講師となる。恩師*高楠たかくす順次郎と「印度哲学宗教史」を刊行，また「印度六派哲学」により18年に帝国学士院恩賜賞を受賞した。19年学生たちによびかけ，東大仏教青年会を組織する。同年から22年にかけてイギリス，ドイツに留学する。その間「阿毘達磨あびだつま論の研究」の原稿を完成させ，これによって文学博士となり，23年東京帝国大学教授。その後平易に書かれた著作や講演活動により一般の人々に歓迎されたが，50歳で急逝する。36年(昭和11)「木村泰賢全集」全6巻が刊行された。

崎門 きもん

崎門学派・敬義けいぎ学派とも。*山崎闇斎あんさいに始まる朱子学の学派。闇斎にならい，「大全」をはじめとした後代の硬直した注釈を斥けて，直接に朱子(および朱子が尊崇した北宋の道学者たち)の文章に即しながら聖賢の道を理解しようとした。「述べて作らず」を学問の根底とし，朱子による古典解釈の学習を基本として，博学や詩文詞章に流れることを嫌い，林家りんけや貝原益軒えきけんのような朱子学に批判的であり，同時に垂加すいか神道とも緊張関係に立っていた。一字一句の解釈に厳密で，内部の対立もきびしく，師説の継承・敷衍が重んじられ，多くの講義録・語録が残された。第一世代は，崎門の三傑とよばれた*佐藤直方ほうかた・*浅見絅斎けいさい・*三宅尚斎しょうさいらであり，その後に*稲葉迂斎うさい・*若林強斎きょうさい・*蟹養斎ようさい・*谷川士清ことすがらが続いた。山県大弐やまがただいにや武内式部たけうちしきぶを通じて，

幕末の*尊王論の発展にも大きな影響を与えた。伊藤仁斎や荻生徂徠という新しい異端から正統の闇斎学を守ろうという意識も強く、先人の学問を顕彰する活動によって、20世紀末までその学統は持続した。

疑問録 ぎもんろく 「復性復初」「本然気質」「体用顕微」などの朱子学の用語55について、考証学的に批判した書。全2巻。*大田錦城の著。1795年（寛政7）成立、1831年（天保2）刊。用語の初出を逐一示し、その多くが仏書や老荘の書に起源があることを指摘する。朱子学の思想内容に反対する哲学的な批判ではなく、技術的・形式的批判である点で考証学的であるといえる。闇斎学系統の「道学」の固陋さを批判し、「博学」を推称している点でも博引傍証の錦城らしさがうかがえる。

格式 きゃくしき 格は*律令を修正・補完する単行法令の集成で、9～10世紀には弘仁・貞観・延喜三代の格が編纂された。詔勅や官符などから署名や宛先を削除して、官司ごとに整理したものであるが、必要箇所のみを残したり、無効になった箇所を削除したりしているので、原文書の体裁を残していないこともあり、注意を要する。式は律令の施行細則などといわれるが、実際には条文の体裁に整理された単行法令集である。8世紀の単行法令は、「官員令別記」「八十一例」などにまとめられ、8世紀中葉には別式20巻も編纂されていた。9世紀になるとその集大成として三代の式が編まれ、律令に代わって国制の根幹を規定する法として尊重されるようになる。政務や儀式の詳細など、令に規定されていなかったものも多く含まれるようになる。→延喜式

逆修 ぎゃくしゅ 「逆」は〈預め〉の意で、一般的には、死後の*菩提に資すべく生前にあらかじめ仏事などを修することをさす。「灌頂経」や「地蔵菩薩本願経」の所説にもとづくもので預修とも称し、追善の仏事よりも功徳が大きいとされる。日本では平安時代から行われ、天皇・貴族から庶民に至るまでかなりの流行をみたようであるが、貴族たちのそれは死後の菩提とともに現世での延寿をも期待するものであった。なお後世には、正当の日を繰り上げて仏事を修することや、位牌や墓石に*戒名を朱書することなども逆修と称した。

ぎやどぺかどる *Gviado Pecador.* 16世紀最高の神学者、スペインのドミニコ会士ルイス・デ・グラナダ(1504～88)の著作。1573年サラマンカ刊のポルトガル語版からの抄訳で、99年（慶長4）長崎のイエズス会コレジョ刊。全2巻2冊の国字（仮名と漢字）文語本。原題は表題の下に記されているように「罪人を善に導くの儀也」の意で、当時の西欧カトリック思想界の代表的名著である。新旧約聖書、聖アウグスチヌスら諸教父の著作の引用文が多く、迫害時代に見合った内容と典雅な格調高い文体のゆえに、キリシタン文学最高の傑作と評価されている。1602年に第2版、06年に第3版と直ちに版を重ね、禁教下にも信者と「信心の組」の組員に朗読・愛読され、霊的陶冶と深化に大きな影響を与えた。

木遣歌 きやりうた 山から材木を伐り出す際にうたわれる歌。労働歌の一種。「人倫訓蒙図彙」には大木を2本の綱で曳くようすが描かれ、木の上では扇子を広げた男性がこれを囃している。材木は御神木や建築資材となるため、祝儀の歌とみなされ、材木の伐り出し以外の作業にもうたわれるようになった。また、室内でも祝宴の際にうたわれる。木遣音頭ともいい、独唱のあと斉唱する。多くは材木を愛でる詞章となっており、重労働を慰めると同時に、木に対して魂をこめる意味ももっていたと考えられる。

鳩翁道話 きゅうおうどうわ 江戸後期の心学者である*柴田鳩翁が行った*道話の聞き書き。鳩翁は1825年（文政8）、43歳で心学教化に着手して39年（天保10）に没するまで、関西を中心に12カ国で道話による巡講を行った。庶民もまた人間であるとの立場より、日常の労働や生活において適切な教訓の実践により人間として欠かせない「本心」を磨くことの重要性を説いた。〈京都の蛙と大坂の蛙〉をはじめ興味深い譬話を織り交ぜて説く道話であったから、多くの人々を感化した。それゆえ聞き書きも、1835年に初版が発行されて以降、多くの版を重ねて、さらに「続鳩翁道話」(1836刊)、「続々鳩翁道話」(1839刊)、近代に入り「鳩翁道話拾遺」(1929刊)と次々に編集・刊

九桂草堂随筆 きゅうけいそうどうずいひつ　*広瀬旭荘きょくそうの随筆。全10巻。1855年(安政2)成立，57年序。広瀬氏先賢文庫には，3種の稿本がある。経史・詩文・評論・地理・世相・回想など，抜群の記憶力と旺盛な好奇心をもっていた旭荘にふさわしく，内容は多岐にわたる。幕末知識人の問題関心のありか，あるいは読書範囲を知るうえで格好の資料といえる。

九経談 きゅうけいだん　総論以下，「孝経」「大学」「中庸」「論語」「孟子」「尚書」「詩経」「春秋左氏伝」「周易」の九経に関する諸家，および自説をのべた書。全10巻。*大田錦城きんじょうの著。1804年(文化元)刊。訓詁の漢学，義理の宋学，考証の清学と経学史は三変したと説き，義理は本であり，考証は末であると主張している。ただ，「空疎」な陽明学を好んだ明人の百巻の書は，「精密」な清人の一巻に如かずとまで極論するように，錦城の真骨頂は考証学にあった。本書は「尚書」の考証に詳しく，清代の考証学者の毛奇齢もうきれい・朱彝尊しゅいそん・顧炎武こえんぶ・閻若璩えんじゃくきょ・王鳴盛おうめいせいを参照したところが多い。

九経談総論評説 きゅうけいだんそうろんひょうせつ　幕末期の国学者による儒教批判書。*長谷川昭道あきみちの著。1862年(文久2)に成立。のちに「国体総論」と改題。江戸後期の考証学者*大田錦城きんじょう(元貞)が孝経・四書を含む九つの経書を解説した「*九経談」(10巻)の総論部分を，昭道が逐一評論し批判を加えながら，錦城の考証を敷衍して儒教を相対化しようとしたものである。中国に起源をもつ儒教から中国の聖人崇拝も含めて中国的なるものを徹底して払拭し，「神皇の大道」という日本の特殊性に貢献する実学的側面のみを抽出する。特に尭ぎょう・舜しゅんの禅譲論などのように日本の君臣関係と矛盾する部分を排除する反面，洋学を含めた外国の学問受容の方法を確立させる。

泣血余滴 きゅうけつよてき　江戸初期の儒葬についての雑記。*林鵞峰がほうの著。1冊。1656年(明暦2)3月2日に没した鵞峰の母亀(*林羅山らざんの妻，荒川氏)は，喪葬の礼は鵞峰・読耕斎どっこうさい兄弟の意に任せると遺言した。それをうけた兄弟は，父羅山の許可のもと儒式の礼(「儀礼ぎらい」，朱子「家礼かれい」などを斟酌したもの)

によって喪葬を執り行った。その記録が本書である。魂帛こんぱく・銘旌めいせい・棺・神主しんしゅ・墓碑などの喪葬具の詳細と，哀・朝奠ちょうてん・夕奠・大斂だいれん・読祝どくしゅくといった喪葬儀礼の次第を記す。釈菜せきさい(*釈奠せきてんの小規模なもの)を実践するなど，宗教的側面をも含む儒教の全般的受容に努めた初期*林家りんけの実態を知ることができる。

旧辞 きゅうじ　「*帝紀ていき」とともに「*古事記」編纂の材料になったもの。「古事記」の序文には「本辞ほんじ」「先代旧辞」とも記されている。「帝紀」は，天皇家の系譜記事とみなされ，「旧辞」は系譜的記事を除いた「古事記」の物語部分の材料となったものとみる説が従来有力であった。しかし，「古事記」序では「帝紀」「旧辞」あるいは「本辞」をも含めて「勅語の旧辞」ともいっており，「帝紀」と「旧辞」は厳密には区別しがたいという説もしだいに支持をえてきている。これらの成立は6世紀初め頃と考えられている。

嬉遊笑覧 きゆうしょうらん　江戸後期の風俗百科事典。全13巻。1830年(天保元)の序。喜多村筠庭きたむらいんてい(1783?～1856)の著。居所・容儀(髪型など)・服飾・器用(日用道具)・書画・詩歌・商売など28項目に分けて，風俗関係の言語や事物百般について標目を掲出し，短文で説明を加えていく。和漢の古書を引き，故実こじつと俗説を記し，精細な知識を披瀝して江戸風俗の興趣ある記述になっている。著者は，「江戸名所図会」(1834～36)を書いた斎藤月岑げっしんと同様，江戸の町年寄しょやの一人喜多村家に生まれ，情報の蓄積される家でもあった。本書も長年の抄記をもとにしているという。富裕な家に育って，早くから学問に志し，*村田了阿りょうあ・*小山田与清ともきよと交友があった。

救済 きゅうせい　1282～1378(弘安5～永和4・天授4)　「ぐさい」とも。鎌倉末・南北朝期の連歌師。侍公じこう・侍従房・侍従公ともいう。*二条良基よしもとによれば「生得の上手双びなし」であった。善阿ぜんあの弟子で，和歌は冷泉為相ためすけに師事したという。門下の二条良基・周阿しゅうあとともに連歌三賢の一人である。良基を門下とすることによって，公家や武家の主催する連歌会かいで中心的な役割をはたすようになる。また良基の「*菟玖波集つくばしゅう」の

撰集や「*連歌新式」(「応安新式」)の制定などに協力し，連歌が和歌と同等の文芸として社会的に認識されるのに貢献する。また連歌の守護神に北野天神がなった背景に，救済と良基の*天神信仰があったとされる。

鳩巣上言録（きゅうそうじょうげんろく） →献可録

九大事件（きゅうだいじけん） (1)1927年(昭和2)，九州帝国大学法文学部でおきた法科教授内訌事件。同年9月の教授会において，木村亀二教授が刑事訴訟法講師推薦形式を問題として，風早八十二教授を痛烈に批判したことによって顕在化した。対立は同年春より継続していたが，事件を機に激化し，最終的に同年11月22日，文官分限令による6教授の休職処分で幕を閉じた。

(2)1928年(昭和3)の*三・一五事件に関連した左傾学生・教授らの処分事件。特別高等警察による三・一五事件の全国一斉検挙は九州帝国大学の学生にも及び，4月14日に文部省の招電で上京した大工原銀太郎総長は，厳重処分を要請された。19日には，学生4名が放学処分とされ，社会文化研究会が解散命令をうけ，24日には法文学部教授の石浜知行・向坂逸郎・佐々弘雄と同助手塚本三吉の「依願退職」が発令された。

及門遺範（きゅうもんいはん） *藤田幽谷の学問観・教育観について，弟子の*会沢正志斎が要約した書。1冊。1850年(嘉永3)成立。水戸藩校弘道館の教育目標である忠孝一致，文武不岐，学問事業の一致，敬神崇儒が，幽谷にすでにあったことを示すとともに，学者・教育者としての幽谷の一面を強調している。経学については「聖経」を根拠とする折衷的な立場であり，教育では門人の長所を伸ばし，個性を発揮させることをめざしていた，とのべる。また，寛政年間(1789～1801)のロシア使節来航に際しては，いち早く侵略の危機を抱き，朱子の論敵であった事功派の陳亮の上書を想起して，敵愾心を燃やしていたと伝えている。

糺問次第（きゅうもんしだい） *竹内式部が1758年(宝暦8)に京都町奉行所に召喚され，前年に続き2回目の糺問をうけた時のようすを記録したもの。この糺問は摂関家や重臣の告訴によるもので，式部の京都追放を武家の手で行わせ，それに乗じて桃園天皇の側近くに仕える近習衆を一蹴しようとした謀略であった。糺問の中心は，式部が公卿に軍学を講じ，かつ武芸を教授していたか否かに終始したが，彼は事実無根であると記している。しかし，公卿の求めとはいえ白川家や吉田家をさしおいて神書を講じたこと，浅見絅斎の「*靖献遺言」などを講じたこと，三本木へ洪水見物に公卿とともに行ったことを理由(冤罪)として，式部は私物没収のうえ，子の主計とともに京都追放に処せられた。→宝暦事件

救らい事業（きゅうらいじぎょう） 「らい病」患者を救うことを目的として民間宗教団体(特にキリスト教と仏教)が行った事業。「救らい」という言葉には，「救う者」と「救われる者」，「与える者」と「与えられる者」という上下・貴賤・浄不浄関係が内在する。この語は，「救らい」事業に携わった人々によってうみだされ使われてきたもので，ハンセン病者が積極的に使うことはない。近代日本の救らい事業は，1880年代から90年代にかけて仏・米・英のキリスト教宣教師による患者収容施設の開設に始まった。国家施策としては，1907年(明治40)の法律第11号「癩予防ニ関スル件」にもとづく全国5カ所の公立療養所設置が最初であるが，これは文明国・一等国の体面を保つための「浮浪患者」取締りを目的としていた。また，天皇制国家の慈恵的救済制度の要に位置する貞明皇后の救らい事業への関わりも大きい。1930年代に入り，軍国主義化とともに全患者の強制隔離が「祖国浄化・民族浄化」の旗印のもとに強力に推進され，善意に動機づけられた各種救らい団体の慰問・伝道・予防・啓蒙活動も，例外なく国策に伴走するに至る。戦後，特効薬プロミンの出現によってハンセン病は完治する病気となったが，病者の社会復帰・人間復帰は進まず，1996年(平成8)の「らい予防法」廃止までほぼ1世紀にわたって，隔離主義こそ人道主義であるという理念は救らい事業の中で生き続けた。

窮理学（きゅうり） 本来は朱子学による学問の方法論をさす言葉であったが，蘭学者たちによってオランダ語のNatuurkundeの訳語

として採用され，江戸後期・明治初期には西洋の近代自然科学，特に物理学を意味するようになった。朱子学は万物に内在する「理」を「窮」めることで，事物の法則と人間の道徳を同時に明らかにしうると説いており，蘭学者たちはこの窮理の思想に西洋近代科学に通じる一面を見出し，元来は異質な二つの思想をこの語を媒介として接合しようとしたのである。福沢諭吉の「訓蒙窮理図解」(1868)をはじめとして，明治初期には「窮理」を冠する多くの科学入門書が出版されたが，やがて*西周により自然科学の理と道徳の理が弁別され，この語は消えていった。

窮理通 きゅうりつう　江戸末期の自然科学書。全8巻。*帆足万里の著。1836年(天保7)完成。西洋自然科学の体系的記述をめざした，明治以前における洋学の最高水準の書とされる。帆足は同郷の*三浦梅園の影響下で*窮理学に関心をもったが，梅園よりも具体的・即物的に論じることを旨とした。18世紀のミュセンブルーク(Petrus van Musschenbroek)の科学啓蒙書やラランド(J. J. Lalande)の天文学書などをもとに，天文・地理地学・物理・気象学から度量衡までを論じる。なお，儒学の立場から西洋科学への批判もみられる。

究理或問 きゅうりわくもん　江戸後期の国学者*鶴峰戊申の著書。全2巻。1834年(天保5)成立。「究理新書」をのちに「究理或問」と改めたもの。広範囲な視野に立ち，本書は1818年(文政元)の「徴古究理説」，36年の「三才究理頌」とともに，その中核をなす「究理」の内実を明らかにしたものである。「序」に記すように，1818年の「天の真はしら」で論じた「地動説」をさらに深め，*青地林宗の「気海観瀾」や吉雄南皐(常三)の「遠西観象図説」の遺漏を補い，「天地万物造化ノ理」をわが国古伝の神に求めている。上巻では主に天文関係，下巻では物理現象に関する内容となっており，それぞれ設問を設けて解答するという問答形式になっている。

器用 きよう　元来は器物の役割をいう語だが，転じて人の才能・技能などについて用いる。特定の立場や役割にふさわしい才能があること。またその才能，才能のある人をいう。類語として*稽古・故実があるが，前者が努力・精進を，後者が知識や経験・実績などの後天的な要素を示すのに対し，器用はその人の家柄や嫡庶の別なども含めて，もって生まれた条件や能力をさし，それが特定の立場や役割に適合していることを意味する語と考えられる。

教育議 きょういくぎ　*教学聖旨をうけて，*伊藤博文が1879年(明治12)9月に自らの教育意見を奏上した文書。*井上毅の起草による。その反論の内容は次の通り。(1)風俗の弊は維新の激変から生じたもので，新教育の誤りではない。(2)学制頒布より日も浅く速効を求むべきではないが，教科書選択・教員訓条により修補する。(3)末琴にこだわって旧時の道徳復活のような国教樹立は政府の管制すべきところでない。(4)高等生徒の政談に傾くのは漢学徒に多く，むしろ工芸技術百科の学を広めることが必要である。こうした伊藤の議論に対し，教学聖旨を起草した*元田永孚はさらに「教育議附議」を草して答えたが，その中で「祭政教学一致，仁義忠孝」の「祖訓ヲ継承シ之ヲ闡明スル」という国教論を展開しているのが注目される。

教育時論 きょういくじろん　明治・大正期の有力な民間教育雑誌。岡村増太郎を編集人(のち湯本武比古主幹，堀尾石峰編集)として1885年(明治18)4月創刊。開発社より最初は毎月3回，5の日に発行。1934年(昭和9)5月の廃刊まで全1762号が刊行され，発行部数は創刊当初の約3万部から最盛期には20万部に達した。ヘルバルト主義の教育方法論争，義務教育費国庫負担問題，教員問題など時の教育評論・教育関係時事を，特定組織にとらわれない自由な立場から，一貫して批判的視点をもって報道した。たとえば*第一高等中学校(内村鑑三)不敬事件や*進化論についての論争なども，掲載された。執筆者は文部官僚から教員・文化人と多岐にわたるので，教育時局の実態の一側面を反映する資料でもある。

教育赤化事件 きょういくせっかじけん　左翼教員事件とも。1933年(昭和8)2月，長野県下で138人の検挙者をだした大規模な弾圧事件(二・四事件)。弾圧の対象は日本共産党・全協(日本労

働組合全国協議会)、および民主主義勢力を含むプロレタリア教育運動(新興教育)関係の小学校教員で、事件の関係者は被疑者600人余、検挙者138人、起訴された者28人、有罪の者13人、行政処分の対象者115人に上る。これを機に弾圧があいつぎ、教育労働者組合運動・新興教育運動はその活動を圧殺された。すでに1929年より32年に至る期間の小学校教員の「思想事件」は、1道3府23県にわたり35件、関係教員305人、うち免職になった者107人に上っていたが、この事件は「*思想善導」政策の新たな展開を示す象徴的意味をもった。

教育勅語 きょういくちょくご　公式には「教育ニ関スル勅語」。1890年(明治23)10月30日に発布された、臣民教育理念を示す明治天皇の勅語。明治10年代、*教学聖旨きょうがくせいしなど、仁義忠孝・尊王愛国の徳育を求める動きが生じたが、90年末の議会開幕をひかえて、帝国憲法体制に適う臣民形成が課題となっていた。同年2月地方長官会議の徳育涵養の建議を首相山県有朋やまがたありともがうけとめ、5月文相芳川顕正あきまさに徳教に関する箴言の編纂が命じられ、起草が始まる。文部省委嘱の中村正直まさなお案を、宗教上・哲学上の争論を招くなどと批判した、法制局長官*井上毅こわしが改めて起案し、これに*元田永孚ながざねが協力して勅語が完成した。

それは、(1)皇祖皇宗が国と徳を立て、臣民が忠孝を尽す優れた国体に教育の根源があるといい、(2)親孝行から国法遵守まで臣民が実践すべき14の徳目を連ね、危急の際には一身をなげうって皇運を扶翼よくせよとのべ、(3)この教育理念は皇祖皇宗の遺訓であるだけでなく、古今中外普遍の道徳である、としている。勅語は全国の学校に配布され天皇制教育の聖典と位置づけられて、国民道徳の絶対的規範となり敗戦まで多大な影響力をもった。戦後、新憲法・教育基本法の公布にともない、1948年(昭和23)6月、国会で排除失効決議がなされた。

教育と宗教の衝突論争 きょういくとしゅうきょうのしょうとつろんそう　明治20年代に、哲学者*井上哲次郎とキリスト教徒との間に交わされた一連の論争。1891年(明治24)、「*勅語衍義えんぎ」において国家中心の立場からする*教育勅語解釈の基本を示した井上は、92年、キリスト教は勅語の精神と相容れないという趣旨の談話を「教育時論」に発表、さらに「教育と宗教の衝突」と題する一文を同誌ほか数誌に掲載した。井上のキリスト教批判の要点は、キリスト教の平等思想や来世観、博愛主義、忠孝道徳の欠如などが、教育勅語の説く国家中心の道徳と抵触する、ということにあった。これに対してキリスト教界の指導者はいち早く応酬し、多数の文書が公にされたが、キリスト教は決して反国家的な宗教ではないとの弁明が主流を占めた。そうした中で*植村正久まさひさは、ピューリタニズムに由来する良心の自由の理念と政教分離の原理に則って、現実の国家は超越神のもとに相対化されるべきことを主張した。また*大西祝はじめは倫理学者の立場から、忠孝を普遍的原理として道徳体系を構築することは論理的に不可能であるとした。これら一連の文書は、関皐作こうさく編「井上博士と基督教徒」全3巻(1893)に収められている。

教育ニ関スル勅語 きょういくにかんするちょくご　→教育勅語きょういくちょくご

教育令 きょういくれい　自由教育令とも。明治期の学校教育全般に関する基本法令。(1)太政官布告第40号。1879年(明治12)9月29日公布。全47条。*学制の中央集権的・全国画一的制度を地方分権的に改めたもので、文部大輔*田中不二麻呂ふじまろが学監D.*マレーらと協力し作成した。主に小学校教育を規定し、学校の設置・廃止、教則・教科編成を地方学事当局へ委任、学務委員の公選制、就学義務を最低16カ月に緩和、学校以外の機関での普通教育の許可、教員巡回制の承認などをもりこみ、地方の実状、人々の自主性を重視した。その他、体罰や小学校を除く男女共学の禁止を規定する。

(2)改正教育令。太政官布告第59号。1880年12月28日公布。全50条。文部卿河野敏鎌とがまが原案を作成する。主な変更点は、文部省→地方官→府知事県令が選任・監督する学務委員へと縦組織による統制・干渉体制の復活・強化、および伝統的な徳育重視である。維新以後、開明派と儒学派の対立・論争が続いたが、1879年の「*教学聖旨」をはずみに後者の路線へと転回し、教育令も改められた。

(3)第3次教育令。太政官布告第23号。1885年8月12日公布。全31条。小学校経費の削減を目的に再改正し,翌年廃止。以後,初代文相の森有礼の時,学校種別の勅令方式を採用した諸学校令を新たに公布した。

狂医之言（きょういのげん） 江戸中期の蘭医学弁護論。1冊。*杉田玄白☆の著。1775年（安永4）成立。前年の1774年の「*解体新書」公表後,特に漢方医から寄せられた非難に応えるために,問答形式で書かれた。漢方医の反論の問いかけに答えて,西洋医学をとる根拠をあげる。狂医とは玄白が自らをたとえたものである。西洋解剖学の正確さ,経験に頼る漢方医薬に対して正確な知識と論理にもとづくオランダ医学の治療の正しさ,蘭方医の薬効を理解したうえでの処方などが称揚される。多勢の漢方医に対し,無勢の蘭方医が中国殷代の伯夷・叔斉にたとえられている。

狂雲集（きょううんしゅう） 室町時代の禅僧*一休宗純の漢詩集。一休の没後まもなく,門人たちが編集。写本・版本など諸本があるが,約1060首が知られている。頌古・偈・賛などを中心とし,兄弟子の養叟宗頤を批判した作品,森盲女への愛を素材にした作品で知られる。狂雲子と名乗った一休の伝説的な修道の生涯をうかがうために,「一休和尚年譜」「自戒集」などとあわせて読むべき基本史料である。

行円（ぎょうえん） 生没年不詳 皮聖・皮聖人・皮仙・横川皮仙とも。平安中期の聖。出自不詳。「日本紀略」によると,寛弘7（1010年）3月21日条に「元鎮西の人なり,生年六十余」とあり,九州の人で10世紀中頃の生れと考えられる。京に上り布教活動をしたが,前歴は不詳である。常に鹿皮を着していたため,皮聖と称された。また横川皮仙とも称されたことから,比叡山横川との関係が想定される。霊夢によってえた槻の樹で8尺の千手観音像を造り,1004年京都一条に建立した行願寺（革堂）に安置した。以後,この寺を中心に浄土教や法華経信仰にもとづく四部講や万灯会などを行い,庶民に信仰を広めた。一方,貴族層にも帰依者は多く,藤原実資が19年（寛仁3）多宝塔造立を依嘱したことが知られている。これ以後,晩年の事績は詳らかでない。

教王護国寺（きょうおうごこくじ） →東寺

景戒（きょうかい） 生没年未詳 「けいかい」とも。「*日本霊異記」の撰者。奈良薬師寺に属する僧であったが,私度僧の立場をも維持していた。紀伊国名草郡の出身とする説が有力で,「日本霊異記」巻下の第38に自伝的な記述がある。787年（延暦6）慚愧の心をおこし,その夜に旧知の沙弥鏡日の夢をみて,因果の理を意識した。また翌年には,自らの死体を焼く夢をみて長命か官位をえる啓示であるとした。はたして795年には伝灯住位の僧に任ぜられた。その後797年に男子の死に,800年には所有していた2頭の馬の死にあい,凶兆を意識した。法相教学にもとづきながら,男子や馬の死に対し陰陽道や天台宗への関心をも抱いていた。

京学（きょうがく） *藤原惺窩に始まる朱子学の学派。思想的なまとまりというよりも,師弟の人間関係によるつながりを特徴としている。惺窩の門人である*林羅山・*松永尺五・*堀杏庵・*那波活所らが第一世代である。林羅山は江戸に下って将軍家に,堀杏庵は広島藩・名古屋藩に,那波活所は和歌山藩に仕え,武家社会に朱子学を広めた。一方,松永尺五は京都で市井の儒者として活躍し,*木下順庵・*貝原益軒をはじめ多くの門人を育てた。順庵の門からは,*雨森芳洲・*新井白石・*室鳩巣らの俊秀が輩出した。狭義で京学という時は,藤原惺窩─松永尺五─木下順庵という系譜をさす。

教学刷新評議会（きょうがくさっしんひょうぎかい） 1935年（昭和10）2月,帝国議会における天皇機関説攻撃問題を契機に,文部省の国体明徴の訓令をうけ,同11月に文部大臣の諮問機関として発足した「教学ノ刷新振興ニ関スル重要ナル事項ヲ調査審議」するための評議会。その設置の趣旨は「西洋ノ思想,文化ノ弊トスル所ヲ除スルト共ニ,……国体観念,日本精神ヲ根本トシテ学問,教育」の刷新を図ることであった。1937年まで存続。文部大臣を会長とし,57名の委員には官・私立大学長,人文・社会科学系学識者以外に陸海軍関係者も加わり,審議の実態は軍関係者・国体主義者

きょう　238

や幹事となった伊藤延吉思想局長に主導された。以後，思想・言論の統制が一段と強化された。

経覚私要鈔 きょうがくしようしょう　「安位寺殿御自記あんいじどのごじき」とも。室町中期の興福寺大乗院門主である経覚(1395〜1473)の日記。日次記65冊・別記16冊。1415〜72年(応永22〜文明4)を収めるが，欠失も多い。内閣文庫は自筆原本を所蔵。一部には紙背文書もある。経覚は関白九条経教つねのりの子で，実兄孝円まうぇんの付弟として大乗院に入室した。38年(永享10)将軍足利義教のりの命に背いて大乗院門主の地位を追われ，一度門主に復帰したものの，45年(文安2)衆徒の抗争に関与して奈良から没落し，以後30年近く奈良の東郊古市に居住した。都合四度興福寺別当をつとめるなど，政治的手腕にすぐれた経覚は，大和一国に限定されない広範な情報を書き残しており，室町時代研究のための基本史料の一つとなっている。

教学聖旨 きょうがくせいし　1879年(明治12)夏，天皇の教育意見として内務卿*伊藤博文ひろぶみ・文部卿寺島宗則むねのりに示された文書。侍講*元田永孚ながざねの起草による。全般的な趣旨をのべる「教学大旨」と，具体的に小学教育の改善を提示する「小学条目二件」からなる。前者で，学制以来の教育は「専ラ知識才芸ノミヲ尚トビ」「徒いたずらニ洋風是競フ」ものであると批判し，今後は「専ラ仁義忠孝ヲ明カニ」することを求める。後者では，幼少から「忠孝ノ大義」を「脳髄ニ感覚セシメ」ること，農商の生徒には「高尚ノ空論」でなく本業にふさわしい教育の必要を論じている。この聖旨に対し伊藤は「*教育議」で反論したが，自由民権運動の高まりを背景に，儒教的徳育は81年頃から普通教育に導入されていく。

教科書制度 きょうかしょせいど　近代学校の教科書制度を概観する。1872年(明治5)以降「*学制」下では「小学教則」で，民間出版の啓蒙書や翻訳書の中から教科書として適当なものを指示するほか，官立師範学校で教科書を編集し府県へ普及を図った。やがて復古思想の台頭で文明開化教育が批判され，80年文部省編輯局で標準教科書の編集に着手した。さらに教科書取調掛を設け，全国調査のうえ不適当と認めるものを禁止した。81年「小学校教則綱領」は教授要項を規定して，これに準拠した学年ごとの教科書編集に道を開き，また各府県で使用する教科書を届出させた(開申制)。83年，小学校のみならず中学校・師範学校の教科書採択には文部省の許可をうる認可制となる。86年森有礼ありのり文相のもと検定制が導入された。はじめの検定規制は，教育上弊害のあるものを除く主旨であったが，「*教育勅語ちょくご」の発布後92年の改正で，内容の適正を認定するものとなった。その後，修身教科書などは国定であるべきとの論がおこり，1902年採択をめぐる大規模な教科書疑獄事件を機に，03年小学校の国定教科書制度が成立した。これはその後四度の改訂が行われ，さらに第2次大戦終りまでに中学・師範学校などの主要教科すべてが国定制になった。47年(昭和22)新学制の発足により現在の検定制となる。

行基 ぎょうき　668〜749(天智7〜天平勝宝元)奈良時代の僧。父は高志才智さいち，母は蜂田古爾比売はちたのこにひめ。俗姓は高志氏。682年(天武11)出家・得度した。一説に*道昭どうしょうの弟子となり，法相宗を学ぶ。一時薬師寺に止住した。盛んに民衆教化を行ったが，717年(養老元)行基とその弟子集団は，「妄りに罪福を説く」などの理由で僧尼令そうにりょう違反として弾圧の対象となった。しかし政府は，731年(天平3)には*優婆夷うばい・優婆塞うばそくであった行基の弟子たちの出家を許可した。743年，東大寺大仏造立の勧進を弟子らを率いて行った。これにより745年に日本初の大僧正に任じられた。749年(天平勝宝元)大和国菅原寺すがわらでらで没し，遺体は火葬にされ，同国平群郡生駒山東陵(のちの竹林寺)に葬られた。その生涯において四十九院しじゅうくいんを建て，架橋，築堤，狭山池や昆陽池こやいけなどの池溝開発，津の造営などの菩薩行ぼさつぎょうにもとづく社会事業を盛んに行い，行基菩薩とも称された。なおこれらの事業は伝道と結びついたもので，三階教さんがいきょうの影響とする説もある。その伝記と活動は，「続日本紀」天平21年2月2日条の行基卒伝，「大僧正舎利瓶記しゃりへいき」「*行基年譜」などや「日本霊異記」などの仏教説話集により知られる。

行基年譜 ぎょうきねんぷ　*行基の布教・寺院建立・社

会事業などについての諸史料を編年順に記した伝記で，行基に関する最も基本的な史料。跋文によれば，1175年(安元元)に治部少輔泉高父(いずみのたかちか)が著したもの。冒頭部は失われて原題は不明だが，本書を引く「行基菩薩縁起図絵詞(えことば)」では「安元(あんげん)記録」と称している。本書は菅原寺の記録類や「皇代記」「年代記」，さらに「行基菩薩伝」「三宝絵詞(さんぼうえことば)」あるいはこれと同系統の行基伝史料，「大鳥太神宮並神鳳寺(だいじんぐうならびにしんぽうじ)縁起帳」などを材料としている。伝本としては，1214年(建保2)の本奥書をもつ彰考館文庫本を謄写した明治期の東京大学史料編纂所本があるのみである。

行教 ぎょうきょう　生没年不詳　平安初期に*石清水(いわしみず)八幡宮を創立したとされる僧。紀魚弼(きのうおすけ)の子，また備後国の人山城守兼弼の子ともいう。大安寺で三論宗あるいは法相宗を学んだといわれる。859年(貞観元)3月，*宇佐八幡宮に清和天皇のための使として，一夏九旬の参籠をとげた際，行教に従って王城の側に国家を鎮護したいとの神託をえて，山城国男山(おとこやま)を霊区勝境と定めた。奏請によって9月に勅使が実検し，木工寮の橘良基(たちばなのよしもと)が正殿・礼殿各3字を造建した。翌年八幡大菩薩を勧請し，石清水八幡宮とした。行教が宇佐使(うさづかい)として派遣され，八幡大菩薩を勧請した背景には，彼の出自である紀氏が宇佐八幡宮と関係の深かったことが指摘されている。

教行信証 きょうぎょうしんしょう　*親鸞(しんらん)が著した漢文体の教義書で，*浄土真宗の根本聖典。正しくは「顕浄土真実教行証文類(けんじょうどしんじつきょうぎょうしょうもんるい)」。教・行・信・証・真仏土(しんぶつど)・化身土(けしんど)の6巻よりなる。親鸞自筆とされる坂東本(東本願寺蔵)の化身土巻に1224年(元仁元)の年号が記されているが，実際にはそれ以前に原型が完成していたと思われる。「無量寿経」を中心に，「華厳経」「涅槃(ねはん)経」などの非浄土系の経典や，「論語」までも引用し，自らの解釈を加えて，*念仏の意義を説く。とりわけ信巻では，阿弥陀の本願を信ずる心すなわち「信楽(しんぎょう)」の重要性が強調されている。

教訓抄 きょうくんしょう　鎌倉時代に書かれた，わが国最古の総合的な楽書。全10巻。狛近真(こまのちかざね)の著。前半5巻は歌舞口伝(かぶくでん)で，巻1～3は狛氏が相伝する舞曲，巻4は多(おお)氏ら他家相伝の舞曲，巻5は高麗楽(こまがく)。後半5巻は伶楽(れいがく)口伝で，巻6は舞曲がなく楽だけの曲，巻7は舞曲の淵源をたずね，舞曲全般にわたる心得を説き，巻8は管弦，巻9～10は打楽器などに関する口伝物語である。狛氏は興福寺の楽人であるとともに大内楽所(おおうちがくそ)の一翼を担う家柄だが，近真は子息がありながら後継者に恵まれず，古伝断絶の危機感から本書を著した。舞楽の実技を伝えることを目的とし，芸論を意図したものではないが，はからずも芸論めいた感想のもらされている部分もある。

教訓雑長持 きょうくんぞうながもち　江戸中期の*談義本。全5巻5冊，全5話。*伊藤単朴(たんぼく)の作。1752年(宝暦2)刊。*静観房好阿(じょうかんぼうこうあ)作「*当世下手談義(いまようへただんぎ)」(1752刊)に触発されて書いたと自序にあり，この2作が談義本の方向性を決めた。世相描写，言語遊戯の多用，談話形式によってストーリーを展開する点など，談義本の基本的特徴を備える。特に複数の登場人物が順番に意見を披露する形式を多用し，直前の意見を次の意見で相対化していくという展開を自覚的に用いることで，儒・仏・神三教のいずれもを絶対化せず一致も図らず，むしろ無節操に混淆し，談義本のもつ本来的な目的である平明な庶民教訓性を説く。加えて，主人をそしる使用人たちの輪話を聞く男が，他人をそしらずにいられない自身を内省する話(第3話)など，教訓・道徳の披瀝をこえて，人間の内省をモチーフとした，まさに小説的な視点をも有している。

教外別伝 きょうげべつでん　禅宗における，仏教の真髄についての考え方。他の仏教宗派では経典によって釈迦の教えを学ぶのに対して，禅宗では経典などの文字や言葉にとらわれることなく，以心伝心によって伝えられることの中にこそ，釈迦の教えの真髄があるとする。経典の中に記される釈迦の教えを「教内(きょうない)」といい，それを超えた深遠な奥義という意味で「教外」と称する。禅宗の同様の立場を表した別の言葉として，「*不立文字(ふりゅうもんじ)」ということもいわれる。

狂言 きょうげん　南北朝期におこった滑稽な芸能。滑稽劇の直接的な源流は平安時代，藤原明衡(あきひら)の著した「*新猿楽記(しんさるがくき)」に求めら

れる。ここでは「福広聖（ふくこうひじり）の袈裟求め，妙高尼の襁褓（むつき）乞ひ」といった風刺性をもった劇が演じられていたことが明らかであるが，演劇というには未熟で即興的であった。南北朝期において，下剋上の風潮が広まると，権力者に対する笑いの芸能が定着し，劇として洗練されてくる。ここに狂言が成立する素地がうまれる。少なくとも*世阿弥の頃には現在と同様の状況であったらしく，能と狂言が交互に演じられ，能の途中でアイが登場し（間狂言），「翁」の中で三番叟（さんばそう）は狂言役者が演じていた。笑いの中には純粋な滑稽さを表現するばかりではなく，風刺の笑い，祝言（しゅうげん）の笑いがあり，内容に即して脇狂言，大名狂言，小名狂言，聟・女狂言，鬼・山伏狂言，出家・座頭（ざとう）狂言などに分類される。室町時代の狂言をしのばせるのは1578年（天正6）の奥書がある「天正狂言本」であるが，あらすじだけが書かれており，なお流動的な芸であったと思われる。台本が作られるのは江戸時代になってからで，「大蔵虎明（とらあき）本」は1642年（寛永19）に書写された。

狂言綺語　きょうげんきご　仏の説いた「実語」に対して，とりとめもない道理にはずれた語，表面だけ巧みに飾り立てた語をいう。また仏教の立場から，詩歌・小説などの文芸や音楽・歌舞などの芸能をさしていう。もともと綺語は「無量寿経」などで悪の一つとされたが，唐の白居易（はくきょい）が狂言綺語である文芸を逆に功徳を積むことに転じたいと肯定的にのべた（「白氏文集（はくしもんじゅう）」）ことが，いちはやく*慶滋保胤（よししげのやすたね）らの*勧学会（かんがくえ）に影響を与え，また「*和漢朗詠集」を通じて流行し始めた。以後，狂言綺語と目される文芸もやがて仏道に通じるとの思想が，これまでの*文章経国（もんじょうけいこく）の思想に代わる新たな創作基盤になり，また天台の諸法実相の思想ともあいまって，文芸を第一義とする思想にまで発展して後世に広く影響を及ぼした。そして，中世には文芸を*陀羅尼（だらに）とみる思想や禅宗の詩禅一致の思想にまで展開するが，道元のように，あくまで狂言綺語をきびしく否定する立場をとる者もあった。

恭軒先生初会記　きょうけんせんせいしょかいき　「神学初会記」とも。*吉見幸和（よしみゆきかず）による神道学入門書。

1巻。陸奥国塩竈（しおがま）神社の神官藤塚知直（ともなお）は，1743年（寛保3）に吉見幸和（当時71歳）にはじめて面会し入門をはたした。その時，幸和は「学規之大綱」3カ条と神道概説を教授した。本書はその時の筆記録である。幸和にとって神道とは，尊敬し，かつ守るべき天皇の道であるという。それが天地開闢以来天下に充満しているからこそ，君臣の道は厳かに，祭政の法は正しく行われてきた。その事実を国史官牒（かんちょう）をもって考究することが，「国学」であると教授した。

狂言昔語鈔　きょうげんむかしがたりしょう　→わらんべ草（ぐさ）

姜沆　きょうこう　1567～1618　李朝（朝鮮王朝）中期の文臣。字は太初。号は睡隠（すいいん）。全羅南道霊光出身。本籍地は慶尚南道晋州。李朝初期の名儒，私淑斎姜希孟五世の孫。1593年科挙の文科に及第。朝鮮屈指の儒宗である李退渓（りたい）・李栗谷（りりつこく）らの学統を継ぐ。97年丁酉倭乱（慶長の役）で，藤堂高虎（たかとら）水軍の捕虜となり，日本に送られて満3年に及ぶ抑留生活を送る。その間，*藤原惺窩（せいか）・赤松広通（ひろみち）（播磨国竜野城主）と交遊し，朝鮮の儒学（朱子学）や孔子祭（釈奠（せきてん）の儀式）を伝える。惺窩は新注による四書五経の訓点本刊行を企てるとともに，儒学の仏教からの独立を天下に公表し，近世儒学の開祖と称されるが，惺窩の新儒学唱道を精神的・学問的に支援したのが他ならぬ姜沆その人であった。1600年（慶長5），惺窩・広通の援助をうけて家族とともに帰国した。著述として「看羊録（かんようろく）」を付載する「睡隠集」（1658刊）がある。「看羊録」（まず単独で1656年に刊行されている）は捕虜生活中の見聞記・報告書であり，「賊中封疏（ふうそ）」（賊中からの上奏文），「賊中聞見録」，「告浮人檄（えいげき）」（浮虜になった人々に告げる檄文）などを収める。同書には，朝鮮の儒学が姜沆を通じて近世日本の朱子学の形成に多大な影響を与えたことなど，当該期の貴重な史実がかなり正確に記されている。

教授グループ事件　きょうじゅグループじけん　→人民戦線事件（じんみんせんせんじけん）

行信　ぎょうしん　生没年不詳　奈良時代の*元興寺（がんごうじ）の僧。737年（天平9）*聖徳太子の著作という「法華経義疏（ほけきょうぎしょ）」4巻をはじめ，太子ゆかりの品々を求めて*法隆寺に施入した。

739年には斑鳩宮の旧跡に聖徳太子を慕って八角円堂（夢殿）を建立し、*太子信仰の興隆に尽力した。その間、738年律師に、747年大僧都に任じられ、750年（天平勝宝2）頃までの活躍が知られる。754年厭魅の罪を問われて下野薬師寺に流罪となった薬師寺の行信が、同人物か否かについては諸説がある。

匡正論　きょうせいろん　寛政の改革の一翼を担った大名の学問・人材論の書。*松平定信によって若年寄・老中格に抜擢された、陸奥国泉藩主本多忠籌（1739～1812）の著。1巻。成立年未詳。藩の財政建て直しに成功し、*佐藤信淵に「近来無双ノ英castingナル諸侯」（「経済要略」）と評された忠籌は、本書において、「実学の大才」として高く評価する*荻生徂徠の所説にもとづいた学問・人材論を展開している。忠籌は、立身の志を「利欲の様に思」う「宋学の弊風」を批判し、武士は文官＝役方と武官＝番方に関わりなく、徂徠のいう「安民の道」たる「先王の道」を学んで、「治国の補」とすることが「天職」であると説いている。また、詩文や茶の湯の「風雅」の道についても、護園末流の隠逸的な「虚学者」に堕することは否定するが、徂徠の公私分離論をふまえ、私的領域での人格陶冶の役割は肯定している。

鏡像　きょうぞう　御正体とも。鏡面や銅板に仏の尊像を線刻したもの。*本地垂迹説により、神体とされていた鏡に本地仏である仏像やその梵字を線刻したもの。遺品は平安前期の9世紀より存在するが、年記銘をもつ最古のものは988年（永延2）の阿弥陀五尊鏡像である。初期のものの製作には、天台僧のかかわったものが多い。従来、鏡像は日本独自のものとされていたが、朝鮮半島にも数面存在し、京都清涼寺の本尊釈迦如来像の胎内からは、宋代の水月観音鏡像が発見され、その成立と源流については再検討を要する。金峰山経塚や鞍馬寺経塚などからは、多くの遺品が出土している。

教相・事相　きょうそう・じそう　教相は*密教の教典の内容などの教理面の理論研究であり、事相は密教儀礼の具体的実際的な修習を意味する。密教では「事相・教相は車の両輪、鳥の双翼の如し」といわれるように両者は相即不離の関係にある。しかし、「大日経疏」巻8には「凡そ秘密宗の中には、皆因縁の事相によせて、もって深旨を喩す」とあるように、儀礼作法をとおして意識の深層へ向かい世界の本質へ迫るという、宗教的体験を重要視する密教独特の実践体系から事相の重要性が強調される。ことに事相は、師匠から弟子へ直接的に伝授されるため、平安後期から相承の流派が次々に分派し、東密の小野六流・広沢六流・台密十三流など多数の流派がうまれた。

教相判釈　きょうそうはんじゃく　教判・判教とも略称。インドにおいて長い歴史の中で編纂されてきたさまざまな経典が、短期間に前後無関係に中国に請来されたため、中国の仏教学者が独自の解釈で、釈尊が35歳の成道から80歳で涅槃に入るまでの45年間に多数の大小乗経典をすべて説法したとし、諸経典の教相や成立の順序などを解釈した経典解釈学をいう。5世紀に竺道生が原初教判を創説し、6世紀には天台宗の智顗が五時八教の教判を立てて後世の仏教学に大きな影響を与えた。日本では、中国の教判の伝統を引きながら*最澄が円密一致の教判、*空海が十住心判を展開し、それぞれの開宗宣言とした。また鎌倉新仏教では*親鸞の二双四重説、*日蓮の五綱（五義）などが行われた。

共存同衆　きょうぞんどうしゅう　明治前期の学術・言論団体。イギリス留学中の者たちが1873年（明治6）9月にロンドンで結成した日本学生会を母体として、1年後の74年9月に東京で結成した。創立時のメンバーは、小野梓・赤松連城・万里小路通房・尾崎三良・広瀬進一・松平信正・岩崎小次郎の7人である。板垣退助らによる民撰議院設立建白書の提出以降、朝野の対立の激しくなる時期にあって、その共存の道を探ろうとしたことからこの名が付けられた。その後会員は100名をこえたが、官吏が半数以上を占めた。ほかに大内青巒・島地黙雷らの仏教者なども参加している。「共存雑誌」の発行（75年1月～76年8月、79年3月～80年5月、全67号）のほか、77年2月に京橋区日吉町に共存衆館

きょう

を建てて同年6月から公開講談会を開いた。さらに79年3月頃に「私擬憲法意見」をだすなど，80年4月の集会条例の公布以前は積極的な活動をしたが，それ以後は同衆全体としての活動は少なくなった。西欧近代思想の紹介において積極的な役割を果たした。一方1875年1月，個人への誹謗を禁止するために「置讒謗律議」を建白したが，それが讒謗律制定の地均しとなったことも否定できない。

京大事件（きょうだいじけん） →滝川事件（たきがわじけん）

境致（きょうち） 禅宗寺院内の景観（堂塔・草木・池水など）につけた名。中国禅宗寺院の命名にならったもので，10カ所に命名したものは十境（じっきょう）とよばれる。たとえば「扶桑五山記（ふそうござんき）」には，東福寺の境致として，選仏場（僧堂）・栴檀林（せんだんりん）（衆寮）・竜吟水（りょうぎんすい）・甘露水（かんろすい）・通天橋（つうてんきょう）・二老橋（にろうきょう）・臥雲橋（がうんきょう）・思遠池（しおんち）・洗玉澗（せんぎょくかん）・三笑橋（さんしょうきょう）・五社宮（ごしゃぐう）・妙雲閣（みょううんかく）（山門）・無價軒（むげけん）（方丈書院）・千松林（せんしょうりん）・潮音堂（ちょうおんどう）（法堂）・解空室（げくうしつ）（普門方丈）の名が列記されている。禅林における「名づけ」の感覚がうかがえる一例である。

行智（ぎょうち） 1778～1841（安永7～天保12） 近世末の*当山派（とうざんは）の修験道教学者・悉曇（しったん）学者。俗姓松沼。阿光房と称す。江戸浅草の銀杏八幡宮の別当覚吽院（かくうんいん）に住し，当山派内では当山派総学頭・法印大僧都に補せられた。悉曇に関する数多くの著作のほか，修験道に関して「*木葉衣（このはごろも）」「*踏雲録事（とううんろくじ）」「鈴懸衣（すずかけごろも）」を著した。これらは，修験道に関係する故事や伝承，衣体（えたい）などに関して多数の文献を引用して考証するという形式のものである。

行地社（ぎょうちしゃ） →大川周明（おおかわしゅうめい）

経塚（きょうづか） 経典を後世に伝えるために地中に埋納した塚。仏教は，正法（しょうぼう）・像法（ぞうぼう）・末法（まっぽう）の三時ののち滅びてしまうという*末法思想が唱えられ，釈迦の滅後56億7000万年後，弥勒下生（げしょう）の際に備えて経典を残すために*埋経（まいきょう）が行われた。中国においては天台宗の二祖慧思（えし）（515～577）が始め，日本には*円仁（えんにん）が伝えたとされる。経塚のわが国での確実な初例は，1007年（寛弘4）*藤原道長（みちなが）が*金峰山（きんぷせん）に埋納したものである。平安後期，末法を意識し，また浄土信仰・山岳信仰とも結びつき，願主の作善（さぜん）をとおして追善・逆修（ぎゃくしゅう）・現世利益（げんぜりやく）などを求めるものとなり，隆盛をきわめた。埋納経には法華三部経や「阿弥陀経（あみだきょう）」「弥勒経（みろくきょう）」「大日経」「般若心経（はんにゃしんぎょう）」などがあり，紙本経の場合は経筒（きょうづつ）に入れ，仏像・仏具・鏡・刀子（とうず）・銭貨・装身具なども供養のために埋められた。

経筒（きょうづつ） →経塚（きょうづか）

教導職（きょうどうしょく） 1872年（明治5）の教部省設置にともない，国民教化のためにおいた無給の役職。主に神道家・神官・僧侶が任命された。この制度を設けた意図は，キリスト教への警戒心によるものであった。つまり，教導職設置以前に行われていた神道的色彩の濃い*宣教使による国民教化政策は十分な結果がえられなかったため，いわゆる三条の教則である「敬神愛国」「天理人道」「皇上奉戴・朝旨遵守」の道徳的内容を主とした教化を進めていくこととなったのである。等級は大教正（だいきょうせい）以下権訓導（ごんくんどう）までの14階級があり，活動の拠点として東京に大教院，地方に中教院，各寺社を小教院とした。しかし，神道的色彩の強い行事や説教の強要と，信教自由・政教分離を体した宗教家などの運動によって75年に大教院は解散し，77年には教部省も廃止され，84年になると教導職制度も廃止された。

京都学派（きょうとがくは） 京都帝国大学で*西田幾多郎（にしだきたろう）の門下生ならびに西田の影響をうけた同僚たちを総称してつけられた名称。命名者は*戸坂潤（とさかじゅん）。彼の「京都学派の哲学」（1932）で使われたのが最初である。その時代，影響の範囲と特色は広く，定義は困難であるが，大橋良介の「〈無〉の思想をベースにして哲学の諸分野を形成した，数世代にわたる哲学者グループ」が妥当であろう。その哲学の範囲は，科学・技術・美学・教育・言語・歴史・宗教にわたっている。その立場も，マルクス主義から反マルクス主義までを網羅して，さらに研究に専念する者から，積極的に一般の雑誌に論文を掲載し時局を論じる者など種々である。共通していることは，西洋の学問に

深く学びながらも、東洋の伝統から自らの思想を構築しようとしたことである。その一つが前述の〈*無〉の思想であり、その内実は禅仏教から学んだものであるが、必ずしも禅仏教にこだわらず、広く東洋の伝統を視野にいれている。その全貌は「京都哲学撰書」第1期全15巻、第2期全15巻で明らかにされた。
→世界史的立場と日本　近代の超克

郷土芸能　きょうどげいのう　→民間芸能みんかんげいのう

京都南蛮寺　きょうとなんばんじ　→南蛮寺なんばんじ

行人方　ぎょうにんかた　→高野三方こうやさんかた

凝然　ぎょうねん　1240〜1321(仁治元〜元亨元)　鎌倉時代の東大寺の学僧。伊予国越智郡の人。円照えんしょうに師事し、また*宗性そうしょうをはじめとする多くの学匠と交流した。膨大な著作をなしたといわれ、「五教章通路記ごきょうしょうつうろき」や「梵網戒本疏日珠抄ぼんもうかいほんしょにちじゅしょう」「十住心論義批じゅうじゅうしんろんぎひ」など、華厳・律・真言ほか多宗派にわたる述作が知られる。なかでも、南都諸宗や天台・真言、および新興の禅・念仏諸宗の歴史や教理などの概要をまとめた「*八宗綱要はっしゅうこうよう」は著名で、現代に至るまで日本仏教の入門書として高く評価される。また、中世仏教史の叙述として注目される「三国仏法伝通縁起さんごくぶっぽうでんずうえんぎ」などが知られ、のちの虎関師錬こかんしれんの「*元亨釈書げんこうしゃくしょ」の成立にも影響を与えた。

教派神道　きょうはしんとう　幕末・維新期に神道的伝統にもとづいて形成され、勅裁によって公認された神道十三派の宗教的色彩の濃厚な教団の総称。神道十三派とは、*黒住くろずみ教・神道修成派・出雲大社いずもおおやしろ教・扶桑ふそう教・実行じっこう教・神習しんしゅう教・神道大成たいせい教・御嶽おんたけ教・神道大しんとうだい教・*禊みそぎ教・神理教・*金光こんこう教・*天理てんり教である。明治維新当時、迫り来る欧米列強による帝国主義の進出などの国際情勢に危惧し、日本の伝統的精神文化を高揚した教祖・開祖らによってそれぞれ教理が示され、あらゆるへだたりをこえて積極的な教化が展開されたのを特色とする。1895年(明治28)に各教団の管長・教主の集まる連合体として結成された神道同志会は、以降、1934年(昭和9)に教派神道連合会と改称し、56年に大本おおもとが加盟するなど、現在、12教派の協調体制によって理事会や青年会議が開催

されている。日本宗教連盟の活動に寄与しつつ、世界連邦日本宗教委員会や世界宗教者平和会議(WCRP)・比叡山「宗教サミット」などに参加し、宗教協力による万教同根・平和促進が行われている。

教判　きょうはん　→教相判釈きょうそうはんじゃく

教部省　きょうぶしょう　→神道国教化政策しんとうこっきょうかせいさく

京門記　きょうもんき　→明月記めいげつき

教諭所　きょうゆしょ　江戸後期、幕府や諸藩が成人教化のために設けた教育施設。幕府代官であった早川正紀はやかわまさとしが、支配地の美作国久世(現、岡山県真庭市)に設けた典学館てんがくかん(1791)、備後国笠岡(現、岡山県笠岡市)においた敬業館けいぎょうかん(1797)、甲斐国石和(現、山梨県笛吹市)の代官であった山本大膳だいぜんが設置した由学館ゆうがくかん(1824)などが古く、その代表的なものである。月に数回の定日を設けて講席を開き、儒教の古典や*教諭書を用いて日常に要用の徳を説き、生活向上の心得を諭した。教諭所のうちには青少年の教育を対象とする*郷校ごうこうの機能を兼帯する施設が多く、また信濃国須坂藩の教倫舎きょうりんしゃをはじめ*心学講舎をそのまま充当したところも少なくなかった。

教諭書　きょうゆしょ　江戸時代、幕府・諸藩が編集・上梓して領民に頒布した庶民教訓書。政教一致を旨とし、為政者が制令し諭告した文書を諭達ゆたつ、良書を編纂し公刊して民衆の読書力に訴えたものを教諭書という。徳川吉宗が室鳩巣むろきゅうそうに命じて作らせた「*六諭衍義大意りくゆえんぎたいい」(1722)などが先蹤である。ほかに、幕府代官の早川正紀が支配地の美作国久世(現、岡山県真庭市)において刊行した「久世条教くぜじょうきょう」(1799)、同じく池田祖季の大和国五條(現、奈良県五條市)での「五條施教ごじょうしきょう」(1805)、同じく山本大膳だいぜんの甲斐国石和(現、山梨県笛吹市)での「教諭三章」(1822)をはじめ多数にのぼる。これらは、庶民教育をになう*郷校ごうこう・*教諭所・*寺子屋、また家庭学習でテキストに使われ、庶民教化の思想史において重要な史料の一つとなっている。

教養主義　きょうようしゅぎ　広い意味では、大正期以降、旧制高校に学ぶ青年を中心にして広がり、戦後の男女大学生をも、1970年代初めま

で支配した文化をさす。そこでは大量でしかも高尚な読書や芸術鑑賞が,若者の当然の嗜みであるとされた。だが,思想史上の問題として重要なのは,上にみたような読書階層の登場と,岩波書店を代表とする出版文化の隆盛とを基盤に登場した,大正期の思想動向としての教養主義(唐木順三が「現代史への試み」が「教養派」と命名したもの)であり,*阿部次郎・*和辻哲郎・*倉田百三らを代表とする。その主張は,人生の目的を,自分自身の内面を陶冶し,高い人格へと高めることにおく*人格主義の発想を中心とし,人格向上の手段として,古今東西の哲学・芸術・宗教を摂取することを必須とした。したがって,世界中の優れた文化を吸収しようとするコスモポリタンな姿勢が大正期の国際協調主義に,向上の機会を万人に広げようとする主張が社会改革の風潮に,それぞれつながって支持を集めた。しかし昭和初期には,*マルクス主義と国粋的風潮との台頭によって,最新流行の思想という輝きを失うことになる。

共和演説事件 きょうわえんぜつじけん 1898年(明治31)第1次大隈内閣の文相*尾崎行雄の舌禍辞職事件。尾崎は帝国教育会で行った演説の中で,当時の金権政治や拝金主義の風潮を非難して,日本で共和政治(大統領制)が行われる気配はないと前置きしながらも,日本で共和政治が行われると仮定すれば三井・三菱は大統領候補になるであろうとのべた。この比喩的に用いた一節を捉えて「東京日日新聞」が尾崎を共和主義者と攻撃し,これが宮中・貴族院などで政治問題としてとりあげられることになった。尾崎は宮中に参内して陳謝したが,不信任の意が伝えられ辞職を余儀なくされた。また,この問題をめぐって最初の政党内閣であった大隈内閣は分裂し,総辞職した。

居家 きょか →在家

清明心 きよきあかきこころ 「続日本紀」の*宣命に「あかきよきこころ」として表れる政治倫理。清らかで曇りのない心情だが,一般的な社会道徳ではない。天皇の歴代の統治に臣下が明き浄き心をもって仕え奉り補佐することで,天下の平安をえることができるという文脈で用いられるものであり,王権を軸とした君臣関係にかかわる政治倫理である。

曲芸 きょくげい 芸としてみせる特殊な技のこと。古代においては唐の散楽の中に曲芸が含まれ,輪鼓・弄玉などが演じられていたことが「弾弓図」(正倉院蔵)や「信西古楽図」などからうかがえる。これらの曲芸は,その後*田楽に引き継がれ,高足・一足・品玉などとよばれる芸をみせていた。しかし田楽はこうした曲芸を排し,田楽能とよばれる演劇として進展していったので,曲芸はわずかに*放下などによって演じられ,芸能の主流からははずれてしまう。中世には曲馬や曲鞠などに名残をとどめるが,曲鞠は江戸時代に入っても流行した。近代では寄席芸の一つとして命脈を保っている。

玉籤集 ぎょくせんしゅう *垂加神道の秘伝集。全8巻。*玉木正英が*山崎闇斎や*正親町公通・*出雲路信直らの神道説に自説を加えて編集し,垂加神道の体系化を図ったもの。1725~27年(享保10~12)頃成立か。本書は,神書を理解するために必要な「天人唯一之伝」「土金之伝」「四化之伝」を巻1にあげ,次に「日本書紀」神代巻(巻2~5,ただし最極秘伝の三種神器伝と神籬磐境之伝などを除く)や神武天皇紀(巻6),そして中臣祓(巻7)を理解するために必要なそれぞれの秘伝,最後に神体勧請や霊魂に関する秘伝(巻8)の5部構成になっている。

曲亭馬琴 きょくていばきん 1767~1848(明和4~嘉永元) 江戸後期の読本作者。本姓は滝沢。名は興邦のち解,通称は左七郎・左吉,別号に著作堂主人・蓑笠漁隠など。旗本松平信成に仕える家臣の家に生まれたが,出奔して*山東京伝の弟子になり戯作者として歩む。1802年(享和2)の上方旅行を境に,本格的な読本を書き始め,「椿説弓張月」(1807~11刊)や「*南総里見八犬伝」(1814~42刊)などの約40点の作品を残した。中国白話小説の結構をかりた規模の雄大な史伝物を中心に,歴史上不遇・薄命に終わった人物の英雄的な人生を描き,因果応報・勧善懲悪の理法を小説の中に寓意している。ほかに黄表紙・合巻などの草双紙,公

刊・未刊の随筆，日記・書簡・家記（「吾仏乃記（あがほとけの）」）の私的なものを含めると膨大な量であり，真に著作の人であった。大衆的な出版文化の成立により，作者が著作料を生活の資にすることができた珍しい例である。生活記録からみるかぎり，謹厳で実直・克明な性格がうかがわれ，終生，武家出身の階級的な自負心を失わなかったようである。

玉葉（ぎょくよう）→九条兼実（くじょうかねざね）

清沢洌（きよさわきよし） 1890〜1945（明治23〜昭和20）大正・昭和前期の評論家・外交史研究者。第2次大戦下，平和・国際協調外交の論陣を張ったリベラルなジャーナリスト。長野県出身。1903〜06年（明治36〜39）長野県穂高の研成義塾（けんせいぎじゅく）において*井口喜源治（いぐちきげんじ）より学び，師のピューリタニズムにもとづく信念（日本的基督教）にふれ，生涯その信念を思想形成の基盤とした。卒業の年に労働移民として渡米し，苦学の末「北米時代」「新世界」「羅府（らふ）新報」など在米日系新聞の記者をへて，大正デモクラシー期の日本に帰国する。軍国主義ファシズムの強まる中，*石橋湛山（たんざん）・*長谷川如是閑（にょぜかん）らと交流し，その節を曲げなかった。ことに日本文化や教育にみられる形式主義・注入主義の弊を力説し，豊富な知識・情報の裏付けにより国際関係の現状を解説した。その忌憚ない社会批評は，戦時中の42〜45年（昭和17〜20）の「暗黒日記」によってもよく知られる。「清沢洌選集」全8巻がある。

清沢満之（きよさわまんし） 1863〜1903（文久3〜明治36）明治期における近代的仏教の先覚者。号は臘扇（ろうせん）など。父は名古屋藩士徳永永則，母はタキ。名古屋の人。1888年（明治21）愛知県大浜の西方寺（さいほうじ）に入り，清沢姓になった。最初医学を志し愛知県医学校に入るが，まもなく退学する。1878年京都に行き得度をうけ，東本願寺育英教校に入学する。東京留学を命ぜられ，82年東京帝国大学予備門に編入学，翌年文学部哲学科に入学する。*フェノロサのヘーゲル哲学講義などに感銘をうけ，87年大学院で宗教哲学を専攻する。第一高等中学校・哲学館に出講することになったが，本山から乞われて翌88年京都府立尋常中学校校長になり，かたわら高倉大学寮で哲学・宗教哲学を講義する。同年清沢やす子と結婚。90年校長を辞して禁欲生活に入り，「*歎異抄（たんにしょう）」などに親しむ。翌年母タキが没し，禁欲はきびしさを増し，やがて結核になり兵庫県須磨に転地療養する。

92年「*宗教哲学骸骨（がいこつ）」を出版，翌年英訳がシカゴ万国宗教大会で好評をえる。西洋の学問の素養と近代的な宗教理解の成果であろう。かねてから両堂再建などによる負債整理に追われて教学をおろそかにした本山を批判していたが，95年南条文雄（ぶんゆう）・村上専精（せんしょう）ら12名と宗務の根本方針を教学におくべきことを建言する。翌年稲葉昌丸（まさまる）ら5名の同志と京都白川村に教界時言社を設け，さらに翌年，大谷派革新全国同盟会を結成したが失敗，除名処分をうける。この頃「阿含経（あごんきょう）」に親しむ。98年除名処分を解かれる。この年「エピクテタスの語録」を読む。翌年東京にでて新法主大谷光演（こうえん）の補導の任，真宗大学建築係となる。*暁烏敏（あけがらすはや）らと共同生活を始め，浩々洞（こうこうどう）と名づけた。1901年には真宗大学学監になる。雑誌「精神界」を創刊，「精神主義」など多数の論文を発表，*精神主義を唱道する。02年学校騒動のため学監をやめ，西方寺に帰る。翌年5月30日に絶筆「我が信念」を脱稿，6月6日没した。「清沢満之全集」全9巻などがある。

虚実皮膜論（きょじつひまくろん）→難波土産（なにわみやげ）

馭戎慨言（ぎょじゅうがいげん） 「からをさめのうれたみごと」とも。神代から豊臣秀吉の朝鮮出兵に至る中国・朝鮮との交渉を対象とした外交史論。*本居宣長（もとおりのりなが）の著。全2巻4冊。はじめ「待異論」と称して1777年（安永6）に初稿が成立，翌年に改称し浄書され，96年（寛政8）に刊行。日本の優越性を論じ，天皇の尊貴性という認識にもとづいて内尊外卑の主張を徹底し，その観点から為政者への史的評価がなされている。ただし，幕末・維新期のような現実的危機に直面しての排外論ではなく，国内の儒者やその追随者に対する批判に目的があることに注意しなければならない。また別に，卑弥呼（ひみこ）をはじめとする中国史書の日本関係の叙述に対する宣長の分析もみられ，古代史論上の意義もある。

毀誉相半書（きよそうはんしょ） *平田篤胤（あつたね）について，

彼を知る同時代の学者や文人の評判をまとめたもの。主として書簡類をその内容とする。全2巻。1834年（天保5）に*平田銕胤が記した同書の序によれば、1823年（文政6）の篤胤上京に際して、*本居大平が鈴屋門人たちの篤胤について是非両方の評判を記録しており、これが三河国の気吹乃舎門人である羽田野敬雄の筆写をへて篤胤のもとにもたらされた。銕胤がこれに記事を追加して、最終的な形に至った。鈴屋門人たちによる篤胤の評価が具体的にわかるとともに、同門の*服部中庸が篤胤を高く評価していたことが理解される。版本として出版されたのは、75年（明治8）になってからである。

清原枝賢（きよはらのえだかた） →清原枝賢（きよはらのしげかた）

清原国賢（きよはらのくにかた） 1544～1614（天文13～慶長19） 近世初頭の神道学者。明経道家清原氏の出身。舟橋姓。*清原枝賢の子。1599年（慶長4）少納言兼侍従となり、大蔵卿・非参議をへて、1607年11月従三位に叙す。「慶長日件録」によれば、叙位の日に出家する。忌部正通の「神代巻口訣」、吉田兼倶の「*神代巻講義」、一条兼良の「*日本書紀纂疏」をあわせて注解した「日本紀神代合解」12巻を編纂した。また後陽成天皇の命で印行された慶長勅版「日本紀神代巻」の奥書を作成した。ほかに「周易図暦略訣」「深窓秘抄」「神代最要集」などの著作がある。

清原枝賢（きよはらのしげかた） 1520～90（永正17～天正18） 「一えだかた」とも。戦国・織豊期の儒学者・和学者。キリシタン史料には外記殿とあるが、1535年（天文4）平安時代以来清原家世襲の大外記となる。59年（永禄2）少納言・侍従、63年宮内卿。同年、松永久秀の依頼で結城忠正とともにイエズス会司祭*ビレラと宗論をするが、ともに奈良で受洗した。霊名不詳。祖父宣賢に次ぐ清原博士家の名儒で、*吉田神道の伝授者兼宮内卿の受洗は世評にのぼるが、81年（天正9）正三位の叙任直後に出家し法名道白と称したので、棄教したものと思われる。大内義隆や松永久秀の師であった。娘の*清原マリアは細川忠興の室玉子（あるいは玉。*細川ガラシャ）の侍女頭で、玉子に授洗した。

清原宣賢（きよはらののぶかた） 1475～1550（文明7～天文19） 戦国期の儒学者・神道学者。環翠軒と号す。吉田神道を大成した*吉田（卜部）兼倶の第3子であり、幼時に明経道家の名門清原家に入り、宗賢の養子となる。1501年（文亀元）に直講と少納言に任ぜられ、03年宗賢の死により家督を継ぎ、翌年昇殿を許された。若くして*三条西実隆と学問的交流があり、嫡子の公条の師となった。26年（大永6）正三位に叙せられるが、29年（享禄2）2月、大徳寺で出家し法名を宗尤と号した。後柏原天皇・知仁親王（後奈良天皇）・方仁親王（正親町天皇）・将軍足利義尹（義稙）をはじめ、貴族・僧侶に儒書を進講し、また地方に赴き、能登国守護畠山氏や若狭国守護武田氏に「中庸章句」「孟子」などを講じた。四書五経に関する抄物類をはじめ、*一条兼良や実父の兼倶と「日本書紀」の研究を進め、「*日本書紀神代巻抄」や、三条西実隆から聞き書きした「伊勢物語惟清抄」を著した。また清原家の家学である儒学と兼倶の吉田神道の素養をもとに、神儒一致の*清家流神道を唱えた。建仁寺に残された著作「宣賢抄」は、林羅山の学問に影響を与えた。50年（天文19）7月12日、越前国守護朝倉氏の招きで滞在していた一乗谷に76歳で没した。

清原マリア（きよはらマリア） 生没年不詳 *清原枝賢の女。「おいとの方」とよばれ、細川忠興の室玉子（*細川ガラシャ）の侍女頭となり、ともに大坂の教会をひそかに訪れた。その後玉子の連絡係として教義を学び、イエズス会司祭セスペデスから大坂の教会で受洗し、霊名マリアと称した。1587年（天正15）豊臣秀吉の*伴天連追放令下にもかかわらず、玉子の懇請により剃髪して貞潔を誓い、司祭セスペデスの指導をうけて玉子に授洗し、ガラシャの霊名を授けた。

御物御画目録（ぎょぶつぎょがもくろく） →御物御画目録（ぎょもつぎょがもくろく）

清水寺（きよみずでら） 京都市東山区に所在する北法相宗の本山。山号は音羽山。*西国三十三所観音霊場の第16番札所。この地に庵を結び練行していた大和子島寺の住僧延鎮に、坂上田村麻呂が帰依・助成し、798年（延

暦17)に十一面観音を造像・安置して建立した。805年には桓武天皇の勅願所に列せられたという。のち興福寺の末寺となり，祇園感神院ぎおんかん(祇園社)との対立や興福寺と延暦寺との抗争にまきこまれて，しばしば兵火にかかった。一方，当寺の本尊は*観音信仰の高まりとともに貴顕・庶民の信仰を集め，平安時代の物語・日記などに「清水詣きよみづもうで」ほかの盛況がうかがえ，その霊験利生譚も「今昔物語集」などの説話集や中世文芸にも広く散見する。現本堂は江戸初期の建立で国宝。

清水物語 きよみづものがたり 江戸前期の*仮名草子。全2巻2冊。*朝山意林庵いりんあんの作と推定される。1638年(寛永15)刊。京都清水寺を舞台として上巻では順礼と翁との，下巻では談義僧だんぎそう，茶屋の主人，馬追いなどの問答形式により論を展開する。仏教に対する儒教朱子学の優位性の宣揚を眼目とし，話題は観音の利生の是非，学問，人性，処世，師友，君臣の論から，来世をたのむ仏教は現実逃避的であること，徳川新政権への政道批判も含む当代世相の追腹ぷく・牢人問題にまで及び，天道どう論を展開して締めくくる。経書から中国古代の聖賢の故事を多用し知識啓蒙的な傾向も強く，同時代の如儒者じゅしゃらと比較すると穏当な見解が多い。「*祇園ぎおん物語」「大仏物語」「糺ただ物語」などの追従書・反駁書をうみ，これに神道が加わり，教訓的仮名草子の三教論の系譜を作った。

桐 きり →鳳凰と桐ほうおうときり

切紙 きりがみ 中世後期，秘説を伝授するにあたり，一事を一紙に書いて師が弟子に与えた文書。密教各派において平安後期から伝授された*印信いんじんと似ている。和歌では歌道伝授・切紙伝授・*古今こきん伝授などといい，1471年(文明3)*東常縁とうつねよりが*宗祇そうぎに「古今和歌集」の講釈を行ったのち，累代の秘説を切紙で伝授して以来重視された。神道・修験道・易学・医学などにも切紙が行われた。禅宗では，曹洞宗において印可証明にともない，室内嗣法の儀礼，在家葬送や供養の儀礼，宗旨の秘訣などをこの方法で伝授した。要旨を書いたもの，図示したもの，問答体の説明という3種の形態があり，多くの切紙を一括書写する方法もある。その多くは近世宗統復古運動の中で排斥され，曹洞宗学で否定されてきたが，近年においては国語学資料として注目される。また，教団が急激に発展した時期の現場での教学内容を伝える資料として貴重であり，石川力山によって体系的な収集・紹介が行われた。臨済宗幻住派げんじゅうはにも曹洞宗にならった切紙伝授があった。

キリシタン キリスト教あるいはキリスト教徒を意味するポルトガル語christãoに由来する日本史上の術語。1549年(天文18)*ザビエルの開教から1873年(明治6)禁制の高札こうさつ撤去までの，日本カトリック教会の信者および宗門をさす。表記法には「きりしたん」「キリシタン」「吉利支丹」「幾利紫旦」などあるが，1680年(延宝8)以降5代将軍徳川綱吉の諱をさけて「吉利支丹」が「切支丹」となり，さらに「鬼利支丹」「鬼理死食」「奇栗吃弾」などと宛てられた。

キリシタン史は三つの時期に分けられる。第1期は1549〜87年(天文18〜天正15)，布教公認の時代である。ザビエルの来日後，九州・四国・京畿地方で布教が行われ，*キリシタン大名が九州・京畿で誕生し，京都では織田信長の保護のもと，布教は順調に進展した。ザビエル退去時(1551年)に約700名であった信者が，70年(元亀元)に約3万人，信長の時代に15万人，豊臣秀吉による*伴天連ばてれん追放令の頃に23〜24万人になった。

第2期は1588〜1614年(天正16〜慶長19)，布教黙認の時代である。秀吉による迫害は開始されたが，伴天連追放令は事実上実施されなかった。また彼の死後，政権が関東の徳川家康に移ったことから布教活動は東国へ拡大し，全国的規模になった。しかも家康が布教を黙認したので，信者数は1614年に50万人(一説には37万人)になったという。

第3期は1615〜1873年(元和元〜明治6)，禁教・迫害の時代である。家康のキリシタン禁教令の発布により，宣教師の国外追放，教会の破壊，信者の摘発が全国規模で徹底的に実施された。この結果，大部分の信者は「転び」(棄教)，拒んだ者は処刑され*殉教した。その数は判明しているだけで4045名に上る。「転び」のうち，表面的に仏教徒となり，ひそかにキリシタン信仰を続けた人々(隠れキ

きりし

リシタン)がいる。彼らの子孫の中には今日までその信仰を守っている人々がいる。

貴理師端往来(キリシタンおうらい) 1568年(永禄11)頃、肥前国五島(ごとう)で編まれたと推定される成人用の書籍見本集で、往来物の一種。ローマのカサナテンセ図書館蔵で、表紙その他の本文中に「日本のアルファベット(いろは)」と記されている。当時五島で布教していたイタリア人イエズス会司祭A.バラレジオの署名があるが、編者は、領主宇久純定(すみさだ)に近い立場にあった日本人か、キリシタン内部に通じた日本人能筆家であろうと思われる。「いろは」や漢数字以外に、キリシタン関係書状30通が収められ、各種文体を示す文例が難易度別にあげられている。キリシタンの唯一創造主宰神*デウスの訳語「天道(てんどう)」の初出文書である。

キリシタン禁制(キリシタンきんせい) 豊臣秀吉は、1587年(天正15)統一政権による最初の禁令「*伴天連(ばてれん)追放令」を発し、97年2月(慶長元年12月)長崎で宣教師ら26名を処刑した。徳川家康が当初は平和外交を進めてキリシタン信仰を黙認した結果、諸修道会の活動は活発化し、*キリシタンは最盛期を迎え、37万人にのぼったと推定される。しかし、すでに1602年フィリピン総督宛朱印状に禁教の意志を表明し、04年にもキリシタン布教の厳禁を通告していたが、一方、教会に対する援助とキリシタンによる長崎統治を命じ、06年には伏見で日本司教セルケイラ、翌年には駿府で日本準管区長パシオを引見した。しかし12年の岡本大八(だいはち)事件を機に、直轄領に対し「伴天連門徒御禁制也」とはじめて明確な禁教令を公布し、14年に*金地院崇伝(すうでん)がキリシタンを「邪法、神敵仏敵也」と起草した伴天連追放令を全国に発して、宣教師らをマカオとマニラへ追放し、禁教は本格化した。

16年(元和2)2代将軍秀忠は、ヨーロッパ船の入港を平戸と長崎に限定して外国人の入国を禁止し、22年、長崎で55名の宣教師・信者を処刑した(元和(げんな)の大殉教)。禁教の原因は、キリシタンの神*デウスを唯一絶対視した寺社の破壊と強制改宗、キリシタンによる反幕府勢力の結集、これに荷担する外国勢力への警戒、殉教者礼讃という幕藩体制の法秩序に対する反逆思想、祖先崇拝の否定などである。

3代将軍家光は24年(寛永元)スペイン船と断交し、禁教関係諸法令を発し、33年以降は日本人の出入国禁止、長崎出島の建設による南蛮紅毛人(なんばんこうもうじん)の隔離策を進め、内外のキリスト教組織間の連携を断ち切った。特に37～38年の*島原の乱に衝撃をうけ、これを契機とし国是としての海禁(いわゆる「*鎖国」)体制を確立し、ポルトガル船による日本貿易の禁止、宗門改役(しゅうもんあらためやく)の新設、訴人褒賞と*寺請(てらうけ)制度、*絵踏(えぶみ)、転び起請文(きしょうもん)の徴集、漢訳教義書の輸入禁止など、宗門改の体制を整備・強化して禁教政策を徹底させ、幕末に及んだ。1873年(明治6)明治政府は禁制の高札(こうさつ)を廃止したが、キリスト教を黙許するに至ったのは76年以後である。⇒日本二十六聖人

切支丹宗門来朝実記(キリシタンしゅうもんらいちょうじっき) 17世紀末から18世紀初頭に成立したと推定される、当時庶民の読物として最も流布した排耶稗史(はいやはいし)俗説書の代表的な書。江戸後期に多くの転写本が作られ、庶民のキリシタン邪宗門観の形成、幕末期の*排耶論の有力な根拠となった。編著者は不明であるが、初期の排耶書の中から若干の史実を採用して実録風の体裁をとりながら、荒唐無稽な物語を作為して、織田信長・豊臣秀吉らがキリシタン宗を許容した悪政を印象づけようとする一方、徳川の幕藩体制を讃美して、恐るべき邪法としてのキリシタン観念を徹底させることに寄与した。

キリシタン大名(キリシタンだいみょう) 戦国～江戸初期において*キリシタンになった大名や武将。改宗の動機はさまざまで、九州の大村純忠(すみただ)・有馬晴信(はるのぶ)・*大友宗麟(そうりん)らはポルトガル貿易の利益から、京畿の*高山右近(うこん)・*内藤如安(じょあん)らはキリスト教の教えにひかれ、蒲生氏郷(がもううじさと)や黒田孝高(よしたか)らは右近の影響で改宗した。彼らはキリスト教布教を保護し、南蛮文化の推進に寄与したが、集権的封建体制の強化のもとで信仰を貫いたのは高山や内藤ら十指に満たない。

鬼利至端破却論伝(キリシタンはきゃくろんでん) 仮名草子作者*浅井了意(りょうい)の著した反キリシタン教訓書。

全3巻。刊記はないが，1662～70年（寛文2～10）の間，京都の山田市郎兵衛刊。上巻は，キリシタン伝来から説きおこし，天草・島原の乱の発端を，中巻は，乱の始末，乱後の天草初代代官鈴木重成の教化策に応じて天草に下った，三河国出身の念仏禅者*鈴木正三の略伝，仏教への帰依と諸寺建立の業績を記し，下巻には正三著「*破吉利支丹」（1662刊）を収録し，各節ごとに了意の「伝」を加筆している。儒仏的・封建的立場からキリシタンを破斥した初期の仮名草子である。

キリシタン文化 きりしたんぶんか　織豊～江戸初期，南蛮人によってわが国にもたらされたヨーロッパ・キリスト教文化の総称。南蛮文化ともいい，日本人に新しい価値観を与え，その視野を拡大させることに貢献した。キリシタン教会では一夫一婦制，堕胎・間引きの禁止が説かれ，信者の間では互助組織である「慈悲の組」（ミゼリコルディア）が設けられ，孤児・病人・奴隷・娼婦など社会的弱者の救済にあたった。外科医でもあった*アルメイダは南蛮医学を伝え，豊後府内に病院や孤児院を開設した。長崎・大坂・京都・江戸などの大都市には病院が開設された。
1579年（天正7）来日した日本巡察師*バリニャーノによって，日本人子弟の教育および聖職者養成のために*セミナリオ，*コレジオ，*ノビシヤドといった教育機関が設けられ，ラテン語・ポルトガル語などの語学・哲学・神学・文学・天文学・地理学・音楽・絵画などが教授され，外国書の翻訳が行われた。併設された工房では洋風画や銅板画などが制作され，印刷所では日本文化史上特筆すべきキリシタン版が出版された。キリシタン版とは，90年*天正遣欧使節の帰国の際にもたらされた活字印刷機によって出版された書をさす。1590～1614年（慶長19）に約100点が出版されたと推定され，このうち32点が現存する。内訳は「*ドチリナ・キリシタン」などの教理書，「*ぎやどぺかどる」「*コンテムツス・ムンヂ」などの修養書，「日本大文典」などの語学書，「*日葡辞書」「羅葡日辞典」などの辞書，「*伊曾保物語」（原題は「エソポのファブラス」），「平家物語」などの文学書である。洋活字のみならず日本字の活字も開発され，日本における金属活字による出版の最初とされている。そのほか，教会関係者ばかりでなく民間人によっても南蛮料理・菓子・服装などが伝えられ，日本人に愛好された。

吉利支丹物語 きりしたんものがたり　江戸初期の排耶書。著者・刊行地は未詳であるが，刊行地は京都と推定される。1639年（寛永16）刊，全2巻2冊。キリシタンの伝来から，織田信長の保護，安土宗論，豊臣秀吉の処置，仏教徒との衝突，禁教迫害の事跡，島原の乱までを記した実録物で，キリシタンの滅亡は神仏の加護によるものであり，天下泰平・国土安穏の御代になったと結んでいる。いちおう史実を採用し，日本人修道士*ハビアンの宗論や教義に関しては比較的史実に忠実であり，のちの排耶俗説書類に影響を与え，その種本となった。65年（寛文5）挿絵を加えた改訂版「吉利支丹退治物語」3巻3冊が，京都の中野太郎左衛門により再版された。

キリスト教社会主義 キリストきょうしゃかいしゅぎ　日本における社会主義の一つの系譜。初期の日本社会主義運動の中心の担い手にはキリスト教徒が多く，1898年（明治31）創立の*社会主義研究会の主力も彼らであり，*社会民主党（1901年5月結成）の創立メンバー6人のうち，*幸徳秋水を除く*片山潜・*安部磯雄・*木下尚江・*西川光二郎・河上清の5人はクリスチャンである。キリスト教徒の社会主義への接近の理由は多様であるが，貧しい者や虐げられた者の救済をめざす彼らの人道主義が，その解決を社会や国家に求めて社会主義に至ったといえる。一方，唯物論的社会主義者たちも，当初は組織や行動を彼らとともにしており，*大杉栄・*荒畑寒村・*高畠素之らは青少年期にキリスト教を体験している。しかし，唯物論者たちがしだいにマルクス主義的志向を明確にし資本主義批判を強めて，キリスト教徒たちを，弱者や貧者をうみだす構造を問わない精神主義として批判していくにつれて，両者の対立は顕在化し，*平民社の解散や，「*直言」廃刊後の「*光」と「*新紀元」への分裂となる。またその内部にも，木下尚江のようにキリスト教徒であると同時に社会主義者であること

は，「二心の佞臣」「多淫の情婦」（「慚謝の辞，「新紀元」第13号）として運動を離れる者もあり，さらに政府の弾圧が強まった「*冬の時代」以降その活動は衰退する。しかし，その後も河上丈太郎をはじめとしてキリスト教社会主義者は，日本の社会主義者の一つの系譜として存続した。→社会問題研究会

義理・人情 ぎり・にんじょう 「義理」は中国に由来する言葉だが，それにあたる日本語がなく，古代末期・中世では中国そのままの意味（正しい筋道・わけ・意味）で使われていたが，近世になって「関係としての義理」を意味する宋学の義理観が受容されると，個別主義的なわが国の習俗（好意に対する返しの習俗・意地・体面）を義理とよぶようになった。他方，「人情」も中国に由来するが，古くから「情け・情」というそれにあたる言葉があり，18世紀頃から人情という語がそのまま使われるようになった。こうした状況のもとに「義理と人情」「義理・人情」という一組の語がうまれた。

これらの呼称の場合，義理は人間関係において守らねばならない規範（好意に対する返し，契約の履行，信頼に対する呼応）の意であるが，「義理と人情」は(1)厭々ながら生活の必要上どうしても履行せねばならない冷たい義理と人情との対立のケースと，(2)義理という規範が内面化されて，温かい義理と人情とが心の中で葛藤するケースの二者に分かれる。「義理・人情」という場合は，両者はその葛藤性を失って，一組の情緒的規範として働き，それを守ることは人らしいとされる。

個人間の義理と情との葛藤の種々相を描いたのが*近松門左衛門の作品であるが，18世紀になると義理は自分の生活の基盤として守らざるをえない社会規範となって，義理に従わざるをえない人情の悲しみを描く作品（近松以降の浄瑠璃）が多くなる。そして19世紀になると，義理は至上命令の公であり，人情は否定されねばならない私とする武士的義理（*曲亭馬琴の世界）と，「義理・人情」が一組の情緒的社会規範として日常化された町人的義理（*為永春水の世界）とに分極化される。

桐生悠々 きりゅうゆうゆう 1873～1941（明治6～昭和16） 明治～昭和前期のジャーナリスト。石川県金沢出身。本名政次郎。東京帝国大学大学院に入学した翌年の1902年（明治35）に「下野新聞」主筆になる。以来，「大阪毎日新聞」「大阪朝日新聞」「東京朝日新聞」「信濃毎日新聞」「新愛知」といった新聞社を転々とした。「新愛知」を退社後，「中京朝日新聞」の発行に失敗して一時不遇となったが，28年（昭和3）に再び「信濃毎日新聞」主筆となる。33年8月に「関東防空大演習を嗤ふ」を書いたのが筆禍事件となり，退社する。同年末に名古屋郊外に転居し，34年よりその死まで個人雑誌「他山の石」を発行して，時局への批判をなおも続けた。

義論集 ぎろんしゅう *大原幽学と道友（門弟のこと）らの討論・議論をまとめたもの。全4巻4冊。1843年（天保14）遠藤良左衛門序。1834年から記録が始まる。編者の遠藤良左衛門は幽学の高弟であり，幽学没後，性理教会を作り性学の興隆を導いた人物である。良左衛門の父伊兵衛は下総国香取郡長部村の名主で，幽学を同村に招き居宅・教導所を提供し，幽学の性学教導と農村復興仕法を全面的に支えている。この「義論集」から，松沢村の宮負定賢（宮負定雄の父）や鏑木村の平山芳兵衛ら下総の村役人層が幽学に何を求めたのか，幽学が彼らに何を説いたのか，その実像を知ることができる。

極書 きわめがき 古美術品などの鑑定書のこと。「極め」とは鑑定の意。作者を定め，作品の価値を証明した。古画では，室町時代の能阿弥・芸阿弥・相阿弥や*三阿弥や*狩野派の画人たちの鑑定が多く確認され，*古筆・刀剣・茶道具・古文書などへの多くの極書が伝来する。17世紀には豊臣秀次から「古筆」の氏と「琴山」印を授けられた了佐を初代とし，古筆鑑定を職業とする古筆家が興った。古筆家の使う印を極印という。また極書には，形態から極札と折紙の2種がある。極札は，縦10cm強，横2cmほどの小さな短冊形の厚紙に作者・鑑定年・極印が記され，外題ともいう。折紙は，横に二つ折りにした料紙の鑑定書。批評や金銭価値を記すものもある。

金烏玉兎集（きんうぎょくとしゅう） →簠簋内伝（ほきないでん）

金槐和歌集（きんかいわかしゅう） 「鎌倉右大臣集」とも。鎌倉幕府の3代将軍源実朝の家集。書名の「金」は「鎌倉」の「鎌」の偏，「槐」は「大臣」のことで，鎌倉の大臣，すなわち源実朝のことを意味する。伝本は，実朝の和歌の師でもあった藤原定家（さだいえ）の所伝本と柳営亜槐（りゅうえいあかい）本の2系統に大別される。定家所伝本（1冊）は663首を収録，巻頭などに定家の自筆がみられる。1213年（建暦3）12月18日の奥書があることから，この年に成立したとする説が有力である。また編者不明ながら，実朝の自撰もしくは家臣の編とする説が有力である。柳営亜槐本は写本として伝わったもの（1冊）と1687年（貞享4）刊の板本（3巻3冊）がある。定家所伝本とは構成が異なり，多いもので719首を収録する。奥書に編者として「柳営亜槐」とあるが，具体的に誰であるかは不明である。諸説あるが，室町将軍足利義政説が有力である。成立は実朝没後24年以上のちとされる。大半は「*古今和歌集」「*新古今和歌集」から学んだと考えられる歌風であるが，力強い，おおらかな，いわゆる「万葉風」の詠歌は，一部にすぎないものの秀歌として評価が高い。

琴学発揮（きんがくはっき） 江戸中期の音楽書。*山県大弐（やまがただいに）の著。1763年（宝暦13）序。全2巻2冊（自筆本は山梨県山県神社蔵）。大弐は琴の演奏を「性を理（おさ）め身を修むる」方法とし，これにもとづいて聖人の教えは成り立っているとする。しかも，中国では王朝のたび重なる交替によって楽は乱れ，かえって日本において楽制は変わることなく保存されているとし，巻上で古楽について，巻下で演奏法について記している。大弐の*尊王論が音楽論中にも浸透していることがわかる一編である。

禁河十二部書（きんがじゅうにぶしょ） *伊勢神道の秘伝書の総称。禁河の書とは，伊勢神宮の神域の境を流れる宮川を越えて神宮の外に持ち出してはならない秘書の意である。新松忠誠（にいまつただのり）の「神風重浪草（かみかぜちょうろうそう）」は，「*心御柱記（しんのみはしらき）」「御正体（みしょうたい）奉仕記」「御餝記（おかざりき）」「機殿（はたどの）の儀式帳」「*天口事書（あまのくちことがき）」「古老口実記（ころうくじつき）」「伊勢二所皇太神（こうたいじん）御鎮座伝記」「天照坐（あまてらします）伊勢二所皇太神宮御鎮座次第記」「豊受（とようけ）皇太神御鎮座本紀」「*倭姫命世記（やまとひめのみことせいき）」「*造伊勢二所太神宮宝基本記（ほうきほんき）」「*神鳳鈔（じんぽうしょう）」を禁河十二部書としてあげる。十二部書を秘伝書とすることはすでに伊勢神道の形成期に始まり，神代秘書十二巻・神蔵十二巻秘書などの名称が神道五部書や「天口事書」にみえる。ただし，その内容は時代により一定しない。

銀河鉄道の夜（ぎんがてつどうのよる） *宮沢賢治（けんじ）の作品。成立は1927年（昭和2）頃とされる。未定稿のまま死後発見され，のち41年11月に新潮社から刊行された。母と二人きりで暮らす貧しい少年ジョバンニは，溺れたザネリを救うため死んだカンパネルラとともに銀河鉄道に乗り，宇宙へと旅立つ。そこで同じ銀河鉄道に乗り合わせた人々や，銀河に住む星や旅中の出来事を目の当たりにして，幻想の旅を続ける。

禁忌（きんき） →タブー

緊急勅令（きんきゅうちょくれい） 勅令とは天皇が裁可する国民を拘束する法規で，国会での議決を必要とする法律と区別される。大日本帝国憲法下では，議会閉会中に緊急の必要がある場合，政府が緊急勅令をだすことを認めたことから，明治憲法の天皇と政府の専制的性格を象徴する法・法体制をさして勅令主義という。1891年（明治24）大津事件に際し，出版物の取締りのために発したのをはじめとして，緊急勅令には日清戦争時の出版物取締り，朝鮮への渡航禁止，米騒動の際の穀類収用令，関東大震災時の非常徴発令，治安維持法の改正などがあるが，そのほとんどが国会の事後承認をえている。法律で規定したことの執行のための規則が勅令で制定されたほか，本来法律によらず決定できることとして官制・官吏任免・各種学校令があり，これらは*天皇大権にもとづき勅令で決定された。

キング 大日本雄弁会講談社（現，講談社）の大衆娯楽雑誌。「雄弁」「少年倶楽部（クラブ）」などを刊行して成功を収めていた野間清治（せいじ）が，1925年（大正14）1月に創刊。〈日本一おもしろい，日本一為になる，日本一安い雑誌〉を標榜し，街頭での紙芝居（かみしばい）まで動員した多角的宣伝方法も功を奏し，大正大衆文化の成立を背景に創刊号は74万部を売り，翌年には日

本雑誌史上はじめて100万部を突破する。43（昭和18）年には誌名が敵性語であるとされて「富士」と改題。戦後再び「キング」を名乗るが販売業績は振るわず，57年に新雑誌「日本」にバトンを渡して終刊した。

金句集（きんくしゅう） 日本と中国の金言名句集。ローマ字，文語・口語文。1巻1冊。1593年（文禄2）天草刊。編者は修道士高井コスメか。大英図書館蔵本は「平家の物語」「*伊曾保（いそほ）物語」と合綴されている。原題は「四書・七書（しちしょ）などの内より抜き出だし金句集となすものなり」と記され，依拠した原典は主として漢籍であるが，「太平記」など日本に伝わる金句もあり，最後に「五常」と題して説明が付されている。各金言の末尾に「心」，「意」すなわち口語文の注解を添え，話し言葉の学習の利便を考えている。当時の知識人が愛好していた格言集「金句集」や「金句抄」などを利用して，談義や説教など布教の効果を高めるために著された。キリシタン時代の日本語学習の水準の高さを示すものである。

金鶏学院（きんけいがくいん） →安岡正篤（やすおか まさひろ）

近時政論考（きんじせいろんこう） 明治中期のジャーナリスト*陸羯南（くがかつなん）の代表的著作。「日本」紙上に発表されたのち，1891年（明治24）単行本として刊行。羯南は，明治政府の*欧化主義・外形的立憲主義に対抗して，*志賀重昂（しがしげたか）ら国粋保存主義者と同様，日本の歴史的現実をふまえて近代統一国家をつくることを主張した。自らを「国民論派」と規定する羯南は，本書においてその立場を「外に対して国民の独立」，「内に於いては国民の統一」の尊重にあるとする。これを達成するために二つの相異なる点を主張した。すなわち，一方では，国民が国家形成に参加する「興論（よろん）政治」（代議制），責任内閣制，選挙権拡張の重要性を説いた。他方において，その力を結集する中心に皇室をおくべく，「*天皇大権」を説いた。羯南は，外来文化の受容を含めて日本文化の進歩の牽引力は従来皇室にあったとみていたからである。しかし，彼の「天皇大権」の擁護は，天皇が政府・議会・裁判所などの上に立つことによって，これらの諸機関相互や国民との間の権利・主張を調整するためとされた。「立憲制」に即した君主制理解であった。

金集談（きんしゅうだん） 江戸中期の小説（読本）。全4巻。河田正矩（まさのり）（？〜1768）の著。作者は讃岐国の人で，号は孤松。1759年（宝暦9）刊。角書に「太平弁惑（たいへいべんわく）」とある。21話からなる怪異談集。巻1「律僧空信地獄に堕つる事」以下，各話に異事奇聞を記して，これらが心の迷いから生じたいわれのないものであると論じる。いわゆる弁惑物に類する怪談集であるが，著者は心学を修めた人というので，心の修養を説く方便に怪異談を集めたものである。四国の話柄が多い。「西播（さいばん）怪談実記」（1754刊）などと同様，地方奇談集の一つである。「怪談重問菁種（かいだんといなえ）」（1776刊）は本書の改題本である。

今書（きんしょ） 江戸後期の政治改革に関する意見書。*蒲生君平（がもうくんぺい）の著。成立年代は未詳であるが，文中の「*山陵志（さんりょうし）」に関する記述から1800年（寛政12）前後と推定される。君平没して45年後の1858年（安政5）に出版。参勤交代の緩和と農村荒廃の救済を説く「革弊」，田賦（でんぷ）・課役など農民負担の軽減化と帰農を勧めた「賦役」，勧農抑商にもとづく経済再建を説く「金穀」，養子相続の弊を説き宗族の礼の実践を主張した「姓族」，君臣上下の秩序を維持する正名（せいめい）の重視をのべた「名勢」，宗廟（そうびょう）の礼の復興と人心教化を説く「祀政」，民衆の道徳教化のため学校の創設を説く「政教」の各編からなる。勤王精神にもとづく先駆的な体制改革論である。

禁書令（きんしょれい） 江戸幕府がキリスト教思想の流入を防止するために発した法令。1630年（寛永7），中国イエズス会士の漢籍天主教教義書の輸入を禁止した。当初は西洋科学書の輸入は容認されていたが，85年（貞享2）には教義書のみならず，「西洋」，「欧羅巴（ヨーロッパ）」の語があるだけで禁止され，西洋科学書の輸入も困難となった。その後，*新井白石（はくせき）による世界的視野の拡大と8代将軍徳川吉宗（よしむね）による改暦研究のため，1720年（享保5）「勧法ニ拘ハラザル書」の輸入が解禁され，以後，漢籍による西洋科学研究は進み，蘭書解読による西洋学術研究への道も開かれた。また漢籍天主教書もひそかに流布し，一部の学者にはキリシタン邪宗門観がしだいに薄れ去るよ

うになった。

近世往生伝（きんせいおうじょうでん） 江戸中期の数少ない浄土真宗系の往生伝。1巻。如幻明春（1634〜94）の編著。如幻の没した1694年（元禄7）に成立。96年に旧年交際のあった近江国妙楽寺の好堅が序を付して刊行。著者の如幻は真宗高田派と仏光寺派の両派に属した説教僧で、本書も説教の話材集としての性格をもつ。寛永〜元禄期（1624〜1704）の往生人の伝記を沙門・尼僧・士大夫・婦女の4編に分け、さらに追加および好堅の付録から構成され、計48人の伝が収録されている。高田派の拠点伊勢国の人が半数を占め、他の人々も畿内の住人が多い。往生人の中には、正直・孝行・勤勉といった通俗道徳的な人間的素質を往生の要件とする者もみられる。好堅の序文に「公ノ心ヲ用フルコト之勤タリ」、「此編戸々ニ流シヘ、普ク勝縁ヲ結テ共ニ浄業ヲ薫セハ、公ト並テ仏恩ヲ報コトヲ成ス」とあって、公儀の心を己の心とし、本書を編んだと解釈される。この精神をもって庶民教化が行われたとされている。しかし一方で、この「公」とは好堅が如幻のことをさすという説もある。

近世畸人伝（きんせいきじんでん） 江戸後期の伝記。正編全5巻は*伴蒿蹊の著、挿絵は三熊花顛。1790年（寛政2）8月刊。続編の全5巻は三熊花顛の原著で、蒿蹊が加筆しており、挿絵は三熊露香（花顛の妹）。98年正月刊。近世初頭から1798年に至るまでの畸人の約200人の伝記を載せる。人物は武士・農民・職人・商人・僧侶・神職・学者、さらに下僕・遊女から乞食者にまで及んでおり、本書の刊行によって多くの高潔な人物が世に知られることとなった。特に蒿蹊の著述した伝は、文体が人物に相応したものとなっており、近世後期の第一級の文章と評される。また、花顛らの挿絵は、その人物の時代・風俗を考証して描いてあり、歴史・風俗資料としても高く評価される。

近世見聞南紀念仏往生伝（きんせいけんぶんなんきねんぶつおうじょうでん） →南紀念仏往生伝

近世叢語（きんせいそうご） 江戸後期の漢文体逸話・伝記集。全8巻4冊。角田九華（1784〜1855）編。1828年（文政11）刊。「凡例」に、人物の逸話・佳話集には劉義慶「世説新語」以来、王暐「今世説」や服部南郭「大東世語」があるが、近世人の佳話集がないので編述したとのべ、文集や稗史に見出した逸話全397章を編録する。徳行・言語・政事以下29の話柄分類、初出の人物に割注で詳細な伝記を付す形式は「世説新語」「今世説」にならったものである。とりあげる人物は、懐徳堂や昌平坂学問所に学んだ著者らしく儒者が最も多いが、僧侶、医師、幕臣・陪臣から絵師、俳人、農夫まで幅広い。人物の論評は死後に定まるという考えから物故者のみを採用する。続編として「続近世叢語」8巻4冊が45年（弘化2）に刊行された。

近世に於ける「我」の自覚史（きんせいにおけるがのじかくし） *朝永三十郎の著作。副題「新理想主義と其背景」。1916年（大正5）1月に出版。本書は2部構成で、第一部は本書と同じ題名である。ルネサンスの「我」の発見から始まり、中世の神秘思想が信仰を内面化し、カントにおいて超個人としての「我」が解明されたとする。さらにカント以後の哲学、「我」の自律がいかに展開されたかを歴史的に考察する。そしてドイツ留学中に師事したW.ビンデルバントの哲学、すなわち西南ドイツ学派の新理想主義の立場から、「人格の尊厳、即ち自己の内なる良心の権威を認めることが、真の「我」の自覚である」との結論を導く。第二部は、「自然必然的、精神必然的、及び目的観批判的」と題されている。カントによって、理性の普遍妥当的な先天的権利が探求され、絶対的価値意識としての良心とその拠り所として宗教上の神に言及する。当時は、人々の関心が国家よりも個人のあり方、特に「我」の自覚に向かっている時であり、本書のような本格的著作は近代日本思想史に意義あることであった。

近世日本国民史（きんせいにほんこくみんし） →徳富蘇峰

近世念仏往生伝（きんせいねんぶつおうじょうでん） 「近世往生伝」「諸国見聞近世往生伝」とも。江戸後期の往生伝。全5編16巻15冊。浄土宗の僧*隆円の編著。1805年（文化2）の序をもつ第1編が06年に刊行され、30年（天保元）に第5編が刊行されるまで25年を費やした。和文体の記述

で，慶長〜文政期(1596〜1830)の道俗男女228人の往生人の伝を所載する。隆円は近世後期浄土宗の代表的な史伝学者・宗学者で，京都専念寺の住職である。本書に先立って編集した「*南紀念仏往生伝」によって，往生人伝の集成を念願したという。往生伝の常として往生の奇瑞などについてふれてはいるが，奇瑞・好相・遺身舎利を往生時に求めることを「往生伝をよむ一つの病」として警告し，臨終正念の往生を遂げることこそ大切であると説いている。

近代思想　きんだいしそう　大正初期の思想・文芸の月刊誌。編集兼発行人は*大杉栄ら，印刷人は*荒畑寒村(勝三)。赤旗事件での入獄により大逆事件への連坐をまぬかれた大杉と荒畑が，「雌伏隠忍して時機を待つ」のではなく「むしろ進んでその時機をつくるべきではないか」(「寒村自伝」)として発行し，1912年(大正元)10月〜14年9月，全23号を刊行した。各号32〜40頁，定価10銭，発行部数は3000〜5000。「*冬の時代」にあっても活動を続けようとした2人の情熱がうみだした雑誌で，ほかに執筆者は*堺利彦・*高畠素之・土岐哀果・伊庭孝・山本飼山・上司小剣・相馬御風らで，若山牧水・*小山内薫・久津見蕨村・生方敏郎らの作品もある。なお，15年10月に再刊されたが，発禁が続き翌16年1月わずか4号だけで終わった。

近代社格制度　きんだいしゃかくせいど　明治維新から1946年(昭和21)の勅令第71号による廃止までの間，国家により定められた神社の格に関する制度の総称。1868年(明治元)明治天皇の武蔵国一宮氷川神社親祭の折，当神社が勅祭社に定められたことを機に，同年11月，特に由緒ある神社を限定対象として勅祭社・直支配社・准勅祭社の三等が定められた。さらに政府は全国的規模の神社調査を行い，その結果71年(明治4)5月14日に「官社以下定額・神官職制等規則」を公布して，官国幣社(それぞれ大・中・小の三等からなる)をさす「官社」と，府藩県郷社(ただし同年7月の廃藩置県により藩社列格はなし)を総称しての「諸社」との2種に大別し，その基礎を確立した。「官社」のうち，官幣社は神祇官が，国幣社は地方官が祀るものとされ，ともに神祇官の所管とされた。一方「諸社」は地方官の管轄で，府藩県社と郷社とに分けられ，また同年7月の「郷社定則」により郷社の付属下に村社がおかれた。なお，その下に社格を有しない公認神社として無格社もあった。翌72年4月には新たに別格官幣社の制度が導入され，湊川神社がその最初として列格された。

このように近代社格制度の基礎は明治初期の段階で成立したのだが，その後の神祇官衙の変遷に加えて，列格・昇格などの社格の移動も，神社調査の進展により「官社」「諸社」を通じて増加するなど，全体として流動的であった。さらに官国幣社の取り扱いに関しても，官幣社・国幣社の間にほとんど違いはなく，そのため官幣・国幣の名称の別をやめ，別格官幣社も含め「官幣社」に統一しようという構想が政府内でたびたび生じた。しかし，「*延喜式」にならった官幣・国幣の名称を廃することには一方で強い反対があり，その名称はその後も変わらず一貫して用いられた。また近代社格制度は，古代律令制の社格が崩壊した中世以降での一大変革であり，社格の確定・昇格などにともない神社の歴史的考証が発展した一面も見逃せない。

近代の超克　きんだいのちょうこく　1942年(昭和17)7月，知的協力会議の名によってなされた座談会の名称。その内容は「文学界」の9月号と10月号に掲載された。出席者は13名で，*小林秀雄・河上徹太郎らの「*文学界」グループ，亀井勝一郎・林房雄らの「*日本浪曼派」グループ，西谷啓治・下村寅太郎らの「*京都学派」の三つのグループから構成されている。テーマはヨーロッパ近代の理解と日本の使命である。時期は欧米との戦時下であり，戦争の意義を明らかにすることが意図されたが，その立場は多様であった。しかし司会の河上がのべているように「(1941年)12月8日以来，吾々の感情といふものは，茲でピタッと一つの型の決まりみたいなものを見せて居る」。その型の決まりが「近代の超克」であった。その全容は，座談会に先立ち発表された論文も含めて，43年7月に創元社から単行本として刊行されてい

る。59年，竹内好により「近代の超克」と題される論文が公になり，この座談会の思想としての意義が評価された。

勤王の志士 きんのうのしし　→志士

禁秘抄 きんぴしょう　順徳天皇が著した有職故実書。1221年(承久3)頃の成立と推定される。上・下2巻だが，3巻本もある。上巻は，禁中の宝物・殿舎，神事・仏事，あるいは殿上人・蔵人以下の天皇の周囲で勤仕する人々について，下巻は，詔書・勅書などの文書類，改元・配流日，月蝕・祈雨などの特別な場合の手続きについて載せる。総じて上巻では天皇の日常生活，下巻は公的生活のさまざまな場面での，ものごとの由来や次第，対応にあたっての心得・作法が記されている。「貞観政要」「寛平御遺誡」以下の多くの史料や先例に照らして，「近代」(建久年間〈1190～99〉以降か)の風儀を検討・批判し，天皇のあるべき姿を求める積極的な姿勢をみることができる。また，賢所・宝剣神璽・玄上鈴鹿などの天皇の身辺に伝わる神器・名器から書き起こしていることからわかるとおり，宮中の生活や政務が天皇自身の視点から描かれているという点で独自の価値をもつ。宮廷説話とかかわる記述も多く，王朝文学を理解するうえでも参考になる。書名としては，「禁中抄」「建暦御記」などの名称も伝えられる。

金平本 きんぴらぼん　江戸初期の浄瑠璃本。もともと金平浄瑠璃(金平節)の正本の意で，古浄瑠璃のうち，頼光四天王の子供たち，すなわち子四天王を登場人物にした作品群をさすが，浄瑠璃以外の読み物を含めていうこともある。秩序を脅かす反乱を子四天王の活躍で制圧し，太平の世に戻すという単純で類型的な筋立てである。超人的な武勇や怪力，荒唐無稽な展開が喜ばれた。代替わりに矛盾として現れる公私の葛藤という，近世人がかかえる主題の萌芽もある。特に寛文期(1661～73)の新興都市の江戸で人気があり，絵入りの正本も刊行された。初期の作者の岡清兵衛に「頼光跡目論」(1661頃)，「にしきど合戦」(1655)，代表作者の和泉太夫(初代)に「北国落」(1660)などがある。

金峰山 きんぶせん　金峰山は，奈良県吉野町の吉野山から山上ケ岳(標高1719m)に至る群山の総称。古来*山岳信仰の霊地とされ，とりわけ平安時代以降*修験道の根本道場として隆盛し，*役行者感得という金剛蔵王権現を祀る山下の吉野蔵王堂，山上の蔵王堂(現，大峰山寺)を中心に多数の堂塔を誇る金峰山寺が営まれた。平安中期以降，藤原道長ほか貴顕の参詣も多く，これを御岳詣と称した。平安後期には興福寺の支配下に入ったが，やがて真言系・天台系両派の修験勢力も競合して力を及ぼし，南北朝期には南朝方の拠点にもなった。現在，寺は金峰山修験本宗の大本山で，天正年間(1573～92)再建の現本堂(蔵王堂)は国宝。

金峰山雑記 きんぶせんざっき　*金峰山の草創や，古代における天皇・貴族・僧侶たちの金峰山信仰を記した中世の史書。1冊。作者不明。成立は，巻末には1262年(弘長2)の記があり，奥書には「弘和元年(1381)辛酉七月六日於大善寺書了」とある。内容は7項からなり，金剛蔵王権現の金峰山での湧出譚，僧日蔵が菅公(菅原道真)の御霊と金峰山で遭遇した話，宇多法皇・白河上皇・藤原道長・聖宝・行尊の参詣の記録などがのべられている。先行の史料に記載されている話題も少なくなく，また参詣の記述は正史と一致しない部分もみられるなどの問題はあるが，古代の金峰山信仰史を知るための貴重な史料の一つである。

金峰山秘密伝 きんぶせんひみつでん　「当山秘鈔」「深秘鈔」「延元法務記」などとも。*金峰山の由来と伝承，金剛蔵王菩薩の性格と霊異，山内祭祀の諸神などについて記した，一種の霊山縁起。全3巻。うち中巻と下巻の奥書に法務僧正が1337年(延元2)に本書を著した旨の記があり，現在ではこの法務を文観(1277～1357)のこととみなすのが定説化している。内容は，金峰山・大峰山・葛城山の歴史地理や性格，その崇拝対象(金剛蔵王・天河弁財天など)，金峰山に祀られている諸神の*本地垂迹説と本地供養の次第などからなる。本書より先に成立したと考えられる「*諸山縁起」や「*金峰山雑記」の記述をふまえつつ，修験者による金峰山における行法(金剛蔵王の供養法など)や，大峰修行と関係

する諸神(天河弁財天など)に関する記述も加えられており、古代・中世の金峰・大峰信仰を知る最良の史料といえる。

欽明天皇　きんめいてんのう　509?～571　在位539～571。諡は天国排開広庭。父は継体天皇、母は嫡妻手白髪皇女。異母兄宣化天皇の死去をうけて、大和磯城島金刺宮で即位した。即位を継体天皇の死去直後とみて、安閑・宣化朝廷と並立していたとする説もある。内政では、屯倉の設置により王権の財政基盤を整備した。外交では、いわゆる任那四県割譲問題の事後処理をめぐって朝鮮半島諸国との政治的交渉に尽力したという。そうした中で大陸の思想・文物の流入が盛んになり、百済からは仏教が公伝し、開明派の蘇我氏が勢力を強めていった。陵は檜隈坂合陵。

訓蒙図彙　きんもうずい　*中村惕斎の著した図解の百科全書。1666年(寛文6)の自序。序目2巻、本文20巻。天文・地理・居処・人物・身体・衣服・宝貨・器用・畜獣・禽鳥・竜魚・虫介・米穀・菜蔬・果蓏・樹竹・花草に分けて編成された。博物学や生物学の発展に大きな影響を与えた。

禁裏　きんり　→内裏

く

悔返し　くいかえし　中世における経済用語の一つ。いったん譲り渡した土地・財産を一方的に取り戻すこと。平安時代以来の公家法においては、悔返しは原則的に認められなかった。ところが鎌倉幕府法においては、子孫・妻妾・他人に譲渡した所領についての悔返しを認めるようになった(「御成敗式目」第18条・20条・21条・26条)。公家法の原則が継承されなかったのは、親の権利、夫の権利が絶対であった武家社会の通念がとりいれられた結果であると考えられている。なお、寺社に寄進した土地・財産については、「仏陀施入の地、悔い返すべからず」と常套句があるように、幕府法においても悔返しは認められなかった。

空　くう　仏教の基本思想。特に大乗仏教において、「般若経」系統の根本思想となる。もろもろの事物は、*因縁(精神的な働きも含めた一切の事物を生じさせるさまざまな原因や条件)によって生じたものであり、固定的な実体がない。「空」の思想は中国仏教において老荘の「*無」の思想の影響をうけるところもあったが、大乗仏教の説く空は、あくまでも無、すなわち何も存在しないということではない。「*般若心経」の有名な句「色即是空(色は即ちこれ空なり)、空即是色(空は即ちこれ色なり)」は、そのことを説く。この句は、この世に存在する一切の事物(色)は実体がないけれども、因縁が相次いで起こることから、そのまま実在と認められるということを説いている。

空海　くうかい　774～835(宝亀5～承和2)　*真言宗の開祖。諡号は弘法大師。讃岐国に生まれる。父は佐伯善通、母は阿刀氏。15歳で上京し、18歳の時に明経道の科試に及第し大学で学んだ。その後、一人の沙門と出会い、*虚空蔵求聞持法を学び、官人としての道を捨てて、阿波国大滝ケ岳や土佐国室戸岬などで苦行をする山林修行者となった。797年(延暦16)に「*三教指帰」を

著すが，これは大学(儒教)と決別し，仏門へ入る宣言ともなった。この後の入唐するまでの7年間は不明で，この間に行われた出家・得度と受戒の年については諸説ある。その後，大和国久米寺で「*大日経」を見出し，密教と出会った。

804年，留学生として*最澄とともに入唐。長安の青竜寺で恵果の弟子となり，胎蔵・金剛両部の法をはじめとする真言密教の正統を伝授された。これにより，本来20年滞在のところをわずか2年で切り上げ，806年(大同元)経論をはじめ，伝法灌頂の儀式などに必要な仏具・曼荼羅・仏画などを持ち帰った。「*請来目録」はこの時のリストだが，この中には奈良時代までに請来されたものとはまったく重複するものがない。

808年入京し，高雄山寺に入った。そして経疏の借覧により最澄とも交流をもち，812年(弘仁3)の高雄山寺灌頂では，最澄に胎蔵界結縁灌頂を授けた。816年に高野山を開創し，823年に*東寺を朝廷より給付され，鎮護国家の道場として「教王護国寺」とした。834年(承和元)宮中に*真言院を設立し，毎年1月に*後七日御修法を行い，翌年より恒例行事とした。835年，高野山にて没した。満濃池の改修や*綜芸種智院の設立など社会事業的な側面もみられる。

空海の思想は，*即身成仏がその到達点であるが，そのために鎮護国家の実現をも必要とした。空海に至り，国家のための仏教から仏教のための国家という転換がみられる。他方，書道・漢詩文にも通じ，この方面でも嵯峨天皇の宮廷で活躍した。卒伝は「続日本後紀」承和2年3月条にみえる。著作は「弘法大師全集」全8巻，「弘法大師著作全集」全3巻にまとめられている。

空華日用工夫略集

「日工集」と略称。南北朝中・後期の，禅僧*義堂周信の日記を抄録したもの。全4巻。1367年(貞治6・正平22)から88年(嘉慶2・元中5)3月11日までの日記抄録を中心とし，その前に義堂作成の年譜的な記事を加え，その前後に幼少期，および危篤後から仏事などの記事を弟子が追補して義堂の生涯をおおい，流布本には夢窓国師の碑銘などを付す。異本の建仁寺両足院本は抄録が重ねられたようすを伝える。また両足院本「別抄」は，少量ながら別系統の抄出本である。*夢窓派を中心とする禅宗界の動向，*五山文学の立脚する教養のようすをはじめ，義堂が政治の中枢に近かったため，政治史の史料としても一級の価値を誇る。

宮寺縁事抄

「みやでら―」とも。*石清水八幡宮の社誌。同社の由緒・祭祀・祀職や，関係の深い諸社についての史料を選択・編集したもの。撰者は田中道清・同宗清ら。基本部分は鎌倉初期に成立。別当家の田中道清が同社に伝わる文書・記録類を項目ごとに分類・整理したのが始まりで，以後それをうけた子の宗清ら子孫により書き継がれていった。原本は量的には宗清の手になるところが中心で，大部のものであったとされるが，中世後半の戦乱などでかなりの部分が散逸し，現存するのは42巻である。

空也

くうや 903〜972(延喜3〜天禄3) 弘也とも。平安中期の僧。初期浄土教の布教で知られる。出身地未詳。*醍醐天皇の第5皇子とも，仁明天皇の皇子常康親王の子ともいうが，後者の説には年代的矛盾がある。延喜(901〜923)の末，20余歳で尾張国分寺で出家し，空也を名乗る。諸国を回って社会事業を行い，938年(天慶元)京都に入り，市中を回り民衆に*念仏を勧めたため阿弥陀聖・市聖とよばれた。948年(天暦2)天台座主の延昌について受戒。戒名を光勝としたが，生涯，沙弥名の空也を用いた。951年京都に疫病が流行した際，貴族や民衆に寄付を募って金色一丈観音像(国宝)，6尺の梵天・帝釈天・四天王像(重文)を造立した。963年(応和3)10余年を費やした金字大般若経一部600巻の書写をとげ，京都の鴨川端に600人の僧を招いて供養を行った。この時に設けられた堂が西光寺(のちの*六波羅蜜寺)となり，972年(天禄3)9月11日，ここで没した。空也の念仏布教活動は，浄土教史の中でも先駆的なもので，かつ狂躁的・呪術的な側面をもっていた。のちに多くの念仏聖が空也を祖と仰ぎ，空也念仏の系譜

が形づくられていった。➡空也上人像

空也上人像〈くうやしょうにん〉　平安時代中頃の僧*空也の肖像彫刻。像内の墨書銘から康勝の作であることが明らかである。13世紀前半の製作。木造彩色。像高117.6cm。国重要文化財。京都六波羅蜜寺〈ろくはらみつじ〉蔵。同寺は空也が創建した西光寺の後身。首から鉦鼓〈しょうこ〉をかけ、手には撞木〈しゅもく〉・鹿杖〈かせづえ〉をもつ。足には草鞋〈そうあい〉をはき、半歩前に踏み出すさまは、市中を歩き浄土教の布教に努めた空也を髣髴させる。口からは*六字名号〈ろくじみょうごう〉（南無阿弥陀仏〈なむあみだぶつ〉）を阿弥陀小像で造形化している（ただし、阿弥陀小像は後補）。

公界〈くがい〉　禅宗特有の公的世界から転じて中世自治組織などをさす語。初見史料は、1248年（宝治2）永平寺庫院〈くいん〉規式の「公界米」。のちに「日葡〈にっぽ〉辞書」ではCugaiにPublicoを宛てるが、そう単純ではなく、実際の用例はpublic（開かれた「公」）よりもcommon（閉じた「公」）であることが多い。このため伊勢国大湊の老若のように、中世自治組織が構成した下位の公権力（小さなofficial）が「公界」とよばれた。なお、「御成敗式目栄意注〈えいいちゅう〉」や「御成敗式目抄」（岩崎本）では「公平（くひょう）」＝「公界」としているが（39条）、この場合はimpartialに近い。中世の禅宗世界では、officialな「公」とは異なる、「公議」「公論」などのオープンな関係を示す関係概念が、「江湖〈ごうこ〉(public)」の理念のもとに使用されていたが、「公界」の場合は「公界寺」「公界所」のように特定の場所をさす実体概念として用いられることが多く、そのことが小さなofficialとしての「公界」概念をうみだすことになった。一方、関係概念としての「公界」は、遊女・芸能民など特定の主人をもたない渡世を表す語として存続し、近世には不特定多数と性的交通〈こうつう〉を結ぶ遊女の渡世がもっぱら「公界」とよばれた。

苦界〈くがい〉　一般的には社会生活における不遇の境涯をさすが、近世中期から近代には特に遊女の境遇をさす言葉として用いられた。中世において、世間・共同体をさす言葉として私の世界と対置される*公界〈くがい〉が用いられたが、近世においてこれが限定的に使われ、さらに仏教語の苦悩にみちた六道生死の世界をさす苦海〈くかい〉が吸収されたものと思われる。自由と希望のない暮らしは、遊女の世界に共通する状況であった。

陸羯南〈くがかつなん〉　1857～1907（安政4～明治40）明治期のジャーナリスト。陸奥国弘前生れ。津軽藩士の子。本名実〈みのる〉。司法省法学校に入学したが、1879年（明治12）退校となる。「青森新聞」主筆をへて太政官書記局で働く。政府の欧化政策に反対して辞職し、88年「東京電報」を発刊、翌年これを改組し新聞「日本」を創刊する。政教社・乾坤社〈けんこんしゃ〉と協力して*国粋主義を主張する。「*近時政論考」「近時憲政考」を発表し、自らの立場を「国民論派」と規定した。それは、天賦〈てんぷ〉人権論者のように抽象論ではなく、日本の歴史的継続性と国民の有機的全体性を重んじる国づくりをめざすものであった。彼は天皇制を日本の文化的・社会的伝統の中心と考え、明治憲法体制においてもあくまで天皇の至上権を主張した。しかしそれは、天皇が「至上」なるゆえに相対する勢力の調整役を果たし、国家を「天下の天下」たらしめるためであった。したがって、憲法の規定も絶対不変とは考えず、国民の状態によって責任内閣制や選挙権の拡大への変更もありうると考えていた。逆に、いかに合法的でも「専制政治」は忌むべきものであった。日清戦争後の政府の急激な軍備拡張には反対であったが、日露戦争時には日本の「対外的独立」を重んずるゆえに主戦論を支持した。「陸羯南全集」全10巻がある。

盟神探湯〈くかたち〉　探湯〈くかたち〉・誓湯〈くかたち〉とも。古代の神判法の一種。神の意志を聞き占うために、神に誓約したうえで熱湯などに手を入れ、正邪を判定する。真実をのべている者の手はただれることはないとする。「日本書紀」応神9年・允恭4年・継体24年条にその記事がみられる。允恭4年条では氏姓決定のために行われるが、その分注によれば煮沸した泥に手を入れる、また灼いた斧を掌にあてるという方法もあると記している。後者はのちに「鉄火〈てっか〉」とよばれる方法であろう。探湯の語は「論語」季氏条にみえる。また探湯・鉄火の神判法は、インド・中国・東南アジアで

愚管記　ぐかんき　「後深心院関白日記（ごしんしんいんかんぱくき）」とも。南北朝中・後期、関白左大臣近衛道嗣（1332〜87）の日記。陽明文庫蔵。原本49巻など。1356〜83年（延文元・正平11〜永徳3・弘和3）の日記が残り、ほかに別記も存在する。日記原本は主に具注暦（ぐちゅうれき）の余白に記す。まれに近衛家歴代の日記の紙背に本日記の原本断簡がみえ、15世紀後半の近衛政家（まさいえ）の抄出本でも、原本の欠失を補いうる。記事は簡略な場合が多いものの、道嗣は朝廷の枢要を占めたうえ、学芸にも秀で、当該期に日記が少ないことも相まって、史料的価値はきわめて高い。

愚管抄　ぐかんしょう　鎌倉前期の歴史書。全7巻。*慈円（じえん）の著。成立は承久の乱前とみる1219年（承久元）説と20年説が有力。「神皇正統記（じんのうしょうとうき）」「読史余論（とくしよろん）」とともにわが国の三大史論書に数えられ、近年英訳本（全訳）も刊行されている。全編3部からなり、巻1・2に簡単な「漢家年代」を付した「皇帝年代記」をおき、巻3〜6で自らの歴史観にもとづき、保元の乱(1156)以降に力点をおいた国初以来の通史（政治史）をのべる。巻7で日本史を7期に区分し、「*道理」の推移と一体化した日本の政治史の変遷を説きながら、今後の日本がとるべき政治形態と当面の政策とを提示する。

　慈円は、最澄（さいちょう）以来の天台宗の思想的伝統ともいうべき「時処機相応の論理」（理想を現実すなわち時と処と人に相応させようとする思考方法）によって、(1)仏教的下降史観に支えられた当代末世の意識と、(2)「日本書紀」神代巻にみえる祖神の約諾神話に依拠する摂関家（九条家）中心主義を結合し、仏の垂迹（すいじゃく）たる祖神が日本史の没落段階に相応して「道理」を作り変えていくと考える独自の歴史観を構築した。またこうした歴史観をふまえ、摂関＊九条兼実（かねざね）（慈円の同母兄）の曾孫頼経（よりつね）が鎌倉将軍家の継嗣に決まったことを機に、摂関家（公家）と将軍家（武家）が提携する摂関＝将軍制を末代の「道理」として主張するとともに、後鳥羽上皇による摂関家排

斥と討幕計画を歴史の必然性と祖神の冥慮とに背くものとしてきびしく批判した。

九鬼周造　くきしゅうぞう　1888〜1941（明治21〜昭和16）　昭和前期の哲学者。東京で九鬼男爵家に生まれる。第一高等学校をへて、1912年（大正元）東京帝国大学文科大学哲学科を卒業。21年から29年（昭和4）までヨーロッパに留学し、ドイツではハイデルベルク、フライブルク、マールブルクの諸大学でリッケルト、フッサール、ハイデガーらについて学ぶ。またフランスでは、パリ大学・ソルボンヌ大学で主にベルグソンに師事し、同時にサルトルとも親交を結んだ。帰国後に京都帝国大学講師、33年同助教授、35年西洋近世哲学史講座の教授となる。ヨーロッパ留学中、自分だけが黄色人種であることに偶然の奇妙さを感じ、それが偶然性の存在論的構造の解明をめざす「偶然性の問題」(1935)を著すきっかけとなった。また、同じく留学中に構想をえた「*「いき」の構造」(1930)は、日本のエスプリ論として今も広く読み継がれている。さらにハイデガー哲学の日本への移入にはたした役割も大きく、今日定着している訳語の多くは彼の定めたものである。哲学者としてはこれからという時に急性腹膜炎のため没した。「九鬼周造全集」全12巻がある。

傀儡　くぐつ　人形回しを生業の中心に諸国を漂泊した芸能民。操（あやつ）り人形自体もこうよぶ。起源については外来説と国内発生説とがあり、前者は朝鮮の白丁（はくちょう）やインドのジプシーなどと関連づける諸説、後者には*折口信夫（しのぶ）の海部（あまべ）説がある。*大江匡房（まさふさ）は「傀儡子記（くぐつき）」で、男は弓馬で狩猟をし木偶（でく）を舞わす、女は歌をうたい淫を売る戸籍なしの漂泊民であると記す。平安末期に祝祭などで人形回しをする者を傀儡師（傀儡回（くぐつまわし））とよぶようになり、室町時代には西宮戎（えびす）神社〈えびすかき〉など寺社所属の職能集団が形成された。後白河法皇の今様（いまよう）（歌謡）の師匠である乙前（おとまえ）が有名である（「梁塵秘抄」）。16世紀末、人形回しから人形浄瑠璃（じょうるり）が誕生した。

公家新制　くげしんせい　平安末から鎌倉時代にかけて朝廷によって発布された成文法の一種。太政官符（だいじょうかんぷ）・官宣旨（かんせんじ）・院宣（いんぜん）など種々の

様式で発布され、禁制的性格が強いことを特徴とする。発布主体である天皇・院の支配権の絶対性を主張し、「治天（ぢてん）の君」個人の権威と権力によって支えられる中世王権の確立を示すものとされる。当初は荘園整理令と過差（かさ）禁制を二本柱とし、前者は支配者の発布する全国統治法の性格を、後者は支配者たる朝廷内部の規律法としての性格を有していたとされる。だが、しだいに過差禁制の比重が重くなり、朝廷内部の倹約令と認識されるようになった。

口訣 くけつ →口伝（くでん） 面授（めんじゅ）

公家法 くげほう 朝廷法のこと。平安中期から江戸時代まで、朝廷を中心としてだされた法令で、律令（りつりょう）法の後継である。より詳しくみていくと、(1)律令法の流れをくむもの、(2)*慣習法、(3)有職故実（ゆうそくこじつ）の3種類に分けられる。(1)は成文法で、*公家新制がこれにあたる。平安時代から南北朝期まで、400年間に60回前後だされた。天皇が命令し、新たに禁制すべき事項を列挙している。有名な荘園整理令や、神人（じにん）・悪僧の取締り、殺生禁断の励行、贅沢の禁止、盗賊逮捕の厳命などがもりこまれている。律令が形骸化していく中、朝廷は新制を充実させて、統治者として成長することを期待された。しかし武家政権の伸張の前に、こうした方向性は十分に進展したとはいえず、新制はやがて単に禁止事項を羅列するだけの空疎なものとなっていった。(2)としては、法律を専門とする下級官人が作成した、明法勘文（みょうぼうかんもん）が重要である。平安末期には藤原通憲（みちのり）が実例を集成し、「法曹類林（ほうそうるいりん）」を著した。鎌倉時代の勘文は、現在のところあまり知られていない(50通はこえていないであろう)。より多くの実例を収集したうえでの研究が待たれる。(3)は北畠親房（ちかふさ）の「*職原抄（しょくげんしょう）」や一条兼良（かねら）の「*公事根源（くじこんげん）」などが代表である。年中行事化した朝廷政治における、さまざまな故実を集積したもので、これらは伝統を重んじる貴族の行動の規範となったから、公家法の一部と考えることが妥当であろう。

救済 ぐさい →救済（きゅうさい）

久坂玄瑞 くさかげんずい 1840～64（天保11～元治元） 幕末期の萩藩の尊攘派志士。名は通武（みちたけ）、通称は義助（ぎすけ）、玄瑞は号。25石の萩藩医久坂良廸（りょうてき）の子。14歳で母、翌年兄ついで父を失い家督相続した。しかし好学心に燃え、医師で終わるをいさぎよしとせず和・漢・蘭の学問に志す。17歳で*吉田松陰（しょういん）に入門し、*高杉晋作（しんさく）とともに*松下村塾（しょうかそんじゅく）の双璧と目され、松陰の妹文と結婚し塾業を助けた。1859年（安政6）松陰の刑死後、公武一和による*航海遠略策を幕府に献策した長井雅楽（うた）の排斥に奔走し、藩論を尊攘に統一させた。62年（文久2）高杉と品川御殿山の英国公使館を焼き打ちし、翌年下関の外国船砲撃にも参加した。八月十八日の政変（萩藩を中心とする尊攘派を京都から追放）後、朝廷における萩藩勢力の回復に努めたが成功せず、帰藩した。翌年、禁門の変では自重論を唱えたが結局参加し、流れ弾をうけて自刃した。

草芝居 くさしばい →辻能（つじのう）

草間直方 くさまなおかた 1753～1831（宝暦3～天保2） 江戸後期の大坂商人。名は直方、通称は鴻池屋（こうのいけや）伊助。京都の枡屋（ますや）唯右衛門の子。10歳の時に大坂の鴻池家に丁稚奉公し、1774年（安永3）鴻池別家草間家の女婿となった。1809年（文化6）独立して両替商を営み、肥後国熊本などの諸藩や、田安家とも取引した。学を好み、塙保己一（はなわほきいち）の「*群書類従」刊行を援助したと「甲子夜話（かっしやわ）」に伝える。主著「*三貨図彙（さんかずい）」（1815成）は、金・銀・銭三貨の鋳造・通用と物価に関する古今の沿革を詳細に記述した全42巻の大著述である。その中で直方は、新井白石（はくせき）・荻生徂徠（そらい）が物価騰貴の原因を貨幣の数量によるとしていたのに対して、山片蟠桃（ばんとう）と同様に貨幣の品位に求め、物価の高下と貨幣の流通は「天理ノ自然ニテ人力ノ儘ニハ成リ難シ」と、市場自由主義を説いている。ほかの著書に「茶器名物図彙（ずい）」がある。

籤 くじ 複数の候補から無作為に特定の項目を選択するための方法。前近代には、その結果は神仏による決定と認識された。古代にも若干の記録があるが、中世、特に室町時代以降に事例が急増する。集団内での発言や座席・署名の順番、人事、恩賞地の配分、村落の用水使用の順序など、身分の上下や僧俗を問わず、あらゆる局面で籤が用いられている。

たとえば，鎌倉幕府の評定には「孔子」役が出席し，評定衆の発言順が籤によって決められている。史上最も著名な事例は，青蓮院義円(足利義教)を6代将軍に選んだ，1428年(応永35)正月17日の室町幕府宿老会議による籤であろう。籤の材料は紙縒・薬・竹串などさまざまである。前記の室町幕府の籤の場合，4名の候補者の名を記し，続飯で糊付けした上に花押を記して封じた籤を作成し，この4枚の籤を石清水八幡宮社頭に持参して管領が引くという方法が採られている。その結果は，清和源氏の氏神である八幡大菩薩の神判とされたわけである。合議による決定・解決が困難な場合の最終手段として，決定を神仏に託す手段であったといえよう。

公事 くじ　(1)朝廷で行われる公的な行事。「おほやけごと」と称した。朝廷の権力が衰微していく中で，さまざまな行事は形骸化し，やがて*年中行事として定着した。貴族たちは毎年同じことを繰り返し，それをもって公務とした。一つ一つの公事にはそれぞれ故実が集積されており，室町時代の中頃，一条兼良は「*公事根源」を著して，公事について詳細な説明を付している。

(2)荘園制のもとで，年貢(所当)のほかの一切の雑税をいう。律令制の租にあたるものは所当とよばれ，荘園領主が取得する私的なものとみなされた。これに対して，租以外の庸・調・雑役の系統をひくものは引き続き国衙・国庫に納められるものとして，公的なものとみなされた。そのためにこの名がある。公事の種類には，賦課する主体からみると，国役・神役・寺役・地頭役・守護役などさまざまなものがあり，賦課の対象からみると，御家人役・段銭・棟別銭・酒屋役など，これもいろいろなものがあった。また現実の労働力を提供する夫役も広義の公事の一部であり，京上役・兵士役などがこれにあたる。所当が米で納入されるのに対し，公事は公事銭という語が広く用いられたことでわかるように，銭で納めることが多かった。

公事根源 くじこんげん　「仮名文年中行事」とも。室町時代の*年中行事を記した有職故実の書。1巻。*一条兼良撰。1422年(応永29)頃の成立。後醍醐天皇の「*建武年中行事」を土台としながら，朝廷の公事である諸儀礼を解説している(一説には二条良基の「年中行事歌合」の判詞を抄出・改題したものともいう)。天皇による元日の四方拝から12月晦日の追儺までの宮中行事や，諸社の祭・仏事など170あまりの項目をとりあげ，その起源・沿革・本質などを説明する。後世大いに利用され，江戸時代には*松下見林の「公事根源集釈」など解説書もだされた。

旧事大成経 くじたいせいきょう　「先代旧事本紀大成経」「大成経」とも。近世中期に作成された偽書。1676年(延宝4)から刊行が始まり，79年に正部40巻が出版され，最終的には72巻で完結した。さらに鷦鷯本・高野本・長野本という異本が存在したらしいが，各々の関係についてはなお未解明な部分がある。本書は「三部の神道」と称し，吉田家の宗源神道(*吉田神道)に比肩するものとして忌部氏の斎元神道，阿知氏の*霊宗神道をあげる。記述の特徴として，*聖徳太子の顕彰，神道学の総合的体系化の志向，日本の優秀性の強調，排仏論に対抗する神・儒・仏の*三教一致論などが指摘できる。特に伊勢神宮内宮の別宮である伊雑宮を天照大神の本宮と主張した点が問題となって，1681年(天和元)に発売禁止処分をうけた。本書は，「*先代旧事本紀」を模して聖徳太子の撰と詐称され，幕府の処罰や*吉見幸和・多田義俊・*伊勢貞丈らの学問的批判をうけたものの，聖徳*太子信仰の聖典として長く信仰された。偽作の過程は未解明であるが，*潮音道海や長(永)野采女の関与は間違いない。またその背景として，神領を横領された伊雑宮関係者の長年にわたる回復運動が指摘されている。

櫛田民蔵 くしだたみぞう　1885～1934(明治18～昭和9)　大正・昭和前期のマルクス経済学者で，*労農派の代表的な論客。福島県生れ。1912年(明治45)京都帝国大学卒業。1918年(大正7)同志社大学教授となるが，翌年辞任する。ついで東京帝国大学経済学部などの講師となるが，20年の*森戸事件を機にいっさいの教

職を辞し，大原社会問題研究所の研究員となる。*河上肇について経済学を学んだが，やがて師をこえて，当時日本におけるマルクス経済学研究の第一人者となった。唯物史観・価値論・地代論，ひいては日本農業論・日本資本主義分析論へと及んだ。主要著作は高野岩三郎他編「櫛田民蔵全集」全5巻，大内兵衛・向坂逸郎監修「同増補版」全6巻に収められている。

旧事本紀 くじほんぎ →先代旧事本紀せんだいくじほんぎ

旧事本紀玄義 くじほんぎげんぎ 「神道書記縁起」とも。「*先代旧事本紀」の解説書・解釈書。全10巻(1・3・4・5・9巻のみ現存)。天台僧・神道家であった*慈遍の著。1332年(正慶元・元弘2)成立。1巻は序章で，3～5巻では天地開闢から天孫降臨に至る神話に依拠しつつ天皇論・神道論を，9巻では十種神宝や*三種の神器などから神器論を展開する。書名は文字通り「先代旧事本紀」の「玄義(奥義)」という意だが，実質は両部神道・伊勢神道の教説でこれを解釈した独自の思想書である。天皇を元始神の正統の継承者と位置づけたり，*神本仏迹説の先駆的主張をするなどに特色がある。中国(儒教)・インド(仏教)に対し日本(神道)を根本とする*吉田神道の先駆となった。

孔雀楼筆記 くじゃくろうひっき 江戸中期の随筆。全4巻。*清田儋叟の著。1768年(明和5)跋・刊。儋叟は京都の儒者伊藤竜洲の子で，伊藤錦里・江村北海を兄にもち，三珠樹といわれた。梁田蛻巌に師事し，福井藩儒であった。儒者としての見識から身辺雑事まで，多彩な内容を134カ条に記す。蛻巌や堀景山・伊藤東涯ら先儒の言行，祖先・父母，父母の故郷である明石の風俗，東国旅行などの記事は，儋叟その人を知るのに有益である。また，和漢籍についての記事，特に「源氏物語」や「水滸伝」の批評は，進歩的な読書家であった彼の批評家としての面目を示すものである。

倶舎宗 くしゃしゅう *南都六宗の一つ。その教理は，インドの世親が著した「阿毘達磨倶舎論」(「倶舎論」と略称)に集約され，宗名もこれに由来するが，古くは薩婆多宗ともいった。わが国へは*道昭をはじめ，智通・智達・*玄昉らの入唐留学僧が伝え，諸大寺で研究され，東大寺では8世紀半ばに「倶舎衆」の研究集団が成立していた。もともと一宗としての独立性に乏しく，806年(大同元)の官符では法相業の年分度者3人のうち2人に「唯識論」を，1人に「倶舎論」を読ませると規定されて，当宗は法相宗の付属とされたが，南都では，その後も長く基礎学として重視され，元興寺の護命や明詮，降っては東大寺の良忠・*宗性らの学僧が輩出した。

口授 くじゅ →面授めんじゅ

九条兼実 くじょうかねざね 1149～1207(久安5～承元元) 平安末・鎌倉初期の貴族政治家。法名円証。出家後は月輪殿，没後は法性寺殿のちのほっしょうじどのと称された。父は藤原忠通。幼時に僧籍に入った者を除くと第3の男子であった。母は父の家の女房で藤原仲光の女加賀。同母弟に*慈円がいる。生母の出自では先に摂政・関白となった兄二人に遜色があったが，正室の腹に生まれ兄たちとも親子ほどに年齢差があった長姉，崇徳天皇の中宮で広大な所領をもつ皇嘉門院聖子の庇護をえて，政治・経済生活の大きな支えとすることができた。内裏からの遠さを嘆きながら父から譲られた九条の地に住み，九条を家名とした。1158年(保元3)10歳で元服，正五位下左近衛権少将となり，官位ともに順調に進んで，66年(仁安元)18歳で右大臣に任じられた。しかし，その後は実権の掌握者である後白河法皇・平清盛と協調せず，政務の枢機から遠ざかった。

治承・寿永の争乱に際しては，源頼朝の政治姿勢に理解ある態度をとり，平氏滅亡ののち頼朝の推挙によって85年(文治元)には内覧宣旨をうけた。翌年摂政の地位につき，記録所を設置するなどして後白河の専制の抑制に努めたが，思うに任せなかった。91年(建久2)関白となり，92年後白河の死によってようやく手腕を振るうことのできる条件をえたが，96年源通親などの策謀によって失脚し，以後政界に復帰することはなかった。

新旧仏教の双方に密接なつながりをもつが，壮年の頃から*法然と関わりがあり，

しだいに篤く帰依した。法然の主著「*選択本願念仏集」は，兼実の失脚後その要請によって述作された。その死の年におこった専修念仏停止問題では法然らのために尽力し，藤原定家に「骨鯁の御本性猶以てかくのごとし」と評された。和歌・書・音楽にも素養があり，和歌では自身の詠作があるとともに，後鳥羽上皇が現れる以前の歌壇の庇護者として大きな存在であった。40年間（1164～1203）にわたる日記「玉葉」は，平氏の盛時から鎌倉幕府の成立に至る間の記述が詳細かつ明晰で，当時の第一級史料である。

九条殿遺誡　「九条右丞相遺誡」とも。*藤原師輔の残した遺誡。1巻。947年（天暦元）以降の成立。日々の行事や作法について漢文体で記されている。師輔が父の忠平からうけた教えと自ら古賢を訪ねて知ったことを，子孫のために記しおいたもので，子孫に代々尊ばれた。長男伊尹が夭死したのは，これを尊重しなかったためだと「大鏡」は書き記している。

口称念仏　称名念仏とも。「南無阿弥陀仏」のように，口に仏の名を称えること。*観想念仏と対案的に考えられることが多い。わが国では，*源信の「*往生要集」が浄土教史上はじめて口称念仏を重視した著述としてあげられるが，その立場は浄土門的な口称念仏と止観的な観想念仏とを並立・総合させようとするところに見出される。これに対して，「往生要集」を通じて唐の善導の「観無量寿経疏」に出会った*法然（源空）は，称名念仏をもって極楽浄土への往生のための正行と位置づけ，日本*浄土教のコペルニクス的展開が達成された。以後の浄土教系諸宗派の隆盛により，念仏＝口称念仏という捉え方がむしろ一般的となっていく。

九条政基　1445～1516（文安2～永正13）　室町後期の貴族。父は満家，母は唐橋在豊の女。官位は，従一位関白・左大臣に至り，准三宮を宣下される。応仁の乱中から家司の唐橋在数に借銭を重ね，債務を破棄すべく，1496年（明応5）子の尚経とともに自亭で在数を殺害した。父子は勅勘をこうむり，尚経が岳父三条西実隆らの尽力で勅勘を解かれたのは98年である。1501年（文亀元）尚経の関白就任を図り，謹慎の意を示すべく家領和泉国日根荘に下向し，04年（永正元）まで在荘した。この間，日記「*政基公旅引付」を残す。上洛の翌年には膝下領の山城国小塩荘に下向している。細川政元の養子になった子の澄之は，07年同家の家督争いで自害に及び，嫡子尚経とも不和が続くなど，晩年は家庭的に不幸であった。

九条道家　1193～1252（建久4～建長4）　鎌倉初期の公卿。摂政・関白。従一位。光明峰寺殿。3男頼嗣と孫頼嗣は将軍に迎えられて鎌倉に下り，西園寺公経とともに朝廷・幕府の間に介在して権勢を振るったが，晩年は退けられた。道家は寺院建立の志を抱き，1236年（嘉禎2），発願文を作り，奈良東大寺・興福寺にならう大寺の構想をもって1字ずつとって*東福寺と号した。寺領を寄進し，仏殿上棟をへて建立事業は進められ，43年（寛元元）中国から帰国して禅宗を伝えた*円爾に相見して，東福寺開山に請じた。寺の落慶供養は道家の没後3年の55年（建長7）に営まれ，堂宇は71年（文永8）に完成した。朝幕政治への介入と東福寺建立の大事業は，鎌倉時代の公家の権能を典型的に発揮した例として注目される。

楠木合戦注文　1333年（正慶2・元弘3）　鎌倉幕府軍が河内国の楠木正成らの反乱軍を攻撃した際の記録。幕府軍の構成，幕府の指示である関東事書，閏2月2日付の合戦経過の見聞記からなる。見聞記には交名が目立つなど具体的な記述は内容豊富で，正成らの行動を伝える貴重な一次史料である。良覚の署判する1329年（嘉暦4）の東福寺領肥前国彼杵荘の重書目録の裏の前半部分に記され，史料名は端裏書による。後半は同年3・4月の九州・中国地方の動静を詳細に伝え，「博多日記」とよばれる。この1巻を前田綱紀が入手して「正慶乱離志」と命名した。尊経閣文庫蔵。

楠諸士教　→明君家訓

楠葉西忍　1395～1486（応永2～文明18）　「くすは—」とも。室町時代の貿易商人。将軍足利義満の代に来日した父の天竺

聖護院と、楠葉住人の母との間に生まれ、はじめ義満の庇護をうけて京に住む。義満の死後、将軍足利義持の勘気を避けて大和国立野に移り、大乗院の経覚について得度し、西忍と名乗る。のち大乗院坊官を務め、足利義教の代の1432年（永享4）度遣明船の十三家寄合船、義政の代の51年（宝徳3）度遣明船に参加し、後者では多武峰の船の居座（経営請負人）を務める。日明貿易の詳細にわたる記録「唐船日記」を著し、輸入品として生糸が最も高利益をもたらすなどの情報を伝えた。同時代の対外交流に活躍した陳外郎とともに、代表的なマージナル・マン（境界人）である。

くず花 くずばな 「葛花」とも。*本居宣長の著作。全2巻。1780年（安永9）脱稿、宣長没後の1803年（享和3）に出版。「*古事記伝」再稿本に収録された古道論の要約である「道云事之論」（*市川鶴鳴は「道の論」と記す。補訂されたのちは「*直毘霊」）の儒教批判に対し、宣長門人の田中道麿を通じて閲覧した名古屋の儒者市川鶴鳴（匡麿）が論駁して「*末賀能比連麻志」を著したため、それへの再反論書である。聖人の教えの人為性、天道や天命説、陰陽五行説、太極説などの儒教観念主義の非実証性を逐条的に批判する。

国栖舞 くずまい 古代、宮廷で行われた芸能の一つ。国栖とは記紀によると大和国の吉野川上流に住む人々のことをさし、諸節会の際に国栖の贄と歌笛を奏し、朝廷への服属の意を表したという。これを国栖奏といい、なかでも翁が立ち舞う段を特に国栖舞という。平安時代以降は宮廷楽人が演じるようになった。現在でも上演されるが、最後に楽人が笑う所作をするところに特徴がある。

楠本端山 くすもとたんざん 1828〜83（文政11〜明治16）幕末〜明治期の朱子学者。名は後覚、字は伯暁、通称は定太夫、号は端山。平戸藩下級武士の子として、肥前国針尾島に生まれる。1851年（嘉永4）江戸にでて*佐藤一斎、*大橋訥庵に学び、53年に帰藩し、平戸藩校維新館の教員兼侍講となる。弟の楠本碩水と熊本藩の月田蒙斎との影響をうけ、三宅尚斎系の闇斎学を信奉するに至っ た。幕末には、道義的「国体」論にもとづく勤王の大義を唱え、藩主に直言し、維新後は明治政府に出仕して、功利的な欧化主義を痛論する建白書を提出した。端山は洋学とともに、*吉村秋陽らの陽明学や平田篤胤流の神道をも異端として排斥し、生涯「正学」を堅持し、静坐による自己の心性の存養に努めた。著書は「端山先生遺書」全12巻にまとめられている。なお博学であった碩水は、闇斎学派の基本的な資料である「日本道学淵源録続録増補」「崎門学派系譜」を著している。

薬猟 くすりがり 競狩とも。旧暦5月5日に鹿茸や薬草を山野に採取した行事。鹿茸は初夏に新しく生えて瘤のようになった鹿の袋角のことで、補精強壮剤として利用された。一般には4月頃から行われたらしい。中国では、悪月とされる旧暦5月に毒気や邪気を払うために、種々の行事が行われた。わが国でも旧暦5月5日（端午節会・*五日節会）を式日とする行事に薬日があり、菖蒲鬘を付け、柱や簾に薬玉（続命縷）を掛け、邪気を払い長寿を祈った。薬玉は、麝香・沈香・丁子などの薬を玉にし錦の袋に入れ、菖蒲や蓬などに結びつけ、五色の糸を長く垂れたもので、この薬玉に入れるための採薬の行事とも伝える。

曲舞 くせまい 久世舞・口勢舞とも。中世芸能の一つ。南北朝期から室町時代にかけて行われた芸能。鼓にあわせて叙事的な歌謡を歌い、舞う。平安末期に流行した白拍子の舞から派生したとされ、装束は白拍子と同じく、女性が立烏帽子に水干の姿で演ずるのが好まれたが、男も直垂・大口袴の姿で演じた。のちの*幸若舞もこの一派で、「曲舞」は幸若舞の別称でもある。また、応安年間（1368〜75）頃、観阿弥が乙鶴から曲舞を学び、猿楽の能にとりいれたという。このため、能楽の曲（クセ）の部分をさすこともある。また、金剛流・喜多流では闌曲（謡い手の自在な技法を披露するにふさわしい曲）の別称でもある。

九相 くそう 九想とも。人間の死骸が土灰に帰するまでに変わっていく九つの様相。また肉体に対する執着を断つために死骸について行

う九つの観想。9段階の名称については一定しないが、「大智度論」では脹・壊・血塗・膿爛・青・噉・散・骨・焼、伝蘇東坡作の「九相詩」では新死・肪脹・血塗・噉食・青瘀・白骨連・骨散・古墳の九相をあげる。日本では、この各相を詠じた空海作とされる「九相詩」もあるが、中世以降の文芸などに最も影響を与えたのは伝蘇東坡の詩で、各相を絵画化した九相図も寺院の壁画や掛軸・絵巻物の形で制作された。

宮僧 ぐそう →社僧しゃそう

供僧 ぐそう →社僧しゃそう

口遊 くちずさみ 平安中期の年少者向けの教科書。1巻。*源為憲ためのりの著。970年（天禄元）当時、参議であった藤原為光（のち右大臣）の子松雄君（11歳）のために編まれた。天文・時節・年代・地理・人倫・官職・陰陽・干支・薬方・飲食・書籍・音楽・禽獣・雑事などの諸門に分けた諸知識を、年少者が節をつけて口ずさみ、覚えやすいように編集したものである。「九九」をはじめ、現在にもつながる基本的な教育材料がとりあげられており、「掌中歴しょうちゅう」や「*拾芥抄しゅうがい」などの中世の辞書に大きな影響を与えている。

朽木昌綱 くつきまさつな 1750〜1802（寛延3〜享和2） 江戸中・後期の大名・蘭学者。号は竜橋りゅうきょう。丹波国福知山藩主。古銭の愛好家で、「新撰銭譜せんぷ」「西洋銭譜」の著作がある。*前野良沢りょうたくに蘭語を学び、地理書を研究して「泰西輿地図説よちずせつ」全17巻を1789年（寛政元）に刊行した。多くの蘭学者・オランダ通詞と交流し、オランダ商館長ティチングとも親交があった。また、石州流の茶式を松平不昧ふまい（治郷はるさと）に学び、茶道でも弟子をもった。

屈葬 くっそう 死者の体躯や手足を屈曲させた埋葬法をいう。手足を伸ばした仰臥状態での葬法である伸展葬しんてんそうに対する語。肘関節の屈折のさせ方や、その程度は一様ではないが、わが国では縄文時代に通有の葬法である。(1)母胎内への回帰を示す胎児の姿、(2)死者の霊が迷いでて現世に災いをもたらすのを防ぐため、(3)墓穴を掘削する労力の節約など諸説があるが、(2)の説が妥当と思われる。なお弥生時代の北部九州では、甕棺かめかんに死体を納める

ため、必然的にその姿態をとらせる事例が多い。

口伝 くでん 口決（口訣）くけつとも。宗教・芸能などの奥義を、文字によらず口頭によって師より弟子へ伝授する行為・形態、またその伝授された内容を示す用語。密教では師資相承そうじょうは*面授めんじゅを原則とし、法門の重要事項を文字で記録せず、口伝で継承することが早くから行われた。平安中期より公家社会においても、朝儀ちょうぎ・公事くじに関する故実こじつを口伝で継承する風が行われるようになった。口伝の盛行は、伝承される情報・知識が利権をうむようになり、肝心な部分を秘匿することによって、情報を伝承する集団の優位を保とうとする意識から発達したものと考えられる。他方、歪曲された事実が排他的に伝承されたため、知識水準の低下をもたらした一面もある。*口伝法門くでんほうもんは、院政期の密教の世界でことに隆盛をきわめ、分化した流派ごとに多量の口伝が継承されることになった。室町時代には他の仏教宗派にも波及し、和歌・音楽などさまざまな芸能においても、技能の伝受が口伝によった。しかし政変や戦乱による口伝の断絶を危惧して、口伝を書き留めることも行われ、院政期以降、多くの分野で口伝集が編纂されている。→切紙きりがみ

口伝法門 くでんほうもん 仏教において*口伝を重んじて伝授される法門。師から弟子へ、書物や書簡などによって*教相・事相を伝授する筆授ひつじゅに対して、密室における一対一での口移しの伝授を*面授めんじゅという。日本においては、空海以来、特に密教において後者が重んじられた。しかし、密教の影響をうけた*本覚ほんがく思想の発展とともに、天台宗でも顕密両面において口伝法門が重視されるようになる。口伝の発達は種々の*血脈けちみゃくをうみだしたが、良源門下の源信げんしん・覚運かくうんを祖と仰いで成立した恵心えしん・檀那だんな両流においても、天台本覚思想にもとづく独自の口伝法門をうみだしていった。口伝の実態は書き残さないのが原則で、神秘的色彩が濃厚であるが、*切紙きりがみに口伝の枢要を記して与える切紙相承そうじょうが行われることもあった。

愚堂東寔 ぐどうとうしょく 1579〜1661（天正7〜寛文元） 江戸前期の臨済宗の僧。近世仏教復興

運動の一員。大円宝鑑国師と諡号。美濃国伊自良の武士伊藤氏の出身。同地の東光寺で出家し、姫路三友寺の南景宗岳、駿河国清見寺の説心宗宣、下野国興禅寺の物外紹播、駿河国臨済寺の鉄山宗鈍らのもとに歴遊し、妙心寺の庸山景庸のもとで大悟した。この間、*大愚宗築らと盟約して仏教復興を志願した。その後、美濃国の稲葉方通の招聘に応じて正伝寺に住し、1628年（寛永5）以来三度にわたり妙心寺に住持した。後水尾上皇をはじめ公家・譜代大名を中心に多くの帰依をうけ、それらの外護のもとで多くの寺院を建立・復興した。門弟に*至道無難・*一絲文守がいる。その禅風は、黄檗宗の*隠元隆琦を妙心寺に迎えることに反対したように、坐禅一筋の祖師禅であった。

工藤平助 くどうへいすけ　1734～1800（享保19～寛政12）　江戸中・後期の経世家・医者。名は球卿、字は元琳、通称は平助、号は万光。和歌山藩医長井太雲の三男。のち仙台藩医工藤丈庵の養子となる。1754年（宝暦4）に仙台藩医となり、江戸詰めとなる。*杉田玄白・*前野良沢ら蘭学者と交流し蘭学の知識をえるが、蘭語には暗かった。田沼意次の幕政を支え、蘭学者からえた西洋事情の知識をもとに政策を提言した。ロシアの北方での活動から海防の必要を説いた「*赤蝦夷風説考」は83年（天明3）に公表され、*海防論の先駆と評価されている。

クドマイリ　嫁入りの際、花嫁が竈に拝礼する風習。クドとは竈の後部にある煙出しのこと。竈の炭をもたせるとか、竈の周囲を3回まわらせるという風習もある。これをクドハンマワリという。竈は家のシンボルとの思想があり、同じ竈で調理したものを食べることにより同族となり、親しい仲間になるとの思想は、すでに「古事記」の伊邪那岐命の黄泉国の訪問神話に「黄泉戸喫」がみられる。クドマイリも、このような信仰ないし思想にもとづき、その家の一族となることを意味するものと考えられる。そして、竈の火を守るのは主婦の重要な役割であり、そのような理由から主婦となる女性が嫁入りに際して竈に拝礼したとも考えられる。

グナイスト　Rudolf von Gneist　1816～95　大日本帝国憲法の制定に影響を与えたドイツの法学者。ベルリンの人。ベルリン大学に学び、1858年から同大学教授となる。主としてイギリス地方自治制について研究し、また裁判官・議員としても活躍する。ウィルヘルム1世やビスマルクの信任もえる。1882年（明治15）伊藤博文らが憲法調査のため渡独した際、伊藤らに憲法・行政法を講じた。85年には伏見宮貞愛親王、87年小松宮彰仁親王、89年有栖川宮威仁親王にも講義した。伏見宮親王の聴講録「西哲夢物語」の中に「グナイスト談話」がある。日本に来て明治政府の法律顧問になった教え子モッセをとおし、憲法起草に影響を与えた。

国木田独歩 くにきだどっぽ　1871～1908（明治4～41）　明治期の小説家。千葉県出身。本名哲夫。1894年（明治27）日清戦争の従軍記者として、のちに「愛弟通信」としてまとめられる記事を「国民新聞」に連載し好評をえる。97年ワーズワースの生命的自然観の影響のもと、宮崎湖処子・田山花袋・松岡（柳田）国男らと「抒情詩」をまとめ、翌年には小説「武蔵野」「忘れ得ぬ人々」を発表、その個的感性にもとづく風景描写は、次世代の文学者に圧倒的な影響を与えた。代表作としてはほかに、「牛肉と馬鈴薯」「運命論者」「春の鳥」「竹の木戸」などがある。死後まとめられた「欺かざるの記」も、近代日記文学の傑作として見逃せない。「国木田独歩全集」全10巻がある。

国津神 くにつかみ　→天津神・国津神あまつかみ・くにつかみ

国津罪 くにつつみ　→天津罪・国津罪あまつつみ・くにつつみ

クニノトコタチノミコト　国常立尊。「*日本書紀」巻1本文によると、「開闢の初めに、……天地の中に一物生れり。状は葦牙の如し。便ち神と化為る。国常立尊と号す」とあり、天地開闢の時、最初に誕生した神とする（第1・4・5の一書も同じ）。第1の一書では国底立尊とも表記する。なお、第6の一書では天常立尊についで、国常立尊が成ったとする。神格は国土・大地の生成の神。「常立」の解釈は土台（国土・大地）の出現と解する説が有力であるが、〈恒久に住まう〉意と解する説もある。「*古事記」上

巻では，天之御中主神（あめのみなかぬしのかみ）を第一神とする五柱の別天神（ことあまつかみ）の出現ののち，神世七代の第一神として誕生する。この神の出現・位置づけについては記紀の所伝に相違があり，国土生成神話構想の違いが指摘されている。

風俗歌（くにぶり）　→風俗歌（ふぞくか）

国見（くにみ）　天皇が支配領域である国土の状況や人民の生活を，山上など高いところから望み見ること。「播磨国風土記」揖保（いぼ）郡条の*応神（おうじん）天皇の国見や，「万葉集」巻1にみえる舒明（じょめい）天皇の行った天香具（あめの）山からの国見が著名である。本来は春時の農耕予祝儀礼であったともいわれるが，これが政治的意味に転じて在地首長層の統治を象徴する行為となり，さらに天皇統治の象徴へと集約されていったのであろう。舒明天皇の国見の歌では，国原と海原が対になって語られ，食国（おすくに）の政と山海の政の二つが天皇統治の二つの主要要素であったことが知られる。

国譲り神話（くにゆずりしんわ）　国作りをなしとげた*オオクニヌシノカミ（大国主神）が，その統治権を*アマテラスオオミカミ（天照大神）の子孫に譲渡することを語る神話。「*古事記」によれば，まず天照大神が豊葦原瑞穂国（とよあしはらのみずほのくに）は自分の子が統治する国であると宣言し，将軍を下界に遣わして言趣（ことむけ）させる。天菩比神（あめのほひのかみ）や天若日子（あめのわかひこ）を遣わしたが，大国主神に媚びて復奏しないので，あらためて建御雷之男（たけみかづちのお）神を送った。大国主神と交渉し，その子の事代主（ことしろぬし）神や建御名方（たけみなかた）神を服従させた。大国主神は，出雲国の多芸志小浜（たぎしのおばま）の御舎に籠もって国土を献上する。この神話は，大和の勢力が出雲を政治的に平定・服従させたことを語っていると解されることが多く，在地首長の畿内王権への服従を象徴しているとされる。しかし，大国主神はあくまで天照大神の弟の須佐之男（すさのお）命の子孫であって，国津神（くにつかみ）ではないことにも注意すべきであろう。また大国主神の力がなければ，国津神を統治することができないことをも示している。

久布白落実（くぶしろおちみ）　1882～1972（明治15～昭和47）　大正・昭和期の女性運動家。熊本県生れ。大久保真二郎（のちに牧師）と音羽の長女。*矢島楫子（かじこ）は大叔母。女子学院卒業後，渡米する。久布白直勝と結婚し，1913年（大正2）帰国する。16年日本基督教婦人矯風会（きょうふうかい）に参加し，総幹事となる。大阪での飛田（とびた）遊廓設置反対運動の失敗で婦人参政権の必要を痛感し，21年矯風会内に日本婦人参政権協会を設立した。24年*市川房枝を誘って婦人参政権獲得期成同盟会を創立した（総務理事）。26年（昭和元）*廓清会（かくせいかい）とともに廃娼連盟を結成した。戦後は売春禁止法制定促進委員会委員長となり，56年売春防止法の成立をみた。62年矯風会会頭。73年自伝「廃娼ひとすじ」が刊行される。⇒廃娼運動　婦人参政権運動

九品往生（くほんおうじょう）　「*観無量寿経」に説かれる上品上生（じょうぼんじょうしょう）から下品下生（げぼんげしょう）までの9種の往生をいう。九品の差は生前の行いによるものとされ，それぞれ臨終時の来迎（らいこう）の行儀や浄土への新生の遅速，新生後の得益の大小などに違いがあると説かれる。上品上生の場合には往生して即時に無生法忍（むしょうほうにん）を得るとされ，往生後，菩薩として衆生済度（しゅじょうさいど）の行を行い，それによって成仏（じょうぶつ）を考えた天台浄土教の立場では，これが理想と考えられた節がある。また当麻曼荼羅（たいままんだら）などの観経変相図（かんぎょうへんそうず）の下縁部や堂塔の扉壁画などに，九品往生図ないし九品来迎図が描かれ，のちの独立した*阿弥陀（あみだ）来迎図の成立に影響を与えた。

熊谷元直（くまがいもとなお）　1555～1605（弘治元～慶長10）　キリシタン武将。有名な直実（なおざね）を祖とする熊谷氏の支流で，安芸国三入（みいり）の高松城主熊谷高直の子。毛利氏が豊臣秀吉と和したのち，毛利家臣として四国と九州の征討に参加し，黒田孝高（よしたか）の感化をうけ，1587年（天正15）司祭ペドロ・ゴメスより受洗した。霊名メルキオル。小田原攻め・文禄の役に参加し，99年（慶長4）広島の教会建設に尽力する。1600年，毛利輝元（てるもと）に従い周防国に移り，山口の教会の中心人物となった。しかし，萩の築城工事奉行中，配下の窃盗事件を機に内紛による工事遅延が生じ，その責任を問われ，反キリシタン輝元の主命違反のかどで屋敷内で斬首され（主命は自害であったが，キリシタンには許されぬこととして，これを拒否したためといわれる），一族も斬首・追

放された。

熊沢蕃山（くまざわばんざん） 1619～91（元和5～元禄4）

江戸前期の儒者。名は伯継、字は了介・息游軒・不敢散人などと号した。蕃山は、知行地である備前国蕃山村に隠退後、蕃山了介と名乗ったことに由来している。京都で野尻一利の長男として生まれたが、8歳で外祖父熊沢守久の養子となった。1634年（寛永11）に岡山藩主である*池田光政に仕えたが、38年20歳で一度致仕し、41年冬、*中江藤樹に入門した。藤樹のもとで学問したのは半年ほどであったが、藤樹の中期の思想の影響は非常に大きかった。44年（正保元）岡山藩に再び仕え、やがて池田光政の信任と庇護をえて番頭3000石となり、治山治水・飢饉対策をはじめとする藩政改革に敏腕を振るった。57年（明暦3）39歳で隠退した。京都を舞台に、公家・大名・武士らと学問を媒介とした交わりをもった。晩年は、幕府への出仕も断って著作に専念したが、「*大学或問」の内容が幕府の怒りにふれ、下総国古河に幽閉されて生涯を終えた。

蕃山は、陽明学者とされることが多いが、陽明学の要素も朱子学と折衷されたものであり、思想の基本的な性格は「心法」の学というべき独自のものである。また和学や神道の理解も深く、それらを*時処位論・人情事変論によってとりこんでいった。時処位論・人情事変論は、藤樹から引き継いだもので、普遍的な聖人の道（儒学）をいかにして、時空を隔てた日本の現実に適応させるべきかという関心に立って構想された。為政者としての武士の自覚は、貨幣経済の進行への危機意識をうみ、時処位論・人情事変論を駆使しての豊かな*経世論として展開した。「集義外書」や「大学或問」では、参勤交代の緩和や商品経済の抑制が説かれ、清の来襲に備えての武士の土着（農兵論）が主張された。著書にはこのほか、主著である「*集義和書」、神道を扱った「*三輪物語」などがある。荻生徂徠より以降の経世論への影響は、きわめて大きい。

熊襲（くまそ）

熊曾とも。古代南九州に居住する民に対する「古事記」「日本書紀」による呼称。「古事記」の国生みの段で筑紫国の四面の一つとされ、景行天皇・ヤマトタケルノミコの征西説話の中でも登場する。政治的にも文化的にも大和に対して自主独立的気風が強い地域で、奈良時代になってもすぐには班田制が受け入れられなかった。その結果、中央政府からは「まつろわぬ国」の典型と位置づけられ、上記の神話伝承の基礎になったと考えられる。

熊野王子（くまのおうじ）

*熊野街道の随所に設けられた熊野三山遥拝のための神祠。それらの遥拝所には、熊野権現の*御子神である若王子・若一王子らが祀られ、参詣者は各王子を巡拝しつつ、*熊野詣の道中の安全を祈願した。「*熊野御幸記」によれば、各王子で奉幣や神楽が奏せられたことが記されている。王子は、丘・峠・渚・岬・浜など、この世とあの世、すなわちこの世と他界との境界とされる地点に祀られている場合が多く、その数は百をこえる。

熊野街道（くまのかいどう）

*熊野三山への参詣道の一つ。後白河法皇編著「*梁塵秘抄」に「熊野へ参らむと思へども徒歩より参れば道遠し、すぐれて山きびし、馬にて参れば苦行ならず、空より参らむ、羽賜べ若王子」とあるように、その参詣道は険峻な山路が続き、難行苦行なものであった。東の伊勢路と西の紀伊路の二つがあり、院政期以来、最も多く利用されたのは紀伊路である。そして紀伊路には田辺から本宮に至る中辺路や、室町末期に開かれた海岸線沿いに奥熊野経由という大辺路とがある。一方、鎌倉末期以降に東国からの*熊野詣に用いられたのは伊勢路であった。ほかに本宮へ通じる小辺路や、大峰修験道の奥駆道などがあり、これらの街道からさまざまな文化がうまれた。

熊野九十九王子（くまのくじゅうくおうじ）

「一つくもおうじ」とも。*熊野街道の随所に祀られた熊野三山遥拝祠の総称。実際に99の王子が鎮座するのではなく、極数の九を重ねて多数の王子が存在することを表したもの。大坂から*熊野三山に至る街道には、約2kmの間隔で王子が設けられ、なかでも藤白・切目・稲葉根・滝尻・発心門の各王子は五体王子と総称され、十二所権現の若宮若一王子

・禅師宮・聖宮・児宮・子守宮の五所王子と並んで重要視された。また、中辺路の近露王子に伝存する花山法皇の旅姿を表したという牛馬童子像は有名であるが、ほかに、この地での禊は現世の不浄を祓い清めるといわれ、〈近露の水〉と称して神聖視されてきた。

熊野牛王 おからす様・千年札とも。熊野三所権現でだした*牛王宝印。熊野の神の使いとされる三本足の烏をもって図案化してあり、中央に「熊野牛王宝印」と記すが、烏の数や図柄は各山により異なる。厄除けの護符であるが、その裏面に主従関係の誓約書や金銭取引の*起請文を記す風習があった。また、烏の絵の部分を切り取って水に浮かべて飲むと病が平癒するとの信仰がある。また、飲んだ後に嘘をつけば、舌が八つに裂け、生きながらにして地獄の苦しみを味わうともいわれている。

熊野御幸記 中世を代表する*熊野詣の記録。1201年(建仁元)の後鳥羽上皇の熊野御幸を藤原定家が記したもので、表題に「熊野行幸日記、藤原定家筆」とあり、内題に「熊野道之間愚記略之、建仁元年十月」と記す。自筆本は三井記念美術館蔵、国宝。後鳥羽上皇は生涯30回に及ぶ熊野御幸を行ったが、当記は4回目の記録にあたる。その行程や装束をはじめ、歌会の開催や*熊野九十九王子の多数が記述されている。また、定家自身が道中の寒さを耐え忍びつつ、足痛や咳病など前途多難ながらも、懸命に熊野詣を成就するまでの模様なども詳細に描写されており、当時の熊野詣に対する思想の一端を知ることができる。

熊野権現御垂迹縁起 *熊野信仰の根本資料の一つ。「*長寛勘文」に、藤原永範の勘申として「熊野権現御垂迹縁起云」と記すように、熊野社の縁起としては最古のものである。ここには、熊野の神は唐の天台山の王子信の垂迹であり、日本の英彦山に3尺6寸の八角の水精(水晶)の姿として顕れ、数十年をかけて各地を巡り、ついに熊野の地に鎮まったと記す。このように、当時、すでに熊野の神を他国より来訪した神として捉えて記している点が、のちの熊野縁起をはじめとする本地物の展開を考えるうえ重要である。→熊野の本地

熊野三山 三熊野・熊野三所権現・熊野三社とも。紀伊国に所在する熊野本宮(熊野本宮大社)・新宮(熊野速玉大社)・那智(熊野那智大社)の総称。各社の発祥は個別であるが、熊野三山という一大宗教連合体を形成した。各社は主祭神を異にするが、末社に三山共通の神々も多く祀っている。熊野は、古来、他界および蘇生の聖地といわれ、平安前期には*両界曼荼羅の胎蔵界に位置づけられ、また修験道の一大霊場となり、神仏習合の霊地としても栄えた。さらに浄土思想の進展にともなって、平安中期には歴代上皇の熊野御幸が白熱化し、日本第一大霊験所の勅額を賜るに至った。鎌倉時代以降は*熊野御師・先達・*熊野比丘尼などの活躍によって、*熊野信仰は全国的に広まった。留意されるのは、熊野三山を源平との血縁が濃密な熊野別当家が支配したことである。こうした関係から、源平争乱期に21代別当の湛増は、壇ノ浦の戦いの際、熊野水軍の大軍勢を率いることになった。なお、熊野水軍の活躍には熊野神社の勧請との関係もみられる。現在、全国各地に約三千数百社に及ぶ熊野神社が鎮座している。

熊野信仰 熊野の神を信じ崇めること。熊野の神は全国津々浦々に鎮座する熊野神社に祀られているが、それらの本拠地は紀州の*熊野三山、すなわち熊野本宮大社(本宮)・熊野那智大社(那智)・熊野速玉大社(新宮)である。これらは紀伊半島の東南部に鎮座し、証誠殿・結宮・速玉の三所を主祭神とし、若一王子・禅師宮・聖宮・児宮・子守宮の五所王子と一万眷属十万金剛童子・勧請十五所・飛行夜叉・米持金剛童子の四所宮の都合12所を祀るので、熊野十二所権現とも称するが、那智はほかに地主滝宮を加えた13所を祀る。三山は元来別個の神社であったが、所在する地域や末社に祀る神々などを同じくするという理由から11世紀中頃になると三社は包括され、熊野三山・熊野三所権現などと総称されるようになる。

「日本書紀」に伊弉冉尊を熊野の有馬

村に葬ったとみえ、熊野は古くから死者の霊が籠もる聖地と信じられてきた。熊野信仰の本質は、このような霊魂の籠りと蘇り、すなわち死と復活にあるが、それは日本の民俗的信仰の基調をなす思想でもある。ただ熊野信仰の場合は、それに修験道や仏教の思想が習合して多様に展開している。早くに熊野へ入ったのは山岳修行者であり、彼らは山間に霊場を設け、そこは*修験道の霊場として有名になった。また仏教とも習合し、本宮は阿弥陀、那智は観音、新宮は薬師などと本地仏が定められ、さらに浄土教の普及につれて本宮は阿弥陀の浄土として信仰され、また那智山を*補陀落に擬し、熊野灘から観音の浄土補陀落への渡海も行われた。12世紀初めより朝廷・貴族の*熊野詣が盛んとなり、ついで武士や庶民も多く参詣して「蟻の熊野参り」といわれた。熊野信仰を全国に広めたのは*熊野御師や*熊野比丘尼である。彼らは*熊野曼荼羅を絵解きし、熊野の本地を語ることにより熊野の神の霊験あらたかなことを全国各地の人々に伝えた。なかでも「*熊野の本地」には、熊野信仰の本質が語られており、そこには人間の苦しみや悩みを背負って死に、やがて蘇るという神の観念が顕著に語られている。

熊野九十九王子 くまののくじゅうくおうじ →熊野九十九王子

熊野御師 くまののおし *熊野三山の参詣者に対し、熊野山内にて宿泊や祈禱などの便宜を図った宗教者。当初、*御師と参詣者との間柄は参詣時のみに限る一時的なものであったが、しだいに恒常化した。一般に御師は檀那と称した参詣者との仲介役を務め、*伊勢御師・津島御師など全国各地に在住していたが、特に熊野御師は、参詣者の道案内はもとより、道中での精進、潔斎、奉幣、献饌の導師や教説などを務め、熊野先達とも称された。御師と檀那は師檀関係を結び、*熊野詣を根底から支える基盤となった。鎌倉時代になると、檀那はそれまでの貴族に加え、武士や農民層へと波及し、*熊野信仰は全国的に広まっていった。

熊野の本地 くまののほんじ 「熊野由来」「ごするでん（五衰殿）」などとも。*熊野信仰の由来を伝える代表的な本地物の一つ。のちに絵巻・奈良絵本・版本として多く作成された。「*神道集」の「熊野権現事」と内容をほぼ同じくする。天竺摩訶陀国の善財王の后、五衰殿は、王の御子を宿したことが他の后たちの妬みを買う結果となり、ついに山中で殺される。生まれた王子は山中で獣らに育てられ、のちに父王と再会をはたし、五衰殿も蘇ってともに日本へ渡り、熊野の神々となったと説く。ここには人の世に身をおきながら苦しむ神、悩む神と、その神がのちに蘇り、衆生救済の神となるという*和光同塵の思想にもとづく信仰がみられる。この本地は*熊野比丘尼により、全国各地に普及した。

熊野比丘尼 くまのびくに *熊野信仰を全国に流布し、遊行勧進した民間の女性宗教者。多くは*熊野御師や先達の妻女であった。中世では熊野山内をはじめ各地の寺や橋などの改修や造営をなし、また各地の街頭にて熊野参詣曼荼羅や観心十界図などを*絵解きしながら、熊野権現の霊験を説き、勧進柄杓をたずさえて浄財を集めた。その姿態は頭巾を巻き、絵解きの曼荼羅をたずさえるというもので、ときには*熊野牛王を配りながら、熊野信仰の宣布活動を行った。近世になると、宣布方法も語り物に芸能的趣向が加わり、さらに歌舞なども行い、歌比丘尼とも称され、ついには遊女になる者もいた。

熊野曼荼羅 くまのまんだら 神道曼荼羅の一種。*熊野信仰を絵画によって具現的に示したもの。その種類は多く、熊野三山の社殿や景観を表出した宮曼荼羅、熊野を胎蔵界に位置づけ、神仏習合思想により各本地仏を配置した本地仏曼荼羅、神影像を中心に描いた垂迹神曼荼羅、熊野信仰を広めるための*絵解き用としての参詣曼荼羅などがある。また特別なものとして、那智滝図のような大滝に神を想観する山水画的な曼荼羅もある。これらは熊野信仰の多様性を示している。多くは*熊野三山を崇拝する京都の貴族らが制作したもので、中世には盛行をみた。

熊野詣 くまのもうで *熊野三山へ参詣すること。平安時代には浄土思想が流行し、それにともない熊野の那智は観音の補陀落浄土として

信仰されるようになった。また、本宮の本地仏（ほんじぶつ）が阿弥陀如来とされたことから、熊野へ参詣すれば極楽浄土に往生できると信じられた。有名な話は、*和泉式部（いずみしきぶ）が本宮を目前にして月のさわりになったので参詣をためらっていたところ、熊野権現が夢に現れて、「もとよりも塵にまじはる神なれば月のさはりも何かくるしき」と託宣したと伝えることである。このように熊野権現は*和光同塵（わこうどうじん）の神として老若男女を問わず、朝野を超越して、あらゆる階層の人々から信仰された。これらの参詣者が往来する*熊野街道の賑わいは、世に「蟻の熊野参り」といわれた。記紀神話によれば、熊野はイザナミノミコトの葬送の地とされ、死者の霊が集う黄泉国（よみのくに）に比定されており、そのことから、熊野に参詣すると先祖の霊に出会うことができると信じられた。また熊野の地に葬むれば、生まれ変わることができるとも信じられた。室町時代に流行した説経節（せっきょうぶし）「*小栗判官（おぐりはんがん）」には、閻魔大王のはからいによって土車（つちぐるま）に乗せられた判官が、瀕死ながらも熊野へ参詣したとあり、やがて元の姿に復活し、恋人の照手姫（てるてひめ）と再会をはたしたという蘇生譚が劇的に描かれている。

熊野影向図（くまのようごうず）　「那智山浜宮（なちさんはまのみや）示現図」とも。*熊野曼荼羅（くまのまんだら）の一種。奥州名取郡の齢七十の老女が、48回目の熊野詣の道中に、那智浜宮で紫雲たなびく中に本宮証誠殿（しょうじょうでん）の本地仏（ほんじぶつ）である阿弥陀如来の示現したのをみて、ついに結縁成就（けちえんじょうじゅ）をはたしたとの伝承を図像化したものである。京都の壇王法林寺蔵本が著名である。図の上方に記された讃文は、1329年（元徳元）秋に、鎌倉円覚寺の住持南山士雲（なんざんしうん）が名取の老女、沙弥尼（しゃみに）の思心（ししん）のために書いたものである。画面の中央には雲上に円光を背にした阿弥陀如来の上半身を大きく配し、その上下に山をおき、下方の右側に浜宮と鳥居、阿弥陀如来を仰ぐ老女や従者らを小さく描いている。

熊本バンド（くまもとバンド）　熊本の青年キリスト者のグループ。熊本藩は幕末期に藩論が統一せず、新政府に参加することができなかった。そこで「来るべき時代」に備える目的で熊本洋学校を1871年（明治4）に開設し、藩の優秀な子弟を学ばせた。その教師として招聘されたのがL. L. ジェーンズである。彼は教室でキリスト教を教えることはなかったが、ヨーロッパ文明の根底にはキリスト教があると説き、自宅で希望者に聖書を教えた。キリスト教を信ずるに至った生徒たちは、1876年1月30日、熊本の花岡山（はなおかやま）で決意表明をして「奉教（ほうきょう）趣意書」に署名した。その後しばらくして洋学校は廃校になり、ジェーンズは信者となった生徒たちを開学したばかりの同志社英学校（現、同志社大学）に託した。彼らは同志社の宣教師たちに、〈熊本から来た野郎たち〉ということで熊本バンドとよばれ、*新島襄（にいじまじょう）亡きあとの同志社と日本組合基督教会を支えた人々（*小崎弘道（こざきひろみち）・*海老名弾正（えびなだんじょう）・宮川経輝（みやがわつねてる）・横井時雄（よこいときお）ら）を輩出した。

愚迷発心集（ぐめいほっしんじゅう）　*貞慶（じょうけい）の著作。1巻。1193年（建久4）の貞慶の笠置隠遁以降の成立と考えられる。三宝（さんぼう）・神祇（じんぎ）に対して、自身の輪廻と人生の無常を省みて発心（ほっしん）するとともに、道心のおこらんことを請い、最後に同心の朋友が互いに助け合って彼岸引摂（ひがんいんじょう）することを誓う。全体として敬白文（けいびゃくぶん）の形式をとっている。本書はもと、先行して貞慶が著した「解脱（げだつ）上人祈請表白」が土台となっていることが指摘されている。また、貞慶が師覚憲（かくけん）に送った消息が「無常詞」として知られているが、これも字句などに共通する部分がみられ、本書の成立に関係していると思われる。また、本書の一部が「存覚法語（ぞんかくほうご）」に引用され、南北朝期にもある程度流布していたことが推測される。

久米邦武（くめくにたけ）　1839〜1931（天保10〜昭和6）　明治・大正期の歴史学者。佐賀藩士の三男として生まれ、のち長兄・次兄の死去のため家督を嗣ぐ。藩校弘道館時代をへて江戸の昌平坂（しょうへいざか）学問所に学んだのち、藩政改革にたずさわる。明治維新後は新政府に出仕、1871〜73年（明治4〜6）の岩倉具視（いわくらともみ）全権大使の欧米派遣使節団に加わって、「*特命全権大使米欧回覧実記」をまとめる。79年に修史館編修官となって修史事業に本格的に取り組み始め、88年には帝国大学文科大学教授に就任し歴史学を講じた。また、「古文書学」を

創始し，史料批判の方法論の確立に努めた。久米は，近代実証史学の方法論に立脚し，従来の大義名分論の立場による歴史解釈を否定した。しかし，91年発表の論文「神道は祭天の古俗」が，神道家ら国粋主義勢力から攻撃されて教授辞職に追い込まれた。その後，東京専門学校（現，早稲田大学）で教鞭をとり，古文書学・古代史学の教授と研究に努めた。久米美術館編「久米邦武文書」全4巻，「久米邦武歴史著作集」全5巻・別巻がある。

雲井竜雄 くもいたつお　1844～70（弘化元～明治3）　幕末・明治初期の志士。名は守善，字は居貞，竜雄と称す。実名は小島竜三郎。出羽国米沢藩の下士の子。藩校興譲館で学び，1865年（慶応元）江戸警衛の列に加わり，*安井息軒の三計塾に入る。大政奉還後の1868年（明治元）貢士に挙げられたが，戊辰戦争が勃発すると，「討薩檄」を起草して，奥羽越列藩同盟が「義挙」であると正当性を公示し，士気を鼓舞した。また，明治期以後は，集議院の寄宿生となり，郡県制的な中央集権国家体制に反対した。不平士族救済のための帰順部曲点検所を設けたが，70年（明治3）梟首された。竜雄は嘆願書や陳情書によって自己の主張を明文化し，また悲憤慷慨の漢詩によって自己の心情を表現した。そのロマン主義的な漢詩は愛唱された。

求聞持法 ぐもんじほう　→虚空蔵求聞持法

倉田百三 くらたひゃくぞう　1891～1943（明治24～昭和18）　大正・昭和期の宗教文学者。父は倉田吾作，母はルイ。広島県三上郡庄原村に生まれる。1910年（明治43）哲学を志望し，父の反対を押し切り第一高等学校に入学する。文芸部や弁論部で活躍し，翌年法科に移るが，満足できず不眠に陥り通学しなかった。12年（大正元）京都に*西田幾多郎を訪ねる。西田に傾倒し「*善の研究」を熟読したことが，彼の思想形成に大きな影響を与えることとなった。9月，文科に復学するが，13年失恋や発病により退学，須磨で療養する。自己の思想を深めようと，15年*西田天香の一燈園に入る。16年「白樺」系の同人雑誌「生命の川」を千家元麿らと発行，「歌はぬ人」を発表する。17年「*出家とその弟子」を岩波書店から出版，一躍有名になり，大正期宗教文学の先駆けとなる。18年には武者小路実篤の*新しき村創設に協力する。翌年「出家とその弟子」が有楽座などで上演され，好評をえる。その後「布施太子の入山」などを書き，宗教的・倫理的なテーマを追究する。また21年には「*愛と認識との出発」を書き，人道主義的な道を進む。26年（昭和元）雑誌「生活者」を創刊，唯物史観を否定し人間愛を追究する。晩年は超国家主義の立場に立つ。「倉田百三選集」全10巻などがある。

栗田土満 くりたひじまろ　1737～1811（元文2～文化8）　近世後期の国学者・祠官。通称は求馬・民部，号は岡酒舎。遠江国城飼郡平尾村の平尾八幡宮神主の家に生まれる。1767年（明和4）*賀茂真淵に入門し，神典・和歌を学んだ。85年（天明5）には*本居宣長にも入門し，「*古事記伝」巻21の版下を書いた。「日本書紀」神代巻に訓および頭注をほどこした著書「神代紀葦牙」では，「古事記伝」などの宣長説をうけて儒教・陰陽思想を排除して，従来とは一線を画す解釈を示し，明治初年頃まで国学者による「日本書紀」神代巻注釈書として重視された。県居門あがたいもん十二大家の一人とされ，「万葉集」「古今和歌集」の和歌研究，祝詞のりとの実作，神典の講義を主とし，遠江国の神職を中心とした門人を指導して国学の普及に努めた。さらに，全国にわたる地方知識人との幅広い交友関係をもった。著書は「岡屋おかのや歌集」「岡屋祝詞集」など。

栗田寛 くりたひろし　1835～99（天保6～明治32）　幕末～明治期の水戸学者。名は寛，字は叔栗，号は栗里。水戸の商家の三男。1858年（安政5）彰考館に入り，*豊田天功の薫陶をうける。廃藩後も「*大日本史」の志表，特に神祇志と国郡志の編纂に従事した。のち教部省・太政官修史館などに出仕し，*教育勅語と水戸学とが同一であるという立場から「勅語述義」を著し，92年（明治25）には久米邦武の後任として帝国大学文科大学教授となった。神祇史・祭祀・神社を研究した「神祇志料」は文献史料による実証的考証ばかりか，民間習俗・伝承をもとりあげている点は注目すべきである。このほかに「新撰姓氏録

考証」「標注古風土記」「天朝正学」などの著作がある。

庫裡法門 くりほうもん →秘事法門ひじほうもん

栗本鋤雲 くりもとじょうん 1822～97(文政5～明治30) 幕末期の幕臣，明治期の新聞人。名は鯤え，字は化鵬，通称は瀬兵衛，号は匏庵ほうあん・鋤雲。幕府の医官喜多村槐園かいえんの三男。江戸生れ。*安積艮斎ごんさいに入門し，昌平黌しょうへいこうに入り，1843年(天保14)黌試甲科を通過した。48年(嘉永元)栗本瑞見ずいけんの養子となり，幕府の奥詰医官となる。58年(安政5)蝦夷地えぞち移住を命ぜられ，62年(文久2)箱館奉行組頭となる。箱館で，フランス人カションと日仏語の交換教授をする。63年，江戸に帰って昌平黌の頭取となる。以後，外国との交渉に尽くして外国奉行・箱館奉行となり，67年(慶応3)渡仏し，フランスの軍事的援助を斥け，翌年帰朝した。維新政府には仕えず，74年(明治7)郵便報知新聞社で才筆をふるった。カションとの西洋事情問答書である「鉛筆記聞」，在仏見聞記の「暁窓追録ぎょうそうついろく」を含め，著書は「匏庵遺稿」にまとめられている。

厨川白村 くりやがわはくそん 1880～1923(明治13～大正12) 大正期の英文学者・評論家。京都生れ。本名辰夫。第三高等学校をへて東京帝国大学英文科で学び，*小泉八雲くもらに師事する。大学卒業後は三高・五高で教え，のち京都帝国大学の教授となる。訳詩・文芸評論・文明批評を発表し，代表作には「近代文学十講」(1911)，「近代の恋愛観」(1922)がある。後者は英文学の知識を活かし，近代的な恋愛観を封建的なそれと対比させ，当時の若者たちに好評であった。「厨川白村全集」全6巻がある。⇒恋愛

栗山潜鋒 くりやません 1671～1706(寛文11～宝永3) 江戸前期の儒者。名は愿げん，字は伯立，通称は源介げんすけ，潜鋒・拙斎せっさいと号した。山城国の人。京都で闇斎学派の桑名松雲しょううんに学び，尚仁しょうじん親王の侍読じどくをへて，1693年(元禄6)に江戸にでて*徳川光圀みつくにに仕え，「*大日本史」編纂に従事した。27歳で*彰考館そうさい総裁。光圀の後に「義公行実ぎこうこうじつ」を実質的に執筆した。主著は，保元～建久年間(1156～1199)を日本史の転換点とした史論である「*保建大記ほうけんたいき」，文集に「弊帚集へいそうしゅう」

がある。「保建大記」は，没後に同じ水戸学者である安積澹泊あさかたんぱく・三宅観瀾かんらんらによって刊行された。

黒川道祐 くろかわどうゆう ?～1691(?～元禄4) 江戸前期の儒医・歴史家。名は玄逸げんいつ，字は道祐，静庵せいあん・梅庵・遠碧軒えんぺきけんと号す。安芸国の人。父寿閑じゅかんは広島藩医，母は堀杏庵きょうあんの女。父に医学を学び，*林羅山らざん・*林鵞峰がほう・*堀杏庵に儒学を学ぶ。広島藩医として仕える一方で，わが国初のまとまった医学史書「本朝医考」(1663序)を著した。1673年(延宝元)には職を辞し，京都に住み著述に専念した。実地に精査してまとめた京都の地誌「雍州府志ようしゅうふし」は，江戸時代の総合的地誌書を代表する。ほかに「芸備国郡志」「本草弁疑はんぎ」「日次紀事ひなみきじ」などがある。

黒川能 くろかわのう 山形県鶴岡市大字黒川の春日神社の氏子うじこが伝える民俗芸能。氏子は宮座を構成し，上座・下座に分かれる。同神社の正月行事(旧暦)王祇祭おうぎさいの一環として当屋とうやの家で奉納される。このほか神社の舞台で3月23日(祈年祭)，4月終り頃(講始め)，5月3日(例祭，もと5月13日)，6月25日(慰霊祭)，11月23日(新嘗祭にいなめ)の折にも演じられる。また7月15日には羽黒山の花祭で，8月15日には鶴岡市の庄内神社でも奉納される。中央の能と同様だが，黒川独特の要素も多い。南北朝～室町時代に伝わったとみられるが，詳細は不詳である。国重要無形民俗文化財。

黒住教 くろずみきょう *教派神道の一つ。備前国上中野村の今村宮禰宜ねぎであった*黒住宗忠むねただが開いた。教祖は両親のあいつぐ死により孝行の対象を失い病気となったが，1814年(文化11)に死を覚悟しての日拝中に転機を迎えて快癒し，さらにその年の冬至の日に太陽と一体になる体験(「天命直授てんめいじきじゅ」)をえたことをもって立教とする。万物の生命の根源としての天照大神あまてらすおおみかみを信仰し，日拝修行によって陽気をうけ，生活を充実させる教えを説く。76年(明治9)に「神道黒住派」として特立を認められた。本部は岡山市にあり，公称30万人の信徒を擁している。

黒住宗忠 くろずみむねただ 1780～1850(安永9～嘉永3) *黒住教の教祖。備前国上中野村の生

れ。同村の今村宮禰宜。幼い頃から孝心が篤く，神になることを孝の至りとして，きびしい自己規律を続けたが，両親が急病で亡くなったのを契機にして瀕死の病となった。しかし，1814年(文化11)に死を覚悟しての日拝で快癒し，その年の冬至の日に至って「天命直授」の体験をして以来，「いきどおし」の教えを説いた。江戸在勤の門人に宛てたものを中心に多くの書簡が残され，「黒住教教書」に収録されている。

黒田如水教諭 黒田孝高(1546～1604，如水は号)が嫡子長政(筑前国福岡藩の初代藩主)に与えた4カ条の教諭。剛勇の武将であるが為政者としての経験の浅い長政に，治世の心得，家老・重臣に対する依頼がのべられている。その冒頭では「神の罰より君君の罰を，主君の罰より臣下百姓の罰」を恐れよ，と領国における人心の収攬が治政の根本であること，国を守護する藩主の心得として，思慮や行動を慎み文武両道に励むこと，大将の威は，その身の行儀正しく理非・賞罰の明確なること，家の存続には子孫の傅育役が重要な役割をはたすことなど，孝高の戦国乱世に体得した治世の理念が示されている。

黒田清輝 1866～1924(慶応2～大正13) 明治・大正期の洋画家。鹿児島城下に藩士黒田清兼の子として生まれる。本名は清輝。1884年(明治17)法律研究を目的としてパリに留学したが，86年山本芳翠らの勧めによって画家修業を決意，ラファエル・コランに師事する。93年に帰国。滞欧作「朝妝」は国内で裸体画論争を巻き起こし，彼がもたらした印象派的な明るい色彩の画風は従来の洋画派(旧派)に対して新派と称された。96年には東京美術学校西洋画科の設立に参画，同年白馬会を結成した。以後，日本のアカデミズム形成に意を注いだ。1907年の文部省美術展覧会開設では審査員を務め，22年(大正11)に帝国美術院の院長に就任するなど，晩年は美術行政的活動を多く行った。代表作品は「読書」「湖畔」など。

黒田長政遺言 黒田孝高(如水)の嫡子長政は，関ケ原の戦功により筑前国福岡藩主となり，藩政の大綱として「国中掟十三カ条」を公布し，農民対策を基本に藩主権力を確立した。遺言は，死の直前の1623年(元和9)8月，小河之直・栗山大膳の両家老に後事を託したものである。まず関ケ原の戦いで徳川家康が「天下の主」となりえたのも孝高・長政父子の功績によるもので，筑前一国を「賜り候は誠に大分の御恩とは言難かるべし」，この功績を考えれば子孫も「上に対し逆心」さえ企てなければ，少々の不調法も許されるのも当然という立場を語り，家老の心得，嫡子忠之への後見，黒田家の名を汚さず治政に専念すべきことが記されている。

黒谷上人語灯録 浄土宗の開祖*法然の著述・法語・消息(手紙)などを収集・編纂したもの。浄土宗鎮西派の了慧道光が，1274年(文永11)から翌年にかけて編纂した。法然没後，その門下において新奇な異説を唱える者がでたため，師法然の教えに立ち返る手立てとして編纂された。全18巻。漢文体の文章を収録した「漢語灯録」10巻，和文体の文章を収録した「和語灯録」5巻，それぞれの補遺にあたる「拾遺漢語灯録」1巻，「拾遺和語灯録」2巻からなる。

桑木厳翼 1874～1946(明治7～昭和21) 明治後期～昭和前期の哲学者。旧金沢藩士の長男として東京に生まれる。1893年(明治26)第一高等中学校から帝国大学文科大学哲学科に入学し，*ケーベル・*井上哲次郎に学ぶ。96年卒業後，大西祝のとりなしで98年東京専門学校(現，早稲田大学)講師，99年東京帝国大学文科大学講師・第一高等学校教授となる。1902年東京帝大助教授，06年京都帝国大学教授。翌年，欧州に留学してベルリン大学・ライプチヒ大学で学ぶ。09年に帰国し，14年(大正3)東京帝大教授となる。19年*黎明会のデモクラシー運動に参加し，26年ハーバード大学での第6回国際哲学会において日本現代の哲学について講演する。35年(昭和10)東京帝大を停年退官し，名誉教授となる。戦後の46年に貴族院議員となるも直後に死去した。思想的立場としては，新カント学派にもとづく見地から大正期の文化主義的傾向を基礎づけるとともに，合理主義的で穏健な人格主義と自由主義を堅持した。著書

に「哲学概論」（1900），「デカルト」（1904），「カントと現代の哲学」（1917），「西洋哲学史概説」（1935），「哲学及哲学史研究」（1936）などがある。

桑田熊蔵〈くわだくまぞう〉　1868〜1932(明治元〜昭和7)　明治〜昭和初期の社会政策学者。伯耆国倉吉の大地主の長男に生まれる。東京帝国大学法科卒，大学院に進む。1896年(明治29)金井延〈のぶる〉らと*社会政策学会を創立した。その年自費で渡欧，約2年間労働問題を研究した。1901年農商務省に入り，*工場法作成のための労働実態調査(「*職工事情」)に従事した。04年には法学博士，また父の跡を継ぎ貴族院の多額納税議員となる。学会の中心メンバーとして社会政策学の体系確立に努め，東京帝国大学・中央大学で教鞭をとるかたわら，内務省社会局など各種の団体に関与して社会政策・社会事業の形成に協力した。その政策論は，改良主義的な国家介入だけでなく，労働者の自助，組合活動なども重視するものであった。「工場法と労働保険」など著書は多数ある。

軍記物語〈ぐんきものがたり〉　軍記物・戦記物語・戦記文学などとも。主に武士の合戦そのもの，もしくは合戦の中心的人物を描く物語の総称。平安時代に成立した，天慶〈てんぎょう〉の乱を描いた「*将門記〈しょうもんき〉」を嚆矢とし，中世前期には，鎌倉幕府が成立する以前の合戦を描いた「*保元〈ほうげん〉物語」「*平治物語」「*平家物語」が成立した。このうち「平家物語」は，*琵琶法師による語りによって普及する。また中世後期には南北朝の争乱などを描いた「*太平記」が成立した。これも「*太平記読み〈よみ〉」として語られ普及する。「平家物語」「太平記」は軍記物語を代表する作品である。以上の作品は，合戦そのものを物語るものであるが，「*曾我〈そが〉物語」「*義経記〈ぎけいき〉」といった伝記的作品も作られ，後世の「曾我物」「義経物」の成立に影響を与える。また「*平治物語絵巻」といった*絵詞〈えことば〉としても伝承される。応仁・文明の乱より後の，戦国期の合戦を扱った記録などは「戦国軍記」と総称される。事実に近いと考えられるもの，虚構が多いと考えられるものなど多種多様である。資料として使用されることは多々あるが，文学史上で「戦国軍記」の評価は高くない。

軍国美談〈ぐんこくびだん〉　→軍人神話〈ぐんじんしんわ〉

郡司〈ぐんじ〉　律令国家の地方行政組織である国の管下で，実質的な地方支配を遂行する郡の官人。大領〈だいりょう〉・少領（両者あわせて郡領）・主政〈しゅせい〉・主帳〈しゅちょう〉の四等官制をとる。郡領は所部の撫養と郡事の検察とを職掌とし，郡内の司法・行政について，*国司〈こくし〉から相対的に独立した権限を有した。孝徳朝に設置された評〈こおり〉の官制（評督〈ひょうとく〉・助督，評造〈ひょうぞう〉）を基礎としつつ，701年(大宝元)*大宝律令〈たいほうりつりょう〉の制定により成立した。郡領の任用は，法規定上では才用主義とされるものの，旧来の国造〈くにのみやつこ〉が有していた在地における伝統的権威にもとづく民衆支配が期待されたため，実態は依然その譜第性が重視された。また，官位相当制が適用されない終身官の原則，国司より多い職分田〈しきぶんでん〉の支給と食封〈じきふ〉・位禄の欠如，位階の秩序を無視した国司に対する下馬礼など，その非律令的性格が注目される。

　しかし，8世紀末から9世紀にかけて，譜第家の分化と新興富豪の勃興による郡司の伝統的権威の喪失，地方支配を全面的に受領〈ずりょう〉の責任にゆだねようとする律令国家の政策転換などによって，国・郡行政の一体化が進み，事実上の国衙〈こくが〉官人と化す。郡司の選考は国司にゆだねられ，擬任〈ぎにん〉郡司が恒常化し，郡司は国衙の徴税・輸納などの業務を請け負うようになった。

軍事教練〈ぐんじきょうれん〉　中等学校以上で実施された正課の軍事教育。初代文相*森有礼〈ありのり〉による「兵式体操」導入を前史とし，*臨時教育会議の建議をふまえ，一般的には1925年(大正14)以降，官公立大学予科・高等学校・専門学校・中学校・師範学校，および徴兵令により認可された私立学校における配属将校による軍事的訓練をさす。なお配属将校なしの小学校・高等女学校の軍事的集団訓練も実施された。その目的は，第一に第1次世界大戦後の列強の動向に対応する予備士官教育の拡充，第二に教員志望者層の軍事教育の強化，第三に国際協調の風潮や軍縮時代における現役将校の生活維持などにあった。軍事教練の教材ないしカリキュラムとしては，軍事講話・戦史・指揮法などで，実際的な軍事技術の習得

くんし

よりも国防思想や護国精神の注入，集団訓練の重視が理念とされた。さらに日中戦争から第2次大戦への軍国主義の流れにあって，37年(昭和12)教練教授要目改正，39年大学における軍事教練必修化にみられるように，国民精神＝軍人精神を実現する施策としての軍事予備教育の意義がいっそう強化された。1920年代には大学などによる軍事教練反対運動が盛り上がったが，戦時下の潮流に押し流され，敗戦によってようやくピリオドが打たれた。

君主主権説 くんしゅしゅけんせつ →天皇主権説てんのうしゅけんせつ

群書類従 ぐんしょるいじゅう ＊塙保己一ほきいちによる日本最大の叢書。正編は1276種・530巻・665冊・目録1冊，続編は2128種・1150巻・1185冊。国学が盛んとなりつつあった当時でも，古典の披見・校勘はたやすいものではなかった。その状況を憂いた保己一が，古書の散逸を防ぐとの意図をもこめ，古代より江戸初期までの未刊の小冊を中心にした530巻を，幕府・諸寺社や＊屋代弘賢ひろかたら門人の援助・協力のもと，40年の歳月をかけ編纂し，1786～1819年(天明6～文政2)に刊行したのが本叢書である（続編も構想されるが，完了は1911年〈明治44〉）。菅原道真みちざねの「＊類聚国史」にならい，神祇じんぎ・帝王・補任など25部に分類している。底本選択や校訂の的確さ，貴重本の収録などを含め，後世に多大な貢献をなした。

軍神 ぐんしん →軍人神話ぐんじんしんわ

軍人神話 ぐんじんしんわ 天皇中心の政治と富国強兵策を進める明治政府にとって，天皇に強固な忠誠心を示し，戦場で勇猛な働きをする兵士を育成するとともに，こうした兵士をより多く輩出するのが使命と考える社会を成立させることが急務であった。その一つの方法が，戦争において軍人や国民に対して模範(亀鑑きかん)たりうる将兵の戦振り(軍国美談)を発掘し，これを誠忠録や忠勇列伝にまとめて広く普及させ，錦絵にしきえや芝居しばい・読み物などの題材として社会や子供の世界への浸透を図ることであった。これによって子供や青年男子に，模範的軍人を彼らの努力目標とさせた。日露戦争の初期，戦意高揚という緊急の要請ではじめて登場した軍神ぐんしんも，もとは軍国美談の一例であった。軍神の語は海軍の小笠原長生ながなりがはじめて使用したが，軍神と認定する決まりがなく，戦況の要求度と美談の社会的衝撃度とによって陸海軍の報道官が判断して決めた。太平洋戦争半ばまでに17名(16名の説あり)に達する軍神は，日常的には模範的忠君愛国者，戦時に壮烈な戦死をとげたことが強調される点で，戦意高揚を目的としただけの欧米のWar Helloとは大きく違っていた。

軍人勅諭 ぐんじんちょくゆ 1882年(明治15)1月4日，明治天皇が軍人に対してだした勅諭。1878年，竹橋騒動を機に陸軍卿＊山県有朋やまがたありともの名でだされた「軍人訓誡くんかい」を発展させたもの。＊西周にしあまね・山県らを中心に起草された。国民皆兵に基礎づけられた軍隊は，江戸時代の士農工商の身分制とは異なる平等思想を内包していたために，自由民権運動とも呼応する軍人がいた。これに対し「軍人勅諭」では，天皇の軍隊を広めるべく「朕は汝等軍人の大元帥だいげんすいなるぞ，されは朕は汝等を股肱ここうと頼み汝等は朕を頭首と仰きてそ」とよびかけ，天皇に対する絶対服従・神聖視を教え，政治的発言などの関与を否定することによって，天皇の軍隊の独立性を堅持しようとした。軍人のモラルとしては，忠節・礼儀・武勇・信義・質素などが語られ，兵隊たちに「義は山嶽より高く，死は鴻毛こうもうより軽し」と身を挺して天皇のために戦うべきことを教えた。

君台観左右帳記 くんだいかんそうちょうき 室町時代に成立した，中国画家の格付けと書院座敷飾りの仕法を記した伝書。1巻。能阿弥のうあみ系統本と相阿弥そうあみ系統本があり，1511年(永正8)に相阿弥から源次吉継よしつぐに与えた本奥書のある，59年(永禄2)写の東北大学本が良本として知られる。前半の名録は，「上々　王維　字摩詰マキツ　開元初，人物・山水」のように，主に唐・宋・元代の画家を上・中・下に格付けして得意な分野を記している。輸入された大量の作品を整理する便法は，画家の名で作品評価をする鑑賞法を育んだ。もとは将軍家蔵品として購入する基準を示すためのものと思われ，いくつかに「よく出来候ハ御物にも成候」と注記がある。後半の「餝かざり次第」は，「一　建盞けんさんゆてきにもおとるへからす，地

くすりくろく，しろかねのことくきんはしりて，おなしくゆてきのことく，ほしのあるもあり，三千疋」のように，座敷に飾る器具の特色を具体的に説明し，標準価格を示す場合もある。*同朋衆により将軍家会所における遊宴演出の覚書として，諸家に影響を与え，*唐物を愛好した当時の美意識をリードする原典となった。

軍中竜馬奔走録 ぐんちゅうりょうまほんそうろく　→英将秘訣えいしょうひけつ

訓蒙画解集 くんもうがかいしゅう　江戸後期の絵入り寓話集。全1巻と付録。*司馬江漢の著。1814年（文化11）成立。全92話と付録に25話。主に中国古典から話をとり日本語で著者の寸評を付すので訓，その目的が童蒙の眠りを覚ますためであるので蒙，それらの小話を図を解説する形で記すので画解という。17～18世紀に西洋ではやった「シンネベール(zinnebeeld＝図解，簡単なモットーや格言を図に付したもので，子供などの道徳教育に用いられた)」形式の書物を参考にした旨を序文で著者がのべているが，本書では絵に寓意性は乏しく挿絵に止まる。話は教訓的で卑近な処世訓である。同じ頃に書かれた随筆「無言道人筆記むごんどうじんひっき」と重複する話題も多い。

訓幼字義 くんようじぎ　*伊藤東涯の和文の書。全8巻。1717年（享保2）の自序，ただしそれ以降も補綴がなされた。刊行は東涯没後の59年（宝暦9）。父仁斎の「*語孟字義ごもうじぎ」の内容を，童蒙にも理解できるように解説するというのが執筆の趣旨である。「語孟字義」が本格的な漢文で書かれた学術書であるのに対して，その思想を一般の読書人に普及させようという意図が貫かれ，予想される疑問に答えたり，丁寧に論拠を提示するというような工夫がこらされている。

け

褻 け　祭や年中行事，またさまざまな儀礼とその場を*晴というのに対して，日常的な時間や空間をいう。「褻」は常着・普段着を意味する漢字で，「晴着」に対する言葉である。平安時代の男性貴族の普段着は直衣だが，これを褻の装束といった。普段着を着た生活，晴の場とは対峙した日常的な生活をさす。

偈 げ　→偈頌げじゅ
夏安居 げあんご　→安居あんご
芸阿弥 げいあみ　→三阿弥さんあみ

桂庵玄樹 けいあんげんじゅ　1427～1508（応永34～永正5）　室町後期の禅僧。臨済宗*聖一派。別に島陰・海東野釈と号す。周防国山口の人。南禅寺の景蒲玄忻けいほげんの法嗣。*蘭坡景茝らんぱけいしに詩文を学んだ。1467年（応仁元）に入明し，73年（文明5）帰国。石見・肥後国などに歴遊し，78年，島津忠昌に招かれて薩摩国竜雲寺に入寺した。翌年，忠昌が桂庵のために開創した島陰寺とういんじ（桂樹院）に住して，この地で朱子学を講義した。81年，伊地知重貞いじちしげさだと朱子の「大学章句だいがくしょうく」（伊地知本・文明版大学）を刊行した。この本は92年（明応元）桂樹院で再刊された（延徳版大学）。また門人のために，漢文句読法を解説した「桂庵和尚家法倭点かほうわてん」を著した。日向国と鹿児島で活躍したのち，京都の建仁寺・南禅寺に入寺したが，まもなく薩摩国に戻り，桂樹院や大隅国正興寺しょうこうじなどに住して，薩摩国で没した。その学統は月渚永乗げっしょえいじょう・文之玄昌ぶんしげんしょうらに継承され，藤原惺窩せいかに及んで，近世朱子学の源流となった。この一派を薩南学派さつなんがくはとよぶ。詩集「島陰漁唱とういんぎょしょう」がある。

経緯愚説 けいいぐせつ　幕末尊攘派の指導者*真木和泉まきいずみが，1861年（文久元）参議の野宮定功のみやさだいさに呈した上書。経には9カ条があり，「宇内うだい一帝を期する事」以下「創業の御心得事」「徳を修むる事」「親征の事」「百敗一成の事」などを掲げ，天皇自ら政務を統轄すべきこと

を主張した。そのための具体策として，「言路を開く事」「旧弊を破る事」以下の緯19カ条を示した。これは，天下の執権をもって任じた江戸幕府そのものに対する戦闘的態度の表明であり，事実上の討幕・王政復古論の開陳であった。しかし，具体的改革案はほとんど呈示されることなく，「封建の名を正す事」「服章を正す事」といった名分論的残滓を色濃く残している。

形影夜話 けいえい 江戸後期の医学思想書。*杉田玄白の著。玄白は，1802年(享和2)江戸の小浜藩邸で宿直していた時，自分の影法師との対話という形式で自らの医学観をまとめた。これがのち10年(文化7)に上・下2巻本として刊行された。漢方・*古医方・蘭方それぞれについて言及し，また医学を兵法にたとえるなど，玄白の医学観が吐露されており，「*和蘭医事問答」と並ぶ蘭医学の入門書として，刊行前から門人の間で写本が作られ読まれていたといわれる。

慶応義塾 けいおうぎじゅく *福沢諭吉が創設した私塾。1858年(安政5)江戸築地鉄砲洲の中津藩中屋敷内に設けられた蘭学塾を発祥とし，68年(慶応4)に慶応義塾という正式名が与えられた。義塾とはパブリック・スクールの訳とされる。71年(明治4)三田に移転後は官界にも出身者が進出し，〈三田の文部省〉とよばれた。帝国大学が整備されるにつれ官界への影響力は弱まったが，その後も90年に発足した大学部理財科の卒業生を中心に産業界へ多数の人材を輩出している。大学部は1920年(大正9)に日本における私立大学の第一号となり，ここに小学校から大学院までの一貫した教育組織が完成した。

景戒 けいかい →景戒きょう

敬義学派 けいぎがく →崎門

経義折衷 けいぎせっちゅう →井上金峨

経義撅説 けいぎそうせつ 「孝経」についての諸問題を論じた書。1冊。*山本北山の著。1797年(寛政9)刊。同時に今文を底本として「孝経」本文を校訂した「較定孝経」が，秋田藩校明道館から刊行された。孝経楼という別号をもつ折衷学者の北山は，「孝経」を経学の根本においた。「孝経」を孔子・曾子の遺訓として尊重し，これを疑う朱子の「孝経刊誤」を批判するとともに，孔安国伝や鄭玄注を偽作として斥けた。清朝考証学への言及もあるが，考証は必ずしも詳しくない。「名を後世に揚」げることを名利として否定すべきではないと説き，名聞に消極的な朱子学を批判している点などに，北山らしさがうかがわれる。

敬義内外説 けいぎないがいせつ →敬内義外説けいないぎがいせつ

稽古 けいこ 「古を稽える」こと。すなわち，昔の物事を考え調べ，物事のかつてあったあり方や，これからあるべき姿を正確に知ること，書物を読んで学ぶこと，また，学んだところを復習すること。そこから派生し，武術・遊芸などを習うこと，修行することの意に用いられるようになった。演劇・舞踊・音楽から華道・茶道・書道，さらには剣道・柔道などの武道に至るまで広く使われる。*世阿弥が著した「*風姿花伝」は，「第一年来稽古条々」から始まり，「*申楽談儀」でも，「たとへ，天性の名人なりとも，稽古の次第々々，道に立ち入て沙汰せずば，末あるまじきなり」とあるなど，世阿弥は数々の能楽論書の中で，不断の稽古の重要性を説いている。この場合の「稽古」とは，日頃の練習はもとより，実演・研究の積み重ねをも含み，修行全般をさす。

また「稽古始」とは，新年になってはじめて武術や遊芸の稽古をすることの意であり，「新年」の季語である。→器用

慶光院周養 けいこういんしゅうよう ?〜1611(?〜慶長16) 遷宮上人・伊勢上人とも。織豊期の尼僧。伊勢国宇治の慶光院の4代院主。宇治の山幡四郎右衛門経政の女。尼寺の慶光院は境内に大神宮祠を祀り，代々神宮への敬神の念ひたすらに篤く，初代の守悦をはじめ，3代清順せいじゅんらは諸国に勧進して，宇治橋や式年遷宮の復興のために尽力した。その意を継承した周養は，正親町天皇の綸旨を奉じ，諸国に勧進して資財を募り，1585年(天正13)，皇大神宮・豊受大神宮の正遷宮が執行された。これにより1462年(寛正3)以来，123年間も中絶していた神宮の式年遷宮が復興した。1905年(明治38)正四位を追贈された。

経国集 けいこくしゅう 平安初期の勅撰漢詩文集。全20巻(巻1・10・11・13・14・20のみ現存)。「*凌

雲集」「*文華秀麗集」につぐ第3の勅撰漢詩文集。827年(天長4)成立。淳和天皇の命で，良岑安世・南淵弘貞・菅原清公らが撰進し，*嵯峨天皇・石上宅嗣・*淡海三船・滋野貞主・*空海らの作品を収録する。先行する二つの勅撰集が漢詩だけを集めたのに対し，賦・序・対策などの散文をも収めている。書名は魏の文帝の「典論」に「文章は経国の大業，不朽の盛事なり」とあるのにもとづく。なお，この「*文章経国」の思想は，大学寮において紀伝道の隆盛をもたらした。

稽古談 けいこだん 経世思想家の*海保青陵の代表的著作。全5巻。1813年(文化10)成立。孔子・孟子の王道論は「無道ノ乱世」に棄利愛民を説いたもので，「治世」の「今ノ時ニシツクリ合」うのは「周礼」であるという。書名の稽古とは，この古の「周礼」の法を現代に活用することを意味する。青陵によれば，「周礼」の法とは物を売買する法であって，当代の「産物廻シ」すなわち藩専売制は，それに適った興利の法である。もともと治世では「マキ上ゲノ法」によって，領民から金銀を吸い取らねばならないが，「産物廻シ」の法は「他国ノ金ヲ吸ヒ取ル」機密の方法で，領民と敵対することもないため，効果的な富国策である，と説いている。本書はこうした*経世論を，青陵の見聞した諸国の成功例を盛りこみながら展開している。また末尾に自己の経歴を語っていて，青陵の生涯を知るうえで貴重である。

経済学大綱 けいざいがくたいこう →河上肇

経済纂要 けいざいさんよう 江戸中期の*経世論。前集12巻・後集5巻・続集3巻。*青木昆陽(名は敦書)の著。前集は1736年(元文元)，後集と続集は38年成立。中国古典中から政治・経済に関する部分を抜き書きし，「敦書案」の見出しの下に著者自身の見解と批判を記したもの。漢文体。前集は経済・民事刑事の法制を論じ，後集・続集は拾遺である。中国の唐以来の諸制度を通覧するために非常に便利であった。前集の公表が好評で幕府が採用したので，後集・続集は幕府に献上された。

経済十二論 けいざいじゅうにろん →井上四明

敬斎箴 けいさいしん *山崎闇斎が編纂した書。1巻。1651年(慶安4)の自跋，55年(明暦元)の自序。朱子が，張南軒の「主一箴」にならって著した「敬斎箴」を闇斎が顕彰し，朱子および後学の，これに関連する言説を集めて付録とした。朱子の遺した膨大な言葉の中から，その精髄と思われるものをとりだし，その解説・敷衍という形で自己の思想を確かなものとし，朱子を借りて自己表現するという闇斎のスタイルがよく表されている。闇斎の門流は，闇斎のこの書を繰り返し読み，「絅斎先生敬斎箴講義」をはじめ多くの講義筆記類が残された。

絅斎先生敬斎箴講義 けいさいせんせいけいさいしんこうぎ →敬斎箴

絅斎先生仁義礼智講義 けいさいせんせいじんぎれいちこうぎ *浅見絅斎の講義記録。1巻。成立年代未詳。朱子学の立場から「仁義礼智」という基本概念について解説した。効果的に俗語を用いて，「性」と「情」，「体」と「用」，「未発」と「已発」の機械的な弁別に反対して，やむにやまれず「心」の深奥から湧き出るものとして「仁義礼智」を捉えている。これは，朱子後学による図式化された朱子理解への異議申し立てと，それに依拠する*林家の朱子学への批判を意味する。同時に，闇斎学派の一方の雄である*佐藤直方の理知的・超越的な「理」の把握と対極をなしている。

経済問答秘録 けいざいもんどうひろく 商人の立場から，藩の富国強兵を論じた書。全30巻。*正司考祺の著。1841年(天保12)刊。冒頭「経済」とは貨殖興利ではなく，仁義によって国を治めることだとのべ，同時代の藩専売制を唱える「今時ノ経済家」を批判している。考祺が藩主に貨殖ではなく倹約を求めるのは，上からの殖産興業策が結局，民への収奪となるからであって，商人の経済活動それ自体を否定したわけではない。士農工商の四民がそれぞれの職に勤勉であることを求め，怠惰な「遊民」である僧侶に対しては縮減を提起している。また，農民の貧富の格差も「精惰」に起因すると説いて，これを一律に平均化する均田制を否定している。

経済要略 けいざいようりゃく 困窮する藩経済の再建策を論じた*佐藤信淵の著。上・下2巻。1822年(文政5)頃成立。総論・創業・開物・富

国・垂統からなる。藩国家の富強事業を始める藩主の主導性を強調し、「*鎔造化育論」の宇宙論にもとづいて「天に事える」使命を喚起する。そのうえで、万物を発育する産霊神の働きに参与して、国土の物産を開発し生産力を増強し、それを流通させ利益をあげることを藩主に求めている。さらに国家を永久全盛ならしめる「垂統法」として、三台（神祇台・太政台・教化台）・六府（農事府・開物府・製造府・融通府・陸軍府・水軍府）の政府機関の設置を主張している。本書の構想は「経済要録」全15巻（1827成）で、より詳細に展開されている。

経済録 けいざいろく *太宰春台が漢字・仮名交り文で著した経世済民の書。全10巻。1729年（享保14）の序。巻1経済総論、巻2礼楽、巻3官職、巻4天文・地理・律暦、巻5食貨、巻6祭祀・学政、巻7章服・儀仗・武備、巻8法令・刑罰、巻9制度、巻10無為・易道という構成からなる。経世済民の学問には、「時」「理」「勢」「情」への深い洞察が必要であることが冒頭にのべられてから、各論が説かれていく。基本的には、*農本主義の立場から商業の発展に警戒的であるが、現実を鋭く観察しての政策論が豊かに展開されている。*荻生徂徠の経世済民論を発展させたものであるが、民衆の宗教的な動向についての注意など、徂徠にはみられない新しい視点も提出されている。巻10では、「聖人の道」の実現が望めない状況では、老子の「無為」がそれに次ぐものとして評価されて、春台の心情をうかがうことができる。→経済録拾遺

経済録拾遺 けいざいろくしゅうい *太宰春台の著した経世済民の書。1729年（享保14）に著した「*経済録」の巻5食貨、巻9制度に漏れていた問題を集中的に論じた。成立年次は確定されていない。「今の世は、只金銀の世界」だという認識に立って、藩を単位とした富国強兵の道が主張されている。そのため、対馬国府中藩の朝鮮人参、松前藩のアイヌ交易の貨物、石見国津和野藩の板紙（石州半紙）、鹿児島藩の琉球貨物のように、藩が商品作物の専売に乗り出すことが重要だと論じられている。全体として、「経済録」よりも大胆な現実対応策に特徴がある。

瑩山紹瑾 けいざんじょうきん 1264〜1325（文永元〜正中2、生誕には1268年説もある） 鎌倉後期の曹洞宗の僧。同宗では太祖とよぶ。越前国の人。永平寺の孤雲懐奘・徹通義介に参じ、臨済宗の東山湛照・心地（無本）覚心からにも学び、越前国宝慶寺の寂円の許で悟り、弘誓願を発した。阿波国城万寺に招かれ、この間永平寺の義演から受戒作法を許された。1295年（永仁3）加賀国大乗寺において徹通義介に嗣法し、98年大乗寺2世となり、1306年（徳治元）徹通義介から日本達磨宗の相承をも伝授された。13年（正和2）能登国永光寺を、21年（元亨元）能登国*総持寺を開創した。二大弟子は明峰素哲（永光寺）・*峨山韶碩（総持寺）である。観音信仰・女人救済・夢想重視などに特色がある。主著に「伝光録」「洞谷記」「瑩山清規」などがある。

芸術に関する走り書的覚え書 げいじゅつにかんするはしりがきてきおぼえがき *中野重治の評論集。初版は1929年（昭和4）9月に改造社から刊行された。1977年5月筑摩書房から刊行された「中野重治全集」では、1926年6月から1932年7月までの評論72編がまとめて収録されている。初版では、1929年4月号「戦旗」に発表した「われわれは前進しよう」を序とし、1927年10月号から28年11月号までの「プロレタリア芸術」「戦旗」その他に発表した主な論文9編を本文に、1926年6月号から28年10月号までの「驢馬」「プロレタリア芸術」その他の雑誌に発表した評論・文章10編が付録としてまとめられている。詩についての断片、プロレタリア運動、プロレタリア芸術活動に関する論文、他の作家や芝居に関する評論など多岐にわたる。

芸娼妓解放令 げいしょうぎかいほうれい 明治初期、人身売買を禁じた太政官布達。1872年（明治5）6月、すでに司法省伺いで永年季奉公の禁止を求める動きがあったが、7月にマリア・ルス号事件（ペルー船中国人苦力の横浜港逃亡事件）で日本の芸娼妓の人身売買が問題となり、これを機に10月、太政官布達第295号がだされた。芸娼妓など年季奉公人を解放することを定め、人身売買を禁じ、貸借関係については

不関与との原則を示した。ただし解放後の自立策は用意されず、公娼を否認したわけではない。続く73年、貸座敷渡世規則と娼妓渡世規則により芸娼妓本人の意思による営業を公認、遊廓は貸座敷として存続、前借金という形で芸娼妓は貸座敷業者にしばられることになった。→廃娼運動

景徐周麟 けいじょしゅうりん　1440〜1518（永享12〜永正15）　室町後期の禅僧。臨済宗*夢窓派の僧。別号を宜竹亭・半隠、地名を江左という。近江国の人。大館持房の子。用堂中材の法嗣。1458年（長禄2）、はじめに師事した相国寺大徳院の用堂が没し、その後は*瑞渓周鳳・月翁周鏡・*横川景三・希世霊彦らについて学んだ。応仁の乱を避けて、横川・桃源瑞仙とともに近江国に逃れ、ついで永源寺に移り、京極氏家臣の小倉実澄に庇護された。景徳寺（諸山）・等持寺（十刹）の公帖をうけ、95年（明応4）相国寺に入寺し、以後八住までした。96年より約1年鹿苑僧録をつとめた。日記の一部が残され、詩文集『翰林葫蘆集』がある。文章は比較的平明で、記事は史料として有効である。1500年、寿春妙永とともに有馬温泉に遊んだ時の「湯山聯句」もある。

系図 けいず　系譜・家譜ともいう。氏族・家族などの代々の系統を書き表したもの。血縁関係を示すのが一般的だが、神社の神主や寺院の住持などの継承関係、学問・芸能の師弟関係、荘園や宝物の相伝の流れなどを、血縁に擬して系図の形式で表すものもある。系図の原初的な形態は、諸氏族による始祖以来の係累を語る口頭伝承だったと考えられるが、それが筆記されて文章系図となり、さらに系線を用いる形式に発展した。系線を縦につなげていくのが古い形で、「縦（竪）系図」「柱系図」などとよばれる。さらに横につなげて記していく「横系図」がうまれ、系図の一般的な形式となった。

系図の初見は、「日本書紀」に付されたという「帝王系図」1巻だが、これは現存しない。文章系図の代表的なものとしては、9世紀に作られた*新撰姓氏録があり、同時期に諸氏族においても、それぞれの系譜をまとめた縦系図が作成された。

中世に入ると、公家・武家の各家で系図の作成が進み、14世紀末には、洞院公定によって公家・武家の系図を集成した「*尊卑分脈」が編纂された。また、近世の武家系図としては「*寛永諸家系図伝」「*寛政重修諸家譜」が著名である。

系図の作成にあたっては、自家の正統性や由緒の古さを強調するために、一族の出自を実際以上にさかのぼらせるなどの作為が加えられている場合も多い。また、他家との姻戚関係を重視して女系を詳細に記すなど、それぞれの系図の内容や体裁は、作成意図を反映したものになっているので、注意が必要である。戦国期以降は、身分制の動揺により系図の売買が行われるようになり、近世に入ってからは、新たな支配者となった大名や武士らが、家系を権威づけるために系図を偽作することが少なからず行われた。

傾城 けいせい　→遊女

経世談 けいせいだん　闇斎学派の*経世論の書。*桜田虎門の著。全10巻。1834年（天保5）成立。貨幣経済の進展の中で、「地獄の沙汰も金次第」とする風潮に対して、修己治人の「聖賢の道」の普遍性をどこまでも信じ、農本・抑商主義、倹約による支出削減、奢侈の風俗矯正を説き、国産品奨励などの積極的な収入増加策を「山師の仕事」として批判している。財政策は頑固なまでの守旧派であるが、風俗改変の根本としての教育については、「百姓町人は云に及ばず、乞食非人も人類なり、既に人なれば皆々牛馬、猫犬をあつかうやうにばかりはならぬことなり」という平等な人間観に立って、藩内すべての人々に学問を授けるために、子供が日々往復できる距離に学校を数多く作ることを求め、百姓・町人に学問はいらないとする愚民的な考えを否定している。

経世秘策 けいせいひさく　*本多利明の*経世論の書。上・下2巻と補遺・後編よりなる。1798年（寛政10）頃成立。「日本に生を稟たる身の持前」というナショナルな使命感をもって、火薬製造、鉱山開発、大型船舶建造と交易の国営、周辺諸島の開発という「四大急務」を国政の最大の課題だと、「国君」に提言してい

る。運送手段としての船舶の役割を重視する利明は，これを国家的に管理することによって，商人から経済の主導権を奪取して，農民の困窮を救済しようとした。さらに，国内流通にとどまらず，カムチャツカ半島・蝦夷地を開発することによって，日本国全体の「国産」増強を「国君」に求めている。

経世論　江戸時代において，経済・政治の安定を目的として構想された政策論の総称。世の中を治め民衆の生活安定を図る儒教の「経世済民」に由来する。儒教の経世済民思想は為政者の徳治主義に代表されるように，人間の道徳的行為に還元されるのが一般的である。初期の経世論の特質は，農業を尊び商業を卑しみ，貧困という経済問題も「節約倹約」という方法で処理できるものと考えるところにある。武士階層の困窮を救済する方法として，*熊沢蕃山や*荻生徂徠らが提唱した「武士土着論」などは初期の経世論の特質を示している。

ところが，商品経済が浸透し全国市場が確立するのと並行して物価の変動や幕府・諸藩の財政難が慢性化する中で，自給自足的な経済を前提とした政策に代わって，具体的な現実対応策が要求されてくる。18世紀後半から19世紀にかけて登場してくる経世論では，積極的に商品流通経済を推進することによって封建領主経済を保持していこうとする傾向が顕著になる。藩の特産物を専売制にしたり，藩が商品の生産・流通過程を管理し合理化する政策論などが登場してくる。*本多利明や*佐藤信淵らにみられるように，国産品を開発し海外交易をとおして利益をえるという，*開国論と海外進出を前提とした重商主義的な富国政策が構想されるようになる。幕藩体制を前提とした領主経済を維持するための経世論は，その視点を開国から海外進出へと向けるにしたがい，封建割拠的な領主経済から統一国家を前提とした諸政策を展望するようになる。これと並行して，*横井小楠の富国論にみられるように，藩の専売制を廃止し，民間の自由な経済活動をとおして富の蓄積を実現させようとする経世論も現れた。しかし，これらの経世論は幕藩権力に代わりうる政治主体を創出しえなかった。

敬説筆記　*佐藤直方による「敬」の講義記録。1冊。「敬」を「主静存養」として説いて，静坐を勧めるところに特徴がある。静坐には，*坐禅との違いがまぎらわしいという問題があって，朱子学者の中でも静坐を必要と認めない議論もあった。しかし直方は，「格物」が動的な工夫であるのに対して，その根底には「主静存養」によって確立された主体がなければならないと論じている。朝鮮王朝の大儒である李退溪の影響が強く認められる点にも，直方の思想的な特徴がみてとれる。

契沖　けいちゅう　1640〜1701(寛永17〜元禄14)　近世前期の僧侶，国学草創期の古典学者。字は空心。摂津国尼崎藩士の下川元全の子として同地に生まれる。祖父正宜は加藤清正の重臣であったが，加藤家の改易によって没落し一族は離散する。出家を願い，11歳の時に大坂の真言宗妙法寺に入る。13歳以降は高野山で修行し，その頃から和歌を詠み始め，仏教の言語学である悉曇学の知識をえる。23歳の時，摂津国生玉の曼陀羅院住職になり，翌年阿闍梨の位を授けられ，その頃に万葉学者*下河辺長流を知る。しかしその境遇に安住せず，苦悩して27歳の時に室生寺に入り，自殺を図るがはたさず，以後和泉・河内国に住み，古典の研究に没頭する。39歳の頃，妙法寺の住職になる。「万葉集」注釈を水戸家から委嘱された長流がはたさず没したのを継ぎ，1690年(元禄3)「*万葉代匠記」を献上した。晩年は大坂高津の円珠庵に隠棲し，著述と門人の指導にあたった。

契沖の学は，「*万葉集」注釈においては儒仏的付会を排し，仮名遣い研究では「和字正濫鈔」で平安時代以降の誤りを正すなど，古典の客観的・実証的研究の画期となり，*荷田春満・*賀茂真淵・*本居宣長はともに契沖の研究に影響をうけている。著書は「勢語臆断」「古今余材抄」「百人一首改観抄」など，広く古典・語学に及ぶ。

慶長遣欧使節　けいちょうけんおうしせつ　江戸初期に伊達政宗がヨーロッパへ派遣した外交使節。奥州とメキシコとの貿易開設を求める政宗は，フ

ランシスコ会士ルイス・ソテロの協力をえて、1613年（慶長18）9月に家臣支倉常長を長として総員180名余りをメキシコへ送った。使節はマドリードでスペイン国王フェリーペ3世、ローマでパウロ5世に謁見したが、日本でのキリシタン弾圧報道やマニラ商人の反対により、貿易開設の交渉に失敗した。常長は禁教令下の20年（元和6）8月に帰国し、2年後に死亡。ソテロは潜伏して来日したが、捕えられて24年7月殉教した。

敬天 けいてん →広瀬淡窓ひろせたんそう

芸道論 げいどうろん　芸の道にまつわる論。漢籍において、「芸」とはわざ・才能・学問・技術をさし、ことに礼・楽・射・御（馬術）・書・数の「六芸りくげい」が知られる。日本においては、はじめは中国に準じて学問・武術をさすことが多かったが、時代が下るにしたがって、しだいにその意味を広げ、踊る・演じる・描く・味わう・話すことなど、肉体を用いて、ある文化価値をつくりだしたり、再創造したりする働きのことをさすようになった。「道」とは、こうした「芸」を伝える手段や方法である。これらは、きわめて具体的にかつ無駄なく、師匠から弟子へ伝えられるものであり、そこには一定の法則や規範が生じている。こうした伝授方法・規範など芸道にまつわる理論をのべることが芸道論であり、それぞれの芸道の普及とともに芸道論を論じた書物が著されるようになった。

平安時代には、貴族社会で和歌・管絃・蹴鞠けまり・鷹匠たかじょうなどの遊芸の芸道が盛んとなり、なかでも和歌や管絃の分野では、歌論書や楽書がくしょなどが著された。室町時代になると、能楽の分野で、*世阿弥ぜあみが「*風姿花伝ふうしかでん」など20余りの能楽論書を著した。「芸道」という語そのものが文献の中でみられるのは、1424年（応永31）成立の世阿弥が著した「花鏡かきょう」の「奥段」が最も早いものといわれており、「一切芸道に、習々、覚々々々、さて行道あるべし」とある。このほか世阿弥が著した「却来華きゃくらいか」などや、*金春禅竹こんぱるぜんちくが著した「歌舞髄脳記かぶずいのうき」にも芸道という語がみられる。おそらく、この頃から「芸道」という意識が明確に芽生えたものと考えられる。

しかし、芸道が広く一般的に普及するのは17世紀以降のことで、武芸・能楽・茶の湯などを教養として志す人々の数が莫大に増えたからであろう。そして、武芸をはじめ各種の芸道が成立し、数多くの芸道論が記されるようになった。たとえば剣術の武芸では、柳生家の「*兵法家伝書へいほうかでんしょ」や宮本武蔵の「*五輪書ごりんのしょ」などが、寛永・正保期（1624～1648）に完成した。また1640年（寛永17）成立の「長闇堂記ちょうあんどうき」にはじめて「茶道」という語がみられ、88年（元禄元）には「立花時勢粧りっかいまようすがた」に「花道」という語が用いられ、それぞれの芸道の普及とともに、実技とその理論を著した芸道論が広く普及したといえよう。

芸道には、平安時代の貴族社会に発した雅楽・蹴鞠・鷹匠など主として遊芸の芸道、鎌倉・室町時代以来の伝統をもつ弓馬の道・能楽・茶道・花道、江戸時代に広まった琴・尺八しゃくはちなどの邦楽諸派や大衆芸能などに分けることができる。このような芸道は、いずれも個人的な実践哲学といえる。

敬と誠 けいとせい　近世思想史、特に儒学思想史の理解に向けた一つの作業仮説として、相良亨によって提出されたもの。内外（心と身）を貫くべき慎み（「敬」）が、しだいに外面的・形式的なものとされて二義的な位置に後退し、心情の純粋（「誠」）の尊重によって替わられていくとする。相良は、そこに古代の「*清明心きよきあかきこころ」から連続する日本人の倫理観の特質がみられるとしながら、客観的な規範に向き合う姿勢が弱いことを問題として論じようとした。「敬」を「主一無適」「惺々厳粛せいせいげんしゅく」などと解釈する朱子学では、「究理きゅうり」と並んで「居敬きょけい」による主体性の確立を強調し、*山崎闇斎あんさいの学派は特に「居敬」を重んじた。しかし*伊藤仁斎じんさいや荻生徂徠おぎゅうそらいらは、「居敬」は外面の威厳を作るだけで、他者と親しむことのない偏狭な人間をうむだけだと批判した。「誠」は、本来は天地の存在根拠であり、人性・道徳の究極の根拠とされる形而上の概念である。朱子学でも、「真実無妄」の「天理」がそれであるとして、この意味において「誠」を尊重している。しかし日本では、心情の根源から自然に湧き出る思いを「誠」とする傾向が強く、山崎闇斎の

学派においても*浅見絅斎のように「理」を心情の根源から自然に湧き出るものとして捉える発想がだされ、*山鹿素行・伊藤仁斎らによって、「誠」への傾斜は加速された。幕末の多くの思想家にあっては、学派をこえて「誠」「至誠」が説かれる。

敬内義外説 けいないぎがい　敬義内外説とも。*山崎闇斎の学派においてなされた論争。「周易」文言伝の「君子ハ敬モツテ内ヲ直クシ、義モツテ外ヲ方ニス」という一句は、「近思録」にも収められている。闇斎は「近思録」の講義において、「内」を自己の心身に、「外」を他者への働きかけにあてて説明した。〈大学〉にいう修身までが「内」で、斉家以下が「外」だ〉というのが闇斎の主張であった。これに対して*佐藤直方は、通説に立って、「内」は自己の主宰としての「心」であり、「外」とは自己の振舞としての「身」のことだとして譲らなかった。直方は「敬義内外考」によって自説をのべ、*浅見絅斎も、直方にしたがって「敬義内外説」を著した。一方、闇斎の神道系の門人である*伴部安崇や跡部良顕らは、闇斎の理解に共鳴した。闇斎なりの真意は、「内」を単純に「心」とすると、仏教(特に禅)との相違が曖昧になるということにあったが、その心身一致の発想には、神道の「祓」や「清浄」の実践倫理との親和性が認められる。直方や絅斎が闇斎の解釈に反発したのは、神道の価値観が儒学に入りこむことを強く警戒したからである。直方や絅斎は闇斎から破門され、特に直方と神道系の門人との間には、感情的なしこりが残った。

啓発録 けいはつろく　幕末の開明派志士*橋本左内が、1848年(嘉永元)15歳の時にしたためた自省録。「稚心ヲ去レ」「気ヲ振ルヘ」「志ヲ立テヨ」「学ニ勉メヨ」「交友ヲ択ベ」の5徳目からなり、少年の目に映じた危機の時代への警世の思いをこめたものであった。左内は士道の頽廃に着目して、両刀を奪えば庶民の上に立つ資格なしと批判し、しかも安穏に暮らせるのは藩主の広大無辺の恩顧のゆえであるとし、これに報いるため大功をたてねばならぬと結論した。25石5人扶持の福井藩医の長男に生まれた左内は、蘭語・英語・独語を解し、開国通商による富国強兵を主張したが、その根底には伝統的武士精神が強く流れていたことを示すものである。

啓白 けいびゃく　→表白ひょうびゃく

系譜 けいふ　→系図けいず

啓明会 けいめいかい　1919年(大正8)*下中弥三郎を指導者として、教育による理想的社会生活の実現をめざして結成された教員団体。翌年に日本教員組合啓明会と改称し、人道主義思想にもとづく労働組合として発足した。「教育改造の四綱領」として、(1)教育理想の民衆化、(2)教育の機会均等、(3)教育自治の実現、(4)教育の動的組織を掲げた。特に「子供の教育を受くる権利―学習権」の主張は、第2次大戦後、民主主義教育に貴重な遺産として継承された。全国で1500名の会員を組織したが、運動がしだいに左翼化する中、弾圧の強化、思想的動揺、財政難などの理由で27年(昭和2)にはほとんど解散状態となった。

啓蒙思想 けいもうしそう　西洋的な意味では、いっさいを理性の光に照らしてみることで旧習を打破し公正な社会をつくろうとする思想運動のことであるが、日本においては明治啓蒙思想として独自な展開をとげることになった。一般的には、明治初期の*福沢諭吉や*西周らに代表される*明六社の人々の思想をさすことが多い。福沢の主張する日本の最重要課題は、近代西洋文明を支える思想を移入することで広く民衆を啓発することにあり、彼の「*学問のすゝめ」(1871〜76)、「*文明論之概略」(1875)を代表とする。

その特徴としては、個人の理性の重要視という点ではフランス啓蒙思想と同様であるが、一方で西洋諸国によるアジア侵略への懸念が打ち出され、国家独立のための個人の独立の必要という側面がより強く主張されている。また、旧幕府を退陣させた明治新政府の性格が、王政「復古」をめざしつつ「御一新」を図るという一種矛盾を抱えたものであったため、多くは官途に就いていた明六社同人の立場を微妙なものとして、革命を惹起しその後の進路を決定した18世紀のフランス啓蒙思想のような大きな力にはなりえなかった。そのため明治初期の啓蒙思想はもっぱら個人の欲求を国家の一員として追求すること

は善である，という意味での立身出世主義へ読み替えられることになった。

　例外として，明治中期の哲学者*大西祝がいる。大西は，幼少期に福沢を学んだ世代であるが，カントの思想を丁寧に読み解くことで国家の存立に優先する理性の権威を確信し，明治憲法制定後の時代にも「啓蒙の精神を論ず」などの諸論文で，明治初期に中途半端なまま停止した啓蒙思想の再興を促そうとした。だが，その試みは彼の早世によって頓挫した。

渓嵐拾葉集 けいらんしゅうようしゅう　中世天台宗の書。延暦寺の光宗(1276～1350)の編。全300巻であったというが，現存するのは116巻前後。「大正新修大蔵経」所収のものは再編成されたもの。1318年(文保2)の自序があるが，諸巻の奥書によれば1311～48年(応長元～貞和4・正平3)間の年紀が確認される。光宗は，口伝・秘説を記録・学習し伝承することをもって成仏をめざす流派である記家に属した僧。天台宗の百科全書というべき書であり，天台教学や山王神道をはじめ比叡山の堂舎・旧跡に関する口伝・秘説や，医術・歌道・天文・工芸に及ぶ記録・教説を集録する。その内容は，顕部(止観・玄義・文句・義科・宗要)，密部(宗義・教相・事相・現行・雑)，戒部(仏寺・仏上座・仏戒・仏授戒・雑)，記録部(浄利結界章・仏像安置章・厳神霊応章・鎮護国家章・法住軌章・禅侶修行章)，医療部(既効方・加持法験方・胎息仙術方)，雑記部(三才軌範・古今芳談)の6編目に分類されていたというが，散逸した巻が多く全貌は不明である。

経綸学盟 けいりんがくめい　1923年(大正12)1月，興国同志会を主宰する*上杉慎吉(東京帝国大学教授，美濃部達吉との憲法論争で知られる)と大衆社の*高畠素之(「資本論」の初の全訳者)が結成した国家社会主義団体。国家による資本・労働の統制，無産者同盟の建設などを掲げたが，運動としては，わずかにヨッフェ来日反対運動を行った程度で，結成1年余で自然消滅した。しかし，建国会・国本社・急進愛国党などの諸団体がここから分流するなど，*猶存社と並んで国家

主義革新運動の源流の一つと位置づけられている。

悔過 けか　自己の犯した罪過を告白して懺悔することで，漢訳仏典では「懺悔」とも訳される。また，仏前で罪過を懺悔して罪報をまぬかれ，ひいては五穀豊穣・鎮護国家などの加護を求める，一定の作法による儀式を悔過法といい，中国の懺法も同趣旨の行事である。日本で奈良時代を中心に流行した悔過法は，本尊によって薬師悔過・阿弥陀悔過・十一面(観音)悔過・地蔵悔過・吉祥悔過などがあり，「お水取り」の称で親しまれる東大寺二月堂の*修二会は十一面悔過である。なお平安時代以降は，*法華懺法を中心に諸懺法が行われるようになった。

穢 けがれ　→罪穢

鴃舌小記 げきぜつしょうき　「*鴃舌或問」の序文的小論。1冊。*渡辺崋山の著。1838年(天保9)成立。同年3月，オランダ商館長ニーマン(Johannes Erdewin Niemann)の江戸参府の際に，渡辺崋山が*小関三英らとともに会見して，その問答を記録した「鴃舌或問」につけられた書である。「鴃舌」とは西洋人の談話をたとえたもののことで，「小記」にはニーマンの経歴・性格・風貌などが描写され，「鴃舌或問」の成立事情なども記されている。ほかに，この会見の行われる少し前の江戸城本丸の西にある西丸の火災にふれて，西洋の消防技術などについてのニーマンの言をのせる。

鴃舌或問 げきぜつわくもん　江戸後期の西洋事情についての問答書。1冊。*渡辺崋山の著。1838年(天保9)成立。成立事情は「*鴃舌小記」の項を参照。話題が多岐にわたるのは質問者が複数であったためと思われる。オランダ商館長ニーマンは，西洋の自然科学を論じてはオランダが学問の中心ではないことを認め，欧州各国の政治・文化を比較し，同時代の国際関係などについて答えるほか，自身の日本の印象と諸外国との比較，西洋における医学と医療制度の現状も語った。18世紀末頃に流行っていたメスメリズム(動物磁気催眠術)のことにも言及している。なお「鴃舌小記」がこれに付載されている。

外宮神道 げくうしんとう　→伊勢神道

げこく

下剋上（げこくじょう）　身分の低い者が上位の者を倒すこと。また身分秩序をこえて成り上がること。「*日葡辞書」では「下，上に剋かつ」〈低い身分の者であり，家来でありながら，優れた才能と知略，あるいは幸運によって，勢力をえて主君となり，主君のほうが家来，あるいは身分の低い者になること〉とする。鎌倉末・南北朝期から戦国期にかけて，既成の身分意識が拘束力を失って，上下の関係が崩れることが多くなり，これを時代の趨勢とみなすようになった。初期には「*源平盛衰記」「*二条河原落書」などに用語例がみられ，その後，一揆などに対してその時々の支配する側の者が，この風潮を規制し批判する立場から用いた。社会的変動の激しいことの認識を要約して表現した言葉であるが，その内実における当事者の階層や事態の展開などは多様である。また歴史叙述において，このような時期の全体を〈下剋上の時代〉として概括する場合にも用いられた。

華厳経（けごんきょう）　正式には「大方広仏華厳経」という。インドではなく中央アジアにおける編纂とみられる。漢訳のものとしては，東晋の仏陀跋陀羅訳の60巻本（六十華厳），唐の実叉難陀訳の80巻本（八十華厳），および同じく唐の般若訳の40巻本（四十華厳・普賢行願品）の三訳があるが，最後の四十華厳は，六十華厳・八十華厳における末尾の入法界品の別訳である。釈迦が悟りを開いたのち，海印三昧という深い境地に入って毘盧遮那仏（*盧舎那仏）の身を現じ，文殊菩薩などに対して仏の悟りの境地を象徴的に説くもので，一切はこの毘盧遮那仏の顕現であるとする。わが国には六十華厳が先に入ったようだが，8世紀には八十華厳も請来された。*東大寺の本尊毘盧舎那仏（大仏）は本経の経義を中心として造立されたとみられ，752年（天平勝宝4）の大仏開眼会以来，東大寺において華厳会が挙行され，同寺は日本の*華厳宗の本山として隆盛をきわめた。

平安時代には一時衰微するが，鎌倉時代における伽藍復興期に再び学僧を輩出し，興隆をみる。華厳教学の影響は他宗派にも広く及び，*空海・*道元・*親鸞らの思想形成にも関わりの深かったことが指摘されている。本経はまた芸術作品の分野にも多大な影響を与えたが，なかでも高山寺の*明恵による華厳宗祖師絵伝（国宝）や，東大寺などに伝存する華厳五十五所絵巻，あるいは華厳海会善知識曼荼羅など，絵画作品に豊かな実りをみることができる。

華厳宗（けごんしゅう）　*南都六宗の一つ。「*華厳経」を所依の経典とする宗派で，中国唐代に大成され，朝鮮半島でも新羅の義湘・元暁らによって新展開をみせた。日本へは，8世紀前半には経典類が伝えられて「華厳経」の講義が行われるようになり，また華厳教主としての毘盧遮那大仏（*盧舎那仏）が造建されるに及んで，*東大寺が当宗の本拠となった。同寺では10世紀半ばに光智によって創建された尊勝院が華厳教学の中心となり，鎌倉時代には*宗性やその弟子*凝然がでて教学の復興に努めた。なおほぼ同時期に，京都高山寺を開いた明恵上人*高弁も，長年の華厳研究をふまえて，李通玄「華厳合論」の実践的華厳解釈と密教思想との結合を図った華厳密教（厳密）の実践法，すなわち仏光観を唱えた。

解斎（けさい）　*斎戒を解きゆるめること。「神祇令」によれば，斎戒は神事にあたっての致斎とその前後の散斎とに区別され，散斎はさらに神事前の前斎と後の後斎に分けられた。そしてここでいう後斎は，最も厳格な斎戒が求められた神事の際の致斎のあとをうけ，だんだんとそれを解きゆるめていく作業という点で解斎である。神と身近に接する神事での非日常の状態から，普段の生活が営まれる日常の状態へ戻るための必須の手続きであった。なお，重要な解斎として*直会があるが，これは祭典終了ののち神饌を参加者で分けいただく酒宴行事のことである。

戯財録（けざいろく）　江戸後期の劇論書。全3巻。入我亭我入（2世並木正三，?～1807）の著。1801年（享和元）刊。角書に「作者式法」とあり，歌舞伎狂言作者のための作劇法概論というべきものである。作者の態度から説きおこし，近松門左衛門をはじめとする歌舞伎・浄瑠璃作者一覧（略伝

を付す），脚色，構想・筋立てなどの作り方，合作者としての心得，興行上演時の作者の職務など，詳しく具体的に，また時に図解して記述する。世界・趣向・竪筋・横筋などの用語，金主・座元・役者の下位に立つ作者の社会的地位など，作者をテーマに論じた唯一の書で，江戸時代の歌舞伎研究史上，貴重な史料となっている。

戯作 げさく　近世中・後期，江戸を中心とする俗文芸の総称。原義は「戯れに作る」，つまり作者の謙譲・韜晦的な制作態度を表す語で，中国唐代の詩に始まり，日本の漢詩や近世の浮世草子・上方読本・浄瑠璃にも散見されるが，宝暦・明和期(1751〜72)頃より，そうした態度による小説類の総称として定着した。*談義本・洒落本・黄表紙・滑稽本・咄本などの諸ジャンルがこれにあたり，また江戸読本・人情本なども加える。

その歴史は，知識人を中心とした前期と職業作家による後期とに分別しうる。すなわち，享保期(1716〜36)以後，儒者・僧侶・武士ら知識人による文人趣味や高踏的な自己韜晦の意識を基調とし，社会風刺や世相批判に滑稽を交じえた俗文学がうまれ，個性の自由な表現として天明期(1781〜89)に完成をみる。しかし，寛政の改革での風俗取締りと人材登用の風潮により，その担い手は町人層による職業作家に移るのである。内容としては，世相や人性の穴(欠点)を風刺し，表現としては，うがち・ちゃかしの発想を基礎とし，趣向・見立て・へんちき論・吹き寄せ・綯い交ぜなどの構成法を特徴とする。なお，近年では戯作の態度・方法論の内実の研究の進展にともない，近世俗文芸全体を戯作と捉える向きもあるが，定説には至っていない。近世においても，狂詩・狂歌・川柳や浄瑠璃などは戯作と区別するのが通例である。

偈頌 げじゅ　禅林で用いられた文体の一つ。韻文で詩と外見上は同じである。多くは七言四句の形をとるが，押韻は必ずしも厳格ではない。題材と作る目的が修道にかかわるものであることが意識された。たとえば僧は得度してうける名のほかに，ある程度修行を積んでから道号(*字)二字をうけるが，その時に名に使われた文字の意味やそこから連想される故事などを援用して，直感的な心境とあるべき姿をその名に託す旨を韻文によって説き，その偈を二大字に添えて付する。これを「道号頌」「道号二大字」とよぶ。同じ場合に散文の「説」によって書かれることも多く，「字説」とよばれて，同じく作者の詩文集などに収録されている。

解除 げじょ　→祓

外清浄 げしょうじょう　吉田神道の教説では，身体的な潔斎(*斉戒)のことをいう。「*太神宮参詣記」には「潮かき水をあびて身にけがれなきを外清浄といへり」とあり，続いて「こころにいのるところなきを*内清浄といふ」と記し，これら「内外清浄になりぬれば，神のこころと吾こころ隔てなし」と説いている。なお外清浄は，天神・地祇・人鬼を祀るための行事との説もある。また，*一条兼良の「日本書紀纂疏」には「清浄に二義あり，内清浄・外清浄を謂ふなり」と記し，これらは*禊や潔斎により到達できるとしている。

解脱房 げだつぼう　→貞慶

血脈 けちみゃく　仏教において，師から弟子への伝授が次々に行われていくことを，あたかも親から子へ代々血筋が受け継がれていくことにたとえた言い方。また，その系譜。各宗派における血脈は，自己の正統性を保証するものとして重んじられ，複数の血脈を同一人物が相承することもあった。血脈は教理の継承関係を表す場合もあるが，特に密教では事相の継承をいう。すなわち，大日如来から空海・最澄・円仁・円珍らに至る三国相承があり，真言宗では聖宝・益信に端を発する小野・広沢の二流がさらに細分化し，野沢十二流，東密三十六流といわれる血脈を林立させた。天台宗でも台密十三流が分化し，また修験道にも役行者ら伝説的な修験者に端を発する血脈を有する。このような発想は鎌倉仏教にも受け継がれたが，浄土宗では法然が善導からの夢中相承による血脈を主張し，また日蓮も智顗・最澄に自己の教理を直結させるなどの新たな血脈のあり方を主張した。浄土真宗では，特

結界 けっかい 修道において，特定の空間を限定して聖視した場を設定すること，またその区域。律宗では，受戒や懺悔（さんげ）・自省を行う摂僧界（しょうそうかい），僧が儀式・礼拝・作業のための僧衣を着すべきとされた摂衣界（しょうえかい），乞食（こつじき）を原則とした僧が病気などのために自分で食事を調理することを許された摂食界（しょうじきかい）が規定された。密教では，印や真言（しんごん）によって魔障が排除される神聖な空間とされ，修験道や神道では，修道の道場とされた特定の山岳を竹や注連縄（しめなわ）で区切って，聖なる空間を表示した。結界には大・中・小の規模があり，空海（くうかい）は高野山の7里四方を結界したといわれる。

月海元昭 げっかいげんしょう →高遊外（こうゆうがい）

潔斎 けっさい →斎戒（さいかい）

月枝元皓 げっしげんこう →大潮元皓（だいちょうげんこう）

月舟寿桂 げっしゅうじゅけい ？～1533（？～天文2） 室町後期の禅僧。臨済宗幻住派（げんじゅうは）。別号を幻雲（げんうん）・中孚道人（ちゅうふどうじん），地名（ちみょう）を柴桑（さいそう）という。近江国の人。江見伊豆守の子。はじめ大徳寺派下心即院（しんそくいん）の岐庵宗楊（ぎあんそうよう）のもとで僧童となり，ついで幻住派楞厳寺（りょうごんじ）の正中祥瑞（しょうちゅうしょうずい）についた。正中は永平下曹洞宗の諸師について学んでいたので，月舟も曹洞宗旨を習得した。のちに正中に従って上洛し，建仁寺に籍をおき，*天隠竜沢（てんいんりゅうたく）を戒師として得度した。曹洞宗宏智派（わんしは）に帰依した越前国の朝倉氏によって，同派の越前国善応寺（ぜんおうじ）（諸山）・弘祥寺（こうしょうじ）（十刹）に住した。1510年（永正7）建仁寺に住して，以後数多く再住し，南禅寺の公帖（こうじょう）をもうけ，建仁寺に一華軒（いっけんけん）を創建した。天隠に詩文の指導をうけ，四六文の作法を正宗竜統（しょうそうりゅうとう）に学んだ。「蒲室集（ほしつしゅう）」の抄「蒲葉（ほよう）」，語録のほか，「幻雲文集」「幻雲詩稿」「錦繍段抄（きんしゅうだんしょう）」などがある。門派をこえた多様な活動が注目される。

月性 げっしょう 1817～58（文化14～安政5） 幕末期の浄土真宗本願寺派の勤王僧。字は智円，通称は海防僧，号は清狂（せいきょう）・煙渓。周防国の人。15歳の時から豊後国の*咸宜園（かんぎえん）で漢籍を学び，肥後国熊本で仏教学を修めた。のち村田清風（せいふう）・*吉田松陰（しょういん）・*頼三樹三郎（らいみきさぶろう）・*宇都宮黙霖（もくりん）らと親交し，急進的な尊王攘夷の思想をもつ。1848年（嘉永元）自坊の周防国妙円寺に清狂草堂を建て，私塾時習館（じしゅうかん）を開いた。56年（安政3）「仏法護国論」を著し，尊王攘夷の具体策として海防の必要を説いた。西本願寺20世広如（こうにょ）に重用され得業の学階をえ，詩文に堪能であった。ほかの著作は「鴉片始末考異（あへんしまつこうい）」「清狂遺稿」「東北遊日記」など。

月照 げっしょう 1813～58（文化10～安政5） 幕末期の法相（ほっそう）宗の勤王僧。諱は忍鎧（にんがい）・忍介（にんかい）・忍向（にんこう），俗名は宗久・久丸，号は松間亭・無隠庵・菩提樹園。月照は字。摂津国大坂の人。町医者で茶人の玉井宗江（鼎斎（ていさい））の長男として生まれ，15歳で叔父の清水寺成就院蔵海（ぞうかい）について出家し，1835年（天保6）23歳で同院住職となる。*梅田雲浜（うんぴん）・*頼三樹三郎（らいみきさぶろう）らの志士と親交する。54年（安政元）住職を弟信海（しんかい）に譲って尊攘運動に奔走し，水戸藩への攘夷の密勅降下に尽力した。*西郷隆盛とともに安政の大獄を避けて薩摩国に逃れるが，藩の保護をえられず西郷とともに錦江湾（きんこうわん）に入水し，西郷は命をとりとめたが月照は没した。著作は「落葉塵芬集（らくようじんぷんしゅう）」「詠草（えいそう）」など。

血判 けっぱん 署判の上やかたわらに血液を付着させる行為。その文書に記された内容の真実たることの証拠，決意の強調，誓約の堅さなどを具現化することを目的とし，いずれにしろ差出者の強い意志を示すものである。*起請文（きしょうもん）に事例が多く，*願文などにもみられる。初見は1338年（延元3）7月25日付の菊池武重（たけしげ）起請文で，南北朝初期から現れ，戦国期に盛んとなった。戦国大名間の盟約の場合，使者の面前で起請文を記し血判をすえることが多かった。1595年（文禄4）7月20日付の織田信雄（のぶお）等連署起請文は，28人の大名が豊臣秀頼に忠誠を誓って血判をすえたものである。江戸時代には起請文への血判は定着し，将軍代替わり時や役職就任時などに行わ

れ，武家社会をこえて庶民間にも広がった。血判と類似の行為に血書(けっしょ)があり，血液を混入した墨や朱で花押(かおう)や文章そのものを書くものであり，やはり決意や誓約の堅さを現す。代表例としては，全文が血液を混ぜた朱で書かれた1434年(永享6)3月16日付の足利持氏(もちうじ)願文がある。

血盟団事件 けつめいだん　昭和初期の右翼グループによる暗殺事件。第18回総選挙中の1932年(昭和7)2月9日に民政党の選挙委員長で前蔵相井上準之助(じゅんのすけ)が小沼正(おぬまただし)に，3月5日には三井合名理事長団琢磨(だんたくま)が菱沼五郎に狙撃された。犯人逮捕から井上日召(にっしょう)と古内栄司の指導による政財界20余人の暗殺計画が発覚し，13名が逮捕された。1920年代に日蓮宗僧侶の井上は，支配階級の腐敗，農村の窮乏，社会主義思想の広がりを危惧し，農村青年らを同志に国家改造をめざして一人一殺主義の血盟団を結成し，茨城県立正護国堂で訓練，決行したものであった。のちに*五・一五事件をおこした海軍の古賀清志，陸軍の西田税(みつぎ)，*大川周明(しゅうめい)と結び，井上は頭山満(とうやま)宅に潜伏していた。井上・小沼・菱沼は無期懲役，ほかも実刑が確定したが恩赦により全員出所した。以前のように散発的なものでなく，計画的・連続的なものである点で日本の戦時体制への移行を促進した事件であった。

ケーベル　Raphael von Koeber　1848～1923　ドイツ系ロシア人の哲学者であり，東京帝国大学の哲学科外国人教師(1893～1914)として，門下生たちに大きな影響を及ぼした。ニジニ・ノブゴロドに生まれ，ピアニストとしてモスクワ音楽院を卒業したが，哲学研究の道へ転じ，渡独する。イエナ大学とハイデルベルク大学に学び，ショーペンハウアー，エドゥアルト・フォン・ハルトマンについての研究書を著した。来日後，東京帝大では，哲学科主任教授であった*井上哲次郎(てつじろう)をしのいで学生の尊敬を集め，教室で英語による講義や古典講読を行うとともに，自宅で愛弟子との親密な交流を続けた。世間での評価を離れ思索にうちこむ人生態度と，ギリシア語・ラテン語の古典文献の厳密な読解が哲学の基礎であることを，身をもって示し続け，教え子の中からは*人格主義・*教養主義の論者が輩出することになる。独身をとおし，第1次大戦のため帰欧できず，日本で没した。エッセイ集として「ケーベル博士小品集」(独・日両語，1918～24)が，岩波書店から刊行された。生涯については，久保勉(つとむ)「ケーベル先生とともに」(1951)に詳しい。

釼阿 けんあ　→釼阿(けんあ)

玄恵 げんえ　？～1350(？～観応元・正平5)　「げんね」とも。玄慧とも。鎌倉・南北朝期の天台僧。法印権大僧都。独清軒(どくせいけん)・健叟(けんそう)と号す。儒学に明るく，朝廷で経書を講じ，宋代の詩書に加点して禅僧にもその名を知られた。さらに，「建武式目(しきもく)」の答申者にも名を連ね，室町幕府の政治顧問的な存在でもあった。特に足利直義(ただよし)との交誼は有名である。公武僧俗の尊崇をうけ，その死に際しては「文道之衰微」と嘆かれた。「難太平記」の記述などから「*太平記」の作者の一人と目される。「菟玖波集(つくばしゅう)」に3句が入集。「才学無双」とも評され，没後に成立した「*庭訓往来(ていきんおうらい)」や「*喫茶往来」，さらに狂言「宗論(しゅうろん)」「覐猿(さるさる)」などの作者に擬せられた。

蘐園学派 けんえん　*荻生徂徠(そらい)の学派。側用人柳沢吉保(よしやす)に仕えていた徂徠は，1709年(宝永6)，将軍徳川綱吉(つなよし)が没して吉保が隠居したのを機に，それまで起居していた吉保の藩邸をでて，日本橋茅場町に居を構えて私塾を開いた(柳沢家の俸禄は引き続きうけている)。「茅」と「蘐」が同義であることから徂徠は，その私塾を「蘐園」と名づけた。その後，徂徠は何回かの転居をするが，「蘐園」の名は変わらなかった。徂徠は，*古文辞学(こぶんじがく)を唱え，朱子学や仁斎学(じんさいがく)を後世の恣意的な解釈にすぎないものとして斥けながら，「先王の道」を明らかにすることを標榜した。朱子学の厳粛主義を嫌い，「学んでむしろ諸子百家曲芸の士となるも，道学先生たることを願はず」(「*学則(がくそく)」)と言い切った徂徠のもとには，その博識と豪胆な人柄を慕って多くの人材が集まった。

まずあげなければならないのは，徂徠の経学と経世済民論を発展させた*太宰春台(だざいしゅんだい)である。徂徠と感情的に相容れないところが

あって、門人たちの中で精神的な疎外感を味わっていた春台であるが、「*聖学問答」や「*経済録」などを著してこの分野では一人で大いに奮闘した。春台と並んでこの学派の中心にいたのは、詩文に優れた*服部南郭である。このほかにも*安藤東野・山県周南・平野金華・*山井崑崙らが、詩文に多彩な才能を発揮した。南郭の和刻した「唐詩選」は流行し、古文辞によって作られた詩文は、宝暦・明和年間(1751～72)頃まで大いに隆盛を誇った。この学派の自由な雰囲気、活発な活動のようすは、「護園雑話」や「*文会雑記」などによって伝えられている。ただ、その道徳を軽視して自由不羈な精神を重視する気風は、世人から放蕩無頼とみられることも多かった。

護園随筆 けんそんずいひつ *荻生徂徠の著した書。全5巻。1714年(正徳4)刊。巻1～4までは、徂徠なりの朱子学の立場からの儒学説がのべられる。特に*伊藤仁斎の学問をとりあげて批判している。巻5は、「文戒」と題されて、和字・和句・和習の3項について漢文作成の留意点をあげているが、ここでも仁斎の漢文の誤りが例示されている。仁斎への対抗心が、徂徠にこの書を書かせたことは明らかであるが、その中にも、仁斎の「活物」説への共感が示され、「礼楽」という「物」の世界についての理解に、ふつうの朱子学者にはみられない発想が開陳されていて、のちの徂徠学への連続性がうかがわれる。「文戒」も、*古文辞学の形成をみるのによい材料である。

顕戒論 けんかいろん *最澄の著。全3巻。819年(弘仁10)成立。最澄の戒律に対する思想を明らかにした書。819年に提出した「天台法華宗年分度者回小向大式」(四条式)への南都の僧綱らの反対に対し、その趣旨を明証をあげて論証したもの。その主張は大乗戒にもとづく一向大乗寺の建立、大乗戒の僧戒化の成立の根拠、大乗戒の授戒法の根拠や自誓受戒の根拠など、四条式での主張をさらに詳述したものである。この書が、天台宗の教団的独立の思想的根拠となった。さらに821年には、付編として「顕戒論縁起」を提出した。

喧嘩祭 けんかまつり →悪口祭

献可録 けんかろく 「鳩巣上言録」「駿台秘書」「鳩巣先生秘録」などとも。*室鳩巣が江戸幕府の諮問に答えた政治上の意見書。全3巻19章。成立年代不詳。「五常」「五倫」から説き始めて、先祖祭祀・爵禄・封建郡県・科挙の制度などの中国の諸制度を詳述し、それらを参考に当代に提言している。また御家人の困窮に対しては、その華美の風を批判している。

建久年中行事 けんきゅうねんじゅうぎょうじ →皇太神宮年中行事

賢璟 けんきょう 714～793(和銅7～延暦12) 賢憬・尾張僧都・尾張大僧都とも。奈良～平安初期の興福寺僧。法相・律宗兼学の高い学識で知られた。尾張国荒田井氏の出身。興福寺の宣教に唯識法相を学び、754年(天平勝宝6)2月、*鑑真の来朝に際し難波に出迎え、翌年、鑑真より具足戒をうけた。後年、唐招提寺に一切経4208巻を寄進している。774年(宝亀5)2月律師となり、778年山部皇太子(のちの桓武天皇)の病気平癒のための延寿法を修して皇太子の信をえる。780年多度神宮寺に三重塔を造建する。784年(延暦3)6月大僧都。793年正月、比叡山文殊堂供養会に行賀とともに興福寺僧を率いて登り、講師をつとめる。会津の*徳一との*三一権実論争において、最澄は「*守護国界章」の中で「釈摩訶衍論」を偽書とする根拠に賢璟の説をとりあげており、当時の思想界に与えた影響の一端を知ることができる。

顕教 けんぎょう 文字・言語などで明らかに説かれた教え、の意。真言密教が明確化した仏教の教判上の概念で、*密教に対する語。密教が、真理の表れとしての大日如来が自ら味わうために示した究極の教えであるのに対し、大日如来の化身である釈迦が衆生の素質・能力に応じてわかりやすく説き示した仮の教えを顕教と位置づけた。真言密教の立場では「*法華経」や「*華厳経」も顕教に属するが、日本天台宗とくにその密教化した*台密では、それらも密教に含めて円密一致を説いた。

鉗狂人 けんきょうじん *藤貞幹の「*衝口発」

に対する反駁書。*本居宣長(もとおりのりなが)の著。1冊。1785年(天明5)成稿、没後の1821年(文政4)に刊行。終りに「水草のうへの物語」を付す。日本の古代文化はすべて中国・朝鮮に由来するという貞幹の叙述に対し、逐条的批判を加える。「衝口発」の文献的実証の欠如を非難し、日本が万国の本国であり、外国はすべて少名毘古那大神(すくなひこなのおおかみ)が経営を始めたもので、中国の聖人もこの神裔であるにもかかわらず古伝を失っていると主張し、のちの平田篤胤(あつたね)らの発想の源をなしている。また神武紀(じんむき)の天祖降臨から179万2470余歳という記述を事実とするなど、古伝を絶対的に信仰する宣長思想の一面がよくうかがえる。

顕偽録(けんぎろく) 江戸初期の排耶書。1巻1冊の写本。転びバテレン*沢野忠庵(ちゅうあん)(もと日本準管区長ポルトガル人フェレイラ)の1636年(寛永13)の著作。キリシタンの神デウスの天地創造論、人間の霊魂不滅論、原罪論、パライソ(天国)論、十戒、教会法と教皇の権威について教義の矛盾を指摘したのちに、キリストの生涯、洗礼、告解、聖体の秘跡、公審判などを批判したもので、特に原罪と十戒の教義は諸国征服の手段にすぎぬとのべている。著作の経緯については不明であるが、文体などから幕府の指示により忠庵から口述・聴取したものに、儒学者が加筆・編纂したものと推定される。向井元升(げんしょう)の「*乾坤弁説(けんこんべんせつ)」(1656)の序言の中で言及されているだけで、長く秘書とされていた。

献芹詹語(けんきんせんご) 平田派国学者の*矢野玄道(はるみち)による建言書。1巻。1867年(慶応3)12月、王政復古直後に新政府に提出された。*復古神道の立場からだされた最も詳細で体系的な政治綱領・政権構想の書であり、天神地祇(ちぎ)への祭祀、祭政一致を第一とする旨の冒頭以下、36カ条にわたって諸政策が列挙される。玄道の広い歴史知識や平田派の教説に依拠しつつ、由緒ある神社・祭礼や神祇官の再興、伝統的衣冠・暦法の制の復活などが主張される(一部は現実化する)。他方、神の意思を継いだ「仁政(じんせい)」を民衆への施策の基本とするなど、理念先行で行政的具体性に欠ける傾向も強い。ここに復古神道の政治論の神事(信仰)中心主義をみることができる。

献芹微衷(けんきんびちゅう) *大槻磐渓(ばんけい)の著した*海防論の書。1849年(嘉永2)10月に老中阿部正弘(まさひろ)に提出されたもので、5編からなる。はじめの3編「海堡(かいほう)篇」「陸戦篇」「水戦篇」は、西洋砲術採用などの軍事上の対策をのべる。ついで「隣好篇」上・下では、狡猾な商人であるイギリス人に対比して、ロシア人は信義を守る「王侯貴人」であると評して、ロシアと接近することによって、イギリスの脅威に対抗するロシアとの同盟論を提案している。こうしたロシアへの好感は、父大槻玄沢(げんたく)の「*環海異聞(かんかいいぶん)」に影響されたもので、53年のペリー来航時にも、同様の意見書を幕府に提出している。

源空(げんくう) →法然(ほうねん)

賢憬(けんけい) →賢璟(けんきょう)

元元集(げんげんしゅう) *北畠親房(ちかふさ)が度会家行(わたらいいえゆき)の「*類聚神祇本源(るいじゅうじんぎほんげん)」や「*瑚璉集(これんしゅう)」などを参考書として著した神道書。全8巻。書名の「元元」は、「*倭姫命世記(やまとひめのみことせいき)」などの先行の神道書に散見する「元(はじめ)を元とし、本(もと)を本とす」という思想にもとづくもの。1337年(建武4・延元2)9月から38年(暦応元・延元3)9月までの間に成立。天地開闢(かいびゃく)・本朝造化(ほうちょうぞうか)・神皇紹運(じんこうしょううん)・天神化現(てんじんけげん)・地神出生(ちじんしゅっしょう)(上・下)・神器伝授・神籬(ひもろぎ)建立・神国要道・内宮鎮座・外宮遷座・天御量柱(あめのみはかのはしら)・御形文図(ごぎょうもんず)・神宣禁誡(しんせんきんかい)の14編からなる。

蹇蹇録(けんけんろく) 外務大臣陸奥宗光(むつむねみつ)(1844~97)が執筆した、日清戦争をめぐる東学党(とうがくとう)の乱から三国干渉までの外交政略の経緯。三国干渉への対応を終えた陸奥が病気療養中に執筆し、翌1896年(明治29)に外務省が刊行した(第1次刊本)。「局中にありて」の「実歴実見」として貴重であるだけでなく、「義侠論」を抑え「列国の交際、錯雑繁劇を極むる時代」における「政治的必要」の観点に徹底し、「愛国心」の「粗豪」な発動に対して警戒を怠るまいとした政治指導における方法的態度は、本書の特色である。また、三国干渉後の対外硬の高まりを「分に過ぐるの驕慢」による反動として批判した。

玄語(げんご) →三語(さんご)

元号(げんごう) 年次を特定の理由で区切って元年

げんこ

とし、それに漢字の称号を冠するので、元号とも年号ともいう。古代中国（前漢武帝の代）に始まり、周辺諸王国の漢字文化圏で長らく使われてきた紀年法だが、今なお公式に用いているのは日本のみである。わが国では、早く遣隋使以前から中国・朝鮮より伝わる文物を通じて元号の存在を知った。そして朝鮮諸国と同じく中国の年号を奉じて使うか、大王（天皇）の治世称号（宮号）と干支で年次を表していたとみられる。しかし、中大兄皇子らが蘇我本宗家を倒した乙巳の変（645年）直後、孝徳朝の初めに「大化」という公年号をはじめて定めた（『日本書紀』）。ただし、これも次の「白雉」もいまだ一般に使われず、以後しばらく中断する。とはいえ、改新政治の第一歩として日本独自の年号をたてた思想史的意義は大きい。しかも701年（文武5）ようやく完成した律令法の中（儀制令）に「凡そ公文に年を記すべくんば皆年号を用ひよ」と規定し、その施行に先立って「大宝」という年号を定めた。これによって日本の年号制度は名実ともに確立された。以後今日まで1300年余にわたり連綿と続いている元号は、超国宝級の無形文化財とさえみられよう（ただし現在、この元号と西暦の併用に煩わしさを感じている人もいる）。

この元号は、中国と同じく日本でも、天皇の代始めごとに改元するのが本則である。当初は前帝の譲位か崩御による新帝践祚の直後に改元したが、平安初期の「弘仁」改元（810）以降は前帝への「孝敬」を表すため、践祚の年を踰えて翌年改元することが幕末まで慣例とされてきた（踰年改元）。しかし、改元は代始め以外にも、祥瑞の出現を吉兆としたり、逆に災異の発生を凶兆として改元することが飛鳥・奈良時代からある。また、平安前期末の「延喜」辛酉（901）および「康保」甲子（964）からは、中国伝来の讖緯説により、辛酉の年に革命が起きるとか甲子の年に革命が発する（ともに政変などが生ずる）との考えにより、それを避けるため、辛酉と甲子のたびに改元する例も幕末まで続いている。

それに対して、江戸後期（18世紀末）に*中井竹山（大坂懐徳堂学主）や*藤田幽谷（水戸彰考館総裁）は、明や清のごとく一代一号（一世一元）にすべきことを提唱した。それが「明治」改元（1868）の際に採用されるに至り、やがて*皇室典範（1889制定）に一世一元の制が法文化された。さらに戦後はGHQの反対で元号の法的根拠が失われたが、その存続を求める運動が実り、1979年（昭和54）元号法の成立をみた。これにより、元号は皇位の継承があった時にのみ政令で定められることになったのである。その10年後（1989年）に改元された「平成」年号は、「史記」の「内平外成」と「書経」の「地平天成」を出典とし、〈国の内外に平和が達成される〉ことを理念として掲げたものである。

元亨釈書 げんこうしゃくしょ　鎌倉時代、*虎関師錬の著。全30巻。1322年（元亨2）成立。伝（僧伝）・表（仏教史）・志（仏教文化）の3部からなり、伝は伝智・慧解・浄禅ら僧の業績・才能の特色によって10項目に分類されている。この分類法は中国梁代の「高僧伝」、唐代の「続高僧伝」、宋代の「宋高僧伝」にならい、禅宗とくに東福寺*円爾の功績が強調されている。1307年（徳治2）、鎌倉に下って建長寺の*一山一寧に相見した時に、禅宗だけでなく日本の高僧全体についても知るべきであると忠告されて、僧史を著述することを決意したと伝える。著述にあたって、虎関は関係寺院の史料を集めるとともに、「*本朝法華験記」、「*日本三代実録」など先行の僧伝を積極的に利用した。成立後すぐに大蔵経に入れられることを光厳天皇に上表したが、戦乱の最中で生前には許されず、60年（延文5・正平15）門人竜泉令涬の上表によって勅許された。東福寺に自筆本4冊と弟子の大道一以ほか数名による写本の計30冊が残されている。また東福寺海蔵院の無比単況によって、64年（貞治3・正平19）から77年（永和3・天授3）までかかって出版された。この書は成立直後から評判となり、その後も引き続いて高く評価された。

源語外伝 げんごがいでん　→源氏外伝

原古編 げんこへん　仁斎学・徂徠学に対する朱子学「正学」派の批判の書。*頼杏坪の著。全6巻。1790年（寛政2）刊。仁斎学や徂徠学ではなく、朱子学こそが「真の古学」

であるという立場から，天・性・道・治教などの諸概念に対する朱子の解釈の正しさを論証しようとしている。その際，四書六経のみならず，古註や「荘子」「列子」「淮南子」などの諸子の言説を傍証にあげている点が本書の特色である。

乾坤弁説（けんこんべんぜつ）　「一べんぜつ」とも。江戸前期，西洋宇宙論の紹介と反駁を意図した書。全4巻。*向井元升編。1658年（万治元）成立（異本多数あり）。日本に潜入した宣教師キアラの原著を転びバテレンの*沢野忠庵がローマ字化し，西玄甫が日本語におこし，それに向井が反駁文を付したものである。キアラの原文は，ローマのイエズス会士クラビウスの「サクロボスコ天球論註解」（1581）にもとづいたと考えられる。本書において，プトレマイオスの天球論，アリストテレスの四大説，月下界の気象説などが紹介されている。向井の弁駁の立場は朱子学的な発想にもとづいていた。

兼山麗沢秘策（けんざんれいたくひさく）　「兼山秘策」とも。*室鳩巣の書簡を青地斉賢（号は兼山）・礼幹（号は麗沢）兄弟が集録した書。鳩巣が幕府儒員になった1711年（正徳元）から31年（享保16）までの兄弟宛書簡を中心に，年代順に配列している。全8巻。成立年代未詳。将軍徳川吉宗の命による「*六論衍義大意」刊行の経緯など，内容の多くは，正徳・享保期（1711〜36）の幕政に関する立ち入った議論であるが，鳩巣と*新井白石の交友などをうかがうこともできる。

源氏外伝（げんじがいでん）　「源語外伝」「源語評」「源氏物語抜書」などとも。*熊沢蕃山が著した「*源氏物語」の評論集。全4巻。1677年（延宝5）頃に成立。体裁は，ある婦人の質問に答える形をとる。「源氏物語」によって，王朝世界の礼儀・音楽・文章，すなわち礼楽の麗しさを学ぶとともに，貴顕の奢侈への戒め，婦徳の中心としての貞正の意義をも読み取るべきだと論じている。蕃山らしい王朝憧憬の思いと人事情変への深い洞察がうかがえるが，基本的には儒学の道徳主義の立場から評価が下されている。

玄旨帰命壇（げんしきみょうだん）　玄旨帰命壇灌頂とも。中世から近世前期の天台宗の秘儀。宗内の二大流派のうち，恵心流の「三重七箇大事」に対する檀那流の奥義であり，密教に対する顕教側の最深秘の灌頂として師資相伝された。その内容は，灌頂儀式を通じて自己の内なる真如に目覚めて仏と一体化することを目的とし，性欲に至るまでの煩悩の肯定に特徴をもつ。*摩多羅神が本尊に定着したのは14世紀頃といわれる。天台*本覚思想を基盤としつつ，密教や浄土教そのほかさまざまな要素が盛りこまれ，日本仏教独自の展開を示すものとして注目される。その後元禄年間（1688〜1704）に，*霊空（光謙）の批判などで邪教視されるに至った。

建治三年記（けんじさんねんき）　鎌倉中期の幕府役人の日記抜粋。漢文体。評定衆で問注所執事だった太田康有（1228〜90）が，自分の日記から1277年（建治3）内の68日分を抜き書きした原本。抜き書きの意図は不明。1巻。原題には「建治三年丁丑日記」とあるが，「太田康有日記」ともよばれる。ほかの部分は伝わらない。幕府の修史事業「*吾妻鏡」の記事が，10年前までであり，また文永・弘安の役の中間にあたっているため，抜粋記事ながら政治動静は探ることができるが，もともとの日記が公務の手控えに書き留められたものらしく，思想史上に多くを期待することは無理である。

言志四録（げんししろく）　*佐藤一斎の「言志録」（1824刊），「言志後録」（1846刊），「言志晩録」（1850刊），「言志耋録」（1854刊）の総称。学問論・人生論・政治論などについての箴言を集めている。富貴貧賤・死生寿夭・利害栄辱を「数」＝運命として諦める一方で，「天」に事え，誰にも依存しない「独立自信」（「言志録」）の自己の確立を説いている。政治・経済・社会の構造的な危機の時代，自己の心のあり方に問題を収斂させることによって，困難を乗り切ろうとする倫理的姿勢は，西郷隆盛をはじめとする幕末の志士に共鳴者をうみ，愛読された。

源氏物語（げんじものがたり）　平安中期の物語。*紫式部の作。全54巻。創作物語ではあるが，内容は当時の歴史社会を背景として叙述されている。桐壺・朱雀・冷泉・今上帝と4代の天皇にわたる70余年の貴族社会を美し

く、みやびに書き上げている。物語としての主題と内部論理があざやかに進展しており、作者が書き上げたのちまもなくして世間に流布し、多くの女房たちによって早速に書写されていった。作者の紫式部は藤原道長の長女彰子(一条天皇の中宮)に宮仕えし、「源氏物語」の完成の背景には道長の多くの助言があったと思われる。

執筆は宮仕え前にすでに始まっている。彰子は12歳で入内し、13歳で立后したが、式部はその中宮彰子の家庭教師のような役を務め、中宮の教育にたずさわるかたわら、また宮仕え後にも、こうした経験を活かして執筆は進められていった。宮仕え前に「若紫」巻まで執筆していたことは確実である。父藤原為時が越前守となり赴任する際に、式部も同行したことは「紫式部集」により明らかで、現在の福井県武生に父とともにいたことは確かである。だが、1年たらずで式部は京に帰り、藤原宣孝と結婚し、女賢子が生まれた。2年後、夫宣孝が病死し、式部は途方に暮れていたが、任期を終えた父が帰京し、励まされて「源氏物語」の執筆が始まったといわれる。

「源氏物語」は3部に分かれる。第1部は「藤裏葉」巻までの光源氏の青年期から全盛期。第2部は「若菜」巻から「幻」巻までで、老年期に入った源氏の没落期。第1部と第2部は大いなる明暗の対照となる。第1部には長編の巻のほか、「帚木」「空蟬」「夕顔」「末摘花」などの短編の巻が存在する。これらの巻は玉鬘十帖とともに、のちに第1部を書き終えて第2部を書き始める前に挿入された巻であるといわれている。第3部は、源氏の死後の宇治十帖である。第2部の「若菜」巻以降では、内親王である女三宮が源氏の正妻となる。以前の正妻葵上の亡き後は、準正妻であった紫上は大変なショックをうけ、病死する。また、その女三宮に柏木(前の頭中将の子)が熱烈な恋をし、密通の結果、薫が生まれる。第1部の英雄ともいうべき源氏の姿は崩れ、女三宮は出家する。柏木は悩んだ末死に至る。源氏はなす術もなく、若かりし頃の自身の藤壺との関係を想い出し途方に暮れる。冷泉帝は表面上は桐壺帝と藤壺中宮との間の皇子となっているが、実は冷泉帝の父は光源氏である。ここには因果応報の意味が大きく叙述されている。重苦しいままに紫上の死で第2部は終わる。つづく「雲隠」巻は巻名のみで内容はなく、源氏の死は書かれていない。

「源氏物語」には準拠とモデルがある。創作物語とはいえ、光源氏は、皇族より臣下となった賜姓源氏である。嵯峨天皇の皇子源融、醍醐天皇の皇子*源高明らは、「須磨」巻の光源氏のモデルとなっており、その代表的なものである。桐壺帝の皇子(更衣を母とする)若君が、賜姓源氏となる所以が「桐壺」巻に詳細にのべられているところなどは注目すべきである。同時に、*菅原道真や源高明の配流事件(安和の変)などは、紫式部の印象に深かったのであろう。史上の事件は無実ではあっても、一応罪人として配流となるのだが、「源氏物語」の場合には源氏が自発的に須磨へ都落ちしており、物語文学として興味深い。光源氏の「光」は、仁明天皇の皇子源光をモデルとしているとの説もある。

なお、臣下としての最高の地位は太政大臣であるにもかかわらず、光源氏は冷泉即位後に太政大臣から準太上天皇となる。これは明らかに虚構である。当時、三条天皇の第一皇子敦明親王は、東宮となったものの東宮を降り、出家して小一条院の称号をうけている。あるいは式部は、これに準拠しているのかもしれない。もしそうであれば、「若菜」巻の執筆・成立年代は寛仁年間(1017～21)以降となる。光源氏のモデルは、はじめのほうの巻は史上の賜姓源氏であることはいうまでもないが、源氏の全盛時代は、明らかに藤原道長の全盛時代の姿が入っている。中宮彰子に仕えながら道長のかたわらにいて、経験したことが材料になっているであろう。また、源氏の六条院での話には、道長の土御門第での儀式などが多くとりいれられているであろう。その儀式などは、延喜・天暦の治をモデルにしているといわれているが、同時に、式部が経験した執筆当時のものが入っていることも注目すべき

であろう。

第3部では、罪の子薫のあわれなようすと、一方、明石中宮と今上帝の子匂宮とのライバルの愛の争いが叙述される。また、新たに浮舟が登場する。浮舟は、匂宮・薫と二人の男性の強烈な愛に耐えかねて宇治川に入水したが、救われて別世界によみがえる。その結果、浮舟は高い宗教的世界に生きようとして、きびしい修行の道に入る。これは、紫式部が「源氏物語」の最後に浮舟の境地に立った自身の心境であろう。

源氏物語絵巻 げんじものがたりえまき　平安後期を代表する物語絵巻。紙本著色。「*源氏物語」54帖の各帖から1場面から3場面を選びとって絵画化し、これに対応する本文の一節を詞書として装飾料紙に書き添えている。もとは80～90場面を10巻から12巻程度にまとめたと思われる絵巻形式であったが、現在は19場面と詞書20段が徳川美術館と五島美術館に分蔵(国宝)され、そのほか絵の残欠1種と、詞書の断簡が9種残るのみである。その絵画は、引目鉤鼻、吹き抜き屋台、作り絵の技法で描かれた「女絵」の特徴をもつ。引目鉤鼻の類型的人物描写は、「源氏物語」の文章表現においてもできるだけ個性的・個別的な言い回しをさけていることにも通じている。12世紀前半の白河・鳥羽院政期頃に、院や女院を中心に企画され、宮廷画師と能書家によって分担制作されたと考えられている。

源氏物語玉の小櫛 げんじものがたりたまのおぐし　*本居宣長による「*源氏物語」の研究・注釈書。全9巻。1796年(寛政8)石見国浜田藩主松平康定に懇請されたことを契機に成稿し、99年(寛政11)5月に刊行。1・2巻は「*紫文要領」を改訂した「源氏物語玉の小琴」の再改訂であり、総論的論説である。3巻は各巻を物語上の年表に構成した「源氏物語年紀考」の改訂版、4巻は「湖月抄」本文の校訂、5巻以下は桐壺の巻から夢浮橋の巻までの本文の抄解で構成される。宣長の源氏学が最終的に結集されたものであり、古道説が完成したのちの晩年における「*もののあはれ」論が示されている。

源氏物語抜書 げんじものがたりぬきがき　→源氏外伝
源氏物語評釈 げんじものがたりひょうしゃく　→萩原広道

健寿御前日記 けんじゅごぜんにっき　→建春門院中納言日記

賢俊 けんしゅん　1299～1357(正安元～延文2・正平12)　南北朝前期の僧侶。日野俊光の子。賢助の弟子で醍醐寺三宝院主。鎌倉最末期から活動がみえ、1336年(建武3・延元元)九州に敗走する足利尊氏に光厳上皇の院宣を伝え、尊氏の政権確立に重要な役割をはたしたことは有名である。醍醐寺座主・東寺長者となり、武家護持僧の中心を担った。足利尊氏・直義ら幕府有力者と深くかかわり、幕政に大きな影響を与えて、権勢比肩なしと評された。弟子に三宝院の光済や実済らがいる。醍醐寺内での三宝院の優位を確立し、以後も三宝院主は将軍家と密接な関係を保った。2年ほどだが「賢俊僧正日記」が自筆本で残り、連歌・和歌の作も伝わる。

建春門院中納言日記 けんしゅんもんいんのちゅうなごんにっき　鎌倉時代の日記文学。冒頭におかれた和歌から「たまきはる」とも称される。なお、「健寿御前日記」というのは近代における命名で、「明月記」には「健寿御前」とよんだ例はないので不適とする説もある。藤原俊成の女で、定家の姉にあたる建春門院中納言(健寿御前)が、平家全盛時代の宮仕えを回想したものである。1219年(建保7)3月3日の奥書がある。2部に分かれ、第1部は作者が63歳の時に完成。第1部の中心は、後白河法皇の女御で、高倉天皇の母でもある建春門院後宮のようすで、衣装の描写が精彩なのが特色である。奥書の後にある第2部は、作者の没後、定家が反故の中から拾い集めて編集したもので、補遺部というべきものである。

源信 げんしん　942～1017(天慶5～寛仁元)　平安中期の天台宗の僧。横川恵心院に住したため、横川僧都・恵心僧都ともいう。大和国当麻郷に生まれる。父は卜部正親。9歳の時比叡山に登り、*良源の弟子となる。13歳で得度・受戒、33歳で法華会の広学堅義の堅者となり、その名声を高めた。その後横川に隠棲し、修行と著述に専念した。985年(寛和元)に撰述した「*往生要集」3巻は、極楽往生への指南書であるとともに、日本人の地獄観の形成に影響を与え

けんず

た。横川首楞厳院において念仏結社である*二十五三昧会にかかわり，その規式である「横川首楞厳院二十五三昧会式」を制作するほか，正暦年間（990～995）に横川霊山院において霊山釈迦講を，また四季講・*迎講なども創始した。彼の門下の教学は恵心流を形成した。著作は「恵心僧都全集」全5巻に所収。なお源信は，「*源氏物語」の横川の僧都のモデルといわれる。

遣隋使 けんずいし　推古朝に倭国（日本）から隋に遣わされた国家使節。その回数や年時には諸説があるが，「隋書倭国伝」や「日本書紀」によれば，600年，607年，608年（2回），610年，614年の計6回の派遣があったことになる。607年（推古15）の使節では，*小野妹子が沙門10人とともに遣わされ，608年には高向玄理・*南淵請安・僧旻らが留学生・学問僧として渡隋している。前者は聖徳太子の指導のもと隋との対等外交を指向し，後者の渡隋者はのち帰朝して*大化の改新などの政治改革を指導する。遣隋使は日本の古代国家の成立に大きな役割をはたした。

元政 けんせい　1623～68（元和9～寛文8）　江戸前期の日蓮宗の学僧・漢詩人。諱は日政・日如・日峰，号は妙子・不可思議・泰堂・霞谷山人・幻生など，通称は草山和尚・深草の元政，幼名は俊平・源八郎，俗名は石井吉兵衛。毛利家家臣石井元好の五男。京都の人。彦根藩主井伊直孝に仕えたが，26歳で致仕し，京都妙顕寺の日豊について出家した。33歳の時に山城国深草の称心庵（のち瑞光寺）で修行した。持戒を厳重にし草山律（本化律・法華律）を提唱した。明からの帰化人陳元贇や*熊沢蕃山・*石川丈山と交流があり，詩人・歌人としても有名である。著作は「草山集」「草山拾遺」「草山和歌集」「身延道の記」「扶桑隠逸伝」「食医要編」など。

憲政の本義を説いて其有終の美を済すの途を論ず けんせいのほんぎをといてそのゆうしゅうのびをなすのみちをろんず　「中央公論」1916年（大正5）1月号に掲載された，*吉野作造の論説。吉野はこの論説で，デモクラシーdemocracyの訳語として，民主主義と*民本主義とを区別し，前者は「国家の主権は法理上人民に在り」という意味に，後者は「国家の主権の活動の基本的の目標は政治上人民に在るべし」という意味で用いられるとした。すなわち，民本主義は，政治の目的が民衆の利福にあり，政策決定が民衆の意向によることをその特徴とするが，それは民主主義と異なり，君主主権か人民主権かという主権の所在を問題とはせず，もっぱら主権の運用にかかわる概念とした。民本主義の実現には代議政治の改良が必要であり，普通選挙の実施と政党政治に支えられた責任内閣制が説かれた。主権の所在に関する法理的考察を民本主義から切り離したのは，消極的には，*天皇主権説を掲げる国体論者からの非難を避けるためであったが，他方それは，伝統的な国法学からの政治学の自立を背景に，民本主義の実現に向けた具体的な政治改革構想を可能にする積極的意義をもつものであった。この論説は大きな反響をよび，*上杉慎吉・茅原華山・室伏高信らから批判が寄せられ，吉野との間に論争が繰り広げられた。

憲政擁護運動 けんせいようごうんどう　大正期の藩閥政治の打破と憲政の確立をめざした二次にわたる運動。(1)第1次憲政擁護運動は，陸軍の2個師団増設要求をめぐる紛糾により第2次西園寺内閣が退陣したのち，1912年（大正元）12月に成立した第3次桂内閣に対して展開された運動をさす。西園寺内閣の倒壊は，増師に否定的な内閣に抗して上原勇作陸相が直接天皇に辞表を提出し，元老山県有朋が後継陸相の推薦を断ったことから生じた。そのため，増師反対に加えて，陸軍の特権を利用して倒閣を図った藩閥政治への批判が高まり，「閥族打破，憲政擁護」のスローガンは一世を風靡した。桂太郎首相は新政党の樹立を宣言し難局を乗り切ろうとしたが，民衆の批判に抗しきれず13年2月総辞職した。
(2)第2次憲政擁護運動は，1924年1月，貴族院を基礎に成立した清浦内閣に対して，三たび政権から遠ざけられた政党が中心になって展開した運動をさす。元老*西園寺公望は選挙管理内閣として清浦奎吾を推薦したが，これに対して「特権内閣打破」の声がおこり，立憲政友会・憲政会・革新倶楽部の護憲三派が政党内閣樹立のため結束，政友

会総裁*高橋是清は爵位を返上して総選挙に出馬する意気込みをみせた。5月の総選挙では護憲三派が大勝し、翌月加藤高明を首班とする護憲三派内閣が成立、翌年普通選挙法案を通過させ、所期の目的を達した。

建設者同盟 けんせつしゃどうめい　大正後期の思想団体。東京帝国大学の*新人会に次いで、早稲田大学の学生を中心に組織された民人同盟会が分裂し、1919年(大正8)10月頃、和田巌・浅沼稲次郎・三宅正一らが北沢新次郎教授を擁して設立した。22年10月機関誌「建設者」を創刊、以後「青年運動」「無産階級」「無産農民」と改題され続いた。思想団体として講演会などを主催するほか、農村問題に関心を傾け、稲村隆一・平野力三ら農民運動の開拓者を輩出した。労働農民党内の対立激化とともに同人間の不和が表面化し、26年12月、左派に批判的な浅沼・三宅らが新たに日本労農党を結成したことで、組織は解体した。

現世利益 げんぜりやく　神仏への信仰によって、この世でうける息災・延命などの恵みをいう。もともと中国の宗教では現世利益を求める傾向が根強く、日本でも仏教伝来当初から除災招福の現世利益を求めて寺院の建立や経典の読誦・書写、仏像の造顕などが行われた。やがて現実超越の仏教教理の浸透とともに現世利益の経説は人々の機根に応じた方便とされたが、一般には依然として現世利益を求める傾向が強く、「*法華経」などの説く「現世安穏・後世善処」の現当二世の利益は人々の切実な願望に対応するものであった。平安時代以降、*即身成仏を実現するはずの密教の修法も、現実には現世利益をもたらす祈禱として重んじられ、幕末以降の新宗教も現世利益を基調としている。

還俗 げんぞく　復飾ともいう。出家して僧尼になった者が再び俗人に戻ること。処罰として強制的に俗人に戻すことを還俗、自発的に俗人に戻る場合を帰俗と称して区別する説もある。養老*僧尼令では、人心を惑わすとされた僧尼の行為に対する処罰の一つとされ、天文現象の観察などによって吉凶を卜したり、巫術によって病気の治療をしたり、本寺とは別に道場を建てて衆を教化するなどの場合に、還俗と定めた。後世、*法然や*親鸞に俗名を与えて流罪としたのも、こうした処罰としての還俗の一種である。このほか中世では、青蓮院に入室して天台座主にもなった義円が神籤によって将軍足利義教となったように、政治的理由による還俗もあった。

建内記 けんだいき　→建内記

現代国家批判 げんだいこっかひはん　1921年(大正10)に刊行された*長谷川如是閑の著作。翌年刊行された「現代社会批判」との姉妹編。「国家とその政治とに関する考察」を国家の「万能」を主張する「国家の神話学」から解放し、それを「人類の社会機能の一形式」とみなして、「社会進化」の観点からする「国家の博物学」によって根拠づけようとした。「議会制度」「政党政治」「階級支配」などの現代国家の「硬直」した諸相を批判し、「征服的事実」として発生し維持されてきた国家を、「相互的生活」「協同性」を保証する作用のみをもった国家に改造していく必要と可能性を探ろうとした。

現代日本の開化 げんだいにほんのかいか　大阪朝日新聞社の依頼で1911年(明治44)8月15日、和歌山県会議事堂で行われた*夏目漱石の講演。前年8月のいわゆる〈修善寺の大患〉から1年後のことで、明石で「道楽と職業」、和歌山で「現代日本の開化」、堺で「中味と形式」、大阪で「文芸と道徳」とそれぞれ講演を行っている。大阪講演の直後に胃潰瘍を再発し、湯川胃腸病院に入院、9月に帰京した。内容は、明治維新以後の日本の開化について、ひたすら西洋の文化を模倣するのみで、それは「皮相上滑りの開化」で「外発的」なものにすぎず、西洋の歴史が300年かけて「内発的」になしとげたことを40年で繰り返しているにすぎない、と指摘する。そして、本来ならば「開化の推移は内発的でなければならない」けれども、それが西洋の借り着にすぎないことを自覚したうえで、「神経衰弱に罹らない程度に於て、内発的に変化」するしかないことを説く。

検断 けんだん　中世において刑事・警察に関する権限・職務・行為を総称する語。権限を検断権、職務を検断職、訴訟を検断沙汰などと

称する。鎌倉時代以降，朝廷では検非違使庁（けびいしちょう）や国衙（こくが），武家では侍所（さむらいどころ）・守護（しゅご）が検断権を行使したが，各荘園では本所（ほんじょ）や地頭（じとう）による検断も行われた。鎌倉幕府では，侍所が鎌倉市中の警察権と全国的な刑事裁判権を有したが，守護は*大犯三箇条（だいぼんさんかじょう）にもとづき任国の検断権を行使し，六波羅探題（ろくはらたんだい）が管轄する西国では検断方が担当した。南北朝期以降には，在地では国人一揆（こくじんいっき）による検断権の行使が現れ，さらには惣村（そうそん）による自検断（じけんだん）もみられるようになった。

建長寺（けんちょうじ） 神奈川県鎌倉市に所在する臨済宗建長寺派の本山。鎌倉五山の一つ。正式には建長興国禅寺。山号は巨福山（こふくさん）。開山は宋から来日した*蘭渓道隆（らんけいどうりゅう）。1249年（建長元）に鎌倉幕府の執権*北条時頼（ほうじょうときより）の発願によって創建され，53年に落成した。本尊は地蔵菩薩坐像。日本最初の禅宗専門道場として，大覚派（だいかくは）（蘭渓門派）の拠点となり発展した。建長寺はのちに建立される*円覚寺（えんがくじ）に比べて，北条氏の墳寺としての性格は少なく，はるかに公的性格が強かったといわれる。

歴代には兀庵普寧（ごったんふねい）や*無学祖元（むがくそげん）らの他門派の人がいて，門派を限らず広く人材を求めて日本に禅を受容しようとしたようすがみえる。兀庵は無準範（ぶじゅんぱん）の門人で破庵派（はあんは）の人であり，先に無準に参じた日本僧の熱心な招聘に応じ，時頼を契悟に導いた。無学は同じく無準の門人で破庵派をうける仏光派（ぶっこうは）の人で，のちに円覚寺開山となった。しかし，兀庵は中国禅宗松源派（しょうげんは）の人である蘭渓と折り合わず，時頼の没後に篤信者の少ないことに失望して帰国を決意した。また無学も，参禅する武家や衆僧のために懇切に指導したが，僧の怠惰を嘆いた。このように初期の禅宗受容は，多くの課題をかかえていた。

宋代の禅宗には修道とともに貴族の学芸・教養を吸収した側面があり，鎌倉武士はその両側面をうけいれようとした。1308年（延慶元）北条貞時（ほうじょうさだとき）の奏上によって，建長寺は官寺に準ずる*定額寺（じょうがくじ）に列せられて，41年（暦応4）室町幕府によって五山の第一位となり，鎌倉五山としての位置はその後も動かな

かった。中世を通じて何度かの地震・火災によって寺の建造物は倒壊・焼失したが，江戸時代に復旧され，1814年（文化11）法堂（はっとう）を再建して，今日に至っている。塔頭（たっちゅう）はもと49院あったのが現在は10院，建長寺派末寺として469カ寺がある。建造物・彫刻・書画など国宝・国重要文化財を多く所蔵する。

遣唐使（けんとうし） 古代日本が唐に遣わした国家使節。630年（舒明2）の犬上御田鍬（いぬかみのみたすき）らの発遣から，894年（寛平6）の*菅原道真（すがわらのみちざね）の建議による停止までに，計20回の計画があり，16回実施された。使節の形式は朝貢使（ちょうこうし）であったが，その目的は信物に対する回賜として唐の高度な文物を持ち帰ることのほか，留学生・学問僧らによる制度や文化の輸入であった。奈良時代後半以降は貿易的側面が重視されるようになり，平安時代には安禄山（あんろくざん）の乱以後の唐国力の低下と民間商人による文物請来の増加などから，派遣の必要性は低下した。838年（承和5）を最後に遣使されなくなり，894年の道真の使節停止の上奏により制度としても廃止された。

釼阿（けんな） 1261〜1338（弘長元〜暦応元・延元3）「けんあ」とも。見阿・明忍房（みょうにんぼう）・要忍房とも。鎌倉末期の真言僧。金沢称名寺（しょうみょうじ）2世長老。出自は不明だが，若い頃より北条顕時（ほうじょうあきとき）の邸宅や安達氏の甘縄無量寿院などで仏教を学んだ。称名寺開山の審海（しんかい）の付法の弟子となり，律学および東密諸流をうけ，*声明（しょうみょう）・神道などにも一家をなした。1308年（延慶元）11月，称名寺長老に就任。翌年，佐々目遺身院（ささめゆいしんいん）の益性（やくしょう）法親王（亀山上皇の皇子）より仁和寺御流（にんなじごりゅう）の伝授をうけ，密教の奥義をきわめた。金沢貞顕（かねさわさだあき）の腹心として活動し，政治的な相談にも関与したことが「金沢文庫文書」からわかる。膨大な典籍を収集するとともに，子弟の育成に努め，称名寺および*金沢文庫の興隆に尽くした。

建内記（けんないき） 「けんだいき」とも。室町時代の貴族万里小路時房（までのこうじときふさ）（1394〜1457）の日記。時房の極官が内大臣で，法号を建聖院（けんしょういん）と称したことから，「建聖院内府記」を略して通称としたものである。記事は1414年（応永21）から55年（康正元）にわたり，多くの自筆本が伝存する。時房は1428年（正長元）以

来，武家伝奏として朝廷と幕府との連絡・交渉にあたっており，当時の政治状況が詳細に記されている。家領荘園に関する記事も多く，金融業者の代官請負によって経営が維持されている状況など，社会経済史的な視点からも重要な記事が多い。

顕如 けんにょ　1543~92（天文12~天正20）　戦国・織豊期の本願寺11世。諱は光佐，院号は信楽院。本願寺10世証如の嫡子。1554年（天文23）12歳で本願寺を継ぎ，59年（永禄2）門跡号を勅許された。70年（元亀元）織田信長と開戦し，武田・浅井・朝倉氏らと同盟を結び，毛利氏の援助をうけ，10年に及ぶいわゆる石山合戦を継続した。信長を「仏敵」とみなす檄文を諸国門徒に発して来援を求め，*善知識と崇められ石山合戦の精神的支柱となった。80年（天正8）に勅命によって和睦し，石山（大坂）の地を明け渡し，紀伊国鷺森に退去した。その後，和泉国貝塚，摂津国天満をへて，91年豊臣秀吉より京都堀川七条に寺地を寄進され，翌年本願寺を京都に還住させた。石山退去をめぐって，法嗣の教如と対立して義絶したことがあり，のちの本願寺東西分立の端緒となった。

建仁寺 けんにんじ　京都市東山区にある臨済宗建仁寺派の本山。山号は東山。開山は明庵*栄西。栄西は1168年（仁安3），ついで87年（文治3）に2回目の入宋をして，臨済宗*黄竜派の虚庵懐敞の法を嗣いで，91年（建久2）帰国した。博多聖福寺，鎌倉寿福寺を造営したのち，1202年（建仁2），将軍源頼家が寺地を寄進し，朝廷によって寺院開創を勅許された。年号を寺号とする建仁寺の造立には，鎌倉幕府が京都にその威勢を示そうとする政治的意図がこめられていた。また同寺は，真言・止観の両院をおいて比叡山別院として位置づけられ，台密禅兼修の道場であった。栄西の活動は弟子の退耕行勇らによって継承され，中国で衰微した黄竜派の法脈を維持し，11世*蘭渓道隆の代に禅宗専修道場となり，1386年（至徳3・元中3）幕府の制定によって京都五山の第三位となった。中世には黄竜派に限らぬ多様な門派の僧が往来し，建仁寺*友社の活動は注目された。応仁・文明の乱などで伽藍はほとんど焼失したが，天正年間（1573~92）に安国寺恵瓊によって復旧された。建仁寺の「学問づら」と称されたように，学究的な宗風があり，現在でも両足院などは多数の典籍を所蔵する中世禅林学芸の宝庫として知られる。

玄恵 げんね　→玄恵

元服 げんぷく　加冠とも。男子の成人の儀式。男子一生の中でも重要な通過儀礼の一つ。奈良・平安貴族社会において重要視された。12~16歳で行われ，髪の結い方を改めて冠をかぶり，衣服も縫腋袍を着用し，名も改めた。加冠の役を烏帽子親といい，烏帽子親はのちのち元服した男子の大きな後楯となった。この風習は武家社会に引き継がれ，江戸時代まで続いた。

源平交替思想 げんぺいこうたいしそう　武家政権は源平二氏が交替で継承するものと考える政治思想。こうした見方は次のような武家政権交替史と一体不可分のものであった。平清盛，平氏政権を樹立→源頼朝，鎌倉幕府を開く→北条氏（平氏），鎌倉幕府の実権を掌握→足利尊氏（源氏），室町幕府を開く→織田信長（平氏を自称），天下統一事業を推進→豊臣秀吉（藤原・豊臣に改姓するまで平氏を自称），関白政権を樹立→徳川家康（源氏を名乗る），江戸幕府を開く。

そもそも源平互いに世を治めるという考え方が南北朝期頃から芽生えてきたことは，「太平記」などによって裏付けられる。ただ源平交替思想が武家政権の継承観念として現実の政治と結びつくようになるのは戦国期に入ってからのことであった。その先駆けとなったのは，足利将軍家（源氏）に代わる天下人をめざし，自ら本姓を藤原氏から平氏に改姓した織田信長であった。秀吉や家康も源平交替思想を強く意識していた。特に家康が征夷大将軍に任官するため，徳川氏が源氏たることを証明する系図を捏造したことは周知の事実である。戦国・織豊期のような転換期には革命的機運が高まる一方で，秩序の拠り所となる伝統的な武家政治観もそれなりに尊重されていたのである。

源平盛衰記 げんぺいじょうすいき　「一せいすいき」とも。*軍記物語。全48巻。作者・成立年未詳。鎌

倉末・室町初期に成立したか。書名が異なるが、「*平家物語」の異本の一つとされる。平家一門の興隆から衰亡までが事細かに描かれている。中世に成立する作品の傾向の一つに、さまざまな故事や先例を記述する知識的志向があるが、「源平盛衰記」は他の「平家物語」の諸本に比較してその傾向が強く、諸本の中でその記事の量が最も多い。慶長古活字本のほかに寛文・延宝・元禄期などに刊行された板本があり、中には絵入りのものもある。江戸時代に広く読まれた。

玄昉 げんぼう ?〜746(?〜天平18) 奈良時代の僧。阿刀氏の出身。義淵に学び、717年(養老元)入唐する。すでに唐において天子から尊ばれたという。735年(天平7)に*吉備真備らとともに遣唐使にしたがって帰国し、経論5000余巻ともろもろの仏像などをもたらした。翌年封100戸・田10町、扶翼童子8人を賜る。737年僧正に任じられ、その年の暮聖武天皇の母宮子の看病に験あって、藤原四卿が急逝したあとの朝廷に、*橘諸兄・吉備真備らとともに重要な地位を占めた。740年には玄昉や真備の政治の誤りを指弾して、藤原広嗣が乱をおこしている。聖武天皇の国分寺造立計画にどの程度あずかったかは明らかではないが、741年には国家安泰を祈願して「千手千眼陀羅尼経」1000巻の写経を発願している。745年筑紫観世音寺に左遷され、翌年配所で没し、のちに「広嗣の霊の害するところ」といわれた。

憲法撮要 けんぽうさつよう 「行政法撮要」(1924)、「*逐条憲法精義」(1927)などと並ぶ、公法研究者*美濃部達吉の主著のうちの一冊。1923年(大正12)刊。1920年東京帝国大学に、*上杉慎吉の担当していた憲法講座と並んで、憲法第二講座を担当することとなった美濃部は、この講義用の教材として、本書を公刊した。議会中心の立憲政治を根拠づける明治憲法の立憲主義的解釈の憲法理論を展開した。1912〜13年の上杉との*天皇機関説論争をへて、大正デモクラシー期には通説的憲法理論となり、本書は高等文官試験受験者の必読書ともなった。しかし、政党内閣の終焉と軍部の台頭以降、*国体明徴運動の中で天皇機関説は反国家思想とみなされ、1935年(昭和10)

2月には、菊池武夫が貴族院で美濃部の天皇機関説批判を行うに至る。議会外においても、天皇機関説排撃運動が展開し、美濃部は貴族院で釈明演説を行うが、同年4月に不敬罪で告訴され、「憲法撮要」「逐条憲法精義」「日本憲法の基本主義」の3冊は発行禁止処分をうけた。その後、美濃部は起訴猶予となるが、9月に貴族院議員を辞職した。

憲法十七条 けんぽうじゅうしちじょう 十七条憲法とも。「*日本書紀」によれば、604年(推古12、「上宮聖徳法王帝説」では605年)に*聖徳太子が制定したとされる官吏への服務規定。道徳的な訓戒の規範を示すとともに、わが国の成文法の初めともいわれ、推古朝の政治体制を推測する貴重な史料と考えられている。*冠位十二階の制定とあわせて、太子による甲子革令の偉業と関連づける説もある。17の条文は、一君万民を強調して天皇への服従(「詔を承りては必ず謹め」)や仏法僧の崇敬(「篤く三宝を敬へ」)、裁判の公正と勧善懲悪など格言のようなものといってよく、字句の出典としては中国の「尚書」「論語」「詩経」「文選」「左伝」などがあげられる。

全体的には礼の観念を基調とした儒教思想に貫かれているが、第2条の仏教への帰依を重視する思想、第3条以下にはそのほかに法家的な国家観の思想も説かれている。社会を君・臣・民に分け、三者間のあるべき姿をのべた政治思想は、後世の諸法規作成上の好資料となるとともに、太子を超人的な政治家とみなす根拠にもなった。だが、「国司」の語が使用されるなど、後世の潤色もみられ、文章も推古朝の遺文として適合しないという主張とともに偽作説が根強く残る。

建保職人歌合 けんぽうしょくにんうたあわせ →東北院職人歌合

憲法制定会議 けんぽうせいていかいぎ *大日本帝国憲法の草案を審議するため1888〜89年(明治21〜22)に開かれた枢密院会議。1886年秋頃から*伊藤博文首相を中心に、*井上毅らを補佐として着手された起草作業は、88年4月に成案がなり天皇に奉呈されたのち、天皇親臨のもと6月から枢密院での審議に付された。会議は枢密院議長に就任した伊藤が主宰し、皇

族・内大臣・枢密院顧問官のほか政府閣僚が出席、書記官長井上が報告の任にあたり、非公開で行われた。伊藤は、冒頭「憲法政治」の採用を説く一方で、人心統合のための機軸として皇室を位置づけ、君権の尊重を憲法の基礎におくことを宣言した。しかし、審議中に天皇の統治権について「此ノ憲法ノ条規ニ依リ之ヲ施行ス」の文言が問題とされると、この一節こそが無限専制政体と憲法政治を分かつ根拠であるとして削除の提案を斥けた。また、議会を単なる諮問機関的存在に抑えようとする意見に抵抗し、「議会ノ承認」を不可欠とすることを主張した。東洋で最初の憲法制定を意識しながら、日本固有の*天皇大権の位置づけと立憲主義とのせめぎあいがこの会議での激しい討議に現れている。

元本宗源神道 げんぽんそうげんしんとう →吉田神道よしだしんとう

顕密体制 けんみつたいせい 黒田俊雄によって提唱された、日本中世宗教史上の概念。顕密は*顕教と*密教のことで、中世において正統的とみなされた宗教(顕密仏教)の秩序を意味し、密教を基調に仏教諸宗や神祇じんぎ信仰を統合した体制をいう。そして顕密仏教と中世国家とは王法仏法おうぼうぶっぽう相依論で相互に依存ないし補完しあうものとする。この概念は、中世においても圧倒的な力を保持していたのは旧仏教系の諸宗・諸寺院であった事実に着目し、従来の〈顕密仏教(旧仏教)=古代仏教、鎌倉新仏教=中世仏教〉という図式を否定し、中世宗教の中核を顕密仏教に求める点に特徴がある。これによって古代末期から始まる旧仏教・新仏教の一連の活動は、正統的地位にある顕密仏教に対して、これがうみだす時代的・社会的諸矛盾に対応する、改革ないしは異端の運動のそれぞれ特異的形態として位置づけられるに至った。またこの学説は、頂点的な思想家や教理を主対象とする従来の仏教史研究に対し、中世史の全体的な構図や動向の中に諸宗教を位置づけようとした点にも大きな意義があり、中世民衆と諸宗教、旧仏教の制度や実態などに関する研究を大きく促進させる一方で、顕密体制論自体にも活発な議論をよんでいる。⇒王法仏法

建武年間記 けんむねんかんき 「建武記」とも。建武政権の法令や諸機関構成員の名簿を集めた書。1冊。編者未詳。1334～36年(建武元～建武3・延元元)の史料25点をおおよそ編年に並べる。建武政権の施策や雑訴決断所・武者所などの諸機関を分析し、その変遷をみるうえで最も重要な史料である。問注所町野氏相伝の本をもとに流布した。本書に収録される「*二条河原落書にじょうがわらのらくしょ」は、1335年8月のものと推定され、建武政権や社会情勢を痛烈に風刺して名高い。七五調と八五調の88句からなり、落書の特異な視点は巧みな表現と相まって思想史上も重要である。「群書類従」所収本にはやや不備があり、「日本思想大系」本は良本である。

建武年中行事 けんむねんじゅうぎょうじ 「秘記」「御抄」「和字年中行事」などとも。有職故実ゆうそくこじつの書。全3巻。著者は*後醍醐ごだいご天皇。1334年(建武元)成立。朝廷の年中行事を月ごとに和文で記した書で、元旦の四方拝しほうはいから12月の追儺ついなまでがとりあげられている。当時後醍醐天皇は、鎌倉幕府による武家支配を倒し、自らが理想とする古の天皇中心の政治、建武の新政を開始したばかりであった。この書は、そのような方針の一環として、長い間廃れ忘れられていた朝儀の復活を意図し著されたといわれる。古い時代の禁中の行事作法をよく知ることができ、のちの有職故実書「*公事根源くじこんげん」の土台になったとされる。

見聞談叢 けんもんだんそう →伊藤梅宇いとうばいう

倹約と正直 けんやくとしょうじき 江戸中期以降、*石門心学の教化活動において重視された徳。標記の二つの徳を表裏一体として説諭するのが特徴である。倹約は、(1)一切の無駄な物品・金銭を省いて質素な生活を営むこと、(2)こうして蓄えた物品・金銭を生産の発展や生活の向上に有効に使用すること、そのためには、(3)物品の本性を重んじ、さらに個々の人間の個性と能力上の特性を大切にすること、とする。そして、(3)の意味での倹約こそ正直にほかならない、と説いた。人間に即して(3)は、たとえば企業経営者が、計数に関心がある特異の能力をもつ従業員を、経理とまったく関係のない職域に配するのは有効性を欠いて無駄であり、正直の徳に反するという。こうした倫理思想により、心学はまず町人層に受容され、近代ヒューマニズムに通ずる教化となっ

けんゆ

た。

硯友社 けんゆうしゃ　尾崎紅葉を中心とした近代日本最初の文学結社。1885年(明治18)2月，神田三崎町の石野という下宿屋で，尾崎・石橋思案・丸岡九華・山田美妙の4人で文学修業のための結社として創立した。5月機関誌「我楽多文庫」を創刊する。紅葉が予備門から法科大学に進んだこともあり，初期の硯友社社員には裁判官や実業家になった者が多い。社員に川上眉山・巌谷小波・広津柳浪・泉鏡花・小栗風葉・徳田秋声らがいる。硯友社の作風は，初期は文明開化を反映したハイカラな風俗小説が中心であったが，その後人情を写実的に描く作風へと変化していく。のちに北村透谷・島崎藤村ら自然主義の作家から攻撃の的となった。

顕幽順考論 けんゆうじゅんこうろん　*六人部是香が神道の立場から顕幽について論じた書。全5巻。刊行年未詳であるが，1857年(安政4)の奥付を有する「産須那社古伝抄」に引用されているので，本書の成立はそれ以前と考えられる。内容は平田篤胤の「*霊能真柱」を基として，現世である「顕世」と，それをとりまく死後の世界の「幽冥」との二元論的な世界観を展開している。たとえば，人は出生地ごとに決まった*産土神の守護をうけていると説き，すべての生産行為は産土神の恩恵をうける一方，死後の幽冥においても産土神の守護により魂の鎮まりをえることになると説いている。是香は，篤胤が説いた幽冥界の概念を継承しながらも，それを発展させ，産土神を中心とした新しい世界観を構築している。

玄洋社 げんようしゃ　→頭山満

原理日本社 げんりにほんしゃ　→蓑田胸喜

建暦御記 けんりゃくぎょき　→禁秘抄

彦竜周興 げんりゅうしゅうこう　1458〜91(長禄2〜延徳3)　室町中期の禅僧。臨済宗*夢窓派。別号は半陶子・陶庵。京都生れ。九条家代官・細川氏被官の石井在安の子。相国寺法住院の黙堂祖久の室に入り，のち在京時にはここを拠点とした。少年期から近江・美濃・尾張・河内国などを遊学して諸師につき，応仁・文明の乱の中，15〜16歳の頃，近江国永源寺の柏舟宗趙に「碧巌録」の講義を聞き，美濃国の*万里集九に学んだ。1477年(文明9)19歳の頃，河内国楠葉と美濃国の間を往来し，80年河内国から上洛して，相国寺大智院に夢窓派の古璠周璵を知り，その生涯を蔵主の法階にとどまった隠逸の人の影響を深くうけた。のちに但馬国に退隠した古璠を三度見舞ったことが知られている。自分も首座位にとどまり，生涯に官寺の住持西堂となることはなかった。

相国寺では，月翁周鏡・*横川景三・*桃源瑞仙から学業をうけ，特に横川には懇切な指導をうけた。その後も美濃・丹後・河内国など各地に旅し，在京の時は近衛家で「古文真宝」を講じるなどして，また叢林*友社の詩会に参加した。87年(長享元)，前将軍*足利義政の預修大祥忌(陞座は横川)の禅客をつとめた。すでに多年病弱だったが，90年(延徳2)義政の死去に際して，鹿苑院侍衣としてその葬礼一切を幹事して，その記録「慈照院殿諒闇総簿」を残した。その直後から病臥し，一時小康をえて河内・和泉・紀伊・摂津国を周遊した。91年に病気が再発し，数年前から法住院東南の半陶斎で療養していたのを，月翁・横川・桃源らが健康を憂慮して別に一室を建てて移らせた。この年2月，足利義視の尽七日陞座(導師は月翁)の禅客を病中をおしてつとめた。享年34。

師友の親密さと重要な法会の役をつとめたようすは注目すべきもので，周辺の期待が厚かったことを語っている。その詩文は，当時，少壮にして名すでに老成，文彩掩いがたしと評判された。詩文・法語は，「半陶文集」としてまとめられている。1508年(永正5)の巻頭序において，*景徐周麟は「余の亡友興彦竜，年纔か三十四にして拋筆硯去す」，「嗚乎，天の奇才を奪ふは古今の常なり，吾輩と雖も免れざる所なり」と記して，奇才の早世を惜しんだ。玉村竹二は「彦竜周興の出現は，五山文学史上稀に見る特異な出来事である」と評した。

鈐録 けんろく　*荻生徂徠の著した兵学の書。全20巻。1727年(享保12)の自序。内容は，制賦(軍役)・兵制・職制・編伍・県令・行軍・

営地・陣法など多岐にわたっている。集団としての人間をどのように動かすのかという視点に立って、徂徠の礼楽の思想が貫かれており、「*政談」で展開された武士の土着を理想とした封建論が活かされている。徂徠の経学・経世済民論と一体のものとして、近世における傑出した兵学書である。

元禄文化（げんろくぶんか）　元禄期（1688〜1704）を中心にしてその前後、1670年（寛文10）頃から1715年（正徳5）頃まで、主として京・大坂を中心に栄えた文化の称。政治的には幕藩体制が固まって、5代将軍徳川綱吉の治世を中心とする文治政治の時代だが、上方を中心とする流通経済の発展を背景に、文化の担い手が為政者や貴族などから町人を中核とする庶民にはじめて移った時代の文化である。

文芸の分野では浮世草子の*井原西鶴、俳諧の松尾芭蕉や、その門下の向井去来や榎本其角か・服部嵐雪、はじめて庶民を主人公にとりあげて義理人情の世界を描いた劇作家の*近松門左衛門らがいる。絵画では、菱川師宣・尾形光琳・英一蝶・懐月堂安度のほか、土佐派を再興した土佐光起や住吉具慶、陶芸では尾形乾山・野々村仁清、染物では京染の祖とされる宮崎友禅が活躍し、歌舞伎では坂田藤十郎や初代市川団十郎が一世を風靡した。

芸術や芸能ばかりではなく、この時代には諸学の分野でも大きな展開をみた。儒学では、朱子学を奉ずる幕府儒官*林鵞峰・鳳岡父子が、家学の基礎と林家の幕府内における地位を確立し、その門流からでた*木下順庵や南学派からでた*山崎闇斎はともに多くの弟子を養成し、順庵の門下からは鳳岡に批判的な*新井白石や*室鳩巣らがでた。一方、京都に家塾を開いて朱子学を批判した古義学派の*伊藤仁斎、江戸に家塾を開いて朱子学・仁斎学を批判した古文辞学派の*荻生徂徠らによって、儒学は多方面に展開した。他の分野では農学の*宮崎安貞、暦学の渋川春海、数学の*関孝和、本草学に貢献した*貝原益軒、国学では「万葉集」研究の僧*契沖、「源氏物語」研究の北村季吟や、歌学の*戸田茂睡らがいる。さらに見落とせないのは史書の編纂で、*徳川光圀の主導による「*大日本史」の編纂が軌道にのったのをはじめとして、*山鹿素行「*中朝事実」、林鵞峰「*本朝通鑑」、狩野永納「*本朝画史」、新井白石「*藩翰譜」「*読史余論」などがこの時代を通じて次々に成立した。

顕露教（けんろきょう）　「けんろのおしえ」とも。唯一神道（*吉田神道）における顕密二教の一つ。*吉田（卜部）兼倶の「*唯一神道名法要集」において説かれる。三部の神経（「天元神変神妙経」「地元神通神妙経」「人元神力神妙経」）による奥秘の教えである*隠幽教に対し、顕露教は三部の本書（「先代旧事本紀」「古事記」「日本書紀」）に依拠するもの。これらの書にのべられた天地開闢、神代の元由、王臣の系譜に関する事柄をさす。ただし「顕露の顕は密を具し、隠幽の密は顕を具す」といい、顕露教と隠幽教は互具の関係にあるとする。その伝授には四重の秘伝が設定され、第四重口決には「三科祓」が配当されていた。

言論出版集会結社等臨時取締法（げんろんしゅっぱんしゅうかいけっしゃとうりんじとりしまりほう）　太平洋戦争開戦直後の1941年（昭和16）12月19日公布、勅令により同月21日施行された法律。これにより思想表現のほとんどすべてが取締りの対象となった。終戦後の45年10月13日廃止。政治結社の組織や集会の開催、屋外の多衆集会、出版物の発行は行政官庁の許可制となり、必要によって許可を取り消すこともでき、発禁出版物は続刊の停止および当該出版社は他の出版物の発禁と違反者の罰則などを定めた。施行規則でも、思想に関する結社・集会は許可制を明記した。

こ

小石元俊（こいしげんしゅん）　1743〜1808（寛保3〜文化5）　江戸中・後期の古医方・蘭方の医者。名は道、字は有素、大愚あるいは碧霞と号した。元俊は通称。元俊の一族の先祖は若狭国小浜藩の家老であった。山城国に生まれる。京都で名医・解剖家として知られ、「平次郎臓図」の腑分の指揮などもしたが、*杉田玄白の「解体約図」に感銘をうけ、1786年（天明6）江戸に下り、杉田玄白・*大槻玄沢のもとで1年近く蘭医学を学んだ。門下には橋本宗吉らがおり、関西地方に蘭学を広めたのは元俊の功績といえる。

小泉八雲（こいずみやくも）　1850〜1904（明治37）　明治期の新聞記者・教師・評論家・随筆家。本名はラフカディオ・ハーン（ヘルン）Lafcadio Hearn。イギリス人軍医とギリシア女性の次男としてギリシアに生まれる。1866年フランスのイブトーにあるカトリック系の学校を中退し、69年、19歳の時アメリカに渡り、新聞記者となる。ニューオリンズの「タイムス・デモクラット」時代の仕事に「異文化遺聞」(1884)がある。やがて「ハーパース・マンスリー」誌の特派員として1890年（明治23）4月来日するが、8月松江中学英語教師となり、12月小泉節子と結婚する。翌91年11月から94年12月まで熊本の第五高等中学校の英語教師、94年から2年間神戸「クロニクル」の記者、96年には日本に帰化し、この時から1903年3月まで東京帝国大学で英語を担当する。日本および日本人の精神文化を深く理解し紹介した功績は大きい。著作に「怪談」「日本――つの解明」などがあるほか、「小泉八雲全集」全12巻がある。

五・一五事件（ごいちごじけん）　海軍急進派の青年将校を中心とするクーデタ。1932年（昭和7）5月15日、神武会会長*大川周明らの、愛郷塾塾頭橘孝三郎、紫山塾塾頭本間憲一郎ら21名と、これに共鳴した海・陸軍の隊付き青年将校ら計42名は、農村困窮の元凶＝資本主義、資本主義の代表＝特権階級・財閥・既成政党の打倒によって国家改造をしようと謀り、第一組の三上卓中尉らは首相官邸を襲い*犬養毅を襲い射殺、警視庁を襲撃、日本銀行には手榴弾をなげた。第二組の海軍古賀清志中尉と第三組の中村義雄中尉らは、内大臣官邸と政友会本部に手榴弾を、血盟団残党の奥田秀夫も三菱銀行に手榴弾を投げこんだ。橘の編成した農民決死隊は変電所6カ所を襲撃、のちに憲兵隊などにそれぞれ自首した。結局、犬養首相一人を倒しただけで、国家改造を目論んだクーデタは失敗した。しかしその影響は大きく、事件を利用して陸軍側が〈挙国一致〉をうたった斎藤実内閣を発足させ、戦前の政党内閣制は終りを告げた。また、農民決死隊や血盟団の存在が農村窮乏を際立たせ、その後の政治課題は、農村困窮、〈非常時〉農村の救済が中心となった。古賀ら軍人は軍法会議にかけられ禁固15年などの判決をうけたが、減刑運動が全国的におこり、当時の社会風潮の一端を示した。

古医方（こいほう）　江戸時代の医学の大きな流れの一つ。江戸時代の医学は、*李朱医学の流れを汲む曲直瀬道三(1507〜94)の唱えた医学が主流（後世派）であったが、後世派が〈陰陽五行説〉・五運六気説などの観念的な自然哲学にその多くを拠っていることを嫌い、張仲景の「傷寒論」などの古代中国の医学に帰ることを主張した医者が江戸前期から現れだした。*伊藤仁斎の古義学や*荻生徂徠の古文辞学になぞらえて、その医者を「古方派」と、その医学を「古医方」と総称した。古方派に属する医者として、名古屋玄医・*後藤艮山・香川修庵・*山脇東洋・*吉益東洞・*永富独嘯庵らがいるが、彼らはただ単に古代中国の医学に帰ることを主張しただけでなく、独自の薬の処方を考案したり、腑分（解剖）を行う（山脇東洋の「蔵志」）など、経験主義的な独自の医学を展開した。

五井蘭洲（ごいらんしゅう）　1697〜1762（元禄10〜宝暦12）　江戸中期の朱子学者。名は純禎、字は子祥、通称は藤九郎、蘭洲・冽庵・梅鳴などと号した。父は儒者の五井持軒。大坂の人。江戸にでて、1731年（享保16）津軽藩儒となるが、39年（元文4）致仕する。帰坂後

は*懐徳堂で朱子学を講じ，懐徳堂の学風を確立した。*伊藤仁斎や荻生徂徠の朱子学批判に対抗して，積極的な仁斎・徂徠批判を展開した。その成果が「非伊篇」「*非物篇」である。文学説として，人情への共感に注目すべきものがある。

後院 こういん　天皇の本宮である*内裏に対する別宮の呼称。内裏の修理時や焼亡時の在所とされ，譲位後にはその一つに遷御する。嵯峨天皇の冷然院（冷泉院）や朱雀院・四条院・堀河院・石原院・五条院・鳥羽院などが著名である。後院は天皇の私産であり，邸宅そのもののほかに，後院領とよばれる多くの荘・牧や財物が付属する。また，それを管掌する別当・預・庁蔵人からなる院司をも後院とよぶ。「代々のわたり物」と称されたように，その形成過程には天皇・皇室の家産化が映し出されており，院政期には天皇・上皇を問わず「治天の君」の領有するところとなる。

孝 こう　儒学の基本的な実践道徳で，父に対する子の恭順を基本とし，祖先祭祀の精神的な根底をなす。朱子学では，孝は*仁の発現とされる。最高の道徳としての仁が，万人の心に性（天理）として内在する。それが，気の連続する最も身近な対人関係（子としての父への関係）に現れたのが孝である。したがって仁と孝との関係は，体（本質）としての仁，用（作用）としての孝ということになる。中正純粋な仁（性・理）と過不及をともなう孝（情）という配置であり，そこには心情としての孝に対する朱子の信頼と警戒という複眼的な問題の捉え方がみられる。孝についても，その理をわきまえることが大切なのである。陽明学の場合，孝は赤子の心（人間の理想とする心の様態）の端的な発現とされて，天理に純一な自己を回復させれば，その自然な心情が孝となると説かれた。もともと孝は差別愛であるが，陽明学によれば，孝の高揚は，万物一体の仁（あらゆる生命への連帯感情）に直結するものとされた。

日本の朱子学者で特色ある孝の捉え方をしたのは，*浅見絅斎である。絅斎は，朱子の複眼的な視点に立つよりも，心情としての孝の純粋さを重んじた。同時に，忠と孝との相克・一致を課題として提示し，その後の議論の出発をなした。孝は祖先祭祀を支える道徳的基礎であるが，日本の*イエ（家）には経営体としての性格が強く，異姓養子も慣行として認められていた。父と子の気の連続性は，そこにはない。ここから困難な問題を抱えこむことになり，気の連続性にはとらわれず，心情としての孝があればよいとする議論さえだされる（*中村惕斎）。

孝の思想をのびのびと展開させたのは陽明学であり，日本の陽明学者は，多くの「孝経」の解説書を著している。*中江藤樹は，「*翁問答」で「人間千々よろづのまひ，みな私よりおこれり。わたくしは，我身をわが物と思ふよりおこれり。孝はその私をやぶりすつる主人公」とのべている。藤樹によれば，エゴイズム（自己中心性）からの自己の解放は，宇宙的な生命との合一によるが，その手がかりは，父母から始祖，始祖から天地，天地から太虚というように自己の生命の根源に思いをいたすことであり，その起点として孝があるということである。こうして孝は，無限の広がりをもつものとされ，藤樹においては，さらに宗教性を深めていくことになる。*佐藤一斎や*大塩平八郎（中斎）においても，孝は，肉体の死生を超越する主体の強さの根拠として新たに解釈されていった。

また後期*水戸学においては，*忠孝の一致が説かれて，階層的な社会秩序の再建の思想的な根拠として，孝が意義づけられていく。この発想は，明治政府によって継承されることになる。江戸時代の後半になると，孝の思想は，幕府や藩によって民衆教化という観点から強調され，孝子・節婦の顕彰などもなされるようになる。また*増穂残口や*安藤昌益というような，民衆生活の中で活動した思想家からは，父子という関係よりも夫婦に基軸をおいた議論が展開されていく。国学や神道の思想家からも，同じような議論は提出された。

講 こう　同じ目的を達成するために結ぶ集団。講の種類は，頼母子講や無尽講のように経済的な相互扶助によるものと，信仰集団としての宗教的なものとに大別される。さら

こうあ

に宗教的な講には，山の神講・庚申講のように信仰の対象が地域社会内に存在するものと，*伊勢講・出雲講，あるいは霊山登拝を目的とする*富士講・出羽三山講のように信仰の対象を地域社会外に求めるものとがある。当初は仏典の講読や講義をする僧衆の集会，仏事・法会などを意味したが，鎌倉新仏教が庶民に広く浸透すると，寺院や神社信仰を中心とした講などが形成されるようになった。

公案 こうあん　古則そく・話頭とうとも。*禅宗において，修行僧が取り組むべき課題とされる仏祖の言行・逸話。これを公案といったのは，私情をいれず審理すべき課題として「公府の案牘あんとく」（政府機関の取り調べる案件書類）になぞらえたのであろう。唐代中期以後，仏道修行の参考のために仏祖の言行の記録として*語録や僧伝が作られ，そのうち重要な話題が公案とされ，宋代には公案集として「碧巌録へきがんろく」（100則），「従容録しょうようろく」（100則），「無門関むもんかん」（48則）などが編集された。

公案は臨済宗・曹洞宗を問わず尊重されたが，臨済宗の大慧宗杲だいえそうこう(1089～1163)は，特に大悟たいご・見性けんしょうの経験を重視し，修行者に公案を課し，論理的追求を破綻させて本来の面目の体験へと導く方法を確立した。これを公案禅・看話禅かんなぜんといい，宋代士大夫したいふの絶大な支持をえた。この指導法は，曹洞宗の*黙照禅もくしょうぜんと対立した。

公案は禅宗とともに日本にもたらされ，*道元どうげんは「真字正法眼蔵しんじしょうぼうげんぞう」301則を編集したが，公案禅の方法は評価しない。文化的背景の差により，公案禅の日本の宗教文化への浸透はゆっくりと進んだ。公案の弊害は中国以来問題とされてきたが，*一休宗純いっきゅうそうじゅんは，養叟宗頤ようそうそういが商人などに仮名をつけて禅の公案を授与し，得法を安売りしていると非難した。日本において公案禅を完成させたのは，*白隠慧鶴はくいんえかくであった。

弘安参詣記 こうあんさんけいき　→太神宮参詣記だいじんぐうさんけいき

弘安礼節 こうあんれいせつ　「弘安礼法」「弘安礼式」「弘安書札礼しょさつれい」「弘安書札」などと題する写本もある。廷臣間の礼式について定めた書。1冊。1285年(弘安8)亀山上皇のもとで，院評定衆の意見を徴して制定された。*書札礼・院中礼・路頭ろとう礼・路頭下馬げば礼・褻御幸けごこう路頭礼・僮僕どうぼく員数の6項目からなる。大臣から六位下北面に至る諸階層の官人について，相互の身分関係に応じた礼の厚薄が組織的・整合的に示されている。なかでも書札礼は後代まで重んじられ，大きな影響力をもった。政務運営上に占める書札様文書の役割の拡大に対応したもので，私的家格観念についての配慮を示しつつ，現任の官位にもとづくことを原則として礼式を体系化した。

広益国産考 こうえきこくさんこう　*大蔵永常ながつねの代表的な*農書。1842年(天保13)に総論の第1巻と第2巻が刊行され，59年(安政6)に全8巻が完結した。総論の冒頭，「夫れ国を富しむるの経済ハ，まず下民を賑し，而て後に領主の益となるべき事をはかる成べし」とのべ，農民の経済的利益の向上こそが「国益」となることを説き，さらに百姓・町人は「金銀を儲くるが主人なり」と，利潤追求を積極的に肯定し，副業に櫨はぜ・木綿もめん・漆などの商品作物を栽培・加工することが農民を豊かにする道であるとする。「領主の益」よりも民富の向上こそが藩の国益になると説いた点で，*海保青陵かいほせいりょうらの領主的な国益論と対照的であった。第2巻以下は60種の商品作物の栽培・加工技術や，醬油・油のような生活必需品の製造法を記述している。

広益武士訓 こうえきぶしくん　→武士訓ぶしくん

交易論 こうえきろん　外国貿易に関する*本多利明としあきの著。1冊。1801年(享和元)成立。写本のみで伝わる。本書で利明は，他国の金・銀・銅を搾り取り，わが国を富強にする対外貿易は，国家と国家との戦争に等しいものであると主張している。イギリスとフランスは大型船舶を使って世界各地で金・銀・銅を抜き取り，ヨーロッパ世界の中で最も隆盛であると説いて，わが国もこれを模範として，外国貿易によって「国の益」を図ることが「国家守護の基本」であると迫っている。

皇円 こうえん　生没年不詳　平安後期の天台宗の僧。「*扶桑略記ふそうりゃっき」の編者と伝えられているが，確実ではない。藤原重兼しげかねの子。比叡山東塔の功徳院に住して天台教学を講じ，*法然ほうねんも最初その教導をうけた。

甲乙人 こうおつにん　→雑人ぞうにん

航海遠略策 こうかいえんりゃくさく　萩藩の直目付長井雅楽がらくの建言書。1861年（文久元）藩主毛利敬親たかちか（慶親）に上程された。日米修好通商条約の違勅調印をめぐり、幕府と朝廷の対立が激化する中、破約攘夷を暴論として退け、鎖国攘夷論を積極的な海外進出論へと展開し、開国を既成事実として承認させるとともに、公武合体による国内統一を図ろうとする策論である。建言は萩藩の藩論となり、敬親から幕府に建白し、萩藩に国事周旋の委託が下される。長井は幕府と朝廷間に働きかけて公武合体運動を推進するが、藩内で*久坂玄瑞げんずい・桂小五郎（木戸孝允たかよし）らの尊攘激派の弾劾運動をうけ、翌年に藩論は尊王攘夷に転換される。

功過格 こうかかく　→善書ぜんしょ

郷学 ごうがく　→郷校ごうこう

甲賀三郎 こうがさぶろう　諏訪明神すわみょうじんの本地ほんじ、語り物の主人公。名を諏方よりかた・兼家とする2系統があり、前者は「*神道集」に載る。甲賀の地頭諏方は連れ去られた妻春日姫を捜し救いだすが、弟を妬む兄に地底に置き去りにされる。地底の国々での遍歴ののち、諏方は維縵国ゆいまんこくの翁の助けと自らの奮闘で蛇態となって地上へ戻る。10人の僧（権現）の教えにより人身に戻って姫とも再会し、諏訪明神となる。ゆえなき苦難を乗り越えて衆生済度しゅじょうさいどの神仏となるという本地物の典型だが、農耕・狩猟社会として描かれる地底での三郎の通過儀礼的な活動と住民の歓待は、その農耕・狩猟神的性格の具体性と甲賀を本貫とする*客人神まろうどがみとしての出自を示す。狩猟伝承などに受容された。

郷学校 ごうがっこう　→郷校ごうこう

黄禍論 こうかろん　黄色人種が世界に災禍をもたらすだろうという人種的偏見にもとづく政治的イデオロギーで、yellow peril, gelbe Gefahrの訳語。1885年、ドイツ皇帝ウィルヘルム2世が画家に描かせた黄禍宣伝の絵をロシア皇帝ニコライ2世に贈ったのが始まりといわれる。はじめのうちは、中国の安価な労働力に対する警戒心から説かれたが、やがて西欧機械文明を利用する中国・日本、特に日清・日露の戦勝国日本に対する脅威の念となった。第1次大戦後まで、中国人および日本人に対する移民の排斥・制限の形で残った。日本国内では、黄禍論に反発する「白禍」を主張する人が少なからずいた。黄禍論をかなり客観的に研究・反論したのは*森鷗外おうがいである。「アジアは一つ」とした*岡倉天心てんしんは、西欧の力ずくの侵略こそ「白禍」で、アジアがその苦しみから逃れるにはアジアの伝統的文化の価値に目覚めなければならないとした。→大アジア主義

広疑瑞決集 こうぎずいけつしゅう　敬西房信瑞けいさいぼうしんずいの著。全5巻。1256年（康元元）成立。諏訪すわ氏の一族である上原馬允敦広うえはらうまのじょうあつひろの疑問に対して、信瑞が答えた25カ条からなる問答体の書で、書名は敦広・信瑞のそれぞれ一字をとったもの。浄土教義の説明とともに、祭祀のために殺生を行い、修善のために荘郷の農民を搾取することの矛盾を論じ、殺生禁断・善政こそが神仏の意にかなうとする。垂迹すいじゃく的神明観にもとづき、在地領主層に撫民ぶみんを説く内容で、鎌倉中・後期の撫民思想の展開との関係が注目される。

後期水戸学 こうきみとがく　→水戸学みとがく

孝経啓蒙 こうきょうけいもう　*中江藤樹とうじゅによる「孝経」の解説書。1冊。1641年（寛永18）頃に初稿ができて、それ以降も改稿が続けられた。「全孝図」や「誦経威儀しょうきょういぎ」が巻頭に掲げられていることから、明代末期の心学の強い影響がみてとれる。「*孝」が、単なる通俗的な道徳として捉えられずに、宇宙万物の根源をなす生命的な原理として据えられて、宗教的な感情が全編にみなぎっている。

興教大師 こうぎょうだいし　→覚鑁かくばん

孝経楼詩話 こうきょうろうしわ　江戸後期の詩論。全2巻。*山本北山ほくざんの著。1808年（文化5）刊。亀田鵬斎ほうさい・朝川善庵ぜんあんの序。大窪詩仏しぶつの題詞。「孝経楼」は、「孝経」に一家言あった北山の書斎名。100項目にわたって、詩語、詩題、中国詩話の批評、詩作上の注意などをのべる。また唐詩への批判、「*唐詩選」偽書説がのべられ、また作詩書の「聯珠詩格れんじゅしかく」、陸放翁りくほうおうの詩集「剣南詩稿けんなんしこう」が推奨される。北山は格調派を批判し、清新性霊派せいれいはを鼓吹した人で、その主張は「*作詩志彀ししこう」（1783）にみられる。本書も性霊説を展開している点に変わりがないが、当時新た

に伝わった清の袁枚の「随園詩話」(1791頃)の性霊説がとりこまれている。

公議輿論 こうぎよろん　幕末・維新変革期に人心の動向を重視して政策を決定しようとする考え方。西欧列強の開国要求は幕府を頂点とする権力の秩序を根底からくつがえし、外様の下級武士をも含む「百論沸騰」状態となった。幕府側では「言路洞開」でこの難局を切り抜けようと諸侯会議・列藩会議の構想がだされた。他方、幕府に代わるべき天皇の勅命についても、「天下万人ごもっとも」とされてはじめて有効な決定となると、大久保利通にいわれる状態にあった。いずれにせよ、統治の正統性の一面は「公議輿論」に求められたのである。*五箇条の誓文冒頭の「広ク会議ヲ興シ万機公論ニ決スヘシ」も、このような状況を反映して書かれた言葉である。この一項は、木戸孝允が欧米視察後に提出した意見書では議会制採用の意に用いられている。また、後年国会開設運動がおこると、輿論の尊重、国会の開設が明治政府の当初からの方針であるかのように引用された。しかしこの項目は、誓文と同時に発せられた*政体書では旧支配層である藩の代表者による会議をさしていた。しかも明治政府の組織が固まっていくと、公論は政府内部での議論に限定され、私見や私論は排除すべきものとされた。「砲煙鳥羽伏見の空を蔽ふて、議会論は烟の如く消え去つた」(尾佐竹猛「維新前後に於ける立憲思想」)のである。

孝義録 こうぎろく　寛政の改革の時、江戸幕府が民衆教化策の一つとして刊行した善行集。1789年(寛政元)に幕府は全国各地の善行者の表彰事例の提出を命じ、*林述斎・*柴野栗山・*尾藤二洲・*古賀精里らの昌平黌の儒官と*大田南畝らが編集にあたり、1801年(享和元)に「官刻孝義録」として刊行された。全50巻からなり、8600人余の姓名・身分・年齢・支配関係・表彰徳目が国別に配列され、うち90人余については評伝が付けられている。表彰の徳目は、孝行・忠義・忠孝・貞節・兄弟睦・家内睦・一族睦・風俗宜・潔白・奇特・農業出精等、禁欲的な通俗道徳を実践し、家の維持・継承を図ることが第一義におかれている。同時代、*海保青陵は「人ノ出来ヌ事」をした孝子を表彰する風潮を批判して、産物廻しなどによって「国の益」を増進した者にこそ褒賞を与えよと説いている(「富貴談」)。

江家次第 ごうけしだい　→江次第

光謙 こうけん　→霊空

孝謙天皇 こうけんてんのう　718～770(養老2～宝亀元)在位749～758、称徳在位764～770。諱は阿倍。*聖武天皇の第1皇女。母は*光明皇后(藤原光明子)。重祚して称徳天皇。女性として初の皇太子となり、聖武天皇の譲りをうけて即位した。*藤原仲麻呂(恵美押勝)を重用し、儒教色の強い政治を推進した。皇太子道祖王を廃して大炊王(淳仁天皇)に譲位し、光明皇太后の没後は、淳仁天皇と結ぶ仲麻呂との不和が表面化し、*道鏡を寵愛するようになる。仲麻呂が乱をおこすと、これを破って淳仁天皇を淡路に配流し、自ら重祚する。道鏡を太政大臣禅師に任じて、ついには法王とした。しかし、道鏡は宇佐八幡神の託宣と偽って皇位を狙った企てが失敗し、失脚した。天皇もまもなく没した。天皇は*孝の思想にもとづく祖先顕彰を積極的に行い、また*西大寺を建立するなど仏教興隆にも努めたが、他方、政治と仏教の癒着を許した。

郷校 ごうこう　郷学・郷黌・郷学校とも。江戸時代より廃藩置県(1871)の時期に至るまで、幕府・諸藩が支配下の各地に設けた教育機関。武家の子弟対象と庶民の子弟対象との2種があり、前者は準城下町に設置されて、城下にあった*藩校にならって、儒教の古典学習を中心とした。後者は、*寺子屋より高い教育内容をほどこし、大坂の町人層に支えられた*含翠堂(1717創立)、*懐徳堂(1726創立)、幕末・明治初年に出現する町村組合による郷校など、近代学校に通ずる教育機関であった。また後者には、青年・成人層を対象に、定日を設けて儒教の古典や*石門心学の教説を講ずるなど、*教諭所の機能を兼帯した機関も少なくなかった。

興国寺 こうこくじ　和歌山県日高郡由良町にある臨済宗*法灯派の本山。現在は臨済宗妙心寺派に属する。鷲峰山と号する。源実朝の近臣であった葛山願生(五郎景倫)が、

実朝の死後その菩提を弔うため1227年(安貞元)に創建し,はじめは西方寺と称した。願生は高野山金剛三昧院に住し,由良荘の地頭職をえていた。願生は宋より帰国した無本覚心(法灯円明国師)を迎え,西方寺を禅宗に改めた。無本覚心の門派は広がり,末寺は紀伊半島に展開して100余カ寺を有した。1585年(天正13)豊臣秀吉の紀州攻めで兵火にあい,堂舎を焼失したが,その後,和歌山城主の浅野幸長により復興された。

皇国史観 こうこくしかん　天皇中心主義にもとづく歴史観。日本を永遠に天皇が君主である国家とする思想は,「*古事記」「*日本書紀」に始まるが,これを中世に至って確認した北畠親房の「*神皇正統記」を含め,記紀を神典として尊重する考え方は以後繰り返し出現した。近世に入ると国学や水戸学の名分論などの影響をうけつつ発展し,幕末の尊王思想として政治に影響を与えるまでになった。この思想は常に外圧の刺激をうけて台頭する点に特色があり,昭和戦中期に隆盛をきわめた直接の要因は,外来思潮であるマルキシズムへの強烈な反発である。その中心的人物とされている東京帝国大学教授*平泉澄は,ロシア革命への嫌悪から,陸軍に接近してその支持をえ,学内に朱光会を,軍人向けには青々塾を組織し,この史観を唱道した。ただし,皇国史観の称を平泉自身が使ったことはなく,第2次大戦末期に牧健二や紀平正美によって使用され,戦後主として左翼の側から平泉らの史観をさしてよばれるようになった。戦意を昂揚・鼓舞するうえで一定の役割をはたしたが,敗戦によって関係者は失脚あるいは引退に追い込まれ,社会的には影響力を失った。→尊王論

講座派 こうざは　講座派の名称は,野呂栄太郎・大塚金之助・平野義太郎・山田盛太郎ら編「日本資本主義発達史講座」(全7巻,岩波書店刊,1932～33)に由来する。この講座執筆に参加した主要メンバーの系統に属する思想・理論集団をさす。実質的に中心をなすのは,日本共産党(第2次)の立場を支持する論者たちで,*労農派との間で,戦前日本のマルクス主義者を二分して*日本資本主義論争を展開したことで有名である。当時,日本共産党は「*27年テーゼ」によって,日本の革命戦略をブルジョア民主主義革命をへて急速に社会主義革命に転化すると規定していた。しかし,31年「政治テーゼ草案」では,一転してブルジョア民主主義的変革を広範にともなう社会主義革命と規定を変更し,労農派の見解に近い立場をとった。けれども「*32年テーゼ」によって,再び「27年テーゼ」の立場に戻った。そして,これを裏づける形で編集されたのが「講座」である。明治維新を封建的絶対主義の再編とみなすことを中核とする講座派の分析と見解は,戦後,現行の日本共産党綱領にも継承されている。

郊祀 こうし　古代中国において,皇帝が冬至に都の南郊に円丘を築いて天を祀る儀式。「礼記」に典拠をもつ。王朝交替の時には特に大きな意義を有し,初代皇帝が天帝に配祀された。日本での初見は「日本書紀」神武天皇4年2月条だが,実際には785年(延暦4)に*桓武天皇が河内国交野の柏原で行ったのが最初であり,787年には先皇光仁天皇を配祀している。桓武天皇の新王朝創始の意識がうかがわれる。続いて文徳朝の856年(斉衡3)にも行われたが,これを最後に終焉し,日本には根づかなかった。

公私観 こうしかん　日本史上,「*公私」は概念的に対立していないことに特色がある。たとえば743年(天平15)の墾田永年私財法は,西欧近代型の私有財産の誕生,すなわち国家に介入されない私的自立の圏を誕生させたわけではない。それどころか同法は,律令法を通じて導入された中国型の「公私」観念が,既存の固有法的秩序に沿って再解釈されざるをえないことを示すものである。すなわち,中国から継受された律令によれば,「公」は官,「私」は民を表し,したがって人民に班給される口分田は「私田」であった。しかるに墾田永年私財法では,口分田こそが「公田」と再定義されるに至る。これは,天下の人民一般を「公民」とよぶ観念ともかかわり,その歴史は古く大宝律令以前にさかのぼるものであった。それゆえ,中国型の国家と社会の分離を前提とした「官」－「民」が,律令以前の「オホヤケ」－「ヲヤケ」の

大小関係の読み替えとして登場したことは、日本の「公私」観に大きな特色をもたらすことになった。すなわち大小関係が相対的にありうるように、「公私」もまた相対的なものとして意識されざるをえなかったのである。先の墾田永年私財法を例にとれば、口分田は官有地ではないという意味において「私田」であるが、国家から班給されるという点において、墾田よりは「公田」である、というわけである。日本の「公私」観念は、国家と社会の分離ではなく癒着を前提とし、しかも社会を入れ子状に包摂する形で国家を措定するのである。

かくて、相対的に相手より大きく、相手より筋目が正しいということが「公」であるこの世界は、古代から中世にかけて社会が多元化するにともなって、「時の公方」という語に象徴されるように、「公」の多元化という現象を招来した。すなわち、荘園領主もまた荘園という秩序の中では「公方」たりうるのであり、要は多元的(かつ時限的)に存在する三角形の秩序の、それぞれの頂点により近く立つものが「公」とされた。一方、南北朝の動乱にともなって社会の流動化が進むと、万人に開かれた西欧近代のpublicに近い、「江湖」という概念が浮上する。中世の禅林には、「公議」「公論」「公挙」「公選」など、既存の「官」や「オホヤケ」とは異なった「公」の用例がみられるが、その究極の「公」こそが「江湖」であった。だが、中世後期に浮上した自治的共同体である惣村は、この「江湖」の思想とはまったく対蹠的なものであった。近江国今堀や菅浦などの地下掟で「私」と対置されているのは、「公(official)」でも「江湖(public)」でもなく「惣(common)」であった。また、伊勢国大湊のように「*公界」とよばれる自治組織も、上位の公権力に対抗する下位の公権力(小さなofficial)としての「公」であるにすぎず、万人に開かれたpublicな「公」が全面展開することはなかった。

近世に入ると幕藩制国家は、中世の多元的な「公」を単一のヒエラルヒーのうちに統御し、入れ子状の「公私」観念が再現されることとなった。そうした中、儒家思想において は、「公」はjust、「私」はunjustというように原理的に対立する用例もみられるようになる。また*荻生徂徠に、西欧近代型の〈公私の分離〉の端緒をみようとする見解もある。

講式 こうしき 講会の儀式の次第。すなわち講会(小規模の集会)における式文のことで、講讃の文章と歌頌、音楽を主要素とする。講会は信念体系を一にした同信者の集まりのことで、浄土教の興隆とともに盛んになったので、講式の数も鎌倉時代以降きわめて多くなっている。古い形式の例としては*永観の往生講式、*源信の十楽講作法、真源の順次往生講式などがあり、鎌倉時代には光明真言講のように民間に浸透した講会もあった。また、妙音天講式のように管弦声楽に関する講式も盛行した。さらに、神仏習合思想の流行により山王・春日・白山など諸神祇の講式も作られ、修験道においても役小角(*役行者)・理源大師*聖宝・熊野権現などの講式が作られた。

孔子縞于時藍染 こうしじまときにあいぞめ 江戸中期の草双紙(黄表紙)。全3巻。*山東京伝の作・画。1789年(寛政元)刊。儒教の盛行と格子縞の藍染めをかけた題名。聖賢の教えがあまねく行きわたって、追剥が通行人に金銀・衣服を与え、豊作の百姓は自ら年貢の倍増を願い出るに至ったなど、理想的な仁政がほどこされた時の町人の姿を描く。凶作による米価の高騰などの天明・寛政期(1781～1801)の世情を裏返したものであり、未来記風の構成の中で、*松平定信の治世を諷している。「ぼら長左衛門」という人物で登場する関東郡代の伊奈忠尊は、本作で唯一称讃された人物であり、町人層の願望がこのあたりに投影されている。

江次第 こうしだい 「江家次第」「江帥次第」などとも。平安後期の儀式書。*大江匡房撰。もと全21巻、現存19巻。「中外抄」「古事談」によれば、関白藤原師通の依頼をうけてまとめられたもので、後人の加筆は本文・割注ともさほど多くなく、内容的に最も整備された平安後期の朝儀の集大成である。朝廷の恒例行事と臨時の仏事・神事、政務のほかに摂関家の行事を多く含む一方で、朝賀の記述を欠くなど、院政期の儀式の実態をよく

反映している。後世に至るまで朝儀の手本として尊重され、*一条兼良らによる「江次第鈔」などの注釈書も編まれた。

皇室典範　こうしつてんぱん　皇位継承の範囲や継承順位、摂政設置の要件と就任する者の範囲、皇室会議、天皇・皇族の身分など皇室に関する基本的事項を規定した法律。1889年（明治22）2月11日、大日本帝国憲法と同時に制定された旧皇室典範は、皇室自律主義を採用して、憲法を頂点とする法体系と独立・併存した宮務法として、議会を含めて臣民が関与すべきものではないとされ、憲法と同等の形式的効力をもつ最高法規であった。皇位の継承範囲は男系男子に限られ、女帝は認められないこと、庶子の皇位継承権などを内容とし、天皇が養子をとることや、譲位の可能性は認められなかった。当初、典範は国法の一つであるにもかかわらず、国務大臣の副署もない異例の手続きで発表されたが、これはのちに問題とされ、公式令の制定により公布の方法は改められた。1907年2月11日、永世皇族制度にともなう皇族数の増大による国費負担を軽減するため、皇族の臣籍降下を認める皇室典範増補が公布された。戦後、日本国憲法の制定によって、天皇の地位が根本的に変わったことにともない、47年（昭和22）新たに公布された皇室典範もまた、その基本的性格を大きく変更されることとなった。

講釈　こうしゃく　→講談

交詢社　こうじゅんしゃ　*福沢諭吉とその弟子の小幡篤次郎・*馬場辰猪らが、1880年（明治13）に創立した日本最初の社交クラブ。当初は立志社・愛国社系の自由民権運動に対抗するという政治的狙いをもち、82年結成の立憲改進党と共同歩調をとることが多かった。社員は地主・豪農層や商工業者・銀行家など中央・地方の有力者を中心としていて、1881年には二院制議会と制限選挙を定めた交詢社憲法案を発表した。それからしばらく直接の政治活動はひかえていたが、1912年（大正元）の第1次護憲運動では第3次桂内閣の総辞職を実現させる中心的勢力となった。現在も東京銀座に存続している。

公帖　こうじょう　五山制度で室町幕府が発給する官寺住持の任命辞令。出世の条件である秉払をすませた僧は、諸山・十刹・五山・五山之上（南禅寺）の順に各寺院の住持に任命され、それぞれに公帖をうける。その文言は寺格によって敬語の使い方に違いがあり、室町後期には諸山と十刹の公帖が同時にだされることが多くなった。実際に入寺しないで資格だけを与える坐公文もしばしばだされ、その礼銭（官銭）は幕府の収入になった。幕府の事業資金とするためのものを官銭成といい、祖師の年忌仏事費用とするためのものは功徳成とよばれ、寺に寄進された。相国寺鹿苑院主が僧録司であった時代の発給記録である「鹿苑院公文帳」が残されている。

光定　こうじょう　779～858（宝亀10～天安2）　別当和尚・別当大師とも。平安初期の天台宗の僧。*最澄の弟子。*内供奉十禅師。伊予国風早郡の贄氏の出身。806年（大同元）最澄に師事し、また義真について学ぶ。812年（弘仁3）東大寺で受戒。同年、高雄山寺で*空海から密教の灌頂をうける。興福寺の義延と宗義を論じるなど、その才能は嵯峨天皇にも愛された。比叡山での*大乗戒壇設立は、822年光定の尽力によって最澄没後7日目に勅許をえた。翌年、わが国最初の大乗戒を授けられた光定のために、嵯峨天皇自ら揮毫して与えた〈光定戒牒〉（国宝）は、天皇宸翰の中でも白眉とされる。828年（天長5）戒壇院を建立。838年（承和5）伝灯大法師位、849年（嘉祥2）から10年間伝戒和上となる。853年（仁寿3）延暦寺別当、同年比叡山に四王院を造立。著作に「*伝述一心戒文」3巻がある。

迎接　ごうしょう　→引接

考証学　こうしょうがく　江戸後期の儒学の一派。経書を確実な典拠の考証によって客観的に明らかにしようとした学派で、その発生には内発的・外発的な理由がある。まず内発的には、折衷学者の自己反省という側面である。*折衷学は朱子学・陽明学・徂徠学・仁斎学などの既成の学問にとらわれず、それらの諸説を「自得」を根拠に取捨選択して、聖賢の本旨を明らかにしようとしたが、恣意的な主観性をまぬかれがたかった。これを自己批判する中から、日本の考証学はうまれた。考証

学を首唱した*吉田篁墩（こうとん）は，はじめ折衷学者井上金峨（きんが）に学び，*大田錦城（きんじょう）も山本北山（ほくざん）に師事したが，それぞれ意に満たず離れていき，考証学を興した。

また，考証学の発生には外発的な側面も看過できない。毛奇齢（もうきれい）・朱彝尊（しゅいそん）・顧炎武（こえんぶ）・閻若璩（えんじゃくきょ）らの清代の考証学者の著作から，目録・輯佚・校勘という考証学の基礎を学ぶところが多かった。吉田篁墩の「論語集解攷異（こうい）」，大田錦城の「*九経談（きゅうけいだん）」をはじめ，*狩谷棭斎（えきさい）の「説文検字編（けんじへん）」，*松崎慊堂（こうどう）の「縮刻唐石経（とうせきけい）」，*安井息軒（そっけん）の「管子纂詁（さんこ）」などはその成果である。こうした考証学の文献実証主義は，国学における日本古典研究にも影響を与え，明治期の漢学にも受け継がれた。

工場法（こうじょうほう） 日本最初の労働者保護法。1911年(明治44)制定，16年(大正5)施行。児童労働の禁止，年少者・女子の労働時間制限と夜業禁止，工場主の労災補償義務などを定めた。1880年代末から製糸・紡績業の年少女工の長時間・深夜労働が注目され始め，1891年農商務省が各地の商業会議所に職工条例の諮問をした。これを皮切りに工場法論議が始まった。98年には工場法案が農商工高等会議に上るが，工業の発展を阻害するとの工場主の強い反対で議会上程には至らなかった。農商務省は1900年から工場の実態調査を行い，それを「*職工事情」として発表した。02年には工場法案要領を作成するが，これも経営団体によって時期尚早と否決される。しかし日露戦争後，大規模な争議が頻発し経営側も労働問題を自覚，社会紛争予防のため工場法に関心を向けるようになる。09年工場法案が発表され，使用者側との攻防の中で，深夜業禁止の施行後15年の猶予，適用対象を職工15人以上の工場とすること，施行も5年後に延期されるなど原案はかなり骨抜きにされた。労働者保護法として大きな限界をもつものであったが，深刻化しつつあった労働不安を緩和する意味をもった。

好色一代男（こうしょくいちだいおとこ） *浮世草子の嚆矢。全8巻8冊。*井原西鶴（いはらさいかく）の作・画。1682年(天和2)刊。主人公世之介の7歳から60歳に至る54年間を，「源氏物語」をもじり全54章に歳立てした一代記風小説。また子孫をもたぬ意で「一代男」である。「好色」とは，前代の雅な貴族的人性としての「色好み」から転じて，庶民の卑俗な性生活・性産業を肯定的に享受するという理念をもつ。物語前半は好色にめざめる早熟な世之介の貴種流離譚めいた恋愛遍歴で，後半は莫大な遺産を相続して全国の遊廓を豪遊し，名妓列伝的な性格も併せもつ。前代の仮名草子がもつ修身・経世済民的な高踏的教訓性・知識性は後退し，好色の諸相を描き紹介する姿勢が強い。浮世草子の根本理念である現世享楽主義を好色の実践という点から具現化し，肯定的に現世を生き抜こうとする人物像を滑稽を加味して描いた作品として大いに迎えられて，一時代を画した。

好色五人女（こうしょくごにんおんな） 江戸前期の好色物の*浮世草子。全5巻5冊。*井原西鶴（いはらさいかく）の作。1686年(貞享3)刊。全5話からなり，お夏・清十郎，おせん・長左衛門，おさん・茂兵衛，八百屋お七，おまん・源五兵衛など，当時周知の恋愛・姦通事件を題材とした。実話にもとづくが，単に真相譚や報告に終わらず，作者一流の虚構化をみることができる。結末はいずれも悲劇的であるが，随所に笑いの要素がちりばめられ，文体的にもじりや擬古（ぎこ）物語のパロディをもりこみ，結末は悲劇であろうともその過程を生き生きと「好色」に生きようとする，ひたむきな男女の恋愛像が描かれる。

荒神（こうじん） 三宝荒神（さんぽうこうじん）の略称で，竈（かまど）の神，また屋敷神のこと。荒神は，東日本では三宝荒神など火の神として祀られている場合が多い。一方，西日本の荒神は複雑で，中国・四国・九州地方の一部では同族神的な荒神がみられ，これを地荒神（じこうじん）とよんでいる。また，鳥取・島根・岡山県では，牛馬の守護神としての牛荒神（うしこうじん）が信仰されている。このように地域によって荒神は相違がみられる。荒神の神格が多岐にわたっているのは，中世以降，修験者・陰陽師（おんみょうじ）などが各地の神々を荒神として意味づけしなおした結果であると考えられる。

庚申講（こうしんこう） →庚申信仰（こうしんしんこう）

庚申信仰（こうしんしんこう） 庚申待（こうしんまち）とも。庚申講の集

団が担い手で，年に6回の庚申の日に講員の宿に集まり，青面金剛どぅめんなどの掛軸の前に精進料理を供えて拝み，祈願後は一同で飲食して楽しくすごすもの。庚申塚にも赤飯や神酒みきを供える。中国の道教の三尸説さんしせつに由来する。人間の体内にいる三尸虫が人間の犯す罪過を監視しており，庚申の晩に人間が寝ると，体内から抜けでて天上の天帝に60日の間に犯した罪過を報告するとされた。そこで，庚申の日は身を慎んで夜明かしをすれば，三尸虫は天へ上れず告げ口もされず，長生きして早死を避けられるとして，一晩中寝ないですごし，肉食や同衾どぅきんを慎むなどの禁忌も課せられた。また「話は庚申の晩」と称して，面白い話題をこの日のためにとっておいた。三尸説は3世紀末に成立，9世紀には完成し，日本には8世紀には伝わったとされる。11～12世紀頃に庚申会えが始まり，室町中期に「庚申縁起」が成立し，仏教化が進んだ。江戸初期には庚申講が組織され，貧苦と災難の除去，病気直しを願って，青面金剛・観音・阿弥陀を祀った。さらに猿田彦大神おおみかみを祀る神道式の信仰もうみだされ，神仏混淆の様相を呈した。

庚申待 こうしんまち →庚申信仰こうしんしんこう

厚生新編 こうせいしんぺん 江戸後期の百科事典の訳本。幕府の天文方蛮書和解御用ごようにおいて，フランス人のショメール(M. Noel Chomel)の百科事典のオランダ語訳(Al-gemeen hui-shoudelijk-, natuur-, zedekendig-en konst-woorden-boek, 2de druk, 1778)の和訳を，最初は馬場貞由・*大槻玄沢げんたくの二人が，のちに宇田川玄真げんしん・杉田立卿りっけい・*宇田川榕庵よぅあん・小関三英さんえい・*箕作阮甫げんぼ・*杉田成卿せいけいらが行った。1810～45年(文化7～弘化2)頃に訳述作業が行われ，医学・本草学・天文学などから日常生活に関する分野まで，広範囲に及んだ。しかしながら結局は未完に終わり，江戸時代にその内容が公開されることはなかった。

講席 こうせき →心学講舎しんがくこうしゃ

興禅護国論 こうぜんごこくろん 鎌倉初期の臨済宗の僧*栄西えいさいの主著。全3巻。1198年(建久9)成立。これより先の1194年，朝廷は達磨だるま宗停止の宣旨せんじを下していたので，本書はそれへの反論と自らの主張をまとめている。全体を10門に分ける。第一・二門では，末法まっぽうの時代にふさわしいのは戒律の実践であり，これを最優先する栄西の禅宗こそ鎮護国家に有用であると論じる。おそらく大日房能忍のうにんと思われる戒律軽視との差異を強調した。第三門では，比叡山における禅の先蹤をあげて比叡山や朝廷からの批判をかわし，この禅宗弘通を勅許する宣旨を下すべきと，繰り返し朝廷に要請する。第四～六門は，日本における禅の先例，栄西自身が伝えた禅宗の法系，禅宗教理の経典上の裏付けをのべる。第七門に至ってはじめて，宋代の禅宗が得意とした論法を駆使し，第八～十門は，栄西の構想する禅宗寺院の規範，日本仏教の自己満足の無知を排する中国仏教礼賛を説き，発願をまとめている。栄西自身は禅密兼修を続けたが，本書は密教にまったく言及しない。

強訴 ごうそ 嗷訴ごうそとも。古代・中世において，僧徒・神人じにんが神仏の威をふりかざして，公家に対して強引な申請を行うこと。強訴にあたっては，閉門・閉籠をはじめとするさまざまな示威行動が行われ，人々の畏怖心をあおった。その最たるものが比叡山延暦寺や興福寺の衆徒しゅとらが，日枝ひえ社*神輿みこしや春日社*神木しんぼくを奉じて大挙して入京する，神輿入洛じゅらく・神木入洛で，洛中は騒然とし，検非違使けびいしや武士などとの武力衝突も発生した。彼らの主張の内容はまさに理不尽であったが，宗教的権威にもとづく強烈な意志の表明に，俗法の理非は屈服せざるをえず，多くの場合目的が達成された。ただし鎌倉時代末には，徳政とくせいの一環として，強訴を排除し，理非による裁断を徹底する方針が示された。 →山階道理やましなどうり

構想力の論理 こうそうりょくのろんり *三木清の未完の主著。「思想」(岩波書店)1937～43年(昭和12～18)に連載。「神話」「制度」「技術」「経験」の章からなり，晩年の「行為の哲学」の集大成が試みられた。構想力(想像力)とは，諸部分を組織して一つの全体を形成する心的能力をいう。カントはこの能力を美的創造の範囲で論じたが，三木はそれを土台としながら，制度や技術などの社会的行為や実践さえも導く，より一般的な創造的原理として捉え直し

た。構想力は主一客，ロゴス－パトス，合理一非合理を統一するものであり，その独自の論理を分析することで当時の非合理主義や全体主義を批判的に解明しようとした。

小歌（こうた） 中世の民間歌謡。古くは雑芸・*今様などをさしたが，室町時代には自由律の形式のものを特に小歌とよぶ。*幸若舞や*大和猿楽に詞章あるいは音曲の影響を与えた。「*閑吟集」や「*宗安小歌集」に当時の小歌が数多く収められるが，特に後者には「近き比，小歌とて乱舞遊宴に戯るる折々，伊勢・小町が歌の言葉を仮り，白楽天・阮籍が句を抜きて博士を付け（節付けのこと），謡物になし，猛き武士の心をもやはらげ，恩愛恋慕の道のたよりともし侍りける」とみえる。近世には隆達小歌に発展した。

皇太子（こうたいし） 「ひつぎのみこ」とも。儲君・東宮・春宮とも。次期天皇位の唯一人の継承資格者。皇子・皇孫・皇兄弟などの皇親のうちから定められる。大兄制・太子制を先駆的形態とし，*飛鳥浄御原令により制度として成立したと考えられ，令制皇太子の初例は軽皇子（文武天皇）。律令では，天皇が行幸で不在の場合，天皇大権の一部（小事の裁可権）を行使できる皇太子監国，皇太子の下達文書様式は令旨，皇太子御所の内政機関たる春宮坊からの上申文書様式は春宮坊啓が規定され，また付属する職司として，皇太子を輔導する東宮傅，先哲の典籍を教授する東宮学士，春宮坊がおかれた。皇太子監国が規定される一方，皇太子が大事を裁可した実例の一つとして，称徳天皇の没後，白壁皇太子（光仁天皇）が令旨によって道鏡の流刑を命じていることがあげられる（「続日本紀」）。立太子儀礼の儀式次第は「儀式」巻5に規定がある。「醍醐天皇御記」によると，敦仁親王（醍醐天皇）は立太子礼の日に，宇多天皇より壹切御剣を賜ったとあり，以後これが東宮相伝の護剣となった。立太子礼は南北朝期の後小松朝から約300年間中絶するが，霊元朝の1683年（天和3）に再興される。1889年（明治22）制定の旧皇室典範では，皇長子が皇太子となることが明文化された。

皇大神宮（こうたいじんぐう） →伊勢神宮

皇太神宮儀式帳（こうたいじんぐうぎしきちょう） →太神宮儀式帳

皇太神宮年中行事（こうたいじんぐうねんじゅうぎょうじ） 「建久三年皇太神宮年中行事」「内宮年中行事」「建久年中行事」とも。伊勢内宮の儀式書。1巻。1192年（建久3），内宮の権禰宜の兼大内人荒木田忠仲の撰。正月元旦から12月大晦日に至る内宮1年間の祭儀の次第を詳しく記す。現存本は，1464年（寛正5）に内宮の一禰宜*荒木田氏経が建久年間以後の祭儀の変遷をふまえて改訂・増補したものである。内宮の儀式書としては「*太神宮儀式帳」に次ぐものであるが，中小の祭儀にまで言及したものとしては最も古く，中世における神宮の神事の全貌を知るための基本史料である。

幸田露伴（こうだろはん） 1867～1947（慶応3～昭和22）明治～昭和前期の小説家・随筆家・考証家。本名成行。別号は蝸牛庵・笹のつゆ・雷音洞主・脱天子など。江戸生れ。正規の学歴は東京師範学校付属小学校卒。府立第一中学校・東京英学校いずれも中退。逓信省電信修技学校卒。父成延は幕府表御坊主役。長兄成常（相模紡績社長），次兄成忠（海軍大尉・報効義会），妹延（東京音楽学校教授），弟成友（一橋大学教授）と，兄妹いずれも一家をなしている。1885年（明治18）7月から87年9月まで北海道で逓信省の電信技手。尾崎紅葉とともに明治20年代を代表する作家で，*井原西鶴の影響を強くうけ，優れた西鶴論を残す。作風は理想主義的・浪漫的・男性的で紅葉と一対をなす。作品は「風流仏」「*五重塔」「運命」など。娘に幸田文，孫に幸田玉がいる。「露伴全集」全40巻・別巻1がある。

講談（こうだん） 講釈とも。書物の内容を民衆にわかりやすく説く話芸。江戸初期に「太平記」を講ずる*太平記読が現れ，以降，講談は発展した。書物を朗読するが，独特の抑揚をつけることから芸能化し，庶民の娯楽になったが，講談からさまざまな知識を享受することもあった。18世紀中頃，江戸では*馬場文耕が現れ，世話物や侠客物を導入し，弟子の森川馬谷も読み物を修羅物・評定物・世話物に分類し，読みの順序を定め

た。京都では*増穂残口，大坂では吉田一保・吉田天山がでた。江戸末期には全盛を迎えるが，その後は衰退の一途をたどった。

江談抄 ごうだんしょう　平安後期の説話集。*大江匡房の語るところを藤原実兼（*藤原通憲の父）が筆録したもの。公事・摂関家・仏神・雑事・詩句を大きな部立てとする。「内宴始事」「吉備入唐間事」というようにまず表題を掲げ，それぞれの事柄について匡房の語ったところを，ある場合には「仰せられて云ふ」という書き出しで記し，なかには実兼との問答体のところもある。また「何々の事」と表題だけにとどまるものもある。後半の詩句についての部は，それぞれの詩句にまつわる説話的なものだけではなく，漢詩の和風的な読み方が示されていたり，多方面にわたって貴重な史料の一つである。

皇朝史略 こうちょうしりゃく　水戸学者による簡明な日本通史の書。*青山拙斎の著。全12巻。1826年（文政9）藩主徳川斉脩・亀田鵬斎・朝川善庵の序文を付して版行された。神武天皇から後小松天皇の譲位までを，「十八史略」の体裁にならい漢文の編年体で叙述し，所々に「外史氏曰」として論賛を挿入している。自ら序文で「史は得失を弁じ是非を明らかにする所以なり」とのべているように，道徳主義史観に立っている。また「天下の大勢」は，大化の改新で一変，摂関政治で二変し，さらに源頼朝の鎌倉幕府で三変したという日本史像を抱いていた。本書の出版経緯については，拙斎の子孫である山川菊枝の「覚書幕末の水戸藩」が詳しい。なお続編として「続皇朝史略」全5巻が31年（天保2）に刊行された。

皇典講究所 こうてんこうきゅうしょ　皇典の研究と神職養成のための教育機関。1882年（明治15），有栖川宮幟仁親王の令旨を奉じて，東京市麹町区飯田町に設立された。その根本理念は，国体を講明して立国の基礎を固めるところにあり，この精神は皇典講究所の教育機関として90年に設置された国学院に継承された。なお国学院は1920年（大正9）大学令により国学院大学となった。皇典講究所では，国文・古典研究のほか神官の養成・教育にたずさわった。1886年に神官養成事業を開始して学階制度を敷き，1902年には内務省令によって制度化し，さらに09年には内務省委託の神職養成部を設置し，27年（昭和2）に神職養成部は専門学校令によって神職部（のちに神道部）として神職の養成にあたった。46年終戦にともない皇典講究所は解散し，教育機関は国学院大学に移管し，一方，神職養成機関は神社本庁に委託して現在に至っている。

皇道大本 こうどうおおもと　→大本教

高等学校令 こうとうがっこうれい　旧制高等学校制度を規定した勅令。(1)1894年（明治27）6月25日公布。従来の五つの官立高等中学校を高等学校に再編する。帝国大学に準じた高等専門教育を目的としたが，大学予科の設置を許可したため，高等学校は予科的性格を強めた。
　(2)1918年（大正7）12月6日改正。予科を廃止し，男子の高等普通教育の完成を意図したが，依然として大学予科の性格を脱せず，法令と現実の乖離は大きかった。国民道徳の充実も教育目的としているが，修身は少なく，語学に多くの時間を割いた。官立に加え公私立も認め，尋常科4年，高等科（文科・理科）3年の計7年制を原則とし，高等科のみの設置も認めた。戦後の47年（昭和22）学校教育法制定で廃止となる。

弘道館記 こうどうかんき　水戸藩校弘道館の設立趣旨と教育目標を提示した文章。*徳川斉昭撰。1837年（天保8）藩主の斉昭が*藤田東湖に草案を命じ，*佐藤一斎・*青山拙斎・*会沢正志斎に意見を求め，自ら裁定して，翌年公表された。「天地の大経」である「道」によって，天皇を中心とする「国体」が維持されてきたことをのべたのち，徳川家康と水戸藩主がこの「道」を儒教と神道によって推し広めてきたことを顕彰し，さらに忠孝一致，文武不岐，学問事業の一致，敬神崇儒の教育目標を示し，藩士に「国家無窮の恩」に報いることを促している。ここに明示された「国体」と「尊王攘夷」という言葉は幕末のみならず，近代日本の天皇制国家を支えるイデオロギーとなった。⇒弘道館記述義　国体論　尊王攘夷論

弘道館記述義 こうどうかんきじゅつぎ　「*弘道館記」に対する漢文の解説書。全2巻。*徳川斉昭の命

をうけて、「弘道館記」を起草した*藤田東湖(とうこ)が著した*水戸学の代表的な書物。1845年(弘化2)に起稿し、47年に成立した。上巻では、皇統無窮の「神州」日本では、天皇の経綸の中に「道」が実現されてきたことを説く。下巻では、「尊王攘夷」は「尽忠・報国の大義」であるとのべ、その「大義」が天皇の臣下としての徳川家康と代々の水戸藩主によって実践されてきたことを称賛したうえで、天皇と藩主の「国家無窮の恩」に奉ずることを藩士に求めている。本書の特徴は、「国体の尊厳」が「天地正大の気」という道義的エネルギーによると説いて、「神州」日本の興隆と衰退が、ひとえに「天地正大の気」を伸張させられるかどうかにあるとする点にある。ここでは、「大八洲(おおやしま)の臣民」、とりわけ武士は「尽忠・報国の大義」を実践できるかどうかを迫られることになる。東湖は斉昭の「*告志篇(こくしへん)」を引照して、尊王敬幕の立場から、天皇・将軍への直接の忠節を「僭乱(せんらん)の罪」であると戒めていたが、本書は*一君万民論に読み替えられる理論的可能性をももち、幕末期の志士に大きな影響を与えた。そればかりか、「神州」日本の伝統と将来を自己一身が担うという主体的な考えは、近代の*国民道徳論に利用された。

高等教育会議 こうとうきょういくかいぎ 1896~1913年(明治29~大正2)に設けられた最初の文部大臣諮問機関。1991年全国教育連合会で中央教育議会の設立が建議され、92~93年河野敏鎌(かわのとしかま)・井上毅(こわし)文相のもとで「教育高等会議」の規則案が作られたが実現しなかった。95年学政研究会の発議による同会議設置の建議が議会で可決、西園寺公望(さいおんじきんもち)文相は拒絶したが、翌96年12月に蜂須賀茂韶(はちすかもちあき)文相のもとで、高等教育会議規則が公布され翌年発足した。国の教育行政・学校制度全体を審議する高等の機関であり、帝国大学総長・直轄諸学校長・文部官僚らで構成された。実業学校令・高等女学校令・*私立学校令・*専門学校令をはじめとして、明治後期の教育整備について13年(大正2)までに、70件の諮問に答申、16の建議を行った。13年教育調査会の設置により廃止された。

皇道述義 こうどうじゅつぎ 幕末期の国学者による記紀神話の再解釈書。*長谷川昭道(あきみち)の著。1861年(文久元)に成立。西洋の天文学や地理学の知識を駆使し、地球の生成から人類の誕生までを説明する。太陽と地球の作用をうけて誕生した人間の中で最もすぐれた存在として、日本の民族的個性をもつ「神皇」(天皇)を設定する。宇宙の生成論にみられる普遍化の論理と日本の特殊化を神話的世界において連結することにより、普遍性が「神皇の道」という特殊性をとおして実現されるという論理を構築する。これによって「神皇の道」の実現をめざす「皇学」は、排外主義を克服し外来の学問(洋学)を「技術学」として受容する道を開いた。

高等女学校 こうとうじょがっこう 戦前における男子の中学校に対応する女子中等教育機関。女子中等教育は公教育の規制外にあったが、1891年(明治24)中学校令改正で、女学校に「高等」の2字を冠した高等女学校の名称を法律上はじめて使用し、尋常中学校として制度化する。先の82年設立の官立東京女子師範付属高等女学校は、男子の中学レベルは女子には「高等」とする伝統的・差別的な女性観により命名されたという。95年高等女学校規定で尋常小学4年卒程度を対象に5~6年制と規定したのち、99年2月8日、高等女学校令を公布する。女子の高等普通教育を目的に修業年限は3~4年と男子より短く、教育内容も外国語を欠くことができ、数学や理科のレベルを低くし、修身・裁縫・家事に重点をおくなど、中流階層以上を対象に「良妻賢母」の育成をめざした。同年の改正条約実施の結果、外国人内地雑居によるキリスト教女学校の増加を懸念して、公立高等女学校の設置を道府県に義務化、全国的規模で女子教育の国家管理を強めた。1910年2~4年制の実科高等女学校を大衆向けに設置し高等女学校を複線化したが、43年廃止された。戦後は新制高等学校に改組された。

高踏派 こうとうは 余裕派とも。フランス19世紀後半の唯美(耽美(たんび))主義的詩人の一派。実証主義の影響をうけ、ロマン主義に対抗する。日本においては正岡子規(しき)の写生文の影響をうけた*夏目漱石(そうせき)、あるいは文壇の流行に左右されることなく、自らの作風を貫いた

＊森鷗外をさす。豊かな教養と広い視野，鋭い批判精神を有し，＊自然主義文学の流行にも超然として，倫理的・理知的態度を保つ。

皇道派 こうどうは　昭和初期の陸軍部内の一派閥。三月事件(1931)を機に宇垣一成陸相が退陣すると，それまで陸軍を支配していた宇垣閥に代わって荒木貞夫・真崎甚三郎らを中心として，軍縮に反発し皇道精神を唱える一派が台頭した。1931年(昭和6)12月に成立した犬養毅内閣の荒木陸相をはじめとして，真崎参謀次長，柳川平助陸軍次官，山岡重厚軍務局長，松浦淳六郎人事局長，小畑敏四郎参謀本部第三部長，秦真次憲兵司令官らが要職を占めた。荒木の観念的国家改造革新論を急進的な隊付き青年将校が支持し，彼らを含めてその精神主義的傾向から「皇道派」とよぶ。派閥的人事への反発などによる荒木の辞職後，永田鉄山軍務局長ら幕僚を中心とする「＊統制派」の反撃で要人は左遷された。34年の士官学校事件，35年の相沢事件をへて36年＊二・二六事件の反乱軍として青年将校は処刑・一掃され，勢力は弱化したが，のちの＊大政翼賛会の改組や反東条内閣運動などで影響力を有した。

幸徳事件 こうとく　→大逆事件たいぎゃくじけん

幸徳秋水 こうとくしゅうすい　1871～1911(明治4～44)　明治期の社会主義者。高知県生れ。本名は伝次郎。木戸明の漢学塾，中村中学校・高知中学校などに学ぶ。自由民権運動に共鳴し，1887年(明治20)上京して林有造の書生となるが，暮れの＊保安条例によって東京を追放され帰郷した。88年11月，同じく追放されて大阪にあった民権理論家＊中江兆民の書生となる。憲法発布の大赦で，89年10月兆民の家族とともに上京し，その後も数年にわたって兆民に師事した。漢籍・英書・文筆の指導をえつつ，その民主思想や無神論的唯物論の影響をうけた。この間，病気に悩みながらも国民英学会に通学，卒業している。

93年板垣退助の主宰する「＊自由新聞」に入社し，その閉鎖後「中央新聞」に3年，98年「＊万朝報」の記者となる。97年＊社会問題研究会に加わった頃から，現実の政治・社会の矛盾に直面して社会主義に関心を向け始めた。シェッフレの「社会主義真髄」の英訳本を通じてその輪郭をつかみ，98年＊社会主義研究会に入会した。ほどなく民権左派の思想的立場から転じて，議会主義による社会主義実現を標榜するようになる。1901年4月に「＊廿世紀之怪物帝国主義」を刊行し，5月日本最初の社会主義政党である＊社会民主党を結成した。12月には＊足尾鉱毒事件で田中正造の依頼をうけ直訴文を起草している。

03年「＊社会主義神髄」を刊行し，同年10月日露開戦論に反対して＊堺利彦らと「万朝報」を退社した。二人を中心に，社会主義と＊非戦論を宣伝する＊平民社を創立，週刊「＊平民新聞」を発刊して帝国主義戦争の本質を衝く鋭い非戦論を展開した。あいつぐ弾圧で05年「平民新聞」廃刊，幸徳も筆禍で入獄した。獄中，無政府主義に傾斜し，同年末に渡米してアナーキストらと交流，在米同志と社会革命党を結成した。06年帰国後，日本社会党や日刊「平民新聞」で直接行動論を提唱した。運動への弾圧が強められ，08年赤旗事件がおこり，ついで10年いわゆる＊大逆事件で天皇暗殺計画の首謀者に仕立てられ，翌年刑死した。「幸徳秋水全集」全9巻・別巻2・補巻1がある。

江南院竜霄 こうなんいんりゅうしょう　1449～1509(宝徳元～永正6)　室町時代の公家。甘露寺親長の子。はじめ氏長と名乗り，19歳の時に親戚の万里小路冬房の養子になって春房と改名した。冬房は，1467年(応仁元)10月に出奔して，比叡山北谷に隠棲し，のちに補陀落渡海して果てた。春房は正四位下・右大弁参議となり，廷臣として順調にすごしたが，71年(文明3)4月，23歳の時に不意に失踪・落髪して，楽邦院春誉・蓮誉・寂誉などと名乗った。落髪後の寂誉は，正規の出家修行をしたとはみえない。落髪の姿でしきりに歌会・鞠会を催す実家に出入りし，諸家の会にも参加した。のちに＊飛鳥井雅親の弟で歌と鞠の師範だった二楽軒雅康の女を妻とした。囲碁・将棋などにも堪能であった。

応仁・文明の乱後，公家の生活困窮は深刻

であり，親長の室と美濃国守護代斎藤妙椿の室が親戚筋にあたる甘露寺家は，その縁故の支援を期待するようすがみえた。寂誉はこの側面で積極的な姿勢をみせ，81年には斎藤氏の加納城に江南院を建て，竜霄と名乗り，美濃と京都の間を往還した。その後甘露寺家は在京しながら美濃の地を拠点とし，1500年(明応9)8月に没した親長の墓所はのちに京からここに移され，家督をついだ元長もしきりに美濃に下向した。親長の弟で竜霄の叔父にあたる天用軒取竜首座は和泉国堺を拠点とし，堺商人と深い関係にあり，1483年の日明貿易には堺商人の船を指揮した。竜霄はこれに同行して明に渡り，この時の収益は甘露寺家の生計を潤した。

その後も竜霄の生活は以前と変わらず自由気ままとよべるもので，そのようすは親長の日記「親長卿記」，*三条西実隆の日記「実隆公記」，中御門宣胤の日記「宣胤卿記」などに詳しい。その没する前年の1508年11月に竜霄は京から美濃国に帰った。元長から実隆に宛てた書状に，竜霄が自分が死ぬ時は「とくりを四所持候，二にハ足をもたせて一ハ枕にして残一ハ頭もとをしかとにきりて往生し候ハんする」と斎藤妙純の室に病床から伝えたことがみえる。身分の「あいまいな」者の気質を語る覚悟の言葉として，印象深い。この時代の公家はいくつかの例外を別として，多くは生活の困窮と伝統的な家格意識に拘束され，閉塞的な気分の中で暮らした。竜霄のように奔放な経歴をたどって細部まで知ることのできる者は少なく，注目すべき人である。享年61。

弘仁・貞観文化　平安初期の文化の称。弘仁(810〜824)は嵯峨天皇の時代の，貞観(859〜877)は清和天皇の時代の年号。美術史において「貞観彫刻」の称が用いられたのが始まりで，のちに貞観期よりも早く弘仁〜承和期(810〜848)に平安初期彫刻の開花があったことや，また*最澄・*空海が活躍した弘仁・承和期と，その継承期である貞観期の質の違いが認識されて，弘仁・貞観文化の称がうまれた。弘仁〜承和期には最澄と空海とによる*天台宗・*真言宗の成立と展開を中心に，*密教を主軸として新たな仏教文化が花開いた。密教美術は，それまでの仏教美術をさらに豊かなものにした。空海は日本最初の比較思想論「*三教指帰」を著し，さらに密教の世界観を「*十住心論」の大著にまとめあげた。奈良仏教の流れの中からは，「*日本霊異記」という日本最初の仏教説話集が編まれている。

宮廷文化においては，奈良時代にもまさる唐風文化の隆盛の中で，「*文章経国」の思想を背景として，「*凌雲集」「*文華秀麗集」「*経国集」などの勅撰漢詩文集が編纂された。また「弘仁格式」「貞観格式」から「*延喜式」に至る格式の整備，「*続日本紀」から「*日本後紀」「*続日本後紀」「*日本文徳天皇実録」そして「*日本三代実録」というあいつぐ史書の編纂や「*新撰姓氏録」の編纂，それらに私撰の史書である「*古語拾遺」や「*先代旧事本紀」などが色を添える。さらには晋・唐の書風の影響をうけた三筆に代表される*書の勃興などがあり，宮廷文化をさらに豊かなものにした。

仏教美術では，まず代表的な仏像彫刻の遺品に神護寺薬師如来像・元興寺薬師如来像・法華寺十一面観音像・東寺講堂諸仏・神護寺五大虚空蔵菩薩像・観心寺如意輪観音像・向源寺十一面観音像・広隆寺阿弥陀如来像・室生寺弥勒菩薩像・室生寺釈迦如来坐像・宝菩提院菩薩半跏像などがある。絵画では，東寺の竜猛・竜智像，神護寺両界曼荼羅・西大寺十二天画像・園城寺黄不動像などがある。飛鳥時代から鎌倉時代に至る日本彫刻史の流れの中で，この時期の彫刻作品は最も量感に富み，塊量性(量感)を獲得している。また厳粛でやや神秘的な表情をもつ像も多い。塊量性への志向は，絵画作品にも表れ，西大寺十二天画像など余白を残さず画面いっぱいに描きだされている。

弘仁〜承和期は，最澄・空海の活躍で仏教界は華やかにもみえるが，783年(延暦2)に発せられた私寺の禁に代表される仏教統制政策がきびしく守られていた時代であり，新しい寺院の建立も容易には許されなかったのが実情である。その私寺の禁がようやくゆる

み，寺院ばかりか新しい神社の出現や，朝廷の手による神泉苑*御霊会などの勤修など，宗教解禁時代に入るのが貞観年間である。承和の末年に唐から帰国した*円仁が朝廷貴族たちの多大な尊敬を集めて，864年（貞観6）に没すると，国家の大先生という意味の大師号（慈覚大師）をはじめて贈られ，それとともに最澄にも伝教大師号が贈られた。円仁に深く帰依した清和天皇は，退位して出家することを願ったほどで，この頃から貴族個々人へ仏教信仰が浸透していくさまがみてとれる。そればかりか，9世紀後半にあたる貞観期は，*藤原良房が人臣としてはじめて摂政に任じられ，律令体制の和様化が進められる時期である。文化面においても，*菅原道真らの詩文にみられるように唐文化の実質的な消化が進んで，和歌もふたたび勃興してくるなど，国風文化形成への足がかりがみられることも注意される。

皇字沙汰文 こうじのさたぶみ 伊勢外宮の皇字使用をめぐる内外両宮の論争記録。全2巻。1297・98年（永仁5・6）頃の成立。著者は外宮祠官とみられ，度会延佳は度会常良（常昌）の編とする。1296年2月11日の注進状の署名に外宮側が「豊受皇太神宮」と「皇」の字を挿入したことに端を発し，翌年6月まで外宮に「皇」の字を用いることの是非をめぐって両宮間に激しい論争が続けられたが，その注進状を集録している。論争の中で，外宮側が「皇」の字使用の典拠として神宮三部書や「造伊勢二所太神宮宝基本記」「倭姫命世記」などのいわゆる*神道五部書をあげることから，*伊勢神道の成立を考えるうえで重要な書とされる。

河野広中 こうのひろなか 1849〜1923（嘉永2〜大正12） 明治・大正期の政治家。陸奥国三春藩の郷士河野広可の三男。号は磐州。戊辰戦争に際して，政府軍総督府参謀の*板垣退助と会見して三春藩を帰順に導き，会津攻撃にも参加した。のち若松県吏や地域の副戸長・大区長を務める。1875年（明治8）8月石川町に石陽社を，さらに78年三春町に三師社を設立する。以後，愛国社・*国会期成同盟，さらに自由党の幹部として自由民権運動にたずさわる一方，81年4月に福島県会議長となり，翌82年2月に福島県令として赴任した三島通庸の圧政に反対した。しかし，専制政府転覆の盟約に加わったとして同年12月に国事犯に問われて逮捕され，83年9月に軽禁獄7年の判決をうけた（*福島事件）。89年2月に憲法発布の大赦で出獄し，国会開設後は第1回総選挙から連続14回当選する。当初は自由党であったが，後半は反政友会の小会派に属することが多かった。1903年12月，衆議院議長となるも，開院式の勅語奉答文で桂内閣の弾劾文を読み上げて可決したため衆議院の解散につながった。05年9月，日露講和反対国民大会の議長を務めたが，日比谷焼打事件で兇徒聚集罪に問われて11月に検挙され，翌年4月無罪となる。1915年（大正4）1月〜16年10月，第2次大隈内閣の農商務大臣となる。晩年は，普通選挙運動に力を注いだ。

公武合体論 こうぶがったいろん 天皇と武家との合体を図り，自己の政治的目的や体制安定を実現しようとする幕末期の政治論。ペリー来航により幕府は軍事的・政治的威信を低下させ，条約勅許奏請など政治的にも人心統一面でも天皇の最高君主の比重が増大した。幕府の大老井伊直弼は，安政の大獄により反対派を朝廷より排除したのち，将軍徳川家茂への孝明天皇の妹和宮の降嫁を企図したが，桜田門外の変で横死した。その後継の老中久世広周は，朝権回復をめざす公家岩倉具視らの協力をえて幕府威権失墜を補うべく，1861年（文久元）に鎖国への復帰などを条件に降嫁を実現させた。萩藩の長井雅楽は，天皇・将軍・大名という王覇論的君臣位次に即した国家機構改編と積極的開国の国是化などをめざす「*航海遠略策」を藩是とし，朝廷や広周の了解をえたが，尊攘派の策謀により失脚した。鹿児島藩も島津久光が藩兵を率い入京，幕政改革を命じる勅諚を獲得した。さらに久光は，勅使大原重徳とともに江戸に赴き，徳川慶喜を将軍後見職，松平慶永を政事総裁職に任命させるとともに，参勤交代制の緩和，大名妻子の国元居住許可など藩軍事力強化のための幕府統制策の緩和を実現した。しかし，尊攘派が朝政を壟断し慶喜も幕府寄りの立場をとったため必ずしも久光

興福寺 こうふくじ　奈良市登大路町に所在する法相宗大本山。*南都七大寺の一つ。もと*藤原鎌足の山城の山階の山階邸に建立され（山階寺）、天武朝の飛鳥移建（厩坂寺うまやさか）をへて、平城遷都とともに左京三条七坊の現地に移されて興福寺と称したと伝える。藤原氏の*氏寺として、同氏の勢力拡大にともない、その時々の有力者が伽藍を営み、その法相教学も北寺伝とよばれて、*元興寺がんごうじの南寺伝をしだいに圧倒していった。ことに757年（天平宝字元）に*藤原仲麻呂が恒例化した当寺の*維摩会ゆいまえが、平安時代には薬師寺最勝会さいしょうえ・宮中御斎会ごさいえとともに勅会たる三会に列せられたことも寺勢をあげた。平安初期に北家の*藤原冬嗣ふゆつぐが南円堂を造営して以後、当寺は摂関家との関係を強め、別当をその子弟がつとめるようになる一方、氏神を祀る春日社を配下におくようになった。院政期以降には当寺の衆徒が春日社の*神木しんぼくを奉じて強訴ごうそを行い、延暦寺衆徒とならべて「*南都北嶺なんとほくれい」として都人に恐れられた。1180年（治承4）東大寺とともに平重衡しげひらの焼打ちにあったが復興され、鎌倉時代には大和守護職として一国の支配権を保持し、一乗院・大乗院の両門跡もんぜきが、しばしば対立を繰り返しながらも寺務を統轄していった。その後も火災などの被害にあい、平安時代以前の建物は今は残らないが、各時代にわたる多数の寺宝が往時の歴史をしのばせている。

告文 こうぶみ　→告文こくぶん

弘文院 こうぶんいん　和気氏の*大学別曹だいがくべっそう。9世紀初め、*和気広世ひろよが父清麻呂きよまろの遺志をうけて、大学寮の南の私宅を和気氏出身の学生のために開放した。内典・外典数千巻を蔵したが、和気氏の衰微とともに、10世紀には廃絶した。

高弁 こうべん　→明恵みょうえ

杲宝 ごうほう　1306~62（徳治元~貞治元・正平17）　鎌倉後期~南北朝期の真言宗の僧。一説に下野国の人。東寺の頼宝に学び、槇尾山まきのおさんの浄厳じょうごんや勧修寺の栄海より灌頂をうけた。東寺内に子院の観智院かんちいんを創建し、教学と密教事相の研鑽および伝授に努めた。教学面では、宇宙の根本要素である「六大」が本質的に一つのものであることを強調する不二門ふにもん説の立場にたった。南北朝期の真言教学を代表する学匠で、師の頼宝、弟子の賢宝ほうと並んでのちに東寺の三宝と称された。東寺の沿革をたどった「東宝記とうぼうき」を編纂したほか、「大日教疏演奥鈔だいにちきょうしょえんおうしょう」「菩提心論聞書ぼだいしんろんききがき」「杲宝私鈔」「開心鈔かいしんしょう」など多数の著作がある。

高峰顕日 こうほうけんにち　1241~1316（仁治2~正和5）　鎌倉中期~南北朝期の禅僧。臨済宗仏光派ぶっこうは。後嵯峨天皇の皇子と伝える。*円爾えんに従って出家し、来日した兀庵普寧ごったんふねい、上野国世良田長楽寺の一翁院豪いちおういんごうに学んだ。那須雲巌寺うんがんじに高峰ありと評判が高く、来日して建長寺住持となった*無学祖元そげんと問答してその意にかない、のちに無学が無準師範しはんから相伝した法衣と付法の語をうけた。鎌倉で無学に侍したが、その間に筆談によってなされた自筆の問答書が残されている。1303年（嘉元元）鎌倉万寿寺に住した頃、*夢窓疎石そせき・宗峰妙超しゅうほうみょうちょうが参じ、先の法衣は夢窓に与えられた。鎌倉浄智寺に再住ののち、14年（正和3）に建長寺13世となり、雲巌寺に帰って没した。没後に仏国禅師と勅諡され、さらに夢窓の高弟である春屋妙葩しゅんおくみょうはの申請によって応供広済おうぐこうさい国師と勅諡された。隠逸を求めた人であったが門人に優れた人材が多く、無学の門派である仏光派の中でもその一派を*仏国派ぶっこくはとよぶ。高峰は和歌にも巧みで、一山一寧いっさんいちねいに参じて中国語がわからず悩んだ夢窓が、高峰に参じて活路を見出したことはよく知られている。

弘法大師 こうぼうだいし　→空海くうかい

光明皇后 こうみょうこうごう　701~760（大宝元~天平宝字4）　光明子・安宿媛あすかべひめとも。*聖武しょうむ天皇の皇后。父は*藤原不比等ふひと。母は県犬養三千代あがたのいぬかいのみちよ。聖武天皇の皇太子時代に妃となり、729年（天平元）長屋王の事件の後で皇族皇后の慣習を破り、臣下から立后した。仏教信仰が篤く、大規模な写経事業を行い、*国分寺の建立をはじめ、*興福寺の整備、*悲田院ひでんいん・施薬院せやくいんの設置など仏教思想にもとづく事業を推進した。また、孝謙天皇の即位とともに皇后宮職を改めて紫微中台しびちゅうだいとし、*藤原仲麻呂なかまろを長官として政界に

重きをなした。聖武天皇の没後，遺品を東大寺に納入し，その遺品は現在，正倉院宝物の中核となっている。

光明真言 こうみょうしんごん 光明呪とも。*陀羅尼（真言）の一つで，大日如来，また一切諸仏菩薩の総呪とされるもの。菩提流志訳「不空羂索神変真言経」，不空訳「不空羂索毘盧遮那仏大灌頂光真言」などを典拠とし，この真言を聞くことで一切罪障を除滅し，また同真言によって土砂を加持し死屍や墓上に散ずれば，亡者が西方極楽浄土に往生できるとする。光明真言信仰は平安前期から真言・天台両宗で散見されるが，平安中期には*阿弥陀信仰に付随した葬送儀礼の土砂加持や，逆修のための念誦として貴族社会に広く浸透し，鎌倉時代以降，*明恵（高弁）・*叡尊らの影響で諸宗派に及んだ。

皇民化政策 こうみんかせいさく 日本が植民統治下の朝鮮と台湾を戦時動員体制に組み込むためにとった一連の政策。朝鮮では植民統治当初から同化政策がとられていたが，1937年（昭和12）7月に日中戦争が開始されると，朝鮮は日中戦争への大陸兵站基地と位置づけられた。南次郎総督は「皇国臣民としての国民意識に燃えて，真に内鮮一体たらんとする思想動向と生活態度」を朝鮮民衆に求め，同化政策は皇民化政策へと強化された。神道による皇民化を図るために神社参拝を強要し，37年10月には「皇国臣民ノ誓詞」が制定されて，学校・職場などでの唱和が強要された。38年2月に陸軍特別志願兵制度が，翌3月には第3次*朝鮮教育令が公布され，「内鮮共学」を強調して，日本語常用が強要された。7月には国民精神総動員朝鮮連盟が発足し，その基底組織として愛国班が組織され，宮城遥拝・国旗掲揚・勤労貯蓄など日常生活の細部にわたり皇民化に関する法令をだし，日本式の姓を名乗らせ，朝鮮人を日本式戸籍に組み込んだ。40年2月に創氏改名を徹底し，43年3月には徴兵令が公布された。台湾でも朝鮮と同じく，「改姓名」・神社参拝・日本語常用などが強要され，45年には徴兵制実施に至っている。

講孟劄記 こうもうさっき →講孟余話

紅毛雑話 こうもうざつわ 江戸後期の蘭学者たちの話題を記したもの。全5巻。*森島中良の著。1787年（天明7）刊。中良の兄の桂川甫周と大槻玄沢の序，宇田川玄随・前野達（良沢の長男）の跋文。甫周がオランダ商館長との問答でえた知識や蘭方医桂川家に集まる蘭学者たちの話を，洒落本作者としても知られる中良がまとめたもので，外国の事物・風習などの話題は多様である。*司馬江漢らの洋画家による挿絵も含まれる。89年（寛政元）続編の「万国新話」も出版された。

講孟余話 こうもうよわ 「講孟劄記」とも。1856年（安政3）に完成した*吉田松陰の述作で，質・量とも主著の第一とみなされたもの。ペリー艦隊への潜入の罪により萩の野山獄に入れられた松陰は，前年4月から2ヵ月間「孟子」の講義を行ったが，6月13日よりあらためて輪講を始め，同年12月15日解囚・帰宅するまで34回，「万章上編」に至った。12月17日以後は幽室において，父の杉百合之助，兄の梅太郎らを相手に「万章下編」から再開し，翌年6月13日に完結し，通算55回に及んだ。各章の読後の感想・批評・意見などをまとめたものであり，これによって松陰の人生観・国家論をはじめ，政治・外交・哲学など各方面にわたる思想を知ることができる。はじめの「孟子」の講義は，本文の訓詁注解的立場からなされたらしいが，余話においては，孔子・孟子がともにその生国を離れ他国に仕えたことをもって義にそむくものと断じた。そして経書を読む本義は聖賢におもねらぬことにあるとしたのは，その独自の学問的立場を示すものであり，伝統的姿勢を堅持する藩校明倫館の学頭*山県太華との間に激しい論争をひきおこした。前後を通じ本輪講の列席者は多くなかったが，やがて「武教全書」が開講されるとともに*松下村塾における教育への発端ともなった。

告文 こうもん 「こうぶみ」とも。剛文・強文とも。神への報告・願意をのべた文書。基本的には*願文と共通するが，宣命形式で書かれた点や，仏にではなく神祇のみに向けられた点が異なる。天皇・上皇が即位・改元などを報告するためのものと，朝廷・国家

の重大事に際し願意をこめて作成されるものの二つに大別できる。奉幣使はじゅらが，皇祖神をはじめ有力な神々や*山稜さんに祀られる天皇霊などの前で微音で読み上げた。本来は読んだあと焼かれたと思われるが，現存する草案や石清水いわしみず八幡宮に残る「八幡宮寺告文部類」などから，その当時の姿を知ることができる。なお中世には，祈願・誓約せいやくなど姿勢の共通性から，*起請文きしょうもんをさして告文とよぶことも多かった。

弘也 こうや　→空也くうや
高野山 こうやさん　→金剛峰寺こんごうぶじ
高野三方 こうやさんぽう　高野山における僧侶集団である学侶方がくりょかた・行人方ぎょうにんかた・聖方ひじりかたの3派の総称。高野山においては平安時代以来，空海くうかいの真言密教の法流をうけ，法論談義・修法観法をもっぱらとする学侶が住山し，法印検校ほういんけんぎょうを最高の位階とした。行人は諸堂の管理・供花・点灯・炊事・給仕・掃除などを職分として学侶の下に位置づけられ，山伏しゅげん修行を行う者もあった。聖は11世紀後半から高野山に*別所べっしょを形成し居住した僧たちで，*高野聖とよばれた。行人は15世紀には学侶と対峙するほどの集団に成長するが，これら3集団が三方とよばれ鼎立するのは17世紀初頭のことである。

高野春秋 こうやしゅんじゅう　「高野春秋編年輯録」とも。816年（弘仁7）の空海の開山以来，1719年（享保4）に至る編年の高野山史。全18巻。高野山278世寺務検校懐英かいえいの編著。1684年（貞享元）から1719年まで編纂。編纂の動機は自序によると，高野山の行人ぎょうにんと学侶がくりょの間で行争紛争が継続していたが，1692年（元禄5）に幕命に違背した行人が遠島に処せられ，ついで93年のいわゆる元禄の聖断によって行人坊舎が大幅に縮小され，「実に一山寺務，検校支配たる」状態になったことを記念することにあった。したがって，本書は学侶中心主義の観点に立つもので，聖断前後の記述は詳細をきわめるが，錯誤もあり必ずしも正確ではない。

高野聖 こうやひじり　高野山を拠点に諸国を回国し，弘法*大師信仰・浄土教を説いた宗教者。高野山への納骨・参詣も勧めた。高野山では11世紀半ば以降，諸国から遁世どんせの聖が入山

し，*別所べっしょを形成した。教懐きょうかいを祖とする小田原聖，明遍めいへんを仰ぐ蓮花谷はちすがたに聖，覚鑁かくばんの影響をうけた往生院谷聖などが著名で，鎌倉時代初めに東大寺を復興した俊乗房重源しゅんじょうぼうちょうげんも新別所を作った。さらに禅僧，無本覚心むほんかくしん系の萱堂かやのどう聖，一遍いっぺんを祖とする時衆じしゅう聖が勢力をもち，室町時代には聖の多くは時衆方ともよばれた。15世紀末には院家を形成し，山伏方（行人方ぎょうにんかた）と合戦に及ぶほどであった。1606年（慶長11）江戸幕府の命で真言宗への帰入が命ぜられ，その後，勧修寺かんじゅじ（京都市山科区）の法流をうけるようになった。

高野明神 こうやみょうじん　→狩場明神かりばみょうじん
高野詣 こうやもうで　和歌山県伊都いと郡の高野山山頂（海抜約900m）にある*金剛峰寺こんごうぶじを中心に，この地域に対する聖地としての信仰によってなされた参詣。金剛峰寺は816年（弘仁7）に*空海くうかいが上表して修禅の道場として創立したが，835年（承和2）空海がこの地で没し，10世紀に入り空海の入定にゅうじょう信仰がおこり，聖地としての信仰が高まる。平安後期には貴族や皇族の参詣が相次いだが，これには*高野聖ひじりの活動が大きくかかわっていた。中世には，この高野聖の勧進活動により，*大師信仰や納骨信仰が全国的に広がり，15世紀には，荘園経営の行き詰まりに代わり，高野詣の人々をうけいれる宿坊経営が高野山の経済を支えるに至った。

高遊外 こうゆうがい　1675～1763（延宝3～宝暦13）江戸中期の黄檗宗の僧。煎茶道の祖。法諱は元昭げんしょう，道号は月海げっかい，号は高遊外，通称は売茶翁ばいさおう。肥前国鍋島蓮池の人。鍋島藩の支藩蓮池藩医柴山常名の三男で，11歳の時，肥前国佐賀の竜津寺の化霖道竜けりんどうりゅうについて出家した。1687年（貞享4）山城国万福寺の*独湛性瑩どくたんしょうけいに面謁し，96年（元禄9）陸奥国仙台の安養寺の月耕道稔げっこうどうねんに参禅した。1701年再度道竜に師事するが，のち僧籍を離れた。07年（宝永4）頃，長崎で清人から茶の知識をえる。31年（享保16）上京し，東山通仙亭や東福寺通天橋などの名所に茶店を設けて煎茶を商い，画家池大雅いけのたいが・浦上玉堂うらがみぎょくどうらの文人と交わる。著作は「売茶翁偈語ばいさおうげご」「梅山種茶譜略ばいざんしゅちゃふりゃく」など。

拘幽操 「拘幽操」は、暴君である殷の紂王によって幽閉された西伯昌（のちの周の文王）を題材にした韓愈の作品である。*山崎闇斎は、理不尽な仕打ちにもかかわらず、紂王に絶対的な恭順を示す西伯昌の心情に感激して、程子・朱子の評言と自跋を添えて、これを表彰し刊行した。君臣の道徳を、相務的・契約的なものとする発想を嫌い、その基盤に臣下の絶対的な恭順を据える闇斎の思想が、ここにはよく表れている。門人の*浅見絅斎らは、特にこの書を重んじ、その講述・解説を延々と繰り返した。父子は天合、君臣は義合という分け方を忌避し、忠孝の一致を主張する際の、基本的なテキストとして重んじられたからである。絅斎の「拘幽操附録」、若林強斎の「拘幽操師説」などはその代表的な作品である。

甲陽軍鑑 甲州流（武田流）の軍学書。全20巻。武田信玄の寵臣高坂弾正昌信の遺記をもとに、その甥の春日惣次郎、家臣小幡下野らが書き継ぎ、のちにこれを江戸前期の軍学者小幡景憲（山鹿素行の軍法の師）が編纂したものとされる（なお近年、原著者である高坂弾正の口述の筆録者として能役者大蔵彦十郎の存在を重視する説がある）。元和7年（1621）奥書の転写本が存在するので、この頃までに成立する。1656年（明暦2）版が現存最古の版本。武田信玄を中心とする甲州武士の心構え、事績、家法・軍法、合戦などを記す。江戸時代に「本邦第一の兵書」として流布し、写本のほか20種近い版本がでており、武士一般に広く読まれた。

本書は実録とはいえないが、戦国武士の思想と生きざまを江戸初期に集大成した文献としてきわめて貴重である。中でも滅亡に至る悪しき大将の四つの類型を論じた「命期巻」（巻3～6）は有名である。その四つの類型とは(1)馬鹿なる大将（鈍過ぎたる大将）、(2)利根過ぎたる大将、(3)臆病なる大将（弱過ぎたる大将）、(4)強過ぎたる大将であり、(1)はうぬぼれが強く、人を見る目がない、(2)は利害・打算で動く、(3)は主体性に欠け、大勢に流される、(4)は独善的で、謀事を立てることも嫌う、大将のことである。これらは国を滅し家を破る大将を説くことによって、逆に理想的な大将像を示そうとしたものであるが、本書において理想的な大将とは、いうまでもなく武田信玄であった。

広隆寺 秦公寺・蜂岡寺・葛野秦寺などのなどとも。京都市右京区に存在する寺。「日本書紀」によれば、秦河勝が603年（推古11）、*聖徳太子から授かった仏像を安置するために建立したものという。818年（弘仁9）の火災で一度は全焼するが、*道昌の努力で再興される。その後は霊験薬師像を本尊とする寺として、平安時代を通じて広範な信仰を集めた。しかし、1150年（久安6）には再び火災をこうむる。この前後から広隆寺は*太子信仰の寺としての色彩を濃厚にしていき、鎌倉時代には本尊が616年請来の伝承をともなう宝髻弥勒菩薩像に交替する。また太子伝の楓野別宮伝承にちなんで、桂宮院が創立された。

幸若舞 舞・舞々舞・*曲舞・久世舞・二人舞などとも。室町時代、幸若丸によって始められたと伝える芸能。伝承では桃井播磨守直常の孫直詮が越前国で戦語りをしたのが始めといい、その幼名の幸若丸にちなむというが、彼以前に「幸若」の名が史料に現れており（「園太暦」）、伝承にすぎない。素袍に立烏帽子姿の二人が多少の所作と伴奏（太鼓・小鼓など）にあわせて掛け合いで語る。舞とはいうものの、むしろ*語り物に近い。

牛王宝印 牛玉宝印・牛玉・牛王とも。寺社でだされる*護符の一種。初春に行われる修正会、あるいは旧暦2月（現在は3月）の*修二会にだされることが多い。牛王の札には木版ないし墨書で、「二月堂牛玉」「熊野山宝印」「那智瀧宝印」などのほか、それを発行した社・寺・堂などの名前が記され、さらに朱印を捺してある。この朱印は、牛王宝印の根本思想を示すもので、古くは法会の満行に際して、修行僧の額に授与したものであった。現在でも東大寺二月堂修二会においては、満行に際して、僧の額に朱印を捺すことがみられる。やがて牛王宝印をうけることのできる人は、満行した僧のみならず、一般の参籠者にも朱印が捺される

ようになった。また、参籠者らは朱印を紙に捺してもらって持ち帰るようになった。

このような推移にともない、牛王宝印の形式や呪力にも変化がみられるようになった。たとえば、牛王宝印を発行する社寺名を明記して他の宝印との区別をするようになった。さらに、牛王宝印の用途も、たとえば除災護符として戸口や病人の枕元に貼られるなどの変化がみられた。注目されるのは、神仏に誓約する際の*起請文の料紙に牛王宝印の護符が用いられたことである。そして牛王宝印を苗代田の水口に立てて、稲に虫がつかないようにと祈ることもみられた。

郡崩れ 大村郡崩れとも。1657年(明暦3)に肥前国大村藩の郡村でおこった隠れキリシタンの大量検挙事件。発端は、マリア像を拝み説法をする老婆の存在を長崎奉行が知り、大村藩へ通達したことから大量検挙へと発展した。逮捕者608名で、死罪411名、放免99名、牢内病死78名、永牢20名となった。死罪の者のうち大村牢にいた131名は大村の放虎原で斬罪・獄門となり、残りの者は長崎・平戸・佐賀・島原で処刑された。この後大村藩による徹底的な取締りで、同藩の信者は外海・平島・大村領浦上など4カ所を除いて全滅した。

御恩・奉公 保護と奉仕・服従との交換によって成立する支配関係の中世武士におけるあり方を、主君が与える保護をいう「御恩」と、従者が行う奉仕・服従をいう「奉公」とをあわせて表現した語。このような主従関係は、本来、主君と従者との間に直接的かつ個別的に成立するものであり、鎌倉初期の鎌倉殿と東国御家人との関係にはよくあてはまる。この場合の「御恩」としては、所領給与、所領安堵、裁判における保護、官位推挙などがある。「奉公」としては、戦時における軍役、平時における大番役などの軍事警察的負担、造営役などの関東御公事とよばれる経済的負担などがあり、総称して御家人役とよばれた。しかし、西国御家人は、当初から交名注進によって御家人と認定されており、鎌倉殿との間に直接的・個別的接触は認められず、中期以降には、御家人役が所領を対象として賦課されるように

なり、御家人役を勤められない者が御家人の列に留まったり、御家人役を勤めた者が御家人になれないなど、御家人役と御家人とが乖離し、御家人の特権身分化、主従関係の形式化が進んだ。

古賀謹一郎 1816〜84(文化13〜明治17) 幕末期の幕臣・朱子学者。名は増、字は如川、通称は謹一郎、号は茶渓・謹堂・沙蟲・沙翁・憂天生。昌平黌の儒官*古賀侗庵の子。1847年(弘化4)小姓組などをへて儒官となり、また洋学も修めた。53年(嘉永6)ロシア使節プチャーチンの長崎来航に際して応接掛を命ぜられ、*川路聖謨らに随行した。55年(安政2)洋学所頭取となり、施設・人事などの設立要領を答申し、蛮書調所の開設後も頭取を務めた。のち大坂町奉行・製鉄奉行並・目付などを歴任し、67年(慶応3)大政奉還に憤激したが、翌年、徳川慶喜に従い静岡に移住した。のち東京に戻り、明治政府に招かれたが出仕しなかった。著書にオランダ語の書物・雑誌から奇事異聞を抜粋・翻訳した「度日閑言」がある。

古学 江戸時代の日本独自の儒教の一傾向をいう。もともと儒教では、先行学説を部分的あるいは全面的に否定して新説を主張しようとする場合、経書の価値付けや解釈を改めて、自説のほうがより聖人の原意に近いという形式をとるのが伝統的・正統的方法である。*朱子学も*陽明学も、この意味においては復古を志向する学であった。しかし江戸時代においては、伊物といって*伊藤仁斎と*荻生(物部)徂徠の学統が朱子学を否定し、聖人の原意を回復しようとした傾向をさす。明治期になって、*井上哲次郎が*山鹿素行を加えて三者を一括して古学として以来、このよび方が定着した。三者が朱子学を否定する共通の特徴は、「四書」に代わる経書の価値付け、理気二元論(体用説)に代わって気一元論を主張し理を法則化(非実体化)、本然の性と気質の性の設定に代わって性を生(気質)とし本然の性を否定、道が人心に内在することを否定し外在を主張するなどである。だが、三者の社会的・学説的な相違はきわめて大きい。

素行は本来兵学者で、門人には大名・旗本・藩士上層が多い。その儒学説は山鹿流兵学とともに学ばれ、儒教としての独立の学派を形成していない。きわめて政治的な学風で、「大学」を経書全体の基本とし、自然的・必然的な天道と聖人の教えである人道を区分し、個人道徳と統治行為を分離した。

仁斎は公家・町人の弟子が多く、その論は個人道徳の達成と地域住民の行為規範の定立をめざし、国家的統治論には及ばない。「論語」を最上とし、「孟子」と「中庸」を加えた三書主義をとる。復文（中国語の語順習熟法）、意思語脈論（思考様式・文脈の形式性にもとづく思想内容の判断法）、意味血脈論（思想の全体性と個別性の相関的認識法）という独自の方法論により、聖人の古義を追究し古義学と称された。その学統は並河天民系と伊藤東涯系に二分され、天民系は朱子学に接近する。一方、東涯系は仁斎の道徳論の主情性を稀釈して道徳を客観的に規範化し、また考証学的傾向が濃厚である。

徂徠は大名・幕臣・藩士の門弟が多く、儒教を統治行為論と個人修養論に分化して、前者を優越させた。道（統治基準）は聖人の制作であり、聖人とは道の制作者の称で個人的徳性をもっていうのではない、とする。六経を尊重し、漢文の訓読を否定して華音（中国近世の江南地方の音）で直読し、聖人の語義にもとづいて六経を読解することを主張して、*古文辞学と称された。その学統は、経学的な太宰春台系と詩文的な服部南郭系に二分される。

古義学・古文辞学は各地に広がり、享保〜天明年間（1716〜89）には諸藩の儒者の約3分の1を占めるに至ったが、*寛政異学の禁で朱子学が正学とされて以降激減した。また、古義学・古文辞学の学問的発展も低下した。

呉楽 ごがく　→伎楽

古学要 こがくよう　国学者の心得を概説した書。1冊。*本居大平の著。1809年（文化6）に本論、27年（文政10）に付録がなり、51年（嘉永4）本居豊穎の序を付して刊行。*古学を志す者は、「古事記」および六国史以下の正史に学び、古言の意を明らかにしなければならないとし、漢籍・仏書に拠った注釈を排除することが必要であると説く。儒仏の害をあげつつも、それらが日本に伝来したのも神の意志であるとして、儒者・仏者ともに神と天皇を崇敬し、皇国のために各自の道を行うべきとする。「付録」では、学問に執心するあまり家業がおろそかにならないようにと説き、別に、本居宣長の黄泉説を支持して*平田篤胤や*服部中庸の幽冥観を批判した「夷臣に答ふる詞」が付せられている。

五箇条の誓文 ごかじょうのせいもん　大政奉還後に維新政権が示した基本方針。1868年（明治元）3月、明治天皇が京都紫宸殿において公家・大名などを率いて天神地祇に誓う形式で公布された。内容が「広ク会議ヲ興シ万機公論ニ決スヘシ」などの5カ条からなるため、五箇条の誓文と称される。*由利公正・福岡孝弟が起草した原案を木戸孝允が修正、さらに岩倉具視らも加わって最終案が決定された。天皇が自ら誓約を行ったのは天皇の政治的正統性を内外に示すためであり、同時に国民に対しては、「億兆安撫国威宣揚の宸翰」が宣布された。以後、五箇条の誓文は、専制に反対し世論にもとづく政治を要求する運動によって引照されることになった。また、1946年（昭和21）の天皇の人間宣言でも顧るべき原則として掲げられた。

古賀精里 こがせいり　1750〜1817（寛延3〜文化14）　江戸後期の儒学者。実名は樸、字は淳風、通称は弥助、精里は号。佐賀藩領の肥前国佐賀郡古賀村に出生。家は代々佐賀藩士。はじめ陽明学を学ぶ。1775年（安永4）藩命により京都に遊学し、朱子学者福井敬斎（衣笠）に師事した。ついで崎門系の*西依成斎に学んだ。大坂在住の*尾藤二洲や*頼春水とも交流し、在京時代に朱子学に転じた。79年帰藩し藩政に参与した。当時、藩主鍋島治茂は家中に好学の風が欠けていることを嘆き「御警書」を下したほどであったが、81年（天明元）藩校弘道館を設立し、精里を教授に任用した。91年（寛政3）藩主の参勤交代にしたがって江戸にで、幕府の命令によって聖堂で経書を講じた。96年に聖堂付き儒者に任用され（俸禄200俵のち加増100俵）、*柴野栗山・尾藤二洲ととも

に大学頭*林述斎を助けて朱子学の正学化を推進した。1810年(文化7)徳川家斉の11代将軍就職にともなう朝鮮通信使来日のために対馬に渡り、翌年、通信使全履喬・李勉求と聘礼の交換を行った。

精里の著作で出版されたものは「大学章句纂釈」1巻1冊(1812)、「大学諸説弁誤」1巻1冊(同)、「精里集抄」3集10巻10冊(1817〜19)など。写本としては「精里全書」29巻29冊(静嘉堂文庫蔵)が網羅的である。精里の研究態度は、朱子の説を理解するために朱子自身や諸家の説を勘案し、かつ正誤の判断に及ぶものであった。江戸で没するが、遺言により儒葬で行われた。

古賀侗庵(こがとうあん)　1788〜1847(天明8〜弘化4)　江戸後期の朱子学者。名は煜、字は季曄、通称は小太郎、侗庵はその号。別号は紫溟・蠖屈居・古心堂・黙釣道人。*古賀精里の三男として、肥前国佐賀に生まれる。兄は古賀穀堂。1796年(寛政8)父精里が昌平黌の儒官に抜擢されたため、父に従って江戸にでて*柴野栗山の門に入る。1809年(文化6)昌平黌儒者見習となり、17年精里の没後、御儒者に昇進した。1809年、侗庵は、ロシア人によるエトロフ島襲撃などの対外問題に強い危機感を抱き、言路洞開や大型艦船の建造などの革新的な提案を含む「*擬極論時事封事」を著した。また一方で、ロシア、イギリスの情報を収集することを先務と考え、蘭学者*大槻玄沢や*渡辺崋山らと交わり、翻訳世界地理書をふまえた膨大な資料集「俄羅斯紀聞」「*俄羅斯情形臆度」などを編修した。アヘン戦争の情報が伝えられると、侗庵はいち早く、その報告書「鴉片醸変記」(1841)を著し、イギリスの侵略政策を道義的に批判するとともに、西洋の科学技術や情報を摂取しようとしない中国の独善的な自民族・自国優越意識をも批判した。このような世界的な視座に立った考えは、幕末期の海防書の白眉といわれる「*海防臆測」に貫かれていた。このほかにも、侗庵は、全国の河童の伝説を集めた「水虎考略」や怪談の書「今斉諧」など430余巻の著作を残したが、昌平黌御儒者という地位のため、生前に一冊も刊行することはなく、すべて筐底に秘めていた。厳格な父親精里と異なり、寛容な性格であった侗庵は、全国から俊英が集まった昌平黌書生寮で、多くの弟子を育成した。著書は、息子*古賀謹一郎(茶渓)が編纂した「侗庵全書」にまとめられている。

粉河寺縁起絵巻(こかわでらえんぎえまき)　観音霊場として平安初期から都人にも信仰された寺、和歌山県那賀郡の粉河寺に伝わる説話絵巻。紙本著色。1巻。巻の上下に火災による焼痕があり、巻首の詞も失う。2部5段の構成。前半部2段には本尊千手観音にまつわる寺の草創譚が、後半部3段には河内国の長者の娘をめぐる霊験譚が描かれる。その内容は、寺の縁起を語る最古の「粉河寺大率都婆建立縁起」(1054年)にほぼ一致する。画面構成には朗々と図様を展開するという意図はなく、1巻の中に主題となる草葺きの観音堂を繰り返し描き、寺の霊異を絵筆の軽やかな筆致とともに素朴に伝える。12世紀後半期の制作。縦30.8cm×横19.84m。国宝。

御願寺(ごがんじ)　天皇や皇族など貴人の発願によって建てられた寺院。既存の寺を天皇などが指定した御願寺や、貴族・僧侶が建ててのちに奏請して御願寺となったものもあり、勅命によって建立・指定された寺院を特に勅願寺・勅願所という。7世紀後半の天武・持統天皇勅願の薬師寺などは大寺に列せられて公的・官寺的性格が強かったが、平安前期の円融天皇の円融寺以下の四円寺、また後期の白河天皇の法勝寺以下の*六勝寺などは摂関家などの私寺に対応したもので、願主の個人的祈願に応える私寺的性格が強い。その寺領も、後白河上皇の営んだ持仏堂長講堂の所領を典型とするように、事実上の皇室私領であった。

虎関師錬(こかんしれん)　1278〜1346(弘安元〜貞和2・正平元)　鎌倉後期〜南北朝期の禅僧。京都の人。東福寺三聖寺の東山湛照、南禅寺の規庵祖円について学ぶ。修学時代に天台教学、法相学、醍醐寺・仁和寺の密教を学び、公家より漢学・易などを学び、禅密双修の東福寺の学風に親しんで、博学の人となった。来日した*一山一寧に鎌倉へ参じ、のちに「一山国師行状」を著し

た。著書が多く，「*聚分韻略」「十禅支録」「和漢編年干支合図」「仏語心論」「宗門十勝論」，詩文集「済北集」があり，「聖一国師語録」を編んだ。特に「*元亨釈書」30巻は，僧伝を主とする体系的な日本仏教史として知られる。「禅儀外文集」は，虎関自身はむしろ古文主義を唱えたが，禅宗寺院で使われる疏・榜・祭文などの四六駢儷文作成のために中国高僧の例文を集めたもので，ともにその後に与えた影響が大きかった。また，禅林通用の10月5日の*達磨忌を12月1日にすべきと臘朔忌達磨忌を主張するなど，個性を発揮した。

　虎関の時代は，夢窓疎石とその一派が幕府に近づいて禅林の主流となろうとし，宗峰妙超が朝廷によって大徳寺の基盤を作りつつあった時にあたり，これに対して東福寺*聖一派の存在を強調する動きを示した。

国忌 こき　「こくき」とも。天皇の忌日に行われる恒例仏事。天武天皇の国忌に始まる。儀制令にもとづき歴代天皇の忌日を順次加えることとなったので，その数は増加した。791年(延暦10)には国忌省除令がだされて，定義枠が9に限定された。その後には親尽の順にしたがって廃置されていて，天皇の血縁意識などがそこに映し出される。国忌日には8世紀では東大寺ほかの大寺で，9世紀には東寺・西寺などで斎会が行われた。

古義学 こぎがく　→伊藤仁斎

五行 ごぎょう　→木食上人

五行説 ごぎょうせつ　→陰陽五行説

五経博士 ごきょうはかせ　儒教を講ずる学者。五経は，儒教の基本経典である「詩経(毛詩)」「尚書」「易経」「礼記」「春秋」をいう。漢の武帝がはじめておいた制で，漢では政治顧問の役目をも負った。百済がこの制をうけいれ，6世紀の大和朝廷へ段楊爾・漢高安茂・王柳貴らの五経博士を交代で派遣してきたが，このことは「日本書紀」継体天皇7年・10年条，欽明天皇15年条に記されている。

古今伝授 こきんでんじゅ　歌道において「*古今和歌集」などをもとに秘事を伝授すること。藤原為家が子の(二条)為氏に，さらにはその子為世に伝えたのを始めとする。為家の父定家まではこのような事実はみられない。その後，*東常縁が尭孝から伝授をうけたことは有名である。以下，*宗祇，*三条西実隆・実枝，細川幽斎へと続くのが正統とみられた。鎌倉時代以降，文学的価値の高い和歌集が世に現れないこととあいまって，和歌は保守性を強める。

古今和歌集 こきんわかしゅう　平安前期の*勅撰和歌集。勅撰和歌集の最初のもの。全20巻。歌数約1100首。905年(延喜5)*醍醐天皇の勅命により，紀友則・*紀貫之・凡河内躬恒・壬生忠岑が編者となって，撰上された。紀貫之の仮名序と紀淑望の真名序とがあるが，両者の内容はほぼ同じ。和歌の性質・種類(6種)をのべ，和歌の歴史をふり返って，和歌が公式の場から個人の家にうずもれてしまったことの中に和歌の堕落をみ，本来の姿に立ち返るべきことを説く。和歌は人の心を種として，それを詞に表したものであり，天地鬼神をも感動させる機能をもつという主張と，六歌仙評とは，後世の歌論に大きな影響を与えた。

各巻の構成は，まず春(上・下)・夏・秋(上・下)・冬の順に，四季をもって歌を分類し，1巻から6巻までを構成する。以下，7巻賀歌，8巻別離歌，9巻羇旅歌，10巻物名，11〜15巻恋歌，16巻哀傷歌，17・18巻雑歌，19巻雑体，20巻大歌所御歌・神遊びの歌・東歌である。「*万葉集」では四季による部立ては行われておらず，「古今和歌集」ではじめて行われた。以後，勅撰和歌集はこのような構成を見習うことになる。

国意考 こくいこう　「国意」とも。*賀茂真淵の著作。1冊。1760年(宝暦10)頃から草稿が作成され，65年(明和2)頃に成立。没後40年近くたった1806年(文化3)に刊行。日本・中国・インドの三国を対比して，質朴な日本の優越性を論じ，儒教を徹底的に批判した。中世的三国観や陰陽説にもとづく水土論的発想の残存はみられるものの，「万葉集」を中心とした日本の古典を根拠として根本的な儒仏批判を行ったもので，「おのづから」の道としての神道を首唱した晩年の真淵*古道論の代表的著述である。本書に対し，儒者か

こくう

ら激しい反論が寄せられ，国学者が応酬することによって*国儒論争が展開される契機の一つとなった。

虚空蔵求聞持法〈こくうぞうぐもんじほう〉　求聞持法とも。密教の秘法の一つ。聞持は見聞したことを忘れずに覚えていること。求聞持法とはこの聞持を求める法のことで，密教の記憶力増進の秘法である。深山幽谷において，「南牟〈ナウボ〉阿迦捨掲婆耶〈キャキャシャヤ〉唵〈オン〉阿利迦麻唎〈アリキャマリ〉慕唎莎縛訶〈ボリソワカ〉」という*虚空蔵菩薩の真言〈しんごん〉を所定の期間に百万遍唱えることによって達成されるという。はじめ大学に学んでいた*空海〈くうかい〉は，ある沙弥〈しゃみ〉からこの求聞持法を授けられたことが，大学を捨てて仏教に導かれていくきっかけとなったことを自ら語っている。

虚空蔵菩薩〈こくうぞうぼさつ〉　梵語Ākāśagarbha　「大集経〈だいじっきょう〉」虚空蔵品・「虚空蔵菩薩経」などに説かれる菩薩。虚空のごとく無限で，何ものにも破られることのない無量の智慧や功徳を蔵し，衆生に智慧と福徳を授けるとされる。胎蔵界曼荼羅〈まんだら〉虚空蔵院の主尊，金剛界曼荼羅の賢劫〈げんごう〉十六尊中の一尊。入唐前の*空海〈くうかい〉が，一沙門から*虚空蔵求聞持法〈ぐもんじほう〉の教えをうけたことは有名である。奈良時代の求聞持法本尊の遺例として額安寺〈がくあんじ〉像があり，平安初期には真済〈しんぜい〉が菩薩の五智を表した五大虚空蔵菩薩像（神護寺）を造っている。1021年（治安元）*仁海〈にんがい〉による辛酉年除災修法の本尊としても知られるが，一般には智慧の仏としての信仰が広まり，京都嵯峨の法輪寺の十三詣り〈じゅうさんまいり〉も著名である。

黒衣〈こくえ〉　有職故実〈ゆうそくこじつ〉では，諒闇〈りょうあん〉中の素服の白衣〈びゃくえ〉に対して，心喪装束として凶服の中に数えられた。また僧体の法衣は，公家の位色にならった僧官相当の衣色があり，法服の黒袍裳〈こくほうも〉・布袍裳〈ふほうも〉は受戒の人または如法経〈にょほうきょう〉導師などがこれを着るとされた。衆徒が黒衣を着用することは広く認められて，「吾妻鏡」に「俗之束帯，僧之黒衣，各為同色，所用来也」の記事があり，近世の「諸宗階級」には，山門衆徒の黒衣，高野山の黒素絹，五山の喝食〈かっしき〉・沙弥〈しゃみ〉・侍者〈じしゃ〉・蔵司〈ぞうす〉・首座〈しゅそ〉は黒衣を用いることなどがのべられている。これらの着衣の通例から黒衣にかぎらず，出家した者，剃髪入道した人，僧侶を黒衣の総称でよびならわすことが行われた。たとえば室町幕府の足利義持〈よしもち〉・義教〈よしのり〉の時代の醍醐寺三宝院*満済〈まんさい〉は，祈禱・人事などの僧事のほかに，幕府内部の政治的諸問題についても積極的に関与して，〈黒衣の宰相〉とよばれる。

国益思想〈こくえきしそう〉　産業を整え，主として経済的利益を国にもたらそうとする思想。近世では，通常国家とは藩をさし，「国益」は「藩の利益」を意味する。藩制の確立期以来，諸藩は，財政難解消のための新田開発や国産品の奨励，専売などを展開し自藩の利益を追求した。中期以降，農村工業の発展の中，国産品による自領内需要充足や藩専売制を拡大し，幕藩制的商品流通ルートを破壊し，幕末期に雄藩は，藩営工場・藩際交易・対欧米貿易など富国強兵政策を展開した。また，幕府も国益主法掛〈こくえきしゅほうがかり〉をおき，全国的な商品流通の再掌握・貿易統制を企図したが失敗した。18世紀後葉から19世紀前半，*林子平〈はやししへい〉・*海保青陵〈かいほせいりょう〉は，国産品による自領内需要充足や藩専売制の徹底を通じた「国益」獲得を強調し，*佐藤信淵〈のぶひろ〉・*帆足万里〈ばんり〉は農村重視とともに貿易など重商主義的政策をも主張した。*宮負定雄〈みやおいさだお〉の国益論は農本主義と国学にもとづく勤倹を説くが，ナショナリズムの隆盛にもとづいて「国益」を「日本全体の利益」とする観念を反映し，その国益は「皇国の利益」であった。なお，佐藤・帆足の国益は幕藩の枠組みに拘泥されて未熟であり，具体的政策を内容とした全国統一的な国益論は明治政府の成立を待たねばならなかった。

国益本論〈こくえきほんろん〉　平田派国学の立場から，国の繁栄における民衆教化の重要性とその要点を記した書。*宮負定雄〈みやおいさだお〉の著。1831年（天保2）成立。民衆生活の指針を具体的に示した自著「民家要術」をうけて書かれたもので，国益（日本の利益・生産）の生滅・増減の裏に鬼神〈きしん〉（神々）の働きを認め，その御心にかなうには，神明を恐れ畏み善行・善心・正直に生きる道を民衆に教化すること＝「教道」が肝要であるとする。反対に堕胎，出家を認める仏教，肉食などは神の怒りを招く大

罪として断固否定されるが，ここには生命や生産の増加を端的に肯定する民衆一般の*産霊（生成）信仰・生命信仰的な精神が息づいている。その点で，平田派国学の農村での受容・展開の一典型を示すと思われる。

国学（こくがく） 律令制下，諸国に設置された教育・官人養成の機関。国博士1人は経書を講じ，国医師1人は医学を講じた。学生は20～50人，医生は4～10人程度で，入学者は主に郡司の子弟であった。卒業後は都の*大学に進むか，貢挙されて官人となる。8世紀にすべての国には設けられていなかったようであり，9世紀にピークを迎えるが，律令制度の解体と運命をともにして平安末期までには廃絶した。

国学（こくがく） 近世中期に発生した，主に日本の古文献の実証的研究を行い，固有の文化の解明をめざした学問。近世前期の幕府・朝廷の文事奨励や社会・経済の安定によって，学問が普及して古文献への関心が高まり始めた。一方，明清交代による「華夷変態」という東アジアの国際関係の変化により，清の周辺国家においては自国こそ「中華」であるという認識が生じるようになった。このような状況下で，大坂の真言僧*契沖は，徳川光圀の依頼により「*万葉代匠記」を著し，古語・古訓の研究にもとづいて「*万葉集」の解釈を一新した。

ついで，京都伏見稲荷社の祠官家出身の*荷田春満は，契沖の「万葉集」研究の影響をうけ，中世以降の研究に拠らない古典研究を進めた。春満は江戸に進出して，将軍徳川吉宗の文教政策による古書探索や真偽鑑定にあたり，文芸のみならず，記紀・国史・法制へと研究対象を拡大した。春満門人の*賀茂真淵は，田安宗武に仕えて江戸を中心に門人網を形成し，「万葉考」を著して「万葉集」研究をいっそう進め，日本の古代王朝を理想化した。さらに「*国意考」により日本の「おのづからの道」を提唱して，根底的な儒教批判を展開するに至った。

*本居宣長は，「*古事記伝」によって「*古事記」の古典としての価値を見出し，「*日本書紀」神代巻を中心とした従来の神代解釈を刷新し，実証的な古文献研究にもとづく*古道論を確立した。宣長の没後門人を称した*平田篤胤は，宣長の日本中心主義的な主張をいっそう強調しながらも，日本の古典以外にも積極的に諸外国の古伝承を摂取・包含し，真の古伝承を追求して「*古史伝」を著した。特に他界観の究明に努め，仏教・儒教的要素を排し，記紀に加えて民間伝承も参考に独自の「幽冥界」を構成し，以降の神道思想に大きな影響を与えた。幕末期の国学者は，開国による攘夷思想の高揚に歩調をあわせて日本の優越性を主張しつつ，尊王思想を背景に討幕運動に多くが参加していった。

「神武創業」や「*祭政一致」など，国学は明治維新の政治理念にも影響を与え，神祇官の復興や国家的な神社制度・皇室祭祀の確立に寄与し，国家的修史事業や国語教育の確立にも多くの国学者が関与した。しかし，欧米の学術が導入され，大学を頂点とする研究・教育システムが形成され専門分化が進むとともに，近世的な総合学である国学は解体されていった。近世国学者の流れを汲む人々は，帝国大学古典講習科や国学院などの研究教育機関に拠ったが，その影響力は立憲国家確立のための行政制度や神社制度の調査などの考証的な分野に限定された。

近世・近代と一貫して，国学は普遍性を標榜する外来文化に対峙して，日本の固有性・特殊性を追求し主張した。その活動の結果として，神道思想では，移入された宗教の影響に拠らない*復古神道・純神道の主張を導き出し，政治思想としては天皇の国家統治の正統性を儒教・仏教と異なる形で提出した。また，文法や仮名遣い・語義などの研究は文章表現や思考様式にも大きな変化をもたらすなど，近代国民国家の成立にあたって参照される「伝統」の諸要素を提供した。国家の存立が人々の生存にとって重要課題であると認識された近代において，国家有用の学という側面が強調され，明治期後半には近世まで優勢であった「*和学」「*古学」の呼称ではなく，「国学」が一般的となるのも，明治期における近代国民国家の確立という大きな課題と無関係ではない。国学における日本

の固有性・独自性の主張の多くが優越性をともなっていることもあり，昭和戦前期の*国体論の高揚により，国学者の排外的な自国中心主義の側面が強調され，戦後以降は天皇制国家イデオロギー形成の母体と認識されてきた。しかし，非西欧社会の近代化が日本のみならず世界的に進展している現在では，ナショナリズム形成にかかわる学術・知識のあり方を考察するうえで，国学の意義が再考される段階を迎えている。

国学忘貝 こくがくわすれがい 森長見（1742～94）が著した国学書・随筆。1787年（天明7）9月，京都林伊兵衛・江戸山崎金兵衛・大坂河内屋八兵衛刊。「天明癸未の年（天明に癸未の年なし。3年なら癸卯，7年なら丁未）難波津の蘆辺にかくれすむあま人」と「天明三年讃岐国多度郡堀江森助左衛門長見」の二つの序文がみえる。内容は多くの古史書籍を参照しながら，はじめに国体を中心とした国史観を概説し，ついで神道・説話・故実・伝説・風俗・地名・自然現象などについて記し，思想的には仏教批判もみられる。巻頭に本書に引用した234の書名を掲げている。

国忌 こくき →国忌（こっき）

国司 こくし 律令国家において，京から地方行政組織たる国に6年任期（のち4年）で赴任し，*郡司らを統轄して部内支配を行う行政官。守・介・掾・目の四等官制をとる。祠社，部内百姓の籍帳把握，その生活統制と観農，田宅・良賤などの所有関係の統轄，裁判，徴税，軍事，交通管理など，在地支配の全般をつかさどる。四度使（朝集使・大帳使・税帳使・貢調使）の発遣や文書授受による政務報告，物資・人力の送進によって，中央政府との密接な連携をとる。大化以前にも「国司」の語はみえるが，臨時の使者「クニノミコトモチ」（国宰）を示すにすぎないという。

大化の改新で東国国司などを派遣したのが令制国司の直接の起源で，厳密な意味での国司制度の完成は天武朝の国の確定，大税管理権の獲得をへた*大宝律令の制定時に下る。国司の給与には職分田と事力とがあり，8世紀後半以降は公廨稲や利稲の官物補塡残額の配分をうけた。国務については四等官の

共同責任が原則だったが，9世紀以降は上級の者に責任が集中し，官長1人が全責任を負う受領制が確立する。受領は任国支配を強化し徴税機構を再編成して，摂関期の国家財政を支える重要な結節点をなした。

国師 こくし 古代には諸国におかれて，諸寺の監督，僧尼の指導，経典の講読を任務とした地方僧官がおり，*国分寺の造営には国司とともにこれを監督した。783年（延暦2）には，大・上国は大国師1人，少国師1人，中・下国は国師1人と定め，翌年に6年を満期とした。鎌倉時代以後には，各宗の中から国家の師表とすべきすぐれた僧に対して，朝廷から国師号が贈られた。生存中の*賜号を特賜といい，没後の賜号を勅諡といい。鎌倉時代，東福寺開山の*円爾が没後31年をへて花園天皇から聖一国師の称号を贈られたのが，国師号の始まりとされ，南北朝期の*夢窓疎石は生前・没後に7代の天皇から称号を贈られて，七朝帝師とよばれた。

国史館日録 こくしかんにちろく 「*本朝通鑑」の編纂所であった国史館で記された*林鵞峰の日記。全18巻。「本朝編年録」の続修の幕命をうけた1662年（寛文2）から，「本朝通鑑」と改められて完成する1770年までの編纂事業の進捗状況が記される。ほかに，「本朝通鑑」と「*大日本史」との関連を示唆する歴史書についての議論や*林家家塾の教育に関する議論，また鵞峰と幕閣や諸大名との交渉といった記事が随所にみられ，江戸初期の文化史的諸事象を考察するうえでの好史料である。本書以降の鵞峰の日記に「南塾乗」がある。

国史纂論 こくしさんろん →山県太華（やまがたたいか）

告志篇 こくしへん 水戸藩主*徳川斉昭が家臣に対して諭告した教訓書。1冊。天保の藩政改革の最中，1833年（天保4）「何事も時の下知」に逆らうことが「男だての様に思」っている家臣に示され，63年（文久3）藩校弘道館から刊行された。人は貴賤によらず，先祖の恩に報いなければならないという「報本反始」の原則から，自分が「天下の藩屛」として朝廷と幕府の恩に報いてきたように，家臣にも，藩主である自分への報恩を求めた。

その際、「眼前の君父」を差し置いて、直接に朝廷や幕府に忠誠を尽くすことは「僭乱の罪」であると否定している。*藤田幽谷の*『正名論』に定式化されている階層秩序を前提とするこの考えは、斉昭の遺志として、幕末の尊攘激派*天狗党を鎮圧する正当化の論理となった。

国儒論争 近世中期から明治初年に至るまでの国学者と儒学者との間で継続的に、主に「道」に関して行われた議論。荻生徂徠門人の*太宰春台は『*弁道書』において、古代の日本には儒教と比肩すべき道は存在せず、無知蒙昧な状態であり、儒教渡来後に礼楽が備わるようになったと論じた。これに対して、*賀茂真淵が『*国意考』において批判を加え、「おのづからの道」たる神道の存在を主張した。ほぼ同時期に*本居宣長の『*直毘霊』も「弁道書」を意識して立論されており、「天照大神の道」を儒教の道に対比した。近世後期以降、真淵・宣長の両著をめぐって儒学者と国学者との間の論争が幕末まで継続的に行われ、*平田篤胤の処女作『*呵妄書』も春台に対する反論書である。「国意考」に対しては野村公台（東皐）「読国意考」や三芳野城長（*沼田順義）「国意考弁妄」、「直毘霊」に対しては*市川鶴鳴が『*末賀能比連』や沼田順義『*級長戸風』、会沢正志斎『*読直毘霊』などの批判書がだされ、それに対する再批判の書も宣長の『*くず花』をはじめ国学者の側からだされた。欧米の学問が近代以降主流となることによって、論争は立ち消えていく形となり、明治初年、皇学所・大学において奉斎すべき学神の問題を発端として国儒両者が論争したが（学神祭論争）、これが最後の顕著な対立となった。

国粋主義 近代日本の欧化主義的動向に対立して、日本固有の長所や伝統的な価値を擁護し、発展させようとする思潮。鹿鳴館政策にみられるような政府主導の外形的*欧化主義に対して、*三宅雪嶺ら政教社の人々が「日本人」誌上で〈国粋保存旨義〉を唱道したのが〈国粋〉〈国粋主義〉という言葉の始まりである。この国粋はnationalityの翻訳で、その国をしてその国らしくしている真髄であり、たとえば三宅の場合それは美的観念であった。彼らの国粋主義は、特殊日本的価値を排他的に主張するものではなく、むしろ日本在来の文化や思潮を大切に育てて欧米の文化にも匹敵するものをつくりだそうとするものであった。しかし、日清戦争後の*高山樗牛らが主張する〈日本主義〉は、日本国の存立を人間の道徳規範とする国家主義的イデオロギーとなった。樗牛らは、明治政府が近代的統一国家を形成する過程で社会的に定着させていった、幕末の*国体論や天皇崇拝・*家族国家論などを〈日本〉〈国粋〉という言葉にとりこんだといってもよい。そして、昭和期に入ると国粋主義はどこの国にも国粋があるという相対的な意味を失い、国体論にのって排他的な特殊日本主義を絶対化する主張となっていく。

国是三論 幕末期の福井藩の政治顧問となった*横井小楠は、「国是」を定めて藩の動向を統一する必要を感じ、有司との討論を重ねて、「国是三論」を1860年（万延元）につくりあげた。文章化したのは中根雪江である。本論は富国・強兵・士道の三論からなる。富国論では、まず交易を開いたことによる害を列挙し、鎖国を続けていく場合の害がそれに比べてはるかに大きいことをきわめて説得的に示し、「公共の道を以て天下を経綸」するという態度で交易し、民を富ませることを通じて国を富ませるべきことを説く。そしてそれとともに、徳川家中心主義の幕政のあり方が忌憚なく批判される。強兵論では、世界の情勢が説かれ、火輪船の横行する今日の状況では、新たに海軍を主体とする国防体制を樹立する必要が説かれ、その構想のもとに藩としてなすべきことが説かれている。士道論では、富国・強兵の政策を内から支えるものとしての士道を、文・武の活動の根源としての心法に求めている。この「国是三論」は問題の根源を捉え、所論明快で先見性に富み、かつ具体的で幕末時務論の白眉といえよう。

国性爺合戦 江戸前期の浄瑠璃。全5段。*近松門左衛門の作。1715年（正徳5）11月初演。明・清の交替動乱期に、

中国に渡って清と戦った平戸の福松(鄭成功、1624〜62)の史実を脚色した時代物浄瑠璃。中国人の父と日本人の母の間に生まれた和藤内(鄭成功にあたる。和でもなく唐でもないの意)が、平戸に流れてきた明帝の妹を助け、中国に渡って義妹の夫の将軍甘輝と戦い、最後は甘輝も味方して延平王国性爺鄭成功となる。二国にまたがる壮大なスケール、虎の登場する異国のエキゾチズム、武勇のスペクタクル、世話場の巧みな挿入など見どころが多く、17カ月のロングランとなり、竹本座起死回生の作品となった。

国体新論 こくたいしんろん　*加藤弘之が天賦人権論にたつ国家論をのべた著書。幕末・維新期の対外的危機に際し、開化論者は西欧の軍事・科学技術だけでなく、社会制度・倫理道徳についても、従来の儒学的観念から自由になって新しい考え方をとりいれた。「国体新論」はそのような著書の一つで、加藤弘之が「立憲政体略」「*真政大意」に引き続いて、1875年(明治8)に出版したものである。「真政大意」では、政治の目的は安民にあり、そのために国家と人民と人民相互の権利・義務関係を明らかにする法制度をたてる必要があることを説いた。さらに、「国体新論」では「人民を主眼とたて、特に人民の安寧幸福を求める目的と定め」、その目的の実現が君主・政府の存在理由となるような「国体」をとるべきことを説いている。

国体総論 こくたいそうろん　→九経談総論評説

国体の本義 こくたいのほんぎ　「天皇機関説」問題に発する*教学刷新評議会の答申にもとづき、1937年(昭和12)正統的*国体論の国定書として文部省思想局が刊行した指導書。「国体」とは天皇制家族国家をさし、日本は「皇室を宗家とし奉り、天皇を古今に亙る中心と仰ぐ君民一体の一大家族国家」と定義されている。天皇統治こそ国体の「精華」であり、この国体に属する「臣民」は「現御神」の天皇に対し「絶対随順」を誓い、「天皇の御ために身命を捧げること」こそが「国民としての真生命を発揮する所以」と「献身没我」の政治的・教育的価値が強調された。この書は42年4月までに8版103万部を発行し、昭和10年代の国体論・国史観の統一と普及を

目的に学校などに頒布された。→臣民の道

国体明徴運動 こくたいめいちょううんどう　「天皇機関説」を排除するために軍部や右翼がおこした政治運動。憲法解釈としての天皇機関説を、天皇の統治権を制限しようとする反国体的なものとして否定しようとする運動。1935年(昭和10)2月第67議会で、貴族院議員・陸軍中将の菊池武夫が*美濃部達吉博士の憲法学説は反逆的思想であると攻撃したことから始まった。*天皇主権説に対して、統治権の主体は国家であり、天皇はその国家の最高機関であり、国民代表の国会にも立法に関して重要な権能があるとするのが天皇機関説である。このような機関説は大正デモクラシー運動を理論的に支え、憲法学会において支配的な地位を占めていた。美濃部は貴族院で理路整然と反論したが、不敬罪で告発された。立憲政友会・在郷軍人会・明倫会・皇道会・大日本生産党・国体擁護聯合会などが機関説の徹底排除を申し合わせて活発に動き、陸軍の派閥対立とあいまって拡大し社会問題に発展した。同年4月、美濃部の著書「日本憲法の基本主義」「逐条憲法精義」「憲法撮要」は発禁となる。岡田内閣は8月と10月に「大日本帝国統治の大権は天皇に存する」との国体明徴声明を発し、ようやく運動は終息した。11月文部省は「*国体の本義」を刊行、自由主義・民主主義・個人主義を排除し、国民に天皇への絶対服従を強制していく。→天皇機関説争

国体論 こくたいろん　広義では国がら・国の形体を、狭義には日本固有の国のあり方を意味する。狭義の国体論の体系化は、水戸学派の会沢正志斎の「*新論」に負うところが大きい。維新期には、「皇朝君臣の義、万国に卓越する如きは、一国の独なり」と説く*吉田松陰の国体論をめぐって、儒者*山県太華との間で論争があった。福沢諭吉の「*文明論之概略」では一般的な意味で「国体」に論及しており、自由民権運動が展開された明治10年代にもまだ「国体」について議論の余地があった。政府内部でも、立憲政治への移行が国体の変更にあたるかどうかの議論があったが、それは政体の変更にすぎないとされた。大日本帝国憲法に続き、「国体の

精華」を謳った*教育勅語が発布されると天皇はしだいに超宗教的な存在とされ、日清・日露戦争をへて日本が国際的な威力を高めるにしたがって、天皇を冠する日本の優秀さが喧伝されるようになり、特殊価値としての「国体論」が流布していった。

しかし、大正デモクラシーの時代になると、大日本帝国憲法の議会重視の解釈をとる*美濃部達吉の国家法人説・天皇機関説と、君権主義*天皇主権説を説く*上杉慎吉との間で論争が展開されたが、美濃部学説の優位はゆるがなかった。このような風潮に不満をもっていた軍部や国家主義者たちが、1934年(昭和9)2月、貴族院において美濃部の「*憲法撮要」をとりあげ、機関説が国体に反する学説であると弾劾したのをきっかけに、機関説排撃運動が広がった。ついに政府は「国体明徴に関する声明」を発し、天皇を統治権を行使するための機関とする考えは、「万邦無比なる国体の本義を愆るもの」とした。この間、1925年(大正14)に制定された*治安維持法では「国体の変革」が処罰の対象とされ、日中戦争が拡大する37年には「*国体の本義」が文部省から刊行された。また、45年の終戦の詔勅では「国体ヲ護持シ得」とされている。このように明治憲法体制のもとでは、「国体」は日本国の存在上変えることのできない特性とされたが、その意味するところは、近衛文麿が*大政翼賛会についていみじくも「時にヒットラーの音がし、時に共産主義の音がする」といったように、必ずしも明瞭ではなく、時代と状況によって変化したといえよう。

国体論及び純正社会主義 こくたいろんおよびじゅんせいしゃかいしゅぎ　→北一輝

獄中記 ごくちゅうき　盛岡藩三閉伊一揆の指導者*三浦命助の著作。盛岡の長町牢から故郷上閉伊郡栗林村の家族に言い送った4冊の「てうめん」(帳面)からなり、「獄中記」の名は森嘉兵衛の命名による。1～3冊が1859年(安政6)、4冊目は61年(文久元)の作である。一家の中心である命助が囚われ、借金に苦しむわが家をいかに立て直すのか、その具体的方法について通俗道徳を織り交ぜながら説いている。特に薬の処方にかなりの頁を割いており、薬方の知識が諸人救済と実利を兼ねると命助がみなしていること、命助が日頃薬方の知識を集積していたことが注目される。4冊目の「てうめん」には、盛岡藩主の不仁をきびしく批判し、自らの処刑後には松前に移住して「公儀」の御百姓」になるように勧めている。

国定教科書制度 こくていきょうかしょせいど　→教科書制度

国風文化 こくふうぶんか　→藤原文化

国分寺 こくぶんじ　741年(天平13)の*聖武天皇の詔によって各国ごとに国衙付近に設けられた寺院。僧寺と尼寺とからなり、前者は護国の経典の「金光明最勝王経」に依拠して「金光明四天王護国之寺」、後者は「法華経」の教説に依拠して「法華滅罪之寺」と正式には称し、それぞれに封戸や水田を施入するとともに、一定数の僧尼を常住させることとした。さらに両寺には毎月8日に「最勝王経」「法華経」を転読させるなど、鎮護国家の機能をになう*官寺として国家の期待が寄せられたが、その造営は必ずしも順調ではなく、既存の寺院をあてる転用国分寺もあった。近年各地で寺跡の発掘調査が進められているが、その規模や伽藍配置、また国衙との位置関係など多様であることが判明しつつある。

国防の本義と其強化の提唱 こくぼうのほんぎとそのきょうかのていしょう　→陸軍パンフレット問題

国本社 こくほんしゃ　昭和初期の国家主義団体。虎の門事件(1923)によって総辞職した第2次山本内閣の法相平沼騏一郎が、民本主義的風潮を嘆き「国体ノ精華ヲ顕揚スル」ことをめざして、1924年(大正13)結成した。反政党政治・反国際協調の傾向をもち、会長に平沼が就任した。荒木貞夫・宇垣一成・後藤文夫・池田成彬ら高級官僚・軍人・実業家・学者を組織し、機関誌「国本」および「国本新聞」を発行した。会員20万人、支部170、別働隊の修養団をもった。軍部と組んで官僚の中に勢力を伸ばし、平沼内閣実現のために活動した。しかし36年、平沼が待望の枢密院議長となり会長を辞任、平沼自ら国本社を解散した。

国民学校令 こくみんがっこうれい　戦時の初等教育機関で

ある国民学校に関する制度・理念を定めた勅令。1941年(昭和16)3月公布、4月1日施行。国民学校令は58条からなり、その第1条は「国民学校ハ皇国ノ道ニ則リテ普通教育ヲ施シ国民ノ基礎的錬成ヲ為スヲ以テ目的トス」と規定する。「皇国ノ道」とは「*教育勅語」冒頭における「国体ノ精華」、すなわち皇室を宗家とする一大家族国家の臣民が服すべき忠孝の道徳をさす。国民学校による教育課程には、大正新教育が主張してきた教授方法や教科統合も利用され、自己活動の方法原理を皇国民の教育に吸収するとともに、「少国民」の自発的総力の結集のため行事活動・訓練活動が重視された。

国民主義 こくみんしゅぎ　国家が、王や貴族の所有物ではなく、国民によって構成されるものだという近代国民国家(nation state)の考え方。明治20年代、*陸羯南の「国民論派」や、*徳富蘇峰の「平民主義」によって、明治政治思想としての市民権をえた。羯南は、日本が歴史的継続性をもつ共同体として形成されるべきだと考え、その点で政府の外形的欧化政策と観念的な天賦人権運動を批判した。また、たとえ統一国家の体を成していても、国民全体の利害と意志を無視していてはならぬと、立憲制の導入を主張した。これを羯南は「天下は天下の天下なり」との言葉から説明している。この言葉が幕末に*吉田松陰と*山県太華との間で行われた論争の争点であったことを考えると、国民主義は日本に伝えられた儒教思想にその根をもち、幕末変革期にすでに芽生えていた思想であったということもできる。他方、蘇峰はその考え方のモデルを、イギリスのカントリー・ジェントルマンによって支えられる市民革命に求めており、日本型の市民社会を模索するものであったことがわかる。このように明治20年代の国民主義は、日本の伝統と西欧文明のぶつかりあったところに形成された主張であったといえる。⇒田舎紳士

国民新聞 こくみんしんぶん　日刊新聞。1890年(明治23)2月に東京で創刊。*徳富蘇峰が主宰し、平民主義を標榜した。日清戦争に際しては、従軍記者を特派するなどして部数を伸ばしたが、蘇峰が三国干渉を機に膨張主義に転換して内閣の勅任参事官に就任したため変節を非難された。その後は山県系藩閥官僚の機関紙としての性格が強くなり、日露戦争では講和賛成の態度をとったため、各紙の攻撃をうけた。1905年9月には、東京日比谷で開かれた講和反対国民大会で激高した群衆により社屋を襲撃され、部数も激減した。また13年(大正2)2月の第3次桂内閣に反対する憲政擁護運動でも、御用機関紙とみなされ襲撃をうけた。その後は政府から距離をおくなど経営の回復を図ったが、23年9月の関東大震災では社屋が倒壊して致命的な打撃をうけた。29年(昭和4)1月に蘇峰自らが朝刊に「社長引退声明」を公表し、4月に大阪毎日新聞社の社賓となることで事実上終焉した。だが、蘇峰が連載していた「近世日本国民史」は、「大阪毎日新聞」でなおも連載が続けられた。42年に戦時統合により「都新聞」と合併、「東京新聞」と改題された。

国民性十論 こくみんせいじゅうろん　→芳賀矢一

国民精神作興に関する詔書 こくみんせいしんさっこうにかんするしょうしょ　1923年(大正12)9月に発生した関東大震災後の帝都破壊・社会不安を契機として、11月10日「国民精神ノ涵養」による「国本」(国の基礎)の確立のため渙発された大正天皇の名による詔書。この呼称が確定したのは翌年1月の文部省通牒においてであり、この発布を機に大正新教育への圧迫、社会主義思想・労働運動・農民運動の取締り、配属将校による*軍事教練、公民科の設置へと国家主義的施策が強められるようになった。詔書は、国民精神の内容を「*教育勅語」における忠孝、「*戊申詔書」における忠実勤倹の国民道徳に集約しており、災害後の国力回復・道徳振興のため「質実剛健」と「醇厚中正」の奮励に、国民の精神を集中させることが政治的狙いであった。

国民精神総動員運動 こくみんせいしんそうどういんうんどう　略称は精動。日中戦争開始後1937年(昭和12)8月からの戦争協力の強化運動。第1次近衛内閣が国民の戦意高揚を図るために発足させた。「挙国一致」「尽忠報国」「堅忍持久」をスローガンに、同年10月に内閣の外郭団体として国民精神総動員中央連盟を結成し、町村長会・在郷軍人会・婦人団体・青少年産業団体

などで組織した。地方では，知事を核に実行委員会をつくり，軍事講演，武運長久の祈願，出征兵士家族の慰問，勤労奉仕，消費節約，貯蓄奨励などの行事が行われた。また，運動の実践末端組織として町内会・部落会・隣組の整備も進められ，初期の精神運動からしだいに経済国策への協力運動へと変化した。一方，戦争の長期化で生活不安も深まった国民の支持をえられず，上からの押しつけへの反発や無関心が広がった。38年再組織しようとしたが失敗。代わった平沼内閣は，39年にこの運動を強化するため毎月1日を興亜奉公日とし，〈贅沢は敵だ〉の立て看板を掲げて耐乏生活を強いたが，のち新体制運動に吸収され，40年＊大政翼賛会に引き継がれた。

国民精神文化研究所 こくみんせいしんぶんかけんきゅうじょ 1931年（昭和6）に設置された学生思想問題調査委員会（委員河合栄治郎・蠟山政道ら）の答申をうけ，32年に設立された文部省直轄研究・研修機関。国民精神に関する研究・指導・普及ならびに中等教員の再教育を目的とした。研究部と事業部に分かれ，研究部には歴史・国文・芸術・哲学・教育・法政・経済・自然科学・思想の9研究科目が，事業部には教員研究科と研究生徒指導科がおかれた。41年以降は共同研究体制を強化し，たとえば教育科におけるテーマは「大東亜教育政策」である。事業部の教員研究科では中等教員の再教育として国体・国民精神のイデオロギーが強化され，研究生徒指導科では「左傾思想」の学生・生徒に対し寮生活による個人指導が行われた。

国民道徳論 こくみんどうとくろん 明治後期～昭和初期に倫理学者らによって体系化され，公的な道徳教育機関を通じて普及された国家中心の道徳思想。主な文献の一つである＊井上哲次郎「国民道徳概論」(1907)は，国家とは天皇を家長とする一大家族であるという「総合家族制度」国家論にもとづいて，個々の家族の長に対する孝は臣民の天皇に対する忠に通じるという「忠孝一本」の道徳をもって，日本固有の道徳であると説いた。また吉田熊次「我が国民道徳」(1918)は，わが国特有の道徳は，いっさいの徳が忠に収斂されるような道徳体系であるべきだと説いた。こうした国民道徳論に対しては，人格主義的・個人主義的な立場の倫理学者と，より保守的な国粋主義者との双方から反論がでた。前者に藤井健次郎・中島徳蔵・大島正徳らがあり，後者には紀平正美がいる。また＊和辻哲郎は「国民道徳論」(1932)で，国民道徳論者における道徳の原理的研究と歴史的研究との混同を批判している。このほかの文献に「丁酉倫理講演集」(1918)がある。→徳育論争

国民之友 こくみんのとも 明治中期の総合雑誌。1887年（明治20）2月，民友社から創刊。「＊将来之日本」で頭角を現した＊徳富蘇峰は，東京で「国民之友」を発行することによって，「天保の老人」たる政府の要人たちに代わって，自分たち「明治の青年」たちの新しい時代の構想を示そうとした。国家は政府の高官たちによってつくられるのではなく，普通の人民が主人公となって自分たちの幸福と利益を達するような国家社会をつくらねばならぬと蘇峰は訴えたのである。この主人公として考えられたのが，「＊田舎紳士」である。雑誌の守備範囲が宗教・文芸から政治・経済へと広かっただけでなく，執筆陣も主筆の蘇峰のほか，＊中江兆民・＊新渡戸稲造・＊森鷗外ら多彩な顔触れであった。このことは，時代の変革が政治変革のみによるのではなく，文字どおり文化的・社会的変革でなければならぬという蘇峰の主張の表れであったといえよう。蘇峰が，日清戦争の頃＊国家主義に大きく旋回をするにともない，雑誌はその使命を全うしたかのように1898年8月，372号をもって廃刊となった。

国民優生法 こくみんゆうせいほう 1940年（昭和15）5月1日，法律第107号として公布された（翌年7月から施行）。戦後の優生保護法（1948）が母性保護を併せもりこんでいるのに対し，本法は純然たる優生学的目的による断種法であった。条文にいう「優生手術」とは，遺伝性心身症・遺伝性「(奇)形」を減じるための，生殖を不能にする手術・処置をさす。「公益上」必要な場合，本人の同意なく手術が可能とされた。民族の遺伝的資質の向上のために，ナチス・ドイツにおいても不適者の産児制限は「国家の義務」とされ，積極的に導入された。

国約欽定論争 こくやくきんていろんそう ＊大日本帝国憲法

ごくら

の制定以前に行われた憲法の作成に関する論議。具体的には、それを国民の代表が審議して決めるのか、それとも唯一の主権者たる天皇が作って国民に賜与するかの方法の対立である。日本においても近代国家の最高法規である憲法の必要性については、明治初期より官民ともに認めており、早くから*私擬憲法が作られていた。1880年（明治13）3月に結成された*国会期成同盟の第1回大会において、すでに国民の代表による憲法制定会議の志向がみられ、同年11月の第2回大会では、81年10月予定の次回大会で地区ごとに憲法素案を起草してもちよることが決議されて以後、各地で草案が作成された。このように民権派は最終的な憲法を国民の代表により決定すること、つまり国約ないしは民約憲法をめざしていた。しかし、81年7月に岩倉具視が井上毅の起草にもとづく憲法意見書の中で、日本の憲法はあくまでも欽定憲法であるべきとし、さらに同年10月の「国会開設の詔勅」でも国会の組織権限については天皇が決定し時機をみて公布するとしたことにより、この問題については実質的に封印されて、論議の質的な深化はなかった。実際に大日本帝国憲法の序文にあたる「憲法発布勅語」においても、大臣および臣民は天皇が定めた憲法に従うべきことを明記している。したがって、この対立を一般的な論争ということはできない。

極楽寺 ごくらくじ 鎌倉市にある真言律宗別格本山。霊鷲山感応院と号す。北条重時の念仏堂を1259年（正元元）現在地に移し、浄土教の寺院として創建された。67年（文永4）、幕府の招きで鎌倉に下向した*叡尊の意向により、門下の*忍性が入山、律宗寺院として中興した。関東の律宗寺院の頂点に位置づけられ、七堂伽藍をはじめ、四十九院や療病院など貧民救済の施設が周辺に建ち並んだ。蒙古襲来下、幕府の外護のもとで、慈善救済事業のみならず土木交通事業まで組織し、全国に末寺を展開して栄えた。室町時代以降衰滅し、現在はわずかに仏像や忍性塔などを残すにすぎない。

極楽寺殿御消息 ごくらくじどのごしょうそく →北条重時家訓

極楽浄土 ごくらくじょうど 諸仏の浄土の中で、特に阿弥陀仏（無量寿仏）の浄土をいう。安養国・安養浄土・西方浄土などともよぶ。この仏国土の快楽に満ちた荘厳の様については、浄土三部経をはじめとする諸経典に描写がある。わけても「*観無量寿経」は、阿弥陀の極楽浄土と阿弥陀仏の荘厳を観想することを通じてこの浄土への往生を説くもので、その描写は精密をきわめ、ためにこの経を所依として当麻曼荼羅に代表される各種の*浄土変相図（浄土の様を絵画化したもの）がうまれた。

極楽浄土九品往生義 ごくらくじょうどくほんおうじょうぎ *良源の著作。「*観無量寿経」の九品往生段に一品ずつ注釈をほどこしたもの。その文中に最も多く引用されているのが智顗に仮託された「観無量寿仏経疏」であり、この点に宋代初期の天台家と共通する態度が指摘されている。

一方では、奈良時代の三論宗の浄土教家*智光や、義寂・憬興ら新羅の浄土教学者の著作の引用も多く、これら三者の思想的系譜にのっとっていることが知られる。その弟子源信の「*往生要集」が実際の念仏結社の運動の指南書ともなりうる具体性を有したのに対し、本書はいまだ学解的である。

黒竜会 こくりゅうかい →内田良平

御禊記 ごけいき →永和大嘗会記

五堅固思想 ごけんごしそう 五五百年説とも。仏教における下降終末観思想の一つ。釈迦入滅後の仏教の盛衰を500年ごとに区切る説。「大方等大集経」月蔵分に説かれる。正像末の三時説とともに、中国・日本の*末法思想に影響を与えた。その内容は、(1)仏滅後の500年で、正法が維持され、解脱も保証される解脱堅固。正法の時代。(2)比丘の禅定が保証される禅定堅固。像法の初め。(3)行は衰えるが、経典を聞持する者が多く、教えと戒律は守られる多聞堅固。(4)行と証は滅ぶが、寺院の建立は盛んである造寺堅固。(5)教法が完全に滅び、比丘は戒律を持せず、自説に固執して争い、邪見が増す闘諍堅固。末法にあたる。「*日本書紀」の仏教伝来記事は、この五堅固思想の中の造寺

護国三部経 ごこくさんぶきょう　鎮国三部経とも。「*法華経」「*金光明経」「*仁王経」の三部の経典をさす。*最澄は「天台法華宗年分学生式（六条式）」において、天台宗の学生を止観業の者と遮那業の者とに分け、止観業の学生の読誦すべき経として、法華・金光・仁王・守護（「守護国界主陀羅尼経」）の4経をあげた。つづいて「比叡山天台法華院得業学生式」では、止観の得業学生は「守護国界経」を除く3経を読誦講経すべきことを説いた。学生式は比叡山への大乗戒壇設立の勅許を求めるために提出されたものであったが、止観業・遮那業ともに護国を目的とした業を行うと規定しており、これによって国家の公認をえようとしたものと考えられる。

護国神社 ごこくじんじゃ　幕末・維新期から第2次大戦に至る内外の戦役で没した人々を祭神とする、府県以下の地域に創祀された神社。その前身である*招魂社は、1864～67年（元治元～慶応3）の間に、王政復古に従事した国事殉難者を慰霊するため、京都や萩藩などに創設された招魂墳墓・招魂場に由来する。各地域の藩出身の戦没者を祀ったことによる郷土意識と結合した歴史性と、日清戦争以降の戦没者の急増などもあり、法的・経済的な整備が求められ、1939年（昭和14）内務省令により護国神社と改称した。社格は有しないが、府県社に準ずる指定護国神社、村社に準ずる指定外護国神社に区分された。戦後直後は存続の是非が議論され、社名を地名などに改称した一部の護国神社はあったが、すべて旧に復している。神社本庁では旧指定護国神社を別表神社に指定している。現在、地方公共団体や靖国神社との関係、崇敬会組織の維持などの課題が指摘されている。

護国の経典 ごこくのきょうてん　→護国三部経ごこくさんぶきょう

古語拾遺 こごしゅうい　古代の史書の一つ。807年（大同2）斎部広成の撰。1巻。宮廷祭祀の職掌をめぐって中臣氏と対立した斎部氏が訴訟をおこしたが、そのおり平城天皇から下問されたのを機に、忌部氏の古来の職掌とそれを裏づける古伝承を記したものである。中臣氏の中から藤原氏がでて以降、宮廷祭祀にあっても中臣氏が藤原氏の権威を借りて忌部氏を圧迫し、宮廷祭祀の現状が根源の精神を失ってしまっていることをのべている。「古語の遺りたるを拾ふ」という書名のとおり、古伝承に遺漏している11カ条をあげ、記紀にみえない神話や伝承を伝えている。

五五百年説 ごごひゃくねん　→五堅固思想ごけんごしそう

こゝろ　*夏目漱石の作品。1914年（大正3）4月2日から8月11日まで「朝日新聞」に掲載された。同年12月岩波書店刊。親友を裏切って恋人をえるという過去をもつ「先生」と、その「先生」に強く引かれる「私」という青年の物語。「先生」は「私」と出会うまで、彼が裏切った親友の自殺が自分の行為に原因があると考え、自らのエゴイズムと人間の内部に巣くう根源的な罪の感覚に苦しみつつ生きてきたのであるが、自らの経験が「私」の中に再生することを祈願しつつ、その一切を遺書に書き残し「私」に託して自決する。利己的な合理性と倫理性との間で悩む近代知識人の苦悩を描き出した作品である。

心 こころ　許許呂ここ・情とも。
　　Ⅰ　古代日本人における心の思想
　中国では宋の張載ちょうさいが「心は性情を兼ぬ」と規定し、今日に至る。西欧古典世界では、ラテン語のanimus（精神）とanima（魂）の対比がある。ギリシア語にはこれとぴったりあう語はないが、ロゴスとパトスとの対比がほぼこれにあたる。これをみると中国も西欧古典世界も、心にあたる語は知的面と霊的・情的面の両者を含んでいることがわかる。
　ところが古代日本では、「知情意」の意味をもたないではないが、「古事記」「万葉集」では「思ふ」「知る」などの知的働きよりも、「痛む」「砕く」などの情の働きを示す場合が多い。これをみると古代日本人は、「情」を中核とする心意作用として心を理解し、そしてその純粋さを尊んでいたように思われる。「宣命せんみょう」にいう「*清明心きよきあかきこころ」は彼らの心的傾向を純化したものといえよう。
　〔空海の世界〕　平安時代になると仏教理解も深まり、*空海によって「*十住心論じゅうじゅうしんろん」「*秘蔵宝鑰ひぞうほうやく」において、凡夫の世界から儒教・老荘をへて小乗しょう・大乗だいじょうへと高ま

り，真言密秘密の教えにおいて究極位に達するという人間の精神の深まりの諸段階を示す教説がつくられるが，一般の人々には及びがたい世界だったらしい。

〔「古今集」の世界〕　当時の知識人であった貴族たちの教養の中心は漢学と和歌であり，漢語をいかに日本語として訓じ，新しい日本語のスタイルをつくるかということは時代の課題であった。このような状況の中で，905年（延喜5）に「*古今和歌集」が撰された。撰者の一人*紀貫之の「やまと歌は人の心を種としてよろづの言の葉とぞなれりける」（仮名序）という言葉は，一人一人の心に根ざした新しい歌風の時代をつくろうとする宣言であった。そして，男性歌人は理論と批評に優れ，女性歌人は身と心の相克をなげく真率な歌を残した。

Ⅱ　古代末期から中世にわたる心の思想

〔無心から有心へ〕　女流歌人の真率さに共感し，当時流行した機知をもてあそぶ歌風に反対し「歌は……心より出でて，みづからさとる道なり」として，一首一首心をこめて澄心の歌をつくる歌風の形成をめざしたのは*藤原俊成であった。彼は天台の摩訶止観の「三界に別の法なし，ただこの一心の作なり」という考え方に共感し，「艶にもあはれにも聞ゆる」（「古来風体抄」）歌を一首一首心をこめてつくる歌風の形成をめざした。それは仏の道にも通じるという信念が彼を支えていた。

息子の定家は父のめざした幽玄の美とは違って妖艶の歌をめざしたが，父の「心を澄まし」「歌ごとに心のふかき」ことをめざす基本の考えには共感し，このような歌境をめざす歌風を「有心」の歌といい，「無心」の歌と対比した。無心は，機知や言葉の洒落を可とする「をかしさ」をめざす歌風の歌のことをいう。

この有心歌風をめざす人々の集団は歌壇を形成し，のちに正徹をへて氷の美をめざす*心敬もうまれた。

〔苦悩する心と新たなる無心の歌〕　治政の紀綱もゆるみ，天災・人災もあいついでおこって，世も末と思わせる状況が12世紀の京都を襲った。12世紀も終りになると，人々の心の捉え方のうえで大きな変化がおこり，それまでのあえかなる美を感受する心は苦悩する心へと変わる。その代表的なものは，*西行の「心から心に物を思はせて身を苦しむる心なりけり」（「山家集」）であった。方丈記時代の美的実存としての自己を否定した*鴨長明も，「心の師とは成るとも心を師とすることなかれ」（「発心集」）というに至る。だが，彼らはそこで立ち止まった。

そこを突破したのが，1世紀後の*一遍である。彼は，「心をばこころの怨とこころえてこころのなきをこころとはせよ」と「無心の心」を主題とする，わが国最初の歌をつくった。彼は浄土教系の僧でありながら禅に通底する境地に至った人で，しかもその境地を和歌で表現した。

〔道元における心学道と身学道〕　ところで，中世の精神生活の中核をなすものに禅がある。ここでは，禅の中でも特に哲学的思索にすぐれた*道元をとりあげる。道元のいう「学道」は二つの段階からなる。第一は「心をもて学するもの」であり，第二は「身をもて学する段階」である。第一は私の現存在がどのようなものであるかを自覚し，その結果，自己の煩悩の現存在における位置づけの段階，第二は煩悩に囚われまいとか，煩悩を滅尽するとかいうことを考えないで，自性は霊妙であることを信じてひたすら坐禅する（只管打坐）「修行が即ち悟り」である段階である。道元の説く禅は修行の契機を本質とするから，天台本覚論者と違って，われわれの生の即自的な肯定をなしているものではない。

道元の説く学道は，「仏祖（釈尊）のなした発心・修行・菩提・涅槃」の全過程を身心に体得することである。心学道では天台で共通し，身学道（*坐禅）によって完成する。ここにみられるように，天台から禅への転換が中世仏教の文化史的中心問題であった。（親鸞による「信心」という心の思想の一展開もあるが，ここでは省略する）

〔中世芸道における「心・技・体」の思想〕

一遍において開けた無心の思想は，やがて「無心の感」として能の世界にもうけいれられる。「わざ」（art）という要素が新たに加わ

り，それを核に「心・技・体」の思想となったのである。そこでは「型」という日本独自の習道体系が成立し，禅の修行をしない一般の人々にも，それに代わる役割をはたした。

〔神道五部書における心〕　伊勢神道は，*神道五部書と外宮の禰宜*度会行忠・*度会常昌・*度会家行らの著作をあわせ総称したものである。広義には，常昌に示唆された天台僧*慈遍の後期の思想や，家行に多くを学んだ*北畠親房の政治思想も含まれる。

神道五部書に記された心についての記事を要約すると，(1)「人ハ乃チ天下ノ神明」であり，「心ハ乃チ神明ノ主」である。(2)神代では人心は「聖ニシテ常」「直ニシテ正」であったが，「地神ノ末」になって天と地，神と人とが分立すると，人々の「心黒」く，安定性を欠いてしまった。(3)この状態を脱するには「心ノ定準」を守ること，具体的には「神ヲ祭ルニ清浄ヲ先トシテ，我鎮ニ「得一」ヲ念トナス」ことが必要であり，神祀りの場での「元ヲ元トシ本ヲ本トスル」敬虔の念を失わず，生活の場では内面の清浄を保って(*内清浄)，社会生活では「正直」の徳を貫くこと(*外清浄)である(「豊受皇太神御鎮座本紀」)。(外宮禰宜などのことは省略する)

Ⅲ　近世における心の思想

〔近世初頭の心の思想〕　ここで近世初頭というのは，幕府創業から1663・64年(寛文3・4)頃までの約60年間をさす。この時期の心の思想の担い手は，新興の儒学的心法の学，すなわち朱子学，陸王学，三教一致の学，善書(中国・朝鮮から渡来した庶民教化の書)，および少数ながら*鈴木正三らの禅者，初期のキリシタンである。主流たる儒教的心法の学とは，「心」の内的あり方に最高の価値をおき，心を修練することを通じて家・社会・国家の統治機構まで解決することをめざすもので，従来の心の思想との相違は，社会的・政治的問題まで解決しようとし，「天」との関係において心のあり方を考える点にある。

この時期の理想主義的心法の学は，学問としては素朴かつ雑多であるが，国際的普遍性の思想の形成(*藤原惺窩)，あるいは霊性に富み(*中江藤樹)，生態学的思想や精神的自立性の主張(*熊沢蕃山)などがみられる。さらに仏者の*沢庵宗彭は「真己」を求め，鈴木正三は主我的心の否定に立脚する生産活動の道を説いた。また，ハビアンの「*妙貞問答」ではカトリックのアニマの世界が説かれている。

なお，江戸初頭の心の思想には，中国の兵法書「六韜」「三略」と心学思想とを結びつけた*林羅山や，「*本佐録」のように，他者との関係を絶えず念頭において心を油断なく把持し，それによって現実主義的に問題を解決していこうとするもう一つの傾向があったことを見落してはならない。

〔心学否定の思想〕　青年期の*伊藤仁斎は心学に心酔し，自ら「心学原論」を書いた。だが，心の思想の徹底的追究の結果，対面者が白骨の姿でみえるようになり，自分のとろうとしている方向が間違っていることに気づき，生気論の立場に立つ。その後，*荻生徂徠は，心学者の考え方は狂者が自分で自分の狂気を癒そうとするようなものだと心法の学を否定し，物の思想に立脚する。それ以後，幕末になるまで心の思想は思想史の表舞台から姿を消す。

〔江戸中・後期の心の思想〕　日本人の心性に根ざした心の思想が簡単に消え去るはずはない。生活者は芸能や武道の心・技・体の実践に励み，陽明学者*三輪執斎は次の時代を準備し，禅では中期の*盤珪永琢，後期の*白隠慧鶴・東嶺円慈と絶大な教化力を発揮する。最も注目すべきは，*石田梅岩が創始した*石門心学である。それは思想形態としては理気論を捨て，性と心とを同一化して単純化された朱子学を核とした神・儒・仏の三教一致の形をとった，中小階層の商人たちの心学運動である。商人たちの営利活動を肯定し，正直と倹約を説き，「先モ立チ我モ立ツ」商人道をめざした。梅岩・*手島堵庵・*中沢道二はそれぞれ優れた禅者(小栗了雲・盤珪・東嶺)の指導をうけて，彼らの思想を深め動的なものとした。

〔幕末・維新期の心と誠〕　1830年代に入る

と内憂外患が重なり，時代の転換が始まったという意識が心ある人々の中に浸透していく。この変動の時代に力をもつのは実践的心法の学であり，陽明学の洗礼をうけた朱子学と陽明学である。

　この思想の成立と普及に大きな役割をはたしたのは*佐藤一斎（いっさい）である。彼ははじめ陽明学者であったが，主君との関係で林家（りんけ）の塾頭となって朱子学を教えざるをえなくなった。そのため「陽朱陰王」と批判されたが，晩年には藤原惺窩の志を継ぐ者と自称した。こうした事情で，彼には陽明学系の心法を重んじる朱子学の弟子がおり，彼らを通じて実践的心法の学は地方にも広がっていった。

　佐藤一斎の思想が顕在的に示されるのは，1813～51年（文化10～嘉永4）の間書き続けた「*言志四録（げんししろく）」であり，西郷隆盛をはじめ，明治期以降多くの心酔者をえた。一斎は「士は当に己に在るものを恃（たの）むべし」として，「真己」を求め「仮己」を克する修養に励む。そのために要求されたのは学問であり，学を為すの緊要は「心の一字」にあり，「心を把り心を治」める学として荻生徂徠の心学否定を批判し，「反徂徠」という一つの時代精神を形成した。

　朱子学者の一斎は〈*敬と誠（けいとまこと）〉をともに重要として「妄念を起さざる，これ敬。妄念起らざる，これ誠」と当をえた考えを示しているが，彼の場合は「敬」の工夫に重点がおかれている。士としての「自恃」の念が強いためであろう。*横井小楠（しょうなん）の場合も，敬と誠の両者が重視されているが「誠」を根源的道徳とする。まして陽明学者の心法主義は，「誠意」だけで十分とされている。陽明学者の*山田方谷（ほうこく）は，「致良知」だけを強調する*春日潜庵（せんあん）の考えを批判して，それだけでなく「誠意」もともに説くべきだと重視している。事ほど左様に誠・誠意は当時の心の思想の中核的内容であった。そして，陽明学者ではない*吉田松陰（しょういん）も陽明左派の李卓吾（りたくご）（李贄）の「童心説」に共感し，「至誠」を自己の生き方の根源的価値としている。

　Ⅳ　近代日本における心の思想―西田幾多郎（きたろう）を中心に―

　「心」は明治期以降，日本思想史を貫く基本概念として展開しなかった。もちろん儒者・仏教者にも優れた人々がいたが，近代日本の指導的思想とはなりえなかった。当時学ばれた西洋思想の大半は，心の思想の中で育った日本人を満足させるものではなかった。それに満たされない人々は，少数ながらキリスト教に入信して日本社会に新生命を与えたが，大部分の知識人は当面の日本社会に必要な学問や思想を学びつつ，陽明学を学んだり参禅したり，あるいは文学的表現に自分の心情を吐露したりして自分の心を癒すほかなかった。

　そうした精神的状況の中で，日本の心の思想の伝統に立脚して西洋の思想や文学を学び，独創的な哲学体系をつくることにはじめて成功したのは*西田幾多郎であった。

　西田の心情が最も率直に表現されているのは，彼が折にふれて詠んだ短歌，愛子を失った友人や若くして死んだ愛弟子への弔詞である。そして「書の美」（1930），「形而上学的立場から見た東西古代の文化形態」（1934），京大月曜講義「日本文化の問題」（1938）の日本文化についての論考では，日本文化の「情的性格」ないし「リズミカルな性格」が強調されている。特に注目すべきものは1938年（昭和13）の論文「日本文化の問題」で，ここで形あるものを実在の根底とする西洋文化，形なきものを実在の根底とする東洋文化の対比のもとに日本文化の性格を捉えようとした。その論考では「情的文化」が古代だけでなく，日本文化を一貫するものとして捉えられ，哲学における「働くものから見るものへ」（1927）における場所の思想の成立に対応するものといえる。これをみると，西田の日本文化論は古代以降現代に至る日本人の心の思想の展開の歴史を総括したものといえよう。しかし西田には，日本人の心の思想はこうあるということに満足できないものがあった。この問題については，「*物」の項目を参照。

古今学変（ここんがくへん）　*伊藤東涯（とうがい）の著した学問史（儒学史）の著作。全3巻。1718年（享保3）頃に起稿，50年（寛延3）刊。和漢を通じて，最初の学問史（儒学史）の作品である。巻上は唐虞（とうぐ）三代・孔子・子思（しし）・孟子，巻中は漢か

ら隋・唐，巻下は宋・明の儒学をとりあげている。骨格にあるものは，父である*伊藤仁斎の思想を継いで，孔子・孟子の実践的な道徳を顕彰することであり，それが漢代から五行説と結びついて思弁的なものとなり，さらに宋代からは禅の影響下に抽象化・形而上化されたことが論じられている。東涯の歴史家としての緻密さ，構想力の確かさがよく表されている。

古今著聞集 ここんちょもんじゅう 鎌倉時代の説話集。全20巻。作者は橘成季。1254年(建長6)成立。「宇治大納言物語」や「*江談抄」に学んだと序文にいう。全30編からなり，神祇・釈教・政道忠臣・公事に始まる有職故実，武勇・弓箭・馬芸などの武士的項目，偸盗・興言利口・魚虫禽獣などの庶民的項目などを収める。古代貴族社会への懐古と笑いを主とする庶民生活への視点が特色である。また，著者自身が芸能・絵画を好んでいたことから，その方面の叙述も多く含まれる。貴族的世界の崩壊を告げる説話集である。

古今百物語評判 ここんひゃくものがたりひょうばん 江戸初期の*仮名草子。全5巻。山岡元隣(1631～72)の著。1686年(貞享3)刊。元隣は而慍斎ともいい，京都の医師で，北村季吟の門人である。本書は百物語の怪談会で語られた怪異譚を筆録し，これに元隣が和漢の先例を引いて論評したものである。元隣の論評は，40余の怪事をとりあげて，「太平記」「古今著聞集」のほか，「捜神記」「幽明録」「博物志」「太平広記」など和漢書を引いて論評している。易学を基礎とした*陰陽五行説の合理的な思考が展開される。巻末に元隣の伝記・著作一覧が付載される。鳥山石燕の「画図百鬼夜行」(1776刊)，北条団水の補筆といわれる「一夜船」(1712刊)などに影響を与えた。

古今役者論語魁 ここんやくしゃろんごさきがけ 江戸中期の芸談集。全2巻。近仁斎薪翁の著。1772年(明和9)刊。上巻「評判」は，評判記の位付けについてのべる。下巻「秘書」には，当時の歌舞伎評判記「役者矢的詞」にお江戸両輪の立者と喧伝された市川海老蔵(2世市川団十郎)と初世沢村宗十郎の芸談「花実五十相」を載せる。「*役者論語」などに載せられた「耳塵集」が大坂の元禄期(1688～1704)の名優の芸談であったのに対して，享保期(1716～36)以来の江戸の役者の芸談を記す。特に和事・荒事・実事の，どのような役もこなした沢村宗十郎の贔屓であったことが知られる。

古今妖魅考 ここんようみこう *平田篤胤の著書。全7巻。1822年(文政5)に主要部分がまとめられ，28年に清書が成立したという(「大壑君御一代略記」)。45年(弘化2)に越後国の桂家の援助によって出版された。「新修平田篤胤全集」の底本は，同年4月の*平田銕胤による序や1831年(天保2)の桂誉正篤による序を収める。妖怪や魔物を天狗というカテゴリーで捉え，林羅山「*本朝神社考」にみられる天狗に関する記述をもとにしながら，そのありさまを論じる。基本的には，堕落した仏教者と結びつけて天狗を理解している。「今昔物語集」をはじめ，数多くの典拠をあげて具体的に論じている点に特徴がある。

御斎会 ごさいえ 「みさいえ」とも。宮中最勝会とも。毎年，正月8～14日に宮中大極殿(ときに紫宸殿)で*盧遮那仏を本尊として，「金光明最勝王経」を講説して国家の安寧静謐を祈り，僧に対して斎食を供した法会。起源には766年(天平神護2)と768年(神護景雲2)の2説があるが未詳。当初は三論・法相両宗の学僧による講会であったが，802年(延暦21)正月の勅により南都六宗の学僧に拡大された。813年(弘仁4)以来，結願の日には同経の論議が紫宸殿などで行われるようになり，これを御斎会内論議とよんだ。平安初期から，前年に興福寺維摩会の講師をつとめた者が御斎会講師となり，ついで薬師寺最勝会の講師もつとめるようになり，この南都三会の講師をへると，律師に補任されることとなった。

古在由重 こざいよししげ 1901～90(明治34～平成2)昭和期のマルクス主義哲学者。農芸化学者の古在由直を父として東京府駒場に生まれる。第一高等学校理科をへて，東京帝国大学文学部哲学科を1925年(大正14)に卒業した。恐慌期の社会情勢をみて，新カント派からマルクス主義へと立場を転じ，日本共産党に協

力し*唯物論研究会にも参加した。検挙され「転向」する経験もへながら、「唯物論通史」(1936)、「現代哲学」(1937)といった著書を刊行した。戦後は民主主義科学者協会の設立にたずさわり、名古屋大学教授(1959〜65)などを務めながら、ベトナム反戦運動や原水爆禁止運動に力を注いだが、84年(昭和59)日本共産党から除名されるに至った。「古在由重著作集」全6巻(1965〜75)があり、日本思想史に関する晩年の著書「和魂論ノート」(1984)もある。

小崎弘道 こざきひろみち　1856〜1938(安政3〜昭和13)　明治〜昭和期に活躍したプロテスタント・キリスト教の初代の牧師。熊本生れ。熊本洋学校の教師L.L.ジェーンズからキリスト教を学ぶが、信者になることに抵抗を覚え、学友たちの決意表明であった「奉教趣意書」には署名しなかった。その後、ジェーンズから勧められたキリスト教の証拠論を読んで回信し、ジェーンズから洗礼をうけた。洋学校の閉鎖後は仲間たちと同志社英学校(現、同志社大学)に転入学して、牧師となるための勉強をした。卒業後は東京にいる京都出身の信者たちの群羊社から要請され、京橋に新肴町教会を設立し牧師となった。東京基督教青年会の初代会長に就任して、機関誌「*六合雑誌」の編集と執筆に尽力した。1890年(明治23)に*新島襄亡きあとの同志社社長となったが、宣教師と教育方針をめぐって対立し、97年辞任した。再び東京赤坂で霊南坂教会の牧師になり、〈輪郭打破〉をモットーに、日本だけでなく南洋諸島の伝道に邁進した。
　小崎の宗教思想の特色は、〈儒教とキリスト教〉、〈国家とキリスト教〉の関係を解明し、知識人を対象にキリスト教の弁証をしたところにある。特に信仰のもつ意味を知識人に明らかにすることをめざした。さらに宗教道徳の必要を説き、日本の教育に宗教が不可欠であることを主張した。著作は多数あるが、その代表作は「*政教新論」(1886)、「基督教と国家」(1889)、「基督教の本質」(1911)、「国家と宗教」(1913)、「七十年の回顧」(1927)である。「小崎全集」全6巻がある。⇒熊本バンド

後三条天皇 ごさんじょうてんのう　1034〜73(長元7〜延久5)　在位1068〜72。諱は尊仁。後朱雀天皇の第2皇子。母は三条天皇の皇女禎子内親王(陽明門院)。1045年(寛徳2)兄後冷泉天皇の皇太弟となる。68年(治暦4)即位。関白には藤原教通を立てたが、藤原氏と外戚関係になかったので積極的に親政を行った。太政官に記録荘園券契所を設けて荘園整理を行い、宣旨枡を作り公定秤量規準を定めた。また、各地に勅旨田を設定し、皇室財政の立て直しを図っている。ただし在位はわずか4年で、72年(延久4)に白河天皇に譲位した。翌年病のため出家し(法名は金剛行)、没した。陵は円宗寺陵。

五山制度 ござんせいど　鎌倉末期に始まり、室町時代に整備された*禅宗の官寺制度。中国南宋時代の制度を模倣した。南宋の五山は径山万寿寺・霊隠寺・天童寺・浄慈寺・阿育王寺で、いずれも浙江省杭州・明州付近にある。寺院経営は各寺にゆだねられたが、官の強力な保護・統制下にあり、官寺制度とみなされる。後継住持は徒弟から選ぶのではなく、推薦や管内寺院で選出された有力僧を、官府が任命する*十方住持の制度を前提とし、皇帝が住持を任命した。
　中世の日本には朝廷と幕府とがあって国家権力の構造が中国と異なるが、五山の寺格は、鎌倉幕府の得宗北条氏の主導により鎌倉に始まった。建武中興期には後醍醐天皇により朝廷の制度として編成され、一時は京都大徳寺が含まれた。室町幕府のもとでも、1341年(暦応4・興国2)光厳上皇の院宣を仰いで評定を行い、翌年、五山第一建長寺・南禅寺、第二円覚寺・天竜寺、第三寿福寺、第四建仁寺、第五東福寺、準五山浄智寺と定めた。さらに足利義満は86年(至徳3・正中3)、五山之上南禅寺、五山第一天竜寺・建長寺、第二相国寺・円覚寺、第三建仁寺・寿福寺、第四東福寺・浄智寺、第五万寿寺・浄妙寺とし、京都五山・鎌倉五山が整った。
　日本の五山の住持は、東福寺が*聖一派、天竜寺が*夢窓派に限られるなど、十方住持制は徹底しなかったが、基本的に幕府の*公帖によって任命され、住持の選任やそ

の謝礼の官銭を扱うのは僧録であった。五山の下の官寺として十刹・諸山が全国的に指定され、禅僧の出世ルートとなり、これを外護する守護大名以下の地方勢力と幕府中枢とを人脈的・財政的に結んだ。また、*五山文学・学芸・外交に活躍する禅僧を輩出した。この制度によって立った寺院・禅僧を総じて五山叢林・五山派といい、それ以外の禅宗諸派を*林下という。

五山堂詩話 ごさんどうしわ　江戸後期の詩論。全15巻。菊池五山(1769～1849)の著。1807年(文化4)から1832年(天保3)にかけて刊行。著者は、高松藩儒を父にもつ漢詩人である。清の袁枚の『随園詩話』にならって、足掛け26年にわたった漢詩壇の時評である。正編は毎年発刊され、評判をよんで五山の盛名を確立した。とりあげられた詩人は600余名、詩作は2600余首。ほぼ同時代の有名無名の者や女流をも含む。五山自身や五山の属した江湖詩社の詩人たち、大窪詩仏らに多くを割いて結社の宣伝誌的な役割をはたした一方、地方詩人を入集させるなど漢詩の大衆化状況にも呼応するものがあった。当時無名だった中島棕隠や*頼山陽を発掘したのも功績である。

五山版 ごさんばん　中世に発達した典籍の印刷出版の中で、特に建仁寺・東福寺・南禅寺その他の禅宗寺院および禅宗関係者によって、鎌倉・室町時代に刊行された書籍をさしていう。当時のよび名ではなく、江戸時代の呼称とされる。本文を一枚板に彫刻する整版印刷の手法により、用紙はほとんどが国内産の楮紙を用いた。多くは宋・元版の復刻であるが、日本僧の作品などは中国渡来の宋・元の版式を基準に工夫された版式書体による。

鎌倉初期から室町初期にかけて、中国から来日し、また日本から宋・元・明に渡った僧は数多いが、中国語による対話がままならないために修道の障害となる「言語不通」の問題が少なくなかった。日本の僧で中国語に通じ、漢文による作品が中国において称えられた人々は例外的な存在であり、多くは筆談によって対話がなされたと思われる。悟得の内容を的確に表現し、示された文章を正しく理解するには古典的な*語録・古則などについての知識が求められた。このようにして修道・修学におけるテキストの需要が増すにつれて、書写による普及と並行して辞書・清規・宗派図・経典・僧伝・古則・語録など多くの分野にわたって出版され、各分野において基本的な著書が網羅的に出版された。やがて檀那である武家が文芸を求め、禅僧も四六文や詩文を競うようになって外典の学習が盛んになり、南北朝期以後にはこの分野の出版も多い。現存する五山版諸本については、川瀬一馬「五山版の研究」に詳しい。

五山文学 ごさんぶんがく　鎌倉・室町時代の禅林文学。すでに中国の禅僧は、官僚であり文人でもある士大夫との交渉によって文学的影響をうけていて、鎌倉時代、日本に本格的に禅宗が導入されると、その側面の影響もうけた。寺院の日常生活は日用清規によって手順が定められ、その要所々々に諸形式の文章を必要とし、また機会に応じて、*法語・*疏・*偈頌・説・記・銘・*祭文・序・跋などが作られた。多くは簡素な古文よりは華麗な四六文(駢儷文)が求められ、文章が長大であることをよしとする傾向がうまれた。文飾のために典籍・経典・古典文学の素養を競いあう気風が醸成され、盛んに学習活動がなされて、和漢にわたる古尊宿(祖師・高僧)の作品書写、*五山版その他の出版活動を促した。学僧の講義も盛んで、多数の*抄物が作られ、詩文僧のほかに将軍・有力守護も含めて有志が交友する*友社も結成された。詩会のほかに、画僧・専業画家による山水画に著賛した詩画軸、肖像画・禅機画の賛文も主な主題となった。これらの作品は、作者自身もしくは門弟によって編集された*語録・詩文集にまとめられ、各種の写本・版本として中央・地方に伝播された。その主なものは「五山文学全集」「五山文学新集」「続群書類従」などに収録されている。修道と修学の融合した五山文学は中世思想を知る恰好の分野であり、作品群は禅林活動、真俗の交渉をうかがう貴重な史料である。

乞食 こじき　「こつじき」とも。托鉢・頭陀行とも。インドより始まった修行生活のあり方で、修行者は遊行遍歴して食物を乞い、

こじき

生産活動にたずさわらず，解脱を求めるための冥想などの修行に専念した。日本では寺院経済が国家の扶助，荘園に依存する場合が多かったが，山林斗藪（さんりんとそう）の行は古代以来重んじられた。斗藪は頭陀の意である。しかし，家の門口で寿詞をのべる芸能者や路傍で食を乞う人々を乞食・乞丐（こつがい）・ほかいひととよぶようになり，中世には単に食を乞う困窮者を乞食非人として差別するようになった。もっとも，禅宗などでは行としての托鉢を重視し，現代でも行われている。

古事記（こじき）

古代の史書。全3巻。かつて*天武（てんむ）天皇が諸家に伝わる「*帝紀（ていき）」「*旧辞（きゅうじ）」の誤謬や錯綜を検討して偽りを削り実（まこと）を定め，これを「勅語の旧辞」として*稗田阿礼（ひえだのあれ）に誦習させた。その後そのままになっていたのを，平城遷都の翌年，711年（和銅4）9月18日に元明（げんめい）天皇が*太安万侶（おおのやすまろ）に命じて撰録させ，712年正月28日に完成したものである。

その旨を記した奏上文（序）を頭において，上巻は神代，中巻は初代の神武（じんむ）天皇から応神（おうじん）天皇まで，下巻は仁徳（にんとく）天皇から推古（すいこ）天皇までを記している。上巻は，天地のはじめに高天原（たかまがはら）に神々が現れ，その最後に現れた伊邪那岐（いざなぎ）命・伊邪那美（いざなみ）命が地上に下って国土を生み成し，さまざまな神を生むが，火の神を生んだ時に伊邪那美命はその火に焼かれて死ぬ。伊邪那美命を黄泉国（よみのくに）から連れ戻すことに失敗した伊邪那岐命は，浄めの禊（みそぎ）をするが，その禊の水の中から三貴子といわれる天照大神（あまてらすおおみかみ）・月読（つくよみ）命・須佐之男（すさのお）命が生まれる。天照大神は高天原に上り，須佐之男命は高天原を追放されて出雲の地に下り，その子大国主（おおくにぬし）命とともに国土を経営する。大国主命によって造り成された豊葦原中国（とよあしはらのなかつくに）は，天照大神の子孫に譲られ，天孫の邇邇芸（ににぎ）命が筑紫に天下る。稲霊である邇邇芸命とその子らは山の水の神，ついで海の水の神と婚姻を結び，代をへて神倭伊波礼毘古（かむやまといわれびこ）命（神武天皇）へと至る。

中巻は，神倭伊波礼毘古命が筑紫を出発して東征の旅にでるところから始まり，やがて大和に至り，橿原宮（かしはらのみや）で即位して初代の天皇が誕生する。初代神武天皇から応神天皇までがこの巻で扱われるが，神武東征の途においても，崇神（すじん）天皇の段，倭建（やまとたける）命や神功（じんぐう）皇后・応神天皇の段でも，しばしば神々が天皇や皇子に働きかける話がある。それに対して，下巻では，神々と人との交渉は語られず，まったく人間界だけの事柄が扱われている。この上・中・下3巻の巻分けについて，*本居宣長（もとおりのりなが）はこれを分量的にほどよく配分したものとだけみた。しかし，上巻は神々の世界であるのに対し，中巻は，神の世界から人間の世界への移行の時期であって，神々がしばしば天皇や皇子に働きかける。そして応神天皇の時に「論語」が伝えられたことを記して，中巻は終わる。

下巻は，日本ではじめて儒教の徳を体した仁徳天皇を冒頭において，以下は〈日本が儒教を奉ずる国の仲間入りをした時代〉という理念のもとに，書かれているとみるべきであろう。本居宣長は，「古事記」が「*日本書紀」に比べて漢意（からごころ）を排した書であると主張した。しかし，応神天皇の段の儒教の伝来記事に「日本書紀」が言及していない「論語」の名を明記し，仁徳天皇に「仁」の徳を描き，履中（りちゅう）天皇の段の水歯別（みずはわけ）命と曾婆訶理（そばかり）の説話には，儒教の「義」や「信」の徳目が説かれている。したがって「古事記」が儒教思想を排した書であるという見方はあたらない。

なお，「古事記」の本質をうかがううえで見落とすことのできないのは，諸氏族の祖神や祖先が天皇家の神統譜や皇統譜から分かれてくる分岐点である祖注の記載に「古事記」が努めていることである。「古事記」が記す氏族の数は201氏に及び，「日本書紀」に記される氏族数110氏の2倍近い。たんに取り上げた氏族数が多いばかりではなく，諸氏族の起源であるそれぞれの氏族の始祖が天皇家や神々の系譜から分岐するところの祖注が，「日本書紀」よりもはるかに多いのである。「古事記」はそれぞれの氏族がその祖にさかのぼれば，みな一つの大本に発していることを示そうと努力し，そのことにおいて，天孫としての天皇の統治の正当性を示そうとしているのである。

古事記伝（こじきでん）

*本居宣長（もとおりのりなが）が著した

「*古事記」全文の注釈書。全44巻・付巻1。1767年(明和4)に起稿、98年(寛政10)に脱稿、1790年に初帙を刊行し、1822年(文政5)に全巻刊行。江戸中期に至るまで「古事記」の古典としての地位は低く、注釈書も少ない状況で、宣長は1763年(宝暦13)に賀茂真淵に面会した際、「古事記」全文を注釈・訓読する意思を表明したとされ、翌年に着手した。1巻は全体の総論にあたり9項目あるが、そのうちの「*直毘霊」は宣長*古道論の要約でもあり、独立した書として後世に多大な影響を与えた。2巻は序の注釈と系図、3～17巻は上巻、18～34巻までは中巻、35～44巻までは下巻の注釈である。「日本書紀」と対比し「古事記」の古典における優越性を主張し、字義・語釈の詮索より「ことば」の意を重視する点などは、日本古典・文芸研究の画期となっている。それとともに本書で展開された神々の世界への理解は、*復古神道の根本的な思想的主柱ともなり、近世後期以降の神道に対する影響も大きい。

古事記灯 こじきび 「*古事記」解釈の書。国学者*富士谷御杖の著。1805年(文化2)頃成立の「古事記灯三」をはじめ複数の稿本が残るが、「古事記灯大旨」上・下2巻(1808刊)で概要は知られる。自身の「倒語」(象徴・比喩表現)」説に依拠する形で、「古事記」神代巻を、人事(神武天皇の教えや経験)を天地宇宙の諸現象を借りて表現した書とし、これを字義通りの実事とする*本居宣長の不合理な態度を、かえって「漢意」だと激しく批判した。神話の元を人事に矮小化する過ちを犯す一方、その宇宙的・象徴的イメージのもつ固有の意義を認識している点で、儒家の神話寓意説などとは次元を異にした、現代の非神話化論にも通じる斬新さがある。

古史成文 こしせいぶん *平田篤胤の著書。全15巻。篤胤が複数の典拠から正しいと判断した「古史」を撰定したもの。篤胤は、1811年(文化8)10月から12年2月まで駿府の柴崎直古宅に寄宿していたが、その時に本書を著した。当初、「古史」という名称だった。また、同時に「古史」の典拠をそれぞれ撰定した理由については、「*古史徴」にまとめた。また、この「古史」の解説文が「*古史伝」である。「古史成文」の「神代部」については、18年(文政元)、武蔵国越谷の門人山崎篤利の資金援助をうけて「古史徴」とともに刊行された。複数の典拠から適宜文章を撰している点が、本居宣長の「*古事記伝」の執筆作業とは大きく異なっており、のちの研究者から古典の改竄といった評価をうける理由ともなった。実際は、篤胤の撰定の規準は前出「古史徴」に示されている。

護持僧 ごじそう 御持僧・夜居僧とも。天皇の心身の安寧を祈禱する僧。天皇の御在所である宮中清涼殿(初期には仁寿殿)の二間(次の間)に宿直して修法を行い、天皇を護持した。797年(延暦16)*最澄が桓武天皇の*内供奉十禅師となったのが初例である。嵯峨天皇の時には*空海がつとめ、その後、天台座主*円仁・*円珍、東寺長者真雅・宗叡らが勤仕し、以来、延暦寺・園城寺・東寺の僧の中から選ばれるようになった。初期には1名であったが徐々に数が増え、一条天皇の時には7名を数えた。平安後期、密教の流派意識が高まる中、延暦寺僧は如意輪法、園城寺僧は不動法、東寺僧は延命法とそれぞれ修法も区別されて修されるようになった。

古事談 こじだん 鎌倉時代の説話集。全6巻。編者は源顕兼(1160～1215)という(「本朝書籍目録」)。1212～15年(建暦2～建保3)に成立。王道・后宮、臣節、僧行、勇士、神社・仏寺、亭宅・諸道の6部門に分ける。内容は先行の説話集に準じており、文学的価値は薄い。天皇から庶民に至るまで、登場する人物は幅広く、当時の信仰や生活をうかがううえで好史料である。これを継いだものに「*続古事談」がある。

後七日御修法 ごしちにちのみしほ 真言院御修法・後七日法とも。毎年、正月8～14日に宮中*真言院で、玉体安穏・五穀豊穣・鎮護国家を祈念して行われた密教修法。834年(承和元)11月、*空海が唐の内道場にならって宮中での護国修法を上表し、勅許をえて翌年始修され、恒例化した。*御斎会と同時期に東寺長者を大阿闍梨として真言宗僧だけで勤修する同修法は、勘解由司庁を改めて真言院という占有の壇所を確保するなど、

こしち

真言密教の宮中進出に大きな役割をはたした。壇所の東西に*両界曼荼羅を安んじ、隔年に金剛界・胎蔵界を修するが、当該曼荼羅の前に設けられた大壇上に仏舎利を安置してこれを本尊とする。このほか五大尊・十二天の画像を懸け、聖天壇で、息災・増益両護摩壇などを設けるようすは、「年中行事絵巻」などによっても詳しく知られる。

古史徴 こしちょう *平田篤胤の著書。全4巻。篤胤は複数の古典から古伝を編成し、「*古史成文」にまとめたが、本書はその典拠について論じた著作である。冒頭の「開題記」において、「古伝」を究明する典拠とすべき古典の特徴を総論的に論じたうえで、「古史成文」を撰述した際の典拠とその理由について、各段ごとに説明している。1817年(文化14)末から出版の準備が始められ、18年(文政元)に門人である山崎篤利の資金援助をうけて「古史成文」神代部とともに刊行された。冒頭部分である「開題記」(一之巻)の出版は翌19年である。また、版本の一之巻末尾には「神代系図」が付載されている。

古史通 こしつう いわゆる神代史を対象とする史論書。全4巻。巻首に「読法」「凡例」(神代史研究に関する方法論)を付す。*新井白石の著。1716年(享保元)成立。甲府藩主徳川綱豊(のちの6代将軍家宣)の命により、「古史通或問」とともに撰述された。白石は、書名の示すように「通」の観念を重視し、本書は「*先代旧事本紀」「*古事記」「*日本書紀」などに相通じているところを総合的に判断し叙述されているといい、さらに漢字と古語、古言と今言、雅語と俗語が相通じているものと考え、上古の史書の読解にあたっては文字にこだわらず言葉の間に真実を求めるべきであると説く。また、史書は事実にもとづいて叙述することによって世の鑑戒になるものという儒教的歴史観により、事実と理義を基準に諸種の古伝承を取捨すべきであると主張する。白石は、こうした日本語観や儒教的歴史観・合理主義によって「神は人也」と唱え、神話をすべて人事現象として解釈しようとするが、この点は歴史思想史上高く評価できる反面、学問的成果としてみ

ると恣意的な付会が目立つ。なお「古史通或問」3巻は、本書について予想される疑問とそれに対する解答という問答体で論述されており、白石の歴史研究の方法が具体的に明示されている。

御実紀 ごじっき →徳川実紀

古史伝 こしでん *平田篤胤の著書。神代の正しい記録として篤胤の撰定した「古史」に対して釈文を付したもの。全37巻。撰定された古史本文は「*古史成文」に、また古史を撰定したその典拠についての解説は「*古史徴」にそれぞれまとめられており、「古史伝」はこれらと組になった著書である。*平田銕胤「大壑君御一代略記」によれば、第10段までの初稿は1812年(文化9)に成立し、22〜23年(文政5〜6)に書き改められた。第11〜60段は1813〜18年に初稿が成立し、改訂はないという。その出版は、篤胤の没後、63年(文久3)7月の初帙の刊行から始まり、第6・7帙は明治初年に入ってから刊行された。幕末期の出版活動は、出版資金および校閲など内容の両面にわたって気吹乃舎(平田門)の門人たちの積極的な関与のもとで行われた。これらに続く巻は*矢野玄道が銕胤の意向をうけて編集・刊行を行い、1911年(明治44)に出版が完了した。記述のかなりの部分を本居宣長の「*古事記伝」からの引用が占めているが、これは宣長の所説のある程度をうけいれつつも、異論などがある箇所で独自の説を展開するという篤胤の方法を反映している。

後拾遺往生伝 ごしゅういおうじょうでん *三善為康の撰。全3巻3冊。「*拾遺往生伝」に続いて編まれたもので、その成立は1137〜39年(保延3〜5)の間。収録された往生者は重複を除けば73名で、「拾遺往生伝」同様に俗人の割合が高い。また、採録方法も著者自身の伝聞によるものが多く、その配列も年次順とはなっていない。収録された往生者の行業には数量念仏・捨身往生などや、数は少ないものの専修念仏によるものもあり、これらは院政期浄土教の新たな動きを反映している。

五重塔 ごじゅうのとう *幸田露伴の作品。1891年(明治24)11月から翌年3月まで「国会」に連載され、92年10月青木嵩山堂刊行の「小説尾

花集」に収録。谷中感応寺に五重塔建立の話があり，川越の源太が引き受けることとなる。ところが，その子分で「のっそり十兵衛」のあだ名のある大工が，自分一代の仕事にするため雛形まで作り，源太との共同作業を勧める和尚を説き伏せる。図面を提供するという源太の申し出にも耳を貸さず，すべてを独力で完成させる。塔供養の前日に大暴風雨が襲うが，塔は微塵も揺るぐことなく耐えた。塔完成のためにすべてを賭け，非情に徹した主我的存在を描き切った作品である。

五常訓 ごじょうくん *貝原益軒の著した通俗的な教訓書。全4巻5冊。1710年（宝永7）の序，翌11年に刊行。「総論」「仁之上」「仁之下」「義・礼」「智・信」の構成からなり，「天地の恵み」「天地の恩」への感謝をもって生きるべきことが説かれている。また日本が風気の優れた国でありながら，「わが国にたらざるは，只学問一事のみ」とのべられており，朱子学の啓蒙に賭けた益軒の心根をみることができる。

古浄瑠璃 こじょうるり 室町後期から江戸時代中頃にかけて上演された*語り物。室町後期に*三味線を伴奏とした新しい語り物が現れ，江戸時代には操り人形とも提携して発展した。その代表曲に「浄瑠璃物語」があったので，この名が付いた。宇治加賀掾・岡本文弥・井上播磨掾・薩摩浄雲・虎屋永閑らがでた。内容は劇的構成をもつほどではなかった。その後，江戸時代中頃に*近松門左衛門が現れ，竹本筑後掾が始めた義太夫節と手を結び，戯曲として飛躍的に向上した。そのため，義太夫節以前を古浄瑠璃，以後を当流浄瑠璃とよんで区別する。作品としては「出世景清」（1685年初演）を境とする。

後白河天皇 ごしらかわてんのう 1127～92（大治2～建久3） 在位1155～58。諱は雅仁。鳥羽上皇の第4皇子。母は藤原公実の女待賢門院璋子。近衛天皇の死去をうけて践祚した。翌年，保元の乱で兄の崇徳上皇の勢力を破り，藤原通憲（*信西）を重用して新制を下し，荘園整理を推進した。譲位後は，二条～後鳥羽天皇の5代にわたり院政を行う。その後，平清盛の勢いに押され，1179年（治承3）には鳥羽殿に幽閉の身となり，一時院政は停止する。清盛没後に院政を再開し，源頼朝と結んで平氏を滅亡させた。しかし，源義経の処遇をめぐって頼朝と対立し，守護・地頭らの設置を容認させられた。陵は法住寺陵。政治活動のかたわら，仏教に深く帰依し，1169年（嘉応元）に出家して法名を行真と称した。常に「*法華経」を読誦し，諸寺諸山へたびたび参詣した。また今様を好み，「*梁塵秘抄」を編集している。

古史略 こしりゃく 古学の啓蒙書。平田派国学者の*角田忠行の著。1862年（文久2）成立。1巻。師*平田篤胤の「*古史成文」「弘仁暦運記考」などを参照しつつ，天地開闢から神武天皇誕生までの神代の事跡を略記したものであるが，師説の祖述であり内容に新鮮味はない。当時京都で諸藩の尊王攘夷派志士らと関係をもっていた角田が，同志に贈り，その子弟のはじめての素読本とするべく著したと序にのべるとおり，国体を明らかにするための啓蒙書であった。平田派国学からの尊王攘夷運動の動機づけ，取り込みの試みとして興味深い。

後深心院関白記 ごしんじんいんかんぱくき →愚管記

古神道 こしんとう 純神道とも。外来の諸宗教・諸思想の影響をうける以前の純粋な神道のこと。このような神道の純粋性を重視したのは，*本居宣長・平田篤胤らの近世の国学者である。しかし，国学者らは「古神道」といわず「古道」「大道」などと称した。古神道の思想は記紀や「万葉集」・風土記などに含まれるとして，神道家や国学者らはそれらの古典を文献学的に研究した。「古神道」という用語は，大正期に入るとしばしばみられるようになった。その根本思想は，万物に生命の根源があり，互いに対立のない，至って寛容的な神の道というところにある。

ごすいでん ごすいでん →熊野の本地

牛頭天王 ごずてんのう インドの祇園精舎の守護神で，京都*祇園社（現，八坂神社）をはじめ祇園系の神社に祀られる神。祇園社へは播磨国広峰から勧請されたと伝えられ，*スサノオノミコトと習合して武塔天神ともよばれた。また密教や陰陽道の影響をもうけて，災厄をまぬかれる神格として広く信仰さ

れ、予防のための*蘇民将来（そみんしょうらい）の呪符や茅輪（ちのわ）神事とともに民間に伝播していった。形像は、京都妙法院伝来の神像絵巻（南北朝期の作）に描かれる3面12臂の忿怒形のほか、武装形や束帯（そくたい）姿などもあり、一定していない。

御誓言の書（ごせいごんのしょ） →一枚起請文（いちまいきしょうもん）

御成敗式目（ごせいばいしきもく） 「御成敗式条」「貞永（じょうえい）式目」「関東御成敗式目」「関東武家式目」などとも。鎌倉幕府の基本法典。1232年（貞永元）成立。51条からなる。当時の執権*北条泰時（やすとき）を中心に、連署北条時房（ときふさ）や11名の評定衆が関与して編纂された。1221年（承久3）の承久の乱をへて幕府の支配が西国にまで拡大したために、幕府権力と公家・荘園本所権力との関係を規定する必要が生じたことが、式目制定の直接的な要因である。所与の秩序に対する幕府支配権の位置づけ・管掌範囲を示すことによって、鎌倉幕府が公権力、あるいは国家権力としての自己を確立する意味をもったといえる。

制定の方針については、泰時が六波羅探題（ろくはらたんだい）であった弟の重時（しげとき）に送った消息に詳しく、客観的規範を定めて、裁判の公正を期するのが主たる目的であり、武家の*道理に準拠し、既成の律令格式（りつりょうきゃくしき）や公家の法的判断から独立した存在であることがのべられている。式目は中世幕府法中唯一の作られた法典であり、同時に、各国の守護に配布され、地頭（じとう）ら御家人（ごけにん）らに伝達されて、広範に流布・周知されたという点でも画期的な性格をもつ。戦国期に至るまで武家の基本法典として重んじられ、数々の注釈書も著され、必須の実用書、初学者の学習書としても用いられるなど、大きな影響力をもった。→武家法

古声譜（こせいふ） →山梨稲川（やまなしとうせん）

小関三英（こせきさんえい） 1787〜1839（天明7〜天保10）「おぜき一」とも。江戸後期の蘭方医・蘭学者。名は好義、号は篤斎（とくさい）（別に鶴洲（かくしゅう）），はじめ三栄と称し、のちに三英。出羽国庄内藩の生れ。江戸で吉田長淑（ちょうしゅく）と馬場貞由（さだよし）にオランダ医学と蘭語を学び、同門の*高野長英（ちょうえい）と親交を結んだ。1823年（文政6）仙台藩の医学館でオランダ医学を講じ、25年に辞職し、32年（天保3）岸和田藩医になる。政治活動はしなかったが、*蛮社（ばんしゃ）の獄の際、友人の*渡辺崋山（かざん）・長英が捕らえられたことを聞き自害する。主著は、内科書の翻訳「泰西（たいせい）内科集成」とその提要「西医原病略（せいいげんびょうりゃく）」、地理書の翻訳「新撰地誌」など。

戸籍法（こせきほう） 1871年（明治4）全国的・統一的な戸籍作成の方式を定めた太政官布告。従前の宗門人別改帳（しゅうもんにんべつあらためちょう）や1868年京都府で制定された戸籍仕法が族属の身分別に戸籍を編成したのに対し、四民平等の建前をもって居住地において作成することとされた。しかし、この戸籍法によって作成された翌72年の壬申（じんしん）戸籍では身分登記がなされており、身分差別の問題を残した。その後、1898年と1914年（大正3）の改正によってそれまでの徴税・徴兵・教育などの行政目的の戸籍から、親族的身分関係の公証制度としての性格をもつに至った。さらに、日本国憲法のもとでの戸籍は、家の籍から夫婦と氏（うじ）を同じくする子の2世代で編成されることとなった。

故戦防戦（こせんぼうせん） 中世、私的な争いにおいて、理由をもって自覚的に戦いをしかけることを「故戦」、それに対して防衛のために戦うことを「防戦」といった。鎌倉時代、所領・所職（しょしき）などの知行をめぐり、由緒を掲げて行われる実力行使の応酬は、それ自体としては排除されることなく一定の意味をもった。しかし、鎌倉後期以降、私的な実力行使自体を抑制する施策が講じられるようになり、室町時代、1346年（貞和2）以降一連の「故戦防戦法」によって、「故戦」「防戦」ともに禁止された。私的実力行使否定の施策は戦国期の「喧嘩両成敗法（けんかりょうせいばいほう）」に連なるものである。

梧窓漫筆（ごそうまんぴつ） 「天道（てんどう）福善禍淫」の理を教えようとした教訓書。*大田錦城（きんじょう）の著。全3編6巻。前編は1823年（文政6），後編は翌24年、三編は40年（天保11）刊。経書、中国と日本の歴史的な故事、さらに自己の経験を織り交ぜながら、天道への信念にもとづいた善行を人々に促そうとした。そのため、天道や天命を畏れない学者と、善心を信じない徂徠（そらい）学者に対する批判は、峻烈をきわめた。こうした通俗的ともいえる教説は、善人が必ずしも報われず、悪人が横行しているという不条理感が、当時、広範に存在していたことを

古則 こそく →公案

五大院大徳 ごだいいんだいとく →安然

古代研究 こだいけんきゅう →折口信夫

後醍醐天皇 ごだいごてんのう　1288～1339(正応元～暦応2・延元4)　鎌倉末・南北朝初期の天皇(在位1318～39)。父は後宇多天皇，母は談天門院忠子(参議藤原忠継の女)。1302年(乾元元)立親王，諱は尊治。08年(延慶元)立太子。18年(文保2)*花園天皇の譲位をうけて即位。自らの皇子に皇統を伝える可能性がなかったことなどから倒幕を決意する。24年(正中元)に正中の変，31年(元徳3・元弘元)に元弘の乱をおこしたが，いずれも失敗し，隠岐島に配流された。しかし，33年(正慶2・元弘3)隠岐を脱出して伯耆国船上山に拠り，倒幕に成功した。その後建武の新政を開始するが，再び対立がおこり，36年(建武3・延元元)神器を持明院統の光明天皇に譲った。まもなく吉野に南朝を開いたものの，京都回復はならず，39年(暦応2・延元4)義良親王(後村上天皇)に譲位した。

　後醍醐の新政は，院政の廃止，親政と記録所の復活が評価されてきたが，これ以前にも親政や記録所は存在する。むしろ，王朝国家の体制として定着していた官司請負制の否定，官位相当制と家格の序列の破壊，公卿の合議体の解体などを通じて，個別執行機関の総体を天皇が直接掌握しようとしたところに特異性がある，とされる。著書に「*建武年中行事」「建武日中行事」などがある。

五台山 ごだいさん　中国山西省，古都長安の北東に所在する仏教の聖山。東西南北中の五つの台状の峰からなり，最高峰の葉斗峰は3058m。北魏の頃から仏教の霊場となり，特に「華厳経」にいう文殊菩薩出現の清涼山にあたるとされて，清涼寺など多くの寺が営まれ，唐代以降，西域や朝鮮・日本など周辺諸地域からも信仰を集めた。日本人僧では*玄昉・霊仙・*円仁・*斎然・*成尋らが登山し，円仁の「*入唐求法巡礼行記」や成尋の「*参天台五台山記」に詳細な記録が残されている。なおわが国の吉野山は，この山が欠けて飛来したものとす

五代帝王物語 ごだいていおうものがたり　「五代記」とも。鎌倉後期の歴史書。1巻。作者不詳。後堀河・四条・後嵯峨・後深草・亀山の5代の天皇の治世を，編年体・仮名書きで記したもの。1221年(承久3)後堀河天皇践祚から始まり，72年(文永9)の亀山天皇による後嵯峨上皇の百箇日仏事までを扱うが，実質的には後嵯峨の事跡を中心に構成されている。仏教的関心の強さ，造営や御幸などの記事が多いことなどから，後嵯峨上皇の北面に仕え，院細工所の別当を務めた宇多源氏の「仲」を通字とする一族に属する人物が，出家後に同上皇の治世を懐古したのではないかという指摘がなされている。

小谷三志 こだにさんし　1765～1841(明和2～天保12)「こたに―」とも。江戸後期の*富士講の指導的行者(先達)。*不二道の開祖。通称は庄兵衛，号は禄行。武蔵国足立郡鳩ヶ谷宿の生れ。江戸にでて，1808年(文化5)食行身禄の流れをくむ伊勢参行(1746～1809)に入門した。勤勉・和合・忠孝などの道徳を唱え，富士講を不二道と改めた。代表的門人としては，のちに実行教を開いた柴田花守らがいる。女人禁制の富士登頂を女性を伴って行うなど，男女平等思想を徹底した点に思想的特質がある。また，社会事業も積極的に行い，信者の労力奉仕を勧めた。不二道は信者の増大にともなって，三志没後の1849年(嘉永2)に弾圧をうけた。

御鎮座次第記 ごちんざしだいき →天照坐伊勢二所皇太神宮御鎮座次第記

御鎮座伝記 ごちんざでんき →伊勢二所皇太神御鎮座伝記

御鎮座本紀 ごちんざほんぎ →豊受皇太神御鎮座本紀

国会期成同盟 こっかいきせいどうめい　自由民権運動の最中の1880年(明治13)3月17日に結成され，その後81年10月の自由党結成まで活動した国会開設をめざす全国的政治組織。この同盟の結成は，80年3月に大阪で開かれていた愛国社第4回大会で提起されたものであるが，愛国社とは別組織である。閉会後の4月17日，*片岡健吉・*河野広中の2委員によって「国会を開設するの允可を上願する書」

こっか

を元老院に提出したが，却下された。同年11月に第2回大会を2府22県代表67人によって東京で開催し，名称を集会条例に抵触するために大日本国会期成有志公会と改め，さらに遭変者扶助法を定めるとともに，東京に中央本部をおくことと全国を8区に分けて区本部をおくこと，翌年10月に東京で会合するまでに憲法草案を起草しもちよることなどを決めた。これにもとづき，81年10月に委員たちは上京したが，その間に「国会開設の勅諭」がだされて，自由党結成の運びとなった。

国家改造運動 こっかかいぞううんどう　1920年代以降，思想の左右を問わず広く展開した国家システムの改造運動。(1)資本主義の否定，国家統制の経済を主張する「*国家社会主義」，(2)昭和初期の農村荒廃を背景として商工業本位の資本主義を批判する「*農本主義」，(3)明治維新に帰依する反西洋思想の表現たる「日本主義」などを指導原理とする。

萌芽的には1919年(大正8)の*北一輝「国家改造案原理大綱」(のち修正して「*日本改造法案大綱」)や，北の所属した*猶存社，あるいは*経綸学盟などにみられるが，国家改造運動が深化する背景には，1929年(昭和4)以降の世界恐慌，中国の民族運動とそれに付随した英米と日本の対立など，総じて，ベルサイユ・ワシントン体制のゆらぎや「自由主義」体制の行き詰まりがあった。他方，国内的には，徐々に顕在化してきた「格差社会」の存在，日露戦争以降の強権の拡大による「閉塞」感があり，「経済的平準化への平民的欲求」(橋川文三)の出現があった。

人間的平等と国家によるその保障，という共通課題を思想のうえでは社会主義・日本主義・農本主義など，手段としては精神主義(*皇道派)，あるいは制度改造(*統制派)など，それぞれの立場から実践する営みであったといえよう。そこには「あるべき国家」像と「国家は革新しうる」という確信が存在していた。満州事変後には無産政党も国家社会主義を唱え，この流れに合流した。

国家学会 こっかがっかい　東京大学法学部政治学科に属する研究団体。「国家学会雑誌」はその機関誌。政治学および理財学科が文学部から帝国大学法科大学に移されたのち，1887年(明治20) 2月に発会した。伊藤博文らの「憲法義解」「皇室典範義解」の版権をその基本財産としたことからもわかるように，国家学会は明治政府との結びつきが強かった。東大卒業生・教授のほか国家学研究者を会員とし，講演会を開き，それを掲載する「国家学会雑誌」を発行した。創立30周年記念に「明治憲政経済史論」，1947年(昭和22)には「国家学会雑誌」で特集を組んだ「新憲法の研究」を合本として出版した。「法学協会雑誌」とともに，戦後も引き続き法学部の研究機関誌となっている。

国家構造論 こっかこうぞうろん　法哲学者尾高朝雄(1899～1956)の主著の一つ。1936年(昭和11)，岩波書店刊。フッサール現象学の立場から国家を認識することを主たる課題とし，一般国家学を提唱した。国家を，その法との関係における分析を中心として認識したH.ケルゼンら新カント主義を徹底的に批判した。国家は，超経験的直感をもってのみ把握可能な形而上学的実在と解する。この点で，国家を「内部の経験によって錬磨せられたる心眼」をもって認識するという，*上杉慎吉ら当時の国体主義憲法学の道徳的国家観と親和的であった。尾高は戦後の憲法改正に際して，憲法学者宮沢俊義との間で「国体論争」を行うが，この論争で尾高が主張したノモス主権論は，本書で展開した国家の認識方法論を反映し，主権の所在を「ノモス」という経験科学的には論証されえない形而上学的な観念に立脚した天皇制擁護論であった。

国家社会主義 こっかしゃかいしゅぎ　Staatssozialismus: State socialism　国家の力で，資本主義の弊害を克服し社会主義を実現しようとする思想や運動。人が社会生活をするために相互統制は必要であり，統制の高度に発達したものが国家，さらに国家の最高段階が資本主義国家と考える。富の公平な分配や福祉向上の社会主義社会をめざしたもので，基幹産業を国有化したり，労使協調して豊かな生活のための社会政策を充実・実現しようとした。マルクス＝レーニン主義が国家を階級支配の道具とみなしたのに対し，社会を運営する主体とした。この思想は19世紀，後進資本主義国のド

イツが成長するためにユンカー，新興ブルジョアジー，プロレタリアートを結びつける必要から，国民経済学者のJ.K.ロトベルトゥス，F.ラサール，ドイツ観念論のJ.G.フィヒテらによって提唱された。日本では，*山路愛山・*高畠素之・*北一輝らが，国体の尊重，国家＝統制機関説，階級闘争と民族闘争の融合，反議会主義を掲げた。1921年(大正10)高畠は大衆社を組織，23年には*上杉慎吉と提携して*経綸学盟を結成，のちにここから愛国勤労党・大日本国家社会党が派生した。満州事変後の32年(昭和7)に*赤松克麿らが日本国家社会党を創設するなど，国家社会主義運動が活発化した。しかし，のちに国家社会主義から社会主義の要素を減少させつつ，社会民主主義と共産主義を批判し，総力戦体制の推進勢力となっていった。

国家主義 こっかしゅぎ　社会集団のうち国家に最高の価値をおく考え方。幕末，西欧列強の圧力のもとに開国を余儀なくされた日本は，対外的独立を保つための統一機構としての国家を意識した。しかも対する西欧諸国は，日本とはまったく異なった文化的伝統に基盤をもつキリスト教共同体であった。このような国際社会で一員としてのアイデンティティーを確立するには，その存在意義を歴史的・文化的に主張する必要があった。すでに幕末水戸学派の*会沢正志斎の「*新論」にみられる*国体論は，その最も早いものである。

1870年代，条約改正のために政府が鹿鳴館政策をとると，*志賀重昂ら*政教社メンバーや*陸羯南らによって「*国粋主義」が主張され，なかでも「皇室に対する敬意」を日本の国粋とする考え方は，国家概念に特殊日本的な価値を付与することとなった。無論，このような考え方は近代国民国家が内包する民族主義的要素であって，日本にのみみられる傾向ではない。

しかし，日本が西欧列強との距離を急速に詰めようとしたために，対内的にも国家価値を宗教・哲学・美術などの個人的に評価されるいかなる価値にも優位するものとし，1900年(明治33)頃には*高山樗牛の「日本主義」のように，国家を人生の規範とする主張が現れた。こうしてあらゆる意味で内的規範を失った日本国は，その後国内外の社会情勢を反映して，一方では国家の革新を主張する*大川周明や*高畠素之らの*国家社会主義をうみ，他方では自らを世界の国々とは比べものにならない優れた価値を有するとする超国家主義へと進んだ。ことに，その文化的・歴史的特質を「万世一系の天皇」に継承された皇国神話に求めたことによって，日本は神的な価値を時間と空間をこえて具現し拡張していく国とすることになった。「*八紘一宇」のスローガンのもとに中国から東南アジアまでに広げられた戦線は，この理想を実現するためと弁明されたのであった。

国家神道 こっかしんとう　太平洋戦争前の国家により管理され，行政の対象とされた*神社神道。GHQの「*神道指令」(1945)では，政府の法令により宗派神道・*教派神道と区別され，非宗教的な国家祭祀として類別された神道の一派と定義されている。制度的には，*神社非宗教論を前提とした1882年(明治15)の神官教導職分離と，神社と宗教とを行政上区別した1900年の*内務省神社局の設置がその成立の契機となった。しかし，これらを含めた一連の制度は，単行法令やその場の行政措置により徐々になされたもので，結局「神道指令」による廃止まで統一的・体系的法制度の整備は実現されなかった。また定義・概念規定についても，軍国主義や超国家主義にもとづくイデオロギーとしてや，文部省管轄であった公立学校での「*教育勅語」奉読と「御真影」への拝礼，愛国心教育などを複合しての「近代天皇制国家がつくりだした国家宗教」，「天皇教」，「近代天皇制イデオロギー」とその「装置」など，研究者間で一致をみず，国家神道という用語は近代日本の政教関係の正確な理解を妨げるものとして使用しないほうがよいとする意見もある。

国家神道廃止令 こっかしんとうはいしれい　→神道指令しんとうしれい

国家と宗教 こっかとしゅうきょう　1943年(昭和18)，内村鑑三らの影響をうけたプロテスタント政治学者*南原繁の著書。ナチズムに代表される民族主義的神政政治に対して，ヨーロッパ精神史をふまえて学問的に批判を展開した抵抗の書である。プラトンについてのニーチ

ェ的解釈を排してカント的把握を主張し、バルトの危機神学がナチス精神とはまったく異なることを指摘、転じて田辺哲学の「種の論理」は民族と国家の神性を理由づけていると批判した。しかも南原の立場は共同体をすべて否定するものではなく、彼自身、真・善・美・正義を、さらには宗教的神の国を志向する共同体的国家を求めていただけに、時代の問題に悩む読者たち、特に若い学徒の共感をえ、彼らに生きる力を与えた。

国歌八論 こっかはちろん　江戸初期の歌論。1冊。*荷田在満かだのありまろの著。1742年(寛保2)成立。伏見稲荷神官の在満が、和学御用をもって仕えていた*田安宗武たやすむねたけの求めに応じて撰進した*歌論である。歌の起源をのべた「歌源論」以下8カ条にわたって、和歌の本質や歌語・和歌史・作者などを論じている。古学の影響をうけているが、堂上どうじょう歌学・古今伝授・藤原定家さだいえを批判するなど、旧来の伝統歌学に対して否定の立場をとっているほか、「新古今和歌集」や*契沖けいちゅうに対する積極的な評価などが認められる。歌に政治的・道徳的効用を求めず、言葉をとおした楽しみや慰みにすぎないとする主張は、文学に自律的な価値を認めていく近世の革新的文芸思潮の先駆的なものである。⇒「国歌八論」論争

「国歌八論」論争 こっかはちろんろんそう　江戸中期の論争。*荷田在満かだのありまろ・*田安宗武たやすむねたけ・*賀茂真淵かものまぶちの三者の間で、1742年(寛保2)から3年間にわたって交わされた歌論史上の論争である。宗武に依嘱されて書いた在満の歌論「*国歌八論」(1742)に対して、撰進を命じた宗武が「国歌八論余言よげん」をもって反論を加え、これに答えた在満が「国歌八論再論」を書いた。さらに和学御用の職を在満と交替した真淵が、「国歌八論余言拾遺」を書いて加わった。論点は、文学それ自体に自律的な価値があるとする在満の説をどううけとめるかにあった。宗武は、のちに「臆説剰言おくせつじょうげん」「*歌体約言かたいやくげん」などに自説をまとめていくが、その説は、歌に修養・述志の効用ありとする儒教的な文学観にもとづくものである。真淵の説は、のちに「国歌論臆説こくかろんおくせつ」(1744)にまとめられるが、反道徳的な情欲も歌になり、効用は結果であると、宗武説に距離をお

く立場である。さらに、三者以外にも儒学の大菅中養父おおすがなかやぶ「国歌八論斥非ひ」(1761)が書かれ、これを*本居宣長もとおりのりながが反駁するなど、近世に繰り返された論争であった。近代の政治と文学の問題などに引き継がれる問題である。

国家仏教 こっかぶっきょう　主として8世紀の奈良時代を中心に、鎮護国家を目的として、律令国家主導のもとに興隆が図られた仏教の諸体制をいう。具体的には、仏教の教義にもとづく国家鎮護の効果を期待して*官寺や*国分寺などを建立・維持し、法会ほうえを営んで「*金光明経」「*仁王にんのう経」「*法華経」などのいわゆる護国の経典の受持・読誦を推進した。その一方、僧尼の活動は僧尼令そうにりょうによって規制し、寺院内での学問・研究と国家鎮護の祈禱とを主要任務として、民間における布教を堅く禁止した。奈良時代の国家仏教は、以上のような体制を通じて、五穀豊穣・疾病終息・外敵撃退といった国家安寧と同時に、天皇の身体護持の効果をも期待するものであった。⇒鎮護国家思想　奈良仏教

国家法人説 こっかほうじんせつ　→天皇機関説論争てんのうきかんせつろんそう

国記 こっき　→天皇記・国記てんのうき・こっき

国権論 こっけんろん　明治期、特に前期の国家内外に日本国家の絶対的支配力を強め、それを誇示しようとする考え方。国権の字義は「国家または国君の権力。国家を統治する全権力」であるが、明治初期に広まった国権論は、民権論との対比で語られた。1874年(明治7)愛国公党により*民撰議院設立建白書が左院に提出されると、国民の不満を国外に向けるために政府は台湾征討を画したが、それは日本の沖縄に対する支配権を国際的に認めさせ、国権を拡張するためであった。もとより、民権運動家たちにも民権を実現することによって、「国権」を強めようという考えがあったが、憲法策定過程で民権と国権との対立が強く意識されるようになり、80年頃には「東京日日新聞」「東京横浜新聞」など新聞紙上で論争が繰り広げられた。89年の*大日本帝国憲法の発布によって天皇を頂点とする国家体制が確立し、日清・日露戦争をへて日本が国際社会の仲間入りをはたすと、国権論はもは

や争点ではなくなり、国民の中へ浸透してナショナリズムを支える力となった。

乞食 こつじき →乞食（こつじき）

コップ KOPF 日本プロレタリア文化連盟の略称。日本共産党の指導のもと、ナップ(NAPE, 全日本無産者芸術連盟)を基礎に、プロレタリア文化諸運動の組織的統一のために1931年(昭和6)合法的に結成された。日本プロレタリア作家同盟など12団体で構成され、機関誌「*プロレタリア文化」を発行した。弾圧のため34年潰滅。

後藤艮山 ごとうこんざん 1659～1733(万治2～享保18) 江戸前・中期の医者。*古医方四大家の一人。名は達、字は有成、通称は左一郎、艮山・養庵と号する。江戸に生まれるが火災に遭い、両親とともに京都に移り住む。*名古屋玄医に入門を願い出たが断られ、独学で独自の医学を築きあげる。李朱医学の陰陽五行説・五運六気説などにとらわれず、すべての病気は一気の留滞によりおこるという「*一気留滞論」を唱える。温泉治療や熊の胆・灸を多用したことから〈湯熊灸庵〉ともよばれた。弟子には香川修庵・山脇東洋らがいる。著作は少なく「病因考」「熊胆蕃椒灸説」など。

後藤象二郎 ごとうしょうじろう 1838～97(天保9～明治30) 明治前半期の政治家。高知藩士後藤助右衛門の子。幼名は保弥太、のち良輔と称し、さらに象二郎と改める。*板垣退助の竹馬の友。幼くして義叔父の*吉田東洋に学び、1858年(安政5)幡多郡奉行に任命され、61年(文久元)近習目付となるも、吉田の暗殺により失脚する。前藩主山内豊信(容堂)により登用され、さらに坂本竜馬の時局策をうけいれ公議政体論を採用し、さらに容堂の許可をえて徳川慶喜に大政奉還を勧めたことにより、明治新政府への基盤を作った。工部大輔・左院議長をへて参議になったが、73年(明治6)10月の政変で下野し、74年1月に板垣らと「*民撰議院設立建白書」を提出して、政府を批判した。81年の自由党の結成に際して常議員となるが、82年自由党内の反対を押し切って板垣とともに外遊し、民権運動の分裂の契機となった。87年、大同団結運動がおこると民権派を束ねるリーダーに推されて活躍したが、89年3月に黒田内閣の逓信大臣として入閣した。さらに91年2月の第一議会の予算審議において、自由党員の切り崩しを画策し、「土佐派の裏切り」を演出した。後藤は、明確な政治思想や信条をもたず、機会主義的にその場を乗り切ることにより自らの立場を高めていった。その意味では今日の保守党政治家の指導者の一つの類型に通ずるものがあり、その原型ともいえる。

古道大意 こどうたいい *平田篤胤の著書。全2冊。「大壑君御一代略記」によれば、1811年(文化8)にもととなる講釈の記録が成立したという。版本は48年(嘉永元)に刊行された。講釈の記録にもとづくため内容は平易で、その実際の口調や話の進め方が書物にも残されている点に特徴がある。日本に関する学問の諸系統を示したうえで、篤胤の唱える*古学の特徴を示す。また神代の事蹟の概要を説明し、日本の人々はみな神の末裔であると主張する。いわゆる鎖国批判に対する反批判としては、日本がいかに恵まれた国かという視点から論じている。

御当代記 ごとうだいき 江戸前期の記録。全6冊。*戸田茂睡の著。1680年(延宝8)5月の徳川綱吉5代将軍就任の記事から、1702年(元禄15)松平加賀守邸への御成の記事まで、22年間の綱吉治世下の事件・巷説を編年箇条書きに記す。将軍・幕閣・大名・役人の武家の動向を、改易・騒擾・喧嘩・非行などの事件の賞罰を中心にしてまとめる。また、天変地異や江戸の市井風俗の奇聞なども記す。記事は背景的な事実にまで説き及んで詳細であり、元禄期(1688～1704)の政治史・世相史を知るうえで信頼度の高い、貴重な文献である。著者の茂睡は岡崎藩の本多忠国家の牢人であり、綱吉の*生類憐みの令の施策に迷惑する人々を記すなど、全体に当代批判の論調が特色である。そのため、世に知られたのは近代になってからである。

古道論 こどうろん 主に国学者によって唱えられた日本固有の「道」の存在をめぐる論。*荷田春満は、「日本書紀」神代巻の製作者である舎人親王が神の行いを叙述することにより「道」を示したと理解した。*賀茂真

淵かもちは「*国意考こくいこう」「万葉考」などで，儒教・仏教の伝来以前には「おのづからの道」があり，それこそ天皇の道，神の道であることを，特に「万葉集」の研究に依拠して主張した。*本居宣長もとおりながに至ると明確に意識化され，「*古事記伝」の総論「*直毘霊なおびのみたま」において，ミチという言葉自体には本来倫理・道徳的意味はなかったが，儒教の「道」に相当するものは産霊神むすびのかみに発し天照大神あまてらすおおみかみに受け継がれてきていると説き，正しい古伝たる「*古事記」に道が事象として示されていると主張した。*平田篤胤あつたねは宣長の説をさらに進め，「古事記」以前の古伝の原型の探究を行い，中国・インド・オリエントの古伝をも総合した正しい古伝を構想した。そこにおいて，いったんは排除された儒教的「道」を日本の古道に包摂しようとする傾向が幕末期に至ると強くなっていく。しかし，日本固有の道の存在は国学者すべてに肯定されたわけではなく，儒教的「道」の信奉者も少なからず存在していた。国学的古道論は，倫理・道徳の規範的な教条を否定しながらも，倫理・道徳自体の存在を否定できないという困難な問題に対する解答であったといえよう。

言霊 ことだま　言霊とは，言語に宿る霊力をいう。一般に，その霊力が直接言語内容を現実化するとみる言霊思想が，わが国では太古以来広く衆庶の間に定着していたと目されている。しかし，「言霊」という語は，「万葉集」に3例現れるのを初見とし，それ以前の文献には一例もみえない。このことは，言霊思想の初発期を万葉の時代に求めるべきことを暗示している。万葉の時代には，事の一端を指示するにすぎない「ことば」は往々にして現実に背馳するとの認識が浸透していた。言霊はこうした思想状況のもとで，その存在を要請された霊力であった。すなわち，「言」かならずしも「事」ならずという状況を排し，あえて「言」を「事」たらしめる権能を，万葉人は言霊のうちに求めた。しかも，「万葉集」(巻5–894)所載の長歌「好去好来こうきょこうらいの歌」(「虚見つ倭やまとの国は皇神すめかみのいつくしき国言霊の幸ちはふ国と語り継ぎ言ひ継ぎひけり」*山上憶良やまのうえのおくら)の「言霊」の用例

が端的に示すように，万葉人は，言霊は現実を直接に動かすものではなく，神々の威令を媒介として間接的に現実に作用するものと考えていた。言霊思想は，元来〈言霊→神々→言の事化〉という図式で表されるべき思想であった。→言霊説

言霊説 ことだません　人の発する言葉に呪力や霊力があるとする信仰を言霊信仰とよぶが，そうした理解を言語や文法に関する学説にまで高めたものを言霊説という。近世後期に盛んに論じられた。文献上，「*言霊」の用例は「万葉集」にさかのぼる。ここには日本を「言挙げせぬ国」「言霊の幸はふ国」とする例があり，近世の言霊説では，こうした点に注目して言霊と日本の固有性を結びつける議論が多くみられる。また，言霊説は近世の国語研究における五十音図という音声秩序の「発見」と深くかかわりながら展開しており，その秩序をより根底から基礎づけるために神祇じんぎや幽冥ゆうめいという審級が設定される。主要な論者に，*富士谷御杖みつえ・黒沢翁満おきなまろ・中村孝道たかみち・高橋残夢ざんむ・林国雄・*鹿持雅澄かもちまさずみ・富樫広蔭ひろかげ・五十嵐篤好あつよし・高橋正澄まさずみ・堀秀成ひでなりらがいる。

金刀比羅信仰 ことひらしんこう　→金毘羅信仰こんぴらしんこう

言依 ことよさし　言寄ことよせ・事依(寄)とも。「言依ことよさす」の尊敬語で，神や天皇がご委任になる，ご命令になるの意。「*古事記」神代記に，「是に天つ神あまつかみ諸もろの命みことを以ちて，伊邪那岐命いざなぎのみこと，伊邪那美命いざなみのみこと二柱の神に，「是の多陀用弊流ただよへる国を修めおさり固め成せ」と詔のりて，天の沼矛あめのぬぼこを賜ひて，言依ことよさし賜ひき」とあり，また，「此の時伊邪那伎命，大いく歓喜びて詔りたまひしく，……即ち御頸珠みくびたまの玉の緒母由良邇もゆらに取り由良迦志ゆらかして，天照大御神に賜ひて詔りたまひしく，「汝命いましみことは，高天たかまの原を知らせ」と事依ことよさして賜ひき」とある。前者は天神がイザナギノミコト・イザナミノミコト2神に国土の修理固成を，後者はイザナキノミコトが天照大神に高天原の統治を，それぞれ委任されたという意である。

後南朝 ごなんちょう　南北朝の合一後，旧南朝皇胤および支持勢力が南朝系朝廷の再興を図った運動。合一の条件であった，南朝と北朝が交互

に皇位に就くという両統迭立を北朝系朝廷と室町幕府が履行しなかったため，数度にわたって反幕府勢力と結んで蜂起した。最大の後援者である伊勢国司の北畠満雅は，1414年(応永21)吉野出奔中の後亀山上皇と呼応し，28年(正長元)には小倉宮聖承を奉じ，両度挙兵したが，幕府に制圧された。以後北畠氏は幕府に従属し，後南朝の活動は縮小した。その後は，43年(嘉吉3)禁裏に乱入して神器を奪った事件(禁闕の変)が著名である。応仁の乱中に西軍が南朝皇胤を擁立したが，乱後消息が途絶え，後南朝の活動は消滅するに至った。

小西如庵 こにしじょあん →内藤如安

近衛文麿 このえふみまろ　1891～1945(明治24～昭和20)　昭和前期の政治家で，34・38・39代首相，貴族院議長。公爵。東京都出身。近衛家は摂政・関白をだした五摂家筆頭。父は大アジア主義者で貴族院議長の近衛篤麿。東京帝国大学哲学科に入学したが，*河上肇や米田庄太郎を慕って京都帝国大学に転じ，法科政治学科を卒業する。1917年(大正6)内務省に入り，19年パリ講和会議に西園寺公望全権大使の随員として出席，その直前に「英米本位の平和主義を排す」を発表した。33年(昭和8)貴族院議長。革新派として期待され，*二・二六事件のあと組閣の命をうけたが時局収拾に自信なく一度は辞した。しかし，軍部と政党との調停者として政界・財界・言論界の期待を担って，37年第1次内閣を組閣した。直後に蘆溝橋事件が勃発すると，派兵を実施，「国民政府を対手とせず」と声明して事態を悪化させた。日中戦争がドロ沼化した折も，戦争遂行のために国家総動員法を成立させ戦時体制を整えた。持久戦となり終結の見通しなく，「*東亜新秩序声明」をだして米英と対立したあと総辞職した。枢密院議長をへて，40年ヨーロッパでも第2次大戦がおこると，国内対立の調整を期待されて第2次内閣を組織した。*新体制運動を推進し，日独伊三国同盟を締結，また政党を解散させて*大政翼賛会を結成した。41年第3次内閣で日米交渉に努力したが，主戦論に押しきられ総辞職した。戦後，東久邇宮内閣の国務相，のち戦犯に指名され服毒自殺した。著書は「清談録」「平和への努力」「失はれし政治」などのほか，「近衛日記」もある。

近衛政家 このえまさいえ　1444～1505(文安元～永正2)　室町時代の公家。従一位・関白・太政大臣・准三后。房嗣の子。政家には，1466～1505年(文正元～永正2)の日記「*後法興院記」がある。日記は，応仁の乱直後の10年分の記事が欠落しているが，かつてないほどの争乱を経験し，その乱が沈静したのちの京都を中心とする最も家格の高い公家の私生活を知る史料として知られる。弟に「*廻国雑記」の著者として知られる聖護院大僧正の*道興，ほかに実相寺大僧正の増運，醍醐寺座主の政深(実は一条教房の子)らがおり，子尚通，孫稙家と家督を継いだ。

日記の記事は，信仰・和歌・蹴鞠・花見，貝合・聞香・双六などの賭事，風呂・来客・酒宴，乱舞・曲舞・猿楽などの芸能に至るまで多岐にわたり，記述は細部に及んでいる。近衛家は房嗣・政家・尚通と続く熱心な法華宗の信者であり，本満寺・頂妙寺などへの参詣・聴法に関する記事は，この時代の公家の法華信仰を伝える興味深い史料である。当時の一般公家は生活の困窮に苦しんだが，近衛家には鎌倉時代まで代々継承された殿下渡領があった。社会の混乱した南北朝・室町中期までの家領については不明のことが多いが，家計の中心的な部分は相伝されて，政家の代については，日記とは別に近衛家の家計帳簿である「雑事要録」23冊が残っている。それには家領，関白渡領，所々と贈受の礼物，八朔，米銭，下行物などに大別されて，詳細な記載があり，関白家の内情を知る貴重な史料である。政家の生涯は個人として特別の破綻はなくて，家格に応じた昇階と日常生活の繰り返しであったが，室町中・後期の上級公家社会の端的な体現者として注目すべき存在である。

木葉衣 このはごろも　当山派*修験で悉曇学者でもあった江戸浅草の*行智(1778～1841)が，1832年(天保3)に著した*修験道に関する解説書。全2巻。上巻は役小角(*役行者)伝，*山伏の名義，峰入りなど，下巻では山伏の衣体，大峰山と*金峰山の縁

ごばし

起，役小角に神変大菩薩 (じんべんだいぼさつ) の諡号を与えるという寛政詔勅など，全14項目に関して多数の文献を引用し，時に図解を示して細かな考証がなされている。

御パシヨンの観念 (ごパシヨンのかんねん)　現存するものとして，1591年（天正19）のバレート写本の福音書と1607年（慶長12）長崎刊「*スピリツアル修行」所収本がある。ローマ字・国語・文語本。原著者は著名なスペイン人神学博士・イエズス会士のG.ロアルテ（？～1578）で，本書は1570年（元亀元）早々に舶載され，記録により93～94年（文禄2～3）頃までには刊行されていたことがわかる。キリストのパシヨン（受難）はキリスト教信仰の中枢を占めるもので，3編からなる。第1編は黙想の手引き，ロザリオ十五玄義に関する黙想の要点（ポントス），第2編は黙想の説明，キリストの受難に関する要点，4福音書のキリストの受難録，第3編は日本準管区長ペドロ・ゴメス作成の年間の主日や祭日，終末などに関する黙想の要点である。一部が国字に翻訳されて流布し，禁教下に司祭不在の場合でも，潜伏キリシタンは伝道士や「信心の組」の組親の指導下に黙想に努めた。

木幡寺 (こはたでら)　→浄妙寺 (じょうみょうじ)

小林一茶 (こばやしいっさ)　→一茶 (いっさ)

小林多喜二 (こばやしたきじ)　1903～1933（明治36～昭和8）　大正・昭和初期の小説家。秋田県北秋田郡下川沿村出身。小林末松・セキの次男。多喜二が4歳の時，一家は伯父を頼って北海道小樽市に移住する。小樽高等商業学校（現，小樽商科大学）を卒業後，北海道拓殖銀行に就職する。「*種蒔く人」の影響をうけながら*志賀直哉 (しがなおや) に傾倒し，志賀の私小説的リアリズムを，大正から昭和への社会的・思想的転換期に，社会問題として描くことに成功した。また，磯野農場小作争議や小樽港湾労働争議を応援する。題材を小樽の三・一五事件からとった「一九二八年三月十五日」(1928)で一躍脚光を浴び，本格的にプロレタリア・リアリズムの道に踏み出す。非合法の日本共産党に入党，「党生活者」(1932)の脱稿後，1933年（昭和8）街頭連絡中に逮捕され，即日拷問死する。作品は「滝子其他」，「蟹工船」(かにこうせん) など。「小林多喜二全集」全7巻がある。

小林秀雄 (こばやしひでお)　1902～1983（明治35～昭和58）　昭和期の評論家。東京神田区猿楽町に生まれる。東京帝国大学仏文科卒。小林豊造・精子の長男。一高時代に*志賀直哉 (しがなおや) の知遇をえ，1924年（大正13）木村庄三郎らの同人雑誌「青銅時代」に「一つの脳髄」を発表し，永井竜男 (たつお)・富永太郎らと「山繭 (やままゆ)」を創刊する。25年中原中也 (ちゅうや) を知り，中也の愛人長谷川泰子と同棲したが，28年には別れて関西を放浪する。翌年帰京して「様々なる意匠」で「改造」の懸賞評論第二席となり，以後本格的評論活動を開始する。「アシルと亀の子」を皮切りに，フランス象徴主義の影響をうけた近代的自意識と言語観により，プロレタリア文学をこえる近代批評を確立した。35年（昭和10）「ドストエフスキイの生活」「*私小説論」を発表する。太平洋戦争の勃発にあたり一生活者として戦争に対処するという姿勢をとり，文芸報国講演会・大東亜文学者会議に参加するが，文学からは遠ざかり歴史と美の世界への関心を深め，42～43年には「無常といふ事」所収の諸編を発表する。「モオツアルト」(1946)，「ランボオ」(1949)，「ゴッホの手紙」(1951～52)，また「考えるヒント」(1959～63)では江戸儒学にも言及する。59年芸術院会員，69年文化勲章受章。晩年の大著「本居宣長 (もとおりのりなが)」は10年の歳月をかけて完成された。「小林秀雄全集」全12巻がある。

古筆 (こひつ)　書法の手本や鑑賞の対象として尊重された古人の筆跡で，主に江戸時代以前の書をさす。優れた書跡を愛好することは鎌倉時代頃から行われ，特に安土桃山時代頃から茶の湯の流行につれ，文学書や写経・書状などを切断した古筆切 (ぎれ) を，茶掛としての掛軸や*手鑑 (てかがみ)・屏風に貼りこむなどして，系統的に鑑賞することが盛んになった。筆跡鑑定を行う古筆家が登場し，伝称筆者名や，伝来・字形・料紙の特徴から「本阿弥切 (ほんあみぎれ)」などの名称が付された。古筆の切断という弊害をうんだが，分散されて伝わった古筆切は，文学などの研究上に貴重な資料である。

護符 (ごふ)　呪符 (じゅふ) とも。それを所持する人・家への災厄を防除し，幸運をもたらすとされる

物。神や自然物に由来する超自然的な力が作用すると信じられる。個人が所有する御守りや家の神棚・門におく御札などなど，神仏の名・姿や経文・呪句を書いた紙・木片などがよく知られるが，上の要件をみたす物なら，中東の戸口などに描かれる邪視除けの目の文様からわが国の商売繁盛の招き猫人形まで，その種類・形質の違いは問題とならない。それらを，厄除けの御札のように災厄を未然に防ぐのが目的の護符(amulet)と，祈禱師が病人に飲ませる御札のように現在発生中の災いを除くのが目的の呪符(talisman)に分けることも可能だが，両者を画然と分別するのは困難である。

後深草院弁内侍家集 ごふかくさいんべんのないしかしゅう →弁内侍日記

五部書説弁 ごぶしょせつべん 神道家*吉見幸和よしかずの著作。全12巻。1736年(元文元)成立。その後改訂を重ねた。*垂加神道で経典視された「*神道五部書」は，伊勢神宮では奈良時代成立の禁書とされてきた。しかし，内宮祠官の井面守和いのもりかずの「神路記かみじき」にヒントをえた幸和は，「神道五部書」を神仏習合の盛んな鎌倉時代に外宮側で作られた偽書とした。なかでも，外宮側の主張する二宮(内宮・外宮)一光説いっこうせつを否定して，内外両宮間の秩序を明確にし，外宮祭神の豊受大神とようけのおおかみは国常立尊くにのとこたちのみことではなく膳部かしわでの神であるとした。本書は，その後長く両宮間における論争の火種となった。

古墳 こふん 盛土や自然地形の削り出しによって，地表面に作りだされた高まりをもつ墓を「墳」とよぶ。わが国における墳の出現は弥生時代にあるが，その時代には地域的に多様な墳丘形態と葬法が採用されていた。やがて前方後円形(壺とみる説がある)の巨大な墳丘内に，被葬者を納めた長大な割竹形わりたけがた木棺とそれを覆う竪穴式たてあなしきの石槨を構築し，さらに大型の銅鏡や水銀などの赤色顔料をはじめとする，さまざまな辟邪へきじゃの具を用いて遺骸を保護するという葬法が，大和から各地へ，首長墓に採用されて急速な普及をみる。この墓制の成立は3世紀後半とみられる。それ以降の墳丘をもつ墓を特に「古墳」とよび，それが全国にわたって築造された時期を「古墳時代」として区分する。

その墳丘は前方後円・前方後方・円・方などの平面形が一般であるが，特殊な例に双方中円・上円下方などがあり，7世紀以降の終末期には八角形が一部の王族や地方首長の墓に採用される。屍体を収納する棺かんには木製と石製のほか埴はに(陶)製などがあり，前二者には割竹形・箱形・舟形などが，また石棺には長持形ながもちがたや家形が，陶棺には家形が表現され，さらなる荘厳化が図られたものもある。また棺を墳丘に埋納するに際し，前期には竪穴式の石槨や粘土槨ねんどかくによる保護が図られ，5世紀後葉以降は横穴式よこあなしき石室や横穴よこあな，またまれに横穴式木室もくしつなどが設けられるほか，棺を直接埋納する例も時代をとおしてみられる。

墳丘は死者の世界として円筒埴輪えんとうはにわをめぐらせて結界し，辟邪の意味で武器形埴輪を配置する。墳頂部には来世に生きる死者のための玉座や屋敷を形象した*埴輪がおかれ，後期には来世での首長の生きるさまをより具体的に表現した人物埴輪が盛行する。後期には，そうした形象埴輪の情景を墓室内に描いた*壁画古墳が，九州と関東・東北地方の太平洋側などの横穴式石室や横穴に出現する。後期に爆発的な出現をみる小古墳からなる群集墳は，地域社会の展開を解明する重要な資料である。⇒副葬品

古文辞学 こぶんじがく 「文は秦漢，詩は盛唐」を理想として，そこへの復帰を主張する明の李攀竜りはんりょう・王世貞おうせいていらの文学運動にヒントをえて，*荻生徂徠おぎゅうそらいが唱えた学問方法論。古代のテキストは，その時代の文辞に習熟することでしか理解できないから，まず「今言きんげん」から離れて「古言こげん」の世界に身をおいてそこに浸りきることが重要だとされる。思想的には先王の道に外れるものであっても，秦漢の古書を「古言」の習熟のために読まねばならない。この発想の基底には，限られたテキストを，解説書や注釈書なしに一人で徹底して読みこんだ南総時代での徂徠自身の体験が隠されているだろう。朱子学・仁斎学じんさいがくは「古言を知らず」とは徂徠の常套とする批判であり，「古言」に即して先王の道の基本概念を紹介するものとして「*弁道べんどう」や

「*弁名ｽﾝ」が著され、「論語」を「古言」として読み解くものとして「*論語徴ｽﾞｸ」が書かれた。

　こうして文学運動として始まった古文辞学は、徂徠によって明確な学問方法論として自覚された。「*学則」はその輝かしい宣言であり、時空を遠く離れた文明（先王の道）を理解するとはどういうことか、どうすることでそこに到達できるのかという問題を、言語の問題としてはじめて自覚的に提示したものとして画期的である。徂徠の古文辞学は、「古言」の正確な理解という点で経書の校合・校訂（文献批判）の作業を促し、門人たちの中から、*山井崑崙ｻﾝ・荻生北渓ｹｲの「*七経孟子考文ｺｳﾌﾞﾝ補遺」、*太宰春台ﾀﾞｲの「古文孝経ｷｮｳ」校訂といった大きな成果をうんだ。近世後期の考証学の発展、国学における言語センスの先鋭化は、古文辞学の影響なしにはありえない。文学の面では、*服部南郭ﾅﾝｶｸが李攀竜ﾘｭｳの編とされた「*唐詩選」を翻刻し、杜甫ﾎや李白ﾊｸを中心とする盛唐の詩がもてはやされた。→蘐園学派ｹﾝｴﾝ

御文章 ﾌﾞﾝｼｮｳ →御文ﾌﾞﾝ

後法興院記 ｺﾞﾎｳｺｳｲﾝ　「後法興院政家記ﾏｻｲｴ」とも。室町時代の公家*近衛政家の日記。後法興院は政家の追号。原本はすべて陽明文庫の所蔵で、1466〜68年（文正元〜応仁2）の3軸は具注暦ｸﾞﾁｭｳの紙背に記され、1479〜1505年（文明11〜永正2）の27冊は書状を上下半裁した紙背を用いた袋綴ﾌｸﾛﾄｼﾞ冊子装の浄書本である。政家は関白近衛房嗣ﾌｻﾂｸﾞの子で、官位は従一位関白・太政大臣に至り、准三宮を宣下された。一日一日の記事は比較的簡略だが、各年とも四季が完全にそろっており、この時代の貴族の生活を知るための最良の史料となっている。たとえば、応仁の乱をへてしだいに衰微の様相をみせたものの、摂関家の中でも随一の家産を保持し、禁裏や自邸での和歌・連歌あるいは蹴鞠ｹﾏﾘなど学芸・遊戯に多くの時間を費やした姿がみてとれる。あるいは、自己の日蓮宗信徒としての信仰活動とともに、有力寺院の門跡ﾓﾝｾﾞｷたる兄弟子女との往来の様相が記され、その宗教生活の重層性が明確に示されている。なお、同じく政家の筆録にかかる家産収支の記録「雑事要録」もあ

わせみるべき史料である。

護法資治論 ｺﾞﾎｳｼｼﾞﾛﾝ　江戸前期の儒仏一致の書。正編5巻・補遺2巻・付録3巻の全10巻10冊。水戸藩儒者の森儼塾ｹﾞﾝｼﾞｭｸ（尚謙ｼｮｳｹﾝ、1653〜1721）の著。正編は1707年（宝永4）成立、74年（安永3）全巻刊行。書名は「儒に倚ｵｯて釈の正法を護り、釈を用ひて儒の治政に資す」という主旨にもとづく。儒教と仏教はその史的変遷を異にするが、根本は同一であるとし、儒教が盛んになることによって仏教も盛んになるとする。また、仏教の三世因果説ｴﾝｾﾂを治世上・修身上から必要とみなしている。キリシタンの仏教批判が須弥山説ｼｭﾐｾﾝに向けられていると説き、須弥山説が輪廻観ﾘﾝﾈ・来世観に直結することを指摘し、須弥山説擁護のために「天地正体円相図」を考案し合理的説明に努めた。

護法善神 ｺﾞﾎｳｾﾞﾝｼﾝ　仏教に帰依し、仏法を守護する神のこと。インドにおいては、ベーダの神々が梵天ﾎﾞﾝ・帝釈天ﾀｲｼｬｸといった護法神として、仏教にとりいれられてこれになった。日本においては、749年（天平勝宝元）に宇佐八幡が託宣により、東大寺大仏造立の援助のため平城京に上京したことが初見である。また765年（天平神護元）11月の称徳天皇の大嘗祭ﾀﾞｲｼﾞｮｳの際の宣命ｾﾝﾐｮｳには、僧侶の参加についての理由づけとしてこの思想が語られている。以後、高野山（金剛峰寺ｺﾝｺﾞｳ）と丹生・高野明神ﾐｮｳｼﾞﾝ、興福寺と春日明神、延暦寺と日吉山王権現ｻﾝﾉｳｺﾞﾝｹﾞﾝ、あるいは天台宗における*赤山ｾｷｻﾞﾝ明神・*新羅ｼﾗｷ明神などがこれにあたる。寺院での法会ﾎｳｴの際の道場守護に勧請されることもあった。

護法童子 ｺﾞﾎｳﾄﾞｳｼﾞ　仏教や僧侶・修行者に使役されたり、守護をする童子形の神霊。その先駆的なものは「続日本紀」にみえる*役行者ｴﾝﾉｷﾞｮｳｼﾞｬに使役される鬼神ｷｼﾝ（のちに前鬼・後鬼とされる）であるが、天台宗の高僧や法華持経者に仕えるものが大多数である。書写山の性空ｼｮｳｸｳに使役された乙護法・若護法、皇慶ｺｳｹｲの乙護法（性空より伝えられる）、白山泰澄ﾀｲﾁｮｳの臥ﾌｼ行者・浄定ｷﾖｻﾀﾞ行者、「*信貴山ｼｷﾞｻﾝ縁起絵巻」にみえる僧命蓮ﾒｲﾚﾝに使役される剣ﾂﾙｷﾞの護法などがある。「信貴山縁起絵巻」の延喜加持の巻に登場する剣の護法は、童子の姿に

剣をもち，宝輪を回す姿で描かれている。これは醍醐天皇の病平癒のため，命蓮が信貴山にいながらにして，派遣したものであった。

小堀遠州　こぼりえんしゅう　1579～1647(天正7～正保4)　江戸初期の大名・茶人。近江国生れ。名は正一(政一)，通称作助，号を大有宗甫，従五位下遠江守であることから遠州とよばれる。禁裏・仙洞御所・二条城・江戸城内山里などの造営を，幕府の作事奉行や伏見奉行などとして務めた。一方，文化面でも活躍し，近世文化史上最も名高い人物の一人である。20代から30代にかけて*古田織部に師事し，千利休─織部─遠州という系列が武家茶道の正系といわれるようになった。京都大徳寺の春屋宗園に師事して禅を学び，その茶が「きれいさび」の語でよばれていたことは通説になっている。茶道具の鑑識にも優れ，遠州好みの茶道具をのちに松平不昧(治郷)が「中興名物」とよんでいる。

古本説話集　こほんせつわしゅう　平安後期の説話集。前半は和歌説話，後半は仏教説話で，計70話を集めている。「*栄花物語」「*大鏡」にある逸話や「*今昔物語集」「*宇治拾遺物語」などと共通する話も多い。「今昔物語集」と「宇治拾遺物語」との間に位置する説話集と推定されるが，編者・成立年ともに未詳。昭和の初め頃から一部には知られていたが，学界の共有財産となったのは戦後のことである。

古本大学刮目　こほんだいがくかつもく　江戸後期の儒学者*大塩平八郎の著書。1巻7冊，洗心洞蔵版，刊行年未詳。1832年(天保3)の自序があるが，その後も補訂に努め，刊行の作業に入ったのは37年である。大塩の生前には出版に至らず，死後は謀反人の著書としてはばかりがあったので，正確な出版年月日は未詳で，伝世の部数もきわめて少ない。朱子の「大学章句」は伝本に多くの改変を加えたので，王陽明は鄭玄注・孔穎達疏の「礼記正義」にもとづいて「古本大学」を出版し旧来の形態に戻した。日本では*三輪執斎が「古本大学」を翻刻し，大塩はこれにもとづいて本文を定め，諸儒の注釈を列挙し，「後素曰」として自説をのべた(「*洗心洞劄記」の項を参照)。大塩が後半生を費した大著である。

護摩　ごま　梵語homa　本尊を招き，供物を火中に投じて供養する*密教の修法。もとはインドのバラモン教で行われた火天アグニを供養する祭式の一つであったが，密教にとりいれられ護摩法として確立した。本来，招請された本尊の智慧を火に見立て，煩悩を焼き尽して，本尊と行者が一体化することをめざす修行儀則であるが，同時にその功徳を衆生に回向できるものとされ，願主の所願をかなえる祈禱と結びついた。目的に応じて息災・増益・敬愛・調伏などの区別があり，それぞれ儀軌に従った形や色の火爐を設けた護摩壇を作り，本尊を招請して護摩木を焚き，火中に五穀・五香を投じ，香油を注いで供養するものである。所願が書かれた護摩札は，修法後は*護符とされた。

五味釜川　ごみふせん　1718～54(享保3～宝暦4)　江戸中期の儒学者。実名は国鼎，字は伯耳，通称は貞蔵，釜川は号。医師五味宗智の子として甲斐国巨摩郡藤田村に出生。1728年(享保13)江戸に遊学し，徂徠学派の*太宰春台に師事した。春台は後世方系の漢方医学にも通じていた。37年(元文2)帰郷して医業を継ぎ，かたわら儒学を教授した。入門者が相次いだという。52年(宝暦2)京都に遊学し，*香川修庵に古医方系の漢方医学を学んだ。著書は「明文批評」(1752刊)など。

小宮山楓軒　こみやまふうけん　1764～1840(明和元～天保11)　江戸中・後期の水戸学者・水戸藩士。名は昌秀，字は子実，通称は次郎衛門，楓軒はその号。水戸彰考館生員の小宮山昌徳の子。15歳から*立原翠軒に学び，父没後の1783年(天明3)彰考館に入り，「*大日本史」の校訂に従事した。99年(寛政11)郡奉行に抜擢され，1820年(文政3)転出するまでの21年間，商品経済の発展に即して民富の充実を図り，荒廃した農村の復興に尽力した。この点，抑商を基本とする*藤田幽谷の農政論と対照的だった。38年に致仕した。常陸国の歴史地誌の編纂，古文書の収集などにも精励し，「小宮山楓軒叢書」138冊，「耆旧得聞」など多数の著作を残した。

後村上天皇　ごむらかみてんのう　1328～68(嘉暦3～応安元・正平23)　南北朝期の南朝2代天皇。諱

ごもう

は義良、のち憲良。父は*後醍醐天皇。建武の新政の幼少期、北畠顕家に奉じられ東北地方に派遣される。顕家とともに二度京都に戻り、三度赴こうとして嵐にあい帰還した。1339年（暦応2・延元4）8月、父の死の前日に12歳で即位。南朝勢力の衰退にともない吉野を追われるが、幕府内部の分裂により、51年（観応2・正平6）には一時的に南北両朝を合一した。大和国賀名生、河内国金剛寺・観心寺などを行宮とし、河内国住吉で没した。陵は観心寺裏山の檜尾陵。和漢の学や音楽に通じ、禅僧孤峰覚明と交流が深かった。

語孟字義 ごもうじぎ *伊藤仁斎の著書。全2巻。「天道」「天命」「道」をはじめとする「論語」と「孟子」の中の主要な概念について解説したもの。朱子学で陳北渓「性理字義」（「北渓字義」などともよばれる）が簡便な基本概念の解説書として用いられていたため、それにならいながら、「論語」と「孟子」の本来の意義「古義」に導くために書かれた。はじめに、天地の「一元気」の生々の運動が世界の本質であり、「理」はその条理としてのみあるので、形而上の本質として「理」を認めることはできないとする思想が力強く展開されている。1683年（天和3）若年寄の稲葉正休に献上され、95年（元禄8）に江戸で贋刻本がでた。1705年（宝永2）あらためて嗣子の*伊藤東涯が晩年の定本にもとづいて刊行した。付録として「大学は孔氏の遺書に非ざるの弁（*大学非孔氏之遺書弁）」「尭・舜既に没し邪説暴行又作るを論ず」の2編を収めている。贋刻本として刊行された時から、朱子学者たち（まだ朱子学の枠の中にいた荻生徂徠も含む）の激しい批判を浴びたが、それだけ仁斎の思想が独創的・刺激的なものだったといえる。東涯が「語孟字義」の内容を平易な和文で説いたものに「*訓幼字義」がある。

御物御画目録 ぎょぶつぎょがもくろく 「ぎょぶつぎょがー」とも。足利将軍家所蔵の中国絵画の優品を収めた目録。室町時代、15世紀の中国絵画に対する嗜好を知るための最も重要な史料の一つ。「紙」「大」「四幅」「紙横」などの材質・形状別に、90点（三幅対・四幅対などを1点

と数えて）・280幅を記録する。画家別では、*牧谿法常の作が103幅と圧倒的多数を占める。梁楷・馬遠・夏珪らがこれに次ぎ、南宋時代の画家の作品がほとんどである。牧谿筆「観音猿鶴図」（大徳寺蔵）、伝牧谿筆「瀟湘八景図」（根津美術館、畠山記念館などに分蔵）、梁楷筆「出山釈迦図」（東京国立博物館蔵）など、現存する作品もかなりある。ここに記載されたものは、*東山御物（足利幕府旧蔵品）の中でも頂点をなすものとして、とりわけ珍重された。巻末に、幕府の所蔵品の鑑定、管理を務めた同朋衆の*能阿弥による奥書があるが、自筆ではない。原本は存在せず、東京国立博物館所蔵の写本によってのみ知られる。能阿弥が筆録した時期は不明だが、15世紀半ば頃と推測される。写本の書写年代も不明である。

御遺訓 ごゆいくん →東照宮御遺訓

暦 こよみ 1872年（明治5）の太陽暦への改暦以前に日本で行われた暦法は純粋な太陰暦ではなく、一朔望月と一太陽年を調節する太陰太陽暦であった。暦法が輸入される以前の固有の自然暦の時代から、人々の生活は太陽や月の運行と密接な関係をもっていたに相違なく、それは現在の我々が意識する以上のものであった。太陰太陽暦の暦面には人々の生活と切り離すことのできない太陽と月の運行を考慮して、一種の太陽暦ともいうべき*二十四節気にもとづく十二節月と、月の満ち欠けに一致させた太陰暦である12ヵ月が上手に混在していた。日本で行用された暦法は、中国伝来の元嘉暦・儀鳳暦・大衍暦・五紀暦・宣明暦と、日本で考案された貞享暦・宝暦暦・寛政暦・天保暦の9種であった。中国で発達した太陰太陽暦法のほとんどは暦元（上元）や暦計算の起点を冬至におき、造暦に際してはまず二十四節気をだし、次に朔・弦・望を算出し、二十四節気のうちの中を含む月をその節月とし、閏月をおく場合にはこの中を含まない月を閏月とした。

暦はその内容・様式などから幾通りもの種別が可能である。まず用字によれば具注暦（真名暦）と仮名暦に、さらに仮名暦

には片仮名暦と平仮名暦があり，その双方に書写暦と版暦（摺暦）とがある。次に版暦にしても木版と活字版があり，形態からすれば巻子や冊子のほか，巻暦・折暦・綴暦・一枚摺りなどの種別ができ，機能により売暦・賦暦の区別が可能である。地方暦としての三島暦は，版暦としての歴史が古く，〈ミシマ〉は版暦の俗称としても使用されたが，室町時代以降にその存在が知られている地方暦に，賀茂氏を本所とし，禁裏大経師を経営者とする京暦（摺暦座）をはじめ，関東に三島・大宮・鹿島・会津暦などが，京畿に丹生・南都・大坂暦などがあった。

　近世初頭には，各地に地方暦として版暦の頒行が広く行われていたが，貞享の改暦（1684施行）により編暦の実権を掌握した江戸幕府は，これら地方暦の私的な作成を厳禁し，暦は幕府の厳重な統制下におかれるようになった。しかし，これら頒暦とは別に，江戸の中期以降に盛行し，以後一般に広く用いられるようになった柱暦・懐中暦・大小暦（絵暦）などと称される略暦の類がある。これらの略暦には頒暦と同様に暦屋がだした正式なもののほか，私的に板行され，商家による得意先への配布や，年始の挨拶として贈答・交換の用に供されたものなど多種多様のものがあった。

古来風体抄　こらいふうていしょう　鎌倉時代の歌論書。上・下2巻。*藤原俊成の著。式子内親王の求めにより提出された初撰本は，1197年（建久8），作者84歳の作。また，再撰本は1201年（建仁元）成立。上巻は，序と神代から「千載和歌集」に至る和歌史。下巻は「古今和歌集」から「千載集」に至る勅撰7集から抄出し，その一部に左注を加える。歌の風体（歌風）を説くのに，よしあしの説明にとどまらず，歴史的観点を加えた点，和歌史論の嚆矢と評価される。さらに，序において展開されている，詠歌とは対象の「もとの心」（本性・本質の意）を明らかにする道であるという意見は，俊成の*歌論の中枢的部分として注目すべきである。

御流神道　ごりゅうしんとう　真言密教系統の神道流派。*室生寺を拠点とし，*三輪流神道と並ぶ*両部神道の流派。御流神道という名称の初見は1568年（永禄11）まで下るが，血脈類をみると，御流神道の伝授には共通して円海の名がみえるので，鎌倉後期の僧円海（生没年不詳）が祖であると考えられる。円海は，真言諸流派の付法をうけ，西大寺流の忍空に学んだ縁で大和国室生寺に住した。室生寺には三輪流神道の祖とされる慶円が千日参籠しており，また円海自身，伊勢国の世義寺を中興したという伝承があり，叡尊の西大寺流をうけていることからも，神道流派を組織しうる環境にあったものと思われる。御流神道の名称は円海が仁和寺に御流を伝授されていたことによるが，後世は宗内に広く流布したために「高野大師御流」「大師流」と称され，空海と結びつけられた。

　代表的著作としては，中世末期の「御流神道談義抄」や中世から近世にかけて集成された「八十通印信」をはじめ，室生寺は如意宝珠信仰の霊場であった関係で，宝珠と伊勢の天照大神を結びつけた仁海仮託の「宀一山秘密記」などがある。江戸時代にも「御流神道口決」などが著され流布した。その教えは，日本紀灌頂・麗気灌頂などの神祇灌頂によって伝授された。

御霊会　ごりょうえ　御霊を慰撫・鎮魂する法会・祭礼。御霊は，もと「みたま」とよんで，天皇家の死者の霊をさしたが，のち非業の死を遂げた人の霊をいうようになり，祟りをなす怨霊とみなされた。疫病の流行や天変地異は怨霊のしわざとされ，これを慰撫することによって霊が鎮まると考えられた。記録のうえでは，863年（貞観5）神泉苑での御霊会が初見で，早良親王・伊予親王・藤原吉子・観察使・橘逸勢・文屋宮田麻呂の六前の霊を「金光明経」や「般若心経」で慰撫した（「日本三代実録」）。このほか祇園御霊会（*祇園祭，行疫神・*牛頭天王）・北野御霊会（*菅原道真）などが有名で，さらに〈やすらい花〉など民間芸能にも大きな影響を及ぼした。

御霊信仰　ごりょうしんこう　非業の死を遂げた霊（御霊）を慰撫・鎮魂し，災厄から逃れようとする信仰。怨みを呑んで死んだ人の霊は，疫病や災害をもたらすと信じられ，これを畏怖し，法会ないし祭礼を行うことによって安らぎを

ごりん

えられると考えられた。863年（貞観5）の神泉苑の*御霊会をはじめとして，*祇園社・*北野天満宮さらには*今宮神社などで御霊会が催された。亡霊の追善という意味から念仏信仰とも結びつき，中世以降は戦乱で死んだ武士の霊も御霊とみなされた。「ごりょう」という音が「ごろう」に通じることから，五郎と名乗る武士，たとえば曾我五郎なども畏怖すべき霊とみられ，歌舞伎などで曾我物を上演することが慰撫につながるとみなされた。⇒怨霊思想

五倫五常 ごりんごじょう　五倫とは儒教においてとらえられた五つの人倫関係，すなわち父子・君臣・夫婦・長幼・朋友の関係をさしていう。さらにまた，それぞれの関係の間での守るべき道徳規範としての「親」「義」「別」「序」「信」の五つの徳目をもさす。「五倫」という用語例は明の沈易の「五倫詩」，および宣宗の御製「五倫書」が初見であるが，古くは「書経」舜典に「五教」の語があり，聖王の権威に託した教義の体系化への試みがみられる。「五教」の内容は「左伝」では父の義，母の慈，兄の友，弟の恭，子の孝をあげている。また「孟子」には，舜が契を教育長官に登用し，「人倫」を教えたとして，その内容を「父子に親有り，君臣に義有り，夫婦に別有り，長幼に序有り，朋友に信有り」とのが語がみえ，「五倫」はこれに由来する。「中庸」では，「天下の達道は五」として「君臣，父子，夫婦，昆弟，朋友」を掲げているが，ここでは「君臣」と「父子」の順序が入れ替わっている。漢代の「淮南子」では，「君臣の義，父子の親，夫婦の弁，長幼の序，朋友の際」と表現されている。五倫の教えは，南宋の朱子によって教育の綱領として重んじられた。日本では，近世の初頭に「*心学五倫書」と題された書（著者は熊沢蕃山に仮託されるが，不明）が流布し，五倫についての簡単な説明が加えられている。また*室鳩巣は「五倫名義」を撰し，五倫の道徳規範を概説している。

五常は五行ともいい，儒教において人が常に踏み行うべき道徳的徳目としての「仁・義・礼・智・信」の五つをさす。前漢の董仲舒が王者の修めるべき「五常の道」としてこの五徳を唱えてから，五倫とともに儒教倫理説を代表するものとなった。先に孔子は諸徳を包摂する最高の徳として仁を説き，孟子は仁義を強調し，さらに礼智をあわせた四徳（仁・義・礼・智）四端（惻隠の心，羞悪の心，辞譲の心，是非の心）を唱えて性善説を展開したが，董仲舒は木・火・土・金・水の五行思想に配する形で「信」を加えて，「五常」と称した。朱子は「論語集註」で「五常は仁義礼智信を謂ふ」と注している。君臣の道，父子の道，夫婦の道の「三綱」とあわせて，「三綱五常」ともいう。「五常」の日本での用例は，「続日本紀」や空海の「*秘蔵宝鑰」や日蓮の「*開目鈔」にも散見されるが，近世において林羅山の「*春鑑抄」，松永尺五の「*彝倫抄」，中江藤樹の「*翁問答」などの儒教啓蒙書ともいうべき著述において頻繁に説かれ，道徳的観念として広く一般化していった。貝原益軒は「*五常訓」と題する書で，五常は生まれつき人間の心に備わった徳であるとして，これらの連関を詳しくのべている。益軒は五常の和語の読みとして，仁に「イツクシミ」，義に「ヨロシ」，礼に「ウヤマフ」，智に「サトル」，信に「マコト」をあてている。

五輪塔 ごりんとう　中世を中心に流行した*塔の一種。宝珠・半球・四角錐・球・立方体の五つの部分，あるいはその断面を上下に積み重ねた形に造形されるのが一般的である。密教ではこれを大日如来の三昧耶形とし，各部にキャ・カ・ラ・バ・アの種子や，空・風・火・水・地の五大を配当する。以上の理論は覚鑁の「五輪九字妙秘密釈」などにより確立されるが，五輪塔はそれ以前より造顕されていたと思われる。追善・逆修の供養塔や，墓塔・舎利容器として造立され，現在も列島各地におびただしい数の石造五輪塔が残る。細部の形態は多様で地域性に富み，材質も木製のものや板状のもの，水晶や金銅製の五輪塔なども知られる。

五輪書 ごりんのしょ　宮本武蔵（1584〜1645）を流祖とする二天一流派の兵法書。伝宮本武蔵の著。1645年（正保2）武蔵が死の直前に高弟寺尾孫之丞に伝えたものとされるが，自筆

本が現存しないため，成立に疑問が残る。地・水・火・風・空の五大五輪になぞらえて全5巻とする。冒頭，13歳の時はじめて勝負してから，28～29歳までの60余度の勝負に一度も負けず，30歳をこえてから鍛錬し，その結果，体得した「兵法の道」を，1643年(寛永20)熊本西郊の岩戸山に参籠して著したものだという。その「兵法の道」の内容は，武蔵の「兵法三十五箇条」(1641)を敷衍したもので，実戦に裏打ちされた二刀流の「利」が説かれている。武蔵は，集団を率いる「大分の兵法」と士卒の「一分の兵法」とを区別し，後者の一対一の撃剣の兵法を基本におきつつ，両者を共通のものとする。この点では，前者の集団統率の法を天下国家の統制法に応用した*北条氏長の兵学とは観点を異にしていた。武蔵の兵法の主眼は，「構」「目付」「拍子」「間」などによって先手をとり，主導権を獲得することにある。また，身と心の逆対応の関係を説き，「技」の鍛錬とともに「空」なる心を求めている。

コレジオ キリシタン時代のイエズス会士養成のための高等教育機関。1580年(天正8)*バリニャーノによって豊後国府内に設立され，その後各地を移転した。修練期を終えた者がラテン語・日本文学の勉強を続け，主として哲学・神学を修め，さらに数学・天文学や日本仏教の諸宗派について学んだ。そのレベルの高さはバリニャーノ著「*日本のカテキズモ」，ゴメス著「講義要綱」などのテキストからもわかる。コレジオでは「日本大文典」・辞書などの編纂，キリシタン版の翻訳や出版なども行い，1614年(慶長19)まで存続した。

惟任退治記 「惟任謀反記」とも。明智光秀(惟任日向守)が主君織田信長を自刃させた本能寺の変の顛末を記す。現存「*天正記」の中の1巻。*大村由己の著。1582年(天正10)成立。安土築城，武田氏の滅亡，豊臣秀吉の備中出陣，本能寺の変，山崎の戦い，光秀とその部将らの敗死，大徳寺における信長の葬儀などについて美文調の和風漢文体で記述する。なお「総見院殿追善記」は，松永徳庵が本巻を和文体に書き改めたものである。著者は信長の最期，焦土と化した安土城を無常感をこめて描いているが，光秀の下剋上とその失敗について，*天道思想により「故なく相公(信長)を討ち奉ること，豈に天罰なからんや。……汝が首を刎ねらるるは，因果歴然なり」と非難している。

瑚璉集 伊勢神道書の一つ。上・下2巻。*度会(村松)家行の著。1320～37年(元応2～建武4・延元2)の間の成立。瑚璉とは，古代中国における宗廟の祭祀に用いられた祭器の称。天地開闢事・本朝造化事・神祇系図事・天祖神事・天神七代事・地神五代事・神宣事・天神名号事・相殿神の事・三十二神事・内宮御遷座事・外宮御遷座事・心御柱事・御形文図事・十種神宝の事・三種神宝事の16項目からなる。内容的には「*類聚神祇本源」をより簡略化したものであるが，別宮関係の記述が省かれ，代わりに相殿神の項目が立てられるなど，多少の相違点が認められる。

古老口実伝 伊勢外宮禰宜の*度会行忠が著した覚書。禰宜として1年間に勤める年中行事，山田郷における在家役，山宮祭と常明寺勤役，日吉八王子郷社勤役，神宮から下された品々の処分方法について，参籠の心得，潔斎の心得，神宮祠官として行うべからざる禁忌，修養の方法などについてのべたもの。概して外宮祠官の公私両面における生活上の心得書といえる。成立期の上限は，「子良の裳」について「正安元年(1299)九月始之」とあるので，それ以降。下限は，「正安二年六月日，当宮二禰宜行忠神主書写本を以てこれを書留め畢んぬ」という度会延雄の書写識語があるので，それ以前。つまり，1299～1300年(正安元～2)の成立。ただし，それ以後も著者自身，加筆を重ねている。

語録 敬愛する人の文章・講話集。ここでは特に禅宗で，本来口頭でなされた師の問答・説法・*法語などを門人が筆録し，のちに編集した文集をいう。中国で唐代に盛んとなり，鎌倉時代に禅宗が導入されるに及んで，日本でも編集された。全体の形式が定着しており，住持として入院した時の入寺法語，その寺での定期・臨時に法座に上がって

なした説法，退院する時の説法，檀那などな関係者の葬儀や年忌にあたってなした仏事法語，*偈頌・賛・疏などが収められる。韻文のほかに，散文でも対句や押韻を用いて修飾的な工夫をこらした四六文（駢儷文）が発達し，詩文の巧みな人の語録は修道の面だけでなく，文章の模範としても流布した。修道以外の詩文の多い人には外集として作品集が編まれた。直接の師ではないがその門人に依頼されて編むこともあり，また室町時代には，自分で年代順に雑多な作品を網羅的に集めて残したものもある。高僧の語録は刊本になっているものも少なくないが，写本でしか伝わらないものもある。いわゆる*五山文学の核となるもので，文学として鑑賞されるほかに，師の伝記史料でもあり，記事によっては関係者の伝記，社会史的・思想史的史料となる場合が多い。

婚姻 こんいん 古代日本の婚姻は，執掌婚（妻問）が支配的だったと思われるが，妻はやがて夫方に同居する傾向にあり，正確には一時的妻問だったと考えられている。また，地域によっては，迎嫁婚が併存していたと推測される。族外婚がふつうであったが，禁婚親の範囲は狭く，異母姉妹などを娶る事例もみられた。わが国の令では，唐令と違って，妻だけでなく妾も二等親であり，妾は夫の遺産相続権を認められる配偶者であった。一夫多妻制だったといえる。良賤間の婚姻は禁止されていた。婚姻に際しては，一般に尊属親を婚主と称してその同意をえなければならなかった。婚姻は許婚と成婚の2段階があり，両者の合意による許婚ののちは，男女間に夫婦に準じる関係が生じた。成婚は結婚式による許婚契約の履行であり，多く女家で行われた。男子はしばらくは女家に通い，やがて女が男の家に移った。夫は無子などの七つの事由により，一方的に棄妻（離婚）できた。妻の持参財産は夫の所有となったが，棄妻の際は，妻に返還しなければならなかった。

中世になっても，一夫多妻制は続いていた。禁婚親の範囲は狭く，族内婚規制は緩かった。婚姻は縁約とその実行の2段階であり，縁約の実行を嫁娶といった。しかし，公家の間では，縁約実行後もしばらくは男が女家に通うので，成婚形式も執掌婚が一般的であった。武士の間では，公家と異なり，平安時代末には迎嫁婚が行われるようになり，やがて迎嫁婚が支配的になり，公家も室町時代には迎婦婚化するようになった。非御家人の女子や傀儡子・白拍子などの女子が御家人に嫁した例がみられるので，武士にあっては身分による婚姻規制がきびしくなかったといいうる。また，妻は結婚後も実家の姓のままで，公家・武家ともに上層身分にあっては，実家の氏を冠して「某氏女」と名乗っていた。夫婦別産制であり，「化粧料」（化粧田など）などの妻が持参した所領は，通常は一期分として，妻の死後は実家の惣領などの未来領主の手に帰した。鎌倉幕府法は，後家が再婚する場合には，夫から譲られた所領は亡夫の子孫に譲るべく，子のない時は幕府が処分すべきものとした。なお「*御成敗式目」は，功あって過のない妻妾は夫から譲られていた所領を離別に際し*悔返しの必要はないとしていたが，1267年（文永4）幕府は，離別の妻妾が改嫁した場合には夫から譲られていた所領を没収することとした。

戦国期に入ると，主君の家臣の婚姻への規制が強まり，他国者との婚姻はもちろん，同国の者でも主君の許可を要することとなった。家臣のみでなく，一般領民の場合にも，しだいに他郷・他町の者との婚姻には領主の許可が必要となるようになった。迎嫁婚が一般化するのと平行して，妻の貞操義務が強調されるようになり，かつて妻敵の殺害を殺人罪としていたものが，密懐（密通）の男女は死刑とされた。夫は妻と妻敵を同時に討つべしと定めた分国法もみられた。

江戸時代にも一夫多妻制は存続したが，重婚が禁止され，*一夫一婦制の傾向が強まり，かつて配偶者であった妾は，武士・庶民を通じて単なる奉公人にすぎなくなった。身分規制の強い江戸時代には，婚姻制度も身分による差異が大きくなった。武士にあっては，縁約を結ぶ前に幕府や主君に願を提出し，その許可をえなければならなかった。結納を交わして縁約を結んだ男女は縁夫・縁女と

して夫婦関係に準じた取り扱いをうけ、縁女の密通は姦通罪とされた。公家と武士との縁組は必ずしも禁止されていなかったが、幕府の許可が必要であった。庶民との婚姻も、身分の低い武士は禁止されていたわけではない。賤民と平人との婚姻は許されなかった。財産関係については、夫婦別産が原則であり、妻の衣類・鏡台などの諸道具は妻の特有財産として妻が処分権を有したが、その他の妻の持参田畠や持参金は夫の所有とされた。ただし、過失なき妻を離婚する時は、夫はこれを返却しなければならなかった。武士の離婚は、夫婦双方の家の合意にもとづく届出が必要であった。庶民では、離縁状〈三行半〉の交付によって夫が一方的に離婚できた。離縁状には再婚を認める旨の文言があり、形式的には再婚許可状であった。離縁状のない再婚は禁止されていた。

明治政府は、1871年（明治4）身分違いの婚姻を自由とし、73年には妻側からの離婚請求を認めることとした。また75年には、戸籍に届出のない婚姻を法的に効なきものとみなすと宣言した。この戸籍届出婚姻制は、98年民法典の施行によって確立されるに至った。届出のない妻は、内縁関係として配偶者としての法的保護を与えられなくなった。それまでと違って、妻は夫の家の姓を称することとなった。一夫一婦制となったにもかかわらず、権妻と称して妾をおく風は改まらなかった。明治の民法に定められた家族制度により、婚姻を家と家との関係とみる思想は長く続き、1947年（昭和22）に改正された現行民法により、ようやく婚姻を両性の合意にもとづくものとする婚姻観が成立するに至った。→嫁入婚

金戒光明寺 こんかいこうみょうじ　京都市左京区黒谷町にある浄土宗大本山の寺院。紫雲山と号す。*法然が、師である比叡山黒谷の叡空より譲られた白河の住坊を源とする。比叡山黒谷に対して新黒谷と称したが、のち単に黒谷とよばれるようになる。法然没後は弟子の法蓮房信空に譲られた。信空は天台の円頓戒を法然から相伝したため、円頓戒の道場としても栄え、室町時代よりは円頓戒の別名である金剛宝戒にちなみ金戒光明寺と名乗るようになる。法然の「*一枚起請文」を所蔵する。

権現 ごんげん　→権社の神

権現思想 ごんげんしそう　*神仏習合思想の中で9世紀末頃からしだいに成熟してきた思想。権現は〈権に現れる〉の意。仏・菩薩が日本の神やあるいは人の姿を借りて、権に現れることをいう。「権現」の語は、937年（承平7）に筥崎八幡宮に多宝塔1基を建立した僧兼祐の願文にみえるのを初見とする。平安時代末までには、熊野・白山・蔵王などの山岳神に権現の尊号が与えられるようになった。また実在の人を永久に神として祀るようになったはじめである*北野天満宮も、その神号に権現の称はあからさまに与えられてはいないが、権現思想に導かれて、*菅原道真は最初からただの人でなく、十一面観音菩薩の化現としてこの世に現れたものであると説くようになる。江戸幕府が徳川家康の神格化を図った時にも、権現思想によって*東照大権現の神号が贈られた。

権現造 ごんげんづくり　神社建築様式の一つ。本殿と拝殿の間を石の間（殿舎より低い屋根つきの土間）で連結することから、石の間造ともいう。947年（天暦元）に創建された*北野天満宮（現、京都市上京区）は、権現造の祖型といわれている。この建築様式の実例はしばらく北野天満宮以外にみることはなかったが、織豊期に至ると、豊臣秀吉を祀る豊国廟の建立（1599年）にあたって、権現造の様式が採用された。その後江戸時代には、日光をはじめとする各地の*東照宮の建築にも、この様式がとりいれられた。その結果、同社の祭神*東照大権現にちなみ、この神社建築様式を権現造と称するようになった。

金光教 こんこうきょう　*教派神道の一つ。備中国大谷村の農民川手文治郎（金光大神、1814～83）が開教した。教祖はあいつぐ家族の死を通じて金神信仰を深めたが、啓示によって金神は祟り神ではなく、天地の親神であることを知り、1859年（安政6）に農業をやめて布教に専念したのをもって立教とする。神と人とが「あいよかけよ」（相互依存）で立ち行くと説き、「取次」という信者との個別の対話を尊重して教えた。現在、岡山県浅口市

こんご

に本部があり，公称43万人の信徒を擁している。

金剛座 こんごうざ　→大和四座やまとしざ

金光大神 こんこうだいじん　→金光教こんこうきょう

金剛頂経 こんごうちょうぎょう　梵語Vajrasékhara-sūtra 「大日経」とともに日本の真言密教で両部大経とされる根本経典。真言宗の伝統説では，大日如来が18の異なった場所（十八会え）で説いた10万頌じゅに及ぶ大部の経典「金剛頂経」広本があったとするが，現存しない。金剛智ち訳4巻，不空ふくう訳3巻は，大日が初会しょえで説いた経典の一部という。施護せご訳の30巻本は初会の全訳である。これに対応するサンスクリット原典，チベット訳も現存する。7世紀後半に南インドで成立。内容は，*大日如来が悟りの内容とその実践法となる五相成身観ごそうじょうじんかんを説いているが，同経に説かれる悟りの内容を具体的に表したものが金剛界曼荼羅まんだらである。

金剛幢下 こんごうどうか　中国元代の臨済宗松源派しょうげんは古林清茂くりんせいむ（1262～1329）の会下えかの人々。この一派は士大夫したいふとの交友が盛んでその教養を身につけたが，詩の題材を仏教的なものにとる*偈頌げじゅ主義の立場をとった。古林の別号を金剛幢といったので，この名がある。その門下で来日した僧として，浄妙寺・浄智寺・南禅寺などに住した竺仙梵僊じくせんぼんせん，梅津長福寺開山の月林道皎げつりんどうこう，野火止のびどめ平林寺開山の石室善玖せきしつぜんきゅうらがいる。日本から元に渡り，古林の弟子になったが法を嗣がなかった人も，仏光派ぶっこうはの天岸慧広てんがんえこう，一山派いっさんはの雪村友梅せっそんゆうばい，黄竜派おうりゅうはの竜山徳見りゅうざんとっけんら数多くいる。鎌倉末・室町初期において門派をこえて文芸活動によって結束した特殊な集団であり，金剛幢下は*五山文学の源流を作り，寺院の印刷出版事業を定着させ，竺仙は梵唄ぼんばいとよばれる経典の音楽的読誦どくじゅを伝えるなど，禅林文化の興隆に功績があった。

金剛峰寺 こんごうぶじ　和歌山県伊都いと郡高野町に所在する真言宗総本山。816年（弘仁7）*空海くうかいが上表し，修禅の道場として高野山こうやさんを賜り，金剛峰寺を建立したことに始まる。835年（承和2）定額寺じょうがくじに加えられ，同年空海はこの地で没した。伽藍の構想は，講堂（金堂）・中門を南北軸に，後方の東西に大塔・西塔（胎蔵界・金剛界にあてる）を配した独特のものだが，空海在世中には完成せず，空海の弟子実慧じちえ・真然しんぜんらが整備に努めた。神護寺・東寺との年分度者ねんぶんどしゃの争奪，「三十帖冊子さんじゅうじょうさっし」の帰属問題などもあり一時衰微するが，10世紀に入り空海の入定にゅうじょう信仰がおこり，聖地としての信仰が高まる。*藤原道長をはじめとした藤原氏長者ちょうじゃや白河・鳥羽・後白河上皇などの参詣が続き，堂塔の建立，荘園の寄進，*埋経まいきょう，納髪などが盛んとなった。また明算みょうさん（1021～1106）が中院ちゅういん流をおこし，金剛峰寺系の事相じそうの一派が確立した。平安時代末頃からは*高野聖こうやひじりの活動も盛んとなり，鎌倉時代には幕府や武士の信仰を集めた。15世紀には，荘園経済から参詣者による宿坊経済へと転換していった。学侶方がくりょがた・行人ぎょうにん方・聖方ひじりがたの三方さんぼうを区別したが，江戸時代，三者の間の紛争が続いた。1868年（明治元）三方は統合されて争いは終息した。1872年高野山の女人禁制が解かれ，近代化が図られた。

金光明経 こんこうみょうきょう　*護国三部経の一つ。漢訳経は3本が伝存している。北涼の曇無讖どんむせん訳「金光明経」4巻，隋の宝貴ほうきらが諸訳を統合した「合部ごうぶ金光明経」7巻，唐の義浄ぎじょうが新しく請来した梵本ぼんぽんにもとづいて訳した「金光明最勝王経」10巻（「最勝王経」）である。経説中，特に「四天王品ぼん」（4巻本・合部7巻本）ないし「四天王護国品」（10巻本）には，この経を奉持する国王のもとでは，四天王はこれを守護しその国民を安寧に保つという意がのべられ，また本経を護持する者を弁財天・吉祥天きっしょうてんなどの諸天が護るという内容ものべられるなど，護国の経典としての性格が顕著である。

わが国では676年（天武5）11月に，四方の国に使して「金光明経」「*仁王にんのう経」を説かしめたという「日本書紀」の記事が本経関係の初見史料である。この時は4巻本か7巻本の「金光明経」であったとみられる。義浄訳の10巻本「最勝王経」に関する史料としては，725年（神亀2）7月に，諸国の寺院を清浄しょうじょうに保ち，僧尼に「金光明経」を読ませること，同経のない場合には「最勝王経」を

読むべきこととする「続日本紀」の記事が早い。また741年（天平13）3月に発布された国分寺建立の詔をみると、一部「最勝王経」の経文を引用すること、諸国に七重塔を造らせて「最勝王経」と*「法華経」各一部を納めるとすること、国分僧寺の正式名称を金光明四天王護国之寺とすることなどから、*国分寺の建立事業が「最勝王経」に依拠して進められたことがわかる。平安時代には、学僧の登竜門として重視された南都・北京ほっきょうの三会えのうち、前者では宮中*御斎会ごさいえと薬師寺*最勝会さいしょうえが、後者では円宗寺えんしゅうじ最勝会が、いずれも「最勝王経」にもとづいて天下安寧と天皇の息災を祈願する法会として著名である。

艮斎間話 ごんさいかんわ　江戸後期の教訓書。*安積艮斎の著。正編2巻は1841年（天保12）、続編2巻は51年（嘉永4）刊。17歳の時に江戸へ出奔し、困苦して儒者となった立志伝中の人艮斎にふさわしく、逆境の中でも志を高くもち、度量の広い「英雄」像を、和漢古今の史実と経学、それに自己の見聞を織り交ぜながら描き出している。艮斎の師*佐藤一斎いっさいの「言志録げんしろく」（*言志四録の一つ）の箴言を潤色しているとともに、彼の弟子中村正直まさなおの翻訳した「*西国立志編」にも通ずる人間像を提示している。「道は天下の公道なり。学は天下の公学なり」とのべて、朱子学・陽明学・老荘、それに仏教までも、修己のために活用するという折衷的な態度をとっている。

今昔物語集 こんじゃくものがたりしゅう　平安後期の日本最大の説話集。全31巻（巻8・18・21の3巻欠）。1120年（保安元）以降の成立か。*末法思想を背景に、当時知られていた全世界、すなわち天竺てんじく（インド）・震旦しんたん（中国）・日本の説話1000余話を集大成する。巻1～10が天竺・震旦編、巻11以下が日本の説話集。巻11～20が本朝仏法編、巻21は欠本でわからないが、巻22～28が世俗編、巻29が悪行編。巻30・31は補遺的な雑事編である。そして天竺・震旦編、本朝編ともにそれぞれの説話はほぼ時代順に配列されている。天竺編の冒頭、巻1第1話は釈迦伝であり、本朝編の最初、巻11第1話は聖徳太子説話である。そして巻を追うにしたがい、しだいに時代が下降して、巻29が悪行編である。ここに、この説話集の構想が、釈迦の時代からしだいに遠ざかるにしたがって世が堕ち下っていくさまを、時代順に並べられた説話によって語らせようとするものであったことがみてとれよう。なお、天竺・震旦編の諸説話も、それぞれ仏教経典や中国の高僧伝その他に確かな典拠をもつものが多いが、なかには、部分的に日本的潤色がほどこされているものもある。その点、注意する必要がある。

権社の神 ごんしゃのかみ　権現説ごんげんせつとも。中世における神の分類。垂迹すいじゃくした仏・菩薩を神として祀る神社を権社といい、そこの神をこうよんだ。*実社じつしゃの神の対観念。*神仏習合の深まりの中、平安末より天照大神あまてらすおおみかみをはじめ有力な神々を、迷える衆生を救うために仏・菩薩が権現に現れたものとする*本地ほんじ垂迹説がしだいに定着する。その結果、子孫に祭祀を求め、それがなされれば恩恵を、なされなければ祟りをという従来の神観念は、血縁的枠組みをこえた救済神、あるいは善悪の行為に対し賞罰を下す倫理的神へと変貌する。これに対応するのが権社の神である。一仏を絶対視する立場（*親鸞しんらんの阿弥陀仏など）から権社の神の崇拝を軽視する鎌倉新仏教に対し、旧仏教側からの執拗な批判も行われた。

言上状 ごんじょうじょう　→申状もうしじょう

厳神鈔 ごんじんしょう　*山王さんのう神道の書。1巻。著者および著作年代は未詳であるが、室町時代の成立と思われる。本書中に「当谷千手堂鎮守山王院ノ御社」とあるので、延暦寺東塔西谷の山王院に関係する僧の手になるものか。山王七社および大行事だいぎょうじ・早尾はやお社などの諸末社、延暦寺・園城寺おんじょうじの鎮守社について祭神や鎮座の由来を記述する。おおむね「山家さんげ要略記」などの鎌倉時代の山王神道の説を踏襲しているが、独自の所説も多い。千手堂山王院は智証大師*円珍えんちんに縁が深い関係で、園城寺山王や円珍への言及が多い。「山家要略記」所収の「厳神祭礼抄」「厳神霊応章しょう」とは内容が異なる。

権田直助 ごんだなおすけ　1809～87（文化6～明治20）幕末・明治前期の平田派の国学者。号は名越迺舎なごしのや。武蔵国入間郡の漢方医の家に生まれる。19歳で江戸に遊学し、帰郷後に開業す

る。1837年(天保8)再び江戸へでて、*平田篤胤に入門し、「皇朝古医道」を唱えた。この医道は、記紀に記された大己貴神と少彦名命より伝わるものと説いている。62年(文久2)京に上り、尊王攘夷運動を行う。69年(明治2)には大学中博士・医道御用掛となるが、71年国事犯の嫌疑により捕らえられ、金沢藩邸に幽閉された。放免後、相模国大山阿夫利神社の祠官、そして皇典講究所の教授などを務め、明治前期の国学・神道界の重鎮として活躍した。著書に「みたまのふゆ」という神道書がある。

権田保之助 ごんだやすのすけ　1887〜1951(明治20〜昭和26)　大正・昭和期の社会学者。東京都出身。1914年(大正3)東京帝国大学文科大学哲学科卒業。美学を専攻。同大学助手をへて、21年から大原社会問題研究所研究員となり、24年在外研究のため渡欧、翌年帰国する。日本大学で映画政策論を教え、ドイツ語辞典の編纂や翻訳もした。また生活する庶民に焦点をあわせ、生計費調査などさまざまな社会調査を行い、実証的な成果をあげる。なかでも人間生活に不可欠な娯楽の実態について調査・解明した「民衆娯楽論」などは、今日に至る先駆的な業績となった。46年(昭和21)日本放送協会常務理事。「権田保之助著作集」全4巻などがある。

金地院崇伝 こんちいんすうでん →以心崇伝

こんちりさんのりやく　コンチリサン(完全な痛悔)の略(要約)、すなわち観想・悔悛の手引書。1603年(慶長8)日本司教セルケイラが著した、長崎の後藤宗印の印刷所の刊本は伝存していなかったが、外海・五島・長崎の潜伏キリシタンが仮名書きの完全な写本を伝承していて、1869年(明治2)司教プチジャンの命により漢字をあて「胡無知理佐无之略」として秘密裏に復刻された。潜伏キリシタンが寺参りや*絵踏に罪意識を抱きデウスの赦しを求めるために、コンチリサンの祈りを唱え続けて宗教的良心のよりどころとし、司祭も典礼も存在しなかったにもかかわらず、230年の長きにわたり正統的信仰を伝承する源泉の一つとなった。

コンテムツス・ムンヂ　Contemptus mundi. 書名の原義は表題に示しているように「世間を厭い捨てること」。1596年(慶長元)刊の天草版は、ローマ字・国語・文語本。原著は1420年頃ラテン語で著されたが、「イミタティオ・クリスティ」(キリストに倣いて)として近代諸国語に訳され、聖書についで愛読された名著。原著に忠実なこの天草版は、スペイン人神学者ドミニコ会士グラナダ訳の1536年のセビーリャ版か、42年のリスボン版による。14世紀後半から各国で生じた「新しい信心」(Devotio moderna)運動(俗世の蔑視、苦行、克己、黙想によるキリストへの全き献身の内的生活を説く)の最高の成果が伝えられたのである。現存本としては1596年天草コレジオ刊のローマ字本と、1610年京都の原田アントニヨ印刷所刊の国字抄本とがある。格調高い名文で、キリシタン翻訳文学の白眉といわれる。

近藤重蔵 こんどうじゅうぞう　1771〜1829(明和8〜文政12)　江戸後期の幕臣。名は守重、字は子厚、通称は重蔵、号は正斎・昇天真人。幕府与力の子。江戸生れ。1794年(寛政6)聖堂の学問吟味をうけ、褒賞された。長崎奉行出役・支配勘定方を歴任し、98年に松前蝦夷地御用掛を命ぜられ、エトロフ島に「大日本恵登呂府」の標柱を立てる。以後、4回蝦夷地に赴き、ロシアの領土拡大の動きに対して、「異国境」蝦夷地の直轄・開発を献策した。1808年(文化5)書物奉行となり、紅葉山文庫の蔵書を利用して、書誌学的な膨大な著述「右文故事」を著し、*林述斎・*松崎慊堂ら文人と交わった。19年(文政2)大坂弓奉行となったが、26年長男の殺傷事件により改易、近江国大溝藩預りとなり、のち病死した。幕府の外交政策を記述した「外蕃通書」などの著作がある。

権藤成卿 ごんどうせいきょう　1868〜1937(慶応4〜昭和12)　明治〜昭和前期の農本主義者。久留米藩郷士で国学者の子として生まれる。1886年(明治19)以降、旅行や事業などで中国・朝鮮・ロシアに渡る。1902年上京して黒竜会に入り、章炳麟・宋教仁らと交わるとともに、内田良平を助けて08年「東亜月報」を発刊する。18年*老壮会に参加、20年自治学会を創設、27年「自治民範」を出版する。その主張は、いきづまった現状を

打破するために「社稷」(人間が本来もっている原始の自治)に戻るべきだという一種の*農本主義であり，官治・資本主義・都会文化を強く排撃した。やがて井上日召や*橘孝三郎との関係をもち，*血盟団事件や*五・一五事件との関わりを問われて捕らえられたが，まもなく釈放された。

近藤篤山 こんどうとくざん　1766～1846(明和3～弘化3)　近世後期の朱子学者。名は春崧，字は駿甫，通称は高太郎，篤山と号す。伊予国宇摩郡小林村の豪農の子。生家の破産後，儒者を志し，1788年(天明8)大坂にでて，*尾藤二洲に学んだ。二洲が昌平黌教官となり江戸に出府後，94年(寛政6)篤山も江戸に赴き，二洲に就く。97年に帰郷して，二洲の郷里川之江で開塾した。1803年(享和3)伊予国小松藩主に賓師として迎えられ，藩校養正館の教授となる。藩士への講学とともに，家塾緑竹舎では豪農らに「小学」などを教諭した。立志・求己・慎独をモットーとし，朱子一尊主義を貫き，佐久間象山らに「徳行天下第一」と評され，小松一帯では伊予聖人とよばれた。

混同秘策 こんどうひさく　「宇内混同秘策」とも。中央集権国家構想を説いた*佐藤信淵の著。全2巻と付録からなる。1823年(文政6)成立。信淵によれば，「世界万国ノ根本」である「皇国」が世界統一をはたすためには，日本全国を手足のごとく自由に運用する必要がある。そのために，江戸を皇居と定め，天子直属の「政事ヲ議スル」大学校のもとに，三台(神祇台・太政台・教化台)・六府(農事〈農業〉府・物産府・百工府・融通府・陸軍府・水軍府)の中央機関を設置し，全国には14カ所の省府をおき，最大20万石限度の諸侯を配置せよと説いている。特に教育と宗教行政は中央政府が直轄し，全国の学校から優秀な人材を集めて中央官員に登用し，全国の神社を監督せよという。このような対外経略を射程にいれた中央集権国家の構想は，昭和初期に*大川周明らによって顕彰された。

コンドル Josiah Conder　1852～1920(大正9)　イギリス人の建築家。ロンドン生れ。1869年から73年までロンドン大学で建築学・造形美術を学び，1877年(明治10)日本政府の招聘をうけ来日する。工部大学校造家学科(現，東京大学工学部建築学科)で教鞭をとり，*辰野金吾ら日本初の建築家の育成にあたる一方，建築家としても数多くの作品を世に送った。現存する代表作としてニコライ堂(1891)，旧岩崎邸庭園洋館(1896)，旧古河邸庭園(1917)，綱町三井倶楽部(1913)などがあげられる。日本文化に深い関心を寄せ，絵師河鍋暁斎に弟子入りし，日本人を妻とした。1920年(大正9)日本にて没した。

混沌社 こんとんしゃ　江戸中期の漢詩の結社。1765年(明和2)9月に佐々木魯庵が諸友と図って，*片山北海を盟主にしておこした詩社である。のちに鳥山崧岳・*頼春水・河野恕斎・*尾藤二洲らが加わり，さらに細合半斎・福原映山(承明)・*木村蒹葭堂・葛子琴らの多くの人々を擁した。社友は武士・商人・医者など各階層にわたり，その中から，子琴らのように護園派から宋詩尊重の詩風に転換する時期の新しい時代の詩情をうみだす詩人を輩出した。大坂の人々が中心であったが，地方からの人々もまきこんで，若々しく自由な文雅の交流の場となった。春水の「在津紀事」(1828)が同時代の証言である。

金春座 こんぱるざ　→大和四座

金春禅竹 こんぱるぜんちく　1405～?(応永12～?，没年は1468～71の間)　室町前期の能役者・能作者。金春大夫。実名貫氏・氏信。法名賢翁禅竹。後世においては金春禅竹とよばれることが多い。父は弥三郎，祖父は金春権守。観世大夫*世阿弥の女婿。没年ははっきりしないが，1468年(応仁2)に山城国薪荘多福庵に住んでいたことが知られ，71年(文明3)には故人になっていた。*大和猿楽金春座の中興の祖ともよばれる。世阿弥から将来を嘱望され，金春大夫になったのち，1428年(応永35)3月に「六義」を，同年(正長元)6月に「拾玉得花」を，それぞれ世阿弥から相伝された。世阿弥の死後は，観世大夫を継承した観世三郎元重(音阿弥)と並び称された。その活動は，南都を拠点にして北陸に至るまでの広範囲に及び，金春座の基礎を固める一方で，「六輪一露之記」

こんぴ

「歌舞髄脳記」「*至道要抄」など数多くの著書を残した。その内容は難解で，歌道・仏教などから能の本質を説明しようとする点に特色がある。また「賀茂」「定家」「芭蕉」など十数曲が禅竹の作と推定され，独特な情緒のある作品が多い。

金比羅行人 こんぴらぎょうにん →願人坊主がんにんぼうず

金毘羅信仰 こんぴらしんこう　金刀比羅信仰とも。金毘羅宮ないし金比羅神に対する信仰。全国の金刀比羅宮・琴平神社の総本宮は，香川県琴平町琴平山に鎮座する金刀比羅宮である。現在の祭神は大物主神であるが，明治初年に神仏分離令が発布されるまでは金毘羅大権現と称した。古来，海上安全・航海安全の神として絶大な信仰を集めた。松尾寺に勧請された金毘羅王赤如神は，神仏習合思想の隆盛にともない金毘羅大権現と尊称され，また修験色も加えながら強大な信仰圏を形成した。一方，金毘羅信仰の原始は象頭山（琴平山）の雲気の神にあるとし，雲をよぶ雷神，雨を降らす水神，ひいては農耕の守護神として信仰されてきたとも説かれる。また，流し木・流し樽，あるいは流し初穂という金毘羅信仰独特の風習もみられる。

コンフラリア　ポルトガル語で信心会の意。キリシタン時代に「組」「講」とよばれた信者の互助組織。監事役として組親を定め，一定の日時に集会をもち，信仰の錬磨と互助共済・慈善事業などを行った。*イエズス会は「サンタ・マリアの組」，*フランシスコ会は「コルドン（帯）の組」「勢数多講」，*ドミニコ会は「ロザリオの組」などを組織した。禁教・迫害期に信仰維持のための地下組織になり，さらに五人組制と合体し，信者の潜伏を可能にした。

根本枝葉花実説 こんぽんしようかじつせつ　三教根本枝葉花実説とも。神道・仏教・儒教の三教の関係を説明する教説。吉田兼倶が「*唯一神道名法要集」に，上宮（聖徳）太子の密奏として「仏教は万法の花実たり。儒教は万法の枝葉たり。神道は万法の根本たり。彼の二教は皆是れ神道の分化也。枝葉・花実を以て，其の根源を顕はす。花落ちて根に帰るが故に，今此の仏法東漸す。吾が国の，三国の根本たることを明かさんが為に也」と記すのが知ら

れる。これに先立ち*慈遍の「先代旧事本紀玄義」に「抑も和国者三界之根なり。余州を尋ぬれば此国の末なり。謂ふこころは日本は則ち種子の芽の如し。……唐は枝葉を掌り，梵は菓実を得たり。花落ちて根に帰す」とあり，兼倶はこの思想を継承したのであろう。さかのぼって鎌倉時代の「鼻帰書」に「種は東に殖へて果は必ず西に感得し，後に又た東の因落る義也。仮令ば梅花は香り外に匂て，菓必ず下に落るが如し。此の義を以て仏法東漸とは云ふ也」とあるのがその源流である。神道は三教の根源であり，仏教・儒教は神道に帰一するとし，神道の儒仏二教に対する優位性を説くもので，*神国思想とも密接に関連する。中世末から近世にかけて流行する*神本仏迹説を代表する教説である。

根本崇源神道 こんぽんそうげんしんとう →忌部神道いんべしんとう

坤輿図識 こんよずしき　幕末期の世界地誌。正編全5巻3冊，補編全4巻4冊。箕作省吾（箕作阮甫の養子，1821～47）の著。正編は1845年（弘化2），補編は46年刊。正編は，アジア，ヨーロッパ，アフリカ，南北アメリカ，オーストラリアの各地誌・習俗・物産を記し，北アメリカ編に閣竜（コロンブス）小伝を付す。補編は巻1に輿地総説（地動説も含む），巻2にアジア誌補（アヘン戦争記など）や米国誌補，巻3にヨーロッパ誌補と各国軍備，巻4は人物略伝でアレクサンドロス大王やナポレオン1世のほかに哲学者アリストテレスまで含む。幕末・維新期に幕閣や志士に広く読まれた。

軒廊御卜 こんろうのうら　朝廷において公式に行われた*卜占の一種。天変地異やさまざまな怪異現象・変事などが発生した際に，また*大嘗祭の悠紀国・主基国の卜定においで，宮中紫宸殿の東軒廊（紫宸殿東階から宜陽殿につながる渡り廊）で行われた卜占。卜占を担当するのは神祇官・陰陽寮で，それぞれ*亀卜・式占を行い，その結果を奏上した。その起源などは明らかでないが，949年（天暦3）6月に旱魃によって行われ，神社・*山陵の祟りとの結果がでたのが早い例である。

さ

斎院 さいいん 「いつきのみや」とも。賀茂の神に奉仕する未婚の皇女。またその御所をもさす。斎院御所は山城国大野郷の紫野に所在。*斎宮と同様に天皇の息女か姉妹である内親王から選ばれるのが原則で，適任者がなければ孫女である女王から選ばれた。実際には，そのほとんどが内親王であった。斎宮と異なり，複数の天皇の代にわたり奉仕した例も12人いた。その設置は810年(弘仁元)の薬子の変に際し，*嵯峨天皇が賀茂の神に勝利を祈り，平定ののち報賽として皇女有智子内親王を奉ったのを最初とする。天皇32代の間に35人が任命され，1212年(建暦2)後鳥羽天皇皇女の礼子内親王を最後とする。斎院の主要な儀礼は，4月中の酉日の賀茂祭(葵祭)の奉仕とそれに先立つ禊で，その際の行列ははなばなしいものであった。

西園寺公望 さいおんじきんもち 1849〜1940(嘉永2〜昭和15) 明治〜昭和前期の政治家。元老。公卿清華家の徳大寺公純の次男として京都で生まれ，西園寺家の養子となる。幼名美丸のち望一郎，号は陶庵。パリ第4大学(ソルボンヌ)卒。公爵，12・14代首相，立憲政友会総裁。明治法律学校(現，明治大学)創立者。山陰道鎮撫総督として戊辰戦争に従軍した。1871年(明治4)法律学研究のためパリ・コミューン渦中のパリに留学，クレマンソーらと交わり，自由思想の影響をうけて帰国した。81年*中江兆民らと「*東洋自由新聞」を創刊，ブルジョア自由主義の普及に努力したが，勅命により社主を辞任した。翌年，*伊藤博文らと憲法調査のため渡欧した。85〜91年オーストリア，ドイツ，ベルギー公使。94年第2次伊藤内閣の文相となり，世界主義教育方針を唱えた。1900年枢密院議長，01年伊藤内閣崩壊時の臨時首相。03年政友会総裁，06年西園寺内閣を組織，「桂園時代」とよばれた。08年総辞職，11年第2次西園寺内閣を組織したが，2個師団増設問題で陸軍と対立し総辞職した。内閣交代時には元老として後継首相を天皇に推薦，政界に隠然たる勢力をもっていた。協調外交を支持，パリ講和会議の首席全権を務めた。外交官の経験，ビスマルクの政治から学び，24年(大正13)の加藤高明内閣以来，政党政治の発展をめざし，陸軍と右翼の進出を抑えようとした。中国侵略やドイツ，イタリアへの接近を懸念し，英米との協調を願った。秘書原田熊雄の口述記録「西園寺公と政局」全9巻がある。

斎戒 さいかい *物忌・潔斎とも。神など神聖な存在とかかわる場面で，関係者に要請される態度・状態。非日常的な「斎」の状況である祭祀において，執行者の神官などにより，特定の禁忌(*タブー)としての「戒」が守られること，あるいはその状態を典型とする。しかし，祭を営む共同体の成員全体によりなされる場合もあり，祭祀の執行者に限定はされない。「斎戒」の表現は，「礼記」など漢籍からとられ，日本語の物忌を意味する言葉として定着した。一般的には死・出産・肉食などの穢(不浄)を忌み，清浄を求める行為全般をさした。だが本来神聖性とは，清浄・偉大・強力な存在だけでなく，極端に邪悪・汚穢・危険な存在にも認められたものであった。その点で古い時代，凶事での不浄を忌むことと神事で清浄を求めることは，神聖な存在への態度＝「忌む・斎む」という点で共通であり，後世ほど対立的には考えられていなかった。「神祇令」での*六色の禁忌の制度化や，平安中期よりの穢に対する忌避意識の高まりが両者の差別化を進めたといえるが，このほかに善・悪や浄・穢を二元的に峻別する儒教・仏教の思考上の影響も見逃せない。

「神祇令」には斎戒の期間やその間の禁忌などについての規定がみられ，斎戒を散斎と致斎に分けている。また，斎戒の期間を斎日と称し，たとえば践祚大嘗祭では散斎1カ月，致斎3日と規定しているが，この場合，致斎の3日は散斎1カ月のうちに含まれている。この斎戒中は日常生活での穢から離れること，禊や祓などにより自らの*罪穢を祓い清めることが求められた。また，散斎の期間中は六色の禁忌を定

めて、これらを厳守しなければならないとし、致斎はただひたすら祭祀に専念すべきとされる。⇒忌

雑賀一揆 さいかいっき　雑賀衆とも。室町後期に紀伊国雑賀(現、和歌山市)地方において、浄土真宗信者によって結成された連合体。構成員は村落の代表者であり、それぞれ村民を率いて一揆に参加した。1570年(元亀元)からの石山合戦では、本願寺軍の中心兵力として織田信長の軍と戦った。77年(天正5)にいったん信長に降服するが、信長死後の84年に豊臣秀吉に対して兵を挙げる。しかし、秀吉によって攻められ、85年に最後の抵抗拠点の太田城が落城し、一揆は消滅した。

西鶴織留 さいかくおりどめ　江戸前期の*浮世草子。全6巻6冊。*井原西鶴の作。1694年(元禄7)刊。西鶴の第2遺稿集で、北条団水によって「日用世をわたるたつきにこゝろ得べき亀鑑」(団水の序)としてまとめられた。巻1・2は「本朝町人鑑」、巻3～6は「世の人心」という題で執筆された草稿で、それぞれに文体や論理も異なる。前者は、才覚一つで長者になれると説いた「*日本永代蔵」に比べ、天和・貞享期(1681～88)の不景気を反映してか、資本のない者は才覚があっても結局奉公人に止まると説き、致富も始末・堪忍を第一とした現状維持でのみ可能であるとする。後者は、さまざまな職業や身分の人心の諸相をカタログ的な興味も含めて描きだし、抜け目なく世知賢い世間の様を描き、のちの「世間胸算用」の発想に近くなる。

西宮記 さいきゅうき　平安中期の儀式書。*源高明撰。その書名は高明の邸宅西宮第にちなむ。全体は、恒例の朝儀・祭祀と臨時の儀式や政務次第との二つに大別されており、各段が本文・頭書・傍書・勘物から構成されている。何度も改稿・増補されたため、内容や編成を異にする異本が成立し、現行写本の巻数もまちまちで、内容的重複もみられる。裏書の勘物には高明没後の後人による書き加えも含まれ、古記録の逸文を多く含む点でも貴重な史料である。10世紀の朝儀を示す根本史料として古くから尊重された。古写本としては前田家尊経閣巻子本、宮内庁書陵部壬生本、東山御文庫本などがある。

西行 さいぎょう　1118～90(元永元～建久元)　平安末・鎌倉初期の歌人。俗名は佐藤義清(憲清とも)。法名円位。1135年(保延元)18歳で兵衛尉に任じられ、やがて北面の武士として鳥羽上皇に仕えたが、23歳で出家する。この突然の出家の理由については、親友の急死に触発されたため(「西行物語」)とか、女院への恋心に端を発する(御伽草子「西行」)など、さまざまな憶測と伝説をうむことになる。その後、高野山を根拠地として、四国・関東・東北地方など全国を行脚して回った。度重なる勧進を初期*高野聖とする説もある。「新古今和歌集」には94首入集し、最多入集歌人となる。その他、読人知らずとして「詞花和歌集」に入集した1首を含めて、計266首が勅撰集に入集する。家集は「*山家集」「西行上人集」「聞書集」「聞書残集」など。ほかに自撰の秀歌選として「山家心中集」、また現存する自家合歌としては最古のものであり、藤原俊成の判詞をえた「御裳濯河歌合」、その続編で、藤原定家の判詞をえた「宮河歌合」などがある。1186年(文治2)、東大寺再建の砂金を、平泉の同族藤原秀衡から勧進するのを目的として、69歳で奥州へ再下向した。「年たけてまた越ゆべしと思ひきや命なりけり小夜の中山」(「新古今集」)はこの時の詠。翌年には「千載和歌集」がなり、西行は「円位法師」として18首入集している。また晩年の西行が、まだ少年であった明恵を神護寺に訪れたと伝える。「願はくは花の下にて春死なむそのきさらぎの望月のころ」という自身の歌のとおり、90年(文治6)2月16日、73歳で没した。仏教説話集「*撰集抄」の作者に擬せられている。

西教寺 さいきょうじ　滋賀県大津市坂本に所在する天台真盛宗の総本山。戒光山と号す。*良源の草庵を*源信が道場に改めたのが草創であると伝える。黒谷流円頓戒の相承者とし鎌倉時代の戒律復興運動の一翼を担った恵鎮円観により法勝寺末とされ、四箇道場の一つに列した。1486年(文明18)の*真盛の入寺以降、当寺は再び隆盛に向かい、公武や民衆の信仰を集めて、室町幕府や守護

勢力の保護をうけた。1571年（元亀2）の織田信長の延暦寺焼き討ちと同時に当寺も破却されたが、その後坂本の城主明智光秀により復興された。90年（天正18）衰退した法勝寺の戒壇が当寺に移され、同時に法勝寺の寺宝・聖教なども当寺に伝来して現在に至る。

裁許状 さいきょじょう　中世における判決文書の名称。裁判機関が勝訴者側に発給した。鎌倉時代においては朝廷、幕府、荘園領主たる貴族・寺社などがおのおのの支配領域において訴訟を処理したが、訴訟機構としては引付方を基軸とする幕府のそれが最も発展・整備され、他の訴訟機構へも大きな影響を与えた。よって判決文書の様式も幕府のそれが大きな位置を占める。幕府では、初期には将軍の下文が判決文書としても採用されていたが、北条氏による執権政治の成立により、下知状が判決文書として定着した。幕府本体が発給する関東下知状は、訴人（原告）・論人（被告）の名と訴訟内容を簡潔に記載した事書と、双方の主張と判断理由・判決を記した本文からなり、本文の書き止めは「依鎌倉殿仰下知如件」で結ばれる。そして年月日、ついで執権・連署の署判が記された。六波羅下知状・鎮西下知状は書き止めに「依鎌倉殿」の文言を欠く。本文に訴人・論人双方の提出した訴状・陳状から詳しい引用がなされるため、長大なものが多い。下知状による裁許は、室町幕府初期にも引き継がれたが、やがて管領奉書・奉行人奉書に代わった。

西吟 さいぎん　1605〜63（慶長10〜寛文3）　江戸前期の真宗本願寺派の僧。本願寺派学林の初代能化。号は照黙、諡号は成ామ院。豊前国小倉の永照寺住職。宗学は紀伊国性応寺の了尊に師事したが、東福寺で禅学を学び、豊後国臼杵の*雪窓宗崔とも交友をもった。1647年（正保4）能化職につき、本願寺学寮の法制7条、また52年（承応元）には法制12条を定め、また学舎の整備、職階の制定など学寮の基礎確立に力を注いだ。禅の影響をうけた「一心自性」の唯心論的な思想を展開し、一宗一派にかたよらずに真宗教義を解釈した。近世本願寺派の三大法論の一つである承応闘諍は、西吟のこの説を批判した肥後国延寿寺の月感との論争である。著書に「客照問答集」など多数ある。

斎宮 さいぐう　「いつきのみや・さいくう」とも。斎王とも。*伊勢神宮に奉仕する未婚の皇女。また伊勢国にあるその皇女の住んだ御所と官衙施設もさす。天皇の息女あるいは姉妹である内親王から選ばれた。その起源は伝承的には、天照大神を崇神天皇の皇女豊鍬入姫命、垂仁天皇の皇女倭姫命に祀らせたことを初めとする。制度的には天武天皇の時の大来皇女が最初。原則として天皇一代に一人たてられた。斎宮に選ばれた皇女は、はじめ宮内の初斎院で約1年間潔斎し、その後嵯峨野の野宮に移り、そこで1年間潔斎し、その後の9月に伊勢国に下る斎宮群行を行った。斎宮とその役所である斎宮寮については、「*延喜式」の巻5「斎宮式」に規定される。三重県多気郡の斎宮跡は、発掘が進みその全貌が明らかになりつつある。

在家 ざいけ　居家・住家・在家人とも。出家に対する語。家にいて世俗の生計を営む人。在家の人が仏教に帰依し、三帰（三宝に帰依すること）・五戒（不殺生ほか五つの戒め）をうけると、男性は優婆塞、女性は優婆夷と称して、仏弟子に数えられる。そうした定義はともかくとして、在家が強く意識されたのは、鎌倉新仏教においてである。鎌倉時代になると、一般の人々をどう救済するかが切実な問題となり、*易行が提唱された。浄土系の教えや日蓮宗は、*念仏・*題目により、在家でも往生が可能であると説いて多くの信者を集めた。禅宗の*道元ははじめ在家での成仏を肯定していたが、晩年になって出家のみが成仏しうるとし、在家成仏を否定した。⇒優婆夷・優婆塞

西郷隆盛 さいごうたかもり　1827〜77（文政10〜明治10）　幕末の志士、明治初期の政治家。鹿児島藩の下級士族西郷吉兵衛の長男。通称は吉兵衛・吉之助、号は南洲。18歳で郡方書役助ついで書役となり、藩主島津斉彬にしばしば農政意見書を提出し、3歳下の*大久保利通らと「近思録」を会読し、参禅にも励んだ。1854年（安政元）斉彬の参勤に随行して江戸へ赴き、一橋慶喜を次期将軍に擁立す

る運動にたずさわり，*橋本左内らとも接触した。斉彬の死後，安政の大獄の追及をうけて*月照とともに鹿児島に逃れ，投身自殺を試みたが，西郷のみ蘇生し，奄美大島に潜居を命ぜられた。62年(文久2)島津久光の公武合体運動の先導を命ぜられたが，独断行動したため徳之島ついで沖永良部島へ配流となる。64年許され，鹿児島藩の事実上の代表者として禁門の変で活躍し，第1次長州戦争の参謀となったが，*勝海舟の示唆をうけて長州寛典(寛大な処置)を主張した。第2次長州戦争に反対して木戸孝允と薩長連合を成立させ，明治維新第一の功労者となった。戊辰戦争後は鹿児島に引退し，藩大参事として門閥打破を行う。71年(明治4)維新政府に参加し，参議となって廃藩置県・学制・地租改正などの開明的政策を推進した。しかし，73年遣韓大使問題で大久保・岩倉具視らの反対にあい，辞職・帰郷した。77年私学校派に擁せられて西南戦争となり，鹿児島城山で自刃した。→与人役大体

西国 さいごく →東国・西国

西国三十三所 さいごくさんじゅうさんしょ　西国における33カ所の観音巡礼の霊所。「法華経」普門品にに説かれる，衆生救済のため観音が33種の化身となって現れることにちなんで，33の観音霊場を巡ることが行われた。成立は平安後期を下らないと思われるが，園城寺僧の覚忠が1161年(応保元)に三十三所の*巡礼をとげたことは確実である。*霊場は以下のとおり。1．青岸渡寺(紀伊)，2．紀三井寺(同)，3．粉河寺(同)，4．施福寺(和泉)，5．葛井寺(河内)，6．壺坂寺(大和)，7．岡寺(同)，8．長谷寺(同)，9．興福寺南円堂(同)，10．三室戸寺(山城)，11．上醍醐寺(同)，12．岩間寺(近江)，13．石山寺(同)，14．三井寺(同)，15．今熊野(観音寺，山城)，16．清水寺(同)，17．六波羅蜜寺(同)，18．六角堂(頂法寺，同)，19．革堂(行願寺，同)，20．善峰寺(同)，21．穴太寺(丹波)，22．総持寺(摂津)，23．勝尾寺(同)，24．中山寺(同)，25．清水寺(播磨)，26．一乗寺(同)，27．円教寺(同)，28．成相寺(丹後)，29．松尾寺(同)，30．宝厳寺(近江)，31．長命寺(同)，32．観音正寺(同)，33．華厳寺(美濃)．

西国立志編 さいごくりっしへん　*中村正直の翻訳書。全13編11冊。イギリスの社会思想家S.スマイルズの著作"Self Help"(1859)を1870〜71年(明治3〜4)に翻訳し刊行。「天は自ら助くるものを助く」という冒頭の言葉からも示唆されるように，勤勉・忍耐・節約といった美徳を養うことで自らの人生を切り開くべきことを説いている。原典は*立身出世の手引きとして書かれたわけではなかったにもかかわらず，この翻訳は成功の秘訣の書として読まれ，自助の精神による楽天的将来観は当時の没落した士族の子弟に大きな影響力をもった。全部で100万部ともいわれる総発行部数に触発されて，類書も多数刊行された。青少年層の上昇意欲を引き出すという重要な役割をはたし，近代日本の発展の精神的拠り所となったが，反対に原典の本来の目的である啓蒙的意図が見失われてしまったといえる。また，提唱されていた美徳は独立した自営業をめざすためには有意義だが，その後の歴史は官指導による大規模産業の育成の方向に向かったため，自助の精神自体も明治末年には古くさいものになっていた。

祭祀遺跡 さいしいせき　神祭が行われた，主に古代に属する遺跡。具体的には神々の祭に捧げられたり，使用された品々(祭祀遺物)を出土する遺跡をいう。それぞれの地域にあって特徴的な地形や自然(秀麗な容姿をもつ山，巨岩，泉や沼池，岬や島嶼，さらには峠などの交通上の境界点など)を神の来臨する場に見立て，それを遥拝する場や，その近隣地に祭祀場を設けて祭を行う。まさに祭祀を実修するためだけの場をいう場合と，それに加えて住居や集落内にあって，日常生活の中での身近な神祭にともない，生活遺物に交じって祭祀遺物を出土する集落遺跡までを含む広義の理解をする見方とがある。縄文時代の土偶や石棒，さらには弥生時代の銅鐸などの出土事例を祭祀遺跡の一つに数える意見もあるが，上述した特徴的な立地をみる祭祀遺跡は古墳時代以降に出現する。三輪山を祀る奈良県山ノ神遺跡，巨岩を磐座に見立てた静岡県天白磐座遺跡，泉を祭場とした三重県城之越遺跡，島嶼や峠を境界祭祀の場とした

福岡県沖ノ島や長野県神坂峠遺跡などが代表的な祭祀遺跡である。古代人の思想や精神を研究するうえで，そこでの祭祀行為の実態解明が考古学に求められている。→勾玉

摧邪評論 さいじゃひょうろん　岡山藩主*池田光政の発した仏教統制の諭告に対する反論書。1巻。1667年(寛文7)刊。著者については，浄土真宗の僧恵海に擬する説があるが未詳。冒頭に光政が1666年に領民に示した9カ条の諭告を掲げ，その各条について論駁を加える。諭告は僧侶の破戒の現状と僧＝遊民観を強調しているが，著者は破戒僧がいるからといってすべての僧をそのようにみなし，仏教そのものを破却せんとするのは誤りであるという。また，他人によって衣食している者を遊民とするならば，儒者はもちろん天下の領主も遊民に他ならないとし，僧＝遊民論を批判する。なお，著者の反論の基底には*三教一致論があり，「儒仏神の道は一にして，教て入る門は別なり」と説いている。

摧邪輪 さいじゃりん　鎌倉時代，*明恵(明恵房高弁)の著。全3巻。成立は1212年(建暦2)11月23日。法然の「*撰択本願念仏集」(「撰択集」)の所説を批判したもの。「撰択集」は，1198年(建久9)九条兼実の求めによって撰述され，阿弥陀仏はすべての仏法行道の中から称名念仏(*口称念仏)を撰択されて，この称名念仏こそが衆生が極楽浄土に往生する行法である旨を，16章に分けて経論を引用し私釈を加えた。この浄土宗の根本宗典は法然の没後に開版されたが，その影響は大きく，諸師による批判がなされた。この明恵の著もその一つであり，菩提心を失する過失，聖道門を群賊にたとえる過失をその批判の根拠とした。この著の執筆は後鳥羽上皇の命によるものとする説がある。明恵は翌1213年，本書を補足した「摧邪輪荘厳記」1巻を著している。

最勝会 さいしょうえ　「金光明最勝王経」を講説し，国家安穏を祈る法会。毎年，正月8～14日に宮中大極殿(ときに紫宸殿)で行われるものは，*御斎会とよばれる。このほか著名なものは，薬師寺と円宗寺の最勝会。薬師寺最勝会は毎年3月7～13日に講経と論義が行われるもので，830年(天長7)創始された。興福寺維摩会・宮中最勝会(御斎会)とあわせて南都(南京)三会と称され，この二会の講師をつとめた僧を最勝会講師とし，三会の講師をはたした者は已講とよばれ，将来，律師に補任される例であった。円宗寺最勝会は毎年2月19～23日(のち5月に移行)で，1072年(延久4)創始され，82年(永保2)再開された。講師は，延暦寺と園城寺の天台僧が隔年で選ばれた。円宗寺法華会・法勝寺大乗会とともに天台(北京)三会と称され，南都三会に準じて天台僧の僧綱への登竜門となった。

最勝王経 さいしょうおうきょう　→金光明経
西笑承兌 さいしょうじょうたい　→西笑承兌
妻妾論 さいしょうろん　明治啓蒙期の代表的女性論。*森有礼は1874～75年(明治7～8)「明六雑誌」で「妻妾論」(1～5)を発表し，夫婦の交わりは人倫の大本として*一夫一婦制を唱えた。英米に学んだ森は，日本を文明社会の一員とするには人間関係のあり方，特に男女・夫婦の主従的関係を根本的に改める必要があると考えた。妾を容認する慣習，妻妾を同一視する法律(1871年公布の新律綱領)は開明の妨げとなると主張した。女性には妻として家を治め，母として子を養育する職分があると説いた。男女双方の合意による婚姻律案を示し，自らこれにもとづき福沢諭吉を証人として広瀬阿常と結婚している。この論は「明六雑誌」で男女同等，一夫一婦をめぐって議論を喚起した。→津田真道

祭神論争 さいじんろんそう　明治初期におこった祭神をめぐる神道界の論争。大教院の廃止にともない，1875年(明治8)神道事務局が設置された。ついで80年，出雲大社大宮司の千家尊福は事務局の神殿に，天御中主神・高皇産霊神・神皇産霊神・天照大神のほかに大国主神を奉斎すべきであると主張したが，伊勢神宮大宮司の田中頼庸はこれに反対した。そこで大国主神を合祀するか否かで出雲派と伊勢派に分かれて祭神論争が展開することとなり，その結着のため政府は神道大会議を開催し，祭神については勅裁を仰いで解決することとなり，翌81年，神殿の祭神は宮中三殿を遥拝するべき旨が達せられた。このような祭神論争の終結に

あたっては、神道教導職総裁に就任した有栖川宮幟仁(ありすがわのみやたかひと)親王の尽力があった。このようにして政府をもまきこんだ祭神論争は収拾された。

祭政一致(さいせいいっち)
神祇祭祀と政治とを一体のものとする政治理念。神祇祭祀を「まつり」とよぶだけではなく、政治をもまた「まつりごと」とよんでいるように、上古にあって、呪術的な祭祀と政治とは未分化であった。祭司者が神のほうを向いて神の声を聞き、ついで民衆のほうに向きを変えて神の声を伝えるという形態の中に、祭祀と政治の初原的な形態をみることができる。天皇の始祖として高千穂峰に天下ったという瓊々杵尊(ににぎのみこと)は、「*古事記」に「アメニギシクニニギシアマツヒコヒコホノニニギノミコト」(*ホノニニギノミコト)という長い名が記されているが、これは天も地もにぎやかに稲穂が満ちあふれて稔っている状態を表し、この神の稲霊的性格を物語っている。上古の天皇はこの瓊々杵尊の子孫として、まさに稲霊的性格そのままに、神祇を祭祀して毎年の豊穣を祈願するとともに、その年々の豊かな稔りを約束し、実現することが、そのまま政治としてのまつりごとであったのである。「魏志(ぎし)」東夷伝倭人条には、卑弥呼(ひみこ)について「鬼道に事(つか)へて、能く衆を惑はす」とあるが、祭と政治とが未分化な状況を伝えたものである。「古事記」中巻や「*日本書紀」には、天皇が神祭(かみまつり)と関係をもった記事を数多く見出せる。「日本書紀」皇極(こうぎょく)天皇元年条には、旱魃(かんばつ)が続いた折に、人々が中国的な習俗による雨乞(あまご)いをしたり、蘇我氏が仏教的な雨乞いをしたりしたが効き目がなかった。そこで天皇自らが南淵(みなぶち)の河上に赴いて天に祈り、みごとに数日間雨を降らせた、という記事がある。「皇極」というのちの諡(おくりな)は、まさにそのような〈本来的な天皇としてあるべき霊力を極めた天皇〉という意味をもつものであった。もちろん、それはどの天皇にも賦与されているはずのものだが、そのような古代天皇の性格は、大化の改新以降、天皇が儒教的天子観によって修飾されていく過程でしだいに薄れていった。皇極天皇が大化の改新直前の天皇であることが注意される。

「*大宝律令(たいほうりつりょう)」によって完成した律令国家体制においては、太政官のほかに*神祇官(じんぎかん)が独立しておかれ、神祇祭祀をつかさどった。奈良時代には、稲霊としての天皇の性格は儒教的天子観の導入とともにしだいに薄れていくが、「公式令(くしきりょう)」において、朝廷の大事をのべる詔書には「明神御大八洲(あきつみかみとおおやしまぐにしらす)天皇」と称し、外国の使節に対して大事を告げる際には「明神御宇日本(あきつみかみとあめのしたしらすひのもと)天皇」と称し、次事をのべる際には「明神御宇(あきつみかみとあめのしたしらす)天皇」と称すべきことが規定されている。宮廷祭祀は平安時代にさらに整備されるところがあったにせよ、摂関政治の展開や院政の進展の中で祭政一致の理念はしだいに薄れていき、鎌倉時代以後、武家政権の成立とともに政治の実権が朝廷の手を離れると、この理念は実態を失った。しかし、思想的には*北畠親房(きたばたけちかふさ)・*山鹿素行(やまがそこう)・*山崎闇斎(やまざきあんさい)・*平田篤胤(ひらたあつたね)らによって継承され、さらに幕末の*水戸学に流れこんで、彼らによって主張された。

維新政府は、新政権の正当性の根拠を天皇の神権的権威に求め、1868年(慶応4)3月に祭政一致・神祇官再興を布告した。神祇官、ついで神祇省が設置され、天皇を頂点にいただく*神道国教化政策の推進が図られたが、近代国家形成の方向とは矛盾が大きく、挫折した。しかしこの理念は、82年(明治15)以降に形成される*国家神道の中に根強く温存され、1945年(昭和20)にGHQによってだされた*神道指令(国家神道廃止令)まで続いた。

済生要略(さいせいようりゃく)
越後国新津の大庄屋である*桂誉重(かつらよししげ)の著書。全2巻。1863年(文久3)冬に刊行。誉重没後の72年(明治5)にも板行。*鈴木重胤(すずきしげたね)の有力門人であった誉重は、重胤「*世継草(よつぎぐさ)」についての注釈書「世継草摘分(よつぎぐさてきぶん)」を著したが、本書はその大意にもとづき、誉重が人々の生活を救うための方策をわかりやすく説いたものである。人々を教導するために最も基本的なことは、神にならうことであるとする。人間関係の根本は男女夫婦の関係にあり、そこから父子・兄弟・君臣などの人倫を説く。また、地域社会を家族にたとえ、その基礎は五人組にあるとしたうえで、各人は自らの職業をきちんと務める必

要があるとして，奢侈を戒めている。

西大寺 さいだいじ　奈良市西大寺芝町にある真言律宗の総本山。勝宝山または高野山たかのさんと号する。*南都七大寺の一つ。764年（天平宝字8）に藤原仲麻呂なかまろの乱鎮定のために孝謙上皇が四天王像と伽藍造営を発願したのが起こりである。平城京右京に位置する大寺院であったが，平安時代には衰退した。鎌倉中期に*叡尊えいそんが寺勢回復に努め，真言・律兼修の道場として復興された。叡尊が創始した光明真言土砂加持法会こうみょうしんごんどしゃかじほうえは，代表的な仏事として現在も毎年10月に修されている。塔頭の法寿院・清浄院・華蔵院・増長院・護国院・一之室院が現存する。

最澄 さいちょう　767〜822（神護景雲元〜弘仁13）日本*天台宗の開祖。近江国滋賀郡の人。渡来系氏族の三津首百枝みつのおびとももえの子。幼名は広野。12歳で近江国分寺に入り行表ぎょうひょうに師事，唯識・禅法を修め，780年（宝亀11）15歳で得度し，最澄の名を与えられた。785年（延暦4）東大寺で具足戒ぐそくかいをうけるが，ほどなく比叡山に入り，禅を修し，鑑真がんじんらの伝えた天台典籍を学び傾倒する。797年桓武天皇の内供奉ないぐぶとなる。802年最澄を講師に「天台三大部」を講じる高雄講経が催され，これが機縁となり入唐還学僧にっとうげんがくそうとなる。804年7月義真ぎしん（のちの初代天台座主）をともない，遣唐第2船で入唐する。天台山で道邃どうすい・行満ぎょうまんから天台法門を伝授され，翛然しゅくねんから禅を，道邃から菩薩戒をうけ，越州で順暁じゅんぎょうらから密教の付法をうけた。在唐8カ月余りで円・密・禅・戒の四宗をうけたことで，これらを総合する日本天台宗をめざす。

805年帰朝。翌年，円教の止観業しかん，密教の遮那業しゃなごうの2人の年分度者ねんぶんどしゃの勅許をえて，南都六宗とは別に天台宗を開創した。*空海くうかいの帰朝後，さらに密教を学ぶため空海の弟子となったが，813年（弘仁4）両者の関係は断絶する。814年以降九州や東国に赴き布教し，教団の全国的拡大の基礎をつくった。この間，法華一乗思想に立つ最澄は，会津の法相宗の徳一とくいつと*三一権実さんいちごんじつ論争を展開した。818年と翌年にかけて上奏した「*山家学生式さんげがくしょうしき」で，*大乗戒壇を比叡山に設けることを願い，南都側と対立する。こ

の論争に応えて最澄は「*顕戒論けんかいろん」3巻を著した。論争は決着しないままに，822年6月4日没した。その7日後，弟子*光定こうじょうらの奔走で大乗戒壇は勅許され，翌年最初の授戒が行われた。866年（貞観8）清和天皇より，*円仁えんにんとともにわが国最初の大師号宣下をうけ，伝教でんぎょう大師と諡された。

ざいどう（祭堂・在堂） →大日堂舞楽だいにちどうぶがく

斎藤月岑 さいとうげっしん　1804〜78（文化元〜明治11）幕末・明治初期の随筆家。江戸神田雉子町きじちょうの名主。名は幸成ゆきなり，幼名は鉞三郎，通称は市左衛門。号は月岑・翟巣てきそう・松濤軒しょうとうけん。漢学を日尾荊山にちおけいざんに，国学を上田八蔵に，絵を谷口月窓げっそうに学ぶ。名主として務めるとともに，1834・36年（天保5・7）に祖父幸雄以来の家の事業であった「*江戸名所図会」20巻を刊行した。「*武江ぶこう年表」「声曲類纂せいきょくるいさん」など多くの著作がある。1830年（文政13）から75年（明治8）までの「斎藤月岑日記」は，名主の公務ばかりではなく彼の見聞した事柄を記し，江戸から東京への移行期の社会・文化を知るうえで重要な史料である。

斎藤拙堂 さいとうせつどう　1797〜1865（寛政9〜慶応元）　江戸後期の儒学者。名は正謙まさかね，字は有終，通称は徳蔵，号は拙堂・鉄研けんけんなど。伊勢国津藩の江戸藩邸で生まれる。1810年（文化7）昌平黌しょうへいこうに入り*古賀精里せいりに学ぶ。20年（文政3）藩校有造館ゆうぞうかんの儒員試補に抜擢され，津に移住した。一時，41年（天保12）郡奉行に転任したが，43年藩校督学となった。59年（安政6）城北茶磨山の栖碧山房に隠退した。*頼山陽らいさんようや*梁川星巖やながわせいがん・*古賀侗庵どうあんら名士と交わり，「拙堂文話ぶんわ」（1830刊）や「月瀬記勝きしょう」（1851刊）によって文章家として知られた。対外的危機意識をもち，「海防策」（1843）を著したほか，蘭学者の世界地理書53部の解説目録「鉄研斎輶軒書目てっけんさいゆうけんしょもく」を残している。著書はほかに「拙堂文集」「*士道要論」など。

斎藤隆夫 さいとうたかお　1870〜1949（明治3〜昭和24）　大正・昭和期の政治家。兵庫県出身。東京専門学校（現，早稲田大学）行政科卒。エール大学留学，弁護士をへて1912年（大正元）立憲国民党から衆議院議員に当選し，以後49年（昭和24）まで13回当選。国民党・立憲同志

会・憲政会・立憲民主党と非政友会系政党に属し，選挙法問題に力を注いで，比例代表制導入を主張した。満州事変後の軍部の政治介入に憤怒し，粛軍演説や反軍演説で，日中戦争処理策を批判して議員を除名された。しかし，次の1942年翼賛総選挙で非推薦であったが兵庫第5区で最高点の当選をはたした。戦後，45年日本進歩党の結成に参加，第1次吉田内閣の国務大臣，47年には民主党の結成に参加，片山内閣の国務大臣となった。48年離党し，民主自由党の創立に参加した。著書は「比較国会論」「帝国憲法」「憲法及政治論集」「回顧七十年」など。

斎藤竹堂 さいとうちくどう 1815~52(文化12~嘉永5) 幕末期の儒学者。名は馨，字は子徳，通称は順治，竹堂と号した。陸奥国遠田郡沼辺村の生れ。父は涌谷邑主伊達氏の世臣斎藤総左衛門。仙台藩校養賢堂で大槻平泉おおつきへいせんに学び，1835年(天保6)江戸にでて増島蘭園らんえんの門に入る。39年，昌平黌しょうへいこうで*古賀侗庵どうあんに師事したが，44年(弘化元)父の病のためいったん帰郷し，涌谷邑月将館げっしょうかんの学頭になる。50年(嘉永3)江戸下谷相生町に私塾を開いたが，仙台藩より儒員に抜擢される直前に病をえて夭逝した。師侗庵の影響をうけて，竹堂は対外的な危機意識をもち，「*鴉片始末あへんしまつ」や西洋歴史書「*蕃史ばんし」を著した。また詩文に優れ，仙台藩祖伊達政宗の一代記「藩祖実録」(1848)，いわゆる伊達騒動を記した「尽忠録じんちゅうろく」(1849刊)をはじめ，多くの著述を残した。著作は「斎藤竹堂全集」全21冊(1939)にまとめられている。

斎藤茂吉 さいとうもきち 1882~1953(明治15~昭和28) 大正・昭和期の医師・歌人。山形県上山かみのやまの生れ。旧姓は守谷もりや。遠縁の医師斎藤紀一の養子となり，同家の次女と結婚。家業を継ぐべく東京帝国大学医科大学に進み，精神科医師となった。一時，長崎医学専門学校の教授を務める。一高時代に*正岡子規まさおかしきの歌集に触発されて短歌の世界に入り，伊藤左千夫さちおの指導をうけた。青春の生の蕩揺と光輝を歌った歌集「赤光しゃっこう」(1913)は，短歌界をこえて迎えられた。医業のかたわらながら短歌の実作・理論・研究に，二度の「斎藤茂吉全集」(旧は55巻，新は36巻)に結集する膨大な業績を残した。歌誌「*アララギ」の編集と運営にもたずさわり，近代を代表する歌人として君臨した。子息の斎藤茂太だ・北杜夫もりも医師の道を選び，エッセイスト・作家として活躍する。

裁判 さいばん 裁判は人が人を裁く行為であり，言い換えると，支配を行う人が支配に服する人を裁く行為である。強権的な支配が実現されている場合，裁判は支配者の恣意によって行うことが可能になる。一方で，支配が社会的な契約によって民主的に行われている場合(この時は支配の語は不適切で，統治という)は，裁判は明確な規範にもとづき，広く人々に支持されることを期待して行われる。また，被支配者は自らの権益を守るために裁判がなされることを支配者に要求するわけであるから，それは支配者が人々に対して行うサービスの一つであるとも考えられる。

これらを勘案すると，統一組織として脆弱な権力しかもてなかった古代の朝廷において，裁判のもつ価値はさほど高くなかっただろうし，実際に広く行われてはいない。朝廷が裁判に熱心になるのは，武家政権が伸張してくる中世，特に承久の乱(1221)以降のことである。この乱において幕府に敗北した朝廷は，統治権力としての実を示すために，「雑訴ぞうその興行」と称して，広く人々の訴えに耳を傾けることを開始する。当時の東国においては鎌倉幕府が「*御成敗式目ごせいばいしきもく」を制定し，公平な裁判の励行を標榜して撫民ぶみん政策を展開していた。ここに日本において，東の幕府と西の朝廷による，裁判を重視する，全国規模の統治がはじめて実現されたといっても過言ではない。

ここで，優勢な軍事力をもつ幕府は，高く成文法を掲げて理非を定め，違反者には相応の罰則を与えるという性質の裁判を展開することが可能であった。一方で朝廷は，幕府に敗北した後は軍事力を維持しえなかったから，もっぱら世の*道理を朝廷の指針として吸収し，これを代弁することによって強制力を高めようとした。こうした裁判は，人々の正当な権益を守るものとしておおかたの支持を集めたが，神仏の名のもとに僧兵などの暴力をもって朝廷を恫喝する*強訴ごうその前には

無力であった。こうした場合，朝廷は幕府の武力に頼り，裁定の実現を図った。この点で，朝廷の方法は劣弱であったといわざるをえず，鎌倉幕府における裁判が長く後世の模範となったのである。

西芳寺 さいほうじ 京都市西京区松尾神ケ谷町に所在する臨済宗系の単立寺院。もと天竜寺派。山号は洪隠山。本尊は阿弥陀如来。一般には苔寺の名で知られる。天平年間(729～749)に行基が開創した畿内四十九院の一つ西方寺がその前身で，鎌倉時代には浄土宗に属していた。1339年(暦応2・延元4)摂津親秀が*夢窓疎石を請じて禅寺となし，西芳寺と改称した。夢窓は寺内に西来堂(仏殿)や『碧巌録』第18則に因んで名づけた湘南亭・潭北亭などの殿舎を建立し，西方寺時代の浄土式庭園をいかしつつ独創的な禅宗庭園を築造した。この庭は京都の名所ともなり，光厳上皇や伏見宮貞成親王・洞院公賢・足利義教ら多くの要人が訪れている。応仁の乱以後は荒廃し，足利義政により殿舎の復興も企てられたが，度重なる戦災や水害により衰退した。現存の建物は，慶長年間(1596～1615)に再建された湘南亭を除き，近代の造営になるものである。

西方の人 さいほうのひと →西方の人

祭文 さいもん *門付芸で歌謡の一種。本来，神仏の前で唱えられた詞章であったのが，おもしろい節付けを加え，しだいに芸能として独立していった。古くは『続日本紀』延暦6年(787)11月条などに出例があり，平安時代には陰陽師，中世には*山伏・*巫女らにより各地に伝播された。このうち山伏による祭文は，*声明の影響がみられ，錫杖・法螺貝の伴奏をとりいれ，歌謡の性格を強めていった。近世には，*願人坊主による宗教的性格の強い唱導祭文，日常のニュースを三味線とともに詠んだ歌祭文，*説経と結合した説経祭文など多様な祭文が現れるが，「そもそも勧請おろし奉る」などという祭文形式や金杖(小型錫杖)・法螺貝の伴奏という共通性は根強く残った。浪花節や河内音頭などもここから派生した。

最要祓 さいようのはらえ 正式名称は最要中臣祓。*吉田神道(唯一神道)において重視された祓詞の一つ。中世頃より祝詞の中で特に「中臣祓詞」が重視されるようになり，それとともに，中臣祓を繰り返して数多く唱えることによりその威力を増すとの思想が普及した。そこで吉田神道においては，その奏上を簡便にするために中臣祓の最も重要とされる部分を一編とした。ただし，この祓は従来の祓詞よりも，祈願的・呪言的要素が濃厚である。このように中臣祓を略す形式を略祓と称し，その形式は異なるものの両部神道や伊勢神道などにも受用された。天理図書館には明応年間(1492～1501)に書写された吉田兼倶自筆の「最要中臣祓」が所蔵されている。 →千度祓 万度祓

采覧異言 さいらんいげん *新井白石が，7代将軍である徳川家継のために著した世界地理書。全5巻。1713年(正徳3)成立。1708年(宝永5)屋久島に上陸したイタリア人宣教師であるジョバンニ・シドッチから聴き取った世界の地理・風俗・物産の情報や，オランダ商館経由の情報をもとにして，さらに中国で著された地理書からの知識を加えた詳細な解説書である。巻1から巻5までの構成は，順次，ヨーロッパ，アフリカ，アジア，南アメリカ，北アメリカをとりあげている。当時として望める最高水準の世界地理書であり，広く転写されて大きな影響を与えた。のち1802年(享和2)山村才助によって「*訂正増訳采覧異言」が著された。

細流抄 さいりゅうしょう 『*源氏物語』の注釈書。*三条西実隆の著。1510～13年(永正7～10)の成立。1510年実隆は「弄花抄」第2次本完成の直後から「源氏愚抄」の作成を始め，翌年から同書をもとに子公条らに講釈を行った。公条の手になる聞き書き「源氏聞書」から「源氏愚抄」＝「細流抄」であることが知られる。13年二度目の講釈を始めており，「細流抄」全巻がこれ以前に完成していたことがわかる。25年(大永5)能登国守護畠山義総の求めをうけた実隆は，「細流抄」を増補して逐次送付した。ただし，この増補本は「桐壺愚抄」しか現存しない。江戸初期の北村季吟「湖月抄」に至る「源氏物語」研究の基礎になった著作である。

祭礼図 さいれいず 多くの民衆が集まった祭礼を

描いた絵画。江戸初期に*狩野派の画家が確立した。「祇園祭礼図」「日吉山王祭礼図」「*豊国祭礼図屏風」などがあり、大画面の屏風形式が多い。神社の祭を題材にしながらも、絵画の中からは宗教性はあまりうかがうことはできず、むしろ娯楽としての祭礼を描くところに特徴がある。「*洛中洛外図」などとともに、当時の風俗を写実的に描いており、風俗史料としても貴重である。

祭礼草紙 祭礼行事を描く絵巻物。紙本著色。1巻。詞書をもたず、全巻に絵のみ展開する。書院での饗応の場面に始まり、祭礼の準備で調度などを運ぶ場面、2頭の馬にそれぞれ盛装した婦人が供をしたがわせるようす、鎧武者の行列、飾物を頭上に乗せた人々の行列、そして祭礼での子供の行事が描かれる。描写様式からみて室町後期の成立と考えられる。時代の新思潮である御伽草子の素朴な作風によってではなく、従来の伝統的な*大和絵の様式にのっとり柔軟な筆致でおおらかに祭礼の行事を描き伝える。年中行事をテーマにしながらも、室町時代という時世を示す風俗資料でもある。前田育徳会蔵。国重要文化財。

才 漢才とも。学問、あるいは学問のあること(ただしこの場合の学問はすべて漢才、すなわち漢学をさす)。「*大鏡」に*菅原道真を評して「才世にすぐれた人」といい、藤原時平に対しては「才もことのほかに劣」ってはいるが、「やまとだましいなどはいみじくおはした」と評している。このように、「才」はしばしば「*大和魂」と対比される。→和魂漢才

塞の神 さえのかみ →道祖神

サエバ送り サエバおくり →虫送り

蔵王権現 *修験道とりわけ*金峰山で崇拝された、日本独自の尊格。*役行者が山中で感得したとされ、一般的な像容は一面三目二臂の忿怒相で、左手は剣印を結んで腰にあて、右手は三鈷杵をもちあげ、左足は盤石を踏み、右足を空中にあげる。はやく*聖宝が金峰山で金剛蔵王菩薩像を造立したといい、1007年(寛弘4)の*藤原道長の金峰山における経典埋納(*埋経)にも「蔵王権現」信仰がみられる。像を表現した最古の遺例は長保3年(1001)銘の銅版線刻鏡像(東京都足立区総持寺蔵)で、平安後期以後、修験者によってしだいに諸国にももたらされて造像をみた。鳥取県三朝町の三仏寺にも、平安時代の一木彫像が伝来している。

蔵王堂 ざおうどう *蔵王権現を主尊として祀る堂宇。蔵王堂の草創建立の時期は平安中期といわれる。現在最古の蔵王堂は、鳥取県三仏寺奥の院のもので、平安後期の創建といわれる。役小角(*役行者)が法力で堂宇を洞窟の中に投げ入れたと伝えられる。役小角が感得した権現のため、*修験道の本尊として崇められている。蔵王堂として最も知られているのは、奈良県吉野山の金峰山寺本堂(国宝)である。戦火によりたびたび焼失したが、現在の本堂は1587年(天正15)に再建されたもので、内陣には3体の蔵王権現が安置されている。

酒井家教令 さかいけきょうれい 若狭国小浜藩酒井家の支流である安房国の勝山藩主酒井隼人(忠胤)が制定した教令。1699年(元禄12)閏9月制定。内容は、江戸屋敷に奉公する藩士たちの生活・勤務・行動に関する心得が具体的に説かれている。中央の幕政に関与することのなかった藩主忠胤にとっては、将軍のお膝元の江戸は国元とは異なり、諸大名・旗本・家臣・町人などが各々生活しており、その人間関係や生活意識も複雑であり、藩主として江戸詰家臣の生活心得を徹底する必要があった。各条文には屋敷への出入りのこと、火事への対処、門外での仇討の取り扱い方、訴訟への対応と心得、各職分の注意事項など、元禄期の江戸詰家臣に対する小藩大名の配慮が示されている。→酒井隼人家訓

堺利彦 さかいとしひこ 1870~1933(明治3～昭和8) 日本における最初のマルクス主義者で、*労農派の中心的な創始者。号は枯川。福岡県豊津生れ。1887年(明治20)第一高等中学校に入学するが、翌年退学。高等小学校教員などをへて、99年「万朝報」の記者となる。1903年、日露戦争反対の主張を持して変えなかった堺と*幸徳秋水は、キリスト教的非戦論者*内村鑑三とともに同社を退社し

た。同年，幸徳とともに*平民社を設立，週刊「*平民新聞」を発刊した。翌04年，その創刊1周年記念号にマルクス・エンゲルス「共産党宣言」を訳載し，発行禁止となり起訴された。06年日本社会党を結成（翌年結社禁止），08年赤旗事件で検挙されたが，下獄中におきた*大逆事件の難をまぬかれる。同年*売文社を設立，15年（大正4）月刊「新社会」を創刊，22年*日本共産党を結成（1924年解散），27年（昭和2）山川均らとともに雑誌「*労農」を創刊した。この間，32年*社会大衆党の結成に至るまで，数多くの無産政党の結成に関与した。日本ではじめて社会主義の立場から反戦運動を展開し，また主として堺によって*マルクス主義が日本に紹介されるとともに，日本で最初のマルクス主義者となった。主要著作は「堺利彦全集」全6巻に収録されている。

境野黄洋 さかいのこうよう　1871～1933（明治4～昭和8）　明治・大正期の仏教思想家・仏教史学者。父は境野功敏。黄洋は号，名は哲。宮城県名取郡の人。*井上円了の著書を読み，感激して上京，哲学館に入り円了・*村上専精に学ぶ。東京駒込の真浄寺に住み込み，真宗大谷派で得度する。1899年（明治32）に結成された仏教清徒同志会（のちに新仏教徒同志会）の中心メンバーになり，*高島米峰・渡辺海旭らと雑誌「*新仏教」を創刊する。旧仏教を批判し，宗教の自由討議，社会の根本的改善などを訴えた。かたわら仏教史の研究に進み，村上専精が主宰する雑誌「仏教史林」の発行に協力する。仏教史家として三国仏教史の研究に尽くす。1912年（大正元）東洋大学教授，18年同大学学長となる。著書は「日本仏教史要」など多数。

酒井隼人家訓 さかいはやとかくん　「*酒井家教令」に続いて構成されている48カ条の家訓。安房国勝山藩主の酒井隼人（忠胤）の論点の第1は，「公儀の法度」の遵守である。第2には「士の職分」は「義に励み，礼を守る」にあり，それゆえ「農工商三民」の上に立つことであるとする。山鹿素行の士の職分観と同じく，身を慎み義・礼を明確に規定する。第3には「名実正さずば風俗の乱たり。上下ともに名実を失ふべからず」と，日常的

形式的な側面での心得が強調される。第4に「喧嘩争闘」の問題が訓誡され，そこにはたとえ身を潔くする儀であっても，武士は「常に分を考，士道に害無き事は堪忍すべき」であるとする。家臣としての公事を忘れ喧嘩に及ぶことは，「私事不忠不情，是非に及ばず」である。最後に「忠と孝」に関して，孝より忠が優位にあることが教訓されている。

逆髪 さかがみ　→蟬丸

榊 さかき　神域の境にある樹木。「榊」は木と神という字からなり，日本で作られた漢字である。これは榊が神事と関係の深い樹木であることを意味している。榊は古来，神霊の宿る樹木とされ，また*神楽の舞人が採物に用いる場合もある。民間では榊の枝葉を*神棚へ上げ，神社では玉串と称して神前に奉奠する。なお，榊の葉が常に緑であることから，「さかき」は「栄木」との語源説があるけれども，「榊」の「さか」と「栄」の「さか」とはアクセントが異なるので，栄木説の成立は無理となる。これに対して，「境」の「さか」と「榊」の「さか」はアクセントが同一であることから，現在のところ榊は神域の境を示す樹木と解するのが妥当とされている。

さかき葉の日記 さかきばのにっき　南北朝期，春日社の神木が都へ動座した後，元の春日社へ帰座する状況について伝えた日記。1巻。著者は*二条良基。成立時期は1366年（貞治5・正平21）の神木帰座後まもない頃で，その年の内か。特に「平家物語」などによって，一般に流布していた壇ノ浦における*三種の神器の一つと誤伝した神剣の水没事件について解説し，「宝剣西海に沈みて後，彼の替りにおほやけの武の御守と成りて，国の朝敵をしづめ」たのが源頼朝であると説いて，幕府政治の誕生を歴史的な必然と推断している。それを春日神の「御成敗」とし，かつ天照大神と春日神の「神と神との誓約」に発するものと力説するのも本書の特色である。

榊原篁洲 さかきばらこうしゅう　1656～1706（明暦2～宝永3）　江戸前期の儒学者。名は玄輔，字は希翼。篁洲はその号。和泉国の人。*木下順庵の門に入り，木門五先生の一人と称

される。1687年（貞享4）順庵の薦めにしたがって和歌山藩主徳川光貞に仕え、江戸の藩校明教館の儒官となる。折衷的な学問の幅は広く、制度沿革・天文暦学に秀でた。特に明律に精通し、唐話の知識をもとに藩命で「大明律例諺解」31巻を著した。著作はほかに「易学啓蒙諺解大成」「詩法授幼抄」など。

坂士仏 ？～1415（？～応永22） 室町前期の漢方医。祖父九仏の代から続く漢方医。父十仏は「*伊勢太神宮参詣記」の筆者でもあり、かつ民部卿法印に任じられ、医師における僧位をうけた比較的早い例である。士仏の名は、九仏・十仏ときて「十一」を意味するものであるが、父の十仏にまさる名医とされ、「看聞御記」や「康富記」の中にその治療のようすが書きとめられている。「大日本史料」7－22に士仏に関する史料が収録され、伝は服部敏良「室町安土桃山時代医学史の研究」が詳しい。ちなみに、士仏たちの医学の流派が「坂流医学」で、子・孫・曾孫、いずれも室町幕府の医師として仕えている。

嵯峨釈迦堂 →清凉寺

阪谷素 1822～81（文政5～明治14） 幕末～明治期の儒学者。名は素、字は子絢、通称は希八郎、号は朗廬。備中国川上郡九名村の大庄屋の子。大坂の奥平小山人・*大塩平八郎（中斎）について学び、のち江戸にでて、1838年（天保9）昌平黌への*古賀侗庵に師事した。51年（嘉永4）帰郷して桜渓村塾を開き、また郷校興譲館で子弟に教授した。68年（明治元）広島藩に仕え、廃藩後は陸軍省・文部省・司法省に出仕した。幕末期には朱子学の「公平正大」の「理」の立場から、偏狭な攘夷論を批判するとともに、「気学」としての洋学摂取を求めた。維新後は*明六社に参加して、異質な他者への尊愛を説き、民撰議院設立には漸進論を唱えた。著書は息子の阪谷芳郎が編した「朗廬全集」にまとめられている。

嵯峨天皇 786～842（延暦5～承和9） 在位809～823。諱は賀美能。桓武天皇の第2皇子。母は皇后藤原乙牟漏。中務卿や弾正尹をへて806年（大同元）皇太弟となり、3年後に平城天皇の譲りをうけて即位した。810年（弘仁元）薬子の変で、藤原仲成・薬子兄弟とともに朝政に関与する平城上皇を廃す。太上天皇となってのちも家父長的権威を保った。蔵人所や検非違使を設置する一方、儀式や服制を整備し、「弘仁格」「弘仁式」「内裏式」や「*凌雲集」「*文華秀麗集」「*経国集」などの編纂を進め、殿閣門号を唐風雅号に改めるなどの唐風化を推進した。書をよくし、空海・橘逸勢とともに三筆と称される。多くの皇子女をもうけ、源姓を授けて臣籍に下した（嵯峨源氏）。死去に際して薄葬を命じるなど、合理的思想を有した。陵は嵯峨山上陵。

坂迎え 境迎・坂向とも。もと民俗慣行として、外界の異人を自分たちの土地に迎え入れる儀式。伊勢・熊野などに社寺参詣した人が帰郷するのを村境などに出迎えて、祝宴を催したのは、参詣人の帯びた霊威を人々に分け与える観念からするもので、坂は異界との分岐点を意味した。平安時代に任国に下向した国司を、赴任する現地の官人が国境で出迎える酒宴を催したのも、これらの信仰観念をうけた儀式である。その後、他村からの嫁入りに坂迎えが行われるなど、各地の風習として形を変えて近代に至るまで引き継がれた。主に前近代社会の地域において共有された空間観念を示す思惟として注目される。

坂本竜馬 1835～67（天保6～慶応3） 幕末期の志士。薩長同盟を締結させ、統一国家への展望を開く。本名は直陰、のちに直柔、脱藩後は才谷梅太郎と名乗る。高知藩の郷士坂本八平直足の次男として高知城下に生まれる。1861年（文久元）*武市瑞山の率いる土佐勤王党に参加する。翌年、脱藩して江戸に赴き*勝海舟に入門し、航海術などを学ぶ。63年には幕府の神戸海軍操練所塾頭となる。65年（慶応元）鹿児島藩の支援で亀山社中を創設し、海運交易に従事する。のちに同社中は高知藩公認の海援隊に発展する。策論「*船中八策」は、大政奉還論に大きな影響を及ぼす。67年11月、京都で中岡慎太郎とともに暗殺された。

相楽総三　さがらそうぞう　1839〜68（天保10〜慶応4）
幕末期の志士。赤報隊すきほう隊長。本名は小島四郎左衛門将満まさ、通称は四郎。下総国相馬郡出身の郷士小島兵馬うまの四男として江戸赤坂に生まれる。平田派の国学を学び、私塾を開いて尊王攘夷運動を志す。1863年（文久3）の慷慨組こうがいによる赤城山挙兵や、翌64年の水戸天狗党てんぐの筑波山挙兵に参画する。66年（慶応2）3月以降、京都と江戸で活動し、*西郷隆盛たかもりの命をうけて、官軍東征の先鋒隊である赤報隊を結成し隊長となる。自ら維新政府に建白した年貢半減令を掲げて東山道を進軍したが、年貢半減令の取り消しをもくろんだ維新政府により偽官軍として捕らえられ、68年3月、信濃国下諏訪にて斬首される。

サカラメンタ提要　サカラメンタていよう　*Manuale Ad Sacramenta Ecclesiae Ministranda*.　日本司教セルケイラの著作。1605年（慶長10）長崎刊の典礼定式の書。全文ほぼラテン文。公会議、教皇の教令、公教要理、聖務日課、ミサ典書、ローマの司教用定式書の全規則からなる教会の秘跡執行提要である。最も示唆をえた主要な典拠は、トリエント公会議（1545〜63）の新方針にもとづいた定式書である1585年サラマンカ版「トレド提要」であり、同公会議の典礼改革の成果が日本にもたらされたのである。特に日本の特殊事情に即した配慮がみられ、赤と黒の2色刷の唯一のキリシタン版であり、19曲のグレゴリオ聖歌は現存する日本最古の洋楽譜である。北京の旧北堂文庫本には、日本文ローマ字付録「サカラメントとそのほか品々の儀についての教へ」がある。

前左大臣尊氏卿遺書事　さきのさだいじんたかうじきょういしょのこと
　→等持院殿御遺書とうじいんどののごいしょ

作神　さくがみ　→田の神かみ

策彦周良　さくげんしゅうりょう　1501〜79（文亀元〜天正7）　戦国・織豊期の臨済宗の僧。二度にわたる入明の記録「策彦入明記にゅうみんき」で知られる。別号は謙斎・怡斎いさい・亀陰・西山草堂。丹波国の人。俗姓は井上。管領細川家の家老井上宗信の子。1509年（永正6）9歳で出家し、山城国鹿苑寺の心翁等安とうあんに師事し、のちその法嗣となる。39年（天文8）大内義興よしおきから入明副使に任ぜられて明へ渡り、47年には足利義晴よしはるの命によって正使として渡明した。その記録が「策彦和尚初渡集」「再渡集」で、あわせて「策彦入明記」と称されている。織田信長の帰依をうけ、ついで武田信玄しんげんの招致で甲斐国恵林寺えりんじなどに住したのち、天竜寺妙智院に隠居する。*南化玄興なんかげんこうや*快川紹喜かいせんとともに、戦国大名の外護のもとで活躍し、臨済禅の盛隆をもたらした。また五山文学僧としても多数の詩文を残した。

策彦入明記　さくげんにゅうみんき　→策彦周良さくげんしゅうりょう

作詩志彀　さくししこう　江戸中期の詩話。1巻。*山本北山ほくざんの著。1783年（天明3）刊。明の公安派こうあんの創始者袁中郎えんちゅうろうに影響をうけて、性霊説せいれいを主張した詩論である。付録を含めて51項目にわたり、押韻や詩体・詩語などの諸問題を論じるが、*荻生徂徠おぎゅうそらい・*服部南郭なんかくら護園派けんえんの唐詩尊重、古典主義的な格調派を剽窃・模擬として批判・排撃するところに主意がある。また、護園派が尊重した「唐詩選」の不備を指摘する。北山は、詩は各人の真情を吐露するもので、清新を尊び、主体に宿る性霊の表出が詩であると主張し、清新*性霊派とよばれて大きな影響を与え、江戸の市河寛斎かんさいなどの江湖詩社ごうこしゃに受け継がれた。

策伝　さくでん　→安楽庵策伝あんらくあんさくでん

冊封体制　さくほうたいせい　中国史家の西嶋定生にしじまさだおが、主に隋唐帝国と周辺諸国との関係を論じる際に提出した歴史概念（「6〜8世紀の東アジア」1962年）。冊封とは、中国皇帝が中華帝国の内外を問わず各地域の首長を王や国王に任命する制度のこと。中国皇帝と冊封関係を結んだ藩属国はんぞくは、宗主国そうしゅの中国に朝貢・出兵・礼儀など臣従の義務を負い、一方、中国皇帝は朝貢に対して多大の回賜かいしを与え、藩属国を外敵の侵略から救援するという義務・責任を有した。東アジアには、冊封関係のほかにも互市ごし・朝貢のみの国際関係などが存在したが、西嶋は冊封関係に国際秩序体系を代表させて東アジア国際秩序を描き出した。こうした伝統的国際秩序の中で、儒教・仏教・漢字を共通項とする「東アジア世界」が歴史的に形成され、また中華帝国の世

佐久間象山 さくまぞうざん　1811〜64（文化8〜元治元）　幕末期の儒学者・兵学者。信濃国松代藩士。名は啓・大星、字は子明、通称は修理、象山は号。松代生れ。1833年（天保4）江戸に遊学し、林家の塾頭*佐藤一斎の門にはいったが、すでに朱子学の徒であった象山は、ひそかに陽明学を信奉していた一斎に不満をもち、文章詩賦しか学ばなかったと伝えられる。アヘン戦争（1840〜42）における中国の敗北に強い衝撃をうけ、これを契機に対外的危機にめざめ、主君真田幸貫が老中海防掛に就任すると、その命により海外事情を研究し、「海防八策」を上書した。

またこれ以後、洋学（蘭学）修業の必要を痛感した象山は、44年（弘化元）34歳の時にオランダ語を習い始め、2年ほどで修得し、洋学の知識を吸収して、その応用にも心がけた。51年（嘉永4）江戸木挽町に塾を開き、西洋砲術と儒学を教授した。この頃、*勝海舟・*吉田松陰ら俊才が続々と入門した。

53年、ペリー来航により藩軍議役に任ぜられた象山は、老中阿部正弘あてに「急務十条」を提出したが、翌年（安政元）松陰に海外密航を慫慂したとの理由で捕らえられ、以後8年間松代に蟄居させられた。この間、洋書を読んで西洋研究に没頭し、洋学と儒学の兼修を積極的に主張するとともに、和親開国と公武合体を唱えるようになった。62年（文久2）赦免され、64年（元治元）幕命をうけて上洛した象山は、公武合体・開国進取の国是を定めるために一橋慶喜や皇族・公卿間を奔走中、尊攘激派によって斬殺された。享年54。

象山は、格物窮理を重視し「倫理」と「物理」を連続的に捉える朱子学に依拠し、人間の内なる理（倫理）を究める「東洋の道徳」と、人間の外なる天地万物の理（物理）を明らかにする「西洋の芸術（技術）」を一体的に把握しようとした。なお象山の朱子学は、易道と深く結びついていた。著書は「*省諐録」「*礑卦」など。⇒女訓　東洋道徳・西洋芸術

桜 さくら　バラ科の落葉喬木。ヤマザクラを原種として種類が多い。日本を代表する花。しかし「*万葉集」ではまだ桜の地位は低く、*梅のほうが多く歌われている。「*古今和歌集」でその地位が逆転し、梅24首に対して桜の歌は48首と倍になる。平安貴族たちは桜のあでやかさを愛で、散るのを惜しんだ。*紀貫之ははじめて花をつけた若木に〈散ることを習うな〉と歌い、在原業平は〈いっそ桜などないほうが春の心はのどかだ〉と逆説的なまでに狂おしい愛着を示した。*本居宣長の「敷島の大和心を人とはば朝日に匂ふ山桜花」の一首も、その平安朝的な桜のあでやかさを愛でたのが真意である。ところが、幕末から明治、そして太平洋戦争の時代には、ぱっと散る桜が武士道のいさぎよさに重ねみられ、宣長の歌もそのような見地から曲解されるようになった。

桜田虎門 さくらだこもん　1774〜1839（安永3〜天保10）　江戸後期の儒学者。名は景質、字は仲文、通称は周輔、虎門はその号。別号は鼓缶子。仙台藩士。江戸にでて、1796年（寛政8）佐藤直方系の闇斎学派に属する服部栗斎に師事し、98年長崎にも遊学した。のち仙台藩儒となり、1810年（文化7）江戸藩邸内に順造館を設立し、さらに国元仙台で藩校養賢堂の指南役となった。大槻平泉が養賢堂の学頭となり、幕府の昌平黌にならって学制を改めたことに対して、意に満たないものがあり致仕した。経学のほかに、兵法・本草学・天文学・暦学にも精しかった。著書に、「理気鄒言」（1804序）、「*経世談」、四柱推命の占術に関する「推命書」（1818）などがある。

瑣語 さご　懐徳堂の*五井蘭洲の漢文随筆。全2巻。1767年（明和4）刊。蘭洲は「仏の弊は愚、老の弊は仙、儒の弊は腐、我邦のいはゆる神の弊は巫」であると説いて、同時代の思想を批判している。特に*荻生徂徠の

気質不変化説に対しては，道徳的修養を蔑ろにするものだと非難している。また，徂徠流の「中国中華」の呼称についても，自らを「夷狄」と賤しめるものだと批判する。さらに，「醜夷」西洋人が「日本人」同士の争いを奇妙なものとみていることを肯定的に紹介し，自己を相対化して，神道者流の自民族中心主義に陥っていない点は注目に価する。大石良雄に対して，世人はその「智勇」を偉とするが，自分はその「韜晦」を愛すとのべている点，*太宰春台の「赤穂四十六士論」を駁した蘭洲の議論と考えあわせると面白い。

鎖国 さこく　幕藩制国家の頂点にたつ江戸幕府の最高権力が対外関係の処理機能を独占し，これを維持するためにとられた諸政策の総合体，もしくはその体制。キリスト教の禁教，沿岸防備体制の確立，貿易および通貨の管理・統制，外来文化や国際情報の管理・制限，対外中立政策など，多様な政策目的がからみあい，相互に連繋をもって総合されたものである。その政策形成は必ずしも当初から一貫した政策意図のもとに推進されたわけではないが，17世紀初頭から中葉にかけて，相互に時間差を含んで進行し，その時々の国内の政治情勢や経済動向，国際環境の推移などによりプラグマティークに策定され，結果として一つの流れに合流したものである。すなわち，日本人の海外渡航と帰国に対する極端なまでの統制，異国民との交易の場の一極集中化と異国民と日本人大衆との自由な交流の抑止（出島や唐館・唐人町の形成など），外来文化や国際情報の独占と秘匿のための施策，唐船舶来図書の検閲と禁書目録の作成，唐通事やオランダ（阿蘭陀）通詞を介しての外来文化の選択的受容と導入，来航異国船に風説書の提出を義務づけることなどを行った。

これがのちに内外から「鎖国」として意識されることとなるが，それは必ずしも異国民との交流や外来文化の受容一切を拒否することを意図したものではなかった。要するに，鎖国政策は禁教と海禁政策を梃子として，結果的に幕藩権力による全人民の統制・抑圧体制を完成させ，外国貿易の管理強化を軸に，国内市場における通貨制度の形成，流通機構の整備を促し，石高制に立脚した商品流通機構を確立させた。また対外的には，16世紀以来のヨーロッパ勢力のアジア世界進出による国際関係の緊張の中で日本の局外中立を実現し，さらには中国・朝鮮など近隣諸国の海禁政策とリンクして，ヨーロッパ勢力による海上の領土的支配の進展を抑止する役割をはたした。

鎖国論 さこくろん　ドイツ人ケンペル（E. Kaempfer）の「日本誌」の蘭訳を部分和訳した政策論。上・下2巻。*志筑忠雄の著。1801年（享和元）成立。著作名は「鎖国」の語の初出とされる。ケンペル「日本誌」の蘭訳（1729年・33年版の2種あり）付録第6章「今の日本人全国を鎖して国民をして国中国外に限らず敢て異域の人と通商せざらしむる事，実に所益なるに与れりや否やの論」（志筑訳）の翻訳である。その論旨は，*鎖国を原則否定したうえで，日本の地誌的・歴史的諸条件や対外関係などを考慮すると江戸幕府の採っている鎖国政策にも一理あるとして，最終的には鎖国を肯定するものである。志筑は，蘭書や直接オランダ人からの情報でアジア事情，特にロシアの南下政策に通じていたようだが，充分に警戒をしつづけるならば現状の鎖国政策も維持可能であると考え，この意図からケンペルの鎖国論を翻訳したようである。写本の形で広く読まれ，50年（嘉永3）に国学者黒沢翁満によって「異人恐怖伝」として刊行された。

佐々木月樵 ささきげっしょう　1875〜1926（明治8〜大正15）　明治・大正期の真宗大谷派の学僧。愛知県碧海郡古井村の願力寺に生まれる。父は山田才相。のちに岡崎市の上宮寺に入り，佐々木姓となる。真宗大学在学中に*清沢満之らの本願寺宗政改革運動に参加する。1901年（明治34）清沢・*暁烏敏らと雑誌「精神界」を発刊する。06年真宗大学教授となり，浄土教史などを講義する。21〜22年（大正10〜11）欧州の宗教・教育事情を視察し，24年大谷大学学長に就任する。閉鎖的になりがちな宗学を広く学界に解放すること，宗教的人格を陶冶することなどを主張し，実践した。52歳で病没。著作は「親鸞聖人伝」

「支那浄土教史」など。27年（昭和2）「佐々木月樵全集」全6巻が刊行された。

佐々木惣一 ささきそういち　1878～1965（明治11～昭和40）　大正・昭和期の憲法学者。鳥取県生れ。1906年（明治39）京都帝国大学法科大学卒。同年助手となり行政学・憲法学を担当、国家法人説を主張した。特に、法論理を重視し立憲主義と国体観とを整合的に理解しうる法理論を立てようとした。主著は「日本憲法要論」。13年（大正2）*沢柳事件に際し、教官人事に関する教授会自治の慣行を文部大臣に認めさせた。また滝川事件に際しては、滝川幸辰教授の休職処分に抗議して、33年（昭和8）京都帝大を辞職した。

佐々木導誉 ささきどうよ　1296～1373（永仁4～応安6・文中2）　南北朝期の武将。俗名高氏。佐々木宗氏の子で、佐々木京極氏の家督を嗣ぐ。北条高時の出家に連なり、法名導誉となる。将軍足利尊氏・義詮ときわめて近く、義詮の時期、変動の大きな幕政の中でも常に中心に位置した。近江・出雲など6ヵ国の守護を歴任し、幕府内部では、政務執事や賦奉行にも就いている。連歌・能など文芸全般に造詣が深く、「太平記」の記事などから立花・香道に通じたとされる。妙法院を焼き討ちした事件や、斯波高経の花見会にいかずに大原野で花見をしたことは有名で、「ばさら（婆娑羅）」を具現した典型としてばさら大名と称される。

沙石集 しゃせきしゅう　→沙石集しゃせきしゅう

作善 さぜん　仏教で、成仏に資するとされる善い行いをすること。わが国では*聖の特徴的な活動として、民衆に作善を勧めたことが注目される。作善を勧めること自体もまた作善と考えられた。奈良時代の*行基や鎌倉初期の*重源はその典型で、重源が晩年に著した「南無阿弥陀仏作善集」は自身の作善の記録である。各経典は多様な作善を説き、六波羅蜜や五種法師行のような教理に即した内面的な作善もあるが、仏事の営み、造寺や喜捨、さらには社会活動まで多岐にわたる。また念仏を勧めることも作善の一種で、この行為は平安時代の念仏聖から法然・一遍らに至るまで共通する。

坐禅 ざぜん　仏教の実践修行法の一つ。梵語でジャーナdhyānaといい、仏教以前からインドで行われた精神統一・解脱のための瞑想法で、釈迦は菩提樹の下でこれを修して悟りを開いた。禅那・禅・定・禅定・静慮・思惟修などと訳す。三学（戒学・定学・慧学）あるいは六波羅蜜の内に位置づけられ、3世紀から中国でその方法を説く種々の禅経が翻訳され実践された。天台宗の智顗は、「摩訶止観」の中で詳しく坐禅の方法を論じている。しかし、坐禅を最も重視したのは*禅宗である。6世紀初めの菩提達磨以後、その法系を継ぐとされる禅宗が成立して、唐・宋代に風靡し、看話禅・*黙照禅といった指導法の差も生じた。

日本では、奈良時代以前から神秘的な呪力への関心のもと禅の行法が受容され、鎌倉時代に急速に禅宗が導入された。*栄西・*円爾らは密教と兼修したが、*道元は黙照禅を継承し、ひたすら坐禅する只管打坐を唱えた。*蘭渓道隆・*無学祖元らの渡来禅僧も多く、禅宗は念仏と並ぶ中世仏教運動の一大潮流をなした。江戸時代に*白隠慧鶴が独自の看話禅を打ちたてて、現在の臨済宗に受け継がれている。近代思想の中では、*西田幾太郎・*鈴木大拙らが再評価の道を開いた。

沙汰 さた　中世において決定・命令・処理など広範な意味に用いられる語。鎌倉幕府の訴訟解説書が「*沙汰未練書」と名付けられているように、裁判・訴訟をさすことが比較的多く、不動産訴訟を所務沙汰、動産・債権関係訴訟を雑務沙汰、刑事裁判を検断沙汰などと称した。また判決内容などを実力によって執行することを「沙汰し付く」、是非を判断する範囲をこえていることを「沙汰の限りにあらず」と表現する。このほか、政務を執ること、所領の支配、年貢の徴収・納付、債務の弁済、報告・通知、はては噂や取り調べ行為までが沙汰の語で表現された。

沙汰未練書 さたみれんしょ　鎌倉幕府の訴訟制度について基本的な解説を加えた法律書。1巻。書名は沙汰（訴訟手続き）に未練（習熟していない）の者のための手引きの意。内容は、(1)幕府関係の法律用語・訴訟手続きについての解

説，(2)公家の制度にかかわる用語の解説，(3)訴訟文書の書式・文例の三つの部分からなる。1278年(弘安元)の北条時宗の跋文があるが，これは後世の仮託とみられ，1319～23年(元応元～元亨3)の時期に，二階堂家の関係者によって編集されたと考えられる。

殺牛祭神 きっぎゅうさいしん 飛鳥時代から平安初期にかけて，渡来系の人々によって行われた祭祀。中国では*郊祀や*宗廟の祭に牛をいけにえとしたが，「日本書紀」には642年(皇極元)に雨乞き(*祈雨)のために牛・馬を殺して諸社の神を祀ったとある。桓武天皇の時代になると，791年(延暦10)・801年などに牛を殺して神を祀ることを禁じている。各地の天満宮にみられる牛の像は，*菅原道真とは直接関係なく，古代に牛をいけにえとして雷神を祀った名残であると考えられる。

薩南学派 さつなんがくは →桂庵玄樹けいあんげんじゅ

札幌バンド さっぽろバンド 1876年(明治9)に設立された札幌農学校のキリスト者のグループ。同校の教頭として着任したW.S.クラークは，熱心なキリスト者で道徳の基礎は聖書にありとして，1期生全員に英文聖書を贈呈した。その感化をうけた生徒たちは，クラークの記した「イエスを信ずる者の誓約」に署名し，さらに2期生の中には上級生の勧誘によって署名する者もいた。彼らは自分たちの集会をもち，聖書を学び祈禱を行った。その仲間たちのことを，熊本バンドと呼応して札幌バンドという。そのメンバーには*内村鑑三・*新渡戸稲造や植物学者の宮部金吾がいる。札幌という場所のため宣教師や牧師の影響が少なく，さらには彼らの交友関係からも，その信仰は「個人主義」的と称される。

劄録 さつろく *浅見絅斎の学談を，門人である*若林強斎らが筆記・編集した書。全2巻。1706年(宝永3)の絅斎の自序を掲げる。闇斎学派には，生き生きとした口語でなされた経書の講義録や学談の記録が多いが，特にこの書は出色のものであり，話題は多岐に及び，闇斎学派の学問の雰囲気を存分に伝えている。とりわけ仁斎学や陸王学への批判，同じ闇斎門下の*佐藤直方を念頭においたものと思われる「高上」ぶった

学問への忌避感情などは，思想史的にもきわめて興味深いものがある。

茶道 さどう →茶の湯

佐藤一斎 さとういっさい 1772～1859(明和9～安政6) 江戸後期の儒学者。名は坦，字は大道，通称捨蔵，一斎はその号。別に愛日楼・老吾軒と号す。美濃国岩村藩の家老の子として，江戸藩邸で生まれた。1790年(寛政2)岩村藩主松平乗保の近侍の列に加わるが，翌年辞し，92年大坂の懐徳堂の*中井竹山に師事した。93年大学頭林信敬(錦峰)の門に入り，同年，幕府の命により信敬の養嗣子となった*林述斎の門人となる。1805年(文化2)林家の塾長となり，述斎の嗣糶宇をはじめ，安積艮斎・河田迪斎・渡辺崋山・佐久間象山ら師事する者が多かった。26年(文政9)岩村藩の老臣の列に加わり藩事を議したが，41年(天保12)述斎の没後，昌平黌の儒官となった。

　一斎は，政治・経済・社会の体制の構造的問題を自己の心のあり方の問題に収斂させ，頼むべきはただ己のみであるとする，「独立自信」(「言志録」)の自己を確立することをめざした。「易」を重んじ，富貴貧賎・死生寿夭・利害栄辱を「数」＝運命として諦め，「吾が心即ち天なり」(「言志録」)と，どこまでも自己の本来性を信じて，志を高くもち，自力救済・自己実現を図ろうとした。この点で，昌平黌儒官でありながらも，「心即理」とする陽明学に親近感を抱き，「陽朱陰王」と評されることになった。ただし，一斎は主観的には朱王一致の立場をとり，学問的には「心の公平」(「言志晩録」)を失わない平衡感覚をもっていた。著書としては「*言志四録」と総称される4著のほかに，「近思録欄外書」「伝習録欄外書」をはじめとする「欄外書」と題された注釈書類，漢詩文集「愛日楼全集」がある。

佐藤泰然 さとうたいぜん 1804～72(文化元～明治5) 江戸後期の蘭方医の大家。幼名を昇太郎・貢助といい，名は信圭といい，泰然・紅園と号した。武蔵国川崎生れ。はじめは足立長儁に師事し蘭方医学を学び，ついで長崎に遊学し，オランダ商館長ニーマンにつき蘭学・オランダ医学を学んだ。長崎から江戸に

戻ると両国薬研堀に開業し、繁盛したといわれる。1843年（天保14）突然下総国佐倉に移り、佐倉順天堂医院を開業し、佐倉藩堀田家の侍医となる。また、彼は弟子の山口尚中を養子にし、この尚中が72年（明治5）江戸の下谷に立てた順天堂が、現在の順天堂大学・順天堂医院の起源である。

佐藤直方 さとうなおかた 1650～1719（慶安3～享保4） 江戸前・中期の朱子学者。名は直方で、通称は五郎左衛門、字や号をもたなかった。備後国福山藩の下級藩士の子として生まれ、*山崎闇斎に学ぶ。闇斎の門で、浅見絅斎と並び頭角を現した。闇斎の神道への傾斜に反対し、直接には「敬義内外（*敬内義外説）の解釈をめぐって闇斎の怒りをかい、絅斎ともども破門された。しかし晩年まで、闇斎の朱子学理解の深さには尊敬を払い、朝鮮の大儒李退渓を敬慕した。直方は、「理」の規範としての意義を高く掲げて、陽明学や*伊藤仁斎の古義学を人情におもねるものとして斥け、また林家や*貝原益軒らの通俗的な朱子学を「太極の一理」を忘れた俗知として否定した。理知的・批判的な精神に富み、神道家だけでなく儒者の中にも共鳴する者の多かった「万世一系」の連続にまったく価値を認めず、*赤穂事件についても、吉良義央は仇敵ではありえず大石良雄ら旧臣の行為を非法（犯罪）だと断言した。直方の門人は、「講学鞭策録」「排釈録」「鬼神集説」「道学標的」を直方の学問の精髄として特に重んじ、近代に至るまで営々として師説の学習・表彰に努めた。門人である稲葉迂斎の子黙斎が、直方の講義・筆記などを集成して「*韞蔵録」を編纂した。 ⇒学談雑録 敬説筆記

佐藤信淵 さとうのぶひろ 1769～1850（明和6～嘉永3） 近世後期の経世思想家。名は信淵、字は元海、通称は百祐、号は椿園・松庵・融斎・万松斎など。出羽国雄勝郡西馬音内村に生まれる（一説に雄勝郡新成村郡山）。佐藤信季（玄明窩）の子。13歳の時から父とともに蝦夷地・奥羽・関東を遊歴したと自らいうが、真偽が疑われている。下野国足尾での父の死後、1783年（天明3）江戸の蘭学者*宇田川玄随に入門し、さらに各地を遊歴した。1807年（文化4）徳島藩の家老集堂勇左衛門を知り、翌年「*西洋列国史略」「海防策」を著したのち、09年に上総国大豆谷村に退いた。15年*平田篤胤に師事し、同時に幕府神道方の吉川源十郎にも入門した。翌年、吉川源十郎不束一件に連坐して、江戸払を命ぜられ、下総国船橋に退居した。文政年間（1818～30）に「*経済要略」「*混同秘策」「*垂統秘録」「*鎔造化育論」「*天柱記」などを著した。32年（天保3）江戸十里四方追放に処せられて、武蔵国足立郡鹿手袋村に住んだ。天保の改革における株仲間解散後の経済政策について、幕府による産業・流通統制法を説いた「復古法概言」(1845) を、老中水野忠邦のために著した。アヘン戦争の清朝敗北の情報がもたらされる中で、49年（嘉永2）「存華挫狄論」を著し、中国への侵略論から日中提携論に転向し、翌年、82歳で没した。「佐藤信淵家学全集」全3巻がある。

里神楽 さとかぐら 郷神楽とも。民間で行われた神楽の総称。宮中の御神楽と区別される。規模・内容・構成などの点で多種多様であるが、次の四つに大別される。(1)巫女神楽は、鈴や榊などを採物とした巫女舞が中心で、かつては神がかりの*託宣が告げられた。(2)出雲流神楽。出雲国佐陀神社のそれが典型とされ、採物舞と神話や縁起にもとづいた仮面の神能との組み合わせに特色がある。西日本に多い。(3)伊勢流神楽は、*伊勢御師が広めた。湯立による祓を行う点に特徴があり、別名を*湯立神楽（霜月神楽）ともいう。(4)獅子神楽。獅子頭を御神体とし、祈禱・祓の獅子舞を行った。東北の*山伏神楽と伊勢の*太神楽の2系統がある。

佐野学 さのまなぶ 1892～1953（明治25～昭和28） 大正・昭和期の日本共産党指導者。大分県出身。東京帝国大学政治学科卒、大学院進学。この頃からさまざまな社会運動に関与した。1920年（大正9）早稲田大学講師。21年「解放」に執筆した「特殊部落民解放論」は、*全国水平社が創立される契機となる。22年日本共産党に入党、常任幹事などを務める。23年ソ連に亡命、コミンテルン大会などに出

席した。25年帰国し，「無産者新聞」を創刊，主筆となる。26年(昭和元)第1次共産党事件で入獄。党再建では，福本イズムが「*27年テーゼ」で退けられたあと中央委員長に就任した。28年再び亡命，コミンテルン大会で常任委員に選出され，29年上海で活動中に検挙された。32年無期懲役の判決をうけ，33年*鍋山貞親と共同で*転向声明を発表し，大量転向の呼び水となる。43年出獄し，戦後早稲田大学に復帰した。「佐野学著作集」全5巻などがある。

さび 俳諧用語。蕉風俳諧の理念の一つ。もともと歌合の判詞に用いた評語であり，「詞古り姿さびて」「さびたる姿」(「広田歌合」)などの表現で，地味・閑寂・枯淡の意味の趣をさし，*藤原俊成により幽玄美・余情美を表す語句として用いられた。室町時代の連歌師*心敬は，仏教的境地に通い合う「冷え寂びたる」趣が匂ってくるものこそ，連歌の最高の境地である(「ささめごと」)とのべ，また*千利休の茶道の理念を表す用語としても受け継がれた。さらに近世に至り，蕉風俳諧において「*しほり」などとあわせて，美的理念の一つにあげられ，枯淡・静寂・寂寥の句調や境位を表す語句として用いられた。動詞「さぶ」は，物の生気や活力・勢力がやがて衰え，色あせ，さびれ，元の力が失われることをいう。「さび」は，その名詞形である。円満・強力なるもの，生命力があふれ，伸長し，輝くもの，永遠・普遍のものなどが，時の推移の中でその実質と力を失って，荒涼と化し，過去と現在が二重写しに感じとられ，その中にこそ奥深い趣とおかしみ，静かさがあるとした。ただし，*芭蕉自身に明言したものはなく，弟子の間でも，許六のように芭蕉の理念とするかどうか疑問視する者もあり，評価が分かれる。最もこれを力説したのは向井去来である。「去来抄」(1702頃)には，さびとは句の色(句に現れる気分)であり，ただ表面的な閑寂な句をいうのではないとし，比喩を用いて，老人が甲冑を帯びて戦場で働いても，美服を着飾って高貴の人の宴席に列しても，どことなく老いの姿が感じとられる情趣であるとのべる。

ザビエル Francisco de Xavier 1506～52 日本に最初にキリスト教を伝えたイエズス会士。ナバラ王国(現スペイン)のザビエルにおいてバスク人貴族の子として生まれた。生国がカスティリヤ王国に併合され一家は離散，19歳の時パリに留学し，修士号をえてパリ大学のボーベ学院でアリストテレス哲学を講じた。同地でロヨラと出会い，1534年*イエズス会の創設に加わり，41年ポルトガル国王の要請をうけてインドへ渡った。42～49年インド半島を中心にマラッカ，モルッカ諸島などポルトガル支配地域で布教した。47年12月，マラッカで日本人*アンジロー(ヤジロー)と出会ったのをきっかけに，49年(天文18)8月に来日した。1年余り鹿児島に滞在後，上京したが後奈良天皇に謁見できず，山口で4カ月布教して豊後国をへてインドへ帰還した。日本には2年3カ月滞在し，日本人の知らなかった唯一絶対なる神，キリスト教的な人間観，十戒にもとづく生活倫理，来世における救いを説いた。52年中国上川島で没し，1622年列聖された。和訳の著作はアルーペ・井上郁二共訳「聖フランシスコ・デ・ザビエル書翰抄」，河野純徳訳「聖フランシスコ・ザビエル全書簡」。

左翼教員事件 さよくきょういんじけん →教育赤化事件

小夜寝覚 さよのねざめ 室町中期の教訓書。1巻。*一条兼良の著。1478年(文明10)ないし79年の成立か。晩年の兼良が8代将軍足利義政の御台所*日野富子に進上した書。冒頭で「万葉集」「源氏物語」，さらに連歌や和歌の判詞などに関心がもたれなくなった現状を慨嘆しているが，本書の主眼はそのあとの治世論にある。まず人材登用の心得，讒言・名利・報恩・驕慢など為政者の留意すべき点についてのべるとともに，賢人君子の教えを説く。ついで天照大神・神功皇后・北条政子をあげて女人政治を是認し，また*道理の尊重に言及し権道(臨機応変の手段)を道理として肯定する一方，「私の契約」としての一揆を否定する。末尾で当代の政治を礼賛しているところに，兼良の政治的立場がうかがえる。

更級日記 さらしなにっき 平安時代の日記文学。*菅原

孝標女の作。成立は1059年(康平2)頃。地方官の娘として東国に育ち,「*源氏物語」を耽読してロマンに憧れた作者が,13歳の時,父の解任にともない京に上る紀行に始まり,夢に描いていた京での生活の現実,橘俊通との結婚生活,そして夫に死別後の神秘と信仰に生きた生活の記録である。

去状 さりじょう →譲状

猿楽 さるがく 平安時代におこった滑稽な劇,およびそれから派生した劇。奈良時代までに唐の散楽が移入され,この中に滑稽な要素が含まれていた。これと日本古来の俳優が融合し,滑稽な芸(寸劇・曲芸・物まねなど)を猿楽と称した。平安中期の「*新猿楽記」に具体的な内容がみられる。転じて滑稽な言動を「さるごうごと」などという。鎌倉時代中頃から滑稽芸は*狂言に継承される一方で,滑稽味を排した演劇(*能)がうまれ,両者ともに猿楽とよばれた。のみならず*田楽も猿楽といわれ,一般名詞として猿楽の語が使われた。座を組織して,寺社に奉仕するなどの活動を行った。

申楽談儀 さるがくだんぎ *世阿弥の子元能が父の芸談をまとめた書。正しくは「世子六十以後申楽談儀」というが,実際にはそれ以前の聞き書きも含む。奥書には1430年(永享2)に書かれたとする。内容は*猿楽の歴史に始まり,*田楽や*近江猿楽のこと,猿楽の作り方や演じ方,面や装束のこと,役者の心得など多岐にわたる。体験にもとづいた内容であるだけに,随所に世阿弥の思想がうかがわれ,「*風姿花伝」と並ぶ貴重な史料である。

猿蟹合戦 さるかにかっせん 昔話の代表例。猿と蟹が握り飯と柿の種を交換,蟹が種をまいて柿を育てると,猿が横取りし,悪い実を蟹に投げつける。蟹は蜂・栗・臼の助けを借りて猿をこらしめる。こうしたモチーフは江戸時代以降のもので,もとは猿と蟹の餅争いであった。猿が餅を独り占めしようと山の上から臼をころがし,追いかける。途中で餅が落ち,蟹が食べてしまう。怒った猿が仇討ちしようとすると,蟹に助っ人が現れるというもの。現在知られる話の助っ人も地方によってさまざまで,なかには桃太郎の話と混合するものもある。また,中国や朝鮮半島にも類話がある。

サルバトル・ムンヂ Salvator mundi. 書名は「救世主」の意であるが,内容は扉紙裏に記されているように,Confessionariumすなわち告解手引書である。1598年(慶長3)長崎刊。国字・文語本。7章からなり,告解の秘跡の意義,方法,功徳,十戒,七つの重科各条についての良心の糾明,聖体の秘跡拝領に関する注意や日常の行為についての心得,食前食後などの簡単な祈りを収める。最後に本書記載のラテン語とポルトガル語の説明と,漢字に振仮名をつけて読み方を示す字集が加えられている。1868年(明治元)司教プチジャンが本書を発見し,翌年「校正再刻とがのぞき規則」と題して改訂・再版した。

猿丸大夫 さるまるだゆう 生没年不詳 平安時代の歌人で,三十六歌仙の一人。百人一首に「奥山に紅葉踏みわけ鳴く鹿の声聞く時ぞ秋は悲しき」の歌をのせる。林羅山の「二荒山神伝」によると,朝日長者の孫として小野猿麻呂の名がみえる。猿麻呂は宇都宮明神で,蜈蚣神から朝日姫を助けたという。朝日姫は二荒山の神で,そこの神主である小野氏が猿丸大夫の子孫であると伝える。小野も大夫も神職に関係ある名称で,二荒山の信仰を語り歩いた巫覡が猿丸大夫であろう。各地に猿丸伝説が残ることからも,猿丸大夫は個人名ではなく,同じ名をもつ人が多数いたと考えられている。

沢田東江 さわだとうこう 1732〜1796(享保17〜寛政8) 江戸中期の書家・儒学者・戯作者。名を麟のち鱗,号を東郊のち東江。別号に玉島山人。江戸に生まれる。経学は*井上蘭台について学び,折衷学である。林家に入門して儒官の志があったが,最も知られたのは書家としての実作と書学に関する著作である。王羲之・王献之の魏・晋代の古風に範をとった書風で,東江流と喧伝される一派を形成した。書学も古文辞学派の影響をうけて,古法書学を主張する。「異素六帖」(1757刊)は余技の戯作であるが,「唐詩選」の一句と「百人一首」の下句をとりあわせて,遊里の情景を描いた初期洒落本の傑作である。友人であった*山県大弐の*明和事件(1767)に連坐して,号を「東江」と

改め，書学に専念した。

沢野忠庵（さわのちゅうあん） 1580頃〜1650（天正8頃〜慶安3） Christovão Ferreira ポルトガル人日本準管区長（管区長代理）クリストバン・フェレイラ，棄教後の日本名が沢野忠庵。1596年*イエズス会に入会し，1608年マカオで司祭に叙階され，翌年（慶長14）長崎に来着した。都地区長・管区長秘書・財務担当をへて，32年（寛永9）日本準管区長となる。翌年逮捕され，穴吊しの刑をうけて棄教し，最初の転びバテレンとなった。日本人寡婦と結婚し長崎奉行の配下として宗門改（しゅうもんあらため）に協力し，「目明し忠庵」と称された。36年イエズス会より追放され，排耶書「*顕偽録（けんぎろく）」を著し，長崎で没した。初代宗門改役の井上政重（まさしげ）の命により44年，クラビウス系の天文原書をローマ字草稿に訳したと伝えられる「天文備用（びようう）」，没後の96年（元禄9）に偽装改題のうえ刊行された「阿蘭陀（オランダ）外科指南」などにより，後年の蘭学形成へ寄与した。

沢能根世利（さわねのせり） 幕末の政治意見書。国学者*長野主膳（しゅぜん）の著。本居派（もとおりは）国学の立場からの統治論であり，藩政改革への意見書という体裁をとる。上巻1巻のみ。主膳が彦根藩に仕官した1852年（嘉永5）以降の成立。幕末の国内外の困難な状況の中，下（被治者）におもねるような小手先の施策や応対を排し，「古の道」「皇朝の道」にそった対策こそ急務とのべる。だが，全体にその主張は，「国家の根元は朝廷也。行ひの根元は神事也」との言葉が端的に示すとおり，観念的で具体的施策に欠けている。しかし，神々や朝廷の存在を根拠として，下の上（治者）への随順を説いた，*本居宣長（のりなが）（「*秘本玉くしげ」）の抑制された政治観の継承という点ではきわめて忠実であったといえる。

沢柳事件（さわやなぎじけん） 1913年（大正2）7月京都帝国大学で，総長*沢柳政太郎（まさたろう）が7名の教授に退職を求めたことから，大学の自治や教授会の人事権をめぐっておこった事件。沢柳のこの「専断」的人事は，文部大臣の教授任免権と大学の学術研究の進展を根拠に行われ，反対運動は該当者のなかった法科大学からおこった。法科協議会は「官権の干渉と俗論の圧迫」から学問の独立が必要であるとして，辞表をかけて総長と交渉した。学生や東京帝国大学法科大学教授らの支援も加わって問題は全国規模に拡大し，翌年1月文部大臣の調停で，教授の任免には教授会の同意をえることで決着をみた。事件によって教授会の人事や総長の選出に関し，大学の自治権が前進した。

沢柳政太郎（さわやなぎまさたろう） 1865〜1927（慶応元〜昭和2） 明治・大正期の教育行政家・教育家。信濃国生れ。1888年（明治21）帝国大学を卒業し，文部省に入る。のち辞職して第二・第一高等学校校長などを歴任，98年文部省に戻り普通学務局長，さらに文部次官となる。1908年貴族院議員。進歩的文部官僚として小学校授業料の廃止，義務教育年限の延長，高等教育機関の増設などを推進した。11年東北帝国大学初代総長となり，帝大にはじめて女子の入学を許可した。13年（大正2）京都帝国大学総長に転じたが，*沢柳事件で辞任した。16年帝国教育会会長に就任する一方，17年教育改造の実験校として成城（せいじょう）小学校を設立し，大正新教育運動の指導的役割をはたした。教育の科学的研究を求める主著「実際的教育学」がその土台となっている。「沢柳政太郎全集」全10巻・別巻1がある。

三阿弥（さんあみ） 室町時代の*同朋衆（どうぼうしゅう），*能阿弥（のうあみ）（1397〜1471）・芸阿弥（げいあみ）（1431〜85）・相阿弥（そうあみ）（?〜1525）の親子3代をさす総称。阿弥号を称し，特殊な技芸もしくは雑役をもって幕府に仕える同朋衆の存在はかなりの数が知られるが，この親子3代は，主に美術工芸品にまつわる技芸をもって仕えた。ただし，もっぱら幕府の業務のみに従事していたわけではなく，寺院・公家などのかなり幅広い需要にこたえていた。幕府の職制に完全に組みこまれた存在というわけではなく，幕府公認の出入り業者ともいうべき存在である。絵画制作，輸入品の鑑定，収蔵品の管理，会所の室内装飾など，かなり幅広い業務にたずさわっていたことが知られ，その名声は広く認知されていた。

能阿弥の出自は明らかではなく，一説に父毎阿弥（ごとあみ）の後継者とする説があるが，確証はない。近年，基準作「花鳥図屏風」（出光美術館蔵，1469年）が発見されて，画家として

の能阿弥像はより確かなものとなった。能阿弥は連歌の宗匠としても著名で、のちに宗祇によって連歌の七賢の一人に数えられる。芸阿弥・相阿弥も連歌にかかわっているが、徐々に画家・鑑定家としての側面が大きくなっていった。芸阿弥は「国工」と称されて15世紀後半の画壇をリードする存在となるが、現存作品は「観瀑図」(根津美術館蔵、1480) 1点のみである。相阿弥には、単庵・柴庵・是庵らの画事の弟子がいたことが確認され、絵画史上では三阿弥に弟子たちを加えて、阿弥派と総称している。相阿弥は1513年(永正10)創建の大仙院客殿障壁画の制作に*狩野派とともにたずさわっており、画家としての活動が旺盛だったことが知られる。ただし、幕府の衰退とともにその権威はゆらぎだらしく、絵画史上の勢力は狩野派に吸収されていった。

三彝訓（さんいくん） 江戸後期の神・儒・仏三教一致の書。1冊。浄土宗の*大我絶外の著。刊記は1757年(宝暦7)であるが、序・跋は58年となっている。内容的には大我著「*三教鼎足論」の続論にあたる。「先代旧事本紀大成経」の影響をうけて、儒教・仏教・神道はそれぞれに「天下を安んずる道」があり、三教は勧善懲悪・人心矯正の教えとして一致すると説く。儒教では、道徳を求めない*荻生徂徠の*古文辞学が批判され、仏教にも「治国斉家」の道があることを主張し、神道では、神道に礼儀がないとする*太宰春台が批判される。福善禍悪という天の道から三教が成立したとする。→三教一致論

三・一五事件（さんいちごじけん） 1928年(昭和3) 3月15日の日本共産党に対する全国的な大検挙弾圧事件。1926年12月に再建された共産党は、労農争議や山東出兵反対運動を労働農民党・日本労働組合評議会(評議会)・日本農民組合などをとおして闘い、「*27年テーゼ」を採択し、機関誌「赤旗」を創刊した。さらに第1回普通選挙に労働農民党からの党員の立候補、工場内での組織づくりなど活動が活発化した。中国大陸侵略を準備していた田中義一内閣は、こうした公然活動に脅威を覚え、満蒙軍事計画遂行の準備をしたとして治安維持法違反容疑で、徳田球一・志賀義雄・杉浦啓一・河田賢治ら党員および同調者と目された1568名を一斉検挙した。翌4月、共産党の外郭団体として労働農民党・評議会・全日本無産青年同盟が解散させられた。さらに政府は、6月に緊急勅令で治安維持法に死刑を導入し、全警察に特高(特別高等警察)を設置するなど共産主義者や社会運動を弾圧していった。

三一権実論争（さんいちごんじつろんそう） *最澄と会津の法相宗の学僧*徳一との論争。三乗思想と*一乗思想とは、どちらが権で、どちらが真実であるかを論争した。徳一は、声聞(仏の教えの声を聞いて悟ることのできる弟子)・縁覚(仏の教えによらず自ら悟る聖者)・菩薩(修行をへて未来に仏になる者)・不定性(いずれにも定まっていない者)・無種性(まったく仏教に入る種をもっていない者)の5種に分け、声聞・縁覚・菩薩の三乗しか悟りに至ることはできないと主張した。「仏性抄」「中辺義鏡」「慧日羽足」「遮異見章」などを著し、最澄の主張を批判した。これに対し最澄は、三乗の差別は衆生を導くための方便にすぎず、真実は一乗に帰すもので、一切の衆生はすべて成仏できるという〈一切衆生悉皆成仏〉を主張し、「照権実鏡」(817成)をはじめとして、「*守護国界章」「決権実論」「法華秀句」(821成)などを続々と著した。この論争は816年頃から、最澄の死ぬ直前の821年頃まで続くが、最澄の「法華秀句」3巻発表後は徳一は反論を止めて終息した。

三・一独立運動（さんいちどくりつうんどう） 1919年(大正8) 3月1日を期して植民統治下の朝鮮において展開された独立運動。1910年(明治43)以降、朝鮮総督府は憲兵警察制度を背景に「武断統治」を展開した。また18年には土地調査事業を終結、総督府財政の基礎が確立されるが、国有地・日本人所有地の増加が、朝鮮農村における困窮と民族的対立を激化させる。第1次大戦後のパリ講和会議ならびにウィルソン米大統領の「民族自決主義」の影響もあり、世界中で民族運動が高揚し、朝鮮でも独立達成の動きが活発となる。前国王高宗の葬儀

（3月3日）に向けて多数の参列者が各地から集結するのにあわせて，3月1日午後2時に独立宣言書が学生たちにより，ソウルのパゴダ公園で朗読された。これを契機に，その後数カ月にわたり朝鮮全土で独立運動が展開され，参加人員はのべ100万に達するといわれている。「大韓独立万歳」を叫んだことから，当時「万歳騒擾事件」とも報道されたが，宣言書の公約3章にあるとおり，あくまで平和的示威運動であった。しかし，農村部では激化するところもあり，これに対し日本の軍憲は徹底的弾圧を行い，流血をみた。独立宣言書署名者33名には，天道教・キリスト教・仏教の指導者が多く含まれ，これらの宗教組織の参加が運動拡大の一因となっている。

算置 さんおき 中世から近世にかけて，算木を用いて陰陽卜占することまたそれを専業とする人。法師や山伏の姿なりをして町場や人の集まるところで客を求め，報酬をえた。富裕の人が算置の法師を邸宅によんで，占いや祈禱をさせることもあった。近世には俗体の者も現れて，しだいに易筮や易者にとって替わられた。算木などの道具は卜占などの理屈を象徴するもので，経験則を吸収して体系化された理論を背景にもつものではなかったと思われる。筮竹を使う易占も算置とよばれて吉凶を占った。その多くは易についての初歩的・断片的知識をもって運用した。易の理論とはかかわらない理屈を駆使して，手相・家相・人相などをみる八卦見も同類である。易の本格的研究は中世には禅僧が担い，近世には儒者がその成果を吸収した。中世・近世の市井では，医薬処方などの医術も初歩的知識が断片的に伝授・学習されて，特技として収入源となっていた。各分野の擬似ないしは初歩知識が専業化される以前の一例である。

山臥 さんが →山伏

算賀 さんが 40歳を「四十の賀」として祝い，以後10年ごとに行われる高齢の祝いの儀式。すでに奈良時代から行われており，「*東大寺要録」にみえる聖武天皇の四十の賀（740年〈天平12〉10月8日）が初見である。算賀の儀は，饗宴・奏楽・作詩・作歌が主要行事で，また色紙形に和歌を書き，その内容を絵に描いた屛風を新調して祝いの席に立てるのが習わしであった。

三界一心記 さんがいいっしんき →三賢一致書

山岳信仰 さんがくしんこう 山岳に宗教的威力や霊的存在を認めて尊崇し，種々の儀礼を行うこと。もともと狩猟民にとっては獲物を与える*山の神の住む場所として，農耕民にとっては水を与える水分神の住む場所として，尊崇された。また，山は祖霊の住むところとも考えられ，柳田国男はこのような考えにより，弔上げが終わると祖霊は冬の間は山の神となり，春から秋にかけては里に下って，*田の神となるとした。奈良時代に道教や仏教が入ってくると，古来の山岳信仰にも変化がみられ，仏教の在家信者である*優婆夷・優婆塞が山岳修行をするようになる。のちに修験道の開祖になる役小角（*役行者）もこのような修行者の一人であった。平安時代には，比叡山の回峰行の祖の相応やのちの当山派の開祖とされる聖宝らが山岳修行をし始め，*修験道という独特の宗派が形成された。行者は中央では吉野・熊野，地方では羽黒山・彦山（英彦山）などの山々で修行に励んだ。その教義の特徴は山岳を曼荼羅とみるところにあるが，入峰修行ではそれを母胎となぞらえ，胎内修行をし，そこから出ることにより新しい生をえるとした。

山岳曼荼羅観 さんがくまんだらかん 山岳を金剛界曼荼羅・胎蔵界曼荼羅と考える*修験道独特の考え方。平安中期に成立したとみられる「大峰縁起」によると，大峰山の*金峰山（吉野）側を金剛界曼荼羅，熊野側を胎蔵界曼荼羅とし，それぞれの峰をそれぞれの曼荼羅の諸尊にあてはめたことに始まる。それぞれの峰にそれぞれの諸尊をあてたのは，熊野三山の初代別当である禅洞の宗教体験にもとづくもので，のちに仏像・仏具・経典などがそこに納められるようになった。山岳曼荼羅は大峰山のみならず，ほとんどの修験の霊山にもみられる。

山家集 さんかしゅう *西行（1118～90）の家集。全3巻，約1600首。自撰・他撰の両説があり，成立年も未詳。上巻は四季，中巻は恋・雑からなる。下巻は雑纂的で，未整理部分ともいわれる。「願はくは花の下にて春死なむその

きさらぎの望月のころ」「心なき身にもあはれは知られけり鴫たつ沢の秋の夕ぐれ」「さびしさに堪へたる人のまたもあれな庵ならべむ冬の山里」「なげけとて月やは物を思はするかこち顔なるわが涙かな」などが代表作。表現は一見平明にみえるが，伝統からは自由で，独自の世界を構成している。後鳥羽上皇から「生得の歌人とおぼゆ」と評された西行の歌集として，まさにその特徴が表れているといえよう。

三貨図彙 さんかずい *懐徳堂の町人学者である*草間直方(通称は鴻池屋伊助)の著した貨幣についての書。全42冊。1815年(文化12)に完成。金・銀・銭の三貨について，その鋳造や流通の沿革を貨幣図とともに詳細に紹介し，物価の変動などもあわせて記録されている。貨幣の品位と米価の関連などに，理論的な考察が与えられている。

三教一致論 さんきょういっちろん 仏教・儒教・道教の三つの教えが根本では一致するとみる学説。中国に仏教が伝来してから，外来思想としての仏教と，国教としての儒教，民間信仰としての道教の優劣比較がなされるようになった。隋唐時代には士大夫の間で，三教に優劣はなく時機に応じて使い分けるべきだとする主張(白居易など)が主流を占めたが，一方，唐の武宗による会昌の廃仏運動のように道教が国教化され，仏教を排斥する時期もあった。三教一致説は主に仏教(禅宗)の側から，廃仏運動に対する防御策として強調された。宋代には理学(理論的な儒学)の発達にともない，儒教を上において仏教を排斥する議論(欧陽修など)も現れたが，張承英の「護法論」は，儒教を皮膚，道教を血脈，仏教を骨髄とすべしという三教調和説を唱えた。劉謐の「三教平心論」もこの思潮に属する。

日本においては，平安時代の*空海が「*三教指帰」を著し，仏教(密教)の立場から三教を比較し，*最澄もまた三教不斉論によって，仏教の優位を説いた。以後，鎌倉仏教の開祖たちの多くに至るまで，僧侶としては，他教を排斥するには至らぬまでも，基本的に仏教を優位におく立場をとる。ただし，日本では教義・教団としての道教はついに輸入されることがなかったため，道教に対する認識は乏しく，鎌倉時代から神道に置き換えて議論する場合が多い。特に密教を受容して成立した*伊勢神道や，宋学を学んで神道理論を体系化した*吉田神道では，神・儒・仏の三教一致を説いたうえで，*本地垂迹説を逆転させ，日本においては神道が優位に立つとする*神本仏迹説を展開した。

鎌倉後期以降，宋元より禅の教説が伝わると，京・鎌倉の五山禅院において禅僧たちが三教一致の議論を展開する。彼らは宋代の「宗鏡録」などに拠りながら，禅の立場から三教一致を主張し，室町時代，特に東山文化の中で，三教一致説は水墨画やさまざまな芸能の基本理念として普及していった。「虎渓三笑」「三笑図」などの三教一致をモチーフにした絵画作品は，宋代の三教説を直接に継承するものであった。また民間の*七福神信仰も，三教一致説が普及する過程で成立する。

江戸時代には，儒教が統治者の理念として止揚されたため，仏教側から三教一致説を強調する思潮が強まり，心学・道学の普及によって民衆レベルにまで浸透した。近代以降，三教の中にキリスト教をも加え，万教帰一を説く新宗教も数多く出現し，日本人の宗教観に大きな影響を与えている。

三教院 さんきょういん →綜芸種智院

三教会同 さんきょうかいどう 1912年(明治45)2月25・26日，内務省によって企画された教派神道・仏教・キリスト教の代表者の会合。提唱者の内務次官床次竹二郎によれば，その目的は「宗教と其国家との結合を図り宗教をして更に権威あらしめ国民一般に宗教を重んじるの気風を」振興させることであった。その背景には，日露戦争以後の経済不況と人々の道徳的な退廃があり，特に1910年のいわゆる*大逆事件は為政者に宗教者奮起の働きかけを促した。床次はヨーロッパを視察し，宗教が国民道徳の振作に寄与していることを知り，日本でも各宗教が協力して時代の進運に寄与することを期待した。キリスト教の代表者は，国家がキリスト教の存在を認めた意義ある企画として歓迎したが，*内村鑑三は「今日

生れ今日消え去る」一時的なものとして批判的であった。「植村正久と其の時代」第2巻に史料が収められている。

三経義疏 さんぎょうぎしょ 「上宮御製疏じょうぐうぎょせいしょ」とも。「法華ほけ経」「勝鬘しょうまん経」「維摩ゆいま経」の注釈書の総称。*聖徳太子しょうとくたいしの著作であると記すのは8世紀半ばの「法隆寺資財帳」などで、「*上宮じょうぐう聖徳太子伝補闕記ほけつき」には615年(推古23)までに執筆したとあるが、成立年次・編者ともに疑う説は少なくない。太子の仏教の師、高句麗こうくりの僧の慧慈えじをはじめ、太子に近い学僧集団の共同著作とみる説が有力である。教理内容からは、義疏が依拠している学説はほとんど中国南北朝時代の説であり、隋・唐代の新学風が日本に伝えられる以前の著作であるとみなされている。多くの仏教経典中からこの三経が選ばれたのは、「法華経」が第一の経典として信奉されており、「勝鬘経」が勝鬘夫人を主人公としていて女帝推古すいこ天皇に講じるのに適切で、「維摩経」が在家信者の道を説くため太子の信仰に最適であったと考えられる。「勝鬘経義疏」1巻は敦煌とんこう本「本義」と近似しており、法隆寺に現存する太子自筆本と伝承される「法華経義疏」4巻などについても、中国注釈書を視野に入れた綿密な研究がまたれる。「維摩経義疏」3巻は、「日本書紀」に太子講経の記事もなく、太子との関係はきわめて薄いため、ほかの二経とは区別するべきであろう。

三教根本枝葉花実説 さんきょうこんぽんしようかじつせつ →根本枝葉花実説こんぽんしようかじつせつ

三教鼎足論 さんきょうていそくろん 「鼎足論」とも。江戸中期の神・儒・仏三教一致の書。全4巻。浄土宗の*大我絶外だいがぜつがいの著。1751年(宝暦元)成立、1821年(文政4)刊。神道・儒教・仏教の三教は言を異にするが、その理は勧善懲悪という点で一つであり、これを知らない僧侶・儒者・巫みこが三教間の争いと弊害をもたらしているとして、三教の精粋を知らしめることを目的として述作された。各巻冒頭に問いがあり、これに答える形式で巻1は神道、巻2は儒教、巻3は仏教を主題として三教の関係を論じる。巻4は三教一致を体現した聖徳太子を主題として、三教並立の必要性を論じる。「先代旧事本紀大成経せんだいくじほんぎたいせいきょう」の影響をうけている。→三教一致論

三教要論 さんきょうようろん 神・儒・仏の三教の関係を論じた書。*松宮観山かんざんの著。1760年(宝暦10)刊。観山は「日本国」の水土の違いを説いて、「世界万国」を一定の基準によって裁断しようとする儒教の普遍主義、ことに徂徠そらい学派の中華主義を批判する。また一方で、仏教の因果応報説は愚民教化のために有効な「国政の補」であるとする。ただし、その際、神道をそのままの形で容認したわけではない。同時代の*垂加すいか神道の秘伝伝授に対しては、その偏狭さを批判している。観山の意図は、「*国学」の中に儒教と仏教の二つを包摂しようとするところにあった。

懺悔 さんげ →悔過けか

参詣曼荼羅図 さんけいまんだらず 室町時代末から江戸時代初頭にかけて、霊場として有名な寺院・神社への参詣を誘うために書かれた絵画。那智・八坂法観寺ほうかんじ・清水寺・三鈷寺さんこじ・施福寺せふくじ・高野山こうやさん・富士・白山はくさん参詣曼荼羅などがある。寺社の縁起・行事・堂舎・名所・伝説・参拝順路・参詣者・案内者など、さまざまなものを描きこむところに特色がある。縦横150cm前後の紙本の大画面で、もとは折りたたまれた形跡があるものもあり、持ち運ばれたことがわかる。現在は掛幅に仕立てたものが多い。本願ほんがんや穀屋こくやとよばれた勧進聖かんじんひじり・熊野比丘尼びくになどによって諸国で*絵解えときとされた。

山家学生式 さんげがくしょうしき *最澄さいちょうの著。「天台法華宗年分学生式ねんぶんがくしょうしき」(六条式)、「勧奨天台宗年分学生式」(八条式)、「天台法華宗年分度者回向大式だいしき」(四条式)の3首を1巻としたもの。六条式・八条式は818年(弘仁9)に、四条式は819年に朝廷に提出された。大乗戒による天台業の学生を養成するための規則を定め、勅許をえようとしたもので、嵯峨天皇への上奏文の形式をとる。これに対し嵯峨天皇は、南都の僧綱そうごうに意見を求めたが、南都は反対の姿勢を示し、大乗戒をめぐる論争に発展した。

山家要略記 さんげようりゃくき *山王さんのう神道の書。9巻本・7巻本など巻数・構成は諸本により異なる。本書の中心をなす「日吉ひえ山王霊応記」3巻は、奥書に平安末期の天台座主顕真けんしんに

ざんげ

よる1174年（承安4）の撰，1289年（正応2）*義源ぎの書写とあるが，鎌倉時代成立の「*神道五部書」の引用が認められ，中世天台宗の一流派である記家に属した義源自身が編纂したと思われる。他の巻の成立事情は，なお検討を要する。山王神道の主要典籍であるが，内容は堂舎・本尊など，比叡山の故実全般にも及んでいる。各条の引用文献には最澄さいちょう・円仁えんにん・円珍えんちんらに仮託した偽典籍が多く，裏書などの秘事口伝ひじくでんを付す形式となっている。

懺悔録 ざんげろく　キリシタンの告解の記録。編者はスペイン人のドミニコ会士ディエゴ・コリャド（1589〜1641）で，1619年（元和5）から22年まで長崎・有馬地方などで活動した宣教師・言語学者。本書は1632年ローマ刊，ラテン語とローマ字・国語との対照本。宣教師の日本語学習とキリシタンの告解を聴く手引きとして編まれた。コリャドは1623年以後ローマとマドリッドで在日イエズス会士の中傷に対して反論，再反論，告訴状の提出により教皇庁布教聖省の信頼をえ，その援助をうけて「日本語文典」「羅西日らせいにち辞典」とともに本書を出版した。17世紀迫害下のキリシタンの生活や心情を赤裸々に記述した史料，および当時の日常俗語の記録として貴重な価値を有する。1886年パジェスはパリで復刻本を出版した。

三関 さんげん　→関せき

三賢一致書 さんけんいっちしょ　「三界一心記さんがいいっしんき」とも。江戸後期の諸教一致の書。1冊。大竜だいりゅうの著。識語によれば1317年（文保元）作，1866年（慶応2）補訂のうえで仮名書きにしたとある。題注には「儒釈道の三道一に帰するゆえに三賢一致と号す」とあるが，内容的には神道・儒道・仏道・暦道・天狗道てんぐどうなどの諸教一致である。天地未分以前から万物が生成される各過程において諸教が一致することを説き，この各過程を夫婦の出会いから子供の誕生までの比喩で説明する。これをうけて須弥山しゅみせんが己れ全体に備わることを介して「自心是仏」を知ることを勧め，自心を禅・浄土・真言・天台宗などの経疏きょうしょで説明する。いわば心を基盤にした諸教一致書である。

三語 さんご　「梅園ばいえん三語」とも。*三浦梅園の哲学的思想である条理学についてのべた主著作群「玄語げんご」「贅語ぜいご」「敢語かんご」の総称。「玄語」は全8巻で，1753年（宝暦3）に起稿された段階では「玄論」という題名であったが，その後23回の改稿と23年の歳月をへて，75年（安永4）「玄語」として完成した。「贅語」は全14巻で，1756年に起草され，15回の改稿をへて89年（寛政元）に完成した。「敢語」は1冊で，1760年に起稿され，4回の改稿をへて63年に完成した。梅園は「玄語」において「天地に条理がある」と主張するが，「条理」とは彼の思想の根幹をなす概念であり，根元的な元気が天地万物を形成している様，あるいはそれを認識する方法をさしている。また「贅語」は，「玄語」で明らかにされた「条理」にもとづいて過去の諸学説を批判的に再検討したものであり，「敢語」は，正統的儒学とは一線を画す倫理学書とされる。以上3著作を梅園自身も「梅園三語」と称し，それゆえ梅園の〈代表的三部作〉と位置づけられている。

産語 さんご　*太宰春台だざいしゅんだいが，戦国・秦漢の古書として世に紹介した富国殖産の書。全2巻。1749年（寛延2）にこの書を刊行した宮田明（春台の門人）は，その序文で，春台が古文辞こぶんじによって古書に託して自らの*経世論を主張したものだとのべている。万民が生業に就くことを，制度・政策の面から支援すべきことをのべて，内容的には，確かに富国強兵を説いた春台の議論と一致するところが多い。近世後期に広く読まれた。

三教指帰 さんごうしいき　平安初期に書かれたわが国最初の比較思想論。全3巻。797年（延暦16）*空海くうかい24歳の著作。亀毛先生きもうせんせい論（上巻），虚亡隠士きょぶいんし論（中巻），仮名乞児かめいこつじ論（下巻）からなる。上巻に序を併せ，空海出家の動機をのべる。本論は戯曲仕立てで，舞台を兎角公とかくこうの邸に設定し，無頼の青年蛭牙公子しつがこうしに上記3人の人物が，次々に登場して，まず儒教の立場から，ついで儒教を批判しながら道教の立場から，最後に儒教・道教をともに批判しつつ仏教の立場から，それぞれに道を説いて聞かせ，仏教が最もすぐれた教えであることを解き明かしていく。乞食姿の仮名乞

児には空海自身が投影されていると思われ，*出家を否定する儒教の孝は小孝で，忠孝をこえる*慈悲の実践こそ大孝と説くところに，大学を捨てて出家しようとする空海の決意が読み取れよう。24歳の若さで中国古典に精通した，その教養の高さに驚かされる。本書の原本と考えられている「聾瞽指帰」(国宝，金剛峰寺蔵) 1 巻が現存し，空海の真筆と考えられている。

三業惑乱 さんごうわくらん　近世西本願寺派の三大法論の一つで，身口意の三業をそろえての帰命を強調する三業帰命説をめぐる争乱。西本願寺学林の歴代能化のうち，2 代知空，5 代義教らには三業帰命説の萌芽がみられたが，6 代功存の「*願生帰命弁」刊行以降，特に 7 代能化の*智洞に至って三業帰命説が強化され，学林の正統教学として定着する。これに対し，安芸国の*大瀛の「横超直道金剛錍」を代表とする在野学僧の反論がだされ，激しい論争が交わされた。さらに地方門末をもまきこみ，新義派と古義派に教団を二分する大事件へと発展した。

1802年(享和2)に美濃国で古義派門徒が騒擾事件をおこし，03年には新義派が西本願寺殿中で暴行事件をおこすなど，争乱の様相をみせたので幕府が介入し，04年(文化元)江戸での取り調べとなった。その結果，06年に三業帰命説は異議とされ，学林の能化職は廃止された。智洞は遠島，本願寺は100日の逼塞を命ぜられ，本如門主は同年，宗意裁断の法語を全国門信徒に発布した。事件以降，三業帰命説の取締りが強化されたにもかかわらず，肥後国に興った桃華学派は惑乱終了後もなお三業帰命説を信奉した。また，越後国では三業帰命説に固執した門信徒が存在していた事例も明らかになるなど，僧俗における三業帰命説の影響力には大きなものがあった。

三国最上之祓 さんごくさいじょうのはらい　*吉田神道の中臣祓の注釈書。1冊。神祇管領長上の*吉田兼右が天文年間(1532～55)に編輯し，木版折本として頒布したもの。吉田家に仕える鈴鹿家に伝来した中臣祓(大祓詞を宣読文体に改めて用いたもの)をもとに，そ

の本文を13段に分かち，片仮名の傍訓と頭注をほどこす。末尾に吉田神道の神祇灌頂に関する要綱を示した「三元灌頂大事」と，伊勢神道の「*造伊勢二所太神宮宝基本記」にみえる天照大神の託宣文である「神宣文」を付す。

三国通覧図説 さんごくつうらんずせつ　江戸中期の軍事地理書。*林子平の著。1785年(天明5)成稿，翌年刊行。朝鮮・琉球・蝦夷地および小笠原諸島の地図や，それらの地域の地理・風俗について軍事的観点から記述したものである。特に蝦夷地が重視され，当時外地とされていた蝦夷地を本土に組み入れ，原住民の教化と開発によってロシアの南下に対抗することが主張される。1792年(寛政4)の林子平の幕政批判による断罪の際に，この書も絶版に処せられた。本書はドイツの東洋学者クラプロートによって仏語訳が出版され(1832)，*シーボルトもこの書の蝦夷地部分の蘭訳をもちだそうとした。

散斎 さんさい　→忌・斎戒

三才報徳金毛録 さんさいほうとくきんもうろく　近世後期の農村指導者*二宮尊徳の思想体系を図入りで説いたもの。尊徳は，小田原藩主の分家である旗本宇津家の領地桜町領(下野国芳賀郡)の家政・農村復興に従事中の1834年(天保5)秋に本書を執筆した。「三才」とは天・地・人のこと。巻頭に「大極之図」条をおき，天地万物の生成・成り立ちを根源の「大極」から説き始め，天地万物の摂理，人のあるべき生き方(報徳)にまで説き及んでいく。全35カ条からなり，最後の条には「幼童を諭すの歌十二首」を載せ，政道・勤役・恵民・因果・生育・民業・泰平・正直・忠信・生死・不生不滅・孫栄の各項を歌で示して，「幼童」の理解の助けとしている。

山子垂統 さんしすいとう　→片山兼山

産児制限運動 さんじせいげんうんどう　大正・昭和期の社会運動・女性運動。生活苦や多子多産に悩む庶民の間では前近代から堕胎・間引きが行われていた。明治期にはマルサスの人口論や新マルサス主義も紹介されたが，日本でこの運動が始まるのは，1922年(大正11)アメリカの産児制限(birth control)運動家サンガー(Margaret Sanger)の来日を契機とする。石

本静枝(加藤シヅエ)は，22年に東京で安部磯雄らと産児調節研究会を設置し，女性解放の立場から避妊を奨励した(34年相談所を開設)。関西ではサンガーの通訳を務めた*山本宣治が，23年大阪産児制限研究会を発足させた。避妊は女性たちが求める切実な情報であり，「*主婦之友」でも記事が掲載された。25年日本農民組合大会で山上喜美恵が産児制限の必要性を訴え，職業婦人問題に取り組んだ*奥むめおが30年に妊娠調節相談所を開設した。だが，十五年戦争下に人的資源の確保をねらって，40年優良多子表彰，41年「人口政策確立要綱」がだされ，運動は圧殺された。戦後ベビーブームの中で，政府は人口抑制へと政策を転換し，各地で保健婦たちが熱心に避妊指導を行った。54年日本家族計画連盟(加藤シヅエ)も結成され，産児制限の普及はその後の出生率の低下をもたらす大きな要因となった。

三舎印鑑 →石門心学

三社託宣 「さんじゃー」とも。一般的にいえば，三社とは天照皇大神宮・八幡大菩薩・春日大明神のこと。各社の託宣の内容を一言でいえば，天照皇大神宮は正直，八幡大菩薩は清浄，春日大明神は慈悲となる。*伊勢貞丈は「三社託宣考」の中で，これを吉田兼倶の偽作と主張したが，三社託宣はすでに兼倶以前に成立していたことが明らかにされている。たとえば南北朝期，東大寺東南院の聖珍親王の時，池水に三社が示現して託宣をなしたとの説がある。おそらく東大寺東南院の僧が創作し，それを*吉田神道が受容して全国的に普及せしめたものとも考えられている。室町中期に兼倶は「*神楽岡縁起」(「三社託宣本縁」とも)を著し，吉田神道の立場から三社託宣の由来や注釈を加え，これを宣布した。江戸時代になると，三社託宣は掛軸として床の間などに飾られて信仰された。また道徳の高揚のためにも用いられ，形式や託宣文の内容もさまざまなものが作られた。神号だけのものや，春日大明神を賀茂大神に替えたものなどもあるが，最も一般的なのは中央に天照皇大神宮，右に八幡大菩薩，左に春日大明神の神影像を配置し，その下に各神の託宣を記したものである。

参州記 →三河物語

三十三年の夢 →宮崎滔天

三重七箇法門 *四重興廃とともに，天台*本覚思想を特徴づける概念の一つ。一心三観・心境義・止観大旨・法華深義を広伝四箇大事とする。これは*最澄の「天台法華宗伝法偈」にもみえるが，13世紀頃の成立と考えられる「修禅寺決」では，さらに法華深義より円教三身・常寂光土義・蓮華因果の略伝三箇大事を導き出し，計七箇の大事がでそろう。これを教・行・証の三重にわたって相伝するのが三重七箇法門であり，その後も恵心流の発展とともに展開をとげた。また，「修禅寺決」に唱題思想がみえ，のちの日蓮宗教学にも七箇大事への言及がみえることから，日蓮との関連が指摘されることもある。

三従七去 三従は，女性は幼くして親に従い，嫁しては夫に従い，老いては子に従う，の三徳。七去は，妻が舅・姑に従わない，子がない，淫乱，嫉妬ぶかい，多言である，悪疾がある，窃盗を犯す，といった不徳があれば離縁されることへの戒め。いずれも中国古代の「大戴礼」に掲載されている女訓で，日本には古代に伝えられ，特に七去は「令義解」などに掲載されている。ただし，三従と七去とをまとめて女訓として重視するのは，直系制家族制度が完成して存続が図られる近世であって，貝原益軒の「*和俗童子訓」中の「教女子法」(のち「*女大学」のもとになる)をはじめ，多くの女子教訓書において，女性に欠かせない実践倫理として特筆されている。

32年テーゼ 1932年(昭和7)，コミンテルンで*片山潜・野坂参三らが参加して決定された*日本共産党の綱領的文書(「日本における情勢と日本共産党の任務に関するテーゼ」)。天皇制は半封建的地主と侵略的独占資本とともに支配体制を構成しているが，その中で絶対主義天皇制が指導的であり，したがってこの粉砕が革命的任務の第一のものであるとした。ここから当面の革命の性格を，社会主義革命へ急速に転化する傾向

をもつブルジョア民主主義革命と規定した。明治維新以降の日本が基本的に絶対主義権力下にあるとすれば，ブルジョア革命（ブルジョア権力の基本的確立）は日本ではいつ行われたのか，昭和前期の戦時ファシズムをどう捉えるかなど問題を残している。「*27年テーゼ」と基本骨格は同一である。

三十番神 法華三十番神，たんに番神とも。日本の著名な30神が1カ月30日間を結番して「*法華経」を守護するという思想。1日の結番は熱田大明神であり，以下，30日の吉備津大明神まで，これを循環的に繰り返すというもの。このような結番思想は天台宗の如法経（「法華経」）尊重の風により生じたもので，すでに平安前期に認められる。その後，これに*護法善神の思想が加わり，種々の三十番神が成立した。日蓮宗は「法華経」を根本経典とすることから「法華経」守護の三十番神を受容し，この思想にもとづいて*法華神道が形成された。室町時代になると番神の彫像や絵像が造られ，日蓮宗の寺院内に番神堂が建てられるなど三十番神は盛行をみた。1497年（明応6），*吉田兼倶は日蓮宗の三十番神に対し，それが宗内独自のものか天台宗の流れを汲むものかとの質疑を発した。これを世に番神問答事件と称する。この事件を契機として日蓮宗と*吉田神道との交流が始まり，やがて三十番神は法華三十番神と称されて日蓮宗独自のものとの説が唱えられるようになった。⇒番神問答記　法華神道

三種大祓 「みくさのおおはらえ」とも。三大神呪とも。*吉田兼倶が考案した祓詞で，以来，*吉田神道において最も重要な秘伝の一つとされた。内容は「吐普加身依身多久身」，「寒言神尊・利根陀見」，「波羅伊玉意・喜余目出玉」の3句から構成されている。また，それぞれの句を天津祓・国津祓・蒼生祓とも称している。なお，それらを細かく分割して用いていたことから，神に奏上する祝詞というよりも，呪言としての性格が強いものである。なかでも国津祓は易の八卦「乾・坤・震・巽・坎・離・艮・兌」をもとにして作成されており，そのようなこ

とから兼倶は道教や陰陽五行説といった中国思想を受容したことが認められる。この祓詞は，近世になると吉田神道のみならず，*垂加神道などにおいても重要視された。

三種の神器 皇位の象徴として天皇が継承し保持する，八尺鏡・草薙剣（天叢雲剣）・八尺瓊勾玉の三種の宝物（レガリア）のこと。*記紀神話の天孫降臨条に，降臨に際し天照大神がこの三種の宝物を瓊瓊杵尊に授けた（「古事記」，「日本書紀」第1の一書）とあり，それぞれの起源については，鏡・玉は天岩戸説話において，剣は八岐大蛇の説話において語られている。さらに記紀の所伝によると，伊勢神宮の創始伝承として，鏡・剣は崇神朝に大和の笠縫邑に，垂仁朝に伊勢神宮に移されたとあり，また日本武尊の伝承において，伊勢神宮の剣を授かった日本武尊が病死したために，同剣は尾張の熱田神宮に安置されたとする。「日本書紀」の歴代即位記事にはレガリア奉献記事が散見するが，確実な例は690年（持統4）正月の持統天皇即位式で，中臣大嶋が天神寿詞を奏上し，忌部色不知が神璽の剣・鏡を奉献している。「神祇令」にも，即位式における中臣氏の天神寿詞奏上と忌部氏による神璽の剣鏡奉献が規定されている。

「記紀」「古語拾遺」の所伝間では，レガリアを鏡・剣の二種，鏡・剣・玉の三種とする記事が並存し，それを中臣氏と忌部氏の主張の対立と考える説もある。平安前期の9世紀後半頃から鏡が神格視され，鏡は大裏温明殿に安置され，内侍が伺候し奉仕したので内侍所あるいは賢所とよばれ，祭祀の対象とされ，特別な場合を除いて動座することはなかった。内侍所は960年（天徳4），1005年（寛弘2），40年（長久元），94年（嘉保元）の四度罹災している。剣・璽（玉）は清涼殿内の夜御殿に奉安され，践祚・行幸などの時には動座した。1185年（文治元）の壇ノ浦の戦いの平氏滅亡に際して，鏡と璽（玉）は奪還され帰京をはたすが，剣は海中に失われた。後鳥羽・土御門朝は昼御座剣で代用し，順徳朝以降は1183年（寿永2）に

さんし

伊勢神宮から献上された剣を用いることとなる。

さんせう太夫〔さんしょうだゆう〕　説経節〔せっきょうぶし〕の曲名。五説経の一つ。陸奥国の岩城判官正氏〔いわきはんがんまさうじ〕が無実の罪で筑紫に流される。子の安寿と厨子王〔ずしおう〕は母とともに父を訪ねて越後まで来ると、人買いにだまされ、母は佐渡、子は丹後の由良に売られる。由良にはさんせう太夫がいて、二人の子を酷使する。耐えかねた安寿は厨子王を逃し、自分は殺される。厨子王は都に上り、父の無実をはらし、母を助け、さんせう太夫をこらしめる。「さんせう」は固有名詞ではなく、散所・算所などの字をあて、遊芸にたずさわった人々の住む地名であろう。由良の長者没落譚を語った人の名が作品名になったとみなされる。

三条西実隆〔さんじょうにしさねたか〕　1455〜1537（康正元〜天文6）　室町後期の貴族・古典学者。初名公世〔きんよ〕・公延〔きんのぶ〕、聴雪〔ちょうせつ〕と号す。法名尭空〔ぎょうくう〕、法号逍遥院。内大臣公保〔きんやす〕の次男、母は甘露寺〔かんろじ〕房長の女。1458年（長禄2）兄実連〔さねつら〕の死で家督を継ぐ。後土御門〔ごつちみかど〕・後柏原両天皇の信任が厚く、応仁・文明の乱後の朝廷を支えるため尽力した。官位は従二位内大臣に至る。1516年（永正13）廬山寺〔ろざんじ〕に出家。若年から、公事を二条家、和歌を飛鳥井〔あすかい〕家にうけ、五山禅僧から漢学を学ぶとともに、天皇や将軍の命で多数の典籍を書写・校合し、後年古典学者として大成する素地を培った。連歌師*宗祇〔そうぎ〕とその弟子*肖柏〔しょうはく〕に親昵し、「源氏物語」「伊勢物語」の講義を聞き、1487〜89年（長享元〜延徳元）には宗祇から*古今伝授をうけるに及んだ。この伝授を中心とする歌学は、のち子公条〔きんえだ〕・孫実枝〔さねき〕に継承され、同家の*家学として確立される。また、宗祇との親交から「*新撰菟玖波集〔つくばしゅう〕」撰進に深く関与した。禁中をはじめ諸家の歌会・連歌会の中心メンバーとして活躍し、明応年間（1492〜1501）には諸方で点者〔てんじゃ〕を務め、歌人・文化人として第一等の地位を占めるに至った。永正年間（1504〜21）以後は、求められて地方の守護・国人〔こくじん〕などに和歌や古典学を指導、あるいは典籍を書写・譲渡することが増える。なかでも能登国守護の畠山義総〔よしふさ〕、大和国人の十市遠忠〔とおちとおただ〕や堺の町衆*武野紹鷗〔たけのじょうおう〕との関係は著名である。

家集に日次〔ひなみ〕詠草「再昌草〔さいしょうそう〕」と江戸初期他撰の「雪玉集〔せつぎょくしゅう〕」があり、歌合〔うたあわせ〕も多数ある。古典研究では、「源氏物語」の注釈「弄花抄〔ろうかしょう〕」を編纂し、これをもとに「*細流抄〔さいりゅうしょう〕」を著した。「伊勢物語」の講釈も行い、聞き書きに「伊勢物語惟清抄〔いせい〕」（清原宣賢〔のぶかた〕筆録）などが伝存する。「万葉集」の注釈「万葉一葉抄〔いちようしょう〕」もある。公事関係の抄物多数を残すほか、大内義隆の有職〔ゆうそく〕関係の質問への回答が「多々良問答〔たたらもんどう〕」にまとめられている。日記「実隆公記」は膨大な分量を有し、自筆原本の伝存と相まって、室町後期の政治・社会・文化の諸方面にわたる基本史料として貴重である。また、日記にかぎらず書写した典籍類の紙背文書も実隆の交際の幅を示し、興味深い内容をもつものが少なくない。

三帖和讃〔さんじょうわさん〕　*親鸞〔しんらん〕が作成した3種類の和讃（和文による節付き定型詩）。「浄土和讃」「高僧和讃」「正像末〔しょうぞうまつ〕和讃」の総称。前二者は1248年（宝治2）の成立、後者は1258年（正嘉2）の成立。七五調で12音を1句とし、4句をもって1首とする。それぞれ浄土三部経の記す浄土の世界や、浄土教の7人の高僧、*阿弥陀如来の本願を和文でほめたたえている。南北朝期にはすでに三帖和讃として一体のものとして扱われており、本願寺8世の蓮如〔れんにょ〕が開版して以来、広く流布するようになった。浄土真宗の日常の勤行〔ごんぎょう〕や法要で用いられる。

三途〔さんず〕　三塗とも。地獄（火途〔かず〕）・餓鬼（血途〔けつず〕）・畜生（刀途〔とうず〕）の三悪道のこと。わが国では、死者が冥界におもむく途中、初七日に渡るとされた川を「三途の川」といい、現世と冥界との境とされた。これを説く偽経「地蔵菩薩発心因縁〔ほっしん〕十王経」によれば、川辺には奪衣婆〔だつえば〕がいて死者の衣を剥ぎ、懸衣翁〔けんえおう〕がそれを衣領樹〔えりょうじゅ〕に懸け、罪の軽重によって枝の垂れ方が異なるとされた。この川のことは「*かげろふ日記」や「*本朝法華験記〔ほっけげんき〕」ほか平安中期以後の文芸に登場し、中世の*六道絵などにも描かれ、「三瀬川」「葬頭〔そうず〕川」「渡り川」の異称があった。

三酔人経綸問答〔さんすいじんけいりんもんどう〕　*中江兆民〔なかえちょうみん〕

の著書。1887年（明治20）刊。大日本帝国憲法発布と帝国議会開設を間近にみすえた時点での，近代日本の進路をめぐる政治哲学的考察である。最初に，いずれも兆民の分身というべき二人の登場人物に，「政理」と「政術」という観点から直線的に導き出される選択肢を語らせる。「洋学紳士」は，「少弱の国」ならばこそ，軍備の全面撤廃と民主制の全面的かつ徹底的な導入をいち早く実現することで，西洋諸「強国」も正面からは否定できない「無形の理義」にのみ依拠した国家形成を追求するべきだとする。他方「東洋豪傑」は，欧州諸国の軍事的対立は否応なくアジアをもまきこむものであれば，「少弱の邦」といえども機に臨んだ「英断」によって「一大邦」の割譲領有を企てるべきであり，また，それによって「文明を買う」ことも可能になるとする。

兆民自身の経験と熟慮の化身である「南海先生」は，政治的選択は「過去」と「未来」との間における可変的な「現在」の可能性を注意深くみすえる中からなされるべきだとする視点から，「東洋豪傑」を「過去」の「政事的幻戯」として封印する。同時に，「洋学紳士」の説く「理義」が「思想的の専擅」に堕さないためにも，「衆人」の脳髄における定着のための時間と方策とが必要だとする。「現在」における「陳腐」な選択肢は，「理義」の実現につながる「未来」への展望をたえず確認することによって，いかなる「奇策」にも優るというのが「南海先生」の結論であった。

三冊子 さんぞうし　江戸前期の俳論書。全3冊。服部土芳（1657～1730）の著。1709年（宝永6）頃成立。高桑闌更により1776年（安永5）刊。「白冊子」「赤冊子」「忘水」の三部からなる。土芳は蕉門十哲の一人。向井去来「去来抄」（1702頃）と並んで，*芭蕉に直接学んだ弟子が師の説を伝えた書として知られる。連歌と比べながら俳諧の起源をのべ，発句以下の連句の式目作法，*不易流行やかるみなどの蕉風理念，俳席や修行の心得など，芭蕉の教えを140項目の短文で記す。「松の事は松に習へ」など，有名な芭蕉の箴言を著録し，奥義

随問した語録の趣がある。文体は時に思弁的で，芭蕉に学んだ経験をいかに言語化して伝えるかに苦心の跡がみられる。

三代御記 さんだいぎょき　宇多・醍醐・村上の3天皇の日記。9世紀末から10世紀半ば頃までを叙述している。もともと，後二者が「二代御記」と称されて尊重され，内裏清涼殿の日記御厨子に納められてきたが，のち「宇多天皇宸記」を加えて「三代御記」と称されるようになる。政務・儀式の故実・先例を示すものとして尊重されてきたが，応仁の乱で失われてしまった。今日では「延喜天暦御記抄」という残編1巻と，「西宮記」「扶桑略記」などに含まれる逸文が残るのみである。逸文は中津広昵の「歴代残闕日記」に集められ，和田英松により増補，さらに所功編「三代御記逸文集成」に整理された。

三大考 さんだいこう　国学的宇宙論の先駆となる書。*服部中庸の著。1冊。師*本居宣長の「天地図」を参照し，その添削もうけつつ1791年（寛政3）脱稿。宣長の賞賛の跋文とともに「*古事記伝」（1797刊）の巻17に付録として掲載される。内容は，「古事記伝」の宇宙創成に関する注釈を，地球球体説や天動説など西欧天文学に整合させつつ具体化しようとしたものである。虚空での造化三神の出現，一物から三大＝天・地・泉の分離経過，そこでの皇国と外国の位置関係などが，10枚の図に明示されながら説かれる。しかし天を太陽，泉を月に同定したり，太陽と天照大神，月と月読命を区別するなど，宣長の抑制された神話への姿勢から大きく逸脱する。事実，宣長の死後，鈴屋門内部で中庸のこのような態度に反発が強まり，1811年（文化8）には*本居大平から批判書「三大考弁」がだされる。これに対し「三大考」を受容しつつ「*霊能真柱」を著した*平田篤胤は，「三大考弁々」（1814成立）で中庸を擁護し，以後も三大考論争が続いた。*山片蟠桃（「夢の代」）ら同時代の合理的知識人から辛辣に批判されながら，国学における宇宙論の形成に先鞭をつけた点で重要である。

三大事件建白運動 さんだいじけんけんぱくうんどう　1887年（明治20）に地租軽減，言論・集会の自由，外交失

策の挽回の3項目を掲げて展開された政治運動。井上馨外相が進めた条約改正交渉で内地雑居，外国人裁判官の任用などを認めることが明らかになり，87年6月以降，ボアソナードの批判，谷干城農商務相の辞任などがあいつぎ，井上外相も9月に辞任した。この過程で8～10月，伊藤博文内閣批判の運動が展開されたが，要求はやがて*片岡健吉ら高知県からだされたこの3項目にまとめられた。11月15日の全国有志大懇親会には1道3府35県の代表340人が出席し，さらに12月15日，2府18県代表者90人の会合では元老院への建白や伊藤首相や閣僚との面会が決議された。政府は運動の高揚を押さえこむため12月25日に*保安条例をだし，活動家451人を東京から退去させて，この運動を収束させた。

三体詩抄 さんたいししょう　室町時代に流行した「三体詩」の注釈書。「三体詩」は南宋の周弼編による唐詩のアンソロジーで，1250年（南宋・淳祐10）成立。(1)七言絶句，(2)七言律詩，(3)五言律詩の3詩型に分けて，増注3巻本によれば，167人の詩人の作から(1)は174首，(2)は111首，(3)は209首を選び，これらを実・虚・前対・後対・前虚後実・前実後虚・結句・詠物などの詩格に分類した。日本には南北朝期に*中巌円月が紹介したといわれ，主に盛唐・晩唐の近体詩の格好のテキストとされた。*義堂周信は1369年（応安2・正平24）9月にこれを講義し，また81年（永徳元・弘和元）9月には，*二条良基と古今の和漢詩文を論じて，「三体詩」を学ぶべきかと質問され，〈可也〉と答えている。その後，禅林で流行し，その講義ノートである各種の「三体詩抄」が作られ，書写されて写本として現存するものも多い。「三体詩幻雲抄」「三体詩素隠抄」などがよく知られ，作詩作法・詩論に大きな影響を与えた。→抄物

三代実録 さんだいじつろく　→日本三代実録

三大神呪 さんだいしんじゅ　→三種大祓

三大特筆 さんだいとくひつ　→大日本史

三太郎の日記 さんたろうのにっき　→阿部次郎

山中人饒舌 さんちゅうじんじょうぜつ　江戸後期の画論。全2巻。*田能村竹田の著。刊行は1835年（天保6）であるが，20歳代からの草稿をもとにしているという。100ヵ条に分けて，彭百川・池大雅・蕪村・浦上玉堂，そのほか女流の玉蘭ら，同時代のわが国の画人をとりあげてその画風を論評する。近世画人史論になっているが，選ばれた画人からいって南画論というべきものである。大雅や蕪村を論じて，俗気を去るためには，万巻の書を読み，書巻の気を体得すべしという離俗論など，江戸中・後期の学芸文学観に通じる芸術観である。明の董其昌の影響をうけているが，竹田の見識は高く，交遊を活かして指摘は的確である。

三哲小伝 さんてつしょうでん　立綱（1763～1824）編の伝記。刊行年未詳。1818年（文政元）11月の自序がある。原本は，編者である立綱の序3丁，本文13丁，版行者の江沢講修との跋文3丁から構成されている。国学者の*契沖・*賀茂真淵・*本居宣長の事跡を世に明らかにするために編まれた小伝記集であり，はじめに3人の着色肖像画を掲げ，次に略伝を載せ，終りに立綱が撰した三哲の和歌10首を掲げる。さらに「みたりの大人をたたへてよめる」歌3首を載せている。きわめて簡単な体裁ながら，国学における伝記的研究の最初の書として思想史的に意義がある。

参天台五台山記 さんてんだいごだいさんき　京都岩倉大雲寺の僧*成尋の著作で，入宋して天台山・五台山を巡礼した旅の記録。全8巻。成尋が62歳の年の1072年（延久4）3月15日，肥前国松浦郡壁島で宋船に乗船した記事に始まる。翌年6月12日，収集した多数の仏像・新訳経典をはじめ，北宋の6代皇帝神宗から日本へ送られた文書，その他の品々を日本へ帰国する弟子5人に託し，送り出した記事で終わる。成尋はその後も求法を続け，宋の都開封で没した。

　本書は僧侶による聖地巡礼の記録ではあるが，その内容は仏教的なもののみにとどまらず，政治・経済・交通・社会など多岐にわたり，北宋時代の文化を知るための最重要史料の一つである。成尋自筆本は現存せず，1171年（承安元）に成尋自筆本と校合した写本を底本に，1220年（承久2）に書写された京都東福寺本が最古の写本である。

山東京伝 さんとうきょうでん　1761～1816（宝暦11～文化

13）江戸後期の戯作者。本姓は岩瀬氏。名は醒、画号は北尾政演。山東は、紅葉山の東の意。江戸生れ。江戸銀座で煙草入れ店を営むかたわら、戯作・浮世絵・考証の分野で多彩な才能を示し、非凡な作品を残している。画業では、蔦屋重三郎刊「吉原傾城新美人手鏡」(1784)が、吉原の遊女の絵姿と遊女自身の歌や句を配した大判の画帖で、政演の代表作である。黄表紙や合巻、また遊里の世界を扱った洒落本には、自画を配して多くの作品を残し、江戸作者随一の才能を示した。長編の読本には、「桜姫全伝曙草紙」(1805)以下、秀作が数部ある。考証随筆の「近世奇跡考」(1804)や「骨董集」(1814～15刊)などもすぐれた作品である。

三徳抄 さんとくしょう　朱子学の啓蒙書。*林羅山の著。全2巻。1629年（寛永6）に刊行された「*春鑑抄」と同じ頃の作。上巻は「中庸」の智・仁・勇の三徳と理気弁、下巻は「大学」の三綱領、五常と七情、それに視・聴・言・動を解説している。理気弁では、朝鮮の朱子学者李退渓の「四端理より出づ、七情気より出づ」(「天命図説」)の語を引用して、「理ト気トノ差別」を説明している。

サントスの御作業の内抜書 さんとすのごさぎょうのうちぬきがき　Sanctos no Gosagveo no Vchinvqigaqi. 現存する最古のキリシタン版。1591年（天正19）島原の加津佐刊、ローマ字本。全2巻。十二使徒をはじめ著名な聖人・殉教者の伝記、殉教の意義や心得を中世以来の諸聖人伝などから編纂したものである。訳者は、4編が養方パウロ、ほかは子のビセンテと付記されているが、1550年代の初期から40年間、諸宣教師（ペドロ・ラモン、アルバレス・ディアス、フロイス）と日本人修道士（ロレンソ、ダミアン）らの共同作業をへて、すでに邦訳されていた諸聖人伝の手稿本から取捨選択して成立したものである。迫害と殉教の時代に備え、1590年活字印刷機の到来とともに、いち早く印刷された。

山王一実神道 さんのういちじつしんとう　→山王神道さんのうしんとう

山王一実神道記 さんのういちじつしんとうき　→一実神道記いちじつしんとうき

山王縁起 さんのうえんぎ　→耀天記ようてんき

三王外記 さんのうがいき　江戸幕府の5代将軍徳川綱吉（憲王）、6代将軍家宣（文王）、7代将軍家継（章王）の3代の治世を論じた漢文体の歴史書。全3巻。著者は東武野史訊洋子とあるが、*太宰春台であろうとされている。たとえば憲王は、綱吉の廟号である常憲院に由来し、それは将軍を国王とする立場から表現したものである。内容的には、当時の巷間の風評などをうかがうことができて、その意味で興味深い。のちに8代将軍吉宗、9代将軍家重、10代将軍家治についての石井蟲の「続三王外記」も著された。

山王信仰 さんのうしんこう　比叡山の東麓に鎮座する日吉山王社に対する信仰。天台宗の護法神とされた山王は、*最澄が中国天台山国清寺の護法神を山王元弼真君といったことにならい勧請したものとされる。大宮（大比叡）・二宮（小比叡）・聖真子・十禅師・八王子・客人・三宮の上七社が信仰の中心であった。888年（仁和4）の円珍の「制戒文」には山王三聖（大比叡・小比叡・聖真子）とみえ、970年（天禄元）の良源の「二十六箇条起請」などにも天台守護の信仰がみえる。摂関期になると、*延暦寺は山王の祟りを利用して自らの主張をとおそうとした。また、1025年（万寿2）頃から延暦寺東塔では「法華経」の講讃（*法華八講）と議論を行い、神の加護を願う礼拝講も始められた。院政期には天皇・上皇の尊崇を集め、これを背景に延暦寺は山王神輿による強訴を行った。日吉山王社は天台宗寺院、延暦寺領・日吉社領の鎮守として分祀された。→日吉神社

山王神道 さんのうしんとう　比叡山延暦寺の鎮守である日吉社（日吉山王）をめぐり、天台宗において形成された神道の流派。山王七社をはじめ日吉社の諸社・祭神について、その由緒や本地垂迹の関係を明らかにし、天台教学にもとづくさまざまな*神仏習合説を展開する。その形成は平安末期から鎌倉初期にさかのぼり、顕昭の「袖中抄」に「日吉大明神と申は三輪明神を伝教大師の天台宗守護神のために勧請したてまつり給へると申は大宮権現也」、「*続古事談」に「山王は伝教大師の霊」であるとする説、「澄憲

作文集」など安居院流唱導書にみえるものなどが古い。

鎌倉中期には，当時勃興しつつあった伊勢神道や両部神道の刺激をうけて，「*山家要略記」が編纂されて教説が集成された。伝忠尋撰「金剛秘密山王伝授大事」，光宗撰「*渓嵐拾葉集」や「延暦寺護国縁起」「和光同塵利益灌頂」「*厳神鈔」などにも，その教説が集成されている。山王神道は，比叡山の故事来歴の記録に従事し，和光同塵利益灌頂を奥儀とする流派（記家という）において担われたとされるが，戒家や密家（台密）においても独自の教説があった。その多くは，最澄「三宝住持集」，円仁「三宝輔行記」，円珍「神祇鑒典」，大江匡房「扶桑明月集」などの偽典籍の所説の形をとっている。「山王」の２字が三諦即一・一心三観の天台の教義を象徴しているという説が「元亨釈書」「行円伝」にみえ，代表的な神道説として一般に知られるが，その実態は天台宗の諸流派において立てられた教説の集合体であり，諸説錯綜しているため体系的な教義は把握しがたい。

南北朝期に*慈遍は，「*天地神祇審鎮要記」で独自の視点から教説の整理と体系化を図った。また回峰行とも結びつき，運心入巡礼や秘密社参などの儀礼もうみだされた。近世には*天海により，徳川家康を祀る東照大権現に関する山王一実神道が唱えられた。

山王二十一社 さんのうにじゅういっしゃ　滋賀県大津市日吉大社の境内諸社の総称。平安初期に大比叡（大宮）・小比叡（二宮）の二神に聖真子を加えた「山王三聖」が確認されるが，平安末期には権門寺院である延暦寺の隆盛にともない八王子・客人・十禅師・三宮が加わり，「山王七社」が形成された。山王二十一社は山王七社の上七社に，中七社・下七社を加増したもの。「耀天記」「和光同塵利益灌頂」などの鎌倉時代の文献に具体的神名がみえ，中七社は大行事・牛御子・新行事・下八王子・早尾・王子宮・聖女であるが，小禅師・剣宮・気比を加える異説がある。下七社は小禅師・大宮竈殿・二宮竈殿・山末・厳滝・剣宮・気比であるが，悪王子・聖真子竈殿・護因子・若宮を加える異説もある。

山王曼荼羅 さんのうまんだら　延暦寺の鎮守神である日吉山王を描いた垂迹曼荼羅。藤原兼実の日記「玉葉」元暦２年(1185)12月条に「日吉御正体図絵一鋪」とみえるのが文献上の確実な初見である。一般の神道曼荼羅と同様，本地仏曼荼羅・垂迹曼荼羅・本迹曼荼羅・宮曼荼羅などの種類が伝存している。山王七社，それに早尾・大行事を加えた九社，あるいは山王二十一社を描く作品が多い。山王本地供・山王講などの神仏習合儀式の本尊として，あるいは道場に勧請する護法神として，天台宗の法会・修法の場に懸けて祀られた。比叡山麓の坂本では，山門公人衆の山王礼拝講で奉懸されていたことが近世の記録にみえる。

山王霊験記 さんのうれいげんき　延暦寺の鎮守社である*日吉神社の創祀や霊験に関する説話を集録した絵巻。絵巻の完本は現存しないが，1288年(正応元)制作の静岡県日枝神社本１巻をはじめ，室町時代制作の久保惣記念美術館本・穎川美術館本などがある。また詞書のみを記す写本も多い。類書として，共通の祖本から派生したとされる「日吉山王利生記」（正・続）や南北朝期に西園寺公衡の発願により編纂された「山王絵詞」があり，集録する説話に若干差異がある。「*春日権現験記」などと同様に，*本地垂迹説や童子神・若宮信仰など中世神祇信仰の特質が表れている。

三之逕 さんのみち　→滝鶴台

三部経 さんぶきょう　最も尊重すべき，三つの主要な経典。仏教各派や教理的立場により異なる。「*無量寿経」「*観無量寿経」「*阿弥陀経」の浄土三部経は浄土思想の根本経典とされ，「*法華経」およびその開経・結経とされる「無量義経」「観普賢菩薩行法経」は法華三部経とされている。密教では，胎蔵界・金剛界・蘇悉地の三部の行法に対応した「大日経」「金剛頂経」「蘇悉地経」を三部経とし，その他，「法華経」「最勝王経」「仁王般若経」を*護国三部経とすることもある。なお，祖師の教理書を三大部と称す

ることもあり、智顗の「法華玄義」「法華文句」「摩訶止観」は天台三大部とされる。

三兵答古知幾（さんぺいたふこちき） 蘭書から翻訳された戦術書。全27巻15冊。*高野長英（筆名暁夢楼主人）訳。1856年（安政3）刊。原書は、Heinrich von Brandt, *Grundzüge der Taktik der Drei Waffen* (1833)のミュルケン (J. J. van Mulken)による蘭訳本(1837)である。表題の「答古知機」は蘭語Taktiek（戦略・戦術）の音訳である。隊形学・行軍学・戦闘法などを詳説し、歩兵・騎兵・砲兵による三兵戦術を紹介する。また、ナポレオン1世をはじめとする古今の名将に関する軍略が例示されている。当時の日本人に「戦術」の発想を知らしめた功績は大きい。

三宝（さんぼう） 仏教語。仏・法・僧の三つを宝にたとえたもの。「仏」は迷いから覚めて悟りを開いた人、「法」は仏が説いた教え、「僧」はその教えをうけて修行する人やその集団をいう。三宝がばらばらではなく一つであるとみなすのを一体三宝といい、個々別々であるとみなすのを梯隥三宝というが、有名な*憲法十七条で聖徳太子が説いたのは前者である。平安中期、*源為憲が皇女尊子内親王のために著した仏教入門書は、仏・法・僧の三宝を3巻に配した体裁をとり、「*三宝絵詞」と名づけられている。

三宝絵詞（さんぼうえことば） 「三宝絵」とも。平安時代の仏教説話集。全3巻。*源為憲撰。984年（永観2）成立。冷泉天皇第2皇女の尊子内親王のために編纂されたもので、仏・法・僧の3巻の絵と詞からなる仏教入門書でもある。現在は詞のみ伝わる。上巻（仏宝）は釈迦本生譚。中巻（法宝）は、聖徳太子以下の日本における仏教の流布や受容にかかわった人物の説話18話で、ここに日本への仏教の流布と定着が説かれる。下巻（僧宝）は正月から12月までの仏教年中行事としての仏事講会である。出典は中巻が「*日本霊異記」、下巻は国史・寺院縁起などが主なものである。

三宝興隆の詔（さんぽうこうりゅうのみことのり） 推古朝の2年目（594年）にだされた、皇太子（聖徳太子）ならびに大臣（蘇我馬子）に三宝興隆を命じた詔で、「日本書紀」にみえる。その記事によれば、それに応じて有力氏族が〈君親の恩のために〉競って仏舎（寺）を造ったという。10年後に太子が作ったという*憲法十七条の第2条にも「篤く三宝を敬へ。三宝とは仏・法・僧なり」云々とみえることとの関連が留意される一方、やや唐突の感もあって、この記事を疑う説もある。しかし、それより3年前の591年（開皇11）に隋の文帝が三宝紹隆（受け継いで盛んにすること）の詔をだしていることや、飛鳥寺（元興寺）の造営が相当程度進んでいた状況をふまえて、改めて評価すべきとの意見もある。

讒謗律（ざんぼうりつ） →出版条例

山門・寺門（さんもん・じもん） 山門は*延暦寺、寺門は*園城寺。または延暦寺*円仁と園城寺*円珍のそれぞれの門流の僧侶をもいう。円仁は前唐院を開き、法華総持院を拠点に学統を開いた。一方の円珍は円仁の弟弟子として、山王院・後唐院を運営し、学統を開いた。円珍は弟子たちに円仁門流との融和を説いていたが、円珍没後に両者の対立は激化した。993年（正暦4）円仁門徒により後唐院が襲撃・破壊されるに至り、円珍門徒は、後唐院に安置されていた円珍像（御骨大師像）とそこに伝えられた円珍請来の典籍・資料をもち下山。園城寺に拠り、天台寺門派となった。以後、天台座主の補任や*大乗戒壇の設立をめぐり対立も激しくなり、園城寺はたびたび延暦寺の襲撃をうけ焼き打ちにあった。

三遊亭円朝（さんゆうていえんちょう） 1839～1900（天保10～明治33） 初代。幕末・明治期の落語家。本名出淵次郎吉。江戸生れ。2代三遊亭円生に入門するも、一時廃業。17歳の時円朝の名で高座に復帰し、芝居噺で人気を獲得する。維新後は道具一切を門弟に譲り、素噺に転向する。84年（明治17）速記による「怪談牡丹灯籠」を出版し、*二葉亭四迷らの言文一致運動にも影響を与えた。芝居噺・怪談噺・人情噺・翻案物など多数の作品を残し、江戸落語の各分野を集大成した。代表作には「真景累ケ淵」などがある。各界の名士と広く交際し、落語家の社会的地位向上にも尽くした。「円朝全集」全13巻がある。

三略諺解 さんりゃくげんかい　兵書「三略」に対する朱子学者*林羅山の注釈書。写本1冊。1626年(寛永3)成立。中国の施子美「七書講義」と劉寅「七書直解」に依拠しつつ、和文で注釈を加えている。羅山は「衰世」にふさわしい「覇道」の書として「三略」を位置づけ、本文に即して軍隊統制論を敷衍するのみならず、大将の「心モチノ兵法」を説いている。特に「柔能く剛を制す」の一句について、老子の柔弱思想を引照しながら、「堪忍」の処世法を説いていることは、羅山自身の妥協的な生き方との関連で注目すべきである。

山陵 さんりょう　皇帝の葬地の呼称で、山の如き大きさにちなむ概念。冊封された王や臣下の葬地の称「*墓」に対する。日本では、飛鳥浄御原令制下から神武天皇以降の歴代山陵の治定と公的守衛制度が始まり、即位天皇の葬地のみを山陵と称するようになる。天皇の臣下からの超越性を表現するとともに、中国皇帝と対等な天皇という主張が示されている。山陵には陵戸・守戸とよばれる守衛戸が設定され、兆域内への立入りは禁じられる。8世紀前半からは、*荷前と称して大蔵省から調の初物が全山陵へ献じられるようになる。8世紀後半頃からは三后の葬地なども陵の列に加えられ、本来の政治的機能が天皇の血縁意識により変質していく。

山陵志 さんりょうし　江戸後期の陵墓研究書。*蒲生君平の著。1808年(文化5)に刊行。全2巻。「大日本史」の「志」に補充する計画で書いた「九志」の一つ。1801年(享和元)本居宣長に序文をみせて批評を求めていることから、成立はそれ以前。古地図・文献を駆使しながら、大和・河内国周辺の54基と京都周辺の38基の陵墓を実地調査する。陵墓の形を編年してその変遷を明らかにし、天皇陵の比定を試みる。古墳の形態を示す「前方後円」という用語も、本書ではじめて登場する。幕末の陵墓研究と修築事業に大きな影響を及ぼす。さらに*山陵を尊崇すべき所以を明らかにして、民間における尊王思想の普及に貢献した。

山林 さんりん　→林下

山林修行 さんりんしゅぎょう　在来の*山岳信仰と外来の道教・仏教が結びつき、修行者が山林に入って修行すること。俗世を離れて山林に入ることによって、肉体的な鍛練を含めた修行を行い、さらに山の霊力などの加護によって修行者がよりいっそうの宗教的境地に達し、また時には超自然の験力をもつこともできると考えられた。奈良時代には、*優婆夷・優婆塞などが雑密の影響で山林修行するようになった。のちに*修験道の開祖とされた*役行者もその一人である。平安時代になると*最澄・*空海が山林修行に傾倒し、比叡山や高野山を開いた。比叡山の回峰行を始めた相応、醍醐寺を開いた*聖宝らも山林修行で知られる。こうした密教修行者らが、のちに熊野・吉野を中心とした修験道として*本山派・*当山派を成立させ、また地方でも羽黒山・彦山(英彦山)・白山・立山などで修験道が活況を呈するようになった。

参籠 さんろう　祈願の一形式。神社・仏堂に参り、一定期間昼夜通しで引き籠もり祈願すること。古来祭で神を迎えるにあたり、心身を清浄に保つため籠もるという習慣があった。参籠は、平安中期(9世紀末)に個人祈願とこの籠もりの儀礼が結びつき発生した。期間を定めて参籠し、最終日の結願成就を期待したもので、多くの物語・説話に事例が載る。その一つに盗みの嫌疑をかけられた待賢門院の女房小大進が、*起請文を書き北野社に7日間参籠し、加えて歌を神前に奉ずると、鳥羽法皇の夢に老翁(神)が現れて無実が晴らされたという話がある(「古今著聞集」「沙石集」)。このような参籠・奉歌などによる祈願の成就、神仏の夢での示現の話は中世には豊富にみられる。

三論宗 さんろんしゅう　*南都六宗の一つ。インドの竜樹の「中論」「十二門論」、およびその弟子提婆の「百論」の3部を所依とし、「般若経」の*空の思想を根本とする学派で、中国の隋・唐初に吉蔵によって大成された。日本には吉蔵の弟子の高句麗僧*恵灌が元興寺にはじめて伝え、*福亮・*智蔵がこれを相承した。智蔵の弟子のうち*智光・礼光が元興寺で(元興寺流)、また*道慈が大安寺で(大安寺流)それぞ

れ教学を講じた。平安時代には、元興寺流から9世紀に*聖宝ほうがでて東大寺に東南院を創建して三論教学の本拠とし、のち*永観かん・*珍海ちんかいらが輩出した。また大安寺流からも善議ぎん・勤操ごうそうらがでたが、概して大きな教学的発展をみなかった。

し

椎尾弁匡 しいおべんきょう　1876〜1971(明治9〜昭和46)　大正・昭和期の学僧・社会運動家。名古屋市の真宗高田派円福寺に生まれる。父は椎尾順位。幼時浄土宗の寺に入る。東京帝国大学に進み、*姉崎正治あねさきまさはるのもとで宗教学を研究する。卒業と同時に宗教大学教授となり、近代仏教学を大成、「仏教哲学」「仏教経典概説」などを著す。1913年(大正2)には名古屋の東海中学校校長にもなり、教育的情熱と力量を示す。さらに仏教を単なる個人の場から社会の場へと解放し、社会運動としての「共生ともいき」を提唱する。22年共生会を作り機関誌「共生」を刊行する。多くの共鳴者をえて、運動推進のため28年(昭和3)には衆議院議員となり、国政でも活躍する。大正大学学長・増上寺法主も務めた。「椎尾弁匡選集」全10巻がある。

寺院法度 じいんはっと　江戸幕府が仏教寺院・僧侶統制のために発布した一連の法令。1601年(慶長6)の高野山法度こうやさんはっとに始まる。はじめ個別寺院宛が多かったが、15〜16年(元和元〜2)に各宗派本山に下されたことで、宗派と本山を確定することになった。宗学の奨励、本寺ほんじ・末寺まつじ関係の確定、僧侶位階、寺格の厳正化、私寺の建立禁止などを内容とする。その後、65年(寛文5)に諸宗寺院法度が全宗派共通のものとしてだされた。宗内法式や本末秩序の遵守、徒党・異義禁止が中心となり、ついで87年(貞享4)に諸寺院条目がだされて、キリシタン・*不受不施派ふじゅふせはに加えて三鳥派みとりは・悲田派ひでんはが禁制宗門とされた。1722年(享保7)にも諸宗僧侶法度がだされ、細部にわたる規制が加えられ、あわせて各宗別の法度も下された。

寺院法 じいんほう　寺社の法という場合、広義においては寺社に関する一切の法をさす。それゆえに国家が寺社を規制するために制定する統教権と、寺社が自らを律するために制定する治教権とが含まれる。狭義においては治教権を寺社法とよび、その代表が中世の寺院法

であると整理される。中世における比叡山・東寺・東大寺・興福寺などの大寺院は、寺僧の評議によって一山の意思を決定し、朝廷の法や幕府の法とは別に、独自の法を制定した。法は寺の政策決定から荘園管理に至るまで、さまざまな事項について定められた。租税・治安維持・科罪についてのものが多い。かつては死罪を設けないことが一つの特徴としてあげられていたが、実際には死刑も行われていることが確認され、現在では否定されている。

慈雲 じうん　1718～1804(享保3～文化元)　江戸中・後期の真言宗の僧。慈雲尊者と敬われ、人たる道を十善戒として説いた戒律主義の大成者。法諱は忍瑞・飲光、字は慈雲、百不知童子・葛城山人と号す。摂津国大坂の上月安範の子。摂津国法楽寺の忍綱貞紀に師事して得度し、18歳で京都にて、*伊藤東涯に儒学を学び、19歳で河内国野中寺の秀巖のもとで沙弥戒・三聚具足戒をうけた。その後、密教の諸流派を修学して、法楽寺に住すると*両部神道を伝授され、24歳には信濃国正安寺の圭立法燃(大梅禅師)に参禅した。1744年(延享元)、河内国高井田の長栄寺に住し、登壇受戒をはたしたが、自誓受戒に疑念をもち、制法を定めようとして翌年*正法律を創唱した。71年(明和8)には京都阿弥陀寺に移住して十善戒法を説き、その法語は「*十善法語」にまとめられた。その後、河内国葛城山の高貴寺に隠遁し、86年(天明6)幕府の認可をえて正法律の総本山とした。晩年には梵学を研鑽し、「梵学津梁」約1000巻を著し、また*雲伝神道とよばれる神道説を講説した。慈雲の戒律主義の特徴は、儒学・密教諸流派・神道・禅を修学したように、「心」を基盤に諸教一致をめざすものとして形成されたところにある。ほかに「方服図儀」など多くの著作がある。

紫衣事件 しえじけん　江戸前期、幕府の宗教統制によっておこった禅僧配流・紫衣剝奪事件。江戸幕府は1613年(慶長18)「勅命紫衣法度」を発布し、勅命によって紫衣着用を許可される大徳寺・妙心寺など8カ寺の住職になるには勅許をえる以前に幕府の同意を必要とするとした。さらに15年(元和元)の「禁中並公家諸法度」でも、寺院の出世・入院、香衣、紫衣、僧侶の昇進などの勅許はあらかじめ幕府に申告しその承認をえることとした。幕府は27年(寛永4)7月、大徳寺・妙心寺が違反したとして、元和期(1615～24)以後に幕府を経由せずに授けられた紫衣・香衣・上人号などを無効とした。しかし翌年、大徳寺の*沢庵宗彭らはこの決定に承服せず、抗議したため、29年幕府は沢庵らを出羽国や陸奥国に配流した。後水尾天皇は、こうした幕府の介入に反発し興子内親王(明正天皇)に譲位した。これは紫衣が高徳の僧尼に朝廷から勅許されるものであるが、幕府法が天皇の勅許をこえることを示した事件である。34年沢庵らは許されて帰京した。36年幕府は沢庵らを江戸に召見し、38年には沢庵に品川東海寺を創建させた。また41年、幕府は紫衣勅許の制限を緩和した。こうした事実から幕府の狙いは、寺社勢力を朝廷から切り離し、あらためて将軍権力に従属させることにあったといえよう。

慈円 じえん　1155～1225(久寿2～嘉禄元)　道快・慈鎮とも。鎌倉初期の天台宗の僧・歌人。摂政藤原忠通の子であり、摂政*九条兼実の同母弟。11歳で延暦寺に入り密教を学んだ。1192年(建久3)はじめて天台座主となり、生涯四度座主の地位についた。1205年(元久2)三条白川房に大懺法院を建立し、のち吉水の地に移した。後鳥羽上皇と幕府の宥和のために祈禱したが、願いも空しく21年(承久3)承久の乱がおこった。この間に歴史思想書である「*愚管抄」を著した。台密の三昧流を相承し、「毘逈別」「法華別私記」などを著した。歌人としては家集「*拾玉集」があり、「新古今和歌集」にも多くの歌がとられている。また「平家物語」の成立に大きく寄与したとの伝えもある。

四王天 しおうてん　→四天王

塩竈大明神御本地 しおがまだいみょうじんごほんじ　本地物の一つ。宮城県塩竈市に鎮座する塩竈神社の縁起。1冊。垂仁天皇の孫の花園少将は、桃園中将の謀略によって奥州へと追われるが、契りを交わしていた早蕨姫と結ばれ、

2子をもうける。のちに，許されて都へ戻り，敵の桃園中将は配流となる。その後，少将は奥州へと赴き，そこで一家・郎党とともに塩竈大明神以下の諸神となって顕れたとのべる。他の本地物と同様，苦難を背負い，のちに神となって衆生を救済するという*本地垂迹説によって記されている。東京大学文学部国文学研究室本・斯道文庫本などがある。

塩尻 しおじり　→天野信景

塩谷宕陰 しおのやとういん　1809～67(文化6～慶応3)　近世後期の儒学者。名は世弘，字は毅侯，通称は甲蔵，宕陰はその号。別に九里香園と号す。医家塩谷桃蹊の長男。江戸愛宕下の生れ。1824年(文政7)昌平黌書生寮に入り，また*松崎慊堂に従学した。父の没後，慊堂の推薦で浜松藩主水野忠邦に仕え，天保の改革では老中となった忠邦を助けた。62年(文久2)親友の*安井息軒とともに昌平黌教授となる。長沼流兵学をも学んだ宕陰は対外危機を憂慮して，アヘン戦争の情報を収集した「阿芙蓉彙聞」(1847序)，それを分析した「隔鞾論」(1859刊)を著し，さらに川路聖謨に依頼されて，魏源の「海国図志」籌海篇(1854)を*箕作阮甫と協力して翻刻した。西洋型戦艦の建造を求めた「籌海私議」(1846)，「宕陰存稿」(1867序)，「大統歌」(1851序)などの著書がある。

しほり しおり　俳諧用語，蕉風俳諧の理念の一つ。「しほ(を)る」は，物がたわみ，しおれるの意。世阿弥は「*風姿花伝」で，朝の薄霧の中で，垣根の花がしっとりとぬれてしおれていることに譬えて，「潤ほれたる風体」の大事を説いている。さびしさをたたえた優艶さをいう。蕉風俳諧では，連歌や能の美的理念に基礎をおいて，「*さび」と並称される理念とされた。「去来抄」(1702頃)では「十団子も小粒になりぬ秋の風」について，*芭蕉が「しほり」ある句として推奨したことを記録する。力強く豊饒なるものと対極にあり，しなやかな余情あるものというほどの意味である。「*俳諧問答」(1697～98)では，ただ哀憐なるものをいうのではないともいう。

死骸敵対 しがいてきたい　鎌倉期～南北朝期の武士の置文・*譲状などに多くみえる言葉で，父母・主人などの死後に，その生前に定めおいた意志にそむく行為をさす。親権・主人権は，もともと強い道徳的規制力をもつが，それをいわば呪術的側面から補強し，遵守を促す意味をもった。その背景には，死人の意志に反したり，死人を貶めたりする行為を許しがたいものとみなす通念があり，さらに死骸そのものが意志や遺恨を表すことができるとする，死骸を畏怖し，その霊力を認める感覚があったと考えられる。

四角四界祭 しかくしかいさい　四角四境祭とも。*陰陽道の祭祀。宮城の四隅で行われる四角祭と京城の四境で行われる四界祭(四堺祭・四境祭)とをあわせて四角四界祭という。災厄や疫病にかかわる鬼気の侵入阻止と追却のため，宮城に通ずる道路上で行った。平安京では四角祭は大内裏外四隅および京師四隅で行うが，内裏の焼亡に際して枇杷殿の四角で行った例がある。四界祭は山城国の国境にあたる四境である会坂，大枝，和邇または竜華，山崎または関戸に祭使を遣わし，陰陽寮の官人(祝・奉礼・祭郎)に幣物を祀らせた。平安中期以降に，本来神祇官の卜部が職掌とした宮城や畿内における疫神祭を，陰陽道の祭祀として再編・整備したものと考えられている。

詩学新論 しがくしんろん　江戸中期の詩論。全3巻。原田東岳(1709～83)の著。1772年(安永元)刊。江村北海の序，久恒雍の跋。東岳は豊後国の人で，晩年に中津藩儒に招かれた。*伊藤東涯と*服部南郭に*古文辞学を学び，擬唐詩格調派の詩文をよくした人である。本書もその立場に立って，上巻では，「詩経」から説きおこして明代に至る各時代の詩風を論じる。中巻は，古文辞の詩風にきびしかった清の銭謙益の明代詩人伝「列朝詩集小伝」の不備を指摘し，その人をも王世貞と比較・批判して，古文辞風をよしとする。下巻は，「*唐詩選」の中から異説のあるところをとりあげて，語義・解釈などについて自説をのべる。

慈覚大師 じかくだいし　→円仁

詩学逢原 しがくほうげん　江戸中期の詩論。全2巻。

*祇園南海の著。1763年（宝暦13）刊。詩とは何か、その効用、境と趣の2要素、雅俗、「字眼」（詩文の主眼となる文字）など、初歩的な問題から本質的な表現論まで、付録を含めて8項目に分けて論じている。意を言外に表す影写説や唐詩模倣の格調派とは一線を画した立場など、南海独自の説がみられるが、「詩経」の意義や詩の「断章取義」の効用など初学向けの言説にも味わい深いものがある。南海は江戸時代屈指の詩人、わが国文人の嚆矢として知られるが、詩文は没後に具眼の士によって刊行され、本書も天台学僧の金竜敬雄の校訂により刊行された。

志賀重昂 しがしげたか　1863〜1927（文久3〜昭和2）　明治・大正期の日本主義者・地理学者。愛知県岡崎生れ。号は矧川。父重職は岡崎藩儒者。攻玉社・大学予備門をへて、1884年（明治17）札幌農学校卒業。86年マーシャル諸島・オーストラリアなどを視察し、「南洋事情」を著す。日本の対外的独立の保持に強い関心を示す。88年三宅雪嶺らと*政教社を設立し、雑誌「*日本人」を発刊する。日本の地理的情景を科学的かつ絵画的に叙述した「*日本風景論」が彼の名を高からしめた。対外硬派の一人として大同団結運動に参加し、立憲政友会より立候補して衆議院議員を務めた。1904年衆院選で落選して政界を離れた。日露戦争時に樺太へ上陸軍と行をともにし、樺太境界画定にかかわり、「大役小志」を著す。1910年以後海外旅行にしばしばでかけ、見聞記「知られざる国々」を著した。「志賀重昂全集」全8巻がある。

紫家七論 しかしちろん　「紫女七論」とも。江戸前期の物語評論。1冊。*安藤為章の著。1703年（元禄16）成立。「*源氏物語」とその作者*紫式部について、作者の才徳兼備であること、成立年次、その意図、文章、藤壺密通事件の意味、虚構と事実などを7カ条に分けて論じている。著者は徳川光圀に仕え、また*契沖に学んだ水戸彰考館の学者である。仏教的な教戒を託したものとする中世的な物語観は克服しているが、儒教的な効用をみる立場である。「*紫式部日記」などを例証として作品や伝記を論じるなど、その実

証的な態度において、前代とは一線を画した先駆的な源氏物語論になっている。

志賀直哉 しがなおや　1883〜1971（明治16〜昭和46）　明治〜昭和期の小説家。宮城県出身。学習院中等科在学中に知り合った*武者小路実篤・里見弴・正親町公和らと、1910年（明治43）同人誌「*白樺」を創刊した。同誌に「網走まで」「濁った頭」「剃刀」などの短編を発表、生理的感覚に裏打ちされた視覚描写が注目を集める。文壇出世作となった自伝的作品「大津順吉」をへて、17年（大正6）、長らく対立状態であった父との不和解消を描いた「和解」によって、作家的地位を確立する。唯一の長編「*暗夜行路」（1937年完結）の完成後は、しだいに創作意欲を衰えさせ、後期は身辺雑記風の作品が多くなった。代表作としてはほかに、「城の崎にて」「小僧の神様」「灰色の月」などがある。

　志賀文学の中心は、作者の体験にもとづく「事実ありのままの小説」（「創作余談」）にあるとされ、のちに*私小説の一つの典型として位置づけられるようになる。創作と実生活とを表裏一体のものと捉え、かつ芸術至上主義と一線を画する志賀の姿勢は、次世代の作家たちに畏敬の念でうけとめられ、〈小説の神様〉として強い影響力をもった。「志賀直哉全集」全14巻・別巻1がある。⇒白樺派

地神 じがみ　→地主神

止観 しかん　心の動揺を止めて本来の静寂な状態に安定させることを「止」といい、この「止」によって安定した心が智慧として活動し、真理そのものに即して正しく観察することを「観」といい、これを総称したものをいう。「摩訶止観」には漸次止観・不定止観・円頓止観が説かれ、天台宗では円頓止観を重視した。*最澄は「*山家学生式」で、天台法華宗の修学する基本科目として止観業と遮那業を定めた。止観業とは、「摩訶止観」を読ませ、「法華経」「金光明経」「仁王経」など護国の経典の研究・読誦をする*顕教の分野の修行である。それに対し遮那業は、「大毘盧遮那経」を読ませる*密教の分野の修行であった。

時宜 じぎ　時議・時儀とも。本来、「時宜」は

その時の状況に適合していること,「時議」はその時の議論,時人の評評,また「時儀」は時候の挨拶の意。11世紀初め頃から,特定の権力者の意向・指示・判断などの意味で使われた。用字としては14世紀以前には「時議」が多いが,14世紀以後はもっぱら「時宜」が用いられるようになる。「時宜を仰ぐ」「時宜不快」「時宜あるべし」「時宜に決す」のような形で用いられる。南北朝期頃までは,当該の話題について権限をもつ者,天皇・上皇・摂関などの意向を適宜示すが,室町時代の用例では,「時宜」といえば将軍の意志であり,そのほかの者をさす場合には「仙洞時宜」のごとく,わざわざ主体を明示するようになる。また特定の地方の政治状況などをさすのに「九州時宜」「国時宜」などの表現も現れる。京都政界において最高権力者としての室町将軍の地位がゆるぎないものとなり,あらゆる行動について将軍の意向に背かないようにとの配慮が必要となったことから,時の状況にかなうことと将軍の意向にかなうこととが同義とされたのだろう。

四季絵 しきえ 春・夏・秋・冬の順に,その季節にあわせた風景や人事を描き連ねた絵。屏風・障子(襖)・*絵巻物などに描かれた。奈良時代以来,屏風などには中国の画題が描かれ,それに漢詩が添えられていたが,四季によって和歌が分類されるようになった「*新撰万葉集」や「*古今和歌集」の撰せられた10世紀前後から,それらと相応するように,日本の四季が画題にとりあげられるようになった。「*源氏物語」にも「四季のゑ」の語がみえ,平安時代以来の用語である。*大和絵の重要な画題の一つで,近世の四季花鳥図にまで引き継がれた。

式神 しきがみ →式神

私擬憲法 しぎけんぽう 憲法の制定以前に私人によって作られた憲法案の総称。1889年(明治22)2月11日に発布された大日本帝国憲法以前に作られたものと,太平洋戦争の敗戦から日本国憲法の制定までの間に作られたものとがある。

前者は,憲法の形をとっているものだけでも50種近くあり,憲法という言葉を使っていなくても国家構想を提起したものを含めると90種以上になるとする研究者もいる。主なものとしては,まず青木周蔵・*元田永孚・井上毅・*西周・山田顕義らの政府官僚によるものがある。ほかに,1880年11月の国会期成同盟第2回大会で,各地で憲法見込案を作成して翌年10月の大会に持参すると決めたことから,80~81年に自由民権家たちによって全国各地で作られたものが二十数種ある。時期の異なるものを含めると,民権家のものは約40種あることが確認されている。民権家たちによるものは,嚶鳴社案や交詢社案が代表的なもので,二院制,議院内閣制,財産による制限選挙,皇帝特権の容認などイギリスの立憲制をモデルとした性格をもっており,それに類したものも多いが,立志社の「日本憲法見込案」,植木枝盛の「*日本国国憲案」などのように一院制,皇帝特権の制限を掲げたものもある。

戦後に作られたものには,日本自由党・日本進歩党・日本社会党・日本共産党など政党によるもの,憲法研究会・大日本弁護士会連合会・憲法懇談会・帝国弁護士会など法曹関係者によるもの,稲田正次・鈴木安蔵・清瀬一郎・布施辰治・*高野岩三郎・里見岸雄ら個人によるものがある。→五日市憲法

信貴山縁起絵巻 しぎさんえんぎえまき 平安後期の絵巻。紙本著色,全3巻。国宝。朝護孫子寺蔵。奈良県生駒郡信貴山寺(朝護孫子寺)の毘沙門天・吉祥天の福徳霊験を,僧命蓮の飛鉢譚を冒頭において描いたもの。上巻「飛倉の巻」は,命蓮の飛ばした鉢が麓の長者の家から米倉を信貴山に運び,長者が自分の貪欲を悔いると米俵だけが舞い戻ってくる話。中巻「延喜加持の巻」は,命蓮のその不思議な行いが朝廷にも聞こえて,延喜(醍醐)帝の病いを剣の護法という童子を遣わして治す話。下巻「尼公の巻」は20余年も前に別れた弟の命蓮を信濃からはるばる姉の尼公が訪ねてきて,東大寺の大仏のお告げによってめでたくめぐりあう話。最後に信貴山に祀られる毘沙門天の福徳霊験が語られている。

命蓮は,醍醐天皇の時代に信貴山にいた実在の人物である。その人物に飛鉢譚がどうし

しきし

て結びついたか、ほかの飛鉢譚でも、鉢を飛ばした僧が天皇の病気を治す話が付随していて、これらの話の背後にある思想の解明が必要であろう。命蓮と尼公を毘沙門天と吉祥天の化身として、毘沙門天の功徳を説く「金光明最勝王経」四天王護国品の隠喩であろうとする説、古風土記に語られる「餅の的」のような古代農耕信仰の仏教的潤色とみる説などがある。

式子内親王 しきしないしんのう ?～1201(?～建仁元) 「しょくし―」とも。平安末・鎌倉初期の歌人。後白河天皇の皇女。母は藤原季成の女成子。同母兄弟に以仁王・守覚法親王・殷富門院らがいる。1153年(仁平3)前後の誕生か。59年(平治元)*斎院に卜定され、10年後病のために退下した。父院在世中の91年(建久2)頃に出家する。戒師は*法然で、法名は承如法。1201年(建仁元)前年からの病が悪化し、正月25日に没した。歌人として評価が高く、「新古今和歌集」などの勅撰集に多数入集する。家集に「式子内親王集」がある。また、謡曲「定家」には藤原定家との恋愛模様が描かれるが、事実とは考えにくい。

式社 しきしゃ →式内社

史記抄 しきしょう 室町時代、相国寺の僧*桃源瑞仙が著した「史記」の注釈書。全19冊。応仁の乱を避けて近江国永源寺の山上に退居していた、1476年(文明8)正月から80年3月までの間に書かれた。「史記」130巻全部ではなく、史記源流・序・三皇本紀・五帝以下の本紀・呉太伯世家・列伝からなり、本紀と列伝は全部、世家30巻は呉太伯世家のみ、十表・八書はない。桃源の抄は先行する牧中梵祐・竺雲等連らの説をうけながら、その講抄のない部分については自分で解釈した。これに先立つ「周易」の注釈書「百衲襖」とともに桃源の主著とされる。その後の「史記」解釈に大きな影響を与え、各地の漢籍所蔵機関に写本が残っている。江戸時代にも板本として流布した。「漢書」など他の史書の記事を参考にして、史実を確定しようとした姿勢が評価されている。桃源自身が近江京極氏の家臣市村氏の出であったこともあり、各冊本文の間、末尾に

進行中の応仁の乱の推移とそれについての感想を記した論賛にあたる記事があり、当時の史家の考えをうかがう貴重な史料となっている。また室町時代の口語そのものではないが、口語を反映したいわゆる*抄物の代表的著述としても注目されている。

式神 しきじん 「しきがみ・しきのかみ」とも。識神とも。陰陽師により使役される鬼神。陰陽道の占法である式占に従属する祭祀の神格をさし、特に遁甲式占の祭法である反閇の神格(玉女)とされる。通常は童子形とも鬼形とも伝え、人の目にふれることなく変幻自在であるという。平安時代以降の説話文学にみられる式神は、*安倍晴明らの呪術者として能力の高い陰陽師や僧侶により駆使されることが多く、雑用をはじめ呪詛や殺人にも使役されている。このような式神の性格は、密教の護法天にも相当するものであり、不動明王の眷属である矜羯羅・制吒迦の2童子をもとに形成されたとする説もある。

色道 しきどう 近世の遊里に成立・発展した諸分の体系。諸分とは、遊里における諸作法、制度や習慣、専門用語、遊女と客の手練手管などのことをいう。初期の遊里においておそらく自然発生的に成立したものだが、これを理解・実践するための諸分秘伝物とよばれる書物が多数出版されるようになる。早くは「こそくり草」(1653刊)をはじめ、「難波鉦」(1680刊)などである。また好色物の*浮世草子は、特に手練手管に表れる人間の言動を文芸的に表現した。この諸分を求道的な研究対象と捉え、色道として体系的に組織したのが*藤本箕山の「*色道大鏡」(1688跋)である。色道の語も、箕山の「満散利久佐」(1654成)の自序にすでにみえる。色道の議論の一例として、水(粋)と月の区別を体系化するが、この粋がのちに洒落本に代表される*通、人情本に代表される*いきやあだなどの諸理念として、遊里のみならず近世の美的理念として独立していく。また、*井原西鶴「*好色一代男」(1682刊)巻1の1にみえる「色道ふたつ」が女色・*男色を意味するように、男色もこれに含まれる。また、増穂残口「*艶道通鑑

ん」(1715刊)にみられるような，近世においては稀な自由恋愛を奨励する立場も，色道の派生形として理解すべきであろう。

色道大鏡 しきどうおおかがみ　江戸前期の遊廓百科全書。全18巻14冊。*藤本箕山の著。写本。1654年(承応3)編集に着手し，78年(延宝6)に完成，88年(元禄元)に再構成された。巻1「名目抄」は，遊廓の専門用語や諸制度の意味・起源の解説，巻2～4の「寛文格・寛文式」は島原遊廓の全盛期を寛文年間(1661～73)とみて，延喜格・延喜式に擬して*色道の格式を定め，遊客・遊女への教戒を記す。巻5「廿八品」は「法華経」二十八品に擬して野暮から*粋に至る悟道の過程を分析する。ほかに，遊女の心中立のさまざま，遊廓での遊興具や音曲・楽器，遊女の消息文の諸作法，遊女の定紋・替紋や源氏名の一覧，有名遊女の逸話や系譜，箕山自らの実地検分にもとづく全国28カ所の公娼地の解説，種々の私娼など，近世の遊廓文化の理想と精髄を記し，それまでの諸分の秘伝書を質・量ともに遥かにこえた空前絶後の網羅的な内容を有する。文章・構成ともに堅苦しさがあり，また随所で色道は身を滅ぼす道であるとして，その戒めのための勧善懲悪の書たることも説く。しかし，これは色道の開基を自任する著者の求道性，および*悪所に自由を求めた近世庶民の精神性の表れともいえる。

　大冊ゆえか，伝本のうち完本は1本のみである。巻5が1699年に「色道小鏡」として出版されたが，これも現存本は1本である。「好色訓蒙図彙」(1686刊)，「好色貝合」(1687刊)などは，本書を元に成立したものであるが，近世中期以後はすでに稀覯書であった。曲亭馬琴「簔笠雨談」，田宮仲宣「愚雑俎」，柳亭種彦「好色本目録」などがわずかに引用するものの，諸人いずれも完本をみたとは思われない。1941年(昭和16)，野間光辰が自筆部分を含む完本を発見するまで埋もれた奇書であった。

式内社 しきないしゃ　式社とも。「*延喜式」巻9・10の神名式の*神名帳に記載されている神社。延喜式内社の略。その数は2861社(座数3132座)である。祈年祭・月次祭・新嘗祭などに神祇官あるいは国司が幣帛を奉る対象となった。宮中・京中・畿内・七道の順に記される。またそれぞれの神社に神社の格としての大小，神祇官の奉幣する官幣社，国司が奉幣する国幣社，奉幣の際の案上・案下の別を記す。いくつかの神社には名神の称も付され，名神祭の対象とされるものもある。中世には日本の神祇の総数として式内社の数が諸書に引用されている。

式神 しきのかみ　→式神しきじん

式目抄 しきもくしょう　戦国期，*清原宣賢が著した「*御成敗式目」の注釈書。「御成敗式目」の注釈書は鎌倉後期から作成されており，「式目抄」を称するものはほかにもあるが，最も著名ですぐれた注釈書は本書である。仮名交り文で記されている。清原家は儒学を講じる貴族の家柄であるが，室町幕府にも仕えた。清原業忠は，幕府管領の細川勝元に「御成敗式目」を講義し，「貞永式目聞書」を著し，その孫の宣賢は祖父の説を抄出して本書を著した。*律令・*格式・*公家法，また中国の法によって法理を説明し，*追加法も多く引用する。慶長・元和年間(1596～1624)に古活字本(12行本と13行本がある)が刊行された。

師行 しぎょう　施行とも。漢籍の句読点，送り仮名などを示して読み方を固定し伝授すること。漢籍の読み方は公家の博士家で秘事口伝として伝授されたが，室町時代，博士家は「史記」「後漢書」には加点・師行していたが，「前漢書」については一部を除き全体の加点はなかった。かつてなされた師伝が平安末以後に途絶えたといわれる。史書の研究が進んだ室町中期の禅林で，大岳周崇・竺雲等連がこの未師行の「前漢書」に加点した。桃源瑞仙は「*史記抄」に「前漢書ハ未師行ホトニ，家ノ点本ハフツトアルマイトヲセラレタソ」，「既ニ師行カナクハ，恵林・妙智ノ師行カ本ナソ」と記してその功績を特記している。このことは，禅林の学統が公家の因習的な学統が停滞している部分を積極的に乗り越えていった姿勢を示す画期的な仕事で，この頃から清原家はむしろ

じきょ

禅僧の研究成果をとりいれて*家学<small>かがく</small>を再構築するようになった。

地狂言<small>じきょうげん</small>　村芝居・地芝居などとも。地方の村々で行われる芝居。江戸時代中頃から始まる。村民自ら芝居を演じるもので、外部の役者を招く場合は請芝居<small>うけ</small>・買芝居といって区別する。主として各地の神社の祭礼などの際に上演されるが、中央の歌舞伎<small>かぶ</small>を模倣するだけでなく、その土地で上演されていた芸能を中央の歌舞伎の上演形式に準じて演じる場合もある。歌舞伎の地方巡業が与えた影響、それを享受する村民、そこにはおのずから出し物の取捨選択が行われ、地方の趣向を知るうえで興味深い。文化・文政期（1804～30）頃から地方で舞台が建てられるようになり、今日でも残存している。

持経者<small>じきょうじゃ</small>　「じぎょうじゃ・じきょうじゃ」とも。「*法華経」に説かれる五種法師行<small>ごしゅほっし</small>などを実践する修行者。中国ではすでに唐代に「法華伝記」「弘贊<small>ぐぜん</small>法華伝」など、持経者の行業を集成した仏教説話集が編まれた。日本では、はやく「*日本霊異記<small>りょう</small>」により活動が知られるが、特に経典を暗記して唱えることを主たる行業としていることから、律令国家が奨励した経典暗誦奨励政策にも刺激されて一般化したと考えられる。僧尼令的秩序の変質とともに、持経者は自由な宗教活動を展開するようになり、山林修行者としての呪術的宗教活動が著顕となる。比叡山の僧鎮源<small>ちんげん</small>による「*本朝法華験記<small>ほっけ</small>」は、平安時代の持経者の活動を伝えており、都市や貴族社会にも活動の場を広げた。鎌倉初期の天台座主*慈円<small>じえん</small>や、東大寺を再建した俊乗房*重源<small>ちょうげん</small>の活動にも持経者としての信仰が反映していた。持経者の信仰は在家にも広がり、源頼朝や後白河天皇なども持経者であった。戦国期の「*大乗院寺社雑事記」にも多く奈良の持経者の活動がみえる。一方、鎌倉後期以降、読経道の形成により、持経者の行業として、能読も重視されてくる。

竺仙梵僊<small>じくせんぼんせん</small>　1292～1348（正応5～貞和4・正平3）　鎌倉末期に元より来日した禅僧。臨済宗楊岐派<small>ようぎは</small>の古林清茂<small>せいむ</small>の法嗣。別に来来禅子<small>らいらいぜんす</small>・最勝幢<small>さいしょうどう</small>・思帰叟<small>しきそう</small>と号す。1329年（元徳元）6月、明極楚俊<small>みんきそしゅん</small>と

同行して来日。鎌倉浄妙寺・浄智寺、京都南禅寺・真如寺<small>しんにょじ</small>、鎌倉建長寺に歴住し、浄智寺楞伽院<small>りょうがいん</small>に没す。その門下を竺仙派・楞伽門派とよぶ。足利尊氏・直義<small>ただよし</small>、大友貞宗<small>さだ</small>・氏泰<small>うじやす</small>らの帰依をうけ、弟子に大年法延<small>だいねんほうえん</small>・椿庭海寿<small>ちんていかいじゅ</small>らがいる。この当時、日本から元に渡り古林清茂に参ずる僧が多く、その門下には雪村友梅<small>ほうばい</small>・竜山徳見<small>りゅうざんとくけん</small>・石室善玖<small>せきしつぜんきゅう</small>・古先印元<small>こせんいんげん</small>・*中巌円月<small>ちゅうがんえんげつ</small>らの修道・学芸詩文にすぐれた人々が輩出した。古林の門下はその別号金剛幢<small>こんごうどう</small>にちなんで*金剛幢下<small>こんごうどうか</small>とよばれ、人々は帰国してからも門派の別をこえて交友を続け、竺仙がその中心となった。また、鎌倉・京都の有力寺院で典籍を印刷して普及する活動を指導するなど、*五山文学の隆盛をもたらすのに大きな影響を与えた。語録のほか、詩文集「天柱集<small>てんちゅうしゅう</small>」などがある。

重明親王<small>しげあきらしんのう</small>　906～954（延喜6～天暦8）　桂<small>かつら</small>親王とも。*醍醐天皇の第4皇子。母は大納言源昇<small>のぼる</small>の女貞子。908年（延喜8）親王宣下。911年幼名将保<small>まさやす</small>を改めて重明を称する。921年元服し、928年（延長6）上野太守となる。のち弾正尹<small>だんじょうのいん</small>・中務卿などをへて三品・式部卿に至る。親王でありながら源氏長者としての立場にもあったらしく、また封事<small>ふうじ</small>を上呈し時事を論ずるなど、政治的発言力も少なくなかった。さらに和歌・管弦の道にも秀でており、その日記「*吏部王記<small>りぶおうき</small>」の名称は式部卿の官名にちなむものである。なお、子には藤原忠平の女寛子との間に源邦正・徽子<small>きし</small>・旅子が、また藤原師輔<small>もろすけ</small>の女登子との間に女子があった。斎宮女御<small>さいぐうのにょうご</small>と称される徽子との和歌の贈答が知られる。

滋野貞主<small>しげののさだぬし</small>　785～852（延暦4～仁寿2）　平安前期の公卿・文人。842年（承和9）参議。淳和<small>じゅんな</small>天皇の命をうけて*勅撰漢詩文集「*経国集<small>けいこくしゅう</small>」を、831年（天長8）には辞典「秘府略<small>ひふりゃく</small>」を編纂した。晩年は仏道に帰依し、自宅を捨てて慈恩寺を建立した。娘の縄子<small>なわこ</small>・奥子はともに仁明・文徳天皇の後宮に入り、縄子は本康<small>もとやす</small>親王と内親王2人を、奥子は惟彦<small>これひこ</small>親王と内親王2人を生んだ。

重野安繹<small>しげのやすつぐ</small>　1827～1910（文政10～明治43）　明治期の歴史家・漢学者。名は安繹、

字は子徳，通称は厚之丞，成斎と号す。鹿児島藩の郷士の子。1848年（嘉永元）昌平黌の書生寮に入り，*安積艮斎に学び，*中村正直（敬宇）・岡鹿門らと交わる。64年（元治元）鹿児島藩造士館の助教となり，「*大日本史」本紀・列伝を編年体に改めた「皇朝世鑑」の編纂にあたった。維新後は明治政府に仕え，修史局・修史館において「大日本編年史」などの官撰修史を主宰した。88年（明治21）帝国大学文科大学教授となり，史学会長・帝国学士院会員などになった。安繹は，正確な史料によって「事実」を実証する考証史学の確立をめざし，「太平記」を典拠にしていた児島高徳などの実在を否定し，いわゆる抹殺論を唱え，儒教的道徳史観を批判した。著書は「重野博士史学論文集」「成斎文初集」「成斎文二集」など。

巵言抄 じげんしょう　朱子学の啓蒙書。*林羅山の著。全2巻。1620年（元和6）成立。筑前藩主黒田長政への講義のため，羅山が「経史の要語」を抽出し，それに「四書集註」や「四書或問」などに依拠して解説を加えたものである。五常と四端をめぐる性論，忠と孝との関係，仁政論など，朱子の基本的な考えによって説いている。

慈眼大師 じげんだいし　→天海

四劫 しこう　仏教語。劫は，梵語kalpaの音訳「劫波」の略で，きわめて長大な時間を意味する。「俱舎論」などでは，一つの世界が成立し，継続し，破壊し，次の世界が成立するまでの経過を成劫・住劫・壊劫・空劫の4段階に区分し，この一過程を四劫と称する。すなわち(1)成劫（世界の成立期）は，器世間（国土）と衆生世間（天界から地獄界に至るまでの生き物の世界）が成立する時期，(2)住劫（存続ないし安定期）は，全国土・全衆生が安穏に続いていく時期，(3)壊劫（破壊期）は，衆生世間がまず破壊し，ついで器世間も破壊し尽くす時期，(4)空劫（空漠期）は，世界が壊滅した後の空無の時期をいう。そして，それぞれの時期の長さは20中劫とされ，1中劫の長さは，人間の寿命が8万歳からしだいに減じて10歳となり（減劫），再び寿命が伸び始めて8万歳の長寿に至る（増劫），一減一増の間とされる。なお壊劫の時期に世界を焼き尽くす火を劫火と称する。日本では，末法史観を顕著に示す鎌倉初頭の史書「*水鏡」が，当時を住劫の第9期の減劫の末にあたるとの認識を表明しており，慈円の「*愚管抄」の末法的時勢観でも四劫説が一つの柱をなしている。

師号 しごう　→賜号

賜号 しごう　高徳の僧に対して朝廷から賜る称号。大師・国師・禅師・和尚・上人・菩薩・三蔵などの号があるが，一般的には大師号をさし，師号とも称する。生前に賜る場合を特号・徽号，没後に追贈するものを諡号ともいうが，嘉号と称して，僧名に大師・国師の号を付すことを許した場合もある。実例としては，行基に大菩薩の号を賜ったとする「扶桑略記」の記事が早いが，最澄・空海の大師号（伝教大師・弘法大師），叡尊の菩薩号（興正菩薩），円爾の国師号（聖一国師）など多くは没後の諡号で，中世以降の禅僧に対する禅師号のみは生前に賜る場合も多い。

諡号 しごう　→諡

地獄 じごく　破戒などの悪業を積んだ者が死後に堕ちて種々の責め苦をうけるとされる地下世界の総称。三悪趣・六道・*十界の一つ。経典にはさまざまの地獄が説かれているが，等活から無間（阿鼻）に至る八大地獄（八熱地獄）と，極寒に苦しめられるという八寒地獄とが代表的で，前者にはさらに付属する各種の地獄があるとされる。仏教では，悪業の報いとしての堕地獄の恐怖を盛んに説き，在家として戒律を守って善業を積めば生天の果報をえられ，出家して清浄を保つ者は輪廻の苦界から逃れて究極の解脱をえることができるとした。わが国では平安時代以降，特に源信の「*往生要集」を画期に，しだいに仏教の地獄観が普及し，*閻魔王を中心とした審判思想のほか各種の俗信仰とも習合しながら，その後の社会・文化に大きな影響を与えた。

地獄絵 じごくえ　地獄変・地獄変相などとも。仏典に説く*地獄の有様を描いた図画。インド・中央アジアから中国唐代の流れをへて，わが国でも奈良時代以降盛んに制作された。画面形式としては壁画・屏風・掛軸・経典見

返絵・絵巻物など各種がある。地獄単独のものは以外にも，*六道絵や*十界図の一部として，また寺社縁起絵の一場面として描かれる場合もあった。現存する作品としては，東京・奈良両国立博物館ほか保管の「*地獄草紙」絵巻が最も有名である。わが国の地獄絵の歴史においては，10世紀末近くの「*往生要集」の影響を中心とした浄土教の流れが一般に重要視されるが，これに先行する*仏名会の地獄変屏風をはじめ，その思想史的背景は意外に多様であった。

四国御発向幷北国御動座記
→天正記

地獄草紙 経典にもとづいて地獄道のようすを描いた絵巻物。東京国立博物館本(国宝) 1巻は，「正法念処経」地獄品に載せる八大地獄のうち第四叫喚地獄に所属する十六別所(小地獄)の中から4カ所(髪火流・火末虫・雲火霧処・雨炎火石)を描く。奈良国立博物館本(国宝) 1巻は，「起世経」に説く八大地獄所属の十六別所のうち7カ所(糞尿泥・函量・鉄磑・鶏・黒雲沙・膿血・狐狼)を描く。いずれも欠落ないし錯簡が認められ，作者は不詳，12世紀後半の成立である。蓮華王院宝蔵に収められていた*六道絵の一部とも推定される。

地獄変相 →地獄絵

四国霊場 弘法大師(*空海)ゆかりの四国八十八カ所の札所寺院の霊場。巡る行為を遍路や遍土といい，平安時代の辺地の回国修行に淵源があるというが確証はない。*巡礼は16世紀に始まり，17世紀末以降に民間に普及した。伝承では衛門三郎が大師に非道を働いて懲罰をうけ，これを悔いて遍路として巡礼したことに始まるという。四国を「死の国」に見立て，阿波・土佐・伊予・讃岐の4カ国をそれぞれ発心・修行・菩提・涅槃の道場とよんで擬死再生に意味づける。白装束に身を包み，頭陀袋を下げ，金剛杖をつき，笠に「同行二人」と記し，大師とともに巡ると観念する。各地でお接待をうけ，無料の善根宿もあった。

自娯集 *貝原益軒の著した漢文の教訓書。全7巻。1712年(正徳2)，益軒の高弟である竹田定直(号は春庵)の序。「勧学篇」「順事篇」から始まって，全179編で構成されている。内容は，学問論・修養論が中心であるが，「禍福論」「大幸説」「死生説」というような人生論もみえて，益軒の関心がうかがえる。その人生論の基調は，あくまでも合理的で穏やかなものであって，神秘的な傾向はみえない。一つ一つの文章は短く，漢文としても読みやすいものである。

自己神格化 人が自らの意志で神となること。古来，人が神として奉祀された例は決して稀ではない。特に*藤原鎌足が大和国*多武峰の妙楽寺(談山神社)に，*菅原道真が京都の*北野天満宮(*天満大自在天神)に祀られたことは広く知られている。ただし，これらの神格化現象は，神になった人の意志と無関係に発生したものである。神になる人の意志にもとづいて神が出現してくるのは，諸大名が神的権威を求め，専制強力主義の精神により覇権をめざしていた戦国・織豊期以降のことである。

豊臣秀吉は生前に自分を日輪＝太陽の子とする日光感生譚を盛んに鼓吹し，死後遺命により*豊国神社に祀られている(豊国大明神)。徳川家康も自ら神たらんとする意志を生前より明らかにし，没後遺命により*東照宮に祀られている(*東照大権現)。織田信長については日本国内の史料によって確認することはできないが，キリシタン側の史料によれば，彼は「自らが神体であり，生きたる神仏である。世界には他の主なし」(「イエズス会日本年報」上，1582年の日本年報追加)と語ったという。やや誇張して伝えられた信長の自己神格化のマニフェストと解されるが，当該期における大名神格化の諸例に照らして，信長が統一的権力神(天道との一体化)を志向していたことはほぼ間違いあるまい。

資財帳 縁起流記資財帳・流記資財帳とも。寺院の財産目録。広義には，資産管理の必要から寺院内部で作成された目録も含むが，一般的には律令政府が寺院財産の把握を目的に，*官寺・*定額寺・*国分寺などに作成・提出を義務づけた目録をいう。通

常，冒頭には草創の由来を記した*寺社縁起がそえられ，以下堂舎・仏像・法具などから寺領・奴婢に至るまで詳細に記す。その起源は未詳だが，8世紀半ばの大安寺・法隆寺・元興寺の資財帳が写本で伝わる。奈良時代には原則として毎年作成・上進されたが，798年(延暦17)には定額寺に限り国司交替時を除いて上進を停止，ついで国司交替にあわせて825年(天長2)には6年一進，868年(貞観10)には4年一進に変更された。

慈山 じさん →妙立

志士 しし 幕末・維新期に日本の危機意識に目覚め，尊王攘夷をめぐる政治運動に参加した人の総称。本来志士とは，高邁な志をもち，自己の身命を賭けて天下国家のために奔走する人物をさす。一般的には「勤王の志士」または「草莽の志士」ともよばれ，脱藩して官職から離れた下級武士や，郷士・豪農など仕官しない在野の人など幅広い階層から構成される。後期*水戸学や平田派国学などを思想の根拠として，強烈な憂国意識と対外独立意識を共有する。徳川幕藩体制の政治秩序の弛緩にともなう*処士横議により，志士が政治主体として登場する。階層や藩をこえて横の連帯を強め，倒幕勢力の形成に大きな役割をはたした。

紫芝園稿 ししえんこう →春台先生紫芝園稿

紫芝園漫筆 ししえんまんぴつ *太宰春台の著した漢文の随筆。全8巻あるいは10巻。「吾邦東夷の俗」への批判をはじめ，経書の解釈，折にふれた見聞を収めている。荻生徂徠について，風流を自認しているが風流とはいえないとし，功名心が徂徠の死期を早めたとのべるなど，自ら「鶏肋視」されたと振り返る師への屈折した心情が吐露されている。「*物の怪」についての関心なども表明されて，晩年の春台の心境をうかがうことができる。

時事新報 じじしんぽう 慶応義塾出版社による1882年(明治15)創刊の日刊紙。当初は*福沢諭吉の指導のもと中上川彦次郎を社主として，慶応義塾関係者を中心に編集された。不偏不党・官民調和などを標榜しつつ質の高い記事・評論を掲載し，実業家層を中心に部数を伸ばした。1912年(大正元)の第1次護憲運動で第3次桂内閣の攻撃を行い，大正政変で重要な役割をはたした。23年関東大震災で社屋が全焼してからは，「東京朝日新聞」「東京日日新聞」など軟派新聞の販売攻勢にあって経営が悪化した。36年(昭和11)「東京日日新聞」により合併され消滅したが，第2次大戦後に紙名のみ一時復活した。

地芝居 じしばい →地狂言

獅子舞 ししまい 獅子・鹿・猪・虎・竜など霊獣の頭(多くは木彫)をかぶり舞い踊る民俗芸能。獅子頭から胴幕を垂らし，そこに前脚・後脚役2人が入る二人立ちと，腰鼓や羯鼓を付けた1人による一人立ちとがある。前者は伎楽・舞楽とともに7世紀初めには伝来し，獅子神楽といわれる*太神楽や山伏神楽として展開し，その悪霊払い・豊作祈願の舞は祭礼の*門付芸として各地に伝播していく。後者は，獅子ではなく鹿・竜などの頭をかぶるケースが多く，東日本を中心に分布する。*盂蘭盆会や雨乞きの時の三匹獅子舞や鹿踊が有名である。なお，鹿を擬した踊りの古さは「古事記」「万葉集」から確認でき，その起源については諸説がある。

寺社縁起 じしゃえんぎ 寺院の本尊，神社の祭神の由来を含む寺社の歴史や霊験譚を記したもの。747年(天平19)の元興寺・法隆寺・大安寺の「伽藍縁起并流記資財帳」をはじめとして，780年(宝亀11)の「西大寺流記資財帳」，801年(延暦20)の「多度神宮寺伽藍縁起資財帳」など，政府に提出した寺院の財産目録(*資財帳)に付随したものであった。その後836年(承和3)に制作された「広隆寺縁起」(「朝野群載」所収)，「延暦寺建立縁起」(「天台霞標」所収)といった，財産目録が省略された短編の縁起も現れた。11世紀には空海に仮託した「高野山御手印縁起」，聖徳太子に仮託した「四天王寺御手印縁起」など，寺院側の主張を強調し，政府の管理を離れたため，独自の霊験などをもりこみ信者や保護者の獲得に努めた。院政期には，「*信貴山縁起絵巻」のように絵をともなった縁起絵巻の萌芽的作品も現れた。中世には，絵をともなった寺社縁起絵が絵巻物

や掛幅の形態で数多く制作され，掛幅のものには*唱導・*絵解きなどをともなうものもあった。特に天神縁起・八幡縁起は各地の神社ごとに制作され，多様な諸本が存在し，その信仰の広さがうかがえる。

寺社興行法　じしゃこうぎょうほう　神社仏寺の保護・復興を目的とする法令。「興行」とは，本来あるべき姿に戻すという意味。このような法令は古代以来多くみられ，*公家新制や「*御成敗式目」にも該当する条項がみられる。その中でも，鎌倉時代末の「神領興行法」は，特に経済的基盤である寺社領の復興を目的としたが，その際，寺社領の知行にはしかるべき器量が必要であり，これを満たさない武士や甲乙人などな「非器」の知行は，個別事情を無視してすべて否定し，神社仏寺に返却しようとした。その背景には，*異国降伏祈禱の恩賞という発想があり，公武共通の徳政とも結びついていた。

時衆　じしゅ　→時宗

時宗　じしゅう　浄土教系の一宗派。古くは時衆と称した。宗祖*一遍智真いっぺんちしんは，1271年（文永8），信濃国善光寺に参籠して阿弥陀仏を念ずれば浄土に成仏できると感得し，さらに弥陀の正覚も極楽往生を願う衆生の一念にも差別なく，現身のままで弥陀の浄土に生まれることができるという信念をえた。74年，熊野権現において神告をうけて，この年を開宗の年とする。その後，一遍は16年にわたり奥州から大隅国に至る各地を遊行して，89年（正応2）8月に兵庫の観音堂に没した。

その後，教団は一時衰微し，法灯を継いだ*真教しんきょうが教団を編成して遊行ののち，1304年（嘉元2）相模国当麻の無量光寺に住して，これを機縁に各地に多くの*道場が設けられた。真教の跡を継いで当麻にとどまった真光の法流は当麻派とよばれ，法弟呑海どんかいは相模国藤沢に*清浄光寺しょうじょうこうじを開いた。一遍の異母弟聖戒しょうかいは京都歓喜光寺かんきこうじを中心に六条派を，門弟作阿弥陀仏さくあみだぶつは御影堂派みえいどうはを，伊予国の仙阿弥陀仏は奥谷派おくのたには開いた。託何たくがによって時衆となった国阿こくあの法流は，京都東山双林寺を中心とする国阿派と，霊山正法寺りょうぜんしょうぼうじを中心とする霊山派に分かれ，上野国で真教の門下となった浄阿

真観じょうかんは京都四条道場金蓮寺こんれんじを拠点に四条派を名乗るなど，時衆は12派に分かれて隆盛した。

初期の時衆は，遊行，踊念仏おどりねんぶつ，「南無阿弥陀仏」と書いた念仏算を配る*賦算ふさんの行儀をもって布教し，その教義については未整理であったが，7代託何によって教義の体系化が図られた。鎌倉・室町時代の*念仏踊には民衆の熱狂的な信仰が反映され，時衆の中には*陣僧じんそうとよばれて武士に従って戦場に行き，死骸を処理し，念仏をたむける僧や，和歌・連歌，立花などの芸能に秀でる僧もいて多様であった。のちの*同朋衆どうぼうしゅうとの関連については，いまだ検討すべき論点が残されている。布教の主な対象を民衆から武士層に移すことでしだいに衰退し，江戸時代には伝馬御朱印てんまごしゅいんをうけて，幕府・諸大名の保護と統制のもとに遊行回国して大黒天だいこくてん・愛染あいぜん・天神などの護符を配った。江戸時代以後に時衆は時宗とよばれた。現在は総本山清浄光寺のもとに複数の大本山を擁する。

慈周　じしゅう　→六如りくにょ

四重興廃　しじゅうこうはい　*三重七箇法門さんじゅうしちかほうもんとともに，天台*本覚ほんがく思想を特徴づける概念の一つ。*教相判釈きょうそうはんじゃくの手法をとりながら，観心かんじんを最も上位に位置づける。すなわち，まず「法華経」以前（爾前にぜん）・「法華経」迹門しゃくもん・「法華経」本門ほんもん・観心の四重を設定したうえで，爾前を廃して迹門の優越性を説き，ついで迹門を廃して本門を，本門を廃して観心を興し，「止観勝法華」の立場を示す。このような概念は，13世紀後半頃に成立した伝忠尋ちゅうじんの「漢光類聚かんこうるいじゅう」以降明確に現れてくる。ただし，「漢光類聚」における観心は，本覚思想の思想的傾向の一つである，あるがまま主義と一線を画し，最低限の心的原理の作用を重視するという指摘もある。

四十七士論　しじゅうしちしろん　→赤穂事件あこうじけん

四種三昧　ししゅざんまい　「摩訶止観まかしかん」に説かれる，常坐じょうざ三昧・*常行じょうぎょう三昧・半行半坐はんぎょうはんざ三昧・非行非坐三昧の四つの修行をいう。中国の天台大師智顗ちぎが，止観実修の行として主張した。常坐三昧とは90日間，仏に対し坐禅すること。常行三昧は般舟はんじゅ三昧ともい

い，阿弥陀仏を本尊として90日間つねにその周囲を歩き続ける行道をし，口に阿弥陀仏の名号を唱え，心に阿弥陀仏を観想すること。半行半坐三昧は，行道と坐禅を併せ行うもの。非行非坐三昧は，以上3種に含まれない一切のことを行う修行。最澄は「*山家学生式」の中で，止観業の科目としてこれを定めた。のちに遮那業にもこの修行を課した。

持授抄 じじゅしょう　*垂加神道の継承者に伝授される最極秘伝書。1726年（享保11）に垂加神道道統者の*正親町公通が*玉木正英に伝授したもので，山崎闇斎編著「中臣祓風水草」から「三種神宝極秘伝」と「神籬磐境極秘之伝」にあたる部分を抜粋し，「神道系図」をあわせたものである。「神道系図」には，天照皇大神から神道を伝えられた摂家，吉田，伊勢祭主・宮司，内宮神主，外宮神主，宇治土公の系図と，天児屋命の後裔萩原兼従とその弟子吉川惟足の吉田神道の道統，および同命の後裔大中臣精長の伊勢神道の道統とが，山崎闇斎によって集大成された垂加神道の歴代道統者であると記される。

地主神 じしゅしん　「じぬしがみ」とも。地神とも。土地の神。その土地の守護神。寺院の建立に際して，その土地の神より許可をえたり，あるいは土地を譲りうけ，神には仏教や伽藍の守護を祈った。また，これらの神は寺院を建立した高僧との契約で守護神となるという説話にとりいれられる場合もあった。延暦寺では，日吉山王権現の上七社の中の二宮（小比叡明神）がこれにあたる。ほかに金剛峰寺では天野社と丹生明神・高野明神（「今昔物語集」巻11の25），東寺では稲荷明神，鞍馬寺では貴船明神などがこれにあたる。

私聚百因縁集 ししゅうひゃくいんねんしゅう　鎌倉時代の仏教説話集。浄土門の談義僧といわれる愚勧住信（1210～?）の著。全9巻。1257年（正嘉元）成立。天竺・唐土・和朝の3部に分け，高僧伝・因果応報譚・本地垂迹譚・孝子譚・往生譚など147編からなる。「小聞小見」の普通人の啓蒙・教化のために，仏典・漢籍・仏教説話から話題を選んだもの

で，*唱導の便宜のための利用価値は小さくなかったものと評価されている。

辞書 じしょ　文字・言葉・事項などを，一定の基準にしたがって分類・配列し，解説を加えたもの。言語をめぐる営為全般において，語や文字の発音・表記法・意味・用法などを知るために用いる。わが国最古の辞書としては「日本書紀」天武11年（682）条に「新字」44巻が撰進されたことがみえるが，現存しない。現存最古の辞書としては，830年（天長7）前後に成立した，*空海による「篆隷万象名義」30巻がある。これは中国の字書「玉篇」を，より簡便な啓蒙字書化した内容である。

平安中期以後に至って，漢字・漢語に和訓を付す日本独自の辞書が現れた。偏旁分類による「*新撰字鏡」，意義分類による「*和名類聚抄」である。さらに平安末期に成立した「類聚名義抄」では漢和対訳形式が実現した。院政期には，イロハ順の音引配列の「色葉字類抄」が編纂され，検索の便宜が図られた。これは実用的辞書の体裁として定型化し，室町時代の「*節用集」に継承される。一方，意義分類型の辞書としては，やはり室町時代の「*下学集」が規範的な百科事象として流布した。このほか，来日したキリスト教宣教師によって，日本語学習のために編纂された「*日葡辞書」などの日欧対訳辞書が特異な位置を占める。口頭語を中心に採録して，発音や語義を付しており，当時の日本語研究の資料として重要である。

近世に入ると，読み書きの能力をもつ人々の増加により，実用辞書の需要はますます高まり，特に「節用集」は増補・改編が繰り返されるとともに，「○○節用集」と称する各種辞書が出版された。また，国学の隆盛により，古語を集めて，和語を和語で説明する辞書も作られた。明治期以降は，ヨーロッパの辞書の体裁にならったものが作られるようになった。大槻文彦による「言海」が，近代的体裁をそなえた最初の国語辞書であり，「大言海」へと成長した。漢和辞典も，中国の「康熙字典」を核にして，日本語の解説をつける方式で発展するなど，多様な用

途・目的の辞書が編纂されている。

時処位論 じしょいろん　日本の儒教において，中国古代に作られた規範をいかに受容すべきかという問題は，常に大きな問題だった。たとえば亡親の喪に服するという時，あしかけ3年の服喪は，中国や朝鮮の儒教ではゆるがせにできない普遍的な規範（礼）だとされていた。しかし，江戸時代の日本でそれを文字通りに実践することは社会的に不可能に近く，ではどうすべきかというような問題に直面するわけである。服喪だけではなく，あらゆる分野にわたる日本の社会規範は，儒教のそれとはほとんど交渉をもたなかったから，問題は深刻であった。その解決の一つの方向が，*中江藤樹なかえとうじゅや*熊沢蕃山くまざわばんざんらが唱えた時処位論という発想である。規範の具体的な形は，時（時代の変化）・処（和漢の風土の相違）・位（その人物のおかれた社会的な状況）に応じて，柔軟に変えていってよいとする考え方がそれである。最も大切なことは，その心（本質）と迹（形）とを区別して，その心を直截に体得すべきだという思想がその根底にはあった（心迹しんせき差別論）。朱子学者の中でも*山崎闇斎やまざきあんさいらの学派は，このような柔軟な見方を，礼の規範性を崩すものだとしてきびしく斥けようとしたが，時処位論と銘打ったものではなくとも，このような発想はしだいに浸透していった。

四条河原図屛風 しじょうがわらずびょうぶ　京都の遊興地四条河原のようすを描いた絵。16世紀後半以降，四条河原は歌舞伎かぶきや浄瑠璃じょうるり，見世物みせもの小屋などが立ち並び，多くの人を集めた。個人蔵・静嘉堂文庫蔵・天桂院（愛知県）蔵などが現存するが，いずれも二曲一双の屛風で，17世紀前半の作品である（ただし個人蔵はもと襖）。前二者は国重要文化財。遊女歌舞伎の芝居小屋が詳細に描かれるほか，〈*かぶき者〉の群衆など，当時の芸能・風俗を知るうえで貴重な史料といえる。

私小説 ししょうせつ　「わたくし―」とも。日本独自の小説ジャンル・心境小説をさす名称。論者により意味の揺れが激しいが，題材が作者の実体験にもとづいており，主人公すなわち作者という等式を暗黙の前提とする小説というのが公約数的な定義であろう。私小説の語が定着したのは，大正末期のことである。さまざまな議論の中から，作者がありのままに自己を告白した作品こそが，伝統を受け継ぎ，文学の王道に位置するものであるという考えがうまれ，しだいに支持されていった。そして，実例として*志賀直哉しがなおやや葛西善蔵かさいぜんぞうの作品が典型とみなされるようになる。急速に台頭してきたプロレタリア文学や大衆文学などの新興勢力に対して，既成の文壇が危機感を抱いた結果，自己防衛的に唱えられたのが私小説の理念であったといえる。第2次大戦後，私小説は文学史的な検証の対象となるようになり，*田山花袋たやまかたいの「*蒲団ふとん」や近松秋江ちかまつしゅうこう「疑惑」などを起源とする意見が提出された。一方で否定的に扱われながら，私小説は絶えず書き続けられ，現在でも根強い支持を集めている。私小説が，事後的に誕生した概念であり，また常に価値的な判断をともなって使用されることには注意が必要である。

私小説論 ししょうせつろん　*小林秀雄の評論。1935年（昭和10）5月から8月まで「経済往来」に連載，同年11月作品社から刊行。小林の唯一の日本近代文学史論で，プロレタリア文学の崩壊と私小説の行き詰まりという文壇的状況に対して大きな波紋を投げかけた。戦後論中の「社会化された私」という概念をめぐって，一部の評論家によって「統一戦線」理論にひきつけた文壇的歪曲をこうむるが，「私小説は亡びたが，人々は「私」を征服したろうか」という，小林の問いかけそのものを逆に浮かび上がらせることになった。

慈摂大師 じしょうだいし　→真盛しんせい
紫女七論 しじょしちろん　→紫家七論しかしちろん
四神 しじん　四方の星宿せいしゅく。古代中国の天文学で二十八宿を7個づつ四方に分け，星宿の形を四獣に擬した。星宿はその方角や四季をつかさどる神でもあり，東は青竜せいりゅうで春，西は白虎びゃっこで秋，南は朱鳥（朱雀すざく）で夏，北は玄武げんぶ（亀）で冬となる。四神に相応する地相を四神相応の地というが，平安京はこの相を備えているという。また，朝廷における元日朝賀や即位礼などに際して大極殿だいごくでんの庭上に諸種の旗とともに立てられたものに四神旗があり，弥生後期の墳墓からの出土例の多い

鏡に四神鏡がある。高松塚古墳やキトラ古墳内の壁画は有名である。

氏姓制度　しせいせいど　大和王権の国制の特質。朝廷を構成する諸豪族がその職務や地位に応じて*氏の名と*姓を与えられ、重層的な奉仕関係を形成する。その成立は5世紀末頃と考えられてきたが、雄略朝の埼玉県稲荷山古墳出土の鉄剣銘でも氏の名じたいは未成立であり、近年では氏姓を基礎とする政治集団の形成は中国の姓の概念をうけて天智朝に成立するとする考えもある。いずれにせよ、単なる世襲的血縁集団とみるのではなく、特有の政治的構成原理として論じる必要がある。

辞世頌　じせいのじゅ　→遺偈

自然　しぜん　「自然」という言葉は、もと中国から入ってきた概念で、存在を示す言葉ではなく、状態を表すものであった。「老子」では、人為を加えず本来のままであること、無為であること、物のあるがままであることを理想として、「無為自然」を主張した。日本に入った時もこの意味で使われ、「自然」ともよばれて、人為の加わらないようす、わざとらしくないこと、物の本来の性質、物事がおのずから展開していくさまをさしてよび、この意味での言葉の用例は後代までみられる。法＝物事が作為をこえて自然に存することをいう「*自然法爾」の理念は中世を通じて共有され、明恵はこれを「あるべきやうわ」と和語で表現し、慈円も歴史の流れを「法爾自然にうつりゆく」ものとして捉え、これを「*道理」と結びつけた。ただし、仏教の根本概念としては、はじめから決定されているとするのは人の努力を否定する宿命論であるとして、これを批判する見解が古くからある。「自然」という語は、やがて、物事が偶然におこるさま、万一の予測できない異常な事態がおこることもさすようになり、もしかして、ひょっとしての意味でも使われるようになり、この用例も多い。

いずれにしてもこの言葉は、はじめは自我から隔離された対象的世界、森羅万象をさす「天地」「万物」とは区別されていた。その世界が「自然」という文字で表現されるようになるのは、近代前後にいわゆるnatureの訳語として「自然」をあてて以後のもので、その後はこの二つの意味が混在して自然観念は複雑なものになった。

自然活真営道　しぜんかっしんえいどう　→自然真営道

自然主義文学　しぜんしゅぎぶんがく　近代文学思潮の一つ。日本の自然主義文学は、フランスの作家エミール・ゾラの思想の受容に始まる。ゾラは、自然科学の発想を援用し、遺伝や環境に支配される人間を描き出すことが小説の役割であることを主張した。明治30年代前半、ゾラの影響をうけた小杉天外の「はやり唄」や永井荷風の「地獄の花」が発表され、反響をよぶ。この時期は、前期自然主義として一般に区分される。西欧の自然主義は、社会と個人との科学的な関係の究明に重点をおいたが、日本の作家たちの関心は、しだいに自己の暗部の凝視にのみしぼられていった。彼らは、既成の道徳や権威に批判的であり、自然としての性や本能の解放を意図した。

*島崎藤村の「*破戒」、*田山花袋の「*蒲団」の2作品の登場を転機に、自然主義の機運は一気に高まり、近代文学史上最大の文学運動になっていく。自然主義の作家としてはほかに、徳田秋声・*岩野泡鳴・*正宗白鳥らの名があげられる。また、*島村抱月・相馬御風・*片上伸（天弦）・*長谷川天渓らの評論家により、理論の整備が図られた。自然主義文学運動は、日露戦争後の自由な空気を背景としており、言論統制が再び強化されていく1909年（明治42）頃より下火となった。

自然真営道　しぜんしんえいどう　「自然活真営道」とも。江戸中期の百科全書的な諸学批判書。刊本3巻3冊と稿本101巻93冊とがあり、両書はそれぞれ別個の書物である。著者の確竜堂良中は*安藤昌益の筆名。刊本は1753年（宝暦3）出版。初刷（村上寿一所蔵本、八戸市立図書館寄託）の版元は「江戸　松葉清兵衛」と「京都　小川源兵衛」。重刷（北野神社所蔵本〈先刷〉、慶応義塾図書館所蔵本〈後刷〉）は一部改刻のうえ、版元も前者を削除。

刊本は中国の明代の天文書である游芸著「天経或問」和刻本（1730）や明代の漢方医学の類書である張介賓編「類経

しぜん

「類経図翼」の和刻本(刊行年不明)、江戸時代の日々の吉凶を示す暦書「大雑書(おおざっしょ)」(昌益使用版は未確定)などの影響のもとに書かれ、天文・気象・暦日などについて論じている。それによれば気一元論的な*陰陽五行説(ようごぎょうせつ)、天動説、あるいは漢方医書・本草書(ほんぞうしょ)に対する批判などが本書を特徴づけている。

稿本は1755年序。関東大震災で大部分が焼失し、現存するのは転写本を加えて16巻17冊(第9が重複)。東京大学総合図書館に12巻12冊、慶応義塾図書館に転写本3巻3冊、八戸市立図書館に転写本2巻2冊が収蔵される。全巻の内容は、総論的な大序、諸学への批判である古書説妄失糾棄分(第1～24)、社会変革論をのべた真道哲論巻(第25)、漢方医学的・本草学的な自然真営道本書分(第26～101)に大別される。簡室編「増註頭書字彙(じい)」、毛利貞斎編「増続大広益会玉篇大全(だいぜん)」、円智院日性編・吉田光由(みつよし)増補「倭漢皇統編年合運図(わかんこうとうへんねんごううんず)」、度会延佳(のぶよし)校正「鼇頭旧事紀(ごうとうくじき)」、義山良照(ぎさんりょうしょう)編「諸宗仏像図彙」などを参照して著述している。気一元論的な進退(陰陽)五行説を基本にして、儒教・仏教・巫(神仏習合)など既成思想の差別意識とそれにもとづく身分差別社会(法世(ほうせい))を批判し、自然の神道(儒教・仏教渡来以前の神道)の行われる万人が生産にしたがう平等社会(自然の世)に回帰するために、天皇が全国を支配し、一家一族が地域を支配する過渡的社会を構想した。

自然と人生 (しぜんとじんせい) *徳冨蘆花(ろか)の随筆集。1900年(明治33)8月、民友社から刊行された。「灰燼(かいじん)」「自然に対する五分時」「写生帖」「湘南(しょうなん)雑筆」「風景画家コロオ」の部分に分かれている。「灰燼」は西南戦争を背景にして、愛し合っている上田茂と園部菊が家の都合で引き裂かれる悲恋の物語。「自然に対する五分時」「写生帖」「湘南雑筆」には87の散文と詩が収められており、「風景画家コロオ」は八つの断章で、フランス自然主義絵画のJ.B.C.コローの生涯とその芸術についてのべている。いずれも自然の美しさ、自然と人間との関わりについて簡潔な描写の中に描き出されている。

死線を越えて (しせんをこえて) 大正・昭和期のキリスト教社会運動家*賀川豊彦(かがわとよひこ)などの自伝的長編小説。雑誌「改造」に1920年(大正9)1～5月第22章までを連載し、同年10月に改造社から単行本として発刊。神戸市葺合(現、中央区)新川の貧民街での自らの実践にもとづいて、同地に住む人々の生活の実態とそれに対する賀川の真摯な取り組みを具体的に描いたもので、人名は虚構であるもののほぼ事実にもとづいている。この作品はベストセラーとなり、貧民問題が社会的に注目されるようになるとともに、賀川の名を一躍高めた。「太陽を射るもの」(1921刊)、「壁の声きく時」(1924刊)はこの続編であり、三部作とされている。

事相 (じそう) →教相・事相(きょうそうじそう)

地蔵信仰 (じぞうしんこう) 地蔵は*地蔵菩薩の略称で、菩薩信仰の一形態。地蔵は釈迦の入滅後、弥勒(みろく)が出現するまでの五濁(ごじょく)悪世の無仏時代の衆生(しゅじょう)を済度すると信じられた。一般的には左手に宝珠(ほうじゅ)、右手に錫杖(しゃくじょう)をもつ比丘(びく)の姿であり、これは地蔵が菩薩行を実践している姿である。その菩薩行とは六道抜苦(ろくどうばっく)・地獄抜苦であり、「十輪(じゅうりん)経」にも地蔵は地獄に入り衆生に代わって苦しみをうけるとある。これは地蔵の代受苦によるもので、地蔵の誓願の一つであり、地蔵信仰の本義である。

地蔵信仰はインドに起源があり、それが中国をへて日本にもたらされて盛行した。平安後期から鎌倉時代にかけて*末法(まっぽう)思想が流行し、各地に十王堂が建てられると、公家の間で地蔵信仰が広まった。しかし、この信仰を積極的にうけいれたのは一般民衆である。民衆は地蔵の代受苦に心を引かれ、そこに身代わり地蔵という新たな信仰が成立した。また地蔵と閻魔(えんま)は表裏一体の関係にあり、閻魔の裁きによって苦しむ亡者(もうじゃ)を、閻魔の裏にいる地蔵が救済するといわれた。さらに、地蔵の姿が子供に似ていることから子供を守護する地蔵もうまれ、賽(さい)の河原の*和讃(わさん)が歌われた。一方、地蔵は塞の神(さえのかみ)・*道祖神(どうそじん)と習合して、境を守護するともいわれた。そのほか延命地蔵・とげぬき地蔵・しばられ地蔵など、さまざまな地蔵が存在し、地蔵信仰が多岐にわたっていることを示している。

思想善導 1920年代後半から30年代を通じ、天皇制国家の「国体」に背反するとされるデモクラシー思想および社会主義・共産主義の世界観に対し、「赤化防止」「左傾化防止」と称してとられた一連の国家主義教育強化政策と運動。1928年（昭和3）後半から矢継ぎばやに展開された。特に1937年日中全面戦争が開始されるや、社会教育・学校教育の両面から最初は学生・生徒を対象に，のちには国民一般・教員・思想転向者へと対象を拡大し，「国体明徴」問題と結びつけ全国的な規模で展開された。「思想善導」とは，国民精神総動員・大政翼賛会体制下の戦時国粋主義による思想統制であり，天皇と国体に対する「絶対随順」を基準に思想や文化を権力的に抑圧することにほかならない。

地蔵堂通夜物語 下総国佐倉藩で百姓一揆が起きようとする中での佐倉惣五郎（実在の人物で本名木内惣五郎，公津村名主）による将軍への直訴，その罪による惣五郎一家の処刑，藩主への祟りなどを中心とする義民伝承物語（本書とは別に惣五郎の1653年〈承応2〉の刑死説が伝えられている）。1冊。著者未詳。本書の不完全な原初形態の成立は宝暦〜安永年間（1751〜1781）の頃とされるが，それが事実上新藩主（1660年〈万治3〉改易となった旧領主堀田正信の弟の子孫）公認のもと潤色を加えながら写本で弘布し，現存本にみるようにしだいに惣五郎伝承が首尾一貫したストーリーに整えられたのは，藩主自らが惣五郎の百五十回忌を執り行い，彼の行為を顕彰するようになる寛政〜文化年間（1789〜1818）頃とされる。惣五郎夫妻の怨念と鎮魂の思想が本書の義民伝承を支える重要なファクターであるが，為政者に対する政治批判の拠り所は神・儒・仏の*三教一致論（*天道思想）であった。なお，惣五郎義民伝承は幕末に演劇化されて（歌舞伎「東山桜荘子」など）全国的に広まり，多方面に大きな影響を与えた。

地蔵菩薩 釈迦の入滅後から弥勒の出現までの間，六道と五濁悪世の衆生を救う菩薩。一般には比丘形（声聞形）の姿で，僧衣を着し左手には宝珠，右手に錫杖をもつものが多い。その信仰の典拠となる経典は，「大乗大集地蔵十輪経」「地蔵菩薩本願経」「占察善悪業報経」のいわゆる地蔵三部経である。その造像は文献では「東大寺要録」4に，*光明皇后が747年（天平19）に*虚空蔵菩薩と地蔵菩薩を東大寺の講堂に安置したことが最初である。その信仰が盛んになるのは平安時代以後のことで，広隆寺講堂の地蔵像は造像例の初期に属する9世紀の作である。この頃までの地蔵菩薩は虚空蔵菩薩と対にして信仰され，現世利益的・呪術的な面が強かった。

また，「日本霊異記」巻下の9には地蔵と閻魔王が同体であるという説がみえ，平安時代に入ると浄土信仰や*末法思想を背景に，特に地獄の救済者としての*地蔵信仰が高まった。11世紀前半には実叡撰「地蔵菩薩霊験記」が編纂され，これは「今昔物語集」巻17に多く収録され，当時のさまざまな信仰の様相がうかがえる。来世的な地蔵信仰は，平安末期には六道に対応した六地蔵信仰にも展開し，「仏説地蔵菩薩発心因縁十王経」（「地蔵十王経」，日本製の偽経）が撰述された。中尊寺金色堂のものは著名であり，そのほか半跏思惟形の延命地蔵や神仏習合の中で春日三宮・日吉十禅師などの本地仏ともされた。中世には地蔵来迎図なども制作され，その信仰は広まった。

士族反乱 明治初年代に西日本でおこった士族たちによる武力的反政府運動の総称。明治政府の進めた版籍奉還・廃藩置県などの領主制解体，家臣団解体，さらには武士特権廃止の諸政策に対して，士族たちは不満を強めていたが，1873年（明治6）10月に*征韓論を主たる理由として*西郷隆盛らが下野して以降，その動きは具体化し反乱をおこすに至った。まず，1874年2月に佐賀県では征韓と士族特権の維持を掲げて，江藤新平・島義勇をかついで約1万2000人が蜂起したが，内務卿*大久保利通は自ら軍を率いて出動し，約半月で平定した（佐賀の乱）。76年3月に廃刀令がだされ，8月に金禄公債証書発行条例がだされると士族の不安はいっそう募り，10月24日，神風連（敬神党）に結集した太田黒伴雄ら旧熊本藩士族170余人は挙兵して熊本鎮台を襲撃した（神風連の

乱）。反乱は1日で鎮圧されたが，他の地域での反乱を誘発した。27日に福岡県で宮崎車之助らの旧秋月藩士たち二百数十人が立ち上がり（秋月の乱），また28日には山口県の旧萩藩士たち330余人が元参議前原一誠を戴いて蜂起した（萩の乱）。しかし，ともに短期間で鎮圧された。

最後にして最大の士族反乱は西南戦争である。鹿児島では，征韓論で下野した西郷隆盛が帰郷してからは，彼が74年6月に設立した私学校が実権を握り，政府の支配に属せず近代化政策をも実施しなかった。77年2月15日に西郷軍が鹿児島を出発し，同月22日に熊本鎮台のある熊本城を攻撃して以後，9月24日に西郷が自刃するまでの半年ほど九州各地で，政府軍との戦闘は続いた。反乱軍への参加者は3～4万人ともいわれ，近代日本における最大の内乱となったため，陸・海軍の出兵数（警察官を含む）も6万をこえた。

子孫鑑 寒河正親の著した仮名草子。上巻79条，中巻26条，下巻9条の全3巻114条。1667年（寛文7）刊行か。著者の経歴も不詳。「色好事なかれ，女に心ゆるすべからず」，「女は陰に生れて心くぶるものと兼てしるべし」をはじめ，多くは町人を対象とする処世訓からなっている。泰平を謳歌し，分相応の生き方を説くもので，貧富を「過去の因果」によって説明しているところには，仏教の観念が反映されている。基本的には，通俗的な*三教一致論に立つものとしてよい。

時代区分法 日本の史書に認められる時代区分の方式。「*古事記」「*日本書紀」は勅命により，奈良時代にあいついで完成した史書であるが，両書の時代区分法は同一ではない。前者は，「神と人」の視点から日本史を神代と人代に二大別し，人代（神武～推古天皇）を人皇が神意をうけて政治を行った応神天皇までと，主として人皇自らの力で政治を行った仁徳天皇以降に二分し，神代とあわせて3期に分けている（なお神代についても3期に小区分しているようである）。後者は，日本史を神代と人代に二大別しながら，神代人代連続史観あるいは発展観により叙述したものであり，内容的にみて人代（神武～持統天皇）を事実上3期に分けているように考えられる。ただ，ここで用いられている「上古」「中間」「近世」などの語が具体的にどの時期をさしているかは定かでない。

院政期に成立した歴史物語「*大鏡」は「神世七代」は略すと断り，宿運を重視しつつ，皇室との外戚関係に支えられた藤原氏の栄華の由来をたどるという観点から，人代（神武～後一条天皇）を(1)皇極天皇以前，(2)孝徳～仁明天皇，(3)文徳天皇以降の3期に分けている。鎌倉初期に成立し，わが国最初の史論書といわれる慈円の「*愚管抄」は，(1)仏教の三時五堅固などの説を援用して日本史（神武～後鳥羽上皇）を3期に分け，また(2)摂関家（九条家）中心主義の立場から祖神冥助の思想を主張し，①宇多天皇以前（「上古」），②醍醐・村上天皇～鳥羽上皇（「中古」），③後白河天皇以降（当時の用語によれば「近代」）の3期に区切るとともに，さらに(3)上記のような3区分説をふまえながら慈円独自の道理観により7期（ただし時期的には5・6期は重なっている）に細分する時代区分も行い，これら3種の時代区分を巧みに組み合わせて日本史を統一的に叙述しようとしている。

南北朝に成立し，史書・史論書として「愚管抄」と並び称される北畠親房の「*神皇正統記」は，まず日本史を神代と人代に大別し，また神代を天神と地神の時代に二分し，さらに地神の時代を天孫降臨をもって前後に分かち，人代（神武～後村上天皇）については摂関時代を理想として，(1)陽成天皇以前（「上古」），(2)光孝～白河天皇（「中古」），(3)白河上皇以降（「近代」）の3区分をし，総じて時代が降るにつれて「みだりがはしく」なったと説いている。ただし，本書は仏教的下降史観に裏づけられた「愚管抄」と異なり，最終的には人間の道徳的行為が天意・神慮に支えられて歴史を発展させていくことを確信しており，その点ではむしろ近世的歴史観に近接しているといえよう。

江戸中期に成立し，近世の代表的史論書として知られる新井白石の「*読史余論」は，朝廷政治については「九変」，武家政治については「五変」の時代区分をする。こうした九変五変観により，徳川家康による武

政治の確立を，日本史上有徳者に対する唯一の「天の報応」とみなし，ここに日本史上の画期的意義を認める。なお白石は，他書で歴史は「時代をわかち候て論じ」ることが重要であると説いており，本書では上記の区分法とは別に，日本史（神武天皇～徳川氏の創業）を(1)天皇親政期（「上古」），(2)摂関政治期（「中古」ないし「中世」），(3)武家政治期（白石の参照した史書によれば「近代」）の3期に分けているようである。

幕末期に成立し，近世歴史思想史の掉尾を飾る伊達千広の「*大勢三転考」は，政治・社会制度の変化を時代区分の基準とし，日本史（神武天皇～江戸幕府の成立）を(1)氏姓制の時代（「骨の代」），(2)律令的官職制の時代（「職の代」），(3)武家領知制の時代（「名の代」）の3期に分けるとともに，時代の変転する所以についてはあえて問わず，ただ人がその変転にどう対応してきたかを重視する。

以上，前近代における日本の主要な史書をとおして，時代区分の方式の変遷を概観してきたが，これによりわが国では中国史書の影響もあってか古来日本史を3期に分ける時代区分法が一般的傾向であったこと，また南北朝期頃を境に，時代区分の思想的根拠が超越者の意志や超越的理法から人間自身の行為のあり方へと変わってきたことなどがわかる。こうした歴史観の延長線上に，唯物史観などによる外来の新しい時代区分法の影響をうけながら，近代のさまざまな時代区分法が新たにうまれてきた。

時代閉塞の現状 じだいへいそくのげんじょう　*石川啄木の評論。1910年（明治43）8月下旬に起稿し，「朝日新聞」文芸欄に投稿するが不採用となり，死後13年（大正2）5月刊行「啄木遺稿」に収録される。1910年8月22・23日付の「東京朝日新聞」文芸欄に魚住折蘆の論文「自己主張の思想としての自然主義」が掲載されたが，その意義と誤謬を指摘した。青年たちが国家に無関心であることを憂いつつ，自然主義を掲げる文学運動の矛盾と傾向の相違点をあげ，日露戦争後におこった*自然主義文学の本流の命脈がすでに尽きたこと，進むべき方向を見失った自己主張が，いかにし

て理想を発見することができるかを説く。そして明治30年代以降の思想史を顧みつつ，理想としての「明日」における人間のあり方を示唆している。

思託 したく　生没年不詳　奈良時代の唐の僧。754年（天平勝宝6）に*鑑真にしたがって，法進らとともに来日，鑑真を助けて戒律の普及に努めた。「大唐伝戒師僧名記大和上鑑真伝」「延暦僧録」の著作がある。

志多羅神 しだらがみ　設楽神・小蘭笠神・八面神とも。945年（天慶8）7～8月におきた宗教運動の中心となった神。民衆に担われた神輿が，筑紫国より摂津国河辺郡に至った。続いて摂津国豊島・嶋上郡から山城国乙訓郡山崎郷へ，そして巫女の託宣により*石清水八幡宮へと動座した。神輿ははじめ3基で自在天神・宇佐・住吉であったが，のち志多羅神とも称された。多数の人々が神輿を囲み歌舞・奉幣し，郷刀禰などの地域の実力者も参加した。最終的には石清水八幡宮に末社として祀られ，終息した。「本朝世紀」はこの時の童謡6首を載せるが，いずれも農耕の予祝的な内容をもち，富豪農民層の開発や農耕生産による富の蓄積などが歌われている。また，1012年（長和元）にも鎮西から上洛した（「百練抄」）。

七箇条制誡 しちかじょうせいかい　「七箇条起請文」とも。1204年（元久元）に，*法然が門弟の自重自戒を求めて定めた7カ条の禁制。1巻。原本は京都嵯峨二尊院蔵。この年10月，比叡山延暦寺の衆徒は，専修念仏の停止を天台座主に訴えでた（元久の法難）。これに対して法然は，〈真言・天台の教義を批判し阿弥陀如来以外の仏を謗ること〉などを禁止した禁制を11月7日付で作成し，法然自らの署名に続けて門弟190名が署名した。署名者の中には，信空・証空・源智・幸西・長西らの当時の主要な門弟のほか，綽空（親鸞）の名も見出せる。この禁制と法然の起請文を天台座主に提出した結果，とりあえず念仏停止の動きはおさまった。

七経孟子考文補遺 しちけいもうしこうぶんほい　*山井崑崙が足利学校所蔵の古本（王朝の博士家本・宋版など）を校勘し，通行本との異同を明らかにして「七経孟子考文」を著し，さらに荻生

北渓（おぎゅう けいがい）が「七経孟子考文補遺」として1731年（享保16）に刊行した。全198巻。「易経」「書経」「詩経」「礼記」「春秋」「論語」「孝経」の七經と「孟子」のテキスト・クリティークとしてきわめて意義のあるもので, 1782年（清・乾隆47）清の「四庫全書」に収められた。

七献上章祭（しちこんじょうしょうさい） → 泰山府君祭（たいざんふくんさい）

七十一番職人歌合（しちじゅういちばんしょくにんうたあわせ） 詠者を職人に見立てて歌を競い, 判詞を下したもの。登場する職種は, 工人に加えて行商人・芸能者・遊女・宗教者など多岐にわたる。職の特徴を表す絵をともない, 中世後期の「職人」の生活感情や風俗を知るうえで貴重な史料といえる。東京国立博物館蔵（3巻, 19世紀）, 成巽閣蔵（3巻, 17世紀）, 前田育徳会蔵（3巻, 17世紀）, 彦根城博物館蔵（2巻, 19世紀）などが現存する。各蔵本の「職人」には若干の異同があるが, 歌合・題・月・恋といった編成をとる。

七世父母（しちせふぼ） 七代前までの父母, すなわちはるか以前からの代々の先祖たちの意。「盂蘭盆経（うらぼんきょう）」にその名称がみえ, 早く「日本書紀」斉明5年（659）7月15日条に「七世父母」に報いんがために京内諸寺に「盂蘭盆経」を講説させたとある。このほか7〜8世紀の, 所生父母をはじめ近親者の*追善を目的として造られた仏像の銘文や写経奥書などにもしばしばみえ, 造仏・写経・法会・出家などの功徳が祖霊に回向（えこう）されることを願う時の一種の慣用語であった。もと中国六朝時代以後行われていた通俗仏教の一側面が日本において受容され, 古来の祖先崇拝と結びついた表現とみられる。

七大寺（しちだいじ） → 南都七大寺（なんとしちだいじ）

七大寺巡礼私記（しちだいじじゅんれいしき） 平安後期に*南都七大寺などを巡礼した時の見聞に諸書の記事をもあわせて, 各寺の縁起・堂舎・仏像などを書き記したもの。1帖。*東大寺以下, *大安寺・*西大寺・興福院（こうふくいん）・*興福寺・*元興寺（がんごうじ）・*唐招提寺・*薬師寺・*法隆寺の順に, 記事は詳細を極める。鎌倉中期書写の法隆寺所蔵本が唯一の伝本で, その序文から, *大江親通（ちかみち）が1140年（保延6）に再度の巡礼を行った際の記録とされる。諸寺の縁起のほか, 先行の「十五大寺日記」「*七大寺日記」など諸書からの引用があり, その成立経緯にはなお検討の余地もある。12世紀半ば頃の南都諸寺の実態や, 末法（まっぽう）の時代の撰者の宗教意識をも知りうる重要史料である。

七大寺日記（しちだいじにっき） 平安後期に*南都七大寺などを巡礼した時の見聞記録。1帖。1106年（嘉承元）秋の*大江親通（ちかみち）の巡礼時の手記とされるが, 原題名・成立年・撰者ともなお検討の余地がある。*東大寺以下, *興福寺・*元興寺（がんごうじ）・*大安寺・*西大寺・興福院・*唐招提寺・*薬師寺・*法隆寺の順に, 各寺の縁起・堂舎・仏像などを簡略に記す。本書を引用する「*七大寺巡礼私記」とともに, 院政期の南都諸寺の実態を知りうる貴重な史料である。1255年（建長7）書写の奈良国立博物館所蔵本が唯一の古写本である。

七博士建白事件（しちはかせけんぱくじけん） 1903年（明治36）6月10日付の対露強硬外交の建議書。かねて対露強硬策を主張していた高橋作衛（さくえ）・戸水寛人（ひろんど）・小野塚喜平次（きへいじ）らは, 桂太郎首相, 小村寿太郎（じゅたろう）外相, 山県有朋（ありとも）ら陸海軍関係者に, 建議書を提出して日本政府の対露・対列強軟弱外交を批判した。これを批判する「東京日日新聞」に対して「東京朝日新聞」によって応戦, ジャーナリズム・講演会をとおして世論に大きな影響を与えた。政府は対露強硬論が広がることをおそれ, 戸水東京帝国大学教授を休職処分にした。ところが, この処分は東京・京都両帝大の抗議行動を引き起こし, 数多くのジャーナリズムが戸水を擁護したため, かえって大騒動となり, ついに久保田譲（ゆずる）文相の引責辞職でけりをつけた。

七福神信仰（しちふくじんしんこう） 福神の中の七柱の神々に対するわが国の代表的な庶民信仰。七福神の内容は時代によって差異はあるが, 現在は恵比須（えびす）（恵比寿・夷）・大黒天（だいこくてん）・毘沙門天（びしゃもんてん）・弁財天（べんざいてん）・福禄寿（ふくろくじゅ）・寿老人（じゅろうじん）・布袋（ほてい）の7神に定着している。この信仰の起源は, 「仁王般若経」受持品の「七難即滅, 七福即生」の語にならったとも, 道教の八仙（はっせん）や竹林七賢（ちくりんしちけん）を真似たともいわれる。狂言にも, 「福の神」「毘沙門」「夷大黒殿」などのいわゆる「福神狂言」がみられ

る。吉祥天きちじょうてんや猩々しょうじょう・アメノウズメノミコトなどが数えられていた時期もあるが，現在のような7神に定まったのは江戸初期である。近世に入ると貨幣経済の発展にともない，都市の商人の間で七福神巡りが盛んとなり，それが正月の風物詩ともなった。また，宝船に乗った七福神の絵図を枕の下に入れて寝ると初夢の夢見がよいなどの習俗もうまれた。さらに信仰は農村にも広まり，七福神舞などが各地に伝えられている。この7神は，それぞれ山の幸・海の幸，富貴，愛敬，力，長寿などをつかさどる神仏であり，そこから，中世・近世の人々が求めた現世利益げんぜりやくの形を知ることができる。

慈鎮 じちん →慈円じえん

十界 じっかい 仏教で，迷えるものと悟れるものとのすべての世界を10種に分類したもの。地獄じごく・餓鬼がき界・畜生ちくしょう界・阿修羅あしゅら（修羅）界・人間界・天上界・声聞しょうもん界・縁覚えんがく界・菩薩ぼさつ界・仏ぶつ界の10種。このうち地獄・餓鬼・畜生の三界を三悪趣さんあくしゅ（三悪道），これに阿修羅・人間・天上の三界を加えて六道ろくどう（六趣）と称する。これら六界（六道）は原始仏教ないし小乗仏教でも説かれたが，後の四界を加えた十界は大乗の「華厳経」「法華経」に至ってみえてくる。そして六界は有情うじょうが生死輪廻りんねする迷いの世界（六凡ろくぼん）であるのに対し，後の四界は執着しゅうじゃくを断って現実を超越した世界（四摂ししょう）とされるが，完全な悟りの世界は仏界のみとされる。なお，十界の各相を描いたものが十界図である。→地獄　六道思想

十界修行 じっかいしゅぎょう 峰中ぶちゅう修行で行われる*修験道独特の10種の方法。地獄・餓鬼がき・畜生・修羅しゅら（阿修羅）・人間・天上・声聞しょうもん・縁覚えんがく・菩薩ぼさつ・仏の十界の修行をし，最終的には即身成仏そくしんじょうぶつするというものである。それぞれの界には具体的な修行があり，地獄行には床堅とこがた，餓鬼行には懺悔さんげ，畜生行には業秤ごうのはかり，修羅行には水断みずだち，人間行には閼伽あか，天上行には相撲すもう，声聞行には延年，縁覚行には小木こぎ，菩薩行には穀断こくだち，仏の行には正灌頂しょうかんじょうがあてられている。この修行には，修行者が峰入りにより象徴的に死に，十界修行を成就することにより

仏となって再生する「擬死再生」の考えがみられる。

十界図 じっかいず →十界じっかい

実学 じつがく 日本の実学は，17世紀になって儒学が中国や朝鮮から本格的に受容されるに至って，その影響下にまず概念として成立した。すなわち，この世を空くうとし幻とする仏教や老荘に対して，人倫の学としての儒学が「実学」であるという考えが，*林羅山らざんや*中江藤樹とうじゅらによって主張され始めた。藤樹の影響下に心法しんぽうを重んじつつ理想主義的な*経世論けいせいろんを展開した*熊沢蕃山ばんざんから日本の実学運動は本格化した。

　経世論という観点から日本の実学を考察すると，江戸時代の実学は儒教の「経世済民けいせいさいみん」や「利用厚生」という問題意識を軸として，洋学や稀ではあるが国学もこれに加わって形成された思想運動である。経世済民のほうは総合的な政策論的観点に立って，利用厚生のほうは技術の改良によって，民の生活の安定や向上を図ろうとするものであった。

　前者には「修己治人しゅうこちじん」の立場に立って，為政者が自己の修養を土台にして，そこで形成される徳を民に及ぼしていこうとする傾向のもの（熊沢蕃山・*横井小楠しょうなんら）と，よき制度をつくることによって，その制度下の民の生活の安定を図り，藩や国家の経済を改革していこうとするもの（*荻生徂徠おぎゅうそらい・*太宰春台だざいしゅんだい・*海保青陵かいほせいりょう）の二者に分かれる。前者を「心法派」，後者を「礼楽刑政派れいがくけいせいは」という。後者は儒学の経験主義化を基礎として技術の改良を図り，のちには民富の向上を図っていこうとするもので，*貝原益軒かいばらえきけん・*宮崎安貞やすさだ・*平賀源内げんない・*大蔵永常ながつねらがいる。

　明治期以降は，物理学を核として，個人の立場に立って日常生活に役立つ実用の学（*福沢諭吉ゆきち）として，実学の意味は定着していった。

実学党 じつがくとう →肥後実学党ひごじつがくとう

十巻抄 じっかんしょう →図像抄ずぞうしょう

志筑忠雄 しづきただお 1760〜1806（宝暦10〜文化3）江戸中期のオランダ（阿蘭陀）通詞・蘭学者。本姓は中野。名は盈長みつなが・忠次郎，のち忠雄，号は柳圃りゅうほ，字は季飛きひ・季竜きりょう。長崎

の人。オランダ通詞の志筑家に養子に入り，1776年(安永5)に稽古通詞となるが，翌年には職を辞し，中野姓に復して蘭書の翻訳・研究に専念する。著訳書としては，ニュートン力学を最初に紹介した「*暦象新書ﾚｷｼｮｳｼﾝｼｮ」や「求力法論ｷｭｳﾘｷﾎｳﾛﾝ」があるが，独自の朱子学的理解にもとづいて解釈されている(真空・重力などの物理用語の訳は志筑による)。ほかに「阿蘭陀詞品考ｵﾗﾝﾀﾞｼﾋﾝｺｳ」などのオランダ語文法書，ケンペル「日本誌」の抄訳である「*鎖国論」などがある。「鎖国」という歴史用語は本書による。門弟に馬場佐十郎ｻﾞｭｳﾛｳ・吉雄権之助ﾖｼｵｺﾞﾝﾉｽｹらがいる。

実業之日本 ｼﾞﾂｷﾞｮｳﾉﾆｯﾎﾟﾝ 1897年(明治30)6月に創刊された実業雑誌。月刊。「我実業国民の成功を期図」して発刊された。発行元は大日本実業学会，発行人は増田義一ｷﾞｲﾁと光岡威一郎ﾐﾂｵｶｲﾁﾛｳ(二人は東京専門学校〈現，早稲田大学〉の同窓)。光岡はその2年前，義務教育終了者のために「商科」「農科」の講義録を発行している。この経験から「実業之日本」を創刊した。市販するとともに講義録の会員には無料配布した。1900年，増田が経営のすべてを譲りうけて実業之日本社を創立し，以後，成功者の苦心談や秘訣を掲載して好評を博した。09年には*新渡戸稲造ﾆﾄﾍﾞｲﾅｿﾞｳが編集顧問となる。64年(昭和39)から「実業の日本」と改題。

十訓抄 ｼﾞｯｷﾝｼｮｳ 「じっくんしょう」とも。鎌倉時代の説話集。全3巻10編。1252年(建長4)10月中旬成立。妙覚寺本の奥書に「六波羅二﨟左衛門入道作云々」とあり，これを紀伊の豪族湯浅宗業ﾑﾈﾅﾘとする説がある。序によれば，少年のたぐいに善を勧め悪を戒める仲立ちとするためのべたものという。「人に恵みを施すべき事」，「驕慢を離るべき事」，「人倫を侮るべからざる事」など10の徳目をあげ，それぞれにふさわしい説話を類聚的に収める。「史記」「漢書」「大和物語」「江談抄ｺﾞｳﾀﾞﾝｼｮｳ」など多くの和漢の史書・物語・説話などから引用し，主題にそってアレンジしている。「正徹ｼｮｳﾃﾂ物語」において評価されて以降，近世に広く流布した。

実語教 ｼﾞﾂｺﾞｷｮｳ 平安末期から明治初期まで広く用いられた道徳教科書(*往来物)。1巻。著者・成立年とも未詳。全編が五言一句で96句にまとめられ，幼童の暗誦に適した文体になっている。内容は，教訓的要語を仏教・儒教の経典から選び，智と財を対比させ智は財に優る不朽の宝であると論じ，智を獲得するため幼童が書を読み学に努めるよう説く。中世から近世にかけて広く流布し，近世になると本書は単独で，あるいは「*童子教ﾄﾞｳｼﾞｷｮｳ」と合綴ｶﾞｯﾃﾂして刊行され，寺子屋(手習所)や家庭で道徳教育の手本として盛んに使われ，一段と普及した。また，その間に多くの類書が作られている。日本人の伝統的な日常道徳観を知るための好資料である。

実社の神 ｼﾞｯｼｬﾉｶﾐ 実類ｼﾞﾂﾙｲの神とも。中世における神の分類。*権社ｺﾞﾝｼｬの神の対観念。すでに解脱ｹﾞﾀﾞﾂに達した仏・菩薩を神として祀る権社に対し，いまだ迷える状態にある存在を祀る神社を実社といい，そこの神をこうよんだ。とりわけ人に祟りをなす鬼神ｷｼﾝ(死霊・生霊)・竜蛇神をさして使われるケースが多い。本来日本の神は，子孫の祭祀に応じて恩恵もしくは災厄をなす祟り神の性格が強かったが，有力な神々が仏・菩薩の垂迹ｽｲｼﾞｬｸとして血縁・地縁をこえた救済神，善悪に賞罰を下す倫理的神に転換していく過程で，そのマイナスの要素を引き受けたわけである。なお*菅原道真ｽｶﾞﾜﾗﾉﾐﾁｻﾞﾈらの著名な御霊神ｺﾞﾘｮｳｼﾝや*牛頭天王ｺﾞｽﾞﾃﾝﾉｳは，祟り神でありながら賞罰を下す倫理的神として理解されたため権社の神と認識された。

悉曇学 ｼｯﾀﾝｶﾞｸ 主として密教の伝来にともない，中国・日本で発展したサンスクリット語の文字・音韻についての学問。「悉曇」はsiddhāṃの音訳で，「成就せるもの」の意であるが，字母表の初めに「娜麼婆囉嚩社若也悉曇」(namaḥ sarvajñāya siddhāṃ)と記して称えることから，サンスクリット文字の母音そのものをさすようになり，さらに子音なども含む総称となった。厳密には，6世紀頃のグプタ文字から発展したもので，必ずしもサンスクリット文字とは一致しない。悉曇の学習は，摩多ﾏﾀ(母音)や字母を掲げた「悉曇章」を中心に進められた。中国では「大般涅槃ﾀﾞｲﾊﾂﾈﾊﾝ経」文字品の注釈から悉曇学が盛んになり，唐の智広ﾁｺｳ「悉曇字記」は現存の最も

古い研究書である。日本では*空海が「梵字悉曇字母并釈義」を，*安然が「悉曇蔵」をそれぞれ著して，日本密教における悉曇学の嚆矢となったが，その後は主に真言や種子の音韻・字体の研究が主流となり，多くの著作が残された。その後も中世を通じて悉曇学者が輩出し，近世にも浄厳・慈雲らが活躍した。

執筆 しっぴつ →右筆

十方住持 じっぽうじゅうじ 寺院の住持を決める際に，特定の門派によらず天下十方各派に人材を求める制度。官寺の制度が早く確立した中国で唐代から行われ，日本では中世，幕府の統轄する五山以下の臨済宗寺院に導入された。十方住持による寺院を十方刹といい，逆に師から弟子へと，一つの門派で住持を独占する寺院を*徒弟院という。鎌倉時代に五山以下の官寺の制度が整うとともにある程度定着したが，五山の東福寺は一貫して徒弟院であった。南北朝期以降，夢窓疎石門下が尊重されて，五山となった相国寺が*夢窓派の徒弟院化するなど，特に京都で形骸化が進んだ。

実理学之捷径 じつりがくのしょうけい →沢庵和尚法語

詩轍 してつ 江戸中期の詩論。全6巻。*三浦梅園(晋す)の著。1786年(天明6)刊。喬鳳渚と竜草廬の序がある。詩の起源，近体詩に至るまでの歴史から説きおこして，句法・字法・韻法など作詩法の全般的な問題を初学者のために論じている。唐詩を最上のものとするが，宋・明詩についてもそのよさを認める。わが国の詩風についても視野にいれ，和漢の詩書・詩話について深い理解があり，綿密・精細な概説書である。中国文学者の小川環樹は，詩体の分類なども確実な唐代の証拠にもとづき，ぬきんでたものであると指摘し(「唐詩概説」)，評価が高い。梅園は豊後国の独創的な自然哲学者である。

四天王 してんのう 四王天とも。古代インドの護世神が仏教にとりいれられたもので，須弥山の中腹，欲界の第六天の四方を守護する天。東方の持国天，南方の増長天，西方の広目天，北方の多聞天をいう。わが国では仏教伝来とともに早くから信仰され，*聖徳太子も*四天王寺を創建している。通常，仏堂内の須弥壇の四方におかれるが，多聞天のみは毘沙門天と称され，独尊として信仰されることもある。また，奈良時代には「*金光明経」(四)天王品などにより，鎮護国家的な性格が強調され，*東大寺も金光明四天王護国之寺の別称がある。現存最古の四天王像は法隆寺金堂像(飛鳥後期)で，その後も時代を追って多数の作品が残る。

四天王寺 してんのうじ 荒陵寺ともいう。大阪市天王寺区にある飛鳥時代創建の寺院。587年(用明2)物部守屋と戦った際，*聖徳太子が*四天王の像を造って戦勝を祈り，寺の建立を誓願したのに始まる。593年(推古元)難波の荒陵の地に創建。623年には新羅から伝えられた仏像・仏具などが寺に納められているが，この頃に寺観が整ったものであろう。伽藍の中軸線上に，前から後ろへ中門・五重塔・金堂と一直線に並ぶ伽藍配置は四天王寺式とよばれる。中門を入ると，五重塔にさえぎられて金堂は直接みえないが，これは五重塔の向こうに金堂をみ，また五重塔をとおして金堂を拝することを示している。塔は歴史上の人物としての釈迦を祀る施設であり，金堂は釈迦の説いた法そのものを祀る場所である。したがって，歴史上の人物である釈迦をとおして，釈迦の説いた法をあがめる思想がこの伽藍配置に表れている。

平安時代には*太子信仰の隆盛とともに，参詣者に対し「聖徳太子絵伝」の絵解きども行われた。また浄土信仰と結びついて，この寺の西門が極楽浄土の東門に面していると信じられ，院政期には上皇や貴族の参詣があいついだ。鎌倉時代には，*叡尊・*忍性らによって悲田院の復興が行われ，庶民への慈善救済活動が盛んに行われもした。南北朝期以後たびたび罹災したが，根強い太子信仰と浄土信仰に支えられてそのつど復興されて，今日に至っている。

私度 しど 律令体制下，正式の手続きをへた官の許可なくして勝手に仏門に入ること。また，そのような僧尼を私度僧という。当時，僧尼は租税免除や刑罰軽減などの特権が許されていたため，政府は*得度の手続きを設

けることで私度を未然に防ごうとし，戸婚律や僧尼令の中にも私度を厳禁する条文を盛りこんだ。しかし，重い税負担に苦しむ公民の中には私度僧となる者が跡を絶たず，しばしば摘発をみた記録がある。なおわが国では，本来は自ら悟りに至ることを称する「自度」なる語が，師主に就かないで自ら剃髪・出家することをさし，私度とほぼ同義に使用された。

士道 しどう →武士道

侍読 じとう 「じどく」とも。天皇や東宮，その他の皇族，摂政・関白などの貴人に侍して，読書・学問の指導にあたった学者。また，その職をいう。古代の学校教育に対する個人的家庭教育の一形態で，その役には大学寮の博士・助教が任命された。進講された教科書には，大学寮の教科書(「論語」「御注孝経」などの経書や「史記」「漢書」などの史書)のほか，「群書治要」「貞観政要」「白氏文集」「老子」「荘子」など，為政者としての教養や時流の好尚を反映するものもあった。進講内容は訓読に重点がおかれ，独自の訓読説による博士家の*家学が成立するに及んで，大江氏や菅原氏などが侍読を世襲するようになった。なお後世には将軍や藩主の読書に際してもおかれ，侍講とも称した。

志道軒胡蝶物語 しどうけんこちょうものがたり →風流志道軒伝

児童の村小学校 じどうのむらしょうがっこう →野口援太郎

至道無難 しどうぶなん 1603〜76(慶長8〜延宝4) 「一むなん」とも。江戸前期の臨済宗の僧。市中の禅者。法諱は無難，道号は至道。劫外と号す。美濃国不破郡関ケ原本陣宿所の人。三輪(一説に相川)道祐の子。15歳の時，父が帰依した*愚堂東寔に随行して江戸に至り，その門に入る。47歳で至道無難と法号を授かり，1654年(承応3)，52歳に至って剃髪得度する。門人の建てた麻布東北寺の開山に迎えられたが，ここに住せず至道庵に幽棲した。在俗生活の中で長年禅の修行に努めた経歴から，根機の上・中・下に応じた多様な修行方途を認めた。主著「即心記」「自性記」には，民衆思想に通有される唯心論的な認識を前提に，神・儒・仏の諸教一致思想が

みられる。

至道要抄 しどうようしょう *金春禅竹の能伝書。1巻。禅竹自筆本が現存する。成立年代は不詳だが，内容から1467年(応仁元)頃の執筆と考えられる。*世阿弥の五音説，すなわち能の音曲の曲趣を祝言・幽曲・恋慕・哀傷・蘭曲に分けたのをうけて，さらに細分化して八音，すなわち祝言音・祝言曲・遊曲・幽玄音・恋慕・哀傷・蘭曲・閑曲に分け，解説をする。また三学(戒・定・慧)および三曲(身・口・意)，さらには六輪(寿・堅・住・像・破・空)一露説についての覚書をのせるが，仏教教理と幽玄論をからめて説こうとするあまり，難解を極める。

士道要論 しどうようろん 武士の教訓書。*斎藤拙堂の著。1巻。1837年(天保8)自序。上野国の安中藩主板倉勝明が，50年(嘉永3)に刊行した。原士・士風・士気・士節・士心・士道の6章からなる。拙堂の武士教育の目標は，修己治人の「聖人の道」にもとづく，文武兼備した「士大夫」である。拙堂によれば，朱子学の気質変化の工夫によって，強毅堅忍の風になり，礼義廉恥の心も養われるという。こうした心を治める「真の士道」と対比されるのは，殉死を忠とするような「*武士道」で，拙堂はこれを「私心偏見」と批判した。また「真の士道」は「もろこしの道」ではなく，仁徳天皇と東照宮徳川家康の遺法であると説いて，その正当性を主張している。

侍読 じとく →侍読

支那思想と日本 しなしそうとにほん →津田左右吉

級長戸風 しなとのかぜ *本居宣長の古道論を批判した書。*沼田順義の口授，大沢直道の筆記。全3巻。林述斎の序文を冠して，1830年(天保元)に刊行された。宣長の「*直毘霊」，それに対する反駁書である*市川鶴鳴の「*末賀能比連」，さらにそれに反論した宣長の「*くず花」の3部を抄出して，朱子学的な立場から両者を批判している。順義は，人間の本性に内在する「天津理」の普遍性にもとづいて，神道と聖人の道との一致を説き，宣長の「日本魂」「禍津日神」を独善的な私説として斥けるととも

に，鶴鳴における徂徠学の聖人作為説の影響をも批判している。また「*先代旧事本紀」を尊重して，「*古事記」は「先代旧事本紀」にならった書であるとのべて，「古事記」偽書説を主張している。

神人 じにん　神社に奉仕する下級の神官。各神社に縁故をもつ特定の家や集団により世襲される場合が多く，神社の祭礼や警護に従事し，あるいは供御を調達する代償として，各種の特権を付与される場合があった。一方，被差別民が神人となる場合もあった。近江国日吉社の日吉神人や，黄色の衣に裏頭を身分的表象とした奈良春日社の黄衣の神人は特に有名で，しばしば神輿を振って*強訴の一端をになった。また，近江国の菅浦や今堀の住人らは日吉社より神人身分を獲得し，通行権などの商業的特権を付与されて活動していたことが知られる。

慈忍 じにん　→慧猛

自然 じねん　→自然

私年号 しねんごう　→異年号

自然法爾 じねんほうに　*親鸞の最晩年の思想で，阿弥陀如来の願力による他力往生についての宗教的立場を表したもの。直接的には，親鸞86歳の1258年(正嘉2)の法語，いわゆる「自然法爾章」において表明されている。この法語を記す文献としては，「*末灯鈔」の第5通，専修寺蔵「古写書簡」中の「獲得名号自然法爾御書」，「正像末和讃」の巻末などがある。この中で親鸞は，「自然」とは，念仏の行者の計らいではなく，しからしむ，ということと説く。また「法爾」とは，阿弥陀如来の誓い，すなわち法の徳によってしからしむ，ということとする。したがって，自然法爾全体としては，阿弥陀如来の誓いの働きは人間の一切の計らいを超えたものであるということになる。そして，「義なきを義とす」つまり衆生の計らいがないことが他力の義である，ということを知らねばならないとしている。親鸞の自然法爾思想の背景には，師の*法然の「法爾道理」という言葉の影響などが考えられる。

東雲新聞 しののめしんぶん　1888年(明治21)1月，大阪で創刊された自由民権派の新聞。高知出身の旧自由党系の人たちが計画し，栗原亮一・江口三省・*植木枝盛らを記者とし，主筆には保安条例で東京を追われた*中江兆民を迎えた。創刊年に発行部数2万3000部を記録し，憲法制定前後の新聞ジャーナリズムにおける民権派の活動として一画期をなした。兆民の連載した「国会論」は白眉をなす論説であり，また旧被差別民からの投書の形で掲載された「新民世界」では，「平等」の徹底が主張された。89年7月に兆民は日刊「政論」の主筆を兼ねることとなり，大同派内部の分裂も影響して徐々に衰退，91年10月頃終刊となった。

誄 しのびごと　古代，死者に対して生前の功をたたえて哀悼の意を表する儀式。中国では，皇帝と臣下との間で行われる相務的儀礼だが，日本では，特別な功臣に対して以外は，臣下から天皇(大王)へ奉る一方的な性格を有した。これは，令制以前の皇位継承時に，殯宮で*日嗣の奏上とともに氏ごとの奉仕の由来を奏し，代替りに際して氏の地位の再承認をうけるという儀式と，中国の誄の儀式とが融合したためにできた特色であろう。功臣に対する誄の例としては，藤原鎌足・同不比等に賜ったことが知られるだけである。

支配 しはい　中世までは配分の意味で使われた語。有名な用法としては，高野山の「分田支配」があり，これは田をそれぞれの権利者に配分すること，またその状態を指し示していた。江戸時代になるとニュアンスが変わり，特に武士社会で命令系統を指し示す言葉として用いられた。たとえば全国の大名は老中の支配に服する，といわれる。これは大名への幕府(将軍)の命令が老中を通じてだされ，また，大名から幕府(将軍)への要望は老中の手をへて上申されることを意味する。老中は将軍の権威を背に，職務として大名たちに命令を伝達しているのであり，当時の支配とは，従属させることと同義ではない。

緇白往生伝 しびゃくおうじょうでん　江戸中期の*往生伝。全3巻。浄土宗の僧了智の編著。1688年(元禄1)成立，翌年刊行。出家(緇)と在家(白)の往生人の伝を集成したものである。漢文体で，僧49人，尼10人，信士15人，信女11人の計85人の伝を収める。序文に，往生を遂

げた人々は澆季末世の今日でも少なくないにもかかわらず，鎌倉時代の正嘉年間(1257～59)以降，往生者の伝記が埋もれて世に伝えられないことを嘆き，本書を著したという。了智，またこの末世では難行ではなく易行によって極楽往生を遂げることができ，また，どのような宗派の人であっても浄土宗の念仏に帰依するならば，浄土菩提の妙果をえることができるともいっている。浄土宗に帰依した浄土真宗や法華宗・天台宗などの往生人も含まれている。

司馬江漢 しばこうかん　1747～1818(延享4～文政元)　江戸中・後期の洋風画家，蘭学の啓蒙的著述家。俗称は吉次郎，本姓は安藤氏で，江戸芝に居住したことから司馬姓を名乗る。名は峻，字は君岳，通称は勝三郎のち孫太夫，号は江漢・桃言・無言道人・西洋道人・不言道人・春波楼などう。江戸生れ。はじめ狩野派に学んだが，やがて浮世絵師鈴木春信に師事し(異説あり)，美人画を描くようになり，春信の没後はその偽版も手掛けている。安永期(1772～81)に*平賀源内らと交わり，蘭学の知識をえるとともに，洋風画に開眼する。1783年(天明3)*大槻玄沢の援助でわが国最初の腐食銅版画の制作に成功する。「三囲之景図」「御茶水景図」「中洲夕涼図」「不忍池図」などの日本風景や外国風景・外国人物図などの銅版画がある。源内の弟子の洋風画家小田野直武に洋風画法を学び，寛政年間(1789～1801)に油彩画「寒柳水禽図」や「七里浜図」「江ノ島遠望図」などの遠近法を使う風景画を作成し，日本に洋風画を広めた。著作としては画論「*西洋画談」のほかに，蘭学者との交流により西洋の天文地理・窮理学に関心を抱き，「地球全図略説」(1793)，「*和蘭天説」，「*和蘭通舶」，「天地理譚」(1816)などの天文地理の著作もある。老境に入ると教訓的な随筆を書くようになり，随筆集に「*独笑妄言」，「*春波楼筆記」，「*無言道人筆記」，絵入り寓話集に「*訓蒙画解集」がある。晩年は禅宗や老荘思想に接近し，隠遁生活を送った。

柴四朗 しばしろう　→東海散士
柴田合戦記 しばたかっせんき　「柴田退治記」とも。現存する「*天正記」の中の1巻で，賤ヶ岳の戦いの記録。*大村由己の著。1583年(天正11)成立。織田信長亡きあと，その後継者の座をめぐって敵対した柴田勝家を賤ヶ岳に破った羽柴(豊臣)秀吉が，天下統一に向かう不動の威勢を確立する経緯をのべ，最後に秀吉が天下人として君臨する拠点となった大坂築城を賛美する文章を付す。「天正記」全巻が朗読するにふさわしい美文調の文体で書かれているが，由己自身，本巻を85年に本願寺の教如に読み聞かせている(「宇野主水日記」)。なお本巻には，信長や秀吉が天下統一のイデオロギーとして喧伝した*天道思想や*天下思想は認められない。

柴田鳩翁 しばたきゅうおう　1783～1839(天明3～天保10)　江戸後期の心学者。名は亨，通称は謙蔵，鳩翁は号。京都堺町姉小路にあった江戸飛脚本番を宰領とする家に生まれ，若くして父母を失い，辛苦の生活を重ねた。19歳で江戸にでて種々の仕事を試みるがいずれも失敗し，帰洛して塗り物を職とした。28歳の折，野史講談を始めて成功をするが，満足することなく，薩埵徳軒について*石門心学の修行に励んだ。45歳で教化活動を開始し，翌々年には失明するが，57歳で没するまで専念して倦まなかった。鳩翁は*上河淇水以降の京都心学の伝統をふまえて儒教，特に朱子学にもとづく独自の教説を立て，これを巧みな譬話を織りこんだ*道話によって布教に功をあげた。その地域は，12ヵ国・13城下町・12町村に及び，道話の聞き書きは「*鳩翁道話」として発刊され，多くの人々に読み継がれて今日に及んでいる。

司馬達等 しばたっと　生没年不詳　飛鳥時代の中国からの渡来人。仏教公伝以前の継体天皇の時に来日し，私に仏像を伝えて草堂を営んだという。司馬達等－鞍作多須奈－*鞍作鳥(止利)の系譜を伝え，鞍作の祖とされる。

柴野栗山 しばのりつざん　1736～1807(元文元～文化4)　江戸中・後期の儒学者。名は邦彦，字は彦輔，通称は彦助，栗山は号，別号は古愚軒。讃岐国三木郡牟礼村の農家の生れ。はじめ高松藩儒後藤芝山に入門する。芝山は朱子学者で有職故実を兼学していた。10代

で江戸に遊学し、幕府奥儒者の中村蘭林らに師事する。蘭林は朱子学者で古註・考証をも尊重していた。1753年(宝暦3)大学頭林榴岡りゅうこうに入門する。当時、林家は朱子学によりながらも他の学問傾向も受容していた。65年(明和2)京都に遊学し、公家の高橋図南となに和学・有職故実を学び、開物学かいぶつがくを唱える*皆川淇園きえんと交わる。67年徳島藩儒として150石で出仕する(のち400石)。68年から江戸、71年から京都、76年(安永5)から江戸、80年から京都に居住する。この間、藩主の嗣子の侍講を務め、淇園や*西依成斎にしよりせいさい(崎門きもん系)・*赤松滄洲そうしゅう(折衷学)と漢詩人のグループ三白社さんぱくしゃを結成する。88年(天明8)幕府に出仕し、聖堂付き儒者となる。*寛政異学の禁から林家家塾の幕府学問所への昇格に至る過程で、一貫して中核的役割をはたした(俸禄200俵)。

　栗山は、その学問系統や交友関係からいっても、また自分自身が考証や有職故実の業績をあげている点からいっても、個人的には朱子学以外の学派にも寛容であった。しかし、政治改革の一環として思想統制の必要を痛感して、朱子学の正学化を図ったという。97年(寛政9)幕府奥儒者に転じる。江戸で没するが、行年には74歳説がある。著名な「*栗山上書じょうしょ」をはじめ著作は多数あり、刊本としては「栗山文集」6巻5冊(1842)がある。

師範学校令 しはんがっこうれい　戦前の教員養成を規定した勅令。1886年(明治19)4月10日公布。高等師範学校(官立、東京1校)・尋常師範学校(公立、各府県1校)の2種を設けて学資を支給し、卒業後の服務を義務化する。前者の男子部は尋常師範卒業後3年、女子部は尋常師範2年修了後4年、後者は高等小学校卒業後4年(女子は3年)制とし、師範教育を普通教育とは別個の専門教育と規定する。「順良信愛威重ノ気質」の養成を目的に、学科・教科書を指定、兵式体操を課し国家統制下においた。97年に師範教育令により、高等師範学校・女子高等師範学校・師範学校に再編された。学科・教科書に加え、設備・募集・服務などに国家管理をいっそう強めた。1943年(昭和18)の改定ですべて官立に統一し、目的を「皇国ノ道ノ錬成」と改めた。47年廃止。

慈悲 じひ　仏教の語。現在では「慈悲」は一語として使われているが、本来「慈」と「悲」はそれぞれ独立した意味をもち、「慈」はサンスクリットの「友情・好意」を意味する語の訳、「悲」は「同情・あわれみ」を意味する語の訳である。「慈」は最初、徳目の一つとして説かれ、原始仏教では、「スッタニパーター」に〈母親が自分の子供を身命を賭して守るように、すべての生あるものに対し、無量の慈しみの心をおこすべし〉という意味のことが説かれている。大乗仏教では、「慈悲」は大きな意味をもつようになり、仏・菩薩が衆生に楽を与えること(与楽よらく)を「慈」といい、苦しみを除くこと(抜苦ばっく)を「悲」というと説き、「慈悲」こそが仏の心そのものである、とする。天台では与楽を意味する「慈」は、父の愛にたとえられ、抜苦を意味する「悲」は母の愛にたとえられる。「*法華経」は「如来の室とは、一切衆生の大慈悲心、これなり」(法師品)といい、「*観無量寿経」は「仏心とは大慈悲これなり」といっている。慈悲とは要するに、仏の心そのもので、万民に対する愛である。

　「*歎異抄たんにしょう」(第4章)では、*聖道門しょうどうもんの慈悲と*浄土門じょうどもんの慈悲とを区別して、「慈悲に聖道、浄土のかはりあり。聖道の慈悲といふは、ものをあはれみ、悲しみ(可愛がり)、はぐくむなり。しかれども、おもふがごとくたすけとぐること、ありがたし。浄土の慈悲といふは、念仏して、いそぎ仏になりて、大慈大悲心をもて、おもふがごとく、衆生を利益りやくするを云ふべきなり」と記している。

渋井太室 しぶいたいしつ　1720～88(享保5～天明8)　江戸中期の儒学者。名は孝徳、字は子章、通称は平左衛門、号は太室。*林鳳岡ほうこうに仕えた渋井重之の次男。下総国佐倉に生まれる。14歳で江戸にでて、*井上蘭台らんだいに学ぶ。24歳で出羽国の山形藩主堀田正亮まさすけに仕え、禄70石を給された。1746年(延享3)正亮の佐倉藩転封の時、ともに佐倉に移った。87年(天明7)藩主が大坂城代に任ぜられた際、年寄として政務に参与し、200石を食んだ。*滝鶴台かくだい・*秋山玉山ぎょくざん・*細井平洲へいしゅうらと交わり、門人に*林述斎じゅっさいらがいる。著書は江

戸幕府通史「国史」80巻(1771序)，「責而者草(せめては)」2編40巻。ほかに「羅山(らざん)は博にして可なし，藤樹(とうじゅ)は約にして自ら画し，闇斎(あんさい)は精にして刻刹，仁斎(じんさい)は醇にして自ら尊び，徂徠(そらい)は敏にして放縦」というような寸評が面白い，随筆「読書会意(ぶんい)」(1793序)などがある。

渋柿 しぶがき　鎌倉時代の将軍・執権(しっけん)の治世の理念，武士の心得を示した教訓書。1巻。編者不詳。室町時代末頃の成立。(1)「明恵上人伝(みょうえしょうにんでん)」，(2)「文覚(もんがく)上人消息」，(3)「頼朝(よりとも)佐々木ニ被下状」，(4)「泰時(やすとき)御消息」の4点の鎌倉時代の説話・書状からなる。(1)(2)は他に拠るべき古写本が存在するが，(3)(4)は他に写本がなく，特に(3)は「吾妻鏡」の逸文であることが明らかである。書名は(1)の中の明恵の言葉をとって「詞不可疑(ことばうたがうべからず)」と称したが，これが難解なため「渋柿」とされたのが一般化したと思われる。

渋沢栄一 しぶさわえいいち　1840～1931（天保11～昭和6）　明治・大正期の実業家。渋沢財閥の創設者。武蔵国榛沢郡の豪農の出身。1867年(慶応3)徳川昭武(あきたけ)に随行してフランスなどヨーロッパ諸国を歴訪，海外の文物・制度などを見聞した。帰国後，静岡に合本組織の商法会所を創設，これがわが国株式会社の先駆となった。69年(明治2)大蔵省に出仕し，大蔵権大丞として新貨条例・国立銀行条例の起草にあたった。73年退官。のち実業界で活躍し，国立銀行条例により，73年に第一国立銀行(のちの第一銀行)を創立した。90年貴族院議員。近代的産業の先導を務めた，王子製紙・渋沢倉庫・東京石川島造船・ヂーゼル自動車工業会社などを率い，晩年は教育事業・社会事業に尽くし，「論語と算盤(そろばん)」を主張，「道徳経済合一説」を説いた。「渋沢栄一伝記資料」全58巻・別巻10がある。

士仏参詣記 しぶつさんけいき　→伊勢太神宮参詣記(いせだいじんぐうさんけいき)

紫文要領 しぶんようりょう　*本居宣長(もとおりのりなが)が著した「*源氏物語」の総論的な研究書。全2巻。1763年(宝暦13)成稿。写本として流通したが，1927年(昭和2)「増補本居宣長全集」第10巻に収録され，はじめて刊行された。仏教思想や儒学からのみ教誡的に理解されていた中世的物語観に対し，それを否定して「物語」は人情のありのままを記したものであるという本質論を提示し，「*もののあはれ」を知ることが「物語」を読むことであるとして，新しい「源氏物語」理解を確立した宣長初期文芸論の代表的著述である。のち1779年(安永8)までには本書を改訂して「源氏物語玉の小琴(たまのおごと)」と改称しているが，これも刊行されず，さらに「*源氏物語玉の小櫛(たまのおぐし)」へと改稿された。

慈遍 じへん　生没年不詳　鎌倉末・南北朝期に活躍した天台宗の僧，神道思想家。1362年(貞治元・正平17)まで生存が確認される。神祇官人卜部兼顕(うらべかねあきら)の子。*吉田(卜部)兼好(けんこう)とは兄弟の関係。幼くして延暦寺に入るが，元徳年間(1329～31)の伊勢神宮の法楽祈禱を機に，伊勢外宮禰宜の*度会常昌(わたらいつねまさ)と交際し，*伊勢神道を学ぶ。1330年(元徳2)には，常昌の援助で「神懐論(しんかいろん)」(逸書)を後醍醐天皇に献上する。32年(正慶元・元弘2)8月には隠岐配流中の天皇に「*旧事本紀玄義(くじほんぎげんぎ)」などの自著を奏覧するなど，南朝に近い立場で活動した人物とされる。ただし，足利将軍家の祈禱に数度出仕した事実もあり，南朝與王僧という評価は再考を要する。

慈遍は神典として「*先代旧事本紀」を重視したうえで，両部神道・伊勢神道・山王(さんのう)神道の錯綜する教説を整合し，中世神道理論の体系化を図った。その思想は基本的に*本地垂迹説(ほんじすいじゃくせつ)に立っているが，*神本仏迹説(しんぽんぶっしゃくせつ)の萌芽も認められる。その神器論・天皇論は，北畠親房(ちかふさ)や吉田神道・垂加(すいか)神道などに影響を与えた。ほかに神祇関係の著作として「古語類要集」「神皇略文図」「*天地神祇審鎮要記(てんちじんぎしんちんようき)」「*豊葦原神風和記(とよあしはらしんぷうわき)」があり，仏教関係の著作には「天台宗大事」や「密法相承審論(みっぽうそうじょうしんろん)要抄」がある。

四方拝 しほうはい　元旦早朝に天皇が四方などを拝し，年災を払って息災を祈願する行事。中国の陰陽思想の影響をうけたものといわれ，内裏清涼殿(せいりょうでん)の東庭の屏風で囲んだ御座(ぎょざ)に出御して，その年の属星(ぞくしょう)，天地・四方，さらに*山陵(さんりょう)の順に拝する。早く642年(皇極元)に飛鳥南淵(みなぶち)の河上での*祈雨(きう)のため

に皇極天皇が四方を拝した例があるが，宮廷行事としての元旦四方拝の成立は平安時代のことで，逸文「宇多天皇御記」によれば890年(寛平2)が最初である。平安中期以後は摂関家でも行われ，この場合は四方のほか，氏神・竈神・先聖・先師を拝した。

シーボルト　　Philipp Franz von Siebold　1796～1866　幕末期にオランダ商館付き医師として来日したドイツ人医師・博物学者。バイエルンのビュルツブルクの医家に生まれる。ビュルツブルク大学で医学などを学び，1820年に学位をえる。22年からオランダ東インド会社の医師となり，23年(文政6)に長崎の出島に赴任した。翌年に鳴滝に私塾(*鳴滝塾)を開き，*小関三英・*高野長英らに医学・薬学などを教授する一方で，日本の植物を集め，弟子たちに日本についての博物学論文をオランダ語で提出させ学位を与えるなど，相互の知的交流を行った。26年商館長の江戸参府に随行し，江戸の蘭学者たちとも交わる。28年任期切れで帰国するも嵐のためにはたせず，長崎に戻った際の荷物調査で持出し禁止の品，特に*伊能忠敬の日本地図を携えていたことが発覚した。シーボルトは翌年国外追放となり，地図を供出した高橋景保らは獄死する。これが世にいうシーボルト事件である。欧州に戻ってから日本博物学の著作を次々に発表し，58年(安政5)日蘭修好通商条約の成立により追放令が解かれ，59年再来日した。62年(文久2)に離日し，ミュンヘンで死亡した。主な著作は「日本誌」(1832～54刊)，「日本動物誌」(1833～50刊)，「日本植物誌」(1835～70刊)。

島井宗室遺書　しまいそうしついしょ　博多の豪商島井宗室が1610年(慶長15)，養嗣子の徳左衛門信吉に与えた遺言状。17ヵ条。宗室がこの遺言状は聖徳太子の*憲法十七条にも劣らぬものと自負しているように，その内容は細密周到をきわめている。正直・律儀・節倹・早寝早起・賭事禁止などの一般的な処世訓とともに，50歳までは信仰心を無用とし，商人には儲けること以外に道はないと断じている。商売においては他に劣らず稼ぐべきことを強調しつつ，異国との貿易においては危険を軽減するため1船に巨額の投資をすることを戒める。また「*徒然草」の「勝たんと打つべからず，負けじと打つべし」という双六の名人の言葉を引きながら，のちの町人道の自覚的形成に通ずる商略の秘訣を説いている。なお，宗室は茶人としても知られる。

島木健作　しまきけんさく　1903～45(明治36～昭和20) 昭和前期の小説家。本名は朝倉菊雄。札幌出身。苦学の末，東北帝国大学法学部選科に入学するものの中退。1926年(昭和元)日本農民組合香川県連合会書記となり，肺結核を患いながらも農民運動に挺身する。28年第1回普通選挙下に激しい弾圧の中で検挙され，大阪刑務所へ護送される。翌年，二審の控訴公判廷で転向を表明した。32年の出獄後から作家活動を始め，「文学界」同人となり，*小林秀雄・川端康成・林房雄らから刺激をうけた。38年には和田伝・丸山義二らと農民文学懇話会を結成した。獄中生活が綴られた処女作「癩」，学問を捨て帰農する青年を描いた「*生活の探求」，運命を諦観した「赤蛙」などが代表作で，「島木健作全集」全15巻がある。

島崎藤村　しまざきとうそん　1872～1943(明治5～昭和18)　明治～昭和前期の詩人・小説家。本名春樹。長野県馬籠宿の旧家に生まれる。1887年(明治20)明治学院に入学，西欧の文化にふれる。93年*北村透谷・戸川秋骨らと「*文学界」を創刊，のちに「若菜集」(1897)にまとめられる詩編を発表し，浪漫主義的な感情を清新な語法で歌い，文語定型詩の新たな可能性を開拓した。「落梅集」(1901)以後は，散文のジャンルに転じ，信州の自然を写生的に描いた「千曲川のスケッチ」をへて，06年「*破戒」を発表，自然主義の作家としての名声を獲得する。「春」(1908)以降は，自伝的作品が創作活動の中心となった。「家」(1911完結)では，個人の性情を規定するものとして血縁が主題化されている。姪との性的関係を扱った「新生」(1919完結)は，大胆な告白小説として称賛されると同時に，打算的な行為として激しい非難も浴びた。近代人である自己を，負の部分も含めて検証し続けた軌跡として，藤村文学を概括することができる。晩年は，日本文化の総体を問う大作「東方の門」を構想するが，死によ

り未完に終わった。代表作としてはほかに「桜の実の熟する時」「*夜明け前」などがある。新潮社版「島崎藤村全集」全19巻，筑摩書房版「藤村全集」全17巻・別巻1がある。

島地黙雷 しまじもくらい　1838〜1911（天保9〜明治44）　明治期の仏教近代化を進めた浄土真宗本願寺派の僧。号は縮堂・雨田など。周防国佐賀郡の専照寺住職清水円随の四男として生まれる。29歳の時，隣村の妙誓寺の住職となり島地姓を名乗る。1868年（明治元）赤松連城らと京都にでて，本山改革を建言する。本山の家臣制度をやめ広く末寺僧侶を宗政に参加させることを主張し，受け入れられた。72年西本願寺の命により，赤松らとともに欧州視察の旅に立つ。キリスト教の実態を視察し，12月パリで「三条教則批判建白書」を起草，明治新政府における祭政一致の宗教政策を鋭く批判し，政教分離，信教の自由を強く主張した。翌年帰国すると，仏教を大教院から離脱させようとする大教院分離を建言し，世論をよびおこし，75年の大教院解散に追い込んだ。また社会教化にも尽力し，71年に日本最初の新聞である「新聞雑誌」を木戸孝允と創刊，74年*大内青巒らとともに「報四叢談」発刊，75年には白蓮社を創設して人々に仏教を説いた。また88年には女子教育のため，女子文芸学舎（のちの千代田女子学園）を開設，さらに赤十字社の創立にも寄与した。晩年は盛岡の願教寺に入寺，熱心に教化した。「島地黙雷全集」全5巻などがある。

島田三郎 しまだ さぶろう　1852〜1923（嘉永5〜大正12）　明治・大正期の政治家。号は沼南。幕府の御家人鈴木智英の三男として江戸に生まれるが，1874年（明治7）「横浜毎日新聞」社員総代島田豊寛の養子となる。昌平坂学問所・沼津兵学校・大学南校・大蔵省付属英学校などで学ぶ。73年「横浜毎日新聞」に翻訳記者として入社する。75年4月に元老院大書記生，80年2月に文部権大書記官になる。その間*嚶鳴社に参加する。81年10月に大蔵卿*大隈重信の免官とともに下野し，翌11月「東京横浜毎日新聞」に再入社する（88年3月一時退社して約2年半欧米視察，90年助筆として復帰）。82年3月，改進党結成に参加し，また神奈川県会議員，さらに同議長となる。90年の第1回総選挙以後連続14回当選するも，無所属や進歩党・憲政本党など非自由党・政友会系の立場を貫いた。1915〜17年（大正4〜6）衆議院議長。キリスト教徒であるとともに，足尾鉱毒被害民への支援，廃娼運動団体*廓清会の会長，普通選挙運動の推進などで活躍した。「島田三郎全集」全5巻がある。

島田忠臣 しまだのただおみ　828〜892（天長5〜寛平4）　平安前期の官人・文人。*菅原道真の父是善に学び，また幼少時代の菅原道真の詩文の指導にあたり，娘を道真に嫁した。文章生をへて大宰少弐・美濃介・典薬頭などを歴任した。漢詩集「田氏家集」3巻が現存する。白楽天の影響をうけた作風を示し，「*和漢朗詠集」「*本朝文粋」にも作品が採られている。

島津家久訓誡 しまづいえひさくんかい　「松平中納言家久訓誡」とも。この訓誡は，「家久より北江式部大輔に示す訓誡」の内題をもつ写本もある。「寛政重修諸家譜」によれば，島津家久（1576〜1638）の第4子久直「又十郎，式部少輔，寛永八年（1631）四月朔日，兄光久加冠のとき登城し，従五位下式部少輔に叙任す，のち家臣北郷（北江）出雲忠亮が養子となる」とあることから，この訓誡の対象は，家督を継ぐ光久の同母弟久直であり，養子となって北江家に赴く際に与えた訓誡であろう。本文にも「北江殿前々よりの次第」「北江家繁栄候て」とあることからも推定される。15ヵ条で構成される内容は，いずれも日常生活での心得，家と国を治めるための学文の奨励，領民への心遣いなどが訓誡され，養子先の北江家の繁栄のため「忠節」の覚悟を説いている。

島津綱貴教訓 しまづつなたかきょうくん　内閣文庫（彰綬叢彙慶寅窓）所収本の標題では「松平綱貴二男又八郎への教訓」とあるが，「寛政重修諸家譜」では二男は早世，三男に「久儔，初忠英，周防，母は江田氏，家臣となる」とあるので，おそらく一門の家臣島津久弼の養子となり，周防と称した久儔に与えたものであろう。制定された1702年（元禄15）6月は，綱貴が藩主在任中である。こうした対象の立場の

ためか，内容も藩主の子として人の上に立つべき者の心得と志，父の跡を継ぐ兄吉貴の政道を補佐すべきための自己修養，そのためには「文武の道」を身に付けるべきことと，「文武は車の両輪，鳥の両翼」と文武兼備を強調している。教訓の後半は，島津の家譜を語り，わが家への「忠孝の道中武将の器」となるべきことが主眼となっている。

島原の乱 しまばらのらん 1637～38年(寛永14～15)島原・天草地方におこり，宗教戦の様相をおびた農民一揆。両地はもと*キリシタン大名有馬・小西氏の領地で，キリシタン信仰が根づいていた。松倉氏の島原転封後，たび重なる失政と苛政に飢饉が加わり，まず島原の農民が蜂起し，これに天草の農民が合流した。総員2万数千人がキリスト教信仰を団結のきずなとし，*天草四郎を総大将として島原半島の原城に立て籠もった。幕府は第一陣に板倉重昌，ついで老中松平信綱を派遣し，近隣諸藩とあわせて総勢12万7000人以上で，3ヵ月費やして攻略した。幕府軍の死傷者は8000人以上，一揆参加者は全員皆殺しにされ，幕府はこれを機にキリシタン侵略宗門観を宣伝し，*鎖国を断行した。

島村抱月 しまむらほうげつ 1871～1918(明治4～大正7) 明治・大正期の評論家・英文学者・翻訳家・新劇指導者。本名瀧太郎。島根県那賀郡久佐村に生まれる。東京専門学校(現，早稲田大学)文学部卒。製鉄業佐々木一平の長男。一家の没落，両親との死別により，小学校卒業後苦学しながら私塾に通い，その非凡さを認められ，検事島村文耕の支援で1890年(明治23)2月上京，翌年島村家の養子となる。*坪内逍遙に文学を，*大西祝に哲学と美学を学び，卒業とともに「*早稲田文学」の編集に従事する。98年母校講師となり，かたわら「読売新聞」の「月曜付録」を主宰する。1902年3月英・独へ留学し，この時の西欧文化体験が新劇指導の土台となる。帰国後「早稲田文学」での評論活動を再開し，一方，*文芸協会ではイプセンの社会劇をとりあげる。松井須磨子との恋愛により逍遙のもとを離れ，13年(大正2)7月芸術座を旗揚げし，トルストイの「復活」などを上演した。牛込芸術倶楽部で孤独のうちに肺炎で急死した。「抱月全集」全8巻がある。

清水浜臣 しみずはまおみ 1776～1824(安永5～文政7) 近世後期の国学者。通称は玄長，号は月斎・泊洦舎。江戸の町医師清水道円の子で，医業を継ぐ。*村田春海に入門し歌文を学び，*狩谷棭斎とも交流し考証にも長ずる。*賀茂真淵の遺稿・遺墨の類を多く所持し，「県門遺稿」を編集して真淵の顕彰に努めた。また，*契沖や県居派の歌人の長歌を集成した「近葉菅根集」などを編纂した。随筆「泊洦筆話」は，当時の国学者の交流や事蹟を知る好史料である。*小山田与清とともに春海の有力な後継者の一人であり，歌学では堂上流を批判し県居派の流れを継承していることを主張した。門人に前田夏蔭らを輩出した。著書は「万葉集考註」「泊洦舎集」「遊京漫録」など。

持明院統 じみょういんとう →両統迭立

四民平等 しみんびょうどう 西欧列強の開国要求に応える方法を模索する過程で，幕府の主導権は地に落ち，代わって薩摩・長州のような外様の藩の，しかも下級武士がリーダーシップをとるようになった。このような政治権力の推移を人々に認めさせるためには，一方で天皇のような伝統的な権威に頼ると同時に，他方では権力の支持基盤を拡大する必要が生じた。明治政府は，後者の条件を満たすため，1871年(明治4)以降，廃刀令，士族・平民相互の結婚許可など，従来の身分差別を廃止するための施策を講じ，四民平等を標榜し，日本が近代国家として再出発するための体制を整えた。「末は博士か，大臣か」と人々が立身出世に励み，有為の人材を発掘して，近代日本が急速な進歩をとげた大きな要因の一つである。

時務策 じむさく 晩年の*会沢正志斎が尊攘激派の主張を批判した書。1冊。1862年(文久2)成立。かつて正志斎自身「*新論」で展開していた*攘夷論を唱え，攘夷断行を迫る尊攘激派の「血気ノ少壮」の徒に対して，世界情勢の変化をのべ，その無謀さを「彼ヲ知リ我ヲ知」るという「孫子」兵学の時勢論から批判する。さらに臣下の身でありながら，「義」を掲げ，天下国家を担おうとする

その僭越さを非難している。

下鴨社（しもがもしゃ）　→上賀茂社・下鴨社

下河辺長流（しもこうべちょうりゅう）　1627～86（寛永4～貞享3）「しもかわべながる」とも。江戸前期の和学者・歌人。名は共平、号を長竜とも。大和国竜田あるいは宇陀で、片桐氏家臣の小崎氏の一子に生まれた。下河辺は母の姓である。*木下長嘯子に和歌を、*宗因に連歌を学ぶ。一時、「万葉集」を披見するために三条西家に仕えたこともある。水戸家から扶持50石を与えられ、「万葉集」の注釈に従事したが、病に冒されて実現せず、大坂で没した。友人の*契沖に引き継がれて完成したのが「*万葉代匠記」(1688頃)である。地下庶民の和歌撰集「林葉累塵集」(1670)の編纂のほか、家集に「長竜和歌延宝集」「三家和歌集」所収、1681)がある。弟子に今井似閑がいる。

霜女覚書（しもじょおぼえがき）　細川忠興の妻秀林院（明智光秀の三女で本名玉あるいは玉子、戦国・織豊期の代表的女性キリシタンで洗礼名はガラシャ、秀林院は諡号）の最期の模様を綴った侍女霜の手記。1648年（慶安元）成立。1600年（慶長5）夫忠興が徳川家康に味方して出陣中、石田三成方から人質になることを要求された秀林院は、これを拒否し、事前に自ら指示してあったとおり、最期は家臣の手により命を絶った（キリシタン信者には自害は許されていなかった）。霜は主人から忠興宛の遺書を託され、火をつけられた細川邸を脱出し、その使命をはたしたという。その後霜は、熊本藩主細川光尚の意をうけた長岡監物に請われて「志う里んいん様御はて被成候次第之事」を書き、これが「霜女覚書」として伝えられることになった。この覚書から関ケ原の戦い前夜の緊迫した雰囲気とともに、過酷な運命と闘った当代武家の女性の志操堅固な生き方がうかがえる。なお、別本として「お志も覚書」がある。→細川ガラシャ

下田歌子（しもだうたこ）　1854～1936（安政元～昭和11）明治～昭和初期の教育家・歌人。旧名は鉐。号は香雪。美濃国岩村藩士の子。幼時から漢学と和歌の才を発揮し、宮中に出仕する。上流子女を対象に私塾桃夭女塾を開設し、官界から厚い庇護をうけ、宮内省御用掛となる。華族女学校幹事兼教授への就任を機に、塾生を編入して閉塾する。帝国婦人協会を結成し、翌1899年（明治32）東洋的な徳性と実学を重視する中等教育機関の実践女学校（現、実践女子大学）および女子工芸学校を開設し、大衆の女子教育に努めた。1906年*華族女学校の改組で学習院女学部長に就任したが、翌年辞任した。*愛国婦人会の結成に尽力し、のち会長となる。著書は「和文教科書」「小学読本」や国定教科書に影響を与えたといわれる「国のすがた」のほか、「香雪叢書」「源氏物語精義」など多数ある。

霜月神楽（しもつきかぐら）　→湯立神楽

下中弥三郎（しもなかやさぶろう）　1878～1961（明治11～昭和36）明治～昭和期の教育運動家。平凡社の創業者。兵庫県多紀郡今田村生れ。小学校3年修了後、家業を継ぐも、1898年（明治31）小学校准教員試験に合格し教員となる。1902年上京して「児童新聞」「婦女新聞」の編集に従事したのち、11～18年埼玉師範学校に勤める。19年（大正8）啓明会を結成し、翌20年日本教員組合啓明会と改称し、学習権の確立や教育委員会の制度化、教員組合結成の促進など「教育改造の四綱領」を発表して教育運動を進めたほか、24年池袋〈児童の村小学校〉を創立した。一方、14年に平凡社を作って出版事業にも力を入れ、全28巻の「大百科事典」(1931～35)などを刊行した。戦時中に大亜細亜協会や大政翼賛会の役員を務めたことから戦後は公職追放となったが、51年追放解除により平凡社社長に復帰し、さらに世界連邦運動に力を入れ、55年世界平和アピール七人委員会を結成して活動した。

寺門（じもん）　→山門・寺門

寺門伝記補録（じもんでんきほろく）　*園城寺の守護神・沿革・長吏や高僧の伝など、寺門関係の史伝を集成した書。応永年間(1394～1428)に園城寺慶恩院の志晃によって編纂された。全20巻で、祠廟部（巻1～5）、聖跡部（巻6～9）、僧伝部（巻10～17）、雑部（巻18～20）からなる。題名に補録とあるのは、本寺の草創から正安年間(1299～1302)までを随筆的に記録した「園城寺伝記」全10巻（別称「寺門伝記」）の欠を補う意図で編纂されたことによる。僧伝部や雑部などに三井寺修験関係の

しゃか

詳しい記述があることから、天台系修験の研究においても注目される。

社会主義運動　日清戦争を画期として日本資本主義が発展・確立するとともに、労働組合運動とあわせ社会主義運動も発生した。出発点をなしたのは1898年（明治31）結成の*社会主義研究会であり、2年後に*社会主義協会と改称した。さらに1901年には片山潜・幸徳秋水・河上肇らを発起人とする*社会民主党が創立された。しかし運動が人道主義的・キリスト教的社会主義の域をこえたのは、幸徳・堺利彦らによる*平民社の設立と週刊「*平民新聞」の発刊（1903）による戦争（日露）反対運動からであった。だが*大逆事件による大弾圧により、運動は「*冬の時代」に入る。第1次大戦の勃発以降、堺・山川均・荒畑寒村らを中心に運動は再び復活をみせ始める。*アナ・ボル論争、山川による*方向転換論の提起をうけて第1次*日本共産党（堺利彦委員長）が22年（大正11）に結成され、しだいに*マルクス主義が主導的な理論となる。25年の普通選挙法の成立を機に、各地に無産政党が分立するようになるが、これへの対処をめぐり、*山川イズムと*福本イズムの対立が発生し、*労農派と*講座派（第2次共産党）間の*日本資本主義論争の中で運動は進展する。だが、当初から相次ぐ弾圧に耐えてきた社会主義運動も、ファシズムによる弾圧、37・38年（昭和12・13）の*人民戦線事件により、論争と運動ともにいったん幕を閉じることを余儀なくされた。

社会主義協会　1900年（明治33）1月に*社会主義研究会が改称して作られた実践的団体で、「社会主義の原理を討究し之を我邦に応用するの可否を考査」することを目的とした。会長は*安部磯雄、会員は約40名。当初、普通選挙の実施や*工場法の制定などをとりあげ、さらに01年3月に社会主義学術大演説会を開いた。社会主義の教宣をめざして、研究会や公開集会の開催、社会主義宣伝の旅行などを行った。01年5月18日、中心的メンバーの安部・*片山潜・*幸徳秋水・*木下尚江・*西川光二郎と河上清が*社会民主党を結成したが、ただちに禁止となった。04年1月、片山の渡米により本部は平民社内に移転したが、「*平民新聞」が*非戦論を展開したことなどから、日露戦争中の同年11月16日に解散を命じられた。

社会主義研究会　1898年（明治31）10月に「社会主義ノ原理ト之ヲ日本ニ応用スルノ可否」の研究を目的に創立された研究団体。会長は*村井知至、会員は*安部磯雄・*片山潜・*幸徳秋水らで、それ以前に*社会問題研究会に所属していた者が少なくない。毎月1回の例会ではサン・シモンからマルクスに至る西欧の社会主義者たちの思想や運動について研究・討議がなされ、社会主義の紹介を目的とした公開演説会も開催された。しかし、*ユニテリアニン＝キリスト教社会主義者たちが運動の実践に消極的であったことから活動はしだいに停滞し、社会主義と積極的にかかわろうとする者たちによって1900年1月に*社会主義協会と改称される。

社会主義神髄　*幸徳秋水による明治期の最も水準の高い社会主義理論書。1903年（明治36）7月、朝報社刊。11月までに6版を重ねる。幸徳の「万朝報」退社後は東京堂発行、05年*堺利彦の由分社から7版がでた。中国語訳も06年以降刊行されている。社会主義者自らが正しく社会主義の大綱・要義を著すことを目的として、マルクス、エンゲルスの基本古典やイリー、カーカップらの著書を参照しながら、マルクス主義的社会主義理論の体系的な鳥瞰図を示している。緒論、貧困の原由、産業制度の進化、社会主義の主張、社会主義の効果、社会党の運動、結論の7章からなり、補論として五つの論説が付されている。

社会進化論　社会は、自由競争の結果、最適者が生き残り、進歩していくとする社会変動論。社会ダーウィニズムともいわれ、ダーウィンの進化論を社会の変動に適用したものと考えられているが、その提唱者はイギリスの哲学者H.スペンサーであり、ダーウィンの「種の起源」（1859）より早く1850年代には形成されていた。日本では1877年（明治10）、*尾崎行雄によってスペンサーの最初の書物「社会静学」の抄訳「権利提綱」上が紹介された。81・82年に松島剛によ

って全訳が「社会平権論」として出版され、自由民権運動に多大の影響を与えた。83・84年に出版された*有賀長雄ながおの「社会学」(巻1社会進化論,巻2宗教進化論,巻3族制進化論)は、その巻1・2をスペンサーの立論によっている。*徳富蘇峰とくとみの平民主義にも影響を与えた一方で、*加藤弘之ひろゆきにとっては天賦てんぷ人権論から国権論へと転換(1879)する論拠となったとされる。このように社会進化論は、近代日本の現実と将来を考察するための、多様な社会変動理論として用いられた。

社会政策学会 しゃかいせいさくがっかい　1896年(明治29)に発足した、工場法などの社会政策を検討・提言する全国規模の啓発的学術団体。ドイツの社会政策学会(1872設立)を範とし、新歴史学派(シュモラー、ワグナー、ブレンターノら)の影響をうけた。97年に社会政策学会と命名された。当初は数人による研究会としての性格が強かったが、のち学界・官界の経済学関係者のほとんどを網羅するに至った。有力なメンバーとしては、*金井延のぶる・*桑田熊蔵・*高野岩三郎たかのいわ・*福田徳三とくぞう・*河上肇はじめらがいた。1907年に第1回大会を東京帝国大学法科大学で「工場法と労働問題」なるテーマで開催、工場法が産業界の利害と一致することを説いた。わが国の*工場法はその後、11年に国会を通過した。その後も時事問題に積極的に取り組むとともに改良主義の立場から政策を提案し、労働局の設置、トラストの利害得失、*足尾鉱毒事件の調査などを行った。しかし、しだいに大会も熱気がうすれ、また勃興期の社会主義運動からの批判をうけた。特にマルクス主義の台頭によって19年(大正8)頃から内部に対立がうまれ、また高野岩三郎が大原社会問題研究所に移ったことにより衰退して、24年の大阪での第18回大会を最後に自然消滅した。

社会大衆党 しゃかいたいしゅうとう　同名の政党が二つある。(1)1932年(昭和7)7月24日に全国労農大衆党と社会民衆党が合同して結成された無産政党。全国労農大衆党は、1931年7月、全無産政党の大合同をめざして全国大衆党・労農党・社会民衆党合同派が合同して結党されたもの。社会民衆党は、労働農民党(1926年3月結党)から分かれた*日本労働総同盟など右派社会民主主義グループによって26年12月に結成されたものであるが、全国労農大衆党には加わらなかった。戦前の合法的無産政党の中では最大のもので、37年の第20回総選挙では37人が当選した。反資本・反共・反ファシズムの三反主義の立場から、国内問題では農村窮乏の打破、軍需インフレ予算反対を掲げ、対外的には満州国を承認しつつも、国際連盟脱退反対、日ソ不可侵条約締結をめざした。しかし日中戦争の勃発後、潜在的に存在した党内対立が顕在化し、40年3月、反軍演説をした*斎藤隆夫の議会除名に反対した片山哲ら8名が除名されて以後、近衛の新体制に吸収される者が多く、40年7月6日に解党した。

(2)1950年(昭和25)10月31日に沖縄で結成された沖縄社会大衆党。長らく革新第一政党として沖縄の革新勢力の中心的な存在となった。

車会党 しゃかいとう　→奥宮健之おくのみやけんし

社会民衆党 しゃかいみんしゅうとう　→社会大衆党しゃかいたいしゅうとう

社会民主党 しゃかいみんしゅとう　20世紀の日本で社会民主党という政党は二つある。(1)1901年(明治34)に結成された日本で最初の社会主義政党。01年5月18日に*安部磯雄いそお・*片山潜せん・*幸徳秋水こうとくしゅうすい・*西川光二郎こうじろう・*木下尚江なおえ・河上清の6人によって結成されたもの。その前1898年10月、村井知至ともち・安部・片山・幸徳らは「社会主義ノ原理ト之ヲ日本ニ応用スルノ可否」を研究するために*社会主義研究会を作ったが、それが1900年1月に*社会主義協会へと発展し、社会主義宣伝のための集会を開いたりした。社会民衆党はそのメンバーを中心に結成された。社会民主党宣言は、理想綱領8カ条(人類同胞主義の拡張、軍備の全廃、階級制度の全廃、土地・資本の公有、鉄道・船舶などの交通機関の公有、財富分配の公平、参政権の平等、教育の国家負担)と実行的綱領28カ条からなっていた。しかし、2日後の同月20日に治安警察法第8条第2項により結社禁止となった。

(2)日本社会党(1955年11月結党)が、1996年(平成8)1月19日に党名を変更したものであり、現在に至っている。

社会問題研究会 しゃかいもんだいけんきゅうかい　1897年(明治30)4月に「学理と実際とにより社会問題を研究する」目的で設立された研究団体。幹事は中村太八郎・*樺井藤吉・西村玄道の3名。評議員には*巌本善治・石川半山・稲垣示・鳩山和夫・*片山潜・*田口卯吉・*陸羯南・*松村介石・*福本日南・*天野為之・三宅雪嶺・尺秀三郎ら各界の名士30名が選ばれ、会員は約200名に達した。研究会は毎月1回、東京新橋の開花亭で開かれ、約30名が参加し、普選・地租・労働・教育などの諸問題や社会主義についての報告・討論がなされた。幹事の入獄や死去などで1年余で自然休会となったが、この研究会によって社会問題についての世の人々の意識が喚起された。また社会主義に関心をいだく会員によって、98年10月に*社会主義研究会が作られた。

釈迦信仰 しゃかしんこう　仏教の開祖である釈迦(*釈迦如来)に対する信仰。仏教の成立以来、釈迦に対する信仰は仏教の中心的信仰として存在したが、釈迦入滅後、火葬の後の遺骨(舎利)を分骨して納めた*塔(ストゥーパ)や*仏足石なども、釈迦への篤い敬慕によって礼拝された。1世紀後半頃、ガンダーラ、マトゥラー地方で、釈迦の姿を造形することが行われるようになり、2世紀前半には単独の礼拝像が成立し、いよいよ釈迦信仰は大きく広がった。

日本においては、仏教公伝で知られる百済の聖明王が大和朝廷に献じた仏像も釈迦仏であった。また11世紀に、*奝然が宋から持ち帰ったのが、釈迦の生身を写した釈迦如来像(清涼寺像)であるとされ、*末法思想とも結びついて特殊な信仰を形成した。末法思想との結びつきで、この頃から*舎利信仰も盛んとなり、空海が持ち帰った舎利を安置していた*東寺では、12世紀から新たに舎利会が営まれるようになった。13世紀には、あえて悪世における穢土成仏を願った釈迦の大悲を讃える「悲華経」にもとづく釈迦信仰が唱えられ、高山寺の*明恵、西大寺の*叡尊らは阿弥陀信仰に対抗する釈迦信仰の大きな流れを作った。西大寺系の寺院などで、清涼寺像を模刻した釈迦如来像も多数造立され、また復興期南都においても舎利信仰がいっそうの昂まりをみせた。さらに禅宗でも釈迦の正覚を追体験することを目的とすることから、釈迦を尊崇した。南北朝の争乱後、*夢窓疎石の勧めで足利尊氏らが建立した諸国利生塔には、東寺の舎利が分納された。

釈迦如来 しゃかにょらい　梵語Śākya　釈迦牟尼仏・釈尊・仏陀とも。*仏教の開祖であるゴータマ・シッダッタ(Gotama Siddhartha, ゴータマ・ブッダとも)を、出身部族であるシャカ(Sakya)族の聖者を意味する釈迦牟尼(Śākya-muni)とよんだが、これを略称したものが釈迦。ネパールのカピラ城の国王の長子として生まれたが、29歳で妻子をおいて出家し、苦行を積んだ。やがて苦行を捨てブッダガヤーの菩提樹のもとで禅定に入り、35歳で悟りを開き、覚者となった。その後各地で教えを説き、80歳の時クシナーラーで入滅した。釈迦の没後からその崇拝が広がり、その遺骨を祀る仏塔などが各地に営まれた。大乗仏教の中で釈迦は諸仏の中の一人とされたが、仏教の開祖として特別な位置を占めたことはいうまでもない。→釈迦信仰

邪義 じゃぎ　→異安心

写経 しゃきょう　仏教経典を書写する行為、また書写された経典をいう。講究・修行・読誦などの目的で用いる実用面と、経典そのものを本仏とみなして写経行為そのものが功徳であるとする信仰面との両面があった。写経は地域・時代によって材料はさまざまであったが、わが国ではもっぱら紙に墨書する形式が一般的で、673年(天武2)川原寺における一切経書写が文献上の初見である。奈良時代には官設のほか主要寺院に*写経所が設けられ、多数の写経生による大がかりな写経が行われた。平安時代以降には、如法経・頓写経・一筆経のほか、料紙や見返しに華麗な絵や装飾を加えた装飾経など、信仰としての写経が主流となり、鎌倉時代以降には木版印刷による版経も増加していった。

写経所 しゃきょうじょ　奈良時代を中心に、仏教経典を大規模に書写するために設けられた施設。一般に、書写を担当する経師、校正を担当する校生、用紙を染めたり巻軸をつけた

じゃき

りする装潢のほか、多数の専門職人を擁する。令制下では、写経事業は図書寮の担当であり、奈良時代には官設の写経所が設けられたが、その経営主体は*光明皇后の皇后宮職、造東大寺司（東大寺写経所）、称徳天皇の内裏へと順次移っていった。写経所は教学研究の発展のほか、仏教の継承・普及にも多大の役割をはたしたが、律令国家の衰退とともにしだいに衰微した。ほぼ同時期に皇族・貴族や寺院が単独で設けた写経所もあった。→写経

邪教大意 じゃきょうたいい　→対治邪執論

釈雲照 しゃくうんしょう　1827～1909（文政10～明治42）明治中期、戒律復興に努めた真言宗の僧。姓は渡辺、のち釈。父は忠左衛門。出雲国神門郡の人。10歳の時、多聞院の慈雲のもとで得度する。高野山にのぼり、真言を学ぶ。慈雲の十善戒を受け継ぎ修行する。廃仏毀釈に対しては、儒教と仏教は神道をよく補翼するものであると位置づけ、反対した。十善会をおこし、1889年（明治22）東京目白に目白僧園を設立する。雑誌「十善宝窟」を創刊し、十善戒の精神に従う厳格な戒律生活に仏教復興の道を求めた。93年「法の母」を発刊し、婦女を教化する。99年仁和寺門跡。晩年は神・儒・仏三教一貫の徳教主義を唱導する。著書は「大日本国教論」など多数ある。

寂室元光 じゃくしつげんこう　1290～1367（正応3～貞治6・正平22）　鎌倉末～南北朝期の禅僧。美作国の人。はじめ約翁徳倹に従い、1320年（元応2）元に渡り、中峰明本らに参ずる。6年後に帰国、のちしばらく美作・備前国を中心に隠棲する。61年（康安元・正平16）、近江守護佐々木氏頼の請により近江国に永源寺を創建する。のち五山天竜寺・建長寺の住持に請われるも固辞し、平僧として永源寺で没した。中峰の影響をうけて名声を嫌い、教団を否定した姿勢は稀有のものとされる。詩偈に優れ、「永源寂室和尚語録」が伝わる。多くの禅僧が寂室のもとに集まり、死後に永源寺を中心に門派が形成された。円応禅師、近代に正灯国師と追諡された。

釈笑雲入明記 しゃくしょううんにゅうみんき　「入唐記」とも。通称の「允澎入唐記」は誤り。1451年（宝徳3）度の遣明正使東洋允澎の従僧笑雲瑞訢が著した入明記。1巻。写本に宮内庁書陵部所蔵本、東京大学付属総合図書館所蔵本、刊本に続史籍集覧本などがあるが、原本の所在は不明。1451年10月の京都出発から54年（享徳3）7月の赤間関着までを記す。遣明船団の構成や、入港地寧波から北京までの行程、代宗景泰帝への朝見儀礼、礼部（外務省に相当）における朝貢品・勘合検査のようすなどがうかがえる。北京では一行が琉球・爪哇・女真などの諸民族と出逢い、また中国の科挙の合格者掲示をみるなど、当時の中国社会を知るうえでも興味深い記事をのせる。

釈宗演 しゃくそうえん　1859～1919（安政6～大正8）明治・大正期の臨済宗の僧で、禅を海外に紹介し、社会的に活動した。父は一ノ瀬五右衛門信典。幼名は常次郎。若狭国大飯郡の人。13歳の時に上洛し、妙心寺の塔頭天授院で得度する。1878年（明治11）鎌倉円覚寺の*今北洪川のもとに入り、のちに印可をえた。87年慶応義塾を卒業後、福沢諭吉のすすめでセイロンに渡り、サンスクリットを学ぶ。92年、34歳で円覚寺派管長。93年、シカゴ万国宗教大会に出席して講演し、1905年再び渡米し禅を説いて好評を博す。この時の通訳がシカゴに留学していた*鈴木大拙。帰途、欧州を回る。徳富蘇峰らの碧巌会らの講師となり、夏目漱石や河野広中にも影響を与えるなど、政財界や知識人に多大な影響を与えた。「釈宗演全集」全10巻がある。

釈日本紀 しゃくにほんぎ　略称は「釈紀」。「*日本書紀」の注釈書。本文28巻・目録1巻。*卜部兼方撰。鎌倉中期の成立。1274～75年（文永11～建治元）兼方の父兼文が前関白一条実経に行った講義を基礎に、平安初期までの「日本書紀」講読の記録「日本紀私記」や、風土記・「上宮記」などの古書を広く参照しつつまとめられた。この時代までの書紀注釈の集大成であり、解題・注音・乱脱・帝王系図・述義・秘訓・和歌の7部門に分類されている。そのほか、中世後期に散逸した文書を多く引用している点でも貴重である。

折伏 しゃくぶく　仏教で，衆生教化の方法の一つ。煩悩や悪法，あるいはそれらに迷う衆生を強硬な手段をもって屈服させ，正法に導こうとする。通常，柔和・穏当な手段をもって教導しようとする「摂受」の対概念として用いられることが多い。「勝鬘経」や「瑜伽師地論」などに説かれ，聖徳太子の「勝鬘経義疏」や智顗の「摩訶止観」「法華玄義」などに取り入れられた。特に*日蓮は折伏を末法相応の手段として重視し，「*開目鈔」や「如説修行鈔」には不軽菩薩の礼拝行などと関連づけて説かれる。法華経至上主義の全面的主張も折伏に通じるものであり，その結果，迫害をうけることこそ真の法華経行者の姿であるとする信仰のあり方にも密接にかかわる。

蔗軒日録 しょけんにちろく　「しょけん―」とも。室町時代の臨済宗聖一派の僧季弘大叔(1421〜87)の日記。蔗軒は季弘の別号。1480年(文明12)冬に京都東福寺の住持を辞して，83年和泉国堺の海会寺に移って以後の日記で，84年4月1日条から86年12月30日条までの記事がある。貿易の要港である堺に居住した記主の日常起居と往来した人々との交渉のようすが詳細に記され，特に遣明船で帰国したばかりの金子西から連日のように聞いた中国の風俗・言語についての片仮名交りの記事は，この時代の「異邦」発見の貴重な記録である。季弘には別に「蔗庵遺稿」の著書がある。日記は剛外令柔の写本のみが伝わる。

写実主義文学 しゃじつしゅぎぶんがく　伝統的な勧善懲悪の功利的な文学観を打破しようとして，*坪内逍遥が「*小説神髄」を発表して写実を提唱し，さらに*二葉亭四迷は「小説総論」でその立場を徹底させた。この立場をうけて創作活動を展開したのは尾崎紅葉を中心とした*硯友社の同人や，*幸田露伴・*樋口一葉らであった。極端な欧化熱に対する批判から，保守的な思想や国粋主義的な風潮を背景に展開した。文学史的には模写主義・擬古典主義ともいい，1885年(明治18)から95年頃までをさす。

社稷 しゃしょく　「社」は一つの集団が共同に祀る耕作の土地の神で，「稷」は五穀の神。古代中国では，天子・諸侯はこの2神(社・稷)を宮殿の右に，*宗廟を左に祀り，国家の最も重要な守護神とした。日本では「社稷」の語や観念が受容されても，古来の神祭の実態とはあわず，中国におけるような祀り方はされなかった。社稷の語は「*日本書紀」「*続日本紀」などの記述にもしばしばみられるが，もっぱら国家や朝廷の意味に用いられている。

捨身 しゃしん　仏教語。仏法のために身命を惜しまないことをいい，特に仏に供養し，他者を救うために自分の身を投げ捨てて*布施することをいう。布施としては最上のものとされ，経典では薬王菩薩の焼身供養(「法華経」)，薩埵太子の捨身飼虎(「金光明経」)，雪山童子の捨身羅刹(「涅槃経」)などが著名である。中国や日本でも，法華信仰の一環として薬王菩薩の例にならった焼身行がしばしばみられ，捨身飼虎の図は釈迦の前世を主題とする本生図として，中央アジアや中国の壁画，法隆寺の玉虫厨子台座絵など広く行われた。また，捨身行を説く釈迦の本生譚が各種の仏教説話集に散見するほか，平安後期には浄土信仰の盛行にともなって焼身・入水・断食などの捨身往生行も流行した。

捨世派 しゃせいは　世俗を離れ専修念仏に徹した浄土宗の僧侶の総称。浄土宗僧侶は多額の謝金を用意し，香衣上人号の綸旨をうけて寺院住職になることができるが，「捨世」とはこの香衣上人号を求めず，小寺庵に住して称名(口称)念仏に専念し，宗祖源空(*法然)への恩に報いることをいい，いわゆる出家者の*遁世のことである。天文年間(1532〜55)に称念が提唱した。江戸中・後期には，檀林での修学を終えて香衣上人号の綸旨をうけながら，僧階の昇進や上級寺院への晋山などの世俗的栄達を嫌い，捨世義を体現する先師を慕っていくつかの法流ができた。*弾誓・澄禅らの古知谷派，忍澂らの獅子谷流，*無能らの無能流，関通らの関通流，法岸・法洲・*法道らの大日比流，以八・学信らの光明院流，*徳本・徳住らの徳

本流などである。彼らは自ら各地を遊行遍歴したり*山林修行を行い，それぞれの寺庵では大衆を有して念仏同行に対して厳格な清規の遵守を求めた。また教化にも積極的に取り組み，多くの道俗に日課念仏を授与して称名念仏を勧めた。1950年(昭和25)京都市東山区の一心院を本山として浄土宗から分派し，浄土宗捨世派となった。

写生文しゃせい　写生の方法によって書かれた散文をさす。元来絵画についての用語であるが，明治期にスケッチ，もしくはデッサンの訳語を*正岡子規が，浅井忠・下村為山・中村不折らの洋画家の示唆のもとに文芸用語としてとりいれた。子規はこれを「写実」と同義に用い，景物をありのままに具体的に写すことを唱えて，俳句の分野で新風をまきおこした。この方法が散文に適用されたのが写生文である。

沙石集しゃせきしゅう　「させきしゅう」とも。鎌倉時代の仏教説話集。全10巻。*無住道暁の著。1279年(弘安2)に起筆，数年間の中断後，再開して83年に脱稿。その後の加筆もある。沙(砂)を集めて金を求め，石を磨いて玉にする，つまり人間が仏法で救われることをテーマにした仏教説話集だが，宗教的テーマと直接は結びつかない話も多い。たとえば説経師の笑話などからは，落語の元祖ともいわれる作者のしたたかな笑いの精神が伝わってくる。作者は禅宗にあって，真言密教をはじめ各宗を学んだ学僧であるが，和歌への理解も深く，また，中世の連歌の盛行を伝える説話も少なくない。

社僧しゃそう　供僧・宮僧・神僧とも。神社や*神宮寺につとめ，神祇に対して仏事を修した僧のこと。奈良時代より始まった*神仏習合思想の表れの一つとして，神社に付属して神宮寺がおかれ，そこでの仏事を行う僧が必要となった。725年(神亀2)宇佐神宮の神宮寺である弥勒寺が建立され，その際に法蓮和尚を別当としたことが，「*八幡宇佐宮御託宣集」に記されている。これが，社僧に関する文献上の初見とされる。中世以降，社僧をおく傾向は多くの神社に広がり，伊勢神宮など一部を除いて，多くの神社は社僧の支配下におかれた。1868年(明治元)以降の*神仏分離令によって神社におかれた別当・社僧は還俗を命じられ，ここに社僧は廃絶した。

釈教歌しゃっきょうか　経典・経文・教義や釈迦・諸仏・諸菩薩あるいは仏事供養など，仏教に関することをよんだ和歌。その中心を占めるのは法数をよんだもので，「法華経二十八品歌ほけきょうにじゅうはちぼんか」「維摩経十喩歌ゆいまきょうじゅうゆのうた」などがある。勅撰集では「拾遺和歌集」哀傷部のものが最も早い。「後拾遺和歌集」雑6に「釈教」の小部立てが「神祇」とともに設けられる。以後，部立ては釈教と神祇が対になる。「千載和歌集」で独立した大部立ての「釈教」に1巻があてられ，その後の勅撰集には必ず設けられた。藤原公任・和泉式部・赤染衛門の家集にもみえるが，独立した部立ては私家集でも源俊頼の「散木奇歌集さんぼくきかしゅう」にみられる。また選子内親王の「発心ほっしん和歌集」のような釈教歌単独のものも編まれた。

釈教正謬しゃっきょうせいびゅう　中国清末のキリスト教による仏教批判書。正・続編2冊。原書は中国上海で正編が1857年(咸豊7)，続編が59年に刊行された。これとは別に和刻版と69年(明治2)に刊行された鵜飼徹定うがいてつじょう訳の翻訳版がある。ロンドン伝道会中国駐在宣教師で東洋学者のJ.エドキンス(Joseph Edkins)著。儒教には好意的であるが，仏教を偶像崇拝の教えとし，20章にわたって仏教を批判している。大乗非仏説の立場をとったうえで，仏教の反倫理性を指摘し，輪廻説，須弥山説，六道世界，空・仮・中の三観説法などを否定している。プロテスタントからの積極的な仏教批判に対し，鵜飼徹定をはじめとする仏教側は危機感をもって反論した。

社殿しゃでん　*神社を構成する殿舎のこと。中心となるのは本殿・拝殿・幣殿。本殿は神体(霊代たましろ)が奉安される神聖な建物で，正殿・神殿ともいう。拝殿は神を祀り拝礼するための建物で，礼殿ともいう。幣殿は幣帛や奉献品を捧げおくための建物で，本殿の手前，拝殿との中間に位置し，時に祝詞奏上にも使用されることがある。その他，神饌所は神饌を調備するための建物で，拝殿の左か右に付設されることが多い。祝詞

を奏上する祝詞殿、舞踏を行う舞殿、神楽を奏上する神楽殿などがある。なお、大和国の大神神社には拝殿があって本殿がなく、また伊勢神宮と熱田神宮には拝殿はない。神社建築の様式とは本殿様式のことで、神明造・流造・八幡造・日吉造・大社造・大鳥造・住吉造・春日造などがある。

謝花昇 じゃはなのぼる　1865～1908(慶応元～明治41) 明治期に沖縄県民の権利獲得のために闘った活動家。沖縄県島尻郡東風平間切の農家の生れ。師範学校在学中の1882年(明治15)県費留学生として上京。学習院などをへて、91年帝国大学農科大学卒業ののち沖縄県技師、さらに高等官となる。しかし、92年に赴任した奈良原繁知事(旧鹿児島藩士族)が、薩摩閥による支配を強めるとともに、沖縄の実情を無視した近代化政策を推進した。特に共有地の強引な官有化や修学の強制などを行ったことから、98年隈板内閣の成立を機に県民の興望を担って上京し、板垣内相に奈良原の更迭を訴えた。しかし、内閣の早期瓦解により実現せず直訴は失敗し、苦境に陥った謝花は、同年12月、県吏を辞任した。翌年、沖縄県の衆議院参政権の実現をめざして、沖縄倶楽部を結成し、機関誌「沖縄時論」を発刊して知事の圧政を批判した。だが奈良原の圧迫などで、常務取締役であった農工銀行の重役改選で敗北したことなどから郷里にいられなくなり、1901年山口県に職をえて赴任の途中、神戸駅で発狂した。その後、帰郷するも回復することなく08年10月29日没した。

シャーマニズム shamanism　宗教的な霊能者であるシャーマン(shaman)が、トランス(trance、亡我・脱我・恍惚)状態において、予言・治病・卜占・祭儀などを目的として、超自然的存在(神霊・精霊・死霊など)と直接交流する宗教形態。シャーマンの語源は北東シベリアのツングース系諸族において呪術・宗教的職能者を意味するサマン(saman)などに由来するとする説が有力である。欧米において、極北・北アジアの呪術・宗教的霊能者を表す語として定着するのは19世紀以降で、その後、南アジアなど世界各地にみられる類似現象を意味する用語として広く用いられることとなる。ただし、その様相は種々の地域性があり、また他の宗教と習合し、その基層部を形成していることが少なくない。シャーマンが超自然的存在と直接交流を行う方法は、自身の霊魂を体外に離脱させて交流する脱魂と、自身に招き寄せる憑霊とがあるとされる。

古代日本では女性霊能者を「巫(巫女)」、男性霊能者を「覡」という。記紀に記される、天岩屋神話のアメノウズメノミコト、神がかりして神託を下す神功皇后などに神を祀る*巫女の面影が認められ、また伊勢神宮の*斎宮、賀茂神社の*斎院、令制下の神祇官に所属した御巫なども神を祀る巫女である。男性霊能者としては、修験道の開祖とされる*役行者が有名である。シャーマニズムは近代化の過程で激減したが、奄美・沖縄の*ユタや東北地方のイタコやオガミサマによるものが典型的な民俗宗教的シャーマニズムとして現存している。

沙弥・沙弥尼 しゃみ・しゃみに　沙弥は梵語śrāmaṇeraの音訳で、見習僧の意。女性を沙弥尼という。それぞれ勤策男・勤策女と意訳する。剃髪して十戒をうけた7歳以上20歳未満の者で、男子は250戒、女子は348戒の具足戒をうけて一人前の比丘・比丘尼となるよう努める段階の者をいう。沙弥には年齢に応じて3種があり、7歳から13歳までを駆烏沙弥、14歳から19歳までを応法沙弥、20歳をこえているものを名字沙弥と称する。なお日本では、後世、特に剃髪していても妻子があったりして在俗の生活を送る者を沙弥と称した。

三味線 しゃみせん　16世紀に輸入された楽器。輸入されたのは1562年(永禄5)、琉球から堺にもたらされたと伝える。三弦の楽器は中国にあったが、この時は蛇の皮を張ったものであった。三味線を利用したのは、はじめ*琵琶法師であり、琵琶の撥を使ったため、蛇の皮では破れやすく、犬や猫の皮が張られた。奏法も琵琶に準じ、また構造も多少の変更が加えられた。その後改良を重ねるとともに、江戸時代には邦楽に使われ、日本の代表的な楽器となった。大きさに3種あって、太棹は義太夫節に、中棹は地唄や常磐

じゃり

津どう・清元などに、細棹は長唄ながうたや小唄こうたに用いられる。

闍梨 じゃり →阿闍梨あじゃり

舎利信仰 しゃりしんこう　舎利は身体・身骨・遺体のことで、ふつうは釈迦の遺骨である仏舎利ぶっしゃりをいう。仏舎利の信仰は中国・朝鮮をへて日本に伝来した。「日本書紀」敏達天皇13年条に蘇我馬子そがのうまこが*司馬達等しばたつとの献じた舎利によって法会ほうえを開き、翌年、これを大野丘の塔の柱頭に納置したとするのが日本における初見とされる。平安時代、舎利は舎利塔などに納められて礼拝の対象となり、平安中期には末法まっぽう到来の危機感とそれに呼応する釈迦への信仰から、舎利に対する関心が強まった。空海くうかい請来の東寺仏舎利は、*大師信仰と結合して特に霊験あるものとされ、室町時代、足利尊氏あしかがたかうじは東寺仏舎利を納めた利生塔りしょうとうを全国に建立しようと企てた。→釈迦信仰

社例伝記神道 しゃれいでんきしんとう　→本迹縁起神道ほんじゃくえんぎしんとう

自由 じゆう　日本の現代社会の慣用語になっている「自由」という言葉は元来漢語であり、中国の文献には古くから見出せる。その使われ方には「百事自由」(「後漢書」)などといい、人の専恣横暴を非難する場合もあれば、「去住こじゅう自由」(「臨済録」)などといい、仏教の何物にもとらわれない解脱げだつの境地を説く場合もあり、マイナス評価とともにプラス評価の対象にも用いられている。要するに「自由」は肉体的であれ、精神的であれ、他から束縛や拘束をうけず思いのままにできる状態を意味し、その具体的内容が批判されることもあれば容認されることもあったのである。

こうした傾向はわが国の古代・中世における「自由」の用例にもみられ、人倫や社会的・政治的規範に背く放縦な行為を意味する一方、肉体的にも精神的にも制約をうけず解放された状態をさすこともあった。特に後者のようにプラス評価を示す場合は、仏教の解脱あるいは隠逸いんいつの境地を語る時に使われることが多い。しかし南北朝期以降になると、社会全体に「自由」を求める気運が高まってきた(「*二条河原落書にじょうがわららくしょ」)。もちろんこの段階でも、「自由」を積極的に肯定したの

は僧侶とりわけ禅僧であったが、こうした風潮は世俗社会にも瀰漫していった。

密集戦術をとる戦国武将の合戦においては、武将の臨機応変の駆引き(戦場で機をみて兵を進退させる)のうまさが戦勝のための不可欠の条件であったが、一般にその点が「自由」の語で表現されている。戦国武将は軍団の秩序を破壊するような家臣の勝手な振舞を「自由」として禁止する一方、自らの勝利を獲得するため軍事上の駆引きのために「自由」を求めていたのである。それと関連して注目されるのは、戦国・織豊期においては特に道路事情の良否と結びつけて「自由」の語が使用され、しかも多くの場合、軍団の移動・往来の「不自由」が訴えられていることであり、当該期の「自由」の使用が合戦と密接に結びついていたことがわかる。

なお、同時期に刊行されたキリシタン教義書においても「自由」が多用され、死後の天国行きのために必要な「真実の自由」、すなわち「あにま(霊魂)の自由」が重視されている。キリシタンの「自由」と戦国武将の「自由」を単純に同一視することはできないが、敵を排撃する戦闘的精神をもって確保すべきものとされている点で一脈相通ずるところがある。

近世になると、庶民層の台頭とともに「自由」容認の範囲はさらに拡大していったが、それは原則として幕藩制的秩序の埒内のことであり、それをこえる「自由」な行為は不法・放逸な振舞として批判され、処罰された。やがて幕藩体制が動揺・崩壊していく過程で従来以上に個人の「自由」が主張されるようになり、さらに明治維新をへてリバティー(liberty)、フリーダム(freedom)の翻訳語として採用され、近代社会の流行語になっていった。なお、福沢諭吉ふくざわゆきちが上記のような伝来の意味をふまえ、「自由」は翻訳語として不適切であると指摘した(「*西洋事情」)ことは、近代思想史上重要な事実である。

拾遺往生伝 しゅういおうじょうでん　*三善為康みよしためやすの撰。全3巻。成立は1111年(天永2)頃。上巻の序文によれば、大江匡房おおえのまさふさの「*続本朝往生伝」の後を継ぎ、それまでに漏れた往生者の伝を収録し、都合95人の伝を収める。上巻では僧

侶を年代順に配列するが，中・下巻は僧侶・俗人男子・尼・俗人女子の順に，年次にかかわらず収載する。俗人が全体の4分の1ほどを占めていることが本書の特色の一つである。鎮源撰「*本朝法華験記」からも取材したため，法華持経者の往生が多く，また悪人往生者が6人とられ，悪人往生思想がみられることも本書の特色である。

十王 じゅうおう 冥界において死者の罪業を裁くとされる10人の王。仏教と道教との習合を背景とした，唐末の偽経とみられる「十王経（預修十王生七経）」や，日本偽撰の「地蔵菩薩発心因縁十王経」などに説かれるもので，初七日から三周忌に至るまでの間の十仏事に対応して，亡者が各王の庁で順に裁きをうけるとされ，あわせて遺族の追善供養と地蔵菩薩への帰依とが勧められた。具体的には初七日の秦広王，二七日の初江王，三七日の宋帝王，四七日の伍官王，五七日の*閻魔王（閻羅王），六七日の変成王，七七日の太山王（泰山府君），百箇日の平等王，一周忌の都市王，三周忌の五道転輪王をいう。十王を描いた図を十王図と称し，一般に道服を着て笏を手にした忿怒形で表現され，敦煌写本など中国では盛んに描かれた。わが国では鎌倉時代以降に盛行し，十王それぞれに本地仏を配当することが行われたほか，多数の十王図が制作され，彫像の十王を安置した十王堂が設けられることもあった。なお十王の中では，特に閻魔王が単独で信仰されることが多いのも日本の特徴である。

住家 じゅうか →在家

集会及政社法 しゅうかいおよびせいしゃほう 1890年(明治23)7月に公布された政治集会・結社を取り締まる法。前身となる*集会条例(全16条)は1880年4月に公布され，これにより「政治ニ関スル事項ヲ講談論議スル」集会・結社は警察署の事前の認可を必要とし，臨監警察官には集会の解散権が与えられた。82年6月の改正追加では取締りがいっそう強化され，結社は支社の設置を禁止されたことから，全国的規模での政治結社の形成が阻まれることになった。こうした政府の方針が帝国議会開会を前に補強される形で制定されたのが全38条からなる「集会及政社法」であり，*治安警察法の制定(1900年3月)を機に廃止された。

拾芥抄 じゅうがいしょう さまざまな事物や事象を部門別に列挙し，説明を付した百科全書の一つ。1341年(暦応4・興国2)に洞院公賢が先行する類書を改編して成立したとされる。在来の百科全書を集成したものと位置づけられ，成立後も多くの増補が行われたことは，本書が広く受容されたことを示しているといえよう。最古の写本は東京大学史料編纂所本で，紙背文書の年代から，鎌倉末・南北朝初期の書写とみられ，本書成立過程を考えるうえで重要である。諸本の多くは3巻99部からなり，宮城指図・東西京図などの図も多く含まれ，平安京研究の基本史料となっている。

集会条例 しゅうかいじょうれい 1880年(明治13)4月，太政官布告第12号により公布された法規。集会条例は，1877年に西南戦争を平定し，反藩閥勢力の武力による反抗を封じた明治政府が，言論集会による政府攻撃をも封ずるため，集会を事前に予防し，政府批判を制限することを目的として制定した。これにより自由民権運動は，その活動に多大な制約をうけた。本条例は，第1条で「政治ニ関スル事項ヲ講談論議スル為メ公衆ヲ集ムル者ハ，開会三日前ニ講談論議ノ事項，講談論議スル人ノ姓名住所会同ノ場所年月日ヲ詳記シ，其ノ会主又ハ会長幹事等ヨリ管轄警察署ニ届出テ，其認可ヲ受クヘシ」と定め，管轄警察署は「国安ニ妨害アリト認ムルトキハ」集会を認可せず(第4条)，また集会会場に警察官の監視を認め(第5条)，さらに立会警察官に集会解散の権限を与えた(第6条)。同条例は2回の改訂をへて，90年公布の*集会及政社法に継承される。さらに1900年の*治安警察法に受け継がれる，明治憲法下の治安取締り法規の原型をなすものである。

十月事件 じゅうがつじけん 錦旗革命事件とも。1931年(昭和6)10月，陸軍急進派によるクーデタ未遂事件。三月事件で失敗した桜会の橋本欣五郎中佐らが満州事変遂行のため，若槻礼次郎首相と閣僚を殺害し，荒木貞夫中将首班の軍事政権を樹立しようとクーデタを計画した。*大川周明らの民間右翼や海軍将校

らも参加し，陸軍首脳部も彼らをそそのかした。未然に発覚し，橋本らが検束され謹慎処分となったが形式的なもので，誰一人処罰されなかった。事件は秘密にされたが政財界は動揺し，満州事変不拡大方針の後退，軍の政治進出への道をつけた。

周忌 しゅうき　年忌きん・回忌とも。人の死後に毎年回ってくる忌日をいうが，ふつうは満1年目の一周忌をいい，仏教では当日に死者の追善仏事が営まれる。中国や日本で古くからみえるのは一周忌・三周忌で，「続日本紀」天平宝字元年(757)5月2日条に「(聖武)太上天皇周忌也」とあるのが早い例である。七回忌以下は，いずれもわが国で創始されていったもので，およそ平安末期に十三回忌，鎌倉末期に三十三回忌，室町時代に七回忌がそれぞれ始められ，十七回忌・二十五回忌・五十回忌などはさらに後世に加わった。

集義外書 しゅうぎがいしょ　*熊沢蕃山ばんざんの著した和文の書。全16巻。「*集義和書」の外編という意味で「集義外書」と名づけられた。1709年(宝永6)刊。蕃山の生前には，秘書の扱いをうけて刊行されなかった。削巻3巻，脱論7巻，中庸九経考1巻，窮理3巻，雅楽解1巻，水土解1巻からなる。削巻3巻と脱論7巻は，「集義和書」を内容的に補うものという性格をもつ。水土論は，風土論的な考察として優れたもので，師であった中江藤樹なかえとうじゅの*時処位論じしょいろんの展開としても注目すべきものであり，蕃山の経世済民論をよく伝えている。

宗義制法論 しゅうぎせいほうろん　江戸前期の仏教書。全3巻3冊。日蓮宗*不受不施派の*日奥にちおうの著作。1616年(元和2)成立。当初写本として，江戸中期以降版本として流布した。*受不施派の日乾にっけんの著「破奥記はおうき」に反駁して，不受不施義が宗義の制法であることを明らかにする。上巻では19カ条にわたって大綱で反駁し，中巻では17カ条にわたって個々の問題を論じる。下巻では，受不施派による「謗施禁断条目」の解釈批判と新しい論難に答える。日乾らを不浄の謗法供養をうけ宗義を破ったものとして批判し改悔を求めるとともに，釈尊御領観を堅持し不惜身命ふしゃくしんみょうの心地で謗法の国主を「諫暁かんぎょう」することは折伏しゃくぶくの

行であるとし，信心為本しんじんいほんの立場が主張される。

十牛図 じゅうぎゅうず　仏性を中国人の生活に密着した牛にたとえ，禅の修行を「尋牛じんぎゅう」から「入鄽垂手にってんすいしゅ」に至る絵と頌(漢詩)によってわかりやすく表現したもの。この種の牧牛の図は曹洞宗の清居皓昇せいきょこうしょうが始めたとされ，12世紀の北宋の末頃，湖南省梁山に住んだ臨済宗楊岐派ようぎはの廓庵師遠かくあんしおんが，図10枚1組と頌に編成し，慈遠じおんがこれに序を加えた。鎌倉時代に日本にもたらされ，東福寺円爾えんにの弟子癡兀大慧ちこつだいえ(1229～1312)にその注釈書「十牛訣じゅうぎゅうけつ」がある。「禅宗四部録」の内として中世，五山版でたびたび出版され，水墨画・墨蹟が多く，清巌正徹せいがんしょうてつ(1381～1459)の和歌が加えられ，近世に至るまで流行した。

自由教育運動 じゆうきょういくうんどう　大正自由教育あるいは大正新教育として知られる教育改造運動。国際的な新教育運動の影響をうけ，公教育制度の形式性・画一主義・注入教授・権力的管理に反対する自由主義的教育運動として，大正初年より昭和初年まで広く展開した。*吉田熊次くまじが指摘したように，大正期の自由教育運動における「自由」には二つの意味が見出される。一つは，新カント派の理想主義にもとづく「自然の理性化」という価値の実現を教育目的とする「哲学的・論理的自由」で，手塚岸衛きしえの「自由教育」や土田杏村きょうそんの「自由大学」はこの系譜に属する。他の一つは，J.J.ルソーに起源をもつ自己活動の主体としての子供や青年の「経験的・心理的自由」である。この系譜としては，西山哲次の帝国小学校，中村春二はるじの成蹊せいけい実務学校，*沢柳政太郎まさたろうの成城せいじょう学園，*羽仁はにもと子の自由学園，*西村伊作いさくの文化学院，教育の世紀社同人の池袋〈児童の村小学校〉などの「新学校」における教育思想や教育改造運動をはじめ，児童雑誌「*赤い鳥」や自由画における芸術教育運動，また師範付属小学校における及川平治おいかわへいじの動的教育論，*木下竹次たけじの合科学習論などが含まれる。いずれも子供を学習の主体として認識する視点から子供の表現・活動・生活における能動性を重視し，臣民しんみん教育の自由の抑圧

に抗議した。

自由教育令（じゆうきょういくれい）　→教育令（きょういくれい）

宗教局（しゅうきょうきょく）　→内務省宗教局（ないむしょうしゅうきょうきょく）

宗教団体法（しゅうきょうだんたいほう）　第1次案は，1929年（昭和4）第56回帝国議会に提出されたが，仏教界とキリスト教界が反対し審議未了となる。第2次案は，1939年に第74回議会に提出され，翌年の2月貴族院，3月衆議院を通過，4月8日法律第77号として公布される。全37条。第3条に「教派，宗派又ハ教団ヲ設立セントスルトキハ設立者ニ於テ規則又ハ教団規制ヲ具シ法人タラントスルモノニ在リテハ其ノ旨ヲ明ラカニシ主務大臣ノ認可ヲ受クルコトヲ要ス」とある。さらに第16条では「宗教上ノ行事カ安寧秩序ヲ妨ケ又ハ臣民タルノ義務ニ背クトキハ主務大臣ハ之ヲ制限シ若ハ禁止シ，教師ノ業務ヲ停止シ又ハ宗教団体ノ設立ノ認可ヲ取消スコトヲ得」とあり，宗教団体を国家の統制下におくことを目的としていた。戦後1945年12月に宗教法人令が公布され，廃止となった。

宗教哲学骸骨（しゅうきょうてつがくがいこつ）　近代的仏教の先駆者*清沢満之（きよざわまんし）の著書。1892年（明治25）出版。翌年のシカゴ万国宗教大会で，その英訳が好評を博した。主要部は6章からなり，「宗教と学問」では信仰は道理に反するものではないとし，「有限無限」では西洋的な有限・無限の概念で仏教の特徴を説明，「霊魂論」では進化論の影響をうけ仏教を再解釈し，「転化論」ではヘーゲルを仏教の側から解釈，「善悪論」では無限に向かうのが善，有限に向かうのが悪，「安心（あんじん）修徳」では有限者が自ら安心をえようとするのが自力，無限者によって与えられるのが他力の安心である，などと追究される。観念的な傾向が強いが，その内容は以後の求道と禁欲生活により徹底的に深められる。

拾玉集（しゅうぎょくしゅう）　和歌。鎌倉前期の僧*慈円（じえん）（諡は慈鎮（じちん））の家集。5巻本と7巻本とがあり，系統を異にする。尊円（そんえん）親王の撰。1346年（貞和2・正平元）成立。尊円は慈円の遺した詠草からまず百首歌を集め，これを歌人慶運（けいうん）に命じて類聚させて「拾玉集」と名づけた（1328年＝嘉暦3）。その後，百首歌以外の詠草をもこれに加え，46年までに清書を終えて集として完成させた。慈円の全歌集とすることを意図して編まれたものである。5巻本はこの完成時の形を示していて，収録歌数が7巻本より多いが，相互に出入りもあり，7巻本に収める百首歌2篇を欠いている。7巻本は5巻本の収める百首歌のうち6篇を欠き，贈答歌を除くその他の歌作でもその半ばを欠いているなど，所収歌に遺漏が多いうえ，構成にも未整理な点が目立つ。未完了の編集段階を反映するものであろう。なお，まったく別に編まれた慈円家集として「無名（むめい）和歌集」があり，残闕ではあるが，両系統がともに欠く作品を含んでいる。しかし，「拾玉集」5巻本に7巻本から百首歌2篇を補ったものが，慈円の歌作のほぼ全貌を示すことは確かであり，慈円の歌風・歌論，その人間関係を知るための基本資料であることは動かない。

集義和書（しゅうぎおうしょ）　*熊沢蕃山（くまざわばんざん）の著した和文の書。初版全11巻は1672年（寛文12）に，2版全16巻は76年（延宝4）頃に刊行。さらに3版全16巻が1710年（宝永7）頃に刊行された。16巻の構成は，書簡5巻，心法（しんぽう）図解1巻，始物解1巻，義論9巻からなる。問答体を駆使してわかりやすく書かれていて，話題は，経書の根本問題から，「心法」の涵養，*時処位論（じしょいろん），宋明儒学や老荘・仏教への評価，統治論など広範にわたっている。

修史始末（しゅうししまつ）　1645年（正保2）から1797年（寛政9）までの「*大日本史」編纂経過を叙述した書。*藤田幽谷（ふじたゆうこく）の著。全2巻。1797年の成立。上巻は，*徳川光圀（とくがわみつくに）が18歳の時，「史記」伯夷伝を読んで修史に志してから，1657年（明暦3）史局を開設し編纂を始め，72年（寛文12）*彰考館の開館をへて，1700年（元禄13）光圀が没するまでを記す。下巻では，光圀の遺志が継承され，15年（正徳5）「大日本史」と命名され，紀伝脱稿ののち沈滞の時期をへて，89年（寛政元）*立原翠軒（たちはらすいけん）が彰考館総裁になって，97年に紀伝校正が完了するまでを記す。同時期，幽谷は名分論の立場から大日本史題号の四不可を論じているが，本書でも「大日本史」の書名が光圀の名づけたものでないことを説き，自説の正しさを補強している。

十七条憲法〔じゅうしちじょうけんぽう〕→憲法十七条〔けんぽうじゅうしちじょう〕

十住心論〔じゅうじゅうしんろん〕　正しくは「秘密曼荼羅〔まんだら〕十住心論」。平安初期，*空海〔くうかい〕の代表的著作。全10巻。天長年間(824〜834)に淳和天皇の勅命で，諸宗(華厳・法相・三論〔さんろん〕・律・天台・真言〔しんごん〕の六宗)がその教義の要旨を論述して献上した(天長勅撰六本宗書)中の一つ。「大日経」住心品〔じゅうしんぼん〕の思想によって，人間の心の状態を10段階に分け，さまざまな思想や宗教各宗をこれにあてて，*教相判釈〔きょうそうはんじゃく〕を示したものであり，真言密教の絶対的優位性を説いた。

まず，本能のみによって生きる愚かな羊のような倫理以前の精神世界が，第一「異生羝羊〔いしょうていよう〕住心」としておかれる。第二「愚童持斎〔ぐどうじさい〕住心」は，倫理道徳に目覚めた世界で，儒教思想などの世界。第三「嬰童無畏〔ようどうむい〕住心」は，宗教心の芽生えの世界で，道教・バラモン教などがこれにあてられる。第一住心からこの第三住心までが世間一般の思想である。第四「唯蘊無我〔ゆいうんむが〕住心」は仏教の初門で，小乗仏教の声聞〔しょうもん〕乗の教え。第五「抜業因種〔ばつごういんじゅ〕住心」は，縁覚〔えんがく〕乗の世界で，利他の慈悲心を欠いている段階。第四・第五が小乗仏教の世界である。第六「他縁大乗〔たえんだいじょう〕住心」は，大乗の菩薩道の始まりで，法相宗がこれにあてられる。第七「覚心不生〔かくしんふしょう〕住心」は，三論宗の世界で，第六・第七が大乗仏教に準ずる世界である。第八「一道無為〔いちどうむい〕住心」はすべては真実とみる天台宗の世界。第九「極無自性〔ごくむじしょう〕住心」は，対立をこえた華厳宗の世界で，第八・第九が大乗仏教の世界。空海が天台宗よりも華厳宗のほうを上においていることは注意されよう。そして第十「秘密荘厳〔ひみつしょうごん〕住心」が無限の展開を説く真言密教の世界であり，最高の精神世界である。

このように，世間一般の心から小乗の2段階，大乗の4段階をへて，最高の精神世界として真言密教がおかれるが，注意しなければならないのは，一般的な教相判釈のように真言密教だけを選び取って，ほかを切り捨てているのではないことである。それは，この書の正式名「秘密曼荼羅十住心論」が示しているように，十住心の世界とは，第十住心を中央の核として，第九，第八……第一と同心円的に外側に拡散していく曼荼羅的世界なのであり，第一から第十まですべてそろって初めて完全な密教的世界が構成されるのである。本書を要約・補足したものに「*秘蔵宝鑰〔ひぞうほうやく〕」3巻がある。

修身〔しゅうしん〕　第2次大戦終戦前のわが国の初等・中等教育における道徳教育の科目名。1872年(明治5)の「小学教則」では「修身口授〔しゅうしんこうじゅ〕」とよばれ，「童蒙教草〔どうもうおしえぐさ〕」(福沢諭吉訳)などの欧米翻訳書を使用，近代市民的道徳観を説いた。しかし79年「*教学聖旨〔きょうがくせいし〕」により儒教道徳へ変容，80年「改正教育令」により小学校の首位科目とされ，90年「*教育勅語」発布以降は「勅語ノ旨趣」にもとづき，「孝弟忠信」の儒教道徳と「尊皇愛国」の国民精神を強調する天皇制国家観を説いた。1904年から国定修身教科書を使用し，5回改訂された。その間「生活修身」などの新教育の方法を加味しつつも，国民精神の国家主義的統合を目的としていた。45年敗戦により廃止された。

自由新聞〔じゆうしんぶん〕　1881年(明治14)10月に結党した自由党の機関紙。創刊は82年6月25日。創刊号によると，社長の自由党総理*板垣退助〔いたがきたいすけ〕以下，主幹島本仲道〔なかみち〕，仮編集長大井通明，印刷局西村玄道〔げんどう〕，社員は馬場辰猪〔たつい〕・田中耕造，客員末広重恭〔しげやす〕(鉄腸〔てっちょう〕)・*田口卯吉〔うきち〕，社主大石正巳〔まさみ〕である。しかし同年10月以後，板垣外遊をめぐる内紛から馬場・末広・田口が退社し，代わりに弘光治太郎が仮編集長に，古沢滋〔しげる〕が主幹になり，*植木枝盛〔えもり〕も入社した。発行部数は，当初は8000部といわれたが，この内紛やそれ以後の自由民権運動の退潮から急速に減少し，84年10月の自由党解党後も発行が続けられたが，85年2月1日廃刊した。なお，同名の新聞が，国会開設後の90年10月，立憲自由党内の板垣グループによって発刊され，植木らが社員になったが，党の内紛などから91年5月5日休刊し，そのまま廃刊となった。

十善〔じゅうぜん〕　仏教語。10種の善い行いをいうが，実際には身〔しん〕・口〔く〕・意〔い〕の三つが作用する十悪を行わないことが十善とされる。身にかかわる行為として不殺生〔ふせっしょう〕・不偸盗〔ふちゅうとう〕・

不邪淫ふじん・口にかかわるものとして不妄語もうご・不悪口あっく・不両舌ふりょうぜつ（陰口や中傷をいわない）・不綺語ふきご（真実を離れた飾った言葉をいわない），意にかかわるものとして無貪むとん（貪欲・執着を捨てる）・無瞋むしん（憎悪を捨てる）・正見しょうけん（正しい見解をもつ）がそれとされた。もともとインドで，帝王は十善を実現すべき存在と考えられていたのをうけ，日本では，王位は前世に十善を行った功徳でえられるものとされ，天皇を「十善の君」「十善の主」などと称した。

十善法語 じゅうぜんほうご　江戸中期の仮名法語。*慈雲じうん（飲光おんこう）述。1775年（安永4）成立。文語体と口語体の2種類があり，後者は1824年（文政7）に刊行された。1773年，伏見親王の乳母慧琳尼えりんにらの請によって京都阿弥陀寺あみだじで開講された十善戒の法語を編集したものである。十善戒（不殺生・不偸盗ふちゅうとう・不邪淫ふじん・不妄語ふもう・不綺語ふきご・不悪口あっく・不両舌ふりょうぜつ・不貪欲・不瞋恚しんに・不邪見）とは，「人ノ人タル道」であり，自己に内在する仏性にしたがうことと規定される。仏性（理）の自己内在という点で，人は「十善法性平等」であるが，現実においては差別態として存在しており，十善戒の実践は，この差別態としての現実を，慈悲心をもって救済しようとするものである。慈雲の創唱した*正法律しょうぼうりつを民衆的戒律主義として展開したものといえる。→十善

自由大学 じゆうだいがく　→土田杏村つちだきょうそん

重訂解体新書 じゅうていかいたいしんしょ　江戸後期の西洋医学書の翻訳書。*大槻玄沢おおつきげんたくが，師の*杉田玄白げんぱくの依頼をうけて「*解体新書」（1774刊）を全面的に翻訳し直したもの。翻訳は1798年（寛政10）には一応できあがっていたが，刊行は遅れ1826年（文政9）となった。全13冊と解剖図1冊からなり，原文の脚注をほとんど訳していないという点では「解体新書」と同じであるが，本文の翻訳はかなり正確になっている。なお名義解・付録は，他の蘭書・医書を参照して玄沢自身の見解をのべたものであり，「重訂解体新書」は単なる翻訳書の域をこえたものといえる。

自由党史 じゆうとうし　1881年（明治14）10月に結党し，84年10月29日に解党した自由党の正史。立憲政友会結党の2日前の1900年（明治33）9月13日に憲政党解党臨時大会で，その編集を決定し，末松謙澄けんちょう・星亨とおる・林有造ゆうぞう・松田正久まさひさ・*片岡健吉の5人の憲政党残務委員が編纂にあたることになったが，実際には宇田友猪ともいが稿本を書き，その後さらに*板垣退助の監修のもとに，和田三郎が多くの資料によって編纂した。10年3月22日，上巻728頁，下巻690頁の2巻本として刊行された。内容は，1867年（慶応3）の大政奉還から89年の明治憲法の発布までで，第1編総説以下全10編からなる。板垣に近い者によって編まれたこともあり，立志社・愛国社・国会期成同盟系の立場からの叙述が少なくない。

周南先生為学初問 しゅうなんせんせいいがくしょもん　→為学初問

十二天 じゅうにてん　12種の護世天。四方四維の八方を守護する天部（東に帝釈天たいしゃくてん，南東に火天かてん，南に閻魔天えんまてん，南西に羅刹天らせつてん，西に水天すいてん，北西に風天ふうてん，北に毘沙門天びしゃもんてん，東北に伊舎那天いしゃなてん）に，上方の梵天ぼんてん，下方の地天ちてんと日天にってん・月天がってんを加えたもの。空海くうかいの請来時には，八天ないし十天ではなかったかとされるが，「延喜式」に十二天がみられることから，遅くとも10世紀初頭までには信仰が成立していたと思われる。十二天は一切の諸天鬼神などを総摂する護世天とされるため，密教の大法では必ず壇を設けて十二天供くが修される。また*後七日御修法ごしちにちのみしほでは十二天をそれぞれ別壇にし，12幅の画像が懸けられ，伝法灌頂でんぽうかんじょうの儀式には六曲一双の十二天屏風が用いられた。別尊曼荼羅まんだらとしての十二天曼荼羅，行道ぎょうどうに用いる十二天面も残されている。

十二類合戦絵巻 じゅうにるいかっせんえまき　室町中期の絵巻物。全3巻12段。紙本著色。15世紀中頃の作とされる。十二支に属する動物たちが集まって歌合うたあわせを催した際，狸を連れた鹿が判者はんじゃとなって好評を博した。しかし翌日，鹿に代わって判者を申し出た狸は，散々打たれて追い返されたため，十二支以外の動物を集めて合戦を繰り広げた。結局，敗れた狸が剃髪して仏道に入り，和歌を詠んで暮らしたという物語を絵巻にしたものである。鳥獣を擬人化した異類物に属し，当時の公家層の趣向を

反映した内容を盛りこんでいる。以後盛行する御伽草子絵巻類の中でも優れた描写・構成をもつ代表的作品の一つで，最古写本に加えられている詞書は，後崇光院の筆跡と伝える。

自由之理 じゆうのことわり　*中村正直による翻訳書。全5巻6冊。イギリスの思想家J.S.ミルの代表的著作"On Liberty"(1859)を原本として，1872年(明治5)に出版された。言論の自由をはじめとする社会生活上の個人の自由について論じ，その不可侵性を明らかにしている。政府からの干渉の増大に対する警告は，出版直後の読者に大きな共感をもってうけとめられた。ただし，原本と翻訳との間にはいくらかずれがある。すなわち，ミルは1850年代のイギリスで社会が政府を全体として上回る勢力となったことを「社会の専制」と捉えたのに対して，中村はそれを「政府による社会への専制」と理解して政府批判の材料としていることである。これは誤訳というよりも，旧幕臣として不遇をかこっていた中村の新政府への否定的感情が吐露されていると考えるべきであろう。また，ミルは自由を抑圧する勢力としてのキリスト教を批判しているが，当時キリスト教に傾倒していた中村は注においてその精神を弁護している。原本は日本でも広く読まれ自由民権運動に影響を与えたが，翻訳書としては77年頃に使命を終えた。

宗派図 しゅうはず　禅宗で仏祖からの師資相承を図示したもの。血縁関係を示す系図，密教で伝法関係を示す*血脈と類似する。禅宗ではどの師から法を嗣いだかを重んじ，嗣法の師は一人であるため，密教よりも法系は重要視され，それを明示した図が成立した。某禅人の相承した一系統を仏祖から単線で示すものに始まり，それを統合し，枝岐れにより複数の禅人を示す総図も現れ，宗派図という場合は後者をさすことが多い。各宗派を総合したものと特定の宗派だけのものに分かれ，各宗派図ごとに，法系の解釈に微妙な差異がみられる。禅人の表記には，住持した寺院名を冠することが多い。中国では1234年頃の「仏祖宗派総図」が最古とされ，日本には円爾が宗派図を請来し，日本撰述では1382年(永徳2・弘和2)刊の「仏祖正伝宗派図」，ついで1418年(応永25)刊の「仏祖宗派図」が古く，後者は江戸時代を通じて流布した。江戸時代には各宗派ごとの宗派図も多く成立し，大徳寺派中心の「横岳宗派図」「正灯世譜」，聖一派の「慧日山東福禅寺宗派図」，関山派の「正法山妙心禅寺宗派図」，夢窓派の「天竜宗派」，曹洞宗の「日本洞上宗派図」などがある。

十八神道 じゆうはちしんとう　*吉田神道の行法。*吉田兼倶の主著である「*唯一神道名法要集」などに説かれており，天・地・人の三道にそれぞれ六神道を配当し十八神道とする。すなわち天の六神道は元気円満神道に天の五行を加え，地の六神道は一霊感応神道に地の五行を加え，人の六神道は性命成就神道に人の五行を加えたものであり，三元十八神道ともいう。十八神道行事は，吉田神道の三壇行事の初重に位置づけられる。十八神道壇において「十八神道次第」にもとづき種々の秘法を行う。密教の入門行法である十八道次第の影響をうけて，吉田神道の行法として編成されたものである。

十八神道源起 じゅうはちしんとうげんき　*吉田神道の神道書。全3巻。室町末期の吉田神道の提唱者*吉田兼倶の作と伝えるが，近世前期に偽作された可能性が高い。上巻は「源起」，中巻は「元気円満」，下巻は「一霊感応」と題する。兼倶の「*唯一神道名法要集」に説く三元十八神道(吉田神道の三壇行事の初重にあたる)の原理を，三種の神器や種々の徳目に関連させて説いている。国学院大学河野省三文庫の1681年(天和元)写本，および天理図書館吉田文庫に1752年(宝暦2)吉田兼雄の写本がある。

周文 しゅうぶん　生没年不詳　室町中期を代表する画僧・仏師。臨済宗*夢窓派に属する禅僧で，相国寺の都管(都寺)をつとめた。道号は天章，通称される周文は法諱で，別に越渓とも号した。「蔭涼軒日録」「看聞日記」などの史料によって，幕府から俸禄をうける御用絵師・御用仏師的な立場にあったと推測される。もっぱら水墨画家として著名であるが，史料にはむしろ造仏に関する記録が多くみられる。相国寺・雲居

寺・達磨寺などの造像にたずさわったことが知られ，そのうち大和国王寺の達磨寺の達磨像は，銘文によって周文が彩色を担当したことが知られる唯一の遺作である。作画の記録も散見されるが，現存遺品として確認できるものは存在しない。周文筆と伝えられる水墨画は多数あるが，そのほとんどは後世の伝称による。若年時に同じ夢窓派の画僧で，やはり幕府の画事にたずさわった如拙に学んだと推測され，のちに周文の御用絵師としての地位は宗湛が継承した。室町中期の京都の画壇において，中心的な役割をはたしていたことは確実である。なお，1423年(応永30)大蔵経請来のための使節団の一員として朝鮮に赴き，彼地で画作した記録も残る。

聚分韻略 しゅうぶんいんりゃく　鎌倉時代，*虎関師錬が編集した音韻の辞書。全5巻。1306年(嘉元4)2月成立。中国北宋時代に成立した韻書「広韻」などを参考に約8000の漢字を上平・下平・上声・去声・入声の5巻，計113韻に分類し，各韻はその文字の意味によって乾坤・時候・気形・支体・態芸など12門に分類され，簡単な注を付ける。作詩の際に漢字の平仄を検索する便利な参考書として，中世・近世を通じて広く利用された。1481年(文明13)には，平声・上声・去声の部分を巻数を分けないで3段に重ね，入声だけを最後に集めて改編された「三重韻」本がだされ，近世には音訓仮名を付した増補改編本がだされた。袖珍本として携帯に便利な体裁をとるものが多い。

宗峰妙超 しゅうほうみょうちょう　1282～1337(弘安5～建武4・延元2)　鎌倉後期～南北朝期の禅僧。臨済宗大応派。播磨国の人。はじめ同国書写山円教寺で経典を学ぶ。のち禅に惹かれ，鎌倉万寿寺の*高峰顕日に参じて落髪受具した。1305年(嘉元3)京都に赴き，韶光庵にいた*南浦紹明の室に入る。07年(徳治2)南浦の建長寺入院に従って再び鎌倉へ下り，一夜忽然と大悟した。09年(延慶2)上洛し，東山雲居庵に寓居して南浦が命じた悟後の修行に入る。15年(正和4)洛北紫野に居を移し，竜宝山*大徳寺を創建した。花園法皇や後醍醐天皇に招かれてしばしば禅要を説き，「碧巌録」などの祖録も講じた。25年(正中2)法兄通翁鏡円の侍者として南都北嶺との宗論に臨み，通翁に代わって顕密講師を論破する。相手方の一人玄恵法印は，宗峰の力量を評価し，大徳寺の方丈とするため居宅を寄進したといわれている。26年(嘉暦元)勅命により大徳寺において開堂。のち少弐頼尚の要請により筑前国大宰府の崇福寺に入院するが，100日の滞在で帰洛した。没後，遺誡により大徳寺方丈東間の雲門庵に塔す。生前に興禅大灯・正灯国師の特賜号をうけた。法嗣には徹翁義亨(大徳寺1世)・*関山慧玄(妙心寺開山)・海岸了義・満庵宗祐らがいる。語録に没後門人などが編集した「大灯国師語録」3巻がある。

自由民権思想 じゆうみんけんしそう　維新以降の政府の「開化」政策によって身分的制約から解放された人々が，自らの「立身」や「立志」の意欲を，「自由」や「民権」をめぐる新たな言説によって表現しようとした思想傾向全般の総称。*明六社同人に代表される洋学者たちによって紹介された欧米近代の思想に啓発されて形成された。1880～82年(明治13～15)をピークとする。政治的には，国会開設の要求や*私擬憲法の提案として現れ，政府への対抗運動をつくりだしたが，欽定憲法発布と帝国議会開設を機に収束した。思想内容としては，「天賦人権論」とよばれた一種の自然権思想と，J．ベンサムやJ．S．ミルらの影響をうけて「私利」の追求を肯定しようとする「功利主義」思想とが混在していた。その思想的間隙を衝いて攻撃する論調も急速に台頭したが，同時に*福沢諭吉のように「私権」の確立の独自な意義を強調したり，*中江兆民のように，自由民権思想に共通する快楽主義的傾向を批判しながら，「主宰」としての「心志の自由」の確立をめざそうとする試みもみだされた。⇒天賦人権説

宗門無尽灯論 しゅうもんむじんとうろん　江戸前期の仏教書。全2巻2冊。臨済宗の東嶺円慈(1721～92)の著。1751年(宝暦元)成立，1800年(寛政12)刊。東嶺円慈が28歳の時，修行中に健康を害し余命わずかと宣告された中で，自利利他を果たすために記された。後学者のために

禅門における信心修行のあり方をのべる。構成は「宗由」「信修」「現境」「実証」「透関」「向上」「力用」「師承」「長養」「流通」の10編からなり、最後に「行持論」を付す。禅宗の由来、信心修行のあり方、異安心への警戒、真実の見性の必要、見性を日常生活に活かすこと、益々の修行、見性の深浅による力の違い、弟子の育成、長養のよう す、衆生済度などをのべる。

修養 しゅうよう　*新渡戸稲造の著作。1911年(明治44)実業之日本社刊。雑誌「実業之日本」に学校で学べない若者を励ます目的で掲載した論稿に加筆し、単行本で公刊。新渡戸自身の経験だけでなく、古今の詩歌や「*言志四録」「菜根譚」など修養論の古典からの引用、フランクリンに代表される西洋の立志録の紹介もあり、平易に常識に訴える内容となっている。全17章からなり、職業の選択、勇気、克己、名誉、貯蓄、読書法など多方面にわたっている。特に逆境・順境での心得は、当時資本主義が確立し成功と失敗がはっきりした時代の若者たちによく読まれ、いかなる状況にあっても負けない生き方を教えた。

修養団 しゅうようだん　1906年(明治39)に蓮沼門三が創設した神道的性格の強い青年修養団体。伝統的価値体系の動揺を背景に、当時政府は文部省・内務省主導のもと、総合的な*家族国家論にもとづく国民の精神的基盤の再確立を企図した。これに即応し、知識人における*教養主義に対して、民間では「修養」主義が展開、内的世界の自律性を伝統的自己活動の系譜に求め、同時に西欧の自由教育の理念を受容した人間形成の運動を学校制度の枠外に発展させた。それら新旧の過渡的思想による修養主義運動は、*田沢義鋪らの明治神宮造営奉仕団、*西田天香の一灯園、伊藤証信の*無我苑などの修養団体への連鎖を招き、また*新渡戸稲造「*修養」「世渡りの道」などのベストセラーを流行させた。野間清治が創立した講談社発行の大衆雑誌も、この流れにある。その中で蓮沼の修養団は、教員・農村青年・勤労者に多大な影響を及ぼした。禅の修行・接心による修養瞑想、胆力の養成、忿怒や情欲の鎮静、偉人崇拝の精神の涵養を指標とし、自制・向上を目標とする蓮沼の鍛練的修養主義は、「救霊救国」という強い国家主義的志向を示すとともに、庶民・生活者における自律的主体育成の誘因を形成した。→青年団

十楽 じゅうらく　*極楽浄土に往生する者が享受するとされる10種の快楽。天台僧*源信の著「*往生要集」に説かれるもので、聖衆来迎楽・蓮華初開楽・身相神通楽・五妙境界楽・快楽無退楽・引接結縁楽・聖衆倶会楽・見仏聞法楽・随心供仏楽・増進仏道楽をいい、浄土のすぐれた環境により自然に仏道に親しみ、やがて悟りをえていく快楽を表す。源信は、さらに「十楽講作法」を著して(現存せず)、十楽を讃嘆する講会を創始した。伝源信作の「十楽和讃」があるほか、「新古今和歌集」などには十楽を詠んだ、いわゆる十楽歌もみられる。

修練秘要義 しゅうれんひようぎ　「修験修練秘要義」「修験秘要義」などとも。峰中十種の形儀に即して*当山派の教義をまとめた、近世の*修験道教義書。全7巻3冊。著者は尾張国蓬萊山円通堂の修験者歓俊で、成立年は自序によると1720年(享保5)とされている。本書で「十種の形儀」とされているのは、第1が業秤・穀断・水断と相撲せん、第2以下が懺悔・延年・応身・頭襟・乳木柴灯・床定・自供養・本有明・床堅のことであり、本書の記述はこれらについて概説したうえで、おのおのに関連する教義・崇拝対象・位階などを詳論するという形式になっている。

宗論 しゅうろん　1549年(天文18)*ザビエルのキリシタン開教以来、各地で宣教師と仏僧との宗論が行われたが、その内容は詳細なものではなく、しかも勝利者側の一方的記録のみが残されているので、客観性には乏しい。ザビエルは、ほかの布教地にはみられぬ日本人の高い「理性」(道理への感覚)に着目し、以後の宗論の原理となる、(1)創造主*デウスの存在、(2)デウスの万善万徳と悪・地獄の存在、(3)祖先崇拝の否定など、創造主と当時の日本人が最も切望していた救いを中心テーマとする宗論を開始した。

51年以後、山口に残留したトーレスとフェルナンデスは「山口の宗論」で悪魔、救いと霊魂の不滅論、来世論を展開し、禅宗の「始源」＝本分・仏性を「無なる存在」、60年初期には早くもそれをスコラ哲学の「第一質料」（マテリア・プリマ）と規定した。以後スコラ哲学にもとづき、あるいは西欧の近世自然科学の成果を援用して宗論を重ねるとともに、日本人の協力をえて進めていた、アルメイダ、フロイス、オルガンティーノ、ガーゴ、バッティスタ、ビレラ、カブラルら諸宣教師の日本宗教研究の集大成が、バリニャーノの「*日本のカテキズモ」(1581)である。

日本人修道士*ハビアンは日本の全仏教12宗、朱子学、吉田神道を論駁した日本人による唯一の護教論「*妙貞問答」(1605)を著し、翌年、新進の朱子学徒*林羅山はハビアンと論争し、はじめて朱子学の立場からキリシタン教義を批判した（「*排耶蘇」）。ハビアンは棄教後、今度は神・儒・仏三教の思想によりキリシタン教義を論破し（「*破提宇子」、1620刊）、江戸時代の排耶書に最も大きな影響を与えた。キリシタン版が盛行した最盛期の16世紀末から17世紀初期には、仏教・神道・儒教の側からキリシタン教義を批判した著作はなく、積極的に宗論をいどんだ形跡もみられない。江戸幕府の禁教政策を支持する排耶書類が続出するのは、島原の乱(1638)後の禁教下のことであった。→排耶論

受戒・授戒 じゅかい・じゅかい　仏教の規律である戒を受持すること、またその儀式を受戒といい、後者を戒を授ける側からは授戒と称する。戒法は大乗と小乗、また出家と在家とでも違うので一様ではないが、比丘とは具足戒を受持する者で、単に出家して沙弥となることとは区別された。したがって具足戒の受持にあたっては、戒壇に登って三師七証のもとで受戒する厳格な規定があったが、日本でこの制度が整うのは8世紀半ばの鑑真渡来以降で、それまでは一人一人の誓いをもって行う自誓受戒の便法がとられていた。のちには、在家信者の五戒や八斎戒の受持も広く受戒と称し、また大乗戒では自誓受も認められるようになったので、本来の受戒法を従他受と称して区別した。→戒律

儒学 じゅがく　→儒教

朱学弁 しゅがくべん　江戸後期の心学書。1冊。著者は*鎌田柳泓。1802年(享和2)、*脇坂義堂撰として京都・江戸の5書肆合梓で刊行。「三教同異の弁」「道統の詩幷に序」「周子の学を弁ず」の3章を設け、儒・仏・老荘の三教とも、その目的とするところが本心を修めて万物を済うの一点に帰収され、その本心の存養こそが*石門心学による教化理念の要諦にほかならない、という。この道統の起源を周子の提唱する太極図説にさかのぼり、朱子にまで伝承されたとするが、付編「敬説」で本心の倫理的側面として「敬」の本質と実践的方途を説き、知行の一体を強調するところには陽明学からの影響がみられる。

儒家神道 じゅかしんどう　近世儒学者による神儒一致思想の総称。儒教による神道（わが国の基層信仰）の解釈は記紀をはじめ古代よりみられたが、儒学理論を用いた本格的な神道説としては、中世に両部神道説の刺激をうけた*度会家行の「*類聚神祇本源」や*北畠親房の「*神皇正統記」などを嚆矢とし、*一条兼良の「*日本書紀纂疏」で確立したといえよう。その後、そうした神道説を集大成した吉田兼倶の実子で明経家の*清原宣賢は、さらに宋学の理論を用いて*吉田神道を発展させ、神道の一派を形成した（*清家流神道）。ただし、こうした神道説に排仏思想はみられず、あくまで神・儒・仏の*三教一致論を基本としたものであった。

それに対し、近世前期を代表する儒学者*林羅山は、*排仏論をもって従来の神道説から仏教色を取り除き、神儒一致思想による神道説を展開した。なかでも、歴代の天皇は、理である神が宿る清明なる心と天照大神から下賜された王道の象徴である三種の神器をもって、国家を守り民衆を統治してきたとする「神道即王道」説を主張し、それを*理当心地神道と称した。そうした神儒一致思想は儒学者や神道家に影響を与え、前者では*中江藤樹・*熊沢蕃山・*山鹿素行らが、後者では*度会(出口)延佳・

*吉川惟足らにより展開された。

*山崎闇斎は、そうした神道説を集大成して*垂加神道を創唱したが、一般の儒学者と違い易姓革命を否定し、天皇の神聖化と忠孝一致・君臣合体思想の徹底化を図った。この思想が*栗山潜鋒を通じて水戸藩に入ると、*水戸学や「*大日本史」編纂に影響を与え、*正親町公通を通じて朝廷に入ると、祭儀再興や尊王思想の原動力となった。

*本居宣長や*平田篤胤らの国学者は、そうした神儒一致思想を批判し、純神道を唱えて儒家神道を俗神道の一種としたが、*藤田東湖らによる後期水戸学の発展で、儒家神道は幕末期まで国学と並ぶ勢力を保った。

儒教 じゅきょう　儒学とも。中国前漢の時代に周公が創唱し孔子が祖述した教学として整備された。その基本経典は、五経(「易経」「書経」(尚書)「詩経」「春秋」「礼記」)である。また先秦時代の儒家の代表的な著書としては、「論語」「孟子」「荀子」がある。古代の儒教は、礼楽刑政に重点がおかれた。後漢時代に仏教が流入し、その刺激で道教が六朝隋唐時代に成立した。この六朝隋唐時代の儒教では経典解釈学(漢唐訓詁学)が盛んになり、その成果が「五経正義」である。宋代になり科挙に合格した士大夫が指導者階層を占めると、インド渡来の仏教に対抗して古典文化の復興を主張し、古典古代の哲学遺産のうち、儒教(原始儒教)が選択されて再構築された。それを新儒教と呼称している。その代表的学派が*朱子学・*陽明学である。人間観の基礎に性善説を指定する自力主義と政治的責任を担う徳治主義という二つの焦点をもつ楕円形の思惟である。この立場から仏教・道教は個人的幸福を求めるばかりで政治性が欠落すると批判され、政治的成果のみを強調するものは個人の徳力や幸福を軽視した思惟であると批判されて、異端の烙印が押された。

明末に来華したイエズス会士たちは、新儒教の自力主義を、人はそのように強くは造られていないと批判した。かたや布教の成果をあげるために西欧の自然科学を紹介した。清朝の漢民族懐柔策のもと、その西学が刺激となって儒教の経典を対象とする古典解釈学が面貌を一新し、清朝考証学が花を開く。この時期に西欧の植民地主義が押し寄せて清国がアヘン戦争に敗北すると、危機感に促されて春秋公羊学を基盤にした歴史哲学が主張される。1905年に科挙が廃止されるまでは、朱子学が一貫して公許の学であった。11年の辛亥革命以後は西学に対抗した新儒家が新儒教を再構築する試みをした。

日本では古代以来、政治制度論として儒教を活用したが、儒教思想の全体像を本格的に摂取したのは17世紀の江戸時代以後である。同時代の明末・清初に出版された文物を介して、その時代の論調の影響下に受容した。その経路は朝鮮半島経由(朝鮮渡り)と浙江の寧波ニンポー—長崎である。また明清交替期の所産である亡命知識人が、日本の儒学理解を飛躍させた。明末・清初の儒教理解の延長で思索したのは朱子学派(*木下順庵の木門、*山崎闇斎の崎門など)・陽明学派(*中江藤樹)であるが、それに距離をおいて原始儒教に回帰する試みをした古学派(*伊藤仁斎・*荻生徂徠ら)が誕生する。また漢唐訓詁学が日本の儒教界で顕著な成果をあげるのは、清朝考証学の成果が紹介されるようになった江戸末期である(*大田錦城ら)。明治・大正・昭和初期には臣民教育の中で、修養の学として熱心に活学されて国民社会に浸透した。昭和後期より以後は、儒教書は市民の教養書として広く読まれている。日本の儒教の特色は、革命説を希釈して神道・天皇制と親和したこと、庶民階層が勤勉の処世哲学として活学したところにある(*石門心学・*会津藤樹学など)。

授業編 じゅぎょうへん　江戸後期の儒書・教育書。著者は、漢詩文に長けた儒者の江村北海(1713~88)。草稿は20巻とされるが、10巻分のみが1783年(天明3)に上梓された。幼学・読書・教授・講経・講釈・歴史学・作文・詩学などの項を設け、漢詩史の要諦とともに、ここに達する人間を育てる方途について詳述している。後者の教育面では、主として朱子学の構想に拠りながら、胎教より開始し、人間の能力の成長と社会の要請とに即してとる

べき教材・教科書，実践すべき教授法・教授形態を具体的に論じ，当代より明治初年の教育思想・構想に深甚な影響を及ぼした。→日本詩史

宿願 しゅくがん →本願ほん

宿業 しゅくごう 過去の行為，過去世における業ごう。もと業は，なすこと・なされたこと・なす力を意味したが，輪廻りんね説と結びついて，輪廻転生において結果をもたらす一つの力とみなされるに至り，行為はその結果として潜在的な力をもつのであって，業はその力をさすと考えられるようになった。特に現在世での行為と区別して，過去世でなされた善悪の行為は潜在的に現在に影響を与えるものとして，宿業とよばれた。この宿業観から，仏教を信ずると信じないとにかかわらず，業は客観的に存在して人々の生存のあり方を決定すると考えられるに及んで，宿命論と合致することになる。しかし，この論理的帰結については多くの議論がなされ，日本仏教の場合，*親鸞しんらんによって，宿業の認識における罪業の自覚が，絶対他力の弥陀に対する信仰へと転化された。

宿世 しゅくせ →宿世すく

綜芸種智院 しゅげいしゅちいん 日本最初の私立学校。828年(天長5)頃に*空海くうかいが藤原三守みもりから東寺の近隣に邸宅の寄進をうけて設立し，経営財源として荘園も用意された。設立の趣旨をのべた「綜芸種智院式并序」(「性霊集しょうりょうしゅう」10)によれば，三教院さんきょういんとも称し，仏教だけではなく儒教・道教をも包含した広い知識教育を志したことが知られる。それは，空海の主著である一大思想書「*十住心論じゅうじゅうしんろん」に示された壮大な彼の思想体系とも一致する。庶民にも広く門戸を開いたが，845年(承和12)に設立20年足らずで廃絶した。廃絶の理由は明らかではない。

修験三正流儀教 しゅげんさんしょうりゅうぎきょう *修験道の伝承・教義・秘伝・法具などを*両部神道の立場から解釈した，近世の修験道教義書。1823年(文政6)東奥信夫郡谷光院の覚寛かくかん撰で，その嫡子覚峰かくほうが補筆している。1巻であるが，正流・正儀・正教の3部からなる。正流では，役小角えんのおづの(*役行者)が素戔嗚尊すさのおのみことの直系であること，正儀では本地垂迹ほんじすいじゃくの立場から役行者や熊野権現の伝承を説明し，正教では修験道の崇拝対象や法具・字義などが両部神道の立場から解説されている。

修験十八箇条警策 しゅげんじゅうはっかじょうきょうさく →修験道十八箇条警策しゅげんどうじゅうはっかじょうきょうさく

修験修練秘要義 しゅげんしゅうれんひようぎ →修練秘要義しゅうれんひようぎ

修験修要秘決集 しゅげんしゅうようひけつしゅう 「修験道切紙きりがみ」「修要秘決集」などとも。*修験道の教義を集大成した，室町末期の阿吸房*即伝の撰述と考えられている修験道教義書。全3巻3冊。大永年間(1521～28)に47通の*切紙を集成した形として成立した。即伝が金峰山きんぶせん中で伝授された切紙に，彦山ひこさんに来て授かった切紙を加えて分類したものらしい。内訳は，上巻に衣体えたい分12通と浅略せんりゃく分7通，中巻に深秘分と極秘分が各7通，下巻に私用分と添書分が各7通となっており，これに刊本には載せられていない最極分3通をあわせて47通とされている。峰入り関係の切紙，柱源はしらもとなど灌頂かんじょうの修法や床堅とこがたに関する切紙が注目されるほか，血脈けちみゃくや葬祭に関する切紙もみられる。

修験常用秘法集 しゅげんじょうようひほうしゅう 近世に修験者が行った術験や調伏ちょうぶくに関する秘法の次第を集めた，*修験道の教義書。同名の1巻本と3巻本があり，いずれも陸奥国津軽郡深浦の当山派修験円覚寺の尊慈そんじ(1826～92)による編。1巻本は，火渡りや消火の秘法，虫封じ，虫歯呪，牛頭天王ごずてんのうの印法など18通の*切紙きりがみからなり，3巻本は，文殊もんじゅや毘沙門びしゃもんなどの諸尊法，調伏の修法，地鎮祭や符呪を記す時の修法などを収める。

修験心鑑鈔 しゅげんしんかんしょう *当山派とうざんはの修験道で重視された教義書。*聖宝しょうぼう(832～909)に仮託されているが，近世の成立と考えられる。注釈者とされている常円じょうえんは17世紀後半頃の会津若松の修験者で，ほかに修験道教義書の著述もあることから，おそらく彼の著作と考えられる。本書は上・下2巻いずれも，「修験心鑑之書」をほぼ一文ずつあげて注釈を付すという形となっている。上巻では山伏やまぶし・大先達だいせんだつ・修験などの語が解説され，下巻は法具の解説に即して峰入りの宗教的意味が説かれている。その際，般若はんにゃ思想

の「*空く」の観念をもとに解釈されているところが独自である。

修験深秘行法符呪集（しゅげんじんぴぎょうほうふじゅしゅう）　「当山修験深秘行法符呪集」「修験伝授切紙（きりがみ）類蔵鈔」とも。*当山派（とうざんは）の修験者の間で、室町時代から江戸初期頃まで秘かに伝授されてきた行法・符呪の類440通を、大正期に「修験道章疏」の編纂に際して編者の中野達慧が編纂したもの。全10巻。中野は、智山派の隆誉（りゅうよ）の「十結（じっけつ）抜次第」10巻、「修験抜書記」5巻を中心に、三宝院義演（ぎえん）の集録した切紙、金峰山大先達（だいせんだつ）勧修寺の蓮光坊良勝（れんこうぼうりょうしょう）が伝授した切紙などから本書を編纂した。前半部は諸尊法や供養法など密教的修法に関する切紙を中心とし、後半の巻9までが里山伏（さとやまぶし）による符呪の類、巻10には葬祭関係の切紙が主に収められている。

修験伝記（しゅげんでんき）　→本山修験伝記（ほんざんしゅげんでんき）

修験道（しゅげんどう）　山岳を神霊の居所とする日本古来の*山岳信仰が、外来のシャーマニズム・仏教・道教・儒教の浸透、その影響のもとに平安後期にまとまった宗教形態をとるに至ったもの。山岳で修行することによって超自然的な力を獲得した修験者*山伏（やまぶし）が、その力を用いて呪術宗教的な活動を行うことを中核としている。

平安時代には、天台・真言の密教の験者や法華*持経者（じきょうしゃ）が験を修めるために吉野・熊野などの山中で修行した。また、浄土思想が隆盛となり、弥勒の浄土（じょうど）とされた御岳（*金峰山（きんぷせん））詣（もうで）、阿弥陀・観音の浄土とされた*熊野詣が盛んに行われた。こうしたことから吉野・熊野が、その*先達（せんだつ）を務める山岳修行者の拠点となった。そして699年（文武3）に妖惑の罪で伊豆国に配流された葛城の修行者の*役行者（えんのぎょうじゃ）（役小角（えんのおづぬ））を開祖に仮託し、彼が金峰山上で感得したとする金剛蔵王権現（こんごうぞうおうごんげん）を主尊とし、葛城や吉野から熊野に至る大峰山（おおみねさん）を道場とする修験道が成立した。その際、葛城山は「*法華経」二十八品を納めた法華の道場、大峰は金剛界・胎蔵界（たいぞうかい）の*曼荼羅（まんだら）とされた。

中世後期には、天台宗寺門派の聖護院（しょうごいん）に統轄された全国各地の熊野先達からなる*本山派（ほんざんは）と、近畿地方の諸大寺などに依拠

し、峰入（みねいり）中に金峰山の奥の小篠（おざさ）で集会した当山正大（とうざんしょうだい）先達衆とよばれる結社が形成された。これにともなって*縁起や*切紙（きりがみ）をまとめた教義書が作られ、峰入りや灌頂（かんじょう）の作法、救済儀礼が定められた。

近世には江戸幕府の政策により、修験道界は、本山派と、当山正大先達衆を包括した醍醐三宝院（さんぼういん）を本寺とする*当山派（とうざんは）とに二分された。ただし、羽黒山（はぐろさん）・吉野山・彦山（ひこさん）はこれに属さず、独自の活動を行った。これらの諸派・諸山の配下の修験（里修験（さとしゅげん））は、地域に定住して加持祈禱、参詣や修行の先達、堂祠の祭祀にあたった。

明治政府は神仏分離政策をとり、修験霊山の神社化を試みた。さらに1872年（明治5）修験道を廃止し、修験者は天台・真言の仏教教団に包括された。けれども、第2次大戦後、本山修験宗・真言宗醍醐派・金峰山修験本宗・修験道（旧五流修験）・羽黒山修験本宗などの修験教団が成立し、修験者はこれらに所属して活動を行っている。

修験道切紙（しゅげんどうきりがみ）　→修験修要秘決集（しゅげんしゅようひけつしゅう）

修験道見聞鈔（しゅげんどうけんぶんしょう）　*修験道に関する古来の見聞をまとめるという形式のもとに、*本山派（ほんざんは）が*当山派（とうざんは）より歴史的に古く優れていることをのべた書。行存の著。1687年（貞享4）刊行。江戸時代に、本山派と当山派が修験道の教義や伝承をめぐる論争を始める契機となった書でもある。内容は、修験道の立義（りゅうぎ）・開祖・法具・峰入・組織など38項目からなっており、個々の説明において本山派の立場から当山派への攻撃が随所にみられる。

修験道十八箇条警策（しゅげんどうじゅうはっかじょうきょうさく）　「修験十八箇条警策」とも。初心未修行の行者（ぎょうじゃ）*の守るべき要目18カ条をあげ、出世の指南とした*修験道の*切紙（きりがみ）。1巻。三宝院門跡の満済（まんさい）（1378～1435）の撰とされている。行学の二事を昼夜退転なく勤めること、入峰（にゅうぶ）昇進・興法利生のほかの諸希望を絶つべきこと、朝暮勤行（ごんぎょう）を懈怠なく勤めること、などからなる。

修験道法度（しゅげんどうはっと）　江戸幕府が聖護院（しょうごいん）（*本山派（ほんざんは））・三宝院（さんぼう）（*当山派（とうざんは））に対

して下した法規。地縁的な修験者の支配方式である霞一円支配をとる本山派と、袈裟筋支配をとる当山派の争いは、1602年(慶長7)以降激化していった。両派間の紛争を調停するため、徳川家康は13年5月5日に本山方と三宝院方の代表を駿河国駿府によび討論させ、それにもとづき同年5月21日、修験道法度を聖護院・三宝院のそれぞれに下した。その内容は本山・当山各別、対真言宗入峰役銭の禁止を柱としたものである。これは本山派による霞一円支配の禁止と、三宝院に当山正大先達衆の掌握をさせたうえで、修験道界を本山派と当山派に二分して、双方ともに筋目支配の形をとらせたうえで競合させるという、幕府の政策にもとづくものである。これにより聖護院を本山とする本山派と、三宝院を本山とする当山派とが、幕府から修験道教派として公認された。

修験道秘決灌頂巻 しゅげんどうひけつかんじょうのまき →彦山修験道秘決灌頂巻ひこさんしゅげんどうひけつかんじょうのまき

修験頓覚速証集 しゅげんとんがくそくしょうしゅう 16世紀初頭に彦山で修行をし修験道教義を集成したことでも知られる、阿吸房*即伝の撰述と考えられている*修験道の教義書。主に、仏教の基本用語の解説や密教の歴史や世界観に関する*切紙42通を、上・下2巻に収めている。大半が修験と多少とも関係する仏教語彙や密教教義の解説であるところから、本書は「*修験修要秘決集」の参考文献的な性格をもつ書として編まれたと考えられる。しかし、修験者の修行に関する切紙も若干収められている。本書は、彦山のみならず修験各派で広く重視されたらしい。

修験秘奥鈔 しゅげんひおうしょう →峰中灌頂本軌ぶちゅうかんじょうほんき

修験秘記略解 しゅげんひきりゃくげ 中世末期に成立した*切紙を再構成し、新たな視点から解釈を加えた*当山派修験の教義書。1巻。著者は、三宝院の35世門跡の房演(1667～1736)で、彼は三宝院の支配によって当山派修験の組織を整えた先代の高賢を継いで、当山派の教義を整えた。本書の内容は、即伝撰「*修験修要秘決集」所収の切紙47通のうち、山伏字義など計7通を抽出してこれらに解説を加え、さらに山伏元起など計4項目を追加したものである。このように本書は、当山派の立場から修験道教義を体系化したものとして、当山派では重視された。

修験秘要義 しゅげんひようぎ →修練秘要義しゅうれんひようぎ

主権論争 しゅけんろんそう 国家主権の帰属をめぐって、1882年(明治15)に新聞・雑誌などで展開された論争。主要な論点は君主の大権は無限なものか、それとも憲法あるいは議会などによって一定の制限を加えられるべきものなのかにあり、具体的には主権在君説と君民共治説との対立である。論争の本格的な出発となったのは、「東京日日新聞」が82年1月14～17日に掲載した「主権論」である。そこではイギリスの政体を例にあげながら、立憲帝政国における主権(「国家ノ大権ニシテ最上権」)は君主の徳義であるとして主権在君を主張した。それに対して「東京横浜毎日新聞」が、イギリスの政体は「君民共治ノ政体」で主権在民と主権在君との間にあるとして、君主権の無限性を批判した。その後、「東京日日」への批判には「朝野新聞」「郵便報知新聞」「土陽新聞」などの新聞各紙や「国友雑誌」なども加わって論争が拡大し、自由民権期の大きな論争の一つとなった。

守護国界章 しゅごこっかいしょう *最澄さいちょう撰。上・中・下巻とも各3巻。818年(弘仁9)成立。徳一とくいつとの*三一権実さんいちごんじつ論争の中からうみだされた論争書のうち、最も大部で体系的な書。徳一の「中辺義鏡ちゅうへんぎきょう」の批判に対する論破の形で論述される。「*顕戒論」とともに最澄の主著の一つ。上巻では、法相宗の三時説を批判し、天台の五時八教説を主張するとともに*止観しかんの実践に関して論じている。中巻では、「*法華経」の経体論についての論争を展開している。そして下巻では、衆生の成仏に関する仏性論が展開され、徳一の三乗真実一乗方便の主張に対し、一乗真実三乗方便を主張する、いわゆる三一権実論争が問題とされた。本書は中国・日本の現存しない書物まで引かれている点や、唐代前期の一乗思想の復元研究のうえでも貴重な史料といえる。

呪禁 じゅごん 呪をして、邪気や災禍などを除き去ること。「日本書紀」敏達6年条に、百済くだらから派遣された律師・禅師・比丘尼などとともに呪禁師の名がみえる。律令制

じゅし

度では，宮内省典薬寮に呪禁師2人がおり，ほかに呪禁博士1人がいて，呪禁生（6人）の教育にあたった。邪気を払い，身を守る呪術的なものがその内容であったらしいが，平安時代に入ると陰陽師にその職掌が吸収されたらしく，消滅した。→呪術

呪師 じゅし 「しゅし・ずし・のろんじ」とも。法呪師とも。寺院の修正会や*修二会の役僧。鎮魔除魔の行法を担当するが，のち猿楽者が代行し芸能化した。これを呪師猿楽，略して呪師という。呪師猿楽の具体的な内容は明らかではないが，鈴や鼓を用いた軽快な歌舞であったようで，平安時代の貴族らはしばしば自邸に呪師を招いてその芸を鑑賞した。これを特に昼呪師という。鎌倉時代以降，*猿楽とも連携し，神事としての翁猿楽に影響を与えた。今なお春日大社の薪能で呪師走りとして名残をとどめている。

朱子学 しゅしがく 中国宋代の朱熹（朱子，1130～1200）によって集大成された儒学思想。朱熹は性善説を基礎にして個人倫理を説き，為政者の人徳に基礎をおいた徳治政治を説いた。性善説と政治責任を二焦点とする楕円形の思惟構造である。この視点から，隋唐時代に隆盛した仏教は死後の安楽を求め，道教は現世の利益を求めるばかりで，両者は天下国家に対する責任を放棄している異端であると非難した。また，成果第一主義を説く覇道政治は人間の本性が善であることを見失った権力政治に行き着くとみて，これをも異端であるときびしく非難した。朱熹は新たに新儒教の経典を編んだ。新儒教の教祖にされた孔子の「論語」，二焦点を包括して三綱領・八条目に分節して説いた「大学」，性善説を説いた「孟子」，性善説に天命という普遍的な根拠を与えた「中庸」である。

天の命令として本性が善として実存するとは，誰もが本来的に悪から救われてあることをいう。性即理（本性即天理）とはこの性善説の言い換えである。現実態を非本来的なものに誘因している原因者を排除して本来性を回復せよ，その回復力は誰もが固有するという。自らを回復し，他者に善政を敷く原動力は「仁」であるという。この仁愛の哲学の

構造を豊かにするために，〈本体・作用，未発・已発，本然之性・気質之性，所以然之故・所当然之則，経・権，性・情，理・気，偏言・専言，理一分殊〉などの語彙を活用したが，本来性善という視点は禅宗の本来完全に啓発されたものである。それだけに禅宗との差異を強調した。現実態の背理性を配慮した朱子の自力主義は規範（定理）に準拠することを重視したために，陸象山・王陽明からは似て非なる性善説理解であり，清代の戴震からは人を殺す哲学であると酷評された。1905年までは科挙の基本教学だったので，朱子学的思惟が中国の知識人の思考を大きく制約した。20世紀の馮友蘭は新実在論を基礎に朱子学を新理学として再構築することを試みている。

日本では，江戸時代に国内平和が実現すると，朱子学は明日に向けて生きる自力救済の哲学として新鮮にうけとめられ，四民に生活哲学として広く学ばれた。朱子学を広める先駆者となったのは*藤原惺窩・*林羅山である。明代末期に展開された朱子学・*陽明学の優劣論争の余波をもろにうけて，新知識として受容された。情報量が豊かになると，*山崎闇斎とその門流は原朱子学を求めた。江戸時代には武士のみならず，読書人の基礎教養として広く読まれ，日本人の知的世界は飛躍的に拡大した。幕末期には朱子学の華夷論が*尊王攘夷論の下敷きにされたり，西学を紹介する時に朱子学の格物致知が科学的意味に転用されたりした。朱子学が日本人の思考の世界を飛躍させたが，その影響は明治期以降の近代社会でこそ大きい。→儒教

儒釈筆陣 じゅしゃくひつじん 江戸前期の儒仏論争書。1巻1冊。田麟（田中止邱）・*独庵玄光の共著。1662年（寛文2）刊。1661年若狭国小浜藩主酒井忠直の家臣井上貞則を介して，同藩儒者田中止邱が玄光の漢詩を見て和したことから始まる往復書簡をまとめたもの。玄光も止邱に漢詩の応酬をして互いに唱和を重ねて，排律の批評の交換に至る。批評において止邱が玄光の排律の故事来歴や平仄を問い質したことに対して，玄光は手きびしく儒者である止邱の寡聞を批判することで，両

者が排律論を展開する。止邱は林羅山・鵞峰父子に学ぶが，この論争を通じて玄光の博学能文が注目されるようになった。82年（天和2）の第3版には注釈が付された。

呪術 じゅじゅつ　呪まじとも。人がある目的を達成するために，呪文・儀礼・呪具を用いて神霊などの超自然的な存在や力を起動させる行為。律令制では宮内省の典薬寮に，杖刀をもち呪文を唱え病災を防ぎ除く道教系の方術を職掌とする呪禁師が所属していた。「名例律」の八虐条によれば，厭魅・蠱毒は不道と規定される。厭魅は呪で人をのろい，または殺すことで，「唐賊盗律疏」には人身を刻作し胸を刺し眼を釘刺するとある。平城宮跡からは，胸と両目に木釘を打ち呪文を記した板人形が出土している。蠱毒は，毒虫から伝染性のある病毒を製造することという。厭魅・蠱毒が奈良時代の政治事件に利用された例として，称徳朝における県犬養姉女の配流，光仁朝での井上皇后の廃后などがある。なお農耕儀礼にもとづくものとして，雨乞（*祈雨）・*虫送りや小正月の*田遊・餅花などがある。⇒呪禁

朱舜水 しゅしゅんすい　1600〜82（明・万暦28〜天和2）　日本に亡命した明の遺臣。浙江省余姚の人。名は之瑜，字は魯璵，舜水を号とした。明朝の復興に努めたが，1659年（万治2）から日本に留まった。この時，柳川藩儒の*安東省庵が俸禄の半ばを割いて援助した。65年（寛文5）に水戸藩の賓師となり，礼の実際を具体的に教えるなど，親しく*徳川光圀や*安積澹泊らと交わった。*伊藤仁斎も，一時は朱舜水を慕って江戸にでようとしたというほどで，文献でしか知りようのない儒学の実際を伝えるという点で，多くの儒学者の関心をよんだのであろう。光圀から文恭先生の諡号を贈られた。「舜水先生文集」がある。

修多羅宗 しゅたらしゅう　修多羅衆とも。南都仏教諸学派の一つ。修多羅は梵語sūtraの音訳で，「経」が原義。その宗名は747年（天平19）の「大安寺伽藍縁起并流記資財帳」に初見で，今のところ大安寺にあったことが知られるのみで，その専攻内容についても諸説があって定まらない。この宗で行った大修多羅供や常修多羅供は，「*華厳経」以下の経律論疏を転読・講説して，国家の安泰や万民の安寧を祈願した法事で，そのための費用として，また当宗の組織の維持・運営の費用として用意された基金を修多羅供銭・修多羅供宗銭などと称した。

出家 しゅっけ　仏教において，世俗の地位や財産を放棄して僧団に入門し，僧尼となって僧伽の規律にもとづく生活を送ること。わが国でも，奈良時代には，官僧は厳格な出家主義のもと修行に励むものとされ，妻帯や世俗的産業への従事を戒められた。僧尼令的秩序の変質とともに寺院の世俗化が進み，顕密寺院の僧侶の多くは妻帯・飲酒などを行うようになるが，このような風紀を否定し，寺院内の公的身分を放棄して独自の信仰生活を送る*遁世は，いわば二重出家であるともいえる。鎌倉新仏教の諸宗の中には，浄土真宗のように出家主義を否定する考え方も現れ，一方，禅宗ではさらに厳格な出家主義を貫徹しようとした。

出家とその弟子 しゅっけとそのでし　大正・昭和期の宗教文学者*倉田百三の戯曲。序曲に続いて6幕13場からなる。1916年（大正5）6月，岩波書店から出版。第1幕は，一夜の宿を断られ雪の中，石を枕に寝た親鸞に断った男の話で始まる。第2幕では，15年後その男の息子は25歳の唯円となっていたが，罪や死，そして恋についての話を親鸞と交わす。第3幕では，勘当され身をもちくずして遊女浅香のもとにいる親鸞の子善鸞が唯円に苦悩を訴える。さらに第4幕は，遊女かえでと唯円の恋，善鸞と別れた浅香とかえでの情感にみちた対話が交わされる。第5幕は，恋は罪とからみあったものゆえ仏にまかせよと唯円に説く親鸞の姿が，そして最後の第6幕では，親鸞入滅の場，許されてかけつけた善鸞はまだ仏を信じることができない，しかし親鸞は苦悶ののち，やがて「みな助かっているのじゃ」といって往生する姿が描かれる。これは「*歎異抄」を戯曲化したものであるが，百三の自己体験をふまえ，自由恋愛の問題を人道主義の中に織り込んだ内容であるため，当時の時代に合い，特に青年層に好評を博し

た。人間的に描かれた親鸞像、キリスト教の影響も特徴の一つである。英・独・仏語などに訳され、ロマン・ロランにも絶賛された。

出定後語（しゅつじょうごご） 「一ごご」とも。*富永仲基（とみながなかもと）の著した仏教思想発達史の書。全2巻。1745年（延享2）刊。原始仏教から大乗仏教各派の教義の展開を歴史的に叙述した。新たに自説を説く者は、先行する所説と始祖の所説の矛盾を指摘しながら、始祖の正当な継承を唱えながら自説をのべる傾向があること、後から加えられた議論ほど複雑な構成をとること、これらの「加上（かじょう）」と名づけられた思想発達の法則（*加上説）を定立することで、仲基は、大乗仏教の思想が仏陀（ぶつだ）の所説そのままとはいえないことを明らかにした。また竺人（インド）の「幻」、漢人（中国）の「文」、東人（日本）の「絞（余裕のないこと）」をそれぞれの気質（民族性）として指摘している。服部蘇門（そもん）の「*赤倮倮（せきらら）」や本居宣長（もとおりのりなが）「*玉勝間（たまかつま）」がこの書を称え、平田篤胤（あつたね）の努力で1805年（文化2）に再刊された。近代に入って、内藤湖南（こなん）・武内義雄らがこれを顕彰している。

出定笑語（しゅつじょうしょうご） 「仏道大意」「大迷弁（だいめいべん）」「神敵二宗論」とも。江戸後期の仏教批判書。全3巻・付録3巻。国学者*平田篤胤（あつたね）の著。1811年（文化8）成立。まず富永仲基（なかもと）の著「*出定後語（ごご）」や服部天游（てんゆう）の著「*赤倮倮（せきらら）」を読んで研究ノートの「出定笑語原本」が成立し、次に講本の「出定笑語」、「出定笑語付録」が成立した。インドの風俗・国土・伝説などから始め、釈迦（しゃか）一代の大略、経典の非仏説、仏教の中国伝来、日本伝来、日本仏教の諸宗の概略をのべる。大乗（だいじょう）仏教を否定し小乗（しょうじょう）仏教を肯定するもので、篤胤が関東で教線を延ばすために講説し、それを門人が筆録した。付録ではともに神祇（じんぎ）不拝とされる日蓮宗と浄土真宗を排撃していることから、別名を「神敵二宗論」という。

出版条例（しゅっぱんじょうれい） 讒謗律（ざんぼうりつ）（1875年6月28日太政官布告第110号）や新聞紙条例（1875年6月28日太政官布告第111号）などとともに、明治憲法下における出版警察権力による言論制約の手段となった法則。明治政府は、政権成立とほぼ時を同じくして、新聞および出版物に対する制限立法を制定する。出版については、まず1869年（明治2）5月13日の行政官達による出版条例に続いて、72年1月13日の出版条例、75年制定の出版条例（1875年9月3日太政官布告第135号）、さらに83年、定期刊行物の取締り法規である新聞紙条例（1883年4月16日太政官布告第12号）の制定にあわせて部分的に改正された諸条項を付加し、出版条例（1883年6月29日太政官布告第21号）が制定された。当初の出版条例には、出版警察法規とともに、出版権に関する法規が混在していたが、版権条例（1887年12月28日勅令第77号）が制定されたのとあわせて、純粋に出版警察法として再整理され制定されたのが87年の出版条例（1887年12月28日勅令第76号）であった。また同条例の制定と同日、同じく政府批判言論弾圧の有力な手段となった新聞紙条例（1887年12月28日勅令第75号）が、あわせて制定された。

酒呑童子（しゅてんどうじ） *御伽草子（おとぎぞうし）の一つ。全2巻。作者不詳。南北朝〜室町時代の成立。絵巻物・奈良絵本・版本などがある。源頼光（みなもとのよりみつ）が家来の渡辺綱（わたなべのつな）・坂田金時（きんとき）・卜部季武（うらべのすえたけ）・碓井貞光（うすいのさだみつ）および藤原保昌（まさ）とともに、大江山の酒呑童子をはじめ鬼を退治する物語。謡曲「大江山」も古くは「酒呑童子」といい、御伽草子の原拠となった。大江山をどこにあてるかには諸説あるが、山城と丹波の国境にある現在の老ノ坂（おいのさか）をさすと考えられている。このあたりには悪賊が住んでいたとの記録があり、都の人々に恐怖を与えたと思われる。これを「鬼」と位置づけ、怪物退治談として脚色されたのであろう。

衆徒（しゅと） 平安時代以降、顕密の大寺院に属した僧侶の総称。大衆（だいしゅ）と同義的に用いられる場合もあるが、特に院政期以降の大寺社の武力蜂起にともない、しばしばその軍団を構成する僧侶を衆徒と称することが多い。当該期の大寺院は学問を主体とする学侶（がくりょ）と、堂舎の維持・力役に従事する堂衆（どうしゅ）など身分的に分裂しており、衆徒の多くは後者が構成したが、学侶が武力蜂起に参加することもあった。また特に興福寺では、寺内外で武装して警護にあたった下級の僧侶を「衆徒」と称し、興福寺の大和国の守護権にもとづき組織

じゅぶ

された国人(こくじん)などの「国民」とともに,興福寺の武力の中核を担った。

修二会(しゅにえ) 陰暦2月に行われる法会のことで,修二月会の略。修二月は正月に準じるという意味で,中国・日本の2月がインドの正月にあたることに由来するとされる。奈良時代以降,*南都七大寺ほか諸寺院で行われた。なかでも8世紀半ばに実忠(じっちゅう)によって始められたという東大寺二月堂の十一面悔過(けか)は有名で,陰暦2月1日から14日間行われ(現在は3月1日から),今も「お水取り」行事の名で親しまれている。その行法は日中・日没・初夜・半夜・後夜・晨朝(じんじょう)の六時にわたって行われる。→悔過

呪符(じゅふ) →護符(ごふ)

受不施派(じゅふせは) 日蓮宗の一派。法華信仰のない者や謗法の者から供養を受けない「不受」という僧侶の立場と,他宗謗法の僧侶には供養しない「不施」という信者の立場を表す不受不施派のうち,王侯(公武権力者)の布施は例外として受けるという立場をいう。京都の方広寺大仏殿の千僧供養(せんそうくよう)出仕をめぐって受不施派と*不受不施派が対立し,1599年(慶長4)大坂対論の裁許において受不施派の妙顕寺の日紹(にっしょう),妙国寺の日暁(にちぎょう)が勝訴し受不施派が優勢となった。1630年(寛永7)*身池対論(しんちたいろん)においても受派の身延山久遠寺(くおんじ)の*日暹(にっせん)・*日乾(にっけん)・*日遠(にちおん)が勝訴した。65年(寛文5)には不受不施派が禁止されることで,受不施派のみが公認されることになった。

儒仏合論(じゅぶつごうろん) 江戸前期の儒仏一致の書。全9巻。臨済宗の*隠渓智脱(いんけいちだつ)の著。1668年(寛文8)刊。仏教を異端とする*山崎闇斎(やまざきあんさい)の「*闢異(へきい)」を批判して,仏教を学んで儒学を知ることを求める。儒学・仏教は心法(しんぽう)で一致し,儒学・仏教の並行を主張する。儒学の無鬼論に対しては魂魄の再生を説き,儒学の福善禍淫は仏教の因果と同じとする。また出家の功徳をのべ,儒学の父母への孝が現世に止まるに対して,仏教では三世にわたるとする。輪廻(りんね)は止悪修善に役立つとして儒学と矛盾しないといい,最後に韓愈(かんゆ)の「仏骨を論ずる表」を掲げて,それを批判した。儒学の排仏論によって,はじめて仏教の衰廃を認めることができるとして護法に努めた。

儒仏問答(じゅぶつもんどう) 朱子学者の*林羅山(はやしらざん)と日蓮宗信者の*貞徳(ていとく)との間で交わされた*儒仏論争の書。全3巻。儒仏の優劣に関する18カ条の争点をあげた羅山と貞徳の往復書簡と,8カ条の「仏儒違目事」と題する貞徳の回想文からなる。本論争は,羅山が徳川家康の命によって剃髪した1607年(慶長12)以前になされたと推定される。羅山が朱子学の理気論から,仏典の虚偽性・三世因果の理の虚妄性などを批判したのに対して,貞徳はその一つ一つに命を賭けて反論を試みている。江戸時代,最初の儒仏論争書である本書は,単なる中国の儒仏論争の受け売りではなく,日蓮宗*不受不施派(ふじゅふせは)の貞徳の熱烈な信仰と青年学徒羅山の理想主義とが衝突しているだけに,最も水準の高い論争書の一つとなっている。

儒仏論聞書(じゅぶつろんききがき) 「*摧邪評論(さいじゃひょうろん)」に対する儒教側からの反論書。全2巻。1668年(寛文8)刊。著者は岡山藩主*池田光政(いけだみつまさ)の側近く仕え,*熊沢蕃山(くまざわばんざん)とも関係があった人物と目されているが,未詳。内容は参宮の道中,同宿することになった出家・儒者・庄屋・町人らが,1666年に光政がだした排仏の論告について論争するという体裁をとる。出家の儒教批判は「摧邪評論」の記述とほとんど変わらないが,本書ではキリシタン禁制に関連して仏家の存在意義を主張している(*寺請(てらうけ)制度)。これに対し儒者は,後世を説く仏教があるからこそ,その後世の説を借りるキリシタンが広がるのだと反駁している。なお,著者は儒者らの口を借りて仏教批判を展開しながら,光政と蕃山を擁護する立場をとっている。

儒仏論争(じゅぶつろんそう) 日本近世における儒学と仏教との論争。中世,儒学は五山禅林で禅への一階梯として講じられ,儒学と仏教が一致していた。しかし*林羅山(はやしらざん)によって儒学が*排仏論をともなって自立することで,儒学と仏教の関係は論争的様相を呈する。その嚆矢は1607年(慶長12)頃にあった,羅山と法華信者の*貞徳(ていとく)との論争である(「*儒仏問答」)。儒仏論争は儒学からの批判に仏教が反批判する体裁が多く,その論点は大きく五つに分けられる。

第1は*五倫五常という人倫をめぐり，儒者は仏教が人倫を否定すると批判し（羅山・*山崎闇斎ら），仏者は人倫を現世に止まらず来世も含んだ広い意味で人倫を考えているとする（*隠渓智脱ら）。

第2は三世因果説をめぐり，儒者は気の聚散説を唱えて霊魂が滅し人は転生せず，仏教の因果は輪廻や極楽・地獄を設けて愚民を教化する手段にすぎないと批判する（羅山・*熊沢蕃山・山崎闇斎ら）。仏者は儒学も霊魂の不滅を説き，因果による輪廻や地獄・極楽が治世上有益とする（隠渓智脱・心安軒ら）。

第3には仏教の異端性をめぐり，儒者は仏教を外来の異端とし，日本を神国とみる立場から*神仏習合・*本地垂迹説を否定する（羅山ら）。仏者は，仏法東漸の理と本地垂迹説から神仏一体もしくは神・儒・仏三教一致とする（*草庵恵中・*竜渓性潜・*白隠慧鶴・*大我・*竜温ら）。

第4には経世済民をめぐって，熊沢蕃山は寺請制のもとで仏道を怠り遊民と化す僧侶が多くなり，寺院建立も増加して，民衆から経済的収奪をしていると批判する。また，儒学の道を天下を安んずるものと考える*荻生徂徠は，個人の修養を重要視しない。これに対して仏者は，個人の修養を通じて仏教も天下を安んずることができるとする（大我・*乙堂喚丑ら）。

第5には科学性をめぐるもので，懐徳堂の儒者は天文学の天動地球説から仏教の須弥山説を批判し，*富永仲基は大乗仏教が仏説ではないとした。これに対して仏者は，天動地球説を否定することで須弥山説を擁護するか（*普寂・*文雄ら），もしくは天動地球説と須弥山説は矛盾しないとした（*円通ら）。また，大乗非仏説に対しては仲基の経典解釈や仏理理解を批判した（*潮音・文雄ら）。

儒仏或問 じゅぶつわくもん 江戸前期の護法書。上・中・下3巻。心安軒の著。1696年（元禄9）成立，翌年刊。程氏・朱子・山崎闇斎らの排仏論を18カ条にまとめた一冊書に対して，各条ごとに文証をあげて反駁したものである。儒教が仏教を批判する論点としてあげる仏教の，人が再生する理，観心説，無常，神異，因果説，殺生戒，飲酒戒，地獄説などが実は儒教にもあると反駁し，儒教と仏教の共通点を指摘する。しかし，理・性・道において儒仏の違いが明確にされる。儒の理・性は朽滅して無に帰するが，仏の理・性は不生不滅であるとする。また儒の道は言語文字をこえないが，仏の道は言語文字が及ばないとする。

主婦之友 しゅふのとも 大正期に発刊された代表的な主婦向け雑誌。1917年（大正6）石川武美により創刊された。大衆女性を対象に家計のやりくり，貯蓄，節倹を説き，身の上相談や手記などの投稿を奨励した。読者参加の生活に役立つ具体的な記事は，大正期の生活環境の変化，核家族化現象，専業主婦の誕生を背景に，多くの女性に歓迎され，同誌は発行部数を飛躍的に伸ばした。主婦を主人と対置させ，家庭経営の担い手として女性に主体性をもたせようとしたが，それは他方で性別役割分業観を浸透させることにもなった。戦時下には戦争協力を促す記事も登場した。戦後も女性向け生活誌として刊行される。

修法院 しゅほういん →真言院

須弥山 しゅみせん 仏教の宇宙観で，宇宙の中心をなす巨大な山。梵語Sumeruの音訳で，妙高山と意訳する。風輪・水輪の上層にある金輪の中心部にそびえ，周囲は九山八海が交互に囲み，最も外側の海中の四方に島があり（四大洲），その南の島（南瞻部洲または閻浮提）に人間が住む。また山の頂上には帝釈天以下三十三天の宮殿，中腹には四天王の住居があり，日月が周囲をめぐっているとされる。仏像を安置する須弥壇はこれに由来する。また奈良県明日香村には7世紀のものとみられる須弥山石が現存し，玉虫厨子の絵や東大寺大仏蓮弁・同二月堂本尊光背の線刻須弥山図も知られている。わが国で行われた中世以前の世界図にも，須弥山説が大きな影響を与えた。

儒門空虚聚語 じゅもんくうきょじゅうご 江戸後期の儒学者*大塩平八郎の著書。全2巻2冊，洗心洞蔵版。1833年（天保4）初刷，35年再刷。再刷本には猪飼敬所が指摘した初刷本の訓点の誤り14カ所を欄外に印刷し，「追鐫猪飼

敬所校讎之自記一条」を巻末に追加，別に「儒門空虚聚語附録」1冊を出版した。上巻には経書とその注疏に示された空・虚の字に関する記述を集録し，下巻には宋儒・明儒の空・虚に関する記述を抜粋する。付録には，門人の質疑と大塩の回答を収載する。大塩の中心学説である帰太虚の正当性を立証するために先行文献を集成する。「*洗心洞劄記」が帰太虚の論述編で，本書はその資料編にあたる。

儒門思問録 じゅもんしもんろく　儒学の実践道徳にかかわる諸問題について，問答形式で提示した書。*林羅山の著。全2巻。1662年(寛文2)刊。舜の父瞽瞍が人を殺した際に，舜のとった行動(「孟子」)や，父が羊を攘み，子が父の罪を隠したこと(「論語」)などの問題を題材に，儒学の実践道徳の原理を例示している。忠と孝との相克では，孝行を優先する儒学原理に忠実な議論を展開する一方で，堯の宮室の質素な様を表現した「土階三尺」説などでは，「必サヤウニアルベカラズ」とのべ，妥協的な見解を示している。

聚楽行幸記 じゅらくぎょうこうき　「聚楽第行幸記」とも。豊臣秀吉の奏請により，1688年(天正16)4月に行われた後陽成天皇の聚楽第行幸の記録。現存する「*天正記」8巻の中の1巻。*大村由己の著。88年4月14～18日の前後5日間にわたる行幸の盛儀の一部始終を，その1カ月後，秀吉の命によって純和文体で記す。秀吉礼賛の言葉を付して擱筆している。記事はおおむね正確であり，以後この行幸に関する記述はすべて本書に拠っている。本書は当時の行幸の様態を伝える貴重な史料であるが，同時にここに描かれた行幸の行列の姿から，天皇を頂点とする伝統的秩序から独立することをめざしながら，なお天皇権威に依存せざるをえなかった豊臣政権の基本的性格が如実に浮かびあがってくる。

儒林評 じゅりんひょう　近世儒学史の書。*広瀬淡窓の著。1巻。1836年(天保7)成立。淡窓は，江戸時代の儒風は三変したという。第1期は*藤原惺窩・*林羅山を起点とし，朱子学にもとづき排仏を志した時期である。*中江藤樹・*山崎闇斎らはここに含まれる。第2期は，朱子学を批判した*伊藤仁斎・

*荻生徂徠の古学の時代で，詩文を主としたが，躬行に努めず，浮華放蕩に流れた。第3期は折衷学の時代であるという。個々の儒者の評伝は，おおむね原念斎「*先哲叢談」，東条琴台「先哲叢談後編」をふまえるが，同時代の儒者の記事と淡窓の寸評がある。特に師*亀井南冥・昭陽父子について詳しい記事がある。

春屋妙葩 しゅんおくみょうは　1311～88(応長元～嘉慶2・元中5)　南北朝期の禅僧。諡号は智覚普明国師。甲斐国の人で*夢窓疎石の甥。夢窓に師事し，その法を嗣ぐ。焼失した臨川寺・天竜寺の復興に住持として努めるが，管領細川頼之と疎隔して丹波国に7年ほど隠棲する。頼之の失脚とともに復帰し，夢窓の後継者として足利義満ら初期の禅宗界の中心となり，天下僧録司に任命され，はじめての僧録となる。義満の創建した宝幢寺の開山となり，塔頭鹿王院を設け，相国寺では夢窓を開山とし2世となった。諸語録などを版行し，*五山版，特に天竜寺版として知られる。「夢窓国師年譜」などの編者で，語録「智覚普明国師語録」，明使と応酬した詩集「雲門一曲」がある。

俊寛 しゅんかん　能の曲名。四番目物。作者不詳。「*平家物語」に取材する。鬼界島に流されていた俊寛・丹波少将成経・平判官康頼のもとに，平清盛の女が懐妊し安産を祈願するため赦免使が来る。ところが，赦免状には俊寛の名前がなく，彼は船の纜にすがりついて哀願するがかなわなかった。悲嘆と絶望にくれる俊寛は，「次第に遠ざかる沖つ波の幽かなる声絶えて」と寂しく船を見送る。柳田国男は*高野聖が俊寛の最期を語ったとして，*唱導との関連を指摘する。歌舞伎や浄瑠璃にも影響を与えた。

春鑑抄 しゅんかんしょう　朱子学の啓蒙書。*林羅山の著。1巻。1629年(寛永6)刊。仁・義・礼・智・信の五常について，「論語」「孟子」の語を中心に引用しつつ，朱子の「論語集註」「孟子集註」によって和文でわかりやすく説明している。仁は「アハレム」こと，義は「ヨロシキヤウニスル」こと，礼は行動に「法度」あることをいい，その根本は「敬」心であるとのべ，智は「心ニヨロヅノコ

しゅん

トヲ知ル」こと，信は「マコト」であると説いている。

春記　しゅんき　「資房卿記」「野房記」とも。公卿藤原資房（1007～57）の日記。「春記」は彼の官職春宮権大夫にちなむ。古写本・逸文をあわせて1026～54年（万寿3～天喜2）の記事が現存するが，欠巻も多く1年を完備するものはない。しかし，比較的史料に乏しいこの時期においては重要史料の一つで，特に資房が蔵人頭などの要職にあった関白藤原頼通の執政期の政情・時代相が知られるとともに，頼通やその近習に対する率直な批判や，時勢への悲憤慷慨の言葉が散見し，他の記録には類をみない精彩に富んでいる。「訓読春記」がある。

殉教　じゅんきょう　キリシタン時代には殉教をポルトガル語のマルチリヨ，殉教者をマルチルと称した。ギリシア語を語源とする殉教者の意味は証人であり，信仰のために生命を捧げることが最高の価値ある証とみなされた。殉教の条件は，(1)生命の犠牲，(2)無抵抗の死，(3)信仰と道徳のために限られ，戦死者や政治的理由で処刑された者は殉教者とは認められない。キリシタン時代の殉教者数は4045名，記録されていない者は4万名に近いとされる。＊キリシタンは，テルトゥリアヌス（166頃～222）の次のような名言により「殉教者の血は新しいキリスト教信者の種子」になると教導されていたため，江戸幕府当局の理解を絶した最大の恐怖は，殉教者を勝利者として礼讃するという彼らの超政治的抵抗であった。

殉死　じゅんし　高貴な身分の人や主君などが死んだ時，その従者や妻子らが死者に従って自殺することをいう。強制的に殺され，死者に近接して葬られるのは「殉葬」であるが，広義の殉死に含められる。古代には，「魏志」倭人伝に，卑弥呼の死に際し，奴婢100余人を殉葬したとの記事があり，「日本書紀」に，垂仁天皇の弟の死にあたって近習の人々が殉死させられたことなどの例がある。また，中国の殷代の王墓などにも，多くの人々が一緒に葬られている。ただし，日本の殉死の特質は，自分の意思で主君の後を追って自害する死の形である。戦いにおいては，山背大兄王が蘇我入鹿に攻められて子弟妃妾とともに自害し，右大臣蘇我倉山田石川麻呂が讒言にあって飛鳥の山田寺で自殺した時に，妻子ら8人も自害したこと，また，武家社会の成立以後，鎌倉幕府の滅亡に際して，得宗北条高時とともに数百ないし数千人の武士たちが鎌倉で死んだことなど，主君と運命をともにする例は多い。しかし，これも主家・自軍の崩壊にあたって自分たちの将来に絶望して死を選んだのであるから，少し意味が異なる。主家はあくまで安泰な中で，自然死を迎えた主君に殉じて自らの命を断つという異常な行動が，日本の死の文化を考えるうえで興味をひく。

日本近世に出現した流行現象である殉死は，心理的な強制はあったとはいえ，あくまで殉死者の意思で病死した主君を追って自殺することにその特徴がある。その死をもたらす方法は切腹であったので，史料上には「追腹」としてでてくる。このような狭義の殉死（追腹）の起源をたどるとすれば，1392年（明徳3）病死した管領細川頼之のあとを追って腹を切った三島外記入道が最初である。「明徳記」には，戦場にて主君と同じく討死したり，腹を切ったりするのはよくあるが，病死した主君に殉ずるのは前代未聞のことであって，みなこれに感涙を流したとしている。戦乱がほぼ終息した17世紀に入ると，病死した主君のために，追腹を切る事例がでてくる。その初見は1607年（慶長12），徳川家康の四男，尾張国清洲城主松平忠吉の死に際し，石川主馬ら近臣3人が殉死した事件である。彼らは，忠吉とともに丁重に葬られ，忠義の行動として美風とされたため，殉死者はしだいに増え，流行にまでなった。仙台藩主伊達政宗には15人，熊本藩主細川忠利には19人，佐賀藩主鍋島勝茂には26人もの殉死者がでている。

1663年（寛文3）幕府は，＊武家諸法度の別紙で，殉死を不義・無益とし，禁止することを伝えた。そして，その5年後，宇都宮藩主奥平忠昌の死に際して殉死者がでたので，奥平家の領知を2万石削減し，殉死者の子を斬罪に処した。このため，諸藩では殉死を厳禁するようになり，その風習はほぼ絶えた。殉死する者は，主君と＊男色関係にあ

った小姓などに多く，自己の出自に比して破格の待遇をうけた者なども多く殉死した。しかし，そのような当然と思われる者以外にも，殉死する者が少なくなかった。とうてい死ぬ必要などないと思われるような下級の家臣が殉死しているのである。これは，生前主君に褒められたとか声を掛けられたというような取るに足らない交流を恩義に感じて死んだものである。彼らの殉死後，子孫が取り立てられるなどのこともないから，子孫の栄達を望んでのことではない。むしろ，秩序化されつつあった幕藩制の中で，直接主人と交流があったことを誇り，それに報いるためには命も惜しまないという心意気を示そうという*かぶき者的な心性があったと考えられる。

俊芿　しゅんじょう　1166〜1227（仁安元〜安貞元）　鎌倉前期の律僧。字は不可棄，また我禅房と号した。肥後国の出身。大宰府観世音寺にて具足戒をうけ，京都・奈良にて戒律を学ぶ。肥前国に帰り正法寺を創建し，戒律と密教を布教する。1199年（正治元）より1211年（建暦元）まで宋に留学し，戒律をはじめ禅・天台などを学ぶ。帰国後，18年（建保6）に宇都宮信房より京都東山の仙遊寺を寄進され，やがてこれを*泉涌寺と改名し，天台・真言・律・禅・浄土兼学の道場として再興した。以後は泉涌寺を拠点に戒律復興に努め，北京律の祖とされる。著書は「三千義備検」「仏法宗旨論」「念仏三昧方法」「坐禅事儀」など。

俊乗房　しゅんじょうぼう　→重源

純神道　じゅんしんとう　→古神道

殉葬　じゅんそう　→殉死

春台先生紫芝園稿　しゅんだいせんせいししえんこう　*太宰春台の漢詩文集。「紫芝園稿」は略称。目録・前稿5巻，後稿15巻・付録からなる。1752年（宝暦2）刊。前稿は1721年（享保6）頃までの文章を収め，後稿はそれ以降のものを収める。擬古的な詩文がない点，詩に対して文が多く，しかも議論の文が目立つ点で，春台らしい特色がある。荻生徂徠や服部南郭との感情的なもつれを率直に表した文も，あえて収められている。

淳和天皇　じゅんなてんのう　786〜840（延暦5〜承和7）　在位823〜833。諱は大伴。桓武天皇の第3皇子。母は藤原百川の女旅子。兵部・治部・中務の卿をへて，皇太子高岳親王（薬子の変で廃太子）に代わり皇太弟となる。嵯峨天皇の譲りをうけて即位した。清原夏野ら良吏を積極的に登用し，検非違使庁の設置，勘解由使の再設，勅旨田の設置，親王任国制の設定などを行った。「令義解」を編纂させるなど法律制度を整えた。また詩文に秀で，自ら滋野貞主らとともに「*経国集」を編んだほか，多数の詩を「凌雲集」に残している。833年（天長10）に譲位し淳和院に移る。没後，遺詔により山城国大原野に散骨された。陵は大原山陵。

春波楼筆記　しゅんぱろうひっき　江戸後期の随筆集。1巻。*司馬江漢の著。末尾に1811年（文化8）の日付がある。江漢晩年の雑感・見聞，中国や日本の古典からの抜き書きとそれに対する寸評などを200あまりの項目に分けて記し，その話題は多岐に及ぶ。不明瞭な伝記的事実を補うための情報や，江漢の人となりや思想がうかがい知れる記事もある。江漢はこのほかに「*独笑妄言」「*無言道人筆記」などのやや虚無的な随想集を数年のうちに相次いで著しており，相互に重なる記事も多いが，本書が最も内容豊富である。

巡礼　じゅんれい　個人や集団で，祖師ゆかりの聖地や観音・地蔵・阿弥陀信仰などの*霊場に参詣して信仰を深める旅。またその人々。巡礼中は禁欲生活をするのを原則とし，成就すれば特別の功徳があると信じられた。平安時代に入唐した天台宗の僧*円仁が，838年（唐開成3・日本承和5）から9年間にわたって中国の五台山を中心とする聖地を巡礼した時の日記「*入唐求法巡礼行記」は，巡礼の旅の困難さと当時の唐のようすを伝える記録としてよく知られる。国内の巡礼は，平安初期に京都の人々が奈良の七大寺詣をしたのが早い例とされる。その後，観音信仰による三十三カ所巡礼，弘法大師信仰による八十八カ所巡礼などが盛んに行われ，この習俗は今日まで継承されている。在俗の人々が期間を限って信心三昧の生活を送ることによって，日常生活の苦しみから救済され，願望成就を祈願する信仰の形である。→四国霊場　秩父霊場

しょ

書 しょ　わが国の書に対する観念は、もちろん漢字とともに中国から伝えられた。優れた書を尊ぶこともすでに天平時代にみることができ、早くから王羲之らの書が重んじられた。平安初期には、自らが筆をとることに対する意識も高まり、*嵯峨天皇・*空海・*橘逸勢（三筆）、さらには小野道風や藤原佐理・藤原行成（三蹟）ら個人の名があがるようになる。そして、仮名文字の成立とその*仮名の書風の発達は、おのずから中国とは異なる書への意識をもうみだすこととなった。

そのような仮名書に対して、中世になることに禅僧の書に精神性が求められ、これを「*墨跡」とよんで尊ぶ風がうまれた。本来墨跡とは肉筆の書一般をさす語だが、日本では南北朝期頃から、禅僧の筆跡に限って「墨跡」とよぶようになった。これらの多くは中国正統の書法をよそに、もっぱら破格法外の風味に徹したものが多い。村田珠光が一休宗純に参禅して圜悟克勤の墨跡を授けられ、これを茶掛として用いるようになったところから、茶の湯と禅との関係さえ説かれるようになった。

「墨跡」が日本独特の意味合いをもつものなら、「書道」の語もまた中国にはない日本独自の語である。日本のさまざまな芸道において説かれる「道」が、和歌が定型化し創造性を失い始めた時期に「歌道」の称がうまれたことに始まるように、書の世界においてもまた、たんに師風だけを追って事足りるとした時代に「書道」の語がうみだされたのであった。

疏 しょ　禅宗寺院で作成された文書形式の一つ。風呂の費用を募る淋汗疏、寺院の修理費用などを募る幹縁疏、新住持が入寺する際に作られた入寺疏などがある。入寺疏には、赴任する寺側が迎える山門疏、国内の諸寺の僧が赴任を促す諸山疏、広く知人僧が寄せる江湖疏、同門の僧が祝う同門疏、学芸上の知人が寄せる友社疏などがある。これらの文章作成のために詩文僧は四六文の技法を競い、古典を学習した。疏は実務的文書であり、かつ*五山文学の一翼をになう分野であった。

聖一国師 しょういち　→円爾

聖一派 しょういちは　臨済宗東福寺の開山聖一国師*円爾の法脈をうける一派。円爾自身も密教を学び、門下に醍醐寺三宝院流の密教を伝えた癡兀大慧、泉涌寺の律宗を学んだ白雲慧暁、比叡山と関係の深い東山湛照、尾張国長母寺の*無住道暁らの密教色の強い門人がいる。また南山士雲・*双峰宗源・蔵山順空らのように密教と関係のない禅宗専一の人々もいた。鎌倉末期にはこの人々の門下が*東福寺を中心に団結するようになり、京都五山の中でも修禅と教学を両立させる特色のある宗風を確立し、室町時代には夢窓派と並ぶ大きな門派となった。

称謂論 しょういろん　江戸時代、儒者が日本の官名・地名・人名を中国風の言葉に言い換えることによって引き起こした議論。荻生徂徠門下の*蘐園学派の擬古主義によって、幕府の役職名、江戸や京都の地名などを中国風に言い換えることが、18世紀中頃に文人の異国趣味と相まって流行した。これに対して、*留守希斎「称呼弁正」、*尾藤二洲「称謂私言」、*猪飼敬所「操觚正名」などは名実論や正名論の観点から批判を加えた。この名称をめぐる議論では、中国と日本との関係、天皇と将軍との関係をいかに捉えるかという基本的な立場が問われていた。

攘夷論 じょういろん　幕末期に、欧米諸国を夷狄として日本から打ち払おうとする江戸後期から明治初期にかけての対外論。18世紀後半以降の欧米諸国の東アジア進出に対して*海防論が唱えられ、幕府も1804年（文化元）に発した薪水給与令を25年（文政8）に異国船打払令に変更、42年（天保13）にはアヘン戦争の報などにより天保薪水給与令に再変更した。攘夷論は、*尊王攘夷論として後期水戸学の*会沢正志斎（安）により確立したが、神国意識や夷狄視など不合理な面をともなう一方、政治・軍事・侵略などの欧米情報を基礎として攘夷の正当性を説き、欧米の軍事的優越性を認識し、欧米式軍事技術や火器・軍艦導入を唱えて幕政・藩政改革を主張した。また開国が、輸出による国内物資の不足、インフレ

を招き人民闘争を激化させ，領主財政を圧迫するとともに，貿易利益やキリスト教を媒介とした国内勢力と欧米との結合による日本の独立喪失，幕藩支配の解体をもたらすことを警戒した。ペリー来航後，攘夷論者は，やみくもに即時攘夷を叫ぶ*志士と，当面は交渉を引き伸ばし，その間に軍事力の強化を図る「ぶらかし策」（要求の諾否を明確にしないという方針）を選択する*徳川斉昭らに分かれ，さらには会沢や*高杉晋作らのように「時勢の変」として攘夷を諦め，富国強兵を図り海外侵略を行うことにより日本の優位性を確保しようとする大攘夷論がうみだされた。なお，神風連の乱（1876）でも欧化政策を否定し攘夷が唱えられており，攘夷論は1877年（明治10）頃まで命脈を保っていた。

乗因 じょういん 1682～1739（天和2～元文4）江戸中期の天台宗の僧。宝永期（1704～11）初めに比叡山で，天海の法流を伝える宣存から山王一実神道（*山王神道）を伝授されたという。享保年間（1716～36）に江戸の寛永寺に住した頃，すでに*摩多羅神を祀っていた。1727年（享保12）に信濃国戸隠山勧修院の別当に着任すると，山王一実神道に戸隠修験や，「旧事大成経」由来の*霊宗神道を加えた「修験一実霊宗神道」を提唱した。灌頂・衣体・法式などを変更したため衆徒の反発をうけ，本寺である寛永寺と対立して，39年（元文4）八丈島に流された（三宅島説もあり）。彼の思想は，*三教一致論の影響と，仏教を世俗倫理に合致させる志向とで把握される。

松陰快談 しょういんかいだん 江戸後期の漢文随筆。全4巻。*長野豊山の著。1821年（文政4）刊。和漢の学問や自ら読書した書物について，伊藤仁斎・荻生徂徠・室鳩巣らわが国の儒者の評判・詩論・文章論・書画印章など，著者の関心と好尚の赴くところを，豊富な学識と率直な批評で記している。*尾藤二洲と共通の師であった宇田川楊軒の伝もある。のちに中国に伝わって，「昭代叢書」続集に収められた。豊山は朱子学者で，伊予国川之江の人。大坂にでて懐徳堂で*中井竹山に学び，さらに江戸にでて昌平黌で尾藤二洲・*古賀精里に学んだ。弟子に藤

森天山らの書家がいる。

紹運録 じょううんろく →本朝皇胤紹運録

貞永式目 じょうえいしきもく →御成敗式目

聖応大師 しょうおうだいし →良忍

松翁道話 しょうおうどうわ 江戸後期の心学者*布施松翁の行った*道話の聞き書き。全5編。各編とも上・中・下の3巻よりなり，72の主題についての道話を収める。心学の教化理念を儒教よりも老荘・仏教の思想によって基礎づけ，「我なし」（無我）の境域を理想として，日常の美談・例話を織りこんでの道話である点に特徴がある。また，「*鳩翁道話」（抜群の話術により聴衆に感銘を与えた道話）が耳で聴いて有用であるのに対し，本書は眼で読んで有益な点も注目される。出版は初編が1814年（文化11），第5編が46年（弘化3）で，初編でさえ松翁の没後30年であり，特に第4編以下には後世の仮託の混入も推測される。けれども，老荘・仏教思想による松翁の教化理念は一貫している。

松翁ひとり言 しょうおうひとりごと 江戸後期の心学書。1冊。著者は*布施松翁。ある日，船で京都より大坂に下った折の所感を綴った内容で，円熟した心学教化思想が記されている。晩年（1784没）の作であり，刊行は没後と推測される。書肆循古堂の広告文に「目前の道理を説き悉く天理なる事を示す」とあるように，万物に内在する本性は「*理」であり，理は「*気」であることにより，万物の地位・生存は安定する。それゆえ，人間は不断のきびしい修行により私利・私欲を克服し，「我なし」（無我）の境域に達して「理」「気」に開悟するのが肝要である，と説く。本書は10丁ほどの簡素な内容であるが，松翁の心学思想を把握するうえに欠かせない文献といえる。

聖覚 しょうかく 1167～1235（仁安2～嘉禎元）「せいかく」とも。鎌倉前期の天台宗の僧。父は*唱導の大家として名高い天台宗僧*澄憲で，祖父は藤原通憲（*信西）。京都の里坊安居院に住んだので，安居院法印とよばれた。唱導にすぐれ，父澄憲とともに安居院流唱導の大成者とされる。同時に，法会の要職をつとめる代表的な学匠でもあった。*法然の浄土教に共感し，天台の立場から念仏の専修を勧めた「唯信鈔」を

著したが，やがてその姿勢を変えて，1227年（嘉禄3＝安貞元）の法然門下に対する弾圧事件（嘉禄の法難）の際には弾圧側に回っていた。そのほか，「草案集」などの著作がある。

奨学院（しょうがくいん） 南曹（なんそう）とも。平安時代の*大学別曹（だいがくべつそう）の一つ。881年（元慶5）在原行平（ありわらのゆきひら）が，一門の子弟また源氏・平氏・大江氏・中原氏らの皇族出身の氏族の子弟のために建てた教育施設である。左京三条一坊四町に位置した。行平没後の900年（昌泰3）に大学別曹として認可された。平安後期にはすでに衰微したが，奨学院別当職は，勧学院（かんがくいん）別当とともに近世まで存続した。

定額寺（じょうがくじ） 律令体制下，*官寺（かんじ）に準じる存在として認められた寺院。「定額」の意味については，寺院の定数とみる説，国家からうける経済的保証の定額とみる説，各寺院におかれた官僧の定数とみる説，国家によって寺号（じごう）が定められ，寺額が授与される寺院とみる説などがあり，いまだ定説はない。その名称は奈良時代半ば以降にみえるが，平安初期には皇族や貴族・豪族などが私に建てた寺院を定額寺に定めることが盛んに行われ，これによって国家の保護と統制を加えたものである。具体的には，国家から一定額の修理料・灯分料の施入や年分度者（ねんぶんどしゃ）の公認などがある一方，寺からは*資財帳を提出して国家の検察をうけるなどの義務を負った。この定額寺制は平安中期には衰退した。

松下村塾（しょうかそんじゅく） 幕末期，萩藩萩城下にあった私塾。はじめ*吉田松陰（しょういん）の叔父玉木文之進（ぶんのしん）が主宰し，外叔父久保五郎左衛門が受け継いだ。その後野山獄（のやま）を解囚された松陰が，1856年（安政3）自邸内で主宰した。以後2年あまりの間，山鹿（やまが）流兵学の門人を中心に武士・庶民の区別なく，入門を許された者は70〜80名にのぼり，*久坂玄瑞（げんずい）・*高杉晋作（しんさく）・*伊藤博文（ひろぶみ）・*山県有朋（やまがたありとも）ら，幕末・維新期の中心人物を多数送り出した。その教育の特色は，各自の能力を最大限にのばし，政治的自覚のもと志を確立させることにあり，そのためには松陰自身が先登に立って感性にうったえ，実践を究極の目的とした。

小学校教員心得（しょうがっこうきょういんこころえ） 小学校教員の遵守すべき心得を説いた，文部省による最初の本格的文書。文部省達第19号。1881年（明治14）6月18日公布。起草は*江木千之（かずゆき）という。「皇室ニ忠ニシテ国家ヲ愛シ，父母ニ孝ニシテ長上ヲ敬シ」云々と教員の道徳観を忠君愛国的に規定し，教員が模範となり児童生徒を感化すべきとのべた。自由民権運動に対抗した先の太政官布告の集会条例第7条による教員の政治参加の制限，文部省達第6号「小学校教員免許状授与方心得」，のちの同第26号「学校教員品行検定規則」とともに，教員統制を目的に制定された。これら一連の規定によって，知識・才芸の伝達者としての西欧的教師観かあるいは仁義忠孝による伝統的教師観かをめぐる論議は，後者へと確定された。

小学校教則大綱（しょうがっこうきょうそくたいこう） *小学校令（第2次）にもとづく教育課程の準則。文部省令第11号。1891年（明治24）11月17日公布。全24条。起草は*江木千之（かずゆき）という。小学校の教科全18科目についての教授内容を規定したが，特に尊王愛国的な道徳教育を重視した。修身科は前年発布の*教育勅語を反映すべきことと，女子には「貞淑ノ美徳」を求めた（第2条）。また「日本歴史ハ本邦国体ノ大要ヲ知ラシメテ国民タルノ志操ヲ養フ……皇統ノ無窮歴代天皇ノ盛業」（第7条）云々と，*修身が各教科の内容に反映している点，さらに実用的知識・技能を徹底し，初等教育を完結した国民教育とみなしている点も特色である。1900年の小学校令（第3次）発布によって廃止された。

小学校祝日大祭日儀式規定（しょうがっこうしゅくじつたいさいじつぎしききてい） *小学校令（第2次）にもとづく国家祝祭日の学校儀式規定。文部省令第4号。1891年（明治24）6月17日公布。全8条。内容は，紀元節（きげん）・天長節（てんちょう）・元始祭（げんし）・新嘗祭（にいなめ）で御真影拝礼，両陛下の万歳奉祝，教育勅語の奉読，校長訓話，祝日大祭日の唱歌斉唱を，孝明天皇祭・春季皇霊祭（こうれい）・神武（じんむ）天皇祭・秋季皇霊祭で校長訓話と唱歌斉唱を，元旦の儀式で御真影拝礼・万歳奉祝・唱歌斉唱を行うことと規定する。あわせて儀式には市町村長・公務員参列の半ば強制，住民や生徒・父母と親戚の参列を奨励すること，生徒には茶菓，教育的な絵画を与えてもよいとし

た。以後、学校を媒介に皇室・国家本位の祝祭日が全国的に浸透した。儀式用唱歌が音楽教育の内容に与えた影響も大きい。

小学校令 しょうがっこうれい　明治中期～昭和前期の小学校制度に関する勅令。(1)1886年(明治19) 4 月10日公布。小学校(学齢6～14歳)を尋常・高等各4年の2段階とし、尋常小学校を義務化する。授業料は有償としたが、無償の小学簡易科も設置した。教科書検定をはじめて実施し、国家統制を強めた。

(2)1890年10月7日公布。国家体制の確立に向け細部にわたり改定する。小学簡易科を廃止し、尋常小学校を3～4年に、高等小学校を2～4年に弾力化、代用私立小学校の制度化などを規定する。

(3)1900年8月20日公布。尋常小学校を4年制に改め、授業料を無償化し実質的な義務教育を実現する。のち03年教科書を国定化し(翌04年より使用開始)、07年尋常小学校を6年制に延長するなどの部分改正を行い、41年(昭和16)*国民学校令により小学校は国民学校となった。→教科書制度　小学校教則大綱

正月様 しょうがつさま　→歳神

松花堂昭乗 しょうかどうしょうじょう　1584/82～1639(天正12/10～寛永16)　江戸初期の画僧・書家・茶人。本姓喜多川。幼名辰之助、通称式部、号は滝本坊・惺々翁しょうおう・南山隠士・空識。石清水いわしみず八幡宮(真言密教)の社僧で、出自は不詳(父母や先祖のことは一切語らなかったという)。文禄期(1592～96)頃、近衛信尹のぶただに仕え、17歳の頃男山おとこやま(石清水八幡宮)に登る。20歳の頃大坂の四天王寺に詣で、弘法大師空海くうかいの作品にふれて感激したというが、その前半生はよくわからない。大坂の陣の時、狩野山楽さんらくに画を学んだという。茶の湯は*小堀遠州えんしゅうと親交がある。1627年(寛永4) 3月23日に師の実乗じつじょうが没すると、滝本坊の号を用いるようになり、37年の12月に甥乗淳じょうじゅんに滝本坊を譲り、以後松花堂の号を使用する。書では寛永の三筆の一人として名高い。

静観房好阿 じょうかんぼうこうあ　1698～1769(元禄11～明和6)　江戸中期の*談義本だんぎぼん作者。本姓山本氏。大坂に生まれ、若年時に律宗から浄土宗に転じて談義僧となるが、のちに還俗し

て大坂薩摩堀で徳孤子とっこしという名で医業を生業としたという。処女作の1740年(元文5)刊「御伽空穂猿おとぎうつぼざる」(名儀は摩志田好話)以下、48年(寛延元)刊「華頂百談かちょうひゃくだん」(静観堂好話)、50年刊「諸州奇事談きじだん」(静観房好阿)は諸国の奇談集で、談義僧としての諸国遍歴の体験も加味されていよう。京都在住をへて、50年には*伊藤単朴たんぼくとの交流が知られるので、おそらくこの頃には江戸向島辺りに住しており、52年(宝暦2)「*当世下手談義とうせいへただんぎ」、53年「続教訓下手談義」を出版している。談義僧としての話術と教訓話の資質を発揮したもので、これが狭義の談義本の濫觴である。その後京都へ帰ったと思われる。著作はほかに66年(明和3)江戸刊「疱瘡呪詛ほうそうじゅそ秘伝集」、72年(安永元)京都刊「怪談御伽童かいだんおとぎわらべ」など。出自や事歴は不明な点が多いが、自筆写本「竹馬警策ちくばけいさく」の発見によって生没年が判明し、本名も一時無根拠とされた山本善五郎説が有力視されている。

娼妓の自由廃業運動 しょうぎのじゆうはいぎょううんどう　明治30年代の娼妓解放運動。1900年(明治33) 2月、大審院は貸座敷業者・娼妓間の身体の拘束を目的とした契約は無効とし、函館の娼妓坂井フタの廃業を認めた。5月名古屋地方裁判所でも、娼妓藤原さとが宣教師モルフィの助けをえて自由廃業に勝訴した。以後、自由廃業運動が各地に広まった。救世軍は運動の中心となって、遊廓側暴徒の襲撃に遭いながらも娼妓に廃業をよびかけた。10月内務省は娼妓取締規則を公布、公娼制を地方長官から政府の統制下におき、18歳未満の者が娼妓となることを禁止し、娼妓の自由廃業を明示した。同年9月～01年11月の間に東京で2545人が廃業した。→芸娼妓解放令　廃娼運動

承久記 じょうきゅうき　鎌倉前期の*軍記物語。漢字仮名交り文。著者未詳。承久の乱(1221)後10年ほどたって成立か。別の著者による同名の書もあり、さらに補筆・改作した同名の書もあるので、内容を考える場合にはどの本に依拠したかを注意する必要がある。中世では「*保元ほうげん物語」「*平治へいじ物語」「*平家物語」(「源平盛衰記げんぺいせいすいき」)とあわせ四部合戦状と総括されるが、近世では「*明徳記」「*応仁記」とあわせて三代記とよばれた。倒幕計画

じょう

の首謀者後鳥羽上皇と彼の挙兵を一挙に粉砕する幕府の執権北条義時とを対立させ, 乱の経過をたどっている。数々のエピソードも折り込んだ物語であるとともに, 乱の記録として幕府の修史事業「*吾妻鏡」の記録を補完する。

常行三昧 てんぎょうざんまい 天台大師智顗の撰述した「摩訶止観」巻第2上に説かれる*四種三昧のうちの一つ。残りの三つは常坐三昧・半行半坐三昧・非行非坐三昧。「般舟三昧経」四事品第3には, すみやかに三昧を獲得するための四事のうちの第3として, 3カ月の間, 飲食・便利(排便)を除き, 休むことなく阿弥陀仏の周囲を経行する業を説く。この般舟三昧の法は, 東晋の慧遠が廬山において白蓮社を結社して修したことで知られる。智顗はこれを「摩訶止観」に導入した。よって般舟三昧と常行三昧は内容をほぼ等しくする。

90日間常に行道し, 常に阿弥陀仏の名を唱え, 常に阿弥陀仏を念ずるというもので, 唱念を途切れずに継続することにより精神を統一し, 見仏を期す行法である。*最澄は, 天台宗の学生のうち止観業を修する者は常行三昧を含む四種三昧を行わなければならないと定めたが, その生前には, 半行半坐三昧の中でも「*法華経」に依拠する法華三昧を修する堂が成立しただけであった。

常行三昧堂が比叡山(東塔)に建立されたのは, 848年(嘉祥元)*円仁の時代のことである。ただし, 円仁がここに移植したのは, その入唐中に五台山竹林寺で見聞した法照流の五会念仏とよばれるもので, 阿弥陀仏の唱念のみにとどまらず, 「*阿弥陀経」の読誦を交え, 五声の音節を用いたより音楽的な行法である。比叡山ではこれが「山の念仏」として定着し, 西塔にも横川にも常行三昧堂が建立されるに至った。これがのちに*阿弥陀堂へと展開をとげ, 豊かな浄土教芸術の果実を結ぶこととなる。

証空 しょうくう 1177〜1247(治承元〜宝治元) 鎌倉前・中期の浄土宗の僧。父は源(久我)通親(父は源親季で通親の養子となったとの説もある)。善慧房と号す。浄土宗西山派の祖。若くして*法然の弟子となり, 師の「*選択本願念仏集」の著述を助けるなど, 有力な門弟の一人となった。また, 願蓮から天台教学を, 政春や*慈円から天台密教を学んだ。余計な彩りのない「白木の念仏」を説き, 「*観無量寿経」の教えを表したものとして当麻曼荼羅を重視した。京都西山の往生院を拠点としたことから, 西山上人とよばれ, その教えは西山義と称された。著作に「観経疏観門義」「往生礼讃観門義」「観念法門観門義」「観経疏大意」「五段鈔」などがある。

上宮皇太子菩薩伝 じょうぐうこうたいしぼさつでん *思託編の「延暦僧録」に採録された*聖徳太子に関する天台宗系の伝記。1巻。788年(延暦7)前後の成立と考えられる。元来は高僧伝の一部にすぎなかったが, 太子と「法華経」との結びつきを力説するなどの仏教伝承が多く, 後世単独の太子伝として尊重された。編者の思託は, 754年(天平勝宝6)に*鑑真とともに来日した唐僧の一人。1000字余りの短文のうち, 中国南北朝時代の南岳慧思禅師に関する詳しい記事が前半にあり, 太子がその後身であることを説くことに主題がある。その他, 太子が取経のため*小野妹子を派遣した法華経請来説話や, 義疏の執筆説話など太子の仏教理解に独自の見解がみられる。

上宮聖徳太子伝補闕記 じょうぐうしょうとくたいしでんほけつき 「聖徳太子伝補闕記」「補闕記」とも。*聖徳太子ゆかりの氏族らの主張をもりこみ, 平安初期に成立した太子の伝記。著者不詳。1巻。記事の内容から, 秦氏の古記・伝承をはじめ, 調使氏・膳臣氏の家記などを主な材料として編集したことがわかる。「*日本書紀」や「暦録」, 先行する四天王寺の太子伝の諸説に対抗するため, 新たにまとめられた書である。秦河勝の事績, 広隆寺関係記事や*三経義疏の制作年代, 太子死後の一族滅亡などに関してほかにみえない詳しい記載がある。一方で, 母の懐妊をめぐる救世菩薩の夢(*観音信仰), 太子の乗馬(甲斐の黒駒)での諸国巡歴やそれに付随した未来予言(平安遷都)の数々を記すなど, 奇異とも思われる説話的記載も少なくない。

上宮聖徳法王帝説（じょうぐうしょうとくほうおうていせつ）　平安中期頃に成立した*聖徳太子に関する系譜・伝記や，*法隆寺をはじめ太子関係寺院所蔵の金石文を収録した歴史書。1巻。編者不明。「*古事記」や「*日本書紀」とは異なる系統の古い所伝を数多く含む。「*天寿国繡帳」の銘文など，ほかの記録にみられない貴重な記事をもつ。太子一族の系譜，講経・義疏執筆に関する年次，太子死後のことなどのほか，「日本書紀」とは異なる仏教伝来の年次（志癸嶋〈欽明〉天皇の戊午＝538年），および欽明・用明・崇峻の天皇の在位年数についても異説を伝えている。ただ太子崇敬の念が強く，平安遷都以後のものとみなされる説話的な伝承の類も少なからず付加されている。

上宮太子（じょうぐうたいし）　→聖徳太子

聖冏（しょうけい）　1341〜1420（暦応4・興国2〜応永27）　南北朝〜室町前期の浄土宗の僧。了誉または酉蓮社と号す。父は常陸国那珂郡岩瀬の領主で佐竹の一族白石義忠。鎮西派白旗流の了実のもとで出家し，蓮勝や定慧からも教えをうけ，浄土以外の諸宗も精力的に学んだ。後世，浄土宗第七祖と称される。教団の整備に尽力し，浄土宗僧侶の資格を与える五重相伝の法を定めた。常陸国瓜連の常福寺を拠点に活動するが，晩年は弟子に譲り，江戸小石川の草庵（のちの伝通院）に移った。著作に「釈浄土二蔵義」「浄土二蔵二教略頌」「破邪顕正義」などがある。

貞慶（じょうけい）　1155〜1213（久寿2〜建保元）　解脱房・笠置上人とも。鎌倉初期の法相宗の学僧。藤原貞憲の子で，藤原通憲（*信西）の孫。1162年（応保2）8歳で興福寺に入り，覚憲に師事，11歳で剃髪する。86年（文治2）32歳で維摩会の講師などをつとめ，*九条兼実らの帰依をえた。法相・律を究めて，戒律復興に努めるとともに*弥勒信仰の流布にも尽くした。93年（建久4）に南山城の笠置寺に隠棲。1205年（元久2）には*法然（源空）の専修念仏に対し，「興福寺奏状」をもって停止を訴えた。08年（承元2）南山城の海住山寺に移り，*観音信仰を修めた。著作に「*愚迷発心集」などがある。

上下定分の理（じょうげじょうぶんのり）　→林羅山

性憲（しょうけん）　1646〜1719（正保3〜享保4）　江戸中期の浄土宗西山派の僧。諱は性憲，字は通西・蓮居，号は慈空。京都の人。京都安養院の竜空（瑞山）について出家する。律の頽廃を嘆き，16歳で専意とともに太秦広隆寺の*慧猛に菩薩戒をうける。さらに修学に努め，空席となっていた安養院の住持となる。41歳の時，河内国の野中寺で具足戒をうける。竜空が山城国深草の真宗院に退隠するにともないその伽藍を復興し，のち同院37世となる。蓮華勝会を開き，日々「往生要集」を講じた。黄檗宗の*独湛性瑩・高泉性激や瑞光寺の慧明らと親交した。また三河国刈谷に崇福寺を創建した。著作は「蓮門小清規」「臨終節要」「重修蓮門課誦」「真宗院規範」など。

聖護院（しょうごいん）　京都市左京区聖護院中町にある本山修験宗（天台系修験）の総本山。智証大師*円珍の開基と伝えられている。本尊は不動明王。1090年（寛治4）の白河上皇の*熊野詣の時，園城寺の僧増誉は先達をつとめ，その功績により初代熊野三山検校職に補せられ，あわせて聖護院も賜った。また，聖護院に熊野権現を勧請し，*修験道の鎮守とした。のちに熊野三山検校がこの権現の検校も兼ねることになる。1160年（永暦元），後白河上皇の熊野詣の先達をつとめた覚讃は洛東の地に熊野権現を勧請し，前者と区別し新熊野とよんだ。鎌倉時代には，熊野に領地を有していた後白河上皇の皇子静慧法親王が聖護院の門跡になり，聖護院は熊野との結びつきをいっそう深め，宮門跡として重きをおかれるようになった。14世紀初頭には門跡覚助は園城寺長吏も，熊野三山・新熊野の検校を兼ねることになり，聖護院は天台系修験の管領の地位を確立するに至る。明治初年の*神仏分離令により大きな打撃をうけ，天台宗寺門派の一寺院となるが，戦後，修験宗として独立する。のちに本山修験宗と名を改めている。→本山派

上皇（じょうこう）　太上天皇の略語。譲位した天皇に宣下される称号。譲位した最初は皇極

しょう

ぎ天皇だが，その尊称は皇祖母尊すめみおやのみことであり，太上天皇号は未成立である。持統天皇が文武天皇に譲位した時にはじめて太上天皇号が用いられたようである。この称号は，古代中国の「太上皇」に由来するという説もある。日本の太上天皇号は儀制令ぎせいりょう天子条に規定されており，対応する唐令では存在しない。文武天皇と持統太上天皇の共同執政という現実に鑑みて規定されたものである。そのように天皇と同等の天皇大権を有する太上天皇は，薬子くすこの変(810)をへてのちは公的な地位からは分離されていく。嵯峨天皇は譲位にあたり人臣の列に入ろうとしたため，淳和じゅんな天皇はあらためて太上天皇の尊号を奉った。この尊号宣下の儀の成立により，譲位した天皇がそのまま天皇大権を保持し続けることはなくなった。太上天皇は宣下とともに封戸2000戸が奉られ，勅旨田や院宮分国いんぐうぶんこくを獲得する。律令天皇の政治力が衰退していくにつれて，自由な立場にあった上皇の力があらためて上昇して，白河上皇の院政以降，治天の君きみとして専制的権力を発揮するようになった。

彰考館 しょうこうかん　2代水戸藩主の*徳川光圀みつくにが創設した「*大日本史」の編纂所。まだ世子であった1657年(明暦3)，江戸神田の別邸に設置したのが嚆矢。藩主を嗣いだのちの72年(寛文12)小石川藩邸に移して，彰考館と命名した。光圀以後も事業は継承されて維新期に及び，1871年(明治4)廃藩以降は水戸徳川家の手で続けられ，1906年「大日本史」の完結により閉鎖された。なお，蔵書などは水戸の常磐ときわ神社域内の彰考館文庫に保管されたが，45年(昭和20)の米軍空襲で多くを焼失した。63年，残された蔵書などを基盤に復興され，博物館の指定をうけ，財団法人水府明徳会彰考館として現在に及んでいる。「大日本史」編纂事業をとおし，忠孝一致の理念を機軸とする*水戸学派の思想形成や歴史観に深厚な影響を発揮した点で，思想史上に重要な施設である。

照光記 しょうこうき　→明月記めいげつき

衝口発 しょうこうはつ　*藤貞幹とうていかんの古代史論書。1冊。1781年(天明元)成立。1813年(文化10)頃刊行。神武以降の日本の古代文化が，主に朝鮮半島に由来することを15項目にわたってのべたものである。特に序文では，素戔嗚尊すさのおのみことは新羅しらぎの君長であること，神武天皇元年は600年繰り下げるべきことなどを主張し，さらに「皇統」の項目では神武天皇を呉ごの泰伯たいはくの末裔と主張する。700年余の韓風をしりぞけ，律令りつりょうをはじめとする中国の制度・文物を導入した天智てんじ朝を賞賛して終わる。貞幹には「天智天皇外記げき」の著もあり，天智天皇を顕彰し，「日本書紀」批判を行う本書の作成意図がうかがわれる。しかし，論自体は粗雑で「或記」や「日本決釈」などの偽書に依拠するなど，考証の手続きを欠いているため，*本居宣長もとおりのりながは実証的な文献解釈の立場から，「*鉗狂人けんきょうじん」を著して反駁した。ただし，神武紀年を繰り下げることなどは，明治以後に展開された「日本書紀」の紀年論の先駆と評される。

相国寺 しょうこくじ　京都市上京区に所在する禅寺。山号は万年山。臨済宗相国寺派の大本山。1382年(永徳2・弘和2)将軍*足利義満よしみつが室町幕府の側地に創建，相国承天寺しょうこくじょうてんじと称した。開山には*春屋妙葩しゅんおくみょうはが招請されたが，春屋は*夢窓疎石を勧請して開山とし，自分は2世住持となった。86年(至徳3・元中3)京都五山第二位となり，のち1401～10年(応永8～17)には第一位となった。その後，天竜寺が第一位に復し幕末まで続いた。

塔頭の鹿苑院ろくおんいんは1382年本寺の創建とともに，義満の弁道所べんどうじょである安聖寺あんしょうじを聖寿寺しょうじゅじに移し，その跡地に小御所こごしょを建立して，翌年鹿苑院と改め，*絶海中津ぜっかいちゅうしんを初代塔主とした。ここには五山統轄機関である*鹿苑僧録そうろくがおかれ，本寺歴代住持と鹿苑院主には*夢窓派の僧が任じられて，その威勢を誇った。鹿苑院は現在廃絶。幕府と鹿苑院との間を連絡した蔭涼軒いんりょうけんはもと鹿苑院内に設置されたが，その後蔭涼職いんりょうしょくとなった人が住する私寮舎を蔭涼軒と称した。鹿苑院主の日誌が「*鹿苑日録ろくおんにちろく」，蔭涼軒主の日誌が「*蔭涼軒日録」である。現存する塔頭の一つに慈照院じしょういんがある。1490年(延徳2)正月に前将軍足利義政が没すると，はじめその香火所こうかしょとして大智院が予定された

が，同院門徒の反対で大徳院（院主景徐周麟ʲょうりん）に決められた。同院は91年正月に没した足利義視ʸʰの香火所になっていたが，その香火塔頭を大智院に移し，同年3月大徳院を慈照院と改称した。

相国寺は室町時代を通じて数度の火災にあい，1584年（天正12）*西笑承兌ˢʰᵒ̃ᵈᵃⁱが中興し，1788年（天明8）に大火によって数宇を残して焼失したが，文化年間（1804〜18）に復興した。1820年（文政3）僧堂が開設され，誠拙周樗ˢʰʲʰを師家ʰとして，妙心寺系の関山派古月ᵍᵉ下の禅が入り，のち関山派白隠ʰᵃⁿ下の法流に改められた。1876年（明治9）分離・独立して相国寺派を形成し，荻野独園ᵈᵒᵏᵘᵒⁿが初代管長となった。建造物・書画などの文化財を多く所蔵する。

招魂社 ʲ ょうこん　幕末・維新期に王政復古のため国事に殉じた英霊を祀った神社。現在の靖国ᵏᵘⁿⁱ神社や全国各地に所在する*護国神社の前身。嘉永年間（1848〜54）から明治維新までの戦役などにより戦死した者の霊を各藩で慰めるために設けたのが始まりである。明治政府もその意を踏襲し，1868年（明治元）5月10日，「癸丑以来，殉難者の霊を京都東山に祭祀する件」との太政官布告があり，これにより最初の官祭の招魂社が京都・萩・福岡に設けられ，招魂祭が執り行われた。ついで1939年（昭和14），上記の3カ所の招魂社を合祀した社殿が成立し，招魂社の護国神社への改称にともない京都霊山ʳʸᵒ̃ᶻᵉⁿ護国神社と称された。なお1869年には，各地の招魂社の総本社として東京九段に東京招魂社が創建され，79年に靖国神社と改称された。また1875年には官費での運営となり，名称も招魂社に統一され，これが官祭招魂社の始まりである。これ以降も招魂社は次々と建てられたが，これらは私祭招魂社とよばれ，前者と制度的には区別された。

沼山閑話 ʲ ょうざんかんわ　地名をとって「ぬやまかんわ」とも称される。幕末の経世家*横井小楠ˢʰᵒ̃ⁿᵃⁿと*元田永孚ᵉⁱᶠᵘの対話集。1865年（慶応元）成立。士道忘却事件で熊本の郊外沼山津に蟄居する小楠を，かつての実学研究会の仲間であった元田永孚が訪問し，その折の小楠との対話の要旨を記録したものである。朱子学の

格物論ᵏᵃᵏᵘᵇᵘᵗˢᵘを批判して「天帝の命を受け天工を広むる」生産と結びついた「三代の格物」を主張する。また西洋学を，「心徳の学」をともなわない「事業の学」と規定する。戦争は，利益を目的として人間学をともなっていない「事業の学」に起因すると批判する。戦争を止める学問として「三代の治道」を日本が率先して実践し，世界に広め平和の実現に貢献することを提唱する。

常山紀談 ʲ ょうざんきだん　*湯浅常山の著した随筆。戦国期から近世初頭にかけての武士の逸話を700余り集めている。正編25巻，拾遺4巻，付録（「雨夜灯ᵃᵐᵃʸᵒᵗᵒᵐᵒˢʰⁱ」）1巻。1739年（元文4）の自序，文化・文政期（1804〜30）頃に刊行された。道徳的な勧善懲悪をめざしながらも，評論を排して，「戦国の時勢，国初の風俗，武人の言行」（凡例）を事実のままに叙述し，異説がある場合にはそれを「一説」として載せている。

沼山対話 ʲ ょうざんたいわ　地名をとって「ぬやまたいわ」とも称される。幕末の経世家*横井小楠ˢʰᵒ̃ⁿᵃⁿと*井上毅ᵏᵒʷᵃˢʰⁱとの対話集。1864年（元治元）成立。士道忘却事件で熊本の郊外沼山津に蟄居する小楠を，当時熊本藩校時習館ʲⁱˢʰᵘ̃ᵏᵃⁿの居寮生であった井上毅が訪問し，その時の小楠との対話の要旨を記録したものである。古今の学問論から始まり，キリスト教や開国交易論，世界情勢や派閥弊害論に及んでいる。キリスト教を仏教の一種と理解し，倫理を重んじる点において仏教よりも高く評価するが，その受容は否定する。開国による交易を世界の「天理」と説き，ワシントン米大統領の治世を「天理」に則ったものと評価する。また，党派の弊害を除去するものとして「人材の見立て」を提唱している。

上巳 ʲ ょうし　「じょうみ」とも。旧暦3月の最初の巳日ᵐⁱⁿᵒʰⁱをいい，古くから中国では水辺で*禊ᵐⁱˢᵒᵍⁱや*祓ʰᵃʳᵃⁱを行い，曲水ᵏʸᵒᵏᵘˢᵘⁱの宴を設けるなどした。魏の時代に上巳は3月3日と定められ，わが国にもこの風俗が伝来して，奈良時代以来この日が節日ˢᵉᶜʰⁱⁿⁱᶜʰⁱとされて（雑令），宮中では曲水の宴が行われた。平安時代には貴族の私邸でも曲水の宴が行われ，また陰陽師ᵒⁿᵐʸᵒ̃ʲⁱが勤仕して身体の穢ᵏᵉᵍᵃʳᵉや災厄などを移した人形ʰⁱᵗᵒᵍᵃᵗᵃを水辺に流す*上巳祓も盛んに行わ

れた。祓の場所として京都では鴨川がもっぱら用いられたが、「源氏物語」須磨巻には光源氏が須磨の海岸で行ったのがみえている。後世の雛人形や流し雛はこの遺習とされる。

尚歯会 しょうしかい **❶** 7人の高齢者を主賓として宴を催し、詩を作ったり歌を詠じたりして楽しみながら、老齢を言祝ぐ会。唐の白居易(白楽天)の故事にもとづいて行われ、877年(元慶元)に南淵年名らの行ったのが最初といわれる。1172年(承安2)には藤原清輔も自らが7人のうちの1人となって、京都白河の宝荘厳院で尚歯会を行っている。**❷** 原義は老寿を言祝ぐ会のこと。近世史においては、和歌山藩儒の遠藤勝助(鶴洲)が主宰した学者の交流会として著名であり、1836年(天保7)頃に発会した。この会の成果としては、*高野長英の「救荒二物考」「避疫要法」の出版があげられる。この会が高野長英・*渡辺崋山を中心とする政治結社で、*蛮社の獄の弾圧対象となったという通説は誤りである。主宰者の遠藤勝助が処分の対象となっていないことからも、それは明らかである。高野・渡辺らがこの会の常連であったというだけである。

成実宗 じょうじつしゅう *南都六宗の一つ。訶梨跋摩の著で、鳩摩羅什漢訳の「成実論」を所依とする宗派。わが国には7世紀後半頃に百済僧の道蔵が伝えたとされる。奈良時代には元興寺・大安寺・東大寺などに学派が存在していたが、万象が空かつ無なることを悟ることによって入涅槃をめざす教義が*三論宗と相似し、平安時代以降は三論宗の付宗として扱われた。*最澄の上表によって、806年(大同元)に諸宗の年分度者の数を定めた際に、三論宗3人のうち2人が三論を読誦し、今1人が「成実論」を読誦するものとされたのは、その表れである。

上巳祓 じょうしのはらえ 旧暦3月の最初の巳日に、水辺にでて*禊や*祓を行って*罪穢を除去する行事。元来は中国伝来の行事で、巳日であったものが、魏の時代から3日となり、日本でも3日を節日とした。中国の場合は、穢を祓い清め、招魂の意味も含まれていたが、日本では招魂の意味がなく、わが国独特の祓の思想と結びついて発展した。祓具としては人形や衣服が用いられ、これらに罪や穢を移して川や海へ流した。また祓具に息を吹きかけたり、それで身を撫でて罪・穢を付着させ、水辺へ棄て流す風習は古代からみられる。この上巳祓の人形と、幼女の玩具としての雛人形とが結びつき、のちに人形のもつ祓の思想は雛祭の雛人形に影響を与え、今も雛人形に上巳祓の思想が認められる。→上巳

正司考祺 しょうじこうき 1793～1857(寛政5～安政4) 「一こうき」とも。江戸後期の経世家。名は考祺、字は子寿、通称は庄治、号は碩渓・南鳩。肥前国有田の商家の子。1828年(文政11)有田の大火の際には、財産を投げ出して窮民を救った。1833年(天保4)江戸に遊学し、*林述斎を訪ね、また兵法の免状をうけた。佐賀藩の古賀穀堂・草場佩川と交流し、藩の財政再建に協力した。51年(嘉永4)大村藩で兵学を講じ、長崎の砲術家*高島秋帆とも親交をもった。士農工商の身分制度の枠内で、自由な経済活動を求める勤勉な商人の立場からの*経世論を著した。著書は「*経済問答秘録」「武家七徳」「*天明録」「家職要道」など。

聖衆来迎図 しょうじゅらいごうず →阿弥陀来迎図

清浄 しょうじょう →外清浄 内清浄

条々聞書 じょうじょうききがき →宗五大草紙

清浄光寺 しょうじょうこうじ 神奈川県藤沢市にある*時宗の総本山。別名藤沢道場。遊行寺の名で知られる。1325年(正中2)、一遍の孫弟子、遊行上人4世呑海が隠退後に開き、その後遊行上人の退居の地となり、住持を藤沢上人という。室町時代に将軍・鎌倉公方の帰依をうけて栄えたが、1513年(永正10)兵火で全焼した。91年(天正19)徳川家康が寺領100石を寄進し、1607年(慶長12)32世普光の時に諸堂が完成して復興した。時宗本山としての地位が確立し、門前町藤沢が東海道の重要な宿場であったので、寺は江戸時代を通じて繁栄した。

聖浄二門 しょうじょうにもん 浄土教において、仏教全体を聖道門と浄土門とに分類する考え方。聖道門は、自分の力で修行を積み、この世で悟りをえて聖者となるための教え。浄

土門は,「往生浄土門」ともいい,阿弥陀仏の慈悲の力によって浄土に往生して悟りをえるための教え。中国唐の道綽が「安楽集」の中で示した分類法で,末法の世では浄土門のみが悟りへの道であると説いた。法然も,「*選択本願念仏集」で道綽の分類を引用し,聖道門を捨て浄土門を選び取ることを勧めた。

瀟湘八景 しょうしょうはっけい　山水画の画題。瀟湘は,中国の洞庭湖の南,瀟水が湘水に合流するあたりで,古来景勝の地として知られた。これを〈平沙落雁・遠浦帰帆・山市晴嵐・江天暮雪・洞庭秋月・瀟湘夜雨・煙寺晩鐘・漁村夕照〉の八景として描くことは,北宋の宋迪に始まる。風光明媚な名所を描くものではあるが,題にみられる地名は「洞庭」と「瀟湘」のみで,特定の土地の景観との結びつきは弱く,画家にとっては自らの水墨山水のバリエーションを盛りこむ表現上のテーマという性格が強かった。八景のうちの七つまでが夕暮れや夜というモノクロームの表現に適した時間帯であり,それぞれに雪・月・烟霞・日の光など特徴的なモチーフが配されている。これらにどのような表現を与え,また八景を描き分けるかが画家に課された問題であり,歴史的には象徴的な,イリュージョニスティックな,また記号的な表現が入り交じる複雑な様相を呈している。古いものとしては王洪款らの「瀟湘八景図」(プリンストン大学美術館蔵)があり,南宋の*牧谿法常や玉澗の作は,足利将軍家のコレクションに入って日本の画家の規範となった。日本では室町時代の祥啓(「瀟湘八景図画帖」,白鶴美術館蔵)や相阿弥(「瀟湘八景図襖」,大仙院室中)のもの,また江戸時代にも池大雅(「東山清音帖」)らによって,多くの遺品が残されている。

証真 しょうしん　生没年不詳　平安後期〜鎌倉前期の天台宗の僧。宝地房と号する。恵心流から分かれた宝地房流の祖とされる。文献重視の教理研究をすすめた比叡山を代表する学僧。浄土宗の祖*法然とも親密な交流があったと伝えられる。天台三大部の注釈書「三大部私記」(30巻)を著し,その中で当時流行の天台*本覚思想への批判も行っている。そのほか,密教優位を批判し顕密一致を説いた「天台真言二宗同異抄」や,「大智度論略鈔」などの著作がある。

成尋 じょうじん　1011〜81(寛弘8〜永保元)　平安後期の天台宗の僧。入宋僧。祖父は藤原実方,父は貞叙とされる。母は歌集「成尋阿闍梨母集」で知られる源俊賢の女。1017年(寛仁元)京都岩倉の大雲寺に入る。52年(永承7)関白藤原頼通の護持僧となり,20年余りつとめた。後冷泉天皇の祈祷に奉仕し,54年(天喜2)勅により延暦寺阿闍梨に補任される。70年(延久2)渡宋の裁可を上奏,72年入宋して天台山・五台山を巡歴,翌年,宋朝より善慧大師の号および新訳経などを賜る。このほか宋土でえた経論・物品などを同行してきた弟子に託して帰朝させ,自らは残留し,81年(永保元)汴京の開宝寺で没した。渡宋の経緯から天台山・五台山の巡歴を中心とした宋滞在中の1年3カ月を記録した「*参天台五台山記」8巻は,仏教関係のみならず政治・経済・社会・文化と広範囲の詳細な内容を含み,当代のようすを具体的に知ることのできる貴重な史料となっている。

正信念仏偈 しょうしんねんぶつげ　略して「正信偈」とも。*親鸞の著した「*教行信証」に収められる定型詩。「行」の巻の末尾にあたる,七言120句の部分。信心を重視する親鸞の立場を端的に示すもの。前半は「無量寿経」によって,阿弥陀・釈迦の徳をたたえ念仏をすすめ,「依経分」と称される。後半は,7人の浄土教の高僧が説くところを紹介し,信心をすすめ,「依釈分」とよばれる。本願寺8世の蓮如が刊行して以来,浄土真宗の勤行の中心となった。

祥瑞災異の思想 しょうずいさいいのしそう　祥瑞(瑞祥とも)は,天が王者の治世を称賛して出現させたとされる,特異な動植物や自然現象をいい,災異は,平常でない自然界の異変すなわち天災地変をいう。中国では古来,王者の治世の安定・不安定は王自身の徳・不徳に由来するものとされ,もし王の徳が厚く世が太平に治まっていれば天が祥瑞を現すが,逆に不徳であれば種々の災異を示す,という天人相関思想が,儒教の帝王・国家観と結びつい

て発展していた。日本でも，たとえば「日本三代実録」の序文中に「祥瑞は，天の人主に祚ゆる所にして，災異は，天の人主を誡むる所なり」とみえるように，中国文化の摂取の一環として，この思想が受容された。

祥瑞に関しては治部省を担当と定めるとともに，儀制令や「延喜式」に奏聞・種類(星・雲・鳥・獣・草木・金石など)・等級(大・上・中・下)などに関する規定が収められた。実例としては，7世紀後半から8～9世紀にかけて，特に六国史などを中心に祥瑞・災異に関する記録が多く残されており，年号改定や皇位継承の決定の多くが祥瑞出現を契機にしているなど，律令国家の理念と結びついて政治上大きな役割をはたしていたことが知られる。しかし，祥瑞が施政の正当化の役割を演じた反面では，やがて祥瑞にまつわる虚偽をも生じさせることにもなった。なお，本来は天意の表現である祥瑞が，しばしば神仏の意志の表れとされた傾向が8世紀を中心に著しく，日本では祥瑞の概念が神祇や仏教と混交されて受容された一面もあったことが注意される。

貞崇 じょうすう　866～944(貞観8～天慶7)　真言院僧都・鳥栖寺僧都とも。平安中期の真言宗の僧。山岳修行に力を注ぎ，*金峰山の金剛蔵王菩薩(*蔵王権現)の功徳を伝えたことで知られる。三善氏出身。貞観寺の恵宿に入室。醍醐寺の*聖宝より伝法灌頂をうける。899年(昌泰2)より30年余り金峰山に山蟄していたが，927年(延長5)詔によって護持僧となり，醍醐・朱雀天皇に仕える。930年第4代醍醐寺座主となり，下醍醐の造営途上で醍醐天皇が没したが，残された伽藍の整備を進めた。938年(天慶元)護持僧の労により権少僧都に任じられ，942年東寺長者，ついで金剛峰寺座主を兼任した。没する時79歳。鎌倉時代の「*古今著聞集」では，貞崇のもとに火雷天神が訪れたことなどが伝えられ，*天神信仰の成立にもかかわったとされる。

攘斥茅議 じょうせき　江戸後期の経世論的な排仏書。*中井履軒の著。1巻。出家剃髪の作法やその取締り，由緒なき新設寺院や寺領なき無縁寺の破却と僧侶の整理，辻神・辻仏などの*淫祠の淘汰，神仏分離，山伏の装束の禁止，尼僧・尼寺の禁止などを主な論点とする排仏論書である。履軒は仏教を民衆をまどわし社会生活を破壊するものとみなし，廃絶するための手段と方法とが詳細にのべられる。「恤刑茅議」「均田茅議」「浚河茅議」とともに「四茅議」と称される。

浄刹 じょうせつ　→浄土

小説神髄 しょうせつしんずい　*坪内逍遥の評論。1886年(明治19)完結。原理編・技術編の2部からなる。進化論の発想を用いて，複雑な近代人の心理を表現するのに最も適した文学ジャンルが小説であることを主張した。近世以来の散文ジャンルに対する低い社会的評価の転倒を意図して執筆された著作であり，そのため*戯作にみられた勧善懲悪などの功利的な文学観が否定されるとともに，写実による心理の描出が小説の主眼として強調された。日本最初の本格的かつ体系的な小説理論書といわれる。種々の欠陥や問題点をもつが，そのリアリズムの主張は，*二葉亭四迷らの同時代作家に強い影響を与えた。

肖像画 しょうぞうが　「肖像画」という言葉は近代以後portraitの訳語として一般化したものであり，江戸時代以前の日本の概念としては，御影・出陣影などに用いられる「影」がこれに近い。奈良時代の聖徳太子像(御物)以来，平安・鎌倉時代の高僧像・天皇像，南北朝・室町時代の頂相・武家像など，中世までの肖像画のほとんどは，特定の宗教的儀礼の際に用いられることを念頭において制作された権力者の像である。例外的なものとして，肖似性を重視したいわゆる*似絵の技法による公家像，明兆・*雪舟等楊・*雪村周継らによる画家の自画像などがある。近世以後，風俗画というジャンルの確立とともに，肖像画の裾野は大きく広がり，*浮世絵版画による美人画・役者絵の隆盛に至って，広く一般化する。明治以降は，西洋絵画の肖像画にならった形式が主流となり，肖像写真とともに特定の人物のイメージの流通が顕著になる。近年，特に中世の肖像画をみなおす研究が盛んで，著名な源頼朝像(神護寺蔵)の像主・制作年代などの問題

じょう

をめぐって，活発な議論が展開されている。

正像末 しょうぞう　→末法思想

樵談治要 しょうだんちよう　室町時代の政道書。1巻。*一条兼良の著。1480年(文明12)7月28日，時の将軍足利義尚の要請に応えて著したもの。書名の由来は，兼良の跋文に示される〈身分の賤しく知識もない樵夫の政治談義にも，政治の詮要をついたものがある〉という考え方による。内容は，「神をうやまふべき事」「仏法をたつとぶべき事」「諸国の守護たる人廉直を先とすべき事」「訴訟の奉行人其仁を選ばるべき事」「近習者をえらばるべき事」「足がるといふ者長く停止せらるべき事」「簾中より政務ををこなはるる事」「天下主領の人かならず威勢有るべき事」の8カ条からなる。兼良最晩年の思想をうかがううえで，重要な資料である。また，のべられている事柄も，公家の立場からという制約はあるが，応仁・文明の乱直後の世上のありようを十分にふまえ，また，「簾中より政務ををこなはるる事」の条では，*日野富子の存在を強く意識しているなど，歴史資料としてもみるべきものが多い。諸本は多いが，京都国立博物館蔵本(豊田駒太郎旧蔵)は兼良自筆・義尚自筆識語といわれている。

正徹物語 しょうてつものがたり　正徹(1381～1459)が著した歌論書。全2巻。「徹書記物語」と「清巌茶話」からなる。1430年(永享2)成立。前者は和歌の風体や作法，歌人の逸話からなり，*幽玄を和歌の理想としている。自詠の「咲けば散る夜の間の花の夢のうちにやがてまぎれぬ峰の白雲」を幽玄の歌といい，勅撰の場合はともかく，それ以外は自由に歌えばよいとする。後者も藤原定家の家風を理想とした幽玄の*歌論で，「徒然草」にみる「花は盛りに，月は隈なきをのみ見るものかは」との考えを賞賛している。いずれも箇条書きで体系だった歌論書ではないが，中世の歌論を知るうえで基本的な史料である。

浄土 じょうど　浄刹とも。「清浄国土」の意で，仏が統宰する国土すなわち仏国土(仏国・仏界)をいう。釈迦牟尼仏の霊山浄土，弥勒仏の兜率浄土，阿弥陀仏の*極楽浄土などがその代表で，これらに対する現実の世界すなわち凡夫の世界は*穢土と称された。仏教思想史上からは，死後におもむく浄土としての「来世浄土」，現実世界に実現される浄土としての「浄仏国土」，現実にすでに存在しているとされる「常寂光土」の3種の浄土説があるが，日本では，来世に阿弥陀仏の西方極楽浄土に往生することを願う信仰が最も盛んであった。

唱導 しょうどう　「唱誦引導」の意で，本来は法会において，表白文・願文・諷誦文などを唱え誦して説法することをいい，その役僧を唱導師といった。のちしだいに説法の部分が重視されるようになり，経典や教義を説いて人々を教化する活動をも広く唱導と称して，やがては説経・法談・談義などと同義となった。平安後期の「百座法談聞書抄」は，当時の唱導の実態を示す好史料である。平安末期からは*澄憲・*聖覚以下子孫が安居院流と称する一派をなし，しだいに専門職化するにともない，中世には天台系の「言泉集」「転法輪抄」，真言系の「普通唱導集」などの模範文例集も作られた。日本の唱導の歴史をはじめて記述した鎌倉末期の「*元亨釈書」は，「唱導は演説なり」と端的にのべている。

聖道 しょうどう　本来は儒教でいう「聖人の道」の略語で，のちに仏教や道教の聖人の道をもよぶようになった。中国唐代には，道綽が仏の教法を聖道と浄土との2門に分け，阿弥陀仏の本願にもとづき，もっぱら念仏による往生浄土を説く浄土門に対し，自力の修行によって現世での悟りの証果をえようとする立場を聖道門とし，かつ前者を易行道とする一方で，後者を難行道として批判の対象とした。聖道門は，具体的には密教や華厳宗・天台宗，禅宗などをさし，平安中期の源信以下，法然や親鸞らがこの区別を継承していった。→聖浄二門

正灯国師 しょうとうこくし　→寂室元光　宗峰妙超

聖道門 しょうどうもん　→聖浄二門

浄土教 じょうどきょう　浄土とは仏・菩薩の住する清浄な国土のことであり，代表的な浄土には，阿弥陀如来の西方*極楽浄土のほか，薬師如来の東方瑠璃光浄土，弥勒菩薩の

じょう

兜率天、観音菩薩の補陀落山などがあるが、日本では浄土といえば阿弥陀の浄土をさす場合が多い。浄土教は極楽浄土の快楽にみちた様を説き、そこへ往生するための方法を説く教えである。

わが国における浄土教は、聖徳太子の往生したという天寿国のようすを刺繍で表した中宮寺の*天寿国繡帳の成立などにより、すでに飛鳥時代（7世紀）にその萌芽を認めることができる。続く奈良時代（8世紀）にも阿弥陀信仰の遺品は散見するが、この時代の浄土教はもっぱら死者の追善を内容とするものであったと考えられている。

平安時代に入ると、比叡山延暦寺および天台宗寺院に阿弥陀如来を主尊とする常行堂が建てられ、これが*阿弥陀堂へと展開をとげ、華麗な*浄土教芸術の華を咲かせることとなった。また天台宗の中では、10世紀に*良源が「*極楽浄土九品往生義」を著して「*観無量寿経」九品往生段の注釈を試みたのをはじめ、その弟子*源信は「*往生要集」「*観心略要集」の二著を著して天台教学の中に浄土教を位置づけた。とりわけ前者は、鎌倉時代に*法然（源空）による専修念仏思想成立の契機となるなど、後代への影響が大きかった著作である。

また南都にも*永観・珍海らの浄土教家がでて、*口称念仏を鼓吹した。一方、真言宗においては、*覚鑁が弥陀即大日の立場に立って密教と浄土教の融合を図るなど、平安後期には浄土教は汎宗派的な広がりをみせた。

鎌倉時代に入ると、法然に続いてその弟子*親鸞が他力本願思想を純化させた阿弥陀信仰を唱え、また*一遍は熊野権現の神勅にもとづき、念仏札の賦算や、踊念仏などを通じて民衆への布教を行った。

これら鎌倉新仏教における浄土教家は必ずしも新宗派の確立をめざすものではなかったが、その後継者たちによって教団が組織され、*浄土真宗（一向宗）のように強大な世俗的権力を具備して戦国大名と対峙することもあった。江戸時代に入ると幕府による統制を強くうけ、いずれの浄土教系教団も、葬送儀礼以上の活発な宗教的活動が困難な状況に陥った。

浄土教芸術 じょうどきょうげいじゅつ *浄土教を思想的背景としてうまれた美術・音楽・文学・演劇などの諸芸術。阿弥陀の*極楽浄土に関連するものが最も多いが、弥勒・地蔵・観音の浄土に関するものもある。中宮寺の*天寿国繡帳（7世紀）は、聖徳太子が往生したと信じられた天寿国の有様を刺繍で表したもので、広義の*浄土変相図である。橘夫人県犬養三千代の念持仏の伝承のある橘夫人厨子（7世紀）は、彫刻・金工・木工・絵画の諸ジャンルによる複合芸術で、阿弥陀如来の浄土を表した遺品である。法隆寺金堂壁画のうち6号壁は、阿弥陀の西方浄土を描いたものだが、図様の近い作例が中国の敦煌石窟に見出せる。

中国唐時代は浄土教芸術の最盛期であったが、「*観無量寿経」の経説にもとづいて浄土の様を表現した観経変相図の中でも、最も形式的に完備したのが当麻曼荼羅である。その代表的遺品である奈良県当麻寺に伝来した綴織観経変相図は、わが国では長く孤高の一本であったが、鎌倉時代に至り法然の高弟*証空によって再発見され、以後あいついで模本が制作・流布されることとなった。当麻曼荼羅以外にも清海曼荼羅・智光曼荼羅の二形式の浄土図も知られ、これらを世に浄土三曼荼羅と称している。

平安中期の天台僧源信の著「*往生要集」は、六道の苦と浄土の快楽を活写するとともに、阿弥陀とその浄土の有様を観想する念仏法を唱え、これによって華麗な浄土教美術の華が咲くことになる。平安後期の平等院鳳凰堂や法界寺阿弥陀堂の阿弥陀如来像などは、この*観想念仏の本尊像として造立されたもので、仏師定朝の創始したいわゆる定朝様にのっとった作風（鳳凰堂像は定朝自身の作）は観想の対象としてふさわしいとみなされたのであろう。

源信は*阿弥陀来迎図の創始者ともいわれる。阿弥陀如来および諸菩薩が死者を浄土へ迎えるために現世へ来る様を絵画化したものだが、平安後期から鎌倉時代にかけて、変化に富んだ多数の作品をうんだ。高野山有志

八幡講十八箇院本・知恩院本の両聖衆来迎図は、それぞれ平安・鎌倉時代を代表する遺品である。

一方、浄土の対極としての六道の凄惨さを描いた*六道絵や、地獄の冥官である閻魔王らを描いた十王図のほか、六道の救済者としての地蔵菩薩を表現した作品も、広義の浄土教美術といいうる。また平安後期に成立した*迎講とよばれる仏教法会は、阿弥陀聖衆の来迎を演劇的に再現したものである。装束・仮面によって聖衆に扮した人間が音楽にあわせて舞う法会で、その台本ともいうべき講式を含め、総合的な浄土教芸術といえる。

聖徳太子 しょうとくたいし 574～622（敏達3～推古30）ほかに生年を572年または573年とする説、没年を621年とする説があり、没した日についても「日本書紀」は2月5日とし、法隆寺関係資料は2月22日とする。聖徳太子の称は没後の尊称。「日本書紀」は厩戸皇子・豊聡耳聖徳・豊聡耳法大王・法主王・厩戸豊聡耳皇子・上宮厩戸豊聡耳太子・上宮太子・厩戸豊聡耳皇子命の諸名を伝え、「古事記」は上宮之厩戸豊聡耳命と記す。飛鳥時代、叔母で最初の女帝である推古天皇のもとで政務を推進、外交・文化面にも活躍した。仏教に深い理解を示し、「*天寿国繡帳」に記された「*世間虚仮、唯仏是真」という言葉は、太子の仏教理解のほどを示すものとされる。父は用明天皇、母は穴穂部間人皇女。仏教興隆の面では、「法華経」「勝鬘経」の講説や、*四天王寺・*法隆寺などの造営、秦河勝に仏像を授けて*広隆寺を建立させたことなどが伝えられる。「日本書紀」には*憲法十七条の制定や朝廷儀礼の整備、国史の編纂など、天皇権威の確立や集権国家の建設に努めた先駆的な政治家として記される。そのほか、太子の誕生や死亡にまつわる伝承、片岡山での飢人説話なども記されており、太子没後100年をへた時点の「日本書紀」では、すでに伝説化の始まっていたことがうかがわれる。

さらに初期の太子伝では、*冠位十二階の制定や、*三経義疏の執筆、小野妹子ら遣隋使・留学生の派遣などの対隋外交についても、太子主導の業績として記されている。しかし、それらは推古朝の政策の一環として捉えていくべきもので、太子一人の業績とはみなしがたい。歴史上の人物としての太子の実像と、*太子信仰にもとづく虚像との境界をどのように決定するかなど、今後の研究にまつべき点が多い。

聖徳太子伝暦 しょうとくたいしでんりゃく 「二巻伝」「平氏伝」とも。平安中期頃に成立した*聖徳太子の伝記の集大成。全2巻。従来917年（延喜17）に藤原兼輔が編集したとする説が有力であったが、古写本の再検討によって編者は未詳、10世紀半ば～後半の成立とすべきである。ただ、編者についての平氏という伝承や成立の詳細な事情については、写本ごとの本文と注の分析などによって研究すべき余地もあろう。欽明31年の太子の父母の婚姻から645年（大化元）の蘇我氏の滅亡まで、太子生涯のほぼすべての年代にわたって独自の編年を行った記事をもつ。本書名の一端が、この辺にひそんでいるとも考えられよう。

「*日本書紀」「*上宮聖徳太子伝補闕記」の記事を中心に、「暦録」や百済寺老僧所持の「太子行事奇蹤之書」3巻の記事を整理するとともに、独自の見解もとりこむ。因果の理を説く聖としての太子の発言が幼年期から晩年までの随所にみられ、未来予言や奇跡的な仏教説話も数多く、「過去現在因果経」の影響もみられる。後世の太子伝や説話集・仏教関係諸書には本書に依拠する記載が多く、影響の大きさからみても*太子信仰や説話の研究に欠かせない書であると位置づけられる。とりわけ、聖徳太子の肖像画や彫刻・太子絵伝などは、おおむね本書の記述にもとづいて制作されたものと思われる。

浄土三部経 じょうどさんぶきょう →阿弥陀経　観無量寿経　無量寿経

浄土寺 じょうどじ →山田寺

浄土宗 じょうどしゅう *法然を宗祖とする*浄土教の宗派の総称。「南無阿弥陀仏」と、ひたすら阿弥陀仏の名を唱えることによってのみ極楽往生がかなうと説く。法然自身は、自らの教団を浄土宗という言葉で表現したことはなく、教義上の立場、すなわち浄土門の教

えという意味で浄土宗の語を使用している。のちに，法然門下の諸教団が浄土宗とよばれる。

鎌倉時代の有力な流派として，幸西の一念義派，隆寛の多念義派（長楽寺派とも），証空の西山派，弁長の鎮西派，長西の諸行本願義派（九品寺派とも）などがある。浄土真宗の開祖*親鸞も法然の弟子であり，彼の教団も広くは浄土宗に含まれるものであったが，室町中期の*蓮如は，〈浄土宗とは西山・鎮西・九品寺・長楽寺の四流で，親鸞門流はそれらとは別に*浄土真宗とよぶべきである〉とのべ，浄土宗とは別の独自の流派であることを強調した。ただし，一般には*一向宗とよばれた。また，証空の孫弟子*一遍も一流を開き，その教団は時衆とよばれた。室町後期までには，浄土宗（浄土真宗・時衆を除く）の中でも西山派・鎮西派以外は衰え，江戸時代には徳川氏の帰依もあって鎮西派が全国的に発展した。

現在も宗祖を法然とする浄土宗教団はこの2派で，「浄土宗」と称しているのは鎮西派である。西山派は西山浄土宗，浄土宗西山禅林寺派，浄土宗西山深草派の3派に分かれている。なお，親鸞門流は浄土真宗の各派となり，一遍門流は*時宗を名乗っている。

浄土信仰 →浄土教

浄土真宗 *親鸞を開祖とする浄土教の一宗派。1201年（建仁元），法然（源空）のもとで他力浄土教に帰依する確信をえて，以後その専修念仏の教えに従った。はじめ「浄土真宗」の称は，法然の宗旨をさして親鸞がよんだものであった。「高僧和讃」に「本師源空あらはれて，浄土真宗ひらきつゝ，選択本願のべたまふ」といい，「*教行信証」序に「ここに愚禿釈の親鸞，……真宗の教行証を敬信して，ことに如来の恩徳のふかきことを知りぬ」，「同」化身土巻に「信に知んぬ，……浄土真宗は在世・正法，像末・法滅，濁悪の群萌ひとしく悲引したまふをや」とある。親鸞は現実世界のすべての存在と行為が虚仮であるとして，自力救済のかなわぬ凡夫の自覚を徹底して，他力をたのむ悪人こそが最も阿弥陀による回向をうけるものと説いた（*悪人正機説）。その所説を慕う信徒が増すにつれて，しだいに教団の性格を帯びるようになったが，親鸞自身は弟子をもたないこと，念仏を唱える者はみな同朋であるとする立場をとっていた。しかし晩年には，護法のために信徒の連帯を訴えるようになった。

親鸞は，07年（承元元）越後国に流され，11年（建暦元）赦免ののち，常陸国笠間郡稲田に移って約20年間布教を続け，のちに京都に戻った。この間，妻の*恵信尼が同行して，娘の覚信尼宛の書状などによって親鸞の動向が伝えられる。この帰洛後に教団内で親鸞の意図に反する異端が多くなり，親鸞の子*善鸞も異端者として，56年（康元元）には義絶された。62年（弘長2），親鸞が没して，遺骨ははじめ京都東山大谷に埋葬されたが，72年（文永9）覚信尼の居地に改葬された。門徒は，ここに親鸞の画像を安置して大谷廟堂とした。廟堂管理をめぐって，覚信尼の子覚恵およびその子覚如と覚恵の異父弟唯善との間に確執があり，その後も覚如がその子存覚を義絶するなど内紛が続いた。この廟堂が*本願寺の起源であり，鎌倉末期にその寺号がみられる。

3世覚如の後，7世存如まで北陸を中心に布教した。8世*蓮如の時に，比叡山の弾圧にあって大谷を破却され，近江国堅田などをへて北陸に赴き，1471年（文明3）越前国吉崎に坊舎を造立して布教の拠点とした。蓮如は「*御文」や教団再編成などの独創的な布教によって教線を広げ，中興の祖といわれる。この頃から，国人・地侍・名主などの門徒軍勢が守護大名など武家勢力と戦う*一向一揆が決起した。蓮如は，戦乱を避けるために吉崎を撤去して山城国山科に本願寺を再建し，さらに大坂に石山坊舎を建立した。

9世実如・10世証如の頃，本願寺勢力は戦国大名に伍する勢力となった。1532年（天文元），山科本願寺が法華宗徒らに焼かれて，証如は石山坊舎を本寺とし，11世*顕如は門跡に列せられ，70年（元亀元）織田信長と交戦するに至り，80年（天正8）勅命によって和議を結んだ。顕如は石山を退去し，同意

しなかった長男教如と義絶し、顕如の没後、教如とその弟准如が後継を争い、豊臣秀吉の裁定により准如が継いだ。
　蓮如以後、顕如前後の時代の本願寺とその末寺は、一向一揆の経験をふまえて俗権的な軍事力と経済力を備えた「仏法領」として特殊な存在であり、戦国大名はこれを畏怖し、あるいは味方につけ、あるいは敵対した。法主のだした多数の檄文は、言辞の裏に政略を隠し、信仰的文脈をもって俗権護持を訴えて、その言説は本願寺の特殊性を象徴している。浄土真宗の歴史は、親鸞を中心とする時期、蓮如を中心とする時期、その後の顕如前後までの時期、東西本願寺の時代にそれぞれ画期を示している。

浄土変相図　単に浄土変などとも。仏教の主要な尊格が住する*浄土の姿を、各種の経典にもとづいて描いたもの。変または変相は経典の所説の図解を意味し、日本では特に浄土曼荼羅とも称した。代表的なものとして釈迦如来の霊山浄土、薬師如来の瑠璃光浄土、阿弥陀如来の極楽浄土、弥勒菩薩の兜率浄土、観音菩薩の補陀落浄土の図がある。日本では古く法隆寺金堂壁画の四仏浄土図、東大寺大仏蓮弁線刻の蓮華蔵世界図などの遺例ほか、掛軸などの大画面にしばしば描かれたことが文献から知られる。平安時代以降は、浄土教の普及にともなって極楽浄土を描いた阿弥陀浄土変相が流行したが、いわゆる当麻曼荼羅・智光曼荼羅・清海曼荼羅の浄土三曼荼羅はその代表である。

浄土法門源流章　「一げんるしょう」とも。インド・中国から日本に伝播した*浄土教の流れと、日本浄土教の系譜を記した概説書。1巻。華厳宗の僧で諸宗にも通じていた*凝然によって、1311年(応長元)に著された。法然門下の幸西・隆寛・証空・聖光・長西らの諸流派について、門人の名と教義などの概略を記している。日本の浄土系教団の系譜の先駆的なもので、「法水分流記」などの系譜に影響を与えている。凝然は法然門下の長西の教えもうけているが、本書の記述はどの流派に偏することもなく、概して客観的である。

浄土門　じょうど　→聖浄二門しょうじょうにもん
小日本主義　しょうにほんしゅぎ　→石橋湛山いしばしたんざん
上人御詞抄　しょうにんおことばしょう　→明恵上人遺訓みょうえしょうにんいくん

肖柏　しょうはく　1443〜1527(嘉吉3〜大永7)　室町時代の連歌師。別号は夢庵・牡丹花・弄花老人。中院通淳の子で、通秀の異母弟である。建仁寺の正宗竜統に師事した。また1475年(文明7)頃に*宗祇に師事し、「源氏物語」などの古典講釈を聴聞して「弄花抄」などとしてまとめ、日本古典の注釈史上でも注目される。後世連歌の範型と仰がれた、宗祇・*宗長との三吟「水無瀬三吟百韻」および「湯山三吟百韻」などを残す。また「*新撰菟玖波集」の編纂にも協力した。公家の出自のため、地下連歌師が一座することのなかった内裏での連歌会般に一座するなど、後土御門天皇を中心とする内裏連歌壇でも活動した。82年頃に摂津国池田の夢庵に移り住み、京都と往還していたらしい。随筆「三愛記」によれば、花・香・酒を愛する風流生活をおくったことが知られる。1518年(永正15)に戦乱を避け堺に移住し、晩年をすごす。宗祇よりうけた、のちに堺伝授と称される*古今伝授を伝えるなど、堺の文化の発展に貢献した。「扶桑隠逸伝」にみられる、角を金色に塗った牛に乗ったことがよく知られる逸話である。

昌平黌　しょうへい　→昌平坂学問所しょうへいざかがくもんじょ
昌平坂学問所　しょうへいざかがくもんじょ　学問所・聖堂とも。昌平黌は俗称。近世の官立の教育機関。1630年(寛永7)*林羅山が江戸上野の忍岡に作った私塾に端を発し、90年(元禄3)林家3代鳳岡の時、官立の教育機関として神田湯島に移転し聖堂と称した。その後、林家の凋落と相次ぐ火災により規模は縮小され低落傾向が続いたが、松平定信の寛政の改革の一環として復興する。*柴野栗山・*尾藤二洲・*岡田寒泉(または*古賀精里)のいわゆる*寛政の三博士を迎え、御儒者・御儒者見習・教授方出役による教師陣を整備し、1790年(寛政2)学問所内で朱子学以外を禁止した(*寛政異学の禁)。93年大学頭に*林述斎を迎え、97年学問

所と釈奠を行う聖堂（大成殿）とをあわせて昌平坂学問所と改称した。

運営はすべて官費によって賄われ，旗本・御家人の子弟をうけいれ（通学生と寄宿寮生がある），また諸藩の遊学者や牢人を書生寮にうけいれた。寄宿寮・書生寮の定員は各30名（のちに45名に増員）。修学課程には，素読所・初学所・諸会業・稽古所などの段階がある。素読所では初学者向けに四書五経・「小学」の素読，初学所では「左伝」「国語」「史記」「漢書」「蒙求」などの独読や習読，時に詩文添削など，諸会業では経史を中心として刑政・天文地理・習字・算術・物産に及ぶ輪講・会読が開かれ，稽古所ではより高度な講義を行った。また毎年の素読吟味，3年に一度の学問吟味などの試験もあった。このほか，武士向けの御座敷講義，町人にも開放された享保期（1716〜36）以来の仰高門日講がある。いずれの課程も月ごとに講義日時が決められていた。

校舎たる学問所のほか官版所などを付置し，黒船来航後の1854年（安政元）に講武所，翌55年に蕃書取調所が設置された。この時期の教師陣としては，*古賀侗庵・*佐藤一斎・*安積艮斎らが著名である。幕末の激動期において，吉田松陰が「腐儒陋学の淵藪」（「*講孟余話」）と批判したように，昌平坂学問所の朱子学的理想主義は現実社会に適応しなかったとの評価がされるが，古賀侗庵の海防論，野村篁園・友野霞舟らの詩業の意義，遊学者をとおした諸藩の教育の底上げ効果など，近年の新たな研究によって再評価がなされつつある。

昇平夜話 しょうへい 孟子の仁政論の立場から，「治世の弊」を論じた*経世論の書。*伊藤仁斎の古義学を学び，兵学にも通じていた長岡藩儒高野余慶（常道，1729〜1815）の著。1796年（寛政8）成立。藩主に関する上編5巻と，武士に関する下編4巻，それに足軽以下農工商を扱う付録からなる。大名の本務は治国安民にあるとして，法令ではない「聖人の道」による治世を求めるとともに，百姓一揆を鎮圧するための武備を要請している。また，「金銀の威」を借りて町人・百姓が奢り高ぶっているのに，武士は貧しくなるにつれて「士魂」を失い，三民に対する武威も薄れてしまった。その結果，百姓一揆がおこるのだと論じて，学問とともに，仇討・喧嘩も辞さない恥を知る「士魂」を育めと諭している。

障壁画 しょうへきが 襖絵・壁貼り付け絵・障子腰板絵などの総称。壁にじかに描く壁画と区別される。室町時代後半から桃山時代にかけて，書院造を中心とした住宅建築の大きな発展にともなって成立し，展開した。ことに城郭建築にともなう巨大な客殿の発達は，わずか半世紀にも満たない安土桃山時代の間に障壁画のジャンルに大きな展開をもたらすこととなった。禅林書院において室町時代から襖絵の構図や技法は曾我派などによっても開拓されてきたが，安土桃山時代には*狩野派が大きくこれをリードし，長谷川派をはじめとする他派も狩野派の開拓した障壁画技法にしたがうところが多い。ただ，一口に障壁画といっても，いわゆる金碧障壁画と水墨障壁画とがあり，両者はその場所によって描き分けられた。二条城を例にとってみても，将軍が諸大名を謁見する表書院は金地に極彩色の襖絵が描かれて居並ぶ者を威圧する。しかし，将軍の居住空間である真書院の襖絵は水墨画で処理されている。四方を金で飾った空間は精神的緊張を強いられ，安らぎはえられないのである。安土桃山時代において金碧障壁画だけが高くみられ，水墨障壁画が低くみられたなどということはまったくない。両者は，その部屋の用途にしたがって描き分けられたのである。

正法 しょうぼう →末法思想

聖宝 しょうぼう 832〜909（天長9〜延喜9） 理源大師（1707年〈宝永4〉贈諡号）とも。平安前期の真言宗の僧。*醍醐寺の開山。真言宗小野流（醍醐流）の祖師。兵部大丞葛声王の子。847年（承和14）16歳で東大寺に入り，空海の実弟真雅に従って出家。853年（仁寿3）東大寺で受戒。元興寺で三論宗を，東大寺で法相宗・華厳宗を学ぶ。861年（貞観3）真雅より密教の付法をうける。869年興福寺維摩会の堅義をつとめ，三論宗の立場で名を馳せる。他方，山林における密教修行への関心から，876年京都の笠取山の山頂に

准胝（じゅん）・如意輪（にょいりん）観音の両像を安置する2堂宇を完成させ、醍醐寺を創建する。その後，真然（しんぜん）に高野山で両部大法を，884年（元慶8）東寺の源仁（げんにん）から伝法灌頂（でんぽうかんじょう）をうける。貞観寺座主・東寺長者・東大寺別当・七大寺検校（けんぎょう）などを歴任するが，山林修行の地，吉野＊金峰山（きんぷせん）の整備にも力を注いだ。晩年，宮廷での修法でも活躍し，907年（延喜7）醍醐寺が勅願寺となる。没する時78歳。中世以降，＊修験道中興の祖とも仰がれた。

正法眼蔵（しょうぼうげんぞう）　＊道元（どうげん）の主著。1231年（寛喜3）の「弁道話（べんどうわ）」から53年（建長5）の「八大人覚（はちだいにんがく）」までの23年間にわたって撰述・示衆された和漢混淆文の法語（ほうご）。撰述の場所は，山城国深草（興聖寺（こうしょうじ））・京都（波多野義重邸・六波羅蜜寺（ろくはらみつじ））や越前国（吉峰寺（よしみねでら）・禅師峰（ぜんじぶ）・永平寺）など。編集の採択に異動があり，道元自ら編成したとされる旧草75巻本・新草12巻本のほか，義雲（ぎうん）（1253～1333）によるという60巻本，版橈晃全（はんちょうこうぜん）（1627～93）によって年代順に網羅された95巻本などがある。

内容は，道元の思想を独特の文体で縦横に展開する「現成公按（げんじょうこうあん）」「有時（うじ）」「仏性（ぶっしょう）」や，手本とすべき仏祖の行実をあげていく「行持（ぎょうじ）」や，＊坐禅の仕方を指南する「坐禅儀」「坐禅箴（ざぜんしん）」や，修行道場の生活規範を説く「重雲堂式」「洗面」「洗浄」「安居（あんご）」などいくつかの類型があり，晩年の新草12巻本は，出家の重要性の強調と因果の重視とを共通の特質とする。孤雲懐奘（こうんえじょう）・徹通義介（てっつうぎかい）が清書し，注解は鎌倉時代に詮慧（せんね）と経豪（きょうごう）によって行われている。しかし，中世には秘本扱いされて写本は少ない。近世に出版され始めたが，1722年（享保7）幕府がこれを禁止したため，完成したのは1816年（文化13）であった。以上と別に漢文で書かれた道元撰「正法眼蔵」があり，「真字（しんじ）正法眼蔵」と通称され，301則からなる＊公案（こうあん）集である。

正法眼蔵随聞記（しょうぼうげんぞうずいもんき）　＊道元（どうげん）の談話を，孤雲懐奘（こうんえじょう）が筆録した書。全6巻。1234年（文暦元）山城国深草の興聖寺（こうしょうじ）にいた道元の許に懐奘が入門し，その後まもない35～37年（嘉禎元～3）頃の記録。もと日本達磨（だるま）宗に属していた懐奘が侍者（じしゃ）に，ついで首座（しゅそ）に任命され，信仰的に確立していく過程に対応する。懐奘の死後発見されたらしい。仮名書きの平易な文体である。彫琢された「＊正法眼蔵」の表現ではうかがえない，道元の日常的な説示・夜話などのようすがわかり，南宋の如浄（にょじょう）に学んで帰国した道元の只管打坐（しかんたざ）の教えが，どういう社会的脈絡を作りだしたかをも伝えている。

正法律（しょうぼうりつ）　＊慈雲（じうん）（飲光（おんこう））が主唱した真言宗の戒律。正しい仏法に準拠する律の意。菩提心を戒体とし十善戒を受得することにより，大小乗の諸戒律を体得して菩薩の行願をはたそうとしたものである。四分律を基本に大乗戒律で補い，仏説にもとづき修行するもので，その宗旨は「＊十善法語（じゅうぜんほうご）」に詳述される。慈雲は河内国野中寺（やちゅうじ）を中興した＊慧猛（えみょう）らの戒律復興に影響をうけ，大小乗顕密諸教に共通する戒律として正法律を提唱した。1786年（天明6），河内国高貴寺（こうきじ）を正法律の本山とし，寺を結界して戒壇を設け，正法律の普及に努めた。

証菩提山等縁起（しょうぼだいさんとうえんぎ）　証菩提山とは近畿地方の大峰山（おおみねさん）のことで，「等」とあるように大峰山を中心として＊金峰山（きんぷせん）と熊野権現の縁起，また＊大峰八大金剛童子や天皇の代参として大峰山に登拝した僧侶に関する記事などを付加した中世の縁起。1冊。奥書に，相模国府中の慶蔵坊盛厳（しょうごん）が，1503年（文亀3）に大峰山中で書写したとある。内容は，熊野に関するもののみは「長寛勘文（ちょうかんかんもん）」所収の「＊熊野権現御垂迹縁起（ごすいじゃくえんぎ）」にもとづき，他の大半は「＊諸山縁起」の当該記事によっている。

勝鬘経義疏（しょうまんぎょうぎしょ）　→三経義疏（さんぎょうぎしょ）

上巳（じょうみ）　→上巳（じょうし）

声明（しょうみょう）　仏教の法会（ほうえ）において，僧侶によって行われる声楽。古代インドでは五明（ごみょう）の一つで，文字・音韻・語法などを研究する学問をさしたが，中国の影響をうけた日本では，梵唄（ぼんばい）・唄匿（ばいのく）とも称し，特有の美しい曲調にのせて経文や＊偈頌（げじゅ）などを歌詠・諷誦（ふじゅ）することをいう。また，大法会には必ず行われる四箇法要（しかほうよう）の四つの儀式の最初には梵唄が位置づけられている。法会によって

じょう

種々の曲があり，また宗派によっても誦法を異にして，やがて天台声明・真言声明・浄土声明などの別を生じた。なお声明は，後世の平曲・謡曲・浄瑠璃・長唄などの日本の伝統音楽にも大きな影響を与えた。

浄妙寺 じょうみょうじ　木幡寺とも。今の京都府宇治市木幡の地に所在した寺院。平安初期の冬嗣以来，藤原氏代々の墓地があった当地に，*藤原道長が寺地を定め，1005年（寛弘2）に三昧堂を建立・供養して父母および先祖の菩提を弔ったのが始まりである。まもなく客殿・多宝塔なども造立され，道長は宇治別業への途次には必ず当寺に参詣しており，道長自身の墓所も当寺付近に営まれた。平安末期にも関白藤原基実の遺骨が当寺に移されるなど，摂関家の維持・管理が行われていたらしいが，法界寺建立によって寺地が狭められるなどしだいに衰退し，室町時代には廃絶した。なお発掘調査によって，三昧堂の遺構が確認されている。

称名念仏 しょうみょうねんぶつ　→口称念仏

聖武天皇 しょうむてんのう　701〜756（大宝元〜天平勝宝8）　在位724〜749。諱は首。文武天皇の皇子で，母は藤原宮子。714年（和銅7）立太子。舎人・新田部親王の補佐をうけつつ皇太子執政を始める。724年（神亀元）元正天皇の譲りをうけて即位した。729年（天平元）には藤原不比等の女光明子を皇后に立てる。737年の疫病流行や740年の藤原広嗣の乱など不安定な治世の中，仏教による治国を求めて*国分寺の建立や*大仏造立の詔を発した。749年（天平勝宝元）の譲位後に，*鑑真から受戒し，勝満と称した。陵は佐保山南陵。その治世には，皇族以外の皇后を立てたり，大仏に北面して自らを「三宝の奴」と称するなど，旧来の天皇の性格を大きく変更させるようなことが行われ，それ以降の天皇位の伝統的正当性をゆるがすきっかけを作った。

上毛教界月報 じょうもうきょうかいげっぽう　→柏木義円

声聞師 しょうもんじ　「しょうもじ」とも。中世において卑賤視された人々で，雑芸にたずさわった。起源は明らかではないが，寺院に隷属し，夫役を担っていた。室町時代には興福寺大乗院の管理下に声聞師の団体としての五ケ所・十座があり，陰陽師・金口・暦星宮・久世舞・盆彼岸経・毘沙門経などの芸能を行っていたことを伝える（「大乗院寺社雑事記」）。これらを声聞道という。また，七道といって猿楽・アルキ白拍子・アルキ巫女・金タタキ・鉢タタキ・アルキ横行・猿飼らは声聞師の独占で，他者の上演を許さなかった。ともに門付芸でわずかの収入をえていた。

抄物 しょうもの　室町時代から江戸初期に発達した典籍・経典・国書などの注釈書。漢文によるものと仮名によるものとがある。特に室町時代の禅林で発達し，学僧が友人・門弟などと得意な分野についての学習会を開き，特定のテキストによる読解講義をした。その際の聞き書き，講義のためのノートなどを抄物と総称する。テキストとは別に，語句や文節の注釈だけを記すものや版本テキストに朱筆などで句読点・送り仮名を付し，その余白に細字墨書で注釈を書きこんだものがある。五山版その他の出版物が流行するにつれて，この学習形態は中央・地方で盛んに行われ，対象となる分野も拡大し，禅林の修学は公家・武家や他宗派の人々にも吸収された。また，宗風門派や世代をこえて知識が伝達されるのに役立った。

その文体の多くは当時の口語体もしくは口語を活用した抄物文体によるもので，臨済宗僧とは別に曹洞宗僧の抄物には地方方言が採用されている場合もあり，国語学において中世口語資料として注目されている。経典の解釈に修道の蓄積が反映し，詩文の解釈に文学論・詩論に関する各説が紹介されるなど，諸説を集大成する傾向があり，講義者の門派的な特色や修学の学統などを知ることもできる。受講者が聞き書きを清書して識語に講義の事情を記し，また誰某の講義をうけたことの証判をうける場合もある。講義に参加しなかった同時代の人が借りうけて書写する場合があり，はるか後代の人が書写した場合もある。

桃源瑞仙の「*史記抄」「百衲襖」，惟高妙安の「詩学大成抄」，清原宣賢の「毛詩抄」，「臨済録抄」以下多数の高僧語録の抄，「中華若木詩

抄」「山谷詩抄」「日本書紀抄」「貞永式目抄」「百丈清規抄」「人天眼目抄」「六物図抄」「首楞厳経抄」など、多分野にわたる抄物がある。これらの写本・版本は転々として現在に至るまでゆかりの各寺院や蒐書家、その後の各機関に所蔵されており、中世・近世における古典の理解、思想を知る史料として貴重である。

将門記 しょうもんき　平安中期の軍記物。漢文で書かれているが、のちの*軍記物語の先駆をなす。1巻。作者不詳。成立については、平将門の乱の平定された940年（天慶3）直後とする説と、乱後ほどへてからとする説がある。はじめ一族内部の争いであったものが、武蔵国の国衙の内部の対立や、常陸国の国司と住人らの抗争などと複雑にからみあい、坂東諸国をまきこむ兵乱に発展した。将門は新皇を称するまでになったが、やがて平貞盛と藤原秀郷に討ちとられた。その間の一部始終を詳細に記録したもので、内容も現地での実際の見聞にもとづくものと、中央でなければえられない情報とが混在している。伝本は、いずれも巻首部分に欠落がある。

条約改正 じょうやくかいせい　幕末・明治初年に日本が欧米諸国と締結した不平等条約を改正する外交交渉。1858年（安政5）に日本が結んだ安政五カ国条約やその後の諸条約は、領事裁判権を与えて居留地を認め、輸入税率を日本で自由に決定できない協定税率であり、日本が一方的に最恵国待遇を与え、しかも条約有効期限を定めないという日本に著しく不利な条約であった。

明治政府はこの改正をめざして対内的には諸制度の整備を進めるとともに、*岩倉遣外使節を派遣して予備交渉にあたらせたが、アメリカに拒否されて中止した。78年（明治11）寺島宗則外務卿は税権回復の新条約をアメリカと締結したが、イギリスなどの反対で発効しなかった。ついで井上馨外務卿が82年条約改正予議会を、86年に条約改正会議を開いて各国公使団と協議し、治外法権の廃止と税率引き上げを実現する代わりに内地の完全開放、外国人法官の任用、欧米の法理に従った法典編纂などを骨子とした改正案を作成した。しかし、欧化政策への反発もあって政府の内外から批判を浴びた井上は87年辞職、交渉は中止された。後継の*大隈重信外相は各国別交渉という方式をとり、外国人判事の任用を大審院に限ることとしたが、その改正案が「ロンドン・タイムズ」に掲載されて日本に紹介されると反対運動が激化した。89年、大隈は反対派の爆弾によって負傷し、黒田内閣は交渉を中断して総辞職した。ついで青木周蔵外相は、新条約実施後6年で法権・税権を完全に回復する案をもってイギリスと交渉、後任の榎本武揚に引き継いだが成功せず、陸奥宗光外相が法権回復をめざしてイギリスと交渉した。94年7月、日清戦争の開始直前に治外法権全廃、内地開放、税率一部引き上げなどを内容とする日英通商航海条約の調印に成功した。97年末までに各国とも同様の条約を締結し、99年に発効した。また、税権の回復は1911年、小村寿太郎外相により実現したが、旧居留地の永代借地権は42年（昭和17）まで回収することができなかった。→内地雑居問題

小右記 しょうゆうき　「おうき」とも。「小野宮右大臣記」「小記」「野府記」「続水心記」などとも。平安中期の公卿*藤原実資の日記。自筆本は現在伝わっていないが、写本で現存する記事は982〜1032年（天元5〜長元5）に及び（ただし中間の欠逸も少なくない）、「小記目録」や逸文などからは実資21歳の977年（貞元2）から84歳の1040年（長元元）までの間書き続けられたことが判明している。日記の内容は、宮廷の政務儀式を中心に公私両面にわたって精細であるが、この60年余は円融・花山・一条・三条・後一条・後朱雀天皇の6朝にわたり、当代の代表的人物*藤原道長らが登場するほか、刀伊の入寇や平忠常の乱をはじめとした社会状況も記される。藤原氏小野宮流に生まれ、養父実頼の邸宅・所領・日記などを伝領した実資は、もともと筆まめな性格に加えて、朝儀・政務にも精通し、いわゆる摂関政治期を代表する日記といえよう。また九条流の藤原道長の言動への鋭い批判も随所にみえ、権貴におもねらない実資の性格をよく表している。

将来之日本 しょうらいのにほん　*徳富蘇峰の代表作

の一つ。1886年(明治19)10月，経済雑誌社刊。H.スペンサー，J.S.ミル，R.コブデン，J.ブライトの諸説を下敷きにして，蘇峰特有の平民主義を展開し明治政府の上からの*欧化主義に反対した。平民とは貴族や政府の高官ではなく「生産活動」に従事する人たち，代表的には「*田舎紳士」たちであり，このような人々の利益を保護・拡大するために自らの手で国家をつくるべきだとした。そのためには「武備社会」ではなく，経済活動によって人間の交流がなされるために，「平和主義」が望まれるとした。

請来目録(しょうらいもくろく) 将来目録とも。古代に日本から中国に留学した僧が，持ち帰った経典や書籍・道具類などの目録。現在，平安初期の入唐八家(最澄・空海・常暁・円仁・円行・恵運・円珍・宗叡)の目録が伝えられている。最澄の請来目録は「台州録」「越州録」の2種に計230部460巻が載せられ，「越州録」は自筆本(国宝，延暦寺蔵)が残る。また空海の請来目録には，計216部461巻と曼荼羅・真言五祖像・道具類・阿闍梨付属物などが載せられるが，これを写した最澄書写本(国宝，東寺蔵)などが伝えられる。またこれら八家の請来目録を天台宗の安然が分類・整理して「八家秘録」を著した。

常楽会(じょうらくえ) →涅槃会

条理学(じょうりがく) →三浦梅園

性霊集(しょうりょうしゅう) 正式には「遍照発揮性霊集」。*空海の漢詩文集。空海が没した835年(承和2)以前に，漢詩文100余編を弟子の真済が編集したもの。真済の序と詩文集10巻からなっていたが，早くに8〜10巻が失われ，1079年(承暦3)仁和寺の済暹が，欠失した3巻の逸文を集めて「続遍照発揮性霊集補闕抄」3巻を編み，10巻に復した。済暹の選になる3巻には空海作と疑わしいものが若干含まれるものの，全巻を通じ，詩・碑文・願文・表白・奏状文など，いずれも格調高い詩文の中に，空海の入唐求法から高雄山寺(神護寺)・高野山・東寺などの生涯にわたる宗教活動や交友関係・思想などが端的に表れており，貴重な資料となっている。

生類憐みの令(しょうるいあわれみのれい) 江戸幕府5代将軍徳川綱吉の時代(在職1680〜1709)に発布された，生類を憐れみ虐待を禁じた法令の総称。この名称の法令が発令されたわけではない。生類には，牛・馬・犬といった畜類だけでなく，人，鳥類，さらには魚介類・虫類までを含んでいる。江戸西郊の中野に野犬を保護する犬小屋を設けたり，違反者を厳罰に処したりした。注目すべき点は，捨子・捨病人の禁制と保護が命じられ，人もまた生類に含まれることである。発布の経緯については，俗説が多く未詳であるが，生きとし生けるものに君主の慈愛を及ぼす仏教の*放生の思想と*仁政思想とが，その背景にあったと推定できる。殺生を禁止する法令は，それ以前の時代にも少なくないが，20年にわたる長期間発令され続けたという点に特徴がある。この法令は，同時代にだされた*服忌令とあいまって，社会のすみずみまで死や血を穢として忌み嫌う社会通念を定着させ，武士でさえ殺生を嫌う平和な社会となった。しかし，その一方で穢による被差別民への差別を社会に根づかせることとなってしまった。

浄瑠璃節(じょうるりぶし) *語り物である浄瑠璃の曲節の総称。近世になり，語り物の浄瑠璃に*三味線・操り人形が提携し，人形浄瑠璃となったが，江戸では桜井和泉太夫の金平節，土佐少掾の土佐節などが流行した。17世紀中頃には大坂で井上播磨掾の播磨節，岡本文弥の文弥節などが現れ，京都では宇治加賀掾の嘉太夫節が流行する。播磨節と嘉太夫節の系統をうけた竹本義太夫は，義太夫節を完成，*近松門左衛門と提携し，劇的内容を深めたものとして高く評価された。浄瑠璃節の一部は，河東節や長唄・常磐津節・清元節などへと分かれていく。

丈六(じょうろく) 1丈6尺の略。主に仏像・仏画のサイズの表現に用いる。丈六像とは，立てば1丈6尺(5m弱)の大きさになる像のことで，坐像の場合にはその半分の8尺ほどの大きさとなる。ただし頭頂ではなく額の髪際ではかることが多い。また，ひとまわり小さい周尺による周丈六像も造られた。丈六像の造

立はいずれの時代にもみられるが，特に平安後期から鎌倉前期にかけての院政期には，当時の仏教に顕著に認められる功徳主義・数量主義の風潮をうけて，皇族・貴族の発願による丈六像が数多く造られた。京都府宇治市の平等院鳳凰堂の本尊阿弥陀如来坐像などは，その代表的な遺例である。

昭和維新 しょうわいしん　昭和初期に，軍部内の革新派や民間右翼が用いた*国家改造運動のスローガン。1928年(昭和3)の第1回普通選挙ではじめて標語に用いられたといわれている。その後，軍部革新派や革新右翼などが自らの思想や運動のスローガンとして使用した。彼らは，明治維新以来，日清・日露戦争をへて日本は拡大・発展してきたが，1920〜30年代になると恐慌による日本経済の混乱，世相の退廃，中国での民族運動の活発化，日本の社会運動の急進化などがみられ，この由々しき事態は政党政治の腐敗によるものとみなしていた。そこで明治維新を手本に，またその時はたせなかった課題を実現したいと昭和における維新をめざした。元老・重臣・政党・財閥を排除し，国家を改造し天皇中心の政治を行おうとした。1930年代になると国民の一部にも変革意識を与え，三月事件や*二・二六事件などのテロやクーデタ計画の理念ともなった。

女学雑誌 じょがくざっし　*巌本善治によって発行された女性啓蒙誌。1884年(明治17)近藤賢三らと「女学新誌」を創刊するが，翌年新たな方針で「女学雑誌」を創刊した。編集人は最初近藤であったが，24号から524号までは巌本(1904年526号で終刊)。巌本は社説をはじめ評論・小説などを毎号に執筆した。「女学」とは，女性の心身，過去および未来，権利，地位，現在必要な事柄など，女性に関する諸々の道理を研究する学問とする。その普及・振興が，とりもなおさず女性の文化的発展と社会的解放につながると考え，キリスト教ヒューマニズムを基盤におきながら，婦人参政権，高等教育，職業的自立，女性に関する法律，一夫一婦制，家庭改良，廃娼，矯風，社会改良，鉱毒など幅広く問題をとりあげた。主な執筆者には，植村正久・内村鑑三・島田三郎・新渡戸稲造・中村正直・中島湘烟(岸田俊子)・山路愛山ら，キリスト教関係者が多い。また文学好きでもあった巌本の近くには文学青年が集まり，87年頃から文芸批評が増えていった。北村透谷・島崎藤村・星野天知・内田魯庵・若松賤子・田辺(三宅)花圃・清水紫琴らが活躍し，やがて「*文学界」(第1次)をうみだす母体ともなった。

書紀集解 しょきしっかい　→河村秀根

諸行 しょぎょう　梵語saṃskārāḥ　すべての作られたもの，あらゆる現象の意。「諸行無常」の句などで知られる。これは，われわれの認識するあらゆるものは，現在，たまたまそのように現象しているが，次の一瞬には移り変わっていくという仏教の理法を説くもの。この句は「大般涅槃経」の釈迦が前世，雪山童子であった時，羅刹に「諸行無常，是生滅法，生滅滅已，寂滅為楽」の偈を聞くため，捨身したという説話の中にあり，奈良時代から知られていた。「平家物語」の冒頭「祇園精舎の鐘の声，諸行無常の響きあり」とあるように，中世には文学の中でも，万物流転の*無常観を詠嘆的に表現する言葉としてたびたび用いられた。

諸行往生 しょぎょうおうじょう　念仏以外の修行法の実践により，極楽往生をとげること。「*往生要集」大文第9「往生諸行門」において，経文などを引き詳説される。それによれば，財施・法施，戒行，忍辱，精進，禅定，般若，菩提心を発す，六念を修行す，大乗経典を読誦す，仏法を守護す，父母に孝順し師長に奉事す，驕慢心をおこさない，利欲を貪らない，の13である。「往生要集」では，念仏を優位におきながらも，これらは往生の助けとなるものであると説いた。以後の天台浄土教では，この立場は*良源らに継承された。これに対し*法然は，「*選択本願念仏集」において念仏往生を上とした。

触穢 しょくえ　「そくえ」とも。穢に触れること。穢の主なものは，死穢・産穢・月事穢・殺人穢・改葬穢・傷胎穢・失火穢・喫肉穢・食五辛穢・獣死穢などで，これらに触れると一定の期間，朝参や神事などを慎むことが規定されていた。触穢に

しょく

対する思想は日本人の清浄観念と深い関わりがある。養老の「神祇令」は散斎の期間中の*六色の禁忌を規定しているが，なかでも穢悪に触れないとしていることが注意される。穢悪とは不浄の意で，神祭において最も忌避される思想である。

「延喜臨時祭式」の触穢応忌条には穢悪に触れた場合，自らを慎み戒める方法や神事に臨む際の規定がみえる。それによると，不浄の最たるものは人死で，葬った日より30日の*忌みを必要とし，次に産穢の7日，六畜の死の5日などと続いている。さらに改葬穢および4カ月以上の傷胎穢は30日間忌むなどとある。またこれらの穢はAからBへ，BからCへと二転三転し，しだいに薄まり，Dになると消滅すると考えられた。このように平安時代の公家は触穢に敏感であり，それゆえ穢悪に触れた場合の規定も遵守した。また穢が発生すると，政治活動や年中行事などにも影響を及ぼした。時代が下ると触穢の思想は薄らぎ，穢は国家を離れ，それに代わって各神社が穢を管理するようになった。そこで「*諸社禁忌」のような触穢規定が成立した。
→罪穢

職原抄　*北畠親房の「*神皇正統記」と並ぶ代表的著作の一つ。全2巻。内容は，朝廷の職務に従事する文武諸官の解説書である。成立時期は1340年（暦応3・興国元）2月。中世の写本が多数現存し，また中世から近世にかけて本書の注釈書が数多く著され，中世の公家法制研究の中心的文献とされていた。なお，本書の書名についてはもともと特定の名がなく，「親房卿記」あるいは書き出しにある「百官」の2字を書名としていたが，室町中期には「職原抄」または「職原鈔」と称されるようになる。仁和年間（885～889）以降の任官の諸例を重んじつつ，その当時，すなわち中古以来の譜第の家を重視するという考えで執筆している。

蜀山人　→大田南畝

式子内親王　→式子内親王

続日本紀　古代の官撰史書。六国史の第2番目。全40巻。書名も「*日本書紀」に続くものという意味で，「日本書紀」の記事の終わった翌年の697年（文武元）から桓武天皇の791年（延暦10）までを扱う。編年体・漢文体（ただし，*宣命だけは漢文になおさず宣命体のまま収録）。完成するまでにかなり複雑な編纂過程をへてきており，前半20巻と後半20巻とでは，記事の精粗などにも差があり，ことに前半には改めて史料批判を必要とする記事もある。最終段階では，藤原継縄を代表者として，淳仁天皇から桓武天皇の791年までが，796年に20巻本としてまず完成した。「日本書紀」に直接つながる前半部分，文武天皇から孝謙天皇までは，淳仁天皇時代に一度編纂されていたものを土台にして，*菅野真道・秋篠安人らによって編纂しなおされ，797年に完成した。

六国史のうち「続日本紀」だけが，編纂当時の天皇の時代までを記述の対象としている。評価の定まらない現代史までを叙述の対象としたわけだが，そのため，編纂を命じた桓武天皇自らの意志により，完成した「続日本紀」の記述の中から，のちに785年の藤原種継暗殺事件の関係記事を削除しなければならないようなことにもなった。

続日本後紀　平安時代の官撰史書。六国史の第4番目。全20巻。869年（貞観11）に*藤原良房らによって撰上された。833年（天長10）から850年（嘉祥3）までの仁明天皇1代の歴史を扱っている。

職人尽歌合　職人歌合・職人歌合絵・職人尽歌合絵とも。詠者となる職人が左右に分かれて歌を競い，判者がその優劣・可否を定めるという物歌合形式をとったもの。多くは巻子本仕立てで，職人（詠者）の姿絵とともに，彼らの使用する道具・材料・製品などが描かれている。職人詠歌には，職人語彙に託して職人の心情が吐露されていることが多く，付された職人像などとともに，職人の風俗や生態などを知ることができる。男性工人である番匠や鍛冶をはじめ，組師・縫物師などの女性工人，さらに医師・商人・宗教者・芸能者・遊女なども加わり職種は多彩である。「職人尽歌合」は中世前期と後期に4作品5種が制作された。序文に，成立を1214年（建保2）とする「*東北院職人歌合」五番本・十二番本，1261年（弘長元）の作と考えられている「鶴岡放生会職人歌合」，

その後約200年をへて1494年（明応3）の成立と推測される「三十二番職人歌合」、1500年（明応9）成立の中世最後の最大の職人歌合「*七十一番職人歌合」である。職種142を盛る当歌合は、近世の狂歌人や絵師たちに影響を与え、多くの「職人尽歌合」が制作された。その代表的なものに「今職人歌合」「江戸職人歌合」「今様職人歌合」「難波職人歌合」などがある。

職分　しょくぶん　江戸時代の社会的義務観念。武士・百姓・町人は、それぞれ自己に与えられた役割＝「職分」があり、その役割を遂行する義務を負っているという言説が、江戸時代には広く流通していた。ここでは、社会全体が士農工商の分業の体系とされ、百姓も町人も有用性の見地から、一定の積極的な存在として位置づけられた。その意味では、庶民といえども受動的な存在ではなかった。*山鹿素行は、平和な時代の武士の「職分」（「山鹿語類」）を、農工商三民を道徳的に教化するための模範になることに求めた。もし、その義務がはたせないならば、武士も役立たずの「遊民」に転落すると説いて、武士に社会的義務の自覚を促している。また*荻生徂徠は、「満世界の人、ことごとく、人君の民の父母となり給ふを助け候役人に候」（「徂来先生答問書」）といい、武士のみならず、三民も「役人」である、と社会の中での有用性を説いている。素行や徂徠が武士の立場からの職分論であったのに対して、*西川如見や*石田梅岩は、道徳的な平等性をもとに、町人の積極的な役割を強調した職分論を唱えている。江戸後期になると、国学者は、それぞれの職分の義務をはたして家業・家職に精励することが、天皇への忠誠になるとする家職奉公論を説いた。こうした職分観念は、江戸時代の人々の義務観念を培い、*中村政直（敬宇）が「徳行の職分」（「*自由之理」）と振仮名をつけているように、西洋思想の義務観念をうけいれる素地になった。

職方外紀　しょくほうがいき　「一げき」とも。漢籍の世界地理書。全5巻。艾儒略（ジュリオ・アレニ）の著。1623年（明・天啓3）刊。利瑪竇（マテオ・リッチ）の「万国図誌」を増補したもので、特に当時の中国と通交のない世界の地理を記述する。5巻の内容は、亜細亜、欧羅巴、利未亜（アフリカのこと）、亜墨利加・墨瓦蠟尼加（南北アメリカと、当時未知のオーストラリアを含む南方の大陸）、四海総説である。イエズス会士の著述したものであったので、江戸幕府は禁書扱いとした。しかし国内にひそかに流布し、間接的に日本人の世界観に影響を与えている。たとえば、西川如見の「増補華夷通商考」などにもその影響はみてとれる。

植民及植民政策　しょくみんおよびしょくみんせいさく　→矢内原忠雄

女訓　じょくん　幕末期の*女訓書。*佐久間象山の著。三従（幼きは父、嫁しては夫、老いては子に従う）、婉娩聴従（温順でよく年長者の命に従うこと）、七去（離縁の条件で、父母に従わない、子供がない、悪疾、嫉妬、淫乱、多言、窃盗の七つ）、女の常の事（婦徳、婦言、婦容、婦功の四行）などを説くのは、漢籍の「礼記」「女孝経」「女誡」などと同工異曲である。全3000字程度の小文のためか、儒教道徳にもとづく徳目主義的で、女性の実生活にわたっての具体的な指摘には乏しい。写本で伝わったと思われるが現存せず、「象山全集」などの活字本のみで伝わる。

女訓書　じょくんしょ　広義には女性のための教化啓蒙書。狭義には、その内容を有する*仮名草子の一群をさす。古くは阿仏尼作「庭のをしへ」（別名「*乳母の文」）、南北朝期の「*めのとのさうし」、一条兼良の作と伝えられる「*身のかたみ」などがあり、女性の心ばえ、容姿の身だしなみ、諸作法などについて時に和歌や「源氏物語」を引用しつつのべたが、儒教道徳の影響はまだみられない。

封建体制下の近世において、女性は家父長制の家に隷属する者と位置づけられ、また「小学」「女誡」「女範」「*女四書」など朱子学の漢籍の積極的受容、および女人往生を説く仏教がこれに習合するなどし、男尊女卑・三従・五障・七去・四行などの徳目主義的な仮名草子の女訓書が執筆・刊行され、広くうけいれられた。仏教にもと

づく「*女訓抄」（著者未詳，1637刊），儒仏一致的な「鑑草」（中江藤樹作，1647刊），「劉向列女伝」を翻訳した賢妃・貞女の伝記集「仮名列女伝」（北村季吟作，1655刊），朱子学にもとづく「*女四書」（辻原元甫作，1656刊）など多彩な仮名草子がそれである。ただし，これらは単に隷属的・忍従主義的な教訓をのみ記したわけでなく，たとえば「*比売鑑」（中村惕斎作，1661刊）などには女子の主体的な社会参加を促す契機もある。

　仮名草子以後の時代については，貞享・元禄期（1684〜1704）により平易で薄冊の「女今川」「女実語教」などの往来物や消息文例集が刊行される。享保期（1716〜36）の「*女大学」に至り，仮名草子が有した儒・仏・道の三教論も和漢の賢女の紹介も朱子学の理気二元論にもとづく男女平等の思想も捨象され，単なる徳目主義の著書となった。近世を通じて，また明治期に至っても「女大学」を冠して書名とする類書・追従書をうみ，良妻賢母・忠君愛国主義の女子教育の中で修身科の教材に使われるなど，第2次大戦終了時までその命脈を保った。ただし，近世における女訓書は，封建身分制度と性差別の限界があるにせよ，女子の識字率の向上，和歌・漢詩などの素養の育成，家庭内の諸事に対する主体的な判断力の形成などにはたした役割は大きい。

女訓抄　じょくんしょう　女訓ものの*仮名草子。全3巻。作者未詳。1642年（寛永19）刊。浄土教の仏教思想を中心とし，儒教との二教一致にもとづき，不孝の罪は堕地獄の罪であると説く。そのほか三従（親・夫・子に従う）の儒教道徳を加味し，日本・中国・インドの説話を示しながら平易な和文で教訓・啓蒙の内容を記述している。女性の日常生活に即して，細々とした日常の処世や生活技術のほか，継子，夫の不実，離婚，死別など女性が直面する問題を具体的に説くのも特色である。忍従の美徳を説くほか，知的・人間的成長を慫慂する言説もある。

蔗軒日録　しょけんにちろく　→蔗軒日録

女工哀史　じょこうあいし　大正後期の紡績業・織物業女工の労働実態を記録した古典的名著。細井和喜蔵著，1925年（大正14）改造社刊。本書は細井自身が1923年までの15年間，織物・紡績工場で職工として働いた経験と，その間に集めた資料や調査をもとに，聞き取りや妻の女工寄宿舎体験を総合して，女子労働者の苛酷な生活状態を克明に記録したものである。本書が出版されるやたちまち版を重ね，今日まで読者の心を動かすのは，本書を貫く著者のヒューマニズムと，あくまで女工の立場にたち，気持に寄りそって事実を描き出しているところにある。公的調査では知りえぬ女工をめぐるさまざまな問題が，実情に即しリアルに詳述されている。具体的には，紡績業の現況から，工場組織，募集，雇傭契約，労働条件，虐使，規律，住居・食物，設備・作業状態，福利施設，災害，通勤工，労務管理，教育，娯楽，女工の心理，健康，組合意識，問題解決などを内容とする体系的な女工研究である。付録に労働実態を如実に示す，筆者収集の女工小唄も収録されている。

女紅場　じょこうば　「にょこうば」とも。明治初期の女子教育機関。命名は女性の伝統的な手仕事である裁縫・手芸・技芸などを意味する「女紅」による。「*学制」頒布後，京都や大阪など関西地方で特に発達し，3種に大別できる。(1)1872年（明治5）設立の京都新英学校（のち京都女学校）京都女紅場。府立女子中等教育機関で英学科・女学科・女紅科の3学科をおき，最初は華士族の子女を対象に外国人教師が英語で女紅科目を教授した。(2)尋常小学校の補充的な女紅場。1873年に京都で設立されたものが最も早く，82年には府内で公・私立で計87存在した。(3)1873年に京都島原で始められた婦女職工引立会社などが行う遊所女紅場。将来芸妓をめざす者の技芸教育機関であったが，事実上の尋常小学校の役割をはたした。

諸国見聞近世往生伝　しょこくけんぶんきんせいおうじょうでん　→近世念仏往生伝

諸国風俗問状答　しょこくふうぞくとじょうこたえ　諸国の風俗・習慣に対する問いに答えた書。江戸後期の和学者*屋代弘賢らが，文化年間（1804〜18）に各藩の儒者や知識人へ「風俗問状」を送り，それらに答えさせたもので，現在15カ国24書の存在が確認されている。門松の立て

方，盆踊りなど各月の行事，冠婚葬祭に関するものなど全131項目の「問」がみられ，その「問」に対する「答」は，その土地によってかなり詳細なもの，あるいは簡略なものなど相違がある。このように同一の「問」によって，諸国の庶民の風俗や習慣を同時代的に調査・比較しようとした試みは，思想史的にみても意義深いといえよう。

書斎より街頭に〔しょさいよりがいとうに〕 *田中王堂〔おうどう〕の最初の評論集。広文堂書店から1911年(明治44)5月に初版が刊行され，その後も版を重ねた。王堂は，プラグマティズムに象徴主義を加えた独自の立場から，哲学だけにとどまらず，幅広く文明批評といわれる分野で旺盛な評論活動を展開し，作家・評論家へ果敢に論争を挑んだ。本書には，「明星」〔みょうじょう〕に掲載された「夏目漱石〔そうせき〕氏の「文芸の哲学的基礎」を評す」ほか13編の論文が収められている。論争家としての資質を示すとともに，近代的自我を追い求めた理想主義的姿勢が表れている。多産な著述家の出発点に位置する著書であった。

書札礼〔しょさつれい〕 私的な所用を弁ずるために発せられた書状をはじめとして，綸旨〔りんじ〕・院宣〔いんぜん〕・御教書〔みぎょうしょ〕などの公的な性格をもつものまで，書札様文書における文書作成上の儀礼をいう。これらの文書は差出者から受取者に送られるものだが，両者の位階・官職，家格，政治的・社会的地位，私的主従関係の有無など，さまざまな要素を勘案して適切な書式を用い，儀礼の厚薄を示すことが必要とされた。書止め文言〔かきとめもんごん〕・差出書・充書〔あてがき〕などの書き分けが主に問題となるが，そのほか封式・料紙・墨色・字体などにもさまざまな規定があり，文書の性格による適切な書式ということで，有職故実〔ゆうそくこじつ〕の分野に及ぶ部分もある。

　平安中期以降の貴族社会において，身分関係を規定する要素が拡大・複雑化するのにともない，相互の関係が端的に示される書札様文書における式礼が整理・規定されるようになった。公式の場での席次や昇進の順序なども含め，互いの格付けに敏感に反応する社会的傾向とあいまって，非常に重要視されたものである。1285年(弘安8)に制定された「*弘安礼節〔こうあんれいせつ〕」は，書札礼の規範的書物として中世を通じて利用され，影響力をもった。室町時代以降は，武家も書札礼や礼法一般に意識的に臨むようになり，書札礼を含む武家故実が形成された。

諸山縁起〔しょざんえんぎ〕 諸山とは，*金峰山〔きんぷせん〕・熊野を含む大峰山〔おおみねさん〕，葛城山，笠置山〔かさぎやま〕の総称で，これら諸山に関する最も古くかつ網羅的な縁起。成立年代は不明だが，本来別々に成立した各山の伝承をある時点で編集したものと考えられる。すなわち，大峰山・葛城山関係の伝承は9世紀頃，熊野関係は12世紀頃の伝承にもとづき，全体が編集されたのは鎌倉初期頃と考えられている。冒頭におかれた大峰山の起源伝承は，熊野御幸をした天皇や上皇が披見したり，聖護院門跡〔しょうごいんもんぜき〕が相承したりしたという「大峰縁起」に相当するのではないかとの説もある。また，大峰山で修行した役小角〔えんのおづぬ〕(*役行者)が，のちに熊野に参詣したという記事もみられる。

女子英学塾〔じょしえいがくじゅく〕 →津田梅子〔つだうめこ〕

処士横議〔しょしおうぎ〕 幕末期の政治情況をさす用語。処士とは仕官しない在野の人をさし，横議とは勝手に議論すること。出典は「孟子〔もうし〕」文公下の「聖王作らず，諸侯放恣し，処士横議す」による。本来は，全国を統一する政治主体が不在となり，さまざまなところで勝手な政治論議が横行する状態を表した言葉である。幕末期の日本では，ペリー来航以降，江戸幕府の統制力が弱体化し幕藩体制の秩序が解体する中で，従来藩政に関与できなかった下級武士が藩を逸脱して，藩をこえた横の連帯を強め倒幕勢力を形成した。体制派からは負の意味に用いられるが，*吉田松陰〔しょういん〕の*草莽崛起論〔そうもうくっきろん〕はこうした情況を意識的に創出しようとしたものである。

女子教育刷新要綱〔じょしきょういくさっしんようこう〕 第2次大戦後の女子教育の方針を明示した閣議諒解事項。1945年(昭和20)12月4日発表。「男女間ニ於ケル教育ノ機会均等及教育内容ノ平準化並ニ男女ノ相互尊重ノ風ヲ促進スル」ことを目的に，大学の共学化と女性への門戸開放，女子大学の認可，中等教育の平等化などを強く求めた。この制度改革論発表の契機は，先の10月11日の占領軍による「五大改革指令」の筆

頭に男女平等の実現がうたわれたことにあり，それに呼応した措置であった。こうした要求は戦前から根強くあったが，敗戦で実現された。正式の制度改革は47年の教育基本法・学校教育法制定をまつが，実際には46年から女性の大学入学などが開始された。

女四書 じょししょ 「おんなー」とも。儒教思想による女訓ものの*仮名草子。全4冊。辻原元甫(げんぽ)(1622〜?)の著。1656年(明暦2)刊。著者は伊勢国桑名藩儒を務めた儒学者でもある。本文によれば，唐の陳氏の妻鄭氏(ていし)作「女孝経(きょう)」，漢の曹大家(そうたいか)作「女論語(ろんご)」，同「女誡(かい)」，明太宗の后の孝慈(こうじ)作「内訓(ないくん)」の4書からなる。孝徳の誉れ高い女性の例話を紹介し，三従(親・夫・子へ従属)の趣旨から，身分や役割に応じた女性の規範道徳を説く。本書の挿絵の多くが，和刻本「列女伝(れつじょでん)」あるいは「仮名列女伝」の挿絵を利用したものであることがわかっている。→女訓書(じょくんしょ)

女子挺身隊 じょしていしんたい 第2次大戦下の女子勤労動員組織。1943年(昭和18)政府は，女子遊休労力の解消と勤労要員の確保のために女子勤労動員促進を決定，44年1月発足させた。家庭生活の根軸たる者および農村女子を除外し，14〜25歳の未婚女性を町内会や婦人団体の協力をえて，工場や農村で勤労奉仕させた。しかし，戦局の悪化による労働力不足のため，6月年齢を14歳から12歳に引き下げた。同年8月勅令で女子挺身勤労令を公布し，動員は「徴用」とされ，期間も1年と義務づけられた。11月にはさらに1年間延長された。出動は機械工場，軍作業庁，航空機・部品工場など重工業の分野が最も多かった。敗戦時には50万人を数え，戦時下労働力の一端を担った。

諸士法度 しょしはっと 旗本法度・雑事条目(ぞうじじょうもく)とも。大名統制を意図した「*武家諸法度」に対して，将軍家直属の家臣の旗本・御家人(ごけにん)を対象とする基本法令。1632年(寛永9)の法度では，「侍之道油断無く」軍役を常備することが第1条であるが，「武家諸法度」の改正にともない，将軍徳川家光(いえみつ)の代には「忠孝をはげまし，礼法をただし」，常に文道武芸を心掛け義理を専らにすることに改めら

れ，9カ条から23カ条となった。内容は軍役の心得，倹約，美麗な屋作や嫁入り道具，振舞，音信の儀の節減，殿中での口論，火事，諸役人の役務，跡目(あとめ)(家督相続)の規定，知行境(ちぎょうざかい)・野山水論，百姓訴訟の扱いなど多岐にわたる統制がみられる。83年(天和3)将軍綱吉(つなよし)の「武家諸法度」改正で，この法度は「武家諸法度」に統合され廃止された。

諸社禁忌 しょしゃきんき 諸社の禁忌を集め記したもの。1冊。作者・成立年代は不詳。各社の祠官が注進した禁忌をとりまとめたものか。内容からして1200〜07年(正治2〜承元元)頃の注進が中心であることから，成立はそれ以降とされる。大半は朝廷から篤い崇敬をうけた*二十二社の禁忌であるが，大神(おおみわ)・竜田・広瀬など6社はみえない。その代わりに熊野・金峰山(きんぷせん)などが記されている。冒頭に「産穢(さんえ)」「死穢(しえ)」などの項目を立て，各社の忌服日数を列挙し，ついで各社ごとの項があり，注進者の名，本地仏(ほんじ)，幣(ぬさ)の本数なども記す。伊勢神宮の項に「神祇権大副(じんぎごんだいふ)卜部兼茂(うらべかねしげ)注之」とあることから，卜部氏の手によって作成された可能性が高い。

諸社根元抄 しょしゃこんげんしょう →神道集(しんとうしゅう)

諸社禰宜神主等法度 しょしゃねぎかんぬしとうはっと 神社条目(じょうもく)・神社法度とも。江戸幕府の神道政策。幕府は1665年(寛文5)7月，「諸宗寺院法度」とともに，全国の神社や神職を統制するため，5カ条の朱印状(しゅいんじょう)を発布した。その中で，幕府は吉田家に全国神職の統制を委任させるため，無位または吉田家の*裁許状を取得していない神職が，白張(しらはり)以外の装束を着ることを禁じた。しかし，旧二十二社や出雲・宇佐・熱田・鹿島など諸国の大社は，自社の慣例に従いそれを拒否した。江戸中期頃から白川家も独自の免許状を下付するようになったため，必ずしもこの条目で吉田家が全国神職の惣検校職(そうけんぎょうしき)を担うことはできず，幕府は吉田家の要望もあって，1782年(天明2)と91年(寛政3)に同様の条目を改めて発布した。

諸神本懐集 しょしんほんがいしゅう 親鸞5代目の子孫*存覚(ぞんかく)による神道論書。全2巻。1324年(正中元)成立か。神祇(じんぎ)不拝を唱えた浄土真宗の神道論書として注目される。書名の諸神はわ

が国の神祇のこと，本懐とは本願・本誓などの意である。つまり諸神の誓願を*本地垂迹説や*和光同塵思想でのべているが，それらはすべて阿弥陀佛への信仰（念仏）を勧めるための垂迹とする。さらに，神祇を「権社の霊神」と「実社の邪神」とに分ける。このうち「権社の霊神」は仏の垂迹であり，崇めるべきとするが，「実社の邪神」は仏・菩薩とは無関係の死霊などであるとして，奉斎することを禁じる。また，アマテラスオオミカミを男神と記す点など，随所に中世的な「日本書紀」解釈がみられる。伝本は大谷大学本などが知られる。⇒権社の神　実社の神　中世日本紀

女中詞 じょちゅう　→女房詞

職工義友会 しょっこうぎゆうかい　→労働組合期成会

職工事情 しょっこうじじょう　日本の産業革命期における工場労働者の実態調査報告。全5巻。農商務省商工局編，1903年（明治36）刊。日清戦争後，紡績・製糸業の急速な進展と労働運動の誕生とともに，政府は*工場法をとりあげざるをえなくなった。1900年農商務省は工場法案作成の基礎作業として，商工局内に臨時工場調査掛を設け，内務省参事官の窪田静太郎を主任として，全国工場の労働事情の調査を進めた。*桑田熊蔵・広部周助・久保無二雄・*横山源之助ら専門家がこれに協力した。その厖大な工場調査のうち労働事情に関する部分をまとめたものが本書で，内容は紡績・製糸・織物を主として，鉄工・ガラス・セメント・マッチ・タバコ・印刷など15業種について，職工の種類，労働時間，賃金，生活環境などを克明に記録している。付録資料として女工の虐待をめぐる聞き取りなどが詳しく記述され，当時の工場労働者の過酷な実態をあるがままに報告している。これにもとづいて02年工場法案要領がつくられ，工場法の制定への道が開かれた。戦前は広く公刊されなかったが，官庁調査資料としては出色のものであり，その時期の労働状況を正確に映す古典的文献である。

処分状 しょぶんじょう　→譲状

諸法実相 しょほうじっそう　すべての事物（諸法）のありのままの姿，真実のありよう。「*法華経」方便品などにみえる，諸仏の最も奥深い真理。サンスクリット語のテキストには該当する言葉はなく，鳩摩羅什が訳したものと考えられる。天台宗では，現象世界に展開している一切の存在がそのまま真理を開示しているという意味に解釈され，現象即実在という真理観を表すものとして，諸法即実相を重視した。「法華経」方便品には，その具体的な説明として事物の生起やあり方を10に分類した十如是がある。

諸分 しょわけ　→色道

白樺 しらかば　大正期の文芸雑誌。月刊。1910年（明治43）4月から23年（大正12）8月にかけて全160冊刊行。同人に*武者小路実篤・*志賀直哉・木下利玄・里見弴・*柳宗悦・郡虎彦・*有島武郎・有島生馬・長与善郎・*倉田百三らがおり，ほかに寄稿者として，高村光太郎・梅原竜三郎・岸田劉生・中川一政らがいる。武者小路の評論・感想や志賀・里見の小説で注目されはじめ，しだいに反自然主義の一つの拠点と目されるようになった。同人雑誌としては異例の生命を保ち，大正期の文壇に人道主義の潮流を作った功績は大きい。武者小路「その妹」，志賀「網走まで」「城の崎にて」「小僧の神様」，武郎「或る女のグリンプス」（「*或る女」の原型），里見「君と私と」，長与「項羽と劉邦」などが掲載作としてあげられる。美術雑誌としての側面ももち，ゴーギャン，セザンヌ，ゴッホ，ロダンら後期印象派の作家を紹介，また美術展を開き，より広い層への普及に努めた役割も見逃せない。関東大震災の影響で廃刊となった。⇒白樺派

白樺派 しらかばは　雑誌「*白樺」の同人たち，*武者小路実篤・*志賀直哉・里見弴・*有島武郎・長与善郎らの総称。彼らの多くは，華族や富裕階級の子弟が集う学習院の出身であり，経済的に恵まれた環境下での創作が可能であった。既成の権威に頼らず，自己の創作意欲にのみ忠実に従った彼らの作品は，芸術的良心の結晶として，しだいに注目を集めていった。白樺派は，武者小路の筆による創刊の辞に「互の許せる範囲で自分勝手なものを植ゑたい」とのべられてい

るように，特定の主義・主張を掲げず，各自の個性の拡充をめざしたところに最大の特徴がある。個性の尊重は，一方で強い自己肯定の傾向にもつながった。「白樺」同人の多くが長寿を保ったことは，偶然ではない。初期の「白樺」において，武者小路の戦闘的な評論・感想が牽引車の役割をはたしたために，彼の理想主義的傾向が白樺派を代表するかのような印象を与えるが，あくまでそれは一部分にすぎない。木下利玄の短歌や郡虎彦の戯曲などのように，耽美主義的な傾向が共存していたことには注意が必要である。

白川侯家訓 しらかわかくん →明君家訓

白川神道 しらかわしんとう →伯家神道

白河天皇 しらかわてんのう 1053〜1129（天喜元〜大治4） 在位1072〜86。諱は貞仁。後三条天皇の第1皇子。母は藤原公成の女茂子。1069年（延久元）立太子。72年父の譲りをうけて即位する。皇太子実仁親王が没すると，実弟善仁親王（堀河天皇）を皇太子に立て，即日譲位した。さらに皇位は幼少の鳥羽天皇・崇徳天皇へと移っていき，上皇としての白河の権力は上昇する。他方，1120年（保安元）に関白藤原忠実を解任し，*院政を開始した。白河の地に法勝寺などの*御願寺を造立し，晩年は浄土信仰に傾斜した。陵は成菩提院陵。

新羅明神 しんらみょうじん →新羅明神

白拍子 しらびょうし 平安時代に始まる歌舞。「白」は「素」で，管弦の伴奏を伴わないこと。12世紀の記録では*猿楽などとともに遊宴での余興として演じられていたという。「徒然草」には藤原信西が磯禅師という女性に教えたと伝え，白い水干・鞘巻・烏帽子の姿で，仏心の本縁をうたったという。「平家物語」にも同様の扮装をした島の千歳・和歌の前なる女性がいたといい，男舞と称していた。有名な祇王・祇女や仏御前は*今様をうたう遊君として平清盛の寵愛をうけるが，白拍子の中には男性や童もいた。やがてその歌舞は猿楽能にも影響を与え，女性の男舞という点はのちの*阿国歌舞伎へと流れる。

白柳秀湖 しらやなぎしゅうこ 1884〜1950（明治17〜昭和25） 明治〜昭和期の小説家・評論家・歴史家。本名は武司。静岡県出身。苦学する中で正義感から社会主義に接近，早稲田大学在学中から*平民社に出入りし「直言」の編集にたずさわる。1905年（明治38）プロレタリア文学運動の先駆となる火鞭会を結成し，「駅夫日記」などを発表した。卒業後「離愁」「鉄火石火」など次々に刊行するが，大逆事件後に文学から離れる。以後，*山路愛山の影響をうけた政治経済史的な史論・歴史書を著す。かたわら医療制度改革運動に参加し，26年社会民衆党中央委員となる。また終始*堺利彦に協力し，20年彼と社会講談を企画し多くの作品を書いた。〈町の歴史家〉を任じ，「財界太平記」ほか多数の著作があるが，満州事変後は民族主義史観を強め，日本文学報国会理事にもなった。

白山之記 しらやまのき 「はくさんのき」とも。白山信仰の成立過程や性格を知るうえでの根本的な縁起書。成立年代・著者は不詳だが，1163年（長寛元），中宮社の長吏隆厳の撰とする説が有力である。後半部には，後世になって付加された部分がみられる。主な内容は，白山三所の所在地，翠池周辺の霊場と泰澄伝承，白山神の託宣の開始と三馬場の由来，出雲の悪僧小院良勢の非法と焼殺の顚末，新しい室道の施設と修行の形態，御在所付近の聖水，檜の新宮付近の施設と修行のようすなどである。最盛期を迎えていた中世の白山信仰を知ることができる貴重な文献である。

芝蘭堂 しらんどう 仙台藩医で蘭学者の*大槻玄沢が江戸で開いた蘭学塾。1785年（天明5）江戸詰めの藩医として本材木町に住み，そこが蘭学者・蘭学をめざす人々の集まる場所になった。以後，玄沢はたびたび転居したが，この集まりが玄沢自身の号，芝蘭堂により同名でよばれるようになる。この号は89年（寛政元）頃から用いられたようである。したがって芝蘭堂は一定の建物と制度をもつ塾というよりは，玄沢を中心とした蘭学サロンと想定される。蘭学の門人は100名をこえるといわれ，全国から弟子を集め，次世代の優れた蘭学者を育成し日本の知的近代化を促進した。玄沢の死後も蘭学の正統的中心であった。

自力・他力（じりき・たりき） 自己の備え持つ能力、およびその力に依ることを「自力」というのに対して、自己以外の仏や菩薩が及ぼす力、およびその力を頼ることを「他力」という。*浄土教では、阿弥陀仏が人々を救済しようと誓願した本願の力、すなわち本願力こそが他力であると説き、「他力本願」もしくは「本願他力」と称する。また*法然は、自力による往生の道と他力による往生の道を、それぞれ聖道門と浄土門（*聖浄二門判）とにあてはめている。

私立学校令（しりつがっこうれい） 1899年（明治32）8月3日に公布された私立学校を監督する勅令。私学は、従来「諸学校通則」（1886）で簡易に規制されるだけであったが、改正条約実施にともなう*ミッションスクールの広がりが懸念された。1898年10月第2回*高等教育会議に「教育ニ関シ新条約実施準備ノ件」が諮問され、その答申をうけ、99年4月第3回会議に「私立学校令案」が諮られた。閣議・法典調査会・枢密院の議をへて公布された同令は、地方長官の監督、設立と校長・教員の認可、その欠格事項、設備・授業などの変更命令、閉鎖命令、罰則などを定めている。原案にあった宗教教育を禁じる条項は切り離され、*文部省訓令第12号として公示された。1911年一部改正、47年（昭和22）学校教育法の制定により廃止された。

死霊解脱物語聞書（しりょうげだつものがたりききがき） 江戸初期の仏教勧化本。全2巻。作者不詳。1690年（元禄3）刊。1672年（寛文12）正月から4月にかけて、下総国岡田郡羽生村でおこった憑霊事件の聞き書きである。百姓与右衛門が妻の累を欲得のために殺害して、田畑と後妻を手にいれたことに端を発し、その後、6人目の妻との子供の菊に累の怨霊がとりつき、飯沼の弘経寺の祐天が法力で死霊の調伏に成功するまでの顛末を描く。関東の一寒村の貧困が強いた、共同体の悲劇を多角的に照らしだす。死霊の荒々しさ、のちに江戸増上寺の大僧正となった祐天上人の英雄的な振舞を描いて文学的なリアリティがあり、江戸時代を通じてよく読まれた。

史料編纂所（しりょうへんさんじょ） 東京大学付置研究所。江戸時代の和学講談所跡に、1869年（明治2）の史料編輯国史校正局、72年の臨時修史局をうけて、88年、帝国大学国史科の創設時に修史事業は大学に臨時編年史編纂掛として移管された。95年、帝国大学文科大学に史料編纂掛が設置され、編年史ではなく史料を編纂・刊行することになり、1901年、「大日本史料」「大日本古文書」が刊行された。05年外務省から「幕末外国関係文書」編纂事業を引き継ぎ、29年（昭和4）史料編纂所と改称し、49年文部省から維新史料編纂事業を引き継いだ。50年に東京大学文学部から独立して付置研究所に改組され、52年に「大日本古記録」、翌年「大日本近世史料」が刊行された。54年以来、講座制をとっている。

史料収集は、出張採訪による写真撮影を中心に、従来の影写・謄写による写本、図像模写本の作成などにより、刊行物は各室の担当者が、たとえば編年史料部では、蓄積したカードを基礎に原稿を作り、関係史料を補い、定期的に出版している。また破損した史料の修復を含め、図書文書・図像に関する特殊技術の保存・維持に努めている。収集した史料群は製本して書庫に保管し、希望者が閲覧する図書館、史料センターの機能もはたしている。現在、一部はデータベース化してコンピューター利用ができる。97年（平成9）、付属施設として画像史料解析センターが開設され、その後も改組が続いている。近現代史学史において同所がはたした役割についての評価は今後の課題である。

詩論（しろん） ❶*歌論に対して、ここでは近代西欧文学中心の詩論とは別に、特に漢詩に関する議論をいう。注目すべき二つの要点がある。(1)虚実文字論の系譜をうけて、虚と実が形成する対比の妙を論じる虚実論は詩論の主題の一つであり、日本も中国における虚実論の影響をうけた。空海の「*文鏡秘府論」は初期の論であり、室町時代には「三体詩」が流行して、その詩の構成における景物（叙景）を「実」、情思（叙情）を「虚」として詩格を分類する虚実論がその後の詩論に影響を与えた。たとえば「三体詩素隠抄」は、銭起作「帰雁」について、「雁ハ答ヘネドモ、詩人ノ興ニテ、雁ノ答ヘタルヤウニ作リナシタゾ……一二ノ句ハ、銭起ガ長安

ニアツテ、瀟湘ノ事ヲ意ニオモヒヤツテ、帰雁ニ問フタホドニ虚ゾ、三ノ句ハ、帰雁ガ瀟湘ニテ見聞シタル事ヲ直ニ述ベタホドニ実ゾ、四ノ句ハ、雁ノ意ニ思フタル事ヂヤホドニ虚ゾ、サテ、三ノ句ノ実事ヲ以テ、一二ノ虚ト四ノ句ノ虚トヲ接シタゾ」とある。

(2)南北朝期には虎関師錬の「済北集」の「詩話」などに抽象的な議論がみられるが、室町中期以後には体系的な理論として展開されるよりも、*抄物などの具体的な作品評釈の中で展開された。たとえば「中華若木詩抄」は、元稹の作「菊花」について、「此詩モ、サセル作意ハナケレドモ、一角アル詩也、詩ハ、意ヲ新シク語ヲ古シク云コトガヨキ也、此詩モ、心ガ新シキ也」云々と評している。各作品についての評価・議論をふまえて、詩論のレベルでその変遷をたどる作業はなお今後の課題である。

❷近代の詩論の濫觴は、1882年(明治15)の「新体詩抄」の序などに記された言説に認めることができる。西欧の詩を範にして「詩」の語による散文に対応する詩文芸の確立、現代にふさわしい詩文芸として恋・自然にとどまらぬ人生・思想への題材の拡張、短詩定型でない連続した思想を盛るに足る長大な詩、雅語・漢語でない日常の語による表現など、収載の詩の言説とは裏腹な稚拙・未成熟なのに比して、その詩に対する認識には示唆するもの大である。詩の基本を示したという意味で、「詩学」とよんでいいものである。近代の詩論は、「新体詩抄」自体がそうであるが、西欧における詩と詩論からの影響をまぬかれていないことである。文芸の先蹤としてその歴史を追随し、西欧の思潮と詩の技法を移植するところから始まるのである。新体詩と膚を接するように出現する象徴詩と象徴詩論も、また西欧の詩の後追い的な理論の輸入のうえに立っている。ダダイズム・未来派・フォーミズム・表現主義などモダニズムの時代に入ると、先を競って誰よりも早く西欧の詩と理論を紹介することが功となる。詩もまた外発的であり、詩自体、内側から熟成して独自の理論を構築するところは乏しかった。その点は、戦後の文芸・詩の世界においても変わりがない。

仁 じん 仁の原義は、外見の姿のよさとか、親和の感覚であったとかいわれるが、いずれにしても特に思想的な用語ではなかった。それを内面的に深めたのが孔子である。孔子は、血縁者に対する親愛の感情を起点にして広く他者に押し及ぼす思いやりの徳を仁とした。孔子は中国思想史上最も早い時期に個人の内面を問題にした思想家であるが、この仁は個人の内面と社会を調和的に連携させる通路であった。以後、個人の内面の修養と社会的実践の両立を説く*儒教で、仁は最も重要な徳目となる。仁は孟子によって仁義あるいは仁義礼智というように他の徳目と並列されるようになった。これは孔子が仁一字にこめた内容を分析的に表現したものであって、北宋の程頤(程伊川)は、孔子流の仁を「専言の仁」、孟子流の仁を「偏言の仁」として整理している。また仁は四季の春に配当され、天地の「生(万物を生み出しはぐくむ)」の徳とされた。それゆえ仁は人の「愛」、天地の「生」をもって解釈されることが多い。仁の数多い定義の中で特に有名なのは、南宋の朱熹(朱子)の理気哲学をもとにした「心の徳、愛の理」であって、ここでは仁を「愛(情であり気である)として発現する徳(性であり理である)」の意味としている。また明の王守仁(王陽明)は、自己と他者との一体感からうまれる限りなく広がる他者への親愛の情を「万物一体の仁」として提唱した。

日本では、江戸時代になると朱熹の定義を軸に、仁についての議論が展開するようになった。朱子学尊崇の立場をとる場合は、当然朱熹の仁の解釈を踏襲するが、山崎闇斎の弟子の*浅見絅斎が「いとおしい」という日常的表現などを使って解説するように、より日常的実感がもてるような説明が試みられた。一方、朱子学批判の代表的存在の*伊藤仁斎は、朱熹が仁を性(理)、愛を情(気)に振り分けたのを否定し、仁を「愛のみ」と言い切った。また*荻生徂徠のように、朱熹のみならず仁斎の解釈をも否定し、「人に長となり民を安んずる徳」と、統治の徳として仁を提示することもなされた。なお日本の陽明学の系統では、「太虚」と関係づけて

説明することがしばしばみられる。

神位 しんい　→神階

神異 しんい　人間のしわざではない，不思議な現象のこと。「続日本紀」天平宝字元年(757)8月甲午条の改元の勅に，蚕の産んだ卵が「五月八日開下帝釈標知天皇命百年息」(聖武天皇の一周忌が終わる5月8日には，帝釈天が天上界の門を開け孝謙天皇の御代が百年続くことを示したもの)の字を自然に著すことがあり，これを「神虫をして，字を作り，用ひて神異を表さしむ」と記している。神祇の示した神異霊験を集めたものに，橘守部の「歴朝神異例」や「神異記」(伊勢神宮の神異霊験集)などがある。

心越興儔 しんえつこうちゅう　1639～95(明・崇禎12～元禄8)　江戸前期の曹洞宗の渡来僧。寿昌派の祖。法諱は兆隠・興儔・興燾，道号は心越。号は東皋・樵雲・越道人。中国杭州金華府の人。8歳で出家して天界寺の覚浪道盛に随侍し，1668年翠微寺の濶堂大文に師事して印可をえた。明の滅亡後，長崎興福寺の澄一の要請で77年(延宝5)に来日し，同寺に入る。*徳川光圀に迎えられて，91年(元禄4)水戸の天徳寺に住した。翌年同寺住持となり，無明慧経を祖とする寿昌派の曹洞禅を広めた。また永らく衰退していた七弦琴を再興し，篆刻や書にも秀でた。著作は「東皋集」「日本来由両宗明弁」「心越禅師開堂語録」「東皋全集」など。

神階 しんかい　神位とも。神に授けられた位階のこと。品位・位階(文位)・勲位(武位)の三種がある。「日本書紀」天武元年(672)7月条の，高市社の事代主神，身狭社の生霊神，村屋神の「三神の品を登げ進めて祀る」を神階奉授の初見とするのが通説であるが，本条を神階ではなく，官社記事と解釈する説もある。「新抄格勅符抄」の「大同元年牒」に731年(天平3)越前国の気比神を従三位に叙したことがみえ，これが神階奉授の早い例と考えられる。また「東大寺要録」巻4の諸神社条には，746年(天平18)聖武天皇の不予に際して八幡神を三位に叙したことが記されている。品位については，「続日本紀」天平勝宝元年(749)12月25日条に，八幡大神に一品，比咩神に二品を奉授する記事がある。勲位は，「続日本紀」宝亀2年(771)10月16日条より，越前国の剣神が従四位下勲六等であったことが確認される。勲位は，征討・外寇・内乱などについての軍事的霊験を祈願して奉授された。神階は社単位ではなく，祭神を対象として奉授されたが，官人位階と異なり，封戸・位田の給与はなかった。神に位階を奉授するための神位記の書式は，「延喜中務省式」内記条に規定されている。室町時代以降は吉田(卜部)家の特権となり，*宗源宣旨と称する神階叙位・神号授与文書を私的に作成・発給した。明治以降，神階制度は廃止される。

心学 しんがく　→石門心学

心学明日も見よ しんがくあすもみよ　→心学五倫書

心学奥の桟 しんがくおくのかけはし　江戸後期の心学書。著者は*鎌田柳泓。晩年に「*理学秘訣」の続編として著され，没後の1822年(文政5)に刊行された。上・中・下3巻。「究理緒言」の原題が示唆するように(書肆の要望で改題)，日・月・星など天体の運行，呼吸・感覚・知覚といった人間の生理ないし心理現象など，当代にあっては超自然と考えられた現象の経験的・合理的な解明を試みている。その解明に西洋経験科学より助けを求めるところが少なくないが，究極では万物の本体である「*理」にもとづいて，父子・君臣・夫婦・兄弟・朋友の間における徳の実現を勧めている。

心学講舎 しんがくこうしゃ　心学舎・講席・会輔席とも。江戸中期以降，*石門心学の普及を目的とした施設。講師(指導者)が定日を設けて一般の人々を集めて行う*道話と，社友がたがいに道義に適う本心を磨く会輔(討論会)とが主な業務であった。すなわち，一面では民衆に向かっての*教諭所であり，他面では社友が会しての切磋琢磨の修行場であった。1765年(明和2)*手島堵庵が京都に設けた五楽舎が先駆であるが，82年(天明2)京都に創設された明倫舎が近代に至るまで全国講舎の中核となり，統制的役割をはたした。また翌年，*中沢道二が江戸に興した参前舎の教化活動も活発であった。全盛期は江戸後期で全国に180舎も設置されたが，

しんが

幕末期には衰えた。ただし，前記の明倫舎・参前舎，大坂の明誠舎などは，活動を続けて現在に及んでいる。

心学五則 しんがくごそく　江戸後期の心学書。著者は*鎌田柳泓。1813年（文化10）京都の2書肆により合梓された。1冊。内容は心学の修行工夫に関する規箴について，〈持敬・積仁・知命・致知・長養〉の五則をあげて，詳細な解説をほどこす。幼少より心身の健康に留意し，知をのばし，天地自然の理を悟り，最高の実践道徳である「敬」に至る方途について説いている。ちなみに，柳泓は本書に続いて「心の花実」（1819刊）を著し，人間の心情を14種に分類して，その各々の機能と特質とに応じて仁を積み敬を持す道を示している。

心学五倫書 しんがくごりんしょ　江戸初期の教訓書。1巻。著者名・成立年とも未詳。ただし成立は1600～19年（慶長5～元和5）頃と推定できる。現存最古の1650年（慶安3）の版本以来，56年（明暦2），65年（寛文5）と版を重ね，1791年（寛政3）には多くの挿絵を入れ，紀応信の序文を付し，「心学明日も見よ」と改題し，改めて世に紹介されている。このように本書は近世を通じて広く読まれたばかりでなく，藤原惺窩著とされる「*仮名性理」や本多正信著と伝えられる「*本佐録」などの二次書をうみだし，当代の倫理思想・政治思想の形成に大きな影響を与えた。

本書の思想的特質は，神道，儒教，仏教，キリシタン教義，戦国武将の*天道思想などにも通底する雑種的な天の思想を立脚点としているところにある。ふつう近世思想界の主流は儒教とみられているが，通俗教訓書などには「神・儒・仏ともに道を教る名にて，さとりては神・儒・仏の名もいらず，天道なり」（溝口敬明「俗三教裸話」）と説かれている。このように一般に近世社会では，儒教は神道・仏教と思想的に一致するものと考えられ，それら三教の一致点が「天道」に求められていた。本書の雑種的な天の思想は，まさにそうした時代思潮と軌を一にするものであった。→三教一致論

人格主義 じんかくしゅぎ　*阿部次郎の著作。1922年（大正11）岩波書店刊。序に「リップスの「倫理学の根本問題」の補説としてこの書を書いた」とあるが，阿部自身の思想がよく示されている。本書が主張する「人格主義」とは，「少なくとも人間の生活に関する限り，人格の成長と発展とを以て至上の価値となし，この第一義の価値との関連に於いて，他のあらゆる価値の意義と等級とを定めて行かうとするものである」。そして「人格」は，次の四つの標識をもつ。第一は「物と区別せられるところにその意味を持つ」こと。第二に「個々の意識的経験の総和ではなくて，その底流をなしてこれを支持しこれを統一するところの自我である」こと。第三に「分つべからざるものと云ふ意味に於いてのIndividum（個体）である。一つの不可分な生命である」こと。第四に「先験的要素を内容としてゐる意味に於いて後天的性格と区別される」ことである。この立場から，*森戸事件を題材にした大学の独立問題，労働運動，享楽の意義について論じている。特に「悪が自ら期せずして無意識に人格向上に有数な手段となる」ことを論じた「人格と世界」は，悪についての見方として注目に値する。

神学初会記 しんがくしょかいき　→恭軒先生初会記

心学早染草 しんがくはやぞめぐさ　江戸中期の草双紙（黄表紙）。*山東京伝作，北尾政美画。1790年（寛政2）刊。石田梅岩らが主唱した通俗道徳の心学に付会した題名である。日本橋の商人の息子理兵衛に，若い時はいついていた善魂が悪魂に追い出されて吉原通いを始め，ついには家族を失って落魄するが，幸い，道理先生に諭されて本心に返るという筋立てである。当時流行の心学を意識して，人の心を半身に丸顔の姿で図案化し，主人公の心の移り変わりにあわせて変化させる。また，道理先生に心学者*中沢道二をあてこんで描いている。心学の教訓を平易に絵解きし，かつ奇抜な発想で楽しませている。

心学道の話 しんがくみちのはなし　江戸後期の心学者奥田頼杖（？～1849）が行った*道話の聞き書き。頼杖は備後国三次郡の軽輩の武家に生まれ，矢口来応らについて心学を修行し，20歳代より50歳余で没するまで，中国地方を中心に教化の発展と普及に努めた。本書は1843

年(天保14)頃の出版で，8編8冊よりなる。*上河淇水以来の京都心学の特徴を継承して，人間は本心にしたがって行えば*五倫五常の道が自ずからなるゆえ，何よりもまず本心を知得しなければならないと説く。すなわち人倫道徳をふみはずさないために心学の教えがあるとする，儒教倫理にもとづく心学道話が収められているのが特徴といえる。⇒石門心学

進化論 しんかろん　進化論を日本に紹介したのは，1876年(明治9)来日し，東京大学の動物学の初代教師となり，大森貝塚の発見者として知られているE. S. モースである。彼は大学で進化論を教授するとともに，広く進化論の普及に尽力した。彼の教え子である*石川千代松・*丘浅次郎らは，進化論を人生論と結びつけた書物を刊行し，広く読まれた。日本においては，進化論は生物学の理論というよりも，*社会進化論を唱えたH. スペンサーの影響が強く，*加藤弘之・*有賀長雄らは，「優勝劣敗・適者生存」という概念で社会の進歩を説明しようとした。

　進化論の本格的な書物であるダーウィン『種の起原』の刊行は1859年であるが，日本には西洋思想の一つとしてキリスト教とほぼ同時期に紹介され，キリスト教や*天賦人権説を論駁するものとして用いられた。そのため日本の初代プロテスタントの思想家たちは，進化論とキリスト教が矛盾しないこと，進化論によってキリスト教のより深い理解が可能となることを主張した。たとえば*内村鑑三は早くから進化論に関心をもち，ダーウィンの伝記の紹介をしている。進化論とキリスト教との関係は，内村の生涯の課題の一つとなる。内村によれば，進化論には2種類があり，無神論的進化論と有神論的進化論である。「進化は神が万物を造り之を支持し給ふ途である」(『進化論と基督教』，1922)と理解し，進化論とキリスト教が矛盾しないことを主張した。

新感覚派 しんかんかくは　「文芸戦線」と同じ1924年(大正13)に創刊された「文芸時代」によって創作活動を展開した*横光利一・川端康成・中河与一・片岡鉄兵らの活動をさす。第1次大戦・関東大震災後の社会の混乱を反映して，ダダイズムや未来派といったヨーロッパの前衛的な芸術の主張をとりいれ，従来の*写実主義文学の方法を否定し，文学の技法の革新をめざした。

神祇官 じんぎかん　❶律令官制で太政官と並ぶ官。和名はカミツカサ。天武・持統朝の神官はその前身であろう。職員は，伯，大副・少副，大祐・少祐，大史・少史の四等官に伴部たる神部・卜部がともなう。天神地祇の祭祀，諸官社の総管，祝部・神戸の名籍をつかさどる。職員令では太政官より前におかれ，伝統的な祭政関係の意識を残しているが，相当位階はずっと低く，その役割はすでに形骸化している。
❷→明治神祇官

神祇訓 じんぎくん　*貝原益軒の著した教訓書。1巻。「*神」は「上」なりとして，朱子学の立場から敬神や祭祀の意義を平易に説いている。「人は神の主也。神は人の敬によりて威をまし，人は神の助けによりて災なし」と説かれるように，神を神秘化することなく，神にへつらうことをきびしく戒めている。「誠」と「清浄」が，神に対する人のありようとして打ち出され，神道も五倫を離れてはありえないことが論じられている。朱子学の立場から，「神」の問題に向き合う一つの典型がみえる。

新紀元 しんきげん　明治期のキリスト教社会主義者たちによる月刊雑誌。「*直言」の廃刊や*平民社の解散などののち，1905年(明治38)11月に創刊された。発行兼編集人は*石川三四郎，印刷人は神崎順一，発行は新紀元社。英文欄2頁を含めて48頁を基本として，定価は12銭。「物欲の覇者を倒して至愛なる神の王国」を建設すること(*木下尚江「日本国民の使命」，1号)をめざして「社会主義は物質的基督教也」「基督教は精神的社会主義也」(「新紀元チラシ」，10号)の立場にたち，唯物論的社会主義者たちの新聞「*光」に対抗した。主な執筆者は木下・石川・*安部磯雄・*田添鉄二らであり，*田中正造や徳冨蘆花などの文章もある。日刊「*平民新聞」の発刊準備が進む中，06年11月，13号で終刊した。

神祇講式 じんぎこうしき　神祇講秘式・神祇式・神明

法施式などとも。*神仏習合思想の盛行にともなって現れてきた講式の一種で，特に日本の神祇を顕彰するために作られたもの。このような講式は日本独特の法会で，一般的には仏・菩薩や高僧などの事跡や功績を称讃した文章に節をつけて唱え，聴聞する人々を教化するという内容である。鎌倉初期に活躍した法相宗の学僧*貞慶が，民衆を引きつけるために神祇を讃える講式を考案したのが古いとされている。その後，熱田・江文・山王・春日・住吉・天神・八幡・荷田・白山・熊野など諸神祇の講式が多数作られた。これらはいずれも神祇の本地を褒め称え，垂迹などの利益を教化するという神仏習合思想の内容となっている。

新技巧派 →新思潮派

神祇雑々 社寺の縁起書。成立年不詳，近世の編か。御霊社別当法眼社孝の所蔵本を借り，1627年（寛永4）中院通村が書写したとの奥書がある。日吉社・石清水八幡宮・大隅正八幡宮・賀茂社・神護寺・祇園社・鞍馬寺・北野天満宮・熊野山などの諸社・諸寺の縁起を主とするが，「神書抄」「神代和歌数事」など「日本書紀」や神書などに関する記事，京都より鎌倉に至る宿次などの記事も収める。「古事記」「先代旧事本紀」「日本三代実録」「延喜式」をはじめ，「天台名目類聚抄」「山家要略記」「山修指南抄」「日本書紀算疏」や諸社の「旧記」の引用で構成される。無窮会・大倉精神文化研究所に写本が蔵される。

神祇拾遺 *吉田神道の書。卜部兼満(1485～1528)の著とみられる。兼満は吉田神道の大成者*吉田（卜部）兼倶の孫で，吉田家の当主として神祇管領長上と称した。室町末期の成立。1巻。鎌倉時代以降に成立したとみられる諸社の縁起類から祭神・鎮座に関する秘説を集録し，あわせて「日本書紀」の天神七代・地神五代や牛玉・犬子呪（魔除けの犬張子と同様のものか）などの習俗にも及んでいる。天神七代垂跡・地神五代垂跡・愛宕権現・稲荷社本縁・賀茂岩本橋本本縁・春日若宮・三輪大黒・祇園感神院牛頭天王事・山王号事・辛嶋社事・北野天神・蛭子夷・高良号事・五所八幡事・八所御霊事・向日明神本縁・山崎神社・日本八島・神社牛玉・祖神・闇神・犬子呪の22条よりなる。

神祇正宗 *吉田神道の書。1巻。室町時代の作とされる。1575年（天正3）の大中臣某の識語によれば，著者は吉田社預・神祇権大副の卜部兼名の庶子兼邦であるというが，兼名の嫡子で吉田神道を大成した吉田兼倶とする説もあり，いずれも確証はなく未詳。吉田卜部氏の家伝を一書にまとめた相伝の書。全11条からなり，宗廟社稷神・伊勢外宮内宮・石清水八幡宮・八幡大菩薩・内裏三十番神・両部習合神道・本地垂迹・神明之利生・法性神有覚神・権者神実神・氏神氏子などの条目をあげて，家説をのべる。吉田（卜部）兼右の「*神祇正宗秘要」はこの書を増補・改編したものである。

神祇正宗秘要 *吉田神道の書。1巻。1575年（天正3）成立。*吉田（卜部）兼右の編。諸社・神祇・神道などに関する卜部氏の家伝をまとめた神祇書。正宗とは大元の意で，神祇に関する正統的な由来を要記したという書名である。宗廟社稷・伊勢二宮・八幡宮・三十番神・両部習合・本地垂迹・法性神有覚神・権者神実神・氏神氏子など家伝の神道説を集成したもので，卜部吉田家の秘説の相伝書という性格をもつ。本書の祖本は「*神祇正宗」で，その項目11条に加除を行って18条としている。

神祇道家 神道の教説を唱え，神社・神職を支配することを家職とする家。平安中期に神祇官人となる家筋がしだいに固定化し，末期には花山源氏を出自とする白川伯王家が神祇伯を継承し，副（次官）に大中臣氏や卜部氏が補任されるようになる。これらの家筋が後世，神祇道家へと成長していった。室町後期に*吉田（卜部）兼倶により*吉田神道が成立し，以後吉田家が*宗源宣旨や*神道裁許状の授与をとおして諸国の神社・神職を配下に組織し，神祇道家を形成していった。1665年（寛文5）の「*諸社禰宜神主等法度」では，吉田家の神職支配が幕府より公認された。これに対抗して

白川伯王家も江戸初期の雅喬王の時代に家学を確立して*伯家神道を提唱し、吉田家と神社・神職支配を争った。

神祇伯家学則 じんぎはっけがくそく　白川家の学則。1冊。神祇伯家42代の白川資延王（1770～1824）は、属官の中に故実を乱し、白川家の職掌を蔑視する者が現れたので、1816年（文化13）に家の学義を門徒に諭した。本書はその時の口授を記録したものである。内容は、神道は帝道と武道にして、神武一体の御政道であるとし、わが国は万国の祖宗、君師の国であり、諸外国はその神道をわが国から賜っているのだとする。だが、わが国も漢国の武よりも文を重んじる考えを輸入したため、乱臣・賊子が現れ世は乱れてしまった。そこで、儒教や仏教よりも神武一体の神道を尊崇せよ、と説いたのである。なお、資延王は、慶長期（1596～1615）に「日本書紀」が勅版され、天皇が江戸幕府に大政を委任されたことで、神武の道は往昔に復したとしている。⇒伯家神道

神祇秘鈔 じんぎひしょう　伊勢神道書の一つ。1巻。1330年（元徳2）5月の成立。著者は*度会（村松）家行。天地開闢以来の神々の出現とその意義、託宣による神々の教え、十種の神宝と三種の神宝、内外両宮神降臨供奉の三十二神などについて、「日本書紀」「旧事本紀」「古語拾遺」をはじめとして「伊勢二所皇太神御鎮座伝記」「倭姫命世記」「神皇実録」「神皇系図」などの伊勢神道書、さらには「大宗秘府」「宝山記」「麗気記」「麗気府録」などの両部神道書に依拠しつつ説いている。*伊勢神道が、神宮の縁起説を基盤としつつ*両部神道をも包摂しながら神道教説へと展開していく過程を示す書である。

神祇譜伝図記 じんぎふでんずき　中世の伊勢神道書の一。「*倭姫命世記」とともに、古来「太神宮神祇本記上」（本書）、「太神宮神祇本記下」として重視されていた書。鎌倉末期の「類聚神祇本源」などには抄出して引用されていたが、近世には散逸し、当時重視された神道五部書には「太神宮神祇本記下」の「倭姫命世記」が入っているにもかかわらず、本書は入っていない。西田長男によって松尾大社本が発見され、現存が確認された。のちに岡田米夫により皇学館大学本（当時、岡田米夫蔵）も確認された。「古事記」を中心に神系譜をのべたもので、中に外宮祭神について天御中主神とする記載がみられる。

神祇宝山記 じんぎほうざんき　→大和葛城宝山記

神祇宝典 じんぎほうてん　延喜式内社約870社と式外社68社の考証書。名古屋藩祖徳川義直（1600～50）の編。全9巻・付図1巻の計10冊。序文は義直と師の*林羅山が記した。1646年（正保3）2月1日成立。それから145年後、藩は*河村秀根と稲葉通邦に校合を命じたが、「神祇全書」第2輯（1907）がでるまで刊行されることはなかった。羅山の「*本朝神社考」の補完・敷衍をめざして編述されたため、神道即王道や神儒一致・排仏といった思想がみられる。なかでも、神仏習合で曖昧になった祭神を明らかにすることが神徳の回復につながるとの考えから、六国史などの史書や史料などを博捜し考察している。

真教 しんきょう　1237～1319（嘉禎3～元応元）鎌倉後期の時宗の僧。時宗2代遊行上人。他阿弥陀仏（初代）。出自や出身地などは不明。40歳の時、九州遊行中の*一遍に出会い、その門に入って、以後、一遍の全国遊行に従った。1289年（正応2）に一遍が没してからはその後継者となり、遊行を続けた。一遍の遊行は全国各地をめぐって絶えず移動したが、真教は北陸・関東を中心に布教して、寺や*道場を増やし、信徒衆を定住させて、これらを統制した。この違いは、一遍が開祖として宗教的理想を追求する人であったのに対して、真教はこれを受け継いで統制する組織者であったことによるもので、真教によって鎌倉武士・京都公家の信仰もえて、時宗は隆盛にむかったと評価される。1319年（文保3）正月、相模国当麻（神奈川県相模原市）の無量光寺で没した。享年83。著書に「他阿上人法語」などがある。⇒他阿上人参詣記

信教の自由 しんきょうのじゆう　特定の宗教を信仰すること、または信仰しないことや、宗教一般を信じないことに関して、国家やその他の社会から制約をうけないこと。ヨーロッパでは、古くからの宗教的迫害や弾圧に対する長い抵抗

の歴史をへて，近代の憲法において精神的自由の一つとして規定されるに至った。日本における宗教に対する組織的な権力統制が現れたのは，近世の幕藩体制下における宗門改（しゅうもんあらため）制度を嚆矢とする。

明治政府は，仏教体制を解体させるべく*神仏分離令(1868)の公布，神道への統合を試みた大教宣布の詔(1870)などにより，日本土着の神道を基軸とした維新イデオロギーを作り出そうとした。他方，明治政府は対外的に旧来のようなキリスト教禁制に固執することはできず，建前としては「信教の自由」を保障することとなった。1889年(明治22)の*大日本帝国憲法は，「日本臣民ハ安寧秩序ヲ妨ケス及臣民タルノ義務ニ背カサル限ニ於テ信教ノ自由ヲ有ス」(第28条)との規定を設けたものの，*国家神道の形成をめざしながら，「信教の自由」という建前との矛盾を乗り越えるため，「国家神道は宗教にあらず」という理解を推し進めた。戦時体制期には，国家神道が天皇中心の国家統合の中核的イデオロギーとして機能し，各宗教はきびしい弾圧をうけることとなった。1945年(昭和20)12月，GHQは*神道指令を発し，国家と神道との間の徹底した分離を命じ，また，他の宗教に対する国家的統制の撤廃を命じた。こうして，真に信教の自由が保障される緒についた。

慎機論 しんきろん　江戸末期の経世書。*渡辺崋山の著。1838年(天保9)頃執筆，未完。崋山が常連として出席していた*尚歯会において知らされた，英船モリソン号を幕府が打ち払うという情報に触発されて本書は記された。崋山はイギリスの強大な国力を考え，その船舶を打ち払うことの危険性を指摘し，幕府の対外政策を批判する。本書が当局の忌諱に触れるであろうことは崋山自身も自覚しており，公表することは考えていなかった。しかし，*蛮社の獄の際，押収された反故類の中から本書が発見され，幕政批判の重要な証拠とされた。

神宮皇学館 じんぐうこうがくかん　1882年(明治15)に神宮祭主の久邇宮朝彦親王の令達により，三重県度会郡宇治今在家町の林崎文庫内に神宮神官の子弟に皇学を研修させることを目的として，皇学館が設立された。その後，学制の改正や新築などによる移転を重ねたが，1940年(昭和15)神宮皇学館大学と称し，国立大学となって文部省の管轄下におかれた。46年3月，*神道指令にもとづき廃校となったが，その精神は62年4月に私学として開学された現在の皇学館大学に継承されている。わが国の歴史に根ざした道義と学問を究明し，それを実践して本来の道徳を確立することを建学の精神としている。

神宮寺 じんぐうじ　神願寺・神護寺・神供寺・宮寺とも。神に仏教の儀式を捧げるために建立された寺院。神が宿業により神の身となり苦しんでいるのを仏教の力により救済するという，*神身離脱思想のもとに建立された。その初見は，「藤氏家伝」武智麻呂伝にみえる霊亀年間(715～717)の越前国気比神宮寺である。8世紀段階では若狭国の若狭比古神願寺，伊勢国の多度神宮寺，常陸国の鹿島神宮寺など地方に多く建立された。また宇佐八幡宮に弥勒寺，山城国の賀茂神宮寺，摂津国の住吉神宮寺などあいついで建立された。平安時代には，石清水八幡護国寺，祇園社の観慶寺(感神院)なども建立された。これらの多くは社僧などの僧侶が運営する宮寺の形式をとった。明治期になり，*神仏分離令によりそのほとんどが破壊された。

神宮雑例集 じんぐうぞうれいしゅう　*伊勢神宮の由緒・経営・祭儀および内侍所などの沿革を記した書。全2巻。1202～10年(建仁2～承元4)の間の成立。著者不詳だが，宮司家大中臣氏の関係者か。内容は，第1御鎮座の事，付たり宮地を改むる事，第2二所太神宮朝夕の御饌の事，第3御井の社の事，第4神封の事，付たり神田並びに御領，第5神宮四至の事，第6内侍所の事，第7心御柱の事，第8天平賀の事，第9政印の事，第10年中行事の10ヵ条からなる。神宮や朝廷の公文書を中心に編纂されており，本書のみに伝えられる貴重な史料も少なくない。神宮史研究の基本文献の一つである。

新宮凉庭 しんぐうりょうてい　1787～1854(天明7～安政元)　幕末期の蘭方医・儒者。名は碩，字は凉庭，号は鬼国山人・駆竪齋。丹後国由

良の生れ。少年時代に伯父有馬凉築に医学を学び，のち蘭方医学を志して長崎に1813～18年（文化10～文政元）遊学し，蘭語・医学・天文学を学んだ。19年京都で開業して名声を博し，蘭医書を翻訳して自らの医学教育の教科書として使用した。39年（天保10）南禅寺西に順正書院を営み，儒者を招して講義させた。財政にも長け，40年に盛岡藩の財政指導も行った。主著は「破レ家ノツヽクリ話やぶれやのつくりばなし」。

神君御遺状 しんくんごゆいじょう →徳川成憲百箇条とくがわせいけんひゃっかじょう

心敬 しんけい 1406～75（応永13～文明7） 室町時代の連歌師。十住心院じゅうじゅうしんいんの住持，のち権大僧都となる。房号は連海，初号は心恵。紀伊国田井荘の人。畠山氏と関係のある家系。*連歌七賢の一人。細川勝元かつもと主催の連歌会かいで重んじられるなど，都の連歌界で名声をえるが，応仁の乱のため相模国に移り，太田氏ら関東の武将に連歌を指導し，相模国で没する。その代表的連歌論「ささめごと」は，和歌と連歌を一体のものとして考え，師事した正徹しょうてつの歌風を連歌の理想とし，和歌・連歌・仏教を一如とする思索に到達した，すぐれた中世芸術論と評価が高い。

新劇運動 しんげきうんどう 明治末期，*坪内逍遥しょうようと*島村抱月ほうげつの*文芸協会，*小山内薫おさないと2代目市川左団次さだんじの自由劇場の活動を中心におこった演劇運動。従来の商業主義的な旧劇（歌舞伎）・新派劇（書生芝居しょせいしばいなど）に対して，芸術的価値を至高のものとするヨーロッパの近代的な演劇の導入をめざして，ゴーリキーやイプセン，チェーホフらの翻訳劇を上演し，日本の近代劇運動の先駆となった。この新劇運動は，関東大震災後に小山内と土方与志ひじかたよしによって結成された，日本初の新劇の常設劇場である築地つきじ小劇場を拠点としてピークを迎える。だが，小山内の死後，土方を中心にプロレタリア演劇運動に傾斜し，築地小劇場は分裂する。土方は1929年（昭和4）に新築地劇団を設立し，34年に東京左翼劇場から改称した村山知義とものりらの中央劇場と「新劇の合同」を図るが，40年には国家の弾圧をうけてともに解散させられた。第2次大戦後，文学座や俳優座に発展したこの新劇運動からは，滝沢修おさむ・杉村春子・宇野重吉じゅうきちらの多くの名優がうまれた。

人権新説 じんけんしんせつ *加藤弘之ひろゆきの著作。1882年（明治15）10月刊。加藤は*天賦てんぷ人権説に疑問を抱き，「*真政大意しんせいたいい」「*国体新論」を絶版にし，代わってH.スペンサーら*社会進化論の影響のもとに「人権新説」を執筆した。「天賦人権」説を妄想として排し，生物社会に妥当する優勝劣敗の法則は人間社会にも妥当するとした。ことに国家成立後は，人々の間で権力闘争がおこるが，これに勝利するのは精神力の優れたエリートであるとする。ヨーロッパの場合，知力・経済力の優れた「上等平民」が社会の実権を掌握しており，これは「良性なる優勝劣敗」であるが，人の権利は競争に勝ち残った者による国家の成立によってはじめて社会的に成立するとする。また，人権の進歩も優勝劣敗・適者生存によって決まるとした。

塵劫記 じんこうき 「じんごうき」とも。江戸初期の算術書。初版1627年（寛永4）刊は4巻，再版以降は5巻または3巻となる。吉田光由みつよし（1598～1672）編。明の程大位ていたいい著「算法統宗さんぽう」（1592刊）を参考にした，和文による日本最初の本格的な「そろばん」の啓蒙書である。当時必要な日用算法のほとんどを網羅し，絶大な人気を博した。吉田が何度もその内容に手を加え，版を更新し続けたのは，これの海賊版が多数出回ったためである。「塵劫記」という語は，江戸時代を通じて算術教科書の代名詞として用いられたほどで，初等算術教育のスタイルを確立した功績は大きい。たとえば「鼠算ねずみざん」という語も，この「塵劫記」の中の一問に由来する。

新興教育研究所 しんこうきょういくけんきゅうじょ →プロレタリア教育運動プロレタリアきょういくうんどう

新古今和歌集 しんこきんわかしゅう 第8番目の勅撰和歌集。全20巻。後鳥羽上皇の下命により，源通具みちとも・藤原有家ありいえ・藤原定家さだいえ・藤原家隆いえたか・藤原（飛鳥井）雅経まさつねが撰進する。1205年（元久2）3月26日に竟宴きょうえんが行われ，10年（承元4）9月頃，最終的な撰集が完了する。既成の勅撰和歌集に所収された詠歌を除外して採集され，1978首を所収する。巻頭に，後鳥羽上皇の立場にたった，藤原親経ちかつねの真名

序と藤原良経らの仮名序がおかれる。主要な歌人は、*西行さいぎょう・*慈円じえん・藤原（九条）良経よしつね・*藤原俊成としなりらである。当代の歌人が約半数を占め、後鳥羽院歌壇における新風の歌人の詠歌がよくとられている。書名は新しい時代の「*古今和歌集」をめざしたともいわれ、古典主義を大きな特徴とする。古歌のほか「*伊勢物語」「*源氏物語」「狭衣さごろも物語」などの物語、また「白氏文集はくしもんじゅう」などの漢詩句などの古典をもととして、すなわち*本歌取ほんかとり・本説といった技巧を用いて、新しい和歌的世界を形成する詠歌が多い。「*万葉集」「古今集」とともに「三大集」ともされる。後世、*本居宣長もとおりのりなが・*与謝野晶子よさのあきこら、その影響をうけた歌人も少なくない。

神国王御書 しんこくおうごしょ　*日蓮にちれんの著作。1編。1275年（建治元）成立。寿永・承久の内乱における天皇や上皇の受難の原因を論じて、「法華経」に帰依すべきことを説いた書。日本は国主たる天皇が神孫であり、伊勢・八幡をはじめとする神々が守護する国であるばかりでなく、インドや中国に勝る仏法繁盛の国であり、歴代の天皇は深く仏に帰依してきた。それなのになぜ天皇や上皇が死地に追いこまれ、配流の憂き目をみたのか。それは最澄さいちょう以来天台宗が顕密兼修の立場をとり、時代とともにますます密教に傾斜して正法しょうぼうたる「法華経」を軽んじたためであり、日本国は釈尊はじめ諸仏の怨敵となり、国主の受難や他国侵逼難たこくしんぴつなんの苦しみをうけると説く。

神国決疑編 しんこくけつぎへん　江戸前期の外宮祠官*竜熙近りゅうひちかの著作。全3巻。1673年（延宝元）2月に成立、91年（元禄4）3冊本として刊行。当時、神儒一致的な神道論が優勢であったが、*神道五部書など伝統的な伊勢神道を理解するためには神仏一致的な視点から研究しなければならないと考え、伊勢神宮の仏教受容史を、三つの疑問に答える形で明らかにした。本書は仏教者から高い評価をうけ、その後も1835年（天保6）に田守正などの校正本、その2年後にそれらの校正重刻本が刊行された。

神国思想 しんこくしそう　日本を神々が擁護する神聖な国家とみる思想。伊勢・八幡を中心とする天神地祇てんじんちぎの擁護する国と、天照大神あまてらすおおみかみの子孫たる天皇の統治する国という二つの意味を含む。元来、素朴な国土や国家の神聖視に由来するものであるが、古代国家の形成以降、対外的危機意識に触発されたナショナリズムの中核をなす思想として、また政治的・社会的変動期における伝統的な国家社会体制擁護の思想として大きな役割をはたした。神国の語の初見は、「日本書紀」神功じんぐう皇后即位前紀の新羅しらぎ征討記事にある新羅王の言葉「吾聞く、東に神国有り。日本と謂ふ」であり、この後の対外的危機のたびごとに繰り返し回顧され、神国意識の覚醒を促した。

神国思想が広く鼓吹されだしたのは、院政期以降の古代国家の解体と中世的国家体制の成立の時代であり、「それ本朝は神国なればいれの神か王法を守り給はざらむ」（寿永2〈1183〉年「太神宮奉幣宣命案だいじんぐうほうへいせんみょうあん」）のごとく王法、すなわち天皇と貴族を中心とする古代国家体制を擁護する立場からの神国思想が盛んに説かれた。とりわけ神国思想が広く浸透したのは蒙古もうこ襲来の折である。外敵の侵略という未曾有の危機的状況は、「蒙古片州の貪人、妄にこの神国に敵対し」の言葉に示されるような、神国思想にもとづく激しい自国優越意識をよびおこした。神国思想の高まりは、*末法まっぽう思想や*本地垂迹ほんじすいじゃく説の流布ともあいまって神祇信仰の自覚化を促し、*伊勢神道や*両部神道などの神道教説をうみだすとともに、「大日本ハ神国也。天祖ハジメテ基ヲヒラキ、日神ナガク統ヲ伝給フ。我ノミ此事アリ。異朝ニハ其タグヒナシ。此故ニ神国ト云也」（「神皇正統記」）との日本の国柄の本質を神国思想に求める*北畠親房きたばたけちかふさの思想を結晶させた。この後、神国思想は、豊臣秀吉によるキリシタン禁教令や幕末の尊王攘夷そんのうじょうい運動など、軍事的・文化的外圧への対抗思想として、さらに明治以降太平洋戦争に至る対外的緊張の克服と国民意識統合の柱として大きな役割をはたした。

神護寺 じんごじ　京都市右京区に所在する高野山真言宗の別格本山。824年（天長元）、和気真綱わけのまつな・同仲世なかよの上表文によれば、神願寺じんがんじの寺地を高雄山寺たかおさんじと相替して神護国祚じんごこくそ真言寺と称したことに始まるという。起源となる神願寺は、*和気清麻呂わけのきよまろが宇佐八

幡宮の神願を成就するために延暦年間(782～806)に建てた寺である。現本尊の薬師如来立像は，この創建時の本尊とみなされている。他方，高雄山寺の草創は詳らかではないが，和気氏の氏寺であったと考えられ，805年(延暦24)に唐から帰朝した*最澄がはじめて伝法灌頂を修した。また810年(弘仁元)には*空海が入寺し，秘密儀軌による鎮護国家の修法を行い，2年後には最澄・真綱・仲世らに両部の結縁灌頂を授けている。天台・真言の平安新仏教の成立に当寺は大きな役割をはたした。平安中期以降，寺は荒廃にまかされていたが，これをなげいた文覚は，後白河法皇と源頼朝らの寄進をえて文治年間(1185～90)に再興をなしとげた。

真言院 しんごんいん　修法院・曼荼羅道場とも。平安宮大内裏の殿舎で真言密教の修法を行う道場。内裏の西南，朝堂院の北西，宴松原の東南に位置する。834年(承和元)*空海が唐の内道場に准じて壇所を設け，玉体安穏・鎮護国家・五穀豊穣を祈る*後七日御修法を勤修することを上表し，勅許されて翌年正月8日からの7日間に始修され，毎年恒例となった。この壇所として勘解由司庁を改めて設置されたもので，真言宗僧の占有壇所となる。同修法のほか，祈雨法・孔雀経御修法・火天供など，護国や玉体護持にかかわる修法も適宜行われた。1084年(応徳1)台風のために転倒，1177年(治承元)には大火で焼亡したが，それぞれ再建された。その後も変転をへて15世紀中頃以降，退転したと考えられる。

真言院僧都 しんごんいんそうず　→貞崇
真言院御修法 しんごんいんのみしほ　→後七日御修法
神今食 じんこんじき　→神今食
真言宗 しんごんしゅう　秘密宗・曼荼羅宗・真言陀羅尼宗とも。*空海が中国で学んだ密教をもとにして開いた日本仏教の一宗。また台密に対して*東密ともいう。密教は，大乗仏教の中で6～7世紀の間に成立し，中国には8世紀初めに伝えられた。金剛智が「*金剛頂経」を，善無畏が「*大日経」を一行とともに翻訳した。空海の師恵果は，金剛智に師事した不空から金剛頂経系

(金剛界法)を，善無畏の弟子玄超から大日経系(胎蔵界法)の両部を伝授され，統合して大系化を図った。804年(延暦23)に入唐した空海は，恵果からこの両部大法を伝授され，帰朝した。空海は，816年(弘仁7)高野山を修禅道場とし，823年朝廷より*東寺(教王護国寺)を賜り，根本道場として真言僧50人をおいた。835年(承和2)真言宗年分度者の勅許をえて，正式に宗派が公認された。

空海の弟子には実慧(東寺)・*真済(神護寺)・真雅(貞観寺)・真然(高野山)ら多数いて，それぞれ独立寺院化する傾向が強かったが，10世紀，観賢が東寺を中心にした本末体制を確立した。平安後期，醍醐寺・仁和寺などが勢力をもち，事相面での分派が盛んとなって，小野六流・広沢六流の野沢十二流がうまれ，鎌倉時代には36流，室町時代には70余流にまで分化したが，宗派としての分断はなかった。12世紀に高野山での紛争で根来寺に退いた*覚鑁を派祖とする新義真言宗(豊山派・智山派)は，桃山時代に成立した。そのためこの2派以外を古義派とよぶ。

真言神道 しんごんしんとう　→両部神道
新墾談 しんこんだん　新田開発を請け負った豪商に費用捻出の方法を助言した*海保青陵の書。1813年(文化10)成立。後半部分は欠け未発見。金沢藩滞在中，親交を結んでいた越中国戸出村の豪商武田尚勝が，金沢藩重臣から新田開発の内命をうけ，相談してきた便りに返答した書である。差米と米切手の二つの方法によって費用を捻出して，「人ノフンドシデ角力ヲ取ル」知略を説いている。差米については，大坂の升屋小右衛門(*山片蟠桃)の仙台藩における成功例を紹介して，その有効性を論じている。藩に提出する願書の文案までも添えられていて，青陵の懇切丁寧な指導法がうかがえる。

真言八祖 しんごんはっそ　真言密教を相承した8人の祖師。付法の祖と伝持の祖の二通りがある。付法の八祖は大日如来・金剛薩埵・竜猛・竜智・金剛智・不空・恵果・*空海で，宇宙の真理を仏格化した大日如来を教主とし，密教の最初の受者を金剛薩

埵とする。インド人の竜猛・竜智は数百年を生きたという神話的な祖師だが、金剛智以下は実在の人物として事跡をたどれる。金剛智はインド人で，南インドで竜智に密教をうけ，中国へ伝えた。不空は中央アジア生れで，中国で金剛智から伝受された。恵果は中国人で，不空から「金剛頂経」系統の密教をうけ，空海の師であった。伝持の八祖は，大日如来・金剛薩埵を入れず，竜猛・竜智・金剛智・不空についで，「大日経」を漢訳して中国に流布させた善無畏・一行を加える。一般に真言八祖像として描かれる画像は，伝持の八祖である。

新策 しんさく →通議

新猿楽記 しんさるがくき　平安中期の*往来物。*藤原明衡の著とされ，1052年（永承7）頃の成立かとみられていたが，最近では内容の検討から，成立を11世紀末ないし12世紀初めに押し下げる説がだされている。それが認められれば，著者もおのずから明衡とは別人になる。「猿楽」は滑稽を内容とする芸能をさす語として，「*枕草子」にもみえる。ここでは，まずその「猿楽」見物から叙述が始まり，そこで行われているさまざまな芸能が一つ一つ列挙される。次に猿楽を見物している人々の中から，妻3人・娘16人・息子9人という大家族の西京の右衛門尉一家がとりあげられ，じつに多彩な一人一人の職業・容貌・性質が，きわめて具体的に叙述されている。この時期の社会・文化を知るうえできわめて貴重な史料である。なおまた，きわめて猥雑なものにまで関心を寄せて記述する態度は，儒教の規範・謹厳さをすでに逸脱しているものであり，院政期の*大江匡房らの学者のあり方と相通ずるものが感じられる。

神使 しんし　「かみのつかい」とも。使はしめとも。神の使い。神に代わり神の意志を伝えたり，吉凶を示すために現れ，多くは動物である。「古事記」「日本書紀」景行天皇条に，日本武尊が伊吹の神を平定する際に，「この白猪に化せるは，その神の使者ぞ」とみえる。また「日本書紀」皇極4年（645）正月条には猿の鳴き声に対し，「伊勢大神の使」とみえる。代表的なものは，春日社の鹿，日吉社の猿，八幡宮の鳩，熊野三山の烏，稲荷社の狐など。八幡宮に関しては，「今昔物語集」「梁塵秘抄」にその嚆矢がみえる。それぞれの神社において特定の動物が神使となるのは，中世になってからである。

神事歌 しんじうた　神楽歌とも。神事の際に歌われる歌。最古の歌本は10世紀中頃に成立した信義本「神楽次第」で，宮廷神楽の歌を収載する。内容は序曲としての「庭燎」，神を迎える「*阿知女作法」，神を讃美する「採物の歌」，禊祓を意味する「前張」，神を送る「星」などがある。民間の*里神楽では，湯立神事や獅子舞などの際に歌をともなう場合がある。多くは笛や琴などの楽器による伴奏が入る。

新思潮派 しんしちょうは　新技巧派・新理智派とも。同人雑誌「新思潮」の第3次（1914年2～9月）および第4次（16年2月～17年3月）の同人，*芥川竜之介・菊池寛・久米正雄・松岡譲らの総称。先行する*白樺派や耽美派の感性重視の傾向に対して，知的分析を柱とする創作によって注目された。その典型は，芥川「羅生門」や菊池「忠直卿行状記」などのように，明確なテーマ性をもった歴史小説にみることができる。彼らの創作は，逆説を含む批評性において新しい魅力をもったものの，そのことは作品の狭さを招きもした。やがて芥川は現代小説・*私小説へと作風を転換させ，久米・菊池は*大衆文学の世界に活躍の場を移すことになる。

神事能 しんじのう　神事として行われる能。翁猿楽，古くは式三番とよばれる能がこれに該当する。*猿楽は本来神事の一環として祝禱性をもつ芸能であった。これは*呪師の走り芸を源流として，翁・三番叟・父尉を主体とする式三番とよばれ，長命や五穀豊穣をことほいだ。観阿弥（1333～84）までの時代は，猿楽座の中に翁を演じるグループがあり，長老の役者のことを〈長〉とよんだ。しかし，演能グループの代表である大夫の観阿弥が今熊野社の猿楽で翁を演じてから，猿楽は神事性が希薄となり，むしろ劇的な曲目が主流となっていった。

神事舞 しんじまい　*神楽の際に行われる舞踊。

本来，神楽は〈*神遊び〉と称して神自身の舞であったが，のちに神官や巫女などが手に榊や笹をもち（採物），琴や篳篥などの伴奏にあわせて，神楽歌を歌いながら舞うようになった。宮中や伊勢神宮などで行われる御神楽と，民間で行われる*里神楽があるが，前者は*鎮魂を本義とし，後者は湯立神事などにみられるように，*祓・清めを主たる目的とする。また，後者では*曲芸や*田楽などの芸能が付随する場合が多く，広く神事芸能として発展を遂げた。

神社 じんじゃ　社ゃしろ・宮みやとも。神祇信仰にもとづき神々を祀るために建てられた建物，またはそれを中心とする施設のこと。通常，神体を安置する本殿を中心として，拝殿・幣殿・祝詞殿・神楽殿などの殿舎と，神域を示す*鳥居・瑞垣から構成される。常設の*社殿が成立する以前の原初的な形態は，山・樹木・巨石などの，神霊を依り付かせるための神籬・磐境であったという。神社制度は律令国家の成立とともに整備され，「延喜式」*神名帳によると2861社（式内社）が祈年祭班幣に与り，大・小・官幣・国幣の社格が定められていた。これ以外の六国史所載の式外社総数は391社。また，特に霊験の優れた神は名神社として崇敬された。平安後期以降，王城鎮護の神社として*二十二社，各国には国の鎮守神である*一宮・*惣社が成立する。明治初年の*神仏分離令をへて，国家管理下のもとで地方神社の合祀が実施される。第2次大戦後は国家管理を離れて宗教法人となり，多くの神社は神社本庁に所属している。

神社局 じんじゃきょく　→内務省神社局

神社合祀 じんじゃごうし　神社整理とも。明治末期に行われた神社政策の一つ。神職不在の神社，経営困難な神社などを一つに合わせ祀ることによって，神社の数を減らしたもの。その主な目的は，合祀した神社に経費を集中させ，神社の継続的経営を確立させること，また神社は行政からの公費供進があったので，財政負担の軽減をするところにあった。このような神社合祀により，1906年（明治39）に19万3000社余あった神社は，11年頃には約11万社に激減した。合祀された神社の多くは無格社や村社といった社格の低い神社であったが，地域住民にとっては篤い信仰の対象であったので，各地で合祀反対運動も展開された。なかでも，博物学者・民俗学者の*南方熊楠を中心とした三重県における反対運動は，やがて帝国議会でも問題とされ，神社合祀に関する一連の勅令・法令は撤廃されることになった。

神社条目 じんじゃじょうもく　→諸社禰宜神主等法度

神社神道 じんじゃしんとう　全国各地に所在する神社を中心とし，祭祀を重視する非宗教的な神道。1882年（明治15）1月24日，内務省より「自今神官ハ教導職ノ兼補ヲ廃止シ葬儀ニ関係セザルモノトス」との通達がだされた。これは〈神社は宗教に非ず〉との見解を示したものであり，ここに制度上から宗教的な*教派神道と非宗教的な神社との区別をするため，神社神道という用語が必要となったものと思われる。このように神社神道は全国に鎮座する神社を中心とする神道である。それは*国家神道と同類と考えられたようで，1945年（昭和20）GHQによる*神道指令に，国家神道を定義して「日本政府ノ法令ニ依ツテ宗派神道或ハ教派神道ト区別セラレタル神道ノ一派即チ国家神道乃至神社神道トシテ一般ニ知ラレタル非宗教的ナル国家的祭祀トシテ類別セラレタル神道ノ一派（国家神道或ハ神社神道）ヲ指スモノデアル」とあることからもわかる。神社神道は教祖も教義ももたず，祭祀を重視し，その神社が鎮座する地域社会とその住民である氏子ないし崇敬者を守護する神道である。このように郷土意識の濃厚な閉鎖的神道で，氏子区域外の人々とは関わりが希薄である。しかし，神社が常に神道の本流に位置してきたことからすれば，神社神道という用語は新しいものであるけれども，神社神道の思想は古代にまでさかのぼるものである。

神社制度（近代） じんじゃせいど　→近代社格制度

神社法度 じんじゃはっと　→諸社禰宜神主等法度

神社非宗教論 じんじゃひしゅうきょうろん　明治新政府の宗教政策は，*祭政一致と天皇を中心とする国家形成とをめざしたものであった。しかし，

*神道国教化政策は相ついで失敗した。一方、神道を宗教と分離し、また神社を「国家の宗祀」とする神社非宗教論を打ち出した。これにともない1882年(明治15)、内務省より神官に対して、国民教化のために設置していた*教導職の兼務と葬儀の執行を禁止するようにとの通達があった。その後も、1900年には内務省社寺局を宗教局と神社管理のみを行う神社局とに分けた。ここに至り、神道は宗教と完全に分離されることになった。

神儒一致思想 しんじゅいっちしそう →儒家神道じゅかしんとう

神儒偶談 しんじゅぐうだん 江戸中期の真言僧*慈雲じうんが著した晩年の神道書。全2巻。1754年(宝暦4)成立。慈雲は、両部神道を再興させるため*雲伝うんでん神道を創唱した。本書は、ある京都の先生が吉野の桜見物の帰り、ある山村の翁が住む家に泊めてもらったのを機に、先生と翁との間で神道と儒教について問答が交わされた、と設定した問答集である。慈雲は、翁の口をとおして、わが国は開闢以来万国の宗国であり、わが国の宗室は万国の宗室であり、万世に君臨する。それに対し、「中国」と敬称される「支那しな」はアジアの僻地であり、わが国の子弟である、と説いた。このように本書は、儒教の根源は不言の教えであるわが国の神道にあることを説いたものである。

神主仏従説 しんしゅぶつじゅうせつ →神本仏迹説しんぽんぶつじゃくせつ

神儒問答 しんじゅもんどう 人物論・神道論議・議神道書・遊佐木斎ゆさぼくさい書簡とも。1695〜97年(元禄8〜10)に、仙台藩儒の*遊佐木斎と儒者*室鳩巣むろきゅうそうとの間で3回にわたって行われた論争。木斎と鳩巣の共通の学友羽黒養潜はぐろようせんを介して、まず木斎が当代の儒学者の中で、特に師の*山崎闇斎あんさいを高く評価したところ、鳩巣がそれを否定的に答えたことで始まった。第2回は王者論、第3回は神道論。鳩巣はのち幕府に仕え大儒と称された典型的な儒者で、儒教は宇宙普遍の教えであり、わが国よりも聖人が生まれた「支那しな」を重んじ、山崎闇斎の学問や神道を非議した。それに対し木斎は、天地開闢以来、革命のないわが国の歴史や国柄を明らかにすることが正学であるとした。

新女界 しんじょかい 明治・大正期に刊行されたキリスト教系女性誌。*海老名弾正えびなだんじょうが主宰する「*新人」の姉妹雑誌として、1909年(明治42)に創刊された(1919年廃刊)。海老名みや子(弾正の妻)・安井てつ(1923年東京女子大学2代学長)が編集を担当した。執筆陣には*吉野作造さくぞう・*鈴木文治じぶんじらキリスト教関係者のほかに、自由主義者・社会主義者まで幅広く登場した。日露戦争後から第1次大戦後にかけて女性の自立をめざして、論説では家庭婦人の教養のほかに、女子高等教育・職業教育などの問題が取り上げられた。

神職請 しんしょくうけ 岡山藩の領民教化政策の一つ。江戸幕府による宗教統制は、すでに慶長年間(1596〜1615)以来、諸寺院をその支配機構に組み入れる政策のもとに断行されたが、キリシタン禁圧の政策として実施されたキリシタン寺請てらうけ制度は、寺院の本末ほんまつ制度の強化による本寺の権限強化、檀家制度を基盤とする寺院の経済権の拡大などの弊害が生じた。1664年(寛文4)、幕府は新たにキリシタン禁制強化を目的とした吉利支丹キリシタン奉行・宗門奉行の設置を諸藩に義務づけ、翌年には諸宗*寺院法度はっとを制定し、その宗教政策の転換を図った。この転換にともない、岡山藩では藩主*池田光政みつまさ、番頭*熊沢蕃山ばんざんの仕置しおきによる独自の廃仏興儒策、寺院淘汰、寺請制度を改めてキリシタン神職請策を実施している。この仏教統制は、神職請制度により完成するが、光政没後5年目の1687年(貞享4)に廃止された。なお、「池田光政日記」寛文6年8月5日条には吉利支丹請状の「ひながた」、神社禰宜ねぎの証文が記載されている。

神職宗門 しんしょくしゅうもん →神道宗門しんとうしゅうもん

慎思録 しんしろく *貝原益軒えきけんの著した漢文の書。全6巻。1714年(正徳4)刊。「*家訓」としてこの書を著したと自序にある。話題は、経義・倫理から歴史・天文まで広範にわたり、益軒の博educ、晩年まで衰えない問題関心の広がりが遺憾なく発揮されている。儒学思想としては、山崎闇斎あんさいの学派と陽明学に対する批判が注目される。

新人 しんじん 日本組合基督教会本郷教会が発行した月刊雑誌。1897年(明治30)に本郷教会牧師となった*海老名弾正えびなだんじょうは、教会に出入りする青年たちとともに時代の問題と切り結

ぶ中でキリスト教を考え広めたいと願って，1900年4月，雑誌「新人」を刊行した。巻頭論文には署名はないが，ほぼ海老名の日曜日の説教と考えられ，その内容はキリスト論から満蒙同化論・帝国主義論・社会主義論にまで及ぶ。編集は三沢糾・*吉野作造・*鈴木文治ら，経理事務を野口末彦が担当した。これらの青年はしばしば時評を担当したが，ほかに*巌本善治・*綱島梁川・浮田和民らが寄稿しており，宗教・思想・文学・教育などを扱う総合雑誌となっている。1920年(大正9)海老名が同志社総長になって京都へ移ってからは，大塚尚らの集団編集となり，時評欄が拡充された。1923年関東大震災後，太田英茂が編集発行人兼印刷人，東大*新人会の人々が執筆者の中心となり，社会主義運動家の雑誌となった。1926年(昭和元)1月，フェビアン協会の機関誌とする構想が破れ終刊となった。

新人会 しんじんかい　東京帝国大学の学生による社会運動団体。1918年(大正7)12月，*吉野作造の薫陶をうけた法科大学生の*赤松克麿・宮崎竜介らにより創設された。機関誌として19年3月「デモクラシイ」を創刊，20年2月「先駆」，10月「同胞」，21年7月「ナロオド」と改題，22年4月まで刊行した。初期の活動は，講演会などによる*民本主義の啓蒙活動が中心であったが，しだいに労働運動への傾斜を強め，会員の中で，赤松・麻生久ら社会運動の実践派と蝋山政道ら学究派の分化が生じ始めた。新人会はこの後，学生運動団体として急進化し，22年11月に設立された学生連合会(のちの*学生社会科学連合会)の中心的存在になり，思想的にも共産主義の影響が顕著になった。新人会は，日本共産党の再建後その下部組織としての性格をもつようになり，28年(昭和3)*三・一五事件がおきると大学当局は新人会の解散を決議した。このため会の活動は地下活動化し，翌年11月に日本共産青年同盟への発展的解消を宣言して解体した。この後期の代表的な新人会の活動家には，志賀義雄・水野成夫・*中野重治・林房雄らがいる。新人会は，学界・法曹から社会運動に至るまで多くの指導的人材を輩出し，各会員のその後の活動は，1920年代にマルクス主義の波頭に洗われた知識人の航跡を示すものになっている。

人臣去就説 じんしんきょしゅうせつ　*会沢正志斎が臣下の出処進退を論じた書。1冊。晩年の作と推定されている。臣下は「君ノ手伝ヲシテ民ヲ治ル」ことが「天職」であるという基本的立場から，民を害するような君であれば，諫言して，もし聞き容れられないような場合には，禄を辞して去ることは「天道」にかなった行動だとする。民を治め「国天下」のために君に仕えるのであって，「君一人」のために命を捨てるようなことは「一己ノ私」であり，「天道」ではないと，「孟子」の君臣義合説をとっている。ただ「神州」日本では開闢以来の天皇の恩義があるので，制限があると付け加えている。

新真公法論幷付録 しんしんこうほうろんならびにふろく　幕末・維新期の国学者*大国隆正の著書。付録は長男の小川ナ正の著。題言に1867年(慶応3)とある。幕末の尊王攘夷の気運が高まる中，隆正は他の国学者と異なり，海外との交易は神議りであるとして積極的に開国論を提唱した。それは，戦わずしてもいずれは世界を屈服させることができるという教法が樹立されるとする「大攘夷」論によるものである。さらに，祝詞にみえる「皇親」という言葉に注目して，古伝にもとづき，真の世界に通ずる公法を確立させようとの説を展開している。新時代に向けて，世界を視野に入れた国家のあり方を，国学の立場から具体的に論じた内容となっている。

神身離脱 しんしんりだつ　*神仏習合の初期の形態。8世紀以降にみられる。神も人間と同様の迷界の存在であると捉え，罪業により神身となり苦しみ，それは飢饉や災害の形で示され，それを神の祟りとする。この祟りや神の身を仏教が救うとした思想。*神宮寺の建立や神前読経の根拠とされた。「藤氏家伝」の気比神，「多度神宮寺伽藍縁起幷資財帳」にみえる多度神，「類聚国史」天長6年(829)3月16日条にみえる若狭比古神，「日本霊異記」巻下の24話の陀我神などがその例である。なお，これらの例が地方の神であること，農耕生活の安定を実現しようとしたことから，地方豪族層が推進したとする説もある。

信心録〔しんじんろく〕 →ヒデスの導師〔ヒデスのどうし〕

真盛〔しんせい〕 1443〜95（嘉吉3〜明応4） 「しんぜい」とも。室町後期の天台宗の僧。幼名法珠丸，諱は周能。諡号は円戒国師・慈摂大師。天台真盛宗の宗祖。伊勢国一志郡小倭荘〔をやまとのしょう〕の人。小泉左近尉藤能〔ふじよし〕の子。伊勢国光明寺〔こうみょうじ〕の盛源に師事，14歳の時に出家し，19歳で延暦寺に上る。以後20年間籠山を続け，権大僧都〔ごんのだいそうず〕に昇るが，母の死をきっかけに1482年（文明14）に黒谷青竜寺〔しょうりゅうじ〕に遁世〔とんせい〕する。ここで円頓戒〔えんどんかい〕と「*往生要集」にもとづく念仏を柱として「無欲清浄，専勤念仏」「戒称一致」の思想を確立する。86年*西教寺〔さいきょうじ〕に入寺し，この地を拠点に，晩年の10年間を公武や民衆に対しての教化活動に費やした。この間，93年（明応2）日吉〔ひえ〕社に籠った土一揆〔つちいっき〕による死没者の供養に参加し，延暦寺の弾圧をうけた。

信西〔しんぜい〕 1106〜1159（嘉承元〜平治元） 藤原通憲〔みちのり〕の出家後の名。平安後期の官人・学者。後白河天皇（上皇）の近臣。父は藤原実兼〔さねかね〕，母は源有房〔ありふさ〕の女。妻が後白河天皇の乳母であったため，後白河即位後の宮廷で有利な地歩をしだいに獲得する。保元の乱の時，源義朝〔よしとも〕の進言をいれて後白河天皇側を勝利に導き，乱後に権勢をえる。保元新造内裏の造営や諸儀式の復興を実現したが，1159年（平治元）平治の乱で殺害された。「*本朝世紀〔ほんちょうせいき〕」「法曹類林〔ほっそうるいりん〕」は，彼の手になる編纂物である。

真済〔しんぜい〕 800〜860（延暦19〜貞観2） 高雄僧正〔たかおのそうじょう〕・紀僧正・柿本〔かきのもと〕の僧正とも。平安初期の真言宗の僧。*空海〔くうかい〕の弟子。文章家として空海の詩文集「*性霊集〔しょうりょうしゅう〕」の編纂で知られる。左京の人。父は紀御園〔みその〕。幼くして出家し空海に師事，824年（天長元）25歳で両部大法をうけ，伝法阿闍梨〔でんぼうあじゃり〕となる。836年（承和3）真言請益僧〔しょうやくそう〕として真然〔しんぜん〕とともに遣唐使船で渡海するが，遭難し断念する。840年正月に内供奉十禅師〔ないぐぶじゅうぜんじ〕，同年12月に高雄神護寺別当，843年に権律師，また東寺二長者（初例）となる。さらに847年律師，851年（仁寿元）少僧都，853年権大僧都，856年（斉衡3）僧正となり，翌年真済の奏上により空海に大僧正位が追贈された。

858年（天安2）文徳天皇の病気平癒を祈るが効なく，皇位継承にからむ藤原氏と紀氏の政争にまきこまれて隠居した。

人生相渉論争〔じんせいあいわたるろんそう〕 文学と宗教が人生に如何にかかわるべきかをめぐる論争。*山路愛山〔やまじあいざん〕が，1893年（明治26）1月「国民之友」に「頼襄〔らいじょう〕を論ず」を発表し，文学が事業であり，人生と相渉らなければ，「是空の空なるのみ」と論じた。これに対する反論を*北村透谷〔とうこく〕が「人生に相渉るとは何の謂〔いい〕ぞ」のタイトルで，翌2月「文学界」第2号に発表したことに始まる。愛山は，その後「護教〔ごきょう〕」その他で自説を発表した。この論争は愛山と透谷との論争というよりも，愛山が「文学界」の文学を第一義とするに対して，透谷はキリスト教信仰の立場から，文学も宗教も〈精神的革命〉に寄与することを第一義とする点にあった。愛山と透谷は親しい関係にあり，決して対立する立場にもなかったが，透谷にとって文学は愛山の主張のような〈事業〉ではなく，人間のより深いところにかかわるものであった。

仁政思想〔じんせいしそう〕 徳川イデオロギーの重要なファクターとなった*天道〔てんどう〕思想に支えられた政治思想。仁政思想によれば幕藩体制下における政治のあり方は，天下（日本全国）・国家（藩）とその人民を天道→将軍→大名という序列をとおして預けられたものとみなすのであり，将軍も大名も仁政（善政を意味する儒教用語）により安民を実現しなければならなかった。換言すれば，将軍は天下万民を安穏に治めるよう天道から委任され，大名は各藩の人民を安穏に治めるよう将軍から委任された存在であり，いずれも仁政を行うことが「天職」とされたのである。こうした幕政委任論においては，前代の流行思想であり織豊政権を正当化した天道思想が，幕藩制秩序のトップに位する将軍とだけ結びつき，仁政を重視する儒教の敬天思想と同一視されている。このように天道思想に立脚し，幕政委任論に組みこまれた仁政思想は，幕初から幕末まで多くの為政者や儒者たちによって説かれており，近世の政道論を特色づけている。

なお，幕政委任論と一体化した仁政思想によれば，将軍は直轄領の人民に仁政をほどこ

すだけではなく，全国の諸大名が安民の仁政を行っているかどうかを監察し，その結果によっては改易を含むきびしい処分を断行するのが天職であり，もし天下に仁政が行われず，万民が困窮するようになれば，天道から将軍へ委任された政権もとりあげられるべきものであった。また，大名は不徳・失政を理由に改易されたり，あるいは家老・重臣層によって強制隠居させられたり（主君「押込」），さらには領民から「御仁政」を要求され百姓一揆をおこされる恐れもあった。かくして仁政思想は，為政者の「*イエ（家）」の存続に絶対的価値をおくいわゆる「御家」の思想と鋭く対立することもあった。→大政委任論

真政大意 しんせいたいい *加藤弘之の*天賦人権説に立った国政に関する著書。1870年（明治3）刊。加藤によれば，人は不羈独立を愛する情を有するもので，それを尊重し互いに妨げないための権利・義務関係を守り実現するために国家政府が立てられるとする。この目的を達するために，国家は憲法を定め民法・刑法・商法などの法体系を確立して，国民の生命・権利・私有を保護しなければならないとしている。「真政大意」は，ブルンチェリ（J. K. Bluntschli）の「一般国法学」をひもといて書かれたといわれ，日本の状況を考えるとドイツと同様一時的には啓蒙専制主義体制をとることも考えられるとしている。

新政談 しんせいだん 「芻言」とも。1855年（安政2）に，*藤森弘庵が水戸藩主*徳川斉昭に上呈した内政改革の意見書。全5巻。改革にあたって，「誠心」をもって「踏込」む藩主の決断力・実行力の緊要性を説き，具体策としては，奥女中・役所・役人数の縮減などによる経費削減，奢侈の禁止，奇材異能の人材登用，海防，蝦夷地の開拓などを提起している。また外国との「信義」を欠くようなことはあってはならないと，和親条約の遵守を求め，「洋学所」に翻訳局をおき，有用な翻訳書を公刊せよと論じて，同時期，弘庵の主人*古賀謹一郎（茶渓）が頭取となって進めていた幕府の洋学所準備を支持している。

信西入道蔵書目録 しんぜいにゅうどうぞうしょもくろく →通憲入道蔵書目録

仁説問答 じんせつもんどう *山崎闇斎が編纂した書。1巻。闇斎は，「朱子文集」から「仁説」1編を，「朱子語類」から「仁説図」を選んで表章，さらに朱子が講友である張南軒・呂東萊と「*仁」について議論を交わした書簡6通を付し，1668年（寛文8）の自序をもって一本となした。「仁の意思滋味親切なる処」を「体認」してほしいという思いから，このようなテキストを作ったと闇斎は自序においてのべている。闇斎の門流は，繰り返しこのテキストによって学習し，浅見絅斎「*仁説問答師説，三宅尚斎「仁説問答筆記，若林強斎「仁説問答講録，久米訂斎「仁説問答講義」などが著されていく。

仁説問答師説 じんせつもんどうしせつ 山崎闇斎の表章した「*仁説問答」についての*浅見絅斎の講義記録。絅斎の晩年のものである。体用，未発・已発，性情の弁別よりも，むしろ身体の深奥からやむにやまれぬものとして発現するものを「*仁」と捉えるところに特色がある。日常語でもって，朱子の思想の微妙な襞を解説しようとする試みとして，闇斎学派の学風をよく伝えている。

神仙 しんせん →仙

神泉苑 しんせんえん 平安京左京三条一坊の東半分の8町を占めた庭園施設。広大な池泉や林丘のほか，乾臨閣などの建物があった。平安初期には禁苑として，天皇臨席のもとさまざまな宴が催されたり，遊猟が行われる一方，のちには旱魃に際して灌漑用水として池水を開放することもあった。また弘法大師空海が当苑で*祈雨の修法を行って効験があったと伝えられ，以後，真言宗の請雨経法もしばしば修されるようになった。863年（貞観5）には*御霊会が催され，王卿以下，京都の住民も参観を許されている。平安末期以降しだいに荒廃・縮小し，現在は京都市中京区の二条城南に一部が残るにすぎない。

新撰字鏡 しんせんじきょう 平安初期の漢字辞典。僧昌住の撰。昌泰年間（898～901）に成立。大部分は，偏や冠など部首で漢字を分類し，和訓を万葉仮名で記している。そのほか，「親族」などの部門分類が混じる。

神仙思想 しんせんしそう 神仙は自らの修行やすでに

神通力をえた神仙から秘術を授けられたり，不老不死の薬である金丹などの仙薬をえてこれにより同じく神通力をえた者のことで，神や仙人（*仙）と称される。司馬遷の「史記」は仙人の住む仙境（*蓬莱・方丈・瀛洲）や不死の薬について伝えるが，当時のさまざまな民間信仰を基盤とし神仙思想をその中核とする*道教が成立すると，この神仙の説と*陰陽五行説とが混和された。人間界を離れ，不老不死や飛揚などの神変自在の能力を身につけた神仙は信仰の対象とされ，仙人となるための修行の方法が説かれ実践された。神仙の術と道家思想の間には直接の関係はないが，道家の書である葛洪の「抱朴子」には当時の神仙説が集大成されており，道教の根本典典とされる「道徳経」や老子の言葉とされるものを多く引用し，道教がその祖と仰ぐ黄帝や老子を得道の聖人としている。このような神仙思想を流入した日本では，本来の道教的要素のほかに，仏教的要素をはじめ民族固有の原始宗教的要素や山岳信仰的要素をも混和し，久米仙人をはじめとする多くの仙人伝説がうまれた。

新撰姓氏録　しんせんしょうじろく　平安初期の系譜集成。万多親王らの撰。全30巻・目録1巻。815年（弘仁6）成立。大化の改新によって氏姓制度は打破されたかにみえるが，じつは温存され，律令社会の中でもその出自がものをいった。奈良中期から賜姓・改姓が頻繁に行われ，ことに渡来系氏族は社会的地位の確保のために改姓を求めることが多く，平安時代初めには，出自の詐称や系譜の混乱が大きな問題となった。「倭漢総歴帝譜図」など怪しげな系図類が横行し，朝廷はこれを没収するなどして取り締まった。そのような状況下で，各氏族に本系帳を提出させ，民部省保存の古記と照らしあわせて編纂されたのが，本書である。1182氏を皇別・神別・諸蕃に大別し，それぞれの氏の祖先を明らかにしている。記紀にない氏族伝承も含まれ，古代史研究にとって貴重な史料の一つである。

新撰髄脳　しんせんずいのう　平安時代の歌学書。*藤原公任の著。成立年代不詳。和歌の本質・作歌論・秀歌などについて論じたもの。*紀貫之が「*古今和歌集」序で論じた「心と詞」の説を発展させ，「心と姿」の説を展開している。心は歌の内容であるが，その心を「深き心（深い優雅な心）」と「をかしき心（巧みな着想）」とに区別し，「姿」は歌の形態や詞などを意味する。そして心と姿の調和の大切なことを説き，姿は結局，韻律の彫琢に帰するものであるとしている。これらの説は，のちしだいに「心」が重視される方向に展開しながら藤原俊成や藤原定家の歌論に影響を与えた。

新撰菟玖波集　しんせんつくばしゅう　室町時代，周防国守護大内政弘の発案によって編まれた準勅撰の連歌撰集。全20巻。*宗祇が中心となり，*宗長・*肖柏・玄清らが協力して編集。1495年（明応4）成立。部立ては，春・夏・秋・冬・賀・恋・羈旅・雑連歌・神祇釈教・発句からなる。作者は句数の最も多い*心敬をはじめ252名を数えるが，なかには書名の命名者である*三条西実隆も含まれる。しかし，実隆は作者に偏りがあると指摘しており，*本歌取も多い。

新撰万葉集　しんせんまんようしゅう　平安中期の私撰詩歌集。全2巻。893年（寛平5）成立，913年（延喜13）増補。上巻序に編者として*菅原道真の名がある。まず万葉仮名で1首の和歌を記し，次にその和歌の内容に類似した七言絶句を掲げる。以下それを繰り返し，和歌と漢詩とを一対にして，上巻を春・夏・秋・冬・恋に分け，下巻も同じ分類をして，両巻を対応させ，242首を収める（序には300首とある）。それらの和歌は「寛平后宮歌合」や「惟貞親王家歌合」などから採られたものが多い。「*古今和歌集」成立寸前の和歌の状況がうかがえ，また和歌と漢詩の関係を知ることもでき，のちの「*倭漢朗詠集」の先駆的な性格も認められる。

陞座　しんぞ　普説とも。禅宗で行われる説法の一つ。中国では上堂と同義語で，住持が行う説法のうち定期的なものを意味していたが，日本では随時行われる普説をさす語として定着した。のちには亡者追薦のための対霊普説のことをさすようになり，室町時代には拈香とともに中陰や年回仏事に不可欠なものとなった。禅僧の語録中にみら

れる陞座法語は，多くはこれらの仏事において説かれたものである。この法語は，上堂と同様に垂示・問答・提綱・結座で構成されるが，提綱の後に四六駢儷文による亡者生前の業績を讃えた文章があるのを特徴とする。日本で陞座のことを普説ともいうのは，この部分が普説と同様に禅籍経論などを普く引用して説かれるからである。

神僧 しんそう →社僧

神像 しんそう 神の姿を彫刻した像。文献上の初見は「多度神宮寺伽藍縁起并資財帳」にみえる763年（天平宝字7）の多度大菩薩像。神像彫刻の現存最古のものは平安時代の東寺八幡神で，ほかに薬師寺八幡神・松尾大社神像なども同時代のものである。日本の神信仰では神は姿を現さず，礼拝対象としてその像も造られなかったが，仏教の仏像や*神仏習合思想の影響で制作されたと考えられる。しかしこれらの神像は，いずれも社殿内に安置され，容易にその姿は公開されなかった。東寺八幡神像は落雷をうけた一本の神木と考えられる，中心に虚のある木から3像が造られている。また八幡神は早くから仏教に接近したためか，その神像は*僧形八幡神という僧形に造られ，八幡神の仏道修行の体を表現している。その他の大多数の神像は男神は衣冠束帯，女神は唐風装束や十二単などの俗体像が多い。また神の本地仏として仏像を安置した場合もある。

陣僧 じんそう 中世，合戦に際して，武士とともに戦場に行って念仏を勧め，討死した武士の菩提を弔った僧。時宗の僧が多く，生存している者にも往生を保証するために「過去帳」に名を記し，清浄光寺の「往古過去帳」，近江国番場の「蓮華寺過去帳」，甲斐国府中の「一蓮寺過去帳」などにその例がある。また「太平記」などの軍記物の記述には，陣僧であった時衆が語った事柄が少なくないといわれる。合戦における生死の実際を語り伝えた話題は，当時の民衆信仰と深くかかわっていた。

神葬祭 しんそうさい 神道式の葬送儀礼のこと。近世幕藩体制下の宗門改・*寺請制度のきびしい統制により，仏式葬儀が身分を問わずに執行されるようになり，これに反発した神職の離檀運動が展開されるようになっていく。伊勢神宮や畿内の有力神社では近世前期から神葬祭が一部行われていたが，近世中期以降，吉田・白川家による全国神社の組織化が進められるとともに，地方の神職たちによる神葬祭運動が活発化する。幕府は吉田家などの神葬祭許状をえた場合にかぎり，本人と隠居および嫡子のみ許可する場合が多かった。時代が降るとともに，神葬祭運動はしだいに個別神職から地域，一藩・一国単位の神職集団へと拡大し，神職の自立運動の体を呈した。幕末には，国学の隆盛もあり，石見国津和野藩など領内神職の神葬祭を認めた地域も現れるが，近世を通じて神職以外の執行は困難であった。

近代に至ると，1868年（明治元）神職の神葬祭が認められ，72年の太政官布告により神官は氏子などの依頼に応じて執行できるようになった。しかし，82年の神官・教導職の分離により官国幣社の神職は葬儀への関与が禁止されたように，国家レベルでの積極的普及は図られなかった。1946年（昭和21）以降，*神社神道が宗教として行政的に取り扱われるようになって以降，執行は自由になり，神社本庁を中心に普及が図られ，神職に対する講習などが行われている。その一方，死穢の認識や修祓への対応など，神道神学的問題も議論されている。

尋尊 じんそん 1430～1508（永享2～永正5） 室町時代の法相宗の僧。興福寺180代別当。大乗院20代門跡。*一条兼良の五男。1440年（永享12）得度，56年（康正2）興福寺別当（寺務）に補任される。この年から日記（「寺務方諸廻請」）をつけ始める。57年（長禄元）大僧正となり，59年に別当を退くと「寺社雑事記」として書き継ぎ，以後日記は1508年（永正5）まで49年に及ぶ。これとは別に，所蔵記録から抄録した一乗院・大乗院両門跡の経歴と政治事件などの年譜的記述「大乗院日記目録」3巻がある。これらの尋尊の日記は，「日記目録」とともに「大乗院寺社雑事記」12冊として刊行されている。また，尋尊の所領関係の記録「三箇院家抄」がある。

尋尊は，応仁の乱に際して父兼良を南都に

じんだ

迎え入れ、その多数の蔵書を大乗院に保管して兵火から守った。乱世における別当として興福寺の安泰を図り、教学の振興に尽くした。日記記事は、教義・法会ほうなどの次第作法などの記事はみられないが、法会の準備、経費の調達、造営修理については詳細である。また荘園支配の実情、商工業の実態、社会的事件の伝聞、芸能から民俗に至るまで内容は多岐にわたっている。南都はもとより、京都その他の状況についての情報などを記し、その私的な感想ものべるなど、この時代の根本的な史料として貴重である。享年79。

神代紀垂加翁講義 じんだいきすいかおうこうぎ →神代巻講義

新体詩運動 しんたいしうんどう 1882年(明治15)8月、東京大学の*外山正一とやままさかずらの少壮学者が刊行した「新体詩抄」によって、わが国固有の和歌・俳諧・漢詩に取って代わる新詩が創出された。連続する詩想を盛る長大な詩、日常の語の使用への志向、欧米の思潮になびく文明開化の時流に乗るものでもあった。たちどころに世人や文芸の新時代を志す人たちの注目を集め、追随する作品がうまれた。相ついで新体詩集が刊行され、当初は蕪雑な措辞・詩藻も、*森鷗外もりおうがいら新声社同人の訳詩集「於母影おもかげ」(1889)、宮崎湖処子こしょし編の「抒情詩」(1897)、*島崎藤村とうそんの「若菜集」(1896～97)をへて洗練され、かつ芸術性も獲得し、近代の詩文芸として定着するに至った。

新体制運動 しんたいせい →大政翼賛会たいせいよくさんかい

神代巻口訣 じんだいのまきくけつ 「じんだいかん―」とも。「神代口訣」「日本書紀(神代)口訣」とも。*「日本書紀」神代巻の注釈書。全5巻。1367年(貞治6・正平22)成稿、*忌部正通いんべのまさみちの著とされるが、鎌倉時代には忌部氏の勢力が衰えており、著者の伝は不明である。近世の偽作説もあるので注意を要する。神代巻上・下を9章に分けて注釈する。中世成立の文献としては仏教の影響が薄く、儒教(宋学)の立場からの注釈書である。高天原たかまのはらを空虚の清浄しょうじょうの名として、人にあっては無一念の胸中なりとし、天之御中主神あめのみなかぬしのかみは明理の本源、高皇産霊尊たかみむすひのみことは万物化生の神、神皇産霊尊かみむすひのみことは生物に魂を賦与する神と説き、これら造化三神は国常立くにのとこたち尊に帰一するとしている。

神代巻講義 じんだいのまきこうぎ 「神代紀垂加翁すいかおう講義」とも。*山崎闇斎あんさいが*浅見絅斎けいさいに行った「*日本書紀」神代巻の講義録。全3巻1冊。闇斎は絅斎に朱子学のみならず*垂加神道をも体得させようとし、忌部正通いんべのまさみちの「*神代巻口訣くけつ」を主たる参考書にして垂加神道の要点を講義した。本書は幕末まで盛んに転写されたが、流布本には、絅斎から若林強斎きょうさいへの転写本(「神道大系」所収)と玉木正英まさひでから岡田正利まさとし(盤斎ばんさい)への転写本(「日本思想大系」所収)の2系統がある。前者は忠実な筆記録で、闇斎の口吻がうかがえるが、後者は正英によって整理されている。

神代巻惟足抄 じんだいのまきこれたりしょう *吉川惟足きっかわこれたりの「*日本書紀」神代巻の講義録。全5巻。服部安休あんきゅうの説もみられるという。国会図書館蔵の写本奥書には、1713年(正徳3)5月28日、*跡部良顕あとべよしあきより伝えられた本書を友部安崇やすたかが筆写したとある。その中に「まろかれも、まろを我にして見れば、我は彼也。この意ならんか、と愚鈍惟翁(惟足のこと)へ聞たりしが、其訓はおぼえず、然ども其義面白しと云れし也。羽林公も、其意よしと許し玉ひしなり」とある。この羽林公は*正親町公通おおぎまちきんみちと思われることから、文中の愚すなわち筆録者は良顕の師渋川春海はるみと考えられよう。すなわち、本書にみられる「安説」は安休説ではなく、*土御門家つちみかどけまたは春海の師*土御門泰福やすとみの説と考えられよう。

神代巻塩土伝 じんだいのまきしおつちでん *谷秦山じんざんによる「*日本書紀」神代巻の注釈書。全5巻4冊。秦山は、1707年(宝永4)の佐川支藩事件の冤罪で禁錮に処せられた時から神代巻注釈の著述を始め、9月16日(神嘗祭日)に成稿した。のちに、その次に著述した「*中臣祓塩土伝なかとみのはらえしおつちでん」との合冊で、18年(享保3)に刊行した。垂加しのよか神道では「日本書紀」に現れる塩土老翁しおつちのおじを、師匠を意味する総称と解し、神道の教えは塩土老翁(=猿田彦神さるたひこのかみ)が導くところとした。書名の「塩土」はそこから採られた。

神代巻日蔭草 じんだいのまきひかげぐさ →神代巻藻塩草じんだいのまきもしおぐさ

神代巻風葉集（じんだいのまきふうようしゅう） 「風葉集」とも。*山崎闇斎編著による「*日本書紀」神代巻の注釈書。全9巻・首巻1巻10冊。闇斎生前には完成できず，遺稿を*出雲路信直・*大山為起・桑名松雲(黙斎)らが継承したが，編纂方針で意見が分かれ未完成のまま放置された。それを後年*若林強斎が玉木正英らの要請から校訂・整理し完成させた。本書の内容は，神代紀の本文，一書を逐条あげて，それにかかわる従来の注釈や神道説を網羅的に配列し，所々に諸説への批判や自説を加えている。そのほか，闇斎や強斎が削除した原稿の断片を整理した「拾遺」と本書の総論にあたる「首巻」とがある。闇斎最晩年の神道説をみるのに最適の書である。

神代巻藻塩草（じんだいのまきもしおぐさ） 垂加神道家による「*日本書紀」神代巻の注釈書。全5巻5冊。山崎闇斎の高弟*出雲路信直の講義をうけた谷鶯老人こと森井左京が筆記したものを，*玉木正英が加筆し撰んだもの。序文は左京が，跋文は正英が記している。正英はこれに加えて神武紀を注釈して「神武巻藻塩草」1冊を著した。弟子の*谷川士清は，「神武巻藻塩草」に跋文を付し，両書を1740年(元文5)に刊行した。なお，正英は両書で詳細に説けなかった箇所を「神代巻日蔭草」(口訣抄)全6巻1冊に著したが，未完のまま没したため，弟子の岡田正利(磐斎)が完成させた。

神代復古誓願運動（じんだいふっこせいがんうんどう） 1885年(明治18)2月以降，東京赤坂の元藤細工師小林与平・与兵衛父子によって始められたもので，神代復古の誓願書を天皇に提出しようとする運動。仏教伝来と武士の支配が始まって以降の日本を批判し，天照大神の神代を貧富・差別のない理想の世とし，それが*五箇条の誓文の中に表れているとした。明治政府の進めた近代化政策に違和感をいだく者や，松方デフレによって生活が危機に瀕した民衆の解放願望をとりこみ，最盛期には東京ほか全国42府県に110カ所の主任者事務所が設置された。しかし1877年12月，誓願書2000部ほか同盟規約書・檄文数百部を京都で印刷し同志に配付したことで，翌年2月，小林与平が出版条例違反で罰金15円に処せられた。90年12月に解散を命じられたが，93年頃までの活動が確認される。

神託（しんたく） →託宣

身池対論（しんちたいろん） 法華宗の信者ではない国主の供養をうけるべきか否かをめぐり，江戸城内で1630年(寛永7)に行われた日蓮宗*不受不施派と*受不施派の対論。前者を池上本門寺の*日樹が，後者を身延山久遠寺の日暹らが代表したためこの名がある。実質的には，徳川家康の不受不施派弾圧事件である。本来日蓮宗では，自宗以外の宗派や不信者・謗法者などの布施供養をうけず(不受)，自宗以外の僧に供養しない(不施)ことが通則であった。だが，1595年(文禄4)の豊臣秀吉による千僧供養会への出仕命令をめぐり不受の方針について意見が分かれ，以後日蓮宗教団を二分していた。この対論は2月21日に始まり，両派6名ずつ参加し，判者を*天海・*以心崇伝らが務めた。形勢は不受派が有利であり，3月21日に日樹が幕府に対して，受派の敗論は明白として裁決を願っている。しかし，4月2日に示された幕府の裁決は，1599年(慶長4)の大坂城における徳川家康の判決を根拠として，不受派の敗北を宣言したものだった。教理ではなく，政治的な判決といえる。この結果，不受派の6名は全員流罪となり，彼らの拠点寺院も受派に接収された。

真沼（しんちょう） 1596〜1659(慶長元〜万治2) 江戸前期の天台宗の僧。近世仏教復興運動の一員。字は南星のち円幹，号は舜統院。京都斎部氏の出身。最初日蓮宗に属し日沼と名乗って妙顕寺に住したが，宗義に疑問を抱き，籤により天台宗を選び，1635年(寛永12)に転宗した。比叡山横川に住して名も真沼と改め，日課念仏六万遍を実施し，最澄・円仁・源信の示現をうけた。また，存海の「行者用心集」から影響をうけ，明恵・貞慶の持戒主義をも重視する念戒双修の立場をとった。この前後に*鈴木正三と交流があった。晩年は坂本西教寺や醍醐極楽寺に隠棲し，また四方に遍歴して，京都因幡堂で没した。主著は「*破邪顕正記」「念仏選催評」(1640)な

ど。

信長記 「のぶながき」とも。織田信長の伝記。全15巻。*小瀬甫庵の著。1604年(慶長9)頃までに成立、22年(元和8)刊。巻頭に太田牛一の「*信長公記」を原拠としたと記されているが、内容は著しく異なる。最大の相違点は、本書が信長を「仁義道徳の学びをも務め給はねども、自然に私心なく、理に暁く」、「賞罰正しうして、人の邪正を弁へ給ふ」(巻9)儒教思想の体現者とみなしていることで、そのため史実が大胆に改変されている。同時代を生きた大久保彦左衛門忠教が、この点について「イツハリ多シ」(「三河物語」中)と批判しているように、本書の史料的価値は低い。しかし、近世を通じて広く読まれたのは「信長公記」ではなく、本書のほうであった。なお1624年(寛永元)跋の整版本以降、巻15之下の末尾に「自汗集」(歌文集風の1巻で、甫庵の政道論を略述する)を付す。

信長公記 「のぶながこうき」とも。織田信長の伝記。*太田牛一の著。1598年(慶長3)頃までに原形が成立か。現存諸本の多くは外題を「信長記」としているが、小瀬甫庵の同名書と区別するため「信長公記」と通称される。足利義昭を奉じて上洛してから本能寺で横死するまでの織田信長15年間の覇業を、1年1巻の体裁で記述する。15巻本と上洛以前を描く首巻を付した16巻本とがある。
　牛一が「曾テ私作私語ニアラズ、……モシ一点ノ虚ヲ書スルトキンバ天道如何ン」(池田家文庫本、13帖奥書)と語っているように、本書とりわけ本文の15巻は史料的価値の高い実録であり、牛一によれば「日記」のついでに書き記したものを基礎にして編述したものという。牛一は「因果歴然、善悪二ツの道理天道恐敷候なり」(首巻)といい、天道を人間の善悪の行為に厳正な賞罰を降す倫理的応報者とみなし、人間世界の諸現象(歴史)を天道を原拠とする因果の理法によって説明しようとする。ただし、信長の最期は「天道」の語を用いて語られていない。信長を畏敬する牛一はおそらく信長の死を不可測の運命と認識していたのであろうが、本書編述の頃の牛一にとって、そのような運命の到来と天道の応報作用とは同一視できないものであったと考えられる。→天道思想

神敵二宗論 しんてきにしゅうろん →出定笑語

寝殿造 しんでんづくり　平安時代の貴族住宅の形式。方1町の敷地を基準とする。敷地の中央に南面する寝殿をおき、その東・西・北に対屋を設け、寝殿とそれらの対屋を渡殿でつなぐ。東西対屋の南に中門廊が張り出され、寝殿・対屋・渡殿・中門廊が敷地南半分の池を中心とした庭に向かって、コの字型に建つのを基本とする。池には中島を築き、橋をかける。池畔には東西どちらかに釣殿が設けられ、池には屋敷の北から取り入れられた遣水が渡殿の下をくぐって注ぐ。敷地の周囲には築垣がめぐり、東西に門を開く。この寝殿造は敷地の大小に応じて、基本形をもととしこれを省略しながら、都市型住宅として定着した。のちの武士の館にもその基本形はうけつがれた。

神道 しんとう　日本固有の伝統的な民族宗教。信仰・崇拝の対象となる神々は、八百万神といわれるように多数である。それらの神々を祀る儀礼(祭祀)を中心に展開した宗教で、ことのほか清浄を重視し、そのため*罪穢を除去する*禊・*祓を厳重に行う。教祖・教典・教義をもたないが、儒教・仏教・陰陽道・修験道・キリスト教など、外来の諸思想・諸宗教の影響をうけて思想・理論・教説を形成してきた。なかでも6世紀中頃に公伝した仏教からの影響は大きく、たとえば「日本書紀」に初出する2例の「神道」という語が、いずれも「仏法」という語と対比して用いられているように、当初、神道は仏教をかなり意識していたことがわかる。仏教が伝来した時、仏を仏神・他国神・蕃神などと称して在来の神々の一種と理解しており、まだ神仏習合は認められない。
　ところが奈良時代になると、神は苦悩する衆生と同類であり、仏道に帰依することにより神身の離脱を願っているとの*神身離脱説が唱えられ、その思想を背景に各地の主要な神社には*神宮寺が建立され、神前において読経や写経が行われた。ついで神は仏

法を守護するという*護法善神説が唱えられ，寺院内に*鎮守神が勧請された。また神に大菩薩の称号を奉り，八幡大菩薩・多度大菩薩などと称した。これは，神が仏法に目覚めるために菩薩行を行うことを願っているとの神身離脱の思想によるものである。

ところが平安時代になると，神身離脱説は衰退して，新たに*本地垂迹説が出現した。これは本地である仏・菩薩が，衆生済度のために権に神としてこの世に現れるとの説で，これにより不可視であった神が姿を現すようになった。このように神は仏・菩薩の垂迹，すなわち仏・菩薩が権に現れた姿であると説かれたことにより，神に権現号を与えて，たとえば熊野権現・白山権現などとよぶようになった。さらに神社の各祭神に本地仏をあてるようになり，それを安置する本地堂が建立された。

また平安末期頃には，真言宗の立場から神道を解釈した*両部神道が唱えられ，それが鎌倉時代になると理論化され，*三輪流神道・*御流神道など種々の神道説が成立した。一方，天台宗も三諦即一の教理を比叡山地主神の日吉山王に付会して山王神道を形成し，ついで浄土真宗・日蓮宗・時宗なども神道と習合し，それぞれの神道説を唱えた。なかでも*三十番神説を中心とした*法華神道が広く知られている。いずれも本地垂迹を根底にした仏教者による神道説であり，これを*仏家神道と総称している。

このような仏家の神道説に対抗して，神道側からの教説も唱えられた。その最初は鎌倉時代に伊勢外宮の度会神主が唱えた*伊勢神道である。そこには両部神道の影響もみられるが，根本経典の〈*神道五部書〉を中心とした正直と清浄，唯一神道などが力説されている。室町後期に，*吉田兼俱は元本宗源神道を唱えた。これは一般に卜部神道・*吉田神道と称されており，その根本経典は兼俱の「*唯一神道名法要集」である。兼俱は，*慈遍が神・儒・仏三教の関係を説いて，神道は根，儒教は枝，仏教は花実とした*根本枝葉花実説の影響をうけ，日本は種子，震旦は枝葉，天竺は花実との神主仏従説を展開した。吉田家は近世にかけて神祇道の中心的位置を占めたが，江戸初期になると，吉田家に対して白川伯王家も雅喬王が伝来の神道説を整理して「家説略記」を編纂した。その後，当記を基にして「伯家部類」が集大成され，*伯家神道が成立した。

江戸前期には，仏教を排斥し，神仏習合を拒否した儒者が，神儒一致思想による神道説を説いた。林羅山の*理当心地神道，山崎闇斎の*垂加神道をはじめ，熊沢蕃山・荻生徂徠・太宰春台・山鹿素行・伊藤仁斎らの神道説がある。この頃，幕府の神道方となった吉川惟足は*吉川神道を唱え，闇斎の垂加神道に多大の影響を与えた。江戸中期になると，荷田春満や賀茂真淵・本居宣長・平田篤胤ら国学者によって*復古神道が唱えられた。これは儒仏を排斥して純粋な古道に復帰すべきとの説であり，*尊王論や明治維新の*神仏分離令，*神道国教化政策の推進などの思想的基盤となった。

その後，皇室神道・*神社神道の祭祀面のみが強調され，神社は宗教に非ずとする神道が成立した。これは，1945年(昭和20)に発せられた*神道指令にいう「非宗教的ナル国家的祭祀トシテ類別セラレタル神道ノ一派(国家神道或ハ神社神道)」である。これに対して「宗教トシテ認メラレテ来タ(十三ノ公認宗派ヨリ成ル)神道ノ一派」すなわち宗派神道・*教派神道があり，いずれも「日本人個人ノ宗教ナリ或ハ哲学ナリ」の限りにおいて許容され，現在に至っている。

神道烏伝祓除抄 *賀茂規清の著した*烏伝神道の書。上・下2巻1冊。序文は大関増業が記す。天保年間(1830～44)に成立。二十四節・七十二候の「天の意」や孝悌忠信仁義礼智の「人間の意」が乱れると，邪気が発生して天地人に禍が生じる。それを祓い除くのが祓除の趣意であるが，そのためには己を捨てて神明と合一に至るための修行が必要不可欠であると主張した。なぜならば，神道は単なる鈴振りの余事ではなく，国家を治めるための道であり，人々がそれを会得すれば，祓除は国家安全の祈禱にな

神道学則日本魂 しんとうがくそくやまとだましい

*松岡雄淵さんの*垂加神道の書。1冊。1733年（享保18）刊。構成は、3段階からなる学則と「附録学則問答」とからなる。一則は、天地開闢後、わが国のみ国常立尊の統治下に天地の精霊が集まり、伊奘諾尊・伊奘冉尊を通じて天位（皇位）が定まった。ゆえにわが風俗の名に神国・神道の名称が存する、とする。二則は、君臣が一体となって一則にある原理を守ることが、わが国の道（神道）である、とする。三則は、日本人は皇統の永遠を祈り、天皇を守ることが日本魂である、とする。本書は、巫祝に偏向する師*玉木正英への批判がこめられていたことから、刊行後に破門された。

神道方 しんとうかた

江戸幕府寺社奉行の諮問機関。神書、神祇に関する故実、祭事の典例などの調査・研究に従事し、時に内密出役として伊勢神宮へ派遣されることもあった。1682年（天和2）、吉田神道の道統を継いだ*吉川惟足が将軍徳川綱吉に拝謁し、俸禄米100俵の幕臣をもって委任されたのが始まりである。以後、吉川家が世襲し、当主は*吉川神道の道統者として源十郎を名乗った。その後、幕府は4代神道方吉川従長が病に倒れると、会津藩校日新館の神道皇学師範で従門の高弟大竹政文を江戸詰に命じた。それ以後、大竹家が吉川神道の学頭として世襲し、吉川家の神事を担当した。吉川邸は明治維新まで江戸本所押上にあった。

神道簡要 しんとうかんよう

伊勢神道書の一つ。1巻。1317年（文保元）8月の成立。著者は*度会（村松）家行。書名の示すとおり*伊勢神道の教えの要点を簡潔にまとめた書。はじめに「*天照坐伊勢二所皇太神宮御鎮座次第記」「*伊勢二所皇太神御鎮座伝記」「*豊受皇太神御鎮座本紀」「*倭姫命世記」「神皇実録」「*天口事書」より要文を引いて、神の観念や人間観・神人関係などについての教説を展開する。ついで天神七代・地神五代、神代三面鏡について説明したのち、内外両宮の祭神について論じ、最後に正直・清浄こそ人としてのあり方の根幹であることを強調して締めくくっている。神宮の縁起説から神道的教説へという伊勢神道の展開を示す書として重要である。

神道国教化政策 しんとうこっきょうかせいさく

明治初期における神道を中心とする教化にかかわる神祇政策の総称。対キリスト教と国民教化の必要性から立案されたものである。時期としては、明治維新から教部省が設置されるまでを主としてさすが、その後の教部省下での*教導職による国民教化運動も含めて捉える場合もある。

1870年（明治3）1月3日の「大教宣布の詔」の渙発により、神祇官におかれた宣教使によって「惟神之大道」を天下に布教する大教宣布運動が開始され、また同日「神祇鎮祭の詔」とともに八神・天神地祇・歴代皇霊を祀る神祇官仮神殿が鎮座した。神祇省への改組後も宣教使は同省付属として継続したが、人員不足や教義の未熟さなどから成果は不十分で、また仏教側も、おりからの地方官などによる廃仏毀釈や寺院削減策などからの失地回復のため、国民教化活動への参加を要求した。これにより72年3月、神祇省・宣教使を廃して教部省のもとに、大教正から権訓導までの14階級からなる教導職および中央機関である大教院が設置され、ここに「三条の教則」を国民に説く神仏合同での新しい教化活動が展開されることとなった。

しかし、浄土真宗による大教院分離運動や政府内での政教分離論の台頭などにより、75年4月に大教院が解散し合同布教も中止され、新たに神道事務局が神道布教のための機関として設置された。同事務局内に奉斎する祭神に関し、幽冥界の主宰神たる大国主神を加えるかの是非が全国の神道界を二分する議論に発展し（*祭神論争）、混乱を収拾し神社の公的な地位を維持するために、政府は82年に神官と教導職の兼務を廃した。以後、神道教義の布教は神道教派を中心にゆだねられるようになり、大日本帝国憲法においても国教の存在は否定された。しかし、国家によって特別な地位が与えられた神社および神社祭祀自体の宗教性をめぐる疑義は、大正・昭和期に至っても提起され続けた。⇒神仏分離令

神道五部書　*伊勢神道の根本教典である「*天照坐伊勢二所皇太神宮御鎮座次第記」「*伊勢二所皇太神御鎮座伝記」「*豊受皇太神御鎮座本紀」「*造伊勢二所太神宮宝基本記」「*倭姫命世記」の総称。成立年代については，平安末期説から鎌倉後期説まで諸説があり定説をみない。「宝基本記」を除き，いずれも伊勢外宮の祠官度会氏の手になるものと考えられており，「宝基本記」についても*度会行忠の手が加えられている可能性が高い。

　内容をみると「御鎮座次第記」「御鎮座伝記」「御鎮座本紀」の3書（神宮三部書）は内外両宮の鎮座の由来と祭神について，「宝基本記」は神宮の遷宮史と殿舎の形態について，「倭姫命世記」は倭姫命による伊勢への奉遷の次第について記しており，その中に伊勢神道の教説が織りこまれている。神道五部書は，1296年（永仁4）から翌年にかけて内外両宮の間で戦わされた皇字論争の中で，外宮側の主張の主要な論拠として用いられて脚光を浴びた。鎌倉末期にはその教説をもとに，*度会家行により伊勢神道が大成される。

　伊勢神道は室町時代の*吉田神道の形成に大きな影響を与えているが，*吉田兼倶は「*唯一神道名法要集」に「倭姫命世記」を引用し，また「御鎮座伝記」を書写している。中世には，これら五部書は主要な伊勢神道書の一群を構成するものではあったが，これだけが特別に一括して取り上げられることはなかった。

　近世に入ると，伊勢神道の近世化を図った*度会延佳や，伊勢神道や吉田神道を吸収しつつ独自の*儒家神道を創唱した*山崎闇斎によって伊勢神道書の収集と研究がなされ，神道五部書の名称と伊勢神道の聖典としての位置が確立されることになった。一方，古典についての実証主義的研究の興隆とともに中世神道への批判意識が高まり，吉見幸和の「*五部書説弁」により神道五部書の混交的性格や虚構性に関する詳細な批判的研究がなされた。

神道護摩　*吉田神道の三壇行事の一つ。三壇行事とは神道護摩・宗源行事・十八神道行事の3種の行法の総称で，なかでも神道護摩は最も重要とされた。これらの行法は*吉田兼倶によって確立され，兼倶は思想面のみならず，行法も重視することで個人祈禱を積極的に行った。神道護摩の行法壇は八角形の護摩壇を組んで行われ，密教護摩の影響が強くみられるものの，火中に供物を投じて供養をする密教護摩とは異なるものである。神道護摩は災禍を焼き亡ぼして五臓の神霊を安寧にする儀礼であり，そこに新たな意味づけがみられる。

神道裁許状　室町時代以降，吉田家が自家の神道を伝授した諸社の神職らに発給した許状類のこと。ただし，これらが大きな意味をもつようになるのは江戸時代のことである。吉田家は，中世以来，自家の神道論を唯一のものとして「元本宗源神道」（*吉田神道）を唱え，神祇管領や神祇管領長上などと称するようになった。江戸時代に入り，幕府は諸社支配の家としての吉田家の立場を認め，1665年（寛文5），同家の許可をえぬ者の狩衣などの装束の着用を禁じるなどのことを規定した「*諸社禰宜神主等法度（「神社条目」とも）」を制定した。これを契機に，全国の多くの神職は同家を本所としてのみ，その神道論に則った儀礼などを学び，修得した神職であることを認める証書としてこの裁許状をうけた。冒頭に鎮座地・社名・神職名を記し，風折烏帽子・狩衣などの着用を許す内容となっている。その際，神職の名として官名・国名（受領地）などが記されたが，その多くは朝廷ではなく吉田家が独自に与えたものである。また，神職個人ではなく，神号などについて神社に与えられたものを*宗源宣旨という。

神道私抄　→神道同一鹹味抄

神道集　「諸社根元抄」とも。中世の神社縁起集の一つ。成立年代・編者などは未詳であるが，内容の徴証から文和・延文年間（1352～61）に成立し，天台の唱導（説経）の門流，安居院の名がみられるものもあることから，同流に連なる者が編纂したとする説が有力である。全10巻・50段からなり，神道論的なもの，公式縁起的なもの，物

しんと

語縁起的なものの3種に大別できる。その内容の多くは，神が受難ののちに衆生を救済する存在となるという*和光同塵思想が基盤となっている。また，特に東国(上野国)の神社に関する説話が多くみられることも大きな特徴である。古本系と流布本系が残され，前者は真福寺本，後者は神宮文庫本(甲・乙)，河野本などが有名である。

神道十三派 しんとうじゅうさんぱ →教派神道

神道集成 しんとうしゅうせい *徳川光圀が，両部習合の神道説への批判を目的として，今井有順に命じて編纂した神道の史料集成の書。全17巻。有順・光圀没後の1701年(元禄14)に12巻本が完成し，さらに補訂されて30年(享保15)17巻本が成立した。巻1神代系図，巻2口訣・弁論，巻3祓・祝詞・宣命・祭文，巻4～6行事，巻7～12神社，巻13図解，巻14殯葬諸式・服忌令，巻15～17書籍という構成からなる。

神道修正派 しんとうしゅうせいは →新田邦光

神道宗門 しんとうしゅうもん 神道宗・神職宗門などとも。近世期，仏教寺院による身元保証や仏式葬儀を定めた*寺請制度を嫌った神職たちが，そうした師檀関係を離脱し，自らのアイデンティティー確立のためにおこした，仏教13宗以外の江戸幕府公認の宗門である。その濫觴は定かでない。そのような潮流の中で多くの神職が吉田家や白川家と結び，キリシタンではない旨の証状と*神葬祭の許状をうけることとなったが，特に吉田家と結んだものを唯一神道宗門などともよぶ。幕末頃には全国的に広まり，明治期に入ると氏子調べ制度などの流れに乗り，神葬祭を全国民にまで浸透させようとする動きもみられた。

神道生死之説 しんとうせいしのせつ 「―せいしのせつ・―しょうしのせつ」とも。*跡部良顕の著作。1711年(宝永8)3月成立。神儒合一の視点から，仏教で説く再生輪廻という考えは神道の教えにないことを論じた書。人や万物は，天地の中の主であり生命の根源である天御中主尊から気や神霊をうけ，死ねばそれらは天地に帰るが，やがて一つになって天上の日少宮に止まるとした。ただし，先祖の気は子孫に受け継がれ，また子孫が誠の心をもって祖霊(祖先の神霊)を祀れば，その神霊をうけていることも感ずるという。そこに生死一体，天人唯一の大事な教えがあることを説いた。

神道書紀縁起 しんとうしょきえんぎ →旧事本紀玄義

神道指令 しんとうしれい 国家神道廃止令とも。正式には「国家神道，神社神道ニ対スル政府ノ保証，支援，保全，監督並ニ弘布ノ廃止ニ関スル件」といい，1945年(昭和20)12月15日にGHQが日本政府に対して発した覚書。全4条19項からなる。その主旨は，*信教の自由を保障し，超国家主義・軍国主義を排除するために*国家神道を廃止することとされ，主に国家・地方公共団体による神社への支援・監督や経済的援助の禁止，神祇院(1940年*内務省神社局から昇格)の廃止，公的な施設からの神棚の除去，官公吏の公的資格における神社参拝の禁止など，国家と神社神道との分離を命じたものである。ただし，同指令では「*国体の本義」「*臣民の道」の頒布や，公文書での「大東亜戦争」「*八紘一宇」の用語使用を禁止するなど，神社神道と直接関係しない事項も含まれている。同指令は52年の占領終了とともに失効したが，日本国憲法の政教分離規定の解釈をめぐってはその後もとりあげられることがあり，現代日本における政治と神道との関係の論点となっている。

神道大意 しんとうたいい ❶*吉田神道において神道の要旨を説いた書。その種類は多く，いずれも小編であり，吉田卜部氏の兼直・兼夏・兼敦・兼倶・兼右・兼見・兼敬・兼雄・兼原らの名で著述される。うち鎌倉時代の兼直・兼夏および室町時代の1408年(応永15)没の兼敦の著は，いずれも仮託であり，兼直本は吉田神道を創唱した兼倶の手による偽作と判明している。中でも兼直仮託本と兼倶の名を冠したものは，「*唯一神道名法要集」とあわせて「卜家三部大意」と称され，折本として読誦の目的や講義の場で利用された。兼直の「神道大意」においては，日本が神国であり万国の根本であること，神道は天地乾坤を超越した宇宙の絶対的本体であり，その本体を国常立尊にあて，これを虚無太元尊神と名づけ，

森羅万象はこの太元尊神を根元とすることをのべている。兼倶の「神道大意」(「唯一神道大意」とも)においては，神が天地陰陽の根源であることをのべ，内清浄・外清浄の本旨を明らかにし，神に元神・託神・鬼神の三位を立て，人神と鬼神の別を論じている。吉田神道の影響をうけて，垂加神道においても*玉木正英が岡田正利に授与した書をはじめ，多くの「神道大意」が著述された。吉川惟足・慈雲・富士谷御杖・多田義俊らにも同題の書がある。

② *若林強斎の神道論。1冊。強斎は，1725年(享保10)8月2日に多賀社の祠官大岡邸で，*垂加神道の大綱を講じた。その講義を門人の野村淡斎が筆録し，それに強斎が朱をもって補訂したのが本書である。強斎は，生きては忠孝の身を立て，君父に背かず，死しては八百万神の下座に連なって，君上を守護し，国土を鎮める神霊となるように志すことが大事であり，それが日本魂であると教えた。

神道大意講談 吉田神道説を*吉川惟足一流の理気説をもって説いた神道大綱。1巻。1669年(寛文9)12月，惟足が幕臣の菅谷政照邸で2回に分けて行った卜部兼直撰「*神道大意」の講義を，門人不破惟益が筆録・加筆したもの。本書の眼目は「天地万物一体の理」を表すことであり，その理とは，「畢竟一心に本付」き，それが「天に在りては神と云ひ，人に在りては心と云」う。したがって，神と人は一体であるという。また，人の「心の臓は神の社」であり，「心は則ち神明の舎」であるから，神社が朱塗りなのである。なぜならば，心は陰陽五行説でいえば火であるからだという。このように，惟足は本書で心を神聖視し大事にすることを説いた。

神道大成教 → 平山省斎

神道通国弁義 1762年(宝暦12)に森昌胤が著した*伯家神道(白川神道)の教義書。全2巻。昌胤の生没年は不詳であるが，江戸中期の神道家で，甲斐国の人という。奥書に「神祇伯資顕王家学頭森左京源昌胤謹言」と記すように，昌胤は伯家の学頭で，本姓は源，通称は左京といった。白川雅光王(1660〜1706)は伯家にはじめて学頭をおき，伯家の神道説発展の基礎を築いた。その学頭であった昌胤も，本書をはじめ「神代経緯貫義」などを著したが，なかでも当書は書名が示すように，「神道通国」すなわち〈神道は万国一般に通ずる大道〉という伯家神道の根本的思想が説かれており，伯家の教学の発展に貢献した書として注目される。

神道伝授 *吉田神道の奥義や行事作法の伝授。吉田神道の最初期の文献であり，*吉田兼倶が1470年(文明2)に作った「宗源神道誓紙」には口決(訣)切紙によって伝授すべきことが記されており，密教や両部神道の伝授の形式にならったものである。文明年間には神祇伯家の資益王・忠富王や，前関白一条持通らに吉田神道の伝授が行われている。初重から四重までの4段階で伝授されることを通例とし，三重以上を切紙による伝授とし，暗誦ののち返納する決まりであった。根本的な行法である十八神道(初重)・宗源行事(二重)・神道護摩(三重)の三壇行事のほか，神道加持・火焼行事なども面受や切紙によって伝授された。神祇伯家においても同様の伝授が行われた。

神道伝授 「神道伝授抄」とも。*林羅山の神道書。1冊。羅山が正保年間(1644〜48)，若狭国小浜藩主で大老の酒井忠勝に授与した89項目からなる切紙伝授の集成本。本書で神道を，従来の祭祀行法を主とした卜祝随役神道と，それとは別に天照大神から歴代の天皇に相伝され，教えを主とした*理当心地神道があることを創作・表明し，後者は王道であるとした。本書は，吉田神道をはじめ従来の神道説を儒者の視点から批判的に集成したもので，*儒家神道の標本といえる書である。

神道同一鹹味抄 「神道私抄」とも。*法華神道の教義書。上・中・下各3巻，計9巻よりなる。1590年(天正18)5月，京都の頂妙寺3世*日珖が講義した「日本書紀」神代巻を一如*日重が筆録したもの。中巻の第一には*三十番神のことも記してある。上巻の第一に，吉田兼右より神道を学んだとあるなど，*吉田神道の影響

が認められる。天照大神や素戔嗚尊などの日本の神々は「法華経」の守護神であり，*三種の神器は空・仮・中の三諦を表し，さらに「妙法蓮華経」の5字にあてて解釈するなど，日本は「法華経」流布の国と説き，神仏同一思想を展開している。このような思想は，さらに日重，日遠，そして江戸時代の日亮へと継承されていった。なお，本書は1688年(元禄元)に上梓された。

神道独語 しんとうどくご　*伊勢貞丈が，神職でない自称神道者の邪説が世間を風靡していることに我慢できなくなって著した独白の書。1冊。本文と「追加」からなる。1782年(天明2)4月3日付の跋文がある。わが国では，上古より神道とは祭祀・祈禱・祓除など神に奉仕する礼儀作法をさすのであって，そのような奉仕をしてきた中臣・卜部両家伝来の神道は神職でないためうかがいしれないが，両部習合神道・理学神道・垂加神道などの神道説はみな牽強付会であるとして実証的に批判した。

神道美術 しんとうびじゅつ　→垂迹美術

神道秘伝折中俗解 しんとうひでんせっちゅうぞくげ　*林羅山の著した儒家神道書。全21巻1冊。三部本書・開闢初神・国常立尊・天神七代・地神五代・喜哉・宗廟社稷・三種神器・五行神・三部神道・祓除・内清浄外清浄・三種鬼神・天津神籬・天地相去未遠・海陸不通・本地垂迹・金比羅神・以淡路洲為胞・雄誥噴擤・天鹿児弓天羽羽矢の21項目からなる。「*日本書紀」を重視し，その書を中心に中世以来重視されてきた神道の代表的な用語を神儒一致思想にもとづいて説いている。著書「*神道伝授」より項目は少ないが，内容は詳しく，羅山の神儒一致思想がよくうかがえる書である。

神道由来の事 しんとうゆらいのこと　中世の神道物語の一つ。「*神道集」巻1の1に所収のものと，慶応義塾図書館蔵本(1冊)の2種がある。ともに第六天魔王説話など，中世における「日本書紀」解釈が多数みられる。前者は*本地垂迹説にもとづいて記されており，仏教教義をもって神道を説明しようとする姿勢が随所にみられる。後者は従来，「あつたのしむひ(熱田の深秘)」(同館蔵)と合綴してあったものであり，翻刻の際に横山重が前者との類似性から仮題として付したものである。近年では西教寺正教蔵「神祇官ぶん」など，内容を分かたずに1冊とするものもあることが判明している。前者と比べて仏教的な記述は少なく，物語としての要素が強い。

神道要語 しんとうようご　*林羅山の著した儒家神道の書。1冊。若狭国の小浜藩主酒井忠勝の求めに応じて著されたもの。*理当心地神道を主張するうえでの根拠となる要語を神道古典や神道書から列記し解説したもので，中臣祓・六根清浄大祓・倭姫神託・八幡神託・鎮火祭祝詞・神楽之神語・天照太神之神勅・倭姫之託宣・神国之要道・祝詞之釈・天地始終・神道要文・要語の13項目からなる。なかでも伊勢・吉田の神道書や*北畠親房の書を中心に自説を論じ，最後の要語で「周易」「礼記」「中庸」から神道や鬼神についての要文をあげることで，神道と儒教は一理であり，それを説く理当心地神道が正統な神道であることを暗示している。

神道論議 しんとうろんぎ　→神儒問答

新日本史 しんにほんし　*竹越与三郎の代表的著作。当初，上・中・下3巻の出版予定であったが，下巻は刊行されなかった。民友社刊。上巻(1891刊)は「政変　維新前期」「政変　維新後期」「外交の変遷」の3編からなる。ペリー来航前後の政治状況に始まり，1890年(明治23)の国会開設までの政治・外交史が描かれている。中巻(1892刊)は「序文」「社会，思想の変遷」「財政小史」「宗教」の構成で，明治思想史がとりあげられる。両巻あいまって幕末・維新期の政治・外交・思想史が総合的に叙述されている。本書は明治維新を「乱世的革命アナルキカル・ポリウーション」として捉え，既成の政治システムの中における政権交代やクーデタではなく，ドラスティックな徳川封建社会の構造の転換(「大革命」)であるとみなしている。当時，このような総括的・全体的な明治維新論は他にあまり例がなく，その意味でも先駆的な意義をもつ史論であるといえよう。系譜的には福沢諭吉・田口卯吉らの文明史観に連なり，思想的には国権主義・法

権主義・君権主義と鋭く対立する民友社系平民主義思想が史論全体を貫いている。

新日本之青年　しんにほんのせいねん　→徳富蘇峰とくとみそほう

親友　しんゆう　→善知識ぜんちしき

神皇系図　じんのうけいず　鎌倉時代の*伊勢神道の書。1巻。著者不明。「神皇系図」の名は「先代旧事本紀くじほんぎ」序文に「所撰定神皇系図一巻」とあり、本書の別巻として編纂されたことがみえるが現存しない。本書はこれに擬して偽作されたもの。1320年(元応2)の度会家行たらいいえゆきの「*類聚神祇本源るいじゅじんぎほんげん」に引用されており、それ以前の成立である。天神七代・地神五代・人王(神武天皇および天皇鎮魂八神)の条に分け、それぞれの神について記述する。*神道五部書からの引用が多いが、伊奘諾尊いざなぎのみこと・伊奘冉尊を伊舎那天・伊舎那后とし、天照大神を尸棄大梵しきだいぼんとするなど、両部神道の説も取り入れる。

神皇正統記　じんのうしょうとうき　南北朝期の1339年(暦応2・延元4)に成立した*北畠親房ちかふさの史論。慈円じえんの「*愚管抄ぐかんしょう」とともに中世二大史論に数えられる。神代から後村上天皇までを、片仮名交じりで記す。巻数は諸本により異同があるが、流布本の多くは6巻。初稿本ののち、現存諸本(阿刀あとう本を除く)の祖本となった再稿本が43年(康永2・興国4)に成立。本書の内容は、年代記の形態を基本としつつ、皇位継承の経緯を説くことを主眼とし、その中に神器論・神国論・国号論などを交えたものである。本書を通じ、後村上天皇の政務の参考にしようとしており、本書の中で親房は、光孝天皇以前をまったくの上古であるとし、政務の参考となるのは仁和年間(885～889)以降の諸例だと断じ、中古以来の譜第ふだい家を重んじなければならないと説いている。摂政・関白についても、藤原良房よしふさ以来の譜第である藤原北家を重視し、他のたとえば親房自身が所属する村上源氏の摂関への昇進要求を拒否し、そういった官職昇進のモラル確立が現実の混乱期を乗り切っていくうえでの指針だと力説している。

心御柱記　しんのみはしらき　伊勢神宮正殿の床下の心御柱についての秘儀を記した書。古来、この柱は特別に神聖視され、その取り扱いに関しても慎重さを要した。当記は1299年(正安元)頃の成立といわれ、心御柱の神学的意義についてのべ、この柱の取り扱いの一切を記してあり、神宮の神官たちからの口伝くでんを記録したものと考えられる。選者は*度会行忠わたらいゆきただといわれている。注目されるのは*陰陽五行説いんようごぎょうせつ、あるいは両部習合思想にもとづいて心御柱の奉建・奉飾、祭事の次第、祝詞のりと、柱の破棄の仕方などを説明することである。写本1巻、神宮文庫蔵。

深秘鈔　じんぴしょう　→金峰山雑記きんぶせんざっき

神武会　じんぶかい　→大川周明おおかわしゅうめい

神武権衡録　じんぶけんこうろく　江戸後期の神道・武道一致の書。全5巻。兵学者の松下郡高(生没年未詳)の著。享保年間(1716～36)頃成立、1866年(慶応2)刊。書名は神道とは武道のことで、この二教は一体で権衡のように甲乙・軽重はないことを意味する。この神武一体は神代より武威によって国が治まってきたこと、また神とは勇気正しく心気が明らかなことをいい、武とはこの神の常に行う道をいい、両者は体用の関係で一致するとした。これは「神武の気」ともいわれ、国風であるとし、儒教と仏教による心の穢けがを去って、衰えた神武の気を養う必要を求める。*山鹿素行やまがそこうからの儒者の影響がみられる。

新婦人協会　しんふじんきょうかい　大正期の代表的女性団体。1920年(大正9)*平塚らいてうが*市川房枝ふさえ・*奥むめおと結成した。創立趣意書で婦人全体の利益のため、その正しい義務と権利の遂行のため団結し、社会改造の実際的運動に参加すべき時と訴えた。綱領に、(1)婦人の能力を自由に発達せしめるため男女の機会均等を主張、(2)男女の価値同等観のうえに立ってその差別を認め協力を主張、(3)家庭の社会的意義を闡明、(4)婦人・母・子供の権利の擁護、などを掲げた。主な活動は第1に治安警察法第5条改正と衆議院議員選挙法改正(婦人参政権)の請願、第2に性病男子の結婚制限の請願である。22年治警法5条が一部修正(政談の傍聴・主催のみ可)、女性の政治参加の道を切り開いたが、同年末に解散した。
→婦人参政権運動

神仏隔離　しんぶつかくり　仏教に関する事物を祭祀の場から排除・隔離する事象。高取正男が「神道の成立」においてはじめて用いた語。欽明

紀の仏教公伝記事に仏を崇拝する是非が争われたとみえるように，神仏隔離意識は仏教伝来の初期から芽生えたようである。*聖武天皇の東大寺大仏造立をへて王権と仏教との結びつきが深まる中，奈良時代末に称徳天皇が法体で即位し，*道鏡を優遇して皇嗣である法王の地位につけたことは，天照大神以来の皇統の継承と神祇祭祀を存立の基盤とする王権に深刻な動揺をもたらすこととなり，異質な宗教論理・世界観を有する仏教を神祇祭祀の場から排除すべきとの意識が高まった。*和気清麻呂の宇佐八幡宮神託事件と道鏡の失脚をへて，光仁・桓武朝には伊勢神宮の神域から*神宮寺を撤去し，「皇太神宮儀式帳」に仏法に関する*忌詞を定めた。また「貞観式」で中祀および勅使を遣わす小祀の祭について神事斎戒の間，内裏から僧を退出させ，大嘗祭には斎月の期間，五畿内官司の仏事禁止が制定され，以後この規定が上卿・祭使ら祭祀奉仕者にも拡大され，貴族社会に定着していった。これは天皇の祭祀の場から仏教を一時的に隔離することに眼目があり，仏教を全面的に排斥する近世の*排仏論とは異なる。

新仏教 仏教清徒同志会（のちの新仏教徒同志会）の機関誌。1899年（明治32），*境野黄洋・*高島米峰・*渡辺海旭・*加藤玄智らが中心となって上記の会が結成された。翌年7月発刊，1915年（大正4）8月発行の16巻8号まで続いた。健全な仏教信仰，社会の根本的改善，宗教についての自由討究，迷信の撲滅，従来の宗教制度や儀式の否定，政治上の保護や干渉を斥けることをスローガンとした。ラジカルな論説により発禁処分になったこともあるが，批判性と活動性に特徴がある。日露戦争に対する厭戦的反対，仏教公認運動への批判，社会運動や労働運動の理解，*廃娼運動や禁酒禁煙運動などを展開し，仏教教団内外に時代に対する覚醒をもたらした。

神仏習合 日本在来のカミ信仰に対する仏教からの働きかけ，さらにはその働きかけによる仏教と在来のカミ信仰との融合現象をいう。ある宗教と異宗教との融合現象は，たとえばサンタ・クロースのように，北欧の神が「聖人」としてキリスト教の中に包摂されている事実がある。それにもかかわらず「神仏習合」が，日本特有の宗教現象とみなされる理由は，キリスト教に包摂された異宗教の神々はいわばキリスト教のアクセサリーにとどまったのに対して，日本の在来のカミ信仰は仏教と融合することで「変質」を遂げたからである。

在来のカミ信仰に対する仏教からの働きかけは，すでに奈良時代にみられる。その最初が，(1)伽藍護法神の思想で，神を仏教の守護神とし，東大寺大仏造営の際に八幡神が宇佐から迎えられたのはその早い例である。(2)仏教からみれば日本の神々は衆生と同じ冥界の存在とされ，神が冥界で苦しんでいるために災害などの祟りがおこるのであり，仏教によって神を冥界から救うことにより祟りを鎮めようとする*神身離脱の思想である。これは神のために寺を建てる*神宮寺の思想である。これに対し平安時代になると，(3)仏・菩薩と神を同格とみて，日本の神々は仏・菩薩が姿や形を変えて現れたものであるとする*本地垂迹説や，(4)仏の権の姿が神であるとする*権現思想がうまれた。平安時代末から鎌倉時代には，これらの神仏習合思想の中から神道理論が形成され，鎌倉中期以降には，末法の世に仏教が保たれているのは日本の神々の擁護であるとした。室町時代になると，仏・菩薩は日本の神々が姿を変えて現れたものであるとする反本地垂迹説（*神本仏迹説）もうまれた。

神仏分離令 神仏判然令とも。明治維新直後に，新政府は奈良時代に始まる*神仏習合を禁じ，神仏分離などの神道国教化をめざして宗教改革を行った。神道を仏教から独立させるというもので，まずは1868年（明治元）に，それまで神社の実質的管理を行っていた社僧や別当の還俗を命じることから始まった。ついで仏像を神体とすること，および権現・菩薩といった神名の使用を禁止し，神社から仏教的色彩を排除した。そのために多くの太政官布告・神祇官事務局達・太政官達などがだされ，神仏分離政策が推し進められた。これらの一連の法令を神仏分離令という。しかし，この運動は神社から完全

に仏教色を取り除こうとする廃仏毀釈へと展開し、それが全国各地へと急速に広まった。そのため、多くの*神宮寺や仏像・仏具などの文化的価値の高いものを失う結果を招いた。明治政府はこの現状に対し、神仏の判然は廃仏ではないことを強く訴え、事態の収拾を図った。奈良時代以降続いてきた神仏習合は、その分離を進めた明治政府の一連の宗教改革により途絶え、国家が神道を管理する体制を確立し、それは1945年（昭和20）の終戦まで続いた。→神道国教化政策

新聞紙条例　じんぶんしじょうれい　→出版条例

神鳳鈔　じんぽうしょう　「神鳳抄」とも。伊勢神宮の諸国各地に点在した所領（神戸・御厨・御薗などと称された）、すなわち神封を神鳳とよび、それら神宮領の所在を国別に記した書。1巻。成立時期は、延文〜応安年間（1356〜75）頃。伊勢内宮の祠官による編纂とみられるが、編者不詳。本書は、1364年（貞治3・正平19）の内宮式年遷宮に向けて、その造営料と役夫徴発のための台帳とされたようで、日食米の額や年3度の大祭のための上分米負担額が注記されている。中世伊勢神宮経済史の中心的文献である。

神木　しんぼく　*神社の境内などの神域にあって、神の*依代とされたり、神聖視される樹木。多くは常緑樹で、榊・松・杉などである。なかには注連縄を張るものもあり、伐採や不浄の及ぶことは忌避された。神社により特定の樹木がこれにあてられる。京都伏見稲荷大社や奈良県大神神社の験の杉、滋賀県日吉大社の桂、和歌山県熊野三山の梛などがある。春日大社や北野天満宮では、祭神が出現したとされる影向の松がある。また平安末期には、興福寺の強訴の際には春日神木として榊が担ぎだされたが、最初の春日神木の入洛は1093年（寛治7）である。

神本仏迹説　しんぽんぶつじゃくせつ　仏教の伝来や定着にともない、わが国の古くからの神祇に対する信仰はこれらと混淆し、*神仏習合という信仰形態が成立した。これらは、*神身脱離や護法神などの変容をみせながら、古代末期には仏と神祇を同体視し、仏・菩薩をはじめとする諸尊が迹を垂れた存在（化身）が神祇であるとする*本地垂迹説へと結実していくこととなるが、そこには仏・菩薩を上位に、神祇をその下におくという「仏主神従」の思潮が通底していた。本地垂迹はさらに*和光同塵思想や*権現思想などのバリエーションを派生させ、その後の時代にも大きな影響を与えていくこととなった。

しかし、鎌倉末・南北朝期に至り、このような考えに対し、仏・菩薩も神祇もともに尊いとする本迹倶高説、さらに、天竺・震旦における仏法衰退意識や*神国思想などと相まって、神祇こそが本で、仏教の諸尊がその垂迹であるとする思想が芽生えた。これが神本仏迹説である。これらは神主仏従説や本下迹高説などとも称され、同時代の一つの潮流となった。1283年（弘安6）成立の「*沙石集」は、このような思想にもとづいて記されている。

また、この「神本仏迹」的な考えを提唱した人物に、*慈遍（鎌倉後〜南北朝期）がいる。慈遍は天台僧でありながら、山王神道のみならず、伊勢神道や両部神道などにも通暁し、その知識をもとに「*旧事本紀玄義」を著した。その中で慈遍は、神仏一如との視点に立ちながらも、国内における仏教の衰退と、それにともなう神祇の再興隆を謳い、さらに日本を種子、唐を枝葉、天竺（インド）を花実になぞらえている。この慈遍の思想は、その後、*吉田兼倶によって*根本枝葉花実説へと結実することとなり、兼倶はここから神道の優位性を説いた。

このように神本仏迹説は、中世における神仏思想に一石を投じることとなった。しかし、それすら神と仏という相対的関係、すなわち神仏習合という思想の中において育まれたものである点、また、これが思潮の主流を占めたというわけではなく、それ以前より根強く残っていた「仏主神従」、あるいは神と仏の役割を区別した「*神仏隔離」などの多様な神仏観が混在していたという点にも留意せねばならない。なお、このような「神主仏従」の思想を総じて「反本地垂迹」説と称する場合もあるが、昨今ではこういった用語の学術史的な位置づけや意義などが議論されつつある。

神名帳　じんみょうちょう　「しんめいちょう」とも。神

名・神社名を記した名簿。「*延喜式」巻9・10は「延喜式神名帳」ともよばれ、神祇官の管轄する神社が国ごとに列記される。「弘仁式」巻7～10、「貞観式」巻3～5は神名帳の部分であるが、現存しない。先行するものとして、すでに奈良時代に神祇官記(「続日本紀」慶雲3年〈706〉2月庚子条)があった。また、諸国の国司の管理する神社の神名帳は、国内神名帳という。国衙に備えられ、国司が管内の神社を祀り、巡拝のために作成された。平安時代のものとしては、「上野国神名帳」「大隅国神名帳」「陸奥国神名帳」(「今昔物語集」巻19の32)がある。

神名帳頭註 正しくは「延喜式神名帳頭註」。「延喜式」の*神名帳(「神名式」とも)の注釈書。1巻。*吉田兼倶の編著。1503年(文亀3)の奥書がある。奥書によれば、或る人物が「延喜式」神名帳から抜き書きし、諸国の式内社の神について兼倶に注記を要請し、それに応えて編纂したものという。風土記や六国史、「古事記」「先代旧事本紀」「新国史」や各神社の社伝および卜部氏の家説にもとづき、祭神・由緒などについて簡単に注記する。

人民戦線事件 1937～38年(昭和12～13)、反ファシズム運動を推進した労農派・日本共産党・日本労働組合全国評議会(全評)などへの治安維持法による弾圧事件。日中戦争の開始直後、第2次大戦に突入する直前の1937年12月、反ファッショ人民戦線運動のかどで、日本無産党・全評の幹部とその理論的指導者として労農派の学者・文化人が全国で一斉検挙された。検挙者は加藤勘十・鈴木茂三郎・黒田寿男・*山川均・*大森義太郎・向坂逸郎ら417名であり、日本無産党・全評は結社禁止となった(第1次)。翌年2月には東京帝国大学の大内兵衛・有沢広巳、法政大学の美濃部亮吉・阿部勇、社会大衆党の佐々木更三・江田三郎ら38名が検挙され、大学やジャーナリズム界から追放された(第2次、教授グループ事件)。特高(特別高等警察)が治安維持法を拡大解釈して言論思想の自由を弾圧し始めた事件であり、以後反戦・反ファッショ運動は合法的には活動できなくなった。

臣民の道 1941年(昭和16)7月、対米英蘭開戦の前夜、日本軍国主義による国民統合の強化のため、「*国体の本義」の姉妹編・実践編として*文部省教学局(先の思想局を改編)が発行した皇国民教育の聖典。すでに1938年、文部省は日中戦争開始後の国際的危機のもと、「国民精神総動員と学校教育」により興亜奉公日・銃後奉公日の制定、出征兵士への慰問文、軍馬の飼料のための草刈、飛行機用の松根油の採取などを学校行事として定め、国家への国民の自発的総力の結集を図った。「臣民の道」の頒布はそれらの勤労奉仕の義務化をさらに拡大・浸透させる目的で行われ、「我等の生活はすべて天皇に帰一し奉り、国家に奉仕することによって真実の生活となる」とのべて、国家権力による社会統制を強化した。

神武紀元 日本最初の編年体の史書「*日本書紀」は、歴代天皇の在位年数を確定し、順次さかのぼって、初代とされる神武天皇の即位年を算出するという仕事を負わされた。その算出の根拠となったものが、中国の讖緯説であるといわれている。これは干支の甲子にあたる年に変革が、辛酉の年に革命がおこるという説で、しかも干支1巡60年を1蔀として、21蔀めの辛酉年(最初の辛酉から22回目の辛酉)に大革命がおこると説くものである。そこで、601年(推古9)辛酉から21蔀(1260年)さかのぼって、神武天皇の即位年が求められた。西暦では紀元前660年にあたる年である。しかし、算出の起点とされる推古9年を革命の年とみることは「日本書紀」の記事に照らしてやや落ち着かないところがある。最近では、690年(持統4)に元嘉暦とともに採用された儀鳳暦において、年間日数・月間日数の双方に算出の基本数字として用いられている1340という数が聖数視され、*天武天皇が「*帝紀」・上古諸事の記定をさせたという681年(天武10)から1340年さかのぼって神武紀元(前660年)が求められたのではないかという説もだされている。

神武東征伝承 日向に天降った邇邇芸命の曾孫、神倭伊波礼毘古(神武天皇)が多くの氏族を従えて九州を発し、

瀬戸内海をへて大和に至り，その地で即位するという伝承。伊波礼毘古は兄の五瀬命と高千穂宮で協議して，都を営むべき地を求めて東方へ出発し，宇沙・竺紫・阿岐・吉備をへて難波方面から大和に入ろうとするが，那賀須泥毘古らに妨げられる。日神の子が日に向かって戦うべきでないことを覚り，熊野から北上し，多くの国津神らを平らげつつ大和に入り，畝火白檮原宮で即位したとある。この*記紀神話の問題点としては，(1)神武天皇の実在性について，(2)皇室もしくは*大和朝廷の発祥地を九州とすることについて，の二つがある。前者については，「日本書紀」の紀年の問題などとあわせて疑問視される傾向が強いが，後者については邪馬台国東遷説や騎馬民族説などと結びついて，何らかの史実を反映しているのではないかと考えられている。

神武巻藻塩草 じんむのまきもしおぐさ →神代巻藻塩草

神馬 しんめ 「しんめ・かみこま」とも。神の乗り物として，あるいは起請やその報謝のために捧げた馬。祭礼の際に神迎えのため空馬を引いていくが，これは神の乗用としての馬で，京都賀茂御祖神社の*賀茂御蔭祭はその例である。神幸の際に馬が加わるのも同義である。神に馬を献上することは，「常陸国風土記」にみえる鹿島神社をはじめ，「続日本紀」などにも散見する。また「延喜式」巻3の臨時祭では，祈雨奉幣の際には丹生川上社・貴船神社に黒毛の馬を，止雨奉幣の際には白毛の馬を奉納することが規定されている。のち生きた馬の奉納に代わって，木製の馬形や板絵の奉納となり，これらが*絵馬へと変化した。

神明信仰 しんめいしんこう 神明という語には神という意味もあるが，ここでは皇室の祖先神で，日本人の親神ともいわれる天照大神をさしている。別名を伊勢信仰・大神宮信仰ともいうように，*伊勢神宮に対する信仰のことであるが，特に一般庶民に広まったものを神明信仰とよんでいる。もと神宮は「私幣禁断」といわれ，天皇以外の祈願を禁じていたが，平安時代になると，神宮の下級神官が*伊勢御師と称して全国各地に赴き，神宮の経営のために活動し，御祓大麻（御祓・祓筥）を配り歩いて，神宮の神徳を教化した。室町時代になると，御師の活動が盛んになり，民衆の神宮崇敬の動きが高まり，各地に天照大神を祭神とする神明社が建立された。また，*伊勢講・神明講が結成され，集団での参宮も盛んになり，さらに〈お伊勢参り〉という言葉が広まり，伊勢音頭にもうたわれたように伊勢神宮は日本人ならば一生に一度は参詣したいところとされた。

神名帳 しんみょうちょう →神名帳じんみょうちょう

神明法施式 しんめいほうせしき →神祇講式じんぎこうしき

心友記 しんゆうき 江戸初期の*仮名草子。全2巻。作者不詳だが，内容からみて仏教関係者か。1643年(寛永20)刊。題名は見知りあいの意味の「面友」に対して，心を許して親しむ友の意味の「心友」からつけられている。上巻は，美少年と彼に心を奪われた男，日野大納言広時の子則時と中将資重卿，奥州の忠重の子重光と出入りの若者景正の二つの男色物語をのべ，これに問答体の議論を添えている。下巻は，若衆の20歳までの年齢を仏教の三世に相当させて区別し，衆道のあるべき姿を論じる。執着を発心の契機とするのは，中世稚児物語などにあるが，情愛と義理を強調する点が時代を反映している。改題本に「衆道物語」がある。

神輿 しんよ 「みこし」とも。神霊の移動の際に神が乗る輿。祭礼で神が御旅所や氏子地域に渡御する時に用いられる。また，平安末期に延暦寺の僧兵の*強訴に際して日吉山王社の神輿が担がれ，神輿振し・神輿動座と称された。749年(天平勝宝元)の東大寺大仏造立に協力のため，宇佐八幡が上京した際に葦輿が用いられたが，神輿の語は945年(天慶8)の*志多羅神の上京が初見である。また「年中行事絵巻」には，稲荷祭の神輿が描かれている。遺品として，和歌山県鞆淵八幡神社のものは平安末期の制作である。神輿を担ぐ強訴の初めは，1082年(永保2)の熊野の大衆300余人の入洛である。

新葉和歌集 しんようわかしゅう 南北朝期の准勅撰集。全20巻。南朝の宗良親王撰。1381年(永徳元・弘和元)12月3日奏覧。初度本と奏覧本があり，初度本系の1653年(承応2)版本は

1420首、奏覧本系の宮内庁書陵部蔵（富岡鉄斎ﾃﾂｻｲ旧蔵）1463年（寛正4）本は1422首を収める。入集歌人数は読人知らずを除き151名（写本によって153名）。後村上上皇100首、宗良親王99首、長慶ﾁｮｳｹｲ天皇52首、後醍醐天皇46首などを上位入集とする。宗良親王は、二条派歌学の中心である二条為定ﾀﾒｻﾀﾞに師事した。為定は宗良親王の生母為子の甥。足利尊氏ﾀｶｳｼﾞの執奏、後光厳ｺｳｺﾞﾝ天皇の命で1356年（延文元・正平11）から59年にかけて「新千載ｾﾝｻﾞｲ和歌集」20巻を撰集し、持明院統・大覚寺統、二条派・京極派を特に区別しなかったが、時局を配慮していくつかの例外を除いて後村上天皇・宗良親王や南朝祗候の廷臣の作を撰入しなかった。この排斥に対して、宗良親王は「新葉和歌集」の撰進を決意したものとされる。南朝歌壇は、1375年（永和元・天授元）に「五百番歌合ｳﾀｱﾜｾ」（判者は宗良親王）を催し、76年には長慶天皇・春宮ﾄｳｸﾞｳ（のちの後亀山天皇）らの千首が詠まれるなど、活発な動きをみせた。一集の基調は二条派風の平淡美と評される。

森象万象 ｼﾝｿﾞｳﾊﾞﾝｼｮｳ →森島中良ﾓﾘｼﾏﾁｭｳﾘｮｳ

新羅明神 ｼﾝﾗﾐｮｳｼﾞﾝ 「しらぎー」とも。近江国*園城寺ｵﾝｼﾞｮｳｼﾞの鎮守神。智証大師*円珍ｴﾝﾁﾝが、唐より帰国する際、船中に老翁が現れて護法を約し、帰国後に園城寺北院に祀ったのが始まりと伝える。現新羅明神堂安置の木彫坐像（国宝）はその由緒を伝えるもので、撲頭ﾎﾞｸﾄｳをかぶり、唐風の衣装をつけ、左右の手にそれぞれ長い錫杖ｼｬｸｼﾞｮｳと経巻をもつ姿をとる。また平安後期以降、これを本尊とした新羅祭もしばしば執行されて朝野の崇敬を集めた。源義光ﾖｼﾐﾂは、その神前で元服して新羅三郎とよばれた。なお*赤山ｾｷｻﾞﾝ明神と同一神とみなす、山門側の説もある。

親鸞 ｼﾝﾗﾝ 1173〜1262（承安3〜弘長2）平安後期〜鎌倉中期の僧。*浄土真宗の開祖。善信房ｾﾞﾝｼﾝﾎﾞｳと号す。京都生れ。父は日野有範ｱﾘﾉﾘ、母は不詳。1181年（養和元）9歳で出家し、範宴ﾊﾝﾈﾝと名乗る。比叡山延暦寺の堂僧となり、長らく修学を続けたのち、1201年（建仁元）に京都六角堂に参籠し夢告をえたことをきっかけとして、専修念仏ｾﾝｼﾞｭﾈﾝﾌﾞﾂを説く*法然ﾎｳﾈﾝの弟子となる。綽空ｼｬｸｸｳと改名し、法然に傾倒してその教えをうけ、05年（元久2）には法然より主著「*選択本願念仏集ｾﾝｼﾞｬｸﾎﾝｶﾞﾝﾈﾝﾌﾞﾂｼｭｳ」を伝授された。この直後、再び改名、親鸞と名乗る。また、同じ頃妻帯したと考えられている。07年（承元元）の法然門下念仏者の逮捕・処刑事件にまきこまれ、越後国へ流罪となる。11年（建暦元）に赦免されるが、そのまま越後にとどまり、14年（建保2）には妻*恵信尼ｴｼﾝﾆらとともに関東へ移住、常陸国稲田に落ち着いた。35年（嘉禎元）の幕府の念仏者取締り前後に京都へ帰ったと推測されるが、この間東国において教化に努めつつ、教義の根本書「*教行信証ｷｮｳｷﾞｮｳｼﾝｼｮｳ」の原形を完成させた。京都へ帰った後は、「*三帖和讃ﾜｻﾝ」「浄土文類聚鈔ﾓﾝﾙｲｼﾞｭｼｮｳ」「愚禿鈔ｸﾞﾄｸｼｮｳ」などを著す。また、関東の門弟の間で造悪無碍ｿﾞｳｱｸﾑｹﾞを説く異義（*異安心ｲｱﾝｼﾞﾝ）が広まり、これを正すために子の*善鸞ｾﾞﾝﾗﾝを関東へ派遣したが、善鸞自身が異義を説くに至ったことから、ついに56年（康元元）に義絶した。62年（弘長2）病にかかり、京都三条富小路の善法坊にて没す。

真理一斑 ｼﾝﾘｲｯﾊﾟﾝ *植村正久ﾏｻﾋｻによる有神論弁証の書。1884年（明治17）刊行。明治10年代、E.S.モースがもたらした*進化論に触発された無神論・不可知論の流行を意識しつつ、有神論的世界観と理想主義的人間観の正当性を弁証することを試みたもの。すなわち、宇宙をその始源へとさかのぼる時、人は「上帝ノ永遠ナル理性」に達せざるをえず、また近くは人間の良心の内をみれば、そこに永在者の「聖徳」の投影を見出しうる、という。なお、プラトン、アウグスティヌス、パスカル、カントらの、当時として最先端の哲学知識が豊富に援用されていることも本書の特色をなしている。

神理十要 ｼﾝﾘｼﾞｭｳﾖｳ *南里有隣ﾅﾝﾘｱﾘﾁｶの著した神道書。全2冊。1855年（安政2）5月の奥書をもつ。儒仏によって失われた神理の再興を試みた書で、神理とは神代の古事に籠もっている真理であると説いている。本書は、キリスト教の教理書である「天道溯原ｿｹﾞﾝ」からの抄録を十要に編成したものであり、「天道溯原」に用いられているキリスト教用語を神道用語に置き換えている。たとえば、神教は十要に帰し、それが帰するのは祈祷と解除ﾊﾗｴで

あると説き，さらに祈禱は信敬がなければ，神はこれをうけず，解除は悔改めでなければ，その験(しるし)はないとしている。

新理智派 しんりちは →新思潮派(しんしちょうは)

神竜社 しんりゅうしゃ 京都市の*吉田神社の末社。*吉田兼俱(かねとも)を神竜大明神として祀る。1511年(永正8)に兼俱が没したのち，まもなく造営されたとみられる。社伝によれば，13年2月に鎮祭されたという。兼俱の遺骸を埋葬した上に霊社を建立しており，菩提寺神竜院には別に仏式の墓所が営まれた。以後の吉田家歴代当主もこの葬法にしたがい，*吉田神道による葬祭儀礼が行われた。豊国(ほうこく)社や東照宮，垂加(すいか)神道の霊社号(れいしゃごう)など，近世に盛んとなる神道葬祭の直接の起源となった。現在の神竜社は，1594年(文禄3)に造替されたものである。

神令 しんれい 神道書。著者・成立年代不明。全2巻，51条からなる。1469年(文明元)書写の奥書がある。諸神の令条を集めたものという。一名「あまつみのり」「天津神(あまつかみ)のみことのり」と称する。天津神の治教を守ることによって，天下万民の心が清められ，海内太平となるといい，その徳目として淳朴・正誠(せい)・哀憐・清潔・尊敬・勤仕・勇武・智略の8種をあげて，修身治世の要道であるとしている。1776年(安永5)の深河猷栄(ふかのりなが)「正道論(せいどうろん)」がこの書を多く引用し，以後流布する。1889年(明治22)板本の松下見林(けんりん)の序には，本書は〈一条兼良(かねら)公の家秘の書であり，往昔(蘇我)入鹿(いるか)以前伝来の古書か〉と記す。注釈書に大江宏隆(たか)「神令私鈔(ししょう)」がある。

新論 しんろん 内憂外患の危機に対して，国防国家の構想を提示した*会沢正志斎(せいしさい)の主著。1825年(文政8)成立。本書は著者名を秘して何度か版行されたが，57年(安政4)公刊された。国体(上・中・下)・形勢・虜情・守禦・長計の7編2巻よりなる。上巻では，皇統の一系性，尚武，農本という「神州」日本の基本的な国家原理＝「国体」を提示したうえで，戦国的な群雄割拠の世界情勢を分析して，西洋列強のキリスト教による間接侵略の危険性を強調する。下巻では，異国船打払令を好機とうけとめ，戦時体制下で富国強兵策を推進し，さらに大嘗祭(だいじょうさい)をはじめとする祭祀制度の整備によって民心統合を図り，「八洲を以て城」とする国防国家建設を提起している。正志斎にとっては，天皇―将軍―大名の階層秩序の中で「億兆心を一にする」国家体制が目標であって，攘夷(じょうい)と尊王(そんのう)はそのための手段であった。すなわち，攘夷とは人々を「死地」(「孫子」)において，必死の覚悟をもたせ民心統合を図る戦術であり，天皇祭祀を頂点とする典礼教化は「民心未だ主なき」精神的な空白状態を解消するための長期的な戦略であった。ここでは，キリシタンに象徴される国内の「異端邪説」は，外国と結託する敵対勢力として否定され，逆にそれら「異端邪説」の排斥を媒介にして，「億兆心を一にする」挙国一致体制を構築しようとした。西洋列強に対抗するための「国体」にもとづく国防国家構想は，幕末期の志士に多くの共鳴者をうんだばかりか，近代の天皇制国家にも大きな影響を与えた。

神話 しんわ 神話の定義はいろいろあるが，要するに神々や半神的英雄など，超自然的霊格が主役となって活躍する伝承的な説話をさし，昔話や伝説などの俗なる説話とは違う聖なる説話だとされる。その活動が原古(世のはじめ，神代(かんだい))のことに限るという考えと，ある歴史時代にも神々が介入し，戦争や災厄などには，その活動の話が語られるとする考えがある。世界の諸民族において広く語られ，古代文明諸国では文字化され，古典文学作品とされたが，もとは口誦(こうしょう)のものであった。現存の発展途上社会の人々の中にも，これが生きた機能をもって口承(こうしょう)で語られていることが多い。日本の弥生時代や，これに続く4～5世紀の漢字渡来以前にも，そうした口承の神話があったと思われるが，確証はない。現存の最古の神話文献は，元明(げんめい)天皇の命により*太安万侶(おおのやすまろ)が4カ月で編纂し，712年(和銅5)に完成し提出した「*古事記(こじき)」と，*舎人(とねり)親王が前から何回か行われた国史編纂会議の総結集として，元正天皇の720年(養老4)に完成した「*日本書紀」に記載される。両者ともそれぞれに神代の巻があり，そこに主な神話がある。

安万侶が書いた「古事記」序文によると，昔から家々に伝わる「*帝紀(ていき)」(天皇の歴

史）や「本辞ほん」（神話・伝説・歌謡の類）にいろいろな虚偽が加えられ，混乱していることを*天武てんむ天皇が指摘し，これは国家の基本原理だから偽りを削り，実まことを定めようと選録し，舎人の*稗田阿礼ひえだのあれに命じて，選録したものを誦よみ習わせた。しかし，未完成のまま天武天皇が亡くなり事業が中断したのを，元明天皇がその遺志を継ぎ完成を安万侶に託したのだという。「古事記」上巻の神代の話は，単なる説話の集成ではなく，一つの説話と次の説話とが，舞台が異なっても互いに原因と結果という関係になり，全体が一連の長い物語となっていることが指摘されている。文体は漢字の音訓をつき交ぜた変体漢文である。これに対し「日本書紀」のそれは，流麗な漢文で，外国人にもみせるための堂々たる国史の体裁をもつ。国家的見地から最もスタンダードな説話を章段ごとに本文としてあげ，その次に諸家で伝えた数多くの異伝を「一書に曰く」「或書に曰く」などとして無秩序に並べ，読者の判断にまかせている。「古事記」神代の巻は，読解に必要ない音声の上下とか，わざわざ訓よみ方を字音で示すとかがあって，この巻だけは，何かの大祭の時に朗唱する予定の台本だったともとれる。中巻以下にはそれはない。「日本書紀」神代の巻は，段ごとに司会者がでて本文を定め，あとは異伝だけを無秩序に並べたと思われ，明らかに会議の形で決められたらしい。「日本書紀」編集のはじめは，天武10年紀（681）にみえる，天武天皇が大極殿おおあんどのだいごくでんに出御して諸皇子・諸臣に命じ，「帝紀及び上古の諸事」を記し定めたとある記事であろう。ここでは，中臣大島なかとみのおおしまと平群子首へぐりのこおびとの両名が記録したと記される。天武天皇の独断専行で異伝の切り継ぎをしたという「古事記」の選述とは明らかに異なる。この二書がともに神代の巻を立てているのは，もと天武天皇の考えであろう。

このほかの神話文献としては，古風土記ふどきがある。これは諸国の古老や*語部かたりべなどの語る風土伝承が基本といわれるが，これも民間だけのものではなく，中央政府の官命によって各国府で作られたものである。すなわち，713年（和銅6）にだされた，畿内・七道諸国の国司くにのつかさに対し物産目録，土地の肥沃度，地名の由来，古老の伝承する旧聞遺事などを調べ上進せよ，というものであった。これは国司のほうから解文げぶみという報告書の形で上申されたもので，のちに隋・唐の制にならって「風土記」と名づけられたものらしい。現存する古いものとして，「*播磨国風土記」「*常陸国風土記」が和銅官命の数年後に成立し，あとは天平年間（729～749）以後の「*出雲国風土記」「*肥前国風土記」「*豊後国風土記」がある。このうち完本は，733年（天平5）出雲国造いずものくにのみやつこであった出雲臣広島いずものおみひろしまの勘進による「出雲国風土記」だけで，ほかはみな未精撰本・略本である。このほか，断片が後世の書に引用されたものが逸文いつぶんである。

これらの風土記の中には，常陸の筑波つくばの*歌垣うたがきの由来を語る御祖神みおやのかみの神話のように民間色豊かなものも多いが，他方，昔の天皇・皇后・皇子・将軍などの巡行や，香島大神かしまのおおかみやフツ（布都・経津）大神など，中央系の神々の地方祭祀などが語られ，すこぶる政治的な面がある。播磨は開拓地であったため，朝鮮系の渡来人出石人いずしびとや出雲から来往する出雲人，それに土着民などが入り交じって勢力争いをしていたから，それらの神々，アメノヒボコ・オオナムチ・スクナヒコネ・伊和大神・サヌキヒコ・サヌキヒメなどが，めいめい国占め争い・開拓争い・田植え争いなどをした話で満ちている。また，天皇・皇后・皇子などの来臨や「万葉集」にもある大和三山の争いなども記されていて，これらの伝承や信仰文化の混交は6～7世紀頃と考えられる。肥前・豊後の両風土記は，一括して大宰府でまとめられたものと考えられている。みな抄録本ばかりだが，「日本書紀」と共通の内容・文体が多く，その前後関係が問題にされている。場所の関係で，景行けいこう天皇・神功じんぐう皇后などによるクマソ・土蜘蛛つちぐも征討の話が多い。

「出雲国風土記」だけは独自のもので，天皇行幸の話などはなく，中央系の神々の名もみえない。ほとんどが出雲根生いの神々であるオオナムチ・スクナヒコナ・ヤツカミズオミヅヌ・スサノオ，それにオオナムチの御子

神㊅とされるアジスキタカヒコなどの，出雲系の神々の素朴な神話が多く，オオナムチ大神だけが，国造りの大神として高大な杵築の神殿（出雲大社）に住み，神々に君臨する，中央とは関係ない出雲だけの独自な神話世界がみられる。ヤツカミズオミヅヌの国引き神話などは，広大なスケールの神話で他に類をみない。出雲の一種の宗教的法王であった出雲国造の一族独自な神学であったのであろう。近年，このオオナムチ神話の地帯である西出雲から，弥生時代の大量の鉄剣と銅鐸が出土し，注目されている。

世界の諸民族の古典神話は，風土・民族性，またいろいろな歴史条件によって，さまざまな特色をもつが，日本の場合は，国家性・政治性が顕著だといえる。

す

粋 すい 近世の美的理念の一つ。その発生は上方の遊里における客のあり方を表す語，水と月による。遊里での諸分の指南書「難波鉦」(1680刊)によれば，初心の客は山出しの月であり，これが遊女である水に映って功者すなわち水に至る。月は瓦智とも書き，いわゆる野暮のこと。水は粋のほか帥・推の字もあて，遊里・遊興面に明るく，趣味が洗練され世態・人情に通じて，同情・理解をもつ境地をいう。諸分の理解者の意で分知りせとともいう。*藤本箕山の「*色道大鏡」(1688成)の巻5「廿八品」は月から粋へ至る過程を「法華経」二十八品に擬して詳述し，*浮世草子の好色物も粋の諸相を描いた。後世の*通も遊里語に限定すればその内実は同趣で，安永期(1772～81)まで洒落本でも粋の語は「行く粋の流れは同じ人にしてしかももとの野暮にはあらず」(大田南畝「世説新語茶」跋)のごとく頻出する。⇒色道

水雲問答 すいうんもんどう *林述斎（墨水漁翁）と安中藩主板倉勝明（白雲山人）との治国に関する問答書。1巻。1800年（寛政12）から13年（文化10）までの11回にわたる手紙や会見の記録を勝明が書き残しておいたもので，河田迪斎が編集して53年（嘉永6）に刊行した。述斎が勝明に求めた理想的な為政者は，聖賢の学問とともに英雄・豪傑の資質を兼ね備えた，大事業を決断できる人物であった。藩主として現実政治を担う勝明が，君臣相和する「公議」を尊重し，行動に慎重になろうとするのに対して，述斎が英雄・豪傑の果敢さを説いているところは興味深い。

垂加翁神説 すいかおうしんせつ *垂加神道の書。*跡部良顕が*山崎闇斎の著書の中から，主に神道を説いた書を選択し，その要点を抽出・編纂したもの。序文と上・中・下3巻。1707年（宝永4）成立。良顕の序文では垂加神道の概説がのべられ，上巻は闇斎の著書「大和小学」「藤森弓兵政所記」ほか，中巻

すいか

は「伊勢太神宮儀式序」「会津神社志序」「会津風土記序」「土津霊神碑はにつれい」「垂加社語」ほか、下巻は「垂加詩集」を収録する。なお、ほかに「垂加翁神説補遺」があり、それには「湯武とうぶ革命論」「跋拘幽操ばっこうゆうそう」「倭鑑わかがみ目録」などを収録する。

垂加社語 すいかしゃご　*山崎闇斎あんさいの語録。*垂加神道の要点をのべたもので、植田艮背こんばい編「垂加草すいかそう」や跡部良顕よしあき編「*垂加翁神説しんせつ」などに収められた。この中で、闇斎が天照大神あまてらすおおみかみの神勅「神垂祈禱」「冥加正直」を生涯のモットーにしたことや、わが国の神の誕生を造化・気化・身化・心化に4分類したこと、そして神代を学ぶ者の心得として、藤原鎌足かまたり伝の「天地を以て書籍となし、日月を以て証明となす」や*忌部正通いんべのまさみちの「古語は大道にして、辞を嬰児に仮りて、心を神聖に求む」ことなどを掲げ、「道は日神の道にして、教へは猿田彦さるたひこの導くところなり」と説いた。

垂加神道 すいかしんとう　*山崎闇斎あんさいが創唱した神道。闇斎は、神代紀・神武じんむ天皇紀・中臣祓なかとみのはらえを神書の中心にすえ、伊勢神道や吉田神道など中世以来の神道説を、朱子学の理解をもって集大成した。垂加とは、天照大神あまてらすおおみかみの神勅「神垂祈禱」「冥加正直」から採った名称である。この神勅は、一心不乱に祈る者に神の啓示が下り、正直な者にはさらに神の加護を賜ることができる、とすることから、垂加神道では、身体の清浄しょうじょうに努め、素直な心をもつことを教えた(「土金之伝つちかねのつたえ」)。垂加神道の特徴は、家職として伝えられてきた神道の諸説を開放したことや(集大成・出版)、誰もが神代から伝えられた先祖の魂を継承しそれに生かされていることを覚醒させたこと(「天人唯一之伝」)、さらに神武天皇の「八紘あめのしたを掩ひて宇となさむ」から、日本人の使命は天皇守護にあることを見出したことである(「三種神器伝」「神籬磐境ひもろぎいわさか伝」)。また、大己貴神おおなむちのかみが自身の幸魂さきみたま・奇魂くしみたまを大和の三輪山やまに勧請し、宮城の守護神になったことにならい、生前中に自らの魂(心神)を祠に勧請することも行った(生祠・霊社せいしれいしゃ)。このように垂加神道では顕世うつしよでは君父に忠孝を尽くし、幽世かくりよでは神

霊となってわが国に鎮まり、天皇守護に務めることを大志とした。垂加神道は神社界のみならず宮中にも伝えられ、天皇や摂関家をはじめ多くの公卿らが傾倒した。だが、*吉見幸和もとかずの「*五部書説弁ごぶしょせつべん」や*本居宣長もとおりのりながの「大祓詞後釈おおはらえことばごしゃく」の出版で、垂加神道が経典としてきた*神道五部書や中臣祓が次々に批判されると、神道界はしだいに*国学へと方向転換していった。

垂加霊社 すいかれいしゃ　*山崎闇斎あんさいの霊社号、または闇斎の御魂を奉祀する社。闇斎は*吉川惟足これたりから吉田神道を伝授され、霊社号として「垂加」をうけた。これは闇斎が日頃重視した天照大神あまてらすおおみかみの神勅「神垂祈禱」「冥加正直」から一字ずつ採ったものである。闇斎は晩年、大己貴神おおなむちのかみが心中に宿る神(幸魂さきみたま・奇魂くしみたま)を将来遷都される大和の三輪山やまに勧請し、天皇守護の神になったことにならい、自身の心中に宿る神をこの世に止めた。京都下御霊しもごりょう神社境内の猿田彦さるたひこ社に奉祀されるが、それ以外に垂加神道家が各地でその御魂を勧請し奉祀した。

垂釣卵 すいちょうらん　江戸後期の浄土真宗の護法論書。*曇竜どんりゅう述。1812年(文化9)成立、39年(天保10)刊。平田篤胤あつたね・富永仲基なかもとの遺風をうけた神道学者矢野大倉たいくらの仏教誹謗説に対して、内典・外典の確証を示してこれを論駁した。書名は、千鈞の重き石を鳥卵の上に垂れるの意で、たちまちに邪論を破斥することを示している。初編(7巻)では三世因果を撥無したことを破斥し、後編(5巻)は神仏一体・神前念仏不敬論に反論して弁護したものである。諸本には、1811年の辛未本(7巻)と翌12年の壬申本(12巻)があり、現行本は壬申本である。なお、曇竜は本願寺派の学僧で、竜華派りゅうげはの祖として知られる。

瑞渓周鳳 ずいけいしゅうほう　1391～1473(明徳2・元中8～文明5)　室町時代の禅僧。臨済宗*夢窓派むそうは。和泉国堺の人。臥雲がうん山人・竹郷子ちっきょうし・刻楮子こくちょしと号した。1404年(応永11)相国寺の無求周伸むぐうしゅうしんの室に入り、その没後厳中周譿げんちゅうしゅうけいに師事、三体詩・東坡詩とうばしなどを学ぶ。その後南都興福寺で戒律を学び、厳中の没後は惟肖得巌いしょうとくがんらに四六文しろくぶんを学んだ。36年(永享8)山城国景徳寺(諸山)に入

院の、無求の法嗣となる。山城国等持寺（十刹）をへて、40年相国寺に入寺し、46年（文安3）に日記「*臥雲日件録」をつけ始める。同年10月に鹿苑院塔主となり、*鹿苑僧録をつかさどる。その後も僧録司に再任・三任し、杜甫詩・東坡詩を講抄するなどし、将軍足利義政の信頼と帰依が篤く、「観音経」「法華経」を講じた。64年（寛正5）には義政の命により、遣明使（正使は天与清啓）の持参する国書を起草した。外交文書の先例文書を収録した「善隣国宝記」の著がある。応仁の乱に際しては、洛外北岩蔵の庵に退居し、義政の懇請によって僧録となり、まもなく北岩蔵に戻った。71年（文明3）には、後花園上皇より瑞渓に国師号を特賜されようとしたのを辞退し、代わりに夢窓疎石の*頂相を持参して、夢窓に代わって上皇に授衣して、上皇より夢窓に大円国師の号を加諡された。

中国古典・仏典の諸書を博捜・抜粋した大部の抄録「刻楮」は、部分的に残っている。著書としては、法語集「瑞渓疎」、詩集「臥雲藁」、有馬温泉に遊んだ時の紀行詩集「温泉行記」などがある。また、諸書の章句を考証した随筆「臥雲夢話集」がある。文集・語録は散佚した。その学芸詩文・仏典にわたる該博な知識と日頃の出所進退は、室町中期の五山禅林の最も良質な部分を告げるものであった。当時周辺の人々の畏敬するところとなり、*横川景三・*景徐周麟・綿谷周鄂らに大きな影響を与えた。享年83。82年に後土御門天皇から興宗明教禅師と勅諡された。

垂迹美術 すいじゃくびじゅつ　神仏習合思想、特に*本地垂迹説の進展の中で成立した造形美術。仏教美術の影響のもとに成立したと考えられ、神道美術の一部をなす。神像・垂迹画・鏡像・懸仏など、春日・日吉山王・八幡・熊野の神仏習合の進んだ神社には、その作品が多く存在する。神像は、*僧形八幡神をはじめ、熊野・京都松尾大社などに平安前期の遺品が存在する。垂迹画は、垂迹曼荼羅という、本地仏や垂迹神などの像を描き各社の本地垂迹関係を示したものや、神社の景観を描く宮曼荼羅などがある。記録のうえでは、「玉葉」寿永3年（1184）5月条に「図絵春日御社」や同年（元暦元）12月条に「日吉御正体図絵」などがみえる。

瑞祥 ずいしょう　→祥瑞災異の思想

垂統秘録 すいとうひろく　*佐藤信淵の中央集権国家構想の中で、中央機関である六府の制度と教育制度をのべた書。信淵の口述を息子信昭と門人大久保融が筆記したもので、1833年（天保4）頃の作と推定される。「六府篇」と「小学校篇」の2編2巻からなる。信淵は「*経済要略」「*混同秘策」の中で、中央に三台（神祇台・太政台・教化台）と六府（本事府・開物府・製造府・融通府・陸軍府・水軍府）の政府機関を設置することを説いていたが、本書では六府を詳説する。ここで、信淵は士・農・工・商の四民の身分制を廃止して、産業別に草・樹・礦・匠・賈・傭・舟・漁の八民に分け、それぞれを六府のもとに支配する構想を描いている。

水平社 すいへいしゃ　→全国水平社

水墨画 すいぼくが　近代に流布した用語。歴史的用語としては、中国では基本的に技法をさす「水墨」が用いられた。狭義には墨と筆で描いた絵画をいうが、その表現可能性は幅広く、歴史的には色彩をとりこんだものを含めて墨を基調とした絵画に対して用いられている。その基本的な要素は「墨」「筆」「水」に象徴される。「墨」は、その濃淡によって無限のグラデーションを表現することが可能であり、モノクロームのもつ独特のリアリティを画面にもちこめる。「筆」は、その動きによって線に方向性を与え、手の動きを画面に定着することによって画者の自己表出性の表象ともなる。「水」によってもたらされる滲みと透明感は水彩画にも通じ、淡い色彩を違和感なくもちこむことができる。このような水墨の表現可能性は、7世紀末から8世紀にかけての中国で気付かれ、殷仲容の花卉画は「墨は五彩を兼ねる」と評され、呉道玄は筆勢のある線で風に翻る衣を表現し、また岩絵具では不可能なより自然にみえる山水画を描いた。

以後、さまざまな表現上の実験が行われたが、一端のみあげれば、中唐におこった溌墨は、墨を溌ね散らしながら身体性を直に画

面に伝えるアクションペインティングであり，北宋には郭熙らが微妙な墨の濃淡を用いて水墨山水画のイリュージョニズムを実現し，また文同らの文人たちが墨戯と称して墨竹などを描き，水墨のアマチュアリズムを確立してのちの画家層拡大の基礎を築いた。南宋初めに智融が始めた魍魎画は極端に墨を薄くしていくミニマリズムの一種といえるが，同じ南宋には宮廷画家によるきわめて精緻な写実の技法も確立した。このように，水墨画が立ち向かったテーマは幅広く，その思想も一面化できるものではない。

画論は，南斉の謝赫の「古画品録」，唐末の張彦遠の「歴代名画記」，北宋の郭若虚の「図画見聞誌」などが気韻生動論を基本に展開し，また宋代理学を背景に米芾や蘇軾による分析がなされて大方の枠組みが完成する。その後はこれらがほぼ踏襲されたが，明末の董其昌によって文人画優位を説く南北二宗論が唱えられ，また写意画に代表される自己表出性が教条化されて大きな影響力をもった。

日本では，主に南宋から元にかけての中国画にならって鎌倉後期から描かれ出し室町時代には定着するが，むしろ「漢画」「唐絵」(中国風絵画) の大きな部分というイメージであり水墨画という意識は強くなく，これを論じたまとまった著述も残されていない。江戸中期以降は，南画 (日本の文人画) の成立とともに数多くの画論が書かれるが，ほとんどは前記の董其昌ら中国のそれを祖述したものである。一方この時期の画には，曾我蕭白・伊藤若冲をはじめとして，個の感性を増幅した多彩な表現が現れる。その後，明治維新による「和漢」から「和洋」への文化イメージの変化により，水墨画は日本画の一部へと移行する。中国・朝鮮でも描かれる水墨画にとっては論理矛盾であるが，これが「漢画」「唐絵」に代わって「水墨画」という無機的な用語の現れる動因となったことには留意する必要がある。

芻言 すうげん →新政談

崇伝 すうでん →以心崇伝

末広鉄腸 すえひろてつちょう 1849〜96 (嘉永2〜明治29) 明治期の政治家・新聞記者・小説家。本名重恭。伊予国宇和島の生れ。藩校明倫館に学ぶ。1875年 (明治8) 4月「東京曙新聞」編集長，10月には「朝野新聞」の論説主任となるが，いずれにおいても新聞紙条例によって罰金・禁獄刑に処せられ，そのことによって世に知られた。81年自由党の結成とともに入党し，「*自由新聞」の社説を担当したが，板垣退助の外遊を批判して脱党する。この時期から病をえて，その間「政治小説雪中梅」(1886)，「(政事小説) 花間鶯」(1887〜88) を発表し，好評を博す。88年4月より1年間外遊し，その見聞録を「鴻雪録」(1889)，また鉄腸の代表作とされる「啞之旅行」(2巻，1889・91) を発表する。

菅江真澄 すがのまさずみ 1754〜1829 (宝暦4〜文政12) 江戸後期の紀行家・随筆家。本姓白井，名は英二のちに秀雄。菅江真澄は晩年の号。三河国渥美郡の人。1783年 (天明3) 旅立ちし，信濃・越後・出羽・陸奥国をへて，蝦夷地松前に達したのち，1811年 (文化8) 秋田の久保田城下に至る。以降この地に定住し，秋田藩主佐竹義和の依頼により藩領6郡の地誌作成に従事し，その途中で生涯を終えた。東北日本を広く旅する中，本草学・国学の知識をいかして紀行文や地誌を数多く著した。そこに描かれた各地の人々の生活・民俗などは，「真澄遊覧記」としてまとめられ，解説つきの精緻な彩色図絵の魅力と相まって，今日高い評価をえている。柳田国男により〈日本民俗学の祖〉とよばれた。「菅江真澄全集」全12巻・別巻2巻 (別巻2は未刊) がある。

菅野真道 すがののまみち 741〜814 (天平13〜弘仁5) 奈良後期〜平安初期の学者・公卿。「*続日本紀」前半20巻の編者。その他「官曹事類」の編纂や「延暦交替式」の選定などにもたずさわった。百済の系渡来氏族の津連の出身。桓武天皇の抜擢をうけ，805年 (延暦24) 参議に任じられ，811年 (弘仁2) 致仕した。

菅原孝標女 すがわらのたかすえのむすめ 1008〜？ (寛弘5〜？) 平安中期の歌人，「*更級日記」の作者。父の孝標は菅原道真の5世の孫。母は藤原倫寧の女で，道綱の母の異母妹にあたる。10〜12歳を父の任地上総国で育ち，物語に憧れる。上京後は「*源氏物語」を耽

読し，恋に恋する夢多き乙女であった。32歳で祐子内親王家に出仕。翌年，橘俊通と結婚し，51歳で死別，その後物語を書き始める。「浜松中納言物語」も彼女の作であろうとされている。

菅原道真 すがわらのみちざね　845〜903（承和12〜延喜3）平安時代の文人官僚。菅原是善の子。祖父・父ともに文章博士であった血筋を受け継ぎ，幼少より文才に秀で，11歳ではじめて漢詩を作り，22歳で父に代わり「顕揚大戒論」の序を草した。877年（元慶元）文章博士に任じ，886年（仁和2）讃岐守として地方官を経験した。帰京した翌年の891年（寛平3）関白藤原基経が没すると*宇多天皇の信任をうけ，蔵人頭に補され，2年後には参議になった。以後昇進を重ね，899年（昌泰2）幼くして即位した*醍醐天皇のもとで右大臣となり，左大臣の藤原時平と並び立った。901年（延喜元）時平の讒言によって，大宰権帥に左遷され（1月25日），2年後同所で没した（2月25日）。

当代随一の学者・文人であり，詩文集に「*菅家文草」「*菅家後集」がある。また「*日本三代実録」の編纂に加わり，「*類聚国史」を自撰している。なお漢詩文だけでなく，和歌も残していることに注意したい。死後20年をへて，皇太子が若くして没し，やがてまた清涼殿に落雷してそのために醍醐天皇が没したことなどがあり，道真の怨霊のせいとされ，*天満大自在天神と称して京都北野の地に祀られることになった。実在の人物が神として祀られた最初である。
→北野天満宮

数寄 すき　→茶の湯

杉浦重剛 すぎうらじゅうごう　1855〜1924（安政2〜大正13）　明治・大正期の思想家・日本主義者。近江国膳所藩の藩儒の子として生まれる。大学南校終了ののちイギリスに留学，化学を学んだ。明治20年代初頭の欧化主義政策に反対した志賀重昂・井上円了・三宅雪嶺らと*政教社を結成，雑誌「*日本人」を刊行する。さらに活版所乾坤社を設立した杉浦は，高橋健三らとともに陸羯南主筆の「日本」創刊に参加，日本主義・国粋主義論派の要の人物であった。彼の主張は，基本的には保守的な*国家主義の色彩が強い。たとえば，通俗的な道徳論の重要性を「物理学の定則」でいう「勢力保存」で説明するなど，*国粋主義の科学的粉飾にすぎないとみられる。しかし，他方では国家をあくまでも「一個人の集合」とし，「人間は欲のために使役せらるる」とするなど科学的思考に支えられた啓蒙主義的な見方も残されている。

杉亨二 すぎこうじ　1828〜1917（文政11〜大正6）　幕末〜明治中期の統計学者。肥前国長崎生れ。1848年（嘉永元）大坂の緒方洪庵の*適塾で蘭学を学び，60年（万延元）蕃書調所教授手伝となる。そこでドイツの統計学に接し，社会統計学派のハウスホーヘルとエッチンゲンから影響をうける。71年（明治4）新政府に登用され，太政官正院政表課大主記として日本初の統計年鑑「辛未政表」などを作成する。73年には*明六社に参加し，政治の目的は人民の安全と福祉の実現であるという論文を発表している。74年政表課長，79年東京学士院会員，81年統計院大書記官となる。85年の統計院廃止とともに官界を去った。

杉田玄白 すぎたげんぱく　1733〜1817（享保18〜文化14）　江戸中期の医者，蘭学の創始者の一人。名は翼，字は子鳳，鷧斎・九幸翁と号した。玄白は通称。若狭国小浜藩の藩医杉田甫仙の子として江戸藩邸で生まれた。最初，宮瀬竜門に師事し漢学を学び，西玄哲に入門し紅毛流外科を学んだ。1753年（宝暦3）藩医となり，翌年，山脇東洋の腑分け（解剖）のようすを同僚の小杉玄適より知らされる。これに刺激されて漢方医学書を渉猟し，また吉雄耕牛にオランダ語の教えを乞うた。しだいに「蘭学」に傾倒し，71年（明和8）にはいわゆる「ターヘル・アナトミア」を入手し，*前野良沢らと江戸千住小塚原で屍体の解剖を観察した。解剖図の精緻さに感動し，これの翻訳を開始，3年後の74年（安永3）に「*解体新書」を刊行した。以後，診察や後進の指導と多忙な日々を送るが，彼の私塾は天真楼といい全国から多くの入門者が集まり，門下に*大槻玄沢・宇田川玄真・杉田伯元（玄伯の養子）らがでる。「解体新書」の刊行と後進の育成によ

り「蘭学」を学問として成立させたことは，玄白の功績である。著作は「解体約図」「*狂医之言」「*形影夜話」「養生七不可」「*蘭学事始」など。

杉田成卿 すぎたせいけい　1817～59（文化14～安政6）江戸後期の蘭学者。名は信、梅里と号した。成卿は通称。江戸に生まれ、父は若狭国小浜藩医の杉田立卿、祖父は*杉田玄白である。蘭方医*坪井信道に師事し、蘭学・医学を学んだ。1840年（天保11）には幕府天文台の訳員になり、44年（弘化元）にはオランダ国王からの国書を*宇田川榕庵・品川梅次郎らとともに翻訳した。小浜藩医をへて、56年（安政3）に幕府*蕃書調所ができると*箕作阮甫とともに教授になった。「海上砲術全書」「和蘭政典」「医戒」「済生三方」など、医学・軍事・地理関係の翻訳書が数多くある。

杉田定一 すぎたていいち　1851～1929（嘉永4～昭和4）明治・大正期の政治家。号は鶉山。越前国坂井郡波寄村の名望家杉田仙十郎の長男。1875年（明治8）11月、東京で「采風新聞」の発刊に参画し、翌76年3月、仮編集長として筆禍にあい禁獄6カ月、罰金30円に処せられる。77年4月以降、愛国社再興のために西日本各地を遊説する。郷里の越前7郡の地租改正反対運動を指導したが、2年前の「評論新聞」掲載の「地租改正の紛議」によって78年10月、禁獄6カ月に処せられ、さらに81年5月、著書「経世新論」によって禁獄6カ月となる。90年第1回総選挙に当選し、立憲自由党の創立に参加、以後9回当選する。1900年立憲政友会の成立に尽力し、党の重鎮となる。05～08年衆議院議長。12年（大正元）以降、没するまで貴族院勅選議員を務めた。

数寄道次第 すきどうしだい　→儚林

杉山元治郎 すぎやまもとじろう　1885～1964（明治18～昭和39）大正・昭和期の農民運動家・政治家。大阪府生れ。大阪府立農学校在学中の1902年（明治35）に受洗し、東北学院神学部別科に入学する。09年卒業後、福島県相馬郡小高町教会の牧師として赴任中に、農民との接触を通じて地主制下の農民生活を知る。22年（大正11）*賀川豊彦らと日本農民組合を創立し、初代組合長となる。26年（大正15）3月、労働農民党の結成に際し初代委員長、その後分裂と再編を繰り返す無産政党・農民運動の中では中道派に属し、32年の衆議院議員選挙で全国労農大衆党の公認として大阪5区から立候補して当選し、以後3期代議士を務める。戦後、46年日本社会党顧問、48年5月～50年10月公職追放となるも、51年の総選挙以降6期連続して衆議院選挙で当選、55年衆議院副議長となる。

宿世 すくせ　「しゅくせ」とも。前世のこと。転じて、前世において定められた*因縁、またはこの世での宿命を意味する。「源氏物語」では運命の意味に使われていることが多い。

宿曜道 すくようどう　平安時代以降に宿曜師により行われた、暦算をはじめとする占星や祈禱に関する技術の専門分野。宿曜師には延暦寺系と興福寺系の2系統があり、延暦寺系の僧は星宿法に堪能であり、興福寺系の僧は暦算や宿曜勘文の作成など宿曜師としての活動に特色があるとされる。宿曜とは七曜（日・月・水・金・火・木・土の七星）と二十八宿をさすが、宿曜師は七曜にインドの想像上の星である計都と羅睺を加えた九曜を用いた。宿曜道は、平安時代の初期に「宿曜経」「七曜攘災決」や十二宮を基本とする西方起源の「都利聿斯経」などのインド系占星術書が入唐僧などにより請来されて以降、宿曜による吉凶の知識の普及と個人の一生の運命・禍福を支配する本命星・本命宿の信仰の興隆を背景に、「符天暦」の請来を契機とし成立したとされる。符天暦は唐の曹士蔿の作で、957年（天徳元）に延暦寺の僧日延により、呉越国から伝えられたもので、この符天暦を信奉し、暦算や日月食の推算を行い、個人の誕生日時における九曜の位置を算出し、それをホロスコープに示してその人の運命を占った。宿曜道は、誕生時の星の位置により人の一生の運命が定められるとする宿命的災厄観をもち、宿曜師は占いの結果として、転禍為福の星辰供として東方清流祭・南方高山祭・北斗本拝供などの祭供を修した。

資房卿記 すけふさきょうき　→春記

スサノオノミコト ハヤスサノオノミコト・タケハヤスサノオノミコトとも。須佐之男命（記）・素戔嗚尊（紀）など。*根国の主宰神で，また出雲系の神々の祖神でもある。「*古事記」によると，黄泉国から脱出したイザナキノミコトは，穢を祓うために筑紫の日向の橘の阿波岐原で禊をする。種々の神を生んだ後，左の目を洗うことによりアマテラスオオミカミ，右の目を洗うことによってツクヨミノミコト，鼻を洗うことによってタケハヤスサノオノミコトの3貴子が誕生する。なお「*日本書紀」本文では，3貴子はイザナキ・イザナミ2神の交合により誕生する。「スサ」は「荒れすさぶ」の意であろうが，神話の舞台となる出雲・紀伊に須佐の地名があり，その地名によるとする説もある。スサノオを祭神とする式内社として，出雲国飯石郡の須佐神社と紀伊国在田郡の須佐神社がある。

スサノオの神話は「記」によれば，誕生ののち，イザナキより「海原」の統治を命じられるが従わず，青山を枯らすほど号泣し，そのために*高天原から追放される。高天原を去るに際して，アマテラスオオミカミとの*誓約により邪心のないことを証明するが，祭祀を妨害する悪事を犯し，アマテラスオオミカミは天岩屋戸に閉じ籠もり，高天原は暗黒となる。スサノオには「千座置戸」（多くの賠償）が科され，鬚・爪を抜かれたうえで追放される。出雲でのヤマタノオロチ退治と，クシナダヒメとの結婚。大蛇の尾からとりだした草薙剣をアマテラスオオミカミに献上する。根国の主神としてオオナムチノミコトに試練を課す，から構成される。

スサノオの神格は複雑で，神話の展開に則して神格が変貌し，天上界では荒ぶる破壊的な神，暴風神，地上においては建設的な英雄神として語られ，また放浪神としての側面もみられる。スサノオ神話は，恒例の宮廷祭祀である*大祓と深い関係があることは指摘されている。なお，「釈日本紀」所引の「備後国風土記逸文」蘇民将来条には，武搭神は疫病神で，自らハヤスサノオと名乗ったとする記事がある。また祇園信仰において*牛頭天王と習合し，疫病・災厄を防ぐ神として知られる。

呪師 じゅし →呪師じゅし

鈴木重胤 すずきしげたね 1812～63（文化9～文久3）幕末の国学者。通称勝左衛門，雄三郎。号は厳樫本，樫屋，府生，桂州。淡路国津名郡仁井村の庄屋穂積重威の五男。父親と死別したのち，大坂の鴻池の善右衛門の見習いを務めたり，神戸の商家橋本藤左衛門の保護をうけるなどしたが，のち歌道教授の道に進んだ。1832年（天保3）*平田篤胤に入門名簿を送り，34年頃に*大国（野々口）隆正に入門した。また同年，京都の花山院邸内の宗像神社を参拝したことを契機に宗像信仰を強め，筑前国の宗像神社にも4回参詣した。43年11月に篤胤の霊前を訪れ，入門を誓った。有力門人に出羽国大山の大滝光憲と越後国新津の大庄屋*桂誉重胤がおり，両者は重胤の学問活動を経済的な面でも支えた。

初期は和歌に中心的な関心があったと考えられるが，やがて神代史について関心を強めた。48年（嘉永元）に神代史を撰定した「神世之語事」を著したのち，53年に「*延喜式祝詞講義」を著し，同年から「日本書紀」の注釈である「*日本書紀伝」の執筆を開始した。これは未完に終わった。重胤は気吹乃舎との学問的交流を深めていたが，57年（安政4）平田鉄胤から重胤「日本書紀伝」のある部分の説が篤胤「*古史伝」の無断引用だとして批判された。それを直接的な契機として対立が生じ，結局，翌年に鉄胤側から絶交された。63年（文久3）8月，江戸本所の小梅にある自宅で暗殺された。

鈴木春山 すずきしゅんさん 1801～46（享和元～弘化3）江戸後期の蘭方医・兵学者。名は強，字は自強，春山は通称，号は童浦。三河国田原藩医の庶子。1814年（文化11）岡崎の浅井朝山に医学を，のち江戸で朝川善庵に漢学を学び，26～28年（文政9～11）に長崎に遊学した。江戸で同藩の*渡辺崋山と知り合い，蘭学研究者たちと交わり，*蛮社の獄後は崋山の救援に奔走した。44年（弘化元）に江戸詰めとなり，西洋医学の研究・翻訳を行った。訳書に「兵学小識」（高野長英と

共訳），著書に「三兵活法（さんぺいかっぽう）」「海上攻守略説」などがある。

鈴木正三（すずきしょうさん） 1579～1655（天正7～明暦元） 江戸前期の禅僧。近世仏教復興運動の中心人物。仏法即世法，職分仏行役人説を唱え，仮名草子作者としても名がある。俗名は重三のちに正三（昌三・聖三とも），通称は九太夫，法名は正三，号は玄玄軒。石平道人（せきへいどうじん）といわれる。三河国加茂の松平家家臣鈴木重次の長子。徳川家康・秀忠に仕え，関ヶ原の戦い・大坂の陣に参陣した。1606年（慶長11）頃に宇都宮の物外紹播（もつがいじょうは）のもとで*大愚宗築（たいぐそうちく）・*愚堂東寔（ぐどうとうしょく）・*雲居希膺（うんごきよう）らと出会い，また八王子起雲寺に万安英種（ばんなんえいしゅ）を訪ね，ともに仏教復興を志した。20年（元和6）に出家後，大愚・*雪窓宗崔（せっそうそうさい）らとともに諸国を行脚し，*山林修行を実践した。24年（寛永元）故郷の三河国石平山に草庵を結び，32年にはここに家康・秀忠を祀って恩真寺と称した。37年の島原の乱後，実弟鈴木重成（しげなり）の天草代官就任にともない天草で教化活動を行った。

その後は江戸に帰り教化と著作活動に従事し，52年（承応元）に完成した主著「*万民徳用（ばんみんとくよう）」により，松平乗寿（のりなが）・板倉重宗らをとおして幕府へ仏教治国の献策をめざした。著書はその他「*盲安杖（もうあんじょう）」「*麓草分（ふもとのくさわけ）」「*二人比丘尼（ににんびくに）」「*念仏草紙」「*破吉利支丹（はキリシタン）」など，語録に「*驢鞍橋（ろあんきょう）」「*反故集（ほごしゅう）」がある。唯心弥陀思想に立脚する禅念一致・諸宗一致の思想がみられ，その仏教治国の理念はのちの*寺請（てらうけ）制度に通ずるものであった。

鈴木石橋（すずきせっきょう） 1754～1815（宝暦4～文化12） 江戸中期の儒学者。名は之徳，字は沢民，通称は四郎兵衛，石橋はその号。下野国鹿沼の豪農の子。江戸にでて，1777年（安永6）林家塾に入門し，湯島聖堂の仰高門日講（ぎょうこうもんにっこう）の講授を務める。79年（安永8）帰郷したのち，麗沢之舎（れいたくのや）を開いて*蒲生君平（もうけんぺい）らの門弟を教導し，享和年間（1801～04）宇都宮藩に招かれて学政に参与した。天明の大飢饉の際には，私財を投じて窮民を救うとともに，農村荒廃のために間引（まび）きをせざるをえない貧民の子弟養育を援助した。著書には，間引きをする親の心情を表現した「惻隠余情（そくいんよじょう）」や，貧しい中で孝行に励む「三孝子之紀事（さんこうしのきじ）」や「周易象義拾遺（しゅうえきしょうぎしゅうい）」がある。藤田幽谷（ゆうこく）が墓表を撰した。

鈴木大拙（すずきだいせつ） 1870～1966（明治3～昭和41） 明治～昭和期の国際的な仏教哲学者。金沢生れ。本名は貞太郎（ていたろう）。22歳で上京し，東京専門学校（早稲田大学の前身）から帝国大学文科大学哲学科選科に進む。学生時代，鎌倉円覚寺（えんがくじ）に参禅して*今北洪川（いまきたこうせん）・*釈宗演（しゃくそうえん）に師事し，大拙の道号をうける。1897年（明治30）渡米し「大乗起信論（だいじょうきしんろん）」を英訳で，「大乗仏教概論」を英文で出版し，海外に名を広める。1909年帰国し，東京帝国大学講師・学習院教授をへて，21年（大正10）真宗大谷大学教授となる。東方仏教徒協会を設立し，英文雑誌「イースタン・ブディスト」を創刊する。45年（昭和20）鎌倉に松ヶ岡文庫を設立，49年には文化勲章を受章する。戦後もたびたび渡米して仏教・禅思想を広く世界に紹介し，霊性的自覚の発想と西洋思想の深い理解とに裏打ちされた仏教哲学は，西洋に衝撃を与え禅への憧憬をもたらした。特に禅を東洋思想として，西洋思想と対比させた点に意義がある。著書は「*日本的霊性」「東洋の心」などのほか，英文「禅仏教入門」「禅論集」など30余冊。和文著作「鈴木大拙全集」全30巻・別巻2がある。

鈴木文治（すずきぶんじ） 1885～1946（明治18～昭和21） 大正・昭和前期の労働運動家。宮城県出身。10歳で受洗。東京帝国大学法科在学中は同郷の先輩*吉野作造（さくぞう）らと本郷教会に属して，「*新人」を編集した。*桑田熊蔵（くまぞう）にも学ぶ。1910年（明治43）東京朝日新聞社に入り，貧民問題に没頭した。翌年退社し，*ユニテリアンの統一基督教弘道会（会長安部磯雄（いそお））の社会事業部長となり，そこで12年（大正元）*友愛会を創立した。これを全国的な労働組合に育て（1818年約3万人）*日本労働総同盟に発展させ，30年（昭和5）まで会長を務めた。1919年パリ平和会議に出席してILO（国際労働機関）創設に参画し，その後ILO総会に労働代表として参加するなど国際的にも活躍した。日本農民組合にも協力した。政治的には普通選挙を提唱し，28年以降，社会民衆党

（のち社会大衆党）からでて3回当選する。

鈴木牧之（すずきぼくし）　→夜職草（よるのしょくぐさ）

鈴木雅之（すずきまさゆき）　1837～71（天保8～明治4）　幕末・維新期の国学者・神道家。通称一平、号は霞堂。下総国埴生郡の農家の生れ。幼少より農作業に励むかたわら学を好み、神山魚貫（かみやまなつら）に和歌を学んだほか、ほぼ独学で国学を修め、独自の神学思想を築いた。主著の「＊撞賢木（つきさかき）」（1867頃成立）では、本居宣長（おりのりなが）・平田篤胤（あつたね）ら先行の神道説を取捨選択し消化する形で、「生成の道・産霊（むすび）の哲学」が示される。1869年（明治2）同郷で同じ魚貫門下である伊能穎則（ひでのり）の推挙により上京し、同年大学校少助教、翌70年より神祇官の宣教使中講義生を務めるが、71年急逝する。ほかの著作に自身の思弁神学の、具体的な施策への適用を試みた「民政要論」「治安策」などがある。

鈴木三重吉（すずきみえきち）　1882～1936（明治15～昭和11）　明治～昭和前期の小説家・童話作家。広島県猿楽町の生れ。広島県立一中時代、「少年倶楽部（クラブ）」に作文や童話「あほう鳩」を投稿し、入選する。1901年（明治34）第三高等学校に入学、この頃から神経衰弱と胃病に悩まされる。04年東京帝国大学英文科に入学し、＊夏目漱石（そうせき）と上田敏（びん）を知る。05年神経衰弱のため休学し、療養中友人の中川芳太郎をとおして、漱石と文通を始める。療養中に書いた短編「千鳥」が、漱石の推薦で06年「ホトトギス」5月号に掲載される。以後漱石門下に連なり、07年4月短編小説集「千代紙（ちよがみ）」を刊行、文壇に進出する。08年大学卒業と同時に千葉県立成田中学校教諭として赴任し、11年4月まで勤務する。上京し、海城中学校の講師のかたわら創作を続け、18年7月雑誌「＊赤い鳥」を創刊、わが国の児童文学史上不滅の名を残すに至る。同誌には芥川竜之介・菊池寛（かん）・小川未明（みめい）・北原白秋（はくしゅう）・西条八十（やそ）・山田耕筰（こうさく）・山本鼎（かなえ）ら、さまざまな分野の芸術家が参加した。

鈴屋答問録（すずのやとうもんろく）　「答問録」（刊本・自筆本）とも。＊本居宣長（もとおりのりなが）の著作。1冊。1777～79年（安永6～8）頃に行われた門人との問答を記録した草稿で、全56項目からなる。没後30余年をへた1835年（天保6）に刊行されたが抄本であり、自筆本全文は筑摩書房版「本居宣長全集」第1巻に収録されている。質問者は小篠敏（おざさみぬ）（道沖）・＊栗田土満（ひじまろ）らであり、主に語釈や神道説についての問答が行われる。特に神道説については質問者に神職が多いこともあり、死後の霊魂の行方や安心（あんじん）、荒魂（あらみたま）・和魂（にぎたま）、善神・悪神などの神霊についての解釈、垂加（すいか）神道など従来説への批判など、宣長の神道説の概要が簡潔に説明されている。

図像抄（ずぞうしょう）　「十巻抄（じっかん）」「尊容抄（そんよう）」とも。密教の諸尊法の本尊を集大成した図像集。全10巻。院政期の成立。鎌倉時代の古写本が複数知られるが、最古のものは醍醐寺本で、その奥書によれば平等房永厳（ようごん）が1139年（保延5）に鳥羽（とば）上皇に献上したとされる。しかし、同時代から勝定房恵什（えじゅう）の著作とするものもあり、定かではない。いまその構成を鳴滝常楽院本によって示すと、巻1・2は諸仏部で、金剛・胎蔵各界五仏（上）、一字金輪（いちじきんりん）・大仏頂（だいぶっちょう）以下（下）、計11の諸仏法、巻3は諸経法部で、「仁王（にんのう）経」「寿命経」以下、計8の諸経法、巻4・5は菩薩部で、五大虚空蔵（こくぞう）・五秘密以下（上）、弥勒（みろく）・普賢（ふげん）以下（下）、計23の諸菩薩法、巻6・7は観音部で、正観音・千手（せんじゅ）以下（上）、葉衣（ようえ）・白衣以下（下）、計18の諸観音法、巻8は忿怒部で、不動・降三世（ごうざんぜ）以下、計10の諸明王法および金剛童子法、巻9・10は諸天部で、歓喜自在・金色迦那鉢底以下（上）、弁財天女・摩利支天（まりしてん）以下（下）、計26の諸天法を収める。各項目は、梵号・密号・種子（じ）・三昧耶形（さんまやぎょう）・印（いん）・真言（しんごん）などを記し、経典・義軌などからの形像に関する抜き書きを付し、最後に主に線描で、彩色などを指示した図像・曼荼羅（まんだら）を収める場合が多い。本書は、「＊覚禅抄（かくぜん）」「別尊雑記」などとともに事相史上重要な位置を占めている。

頭陀（ずだ）　→斗藪（とそう）

頭陀行（ずだぎょう）　→乞食（こつじき）

すたすた坊主（すたすたぼうず）　→願人坊主（がんにんぼうず）

須田弥兵衛妻出家絵詞（すだやへえつましゅっけことば）　→二人比丘尼（ににんびくに）

スバル　反自然主義に立脚した耽美派（たんびは）（新浪漫主義）の文芸雑誌。1909年（明治42）1月創

刊，13年（大正2）12月廃刊。全60号。＊与謝野寛（鉄幹）主幹の「＊明星」が，1908年11月の100号をもって廃刊されると，同誌で活躍した平野万里・石川啄木・吉井勇らが，平出修（別号露花）出資のもと創刊した。指導的存在の＊森鷗外が，「半日」「ヰタ・セクスアリス」（発禁）「青年」「雁」など旺盛に執筆した。吉井は歌集「酒ほがひ」に，北原白秋は歌集「桐の花」に，高村光太郎は詩集「道程」に結実する作品を発表したことも特筆される。前記のほか，木下杢太郎・上田敏・永井荷風・与謝野晶子・谷崎潤一郎らも活躍し，本誌によった文芸集団はスバル派とよばれた。

スピリツアル修行 スピリツアルシュギョウ　*Spiritual Xugvio.*　黙想修徳書の集大成。1607年（慶長12）長崎刊，文語体のローマ字本。第1部は，イエズス会神学博士G．ロアルテ著「ロザリヨ十五のミステリヨ（玄義）のメヂタサン（黙想）」と「御パシヨン（キリストの御受難）を観ずる道を教ゆる事，並びに御パシヨンのメヂタサン」で，黙想の主題は15カ条。第2部は4福音書から抜粋したパシヨンの本文。第3部は最も分量が多く七つの主題からなる黙想で，日本準管区長ペドロ・ゴメスがイエズス会創立者ロヨラの「霊操」にならい，本来神学生と修練者を対象として編集し，一般信者用に改編されたものである。司教プチジヤンがこれをマニラで入手し，1873年（明治6）その第2部を「後婆通志与」と題して再版した。

相撲節会 スマイノセチエ　毎年7月に，神泉苑や宮中紫宸殿で天皇が相撲を観覧する儀式。「日本書紀」は野見宿禰・当麻蹶速の相撲節起源説話を載せ，奈良時代にはすでに儀式もあったことが知られるが，恒例となるのは平安初期からである。式日も当初の7月7日から，のち7月下旬となった。節会に出場する相撲人は，あらかじめ2〜3月頃に相撲使を諸国に派遣して召集されたうえ，左右近衛府に分属させて対抗戦の形で行われた。もと1年の後半の豊凶を占う＊年占行事と，地方から強者を集める一種の服属儀礼との両面性とを兼ね備えた行事であったが，しだいに娯楽の意味あいが強くなり，平安末期には廃絶した。

炭焼長者 スミヤキチョウジャ　昔話の一種。福運をもった女を娶った炭焼男が，莫大な金銀財宝をえて一躍長者になるという話。夢買長者・だんぶり長者などとともに長者話の代表の一つ。妻から金の価値を教えられた炭焼きが長者になるという初婚型と，はじめの夫から追い出された女が再婚した炭焼きを長者に導くという再婚型の2種に大別される。前者は神（産神など）のお告げで炭焼きが夫に選ばれるもの，後者はそのような神の定めを破った前夫が零落するものが多い。ここには個人の努力などとは別に，人間の福分をあらかじめ決定ずみと考える古い時代の運命観がほのみえる。中国・朝鮮にも同様の話はあり，伝播には鋳物師・鍛冶師などの介在が指摘される。

住吉大社 スミヨシタイシャ　大阪市住吉区住吉に鎮座。祭神は，底筒男命・中筒男命・表筒男命の筒男三神（住吉三神）と，息長足姫（神功皇后）。式内社・名神大社・二十二社上社・摂津国一宮・旧官幣大社。神階は806年（大同元）従一位。住吉三神は，イザナキノミコトが筑紫の日向の橘の阿波岐原において禊祓した時に出現した神で（「古事記」，「日本書紀」一書），3柱ずつとなっているのは海神系の特徴とされる。神名の語源については，筒を星と解する説が有力であるが，港湾の神としての「底（中・表）ツ津之男」と考える説もある。鎮座の由来は神功皇后の新羅征討譚（記紀）にみえ，皇后は住吉三神の助けにより新羅を降伏させ，住吉神を新羅王城と穴門・摂津に祀ったとある。この時，田裳見宿禰が祭祀を担当し，その後，後裔の津守氏が当社の神主を継承した。王権にかかわる外交・軍事活動の航海守護神として古くから朝廷の崇敬を集め，また和歌の神としても信仰された。恒例祭以外としては，即位後の＊八十島祭，遣唐使船の安全を祈る祭に与った。

本殿の20年ごとの造替は「延喜式」に規定されている（同制度は812年〈弘仁3〉までさかのぼる）。現在の本殿は1810年（文化7）の造立で国宝，その建築様式は住吉造といい，内部の2室構造と神座鋪設方式が大嘗宮と

類似していることが指摘されている。南朝の後村上天皇・長慶天皇は当社を行宮としている。秘蔵される古縁起の「住吉大社神代記」（住吉大社司解）は731年（天平3）の奥書をもち，その成立については天平3年原撰説と879年（元慶3）以後の造作説がある。例祭7月31日で，また6月14日の御田植神事は有名である。

住吉本地　すみよしのほんじ　住吉明神の縁起を記した*御伽草子。全3冊。作者不詳。室町末期の作か。内容は住吉明神が鸕鶿草葺不合尊の垂迹であることをのべ，天地未分明の時から尊までの事跡を説く。さらに景行天皇の熊襲征伐において神といわれ，神功皇后の三韓遠征を助けたことなどを説き，文徳天皇の代になって社壇が再興されたとする。伝本は少なく，慶応義塾図書館蔵本は「住吉縁起」と題し，奈良絵本仕立てであるが絵はない。東京大学国文学研究室蔵本は「住吉本地」と題し，奈良絵本仕立てで，絵は6面あり，9面は失われている。

住吉物語　すみよしものがたり　鎌倉末期～室町時代に成立した*継子話の一つ。原作は平安時代，「源氏物語」以前に成立したというが，散佚して伝わらない。原作・改作ともに作者不詳。諸本間で異同がはなはだしいが，内容は継母のもとで暮らす姫と，姫に恋する少将の物語である。二人の恋は継母に妨害されるが，姫は住吉の浦に隠れ，少将が夢に姫を見て都に連れ戻す。二人はその後栄華を極めるが，継母は没落するというもの。観音の霊験が語られ，文章も御伽草子に近いなど，中世の物語として再生された感がある。

諏訪神社　すわじんじゃ　長野県に鎮座。諏訪湖をはさみ，諏訪市の上社は本宮・前宮，下諏訪町の下社は春宮・秋宮，計4社で構成される。信濃国一宮。祭神は上社は本宮に建御名方神，前宮に八坂刀売神を，下社はともに建御名方神・八坂刀売神を祀る。前宮にはほかに蛇神信仰にもとづくミシャグジ神も祀られている。もとは奈良の大神神社と同様，拝殿のみで社殿をもたない。上社は守屋山を，下社は御射山を神体山とした。「日本書紀」持統5年（691）8月条には，使者を派遣して，竜田風神，信濃国の須波・水内などの神を祀らせたことがみえる。また「*袋草紙」には，諏訪明神に風祝をおき，春に祈れば風が吹かず豊作となるなど，その信仰の一端が記されている。「*梁塵秘抄」には，「関より東の軍神」として鹿島・香取社とともにあげられている。

祭祀については，7年ごとに社地の四隅の柱を立て替える際の御柱祭が有名だが，そのほかにも御射山神事・蛙狩神事など，殺生を忌まない狩猟神としての性格を反映したものがある。上社神官である大祝の神氏は，一族の8歳の童子を依代とし大祝となし，鎌倉時代には生き神とみなされた童子は，大祝に在職中は信濃国をでることはできなかった。上社神宝の鉄鐸は，大祝就任の際や春の大祭に使用される。神仏習合も進み，上社は普賢菩薩，下社秋宮は千手観音，下社春宮は薬師如来とされた。さらに現在は社地から離されたが，上社には神体とみなされた「お鉄塔」が，下社には八角宝形造の「法（宝）納堂」があった。

諏訪大明神絵詞　すわだいみょうじんえことば　「諏訪縁起」「諏訪大明神縁起絵巻」とも。信濃国一宮である諏訪大社の縁起。中世の*諏訪神社を知る第一の資料。全12巻。著者は，上社大祝神氏の庶流の出であった諏訪（小坂）円忠。1356年（延文元・正平11）成立。洞院公賢の「園太暦」によると，失われた「諏訪社祭絵」を再現するとの目的で著されたというが，現在絵部分は散逸し，詞書の部分のみが写本で残る。縁起5巻（2巻は後補）と祭礼7巻からなり，前者では諏訪社の沿革・霊験を，後者では御室神事・御射山神事など主に上社の年間神事を詳しく取り上げている。

諏訪大明神講式　すわだいみょうじんこうしき　諏訪大明神の講会を行うための儀式次第書。1巻。講会の次第は，まず惣礼，次に導師が礼盤に登る，ついで法用・表白・神分・祈願と続き，最後に六種廻向という順で進められる。伝本には，神貞通が高山寺地蔵院本を書写した宮内庁書陵部本をはじめ，桃井本・大祝本・神ノ原本などがある。撰者は「*諏訪大明神絵詞」の作者の諏訪円忠

と推定されるから，本書も「絵詞」とほぼ同時期の1356年(延文元・正平11)頃に成立したと考えられる。諏訪大明神の神徳を敬仰し，諏訪上宮の本地を普賢菩薩を，下宮の本地を大悲観音とし，その垂迹と種々の神変を称讃し，あわせて三斎山(御射山)の根源も説いている。

諏訪大明神御本地　すわだいみょうじんごほんじ　諏訪大明神の本地物語。諏訪大明神とは，長野県の*諏訪神社の上社・下社の総称である。この種の物語を一般的に「諏訪の本地」といい，主人公の名にもとづいて，兼家系統と諏方系統に大別される。黒木氏所蔵本(絵巻2巻)は，1525年(大永5)の古本を1658年(万治元)に写したとの奥書があり，兼家系統に属するもので最古の伝本といわれている。なお，兼家系統の古形を残す写本が九州の霧島周辺地域に集中して伝存されていることから，南北朝期以降，この地を支配した島津氏の信仰との関係が指摘される。筋立ては系統によって異なるが，兼家系統の場合は主人公の三郎兼家がさまざまな経緯をへて諏訪大明神として現れたことを*本地垂迹説にもとづいて記している。

駿台雑話　すんだいぞうわ　*室鳩巣の和文による随筆。全5巻，仁・義・礼・智・信の五常を巻名に配している。1732年(享保17)に成稿，50年(寛延3)刊。駿台は，鳩巣の住まいのあった江戸の神田駿河台にちなむ。門人との雑談という形式をとって，和漢の人物評，学問の心得，異説への批判，故事・逸話などが自由に語られている。温厚な朱子学者としての鳩巣の本領がよく発揮されて，多くの読者をえた。

駿台秘書　すんだいひしょ　→献可録

寸鉄録　すんてつろく　儒教の経典6種(「書経」「礼記」と「孟子」「論語」「中庸」「大学」)から為政者の指針となる重要句32カ条を抜粋し，それぞれに仮名の文章で解説を加えている。全2巻。*藤原惺窩の著。1628年(寛永5)刊。書名は禅家のいう「寸鉄，人を殺す」の語による警句・要語集の意。林羅山の「惺窩先生行状」に1606年(慶長11)，紀伊国の大名浅野幸長に招かれて経書の要語30余条を抄出し，仮名の注解を添えたと記されて

いるのは，おそらく本書のことであろう。本書における惺窩の儒学に対する考え方は，おおむね朱子学にもとづいている。またここでは主として政治的内容の言葉がとられており，ここから民の養育と同時に刑罰を重視する惺窩の政治思想の特色を知ることができる。

せ

世阿弥 ぜあみ　1363?～?(貞治2・正平18?～?)
室町初期の能役者・能作者。*大和猿楽観世座2代目大夫。幼名藤若。通称三郎。実名元清。法名至翁善芳。生年には1364年(貞治3・正平19)説もある。忌日は8月8日。父は観世座初代大夫観阿弥清次。子は元雅・元能。女婿に*金春禅竹がいる。世阿弥が12歳の時、観阿弥は京都今熊野で猿楽を興行した。将軍足利義満ははじめて猿楽を見物し魅了され、以後観世座の絶大な後援者となった。1384年(至徳元)父観阿弥の死によって、観世大夫となり、99年(応永6)京都一条竹鼻で3日間勧進能を興行し、義満の台覧をえるなど、天下の名声を博した。翌年には最初の能楽論書「*風姿花伝」が第1次完結した。またその頃、義満の命により、世阿弥陀仏と称するようになる。しかし一方で、一時失脚していた*近江猿楽の犬王(道阿弥)が復活し、その歌舞に秀でた芸風は世阿弥以上に義満に評価された。これをきっかけに大和猿楽本来の物まねの芸から、歌舞中心の*能へと芸風を転換し、幽玄美を理想とする能の芸術性を高めたのである。

1422年頃に出家し、観世大夫の地位を元雅に譲った後は、「至花道」「三道」「花鏡」などを著した。数々の能が作られたのもこの頃である。しかし、29年(永享元)足利義教が将軍になると、世阿弥父子はしだいに冷遇された。次男元能は出家遁世し、観世大夫元雅は伊勢で客死、そしてついに34年、世阿弥は佐渡に流された。在島中に記した小謡曲舞集「金島書」によって、36年には健在だったことは確認できるが、その後の消息は不明である。改作を含め、文献から世阿弥作と確認できる曲だけでも50曲近くある。「高砂」「敦盛」「清経」「井筒」「西行桜」「班女」「融」などは今日でも演能回数が多い。また世阿弥が著したと確認できる能楽論書は二十数種類を数える。

西域物語 せいいきものがたり
*本多利明の*経世論の書。全3巻。1798年(寛政10)成立。刊本はなく、写本のみ伝わる。天明の大飢饉の惨状にみられる18世紀後半の社会的矛盾に対して、藩単位ではなく、「日本」全体の利益を図るナショナルな立場から解決策を提示している。その際、「支那」中国ではなく、「西域」ヨーロッパ諸国を模範国としたところに画期的な意味がある。利明は、蘭学者*山村才助や*司馬江漢らと交流してえた海外情報をもとに、世界各地に植民地をもつ西洋諸国の隆盛が、歴史の古さと「自然治道」の「制度」にもとづいているとする。利明によれば、世界万国の文明は6000余年前のエジプトを起源としていて、神武天皇以来1500余年の日本は、いまだ歴史の浅い「良智を開かざる国」であるという。また、人口増加と生産力向上との不均衡から一国のみでは自給自足は不可能であると説き、「他国より力を抜き取る」外国貿易によって国を豊かにする「自然治道」の必然性・有効性を主張している。さらに外国貿易のためには、航海術・天文学・地理学・測量学、さらに数学が必要であると繰り返し説いている。本書では、こうした「自然治道」の富強策を実行し、新たな日本を開業する「英雄豪傑」の出現に期待をかけている。

聖覚 せいかく　→聖覚

正学指掌 せいがくしじょう
道・学・致知・力行・読書・詩文の各項目について、朱子学の立場から解説するとともに、付録で、同時代の「異学」、仁斎学・徂徠学・石門心学を批判した和文の書。*尾藤二洲の著。1巻・付録1巻。1779年(安永8)初稿成立、87年(天明7)刊。気一元論の仁斎学は明代の呉蘇原に、聖人作為説を唱え修身を忘れた「功利」の徂徠学は孫子に、そして「本心」を説く石門心学は禅学にそれぞれ依拠しているとして、その思想的源泉を暴露する。目にみえない「理」の実在を確信する二洲によれば、仁義礼智や元亨利貞などの「名」は、聖人が立てた「理ノ名」である。*伊藤仁斎をはじめとする「異学」はこの根本の「理」を看過している、という。こうした「異学」批判には、「物」と「名」を弁別した

せいか

政覚大僧正記 せいかくだいそうじょうき　室町後期の興福寺大乗院門主政覚(1453〜94)の日記。1483〜94年(文明15〜明応3)の日次記および別記3冊からなる。内閣文庫に自筆原本を蔵す。ほぼ全紙に紙背文書を有する。政覚は関白二条持通の子で、同家から大乗院への入室は異例であったが、将軍*足利義政の意向でその猶子となり、尋尊の付弟として入室した。83年から死去の前年まで興福寺別当に在任し、この間に記した「寺務方記」が本記の主要部分をなす。記述は尋尊の「大乗院寺社雑事記」に比べて簡略である。徂徠学の洗礼をうけた、二洲の朱子学理解の特性をうかがうことができる。

聖学問答 せいがくもんどう　*太宰春台の著した儒学の書。全2巻。1732年(享保17)の自序、36年(元文元)刊。問答体によって、先王孔子の道とは何かが論じられている。朱子学のように心性を主題として論じるのは仏教に影響された教説であって、本来の先王孔子の道の姿ではないことが強調される。心は外的な規範としての礼によって導かれるべきで、その際、内心のいかんは不問に付して外的な礼に適っていれば、それで君子といいうるとまでいってのけた。規範の外在化という点で、*荻生徂徠の見方を徹底させているが、一面では、規範が政治的な方面より道徳的な方面に集中しているという点で、春台らしい特色をも示している。日本社会の祭祀の現状についても、*淫祀への規制を説くところが、徂徠にはみられない春台らしさである。

生活綴方運動 せいかつつづりかたうんどう　大正後半期から昭和期にかけて展開した生活綴方による教育運動。明治期における言文一致運動、官製用語の文語に代わる口語による文章表現への要求を遠因とし、源流は*芦田恵之助にあるとされる。芦田は旧作文教授法の技能主義を批判し、随意選題・自由選題で知られるように自己の確立と表現のための綴方教育を提唱した。さらに第1次大戦後、高まる大正デモクラシーの思潮と児童中心主義教育思想の浸透を背景に、*鈴木三重吉らが子供の内発性や芸術性をひきだし、自律的・能動的な活動を促す「童心主義」リアリズムを「*赤い鳥」(1918)において主張、教育運動へと発展させた。1920年代後半以降は世界恐慌がもたらす深刻な不況のため、特に東北地方は凶作恐慌と重なり、農村生活が窮迫、欠食児童、娘の身売り、家族心中事件が激増した。これらの社会状況を背景に、東北地方に生活綴方運動の新たな展開(北方性教育運動)が、小学校教師らを担い手とするプラグマティックな社会運動として高まった。これらは全国的に展開され、体制側の弾圧と闘い、生活のすぐれた認識による社会変革の主体を育てようとする教育運動の一環となった。現場の教師がうみだしたこの教育法は、戦後も長く継承された。

生活の探求 せいかつのたんきゅう　*島木健作の長編小説。正編は1937年(昭和12)、続編は38年発表。観念的な学究生活に疑問を抱いた主人公杉野駿介が、生活の実感をえるために故郷に戻り、利己的な農民たちに苦労しつつ、共同で煙草畑の増段に成功するまでを描く。続編では、父の死を転機に上京した駿介が、自己の行動の正しさを確信し、ふたたび帰郷するに至る経緯を扱う。転向問題と正面から取り組んだ長編「再建」(1937)が発禁処分となったため、島木が一歩後退した形で、良心的知識人の採るべき道を提示したのが本作である。転向文学としての評価は分かれたが、求道者に似た主人公の言動は、読者の共感をよび、ベストセラーとなった。

斉家論 せいかろん　江戸中期の心学書。著者は*石田梅岩。角書「倹約」。没する1744年(延享元)京都の書肆より刊行された。上・下2巻よりなる。問答体の形をとりながら、倹約が家(社会)を斉えることの理念と方途について解明している。倹約は吝嗇ではない、すなわち個人が物資や金銭を省くなどの消極的な意味にとどまらず、社会の人々が共存する途に通じ、さらに物品や人間の本性を長養する結果となる。この本性の長養こそが正直にほかならないから、〈*倹約と正直〉とは表裏一体の徳である、とする。本書は、梅岩の著書「*都鄙問答」とともに後代の心学者に読み継がれ、深甚な影響を及ぼした。

清眼記 せいがんき　→世鏡抄

征韓論 せいかんろん　幕末・明治前期の朝鮮侵略論をいうが、一般的には明治六年の政変(1873)

の原因となった対朝鮮論をさすことが多い。幕末の征韓論は，排外的な海外膨張論を主張した*佐藤信淵・*吉田松陰らにみられる。明治維新により王政復古がなると，明治政府は対馬府中藩主宗重正を交渉役に命じ，王政復古を通告する公式文書（書契）を朝鮮に送らせた。その折，この文書に使われていた「皇」「勅」などの文字が，従来からの伝統的な東アジア秩序を覆し，江戸時代の交隣外交とは異なる，日本を朝鮮の上位におく違格の文字であることなどから朝鮮側は受け取りを拒否した。

この書契問題が発端となり，日本と朝鮮の外交関係が悪化し，1873年（明治6）5月，朝鮮は密貿易問題で排日的な警告文を日本公館門前に掲示した。現地報告をうけた外務省はこれを侮辱と受け取り，太政大臣三条実美は武力解決か特使派遣かの議案を提出し，*板垣退助は居留民保護のための軍隊派遣を主張した。*西郷隆盛は全権使節の派遣を主張し，西郷の朝鮮派遣使節任命がいったんは内定した。しかし，欧米視察より帰国した岩倉具視・*大久保利通・木戸孝允は，適当な時期までは富国強兵策による国力の養成が「征韓」より優先であるとし，使節派遣延期を主張した。これに対し，板垣・副島種臣・*後藤象二郎・江藤新平は西郷派遣に賛成した。天皇は岩倉の上奏に賛成し，西郷が参議を解任されると，板垣・後藤・江藤は参議を辞任し，いっせいに下野した。これが明治六年の政変である。

正気歌 せいきのうた　蟄居中の*藤田東湖が，南宋の忠臣文天祥の正気歌に擬して作った長詩「和文天祥正気歌」の略称で，幕末期の志士に愛誦された。1845年（弘化2）成立。「天地正大の気，粋然として神州に鐘まる」に始まり，「死しては忠義の鬼と為り，極天，皇基を護らん」の句に終わる。「天地正大の気」が「神州」日本に満ちていることを，富士山・桜・日本刀や，物部守屋から赤穂浪士に至るまでの忠臣の「英霊」の中にみ，幽囚の身である自分も死を賭して忠義を貫き，「天地正大の気」を充実させることを誓うと詠んでいる。ここにみられる，「神州」日本の過去と将来を「孤臣」である己が担お

うとする悲壮な英雄主義は，幕末期の*志士の行動を支える一つのエネルギーとなった。

政教社 せいきょうしゃ　明治中期～昭和期に活動した国粋的思想・文化団体。1888年（明治21）創設。メンバーは，東京英語学校関係者の*志賀重昂・菊池熊太郎・*杉浦重剛らと，*井上円了・*三宅雪嶺ら哲学館グループからなる13名。昭和期の排他的国粋主義とは異なり，上からの急速な形式的欧化主義に対し，日本の伝統的な文化を尊重・発展させるべきことを主張し，政治的にも西欧列強に屈せず自主独立路線を貫くべきことを主張した。「*日本人」「亜細亜」を発行。1907年陸羯南の「日本」と合同して「日本及日本人」を発行した。

政教新論 せいきょうしんろん　*小崎弘道の著作。1886年（明治19）警醒社刊。序によると「我国従来文明の基礎たる儒教を廃し，之に代るに基督教を以てすべし」がテーマで，全14章からなる。特色は，第一に，キリスト教を儒教の完成として理解していることである。宗教は国家の元気を振興するもので，宗教にもとづいた道徳が国家の安寧のために不可欠であると，宗教を国家における機能の面から理解している。第二に，キリスト教を文明との関わりで捉えていることである。特に個人を尊重する精神，婦人の位置を高尚にして，*一夫一婦制を厳重に守ること，社会改良の推進となったことに意義を見出すなど，キリスト教を近代啓蒙思想として理解して，その観点から儒教を批判している。本書は，キリスト教を基盤とする近代的個人と近代国家形成論といってよい。

聖教要録 せいきょうようろく　*山鹿素行が儒学の主要概念について，朱子学を批判して自己の信ずる「聖学」の立場から定義した書。全3巻。1665年（寛文5）成立。同時期に書かれた「*山鹿語類」聖学編の要約で，朱子学の入門書である陳淳の「北渓字義」に相当する書である。「太極」の上に「無極而」の3字を付け加えた宋学の祖周濂渓を「聖人の罪人」と非難して，朱子学の世界観の根底である理の形而上学的な性格を否定するとともに，人間観でも，孟子の性善説を根拠とする「本然の性」という道徳的な本来

性の存在を否定している。素行によれば，理は事物の間の「条理」であって，人間は「感通知識」する知的能力としての「性」をもっている。格物致知によって「条理」を認識し，日常の生活の中で実践すればよいのであって，朱子学の居敬のように「性の本善を認めて工夫」することは，「日用」から乖離してしまう仏教的な「異端」の教えである，とされる。将軍徳川家綱の補佐役で，闇斎学を奉じていた会津藩主*保科正之はこの書の刊行を憤り，素行は翌66年，幕府の命で赤穂藩浅野家お預けの処分をうけた。

清家流神道 *清原宣賢が確立して同家に伝えられた神道説。宣賢は，実父*吉田兼倶が大成した*吉田神道を継承し，一条家や明経家清原氏の家学を応用して神・儒・仏の*三教一致論による神道説を発展させ，存続が危ぶまれた吉田家を実子兼右に継承させて，その神道説を伝授するなどした。近世に入ると，*清原国賢は慶長勅版「日本書紀」神代巻に序文を付したり，忌部正通の「*神代巻口訣」，一条兼良の「*日本書紀纂疏」，兼倶の「日本書紀神代巻抄」，宣賢の「神代紀講義」をあわせて「日本書紀神代合解」を著したりした。しかしそれ以上の展開はなく，清原家は代々宣賢以来の神道説を祖述するに止まった。

靖献遺言 *浅見絅斎が編纂した漢詩文集。全8巻。1684〜87年（貞享元〜4）に編纂され，ただちに刊行された。翌88年から絅斎は講義を開始して，その講義録は「靖献遺言講義」としてまとめられ，1748年（寛延元）に刊行された。靖献は，「書経」微子編に由来し，「大義に靖んじて身を献げる」こと。中国の忠臣・義士8人をめぐる詩文，すなわち屈原「離騒懐沙賦」，諸葛亮「出師表」，陶淵明「読史述夷斉章」，顔真卿「移蔡帖」，文天祥「衣帯中賛」，謝枋得「初到建寧賦詩」，劉因「燕歌行」，方孝孺「絶命辞」を中心に，関連する文章を配して構成されている。当初，絅斎は日本の忠臣・義士を主題とするつもりだったが，憚るところがあって，中国に材料を求めたともいわれている。楠正成ら日本の忠臣が話題になっている「靖献遺言講義」は，その意味では絅斎の真意を直截に表しているともいえるであろう。闇斎学派の*大義名分論を代表する著作として，学派をこえて近世後期に大きな影響を及ぼした。絅斎の高弟である*若林強斎に「靖献遺言師説」の書がある。

政権恢復秘策 *大橋訥庵が朝廷に攘夷の勅命を発することを求めた策論。1861年（文久元）9月，門人椋木八太郎に託して上京せしめ，議奏の正親町三条実愛に密奏を依頼したもので，「草莽微賤」の臣の「勤王ノ義気」を信じ，幕府を介在させずに，全国に攘夷決行の勅令をだす英断を朝廷に迫っている。訥庵はこの中で，「当今ノ大関鍵ハ幕府ヲ捨テ玉フト否トニ有」るとのべ，公武合体策を否定し，皇女和宮の降嫁が将来的に廃帝につながる幕府の詐謀であることを指摘する。さらに通商航海の利益を説き，西洋の優れた軍事技術の導入を唱える洋学者や幕府有司の考えを，「神州」日本の「国ノ元気」を損なうものである，と激しく非難している。

省諐録 せいけん　幕末の先覚者*佐久間象山の主著。本文57条と付録上・下。1854年（安政元）門人*吉田松陰の密航事件に連坐して投獄されたが，その時の所感・思索を出獄後に筆録したもの。71年（明治4）勝海舟の序文を付して刊行。書名は諐（あやまち）を省みた記録という意味であるが，本文ではそれとは逆に西洋の長所を視野にいれながら，海防・学問のあり方などについて持論を展開し，自己の正当性を主張している。本書は象山の思想の精髄を示すものであり，彼の知的世界を象徴する有名な言葉「東洋の道徳，西洋の芸術（技術）」もここにみえる。⇒東洋道徳・西洋芸術

贅語 ぜいご　→三語
静坐 せいざ　→石門心学
西山遺事 せいざんいじ　→桃源遺事
西山上人 せいざんしょうにん　→証空
誓紙 せいし　→起請文
政治小説 せいじしょうせつ　明治初期，西洋文明の紹介の一環として外国文学の翻訳が盛んに行われた。翻訳小説を流行させた社会的背景と密接

に結びついて，自由民権運動の活発化とともに，政治主張の実現を目的として政治小説が流行する。それらには外国の歴史の中に理想社会を見出そうとする傾向がある。*矢野竜渓「経国美談」（前編は1883年3月「報知新聞」，後編は84年2月刊），*東海散士「佳人之奇遇」（1885年10月，書肆博文堂刊），*末広鉄腸「政治小説雪中梅」（2巻，1886刊）などがある。のち一応の理想とした国会開設（1890）以降はしだいに衰退する。

聖書 せいしょ 「聖書」はキリスト教の経典であるが，思想と文学の宝庫でもあり，近代日本の思想史に多大なる影響を与えた。1859年（安政6）以来，来日した宣教師たちが，日本人への伝道が禁じられている状況で取り組んだのが「聖書」の日本語訳であった。その中心的人物であったＪ．Ｃ．*ヘボンは，すでに日本への航海中に「日本語文法書」とギュツラフ訳の「約翰福音之伝」（1937）を読んでおり，日本語への聖書翻訳に意欲をもっていた。そして日本人キリスト者の協力により，Ｓ．Ｒ．*ブラウンらと新約聖書の日本語訳を分冊として出版した。他の宣教師も独自に翻訳を試みていた。ヘボンたちは，個人ではなく超教派ですべきであるとして聖書翻訳社中を組織し，1880年（明治13），前年に完成した「新約聖書」の祝賀会を開催した。旧約聖書は1876年に東京聖書翻訳委員会が組織され，1887年12月には旧約のすべてが翻訳され，翌年，新約・旧約聖書の日本語訳が完成した。その聖書は明治訳あるいは「元訳」とよばれ，明治の文学の発展に貢献した。特に*植村正久が訳した「詩篇」は格調高く，島崎藤村の詩の手本ともなった。しかし，明治訳は宣教師による和訳聖書であり，早くから改訳の必要がいわれ，1917年（大正6）には新約の改訳が出版された。旧約も1941年（昭和16）に改訳の決議がされ翌年から着手されたが，戦争で中断された。したがって，いわゆる「文語訳聖書」は旧約が明治訳，新約が改訳版の合冊である。そして戦後日本聖書協会改訳委員会により，新約が1954年に，旧約は1955年に出版され，いわゆる「口語訳聖書」が完成した。カトリックとプロテスタントの共同訳「新約」が1978年に，さらに1987年には新旧約聖書が「新共同訳聖書」として日本聖書協会から出版されている。個人訳としては，永井直治訳「新契約聖書」（1928）がある。同書は，一人の日本牧師がギリシア語原典から訳したものである。さらに*ニコライも新約を1901年に出版し，カトリックではラゲ神父による新約の文語訳（1910）がある。

聖書の翻訳に必要なことは，内村鑑三が永井直治訳「新契約聖書」の序言に記したように，「善き言語学者で，善き基督者で，善き日本人であるに非ざれば為す能はざる事業である」。その意味で聖書の日本語訳は外来思想受容の試金石であり，サンスクリットの仏典の漢訳に匹敵するものといえよう。

西笑承兌 せいしょうじょうだ 1548〜1607（天文17〜慶長12）「さいしょう—じょうだ」とも。戦国期〜江戸初期の臨済宗の僧。諱は承兌，道号は西笑。号は月浦・南陽。山城国伏見の人。山城国真如寺の麟甫功について得度し，相国寺の*仁如集堯に漢詩文を学んだ。中華承舜の法を嗣ぎ，1584年（天正12）相国寺に入り，翌年鹿苑院主として鹿苑僧録をつとめた。豊臣秀吉・徳川家康に重用され，寺社行政や外交文書の起草などに従事した。89年南禅寺住持となり，97年（慶長2）鹿苑僧録に再任された。方広寺の大仏供養や耳塚の大施餓鬼会の導師もつとめた。晩年，相国寺内に豊光寺を開き退居した。著作は「南陽稿」「伏見城学問所記」「日用集」「異国来翰認」「交隣考略」「西笑和尚文案」など。

清少納言 せいしょうなごん 生没年不詳 平安時代の歌人・随筆家。「*枕草子」の「清少納言集」の著者。父は清原元輔。深養父は曾祖父。橘則光と結婚し，982年（天元5）則長を生むが，やがて離別して，993年（正暦4）に一条天皇の中宮定子のもとに出仕する。1000年（長保2）に定子が没したのち，藤原棟世と再婚して小馬命婦を生む。晩年の消息は不明である。

青少年学徒ニ賜ハリタル勅語 せいしょうねんがくとにたまわりたるちょくご 1939年（昭和14）8月22日，日中戦争拡大の時局を背景に初等・中等学校生徒，大学学生などを対象に昭和天皇が発布した勅語。当

日は文部・陸軍・海軍3省共催により，中等学校以上1800校の代表3万5000人の学生生徒が二重橋前広場で天皇閲覧のもと，軍事パレードを実施し，終了後に勅語が公表された。勅語は177字からなり，「国本ヲ培ヒ国力ヲ養ヒ，以テ国家隆昌ノ気運ヲ永世ニ維持セムトスル任タル極メテ重ク，……而シテ其ノ任実ニ繋リテ，汝等青少年学徒ノ双肩ニ在リ」と説き，質実剛健・修文練武の必要を重ねて強調した。文部省はただちに勅語謄本を全国学校に配布し，「聖旨奉体」を訓令した。

聖書之研究 せいしょのけんきゅう →内村鑑三うちむらかんぞう

精神界 せいしんかい →精神主義せいしんしゅぎ

精神主義 せいしんしゅぎ 真宗大谷派の僧*清沢満之きよざわまんしによって提唱された主義。1901年(明治34)1月，清沢を中心に創刊された雑誌「精神界」の創刊号に「精神主義」と題した論文が掲載されているが，その主旨は次のようなものである。人間が生きていくためには完全な立脚地が必要である。これは相対的・有限なものではなく，絶対無限者でなければならない。この無限者は人間の精神の中とか外に存在するものではなく，求め信じる者に自ずから接してくれるもの。この絶対無限者に触れ合って生きていくところにうまれる精神の発達する筋道，これを精神主義という。常に無限者と生きるため自己以外の者とも共に生き得，外物を排除しない。また相対有限なものを追わないから完全な自由主義でもある。この自由主義は妄想や欲望をこえており，あらゆるものに自己を従属させ，自由と従属が同時に可能となるので，現実世界に生きながらにして自由となる。この主義は日々実行されるべきものであり，実行主義でもある。絶対無限者は実質的には阿弥陀如来をさし，親鸞の信仰を近代的に表現したものといえる。賛否両論がおこったが，知識階級や学生たちに影響を与えた。

醒睡笑 せいすいしょう 江戸初期の笑話集。全8巻。*安楽庵策伝あんらくあんさくでんの著。1628年(寛永5)成立。策伝は京都誓願寺の僧。若い時からおもしろおかしく思ったことを書きためていたのを，京都所司代の板倉重宗しげむねの勧めでまとめて献上したものである。写本(1039話)と刊本(311話)が伝わる。策伝が浄土宗の説教僧として用いるのに書きとめたり，「宇治拾遺物語」「沙石集しゃせきしゅう」などからえたりしたものが元になっている。話数と類型の多いことで，それまでの笑話の一大集成となっている。「戯言養気集ぎげんようきしゅう」(元和頃刊，作者不詳)，「*きのふはけふの物語」(寛永初期，作者不詳)とともに近世咄本ばなしぼんの祖といわれる。

清拙正澄 せいせつしょうちょう 1274～1339(元・咸淳10～暦応2・延元4) 中国元代，日本の鎌倉末期に来日した禅僧。臨済宗大鑑派だいかんは。別号畢竟滅ひっきょうめつ。大鑑禅師。月江正印げっこうしょういんの俗弟。すでに高名であった清拙の会下えかに入元した日本僧が多く参じて，日本に招請された。1326年(嘉暦元)8月博多に着き，翌年北条高時たかときに招かれて，建長寺21世となった。その後，浄智寺・円覚寺・建仁寺・南禅寺に歴住した。百丈懐海ひゃくじょうえかいを尊敬し，日本の禅林に「百丈清規しんぎ」(日常修道の規則)を定着させた。また*偈頌げじゅの作成にすぐれ，*五山文学の隆盛に与えた影響も大きい。その墨蹟は優品として珍重・伝来されている。語録2巻，外集「禅居集ぜんきょしゅう」2巻，「大鑑清規だいかんしんぎ」1巻がある。法嗣が多く，その門派を大鑑派という。

西説内科撰要 せいせつないかせんよう →宇田川玄随うだがわげんずい

聖代思想 せいだいしそう *醍醐だいご天皇と*村上天皇の時代を「延喜・天暦えんぎ・てんりゃくの治」とよび，政治的に理想化し，仰ぎ見る思想。摂関政治の進展とともに，上位の官職にしだいにつけなくなった文人層の官人たちが，摂関政治の始まる直前の醍醐・村上天皇の時代を天皇親政のもとで政治や文化が充実していた時代として，過大評価し理想化したもの。鎌倉時代末から南北朝期にかけて，再びいわれるようになり，*後醍醐天皇は自ら生前に醍醐天皇を範として「後の醍醐」を名乗った。

政体書 せいたいしょ *五箇条の誓文を具体化して太政官制を敷いた文書。1868年(明治元)閏4月21日公布。副島種臣たねおみ・福岡孝弟たかちかの起案とされる。議政官ぎせいかんが立法権，行政・神祇じんぎ・会計・軍務・外国の5官が行政権，刑法官が司法権を司るものとされた。むろんこれらの7官は「総テコレヲ太政官だじょうかんニ帰ス」との権力統一の原則が貫かれていたが，各府

藩県から貢士を選出して「*公議輿論」を尊重する制度も盛られていた。地方は，府・藩・県の三治制であった。このように政体書は，幕藩体制の崩壊の後をうけ，幕末の*処士横議，*公議輿論の風潮を列藩合議という体制に集約した天皇集権制への過渡的体制づくりをめざしていた。1869年(明治2)の官制改革で神祇官・太政官を中心とする官制に変えられた。

清田儋叟 だんそう　1719〜85(享保4〜天明5)　江戸中期の儒学者。名は絢，字は君錦，通称文平，儋叟はその号。別に千秋斎・孔雀楼と号す。福井藩儒伊藤竜洲の三男として，京都に生まれる。母の郷里明石の藩儒梁田蛻巌に親炙した。1749年(寛延2)福井藩儒となるが，平生は京都に住み，藩務のかたわら*皆川淇園や*富士谷成章なら文人と詩文の交わりをもった。模擬雷同の*護園学派を「俗習」「軽薄」と批判した儋叟は，歴史を重んじて，「資治通鑑」を愛読した。また「水滸伝」や「源氏物語」に対して，作中人物や構成を問う「心匠」という独自の基準から批評した。著書は「*孔雀楼筆記」「芸苑談」など。兄は「日本詩史」の著者江村北海である。

政談 せいだん　*荻生徂徠が，8代将軍徳川吉宗の下問に答えた幕政改革の提言の書。全4巻。1726年(享保11)頃に完成し，翌年春に上呈されたらしい。幕政について公然と論じることは許されないため，徂徠も「上覧ニ入レ奉ル後ハ，火中有リ度事也」と記していたが，宝暦期(1751〜64)の頃から流布し，1859年(安政6)に公刊された。巻1は，武士を知行地に帰して，万人を先祖代々の土地に落ち着かせるべきこと(土着論)が説かれている。農村から都市への人口の流入，都市の内部での人々の勝手な居所の移動が，徂徠のみるところでは，社会不安の出発点だからである。巻2は経済を中心に，制度を上からしっかりと定めるべきこと，巻3は幕府の機構運営のあり方や人材登用論，巻4はその他のこまごました問題について論じられている。

　5代綱吉の時代を境に，一気に貨幣経済が浸透して，社会のあらゆる身分においてそれまでの伝統的な気質・連帯感が失われ，人々は，譜代(先祖代々)の濃密な人間関係を嫌い，貨幣を媒介とした淡白な関係を好むようになったとして，ここに徂徠は危機の根源をみている。単なる群れとなってしまった人々の気質を，徂徠はこの書において「面々構め」とよんでいる。これを抜本的に打開するのが，人々の土着であり，そのうえでの制度の定立であった。吉宗の時代が，その可能性の最後の段階であり，その機を逸すれば幕府は衰退していくと徂徠は考えている。大上段の議論を避け，為政者の心構えに問題を矮小化させず，一見すれば細かな事実をつなぎながら，その背後に進行する危機を見事に抉り出し，大胆な改革案を提示していくという意味で，近世を通じて最も優れた社会分析の書である。

生長の家 せいちょうのいえ　*大本教の信者であった谷口雅春(1893〜1985)が創始した教団。谷口が大本教を脱退後，1929年(昭和4)に神示をうけ，翌年に個人雑誌「生長の家」を創刊したことに始まる。谷口は，「物質や現象はなく，実相(神)のみ存在する」と説いた。34年には株式会社光明思想普及会を設立，「光の泉」「白鳩」などの機関誌が次々に創刊され，文書による布教が展開された。教義内容は，諸宗教や哲学・心理学など多様な思想の影響をうけた積極的思考であり，万教帰一を主張した。神人合一をめざす独自の瞑想法として神想観がある。教育運動や社会活動も行うが，戦後一時期は帝国憲法体制への復帰などを掲げた政治活動を熱心に展開した。ブラジルなど海外にも支部をもつ。

青鞜 せいとう　明治・大正期の代表的女性誌。1911年(明治44)6月，*平塚らいてうは生田長江らの勧めで物集和子・中野初子らを誘い青鞜社を結成，「女流文学の発達を計り，各自天賦の特性を発揮せしめ，他日女流の天才を生まむ」ことを目的とした。同年9月，*与謝野晶子・*長谷川時雨らを賛助会員として機関誌「青鞜」を創刊した。らいてうの創刊の辞「元始女性は太陽であつた」は自我の覚醒を訴えて，女性たちに衝撃と共感とを与え，日本のフェミニズムの原点となる宣言と今日でもみなされている。五色の酒・吉原登楼などの事件がジャーナリズムにより

喧伝され，「新しい女」への非難の声が高まる中で，女流文芸誌として出発した「青鞜」は女性解放へと問題関心を移していった。恋愛・結婚をめぐる自己表現の場から，さらに女性の性と生活をめぐる諸問題が提起された。14年(大正3)生田花世の「食べることと貞操と」(「反響」9月号)に対し，安田皐月が「青鞜」12月号で批判，貞操論争が始まった。続いて堕胎論争や廃娼論争が，*伊藤野枝・*山川(青山)菊栄たちにより繰り広げられた。一方で社員の脱退や結婚・出産も相次ぎ，15年1月野枝が編集兼発行人となり「無規則，無方針，無主張無主義」を掲げ投稿を促したが，16年2月第6巻2号で無期休刊となった。→婦人解放の思想

聖堂 せいどう →昌平坂学問所

青鞜社 せいとうしゃ →青鞜

聖道得門 せいどうとくもん 武士を儒教的な「士君子」に教育する階梯を示した教訓書。*冢田大峰の著。1冊。1794年(寛政6)刊。農工商の「小人」を治める武士は，志道門・拠徳門・依仁門・游芸門・興詩門・立礼門・成楽門・知命門・知人門の9門をへて，安民に志し，徳と芸を兼ね備えた，どんな状況でも天命に安んじていられるような「士君子」にならねばならない，と説いた。儒教教説にもとづいて，武士の生き方を示した士道論の一変種といえるが，礼楽や芸の習得を必須用件としている点，徂徠学の君子論を想起させる。

制度通 せいどつう *伊藤東涯の著した中国制度史の書。和文。全13巻。1724年(享保9)成立。中国の制度の沿革を唐代までのべ，唐代の制度と深い関わりのある本朝の律令制度の対応する叙述をなし，さらに宋代以降の変遷に及ぶという形で，「元年改元ノ事」「正朔三統ノ事」「日星躔度ノ事」「暦法ノ事」(以上が巻1)から始まり，62項目が説明されている。儒者のいう道は異国の上代のもので，今日の日本には関係がないという見方や，中国は礼楽文明の地であるのに対し日本は僻遠の野蛮国だという理解の誤りを正すことが，本書の執筆の動機だったと東涯はのべている(「自序」)。「*古今学変」と並んで，東涯の歴史家としての優れた力量が存分に発揮された著作である。

青年団 せいねんだん 地域を基盤として青年(およそ15〜25歳)が形成する自主的・自治的集団。青年団の母胎は近世の若者組で，伝統的な世代教育の役割を果たしていた。明治維新以降，生産手段の変化，人口移動，地域再編，氏神統廃合策などにより若者組の共同体的機能が揺らいだ。明治20年代，それに代わる地域青年会を広島小学校雇の山本滝之助が「田舎青年」を著して提唱し，これを機に一定の目的をもつ有志による自覚的機能集団としての青年団が誕生した。日露戦争後は，内務・文部両省が青年のもつ地方自治と教育機能に注目し，大正期には第1次大戦を契機に，1915年(大正4)第1次訓令(「青年団体ノ指導発達ニ関スル件」)により青年団を公民教育のための修養団体として位置づけた。また，*田沢義鋪の始めた明治神宮造営奉仕団(1915〜20)や全国青年団により，広くその存在が認められた。その後全国組織として，16年中央報徳会青年部(同年青年団中央部と改称)が誕生，25年大日本連合青年団が結成された。昭和期に入り，文部省管轄下に産業組合青年部が結成され，青年学校が義務化され，満蒙青少年義勇軍を選出する際の基盤となった。41年(昭和16)*大日本青少年団に統合・改組され，「銃後の支援体制」として行政上の重要な役割を担った。

西方の人 さいほうのひと 「さいほうのひと」とも。*芥川竜之介の評論。正編・続編ともに1927年(昭和2)作者の自殺直前に執筆され，死後発表された。新約聖書の福音書の記述を参考にしながら，芥川独自のキリスト像を語ったもの。キリストを，「永遠に超えんとするもの」である聖霊と「永遠に守らんとするもの」であるマリアとの間に引き裂かれ，苦悩する存在とする基本的了解のもと，詩人・ジャーナリスト・共産主義者・無抵抗主義者などの形容が冠せられていく。芸術と実生活の問題を抱えた芥川の自己投影が，そこには顕著にみられる。芸術家としての理解は，近代的なキリスト解釈の中でも個性的なものといえる。

舎密開宗 せいみかいそう →宇田川榕庵

正名論 せいめいろん *水戸学の尊王敬幕の基本的な

立場を定式化した*藤田幽谷ゆうこくの書。1791年（寛政3）成立。幽谷の子藤田東湖とうこによれば、幽谷18歳の時、老中*松平定信さだのぶの求めに応じたものという。君臣上下の名分を秩序の根本原則とする幽谷は、「皇統一姓」の日本では、名分が厳正であるとのべる。ただ「中葉」以来、政治権力の担い手は藤原氏から鎌倉氏（源氏・北条氏）・室町氏（足利氏）・豊臣氏・徳川氏に移ったが、名分を犯すものはいなかったという。こうした伝統をふまえて、「覇主」である幕府が皇室を尊べば、諸侯は幕府を崇び、諸侯が幕府を崇べば、家臣は諸侯を敬すようになると、天皇一将軍一大名の階層秩序のもとでの*尊王論を明快に説いている。

誓文 せいもん →起請文きしょうもん

西洋学師ノ説 せいようがくしのせつ 西洋の自然哲学史についての覚え書。*高野長英たかのちょうえいの著。成立年不明。長英が残した「聞見漫録まんろく、第一」という覚え書の一部で、もともとは無題であり、洋学史研究家の佐藤昌介が冒頭の句から命名した。長英の鳴滝塾なるたきじゅく時代から蛮社ばんしゃの獄に至る間（1825～39）の成立か。前ソクラテス時代の古代ギリシアの宇宙論から、プラトン、アリストテレスらをへて古代自然哲学をおよそ総覧し、コペルニクスの地動説とその受容、近代自然科学の基礎を定めた「三大家」ニュートン、ライプニッツ、ロック、18世紀前半までの自然哲学と諸科学の名称が簡単な解説つきで列挙されている。このため18世紀後半の文献を参照したと思われる。

西洋画談 せいようがだん 江戸後期の画論。1冊。*司馬江漢しばこうかんの著。1799年（寛政11）の序文。日本初の刊行された西洋画小論で、西洋画の本質と和漢画との違いを論じる。本文は7項。西洋画法は濃淡によって陰陽・凹凸・遠近・深浅を表して写実的・細密的であり、その写実性ゆえに天地自然の理を反映し実用にも役立つが、和漢画は真を描かず手慰み、酒座の遊びにすぎない、として西洋画の優位を主張する。西洋画の種類として油彩・銅版画があり、画法としての遠近法、写実的人物画の存在などを説くが、詳しい技術についてはふれていない。

西洋紀聞 せいようきぶん *新井白石はくせきの著した書。和文。全3巻。完成は白石の最晩年、1724年（享保9）頃かと思われる。1708年（宝永5）に屋久やく島に上陸したイタリア人宣教師ジョバンニ・シドッチを、翌09年、白石は江戸小石川の切支丹キリシタン屋敷において尋問した。その際に聴取した事項を基本に、江戸参府のオランダ商館長からの情報も加え、世界事情を紹介したのが本書である。上巻は、シドッチの尋問の記録、中巻は五大州の地理・風俗・物産・政治制度・歴史など、下巻はキリスト教の教義に対する白石の批判からなっている。江戸時代には公刊されなかったが、識者の間には写本として流布した。

西洋雑記 せいようざっき 江戸後期の西洋故事の翻訳編集物。写本は全6巻、刊本は全4巻4冊。*山村才助さいすけの編訳。1801年（享和元）頃完成し、著者没後の48年（嘉永元）に刊行される。山村が*芝蘭堂しらんどうでの蘭学研究時代に蘭書などからえた西洋故事を抄訳・編纂したもの。全97話で、西洋の創造神話・洪水伝説などキリスト教神話をも含む古代史のはじめての紹介のほか、起源説話や伝記、多種の奇談・雑話を含む。これには「西洋雑記二編」という全2巻15話を含む続編がある。

西洋事情 せいようじじょう *福沢諭吉ゆきちの西洋文明紹介書。1860年（万延元）のアメリカ合衆国訪問と62年（文久2）の欧州旅行の見聞記を基礎に、現地で求めた教科書類の記述を巧みに織りこんだ初編（3冊）が66年（慶応2）に刊行され、大評判となった。西洋の政治体制・税制・会社組織・国際関係・兵制などが総説されたのちに、アメリカ、イギリスの歴史などがおかれるという構成になっている。さらに68年（明治元）刊行の外編（3冊）では、チェンバースの「経済学」（1852）が翻訳され、明治維新後の70年刊行の2編（4冊）では、税制の詳しい解説やロシア、フランスの国情が紹介されている。

西洋事情書 せいようじじょうしょ 「西洋事情答書とうしょ」とも。江戸後期の外国地理・歴史書。*渡辺崋山かざんの著。1839年（天保10）成立。同39年、*江川坦庵たんあんと鳥居耀蔵ようぞうの江戸沿岸の巡見後、その復命書に加えるために江川の依頼で崋山が書いた、蘭書の情報にもとづく海外情

勢書である。華山が書いた第一の書は，内容の過激さのために江川に送ることを断念し，それを基に改稿し江川に送ったもので，それぞれ「初稿西洋事情書」「再稿西洋事情書」と洋学史研究家の佐藤昌介によって命名された。西欧列強の簡単な歴史と地誌・文化・軍事力について叙述しながら，幕府の対外政策を批判した。同年，*蛮社の獄がおきた折に「*慎機論」とともに押収され，華山は国元蟄居に処された。

西洋列国史略（せいようれっこくしりゃく）　文化年間（1804～18）の対外的危機の中で，*佐藤信淵が徳島藩家老の求めに応じて書いた，日本最初の体系的な西洋通史の書。1808年（文化5）成立。全2巻。巻上の前半は，世界開闢から始まり，ノアの洪水伝説，さらにバビロニア，ペルシア，ギリシア，ローマの帝国興亡ののち西洋諸国は分裂し，アジア，アメリカ大陸に進出して富強を図っていることをのべ，後半はアジア，アフリカ，ヨーロッパの「自立国」を記述する。巻下では，スペイン，ポルトガル，ロシア，イギリスの航海貿易と植民地経略を伝える。本書は山村才助の「*西洋雑記」を種本としながら，西洋列国の富強が航海通商にもとづいていることを歴史的事実によって例示し，幕末の人々に数多く伝写された。

清凉寺（せいりょうじ）　嵯峨釈迦堂（さがしゃかどう）とも。京都市右京区嵯峨釈迦堂藤ノ木町にある浄土宗（もとは華厳宗）の寺院。山号は五台山。986年（寛和2）東大寺僧の*奝然が宋より優塡王に由来する釈迦如来像の模刻像，宋版一切経などを持ち帰り，翌年，中国五台山大清凉寺にならった寺院を愛宕山に建立することを奏請するが，生前には実現しなかった。愛宕山麓に源融の別荘として建てられ，その死後寺院に改められた棲霞寺内に，奝然の弟子盛算が一堂を設け，請来像を安置して清凉寺の名が許された。やがて，この釈迦像は模刻でなく三国伝来の生身釈迦像であるという信仰が高まるにつれ，清凉寺は平安時代末から規模を拡大し，棲霞寺とその位置を逆転した。その後，各地で模刻像が作られ，清凉寺式釈迦像として鎌倉時代には特殊な信仰を形成した。また浄土教の発展にともない念仏

聖の活動の場ともなり，16～17世紀以降浄土宗系の僧が実権をもつようになり，明治維新で真言系は大覚寺に合併し分離した。

性霊派（せいれいは）　江戸後期の詩の流派。詩人の精神や感情・発想など主体性を重んじる立場で，詩の形式や修辞を重んじる格調派と対比される。明の袁中郎の主張した説であり，わが国では，*荻生徂徠の蘐園学派の擬唐詩派に対して異議を唱えた*山本北山，また市河寛斎が主唱した宋詩尊重の江湖詩社の詩人たち，菊池五山・大窪詩仏・柏木如亭・小島梅外らをさしていう。北山の「*作詩志彀」（1783）は袁中郎の性霊説の忠実な紹介であり，北山はさらに，清代の袁枚の「随園詩話」（1791頃）によって性霊説を深めていく。如亭が大工職であることに象徴されるように，広くあらゆる階層，また女流にまで平明清新の詩風が歓迎されて，都市風俗によせる感興や身近な日常の感情の表出手段となった。

清滝権現（せいりゅうごんげん）　「せいりゅう―」とも。真言密教の*護法善神の一つ。京都市伏見区の醍醐寺や高尾の神護寺に祀られているものが広く知られており，本地は准胝・如意輪の両観音である。「醍醐寺縁起」によれば，この権現は沙竭羅竜王の三女で，唐代長安の青竜寺の鎮守で青竜とよばれる竜神である。またその寺で真言密教を学んだ*空海が高雄の神護寺に清滝権現と名を変えて勧請し，902年（延喜2）2月7日，*聖宝は清滝権現が神女として降臨するのに出会ったとある。この権現は竜神であるので，祈雨の神としても信仰され，「醍醐雑事記」には，祈雨に優れた小野僧正*仁海の時に請雨経法によって極位が授けられたと記されている。さらに同書では，清滝宮を勧請したのは，1089年（寛治3）4月4日としている。なお，醍醐寺に清滝権現を勧請してその鎮守としたのは*本地垂迹説によるもので，そのことにより当寺を三国伝来の仏法の中心に位置づけようとしたものである。

施印（せいん）　→石門心学

世界史的立場と日本（せかいしてきたちばとにほん）　「中央公論」1941年（昭和16）11月号から翌年にかけて

掲載された3回の座談会。出席は高坂正顕・西谷啓治・高山岩男・鈴木成高であり、いずれも京都帝国大学で*西田幾多郎の薫陶をえた*京都学派のメンバーである。内容は、当時の名称「大東亜戦争」の世界史的意義を明らかにして、日本の使命を解明しようとしたものである。同時期に掲載された「*近代の超克」とともに、戦後、京都学派の時局への「戦争協力」発言として批判されたが、その意図が海軍との関係も含めて解明されつつある。

世界地図屏風（せかいちずびょうぶ） 織豊・江戸初期、舶載されたヨーロッパ製の原図をもとに屏風に描かれた世界地図。およそ30点現存するが、年紀・署名はなく正確な制作年代・作者は不明。典拠とする原図により四つのタイプがあり、その多くは日本地図と一双となっている。いずれも原図の忠実な描写ではなく、赤道や両回帰線を除いて経・緯線は省略され、地図本来の機能よりも装飾を重視した、南蛮屏風の一種である。「駿府記」（慶長16年9月20日条）に、徳川家康が「南蛮世界図屏風」の前で「異域国々」について幕閣と談話した、という記事がある。

世界婦人（せかいふじん） 福田英子が主宰した女性解放誌。1907年（明治40）1月創刊。「*妾の半生涯」執筆の頃から社会主義者との親交を深めた英子が、「*新紀元」廃刊後、その同人たちの協力をえて発行した、半月刊のタブロイド判新聞形式の雑誌である。世界的視野に立った女性解放をめざし、特に治安警察法第5条改正運動、恋愛の自由の主張、封建的家族制度の批判、足尾鉱毒事件の谷中村民の救済などに力をいれた。経営難で2年目から月刊。その年の9月号よりたびたび新聞紙条例違反に問われ、重なる罰金と編集人*石川三四郎の入獄もあって、09年7月号で発行禁止、廃刊となる。

世界文化（せかいぶんか） 1935年（昭和10）2月、京都で創刊された反ファシズムの文化雑誌。滝川事件後、学問・文化が抑圧される状況に抗して、京都帝国大学講師*中井正一が中心となり、真下信一・新村猛・和田洋一・富岡益五郎・久野収・武谷三男・禰津正志ら京大出身者で創刊された。前身は芸術・文化誌「美・批評」。偏狭な民族文化論が横行する中で、「世界文化の大通り」を歩むことをめざし、思想・文化誌として再出発した。普遍的な理性・人間性擁護の立場からの哲学・芸術・文化の批評を掲載するとともに、西欧の反戦・反ファシズムの文化情報を克明に紹介した。発行部数千部たらずであったが、抵抗する貴重な文化運動の足跡を残し、37年10月、同人の一斉検挙によって廃刊した。

施餓鬼（せがき） 「救抜焔口餓鬼陀羅尼経」の所説にもとづき、悪道に堕ちた餓鬼や不慮の死をとげた無縁仏に飲食を施して供養する法会。施餓鬼会の略で、施食会などとも称する。すでに中国唐代には盛んに行われていたものが、入唐僧らによって日本に請来され、平安時代にはもっぱら密教僧が担当し、この法を修するものは災難・短命をまぬかれるとされた。鎌倉時代以降は、浄土真宗を除く諸宗派でも広く行われ、特に禅宗では生飯と称して、食事のたびに数粒の飯を施す習慣も施餓鬼の作法としている。なお施餓鬼は本来期日を選ばない法会であったが、後世には祖先の霊を供養する*盂蘭盆会と並行して行われることが多い。

関（せき） 古代、交通の要路に検察のためおかれた施設。646年（大化2）正月の改新の詔にはじめて関をおくことがみえ、奈良時代には、不破・愛発・鈴鹿の三関を結ぶラインが畿内と東国の境として強く意識された。天皇の死去や政変の際には固関使が派遣されて関が閉鎖され、平安時代にはこれが儀式化された。*桓武天皇は、軍団を送って東北の開発と経営を政治の柱の一つとしたが、関は交通や交易の妨げになるものであり、「区宇外無き」（内外の区別をしない）天皇の政治に反するものだとして、関の廃止を命じている。

析玄（せきげん） *広瀬淡窓の老子解釈の書。1冊。1838年（天保9）成立、41年刊。若い頃から老子を好んだ淡窓は、老子の本旨を「制数二字」に収斂させる。この点、自ら「古人未発ノ説」（「懐旧楼筆記」巻40）と誇っている。淡窓によれば、「易」に由来する「数」とは生死・興亡の運命である。老子は、この

運命に受動的に制せられるのではなく，かえって，これを能動的に制することを論じているという。老子を，「塵埃を超脱」する虚無自然の荘子と結びつけるのではなく，「性命を保全」する「無為」の処世法を説いた書として理解するところに，本書の特徴がある。なお淡窓には，注釈書の「老子摘解」(1849刊)がある。

関孝和 せきこうわ →関孝和たかかず

赤山明神 せきざんみょうじん 「せきざん―」とも。京都市左京区修学院の赤山禅院に祀る，比叡山*延暦寺の守護神。慈覚大師*円仁が，唐の赤山法華院で新羅人が祀っていた土俗神を勧請しようとしたがはたせず，弟子の安慧が西坂本の神殿に祀ったのが始まりといい，その場所は大納言南淵年名の山荘跡と伝える。本来は泰山府君神とされ，山門側では*新羅明神と同一神とする。中世には赤山権現祭が官祭となり，また京都の鬼門にあたるとして，方除けの神としても広く信仰を集めた。赤色の袍を着け，左右の手に弓矢をもつ武神的な姿で造形されることが多い。

尺素往来 せきそおうらい 室町時代の公家で，歌学・有職故実などに明るく，当代随一の知識人であった*一条兼良による往来物(教科書・教養書)。特に古往来に分類される。古往来とは往来物の中でも，中世頃の往復書簡の形をとったものをさす。上・下2巻。本書は往復2通の書簡形式をとり，四季を通じて，社寺の祭礼・法会，衣服，典籍，芸能，医薬，天候や植物，日用品などが列記され，随所にそれらの解説などが散見する。当時の公家に求められた知識・教養の一端が垣間見える内容となっている。内閣文庫や神宮文庫に伝本がある。

関孝和 せきたかかず ?~1708(?~宝永5) 「―こうわ」とも。江戸前期の和算家・幕臣。*和算の関流の開祖。通称は新助，号は自由亭，字は子豹。生年・生国は不明。幕臣内山氏の次男に生まれ，のち関氏の養子となる。甲府宰相徳川綱重とその子綱豊(のちの6代将軍家宣)の2代にわたり，勘定方として仕える。綱豊の将軍就任にともない，幕臣として御納戸組頭を務める。和算に体系的な方法論を導入して基礎を確立し，その影響は幕末の和算家にまで及び，後代に「算聖」と称される。その算学は独学によったと伝えられる。主著に「発微算法」(1674刊)，遺著に「括要算法」(1712刊)，その他多数の稿本が残されている。著名な弟子に*建部賢弘がいる。

釈奠 せきてん 孔子やその弟子たち(十哲)を祀る儒教の儀式。日本では701年(大宝元)に始まり，大宝令によって，大学寮と国学とで毎年2月と8月の上の丁日に行うことが規定された。儀式が整うのは9世紀半ばで，「延喜式」によれば大学寮での釈奠の次第は，廟堂院での孔子以下を祀る饋奠，都堂院での講論・宴座，紀伝道の文人賦詩，明経道・明法道・算道の論義からなり，8月の釈奠にはさらに翌日の内裏での内論義が加わる。なお講論では，1回に「孝経」「礼記」など七書が順番に論義される七経輪転も行われ，総じて唐の「開元礼」を踏襲しながらも，わが国独自の要素をとりいれていったものであったことが知られる。朝廷の釈奠は中世以後衰微したが，江戸幕府ではこれを再興し，最初は林家の忍岡聖堂で，つづいて元禄期(1688~1704)の湯島聖堂移転を契機に大規模化し，藩学などでもならうものがあった。

石門心学 せきもんしんがく 江戸中期に興り，後期にかけて全国に普及した人生哲学・教化運動。始祖の*石田梅岩が，1729年(享保14)京都の自宅を講席として開いたのが濫觴である。梅岩は，忠孝をはじめ当代において尊重された徳目を庶民に押しつけることなく，主体的・積極的に実践していく心境，その心境をうみだす根拠を人間本性の内側に求め，こうした本性修行の途を説いた。すなわち，倫理の拠ってたつ根底を人間性の問題，人間哲学に求め，これを庶民に会得(「発明」と称する)させようとした。

梅岩の高弟*手島堵庵は，教化普及の統制・組織化に卓越した手腕を発揮した。修行の方途は，坐禅に通ずる静坐，道友が会して道義を討究する会輔，心学者が一般に向かって説く*道話の三途とした。これらを実施する施設を*心学講舎と名づけ，京都を

はじめ各地に設置を図った。そして講舎の中心を京都の明倫舎めいりん・修正舎しゅうせい・時習舎じしゅうとし、この3舎が発行する免状（三舎印鑑）をもつ者に布教の資格を限定した。さらに児童・少年を対象に平易な口調で道義を説く*前訓ぜんくんを実施し、また絵入りで道歌・俚諺などを一枚刷りにした施印さいんを作成・配布するなど、種々の普及の手立てを案出した。

堵庵の門弟*中沢道二どうには江戸に下り、参前舎さんぜんを建営して、ここを足場に関東・中部・東北地方と教勢を拡大した。また、庶民のみでなく武家層への浸透にも功をあげた。一方、堵庵・手島和庵わあんに次いで明倫舎主となった*上河淇水きすいは、心学を儒学、とりわけ朱子学によって基礎づけ、儒学隆盛の時代に即応しようとした。道二・淇水が活躍する江戸後期の天明～享和期（1781～1804）が心学全盛期であって、40カ国余にわたって普及した。

その後も*大島有隣ゆうりん・*柴田鳩翁きゅうおう・*脇坂義堂ぎどうからの活躍により教勢は保たれるものの、幕末期の激しい社会変動にそぐわない教化となり、また二宮尊徳そんとくによる報徳教をはじめとする新興の教化勢力に押されて、しだいに衰退の傾向をたどった。けれども、矢口来応らいおう・奥田頼杖らいじょうらの広島を拠点とする中国・四国地方の教化活動は、同地域にあった諸大名の後援をえて活発であり、そのまま明治維新後に及んでいる。

世鏡抄 せきょうしょう　「清眼記せいがんき」「正直抄しょうじきしょう」「神託記しんたくき」「去悪経」「二世抄」「禁中鏡」「秘察鏡」「御前帳」とも。中世の教訓書。著者未詳。上・下2巻。巻頭および巻末で本書を「御前帳」とよび、巻末に「世鏡抄」以下異名を記す。序によれば、902年（延喜2）涅槃会ねはんえの際に、天照大神あまてらすおおみかみ・八幡大菩薩・春日大明神の化身である3人の翁が現れて、教訓を記す巻物各1巻を帝に授けたのが本書である。しかし内容から、室町後期降っても江戸初頭までに書かれたと考えられる。八幡大菩薩の本地ほんじである阿弥陀如来の四十八願にあわせて、48カ条の公家・武家・釈家しゃっけ（仏家）以下それぞれの身分に応じた処世のために心得ておくべきことを載せ、さらに付録ともいえる雑事が記され、中世後期の思想

を考えるための素材になると思われる。

赤裸裸 せきらら　*服部蘇門そもん（天游てんゆう）の著した書。1巻。富永仲基なかもとの「*出定後語しゅつじょうごご」の影響をうけながら、「大乗だいじょう家は多くは小乗の名目を仮で翻案して、其大乗の義を成せり」というように、独自の立場から大乗非仏論を展開させている。小乗についても、仏の真説はまれだとされる。仲基のような排仏の立場というよりは、*三教一致論のうえで仏教経典の成立が論じられているところに特色がある。巻末に漢文の「仏法源流論」が収められている。平田篤胤あつたねの「*出定笑語しょうご」にも影響を与えた。

赤瀾会 せきらんかい　大正期に結成された日本初の社会主義女性団体。日本社会主義同盟（1920創立）に参加した女性たちにより、1921年（大正10）結成された。*伊藤野枝のえ・堺（近藤）真柄まがら・九津見くつみ房子らが中心となった。綱領では、「私達の兄弟姉妹を窮乏と無知と隷属とに沈淪せしめたる一切の圧制に対して、断固として宣戦を布告する」と訴えた。第2回メーデーに女性ではじめて参加、*山川菊栄きくえが檄文を書き、社会主義は人類を資本主義の圧制と悲惨から救う唯一の力であるとし、運動への参加をよびかけた。講習会や講演会を開催し、社会主義思想の宣伝に努めたが、官憲の迫害をうけて短命に終わった（1922年解消）。

世間学者気質 せけんがくしゃかたぎ　江戸中期の*気質物の*浮世草子。全5巻5冊。無跡散人の作。1768年（明和5）、京都の柏屋喜兵衛刊。浮世草子末期の作品で、素人が徂徠そらい学・医学・算学・禅学・神道・老荘・和学などに凝る様を描く。人物の気質（偏執や執着的な人物造形）を描くという気質物の基本のうえに、多田南嶺なんれい「鎌倉諸芸袖日記」（1743刊）、上田秋成あきなり「諸道聴耳世間猿しょどうききみみせけんざる」（1764刊）などが得意とした諸道・諸学にのめりこむ気質を描く。また初期の*談義本だんぎぼんの影響もすでにみられ、こじつけやうがちなど後年の*戯作的な面白さも加味される。作者は未詳であるが、文章も洒脱かつ達者で、平凡ながら和漢の故事・格言がちりばめられ、それなりの学識が想定される。

世間虚仮・唯仏是真 せけんこけ・ゆいぶつぜしん　「*上宮聖徳

せじけ

法王帝説」に収録の*天寿国繡帳銘にみえる、*聖徳太子生前の言葉。「世間」とは、仏教では迷える存在としての衆生が生死する場で、移ろいゆくもの、空虚なもの、したがって否定すべきものとされる。自ら仏教を研究し、政治の世界からしだいに仏教の教えに沈潜していった太子生前の一つの思想的到達点を示すもので、現世を超えた深い真実の世界を感得した、日本人による最初の哲学的思惟として、早くに家永三郎がその記念碑的意義を指摘した。

世事見聞録　江戸後期の随筆。武陽隠士(閲歴不詳)の著。全7巻8冊。1816年(文化13)の序。「財利」が本となり、上下の社会秩序の「義理」は末になってしまったことに強い憤懣を抱いていた著者が、武士・百姓・町人をはじめ、寺社人・医者・盲人・遊売女・穢多非人などの諸階層の人々の現状を批判的に描き出している。貨幣経済の進展によって、武士の主従関係が「貸借」関係に堕し、百姓の階層分化が激しくなっていることに対比して、豪商と穢多頭など弾左衛門の奢侈を記し、末尾の「日本神国といふ事」「土民君の事」では、利欲のない世界が夢想されている。とりわけ公事・訴訟、遊女屋の残虐な仕打ち、歌舞伎役者の豪勢さなどは詳細に記され、文化・文政期(1804~30)の江戸風俗を知るうえでも貴重な資料である。

世子六十以後申楽談儀　→申楽談儀

勢多唐巴詩　→畠中観斎

絶海中津　1336~1405(建武3・延元元~応永12)　室町初期の禅僧。臨済宗*夢窓派。別号蕉堅道人。諡号は仏智広照浄印翊聖国師。土佐国の人。晩年の*夢窓疎石や竜山徳見・青山慈永に師事する。1368年(応安元・正平23)明に渡り、季潭宗泐らに参じ、78年(永和4・天授4)に帰国した。将軍足利義満の帰依をうけて、等持寺・相国寺などに住し、北山等持院に退居したのち、94年(応永元)火災にあった相国寺の復興にあたり、98年同寺に再住した。翌年鹿苑院主となり、鹿苑僧録をつかさどった。*義堂周信とともに夢窓派の発展に尽くした。渡明の間に季潭ら大慧派の人々に歴参して学んだ四六文の技法によって、*五山文学に影響を与えた。著作に「絶海和尚語録」、外集「蕉堅藁」がある。

説経　説経唱導とも。仏教の教理を平易に解説すること。経典から取材した譬喩話・因縁譚を語った。説話は説経の種本でもある。平安時代末以降、説経唱導を専門とする僧侶が流派を形成するようになり、比叡山の僧*澄憲は京都の安居院に住み、弁舌に優れ、その子*聖覚は流派を大成し、安居院流とよばれた。こうした説経のための説話を集めたものとして、14世紀半ばの成立と考えられる「*神道集」がある。鎌倉時代末には自然居士とよばれる禅宗の影響をうけた説経者が活躍し、京都東山の雲居寺造営の勧進を行い、鞨鼓を打ち、簓をすり、歌い踊った。芸能者としての説経師は巷間に広がり、清涼寺本「融通念仏縁起絵巻」には乞食風で簓をする姿がみえる。江戸時代になると長い柄の大傘を立て、説経を語る者や、編み笠をつけ、簓・胡弓・三味線で伴奏をつけながら語る姿が絵画に描かれ、大道芸・門付芸の説経節として広がった。また、操り人形芝居として興行を行う者も増加した。説経の代表的な作品として「刈萱」「*さんせう太夫」「愛護若」「梅若」「信田妻」などがある。

雪舟等楊　1420~1506?(応永27~永正3?)　室町中期の禅僧・画師。30代の終り頃までは拙宗等揚といった。備中国に生まれ、幼くして地元の宝福寺に預けられ、成長して相国寺に移ったが、京都では名を成せなかったらしく、30代の半ばに周防国山口へ移った。その後はこの地を本拠とし、大内氏をはじめとする武家や寺院などの需要に応えて肖像画・仏画・山水画など幅広い画題を描くことを業とした。その間、1467~69年(応仁元~文明元)には遣明使に従って明へ渡り、帰国後の76年には豊後国にあって、居処に「天開図画楼」と扁じ、81年には美濃国へ旅して*万里集九らと親交を結んだ。丹後国の天の橋立にも旅しているが、その年次については異説があり、現在のところ1501年(文亀元)頃とする説が有力である。こ

れらの動きは、おそらくは大内氏の命をうけてのものであり、単なる画僧であることをこえて、大内氏のスタッフとして活躍したことが推測できる。没年には1502年と1506年（永正3）との二説があるが、いずれも明確な根拠はなく、没地にも山口・石見国益田・重源寺（岡山県）の三説があって山口説が有力である。僧職は終生知客すの地位に留まったが、強い文人画家志向をもち、積極的に著名な文筆僧と交遊して詩文を需め、また彼らのために作画した。その思想については明らかでないが、交友関係には朱熹（朱子）の「四書集註しょ」に和点を付した岐陽方秀ほうしゅう門下の人々がおり、また薩南学派の祖となる*桂庵玄樹げんじゅとは明へ同道して以降長らく親交があった。朱熹にちなんで自ら晦庵かいと号し、また中国から宋学関係の書を持ち帰るなど、宋学の素養があったと考えられる。

画の面では、入明などを通じて知った同時代の中国絵画からさまざまなものをとりいれたことに特徴がある。特に浙派せっから学んだ一種の自己表出性、粗放な線・面を用い一部に抽象的な表現を交じえる山水画の描法は、雪舟自身の資質にも適合して独特の画境をうむことになった。「秋冬山水図しゅうとう」（東京国立博物館蔵）の冬景はその代表である。一方、「天橋立図」（京都国立博物館蔵）のような、スケッチをもとに絵図的な枠組みを使ってつくりあげた実景図は、当時の日本では画期的なイリュージョニスティックな三次元の表現だった。その他、「慧可断臂図えかだんぴ」（愛知県常滑市斉年寺蔵）では、達磨だるまから慧可への伝法の瞬間に独自の解釈を与え、大内政弘に献上した「山水長巻さんすいかん」（毛利博物館蔵、1486作）では16mという長大な画巻に山水画の造形語彙のほとんどを散りばめるなど、画域は広いが、個々の作品の図像解釈についてはまだ研究の途上である。

摂政・関白 せっしょう・かんぱく　摂政は、天皇に代わって、万機を執り行う（摂行する）職。また、そのことを行う人。摂政は厩戸うまやど皇子（*聖徳太子）や中大兄なかのおおえ皇子（のちの*天智天皇）などのように、はじめは皇族がその任にあたった。律令制定後の摂政のはじめは、清和天皇（858年11月即位）の外祖父で太政大臣の*藤原良房よしふさである。関白は、天皇を補佐し政務を執行する職で、887年（仁和3）宇多天皇の時に*藤原基経もとつねがはじめて任じられた。10世紀前半になって、朱雀すざく天皇の外祖父藤原忠平ただひらの時に、天皇幼少の時に摂政、その元服後に関白をおく例となったが、ほとんど藤原北家ほっけに独占されるところとなり、北家の摂関家としての家柄が定まった。ことに、一条天皇（986年7歳で即位）から後冷泉ごれいぜい天皇（1068年4月没）の時代はその中心が道長・頼通よりみち時代で、いわゆる摂関時代の全盛期をなした。一条天皇の時には、生母藤原詮子せんしが東三条院の院号を贈られて*女院にょいんのはじめとなったが、一条天皇から後冷泉天皇までの時代は、まさに女院の時代であった。それぞれの天皇が即位した時には父天皇は没しており、女院としての母后が天皇に対して大きな影響力をもったのである。摂関政治は、天皇の母后である藤原氏の娘を媒介にして、天皇の外祖父や外戚が権力をにぎったものであった。

殺生禁断 せっしょうきんだん　生き物を殺すことを禁じること。仏教の不殺生戒ふせっしょうかいにもとづくもの。支配者は自ら支配した人々に強制的にこれを守らせた。「雑令ぞうりょう」には月の*六斎日ろくさいにちに殺生を禁じる規定がある。691年（持統5）2月に、月に六斎を行うことがみえる。捕らえた魚鳥を山野に放つ放生会ほうじょうえは、この思想を儀式化したものである。*放生の初見は676年（天武5）である。奈良時代には、聖武しょうむ・孝謙天皇の時期に集中し、六斎日や「*金光明経こんこうみょうきょう」講読の一定期間のほかに、聖武天皇・光明こうみょう皇后の病気平癒・追善供養の際にも行われた。平安時代には、特に白河法皇の1125年（天治2）以降、盛んに行われた。中世には律宗僧の*叡尊えいそんが、宇治川などでたびたび実施した。

雪窓宗崔 せっそうそうさい　1589～1649（天正17～慶安2）　江戸前期の臨済宗の僧。近世仏教復興運動の一員。排耶はいや説法と、その筆録「*対治邪執論たいじじゃしゅうろん」で有名である。諡号は仏智丕照ひしょう禅師。豊後国池田氏の出身。11歳で浄土真宗の僧となるが、「学問ヲ事トセズ」という宗風を嫌い、禅教一致に関心をもち、1613年（慶長18）臼杵多福寺の了室宗密りょうしつそうみつ

せっそ

のもとに参じて臨済宗妙心寺派に転宗した。諸国行脚にでて，駿河国臨済寺の鉄山宗鈍、清見寺の説心宗宣を訪ね，16～21年（元和2～7）頃には江戸で*鈴木正三・*大愚宗築らと交わり，禅復興の盟約をした。那須の雲巌寺で修行し大悟したのち，臼杵藩主稲葉一通の招聘により31年（寛永8）多福寺に入る。33年には妙心寺第一座となり，また真言律復興をめざす高野僧の賢俊良永に，正三とともに師事した。41年には後水尾上皇の招きに応じて参内し，46年（正保3）勅命により妙心寺に瑞世する。その翌年，幕府の命により長崎興福寺で排耶説法を行い，2万余人に五戒を授けたという。その説法の筆録が「興福寺筆記」として多福寺に残されている。これによって48年（慶安元）「対治邪執論」が幕府への報告書として再編集された。ほかに著書として「*禅教統論」など。禅・念・戒一致的な思想がみられ，近世仏教復興運動の諸僧と共通の立場が知られる。

雪村周継 せっそんしゅうけい　生没年不詳　室町後期～桃山前期に関東で活躍した画僧。1504年（永正元）生れとする説があるが，確証はなく，10年ほどさかのぼらせる説がある。佐竹家一族の長子として常陸国太田に生まれるが，本名は不明。出家して禅僧となる。通称の雪村は道号，法諱は周継。ほかに鶴船・中居斎・舟居斎など多数の別号がある。確実な履歴を示す史料はきわめて乏しいが，作品の伝存状況，着賛などによってある程度の足跡がたどれる。会津の蘆名盛氏，小田原の北条氏康・氏政らの戦国大名，箱根早雲寺の以天宗清・大室宗碩，鎌倉円覚寺の景初周随らの禅僧との交友が知られ，中年期まで関東一円を遍歴したと推測される。晩年は奥州田村の三春に隠棲し，86歳をこえて没した。この時期の画家としては異例に，100点をこす多数の作品が現存する。山水・花鳥・人物などレパートリーはきわめて広く，独自の解釈による過剰な表現に特色がある。「呂洞賓図」（大和文華館蔵），「花鳥図屛風」（同），「風濤図」（野村美術館蔵），「山水図屛風」（シカゴ美術館蔵）などが著名である。「説門弟資云」は，雪

村が自ら門弟のために説いた，わが国初の本格的画論として著名だが，偽書である可能性が高い。

折衷学 せっちゅうがく　江戸中期の反徂徠学・非朱子学的な儒学の一派。儒学界を一変させた徂徠学の衝撃後，それを批判する中でうまれた。朱子学・陽明学・徂徠学・仁斎学などの既成の学問を，己の判断にしたがってその是非を考え，取捨選択して聖賢の本旨を明らかにしようとする点で，共通の志向を有していた。「帰一ノ風ナクナレリ」（那波魯堂「学問源流」）といった否定的な評価がなされることがあるが，「凡ソ学問ハ，自得ニ在リ」（井上金峨「師弁」）と説き，「自得」して折衷する主体の自己を押し出した点を，平賀源内をうんだ田沼時代の人間解放の風潮との関わりで，積極的に評価する立場もありうる。この時代は，蘭学や国学などの新奇な学問が勃興した活気に満ちた時期であり，折衷学派の儒者も，こうした解放的な風潮の中で，既成の学問を相対化して，自身に即した学問を構築しようとしたからである。代表的儒者に，*細井平洲・*片山兼山・*井上金峨，金峨門の*山本北山・*亀田鵬斎，北山門の*朝川善庵・*大田錦城らがいる。田沼時代の終焉とともに松平定信の寛政の改革が始まると，「自得」を根拠とする折衷学者は，学問の統合化をめざす朱子学「正学」派によって，その相対主義が批判されるとともに，学問的方法の主観性への反省から自ら*考証学への道を開いた。

折中の法 せっちゅうのほう　鎌倉時代の朝廷の行政・訴訟において，しばしばみられる言葉。朝廷は変動する社会に即応して政策を打ち出し，裁判を行おうとした。けれども，承久の乱（1221）の敗北によって強制力が著しく低下したために，新たな法を作れなくなっていた。新法の受容を要請できなかったためである。そこで，当時の社会の*道理を巧みにとりいれ，朝廷が維持してきた*律令をはじめとする法令と無理矢理にでも関連づけて，新しい法解釈を提示した。これならば当時の道理が基本になっているので，人々にうけいれられることが期待できたのである。こうした行為を折中といい，折中の結果としてう ま

れた法を折中の法とよんだ。

節分〔せつぶん〕　春夏秋冬の季節の移り変わる節目。本来，立春・立夏・立秋・立冬の前日のことだが，特には立春の前日をいい，近世以降はこれがもっぱらとなった。現行太陽暦では2月3日または4日にあたる。年末の宮中行事である*追儺〔ついな〕にならい，立春前日の節分には悪霊・邪気を払い新春を迎えるためのさまざまな行事が民間でも行われた。代表的なものは戸口に焼いた鰯の頭や柊〔ひいらぎ〕の小枝をかざしたり，「福は内，鬼は外」と唱えて豆を撒〔ま〕く豆撒き・豆打ちなどと称するものであった。このうち前者に類する行事は早く「*土左〔とさ〕日記」にみえ，後者も室町時代には確認できる。

節用集〔せつようしゅう〕　室町末期に成立した国語辞書。著者不詳。先行する「*下学集〔かがくしゅう〕」を参照して，こちらが部門別の編成であるのを，「いろは」順の音引きを優先させる体裁に改めるとともに，内容を増補して編纂されたと考えられる。検索に便利なことと，日常通用の語が多く所収されていることから，通俗辞書として広く利用された。流布の過程で多くの改編が加えられ，「古本節用集」は3系統に分類される。江戸時代には，より一般的な利用に適するように改められ，「節用集」の名を冠しながらも，内容・体裁は一新されたものが普及した。

妹尾義郎〔せのおぎろう〕　1889~1961(明治22~昭和36)大正・昭和期の仏教社会運動家。広島県生れ。結核で第一高等学校を中退。長い闘病生活の中で日蓮信仰に入る。1918年(大正7)上京して本多日生〔にっしょう〕のもとで伝道活動を行った。19年大日本日蓮主義青年団を結成し，機関誌「若人〔わこうど〕」を創刊した。大正末頃から社会問題にめざめ，既成教団への批判と社会主義への傾斜を強めた。31年(昭和6)新興仏教青年同盟を結成し，委員長となる。仏教宗派の統一と革新，資本主義改造のため無産運動への参加と無産大衆の救援，国際主義にもとづく反戦平和を主張した。自身も各種の労農運動と連帯しつつ，極東平和の友の会などに参加した。36年検挙され，翌年新興仏教青年同盟も一斉検挙で解散した。戦後，仏教社会主義同盟を結成し，仏教革新運動や平和運動でも活躍した。

セミナリオ　キリシタン時代の中等教育機関。1580年(天正8)日本巡察師*バリニャーノが聖職者養成のため，身分ある武士の子弟を対象に肥前国有馬と近江国安土で創設した。予科1年，本科は3学級の全寮制で，修了には平均6年以上かかった。宗教は生活・実践をとおして学ぶこととし，授業ではラテン語・日本語・音楽が重視され，作法・服装・食事などすべて日本式で行われた。卒業後，聖職志願者は*ノビシヤドへ進んだ。両セミナリオは伴天連〔バテレン〕追放令後に合流し，1614年(慶長19)まで存続した。

蟬丸〔せみまる〕　「逆髪〔さかがみ〕」とも。能の曲名。四番目物。「今昔物語集」や「平家物語」にのせる蟬丸伝説にもとづく。*世阿弥〔ぜあみ〕作か。延喜帝の第4皇子蟬丸宮は幼少の頃から盲目であったので，帝は侍臣の清貫〔きよつら〕に命じて逢坂山〔おうさかやま〕に捨てさせた。剃髪した蟬丸は前世の報いとあきらめ，藁屋で琵琶を抱き心を慰めていた。帝の第3皇女逆髪宮〔さかがみのみや〕も前世の因縁で髪が逆に生えるという病にかかり，諸方をさまよったあげく逢坂山にやってくる。琵琶の音を聞いた逆髪は，それが弟の蟬丸と知り，たがいに身の不幸を嘆き，やがて別れる。室町時代に上演された記録はないが，江戸時代に至り*近松門左衛門〔ちかまつもんざえもん〕らに影響を与えた。

施薬院〔せやくいん〕　本来は，広く寺院に付属して病者を治療・救済する福祉施設をさす。熱心な仏教信仰を有した*光明〔こうみょう〕皇后は，730年(天平2)に皇后宮職〔こうごうぐうしき〕のもとに施薬院・*悲田院〔ひでんいん〕を設置し，職の封戸〔ふこ〕と藤原不比等〔ふひと〕の功封で運営した。皇后没後は太政官の管轄に移された。平安京以降も受け継がれ，山城国乙訓郡には独自の薬園を有した。825年(天長2)には，院預〔いんのあずかり〕を別当に改めて藤原氏と外記〔げき〕から各1人を補し，その下に使・判官・主典・医師各1人という職員で構成されることとなった。

施浴〔せよく〕　古代・中世の寺院などで，救済ないし布教活動の一環として貧窮民などに入浴(蒸気浴または温湯浴)させること。もともと古代以来の大寺院には，温室・湯屋などと称する沐浴施設が設けられていた。これらは単

に僧侶の入浴のためばかりではなく，病人・囚人・乞食などの貧窮民に対する施浴にも用いられ，衛生施設の乏しい時代においては一種の病院としての現実的役割をはたしていた。中世以降には布教・勧進活動の一つとしても重視されるようになり，重源・叡尊・忍性らは，その宗教活動の一環として寺院外にも浴室を設けて施浴を行った。なお都市部における公衆浴場も，この施浴が起源となったとみられる。

仙 せん　仙人・神仙とも。山に入って長生不死の術をえた人。「史記」には，仙人の住む東海中の三神山（*蓬萊・方丈・瀛洲）や不死の薬について伝える。道教が成立すると，世俗を離れた境地にあり，不老不死や飛揚などの神変自在の能力を身につけた神仙は信仰の対象とされ，仙人となるための修行の方法が説かれ実践された。これらの*神仙思想の流入した日本では，山岳信仰と仏教との接点に，久米仙人をはじめとする多くの仙人伝説を生じた。仏教では梵行を修めた法力のあるものを仙というが，「*本朝神仙伝」には僧侶をはじめとする神験・飛行・尸解（神仙となって身体から魂が遊離すること）などの説話が多く収められている。

禅 ぜん　→禅定

前衛 ぜんえい　1922年（大正11），*堺利彦・*山川均・*荒畑寒村らによって創刊された雑誌。22年1月号から1年3カ月の間に13冊発行。従来の雑誌「社会主義研究」は出版法による学術雑誌のため，時事問題を論じることが許されなかった。そのため新聞紙法による月刊雑誌を発刊することになり，誌名をアメリカの"Vanguard"誌にちなんで「前衛」と名付け，副題を社会主義評論雑誌とした。内外情勢を総括的に評論した創刊号の山川論文「当面の問題」では，大革命直後のロシアの飢饉救済も訴えた。最も有名なのが，*方向転換論として名高い22年7・8月合併号掲載の同「無産階級運動の方向転換」である。

禅海一瀾 ぜんかいいちらん　江戸末期の儒仏一致の書。全2巻2冊。*今北洪川の著。1862年（文久2）春の成立。周防国岩国の永興寺の住持であった1862年の春に著し，儒学を修めたが仏教には通じていない藩主吉川経幹に建言したものである。自己の心中にある大道において儒学と仏教が一致するというもので，大道は儒学では「明徳」，仏教では「仏性」とする。王法・仏法一致の立場から藩主に大道にもとづく政治を行うことを求めた「上書」，儒学と仏教の関係をめぐる問答集の「或問」，四書や「書経」「周書」「周易」から30の名言を抜粋し，禅の公案に擬して儒仏一致の評唱を行った「三十則」からなる。近代には禅の入門書として版を重ねた。

仙覚 せんがく　1203年〜？（建仁3〜？）　鎌倉時代の万葉学者。常陸国に生まれ，のち鎌倉や武蔵国比企郡に住む。天台宗の僧であったが，「*万葉集」の研究を志し，諸本を校合しすべての歌に訓をつける。彼による訓を新点といい，自身によれば152首にのぼるというも，実際は56首である。これを奏状とともに後嵯峨上皇に献上する。その後も校勘を続け，1269年（文永6）には「万葉集註釈」（「万葉集抄」「仙覚抄」とも）を著し，概説のあと，抽出した947首について訓釈をほどこしている。このうち573首は仙覚によってはじめて注釈されたもので，東国の出身者らしく東歌に力を入れていることが注目される。また，「万葉集」の名義や選者，用字についても独自の見解をのべており，「万葉集」の先駆的研究として今なお貴重な史料といえる。

戦旗 せんき　昭和初期の文芸雑誌。1928年（昭和3）5月から29年12月まで。全41号。1928年日本プロレタリア芸術連盟と前衛芸術家同盟が合同し，全日本無産者芸術連盟（ナップ）が結成された。さらに左翼芸術家同盟その他が加わってプロレタリア文学運動の共産主義的部分の統一が図られ，「戦旗」はその機関誌として創刊された。同年末，ナップが全日本無産者芸術団体協議会へ再組織され，機関誌「*ナップ」が創刊されたが，「戦旗」は戦旗社から大衆啓蒙誌として引き続き刊行された。29年末に*コップ（日本プロレタリア文化連盟）が結成されるまで，その中心的役割をはたした。掲載された主な作品は，*小林多喜二「蟹工船」，*徳永直「太陽のない街」，中野重治「春さきの風」「鉄の話」，

三好十郎「疵だらけのお秋」、蔵原惟人「プロレタリア・リアリズムへの道」など。

戦記物語（せんきものがたり） →軍記物語（ぐんきものがたり）

仙境異聞（せんきょういぶん） 江戸下谷の少年寅吉（とらきち）が天狗に誘われて仙境に出入りした経験を，*平田篤胤（あつたね）が聴取して記録したもの。篤胤は屋代弘賢（やしろひろかた）からの情報によって，1820年（文政3）10月，山崎美成（よししげ）宅で寅吉にはじめて会った。1821年から22年にかけて成立したと考えられる。この本についてみれば，3巻からなる上巻は，篤胤と寅吉の面接の具体的なあり方や仙界のようすに関する寅吉との質疑応答を収める。下巻は，寅吉との質疑応答を記した「仙童寅吉物語」2巻，竹内孫市（まごいち）が篤胤の草稿の概略を記した「神童憑談略記（しんどうひょうだんりゃくき）」1巻，寅吉が仙界でみた舞についての記録「七生舞の記（しちしょうまいのき）」1巻からなる。寅吉は，仙境で尊敬される「高根様（たかねさま）」なる神格を目撃したといい，篤胤は本書のほかに聞き書きにもとづいてその姿を図像として絵師に描かせてもいる。

宣教使（せんきょうし） *神道国教化政策を推進するために設置された神道布教の役職。1870年（明治3）1月の「宣教使ヲ置クノ詔（みことのり）」をうけて設けられた。神祇官（じんぎかん）に属し，国民への神道の布教とキリスト教の流布を阻止することを主な活動とした。同年4月には「宣教使心得書」を定め，同年諸藩に宣教掛をおき，神道国教化の準備を整えた。しかし，教義の不統一などの理由により活発な活動を展開することができず，また所属する神祇官も人員不足などにより神祇省へと規模を縮小してしまった。そのため，72年の神祇省廃止と同時に宣教使も廃止され，宣教活動は神仏合同の宣教へと変わり，教部省の*教導職へと引き継がれていった。

禅教統論（ぜんきょうとうろん） 江戸前期の仏教書。*雪窓宗崔（せっそうそうさい）の著。成立に不詳の点が多く，現存は多福寺所蔵本と臼杵図書館所蔵本。後者は臼杵藩主稲葉家に提出された完成本，前者はその草稿本とみられる。いくつか異同があるがほぼ同文である。序文に「初機学道ノ助縁」とあるので，幅広い読者層をあらかじめ想定していたとみられる。冒頭で衆生本来成仏論を説き，本論で書名のごとく禅と教、戒律を統合する理論を，主に「円覚経（えんがくきょう）」「大乗起信論」を引用して構築している。また雪窓は長崎における排耶（はいや）説法でたびたび本書から引用していることが注目される。

善巧方便（ぜんぎょうほうべん） →方便（ほうべん）

前九年合戦絵巻（ぜんくねんかっせんえまき） 源頼義（よりよし）が鎮定した前九年の役を描いた絵巻物。前九年の役は，1051～62年（永承6～康平5）に陸奥国北部でおこった安倍氏の反乱である。紙本著色。国重要文化財。国立歴史民俗博物館蔵（五島美術館にも断簡あり）。「*陸奥話記（むつわき）」などにもとづいて制作されたらしい。1210年（承元4）には源実朝（さねとも）が京都から「奥州十二年合戦絵」を取り寄せ，能書家の中原仲業（なかなり）に詞書（ことば）を読ませたとの記録が残る（「吾妻鏡」同年11月23日条）。

前訓（ぜんくん） 児童用の心学書。*手島堵庵（てしまとあん）が行った講釈の筆記録。1773年（安永2）京都の書肆より刊行。1冊。序文に「前訓と申（もうす）は御男子七才より十五歳まで，御女子七才より十二歳まで，右の年に相応の御をしへを，手島先生御講尺（釈）にて……」と記されているように，堵庵が毎月定日に男女の子供を対象として実施した訓諭をまとめたものである。日常身近な教訓や躾（しつけ）を題材としているが，平易な口述のうちにも，人間性本然の姿を自覚させようとしている点が特徴といえる。本書は，多くの版を重ねたのみでなく，*教諭書や*往来物の類にも深甚な影響を及ぼし，心学教化の普及に大きな役割をはたした。

千家俊信（せんげとしざね） 1764～1831（明和元～天保2） 江戸後期の国学者・神職。姓は出雲。名は世々丸・俊信，字は清主（きよぬし），通称は主水（もんど），号は葵斎（きさい）・梅舎（うめのや）・建玉（けんぎょく）。出雲大社社家。出雲国造千家俊勝の次男。若年より和漢の学や歌道・茶道を究め，望楠軒（ぼうなんけん）で*垂加（すいか）神道や崎門（きもん）学を学んだ。先祖伝来の「出雲神道」を究めるため，国学者の*内山真竜（またつ）や*本居宣長（もとおりのりなが）にも師事し，古学の研究法を身につけ，「訂正出雲風土記伝」や「出雲国式社考（しきしゃこう）」などを著した。彼は古学を「皇朝学」と称し，山陰地方を中心に広めた。弟子に千家尊孫（たかひこ）・*中村守臣（もりおみ）・岩政信比古（のぶひこ）・*岡熊臣（くまおみ）らがいる。→若林強斎（きょうさい）

仙源抄 せんげんしょう 「*源氏物語」の注釈書。1巻。長慶天皇(1343～94)の著。1381年(永徳元・弘和元)撰述。別名が多く,「源氏物語色葉聞書之事」「源氏いろは別言葉の解」「源氏物語色葉抄」「南朝長慶院源氏御註」などともいう。本来の題名は不明。すでに成立していた注釈書の「水原抄」「紫明抄」「原中最秘抄」を参考として,藤原定家の自筆本と比校のうえで「源氏物語」の語彙約1000語をいろは順に並べて,簡略な説明をほどこす。著者独自の見解も随所にみられる。諸本があるが,語順や本文に若干異同がある。

宣言一つ せんげんひとつ *有島武郎の評論。1922年(大正11)1月「改造」に発表。社会運動が盛んになりつつあり,労働文学の提唱も始まった当時の情勢をふまえ,社会変革は必至であり,来るべき未来は第四階級である労働者によって作られるという見通しが語られる。さらに第三階級の知識人である自身は,支配者側に属しており,労働者に何かを寄与することは絶対に不可能であることが宣言される。発表時大きな反響をよび,論争をうんだ。有島の主張は,悲観的な宿命論に陥っているところがあるが,労働者に対する徹底した他者意識の表明からは,文学者として不変の立場を維持しようとする覚悟を読みとることもできる。

善光寺 ぜんこうじ 長野市に所在し,近世以来天台・浄土両宗が管理する寺院。山号は定額山。百済伝来の一光三尊の阿弥陀仏を安置した堂に始まるといい,7世紀後半には創建をみていたとされる。平安末期の焼失後に鎌倉幕府の助成で再建されて以来,阿弥陀浄土信仰の高まりとともに,当寺も広く信奉された。親鸞・一遍らの名僧が参詣したほか,本尊の模刻が流行し,いわゆる善光寺式阿弥陀三尊像が各地に普及した。その後も当寺は火災と復興を繰り返し,戦国期には本尊が各地を転々とすることもあったが,1598年(慶長3)に本寺に戻った。なお中世・近世には,当寺の縁起譚に取材した文芸作品も少なくない。

千光法師 せんこうほうし →栄西

全国小学校女教員会 ぜんこくしょうがっこうじょきょういんかい 全国小学校連合女教員会とも。大正期に結成された日本初の全国レベルの女性教員団体。小学校女性教員数の増加にともない家族制度下での職業的自立と家庭の両立の問題が顕在化し,民主化運動・労働運動活性化の社会背景の中で,*帝国教育会が1917年(大正6)女性教員自身による運営・参加で,既婚教員の部分勤務制,産休期間の検討などを議題に,第1回全国小学校女教員大会を開催した。24年,各地の女教員会を包摂した全国組織として全国小学校女教員会(*沢柳政太郎会長・*野口援太郎顧問)が帝国教育会の援助のもとに発足した。同会は,全国小学校の女性教員の協同・団結による教育上の調査研究,女性教員の地位向上などを目的に,雑誌・図書の出版,講演会・講習会の開催,教育上の意見発表,女性問題の研究などの活動を行った。

全国水平社 ぜんこくすいへいしゃ 被差別部落解放のための結社。1922年(大正11)3月3日,これまで各地でなされていた運動を結集するために,全国から参集した約4000人の代表によって京都で創立大会が開催された。委員長南梅吉。その綱領では,第一に「自身の行動によって絶対の解放を期す」こと,第二に「絶対に経済の自由と職業の自由を社会に要求し,以て獲得を期す」こと,第三に「人間性の原理に覚醒し,人類最高の完成に向って突進する」ことを明らかにした。さらに全国に散在する仲間たちの団結を誓い,「人の世に熱あれ,人間に光あれ」で結んだ水平社宣言を発表した。機関誌「水平」を刊行。その後,組織は全国に拡大し発展したが,翌23年に急進的な青年たちによって全国水平社青年同盟が結成され,内部分裂をもたらした。29年(昭和4)には統一され,裁判闘争などを行ったが,42年に解散を余儀なくされた。戦後,部落解放同盟として再出発した。その歴史を記した書物として,高橋貞樹「被差別部落一千年史」がある。

賤策雑収 せんさくざっしゅう *松平定信が行った寛政の改革に対する批判の書。1冊。幕臣*植崎九八郎の著。1801年(享和元)と翌年の上書からなる。植崎によれば,田沼意次は人民を困窮させた「聚斂の臣」である。しかし,松平定信も「聚斂の臣」であること

に変わりないという。むしろ，器量が狭いにもかかわらず，名目と理屈を掲げているだけに，かえって田沼以上に天下の人心は離反してしまっていると批判する。広大な天下には「無用の用」も必要であるという現実主義的な立場から，たとえば遊女や博打などを禁止する風俗矯正策を批判し，「寛仁」の政治を求めている。また，将軍が「実は日本の主」であるとのべ，「世上の人気」が朝廷・公家に傾くことに注意を促し，*朝鮮通信使への行礼場所を対馬に変更する提案（易地聘礼（えきちへいれい））に対しては，旧例通り行うよう主張している。

宣旨（せんじ） 上位者の命令を下位の者が奉じて書きとめた文書。古文書学上の狭義の意味では，上卿（しょうけい）の宣を外記（げき）もしくは弁官（べんかん）が奉じて書きとめたものをさす。奉勅（ほうちょく）を必要とする案件については，中納言以上の上卿が内侍（ないし）もしくは蔵人（くろうど）を介して口勅をうける。宣旨は令制の公式令（くしきりょう）にもとづく厳格な手続きとは異なり，簡易で迅速に文書を発給できるため，平安初期以降には単なる命令記録から公的な命令文書へと発展する。それに応じて太政官と天皇との国制上の関係も大きな変化をみせることになる。

前識談（ぜんしきだん） *海保青陵（かいほせいりょう）の認識論の書。1巻。文化年間（1804〜18）に成立。人間の智は，天地の固定的な「実位」を自由自在に運用し使いこなす，善悪をこえた「空位」なものであると説く。さらに，その活物たる智を働かすための三つの段階を「荘子（そうじ）」を使って説明している。第1は逍遥遊で，己れを贔屓目（ひいきめ）なしにみて，自己を対象化する「我観我」の術であり，第2は斉物論（せいぶつろん）で，他の人や物の立場に立ってみる「我為物」の術であり，第3は養生主で，人は「我ヲ利スル心ヲモツ」という前提に立って，「天理」に合して生きることが利己の近道であると，営利的・功利的な生き方を肯定している。

禅師号（ぜんじごう） 禅宗で特に功績のあった僧に賜る称号。中国で唐代に始まり，日本では，鎌倉時代に来日して建長寺開山となった蘭渓道隆（らんけいどうりゅう）が大覚（だいかく）禅師と*諡（おくりな）されたのを始まりとする。没後に与えられる場合と生前に与えられる特賜（とくし）禅師号があり，前者に慧鑑明照（えかんめいしょう）禅師（希世霊彦（きせいれいげん），大鑑派）など多数の例があり，後者の例として正統大宗（しょうとうだいしゅう）禅師（春浦宗熙（しゅんぽそうき），大応派）などがあるが比較的少ない。特賜と表記されていても，生前の下賜を史料的に確認できない場合もある。時期的に禅師号が特定の門派に集中してその門派の勢力を示唆する場合には，個人の経歴のほかに禅林の動向を示すものとみることができる。

選択（せんじゃく） 多くの中からすぐれたものを選びとること。浄土宗では「せんちゃく」とよみ，浄土真宗では「せんじゃく」と読む。阿弥陀仏が法蔵菩薩として修行していた時，諸仏の国土の中から善いところをとり，悪いところを捨て，最もすぐれた浄土に生まれる行を完全に把握・摂取（せっしゅ）し，浄土を建立するするため，四十八願を立てた。*法然（ほうねん）は四十八願の中の第十八願を「往生念仏の願」と名づけ，これを中心の願とした。法然の「*選択本願念仏集」は，冒頭に「南無阿弥陀仏（なむあみだぶつ）〈往生の業には念仏を先とす〉」と結論を示しており，「選択」については，たとえば「この中の選択とは，即ちこれ取捨の義なり。謂はく二百一十億の諸仏の浄土の中において，人天の悪を捨て人天の善を取り，国土の醜を捨て国土の好を取るなり。大阿弥陀経の選択の義かくの如し。双巻経の意，また選択の義あり。謂はく，二百一十億の諸仏の妙土の清浄（しょうじょう）の行を摂取すと云ふこれなり。選択と摂取と，その言異なりといへども，その意これ同じ」とある。平安末期から鎌倉時代にかけて浄土信仰を布教するにあたって，その複雑な経文の核心を示すのに，「選択」の発想を主張し，門徒にすすめた。仏典解釈と布教の変革期における言説戦略のための基本概念である。

選択本願念仏集（せんじゃくほんがんねんぶつしゅう）「せんちゃく—」とも。「選択集」とも。1198年（建久9）に*法然（ほうねん）が門弟の協力をえて撰述した念仏教義の解説書。もと1巻であったが，のちに2巻に分けられる。京都盧山寺（ろざんじ）に草稿本が現存する。*九条兼実（くじょうかねざね）の求めに応じて，念仏の教えの核心を記したもの。16章に分かれ，各章では浄土三部経や善導（ぜんどう）の著作を引用し，それに対する法然の解釈が示されてい

る。*聖浄二門(しょうじょうにもん)のうち聖道門(しょうどうもん)を捨てて浄土門(じょうどもん)に帰依することをすすめる。さらに、浄土に往生するための正しい行いが念仏であることを説き、それは念仏こそが阿弥陀仏によって選び取られた本願の行であるからとのべる。冒頭の「南無阿弥陀仏〈往生の業(ごう)には念仏を先とす〉」の一文に、その主張はほぼ集約される。

専修(せんじゅ) 修道において、専ら一つの行を修すること。特に浄土教で、阿弥陀仏の西方極楽浄土に往生するために、阿弥陀仏の本願を信じて、南無阿弥陀仏(なむあみだぶつ)の*名号(みょうごう)だけを唱えることをいう。また弥陀の経典を読誦して、その姿を礼拝し、名を唱えて徳を鑽仰(さんぎょう)する行を修することをいう。さまざまの修行をする雑修に対して、仏の教えの核心にあたると思い至った一つの行を*選択(せんじゃく)して、これを専一に修する姿勢は、鎌倉新仏教に共通するもので、選択して専修すること、*易行(いぎょう)であって無知な者も参入できることで、民衆のために信心三昧への活路を拓くものであった。なお*親鸞(しんらん)は、自力と他力の専修を区別している。

善珠(ぜんじゅ) 723〜797(養老7〜延暦16) 秋篠(あきしの)僧正とも。奈良〜平安初期の興福寺法相宗の学僧。大和国阿刀(あと)氏の出身。興福寺の*玄昉(げんぼう)に師事し、唯識・因明(いんみょう)を学ぶ。諸宗に造詣深く、また施与された絁(あしぎぬ)・綿類を辞退するなど高潔な学僧として知られた。780年(宝亀11)光仁天皇の勅願で秋篠寺を開いたと伝えられる。793年(延暦12)正月に比叡山文殊堂供養に行賀(ぎょうが)・*賢璟(けんきょう)らと登って堂達(どうたつ)をつとめ、翌年9月の同中堂供養では大導師をつとめる。光仁・*桓武天皇の信任が厚く、797年(延暦16)僧正(一説に782年)となる。同年4月秋篠寺で没した。この時安殿(あて)皇太子(のちの平城(へいぜい)天皇)が善珠の像を図して、同寺に安置したと伝える。「法苑義鏡(ほうおんぎきょう)」など著書も多数ある。

禅宗(ぜんしゅう) 中国・日本において流布した仏教の宗派。禅宗立宗の基本として「拈華(花)微笑(ねんげみしょう)」の故事が伝えられている。「大梵天王問仏決疑経(だいぼんてんのうもんぶつけつぎぎょう)」にみえる故事であるが、この経は歴代の経典・語録に名がみえず、中国の後代の偽経とされる。釈迦が霊鷲山(りょうじゅせん)で説法した時に、この時にかぎって何もいわずに一枝の花を手にとって示し、多くの弟子はその意味がわからず黙っていたのを、高弟の摩訶迦葉(まかかしょう)だけが微笑した。それをみた釈迦は迦葉を後継者として仏の道を伝えたというもので、宋代以後になって禅林に喧伝された。南宋時代の無門慧開(むもんえかい)の公案集「無門関(むもんかん)」の第六「世尊(せそん)拈花」には、「世尊、昔、霊山会上に在って花を拈じて衆に示す、この時、衆皆な黙然たり、ただ迦葉尊者のみ破顔微笑す、世尊云く、吾れに正法眼蔵、涅槃妙心、実相無相、微妙の法門あり、不立文字、教外別伝、摩訶迦葉に付嘱す」とある。「*教外別伝(きょうげべつでん)・*不立文字(ふりゅうもんじ)」(経典に拠らず、言葉を用いず)は、「直指人心(じきしにんしん)・見性成仏(けんしょうじょうぶつ)」(人がたがいに触れあって直感的に悟りの境地を伝え、人に仏性のあることを体験して知る)の句とともに、禅の核心を端的に伝える対句として言い伝えられた。

釈迦から28代目にあたる達磨(だるま)が北魏末に中国に渡り、達磨を初祖とする中国禅宗は二祖慧可(えか)から五祖弘忍(ぐにん)に至り、唐代に神秀(じんしゅう)の北宗禅(ほくしゅうぜん)と慧能(えのう)の南宗禅(なんしゅうぜん)に分かれ、六祖慧能の時に弟子に南岳懐譲(なんがくえじょう)と青原行思(せいげんぎょうし)がでて、その系統が唐末以後の禅宗の主流となった。南岳下に馬祖道一(ばそどういつ)がでて百丈懐海(ひゃくじょうえかい)・黄檗希運(おうばくきうん)と相承して、臨済義玄(りんざいぎげん)に至り*臨済宗が成立した。百丈下からは潙山霊祐(いさんれいゆう)と仰山慧寂(ぎょうさんえじゃく)がでて潙仰(いぎょう)宗となり、青原下に洞山良价(とうざんりょうかい)と曹山本寂(そうざんほんじゃく)がでて*曹洞(そうとう)宗が成立した。その後、雲門文偃(うんもんぶんえん)の雲門宗、法眼文益(ほうげんぶんやく)の法眼宗が成立して、唐代から宋代にかけて、禅宗は臨済・曹洞・潙仰・雲門・法眼宗の五家に分かれ、また、臨済義玄より六伝して石霜楚円(せきそうそえん)の下に黄竜慧南(おうりょうえなん)(1002〜69)と楊岐方会(ようぎほうえ)(992〜1049)がでて、黄竜派・楊岐派の二派が分かれ、これらをあわせて五家七宗(ごけしちしゅう)とよぶ。

北宋時代に栄えた雲門宗は南宋時代には衰え、南宋時代の黄竜派が士大夫(したいふ)階級に受容され、ついで楊岐派下の大慧宗杲(だいえそうこう)(1089〜1163)の大慧派が貴族社会と深くかかわり、禅宗は官僚によって統制された。この大慧派

の全盛期の禅宗が日本に入り，*道元による曹洞宗，*栄西による臨済宗黄竜派を除き，ほかはすべて臨済宗楊岐派の法脈を承けている。しかし，この初期禅宗の相承については再検討すべきことが多く，唐代にすでに達磨相承以外の禅として天台・稠那・石頭の三宗があったことが知られ，唐代に仏教が壊滅した後に政治的意図によって再編成されるにあたって，仏教を教・律・禅に三大別するために天台宗に近い法眼宗が禅として扱われて達磨と結びつける法系が作られたことなどが知られている。

日本には奈良・平安時代にすでに禅が入っていたが，それは唐の再編以前の禅であり，鎌倉時代以後に伝来した再編以後の禅とは別のものであった。一般的に日本に禅宗を伝えたのは栄西と道元であるとされるが，それ以前にも禅宗をとりいれた僧のいることが知られている。初期の人として確かな足跡のあるのは比叡山の覚阿(1143～？)で，覚阿は入宋して，臨済宗楊岐派の瞎堂慧遠(1103～76)に参じて印可をうけ，嗣法して帰国した。ついで栄西とほとんど同時代に，禅籍によって独学し，摂津国の三宝院において「達磨宗」を唱えた大日能忍(生没年不詳)がいる。能忍は印可の経歴がないことを批判され，弟子を宋に遣わして，大慧宗杲直弟の拙庵徳光より自賛の*頂相と達磨像を印可の証明として与えられた。のちに弟子がこぞって道元の門下となって，能忍の法脈は途絶えた。

鎌倉時代の禅宗は，平安末期の仏教界の行き詰まりを打開するための新運動の気運の中で，当時の中国におけるめざましい活動に注目する新仏教として展開され，幕府と有力武士の庇護をうけた。この中世初期の禅宗は，中国の異民族侵入による社会不安と教団内部の対立関係から逃れようとして来日した高僧たちによって発展の基礎が固められた。また，求法のために中国に渡った日本僧の帰国してからの活動に拠るところも大きい。修道の実際は，僧の日常修道の細部に至るまで中国の細則に従うことをめざしたが，その後，南北朝・室町時代に禅宗が定着するにしたがって日本化した。

中国では寺格に上下の差はあっても，一寺がほかの寺を従属させる本末関係はなかったが，日本では平安時代以来，顕教・密教を問わず本末関係がうまれ，禅宗寺院にも波及した。中国では，僧が示寂すると普同塔に共葬して，特に優れた人のためには単独の塔を造って法系にかかわらずこれを守護し，それらの塔院のうち主要なものを*塔頭と称した。日本も初期はそれにならったが，やがて一人の僧が一つの塔を造るようになって，そこに葬られた人の法系の人々が独占的に守護するようになった。また生前に寿塔を造営して，そこに弟子たちと居住することになり，すべての塔院は塔頭と称し，公としての本寺の中の私的な空間として機能した。門弟が増えるにしたがって塔院も増加し，門派を代表する僧は一派の人事権も掌握して，その人が相続する塔頭を中心に同じ系統の塔院が寄り合って，公私の区別があいまいな大寺院の中の小寺院の様相を呈した。

その後，渡来僧が少なくなるのと入れ替わるようにして，日本僧の指導者が輩出して禅宗の成熟がみられる。寺院の経営も室町時代には幕府が京都に移って，鎌倉五山は存続したが京都に比重が移り，南禅寺を五山之上として相国寺・東福寺・建仁寺その他の京都五山を中心とする*官寺と，大徳寺・妙心寺などの*林下の活動が活発になり，帰依者に武家・公家のほかに豪商などが新しい支持層として加わるなどして，修道に歴史的変化がみられた。また，室町時代には相国寺鹿苑院主が就任する*鹿苑僧録が蔭涼職の扶助をうけて官寺を統轄する体制が維持されたが，江戸時代になって1612年(慶長17)頃には南禅寺金地院の*以心崇伝が徳川家康に信任されて，禅林に関する行政権を手中にした。15年(元和元)7月に「五山十刹諸山之諸法度」が発布されて，鹿苑僧録と蔭涼職の権限は廃止され，19年には以心が金地僧録に任じられて統轄することになった。禅林制度の変化を象徴する一件である。諸寺の住持も室町時代のように多様な門派から出世するのではなく，臨済宗の多くは妙心寺派の法脈からでるなどの変化を生じた。近世の禅宗は中世の禅宗とは異質のとこ

せんじ

ろがあり，両者の間には断絶があった。日本における禅宗の布教活動と関係寺院の発展，活躍した禅僧の伝記その他については，本書の関連項目に要約されている。→黄檗宗 公案 五山制度 五山文学 語録 坐禅

撰集抄 せんじゅうしょう　鎌倉時代の仏教説話集。全9巻。撰者を西行さいぎょうに仮託する説があるが未詳。1250年(建長2)前後10年ないし数十年の成立とされる。広本では121の説話があり，撰者が各地を行脚した旅先で聞いたという体裁をとって，高僧・貴族・武士・女房・遊女など多様な人物の発心しんじん・出家・*遁世とんせ・往生に関する話が集められ，各話の後部分に遁世思想を基調とした長文の感想や説教などを展開していることが注目されている。

千秋藤篤 せんしゅうふじあつ　1815～64(文化12～元治元)　部落解放論者として知られる幕末期の金沢藩士。名は藤範ふじのりのち藤篤，字は穉爾ちじ，通称は順之助，号は顧堂・有磯ありそ・黄薇こうび。禄高200石の金沢藩士の次男。1830年(天保元)藩校明倫堂めいりんどうに学び，41年江戸の昌平黌しょうへいこうに入り，45年(弘化2)帰藩した。57年(安政4)明倫堂の助教に任じられ，世子前田慶寧よしやすの侍読じどくとなった。64年(元治元)禁門の変に際して，慶寧の側近として画策したが，帰藩後逮捕され，自刃を命じられた。「国家，四海を以て家と為し，万民を以て子と為す」という儒教的なヒューマニズムから書かれた「治獄多議ちごくたぎ」は，被差別部落解放論の先駆とされる。著書は「有磯遺文」「有磯遺稿」など。

専修寺 せんじゅじ　(1)三重県津市一身田いしんでん町にある浄土真宗高田派の本山。山号高田山。専修寺は*親鸞しんらんが下野国高田に創立したと伝え，のち文明年間(1469～87)に伊勢国一身田に信徒の敷地寄進をうけ寺が建立されて無量寿寺むりょうじゅじと号したが，1548年(天文17)に12世尭慧ぎょうえが住持となって以後は高田門徒の中心寺院となり，専修寺とよばれた。1634年(寛永11)，越前国丹生郡畠中村の専修寺と正統を争い，幕府の裁許によって高田派本山としての地位を確立した。「三帖和讃さんじょうわさん」「親鸞自筆消息」ほか多くの親鸞真筆を所蔵する。
(2)栃木県芳賀郡二宮町高田の真宗寺院。高田派では教団発祥の聖地として「本寺」とよび，一身田専修寺の住持が住職を兼ねる。ここを拠点に布教した親鸞が関東を去ったのち，この地の門徒集団は高田門徒とよばれて，真宗初期の有力教団として活動した。室町時代には高田門徒系の本寺として機能し，大永年間(1521～28)に焼失してから衰微して，一身田専修寺に本山の機能が移った。(1)(2)の専修寺の歴史は，真宗の門徒・寺院の複雑な発展経緯を示す事例として注目される。

専順 せんじゅん　1411～76(応永18～文明8)　室町時代の連歌師。京都六角頂法寺ちょうほうじの僧。別号は春楊坊・柳本坊・池坊いけのぼう。*連歌七賢の一人。和歌・連歌ともにその師承は不明ながら，同じく連歌七賢の宗砌そうぜい・智蘊ちうんに兄事していたとされる。1455年(享徳4)に宗砌が没してから連歌界の第一人者となり，足利義政主催の連歌会かいに一座したり，後花園法皇より自撰付句集「法眼ほうげん専順連歌」の勅点を賜る。72年(文明4)以後，美濃国に下向して斎藤妙椿みょうちんの庇護をうけ，晩年をすごした。殺害されたともいう。その句は歌の詞が多く，平明なようで奥が深いとされる。

善書 ぜんしょ　勧善の書という意味で，日常生活における道徳規範を説いた民間流通の通俗書。南宋以来しだいに中国社会に普及し，明末清初に最も盛行した。「太上感応篇たいじょうかんのうへん」「関聖帝君覚世真経かんせいていくんかくせいしんきょう」「文昌帝君陰隲文ぶんしょうていくんいんしつぶん」をはじめ，多くの善書が作られ流布した。官僚・元官僚・在野の知識人などが善書の作成・刊行の担い手であり，そのため善書の内容は民衆の規範意識を濃厚に反映していても，民衆的規範意識をそのまま表現したものではなく，既存の社会秩序を強化するような道徳規範が中心であった。なお善書は，その作成・刊行自体が善事とされていたため，自費出版で無料配布された。

　善書の思想的特色は三教(儒・仏・道)合一思想，道徳的因果応報観(人の世の禍福を各人の善悪の行為に対する天の応報と考える)に立脚し，人は善行を積む努力により吉凶過福の運命を変更・決定することができると主張しているところにある。こうした運命に対する能動的姿勢は「功過格こうかかく」(善書の一種で，行為の善悪の程度を点数で表す)に端的

に示されており，ここでは行為を功(善)と過(悪)に分け，それぞれの格(項目)に功・過の点数が配当され，末尾に1年分の点数記入表が付載されている。多くの民衆は本書により毎月それぞれの点数を記入し，月末に合計し，さらに年末に総計して，道徳心の向上と主体的な生き方の拠り所とした。

善書が最初に日本に伝えられたのは15世紀末の頃であったが(「実隆公記」)，庶民のための実践道徳書として本格的に受容されたのは江戸時代に入ってからである。「明心宝鑑」「太上感応篇」「陰隲録」「功過格」「陰隲文」など種々の善書の覆刻本，あるいは和訓和解・和訳本として多数刊行された。こうした善書が，前代以来の雑種的な*天道思想と共鳴しあいながら，幕藩制社会に生きる民衆の体制内での積極的な生き方を支えていったのである。

禅定 ぜんじょう　梵語dhyānaの音訳である「禅」と，その意訳である「定」との複合語。心静かに瞑想して真理を観察すること，また，これによって得られた心の安定状態をいう。もとインドでヨーガの実践方法として広く行われていたが，釈迦がこの方法で成道したとされるところから，仏教にもとりいれられ，中国では早くに禅定をもっぱらとする禅宗が成立している。わが国では，7世紀半ばすぎに玄奘に師事した入唐僧・道昭が「禅定」を習い伝えたのが早く，禅宗の諸宗派が伝来したのは鎌倉時代以降のことである。

禅浄双修 ぜんじょうそうしゅう　禅浄一致・念仏禅とも。*坐禅と浄土教の*念仏を兼ね修する信仰。念仏はもともと観仏三昧・般舟三昧ともいい，*禅定の一種であった。西方浄土でなく唯心浄土の説に立つと，念仏と坐禅とは理論上も近くなる。しかし，念仏の発展は主にその易行性によった。慈愍三蔵慧日(680〜748)の念仏には，禅定との合一を説くところがあったらしい。禅宗の側においても，*易行のゆえにあえて念仏を兼修した人々があり，法眼宗に永明延寿(904〜975)，雲門宗に天衣義懐(990〜1061)らが知られる。元・明代に禅浄双修がいよいよ盛んとなった。明代末には，一心不乱の念仏と，*公案としての念仏に注目した雲棲袾宏(1535〜1615)や，憨山徳清(1546〜1623)らにより仏教界の主流となって，現代中国の仏教につながる。

日本には，来日した*竺仙梵僊に「懐浄土」の文があり，中峰明本(1262〜1323)に学んだ復庵宗己・*寂室元光・遠渓祖雄・古先印元ら幻住派にその事跡が多い。また，中世の五山僧の間にも*雲章一慶・清巌正徹・亀泉集証らがいた。江戸時代の臨済宗・曹洞宗の教義には定着せず，明代の仏教をもちこんだ*黄檗宗などにおいて行われた。

賤称廃止令 せんしょうはいしれい　→解放令

戦陣訓 せんじんくん　1941年(昭和16)1月，陸相東条英機が全陸軍に通達した訓諭。序と3部の本訓と結びよりなり，〈皇軍道義の高揚〉を目的とした。「本訓其の一」では皇軍の成り立ち，団結・協同，必勝の信念，「其の二」では敬神・死生観・責任などのモラル，「其の三」では戦陣の戒めと嗜みを強調した。日中戦争の長期化と軍紀の弛緩対策としてだされたもので，文章の仕上げには島崎藤村らも委嘱をうけたという。「生きて虜囚の辱めを受けず，死して罪禍の汚名を残すこと勿れ」の一条が特に強調され，戦争末期には多くの「玉砕」の悲劇をうむ原因となった。

洗心洞劄記 せんしんどうさっき　江戸後期の儒者*大塩平八郎の著書。全2巻2冊，洗心洞蔵版。1833年(天保4)初刷，35年再刷。再刷本では「後自述」と跋を付し，「劄記或問」第3条を削除，また初刷本の漢字・訓点を多数訂正する。「洗心洞劄記附録抄」1冊(1835)を続集する。洗心洞は大塩の書斎の名，劄記は読書感想の集録の意である。

大塩は本書巻頭の「劄記自述」で，自説の独自性を「太虚」「良知を致す」「気質を変化す」「死生を一にす」「虚偽を去る」の5点にまとめた。その中でも太虚についての論述が本書の中核をなす。太虚とは形態に拘束されない本質をいい，人の外にあっては天，人の内にあっては心である。心をなにものにもとらわれない状態に統一(帰太虚)すれば，人心はそのまま天である。大塩の帰太虚の論

せんす

は，主観的判断を社会的実践に直結させる論理を築いた。大塩の乱は，帰太虚の論理的帰結である。

扇子 せんす →扇おう

先代旧事本紀 せんだいくじほんぎ 「旧事本紀」とも。平安前期の史書。編者不詳。全10巻。*蘇我馬子そがのうまこが*聖徳太子の没した翌年に，太子の遺志を継ぎ完成させたという序文をもつ。しかし，この序は偽作で，延暦年間以後～延喜年間以前（782～923）の編纂物と考えられている。神代から621年（推古29）までを内容とする。物部もののべ氏関係の伝承が目につくことから，物部氏関係の史書と考えられている。

平安初期は，忌部いんべ氏の「*古語拾遺こごしゅうい」に始まり，「高橋氏文うじぶみ」など，記紀にもれた氏族伝承があいついで撰進されたが，本書もその一つである。「*日本書紀」の神代2巻にあたる部分を，神代・陰陽，神祇じんぎ，天神てん，地祇ぎ，天孫，皇孫の巻に分け，神武天皇から推古天皇までを天皇，神皇，帝皇の巻に分け，以上9巻とする。第10巻が「国造本紀こくぞうほんぎ」で，135国の国造くにのみやつこについて各国造の任命時期，人名などを記し，史料的価値の高い部分である。

先代旧事本紀大成経 せんだいくじほんぎたいせいきょう →旧事大成経くじたいせいきょう

先達 せんだつ 宗教的な修行や社寺・霊場参詣の指導者。広くは学問・技芸の先覚者・指導者をさした語であったが，平安後期以来，特定の社寺や霊場に信者を案内する役割をはたす，修験者などの宗教者をさすようになった。特に，平安末期より*熊野詣くまのもうでが隆盛するとともに，この呼称も始まった。熊野先達は，自身の檀那だんなを熊野に案内し，その道中の潔斎けっさい・奉幣ほうへいなどを指導，檀那や自己が関係を結ぶ*御師おしの宿坊に導くとともに，各地方で配札や熊野権現の勧請にあたった。一方，このような先達に属する特権である先達職や，これに付随する檀那は入質・売買の対象ともなったことから，有力先達が他の先達からこれらを購入し，自己の地盤を拡大していくようになった。

室町時代に入ると，熊野三山検校けんぎょうを門跡もんぜきの重職とする聖護院しょうごいんは，これらの有力先達を掌握するとともに，それを通じて各地の熊野系修験に先達の補任状を与え，*本山派ほんざんはという天台系の修験教団を形成した。一方，真言系では，室町初期以降，興福寺・高野山・内山永久寺うちやまえいきゅうじ・法隆寺などの畿内の有力寺院に拠る修験者たちが，全国各地を回国しながら，しだいに自己の配下をまとめ，36カ寺の修験者を中心に当山正大先達衆とうざんしょうだいせんだつしゅうが結束し，大峰山おおみねさん山中の小篠おざさを拠点として集会し，各自の配下へ先達の補任状をだしていた。しかし，江戸初期には12カ寺に減るなど勢力が弱まったことから，醍醐寺三宝院さんぼういんを本寺として*当山派とうざんはを形成した。

また，江戸中期以降盛んになった，富士山・御嶽山おんたけさん・大峰山・湯殿山ゆどのさんなどへの庶民の講中登拝に際しても，修験者や在俗の指導者が講を引率していったことから，在俗の指導者も先達とよばれるようになった。これらの先達は単に登拝を引率するのみならず，たとえば御嶽講おんたけこうなどにみられるように，祈禱や修行の指導も行うようになっていった。

なお，峰中ぶちゅう修行における位階や役職に関連して定められている「先達」もあり，具体的には峰入り回数に応じて先達（5回以上），大先達（9回以上）という位階が与えられたり，水をつかさどる閼伽あか先達，薪をつかさどる小木こぎ先達など，役職にもとづく先達が存在する。これらについては各教派・時代とともに変遷があるものの，現在も各修験系統教団において制度化されているものである。

先達遺事 せんだつ 闇斎あんさい学派の人々の言行を伝える書。1冊。*稲葉黙斎もくさいの著。1767年（明和4）序。*山崎闇斎と崎門きもん三傑（*浅見絅斎けいさい・*佐藤直方なおかた・*三宅尚斎しょうさい）を中心に，黙斎の父*稲葉迂斎うさいに至るまでの人々のエピソードが収集されている。師を顕彰しようとする崎門特有の強烈な道統意識とともに，文章や議論ではうかがえない，師の人間性が表れる，ちょっとした行動の端々を，失われやすいだけに記録として遺そうとする意図がこめられていた。闇斎の弟子への厳格さ，浅見絅斎が刀の鐔つばに「赤心報国」の4字を彫っていたことなどが伝えられている。神道を批判した佐藤直方の学問を受け継いだ

黙斎らしく，*鴨祐之(かものすけ)・*玉木正英(まさひで)らの神道専修派に対しては，否定的記述がなされている。

善知識 ぜんちしき　善友(ぜんゆう)・親友(しんゆう)とも。よき友，親友のこと。とりわけ仏教においては，教えを説いて正しい道に導く者，人を仏道に導くすぐれた指導者のことをさす。誤った道に導く者は，悪知識という。「摩訶止観(まかしかん)」では，外護(げご)(外から見守る)，同行(どうぎょう)(ともに行動する)，教授(教え導く)の3種類の善知識の存在を説く。徳のある高僧をさすこともある。さらに，師匠である僧のことを善知識または知識と称することもあり，浄土真宗では特に法主(ほっす)のことを善知識とよぶことがある。

選択 せんちゃく　→選択(せんじゃく)

善中談 ぜんちゅうだん　*海保青陵(かいほせいりょう)の人材論の書。1冊。成立年不詳。活物(かつぶつ)たる「天理」を認識する「活智」なき人は「食(くい)ツブシ」の役立たずだと非難する一方で，上に一人の智者がいて，下には智はないほうがよいと，法家(ほうか)的な愚民観を展開している。また本書は，「穢多ハ元来外国ヨリマヘリタル夷狄(いてき)ノ種」であるという穢多異人種説を前提にして，差別強化策を説いていることで有名であるが，「穢多デナフテモ，羞悪ノ心ナキモノハ禽獣同前也」と，「血脈」よりは道徳的な「心」を重視している点で，国学者流の血統至上主義と一線を画していたことは注意すべきである。

船中八策 せんちゅうはっさく　幕末期の国家構想。*坂本竜馬(りょうま)が海援隊書記の長岡謙吉(けんきち)に起草させたもの。1867年(慶応3)成立。同年6月に長崎から京都に向かう船上で，坂本竜馬が同行の高知藩士*後藤象二郎(しょうじろう)に示した統一国家構想である。政権の奉還，上下議政局(ぎせいきょく)の設置，人材登用と官職の合理化，外交の見直し，大法の制定，海軍の拡充，御親兵(ごしんぺい)の設置，外国との金銀物価の標準化の8カ条からなる。この船中八策にもとづいて，後藤は大政奉還を在京の高知藩重役や前藩主山内豊信(とよしげ)(容堂(ようどう))に進言した。薩長の武力倒幕を回避する高知藩の藩論として採用され，同年10月には大政奉還建白書として高知藩から幕府に提出された。

先哲叢談 せんてつそうだん　近世初頭の藤原惺窩(せいか)から享保期(1716～36)までの儒者72人の伝記。全8巻。*原念斎(ねんさい)の著。1816年(文化13)刊。佐藤一斎(いっさい)・井上四明(しめい)・朝川善庵(ぜんあん)の各序。本書に伝えられた逸話は，のちにその人の学問内容以上に珍重され喧伝された。なかでも，「近江聖人」*中江藤樹(とうじゅ)の言行や，孔子・孟子の日本侵略の仮想問題に対する*山崎闇斎(あんさい)の応答は有名である。出典・出所を明示していないが，全条が年譜・行状・墓碑銘，あるいは稲葉黙斎(もくさい)「*先達遺事(せんだついじ)」，南川金渓(なんかわきんけい)「*閑散余録」，湯浅常山(じょうざん)「*文会雑記(ぶんかいざっき)」などの随筆その他に依拠していて，伝記史料としての価値も看過できない。

先哲像伝 せんてつぞうでん　藤原惺窩(せいか)から宇佐美灊水(しんすい)までの20人の儒者の伝記。「*先哲叢談」の著者原念斎(ねんさい)の養子原徳斎(とくさい)(1800～70)の著。全4巻。1844年(弘化元)刊。「先哲叢談」に欠けていた肖像・筆跡・印章・花押(かおう)を掲げている。略伝は墓碑銘・行状によって示し，「先哲叢談」にはない著述書目を掲載している。また平仮名交りの和文の利点を活かして，和歌を紹介している点も特色である。肖像は2世柳川重信(しげのぶ)の画という。

千度祓 せんどはらえ　「せんどのはらえ(い)・ちたびのはらえ(い)」とも。単に千度とも。中世・近世における「中臣祓(なかとみはらえ)」の読みあげ方の一つ。仏教で経や真言を繰り返し数多く唱えることにより，その利益を増すとの思想が神道(神社)にもとりいれられたもの。祝詞(のりと)の中でも特に重視された「中臣祓」を千度，万度と繰り返し唱えることで，身の穢(けがれ)を清めようとしたのである。ただし「千」は実際の数をさす場合もあるが，数多くの意味でもあり，幾度も祓を唱える行為をさすこともある。このような形式を数祓(かずはらえ)とも総称する。こうした思想が展開する中で，「中臣祓」を簡便化した*最要祓(さいようはらえ)などの略祓(りゃくはらえ)が成立した。
　*伊勢御師(いせおんし)たちはこの数祓をとりいれ，その祓をもって加持(かじ)を行い，そして御祓大麻(おおぬさ)(御祓・祓筥(はらえばこ))を各地の檀那に頒布して回った。

泉涌寺 せんにゅうじ　御寺(みてら)とも。京都市東山区泉

涌寺山内町に所在する。真言宗泉涌寺派の本山。草創は9世紀と伝えられるが、空海の草庵を改めたとも、藤原緒嗣が神修上人を請じて建立したともいわれ、定かではない。当初法輪寺と号したが、のちに天台宗に属し、仙遊寺に改められたともいう。その後荒廃したが、宇都宮信房が*俊芿を請じて1218年（建保6）に仙遊寺を寄進し、以後泉涌寺と改められた。俊芿は鎌倉前期の僧で、当時のわが国における戒律の衰微を憂い、入宋して律学に研鑽するとともに、禅・天台をも兼学し、書法にも通達した。当寺は帰朝後の俊芿によって北京律の拠点とされ、「泉涌寺勧縁疏」を著して興隆に努めた結果、後鳥羽天皇・後高倉上皇らの帰依をうけ、*御願寺となる。四条天皇が没後に当寺に葬られ、式乾門院らが所領を寄進するなど、以後王家との関係を深め、皇室の香華所として現在に至る。また、6代長老の憲静以来、歴代長老が東寺大勧進職に補され、東寺修造にかかわった。応仁・文明の乱によって衰退するが、織田信長以降近世中期に至り伽藍の復興を達成した。建築や文書・典籍・彫刻など多くの文化財を伝えている。

仙人 せんにん →仙せん

善友 ぜんぬ →善知識ぜんちしき

千年札 せんねんふだ →熊野牛王くまのごおう

専応口伝 せんのうぐでん →立花りっか

善の研究 ぜんのけんきゅう *西田幾多郎が発表した最初の哲学書。1911年（明治44）刊行。「個人あって経験あるにあらず経験あって個人あるのである」という基本的立場を、「純粋経験」「実在」「善」「宗教」の四つの編で展開している。倫理学の研究というよりは、世界全体を善なる純粋経験の自己発展として捉えた存在論の書である。金沢の第四高等学校に勤務していた時期の独立した講義案を一つにまとめているため、各編相互の結びつきにやや強引さがみられる。とりわけ、W.ジェームズの「意識の流れ」の思想に触発されて形作られた純粋経験概念が、最後にはヘーゲルの「世界精神」と同一視されているところなどは説明が不足している。この点は、本書を「明治以後の日本人がものした最初の哲学書」として賞賛の声を惜しまなかった*高橋里美が、発表直後の書評においてすでに指摘している。とはいえ、最も原初的な純粋経験から崇高な宗教へ至るわれわれの体験が実は世界の発展の一側面であるとする考えは、大正・昭和期の（旧制）高校生に自省を促すきっかけとなった事実は重要であろう。

千利休 せんのりきゅう 1522～91（大永2～天正19）千与四郎・千宗易・抛筌斎ほうせんさいとも。堺出身の茶人。利休がはじめて記録に現れるのは、1535年（天文4）4月28日の「念仏（寺）差帳日記」である。ここでは千与四郎の名で念仏寺築地修理のため1貫文を寄付している。40年、19歳の利休は*武野紹鷗に師事、*茶の湯の世界に入る。15世紀以来の茶の湯は「市中の山居」をめざし、「和漢のさかいをまぎらかす」（村田珠光）すなわち従来の*唐物に和物を融合させる美意識をもっていた。利休もまた紹鷗にこの精神を学んだ。利休が茶事に参加した記録の初見は「松屋会記」天文13年（1544）2月27日条で、すでに千宗易を名乗っている。16世紀後半には織田信長の茶頭を務める。

76年（天正4）頃、豊臣秀吉は信長から茶の湯御政道（禁制）を免じられ、利休と親しく接するようになる。利休は秀吉の側近として政治的・軍事的に関与していたとみられる。秀吉はいわゆる「唐物名物」の収集を行い、「御道具そろへ」の茶会を催すが、利休は暗にこれを批判し、両者の美意識には相違があった。84年、秀吉は大坂城に「山里の茶室」という、わずか2帖の茶室を完成、豪華な道具と質素な部屋という矛盾が*侘茶わびちゃの精神であった。この茶室造営の指導者が利休である。翌85年の秋、秀吉は「禁中茶会」を催し、この時「利休」居士号を勅賜されたというが、1568年（永禄11）以前に普通国師大林宗套から与えられていたという説もある。その後、*北野大茶湯をへて、89年の大徳寺山門の造営となる。この山門上に利休木像がおかれたことなどが原因で、秀吉は利休を処罰（自刃）したといわれる。木像はその後、一条戻橋で磔にされ、その罪状を書いた高札が立てられたという。利休の道統は宝心妙樹との間に生まれた実子道安（紹安

ん，堺千家）と，後妻宗恩の連れ子少庵（宗淳，京千家）に分かれたが，のち堺千家は廃絶した。

禅鳳雑談 ぜんぽうぞうだん　能役者金春禅鳳（1454～1532?）の談話を書き留めた伝書。本文に3帖あったことがみえるが，上・中巻のみの写本が奈良県宝山寺に伝わる。奥書によると，藤右衛門尉が聞き書きしたという。場所は奈良の商人坂東屋の座敷で，1513年（永正10）前後のことと思われる。この頃，能役者が富裕な商人に謡などの稽古をつけていたことがわかるし，専門家が素人に芸談を語ることは秘伝の流出，あるいは芸術の大衆化とみることもできる。「雑談」の名のごとく，体系立った内容ではなく，談話も能のことに限らず，兵法・鞠・立花・和歌・連歌など，いわゆる遊芸全般にわたるエピソードを引用しており，当時の文化環境を反映している。

宣命 せんみょう　天皇の命令を群臣の前で和語で宣布すること，およびその命令のこと。公式令には天皇の命令を下達する文書様式として詔書と勅旨の二つが規定されているが，文書とは別に，口頭で列立する群臣に対して荘重に読みあげることで，そのマジカルな力が期待されたのである。具体的には，即位・改元・立后・立太子などの臨時の大事や，元日・白馬などの節会，任郡司などの朝儀，神社・山陵への奉幣など，天皇大権や君臣関係にかかわる重要な儀式で用いられる。平安時代になると，漢文体で書かれた天皇の命を詔書，宣命体とよばれる和文で書かれたものを宣命とよぶようになる。

専門学校令 せんもんがっこうれい　旧制の官公私立専門学校を統一的に規定した勅令。1903年（明治36）3月27日公布。専門学校を「高等ノ学術技芸ヲ教授スル学校」と明確に規定し，大学に準じた高等教育機関として位置づけた。修業年限は3年以上，入学資格を中学校または4年制の高等女学校卒業以上とした。本令施行と同時に千葉・仙台・岡山・金沢・長崎の各医学専門学校，東京外国語学校，東京美術学校，東京音楽学校は官立専門学校に，また実業学校令改正で程度の高い実業学校は実業専門学校となった。18年（大正7）公布の*大学令で男子対象の伝統ある専門学校は，大学に昇格した。28年（昭和3）には国体観念に留意すべきとの項目が追加され，戦後47年に学校教育法の公布で廃止された。

専誉 せんよ　1530～1604（享禄3～慶長9）　織豊期の真言宗の僧で，新義真言宗豊山派の祖。9歳で根来山の玄誉に師事し，長じて各地で唯識・華厳・天台をも学んだ。その後，聖空より中性院流を伝えられ，頼瑜以来の根来の法流に連なる。1585年（天正13）の豊臣秀吉による根来山焼き討ちにより，高野山や醍醐寺を転々とし，88年に大和国の長谷寺に入寺した。専誉は同地で経論の講義や注釈に努め，近世の新義真言宗教学の基礎を作った。なお同時期に，玄宥も京都で智積院を再興し，新義真言宗は専誉の豊山派と玄宥の智山派とに分立して現在に至る。

善鸞 ぜんらん　生没年不詳　鎌倉中・後期の浄土真宗の僧。慈信房と号す。父は浄土真宗の祖*親鸞，母は*恵信尼とする説と別人とする説とがある。壮年期までの活動については不明であるが，親鸞が越後国に流罪となった際には同行していなかったようである。1252年（建長4）前後に，親鸞の代理として関東へ派遣される。この関東派遣は，親鸞の教えを関東の信者に対して徹底させるためであったが，逆に善鸞が中心となって異義（*異安心）を唱え，独自の姿勢をみせたため，56年（康元元）ついに親鸞より義絶されるに至った。

僊林 せんりん　「数寄道次第」とも。江戸初期の茶道啓蒙書。「*草人木」が実践的*茶の湯の書の第1号として名高いが，この「僊林」は，それより以前に成立したものと思われる。「数寄道次第」のうちの一本で，茶の湯が流行し始め，茶道の確立期の最初に概説書の需要がまし，茶の湯の啓蒙書が必要になったことからこのような書物が世にでたものであろう。本書は茶法・茶史を網羅しており，茶史では村田珠光・村田宗珠・十四屋宗悟（宗伍）・武野紹鷗らについてふれている。また，茶道成立期の茶の湯も推賞しているが，*佗茶を最も推賞している。本書の成立は，古田織部の没した1615年

（元和元）以後、「草人木」が出版される26年（寛永3）以前であろう。

先例 せんれい 例・前例・前跡・ためしなどとも。思考・行為の拠るべき基準として想起された過去の事実。故実・固実もほぼ同義に用いられる。ものを考え、ものごとを為すにあたって自己または他者の過去の経験に学ぼうとするのは人間の本性であるから、先例が思考・行為の拠るべき基準として重視されることは、近・現代をも含め歴史を通じてあまねく認められる。ただ、先例には、なんらかの先験的価値にもとづく合理的思考の結果としての理が常に対抗基準として存在したのであって、先例の歴史的性格は、それとの関係で定まるということができる。近・現代での合理主義の制覇の状況は、前近代に対して先例の理に対する位置を大きく後退させているから、前近代では、社会的・法的な権利・義務でも、その効果として生じる制裁でも、先例に根拠づけられる場合の比率が近・現代に比して著しく高く、先例のともなう社会的強制力に近・現代とは異なるものがあった。

その中でも、先例が、理をほぼ完全に制圧し去って、一つの時代の文化の中心的な担い手である階層社会の思考・行為に対してその支配的基準となったという意味で、平安時代は他の時代と区別される。この時代、先例は、貴族社会のうみだした日記・文書その他に頻出するとともに、これを分類・集成した多数の編纂物をうんで、その貴族社会での位置を証している。その特徴は、個別的・具体的事実に密着しているために、客観的・外在的であって、即物的認識を導くのに適するが、半面、内面的理想の形成を妨げ、判断にあたって社会的受容への顧慮を優越させて、状況追随をうみがちである点にあった。

平安末期に至って先例が理に支配的基準としての地位をとって代わられるとともに、貴族の思考方法には大きな転換が訪れる。なお、この時代に、中央・地方を問わず、法的な規範としての例がその比重を目立って高めたという事実も、この時代の先例の担った他の時期とは異なる役割と関連するであろう。法規範としての例の一部は制定法であって、*格式の式と同性質のものであったが、ほかは*慣習法に属するものであって、その性質については、思考・行為の基準についてのべたところがほぼあてはまる。平安末期から鎌倉時代にかけては、先述の転換をへて貴族社会でも、またこの時期以降、法意識を中心とする思考方法のうえで大きな展開をみせる武家社会でも、先例と理とが拮抗しつつ思考・行為を規定することになり、そこでは主観上では理が価値的に上位に立つ傾向がみえるが、その相互関係については未解明の点が多い。

南北朝期以降、先例は、有職・武家故実などの中に吸収され、それとともに先例の思考・行為の基準としての働きは空洞化する。単なる所与の知識として思考・行為を規格化しはするが、現実との間の相互作用は失われるのである。

なお、先例を基準とする者にとって、常に問題になるのはその不確定性である。ある事柄にかかわる過去の事実には同時には両立しがたい複数のものが存在するのが一般であって、そのいずれを先例として採用するかが一義的には確定しない。その確定の手続きをめぐっても理との関連の歴史性は顕著に現れる。

そ

相阿弥 そうあみ →三阿弥

草庵恵中 そうあんえちゅう　1628〜1703(寛永5〜元禄16)　江戸前期の曹洞宗の僧，仮名草子の作者。諱は宗的・恵中，号は草庵。信覚恵中・草庵乞士・長徳山野中沙弥・便沙弥と称する。肥後国の人。1637年(寛永14)肥後国流長院の囲巌宗鉄に入門し，40年得度した。46年(正保3)雲歩とともに江戸に赴き，51年(慶安4)ともに*鈴木正三に入門した。明暦年間(1655〜58)頃には肥前国島原の禅林院に滞在し，65年(寛文5)江戸小日向に住した。雲歩とともに正三の門人の中心的人物である。著作は師正三に関する「石平道人行業記」「弁疑」「石平道人四相」「*驢鞍橋」，片仮名本「因果物語」の編著のほか，「*海上物語」「因果小編」などがあり，「西禅集」にまとめられている。

宗安小歌集 そうあんこうたしゅう　室町時代の小歌集。1巻。所収歌数221首(ただし2首重複)。沙弥宗安編。序・奥書によれば，久我有庵三休(大納言久我敦通か)が清書して序と奥書を付したものという。宗安については，近世初期の堺の豪商で茶人の銭屋松江宗安説や，堺の茶人渡辺宗安説などがあるが未詳。成立年も不詳だが，*小歌は安土桃山時代のものである。序文に「古き新しき小歌に節々をつけて，河竹の世々の玩び」としたとあるように，「閑吟集」「隆達小歌」との共通歌も多く，「閑吟集」で集成された中世小歌の伝統を伝えつつ，その後の作品集成として価値が高い。歌形は一定しないが，七七形・七五七五形など二句四句の短詩形が多い。

造伊勢二所太神宮宝基本記 ぞういせにしょだいじんぐうほうきほんき　略して「伊勢宝基本記」とも。伊勢神道書。1巻。最初期の伊勢神道書であり，*神道五部書の一つとして聖典視された。著者については内宮祠官説と外宮祠官説の両説があり，*度会行忠の手が加えられたとの見方もある。成立年代についても平安末期から文永年間(1264〜75)まで諸説があり，定説をみない。内外両宮の鎮座伝承，景行天皇15年より749年(天平勝宝元)までの遷宮史，社殿や祭具などの象徴的意味，神鏡の由来と意義，忌詞や禁忌などについて記す。「心は神明の主たり」「神垂は祈禱を以て先となし，冥加は正直をもって本となす」などの神託は*伊勢神道の中核をなす思想として継承された。

宗因 そういん　1605〜82(慶長10〜天和2)　江戸初期の連歌師・俳諧師。本姓は西山。肥後国熊本生れ。八代城代加藤氏に仕えたが，主家が退転して牢人となり，京都の里村昌琢に連歌を学び，大坂天満宮連歌所の宗匠となる。連歌師の余技であった俳諧の伝統にとらわれない滑稽・奇抜な句風が，大坂の町人層に好まれ，当時の貞門派を圧倒した。談林派の総帥と称せられる。俳諧運動としては，一時はその影響下にあった*芭蕉の登場で短期間に姿を消していくが，清新な詩情をたたえ，俳諧の滑稽・諧謔の精神を伝えた都市文芸として評価される。*井原西鶴は門人であり，*上田秋成はその発句を収集し，伝記を書いた信奉者である。

早雲寺殿廿一箇条 そううんじどのにじゅういっかじょう　「北条早雲廿一ケ条」とも。伊勢宗瑞(北条早雲)の作と伝えられる家訓。成立年未詳。全21カ条。訓戒は子孫宛ではなく，家中一般に宛てた体裁になっている。家臣としての日常生活の心得と主君への奉公の心構えが簡潔・平易，具体的に説かれている。特に偽り飾る姿勢を否定し，「上たるをば敬ひ，下たるをば憐み……有りのままなる心持」をもつべきであると主張している点が注目される。上位者への尊敬と下位者への慈悲とが家中の秩序維持のために不可欠であることを認識するとともに，現実の身分序列をあるがままに是認し，自己の分限に応じて生きることが大切であるというのである。なお，こうした生き方こそ神仏の冥慮に適うものであり，もし心が素直でなければ「天道」に見放されるとものべている。*下剋上を念頭において作られた家訓といえよう。

惣掟 そうおきて →村法

惣置文 そうおきぶみ →村法

早歌 そうが　「そうか」とも。宴曲とも。鎌倉時代から室町末期まで，武士を中心に主に

宴席で歌われた歌謡。催馬楽などに比べ早いテンポで歌われたことによる名という。白拍子や雑芸の系統を引く。物尽くしや道行きなどの内容を，七五調で歌う。はじめは扇拍子で歌われたらしい。明空により集大成され，1296年（永仁4）までには最初の撰集である「宴曲集」が成立した。「徒然草」118段の「法師の無下に能なきは檀那さまじく思ふべしとて，早歌といふことを習ひけり」からも，当時の流行が想像できる。また早歌の「海道」は，延慶本「平家物語」の重衡の東下りにとりいれられている。

増賀 ぞうが 917〜1003（延喜17〜長保5） 多武峰の先徳・多武峰聖とも。平安中期の天台宗の僧。脱俗風狂の聖として著名。京都の人。参議橘恒平の子。926年（延長4）10歳で比叡山に登り*良源に師事し，10年間，世俗の名聞利養を厭い顕密を学ぶが，963年（応和3）7月*多武峰に遁遁した。没するまでの間，毎年四季に法華三昧を修し，964年（康保元）「摩訶止観」を，翌年「法華文句」を講じた。990年（正暦元）不動供を修して自ら不動形を現ずるほか，「法華経」を諷誦し，密供を修して暮らすが，奇行でも知られ，平安時代すでに「*今昔物語集」などで説話化されていた。中世以降特に侘狂の聖として，さまざまな逸話が仏教説話集に載せられ広まった。

蒼海一滴集 そうかいいってきしゅう 江戸後期の仮名随筆集。*片山円然の著。写本全5巻。1815年（文化12）刊。本文は儒学・仏教から洋学にまでわたる非常に広範囲な話題の雑録である。また，これに次いで，16年の序のある「続蒼海一滴集」が著され，これには副題として「三教一致，一致三教，畢竟如何，在止至善」とつけられており，全2巻となっている。さらに，19年（文政2）には「続蒼海一滴集脱漏」が刊行され，続いて21年の序が付された「続蒼海一滴集拾遺」，24年の序の「続蒼海一滴集遺稿」が刊行されている。

創学校啓 そうがっこうけい 「創造国学校啓」などとも。1728年（享保13），*荷田春満が京都に国学の学校設立を幕府に申請したとされる上表文。98年（寛政10），同族の荷田信郷および*上田秋成が編集した春満の家集「春葉集」に，付録として「創造国学校啓」と題して収め，はじめて世に知られた。内容は，儒仏の学の隆盛に比してわが国の学の衰退を憂い，古言・古義・古意を明らかにする国家の学の設立を企図したものである。近世国学の嚆矢として*平田篤胤が称揚したこともあって，特に平田派国学者に重視され，幕末に*福羽美静・*平田銕胤が相ついで復刻するに至り，近世以降の「*国学」の字義の出典とされた時期もあった。しかし，「国学」の字は「春葉集」で補われたものであり，実際に春満が起草して幕府に奏上されたのかについても議論がある。

宗鑑 そうかん 生没年未詳（1539〜40年〈天文8〜9〉没，享年77〜86前後か） 室町時代の俳諧作者・連歌師。本名・出自・生没年・経歴など諸説がある。近江国の出身で，俗名を支那弥三郎範重（範永とも）といい，足利義尚（義輝とも）に仕え，その没後，尼崎・洛西山崎に隠棲したともされる。山崎に住んでいたことから，通称山崎宗鑑という。その閑居を妙喜庵・対月庵という。竹を切って油筒を製作し，それを売って風狂の生活をしていたともいわれる。交流のあった連歌師*宗長との関係によってか，*一休宗純を敬い，大徳寺真珠庵の再建の折に銭を寄進するなどしている。能勢頼則興行の千句に一座するなどし，また山崎離宮八幡の霊泉連歌講などに関連していたなどとされ，連歌師としての活動も認められるが，文学的には俳諧作者としての活動が注目され，「*犬筑波集」の編者として知られる。また「守武千句」の作者荒木田守武とも交流があったかともされる。その筆蹟は特徴があり，「宗鑑流」といわれる。宗鑑筆とされるものも少なからず現存することから，古典類などを書写して生計を助けていたともされる。

宗祇 そうぎ 1421〜1502（応永28〜文亀2） 室町時代の連歌師。不確かながら飯尾氏ともされる。別号は種玉庵・自然斎・見外斎など。生国は不詳ながら近江国ともいうが，没後に紀伊国出身説がでる。前半生は不明ながら，30歳余で連歌師をめざす。連歌は宗砌・*専順・*心敬らに師事する。また和歌は飛鳥井雅親，古典は*一条兼

良*なが*,神道は*吉田兼倶*かねとも*に師事したといわれ,*東常縁*とうのつねより*より*古今伝授などの歌学を伝えられる。当時の都の連歌界の第一人者で,1488年(長享2)には北野連歌会所奉行*れんがかいしょぶぎょう*に任じられ,宗匠職も兼任し,95年(明応4)「*新撰菟玖波集*つくばしゅう*」を完成させた。高弟*肖柏*しょうはく*・*宗長*そうちょう*との三吟「水無瀬三吟百韻」*みなせさんぎん*および「湯山*ゆやま*三吟百韻」は,後世連歌の範型と仰がれる。「宗祇諸国物語」の主人公として描かれるなど,後世「旅の詩人」としてのイメージが濃く,実際に長期に及んで旅をしており,関東に客死したようすは,宗長の「宗祇終焉記」に描かれている。句集「自然斎発句集*ほっく*」,家集「宗祇法師家集」があるほか,連歌書「宗祇初心抄」などがある。また,紀行文「白河紀行」「筑紫道記*つくしのみち*」は評価が高い。

宗祇廻国雑記 *そうぎかいこくざっき* →廻国雑記*かいこくき*

宋希璟 *そうきけい* 1376〜1446 朝鮮王朝初期の官人。字は正夫*せいふ*,号は老松堂*ろうしょうどう*。新平宋氏。1402年科挙に及第,司諫院*しかんいん*や芸文館*げいぶん*などを歴任し,11年,明への聖節使書状官となる。19年(応永26),朝鮮政府が倭寇*わこう*掃討のため対馬*つしま*を攻撃すると(己亥*きがい*東征・応永の外寇),翌20年,室町幕府が朝鮮側の真意を探るべく大蔵経求請使の無涯亮倪*むがいりょうげい*らを派遣してきた。希璟はこれに対する答使となり,己亥東征を蒙古襲来の再来と恐れた足利義持*よしもち*政権の誤解を解くことに成功した。日本滞在中の事績を題序と漢詩で綴った「老松堂日本行録」は,当時の日本社会を知るうえできわめて貴重な史料である。

僧形八幡神 *そうぎょうはちまんしん* 八幡神は僧形であるという思想を形に表したもの。*聖武*しょうむ*天皇は741年(天平13),現在の宇佐神宮を「八幡神宮」と称え,三重塔や仏典を寄進した。ついで749年(天平勝宝元),宇佐八幡神は東大寺大仏の守護神として勧請された。さらに781年(天応元)には宇佐八幡神に大菩薩号*だいぼさつごう*が奉られ,大自在王菩薩などとも称された。また平安前期の弘仁期(810〜824)頃になると,髪を剃り法衣をまとった僧の姿をした僧形八幡神像が出現し,それは江戸末期まで制作された。その古い作例としては,東寺・薬師寺・東大寺・神護寺などのものが有名であ

る。これらはいずれも,八幡神が仏法に帰依し解脱*げだつ*を願っているとの*神仏習合の思想にもとづいて制作されたものである。

箏曲 *そうきょく* 箏を用いた音楽。箏はもともと雅楽の楽器であったが,室町時代になって独奏楽器として使われるようになった。九州久留米の僧賢順*けんじゅん*(1547?〜1636?)は新しい箏曲を作曲し,のち還俗して*大友宗麟*そうりん*(義鎮)や竜造寺安順*あんじゅん*に仕え,箏曲を教えた。作品に「富貴」などがあり,これを筑紫流箏曲といい,箏曲の基礎を固めた。江戸時代になると,八橋*やつはし*流・生田*いくた*流・山田流などに分かれ流行した。なかでも八橋流は八橋検校*けんぎょう*がでて,多くの女性に教えるとともに,専門家は盲目の男性に限った。

草径集 *そうけいしゅう* →大隈言道*おおくまことみち*

宗源神道 *そうげんしんとう* →吉田神道*よしだしんとう*

宗源宣旨 *そうげんせんじ* 室町時代から江戸時代にかけて神祇官家の吉田家から支配下の神社に授与された文書。元本は宗源神道(吉田神道・唯一神道)を提唱した*吉田兼倶*かねとも*が,朝廷の宣旨の形式をとって全国の神社の神職に発給した。その内容は神位・神階の授与,大明神*だいみょうじん*・権現*ごんげん*などの神号の授与が代表的であるが,その他神名帳*じんみょうちょう*への加入,鳥居の建立,神輿*みこし*動座,魚味*ぎょみ*の献饌*けんせん*許可などにもわたっている。吉田家の全国神社支配のための重要な制度として機能したが,明治維新の時に廃止された。

僧綱 *そうごう* 律令制下で,僧尼の監督・教導を中心に仏教界の統轄にあたった僧官。僧正*そうじょう*・大僧都*だいそうず*・少僧都・律師*りっし*の4階で構成され,その下に佐官(のち威儀師*いぎし*・従儀師*じゅぎし*に再編)がおかれた。その起源は推古朝にあり,天武朝での改正をへて律令制下で整備され,*僧尼令*そうにりょう*で職掌・任命について規定された。819年(弘仁10)には僧正・大少僧都各1人,律師4人の定員としたが,厳守された形跡はない。むしろ大僧正や権官*ごんかん*がおかれて増加の傾向があり,しだいに栄誉職化していった。なお僧綱の執務所である僧綱所は,奈良時代には主として薬師寺であったが,平安初期には京内の西寺*さいじ*に移転した。また平安末期以前に限られるが,僧綱の任にあった僧名や職名・略歴などを年次別に記し

た「僧綱補任」が現存する。

宗五大草紙（そうごおおぞうし）　「条々聞書」とも。戦国前期に，室町幕府重臣の伊勢貞頼が著した故実書。1巻1冊。奥書から，1528年（享禄元）に当時74歳の貞頼（下条入道宗五）が子息の次郎貞重のために書いたものであることが知られる。「宗五大草紙」の名は貞頼の法名による。冒頭で「人の召仕れ候仁心得らるべき事」として，主人に仕える者の心得をのべ，ついで具体的な記事が続く。特に目立つのは日常の儀式における酒の飲み方についての教訓で，将軍御成の時の配膳や料理の記事も詳細である。室町幕府につらなる武家の作法を物語る貴重な史料といえる。

蔵志（ぞうし）　江戸中期の医書。*山脇東洋の著。1759年（宝暦9）刊行。乾・坤2巻からなり，わが国最初の公認の実地解剖書といわれる。古方派の医者である東洋は，当時流布していた「五臓六腑説」に疑問を抱き，1754年に京都所司代の許しをえて，小杉玄適らと囚人の屍体の腑分（解剖）に立ち会った。その時の記録に図をつけて5年後に公刊したものであり，「五臓六腑説」の誤りを指摘したものとして大きな意義がある。小腸と大腸の区別ができていない，骨の数を誤るなどの不正確な点もあるもののその影響は大きく，この後，腑分と解剖図の公刊がにわかに各地で行われるようになった。

創氏改名（そうしかいめい）　→皇民化政策

総持寺（そうじじ）　*曹洞宗両本山の一つ。道元から4代目の法孫にあたる*瑩山紹瑾が，1321年（元亨元）能登国門前町の諸岳寺の寺主定賢から同寺を譲られ，禅刹に改め開山となった。門弟の一人*峨山韶碩がその後継者となり，全国発展の基礎を築いた。塔頭の五院は中世，輪住制によってそれぞれの門流から交替で住持をだしたが，その五院が輪番で総持寺の住持をつとめた。曹洞宗寺院の中では，総持寺門流が圧倒的に多い。中世末期以来，*永平寺を中核とする再統合の動向の中で，修行道場としての国家的権威を競った。1870年（明治3）独住制に変更し，大火災をきっかけに1911年神奈川県横浜市鶴見区に移転した。現在は石川県輪島市の旧域にも再建され，総持寺祖院と称している。

雑事条目（ぞうじじょうもく）　→諸士法度

総社（そうじゃ）　惣社とも。諸国総社と寺院総社がある。諸国総社は，一国内の諸社の祭神を1カ所に勧請した神社で，国衙やその付近に設けられた。初見は，「時範記」承徳3年（1099）2月15日条の因幡国総社である。また寺院総社は，法成寺・法興院・法性寺・成勝寺・蓮華王院などのものが知られる。蓮華王院惣社には，1175年（安元元）に八幡以下の21社と日前宮や熱田・厳島・気比社などが勧請され，その年の10月に行われた惣社祭に相撲や神楽が奉納され，のち例祭となったことが知られる（「百練抄」）。また法成寺においても，1194年（建久5）9月に惣社祭が行われている。

僧濬（そうしゅん）　→鳳潭

宗性（そうしょう）　1202～78（建仁2～弘安元）　鎌倉中期の東大寺の学僧。宮内大輔藤原隆兼の子。権中納言葉室宗行の猶子。1214年（建保2）13歳で東大寺に入る。師弁暁・道性について華厳宗・倶舎宗を学び，のち興福寺の覚遍や延暦寺の智円に師事して，因明・唯識・天台の修学に励んだ。20年（承久2）以降，法勝寺御八講をはじめとする主要な法会に参ずるようになると，種々の法会の問答記を書写し，公請の法会のためにその要文などを集めた「春華秋月抄」を編んだ。30年（寛喜2）*貞慶に私淑して笠置寺に入り，弥勒信仰に傾倒し「弥勒如来感応抄」をまとめた。さらに仏教の歴史的研究にも意を注いで「名僧伝要文抄」「日本高僧伝要文抄」などを著した。東大寺内にあっては，尊勝院の院主，また東大寺別当に任ぜられており，かつ僧綱としても昇進を重ねて権僧正に至った。弟子には，円照・*凝然らがいる。華厳教学の集成にも力を注ぎ，諸書を抄出した「華厳宗枝葉抄」「地持論要文抄」「華厳宗香薫抄」などの著作がある。東大寺図書館に多数の自筆本が現存し，中世の仏教のみならず歴史学や国語学においても貴重な足跡を残した。

増上寺（ぞうじょうじ）　東京都港区芝公園にある浄土宗の大本山。三縁山広度院と号し，縁

山と略称する。千代田区平河町付近にあった光明寺という真言宗寺院を，1393年(明徳4)に浄土宗鎮西義白旗派の聖聡が改宗し，増上寺と名づけた。その後学問所として発展し，1590年(天正18)，徳川家康の江戸入府とともに師檀関係が成立する。慶長年間(1596～1615)に現在地に移り，徳川家の菩提寺として寺領や高麗・元・宋の三大蔵経の寄進をうけ，堂舎の整備が進められて一宗の中心となった。近世の浄土宗では，綸旨の執奏権は本来の本山である知恩院に残されたが，行政面の権限は触頭である増上寺が行使した。たびたびの火災や1945年(昭和20)の戦災をへて現在に至っている。

装飾古墳 →壁画古墳

草人木 江戸初期の茶道入門書。「茶」の字を分解すると，草人木となる。もと木版本3冊からなり，寛永3年(1626)版が最も古いとされている。著者は不明。*千利休や*古田織部の記事が多く，*茶の湯の作法や点茶法などが書かれており，茶道入門書として最も早く刊行された貴重な書物といえよう。上巻は「行用」と題し，主客の心得が131カ条にわたって書かれており，奥書もある。中巻ははじめに「座敷の図」として，古田織部らの座敷図があり，次に「万荘厳之図」とあり，座敷の道具の飾り方が書かれている。以下「中座する間に道具飾次第之図」「世上大躰之厳」「天目台之沙汰」などの項目がある。下巻は「台子の沙汰」「中八段台子の次第」の項目からなっている。

葬制 死者を葬る儀式の全体をさし，宗教的儀礼であるとともに社会的儀礼でもある。死者を処理する葬法として古く風葬・水葬があり，のちに土葬・火葬が加えられた。儀式には死者を葬り，その霊魂を鎮めて供養する葬具がある。葬儀は臨終儀礼・葬送儀礼などからなり，通過儀礼の最終にあたり，社会的存在としての消滅が確認されるもので，告別式とよばれる。葬後の供養には，埋葬後の墓帰りから7日ごとの供養，四十九日の中陰供養，百箇日忌，一年忌，三回忌，七回忌，十三回忌，三十三回忌などが通例として営まれる。墳墓は土葬死体や火葬骨を埋葬して土や石を積み，墓印と供養具を立てることが主流であり，散骨もある。日本では，埋墓と詣墓を別にする両墓制がある。これらの細部には民俗的風習と外国の文化的影響が反映し，社会の死生観，信仰の性格を語る各時代・地域などの特色がみられる。→墓

総斥排仏弁 幕末期の護法書。1冊。浄土真宗の*竜温の著。1865年(慶応元)頃成立。各所で講義され，その講録として写本が数多く伝来する。幕末の排仏論の盛行に危機感をいだき，題名に示されるように近世を通じて排仏者を総体的に排斥したものである。破仏者として天文家・キリスト教徒・儒者・神道家の4種類をあげ，同書では近世で排仏する儒者・神道家をことごとく列挙する。排仏がおきる理由が分析され，真宗の立場から排仏者の意図を論破して護法の方策をのべる。とりわけ*平田篤胤および*正司祺考の「*経済問答秘録」が論破の対象となり，真宗こそ世俗の仁義・忠孝に適うことを論じ，僧侶に篤実な修行を勧める。

創造国学校啓 →創学校啓

造像銘 神仏の彫像や絵画に墨などで書かれた銘文のうち，造像に関する事情を記したものをいう。彫刻の場合には，像の内部などに直接書きつける場合のほか，納入品に記すこともある。造像の年月日・願文・願主名・仏師名などが内容となるが，必ずしもそのすべてがそろっているとはかぎらない。日本で造られた作品では，622年(推古30)の制作になる中宮寺*天寿国繍帳や，623年の法隆寺金堂釈迦三尊像の光背銘が古い。造像銘はたんにその像の制作の経緯を知ることができるのみならず，造像にこめられた思想的背景をもよみとることができ，美術史・仏教史・文化史などの資料として貴重である。

相続制 鎌倉時代の相続においては，親の権限が絶大であった。相続の対象としては不動産のほかに屋敷や書物などの動産が含まれるが，誰にそれを相続させるかは親が決定した。御家人社会では親から相続をうけるとそれを幕府に上申し，不動産については安堵の下文が発給された。ただし，下文が発給された後であっても，親は一度譲った

財産を悔い返すこと（*悔返し）が認められていた。親の権限の強さは御家人社会に限定されるものではなかったから，当然貴族社会においても，悔返しの権限は公認されていたものと考えられる。多くの相続をうける者を嫡子もしくは家督などとよんだが，子供のうちの誰を嫡子にするかも親が決定した。長子や生母の出自が高い子は嫡子に選ばれやすかったが，慣習はいまだ確立していないと考えるべきである。鎌倉時代中頃までは何人かの子にほぼ均等に所領を相続させることも行われたが，このことは御家人所領の零細化を招き，御家人の没落という事態に結びついた。そのため鎌倉後期には，家の繁栄を維持するために，嫡子一人にほとんどの所領を相続させる嫡子単独相続が一般的になった。

草賊前記 そうぞくぜんき　由比正雪の乱を記述した*林羅山などの著。事件のあった1651年（慶安4）に成立。「羅山別集」に収録されている。由比正雪は「楠正成の軍法」を学び，一味は「邪蘇の変法」である「熊沢の妖言」，すなわち*熊沢蕃山の妖術に惑わされ，誓約を結び，徒党を組むようになったと，事件の思想的背景に兵学と熊沢蕃山の学問があると非難している。同じく「羅山別集」に収録されている「草賊後記」（1652）では，52年（承応元）の戸次（別木）庄左衛門らの騒動を記述し，ここでも一味の同志的結合の背景に「熊沢の邪説」と「軍法」があることを指摘し，さらに「君父」よりも「天主」を優先するキリシタンと，陽明学の無善無悪説・抜本塞源論などとの関連性を示唆している。

宋素卿 そうそけい　？〜1525　戦国初期の日明貿易商人。本名は朱縞。浙江省寧波出身。1497年（明応6）に日本人湯（湯川力）四五郎に従い来日。1511年に入明した細川船で綱司を務める。23年入明の細川船では正使鸞岡瑞佐を助け，無効の弘治勘合を携えながらも市舶司に賄賂を贈って入港に成功し，有効な正徳勘合を持参した大内船の正使謙道宗設の機先を制した。宗設ら大内側は怒って細川船を焼き，瑞佐らを殺害して逃走した（寧波の乱）。素卿は捕らえられ，明で獄死した。次回の47年入明の大内船正使*策彦周良によれば，宋素卿には子の宋一そういがいて弘治勘合を奪い去ったといい，策彦の直後に入明した宋東瞻がこの宋一か。

左右田喜一郎 そうだきいちろう　1881〜1927（明治14〜昭和2）　明治・大正期の経済学者・哲学者。横浜の両替商の長男として生まれる。東京高等商業学校（現，一橋大学）で*福田徳三に師事する。同校専攻部卒業後はドイツに留学し，新カント派哲学と経済学を結びつける経済哲学の構築をめざす。帰国後，1915年（大正4）に父の創業した左右田銀行の頭取になるとともに，京都帝国大学で教鞭をとり，22年に自らの経済哲学を「*文化価値と極限概念」として公刊する。25年には貴族院議員に選ばれる。27年（昭和2）には昭和恐慌のもと銀行の閉鎖を余儀なくされ，その失意のうちに46歳で死去する。主著に「貨幣と価値」（独文），「経済哲学の諸問題」などがあり，その業績は「左右田喜一郎全集」全5巻に収められている。

雑談集 ぞうたんしゅう　鎌倉時代の仏教説話集。*無住道暁などの著。全10巻。1304〜05年（嘉元2〜3）に成立。ただし巻末に作者84歳時（09年）の歌が載る。天竺（インド）・震旦（中国）・日本の説話を広く収集しているのみならず，作者の見聞・体験の記録も多いが，構成・分量は不統一である。特徴として，無住が父祖や自身の生い立ち・求法などについてのべた箇所があり，伝記研究の重要資料となっている。また，巻4の巻末の38首と，その他あわせて70余首にのぼる作者自身の歌が記載されている。自然詠はほとんどなく，多くは証道歌・教訓歌で，「*沙石集」の和歌即陀羅尼論とあわせて読まれるべきものである。

宗長 そうちょう　1448〜1532（文安5〜天文元）　室町時代の連歌師。駿河国島田の鍛冶職義助の子。初号は宗歓。別号は長阿・柴屋軒。今川氏に仕え，氏親のために尽力した。今川氏の臣斎藤安元の援助により，駿河国宇津山の東麓に結んだ柴屋軒は，のちに柴屋寺（通称宗長寺）となり，名所になった。*一休宗純に参禅し，結局かなわなかったが，山城国薪の酬恩庵で終焉を迎えることを願ったりもした。連歌は*宗祇に師事し，

「*新撰菟玖波集（つくばしゅう）」の編纂に協力する。宗祇・*肖柏（しょうはく）との三吟「水無瀬三吟百韻（みなせさんぎんひゃくいん）」および「湯山（ゆやま）三吟百韻」は後世連歌の範型と仰がれる。句集に「壁草（かべくさ）」「老耳（ろうじみ）」などがある。「宗長手記」には狂歌と俳諧もみられ、*宗鑑（そうかん）との交流も知られる。宗祇の「源氏物語」講義などを聴講し、「新古今和歌集」の注釈書「宗長秘歌抄」などを残しているが、同じく宗祇の高弟肖柏に比して古典の教養は深くないとされる。宗祇の越後国や筑紫国の旅に同行し、宗祇の最期を記した「宗祇終焉記」のほか、日記紀行に「東路（あずまじ）のつと」「宇津山記（うつのやまのき）」「宗長日記」などがある。

宗滴物語（そうてきものがたり） →朝倉宗滴話記（あさくらそうてきわき）
騒動打ち（そうどううち） →後妻打ち（うわなりうち）
走湯権現（そうとうごんげん） 「はしりゆー」とも。伊豆山（いずさん）権現・伊豆権現とも。走湯は、静岡県熱海市伊豆山に鎮座する伊豆山神社の明治以前の呼称。「延喜式」神名帳の伊豆国田方郡条に記載の火牟須比命（ほむすひのみこと）神社、また「伊豆国神階帳」に記載の正一位千眼大菩薩（せんがんだいぼさつ）に比定される。明治以前の祭神は、火牟須比命・伊耶那岐（いざなぎ）命・伊耶那美（いざなみ）命の3神とも、瓊瓊杵（ににぎ）命ともいわれたが、現在は伊豆山神を祭神とする。源頼朝（よりとも）の妻政子は「般若心経（はんにゃしんぎょう）」を奉納、また頼朝は箱根・三島社とともに本社へも参詣した。頼朝以後の将軍も毎年本社と箱根へ参詣するのを恒例とし、これを二所詣（にしょもうで）と称した。早くから別当寺として東明寺（とうみょうじ）があり、鎌倉時代には密厳院（みつごんいん）が加わり、その一部は般若院と称して残っている。

走湯山縁起（そうとうさんえんぎ） 「そうとうさんー」とも。「伊豆山（いずさん）権現縁起」とも。静岡県熱海市に鎮座する伊豆山神社および周辺霊場の縁起。全5巻。南北朝期の写本である尊経閣（そんけいかく）文庫所蔵本には、「走湯山秘訣（ひけつ）」および「走湯山上下諸堂目安（もくあんしょ）」の2巻が付されている。巻2の奥書には812年（弘仁3）に大江政文（まさふみ）が記したとあるが、実際は平安中期～鎌倉中期頃の成立で、僧侶の手によるとみられる。内容は、神功（じんぐう）皇后との契約によって、高麗（こうらい）からわが国に渡った湯神（ゆのかみ）が温泉（走湯（はしりゆ））を湧出させたことに始まる。以

下、山岳宗教者たちが同神を奉斎したこと、聖徳太子より「*走湯権現（そうとうごんげん）」の神号が贈られたこと、弘法大師空海（くうかい）らの高僧と同神の関わりなどが記される。神仏習合思想に加え、修験道・熊野信仰など、さまざまな宗教思想が織りこまれている点が特徴である。

曹洞宗（そうとうしゅう） 中国禅宗五家の一つで、日本において大宗派となった。唐代の洞山良价（とうざんりょうかい）（807〜869）と曹山本寂（そうざんほんじゃく）（840〜901）を祖とする。曹洞宗の名称はこの二人の名を倒置してあわせたともいい、また、遡って六祖の曹渓慧能（そうけいえのう）（638〜713）と洞山良价の名をあわせたともいう。宗風は綿密な修行を重んじ、自己完結を嫌い、五位（ごい）の思想を展開した。宋代の真歇清了（しんけつせいりょう）（1088〜1151）と宏智正覚（わんししょうがく）（1091〜1157）は*黙照禅（もくしょうぜん）の指導法をとり、臨済宗の看話禅（かんなぜん）と対抗した。

日本では、*道元（どうげん）が入宋し、真歇派の如浄（にょじょう）の法を嗣いで1227年（安貞元）帰朝し、越前国に*永平寺（えいへいじ）を開いた。宏智派では、東明慧日（とうみょうえにち）が1309年（延慶2）に、東陵永璵（とうりょうえいよ）（玉偏）が51年（観応2・正平6）に来日した。二人は鎌倉・京都の五山に住持、鎌倉の円覚寺白雲庵を塔頭とした。宏智派は南北朝期から戦国期に、越前国の朝倉氏に支援された。また、明代の無明慧経（むみょうえきょう）を派祖とする寿昌派（じゅしょうは）の*心越興儔（しんえつこうちゅう）が、1677年に来日して徳川光圀（みつくに）に優遇された。

永平寺は、道元のあと日本達磨宗出身の孤雲懐奘（こうんえじょう）・徹通義介（てっつうぎかい）・義演（ぎえん）が住持し、この間に三代相論とよばれる内紛を生じた。寂円（じゃくえん）は道元を慕って来日した宋僧で、越前国宝慶寺（ほうきょうじ）を開いた。その弟子義雲（ぎうん）が永平寺を中興して以後、中世の永平寺は、代々寂円派が住持した。一方、永平寺を離れた徹通義介は、加賀国大乗寺に拠点をおき、その弟子*瑩山紹瑾（けいざんじょうきん）は永平寺の義演にも学び、大乗寺を継いでのち、能登国に永光寺（ようこうじ）・*総持寺（そうじじ）を開いた。瑩山紹瑾は、永光寺を弟子明峰素哲（めいほうそてつ）に、総持寺を弟子*峨山韶碩（がさんじょうせき）に譲り、いずれもそれぞれの門弟が順次住持していく輪住制を採用し、特に峨山派は五哲・二十五哲とよばれる多くの門弟を輩出した。また、道元に学んだ寒巌義尹（かんがんぎいん）が肥後国大慈寺（だいじじ）を開いた。

中世には、これら各派ごとの強い結束と、在地社会への積極的な接近により、五山派と一線を画す*林下(りんか)として大教団に発展した。嗣法の際に*切紙(きりがみ)が授与され、葬祭への関与、民間信仰との融合が著しい。16世紀には永平寺に求心力を作る再統合の動きが始まったが、江戸幕府は永平寺と総持寺の双方へ法度(はっと)をだして拮抗させ、やがて関三刹(かんさんさつ)(下総国総寧寺(そうねいじ)、下野国大中寺(だいちゅうじ)、武蔵国竜穏寺(りゅうおんじ))と東海の可睡斎(かすいさい)による僧録制度を整えた。近世、信仰の純化をめざす宗統復古運動が興り、中世の切紙を排除する曹洞宗学が発達した。明治期以後、永平寺・総持寺ともに住持制度を改めて独住制とし、紆余曲折をへて曹洞宗の一体化が図られ、教理面では「修証義(しゅしょうぎ)」の編纂が行われた。

像内納入品(ぞうないのうにゅうひん)　仏像・神像などの造像や補修時に、像の内部に納められたさまざまなもの。平安時代以降、像内の内刳(うちぐり)や寄木造(よせぎづくり)が行われるようになると、像内に文字を記したり、仏舎利(ぶっしゃり)・五臓・真言(しんごん)や小仏像・*五輪塔・銭貨・摺仏(すりぼとけ)・経巻・*願文(がんもん)などを納めることが行われた。僧*斎然(ちょうねん)が宋から請来した京都清涼寺(せいりょうじ)の釈迦如来立像の納入品が有名である。その目的として、像に魂をこめる、縁故者や自身の供養を願った結縁(けちえん)を行う、文書を保存するなどがある。文書には、造立の趣旨や経緯を記した願文、納入品の目録、結縁者の交名(きょうみょう)などがみられる。鎌倉時代以降は、亡者の遺髪や書状、厖大な数の結縁者による摺仏などがみられるのが特徴で、在地領主や民衆などの信仰のあり方を考えるうえで重要である。たとえば、横浜市称名寺(しょうみょうじ)の弥勒菩薩(みろくぼさつ)像に納められた多くの願文類は、弥勒の世を待つ北条氏(金沢氏)一族の信仰をうかがわせる史料である。また、三重県善教寺(ぜんきょうじ)の阿弥陀如来像内に納められていた1223～41年(貞応2～仁治2)の藤原実重(さねしげ)「作善(さぜん)日記」は、鎌倉中期の在地領主の信仰生活を知るうえで必須の史料となっている。

僧尼令(そうにりょう)　令の編名で、僧尼に関する規定を示したもの。飛鳥浄御原令(あすかきよみはらりょう)における存否は未詳であるが、大宝令(たいほうりょう)にあったことが確認されており、養老令では全27カ条からなる。僧尼令にあたる編目は唐令にはなく、唐の道僧格(どうそうきゃく)にもとづいて編まれたとみられ、その影響を色濃くうける。形式的には行政規定と刑罰規定とに大別されるが、刑罰規定である「律」的条項を多数含む法規が、僧尼令という名称で「令」に編入されているのは、律令の法体系の中では特異である。内容的には、僧尼身分の異動と、寺院以外での修行・布教活動にきびしい制限を設けているのが特色で、これらは戒律の面からの規制とあわせて、律令国家の仏教統制の姿勢を明確に表現したものである。ただし、刑罰に関しては僧尼身分を考慮して通常は苦使(寺内の清掃や写経)や*還俗(げんぞく)を用い、重大犯罪のみに還俗したうえで「律」による処罰を規定している。また教団の自治を軽視していなかった点も注意される。こうした性格の僧尼令は8世紀にはかなり厳格に施行されたとみられるが、10世紀以降は形骸化していったようである。

雑人(ぞうにん)　平安時代より、広く一般庶民をさす言葉。鎌倉時代には凡下(ぼんげ)・甲乙人(こうおつにん)ともいう。鎌倉幕府は御家人(ごけにん)・非御家人を侍の身分とし、名主(みょうしゅ)・百姓ら庶民を雑人とした。両者の法的処遇には明瞭な差異があり、雑人同士の争いは「雑人訴訟」として「雑人奉行」が担当した。彼らが法廷に出頭する時は、侍は客人座(きゃくじんざ)、侍に仕える郎党(ろうとう)は広庇(ひろびさし)、これに対し、雑人は建物へ上がることを許されず、大庭(おおにわ)に座すこととなっていた。こうした身分の位置づけは、朝廷における「殿上人(てんじょうびと)」と「地下人(じげにん)」の対比と通じるものがある。また「三郎男」など「～男」と表記されるのは、雑人を示す呼称であると思われる。

宗廟(そうびょう)　中国の伝説的家族制度の観念を基礎にもつ祖先祭祀施設。特に天子の宗廟については、「周礼(しゅらい)」王制篇に「天子は七廟を立つ。昭廟(しょうびょう)三、穆廟(ぼくびょう)三、太祖(たいそ)の廟と合せて七廟なり」と規定されて、王城内西側の*社稷(しゃしょく)に対し、王城内東側に設けられるのが古礼とされる。死者の霊魂も生前同様の生活を営むという思想を基礎にもち、前方には政務処理のための場としての廟が、後方には飲食・起居などの日常生活の場たる寝(しん)

が設置された。廟には木主(位牌)が安置されて定期的に祀りが行われ、寝には衣冠や生活用具がおかれ、食物が供される。本来、宗廟は単なる祖先祭祀の場ではなく、政治上の儀式や命令宣布の場として機能したが、戦国中期以降は、世俗の朝廷の場が重要な役割を獲得する。その結果、宗廟の政治的機能は相対的に低下し、*山陵と宗廟との関係が強まることになった。前漢の頃には、陵傍立廟の礼がうまれ、寝は陵園内におかれるようになる。この制度は後漢代に定着し、魏晋・南北朝時代の頃には一時的に衰微するものの、唐代以降にも受け継がれていく。

日本では、厳密な意味での宗廟制が受け入れられたとはいいがたいが(推古朝に蘇我氏が祖廟を祀ったというのが特例)、先皇霊祭祀たる山陵の*荷前や寺院での斎会・*国忌に影響を与えていく。なお、宗廟の語には国家の代名詞としての比喩的意味がある。古くは「日本書紀」崇神天皇、「古語拾遺」「倭姫命世紀」などにみえ、平安中期以降には伊勢神宮や石清水八幡宮を宗廟とみなす言説が誕生する。しかし、これらは宗廟そのものではなく、国家観念のレベルの問題として区別して論ずべきであろう。また、仲哀天皇・神功皇后を祭神とする香椎宮(*香椎廟)、藤原鎌足を祀る*多武峰、菅原道真を祀る*北野天満宮など、実在した貴人の霊を祀るための建物も、比喩的には「廟」「宗廟」などとよばれた。

崇福寺 そうふくじ　福岡市博多区にある臨済宗大徳寺派の寺。山号横岳山。1240年(仁治元)湛慧が大宰府横岳に創建し、翌年円爾を招いた。1272年(文永9)には*南浦紹明が入寺して寺勢は高まる。塔頭瑞雲庵は室町前期にかけて、南浦を祖とする大応派の拠点となり、寺は室町中期には諸山をへて十刹の寺格をえる。1586年(天正14)焼失したが、1600年(慶長5)黒田長政が現在地に移し、江月宗玩を招いて再建した。唐門はその際の移築といい、黒田氏にかかわる文化財を多く伝え、また江月の記した書画の鑑定ノートである「墨蹟之写」も重要である。黒田氏歴代ほか島井宗室らの墓がある。

僧分教誡三罪録 そうぶんきょうかいさんざいろく　江戸後期の僧侶教誡書。全2巻2冊。浄土真宗の*徳竜の著。10回の講義としてのべられ、その講録として写本がいくつか伝来する。1884年(明治17)に刊行されて流布するようになる。「蓮如上人御一代聞書」などにみえる「坊主ト云者ハ大罪人ナリ」という文章をふまえて、僧侶の大罪とは虚受信施(施物を貪ること)・不浄説法(仏法の本意を失った説法)・偸三宝物(仏法僧に属する物を盗むこと)であり、この三罪をまず通仏教的にみられる各罪のありさま、罪の結果、罪への教誡をのべて、次に真宗におけるその意味を説く。これら三罪を聞いて僧侶は自分の心を省みて改めることが求められている。

僧兵 そうへい　平安時代以後、寺院で武器をもつ僧侶とその集団をいう。寺院組織の規模が大きくなるのに応じて、僧侶のほかに地方荘園から兵士を加えて武力を強化した。集団の要求をかなえるため、比叡山延暦寺の山法師は日吉神社の*神輿をを奉じ、奈良興福寺の奈良法師は春日神社の*神木を奉じ、軍勢をくりだして神威をもって幕府・朝廷を恐喝した。要求は、僧位・僧官の任命や敵対する他宗派の抑圧など多岐にわたり、南北朝・室町時代には公家・武家にその勢力をもって加担するなど、政争にも積極的に参加した。興福寺の僧兵は鎌倉時代以後衆徒とよばれ、のちにその中から筒井・古市氏のように大名化して政権争奪にかかわる者も出現した。平安時代以後の大寺院は、修道の枠をこえて俗権力を保有したことを反映して、聖・俗の両面をあわせもつに至るが、僧兵はこの体質を具現する存在であった。→強訴

像法 ぞうほう　→末法思想

草茅危言 そうぼうきげん　江戸後期の経世論書。全10巻。*中井竹山の著。1789年(寛政元)成立。1788年(天明8)来坂した*松平定信から下問をうけた竹山が、「王室之事」から始まり「死後跡式之事」に終わる65カ条からなる本書をまとめ、91年定信に献じた。書名は在野からの直言の意。参勤交代の緩和、国替停止などの国制改革、諸藩の財政再建策、社倉・常平倉への設置、貨幣や米相場をめぐる物価抑制策、貿易規制策など経済政策全般にわたり、さらには江戸・京都・大坂などで

そうぼ

の官立学校の設立，*朝鮮通信使への聘礼の簡素化といった文教政策・外交政策も提言されている。養老問題・治安問題などの社会問題への言及もみえ，町人の学校*懐徳堂の学主の面目躍如たるところがある。本書は荻生徂徠の「*政談」，太宰春台の「*経済録」とともに江戸時代の*経世論を代表するが，神晋斎の「*草茅危言摘議」などでその大坂や町人に偏した論調への批判がなされた。

草茅危言摘議 そうぼうきげんてきぎ 中井竹山「*草茅危言」への論駁書。全5巻。神晋斎(1800〜66)の著。晋斎は号で，名は惟孝，通称譲助。儒医で，1846年(弘化3)佐藤一斎の紹介で丹波国篠山藩の江戸詰抱え儒者となった。晋斎は「草茅危言」を逐条的かつ詳細に考証し，是は是，非は非として論評しようとしているが，底を流れるのは徳治主義の立場であり，その立場から「竹山ノ論ソノ利ヲ見テハ，義理ヲ喪フモノノ類」と竹山説を功利主義であるとして批判する。また，竹山説が大坂や町人の立場に偏し，「時勢」にも暗く極端にはしるとする批判も随所にみられる。

双峰国師 そうほうこくし →双峰宗源そうほうそうげん

双峰宗源 そうほうそうげん 1263〜1335(弘長3〜建武2) 鎌倉時代の禅僧。臨済宗*聖一派。桂昌門派の祖。諡号は双峰国師。筑前国の人。東福寺の*円爾に受戒し，*無学祖元・大休正念・西澗子曇・*一山一寧・寂庵上昭に歴参する。1305年(嘉元3)公帖をうけて筑前国大宰府の崇福寺に入院し，本師円爾に嗣香を焚いてその法を嗣いだ。禅密を兼修する円爾の会下にありながら，禅宗の修行のみに専念した人である。亀山法皇・北条高時・一条内経の帰依・参禅をうけ，東福寺に三住し，南禅寺の住持もつとめた。亀山法皇の皇子常盤井宮恒明親王の要請により，その開基する洛東大聖寺の開山ともなっている。生前東福寺内に構えた退居寮桂昌庵に塔す。語録に「双峰国師語録」1巻がある。

相馬御風 そうまぎょふう 1883〜1950(明治16〜昭和25) 明治〜昭和期の詩人・評論家。本名昌治。新潟県西頸城郡糸魚川町に生まれる。高田中学時代から佐佐木信綱の竹柏会に入会し，短歌を学ぶ。のちに新詩社に入会する。大学入学後は新詩社からも離れ，前田林外・*岩野泡鳴らと東京純文社を結成し，詩歌雑誌「白百合」を創刊する。1906年(明治39)早稲田大学英文科を卒業し，島村抱月主宰の「*早稲田文学」編集に従事し，評論家としての活動を開始する。07年3月には三木露風・野口雨情らと早稲田詩社を設立し，口語自由詩を提唱する。第一歌集「睡蓮」(1905)，詩「痩犬」(1908)，「御風詩集」(1908)。評論集「自然主義論に因みて」(1907)，「文芸上主客両体の融会」(1907)，「ツルゲーネフ・態度・人」(1909)。11年より母校講師。早稲田大学校歌は御風の作詞。

相馬黒光 そうまこっこう 1876〜1955(明治9〜昭和30) 明治〜昭和期の実業家・随筆家。本名良。仙台生れ。生家の没落による貧苦の中，高等小学時の1889年(明治22)受洗した。宮城女学校から93年フェリス女学校に転ずるが，より自由な自己実現を求め，95年*巌本善治の明治女学校に転校した。星野天知・*島崎藤村らに接し，文学を志す。しかし97年，卒業と同時に信州穂高の養蚕家相馬愛蔵と結婚する。1901年農村生活に飽き足らず夫・子供と上京，東京本郷にパン屋中村屋を愛蔵とともに開業した。さらに新宿に移転して，荻原守衛・中村彝・木下尚江・神近市子から多くの芸術家や社会運動家が集うサロンを形成した。またインドの独立運動家ビハリ・ボースやロシアの詩人エロシェンコを支援するなど，自由と文化のパトロンであった。自身の著作も「黙移」ほか，「広瀬川の畔」「穂高高原」「明治初期の三女性」など多数がある。「相馬愛蔵・黒光著作集」全5巻がある。

僧妙達蘇生注記 そうみょうたつそせいちゅうき 平安時代の*蘇生譚ないし冥界遍歴譚の代表作の一つ。1巻。「続々群書類従」所収本，東寺観智院本「三宝絵詞」付載本ほか若干の逸文がある。内容は，951年(天暦5)または955年に頓死した法華*持経者の妙達が，閻魔王から日本国内の多くの衆生の善・悪報を聞き，7日後に蘇生して信徒とともに善業を施したというものである。成立は，これに言及す

る「*本朝法華験記ほんちょうほっけげんき」（1040年代前半成立）以前。90名にも及ぶ上記衆生は僧俗相半ばし、東国人が多いという特徴のほか、藤原忠平ただひら・平将門まさかど・天台座主尊意そんいらの著名人も含まれる。平安時代宗教史上の貴重な史料である。

草莽崛起論 そうもうくっきろん　*吉田松陰しょういんの社会変革主体論。当初の松陰は*水戸学の影響をうけ、尊王敬幕の立場から忠誠の対象を藩主におき、藩主は将軍に、そして将軍は天皇に忠誠を尽くすという封建的主従関係にもとづく伝統的な忠誠観を保持していた。1856年（安政3）勤王僧の*宇都宮黙霖もくりんとの論争で、「天朝を憂う」主体としての自己を確認する。58年の日米修好通商条約の違勅調印を契機に、討幕へと傾斜する。容易に討幕へと動かない藩組織に対して「諸侯恃たのむべからず、草莽の志士を募る」（「戊午幽室文稿」）と、直接天皇に忠誠を尽くす主体としての「草莽」を決起の中心にすえるようになる。勤王の志士が捕縛されている伏見の獄の破壊と在京中の老中間部詮勝まなべの襲撃を計画するが、萩藩は再度松陰を野山獄のやまごくに幽閉する。獄中から*松下村塾しょうかそんじゅくの塾生に対し、在官在禄の身分では真の忠孝は尽くせないとして、脱藩し決起する「草莽崛起」を促す。しかし、塾生から時期尚早との反論をうけ、「草莽崛起、豈あに他人の力を仮らんや。恐れながら天朝も幕府・吾が藩も入らぬ、只だ六尺の微軀が入用」（1859年、野村和作宛書簡）との境地に行き着く。その後、草莽崛起論は*一君万民論へと展開する。

草莽の国学 そうもうのこくがく　近世後期から幕末・維新期にかけて地方の農民・商人などの間に広まった*国学。近世から近代にかけて一般民衆の性格が変化する過程で、国学のはたした歴史的役割を考察するため提起された概念である。主唱者の伊東多三郎は、地方郷村社会の平田派国学者の役割に焦点をあて、近世社会における国学の受容を、地域共同体や社会経済史的な背景などによって分析し、下総国の*宮負定雄みやおいさだおや越後国新津の*桂誉重かつらたかしげら、従来無名であった国学者に注目した。そこから、家業の精励、農業振興による庶民生活の向上や人民間の無差別・平等などの国学

精神が、地方農民の生活・意識を変革させ、国民的自覚を生じさせたことを指摘した。伊東の研究以降は、地方国学者の具体的な思想内容や社会的実践活動そのものに焦点があてられるようになり、開国前後における村落共同体の秩序護持への働きや、勧農と*産霊むすひ信仰との思想的つながり、また、幕末の尊王攘夷運動から近代の民権運動にかけての地方の指導的役割をはたした人々への考察まで、研究範囲が広げられている。

草莽の志士 そうもうのししょう　→志士し

草木国土悉皆成仏 そうもくこくどしっかいじょうぶつ　天台宗の悉有仏性論の一つ。智顗ぎの「摩訶止観まかしかん」に「一色一香無非中道」と説き、眼前の現象を真実と捉える思潮は中国仏教にもあったが、日本の天台宗においてもこの問題は主要な論点となった。その結果、*安然あんねんは「斟定しんじょう草木成仏私記」を著し、一仏成道じょうどうにより草木国土の成仏が達成されるとする立場を説いたが、草木国土が自ら発心ほっしん成仏を遂げるとする立場もだされた。さらに、全宇宙を大日如来の法身とする密教的な発想から、草木国土による説法が説かれることにもなった。このような考え方は、やがて*本覚ほんがく思想における現実肯定思想と結びついて発展し、13世紀初め頃の成立とされる「真如観しんにょかん」には、草木・瓦礫・山河などの非情もすべて仏であると説かれる。

蘇我稲目 そがのいなめ　？～570（？～欽明31）　飛鳥時代の豪族。宣化・欽明朝の大臣おおおみ。馬子うまこの父。渡来系氏族を傘下におさえ大陸文化の事情通でもあったらしく、仏教公伝の際、積極的な受容推進派となる。娘の小姉君おあねぎみ・堅塩媛きたしひめを欽明天皇の妃に入れ、天皇家と婚姻関係を結んで他氏族を圧倒した。堅塩媛は用明天皇・推古天皇の母で、没後に墓が改葬され、大后おおきさきの称が贈られている。

蘇我馬子 そがのうまこ　？～626（？～推古34）　飛鳥時代の豪族。稲目いなめの子。572年（敏達元）大臣おおおみに任じられ、以後、用明・崇峻すしゅん・推古天皇の時代を通じて大臣を務める。その間、対立する豪族の物部守屋もののべのもりやを滅ぼし、渡来系氏族を指嗾しそうして崇峻天皇を暗殺させ、推古天皇を擁立した。厩戸うまやど皇子（*聖徳太子）を皇太子に立てて、ともに政治をみ、聖徳太

子と「天皇記」「国記」「臣・連・伴造・国造・百八十部幷公民等本記（ももまりやそともあわせておおみたからともつぶみ）」を編纂した。また、池の中に中島を築いた日本最初の庭園を邸内に造り、「島大臣（しまのおとど）」とあだなされた。「しま（島・山斎）」は庭園を意味する語で、10世紀初め頃まで使われている。

曾我物語　そがものがたり　仇討ちを主題とする英雄伝記物語。真名本10巻と2種の仮名本10・12巻があり、鎌倉後期から室町中期までに成立。作者不詳。曾我十郎祐成・五郎時致（ときむね）兄弟が、貧窮の生い立ちなど18年間の苦難をへて、所領争いから父を殺害した工藤祐経（すけつね）を富士の狩場で討ち果たし、2人も非業の死を遂げるという内容で、「*吾妻鏡」記載の実在の事件が下敷きとなっている。兄弟の菩提が遊女虎により弔われ、虎自身も出家・廻国修行ののち成仏するという筋書きからは、物語の唱導（しょうどう）・鎮魂的色彩とその伝播における遊行の巫女（みこ）の介在がうかがえる。仇討物の原型として、能・浄瑠璃・歌舞伎・双紙物など中世・近世の芸能・文学に多大な影響を与えた。

曾我量深　そがりょうじん　1875〜1971(明治8〜昭和46)　大正・昭和期の真宗大谷派の学僧、仏教思想家、真宗教学者。新潟県円徳寺の富岡量導（りょうどう）の三男として生まれる。1899年(明治32)新潟県浄恩寺に入り曾我姓となる。1903年*清沢満之（まんし）の浩々洞（こうこうどう）に入り、雑誌『精神界』を編集し、*暁烏敏（あけがらすはや）らとともに*精神主義運動を推進する。真宗大学・東洋大学をへて、25年(大正14)大谷大学教授になるが、30年(昭和5)著書『如来表現の範疇としての三心観』が東本願寺侍董寮（じどうりょう）から宗義違反とされ、辞任した。41年復職し、44年大谷派講師、59年東本願寺侍董寮寮頭となる。61年大谷大学学長に就任、宗門子弟の教育に尽力する。1935年「親鸞の仏教史観」によって確立された曾我教学は、*金子大栄（だいえい）とともに新風を吹きこみ、仏教学・真宗教学の近代化に大きな功績を残した。著書に『救済と自証』『法蔵菩薩』などのほか、『曾我量深選集』12巻、『曾我量深説教集』10巻などがある。

即位灌頂　そくいかんじょう　天皇が即位儀礼に際し、修すべき印明（いんみょう）を伝授される密教的儀礼。即位式に先立って摂政（せっしょう）あるいは関白（かんぱく）の地位にある者が伝授した。平安中期の後三条天皇の即位式で行われたことをうかがわせる史料も存在するが、鎌倉後期の伏見天皇(1288)以降、幕末の孝明天皇の即位式(1847)まで行われたことが知られている。即位式の当日、天皇は高御座（たかみくら）への登壇に至るまでの途上、智拳印（ちけんいん）を結び心中に荼枳尼天（だきにてん）の真言を唱える。これは、天皇が即位儀礼の場で天照大神（あまてらすおおみかみ）の本地である大日如来に変身することにより、天皇霊の更新・活性化をはたすことであると指摘されている。真言宗では、空海（くうかい）が御即位印信（いんじん）を藤原良房（よしふさ）に伝授してのち、摂関家に相伝されたとする伝承があるが、南北朝期成立の「神代秘決（じんだいひけつ）」によれば、伝授される印明は智拳印のほかに四海領掌印明など三印二明であるという。また、天台宗に伝えられる鎮護国家十箇秘法の一つに天皇御即位灌頂があり、最澄（さいちょう）の嵯峨天皇への伝授を濫觴とするという。ともに師資相承（しそう）の大事・秘法として僧侶間においても授受されたが、中世天台においては「法華経」四要品とともに慈童（じどう）説話との関連が指摘されている。

触穢　そくえ　→触穢（とえ）

続古事談　ぞくこじだん　鎌倉前期成立の説話集。跋文に1219年(承久元)の成立と記す。編者未詳。「*古事談」の後をうけて作成され、当初は同じく6巻からなっていたと考えられるが、現存本は第3巻を欠く。説話それぞれに題目はなく、諸本で数え方が異なるが、おおよそ185話分を収載。第1王道后宮、第2臣節、第4神社仏寺、第5諸道、第6漢朝に分類され、欠落した第3は「古事談」の部立てから僧行勇士であったと推測されている。先人の事跡を記録して後世に伝えることを目的として編まれた本書は、根底に編者の王朝文化への憧憬と保守的・倫理的な価値観とが看取される。

続史愚抄　ぞくしぐしょう　亀山天皇の1259年(正元元)から後桃園天皇の1779年(安永8)に至る521年間を扱った編年体の歴史書。全81冊。柳原紀光（のりみつ）(1746〜1800)の著。柳原家は代々文章博士（もんじょうはかせ）に任じられており、その家意識

を背景に朝廷中心の「*日本三代実録」以後の歴史書の撰修を意図して著述された。1798年(寛政10)成立。天皇の代ごとに天皇名・上皇名，皇居・仙洞等の所在地，天皇の履歴を記し，編年体で記された記事には年月日の干支を注記する。また典拠となる史料名を明示し，史料の異同への考証を行う。朝廷の儀式をはじめとした公家の動向を記しているため，公家社会研究の基本書ともなっている。

即身成仏 そくしんじょうぶつ 現世において父母から生まれたこの肉身のままで，悟りを開き仏の境地に到達することをいう。成仏は，釈迦のなしとげた仏教究極の理想であるが，〈歴劫成仏〉が説かれ，釈迦は過去の永い輪廻による生涯に，菩薩道の修行を続けた結果として成仏したとされた。これに対して現身においての成仏を可能としたのが密教であるが，不空系密教の段階でも，その理論と実践は整っていなかった。これを体系化したのが*空海の「即身成仏義」で，一切衆生において即身成仏が可能であることを論証した。また*最澄も即身成仏説をとった。*台密では安然撰とする「秘密促進義」でも詳説され，日本仏教の現実主義的性格を理論的に基礎づける思想となった。

俗神道大意 ぞくしんとうたいい いわゆる神道の諸派に関する*平田篤胤の講説を記録した書。全4巻。草稿段階での書名は「巫学談弊」ともいう。仏教系の神道説，伊勢五部書，吉田家の神道説や垂加神道などを批判している。「大壑君御一代略記」によれば，もととなる講説は1811年(文化8)に行われ，文章として記録された。嘉永年間(1848～1854)に気吹乃舎とは無関係に，大坂の坐摩社で刊行計画がもちあがったが，伊勢外宮権禰宜の足代弘訓の反対もあって実現しなかった。のちに，書名を「俗神道大意」と改め，気吹乃舎門人で白川家関東執事の古川躬行による1860年(万延元)7月9日付の序を付し，同年12月に出版された。

続神皇正統記 ぞくじんのうしょうとうき 北畠親房の「*神皇正統記」が断じた南朝正統論を不服とするが，その歴史叙述の形式を踏襲しつつ北朝正統論を展開した史論。著者は小槻晴富。1巻。成立時期は文明年間(1469～87)。後土御門天皇を本文で「当今」と記しているところから，後土御門天皇を現在と考えて書かれている。「神皇正統記」が，後醍醐天皇のあと後村上天皇の即位まで書いているのに対し，後村上天皇を偽主として認めない立場に立って光厳天皇とし，続いて北朝では光明天皇であるのを後醍醐天皇が復位されたとし，そして光明・崇光・後光厳・後円融・後小松・称光・後花園天皇の各条を記して，後土御門天皇の当今に至るとするのである。

即身仏 そくしんぶつ 仏教の教義よりすれば，この身のまま仏になる(*即身成仏)ことをいう。*修験道では修験者が五穀や十穀を断ち，木食行を行じてミイラになることをいう。出羽三山のうち湯殿山は，過去・現在・未来をこえた大日如来の密厳浄土とされたため，特に即身成仏できる地と考えられるようになった。このため，湯殿山にかかわるところにミイラが多くみられる。現在23体のミイラのうち11体が湯殿山に関係し，そのうちの6体が修験者である。家内安全・無病息災・商売繁盛の仏として信仰を集めている。

即伝 そくでん 生没年不詳 室町末期の修験者で，彦山(現，英彦山)をはじめ各霊山の秘法を相承した切紙をまとめた書を何冊も編み，*修験道の教義を集成した人物。下野国日光山の出身とされ，阿吸房と称した。個人としての伝は残っておらず，わずかに豊前国彦山の南谷華蔵院の客僧となったこと，1509年(永正6)に彦山伝灯大先達位を授与されたことなどがわかるのみである。撰述した修験道教義書の奥書や，自らが他の修験者に伝授した印信などから，彦山ばかりでなく信濃国戸隠や加賀国白山(那谷寺)などでも修行したらしいことや，金剛山先達快誉の法嗣をうけたことなども知られる。主な著作は「*修験修要秘決集」「三峰相承法則密記」「*修験頓覚速証集」「彦山峰中灌頂密蔵」など。

属文楷梯 ぞくぶんかいてい 「排吉利支丹文」とも。「*異国日記」所載の*以心崇伝の手になる1613年(慶長18)12月22日付の*伴天連追放令。この文書名は1860年(万延元)の排耶叢

ぞくほ

書「息距篇ほきょへん」に「属文楷梯 排吉利支丹文」とされたことによるが，「属文楷梯」は文を綴る手引きというほどの意味で，現今では「排吉利支丹文」の名で知られる。日本を神国仏国であると規定するところから，キリスト教をその敵とし，国家の患いとなる邪法を速やかに禁止し，伴天連を日本国内から追放することが幕府の責務と宣言している。崇伝が一夜で書き上げたもので，それより先12月19日に大久保忠隣ただちかが伴天連追放の命をうけ，翌年正月に上洛し，17日から弾圧が始まった。

続本朝往生伝 ぞくほんちょうおうじょうでん　平安後期に編まれた往生者の伝記。*大江匡房まさふさの著。1巻。序に，*慶滋保胤よししげの「*日本往生極楽記」が書かれてから100余年，その遺漏を補い，また後を継いで，国王・公卿から僧俗・婦女に至るまで42人をとりあげた，とある。国王は一条・後三条天皇の2人。公卿は右大臣藤原頼宗よりむねを別格として，大江家の人物が目立ち，僧侶は*良源りょうげん・*源信げんしんの門流，また匡房が大宰帥だざいのそつ時代に見聞をえたらしい人物も混じる。また但馬守源章任あきとうについて「刺史たるときは貪をもて先となせり」といい，「ここに知りぬ，往生は必ずしも今生の業のみに依らざることを」と記して，悪人往生的な思想の表れていることが注目される。

続世継 ぞくよつぎ　→今鏡いまかがみ

底根国 そこつねのくに　→根国ねのくに

素餐録 そさんろく　*寛政異学の禁を主導した正学派朱子学者の「異学」観を端的に示した書。1巻。*尾藤二洲にしゅうの著。1777年(安永6)成立，91年(寛政3)自序，1836年(天保7)刊。全415条。二洲は，冒頭で「太極たいきょくは理りなり」と説いて，万物の根拠としての「*理」の実在をのべる。彼によれば，仁義礼智や元亨利貞げんこうりていは聖人が立てた「名」であって，道もまた「実理の名」である。ところが，春秋戦国時代，処士横議おうぎして，「名」を乱す説が競いおこったように，当代も伊藤仁斎じんさいや荻生徂徠そらいが「*古学」と僭称して「名」を乱し，その結果，風俗は頽廃した。最近では，「神学」(*国学)と称する荒唐無稽な説もおこり，「我が国の道」を論じているいる。こうした学問世界の無政府状態の根本

的な理由は，二洲によれば，学者の多くが「理の字を識破」しないところにあるという。序文で門人*長野豊山ほうざんは，二洲の所説が清朝初期，陽明学を排斥した朱子学者陸隴其りくろうきの所説と符合しているとのべて，それからの影響を示唆している。

祖師 そし　仏教において独自の教理を形成し，その教団の祖とされる僧。またその主要な継承者。さまざまな部派・宗派の形成とともに多くの祖師が発生した。八宗共通の祖師といわれるインドの竜樹りゅうじゅをはじめ，中国の天台宗の智顗ちぎ，華厳宗の法蔵ほうぞう，法相宗の玄奘げんじょうらは祖師と仰がれ，一方禅宗では，釈迦しゃか以来達磨だるまに至る祖師の系譜を整備した。日本では，真言宗で*空海くうかいに至る八祖を整備し，また鎌倉時代の新仏教運動を担った*法然ほうねん・*親鸞しんらん・*日蓮にちれんらも祖師とされる。祖師への崇敬は，しばしば各宗の教理上の本尊と同等以上の人格崇拝を祖師に寄せるまでに発展し，その結果さまざまな祖師神話をうみだした。⇒祖師伝

祖師伝 そしでん　*祖師は一宗一派の開祖，門派・学統の祖のことで，祖師伝はその生涯を記した伝記。日本の仏教は宗派性が強く，各宗派においては宗祖の伝記がまとめられ，絵巻物などにも描かれて信者に説かれた。祖師の姿は絵像・彫刻として作成され，祖師を祀る祖師堂・開山堂かいさんどうが伽藍の中でも重視された。祖師の忌日きにちは祖師忌として多くの信者を集め，重要な法会ほうえとされた。また，中国における禅宗では，祖師は達磨だるまをさすとともに，正法しょうぼうを伝えた歴代の高僧も含め，祖師の思想は人格にそのまま表明されるといった考えが強く，思想の歴史は祖師の事績・伝記・問答の列挙となった。禅宗教団を正当化するため祖師による伝法の系譜(祖統)・伝記が重視されていき，これを灯史とうしともいった。「宝林伝ほうりんでん」(801)，「祖堂集」(952)などの祖師伝が編纂され，宋代になると「景徳伝灯録けいとくでんとうろく」(1004)，「伝法正宗記でんぽうしょうじゅうき」(1061)がまとめられ，皇帝に上程されて大蔵経に入蔵し，権威づけられた。これらは日本でも重視され，江戸時代には「*延宝伝灯録」(1678完成)が卍元師蛮まんげんしばんによって編纂された。

蘇生譚 そせいたん　蘇生，すなわち冥界ないし他界・異界からの蘇りを主題とする話。日記・記録類には現実の蘇生とおぼしいものも記録されているが，「*日本霊異記」以下，古代・中世の仏教説話集に散見する話は，蘇生した本人が地獄などの冥界での体験を詳細に語る筋立てで，その体験が結局は夢中の出来事であったとされる場合も多く，総じて事実かどうかの判別はむずかしい。また，それら蘇生譚は，蘇生の主が自らの罪業の報いをうけるために冥界に赴いた場合と，自らの罪業なくして赴いた場合とに大別されるが，どちらの場合も蘇生後に仏道に精進し，あるいは冥界で責め苦にあっている別人からの依頼で仏事を修するモチーフとなっており，説経などとの関連を想起させる。なお「*道賢上人冥途記」「*僧妙達蘇生注記」「平野よみがへりの草紙」など独立した蘇生譚もあった。

祖先崇拝 そせんすうはい　氏族・同族を含んだ広義の家を基盤として成立した，祖先を崇拝しその庇護を祈願する信仰。祭祀の対象となる祖先は血脈上の関係だけではなく，系譜上の初代に求められることも多く，祖霊となった祖先が子孫を加護するという信仰を特徴とする。本来は死霊に対する畏怖と敬愛の感情から発生したもので，日本の祖先崇拝は，弥生時代以降の稲作農業の普及と山々が村落を取り囲むという自然環境を背景として育まれ，さらに，仏教・儒教思想と習合して醸成された。その習俗の民俗例として，埋葬墓(埋墓)と詣墓を別個に設ける両墓制，死者の年忌法事を三十三回忌あるいは五十回忌でうち切る弔い切りがあり，これは，死霊がある一定の期間を経過した後は，その個別性と死穢を失い，家の祖霊(祖先)となる観念を示すとされる。さらに，正月に各家を訪れる歳徳神・*年神・*田の神などとよばれる神，また盆行事において迎えられる御精霊様も，それらの本体はその家の祖霊であり，祖霊は子孫の家の日常生活を見守り，春秋の2回子孫の家に来臨して祭をうけるとされる。日本人の固有的信仰の中核に祖先崇拝を見出そうとする説が有力ではあるが，盆行事を「盂蘭盆経」の*七世父母供養の教理に依拠するものと捉えるなど，祖先崇拝は仏教・儒教思想の影響によって成立したとする説もある。→墓

卒塔婆 そとば　率塔婆・卒都婆・塔婆などとも。梵語stūpaの音訳で，本来は仏舎利を埋納する施設をいい，広く供養・祈願・報恩のための構築物をも称するが，特には墓標や供養塔として立てられる細長い木製の板をいう。一般に板の上部には五輪卒塔婆の形の刻み目をつけ，梵字・経文などが記される。なお後世，民間では三十三回忌などの弔い上げ(年忌供養の打ち切り)に際して，上端に葉がついたままの生木や，二股の木の一面を削って卒塔婆とする，いわゆる生き塔婆の風習も広く認められる。→塔

曾根崎心中 そねざきしんじゅう　江戸前期の浄瑠璃。1段(3巻構成)。*近松門左衛門の作。1703年(元禄16)5月，大坂道頓堀の竹本座初演。その年の4月，大坂曾根崎天神の森でおきた心中事件を劇化したものである。当代の巷説を舞台化した，いわゆる世話物の第一作にあたる記念碑的名作で，心中道行の哀切な詞章が知られる。大和国出身の手代徳兵衛と蜆川新地の遊女お初との恋，叔父への義理を欠き，金銭の返済にいきづまって死に至るまでの3日間を，生玉神社境内，蜆川天満屋，曾根崎の森を舞台に描く。若い男女の行き場のない恋が，土地と係累から切り離された都市住民の不安定な心情に訴えて，大当たりをとった。

薗田守良 そのだもりよし　1785～1840(天明5～天保11)　江戸後期の伊勢神宮内宮の禰宜で，神宮・有職故実・律令・制度史の研究家。本姓は荒木田。薗田守諸の子。幼名を隠岐磨・守稲と称したが，1816年(文化13)守良と改名。号は西園主人。膨大な著作があり，なかでも禰宜在任29年間の記録「守良日次記」10冊，神宮全般の知識の集大成「神宮典略」44巻は有名である。また律令関係の著作も多く，最初の律復元の書として知られる「律義解」，江戸時代の最も詳細な令の注釈書「新釈令義解」稿本38巻，「逸令義解」などがある。きわめて精緻な考証の中に真実の姿を主張しようとする守良の思想がみられる。

園能池水（そののいけみず） 国学と歌道に関する書。*伴林光平（ともばやしみつひら）の著。1巻。1859年（安政6）8月11日成稿。国学・和魂漢才（わこんかんさい）・師木嶋道（しのしまのみち）・国家経緯（けい）・詠歌元始・神詠起因・歌学所為・歌道得益・鞭励（べんれい）の9項目からなる。*菅原道真（すがわらのみちざね）の「菅家遺誠（かんけいかい）」の*和魂漢才説を立説の基本とし、「師木嶋道」すなわち歌道は神祇（じんぎ）の崇敬と根本は同じで、皇国の大道であるとの論を展開した。さらに、本居大平（おおひら）門下の師*加納諸平（かのうもろひら）の「万葉英風（えいふう）説」に立ち、平田篤胤（あつたね）の歌道軽視は誤解であるとした。「歌学所為」では国学・歌道・政治・家職（かしょく）の関連性を説く。光平自身も直接的政治運動へ関係するようになる頃の著であり、詠歌に対する思想も実践的傾向がみられ、幕末期国学者の特徴である古道と歌道の一致を説く傾向も顕著である。

蘇民将来（そみんしょうらい） *牛頭天王（ごずてんのう）縁起・伝承の登場人物。旅行中の天竺（インド）の牛頭天王（武塔（むとう）神）が一夜の宿を求めたところ、裕福な弟の巨旦（こたん）将来は断るが、貧しい兄の蘇民将来は心より歓待をした。それにより巨旦一家は天王の配下により皆殺しにあうが、蘇民一家は、茅輪（ちのわ）の護符を腰に付けよとの天王の教示に従い、これを逃れ、蘇民の子孫といい護符を付ければ今後も疫病にかからないとする保証もえた。「備後国風土記逸文」に原型のあるこの話は、多くの異伝を通じ、旧暦6月の*六月祓（みなづきはらえ）での茅輪くぐりの由来として、*天王信仰とともに各地に伝播した。また八坂神社など天王を祀る神社や民間に残る、「蘇民将来子孫」「蘇民将来子孫之門」などと書き護符とする習慣もこの話にもとづく。

徂徠先生答問書（そらいせんせいとうもんしょ） *荻生徂徠（おぎゅうそらい）が「遠人」に宛てた書簡35通を、門人の*根本遜思（そんし）が編集した書。*服部南郭（なんかく）が序文を著して、1727年（享保12）に刊行。ただし最近の研究によれば、実際に出羽国庄内藩の水野元朗（もとあきら）と疋田進修にだされた書簡がその一部をなしているものの、全体は、徂徠の学問・思想を紹介するために書簡体を借りて周到に構成されたものだといわれる。内容としては、学問の方法、「仁」とは何か、「民の父母」とは何か、朱子学への批判、大名家にとってのあるべき制度改革や人材登用などが闊達に論じられている。徂徠の作品の多くが古文辞（こぶんじ）による難解な漢文であったから、平易な候文（そうろうぶん）で書かれたこの書は、格好の徂徠学入門書として読まれた。

存覚（ぞんかく） 1290～1373（正応3～応安6・文中2） 鎌倉後期～南北朝期の浄土真宗の僧。諱は光玄（こうげん）。父は本願寺3世の*覚如（かくにょ）、母は播磨局（はりまのつぼね）（僧教仏の女）。日野俊光の猶子となる。1314年（正和3）、覚如より大谷廟堂（本願寺）留守職（るすしき）を譲られるが、22年（元亨2）に義絶され留守職も剥奪される。その後いったん義絶を解かれるが、再び義絶、覚如の晩年に赦免されるが、本願寺は甥にあたる善如（ぜんにょ）が継承した。53年（文和2・正平8）に京都祇園に常楽寺（じょうらくじ）を創建した。思想面では、浄土宗西山派（せいざんは）の影響をうけている。著作に「六要鈔（ろくようしょう）」「浄土見聞集（けんもんじゅう）」「存覚一期記（いちごき）」「存覚袖日記（そでにっき）」などがある。

存心持敬（ぞんしんじけい） →林羅山（はやしらざん）

尊王攘夷論（そんのうじょういろん） 天皇を尊び欧米諸国を夷狄（いてき）として日本から打ち払おうとする思想運動。尊王攘夷論は、後期*水戸学により確立した。同学は、皇祖神の神勅による「万世一系の天孫」が統治する神州として国体の優越性を説き攘夷を主張した。名分論の観点から、士民→大名→将軍→天皇という階層秩序における将軍の責務を征夷と尊王とし、大名・士民の天皇への直接的尊王を禁じたが、責務不履行の時は将軍の正当性喪失という倒幕論の前提を用意するとともに、将軍も大名も王臣とする王覇論や士民を王民とする*一君万民論を基本とし、大名や士民による天皇への直接的尊王を肯定する枠組みを蔵していた。1857年（安政4）秋以降、日米修好通商条約の締結交渉、同条約の違勅調印、安政の大獄など将軍の責務背反の顕然化につれて、後期水戸学の影響をうけた*吉田松陰（しょういん）は、尊王攘夷のため井伊直弼（なおすけ）ら幕府要路の排除による幕政矯正から倒幕へと進み、その主体も大名から士民に降下させ*草莽崛起論（そうもうくっきろん）を提唱した。国学でも*伴林光平（ともばやしみつひら）が、皇祖神の心を神民がわが心として尊王に邁進することを主張した。このほか、土佐勤王党の

＊武市瑞山らは一藩尊王を説き，＊真木和泉や＊平野国臣らも王政復古に至る主張を展開したが，攘夷戦争の敗北により尊王攘夷論の影響力は低下した。

尊王斥覇　そんのうせきは　王たる天皇を尊び覇者たる将軍を打倒しようという考えで，中国春秋戦国時代の周王朝と諸侯との関係を説明する儒教の王覇論と放伐論が結合したもの。近世でこの考えをはじめて主張したのは，「柳子新論」を著し，宝暦事件で処罰された＊山県大弐である。幕藩制擁護のイデオロギーとしてうみだされた後期＊水戸学などの名分論的階層秩序論や国学の「みよさし」論（＊大政委任論）も，将軍に尊王と征夷という責務を課し，将軍がその責務をはたさない場合，尊王斥覇論，あるいは皇祖神の心を体した倒幕へ展開する前提を作っていた。幕末，幕府が孝明天皇の意志に反して開国を進めると＊吉田松陰らは，この理論前提にもとづいて倒幕論を構築していった。

尊王論　そんのうろん　天皇を尊ぼうとする思想。本来は中国の周王朝にかかわる儒教思想をさすが，日本では中世以降の武家政権の支配拡大の中，南北朝期の北畠親房「＊神皇正統記」や戦国期の上杉謙信らの天皇を尊ぶ考え方が存在する。近世国家では，軍事力にもとづいて最強の個別領主が全国統治権を掌握し，公儀を頂点とする国家システムを築いた。しかし，正当性のうえでは不完全であり，将軍宣下に象徴されるように天皇を頂点とする国家体系に自己を組み込み正当性を確保した。この権威のもとでは，公儀権力者は覇者として諸侯たる諸大名を率いて，王たる天皇に臣事奉仕するという王覇論的秩序に則して天皇を尊崇する姿勢をとらざるをえなかった。豊臣政権は聚楽第行幸で自己の尊王を諸大名に賛嘆させ，江戸幕府も，禁中並公家諸法度など公儀として天皇を支配する一方で，将軍の上洛参内を行い，幕儒＊林羅山は幕府の尊王を強調し，＊新井白石も天皇を国王（将軍）より上位としている。儒学者の間でも，＊山鹿素行や山崎闇斎らは記紀神話と，＊熊沢蕃山は王覇論に言及しつつ尊王論を展開した。かかる流れの中で，「万世一系」の天皇による日本統治を定めた神勅を共通の前提として本居宣長国学は，神意に対する「さかしら」の排除の観点から，後期＊水戸学は王覇論に即しつつ名分論の立場から，直接天皇に尊王を行うことを将軍のみの責務とする一方，士庶民の領主への，領主の将軍への奉仕が尊王につながるとし，幕藩制階層秩序と尊王とを整合する理論を完成，「万世一系」の天皇をいただく国ぶりや国体の優越性を主張した。幕末の対外危機の深刻化により人心固結の中心として天皇がクローズアップされ，尊王は常識化し，1863年（文久3）将軍の上洛参内，大政委任確認の勅の拝受など，王覇論的秩序の現実政治での比重は飛躍的に増大した。日米修好通商条約の無断違勅調印や安政の大獄など，将軍の征夷や尊王の責務不履行により階層秩序論が破綻し，＊吉田松陰や＊真木和泉らによりその破綻を発展的に回復する形で尊王倒幕論や王政復古論が提唱された。

尊卑分脈　そんぴぶんみゃく　諸氏の系図を集成した書物。洞院公定（1340〜99）原撰。「後愚昧記」原本第26巻に貼り継がれた1376年（永和2・天授2）の公定書状に，彼が藤原3帖を含む全10帖からなる「系図」を編纂中であることがのべられている。その後77〜95年（永和3・天授3〜応永2）の間に一応の完成をみ，「新編纂図本朝尊卑分脈系譜雑類要集」と題された。既存の多くの系図を材料とし，洞院家に伝わる典籍・記録などを参照して編集されたものと考えられる。その後，公定の曾孫公数が家伝の記録・文書類を売り払って出家し，洞院家はいったん断絶し，本書も三条公敦の手に渡った。このような混乱に加え，後人による追補・改定が行われ，さまざまな伝本がうまれたため，原形を復元することは困難といわざるをえない。欠逸部分には皇室系図や諸道系図が存した可能性もある。また，「尊卑分脈」という書名は水戸藩による「大日本史」編纂の際に採択されたものが，一般化したのであろう。原形をとどめていると思われる藤原氏の巻によって体裁をみると，惣録・諸流標目・系譜略系をおいて，本文を掲げる。それぞれの人物については，歴任の官職・位階や生母・没日・事跡などが注されている。

村法 そんぽう 惣掟そうおき・惣置文そうおきぶみとも。中世の自治的村落共同体である惣村そうそんにおいて，議決機関たる惣寄合そうよりあいで決定された惣村内部に対する規則のこと。最古の事例は1262年（弘長2）10月11日付の近江国奥島荘の庄隠規文で，悪口あっこうの輩に対する追放と小屋の焼き払いを定め，紙背に15名が署判している。南北朝・室町中期には惣村の発達とともに盛んに定められ，内容も村内の*検断けんだん行為を含むようになって，違反者の所払い（追放）・生害しょうがい（処刑）まで規定したものも現れた。しかし，戦国期に入り大名権力の村落支配が確立されると，村法の内容は祭祀や農耕関係に限られるようになった。

尊容抄 そんようしょう →図像抄ずぞうしょう

た

他阿上人参詣記 たあしょうにんさんけいき 時宗の二祖とされる他阿（*真教しんきょう，初代他阿弥陀仏たあみだぶつ）の伊勢両宮参詣記。弟子宗俊そうしゅんの筆録。「一遍上人絵縁起」（清浄光寺蔵）の巻9に収められている。同書によると「正安二年（1300）十月の比ころ」に伊勢国に入って，11月に「櫛田くしだ（現，三重県松阪市櫛田）の赤御堂あかみどう」に逗留していた他阿が，同行せる遊行衆ゆぎょうしゅうたちと「此次このついに太神宮に参詣」しようと思い立ち，両宮を参詣したとある。若干の尼と癩者が含まれていて，尼は山田郷（外宮門前町）に入る直前，宮川のほとりに留めおいたが，癩者は僧とともに制せられることなく，伊勢外宮参詣をとげた。ここで他阿の手より金色こんじきの光が発せられたと伝える念仏が行われ，さらに内宮でも二の鳥居付近にて念仏を唱えた，と記されている。

田遊 たあそび *農耕儀礼の一種で，豊作を祈願する正月行事。主として東日本で使われる用語で，西日本では御田植えおたうえなどとよばれる。耕作始めの儀礼として出発し，やがて芸能化するようになって，田植えや収穫などのさまを模擬的に演じるようになる。東京都板橋区の徳丸北野神社および赤塚諏訪神社の田遊は，国重要無形民俗文化財に指定されている。

他阿弥陀仏 たあみだ →真教しんきょう

大アジア主義 だいアジアしゅぎ 欧米列強のアジア侵略に対して，アジアの文化・民族共同体認識にもとづいてアジア諸民族の解放を主張した理念・心情。アジア主義・汎アジア主義などとほぼ同義に用いられている。日本の大アジア主義には，アジアへの膨張主義と連帯の契機が混在していた。本多利明としあきの「*西域せいいき物語」，佐藤信淵のぶひろの「*混同秘策こんどうひさく」，ペリー来航以降には*橋本左内さないや*吉田松陰しょういんをはじめとして多数現れた。のちに出版される菅沼貞風ただかぜの「新日本図南となんの夢」，*東海散士さんしの「佳人之奇遇かじんのきぐう」，*矢野竜渓りゅうけいの「浮城うきしろ物語」などは対外発展・海外雄

飛ものであった。*植木枝盛は，自由民権の立場からアジア諸民族の自由・平等を守るとして，欧米に対する抵抗を正当化し，連帯の必要を説き，世界政府論を展開した。*大井憲太郎は朝鮮の「改革」と日本の対外進出を関連させ，また*樽井藤吉らは白人の侵略への共同防衛のために日韓の合邦が必要とした。*岡倉天心は，汚辱にみちたアジアが本性にもどる姿を〈アジアは一つ〉と言い表し，*宮崎滔天らは終始一貫した同情と犠牲的精神をもって中国の革命に尽力した。このように多様な側面をもった大アジア主義も，自由民権の衰退，国家機構の整備，中国やアジアに対する軍備拡張の過程でアジアへの侵略の正当化へと収斂していった。それを黒竜会や*北一輝らの右翼およびその団体が担い，やがて東亜新秩序・*大東亜共栄圏の思想に結びついていく。

大安寺 だいあんじ　奈良市大安寺町にある真言宗の寺。*南都七大寺の一つ。はじめての勅願寺として639年（舒明11）に創建された百済大寺がその前身。天武朝に高市大寺，ついで大官大寺と改称された。「続日本紀」では701年（大宝元）から大安寺の称をもって記している。平城遷都にともない平城左京六条四坊の地に移されて造営が開始され，719年（養老3）に唐から帰国した*道慈が唐の寺院建築の制を模してその造営にあたった。東大寺の造営以前は国家第一の大寺で，当時の渡来僧の多くはこの寺に住し，新知識の集積された寺であった。*最澄の師が大安寺の行表であり，儒教の徒であった*空海を仏教に導いたのが，大安寺の勤操であったとの伝えは，大安寺が平安仏教を誕生させる温床となったことをうかがわせる。三論宗を中心に教学が振興したが，829年（天長6）に空海が別当となって真言宗の寺となった。

第一高等中学校不敬事件 だいいちこうとうちゅうがっこうふけいじけん　内村鑑三不敬事件とも。*内村鑑三が1891年（明治24）1月，*教育勅語に不敬であったとの非難によって引き起こされた事件。前年に発布された「教育勅語」には明治天皇の署名があり，内村が勤務していた第一高等中学校にも下付された。その奉戴式で内村は躊躇するところがあり頭を軽く下げただけであったため，「不敬」と咎められた。この出来事はさまざまな雑誌・新聞，特に仏教系の雑誌にとりあげられた。結局，内村の依願退職で決着がついたが，事件の背後には仏教側がキリスト教の伸展に危機感をいだいたことがあった。さらにキリスト教への批判は，93年に*井上哲次郎が「教育と宗教の衝突」を著すことで深まり（*教育と宗教の衝突論争），キリスト教は日本の伝統的思想と対立するというイメージが広がった。

大瀛 だいえい　1759〜1804（宝暦9〜文化元）　江戸後期の浄土真宗本願寺派の僧。同派の*三業惑乱では古義派の中心人物。号は芿園・瑞華・天城・金剛庵・寂忍・葆真・朗然・円海・宝梁，諡は真実院。石見国津和野藩の御殿医森養哲の三男として生まれる。安芸国報専坊の慧雲に師事し，諸処の寺を転住したのち，俗事を避け広島城西楠木村に私塾芿園舎を構え，子弟の教育に努めた。1797年（寛政9）当時三業帰命説を鼓吹していた能化*智洞に「道岳問尋書」を送り，また「横超直道金剛錍」3巻を著し，翌年には「十六問尋」を学林に提出した。1804年（文化元）江戸の寺社奉行所にて道隠とともに智洞と対決したが，裁断を前に客死した。生没年については異説がある。

大王 だいおう　古代の東アジア諸国における君主号の一つで，日本では，天皇号の成立以前に倭の王権の君主が用いた称号。中国皇帝が東アジア諸国の君主に賜与した「王」の爵号から派生した尊称で，自国内で君主号として使用された。高句麗・新羅・百済の朝鮮三国においても，4世紀末から6世紀の間に太王・大王号が用いられている。埼玉県稲荷山古墳出土鉄剣および熊本県江田船山古墳出土大刀の「獲加多支鹵大王」銘より，5世紀後半の雄略天皇が大王を称していたことが確認されている。また，和歌山県隅田八幡神社所蔵の人物画像鏡銘にも「大王」銘がある。和訓「おおきみ（大君・大王・王）」は「きみ」の尊称で，君主称号としての「大王」と結びついたとされる。新君主号としての天皇号の採用は，7世紀末の律令国家成立期である。⇒天皇

戴恩記 たいおんき　貞門俳諧の創始者*貞徳の歌学書・自伝。全2巻。1644年（正保元）頃成立。京都の連歌師の家に生まれた貞徳が、和歌・連歌・故実などの分野で幼少期から接した50余人の師恩をのべた書である。九条稙通・中院通勝・細川幽斎・木下長嘯子・林羅山・里村紹巴ら、公家・武家・連歌師など戦国期の有力な京都文化人の言行が活写されている。恩顧をうけた豊臣家以下の戦国武将の消息など、政治史上の有益な記事も含まれる。中世伝統文化と近世文化の交代期を生きた人物の証言録である。

大我 だいが　1709〜82（宝永6〜天明2）江戸中期の浄土宗の学僧。字は孤立、号は白蓮社・天誉・夢庵・絶外・草端坊。大我は諱。武蔵国足立郡伊輿の人。江戸湯島の真言宗霊雲寺の慧光に入門、のち鎌倉光明寺の真察に師事して浄土教を学んだ。真察の知恩院入住に随侍し、1745年（延享2）山城国八幡の正法寺に入り、50年（寛延3）同寺22世となった。のち増上寺の定月輿に招かれ、江戸浅草の愛蓮庵に移り著述・説法に尽力し、73年（安永2）「遊芝談」を著して普寂を、「扶宗論」を著して関通を批判した。和歌・詩文に優れ、激しさをもった文体に特徴がある。ほかの著作は「*三教鼎足論」「*三彝訓」「専修祈禱論」「性悪論」「勧善録」「夢庵戯歌集」「唯称問津訣」「大学考」など。

大槐秘抄 だいかいひしょう　太政大臣藤原伊通が若年の二条天皇に献じた天皇の執政の心得についての意見書。1巻。1162年（応保2）頃の成立。天皇親政の理念を強調、良吏の登用を主張して、政務や儀式についての心得を説く。「寛平御遺誡」や「*九条殿遺誡」などをふまえつつも、院政期の現実的な政治理念をはっきりと打ち出している。

大学 だいがく　日本古代の教育・官吏養成機関。大宝律令の施行にともない制度的に確立するが、起源は天智朝の学職にさかのぼる。式部省のもとに大学寮がおかれ、頭以下の四等官と博士以下の教官で構成されていた。令制では本科（*明経道）と算科が設置されていたが、728年（神亀5）には文章・明法の2科が加えられ、貞観年間（859〜877）に紀伝・明経・明法・算の四道制に結実する。奈良時代は蔭位制などの有力貴族優遇策により大学はふるわなかったが、平安前期には菅原道真・三善清行・大江朝綱ほか多くの良吏を輩出した。10世紀中葉以降は、学問の家学化にともない大学の機能は形骸化し、1177年（治承元）の京都の大火で廃絶した。

大覚寺統 だいかくじとう　→両統迭立

大覚禅師 だいかくぜんじ　→蘭渓道隆

大学非孔氏之遺書弁 だいがくはこうしのいしょにあらざるのべん　「*語孟字義」に付録として加えられた*伊藤仁斎の論文。「大学」は元来「礼記」の一編であったが、朱子によって、経一章（孔子の言葉を曾子が伝えたもの）と伝十章（曾子の意図を門人が記録したもの）とに再構成されて、「初学入徳之門」として「四書」の第一に位置づけられた。これに対して仁斎は、「格物」をはじめとするその思想が、「論語」「孟子」に伝えられた孔子・孟子の思想と矛盾していること、学問の方法としても「大学」に説かれる八条目のような段階的な方法は「論語」「孟子」にみえないことを指摘して、朱子学が説くような意味での「大学」の価値を否定した。この論文に対しては朱子学の立場から、早くに*浅見絅斎が反論して「弁大学非孔氏之遺書弁」（1689跋）を著している。

大学別曹 だいがくべつそう　平安前期に、有力貴族が一族の子弟の教育奨励のため、大学寮の敷地外に建てた寄宿舎。大学に学ぶ学生は、本来、寮内にある大学直轄の寄宿舎（直曹）に寄宿することになっていた。その直曹に対して、各氏族の私的宿舎を別曹といった。藤原氏の*勧学院、和気氏の*弘文院、在原行平らの建てた王族子弟のための*奨学院などがある。

大学要略 だいがくようりゃく　「逐鹿評」とも。四書の一つである「大学」を抄出して和文の注解をほどこしたもの。全2巻。*藤原惺窩の著。1630年（寛永7）刊。林羅山の「惺窩先生行状」によると、惺窩は1619年（元和5）、細川忠利・浅野長重の要望にこたえ、衆説を折衷して「大学」を講じている。本書はおそらくその時の講本であり、惺窩の儒学に

対する理解の仕方をよく示している。すなわち，惺窩は全体的に朱子学の解釈を大幅に取り入れながら，「大学」の本文は朱子の章句本によらず「礼記」中の旧本を用いている。その解釈も朱子の新注を参照しながら，いわゆる三綱領などについては朱説を退け，明末の三教一致論者林兆恩の説(「四書標摘正義」)にしたがっており，総じて彼の学風が折衷的・総合的なものであったことがわかる。

太神楽（だいかぐら） 代神楽とも。*獅子舞を中心として曲芸などを演じる神楽。*伊勢神宮への参拝が流行したのにともなって，参宮に代えて伊勢の神人による獅子頭で祓を行うもの。こうした代参は江戸時代以降，しばしば行われた。江戸では18世紀初め，大神宮御祓太神楽といって*万度祓の神楽を行い，あわせて獅子舞・曲芸・狂言などを演じた。

大学寮（だいがくりょう） →大学

大学令（だいがくれい） 第1次大戦後，教育改革策定のため開かれた*臨時教育会議で建議され，枢密院で修正をほどこして可決された大学に関する勅令(勅令388号)。1918年(大正7)12月6日公布。枢密院の修正により，大学令においても小学校令・師範学校令と同様に，その目的規定に国家思想や国民道徳の涵養が加えられ，学術の教授・攻究以外に「兼テ人格ノ陶冶及国家思想ノ涵養ニ留意スヘキモノトス」(第1条)が付加された。その他「特別ノ必要タル場合ニ於イテハ一個ノ学部ヲ置クモノヲ以テ一大学トナスコトヲ得」(第2条)，「大学ハ帝国大学其他官立ノモノノ外本令ノ規定ニ依リ公立又ハ私立ト為スコトヲ得」(第4条)と規定し，高等教育制度の新法制が整備された。

大学或問（だいがくわくもん） *熊沢蕃山の著した経世済民の書。1686年(貞享3)頃の成立か。上・下2冊からなり，「仁君天職の事」から「諸国米穀捨り候事」まで，22項目について問答体で論じられている。「今をすくふ活法なり」とはじめにのべられているように，一般的な議論ではなく，現実政治に対する献策という性格が強い。特に，清朝による日本への侵攻を警告して「北狄の備え」を論じた部分や，「農兵」の時代への復帰(武士の土着)を説いた部分，山林の荒廃や河川が浅くなっている事態への告発などには蕃山らしさがよく示されている。幕政への批判が認められるという嫌疑で，蕃山は下総国古河に幽閉されたため，門人の間では「大秘の書」として伝えられた。1788年(天明8)に公刊されたが，翌年には発禁となった。

大家商量集（たいかしょうりょうしゅう） *山崎闇斎の編纂した書。全2巻。成立年代未詳。全体の意図は，陸王学(陸象山と王陽明)の批判である。学問論・修養論・読書論から道体論にいたるそれぞれのレベルで，朱子による陸学批判を追体験として学習しておけば，陽明学に迷うことはないというものである。「朱子文集」を中心に，あわせて「朱子語類」の中からも，上巻は「学問の道」にかかわるものを，下巻は「道体の極」を明らかにしたものを選んでいる。付録として真名部忠庵(*藤井懶斎)，朱陸同帰論に親近感をいだいていた)に闇斎が与えた書簡2通を収め，一書とした。

大化の改新（たいかのかいしん） 7世紀中葉の隋唐的中央集権国家の樹立をめざす国制改革。645年(皇極4・大化元)に中大兄皇子(のちの*天智天皇)が中臣鎌足(のちの*藤原鎌足)らとともに蘇我本宗家を討滅した乙巳の変をへて，孝徳天皇の皇太子となった中大兄を中心に左大臣阿倍内麻呂，右大臣蘇我石川麻呂，内大臣中臣鎌足，国博士の僧*旻と高向玄理という新政権がうちたてられた。その冬に都を難波に遷し，翌年正月には改革の基本方針をまとめた改新の詔が発布される。内容は，私地私民の廃止と封禄制の創始，中央・地方行政組織の改革と交通制度の整備，造籍と班田制の施行，旧来の賦役の停止と田之調などの税制改革の4カ条からなる。

従来，この詔は全面的に疑われたこともあったが，近年では部民制廃止をうけた孝徳朝の天下立評や五十戸一里制の実現などの事実が立証されてきている。また3月に旧俗改廃の詔を発し，造墓・殉が，婚姻・祓除など，古墳時代以来の生活文化全般の改革を命じたことも，改新の性格を考えるうえで見落

とせない。しかし、隋・唐のような中央集権的国制への全面的改革は、天智朝をへて天武・持統朝を待たざるをえなかった。とはいえ大化の改新において、のちの律令国家の基本原理である公民制と官人制の二つの方向がはじめて明確に提示された意義は小さくない。「*日本書紀」が律令国家の起源を大化の改新においていることは、8世紀の歴史観の問題としても扱われねばならないし、皇権回復のストーリーとして描いている点については、4～5世紀の王権をいかなるものとして捉えるかという問題にもかかわってくる。

大鑑禅師（だいかんぜんじ）　→清拙正澄（せいせつしょうちょう）

大官大寺（だいかんだいじ）　→大安寺（だいあんじ）

台記（たいき）　「宇治左府記」「宇槐記」「槐記」とも。平安後期の左大臣*藤原頼長（よりなが）の日記。名称は記主の居所や大臣の唐名「三台（さんだい）」「三槐（さんかい）」にちなむ。自筆本は今日伝わっていないが、1136～55年（保延2～久寿2）の記事が、写本や別記（「台記別記」）、また後世の抄出本（「宇槐記抄」「台記抄」）などによって断続的に現存する。なお頼長は精細な別記を多数作成したようだが、現存の「台記別記」は1135年の任大将記から55年の賀茂詣記までを8巻に編したもので、このうち養女多子の入内（じゅだい）記は「婚記」の名で別にも流布している。記主の頼長は関白忠実（ただざね）の次男で、異母兄忠通の子となったが、もっぱら実父の後援で異例の昇進を重ねた。早くから学問に異常な熱意を注ぎ、ことに儒教の経書に精通した一方、政務に厳格で周囲から恐れられて「悪左府（あくさふ）」の異名をとった。本日記は、単に儀式や政務に詳しいばかりでなく、深い学殖に裏打ちされ、かつまた記主の強烈な個性を反映して生彩に富み、同時代のほかの公卿日記とは一線を画する。随所に登場する頼長の男色（なんしょく）関係記事はその一例である。

大義名分論（たいぎめいぶんろん）　幕末期、天皇への忠誠を道徳的に要求する議論。儒教の正名論（せいめいろん）では、現実の人間関係を道徳的な原理に合致させようとする。そこでは「君君たり、臣臣たり、父父たり、子子たり」（「論語」顔淵（がんえん）編）とし、君と臣はともに道徳的な原理の裁定をうけた。ところが、近世の日本では、「君は君たらずと雖も、以て臣は臣たらざるべからず」（「古文孝経」序文）とする臣下のあり方が、中心的な問題となった。その際、忠孝の決疑論のように、臣下としてどのように行動することが道徳的に善なのかという問題が、18世紀前半までの主要な関心事であったが、18世紀後半、近世国家の支配秩序の動揺にともなって、誰の臣下なのかという忠誠対象の問題が顕在化してくる。こうした問題をいち早く定式化したのが、藤田幽谷（ゆうこく）の「*正名論」（1791）であった。そこでは、天皇―将軍―藩主の階層秩序を想定して、天皇という高次の存在を指示した。この幽谷に始まる後期水戸学派では、直接に天皇への忠誠を求めるのではなく、藩主への忠誠が、将軍そして天皇への忠誠に連鎖するとされたが、ペリー来航後の幕末期には、天皇への忠誠こそが臣下としての大義であるとする考え方が広まっていった。そうした原理主義的な考えを大義名分論とよぶ。ここでは、「大義親を滅す」（「春秋左氏伝（さしでん）」）のように、大義名分の道徳的スローガンの前では、主従関係や親子関係などのすべての人間関係が相対化され、天皇への一元的な忠誠が求められた。

大逆事件（たいぎゃくじけん）　幸徳（こうとく）事件とも。明治末期、天皇暗殺を謀ったとして、多数の社会主義者・無政府主義者が逮捕・処刑された事件。1907年（明治40）以降の*幸徳秋水（しゅうすい）による無政府主義・直接行動論の影響で、赤旗事件前後から、社会主義運動への弾圧が強められていた。そうした情勢の中、1910年5月、かねて天皇制に疑問を抱いていた宮下太吉（みやしたたきち）が爆裂弾をつくり、*管野（かんの）スガ・新村（にいむら）忠雄・古河力作（ふるかわりきさく）とともに天皇暗殺を謀議したとされる事件が発覚した。これをきっかけとして、全国的に社会主義者・無政府主義者ら数百人が検挙された。うち26人が大逆罪で起訴され、12月大審院は一人の証人喚問もない1カ月たらずの非公開裁判で、翌年1月幸徳ら12人を死刑、12人を恩赦減刑で無期、2人を有期刑とした。幸徳は計画をうちあけられた程度の関係であり、前出4人以外の21人はほとんど無関係であったが、彼を首謀とする大陰謀事件がでっちあげられたのである。しかも、判決後わずか1週間で死刑が執行された。この大弾圧は内外に大きな衝撃を

与え，海外からも抗議がおこったが，社会主義運動は「*冬の時代」を迎えるに至った。

大教宣布の詔（だいきょうせんぷのみことのり）　→神道国教化政策

大疑録（だいぎろく）　*貝原益軒の著した書。漢文，全2巻。1714年（正徳4）に成稿，67年（明和4）刊。明代の朱子学者である羅整庵の「困知記」などに近い理気一元論の立場から，朱子学の理気二元論についての年来の疑問をのべている。益軒自身は，朱子学を批判するという意図はもっておらず，疑問を手がかりに学習することで，朱子学への理解を深めたいという気持であった。文明の進歩に対する信頼や，山崎闇斎らの「持敬」説への批判などもみえている。刊行時には，「損軒（益軒の別号）先生の大疑録を読む」という*太宰春台の一文が巻末に収められた。

大愚宗築（だいぐそうちく）　1584～1669（天正12～寛文9）　江戸前期の臨済宗の僧。近世仏教復興運動の一員。勅賜号は諸相非相禅師。美濃国武藤氏の出身。11歳の時に同地乾徳寺で得度し，1600年（慶長5）妙心寺の一宙東黙のもとに参じたが，06年*愚堂東寔らと仏教復興の盟約をして諸国を行脚した。この頃*鈴木正三と出会い，のちにその出家の師となる。16年（元和2）江戸南泉寺を開基し，26年（寛永3）には妙心寺に住持したが，まもなく江戸に戻り，雲水的活動を続けた。晩年，福井藩主松平光通の帰依をうけて越前国の大安寺開基となるほか，播磨国法幢寺の中興など数々の寺院復興を行いながらも，自らを「野僧」と称した。後水尾上皇のたびたびの招聘も固辞するなど，特定の外護者との関係を避ける立場を生涯取り続け，仏教復興の一つの方向性を示した。

大君の都（たいくんのみやこ）　The Capital of the Tycoon: a Narrative of a Three Years' Residence in Japan. 幕末期に総領事・公使として日本に滞在したイギリスの外交官オールコックの著書。1859年（安政6）の着任から62年（文久2）の帰国までの日本における記録。63年刊。医師の前歴をもつオールコックの緻密な観察眼によって，幕藩体制の構造や，攘夷派と雄藩との関係，天皇の存在など，日本の政治・経済・社会・文化が記述されている。帝国主義の時代において，支配する側である西洋列強の知識人が，支配の対象となる国をどのように冷徹に分析したのかがよく示されている。

大元宮（だいげんきゅう）　*吉田神道の根本道場である斎場所の中心社殿。吉田神道の創唱者である*吉田兼倶によって建立された。斎場所は1473年（文明5）に兼倶の私邸内に造られたが，84年に日野富子の援助をうけて吉田神社境内の神楽岡などに場所を移して造営された。大元尊神（*大元神）を主祭神とし，伊勢の内外両宮，式内社3132座を配して天神地祇八百万神を祀る。回廊・高欄をつけた平面八角形の茅葺き入母屋造の特異な構造の建築であり，中央に地中の石壇から棟上の宝珠に達する心柱があり，天地一貫の理を表すという。現在の建物は1601年（慶長6）に再建されたものである。

体源鈔（たいげんしょう）　*雅楽を中心とした総合的な楽書。全13巻。豊原統秋（1450～1524）の著。1512年（永正9）成立。書名の旧字「體源」は著者の姓を旁に隠す。著者は京方笙の楽人で，歌人・書家でもあった。巻1は序文に続いて笙や調子のこと。巻2・3は楽曲論で双調以下の各調について。巻4は笙の記事とその譜・方磬図など。巻5は拭物として笛・篳篥・尺八などの管楽器について。巻6・7は打物として鞨鼓などについて。巻8は弾物として琵琶・箏などの絃楽器について。巻9は舞譜名目および舞楽法など。巻10は歌物として神楽・催馬楽・風俗・今様・伽陀について。巻11は管絃・御遊の作法および石清水八幡の宮寺恒例神事について。巻12は舞楽曲の補遺。巻13は楽家系図として豊原・狛・多氏などをとりあげる。雅楽だけにかぎらず，書道や香道あるいは文学などの記事を多く含む。戦国期にあって自家の楽を守らんがために，あらゆる知識を総動員して記述しようとしたことが読み取れる。「梁塵愚案抄」巻10や「入木抄」巻11は全文を引用，そのほかにも物語・説話などからの引用が多い。「続教訓抄」からも多くを引いている。各巻奥には題目が記され，著者の法華信仰をうかがうこともできる。

だいげ

大元神 だいげんしん
太元神・大元尊神だいげんそんじんとも。中世神道の神名。その名は記紀などの古典にはみえない。「*中臣祓訓解なかとみのはらえくんげ」には、本覚神ほんがくしんである伊勢大神宮の異名として大元尊神の名がある。また神道五部書の「*豊受とようけ皇太神御鎮座本紀」には、天地未剖・陰陽未分以前の混沌の中に万物の霊を封じた神を虚空神こくうしんといい、またこれを大元神・国常立尊くにのとこたちのみことというとみえ、「*天照坐あまてらします伊勢二所皇太神宮御鎮座次第記」にも天御中主尊あめのみなかぬしのみこと・国常立尊の一名とみえる。以上が比較的古い所見であり、天照大神あるいは造化神と同神とみられていた。室町時代の*吉田神道においては、天地開闢に先んじる神、宇宙の根源神として大元尊神を最高神に位置づけている。

大元神一秘書 だいげんしんいっぴしょ
伊勢神道書。1巻。著者・成立年代ともに不詳。*大元とは、伊勢神道において宇宙の根源神国常立尊くにのとこたちのみことに与えられた名称。天地開闢かいびゃく、天神七代の神々、天照大神あまてらすおおみかみ・豊受大神とようけのおおかみ、人皇じんこう、社禝神しゃしょくしん、御饌都神みけつかみ、神主、官長、宮処、神宮左を貴ぶ事、祭服、仁義礼智信、祈請の事の各条項について、関連する言葉を儒教・仏教・道家などの典籍から抜き出して編集している。特に宇宙論や神観念においては、道家どうけ思想に依拠する。本書の宇宙論や神観念に関する言葉の多くが度会行忠わたらいゆきただの「神名秘書」と共通することから、外宮祠官による伊勢神道書の述作に用いられたと考えられる。伊勢神道の思想構造を知るための重要資料である。

太元帥法 だいげんほう
「たいげんすいほう」とも。太元帥明王を本尊として鎮護国家や怨敵調伏などのために修する秘密修法。太元帥明王は、十六夜叉やしゃ大将あるいは毘沙門天びしゃもんてん眷族の八大薬叉やしゃの一つとされ、鬼神の首領。日本では小栗栖おぐるすの常暁じょうぎょうが請来し、840年(承和7)宮中常寧殿じょうねいでんで始修され、小栗栖の法琳寺ほうりんじに太元帥明王像を安置した。851年(仁寿元)12月に*後七日御修法ごしちにちのみしほに准じて、正月8～14日の間、宮中で同修法を行うことを奏上して勅許をえ、翌年から恒例となる。また法琳寺でも例修されたが、寺の衰退とともに1135年(保延元)頃より醍醐寺理性院りしょういんに継承された。恒例の修法以外に、将門まさかどの乱に際する調伏の修法にも用いられ、また*祈雨きうのために修されることもあった。

太閤記 たいこうき
「豊臣記とよとみき」とも。豊臣秀吉の伝記。全22巻。*小瀬甫庵おぜほあんの著。1625年(寛永2)自序、26年朝山意林庵いりんあん跋。「太閤記」は広義には秀吉の一代記の汎称で何種類もの著作があるが、甫庵の「太閤記」はその代表的なものであり、ふつう「太閤記」といえば本書をさす。寛永版以降しばしば版を重ね、正保版・万治版・寛文版・宝永版(絵入り本)などがあり、江戸時代を通じて広く読まれる。巻1～16は秀吉の出生から晩年までの足跡、巻17は豊臣秀次ひでつぐ滅亡の一件、巻18・19は武将列伝、巻20・21は1616年(元和2)に執筆した儒教的政治理念を説く「八物語」、巻22は豊臣期の職制や諸役人一覧などを伝える。

叙述は諸記録(大村由己ゆうこの「*天正記」、太田牛一ぎゅういちの「太閤軍記」を含む)や古文書類によっているが、大胆に改竄されている場合が多い。なお本文の前に凡例(執筆の方針・目的を説明する)、或問わくもん(問答体で、信長・秀吉の治政を当代のそれと比較しながらコメントする)を配し、全巻に儒教思想にもとづく論評を入れる。甫庵の推奨する儒学は朱子学であったが、本書における「天」は単なる非人格的理法であるにとどまらず、人間の善悪の行為に厳正な賞罰を降す倫理的応報者である場合が圧倒的に多い。こうした傾向は、前代の*天道てんどう思想や甫庵が積極的に摂取した中国*善書の敬天思想に依拠するものであったといえよう。

大かうさまくんきのうち だいこうさまぐんきのうち
豊臣秀吉の伝記。「大閤だいこう軍記」2巻のうちの1巻とされるが、異論もある。*太田牛一ぎゅういちの著。1605年(慶長10)頃成立か。後陽成ごようぜい天皇の聖徳を称え、秀吉出世後の国中の繁栄と彼の治世を礼賛することから始め、秀吉の栄華を象徴する醍醐の花見を描いて擱筆する。その間、関白豊臣秀次ひでつぐをはじめ三好実休じっきゅう(義賢)・松永久秀ひさひで・斎藤道三どうさん父子・明智光秀あけみつ・柴田勝家・神戸(織田)信孝のぶたか・北条氏政うじまさらの滅亡をとりあげ、「天道

おそろしき事」として批判する。他方、秀吉の政道と威光については、「天道の御冥加」にかなったものとして賛美している。戦国・織豊期における武将の興亡を、おおむね「天道」のつかさどる因果応報の観点から、認識し肯定しようとしている点が注目される。

大光普照国師 だいこうふしょう →隠元隆琦りゅうき

太鼓踊 たいこおどり 太鼓を打ちながら踊る芸能で、*風流ふりゅうの一つ。西日本に多い。目的は雨乞いや豊作祈願などで、菅笠姿に笛や鉦かねの伴奏をつける。太鼓は胸につけるが、大きさは地方によってまちまちで、なかには直径1mをこえるものもある。これらの楽器は踊りの伴奏でもあるが、同時に*田の神や水の神がその音に影響されて歓喜し、目的が遂げられるとも考えられていた。各地に伝わる鞨鼓踊かっこおどりやざんざか踊も太鼓踊の一種とみなせる。

大黒天 だいこくてん 仏教の天部の一つで、梵名はマハーカーラMahākāla。古代インドではシバ神の化身、戦闘の神とされた。胎蔵曼荼羅たいぞうまんだらなどにも異形の憤怒相で描かれる。また、財福・食物の神としても崇敬をうけ、寺院の厨房などに祀られた。日本では後者の性格が色濃く、現在でも僧侶の妻を、台所を取り仕切ることから「大黒さん」などとよぶこともある。最澄さいちょうが比叡山の開山にあたって、大黒天の加護をうけて宗徒の扶持をえる「三面大黒天」の伝承は有名である。また、日本の神祇大国主神おおくにぬしのかみと、「大国＝大黒」とその音が通じるなどの理由から習合視された。中世には袋をかついだ現在の像容が形成され、恵比寿えびすと対の形や七福神しちふくじんとして庶民の信仰を集める。

大黒舞 だいこくまい 中世頃からおこったとされる正月の*門付かどづけ芸の一つ。大黒頭巾ずきん・大黒面を着け、三味線を弾きながら祝い唄を歌い、家々を回り銭・米をえていた。そのようすは、近世の風俗事典ともいえる「守貞漫稿もりさだまんこう」や「嬉遊笑覧きゆうしょうらん」に詳しい。なお、これらによれば、江戸中期頃までは江戸をはじめ、京坂でも盛んであったが、後期には大坂にのみ残っていたことが知られる。また、江戸では特に吉原で行われたようであるが、それは大黒舞といいながら、物真似をするだけであったこともあり、その形態も変化してい

たようである。また、農村部でも正月に大黒の姿をして舞を舞うなどの行事があり、現在でも行われているところがある。

大黒屋光太夫 だいこくやこうだゆう →北槎聞略ほくさぶんりゃく

醍醐寺 だいごじ 京都市伏見区醍醐東大路にある真言宗醍醐派の総本山。山号は深雪山。寺域は笠取山山上（上醍醐）と山下（下醍醐）に分かれるが、*聖宝しょうぼうが874年（貞観16）同山頂に草庵を結び、2年後、ここに准胝じゅんてい・如意輪観音の両像を安置する2堂宇を完成させたことに始まる。907年（延喜7）醍醐天皇の*御願寺ごがんじとなり、上醍醐に薬師堂が建立され、この薬師像が同寺の本尊となる。聖宝の弟子観賢かんげんは、醍醐寺の初代座主となり、貴族の参詣の利便にあわせ、笠取山西麓に伽藍を造立したのが下醍醐である。951年（天暦5）に落成した五重塔は、現存する京都における最古の木造建造物である。聖宝以来、東大寺との関係も深く、三論教学でも重要な位置を占めた。院政期以降、東密小野流の中で醍醐六流が成立し、事相面での研究が盛んとなった。室町時代には満済准后まんさいじゅごうが足利将軍家の帰依をうけ発展したが、応仁・文明の乱で五重塔を残して下醍醐の伽藍は兵火で焼亡した。近世初頭、義演ぎえんが座主となり、豊臣秀吉の篤き帰敬をうけて伽藍は復興し、秀吉の醍醐の花見も催された。古来、修験道とも強いつながりをもっていたが、1613年（慶長18）真言系の修験者を組織して*当山派とうざんはの本山となった。

醍醐天皇 だいごてんのう 885～930（仁和元～延長8）在位897～930。諱は維城、のち敦仁あつぎみ。宇多天皇の第1皇子。母は藤原高藤の女胤子。宇多天皇の譲りをうけて即位する。先帝宇多から与えられた「寛平御遺誠かんぴょうのごゆいかい」に従って、藤原時平ときひらと*菅原道真みちざねを左右大臣に任ずる。道真の失脚後には藤原氏の進出が圧倒的となるが、宇多上皇（法皇）の意志を尊びつつ親政を行い、時平の補佐のもと延喜えんぎの荘園整理令などの財政改革の推進、奢侈の戒めを行い、後世に延喜の治とよばれる治世を築いた。また、「*日本三代実録」「延喜格式きゃくしき」などの編纂や「*古今和歌集」の勅撰を行う。日記としては「醍醐天皇御記」20巻があったが、現在は逸文のみを残す。陵は後山

科のちのや陵。

第三帝国（だいさんていこく）　大正期の総合雑誌。1913年（大正2）10月，*茅原華山（かやはらかざん）・石田友治（とも）により創刊される。19年100号をもって「文化運動」と改題し，22年10月教員組織啓明会の機関誌となり，25年4月廃刊するまで通巻156号を刊行した。「第三帝国」という誌名は，イプセンの史劇「皇帝とガラリア人」に由来し，肉の文明と霊の文明とを統一する理想文明の実現という意味がこめられている。大場茂馬（しげま）・江木衷（まこと）のような法曹人や*伊藤野枝（のえ）のような女性運動家も寄稿し，政治改革の主張にとどまらず広く市民的自由にかかわる問題をとりあげた。大都市よりも地方小都市やその周辺農村の青年を読者層に抱え，読者の組織化を企てた点に特色があった。

泰山府君祭（たいざんぶくんさい）　七献上章祭（しちこんじょうしょうさい）とも。*陰陽道（おんようどう）の重要な祭祀の一つ。泰山は中国山東省の霊山で，ここに祀られる泰山府君は，閻魔（えんま）王・地蔵菩薩・北斗七星の信仰などと早くから習合し，寿命・禍福をつかさどる神として重んじられた。祭儀は，泰山府君以下冥道（みょうどう）十二神を勧請し，鏡を撫物（なでもの）として用い，金銀幣帛（へいはく）や鞍置馬などを捧げて陰陽師が都状（祈願の趣旨などを記した祭文（さいもん））を読むのが基本で，願主も祭庭にのぞんで祈願した。祭場としては願主宅の南庭や陰陽師の私宅が多い。日本では平安時代以来，定期または臨時に，富貴栄達・消災・延命などを目的に盛んに行われ，鎌倉幕府などでも頻繁に行われた。

対治邪執論（たいじじゃしゅうろん）　1648年（正保5）の*雪窓宗崔（せっそうそうさい）の著作で，同著「邪教大意（じゃきょうたいい）」（1648成）の原本。宗崔は臨済宗妙心寺派の豊後国白杵多福寺の禅僧。1巻。漢文。「つぶさに邪書を見」たうえで「娑毘恵婁（ザビエル）（*ザビエルのことで排耶書（はいやしょ）では初出）」来朝以来のキリシタン布教史を略述し，教理・典礼を詳述している。さらに，盛行していた日蓮宗・念仏宗・禅宗・神道へのキリシタン側の批判を論評している点など，江戸初期の出色の*排耶論である。その論評の中で，ゼズ・キリシトは，梵天王をデウス，天堂をパライソ，地獄をインフェルノ，懺悔をコンヒサン

と改めるなど，ひそかに仏法の語を盗み取ったが，真如常住の理を悟ることができず，邪見外道に陥ったと批判している。

太子信仰（たいししんこう）　聖徳（しょうとく）太子信仰の略。*聖徳太子を聖者と仰ぐ信仰はすでに生前にも芽生えていたが，没後しだいに盛んとなり，早く「日本書紀」には道教思想の影響をうけた片岡山飢人救済説話がみえる。奈良末期には太子を慧思（えし）禅師の生れ変わりとする説が現れ，平安中期にはそれまでの太子諸伝を集成した「*聖徳太子伝暦（でんりゃく）」が編まれたが，同書には太子を救世（ぐぜ）観音の化身（けしん）とする説など種々の霊異が収められて一つの画期をなした。一方，太子伝を主題とした聖徳太子絵伝が早くに*四天王寺や*法隆寺の堂内に壁画として描かれ，鎌倉時代以降は主として掛幅形式で盛んに制作されたほか，二歳像・孝養（きょうよう）太子像など各種の太子の彫像も造られ，墓所の叡福寺（えいふくじ）も注目されるようになった。また平安時代以降の文芸の世界でも，常に太子は日本仏教史叙述の冒頭におかれて，釈迦にも比すべき日本仏教の創始者の地位にすえられている。そのほか，29歳の*親鸞（しんらん）が京都*六角堂参詣の折に太子の示現に接して法然（ほうねん）の門下に入ったのも著名で，のちに親鸞は「聖徳太子和讃（わさん）」を作って，太子を「和国の教主」と讃えている。民間では太子を芸能の祖と仰ぐ各種職能民の信仰も盛んとなり，信仰団体による太子講などもうまれた。

大師信仰（だいししんこう）　大師とはもとは仏の尊称であったが，中国や日本で，朝廷が高僧に対して贈る諡号（しごう）につけられた尊称を示す語ともなった。しかし大師信仰という場合は，真言宗の開祖である弘法（こうぼう）大師*空海（くうかい）に対する信仰に限って用いられる。その信仰形態は多岐にわたり，入定（にゅうじょう）信仰・高野山（こうやさん）信仰・大師講・四国八十八カ所巡り・大師伝説など，いずれも空海の超人的存在に対する民衆の篤い信頼と尊崇を物語る。弥勒（みろく）菩薩が出現するまでの無仏の時代に，空海は高野山奥の院に生身のまま留まり，人々を救済するという入定留身信仰と，社会事業などで民衆に直接かかわったさまざまな事跡も相まって，大師はいつでもどこでも信仰する人とともにあるという観念が信仰の中核をなしてい

る。こうした信仰は単に真言宗一派に留まらず宗派をこえて，他に例のないほど民間に広範な広がりをみせている。これは平安末期以降に現れ，中世から近世に活躍した*高野聖が全国に信仰を布教したことによるところが大きい。→四国霊場

大衆 だいしゅ →衆徒

大衆文学 たいしゅうぶんがく いわゆる純文学に対して，大衆性をもつ通俗的な文学をさす。主として歴史的背景をもち，英米のcloak and swordに相当する。1924年（大正13）博文館の「講談雑誌」の広告で「大衆文芸」の語が用いられたのが始め。27年（昭和2）に平凡社から「現代大衆文学全集」が刊行され，以後「大衆文学」の語が定着した。大衆文学の源流は，明治期の講談と翻訳小説に求めることができる。大衆文学の本格的な活動は，1913年中里介山の「*大菩薩峠」連載に始まる。一方，岡本綺堂は「半七捕物帳」，また白井喬二は「新撰組」を発表する。さらに26年（昭和元）「大阪朝日新聞」に大仏次郎の「照る日くもる日」，「大阪毎日新聞」に吉川英治の「鳴門秘帖」が同時連載され，大衆文学は一つの頂点を迎える。この時期には長谷川伸・江戸川乱歩・直木三十五ら，昭和期には海音寺潮五郎・村上元三・川口松太郎・*山本周五郎らが活躍した。共通している点は，〈人間が生きる〉ということに寄り添い，深遠な思想，高邁な理想，あるいは孤独な魂といったものを，日常から決して離れることなく描き出す点にあると思われる。

大衆舞 だいしゅまい *延年舞の一つで，下級僧侶による舞。「東大寺続要録」に「大衆舞は散楽の興を催す」とあり，雑芸を演じていたことがわかる。久遠寺の延年の記録には，開口・移・倶舎・松清・柴灯・畑送・二人舞・四人舞の8番があったという。日光輪王寺には二人舞が現存している。

大嘗会記 だいじょうえき →永和大嘗会記

大嘗会便蒙 だいじょうえべんもう *荷田在満の著した有職故実の書。全2巻。1739年（元文4）刊。在満は前年の桜町天皇の*大嘗祭を幕命で拝観し，その報告書である「大嘗会儀式具釈」を幕府に献上した。本書はこれとは別に門人の求めによって，大嘗祭の儀式次第を簡略・平易に注解したものであり，賀茂真淵らも版下の清書を行っている。しかし，本書の公刊が朝廷の忌避するところとなり，在満は幕府から閉門・蟄居を言い渡され，板木は没収された。本書の記述はことさら秘儀を暴露するようなものではなかったが，特に元禄期（1688〜1704）以降，朝廷祭儀の復活が図られ，それによって天皇・朝廷に対する武士の意識が変容しつつある途上における朝幕関係の軋轢によると考えられる

大乗戒壇 だいじょうかいだん 大乗菩薩戒を授けるために設けられた戒壇。奈良時代には，奈良東大寺・筑紫観世音寺・下野薬師寺に小乗戒を授ける天下三戒壇があった。*最澄は小乗戒の250戒を否定し，「*梵網経」にもとづき，利他を旨とする大乗菩薩戒を授けることを主張した。そして比叡山にこれを設立しようと運動しており，819年（弘仁10）の「天台法華宗年分度者回小向大式」（四条式）はこれを主張したものである。しかし，南都寺院の反対にあったため，重ねて「*顕戒論」を著し論戦したが，最澄生前に勅許はおりなかった。最澄死後の822年（弘仁13）*延暦寺に設立が勅許された。のちには円頓戒壇とも称された。

太上感応篇 たいじょうかんのうへん →善書

大嘗祭 だいじょうさい 大嘗の古訓は「おほにへ・おほへ・おほむべ」とも，また大嘗会・践祚大嘗祭とも表記。天皇が即位したのち，即位儀礼の一環として，天皇が親祭する一代一度の国家的祭儀。起源は大化前代よりの新嘗祭。天武・持統朝の律令国家確立期に，毎年の収穫祭儀である新嘗祭をもとに，中央集権体制に対応する国家的祭儀として創出された。

「儀式」巻2〜4「延喜式」巻7に詳細な規定があり，平安朝的な儀式次第を知ることができる。神事は11月の下の卯日に行われ，続く辰・巳・午日は節会となる。行事は，神事・節会に用いる御稲を貢納する悠紀・主基両国郡の卜定から始まる。9月に造酒童女が稲を抜き取る抜穂の儀があり，収穫された稲・献物などは9月下旬に京へ運搬される。10月下旬には天皇自ら河原に

行幸して禊を実修する御禊行幸が行われる。11月より禁忌が課される散斎期間に入り、鎮魂祭の前日の丑日より卯日までの3日間は最も厳重な斎戒が課される致斎となる。大嘗宮は朝堂院の竜尾壇下の庭上に新たに造営され、宮内には悠紀殿・主基殿・廻立殿などの建物が結構される。悠紀殿・主基殿は同一規模・構造で、北3間は神座が鋪設される室、南2間が堂となる。神座鋪設は時代により変遷があった（「江記」天仁元年11月条・「兵範記」仁安3年11月条）が、室の中央に帖と筵を重ね坂枕ら・御衾・御単をおく神座（第1）、東には天皇御座、短帖の神座（第2）が設けられる。神事は卯日の戌刻より始まる。天皇は廻立殿での沐浴ののち、戌四刻、悠紀殿に渡御。大嘗宮南庭では吉野国栖・楢笛工が古風を、歌人が国風を、語部が古詞を奏上する。悠紀殿での神饌行立が始まるのは亥一刻。「江記」などによると、室の御座に着した天皇は、神食薦の上に神饌を10枚の葉盤に盛り供え、その上に黒酒・白酒を注ぐ。供え終わると、天皇自らも箸を取り食す。これを「神饌親供」と称する。神饌行立が終わるのは亥四刻。廻立殿に還り再び沐浴ののち、深夜の丑四刻、主基殿に渡御する。同殿においても同じことが行われ、神事が終わるのは卯一刻、同二刻には悠紀・主基両国民によって大嘗宮は壊却される。辰・巳・午日は神事の後の節会で饗宴・賜禄・叙位が行われる。会場は豊楽院。なお、辰日は節会に先立って中臣氏による天神寿詞奏上と忌部氏による剣鏡奉上の儀がある。

大嘗祭は、1466年（文正元）の後土御門大嘗祭まで継続して執り行われた。ただし、仲恭・後村上・崇光・後亀山朝では兵乱などにより大嘗祭は行われていない。後柏原天皇から霊元天皇までの9代221年間大嘗祭は行われず、再興されるのは1687年（貞享4）の東山大嘗祭であるが、御禊行幸を省くなど簡略化して挙行された。次の中御門朝では行われなかったが、桜町大嘗祭は1738年（元文3）に挙行され、以後現在に及ぶまで各代において執り行われている。

大正自由教育 たいしょうじゆうきょういく →自由教育運動

大正デモクラシー たいしょうデモクラシー　日露戦争後から大正期を中心に展開された、非国家的価値の自立化を背景にした時代思潮および政治現象の総称。政治現象としての大正デモクラシーは、1905年（明治38）＊日露講和条約反対運動を起点として、25年（大正14）の普通選挙制および合法無産政党の成立に至る時期を大正デモクラシー期と捉える運動概念としての理解と、1918年の原政友会内閣の成立を起点として、32年（昭和7）の＊五・一五事件に至る広義の政党内閣期を大正デモクラシー期とする体制概念としての理解とがある。

日露講和条約反対運動を起点とする民衆の政治的台頭を背景に、藩閥・元老による権力の寡占状況は徐々に崩れ始め、官僚閥を背景にした桂太郎と衆議院多数派たる立憲政友会を背景にした西園寺公望が交互に政権につく、いわゆる桂園体制が成立した。だが、これはただちに政治参加の拡大をもたらすものではなく、第1次＊憲政擁護運動に流れこんでいく在野勢力は政友会には必ずしも好意的ではなかった。大正デモクラシー初期の政治思想は、〈内には立憲主義、外には帝国主義〉とよばれるように、ナショナリズムと政治参加の要求が結合した点に特徴があった。

一方、しだいに「＊東洋経済新報」のような小日本主義の主張も現れ、＊民本主義の主唱者たる＊吉野作造は、普選の実施と政党内閣の実現とともに、中国・朝鮮のナショナリズムに配慮した対外政策の転換を主張した。米騒動ののち、原敬は衆議院に議席をもつ政党政治家としてはじめて組閣し、「平民宰相」として人気をよんだが、普選については時期尚早論を譲らなかった。1920年代に入ると社会運動は民本主義から社会主義へ中心が移行し、それにともない論壇の関心も政治改革から社会改造へと移っていた。第2次憲政擁護運動の結果普選は実施され、二大政党が交互に政権を交代する慣行が定着しかけたが、五・一五事件により政党内閣の時代は幕を降ろし、大正デモクラシーも終焉を迎えた。⇒普選運動

太上天皇（だじょうてんのう）　→上皇（じょうこう）
大乗非仏説（だいじょうひぶっせつ）　→加上説（かじょうせつ）
大正文化（たいしょうぶんか）　もともと大正文化なるものは，唐木順三（じゅんぞう）「現代史への試み」(1949)や，藤田省三（しょうぞう）「大正デモクラシー精神の一側面」(1959)にみられるように，その前後にあたる明治期・昭和戦前期との対比によって論じられていた。だが，南博編「大正文化」(1965)や竹村民郎（たみお）「大正文化」(1980)といった研究を通じ，今日ではむしろ，20世紀後半につながる大衆文化・都市文化の原点という見方が普通になっている。

　この時代を目撃した歴史家大久保利謙（としあき）（「国史大辞典」の項目「大正時代」）によれば，大正文化の基調をなしたのは，民主化の風潮と，文化・生活全般にわたる洋風化の広がりにほかならない。思想の面では，日露戦争後のナショナリズムの弛緩の中で，*人格主義と平和主義・*民本（みんぽん）主義の風潮がまず流行をみるが，やがて大正後半期には，アナーキズム，*マルクス主義が若い世代を魅了するに至る。ホワイトカラー労働者の急増と都市の拡大を背景にして，ジャーナリズムと大衆娯楽が発展をみせ，とりわけ映画とスポーツが人々の関心をひくようになった。大衆雑誌や文庫本の出版によって文芸の普及範囲が拡大し，*白樺派（しらかばは）・*新思潮派やプロレタリア文学といった新しい潮流も登場する。女性の社会進出が進み，その自立が論じられるようになったことも，時代を画する大きな特徴といえるだろう。

退食間話（たいしょくかんわ）　「*弘道館記（こうどうかんき）」に対する和文の解説書。1冊。*徳川斉昭（なりあき）の命をうけて，弘道館総裁であった*会沢正志斎（せいしさい）が著した。1842年（天保13)成立。正志斎は「弘道館記」冒頭の「人，よく道を弘むるなり」について，「広く天下の人をして，人倫の大道に由らしむる」ことだと説き，為政者の統治論の立場から解釈している。ここで「尊王攘夷（そんのうじょうい）」とは，徳川家康が朝廷を尊崇し，国威を外国に振起したような為政者の政策をさすのであって，藤田東湖（とうこ）の「*弘道館記述義（じゅつぎ）」にみられる「尊王攘夷」は「尽忠報国の大義」であるという臣下の視点は希薄である。また「国家の用」に役立つかどうかと

いう基準で，「異端邪説」と「俗儒曲学」を詳細に批判している。

太子流神道（たいしりゅうしんとう）　江戸時代の神道流派。*聖徳（しょうとく）太子の流れを汲むと称し，聖徳太子と*蘇我馬子（そがのうまこ）が勅を奉じて編纂したと信じられた「*先代旧事本紀（せんだいくじほんぎ）」や，*憲法十七条を拠り所として神・儒・仏三教一致を説く。その思想的源流は，「先代旧事本紀」を神書として重視し，*三教一致論の立場をとった*慈遍（じへん）や*吉田兼倶（かねとも）に求められる。聖徳太子撰述と称する「*旧事大成経（くじたいせいきょう）」が，この流派の代表的な書である。本書は，黄檗宗僧の*潮音道海（ちょうおんどうかい）と物部（もののべ）神道の相伝者を称する長野采女（うねめ）の手により偽作された。1681年（天和元)伊勢神宮の祭神問題に抵触することにより幕府から処分され禁書となるが，以後も本書の支持者が絶えなかった。1761年（宝暦11)の僧*大我（だいが）の「金鎚論（こんついろん）」や*依田貞鎮（さだしげ）（偏無為心（へんむいしん））の「先代旧事本紀中箋（ちゅうせん）」が「旧事大成経」を弁護しており，とりわけ貞鎮は「大成経由来」「霊宗（れいそう）全書」などの多数の著作を編し，講演活動によって太子流神道を広めた。また太子流の軍書と称する「太子流神秘巻（しんぴのまき）」も作られた。

太神宮儀式帳（だいじんぐうぎしきちょう）　「伊勢太神宮儀式」「延暦（えんりゃく）儀式帳」などとも。804年（延暦23)に，伊勢の内宮・外宮それぞれの禰宜（ねぎ）・大内人（おおうちんど）らが作成し，神祇官の検校（けんぎょう）をへて太政官に提出した解文（げぶみ）で，内宮側の「皇太神宮儀式帳」と外宮側の「止由気宮（とゆけのみや）儀式帳」との2部からなる。「皇太神宮儀式帳」は，鎮座の由来，諸殿舎，式年遷宮の諸行事，所管の諸社，禰宜以下の職掌，年中行事，神田・神郡の経営など23条にわたって詳記する。倭姫（やまとひめ）巡行説話や孝徳朝における度会（わたらい）・多気（たけ）の立評記事を含んでいることでも著名である。一方，「止由気宮儀式帳」も，鎮座の由来から諸殿舎，式年遷宮の諸行事，所管の諸社，禰宜以下の職掌，年中行事など9条にわたる記事があり，豊受大神（とようけのおおかみ）の御饌都神（みけつかみ）伝承は本帳に初見する。いずれも，まとまった神宮関係記録中の最古のもので，「弘仁式（こうにんしき）」編纂資料として上申されたとする説が有力である。平安初期以前の伊勢神宮を研究するうえでの根本史料である。

だいじ

太神宮参詣記（だいじんぐうさんけいき）　「通海（つうかい）参詣記」「弘安（こうあん）参詣記」とも。両部神道書の一つ。伊勢神宮へ参詣した僧侶と神官との問答形式をとりながら、神宮の由緒や神仏関係を論じる。上・下2巻。真言宗の僧通海（1234～1305）の著。1286～87年（弘安9～10）の間の成立。通海は神宮祭主大中臣隆通（おおなかとみのたかみち）の子で、醍醐寺三宝院流の高僧。度会郡棚橋の蓮華寺（れんげじ）を神宮への祈禱所たる大神宮法楽寺（ほうらくじ）として発展させ、神宮近くに新たに法楽舎を開設するなど、仏教者の立場から神宮信仰の流布に努めるとともに、蒙古襲来に対する*異国降伏祈禱に尽力した。

上巻は、内外両宮の鎮座の由来と祭神、内宮御神鏡の霊異、別宮・摂社などの由緒、御饌（みけ）供進のこと、斎宮への託宣、中臣祓（なかとみのはらえ）の霊威などについて史料にもとづきながら詳述する。下巻は、神仏関係の議論を中心に展開される。神宮における仏法禁忌や僧侶の参宮の制限の不当性を*本地垂迹説（ほんじすいじゃくせつ）の立場から詳細に論じるとともに、神国たる日本の国主であり神々の王である神宮の「神恩」に対する「忠」としての信仰と祈禱によって、異国降伏がなしとげられることを力説している。鎌倉時代における神道思想の展開を知るための基本史料の一つである。

太神宮諸雑事記（だいじんぐうしょぞうじき）　伊勢神宮の、創建から後三条天皇の1069年（延久元）に至る間の主要関係事件を編年体で記した書。全2巻。第1巻は垂仁天皇の時の皇太神宮（内宮）鎮座より後一条天皇の1035年（長元8）まで、第2巻は1037～69年（長暦元～延久元）を収める。奥書によると、内宮禰宜職の荒木田徳雄（あらきだとくお）（禰宜職在任868～905）神主家に伝来した「古記文」に、興忠（おきただ）―氏長（うじなが）―延利（えんり）―延基（えんき）と書き継いできたもので、第2巻は延基の手になる詳密な記録である。史料批判を要する箇所も部分的にはあるが、式年遷宮の制定時期や、神宮と朝廷との関係など神宮史をうかがううえでの根本史料の一つである。

太神宮神祇本記（だいじんぐうじんぎほんぎ）　伊勢神道書の「*神祇譜伝図記（じんぎふでんずき）」「*倭姫命世記（やまとひめのみことせいき）」の2巻について、それぞれ「太神宮神祇本記上」「太神宮神祇本記下」とよんだ例が、中世伊勢神道書の「*類聚神祇本源（るいじゅうじんぎほんげん）」な

どにみられるところから、上・下2巻の書とされた伊勢神宮関係の書。下巻は、「倭姫命世記」本文末尾にも「太神宮本紀下」とあることから知られていた。上巻についても「神祇譜伝図記」であることは、「類聚神祇本源」所引の引用文とその注記より明らかであったが、近年まで散逸していた。

大神宮両宮之御事（だいじんぐうりょうぐうのおんこと）　伊勢神道書の一つ。1巻。奥書によれば、後醍醐天皇の中宮廉子（れんし）の命により、外宮の一禰宜（ねぎ）*度会常昌（わたらいつねまさ）が撰進した書。本書は、内外両宮の祭神の神徳と尊貴性を説いたもので、外宮を天神第一の陽神にして水徳の神、内宮を地神第一の陰神にして火徳の神とする。また、大日霎尊（おおひるめのみこと）は大日如来の霊であるがゆえに、神宮にとって仏法は末なりと説いて、神宮における仏教禁忌を説明する。さらに、神を本覚神（ほんがくしん）・始覚神（しかくしん）・実迷神（じつめいしん）の3種に分類し、内外両宮を本覚神、八幡大菩薩を始覚神、出雲大社を実迷神と説く。伊勢神道の展開や流布を知るための史料として重要である。

大政委任論（たいせいいにんろん）　天皇が全国統治権（大政）を本来有し、公儀（こうぎ）権力者にそれを委ねているとする近世・幕末の政治論。豊臣秀吉や徳川家康は軍事力により大政を獲得し公儀として天皇をも支配したが、その正当性は不十分であった。このため公儀権力者は、自己の関白や征夷大将軍の任官、諸大名の官位叙任、諸大名を率いた朝覲参内（ちょうきんさんだい）など、古代以来の「王権」である天皇のもと、天皇（王）―公儀権力者（覇者）―大名（諸侯）という国家秩序を作り自己の支配を正当化した。このため、大政委任論の枠組みは近世初期から存在し、豊臣政権では「一天下之儀」（全国統治）を「天気」（天皇の意志）により「仰付（おおせつけ）」られたとし、「勅定（ちょくじょう）」「綸命（りんめい）」「叡慮（えいりょ）」として「惣無事（そうぶじ）」を命じるなど天皇を名目的に大政に関与させた。江戸幕府下では、幕儒*林羅山（はやしらざん）も幕政は天皇の天下を「扶佐」するものと定義したが、天皇は現実政治に関与せず大政委任の比重も低下した。思想上は、儒学では*伊藤仁斎（いとうじんさい）、国学では「みよさし」論として*本居宣長（もとおりのりなが）により定式化された。幕末期に至り、条約調印勅許問題

大成経（だいせいきょう） →旧事大成経（くじたいせいきょう）

大勢三転考（たいせいさんてんこう） 幕末期の歴史書。和歌山藩士*伊達千広（ちひろ）の著。1848年（嘉永元）成立。千広の実子陸奥宗光（むつむねみつ）らの懇請により、73年（明治6）はじめて刊行。本書は社会・政治制度の変遷という独自の視点から、神武（じんむ）天皇より江戸幕府成立までの日本史を「骨（かばね）の代」（姓（かばね）制の時代）、「職（つかさ）の代」（律令的官職制の時代）、「名（な）の代」（武家領治制の時代）の3時代に区分して叙述した通史であり、幕末という変革期にふさわしいユニークな歴史観がうかがえる。

その歴史観は、不可知論の立場と現実的応変主義の立場から構成されている。時勢が推移し制度が改変して時代の転換する原因については、「知るべからざるもの」としてこの問題にあえて立ち入らなかったために、それまでの歴史観にみられる神・仏・天の観念とそれに支えられた祖神冥助の思想、末法（まっぽう）思想、鑑戒（かんかい）主義などの諸原理から解放され、歴史上の人物が時勢の変遷にどう対応してきたかという観点から日本史の展開を即物的に捉えることができた。事実上、日本史の世界から超越的絶対者・理法を締め出してしまった本書の歴史観は、近代的歴史観の誕生を予告するものであったといえよう。

大政翼賛会（たいせいよくさんかい） 日中戦争および太平洋戦争期の国民統合団体。「高度国防国家」をつくるために政治・経済・文化・社会の再編成が必要となり、政治における既成政党に代わる新体制、経済における統制経済のための経済新体制、そして国民再組織の必要が第2次近衛内閣期に唱えられた。この課題に対して、消極的な既成政党・財界主流などの自由主義派、観念右翼・陸軍*皇道派などの反動派、積極的な当時の*近衛文麿（ふみまろ）周辺の協同主義を主張する社会国民主義派、そして上から国防国家をつくろうとする陸軍*統制派と革新官僚によって構成される国防国家派の四つの政治潮流があった。当初は積極派のイニシアティブで、政治的には全政党の解散などにより、大政翼賛会が1940年（昭和15）10月12日に成立した。総裁は首相が兼任。道府県・六大都市・郡・市区町村に支部がおかれ、職域・ジェンダー・年齢別による国民再組織が行われた。東条内閣の42年6月には、大日本産業報国会・農業報国連盟・商業報国会・日本海運報国団・大日本婦人会・大日本青少年団の6団体を、また同年、地域における下部組織として部落会・町内会を翼賛会の傘下に組織した。戦争末期になると先述の消極派が力を盛り返し、45年6月13日に解散し、国民義勇隊に発展的解消を遂げた。

大山寺縁起絵巻（だいせんじえんぎえまき） 伯耆大山（ほうきだいせん）に関する地元で最古の縁起。原本と考えられているのは1398年（応永5）の奥書のある「大山寺縁起絵巻」であるが、1928年（昭和3）に大山寺本堂の火災により焼失した。異本に、鎌倉末頃の作と推定される大山寺洞明院蔵本があり、こちらを原本とする説もある。内容は、都率天（とそつてん）第三院の巽の角の盤石（ばんじゃく）が三つに割れて、その一つが大山に落ちたこと、その時に密勝・仏覚両仙人も飛来し、文殊（もんじゅ）・観音・地蔵の三所権現が感得されたこと、その後出雲の猟師依道（よりみち）が金色の狼をみつけて射ようとすると、矢先に地蔵菩薩が現れ、狼は老尼に変身して依道に発心（ほっしん）を勧めたので、修行に励んで大山の開山となったこと、などの伝承を載せている。

大蔵経（だいぞうきょう） →一切経（いっさいきょう）

太々神楽（だいだいかぐら） *伊勢詣（もうで）における奉納神楽。伊勢外宮または内宮に参詣する人々は、かねてより神宮大麻（たいま）の頒布をうけるなどにより「御師（おんし）」とうやまってきた両宮それぞれの権禰宜（ごんねぎ）層の神職の邸内に宿泊し、また参詣の道案内をうけたが、それら一連の宇治（内宮門前町）もしくは山田（外宮門前町）での神職からのもてなしの中心的行事として行われたもの。神職の邸内の座敷に鼎（かなえ）がしつらえられ、湯立（ゆだて）形式で演じられたが、「伊勢参宮名所図会（ずえ）」には、現在の高倉山古墳石室を天岩戸（あまのいわと）と称し神楽を舞った絵が描かれている。時に、そういった趣向もあった。多くは*伊勢講、ないし太々講（だいだいこう）とよぶ講が各地で組織され、籤（くじ）で選ばれた代表者

が参宮の旅の最後に奉納するという形で行われる鑑賞芸能であった。

太々講 だいだいこう →伊勢講

袋中 たいちゅう 1552〜1639(天文21〜寛永16) 戦国〜江戸前期の浄土宗の僧。諱は良定、幼名は徳寿丸、号は弁蓮社・入観。袋中は字。陸奥国菊多郡岩岡の人。佐藤定衡の次男として生まれ、14歳で陸奥国能満寺の良要のもとで出家。如来寺などの檀林で名越派の浄土教を学んだ。1577年(天正5)江戸増上寺で白旗派の教義を修め、81年郷里の成徳寺の住持となった。1603年(慶長8)入明を企てたが琉球に漂着し、尚寧王の帰依をえて桂林寺を建立した。06年帰国し、11年京都の檀王法林寺を再興した。晩年は京都東山の袋中庵などに隠居した。著作は「*琉球神道記」「琉球往来」「浄土血脈論」「当麻曼陀羅白記」「説法明眼論端書」など多数。

泰澄和尚伝記 たいちょうかしょうでんき 白山の伝説的な開山泰澄に関する、地元で最も古く包括的な縁起。1冊。本書とほぼ同内容の泰澄伝が掲載されている「*元亨釈書」(1322成立)に、その部分の典拠が958年(天徳2)に浄蔵が口授し、門人神興が筆記したものである旨の記載がある。もっとも、「元亨釈書」の時代をさかのぼる写本がみつかっていないため、10世紀成立の本書原本があったかどうかは不明である。なお、写本のうち「泰澄和尚伝記」と題するものが多いため主にその名称で一般に知られているが、現存する最古の金沢文庫所蔵本(1335書写)では「泰澄和尚伝」とする。内容は、泰澄の出生、白山登拝前の越前国越知山などでの修行、二人の侍者についての伝承、白山の開山、朝廷への出仕と玉体加持、高僧としての官職、晩年と死去、などからなる。このうち開山伝承の部分では、泰澄が白山の御前峰など三方の峰で十一面観音・阿弥陀如来・聖観音という白山三所権現を感得したことなどを記す。

大潮元皓 だいちょうげんこう 1678〜1768(延宝6〜明和5) 江戸前期の禅僧・漢詩人。本姓浦郷。大潮は法名、元皓は名、字は月枝である。肥前国松浦郡伊万里に生まれ、同国竜津寺の化霖道竜に入門し、道竜の師の宇治黄檗山万福寺の*独湛性瑩にも師事した。法兄に売茶翁(*高遊外)がいた。10代の時、長崎にでて上野玄貞に唐話(中国語)を学んだ。後年江戸にでて、*荻生徂徠・岡島冠山らと交遊するかたわら、唐話を指導した。自らも古文辞派の詩僧として盛名があり、釈門詩人のうち、元和期(1615〜24)以降は万庵原資と元皓の二人と称された。大典禅師(*梅荘顕常)は弟子。漢詩文に「松浦詩集」(1740刊)、「西溟余稿」(1748・58刊)などがある。

大帝国論 だいていこくろん 平田派国学の立場から、日本と世界の諸帝国とを比較した書。1巻。国学者竹尾正胤(1833〜74)の著。1861年(文久元)成立。皇国(日本)と、当時帝国を称した清(中国)、オーストリア(ドイツ)、フランス、ロシア、トルコの5カ国の歴史を比較し、他国が仰ぎ見るべき「君上国」日本の優越性の証明を試みる。王位篡奪・易姓革命の連続である他邦に対し、神勅をうけた万世無窮の天皇の統治が続くわが国の歴史自体がその証拠とされたため、各国の篡奪・内紛が詳しく列挙された。また、姓をもたないところに天皇の他国の君主と異なる尊貴性の徴をみて、洋学者や儒学者の彼らへの尊崇もあわせ批判している。

大典 だいてん →梅荘顕常

大東亜共栄圏 だいとうあきょうえいけん 日中戦争から太平洋戦争にかけて唱えられた、日本を盟主とする東アジアの広域ブロック化の構想とそれに含まれる地域をさす。第1次近衛内閣時には「東亜新秩序」が唱えられ、第2次近衛内閣発足時の「基本国策要綱」(1940年7月)で「大東亜新秩序」の建設が基本方針とされた。これは、ドイツのゲオポリティークの「生存圏(Lebensraum)」理論の影響をうけている。東亜新秩序の段階では「日・満・支」ブロックがその範囲であったが、大東亜ではさらに、東南アジア、インド、オセアニアの一部まで加えられた。さらに、太平洋戦争開戦直後の1941年(昭和16)12月12日、内閣情報局は「今次の対米英戦は支那事変を含めて大東亜戦と呼称す」とした。前述の範囲の諸地域を運命共同体として、ナショナリズムを相対

化し相互援助・協同防衛によるアジアの生存と発展を図るという内容であった。第2次大戦の勃発によるヨーロッパでの戦争を利用して，連合国側のアジア植民地を自己または日本の支配下におく計画を合理化するスローガンとして脚光をあびた。日独伊三国同盟によって枢軸国側の世界戦略の構想の一環ともなり，太平洋戦争の開戦目的ともなった。翌42年大東亜省がつくられ，43年大東亜会議を東京で開き，協同声明をだした。日本は，上記の地域の多くを占領したが，戦争遂行のための物資と労働力の一方的な収奪に終始し，反日気運を高め，「共栄圏」の美名にはほど遠かった。⇒東亜共同体論　東亜新秩序声明

大道芸〈だいどう〉　路頭や社寺の境内で行う芸能。中世においては*勧進〈かんじん〉の名のもとに芸を行い，金品を乞うていた。その中には雑芸能者である*声聞師〈しょうもんじ〉や散所法師〈さんじょほうし〉などがおり，また芸能としての唱導〈しょうどう〉も含まれる。いずれも民衆にとっては一種の娯楽であり，多少の宗教性を享受していた。近世になり，これまでにはなかった常設の舞台が整備されてくると，大道芸は舞台をもたない卑俗な芸能として位置づけられるようになる。「守貞漫稿〈もりさだまんこう〉」には，江戸万歳〈まんざい〉・辻放下〈つじほうか〉・*説経〈せっきょう〉・講釈・*獅子舞〈ししまい〉などが列挙されるし，このほかにも軽業〈かるわざ〉や猿回しなどがあった。

大灯国師〈だいとうこくし〉→宗峰妙超〈しゅうほうみょうちょう〉

大道寺友山〈だいどうじゆうざん〉　1639〜1730（寛永16〜享保15）　江戸前・中期の兵学者。本姓平。名は重祐〈しげすけ〉，通称は孫九郎。号は友山・知足軒。山城国伏見に生まれた。江戸で，小幡景憲〈おばたかげのり〉・北条氏長〈うじなが〉・*山鹿素行〈やまがそこう〉らに兵学を学んだ。1691年（元禄4）会津藩の客分となり，97年に臣籍に列せられたが，1700年に追放され，武蔵国岩淵に寓居した。14年（正徳4）福井藩主松平吉邦に召し抱えられ，17年（享保2）家督を重高に譲って隠居した。友山は，*東照大権現〈とうしょうだいごんげん〉徳川家康を智・仁・勇の三徳兼備の人物として崇拝し，岩淵に蟄居していた宝永年間（1704〜11）に，家康の事績・言行や同時代の出来事を記録した「岩淵夜話〈いわぶちやわ〉」を著した。晩年近くに，それらを訂正・増補して，家康誕生の記事に始まり，大坂の陣をへて天下統一に至るまでの編年史である「落穂集〈おちぼしゅう〉」（1727）や，家康の嘉言善行を集めた「霊巌夜話〈れいがんやわ〉」「駿河土産〈するがみやげ〉」を書いた。こうした友山の一貫した家康崇拝は，東照大権現信仰の表れとして注目すべきである。また教訓書である「*武道初心集」を著して，「治世の武士」の倫理を提示した。

大道或問〈だいどうわくもん〉　*平田篤胤〈あつたね〉の著作。日本という国家の「大道」，すなわちあるべき姿について問答形式で著した書籍。1冊。具体的には，日本が万国に優越している理由，儒道や仏道を批判する理由，神道のあるべき姿，「皇国君臣の道」の要点などを説明している。もともと，門人から実際に寄せられた質問に対して答えを書き留めていた草稿を整えて，1857年（安政4）9月の碧川好尚〈みどりかわよしひさ〉による序を付して，59年に刊行された。好尚の序によれば100部限定として，板木は処分したという。

大徳寺〈だいとくじ〉　京都市北区紫野大徳寺町に所在する臨済宗大徳寺派の大本山。山号は竜宝山。開山は*宗峰妙超〈しゅうほうみょうちょう〉（大灯〈だいとう〉国師）。1315年（正和4）に宗峰が自ら創建した。播磨国守護赤松則村〈のりむら〉（円心）が黄金を贈って開創したともいわれているが，68年（応安元・正平23）の「大徳寺法度〈はっと〉」に「当寺は始め檀那なし，開山自ら一力を以て興行の寺也」とあることなどから，宗峰が自力で創建したと考えるのが妥当である。

当初は小院であったようだが，1324年（正中元）におそらく後醍醐天皇から隣接する敷地を寄進され，寺基が確立した。翌年には花園上皇・後醍醐天皇の祈願所となる。同年，方丈および法堂〈はっとう〉が建立されて禅林としての体裁が整い，26年（嘉暦元）勅命により開堂した。紀伊国高家荘〈たかいえのしょう〉が五辻宮〈いつつじのみや〉守良親王から，播磨国小宅〈おやけ〉荘三職と信濃国伴野〈ともの〉荘が後醍醐天皇から，播磨国三方西荘が新田義貞から寄進され，経済的基盤も安定した。33年（正慶2・元弘3）後醍醐天皇は本朝無双の禅苑となし，宗峰門下の一流相承（*度弟院〈どていいん〉）を認め，五山に列する。のちに花園上皇も一流相承を追認した。84年（至徳元・元中元）には官寺位次が改定されて十刹〈じっさつ〉の9位となり，以後綸旨と公帖〈こうじょう〉を同時にうけて入院〈じゅい〉

えすることになった。1431年(永享3)開山の素意に違うとして官寺から離脱し、弁道所となる。その後応仁・文明の乱により一時荒廃するが、*一休宗純が堺の豪商尾和宗臨らの支援により復興した。

戦国期になると、古岳宗亘が堺に南宗庵(のちの南宗寺)を建立して町衆の外護を獲得した。これが機縁となり、茶の湯の思想的拠り所として大徳寺が重きをおくようになった。豊臣政権期には、古渓宗陳と春屋宗園が豊臣秀吉や諸大名の帰依をうけ、塔頭や末寺の建立が盛んとなり、寺勢の絶頂期を築いた。江戸初期にはいわゆる*紫衣事件がおこるなど、不安定な要素もあったが、*沢庵宗彭が徳川家光の開基する品川東海寺に迎えられると、江戸にも多くの末寺が創建されて教線が拡大した。

塔頭は、途中廃絶したものも多いが、江戸後期には24院、准塔頭および寮舎は65院を数えた。近世の朱印高は2010石余。現在みられる方丈・法堂・経蔵などは1636年(寛永13)、仏殿は65年(寛文5)の造営である。末寺は塔頭寺院を含めて約200ヵ寺で、堺のほか、滋賀県大津市、福岡県、大分県、長崎県壱岐地方、兵庫県但馬地方、神奈川県西部、東京23区内に多く分布している。

大儺 たいな →追儺

胎内潜り たいないくぐり 山岳を修行の場とする*山伏(修験者)が、山中で女性の秘部になぞらえた洞窟や岩の割れ目を潜って、胎児として生まれ変わり新たな生命をえると観念すること。山は農耕に必要な水の恵みをもたらし、狩猟の獲物を授ける富の源泉で、ものを生み出し生命を宿す「母なる山」とみなされていた。山伏は山中に入る前にいったん死んだと観念する一方で、山では男根に見立てた岩を拝み、新たに受胎して胎内潜りをするなど性交や出産を象徴する行為を行った。山中は死後の世界とともに母胎や胎内とされ、自らを胎児になぞらえる擬死再生の修行を行い、山から里へ下る時は、子供の出産にたとえられた。

胎内五位 たいないごい *修験道の入峰修行にみられる擬死再生の観念で、胎内において命が生育していく五つの段階をいう。一は羯羅藍位で父母の赤白の二滴が一つになる位、二つは頞部曇位で肉の形が生まれる位、三つは閉尸位で血肉が整う位、四つは建南位で肉のかたまる位、五つは鉢羅奢佉位で六根を具える位のこと。最後の位で出生する。峰入り修行は行者が一度擬死して、性交・受胎・生長・出生をシンボライズする儀礼をとおして仏となり、再生するというもので、五位はそれぞれの段階に充当している。

第二維新論 だいにいしんろん 幕藩体制から近代天皇制国家へ移行した転換点を明治維新とよぶが、その後の歴史状況の中で日本の国の制度を変えていくような運動がおこるたびに、人々は自らの正当性を「維新」に求めた。たとえば、自由民権運動も「広ク会議ヲ興シ万機公論ニ決スヘシ」(五箇条の誓文)を論拠に「第二維新」だと主張した。特に、幕末変革期の経験のない世代が活躍し始める明治20年代になると、「第二維新論」は、人見一太郎・*徳富蘇峰らによって「国民之友」誌上をにぎわすようになった。さらに日清戦争が「第二の維新」であるとの政府側の見方も広がり、「第二維新論」は左右両派のイデオロギーの役割をはたすこととなった。第2次大戦下では、黒竜会を中心とする維新会が「第二の維新」の実現を綱領とした。

大日経 だいにちきょう 梵語Mahāvairocana-sūtra 正式には「大毘盧遮那成仏神変加持経」。日本の真言密教では、「金剛頂経」とともに両部大経とされる根本経典。7世紀初期に中インドで成立したインド中期密教の代表的経典で、現在、漢訳7巻、チベット訳はあるが、サンスクリット原典は未発見である。漢訳は善無畏・一行の手になる。内容は、執金剛秘密主の問いに大日如来が答えるという形式で、究極の智慧〈一切智々〉を獲得する方法とその理論的な根拠を明らかにしている。同経にもとづいて描かれたのが胎蔵界曼荼羅である。同経の研究には東密では、空海の請来した一行の注釈書「大日経疏」20巻が用いられ、台密では円仁が請来したその校訂本「大日経義釈」14巻が用いられた。

大日堂舞楽 だいにちどうぶがく 「ざいどう」とも。秋田県鹿角市八幡平大日堂(正式名称は大日霊貴

ひるめ神社)で，正月2日の修正会の延年として行われている舞楽。大日堂周辺の大里・小豆沢・長嶺・谷内の4集落が能衆とよばれる舞い手をだす。各集落が本舞と称される駒舞・鳥舞・工匠舞・権現舞・田楽舞・烏遍舞・五大尊舞の7演目を分担して演じ，神子舞・神名手舞の2種目を舞人全員で舞う。養老年間(717～724)に元正天皇の勅願により，だんぶり長者ゆかりの大日堂再興のため，都より遣わされた*行基とともに下向した楽人により伝えられた，という起源伝承をもつ。この舞楽の別名の「ざいどう」には祭堂・在堂・罪富などの漢字があてられる。またその名の由来は柴灯，修正会の斎頭祭，仏教用語の済度が訛ったものなどの説があるが，いずれもはっきりとした根拠はない。

大日如来 梵語Vairocana 摩訶毘盧遮那・毘盧遮那・大遍照如来とも。マハーバイローチャナ(バイローチャナ)の意訳。インド中期の密教経典の教主で，宇宙の絶対真理を表す密教の中心尊格である。起源的には古代イランの光明神アフラ・マズダーと近親関係にあり，初期の仏教では転輪聖王や阿修羅族の王として登場する。大乗仏教では「*華厳経」の教主となり，永遠普遍の真理の当体たる法身仏となり，十方諸仏を包括する尊格となるが，説法はしない。密教では「*大日経」「*金剛頂経」で法を説く教主となり，胎蔵界曼荼羅・金剛界曼荼羅の本尊として位置づけられる。

大日本言論報国会 1942年(昭和17)12月，内閣情報局の指導下に組織された国家総力戦体制の確立のための団体。会長は*徳富蘇峰。同年5月に設立された日本文学報国会とともに，「*国体の本義」にもとづき，「日本的世界観ヲ確立シテ東亜新秩序建設ノ原理ト構想」を明らかにすること，そのために国内外の思想戦を遂行することを目的とした。米英撃滅思想大講演会を開催し，「日本思想戦叢書」を発行した。

大日本国一宮記 「おおやまとのくに一」とも。「日本国一宮記」「大倭国一宮記」「大日本一宮記」「大日本一宮神名記」「諸国一宮神名帳」「日本六十余州一宮の記」「一国一宮記」「国々一之宮神名記」「一宮記」など多くの書名をもつ。諸国の一宮の社名・神名，鎮座の郡名などを列記するもので，数種の類本が伝存する。成立年代・著者は未詳。吉田家累代の神社研究の中で成立していったもので，原本は南北朝期にまでさかのぼるであろう。おそらく卜部兼熙(1348～1402)により整理されたものと考えられる。なお*一宮は社格の一種で，その国の人々の信仰や思想を最も反映している神社として重要である。

大日本国防婦人会 昭和期の軍事援護・国民動員を目的とした女性団体。1932年(昭和7)3月，安田せいを発起人として大阪国防婦人会が発足した。かっぽう着に襷がけの主婦たちが街頭にでて防空献金を行い，大阪港では出征兵士に湯茶の接待をして好評を博した。陸軍省がこれに注目して指導に乗り出し，同年10月に全国的組織となった。出征・帰還兵士の送迎を主とする軍事後援活動は大衆女性に浸透し，日中戦争下の銃後体制を支えた。35年より*愛国婦人会と会員獲得を競い，38年会員数755万(愛婦360万)と称した。42年*大日本婦人会に統合する。

大日本史 *徳川光圀によって編纂が始められ，明治期に至って完成された水戸藩・水戸徳川家によって編まれた歴史書。本紀73巻，列伝170巻，志126巻，表28巻の計397巻，別に目録5巻。神武天皇から後小松天皇に至る時期を対象とし，中国の正式の歴史叙述の様式である紀伝体によっている。光圀は，1657年(明暦3)に史局を設け，72年(寛文12)に*彰考館と名づけ，*安積澹泊・栗山潜鋒・三宅観瀾・佐々宗淳らの優れた史臣を集めた。京都・奈良を中心に全国にわたる史料調査や異本の収集と校訂などの困難な作業をへて，1715年(正徳5)に本紀と列伝が完成した(正徳本)。この時，「大日本史」という書名も定められた。

史料の引用にあたっては，その出典が明記されている。ここで，いわゆる「三大特筆」とされる，(1)神功皇后を本紀に立てず后妃伝に入れる，(2)大友皇子の即位を認めて天皇大友紀を立てる，(3)南朝の天皇を正統なものと認めて本紀に立てる，という特色が打ち出

だいに

された。また列伝として，「将軍列伝」「将軍家族列伝」「将軍家臣列伝」が立てられていることも大きな特色である。翌年から安積澹泊によって論賛〳〵が執筆され，20年（享保5）に論賛が完成し，本紀・列伝とあわせて幕府に献上された（享保本）。

こののち，編纂の作業は停滞した。86年（天明6）に水戸の彰考館総裁となった*立原翠軒〳〵は，志・表の編纂に着手しようとしたが，藩財政の逼迫によって断念を余儀なくされた。しかし，*藤田幽谷〳〵らは志・表の編纂断念に反対し，また書名を「史稿」とすべきこと，論賛を削除すべきことを主張して，翠軒と対立した。「大日本史」というように国号を掲げることは，王朝の交代を当然のこととして史書に王朝名を掲げる中国ではありえても，皇統に断絶のない日本ではふさわしくないということであり，論賛の削除もまた，天皇の行為に史臣が価値評価を加えるのは不遜だということで主張されたものである。その後，朝廷の意向で「大日本史」という書名で問題ないということになり，藤田派の主導のもと，*豊田天功〳〵らを中心にして志・表の編纂が続けられた。明治期に入ると*栗田寛〳〵らが作業を受け継ぎ，1906年（明治39）に完成された。

「大日本史」の編集方針は，光圀の時代には，あらゆる人々の行為は普遍的な理法によって裁かれ，その正邪順逆を明らかにすることが大切だという儒教の理念に拠ったものであった。しかし幽谷の時代からは，大きな転換がみられ，日本の歴史・国ぶりの固有性に力点がおかれ，さらに皇統の連続に価値が求められて，儒教の理念はそれに従属するものとされた。いずれにせよ「大日本史」の編纂は，それを通じて*水戸学とよばれる独特の思想の形成・発展をもたらしていった。

大日本青少年団〳〵　1941年（昭和16）1月，内務省の高度国防国家体制建設のため結成された*青年団の組織。大日本青年団・大日本連合女子青年団・大日本少年団連盟・帝国少年団協会の4団体の統合により成立。指導方針には「イ，国民的性格ノ錬成，国体ノ本義ニ基キ皇運扶翼ノ不朽ノ国民的信念ヲ体得」，「ロ，国家目的ヘノ即応，東亜及世界ニ於ケル皇国ノ使命並ニ皇国ノ当面スル内外ノ情勢ニ関シ……青年ノ行動ヲ国家目的ノ遂行達成ニ帰一」，「ハ，集団的実践鍛練ノ徹底，集団的規律鍛練ト修錬ニ重点ヲ置ク心身一体ノ鍛練」があげられ，組織方針には「一切ノ自由主義的，民主主義的傾向ノ排除」が掲げられて，ここにおいて学校教育と一体化した訓練体制が成立した。

大日本帝国憲法〳〵　明治憲法とも。1889年（明治22）2月11日に公布，翌90年11月29日に施行された成文憲法。1881年，明治十四年の政変によって欽定憲法による憲法制定が決定し，*伊藤博文〳〵を中心に*井上毅〳〵・伊東巳代治〳〵・金子堅太郎〳〵らが*ロエスレルらの意見を徴して草案を作成，88年枢密院の審議をへて決定された。全76条。二院制，責任内閣制，司法権の独立，臣民の権利・義務などを規定したが，神聖不可侵の天皇が統治権の総攬〳〵者として広範な*天皇大権をもち，これを補佐する国務大臣は天皇に対してのみ責任を負うとされた。一方，天皇の立法権を協賛して行使する帝国議会は法律・予算の審議権をもったが，議会が予算を否決した場合，前年度予算を施行することとされた。また，戒厳令や官制に関する勅令〳〵を諮問事項とする枢密院がおかれて，内閣や議会への牽制機関となった。国民の権利も多くは法律の範囲内で認められ，基本的人権の発想はなかったが，逆に選挙制度について法律にゆだねていたために普通選挙制度が採用されることにもなった。さらに，軍が天皇に直属して内閣の統制外におかれ，内閣総理大臣が憲法上の制度ではないなどの要因によって政治的多元性をうんだが，47年（昭和22）に改正され日本国憲法が成立した。

大日本婦人会〳〵　昭和戦時下に政府がつくった女性統合団体。1931年（昭和6）文部省支援の大日本連合婦人会が発足し，32年陸軍省後援の*大日本国防婦人会が創立されると，従来最大の体制内婦人団体であった*愛国婦人会と三つどもえの組織拡大競争をおこした。41年政府はこのため婦人団体統合要綱を閣議決定し，これにもとづき高度国防国家建設の要請に応え婦人体制確立を図るため，42年3婦人会を統合して創設した。全国女性

の掌握をねらい、20歳以上の日本人女性全員を加入させ（1年間で会員1900万）、主導権は軍人・男性官吏が握った。貯蓄奨励・国防訓練を行ったが、実態は隣組(となりぐみ)の活動にほかならなかった。45年本土決戦に備え国民義勇隊へと統合された。

大日本野史 だいにほんやし →野史(やし)

諦忍 たいにん 1705～86（宝永2～天明6） 江戸中期の真言律を中興した僧。法諱は妙竜(みょうりょう)、字は諦忍。雲蓮社空華(うんれんじゃくうげ)と号す。美濃国加茂郡山上の人。仙石忠統の子。1713年（正徳3）同国可児郡神照寺の檀道のもとで得度し、その後、夕田村長安寺の岱梁に律学を学び、真言宗の四度加行を修行する。28年（享保13）には尾張国八事山興正寺(ごしょうじ)の忍海点阿に師事して具足戒をうけ、興正寺の高麟常照(じょうしょう)について小野流諸尊法と浄土宗鎮西白旗(しろはた)流の璽書(じしょ)を修めた。34年に興正寺5世となり、真言律の宣揚に努めた。諦忍は真言・戒律・浄土教を兼学し、また神祇(じんぎ)信仰に篤く、儒教をも修めるなど、その特徴には諸教一致的性格をみることができる。

大般若経 だいはんにゃきょう 「大般若波羅蜜多(はらみた)経」の略。全600巻からなる、一切経中で最も大部の経典。漢訳は唐の玄奘(げんじょう)による。般若部の諸経典を集大成したもので、「摩訶(まか)般若波羅蜜経（大品(だいぼん)般若）」「小品(しょうぼん)般若波羅蜜経（小品般若）」「道行(どうぎょう)般若経」など相当するものを含む。

経典中に本経を供養する者は諸神によって護られると説くところから、除災ないし現世安穏のために、本経を読誦(どくじゅ)（真読ではなく転読という簡略形式の読誦法をとることが多い）する大般若会(え)が古くより行われた。その文献上の初見は、703年（大宝3）3月に大官大寺(だいかんだいじ)・薬師寺・元興寺(がんごうじ)・弘福寺(ぐふくじ)の四大寺に詔して本経を読ませ、100人を度したという「続日本紀」の記事である。奈良時代には長屋王や石川年足(としたり)らの発願による書写事業があり、これ以後も各地の諸大社寺において大般若会が営まれたことは枚挙に暇がない。

また近年の文化財調査の進展の結果、地方の小社寺でも「大般若経」が多数発見され、村落内において豊穣を祈願する願意にもとづ

いて大般若会が挙行されたことが明らかとなった。それらの大般若会においては多くの場合、釈迦三尊と本経受持の信者を護る十六善神(ぜんじん)、および本経を漢訳した玄奘三蔵の姿を描いた釈迦十六善神画像を本尊画像として奉懸する。

大仏造立の詔 だいぶつぞうりゅうのみことのり 743年（天平15）10月15日、紫香楽宮(しがらきのみや)滞在中の*聖武(しょうむ)天皇が発した詔書。「*続日本紀」所収。天下に仏の法恩を浴させようと、*盧遮那仏(るしゃなぶつ)の金銅像造立を発願したもので、天皇自らが*知識の先頭に立ち、広く諸人にこの事業への助成を促した。「*華厳経」に説く盧遮那仏中心の仏教世界の創出によって、律令国家の鎮護をめざしたものとされ、一連の*国分寺(こくぶんじ)創建事業を背景としているが、直接的には740年の河内国智識寺(ちしきじ)の本尊礼拝が契機になったとみられている。なお大仏造立は、当初紫香楽宮に近い甲賀寺(こうかじ)で始められたが、のち平城還都にともなって*東大寺で再開され、752年（天平勝宝4）に開眼供養が行われた。

太平記 たいへいき 南北朝期の軍記物語。全40巻。作者・成立年とも未詳。「*難太平記(なんたいへいき)」や「洞院公定(とういんきんさだ)日記」などによって、1338年（暦応元）から50年（観応元）の間に最初の形態がなり、その後何段階かの書き継ぎや改訂・増補をへて、およそ1370年代（応安末年から永和年間）に現存の40巻本が成立したのではないかとされる。その間に恵鎮(えちん)・*玄恵(げんね)・小島法師らが成立に関与したものとみられる。「太平記」はふつう3部に分けられ、第1部（巻1～11）は*後醍醐(ごだいご)天皇による鎌倉幕府討伐計画から建武政権の樹立までを、第2部（巻12～21）は建武の新政の挫折から足利・新田両氏の抗争を中心に後醍醐天皇が没するまでを、第3部（巻23～40）は観応の擾乱(じょうらん)から有力守護大名の没落した後、細川頼之(よりゆき)が入京するまでをそれぞれ描いている（ただし現存本は巻22を欠く）。

第1部の序で儒教的政道論と一体化した儒教的歴史観が謳われ、第1部では鎌倉幕府の滅亡と後醍醐天皇の勝利は奢りを憎み謙(けん)に幸いする天の道徳的応報によるものとされる。しかも本書では「*平家物語」とは対照的に、人間の善悪の行為は原則として自らの

たいへ

意志にもとづくものであり、それを天が審判するものと考えられている。したがって第1部の叙述は、歴史は基本的には人間によって創られるものという歴史認識を前提にしているといえよう。ところが第2・3部では、日本史上他に例をみない二つの朝廷の併立と衰退、武士勢力のはてしなき相克など儒教の合理主義的道徳史観だけでは到底説明しきれない事件が続出する。そこで本書を最終的に完成させた作者は、いわば総合的な因果観念（儒教的・仏教的因果観念を包摂・統合する）によって本書の歴史的世界を統一的に把握しようとしたのではないかと推測される。事実ここでは、当人の現世における行為だけではなく、前世の所行、さらには祖先の言行なども道徳的見地から歴史事象の原因とみなされている。

したがって「因果歴然」のほかに「宿業」（仏教）、「積善の余慶」「積悪の余殃」（儒教）などの語も用いられている。ただし「因果歴然」を重視する一方、どうしても現実世界に直接的・具体的原因を特定しえない歴史事象が「運」ないし「運命」と表現される場合もある。しかし、それにもかかわらず本書の作者が終始、すべての歴史事象に人間の自覚的行為に起因するなんらかの因果関係を見出そうと努めていることは確かであり、そこに本書の思想的特色がある。

「難太平記」の記事から本書が早くから史書とみられていたことがわかるが、こうした見方は近世にも受け継がれ、「*大日本史」「*日本外史」などに多大の影響を及ぼした。また中世末～近世初期には謡曲・御伽草子などの題材となったばかりでなく、治政・兵法の指南書としても武士層に受容された。なお近世以降本書は多くの版を重ねるが、それとは別に本文に論評・異伝を付載した「*太平記評判秘伝理尽鈔」（1645刊）などが出現し、これらを台本とする〈*太平記読〉をとおして武家社会のみならず庶民層にまで受容されるようになり、政道論や文学・演劇などに大きな影響を与えた。

太平記評判秘伝理尽鈔 たいへいきひょうばんひでんりじんしょう　近世初期（17世前半）に武士層を中心に流行した「*太平記」講釈のテキスト。「太平記」に描かれた事件・合戦・人物・政治などにつき、「評云」「伝云」と論評や補説を加えたものからなっている。仁政を旗頭にしたきめ細かい農政を行い民心を掌握するとともに、家臣をも心服させ自由に使いこなす「明君」としての楠正成像が造型され、武将から為政者への転換を迫られた当代の上層武士にうけいれられた。作者は不詳であるが、最初にこの講釈を広めたのは日蓮宗僧侶の大運院陽翁（1560？～1622？）であり、彼が作成にかかわった可能性が高い。遅くとも1610年（慶長15）頃に世にでた時には、陽翁かその弟子の講釈に同席しえたわずかな人たちだけが享受できるものであった。だが、17世紀半ばにこのテキストが出版（40巻44冊、「恩地左近太郎聞書」1冊）されると、異版・末書（関連書）もだされるほどに流行し、読書によって武士層から民衆までの広範な層（熊沢蕃山や山鹿素行・安藤昌益らの思想家にも）に受容された。→太平記読

太平記読 たいへいきよみ　「*太平記」の講釈および講釈者のことをいう。14世紀の動乱期を描いた軍記物語「太平記」はその成立以来、口誦による「読み」によって享受されてきた。16世紀には物語僧が公家や戦国大名などを対象に「太平記」を読み、17世紀前半には幕藩領主層に抱えられた御伽衆が「*太平記評判秘伝理尽鈔」（「理尽鈔」）を読み、そして17世紀後半になると「理尽鈔」とその末書（関連書）が出版され流行するに及んで、民衆相手に「舌耕」して生活の糧をえる大道芸能者としての太平記読が登場した。太平記読の史料上の初出は、現在確認されるところでは1686年（貞享3）に和歌山町で浄瑠璃一座とともに興業した「太平記読彦四郎」である。太平記読という呼称は厳密にいえば、のちの講釈・講談の一源流といわれるこの大道芸能者、またその芸能のことである。しかし、広義には、17世紀前半の「理尽鈔」の講釈およびその講釈者、さらには16世紀の物語僧までも含めて太平記読と呼び慣らわしている。なお、民衆相手の太平記読が読んだものが「太平記」なのか「理尽鈔」なのか、その末書たる「太平記大全」「太平記綱目」なのか、よくわかっていない。

太平策 たいへいさく　*荻生徂徠の著した経世済民の書。和文。1巻。太平の世の実現のための方策が，簡潔にのべられている。将軍徳川吉宗の下問に答えるものとして，1721年（享保6）頃に執筆されたものと思われる。「*政談」に比べて，「聖人の道」についての原理的な記述があり，武士道や神道への批判もみられる。「政談」の草稿かと思われるが，「無為」を説く老子の道を「聖人の道」に次ぐものとして評価していることなどから，徂徠の真作ではないとする議論もある。

大宝律令 たいほうりつりょう　701年（大宝元）に制定された日本律令。律6巻，令11巻。令は同年に，律は翌年に施行。文武天皇の命をうけて，刑部親王・*藤原不比等らが中心となり撰定。「大略，浄御原朝廷を以て准正とす」（「続日本紀」）とあるように，*飛鳥浄御原令を基本的に踏襲していると考えられる。また唐の永徽律令の影響が大きい。現在では大宝令そのものは伝来せず，「令集解」の古記や「続日本紀」などに引かれるところから復元するしかない。大宝律令は施行時点ではまだまだ不十分なところも多かったとみえて，慶雲〜養老年間（704〜724）には，しばしば令の補足や修正を行う法令がだされている。しかし，古代日本の法意識の面からすれば，この大宝律令の制定という画期は過小評価されるべきものではない。日本の法典編纂史を語る「続日本紀」養老3年（719）10月の詔によれば，日本の法典の起源は近江朝にあり，大宝律令に至って恒法が完成したという観念がみられる。また平安時代になっても，大宝以前を法外，以降を法内と称しているし，*格式などの単行法令の集成にも大宝元年以降の法令という基準がある。

大菩薩峠 だいぼさつとうげ　中里介山による未完の長編小説。1913年（大正2）9月〜14年2月（「都新聞」），14年8月〜12月（同紙），15年1月〜（「大阪毎日新聞」「東京日日新聞」），31年（昭和6）4月〜9月（「国民新聞」），34年10月〜35年6月（「読売新聞」）などに断続して書き継がれたが，未完である。全部を収録した最初のものに51年4月〜53年5月，大菩薩峠刊行会刊（20巻）がある。江戸末期，武州御岳山の奉納試合で机竜之助が相手の宇津木文之丞を倒し，その妻お浜と江戸へ出奔するところから物語は始まる。兄の敵として竜之助を狙う文之丞の弟兵馬，その他さまざまな女性たちが登場し，物語を彩る。「大菩薩峠」の魅力はそれまでの日本の物語には存在しなかった，ニヒルな悪の権化である机竜之助という人物の形象にある。

大本教 だいほんきょう　→大本教おおもときょう

大犯三箇条 だいぼんさんかじょう　鎌倉時代，各国守護がはたすべき三つの職務。しばしば三つの〈代表的な〉職務と誤解されがちだが，守護が正式に行いえたのはこの三つの職務に〈限定されている〉ことに注意する。御家人への大番役の催促，謀反人の逮捕，殺害人の逮捕である。守護の権限がこの三つに落ち着いたのは源頼朝・頼家将軍期，大犯三箇条の呼称が定着したのは鎌倉後期であるといわれる。先述したように，三つの職務は限定的な性質のものであったが，やがて大番役の催促は戦時における御家人の指揮権へ，謀反人・殺害人の逮捕は治安維持全般を統轄する権限へと拡大解釈されるようになった。

台密 たいみつ　天台宗の*密教。真言宗の東寺系密教（*東密）に対しての呼称。台密の呼称は「元亨釈書」巻27が初見。*最澄は円・密・禅・戒の四宗兼学の天台教学を開き，止観業と遮那業を定めた。そのうち遮那業が密教である。最澄は，天台宗（円教）と密教は同等であると主張。*円仁は，教理（理）は同等だが修法（事）は密教がまさる（理同事勝）と主張し，*円珍は，理事ともに密教がまさる（理事倶勝）とした。9世紀末には*安然が，真言密教を天台四学の上におく五教教判を主張して台密の教義を大成した。円仁の系統から横川の覚超，東塔南谷の皇慶がでて，それぞれ川流・谷流と称されたが，谷流が隆盛をきわめた。ここから諸流が分派し，のちに台密十三流といわれた。

大迷弁 だいめいべん　→出定笑語しゅつじょうしょうご

題目 だいもく　一般に，ものごとの名称や書物などの表題・外題をさす。特に仏教では，経典などの聖教の書名をさす。智顗の天台教学の中心には「法華経」がすえられ，特に「法華玄義」において「妙法蓮華経」の題

目についての教理的解釈が展開される。これをうけて*日蓮は，特に「南無妙法蓮華経」の題目を受持することを勧めた。この題目信仰はすでに日蓮以前にも実例が知られているが，日蓮は「*観心本尊抄」において，題目には釈迦の因果の功徳が集約されており，題目の受持によりその功徳が自然に授与されると説き，題目を唱えることが日蓮宗の信仰実践の中心にすえられた。

待問雑記（たいもんざっき） 国学者*橘守部が著した処世法の書。上・下2巻。1828年（文政11）成立。当時武蔵国幸手宿に居住し，同地の商家や上野国桐生・足利の機業家などを門人として組織しながら，その資金・出版援助をうけていた守部が，彼らに日常生活での処世法を示したものである。家業の継承の重要性など門人にとって関心の高い話題のほか，讒言や妬みの危険から，魚の洗い方など卑近な事柄までの広範な注意がのべられる。他方，戯れに渾名をいうことを，罪人に悪名をつけるわが国の古俗と照応させたしなめるなど，国学者・神道家としての素養がうかがえる箇所も多い。市井の思想家守部と生活者である後援者（弟子）らとの具体的なつながりが垣間見える点で貴重である。

太陽（たいよう） 明治・大正期の代表的総合雑誌。1895年（明治28）1月～1928年（昭和3）2月（34巻第2号），博文館発行。商品として発行された最初の雑誌といってもよく，「時勢の変遷に適応し」「国民知識の供給者」であることを編集目的とした。そのため，政論・小説のほか，料理や家庭向きの実用記事，有名人の言説・風貌の紹介などが掲載された。注目すべき記事には，久米邦武・三宅雪嶺・尾崎行雄・浮田和民らの政治評論，高山樗牛・長谷川天渓らの文芸時代思潮，大町桂月・姉崎嘲風（正治）の人物評論などをあげることができよう。

平政連諫草（たいらのまさつらかんそう） 鎌倉幕府の吏僚中原政連が北条貞時に提出した諫状の草案。1308年（徳治3）の成立。政術の興行，酒宴の停止，禅僧に傾倒することの誡め，過差の停止，勝長寿院の造営の5カ条からなる。当時，貞時はすでに執権を退いて出家していたが，その政治的影響力は依然として大きかった。この諫草は出家後の貞時に対して，身を謹んで政務に精励することを進言したものだが，経済・流通の進展の波に御家人説が翻弄され，所領の料所化や売却が進んでいる状況や，禅宗寺院の政治・経済の分野への進出などについての危惧が記されており，当時の幕府の政策やかかえていた問題を知るための好個の史料となっている。

内裏（だいり） 禁中・禁裏・大内・大宮とも。大内裏の中での天皇の私的な居住空間。平城宮では大極殿の真後ろに位置したが，平安宮大内裏では，大極殿の真北ではなく，やや東北にずれて位置する。平城宮内裏は，発掘によって，天皇1代ごとに建替えが行われ，その配置も変わっており，平安宮内裏とはかなり形式の異なることが明らかにされている。藤原京以前では天皇1代ごとに天皇の居住する宮が建て替えられていたが，永久都城として造られたはずの平城京においても，天皇の私的居住空間である内裏には，1代遷宮の意識が根強く残されていたのである。天皇は本来，毎日内裏から大極殿に出向いて政務をみるのが建前であった。しかし，平安京になって朝堂院と内裏とが分離して配されるにともない，大極殿に出向かず，内裏正殿（のちの紫宸殿）で政務をみるようになる。10世紀以降，清涼殿が天皇の日常政務の場であるとともに居住空間ともなり，紫宸殿は儀式の場となった。

台湾教育令（たいわんきょういくれい） 同化政策にもとづく植民地教育推進のための教育令。1919年（大正8）1月4日公布。台湾に対する植民地政策は「抗敵撃攘」と「順良撫育」を二大基本方針とした。植民地教育政策は「順良撫育」，「忠良なる国民の育成」をその根幹とする。植民地となった後，台湾では1896年（明治29）に国語伝習所が設立され，98年には公学校に改められたが，台湾人からの中等教育機関の設置要求などもあり，この教育令によって植民地教育の体系化が図られた。公学校（6年制）・高等普通学校・高等普通女学校などが設立された。1922年（大正11）に改正され，「国語を常用するもの」は「内台人共学」の小学校に入学できるとしたが，ほとんどの台湾人児童は公学校に入学した。さらに41年

(昭和16) 3月第3次台湾教育令が公布され，公学校も「国民学校」と改称し，皇民化教育を進めた。

田植歌 たうえうた 田植えの時にうたわれる歌。正月の*田遊びや実際の田植えの際に早乙女がうたう。田植神事の田植歌は，*田の神に対するもので，朝，田の神をおろし，昼，田の神と共食し，夕，田の神を送るにあたってうたわれ，田の神を褒め称える内容である。実際の田植えの時にうたわれる田植歌はむしろ労働歌で，作業を円滑に進めるための囃子であるが，労働の過酷さを恨む内容のものもある。

タウト Bruno Taut 1880～1938 ドイツ人建築家。ドイツのケーニヒスベルク生れ。ミュンヘンでT.フィッシャーに師事したのち，1908年よりベルリンを拠点に建築家として活躍する。14年にケルンで開催されたドイツ工作連盟展での「ガラス・パビリオン」で世界的に注目される。30年ベルリン工科大学教授。33年(昭和8)には日本インターナショナル建築会の招きにより来日する。桂離宮や伊勢神宮などの建築に強い感銘をうけ，「日本美の再発見」(1939)など日本文化に関する著作を多数発表する。仙台・高崎において地方工芸産業の近代化にも尽力する。38年トルコにて没する。なお，熱海の日向別邸(1936)は日本に現存するタウト唯一の作品である。

田岡嶺雲 たおかれいうん 1870～1912(明治3～大正元) 明治期の社会評論家・中国文学者。高知県生れ。本名佐代治。高知・大阪で学んだのち，1890年(明治23)に上京。水産伝習所に入学し，教師*内村鑑三の「偽君子になるな」に感銘する。若い時から，高知の自由民権結社である嶽洋社に加わるなど社会問題に関心を示し，「第二革命」の必要，「アジアの解放」を唱える。晩年は「女子解放論」を書く。女性が主で男性が従なのが自然にもかかわらず，女子が男子に隷属するに至った原因を明らかにし，女子の解放が男子の解放になることを主張する。日光で死去。享年42。「田岡嶺雲全集」全8巻・別巻1巻がある。

たをやめぶり たおやめぶり →にひまなび

他界の観念 たかいのかんねん 現実の人間界とは異なった世界についての観念。多くは死後の世界についての思想と深く関係するが，なかには理想郷についてのイメージも含まれる。日本における他界観は，(1)*記紀神話や「*万葉集」に語られているものと，(2)仏教によって教えられた六道の世界や浄土の思想の二つに大別される。(1)の記紀神話に語られる他界としては，神々の世界としての*高天原，死者の国としての*黄泉国や根国，海上のはるか果て，または海底にある*常世国・わたつみの国などがある。黄泉国は「*古事記」に語られていて有名であり，古代において死者の国として黄泉国の観念が一般化していたようにうけとられがちだが，「万葉集」には黄泉の語の使用は意外に少なく，「*日本書紀」では異伝にはでてくるが，本文にはまったく語られていない。「黄泉」の語は中国において，「春秋左氏伝」などに語られる地下にある死者の国であって，「古事記」はその中国の観念を借りて神話を語っているのである。常世国・わたつみの国は，長寿の国・富みの国としての理想郷であり，沖縄で海の彼方の楽園とされてきた*ニライカナイとの関連が考えられている。

仏教の教えた*六道思想の中で，やがて地獄が死者の苦しむ恐ろしい世界として観念されてくるが，その一方，浄土信仰の流布は，死後の安楽を約束する*極楽浄土への往生を願うことを人々に教えた。地獄は，「*往生要集」において途方もない距離をへだてた地下にあることが説かれているが，仏教に潤色される以前の日本人の思想の中で，死者あるいは死者の霊はどこへ行くと考えられてきたのか。この問題はまだまだ解き明かされるところまではいっていない。

民俗学においては，祖霊と山との結びつきが説かれているが，それと黄泉国の思想とはただちに結びつかない。他界の観念は，地下の国，海の彼方の国，高山，天など，まことにさまざまである。

さらに近世以後キリスト教が伝えられると，日本人の他界観の中に天国の観念が植えつけられる。しかも，その天国の観念はキリスト教が説く天国とはしだいにかけ離れて，

たかお

現代ではキリスト教徒であろうが仏教徒であろうが，すべて死者の赴く先と観念されており，キリスト教徒でない人々さえもが，死没した肉親などのことを語る時に「天国にいる誰々」という言葉を口にするようになっている。⇒幽冥観

高雄観楓図屏風（たかおかんぷうずびょうぶ）　京都高雄での紅葉を観賞するようすを描いた風俗画。16世紀後半の成立，狩野秀頼（かのうひでより）筆。国宝。東京国立博物館保管。紙本著色。六曲一隻屏風。画面向かって左には，紅葉のもとでの男性の宴。扇子をもって踊る男性を鼓で囃す。清滝川にかかる橋の近くには女性たちの集まり。胸をはだけ赤子に乳をふくませる。傍らには一服一銭の茶を商う男性。高雄は*神護寺や愛宕（あたご）社を配す霊所であり，ここでの遊楽は〈浄土の遊び〉すなわち神仏の加護をえることを目的としていた。

高雄山寺（たかおさんじ）　→神護寺（じんごじ）

高雄僧正（たかおのそうじょう）　→真済（しんぜい）

鷹狩（たかがり）　鷹を調教して鳥獣を捕る狩猟方法。起源は明らかでないが，日本では古代，兵部省のもとに主鷹司（たかつかさ）がおかれ，天皇の遊技として年中行事となった。しかし，鷹狩は殺生でもあることから，聖武天皇などはこれを禁止する。平安時代，桓武天皇は鷹狩を好み，嵯峨天皇も「新修鷹経（たかきょう）」を勅撰するほどであった。鎌倉時代，源頼朝は禁止するも，地方の武士の間では盛んに行われ，戦国期には鷹や獲物の贈答も行われた。江戸時代に入ると，将軍徳川綱吉の時代以外は流行し，鷹匠（たかじょう）や鷹場（たかば）の制度も整えられた。鷹は狩猟神（山の神）を象徴して，使者としての性格をもち，鷹の羽（は）もまた崇敬を集め，家紋にもなった。

高楠順次郎（たかくすじゅんじろう）　1866～1945（慶応2～昭和20）　明治～昭和期の仏教学者・印度哲学者。父は沢井観三，母は以喜。幼名梅太郎，号は雪頂（せっちょう）。備後国生れ。のちに高楠家の養子となり，高楠順次郎と改名する。1889年（明治22）西本願寺の普通教校を卒業，翌年オックスフォード大学に入学し，マックス・ミュラー教授の指導をうけ，主に梵語学・仏教学を学ぶ。94年に同大学を卒業すると，翌年ベルリン大学に移り，さらにキール大学などでオルデンベルヒやドイッセンらの指導をうける。その後オックスフォード大学に戻り，文学修士を取得し，97年帰国。同年，東京帝国大学講師，99年同教授となる。1900年東京外国語学校校長を兼任する。翌年，東京帝国大学に梵語講座を新設し，日本のインド学・仏教学を発展させ，多くの門下生を輩出する。また「大正新修大蔵経」100巻の編纂・刊行，「国訳南伝大蔵経」70巻の完成，「国訳ウパニシャッド全書」9巻の監訳などで活躍する。女子教育にも尽力し，24年（大正13）武蔵野女子学院を創立する。26年（昭和元）帝国学士院会員。27年武蔵野女子学院院長，さらに東洋大学学長となる。44年文化勲章受章。「高楠順次郎全集」全9巻などがある。

高倉徳太郎（たかくらとくたろう）　1885～1934（明治18～昭和9）　大正～昭和初期の日本基督教会の牧師。京都府綾部の生れ。地元の小学校，東京の中学校をへて，金沢の第四高等学校にて学ぶ。自我の問題に格闘し，寄宿していた三々（さんさん）塾の記念帳に「最も愛すべきものは自己なり」と記す。卒業後は東京帝国大学法科大学独文科に入学し，1906年（明治39）12月，富士見町教会で*植村正久（まさひさ）牧師から受洗する。動機は，「基督教によって多少でも自我の問題が解決し得ると信じたため」であった。自我の問題に取り組むことと，法律を学ぶことの間に懸隔を感じ，自由な時間をえた，もっと真剣な生活をしたいとの理由から大学を中退し，東京神学社神学校に入学した。卒業後，富士見町教会・京都吉田教会・札幌北辰（ほくしん）教会で伝道する。1920年（大正9）にイギリスに留学し，カルビニズムのキリスト教を学ぶ。帰国後は東京神学社の校長，信濃町教会牧師として働く。主著「福音的基督教」（1927）その他で，主観的信仰理解を批判し，客観的恩寵理解を明確にした。教会の内外の紛糾に心を悩ませ，精神的に追いつめられて自殺する。「高倉徳太郎著作集」全5巻がある。

高三隆達（たかさぶりゅうたつ）　1527～1611（大永7～慶長16）　織豊期の小歌（こうた）隆達節（りゅうたつぶし）の創始者。堺の富商高三隆喜（りゅうき）の末子として生まれる。祖先は1174年（承安4）南宋から来朝したという。早くから父の隠居所（自在庵）を譲られ，

遊楽にふける。自庵と号す。連歌・書画にすぐれた才能をもち、特に書は堺流と称し豊臣秀吉に召されたこともあった。文禄・慶長期(1592〜1615)頃、自作の*小歌を一節切(尺八の一種)にあわせてうたう隆達節をつくり、武士から町人まで流行する。隆達小歌は封建制成立期を背景としてうまれたため、享楽をうたいながらも、その中に人生の無常を感じさせる。すなわち刹那的な享楽を求め、栄枯盛衰を思う世相に合致した。著書に「隆達自筆小歌百種」(天理図書館蔵)など。

高階隆兼 たかしなのたかかね 生没年不詳 鎌倉後期の宮廷画家。1309年(延慶2)成立の「*春日権現験記」20巻の付属目録に「絵 右近大夫将監高階隆兼 絵所預あずかり」とみえることから、宮廷の絵所預として活躍していたことがわかる。このほか「春日大明神影向図」(藤田美術館蔵、国重要文化財)が現存し、後伏見上皇や花園上皇らの画事に従事した。作風は精密な描線に華麗な色彩をほどこし、*大和絵の典型といえる。

高島嘉右衛門 たかしまかえもん 1832〜1914(天保3〜大正3) 幕末・明治期の易学家・実業家。江戸三十間堀の材木商の子として生まれ、少年時より商才を発揮する。幕末の横浜で外国貿易を行うが、金銀貨取引の禁にふれて投獄され、入牢中に独学で易学を研究する。維新後は鉄道事業・ガス事業・農場の経営や教育活動など多方面で活躍する一方、易断家として名を馳せる。日清・日露戦争の経過や伊藤博文暗殺をはじめ、国家社会の動向に関するスケールの大きな予言を行った。高島易断を創始し、呑象と号した。「高島易断」を著して全国的に高島易を広め、難解とされた易を庶民に身近なものとした功績は大きい。

高島秋帆 たかしましゅうはん 1798〜1866(寛政10〜慶応2) 幕末期の砲術家・洋式兵学者。高島流砲術の始祖。名は茂敦、字は舜臣・子厚、通称は四郎太夫のちに喜平、秋帆は号。長崎町年寄で鉄砲方を兼ねる四郎兵衛茂紀の三男。進んだ洋式砲術を知り、オランダの兵学書などを学び、私財で洋式火器を輸入し、使用法を教授した。1840年(天保11)洋式砲術採用の建議を幕府に認められ、翌年江戸徳丸ケ原で日本初の洋式砲術演習を行った。南町奉行鳥居耀蔵の画策で、42年に投獄されたが、53年(嘉永6)に赦免され、55年(安政2)普請役、のちに軍制改革掛・具足奉行になる。日本の軍事近代化の先駆者と評される。

高島米峰 たかしまべいほう 1875〜1949(明治8〜昭和24) 明治〜昭和前期の仏教運動家。父は高島宗明。幼名大円。新潟県中頸城郡の浄土真宗本願寺派の真照寺に生まれる。京都の文学寮(のち竜谷大学)で学んだのち、1896年(明治29)東京の哲学館を卒業する。新聞記者・中学教師をへて、99年*境野黄洋らと仏教清徒同志会(のちの新仏教徒同志会)を結成、翌年機関誌「*新仏教」を創刊した。既成の教団仏教を批判し、新風を送ろうとした。また丙午出版社を創立し、仏教・哲学関係の書物を出版する。さらに禁酒運動や廃娼運動にも専念、社会主義者とも交流し、宗教と政治の間に立って論陣を張った。43年(昭和18)東洋大学学長。著書は「高島米峰自叙伝」など。

高杉晋作 たかすぎしんさく 1839〜67(天保10〜慶応3) 幕末期、萩藩倒幕運動の指導的志士。名は春風、字は暢夫、号は東行。160石の萩藩士高杉家の長男。藩校明倫館に学び、19歳の時、*吉田松陰の松下村塾にも学んで、*久坂玄瑞とともに松門の双壁と称された。翌年昌平黌に入り、帰藩後、明倫館舎長から都講へ進み、世子毛利定広の小姓役となる。1862年(文久2)藩命によって上海へ渡り、太平天国の乱による清国の半植民地化をみる。帰国後は尊攘運動に挺身し、英国公使館の焼き打ちや下関の外国船砲撃にも参加し、奇兵隊を結成して総督となる。63年の八月十八日の政変(会津・鹿児島藩など公武合体派が、萩藩を中心とする尊攘派を京都から追放)後に一時囚獄され、四国連合艦隊の下関砲撃後の講和談判に正使を務める。64年(元治元)暮れ、下関に挙兵して藩論を討幕に統一し、第2次長州戦争では各地に幕府軍を撃破したが、肺結核のため下関で病死した。

高田早苗 たかたさなえ 1860〜1938(万延元〜昭和13) 明治〜昭和前期の教育者・政治家。号は半峰。江戸深川の人。1882年(明治15)東京大学

文学部卒業。在学中に*小野梓と知り合い，立憲改進党結成に参加する。また同年*大隈重信により創設された*東京専門学校（早稲田大学の前身）の設立に小野とともに参画，英国憲法史などを講義しながら経営に尽力する。「読売新聞」の主筆も務める。また90年の議会開設にともない衆院議員当選6回。大隈とともに歩み，外務省・文部省の局長を歴任する。1915年（大正4）貴族院議員に勅選され，第2次大隈内閣の文相となる。早稲田大学では1907年に学長，23年に大隈の後をうけ総長に就任し，私学経営の方法を模索し続けた。著書は「半峰昔ばなし」など。

高館 たかだち *「義経記」にもとづく*幸若舞曲。作者不詳。源義経追討のため，源頼朝・藤原泰衡の軍勢が奥州平泉の高館に攻めてくる。義経は敗北を覚悟して，家来たちに自分の身の安全を図るよう説得するが，家来たちはこれを聞き入れようとはしなかった。合戦の前日に熊野から参じた鈴木三郎にも，義経は帰郷をすすめるが，鈴木は義経と討ち死にすることを覚悟する。また，弁慶も奮戦の末，衣川で立ち往生する。鈴木が熊野本地譚を語ることから，熊野系の唱導との関連を指摘する説もあり，*義経伝説と*熊野信仰を考えるうえで貴重な作品である。

高田保馬 たかだやすま 1883～1972（明治16～昭和47）大正・昭和期の社会学者・経済学者。佐賀県生れ。京都帝国大学で米田庄太郎に学ぶ。卒業後，広島高等師範学校・東京商科大学・九州帝国大学などの教授を歴任し，1929年（昭和4）京都帝大教授。戦後，大阪大学などの教授を歴任した。65年文化功労者。社会学の分野では，デュルケム，マックス・ウェーバー，ジンメルらを吸収して独自の理論体系を樹立し，分業論・社会関係論・社会発展論などを展開して国家論・民族論に及んだ。特に勢力論の立場から階級を説いた点は特徴的である。経済学の分野では，ベーム＝バベルク，ワルラス，シュムペーター，ウィクセルらを検討し，一般均衡理論を中心とする近代経済学理論の開拓に貢献した。のちにはケインズ経済学をとりいれてマクロ経済学としての統合を図った。勢力論を基礎とする分配論，特に利子論・賃金論には独自のものがあ

り，その見地から新古典派やマルクス主義の社会科学を批判した。「社会学原理」(1919)，「経済学講義」（全3巻，1952～55），「経済学新講」（全5巻，1929～32）など著書は多い。歌人としても知られ，3冊の歌集がある。

高野岩三郎 たかのいわさぶろう 1871～1949（明治4～昭和24） 大正・昭和期の統計学者。日本における統計学の創始者。東京帝国大学教授。大原社会問題研究所所長。長崎に生まれ，東京帝国大学を卒業。大学院で*金井延に学ぶ。兄である*高野房太郎に従い，創設期の労働組合運動にかかわる。1899～1903年（明治32～36）の間，ミュンヘン大学に留学し，マイヤー，ブレンターノに学ぶ。帰国後，「統計学研究」などを発表し，組織的な家計調査・社会調査を実施した。また大原社会問題研究所の創設にかかわり，20年（大正9）初代所長となる。戦後は，日本社会党の創立に参加した。46年NHK会長。大島清「高野岩三郎伝」がある。

高野昌碩 たかのしょうせき →富強六略

高野長英 たかのちょうえい 1804～50（文化元～嘉永3） 江戸後期の蘭学者。本姓は後藤，名は譲，はじめ卿斎，のちに長英と称する。瑞皐・驚夢斎山人・暁夢楼主人・幻夢山人などと号す。陸奥国胆沢郡水沢の人。伊達将監の家医高野玄斎の養子となる。1820年（文政3）医学修行のために江戸に上る。杉田伯元・吉田長淑に師事し，ついで25年には長崎に赴き，*シーボルトの*鳴滝塾で西洋医学と諸科学を学ぶ。28年のシーボルト事件の際には潜伏してほとぼりが冷めるのを待ち，30年に江戸に戻り，町医者となる。32年（天保3）にわが国最初の生理学書「西説医原枢要」を刊行する。同年，*渡辺崋山と知り合い，ともに*尚歯会に出入りする。尚歯会での成果として，天保の飢饉に触発された「救荒二物考」と「避疫要法」を刊行する。また，幕政を批判した「*戊戌夢物語」をも著す。39年に*蛮社の獄がおこると，これに連坐して永牢の判決をうけるが，44年（弘化元）に脱獄する。郷里に戻ったのちに江戸に再潜入し，その間「三兵答古知幾」などを翻訳する。宇和島藩主伊達宗城の庇護をえて，48年（嘉永

元)に宇和島に至り兵書の翻訳に従事する。翌年、江戸に再び戻り、沢三伯の変名で医業を営むが、捕吏に自宅を襲われて自殺する。
⇒蛮社遭厄小記　和寿礼加多美（わすれかたみ）

高野房太郎　たかのふさたろう　1868～1904(明治元～37)　労働組合運動の先駆者。長崎生れ。*高野岩三郎（いわさぶろう）の兄。小学生の時、東京に移住。父を失い小学高等科卒業後、横浜の伯父の回漕店で働くかたわら横浜商業夜学校に学んだ。1886年(明治19)渡米し、さまざまな労働に従事しながら労働運動に関心をもち始める。91～92年サンフランシスコ商業学校に学び、母や弟にも仕送りを続けた。91年夏、城常太郎（じょう）・沢田半之助らと職工義友会を組織し、労働問題を研究した。高野はジョージ・ガントンの、高賃金が豊かな国内市場をうみ社会を進歩させるという説に強い共感をもった。94年にはニューヨークでガントンが主宰するCollege of Social Economicsに通い、またアメリカ労働総同盟(AFL)会長ゴンパースと会って、AFLの日本オルグに任命された。96年帰国。同じく帰国してきた城・沢田とともに97年に職工義友会を再組織する。「職工諸君に寄す」を配布し演説会を開き、*労働組合期成会を結成した。高野は幹事長となる。彼は共済活動を中心とした労資協調的な組合運動を進め、共働店(消費組合)運動に力をいれ、労働運動は一定の発展をみた。しかし1900年には行き詰まり、高野は失意の中に9月中国に渡り、ドイツ軍のもとで仕事をしていたが青島（チンタオ）で病死した。

高橋是清　たかはしこれきよ　1854～1936(安政元～昭和11)　明治～昭和前期の財政家・政治家。7代の内閣にわたって蔵相を務めた。幕府御用絵師の子として江戸で生まれたが、まもなく仙台藩士の養子となる。1867年(慶応3)藩の留学生として渡米し、帰国後に*森有礼（ありのり）の書生となる。大学南校に学び、文部省・農商務省をへて、95年(明治28)横浜正金（しょうきん）銀行の支配人、99年日本銀行副総裁となり、日露戦争の外債募集に成功する。1905年貴族院議員。07年男爵。11年日本銀行総裁。13年(大正2)第1次山本内閣の蔵相となり、立憲政友会に入党した。18年原内閣の蔵相として積極財政を展開した。20年子爵。21年首相兼蔵相、政友会総裁となる。25年護憲三派(加藤高明)内閣の農商相。これをもって政界を退くが、27年(昭和2)金融恐慌の中で若槻内閣が倒れると、請われて田中義一内閣の蔵相に就任、支払猶予令などによって恐慌を沈静化させるや、42日の在任期間でただちに大臣を辞任した。その後、世界恐慌下に金流出が続く中、31年、請われて犬養（いぬかい）内閣の蔵相となる。景気刺激のための財政政策を展開、赤字国債の日銀引き受けをもって膨張予算をまかない、のちに民間金融機関に対して公債を売却して通貨の過剰を回避するという方策によって景気の回復を図った。34年再び蔵相となり、公債漸減方針をとり、軍事費増額要求を退けて軍部と対決、*二・二六事件で暗殺された。

高橋五郎　たかはしごろう　1856～1935(安政3～昭和10)　明治～昭和期の英文学者・聖書翻訳者。越後国柏崎の庄屋の家に生まれる。明治維新とともに高崎にて市川左近（さこん）の塾に学び、さらに横浜で宣教師から英語を学ぶ。聖書翻訳委員会が発足した時、宣教師の協力者として翻訳に従事する。さらに「六合（りくごう）雑誌」に論説を発表する。「仏教新論」「神道新論」をはじめ、その著書は翻訳も含めて100冊をこえている(海老沢有道による著作目録がある)。東京専門学校・東洋英和学校・立教学校で英語を教授する。*井上哲次郎（てつじろう）との〈教育と宗教の衝突論争〉では、井上の論敵であった。井上に反駁したその論考は「排偽哲学論」と題して、1883年(明治16)に刊行された。その立場はキリスト教であったが、晩年には心霊現象に関心を示した。ローマ・カトリックの聖書和訳、「コーラン」の和訳にもたずさわっている。

高橋里美　たかはしさとみ　1886～1964(明治19～昭和39)　大正・昭和期の哲学者。山形県米沢に生まれる。1912年(明治45)東京帝国大学大学院在籍中に発表した「意識現象の事実とその意味」において、*西田幾多郎（きたろう）の「*善の研究」の志の高さを評価しつつ、事実としての純粋経験が自発自展的体系を有するのは、「意味と事実の峻別」をめざす新カント主義者リッケルトの立場からすれば矛盾である、と批判した。21年(大正10)東北帝国大学理学

部助教授，28年（昭和3）同大学法文学部教授。その間25年から2年間フッサールのもとに留学し，その成果は「フッセルの現象学」(1931)にまとめられた。「体験の事実そのものへ」と称せられる高橋哲学の方法は，全体的なものを全体の相において捉える「全体の立場」としての直観が重要視される。この直観の変容していくありさまが「包弁証法」である。それが真の存在としての体系存在であり，あらゆる存在を内に包み越える「包越」の立場を示すとされる。すぐれた業績をあげつつ，1949～59年まで東北大学学長を務めた。「高橋里美全集」全7巻がある。

高畠素之 たかばたけもとゆき 1886～1928（明治19～昭和3）　大正期の国家社会主義者。旧前橋藩士族の五男として生まれる。前橋中学在学中にキリスト教に入信し，1904年（明治37）給費生として同志社神学校に入学するも，平民社の小田頼造・山口孤剣（義三）の社会主義伝道行商に接してキリスト教を離れ，07年退学する。翌08年郷里で上毛平民倶楽部を設立し，前橋で社会主義雑誌「東北評論」を発刊するが，筆禍により禁錮2カ月となる。11年上京して*売文社に入り「へちまの花」「新評論」の編集にかかわり，17年（大正6）2月後者にカウツキー「資本論解説」の翻訳を連載する。しかし，しだいに国家社会主義的な傾向を強め，19年「国家社会主義」を創刊し，以後「霹靂」「大衆運動」「局外」「週刊日本」などの雑誌をあいついで刊行し，さらに23年上杉慎吉らと*経綸学盟を結成するなど国家社会主義者としての活動をする。その間，19～24年にマルクス「資本論」全3巻を日本で最初に翻訳し刊行する。25年建国会の明治神宮参籠祈願行に参加し，26年（昭和元）同会顧問となる。普通選挙の実施を前に，大川周明・安岡正篤らと麻生久・平野力三・宇垣一成らをまきこんだ国家社会主義新党の樹立を画策したり，それが挫折すると高畠を党首とする新国家社会主義政党の計画が麻生らによって図られた。28年胃癌で死去。

多賀墨卿君にこたふる書 たがぼっけいくんにこたうるしょ　*三浦梅園の書簡。1777年（安永6）12月2日付。梅園が，教えを求めてきた弟子の多賀墨卿に宛てた三つの答書（返事）のうちの最初の一つで，その内容は，梅園の代表的哲学書である「玄語」(1775成，「*三語」の一つ)を平易に解説したものである。梅園独特の「条理」や「反観合一」などについて，「玄語」に準じた順序立てで解説しており，梅園自身も自らの哲学への入門書として推薦していたといわれる。

高天原 たかまがはら　→高天原たかまのはら

高蒔絵 たかまきえ　漆で文様を描く技法の一つ。木地に漆で下地を塗ってのち，さらに文様を上にのせる「上絵」技法の一つで，下地の上に直接文様をつける平蒔絵に対して，平蒔絵を盛り上げた上に文様をほどこす。盛り上げる方法としては，漆上げ・錆上げ・粉上げなどがある。さらに切金などで飾る場合もある。肉厚の蒔絵を一度に行う方法は「付描」といって，高蒔絵とは区別する。鎌倉時代に始まる技法で，量感がある。

高天原 たかまの　「たかまがはら」とも。「*古事記」の神話において，地（国と海）に対しての天上をさす地理概念であるとともに，*イザナキノミコトの禊によりなった*アマテラスオオミカミが統治する天上の社会をさす世界概念でもある。後者についていえば，田地があり服織なども行われている。また，天安の河原は共同体の合議の場とされている。高天原の「高」の字は，あくまで国の視点から神話が叙述されていることを示す。なお「*日本書紀」には高天原の概念がみられないことも重要である。

高御座 たかみくら　天皇の御座で天皇位を象徴するもの。「儀式」によれば，即位式，元日朝賀式，大嘗祭，午日の豊明節会などにおいて鋪設される。即位式についてのべると（朝賀もほぼ同じ），高御座は大極殿の中央に鋪設される。天皇が高御座後方より就くと，同座前面（南面）の御帳が開かれ，奉翳女嬬は左右から差し出していた翳を伏せる。冕服を着用し高御座に着御した天皇が現れ，即位宣命の宣制があり，庭上の群臣が高御座の天皇を拝礼する。最古の図は「文安御即位調度図」にみえるが，同図は平安後期から鎌倉初期までの間の成立。その形状が八角形であることは，少なくとも「延

喜式」において確認され，運搬に際しては解体される。現在，京都御所紫宸殿ｼｼﾝﾃﾞﾝにある高御座は1915年（大正4）大正天皇即位時に新造されたもので，3層の壇からなり，下壇は朱塗りの勾欄をめぐらした木製方形の浜床ﾊﾏﾕｶで，八角床板を重ね，その上に八角形の黒塗り屋形を据え，屋蓋には鳳凰・鏡などが飾られている。

鷹見泉石 たかみせんせき　1785〜1858（天明5〜安政5）　江戸後期の下総国古河ｺｶﾞ藩士・蘭学者。名は忠常，通称は十郎左衛門，字は伯直ﾊｸﾁｮｸ，楓所ﾌｳｼｮ・可琴軒ｶｷﾝｹﾝ・泰西堂ﾀｲｾｲﾄﾞｳ・泉石と号す。また蘭名Jan Hendrik Daperをもつ。古河城内に生まれる。用人から家老に昇り，藩主土井利位ﾄｼﾂﾗが大坂城代在勤中，*大塩平八郎の乱の鎮定に功をあげる。*大槻玄沢ｹﾞﾝﾀｸに蘭学を学ぶ。蘭学者との交流の広さは当時随一で，諸学にわたる資料収集に努めた。北方問題にも関心をもち，開国論者であった。1842年（天保13）には主家の嗣子問題をめぐって藩主と不和になり，古河に閉居させられる。著作は「蝦夷ｴｿﾞ北蝦夷地図」「新訳阿蘭陀国ｵﾗﾝﾀﾞ全図」など。*渡辺崋山ｶｻﾞﾝが描いた彼の肖像画は国宝に指定されている。

高光日記 たかみつにっき　→多武峰少将物語ﾄｳﾉﾐﾈｼｮｳｼｮｳﾓﾉｶﾞﾀﾘ

高村光雲 たかむらこううん　1852〜1934（嘉永5〜昭和9）　明治・大正期の彫刻家。江戸下谷に生まれる。本名は中島光蔵。1863年（文久3）仏師高村東雲ﾄｳｳﾝの弟子となる。77年（明治10）東雲名義で第1回内国勧業博覧会に「白衣観音ﾋﾞｬｸｴｶﾝﾉﾝ」を出品，一等を受賞する。79年の東雲の死後は一時期鋳金の仕事に従事したが，81年以後，木彫に専心することを決意する。87年から翌年にかけ皇居造営にたずさわり，装飾の一部を担当する。89年には東京美術学校教諭となり，翌年帝室技芸員にあげられた。以後，旺盛な創作活動のかたわら，内外の展覧会・博覧会の審査員をしばしば務める。この間，91年から光雲と号した。日本近代木彫の祖と称され，西洋美術の迫真性・写実性を木彫に導入したことで知られる。代表作品は「老猿ﾛｳｴﾝ」「西郷隆盛像」（木型制作）など。高村光太郎は長男。

高村光太郎 たかむらこうたろう　1883〜1956（明治16〜昭和31）　高村（筧）砕雨ｻｲｳとも。大正・昭和期の詩人・彫刻家。彫刻家*高村光雲ｺｳｳﾝの長男として東京に生まれる。父の影響で彫刻を志し，東京美術学校に学ぶ。1906〜09年（明治39〜42）の欧米留学で美術の真髄にふれ，彼我の格差に悩み，帰国後はデカダンスな生活を送った。パンの会，ついで新詩社に属して短歌・詩を創作した。*白樺派に親しみ，長沼智恵子を知るに及んで，理想主義・人道主義的な方向に脱した。最初の詩集「道程ﾄﾞｳﾃｲ」（1914）は，その間の心理的な格闘を跡づける。太平洋戦争開戦後は戦意高揚の詩を書いたことから，疎開先の岩手県花巻ﾊﾅﾏｷに孤独の身をおき，自己の生を省察する一連の詩を創作して「典型」（1950）を刊行した。狂気の中に死に至った妻智恵子を追慕する「智恵子抄」（1941）は，一世を風靡する詩集となった。「高村光太郎全集」全18巻がある。

高群逸枝 たかむれいつえ　1894〜1964（明治27〜昭和39）　大正・昭和期の女性史研究者。本名橋本イツエ。熊本県益城郡に小学校校長高群勝太郎と登代の長女として誕生。熊本女学校4年修了，小学校代用教員となる。同人誌で知り合った橋本憲三と1919年（大正8）同棲する。翌年上京し，詩集「放浪者の詩」「日月の上に」を発表した。22年結婚。死産の経験から母性主義に引かれ，のちにアナーキズムに立ち古代の農村共同体を憧憬し「育児の協同化」を主張した。26年評論集「恋愛創生」で，アナーキズムの恋愛論などを活発に論じた。27年（昭和2）農民自治会に参加し，30年無産婦人芸術連盟を*平塚らいてうと結成，「婦人戦線」を刊行した。

31年より日本女性史研究に専念する。38年「大日本女性史」の第1巻「母系制の研究」，53年第2巻「招婿婚ｼｮｳｾｲｺﾝの研究」で日本古代が母系制社会であり，従来の嫁入婚ﾖﾒｲﾘｺﾝ説に対して妻問婚ﾂﾏﾄﾞｲｺﾝおよび婿取婚ﾑｺﾄﾘｺﾝの存在を明らかにした。戦時下は皇国史観による「女性二千六百年史」を著し，*大日本国防婦人会の機関誌で戦争協力を説いた。戦後は「女性の歴史」全4巻，晩年「火の国の女の日記」を執筆した。橋本憲三編「高群逸枝全集」全10巻（1966）に著作の大半を収録する。彼女の母系制研究は批判的に継承され，女性史研究の発展を促した。今日では双系制（母系・父

系という単系ではない)説が有力である。

高山右近 たかやまうこん　1552～1615(天文21～慶長20)　代表的な*キリシタン大名。*千利久の門下の七哲の一人。名は友祥・長房、通称は右近・右近大夫、南坊等伯等と号す。高山図書の嫡男で、摂津国高山に生まれる。1564年(永禄7)大和国沢でロレンソから受洗した。霊名ジュスト。73年(天正元)高槻城主、78年織田信長に仕え、82年山崎の合戦で豊臣秀吉に属して武勲を立て、85年播磨国明石6万石に移封された。この間、高槻・京都・安土でキリシタン会堂の建設、領民の改宗に尽くした。小西行長・黒田孝高・蒲生氏郷ら有力武将をキリシタンへと導き、87年、秀吉の*伴天連追放令の時に棄教の命を拒否し、改易された。のち加賀の前田利家の客将となって知行1万5000石をうけ、嗣子利長にも仕えて重臣の改宗とキリシタン布教に努めた。1614年(慶長19)徳川家康の禁教令によりマニラへ追放され、翌年病没した。

高山樗牛 たかやまちょぎゅう　1871～1902(明治4～35)　明治期の評論家。山形県鶴岡に生まれる。本名斎藤林次郎。父の兄高山久平の養子となり、養父の転勤先福島の小学校・中学校で学ぶ。卒業後は養父の転勤で上京し、神田の東京英語学校で学ぶ。仙台の第二高等学校に数学が不合格ながら仮入学し、在学中に「文学会雑誌」を創刊して評論を掲載する。東京帝国大学哲学科に在学中、「滝口入道」が読売新聞社の歴史小説の懸賞作品に入選する。さらに「帝国文学」の編集委員になるほか、「哲学雑誌」に哲学論文を、「太陽」の文学欄にも作品を発表する。大学卒業後は母校の第二高等学校の教授となるが、翌1897年(明治30)学生のストライキ事件の時に辞職する。同年「太陽」に「日本主義を賛す」を発表し、外来思想を排斥して、建国の精神を発揚すべきことを主張する。ヨーロッパに留学することとなったが、病気によりはたせず審美主義を研究する機会を逸した。その後、東大講師となる。1901年に「太陽」に発表した「美的生活を論ず」では、本能の満足を生活の第一義とすべきことを主張する。晩年には*田中智学の影響で*日蓮に傾注し、02年

「日蓮上人とは如何なる人ぞ」を刊行し、同年に死去した。「改訂注釈　樗牛全集」全7巻がある。

高山彦九郎 たかやまひこくろう　1747～93(延享4～寛政5)　近世中期の勤王家。名は正之、字は仲縄、彦九郎はその通称。*蒲生君平・*林子平と並んで*寛政の三奇人と称される。上野国新田郡細谷村の郷士高山良左衛門正教の次男。13歳の時「太平記」を読み、先祖が新田義貞の重臣であることを知って建武の中興を敬慕する。1764年(明和元)に遺書を残して京都に遊学し、三条大橋から皇居を望み、「草莽の臣」を名乗ったことは有名である。公家や文人と交流し、とりわけ垂加流の尊王思想の影響をうける。さらに諸国を遊歴し、皇室関係の名所旧跡をたどり、地方の勤王家とも交流を結んだ。九州遊歴中に幕府の嫌疑をうけ、切腹自殺を遂げる。

田川大吉郎 たがわだいきちろう　1869～1947(明治2～昭和22)　明治～昭和期の政治家・教育家。長崎県出身。大村藩士田川節造の長男。長崎学院に学んだのち、東京専門学校政治科を卒業。1890年(明治23)*小崎弘道より受洗し、1904年*植村正久の牧する教会に移った。卒業後「郵便報知新聞」、「都新聞」の記者になり、01年社会問題研究会の幹事、社会主義者と交流し普通選挙運動に従事した。08年*尾崎行雄東京市長のもとで助役となり、近代都市づくりに着手した。その後衆議院議員に9回当選、軍国主義的傾向に対し鋭い批判の目を向けた。13年(大正2)明治天皇の没後、明治神宮建設の建議案が衆議院で可決された時、信仰的良心から建議案に反対した。17年「文明評論」誌上に書いた論説が新聞紙法違反となり、いわゆる筆禍事件で不敬罪に問われ禁固5カ月の刑をうけた。25年には明治学院総理にあげられ、社会科創設を行うなどキリスト教教育に心血を注いだ。ほかに基督教教育同盟会長・東京YMCA理事長・教文館社長を務め、キリスト教社会事業にもなくてはならない存在であった。戦後は衆議院議員に当選、戦後日本の再建に意欲を示したが病癒えず、78歳で死去した。著書に「国家と宗教」「基督教の再生」などがある。

滝鶴台 たきかくだい　1709～73(宝永6～安永2)

江戸中期の儒学者。名は長愷，通称は弥八，鶴台はその号。長門国萩藩の御手大工引頭滝市右衛門の子。藩医滝養正の養子となる。1722年（享保7）藩校明倫館で*山県周南に学び，31年には江戸の*服部南郭の門に入り，61年（宝暦11）萩藩に仕えた。63年に朝鮮通信使と詩文を応酬して名声を高め，米沢藩主上杉鷹山らも師礼をもって遇した。仏教・医術・書にも通じ，太宰春台に「西海第一の才」と賞された。著書に，「聖人の道」は天下を安んずる道であるという徂徠学の政治的な立場をとりながらも，個人の「生死安心の沙汰」については仏教と老荘の役割を認めた「三之逕」（1756刊）や，「鶴台先生遺稿」「長門癸甲問槎」（1765・66刊）などがある。

滝川事件 たきがわじけん

京大事件とも。京都帝国大学法学部に対する弾圧事件。法学部教授で刑法学者の滝川幸辰が1932年（昭和7）に中央大学で行った講演「トルストイの『復活』に現はれた刑罰思想」を，大学への左翼思想の浸透に危機感を抱いた右翼勢力が危険思想にあたると攻撃した。翌33年，内務省は「刑法読本」（1926）などの滝川の著作を発禁処分にし，続いて時の文相鳩山一郎が滝川の辞職を要求するまでにエスカレートした。大学側では，小西重直総長の滝川辞職要求拒否や法学部教授会の総辞職の動き，学生大会の開催などの抵抗をみせたが，結局総長は交代，滝川を含めて教授7名（その他助教授ら十数名）が辞職することで決着した。当初の大学側の抵抗や辞職した教官らの姿勢に着目すれば，大学の自治，学問の自由の伝統の擁護という点では評価されるが，一方で他学部教授会や他大学がこの抵抗運動に積極的に参加せず，全国的な規模での運動に発展しなかったなどの限界がある。事実これ以降，社会主義思想のみならず自由主義思想に対する統制・弾圧の強化，学問の自由と大学の自治の喪失を許すこととなった。

滝川心学論 たきがわしんがくろん

「大和義礼鈔」とも。「*心学五倫書」を*熊沢蕃山の作とみなし，逐条批判をしている論争的著述。全3巻。滝川恕水の著。1667年（寛文7）刊。恕水は医を*野間三竹に，漢学を*松永尺五こ・*堀杏庵に学んだ。本書の主眼は「心学五倫書」の排仏論に反論し，仏教を擁護するところにあるが，同時に「儒道神道仏道ともに一同の義も有」といい，必ずしも排他的立場をとっているわけではない。要するに儒教・神道・仏教に通底するものがあることを認めたうえで，仏教の独自性・優越性を確認し，その立場から仏教批判に反駁を加えているのである。なお「心学五倫書」を特色づける*天道思想に関連して，儒教とキリシタンの「天道」の共通性に言及している点なども注目される。

滝沢馬琴 たきざわばきん

→曲亭馬琴

滝田樗陰 たきたちょいん

1882～1925（明治15～大正14）明治・大正期の雑誌編集者。秋田県に生まれ，第二高等学校から東京帝国大学英文科に入学。在学中から雑誌に海外雑誌の翻訳を寄稿した。1904年（明治37）9月に東京帝大法科に転科したが，10月には中退し，「*中央公論」編集者となる。谷崎潤一郎・*国木田独歩らの作家を次々と起用，本願寺系の宗教誌だった同誌を文壇の檜舞台とよばれるまでに変貌・成長させた。論説では東京帝大法科の*吉野作造をはじめとして，特に民本主義論者に多くの執筆機会を提供，*大正デモクラシーの中心的総合誌としての地位を確立させた。

沢庵和尚法語 たくあんおしょうほうご

「理気差別論」「実理学之捷径」「理学捷径」とも。江戸前期の仏教書。1巻。*沢庵宗彭の著。はじめ漢文の「理名弁体論」「気名并体用論」が1621年（元和7）に成立し，これを仮名法語に改訂・増補して46年（正保3）に刊行された。沢庵が49歳の時，但馬国の宗鏡寺で弟子に書き与えたものである。「天地之部」と「人身之部」からなり，陳北渓の「性理字義」の体裁にならって前者を5項に，後者を13項に細分して説く。前者は理・気・陰陽・五行・万物へと展開する万物生成論を説くが，理気論において朱子と異なる。後者は性・心・気・識・意・情・機・神と心性論を説くが，中途から仏教的要素が濃厚となる。仏神同体を前提にして正直である時に心に神が宿る心神論を展開し，神・儒・仏の*三教一致論を説く。

沢庵宗彭 たくあんそうほう　1573～1645(天正元～正保2)
江戸前期の臨済宗の僧。諱は宗彭，道号は沢庵，字は冥之，号は東海・暮翁・冥子，諡は普光国師。俗姓は秋葉氏。但馬国出石の人。はじめ浄土宗唱念寺の衆誉の侍童となるが，禅に転じ勝福寺の希先秀先，宗鏡寺の董甫宗仲につき，1592年(文禄元)大徳寺三玄院の春屋宗園についた。和泉国堺の大安寺の文西洞仁に学び，1604年(慶長9)堺陽春寺の一凍紹滴により印可をうけた。諸寺を歴住して09年大徳寺住持となるが，3日で辞し，但馬国宗鏡寺や和泉国南宗寺を復興した。27年(寛永4)大徳寺出世をめぐって幕府を批判し，出羽国上山に流罪となった(*紫衣事件)。のち許されて，34年帰京し，二条城で将軍徳川家光に謁し，後水尾上皇にも召された。徳川家光の帰依をうけて，幕府の命で再三江戸に赴くとともに，38年後水尾上皇に「原人論」を講じた。翌年，江戸品川東海寺の開山となる。諸大名の帰依もえて，和泉国祥雲寺・但馬国芳徳寺・肥後国妙解寺の開山ともなる。著作は「*沢庵和尚法語」「*東海夜話」「*不動智神妙録」「玲瓏集」「臨済録抄」「明暗雙々集」など多数。

沢彦宗恩 たくげんそうおん　?～1587(?～天正15)
「一しゅうおん」とも。戦国・織豊期の臨済宗の僧。織田信長の側近の一人。諡号は円通無礙禅師。出生地など不明。諸国遊歴後に京都妙心寺の泰秀宗韓の法嗣となり，同寺首座となる。のち美濃国へ赴き大宝寺に住した。信長と親交をもち，尾張国に招かれて政秀寺の開山となる。「信長」の名や「岐阜」の地名，「天下布武」の印文の選定をしたとされている。隠居先の美濃国瑞竜寺にて没した。信長との親交によって，戦国期における妙心寺派の盛隆を担った。

宅神 たくじん　→第宅神

託宣 たくせん
神託・予託・神のお告げ・御託宣とも。神がお告げをすること。*神がかりした人の口をとおして告げ知らせるのが一般的であるが，夢告・*卜占・前兆などによる場合もある。託宣には，神の意思・予言・願いなどがこめられていると信じられた。古くは記紀に神功皇后の託宣の例があり，その際，側で琴を弾き，審神者をつとめた人がいたとある。琴の音は神々をよびだすためであり，審神者は託宣を聞き，その意味を解した人のことで，シャーマニズムの影響がみられる。託宣を行うのは巫女が多いけれども，時には覡と称する男性も存在した。男性が神主をつとめるようになり，託宣の思想は衰退した。

田口卯吉 たぐちうきち　1855～1905(安政2～明治38)
明治期の経世家。*福沢諭吉と並び称せられた啓蒙思想家。号は鼎軒。黄東山樵・畠山機知・田口十内・牛嶺逸士のペンネームをもつ。経済学者・歴史家であるほか雑誌主宰者・史料編纂者・政治家・実業家でもあり，その活動領域は多彩である。学者であると同時に実践家でもあり，森鷗外からは西洋と東洋とに通じた「二本足の学者」と敬称された。江戸生れ。*佐藤一斎の曾孫。下級幕臣の子で，しかも幼年で母子家庭となり，明治以降，ひどい困苦流浪生活の中で英学・医学を学んだ。1872年(明治5)大蔵省翻訳局上等生徒となり，74年同省紙幣寮に出仕，78年退官する。在職中は英書翻訳のかたわら経済学や開化史を修得しつつ，著述や新聞投書で保護貿易政策を批判した。78年「自由交易日本経済論」を刊行し，経済自由主義を唱えた。この主張は，79年創刊の「*東京経済雑誌」上で精力的に展開された。1877～82年に「*日本開化小史」を出版し，一躍文名を顕わす。91年雑誌「史海」を発行。基本史料として「群書類従」「国史大系」(正・続)，「徳川実紀」のほか，「大日本人名辞書」などを刊行する。1886年両毛鉄道の発起人になるなど民営鉄道事業にかかわるほか，東京府会議員・市会議員となり，94年より衆議院議員。「鼎軒田口卯吉全集」全8巻(1927～29)がある。

托鉢 たくはつ　→乞食

竹越与三郎 たけこしよさぶろう　1865～1950(慶応元～昭和25)
明治～昭和初期の歴史家・政治家・新聞記者。号三叉。武蔵国本庄生れ。慶応義塾中退。民友社ジャーナリスト(「国民之友」「国民新聞」記者)として，言論界に登場する。「*新日本史」「マコーレー」「二千五百

年史」「南国記」「人民読本」「日本経済史」などを刊行する。ほかに*西園寺公望（さいおんじきんもち）や陸奥宗光（むつむねみつ）らの支援で雑誌「世界之日本」を刊行(1896)するなど、新聞・雑誌の経営に並々ならぬ関心を示した。

しかし、1902年(明治35)衆議院議員に当選してからは政友会系政治家としての半生が始まる。22年(大正11)に貴族院勅選議員、40年(昭和15)枢密顧問官に任命される。大正・昭和期は政治家としての活躍が中心になるが、大著「日本経済史」全8巻の刊行や臨時帝室編修官長として「明治天皇紀」の編集に関係するなど、歴史家・言論人としての活躍も続いた。初期の思想形成には*福沢諭吉（ゆきち）の啓蒙思想、自由民権論、*徳富蘇峰（そほう）の平民主義思想に加えて、*新島襄（じょう）・*小崎弘道（ひろみち）ら明治プロテスタンティズムの影響が顕著であるが、同時に陸奥・西園寺らの貴族的「上流」民権説の色彩も濃い。日清・日露両戦争期になると、民主主義と対外主権確立の思想が結合した「倫理的帝国主義」の主張（「台湾統治志」）がみられる。昭和期に入ると、西園寺に形影相伴う形の軍部批判や全体主義政治に対する抵抗（「旋風裡（り）の日本」）が続けられ、かろうじて反ファッショ・リベラルの線は維持された。だが、歴史家としての言論活動は明治・大正期に比べて精彩を欠いた。

竹崎季長絵詞 たけさきすえながえことば →蒙古襲来絵詞（もうこしゅうらいえことば）

竹田の座 たけだのざ →円満井座（えんまんいざ）

武田信繁家訓 たけだのぶしげかくん　武田信玄（しんげん）の同母弟信繁が、討死する3年前の1558年(永禄元)嫡子信豊（のぶとよ）に与えた教訓。全99カ条。この家訓は従来誤って「信玄家法（しんげんかほう）」下巻とされ、信繁は「家法」の伝写授与の人とみられてきた。内容は主君(信玄)への絶対的忠誠、学文の道、歌道の嗜（たしな）み、武芸の鍛錬、家来・下人（げにん）などの扱い方、合戦の心得、対人関係のあり方などについて和風漢文で簡潔に記している。また各条文の下に、「管蠡抄（かんれいしょう）」「明文抄（めいぶんしょう）」「伊達本金句集（だてほんきんくしゅう）」などの格言集によって中国の経書・兵書・仏書などの古典の文言を引用し、訓戒を権威づけている。引用句の中には原文の内容と一致せず、理解の浅さを示すものもあるが、これにより

儒教が戦国武将に受容されていく実態を知ることができる。

武市瑞山 たけちずいざん　1829～65(文政12～慶応元)　幕末期の高知藩の志士。名は小楯、幼名鹿衛、元服後は半平太、号は吹山（すいざん）・茗磵（めいかん）。高知藩の郷士武市半右衛門正恒（まさつね）の長男として土佐国長岡郡吹井村に生まれる。剣術に勝れ、1854年(安政元)剣道場を開くかたわら、藩の剣術指南となる。60年(万延元)門下生と西国を遊歴する。勤王の志士との交わりを深め、土佐でも*坂本竜馬（りょうま）や中岡慎太郎ら、下士（かし）・郷士（ごうし）・村役人からなる土佐勤王党を組織する。藩内の公武合体派吉田東洋（とうよう）の暗殺に参画し、「闔藩勤王（こうはんきんのう）」（藩を挙げて勤王に尽くすこと）を主張する。藩論を尊王攘夷に統一して朝廷権力の回復をめざすが、山内豊信（とよしげ）(容堂（ようどう）)らの勤王党の弾圧をうけ、65年(慶応元)に切腹する。

竹取物語 たけとりものがたり　平安初期の*物語。9世紀後半～10世紀初めに成立。作者は不詳だが、かなり漢学に素養のある人物。*紫式部（むらさきしきぶ）によって「物語の出で来はじめの祖（おや）」といわれ、日本で作られた最初の物語である。「*万葉集」の竹取伝説を基礎として、ちいさ子譚・天人女房譚・求婚難題譚などの説話の話型が結びついて話が展開する。最初から絵画化(絵巻化)されることが前提になっており、緑の竹林の中で一節金色に光る竹の発見場面から、満月の夜に月から迎えが降りてくる最後の場面まで、どこをとってもすぐ絵になるような、また絵に描いて見栄えのするような工夫が凝らされている。

竹内式部 たけのうちしきぶ　1712～67(正徳2～明和4)　新潟羞斎（しゅうさい）・三国正庵とも。江戸中期の垂加（すいか）神道家。名は敬持（たかもち）、号は羞庵（しゅうあん）・正庵。越後国新潟の医家出身。上京して徳大寺家に仕えるかたわら、*玉木正英（まさひで）・*松岡雄淵（ゆうえん）に師事して*垂加神道を、望楠軒（ぼうなんけん）に入り崎門（きもん）朱子学を学んだ。皇室の式微は君臣の不学・不徳にありとして、多くの公卿に教授した。*宝暦（ほうれき）事件により1759年(宝暦9)京都追放となったのち、*谷川士清（ことすが）らを頼って伊勢国に下り、神宮の神官らに神道を講じたが、祭主がその評判を恐れ中止させた。その後、式部は桃園天皇を弔うため、禁を犯

して上京した廉で明和事件に連坐，1767年(明和4)遠島に処せられ，途中三宅島で病死した。著書は「*奉公心得書」「*中臣祓講義」「靖献遺言講義聞書」など。

武野紹鷗 たけのじょうおう　1502～55(文亀2～弘治元)　室町時代の茶人。通称新五郎，名は仲材，号は一閑・大黒庵。大和国生れ。24歳で上洛し，四条室町に邸を構える。三条西実隆・古岳宗亘に学び，29歳の時に従五位下因幡守となり，31歳で剃髪し，紹鷗の法名を与えられた。実隆を通じて宗碩・周桂・宗牧らの連歌師に出会い，連歌師を志したが，村田珠光の遺弟宗珠らを訪れ，*侘茶の湯を学ぶ。奈良の松屋で，珠光好みに表具された徐煕の「白鷺緑藻図」を32歳の時にみて，実隆について学習した藤原定家の「詠歌大概」における和歌の理念を*茶の湯に移すことを試みる。師の実隆に36歳で死別すると堺に帰り，田中与四郎(*千利休)・津田宗及・今井宗久らを育成する。

竹橋女学校 たけばしじょがっこう　→東京女学校

竹久夢二 たけひさゆめじ　1884～1934(明治17～昭和9)　明治～昭和前期の画家・詩人。本名は茂次郎。岡山県出身。早稲田実業学校専攻科中退。平民社の機関紙「直言」に挿絵が掲載されたのを機に，「平民新聞」「中学世界」「女子文壇」などに作品を寄せた。1906年(明治39)*島村抱月の引き立てで「少年文庫」に挿絵を描いたことで地歩を固め，その抒情的な画風で一世を風靡した。装丁・ポスター・絵ハガキ・染織品などのデザインも幅広く手掛け，夢二時代とよばれるほどの活躍をみせた。画集に「春の巻」「夏の巻」「花の巻」「草画」など多数ある。詩歌の創作もよくし，詩画集「どんたく」，歌集「山へよする」，童謡集「歌時計」などがある。

建部綾足 たけべあやたり　1719～74(享保4～安永3)　江戸中期の文人。俳号は都因・葛鼠・涼袋，寒葉斎は画号。本名は喜多村久域で，建部綾足は雅号。弘前藩家老を父として，大道寺友山の女を母として生まれた。20歳の頃故郷弘前を出奔し，以後俳諧師として全国を行脚する。旅の記録が自筆「紀行」であり，異色の紀行・自伝になっている。江戸では宗匠として活躍したが，宝暦末年より，*賀茂真淵に入門して国学を修めるとともに，片歌運動を唱道し，独自の主張を掲げた。俳諧には，多数の俳諧撰集・俳論集がある。「*西山物語」(1768刊)，「本朝水滸伝」(1773刊)，「折々草」(1771)などの和文小説・和文随筆には国学がいかされ，むしろこちらが近世小説史・散文史上，高い評価を与えられている。「寒葉斎画譜」(1762刊)，「建氏画苑」(1775刊)などの画譜を残している。

建部賢弘 たけべかたひろ　1664～1739(寛文4～元文4)　江戸中期の和算家・暦学者。通称彦次郎，号は不休。幕府右筆の建部氏に生まれる。一時北条氏の養子となるが，のちに復姓する。甲府宰相徳川綱豊(のちの家宣)に仕え，その将軍就任とともに幕臣となる。兄賢之・賢明とともに*関孝和に入門し，算学・暦学を修める。8代将軍徳川吉宗のもとでは科学政策の顧問的な役割をはたし，享保の「日本総図」制作，舶来漢籍の「暦算全書」の訓点本献上などに参与する。著書に「研幾算法」(1683刊)，「発微算法演段諺解」(1685刊)，「算学啓蒙諺解大成」(1690刊)，ほかに，関と兄賢明との共編になる「大成算経」(1711)，独自の数学論を展開した「綴術算経」(1722)などがある。数学上では，師の関の*和算をさらに精緻化した点が顕著である。

建部清庵 たけべせいあん　1712～82(正徳2～天明2)　江戸中期の医学者。名は由正，字は元策，号は寧静館。代々清庵と称す。陸奥国一関藩医の建部元水の子として生まれる。仙台藩医松井寿哲らに医を学び，江戸に遊学する。帰藩後，一関藩医となる。蘭方に対する疑問に答えてくれる人物を捜す中で*杉田玄白を知り，文通を始める。この往復書簡をまとめたものが，杉田の「*和蘭医事問答」(1795刊)である。また，清庵の五男勤は杉田家に養子入りして，のちの杉田伯元となるなど，その交際の深かったことがうかがえる。著作に，宝暦年間(1751～64)の東北地方の飢饉の惨状に触発されて記した「民間備荒録」(1771刊)がある。

竹むきが記 たけむきがき　南北朝期の日記文学。全

2巻1冊。作者は日野資名女。「竹向」は居所の殿舎名。上巻は1329年（元徳元）から33年（正慶2・元弘3）まで，下巻は37年（建武4・延元2）から49年（貞和5・正平4）まで。南北朝期の動乱の中，北朝の女性として生きた作者の回想記。上巻は，建武の動乱の中で，北朝の光厳天皇の典侍としての宮廷生活と結婚まで，下巻には，後醍醐天皇に処刑された夫の西園寺公宗の遺児実俊を養育後，在俗ながら禅に志すまでの日々が描かれている。亡夫への追想をはじめ，表現は控えめであるが，意志の力を感じさせる筆致である。平安女流日記に比べて文芸性に劣るが，女流日記文学の掉尾を飾る作品である。

竹村茂雄 たけむらしげお 1769～1844（明和6～弘化元） 江戸後期の国学者。通称は平右衛門，穂向屋と号した。伊豆国の豪農の家に生まれる。1795年（寛政7）伊勢国松坂へ赴き，*本居宣長に入門する。以後，伊豆における国学の中心的人物となる。97年に江戸へ下り，*村田春海の歌道の門人となり，*加藤千蔭・*清水浜臣らと交流した。1820年（文政3）には伊豆三島神社に古典籍を集め，公開図書館としての三島文庫の創設に尽力した。25年に宣長自筆の「*直毘霊」を出版し，29年にはそれを祖述した「道守之標」を出版した。本書において，茂雄は各々が天皇の大命をかしこみ尊び，家職に励むべきことを強調している。

武元立平 たけもとりゅうへい →勧農策

多胡辰敬家訓 たごときたかかくん 戦国武将多胡辰敬（1494?～1562）の教訓。辰敬は，山陰地方の戦国大名尼子経久・晴久に仕えた尼子氏譜代の武将である。成立は1544年（天文13）頃と推定される。教訓の相手は未詳であるが，出雲国の守護京極政経の孫と推定する説がある。この家訓で注目されるのは「算用」の重視である。「算用」とは人間生活のすべてを計数商量的な判断により総合的かつ調和的に処理しようとする実際的・実用的な知恵を意味する。したがって辰敬は，家中・領国の秩序維持のために不可欠の人倫の道についても，算用主義にもとづき度量衡の計算などに通底するような説き方をしている。こには何よりも能力主義・実力主義を重視する「*朝倉英林壁書」「*上杉定正状」の教訓を一段と押し進めた，新しい秩序観念がみられる。

太宰治 だざいおさむ 1909～1948（明治42～昭和23） 昭和期の小説家。本名津島修治。青森県北津軽郡金木村に生まれる。父源右衛門は大地主で，多額納税者として勅選の貴族院議員を務める。母たねが病弱のため乳母たけに育てられた。1923年（大正12）青森中学校に入学，同年父が死去。27年（昭和2）弘前高校に入学，同学年に石上玄一郎がいた。30年東京帝国大学仏文科に入学。井伏鱒二に師事する一方で，左翼の非合法活動に参加するが挫折，生涯裕福な出自と転向とに対する屈折した罪意識を抱く。30年11月有夫の女給田辺あつみと心中未遂事件をおこし，女は死に自殺幇助罪起訴猶予となる。31年2月青森の芸妓小山初代を身請けし同棲する。32年初夏，初代の同棲前の男性関係を知り，絶望の果てに青森警察署に左翼活動に参加したことを自首する。33年「魚服記」「思ひ出」を発表。35年5月には雑誌「*日本浪曼派」に参加し，「道化の華」「ダス・ゲマイネ」を発表，「逆行」によって芥川賞候補となるも落選する。36年第一創作集「晩年」を砂子屋書房より刊行。39年石原美智子と結婚。「富岳百景」「女生徒」(1939)，「駈込み訴へ」(1940)，「右大臣実朝」(1943)，「惜別」「お伽草紙」(1945)と，多くの作家が寡作になる中で戦中・戦後にかけて健筆をふるう。〈*私小説〉と位置づけられることが多いが，創作の方法に自覚的で，次々と新境地を開拓した。「斜陽」(1947)，「人間失格」(1948)を発表し，時代の寵児となるも，太田静子との間に治子が生まれるなど，私生活上での行き詰まりから48年6月13日「グッド・バイ」13回分の原稿を残し，山崎富栄と玉川上水で入水自殺した。「太宰治全集」全12巻・別巻1がある。

太宰春台 だざいしゅんだい 1680～1747（延宝8～延享4） 江戸中期の儒学者。名は純，字は徳夫，通称は弥右衛門，春台を号とし，その書斎を紫芝園と名づけた。信濃国飯田藩士の子として生まれ，江戸にでて，中野撝謙の

門で唐話を学び，*安藤東野と知り合う。東野の紹介で，*荻生徂徠の門人となった。謹厳な性格の春台は，徂徠との個人的な関係という点では必ずしも円滑にいかなかったが，徂徠の経学・経世済民論を継ぎながら，独自の思想を築いていった。徂徠の礼楽の思想を，より外在的な規範としての礼の思想として展開し，徂徠の経世済民論を，より商品経済の発展に適応したものとして捉え返した。春台は，自己の心の不安定さ，情欲の強さといったものを真摯にみつめ，その克服を経学の出発点としている。その意味では，徂徠よりもむしろ，朱子学による問題の把握に近いものがあったともいえるだろう。主著としては，「*聖学問答」「*経済録」「*論語古訓外伝」などがあり，文明以前の社会として古代日本を描いた「*弁道書」は，神道家の多くの反論をよびおこした。文集に「*春台先生紫芝園稿」がある。

田沢義鋪 たざわよしはる　1885～1944(明治18～昭和19)　大正・昭和前期の開明的な内務官僚。青年団運動の代表的な指導者。佐賀県出身。熊本第五高等学校をへて東京帝国大学政治学科を卒業。内務省明治神宮造営局総務課長・東京市助役などを務め，そのかたわら修養団本部評議員・協調会常務理事・大日本連合青年団理事長・淀橋青果青年学校校長などを歴任し，青年教育・公民教育・勤労者教育に貢献した。特に自主的・自治的団体としての青年団運動を企画し，その育成に活躍した。1940年(昭和15)2月の貴族院においては日本人の国民的性格の欠陥を指摘し，アジアの民衆に対する差別意識をきびしく批判するなど，国体思想一色の時代的・社会的制約の中で道義国家の理想を貫いた。「田沢義鋪選集」1巻がある。➡青年団　修養団

田添鉄二 たぞえてつじ　1875～1908(明治8～41)　明治期の社会主義者。熊本県生れ。熊本英学校時代の1892年(明治25)に受洗する。長崎の鎮西学院神学科をへて，1898～1900年シカゴ大学神学部で学ぶ。帰国後，「長崎絵入新聞」記者，「鎮西日報」主筆を務める。04年上京して，*社会主義協会・*平民社に加わり，社会ダーウィニズムにたった「経済進化論」(平民文庫)を執筆するとともに，週刊「*平民新聞」「*光」にも寄稿し，さらに「*新紀元」に所論を発表する。07年社会党大会で議会政策論を提起して，直接行動論を唱える*幸徳秋水と対立したが支持をえられず，*片山潜・*西川光二郎らと「社会新聞」を発刊し，議会政策派の理論家として活動するも，肺結核で死去した。

多田南嶺 ただなんれい　1698～1750(元禄11～寛延3)　江戸中期の国学者・故実家・神道家・浮世草子作者。生年には諸説ある。姓は源，別姓は桂。名は政仲・義俊ほか，通称は将監・兵部ほか，号は春塘・秋斎・南嶺子ほか。摂津国多田出身。鳥山芝軒に漢学を，芝山広豊に歌学や官職学などを，壺井義知に故実を学んだ。また伊勢・吉田・垂加などの既成神道を学ぶ一方で，秘伝や師説を批判し，学問の公開を主張した。各地で講釈して好評をえたが，故実随筆「南嶺子」は，故実家の大家*伊勢貞丈から酷評をうけた。著書に「旧事記偽書明証考」「中臣祓気吹抄」「職原鈔弁講」「ぬなはの草紙」ほか多数。

只野真葛 ただのまくず　1763～1825(宝暦13～文政8)　江戸後期の随筆家。仙台藩の医師*工藤平助の女として生まれた。名は綾子。藩主の娘に従って彦根藩井伊家に仕え，二度目の結婚で仙台藩士の只野伊賀に嫁して，仙台で暮らした。武家の女性としては特別波瀾に富んだ人生とはいえないが，晩年になって和文で自己をみつめた随筆「むかしばなし」(1812)，「*独考」(1817)などを書いた。これらは西洋医学や海外事情に詳しい父の影響や，江戸で暮らした明和・安永期(1764～81)の自由な空気，文化・文政期(1804～30)の*村田春海ら江戸派歌人たちの和文活動に接して，内省の方法と対象を見出したもので，江戸時代の女性の自照文学・内面記録として意義がある。

祟り たたり　動植物霊や死霊，神仏などの作用によって発現すると信じられた災禍や危害，またその作用。人間が意識する，しないにかかわらず，霊的存在に対してとった不敬行為や規範の逸脱に対する制裁や処罰，あるいは死霊の生前の怨恨などにもとづく報復などとして意識された。祟りをうけるのが，不

敬や逸脱行為をとった当人のみに限定されないで，その家族や子孫あるいは広く地域全体に及ぶ場合も少なくなかった。とりわけ怨霊（おんりょう）と化した死霊の祟りは社会的な規模で強く意識され，奈良末期～平安初期以降に*御霊（ごりょう）信仰が成立した。御霊は政治的に非業（ひごう）の死をとげた人々の怨霊をいい，疫病や地震・火災などの原因とみなされ，その怒りと怨みを鎮めるための*御霊会（ごりょうえ）が神泉苑（しんせんえん）ほかで頻繁に催行され，また*菅原道真（すがわらのみちざね）の怨霊を祀る北野社（現，*北野天満宮）のような恒久的施設が設けられる場合もあった。また平安中期以降の貴族社会では，人の怨霊その他が「*物の怪（もののけ）」として災厄をもたらすとの観念も広くみられ，その退散・駆除を目的とした密教僧による*加持祈禱（かじきとう）などが盛んに執り行われた。

立川流（たちかわりゅう）
鎌倉時代を中心に広まった真言宗の一派。平安後期に醍醐寺の仁寛（にんかん）が創始し，鎌倉後期に同じく醍醐寺の文観弘真（もんかんこうしん）が大成したという伝承をもつ。一説に，政争にからんで伊豆国に流された仁寛が，武蔵国立川の陰陽師（おんみょうじ）に秘伝を伝授したことから立川流の名がおこったという。陰陽思想をとりいれ，理智不二（りちふに）や金胎不二（こんたいふに）といった教義を男女両性の性的行為に直接結びつけて解釈したり，髑髏（どくろ）を本尊としたりした。南北朝期以降は東寺・高野山などの学匠によってきびしく弾劾され，邪義として排除された。

橘曙覧（たちばなあけみ）
1812～68（文化9～明治元）　江戸後期の歌人。名は五三郎，屋号は志濃夫廼舎（しのぶのや）。越前国福井の富裕な商家に生まれたが，財産の一切を異母弟に譲って足羽山（あすわやま）に隠棲し，貧困のうちに歌詠と学問に専心した。国学は飛騨国高山の田中大秀（おおひで）に学んだ。尊王派大名として知られる福井藩主松平慶永（春嶽）の知遇をえて，自らも尊王思想を信奉した。春嶽に引き会わせた平田篤胤（あつたね）門下の中根雪江や京都の大田垣蓮月尼（れんげつに）らとの交遊が知られる。歌風は，心情を率直に詠んだものや，日常卑近な素材を写実的に詠んだものなど，近代歌人を彷彿とさせるところに特色がある。嗣子の井手今滋（いまでい）編になる「志濃夫廼舎歌集」4巻（1878）がある。

橘孝三郎（たちばなこうざぶろう）
1893～1974（明治26～昭和49）　昭和期の農本主義的超国家主義者。茨城県水戸市生れ。水戸中学卒業後，第一高等学校に入学するも中退。郷里の近くの東茨城郡常磐村（現，水戸市）で兄妹らと農場を経営，1929年（昭和4）大地・兄弟・勤労を三大原則とした愛郷会（あいきょうかい）を創立し（31年愛郷塾と改名），雑誌「愛郷」（のち「農村研究」と改題）を発刊する。その頃より，井上日召（にっしょう）や青年将校たちと交わり，*五・一五事件の計画に関与した。実際に愛郷塾生ら7名の農民決死隊が東京府下の変電所を襲撃したことから橘は逃亡先のハルピンで自首し，無期懲役の判決により服役した。40年恩赦で出獄し，その後は愛郷塾の再興に努めた。

橘南谿（たちばななんけい）
1753～1805（宝暦3～文化2）　江戸中期の医師。本姓は宮川。字は恵風。橘は妻の姓。伊勢国久居（ひさい）藤堂家の武士の家に生まれたが，19歳の時，京にでて医学を学んだ。1782年（天明2）から，医学書の執筆に役立てるため，また有徳の士と接して見聞・知見を広める目的で旅行し，足跡は全国に及んだ。山陽から九州・四国の「西遊記（さいゆうき）」，北陸・奥州・関東・信濃の「東遊記」（併称して「東西遊記」〈1795・98〉）などがその記録であり，文章は平明達意で，世情騒然の天明期（1781～89）の自然・世相・風俗・口碑の記録として貴重である。医師としては，疱瘡の治療を得意とし，「痘瘡水鏡録（とうそうすいきょうろく）」（1781刊）ほかの医書がある。

橘逸勢（たちばなのはやなり）
?～842（?～承和9）　平安前期の官人。804年（延暦23）に*最澄（さいちょう）・*空海（くうかい）らとともに入唐し，806年（大同元）帰国する。嵯峨天皇・空海とともに三筆（さんぴつ）に数えられる。嵯峨上皇の死去直後におこった承和の変（842）の首謀者とみなされて，伊豆国に配流され，その途中で病死した。のちに御霊（ごりょう）とされ，863年（貞観5）に神泉苑（しんせんえん）で行われた朝廷主催の*御霊会（ごりょうえ）に御霊六前（ろくぜん）の一つとして祀られた。

橘広相（たちばなのひろみ）
837～890（承和4～寛平2）　平安前期の公卿。*橘諸兄（もろえ）の五世の孫。菅原是善（これよし）に学んで博学の聞え高く，陽成（ようぜい）・光孝・宇多天皇の3代に仕えた。東宮学

たちば

士・文章博士を歴任し、884年(元慶8)参議となる。888年(仁和4)宇多天皇の即位にあたって起草した*藤原基経を関白に任じる際の勅答が、藤原佐世らの策謀によって阿衡の紛議を引き起こし、責任を問われるところとなった。

橘諸兄 たちばなのもろえ　684〜757(天武13〜天平宝字元)　奈良時代の皇族出身の公卿。左大臣。美努王の子。母は県犬養三千代。はじめ葛城王と称し、731年(天平3)参議に任じられた。736年臣籍に下り、橘諸兄と改めた。737年、藤原四卿のあいつぐ病死の後をうけて大納言に進み、翌年右大臣となって太政官のトップに立ち、僧*玄昉と*吉備真備を重用した。藤原広嗣の乱の後、恭仁京への遷都を図った。しかし、741年参議となった藤原仲麻呂に圧迫され、745年左大臣に昇ったが政治力はしだいに低下し、756年(天平勝宝8)辞任して、失意のうちに没した。

橘三喜 たちばなみつき　1635〜1703(寛永12〜元禄16)　江戸前期の吉田神道家。名は光義、号は為証庵、神号は一樹霊神。肥前国平戸出身。駿河国府中浅間神社の神主志貴昌興らに*吉田神道を学び、上京して吉田家から伝授されて宗源神道五十六伝なる一派を樹立した。江戸の浅草を本拠に神道講釈を行った一方、全国の一宮を巡詣して「中臣祓」の木版本を奉納し、吉田神道の宣布ならびに*神葬祭の普及に努めた。弟子の武蔵国大宮氷川神社の神主武笠丹波は、江戸で弓矢神道を広めた。なお三喜は*増穂残口とも交流したといわれる。著書は「一宮巡詣記」「中臣祓集説」など。

立花宗茂家訓 たちばなむねしげかくん　→立花立斎家中定書

橘守部 たちばなもりべ　1781〜1849(天明元〜嘉永2)　江戸後期の国学者。幼名は朝敬、のち元輔・庭麻呂。号は蓬壺・波嶽舎など。伊勢国朝明郡小向村の出身。家は庄屋格で北畠家の末だが、父の一揆荷担の嫌疑などもあり幼少時に没落した。1797年(寛政9)江戸に移り、儒学者*葛西因是、国学者*村田春海やその弟子*清水浜臣らと交流し、父の師*谷川士清を尊敬しつつ独学で国学を修

める。1809年(文化6)武蔵国幸手宿に転居し、著述活動を行いながら、幸手宿や古河・関宿などの近隣商家、吉田秋生ら桐生・足利の機業家を門人・後援者に組織する。29年(文政12)には江戸へ戻り、古典の難解な語句を解説した「山彦冊子」を刊行し(1831)、好評をもって迎えられる。以後、和歌や物語の語彙研究を続ける一方、記紀などの神典研究・解釈に没頭する。その成果は「*稜威道別」(1844成立)、「*難古事記伝」(1844頃成立)、「神代直語」(1846成立)として結実した。「日本書紀」を重視しながら、〈神秘五箇条〉という独自の方法論をもって神話を解釈し、本居宣長を批判したことで知られる。ほかの著作に「*待問雑記」「稜威言別」など。

立花立斎家中定書 たちばなりっさいかちゅうさだめがき　「立斎公御咄之覚」「立斎宗茂家訓」とも。江戸前期の柳川藩主立花宗茂(1569〜1642、号は立斎)が隠居した1639年(寛永16)4月から没年の42年11月の期間、襲封した忠茂に語った咄を28カ条に構成して家訓とされたものと伝えられている。関ケ原の戦いに豊臣方に加わり改易された立花家は、1620年(元和6)旧領柳川藩を回復するまで苦難が続いた。そのため家訓の前文には、敵対した徳川家から「我等本国拝領」は誠に希有なることで、その「御恩報ひに参勤交替一日にても延引」なきよう忠節・奉公に努めよと、幕府への感謝が記されている。内容は、立花家の家臣の統制(賞罰・身分取り扱い・家数制限・相続など)、質素・倹約・社交などの生活についての訓誡に分類できる。

立原翠軒 たちはらすいけん　1744〜1823(延享元〜文政6)　江戸後期の儒学者・水戸藩士。名は万、字は伯時、通称は甚五郎、号は東里・翠軒。水戸彰考館文庫役の立原蘭渓の子。1763年(宝暦13)江戸彰考館の書写場傭となり、徂徠学派の大内熊耳に学ぶ。66年(明和3)水戸史館編修員に転じ、のち86年(天明6)彰考館総裁となる。「*大日本史」の編纂に力を注ぎ、制度・官職などを記す志・表の廃止を建議し、紀伝浄写本を完成させたが、弟子の*藤田幽谷と対立し、1803年(享和3)致仕した。徂徠学を学んだが、経学は

*折衷学の立場に近い。著書は「此君堂文集」のほかに、*新井白石に私淑して「白石遺文」「新安手簡」を編集した。

脱亜論 だつあろん 「時事新報」1885年(明治18) 3月16日付紙面に発表された、*福沢諭吉によるとされる社説の題名。「アジアとは協調関係を築くより欧米のような仕方で対応すべき」と主張したが、掲載当時は何らの反響もなかった。起筆の動機は、前年暮れに朝鮮で甲申事変がおこり、親日派の独立党が排除されたことに対する失望感からであって、民族蔑視の心情からではない。また「入欧」という言葉も使われていない。存命中に編まれた「福沢全集」(1898)には収められることはなく、永らく忘れられていたが、第2次大戦後の福沢再評価にともない、その反証として重視されるようになった。

謫居童問 たっきょどうもん *山鹿素行が門弟の質問に答える形で、自らの思想を説いた書。全7巻。赤穂藩配流中の1668年(寛文8)成立。前半の学問編は、漢文著作「*山鹿語類」聖学編と「*聖教要録」で論じられていた概念が平易に説明されていて、素行学の理解に便利である。また後半の治平編では、「大学」の示す8条目を独自に解釈して、修身と治国平天下との朱子学的な連続観を否定したうえで、「人情事変」「水土」に応じた政治の緊要性を説き、中国とは異なる日本の歴史と制度を論じている。具体的には、封建・郡県制度や武威の政治がとりあげられている。本書における中国と日本との違いを強調する論点は、翌年に書かれた「*中朝事実」へとつながっている。

塔頭 たっちゅう 禅宗寺院の中にある子院(枝院)。中国では、傑出した禅僧の塔院(墓所)のうち、本寺により維持・管理される特別なものをさした。日本では公的性格が薄れ、師僧の没後に門弟らが私的に営んだ塔院や、生前に構えた寿塔も塔頭という。のちに室町幕府は五山派に「塔頭」という資格を制定し、公的な性格を付与した。叢林と*林下かを問わずしだいに禅院の中枢を担うようになり、参禅修行も塔頭において行われるようになった。その結果、本寺は儀式のみを執り行う場と化し、禅宗本来の僧堂生活による修行形態が崩壊した。戦国期から江戸初期にかけては、大徳寺や妙心寺で盛んに建立されるようになる。しかしこれらの多くは、禅僧の塔院あるいは寿塔として営まれたものではなく、戦国・豊臣大名などが自身あるいは自家墳墓の地として構えたものである。

辰野金吾 たつのきんご 1854～1919(安政元～大正8) 日本最初の建築家の一人。肥前国唐津生れ。工部大学校造家学科(現、東京大学工学部建築学科)でJ.*コンドルの指導をうけ、1879年(明治12)片山東熊・曾禰達蔵らとともに第一期生として卒業する。同年欧州に留学し、コンドルの師であるW.バージェスの事務所で学ぶ。83年に帰国以後、明治建築界の主導者として君臨する。残した建築作品はきわめて多く、現存する代表作として日本銀行本店(1896)、旧日本生命保険会社九州支店・奈良ホテル(1909)、東京駅(1914)などがあげられる。特に東京駅は、煉瓦と石のコントラストによる「辰野式」の総決算といえる。

伊達千広 だてちひろ 1802～77(享和2～明治10) 幕末・維新期の和歌山藩士・歌人。叔父伊達盛明の養子。通称は藤二郎、別名は宗広、号は自得とく。陸奥宗光の実父。*本居大平おおひらに国学を学ぶ。藩主徳川治宝はるとみに登用され、大番頭格となり勘定奉行兼寺社奉行などの要職を歴任した。治宝の死後に失脚し、1861年(文久元)赦免されるまで南紀田辺に蟄居した。しかし政治への関心を捨てきれず、還暦を迎えた62年に脱藩・上洛し、公武合体運動に関与した。卓越した歴史観とそれにもとづくユニークな時代区分法で知られる通史「*大勢三転考たいせいさんてんこう」は、日本の前近代における代表的な史書の一つである。ほかに田辺蟄居中の歌文集「余身帰よみがえり」、精神生活展開の跡を示す「随縁集ずいえん」、晩年の思想を伝える「随々草まにまに」などがある。

立山曼荼羅 たてやままんだら 富山県中新川郡にある立山連峰(最高峰の大汝峰おおなんじは標高3015m)への信仰にかかわる寺社への勧進を動機として、近世に少なからず制作された一種の社寺曼荼羅。なお、曼荼羅との形容は研究者による命名が通称になったもの。立山山麓の宗教施設としては、前立(より麓側)の岩峅寺いわくら

と中宮にあたる芦峅寺の2寺が中心で、立山曼荼羅は両寺の近世における勧進活動と関連して作られたと考えられる。すなわち、岩峅寺衆徒は山頂の本社や室堂を祀る権利を有し、参詣者から山役銭（入場料）をとっていたのに対し、芦峅寺衆徒は諸国の檀那場に講中を設けて配札して代参を約するとともに、芦峅寺で布橋大灌頂という女人救済儀礼を行っていた。立山曼荼羅は、こうした両寺衆徒が参詣者や諸国の檀那に勧進を求める際に*絵解きされたもので、主要な五峰、立山地獄のようす、禅定道の周辺（称名滝・玉殿窟など）、立山浄土、行者の姿、それに芦峅寺で作られたものには布橋大灌頂など芦峅寺周辺のようす（布橋や姥堂など）が描かれている。

田中王堂 たなかおうどう　1867～1932（慶応3～昭和7）　明治・大正期の哲学者・評論家。本名は喜一。武蔵国入間郡中富村に生まれる。同人社・東京英和学校（青山学院の前身）や東京専門学校（早稲田大学の前身）・同志社英学校に学んだのち、1889年（明治22）に渡米し、ケンタッキー大学さらにシカゴ大学で学び、シカゴではジョン・デューイから教えをうけプラグマティズムへの理解を深めた。また、W. ジェームズやG. サンタヤーナらからも影響をうけた。大学院に進んでさらに学問を修めたのち、97年に帰国、東京高等工業学校（東京工業大学の前身）・早稲田大学・立教大学などの教壇に立って哲学を講じた。彼の思想は、たんに米国のプラグマティズムを祖述するものではなく、ドイツ理想主義などの哲学をもとりいれ、近代的な自我・個人の確立をめざすものであり、当時の自然主義文学者らへの批判を通じて象徴主義の思想をうちたてようとするものであった。さらに、そうした立場・視点から、二宮尊徳や福沢諭吉らの思想を検討し、日本思想史の伝統を再評価しようと努めた。戦後＊丸山真男の論が出現するまでは、田中の「福沢諭吉」(1915)が福沢解釈の一つの水準を示すものであった。「田中王堂選集」全4巻がある。⇒書斎より街頭に

田中正造 たなかしょうぞう　1841～1913（天保12～大正2）　明治・大正期の政治家・社会運動家。足尾鉱毒反対運動の指導者。下野国安蘇郡小中村生れ。家は代々、旗本六角家知行所の庄屋役を務めた。1857年（安政4）父の割元昇進により名主に選ばれるが、六角家の秕政改革を行おうとして68年（慶応4）4月に捕われ、10ヵ月間入牢となる。70年（明治3）3月、江刺県下級官吏として赴任する。71年6月に上役暗殺の嫌疑をうけて投獄されたが、74年4月に無罪放免となる。79年「栃木新聞」を発刊し編集長となる。80年2月栃木県会議員に当選、86年4月以降県会議長となる。その間80年10月、民権結社中節社を結成し、国会開設建白書を元老院に提出するなど活躍するも、自由党には加入せず、82年12月立憲改進党に入党する。84年10月、加波山事件連累者の嫌疑をうけ収監される（12月釈放）。90年7月の第1回総選挙で栃木第3区より立憲改進党候補として当選、以後1901年の議員辞職まで連続当選する。

1891年12月、衆議院において足尾銅山鉱毒問題ではじめて質問し、操業停止を要求した。96年7～9月、三度の渡良瀬川洪水がおこり、田中も10月渡良瀬川沿岸の雲竜寺に鉱毒仮事務所を設置するとともに、以後東京をはじめ各地で演説会を開催し鉱毒被害を訴え、衆議院において何度も質問する。1900年2月、被害民が大挙上京して請願しようとしたが、警官隊に阻止された川俣事件がおこり、以後被告のための救援運動に尽力する。2月23日、衆議院で「亡国に至るを知らざれば之れ即ち亡国」について質問する。11月28日、川俣事件公判の検事論告中にあくびをして官吏侮辱罪に問われる（東京控訴院で1902年5月9日重禁錮1カ月、罰金5円）。1901年10月23日、議会と政党に絶望して議員を辞職する。12月10日、議院開会式より帰途の天皇に直訴する。04年7月30日、谷中村に寄留し、同村の遊水地化に反対する運動に打ちこむ。07年6～7月、谷中村残留農民16戸の強制破壊現場に立ち合い、以後没するまでほぼ谷中村問題に専念した。1913年（大正2）8月2日、佐野から谷中村への帰途、吾妻村で倒れ、9月4日胃癌で死去。「田中正造全集」全19巻・別巻1がある。⇒足尾鉱毒事件

田中智学 たなかちがく　1861～1939（文久元～昭和14）

明治～昭和前期の日蓮主義活動家。父は医者多田玄竜。本名は巴之助。江戸日本橋で生まれ、早くに両親を失う。1870年（明治3）10歳の時、得度し智学と改名、72年から田中姓を名乗る。75年宗門最高学府の日蓮宗大教院に入るが、妥協的な教育に不満をおぼえ、79年還俗する。翌年、横浜で蓮華会をおこし日蓮主義を唱道する。85年東京で立正安国会を始め、復古的な日蓮精神を強調すると同時に、僧侶・寺院中心でなく信徒中心の在家主義を説く。1901年「宗門之維新」を書き、宗法・制度・教育・布教について問題を提起する。また日本国体学を提唱し、*高山樗牛らに影響を与える。14年（大正3）国柱会を創設し、国体意識を喚起させようと尽力する。「師子王全集」全36巻などがある。

田中不二麻呂　たなかふじまろ　1845～1909（弘化2～明治42）
明治期の教育行政官僚・外交官。名古屋藩士の子。藩校明倫堂で教授したのち、明治政府の大学校御用掛となる。*岩倉遣外使節に文部官僚として参加し、欧米教育制度を調査する。1872年（明治5）文部省学監D.*マレーと協力し、「*学制」の創設を主宰する。再渡米後、中央集権的な欧州式の学制を地方分権的な米国式へと改革し、79年「*教育令」に結実させた。また女子教育を重視し、*東京女学校や女子師範学校の創立に尽力し、*津田梅子らをアメリカに留学させた。学士院を設立。彼のリベラルな行政観は、その後の集権的行政・儒教的人間像とは異なる近代教育の可能性を提示したが、保守層の反感を招き、80年司法卿に転出した。伊・仏で外交官を務め、帰国。第1次松方内閣の司法大臣。著書に「理事功程」「米国学校法」などがある。

田辺元　たなべはじめ　1885～1962（明治18～昭和37）
大正・昭和期の哲学者。東京に生まれる。第一高等学校理科、ついで東京帝国大学文科大学哲学科を卒業し大学院で学ぶ。1913年（大正2）東北帝国大学理学部の講師となり、「科学概論」を講じる。18年「数理哲学研究」により文学博士となり、翌年*西田幾多郎の招きで京都帝国大学文学部助教授に就任した。22年ヨーロッパに留学し、M.ハイデガーと交流する。30年（昭和5）「哲学研究」に「西田先生の教を仰ぐ」を、35年に同じく「哲学研究」に「種の論理と世界図式」を発表した。45年退官し、軽井沢に居住する。46年「懺悔道としての哲学」、翌年「種の論理の弁証法」を出版するほか、芸術にも関心を示し、51年「ヴァレリイの芸術哲学」、61年「マラルメ覚書」を出版する。晩年には「死の哲学」を提唱し、「生の存在学か死の弁証法か」をハイデガー古稀記念論文集に寄稿する。

数理哲学から始まった田辺哲学は、新カント派からヘーゲルの弁証法へと移り、西田哲学批判としての「種の論理」を構築する。さらには「正法眼蔵」への哲学的考察を通じて「懺悔道」の実践へと至る。そして西洋的な「生の哲学」に対して、東洋的な「死の哲学」にもとづく「死即復活」、死者との深い交わりである「実存協同」「菩薩道」を説く。「田辺元全集」全15巻がある。

谷川士清　たにがわことすが　1709～76（宝永6～安永5）
近世中期の神道学者・医師。字は公介、通称は昇・養順、号は淡斎・昇卯・応竜。伊勢国安濃郡刑部村の医師の家に生まれる。京都遊学の際、*松岡如庵・*松岡雄淵・*玉木正英に師事し、1732年（享保17）正英より垂加神道の許状をうけた。また樋口宗武より契沖の万葉学を、有栖川宮職仁親王より和歌をそれぞれ学んだ。帰郷後は森蔭社洞津に谷川塾をひらき、診療とともに教育・著作活動に従事した。「日本書紀」および国語の研究を中心とし、51年（宝暦元）、「*日本書紀通証」35巻を脱稿した。さらに晩年まで編纂が続けられた「*和訓栞」は、日本初の五十音順の国語辞書とされる。また*本居宣長と親交をもち、特に互いの著作の稿本を閲し合うなど、学問上の交流も行っている。ほかの著作として「勾玉考」「鋸屑譚」などがある。

谷秦山　たにじんざん　1663～1718（寛文3～享保3）
江戸前期の垂加神道家・儒学者。姓は大神、通称は丹三郎、名は重遠。土佐国長岡郡別宮八幡宮の社家に生まれる。長子は垣守、干城は子孫。*山崎闇斎・*浅見絅斎・渋川春海らに師事し、神道・朱子

学・天文暦学などを学んだ。秦山は，日本人ならば日本人の道を求めるべきとして，神道を主としたわが国の歴史や伝統，さらに君臣・父子の大倫を明らかにする「日本学」の樹立を唱えた。高知藩主山内豊房の命で藩士に神道を講義したが，豊房死後の政変に連坐し，蟄居を命じられた。著書は「*神代巻塩土伝」「*保建大記打聞」「土佐国式社考」「秦山集」など。

谷本富 たにもととみ　1867～1946(慶応3～昭和21)　明治・大正期の教育学者。讃岐国高松生れ。東京大学文学部哲学科選科生となり，1889年(明治22)特約生教育学科でハウスクネヒトよりヘルバルト派教育学を学び卒業。90年山口高等中学校教授，94年東京高等師範学校教授。この時期「実用教育学及教授法」などの著作や講演活動によってヘルバルト教育学を宣布した。98年「将来の教育学」では，国家の維持と繁栄を目的とする国家的教育学を打ち出す。1900～03年欧州に留学。05年教育学で初の文学博士，06年京都帝国大学文科大学教授となる。この時期，同年の「新教育講義」などで「自学輔導」による個性の発展，「活人物」養成を求める新教育論を展開した。13年(大正2)*沢柳事件で退官後は，仏教大学(現，竜谷大学)講師をしつつ多数の著作で教育改革を説いた。

種蒔く人 たねまくひと　大正期の文芸雑誌。第1次(土崎版)は1921年(大正10)2月～4月，種蒔き社発行。全3冊。第2次(東京版)は21年10月～23年10月，種蒔き社発行。全21冊。号外リーフレット「飛びゆく種子」全5冊。小牧近江がフランスから帰国し，バルビュスのクラルテ運動の影響に触発されて始めたのが土崎版である。インターナショナリズムや労農ロシアへの支持，反戦平和など一貫した主張を展開し，大正中期の労働文学，民衆芸術，反資本主義的傾向をもつ諸作家・評論家らの雑然とした活動に，社会主義的な自覚と方向づけを行う。

多念義 たねんぎ　→一念義・多念義いちねんぎ・たねんぎ

田の神 たのかみ　稲作に豊穣をもたらす農耕神。これは汎称であり，東北の農神，甲信地方の作神，近畿の作り神など各地で固有の呼称をもつ。また七福神のえびす(恵比須)は東日本で，大黒は西日本で広く田の神として認知されている。それ以外にも竈神(荒神)や地神を田の神とする地域もある。春に山から降り，稲の成長を守り豊作に導いたあと秋に山に戻る女性神として，*山の神と田の神を同一視する観念の全国的な分布はよく知られる。しかし，これは山を水源として恩恵をうける水田稲作農民の思考であり，山人のそれは別であることに注意する。祭は春秋を中心に耕作の節目に行われ，サナブリや*アエノコトなど秋の神送りの儀礼が有名である。

田能村竹田 たのむらちくでん　1777～1835(安永6～天保6)　江戸後期の画家・詩人。通称は行蔵，別号に随縁居士・花竹幽窓主人など。豊後国竹田の岡藩医の子に生まれる。藩儒の唐橋君山に従って「豊後国志」の編集にたずさわり，君山の没後，1804年(文化元)に至って完成した。経学のほかに，詩文・書画の志があり，藩籍を有したまま京坂・江戸に滞在し，多くの学者・詩人・画家と交遊した。*村瀬栲亭は師，*頼山陽は友人である。画業は南宋画に範をもとめた山水画・花鳥画が多く，離俗飄逸の画風をもち，文人画の第一人者と評される。「松巒古寺図」「船窓小戯帖」などが名作として知られる。「*山中人饒舌」(1835刊)は，南画論と近世画人論である。「塡詞図譜」(1806刊)は，失われた詩形である塡詞の再興をめざしたものである。

旅 たび　「旅」という言葉は，一般には旅行と同義に用いられ，一時的に居所を離れて他の土地に行くことを意味するが，そうした狭義の意味に限定できない多義的なニュアンスをもつ概念でもある。例えば「人生は旅」「心の旅」などの用例が示すように，移ろいゆくもの，流転するものへの比喩としても広く用いられている。*三木清は，すべての旅に共通するものは「漂泊の感情」であり，人生もまた「未知への漂泊」と捉えている(「人生論ノート」)。旅の本質をこのような「漂泊の感情」に求める場合，著名な*芭蕉「*おくのほそ道」の冒頭の一節に行き当たるだろう。芭蕉が「古人も多く旅に死せるあり」という「古人」は，さしあたって能因・西行・

宗祇らの古代から中世にかけての歌人たちであったろうが、そうした芭蕉に通じる「漂泊」型の旅人たちの系譜に、日本人の心の歴史をたどることは従来の日本思想史(精神史)の一つの課題でもあった。

しかし、旅の本質を「漂泊の感情」に求める立場からは、文学史に即して日本人の心の歴史はたどれるだろうが、そこからは実存的な孤高の旅人のみに焦点があてられるという問題が残る。特に広範な人々にとって旅が容易となった江戸時代は、「漂泊不在の季節」(目崎徳衛「漂泊―日本思想史の底流」)とみられるために、思想史的に軽視されがちであった。旅のもつさまざまな側面がいっきょに開花したのがこの時代であり、それに照準をあわせた思想史的な概念の定立が求められる。「旅」に通じる言葉としては、「漂泊」とともに「遊」がしばしば用いられる。古代から中世にかけては、「遊行上人」(*一遍)のように、宗教的な意味合いを含む「遊行」という言葉がみられるが、旅が普及する江戸時代では、世俗的意味合いをもつ旅の言葉が一般化する。例えば*貝原益軒の紀行文には、名所旧跡や自然の風物をみるための旅として、今日の観光に通じる「遊観」が好んで用いられた。また主に人々との交わりを求めた「遊歴」、学びのための「遊学」、湯治や社寺参詣を名目にした庶民の「遊山」など、現代にも通じる多様な旅の形態をとりだすことができよう。幕末の青年武士たちの文武修行は、*吉田松陰らの旅に典型的にみられるように、「遊学」を基調として、それに「遊歴」を組み入れたものが多かった。こうした旅の諸類型に即しつつ、個々の旅が人間形成と思想形成にどのように影響したかを検討することは重要な課題である。

交通手段が格段に進歩し、また海外渡航が可能となった明治期以降、旅は以前にも増して国内外における異文化体験の機会を与えるようになった。*福沢諭吉をはじめとする明治知識人の西洋留学は、近代日本の形成に大きく貢献した。また、近代化の中で失われていく列島の民俗を採訪し、日本文化の特徴を捉えようとした*柳田国男や宮本常一のような旅の学者も現れた。異文化体験の機会が広がるにつれ、旅はその経験を通じて自らの文化を再認識する固有の役割をはたすようにもなるのである。近代以降の旅は、知識人の異文化体験から現代の海外ツーリズムに至るまで実にさまざまであるが、普遍的でグローバルな意識をうみだす一方で、ナショナルな、時にはローカルな感情や意識を引き出す契機ともなった点は注目される。こうした旅の両義性について近現代の思想史の問題として幅広く検討することが必要であろう。

旅芸人 たびげいにん　地方を巡回する芸人。普段は農業などに従事しながら、季節を限って旅にでる場合と、季節に関係なく地方巡業を職とする場合とがある。前者は*門付芸人、後者は主として大道芸人で、常設の舞台をもたず、曲芸や芝居を演じて金品を乞うていた。多くは中央の歌舞伎などを模したものだが、近代になっても大衆演劇としてわずかにその名残をとどめている。

タブー taboo　ポリネシア語に由来する学術用語で、聖と俗、清浄と不浄を峻別し両者の接触を禁じ、これが守られなければ超自然的な制裁が加えられるとする儀礼的・社会的習俗をいう。日本語では「禁忌きんき」が用いられる。神事斎行に際しての禁忌については「神祇令じんぎりょう」に規定があり、祭祀奉仕者が散斎あらいみという*斎戒さいかい期間に入ると、喪を弔うこと、病気見舞い、肉食、死罪などの審理と執行、音楽をなすこと、穢悪えあくに与ることが禁じられた。この禁忌に違反した場合の罰則は「職制律」にあり、散斎期間であれば笞50が規定されている。また「儀式」「延喜式」には、祭祀あるいは斎宮さいぐうにおいて使用される言葉の禁忌としての*忌詞いみことばが記されている。

ターヘル・アナトミア →解体新書かいたいしんしょ

多宝塔 たほうとう　仏塔の一形式。下層平面が方形、上層軸部が円筒形で、上下の連続部が饅頭まんじゅう形をなす二重塔。名称は「法華経」見宝塔品けんほうとうほんに説かれる釈迦・多宝二仏並座にぶつびょうざの塔に由来する。従来の多重塔とは異なる、こうした新形式の塔は最澄さいちょうが計画した六所宝塔が最初だが、現在の多宝塔の原形は、大日如来の三昧耶形さんまやぎょうにもとづいて、空海くうかいが高野山に建立を計画した毘盧遮那びるしゃな

な法界体性塔で，以後，密教寺院に多く造立された。造立当初の姿を示す現存遺構としては鎌倉時代初頭の石山寺多宝塔（国宝）が古いが，室町時代の根来寺㋑多宝塔は高野山の塔形式をよく伝えるもので，内部に円形の柱列を有した，大塔㋺ともよばれる形式である。→塔

玉 たま　石やガラス・琥珀㋩・真珠・金・銀・青銅などさまざまな素材に孔を貫通させ，紐を通して単独で垂下したり，また同類の製品を連ねて繋結することもある装飾品をいう。動物の歯牙などに孔をあけた垂飾品を淵源としたとみられる。特に硬玉㋥（ヒスイはその一種）や碧玉㋭など，滑らかで美しい色と光沢を放つ素材は，その稀少性やそれらがもつ美しさのゆえに呪的効果をもつものとして珍重された。なかでも新潟県の姫川や青海㋬川などの上流と富山・新潟県境の海岸で採取されるヒスイは玉に作られ，縄文中期以降，古墳時代まで全国的な流通をみる。古墳時代には玉が装身具として隆盛をきわめ，*勾玉㋣・管玉㋠・裏玉㋷・切子玉㋦・丸玉・算盤玉㋸・空玉㋠・山梔玉㋾・トンボ玉・小玉・振玉㋻など，その形や造り・色彩などにより多様な名称をもつ玉が，それぞれ紐に貫かれて首飾りや髪を覆う頭飾りのほか，耳飾りや手玉・足玉などとして身を飾った。また滑石㋕で作られた子持㋖勾玉や，板状の勾玉・小玉などは主に祭祀に使用された。

玉勝間 たまかつま　*本居宣長㋙の随筆集。全15巻15冊。1793年（寛政5）に起稿し，3巻1編の形で95年から1812年（文化9）にかけて，計5編を順次刊行。全1005段からなる。内容は古語や古事の訓詁・釈義，地理・歴史などの考証，記録類からの俗語の出典，土俗や伝説の抄録や聞き書きの類のほか，儒仏を論じ，古道・学問の主張，自己の学問の閲歴，信仰や趣味をのべ，学事から世事にわたる教訓など，平素の研究活動での感慨や目にとまった事柄が摘録されたものである。「松坂の一夜」の典拠となった賀茂真淵㋛との対面などのエピソードも豊富である。

玉木土佐守覚書 たまきとさのかみおぼえがき　→身自鏡㋞

たまきはる　→建春門院中納言日記㋟

玉木正英 たまきまさひで　1670〜1736（寛文10〜元文元）　大村宇右衛門とも。江戸前・中期の垂加神道家・橘家㋔神道家。姓は橘，氏は大村のち玉木。名は正英，通称は幸祐のち兵庫，号は葦斎㋡・寂隠斎，霊社号は五鱗㋢霊社。京都梅宮大社の神職。薄田以貞㋤に師事し，以貞没後は*橘家神道の道統を継承した。また，*出雲路信直㋦や*正親町公通㋟のもとで*垂加神道の体系化を図るとともに，行法を重視した橘家神道に垂加神道の神学を導入し，その充実化をめざした。1715年（正徳5）に公通より「*中臣祓風水草㋠」を伝授されて垂加神道の道統者となり，彼のもとには*松岡雄淵㋡・岡田正利㋢・*谷川士清㋣・*竹内式部㋤らの俊秀が集まり，朝廷をはじめ諸国の神社や篤信家らに普及した。編著書は「*玉籤集㋦」「*神代巻藻塩草㋧」「橘家神体勧請伝㋨」など多数。

玉くしげ たまくしげ　❶「玉匣㋩別巻」とも。*本居宣長㋪の著した政道論書。1冊。1787年（天明7），和歌山藩主徳川治貞㋫が天明期（1781〜89）の困難な社会情勢下において領内に治道・経世策を広く求め，門人の和歌山藩士の勧めにより献上した。増補して89年（寛政元）に刊行。実際的・具体的政策をのべた「*秘本玉くしげ」の別巻であり，治世の根本原理を説く。まず正しい古道・古伝の伝わる日本の優秀性をのべ，天照大神㋬が天皇に政治を委任し，さらに委任された将軍をはじめ武士の政事は天照大神より預かったもので，民も同様に私すべきではないとする，いわゆる*大政委任論が国学的古道論の立場から明確に主張された。また，政治は現世の人事ではあるが，その根本は幽事すなわち神の働きであるとし，敬神を政治の基本におく。

❷→秘本玉くしげ㋭

鎮魂 たましずめ　→鎮魂㋮

玉襷 たまだすき　*平田篤胤㋯の著書。全10巻。日本全国の重要な神々を順次名前をあげ，その拝詞を記した「毎朝神拝詞記㋰」（毎朝神拝式）の行文について解説している。1813年（文化10）頃に執筆が開始され，当初は講説を記録したものだったという。「毎朝神拝詞記」が数次にわたって改訂されたことも

あって，「玉襷」の改稿も進められて，巻ごとに文章体のものに改められた。その出版は32年（天保3）2月から始められ，最終の追補巻の第10巻のみ69年（明治2）になって刊行された。10巻は先祖祭祀についてのべているが，この巻だけ改稿に至らず講説の文体を残している。

玉田永教（たまだながのり） 生没年未詳，一説に1756〜1836（宝暦6〜天保7） 江戸中・後期の神道家。はじめ横山氏。名は永教，通称は主計〈かずえ〉。阿波国鳴門出身。父は徳島藩士横山永親。上京して垂加神道や吉田神道を学び，下鴨に家塾秀穂舎を開き吉田神道の宣布に努めた。また地方を巡り敬神尊皇を庶民に平易に講じたことや，著書「年中故事〈ねんじゅうこじ〉」で国学者をあざけり，彼らの学説を信じる諸国の神職は多く神罰をうけている，と主張したことでも知られる。著書は「神国令〈しんこくれい〉」「神道講義」「八幡宮霊験記」ほか多数。

霊能真柱（たまのみはしら） ＊平田篤胤〈あつたね〉の著作。全2巻。1812年（文化9）12月成稿，13年4月刊。篤胤の著書のうち，最初に版行されたもの。服部中庸〈なかつね〉「＊三大考」をふまえ，神代の物語における天〈あめ〉・地〈つち〉・黄泉〈よみ〉と太陽・地球・月を同一視し，その生成過程を説明する。中庸が本居宣長〈もとおりのりなが〉「＊古事記伝」に依拠し，全体の過程を基本的に「古事記」の記述に即して理解したのに対し，篤胤は「古事記」以外にも「日本書紀」などいくつものテキストを比較しながら自身の考える「正しい」神代史を想定し，それにそって生成の過程を説明している点に根本的な相異がある。

宣長や中庸が死者の行方を黄泉国と考えたのに対して，本書は死者は地球にとどまるが，地球は顕（生者の生活している，見える世界）と幽（生者から見えない世界）の二つの領域からなっており，生者は前者に，死者は後者に存在していると説いた。篤胤およびその先行者の中庸の議論の前提にあったのは，ヨーロッパの天文学であり，そこでの地動説と神代の物語をあわせて理解したところに特色があった。篤胤がこの時期に本書を著したことを，夫人の死といった個人的理由から説明する向きもあるが，状況的には対外的関係の中での日本のあり方と死後の問題を結びつけて理解しようとした点に，この時代に特徴的な性格を認めるべきだと考えられる。

鎮魂（たまふり） →鎮魂〈ちんこん〉

玉松操（たままつみさお） 1810〜72（文化7〜明治5） 幕末・維新期の神道家・皇学者。名は真弘，号を毅軒〈きけん〉・深青・三清などと称した。参議侍従山本公弘の子として京都に生まれる。幼くして醍醐寺無量寿院に入り，猶海〈ゆうかい〉と称した。大僧都〈だいそうず〉法印に昇進して僧律改革を企てたがはたせず，憤慨して還俗した。京都で本教学を標榜していた＊大国隆正〈たかまさ〉から国学を，鈴木恕平〈じょへい〉から朱子学を学んだ。幕末動乱の時期にあって尊王攘夷思想を骨子とし，岩倉具視〈ともみ〉や諸国の志士たちと交わり，王政復古の謀議に参画した。維新後は，徴士〈ちょうし〉内国事務局権判事・皇学所御用掛・侍読〈じどく〉などを歴任したが，開明的な政府の方針と齟齬をきたして引退し，余生は書籍耽読の日々を送った。なお，倒幕軍の掲げた錦の御旗や神武創業の理念などは彼を中心に展開したといわれている。

民の繁栄（たみのさかえ） 江戸後期の心学書。著者は＊脇坂義堂〈わきさかぎどう〉。1796年（寛政8）京都の書肆より刊行された。全5巻。「老人の曰〈いわく〉」の書き出しで，中国・日本の逸話・故事をあげながら教訓ないし生活心得を説諭する＊道話を，各巻とも数話ずつ収める。内容には，我欲を捨て，貧を恐れず，忍の徳を守って正直に働くことを勧めた例話が多く，義堂の老荘思想にもとづく心学の倫理観が基調となっている。本書はまた，各話に挿絵が設けてあり，「＊鳩翁道話〈きゅうおうどうわ〉」（抜群の話術により聴衆に感銘を与えた道話）のように耳で聴いて有益な道話集ではなく，眼で読んで有用な道話集といえる。

為永春水（ためながしゅんすい） 1790〜1843（寛政2〜天保14） 江戸後期の戯作者（人情本作者）。姓は佐々木，名は貞高。戯作者の号として用いたものは多いが，狂訓亭主人・2代目南杣笑楚満人〈なんせんしょうそまひと〉など。経歴は不明な点が多い。江戸で書肆青林堂を営み，講釈師として生計をたてながら，式亭三馬〈さんば〉に入門して戯作の道に入った。1832年（天保3）に，深川を舞台に男女の細やかな情愛を描写した「春色梅児誉美〈しゅんしょくうめごよみ〉」を刊行して好評を博し，旧来の

作者を圧倒して一躍人気作者になった。天保期(1830〜44)の人情本世界は，春水一門の独壇場であったといわれる。41年暮れ，天保の改革の風紀粛正に触れて50日の手鎖に処せられた。43年に死んだが，心労のためだと伝えられる。

多聞院日記(たもんいんにっき)　室町後期から江戸初期にかけての*興福寺の学侶(複数人)の日記。原本は伝わらず，すべて写本である。46冊からなり，1478〜1618年(文明10〜元和4)の記事を有する。うち40冊の記主は多聞院主の長実房英俊(えいしゅん)(1518〜96)だが，残る6冊の記主は学賢房宗芸(そうげい)・延尭房賢清(けんせい)・妙喜院宗栄(しゅうえい)らで，多聞院主の手になるものとは限らない。「多聞院日記」の称は，江戸前期に同院所蔵の日記の謂で用いられ，これが転写の過程で固定化したと考えられる。記事は，中・近世移行期の大和・山城国の政治・社会・文化全般にわたる。さらに，英俊は夢を頻繁に書き付けており，戦国期の一僧侶の内面をうかがいうる史料としても貴重である。

多聞天(たもんてん)　→毘沙門天(びしゃもんてん)

田安宗武(たやすむねたけ)　1715〜71(正徳5〜明和8)　江戸中期の歌人・国学者。8代将軍徳川吉宗(よしむね)の次子で，*松平定信(さだのぶ)の父。徳川御三卿の田安家の祖。徳川名家に生まれて，若い頃から学問・文事に遊んだ。歌人としては家集「天降言(あもりごと)」(没後刊)，歌論「*歌体約言(かたいやくげん)」(1746)などがあり，万葉ぶりの歌風，朱子学的な文学観，*賀茂真淵(まぶち)の影響による復古調に特色がある。*「国歌八論」論争にもかかわったが，古学の*荷田在満(かだのありまろ)や真淵らを和学御用として任用し，文芸や故実の復興にパトロンとしてはたした役割は大きい。また京都の堂上(とうしょう)歌学に対して，東国の地下(じげ)・武家の文事の隆盛を促した人物として評価される。

田山花袋(たやまかたい)　1871〜1930(明治4〜昭和5)　明治・大正期の小説家。本名録弥(ろくや)。栃木県館林(現在は群馬県)出身。モーパッサンから影響をうけ，1902年(明治35)「重右衛門(じゅうえもん)の最後」を発表，*自然主義文学の書き手として注目される。「露骨なる描写」(1904)を提唱し，「*蒲団(ふとん)」(1907)によってその名声を決定的なものとする。「生(なま)」「妻」「縁」

(1908〜10)の長編三部作では，自身とその係累とを題材に過渡期の家族問題を描き出した。代表作としてはほかに，「田舎教師」「時は過ぎゆく」などがある。実作者であると同時に，博文館の雑誌「文章世界」の主筆として優れた才能を発揮し，後進の文学者の育成に努めた功績も大きい。「田山花袋全集」全16巻・別巻1がある。

陀羅尼(だらに)　梵語dhāraṇīの音写で，仏教で用いる呪文の一種。梵文の句を訳さずそのまま読誦するもの。「総持(そうじ)」と漢訳される。一般に句の長いものを陀羅尼といい，短いものを真言(しんごん)という。本来，修行者の心を集中させ，教説や経文を記憶するために用いられたもので，大乗仏教時代から盛んに用いられた。密教では，特に言語そのものの内在的な力を重要視したために呪文的な性格を強めた。奈良時代の雑密系の陀羅尼から用いられたが，*空海(くうかい)の純密導入でさらに絶大な信仰を形成した。また浄土教でも，念仏とともに陀羅尼を極楽の業とし，貴族社会では葬送儀礼に*光明真言(こうみょうしんごん)と宝篋印(ほうきょういん)陀羅尼などが死霊鎮送などのために読誦された。

他力(たりき)　→自力・他力(じりき・たりき)

樽井藤吉(たるいとうきち)　1850〜1922(嘉永3〜大正11)　明治期の社会運動家。大和国生れ。井上頼囶(よりくに)の神習舎(しんしゅうしゃ)で学び，1877年(明治10)の西南戦争に際し，西郷隆盛に呼応するため東北地方で兵を募ったが失敗した。以後，「佐賀新聞」の主筆をへて無人島探検を四度にわたって試みた。82年長崎県島原で，社会の平等と公衆の最大福利などを党則に掲げた東洋社会党を結成した。結社禁止を命じられたが，活動を続けたため集会条例違反で禁固刑に処せられた。85年*大阪事件に連坐。92年衆議院議員となり，大井憲太郎らと*東洋自由党を組織した。93年日韓関係の解決策として対等合併を主張する「大東合邦論」を出版，中国の梁啓超(りょうけいちょう)らにも影響を与えた。晩年は，朝鮮・満州での鉱山開掘に従事したが失敗した。

達磨忌(だるまき)　達磨入滅の忌日に修する法会(ほうえ)。その世寿は150歳とされ，入滅の年月日に諸説があるが，528年(梁・大通2)10月5日説によって，禅林では通常10月5日に修され

る。「文保二年(1318)仲冬下澣住持花押(東福寺12世双峰宗源{そうほん})」の奥書がある「慧山古規{えさん}」にも10月5日条に「初祖忌〈大忌〉准無準忌〈但有疏〉」とあり，達磨の徳を称える疏{しょ}を作る習いであった。*虎関師錬{しれん}は「日本書紀」推古21年(613)条に，12月朔日，聖徳太子が大和片岡において飢人にあい飲食・衣服を与えたとする記事によって，「元亨釈書{げん}」達磨伝においてこの飢人が達磨であるとする説をとり，すでにあった達磨渡来説を吸収して，臘朔{ろう}達磨忌を唱えた。この説はその後叢林の一部で継承されたが，おおむね無視された。*雲章一慶{うんしょう}の講義「*勅規雲桃鈔{ちょく}」には，「日本ニ名誉ノ事カアルソ，達磨ノ臘朔ニ片岡山ニ現セラレタホトニ，海蔵和尚(虎関師錬)ノ日本ニハ臘朔ニ達磨忌ヲ可行トテ，規式ヲメサレタソ，……海蔵ノモノヲモ，ナライタモノカアツタソ」云々とみえる。達磨伝説と聖徳太子を結合する和漢融合の発想による提唱として注目すべきものである。

多波礼草 たわれぐさ *雨森芳洲{あめのもり}の随筆集。和文。全3巻。芳洲没後の1789年(寛政元)刊。「見し，きヽし，おもひし事どもを，そゞろにかきつけ」たといわれるが，子孫への教訓を残すという趣旨で書かれた。対馬国府中{ふちゅう}藩に仕えた芳洲らしく，話題は和・漢・韓の風俗・歴史・制度・言語などの広い範囲に及び，比較文化論の先駆けというべき興味深い内容に満ちている。

談義 だんぎ 物事の道理を説き明かすこと，仏典を解説することで，説教・説法と同じ。事理を体系的に論じた理論体系として仏教が主流であった時代には，講説・問答などともよばれて，これらの文字を付した経典の注釈書などの例が数多くみられる。高僧の説教は「御談義」として敬意を表された。中世には各地で談義所が設置されて，教学の学習・議論や説教が行われた。近世には広く世俗化して，辻談義・門{かど}談義・長談議などの用語がみられる。読み物として*談義本も刊行された。

談義本 だんぎぼん 近世小説の一ジャンル。文運東漸期の江戸で発生した初の小説ジャンル。将軍徳川吉宗{よしむね}による学問奨励・庶民教化の世相に迎えられて好評を博した。狭義には，*静観房好阿{ほうあ}「*当世下手談義{たまよみ}」(1752刊)を第一作として，その追従作・批判作などの一群をさす。仏教・神道・老荘・儒教・石門心学などの諸思想を援用した知足安分論{あんぶん}を基本とする庶民的教訓を建て前としながらも，のちの滑稽本{こっけい}や黄表紙{きびょうし}などの*戯作{げさく}で完成するうがちなどの発想が色濃く，言語遊戯性に富み，当世風俗を活写する。*平賀源内{げんない}の「*根南志具佐{ねなし}」「*風流志道軒伝{しどうけん}」(ともに1763刊)に至り，一般庶民向けの処世智としての教訓的言辞は影をひそめ，より高踏遊民的な思想の萌芽がみられる。ただし，平賀源内の著作は滑稽本とすべきという見解もある。また広義には，正徳・享保期(1711〜36)の*増穂残口{ますほ}・*佚斎樗山{いっさい}の作品およびその追従作・批判作をもさす。

端午節会 たんごのせちえ →五日節会{いつかのせちえ}

弾出定後語 だんしゅつじょうこうご →摑裂邪網編{かくれつじゃもうへん}

男色 だんしょく →男色{なんしょく}

弾誓 たんせい 1552〜1613(天文21〜慶長18) 「たんぜい」とも。戦国〜江戸前期の浄土宗*捨世派{しゃせい}の僧。諱は弾誓，幼名は弥釈麿。尾張国の人。9歳で出家して，美濃国武儀郡の山中で庵を結び永らく念仏に専心した。のち畿内を歴遊して佐渡に渡り，1597年(慶長2)檀特山{だんとく}で静坐念仏するうちに弥陀説法を感得して，これを6巻の経典とした(「弾誓経」)。のち信濃・甲斐国を巡り各地に寺院を建立し，1603年江戸で幡随意{ばんずい}から宗脈をうけた。相模国箱根塔の峰{とう}の岩窟で念仏修行し，領主大久保忠隣{ただちか}の帰依をえて阿弥陀寺{あみだ}を建立した。08年上京し，大原古知谷{こち}に阿弥陀寺を建立した。長髪・草衣・木食{もくじき}で知られ，400万紙に阿弥陀の名号を書いたとされる。また衆徒のために七十三条制誡を定めた。

胆大小心録 たんだいしょうしんろく *上田秋成{あきなり}の最晩年の随筆。1808年(文化5)頃の執筆。書名は「文章軌範{きはん}」の「放胆(膽)文{ほうたん}」などに典拠をもつが，後人の命名である。自筆本3巻が写本で伝わり，気分の赴くまま書き，また人に手跡{しゅせき}を与えるために書くこともあり，自筆

の異本もある。特に完成という意識はなく書きためられていたものと思われる。

内容は，身辺の所感，事物の国学的な考証，「命禄(めいろく)」の語に特徴的な自己の人生観や歴史観などに及ぶが，秋成の伝記や交友関係の記事があることから，従来もっぱら伝記資料として利用されてきた。その後，晩年の思想の表れとして，自己の生と死をみつめ文学的ロマンを放擲した境地に到達した書として評される。近年では，秋成の他著と重複する文章が多く，この点を執筆力の涸渇と考える向きや，逆に年来のテーマやモチーフを常に自己に問い続けた姿と考える評価とに分かれている。

歎異抄(たんにしょう) *親鸞(しんらん)の思想を伝え，親鸞没後に横行する異端の説を批判した教義書。1巻。鎌倉中期の成立。著者は，親鸞の晩年の弟子で，常陸国河和田に住した唯円(ゆいえん)とする説が有力で，親鸞在世中，上京して直接教えをうけた者の一人とされる。本書の構成は，前半(第1条から第10条前半まで)が親鸞の言葉を伝える法語集であり，後半(第10条後半から第18条まで)が異端の説をあげて批判を加える部分となる。原本は現存せず，本願寺8世*蓮如(れんにょ)の写本が最古の写本である。蓮如本には，末尾に法然(ほうねん)・親鸞の流罪に関する記述が付属するが，後世に付加されたものと思われる。

本書が広く知られるようになったのは近代以降であり，*清沢満之(きよざわまんし)らによって高く評価された。とりわけ，第3条冒頭の「善人なをもて往生をとぐ，いはんや悪人をや」のくだりは有名で，これによって親鸞は*悪人正機説(あくにんしょうき)を唱えたと理解されている。ただし，この部分は師の法然の言葉を伝えたとする説もある。また，「歎異」という書名からわかるように，本書の中心は法語ではなく，むしろ異端への批判部分と考えられる。

潭北(たんぼく) 1677〜1744(延宝5〜延享元)　常盤(ときわ)潭北とも。江戸中期の俳人で，農民に向けた多くの教訓書を著した。名は貞尚，字は尭民。下野国烏山の生れ。関東の農村各地で，特に農村の指導者を中心に多くの農民に講話を行った。その活動の支援者も多かったとされている。講話の内容は，「野総茗話(やそうめいわ)」「*百姓分量記(ひゃくしょうぶんりょうき)」「民家童蒙解(みんかどうもうかい)」などの教訓書として残されている。思想的な特色としては，仏教・儒教・神道の*三教一致論を説き，家族や地域の生活を円満に送るうえでの問題について細かに注意している点があげられる。

ち

治安維持法　ちあんいじほう　1925年(大正14)4月に成立し、45年(昭和20)10月に、いわゆる「人権指令」により廃止された、昭和前期における治安立法体系の中核をなした法律。第1次大戦後、社会主義革命達成などの国際環境の変化の中で、日本でも社会主義をめざす結社活動や大衆活動が興隆した。これらの活動に対して、伝統的支配体制の維持を目的として、「国体変革」と私有財産制度の否認を目的とする結社や行動を処罰するために制定された。同法は1926年1月の京都府学連事件で最初に適用され、日本共産党組織の徹底的破壊によって第一義的目的を達成すると、さらに適用対象を「人民戦線運動」取締りや「類似宗教」の取締りに拡大させていった。1928年の緊急勅令により、「国体」変革を目的とする行為の処罰につき死刑と無期自由刑とする厳罰化の改正をへて、41年に全面改正された。全面改正後には、42年9月以降の横浜事件にみられるあからさまな言論弾圧にまで及んだ。

治安警察法　ちあんけいさつほう　1900年(明治33)3月に公布・施行された治安立法。*三大事件建白運動・大同団結運動をふまえて、帝国議会開設直前の1890年7月25日に公布された*集会及政社法を引き継ぐとともに、しだいに起こり始めた農民運動や労働運動をも規制するために作られた。全33条の内容は、(1)結社および集会の届出制、(2)政治結社加入と政談集会参加者の制限、(3)集会への警察官の禁止・解散権および結社への内相の禁止権、(4)労働者・小作人の団結および争議の制限などであり、政治・社会運動の大きな足かせとなった。特に(2)は、軍人・警察官・教員などとともに女性の政治活動を禁止したものであるが、05年からその撤廃を求める請願書が毎年のようにだされた。この条項の改正案は当初貴族院で否決されたが、22年(大正11)3月可決され、政談集会への女性の参加が認められた(政治結社は加入禁止のまま)。敗戦後の45年(昭和20)11月21日廃止。

近きより　ちかきより　1937年(昭和12)4月に弁護士*正木ひろしが創刊した個人雑誌。戦後の49年10月まで98冊が発行された。*桐生悠々の「他山の石」や*矢内原忠雄の「嘉信」などとともに、十五年戦争期にありながら戦争を批判し、時局への抵抗の姿勢をとり続けた数少ない雑誌の一つである。言論の自由が極端に制限される中、正木は逆説や反語・隠喩などを駆使することで、検閲をまぬかれる戦略を一貫させた。44年には「首なし事件」を特集し、埋葬された死体を掘り出すとともに、東京帝国大学法医学教室の鑑定により警察の拷問を告発している。

智覚普明国師　ちかくふみょうこくし　→春屋妙葩

近角常観　ちかずみじょうかん　1870〜1941(明治3〜昭和16)　明治〜昭和前期の求道者・伝道者。父は常随。滋賀県東浅井郡の真宗大谷派西源寺に生まれる。1889年(明治22)東本願寺の留学生として第一高等中学校に入学、98年東京帝国大学を卒業する。その間1896年には*清沢満之らと大谷派宗門革新運動に参加するが挫折する。その後、精神的・肉体的に苦悶し激しい求道の末、罪の自覚をへて回心する。政府の宗教法案反対運動にも参加し、生涯国による宗教統制に反対し続ける。1900年渡航して欧米の宗教制度を視察し、帰国後、清沢の住んでいた東京本郷区森川町に求道学舎を創設する。15年(大正4)には求道会館を建て、ここを拠点に「*歎異抄」中心の伝道を展開する。罪悪の自覚にもとづいた信仰体験を重んじ、青年層に訴えた。著書は「懺悔録」など多数。

近松門左衛門　ちかまつもんざえもん　1653〜1724(承応2〜享保9)　江戸前期の浄瑠璃・歌舞伎作者。本姓は杉森、名は信盛。別号に巣林子・平安堂。福井藩松平家の武士、杉森信義の子として生まれ、父が牢人したのに従って京都に移住し、公家に仕えたらしいが詳細は不明である。近江国の近松寺に入って僧になったり、堺で講釈師をしていたことも伝わる。宇治加賀掾のために書いた「世継曾我」(1683)が、近松作と認定できる初作である。1685年(貞享2)竹本座初演の「出世景清」が、新古浄瑠璃を分ける画期的

な作品となり，世話物の開始を告げた記念碑的作である「*曾根崎心中」(1703)など竹本座の座付作者となって，竹本義太夫との提携の新時代を築いた。「*国性爺合戦」(1715)，「心中天の網島」(1720)など，時代物・世話物にわたって多くの名作がある。歌舞伎の脚本も早い時期から書いていたようであるが，「仏母摩耶山開帳」(1693)が近松作と認定されている初作である。以下，初世坂田藤十郎のために書いたものなど，元禄期(1688〜1704)に30点以上の作品がある。世話物に市井の人物を登場させたり，時代物の三段目に身代わりの犠牲死の場面をおくなど，個人の生活感情と非日常の感情を近世社会の中の劇的表現として構成し，近世悲劇の創始者となった。

知行 ちぎょう 中世・近世において，職務権限を意味する「職」の執行と，これに付属する権益たる「得分」の受領を基本とする不動産物件に関する支配を意味する語。一般的には，所領に対する支配権とその行使の意で使用される。国衙の郡司・郷司，荘園の公文・地頭などは，国司・本所・幕府などの上級権力によって各職に補任され，知行を行った。職への任命に際し発給されるのが下文などの形式の補任状である。鎌倉幕府においては当知行安堵の原則が幕府法によって定められ，20年間実行支配された所領・所職は当知行者に帰属するものとされていた。

逐条憲法精義 ちくじょうけんぽうせいぎ 憲法学者・行政法学者*美濃部達吉の主著の一つ。*大日本帝国憲法(明治憲法)の逐条注釈書。1927年(昭和2)有斐閣刊。明治憲法を逐条的に注釈した体系的な著作は，それまで憲法草案起草者である*伊藤博文の「憲法義解」を除いてほとんど存在しなかった。*天皇機関説論争の発端ともなった1912年(大正元)公刊の「憲法講話」は，文部省主催の中等教員講習会での講義録をまとめた概説的な一般教養書であったが，これを逐条的に詳細な解説を加えて改版したものが本書である。*天皇大権を無制約に解する神権学派を立憲主義の立場から批判し，また比較法的視野をもつ精緻な論理的解釈を特徴とする。先行して公刊されていた「*憲法撮要」と並んで，当時の標準的憲法解釈を反映したものとみなされていたが，天皇機関説事件で「憲法撮要」「日本憲法の基本主義」「法の本質」とともに，1935年(昭和10)4月に出版法第19条違反として発売禁止処分に付された。

竹林抄 ちくりんしょう 室町時代の連歌撰集。全10巻。*宗祇編，一条兼良の序。1476年(文明8)以前に成立。四季・恋・旅・雑・発句の部立てからなり，宗砌・賢盛・心敬・行助・専順・智蘊・能阿の付句・発句を約1800句収録する。竹林の七賢人になぞらえて書名を「竹林抄」としたと考えられ，のちにこれにちなんで宗砌ら7人を*連歌七賢とも称する。「*新撰菟玖波集」の重要な撰集資料となる。連歌の最も優れた句を集めたものとされ，評価が高い。約40種の伝本があり，また宗祇編とされる「竹林抄之注」や兼載の講釈の聞き書き「竹聞」などの古注釈もある。

逐鹿評 ちくろくひょう →大学要略

智光 ちこう 709〜780頃(和銅2〜宝亀年間頃) 奈良時代の三論宗の学僧。河内国の鋤田連(のち上村主と改める)の出身。元興寺(法興寺)の*智蔵に師事して三論を学び，頼(礼)光とともに三論宗元興寺流を形成したとされる。著述も多く，現存する「般若心経述義」1巻，「浄名玄論略述」5巻(巻5末は欠)のほか，「法華玄論略述」「大般若経疏」「無量寿経論釈」などの著作があったとされる。9世紀の「*日本霊異記」では，行基を嫉んで地獄に堕ちたが蘇生・改心した学僧として，10世紀の「*日本往生極楽記」では，学友頼光の死後，彼の導きで感得した*浄土変相図によって往生をとげたと記されている。その図は智光曼荼羅と称され，11世紀頃から浄土教の隆盛とともに信仰を集めた。

知行合一説 ちこうごういつせつ →陽明学

治国家根元 ちこくかこんげん 天下の政道論を説いた「*本佐録」と同じく本多正信の著と伝えられるもの。著者・成立年とも不詳。幕藩体制の確立にともない，治国斉家の基本理念，ことに諸藩の次元における具体的な治国の方策と心得を体系化したもので，近世政

道論の代表的な著作の一つである。その特色は「国ヲ治メ家ヲ斉ルニ其本」を「国主郡主ノ御心」に求め，善悪・正邪を分別する力量の必要性，君主・幕府に意見を具申する「言路ヲヒラク事」，「民ハ国ノ本，本固キ時ハ国安シ」とする安民政策，民を困窮させないよう「財用ヲ節ニスル事」など，為政者としての政道論が説かれている。

稚児舞 ちごまい　少年が演じる芸能。古代では宮中行事にもとりいれられ，童女御覧・童相撲などがあったが，これらはもともと稚児が神の憑坐とみなされていたことによる。一方で稚児の容姿を愛玩する風潮もあり，特に寺院における*延年舞では稚児によって童舞・白拍子・乱拍子などが演じられた。高野山では，1148年(久安4)の阿弥陀講の後宴として稚児の琵琶・箏の演奏などが行われた(「高野御室御参籠日記」)。室町時代にも連事や風流で童舞が演じられた。

致斎 ちさい　→忌　斎戒

知識 ちしき　智識とも。漢語の「知識」は知人・知合いの意。漢訳仏典では良い友達・悪い友達をそれぞれ善知識・悪知識と表記しているが，単に知識という場合は善知識の意で，限定的には人々に仏教信仰を教導する徳の高い人物を意味し，やがて種々の仏教事業に参画する篤信者をも称するようになった。7～8世紀の仏像の銘文や経典跋語によれば，造寺・造仏や写経事業において，願主の発願に応じて知識が集団を結成して田畠や銭貨などを寄進したり，労働力を提供したりしたことがわかる。また河内国大県郡の智識寺のように，知識を結集して建立された寺院もあった。

智証大師 ちしょうだいし　→円珍

智真 ちしん　→一遍

知心弁疑 ちしんべんぎ　江戸後期の心学書。著者は*手島堵庵。*上河淇水の序文を付して1773年(安永2)に京都の書肆より刊行。1冊。全編問答体の形態をとり，まず師*石田梅岩の教説にしたがい，人間にとってその本質である「性」の自覚の重要性を指摘するが，「性」とは「本心」にほかならないとする。本心とは，思うて片時も休まない自発・自動の活物であり，意識の流れである。この本心の働きを中断して悪に誘うのは「我」であり「思(私)案」であるから，克服して「我なし」「思案なし」の境地に達するよう修行しなければならない，とする。本書において展開される本心存養の説により，梅岩が創始した教化思想は，はじめて「心学」とよばれるようになった。→石門心学

智蔵 ちぞう　生没年不詳　7世紀の三論宗の学僧。中国呉国の出身。俗姓は熊凝氏。父*福亮とともに来日する。三論の教学を大成した吉蔵の弟子で，日本にはじめて三論を伝えた高句麗僧の*恵灌に師事し修学するが，改めて入唐して吉蔵に学び，帰国して三論を伝える。わが国三論の第二伝者とされる。その後法隆寺に住し，三論を講じ広めた。673年(天武2)飛鳥川原寺の大蔵経書写に際して督役の任につき，その功績で僧正となる。弟子に三論第三伝の入唐僧の*道慈(大安寺)，智光曼荼羅で知られる*智光・頼光(元興寺)らがいる。

千度祓 ちたびのはらい　→千度祓

秩父事件 ちちぶじけん　1884年(明治17)に埼玉県秩父郡を中心におこった負債農民たちによる武装蜂起事件。松方デフレのもと，養蚕製糸業地帯である秩父では，借金に苦しむ農民が急増し，同年8・9月頃に困民党が作られ，代表たちは借金の延納を求めて債主と再三交渉したが認められなかった。農民たちは10月31日夜，下吉田村の椋神社に結集し，翌日から小鹿野村・大宮郷・皆野村などの金貸会社・高利貸や，戸長役場・警察署・郡役所などを襲撃したが，警察・憲兵のみならず，東京鎮台兵も出兵して鎮圧された。参加者は数千人で，処刑者は重罪296人(死刑7人を含む)，軽罪448人，罰金刑2642人に及んだ。

債主への徹底した攻撃や，結集に際しての参加強制など，世直し一揆の形態を引き継いでいる面もあるが，政治権力と戦った政治的反乱である点で，世直し一揆とは決定的に異質の闘争であり，同時期の負債農民騒擾とも異なる。ただ，参加者の中には，井上伝蔵・坂本宗作らの自由党員や，西欧近代政治思想に通暁した井出為吉・菊池貫平らもいたものの，指導者も含めて大半は負債

の解消を求めて蜂起に参加した者たちである。自由党に入れば借金から自由になり、諸税や徴兵からも逃れられるという自由党と「板垣公」(*板垣退助)への強い信頼と幻想が現実の政治権力を相対化した面もあり，*天賦人権説や代議政体論を基本的思想とし，言論活動を通じて立憲政体の樹立をめざした自由民権運動との違いも大きい。

秩父霊場 修験道にかかわる秩父の霊場といえば両神山か・武甲山などがあるが，中心はなんといっても三峰山である。もともとは雲取山・白岩山・妙法ケ岳のことであったが，現在は妙法ケ岳にある三峰神社のある峰のことをいう。1533年(天文2)に*本山派修験に入り，享保年間(1716〜36)に日光法印により再中興され，三宗兼学の修験の道場となった。三峰の眷属である犬(狼)の信仰が江戸時代以後盛んになり，その祈禱札は害虫駆除や盗難除けとして竹に挟んで田畑に立てられた。犬信仰の興隆は，修験者によるところが大であったといわれる。

知恥篇 江戸初期の外来思想攻撃の書。全3巻1冊。*向井元升の著。1655年(明暦元)成立。捨葉奴の筆名で書かれ，大田南畝によって著者が同定された。著者は儒家であるが神道にも傾倒し，幕府を重んじ*東照大権現(徳川家康)を崇めた。この著作は主としてキリシタン排撃のために書かれたが，新来の仏教の宗派や時として儒教までも批判にさらされる。攻撃を通じて日本におけるキリスト教の布教などに関する当時の状況がわかる史料としても重要である。

池亭記 *慶滋保胤の作の漢文随筆。982年(天元5)成立。京都六条に邸宅を造営したいきさつと庭園に池を掘り，小阿弥陀堂・書庫などをかまえた邸宅の様相，造営した当時の平安京の様相，官を退いてからの自らの宗教生活などを漢文でつづった。特に左京が栄え，右京は人家もまばらとなったこと，左京における四条以北の集住化などという10世紀末の平安京の変貌を記録している。「本朝文粋」巻12に収録。のち鴨長明の「*方丈記」に影響を与えた。なお，前中書王兼明親王に，959年(天徳3)成立の

同名の漢文随筆がある。

智洞 ちどう 1736〜1805(元文元〜文化2) 近世後期の浄土真宗本願寺派の僧。同派学林の7代能化功存で*三業惑乱の基となった三業帰命説(身口意の三業をそろえての帰命を強調する)を唱えた。号は桃花坊，諡は応現院。京都勝満寺に生まれ，同浄教寺を継いだ。僧樸に師事し，宗学・華厳に明るく，本願寺派三大宗論の一つ明和法論で，功存・天倪とともに智遼と対決し，名声をあげた。6代能化功存の没後，7代能化に就任した。功存を継承・鼓吹し，学林教学を三業帰命説で統制した。この状況に対して，安芸国の*大瀛，河内国の道隠ら在野学僧からの批判がおこり，三業惑乱となった。事件に幕府が介入し，智洞ら新義派は異義と裁断され，智洞は回心状を提出し，遠島流罪に処せられるところであったが，執行前に獄中で病死した。

地動説 ちどうせつ 1543年にポーランドのコペルニクスが提唱した，太陽を中心におく太陽系モデルのこと。地球が公転ならびに自転することを前提として，天体の運動を説明する。日本においてこの概念は，1720年(享保5)に*禁書令が緩和されて以後，蘭書の翻訳によって知られるようになった。74年(安永3)に成立した*本木良永の「天地二球用法」が，この説を最初に紹介したものとして知られている。*司馬江漢・*山片蟠桃らも，この地動説を積極的に評価している。日本における地動説は，西洋と比べてほとんど抵抗なしに定着したといってよい。

地方改良運動 ちほうかいりょううんどう 日露戦争後に行われた農村の再編運動。日本の近代町村は，1889年(明治22)に施行された町村制によって制度的に確立するが，その後の地主小作制の進展や，日露戦争期の重税や戦時国債の強制などにより疲弊した。1906年5月の地方長官会議では，内務省から「地方事務に関する注意参考事項」がだされ，町村と神社と関係を緊密化して*国家神道を浸透することと健全なる町村財政を確立することとが提起され，物心両面からの再建がめざされた。そして08年，基本精神にあたる「*戊申詔書」が発布され，以後，地方改良講習会の開催，町

村是の作成，納税組合の設立による滞納税の解消，勤倹貯蓄組合・産業組合の設立，耕地整理，農事改良などが実施されていった。その過程で学校長や神官・僧侶などが積極的に動員されるとともに，青年会(*青年団)が組織され，さらに*報徳社なども利用された。

地方芸能　→民間芸能

治邦要旨　*蟹養斎の著した経世済民の書。和文。全3巻。1736年(元文元)の自序。名古屋藩儒として，藩校である明倫堂の完成にあたって執筆し藩主に奉呈したという。上巻は「立志」「得人」，中巻は「撫育」「教導」「法禁」「賞罰」「武備」「財用」，下巻は「大本」からなる。「大学」で説かれた修身から治国へという思想がその根本にあり，朱子学の経世済民論の典型を示すものとして評価される。

地北寓談　松前藩の前藩主松前道広のロシアへの内通を疑い，水戸彰考館総裁の立原翠軒を通じて老中松平信明に提出した書。大原左金吾(呑響，1761?～1810)の著。全3巻。1797年(寛政9)成立。人名・地名はすべて変名が用いられ，講談風に書かれている。1795年，左金吾は道広に文武の師として招聘され，松前に1年間滞在した。その間，墾田を中心とする富国強兵策を説いたが，受け入れられなかったこと，さらに豪傑肌で功業を志している道広が，ロシア情報を幕府に報告していないばかりか，「赤夷」ロシアの先鋒となって「天下の棟梁」になる野望を抱いていることを暴露している。本書について，大学頭*林述斎は偽撰の軍談と等しいものと批判しているが，99年に道広は幕府から江戸逗留を命ぜられ，1807年(文化4)には永蟄居させられている。

茶の本　ちゃのほん　The Book of Tea. 英語の優れた使い手でもあった*岡倉天心が，日本の茶道を素材にして日本文化を英語で論じた著作。1906年にニューヨークのDuffieldとロンドンのG. P. Putnam's sonsを発行元として刊行された。茶の湯との関わりの中で，日本文化の特質を華道や建築・宗教など，さまざまな視角から縦横に論じ，西洋に対する内省的な日本文化の独自性，さらには日本人の世界観・宇宙観をも説いている。本書は，日本の文化を英語圏をはじめとする西洋世界に広く紹介し，多くの読者を獲得した。

茶の湯　ちゃのゆ　茶道・数寄とも。芸術的価値の高い掛物や茶碗・茶入・花入・水指・茶湯釜などを使用し，一定の作法にしたがって喫茶をする室内芸能。「茶湯」の訓読みは「ちゃとう」「さとう」で，古くは「ちゃのゆ」の読みはなかったと思われる。この語が早い時期に登場しているのは，814年(弘仁5)の「奉献表」(空海)である。南北朝期の1371年(応安2・建徳4)頃に成立した「太平記」に「茶の湯」とあり，この後，茶の湯が室内芸能として完成する頃「ちゃのゆ」とよばれるようになった。現在では「茶道」や「数寄」の語は多少ニュアンスの違いはあるが，茶の湯と同じような意味である。茶道の語はすでに16世紀にみられるが，はじめその意味は，茶の湯で主君に仕える茶頭(茶堂)のことで，この語が茶の湯の意味になるのは，江戸時代の17世紀に入ってからである。

その歴史は，8世紀頃中国では喫茶の風が広がったが，わが国で茶の湯関係で最も早い確実な史料は，815年(弘仁6)，僧永忠から嵯峨天皇に茶を献じたという「日本後紀」の記事である。1191年(建久2)に*栄西禅師が宋から茶を持ち帰り，肥前国平戸，筑前国背振山に植えたといわれ，また「喫茶養生記」の著書もある。京都の栂尾や宇治の茶園も13世紀後半には開かれ，14世紀には金品などを賭ける闘茶が流行した。将軍足利義政の時代の茶は貴族化した唐物中心の室礼が発達するが，室町末期に*侘茶の祖村田珠光が出現し，その遺志を継いだのが村田宗珠，十四屋宗伍，さらに*武野紹鴎らで，*千利休によって侘茶は完成する。利休の弟子としては*古田織部らが名高いが，17世紀には*小堀遠州や金森宗和らが優美な茶を行っている。江戸中期には，片桐石州の系統の茶も継続された。利休の孫の千宗旦とその子供たちによって，表千家・裏千家・武者小路千家の三千家が成立し，現在は多くの流派が存在している。

茶湯一会集　ちゃのゆいちえしゅう　井伊直弼の*茶の湯

に関する代表的な著書の一つ。書名は*一期一会に由来している。1巻。成立年代はよくわからないが、1856年（安政3）前後と考えられる。「*南方録」や「石州三百箇条」「集雲庵七箇条」などを引用している。目次は、序（一期一会）、茶湯約束之事・前礼、着服幷懐中物、露地掃除幷水、数寄屋掃除幷簾、道具取合仕付幷懐石取合、客参着・初度露・迎之事、初入・主客挨拶、初炭点前幷中、懐石中・かよひ・客結様、中立・腰懸之心得・中立中之設、後入、濃茶点前中、後炭中、薄茶点前中、退出・暇乞・見送り・立炭・水屋飾拝見、独座観念、後礼之事、茶ニ行て人ニ語様之事、客俄ニ席を立つ事有りたる時之事、客俄ニ人数増たる時之事、客遅参有之時之事、客より贈り物之事、となっている。この著は、茶の湯ばかりでなく、人それぞれの生き方にまでふれた、いわば人生の教訓書とでもいえようか。

中央公論 ちゅうおうこうろん 総合雑誌。1887年（明治20）に、浄土真宗本願寺派僧侶の修養雑誌である「反省会雑誌」として創刊され、99年に「中央公論」と改題する。*滝田樗陰が編集部の一員となり、誌面を一新し文芸欄を充実させた。1914年（大正3）に発行所を中央公論社に改めるとともに、*吉野作造や大山郁夫ら洋行帰りの新進気鋭の学者に積極的に投稿させ、看板スターとした。16年1月号に掲載された吉野の「*憲政の本義を説いて其有終の美を済すの途を論ず」は、*大正デモクラシーが一世を風靡する契機となった論文として有名である。吉野は昭和初期までほとんど毎号に執筆するなど、国家主義が台頭する中にあってもデモクラシーや自由主義の立場を守ったため、右翼の批判を買うようになる。38年（昭和13）4月号は石川達三の「生きてゐる兵隊」が戦場の現実を露骨に描いたとして発禁となり、43年から連載が始まった谷崎潤一郎の「細雪」も中止を命ぜられた。同年の横浜事件を機にいったん解散するが、戦後45年に再刊した。なお60年12月号に深沢七郎の「風流夢譚」が掲載されたことが右翼の反発を招き、翌61年2月に社長邸が襲撃される〈嶋中事件〉がおこっている。

中外新聞 ちゅうがいしんぶん 1868年（慶応4）2月24日、開成所教授の柳河春三らが興した会訳社から創刊。横浜で刊行されていた外国語新聞の記事を翻訳・紹介するとともに、国内事情の報道にも力を入れる。3～4日間隔で発行されていた通常号のほか、同年5月の彰義隊の戦いに際しては臨時号として「別段中外新聞」を発行、新聞号外の元祖となる。官軍の江戸入り後は佐幕派新聞とみなされ、6月8日に発刊停止に追い込まれる。翌年3月7日に復刊したが、70年（明治3）2月、柳河の死去により廃刊となった。

籌海図編 ちゅうかいずへん 1562年頃、明の経世家・地理学者の鄭若曾によって編纂された倭寇・日本研究の書。全13巻。善本に静嘉堂文庫・内閣文庫の嘉靖年間本があり、「続異称日本伝」などにも収める。鄭若曾自身、倭寇鎮圧に功のあった胡宗憲の幕下にあっただけでなく、多数の書籍や地図を参照し、また倭寇問題の解決のため豊後国府中や周防国山口に至った蔣州から見聞をえるなど、日本情報の収集に努力を払っていた。日本研究を集めた「籌海図編」巻2の内容は、同著「日本図纂」を直接下敷きにしている。なお、鄭若曾でなく胡宗憲を作者とする天啓年間本は意図的な作為の結果である。

中学校令 ちゅうがっこうれい 戦前の中等教育を規定した勅令。(1)1886年（明治19）4月10日公布。上級学校進学と実業教育を目的に、高等中学校（官立5校、2年制）と尋常中学校（公立各府県1校、5年制）の2種を設置する。おのおのの外国語を中心に教養教育を重視し、前者に法・医・工・文・理・農・商などの専門分科を、後者に商工科を設置可能とした。91年の改正で高等女学校を尋常中学校の一種と規定した。94年高等中学校を高等学校と改称し、男子の高等教育段階の学校に改組した。

(2)1899年2月7日改正。尋常中学校を中学校に改組し、実業学校・高等女学校を切り離して3系統の中等教育に複線化、進学準備機関としての性格をいっそう強めた。1943年（昭和18）中等学校令の公布で廃止。

中巌円月 ちゅうがんえんげつ 1300～75（正安2～永和元・天授元） 室町中期の禅僧。臨済宗大慧派。法諱ははじめ至道。別号を中正子

じ・東海一漚子(とうかいいちおうし)という。相模国鎌倉の人。土屋氏。幼少時に密教を学んだが，その後，禅宗に関心をもち，鎌倉円覚寺に中国から来日した曹洞宗宏智派の東明慧日(とうみょうえにち)に随侍して，法諱を円月と安名(あんみょう)された。22歳の時に，上洛して「元亨釈書(げんこうしゃくしょ)」執筆中の*虎関師錬(こかんしれん)と知り合う。1324年(正中元)，博多に赴いて入元の機会を待ち，大友貞宗と会い，以後大友氏は中巖の外護者となった。翌年，入元する。霊芝如石(りんしにょせき)・古林清茂(くりんせいも)・東陽徳輝(とうようとくき)らの高僧を問い，32年(正慶元・元弘2)帰国した。39年(暦応2・延元4)，大友氏泰(うじやす)が中巖のために造営した上野国利根の吉祥寺(きちじょうじ)が落成，大友貞宗七周忌を兼ねて陞座(しんぞ)説法し，大慧派の東陽徳輝に嗣法することを表明した。これに宏智派の僧が反発して危害を加えようとして，以後，鎌倉藤谷崇福庵(そうふくあん)と吉祥寺の間を往来した。鎌倉万寿寺(まんじゅじ)(諸山)・豊後国万寿寺(十刹)・山城国万寿寺(五山)の公帖(こうじょう)をうけ，山城国万寿寺に大慧宗杲(だいえそうこう)木像を安置する「妙喜世界(みょうきせかい)」を創建した。62年(貞治元・正平17)建仁寺に入院(じゅえん)し，妙喜世界を同寺に移築した。この年12月に再び危害事件があり，いったん退院して近江国に逃れた。翌年，等持寺住持となり，上杉清子追薦陞座(しんぞ)仏事をつとめて，建仁寺妙喜世界に帰住した。67年，建長寺公帖をうけて関東に下向し，翌年帰京，建仁寺で没した。語録のほか，詩文集「東海一漚集」「自歴譜(じれきふ)」「中正子」「藤陰瑣細集(とういんさいしゅう)」などがある。生涯の屈曲した軌跡と作品によって，天才肌の詩人と評される。

忠君愛国 (ちゅうくんあいこく) 明治期以降，第2次大戦終結に至るまで，「忠君愛国」は日本人がもつべき精神態度として国民全体に浸透が図られた。「忠君」と「愛国」とは当初から一体の概念だったわけではない。*福沢諭吉(ゆきち)は，国家の存立には個人の確立が不可欠であるとし，主体性なき「愚忠」を批判した。1879年(明治12)の「*教育議」が「忠君」をいわず，国教制定を否定したのも，*伊藤博文(ひろぶみ)ら政府中枢の主眼が，道徳・宗教をこえる近代的国家機構の確立にあったことを示している。まさに，明治とともに「忠君(loyalty)の時代が終わり，愛国(patriotism)の時代が訪れた」(グリフィス「皇国」)のだった。

これに対し*元田永孚(もとだながざね)は，儒教と「天祖の教え」とが一致するとの信念から，道徳性にもとづく天皇への崇敬を主張し，「万機親政」による道義国家を唱え，仁義忠孝を国教とすること，とりわけ「忠」の尊重を政府に迫った。

元田の「忠君」と伊藤らの「愛国」とは，共通の政敵である民権派の拡大と対外関係の緊張の中で接近を始め，90年の「*教育勅語」で並立するに至る。勅語を起草した*井上毅(こわし)は，「忠君」と「愛国」とが由来を異にすることを認識したうえで，欽定憲法を支える国民道徳としてその接合をめざしたのだが，それゆえその一体性(忠君即愛国)への疑義を許さず，ひたすら勅語を奉戴(ほうたい)するよう国民に求め，*民法典論争やのちの*天皇機関説論争にも大きく影響した。

忠孝 (ちゅうこう) 江戸時代の儒者たちの間では，林羅山らの「*儒門思問録(じゅもんしもんろく)」以来，中国や日本の歴史を題材にして，「忠」と「孝」との衝突の場面で，どちらを優先するかどうかの決疑論が盛んであった。そこでは，忠よりも孝を優先する儒学の原則論を唱える者もいたが，浅見絅斎(けいさい)「*忠孝類説」のように，忠を優先することを大義とする言説が現れている。ここには，孝行の場である家が，主君への奉公＝忠のための目的団体であって，自立性を奪われていた近世社会の現実が反映している。こうした近世社会に儒学を適応させようとした*山鹿素行(そこう)の場合，忠は孝に優先するばかりか，君主個人ではなく，機構としての「国家」への忠が説かれた。また，忠優先の忠孝論は，5代将軍徳川綱吉の時代，1682年(天和2)に忠孝奨励の高札(こうさつ)がたてられたことを契機に，武士のみならず，庶民層にも下降・拡大され，寺子屋の教科書となった*往来物(おうらいもの)では，奉公先の主人への忠が孝行に優先された。ただ，農民にとっての忠は不明確であったが，江戸後期になると，国学者が，先祖伝来の家業に精励し，家を維持・発展させることが孝であり，さらに天皇への忠につながると説き始めた。この忠の対象が天皇に上昇したことは，藩主との主従関係を

基本としていた武士にとって、忠誠対象の転移を意味していただけに、幕末・維新期に大きな問題となった。国学の影響をうけた後期*水戸学では、忠孝一致を日本の「国体」の優越性として強調した。この神話・歴史を媒介にした忠孝一致の*国体論は、明治の*教育勅語の源流の一つとなった。

中興鑑言　*三宅観瀾が著した建武の新政(中興)に対する評論の書。1巻。成立年代不詳。「論勢」「論義」「論徳」からなる。「論義」は復興・両統・正統から、「論徳」は修身・治家から聚斂の13項目を論じ、さらに総論が付されている。三種の神器の所在に統治の正統性根拠を求めるよりも、朱子学の立場から天子に有徳を求めることに重点がおかれて、もっぱら後醍醐天皇の不徳によって新政は短いうちに崩壊したと論じている。前期*水戸学における儒教的な歴史論を代表するものとしてよい。

忠孝類説　*浅見絅斎の著書。1巻。「太閤記」「太平記」「神皇正統記」などから、たとえば父が主君への反逆を計画していると知った時、子としてどうすべきかというように、主君への忠と父への孝とが現象として矛盾するような事例をとりあげて、そうした矛盾に立たされた人物の行為について論評を下した。古今の人物への論評は「格物窮理」の一端だという朱子学の立場から著されているが、忠孝の一致を理想とする闇斎学派の問題関心をよく示している。

中国思想　はじめに中国思想史を通覧したうえで、日本思想史との関係についてのべることにする。中国思想史を外来の思想文化との対抗関係を軸にして時代区分すると、次の3期に区分できる。

第1期・古典古代(2世紀まで)——中国域内の文化交流の中で中国思想の核・型が形成された時代。先秦時代には諸子百家(儒家の孔子・孟子・荀子など、墨家の墨子、道家の老子・荘子・列子、法家の商鞅・韓非子、従横家の蘇秦・張儀、農家の許行、名家の公孫竜子、兵家の孫子・呉起など)が活躍した。儒・墨・道・法の四家が有力であったが、肉親愛を重視しなかった墨家と人格的救済を説かなかった法家は、後世になると思想界の表面から姿を消し、もっぱら儒家と道家がとりあげられた。

漢代になると「呂子春秋」や「淮南子」なども編纂され、五経(「易経」「書経(尚書)」「詩経」「春秋」「礼記」)が整理された。のちに紀伝体の典型に位置づけられる「史記」が著され、北方文学を象徴する「詩経」に対して、南方文学を代表する「楚辞」が成立する。さらに天文・暦書や医書などが著されて、いわゆる中国思想の原型が準備された時代である。政治制度においても秦漢の時代に皇帝専制制度が確立され、基本的には清代まで継承された。この古典古代は、復古運動が展開された時に復原すべき典型の時代とされ、特に宋代における復古運動では、諸子百家の中から儒家が選ばれて四書(「論語」「大学」「中庸」「孟子」)が経典として重視された。

第2期(2〜16世紀まで)——印度・仏教文化と対抗した時代。唐末五代までを前期、宋代から明代までを後期とする。前期は、印度文化・仏教思想が中国の思想界に深刻な影響を与え、学術思想界の主導権をにぎった時代である。三世因果論を説いて、人は、前世・現世・来世と審判をうけながら生き続けること、この現世で完結するのではなく、裁きをうけて地獄に墜ちることもあること、また、本性論を提起して、人は悪魔性に満ちており自力のみでは自己を救済できないこと、超越者の他力救済に祈願する信仰の必要性をのべた。本性論が議論された孟子の時代に性悪説が主張されても、魂の救済を問うことはなかったし、性悪説も本質的に悪であるとまで突き詰められたわけではなかった。それだけに仏教の人間観救済論は衝撃を与え、民間に信仰されていた通俗信仰が仏教の刺激をうけて、道家思想を中核にして教義・教団を整備して*道教が成立する。また、西域渡来の芸術・科学・言語が中国古典文化を再検討する契機になった。玄奘三蔵法師に代表されるように、中国が国外に先進文化を学ぶために多くの留学生を送った最初の時期である。印度・仏教文化を摂取することにより中国古典文化は飛躍的に豊かになり、儒教・仏

教・道教の三教が激しく対立した時代である。

唐代は貴族が社会の主導権をにぎっていた門閥社会であったが、宋代になると科挙に合格した士大夫ら読書人が指導者階層を構成し、中国古典文化の復興運動を展開し、儒教を再構築して仏教・道教を異端として退けた。それを集大成したのが朱子である。性善説を基本的人間観にすえて、人間は本来、倫理的には完全に本質的に悪から解放されてあるとして、自力で本来の自己を実現・発揮せよという「修己」論、および社会の一員として政治的責任を積極的に担えという「治人」論、これを二焦点とする楕円型の思惟構造を構築し、本体作用論を駆使して修己論・治人論を形而上学的に根拠づけて正統の地位を獲得した。*朱子学では、人間本性論としてはあくまでも性善説を主張するものの、本来性を容易には実現・発揮できずにある人間の現実態を深く考慮して、天がわれわれに善なる本性を賦与したことを確信してその天との緊張関係を維持し（持敬）、万物に賦与されてある天の意志を確認して（格物窮理）、段階的に本来の自己を実現することを主張した。朱子学が現存在に本性の顕現を認めないのは、真の性善説理解ではないと鋭く批判して、性善説を原理的に純粋に展開して朱子学を批判したのが王陽明の良知心学である。王陽明の朱子学批判を先取りしていたのは、朱子と直接論争した陸象山である。そのため性善説をめぐる論争を朱陸論争という。

仏性は本来完全であると説く禅宗は仏教版の自力救済論であるが、「本来完全」を社会的・政治的場に生きる人間の実践倫理学として活用し新儒教を構築したのである。この後の中国思想界は、新儒教が提起した、性善説を根幹とする「修己」「治人」論が継承されたから、朱陸論争が常に論議された。朱子学・*陽明学を双璧とする新儒教徒たちは、道教を私的な現世利益を求めるもの、仏教を非政治性をきめこむものと捉えて、ともに社会的責任を放棄した異端思想であると批判する。もう一つ、性善説を基本的人間観とする人格主義を無視して、社会的・政治的成果を重視した、いわゆる事功派（陳亮・葉適など）をもあわせて異端として批判した。

宋代になると道教革新運動がおこり社会性を配慮した新道教が興るが、陽明学が登場すると、*三教一致論がにぎやかに論議される。それは陽明学が性善説＝自力による自己実現・自己救済論の原理を全面的に展開させたために、自力主義を基本にすえる広義の心学が儒・仏・道の世界で個別心学として展開したからである。仏教も教派仏教から心学仏教に展開し、道教は三教一致心学として普及した。

第3期（17世紀～現在まで）──西欧・キリスト教文化と対抗した時代。*イエズス会（耶蘇会）士の利瑪竇（マテオ・リッチ）が中国にきたのは16世紀末であるが、17世紀はイエズス会士の時代といえるほどに深刻な影響を与えた。イエズス会士たちは、キリスト教の教理はもとより西学の世界を漢訳して中国にはじめて組織的に紹介した。天地を創造し、被造物としての人間の行為を審判し救済する、唯一絶対の神という観念、被造物の中で人間だけが神の教えを理解できる理性を賦与されているという、理性を本質とする人間観、数学・論理学・実証実験を基礎とする自然科学が特に大きな影響を与える。偶像崇拝を否定し、一夫一婦制を厳格に信仰者に要求することが、孝の観念を最重要視する中国の伝統的な価値観と抵触したため、信仰者（奉教士人）を多くはえられなかった。学術思想界の大勢は儒・仏・道の三教を基盤とする伝統的なものであったが、新世界が流入して中国人社会に浸透したことの意義は大きい。

18世紀に布教方法をめぐる宣教師間の争いが契機となって禁教になると、西学の知識・方法に刺激されて開眼された古典学の方法が中国の古典古代の世界を対象にして展開され、清朝考証学として豊かな成果をうんだ。古典解釈学ばかりではなく、数学・天文学・暦算学・地理学・音韻学・医学の分野においても西学をいかしている。アヘン戦争以後はプロテスタント諸派・進化論・啓蒙思想が紹介され、中華民国期になるとプラグマティズ

ちゅう

ム・マルクス主義・近代哲学が流行し，その反動として，あらためて西学に対抗して儒教の再建をもくろむ新儒家が誕生する。20世紀は中国が海外に留学生を送り出した第2回目の時代でもある。

日本が歴史時代に入ったのは，中国思想史の時代区分論でいうと，第2期の冒頭にあたる。いわゆる三国志の時代である。すでに古典文化の型・核は形成され，政治制度の典型も確立された後のことである。紙の使用が始まり，文化の蓄積と伝達に飛躍がみられた時代である。つまりは東アジア漢字文化圏の中で，日本は歴史時代に入ったのである。日本の思想史を外来文化との対抗関係で時代区分すると，19世紀半ばをもって2期に分けられる。中国思想を受容した時代と西欧思想を受容した時代とである。

前期は，朝鮮半島経由の比重が大きかった時期と中国大陸からの直輸入が主流になった時期とに分けられる。中国大陸から直接に，あるいは朝鮮半島を経由して，漢字を媒体とする中国思想が朝鮮半島の潤色をうけながら流入してきた。その典型的な表れがいわゆる万葉仮名に象徴される，漢字音を借りた表記法である。それが思想という形で顕然化するのは仏教・道教の輸入による。日本の思想界で儒教運動が先行しなかったのは，輸入元の中国の思想界が印度文化・仏教思想の強い影響下にあり，儒教が輸出力を失っていたからである。*遣隋使・*遣唐使とが派遣されて直接輸入した時代は，最新の学術情報を入手していた。ただし，政治文書は「書禁」（海外持ち出し禁止）のために同時代のものは国外へ持ち出すことができなかった。儒教思想を本格的に学んでいなかったこと，遣唐使が廃止されて中国思想についての情報が希薄になり，鎌倉時代以後，中国からの亡命知識人・渡来僧，日本からの留学生がいたにもかかわらず，中国で唐・宋の間に思想界の潮流が変化したことを積極的に認識するに至らなかった。鎌倉新仏教の旗手たちは，自らの問題関心に即して研学しており，新儒教についてはさしたる関心を示さなかった。

同時代の中国の学術情報を大量に恒常的に入手して高さと広さを飛躍させるのは，17世紀以後，江戸時代になってからのことである。その典型を示すのが，心学としての新儒教を朝鮮経由で朱陸論争という形で受容したことである。西欧思想はキリシタンの時代に入り，禁教後は蘭学として学ばれるが，江戸時代における先進思想は中国の儒教思想であった。それが西欧思想に進運打開の主導権をゆずるのは明治維新以後である。しかし，儒教は「大日本帝国憲法」下で国民が臣民として修養するための教えとして活用されて，制度の思想として浸透した。

中国では外来思想と対抗する際，伝統思想に付会して古典の再建という形をとるために再生に時間を要するが，中国的原理を執拗に保持しようとする。日本では外来思想の受容という形で歴史時代に入り，復帰すべき伝統思想を明確な形ではもたない。対抗する姿勢をもたないまま，舶来の新学を受容する傾向が強い。旧習を捨てて新学を受容する効率性があるが，伝統思想との連続性が無視されがちである。

中国弁 ちゅうごくべん *浅見絅斎の著書。1巻。1701年(元禄14)成立。中華・夷狄という範疇を日本人としていかに考えるべきかは，近世日本の儒学にとって一つの論争的な問題であった。絅斎は，「面々各々ニテ其国ヲ国トシ，其親ヲ親トスル，是天地ノ大義」として，中華・夷狄という範疇を固定的・実体的に考えるべきではなく，それぞれが自己の国を中心として捉えるべきであると論じた。そのうえで，「君臣ノ大綱不変」という点に，わが国の固有の価値を見出すという発想もみられる。

中国論集 ちゅうごくろんしゅう *佐藤直方の著書。1巻。1706年(宝永3)の跋。中国とは何かという問題について，唐土が中国だという意見や，その時代において文明の最も盛んなところが中国だという見方，それぞれ自国を中国と考えるべきだとする議論などが錯綜していた。直方は，「我生レシ国ヲヒイキスル」ことは「天下ノ公理」ではないとして，どこまでも孔子が生まれ四書六経が残されている土地が中国であり，「夷狄」の地とされた日本に生まれても，聖賢の道を学んで聖賢となることをめざせば，何も問題はないと論じた。

*浅見絅斎(けいさい)の議論(「*中国弁」など)への批判という意味をもっている。

忠臣蔵物(ちゅうしんぐらもの) 1701年(元禄14)3月、赤穂藩主浅野長矩(ながのり)の江戸城内での刃傷沙汰に端を発する、いわゆる*赤穂事件を素材とした歌舞伎・人形浄瑠璃作品の総称。同事件を暗示したことが想定される狂言本は、03年正月上演のものが初見(京都早雲座(はやくもざ)、江戸山村座)。10年(宝永7)9月の浅野家再興以降、歌舞伎「鬼鹿毛無佐志鐙(おにかげむさしあぶみ)」、浄瑠璃「碁盤太平記(ごばんたいへいき)」「鬼鹿毛無佐志鐙」(ともに同年大坂初演)など、物語の舞台を他の時代に設定しながらも(太平記物・小栗判官物(おぐりはんがんもの))、事件の一連の経緯を仕組んだ上演が本格化する。その後も、32年(享保17)浄瑠璃「忠臣金短冊(こがねたんざく)」、47年(延享4)歌舞伎「大矢数(おおやかず)四十七本」など数多くの作品がうまれ、それらの先行作を巧みに再構成した48年(寛延元)浄瑠璃「*仮名手本(かなでほん)忠臣蔵」は、現代まで歌舞伎・浄瑠璃で繰り返し上演された。66年(明和3)初演の浄瑠璃「太平記忠臣講釈」など、以後にうまれた数々の作品はなんらかの形で同作の影響下にある。またこの間、実録・浮世草子(うきよぞうし)・舌耕(ぜっこう)文芸などでも義士伝物が盛んに作品化され、歌舞伎・浄瑠璃と互いに影響しあっており、近代以降の講談・浪曲や小説・映画などによる本伝(ほんでん)(事件の沿革)・銘々伝(めいめいでん)(各義士のエピソード)・外伝(がいでん)(周囲を含む出来事)の豊かな展開の土台が築かれた。

中世日本紀(ちゅうせいにほんぎ) 中世における「*日本書紀」の注釈・引用にみられる、異説や独特の解釈をさす学術用語。あるいは、より広く中世の神話的言説の総称とする場合もある。この語は、伊藤正義の「中世日本紀の輪郭」(「文学」40-10, 1972)という論考ではじめて使われた。謡曲の研究者である伊藤は、謡曲や軍記物語、あるいは「古今和歌集」「伊勢物語」の注釈書など中世の諸文献の中で流通する〈日本紀〉の名を冠する内容の多くが、「日本書紀」本文に依拠するものではなく、「日本書紀」の注釈書や既知・未知の神話書からの引用であることを明らかにし、このような中世の神祇(じんぎ)および日本の起源にかかわる言説を〈中世日本紀〉と命名した。この語は以後、中世文学研究者に、広く用いられるようになり、1990年代以降には歴史学や思想史研究にも広まった。これと類似する語に〈中世神話〉がある。これは室町物語「*御伽草子(おとぎぞうし)」や*寺社縁起の内容が、古代神話と同じような物語構造をもつことに由来する呼称で、これも1970年代頃より中世文学研究者の中で使われるようになった。この二つは同義に用いられることもあるが、中世日本紀をあくまで「日本書紀」の注釈に限定し、中世神話を中世の神話記述全般をさす呼称とする場合もある。

中世日本紀は、神道書・寺社縁起など独立したテキストとして、または注釈書の一節、文芸作品の詞章の中に存するものとして見出すことができる。その内容は、宇宙・世界はもとより、国土・王権・家門・寺社・職芸の起源など多岐にわたる。国土創成にかかわるものには、〈大日印文(だいにちいんもん)〉〈第六天魔王(だいろくてんまおう)〉譚がある。これは、日本国が本来密教相応の地であることを証明するもので、中世における神仏習合・本地垂迹(ほんじすいじゃく)的な宗教状況を濃厚に反映した内容である(「中臣祓訓解(なかとみのはらえくんげ)」「沙石集(しゃせきしゅう)」「太平記」)。また、聖地や霊場の起源譚として、インドより飛来・漂着したとする話があるが(「鰐淵寺(がくえんじ)縁起」「諸山縁起」)、これらは*本地垂迹説と当時の世界観(三国意識)が結びついた神話である。

あるいは、「愚管抄(ぐかんしょう)」や「春日権現験記(かすがごんげんげんき)」など、藤原氏ゆかりのテキストにみえる天照大神(あまてらすおおみかみ)と天児屋根命(あめのこやねのみこと)との契約譚は、摂関政治の正当性を証明する起源神話である。藤原氏という家の神話としては、ほかに*即位灌頂(そくいかんじょう)と関連づけた藤原鎌足(かまたり)の神話(幸若舞(こうわかまい)曲「入鹿(いるか)」「天照太神口決(てんしょうだいじんくけつ)」「春夜神記(しゅんやじんぎ)」)や、藤原北家の神話ともいうべき宝珠取得譚(幸若舞曲「大織冠(たいしょっかん)」、謡曲「海人(あま)」、「讃州志度寺(さんしゅうしどじ)縁起」)などがある。

職業・諸道にかかわる神話には、「風姿花伝(ふうしかでん)」に、聖徳太子が秦河勝(はたのかわかつ)に猿楽を始めさせたものだという話を載せる。また、番匠(ばんしょう)(大工)の起源を太子に求める例もある。

絶対的権力が存在することなく諸権門が併

存する中世においては、国家・王権以下，諸権門，家門・流派，諸職・諸芸に至るまで，その〈歴史〉を根拠づけるための個別の〈神話〉を必要とした。個々の集団および共同体が競合者に対してその権益・職分を守り，さらに優位性を保持するためには，その正当性を示す神話はなくてはならぬものであった。その際に「日本書紀」を中心とする古代神話のみに依拠することでは不十分であった。それを母胎としながらも、中世の政治・宗教・文化体制に相応すべく，さらに神仏習合・末法思想・神国思想などの宗教・思想状況を反映させて、再編成・再創造していった神話記述が〈中世日本紀〉である。

中世法 中世法の特色としては，二点が指摘されている。*公家法・*本所法・*武家法の三つの法が鼎立したこと，成文法よりも*慣習法が優位であったことの二点である。平安時代の後半期，律令が形骸化したことにより，朝廷では公家法が一定の発展をみせた。公家法は主に新制(*公家新制)という形式でだされ，荘園整理の励行や各種の禁止令が内容として盛りこまれた。律令制度の衰退は荘園制の隆盛をもたらし，荘園を単位とした法も発生する。それが本所法であって、地域の生活に根ざした慣習法を主体としていた。荘園領主は貴族と大寺社であったが、彼らは自らが掌握する裁判権にもとづく本所法を有しており，特に寺家の法とよばれた宗教勢力の本所法が顕著な発展をみせた。

武家法は，他の二法に遅れて，鎌倉幕府のもとでうまれた。そして幕府の勢力が朝廷を圧するにつれて，武家の法も公家の法を凌駕し，広く受容されるようになっていく。武家の法として著名なものは鎌倉幕府の「*御成敗式目」と*追加法であるが、このほかに「武家のならひ(習)」といわれるような多くの慣習法が存在した。また慣習法が優位であったことと密接な連関を有すると思われるが、中世においては，成文法の存在が周知されることがなかった点にも注目したい。御家人の多くは，「御成敗式目」は知っていても，いかなる追加法が発令されたかを知らなかった。そればかりか、立法者自体も法を整理して保有するという習慣をもたなかったらしい。裁判を行う際には，訴訟当事者は，自らに有利に働く法を自力で見出さねばならなかったのである。法に違反した者を罰する力が一元的に用意されていなかったのが中世という時代であったのだから、法が誰にも明瞭な形で整備され、かつ提示されることがなかったのも当然であったのかもしれない。

中尊寺 岩手県西磐井郡平泉町にある天台宗寺院。山号は関山。前九年の役の戦場となった衣川の関に，藤原清衡が建立した。前九年の役以降，犠牲となった官軍・蝦夷の鎮魂のために建てられ，「中尊寺供養願文」によれば1126年(大治元)にはほぼ伽藍が整ったという。金色堂には3基の須弥壇が設けられ、壇上にはそれぞれに皆金色の阿弥陀三尊，六地蔵，持国・増長の二天を安置し，壇下には清衡・基衡・秀衡3代のミイラと泰衡の首級を納める。このような遺体の処理方法は平安末期に流行したもので，法華信仰や弥勒下生信仰にもとづいている。また中尊寺経や一字金輪像は，平安末期を代表する遺品である。なお，源頼朝が鎌倉に建立した永福寺は，この寺の二階大堂(大長寿院)を模したものである。

中朝事実 「中朝実録」とも。江戸前期の歴史書。全2巻(現存する自筆本によれば、元来は1冊であったといわれる)。*山鹿素行の著。1669年(寛文9)に脱稿。赤穂流謫中の漢文体の著作で、81年(天和元)津軽藩から刊行。内容は「皇統」という見出しで上・下巻に分かれ、天先・中国・皇統・神器・神教・神治・神知(上巻)、聖政・礼儀・賞罰・武徳・祭祀・化功(下巻)の13章と付録(或疑13条)からなる。書名の「中朝」とはわが国のことであり、ここには漢土の人も自国を中国・中華などと称するが、実は日本こそ真の中国・中華であるという主張がこめられている。素行独特の*儒家神道により、「日本書紀」を主たる根拠とし、「皇統連綿」かつ「武徳」に秀でた日本は「外朝」(漢土)より優れた国であり、世界の中心であると力説しているところに(日本中心主義)、本書の思想的特色がある。

中右記 ちゅうゆう　平安後期の公卿*藤原宗忠の日記。名称は家名の中御門と極官の右大臣とにちなむが，彼自身は「愚林」と称していたらしい。自筆本は現存していないが，陽明文庫・宮内庁書陵部蔵の鎌倉時代の古写本などにより，1087～1138年（寛治元～保延4）の50年余に及ぶ記事が伝存する（ただし中間の欠逸部分も少なくない）。また，宗忠は自分の日記160巻の部類記を侍臣に作成させたことも知られているが，現存する古写本「中右記部類」13巻はその一部と目され，年中行事・毎年例事・年中仏事・臨時神事・臨時仏事などに分類されている。記主宗忠は博学をもって鳴り，朝儀・政務に精通し，侍従・弁官・蔵人頭などの要職をへて右大臣に至った重臣であったから，その精細な記録は高い評価をうけるとともに，有職故実の典拠としても後世重んじられた。また公私にわたる生彩に富んだ筆致は，院政成立前後の宮廷社会，受領層，武士，寺社勢力，京都住民などの諸階層の生態を浮彫りにしており，質量ともに当該期の第一級史料といえよう。

中庸発揮 ちゅうようはっき　*伊藤仁斎の「中庸」に対する解釈書。「叙由」「綱領」が本文の前におかれ，本文は上・下2編に分けられている。仁斎はこの書に何度かの改訂を試み，その死後の1714年（正徳4）に嗣子である東涯の手によって公刊された。仁斎は「中庸」の内容について，「論語」と「孟子」を基準に大胆な批判を加えて，鬼神の徳を論じた部分や，朱子「中庸章句」の首章のうち未発・已発を論じた部分などを漢儒の思想の混入だとして，本来の「中庸」のテキストではないと論定した。

潮音 ちょうおん　1783～1836（天明3～天保7）　江戸後期の浄土真宗本願寺派の学僧。諱は慧海，諡は海印定院。潮音は字。江戸四谷の人。酒屋に生まれ，江戸西教寺の養嗣子となる。西本願寺学林で*智洞に真宗学を，江戸寛永寺の慧澄に天台学を学んだ。*慈雲のもとでは菩薩戒をうけた。また儒学・神道にも造詣が深く，「*摑裂邪網編」「金剛索」を著して，富永仲基の「*出定後語」や服部天游の「*赤倮倮」には大乗経典の経文引用の誤りがあるとして批判した。1833年（天保4）西教寺の寺格が内陣に進み，潮音は学階助教を授けられた。ほかの著作は「起信論義記筌蹄録」「金師子章放光記」「除疑蓋弁」など。

潮音道海 ちょうおんどうかい　1628～95（寛永5～元禄8）　江戸前期の黄檗宗の僧。肥前国生れ。13歳で出家し，1645年（正保2）に京に上り研鑽を積む。54年（承応3）肥前国に戻り*隠元隆琦に謁し，やがてその法嗣の木庵性瑫に師事した。64年（寛文4）木庵が黄檗山万福寺の住持を継ぐと，知客についで蔵主となる。翌年木庵が江戸に上るのに従い，大名たちの盛んな帰依をうけた。69年，当時上野国館林の領主だった徳川綱吉に請われ，同地の万徳山広済寺の住職となる。一説では受戒者が7万人をこえたといわれる。しかし，75年（延宝3）以降発刊の「*旧事大成経」の作者として，81年（天和元）に処罰をうけた。本来流罪のところ，将軍となった綱吉および生母桂昌院の帰依が篤いことから，謹慎50日に軽減されたという。また，広済寺が毀却されたため，同国甘楽郡の黒滝山不動寺に隠棲したのち，美濃国万亀山臨川寺で没した。その思想は，排仏論に対抗する*三教一致論に特徴がある。主な著作として「大成経破文答釈篇」「十七憲法註」「扶桑護仏神論」などが知られる。また事跡を記したものに「続東国高僧伝」「黒滝潮音和尚年譜」がある。

長寛勘文 ちょうかんかんもん　甲斐国の熊野社領八代荘の収公事件をめぐる勘文。甲斐守に任じられた藤原忠重と目代の中原清弘らが狼藉し，そのことをめぐって，熊野山がことの非を朝廷へ訴え，朝廷の諮問をうけた明法博士の中原業倫が，1163年（長寛元）に提出した答申書である。文中に熊野権現の最古の縁起とされる「*熊野権現御垂迹縁起」が記載されていることが注目される。業倫は，忠重らの狼藉は伊勢神宮と同体である熊野権現の神聖を犯す行為とのべ，さらに伊勢神宮と熊野権現とは同体であるか否かを論じた諸家の説を集録している。

澄憲 ちょうけん　1126～1203（大治元～建仁3）　院政期の天台宗の僧。少納言公。蓮行房

と号し，安居院法印と称された。後白河天皇の乳父として権勢を振るい，平治の乱で敗死した藤原通憲(*信西)の子。乱後，父に連坐して配流されるが，まもなく許された。珍兼俊より檀那流をうけ，比叡山東塔北谷の竹林院に，ついでその里房の安居院に住む。1174年(承安4)に祈雨および説法の賞により，権大僧都に補された(「玉葉」)ことをはじめとして，「古今著聞集」などの説話にも能説が伝えられる。また，「源平盛衰記」には，天台座主明雲の配流に際して途中まで随行し，一心三観の相承血脈をうけたことを伝える。子の*聖覚とともに*唱導をもって世に知られ，安居院流の祖とされる。説法の表白文などを集めた「転法輪鈔」などがある。

重源 ちょうげん　1121～1206(保安2～建永元)　鎌倉前期の僧。俊乗房と号し，また南無阿弥陀仏と号した。京都の紀氏の出自。はじめ密教を志して修行したが，1167年(仁安2)47歳で入宋し，翌年，*栄西らとともに帰国したといわれる。81年(養和元)，法然らの推挙で前年平家の焼き打ちで焼失した*東大寺復興のために造営勧進職に任じられた。はじめ大仏の鋳造にあたり，中国宋の鋳物師陳和卿を招いて修造を進め，85年(文治元)に大仏開眼供養が営まれた。再建事業は困難をきわめ，8年目の89年に職の辞退を申し出たが，後白河法皇・九条兼実の要請で大勧進職に任じられた。大仏殿と伽藍の再建にあたっては，各地に巨材を求め，運搬のために各地の港湾を改修し，財源確保のために各地の東大寺領荘園の強化を図った。また多数の関係工人の安全と成仏を願って各地に寺を建立し，仏像を造った。かくして，1203年(建仁3)東大寺総供養が営まれ，06年(建永元)6月，東大寺において没した。享年86。その後半生を東大寺再建に費やした希有の勧進僧である。没するまでの造寺・造仏などの事業を自ら書きとめた記録「南無阿弥陀仏作善集」がある。

徴古究理説 ちょうこきゅうりせつ　江戸後期の国学者*鶴峰戊申の著書。1818年(文政元)成立。全2巻2冊。戊申は和・漢・梵ならびに西洋理学をも折衷し，*窮理学を根拠とする独特の学問を樹立した。「古事記」と「日本書紀」を「天地間にかくばかり尊き御書は有ざりけり」と尊び，「天下に有べき事の限り，人の鏡にすべきわざとして，此古事に，もれたるは無りけり」と説いている。その一方で，そこに内在する「実理」を究明するには，西洋理学の「わざ」に拠るべきとものべており，人情を介在させずに「理を究めるわざ」を用いて，学問を解明しようとしている。本書は，このような思想にもとづき学問を究明するという方法が展開されている。

超国家主義 ちょうこっかしゅぎ　→国家主義

長者教 ちょうじゃきょう　近世初期の*仮名草子。1冊。著者不詳。1627年(寛永4)刊行の古活字本，整版本の初版から1715年(正徳5)版に至る，およそ100年間流布した。庶民に長者になる心得を，長者となった「かまだや(鎌田屋)，なばや(那波屋)，いづみや(泉屋)」の物語で語り，常に嗜むべきこと，稽古すべきこと，教訓歌や「ふくのかみ十人御子」「びんぼう神十人御子」を簡潔に示している。最後に世俗を離れた貧乏神により貧乏の楽の多いことを語らせ，それは悪女の賢女振り，乞食の断食と著者は皮肉をのべるが，その町人道の主要な目的は「なにゝつけても，かねのほしさよ」という致富主義である。井原西鶴の「*日本永代蔵」(1688刊)の外題に「大福新長者教」と傍題されているのも，本書の影響であろう。

町衆 ちょうしゅ　中世末期の都市における地縁的共同体の構成員。「まちしゅう」とよばれることもあるが，たとえば「ちやうのかこい仕候間，竹所望之由申候間」，「此方よりちやうへ酒をのませ候了」と山科言継の日記に表記されるように，町は「ちやう」とよばれ，「ちょうしゅ」が正しいとされる。京都では，鎌倉時代以前から室町時代を通じて「町」とよばれる商業地区が発展し，室町中期には通りに面して一町ごとにいくつもの町が作られ，それを統率する惣町が作られ，その警護は在住する町人によって自主的になされた。応仁・文明の乱によって焼失した京都は，地域ごとにしだいに復興され，共同体の主体は商・手工業者のほかに，没落した公家衆や町人の家に入った武家，高利貸を営む

富裕な酒屋・土倉業者も含んで，町衆とよびならわされた。この事情は京都にかぎらず，大坂の石山本願寺寺内町でも同じで，「私心記」に「震殿ノ庭ニテ町衆ヲドリ有リ」などとみえる。

　町衆は富裕商人のみならず，公家の素養，武家の経験を吸収することで，独自の気風を養った。町衆は屋敷をもつ富裕な階層が代表して，戦乱時には団結自衛の体制を整えた。大乱ののち長く中断されて1500年(明応9)に復活した*祇園会の山鉾巡行や，32年(天文元)の*天文法華の乱はその団結を語る例である。現世利益を唱える法華宗の宗旨は商人たちの心を捉え，市中に多くの寺院が建立され，一向一揆の勢力が畿内に及ぶと両者は衝突し，戦火ののち法華一揆の主張が認められた。一揆退転ののち，一揆の体験を組み込んで市中の町組は再編され，富商層の指導下に幕府と交渉する結束を示した。この過程で町および町衆に変化がみられ，上層町衆は共同体の上層から特権商人へと上昇し，同時に町の家持層と借家人層との分化が進んだ。後藤・本阿弥・茶屋・角倉の家などの旦那衆はこの特権商人の代表であり，多くは近世初期まで継承された法華宗信者の系譜をもつ家柄である。林屋辰三郎によれば，典型的な町衆は室町後期の明応期(1492〜1501)頃に始まり，1532〜37年(天文元〜6)を頂点として，その後68年(永禄11)の織田信長の入京に至るまでみられ，その後の桃山〜寛永期の町衆は特権門閥化した上層町衆の時代であるとされる。

鳥獣戯画　ちょうじゅう　「鳥獣人物戯画」とも。平安後期〜鎌倉前期に成立したと考えられる白描戯画。国宝。紙本墨画。全4巻。高山寺蔵(京都市)。現在4巻からなり，それぞれ甲・乙・丙・丁巻とよばれる。甲巻は，猿・兎・蛙・狐などを擬人化して描き，乙巻は，牛・馬・犬・鶏など実在の動物と麒麟・玄武・貘など空想上の動物を絵手本風に描いている。両巻は細やかな描写や筆法も近いものがあり，12世紀中頃の作かとされる。丙巻は，前半に人間の賭事を，後半に動物たちの遊技を描くが，甲・乙巻と比較すると筆法が弱く，形式化がみられ，12世紀末と推定さ

れる。丁巻は，荒い筆致で捉えられた貴賤僧俗の風俗を滑稽に描いたもので，13世紀半ば頃の作とされる。

長寿養生論　ちょうじゅようじょうろん　江戸中期の排仏書。全4巻2冊。神道家の松本鹿々(多田宣綿)の著。1795年(寛政7)刊。長寿を保つためには生気を養う必要があり，生気の根本の寿命を守るのが魂であり，この魂は天地火徳の日輪の精気であるとする。つまり長寿の方法とは，魂が陰気に閉じこもらず陽気が消えぬように増やすことにある。人々が長寿であったのは日本に仏教が伝来する以前のことであり，今より3倍の寿命であったとする。しかし仏教伝来以後，人々の寿命が短くなったとする。仏教は長寿にとって「大毒」にあたるとして，仏教教理や仏教伝来以後の歴史を批判する。特に仏教における無常心や後生願が，魂の陽気を減らすという。

朝鮮教育令　ちょうせんきょういくれい　同化政策にもとづく植民地教育を推進するための教育令。朝鮮が日本の植民地となった翌年の1911年(明治44)8月23日に公布された(第1次朝鮮教育令)。*教育勅語の趣旨にもとづく「忠良なる国民の育成」が明文化されている。寺内正毅総督は公布に際して，徳性の涵養と国語(日本語)の普及が，帝国臣民の資格と品性を具えるうえで必要であるとし，この精神にもとづき公立普通学校(4年制)・実業学校などが設立された。在来教育機関は私立学校規則(1915年10月)，書堂規則(1918年2月)により規制された。*三・一独立運動の影響で朝鮮教育令は22年(大正11)2月に改正され(第2次朝鮮教育令)，「内鮮共学」の方針にもとづき同化教育が強化され，普通学校を6年制とし，初等教育の普及も図った。日中戦争勃発にともない皇民化政策が展開されると，38年(昭和13)3月に改正され(第3次朝鮮教育令)，「忠良なる皇国臣民の育成」が学校教育の目的とされ，教育内容を日本人と同一のものとし，日本語教育が強化された。41年3月に国民教育令が施行され，小学校は国民学校に改編された。

超然主義　ちょうぜん　内閣を政党の影響外におこうとする考え。大日本帝国憲法は立憲君主制を採用したが，それは絶対君主制と議会制と

を結合させたものであった。すなわち，一方では天皇が「統治権ヲ総攬し」するとされ，その下に政府・内閣が組織され，他方では立法府としての議会制を採用した。そこで，どのようにして法をつくる国会の拘束から天皇およびその政府の絶対性を守るかが政府要人たちの課題となった。超然主義はそのための方策である。黒田清隆きよたか内閣は「超然政党ノ外ニ立チ，至正至中ノ道」を取るべしとし，伊藤博文ひろぶみは，宰相の補弼ほひつによる天皇の統治は「全国」的統治で不偏不党でなければならないから，「政党の外に立」たねばならないとした。

朝鮮通信使 ちょうせんつうしんし　通信使・朝鮮信使などとも。朝鮮国王が足利将軍・徳川将軍に送った外交使節団をいう。その間には，朝鮮に甚大な被害を与えた豊臣秀吉による朝鮮侵攻があったが，江戸時代は善隣の関係のうちに，合計12回の通信使が送られた。思想史の立場から考えると，徳川の将軍の称謂として「日本国大君たいくん」であったものを「*日本国王」と改め，*新井白石はくせきの改革が最も興味深い問題を投げかけている。白石の意図は，名実ともに徳川将軍を国王とさせることにあったと思われるが，天皇との関係などで複雑な問題をよびおこした。荻生徂徠そらいの「*政談」にも，この問題への論及がみられる。なお「日本国王」の号は，徳川吉宗よしむねの時代にもとの「日本国大君」に戻された。使節団はきわめて大規模で異国情緒にあふれていたから，その使行（うち3回は日光にも参詣した）は，庶民も含めて多くの日本人の興味の的となった。その正使・副使以下は朝鮮を代表する文人（知識人官僚）であったから，日本の学者・文人も競って彼らとの詩文の交換をはたそうとした。また「文」と「礼」の国の誇り高い知識人官僚が，「武」の国としての日本をどのようにみたかという意味で，1719年（享保4）に来日した申維翰しんいかんの「*海游録かいゆうろく」など，使節の記録は興味深い。

朝鮮本 ちょうせんぼん　朝鮮王朝時代に刊行された活字本。大型の本で，本文料紙は楮こうぞ紙を用い，沙綾形さやがたの型押し文様などをほどこした黄色を中心とした表紙に，五穴綴じが特徴である。豊臣秀吉の朝鮮侵略時に日本にもたらされ，寛永年間（1624〜44）にかけて古活字版時代というべき隆盛期を迎えた。活字本は印刷部数が少なく需要に対応できなかったため，結局，従来の木版印刷が広く普及したが，江戸時代の出版文化における装丁や版式にも影響を与えた。朝鮮本には朱子学関係書も多く，和刻本も出版されるなど，日本朱子学の成立と発展に寄与した。対馬の宗そう家などにまとまって伝わる。

町人考見録 ちょうにんこうけんろく　豪商三井総本家の3代目高房たかふさ（1684〜1748）が重役番頭中西宗助そうすけの勧めで，先代高平（宗竺そうちく）の70年にわたる，京都の大町人46家の興起とその没落の見聞を集録・編纂したもの。全3巻。1728年（享保13）頃成立。両替善六・両替善四郎・大黒屋徳左衛門・那波屋なばや九郎左衛門・玉屋忠兵衛などの有力な豪商が，分限をこえた奢侈な生活や栄華，大名貸し「お断り」によって「二代三代にて家をつぶし，あとかたなく成行」き没落した経過，および糸割符いとわっぷ・銀座・呉服屋などの不振を記し，三井家の教誡とした。そこには商人にとって「金銀大切」ということを忘れ「心たかぶり」「家業を忘れ」て奢侈となるのは，「町人心」「商人心」を失うこととなる。百姓・職人が数代家を伝えるのは，その職を一日怠ればたちまち食を失うために精勤するが，町人は初代は繁栄しても，その後継者が家の富貴に慣れ，金銀の大切も知らず，世風を見習い「心たかぶり」，家職も他人に任せて奢侈となり，やがて家を潰す。「金銀の利足にかゝるより外なし」という世界に生きる町人の道を具体的に示したものである。

町人道徳 ちょうにんどうとく　江戸時代の工商身分すなわち町人は，徳川氏の政権がとった重農賤商という姿勢のゆえもあって，支配層（武家）からのきびしい目にさらされ続けていた。それは，町人にとってのいわば戦国時代ともいうべき元禄期（1688〜1704）の商人たちにみられたような，「知恵」と「才覚」という個人的能力を頼みとしたむき出しの利潤追求の姿勢が，道徳的に劣等なあり方だと捉えられたからでもあった。そうした町人たちを，支配の側は徐々に抑圧し始める。その状況のもと，享保期（1716〜36）頃になると，しだいに彼ら

の中からも自らのあり方に対する反省がさまざまな形で現れてくるようになる。それらは，たとえばこの時期を最盛として続々と制定された商家の*家訓や店則にみられる，勤勉や倹約を強調し信用を重視する姿勢に示されている。また，*石田梅岩の門流から始まり，江戸後半の百数十年にわたって庶民社会に少なからぬ影響力をもった*石門心学と称される思想運動も，この姿勢の重要性をより徹底して強調した。江戸時代の町人社会に現れたこうした姿勢こそが，のちに始まるわが国の近代化への歩みにおいて重要な役割をはたすものであったという評価もなされている。

町人嚢　ちょうにんぶくろ　*西川如見が町人のために著した随筆風の教訓書。和文。全5巻・補遺（「町人嚢底払」）2巻。1692年（元禄5）の自序，1719年（享保4）刊。天子・諸侯・卿大夫・士・庶人という中国の身分制度を日本にあてはめて，天子を禁中様（天皇），諸侯を諸大名，卿大夫を旗本の物頭，士を一般の旗本，庶人をさらに士農工商に配している。公方様（将軍）には「諸侯の主」という位置が与えられて，「将軍家は天子の御名代」とされている。そのうえで士農工商の「四民」こそが，天子以下の「五等」の基盤となっていることが力強く主張された。その背景には，「畢竟人間は根本の所に尊卑有べき理なし」という如見の平等思想がある。合理的な発想が強く，迷信や占い・風水などの価値が否定され，神秘的な神道論についてもきびしい評価がなされている。

奝然　ちょうねん　938〜1016（天慶元〜長和5）　平安中期の東大寺僧。入宋僧。京都の秦氏の出身。東大寺東南院の観理から三論を学び，石山寺の元杲から真言密教をうける。959年（天徳3）受戒。983年（永観元）弟子嘉因・盛算らを伴い，宋商船に便乗して入宋。台州に到着し，天台山に赴いたあと首都汴京で太宗に謁し，日本からの献上品を賜う。五台山を巡歴し，再び汴京に戻って太宗に謁し，法済大師の号，新たに印行された大蔵経5048巻，新訳経41巻を賜る。帰途台州で，太宗のもとで礼拝したインド伝来の優塡王造立の釈迦如来像を模刻し，請来する。

987年（永延元）帰国。989年（永祚元）東大寺別当。請来像はのちに嵯峨*清凉寺に安置され，鎌倉時代以後，*釈迦信仰の高まりで，多くの模刻が造られた。1954年（昭和29）請来像の胎内から「僧奝然結縁状」や五臓六腑の模型など重要資料が発見された。

超然　ちょうねん　**1** 1567〜1644（明・隆慶元〜正保元）　江戸前期の黄檗宗の渡来僧。諱は不詳。中国福建省福州の生れ。1629年（寛永6），63歳の時に招聘に応じて長崎に渡来し，35年方丈・法堂を建立して福州寺，のちの*崇福寺を創建した。崇福寺は，真円開基の興福寺，覚悔開基の福済寺とともに華僑創建の長崎三福寺と称され，3代道者超元の時，渡来した*隠元隆琦がここに入寺した。39年，水月・普定両僧が長崎に渡来して入寺し，事務を執り晩年の超然を助けた。

2 1792〜1868（寛政4〜明治元）　江戸後期の浄土真宗本願寺派の学僧。号は虞淵，諡号は高尚院。近江国円照寺の生れ。1808年（文化5）得度して学林に学び，12年から三業惑乱後の教学再建に努力し，*異安心の調理・粛清に努めた。晩年には勤王論を唱え，*吉田松陰・*高杉晋作らと交流し，勤王僧*月性を宗主広如に推挙した。「*南柯法語」「反正紀略」などの著述がある。

徴兵令　ちょうへいれい　1873年（明治6）に，「強兵」政策のため発布された法令。明治・大正期の兵役義務に関して定めた法令。廃藩置県後の明治政府は，直轄軍である親兵10万と地方軍しかもっていなかったため，統制ある常備軍創設が必要であった。壮兵の職業兵制とするか，民兵として国民軍制にするか，徴兵制にするかが議論されたが，欧米に学び国民皆兵による強固な軍隊をめざす*山県有朋の主導で徴兵制が採用された。これが第1期の徴兵令である。この目的は鎮台兵の徴集である。*征韓論で分裂し，鹿児島や高知出身の近衛兵が多数やめたため，徴兵令で徴集し，その兵の中から成績優秀者を近衛兵に選び5年間勤務させることとした。兵役免除以外の満17歳から40歳までの男子全員を兵籍に登録，満20歳の男子を徴兵検査と抽選で3年

間勤務の常備軍，その後2年間に年1回短期勤務をする第一後備軍，勤務義務のない第二後備軍，合計7年間の服役義務であった。官吏や陸海軍生徒，官立専門学校以上の生徒，医学生徒など支配層とその後継者，一家の主人・嗣子・一人っ子・養子などの貢租負担者とその後継者，代人料270円を払った者などを免役としたため，養子のもらい手がある富裕層に利があり，一般国民や中・下層農民の次三男に負担がかかった。特に農民は過重な貢租のうえに働き手を失った。この後の百姓一揆では地租軽減と徴兵令の改定が叫ばれた。83年免役・代人制度の廃止をへて，89年，明治憲法制定にともない法律となり国民皆兵が原則とされた。しかし，学生の徴集延期など高学歴者への特典は残され，1927年（昭和2）兵役法となった。

頂法寺ちょうほうじ →六角堂ろっかくどう

朝野新聞ちょうやしんぶん 明治期の政論新聞。1874年（明治7）9月，*成島柳北なるしまりゅうほくを社長に迎え，論説欄を常設して出発した。75年10月には*末広鉄腸すえひろてっちょうが編集長となり，柳北の諷刺的「雑録」と鉄腸の硬派「論説」とで人気を博した。讒謗律ざんぼうりつ・新聞紙条例を激しく批判し弾圧の対象となったが，高橋基一きいち・*馬場辰猪たついち論客も加わり，自由民権運動の高揚期には自由党系の急進的な論陣を張った。84年の柳北の死を転機として衰退し，*犬養毅いぬかいつよし・*尾崎行雄が入社した85年以降は改進党色が強まった。90年11月には経営危機から大阪毎日新聞社に譲渡され，政府系会派の大成会だいせいかい，国民協会の機関紙となり，93年に廃刊した。

重陽宴ちょうようのえん 毎年9月9日の重陽節（九日節ここのかのせちなどとも）に行われた宴会。重陽は，陽数（奇数）の極の九が重なる意で，この日中国で，山や丘に登って菊酒を飲み災難を除いたという民間行事に由来する。日本では雑令ぞうりょうに節日せちにちとしての規定はなかったが，この日の宴は天武朝にまでさかのぼりうる。嵯峨朝からは，*神泉苑しんせんえんに文人を召して詩賦しふの宴を開くようになる一方，831年（天長8）には宮中紫宸殿ししんでんの恒例節日行事となり，その行事次第については「*北山抄ほくざんしょう」に詳しい。この日に邪気を払い長寿を祈って菊酒を飲む習慣は，後世民間にも広まり，菊の節句として親しまれた。

勅規雲桃鈔ちょっきうんとうしょう 室町時代の*抄物しょうもの。東福寺*雲章一慶うんしょういっけいが「勅規百丈清規ひゃくじょうしんぎ」を講義した時の相国寺*桃源瑞仙とうげんずいせんの筆録。1459年（長禄3）春，桃源と万寿寺天祐梵(足へん)𨂻てんゆうぼんとんが発起人になって，東福寺宝渚庵ほうしょあんで開筵され，途中休講することがあったが，1462年（寛正3）8月まで続けられた。益之宗箴えきしそう・月翁周鏡げつおうしゅうきょう・亀泉集証きせんしゅうしょう・横川景三おうせんけいさん・万里集九ばんりしゅうきゅう・景徐周麟けいじょしゅうりん・希世霊彦きせいれいげん・正宗竜統しょうじゅうりゅうとう・桂林徳昌けいりんとくしょう・季弘大叔きこうだいしゅくら，聴講した相国寺・南禅寺・建仁寺・東福寺の著名な29名の僧の名が識語しきごにみえる。その規模の大きさは当時も評判になり，近世初期に至るまでこの本は重用された。

直言ちょくげん 初期社会主義団体の*平民社が刊行した毎日曜日発行の週刊新聞。1905年（明治38）1月29日に64号で廃刊した週刊「*平民新聞」の後継紙として，2月5日に創刊された。8頁を基本として，定価は3銭5厘で毎号約4500部を発行した。発行は直行社ちょっこうしゃ，発売は平民社。*幸徳秋水こうとくしゅうすい・*西川光二郎こうじろうが入獄中であったので，*堺利彦・*木下尚江なおえ・*石川三四郎らが中心となり編集した。同年9月初旬，日比谷焼打事件後の戒厳令で無期限発行停止処分となり，32号（9月10日）で事実上の終刊となる。以後「直言」は，唯物論的社会主義者たちの新聞「*光ひかり」とキリスト教社会主義者たちの月刊誌「*新紀元」とに分裂して引き継がれる。なお，「直言」はもともと加藤時次郎ときじろうら社会改良をめざす直行団ちょっこうだんの月刊誌（04年1月～05年1月，第14号まで刊行）であり，その誌名を引き継いだものである。

勅語衍義ちょくごえんぎ *教育勅語に関する官許の代表的解説書。1891年（明治24）9月，*井上哲次郎てつじろうの個人的著作として刊行された（*中村正直まさなお校閲）。芳川顕正あきまさ文相の委嘱をうけ，井上が中村正直・加藤弘之・井上毅こわしらの意見を聞きつつ執筆し，草稿を天皇の内覧に供したうえ出版されたもので，半ば官定の解説書というべきものである。その公的性格から，勅語発布後に多数刊行された衍義書の

中で最も広く普及し、また他の解説書の模範ともなった。出版当初から師範学校・中学校の修身倫理の教科書にも用いられ、23版を重ねた。勅語の全文を21の項目に分節し、順次解説する形をとっている。また序において、全体を統合する「勅語ノ主意」は、民心結合のための「孝悌忠信」と「共同愛国」であるとしている。

勅撰漢詩集　ちょくせんかんししゅう　唐の欽定詩文集にならい、時の天皇の命をうけて選者が詩を選び、奏覧した詩集。嵯峨天皇の命をうけて編まれた「*凌雲集りょううんしゅう」「*文華秀麗集」、淳和じゅんな天皇の命をうけて編まれた「*経国集けいこくしゅう」の三つがそれである。平安初期、宮廷を席捲した唐風文化の代表的産物である。

勅撰和歌集　ちょくせんわかしゅう　*勅撰漢詩集の後をうけ、自国文化を見直す中で*醍醐天皇の命により最初の勅撰和歌集「*古今こきん和歌集」が誕生した。その後、引き続き天皇の宣旨せんじや上皇の院宣いんぜんをうけて「後撰和歌集」「拾遺和歌集」（以上が三代集）「後拾遺和歌集」「金葉きんよう和歌集」「詞花しか和歌集」「千載せんざい和歌集」「*新古今和歌集」（以上が*八代集）「新勅撰和歌集」「続後撰和歌集」「続古今和歌集」「続拾遺和歌集」「新後撰和歌集」「玉葉ぎょくよう和歌集」「続千載和歌集」「続後拾遺和歌集」「風雅和歌集」「新千載和歌集」「新拾遺和歌集」「新後拾遺和歌集」「新続古今和歌集」が撰せられた。「古今和歌集」から「新続古今和歌集」までを二十一代集という。また三代集・八代集に続いて、「新勅撰和歌集」から「新続古今和歌集」までを十三代集とよぶ。「新続古今和歌集」の撰上は1439年（永享11）で、「古今和歌集」撰上から約500年間が勅撰和歌集の時代であった。

勅令主義　ちょくれいしゅぎ　→緊急勅令きんきゅうちょくれい

樗蒲　ちょぼ　→賭博とばく

千代見草　ちよみぐさ　日蓮宗*受不施派じゅふせはの立場をとる布教書。法華信仰者が行うべき修行・実践についての平易で具体的な教示に特徴をもち、上・下2巻よりなる。本文末の記述から著者は*日遠にちおんとされてきたが、没後の風俗の記述がみられることを根拠とした仮託書説も存在する。原本は未発見で、1710年（宝永7）の刊記をもつ版本が最も古い。内容は、上巻では自利の立場から臨終正念の意義などを説き、下巻では利他の立場から看病の功徳や葬送の法などを示す。

千代もと草　ちよもとぐさ　→仮名性理かなしょうり

珍海　ちんかい　1091～1152（寛治5～仁平2）　平安後期の画僧で三論宗の碩学。絵師藤原基光もとみつの子。出家して東大寺東南院の覚樹かくじゅに師事し、三論・華厳・法相・因明いんみょうを修学した。また覚樹の実兄、醍醐寺三宝院の定海じょうかいや、勧修寺の寛信かんしんから密教を学ぶ。1115年（永久3）に維摩会ゆいまえの堅義りゅうぎをつとめ、1142年（康治元）に已講いこうとなっている。醍醐寺に止住し「法華経」「維摩経」を講じたが、また宮廷画家の基光の子として画技にも長じ、「天下第一絵師」と称されて仏画や密教図像に筆をふるった。転写本ながらその筆様を示す白描図像に、東寺蔵「仁王経にんのうきょう五方諸尊図」などがある。

鎮火祭　ちんかさい　「ひ（ほ）しずめのまつり」とも。6月と12月に執り行われる律令国家の恒例祭祀。「神祇令」「延喜式」に規定があるが、祭日は定まってはいない。「令義解りょうのぎげ」によれば、宮城の四方外角において神祇官の卜部うらべが火を切り祭祀を行う。その目的は火災を防ぐためであり、ゆえに鎮火というとある。「延喜式」の「鎮火祭祝詞のりと」には、*イザナミノミコトは火結神ほのむすびを生んだために火傷を負い死者の国に至るが、「よみつ枚坂ひらさか」において水神・匏ひさご・川菜かわな・埴山姫はにやまひめを生み、これらを用いて火結神を鎮めることを教える、というイザナミの火神誕生譚をのべる。同祝詞の火神誕生譚は記紀神話にはみられないモチーフを含んでいるが、これが鎮火祭の祭儀神話であろう。

鎮国三部経　ちんこくさんぶきょう　→護国三部経ごこくさんぶきょう

鎮護国家思想　ちんごこっかしそう　仏教の教義にもとづいて五穀豊穣・疾病終息・外敵撃退といった国家安寧の効果を祈願するなど、広く仏法によって国家の鎮護を図ろうとする思想。日本の仏教は、7世紀後半頃には、唐や新羅しらぎなど周辺諸国との緊張関係の高まりから、外敵撃退を祈って*仁王会にんのうえが修されるなど、早くから鎮護国家の役割をになった。奈良時代には、仏教思想を国家統治の手段として利用しようと図った律令国家が、*官寺かんじの建

立・維持，護国法会の開催，「*金光明経」「*仁王経」「*法華経」などのいわゆる護国経典の読誦，僧尼の活動の規制などを通じて，国土・国王(天皇)双方の安寧・擁護を期待した*国家仏教の体制を現出した。奈良時代の国分寺はもちろんのこと，東大寺・西大寺や平安京の東寺・西寺も鎮護国家を標榜するものであったが，平安時代の仏教界に新風を吹きこんだ*最澄や*空海も，「仁王般若経」にもとづく純粋な菩薩僧の養成や真言密教にもとづく修法の実践など，それぞれ独自の方法による護国の実現を説いた。平安中期以降はしだいに王法仏法相依の観念が高まってくるが，鎌倉時代にも栄西が「*興禅護国論」，日蓮が「*立正安国論」などを著して，新たな護国論を提起した。⇒護国三部経　奈良仏教　平安仏教

鎮魂　ちんこん　霊魂を体に鎮め込めるための呪術。「たまふり」「たましずめ」の古訓があり，前者は衰えた霊魂の威力を振りおこすこと，後者は遊離魂の招復のこととされるが，両者とも原義は霊魂(自分のものだけではなく他者のものをも含む)を体に込めること。律令祭祀としての鎮魂祭は「神祇令」に規定され，*大嘗祭・新嘗祭の前日，11月の寅日に行われる。祭祀の意義を「職員令義解」条は，神祇伯は，離遊する運魂を招いて身体の中府に鎮めることとし，天皇の霊魂の強化を図る祭儀である。祭儀次第は「儀式」などによると，夕刻，宮内省正庁に神祇官斎(西)院に祀られている八神殿の神々(神魂・高御魂・生魂・足魂・魂留魂・大宮女・御膳神・辞代主)，大直日神などの神座を設け，神座の前に天皇の御衣筥をおく。御巫や猿女らの神楽が舞を奏上。御巫が伏せた宇気槽の上に立ち，琴の音にあわせて桙で槽を撞く。一撞ごとに神祇伯が木綿を結び，その所作を10回繰り返す。この間，女嬪人が御衣筥を開いて振り動かし，鎮魂歌(「年中行事秘抄」所載)が奏上される。神祇伯が結んだ玉緒は神祇官斎(西)院の斎戸の神殿に収められ，12月には斎戸祭がある。中宮・東宮のための鎮魂祭も行われた。「古語拾遺」には，鎮魂の儀は天岩屋戸神話の天細女命の舞に由来するとある。

鎮守神　ちんじゅしん　一定の地域を守護する神のこと。また寺・村・城などをはじめ，ある敷地内に鎮守神を祀る鎮守社を設け，そこを守護すること。このような鎮守の思想は，中国の寺院に祀られていた伽藍神にその起源をもつといわれる。日本においても，*護法善神思想によって寺院に神を勧請するようになった。その代表的なのは，東大寺の手向山八幡宮，興福寺の春日社，延暦寺の日吉社などである。これらは，寺院に神を祀ることにより仏法の守護を願うという思想によるものである。なお，鎮守神に対しては丁重な祭礼が執行されるのが一般的で，興福寺が春日若宮を祀る春日若宮おん祭，東大寺が手向山八幡を祀る手掻会などがその例である。また，鎮守社の祭礼にはさまざまな芸能が催され，大規模な行列をともなうこともある。

室町前期に村落の自立が高まると，村を守護する氏神が祀られ，それらを鎮守とよぶようになった。現在，「鎮守様」「鎮守の森」などと用いられている「鎮守」という語は，そのような村落を守護する神という意味に用いられている。なお，明治初年の*神仏分離令により寺院の鎮守社は寺院と切り離されて，単独の神社となったものが少なくない。

鎮守勧請覚悟要　ちんじゅかんじょうかくごよう　織豊期の*法華神道の書。1巻。京都の本隆寺7世日脩(1532～94)の著。本隆寺蔵の日脩自筆本の奥書に「文禄三年九月十二日書焉記」とあり，本書が1594年(文禄3)に成立したことがわかる。内容は全27章からなり，インド・中国・日本の鎮守の意義，日本の神祇は仏法を守護すること，神の語源，日蓮宗の守護神としての天照大神と八幡神のこと，*三十番神や*三種の神器のこと，天照大神と第六天魔王との契約などを真門流の教理で解説してある。また，日本が三国で最も優れているとの*根本枝葉花実説を説くなど，吉田神道の影響がみられる。これは，日脩が*清原宣賢から神道・儒教を学んだ影響によるものである。

頂相　ちんぞう　「ちんそう」とも。禅僧の肖像画。自分の師の像を画僧に描かせ，師の自賛をも

とめて嗣法の証とした。半身像・全身像があり、全身像は、衲衣（のう）・袈裟（けさ）を着けて曲彔（きょくろく）に坐し、右手に払子（ほっす）か竹篦（しっぺい）を手にするもの、拄杖（しゅじょう）を脇におくもの、坐方など多少のバリエーションはあるが類型的である。「顔」には像主の個性が表現されている。鎌倉時代以来、中国宋・元の高僧頂相が多数請来され、その作風の影響下に日本でも制作された。頂相は葬儀や年忌法会（ほうえ）などにも用いられ、自賛（じさん）のほかに、師の没後ほかの僧に賛を依頼したものがある。室町時代に作成された像が傷んだのを江戸時代に模写し直し、賛も写してその旨を記した像もある。直接の師のほかに、宗派・門派の祖師を後代の人が作成した肖像画も頂相とよぶ。

椿葉記 ちんようき　室町時代の記録。伏見宮貞成（さだふさ）親王（後崇光院（ごすこういん））の著。1巻。南北朝の動乱により長らく不遇であった崇光院流からでて皇位についた後花園天皇のために、父の貞成親王が著した書。崇光院流を持明院（じみょういん）統の嫡流と位置づけて再興に至る史実を記すとともに、君徳涵養を説き、さらに自身への太上（だいじょう）天皇尊号宣下の希望をものべる。草案の段階では「正統興廃記」と題されていたが、後嵯峨天皇践祚の際の故事にちなんで「椿葉記」と改め、1434年（永享6）に後花園天皇に奏覧された。貞成親王自筆の草稿原本3部が伝存する。そのほか清書本の写本が複数伝わる。

つ

追加法 ついかほう　「*御成敗式目（ごせいばいしきもく）」以後に制定された鎌倉幕府法の総称。「御成敗式目」への追加を意味する。大半は特定の訴訟や事件に対応することを目的とした単行法で、一般に周知されることもなかったことから、時間的にも空間的にも限定的な効力しか有しておらず、社会的な知名度も低かった。その一方で、1261年（弘長元）2月20日付「関東新制条々」61カ条、84年（弘安7）5月20日付「新御式目（しんごしきもく）」38カ条、97年（永仁5）3月6日付のいわゆる永仁（えいにん）の徳政令（とくせいれい）4カ条のごとく、政治的・社会的な改革を目的とし、条数も多量なものもあった。なお、複数の法令をまとめて制定・発布する場合、「条々」と名付けられることが多い。通常、評定（ひょうじょう）会議での合議をへて制定され、内容によって幕府各部局・六波羅探題（ろくはらたんだい）・鎮西（ちんぜい）探題・各国守護へ伝達された。だが、幕府の実権が執権（しっけん）北条氏の家督である得宗（とくそう）に移った鎌倉後期になると、重要法令は得宗主催の寄合（よりあい）で審議・決定されるようになった。室町幕府法も、建武年間以後の「御成敗式目」への追加法という意味で「建武以来追加」と総称された。

追善 ついぜん　追薦とも。追福（ついふく）も同義。死者の冥福のために、生きている者が善事を修することをいう。一般には七七日（四十九日）の中陰（ちゅういん）をはじめ、百箇日、一・三・七・十三・三十三・五十・百回忌（*周忌）など、また命日（めいにち）や*彼岸（ひがん）などに塔婆（とうば）・仏像・法具・堂舎を造立したり、読経・法要を営んだり、財物の施入や*写経をしたりなどして、それらの功徳によって死者の冥界での安穏を祈った。*卒塔婆（そとば）も元来は追善供養のためであったが、墓参の習慣の確立とともに墓標となった。なお追善供養の諸段階は、民間信仰では死者が先祖の霊魂へ昇華していく過程とも考えられた。

追儺 ついな　大儺（だいな）・儺（な）・鬼遣（おにやらい）とも。12月晦日の夜に行われた宮中の年中行事。もと中

国で漢代以来行われていた，大晦日に方相氏が疫鬼を追い払う，儺と称する行事を移入したもの。706年(慶雲3)に疫病流行に際して行われた(「続日本紀」)のが初見で，平安時代には宮中行事となった。「内裏式」「儀式」などによると，紫宸殿への天皇出御ののち，背の高い大舎人1名を任じた方相氏(四つ目の黄金の仮面をかぶる)が，官奴などから選んだ侲子20名を従え，桃の弓などをもった親王・諸官人らとともに四方の門外に疫鬼を追い払った。後世，諸寺社でもこれを行うものがあり，民間の*節分行事にもつながるものがあった。

通 つう 近世の江戸の生活理念，および美的理念の一つ。「君子の道に通ずる。之を通と云ふ」(「荘子」譲王)などに由来した漢語で，芸道・土地柄・諸制度や習慣などの種々の道に対し，そこを通れること，通達していること，またその人をいう。芝居通・浅草通・食通などと今日でも使う。通者・大通・通人ともいい，遊廓では通客とも称した。ただし，その道の専従者・専住者ではなく，あくまで素人であることを条件とするため，その姿勢はあくまで傍観的・知的であるが，「朝に通となつて夕に死すとも可也」(洒落本「通志選」)というように，都市生活者たる江戸庶民の憧れる生活理念であった。他方，遊里における美的理念としてみる場合，*粋とほぼ同趣だが，通をもっぱら宣揚した洒落本・黄表紙の影響からやはり知的性格が強い。洒落本「一目土堤」(1788刊)によれば，大通の語は1769・70年(明和6・7)に粋人のよび名として時々使われていたが，77年(安永6)に江戸で大流行し全国に広まったという。その後，天明期(1781〜89)に通・通人に定着する。通に対する半可通は，いわゆる野暮のことをさす。

通海参詣記 つうかいさんけいき →太神宮参詣記

通議 つうぎ 江戸後期の漢文体の論策。*頼山陽の著。全3巻。1806年(文化3)に成った前著「新策」6巻を刪正したもので，32年(天保3)死の直前に「内廷を論ず」1編を追加して完成した(全28編)。初刊は39年以前(「拙修斎叢書」所収)。山陽は，巻頭で和漢の史実に言及しながら，彼の史論・政論の核心をなす「勢」およびこれに関連する「権」「機」の意義について具体的に詳述するとともに，以下政治・経済・法制・軍制など都合18項目について自説を展開している。山陽自ら，本書は史論の体裁を借りて当代の政治の得失を明らかにしようとした政論の書と語っているが，もっぱら古典的教養に依拠する本書の議論は，幕末の政治運動を方向づけるような影響力をもちえなかった。

通憲入道蔵書目録 つうけんにゅうどうぞうしょもくろく 「信西入道蔵書目録」とも。図書の目録。1巻。平安末期の政治家・学者である藤原通憲(法名は*信西)の蔵書の目録とされる。体裁は，第1櫃から第170櫃までの書櫃ごとに，納めてある書物の題名，帙・巻・帖の数，現状などを記したもので，漢籍・国書300余にのぼる書名があげられている。ただし欠櫃も多く，実際に記載があるのは87合にとどまる。また，末尾に無番の櫃3合がみえ，なかに「通憲書」と注されるものがある。本来の蔵書群がかなり崩れた段階で，書櫃ごとに付された納入書の目録と現状とを比較・確認しながら記録していったと思われ，欠巻や朽損などについての注記が散見される。通憲没後に成立した書目が含まれるとして，通憲の蔵書目録であることを疑う見解もある。

通語 つうご 江戸後期の歴史書。全10巻3冊。*中井履軒の著。明和初年に成立，1843年(天保14)刊。保元の乱から南北朝合体の時期に至るまでの歴史を漢文で記したもの。第1巻は保元の乱，第2巻は平治の乱，第3・4巻は源平の内乱，第5〜7巻は源氏将軍三代から北条執権体制下の治世，第8巻は建武新政，第9巻は南北朝の内乱，第10巻は南北朝合体を扱う。各巻の巻末ないしは巻頭の論賛は，歴史の治乱・興亡を名分と仁政を主眼にして論断したものである。同時期を扱った栗山潜鋒「*保建大記」への不満が執筆動機であるとされる。森摂城「評註通語」(1884)がある。

通詞 つうじ 通事とも。江戸時代に中国語・オランダ語の翻訳を担当した人々のこと。それぞれ唐通事・オランダ(阿蘭陀)通詞と総称された。身分は長崎の地役人で，長崎奉行の管轄におかれた。翻訳業務のほかに商務官

的な役割も担っていた。その職制には厳格なヒエラルヒーが設けられ、大通詞・小通詞・稽古通詞などの位階が定められていた。オランダ通詞の出自の多くは、南蛮貿易以来の地元の日本人で、唐通事では日本人のほかに亡命明人の子孫もみられる。唐通事は中国文化受容の窓口となり、オランダ通詞から蘭学史上幾多の人材を輩出したことが特筆されよう。

通信使つうしんし →朝鮮通信使ちょうせんつうしんし

通俗道徳つうぞくどうとく 勤勉・倹約・正直・孝行・謙譲などの日常的な生活規範。安丸良夫は民衆思想史の立場から、W.W.ロストウの近代化論や*丸山真男まさおの近代的な思惟方法論を批判して、通俗道徳の積極面を評価した。江戸中期以後の商品経済の進展の中で、民衆が通俗道徳を内面化して、自己形成・自己鍛錬に努力し、家や村を発展させようとした点に、生産を担う民衆の主体性がある、と安丸は解釈している。ただ、この膨大な人間的エネルギーがこめられた通俗道徳も、明治期になって修身教育の徳目としてあげられ、虚偽意識としての面を強めたとされる。

冢田大峰つかだたいほう 1745～1832(延享2～天保3) 江戸中・後期の儒者。名は虎、字は叔貔しゅくひ、通称は多門たもん、号は大峰・雄風館。信濃国水内みのち郡長野村の医師冢田旭嶺きょくれいの子。1760年(宝暦10)江戸にでて、苦学して69年(明和6)家塾雄風館を開いた。一方で、*細井平洲へいしゅうの塾で助講も務めた。81年(天明元)名古屋藩主徳川宗睦むねちかの侍講となる。90年(寛政2)*寛政異学の禁が下されるや、「太平の政務」に有益ならば、学問の流派は人々の「好む所」に任せるべきである、と*松平定信さだのぶに上書して反対論を唱え、異学の五鬼の一人に数えられた。1811年(文化8)名古屋藩校明倫堂めいりんどうの督学となった。「冢註論語ちゅうろんご」「冢註家語けご」をはじめとする、古注をもとにした経書けいしょ注釈書、家注本を数多く著した。ほかの著作に「*聖道得門せいどうとくもん」「*滑川談からかわだん」などがある。

都賀庭鐘つがていしょう 1718～92頃(享保3～寛政4頃) 江戸中期の小説家。名は六蔵、字は公声、号は大江漁人・辛夷館しんいかんなど。大坂に生まれ、天満で医師をしていたらしいが、

知名度の高いわりに略歴・没年などは不明。近路行者きんろぎょうじゃと称して「*英草紙はなぶさぞうし」(1749刊)、「繁野話しげしげやわ」(1766刊)などの読本はんを書いた。前者は読本の祖といわれ、後者とともに*上田秋成あきなり「雨月物語」に大きな影響を与えた。書画・篆刻てんこくをよくし、書は温和で美しく、印譜には「全唐名譜ぜんとうめいふ」(1741)、「漢季章譜かんきしょうふ」(1790)がある。1780年(安永9)「康熙こうき字典」にはじめて校訂を付して刊行した。こうした小学以外にまとまった学問的な著作は伝わらないが、読書記録「過目抄かもくしょう」などをみるかぎり、近世を通じて一級の読書人であった。

塚本虎二つかもととらじ 1885～1973(明治18～昭和48) 大正・昭和期の聖書学者。*内村鑑三かんぞうの門下で、無教会主義独立伝道に生涯尽力した。福岡県出身。東京帝国大学法科大学卒業後、農商務省に務める。1919年(大正8)官を辞して聖書研究に集中するが、ドイツ留学直前に関東大震災に遭遇して妻を失い、留学をやめて内村を助ける。30年(昭和5)「聖書知識」(397号終刊)を創刊し、東京丸の内で毎日曜日に聖書を講じた。戦時下には教友とともに「旧約知識」「新約知識」などレベルの高い研究誌を刊行した。ギリシア語原典の聖書研究会からは、関根正雄・中沢洽樹こうき・秀村欣二きんじ・藤林益三ますぞうら異色の無教会キリスト者が輩出した。著作に「福音書まがしょ異同一覧」などのほか、「塚本虎二著作集」全10巻・続8巻がある。

撞賢木つきさかき 江戸末期の神道思想・神学の書。国学者*鈴木雅之まさゆきの著。全5巻。1867年(慶応3)頃成立。冒頭から万物生成の根源、天之御中主神あめのみなかぬしのかみなど天神てんじん4神の御魂・御心による「生成の道」の働きを強調する。ついで天神や禍津日神まがつひのかみの性格、善悪・生死・顕幽の真相、穢けがれと禍、魂と心の差異などの理解が整然と示され、それをふまえ天神の御魂をうけた人間がこの事業＝「生成の道」に参与すべきという真理も弁証されていく。その意味では、記紀などの神話解釈を通じて神道的実践倫理を示した書といえる。ちなみに人間のなすべき事業の内容とは、天神から継いだ魂の本来性にしたがって善をなし生きること、具体的には、君・臣、

親・子などそれぞれの立場を全うしながら，家業に励んで生き，子孫を残して死ぬ（死は生成の成就として肯定される）という単純なものであった。しかし本書の達成は，*本居宣長・*平田篤胤らの先行説を選択的に受容しつつ，生成の価値とその根源性への思索を深めることで，実践倫理を含む明晰で体系的な神学思想を神道にもたらしたという点にある。ここに思索の学としての国学の成熟とともに，伊勢神道以来の神祇信仰の根源への探究，あるいは日本人の素朴な生成＝*産霊信仰的エートスの最も良質な表現上の成果を確認することができる。

月次祭（つきなみのまつり） 6月11日と12月11日に執り行われる律令国家の恒例祭祀。祈年祭・新嘗祭とともに年中恒例の重要祭祀とされる。祭儀次第は祈年祭と基本的に同じであるが，「儀式」「延喜式」によると，6月は卯刻，12月は辰刻，伯以下の神祇官人と大臣以下の官人が神祇官斎院（西院）に参集し，中臣が祝詞を読み，伊勢神宮と畿内の大社を中心とする304座に幣帛を奉る（班幣社とは新嘗祭と同じ）。祝詞は，「祈年祭祝詞」から「御年皇神に曰す」の一段を省いたものである。月次祭班幣が終わった後，同日夜には天皇が親祭する*神今食が挙行される。「令義解」に「謂ふ，神祇官に於ひて祭る，祈年祭と同じ，即ち庶人の宅神祭の如くなり」とあり，「宅神祭」を祖霊祭とし，月次祭を天皇家の祖霊祭と考える説もある。

憑物落し（つきものおとし） 生きた人間の霊である生霊や，狐・外道・犬神・蛇・河童などの動物霊が憑依して病気や災厄・精神不安などをおこすことを憑物といい，これを治すために修行を積んだ*山伏（修験者）や法印・巫女などに依頼して加持祈禱で落とすこと。特に，山伏は山中で修行を積み験を獲得して神霊を操作する能力をもつと信じられ，憑祈禱で落とした。憑祈禱とは，自らが大日如来や不動明王と一体になったと観念して，その力で*憑坐の巫女や童子に悪霊や神霊を憑依させ，問答によってのり移った霊の正体を明らかにするもので，嫉妬や呪い，祭祀不足などの災因を探り，対応策を講じて憑物を落した。

菟玖波集（つくばしゅう） 南北朝期の連歌撰集。全20巻。「筑波集」とも表記され，書名は連歌を「筑波の道」といったことによる。四季・神祇・釈教・恋・雑・羇旅・賀・雑体・発句に部類し，雑体には俳諧も含まれる。*救済の協力をえて*二条良基が撰集した，最初の准勅撰連歌集である。巻首に近衛道嗣の漢文序と良基の仮名序がおかれ，ともに1356年（文和5）3月26日の日付である。同年閏7月11日に准勅撰の綸旨をうける。*佐々木導誉が関与していたこともあり，足利尊氏ら武士の句も多く載せる。

都久夫須麻神社（つくぶすまじんじゃ） 琵琶湖北部に浮ぶ竹生島に鎮座。浅井姫命・市杵島姫命・宇迦御魂命を祀る。島内には都久夫須麻神社と神宮寺の宝厳寺があるのみで民家などはなく，神秘的な孤島である。宝厳寺は，*行基の開基と伝えられている。平安時代に入ると，天台僧の信仰を集め，本地仏は弁財天とされた。また観音信仰の隆盛にともない，観音霊場としても広く信仰され，宝厳寺は*西国三十三所の札所として，厳島・江ノ島とともに日本三弁財天に数えられた。本殿は，伏見桃山城にあった日暮御殿の一部を用いて再建され，国宝に指定されている。

ツクヨミノミコト 月読命。「ツクユミノミコト」とも。夜の世界の主宰神で，「ツクヨミ」は月を読む，月齢を数えることの意。造暦・航海者の職能神とする説もある。「*古事記」によると，黄泉国から脱出したイザナキノミコトは，穢を祓うために筑紫の日向の橘の阿波岐原で禊をする。種々の神を生んだ後，左の目を洗うことによりアマテラスオオミカミ，右の目を洗うことによってツクヨミノミコト，鼻を洗うことによってタケハヤスサノオノミコトの3貴子が誕生する。ツクヨミはイザナキより「夜之食国」の統治を命じられる。食国とは統治する国のこと。

「*日本書紀」には異伝が記されており，本文では3貴子はイザナキ・イザナミ2神の交合により誕生したとし，第1の一書ではイザナキが右手に白銅鏡をもった時に誕生したとする。また，第6の一書には「滄海原」

を支配とあり，スサノオの統治との混同がみられる。さらに第11の一書に，食物神の保食神(うけもちのかみ)殺害と作物の死体化成，それを契機としたアマテラスオオミカミとの別離神話が語られるが，同神話が記紀神話においてツクヨミが具体的に活動する唯一の所伝となる。なお，類似の神話は「古事記」にもあるが，「古事記」ではスサノオが大宜都比売(おおげつひめ)を殺害したとする。

「日本書紀」顕宗天皇3年2月条に，阿閉臣事代(あへのおみことしろ)が任那(みまな)に派遣される時，月神に民地を奉って祀れという託宣があり，山背国葛野(かどの)郡の歌荒樔田(うたあらすだ)を神田として，壱伎県主(いきのあがたぬし)の先祖の押見宿禰(おしみのすくね)をもって祀らしたという記事があり，本条は「延喜式」神名帳(じんみょうちょう)にみえる山背国葛野郡の葛野坐月読(かどのにいます つくよみ)神社の鎮座伝承であろう。なお，月神が若返りの水をもたらすという信仰が古代日本にも存在したことは，「万葉集」の「月読(つくよみ)の持てる変若水(おちみず)」(巻13-3245)の用例より確認される。月神を祀る神社は，「延喜式」神名帳には上記の山背国葛野郡のほか，伊勢神宮別宮の月読社，対馬国上県(かみあがた)郡の月読神社を掲げている。

作り神 つくりがみ →田の神(たのかみ)

付沙汰 つけさた →寄沙汰(よせさた)

津阪東陽 つさかとうよう 1757〜1825(宝暦7〜文政8) 江戸中・後期の儒学者。名は孝綽(こうしゃく)，字は君裕，通称は常之進，東陽と号した。伊勢国三重郡平尾村の郷士の子。15歳の時，尾張国の医師村瀬氏に学んだが，儒学を志して京都に上り，独学して私塾を開く。1789年(寛政元)伊勢国津藩儒となり，伊賀国上野で学を講じた。1807年(文化4)津へ移り，彼の建議によって20年(文政3)に藩校有造館(ゆうぞうかん)が創設され，初代の督学となった。経学では古注を本として，宋・明代の所説を折衷する立場をとった。史学と漢詩を習うことを学問の地盤とする東陽は，藩祖藤堂高虎(たかとら)の伝記「太祖創業志」を撰するとともに，「夜航詩話(やこうしわ)」(1816自序)を著した。著書はほかに「東陽先生詩文集」など。

辻潤 つじじゅん 1884〜1944(明治17〜昭和19) 大正〜昭和前期の評論家・虚無主義者。東京浅草の祖父の家で生まれる。開成尋常中学校を中退後，国民英学舎・自由英学舎に学ぶ。日本橋の私塾教師，尋常小学校代用教員をへて，25歳で上野女学校英語教師となる。彼のエッセーによれば，この青年期に*内村鑑三(かんぞう)の影響をうけ，さらに社会主義にも近づき「*平民新聞」の読者でもあったという。教え子の*伊藤野枝(のえ)との恋愛のために，1912年(大正元)に上野女学校を退職させられ，結婚した。同年マックス・スティルネル「唯一者とその所有」の翻訳を「自我経」のタイトルで出版する。しかし，野枝が*大杉栄(さかえ)のもとへ去ってからは，一時自宅で〈英語，尺八，ヴァイオリン教師〉の看板を掲げたが，比叡山の宿坊に籠もるなどの放浪生活であった。やがて高橋新吉を知ってダダイズムに接近，評論集「ですぺら」(1924)を出版した。25年「虚無思想研究」を創刊後，虚無僧(こむそう)姿で全国行脚をする。44年アパートの一室で餓死した。「辻潤全集」全8巻・別巻1がある。

辻能 つじのう 能芝居(のうしばい)・草芝居とも。往来で演じられる能。江戸時代中頃から始まる。江戸時代になって能が式楽化されたのに並行して，庶民のために演じられたのが辻能である。往来に小屋などを仮設して演じた。各座所属の猿楽者とは別の存在はすでに素人猿楽である手猿楽(てさるがく)があったが，辻能もまた職業人ながら本流からはずれた役者がこれにあたった。上方では堀川仙助，江戸では大和権之助(やまとごんのすけ)らが人気を博したが，元禄年間(1688〜1704)には社寺の境内で能芝居などを行うことが禁じられた。また正徳年間(1711〜16)には野天営業が禁止され，必ず葭簀張(よしずば)りの内で上演することになっていた。

津島祭 つしままつり 愛知県津島市に鎮座する津島神社の大祭。神葭(みよし)神事と川祭が中心である。神葭はオミヨシサマとも称され，これに*罪穢(つみけがれ)をつけて川に流す*祓(はらえ)の思想が神事の中心である。また，オミヨシサマは疫神(えきしん)である*牛頭天王(ごずてんのう)の依代(よりしろ)ともいわれ，これを川に流すことによって疫神を祓い除くのである。毎年7月の第4土曜日(宵祭)と日曜日(朝祭)にかけて，津島神社と天王川公園で行われる。船2艘を連結した上に山車(だし)を乗せ，疫神を流すために天王川を渡る。川祭の起源は，古く室町時代までさかのぼると伝えてい

るが，津島祭の起源についての明確な資料はなく，また，川祭と津島祭がいつ統合されるようになったのかも未詳である。

辻蘭室 つじらんしつ　1756〜1835(宝暦6〜天保6) 江戸後期の蘭学者。名は章従^{のぶ}，号は蘭室・孜軒^{しけん}。京都の医師村田氏に生まれ，久我家^{がけ}の医師辻氏の養子となる。1792年(寛政4)より*大槻玄沢^{げんたく}から書面を通じて教えをうける。医学ばかりではなく天文学・語学・博物学などにまで興味の対象を広げ，オランダ語を独学し，蘭日辞典「蘭語八箋^{らんごはっせん}」(40冊，未刊)を起稿する。ほかにもマレー語・ロシア語・ギリシア語・梵語などの研究に着手する。彼の研究は薬学関連にやや深いものがあったものの，全般的には広く浅いというものであった。京都の蘭学の草分けとされる人物である。

津田梅子 つだうめこ　1864〜1929(元治元〜昭和4)　明治・大正期の女子教育家。津田塾大学の創立者。江戸生れ。洋学者*津田仙^{せん}の次女。1902年(明治35)むめから梅子に改名。父の勧めで1871年，初の女子留学生として最年少(8歳)で渡米する。ランメン夫妻のもとで初等・中等教育をうけ，キリスト教に入信した。82年帰国し，*伊藤博文^{ひろぶみ}の家に住み通訳兼家庭教師，85年伊藤の推薦で創立時の*華族女学校英語教師となる。89年さらに勉学を望み在官のまま再渡米し，ブリンマー・カレッジ生物学科選科生となる。この時期，日本女性に高等教育の機会を与えることを生涯の使命と決意する。91年，半年間オズウィゴー師範学校で教育・教授法を学ぶ。大学では化学・歴史・哲学・経済学・英文学なども学修，最終学年でモーガン教授の助手として生物学の共同研究論文をまとめた。後進のため日本婦人米国奨学金を設立した。92年帰国，華族女学校教授に戻り，98年女子高等師範教授も兼任する。1900年7月，公職を辞し女子英学塾(現，津田塾大学)を創立，女子専門教育機関の先駆となる。英語教員の養成を目的として，個性に応じた少人数教育で徹底した英語教育とともに，広い教養をもつオールラウンド・ウーマンをめざした。05年キリスト教女子青年会初代会長となるなど国際的にも活躍した。

津田事件 つだじけん　*津田左右吉^{そうきち}の4著書が内務省によって発禁処分となり，発行人の岩波茂雄とともに起訴されて有罪判決をうけた事件。1940年(昭和15)2月，「神代史の研究」「古事記及日本書紀の研究」「日本上代史研究」「上代日本の社会及び思想」の4著書が発売禁止とされ，ついで3月，出版法第26条(皇室ノ尊厳冒瀆)の疑いで津田と岩波が起訴され，42年5月に判決が下された。4著書のうち「古事記及日本書紀の研究」のみ4カ所において「畏クモ神武天皇ヨリ仲哀天皇ニ至ル御歴代天皇ノ御存在ニ付疑惑ヲ抱カシムルノ虞アル講説ヲ敢テ」したとの理由で有罪とされ，著者に禁錮3カ月，発行人に禁錮2カ月(ともに執行猶予2年)が科せられた。この判決を不服として控訴したが，44年11月，控訴審で「時効完成ニヨリ免訴」という結末になった。本件は記紀に関する画期的な文献批判による最も卓越した学術的業績に加えられた迫害であり，天皇制国家の権力統制の核心を示す象徴的事例といえよう。

津田仙 つだせん　1837〜1908(天保8〜明治41) 明治期の啓蒙的農学者。下総国佐倉生れ。本姓は小島，のち津田家を継ぐ。江戸で蘭学・英語を修得し，外国奉行支配通弁となる。1867年(慶応3)幕府使節小野友五郎(広胖^{こうはん})の随員として渡米する。維新後，日本最初の外国人用旅館である築地ホテル館に勤務し，西洋野菜の栽培を始めた。73年(明治6)ウィーン万国博覧会派遣団で渡墺した際，農学者ホーイブレンクに学び，帰国後「農業三事」を著してその作物増産法を紹介した。特に津田縄^{なわ}を考案し，稲の人工授粉を試みた。75年学農社農学校を設立，他方「農業雑誌」を発行して農業改良と啓蒙に努めた。次女梅子を女子留学生に応募，女子小学校(青山女学院の前身)創立にも尽力した。キリスト者として禁酒運動などに取り組み，足尾鉱毒問題の告発にもかかわった。

津田左右吉 つだそうきち　1873〜1961(明治6〜昭和36)　近代日本の思想史家。岐阜県加茂郡栃井村に帰農士族の子として生まれる。1891年(明治24)東京専門学校邦語政治科卒業。関東近辺の中学教師時代をへて，1908年に白鳥庫吉^{くらきち}の教導のもと満鉄東京支社の満鮮歴史地

理調査部研究員となる。18年(大正7)早稲田大学講師，20年同教授。日露戦争前後から第2次大戦後まで学究生活50年以上に及んだが，日本・中国・朝鮮の古典に対する厳密な文献批判と比較思想史的研究を精力的に敢行し，比類なき独創性あふれる体系的業績を樹立した。「国民思想」史の探究をライフワークとし，大正デモクラシー思潮の中で公刊され未完の主著となった「*文学に現はれたる我が国民思想の研究」全4冊(1916~21)は，「思想と実生活」の交渉関係に一貫して視点をすえ，「貴族文学」「武士文学」「平民文学」の三大時代区分によって「国民思想」の変遷・発達の具体相を包括的に考察・叙述した。同書は津田の出発点を示す大作であるとともに，日本思想史学の学問的成立を告げる一指標となった。

「神代史の新しい研究」(1913)，「古事記及び日本書紀の新研究」(1919)を起点に，戦後に「日本古典の研究」2巻(1948・50)と「日本上代史の研究」(1947)に再編された記紀批判の画期的成果も，戦前のアカデミズム史学には正当に評価されず，戦時下には皇室の尊厳冒瀆罪に問われ出版法違反事件(1940年早大辞任，42年第一審有罪)の迫害を被った。しかし，戦後は一転して日本古代史研究発達のための批判的継承の目標とされた。学位論文「上代支那人の宗教思想」(1920)をはじめ，昭和初年より「支那思想」研究に重点を移し，「道家の思想と其の開展」(1927)，「左伝の思想史的研究」(1935)，「論語と孔子の思想」(1946)など大部の研究がまとめられている。小品「支那思想と日本」(1938)は，津田思想史学のエッセンスを集約した独自の「東洋文化」論の提示である。「津田左右吉全集」全33巻・補巻2巻がある。⇒津田事件

津田真道 つだまみち　1829~1903(文政12~明治36)　明治期の啓蒙思想家・法学者。美作国津山藩の御料理番津田吉太夫文行の長男に生まれる。維新前は真一郎と称す。国学を学んだのち，江戸で*佐久間象山に兵学を，*伊東玄朴と*箕作阮甫に蘭学を学んだ。1862年(文久2)日本政府初の留学生として西周とともにオランダに渡り，ライデン大学のシモン・フィッセリング(Simon Vissering)から社会科学を学んだ。帰国後，開成所教授手伝・幕府目付役。68年(明治元)「泰西国法論」(フィッセリングの授業筆記の一部)を刊行した。69年刑法官権判事となり，「人ヲ売買スルコトヲ禁スヘキ議」を建白した。73年明六社に参加，「*明六雑誌」の寄稿は29本で最多を占める。自然法を国学流に解釈しながら，それにもとづき自由を天賦とし西洋の法概念の導入に努めた。一方，外来思想の直輸入を戒め，国情に合うように折衷すべしと説いた。拷問・死刑の廃止を主張し，*森有礼の一夫一婦論を支持して廃娼論まで説き及んだ。76年元老院議官，以後，民法編纂委員・高等法院陪席裁判官をへて，90年衆議院議員(初代衆議院副議長)，92年佐々友房らの国家主義団体である国民協会に加入，96年より貴族院議員。津田道治編著「津田真道」(1940)に「歌集」など所収。「津田真道全集」上・下巻がある。⇒一夫一婦制　妻妾論

土 つち　*長塚節の長編小説。1910年(明治43)発表。茨城県の鬼怒川流域の農村を舞台として，小作農の窮状を描く。自らほどこした堕胎術による妻の死，娘との近親相姦の噂，舅との対立，自家の全焼などの苦境をへながら，勘次一家が土地と密着しながら生きていくようすが叙述される。写生的手法によって四季の変化が微細に表現されており，人事をも自然現象の延長線上に捉える態度に特徴がある。農民文学の先駆けとする評価が定着しており，都市化の波に残された村落共同体の実情という，近代日本の一つの側面を描いた功績は大きい。

土井晩翠 つちいばんすい　→土井晩翠どいばんすい

度弟院 つちえん　一流相承刹ともいう。禅宗寺院における住持制度の一つ。所属する法系にかかわらず適任者が入院する十方住持刹に対し，特定の門派から住持に就任することが原則となっている禅院をいう。主に*林下で行われ，京都の大徳寺や妙心寺などが代表的である。本来十方刹であるはずの五山でも，創建以来*聖一派が独占する*東福寺や，絶海中津の入寺以降*夢窓派のみが住持に就くことになった*相国寺などは度弟院である。鎌倉幕府は官寺の十

方住持制を厳格に貫いたが、室町幕府はその維持に積極性を欠いたため、戦国期までに多くの叢林が度弟院化し、官寺体制に動揺をもたらした。十方住持制を存続させた諸山の尾張国妙興寺（大応派ほか）・信濃国西岸寺さいがんじ（大覚派だいかく・大通派だいつう）・播磨国法雲寺（一山派いっさん）なども、実権は開山門派などが掌握しており、実質的には度弟院と何ら変わらなかった。

土田杏村 つちだきょうそん　1891〜1934（明治24〜昭和9）　大正・昭和初期の文明評論家、自由大学運動の指導者。新潟県出身。新潟師範学校・東京高等師範学校をへて1915年（大正4）京都帝国大学哲学科に入学、*西田幾多郎きたろうの影響下に新カント派哲学を学ぶ。20年に個人雑誌「文化」を創刊、文明批評家として出発し、文化価値の実現を究極目的とする文化主義に立ち、思想・文化・社会問題を論じた。また、イギリスのポール夫妻のプロレットカルト（Proletarian Culture）論に示唆をえて、理想主義・自由主義にもとづく独自のプロレットカルトを提唱、自律的民衆文化の育成を主張した。21年、長野県上田における自由大学の創設に尽力し、理念、組織、講師の人選にも積極的な役割をはたした。杏村によれば、「自由大学とは労働する社会人が、社会的創造へ協同して個性的に参画し得るために、終生的に、自学的に、学ぶことの出来る社会的自治的の社会教育設備」であり、都市化・産業化する社会における民衆の自発的・自治的学習機関である。大正期の教養主義・人格主義・社会主義・マルクス主義の知識を幅広く学び、大正デモクラシー期の社会的・文化的文脈においてそれらを民衆の自己教育運動に組織化しようとした。社会改造をも視野において多彩な論評を展開した。「土田杏村全集」全15巻がある。

土御門家 つちみかどけ　*陰陽道おんようどう・*天文道の家。平安中期の陰陽道の大家安倍晴明せいめいの後裔で、室町前期の将軍足利義満に重用されて従二位に昇った安倍有世ありよの子有盛もりから土御門を称した。戦国期に勘解由小路在富かでのこうじありとみの死で暦道賀茂氏の嫡系が絶えたため、有脩ありのぶから3代の間暦道も兼ねた。江戸時代の家禄は177石余、のち183石余。1683年（天和3）泰福やすとみが霊元天皇から陰陽道支配を認められ、以後幕府の保証のもと、全国の陰陽師の組織化を進めた。晴栄はるながに至り、1870年（明治3）陰陽寮が廃され、翌年陰陽道組織も解体した。晴栄は84年子爵に叙せられた。

土御門神道 つちみかどしんとう　安家あんけ神道・安倍神道・天社てんしゃ神道・土守つちまもり神道とも。近世の神道流派の一つ。陰陽頭おんようのかみの*土御門泰福やすとみが、*山崎闇斎あんさいのもとで垂加神道や伊勢神道を修め、それらと家職である*陰陽道の祭儀や「天人合一ごういつ」思想とをあわせておこしたものである。土御門家は元来、安倍氏といい、陰陽寮の重職を歴任し、陰陽頭を務めるまでとなった。織豊期には当主の久脩ひさながが、関白秀次事件に連坐し尾張国に追放されたが、徳川の世となり許しをえて中央に返り咲く。泰福はこの久脩より4代後の当主であり、陰陽頭職への復職、諸国の陰陽師あんみょうじ支配や暦の頒布の権限の獲得などをなしとげ、自家の復権に尽力した。なお、土御門神道は明治期にいったん取り潰しとなるが、現在はその流れをくむ宗教法人天社土御門神道本庁として活動を行っている。

土御門泰福 つちみかどやすとみ　1655〜1717（明暦元〜享保2）　安倍泰福とも。江戸前期の陰陽家・神道家。*安倍晴明あべのせいめいの子孫。山崎闇斎あんさいから*垂加すいか神道を伝授され、それを*伊勢神道とともに陰陽道おんようどうの理論的支柱としてとりいれ、仏教色を排除した*土御門神道（安家あんけ神道・安倍神道などとも）を大成させた。1683年（天和3）に*土御門家は霊元れいげん天皇から諸国の陰陽道支配の勅許をうけ、幕府も朱印状をもって追認した。ここに泰福以降、土御門家の陰陽頭おんようのかみ世襲が復権し、一代に一度の天曹地府祭てんそうちふさいで玉体安穏・天下泰平・万民和楽を祈誓することになった。弟子に幕府天文方の渋川春海しゅんかいがいる。

堤朝風 つつみあさかぜ　1765〜1834（明和2〜天保5）　江戸後期の国学者・幕臣。通称は三五郎、号は竹裏亭・不占。江戸に生まれ、幕府の賄組頭を務める。幕府の故実に造詣が深く、*本居宣長もとおりのりながの門人となるが、古道について語ることは少なかった。著書に「古学道の枝折こがくみちのしおり」がある。また愛書家・蔵書家としても知られ、「近代（名家）著述目録」を編纂し

ている。さらに*新井白石にも傾倒し、「白石先生著述書目」がある。*平田篤胤とも交流し、篤胤に多大な影響を与えた。篤胤の「*霊能真柱」の序を書いており、篤胤も「古史本辞経」で伴信友の編著とされる「鈴屋翁略年譜」は朝風の編と記している。

堤中納言物語（つつみちゅうなごんものがたり）　平安後期の短編物語集。編者・成立年代ともに不詳。「花桜折る少将」「このついで」「虫めづる姫君」「ほどほどの懸想」「逢坂越えぬ権中納言」「貝あはせ」「思はぬ方にとまりする少将」「はなだの女御」「はいずみ」「よしなしごと」の10の短編物語からなる。それぞれ作者も成立年代も異にし、「逢坂越えぬ権中納言」だけが1055年（天喜3）の成立であることがわかっている。また中には鎌倉時代に入ってからの成立を思わせるようなものもある。新奇を好んだり、やや退廃的な色合いもみられるが、奇抜な着想で風変わりな人物をするどく描いたり、私小説風な雰囲気をもつ作品など、近代的性格をさえもつ異色の短編集である。

綱島梁川（つなしまりょうせん）　1873～1907（明治6～40）明治期の宗教思想家・評論家。本名は栄一郎。岡山県に生まれる。小学校卒業後はそのまま助教として務めつつ、郷里近くの高梁教会で洗礼をうける。1892年（明治25）東京専門学校（現、早稲田大学）に入学。*坪内逍遥の家に寄寓し、故郷の先輩でもある*大西祝に師事する。95年論文「道徳的理想論」によって卒業したが、同論文は、イギリスの新カント学派T.H.グリーンの自己実現説や大西の倫理学の影響をうけたものであった。その後は母校の哲学会に入会して哲学・思想研究に力を注ぎ、大西の助手としてその仕事を手伝いつつ、後年の「春秋倫理思想史」（1907）、「欧州倫理思想史」（1909）の準備をした。また、島村抱月とともに「*早稲田文学」の編集にもたずさわっていたが、96年突然喀血し、病気療養中に宗教的煩悶を生じた。彼の思想が一方で西洋的明晰さを追究しながら、同時に宗教的ミスティシズムの要素を備えている理由が、この煩悶の深さにある。1904年になってついに「見神」の経験

をしたことから「*病間録」（1905）、「回光録」（1907）などにその神秘体験を綴り、読者に大きな感銘を与えた。西田幾多郎もその一人である。「梁川全集」全10巻・別巻1がある。

角田忠行（つのだただゆき）　1834～1918（天保5～大正7）　幕末・維新期の国学者・神道家。通称由三郎、号は伊吹舎など。近津神社宮司で信濃国岩村田藩士の家に生まれる。1855年（安政2）脱藩して江戸へで、はじめ*藤田東湖に入門し、ついで*平田篤胤の没後門人となる。62年（文久2）京都に上り尊王攘夷派と交際し、啓蒙書「*古史略」を著す。翌63年2月には等持院の足利三代の木像を梟首にし、一時信濃国伊那谷に潜伏した。66年（慶応2）には再び京都にでて公家沢為量のもとで国事にかかわった。69年（明治2）からは皇学所監察・学制取調御用掛・大学頭などを歴任した。また74年小宮司となってより1914年（大正3）まで熱田神宮宮司をつとめた。「葬事略記」「熱田神宮略記」などの著作がある。

坪井信道（つぼいしんどう）　1795～1848（寛政7～嘉永元）　江戸後期の蘭方医。名は道，字は信道。誠軒・冬樹・晩生と号した。美濃国池田郡脛永村に生まれ、幼くして両親を亡くし、長兄の僧浄界に養育される。尾張・江戸・西国各地で漢学・漢方医学を修めたが、宇田川玄真（榛斎）訳「医範提綱」を読んで西洋医学を志し、広島の蘭方医中井厚沢に学ぶ。1820年（文政3）に玄真に入門し、29年には江戸深川で開業した。また32年（天保3）に日習堂を開き、優れた医学教育を行った。38年（天保9）萩藩医となり、藩の兵事にも参画した。伊東玄朴・戸塚静海とともに江戸の三大蘭方医といわれるほどその人気と人望は高く、「万病治準」「診候大概」「製煉発蒙」などの訳書が広く流布した。

坪内逍遥（つぼうちしょうよう）　1859～1935（安政6～昭和10）　明治～昭和前期の小説家・劇作家・評論家。本名勇蔵のち雄蔵。美濃国加茂郡太田村に生まれる。名古屋藩代官所役人の坪内平之進の十子。東京大学政治経済学科卒。東京専門学校（現、早稲田大学）講師。江戸後期文

学の影響を強くうけ，その文体は「沙翁全集」(1909〜28) 翻訳にも投影されている。「*小説神髄」「*当世書生気質」(1885〜86) によって文壇的地位を確立する。「マクベス」の評釈が契機となり，*森鷗外との間で〈没理想論争〉を展開する。シェークスピアのみならずワーグナーを紹介し，日本型楽劇の創造にも着手する。1906年 (明治39) 島村抱月の帰国とともに，「*早稲田文学」を再刊，さらに*文芸協会を設立するが，13年抱月と松井須磨子との恋愛事件の責任をとり文芸協会会長を辞任し，協会も解散する。「沙翁全集」刊行終了は没後3カ月のことであった。「逍遙選集」全12巻・別巻3がある。

罪穢 つみけがれ　神の掟を破ったり，禁忌を犯すことが罪であり，神前にでるのをはばかる不浄が穢である。このように罪と穢は異なる観念であったが，いずれも宗教的な用語であること，また平穏無事な生活を脅かすものであることなど共通点の多いことから，両者はすでに奈良時代に結びついて，「罪穢」という複合語として用いられ，ひいては罪と穢が同一視されるようになった。「延喜式」第8巻所収の「大祓詞」に，罪を*天津罪・国津罪に分けて列記してある。天津罪は，畔放ち・溝埋め・樋放ち・頻蒔き・串刺し・生剝ぎ・逆剝ぎ・屎戸の8種であり，素戔嗚尊が高天原で犯した農耕や機織を妨害した罪に起源する。次に国津罪は，生膚断ち・死膚断ち・白人・胡久美・己が母犯す罪・己が子犯す罪・母と子と犯す罪・子と母と犯す罪・畜犯す罪・昆虫の災・高つ神の災・高つ鳥の災・畜仆し蠱物する罪の13種で，これらを整理すると，傷害・殺人・姦淫など反社会的・反道徳的な罪となり，さらに病患や災までも罪と考えていたことになる。注目されるのは，国津罪と同種の罪を「薬師経」に見出せることで，「大祓詞」と「薬師経」とは関係があることも指摘されている。このようなもろもろの罪を除去するための神道的行法が*祓である。

一方，穢を除去するための神道的行法が*禊である。ところが，罪と穢が早くに複合し同一視されると，禊と祓も「禊祓」とい

う複合語として用いられた。「神祇令」には，散斎の期間内に穢悪 (不浄) に関与しないことが規定されている。「延喜臨時祭式」に，その不浄の最たるものは死穢 (黒不浄) で，これには30日間の*忌が必要と規定する。次に産穢 (赤不浄) が7日，六畜 (牛・馬・羊・犬・鶏・豚) の死穢が5日，六畜の産穢が3日などとあり，以下にさまざまな穢に対する忌の詳細な規定がみえている。このほかにも月事穢・殺人穢・改葬穢・傷胎穢・食五辛穢・獣死穢などがあり，いずれも日常と異なった不浄な状態を示しているが，ここでも穢と罪は判然と区別されていない。古来，神祭を行う前に，罪穢を除去する神事である禊祓が不可欠とされてきたのは，神は清浄を好み，不浄を嫌うという伝統的な思想によるものである。

また平安時代の公家の日記である「小右記」「権記」などからも知られるように，この時代になると*触穢思想が重視され，それが生活の中に定着していった。これは穢が発生すると転々と伝わっていくとの考えによるもので，それに関する詳しい規定も作られた。そのため政治や公的な行事に支障が生じ，一方，私的な社寺参詣や日常の生活にも影響がみられた。しかし平安後期になると，触穢思想は薄らいでいき，禊祓を行うことにより〈禍を福に転ずる〉という思想が出現してきた。そうなると，穢の管理は国家から各神社へと移り，「*諸社禁忌」のような一種の*服忌令が作成され，それにより死穢や産穢などの禁忌の規定がなされるようになった。そのような服忌令の思想は現在へと継承されている。

鶴岡八幡宮 つるがおかはちまんぐう　神奈川県鎌倉市雪ノ下に鎮座。源氏の氏神。祭神は応神天皇・比売神・神功皇后。1063年 (康平6) 源頼義が奥州平定ののち，鎌倉由比郷に八幡3神を祀ったのがはじめ。1180年 (治承4) 鎌倉に入った源頼朝が現社 (若宮) 地に遷し，同社を基点に幕府や若宮大路など鎌倉の都市計画を進めていった。91年 (建久2) 火災にあうが，かえって現在の規模に拡大 (本宮造営) され再建，*石清水八幡宮より神霊も勧請された。以後源氏の氏神にとどまらず，

京都の朝廷に対抗する鎌倉幕府の精神的支柱として，各地の御家人に勧請されるなど武士層の篤い崇敬を集めていった。古式を残す*流鏑馬は名高い。

鶴峰戊申（つるみねしげのぶ） 1788〜1859（天明8〜安政6） 江戸後期の国学者。通称は和左治・左京・彦一郎，字は世霊・季尼，号を皐舎・中橋・海西などと称した。豊後国臼杵に鎮座する郷社八坂神社の神主鶴峰宜綱の子として生まれる。1804年（文化元）京都に上り，綾小路俊資に和歌を学び，村上円方ら・山田以文ら・*小山田与清らに国学を学んだ。32年（天保3）には江戸に上り，究理塾を開く。諸国を転々とした末，水戸の*徳川斉昭の知遇をうけ，「釈万葉集」「扶桑拾葉集」などの編纂に従事し，藩士にもなった。博覧強記で，和漢のみならず仏教や蘭学，軍事や地理にも関心をもち，国語学方面でも音韻に関する独特の見解を示した。その学問および思想は，神道に基盤をおきながらも西洋文物を積極的に受容するというものである。著書に「*究理或問」「語学新書」「*徴古究理説」などがある。

鶴屋南北（つるやなんぼく） 1755〜1829（宝暦5〜文政12） 江戸後期の歌舞伎作者。幼名は源蔵。江戸日本橋に生まれ，長い下積み時代をへて，49歳ではじめて立作者となる。勝俵蔵の作者名で書いた「天竺徳兵衛韓噺」（1804）が大当たりして出世作となり，以後，57歳の時から4世鶴屋南北を名乗った。お岩の幽霊で有名な「東海道四谷怪談」（1825）など，化政期（1804〜30）の貧困と閉塞の都市社会と人間群像をグロテスクなまでに写実的に描き，生世話と称される作風を作り，人気作者となった。葬礼の場面を設定したり，奇想・奇抜の趣向の舞台で知られる。「隅田川花御所染」（1814），「桜姫東文章」（1817）など，現代まで上演される作品が多い。

徒然草（つれづれぐさ） 鎌倉末期の随筆。上・下2巻。*吉田（卜部）兼好の著。題名は序段の「つれづれなるままに」書き綴ったという文章による。成立は諸説あり定まらない。長い間，作者の出家（1313年9月1日以前）後，1330〜31年（元徳2〜元弘元）頃の執筆になるものとされてきたが，近時，14段までを在俗時の執筆とする説や，また，南北朝の動乱期にも執筆されていたとする説などが提唱されている。本文の解読にもかかわることであり，今後の研究が待たれる。序段と243段からなり，作者の見聞や随想などを一見，順不同にのべるが，第52段「仁和寺なる法師」と第53段「是も仁和寺の法師」のように明らかに連続している段以外にも連鎖的な段のつながりが指摘されている。叙述には明らかに「*枕草子」の影響がみられる。

内容的には，有職故実から説話・人生論・人物論・趣味論などと広範多岐にわたっており，序にいうごとく「心にうつりゆくよしなしごと」を雑纂したともいえるが，いずれも*無常観に根ざす鋭い人生観と旺盛な好奇心からうまれた，借り物ではない魅力ある文章となっている。近世以降は，教訓譚として読まれることが多かったが，同一テーマ，たとえば結婚について，ある段では肯定し，また，ある段では否定するなど，一見矛盾するかにみえる言説も，中世には珍しい合理主義と物事を相対化する知性によるものといえよう。このため，今なお，我々の心にも届くメッセージにあふれている。また，兼好は歌人としても一流だったが，たとえば第14段「和歌こそなほをかしきものなれ」のような段のみならず，歌人の発言として積極的に読まれてよい段も多い。第19段「をりふしの移り変はるこそ」は，歌集の四季の部立てを散文で表現したものとして読めるし，「花は盛りに，月は隈なきをのみ，見るものかは」に始まる137段は，和歌幽玄論の延長として読むこともできるだろう。

兵の道（つわもののみち） → もののふの道

て

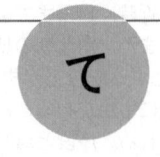

貞安 ていあん 1539～1615(天文8～元和元) 江戸前期の浄土宗の僧。*安土宗論の論者。京都大雲院開山。字は退耳、号は敬蓮社聖誉。俗姓は北条氏。一説に大江正時の子という。相模国三浦の人。11歳で小田原大蓮寺の尭誉のもとで出家した。下総国飯沼の弘経寺に移り、見誉善悦（ぜんえつ）から宗脈・戒脈をうける。1573年（天正元）弘経寺首座になる。西国の遊歴後、能登国西光寺に住し、その後近江国の岡本円通寺にて常念仏を興して織田信長の帰依をうけ、西光寺を創建する。79年安土の浄厳院（じょうごんいん）にて玉念（ぎょくねん）を助けて日蓮宗の日珖（にちこう）・日諦（にったい）らと宗論（安土宗論）を行い、論伏させて盛名をえた。83年、京都浄教寺に寓して宮中で「選択（せんじゃく）本願念仏集」などを講じた。87年、信長・信忠父子の追善のため大雲院を創建した。

帝紀 ていき 「*旧辞（きゅうじ）」とともに、「*古事記」「*日本書紀」の編纂材料になったものの一つ。天皇家の系譜を主体としたものと考えられている。しかし「古事記」序文には、「諸家の所持する帝紀および本辞（ほんじ）」、「帝紀を撰録し旧辞を討覈（とうかく）し」、「帝皇の日継（ひつぎ）および先代の旧辞」とつねに「帝紀」と「旧辞（本辞）」を一対で扱い、また最後には「勅語の旧辞」といういい方で両者を表現しているから、「帝紀」「旧辞」はともに分かちがたいものとする説が、しだいに支持をえてきている。津田左右吉（そうきち）はこれらを6世紀初め頃の成立とみている。

庭訓往来 ていきんおうらい 古往来の代表的な作品。玄慧（げんえ）法印（1290～1350）の作と伝えるが、その死後に使われ始めた単語も含まれており、疑問である。室町初期成立か。12カ月それぞれの往復書状の形式をとり、計25通の消息からなる。本文の部分に衣食住・諸芸能や職業用語などさまざまな分野の語彙を区分して配列し、初学者、特に武家の子弟のための教材として作られている。室町時代から爆発的に流行し、地方にも普及した。江戸時代には寺子屋の教材として、注釈や図解をほどこした多数の版本が刊行された。

帝国教育会 ていこくきょういくかい 明治～昭和前期の全国的教員団体。1883年（明治16）設立の大日本教育会と国家教育社が合併し、96年発足する。機関誌は「教育公報」（のち改称して「帝国教育」）。全国教育会の中央連合会として機能し、組合的役割も担ったが、しだいに教育行政当局と深くかかわった。1916年（大正5）就任の*沢柳政太郎（さわやなぎまさたろう）会長と*野口援太郎（えんたろう）専務主事の時代は、教育会館の建設、国際交流、女性教員問題を含む各種の教育研究・調査、教育費国庫負担金の増額、義務教育の延長など、教育擁護の政治活動に指導性を発揮した。戦時下は単一団体に再編されて大日本教育会と改称し、国策協力を余儀なくされた。戦後は日本教育会と改称し再起を図ったが、戦争協力の過去をきびしく糾弾され、48年（昭和23）解散した。→全国小学校女教員会

帝国国策遂行要領 ていこくこくさくすいこうようりょう (1)1941年（昭和16）9月6日、御前会議で決定した戦争開始方針。日米交渉の成果が10月上旬までにあがらない場合は戦争を開始するというもので、イギリス、アメリカ、オランダとの戦争開始を決定した。(2)同年11月5日、御前会議で決定した開戦方針。9月6日の方針を再検討した結果、戦争開始を12月初頭と決め、二つの案をもってアメリカと交渉したが成果があがらず、この要領により12月1日の御前会議で最終的に戦争開始を決定した。

帝国主義 ていこくしゅぎ 帝国主義(imperialism)という用語は、ローマ帝国を意味するラテン語のimperiumに由来し、19世紀前半のフランスではナポレオン帝国との関連で用いられたが、1870年代以降のイギリスで、膨張主義的ないし植民地主義的な対外政策の総称としての用法が広まり定着した。日本では、日清戦争後になって、帝国主義という用語が、中国分割やアメリカのフィリピン領有など欧米諸国の領土拡張政策と関連づけて用いられ始めた。1901年（明治34）に刊行された*幸徳秋水（こうとくしゅうすい）の「*世紀之怪物帝国主義」は、こうした理解にもとづき帝国主義を批判的に論じた著作である。日露戦争後になると、同時代

のイギリスの自由帝国主義ないし社会帝国主義の影響もあり，膨張主義的対外政策と，国内における立憲主義の確立や社会政策の拡充とを結びつけた議論が展開された。09年に出版された*浮田和民（うきたかずたみ）「倫理的帝国主義」は，こうした特色をよく示す例である。
　第1次大戦後，マルクス主義が知的世界を席巻するにつれて，帝国主義を資本主義の最高の発展段階として経済学的に分析したレーニンの「帝国主義論」の影響が強くなり，レーニンの帝国主義論の適用可能性や解釈をめぐって，日本の対外膨張政策と国内の経済構造の関連についてのさまざまな論争が行われた。*日本資本主義論争の序曲となった，「プチ・帝国主義」論争（レーニンの標識を適用すると，日本は帝国主義国ではなく，プチ・帝国主義だとした高橋亀吉（かめきち）の所説をめぐる論争）は，こうした日本帝国主義の性格規定に関する最初期の論争として知られている。

帝国大学令（ていこくだいがくれい）　大学に関する日本初の勅令で，旧制の官立総合大学である帝国大学を規定する。勅令第3号。1886年（明治19）3月2日公布。全14条。森有礼（あり）文相と伊藤博文（ぶん）首相を中心に制定された。本法令で東京大学は帝国大学と改称，教育目的は国家須要の人材養成と規定された。97年京都帝国大学（帝国大学は東京帝国大学と改称），1907年東北帝国大学，10年九州帝国大学，18年（大正7）北海道帝国大学，31年（昭和6）大阪帝国大学，39年名古屋帝国大学と7帝大を設置した。いずれも日本の国家的膨張，戦争勃発，植民地の獲得などと時期が重なり，また後4校が理系のみであるのは興味深い。ほかに京城（けい）帝国大学・台北（たい）帝国大学。戦後の教育改革で47年に国立総合大学令に改定され，49年廃止となる。

丁巳封事（ていしふうじ）　*藤田幽谷（ゆうこく）が，1797年（寛政9）に水戸藩主徳川治保（はるもり）に上呈した藩政改革の意見書。藩財政の困窮，士風の頹廃，農村荒廃といった諸問題に対して，ロシア南下の「北虜（ほりょ）の警（いましめ）」を訴え，非常事態のもとで藩主が主導性を発揮して，富国強兵を推し進めることを迫っている。農本主義，節倹の富国論に目新しいところはないが，「今代は武を以て国を立」つという武国観念をもと

に，対外的危機意識を梃子にして，因循姑息な旧体制の改革を求める術策性，さらに彰考館編修という低い身分にもかかわらず，藩主に諫言して，現状を打破しようとする「狂夫」意識は幽谷固有のものであって，後期水戸派の人々に受け継がれていった。

鄭舜功（ていしゅんこう）　生没年不詳　中国明末の経世家。広東省新安郡の人。倭寇（わこう）を禁止するために日本事情を探査する必要を痛感し，1555年浙江総督楊宜（ぎ）の推薦をうけて自ら日本に奉命渡海した。琉球を経由して豊後国に至り，白杵海蔵寺の塔頭竜宝庵に滞在した。翌56年，豊後国から配下の従事官2名（沈孟綱（しんもうこう）・胡福寧（こふくねい））を京都に送り，禁賊を朝廷や幕府に依頼した。57年，大友氏の遣明使僧清授（せい）とともに寧波（ニンポー）に帰航したが，上官の楊宜はすでに失脚し，胡宗憲（こそうけん）が勢力を振るっていたため舜功は退けられ，さらに罪をこうむって四川（シセン）に謫居となる。嘉靖年間（1522〜67）の末，自身の経験をもとに日本研究書「*日本一鑑（にほんいっかん）」を編纂した。

鄭成功（ていせいこう）　→国性爺合戦（こくせんやかっせん）

訂正増訳采覧異言（ていせいぞうやくさいらんいげん）　近世の世界地理書。本文12巻・図1巻。*山村才助（さいすけ）（昌永（まさなが））の著。1802年（享和2）成立。新井白石（はくせき）著「*采覧異言」（1713）の訂正・増補版の形式をとって記されている。江戸時代を通じて最良の世界地理書と評価される。蘭書32種，漢籍41種，和書53種からの研究・引用にもとづき，*地動説を主体にすえた内容となっている。04年（文化元）には幕府に進呈されている。幕末知識人の世界認識に大きな影響を与え，*平田篤胤（あつたね）や*吉田松陰（しょういん）らも本書を参照していたことが知られている。

鼎足論（ていそくろん）　→三教鼎足論（さんきょうていそくろん）

第宅神（ていたくじん）　邸宅・家内を守護する神で，宅神（たくじん）ともいう。あるいは邸内に社殿を設けて祀った神で，こちらは第内社（ていないしゃ）ともいう。9世紀には存在し，「神祇令義解（りょうのぎげ）」月次祭（つきなみのまつり）条の注記に「庶人宅神祭の如し」とみえ，当時は広く信仰されていたことがうかがえる。「権記（ごんき）」長保6年（1004）4月29日条には藤原行成（ゆきなり）の，「小右記（しょうゆうき）」長元元年（1028）11月25日条には藤原実資（さねすけ）の宅神祭がみえる。また第内社は，859年（貞観元）以降，

「日本三代実録」などの諸記録にみえる。藤原良房の東京一条第には宗像社と邸宅の戌亥の隅に天石戸開神、東三条殿には角振・隼の2神、平清盛の八条第には厳島社などが祀られていた。

庭中 ていちゅう 庭から転じて法廷、さらに特定の手続きや内容の訴訟の名称。鎌倉・室町幕府では訴訟手続きの過誤からの救済を目的とする訴訟手続きをさし、判決内容の過誤からの救済を担当する越訴とは区別された。鎌倉時代、関東では執権・連署出席の評定で訴える御前庭中と、引付で訴える引付庭中があり、どちらも口頭によった。六波羅では、庭中奉行への庭中申状の提出によった。室町幕府では庭中管領を長とする庭中方が設置された。朝廷でも、鎌倉末～南北朝期に記録所や院文殿に庭中という手続きがあり、やはり訴訟手続きの過誤からの救済を目的としていたと考えられる。

貞徳 ていとく 1571～1653(元亀2～承応2) 江戸前期の歌人・俳諧師。本姓は松永。名は勝熊、貞徳は号。別号に逍遙軒・長頭丸ら。儒者*松永尺五は子。京都生れ。連歌師の父永種に教えをうけ、また九条稙通や細川幽斎に和歌を、里村紹巴に連歌を学んだ。歌学から有職故実まで幅広い教養をもつ。寛永期(1624～44)に京都で俳諧宗匠として活躍した。句風は経歴を反映して、古典味豊かな上品な句が多い。安原貞室・北村季吟・野々口立圃・松江維舟(重頼)ら多くの門人を輩出し、貞門派と称される。若き*芭蕉もここから出発した。*宗因の談林派の出現によって停滞したが、俳諧を近世文芸の一つとして独立したジャンルに確立した功績は大きい。→戴恩記

丁酉倫理会 ていゆうりんりかい 日本で最初の倫理学研究会。1897年(明治30)に*姉崎正治・*大西祝・横井時雄・*浮田和民・*岸本能武太らが設立した丁酉懇話会を母体として、1900年に発足した。「保守的国家主義に対して人格主義を主張し、宗派争いや神学や教理論争以外に人間の道を求める」(姉崎)をモットーとした。月1回の研究会や講演会を開催し、さらに全部で535集にも及ぶ講演集を発行した。02年の*哲学館事件では罷免された

*中島徳蔵の弁護をするなど、穏健な立場を維持していた。47年(昭和22)に解散したが、会員の多くは50年設立の日本倫理学会に引き継がれた。

手印 てい 掌に朱または墨を塗り、文書の字面に押す行為もしくはその文書。*願文・*起請文や遺告・置文・処分状など、発給者が祈願や誓約・契約の意図を表明するために、古代・中世に行われた。元来、手は観念的に保証を象徴するという思想にもとづくもので、「神護寺四十五箇条置文」のように権威者の保証行為としての例もある。手印は中国から伝わり、日本では833年(天長10)の願文、909年(延喜9)の*譲状が最古の遺品である。中世前期には、法律文書で花押の代用として利用された。左右両掌、片掌のみの場合と特に規定はなく、手印は14世紀の南北朝期頃まで行われた。

デウス キリスト教の神を意味するポルトガル語およびラテン語。*ザビエルは来日前に日本人*アンジローから情報をえて、天地万物の創造主、唯一絶対なる神デウスを「大日」(真言宗の教主大日如来の略)と訳し、日本滞在中の大半は「大日」を説いた。やがて日本には万物の創造主の観念はなく、「大日」が身体の秘部を意味する隠語であることを知り、「大日」を廃して原語のデウスに代えた。1555年(弘治元)ガーゴによる教会用語の改革が行われ、主要な教会用語に原語を用いる方針が立てられ、デウスが公式に用いられるようになった。1591年刊行の「どちりいなきりしたん」(「*ドチリナ・キリシタン」公教要理)ではデウスと訳されたが、デウスと並んで「天道」(1568年)や「天主」(1580年)なども一般に用いられた。特に「天主」はマテオ・リッチ著の漢文教理書「*天主実義」(1603刊)が日本に輸入されたこともあって(1604年か)、知識人の間で広く用いられた。「天主」は幕末カトリックの再布教後、デウスの訳語として公式に採用され、1959年(昭和34)に「神」に改められるまで用いられた。

手鑑 てかがみ 名筆の鑑賞や筆者の鑑定のために、文学書・写経・書状などの巻子本や冊子本からその一部を切り取り、厚手の折本に貼りこんだもの。安土桃山時代から

江戸時代にかけて，筆者鑑定を家業とした古筆家などが作成したものが多い。手鑑の「手」は書跡，「鑑」は規範あるいは鏡の意。総称して古筆手鑑といい，写経手鑑・短冊手鑑・古文書手鑑などがある。それぞれに伝称筆者名を付すが，その配列法は古筆流派によって異なる。「大聖武」とよばれる写経断簡を巻頭に配するのを通例とする。代表例として「藻塩草」（京都国立博物館蔵），「大手鑑」（陽明文庫蔵）などがある。→古筆

迪彝篇 てきいへん ＊水戸学の道徳教訓書。＊会沢正志斎の著。1冊。1833年（天保4）の著述で，43年に水戸藩の郷校時雍館から刊行された。＊藤田東湖の序文によれば，正志斎の主著「＊新論」が為政者の「天下の大計」をのべているのに対して，本書は「愚夫愚婦」のために書かれた。君臣・父子・夫婦・長幼・朋友の「天地自然の道」が「神州」日本に実現されてきた事実を，天壌無窮の神勅，宝鏡奉斎の神勅，斎庭稲穂の神勅を引証しながら説明し，世界万国の中での日本の「国体」の尊さを顕彰し，そこに生きる「臣民」に報恩を促している。忠孝一致について，「一気の血脈」の連続性をもとに理論化している点は，本書の特色である。

適塾 てきじゅく 適々斎塾とも。幕末の蘭方医＊緒方洪庵が大坂に開いた蘭学塾。1838年（天保9）に大坂瓦町に開塾し，43年に過書町（現，大阪市東区北浜3丁目）に移転した。1942年（昭和17）保存顕彰の目的で大阪大学に移管され，建物は国重要文化財に指定され，80年に修復・完成され現存する。洪庵は，1862年（文久2）に江戸に移るまでそこに約20年居住していた。その間の塾生は600名をこえ，その出身地はほぼ全国に及んだ。塾自体は64年頃まで続き，蘭方医学にかぎらず，蘭語を介して諸学を学ぶ人々に開かれていた。塾生の生活と勉学のありさまは福沢諭吉の「＊福翁自伝」などに詳しい。福沢のほか，大村益次郎・武田成章・＊橋本左内・＊箕作秋坪ら，幕末・明治期に活躍する多くの逸材を輩出し，適塾が日本の近代化に果たした役割は大きい。

出口王仁三郎 でぐちおにさぶろう 1871～1948（明治4～昭和23） ＊出口なおとともに＊大本教の教祖とされる。教団内では特に聖師と尊称される。京都府亀岡の生れ。初名は上田喜三郎。郷里の霊山である高熊山で修行をし，丹波国穴太に鎮座する産土神，小幡神社にて〈西北の方角をさして行け〉との神示をうける。その後，出口なおと宿命的に出会う。なおの末子（五女）のすみこ（のち2代教主）と結婚し，お筆先によって王仁三郎と命名する。

言霊学や鎮魂帰神などを世に示し，「大正日日新聞」を買収して教団の対外的文書宣伝の媒体にするなど，先駆的な宣教を試みる。第1次大本教事件の大弾圧の最中，本宮山神殿が破壊される音を聞きつつ，根本教典「霊界物語」の口述を開始する。万教同根と人類愛善の理念を掲げ，あらゆる障壁の撤廃を希求し，公平で中立な国際共通語エスペラントを導入したり，また合気道開祖の植芝盛平をともなって蒙古入りをはたした。中国の道院，世界紅卍字会などと交流・提携を深め，世界宗教連合会を発会させ，大本・人類愛善会に東洋本部を設置して教風を世界主義へと導いた。さらに，＊頭山満・＊内田良平らと昭和神聖会を結成するなどの活動に参加し，自ら世界改造業と称した。第2次大本教事件後，天産物の自給自足の生活を実践し，世界平和の先駆けとして戦後日本の軍備撤廃を称賛した。また心肺が停止した瞬間を死と定義して，今日みるような脳死・臓器移植に反対する生命倫理観を打ち立てた。晩年は天国のひな型として色彩鮮やかな楽焼（耀わん）を三千有余点制作するなどして，〈芸術は宗教の母なり〉と身をもって示した。これらの思想は今日の大本系新宗教の前提となっている。

出口なお でぐちなお 1836～1918（天保7～大正7） ＊出口王仁三郎とともに＊大本教の教祖とされる。教団では開祖と呼称している。丹波国福知山で桐村五郎三郎の長女として誕生。九鬼綾部藩に住む出口家の養女となり，8人の子供に恵まれる。夫の政五郎と死別後は，紙屑買いを主な生業としていたが，次々と訪れる苦難の渦中にあっても，清貧の

生活を営んでいた。1892年(明治25)57歳の節分の夜,「三千世界,一度に開く梅の花,艮の金神の世に成りたぞよ」と,永らく世の艮の方角に退隠されていた艮の金神(国祖の国常立尊)の帰神のお告げをうけ,その後,生涯にわたり半紙約20万枚ものお筆先を残した。その神示により「冠島・沓島開き」や「元伊勢お水のご用,出雲火のご用」など,大本教の根幹をかためる幾多の実践をする。お筆先の精神により当時の世を「われよし,強いもの勝ちの世」と非難し,「三千世界の立替え立直し」と,貧富の差が縮まり,争いのない,神の秩序にもとづく理想世界である「みろくの世」の建設を唱え続けた。

出口延佳 のぶよし →度会延佳 わたらいのぶよし

手島堵庵 てじまとあん 1718~86(享保3~天明6) 江戸中・後期に活躍した心学者。名は信,字は応元,俗称は近江屋嘉左衛門 にのかざえもん,堵庵は号。京都の商家に生まれる。家職を務めながら,18歳の折に*石田梅岩について心学を修め,29歳で開悟する。梅岩没後の1761年(宝暦11)家督を嫡男(和庵わあん)に譲り,以後没するまで心学の布教と統制に専念した。思想面では,人間を真の人間たらしめる本質を,天より等しく賦与された「性」に求め,その存養をもって教化理念の中枢とする点では師梅岩の教説を継承するが,師の教説に含まれていた社会批判の面を捨象し,もっぱら心に「思案なし」の境地を築く自己省察の教化に再構成した。これによって,心学は庶民のみでなく武家階層にまで普及可能な教化となった。同時に,心学者の養成とその活動に厳格な法を設け,*道話どうわを行う講席と有志が集まって会輔 (討論会)・静坐せいざを実施する修行道場とを兼ねた*心学講舎を,京都の明倫舎めいりんしゃをはじめ各地に設けた。さらに教化する相手にふさわしい種々の教化媒介物(教材・教科書)を工夫するなど,普及の実効を高めることに努めた。その結果,死去するまでに,10カ国に布教して22の心学講舎を創設している。著書は「*為学玉箒 いがくたまははき」「*知心弁疑ちしんべんぎ」「*前訓ぜんくん」「*ねむりさまし」「*我津衛哈がつえが」など多数にのぼる。→石門心学

哲学館事件 てつがくかんじけん 1902年(明治35)におきた倫理教育の弾圧事件。哲学館(現,東洋大学)で教科書として使われていたイギリスの倫理学者J.H.ミュアヘッドの「倫理学」に,清教徒革命を意味する「動機善なれば君主を弑しいするも可なり」という反逆是認の見解が示されていることを,文部省の視察官が指摘した。そのため講師の*中島徳蔵とくぞうは辞任させられ,哲学館の生徒は「中学校・師範学校教員無試験検定」の資格を剥奪された。*丁酉ていゆう倫理会は主要会員の一人である中島を擁護する声明を発したが,非を認めなかった彼の講師復帰はかなわなかった。ただし,中島は26年(大正15)に東洋大学の学長となった。

鉄眼禅師仮字法語 てつげんぜんじかなほうご 江戸前期の仏教書。1巻1冊。*鉄眼道光どうこうの著。1691年(元禄4)刊。鉄眼が禅に志深い女人のために書いたもので,鉄眼による女人教化の書である。鉄眼没後に弟子宝洲ほうしゅうが刊行した。「般若心経」にある「五蘊 みな空なりと照見すれば,一切の苦厄を度す」という教えを悟らせるために,あらゆる存在の構成要素である五蘊,つまり色しき(身体・物質)・受じゅ(感受作用)・想そう(表象作用)・行ぎょう(意志)・識しき(認識作用)のそれぞれに即して空であって実体のないことを懇切・丁寧に説き,本心へと導くものである。禅僧の句や問答に加えて「円覚えんがく経」「楞厳りょうごん経」「法華経」の経説も援用される。1941年(昭和16)赤松晋明しんみょうの校訂で同名書(岩波文庫)が刊行されて,鉄眼道光の名が知られるようになった。本書には「鉄眼禅師仮字法語」に加えて,写本「鉄眼禅師遺録」から,大蔵経刊行に関連する「化縁之疏けえんのじょ」「大蔵を刻む縁起疏文」「新刻の大蔵経を進むるの表」「大蔵経を上たてまつる疏」,豊後国における法難に関する「口上書」「救命懇請書」,大坂での飢饉救済に関する「書簡」,「法語」「示衆」「詩偈しげ」「賛」「開光」が採録されている。また,鉄眼の行実を伝える1714年(正徳4)刊の宝洲編「宝蔵国師ほうぞうこくし鉄眼和尚行実」も収載されている。

鉄眼道光 てつげんどうこう 1630~82(寛永7~天和2) 江戸前期の黄檗おうばく宗の僧。諱いみなは道光,道号は徹玄・鉄眼。諡おくりなは宝蔵ほうぞう国師。肥後国守山の人。守山八幡宮社僧の佐伯浄信じょうしんの子。は

じめ浄土真宗の海雲のもとで出家して西吟に学ぶが、のち1655年(明暦元)黄檗宗の*隠元隆琦・木庵性瑫に学んだ。62年(寛文2)以後「法華経」「楞厳経」「起信論」などを講説しながら、大蔵経の開版を計画した。70年摂津国難津に瑞竜寺を、72年江戸本所に海蔵院を開創し、76年(延宝4)木庵の法を嗣いだ。78年新刻の大蔵経(鉄眼版・黄檗版)を完成させ、後水尾上皇に献上した。82年(天和2)の畿内大飢饉には難民の救済に奔走した。著作は「*鉄眼禅師仮字法語」「鉄眼禅師遺録」。

手習所 てならいどころ →寺子屋てらこや

寺請制度 てらうけせいど 江戸時代の宗門改において、個別の家構成員が檀徒・門徒であることを檀那寺が証明する制度。これによって*キリシタンや*不受不施派など禁制宗派の禁圧を図った。江戸初期には、必要に応じて檀那寺が寺手形を発行する様式であったが、その後、若狭国小浜藩が1635年(寛永12)に五人組帳に寺の請印をさせたような、宗門人別改帳の形式が現れ、しだいに一般化し定着した。その前提に寺檀関係の広範な形成があり、寺側では檀家帳が作成されてくる。39年の大坂菊屋町の宗門人別改帳では「御寺之帳」、44年(正保元)の金沢藩の宗門改には「旦那吟味之帳」が作成されている。71年(寛文11)に宗門人別改帳制度が確立すると寺請も制度化され、寺請を行う宗判寺は領主が認定した寺身分であることが要求され、寺院台帳が作成されるようになった。92年(元禄5)に幕府は改めて新寺禁止令をだし、各宗本山に末寺帳の作成を命じて古跡寺院とよび、寺請寺院を確立した。これらに記載されなかった寺院は檀家をもっていても寺請を行えなかったので、寺号公認を求める動きがおこり、加賀国大聖寺藩のように領内のみで通用する国切寺号を認めた藩もあった。

寺門静軒 てらかどせいけん 1796〜1868(寛政8〜明治元) 江戸後期の儒学者。名は良、字は子温、通称は弥五左衛門。水戸藩士の庶子として江戸に生まれたが、11〜13歳頃に両親を失い、母方の祖父母に育てられた。山本緑陰に入門するなど青少年期には学問や剣術を習ったが、江戸の繁華街で放蕩無頼の生活も送ったらしい。20代後半頃に駒込吉祥寺の門前に克己塾を開くかたわら、徳川斉昭治世下の水戸藩への帰参運動に励むがかなわなかった。また「*江戸繁昌記」(1832〜36刊)が筆禍事件をまねいて武家奉公御構いの処分をうけ、激憤の中で牢人儒者として一生を送った。儒書に1837年(天保8)刊「静軒一家言」2巻が伝わるが、朱子学や徂徠学と違ってすでに超越論的な窮理を放棄した折衷学派の儒者らしく、「理を窮め性を尽して以て命に至る」(「易経」)の説に対して、理を窮めることはむずかしく、あるいは年月を重ねれば窮めることもできるが、しかしそれまでは天命をうけいれ知れる範囲の道理に従うのみであり、「未だ遽に其の源を窮めずと雖も君子たるに害なし。是れ已に命を知る者なり」と説く。この相対主義を平凡で自慰的な処世智とみることもできるが、自身の不遇意識に重ねあわせれば興味深い。

寺子屋 てらこや 寺・寺屋・手習所などとも。江戸時代より明治初年にかけて、主として庶民の子供に読み・書き・計数の初歩学習を行った民間の教育施設。起源は16世紀、室町末期にまでさかのぼるが、隆盛になるのは庶民の労働ならびに生活の営みに文字および計数が必須となる18世紀、江戸中期以降である。とりわけ、19世紀前半から後半にかけての幕末・維新期には、全国で数万校に達したと推測される。中層以上の庶民、軽格の武家や牢人・僧侶・神官などが任意に開き、教訓・条令・社会・地歴・理数・産業などの諸分野にわたる*往来物を用いた教育活動を行った。明治10年代に入りしだいに衰退するが、日本における初步学習の進歩と普及にはたした意義は大きい。

寺田寅彦 てらだとらひこ 1878〜1935(明治11〜昭和10) 明治〜昭和期の物理学者・随筆家。筆名は吉村冬彦、俳名は藪柑子・寅日子など。東京麹町生れ。1896年(明治29)熊本の第五高等学校に入学、*夏目漱石に英語を学び大きな影響をうけ、終生敬愛する。98年10月漱石の家で開かれる運座に出席し、そこでの句稿が漱石の推薦で「ホトトギス」や「日本」に掲載される。99年東京帝国大学物

理学科に入学し、漱石の紹介で*正岡子規を訪ねる。1908年物理学博士、09年東京帝大助教授となり、独・英に留学する。11年帰国、16年（大正5）東京帝大教授。19年胃潰瘍のため入院、退院後随筆集「冬彦集」(1923)を刊行する。二度妻に先立たれ、淋しい人生の中で生涯漱石を愛し続け、また漱石が最も愛した弟子の一人であった。「寺田寅彦全集」全24巻（文学編18巻・科学編6巻）がある。

寺屋 てらや →寺子屋

出羽三山 でわさんざん 山形県の羽黒山（標高419m）・月山（1980m）・湯殿山（1504m）の総称。羽黒山の本地は正観音、月山は阿弥陀如来、湯殿山は薬師如来と大日如来である。平安末頃から修験者が集まり、彼らの組織化が始まったと考えられているが、当初は羽黒山・月山に葉山（1504m）を加えた三山とされ、湯殿山を奥の院としていたらしい。湯殿山の行者が増える一方で、葉山がはずれるのは室町時代頃と考えられ、この頃から三山を駆けるのを湯殿行と称するようになる。修験者を中心とする宗教集落が形成されたのは羽黒山で、天台・真言などの諸寺が一山を形成して月山の祭祀権を握り、三山の開山を崇峻天皇の第3皇子能除太子としていた。近世に羽黒一山は、ことごとく東叡山寛永寺末となった。それに対し湯殿山は、能除の湯殿山開山を認めず、近世には注連寺など4別当がすべて真言宗に留まった。明治維新により月山は神社に、羽黒山と湯殿山は神社と寺院とに分裂し、神社のほうは戦後に出羽三山神社として一社になった。羽黒山では、荒沢寺を中心とする5カ寺の寺坊が春・夏・秋の峰入り修行を続け、戦後、羽黒山修験本宗を成立させた。

天 てん 紀元前11世紀の殷周革命に際して、周人によって王朝交替を正当化するのに使われた普遍的理念。人格的意思の主体、自然の理法、物理的自然などの面をもち、政治・道徳・自然認識・形而上学など多方面にわたって多くの意味連関を発展させた。日本では、古代国家の権力集中を正当化する論理として、「天に二日なく地に二王なし」などの王土王民思想が*憲法十七条や大化の改新時の皇太子奏言中に引照された。他方で、有徳者君主思想（安民を実現するのに必要な徳の持主に天命が下る＝*易姓革命観）は、平安末期以後、中央に反乱・抵抗する地方勢力や新生武士権力により引照された（「吾妻鏡」など）。戦国期から近世には、全国統一をめざす武士権力が利用している（江戸幕府の「伴天連追放之文」など）。それは、*天孫降臨神話での天照大神の神勅が示す血統原理（日本は永久に自分の子孫が治める国だ）とは対極的な正統性原理であった。また「*日本書紀」「*続日本紀」などには、自然災害を失政への天の警告として捉え、王の修徳を求める天譴説（その逆が祥瑞説）がみえる。中世にはそれは、人民の不満が天地の和気を乱して災異をおこすとされ、それを鎮めるには徳政を要するとして徳政令がだされる根拠となった。

近世には、天の賞罰・応報という功利的関心に訴えて人々を道徳化しようとする「天道福善禍淫」の思想が*仮名草子などを通じて流布し、民衆に勧善懲悪の観念を教えた（中国*善書の影響）。一方知識層では、*五倫五常の道徳規範を「天理」によって基礎づける宋学の性理説が広まり、道徳の内面化を進めた。また勤労を天の定めとする観念も浸透し、泰平下で弛緩する士民層の規律づけに貢献した（「君子は素餐せず」）。この勤労観は、天の不足を人が補うという裁成輔相説（「天工は人それ之に代る」）や、人体を小天地とみなす身体観と結合して、独特の「天職」観をうみ、農業・商業など庶民の生業をも社会的に意味づける職業倫理を支えた（*石門心学など）。他方で、天与の智恵をうけてその働きにみあった衣食をうけとるのが天理だとして、世襲制を批判する思想も出現した（*海保青陵）。また「天尊地卑」として天の秩序と社会秩序を引照させる礼の思想は、幕藩制下の世襲身分制と親和性をもち、身分原理を被治者に内面化させるのに作用した。一方、政治は天が君主に命じた公務であり、臣下も政務にかかわるかぎりは君の同役だとして、天によって「士」の独立対等性を強調する思想も現れた（*荻生徂徠など）。この面を発展させて*横井小楠は、垂直的な身分制を天によって相対化し、アメ

リカの大統領制を「君臣の義を廃し一向公共和平」として評価した。この思想史的地平のうえに「天は人の上に人を造らず」云々という*福沢諭吉の平等主義的な天の理念が現れる。しかし、その後の近代日本では、儒教的教養の衰退とともに天は死語化していった。

天隠竜沢 てんいんりゅうたく　1422～1500(応永29～明応9)　室町中期の禅僧。臨済宗一山派。別号黙雲。播磨国の人。建仁寺大昌院の天柱竜済(故人)に拝塔嗣法。天柱と同門の朴堂祖淳の会下で侍者を務めた。赤松政則の帰依をうけ、建仁寺に十住、南禅寺に再住した。桂林徳昌・*横川景三・正宗竜統・万里集九らの詩文僧と広く交友し、室町時代の*五山文学を代表する一人で、建仁寺友社の中心的存在であった。文章が高く評価されて、足利義政の頃に法語で天隠をこえる者はいないと称えられた。著作に語録「翠竹真如集」、詩集「黙雲集」、和漢の詩を編集した「錦繡段」、「天隠和尚四六図」などがある。

天海 てんかい　1536～1643(天文5～寛永20)　近世初期に活動した天台宗の僧。徳川家康の神格化の中心となって活躍した人物で、諡号は慈眼大師。陸奥国会津地域の出身(一説では蘆名氏一族)で、比叡山・南都・足利学校などで研鑽を積む。その後、関東の天台宗寺院の住職時代に家康と出会い、その帰依を背景に比叡山に進出、僧階の昇進をはたした。1616年(元和2)に家康が死去すると、遺体は駿河国久能山に葬られ、1カ月ほどの論争後、天海の奉じる山王一実神道での祭祀が確定し、翌年に天海の支配下にあった日光への改葬となった。その後、3代将軍家光治下の36年(寛永13)に東照社社殿の大造替、天海没後の45年(正保2)に宮号勅許(以後*東照宮)、翌年に日光例幣使の発遣開始などが実現した。家康祭祀と並ぶ重要な事跡は関東天台の上方勢力からの自立で、1625年に天台宗の本寺として*寛永寺が創建された。さらに親王を迎え宗界界に君臨することが計画されて、天海没後の55年(明暦元)に、守澄法親王が輪王寺門跡に就任するという形で実現した。典籍の収集にも意を注ぎ、日光と比叡山の両天海蔵として現存する。著作と関連史料は「慈眼大師全集」全2巻に収められる。

天下一号 てんかいちごう　古来「天下一」は、「日本一」とともに比較を絶する最上級の意味で使われた語。特に戦国・織豊期には一種の流行語になり、職人の世界でも座が解体されていく中で、自らの優れた技量を誇って天下一と号する者が現れてきた。これに対して織田信長・豊臣秀吉は、天下一号の公許制という政策により、彼らが天下一の技能者と認めた職人をお抱えの棟梁とし、領地などを与えるとともに諸公事を免除し、その生産活動を庇護した。おそらく信長や秀吉は、この政策によって職人集団を再編成し、天下一の技術を独占的に利用し、新秩序の確立に役立てようとしたのであろう。もっともこの政策がどこまで徹底して実施されたかは不明である。また、当時「天下一」の語は人間だけでなく茶の湯道具の名物にも冠せられていたが、秀吉はその多くを所蔵していた。彼はそれらの名物を専有することにより、天下人としての威光を誇示しようとしたのであろう。しかし、強力な支配体制を構築した徳川政権は、もはや天下一号の公許制を積極的に利用しようとはせず、1682年(天和2)には天下一号の使用を全面的に禁止した。天下一号は徳川将軍(天下)ひとりに限定されるべきことを宣言したものと解される。

天海道春殿中問答 てんかいどうしゅんでんちゅうもんどう　→殿中問答

田楽 でんがく　田植えの行事からおこった芸能。もと田植えにともなう歌舞として演じられたが、平安末期には曲芸もとりいれ、派手な衣裳で市中を練り歩き、貴族までもまきこんで社会現象にさえなった(「洛陽田楽記」)。「太平記」にも得宗の北条高時が熱中したことを伝え、幕府滅亡の一因となったという。南北朝期になると、劇的内容ももつ芸能に進展し、田楽能とよばれた。特に新座の一忠は、観阿弥の「風体の師」といわれるほど演技に定評があった(「*風姿花伝」)。猿楽能と競い合う形で流行し、たがいに演目をとりいれあうこともあった。

天学初函 てんがくしょかん　中国明代の天主教学叢書。

21種32冊。李之藻編著。1628年（明・崇禎元）刊。明代に渡来したイエズス会士，あるいは中国人信徒が著したキリスト教学書および科学技術書をまとめた叢書である。編者の李之藻（1565～1630）は，キリスト教徒で明朝の高官であった。本叢書は，教学をまとめた「理編」と科学技術を扱った「器編」からなる。理編にはマテオ・リッチの「*天主実義」「*職方外紀」など，器編には「同文算指」「幾何原本」などが収められている。日本では1630年（寛永7）に一括して禁書とされるが，1720年（享保5）に器編のみが解禁される。本叢書が近世の科学史・技術史に与えた影響は広範にわたる。

天下国家之要録 てんかこっかのようろく　→本佐録

天下思想 てんかしそう　「天下」は古代中国で創案された地理的・政治的・倫理的観念を表す語。至上の人格神としての天が支配する全世界であると同時に，天命をうけて天子になった有徳の為政者が天に代わって統治する領域（王土）を意味する。したがって不徳の天子が現れ徳治・仁政の王道政治が行えなくなれば，天命が革まって天子は交替し，天下的世界は再編成されるものと考えられた。こうした天下思想はもともと中国の戦国時代初期に，墨子または初期墨家の徒が創出した世界観であり，これが儒家の思想にとりいれられて儒教的政治理念が成立したとみられている。

「天下」の語は日本でもかなり早くから用いられており，「アメノシタ」と訓まれた。5世紀後半の東国豪族が「吾，天下を左治し」（埼玉県稲荷山古墳出土の鉄剣銘）と記しているように，この頃すでに日本は自国中心の天下思想を形成していたようである。律令国家の時代には神代の地上界とそれを継承する天皇の統治領域を区別し，後者を天下とよんで中国風に権威づけていた（記紀など）。

中世武家政権の時代になると，武家は鎌倉開幕を「天下草創」（「吾妻鏡」）と称したばかりでなく，承久の乱から南北朝・室町時代には，政権の公共性という見地から天下思想を主張し，王威・王権を絶対視し*王土思想を高唱する朝廷（天皇）の威光を相対化したり，さらには武家社会における*下剋上の動きを合理化するようになった。戦国・織豊期には，天下思想は*天道思想とともに天下統一事業を支える有力なイデオロギーとなり，「天下」も日本全国のほか，全国制覇の拠点となった京都，織豊政権ないしその主権者などをさす多義的な流行語となった。このように天下思想は王権ないし特定政権に普遍的正当性を付与するために鼓吹されることが多かったが，その傾向は基本的には近世幕藩体制下においても変わらなかった。

伝教大師 でんぎょうだいし　→最澄

天狗 てんぐ　山に棲み，空を飛行し，人をたぶらかす想像上の妖怪。中国においては一種の流れ星とされ，日本でも「日本書紀」の中に流れ星を天狗といった記事もみえる。平安時代になると，山中での奇怪な現象，人をあざむき連れ去るのは天狗の仕業とされた。鎌倉時代以降も山中で大木が倒れる音や笑い声，飛礫が飛んでくるのを天狗のしわざとみていた。平安時代末には「今昔物語集」にみえるように，天狗が良源らの高僧を惑わそうとするが，逆に正体を暴かれ，懲らしめられ，天狗は鳶の一種とされた。また，天狗は奇瑞をみせて僧をたぶらかし，これに引っかかる僧もおり，天狗は仏法を妨げるものとして描かれた。鎌倉時代には天狗の活動はより活発になり，「*天狗草紙」など絵巻物にも描かれ，その姿は今でいう烏天狗の様であった。天狗は僧の驕慢心からうまれるものとされ，世を乱し，「太平記」などではその姿は怨霊とも重なり，動乱を招くものとされた。天狗のすみかは平安時代以来，山城と丹波の国境にある愛宕山が有名であるが，鞍馬山・比良山・彦山など修験の山が多く，*山伏とも結びついていた。江戸時代になると天狗は鼻高天狗の姿で描かれるとともに滑稽味を増し，人間にやりこめられる存在となる。

天狗芸術論 てんぐげいじゅつろん　朱子学の理気二元論にもとづく剣術理論書。全4巻4冊。*佚斎樗山の著。1729年（享保14）刊。まず理に形を与える器としての気が，芸術（六芸）であり剣術であるとする。剣術においては剛健闊達の気を養うべきであり，器としての気を修行することで剣術の事も習熟する。

事の中には理が含まれており，事を習熟することで気は滞ることなく融和して形となり理が現れる。これを事理一致とよび，これによって応用無碍の芸術の境地に至ると説く。理気二元論にもとづく事理一致は，剣道において重要な理念として今日に至る。ただし，本書は全編にわたって観念的な議論からなり，物語の結構として，剣術者が夢に天狗たちの問答を聞きまた自ら尋ねるという「荘子」寓言論の形式をもつものの，樗山が得意とした老荘思想の援用はなく，また物語的な展開や和漢の故事・逸話の引用は皆無で，具体的な剣術技法の議論もない。

天口事書 てんくのことがき 「てんくのことがき」とも。鎌倉時代の神道書。1巻。奥書によれば舒明4年(632)に度会大神主調の書写といい，推古朝の撰とするが，1320年(元応2)成立の度会家行*「類聚神祇本源」にはじめて引用されることから鎌倉時代の成立と考えられる。1280年(弘安3)*度会行忠の書写の奥書があることから，伊勢神宮の外宮祠官行忠の編とする説が有力である。*神道五部書などの説にしたがって，天地開闢から伊勢両宮の鎮座までを略述し，斎戒の意義や日本国の国名，両宮本殿の造形について論じている。異本に「神風伊勢宝基珍図天口事書」がある。

天狗草紙 てんぐそうし 鎌倉時代末に描かれた絵巻物。現在7巻本で伝わる。詞書中に1296年(永仁4)制作のことが記される。興福寺・東大寺・延暦寺・園城寺・東寺・醍醐寺・高野山(金剛峰寺)は手厚い国家の保護のもと栄華を誇るが，たがいにいがみ合い僧徒は驕慢心をおこし，*天狗になっていると説く。興福寺や延暦寺の*強訴をとりあげ，驕慢の極みとする。さらに一遍を中心とした時衆，禅宗の徒たちが，慢心をおこし，諸宗をそしり，時衆や禅宗の台頭は天狗の世を乱すためのたくらみとしている。もっとも，こうした仏法の乱れ，世の乱れは顕密諸宗の調和のとれたあり方により収束されるとしている。鎌倉後期の諸宗のあり方，仏法の位置づけをみるうえで重要な史料といえる。異本に「魔仏一如絵詞」がある。

天狗党 てんぐとう 幕末期の水戸藩尊攘激派をさす。天狗の呼称は，水戸藩主*徳川斉昭の藩政改革に反対する藩内門閥派が，*藤田東湖らの改革派藩士を非難したところから発した。改革派は，1858年(安政5)戊午の密勅降下を契機とする対立から，勅意遵奉の激派とそれを阻止しようとした*会沢正志斎・*豊田天功らの鎮派とに分裂した。その後64年(元治元)，藤田小四郎らの激派の藩士と郷士・神官・村役人らは，尊王攘夷を唱えて筑波山に挙兵した。この激派が天狗党と称された。天狗党は藩主以上に，天皇への「大義」を掲げて，*藤田幽谷以来の天皇－将軍－藩主の階層秩序のもとでの*尊王論を克服していった。

天口事書 てんくのことがき →天口事書

天桂伝尊 てんけいでんそん 1648〜1735(慶安元〜享保20) 江戸前・中期の曹洞宗の学僧。諱は伝尊，道号は天桂，号は瞳眠楼・老螺蛤・滅宗・老米虫。紀伊国の人。8歳で出家し，のち諸方に歴参し，1677年(延宝5)駿河国静居寺の五峰海音に嗣法する。渡来僧*心越興儔や*盤珪永琢にも学んだ。89年(元禄2)蜂須賀氏の帰依をえて近江国の大雲寺に入住し，のち難波の蔵鷺庵，阿波国の丈六寺をへて，摂津国の陽松庵に転住した。*卍山道白の宗統復古運動に反対して，〈天桂地獄・天桂悟り〉と評された。また「正法眼蔵」「碧巌集」などの祖録の研究や禅宗典籍の刊行に尽力した。著作は「正法眼蔵弁註」20巻，「驢耳弾琴」7巻，「碧巌集砥礪鈔」5巻，「報恩編」3巻など。

天経或問 てんけいわくもん 中国清代の天文学書。前・後2集。游子六編著。刊行年不詳，1675年(清・康熙14)序。天地の形体論を，主として西洋の学説にもとづいて説き，四元説や創造神についての記述は興味深い。本書は，近世の日本の天文学者に広範囲な影響を与え，渋川春海は影響をうけた一人である。1730年(享保15)に西川正休が訓点を付した本書の和刻本を出版した。本書の出版は特に仏教界に衝撃を与え，仏説にもとづいた反駁書，たとえば文雄の「*非天経或問」などの出版を誘発した。

天慶和句文 てんけいわくぶん 江戸後期の草双紙(黄表

紙)。全2巻。*山東京伝作、北尾政演(京伝)画。1784年(天明4)刊。題名は清代の天文書「*天経或問」をもじり、天の恵みをうけた慶びを書いた文の意。天上の雷と風神のしわざで、天道の一人息子のお月様が雲隠れして放蕩するが、天道の仲裁で改心するという筋立てである。天象を擬人化する奇抜なアイデアと、月に関する言葉を寄せ集めた巧みな文章で好評を博し、のちの黄表紙に大きな影響を与えた。1782年7月の大地震、翌83年7月の浅間山大噴火、翌8月の月食など、天変地異の頻発した天明期(1781～89)の世情騒然の社会を反映した作品である。

転向 てんこう　1930年代に権力の圧迫によって生じた、共産主義からの集団的離脱現象。1933年(昭和8)6月、それまで日本共産党の最高幹部であり、法廷闘争を指導してきた*佐野学・*鍋山貞親が獄中から、「共同被告同志に告ぐる書」なる転向声明を発表した。全国刑務所の共産党被告に届けられ、新聞・雑誌にも報道されて党内外に大きな衝撃を与えた。それは緊迫する状勢の中で、従来の主張と行動の重要な変更を決意したとして、コミンテルンの指示にもとづく反天皇制・反戦主義・植民地独立などの主張を誤りと自己批判し、戦争を解放戦争と是認し、「日本の特殊性」に即した、植民地も含む一国社会主義を提唱していた。これは当局の狙いどおり大量転向の引金となり、7月末には幹部をはじめ未決・既決囚の30%をこえる548名が転向を上申した。さらに36年5月末で治安警察法受刑者の74%が転向し、非転向は114名となった。幹部の転向による心理的自縛からの解放が契機であるが、より本質的な理由は家族・民族共同体への回帰にあった。同年の統計は転向動機を、家族関係42.6%、国民的自覚22.5%、信仰・理論清算18.6%、拘禁による後悔7.7%、性格・健康など身上関係7.4%などとしている。

転向文学 てんこうぶんがく　1933年(昭和8)2月*小林多喜二が特別高等警察(特高)によって虐殺され、同年6月には日本共産党の最高指導者の*佐野学・*鍋山貞親の両名が「共同被告同志に告ぐる書」を発表し、実質上共産主義放棄をよびかけた。この*転向を契機として追随する者が続き、大正末期から昭和初期にかけて日本社会を揺り動かした、知識人・労働者・農民の人民的・社会主義的運動が崩壊していく。これら転向した作家たちが、自身の転向に至るまでの内的苦悩を私小説的に告白したのが〈転向文学〉である。村山知義の「白夜」、立野信之の「友情」、*島木健作の「*生活の探求」などがそれである。

天竺老人 てんじくろうじん　→平賀源内

天智天皇 てんじてんのう　626～671(推古34～天智10)称制661～668、在位668～671。諡は天命開別。諱は葛城、舒明即位後は中大兄と称す。父は舒明天皇、母は皇極天皇。645年(大化元)中臣鎌足らと蘇我宗家を廃し、孝徳・斉明天皇治世下も皇太子として、唐にならった中央集権国家をめざす改新政治を推進した。斉明没後は皇太子のまま称制し、百済の救援軍が唐・新羅の連合軍に白村江で大敗すると、律令制の確立をめざす内政にエネルギーを注ぐ。664年(天智3)には甲子の宣をだし、氏上の確定と民部・家部の設定を行い、668年に近江大津宮に即位した。669年には最初の全国的戸籍「庚午年籍」を完成させ、翌年*近江令を制定し、律令国家創設への本格的な一歩を刻んだ。その諡が示すように、天命思想を積極的にうけいれたようで、また奈良時代以降には律令国家の法制の基礎を立てた天皇として尊重され、光仁・桓武朝以降は天智系皇統の祖として尊ばれた。陵は山科陵。

天社神道 てんしゃしんとう　→土御門神道

天寿国繡帳 てんじゅこくしゅうちょう　「天寿国曼荼羅」とも。622年(推古30)の*聖徳太子の死後、妃である橘大郎女の発願によって制作された飛鳥時代を代表する工芸品。国宝。夫である太子が往生した天寿国(浄土)のようすを、渡来系の画家東漢末賢らに下絵として描かせ、椋部秦久麻に命じて采女らに絹に色糸で刺繡をほどこさせたもの。周囲に100個の亀の甲を表し、1個に4字ずつ銘文が記されていたと推測される。もとは*法隆寺の所蔵であったらしいが、現在は隣接する中宮寺などに24字を判読しうる銘文をもつ断片(88.5×82.7cm)が所蔵されている。も

とは大きな2帳の繡帷で，仏堂に掛けられていたらしい。当時の服装・刺繡技術の面で貴重な資料であるとともに，太子自身の言葉として「*世間虚仮・唯仏是真」を伝える。その銘文の全文が「*上宮聖徳法王帝説」に採録されており，太子の系譜と本刺繡製作の由来が詳しく綴られている。近年に入って，銘文中の干支の異同や天皇号の使用問題，図様の建築物の分析などの面から，銘文自体を天武朝以降の偽作とする見解もある。

天主実義 中国明代のイタリア人イエズス会士マテオ・リッチが著した漢文のキリスト教教理書。1596年成稿，1603年初版ののち09年まで4版刊行。上・下2巻，全8編からなる。最初の教理書であるルジェリ著「天主実録」(1584)は仏教色が強く，儒教への配慮に欠けていたとの反省に立って，儒教的概念を媒介にキリスト教教理を解明し，仏教・道教を排斥し，宋学を攻撃した。伝統的な上帝への尊崇が天主の信仰と軌を一にするとされたので，中国の進歩的知識人・官吏らにアピールし，キリスト教が中国社会に受け入れられる基となった。しかし，天主を上帝と同一視する見解はカトリック的唯一神の理解を曖昧にする危険性をはらんでおり，のちのカトリック教会内で展開され，政治問題にも発展したいわゆる典礼紛争の発端となった。本書は日本に向けて1604～05年に重版され，輸出された。06年(慶長11)朱子学者*林羅山と*ハビアンとの論争の際，羅山によって引用されている。鎖国体制下，本書は禁書であったが，輸入されて知識人の間でひそかに読まれた。

伝述一心戒文 最澄の弟子*光定が編纂した，*大乗戒壇の設立などに関する文書を集録したもの。全3巻。もと仁明天皇に提出した「一心戒文」を増補して，834年(承和元)以降に成立。上巻に5通，中巻に14通，下巻には「一心戒文」を作って仁明天皇に奉り，寺家の伝戒を成弁する文の1通，計20通の文書を収載する。内容は，810年(弘仁元)天台宗最初の年分度者得度の記録から，834年の光定が円澄を延暦寺座主としたものまで。最澄死後の大乗戒壇の設立運動にも及んでおり，運動に携わった人の記録としても重要な文献である。

天正記 「秀吉事記」とも。豊臣秀吉の命により天正年間(1573～92)の秀吉の功業を記した伝記。12巻か(現存8巻)。*大村由己の著。各巻とも1580～90年におこった事件直後に書かれており，総じて史料的価値は高い。それぞれ当初は個別に読まれていたが，「天正記」の書名が「言経卿記」天正17年7月28日条にはじめてみえるので，この頃には各巻をまとめて総称していたことがわかる。このうち現存するのは，(1)播磨平定を記した「播磨別所記」，(2)本能寺の変の始末を記した「*惟任退治記」，(3)賤ケ岳の戦いを記した「*柴田合戦記」，(4)根来・雑賀攻略を記した「紀州御発向記」，(5)秀吉の関白任官を記した「*関白任官記」，(6)四国・越中討伐を記した「四国御発向并北国御動座記」，(7)後陽成天皇の聚楽第行幸を記した「*聚楽行幸記」，(8)小田原攻めを記した「小田原御陣」の8巻であり，(7)以外は漢文体の叙述である。そのほか題名のみ伝わるものとして(9)「西国征伐記」，(10)「大政所御煩平癒記」，(11)「金賦之記」，(12)「若公御誕生之記」がある。本書は未服従の地方大名に対する一種の宣伝文書でもあったといわれるが，ここで説かれている豊臣政権正当化のイデオロギーは，基本的には*天道思想と天皇の伝統的権威の援用であった。

天正遣欧使節 日本巡察師*バリニャーノによって企画された使節行。目的は日本布教の成果をヨーロッパ人に示し，日本人にヨーロッパ・キリスト教世界を見聞させることにあった。大友・有馬・大村の3*キリシタン大名の名代として4名の少年が，1582年(天正10)長崎を出発した。インド，アフリカをへて南欧3国を訪れ，フェリーペ2世，ローマ教皇グレゴリオ13世やシスト5世に謁見し，各地で大歓迎をうけた。90年に帰国し，翌年豊臣秀吉と謁見した。8年余りの使節行は東西交流史上の偉業といえる。

天正遣欧使節記 イエズス会士サンデ(Duarte de Sande)の編訳による天正使節行に関する対話録。1590年マカオにて刊

行。内容は4人の使節(主として千々石ちぢミゲル)が彼の従兄弟2人に語った34の対話からなり、彼らの体験や見聞、ヨーロッパ事情が扱われている。*バリニャーノは使節の日記をもとにスペイン語で作成し、日本でラテン語学習の教材にするためサンデにラテン語訳させた。⇒天正遣欧使節

天章周文 てんしょうしゅうぶん ⇒周文しゅうぶん

天壌無窮の神勅 てんじょうむきゅうのしんちょく
「*日本書紀」天孫降臨条に、天照大神あまてらすおおみかみがニニギノミコトを天降す時、「葦原の千五百秋瑞穂あしはらのちいほあきのみづほの国は、是吾が子孫の王たるべき地なり。……宝祚ほうその隆さかえまさむこと当きに天壌あめつちと窮まり無けむ」とのべた神勅。「日本書紀」本文にはなく、一書の一にある。これが大きくとりあげられ、意味をもってくるのは鎌倉時代で、末法思想とともに、王代は百王で尽きるという*百王思想が流行したが、「宝祚無窮」の神勅の再認識は百王思想を否定し打破する糸口となり、「*神皇正統記じんのうしょうとうき」に受け継がれた。

天神講式 てんじんこうしき
北野天神の霊を慰め、験徳を身にうけるために行われた天神講の次第書。1冊。作者は藤原為長ためながか。13世紀中頃成立。天神講は1204年(元久元)に始まると伝える。毎月18日に講席を設けて祈願すれば、必ず成就するという。内容は(1)北野天神の垂迹すいじゃく因縁を明らかにする、(2)天神の本地仏ほんじぶつである観音菩薩を讃える、(3)観音の現世利益げんぜりやくを仰ぐ、(4)後世引摂いんじょうをたのむ、(5)廻向功徳えこうくどくを揚げる、というものである。東京大学史料編纂所蔵本など、諸本数種が伝わる。

天神信仰 てんじんしんこう
*菅原道真すがわらのみちざねの霊を神格化した天満てんまん天神への信仰。天神はもとは農耕神として、雷・雨・蛇などと結びついて信仰された。右大臣道真は藤原時平ときひらの讒言により901年(延喜元)失脚し、大宰府に左遷され、903年失意のうちに没した。その後923年(延長元)に時平の妹穏子おんしが所生の皇太子保明やすあきら親王が21歳で没した際、はじめて「菅帥かんそちの霊魂の宿忿しゅくふん」によるものといわれた。道真の本官回復や正二位追贈を行って霊を慰め、その年「延長」と改元された。しかし、925年には皇太子慶頼よしより王が5歳で没し、930年6月には清涼殿せいりょうでんに落雷があって廷臣4人が焼死し、醍醐天皇も9月に没し、ここに道真の霊は火雷神からいしんとみなされた。941年(天慶4)の「*道賢上人どうけんしょうにん冥途記」の出現により、道真の霊は火雷神から太政威徳天だじょういとくてんという神格へ引き上げられた。その後、多治比文子たじひのあやこへの託宣により道真の霊を祀る祠が造られ、947年(天暦元)に以前から雷公を祀っていた北野の地に社殿が造られた。やがて祟り神から摂関家の守護神へと転化し、*天満大自在天神てんまんだいじざいてんじんとよばれ、学問・詩文の神、冤罪を晴らす神としても信仰されるようになった。

道真の霊の神格化は、実在の人物が神として祀られるようになった最初として重要である。また「天神」と略称されるようになって、その認識が薄れたが、大政威徳天・天満大自在天神と並べてみたらわかるように、これらの神号は仏教の天部の名にもとづいて考案されたものであり、〈天満大自在天という神〉の意であって、*神仏習合思想の中からうみだされた新しい神であった。鎌倉時代になって「*北野天神縁起」が作成され、鎌倉においても摂家将軍の誕生とともに、天神信仰がもちこまれ、のち足利尊氏も篤く信仰して、八幡神はちまんしんとともに武家の信仰する神ともなっていった。⇒北野天満宮

天説弁々 てんせつべんべん
*植松茂岳うえまつしげたけの「天説弁」を批判した論書。上・下2巻。著者は*平田篤胤あつたね。1817年(文化14)成立。1791年(寛政3)服部中庸なかつねは「*三大考」を著し、その中で三大すなわち天(高天原たかまがはら)・地(葦原中国あしはらのなかつくに)・泉(黄泉国よみのくに)の生成過程と形象化を図式し、それをふまえて1812年(文化9)に篤胤は「*霊能真柱たまのみはしら」を著した。それに植松が反論を加えたのが「天説弁」であり、さらに植松の説に反論したのが本書の上巻である。なお、本書の下巻には、春枝広高はるえだひろたかが「霊能真柱」を弁駁したのに対する反論を記している。この論争は、その後も国学者の関心事の一つとなり、さまざまな論説が展開することになった。

天孫降臨神話 てんそんこうりんしんわ
天照大神あまてらすおおみかみ(*アマテラスオオミカミ)の孫邇邇芸命ににぎのみこと(*ホノニニギノミコト)の天降りを語る一連の神

話。「*古事記」と「*日本書紀」ではかなり内容が異なる。前者では天照大神が主体となり降臨を命ずるが，後者では高皇産霊命が主体である。「古事記」によれば，天照大神は高木神とともに邇邇芸命に対して「豊葦原瑞穂国は汝の治めるべき国」と命じ，八尺瓊勾玉・鏡・草那芸剣を与えて竺紫の日向の高千穂の嶺に天降らせた。従者としては五伴緒(天児屋命・布刀玉命・天宇受売命・伊斯許理度売命・玉祖命)が付き従い，大伴氏の祖天忍日命と久米氏の祖天津久米命が御前に仕えた。天降った邇邇芸命は日神の子孫であり，その名には稲の豊作を祝する意がこめられており，水稲農耕と深くかかわっている。日向の高千穂は収穫を祝した斎庭の風景を象徴し，天降りの際に邇邇芸命がおおわれていた真床追衾は，*大嘗祭の時に天皇が行う秘儀との類似がみられる。

天台山 てんだいさん　中国浙江省に所在する名山。華頂山(約1130メートル)を最高峰に，桐柏・赤城・香爐・瀑布・仏隴・羅漢か・東蒼の諸峰からなる。古来，道教・仏教の霊山となり，多くの仏寺が営まれたが，6世紀半ばすぎに智顗が入山し，その没後，隋の煬帝が山麓に国清寺を創建するに及んで，中国天台宗の根本道場となった。その名は広く朝鮮・日本にも聞こえ，*最澄がここに学んで日本天台宗を樹立したほか，円珍・成尋・重源・栄西・俊芿ら，当山を訪れた日本僧も少なくない。

天台宗 てんだいしゅう　天台法華宗・天台円宗とも。中国・日本仏教の一宗。日本では，*最澄が803年入唐し，道邃と行満より伝法された。帰国後，比叡山*延暦寺により，806年(延暦25)1月に天台法華宗に年分度者2名の勅許が下され，日本天台宗の開立が行われた。最澄の頃は円(天台円教)・禅(禅観)・戒(大乗戒律)・密(密教)の四宗兼学で，顕密二教の同等を説いた。最澄の死後，822年(弘仁13)に*大乗戒壇の勅許をえた。*円仁以後，真言宗に対抗して密教化していった。

円仁は，教理(理)は同等だが修法(事)は密教がまさるという，理同事勝を主張し，*円珍は，理事ともに密教がまさるという理倶勝を主張した。その後，*安然の五教の考えにより密教を位置づけ，*台密を大成した。その後，*良源は座主に就任直後の966年(康保3)の火災ののち堂舎の復興に努め，970年(天禄元)に「二十六カ条起請」を定め，教団の刷新を図った。また，摂関家との結びつきも良源が藤原師輔との関係を深めたことにより，この頃より強まった。

教学面においては，伝教(最澄)・慈覚(円仁)・智証(円珍)大師の根本三流から覚超の川流・皇慶の谷流などに分派し，院政期には覚運に始まる檀那流と源信に始まる恵心流，いわゆる恵檀二流がうまれ，中世には台密十三流といわれるまでに分派した。院政期には中古天台の*本覚思想がおこり，観心・口伝の2法門が発達し，鎌倉時代の仏教に影響を与えた。

天台神道 てんだいしんとう　→山王神道
天台律宗 てんだいりっしゅう　→安楽律

天地神祇審鎮要記 てんちじんぎしんちんようき　鎌倉時代の神道書。吉田卜部氏出身の延暦寺僧*慈遍の撰。全3巻。元弘3年(1333)4月の日付の序がある。天台宗の*山王神道を論じた書。鎌倉末期の山王神道は，天台宗の顕密諸流派がうみだした秘説・口伝が「*山家要略記」「*渓嵐拾葉集」などに集成される段階にあったが，矛盾する教説を整理・統合して組織的教学を樹立する動きは未発達だった。慈遍の神道思想は「*先代旧事本紀」を神典として最も重視し，神宮祠官*度会常昌との交流を通じて受容した真言密教系の*両部神道や*伊勢神道を基礎としているが，本書は慈遍の構築した教学をもとに，錯綜する山王神道諸説を整理し体系化することを意図して撰述したものである。

本書は大門第一(神道の大趣を示す)，大門第二(山王神道に関する論)，大門第三(結論)という構成からなっているが，分量的には大門第二が大部分を占める。大江匡房撰と伝える「扶桑明月集」にみえる山王七社の祭神説を叩き台として，山王神道の異説を取捨選択し，天地開闢以来の神系譜の中に日吉社の諸神を位置づけている。

天地始之事 てんちはじまりのこと　禁教下に孤立した長崎県西彼杵郡外海と五島地方のキリ

シタン集団にひそかに伝承された漢字仮名交り文の聖書物語・教義書。原本は不明で、異文を含む8種の写本があり、古写本でも1820年(文政3)以後の作成と推定される。全体は15の分節からなり、「天地始之事」は本書全体の標題であるとともに最初の分節の標題と考えられる。天地・人間の創造、天使・人間の堕落、ノアの洪水、キリストの降誕・生涯、聖母マリア、来世信仰など、あくまでも「*デウス」「おんあるじ」の一神教にもとづき、庶民生活に浸透し根付いた信仰の強さと深さを、土俗の言葉、語り口調で語り続けたことを示す貴重な資料である。65年(慶応元)司教プチジャンが浦上村の潜伏キリシタンから手渡されたことによりはじめて知られた。

天柱記 てんちゅうき

宇宙の創造・運行の根拠について論じた書。*佐藤信淵の著。上・下2巻。1825年(文政8)序。上巻の「開闢篇」、下巻の「元運篇」からなる。産霊神が天瓊矛を使って一元気をかき回したことによって、宇宙は創造され、運行しているという。この「事実」は、信淵によれば、皇国の記紀のみに伝わっているという。太陽を中心とする惑星の公転や自転といった最新の蘭学知識を利用しながら、産霊神の精妙な働きと皇国の古伝説の優位性とを強調している。漢文で書かれた信淵の「*鎔造化育論」は姉妹書である。

殿中問答 でんちゅうもんどう

「殿中三教の問答」「南光坊林道春殿中問答」「天海道春殿中問答」とも。江戸前期の*儒仏論争の書。全2巻1冊。暁観の著。写本で広く流布した。1607年(慶長12)3月28日、駿河国駿府城の殿中で南光坊*天海と*林羅山(道春)との間で神・儒・仏三教についての問答が行われたと仮託されている。序では、神・儒・仏を*根本枝葉花実説によって説明して三教一致が主張される。羅山は、まず徳川家康の仏教信仰を悲嘆し、仏教の出家・地獄・魂魄や伊勢神宮・聖徳太子などをとりあげて神仏習合を批判し、神儒一致を主張する。一方天海は、羅山を批判して王法と仏法は同一であるとし、五常五戒・鬼神魂魄などの儒仏一致と、神宮による仏法帰依などの神仏一致を主張して神・儒・仏の*三教一致論を説く。

天地理譚 てんちりたん

江戸後期の自然科学に関する随筆。*司馬江漢の著。1816年(文化13)成立。西洋画家・啓蒙家として知られる江漢の最晩年(1818年10月に没する)に記された、「究理」(自然科学)に関する随筆である。図入りの解説書で、全63項目にわたる。「天地之理」「気之論」「磁石之理」「気船之説」などがのべられている。自然科学の話題ばかりではなく、航海術や天文学・地理学などにも言及がみられる。晩年には奇行の多かった江漢であるが、その当時の知的関心・考察がどこに向いていたのかをうかがい知ることができる、貴重な史料である。

天道覚明論 てんどうがくめいろん

明治維新期の怪文書。表題には「鋒天道覚明論」と記す。幕末の思想家*横井小楠の著として流布した。1869年(明治2)の小楠暗殺事件に関して、弾正台が犯人減刑の証拠提出のため大巡察古賀十郎を熊本に派遣した。その際、阿蘇大宮司から阿蘇神社拝殿に投げこまれたものという「丁卯(1867)三月南窓下偶著小楠」と記されたこの文章を入手する。内容は血統にもとづく帝位継承を廃止し、有徳者が帝位を継承すべきであるとする、尭・舜の禅譲論の採用を主張したものである。当時から小楠の著作とする確証はなく、小楠を廃帝論を主張する国賊として印象づけようとする弾正台周辺の偽作説が有力である。

天道思想 てんどうしそう

戦国・織豊期の流行思想。「天道」の語は主として合戦の勝敗、政治権力の変動などを決定する絶対者の意味で用いられた。ただし、天道のつかさどる因果律には人間の善悪に対する厳正な応報と、超越的に人間の禍福を左右する不可測の応報があり、両者が一体となってダイナミックに戦国大名の生き方を支えていた。こうした倫理的側面と運命的側面が表裏の関係で結びついていた天道思想は、必ずしも政治的・社会的秩序の確立と維持に貢献しうるものではなく、むしろ実際には現状打破のエネルギーを提供し、いかなる事態もそのまま是認するイデオロギーとして、*下剋上の正当化に利用されることが多かった。しかし天下統一事業が進展するとともに、天下人となった織田信

長・豊臣秀吉らは特に天道の応報の倫理的権威性を強調し、天道思想によって支配権の伸張・擁護を図っている。なお「天道」は、元来儒教・仏教・道教・陰陽道・兵家思想の用語であったばかりでなく、当時の吉田神道やキリシタン思想でも独特の意味で使われており、天道思想の流行の背景には前代以来の*三教一致論の流布が考えられる。

天道大福帳 てんどうだいふくちょう　江戸中期の草双紙（黄表紙）。全3巻。朋誠堂喜三二（1735～1813）作、北尾政美画。1786年（天明6）刊。角書に「新建立忠臣蔵」とある。天帝がよそ見をしているうちに、塩谷判官が高師直を斬ってしまい、四十七士の敵討ちになり、めでたく本懐をとげるが、忠義とはいえ、人を斬ったからには修羅道に落ちる。そこで魂を天に召し、それぞれ吉原や深川の遊所の守り神にした、という筋立てである。当時、金銀星が現れるという風説があり、天明期（1781～89）に天文学が流行した。また世情不安の中の心学流行、忠臣蔵の当たり狂言の上演などが本作の背景にある。

天皇 てんのう　天皇（日本の君主）に対する見方は、時代により立場によってさまざまだが、ここでは千数百年以上にわたり同一の家系（皇統）で皇位を世襲してきた天皇の特徴を、その称号を手懸かりにみていこう。まず、大和王権の成立段階では「オホキミ」（大王）ないし「アメギミ」（天王）と称された。これは、日本国内の各地を治める首長＝キミ（王）より上の、それらを統合した偉大な王への尊称にほかならない。たとえば、5世紀後半に在位した21代の雄略天皇は、熊本県や埼玉県から出土した刀銘に「獲加多支鹵大王」と刻まれている。この大王＝「幼武尊」「若建命」は、「古事記」「日本書紀」によれば、側近の舎人などから「ヤスミシシワガオホキミ」とよびかけられたという。このヤスミシシ（「万葉集」では「八隅知之」）は「大八洲を知ろしめす義」（「和訓栞」）と考えられる。なお、大王ないし天王とは日本国内における王臣たちからの敬称であり、中国の皇帝からは東夷の「倭王」（「宋書」など）とみなされていた。

次に、「日本」という国号の採用に前後して「天子」「天皇」という称号が使われ始めた。それは7世紀初頭の推古女帝朝か7世紀後半の天武天皇朝か、学説が分かれている。いずれにせよ、長年の中国に対する従属的な関係を脱却しようとした独立意識が、新しい国号・君主号の成立を可能にしたとすれば、その端緒は聖徳太子らの自主的な外交政策にあるとみられる。事実、「隋書」によれば、607年（大業3）煬帝のところへ届けられた国書に「日出る処の天子、書を日没する処の天子に致す……」とあり、また「日本書紀」によれば、翌年（推古16）再度入隋した小野妹子の持参した国書には「東の天皇、敬みて西の皇帝に曰す」と記されていたと伝えられる。

この「天子」は、天帝の命を承けて地上を治める御子の義であり、「皇帝」（政治的統治者）より宗教的意味をもつ。また「天皇」も、元来中国では天上を主宰する天帝（北極星）をさし、「皇帝」より宗教的観念が強い。これは、日本の大王ないし天王が世俗的権力をこえた宗教的権威を強く有するために、その君主号としてふさわしいと考えられたからであろう（中国では、唐の高宗以外、皇帝を天皇と称した例はみあたらない）。ただ、8世紀初頭に完成した「大宝・養老令」の儀制令では、「天子、祭祀（神祇）に称する所。天皇、詔書（国内）に称する所。皇帝、華夷（外国）に称する所」と区別して用いるように規定している。

しかも、「令」の注釈書によれば、「天子」は「神祇に告ぐ」祝詞などに書き用いられたが、読み上げる辞訓としては「スメミマノミコト」（皇御孫命）と称したという。これは「日本書紀」などの伝えるごとく、天照大神から「三種の宝物」（玉・鏡・剣）を授けられ、「瑞穂の国は、是、吾が子孫の王たるべきの地なり。宜しく爾皇孫、就きて治らせ。……」との神勅を承けた天孫以来の後継者であると名乗ることが、天子（祭主）として不可欠の要件だったからであろう。「古事記」などには「ヒノミコ」（日之皇子）という表現もみえる。

一方、国内で公民への詔書などに用いられ

た「天皇」も, 辞訓としては「スメラミコト」とか「スメラギ」「スベラギ」と称された。しかも, このスメル・スベルは, 人々を澄める(清浄にする)・統べる(統合する)義と解されている。スメラギ・スベラギ(ギはキミ)もスメラミコトも, 古く(令制以前)から用いられていた国風君主号で, それに天皇の漢字をあてはめたものと考えられる。

この天皇(スメラミコト)は, 宮廷内外の人々から, 尊いカミのような存在と仰がれた。「万葉集」の歌にも, 天武天皇や持統女帝は「皇祖は神にしませば……」と讃えられている。また国外・国内に対しても, 天皇がカミのごとき権威者であることを示すため, 「大宝・養老令」の公式令では, 外国にだす詔書には「明神御宇日本天皇……」などと書き, 国内に下す詔書にも「明神御大八洲天皇……」などと記すよう定められている。ただ, 儀制令にみえる「皇帝」は, 中国皇帝に遠慮したのか, 外交文書に使用された例がほとんどみあたらない。

以上のごとく, ほぼ8世紀初め頃までに成立した諸称号には, 日本古来の宗教的・政治的な君主の地位・性格に対する見方が端的に表われている。そのうち, 「天皇」という称号が最も一般的に使われてきた。ただ, 天皇の実権が摂政・関白や上皇に移った平安中・後期から江戸後期まで900余年間の歴代(冷泉～後桃園)は, 天皇号でなく院号でよばれていた。また, 中世から近世まで幕府の将軍が内政・外交を実質支配したので, 天皇はミカド(御門)・オホヤケ(公家)と称され, 年号を制定したり将軍を任命することなどによって伝統的権威を保持したが, 外国からは将軍が「国王」「大君」とみなされていた。この天皇号が復活したのは, 江戸末期の光格天皇(119代)から, また「皇帝」(The Emperor)が対外的な公称となったのは, 明治初期(1872年)からである。

明治の大日本帝国憲法では「天皇は国の元首にして統治権を総攬し」とされ, 戦後の日本国憲法にも「天皇は日本国の象徴……国民統合の象徴」と規定されている。現行憲法にいう象徴天皇は, 大和朝廷以来の皇統に属する皇族が世襲することになっているから, 血縁継承の実を備えた「君主」とみなされる。また政治に関する機能は有しないが, 国会の指名にもとづき内閣総理大臣を任命し, 広範な国事行為などを行う立場にあるから, 権威や名誉を付与する象徴的な「元首」の役割を担っていることになろう。

なお, 象徴・世襲の天皇制度を維持するには, 継承資格をもつ皇族が確実に存在しなければならない。それを明治と戦後の皇室典範どおり「男系の男子」に限るべきか, 皇族として生まれたなら男女を問わず認めるように法改正すべきか, 議論が行われている。歴史を顧みると, 父系絶対の中国では男帝しか公認しないが(武則天も武后である), 日本では古代に6名8代(2名重祚), 近世に2名の女帝が実在し公認されている。これは, 女神の天照大神を皇祖神と仰ぐような母性尊重の思想が根強い日本的な特徴といえよう。→大王　天皇制

天皇機関説論争　てんのうきかんせつろんそう　*大日本帝国憲法(明治憲法)における天皇の機能に関する解釈をめぐる学説上の論争。明治憲法における統治権の理解については, 当初, 東京帝国大学教授*穂積八束らによる, 統治権の主体を天皇とする*天皇主権説が支配的であった。他方, 東京帝大教授一木喜徳郎らは, 統治権の主体は法人たる日本国家そのものであり, 天皇はその一機関にすぎないとする国家法人説(天皇機関説)の立場から, 統治権を説明した。一木の後継にあたる*美濃部達吉は, ヨーロッパ留学から帰国後, 留学中の主たる研究関心でもあったG.イェリネックの立憲主義・自由主義的な学説を背景にして, 国家法人説を打ち出した。

美濃部は帰国直後の1903年(明治36)に「君主ノ国法上ノ地位」(「法学志林」50号)において, 穂積流の天皇主権説を批判し, *天皇大権の制限的な理解を提示した。さらに, 12年(大正元)の「憲法講話」においても, 既存の憲法学の提唱する天皇主権説を「立憲政治の仮想の下」の「変装的専制政治の主張」と指摘した。

これに対して, 穂積の継承者である*上杉慎吉が当時の総合雑誌「太陽」に, 天皇機

関説は「国体に対する異説」とする美濃部批判の論稿を発表し，ここに上杉対美濃部という対立構図を機軸にした天皇機関説論争がおこった。論争は，ほぼ1年にわたり「国家学会雑誌」や「太陽」誌上を中心舞台として，他の憲法学者・言論界をまきこんで展開された。この論争をへて，美濃部の説は学界・知識人の支持を広くうけ，その後，護憲運動が進展する中で定着し，1920年代には有力学説となった。

天皇記・国記 てんのうき・こっき *聖徳太子と*蘇我馬子が編纂した歴史書。620年(推古28)成立。「臣・連・伴造・国造・百八十部並公民等本記」ももとに成立したと伝えられる。未完成の草稿本が保管されていたと考えられ，大化の改新の際，蘇我蝦夷邸の焼亡とともに焼失した。一部は船史恵尺がもちだしたものの現存していない。観勒が百済から伝来した暦を採用し，*神武紀元にもとづく歴史書と推察される。書名に潤色の疑問が残る「天皇記」は，「*帝紀」と同様に歴代天皇の世系・事績などからなり，「国記」は地誌の類か神代からの日本歴史を記す書とする説もある。

天皇主権説 てんのうしゅけんせつ 国家の最高権力が天皇にあるとする説。主権概念は歴史上絶対王政とともに現れたことにも明らかなように，君主主権説は君主がその国家の住民を一方的に支配することを意味した。近代日本では天皇主権の主張となる。君主主権説をめぐる論争は，大日本帝国憲法制定の前夜ともいうべき時期に「東京日日新聞」「輿論新誌」などの紙上を賑わせた。天皇を中心に日本を統一国家として早急につくりあげようとする人々は，天皇の権力は絶対不可侵であるとした。これは，「天下は一人の国家なり」とする国学流の考えにまでさかのぼることができるであろう。これと対蹠的な「天下は天下の天下なり」とする儒学者流の考え方は，自由民権論者だけでなく*陸羯南の輿論政治によっても主張された。帝国憲法は，第1〜4条の規定によって天皇の絶対的な主権を認めたかにみえたが，それでも立憲制を採用した以上，天皇の意志の表現方法などに法的規制をうけるのは当然だという考えも根強く，国家法人説の形で生き残った。

大正デモクラシー期には，国家法人説を支持する*美濃部達吉と天皇主権説を主張する*上杉慎吉の間で論争が行われた。しかし，昭和期に入って戦争遂行のために挙国一致政策が必要になると，天皇を神聖化してその統合力を倍増するために，天皇主権説以外の考えはすべて排撃された。特に*国体明徴運動では，天皇の主権性は法的にというより，道義的・宗教的に絶対であると公言された。⇒天皇機関説論争

天王信仰 てんのうしんこう *牛頭天王に対する信仰。京都*祇園社(八坂神社)・広峰神社・津島神社などがその中心。天王は，元来インドでは祇園精舎の守護神であったが，中国をへてわが国に広まる中で陰陽道・道教などの複雑な影響をうけたため，多数の異なった由緒や神格をもつに至った。しかし日本では，第一義的には*御霊信仰との関連の中で*疫神，もしくはその逆に疫病から人々を強力に守る防疫神として理解されてきた。この事実は，9世紀に京都で始まった*御霊会を継承し，10世紀末から恒例化した祇園社での祇園御霊会(*祇園会・祇園祭)が，御霊の祟りによる疫病を防ぐ目的で朝野の篤い尊崇を集めたということ，あるいは同様の信仰が広く地方に伝播していったことなどにより確認できる。なお天王信仰とともに各地に流布していったものに，夏越の祓での災厄除けの茅輪のくぐりと，天王と素戔嗚尊との同一視がある。前者は，*蘇民将来が茅輪のおかげで大難を逃れたという「備後国風土記」の話を元とする。また後者はそこから派生した多くの縁起・伝承に記されるが，その理由には，天王と素戔嗚尊との荒ぶる神としての類似性が与っていよう。

天皇制 てんのうせい 古代から現代に至る日本独特の君主制。狭義には明治維新から第2次大戦終了までの近代天皇制をさす。幕末に欧米列強によって開国を余儀なくされた日本は，王政復古という形で天皇を中心に近代統一国家を樹立した。それによって，天皇は一方で皇国神話・神道の継承者とされるとともに，他方で政治上の最高責任者となった。しかし，大日本帝国憲法の制定と国会開設をへて，国

家機構がしだいに整備されると，実際上の国政の担当機関である議会・内閣（総理大臣）および軍部と，最高権者としての天皇の意思決定との関係が問題となった。これらの関係は，歴史状況とその時々の各機関の実力とによって左右され，さまざまな形をとった。いわゆる元老たちが政治を取り仕切り，天皇は「君臨すれども統治せず」に近い体制，大正デモクラシー期におけるように政党内閣制に近い運用がなされた時期，また昭和初期の戦時挙国一致体制下におけるように，権力が天皇に一元化し，しかも軍部が*統帥権の独立の名のもとに国政の最高の意思決定をしてしまった時期などがある。しかも，上述した天皇に付与された神道的特性が，天皇の政治上の統合者の立場を，道義的・宗教的に至高の存在をもっていっそう強力なものとした。

天皇大権 てんのうたいけん　統治権の総攬者としての天皇が固有に保持しているとみなされた権能。*大日本帝国憲法では第5条から第16条まで，立法・*緊急勅令・官吏任免・官制・陸海軍編制・宣戦講和・条約締結・戒厳・栄典授与など12カ条にわたって列挙されているが，これらのほか，国家の非常事態に臣民の権利を停止できるとした非常大権や憲法改廃権なども天皇大権とみなされる。しかし，憲法上に明記された事項以外を天皇大権とみなすかどうかは，統治権の総攬という規定との関係で解釈が分かれていた。また，帝国議会の協賛をもって行使するとされた立法大権以外については，おのおの，いかなる国家機関が，具体的にどのような方法で執行するのかについての規定を欠き，不明確であった。そのため，天皇主権説をとる*穂積八束は条文に明記された大権は天皇個人の親裁事項であるとし，天皇機関説をとる*美濃部達吉は*統帥権以外は内閣の輔弼によって執行されるとするなど，学説上の対立があった。こうして天皇大権には執行方法とその責任の所在に関してあいまいさが伴い，統帥権の独立を唱える軍部を制御できないなど政治的統合を妨げる要因ともなった。➡天皇機関説論争

天王談 てんのうだん　*海保青陵が合理主義的考えを端的に表明している書。1巻。成立年未詳。「天地ノ間ノ事ハ皆理」であって，「理外」の事柄など存在しないという考えから，冒頭に四天王が外道を踏みつけている理由を問う中で，「己レガ心ニテ己レヲ見ル事出来ル」ようにする，自己自身を対象化する認識論を導き出している。本書の題名はこの四天王に由来する。青陵はさらに生霊憑きの非合理性などをとりあげ，人が「理外」と思うのは，「活智」を働かせる推理を徹底していないからだ，とのべている。また幼少時，兄弟同然に育った蘭学者桂川甫周に，物事を固定的にしか捉えられない「馬鹿ノ病」を注意された逸話が語られている。

天平文化 てんぴょうぶんか　*聖武天皇の時代を中心とした，その前後の奈良時代の文化をいう。*興福寺や*大安寺・*東大寺・*唐招提寺・*西大寺・新薬師寺など，それぞれに性格を異にする諸大寺院を中心とした仏教文化が一群をかたちづくる。建築遺構には，東大寺三月堂（法華堂），唐招提寺の金堂・講堂などがある。仏像では，まずその素材において，従来のブロンズのほか塑造・乾漆造・木造など，他の時代に類のない多彩さをみせている。乾漆像には，興福寺の阿修羅像をはじめとする八部衆像や十大弟子像，東大寺三月堂不空羂索観音菩薩像などがあり，塑像には，東大寺戒壇院の四天王像，三月堂の日光・月光菩薩像などがある。また正倉院御物として伝えられる数々の舶来品は，この時期の国際的な文化のありようをまざまざと示している。文学作品には「*万葉集」をはじめ，「*古事記」「*日本書紀」の史書，「*出雲国風土記」「*常陸国風土記」などの古風土記，漢詩集「*懐風藻」のほか，*大宝律令・*養老律令などの法整備が行われた。また公的事業として*写経が盛んに行われたが，私的にも多くの写経が行われ，さらに*書に対する美意識の目覚めもあった。

天賦人権説 てんぷじんけんせつ　明治初期の啓蒙思想家，自由民権運動の活動家が依拠した基本的思想の一つ。ルソーの思想やフランス人権宣言・アメリカ独立宣言の移入にともなって，西欧近代の自然法思想を構成する「自然権」とほぼ同一の意味で用いられるようになった。進

化論の影響をうけた東京大学総理*加藤弘之は「*人権新説」(1882)で天賦人権説を批判したため，自由民権論者たちとの間でいわゆる「人権論争」が展開された。*植木枝盛は，「天賦人権弁」(1883)において人権は法律に先行することを宣言し，それを土台として社会契約思想・抵抗権・革命権を擁護しようとした。

天文法華の乱 てんぶんほっけのらん　1536年(天文5)京都でおこった法華一揆による武力衝突事件。室町時代には広く*町衆の支持をえて，洛中に日蓮宗が盛んとなるが，当初から延暦寺よりたびたび弾圧をうけた。やがて洛中二十一本山は盟約を結び，このような動きに団結して対抗するようになる。一方，16世紀になると徐々に町衆の一揆が形成され，幕府・守護らの洛中支配に対抗するようになった。天文年間(1532～55)に入ると両者が結びついて法華一揆を形成し，政治的事件に武装勢力としてしばしば関与するようになる。ついに延暦寺僧との法論がきっかけで法華一揆が蜂起するが，延暦寺・六角氏連合軍に敗北し，日蓮宗寺院はその後，42年まで和泉国堺に撤退し，一揆も壊滅した。

天満大自在天神 てんまんだいじざいてんじん　「てんまん―」とも。天満天神とも。天神*菅原道真の神号の一つ。「菅家御伝記」に引く「安楽寺学頭安修奏状」によれば，道真没後まもない905年(延喜5)味酒安行が神託によって神殿を建てて天満大自在天神と称したとみえ，同書に引く「外記日記」には987年(永延元)の*北野祭創始の折に天満天神の勅号が始まったと伝える。ただし960年(天徳4)の日付をもつ「北野天満自在天神宮創建山城国葛野郡上林郷縁起」によれば，942年(天慶5)の多治比奇子(文子)への託宣中にも「既に天神の号を得た」云々とみえており，その成立年代は必ずしも明確ではない。神号の意味についても諸説あるが，大自在には道真の観音(観自在)信仰や，白牛に乗る大自在天の影響が想定されている。天神道真は，中世には連歌の神としても崇められたので，連歌の席には道真の神像，またはこの神号の軸が掛けられた。なお道真の神号には，ほかに「最鎮記文」に記す「火雷天神」，「扶

桑略記」所引の「*道賢上人冥途記」にみえる「(日本)太政威徳天」などがあり，前者は930年(延長8)の宮中清涼殿落雷事件と，また後者には993年(正暦4)の道真への贈太政大臣との関連が想定される。
⇒北野天満宮　天神信仰

天満天神 てんまんてんじん　→天満大自在天神

天民遺言 てんみんいげん　*並河天民の著した漢文の書。全2巻。1722年(享保7)刊。巻上は，天民の兄誠所と門人が編集したもので，経書についての見解，書簡などを収めている。巻下は，かつて師事した伊藤仁斎の「*語孟字義」について，その24項目の本文を掲げて疑問・批判を展開したもので，「疑語孟字義」と名づけられている。仁斎の「*大学非孔氏之遺書弁(大学は孔氏の遺書に非ざるの弁)」についての批判も収められている。

天武天皇 てんむてんのう　?～686(?～朱鳥元)　在位673～686。諡は天渟中原瀛真人，諱は大海人。父は舒明天皇，母は皇極天皇。皇太弟として天智朝の政務を補佐したが，天智天皇の死去直前に反対勢力の策動を避けて吉野に入る。逃れえず東国で挙兵して大友皇子を擁する近江朝廷を倒し，飛鳥浄御原宮に即位した。礼制の整備を進めるとともに，国史・*飛鳥浄御原令の編纂を開始し，律令国家の基礎を築いた。具体的には大舎人制，考選法，授与対象を親王にまで広げた新冠位制の制定などによって官人制の基礎を築き，八色の姓の設定により新しい身分秩序の確立を推進した。また，664年(天智3)に設定した部曲の廃止，庚寅年籍の作成など公民制の定着を図った。*伊勢神宮や広瀬・竜田社の祭祀権を掌握し，仏教では大官大寺(*大安寺の前身)の造営を進めるなどの宗教改革も注目される。陵は檜隈大内陵。

天明録 てんめいろく　「夷賊ノ得失ハ一天下ニ係ル事」であるという国民意識をもった一商人の立場から，内政・外交を論じた書。全5巻。*正司考祺の著。1856年(安政3)成立。中井竹山の「*草茅危言」や青木興勝の「*答問十策」などを引用しながら，外国貿易に依存せず，自給自足のできる国内体制に再編するために，僧侶・娼妓のような「遊

民」を強制的に農工業に従事させ,生産力向上を図れと主張している。民心を安定させることが専務であるとして,現時点で戦端を開くような*攘夷論に対しては批判的である。

天文義論 別題「両儀集説外記」。江戸時代の天文学書。全2巻。*西川如見の著。1712年(正徳2)刊。中国清代の「*天経或問」からいくつかの素材を提供されつつ,独自の天文体系を表明した書である。如見にとって天文学は,天命と道理を明確にすることを目的とした形而上的な「命理」の天学と,技術や実証を主とする形而下的な「形気」の天学とに分類される。道徳的な研究と自然科学的な研究とを同時並行的に行おうとする意図が読みとれる。また,地円説や九天説などの西洋の学説を紹介しながらも,儒学にもとづいた保守伝統的な見解の枠内に止まっていたことが指摘される。

天文道 令の規定では,陰陽寮に,陰陽博士・暦博士と並んで,天文博士1人がおり,また天文生10人がいて,博士の指導をうけた。天文異変の観測と,その異変を先例によって占い,報告することを職掌としたが,平安時代になると,その学問・職掌が天文道とよばれるようになった。

天文弁惑 江戸中期の仏教書。1冊。浄土宗の普寂(1707~81)の著。1776年(安永5)成立,77年刊。当初,同著「倶舎論*要解」に所収されていたものを一書として別に刊行した。天文学における日蝕・月蝕などの説明が仏教の世界観より秀でているとしたら,仏教は間違っているのかという問いに対して,天文学は世間で学んで知るところの「凡智(道理)」であるとし,仏教は世間を超越して知るところの「聖知(真実)」であるとし,仏説における日蝕・月蝕は煩悩の比喩であるとした。天文学によって仏教信仰が揺らぐ事態に対して,仏教側から天文学を位置づけなおそうとしたものである。

天理教 大和国庄屋敷村の農家の主婦*中山みきが開いた宗教。幕末・明治期を通じて多く取締りをうけたが,1908年(明治41)に*教派神道の一派として独立を認められた。教祖は1838年(天保9)に家族の病気に際しての祈禱の折に,「実の神」が現れて「神のやしろ」と定まり,以来「おびやゆるしの神様」として近隣に知られた。そして,「おふでさき」「みかぐらうた」などが啓示され,独特の世界観や「つとめ」が展開されてきた。人間は「よふき(陽気)ぐらし」をするために創造され,心を自由に使う力を与えられた(心一つ我の理)が,自分勝手がでて「ほこり」をためてしまったのでさまざまな不幸を招いているのだとされる。そこで,「よふきづとめ」によって,本来の境地に立ち戻ることが勧められるのである。1887年(明治20)に教祖は90歳で没し,高弟の飯降伊蔵が「本席」として神示を取り次いだが,その後は,中山家で管長職(戦後は真柱)を継承している。現在,奈良県天理市に本部があり,公称192万人の信者を擁している。また,天理教の影響をうけた「ほんみち」「おうかんみち」などの諸教団も数多く存在している。

天竜寺 京都市右京区嵯峨天竜寺芒ノ馬場町にある臨済宗天竜寺派の大本山。山号霊亀山。もと後嵯峨上皇の御所亀山殿の跡地で,足利尊氏が*夢窓疎石のすすめで後醍醐天皇の菩提を弔うために建立した。造営のようすは「天竜寺造営記録」に詳しく,1345年(貞和元・興国6)に落慶する。はじめ五山第二,ついで第一となり,幕府と密接にかかわりながら発展した。文書を多く伝えて,経済基盤もうかがえる。*五山版の一つ天竜寺版,*日明貿易における天竜寺船は著名である。度重なる火災にも復興する。大方丈前の庭園は,亀山殿の遺構を利用した,曹源池中心の池泉回遊式で,夢窓の作と伝える。

と

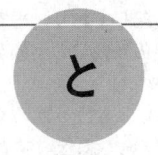

土井利勝遺訓 どいとしかついくん　土井利勝（1573～1644）は、家譜では徳川家康の家臣土井利昌どの嫡子となっているが、一説には家康または水野信元のぶもとの子ともいわれている。幼少の頃から家康に近侍、秀忠誕生とともに側近として仕え、晩年は大老となり幕閣の中枢にあって、将軍第一の輔臣と評された幕府初期の官僚型の大名である。3代将軍家光にも重用され、1633年（寛永10）加増されて下総国古河こが16万石余の大藩の藩主となった。遺訓の対象は嫡子利隆としたかであるが、内容は19カ条の多岐にわたる。その大半は家老・用人・目付め・大将・仕置人しおき・近習用人・御頭おかしら・目付役以下の地方吟味役じかたぎんみ・町奉行といった職種に関する藩主としての任用の心得が多く、遺訓としての色彩も薄弱である。そのため、後代の土井家による藩祖遺訓の名を借りた偽作とも考えられる。

土井晩翠 どいばんすい　1871～1952（明治4～昭和27）　「つちい―」とも。明治～昭和期の詩人・英文学者。本名は林吉。仙台出身。東京帝国大学英文科卒。大学在学中、「帝国文学」の編集委員となったのを機に新体詩を発表する。第1詩集「天地有情てんちうじょう」（1899）に収録された「星落秋風五丈原ほしおつしゅうふうごじょうげん」「暮鐘ぼしょう」など、漢文調の雄壮な叙事詩で注目された。和文調で抒情的な詩風の*島崎藤村とうそんと対照され、とりわけ明治30年代は、藤村・晩翠時代といわれる一時代を詩壇に築いた。「中学唱歌」に収められ、滝廉太郎たきれんたろう作曲の「荒城の月」は広く知られている。ほかの詩集に「暁鐘ぎょうしょう」「東海遊子吟」など。訳書「イーリアス」「オヂュッセーア」の評価も高い。母校第二高等学校教授を務めた。

党 とう　人々の集団をさす言葉であるが、中世における中小武士の集まりを示す歴史用語として一般に知られている。武蔵七党むさしとと総称された横山党・猪俣いのまた党・丹なん党・児玉党など、下野国の紀党・清党（紀清両党）、九州肥前国の松浦まつら党などが著名である。党を構成する武士たちの所領は狭小で、単独では幕府などに奉公することがむずかしかったため、血縁にもとづく党を形成し、その成員が団結して軍事動員などに応じる形をとった。鎌倉時代にこうした党は広く展開するが、武蔵七党の武士たちが白旗一揆しらはたいっきなどに再編成されたように、室町時代になると地縁にもとづく*一揆にその地位を明け渡すことが多かった。

塔 とう　梵語stūpaの音訳である*卒塔婆そとばなどの略称。塔婆とうばとも略し、浮図・浮屠とも称する。本来は仏舎利ぶっしゃりを埋納する施設だが、広く供養・祈願・報恩のために、土石や塼せんを積み、あるいは木材を加工したりなどして造られた構築物をもいう。古代インドでは土饅頭型に盛り上げた塚または墓であったが、*舎利信仰の発展とともにしだいに記念物の性格を付与され、仏教寺院の象徴と化す一方で、種々の形態が生じた。材質からは木製・石製・金属製に分類され、形式からは三重・五重・七重などの層塔のほか、*多宝塔・宝篋印塔ほうきょういんとう・*五輪塔・*板碑いたび・笠塔婆・無縫塔むほう（卵塔らんとう）・石幢せきどうなどの種類がある。さらに建立目的からは、埋葬地に造立される墓塔、埋葬地以外の場所に造立される供養塔、年忌供養に際して造立される石塔や板塔婆、祈願や報恩のための塔などに分類される。一般に仏教伝来からまもない古代寺院の伽藍では仏舎利を埋納する層塔と金堂とが中心を占め、奈良末期以降のいわゆる*神宮寺じんぐうじでも塔が重視される傾向があったが、時代が下るほど塔は伽藍の中心部から遠ざかっていった。

東亜共同体論 とうあきょうどうたいろん　1930年（昭和5）以降敗戦までの、日本の汎アジア主義的大陸政策を基礎づけるイデオロギー。1930年代になり、ベルサイユ体制を凌駕して経済ブロックが世界的に形成されたことを背景に、日満支の自給自足経済体制の確立が主張された。これが昭和研究会などにおいて、ドイツの地政学や生存圏の思想の影響、ならびに世界恐慌以降、経済の自給自足化が進行したこともあり、「東亜共同体論」として定式化された。こうした見解は日中戦争の処理が困難となっていた38年11月、近衛内閣の「*東亜新秩序

声明」などに典型的にみられ，のちの日満支ブロック，*大東亜共栄圏を正当化する論理となった。

東亜新秩序声明 とうあしんちつじょせいめい　1938年（昭和13）第１次大戦後の東アジア秩序を変えようとする動きを集約したイデオロギーおよびスローガンの一つ。1937年に勃発した日中戦争は予想外に長期化し，第１次近衛内閣は，翌年１月16日「国民政府は対手とせず」（第１次），11月３日「日満支三国」の提携による「東亜新秩序」の建設（第２次），12月22日「善隣外交・共同防共・経済提携（近衛三原則）」（第３次）と３回にわたり声明をだした。ここでの東亜新秩序とは，アジアから欧米帝国主義と共産主義を排除し，中国の民族統一戦線を崩壊させ，「日満支ブロック」構想による日本の排他的な独占支配の正当化と合理化のイデオロギーであり，1920年代のワシントン体制に代わる東アジアの国際体制を表現している。⇒東亜共同体論

東亜同文会 とうあどうぶんかい　日清戦争後に結成されたアジア主義団体。1898年（明治31）に東亜会が同文会と合流して成立，1900年には亜細亜協会を吸収した。初代会長は貴族院議員で公爵の近衛篤麿，会の中堅には荒尾精の日清貿易研究所の門下が多い。事業は「東亜時論」「支那」と続く政論誌の刊行，中国「東亜同文会報告」での実地踏査記録の刊行，東亜同文書院（上海に設立）という学校経営（卒業生5000人）である。同会の創立期の主張は「支那保全」で，日英同盟の方向に沿ったものであった。13年（大正２）外務省対支文化事務局の管轄下におかれ，46年（昭和21）に解散した。

東亜連盟協会 とうあれんめいきょうかい　→石原莞爾

東域伝灯目録 とういきでんとうもくろく　「永超録」などとも。平安時代の仏書の目録。１巻。興福寺の僧永超（1014〜95）の撰。1094年（嘉保元）成立。もと比叡山の僧だった永超が，興福寺に入寺後，比叡山貫首の要請で倶舎・唯識の修学のため編んだという。インド・中国・朝鮮・日本で著された1500余部の仏書を，弘経録・伝律録・講論録・雑述録・伝記録の５部門に分類して収録する。各仏書ごとに巻数・著者名・異名，さらには存否・所蔵寺院名なども記しており，平安中期頃ならびにそれ以前の仏教教学の実態を知りうる貴重な史料である。

踏雲録事 とううんろくじ　「とううんろくのこと」とも。当山派修験で悉曇学者でもあった江戸浅草の行智（1778〜1841）が，1836年（天保７）三宝院門跡の下命により修験山伏の来歴を記した書。１冊。修験の名義，役小角（*役行者）や*聖宝らを中心とした歴史などからなり，あわせて頭髪・持妻・刀剣所持などのことがのべられている。同じ著者による「*木葉衣」の姉妹編的な性格の書である。

東雅 とうが　「*和名類聚抄」（日本最古の分類体漢和辞書，源順著）にならって，*新井白石の著した名物の語源的解釈の書。和文。全21巻。書名は，東方の「爾雅」（中国最古の字書）という意味。総論・凡例・目録からなる首巻１巻と，天文・地輿・神祇・人倫・宮室・器用・飲食・穀蔬・果蓏・草卉・樹竹・禽鳥・畜獣・鱗介・虫豸の15部門からなる本文より構成されている。語源の検討に際しては，梵語・中国語・朝鮮語にも目配りがなされて，学問的・実証的な価値も高い。総論は，「古言」「今言」「方言」「雅語」「俗語」などをキーワードとしながらの白石の言語観が要約されていて思想史的にも興味深い。1717〜19年（享保２〜４）に執筆されたもので，安積澹泊と室鳩巣が序文を寄せている。

東海璚華集 とうかいけいかしゅう　室町時代の禅僧惟肖得巌（1360〜1437）の作品集。語録・法語・散文を集めたものと詩のみを集めたものの２系統があり，写本も少なくない。第１類は，たとえば両足院３冊本は，第１冊（入寺法語，陞座・拈香・小仏事法語），第２冊（説・銘・賛・祭文・表），第３冊（記・叙・道号）から構成される。第２類は七言律詩・五言律詩・七言絶句・五言絶句に分類され，諸本によって所収する作品に異同がある。惟肖の作品は，*絶海中津の影響をうけ，応永期（1394〜1428）の*五山文学を代表するもので，博引傍証，語彙豊富かつ自由と評される。

東海散士 とうかいさんし　1852〜1922（嘉永５〜大正

11) 明治・大正期の小説家・政治家。本名柴四朗。上総国富津の生れ。父佐多蔵は会津藩の馬術・砲術指南役。会津藩校日新館で漢学を学び，戊辰戦争の折には年少ながら銃をとり参戦したという。維新後苦学し，1877年（明治10）西南戦争に従軍し，帰京後に戦史編纂御用掛を命ぜられる。79年1月からアメリカに留学し，ペンシルベニア大学で経済学を学ぶ。85年1月に帰国，10月に「佳人之奇遇」初編を刊行する。欧米列強の侵略に苦しむ弱小民族の運命を，東海散士およびスペインとアイルランドの2佳人の3人の交情を中心に，祖国独立を願う亡命の志士たちの熱情を描く。92年第2回衆議院選挙に当選，以後議員としての活動が中心となり，31年大隈・板垣連立内閣の農商務次官，1916年（大正5）大隈内閣の外務参政官を務め，文筆活動からは遠ざかった。

東海夜話 とうかいやわ 江戸前期の随筆。上・下2巻。*沢庵宗彭の著。沢庵が空（烏有子）侍者のために説いたものを管城子が録した体裁をとる。仮名書きと漢文体の混淆した法語のほか，諸書の抜き書き・引用もある。書名は沢庵が住した江戸品川の東海寺による。仏教の法語のほか，気の清濁と人の智愚とを結びつけることや天を造物主とすることなど儒者の自然観を批判し，僧侶の役割を三世因果説の教化にもとめ，仏教を「三世の治」とする考えなどがみられる。また出羽国への配流時の経験をうかがわせるものもある。「*沢庵和尚法語」と共通する話題も多い。なお1859年（安政6）刊行の「玲瓏随筆」は，本書を抄出・改編したものである。

桃華蘂葉 とうかずいよう *一条兼良の著。1480年（文明12）成立。当時の一条家当主であった息子の冬良のために執筆された遺誡の書で，兼良はその翌年80歳で没した。内容は三つの部分からなり，第1部は装束や馬具，牛車・随身・*書札礼などについての一条家の例式を，過去の記録などを引用しながら解説した故実書。第2部は，同家に伝わる文書や記録，子息らが入室する門跡寺院などを列挙し，さらに同家の管理下にある寺院や荘園などについて来歴や知行の現状を記しており，当時の摂関家の実情を知る好個の史料となる。第3部は，兼良が当時の一級の知識人としてのさまざまな蘊蓄をのべたものである。

踏歌節会 とうかのせちえ 毎年正月に宮廷で踏歌を奏する行事。踏歌は，男女が足を踏みならして歌い舞う儀式で，終りに「万年あられ」という語を繰り返すところから阿良礼走ともいう。もと唐の民間行事が日本に伝来したもので，宮廷行事としては693年（持統7）に初見し，雑令節日条で正月16日の行事として規定された。平安時代には14日に男踏歌，16日に女踏歌が行われたが，男踏歌は平安中期には廃絶した。行事が夜間に行われたため，風紀上の理由から一時民間の踏歌は禁止されたこともある。現在は大阪市住吉大社などに伝承されている。

東家秘伝 とうかひでん 本書の序によると，外尊く内卑しいという誤った考え方を打破するために「*日本書紀」の中から10カ条をとりあげ，日本固有の道を明らかにしようとして本書を記したとあり，「日本書紀」にもとづく史論。東家とは日本のことで，日本の古伝をのべたものという意。*北畠親房著。1巻。「大日本史料」6-19および田中義成「南北朝時代史」は親房が著したものであるかどうかについて疑問視したが，平泉澄・平田俊春らの研究により，親房の著作であることが明らかとなった。本文中に「此事，具ニハ元元集ニ載セタリ。道ニ志ス者，更ニ問フノミ」とする一文があり，親房は1337年（建武4・延元2）9月から翌年9月の間「*元元集」を執筆したが，その後同書を参考にしつつ本書を著したということが知られる。

東関紀行 とうかんきこう 1242年（仁治3）8月，京都を出立，鎌倉に行き，同年10月帰京の途につくまでの紀行文。1巻。旅を終えてまもなくの執筆か。作者は，都のほとりに住む50歳近くの隠者としかわからないが，「夫木和歌集」などは作中の和歌を源光行作とし，「扶桑拾葉集」「群書類従」では源親行作とする。近世には「長明道之記」と題されて出版され，鴨長明の作ともされた。文体は和漢混淆体である。隠者文学として，「*海道記」とともに鎌倉時代を代表する紀行文で，「平家物語」などに影響を及ぼし，

芭蕉も愛読したとされる。

淘宮　とうきゅう　幕府の御家人であった横山丸三(1780〜1854)によって開かれた修行法。1834年(天保5)に「天源淘宮学(のちに開運淘宮術と改称)」の名で創始され、決定論的な天源術に工夫を加えた運命改善の方法であるとされる。これは、各人が受胎したとされる年月日の十二支に相当する「宮」(三輪説)のもつ傾向を手掛かりに、自己の行動を反省し改善していくこと(淘上げ)に中心がある。丸三はそうした体験を語り合う「淘席」を設けて門人の指導を行った。著書に「秋の嵐」があるが、多くの道歌(淘歌)により、その教えが伝えられている。6人の高弟(六皆伝)が伝承し、明治期になってからは神道大成教の傘下に入って活動を続けたが、1944年(昭和19)に日本淘道会が組織されて今日に至る。

道教　どうきょう　儒教と並ぶ漢民族の民族宗教の一つ。春秋時代の道家の老荘思想を起源とし、漢代に渡来した仏教の影響をうけて、民間信仰が体系化され、宗教として形成された。儒教が言及することを避けた死後の世界や怪力乱神への対処を説明し、*陰陽五行説による宇宙観をとりいれ、不老長生を説く養生術、現世の災厄を払う呪術や方術など、教理よりも具体的な技術によって民衆生活に溶けこんだ。2世紀には太平道・五斗米道(天師道)の教団組織が現れ、国家に反抗する勢力をもったが、5世紀の寇謙之は新天師道を開き、はじめて道教の称を用い、北魏の太武帝の信任をえて国教とすることに成功した。宋代以降、中国北部に全真教、南部に正一教が発展し、現代に至る。宗教教団としての道教は、僧侶としての道士、寺院としての道観、経典の集成としての道蔵をもつ。地域により、民間信仰や仏教の菩薩や天部までも礼拝対象にとりこみ、漢民族の生活に密着して世界中に展開する。道教の信仰は中国の少数民族や周辺民族にも及ぶ。

日本には宗教教団としての道教は根づかなかったとされる。ただし記紀の本文、特に天地開闢から神代までの記述には、道教の用語である神道の語や道教の教理・経典にもとづく表現が随所に利用されており、道教にもとづいて日本の固有信仰を体系づけようとした形跡がうかがわれる。また奈良時代以降、天皇の称号や大極殿など宮殿の名称、真人の姓などに道教的な表現が用いられている。ただし律令制下では、神祇官を官省の頂点に位置づけ、固有の神祇信仰を国教とする原則を立てたため、教団としての道教は受容されず、方術や呪術など中国道教の技術的な部分のみを輸入し、陰陽寮・典薬寮に専門家を配置するにとどまった。平安時代、785年(延暦4)に桓武天皇は中国皇帝の祭天儀礼にならい河内国交野において*郊祀を行い、797年、空海は「*三教指帰」を著して儒・仏・道三教の優劣を説き、源融(822〜895)が嵯峨の別邸を棲霞観と号し、道観になぞらえたといわれるが、いずれも後世に影響を及ぼすことはなかった。しかし、*陰陽道・陰陽師が用いる呪術に対する社会の需要は大きく、禁忌や祓除・卜占・暦注などを通じて、道教に由来する神格が民間にも流布していった。

院政期以降、陰陽道および陰陽道に付随して日本に輸入された道教の神格や修法は、細分化されつつあった仏教(密教)の中にとりこまれ、法師陰陽師も出現し、仏教の信仰体系の一部として違和感なく吸収された。星宿や変化観音など、天部の神々を本尊とする別尊法の中には、道教に由来するものも多い。近代に至るまで、妙見・*牛頭天王(祇園)・庚申・金神・*荒神などの信仰や、五節句などの年中行事には道教的な色彩が濃くみられる。

道鏡　どうきょう　?〜772(?〜宝亀3)　奈良後期の僧。俗姓は弓削氏。河内国若江郡弓削の人。義淵の弟子という。経典に詳しく修行の聞えもあって、十禅師に加えられ内道場に侍した。762年(天平宝字6)孝謙上皇を看病して寵愛をえ、763年に慈訓を失脚させ、代わって少僧都となる。翌年9月、*藤原仲麻呂の乱後に大臣禅師、さらに翌765年(天平神護元)に孝謙上皇が重祚して称徳天皇となるとともに、太政大臣禅師に任じられた。766年には法王となり、一族にも栄華を及ぼし権勢をふるった。彼を皇位に

つけようとする宇佐八幡宮神託事件がおこったが，*和気清麻呂や藤原氏の反撃によって阻止された。称徳天皇の没後，下野薬師寺別当に左遷され，その地で没した。

同行 どうぎょう　共に行くこと，またその人。仏教で広く用いられ，同朋ともいう。修道において志を同じくして修行する意味で，その仲間をさした。また四国八十八カ所の巡礼者が，笠などに「同行二人」と書くのもその例で，一人で巡礼する時もいつも弘法大師(空海)と同道していると考えたことを示している。浄土真宗では門徒を同行といい，禅宗では「どうあん」とよぶ。⇒四国霊場　巡礼

道鏡慧端 どうきょうえたん　1642〜1721(寛永19〜享保6)　江戸前・中期の臨済宗の僧。*白隠慧鶴の師。法諱は慧端，道号は道鏡。正受老人と号す。信濃国松代藩主の真田伊豆守信之の庶子で，飯山藩主松平忠倶に養育される。1660年(万治3)19歳で江戸にでて，*至道無難に参謁し得度する。26歳で無難開山の麻布東北寺の法席を譲られるも辞してうけず，1676年(延宝4)無難が没するとともに信濃国飯山の正受庵に隠棲し，正修正行をこととした。その主著「垂語」において，宝鑑国師(*愚堂東寔)の純粋禅が衰微するのを歎き，その復興者をもって自任した。無難の門にありながら，むしろ愚堂門下を意識したところに特異な禅風がうかがわれる。1708年(宝永5)に入門した白隠を打ちのめし，その禅の大成の基を開いた。のち白隠によって妙心寺第一座を追贈される。

東京音楽学校 とうきょうおんがくがっこう　明治期の日本初の官立音楽専門教育機関。1872年(明治5)の「*学制」は小学教科に唱歌，中学教科に奏楽をおいたが，教材と教員を欠いたため実施できなかった。そこで文部省は東西の音楽を折衷した国楽の創成，音楽教材の研究・作成を急務として，*伊沢修二を中心に79年音楽取調掛を設立した。アメリカ人L. W.メーソンを招聘し，徳性涵養面も吟味したうえで「小学唱歌集」「唱歌掛図」を刊行した。87年音楽教員・音楽家の養成を目的に改組し，東京音楽学校を設立した。初代校長は伊沢。国家予算の縮小から93年には高等師範学校付属音楽学校となるが，99年再独立した。1903年専門学校に昇格。49年(昭和24)東京美術学校と合併し，東京芸術大学音楽学部となったため，52年閉校した。

東京経済雑誌 とうきょうけいざいざっし　日本初の経済雑誌。イギリスの「エコノミスト」をモデルに1879年(明治12)1月，*田口卯吉が創刊し，1923年(大正12)9月の廃刊までに2138号を発行した。月刊誌としてスタートしたが，1881年7月からは週刊誌となり，田口が精力的に経済・政治・外交・社会の時論を執筆し，しばしば筆禍事件で弾圧された。一貫して自由経済主義の立場から保護貿易政策を批判し，地租軽減には反対した。社会政策学派が成長してくると政策論争で迎撃された。日清戦争後には通俗的な経済諸雑誌が出現し，95年にはライバル誌となる「*東洋経済新報」も登場，1905年の田口の死後，この学術系の雑誌は時代にとり残されていった。

東京女医学校 とうきょうじょいがっこう　→吉岡弥生

東京女学校 とうきょうじょがっこう　竹橋女学校とも。明治初期の日本初の官立女学校。1872年(明治5)英語を主軸とした教養教育を目的に，一般女子に広く門戸を開放し設立された。開校時は尋常小学科に英語を加え，8〜15歳までの少女に教授したが，75年からは小学校卒を入学資格とする中等教育機関と位置づけられた。77年西南戦争による財政逼迫のため閉校され，その一部は1874年設立の東京女子師範学校に吸収された。キリスト教的人格の陶冶という点を除いて，当時のミッション・スクールと同じく教養教育をめざした同校が，女子教員養成機関に合併されたという事実は，国家による女子教育を長い間教員養成の枠内にとどめて，教養主義を後退させる重大な転回の契機となった。

東京専門学校 とうきょうせんもんがっこう　*大隈重信が*小野梓らと創立した私立専門学校で，早稲田大学の前身。1882年(明治15)設立。政治的には改進党系であるが，学問の独立を重視し，官学に対抗した在野の総合高等教育機関である。はじめは政治経済・法律を主とし，のち文学科を新設した。政界・実業界・学界などに有為の人材を輩出したが，特に*坪内逍遥(雄蔵)教授の文学科への貢献は大き

く,明治末・大正期には文学界の一大拠点となった。1902年に地名を採用し早稲田大学と改称。04年専門学校となり,20年(大正9)大学令により私立大学としていち早く認可され,政治経済・法・文・商・理工の5学部からなる早稲田大学となった。49年(昭和24)新制大学に移行し,教育学部を新設,51年大学院を設置する。

東京大学 とうきょうだいがく　1877年(明治10)法・文・理・医の4学部を中心に文部省の官立大学校として設立された。初代総理は*加藤弘之。前身は幕府の蕃書調所などなど。当初は外国人教師による外国語での教育が主だったが,しだいに日本化を進め,他省の教育機関も合併して,*森有礼文相の主導下に86年工・農を加えた6分科大学と大学院からなる帝国大学へと改編された。「国家ノ須要ニ応スル学術技芸ヲ教授シ,及其蘊奥ヲ攷究スル」ことを目的とし,日本が欧米列強に追いつくための知的センターとして多くの選良を育成した。卒業式には天皇が親臨し,銀時計が恩賜された。教育・研究の両機能を兼備する大学像は,ドイツのフンボルトの考えをうけたものである。総長・評議会・教授会・講座制などの諸制度は,のち国立大学のモデルとなった。1905年の戸水事件に際して,大学は自由な真理探究の府であり,行政官庁とは性格を異にするとして大学自治の理念を示した。専門教育のみでは事物の全体を把握できないとし,総合大学の利点や研究精神・独創性の必要が強調され,また明治後半期以後は産業化の進展をうけた学生気質の変化(物質主義や出世主義の蔓延など)の中で人格修養の必要が強調された。1886年帝国大学令の発布により帝国大学,97年に京都帝国大学が設置されたため東京帝国大学と改称し,1947年(昭和22)再び東京大学となる。

東京独立雑誌 とうきょうどくりつざっし　主筆*内村鑑三,持主山県悌三郎やまがたていざぶろうにより,1898年(明治31)6月10日に創刊された雑誌。毎月2回,10日と25日の発行。発行所は東京独立雑誌社。社会・政治・科学・教育・宗教の諸問題をとりあげ,「正直,自由に大胆に評論討議す」ことを目的とした。毎号英文の記事を掲載し,日本人の主張を発信する雑誌でもあった。同人たちの内紛により,第72号(1900年7月5日)で終刊となるが,内村鑑三の「興国史談」が連載されるなど,内容は充実していた。寄稿者には内村のほか,大島正健まさたけ・松村介石かいせき・留岡幸助とめおかこうすけ・田岡嶺雲れいうんらがいる。

東京日日新聞 とうきょうにちにちしんぶん　戯作者の条野採菊じょうのさいぎくらにより,東京浅草の日報社から1872年(明治5)2月21日に創刊。翌年入社した岸田吟香ぎんこうは74年5月の台湾出兵に随伴し,日本初の従軍取材記事を発表した。ついで*福地源一郎(桜痴おうち)が入社し,12月2日から日本初の社説の掲載を始める。福地の論説は政府などに強い影響をもったが,自由民権運動が盛んになるとともに〈御用記者〉との批判をうけるようになり,「東京日日新聞」の勢力も失墜し始めた。75年に個別配達=宅配を始めていたのに加え,85年にはわが国ではじめて朝夕刊発行を1年間試みたが形勢挽回には至らず,88年7月に福地は退社した。1911年3月,大阪毎日新聞社の経営下に入る。

東京美術学校 とうきょうびじゅつがっこう　明治期の日本初の官立美術専門教育機関。絵画教授を目的とする画塾は伝統的に存在したが,近代的な学校形式のものは工部美術学校・京都府画学校が嚆矢である。文部省は図画教科の教員養成を目的に1872年(明治5)東京師範学校に画学を加えるが,系統的な美術教育とはいえず,85年*岡倉天心てんしんとE.F.*フェノロサを中心に図画取調掛を設立し,図画教育の調査を進めた。87年これを改め,美術教員・美術家の養成を目的に東京美術学校を開設した。浜尾新あらたについで岡倉が校長となる。当時の欧化主義への反発から開校当初は日本美術の復興,邦画の専門教育に重点をおいた。96年以降は洋画科などを開設し,1903年専門学校に昇格,49年(昭和24)東京音楽学校と合併し東京芸術大学美術学部となった。

東宮 とうぐう　→皇太子こうたいし

道元 どうげん　1200～53(正治2～建長5)　鎌倉時代に*曹洞宗そうとうしゅうを伝えた禅僧。仏法房ぶっぽうぼう,晩年には希玄きげんとも名乗った。京都に生まれ,父は内大臣源(久我こが)通親みちちか(一説には通具みちとも)。母は藤原基房もとふさの女との説があるが,幼くして両親と死別。1213年(建保元)天

台座主公円についで剃髪し，延暦寺の大乗戒壇において菩薩戒をうけた。翌年園城寺の公胤に教理上の疑問を呈したところ，建仁寺の*栄西に尋ねるよう勧められたという。17年から建仁寺に入って栄西の門弟明全に師事し，23年(貞応2)明全とともに入宋した。25年天童山の如浄に邂逅し，その印可をえて27年(安貞元)帰朝した。はじめ建仁寺に寓居して「*普勧坐禅儀」を著したが，30年(寛喜2)頃に山城国深草に寺庵をえて移り，安養寺・観音導利院・興聖寺と名を改めつつ，堂宇も整備していった。僧団を形成し「*学道用心集」を著して，日本達磨宗門徒の集団的移籍を迎え入れた。43年(寛元元)門弟を率いて越前国志比荘に移住し，翌年大仏寺を開堂し，これを46年*永平寺へと改称した。47年(宝治元)鎌倉に出向き執権北条時頼に会い，翌年3月永平寺に帰る。52年(建長4)病をえ，翌53年永平寺住持職を孤雲懐奘に譲り，8月京都の宿所で没した。

ひたすら坐禅する只管打坐を標榜し，叢林での集団的修行生活を重んじ，権力者への接近を諌めた。後半生では極力出家を勧めている。興聖寺時代の言行を懐奘が筆録した「*正法眼蔵随聞記」があり，公案集「真字正法眼蔵」を編纂し，上堂法語を中心とする漢文語録「永平広録」などを残している。特に和文による主著「*正法眼蔵」は，長期間にわたって書きためられ，独創的で豊富な内容がある。門弟は少数であったが，南北朝期に，五山派の禅宗と一線を画す*林下の曹洞宗として全国的教団へと発展した。

桃源遺事 とうげんいじ 「西山遺事」とも。水戸藩の2代藩主*徳川光圀の伝記・逸話集。全5巻。水戸家の家臣三木之幹・宮田清貞・牧野和高編。1701年(元禄14)成立。叙文によれば，藩の公式伝記ともいうべき「水戸義公行実」が漢文で書かれ，難解であるため，和文に書き改めて光圀の遺徳がわかりやすく伝わるようにするとともに，編者らが見聞した言行なども付録として組み入れたという。本書は光圀の伝記中内容が最も豊富で，かつ広く流布し，光圀の人物像を後世に伝え，光圀観を形成するうえで大きな影響を与えた。写本は水戸系統と土佐系統の2種に分けられ，前者は「桃源遺事」と題し叙跋のないものが多く，後者は「西山遺事」と題し叙跋を有するものが多い。なお「西山遺事」には，安積澹泊の同名異書がある。

道賢上人冥途記 どうけんしょうにんめいどき 平安中期頃に成立した，冥界遍歴譚(*蘇生譚)の一種。941年(天慶4)8月，吉野*金峰山で修行中の僧道賢(のち改名して日蔵)が突然息絶え，13日ののち蘇生した間の体験を書き記したもの。蔵王菩薩に導かれて*菅原道真の霊である日本太政威徳天に会い，天下の災難はみな太政威徳天の眷属の仕業であること，また道賢を信じて太政威徳天に帰依する者は天下の災難から守られるであろうことを教えられ，さらに各所を遍歴した際に，道真左遷などの罪で地獄の鉄窟苦所で苦しんでいる*醍醐天皇の霊などに出会い，朝廷に奏して自分たちの苦を除くよう天皇から託されたことなどを主要内容とする。テキストとしては，「扶桑略記」所引本と「北野文叢」所収の内山永久寺本「日蔵夢記」との2系統に大別される。成立の年代や事情，また相互関係などについては諸説があるが，菅原道真の神格化や北野社草創に大きな役割をはたしたものとみられている。なお12世紀末期に成立し，多くの異本もうまれた「*北野天神縁起」(絵巻物)にも，その一段中に本記の内容がとりいれられ，承久本(根本縁起)以下，その絵画化も行われた。

桃源瑞仙 とうげんずいせん 1430～89(永享2～延徳元)室町時代の禅僧。臨済宗*夢窓派。明遠俊哲の法嗣。別号に蕉雨・蕉了。近江国市村の人。12歳で相国寺の明遠の室に入る。この年，のちに著名な詩文僧となる*横川景三も，*万里集九も相国寺に入り，終生の友となった。10代後半から30代前半にかけて，竺雲等連・*瑞溪周鳳・牧中梵祐・*雲章一慶ら五山禅林の学僧について，「漢書」「史記」「周易」「蒲室疏」「百丈清規」その他禅宗内外の書を学んだ。1467年(応仁元)，応仁の乱を避けるために横川とともに郷里の近江国市村に移り，69年(文明元)に永源寺山中

に梅岑庵を造った。ここで近江守護京極氏の家臣小倉実澄ら、永源寺・曹洞寺など土地の僧や京都から訪れる旧友たちと詩会を催し、講筵を開いて交流しながら、72年に親友の横川が帰京したのちも研究生活に没頭した。74年から76年にかけて「周易」の注釈書「百衲襖」、76年から80年にかけて「史記」の注釈書「*史記抄」を執筆した。ともに大部の業績であり、それ以前の公家と禅林の学統を継承・総括した*抄物の代表的な著述として、それ以後の禅林の漢学研究に与えた影響は大きい。明治期に新村出は、桃源の事蹟をおおよそたどり、「其事蹟は単に講学者としての事蹟に止まり、波瀾あり、光彩ありといふわけにはゆかぬが、さりとて一村学究を以て目することは出来ぬ」(「桃源瑞仙の事蹟」―「史学雑誌」第17編第11・12号)としたが、今日ではその学業は高く評価されている。研究が一段落して、81年、京都に戻って等持寺の住持となり、この法会には足利義政も列席した。

81年以前の暮らしについては、横川の詩文集や「百衲襖」「史記抄」の識語・論賛に詳しくのべられ、それ以後の生活については、亀泉集証の「*蔭凉軒日録」や諸僧の詩文集にしきりにみえる。京においても、公家のために「東坡詩」を講じたり、諸僧のための諸書の講義、数々の詩宴に参加するなど活動が続き、禅林内部の人事その他の問題についての相談に応じ、要所において適切な助言応対をする禅林の長老として周囲の敬意をうけた。京極氏の家臣市村数信の子に生まれ、市村に乱を避ける時に琵琶湖を渡るのに湖上の海賊と交渉し、弟二人が乱において父の意に反する西軍に属したことを不服として、永源寺山中にいる間も実家に立ち寄ることをしなかった気骨を示した。また、88年(長享2)には幕府の遣明正使に推挙されたが、「死しても渡るべからず」と拒絶した屈強の人でもあった。1486年には相国寺住持として再住し、89年(延徳元)10月に60歳で没した。今泉淑夫「桃源瑞仙年譜」(1993)は、上にみた諸書の桃源についての記事から「年譜」を作成したもので、注に細部を記述している。

道興 どうこう 1430～1501(永享2～文亀元) 室町中期～戦国期の聖護院門跡。関白近衛房嗣の子。はじめ三井寺に入り、のち*聖護院に入る。院主義観の没後、聖護院門跡を受け継ぎ、あわせて熊野三山・新熊野検校なども兼ねた。1466年(文正元)7月、畿内ならびに隣接する諸国の旅にでる。68年(応仁2)には大峰抖擻・西国巡礼・那智滝での苦行を行う。86年(文明18)北国巡行にで、北陸道・信濃国を経由し、関東・奥州を回った。「*廻国雑記」はこの時の記録で、この廻国は熊野先達を聖護院に組織化することにかかわるといわれる。

東国・西国 とうごく・さいごく 日本列島の地域区分は、中心となる畿内と、東に東海道・東山道・北陸道、西に山陰道・山陽道・南海道・西海道というように、放射状に延びる七道という形で公的には認識されていたが、これとは別に、列島の東を「東国」とよび、これとの対比で西側を「西国」と称することも広く行われた。「東国」の範囲は時代と状況によってまちまちで、古代では足柄峠・碓氷峠以東(相模・武蔵・上野国以東)を「東国」とよぶ例が多い。これは狭義の「東国」で、伊勢国の鈴鹿の関、美濃国の不破の関より東を「東国」と称することも多い。

鎌倉幕府が成立すると、幕府の管轄下におかれることが朝廷から認められたのが三河・信濃国以東であったため、この地域を「東国」とする認識が広がった。承久の乱をへて京都に六波羅探題が設置されると、その管轄地は尾張国以西と定められ、尾張国以西の畿内・中国・四国・九州を一括して「西国」とよぶことも行われた。このように東海道筋では三河国と尾張国を東国・西国の境とする認識があったが、鎌倉大番役を務める東国御家人の範囲が遠江国以東と定められたこともあり、三河国は東国と西国の中間的地点にあったといえよう。

室町時代になると、鎌倉府管下の10ヵ国(伊豆・甲斐・相模・武蔵・安房・上総・下総・上野・下野・常陸国)の総称である「関東」の語が多く用いられ、「東国」の用例は少なくなる。現在でも「東国」は「関東」と並んで使用され、関東をさす場合と、奥羽

地域を含む呼称として用いられる場合とがある。京都から遠く離れた東国は，朝廷の影響を比較的うけにくい地として独自の歴史的展開をとげ，鎌倉幕府という武家政権をうみだしていった。東国に対比される「西国」の用例は少なく，京都の政権にとって中国・四国・九州などの地域が，「東国」に比べて異質なものではなかったことをうかがうことができる。

東西遊戯 とうざいゆうぎ →橘南谿 たちばななんけい

当山修験深秘行法符呪集 とうざんしゅげんじんびぎょうほうふじゅしゅう →修験深秘行法符呪集 しゅげんじんびぎょうほうふじゅしゅう

当山派 とうざんは　真言系の修験の派で，金峰山 きんぷせん を本拠にした行者たちにより，*聖宝 しょうぼう (理源大師)を開祖として形成されたもの。*修験道は大別すると，天台系修験(*本山派 ほんざんは)と真言系修験(当山派)に分けられる。鎌倉末期，興福寺の東西両金堂を拠点に，その寺の流れをくむ末寺の修験者たちが一つの集団を形成するようになる。また，その諸寺が真言化したため，それは真言系の修験，当山派といわれるようになった。当時，教団は当山派三十六先達衆とよばれる人たちによって運営されていた。「*修験道(日用)見聞鈔」によれば，先達衆は廻国行人と記されているから，全国を回り，地方に配下の*山伏 やまぶし をつくり，組織化したことが知られる。先達衆は人数は少なくなったものの，それは幕末まで続いた。慶長年間(1596～1615)の本山派との金襴袈裟 きんらんげさ 争いを機に，当山先達衆は三宝院 さんぼういん の義演 ぎえん 門跡にその折衝を依頼する。やがて徳川家康の裁断にもとづき，当山・本山は別派であるなどの掟が醍醐寺・三宝院両門跡を通じてだされるに至る。明治の神仏分離の際には，大打撃をうけ，1872年(明治5)の修験宗廃止令により解散を余儀なくされた。

当山秘鈔 とうざんひしょう →金峰山雑記 きんぷせんざっき

当山門源起 とうざんもんげんき　*当山派修験の成立や当山・本山 ほんざん 分別之義を明らかにしようとした書。1冊。当山派諸国袈裟頭 けさがしら であった江戸戒定院鳳閑寺住職の俊堅が1742年(寛保2)に著し，翌年に追記されている。1742年撰述分の内容は，「当山高祖理源大師聖宝 しょうぼう 尊師ノ事」「当本両派分別」の2項からなり，聖宝が金峰山 きんぷせん で役小角 えんのおづの (*役行者 えんのぎょうじゃ)から秘法を伝授されて当山派を興したこと，入峰 にゅうぶ その他の点で当山派が本山派より優れていることなどがのべられている。翌年の追記分は，当山・本山各別という掟書の引用や三宝院 さんぼういん の峰入りの権限に関する記述などである。このように本書は，江戸時代における本山・当山両派の論争の中での当山派側の主張の一つであるだけでなく，当山派の正大先達衆 しょうだいせんだつしゅう に対する三宝院の支配の根拠を示そうとした書とも位置づけられる。

東寺 とうじ　左寺・左大寺 さだいじ ・教王護国寺とも。京都市南区九条町にある東寺真言宗の総本山。平安遷都の際，羅城門の東西に造営された二大官寺(東寺・西寺 さいじ)の一つ。異論もあるが，東西両寺とも796～797年(延暦15～16)頃に着工されたものと考えられ，東寺は金堂が完成したのち，823年(弘仁14)正月，嵯峨天皇から*空海 くうかい に下賜された。同年10月太政官符によって他宗僧の雑住を禁じ，真言宗定額僧50口をおく*真言宗の根本道場となる。825年(天長2)講堂造営に着工。空海の構想による講堂諸像は，立体曼荼羅 まんだら を構成しており，839年(承和6)開眼供養された。後継者の実慧 じちえ は灌頂院 かんじょういん を造立。910年(延喜10)観賢 かんげん が灌頂院において御影供 みえく を始修，1103年(康和5)には空海請来の仏舎利 ぶっしゃり による舎利会 しゃりえ が始まる。平安時代末に衰微した東寺は，文覚 もんがく 上人の働きかけで源頼朝・後白河法皇によって復興される。1233年(天福元)弘法大師(空海)像が作られ，また像は40年(仁治元)後白河法皇皇女の宣陽門院 せんようもんいん が建立した西院御影堂 みえいどう (大師堂)に安置され，中世以降，*大師信仰の一つの拠点となった。南北朝～室町初期には，東寺の三宝とよばれる頼宝・*杲宝 ごうほう ・賢宝 けんぽう の学匠がでて，東寺の教学を昂めた。応仁の乱以降衰退したが，織豊期に豊臣家の庇護をうけ，秀頼は金堂を再建している。江戸時代，1644年(正保元)には徳川家光によって五重塔が再建された。一貫して大師信仰の大きさが寺運を支え続けたといえる。

道慈 どうじ　?～744(?～天平16)　奈良時代の僧。俗姓は額田 ぬかた 氏。大和国添下 そえのしも 郡の人。701年(大宝元)入唐し，三論をきわめて718年

とうじ

（養老2）に帰国。日本三論の第三伝。「愚志心」1巻を著して当時の僧尼を批判した。729年（天平元）律師。平城京に移建した*大安寺の造立を指導した。また帰国直後、完成間近だった「*日本書紀」の編纂にも、仏教公伝に関する箇所など、部分的に関与したのではないかと考えられている。

等持院殿御遺書 とうじいんでんのごゆいしょ 「前左大臣尊氏卿遺書事さきのさだいじんたかうじきょうゆいしょのこと」とも。足利尊氏の遺書と伝えられるが、確証はない。本書は末尾に1357年（延文2）2月の日付があり、尊氏の没年が58年4月であるところから尊氏に仮託されるようになった偽書といわれるが、室町時代の作と認められ、当該期の政治理念を示す貴重な資料である。内容は21カ条にわたり、当時の政道論を特色づける*天道てんとう思想と*天下思想により、治者たる者は仁義・情愛と武威・武勇を兼有しなければならないと説き、近世の武家政権に至るまで共通する〈専制的仁政〉という政治理念を強調している。なお儒教は高遠な教えで理解することがきわめてむずかしいので、これを学んでかえって佞人ねいじんとなる者が多いと注意しており、当時の武士の儒教観の一端がうかがえる。

藤氏家伝 とうしかでん 「家伝」とも。藤原氏の祖先の伝記。760年（天平宝字4）頃成立。上巻は*藤原鎌足かまたりの伝記である「大織冠たいしょくかん伝」（*藤原仲麻呂なかまろの撰）、下巻は「武智麻呂むちまろ伝」（僧延慶えんけいの撰）。上巻の末尾に、別に鎌足の2子、長男の貞慧じょうえと次男の史（不比等）ふひとの伝があることを記している。貞慧伝は伝わるが、不比等伝は散逸。祖先顕彰を目的とした伝説的な記事も含まれるが、正史にみえない貴重な記述もある。

童子教 どうじきょう 鎌倉時代より明治初年まで広く用いられた道徳教科書（*往来物）。1巻。著者・成立年とも未詳。全編が五字一句で330句にまとめられている。仏教信仰にもとづく現世の善根として、あるいは儒教道徳をふまえて、日常生活にかかわるさまざまな教訓を平易に覚えやすく説いており、その中には「郷に入りては郷に従え」、「口は是れ禍の門」など、後世まで格言として使われる句が数多く収められている。すでに中世から普及し数種の注釈本も作られていたが、近世になると本書単独で、あるいは「*実語教じつごきょう」とあわせて刊行された。寺子屋（手習所）の教科書として盛んに使われるようになり、庶民の間に一段と流布した。

同志社英学校 どうししゃえいがっこう →新島襄にいじまじょう

当事者主義 とうじしゃしゅぎ 訴訟における裁判所と当事者の関係として、訴訟の開始から手続きの進行、審判の対象の範囲、関係資料の収集などについて、主導権を当事者に与え、裁判所が積極的に介入することをしない考え方。職権主義に対する概念。中世の訴訟制度では当事者主義が徹底しており、手続きの一切が当事者にまかされているほか、裁判所は当事者が提出する証拠により、当事者が要請する範囲に限って裁決を行った。鎌倉幕府は自ら発した法令に関してすら、系統的な蓄積・整理を行っておらず、当事者は己れの主張を補強してくれる法令・傍例を自力で調査・提出しなければならなかった。

唐詩選 とうしせん 江戸中期の漢詩集。*服部南郭なんかく撰。1724年（享保9）刊。中国明末の詩人李攀竜りはんりょうによる唐詩撰本「李于鱗りりん唐詩選」を、服部南郭が校訂・施訓して刊行した。南郭は荻生徂徠そらい門下で、太宰春台だざいしゅんだいと並び称される高弟であり、古典主義風の格調派詩人で知られる。五言の古詩・絶句・律詩・排律、七言の古詩・絶句・律詩、合計465首、杜甫とほを第一として128人の詩人を収録する。中国本土では、明の乾隆年間（1736～96）以降は忘却された書であったらしいが、わが国に舶載され、和刻されて独自の盛行をみた。刊行後、江戸時代を通じて異例の売れ行きをみせ、唐詩入門の書として迎えられて版を重ね、版元の嵩山閣すうざんかくや須原屋を大いに潤したという。小本のハンディな造本、高名な徂徠の高弟を起用したことなどの理由もあったが、繁華な都市、男女の艶情を詠んだ原詩が、当時の読者の感情を刺激し、享楽的な都市住民の感傷・気分に共振したためと解されている。

性霊派せいれいはの台頭、古文辞派こぶんじはの退潮によって詩壇の空気が変化してからも、人気は衰えず、千葉芸閣うんかくの「唐詩選講釈」（1790）、南郭自身の「唐詩選国字解こくじかい」（1791）などの通俗的な注釈書によっても大衆化した。「柳

多留」の素材となり，戯作にとりいれられ，大田南畝「通詩選笑知」(1783) のようなパロディをうんだ。一方で，李攀竜に「唐詩選」という撰書はなかったとする説があり，反古文辞学派の山本北山「孝経楼詩話」(1808)，市河寛斎「談唐詩選」(1816) には偽書説がのべられている。寛斎のものは「四庫全書総目提要」を参勘して，市井の書肆が捏造したものと断じている。藍本について，「唐詩解」「古今詩刪」など諸説あるが，近時，万暦初年に実際に刊行された小本大量出版型の唐詩撰本とする説が提出されている。

童子問 どうじもん　*伊藤仁斎の著した漢文の著。全3巻。欧陽修「易童子問」などにヒントをえて，童子の質問に答えるという形式で，仁斎が自らの思想を概説したものである。1691年(元禄4)に第一稿本が成立したが，仁斎は生前に何度も加筆・修正を繰り返し，没後に嗣子である*伊藤東涯によって，1707年(宝永4)に刊行された。上巻は59条，中巻は77条，下巻は53条からなる。上巻では，「論語」に説かれた人倫日用の教えにこそ大きな意味があり，朱子学の説くような高遠な形而上の哲学は道に背くものであることが最初に強調される。ついで，「性」「道」「教」というような基礎概念が仁斎の思想(古義学)にそって解説され，最も重要な主題である「仁」について，その本質が「愛」にあることが説かれる。中巻では，「孟子」の「王道」論が儒学の政治論の核心として賛美され，「忠」「信」をはじめとした実践道徳が論じられる。仁斎の個性的な「生々」「活物」の思想がのべられるのもこの巻であり，朱子学が考えるような「理」は「死字」であって「生々」「活物」を捉えることはできないと論断される。下巻では，文学や史学への見解が示され，さらに朱子学・陽明学をはじめ，仏教や老荘などの思想に対する批判が展開されている。全体として，「孟子」を補助としながら「論語」を読み，そこから人倫日用の哲学を引き出すという仁斎の思想がきわめてバランスよく叙述されていて，古義堂においては勿論のこと，仁斎学の入門書として広く読み継がれた。

稲若水 とうじゃくすい　→稲生若水

道昌 どうしょう　798〜875(延暦17〜貞観17)　平安初期の僧。讃岐国の秦氏出身。812年(弘仁3)元興寺の明澄に師事し出家，818年東大寺にて受戒する。828年(天長5)*空海について真言大法をうける。829年葛井寺に参籠し*虚空蔵求聞持法を修する。830年以降，宮中仏名会の導師を欠かさずつとめる。836年(承和3)広隆寺別当に補任され，焼失していた堂塔などの復興に尽くした。承和年間(834〜848)に大井川の堰を修復したとも伝える。864年(貞観6)権律師，868年律師。元興寺別当に補任。874年貞観寺落慶法要の導師をつとめ，葛井寺を法輪寺と改める。仏名会導師の労により少僧都となる。地蔵・虚空蔵信仰，仏名会に強い関心をもち，仁明朝の宮廷仏事に深くかかわったとされる。

道昭 どうしょう　629〜700(舒明元〜文武4)　道照とも。7世紀の僧。河内国丹比郡の人。父は船連恵尺。653年(白雉4)入唐し，玄奘に師事して*法相宗を学び，慧満から禅を学んで，661年(斉明7)帰国する。*元興寺に禅院を建立して請来した経典を収め，法相・禅を広めた。日本法相宗の第一伝とされる。宇治橋の架設などにも関与し，諸国をめぐって済世利民にも心を砕いた。遺命により遺骸は火葬に付されたが，これが日本最初の火葬とされる。「続日本紀」に長文の卒伝があるが，玄奘伝に依拠した説話的潤色がみられる。

道場 どうじょう　菩提道場の略。もとは釈迦が成道した菩提樹下に由来する。仏教では，戒を授ける場所，修道する場所，祈禱など修法する空間をいい，のちに寺院一般をさすようになった。禅宗における雲水の修道の場，浄土真宗における門徒の念仏専修の場など各宗に共通するが，時宗の場合は，相模国の藤沢道場(*清浄光寺)，京都の七条道場(金光寺)・四条道場(金蓮寺)など，寺院の名として用いられた。道を修することから，後世に武術の稽古場の名となり，さらに特定の目的のために集団生活する場所をさすこともある。

東条一堂 とうじょういちどう　1778〜1857(安永7〜安政

4）江戸後期の儒学者。名は弘，字は子毅，通称は文蔵，一堂と号す。上総国の人。医者東条自得どの次男。1793年（寛政5）京都に上り，*皆川淇園きえんに師事し，のち江戸に帰った。文化初年，弘前藩校稽古館の督学に迎えられたが，建議が容れられなかったため，辞して江戸に戻る。1809年（文化6）湯島で塾を開き，のち神田お玉が池に移る。清川八郎ら門弟も多かった。一堂の「論語知言ちげん」は，伊藤仁斎じんさい・荻生徂徠そらいにもとづいて，朱子の「論語集注しっちゅう」を老荘思想・仏教の意によって注釈しているものと非難する一方で，閻若璩えんじゃくきょ・毛奇齢もうきれい・銭大昕せんたいきんらの清朝考証学者の説をとりいれている。ほかに「学範がくはん」（1841刊）など著書は多数ある。

東条義門 とうじょう　1786～1843（天明6～天保14）　江戸後期の浄土真宗の学僧。通称は義門，法名は霊伝，号は白雪楼。若狭国小浜の人。舞鶴の願蔵寺で修行し，東本願寺高倉学寮で学んだのち，兄の死にともない小浜の妙玄寺みょうげんじに帰り，住職として生涯を暮らした。聖教しょうぎょう文献を国語学的に明らかにしようというのが動機であったが，漢語研究・文法研究にしたがい，特定の師につかず，*本居宣長もとおりのりなが・春庭はるにわ父子に書状をとおして学んだ。中でも活用・漢字音の分野で二人の説を修正して発展させた。現在，用いている連体・已然の活用形の名称は義門の与えたものである。「男信なましな」（1842刊），「山口栞やまぐちのしおり」（1836刊）などの著書がある。

東照宮 とうしょう　徳川家康を神として祀った神社。社名は家康の神号「*東照大権現だいげん」に由来し，1645年（正保2）以降宮号をえた。中心となる日光東照宮は，1616年（元和2）の家康の死後，遺言により没後1年をへて駿河国久能山くのうざんから改葬され，寛永の大造替で現在の社殿配置となった。日光の地が選ばれた理由としては，江戸の真北にあたる呪術的な意義が説かれている。華麗な彫刻で彩られた*権現造ごんげんづくりの社殿は，のちに左甚五郎じんごろうの伝承をうんだ。歴代将軍の参詣が，2代秀忠から12代家慶いえよしまで19回行われ，幕府の権威を示した。1871年（明治4）の神仏分離をへて，輪王寺りんのうじと二荒山ふたらさん神社を分立し現在に至っている。各地方でも，特に寛永年間（1624～44）まで盛んに大名家で勧請されたが，その際は将軍家との血縁の濃淡などが考慮された。親藩は大半が，有力な外様大名もほとんどが勧請したのに対し，譜代ふだい大名では臣下の分を意識し多くはない。その後，東海・関東地域の家康由緒の地を中心に民間で祀る事例が現れ，のちには家や地域の特権を主張するのに連動して祀られた。19世紀に入ると，代官や儒者の間で意図的に東照宮信仰を鼓吹する動きもみられ，幕府崩壊により廃絶した例もあるが，現在も日本の多くの地域で祀られている。

東照宮御条目百箇条 とうしょうぐうごじょうもくひゃっかじょう　→徳川成憲百箇条とくがわせいけんひゃっかじょう

東照宮御遺訓 とうしょうぐうごいくん　「御遺訓」「井上主計頭覚書かずえのかみおぼえがき」「松永道斎聞書どうさいききがき」などとも。江戸初期の政道教訓書で，徳川家康に仮託された偽書。家康の嗣子秀忠に対する教訓である本論と，家康没後の逸話も含む付録からなる。著者・成立年とも未詳。池田家文庫本に1654年（承応3）書写の年記があるので，原本はそれ以前の成立と考えられる。多くの写本が残されているが，池田家文庫本と「井上主計頭覚書」と題する写本などが原本により近いものと推定される。しかし最も広く読まれたのは，82年（天和2），*貝原益軒かいばらえきけんがそれ以前に成立した旧本に儒者の立場から手を加えた益軒改訂本である。同書は，江戸時代を通じて将軍家・御三家をはじめ諸大名から一般武士の間にまで普及し，家康が語った幕政の根本理念を示す宝典として尊重された。ただし，神君家康にかかわるものであったせいか刊行された形跡はない（1722年，幕府からこの種の本の出版に関する禁令がでている）。

　益軒改訂本は，旧本にみられる家康阿弥陀論あみだろんや仏教治国論を削除しているが，政道論で戦国期以来の*天道てんどう思想（*三教一致論と共鳴する）や*天下思想を鼓吹し，慈悲の心を治政の要諦としている点では諸本とも共通している。しかし，天道思想や天下思想を無条件に強調することは，論理的には徳川政権の存在を相対化するばかりでなく，ひいては*下剋上げこくじょうを合理化することにもなりかねなかった。そこで本書では同時に武道を重視

し，徳川将軍は慈悲と武威を兼備することによってはじめて天下太平を維持することができると諭している。かかる政道論には前代の織豊政権の〈専制的仁政〉というイデオロギーと一脈相通じるものがある。

東照社縁起 とうしょうしゃえんぎ 「東照大権現縁起」「東照宮縁起」とも。徳川家康が神に祀られた経緯や，祭祀の地である日光の由緒を記した江戸幕府の編纂書。*山王（山王一実）神道の教理書でもある。漢文体の真名縁起3巻と，仮名交り文で絵巻仕立ての仮名縁起5巻との総称である。原本は国重要文化財。最初に成立した真名縁起の上巻は，家康の二十一回忌を翌年に控えた1635年（寛永12），将軍徳川家光の命で天台僧の*天海が撰文し，後水尾上皇の染筆をえて，翌年，日光東照社に奉納された。その後，上巻の内容を補足する真名の中・下巻や，より柔らかな表現を志向した仮名縁起の作成が始まった。仮名縁起の撰文は，天海を青蓮院門跡の尊純法親王が助ける形で行われた。本文草稿は39年秋に完成し，ついで上皇以下20名余の公卿らの手により清書された。並行して*狩野探幽による絵の制作も進められ，翌年4月17日の家康二十五回忌に全8巻が揃いの表装で奉納された。家康の事跡を記し出版統制にかかわることから，近世には大名家や主要天台寺院などにおいて写本でのみ流通した。

東照大権現 とうしょうだいごんげん 徳川家康が死後にうけた神号。家康は1616年（元和2）4月17日に駿河国駿府で死去し，久能山に葬られた。その際に，禅僧で家康の側近だった*以心崇伝や，当時吉田家を代表していた*梵舜らが，*吉田神道にもとづき葬儀を進めた。そこに*天海から，家康の遺志は*山王（山王一実）神道での葬礼であるとの異議が入り，論争が行われたらしい。吉田神道に従えば神号は明神号となるが，豊臣秀吉を豊国明神として祀った豊臣氏がすでに滅びていたことなどから，翌5月末に天海の主張が認められ，権現号を採用することが決定した。朝廷ではそれに応じて四つの神号候補を選定し，9月に入り幕府はその中の「日本」「威霊」「東光」の三つを捨て，この時点で「東照大権現」の神号が確定した。「東照」を選んだ理由が明記された記録はなく，政権の地理的位置（東）や皇祖神天照大神との類比（照）などが論じられている。山王一実神道にもとづき，本地仏には薬師如来が配され，山王権現・*摩多羅神を従えて東照三所権現と称された。潔斎を怠った者を忌む祟り神，幕府への反乱を鎮める守護神といった性格が伝えられている。

東照大権現縁起 とうしょうだいごんげんえんぎ →東照社縁起

唐招提寺 とうしょうだいじ 奈良市五条町にある律宗の大本山。754年（天平勝宝6）に来日した*鑑真は，758年（天平宝字2）に老齢を労られて僧綱の任を解かれ，大和上と称して尊ばれた。それにともない，新田部親王の旧宅が賜与されて戒院がおかれ，今日の唐招提寺（唐僧のための寺）のもととなった。金堂の乾漆造の本尊盧舎那仏像は別にして，その左右に立つ千手観音菩薩像も薬師如来像も，また四天王像もみな木彫であり，さらに講堂には特色ある木彫の菩薩群像（現在は宝物殿安置）がある。天平盛期までのブロンズや乾漆・粘土などの材質に代わって，平安時代には木材が仏像の材として主流になるが，その転換点をなすものとして，これら唐招提寺の木彫群が注目される。金堂本尊としての盧舎那仏・千手観音・薬師如来の組み合わせは特異であり，教義にその典拠は見当たらない。これらは，それぞれ日本三戒壇，東大寺（盧舎那仏）・大宰府観世音寺（千手観音）・下野薬師寺（薬師如来）を表すものとみる説がある。

統帥権 とうすいけん 軍隊の最高指揮権。大日本帝国憲法では第11・12条において，天皇の陸海軍に対する軍事命令・統帥権と軍編成権を認めたが，これらは参謀本部の慣行や*軍人勅諭により首相・閣議との合議を必要としない独立の権限で，参謀本部長および軍部大臣は天皇に対して軍事にかかわることを直接上奏することができるとされた。また軍部は，軍編成権にもとづいて現役武官大臣制を主張した。統帥権の独立とは，軍政が議会から独立してシビリアン・コントロールをうけない状態をいう。ロンドン海軍条約締結をめぐる統

とうせ

帥権干犯問題(1930)，宇垣内閣の流産(1937)などは軍部が統帥権の独立によって政治を左右した一例である。→天皇大権

当世穴噺（とうせいあなばなし） 教訓*談義本。全4巻。捨楽斎（とらくさい）の作。1771年(明和8)刊。世相の隠された内情や目につきにくい部分を「穴」と称して，探り出して暴露・風刺するのを「穴さがし」というが，これに滑稽と教訓をあわせた作風をもつ談義本の作品である。茶商人の富太が茶釜からもらった，姿を消す頭巾（ずきん）をかぶって江戸に下り，品川の辻駕籠屋，富沢町の古着屋，弁慶橋の古道具屋，浅草新寺町の水茶屋，江戸橋の本屋などを訪ねて，仕事や働く人の内情を聞いていく。民話の隠れ蓑の話型を用い，地誌や細見（さいけん）ではのぞきえない江戸の名所のうがった情報を紹介していく。最後に，神国の自覚のもとに国法を守るべきであるとする教訓がのべられている。

当世書生気質（とうせいしょせいかたぎ） *坪内逍遥（しょうよう）の長編小説。1886年(明治19)完結。全20回。書生の小町田粲爾（さんじ）は，幼時一緒に育てられ，今は芸妓となっているお芳と偶然再会する。愛し合うようになった二人は，幾度か危機を迎えるが，お芳が小町田の親友守山の妹であることが判明し，前途が開ける。「*小説神髄（しんずい）」において提唱された理論の，逍遥自身による実践として本作は位置づけられる。伝奇的な設定や語り口に*戯作（げさく）の雰囲気を残しつつ，立身出世の体現者である書生の生態を再現的に描いている点などには，近代小説の要素が認められる。近代小説の先駆けとされる*二葉亭四迷（しめい）の「*浮雲」に先行する，移行期の作品といえる。

統制派（とうせいは） 戦前の陸軍内の派閥。1932年(昭和7)の三月事件以後，宇垣一成（かずしげ）に代わって陸相となった荒木貞夫（さだお）は極端な派閥人事を行い，*皇道派を形成し始めた。こうした派閥人事やその観念性，および皇道派に連なる急進的な隊付き将校の行動を，統制を乱すものとして反発する中堅幕僚層が形成した派閥である。34年，永田鉄山（てつざん）が軍務局長になると，皇道派を要職から排除し，統制派は十一月事件，真崎甚三郎（じんざぶろう）教育総監罷免問題で皇道派を圧迫した。相沢事件での永田鉄山暗殺後も，*二・二六事件をへて陸軍主権を握り，新興の企業経営者や革新官僚などと提携して国家総力戦体制の構築を進めた。

東潜夫論（とうせんぷろん） *帆足万里（ほあしばんり）の*経世論の書。全3巻。1844年(弘化元)成立。「王室」「覇府」「諸侯」の3編からなる。後漢の王符（おうふ）の「潜夫論」にならい，アヘン戦争後の西洋列強の脅威のもとで，国内体制の再編・強化を図ろうとした。朝廷の役割を前面に押し出し，皇室財産を拡充させ，京都に儒学・蘭学・仏学・和学の4館を設置して，朝廷を文教の中心にせよと提言している。4館では儒学を主としながら，天文・地理・医薬・器械などの科学技術書を蘭学者たちに翻訳させよと論じている。和学については，宣長（のりなが）学は歌学であって，真の和学ではないと斥け，本居宣長のいう「*大和魂」は「怪しき名目」であると非難した。また，外国からの侵略に備えるために，比叡山の頂上に皇居と伊勢神宮・宇佐八幡宮とを移せ，と大胆な提起もしている。幕府と大名との関係については，武威と権詐ではなく，天皇を頂点とする礼楽（れいがく）の官制によって再編・強化せよと説く。さらに覇業をになう幕府は，天領の統合，貨幣改鋳，田畑売買の解禁を実行し，西洋列強に対抗すべく大艦・銃砲の海軍力を充実させ，南方経略を図るとともに，被差別民を「平人」としたうえで，蝦夷地（えぞち）開拓に利用せよと膨張主義を展開している。全体として，藩政改革としての土着論など個々の政策については，荻生徂徠（そらい）の「*政談（せいだん）」や*新井白石（はくせき）の所説に拠るところもあるが，対外的な危機のもと国防国家体制の構築を提言した点で，同時代の会沢正志斎（せいしさい）の「*新論」と対比できる。

東素山消息（とうそざんしょうそく） 室町後期の東素山の消息文。東素山は東常氏（とうじょうじ）ともいい，生没年不詳。尚胤（なおたね）の子で，*東常縁（つねより）は祖父にあたる。冷泉為家（ためいえ）から*古今伝授を相承し，東家の*家学を継いだ人物である。この消息は東氏と同族の遠藤大隅守胤基（たねもと）に送ったもので，内容は一昨年の上洛は将軍足利義輝（よしてる）の横死によりはたせなかったが，ここに天下の歌道を再興した先例により再度の上洛を仰出されたのは老後の思い出となるなどと，

近況や感懐をのべている。さらに自分は東家の歌学伝承者として歌道の興隆を図らねばならぬ身であるが，戦乱の世に加え老齢であるので，それが困難なことを嘆いている。

道祖神 どうそじん　塞の神さえのかみとも。悪霊あくりょう・疫神えきしんなどの侵入を防ぐために，道端や村境・峠・橋・辻などの境界に祀られる境の神。「さえ(さへ)」は「さえぎる」の意。「日本書紀」などにみえるフナト・クナトの神(岐神ふなどのかみ・久那斗神くなとのかみ)が古い形で，「道祖神」の表記には中国の行路神の影響が想定される。旅の神・足の神としても信仰されたほか，地蔵菩薩や猿田彦さるたひこの信仰とも習合して，良縁・出産・夫婦和合など信仰形態が複雑化するとともに名称も多様化していった。その神体も，古くは男女の性器をかたどったものが主であったが，やがて自然石や石塚・文字碑・陰陽石など多彩な形態をとった。

東大寺 とうだいじ　奈良市雑司町に所在する華厳宗総本山。*聖武しょうむ天皇の皇子基王もといのために建てられたという金鐘寺こんしゅじを前身とする。大和国分寺である金光明寺にあてられ，また聖武天皇の詔による毘盧遮那びるしゃな大仏(*盧遮那仏)の造営が当寺で再開されるのを機に東大寺としての伽藍が整備されていき，金堂(大仏殿)・講堂・三面僧房・七重塔など主要建物が造東大寺司によって造営された。初代別当は創建に尽力した良弁ろうべん。以後，当寺は皇室の庇護をうけ，多数の田地が施入されたほか，北陸地方などに多くの荘園を有した。また寺内では華厳宗のみならず三論さんろん宗・法相ほっそう宗など*南都六宗が広く兼学されたが，平安時代には真言宗も加わり，真言院や東南院・尊勝院が新たに設けられて教学の伝授が図られた。1180年(治承4)興福寺とともに平重衡しげひらの焼き打ちにあったが，大勧進職だいかんじんしきの*重源ちょうげんを中心に堂塔や大仏の復興が進められ，鎌倉時代には教学面でも優れた学僧が輩出した。1567年(永禄10)にも松永久秀ひさひでと三好氏との戦闘で大仏殿以下が焼失したが，江戸前期に再建されて現在に至っている。なお現在宮内庁管理となっている正倉院しょうそういん(宝庫は国宝)はもと東大寺の所属で，そのほか古代以来の歴史を物語る建築や寺宝・史料が多数遺存している。

灯台社 とうだいしゃ　→明石順三あかしじゅんぞう

東大寺要録 とうだいじようろく　平安後期に編纂された*東大寺の寺誌。全10巻。編者未詳の原撰本を1134年(長承3)に僧観厳かんげんが増補・再編集したが，現存本にはその後の補入記事もある。創建に至る経緯を記した本願章以下，縁起・供養・諸院・諸会・諸宗・別当・封戸ふこ・水田・末寺・雑事の10章からなる。多くの書物・記録類から記事を引用しており，その中には「延暦僧録えんりゃくそうろく」ほか散逸書も少なくない。平安時代以前の東大寺史研究のみならず，広く南都仏教史研究のうえでも重要史料の一つである。なお東大寺復興を中心とした続編「東大寺続要録」もある。

唐大和上東征伝 とうだいわじょうとうせいでん　*鑑真がんじんの伝記。1巻。*淡海三船おうみのみふね(真人元開まひとげんかい)撰。779年(宝亀10)成立。鑑真の弟子*思託したくの著した「大唐伝戒師僧名記大和上鑑真伝」3巻(現存せず)を淡海三船が整理し，1巻本としたもの。3巻本は，「延暦僧録」「東大寺要録」などの諸書に引用されていて，その原形をうかがうことができる。特に「延暦僧録」には，本書の成立の経緯についてのべられている。また，*聖徳太子が中国天台第二祖の慧思えしの生まれ変わりであるとする，聖徳太子慧思後身説も本書で形成された。

銅鐸 どうたく　弥生時代，中部地方以西において祭儀に使用されたとみられる青銅製の鐘形の鈴。全国で約400個が出土している。垂下するための鈕ちゅうと，横断面が杏仁形きょうにんけいをなす中空の身みからなる。身には鰭ひれとよばれる帯状の偏平な装飾がつけられ，鈕の外縁端部をめぐる。銅鐸を揺らせて身の内側に吊るされた棒状の舌ぜつを身内下端をめぐる凸帯に触れさせ，音を発するところに本来の機能があったが，やがて鰭や鈕の装飾が進むとともに身も大型化し，発音具としての機能を失う。一般に，日常生活の場から離れた地点に埋置される。身の表面に鋳出された田植えや脱穀，また穀倉とみられる絵画のモチーフなどから，農耕にかかわる祭器と推察されている。

桃中軒雲右衛門 とうちゅうけんくもえもん　1873〜1916(明治6〜大正5)　初代。明治後期・大正期の浪曲師。本名山本幸蔵。父は祭文さいもん語りの吉川繁吉しげきち。家族とともに東京にでて，父の死後

2代目繁吉を継ぐ。三河家梅車の妻はまと駆け落ちし，桃中軒雲右衛門に改名する。*宮崎滔天の助けによって九州へ行き，西日本を巡業して人気を博す。帰京後は，東京本郷座での赤穂浪士「義士銘々伝」の口演，歌舞伎座での独演会など大活躍した。武士道鼓吹を旗印にあげ，壮士たちの演説の演出をとりいれた豪快な節は，日露戦争後の世相にうけいれられ，浪花節ブームをおこした。浪曲の社会的地位を高めた功績によって，浪曲中興の祖とよばれる。

東常縁 とうつねより　生没年不詳　室町時代の美濃国郡上の領主・歌人・歌学者。1484年(文明16)頃には没していたらしい。家集に「常縁集」があり，歌風は平明温雅な二条家風である。文学的事蹟としては，東家相伝の歌説をうけ，尭孝や正徹に和歌を学び，多くの古典籍を書写するなどしていることがあげられる。*宗祇に「古今和歌集」「百人一首」「伊勢物語」などの古典講釈を行っているが，特に注目されるのが「古今集」の切紙伝授であり，この二条流の*古今伝授は宗祇以後古今伝授の主流となっている。

藤貞幹 とうていかん　1732〜1797(享保17〜寛政9)　近世中期の考証学者。本姓は藤原，名は貞幹。字は子冬，通称は叔蔵，号は無仏斎・蒙斎・端祥斎・亀石堂・盈科堂など。京都の仏光寺久遠院に生まれ，11歳で得度したが，18歳で還俗する。和漢の学に通じ，和歌を日野資枝に，有職故実を高橋宗直に，儒学を後藤芝山・*柴野栗山にそれぞれ学んだ。また篆刻の技にも長じ，高芙蓉・韓天寿と親交があった。裏松光世の「大内裏図考証」の著述，および寛政の内裏復元造営の事業も助成した。さらに1795年(寛政7)，「大日本史」編纂事業のため京都滞在中の水戸彰考館総裁*立原翠軒らを案内・先導し，裏松との仲介にあたるなどの貢献もしている。「古瓦譜」などの著述において一部古物の偽造を行ったと批判があるが，文献以外の事物にまで対象を広げた優れた考証を行い，近代考古学の先駆としての業績も多い。著作は「*衝口発」「好古小録」「好古日録」など。

統道真伝 とうどうしんでん　江戸中期の百科全書的な諸学批判書。全5巻5冊。著者の確竜堂良中とは*安藤昌益の筆名。文中の記述から1752年(宝暦2)頃の成立と推定される。写本5巻5冊が慶応義塾図書館に，別に1巻1冊が竜谷大学大宮図書館に所蔵される。「糾聖失」では，儒教の聖人と中国の諸子百家の説などを批判する。「糾仏失」では，釈迦や仏教諸宗・仏教典などを批判する。「人倫巻」では，穀物や人体の諸器官，性交，胎児成長の過程などを論説する。「禽獣巻」では各種の鳥獣虫魚などについて説明する。「万国巻」では，世界各国や音韻・言語などについて解説する。参考にした文献は，円智院日性編・吉田光由増補「倭漢皇統編年合運図」1694年版，義山良照編「諸宗仏像図彙」1690年版，張介賓編「類経」「類経図翼」各和刻本，天竺徳兵衛著「天竺渡海物語」，西川如見著「長崎夜話草」「天文図解」など。

人は米より生じ，農業生産にしたがえば死後ふたたび人の世(極楽)に転生する。しかし，生産活動をしない不耕貪食の武士・職人・商人などは，鳥獣虫魚(地獄)に転生すると主張する。また，中国や天竺(インド)などは悪人をうむ地域で，聖人や釈迦などの不耕貪食の思想が成立する。一方，日本は最優秀の国で，天照大神の子孫である天皇のもとに万人が生産(直耕)にしたがう平安の世を実現していたが，儒教・仏教の渡来によって争乱の絶えない乱世になった，と主張する。

藤堂高虎遺書 とうどうたかとらいしょ　「藤堂和泉守高虎息大学頭高次へ遺す文書」とも。16世紀後半の動乱の世に生きた武将藤堂高虎(1556〜1630)の生涯は，織田信長，豊臣秀長・秀吉，徳川家康・秀忠と時勢の変化とともに仕えた主君も代わり，1617年(元和3)伊勢・伊賀国で32万石余を領する津藩の藩祖となった。内題が示す通り「息大学頭」への遺書である。年次に25年(寛永2)8月とあるが，高次が大学頭となったのは34年7月なので，のちに加筆されたものであろう。遺書は全文20ヵ条からなる。冒頭に「御奉公の道，油断有間舗事」とあり，主君への懸命な

る忠節奉公が第一の心得であると記す。高虎の体験から「我等成立（なりたち）小身より苦労致し候」（第20条）と嫡子に対しても苦労に耐え，「大事の御国を預り之有る事に候間」（第11条）万事に油断せず奉公すべきであると訓誡する。

道二翁道話 どうにおうどうわ　江戸後期の心学者*中沢道二が行った*道話の聞き書き。八宮斎編で1795年（寛政7）に大坂の心学恭寛舎（きょうかんしゃ）より刊行。これを初編として，2～6編（1796～1824刊），さらに続初編～4編（1843～47刊）が踵を接して公刊された。日常に身近な諸教訓を，事跡談・寓話・軽口話・例話などを織りこんだ説諭の内容にまとめたものであり，話術が生彩に富んで聞く者を飽きさせない。心学教化の理念を根底とする人間としての本性を磨き上げることの重要性の自覚にまで導く意図で作られている。

多武峰 とうのみね　奈良県桜井市南部の御破裂（ごはれつ）山（大和国十市郡）を中心とする山塊で，飛鳥を東方から見下ろす。656年（斉明2）に両槻宮（ふたつきのみや）が造営された。また677年（天武6）に唐から帰朝した定慧（じょうえ）が，父*藤原鎌足（かまたり）の遺骨をここに改葬したと伝えられる。大きく発展するのは貞観初年頃のことで，*藤原良房（よしふさ）が賢基に命じて荒廃していた多武峰寺を整備させた。10世紀には延暦寺の末となる。国家に異変がある時には御破裂山が鳴動し，大織冠（たいしょくかん）鎌足像が破裂するとされ，1607年（慶長12）までに35回を数えたと伝える。

多武峰少将物語 とうのみねしょうしょうものがたり　「高光（たかみつ）日記」とも。平安中期の歌物語。1巻。961年（応和元）12月，藤原師輔（もろすけ）の八男で，右近衛少将高光が若くして突然出家した事件をめぐり，85首の贈答歌を中心に，残された家族の悲哀を描く。出家から翌年多武峰に移るまでの半年間が記される。成立を高光が多武峰に移った962年頃にそのままみて，作者も高光の妻に仕えた侍女など高光周辺におき，女性による日記文学のはしりとみなされている。

多武峰聖 とうのみねのひじり　→増賀（ぞうが）

塔婆 とうば　→卒塔婆（そとば）

等伯画説 とうはくがせつ　長谷川等伯（1539～1610）の画事に関する談話の記録。京都本法寺蔵。記録者は本法寺10世の日通（にっつう）上人。「画説　長谷川等伯物語記之」と表題される。等伯自身が物語る「画説」を上人が断片的に手控え，袋綴の1冊にまとめた。1592年（文禄元）前後の成立。等伯その人の芸術観・鑑識眼・知識が具体的になる点で，重要な美術史上の資料である。また，等伯・千利休（せんのりきゅう）・日通上人，堺，茶道といったつながりの中で数寄（すき）社会特有の趣きと芸術世界が記録され，一般の画論書とは異なる意義をもつ。桃山画壇を生き抜いた等伯の絵画知識と芸術的環境・戦略を資料は物語る。

室町将軍家の御用絵師如拙（じょせつ）・周文（しゅうぶん），そして雪舟等楊（とうよう）に連なる長谷川派の正統を強調し，雪舟の弟子等春（とうしゅん）の伝歴にも詳しい。また，黙庵（もくあん）・単庵智伝（たんあんちでん）らの中世の逸伝画家の稀有な情報も貴重である。常に東山殿（とうざんどの）（慈照寺）の美の世界を意識し，能阿弥（のうあみ）の画を愛で，その外題（げだい）に信頼をおく。中国絵画に関しては，舶載画の作者を「図絵宝鑑（ずえほうかん）」で語り，中国では主流になりえなかった牧渓（もっけい）や玉澗（ぎょくかん）の画に高い評価を与えた。画賛の「右勝手左勝手」，「嗚呼しづかなる絵」の話題も興味深い。

東福寺 とうふくじ　京都市東山区にある臨済宗東福寺派の大本山。開山は*円爾（えんに）。1236年（嘉禎2），開基*九条道家（みちいえ）の発願により，東大寺・興福寺より一字をとって寺名とした。道家は宋から帰国した円爾を開山に招請し，道家の没後の55年（建長7）落慶供養が一条実経（さねつね）によって行われ，円爾が開堂した。伽藍は71年（文永8）に完成。初期には住持・知事・頭首（ちょうしゅ）などの役僧は禅僧，供僧（ぐそう）は天台・真言僧がつかさどり，最勝金剛院（阿弥陀堂）に天台僧が任じられる三宗兼修道場であった。80年（弘安3），円爾は規範を制定して*聖一派（しょういちは）の一流相承の寺と定めたが，密教との深い関係は東福寺派宗風の特色となった。室町幕府の五山制度では五山の位にあり，住持は幕府の公帖（こうじょう）と藤原氏長者の檀那帖（だんなじょう）によって任命された。室町末期に聖一派は隆盛し，相国寺を中心とする夢窓派（むそうは）と並んで，江戸時代に妙心寺派の白雲慧鶴（はくうんえかく）の会下が臨済宗をほとんど独占するまで勢力を保った。

東武実録 とうぶじつろく　2代将軍徳川秀忠（ひでただ）の伝記。

全40巻17冊。松平忠冬ら撰。徳川家康が死去した1616年(元和2)の年頭から秀忠が死去した32年(寛永9)の年末まで、秀忠に関連する記事を編年体・仮名交り文で記す。簡潔で典拠を注記しないが、幕府の典礼や儀式に関する記事が詳しい。忠冬の祖父忠憲には徳川氏創業期についての著述(「家忠日記」)があり、忠冬はそれを増訂し、65年(寛文5)献上した(「家忠日記増補追加」25巻)。その功を認められ、83年(天和3)将軍綱吉の命によって本書を起草した。翌84年(貞享元)完成し献上した。

唐物 とうぶつ →唐物から

湯武論 とうぶろん　湯王は、夏の桀王を倒して殷王朝を建て、武王は殷の紂王を倒して周王朝を建てた天子である。中国では、桀・紂は悪逆非道をきわめた暴君の典型とされ、天命を付託された有徳の英雄が、そういう暴君を討つことによる民衆の政治的救済(「放伐」)であり、放伐による王朝の交代は、儒教の政治論においては承認されていた。「孟子」には、民衆に苦難を強いる君主はすでに君主の資格を失っているのだから、それは「一夫」を追放したにすぎないという主張がのべられている(梁恵王下篇)。朱子学でも、湯武の放伐は基本的には承認されていた。

　しかし日本においては、そういう議論が、君主に対する臣下の反逆・謀反を合理化するのではないかという疑念が強く、放伐の承認は君主に対する警告という意味からなされたものであり、臣下がそれを掲げることは許されないという見方が多かった。この問題に最も敏感に反応したのは、崎門(山崎闇斎の学派)の儒者たちである。*浅見絅斎や*三宅尚斎とその門人たちは、「論語」の中で孔子が、「禅譲」(放伐とは対照的な平和的な権力の委譲)で位をえた舜の音楽を絶賛し、武王のそれを「美を尽くせり、未だ善を尽くさず」(八佾篇)と評価したことをもって、孔子の真意は放伐を否定することにあると論じた。臣下の絶対的な忠誠を価値とするこのような議論は、*吉田松陰の「孟子」解釈にまで連なっていく。

　これに対して、「孟子」の議論をストレートにうけいれるのは*伊藤仁斎であり、民衆の好悪に則して政治的な実践を行ってこそその「王道」だと論じた。仁斎によれば、民衆が見放した時点で、その君主は位に留まってはならないのである。*荻生徂徠もまた、「論語」での孔子の音楽評価は、純然たる音楽への評価であり、政治的な意味を読むことは不当だとした。崎門の中では、*佐藤直方が毅然として湯武の放伐を肯定して、絅斎の議論を斥けている。

　こうして湯武の行為をめぐる論争は、君臣関係をどのようなものと捉えるのか、王朝交代のない日本の歴史をどう評価すべきかという大問題との関わりから、長く論じられることとなった。→拘幽操

同朋 どうぼう →同行

東方会 とうほうかい →中野正剛

同朋衆 どうぼうしゅう　室町時代、足利将軍家に属して美術工芸・技芸の仕事にあたり、将軍家の財物管理、日常の事務連絡その他の雑務に従った者。数名の同朋(衆)が剃髪して俗衣を着け、小刀を腰に差して将軍の神社参詣の行列に従う絵巻によれば、半僧半俗の服装に統一されていたらしい。実名は知られず、「○阿(弥)」「遁世(者)○阿(弥)」として史料にでて、世襲の場合もあった。阿号(阿弥号)を名乗ることから、武将に従って死者の弔いや芸能にあたった時衆の系譜をうけるとみられたが、信仰とは無関係な活動をする例も多い。

　足利義満・義持・義政の時代には、社会身分的に蔑視された者がいる一方で、能阿弥・芸阿弥・相阿弥3代(*三阿弥)のように書画の分野で「名人」「国工」とよばれ、幕府の財物を管理し、座敷飾りを指導した者もいて、武家のみならず公家・僧侶との交渉も深かった。南北朝以後室町時代を通じて、連歌・猿楽・立花など新分野の芸能が発達し、対明貿易によって中国から高額・多数の書画・器物など*唐物が舶載されて、これらを管理・運用する者が必要となった。また、将軍家とその周辺の生活様式が複雑になったことにより、従来にはなかった職掌の者が必要とされた。将軍家は、これらの特殊技能をもった者を保護したので、新しくあいま

いな身分階層者を評価する社会的気分が定着した。室町後期には，有力守護や大寺院に所属した同朋の名もみえる。武家故実*として同朋の職掌が制度化されるのは室町後期から近世初期といわれるが，その頃には各分野は専業化され，むしろ同朋の目立った活動はみられなくなる。

東北院職人歌合　とうほくいんしょくにんうたあわせ　「東北院職人歌合絵」「建保職人歌合」「建保職人尽歌合」などとも。中世前期の*職人尽歌合の一つ。左右に分かれた詠者（職人）が月と恋の題のもとに歌を競い合うという物歌合形式をとっている。5番からなる「五番本」と，それを増補・改訂して12番とした「十二番本」がある。序文に，1214年（建保2）東北院念仏会の九月十三夜に，*道々の者たちが歌合をした旨を記す。詠者に医師・陰陽師・鍛冶・番匠・刀磨・鋳物師・巫女・博打・海人・売人が名を連ね，「十二番本」にはさらに壁塗・筵打をはじめ，紺搔・桂女・大原女など14職種が加わる。判者は経師。両本とも職人像に若干の道具類が描かれ，当時の職人の心情や，風俗・生態などを知ることができる。最古の写本に東京国立博物館蔵本（曼殊院本）がある。

東密　とうみつ　*空海の開創した真言密教のこと。*東寺を根本道場としたことから略称として用いられた。天台宗における密教を*台密とよび，対で用いられることが多い。ただし，初見は鎌倉時代末の「元亨釈書」巻27。空海は長安で恵果から金剛界・胎蔵界の両部密教を伝授されたことから，東密ではこの両部を用い，台密ではこれに蘇悉地部を加えて三部とした。平安後期，事相面での分派が盛んとなり，*醍醐寺・*仁和寺を中心にした小野六流・広沢六流の野沢十二流がうまれ，鎌倉時代には36流，室町時代には70余流にまで分化した。

銅脈先生　どうみゃくせんせい　→畠中観斎

童蒙先習　どうもうせんしゅう　江戸初期の儒教の啓蒙書。全15巻。*小瀬甫庵の著。1612年（慶長17）の跋がある。冒頭に李文長の序文のあるものとないものがあるが，初版本にはなく，のちに付加されたものといわれる。書名は，朝鮮の朴世茂の編とされる教訓書「童蒙先習」にならったものとみられる。「枕草子」の「物は尽し」の体裁を模し，儒教の要諦を初心者向けに説いているが，もとより体系的なものではない。著者の主たる関心は天下国家の安定をもたらす儒教的な政道を説くことにあり，君臣道徳のあり方が経書の文言をふまえて繰り返し説示される。なお本書は，その内容と形式から，江戸初期に流行した啓蒙教訓的な*仮名草子などに属するものとみなされている。

答問十策　とうもんじっさく　福岡藩の蘭学初代教授*青木興勝が，ロシア使節レザノフ来航時に著した貿易・海防論。1冊。1804年（文化元）成立。オランダ貿易による金銀流出の害と，ロシアの東方侵略の危険性をのべ，レザノフに対しては50年後の交易許可を与えて帰国させ，実質的には交易拒絶を説いている。また，オランダ正月を楽しんでいる*大槻玄沢らの江戸の蘭学者を，西洋の天文・測量の科学技術に幻惑され，自国を蔑視する「乱民」だと非難している。さらに「武国」日本の名を汚さないように，海岸防備を厳重にするため参勤交代の緩和を求めている。本書は福岡藩に提出されたが受け容れられず，興勝は憤慨して致仕した。また，興勝の師*亀井南冥は本策論を自作と称して水戸藩主徳川治紀に献上し，のちに*徳川斉昭に影響を与えたといわれている。

答問録　とうもんろく　→鈴屋答問録

頭屋　とうや　村落の神社の祭や講の神事などに際して，一定の任期それを主宰したり，中心的に世話をしたりする人，ないしはその家のこと。順次交替してその役にあたるので，「当」の字をあてて，当屋と書くこともある。「頭」は，あることを主宰するとの意であり，神事の場合は諸負担を均一にするため，交替で務めるようになった。常住神職のいない村落では，頭屋の最大の務めは神主役であり，それにあたると，その家の庭などにオハケが立てられ，その家が神宿すなわち頭屋であることを明示し，そこに神を迎えて，清浄を保つために厳重な潔斎が守られた。一般的に頭屋の任期は1年であるため，*一年神主とも称された。また交替の際の頭渡し式には，神事に関する記録や帳簿も引き継が

とうや

れた。

頭役 とうやく →神役かみやく

頭山満 とうやまみつる　1855～1944（安政2～昭和19）明治～昭和初期の国家主義運動の指導者。筑前国福岡藩士の子。1876年（明治9）萩の乱に連坐した。*板垣退助の影響をうけ，79年向陽社を設立，81年日本国家主義の源流といわれる玄洋社を創立した。大陸進出を主張する*大アジア主義を唱え，金玉均・孫文・ボースらの亡命者を援助した。条約改正問題では，玄洋社社員の来島恒喜に大隈重信外相を襲撃させ，交渉を中止させたり，日清・日露戦争では強硬な主戦論を展開した。大正中期～昭和前期には，右翼の大立者として政界の裏面で隠然たる影響力を及ぼした。

東洋学芸雑誌 とうようがくげいざっし　東京大学教授の*井上哲次郎・*加藤弘之らによって，1881年（明治14）10月に東京学芸社から創刊された学術雑誌。創刊号の緒言によれば，日本人の理学に乏しいことを憂え，理学関係の文章を掲載し，その性質と効用を世に明らかにするとの目的で発行された。人文科学・自然科学を問わず，西洋の学問を紹介することに貢献する。特に*進化論によってキリスト教を否定する論述が多数掲載された。それに対して初代のキリスト者たちは，「*六合雑誌」で両者が矛盾することはないと反論した。1922～25年（大正11～14）には「学芸」と一時改題され，30年（昭和5）567号で廃刊となる。

東洋経済新報 とうようけいざいしんぽう　自由主義的論調で知られる経済雑誌。1895年（明治28）11月，のちの民政党総裁町田忠治により創刊された。経済誌でありながら，政治・外交・社会など幅広い分野の問題を扱い世論に影響を与えた。創刊時はどちらかといえば保護貿易主義の傾向が強かったが，97年第2代主幹となった*天野為之は，自由貿易主義を鼓吹し同誌の自由主義の基礎を築いた。日露戦争後に同誌は急進化し，単なる経済的自由主義の主張からよりふみこんだ政府批判を展開した。1907年主幹となった植松考昭は，政党と藩閥の妥協による「元老政治」の打破のため，当時としては例外的に普通選挙制の採用を提唱した。植松の死後，12年（大正元）に主幹となった三浦銕太郎は，「小日本主義」を掲げ，軍人政治・専制政治の是正のため，満州の放棄と軍備の日露戦争前の水準への縮小を説いた。この方針は，1924年主幹となった*石橋湛山においてより徹底化され，貿易立国の立場から過剰人口対策としての移民の必要性は否定され，いっさいの植民地の放棄が説かれた。同誌は，浜口内閣の金解禁政策を批判し，世界恐慌に際しては，金本位制の停止と公共事業投資による景気回復を唱えた。満州事変後の日本外交にも批判的で，日中戦争全面化や日独伊三国同盟の締結に反対した。

東洋社会党 とうようしゃかいとう →樽井藤吉たるいとうきち

東洋自由新聞 とうようじゆうしんぶん　1881年（明治14）3月創刊の，「自由」を題字に掲げた日本最初の新聞。国会開設要求が広がる中で，10年間のフランス滞在から帰国したばかりの*西園寺公望を社長とし，*中江兆民を主筆に，松田正久・上条信次らを記者として発足した。自由や権利の原理的考察にとどまらず，「君民共治ノ旨趣」までを掲げた急進主義を特徴とする。名門華族の西園寺が関係していることを憂慮した政府は，天皇の内勅の力で退社に追い込み，1カ月余りで第34号をもって廃刊となった。山際七司らは再刊を企て，それが自由党の機関紙「*自由新聞」に合流した。

東洋自由党 とうようじゆうとう　1892年（明治25）11月6日に結成された小政党。国会開設とともに結成された立憲自由党がしだいに議員政党化したことを批判して，91年5月に*大井憲太郎らが作った東洋倶楽部を母体として，大井のほか樽井藤吉・稲垣示・新井章吾らの国会議員によって結成された。機関紙は「新東洋」である。労働者・小作人の保護を唱え，それを実現するために普通選挙期成同盟会・日本労働協会・小作条例調査会を組織した。その一方で93年10月，国民協会の一部や同盟倶楽部などとともに，対外強硬と国権の発揚を目標とした活動をする大日本協会を結成し，政府の条約改正交渉の内地雑居に反対するなど，対外硬の運動を進めた。しかし，同年12月に大日本協会の解散命令をうけたのち解党した。

東洋大日本国々憲案（とうようだいにほんこくこっけんあん） →日本国国憲案（にほんこくこっけんあん）

東洋道徳・西洋芸術（とうようどうとく・せいようげいじゅつ）　幕末の思想家*佐久間象山（さくましょうざん）が提唱した西洋文化受容の際の指針。「*省諐録（せいけんろく）」の次の一節「東洋道徳，西洋芸術，精粗遺（せいそい）さず，表裏兼該（ひょうりけんがい）し，因りて以て民物（みんぶつ）を沢（たく）し，国恩に報ゆる」を典拠とする。アヘン戦争において清朝が「夷狄（いてき）」とみなしていた西欧の列強に敗退したことは，東アジア文化圏の知識人層に強烈な衝撃を与えたが，象山のこの発言も，その衝撃に対する一つの反応とみなせる。西欧の軍事力の強大さを認め，その背後にある科学技術（西洋芸術）の理解と摂取を促そうとするのであるが，それらを理解する主体は朱子学的な倫理・道徳（東洋道徳）を堅持していなければならない，という主張である。同様の発想は，明治以降，頻繁に用いられるようになった「*和魂洋才（わこんようさい）」というスローガンにもみられる。ただし，象山のいう「東洋道徳」には朱子学的な意識が投影されており，「*大和魂（やまとだましい）」との単純な比較はできない。象山の発言には，朱子学が説く「格物究理（かくぶつきゅうり）」の対象を西洋の科学技術にまで拡張しただけであるという，伝統的な方法論との連続性があることも指摘できよう。

東洋の理想（とうようのりそう）　*The Ideals of the East, with Special Reference to the Art of Japan.* *岡倉天心（おかくらてんしん）が英語で日本美術史を論じた著作。ロンドンの出版社John Murrayから1903年に刊行された。冒頭の「アジアは一つである」という一文は有名。古代からの日本における美術の潮流を，中国大陸や朝鮮半島の宗教や思想との関わりで説明し，アジアの精神文化は日本において最良の形で保持されてきたと論じている。日本美術を壮大な規模で把握した点は特筆されるが，そこに潜むアジア主義的思想は，1930年代以降の国粋主義勢力に利用されることになった。

東洋文庫（とうようぶんこ）　東洋学の専門図書館および研究所。三菱財閥を率いる岩崎久弥（いわさきひさや）が，中華民国総統顧問モリソン（G. E. Morrison）から購入した中国関係の欧文書籍約2万4000冊，地図・版画約1000点など，いわゆる「モリソン文庫」を中心とする東洋研究の専門図書館として1917年（大正6）に開館。戦後，三菱財閥の解体後は国立国会図書館が図書館部門の閲覧業務を請け負っている。現在はモリソンの次男の蔵書もうけいれ，総数80万冊をこえる所蔵数を誇る。研究部に所属するのは無給の兼任研究者がほとんどだが，アジア最大規模をほこる東洋学専門の研究拠点となっている。

東洋民権百家伝（とうようみんけんひゃっかでん）　小室信介（こむろしんすけ）（1852〜85）編の「民権家」列伝。1883・84年（明治16・17）刊。「自由民権」についての自覚的な思想をもたないままにきた日本の思想史にあって，「暴君汚吏」や「姦人佞臣（かんじんねいしん）」に対する自己犠牲をいとわない抵抗や反抗があったことを，各地に分散する伝承を手がかりに顕彰する。さらに，「忠義」「任侠」「孝義」「貞烈」といった伝統的徳義を基盤に，「公」的大義への献身の先例を「東洋民権家」として理念型的に造型した。そこには，百姓一揆（いっき）の指導者だけではなく，下級官吏や商人・漁民などの，さまざまな形態をとった「圧制暴虐」への抵抗と批判の試みが包含され，後年の民衆史への豊かな可能性が示唆されている。

道理（どうり）　道理という語は，古代中国において道と理の複合語として成立した。この語は「荀子（じゅんし）」「韓非子（かんぴし）」「史記」などの中国古典の中に成立し，わが国でもすでに「続日本紀」養老2年（718）4月条に使用されている。その後は〈物事に備わった道筋，物事のあるべき筋道〉として「ことわり」と同意に使われ，平安時代の逸話を収める「世継（よつぎ）物語」の中でも，感情的なレベルでの道理の必然性が認められている。

　しかし，それが日本社会の中に思想としてしっかり根を下ろしたのは，平安末期・鎌倉時代以降のことである。それには二つの流れがある。前者は，*慈円（じえん）の「*愚管抄（ぐかんしょう）」に示された「歴史的理性」ともいうべき独創的な「道理」の思想である。後者は，「*御成敗式目（ごせいばいしきもく）」の成立以降，武家社会に根を下ろした道理の思想である。

　「愚管抄」は関白九条兼実（かねざね）の弟で，天台座主を4回もつとめ，幼き後鳥羽天皇の傅（ふ）でもあった慈円によって，1220年（承久2）に

完成した歴史哲学の本であり、政論の書でもある。慈円は個人的には阿弥陀信仰をもっていたが、公人としての彼はあくまで「智解」の立場に立ち、最澄以来の真俗二諦、すなわち出世間的真理と世間的真理、仏法と王法を統合する伝統に立って、歴史を貫く理法、すなわち「道理」を明らかにしようとした。

慈円の歴史観の基礎にも末法意識があるが、一般の正法・像法・末法という三時観にもとづく末法意識とはまったく異なる。慈円は俱舎論にしたがって、成劫・住劫・壊劫・空劫という四劫観、すなわち宇宙的規模の循環史観をとり、「住」の段階に正・像・末の三時観にもとづく末法史観が成立すると考える。彼はこの世の歴史をそれに即して捉えるとともに、それを突き放して宇宙的規模の時間意識の中で捉えるという二重の視点をとっている。

ところで、歴史を貫いて存在する道理は、均質な時間の連続の中にあるのではない。歴史は多くの時代から構成されるが、その時代は一つの共通の課題をもち、それを解くために立場を異にする多くの人々が世代を重ねながら葛藤を重ねる中で、その課題は解けてその時代の道理は明らかになり、次の時代に移る。この道理には「顕の道理」と「冥の道理」とがある。顕の道理は世俗の権力の世界の動きの中にある道理であり、冥の道理はそれを支える神仏の世界の道理である。この二つの道理の関わり方の相違によって、時代は転換すると彼は考えている。

「愚管抄」は国初以来の日本の歴史を七つに区分し、それぞれの時代の道理を明らかにする。そしてその際、道理の内容を徴表として時代を区分する。そして日本の歴史は、国王が輔佐なしに統治した道理が道理として貫徹した時代から始まり、それ以降下降の一途をたどるが、下降の世には「無道が道理になるという道理」が存在するとしている。この下降する日本の歴史を貫く基本的道理は、「仏法ニ王法ハタモタレテ」存在するということと、神代の約束によって、天児屋根命の子孫である藤原氏は皇室の藩屏として存し、その忠節と皇室側の嘉納によって皇室の安泰も可能である、という二者であるとされる。

ところで、慈円の末法史観は決定論ではない。彼は劫初・劫末においては無力だが、その中間においては必然の足どりを遅らせ、下降を上昇させることも可能であると考えている。

こうしてみると慈円のいう道理は価値判断から自由で、そうでなければならない筋道、因果必然性であり、時には時代精神という客体でもある。彼は僻事にさえ道理をみる。乱世の無道の世を直視し、無道という道理をみる。彼はこのように天台の智解の学生にふさわしく冷徹な「観想者」である。しかし、他方では「衰ヘテハ又起リ起リシテ、起ル度ハ、衰ヘタリツルヲ、スコシモテ起シモテ起シテ」いく実践的関与の契機の面をももっていることを閑却してはならない。

以上のべたことは、慈円の公人の立場の道理観である。しかし、彼には一個の人間としての立場からの道理の捉え方があり、この立場からの道理を彼は「道理詮」（究極の道理）といっている。

〔在地武家における道理〕 平安末期から「道理」という言葉が日本社会に使われ始めたが、公家社会では「先例秩序を守るルール」という意味であった。ところが、在地武家の道理は〈土地に関する権利の主張の法的根拠〉という意味である。特に関東地方のような新開地では、係争事件の判定は困難であり、鎌倉幕府の政務の大半は土地所有の問題の判定にかかわっていた。

この土地をめぐる訴訟審理の規準となる法律、すなわち「御成敗式目」制定の中心になったのは、執権*北条泰時である。泰時がこの新しい法典をつくった理念は、当時の武士社会にいきている「どうり（道理）のおすところ」（六波羅探題の弟北条重時宛書状）にしたがうことであった。さらに詳しくは、執権・連署・評定衆が「理非決断」の審理をする時の「起請」として、「およそ評定の間、理非においては親疎あるべからず。好悪あるべからず。ただ道理の推すところ、心中の存知、傍輩を憚らず、権門を恐れず、詞を出すべきなり」と

ある。このように公正をめざして「式目」がつくられ，また審理されたので，「式目」は権力者をも規制する規範性をもち，武士たちからは信頼される法典となった。

ところで，「御成敗式目」のよき運用者であった北条重時の「消息」には，道理のほかに「正直（せいちょく）」という言葉が数多く併用されている。この「正直」は後世の「しょうじき」とは違って，「無欲である」「わが心を水のごとくにもつ」という意である。「道理」を保つには「正直」という内面倫理の必要が自覚されたのである。かくして理念としての「道理」，運用に際しての「正直」の両者相まった政治は僧世界をも動かしている（無住道暁（むじゅうどうぎょう）『沙石集（しゃせきしゅう）』）。13世紀の日本社会には，聖俗の両世界にわたって世俗倫理としての「道理」と「正直」を重んずる時代精神が成立していた。

「御成敗式目」における「道理」は，「仏法の理」に対する「世の道理」であり，泰時は明恵（みょうえ）に帰依しつつ，為政者としてこの世の道理を明文化した。道理と正直を結びつけ，道理の観念をより明確にした重時は，仏法を崇め，仏神に帰依すべきことを繰り返し説いている。彼らの仏法への帰依は，この世の道理によって世の乱れを解く立場にある人々の，自らの心の均衡を保つ営みであった。だが，すべての為政者がそのような心の要求をもつものではなかった。南北朝期になって社会の動乱が激しくなると，この世の道理も衰えてくる。戦国期になると，「道理」の代わりに「法」を求め「権」を求める動きがでてくる。

〔「非理法権天（ひりほうけんてん）」の思想〕　道理から法や権に向かう世の動きをはじめて言語化したのは，「太平記」33話の「どうりを破る法はあれど法を破る道理なし」の句である。この考えはさらに進展して，戦国末期ないし江戸初期にかけて「非理法権天」という句に集約されるに至った。この句は「非は理に勝たず，理は法に勝たず，法は権に勝たず，権は天に勝たず」の句をコンパクトにしたものである。

ここにいう「法」は，「御成敗式目」や江戸幕府の「御定書（おさだめがき）百箇条」などの武家社会の成文法をさす。第1の「非は理に勝たず」については説明の必要はないであろう。第2の「理は法に勝たず」は，1237年（嘉禎3）8月17日の「御成敗式目」の追加分「廿ケ年以後訴訟の事」の「当知行の後，廿ケ年を過ぐれば，大将家の例に任せて理非を論ぜず改替に能はず」云々による。第3の「法は権に勝たず」の「権」は帝王の権の意であって，東アジアの慣行では帝王は法の支配をうけないことによる。戦国期に勃興した権力者たちは，自己を帝王に擬したようである。第4の「権は天に勝たず」の「天」は，戦国期から江戸初期にかけての主宰的性格の「天道（てんどう）」をさす。この「権は天に勝たず」の思想が成立した時，「非理法権天」の法思想が完成した。だが社会の大勢としては，人間として守らねばならない道としての道理が支配的であった。近世では，この道理は庶民の世界に浸透し常識となって思想的用語とはならなかった。⇒理り

棟梁　とうりょう　建物を支える重要部分である棟（むね）と梁（はり）からなる言葉で，国家の重要な任務にあたる人，さらには集団の中心となる人をさすようになった。現在では「大工の棟梁」といった用法が多いが，歴史上最も著名なのは，平安時代から鎌倉時代にかけて特に用いられた「武家の棟梁」である。平安中期に武芸を業とする武士がうまれると，源満仲（みなもとのみつなか）やその子の頼光・頼信，平維時（とき）・維衡（これひら）兄弟など，武士たちを統率する人物が現れ，さらに源頼義（よりよし）・義家父子の活躍によって，この流れが武家の棟梁と認識されるに至った。源頼朝（よりとも）は義家の玄孫であるが，幕府樹立によって名実ともに武家の棟梁の地位をえた。

道話　どうわ　江戸中期より現代に至るまで，*石門心学が教化普及のために主要とする方法の一つ。心学者が聴衆に，人間として必須の心構えを事実談・寓話などを織りこみながら興味深く平易に説諭する教化方法である。忠孝をはじめ既成の道徳を外側から押しつけるのではなく，心学教化が目標とする，人間が自己の本心を自覚して自主的に実践する態度にまで導びこうとする。話の最後を「よく考へてごらうじませ」「本心の発明が大切でございます」「ここのところはご自身で工夫する

とおの

外には話しやうがございません」と，誘いの言葉で結ぶのもこのためである。→鳩翁道話　松翁道話　心学道の話　道二翁道話　売卜先生糠俵

遠野物語 とおのものがたり　日本民俗学の代表作とされる*柳田国男の著作。岩手県遠野地方の昔物語・伝説・伝承を，遠野出身の佐々木鏡石(本名喜善)から聞き書きし，119編にまとめて1910年(明治43)に出版した。序文に「一字一句をも加減せず感じたるままを書きたり」とあるが，純然たる談話筆録ではなく，柳田の文体を用いて彼の文学的表現に変えられている。内容は当時の柳田の関心の所在や叙情的趣向が色濃く反映されていて，*山の神，山男，山女，家の神(オシラサマ，ザシキワラシなど)，河童，猿，狐，魂の行方などに関する話が比較的多い。後年(1935年)，柳田は未収録の伝承299編を「遠野物語拾遺」として出版した。これには折口信夫が序文を寄せている。

遠山毘古 とおやまびこ　→宮内嘉長

戸隠修験 とがくししゅげん　長野市(旧戸隠村)にある戸隠山を行場とする修験。戸隠山は西岳，八方睨から五地蔵岳までの戸隠表山と，乙妻山などからなる裏山からなる峰々のこと。850年(嘉祥3)，学問行者が九頭竜の神の命によって開山した。この時，聖観音・千手観音・釈迦・地蔵菩薩が湧出し，やがてそれらは戸隠山顕光寺(本社・奥社)の本地仏となった。中世には西岳の西光寺を中心とした真言系修験と，本社の天台系修験道が栄えた。明治初年の神仏分離の際には，寺塔は破壊され，*御師は還俗して神官となった。

言継卿記 ときつぐきょうき　戦国期の公卿山科言継の日記。1527~29年(大永7~享禄2)，32~39年(天文元~8)，42年，44~60年(天文13~永禄3)，63~71年(永禄6~元亀2)，76年(天正4)の日次記と，装束に関する別記がある。いずれも自筆本が残されており，日次記は35冊が東京大学史料編纂所蔵，1冊が菊亭家蔵で京都大学付属図書館保管，別記3冊は天理図書館蔵である。言継は朝廷・公家が困窮化した時代に京都に在住し，日記には，朝廷への参仕，宮家・公家・武家との交際，諸行事や，内蔵頭を世襲した山科家の*家業である天皇家の御服の調進，公家装束の着装法である衣紋，同じく家業であった楽(笙)に関する記事などがみられる。また，言継は医薬の専門知識をもち，知人や近所の*町衆などの診察・投薬に関する記事がある。言継はこの時代の新興勢力である町衆・連歌師，一向宗・法華宗，戦国大名などとの交流も少なくない。京都町衆の自治活動や，言継が尾張の織田氏(1533年)，駿河の今川義元(1556年)などの城に下向した時の記事，1568年に入京した織田信長・足利義昭に関する記事は重要である。

常盤潭北 ときわたんぼく　→潭北

独庵玄光 どくあんげんこう　1630~98(寛永7~元禄11)　江戸前期の曹洞宗の僧。諱は玄光，道号は独庵，号は蒙山・打睡庵。肥前国佐賀の人。佐賀の高伝寺の天国泰薫のもとで得度する。諸国行脚ののち，1651年(慶安4)明僧の道者超元が来朝すると参禅した。道者超元の帰国後，長崎の晧台寺の月舟宗林に師事して印可をえる。後年同寺4世を継ぎ，河内国の竜光寺，摂津国の大道寺の再興に尽力した。病をえて河内国の経寺山に隠棲した。内典・外典に精通し，儒者の荻生徂徠や清朝考証学の李慈銘に高く評価された。著書「護法集」は広く世に知られる。ほかに著作は「経山独庵叟護法集」14巻，「経山独庵続護法集」2巻，「続孝感編」6巻，「善悪現験報恩編」10巻，「擬山海経」5冊など。→儒釈筆陣

徳育論争 とくいくろんそう　*福沢諭吉の「徳育如何」(1882)から始まった道徳教育のあり方をめぐる論争。1890年(明治23)の「*教育勅語」発布に至るまでは，いわゆる〈徳育の混乱時代〉で，多くの識者が意見を発表した(代表的な12編は「教育勅語渙発資料集」2巻に収められている)。明治維新以降の日本は，制度面では西洋を手本にそれなりの成果をあげることができたが，他方，道徳では古いものに代わる新しいものを見出せず，空白状態にあった。儒教の復興を説く者もいたが，福沢は社会の「*公議輿論」こそ道徳の基本であると主張した。*加藤弘之は，1887年(明治20)に「徳育方法案」を出版し，「道徳の大主

旨とするは愛他心」であるとして宗教の必要性を説いた。*小崎弘道は，加藤の意見に賛成し，「道徳は到底宗教に依らざれば実行す可らざること」を「六合雑誌」に掲載した論文で再三繰り返した。*杉浦重剛は，「日本教育原論」(1887)で「理学」こそが道徳の向上に寄与すると説いた。さらに山崎彦八の「日本道徳法案」(1889)は「鍛錬主義」を主張し，習慣の力をもって道徳を教えることが肝要とした。そのほか道徳教育の方法をめぐってさまざまな意見がだされ，*西村茂樹の「*日本道徳論」(1887)もその一つである。この論争は「教育勅語」発布によって終焉するが，近代日本の「内部の開化」をめぐる論争として重要である。

徳一 とくいつ　生没年不詳　「とくいち」とも。平安前期の法相宗の僧。「*元亨釈書」の伝記によれば，修円に学び，常陸国で筑波山寺を開き，会津の恵日寺に住み，そこで没したが，死後もその身は腐乱しなかったという。*最澄との間に，法相教学の三乗思想と天台教学における一乗思想の優劣をめぐる，いわゆる*三一権実論争を展開した。この論争の過程で，「仏性抄」「中辺義鏡」「遮異見章」「慧日羽足」などの著作を著した。論争は，最澄が東国に下向した817年(弘仁8)頃から821年までの5年間にわたった。また真言宗についても，*空海に対し「真言宗未決文」を著して疑問点を示した。なお恵日寺には徳一廟がある。福島県の恵日寺・勝常寺や茨城県筑波山の中禅寺(もと筑波山寺)など，70余の寺院が徳一開創の伝承をもつ。

土偶 どぐう　人間の形を表現した土製品で，わが国ではほぼ縄文時代をとおして製作された呪具。初期の土偶は小型で，抽象的な体軀に誇張した乳房を表現することが特徴で，大陸の後期旧石器時代の多産・豊饒を祈る地母神像の影響がみえる。縄文中期以降には，子供を背負う像や腕組みをして座る像など，具象的な像もみうけられるが，入墨や仮面をつけたかのような奇怪な顔面表現が多く，精霊の依代としての人形や呪術者の姿として作られたものと考えられる。中期には東日本を中心に分布し，後期以降はその片寄りはみられなくなる。ほとんど完形品での出土がなく，故意に破壊される行為が存在したとみられ，縄文人の精神文化や習俗を究明するうえで重要な資料である。

土公神 どくうじん　「どこうじん」とも。*陰陽道の土をつかさどる神で，安倍晴明に仮託された「*簠簋内伝」に由来がのべられている。備後国ではロックウサン，備前国ではドクウサンという。春は竈，夏は門，秋は井戸，冬は庭と遊行する神で，この季節に所在する土を犯すと祟りがあるとされた。中世や近世には土木工事は土公供で鎮めた。地霊の様相が強いが，竈神などと習合し，九州では地神盲僧が琵琶で鎮めて祀った。備後・備中国では天地創造と所務分けを説く土公祭文が作られ，1477年(文明9)の「五竜王祭文」(安芸国佐伯郡)にさかのぼる。備後神楽では神がかりに先立って，土公祭文に由来する王子舞や五行祭で地霊の威力を仰ぎ鎮め祀った。

徳川家康 とくがわいえやす　→東照大権現

徳川実紀 とくがわじっき　「御実紀」とも。江戸時代を扱った編年体の歴史書。全517巻(献上本)。1809年(文化6)に大学頭*林述斎と成島司直が主たる編纂者となり起稿され，49年(嘉永2)に完成し，御文庫に収められた。初代将軍徳川家康から10代家治までの歴史を主に幕府の日記と諸記録にもとづいて記述し，実録としての性格が強い。ただし明暦期(1655～58)以前の記録は江戸の大火で焼失しているため，野史によることも多く不備がみられる。各将軍の巻末の付録には将軍個人の逸話や言行を載せる。また，11代家斉以降の巻は一般に「続徳川実紀」と総称されるが，未完部分を残している。

徳川成憲百箇条 とくがわせいけんひゃっかじょう　書名は「神君御遺状」「東照宮御条目百箇条」「御遺状百箇条」「御遺状御宝蔵入百箇条」などと写本により異なり，その内容にもかなり相違がある。末文には，この百箇条を「我子孫及び老臣の外，披見を許さず」とあることから，「御宝蔵入」の名もある。偽書ではあるが，「*東照宮御遺訓」と同じく広く流布し，徳川家康の幕政に関する基本理念が示されている。100ヵ条にわたる内容は，

政治・経済，四民に対する心得，為政者として「天下は天下の天下に非ず。又一人の天下に非ず。唯仁に帰する事，深く研究すべき事」(第25条)など多岐に及んでいる。

徳川斉昭 とくがわなりあき 1800～60(寛政12～万延元)
幕末期の水戸藩主。幼名敬三郎，名は斉昭，字は子信，景山・潜竜閣と号した。諡号は烈公。水戸藩主徳川治紀の三男として，江戸藩邸で生まれる。1829年(文政12)9代藩主となる。*藤田東湖・*会沢正志斎ら改革推進派に擁立された斉昭は，財政再建や，藩校弘道館を建設して文武奨励を図るが，保守門閥派と対立した。38年(天保9)に内憂と外患の危機を訴えた意見書「戊戌封事」を幕府に上呈するなど幕政改革を求めたが，反発を招き，44年(弘化元)致仕・謹慎を命じられた。隠遁生活中，松平慶永・島津斉彬・阿部正弘ら有志大名と対外情報・蘭学知識を交流した。53年(嘉永6)ペリー来航後，幕府の海防参与となり内戦外和論を説いて，海防強化を求めた。将軍継嗣問題に際しては七男の慶喜を推して，南紀派の井伊直弼と対立した。著書は「*告志篇」(1833)，「*弘道館記」(1838)，「*明訓一斑抄」(1845)など。

徳川光圀 とくがわみつくに 1628～1700(寛永5～元禄13)
江戸前期の水戸藩主。梅里・西山などと号した。諡は義公。初代藩主である徳川頼房(家康の十一男)の三男。6歳の時，兄である頼重(のちに高松藩主)をこえて世子になり，1661年(寛文元)水戸徳川家を継いだ。部屋住みの時代である1657年(明暦3)，「本朝の史記」を編むことをめざして史局(のちの*彰考館)を江戸駒込の中屋敷に開いた。「*大日本史」の編纂の始まりである。90年(元禄3)，兄の子を養子にして3代藩主とし，自らは隠居した。思想史の立場からは，「大日本史」の編纂を始めたことが最も重要な業績であるが，そのほかにも「*礼儀類典」(515巻，朝儀の記事の集成)，「釈万葉集」(20巻，「万葉集」の注釈書)，「扶桑拾葉集」(30巻と系図など，文芸作品を中心とした和文叢書)の編纂などがある。それらの編纂事業は，いずれも実証的で堅実な学風が貫かれていた。たとえば，*契沖の万葉研究も光圀による依頼が契機となっているというように，近世の学芸の発展に大きな刺激を与えた。藩主として，*殉死を禁じ，一村一社制を理想とするなど領内の寺社整理を実行したことも注目されてよい。

徳川光圀教訓 とくがわみつくにきょうくん
*徳川光圀は藩主頼房の庶子であったが，藩内の事情により嗣子となり，1661年(寛文元)兄頼重をさしおき家督を相続，水戸藩主となった。儒教的為政者の意識の強い光圀は，長幼の序の理を通すために頼重の子綱条を嫡子として迎えている。教訓はその3代藩主綱条に与えたもので，久慈郡太田西山の隠居所を尋ねた家臣*安積澹泊(覚兵衛)が筆記したことが奥書でわかる。内容は光圀自身の経験をのべたものが多く，近世大名の家訓とはやや異質の教訓である。その大半は藩主としての体験にもとづく心得をきわめて具体的に，武芸・軍法・軍学に関して訓誡している。また，算盤も陣立ての人数の配分などの実務で不可欠であること，大将の宝は家臣であり，その人選の肝要性と平生より健康に心すべきことが説かれている。

独語 どくご
*太宰春台の著した和文の随筆。1巻。成立年代未詳。「唐土と我が国の風俗同じからずと云へども，詩と歌との道ばかりは，其の道理全く同じ」という前提に立って，和歌と唐詩の比較などを論じている。詩も歌も，時代が「世もすゑ」になるにつれて堕落するとして，「古の風俗」に帰ることを理想としている。茶道・俳諧などについても，同じような視点から論じられる。当代の音楽，特に三味線の「淫声」について口をきわめて批判しているのは，礼楽論としての現代文化論の一端である。

独笑妄言 どくしょうぼうげん
「―ぼうげん」とも。江戸後期の随筆集。1冊。*司馬江漢(不言道人の号)の著。1810年(文化7)の序。人間の一生は天地の長きに比すれば短く蜻蛉よりは長い，大宇宙に比べれば人間は小さいが蟻からすればずっと大きい，という人間の尺度の相対性の認識から，人生・名利などの人生論的話題が語られる。宇宙の大きさを信じぬ蟻の話，西洋諸学説に反している仏教諸説は人民を導くための方便ではないかと疑う

話，最後には「*解体新書」などでえた西洋解剖学の知識を簡潔に解説する。

読史余論 とくしよろん　摂関政治の開始から徳川氏の創業までを和文・編年体で叙述した歴史書。全3巻。*新井白石の著。もともと1712年（正徳2）将軍徳川家宣に日本古今の治乱・沿革について進講した際の草稿である。懐中用の小冊子に細字で書かれていたため読みにくかった原本を，のちに門人土肥元成（新川んがわ）が清書し，さらにそれを白石の末子宣卿のぶあきらが書写した本に，24年（享保9）白石が跋文を付した。この本が「読史余論」の題名で転々書写されていたが，1840年（天保11）に木活字本，ついで58年（安政5）に整版本で刊行された。なお，そのほかに白石の草稿から直接書写されたものと推定される「公武治乱考こうぶちらんこう」と題される別本があるが，内容で流布本と大差は認められない。白石は歴史の転換を「変」とよび，日本史の時代区分をしているが（朝廷政治を9変，武家政治を5変に分かつ），変は為政者に対する天の応報によっておこるものとされる（ただし天皇制の存続は天の応報に直接左右されるものとは考えていない）。その際歴代政権が交替するごとに，天の応報が系統の断絶，子孫の滅亡という形で子孫の代に顕現したと説かれる（「天定リテ人ニカツ」という天の応報観にもとづく）。また同時に，武家の時代は「古にかへる事を得べからざる代」と論断され，他の著述においては神祖家康が「天命」をうけて「子孫万世の業」を開いたと力説されている。ここから本書の基本的主張は，すべての歴代政権の滅亡を初代創業の不徳に対する天の応報とみなすことによって，歴史的世界を支配する天の道徳的理法を強調し，あわせて武家政権の成立に歴史の不可逆性を認めながら，徳川政権のみを天命にもとづく理想的な政権として正当化することであったと考えられる。なお本書は「*神皇正統記じんのうしょうとうき」などの先行史書によるところも多く，また「*日本外史」など後世の史書に与えた影響も大きい。→時代区分法

独湛性瑩 どくたんしょうけい　1628～1706（明・崇禎元～宝永3）　江戸前期の渡来僧。諱は性瑩，道号は独湛。俗名は陳其昌ちんきしょう，通称は念仏独湛。中国福建省興化府莆田県の人。1643年積雲寺の衣珠えじゅについて出家し，「法華経」「楞厳経りょうごんきょう」などの諸経を学んだ。50年承天寺の亘信行弥こうしんぎょうやに参禅。翌年，黄檗山おうばくさんの*隠元隆琦いんげんりゅうきに参禅し，54年（承応3）隠元に従って来日した。63年（寛文3）山城国万福寺まんぷくじ完成の時に西堂となり，翌年隠元の法を嗣いだ。65年遠江国に宝林寺を，73年（延宝元）上野国に国瑞寺こくずいじを建立し，82年（天和2）万福寺4世住持となった。禅と浄土教を兼修し布教に努めたことから「念仏独湛」と称される。著作は「初山しょざん独湛禅師語録」1巻，「初山励賢録れいけんろく」1巻，「初山独湛禅師行由」1巻，「永思祖徳録えいしそとくろく」2巻，「梧山ござん旧稿」4巻など。

得度 とくど　剃髪・出家して，僧尼の資格を得ること。古代律令制下では得度権は国家が掌握し，試度とよばれる公的課試をへた者に公験くげんとして度牒どちょう（度縁）を発給する官度制であった。こうした官許の得度には，官大寺・宗派，あるいは国ごとに毎年一定人数を得度させる年分度者ねんぶんどしゃや，時々の必要に応じて臨時に許可する場合があった。一方，官許をえずに勝手に剃髪・出家することを*私度しどまたは自度じどと称し，国家の禁圧の対象となった。官度制は律令制の崩壊とともに形骸化していったが，国家得度権の観念はその後も長く残り，中世以降には各宗本山や各寺が形式的に行った。

徳富蘇峰 とくとみそほう　1863～1957（文久3～昭和32）　明治～昭和期の言論人。本名猪一郎いいちろう。父一敬かずたかは肥後国水俣郷士で横井小楠しょうなんの門下であった。熊本洋学校・同志社に学び，1880年（明治13）郷里へ帰る。熊本では自由民権の結社相愛社そうあいしゃに加盟し，82年*大江義塾おおえぎじゅくを開くとともに，キリスト教系の新聞「東京毎週新報」に「明治二三年後の政治家の資格」などを寄稿し，または「第十九世紀日本の青年及教育」を私家版として発行した。同書は87年「新日本之青年」と改題・刊行されるが，そこで彼は西欧の文化をその精神も含めて全面的に導入すべきであるとのべた。86年「*将来之日本」で評判を博すると一家で上京，87年民友社を創立し「*国民之友」を創刊した。これは政治・経済から宗

教・文芸まで多面的に社会を論ずる総合雑誌で、政府主導の制度的欧化主義を批判し、平民主義・殖産主義・平和主義を説いて、平民による主体的な社会革新を説くものであった。さらに、90年には「*国民新聞」を創刊、報道新聞として成功した。

しかし、日清戦争頃になると膨張主義の立場へ移り、三国干渉後は挙国一致と軍備増強を叫ぶようになった。94年12月「大日本膨張論」を刊行、「膨張は日本の国是なり」と主張する。97年内務省勅任参事官に就職、「変節」批判を浴び、「国民之友」は廃刊においこまれた。その後も1913年(大正2)まで桂太郎らに仕えた。以後、「時務一家言」などにより、デモクラシーと国際協調を批判する。昭和期に入ってからも、その美文的・情動的文章をもって満州事変から日米開戦・敗戦まで一貫して主戦論的論調を展開した。その間ライフワークである「近世日本国民史」全100巻を完成させた。

徳冨蘆花 とくとみろか　1868～1927(明治元～昭和2)　明治・大正期の小説家。本名徳富健次郎。熊本県出身。兄に歴史家の*徳富蘇峰がいる。1885年(明治18)キリスト教の洗礼をうける。「自然と人生」(1900)の諸編において、神が宿り、人間が戻るべき場所としての自然の存在を強調し、そこから社会の矛盾を不自然としてきびしく批判する姿勢がうまれた。一大ベストセラーとなった「不如帰」(1899年完結)をはじめ、「思出の記」(1901年完結)や「黒潮」(1902年完結)などの長編は、すべて社会小説としての性格を有している。社会主義への理解も示し、*大逆事件の際、「謀叛論」(1911)において文学者で唯一人、公然と政府批判を行ったことは特筆される。「蘆花全集」全20巻がある。

読直毘霊 どくなおびのみたま　本居宣長の「*直毘霊」に対する批判の書。1冊。*会沢正志斎の著。1858年(安政5)成立。皇統の正しい「神州」日本は万国の中で最も尊いという宣長の説を高く評価しながらも、宣長が「古事記」に牽強付会して新説を唱えていると批判している。正志斎によれば、「正気」の「神州」は君臣・父子の「天地自然」の道が実現してきたために優れているのであって、日本独自の道があるわけではない。宣長の「皇国魂」は「本居魂」であり、「禍津日神」も西洋の悪魔に等しいものである、と揶揄している。正志斎は本書同様の宣長批判を、「読葛花」「読末賀能比連」でも繰り返している。

徳永直 とくながすなお　1899～1958(明治32～昭和33)　昭和期の小説家。熊本県飽託郡花園村に生まれる。小学校中退。印刷工場の見習い、地方新聞の文選工などののち、煙草専売局の職工時代に労働運動に近づき、1920年(大正9)五校生を中心とした新人会熊本支部ができた時に参加し、林房雄らを知る。22年上京。博文館印刷所の植字工となり、出版従業員組合の結成に参加、支部責任者となるが、26年共同印刷争議の折に解雇される。29年(昭和4)*日本プロレタリア作家同盟に参加、「*戦旗」に「太陽のない街」を連載し、ナップ派のプロレタリア文学の有力な新人として注目される。33年作家同盟の政治主義に反対し、9月「中央公論」に「創作方法上の新転機」を発表する。34年3月の作家同盟解散後に「文学評論」を創刊する。その後の作品に「光をかぐる人々」(1943)、「妻よねむれ」(1946～48)、「静かなる山々」(1950～54)などがある。

徳人 とくにん　→有徳人

徳本 とくほん　1758～1818(宝暦8～文政元)　江戸中・後期の浄土宗の僧。幼名は三之丞、号は名蓮社・号誉・称阿。徳本は諱。俗姓は田伏氏。紀伊国志賀の人。幼少より念仏への志が深かったが、ようやく27歳で出家・得度し、紀伊・摂津国などの山中で不断念仏・別時念仏をして修行した。修行中は裸身に袈裟を着し爪・髪を切らなかったが、1803年(享和3)京都法然院で除髪してその姿を改め、江戸伝通院の智厳から宗脈両脈をうけた。摂津国勝尾寺を拠点に畿内各地を行脚した。14年(文化11)江戸増上寺の大僧正典海の求めに応じて関東に下向し、各地で日課念仏を授け民衆教化にあたった。のち江戸小石川に一行院を再興した。今も各地に独特な筆跡の名号が残る。

特命全権大使米欧回覧実記 とくめいぜんけんたいしべいおうかいらんじっき　たんに「米欧回覧実記」とも。1871～73年

(明治4～6)に欧米に派遣された右大臣岩倉具視ﾄﾓﾐを団長とする使節団の報告書。全100巻(5編5冊)。使節団に随行した太政官少書記官*久米邦武ｸﾆﾀｹが編纂にあたり，太政官記録掛の刊行，78年に博聞社から出版された。近代国家建設の模範としての米欧諸国の実状を探り求めた使節団の見聞記録である。本書では，欧米が利益をめぐる競争社会であり，その競争が国家間の競争にまで拡大している現状が捉えられており，その後の日本における西洋観・対外観の形成に大きな影響を与えた。のちに歴史家となる編纂者久米の緻密な観察にもとづく日本と欧米との比較文明論・比較社会論としても評価されている。⇒岩倉遣外使節

徳門 とくもん　⇒普寂ﾌｼﾞｬｸ

独立学派 ﾄﾞｸﾘﾂｶﾞｸﾊ　江戸時代，朱子学派・陽明学派・古学派・折衷学派のいずれにも属さない思想家。井上哲次郎・蟹江義丸ﾖｼﾏﾙ編「日本倫理彙編ｲﾍﾝ」(1901～11)第10巻の「独立学派之部」では，*三浦梅園ﾊﾞｲｴﾝ・*帆足万里ﾊｳﾄﾘ・*二宮尊徳ｿﾝﾄｸがあげられている。もともと朱子学派以下の分類自体，井上哲次郎の三部作「日本陽明学派之哲学」「日本古学派之哲学」「日本朱子学派之哲学」にもとづく便宜的なもので，独立学派という実体があったわけではない。

独立自尊 ﾄﾞｸﾘﾂｼﾞｿﾞﾝ　*福沢諭吉ﾕｷﾁのモットー。心身の独立を全うし，自らその身を尊重して人たるの品位を辱めないようにすること。1900年(明治33)制定の「修身要領」全29条中の第一に掲げられている。さらに要領は，独立自尊の立場から男尊女卑の悪習を否定し(第8条)，社会共存を勧め(第14条)，国家の独立を維持すべきことを説き(第24条)，人種・民族差別を批判している(第28条)。日本では社会や国家の存立の基盤に，独立自尊＝個人の自律をおく考え方は稀であり，同時にそのことが当時の「*教育勅語」教育への暗黙の批判になっていることに注意すべきである。

徳竜 とくりゅう　1772～1858(明和9～安政5)　江戸後期の真宗大谷派の学僧。諱は徳竜，幼名は伝記麿，号は不浄室ﾌｼﾞｮｳｼﾂ・香樹院ｺｳｼﾞｭｲﾝ。越後国水原の人。越後国無為信寺ﾑｲｼﾝｼﾞの順崇ｼﾞｭﾝｿｳの次男として生まれる。各地を遊歴し諸宗の教義を修めたのち，東本願寺の高倉学寮の深励ｼﾞﾝﾚｲに真宗学を学んだ。1820年(文政3)擬講，23年嗣講，47年(弘化4)講師に進んだ。新学寮設立にかかわるなど教学の興隆に尽力し，かたわら近江国の随法や能登国の頓成ﾄﾝｼﾞｮｳらの異義取り調べを行った。布教活動に邁進し世俗倫理を重んじ，終生結婚せずに徳行をもって知られた。著作は「捉定五常義略弁ｿｸｼﾞｮｳｺﾞｼﾞｮｳｷﾞﾘｬｸﾍﾞﾝ」2巻，「自他得失弁」2巻，「*僧分教誡三罪録ｿｳﾌﾞﾝｷｮｳｶｲｻﾝｻﾞｲﾛｸ」2巻，「高僧和讃ﾜｻﾝ講義録」3巻，「北山ﾎｸｻﾞﾝ詩集」4巻など多数。

土公神 どこうじん　⇒土公神ﾄﾞｸｼﾞﾝ

床柴灯作法 とこさいとうさほう　室町～近世初期までの修験峰入りの際に行われた作法。峰入り修行の宿では，毎日，初夜(戌の刻)・後夜(寅の刻)・日中(午の刻)の三回の勤行ｺﾞﾝｷﾞｮｳが行われる。長床ﾅｶﾞﾄｺにおける日中勤行の際，読経が両部大日の呪ｼﾞｭまで進んだ際に，柴灯先達ｾﾝﾀﾞﾂによって行われるのが床柴灯作法である。

その次第は，まず，柴灯と火扇ｶｾﾝをもった柴灯先達が床を立ち，長床正面にしつらえられた金剛界・胎蔵界の*両界曼荼羅ﾘｮｳｶﾞｲを示す炉壇の前に進み出る。壇の手前左に草鞋ｿｳｶｲ・黒小木ｸﾛｺｷﾞ・手続ﾃｽﾞｷ，右側に肘比ﾋｼﾞ・白小木・手続がおかれている。柴灯先達はまず，草鞋をとって三礼してから礼盤ﾗｲﾊﾞﾝに登り，小木の位置を正してから柴打を抜いて白小木を三度切って縦にして投じる。ついで右側の手続をとり，座を立ち後方に退いたうえで円をえがき，さらにこれを三度振って左側におく。また肘比を三度打ち，火扇を三回回し，両手を組んで三度腰を捻りながら三歩ずつ，計九歩前に進む。この所作を「至致ｼﾁを振る」といい，三大阿僧祇劫ｱｿｳｷﾞｺｳをへて成仏することを意味するとされている。ついで，右方の火箸で右方の床を払い，手を組み炉壇の前で跪する。以上は，慈救呪ｼﾞｸが百返唱えられている間に行われる。読経が宝号に入ると，今度は同じ作法で黒小木を三度切り，横むけで炉壇に投じ，後ろに退いたうえで左の手続をとり，先と同様に円をえがき三度振って左方におく。ついで肘比・火扇の作法と「至致を振る」所作を行い，左方の火箸で左方の床を払い，再び手を組み炉壇の前で跪してからもとの床に帰る。ついで，行者ｷﾞｮｳｼﾞｬ

＊・童子の宝号が唱えられると，法螺をもって三回行道する。➡日中行事

常世国 とこよのくに　海の彼方にある神仙郷で，不老長寿と富貴といった現世利益を説く道教的・神仙思想的観念。「＊古事記」上巻では，大国主神とともに国を作り堅めた少名毘古那神（神産巣日神の子）が渡っていった国だとされる。また「＊日本書紀」皇極天皇3年(644)7月条に，富士川のほとりで大生部多という巫覡が蚕に似た虫を常世の神と称して布教していたことが記されている。

戸坂潤 とさかじゅん　1900〜45(明治33〜昭和20)　昭和前期の唯物論哲学者。石川県の豪農の息子として東京で生まれる。京都帝国大学文学部哲学科で学び，＊西田幾多郎・＊田辺元に師事する。新カント哲学から自然科学へと関心が移り，弁証法的唯物論に到達する。1931年(昭和6)＊三木清の後，法政大学で教える。翌年＊唯物論研究会を設立し，その機関誌「唯物論研究」などに論文を発表する。「科学的精神」「技術的精神」を重んじる立場から政府の戦争政策を攻撃したことで，逮捕される。1945年8月9日，終戦を目前に獄死する。主著に「＊日本イデオロギー論」「科学的精神の探究」などがあり，「戸坂潤全集」全5巻・別巻1が出版されている。

土左日記 とさにっき　「土佐日記」とも。平安中期の日記文学。平仮名で書かれた日記文学の最初のもの。1巻。＊紀貫之の著。935年(承平5)頃成立。貫之が土佐守の任満ちて，934年12月21日に土佐の国衙を立ち，翌年2月11日に淀川をさかのぼって山城国山崎に着き，16日京都に無事帰着するまでの55日間の舟旅日記。「男もすなる日記といふものを，女もしてみむとてするなり」と，女性に仮託して仮名文でつづり，漢文では表せなかった微妙な感情を巧みに表現して，のちの日記文学や仮名物語に大きな影響を与えた。

戸沢正令 とざわまさのり　1813〜1843(文化10〜天保14)　「―まさのり」とも。江戸末期の出羽国新庄藩主・国学者。号は稜威舎。1840年(天保11)に家督を相続し，10代新庄藩主となる。＊本居宣長が中国・朝鮮との外交について論じた「馭戎概言」を読み，宣長に傾倒して，その著書を熟読する。以来，宣長を信奉してその門人斎藤彦麿に師事し，宣長の学問を継承することに専念した。正令は宣長の著書を至上のものとし，反発する者は罪人であるとものべている。正令の著書には国学に関するものが多く，「道の弁」は宣長の「＊直毘霊」の祖述書であり，儒教的な道徳が日本に神代から備わっていることは，古典をみれば明らかであるとしている。

年占 としうら　1年間の吉凶についての占い。農耕・漁・狩などの豊凶や天候の良否に関するものが多い。神社の特殊神事または一般家庭の行事として，小正月を中心に正月・節分・端午の節句・七夕・十五夜などに行われる。形式としては，事象の状態あるいは集団競争・競技の結果から推し量る二つのタイプに大別される。前者には＊粥占・餅占・豆占・炭占などがあるが，粥占を例にとると，これは炊いた粥の中に竹の筒などを入れ，そこに入った粥の量の多少でその年の農作物の豊凶を占うという形が典型で，各地の神社に特殊神事として現存する。後者は相撲・綱引き・歩射・柱松・押合い・悪態つきなどであり，＊流鏑馬も元来はこれに属する。

歳神 としがみ　年神・正月様・ワカドシサンとも。その年の安全と五穀を守護する神。正月になると，各家では新しい年の神（歳神）を迎え，年男がその神の祭祀者となる場合が多い。その際，常設の神棚とは別に吉方に歳神棚が設けられる。門松や注連など正月習俗の多くはこの歳神にかかわるものである。歳神の〈トシ〉は稲あるいはその稔りを意味し，歳神には稲の神としての性格がみられる。また，正月行事と盆行事は共通点が多く，歳神に祖霊的性格を見出すこともできる。正月に迎えられる歳神は稲の神や祖霊であり，新年にあたり新たな活力をもたらす神との思想がみられる。

祈年祭 としごいのまつり　➡祈年祭(きねんさい)

豊島豊洲 としまほうしゅう　1737〜1814(元文2〜文化11)　江戸中期の儒学者。名は幹，字は子卿，通称は終吉（周吉），号は豊洲・考亭・由己・由己亭。江戸の人。幕府与力の子。幕府書物

奉行であった兄中岡半九郎芳範の養子となるが、兄没後の1767年(明和4)に改易され、以後、豊島氏を称した。はじめ*宇佐美灊水(しんすい)に徂徠(そらい)学を学び、のち沢田東江に師事した。豊洲は、伊藤仁斎(じんさい)・荻生徂徠が「心学」に堕した朱子学を正したことを肯定しつつも、仁斎学の「道」と「教」との関係、徂徠学の「長人安民の仁」をも批判するという折衷的な立場をとった。江戸で講説を業とし、*寛政異学の禁に反対を唱え、五鬼の一人に数えられた。著書は「豊子筆談(ひつだん)」「豊子仁説(じんせつ)」など。

土砂加持 どしゃかじ 加持は仏教において、行者が手に密印(みついん)を結び、口に真言(しんごん)を誦し、心に本尊を観ずることで即身成仏(そくしんじょうぶつ)を達成すること、また霊験の成就を願って特定の*陀羅尼(だらに)・印契(いんげい)を修する呪術の作法をいい、ここから転じて祈禱を意味するようになった。日本では中国の密教が伝えられて、*真言宗・*天台宗が興り、密教が主流を占めると、*陰陽道(おんみょうどう)と混合して鎮護国家・病気治癒などのために加持祈禱が盛んに行われた。土砂加持は、白砂を容器にいれて、土砂即舎利(しゃり)、舎利即宝珠と観じ、光明真言(みょうごんしんごん)をもって加持して、これを遺骸や墓所などに散布すれば、真言の功徳によって生前の罪障を滅し、極楽浄土に往生すると信じられた。密教では、種々の土砂加持次第と印信(いんじん)が伝えられている。

鳥栖寺僧都 とずなでら →貞崇(じょうそう)

斗藪 とそう 頭陀の漢訳語。ふるい落とす、はらい除くの意。ここから煩悩をはらい除き、衣食住の欲を捨てて、ひたすら仏道修行に励むことを意味した。人家から離れた場所に住む、常に托鉢(たくはつ)によってえたものを食する乞食(こつじき)、一日に一食するなどの十二頭陀行(ずだぎょう)を実践する。乞食托鉢の行、およびその僧を頭陀と称して、そこでえたものを入れる袋を頭陀袋とよぶ。死出の旅にでる死者の首に頭陀袋をかけることもなされた。日本では広く修行のために回国遊行(ゆぎょう)し、山岳स河を駆けめぐることを斗藪と称し、奈良・平安時代から盛んとなり、比叡山の千日回峰行(せんにちかいほうぎょう)や修験道の根本道場である大峰山(おおみねさん)・葛城山などの踏破、出羽三山・白山(はくさん)などの入峰

修行がよく知られる。山は死者の霊が集まる他界であり、この死後の世界を遍歴することで心身が浄化されて再生すると信じられた。

渡宋天神 とそうてんじん →渡唐天神(ととうてんじん)
土蔵法門 どぞうほうもん →秘事法門(ひじほうもん)
兜率僧都 とそつそうず →覚超(かくちょう)

戸田茂睡 とだもすい 1629〜1706(寛永6〜宝永3) 江戸初期の歌学者。初姓は渡辺。名は恭光(やすみつ)、通称は茂右衛門、号を露寒軒(ろかんけん)・梨本(なしもと)とも。戸田は養家の姓である。父は徳川忠長の家臣で、駿河国府中で生まれた。本多忠朝に仕えて牢人し、40歳以後に禄を離れて、江戸の浅草や本郷に隠棲した。歌論「*梨本集」(1700刊)で、秘説・秘伝を尊ぶ中世的な歌学をするどく批判し、特に「制の詞(ことば)」(歌に用いてはならない語)の制約を根拠のない妄説と批判した。5代将軍綱吉治世下の政治事件を記録した「*御当代記(ごとうだいき)」、江戸の地誌として名高い「紫の一本(むらさきのひともと)」(1682頃)、自己の思想を披瀝した「*梨本書」(1694)など、多く晩年の著作であり、江戸初期の武家階級の生活倫理や社会的な関心の有り様がうかがわれる。

ドチリナ・キリシタン キリシタンの必読すべき問答体の教理入門書。通常カテキズモ(公教要理)と称される。現存するものは、(1)1591年(天正19)加津佐刊の国字本「どちりいなきりしたん」、(2)翌92年(文禄元)天草刊のローマ字本、さらに日本の事情に即した改訂版である(3)1600年(慶長5)長崎のイエズス会印刷所刊のローマ字本と、(4)同年の長崎の後藤登明宗印(そういん)刊の国字本「どちりなきりしたん」である。ザビエル以来諸種の教理書が編まれていたが、1570年(元亀元)に請来された、66年刊のイエズス会士ジョルジェ編の児童用「ドチリナ・キリシタン」が翻訳され、日本の伝道に適合するように編集されて上掲の(1)と(2)が刊行され、92年にはこの(1)と(2)が決定版として公認されるに至った。以上40年間に及ぶ経験と宣教師の協力によって実現したものであり、(4)の国字版の序に「上下ばんみんにたやすく此むねをしらしめんがために、こと葉はぞくのみゝにちかく、儀はデウスのたかきことはりをあらはすもの也」と

記されているように，洗練された平易な文語体である。その一部は仏教用語が，他の基本的教理用語はすべてラテン語・ポルトガル語が使用されている。キリシタンの信仰思想を知る根本資料である。

渡唐天神 ととうてんじん　渡宋天神とも。大宰府の*菅原道真（天神）が，一夜，中国宋の径山の無準師範の室に参じて授衣されたとする説話。1395年（応永2）頃に成立したとみられる花山院長親の「両聖記」に，山城国伏見蔵光庵の僧が夢に見たのと同じ天神の無準参禅受衣像をえて，同庵の土地神に勧請し，人々にこの信仰が広まったとするのが初期の説である。

この説話の成立前提として，これ以前に広まっていた〈*天神信仰〉が注目される。平安時代に，紀伝道にかかわる人々を中心に道真の詩文の才に対する敬愛があり，配所大宰府での死後にうまれた怨霊伝説とその鎮魂祈願があり，天神託宣が流行した。鎌倉初期に天神は観音の垂迹として信仰され，室町時代にこれらの天神・観音信仰と禅林で崇敬されていた無準師範が結合された。成立当初から時代と国土の齟齬について疑問がもたれたが，異質な要素の夢想による結合世界として許容された。

別に，九州における聖一国師（*円爾）がこの伝説の成立にかかわっているとする系統の説があり，東福寺派が積極的に伝説を広めた形跡がある。渡唐天神説話には多くの要素が混入しているが，当時の禅林における「漢」的世界を象徴する無準のもとに，「和」的世界を象徴する天神が参禅するとした和漢融合の思想にもとづくものである。

室町時代以後，多くの渡唐天神像が描かれ，道服を着けて衣嚢を下げ，梅花小枝を抱く類型が成立した。服と衣嚢は参禅と儒仏，梅花は飛梅故事と詩文世界にあたる。梅花が参禅を示すとみる説もある。図像は，中世の作例が「漢」優位であるのに対して，近世の作例はしだいに装飾的・遊戯的要素が多くなり，画題としてこなれた分だけ「和」の性格が強くなった。もとは図像のために作られた賛文も含めて，五山文学中に渡唐天神と題する詩文が多く，説話が社会に広くうけいれられたことを示している。

鄰艸 となりぐさ　立憲政治を紹介するための*加藤弘之の著作。1861年（文久元）成立（写本で流布）。幕制改革への提言として，隣国中国の政治改革になぞらえて，西洋の議会政治を説明した。政体を上下分権の君主政治（洋名モナルキー）と，万民同権の官宰政治（洋名レピュブリーキ）に分類し，議会政治こそ仁義の政であるとした。さらに67年（慶応3）には「立憲政体略」を著して，三権分立，司法権の独立，公私二権の大要を説明し，立憲制度の採用を説いた。

舎人親王 とねりしんのう　676～735（天武5～天平7）*天武天皇の皇子。母は天智皇女の新田部皇女。右大臣藤原不比等の没した720年（養老4）に知太政官事に任じられ，735年（天平7）に没するまでその官にあった。「*日本書紀」編纂の総裁であるが，太政官最高責任者として名を連ねたものか，実質的に編纂にかかわったものかについては，判断の手がかりがない。のちに舎人親王の子である大炊王が即位（淳仁天皇）したことにより，崇道尽敬皇帝の尊号が贈られた。

賭博 とばく　博打・博奕・樗蒲などとも。金銭や品物などを賭け，賽や花札などを用いて勝負を争うこと。主として囲碁・将棋・双六などの遊戯の中で行う。中でも双六は賭博の本道といわれ，その歴史も古い。「日本書紀」天武14年（685）9月辛酉条をはじめ，物語・随筆などにも散見される。「新猿楽記」（平安後期）には，賽の目を意に任せ謀計術を究めた博打，「普通唱導集」（13世紀末）にも，直垂を賭けに打ち入れた博打がみえる。「*東北院職人歌合」（曼殊院本・14世紀）には，双六盤を前にして，賭けに負け衣類を剥ぎとられた裸身の博打が描かれており，右手には賽を振り出す竹筒をもつ。詠歌に「誰に打ち入れて雲の衣を脱ぎて出づ」とあり，賭物は衣類であることが多い。すでに詐欺賭博も横行していて，「*七十一番職人歌合」（1500年）には，賽の目が，ある数ばかりに倒れるように仕掛けた片付賽の似非賽を造る賽磨も現れる。時代が下るにつれ，賽と盤が分離し，さいころ賭博へと移った。賭物も多彩となり，銭・果物・衣類などのほかに

杉原紙もみられ，17世紀前半頃から流行したウンスンカルタや天正カルタも賭博用とされた。賭博行為はほぼ全時代を通して取締りの対象とされ，悪質な行為は刑罰に処せられている。

鳥羽天皇　とばてんのう　1103〜56(康和5〜保元元)　在位1107〜23。諱は宗仁。堀河天皇の第1皇子。母は藤原実季の女苡子。誕生の年に立太子。1107年(嘉承2)には5歳で即位するが，実権は祖父白河上皇にあった。皇子が生まれるとともに，23年(保安4)譲位した。29年(大治4)に白河上皇が没してからは，院中にて政務を執る。前関白藤原忠実を政界に復帰させ，その子頼長を重用し，荘園整理を緩和し，荘園公領制への方向をうちだすなど，その政治は白河院政期の政策にあえて異をとなえる方向性をもっている。また，伊勢平氏を登用して武力基盤を築く。41年(永治元)鳥羽殿で出家した。法名は空覚。陵は安楽寿院陵。

登張竹風　とばりちくふう　1873〜1955(明治6〜昭和30)　明治〜昭和期の評論家・ドイツ文学者。広島県生れ。本名は信一郎。東京帝国大学文科大学独文科卒。山口高校・高等師範学校教授を務める。1900年(明治33)「帝国文学」の編集に従事し，ニーチェの紹介をする。*高山樗牛と同じく，ニーチェ主義の立場から*坪内逍遥らと論争をする。仙台の第二高等学校講師，満州国建国大学の教授としてドイツ語を教える。業績としては，ニーチェの翻訳「如是説法ツアラトウストラー」(1935)のほか，「新式独和大辞典」(1912)，「大独日辞典」(1933)などがある。

都鄙　とひ　→鄙　都や

飛神明　とびしんめい　神明が空中を飛ぶという思想。「*太神宮諸雑事記」光仁天皇の宝亀10年(779)条に，伊勢大神宮の正殿焼亡の際，猛火中から御正体が飛び出して神前の松樹に懸かったと記すのが早い例である。この思想が盛行するのは室町中期である。飛行した地に神明社を建てたが，その背景には御厨以外の地にも神明社の勧請を願う庶民の熱烈な大神宮信仰をうかがうことができる。神宮当局の禁止にもかかわらず，1031年(長元4)には斎宮寮頭に，1489年(延徳元)に

は吉田の大元宮に，1646年(正保3)には長崎に，そして大和三輪明神などの飛神明もみられた。なかでも吉田の大元宮の場合は，飛神明の流行を政治的に利用したもので，社会的事件にまで発展した。「飛神明沙汰文諺」「諸国神明勧請御制禁之例」には，多くの例証が載せられている。

都鄙問答　とひもんどう　江戸中期の心学書。著者は*石田梅岩。1739年(元文4)京都の書肆により上梓。全4巻2冊。全編を，農村から上京した者が師(梅岩)のもとで，心にわだかまる問題を尋ね，懇切に答えてもらう問答の形で終始している。内容上の要諦は，人間すべてに通ずる本質として「性」を措定し，これを存在と当為との統体として捉え，これと日常の実践行動とを結びつける媒介として「形に由る心」を提起する。すなわち，既成の道徳を強制されてやむをえず守るのではなく，人間としての規矩に適った行為を自発的に工夫し(心)，自主的に実践する(形)ことこそが大切である，と説諭する。そして，この「性」は万人に等しく賦与されているから，当代における士農工商の社会階層(身分)は，職分の違いの徴表で，人間的価値の高下を表すものではないとする。この立場を敷衍して，商業活動の発展とこれにともなう商人層の台頭を封建社会の危機とする抑商論・町人蔑視の思想に反対して，商人の人間性を尊重し，商業活動や利潤追求の正当性を論じている。本書は，後代の心学者はもとより，多くの人々に読まれ，道徳思想史に深甚な影響を及ぼした。⇒石門心学

富田高慶　とみたたかよし　1814〜90(文化11〜明治23)　一般には「─こうけい」。江戸後期〜明治前期の農村指導者。二宮尊徳の高弟であり，*報徳運動の指導者の一人。通称は久助，号は任斎。陸奥国相馬藩士の家に生まれる。1839年(天保10)下野国桜町陣屋に尊徳を訪ねて入門し，小田原仕法などで尊徳を助ける。45年(弘化2)相馬仕法に着手し，藩財政の再建，農村救済に対処し，仕法を成功に導く。幕末・維新期には藩家老を務め，戊辰戦争・廃藩置県などの難局を乗りきる。77年(明治10)興復社を設立し報徳運動を推進する。著書には，報徳思想を体系的に論述した

「報徳論」(1850成)，尊徳の一代記「*報徳記」があり，報徳運動の理論と実践に大きな影響を与えた。

富永仲基 とみながなかもと　1715〜46(正徳5〜延享3)　江戸中期の儒学者。大坂の人。字は子仲または仲子，通称は三郎兵衛，謙斎などと号した。父芳春は大坂の富裕な商人で，*懐徳堂創設五同志の一人である。その学問の本領は，合理的・批判的な思想発展論にある。幼少から懐徳堂で学び，言い伝えによれば，古代中国思想の発展を説いた「説蔽」を著して，師である*三宅石庵の怒りをかい破門されたという。仏教研究の成果として，画期的な仏教思想史である「*出定後語」が著された。1746年(延享3)に「*翁の文」を公刊して，儒・仏・神三教が形骸化しているとしてそれぞれを批判し，「誠の道」を唱えた。⇒加上説

ドミニコ会 どみにこかい　聖ドミニコを祖とし，説教に力を注ぎ，「談義者の門派」とよばれた，スペイン人主体の修道会で，フィリピン経由で来日した。最初のドミニコ会士は，1592年(文禄元)外交使節として来日したコーボである。ついで1602年(慶長7)マニラ貿易を望む島津氏に招かれてモラレスらが来日し，薩摩国甑島で布教した。やがて九州本土の京泊(川内)，肥前国へと進出したが，08年島津氏の迫害をうけて，長崎・京都・大坂に移り拠点を設けた。14年の*伴天連追放令により各地を追われた同会士は長崎に集まり，近隣諸地域で迫害下の信者を訪問し励ました。来日当初より信心講「ロザリヨの組」をとおして信者を組織化し，信仰の保持を図った。ルエダは彼らのためにマニラで「*ロザリヨ記録」(1622)，および「ロザリヨの経」(1623)を刊行した。1637年(寛永14)までに来日した同会士は39名である。

留岡幸助 とめおかこうすけ　1864〜1934(元治元〜昭和9)　明治・大正期の社会事業家。備中生れ。1888年(明治21)同志社卒業後，丹波第一教会の牧師をへて，91年北海道空知集治監の教誨師となる。94年渡米して監獄改良や感化事業を研究する。96年帰国，東京の霊南坂教会牧師，「基督教新聞」編集人となり，98年から巣鴨監獄教誨師も兼ねる。99年教会を辞して警察監獄学校教授となり(1904年まで)，また少年教護のため東京巣鴨に家庭学校を創設した。05年機関誌「人道」を発刊し，社会事業の啓発に力を注いだ。同じ頃，二宮尊徳の理念に共鳴し*報徳会を設立，その思想の研究と普及に努めつつ，内務省嘱託として地方改良運動にも協力した。14年(大正3)同嘱託を辞し，北海道に家庭学校分校と農場を開設した。著書は「感化事業之発達」「慈善問題」など多数。「留岡幸助著作集」全5巻がある。

朝永三十郎 ともながさんじゅうろう　1871〜1951(明治4〜昭和26)　明治後期〜昭和前期の哲学者・哲学史家。物理学者朝永振一郎は子。長崎の旧大村藩士の家に生まれる。1889年(明治22)第一高等中学校に入学。95年帝国大学文科大学哲学科に進み，*ケーベル・*井上哲次郎・*元良勇次郎・中島力造らに学んだ。98年に卒業後京都の真宗大学教授となり，主に哲学を講じた。1907年京都帝国大学文科大学助教授。09年哲学史研究のために英・独・仏に留学し，ハイデルベルク大学のビンデルバントに師事した。13年(大正2)に帰国後，教授に昇格。研究においては，新カント主義西南学派を基盤とする正確・緻密な批判的立場をとり，終生ゆらぐことはなかった。主著の「*近世に於ける「我」の自覚史―新理想主義と其背景」(1916)で，カントの哲学を文化の哲学と解釈しつつ，その背後にある汎神論的神秘思想がロマン主義と結びついてヘーゲルに連なっていることを説いた。また「カントの平和論」(1922)では，国際連盟結成に結実する原著の思想史的意味を大いに評価した。31年(昭和6)に京都帝大を退官して大谷大学に転じ，48年日本学士院会員となった。

伴林光平 ともばやしみつひら　1813〜64(文化10〜元治元)　「ばんばやし―」とも。幕末期の僧侶・歌人・国学者。通称は六郎，号は斑鳩隠士・蒿斎・岡陵，変名は並木春蔵，法名は大雲坊周永。河内国志紀郡林村の尊光寺に生まれる。父は浄土真宗の僧侶。1828年(文政11)上京し，西本願寺学寮に入って修学した。38年(天保9)国学僧無盖に会し，翌年因幡国の神官で本居大平門人の飯田秀雄さらに国学・和歌を学び，その子年平と親交した。

同年還俗して伴林六郎光平と名乗り，和歌山の*加納諸平の弟子となる。40年に江戸の*伴信友らの門に入って国学の研鑽に精励し，信友の依頼もあって畿内の山陵調査に従事している。その後，親族の懇請により一時僧籍に戻り，中宮寺宮に和歌を進講し，和歌山藩国学所総裁に就任するが，61年（文久元）「本是れ神州清潔の民」の詩を遺し還俗・出奔した。63年，孝明天皇の攘夷親征の勅命が下ると天誅組に参加したが，敗れて捕われ，翌年京都で刑死した。著述の多くは生前刊行されなかったが，明治以降は勤皇歌人としての評価がなされ，1944年（昭和19）に「伴林光平全集」1巻が出版された。著書は「*園能池水」「*於茂秘伝草」「野山のなげき」など多数。

伴部安崇 ともべやすたか　1667〜1740（寛文7〜元文5）　江戸前・中期の垂加神道家。通称は武右衛門，号は止安斎・八重垣翁。江戸品川出身。はじめ*佐藤直方に師事し，朱子学を学ぶ。*跡部良顕に朱子学を教授し，師の直方を紹介する一方，安崇は良顕から*垂加神道を学んだ。その後，直方の神道否定に疑問を抱き，門を離れ，直方と論戦した。安崇は良顕とともに垂加神道を研究し，のち失明した良顕を助けて「垂加文集」などを編集・刊行するほか，江戸を中心に垂加神道の普及に努めた。また，彼自身通俗的な神道教化をめざした「神道野中の清水」や，慈遍の「旧事本紀玄義」の通釈書「旧事本紀玄義抜萃常世草」などを著した。

友松円諦 ともまつえんたい　1895〜1973（明治28〜昭和48）　真理運動を展開した大正・昭和期の仏教活動家。父は友松勝次郎，母はつね。幼名は春太郎。名古屋生れ。10歳の時，東京深川の浄土宗安長寺友松諦常の養子となり，円諦と改名する。慶応義塾大学を卒業し，1927年（昭和2）からドイツ，フランスに留学する。帰国後に慶応義塾大学教授となり，仏教法政経済研究所・国際仏教協会などを設立する。34年にNHKラジオ放送で「法句経」の講義をし，新鮮な感覚に満ち大きな反響をえた。また高神覚昇らと仏教革新運動となる真理運動をおこし，35年に機関誌「真理」を創刊する。戦後東京外神田に神田寺を創建し，浄土宗を離脱する。全日本仏教会初代事務総長に選ばれた。著書は「法句経講義」などきわめて多数。

外山正一 とやままさかず　1848〜1900（嘉永元〜明治33）　明治初・中期の哲学者。号はヽ山仙士。幕臣の子として江戸に生まれる。1861年（文久元）蕃書調所に入学して*箕作麟祥から英学を学ぶ。66年（慶応2）幕府派遣留学生として渡英したが明治維新のため帰国，その後静岡学問所教授となる。72年（明治5）ミシガン大学に留学して76年に化学科を卒業，帰国後は開成学校教授。77年新設の東京大学文学部教授，81年同文学部長となって哲学・史学を担当する。86年改組された帝国大学の文科大学長，97年東京帝国大学総長，98年文部大臣となる。学者としての外山は，日本人初の哲学教師としてH.スペンサーらの進化論哲学の移入に努めた。ただし，ダーウィン進化論中の優勝劣敗・適者生存を強調するのには批判的で，加藤弘之の「*人権新説」は，学術的な価値がないばかりか民権伸張を妨害する点で有害であると断じた。曲学阿世を許さない彼の気概は，幕臣という出自によるところが大きい。まとまった著作はないが，その啓蒙活動は自然科学・哲学・文芸・演劇にまで及ぶ広範なもので，その中でも1882年の*新体詩運動がよく知られている。

止由気宮儀式帳 とゆけぐうぎしきちょう　→太神宮儀式帳

豊葦原神風和記 とよあしはらしんぷうわき　南北朝期の神道書。卜部氏出身の天台僧*慈遍の撰。全3巻。後醍醐天皇死去の翌年である1340年（暦応3・興国元）に，新待賢門院廉子の求めにより後村上天皇のために撰述したもので，慈遍の代表的著作である。本文は和文体であり，「神道大意」「天地開闢」「天神七代」「地神五代」「両宮鎮座」「祖神大分」「神態忌物」「尊神霊験」「仏神同異」「仏神誓別」の全10章からなる。各章の本文の後に「要文」として，伊勢神道・両部神道の書籍からの引用文を掲げる。「*豊受皇太神御鎮座本紀」にみえる天照大神の神宣を論じる「神道大意」から始まり，天地開闢から伊勢

神宮鎮座に至る神祇の歴史を語り，伊勢神宮祠官の祖神の系譜や神宮の禁忌・託宣などについてのべる。最後の2章は，神仏の関係について論じている。「仏神ノ内証同一ニシテ，而モ化儀各別也」と，仏法と神道は究極的に帰一する教えであることを論じ，天照大神の仏法忌避の託宣は，仏法を穢悪とすることによるのではなく，末世の僧尼の堕落に由来すると主張している。

豊受皇太神御鎮座本紀 とようけこうたいじんごちんざほんぎ 「とうけー」とも。略して「御鎮座本紀」とも。鎌倉時代，伊勢外宮祠官によって著された中世伊勢神道書の中心文献の一つ。1巻。伊勢外宮祭神，すなわち豊受神の神名を「豊受皇太神」と「皇」字を加えてよんでいる。本書の成立後の1296年（永仁4），内外宮間の皇字訴訟において，外宮側は神名に皇字が必要だとする証拠資料として本書をあげている。また度会行忠の「伊勢二所太神宮神名秘書」(1285)に本書からの引用がある。内容は，伊勢外宮の鎮座の由来をのべたものである。成立期について，継体朝の外宮祠官と伝える乙乃古命の子飛鳥が本書を著したとする識語を伝えるが，飛鳥に仮託した偽作であり，事実とは思われない。

豊受大神宮 とようけだいじんぐう →伊勢神宮

豊鑑 とよかがみ 豊臣秀吉の略伝記。全4巻。竹中重門(1573～1631)の著。1631年（寛永8）成立。作者は秀吉の軍師として知られる竹中重治の子で，はじめ秀吉に，のち徳川家康に仕える。秀吉の出生から1594年（文禄3）の伏見築城までを，和歌などを挿入した擬古文で略述し，奥書には病のためその後のことは書き継げなかったとある（ただし秀吉の死と秀頼の敗死に言及する）。巻3は，大村由己の「*聚楽行幸記」の文章をほぼそのまま移入したものである。叙述の体裁は「増鏡」などの*鏡物にならっているようであるが，文中には儒教思想にもとづく論評もみられ，小瀬甫庵「*太閤記」などに通ずるものがある。書名にも，歴史を人間の行動規範とみなす儒教的歴史観（鑑戒主義）が表明されているようである。

豊国神社 とよくにじんじゃ →豊国神社ほうこく

豊田天功 とよだてんこう 1805～64（文化2～文久4） 江戸末期の水戸藩の儒学者。名は亮，字は天功，通称は彦次郎，号は松岡・晩翠。常陸国久慈郡坂野上村の庄屋の次男に生まれる。1818年（文政元）*藤田幽谷に入門し，翌年，*藤田東湖とともに江戸にでて，*亀田鵬斎・*大田錦城に学ぶ。20年彰考館に出仕したが，27年辞職する。32年（天保3）立原派・藤田派にとらわれず，「下位」の賢才登用を求めた意見書「中興新書」を藩主*徳川斉昭に上呈した。翌年，再び彰考館に入り，弘道館学職を兼務し，43年「*大日本史」志・表の編修頭取となった。44年（弘化元）斉昭が幕府から致仕・謹慎を命ぜられると，雪冤運動に参加して禁固に処せられた。56年（安政3）彰考館総裁となって，「大日本史」食貨志・兵志・刑法志を成稿した。自らオランダ語の修得に志した天功は，最新の世界情報を収集して「靖海全書」(1851成)，「*防海新策」(1853)，「北島志」(1854)を著した。

豊臣記 とよとみき →太閤記

渡来人 とらいじん 古代国家形成期から奈良時代にあって，朝鮮半島の諸国や中国から渡来し，わが国に居住した者とその子孫たちをいう。従来は「帰化人」の用語が使われたが，それは一種の中華思想にもとづくもので適切ではない。「古事記」「日本書紀」「古語拾遺」などは，有力な渡来人集団である西文氏・秦氏・東漢氏のそれぞれの祖とされる*王仁・弓月君・阿知使主の渡来を応神朝のこととする。つづいて雄略朝には，今来漢人と総称される百済や中国南朝からのさまざまな技術・工芸者集団の渡来があったことが「日本書紀」に語られる。彼らは先の有力渡来人のもと，大陸の新しい技術・学芸をもって，国家制度の整備や文化の移植に大きな役割をはたした。6世紀に入り，新羅による朝鮮半島の統一の過程で，高句麗や百済からの亡命者のさらなる渡来があり，その学識や技術をもって律令国家と飛鳥文化の形成に大きく寄与するとともに，一部の渡来人は東国に移され，地方への先進文化の伝播に貢献した。平安初期に編纂された「*新撰姓氏録」は畿内の渡来系氏族を諸蕃としてまとめ，その数は実に326氏

にのぼる。

鳥居 とりい　*神社において神域への入口であることを表示するために立てられた一種の門。その形式の起源については，日本固有のものとする説と中国・インドなどの類似施設との関連を説く説とがある。また語源に関しても，鳥のいる所，鳥のとまり木（「和名類聚抄」「伊呂波字類抄」）などの説があるが，ともに定かではない。鳥居の基本構造は，2本の柱を立て，上部近くに貫という横木を水平に通し，その柱上に笠木という横木をかぶせて連結する。横木の形状が直線か曲線か，また付属品の有無，装飾によって分類され，神明・明神・山王・三輪・両部鳥居など多くの形式がある。「類聚神祇本源」所収の宝亀2年(771)2月13日付太政官符が鳥居の初見とされるが，検討を要する。「和泉国大鳥神社流記帳」(922〈延喜22〉)にも鳥居の語句がみえる。なお，大嘗宮には皮付きの丸太で造る黒木鳥居が立てられる。寺院にも鳥居が立てられた例として，大阪の四天王寺，吉野の金峰山寺，高野山の金剛峰寺が知られており，また「左経記」長元9年(1036)5月19日条には，後一条天皇の葬送において葬列が進む路の諸寺は鳥居を立てたとある。

鳥居素川 とりいそせん　1867～1928（慶応3～昭和3）明治・大正期の新聞記者。本名は赫雄，素川は号。熊本藩医の三男として生まれる。1887年(明治20)上京して独逸学協会学校に入学したが，荒尾精の勧誘で卒業を待たず上海の日清貿易研究所に入る。92年*陸羯南の紹介で日本新聞社に入社し，日清戦争の従軍記事で名を馳せる。97年池辺三山らの推薦で「大阪朝日新聞」に入り，1901年から2年間ドイツへ留学した。大正期には民本主義的立場から健筆をふるい，16年(大正5)編集局長に就任したが，18年10月*大阪朝日新聞筆禍事件で退社した。19年長谷川如是閑らと雑誌「*我等」を創刊，また同年「大正日日新聞」を創刊したが，後者は経営不振のため1年足らずで解散した。

鳥居元忠遺誡 とりいもとただいかい　「*三河物語」に語られた主君徳川家康の「御慈悲・御武辺・よき御譜代・御情」と，譜代衆の献身による主従の情誼的結合の「男道」の道徳は，鳥居元忠(1539～1600)が嫡子忠政に与えたこの遺誡に明確に示されている。1600年(慶長5)4月，上杉景勝討伐のため出兵した家康は，伏見城代の元忠らに城を死守することを命じた。石田三成側の毛利輝元・島津義弘・宇喜多秀家・鍋島勝茂らの総勢およそ10万余騎に攻められた元忠は，主命に従い城を枕に討死した。死を覚悟した元忠の遺誡には，恥を知る武士には「死を遁るゝ道」はなく，主君のために「命を没する事，常の法」であり，家臣として命を惜しむべきでないことが切実に訓誡されている。

鳥の鳴音 とりのなくね　→和寿礼加多美

トルレス　**1** Cosme de Torres　1510～70　スペイン人のイエズス会士。バレンシア出身。1549年(天文18)*ザビエルとともに来日し，彼の日本退去により第2代日本布教長となった。ザビエルの遺志をよく守り，大友宗麟の庇護のもと豊後国を拠点として，北・西九州に布教を展開し，63年(永禄6)大村純忠を改宗させ，長崎開港の準備を行った。また京畿地方への進出をはたし，63～64年高山図書・右近父子，*清原枝賢，日比屋了珪らの武士・公家・富商などを改宗させた。18年間の布教長時代に信者数3万人，教会数50戸となり，キリシタン教会興隆の基礎を築いた。

2 João de Torres　1550～?（天文19～?）日本人イエズス会士。周防国山口に生まれ，生後8カ月でコスメ・デ・*トルレスから受洗した。はじめ同宿として働き，1568年(永禄11)*イエズス会に入会した。79年(天正7)の「イエズス会員名簿」にポルトガル語が堪能な唯一の者とある。日本文学に通じ，*ノビシヤド(修練院)で宣教師に日本語を教えた。説教家として活躍し，布教長カブラルやゴメスらの通訳を務めた。上長への不従順，哲学・神学への不熱心のゆえに1612年(慶長17)3月10日以前に除名された。

トレス　→トルレス

とはずがたり よわずがたり　鎌倉時代の日記文学。全5巻。作者は，中院源雅忠の女で後深草院二条とよばれる女性。1313年(正和2)頃までに成立。1～3巻と4～5巻に二分さ

れ，前半は後深草院御所での生活を中心に，1271年(文永8)，14歳で院の寵愛をうけてからの院をはじめとする複数の恋人たちとの愛欲の生活，後半は，院の面影を胸に，西行法師にならい，諸国を行脚して回った経験が書かれている。二条は自己の魂の遍歴を「語る」ことで，愛欲の実人生をこえたと捉えることができる。鎌倉中期の宮中の生々しい人間関係が描かれているためか，長いこと日の目をみないで，昭和期になって再発見されるという数奇な運命をたどった。

頓阿 とんあ 1289～1372(正応2～応安5・文中元) 南北朝期の歌人。俗名は二階堂貞宗。はじめ比叡山，のちに高野山で修行し，浄阿門に入り，時衆となる。能誉(能誉の死後に慶運)・浄弁・吉田兼好らとともに，二条為世門の和歌四天王の一人である。「新千載和歌集」の撰進の折は二条為定を援助し，「新拾遺和歌集」の折は，撰者の二条為明が撰集途中で死んだため，その後を受け継いで完成させるなど，二条派の中心的存在の一人でもあった。二条家の正風として尊重された家集「草庵集」(約2000首収録)のほか，歌学書「井蛙抄」などがある。

遁世 とんせ 「とんせい・とんぜい」とも。俗世間から遁れ，仏門に入ること。仏教においては，本来は*出家と遁世は同義であったが，平安中期以降，特に中年に達してからの出家を遁世と称したり，また，すでに出家している者で，その帰属している教団組織や寺院から脱出して山林などで孤独の求道ないし隠遁生活を送る場合や，受戒などの正式の手続きをへないで出家した者など，いわば再出家や非公式の出家をも遁世と称した。こうした遁世者の生活実態は不明な点が少なくないが，*西行・*鴨長明・*吉田兼好らは中世文芸にも大きな足跡を残した代表的な遁世者である。

曇徴 どんちょう 生没年不詳 飛鳥時代に渡来した高句麗の僧。610年(推古18)に来日。僧と記されているが，儒教に明るく，また絵具や紙・墨などの作り方を伝えた。

曇竜 どんりゅう 1769～1841(明和6～天保12) 江戸後期の浄土真宗本願寺派の学僧で，同派教学の一つ竜華派の祖。字は子雲，号は竜華・金嶽・碧巌，諡は大行院。俗姓は小田。安芸国の人。12歳の時，広島正善坊の正楷の弟子となり出家した。6年間の修法ののち本山の学林に懸席し，1828年(文政11)勧学職となる。帰国後は慧雲・*大瀛に学んで安芸国専蔵坊に住した。*三業惑乱の際に大瀛を助け，正義を主張した。神道家矢野大倉による仏教誹謗に対して，1839年(天保10)「*垂鈞卵」を刊行して反駁する。その後，豊前国の超覚寺住職に請われ，さらに本山の命により博多万行寺内に竜華教校を設けて学徒を教育した。千をこえる門下をもった竜華派は，一時空華派に拮抗する勢力となった。真宗教学の伝統を信心の軌跡と捉える「三経七祖唯信一轍」を唱えた。

な

名〔な〕 人とものの称呼。人名の場合は所属する集団を示す苗字〔みょうじ〕・名字〔みょうじ〕と、個人的称呼である実名〔じつみょう〕・*諱〔いみな〕とからなる。古代には、動物・植物・地形・居住地・職業・色・数・方位など信仰や自然環境に密着したものが多く、やがて男子に「人」「足」「麻呂」、女子に「女」などをつけるようになり、平安時代には命名に抽象的な文字を採用して、男子には嘉祥の2字、女子には「子」をつけるようになった。また、集団に所属する段階にしたがって複数の名がつけられ、誕生時に幼名、成人して実名・通称・法名〔ほうみょう〕などをつけるようになる。複数名は時代が下るにつれてしだいに複雑化した。公家・武家ともに男子実名2字の上または下の字に、家系で共通する文字(系字〔けいじ〕・通字〔とおりじ〕)を用いることがあった。名はものの実であり、ものの本性を表すとする「名詮自性〔なせんじしょう〕」の観念があり、ひるがえって高貴の人の実名を避けることで敬意を表する「実名敬避〔じつみょうけいひ〕」の習慣がうまれ、欠画〔けっかく〕・省筆〔しょうひつ〕や居所・地名などによる代用がなされた。武家では恩恵として、主人の1字を家臣に与える「一字拝領〔いちじはいりょう〕」の慣例があった。また、室町時代の奈良の寺院に例がみられるように、敵対する者の名を書いて堂舎に籠めて調伏祈禱する「名を籠める」作法も行われた。

近代になって、1870年(明治3)平民に苗字が許され、75年苗字必称の布告がだされた。98年明治民法で「氏〔うじ〕」が「家〔いえ〕」の呼称であるとされたが、1948年(昭和23)民法改正によって「氏」は個人の呼称であるとされた。→字〔あざな〕　別号〔べつごう〕

儺〔な〕 →追儺〔ついな〕

内宮年中行事〔ないくうねんじゅうぎょうじ〕 →皇太神宮年中行事〔こうたいじんぐうねんじゅうぎょうじ〕

内供奉十禅師〔ないぐぶじゅうぜんじ〕 僧官の一つ。宮中において鎮護国家・玉体安穏を祈ることを職務とした。内供奉と十禅師はもとは別々の職名と考えられるが、内供奉十禅師の成立は772年(宝亀3)以降797年(延暦16)以前とされる。864年(貞観6)からは*御斎会〔ごさいえ〕の読師〔どくし〕にも任用された。797年に最澄〔さいちょう〕が内供奉十禅師となったが、この後、天台・真言の密教系僧侶が任ぜられることが多くなった。ことに天台宗の進出は著しい。本来、内供奉十禅師は僧綱〔そうごう〕との兼職はできなかったが、850年(嘉祥3)同職に任命された円珍〔えんちん〕が、890年(寛平2)少僧都〔しょうそうず〕に補任されてから天台宗僧侶に限って兼帯が認められるようになった。

内侍所〔ないしどころ〕 平安前期に成立した、尚侍〔ないしのかみ〕・典侍〔ないしのすけ〕・掌侍〔ないしのじょう〕および女孺〔にょじゅ〕を構成員とする後宮〔こうきゅう〕の機関。律令制における後宮十二司の内侍司〔ないしのつかさ〕を母体とし、「所」の一つとして成立した。職掌は天皇近侍、奏請・伝宣、神事・儀式奉仕など多岐にわたる。*三種の神器の一つである神鏡は、令制では蔵司〔くらのつかさ〕が保管していたが、平安前期までに内侍所の管轄となる。神鏡は平安宮内裏では、温明殿〔うんめいでん〕の南半の部屋に大刀契〔たちけい〕などとともに奉安され、賢所〔かしこどころ〕とよばれ、また、同殿の北半の部屋には内侍の女官が伺候し奉仕していたので、内侍所ともよばれた。さらに、温明殿全体を賢所とも内侍所ともよぶようになる。

内清浄〔ないしょうじょう〕 清浄は「せいじょう」ともいい、清くて穢〔けが〕れのないこと。神は不浄を嫌うので、神前に近づき、神事に参加するためには、心身の清浄を保つことが不可欠とされた。その清浄には内清浄と*外清浄〔げしょうじょう〕があり、前者は精神の清浄を、後者は身体の清浄を意味する。これら内外の清浄が完全に整った時、真の祈りが実現するといわれた。坂十仏〔さかじゅうぶつ〕の「*伊勢太神宮参詣記」に「こゝろにいのることなきを内清浄といふ」とあり、また「身にけがれたるところなきを外清浄といへり」と記すのは、そのことをのべたものである。このような内外の清浄が完成されるためには正直〔しょうじき〕に生きることが重視された。

内証山伏〔ないしょうやまぶし〕 *修験道における二種の「やまぶし」の概念で、外用〔げゆう〕山伏に対する概念。のちに内証山伏と外用山伏の対比は、臥伏二字のそれに展開していく。15世紀末頃の彦山修験〔ひこさんしゅげん〕の切紙「内証山伏事」(「*彦山修験道秘決灌頂巻〔かんじょうのまき〕」)などにみられる。

峰中で*胎内五位の修行を終了し，下化衆生のため出峰した山伏を外用山伏というのに対し，父母の二滴が一つになり，母胎(山岳)に宿り，胎内五位を修行し本有本覚の理を悟って出生する，すなわち出峰する山伏を内証山伏という。

内鮮融和運動 韓国併合後の同化政策(朝鮮人の日本人化)を具現化した社会運動。「満州事変」による日中関係悪化を契機に，宇垣一成総督が「内鮮融和」を唱え，*皇民化政策下にあっては，南次郎総督が「内鮮一体」を提唱するが，その典型が創氏改名である。日本国内でも，在日朝鮮人を対象に融和運動が展開された。1921年(大正10)には内務官僚の支持により相愛会が設立されている。そのほか神奈川県・兵庫県の内鮮協会，朝鮮人同郷，地域組織を中心とした融和団体がある。融和団体は日本人顧問をおき，就職の斡旋などを行った。しかし戦時体制が強化されると，融和団体は解散させられ，政府主導の協和事業が36年より始まり，協和会に一元的に統制される。在日朝鮮人は協和会手帳の携帯が義務づけられ，神社参拝・和服着用・徴用・創氏改名などが強要された。

内談 内々で話し合うこと。特に鎌倉幕府において，得宗が側近に政務を諮問すること。幕府には本来，評定衆や引付衆などなど，御家人が任じられる正式な合議組織が存在した。ところが北条得宗家は，13世紀半ばの北条時頼の頃から，彼らに諮らずに，側近のみに相談して最も重要な事項を決定するようになった。側近は多く北条一門と御内人であり，内談がしばしば行われるようになるとともに御内人の地位も上昇し，得宗専制が顕著になった。なお，南北朝期の一時期，室町幕府に内談方がおかれたことがある。これは従来の引付方と同性質のものであった。

内地雑居問題 明治期，*条約改正に関連して外国人の日本国内での旅行・居住・営業・不動産所有などの自由の可否をめぐってひきおこされた問題。幕末から締結された条約では居留地を設定していたが，条約改正が実現すれば居留地廃止と治外法権の撤廃に代わって外国人に対して内地開放を認める必要があった。しかし，明治20年代の国粋主義的思潮の高まりとともに，経済のみならず固有の風俗・宗教などが乱されるとの反対論が激しくなり，1892年(明治25)に組織された内地雑居講究会(翌年，大日本協会に改組)などの対外硬派による雑居尚早論が展開された。しかし，99年の日英通商航海条約によって雑居が決定したため論争は下火となり，同年7月から雑居が実施された。

内藤湖南 1866～1934(慶応2～昭和9) 明治～昭和前期の東洋史学者。盛岡藩の3代続いた学者の家に生まれる。名は虎次郎。秋田師範学校を卒業後，小学校の首席訓導(校長代理)になるが，22歳の時上京する。*大内青巒主宰の雑誌に記事を書き，編集をする。さらに，政教社の「日本人」や大阪朝日新聞社・台湾日報社などの記者をへて，1907年(明治40)新設の京都帝国大学東洋史講座の講師に就任する。朝鮮と中国の現地調査による研鑽が認められたのである。2年後には教授となり，東洋史に関する実証的な研究に従事し，日本における東洋史学の先駆者となる。日本文化史にも造詣が深く，日本の文化形成は内発的なものではなく，外からの刺激が「にがり」の役目をはたして形成されたこと，すなわち日本文化が外来文化の影響のもとに形成されたことを明らかにした。主著に「日本文化史研究」「支那論」「支那史学史」などがあり，その業績は「内藤湖南全集」全14巻に所収される。

内藤如安 ?～1626(?～寛永3) キリシタン武将。父は松永甚助(久秀の弟)，母は丹波国八木城主内藤定房の女。内藤飛驒守忠俊・徳庵・小西如庵とも称する。1565年(永禄8)京都で受洗し，霊名はジョアン(如安・如庵)。将軍足利義昭の没落後，小西行長の側近となり，文禄の役では行長の命により明国との講和使節に選ばれ北京へ赴く。1600年(慶長5)主君の小西行長が関ケ原合戦で処刑されたのち，一時加藤清正に仕えたが，*高山右近の斡旋で加賀の前田利長の侍臣となり，知行4000石をうける。14年徳川家康の禁教令により高山右近，妹の内藤ジュリアら家族とともにマニラへ追放され，同

地で病没した。

内藤耻叟（ないとうちそう）　1827～1903（文政10～明治36）　明治期の歴史家。父は水戸藩士の美濃部又三郎茂政。名は正直，別号碧海。常陸国水戸の人。内藤家を継ぐ。水戸藩校弘道館などで*藤田東湖らに学び，藩内抗争の中を生きる。1865年（慶応元）弘道館教授。維新後上京し，78年小石川区長となり，区民の徳化に尽力したといわれる。86年帝国大学文科大学教授になり，日本史・支那歴史・和漢古代法制などを担当する。皇典講究所・斯文会などでも歴史・制度典礼などを講義する。その学問的立場は常に*水戸学による尊王史観に立つものであり，特に徳川時代の歴史に詳しかった。99年宮内省嘱託。著書に「徳川十五代史」全12巻など。

内藤義泰家訓（ないとうよしやすかくん）　平（磐城平）藩の2代藩主内藤義泰が嫡子義英に対して，1677年（延宝5）5月に与えた家訓。義英は翌78年「病により」（「寛政重修諸家譜」）幽閉され，82年（天和2）廃嫡となり隠居した。病身の後継者を案じての教訓のためか，義英に宛てた家訓でありながら，その内容は家老・用人・近習者に「己ヲ正シクシ，道ヲ守ル」ことを説き，家臣全体の心得・規範が教示されている。各条文には「孝経」「論語」「孔子家語」などの儒書を敷衍したものが多く，また幕府と内藤家との関係を「朱陳の古に倣ひ」（朱・陳は中国の家名で，両家の古くからの交わりにならっての意）と表現していることから，この家訓は藩の儒者の手になるものかと思われる。特に家訓では公儀への忠誠を求め，藩・領国支配権すべては幕府からの「預かりもの」という意識が明確に示されている。

内部生命論（ないぶせいめいろん）　*北村透谷が1893年（明治26）5月，「文学界」5号に発表した未完の論文。透谷の代表作であり，透谷の思想を理解するのに最もよきテキストである。透谷によれば，今日の思想界は「生命思想と不生命思想との戦争」を特色としており，「吾人は生命思想を以て不生命思想を滅せんとするものなり」との決意表明をする。宗教であれ，哲学であれ，それが生命を説かないならば宗教あるいは哲学といえるかと問う。その生命は人生50年という数えられるものではなく，「人間の根本の生命」すなわち「内部の生命」（インナーライフ）である。文学もその「根本の生命の絃に触れる」ことをめざさなければならぬ，と透谷は主張する。

本論文は，*徳富蘇峰が「国民之友」に発表した「観察論」と「インスピレーション」に刺激されて書かれたものである。けれども，人間の内部が人の力によっては動かしえないものであることを訴え，インスピレーションを「宇宙の精神，即ち神なるものによりて，人間の精神即ち内部の生命なるものに対する一種の感応」と解するなど，透谷の宗教的センスの深いことを示している。

内務省警保局（ないむしょうけいほきょく）　全国の警察事務を統轄する内務省の部局。行政警察を管轄するために司法省におかれていた警保寮を内務省に移管し，1885年（明治18）内閣制度にもとづく中央官制の再編によって，内務省内部に県治局・社寺局などとともに9局の一つとしておかれた。内務省は明治政府の支配を徹底するため，警察行政・地方行政を統轄する中心的な機関であり，その役割は，集会・出版物を検閲し，反政府的な言動を取り締まることにあった。特に，1925年（大正14）に*治安維持法が改正されて「国体変革」を目的とする運動の取締りが強化された昭和期に入ると，内務省警保局に政治警察を担当する高等課，府県庁に特別高等警察課が設置され，天皇制イデオロギーによる国民の一元的統合を実現すべく強引な思想調査・統制を行った。

内務省宗教局（ないむしょうしゅうきょうきょく）　明治期から宗教行政を行った官庁。1900年（明治33）明治政府は内務省の機構改革を行った。20年以上続いた社寺局を廃して神社局と宗教局とに分け，神社局を内務省の首位においた。神社局が神宮をはじめとする神社と神官および神職に関する事項を管轄したのに対して，宗教局は神仏各派，寺院，宗教の用に供する堂宇をはじめ宗教に関する事項と，僧侶および教師に関する事項を管轄した。13年（大正2）宗教局は文部省へ移管され，古社寺の保存に関する事項が加えられた。42年（昭和17）廃止され，新設の文部省教化局（のち教学局）が引き継いだ。⇒内務省神社局

内務省神社局 ないむしょうじんじゃきょく
内務省におかれて神社行政を担当した局。1877年（明治10）教部省が廃止され、宗教管理は内務省社寺局へと移管された。しかし神社に関する特別官衙の設置を求める声が高まり、1900年、内務省社寺局は神社管理のみを行う神社局と諸宗教を管理する宗教局とに分離した。ここに神社は行政機構上、諸宗教と完全な分離をはたし、〈神社は宗教に非ず〉とする*神社非宗教論が具現化されることになった。その後、13年（大正2）宗教局が文部省へと移管され、神社と諸宗教は官省をも別にすることになった。ところが40年（昭和15）、*国体明徴（こくたいめいちょう）運動を発端に、国民敬神思想の普及のため神社の役割を増加することとなり、内務省外局に神祇院（じんぎいん）が設立されると、神社局は廃止された。⇒内務省宗教局

直茂公御壁書 なおしげこうおんかべがき
この壁書は、初代佐賀藩主の鍋島直茂（1538～1618）が嫡子勝茂（かつしげ）に与えた「直茂様御教訓ケ条覚書」（鍋島文庫本55カ条、祐徳稲荷神社本59カ条で構成）のうち、第17条から第37条までを抜粋したものであるが、その本文が直茂自身の制定であるかは断定できない。各条文はきわめて簡潔で、「*葉隠（はがくれ）」に示された鍋島武士道の思想的規範ともいえる心得が説かれている。そこには、人の上に立つ者の心得、臣下・領民に対する治政の心掛け、なかんずく主君としての人格修養を説き「人間の一生は、若きに極る」と、若い時分の思慮分別と嗜み（たしなみ）が教訓され、「葉隠」にみられる身分の上下を問わず、武士たる者は身命をも捨て去る覚悟のできた者こそ、分別もつき理非をわきまえ、他人からも敬われると説く。

直毘霊 なおびのみたま
「直日霊」（板本）とも。「*古事記」理解を通じて古道を論じた書。*本居宣長（もとおりのりなが）の著。1巻。「*古事記伝」第1巻に所載。主な成立過程は、1767年（明和4）までに成稿した「古事記雑考」に所収される「道テフ物ノ論」が初稿と考えられ、次に「古事記伝再稿本」の「道云事之論」をへて、71年10月9日に「直霊」が成稿し、90年（寛政2）「古事記伝」第1巻に「直霊」を補訂して所収されたものと考えられる。没後の1825年（文政8）、「直日霊」の題で単独の刊本として刊行された。題名は悪神の禍津日神（まがつひのかみ）によって、千年来儒教・仏教が盛行して人々が妄信している誤りを、善神の直毘神の力により矯正しようという意である。古来、日本には儒教的な道は存在せず、あえてあるとすれば天照大神（あまてらすおおみかみ）の道を歴代天皇が継承していると論じる。道の内容は「古事記」に書かれた事象の中にしか存在しないとして、老荘流の「自然」とは一線を画す。「古事記伝」の総論的な性格をもつが、道を主題としているため儒学者の反駁書がでて、道をめぐる議論は*国儒論争の焦点となった。賀茂真淵（かものまぶち）の「*国意考（こくいこう）」とともに、国学的*古道論の経典的地位を占める。

直幹申文詞絵 なおもともうしぶみえことば
鎌倉時代の絵巻。1巻。紙本著色。出光美術館蔵。作者不詳。鎌倉中・後期頃の成立と考えられている。大きく前半・後半に分かれ、前半では、平安後期の学者橘直幹が、時の天皇村上帝へ任官の嘆願をつづった申文を奉るが、名文であったにもかかわらず内容から帝の機嫌を損ねてしまう。後半は、その後、960年（天徳4）の内裏（だいり）焼亡の際、帝が直幹の申文を避難させたかと周囲に尋ね、人々は帝の名品を思う心に感銘をうける。話は一変し、神鏡を奉じる内侍所（ないしどころ）にも火の手が回るが、神鏡が自ら飛び出し、駆けつけた「小野宮殿」の袖に飛び入って事なきをえたとして終わる。村上帝の徳を顕彰するものであるとともに、神器の霊威を描くことで天皇（王権）の聖性を説く内容となっている。「古今著聞集（ちょもんじゅう）」などに類話がある。

直会 なおらい
神祇祭祀において、神前に神饌（しんせん）を供進したのち、供進された神饌と同じものを祭儀の奉仕者が飲食すること。また、下げられた神饌を飲食する場合もある。神と同じものをいただくという神人共食儀礼である。「神道名目類聚抄（しんとうみょうもくるいじゅうしょう）」に「神ニ奉リシ御供・御酒ナドヲ戴畳事（いただきたたむこと）ヲ云」とある。語源は諸説あるが、平常に復する意の「なおりあい」（本居宣長（もとおりのりなが）説）が穏当と思われる。称徳天皇大嘗祭（だいじょうさい）の辰日節会（たつのひのせちえ）の宣命に「今日は大新嘗（おおにいなめ）の猶良比（なおらひ）の豊明聞行（とよのあかりきこしめす）日に在り」（「続日本紀」天平神護元年11月23日条）とみえる。大嘗祭・新嘗（にい

さい・月次祭だけではなく，伊勢神宮の三節祭（月次祭・神嘗祭）でも直会が規定され（「延暦儀式帳」），また「儀式」によれば，春日神社・大原野神社には「直会殿」があった。

永井荷風 ながいかふう 1879～1959（明治12～昭和34）明治～昭和期の小説家・随筆家。本名壮吉。別号は断腸亭主人・金阜山人など。東京小石川金富町に生まれる。高等商業学校付属外国語学校（現，東京外国語大学）清語科中退。父は名古屋藩出身の官吏，母方の祖父は藩儒鷲津毅堂。父の遺産により生活を保証されていたことが，放蕩と文学への道を選ばせる契機となる。*巌谷小波の木曜会の会員となり，ゾラの影響を強くうけた作品「野心」「地獄の花」（1902），「夢の女」（1903）を発表する。1903～08年（明治36～41）米・仏に渡り，「あめりか物語」（1904～07），「ふらんす物語」（1909）で文名を高める。続いて「冷笑」（1909・10），「すみだ川」（1909）を発表し，10年には慶応義塾大学文学部教授となり，「三田文学」を創刊・主宰する。代表作には訳詩集「珊瑚集」（1913）のほか，「腕くらべ」（1916・17），「おかめ笹」（1920），「つゆのあとさき」（1931），「濹東綺譚」（1937）などがある。森鷗外とモーパッサンを終生師と仰ぐ。新橋の芸妓八重次との離婚後は独身を貫く。「荷風全集」全29巻がある。

中井甃庵 なかいしゅうあん 1693～1758（元禄6～宝暦8）江戸中期の儒学者。名は誠之，字は叔貴，通称は四郎または忠蔵，甃庵と号した。播磨国竜野藩の藩医の子として生まれ，*三宅石庵のもとに入門して儒学を学んだ。石庵は必ずしも積極的ではなかったとされるが，*懐徳堂の官許に奔走して実現させ，懐徳堂の2代当主となった。竹山・履軒の父として知られている。

中井竹山 なかいちくざん 1730～1804（享保15～享和4）江戸中期の儒学者。名は積善，字は子慶，通称は善太，号は竹山居士・同関子などい，晩年は渫翁ら，諡は文恭先生。*中井甃庵の子として大坂に生まれ，その年，*懐徳堂の初代学主三宅石庵が没し，父甃庵が2代学主となる。1739年（元文4）*五井蘭洲が帰坂し，竹山は弟履軒とともに師事する。58年（宝暦8）甃庵の死去により，三宅春楼（石庵の子）が学主となり，竹山は預り人として懐徳堂の運営にかかわった。82年（天明2）春楼が没し，4代学主となり懐徳堂の黄金時代を築いた。懐徳堂は1726年（享保11）に幕府の官許をえて以来，半官半民の町人の学校として独自の学風を誇っていたが，竹山学主の時期には関西の儒学の根拠地としての地位を確立し，官立学校化も推し進めた。それを象徴するのが老中*松平定信への接近で，88年（天明8）定信の来坂に際し竹山は下問をうけ，91年（寛政3）に経世論書「*草茅危言」を進呈した。92年に大火で懐徳堂は堂舎を焼失したが，幕府の資金援助と大坂町人の義捐金で96年再建された。ただし懐徳堂の官立化はならず，竹山は翌97年に息子蕉園に跡を譲った。竹山の学問は，程朱学を標榜するものの陸王学も排斥せず，詩文にたけ，*経世論をよくしたこととあいまって融通性があるものであった。歴史への関心も高く，「*逸史」は江戸時代を代表する家康伝の好テキストである。「詩律兆」「非徴」「東西遊記」「竹山先生国字牘」などの著作のほか，詩文集「奠陰集」がある。

中井正一 なかいまさかず 1900～52（明治33～昭和27）通称は「しょういち」。昭和期の美学者。大阪市の緒方病院で日本最初の帝王切開により生まれる。本籍地の広島高等師範学校付属中学校を卒業後，第三高等学校をへて，京都帝国大学文学部哲学科美学専攻に入学し，ボート部で活躍するとともに，*深田康算に師事する。*戸坂潤とは論争相手であった。1930年（昭和5）「美・批評」（第1次）を創刊し，映画創作にも従事する。34年に京都帝大文学部講師に就任し，同年第2次「美・批評」を，35年「*世界文化」を，36年週刊新聞「土曜日」を創刊し，編集を担当する。海外の反ファシズム運動の紹介を掲載したため，治安維持法違反により検挙される。戦後は疎開していた尾道の市立図書館長に就任し，地方文化振興に尽力する。48年には国立国会図書館副館長に*羽仁五郎の推挙により就任し，同図書館の発展と国の図書館行政に

貢献する。1936年に「世界文化」に連載した「委員会の論理」は，フランスの人民委員会を手本に，組織による意思決定と「実践」の過程の論理を明らかにする。その論理は，「思惟」「討論」「技術」「生産」を媒介とする「主体的条件」の模索でもあった。「中井正一全集」全4巻がある。

中井履軒 なかいりけん 1732〜1817（享保17〜文化14）江戸中期の儒学者。名は積徳，字は処叔，通称は徳二，号は履軒・幽人・天楽楼主人，諡は文清先生。懐徳堂かいとくどう学主*中井甃庵しゅうあんの次男，竹山ちくざんの弟として大坂に生まれ，*五井蘭洲らんしゅうに師事した。1766年（明和3），公卿の高辻家に賓師として迎えられるが1年後帰坂し，私塾水哉館すいさいかんを開いた。門下に*山片蟠桃やまがたばんとうがいる。1804年（文化元），兄竹山の死去とともに*懐徳堂の学主となったが，それ以前は懐徳堂の経営に直接関与しなかった。履軒の学問は兄同様に朱子学を標榜するものの折衷的で，経書研究書「七経雕題略ちょうだいりゃく」「七経逢原ほうげん」に独自な経書解釈がみられる。「*攘斥茅議じょうせきぼうぎ」「均田ぼう茅議」などの*経世論も多く著したが，「華胥かしょ国王」を称し夢と現実を行き来するかの境地から発せられる経世論は，気宇壮大でありつつ現実批判の意図も見出せる（「*華胥国物語」）。音韻学・名物学・暦学・医学にも通じ，人体解剖書「*越俎弄筆えっそろうひつ」は高水準のものとされる。歴史にも通じ，論賛を有する「*通語つうご」は注目すべき歴史書である。

中江兆民 なかえちょうみん 1847〜1901（弘化4〜明治34） 自由と民主の確立をめざした近代最初の思想家・哲学者。名は篤助とくすけ・篤介。兆民は1887年（明治20）頃から用いた号。高知藩足軽の家に生まれる。藩命による長崎留学をへて江戸に行き，フランス語を学ぶ。維新後，1871年には司法省出仕として渡欧し，フランスに滞在して法学・哲学・歴史を学ぶ。74年に帰国し，仏蘭西ふらんす学舎（のちの仏学塾）を開くとともに，東京外国語学校校長，のち元老院権少書記官となるが，77年に辞職する。
　81年「*東洋自由新聞」主筆として国内外の政治のあり方，とりわけ「自由」と「立憲政」について試みた原理的な考察を相ついで掲載する。翌年から，仏学塾生らと共同して西欧思想作品の翻訳を雑誌「政理叢談せいりそうだん」に発表，自らもルソー「社会契約論」の漢文体訳「民約訳解みんやくやっかい」を巻頭に連載する。86年には，「自由」をテーマとする哲学史の翻訳（フイエ「理学沿革史」）と最初の「自著」たる哲学概論（「理学鉤玄こうげん」），87年には，フランス革命についての史論（「革命前法朗西ふらんす二世紀事」）と，日本の進路選択についての哲学的考察（「*三酔人経綸さんすいじんけいりん問答」）を刊行した。
　87年保安条例で2年間の東京追放処分をうけ，以後，大阪を中心に政論新聞各紙に具体的な政策綱領の作成に際して考慮すべき問題点の提示に努めた。90年に「選挙人目さまし」を執筆し，ルソーの社会契約論にはなかった「議会」と「人民」との関係を「代表」のあり方を通じて論じ，「直接政」を本来とする「平民主義の実」がいかにすれば「間接政」の制度の中でも確保できるのかについて独自の見解を示した。
　90年の第1回総選挙で当選したが，第一議会で議会の予算審議権をめぐる解釈の対立から議員を辞職，以後，実業活動にかかわる。94年にはショーペンハウエルの「道徳の基礎」のフランス語訳からの重訳（「道徳大原論」）を刊行，また1901年癌がんの宣告をうけた後は，「*一年有半いちねんゆうはん」「続一年有半」の執筆に従事しながら，死を迎えた。「中江兆民全集」全18巻がある。

中江藤樹 なかえとうじゅ 1608〜48（慶長13〜慶安元）江戸前期の儒学者。諱は原，字は惟命これなが，通称は与右衛門，黙軒もっけんを号とし，門人から藤樹先生とよばれた。近江国高島郡小川村の帰農武士の子として生まれ，9歳の時に武士である祖父の養子となって，伊予国大洲おおずに移住した。この頃の大洲の武士社会では，戦国武士の余風が強く学問への専心を文弱として軽蔑する風潮が強かったが，藤樹は独学で朱子学を学んだ。24歳の時には，「林氏，髪を剃そり位を受くるの弁」を著して，思想としての仏教批判が行動を伴っていないとして，*林羅山らざんが僧形に甘んじたことをきびしく批判した。27歳の時に脱藩して小川村に帰り，帰郷後は酒の小売などで生計を立てながら，学問に専念した。

規範を厳格に守ることを主眼とした学風から，心迹*差別論・*時処位*論のように，形式よりも人間主体としての「心」のあり方そのものに関心を向けた学問に変わっていった。この頃に，「論語郷党啓蒙翼伝」「*翁問答」「*孝経啓蒙」といった著作が書かれている。「論語郷党啓蒙翼伝」は，「論語」郷党篇で描かれた孔子の郷里での日常の生活ぶりをとりあげて解説したもので，「心」の主体性の確立した聖人のゆったりした自適の，それでいて周囲と調和した暮らしぶりが論じられている。漢文の難解な作品であるが，ユニークなこのような主題の設定に，藤樹の関心がよく表されている。「翁問答」「孝経啓蒙」は，「孝」を宇宙的な生命の原理として捉えようとした点に大きな特色がある。

37歳の時に王陽明の全集（「陽明全書」）を入手し，「大学」の理解に独自の深みを加えて，儒・仏・神・道の教えをさらにこえた宗教性の強まった思想世界に入っていったように思われるが，持病の喘息のためにその思想の完成をみることなく没した。女性に対する教訓書として「*鑑草」があり，そこでは「明徳仏性」という独自の概念が用いられている。藤樹を慕って諸国から多くの若者が訪れ，藤樹が丁寧に彼らを教え導いたことや，母への孝養などが伝説化されて，近世後期になると「近江聖人」として喧伝された。泰伯皇祖説（中国の聖人泰伯が渡来して天皇家を開いたという説）を信じていたことも，忘れてはならない一面である。代表的な門人には，*熊沢蕃山・*淵岡山がいる。

永岡鶴蔵 ながおかつるぞう 1863～1914（文久3～大正3）　明治期の鉱山労働運動家。大和国生れ。16歳の時鉱夫見習，18歳で鉱夫となり全国各地の鉱山で働く。25歳の時，秋田県荒川銅山で外国人宣教師からキリスト教を学び入信する。働きながら鉱夫への伝道と労働者の啓蒙に取り組むようになる。1892年（明治25）院内銀山で鉱業条例を仲間と研究，翌年，条例遵守を要求してストライキを指導した。また同県の鉱夫税撤廃を求め，日本鉱山同盟を組織して成功した。97年同志と北海道夕張炭鉱に移り，1902年南助松らすらと大日本労働至誠会を結成した。*片山潜に共鳴し，全国的な鉱夫組織をつくろうと，足尾銅山に入り働きつつオルグを行い，06年至誠会足尾支部を結成した。07年足尾銅山争議で起訴され無罪となるが，その後の活動は困難であった。

仲雄王 なかおのおおきみ 生没年不詳　「*文華秀麗集」の編者の一人で，序文の作者。出自も不詳。「文華秀麗集」の序に，従五位下大舎人頭兼信濃守とある。823年（弘仁14）4月正五位下。「*凌雲集」に2首，「文華秀麗集」に13首，「*経国集」に1首がのる。

中沢道二 なかざわどうに 1725～1803（享保10～享和3）　江戸中・後期に活躍した心学者。京都の機織を業とする家に生まれ，家職を継ぐ。41歳で禅を修行し，さらに*布施松翁の勧めで*手島堵庵について心学を学び，深い信頼をえた。1779年（安永8）堵庵の命により江戸に下り，*心学講舎の参前舎を創設して，ここを足場に関東一帯より中部・東北地方に布教の手を伸ばした。教化思想面では，*石田梅岩の説く社会批判の面と堵庵の論す主観的な人生哲学の面との融合，すなわち心学を生活学であり人間学でもある独自の教説として，庶民のみならず大名・武家階層への布教にも成果をあげることとなった。
⇒石門心学　道二翁道話

中島徳蔵 なかじまとくぞう 1864～1940（元治元～昭和15）　明治後期～昭和初期の倫理学者。上野国生れ。帝国大学哲学科選科修了。1902年（明治35）の*哲学館事件においては文部省の指令によって辞職を強いられたが，あくまでJ. H. ミュアヘッドの「倫理学」に反逆思想はないと主張して譲らず，学問の尊厳を堅持した。復職後は東洋大学の中興の祖としてその発展に尽くし，1926年（大正15）東洋大学学長となった。また*丁酉倫理会の組織とその発展にも尽力し，実践倫理を説いては当時第一人者といわれた。著書に「倫理学概論」（1898），「ヴントの倫理学綱要」（1821），「論語の組織的研究」（1941）などがある。

中島信行 なかじまのぶゆき 1846～99（弘化3～明治32）　明治期の政治家・自由民権家。土佐国高岡郡津賀地村の郷士中島猪之助の子。1864年（元

なかじ

治元)脱藩して萩藩に行き，その後長崎で*坂本竜馬の海援隊で活躍する。68年(明治元)徴士にあげられ，以後明治政府に出仕し，74年1月神奈川県令，76年3月元老院議官として憲法草案の起草に加わる。81年10月自由党結成に参加，副総理におされ，さらに翌11月大阪で立憲政党が創立されると総理となった。87年12月保安条例によって東京からの3年間の退去命令がだされ，横浜に居住する。90年第1回衆議院選挙で当選し，国会開設とともに衆議院議長に推される。93年1月イタリア駐剳公使，94年貴族院勅選議員，96年男爵となる。女性民権家の岸田俊子は夫人である。

中島広足 なかじまひろたり 1792～1864(寛政4～元治元) 近世後期の熊本藩士・歌人・国学者。幼名嘉太郎，通称は太郎，名は惟清・春臣・広足，号は橿園・田翁。肥後国熊本に生まれる。中島家は代々熊本藩細川家の家臣。1802年(享和2)，父惟規より家督を継ぎ，加藤千蔭門下の一柳千古に入門して和歌を学び始める。15年(文化12)家督を妹婿に譲って隠居し，本居宣長門人の長瀬真幸に入門して学問に専念した。30歳から30年ほどは長崎，後の5年間は大坂に居住して国学・和歌を講じ，多数の門弟を教えた。61年(文久元)藩主の命により熊本に帰り，藩校時習館の国学師範に任じられた。歌文・国語学の研究に優れ，*大国隆正・*鈴木重胤・*伴林光平らと交流し，特に*伴信友とは親交を結んだ。著書は「詞八衢補遺」「玉霰窓の小篠」「増補雅言集覧」「橿園集」など。

永田広志 ながたひろし 1904～47(明治37～昭和22) 昭和前期の哲学者。長野県東筑摩郡山形村に生まれる。ロシア革命に関心をもち，東京外国語学校露語部に入学。1924年(大正13)に同校を卒業，朝鮮に渡航し警察部のロシア語通訳として勤務する。帰国後，日本では本格的には紹介されていなかったソ連邦におけるマルクス主義哲学文献の翻訳・紹介に取り組んだ。32年に，唯物論哲学の研究と普及を目的とする*唯物論研究会(唯研)に参加して論文の執筆・翻訳・論争と活躍し，「現代唯物論」(1935)や，「唯物弁証法講話」(1933)，「唯物史観講話」(1935)などの刊行によって，唯物論哲学の指導的研究者となった。官憲によるマルクス主義者らへの弾圧が強まる中，1930年代以降は日本思想史の体系的な研究に着手し，唯物論哲学からの日本思想の分析と解釈をすすめ，「日本唯物論史」(1936)，「日本封建制イデオロギー」(1938)，「日本哲学思想史」(1938)などの著作を刊行した。第2次大戦後は，民主主義科学者協会の創立に加わるなど活躍が期待されたが，腸結核のため47年に松本市で死去した。「永田広志選集」全7巻，「永田広志日本思想史研究」全3巻がある。

長塚節 ながつかたかし 1879～1915(明治12～大正4) 明治期の歌人・小説家。茨城県の素封家の長男として生まれる。病弱なために尋常中学校を中退し，*正岡子規によって啓発された文芸の道に進む。子規ゆずりの写生の手法によって，感受性鋭く，感覚の細やかな自然観照歌をものにする。最晩年の短歌連作「鍼の如く」(1914～15)は231首の大作であり，病と婚約破綻の悲嘆にたえながらも，自然との感合をとおして，清澄で気韻にみちた崇高な歌境を築いたものといえる。また写生文にも優れ，質の高い紀行文のほか，郷村の生活を直写した，農民文学の傑作とされる長編小説「*土」(1910)もある。子規の没後，伊藤左千夫を助け「*アララギ」の創刊に至るが，子規と同じ宿痾のために早世した。没後の「長塚節歌集」のほか，「長塚節全集」全7巻・別巻1がある。

中天游 なかてんゆう 1783～1835(天明3～天保6) 江戸後期の医師・蘭学者。名は環，字は環中，号は思々斎・天游。丹後国の人。1805年(文化2)に江戸にでて*大槻玄沢に師事し，のちに長崎，京都の海上随鷗(*稲村三伯)塾へ遊学する。17年に大坂で開業するが，医業は妻(随鷗の女さだ)に任せていた。1810年には解剖を実行し，「把而翕湮解剖図譜」(2巻，1823)を翻訳・刊行するなど，医学面での業績も多いが，引力を解説した「引律」，幾何光学を扱った「視学一歩」，算術書である「算学一歩」などの著作にも表れているように，物理や数学にも関心の対象を向けている。門弟に*緒方洪庵がいる。

永富独嘯庵〈ながとみどくしょうあん〉 1732～66(享保17～明和3) 江戸中期の古方派の医者。名は鳳、字は朝陽、独嘯庵と号した。本姓は勝原氏で、長門国豊浦郡宇部村に生まれる。永富友庵〈ゆうあん〉の養子となり彼に師事、萩藩の儒者で荻生徂徠〈おぎゅうそらい〉の高弟である*山県周南〈やまがたしゅうなん〉から儒学を学んだ。のちに京都の*山脇東洋〈やまわきとうよう〉に師事し、東洋門下では*吉益東洞〈よしますとうどう〉と並び称される逸材とされた。1762年(宝暦12)には長崎に遊学し、吉雄耕牛〈よしおこうぎゅう〉から西洋医学を教えられその有効性に驚くが、ほどなく病死した。著作に「漫遊雑記」「吐方考〈とほうこう〉」「黴瘡口訣〈ばいそうくけつ〉」などがある。

中臣祓聞書〈なかとみのはらえききがき〉 ❶中臣祓の注釈書。1巻。1490年(延徳2)7月2日に、*吉田(卜部)〈うらべ〉兼倶〈かねとも〉が禅昌院で行った中臣祓の講義を、相国寺の住持の*景徐周麟〈けいじょしゅうりん〉が書き留めたもの。のち1524年(大永4)4月に、吉田(卜部)兼雄が北山寿命院の聖碩に書写させた。兼倶は中臣祓の講釈を精力的に行い、数多くの注釈書も著したが、本書はその中の一本である。天理図書館蔵。
❷*吉川惟足〈よしかわこれたり〉による「中臣祓」の講義筆記。1669年(寛文9)8月22日から3日間、相模国鎌倉山の吉川邸にて「中臣祓」を12段に分けて講義したもの。はじめに中臣の字義を説明し、次に各段を、天孫降臨・国家経営・群生〈ぐんじょう〉犯罪・天上罪・国土罪・祓具〈はらえつもの〉・太諄辞〈ふとのりと〉・天神地祇〈てんじんちぎ〉感応・譬喩〈ひゆ〉・徳化利生〈りしょう〉・鎮悪神・八百万神〈やおよろずのかみ〉納受の段として説いている。惟足はこの中で、敬〈けい〉は祓の霊〈たま〉であるという。そもそも人の心身には神明が宿っているが、知らぬ間にそこに罪が積み重なり、健全な状態でなくなってしまう。そこで人(臣)の中に宿る神明を発揮させ(それが中臣祓の意義)、健全な心身に戻すために、敬〈けい〉むことを重視したのである。

中臣祓訓解〈なかとみのはらえくんげ〉 中臣祓を密教の立場から注釈をほどこした書。1冊。異本に「中臣祓記解〈きげ〉」がある。平安末ないし鎌倉初期の成立と考えられ、中臣祓の注釈としては最古のものである。本書の成立には園城寺〈おんじょうじ〉や伊勢国吉津の仙宮院〈せんぐういん〉を拠点とした僧侶が関与したといわれている。また、初期の両部神道書として注目され、のちの*伊勢神道や*両部神道に大きな影響を与えた。平安中期以降、中臣祓は陰陽道〈おんみょうどう〉や仏教に受容され、特に密教では「六字河臨法〈ろくじがりんぽう〉」などにおいて中臣祓が用いられた。このような状況下で、中臣祓に密教的注釈がほどこされ、本書が成立したものと考えられる。たとえば、中臣祓は「神соцしては、最極の大神咒〈だいじんじゅ〉なり」とする。また「天津宮〈あまつみや〉事」とは、「諸法は影像〈ようぞう〉の如し。清浄にして瑕穢〈かわい〉なし。取説不可得なり。皆因業〈いんごう〉より生ず」と注釈する。これは、「金剛頂経金剛界大道場毘盧遮那〈びるしゃな〉如来自受用身内証智眷属法身異名仏最上乗秘密三摩地礼懺文」の末尾に付された「清浄偈〈しょうじょうげ〉」をもとにしている。なおこの偈は、「*倭姫命世紀〈やまとひめのみことせいき〉」にも「伴神〈とものかみ〉、天児屋根命〈あめのこやねのみこと〉解除〈はらえ〉を掌〈つかさど〉り宣〈の〉りたまはく」としたうえで、ほぼ同文が引用される。また「天都宮祝言神咒〈あまつみやのしゅうごんじんじゅ〉」ともよばれ、伊勢流祓において最重要の秘伝とされた。

中臣祓講義〈なかとみのはらえこうぎ〉 「中臣祓講義」と称する著作は10種をこえ、なかでも広く知られるのは垂加神道家*竹内式部〈たけのうちしきぶ〉の講義録である。1冊。式部は*宝暦事件ののち、伊勢国に下り、羞斎〈しゅうさい〉の名で神宮の神官らに「中臣祓」を講義した。本書は、その時、谷川士清〈ことすが〉の弟子でもあった伊勢御師〈おんし〉鵜飼貞義〈うがいさだよし〉が筆録したものとされる。「中臣祓」を前段の「天神〈てんじん〉の寿詞〈よごと〉」の部分と後段の「祓」の部分の2段に分け、前段では皇統が確固不動であるところに人の道、すなわち「人倫」を、後段ではその実現のために「祓」を奏上する、と説いた。

中臣祓塩土伝〈なかとみのはらえしおつたえ〉 *谷秦山〈たにじんざん〉が垂加神道流に「中臣祓」を注釈した書。1巻1冊。1707年(宝永4)高知藩の佐川支藩事件の冤罪で禁錮に処せられた秦山は、「*神代巻塩土伝〈じんだいのまきしおつたえ〉」に続いて本書を著述し、18年(享保3)に両書合冊で刊行した。この中で、祓戸〈はらえど〉の4神(瀬織津姫〈せおりつひめ〉・速秋津姫〈はやあきつひめ〉・気吹戸主〈いぶきどぬし〉・速佐須良比咩〈はやさすらひめ〉)は天照大神〈あまてらすおおみかみ〉であるとし、大神の力で穢〈けがれ〉を祓い、大神の御心と同体になることが、清浄〈しょうじょう〉の極みであるとした。

中臣祓注抄〈なかとみのはらえちゅうしょう〉 中臣祓に関する注釈

書。1巻。著者不詳。神宮文庫に写本を所蔵し，国重要美術品に指定されている。外題に「中臣祓住（注ヵ）抄」と記し，中扉に「中臣祓注」とある。奥書によれば，1215年（建保3）6月と1366年（貞治5）9月に書写したとあり，原本の作成年代は鎌倉時代までさかのぼることがわかる。「中臣祓」「中臣祓祭文」「中臣祓本」の3部からなり，神道・仏教・陰陽道を習合した思想にもとづいた注解をほどこしており，当時の中臣祓に対する解釈をうかがい知る貴重な資料である。

中臣祓風水草 なかとみのはらえふうすいそう 「風水草」とも。*山崎闇斎が編纂した「中臣祓」の注釈書。*垂加神道の最重要の書。闇斎没後，その書の草稿本が*正親町公通へ，清書本が下御霊神社へ依託された。構成は，「中臣祓」本文を伊勢神道系の諸本にならって10段に分け，まず中臣祓に関する諸説と自説をあげて概説する。以下，本文に現れる神道用語を逐語的に解説するため，諸書からそれに関する箇所を網羅的に引用し，所々でそれに批判や自説を加えている。本書は，垂加神道の重要な教えがほとんど網羅されているため，公通は闇斎の意に反して本書の刊行を中止させた。

中根元圭 なかねげんけい 1662〜1733（寛文2〜享保18）「一元珪」とも。江戸中期の暦学者・和算家。名は璋，通称は丈右衛門，号は律襲軒。京都の白山に住したので白山先生ともよばれる。近江国浅井郡に医者の子として生まれる。若年より学に志し，田中由真につ いて暦学と算学に才能を発揮する。1711年（正徳元）50歳の時に京都銀座の役人となる。*建部賢弘の推挙で，8代将軍徳川吉宗の暦学に関する諮問に答え，自然科学関連の禁書令の緩和を進言する。舶来漢籍の「暦算全書」の訓点本作製に参与し，32年（享保17）には吉宗の命で，伊豆国下田において太陽・月の観測を実施した。著書は「新撰古暦便覧」（1687刊），「七乗冪演式」（1691刊），「三正俗解」（1759刊），「天文図解発揮」（1739刊）など。

中根東里 なかねとうり 1694〜1765（元禄7〜明和2）江戸中期の陽明学者。名は若思，字は敬父。通称は貞右衛門，東里と号した。伊豆国下田の人。幼時に父を失ったのち，出家して宇治万福寺の悦山道宗に参じた。正徳年間（1711〜16）江戸にでて，*荻生徂徠に師事して文章を学んだが，還俗後，朱子学者*室鳩巣に入門し，さらに陽明学に転じた。1742年（寛保2）下野国植野に赴き，46年（延享3）植野近郊の宝竜寺境内に知松庵を建て，陽明学を講じた。生涯，仕えることなく，自給自足の生活を営み，自己の修養と講学に励んだ。そこには，陽明学によって育まれた，天地万物一体の理を拠点とする，強い自立の精神があった。幕末の1864年（元治元）になって，「東里遺稿」2巻（1771序）が刊行された。

中野重治 なかのしげはる 1902〜1979（明治35〜昭和54）昭和期の詩人・評論家・小説家。福井県坂井郡高椋村の生れ。自作農兼小地主の次男。東京帝国大学独文科卒。四高時代に窪川鶴次郎らを知る。1925年（大正14）同人誌「裸像」を創刊，「中野重治詩集」（1935）収録の初期の詩を発表する。26年4月堀辰雄も参加して同人誌「驢馬」を刊行，室生犀星や芥川竜之介も寄稿する。26年11月日本プロレタリア芸術連盟に参加するが，27年（昭和2）6月連盟は分裂し，青野季吉・蔵原惟人らは脱退，中野らは「プロレタリア芸術」を創刊する。のち28年3月，蔵原・林房雄らと全日本無産者芸術連盟（ナップ）を結成し，そこで蔵原と〈芸術大衆化論争〉を展開する。31年日本共産党に入党，翌年検挙・投獄される。34年執行猶予の判決で出所し，以後敗戦まで自らの「転向」を見据え，宮本百合子とともに文学運動再建に尽くす。45年共産党に再入党。47〜50年まで参議院議員。64年共産党除名。ほかの作品に「歌のわかれ」（1939），「むらぎも」（1954）など。「中野重治全集」全28巻がある。

長野主膳 ながのしゅぜん 1815〜62（文化12〜文久2）江戸末期の国学者。名は義言，号は桃廼舎。主膳は通称。伊勢国の人。本居春庭系の国学を学んだのち諸国を回り，1842年（天保13）井伊直弼の国学・歌の師となる。直弼が彦根藩主になると，52年（嘉永5）より藩の国学方・系譜編集用掛を歴任した。58年（安政5）直弼の大老就任以降は，腹心

(京の大老)として徳川慶福の将軍擁立や日米修好通商条約の勅許獲得に向け奔走し,安政の大獄を招来させた。60年(万延元)の直弼暗殺後も地位を保ち,和宮の降嫁の実現などに関係したが,62年(文久2)尊王攘夷派の巻き返しの中,失政を問われて斬首された。著書は「古今集姿鏡」「*沢能根世利」など。

中野正剛 なかの せいごう 1886〜1943(明治19〜昭和18)
大正・昭和前期の政治家・ジャーナリスト。福岡生れ。幼名甚太郎,号は耕堂。早稲田大学卒。東京朝日新聞社に入り,「明治民権史論」などを執筆した。1916年(大正5)「東方時論」の主筆,のち社長となる。藩閥政府と立憲政友会,朝鮮憲兵政治策などを批判,また反アングロ・サクソンの立場から対独参戦・シベリア出兵に反対し,パリ講和会議での日本外交を「旧外交」と批判した。20年に衆議院議員に初当選し,以後革新倶楽部・憲政会・立憲民政党の少壮派リーダーとして活躍した。満州事変時には井上財政・幣原外交に反対して協力内閣運動をおこすが失敗し,32年(昭和7)に「社会国民主義」を唱えて国民同盟を結成した。36年の二・二六事件後,東方会を組織してアジア・モンロー主義的運動を展開し,日米開戦後に「戦時宰相論」を執筆したことから憲兵隊の取り調べをうけ,自殺した。

長野豊山 ながの ほうざん 1783〜1837(天明3〜天保8)
江戸後期の儒学者。名は確,字は孟確,通称は友太郎,豊山はその号。伊予国川之江の生れ。1801年(享和元)大坂にでて,*中井竹山の*懐徳堂に学ぶ。05年(文化2)江戸の昌平黌へ入り,同郷の*尾藤二洲らに学んだ。13年に伊勢国の神戸藩校教倫堂の教授となったが,19年(文政2)辞職した。京都に遊学し,29年武蔵国川越藩に招聘され,のち上野国の前橋藩校博喩堂の教授となるが,これも辞す。性狷介で世に媚びず,志をえなかった。松崎慊堂の考証学を「口学問」だと批判し,「国家ノ益」ある「実学」を求め,*藤森弘庵(天山)・*林鶴梁らの門人を教育した。著書に随筆「*松陰快談」がある。

長野義言 ながの よしとき →長野主膳 ながのしゅぜん

中林成昌 なかばやし しげまさ 1776〜1853(安永5〜嘉永6)
「一なりまさ・一せいしょう」とも。江戸後期の南画家・神道家。通称大助,字は伯明,号を竹洞・筆樵・沖澹・融斎・大原庵・東山隠士などと称した。名古屋の産科医である中林玄棟の子として生まれ,14歳で山田宮常・神谷天遊に中国画を学ぶ。その後京都で南画を学び,特に山水花鳥画を得意とし,尾張の代表的画家として広く知られた。また画家の世界にとどまらず,卓洲和尚に師事して禅も修めた。さらに「心のしがらみ」といった歌書や啓蒙的な思想書も著した。その思想の特色は,まずわが国の特質をみきわめ,そのうえで日本人として確固とした精神(日本魂)を定め,広く儒仏などの諸学も修める必要性を説いているところにある。主著に「学範」「知命記」「本源論」などがある。

中原中也 なかはら ちゅうや 1907〜37(明治40〜昭和12)
昭和前期の詩人。山口県山口の医家の生れ。山口中学に進学するまでは英才で長男として将来を嘱望されたが,学業を怠って落第し,京都の立命館中学に転校した。少年時代に熱中した短歌に代えて,フランス詩や*宮沢賢治・高橋新吉らの影響のもと詩にとりつかれる。学業は身につかず,十代にして同棲した愛人が友人*小林秀雄のもとへ去るなどの事件もおこった。その後も長男の早世や病気など,生の負債が魂の呻きとなり,悲嘆と哀訴の形をとりながら,純粋なもの,高貴なものを見失うまいとする真率な叫びとなって詩的に形象される。それらは「山羊の歌」(1934),「在りし日の歌」(1938)の二つの詩集となって残された。「中原中也全集」全5巻・別巻1がある。

那珂通世 なか みちよ 1851〜1908(嘉永4〜明治41)
明治期の東洋史学者。父は盛岡藩士藤村政徳。幼名荘次郎。陸中国盛岡の人。藩学の教授那珂通高の養子となり,国学・漢学を学ぶ。1872年(明治5)慶応義塾に入る。78年千葉師範学校校長,81年東京女子師範学校校長,さらに85年東京師範学校教授,91年華族女学校教授,第一高等中学校支那歴史授業嘱託,95年高等師範学校教授兼第一高等学校教授となる。96年から帝国大学文科大学講師

となる。日本・朝鮮・中国の古代史を研究し，特に「支那通史」全5冊は名著とされ，99年清国でも刊行された。「東洋史」という言葉は彼が用いたのが最初であり，大学での東洋史の学科目設置も彼の提案による。また*神武紀元の誤りを指摘する。死後に編集された「那珂通世遺書」も有名である。

中村敬宇なかむらけいう →中村正直まさなお

中村惕斎なかむらてきさい 1629〜1702（寛永6〜元禄15） 江戸前期の儒学者。名は之欽しきん，字は敬甫，通称は七左衛門など，惕斎と号した。京都の呉服商の子として生まれ，朱子学を独学で学んだ。博学において並ぶ者がないといわれ，「四書示蒙句解しもうくげ」「四書鈔説しょうせつ」「近思録示蒙句解」など多くの啓蒙的な著作のほか，図解入り百科全書の「*訓蒙図彙ずい」などを残した。門人に増田立軒りっけん（徳島藩儒）がいる。

中村正直なかむらまさなお 1832〜91（天保3〜明治24） 幕末・明治初期の哲学者・啓蒙思想家。号は敬宇けいう。幕臣の子として江戸に生まれる。1848年（嘉永元）昌平坂学問所寄宿寮に入り，朱子学を学ぶとともに，*佐藤一斎いっさいについて陽明学にもふれた。55年（安政2）学問所教授方出役を命じられ，57年甲府徴典館ちょうてんかん学頭に任じられた。61年（文久元）御儒者見習となり，翌年御儒者に昇進した。これより先，15歳頃より桂川甫周ほしゅうに師事して蘭学を学び，さらに英学をも習得した。66年（慶応2）幕府の英国留学生派遣にともなって留学生取締役として同行，西洋文明に直接ふれる機会をえた。外遊中に大政奉還となり68年（明治元）帰国を余儀なくされ，徳川家の静岡移封によって静岡学問所教授に就任した。72年までの静岡在住時代にS.スマイルズおよびJ.S.ミルの著作を翻訳し，それぞれ「*西国立志編」「*自由之理じゆうのり」として刊行した。特に前者の啓蒙書としての影響力は多大で，多くの人々が機会均等の時代が到来したことをその著作から感じとった。さらに，静岡で同僚であったE.W.クラークと交流するうちにキリスト教への理解が深まり，「敬天けいてん愛人説」（1868）と「請質せいしつ所論」（1869）を著した。さらにその解禁を要望した「*擬泰西人上書ぎたいせいじんじょうしょ」（1871）の英訳が72年「ザ・ジャパン・ウィークリー・メイル」に掲載され，これをきっかけに新政府もキリスト教を黙認するに至った。この年東京に移り，73年*明六社めいろくしゃに参加して「西学一斑せいがくいっぱん」「人民の性質を改造する説」などを執筆した。また74年にキリスト教の洗礼をうけた。女子教育にも関心をもち，80〜81年に同人社女学校や女子師範学校の拡充に寄与した。81年東京大学教授，88年文学博士号を授与された。

中村守臣なかむらもりおみ 1779〜1854（安永8〜安政元） 江戸後期の国学者，出雲大社の学官。亀岡かめおか・燕斎だんさい・朱桜岡はねおかなどと号した。出雲国杵築の人。*香川景樹かげき・*千家俊信としざねに入門し，和歌や古典を学ぶ。出雲大社の千家・北島両国造家こくぞうけに学問を講じて大社の学官となった。江戸をはじめ東海道・東山道に出雲大社の神徳を広めた。守臣の出雲大社祭神論には，平田篤胤あつたねの神学が大社に受容される以前のものとして注目され，そこには*垂加すいか神道および師である千家俊信の影響がみられる。また，守臣は特に音韻に通じ，篤胤と五十音について論じている。「五十音弁」「玉繊糸たまのまよひの巻」「字音解じおん」「神籬伝ひもろぎ」などの著作がある。

中山みきなかやまみき 1798〜1887（寛政10〜明治20） *天理教の教祖。教団では教祖おやさまと尊称される。大和国山辺やまのべ郡の庄屋前川正信まさのぶの長女として誕生，数え13歳で中山家に嫁ぎ，一男五女をもうける。1838年（天保9），長男の足痛をきっかけに寄加持よせかじを催した際，加持台の代わりをつとめ，みきにとりついた親神おやがみの天理王命てんりおうのみことは，みきを「神のやしろ」に貰いうけたいと託宣した。その後，「みかぐらうた」や「おふでさき」を著し，「世界一れつ，みな兄弟」として人類がすべて平等に救済されると説いた。官憲からの圧力に際しても，権力者を「高山こうざん」と称して救済の対象からはずした。そして貧のどん底にある者を「谷底たにそこ」と称し，一貫した救済を説いた。また，「ぢば」（中山家内に定めた人類誕生の中心地）における甘露台かんろだいの建設や「陽気ぐらし」の理想世界の実現を願い求めた。天理教団においては，教祖の死後も「教祖存命の理」のまにまに，元やしきに留

長等の山風　→伴信友

流灌頂　川施餓鬼・アライザラシとも。死産や水死など異常死をとげた者の供養で、死者名や経文を書いた布や塔婆を川などの水中にさらして、通りかかった人々が水を手向け、文字が完全に消滅すると成仏できるという信仰。仏教的には、灌頂幡や塔婆を流して無縁の霊を済度すると説明される。特に女性の場合、出産と死という二重の穢を清めるとされ、15世紀頃に伝来した「血盆経」の影響がある。この経典は、女性の経血や産血が地面に流れて、不浄によって地神を穢すので、死後に血の池地獄に堕ちて苦しむと説き、女性の血穢の観念を増幅した。地獄に堕ちないためには、経典を読誦し書写して、追善供養をすることが勧められた。和歌山県の高野山奥の院では今も行われている。

夏越祓　→六月祓

名古屋玄医　1628〜96(寛永5〜元禄9)　江戸前期の医者、*古医方の始祖。名は玄医、字は閲甫・富潤、丹水子・宜春庵・桐渓と号する。京都の人。幼少より病弱であったが気力は盛んで、喩嘉言の「傷寒尚論」を読んで発奮し、張仲景を是とする医説を唱道し、陰陽五行説・五運六気説などによる*李朱医学を排した。彼の後をうけて、李朱医学を排撃し張仲景の「傷寒論」に回帰することを唱える医家が多数でたため、古医方の始祖といわれる。1679年(延宝7)に自らの主張を「医方問余」にまとめて出版するなど、著作も多い。

梨木祐之　→鴨祐之

梨本集　江戸初期の歌論。全3巻。*戸田茂睡の著。1700年(元禄13)刊。歌の詠作に際して、古来詠んではならないとされてきた「制の詞」の説が、根拠のない妄説であることを論破した書である。初句・末句においてはならない詞、不敬など遠慮すべき詞、先人の用いた詞など使用を制限した詞について、具体的に用例をあげてその主張に反駁している。また藤原定家・同俊成や、「古今栄雅抄」(飛鳥井雅俊ほか)など中世以来の二条派歌学をきびしく批判し、伝授の無意味を説いている。従来、茂睡の先駆性がいわれてきたが、近年は、それほど突出したものではなく、当時の堂上派歌学批判の風潮を反映していると解されている。

梨本書　江戸初期の教訓書。1巻。*戸田茂睡の著。1694年(元禄7)成立。浅草の「茂法師」「睡法師」、本郷の「渡辺茂右衛門」がそれぞれの神・儒・仏三教の立場から三者問答を行う。三教は法論・教義問答というより、報恩忠孝・修身などの人道の作法、すなわち日常実践倫理の観点から論じられている。神道を第一としているが、名利を重んじる態度、軍書の知識より実践的な経験を優位におく態度など、現実的な仕置者(為政者)階級の武士のエートスをうかがうことができる。仏説に批判的であるのも、この現世主義による。茂睡の親は戦国時代を経験した世代で、その記憶をもちながら戦国後の平和の時代を生きた人物の思想である。

那智参詣曼荼羅　*熊野曼荼羅の一種。*熊野信仰を宣布するための*絵解きに用いられた。特に社参のようすを描いた図絵のことをいう。*熊野御師や*熊野比丘尼などによって携帯され、全国各地で熊野那智社の境内のようすを詳細に披露しつつ、熊野那智権現の霊験を宣伝し、一般民衆に対し熊野信仰を教化するために用いられた。主な構図は、社前の庭上に後鳥羽上皇をはじめ、僧侶・供奉の公家・修験・巫女などが並び、御経供養が執り行われており、その一方、那智の瀑布では荒行の文覚上人が不動明王に救済される場面を、さらに下部には観音の浄土である*補陀落へ旅立つ補陀落渡海のようすなどを描いてある。このように那智の信仰的世界を色彩も豊かに描いた曼荼羅である。

那智山浜宮示現図　→熊野影向図

ナップ　昭和初期の文芸雑誌。1930年(昭和5)9月〜31年11月。戦旗社発行。1928年3月に結成された全日本無産者芸術連盟(略称ナップ)は、同年12月以降に全日本無産者芸術団体協議会(略称ナップ)に改組され、その新機関誌となる。全16冊。日本プロレタリア

作家同盟・同劇場同盟・同映画同盟などの独立団体が組織され，ナップはその協議体となるとともに，従来の機関誌「*戦旗」を大衆的・啓蒙的な誌面に切り替え，あらたに理論的機関誌として創刊された。主な執筆者に蔵原惟人・宮本顕治・*中野重治・窪川鶴次郎・宮本百合子・*小林多喜二らがいる。

夏目漱石 なつめそうせき 1867～1916(慶応3～大正5)　明治・大正期の小説家。本名金之助。江戸牛込馬場下に生まれる。夏目家は，草分名主として名字帯刀を許された家柄。父直克，母千枝の五男三女の末子。生後すぐに里子・養子にだされた(養父塩原昌之助，のち復籍)。1884年(明治17)予備門に進み，中村是公らと親交を結ぶ。88年9月第一高等中学校本科に進学，同級に*正岡子規がいる。この頃から俳句を始める。93年帝国大学英文科を卒業，大学院に在籍しながら東京高等師範学校の英語教師となる。95年4月松山中学校に赴任。96年6月貴族院書記官長中根重一の長女鏡子と結婚，同年7月熊本第五高等学校教授に就任。1900年文部省第1回給費留学生として，現職のまま英語研究のためイギリスに留学を命ぜられる。03年1月帰国後に第一高等学校教授，東京帝国大学文科講師となり，大学での講義は「*文学論」「*文学評論」にまとめられた。04年暮れ，友人の高浜虚子の勧めで朗読会「山会」に参加する。05年「ホトトギス」1月号に「吾輩は猫である」(1905～06)第1回を，さらに「帝国文学」1月号に「倫敦塔」を発表し，一躍文名が高まる。以後「吾輩は猫である」続稿を発表するかたわら，のちに「漾虚集」(1906)に収められることとなる諸編を発表し，精力的な創作活動を展開する。東京帝大英文学科教授推薦の内示を辞し，07年3月朝日新聞社への入社を決意する。以後新聞小説作家として「虞美人草」を皮切りに，〈人間が生きるということにかかわるさまざまな苦悩〉を描き続ける。10年胃潰瘍で入院し〈修善寺の大患〉となる。小宮豊隆・森田草平・寺田寅彦・鈴木三重吉・野上豊一郎・松根東洋城ら門下生にも恵まれ，晩年には芥川竜之介・久米正雄らが加わった。

ほかの作品に「坊つちやん」(1906)，「三四郎」(1908)，「門」(1910)，「行 人」(1912)，「*こゝろ」(1914)，「道草」(1915)，未完の「明暗」(1916)などがあり，評論・随筆にも筆をふるう。「漱石全集」全16巻がある。

夏目甕麿 なつめみかまろ 1773～1822(安永2～文政5)　江戸後期の国学者。通称は嘉右衛門，萩園と号した。遠江国白須賀の造酒家に生まれる。*内山真竜や*本居宣長に師事し，宣長最晩年の門人として遠江国西部の国学の中心人物であった。「万葉集」の研究を中心にして，国学を進展させ，門人も多数にのぼった。儒教と仏教はわが国本来の道でないと説き，仁義や慈悲といった教説は世を攪乱する元凶であり，社会秩序を維持するためには君臣の義を確信することであると主張した。そして根本となるべき神道の学問を修め，文道よりも武道を重視して，古来，わが国独自の「雄ごころ」を鼓舞した(「古野之若菜」)。また，実子の*加納諸平も鈴屋門の俊傑として知られた。主著に「古野之若菜」「生島坐摩考」などがある。

撫物 なでもの *罪穢つみけがれなどを祓い除くために用いられる祓具の一種。「倭訓栞」に「身を撫て祓ひ棄つるの具なり」とある。祓具には人形(形代)・衣類などが多く用いられ，これらで身体を撫でたり息を吹きかけたりすることにより，その人の罪や穢がその人形や衣類などに移ると考えられたのである。人形や衣類で身体を撫でて祓うことから，それらを撫物ともいう。撫物の多くは陰陽師の祈禱に用いられたが，のちには各神社でも*祓の祈禱の時に多く用いられるようになった。神職による個人の祓・祈禱には制限があったため，陰陽師の活躍の場が広がり，祓の信仰が陰陽師によって民間へと伝播されることとなった。

七瀬祓 ななせのはらえ　七瀬の禊とも。*陰陽道の行事。陰陽師が進めた七瀬の名を書いた人形に*撫物の衣を着せ，これに天皇が息をかけ，身体をなでて*罪穢を移したのち，使者を7カ所の瀬に遣わし人形を瀬に流した。通常は毎月洛中の加茂七瀬(川合・一条・土御門・近衛・中御門・大炊御門

おおいみかど・二条末)であったが、後冷泉天皇の時には隔月に霊所七瀬(川合・耳敏川・東滝・松崎・石影・西滝・大井川)で行われたという。平安中期以降の実例が知られ、天皇ばかりでなく当時の公卿も行った。洛外の七瀬には、摂津国の難波・農太・河俣、山城国の大島・橘小島、近江国の佐久那谷・辛崎がある。鎌倉幕府も、鎌倉付近に七瀬(由比浜・金洗沢・固瀬川・六連・独河・杜戸・江島)を設けて、これを行った。

難波土産 なにわみやげ　江戸初期の浄瑠璃注釈書。全5巻。三木平右衛門貞成の著。1738年(元文3)刊。角書に「浄瑠璃文句評註」とある。後半は「お初天神記」(「曾根崎心中」)など9編の浄瑠璃本文の注釈であるが、発端に穂積以貫(近松半二の父)の聞き書きによる*近松門左衛門の芸談がのべられ、この部分が、「虚実皮膜論」の名称で浄瑠璃唯一の文学論として知られる。浄瑠璃は太夫と人形遣いとの三位一体の芸であり、その本質は慰みにあり、芸というものは、実と虚との皮膜の間にあって、実であって実でなく、虚であって虚ではなく、微妙な間を極めるものであるとする。近松の技法論・芸論にみられる義理人情論は、文学は人間の自然のやむにやまれぬ感情を表すものという元禄期(1688〜1704)の文学人情論に共通するものがある。従来、本書の執筆者には巻頭の肖像に賛を贈った穂積以貫をあてていたが、近年は同じ古義堂の伊藤東涯門の儒者三木平右衛門をあて、以貫はともに関係した人物とする。いずれにせよ、古義堂の文学観と軌を一にする芸談である。

那波活所 なばかっしょ　1595〜1648(文禄4〜慶安元)　「なわ—」とも。江戸前期の儒学者。名は方、字は道円、通称は平八、活所と号した。播磨国の豪農の家に生まれる。*藤原惺窩に師事して朱子学を学んだ。1623年(元和9)熊本藩主の加藤忠広に仕えたが、その無能ぶりに失望して数年で致仕し、のち35年(寛永12)和歌山藩儒として徳川頼宜のもとに出仕した。農民への教化の可能性を信じ、農民がその「家職」に専念すべきことを訴えた。「活所遺稿」10巻・序目1巻がある。

那波魯堂 なばろどう　1727〜89(享保12〜寛政元)　「なわ—」とも。江戸中期の儒学者。名は師曾、字は孝卿、通称は与蔵・主膳、魯堂はその号。播磨国姫路の人。藤原惺窩の高弟*那波活所の5代の孫。17歳の時に*岡白駒(竜洲)に入門し、漢魏の古学を修め、1756年(宝暦6)30歳で聖護院宮の侍講となる。78年(安永7)52歳で徳島藩の儒員となり、禄150石を給された。魯堂は、はじめ徂徠学を奉じていたが、宝暦年間(1751〜64)に活所以来の家学の朱子学に復帰した。彼は主著「学問源流」(1799刊)で、闇斎学派・仁斎学派・徂徠学派を批判して、朱子学の卓越性を主張するとともに、清朝考証学の有益性をのべている。

鍋山貞親 なべやまさだちか　1901〜79(明治34〜昭和54)　大正・昭和期の社会運動家。大阪府生れ。働きつつ小学校を卒業。1916年(大正5)旋盤見習工の時に*友愛会に入会する。やがて社会主義に憧れ、*荒畑寒村のもとで労働運動を学び、20年LL会(労働と自由)に加入する。まもなくサンディカリスムを脱却、22年日本共産党に入党、26年中央委員となる。日本労働総同盟では左派を率い、分裂後の日本労働組合評議会で中央委員となり、26年(昭和元)日本楽器争議を指導した。翌年、コミンテルンの委員会で「*27年テーゼ」の作成に参加した。28年に上海での汎太平洋労働組合会議委員会に出席するなど、党指導部・左翼組合代表として活動中、29年に検挙され、32年無期懲役の判決をうけた。33年*佐野学と共同で*転向声明を発表し、以後の転向現象の引金となる。恩赦で43年出獄し、戦後は反共活動を展開した。

並河天民 なみかわてんみん　1679〜1718(延宝7〜享保3)　江戸中期の儒学者。名は亮、字は良弼などで、通称は伝之助、門人による私諡が天民先生。山城国の富農の子として生まれる。*伊藤仁斎に学んだが、のちに「仁義礼智」が心に内在することを主張して、仁斎への批判的立場を鮮明にしていった。遺著に「*天民遺言」2巻がある。

並木正三 なみきしょうざ　1730〜73(享保15〜安永2)　江戸中期の浄瑠璃・歌舞伎作者。別号に当正軒。大坂道頓堀の芝居茶屋の子

に生まれた。早くから劇界に出入りし，一時並木宗輔の門人となって豊竹座にいたが，歌舞伎界に復帰して，主に初世中村歌右衛門のために筆をとった。代表的な作品に「宿無団七時雨傘」(1768)，「桑名屋徳蔵入船物語」(1770)などがある。写実的な作風，〈はめもの〉といわれる先行作の利用，巧みな舞台装置などが特色である。浄瑠璃には，「一谷嫩軍記」(1751)に合作者の一人として名を連ねている。門人には並木五瓶ら多数いる。

滑川談 なめりかわだん　寛政の改革を断行していた*松平定信に，「諷諫心」をもって献じた経世書。*冢田大峰の著。1冊。1791年(寛政3)跋，同年刊行。大峰も「奢侈華麗の風俗」を矯正するために，質素倹約の政治を行わなくてはならない，と考える点は，定信に異存ない。ただ，倹約は金銀を貯蓄することが目的ではなく，それを有益なことに用い，人民を潤すことにあると，青砥藤綱の逸話（鎌倉の滑川に落とした銭10文を，50文の松明を買って探させたという）によって論ずる。また大峰は，学問所の中で為政者の善否を評議することを「公の道」だと説いて，定信の学制論を批判した。

奈良絵本 ならえほん　室町末期から江戸初期にかけて作られた，主に*御伽草子に主題を取材した絵入り冊子のこと。御伽草子を絵画化した御伽草子絵は，室町時代には絵巻物の形式で作られ鑑賞されたが，室町末期になると絵巻物とともに2種の冊子形式が現れた。絵入り板本と手書きの奈良絵本で，奈良絵本は量産可能な御伽草子絵の普及版であった。形態は袋綴あるいは粘葉装の冊子で，大形縦本・縦本・横本の3種に分かれる。作り絵風の豪華な作風を示すものもあるが，構図や彩色を簡略した親しみある素朴な画調が繰り広げられるところに絵画表現上の特徴をもつ。

「奈良絵本」という名称は，明治中期の造語とされる。江戸後期には「かき本」「絵入古写本」の名称でよばれた。「奈良絵」との関係から，奈良興福寺の絵仏師が御伽草子を主として注文や商品として大量に制作したとの説もあるが，奈良絵本と奈良絵，奈良の地との関係は明らかでない。

奈良仏教 ならぶっきょう　8世紀，主として平城京の時代を中心とした時期の仏教をいう。この時代，仏教は律令制国家の管理統制下で興隆が図られ，鎮護国家を第一の目的とした*国家仏教であった。すなわち，大規模な伽藍をもつ*官寺が建立・維持され，官営の*写経所において大量の経典類の書写が行われて，盛んに護国法会が営まれる一方，僧尼たちは国家の管理下で得度・受戒し，その行動は*僧尼令によって著しく規制された。官寺では*南都六宗を中心とする仏教教学の研究が盛んで，僧尼たちは寺院内での学問と鎮護国家の祈禱が任務とされ，*山林修行や乞食行は許されても，民間での布教はきびしく禁止されていた。そのため民間仏教は全般的に低調であったが，畿内で集団を率いて大規模な活動を展開していた*行基の場合は，やがて国家もその勢力を認めざるをえなくなった。その一方，天平年間(729～749)には*聖武天皇や*光明皇后の熱心な信仰によって，各国に*国分寺(国分僧寺と国分尼寺)，都では毘盧遮那大仏と*東大寺が造立されるなど為政者の仏教信仰は最高潮に達したが，こうした宮廷における仏教熱の結果として*玄昉や*道鏡に代表されるような僧の政治的進出を招き，次代の光仁・桓武朝には仏教界の粛正・改革が試みられることになった。⇒鎮護国家思想

成島柳北 なるしまりゅうほく　1837～84(天保8～明治17)　幕末期の幕臣，明治期のジャーナリスト。名は惟弘，字は保民，通称甲子太郎，号は柳北・何有仙史・墨上漁史・我楽多堂など。幕府の奥儒者成島筑山の子として，江戸に生まれた。祖父東岳・父筑山の薫陶をうけ，1853年(嘉永6)家督を継いだ。56年(安政3)奥儒者となり，「*徳川実紀」や「*後鑑」の校訂作業を監督した。63年(文久3)免職されて閉門の身となったが，この間，桂川甫周・神田孝平らと交流し，洋学を習得した。65年(慶応元)再び用いられ，騎兵頭・外国奉行・会計副総裁などを歴任した。維新後は，72年(明治5)から翌年の欧米周遊体験をふまえて，「*朝野新聞」で殖産興業や名所旧跡の保存などを風刺・諧謔に富んだ文章で

論じ，民権期には立憲改進党を支持した．著書は「柳橋新誌」「柳北遺稿」など．

成瀬仁蔵 なるせじんぞう　1858〜1919（安政5〜大正8）明治・大正期の女子高等教育の先駆者．号は泉山．山口支藩吉敷藩士の子．藩校憲章館・山口県教員養成所に学ぶ．沢山保羅より受洗．梅花女学校の教師，大和郡山教会・新潟第一基督教会の初代牧師，新潟英和女学校の初代校長ののち，アメリカのアンドバー神学院，クラーク大学に留学．帰国し梅花女学校校長．W.J.タッカーのキリスト教社会改良思想，宗教を内包したW.ジェームズのプラグマティズムに共感して主体性・科学的創始力のある社会改良者の育成を期し，1901年（明治34）日本女子大学校を創設する．晩年の12年，*渋沢栄一らと社会的連帯を志向する国際的学術文化団体である帰一協会を設立する．成瀬の思想はキリスト教に根差すが，他宗教に寛容な多元性が特徴といえる．「成瀬仁蔵著作集」全3巻がある．

鳴滝塾 なるたきじゅく　江戸後期，オランダ商館付き医師として来日した*シーボルトが長崎に開いた私塾．1823年（文政6）に来日したシーボルトは，日本人との知的交流を図り，その際の出島出入りの煩瑣を省くために，出島外に交流拠点を求めた．翌24年，長崎郊外の鳴滝（現，長崎市鳴滝）にあった，オランダ通詞中山作三郎の別宅を利用して，薬草園を備えた鳴滝塾が完成した．西洋医学・本草学などをシーボルトが教える一方で，塾生たちも日本の物産・本草学などをオランダ語で伝え，美馬順三が塾頭として指導し，*高野長英ら多くの門人を育てた．薬草園では日本の草木を栽培し，それらを欧州に持ち帰りライデン大学の植物園に寄贈した．

南留別志 なるべし　*荻生徂徠が著した和文の随筆．全5巻．1762年（宝暦12）刊．民俗事象も含めた日本の名物についての考証が中心で，各項目の多くが「云々なるべし」で終わることから書名が付けられた．なお，伊勢貞丈の「あるまじ」（1774），富士谷成章の「非南留別志」（1764）など，徂徠の考証を批判する作品も著された．

那波活所 なわかっしょ　→那波活所

那波魯堂 なわろどう　→那波魯堂

南学 なんがく　海南学かいなんがくとも．戦国末期に，禅僧である*南村梅軒によって土佐国に伝えられ，その後，この地で独自に発達した朱子学をいう．南学という名称は，大高坂芝山「南学伝」（1691自序）によって用いられたのが始まりらしい．土佐においては，谷時中（1598〜1649）・小倉三省（1604〜54）・*野中兼山らによって本格的に朱子学が学ばれ，当初の禅儒一致の学風から，しだいに排仏の要素が強化された．兼山は，儒葬の実践も試みている．兼山らの後を継いで，谷一斎（1625〜95）・黒岩慈庵（1627〜1705），さらに*谷秦山らが輩出した．この学派は，*山崎闇斎と深いつながりをもっている．闇斎は，土佐藩政の中枢にあって朱子学の理念を実現しようとする兼山の姿に接することで，机上の観念論や，自己一身の悟りのための学問を否定して，修己治人の学問としての朱子学の意義に目覚めたのである．そして慈庵や秦山は，京都に戻り学問的に大成した闇斎から朱子学を学ぶこととなった．

南郭先生灯火書 なんかくせんせいとうかのしょ　*服部南郭の著した和文の書簡体の書．1巻．1734年（享保19）刊．文章論・文体論が主題で，「畢竟文章は学力と人才と兼合候事」という見方のもと，中国における詩文の変遷がのべられ，「古今諸流の差別」をわきまえて，「和習」を斥けて，自分の好みとする文章を学ぶべきだとされている．詩は，「人もあはれと感する」ように情を詠うもので，「理学」（朱子学）の視点からは「手ぬるき児女子の様に見」えるものだというような議論に，南郭の文学的な感性がうかがえる．

南学伝 なんがくでん　→大高坂芝山

南化玄興 なんかげんこう　1538〜1604（天文7〜慶長9）戦国・織豊期の臨済宗の僧．豊臣秀吉の子棄君の菩提寺祥雲寺開山．別号は虚白，諡号は定慧円明国師．俗姓は一柳．美濃国の人．妙心寺の邦叔宗樸について出家し，美濃国崇福寺や甲斐国恵林寺では*快川紹喜のもとで修行し，印可をえる．永禄末年，稲葉良通の要請をうけ美濃国花谿寺の開山となる．1570年（元亀元）勅を賜り妙心寺に入住した．90年（天正

18)山内忠義の請により妙心寺塔頭大通院の開山となる。91年秀吉に招かれ東山祥雲寺を、97年(慶長2)に稲葉貞通の智勝院を、99年には妙心寺山内に脇坂氏の隣華院を開創した。また、後陽成^{ごようぜい}天皇の問法をうけるなど皇室とも親交をもち、妙心寺派発展の中央での役を担った。

南柯法語 なんかほうご　浄土真宗本願寺派の*超然^{ちょうねん}の著作。全2巻。真宗の宗意である安心^{あんじん}を東西両派の差異をふまえて論じた。初編には1824年(文政7)稿、26年補正、第2編には同年稿とする奥書があり、さらに41年(天保12)稿の付録が収録される。夢の中における老若数人の問答形式として展開される。初編では、大谷派学者からの*三業惑乱^{さんごうわくらん}後の本願寺派教学が「法体づのり」であるとの指摘に対し、本願寺派の正当の主張などが展開される。第2編は、欲生帰命説^{よくしょうきみょうせつ}の論破、また付録は名号正因説^{みょうごうしょういんせつ}の論破などが記される。三業惑乱以降の安心問題がうかがえる。著者の超然は、三業惑乱以降の*異安心^{いあんじん}の調理・粛正に尽力した。

南紀念仏往生伝 なんきねんぶつおうじょうでん　「近世見聞南紀念仏往生伝」「近世南紀念仏往生伝」「近世南紀往生伝」とも。江戸後期の紀伊国の往生伝。全3巻。浄土宗の僧*隆円^{りゅうえん}の編著。1802年(享和2)刊行。著者の隆円には「*近世念仏往生伝」など多くの著作があるが、本書はその法友の鶯洲^{おうしゅう}・俊隆^{しゅんりゅう}が収集した紀伊国の往生伝に加筆し編集したものである。貞享～享和期(1684～1804)の往生人81名が収録される。往生のための宗教的条件は五重相承・西国巡礼などそれぞれ異なり、人間的性質、出家・在家の別もさまざまであるが、書名のとおり念仏が前提となっている。一般民衆に念仏の法門を勧め、浄土往生に導くため記されたものである。

南渓 なんけい　1790/83～1873(寛政2/天明3～明治6)　江戸後期～明治初期の浄土真宗本願寺派の学僧。諱は詢道^{じゅんどう}・南渓、字は伝灯、号は淮水・覚音坊・円成院。筑前国宇佐の人。真宗のほか、天台・法相・華厳・浄土などの諸学を修めた。1816年(文化13)豊後国満福寺に入り、学寮を開き子弟に教授した。法理同時説の行信論^{ぎょうしんろん}を立て問題となる。

天保年間(1830～44)本山からの命で上京し、教学の研鑽に努め、56年(安政3)勧学となる。真宗篤信者の伝記である僧純^{そうじゅん}編「*妙好人伝^{みょうこうにんでん}」に序文を寄せるとともに、儒者*中井竹山^{なかいちくざん}や神道・キリスト教の排仏論に対して積極的に護法論を展開した。著作は「角毛偶録^{かくもうぐうろく}」5巻、「杞憂小言^{きゆうしょうげん}」2巻、「教行信証^{きょうぎょうしんしょう}講録」20巻、「護法済衆編」1巻、「行信一念贅語^{ぎょうしんいちねんぜいご}」など。

南江宗沅 なんこうそうげん　1387～1463(嘉慶元・元中4～寛正4)　室町前半期の禅僧。臨済宗一山派^{いっさんは}。別号漁庵・鷗巣^{おうそう}。美濃国の人。土岐頼清の子の雲渓支山^{うんけいしざん}に受業したと伝わるが、雲渓亡きあとの拝塔嗣法と考えられる。建仁寺・相国寺に掛籍。惟肖得巌^{いしょうとくがん}から「南江」の道号をうけ、江西竜派^{こうせいりょうは}や*瑞渓周鳳^{ずいけいしゅうほう}・心田清播^{しんでんせいぱ}との交友をえた。僧階は後堂首座^{ごどうしゅそ}まで昇ったらしい。*一休宗純^{いっきゅうそうじゅん}に参禅後は緊密な師弟関係が生じた。1432年(永享4)に一休に伴われた和泉国の地が、その後の隠逸放浪の一拠点となる。寓居は高石にあった法灯派^{ほっとうは}の大雄寺^{だいおうじ}。この寺で制作された詩画軸の遺作「子渓少年送別図」には、絶えず京五山との接点を確認する南江のあり方がよめる。還俗をせず、晩年まで約30年行き来した。京では江西竜派との親交が深く、一条兼良^{いちじょうかねよし}の邸宅桃花坊にほど近い歓喜寺に江西をしばしば訪ねている。一休にゆかりある山城国薪^{たきぎ}の妙勝庵^{みょうしょうあん}との関係も深い。最後は住吉の草堂で没した。南江が「応庵法語墨蹟」に長年ともにあったと記す「文成外史」は大徳寺派の逸伝画家文清^{ぶんせい}との関係を問われる人物であり、南江の生涯は大徳寺派の絵画史解明の鍵をも握っている。詩文集を「漁庵小稿」または「鷗巣謄藁^{おうそうとうこう}」といい、詩のみを収める「鷗巣詩集」も伝わる。

南光坊林道春殿中問答 なんこうぼうはやしどうしゅんでんちゅうもんどう　→殿中問答^{でんちゅうもんどう}

難古事記伝 なんこじきでん　江戸末期の「*古事記」解釈の書。全5巻。国学者*橘守部^{たちばなもりべ}の著。1844年(弘化元)頃に成立。同時期に成立した「*稜威道別^{いつのちわき}」の〈神秘五箇条〉の方法をもって「古事記」を解釈し、*本居宣長^{もとおりのりなが}の「*古事記伝」での不合理な神話注解を批判し

たものである。宣長の注釈に対し，219ヵ条にわたる反駁がなされる。しかし，荒唐無稽な神話表現を「幼言・談辞」（寓意・虚構など）とする一方，「顕」である人間から，「幽」である神々の存在・活動は把握しがたいという自論を神話読解の基礎に据えたため，その解釈は合理的な立場に徹底できなかった。その意味で，神話を字義通りの実事とする宣長や，それを完全な象徴とみる*富士谷御杖らに対し中途半端であった観は否めない。

南条文雄 なんじょう ぶんゆう　1849～1927（嘉永2～昭和2）　明治・大正期の印度学・仏教学の先駆者。幼名は恪丸，号は碩果。美濃国大垣の誓運寺に生まれる。浄土真宗の高倉学寮に入り，南条神興らについて学ぶ。1871年（明治4）南条神興の養子となり，福井県南条郡の憶念寺に入る。得度して文雄と改名する。76年28歳の時，東本願寺法主現如の命により学友笠原研寿とともにイギリスに渡り，オックスフォード大学に入る。マックス・ミュラーのもとで梵語学・仏教学・宗教学を学び，特に梵文仏教経典を研究し，ミュラーとともに「梵文無量寿経」などを刊行する。さらに同大学所蔵の明版一切経目録を英訳・解説した「大明三蔵聖教目録」は「南条目録」ともよばれ，名著の誉れ高く現在でも広く活用されている。同大学で文学修士を取得し，84年帰国。同年，東京大谷教校教授，翌年には東京帝国大学で梵文学を講義する。87年インド・中国の仏蹟を巡拝する。1901年に真宗大学教授，03年に真宗大学学監，06年には帝国学士院会員となる。さらに14年（大正3）には真宗大学学長になった。著書は「梵文入楞伽経」など。

男色 なんしょく　「だんしょく」とも。近世語で女性との性愛を女色とよぶのに対して，男性の同性愛をいう。中世においては，女性忌避が僧職の宗教的戒律や，武士団の軍事的規律と不可分であり，男性同士の性愛が現実的・精神的紐帯の強化の意味をもっていた。歌舞伎役者・若衆・小人などを対象としたもの，老人同士などさまざまな男色の性風俗を描いた井原西鶴の「男色大鑑」（1687刊）には，男色賛美を女嫌いと連動させている点で，女性性の抑圧の文脈を引き継ぐが，男色が女色に対して必ずしも反社会性をもたない，倒錯の性と考えられていないことも読み取ることができる。

南禅寺 なんぜんじ　京都市左京区にある臨済宗南禅寺派の大本山。1264年（文永元）に離宮禅林寺殿を建立した亀山天皇は，禅寺の創立を構想して，宋から帰国して紀伊国由良の西方寺（のちの興国寺）開山となった法灯派の無本覚心を開山に迎えようとした。無本が辞退したために延引し，91年（正応4），円爾の法嗣無関普門を開山として，離宮を禅寺に改め竜安山禅林禅寺とした。翌年，無関の没後をうけて南院国師規庵祖円が入寺し，規庵は以後伽藍の整備に尽力した。99年（正安元），亀山法皇は起請文を製して，寄進する寺領と寺を門派にとらわれない十方住持刹とすることを明らかにし，ついで寺名を瑞竜山太平興国南禅禅寺と改めた。1334年（建武元）同寺は五山第一位となり，86年（至徳3・元中3）足利義満が新しく建立した相国寺を五山に加えて，南禅寺は「五山之上」に位置づけられた。

その間に注目すべき事件が続いた。25世平田慈均の時，後光厳天皇の綸旨によって夢窓派の*春屋妙葩が南禅寺修造をつかさどることになり，そのことは幕府の積極的な後援を意味した。しかし，1367年（貞治6・正平22）造営のために設けられた関銭をめぐって三井寺と南禅寺が争い，その直後，聖一派の人で南禅寺（33世）に入寺した定山祖禅が「続正法論」を著して，比叡山・三井寺僧徒を非難した。これを契機に，旧仏教側が抗議し，幕府は新築されたばかりの南禅寺山門を破却することと，定山の遠江国境界とによって妥協した（応安の強訴事件）。これに対して，管領細川頼之の措置に反発した春屋をはじめ五山派僧は丹後国に退居して抗議し，京都に残留した同じ夢窓派の*竜湫周沢が南禅寺住持となり，同寺に夢窓疎石の塔所上生院を創建した。その後，幕府内の反頼之勢力が春屋を支持して結束し，79年（康暦元・天授5），頼之を失脚させて斯波義将が管領となった（康暦の政変）。南禅寺の草創にからんで，

禅宗と旧仏教との対立，幕府内部の対立が顕在化するあわただしい動きをみせたのである。
　近世初期には，五山の統轄機関である僧録司（そうろくし）が相国寺鹿苑院主から南禅寺金地院主の*以心崇伝（いしんすうでん）に移管されて，金地僧録（こんちそうろく）とよばれた。→鹿苑僧録（ろくおんそうろく）

南曹（なんそう）　→勧学院（かんがくいん）　奨学院（しょうがくいん）

南総里見八犬伝（なんそうさとみはっけんでん）　江戸後期の長編読本（よみほん）。全96輯106冊。*曲亭馬琴（きょくていばきん）の著。1814年(文化11)から42年(天保13)にかけて刊行。28年の歳月をかけた馬琴畢生の雄編である。結城（ゆうき）合戦を発端とする室町末期のほぼ60年間の史実を背景に，戦国大名の房総里見家の宗主義実（むねざね）とその女伏姫（ふせひめ）の物語から，八犬士とよばれる青年たちの大同団結に至るまでを緊密な構成で描いた江戸読本屈指の長編小説である。「水滸伝（すいこでん）」などの中国白話長編小説を構想の骨格におき，「太平記」などわが国の古典文学から描写をかりて，伝奇的時代小説の中に，細かく写実的な関東農漁村の生活誌をリアルに描いて織りこみ，勧善懲悪・因果応報の理念の中に人物を動かしている。武家の主従関係にかかわるエートスに作者の大きな関心がある。

南村梅軒（なんそんばいけん）　→南村梅軒（なむらばいけん）

難太平記（なんたいへいき）　足利一門今川氏の由緒と勲功を子孫に伝えようとして記した覚書。1冊。今川貞世（さだよ）（了俊（りょうしゅん），1326～?）の著。1402年（応永9）了俊77歳の時に成立。「*太平記」には今川氏の功績が正しくかつ十分に記入されていないとして，同書をきびしく批判した部分が数カ所あるため，後世この書名がつけられた。しかし全体的にみれば，本書著述の主目的は，父範国（のりくに）から聞いた今川氏の歴史や応永の乱（1399）における了俊の立場を書き残すことにあったといえよう。今川一族の足利将軍家に対する忠節や活躍，将軍*足利義満（あしかがよしみつ）に対して謀反を企てた鎌倉公方足利満兼（みつかね）や大内義弘（おおうちよしひろ）と了俊との関係などを記述する中で，足利氏は先祖代々の遺志によって天下をとったとし，義満の専制政治を*天道（てんどう）思想や*天下思想によって痛烈に論難している点などが注目される。

南都七大寺（なんとしちだいじ）　七大寺とも。平城京およびその付近にあって，いわゆる南都仏教（*奈良仏教）の教学・仏事をになった七つの大寺。呼称の初見は「続日本紀」天平勝宝8歳(756)5月丁巳条だが，この段階では*大安寺（だいあんじ）・*薬師寺・*元興寺（がんごうじ）・*興福寺・*東大寺以外の2カ寺は不明である。のち平安時代，926年(延長4)の宇多法皇延寿経（えんじゅきょう）の誦経が行われた「南京七大寺」には上記に*西大寺・*法隆寺が加わっており，以上の7カ寺が通例であった。ほかに唐招提寺や弘福寺（ぐふくじ）（川原寺（かわらでら））・新薬師寺などを加える例などもあった。

南都北嶺（なんとほくれい）　南都は奈良の七大寺，特に*興福寺をいい，北嶺は比叡山*延暦寺をいう。両者は大和国では多武峰（とうのみね）をめぐり，山城国では清水寺をめぐって対立・抗争した。この対立の主なものとしては，1081年(永保元)に藤原鎌足（かまたり）の廟所である多武峰が延暦寺末寺となったことによる興福寺の大衆（だいしゅ）の蜂起，1114年(永久2)の清水寺別当職（べっとうしき）をめぐる争いがあり，また「平家物語」には，1165年(永万元)の二条天皇の葬儀の際，その席次をめぐり争ったという額打論（がくうちろん）の争いが語られている。これらの争いの際には，興福寺は春日社の神木（しんぼく）を奉じ，延暦寺は日吉（ひえ）社の神輿（みこし）や，時には祇園（ぎおん）社の神輿も奉じて入洛し，朝廷にそれぞれの要求をとおすため*強訴（ごうそ）に及んだ。→山階道理（やましなどうり）

南都六宗（なんとろくしゅう）　奈良時代の僧尼が専攻した仏教教学体系の学団のうち，公認された六つの学団をいう。*三論宗・*成実（じょうじつ）宗・*法相（ほっそう）宗・*倶舎（くしゃ）宗・*華厳宗・*律宗の6宗。「宗」はもと「衆」と表記し，平安時代以降の特定の教団ないし宗派のような性格のものではなく，一つの教義体系を研鑽する僧尼の集団を称した。したがって一つの寺院に複数の宗が存在し，複数の宗を兼学する僧もいた。「六宗」の語の初見する760年(天平宝字4)には整備されていたと考えられるが，成実宗は三論宗の，倶舎宗は法相宗の付宗であり，6宗の中では法相・三論の両宗がしだいに他を圧していった。806年(大同元)には*最澄（さいちょう）の上表にもとづいて，6宗に天台宗を加えた各宗の年分度者（ねんぶんどしゃ）の数が定められた。→奈良仏教

南原繁 なんばらしげる　1889〜1974（明治22〜昭和49）大正・昭和期の政治学者。香川県相生村に生まれ，家の再興の望みを託されて育つ。第一高等学校・東京帝国大学在学中に*新渡戸稲造・*内村鑑三らの影響をうけ，キリスト教信仰をもった。*小野塚喜平次らから政治学を学ぶ。卒業後，内務省に入り富山県射水郡郡長となる。1921年（大正10）東京帝国大学法学部助教授に就任。ドイツ留学から帰国後は，政治史・政治学史を担当，理想と現実の間で「政治社会の帰趨と標的」を解明すべく政治哲学研究にいそしむ。以後，日本の敗戦まで「学問の自由」「大学の自治」を守るべく，国家権力とその天皇制イデオロギーをきびしく批判し，それを学問的研究に展開させ，フィヒテ研究，「*国家と宗教」（1943）などを著した。戦後，日本国憲法の制定や教育改革にかかわるなど，東京大学総長として大学のみならず日本の新生のために働いた。「南原繁著作集」全10巻がある。

南蛮学 なんばんがく　→洋学

南蛮寺 なんばんじ　キリシタン教会の俗称。ふつう南蛮寺とは京都南蛮寺をさす。1561年（永禄4）*ビレラは，京都四条坊門姥柳町に地所と古家を購入し教会とした。これが老朽化したので，*オルガンティノや*フロイスは*高山右近ら京畿の有力信者の協力をえて，75〜78年（天正3〜6）木造3階建の和風建築を完成させた。京都内外の人々の注目を集め，多くの見物客が訪れた。当時の姿は狩野元秀筆の扇面図「なんはんとう」に描かれ，1577年銘の鐘は京都妙心寺春光院に保管されている。

南蛮寺興廃記 なんばんじこうはいき　18世紀初期に成立したと推定される代表的な実録物的通俗排耶書。1冊。編著者不明。17世紀末〜18世紀初頭に編まれた作者不詳の俗説書「切支丹根元記」を原本とし，略述し改編・改題したものである。荒唐無稽なバテレン渡来の発端部分は省略し，南蛮キリシタン国の地理は当時の天文地理学者西川如見の説（「*華夷通商考」1695刊，増補版1708刊）によって訂正されたと付記されている。江戸幕府の禁教政策を讃美し民衆に邪宗門の恐怖感を与えることを目的とし，織田信長時代の京都南蛮寺の建立，安土宗論，豊臣秀吉時代から原城の落城までを叙述している。写本が流布し，幕末には知識人ですら*排耶論いやの論拠として利用した。

南蛮寺物語 なんばんじものがたり　通俗的排耶書。1冊。著者不詳。平仮名文。「*南蛮寺興廃記」と同様「切支丹根元記」を原本として編まれ，共通点が多い。18世紀中頃に成立したものと推定される。南蛮国大王の日本征服計画，バテレンうるがん（*オルガンティノ）の来日と活動，織田信長の京都南蛮寺の建立，正親町天皇への献上品，*ハビアンの京都での改宗経緯，信長のキリシタン保護政策への後悔，荒木村重の謀反と*高山右近，豊臣秀吉によるバテレンの本国送還，ハビアンと柏翁居士との宗論，変名した堺の外科医ハビアンらの演出した魔法に立腹した秀吉が磔刑を命じたこと，などから天草・島原の乱に及ぶ*仮名草子である。民衆にキリシタン邪宗門観を広めるために著されたもので，写本により流布した。

南蛮誓詞 なんばんせいし　1635年（寛永12）京都所司代の板倉重宗が，キリシタン信仰を棄てた転び者に対し，その証拠として「吉利支丹ころび申しゆらめんと（誓文）の事」という転び証文3カ条の誓約の提出を命じた。これが南蛮誓詞である。キリシタン起請文を援用して*絵踏と同じ効果を狙ったものである。転宗者には3カ条全文を，公卿以下庶民には第2・3条を誓約させた。第2条の誓文を転宗者以外の者に書かせた目的は，「でうす，さんたまりや，あんじょ（天使），インヘルノ（地獄）」などの名で誓約させた第3条の意味を解しうるか否かによって，信者を発見するという巧妙な検索手段とするためであった。のちには転宗者が日本の諸神仏と*デウス，サンタマリアの名を併記し，あるいは日本の諸神仏の名をあげない誓詞もあった。

南部艸寿 なんぶそうじゅ　→倭忠経

南方録 なんぽうろく　江戸時代に書かれた*千利休の茶道秘伝書。全7巻。本文に著者は堺の南宗寺集雲庵の住僧南坊宗啓とあるが，現在の研究段階では南坊宗啓なる人物が実在したかは確認できず，この原本の発見者とされる福岡藩家中の立花実山により編集され

た偽書と考えられる。結局，1690年（元禄3）以降に成立したとすべきであろう。内容は，はじめに総編ともいうべき「覚書」が33の小文よりなっている。*佗茶を仏教的な面から説明し，「南方録」の最も重要な巻で*武野紹鷗と千利休の佗茶の相違にもふれている。第2巻は「会」で56回に及ぶ茶会記を載せ，第3巻は「棚」，第4巻は「書院」，第5巻は「台子」，第6巻「墨引」では曲尺割について詳述しており，第7巻「滅後」の7巻から構成されている。ただし，これに「秘伝」「追加」を加えて9巻とみる説もある。

南北朝 政治体制からは，足利尊氏が擁立した北朝と，吉野に逃れた*後醍醐天皇に始まる南朝との分立から，室町幕府による全国統一が名目上完成した1392年（明徳3・元中9）に至るまでの時期をいう。中国においては，漢滅亡後の三国時代・五胡十六国時代をへて，華北に成立した北魏に始まる北朝，江南を中心とした宋などの南朝との分裂を模した名称である。日本では，北朝を「武家方」，南朝を「宮方」と称することもあった。大きな内乱期で，将軍さえもが南朝年号を用いたり，北朝年号を用いることもあるなど混乱した。特に近代以降，南北朝正閏論が大きな問題となった。

南北朝正閏問題 明治末年におこった教科書記述をめぐる政治的事件。歴史的事実としては南北朝合一の結果，北朝すなわち持明院統の子孫が皇位を継承してきたが，朱子学の名分論や水戸学の影響により，江戸後期には南朝正統論が台頭した。1910年（明治43）11月の東京高等師範学校における地歴講習会で，両期並立の立場をとる教科書調査官*喜田貞吉の答弁を不満とした名分派は，新聞などを通じて政府を攻撃した。ところが，文相小松原英太郎は質問予定の代議士藤沢元造を買収するなど，世論を抑圧する挙にでて騒ぎは大きくなり，元老山県有朋が明治天皇に奏上して南朝正統と決着した。以後公式には南北朝の称が廃され，吉野朝に統一された。

南浦紹明 1235～1308（嘉禎元～延慶元） 鎌倉後期の禅僧。臨済宗大応派。駿河国安倍郡の人。15歳で剃髪・受戒し，*建長寺の*蘭渓道隆に紹明と安名された。法諱の紹明は五山派では「じょうみん」，大徳寺派では「じょうみょう」と訓む。1259年（正元元）入宋して，諸寺に参じたのち，杭州浄慈寺の虚堂智愚に師事し，65年径山に移った虚堂に随侍・参禅して，悟得を認められた。67年（文永4，宋・咸淳3）に帰国する際に，虚堂に餞別の偈を贈られ，その韻を和した知友の頌軸「一帆風」は，この当時の日中禅僧の交流を語る貴重な史料として知られる。

帰国後，建長寺に蘭渓の会下で蔵主をつかさどり，70年筑前国興徳寺に入寺して，虚堂の法を嗣いだ。この時，嗣法の書と入院法語を虚堂に送り，「吾が道東せり」と評されたのは，南浦がその器量を高く評価されたことを告げている。72年に大宰府の横岳山*崇福寺に入り，以後33年ここに住した。北九州に禅宗を広め，関東における仏国派の下野国雲巌寺の*高峰顕日と並んで天下の「二甘露門」と称えられた。南浦は，宋代の仏教が教禅一致，念仏禅などの習合的な傾向を示したのに対して，純粋の祖師禅の正脈をうけたきびしい宗風で知られた。1304年（嘉元2）後宇多法皇の詔をうけて上洛，宮中に禅要を説き，京都万寿寺に入寺した。07年（徳治2）北条貞時の帰依をうけて，建長寺に入寺し，翌年末に没した。享年74。

住寺の順を追って法語を収める「円通大応国師語録」がある。南浦の法系は，その円通大応国師の諡号から大応派とよばれ，そのうち崇福寺に住した法脈を横岳派とよぶ。法嗣の*宗峰妙超は*大徳寺開山となり，大徳寺はその法嗣徹翁義亨の一流に継がれ，同じく宗峰の法嗣である*関山慧玄は*妙心寺開山となった。南浦の法流は南禅寺と建仁寺にも入り，五山派と交流する拠点となった。

南摩綱紀 1823～1909（文政6～明治42） 幕末～明治期の儒学者・蘭学者。名は綱紀，字は士張，通称は八之丞，号は羽峰。会津藩士の子。藩校日新館に学んだのち，1847年（弘化4）江戸にでて昌平黌への

書生寮に入る。また*杉田成卿らに洋学を学ぶ。55年(安政2)藩命により関西地方を歴訪し、帰国後、*山本覚馬とともに会津に西洋学館を創設した。62年(文久2)蝦夷地代官となり、67年(慶応3)には京都藩邸の学職となった。戊辰戦争の際、敵情探索に努めたが、会津陥落後、越後国高田に禁錮せられた。のち東京帝国大学・高等師範学校の教授などを歴任し、*西村茂樹らと日本弘道会を組織し、副会長となった。著書は「内国史略」「環碧楼遺稿」など。

南陽紹弘 なんようしょうこう　?~1652(?~尚質5・承応元)　江戸前期、琉球の臨済宗の僧。俗称は北谷長老。沖縄本島中部北谷の人。琉球正史「球陽」にその名がみられる。13歳で出家し、19歳で陸奥国松島の瑞巌寺で修道した。妙心寺開山の関山慧玄の正法を慕って、嶺南崇六(大天法鑑禅師)のもとで修法したのち帰国した。親日派・親中派の抗争を厭って那覇円覚寺の住持就任を拒否した。建善寺従僧として弟子の育成に努め、のち故郷北谷玉寄村へ隠居した。説法のみならず病気回復の祈禱なども行い、死後に墓前祭が行われるほどの尊敬をうけた。妙心寺派の臨済禅沖縄伝法の始祖とされる。瑞巌寺での修道ののち、江戸の東禅寺にて修道したとの異説もある。

南里有隣 なんりありちか　1812~64(文化9~元治元)　「一ゆうりん」とも。江戸後期の佐賀藩士・国学者。名は居易・元易、通称は伝作、松門・北岸と号した。肥前国佐賀の人。父の十蔵にともなって、青年期は江戸で漢学を学ぶとともに、塙塾で国学を修めた。1840年(天保11)藩校の弘道館に和学寮が設置されると、教授に任ぜられた。ついで私塾の本教館を開いて神道を講じ、和歌を教えた。神は尊敬すべきとともに、親愛すべき対象であると説いた。また自己の学問は、古学ではなく、万世に一貫とした人の道を説くものと主張した。藩の職務では交易詰となった。さらに*平田篤胤の影響をうけ、主著の「*神理十箇」は漢訳されたキリスト教書を参考に著作したものという。

に

新島襄 にいじま　1843~1890(天保14~明治23)　明治期の牧師・教育者。同志社英学校(現、同志社大学)の創立者。英文署名はJoseph Hardy Neesima。上野国安中藩の下級武士(右筆)の子として江戸で誕生。幼名は七五三太。漢学・蘭学・英学を学習中にキリスト教や外国事情に目を向け、1864年(元治元)に箱館から国禁を冒して密出国する。1年後にボストンに到着し、渡米の折の船の所有者ハーディー(Alpheus Hardy)の庇護をえて、フィリップス高等学校、アーモスト大学を卒業し、日本人初の理学士となる。その後アンドゥバー神学校で学ぶ。留学中、*岩倉遣外使節の要請で書記官として木戸孝允や*森有礼に協力する。また*田中不二麻呂に同行してヨーロッパの教育事情を視察した成果は、「理事功程」(1873~75)に結実している。在米中キリスト教に入信し、帰国前にはミッション(アメリカン・ボード)の準宣教師に任命される。74年(明治7)10年振りに帰国し、ただちにキリスト教主義学校の設立に着手し、在日宣教師や*山本覚馬らと翌年、京都に同志社英学校を開校する。以後、智育偏重を避け、キリスト教にもとづく智徳並行教育をめざして後進を育成するかたわら、精神的な文明化、すなわち国家を支える自治・自立の人民の育成のためキリスト教の伝道に挺身するが、病弱のため悲願の同志社大学の設立をみることなく、募金運動の途次、神奈川県大磯で夭逝した。「新島襄全集」全10巻がある。

新嘗 にいなめ　古訓は「にはなひ(へ)・にふなみ」とも。新穀を神に捧げてその年の豊穣を感謝する稲の収穫祭。語義は諸説あるが、贄を原義と考える説が有力である。古代より民間祭祀・宮廷祭祀として執行されている。「万葉集」の東歌(巻14-3386・3460)、「常陸国風土記」筑波郡条の福慈(富士)山と筑波山の由来譚などは古代の民間の新嘗儀礼を反映したものとされ、忌み籠もった祭主(主と

にいま

して女性)が来臨する神に新穀を供える祭祀が行われていた。

　宮廷祭祀としての新嘗祭の起源は大化前代にさかのぼるが、律令制下では11月の下の卯日と翌辰日の2日間の行事と規定される。祭儀次第は「儀式」「延喜式」によれば、卯日の朝に神祇官斎(西)院において諸神への班幣があり、同日夜から翌日の未明にかけて中和院の神嘉殿において、畿内官田より収穫した新穀の神饌を天皇が神に供え自らも食す神饌親供が二度行われる。辰日は豊楽殿において、臣下との饗宴(豊明節会)が開催される。後花園天皇の寛正年間(1460〜66)以降220年余り中絶するが、東山朝の1688年(元禄元)、神祇官代の吉田家邸内の宗源殿において「新嘗御祈」の名称で復興し、さらに桜町朝の1740年(元文5)には、天皇親祭による新嘗祭が再興される。1873年(明治6)の新暦採用から11月23日が祭日となり、1908年制定の「皇室祭祀令」では大祭と規定された。伊勢神宮の新嘗祭は神嘗祭とよばれ、三節祭の一つで由貴大御饌が奉奠される。

にひまなび　　「新学」「いにしへぶり」などとも。*賀茂真淵の学問・歌論書。1巻1冊。1765年(明和2)成稿。*荒木田久老によって1800年(寛政12)刊行。いわゆる〈五意考〉の成立後に書かれた真淵晩年の書。歌を中心に議論が展開されており、「歌意考」の内容と重なるところも多い。万葉主義が強調され、「*古今和歌集」以降の柔弱な「たをやめぶり」の尊重を批判して、「*万葉集」の素朴かつ雄渾な「ますらをぶり」が称揚されている。しかし、単純に女性の価値を低くみていたわけではなく、日本の女性は柔弱なだけではないと天照大神以下の勇猛な事例を引いており、真淵の門人層で大きな比重を占める武家女性を意識した記述もみられる。古歌(「万葉集」)の研究と実作、古風の文章を作り、次に「古事記」「日本書紀」以下の史書、律令・儀式書・記録類・器物をみることによって、古への心・詞・事柄を知ることができるとのべる。その先に「神皇の道」を知ることができるとする真淵の学問の階梯が示され、古代の人事の研究を徹底したのちに神代の究明に向かうべきであるとも主張されている。本書について、1815年(文化12)香川景樹は「*新学異見」を刊行して万葉偏重の復古論に対して異議を唱え、以降*歌論において古今主義と万葉主義の論争が展開された。

新学異見　にいまなび　　江戸後期の歌論。1冊。*香川景樹の著。1814年(文化11)刊。賀茂真淵の「*にひまなび」(1765)に対する反駁として書かれた歌論である。真淵が「*万葉集」を模範として推奨し、「*古今和歌集」を退けて、歌詠をとおして「ますらをぶり」の古代精神を体得することを唱道したのに対して、復古主義の作為性を批判し、歌風に時代の変遷のあることを説いて「古今集」批判に反駁し、歌は今の時代の言葉と調べで詠めばよいと主張した。*小沢蘆庵の「ただこと」(当代のふつうの言葉)歌の影響下にある論である。真淵没後に刊行されているが、県居門の江戸派の*村田春海・橘千蔭に対抗したためと解される。

ニイールピトゥ　→アカマタ・クロマタ

仁王　におう　　二王とも。本来は二王が正しいが、一般的に仁王が用いられる。ふつう阿形・吽形の一対とされるので二王という。金剛力士に同じ。もとは、金剛杵を手に取り、常に釈尊の側で護衛を務める単独尊であったが、中国で寺院の門の左右に一対で安置されるようになった。わが国での代表的な例では、法隆寺中門像(一部が奈良時代)、東大寺南大門像(鎌倉時代)などがある。その他に残る多くの遺品もこれらと同様に裸形像で造られているが、中央アジア以東でみられた武装形の仁王像として、東大寺法華堂像(奈良時代)が、また単独の金剛力士像の例として同じく法華堂の執金剛神像(奈良時代)があげられる。

二河白道図　にがびゃくどうず　　鎌倉時代以降に作成される浄土教絵画の一形態。唐の善導が、著作「観無量寿経疏」散善義の、廻向発願心の解釈部分において用いた二河白道の比喩を、表現したもの。二河白道とは次のような喩えである。西に向かうある旅人が、火の河が南から迫り水の河が北から迫りくる場へ出た。その中間に白い道が東から

西へ通っているが，その幅は狭く，後ろからは賊や猛獣が追ってくる。東からうながす声と西からの迎えよぶ声に励まされ，一心に白道を渡ると，たちまち西へ到達し限りない喜びをえた。これは，愛欲（火の河）と憎悪（水の河）の中にかろうじて生ずる清浄な心（白道）によって人が現世（東）から浄土（西）へ到達することの喩えで，東の声は釈迦の教えを，西の声は阿弥陀の本願を表す。法然が「*選択本願念仏集」で引用した影響から，図像化される。構図としては，上段に浄土，中段に二河白道，下段に現世を描くのが一般的である。遺品では，13世紀半ば成立と推定される京都粟生光明寺本が最古である。

和魂・荒魂 神の御魂（神霊）の区分で，和魂は温和・恵みの作用，荒魂は勇猛・行動的な作用を表象していう。「*日本書紀」神功摂政前紀に神の託宣があり，和魂は皇后の命を守り，荒魂は先鋒として軍船を導いたとし，さらに，大和への帰途に住吉三神の託宣により住吉神の荒魂を穴門の山田邑に祀ったと記されている。「*古事記」仲哀天皇段では，墨江大神の荒魂を国守神として新羅に祀り鎮めたとする。伊勢神宮の別宮である荒祭宮の祭神は，天照大神の荒魂とされる。

にぎはひ草 江戸初期の随筆。全2巻。灰屋紹益の著。1682年（天和2）刊。紹益の本姓は佐野氏。京都の代々の富豪であり，飛鳥井雅章門の地下歌人でもある。また諸芸に通じた風流人であり，島原の遊女吉野太夫を落籍した人物としても知られる。書名に「*徒然草」が模倣されていることからもわかるように，著者が晩年に興味にまかせて綴った133カ条からなる随筆である。茶・和歌・連歌などのさまざまな風流韻事について自らの知見をのべたものや，紹益が交際した*本阿弥光悦ほかの当時の文化的著名人や堂上貴顕の消息など，京都の町衆紹益ならではの多彩で貴重な記事が含まれる。鈴木正三の「*因果物語」（1661刊）についてふれているのも珍しい。

二宮一光説 伊勢の皇大神宮（内宮）と豊受大神宮（外宮）が一体不二の神であると説く思想。中世の*伊勢神道では両宮を日月，水火，陰陽に配当し，一体となって宇宙や国土・人民を支配すると説き，*両部神道では両宮を金剛界・胎蔵界に配当して大日如来一仏の顕現とする。この思想は外宮祠官の間に継承され唱道されたが，二宮一光という表現は江戸初期に始まるか。「伊勢二宮一社伝疑評論」は小田成胤（1660～1716）の「伊勢二宮一社伝」をその初見とするが，度会延佳の「*陽復記」（1650成立）に「陰陽昼夜，両眼両手何れを廃して可ならんや。二宮一光の理，よくわきまふべし」とある。伊勢神道批判の主要な論点とされた。

ニコライ 通称Nikolai，本名Ioan Dimitrovich Kasatkin 1836～1912 日本開教初期のロシア正教会の宣教師・大主教。ロシアのスモレンスク，ベリョーザ村に教会の補祭を父として生まれる。24歳でペテルブルク神学大学を卒業し，修道司祭になりニコライの名を与えられる。翌1861年（文久元），箱館にロシア領事館付司祭として来日し，68年（明治元）には沢辺琢磨（のちに司祭）ら3人に洗礼を授ける。来日当初から儒学者木村謙斎や*新島襄らに日本語を学ぶ。日本の政治・文化に関心をもち，一時帰国した時の69年に「基督教宣教団から見た日本」をロシア語で刊行し，幕末の状況を紹介する。91年（明治24）お茶の水に東京復活大聖堂（通称ニコライ堂）を建立し，1901年には正教会訳「我が主イイスス・ハリストスの新約」を日本人の協力をえて刊行する。日露戦争の時は苦しみ，自分はロシアのために祈るが，日本人信徒には日本のために祈ることを勧める。08年に来日したセルギイ主教に後を託し，聖ニコライ渡来50年の翌12年（明治45）2月，東京の病院で死去した。ニコライ堂での葬儀には多くの日本人も参列し，盛大に営まれた。棺は谷中墓地に納められている。大部の日記が残されていて，内面の葛藤と多くの人々との交友関係を知ることができる。日記は「宣教師ニコライの全日記」全9巻として邦訳されている。70年（昭和45）聖人に列せられる。

にごりえ *樋口一葉の短編小説。1895年（明治28）9月「文芸倶楽部」に発表され，97

年1月博文館刊行の「一葉全集」に収録。東京本郷の丸山福山町に近い新開地の銘酒屋「菊の井」のお力が主人公。お力は客の結城朝之助を愛しているのだが、彼女のために落ちぶれ、妻子をも捨てるに至った源七の刃にかかって死ぬというのが作品の梗概である。写実性に富み、お力を娼婦ではなく、義理と人情の世界に板挟みとなり、翻弄されるはかない薄幸の女性として描き出している。

西周 にしあまね　1829~97(文政12~明治30)　幕末・明治初期の哲学者。石見国津和野藩の藩医の長男として生まれる。1840年(天保11)藩校に入り、朱子学を学びつつ45年(弘化2)頃には*荻生徂徠の書に啓発をうけた。53年(嘉永6)江戸にでてオランダ語を学ぶかたわら、英語は*杉田成卿・手塚律蔵に師事した。57年(安政4)蕃書調所教授手伝並。62年(文久2)オランダに留学し、ライデン大学のフィセリングに万国公法(国際法)・国法・制産之学(経済学)・政表之学(統計学)の手ほどきをうけた。またフィロソフィーの重要性に注目して、後年それを「哲学」と訳した(「*百一新論」)。65年(慶応元)帰国後幕府の開成所教授。また将軍徳川慶喜の政策顧問となり、68年の鳥羽・伏見の戦いにも随行した。維新後は沼津兵学校頭取となっていたが、70年(明治3)に新政府の兵部省に招かれ、また大学学制取調方を兼務した。邸内の私塾で「百学連環」(百科辞典のこと)を講義した。74年*明六社に参加して「洋学を以て国語を書するの論」「非学者職分論」などを著した。79年東京学士会院会長、81年東京師範学校校長、82年元老院議官、90年貴族院議員となった。「西周全集」全4巻がある。

西川光二郎 にしかわこうじろう　1876~1940(明治9~昭和15)　明治期の社会主義者。兵庫県淡路島生れ。開拓者にならんとして札幌農学校に入学、*新渡戸稲造の影響でキリスト教の影響をうけるが、やがて東京専門学校入学後は社会問題に関心をもち、*片山潜の雑誌「*労働世界」発刊を助ける。1901年(明治34)*社会民主党の結成に参加し、すぐさま禁止されるも片山と雑誌「社会主義」を発行するとともに全国を遊説した。03年*平民社の創立に加わり、週刊「*平民新聞」発行人として筆禍にあう。平民社の解散後は「*光」の発刊にかかわり、06年日本社会党の創立に際して評議員・常任幹事となる。日本社会党の分裂に際しては議会政策論の立場をとり、以後「社会新聞」、さらに「東京社会新聞」を発刊する。08年東京市電値上げ反対運動で重禁錮2年に処せられた。10年に出獄したのちも、大逆事件の大弾圧の影響もあったが、社会主義者たちへの人間的な不信感から運動を離れ、以後は精神修養家としての著述・講演に専心した。

西川如見 にしかわじょけん　1648~1724(慶安元~享保9)　江戸前期の天文暦算家・地理学者。名は忠英、通称は次郎右衛門、如見・求林斎・淵梅軒などと号した。長崎商人の子として生まれる。南蛮学統の天文暦学を学び、マテオ・リッチらイエズス会士系の著作にも親しんだらしい。1697年(元禄10)の隠居以降は著述に専念し、「天文義論」「両儀集説」のような天文書、「*華夷通商考」「日本水土考」のような地理・地誌の書、「*町人嚢」「*百姓嚢」のような通俗教訓書、「長崎夜話艸」などの啓蒙書を著した。長崎という土地にもたらされる情報をいかして合理的な思想を展開し、1719年(享保4)には将軍徳川吉宗の下問をうけている。

西島蘭渓 にしじまらんけい　1780~1852(安永9~嘉永5)　江戸後期の儒学者。名は長孫、字は元齢、通称良佐、蘭渓はその号。別号は坤斎・孜々斎。江戸生れ。本姓下条氏で、西島柳谷の養子となる。*林述斎・西島柳谷に学び、芝西久保で門生に教授した。朱子学を主としたが、考証に秀で、自ら孜々斎と号したように倦まず学問に努めた。古今の文献を博捜して、難語・故事・事物などを考証した書「清暑閑談」「秋堂間語」「孜々斎筆記」などの著作を残した。

西晋一郎 にししんいちろう　1873~1943(明治6~昭和18)　明治後期~昭和初期の倫理学者。鳥取県丸山に生まれる。山口高校をへて、1899年(明治32)東京帝国大学文科大学哲学科を卒業。1902年広島高等師範学校教授、29年(昭和4)広島文理科大学教授、40年退官。東大時代にイギリス新カント学派のT.H.グリー

ンにふれ，その自己実現説に共鳴，狭い意味での倫理学ではなく，修養実行や国民としての自覚を促す実践哲学を追究した。その基礎は宇宙至上の理としての「孝」であって，大孝の実現こそが人倫における道理の実現であるとした。著書に「実践哲学概論」(1930)，「忠孝論」(1931)，「東洋倫理」(1934)などがある。

西田幾多郎 にしだきたろう　1870～1945(明治3～昭和20)　明治後期～昭和前期の哲学者。優れた弟子を多数育成し，*京都学派の創始者として近代日本最大の哲学者である。石川県河北郡宇ノ気の生れ。1886年(明治19)金沢の石川県専門学校(第四高等学校の前身)に入学，94年帝国大学文科大学哲学科選科修了。96年より第四高等学校講師のち教授。この時期の心理学・倫理学・哲学の講義草案が，のちに「*善の研究」(1911)となった。1910年より京都帝国大学に奉職し，13年(大正2)教授昇進。大正期を通じて主意主義的・主観主義的な自覚の哲学を追究し，「自覚に於ける直観と反省」(1917)から「芸術と道徳」(1923)までの諸論文を著した。27年(昭和2)京都帝大を停年退官し，同時期の「働くものから見るものへ」(1927)で客観主義的な場所の立場へ転換する。この宗教的動機に支えられた一種の直観主義の哲学を，狭義の*西田哲学とよぶ。フッサール，キルケゴール，ハイデガーの紹介者でもあった彼の独自性は，それらを禅・仏教を中心とする東洋思想と媒介させることで，無の場所の論理としての西田哲学を築いたところにある。最新版の「西田幾多郎全集」全24巻がある。⇒場所的論理と宗教的世界観

西田哲学 にしだてつがく　*西田幾多郎の哲学は直接経験・純粋経験・自覚・場所・弁証法的一般者・行為的直観へと進行するが，西田哲学とは，広義にはその哲学のすべてを一体として，狭義には場所の立場以降をよぶ。まず最初の著書「*善の研究」(1911)では，禅の体験やジェイムズ，ベルグソンの哲学の影響をうけて，主客未分の純粋経験の立場からすべての対立・矛盾・発展を統一的に解明した。この立場はフィヒテの絶対自我の哲学にふれることで「自覚に於ける直観と反省」(1917)へと洗練されていき，さらに「意識の問題」(1920)，「芸術と道徳」(1923)をへて絶対意志の自覚の立場に深化した。ところが，主観主義的・心理主義的・主意主義的立場はここで行き詰まり，かえって，自覚とは我の「於いてある」場所の「開け」に照らされて成立するという考えに移行することになった。すなわち，「働くものから見るものへ」(1927)に収められた「場所」(1926)において一種の直観主義へと転じたのだが，このことをもって左右田喜一郎は西田哲学の成立とみなした。そこで場所の論理とは，総じて「ある」ということは，いかなることであろうとも究極的には「絶対無の場所においてある」という形式を有しており，その一つの形式によって存在論・実践論・宗教論のいっさいが変容し展開すると考える立場である。その場所の論理は，「一般者の自覚的体系」(1930)や「無の自覚的限定」(1932)において弁証法的一般者として具体化され，また行為的直観の立場として直接化された。なお，この狭義の西田哲学は場所的論理を根本構造とするばかりでなく，さらに歴史的世界と絶対無の形而上学の三つからなる統一的世界として重層的に構成されている。⇒場所的論理と宗教的世界観

西田天香 にしだてんこう　1872～1968(明治5～昭和43)　明治末～昭和期の宗教的社会運動家。無所有を掲げ共同生活を送る一灯園(財団法人懺悔奉仕光泉林)の創設者。本名市太郎。滋賀県出身。20歳で北海道開拓事業にたずさわるが，資本家と開拓者との間で苦悩する。帰郷したのち1905年(明治38)断食中に悟りをえ，争いごとのない生活を求め，下座行・奉仕に徹した生活に入る。13年(大正2)には京都鹿ケ谷に献堂をうけ，一灯園を設立した。平和祈念と無償奉仕の原点として他家の便所掃除などを実行，「六万行願」と称する。著書「懺悔の生活」はベストセラーとなった。47年(昭和22)国民総懺悔を掲げて参議院議員にもなるが，あくまでも生活は無償奉仕の姿勢を貫いた。「西田天香選集」全5巻がある。

西田直養 にしだなおかい　1793～1865(寛政5～元治2)　江戸末期の国学者。豊前国小倉藩士。

通称は庄三郎、筱舎と号す。藩でははじめ小姓役、のちに勘定奉行、町奉行兼寺社奉行、京都・大坂の留守居役を務めた。漢学を石川彦岳に、和歌を秋山光彪に、のちに*本居大平に入門して国学を学んだ。*平田篤胤・*屋代弘賢・*塙保己一・*村田春海らと親交があった。著作には「古事記集解」「金石年表」「筱舎漫筆」などがある。このうち「筱舎漫筆」は随筆であるが、内容は地理・歴史・典籍など和漢にわたっており、その学識の広さをうかがわせる。維新後、門人らによって北九州市小倉南区の蒲生八幡宮の境内社である幸彦社に祀られた。

廿世紀之怪物帝国主義　*幸徳秋水らによる反帝国主義・*非戦論の代表的著作。1901年(明治34)4月、警醒社刊。「万朝報」の同僚*内村鑑三が序文を付す。「愛国心」と「軍国主義」が織り成す「*帝国主義」(戦争)について、各章でそれぞれの含む問題性を徹底的に分析・批判している。愛国心をあおり、軍備を増強して、支配階級は領土拡張、大帝国への野心をたくましくする。その犠牲となるのは国民であり、結果は社会の堕落である。また日本の帝国主義は、「資本の饒多と生産の過剰」による欧米の場合と異なり、資本を欠如し軍事力の肥大した帝国主義であるという。イギリス・ラディカリストのロバートソン「愛国心と帝国」を種本として執筆したといわれる。

西本願寺　京都市下京区堀川通花屋町にある浄土真宗本願寺派の本山。11世*顕如の没後、長男教如が継職したが、1592年(文禄元)豊臣秀吉は教如の退隠と弟准如の継職を命じ、1602年(慶長7)教如が*東本願寺を分立したので、以来、西本願寺とよばれた。近世には一派本山として門跡に列せられ、歴代門跡は生き仏のごとき尊崇をうけた。近代には伯爵に任ぜられ、真宗本願寺派管長となったが、第2次大戦後は門主を称して象徴的存在となった。近世の早い時期から学林を創設して教学の整備に努めたが、承応鬩牆・明和*法論・*三業惑乱の三大法論によって、中央の教権が動揺した。明治維新期には、*島地黙雷らを中心に信教自由論を唱えて大教院分離運動を行うなど、活発な動きをみせた。

西村伊作　1884～1963(明治17～昭和38)　大正期の芸術主義自由教育運動の教育者。文化学院の創立者。和歌山県新宮町出身。地域の知識層たる大石家の長男として父余平からは絵画への関心を、伯父誠之助からは社会主義の影響を継承した。伯父は1910年(明治43)の大逆事件に連坐・処刑され、西村も東京で留置された。すでに1887年、西村は奈良県吉野郡の大山林地主である母方の実家西村家の養子となっており、以後リベラルな芸術家・思想家へと成長し、「生活の芸術化」「文化教会の使徒」をめざした。*与謝野寛(鉄幹)・晶子夫妻や石井柏亭らとの親しい交流から文化学院が誕生し、美的自由教育を実践した。第2次大戦中は学院閉鎖を命じられ、反戦・不敬罪容疑で有罪判決をうけたが自由な言説を貫いた。著作は自伝「我に益あり」など。

西村茂樹　1828～1902(文政11～明治35)　明治期の思想家・教育者。名は重器、のち茂樹と改める。幼名平太郎、のち鼎と改める。泊翁・樸堂・庸斎と号した。佐倉藩士西村芳郁の長子として江戸に生まれる。父から兵学を、*安井息軒らから儒学を、*佐久間象山から蘭学を、手塚律蔵から英学を学んだ。幕末には藩主堀田正睦の側近として、西洋砲術の導入や「出交易」などの開明的な施策を提言した。維新後は森有礼・福沢諭吉らと*明六社の結成に参画し、「*明六雑誌」を舞台に啓蒙活動に従事した。佐倉藩大参事・文部省編書課長・明治天皇侍講・宮中顧問官・華族女学校校長・貴族院議員を歴任した。「古事類苑」の編纂は文部省大書記官時代の彼の建議による。

明治初年代には啓蒙的な思想家として発言していたが、やがて行き過ぎた欧化主義による軽薄な風潮、道徳の退廃に憂いを強くし、*杉亨二・*阪谷素らと1876年(明治9)東京修身学舎を創立した。のちに日本講道会、さらに日本弘道会へと組織を拡大し、「日本国の道徳の標準」(「日本道徳論」)を再建すべく、儒教を再評価して国民道徳の振興に努めた。この点、西村は頑迷な保守主義者

と目されがちであるが，一切の進歩を忌避する守旧家ではない．現状の中には守るべきものと改善すべきものとがあり，改善すべきものに関しては急激な変革を避けて漸進的に変えていくのが賢明である，と考えるものであり，その意味ではイギリスの政治思想家E．バークの保守主義の哲学を想起させるような面がある．西村は「中道」「中庸」「中間」という言葉を好み，真理はこの言葉の内に宿ると信じ，両極端を排した．彼の自他ともに認める「頑固」なまでの保守的な言動が，欧化偏重の風潮を彼自身が「中」と信じる方向へ軌道修正していこうとする，戦略的で自覚的なバランス意識に支えられたものといえる．代表的著作として「*日本道徳論」があるが，ほかに「心学講義」「徳学講義」「自識録」「続自識録」「国家道徳論」など多数ある．「西村茂樹全集」著作5巻・訳述書1巻がある．

西山拙斎　にしやませっさい　1735～98（享保20～寛政10）江戸中期の朱子学者．名は正，字は士雅(子雅)，拙斎はその号．別号に至楽居・山陽逸民など．備中国鴨方村の医師の子．1750年(寛延3)大坂にでて，医学を古林見宜に，儒学を*那波魯堂に学ぶ．朝鮮通信使と接することで，朱子学への確信を深め，73年(安永2)郷里に欽塾を開き，門人を教授した．88年(天明8)「正学」である朱子学を教学の中心におき，「異学」を厳禁することを勧める書を昌平黌への教官*柴野栗山に送り，寛政異学の禁以後には，これに抗議する*赤松滄洲に反論した．生涯，仕えることなく，*菅茶山・頼春水らと親交した．著書は「拙斎詩鈔」，先賢の逸事を記した「閑窓瑣言」(1768成)など．

西山宗因　にしやまそういん　→宗因

西山物語　にしやまものがたり　江戸中期の読本．全3巻．*建部綾足の著．1768年(明和5)刊．1767年12月3日，京都愛宕郡一乗寺村において，近隣に住む同族の若い男女の恋がいきづまり，親代わりであった兄の源太が妹やその相手の男の門前で打首にした事件，いわゆる「源太騒動」を小説化したものである．事件は封建社会の親の自裁権をめぐる難事件であったらしく，「御定書百箇条」の別書調書に判例が残っている．本作は，源太にあたる大森七郎の古武士のような「ますらをぶり」，若い男女の浪漫的な冥婚譚風の恋を古歌・古文を駆使して幻想的に描いている．和文小説の先駆的な作品である．

二十一社　にじゅういっしゃ　→二十二社にじゅうに

二十一社記　にじゅういっしゃき　朝廷から*二十二社の奉幣に与った神社，およびその他若干の主要神社の由緒を記した書．*北畠親房の著．1冊．南北朝期，後村上朝の成立．原題は「諸社事」．「二十一社記」以前に，一社の故実を説いた文献はあるが，複数の神社群を広く扱うことはこれ以後「諸社根元記」「*二十二社註式」，林羅山の「*本朝神社考」，徳川義直の「*神祇宝典」などと続くのであって，そういった一連の作品の中で先駆的なものであった．内容は，伊勢以下二十二社などの沿革を説き，貴布禰社を加えて二十二社ともいうとしており，貴布禰を賀茂の摂社と考えていた当時の風潮の影響をうけている．

二十五三昧会　にじゅうござんまいえ　平安中期，比叡山横川を中心に活動した念仏結社．*源信の「*往生要集」の影響のもとに，*勧学会の発展的な形として986年(寛和2)5月，横川首楞厳院の住僧25人を根本結衆として発足した．8カ条からなる「二十五三昧起請」は*慶滋保胤の手になり，結衆の葬送，往生院や墓地，追善供養などが定められた．のち源信による12カ条の「二十五三昧起請」も作られた．毎月15日に念仏三昧を修して浄土への往生を願ったもので，源信の死後は*覚超へと継承された．のちには*迎講を始め，在俗者と念仏結縁して浄土教の民衆化をも図った．

二十四節気　にじゅうしせっき　1太陽年を約15日間隔(黄経15度)に24等分したもの．立春正月節より始めて，毎月を節・中・節・中と数えて大寒十二月中に至るもので，季節を表す一種の太陽暦である．明治の改暦以前の旧暦(太陰太陽暦法)は暦計算の起点を二十四節気のうちの冬至におき，造暦に際してはまず二十四節気をだし，次に朔・弦・望を算出し，二十四節気のうちの中を含む月をその節月とし，閏月をおく場合にはこ

の中を含まない月とした。また，この暦月の十二節月とは別に，ある節から次の節の前日までを1節月とする節切りの十二節月があり，旧暦の暦注の多くはこの節切りで記載されている。二十四節気は次の通り。①立春正月節，②雨水正月中，③啓蟄二月節，④春分二月中，⑤清明三月節，⑥穀雨三月中，⑦立夏四月節，⑧小満四月中，⑨芒種五月節，⑩夏至五月中，⑪小暑六月節，⑫大暑六月中，⑬立秋七月節，⑭処暑七月中，⑮白露八月節，⑯秋分八月中，⑰寒露九月節，⑱霜降九月中，⑲立冬十月節，⑳小雪十月中，㉑大雪十一月節，㉒冬至十一月中，㉓小寒十二月節，㉔大寒十二月中。→暦

27年テーゼ にじゅうしちねんテーゼ

1927年（昭和2），コミンテルン（共産主義・第3インターナショナル，世界の共産党（党）運動の統一的国際組織）の指導のもとで，日本代表も参加して決定された*日本共産党の綱領的文書。「日本問題に関する決議」として発表された。一方で日本共産党の指導理論である*福本イズムを，他方で*山川イズムを批判した。テーゼは，日本は資本家と地主のブロックによる支配下にあり，その政治的表現が君主（天皇）制であるとし，革命の性格は社会主義革命へ急速に転化するブルジョア民主主義革命であると規定した。翌28年の第1回普通選挙では，無産政党の候補者の中に「27年テーゼ」にもとづく「打倒天皇制」を標榜する者が現れ，選挙直後に無産党大検挙（*三・一五事件）となったとみるむきもある。→32年テーゼ

二十二社 にじゅうにしゃ

平安時代の中頃から室町時代にかけて，朝廷から特に奉幣された22の神社。貞観〜寛平期（859〜898）頃は社数は固定せず，賀茂・松尾・稲荷・貴布禰など平安京周辺の諸社に対しては，五社・七社・八社・十二社奉幣などと随時奉幣されていた。これをうけて898年（昌泰元）以降，十六社奉幣が中心となり，991年（正暦2）十九社，994年二十社，995年（長徳元）二十一社となり，1039年（長暦3）近江の日吉社を加えて二十二社奉幣となる。伊勢・石清水・賀茂・松尾・平野・稲荷・春日・大原野・大神・石上・大和・広瀬・竜田・住吉・日吉・梅宮・吉田・広田・祇園・北野・丹生・貴布禰の二十二社をいう。

二十二社註式 にじゅうにしゃちゅうしき

室町時代の*二十二社の研究書。1巻。「註式」とあるのは「式を註す」の意であって，本文中，吉田家に伝わる「延喜式」神名帳を引用しているが，「吉田社，延喜神祇式曰く，山城国愛宕郡，式外，四座」などとあって，同書書き入れ部分も引用している。そのような「延喜式」を基礎にしながら，二十二社に限って「式を註」したもの。著者は，先人が説いた個所に対し，吉田兼倶の場合に「御抄」，兼満の場合に「御返答」などと敬語を用いる人物で，自らは「兼右按ず」としているので，*吉田兼右とみられる。なお，伝本は江戸時代の補筆本で，兼右の原作になかった「諸社根元記」などにもとづく加筆の混入もみられる。

二十二社幷本地 にじゅうにしゃならびにほんじ

鎌倉末期の神道書。1巻。奥書によれば「前伯三位」（前神祇伯資清王か）の命により，1328年（嘉暦3）に「吉田宮神主某」が*二十二社の本地仏を記したものという。「続群書類従」に収載され，二十二社の主祭神の本地仏を簡略に記す短編である。他の文献で触れることの少ない住吉・平野・石上・大和・広瀬・竜田・梅宮・広田・丹生川上・貴布禰など諸社の本地仏が記されている。当時の吉田流卜部氏の*本地垂迹説を知るうえでも貴重である。

二条河原落書 にじょうがわららくしょ

建武の新政を批判し，当該期の世情を風刺した*落書（匿名の投書・掲示）。*後醍醐天皇による建武政権発足後の1334年（建武元）8月に，新政の政庁所在地の二条富小路殿に近い二条河原に掲げられた。作者は未詳であるが，新政に不満をもつ公家あるいは僧侶の作か。「此比都ニハヤル物……」から始まる，七五調を基本とした今様の物尽し形式の全88句からなる。作者は「京童ノロスサミ（口遊）」を借りて新政の実態と矛盾，また揺れ動く世相を一つ一つ具体的に指摘し，「自由狼藉ノ世界」として鋭く批判する。しかし，この作品は単に現状に対する忿懣を伝えるにとどまらず，新時代の胎動を告知するものでもあった。その点では同時代の「*太平記」に一

脈相通じるところがある。

二条良基 にじょうよしもと 1320〜88(元応2〜嘉慶2・元中5)
南北朝期の公卿・歌人・連歌師。諡号は後普光園院ごふこうおんいん。父は関白二条道平みちひら、母は西園寺公顕きんあきの女。はじめは後醍醐天皇に近かったが、南北朝分裂後は北朝に仕え、1346年(貞和2・正平元)関白となって以後、生涯四度も摂政・関白に就任した。76年(永和2・天授2)には准三后となっている。朝儀典礼の有職故実ゆうそくこじつにおいて九条流摂関家の家説を主張し、洞院公賢きんかたに代表される三条流清華家せいがけの説と対立したが、これを圧倒した。将軍*足利義満よしみつが78年に右大将拝賀を行った頃から、武家政権の枠をこえて自ら公家政権の内側に参入していくにあたり、良基は朝儀の作法を指導してその権威づけに加担した。このため公家社会から、前代未聞の新儀、阿諛追従、貪欲との批判を浴び、反感を買うことが多かった。しかし義満への感化は、朝儀典礼にとどまらず、和歌・連歌れんが・学問・蹴鞠けまり・立花りっか・猿楽さるがくなどにおよび、文化の興隆を現出した。良基はもと仏道に関心が薄かったが、義満を介して和漢連句会で五山禅僧の*義堂周信ぎどうしゅうしんに親しみ、禅録や漢詩を学んでいる。また良基・義満ともに猿楽の*世阿弥ぜあみを愛寵した。

良基の和歌の作品は勅撰集などに入り、歌論書として良基の疑義に二条派の歌人頓阿とんあが回答した「愚問賢註ぐもんけんちゅう」や「近来風体きんらいふうてい」がある。連歌については、*救済ぐさいに学び、1356年(延文元・正平11)に編纂した連歌集「*菟玖波集つくばしゅう」は准勅撰となった。72年(応安5・文中元)後代まで連歌作りの規範とされた「*連歌新式(応安新式)」を制定し、連歌論には「連理秘抄れんりひしょう」「筑波問答つくばもんどう」「九州問答」などがある。また、美濃国下向に関する「小島まじの口ずさみ」、興福寺の神木帰座に関する「*さかき葉の日記」をはじめ、「*永和大嘗会記えいわだいじょうえき」「雲井の御法くもいのみのり」「さかゆく花」「おもひのまゝの日記」など、和文による記録の形式で、王朝文化の再現を理想とする作品が多い。

二所大神宮神祇百首和歌 にしょだいじんぐうじんぎひゃくしゅわか
「詠太神宮二所神祇百首和歌」「元長もとなが神祇百首」などとも。神祇に関する和歌集。1巻。伊勢外宮の別宮高宮の物忌ものいみ度会(山田大路)元長が、神祇に関して自らが詠んだ和歌100首を収め、それぞれの歌の故事や本歌などについて自注を付したもの。著者77歳、1468年(応仁2)の成立。春20首・夏15首・秋20首・冬15首・恋10首・雑20首からなる。自注には「日本書紀」「万葉集」「古今和歌集」「源氏物語」などの古典のほか、「*倭姫命世記やまとひめのみことせいき」「*古老口実伝ころうくじつでん」「*麗気記れいきき」などの神道書が引かれ、当時の外宮祠官の教養を知ることができる。*竜熙近りゅうきちか・荒木田氏守うじもり・御巫清直みかんなぎきよなおらによる神祇百首和歌の先蹤をなす書である。

二所詣 にしょもうで
伊豆山権現(*走湯権現そうとうごんげん)と箱根権現の二所権現へ将軍が参詣すること。なお、これらに三島明神を加え三所へ参詣することもあった。「*御成敗式目ごせいばいしきもく」起請の中に「日本国中六十余州大小神祇、別して伊豆・筥根両所権現、三島大明神」云々とみえるように、鎌倉幕府は*鶴岡つるがおか八幡宮を宗祀とし、ついで伊豆山・箱根の両所権現を重視し、この二所へ将軍が参詣した。1188年(文治4)に源頼朝よりともが二所詣をしたのが最初で、ついで90年(建久元)と91年にも行われた。その時の詠歌が「*金槐きんかい和歌集」に掲載されている。以後、二所詣は歴代将軍へと継承され、北条氏が執権しっけんとなっても行われた。二所詣は、年頭の5日から7日にかけて行われ、そのため前年12月に供奉人ぐぶにんが定められ、新年になると二所詣御精進があり、それが終わると一行は二所詣へ出発した。

西依成斎 にしよりせいさい 1702〜97(元禄15〜寛政9)
江戸中期の朱子学者。名は周行、字は潭明、通称は儀平衛、成斎と号す。肥後国玉名郡の人。1722年(享保7)京都にでて、*若林強斎きょうさいに朱子学を学んだ。42年(寛保2)強斎の女婿であった小野鶴山かくざんの門人となり、翌年、鶴山が若狭国小浜藩に招聘されたのち、強斎の家塾望楠軒ぼうなんけん書院の講主を務めた。70年(明和7)鶴山の死後、小浜藩校教授の後を継いだ。京都では*赤松滄洲そうしゅう・*柴野栗山りつざん・皆川淇園きえんらと詩社三白社さんぱくしゃを結び、親交した。門人に*古賀精里せいりがいる。

二水記 にすいき
戦国前期に、公家の鷲尾隆康わしのおたかやす(1485〜1533)が書き記した日記。隆康は

四辻季経の子であるが，鷲尾家を相続し，33歳になった1517年（永正14）から本格的に日記をつけ始め，33年（天文2）に49歳で死去する直前まで膨大な記事を残した。この間従三位から正二位に昇り，権中納言にも任じられたが，後柏原・後奈良の両天皇のもとで儀式などをつかさどり，朗詠などの芸能にも通じていた。当時の朝廷は衰微していたが，そうした中でさまざまな儀式の再興が図られ，文化的な活動がなされていたことを，この日記から知ることができる。

似絵 にせえ　鎌倉時代から室町時代にかけて流行した，記録性の強い*肖像画の形式。藤原隆信・信実父子以来の家系が，似絵画家としての中心的役割を担った。信実筆「後鳥羽天皇像」（水無瀬神宮蔵），豪信筆「花園天皇像」（長福寺，1338）は，筆者が判明する数少ない作例である。ほかに「随身庭騎絵巻」（大蔵文化財団蔵），「天皇摂関大臣影図巻」（宮内庁書陵部蔵），「公家列影図巻」（京都国立博物館蔵），「中殿御会図巻」（個人蔵）などが，典型的な似絵の様式を示す。これらはいずれも，細線を引き重ねた繊細な顔貌表現を特色とする小画面の作品で，通常の肖像画にみられる理想化の要素は乏しい。一般に「源頼朝像」「平重盛像」「藤原光能像」（ともに神護寺蔵）をもって，鎌倉時代の似絵の代表例とする解説がままみられるが，この用語はこのような理想化された大幅に用いられたものではない。近年の研究によって，この3幅は，南北朝期まで下る，まったく別系統の肖像画であることが明らかにされた。

日奥 にちおう　1565～1630（永禄8～寛永7）　戦国～江戸初期の日蓮宗の僧。*不受不施派の祖。諱は日奥・日甄，字は教英，号は仏性院・安国院。京都下京の呉服商辻藤兵衛の子。1574年（天正2）妙覚寺に入り実成院日典の弟子となり，91年28歳で妙覚寺住職となる。京都の方広寺大仏殿の千僧供養出仕をめぐって日奥と*受不施派の本満寺*日重らとが対立し，日奥は妙覚寺を退き，丹波国小泉に蟄居した。99年（慶長4）徳川家康の命で，千僧供養出仕をめぐって日奥と受不施派の妙顕寺日紹，妙国寺日暁らとが対決し，翌年家康によって日奥は対馬国に配流された。1612年赦されて妙覚寺脇坊に帰り，16年（元和2）妙覚寺本坊に復した。23年「妙覚寺法度条々」を作成して門弟を教戒した。30年（寛永7）不受不施派の*日樹らと受不施派の*日乾らが対決した*身池対論で，不受不施派が敗訴すると日樹らは流刑に処せられるとともに，すでに1カ月前に没していた日奥も，遺体を鞭打たれたという。著作は「*宗義制法論」「守護正義論」「禁断謗施論」「諫暁神明記」など。

日遠 にちおん　1572～1642（元亀3～寛永19）　江戸初期の日蓮宗の僧で，*受不施派の立場から近世教団の基礎を固めた。字は尭順，心性院と号す。京都の連歌師石井了玄の子として生まれ，6歳で本満寺の*日重に師事して出家した。1599年（慶長4）に飯高檀林の化主に抜擢され，名声をえる。5年後に久遠寺住職に転じ，西谷檀林を開いた。1608年の*日経の法難に関連して処刑されるところ，徳川家康の側室養珠院の嘆願で赦された。30年（寛永7）の*身池対論には宗派を代表して参加し，勝利ののち幕命で池上本門寺の住職となった。彼の教説は天台に近く融通性に富み，時に批判をうけた。「法華経」や天台学に関する多くの著作を残している。

日寛 にちかん　1665～1726（寛文5～享保11）　江戸中期の日蓮宗の僧で，大石寺教学を確立した。俗姓は伊藤。字は覚真，堅樹院と号す。上野国館林に酒井家家臣の子として生まれる。長じて出家の志を抱き，1683年（天和3）江戸常在寺の日永のもとで出家する。その後研鑽を積み，1718年（享保3）に54歳で大石寺26世となる。若年時は天台学関係の著作に従事したが，正徳・享保期（1711～36）頃に日蓮著作の講述や注釈に力を注ぎ，25年に著した「六巻鈔」によって自らの教学を完成させる。そこでは釈迦の説法した「法華経」を補助的役割に限定し，日蓮の説法によって本来の教えが示されたとする日蓮本仏論を強調した。

日輝 にちき　1800～59（寛政12～安政6）　江戸後期の日蓮宗の僧で，宗学の大成と宗門の教

育に尽力した。字は尭山。優陀那院と号す。俗姓は野口。加賀国金沢で生まれ，9歳の時出家する。立像寺の日静の援助で京都山科檀林に遊学の機会をえるが，当時の檀林の天台学偏重と日蓮遺文の軽視を憂い，金沢に戻り，独自の教説を講じて反響をよんだ。1833年(天保4)に立像寺を継承したのち，全国より集まる学徒のため充洽園という学舎を興した。そこでは，日蓮遺文を主とし天台学を補助とする新たな教育が行われ，日薩・日鑑・日修ら幕末・明治期の教団を担った人材が育てられた。多数の著書は「充洽園全集」全6冊に収められる。

日経 にっきょう　1560～1620(永禄3～元和6)　「にっきょう」とも。江戸初期の日蓮宗の僧。字は善海，常楽院と号す。上総国の生れ(1551年説もある)で，20代から各地で他宗派を論破し名を高める。1600年(慶長5)に日什門流の名刹である京都妙満寺の27世となる。08年に尾張国で浄土宗門徒と対決し，徳川家康の命により江戸城内で対論することとなった。かねて日蓮宗弾圧の機会を狙っていた幕府は，同年11月15日の対論当日，日経を襲って瀕死の重傷を負わせた。さらに強引に対論の場に引き出し，答弁できる状態でないことから日経の負けを宣言し，弟子5人とともに鼻削ぎなどの極刑に処した。日経はこの慶長の法難以後，弾圧の中で諸方を流浪し，北陸地方で没した。

日尭 にちぎょう　1620～84(元和6～貞享元)　江戸初期の日蓮宗の僧。字は覚賢，義弁院と号す。備前国の出身。上総国の妙覚寺住職であったが，不受不施の教義を遵守し，のちに歴代から外される。1665年(寛文5)の*不受不施派の禁令により処罰され，讃岐国丸亀へ流された。82年(天和2)備前国岡山の法立宗順が内信者と同座し糾弾された事件をめぐって，法立(純粋な不受不施信者)と内信(表向きは受派で内心では不受不施)の関係が論争となった時，日尭は両者同座しての看経・修行を認める立場をとった。やがて不受不施派は，日尭らの日指派と，対立する津寺派へ分裂する。日尭は赦されないまま配所で死去した。

日乾 にちけん　1560～1635(永禄3～寛永12)　織豊～江戸初期の日蓮宗の僧。字は孝順，寂照院と号す。若狭国小浜の出身で，同地で出家ののち京都本満寺の*日重に師事し，1588年(天正16)に同寺8世を継いだ。95年(文禄4)の方広寺千僧会の際は，日重の意見をうけて出仕し，受不施の立場を鮮明にする。その後身延山久遠寺の住職をつとめ，慶長の法難など多端な時期の教団の危機に対処した。1630年(寛永7)の*身池対論の際は，法弟*日遠，その弟子*日遵らと参加し，受派の立場で不受派の*日樹たちと対決した。このように幕府寄りの立場をとることで教団の保全を図ったため，一方で*日奥らの激しい非難をうけた。

日元貿易 にちげんぼうえき　元代の中国江南地域と日本との貿易。蒙古襲来にもかかわらず，市舶司を通じて日元の貿易関係は基本的に維持された。日本からは寺社造営料の獲得を名目とする貿易船が多数派遣され，1325年(正中2)建長寺船，29年(元徳2)鎌倉大仏船，41年(暦応4・興国2)天竜寺船，68年(応安元・正平23)但馬道仙療病院船などが通交した。1323年(元亨3)頃帰国途上に沈没し，1976年(昭和51)発見された東福寺造営料船(韓国新安沖沈船)は，大量の陶磁器・銅銭・日用品などを積載していた。これらの商船に便乗して，雪村友梅・*中巌円月・*絶海中津ら入元僧や，*清拙正澄・*明極楚俊らら来日僧が多数往来した。船の経営主体は，おおむね中国人商人であったが，一部，日本人商人も確認されている。日本からの輸出品は金・銅・水銀・硫黄・日本刀など，中国からの輸入品は銅銭・陶磁器・薬種・書籍経典類などである。1270年代の日本国内における代銭納制の普及は，元朝の紙幣政策の結果，銅銭が日本に大量流入したためとみられる。

日珖 にちこう　1532～98(天文元～慶長3)　織豊期の日蓮宗の僧。はじめ竜雲院，のち仏心院と号す。和泉国堺の豪商伊達常言の子として生まれる。長じて堺長源寺の日沾に師事し，さらに比叡山・園城寺・南都で学識を広め，また*吉田兼右に神道を学んだ。畿内に勢力を振るった三好一族の帰依をうけ，1561年(永禄4)には権僧正に任じられ

た。当初は強力に折伏（しゃくぶく）を進め，三好氏の領国阿波で浄土宗や真言宗を論破したと伝えられる。79年（天正7）の*安土宗論で弾圧されたのちは摂受（しょうじゅ）を旨とし，天台三大部を輪講する三光無師会（さんこうむしえ）を催すなど，天台学の影響の強い近世日蓮教学の原型を形成した。著書に「*神道同一鹹味抄（しんとうどういつかんみしょう）」「法華文句無師」などがある。

日樹（にちじゅ）　1574～1631（天正2～寛永8）　江戸初期の日蓮宗の僧，不受不施（ふじゅふせ）の教義を遵守し弾圧された。長遠院と号す。備中国の出身。飯高（いいたか）・中村両檀林で学び，1619年（元和5）に比企谷（ひきがやつ）妙本寺・池上本門寺（ほんもんじ）の住職を兼ね，また浅草長遠寺を開いた。もともと本門寺は不受の伝統が強い。日樹は，豊臣秀吉に抗い不受を貫いた*日奥（にちおう）に私淑し，関東で圧倒的に優勢な不受派の旗頭として，身延山久遠寺（くおんじ）に進出し受不施を主張する関西の*日重（にちじゅう）の系統を非難し続けた。その結果，30年（寛永7）の*身池対論（しんちたいろん）に至り，幕府権力によって不受派が処罰された。日樹は信濃国飯田に流罪となり，ほどなく同地で死去した。

日重（にちじゅう）　1549～1623（天文18～元和9）　織豊～江戸初期の日蓮宗の僧。字は頼順，一如院（いちにょいん）と号す。若狭国小浜の出身で，幼くして出家し京都本圀寺（ほんこくじ）に入る。長じて三光無師会（さんこうむしえ）を受講し，また園城寺（おんじょうじ）や南都へ遊学した。さらに*西笑承兌（さいしょうじょうたい）に詩文，*清原枝賢（きよはらえだかた）に儒学や「日本書紀」を学ぶなど，広く知識を求めた姿勢は，*日珖（にちこう）の摂受（しょうじゅ）主義の立場を継承したものと位置づけられる。1595年（文禄4）の豊臣秀吉の方広寺千僧会（ほうこうじせんそうえ）出仕問題をめぐっては，教団存続のための出仕を主張し，不出仕を唱えた*日奥（にちおう）と対立した。門下に*日乾（にちけん）・*日遠（にちおん）らがでて近世日蓮宗の核となったことで，教団中興の祖と称される。「見聞愚案記（けんもんぐあんき）」など著書も多数ある。

日乗（にちじょう）　→朝山日乗（あさやまにちじょう）

日像（にちぞう）　1269～1342（文永6～康永元・興国3）　鎌倉末～南北朝期の日蓮宗の僧。下総国平賀の人。*日蓮の臨終に際し，京都布教を委嘱されたといわれる。日朗（にちろう）について出家し，やがて北陸をへて京都への布教を開始した。日像は大覚妙実（だいかくみょうじつ）からの有力者や，商工業者への布教に成功したが，比叡山延暦寺の迫害により三度の洛外追放をうけた。しかし，洛中に妙顕寺（みょうけんじ）を建立し，1334年（建武元）建武の新政のもとで勅願寺となると，のちに北朝・将軍家祈禱所にも列せられて，洛中における日蓮宗隆盛の基礎を築いた。没後の58年（延文3・正平13）菩薩号を勅許される。

日明貿易（にちみんぼうえき）　14世紀半ば～17世紀半ば，日本と中国明との間の貿易。遣明船（けんみんせん）貿易は朝貢と官貿易・開市（かいし）貿易とに分けられ，朝貢には多大な回賜（かいし）が与えられた。明からの輸入品は銅銭・生糸・織布・書籍・絵画など，日本からの輸出品は銅・硫黄・工芸品などだが，16世紀には銀が主要な輸出品となった。

全体はおおよそ5期に区分できる。(1)1368年（応安元・正平23）明の建国直後，征西将軍懐良（かねよし）親王が日本国王に冊封されてから。足利義満（よしみつ）は懐良の排除を企図し，倭寇被虜人（ひりょにん）を積極的に返還して自身の冊封をめざすが，ことごとく失敗した。一方でこの頃は，懐良（良懐）名義の偽使（ぎし）が横行した。(2)1401年（応永8）義満の日本国王冊封以後。永楽（えいらく）帝の貿易積極策の結果，日明両国の使船が頻繁に往来した。遣明船は平均5～6隻，3年に1回程度の割合であった。04年以降，明皇帝の代替りごとに支給される日明勘合（かんごう）が，1船ごとの通交証明書として機能した。(3)足利義持（よしもち）の朝貢廃絶をへて，1432年（永享4）足利義教（よしのり）の朝貢復活から。将軍代始め儀礼の財政補塡などのために，遣明船が平均6隻ほど派遣されたが，51年（宝徳3），総計9隻もの遣明船を通交させたために，明から渡航船数を3隻に制限されてしまう（景泰（けいたい）約条）。10年1貢の制限もこの時に設定された。(4)1523年の寧波（ニンポー）の乱以後16世紀中葉まで。新旧の勘合をもった大内氏や大友・毛利氏などの勘合船が入り乱れ，密貿易や後期倭寇も横行した。(5)16世紀末～17世紀半ばは，日明両船が台湾や東南アジア方面で落ち合って行う出会（であい）貿易が主流となった。豊臣秀吉・徳川家康の時代に「勘合」復活がめざされたが，明側の拒絶にあい実現をみなかった。

日文 にちもん →晏ぇん

二中歴 にちゅうれき　鎌倉前期頃に成立した有職故実の類書。全13巻。編者不明。「神代歴」以下80の部門（歴名ためな）からなる。平安貴族に必用な諸般の事象・事物について百科全書風の知識を網羅しており，平安時代に関する貴重な研究史料である。書名は平安後期に成立した三善為康ためやすの「掌中歴しょうちゅうれき」（4巻）と今は伝わらない「懐中歴かいちゅうれき」（10巻）にもとづき編輯されたことによるが，「懐中抄」「函中抄かんちゅうしょう」「簾中抄れんちゅうしょう」など同様の先行書の内容もとりこんでいる。なお，「掌中歴」に先行する源為憲のりの「*口遊くちずさみ」が編目に「門」を付して分類・編輯するのに対し，「掌中歴」以下は分類に際し「歴」を用いる。

日蓮 にちれん　1222～82（貞応元～弘安5）　鎌倉中期の僧。*日蓮宗の開祖。安房国長狭郡東条郷に生まれる。のちに自ら漁夫の子であると称しているほか，詳しい出自は未詳。幼年期に安房国の霊場である天台宗清澄寺せいちょうじで出家。初名は是聖房ぜしょうぼう蓮長。道善房どうぜんぼうのもとで天台の教理を学び，念仏に従事するとともに，*虚空蔵求聞持法こくうぞうぐもんじほうを修するなど，顕密の修行に励んだ。17歳の時に京都にでて，延暦寺・園城寺や奈良の寺院などで遊学し，天台・真言の教理書を書写するなどして研鑽を積んだ。この時期に，天台教学の独自の解釈にもとづく法華経至上主義を一応確立したと思われ，34歳の時に清澄寺に戻ってこの教理を説く。その結果，念仏者であった在地領主の東条景信かげのぶの迫害をうけ，郷里を追われて鎌倉へでる。

1260年（文応元）に「*立正安国論りっしょうあんこくろん」を著し，特に禅・念仏宗を批判して，「*法華経」にもとづく政治を得宗北条時頼に勘申するなど活動を展開した。日昭にっしょう・日朗にちろうらの弟子や，下総国守護千葉氏一族などの有力武士の帰依をえる。しかし，鎌倉名越なごえの草庵を焼き討ちされるなどの弾圧をうけ，翌年に伊豆国伊東に流罪となった。2年後に赦免されていったん房総地方に戻るが，モンゴルの脅威がしだいに強まる中，再度「立正安国論」を勘申し，政治的活動も活発化する。

その結果，71年（文永8）鎌倉の辰の口たつのくちで斬首されそうになるが，そのまま佐渡へ流罪となる。この時から佐渡での流人生活に至る期間は，日蓮の思想が成熟した時期とされ，「*開目鈔かいもくしょう」「*観心かんじん本尊抄」などの主要な著作が成立した。その過程で，日蓮は自己の境遇を「法華経」の教理の正しい実践ゆえの迫害であると確信し，〈法華経の行者ぎょうじゃ〉としての自覚を深めていく。3年後に赦免され，甲斐国身延山みのぶに隠棲し，弟子の育成と在家教化，教団形成に晩年を費やす。82年（弘安5）郷里への旅の途中，武蔵国池上いけがみ（現在の本門寺ほんもんじ）で没した。墓所は，遺言により身延山久遠寺くおんじに設けられる。

日蓮宗 にちれんしゅう　法華宗ほっけしゅうとも。鎌倉時代，*日蓮によって開かれた仏教の一派。日蓮は当初天台宗の学僧として修学に励んだが，やがて，「南無妙法蓮華経なむみょうほうれんげきょう」の*題目だいもくに因果の功徳が集約されているとして唱題を勧め，顕密の教理や禅・念仏を否定して法華経至上主義を主張するに至る。1253年（建長5）4月28日，故郷である安房国清澄寺せいちょうじにおける説法をもって日蓮宗の開宗とするのが一般的である。同年中には，下総国守護千葉氏被官の富木常忍ときじょうにんとの交流が確認され，その持仏堂はのちに下総国中山の*法華経寺ほけきょうじに発展し，布教の拠点となる。その他，多くの得宗被官などの武士や，日昭にっしょう・日朗にちろうらの主要な弟子をえて，初期教団を形成していった。伊豆国伊東・佐渡の流罪の地でも在地領主の外護をうけ，甲斐国の身延山久遠寺くおんじへの隠棲も領主波木井実長はきいさねながの招致によるものであった。日蓮が没した武蔵国池上いけがみの領主池上宗仲むねなかの館も，のちに本門寺ほんもんじとして発展するが，遺言により墓所は久遠寺と定められ，日蓮宗の総本山となった。

日蓮は臨終に際し，日昭以下の6老僧を本弟子と定めて久遠寺を輪番で管理する体制をとったが，まもなく日興にっこうが離山して富士派を形成したのをはじめとし，独立性の強い門流が多数形成された。南北朝期には，流通との密接な関係を背景に，江戸湾周辺や堺などにも教線が拡大した。日朗門流の*日像にちぞう・日静にちじょうらは京都での布教に成功し，洛中に妙顕寺や本圀寺ほんこくじを建立，やがて*町衆ちょうしゅうの支持のもと二十一本山が成立した。しかし，1536年（天文5）に幕府と町衆の衝突が日

蓮宗の一揆である*天文法華の乱に発展し、以後洛中では劣勢となった。

　織豊政権下での宗教政策によって日蓮宗の大勢は穏健な受不施の立場をとるが、あくまで法華経至上主義を貫徹する*不受不施派は弾圧され、江戸幕府のもとで1667年(寛文7)にキリスト教とともに禁制宗門とされた。近代の日蓮宗は多くの新宗教系教団の母体ともなり、現在に至る。

日露講和条約反対運動　にちろこうわじょうやくはんたいうんどう　日露戦争の講和条約に対する反対運動。日露戦争は、8万人をこえる戦死・戦病死者や非常特別税の新設など国民に重い負担をかけたが、講和条約では国民の期待した償金は獲得できず不満が昂進した。条約調印の1905年(明治38)9月5日、東京の日比谷公園で予定された講和条約反対国民大会に集まった民衆は、警察の弾圧に憤激し、内相官邸や政府系の国民新聞社を襲い、派出所を焼き打ちする行動にでた。政府は翌日戒厳令を布き軍隊の力で鎮圧を図ったが、反対運動はその後も全国で展開された。運動は排外主義的なものではあったが、戦争による犠牲に対する不満を背景にした藩閥専制批判という側面ももつ点で、*大正デモクラシー期の民衆運動の先駆とみることができる。

日快　にっかい　→安楽庵策伝

日間瑣事備忘録　にっかんさじびぼうろく　→広瀬旭荘

日経　にっきょう　→日経

日光邯鄲枕　にっこうかんたんまくら　「日光邯鄲之枕」とも。近世民衆思想史の重要文献の一つ。掌編1冊。著者未詳。5代将軍徳川綱吉が没した1709年(宝永6)頃に成立し、写本として流布した。綱吉に仕えた柳沢吉保らを逆臣として批判するとともに、貨幣(金銀貨)改鋳、*生類憐みの令、諸運上、大銭(銅貨)の鋳造、町屋の強制引越しなど綱吉政権の政策を全面的に糾弾している。その政治批判の拠り所は、近世政治思想の中軸を形成する神君思想や*天道思想・*天下思想であるが、「天下は天下の天下」という儒教の伝統的表現を「天下は天下の天下にあらず、万民の天下」と変えて主張している点が注目される。なおのちに、本書を御家騒動風に書き改め、またストーリーに尾鰭をつけて「増補日光邯鄲枕」や「護国女太平記」などが作られた。

日光山縁起　にっこうさんえんぎ　栃木県日光市の二荒山の神(現，日光二荒山神社の祭神)である日光権現の縁起。成立は室町時代頃とされるが、作者は未詳。上・下2巻。上巻は、都の貴族有宇中将が鷹狩を好んだために帝の怒りにふれ、都を追われて下野国の二荒山をへて陸奥国に下り、土地の長者の娘をめとって、のちに都に上る途中で病没するまでの物語で、日光権現の前世譚が記されている。下巻では、*和光同塵思想にもとづいて、中将が蘇生して妻子とともに日光三所権現(男体権現・女体権現・太郎権現)として顕れたこと、のちに中将の孫で弓の名手の小野猿丸が、祖父である日光権現の頼みにより、敵対していた赤城明神との闘いで武功をおさめたことなどが記される。この縁起からは、狩猟民と山岳信仰の関わり、各地の霊山を信仰する人々の間にみられた信仰的対立などをうかがうことができる。

日親　にっしん　1407〜88(応永14〜長享2)　室町時代の日蓮宗の僧。久遠成院と号す。上総国埴谷の人。下総国中山の*法華経寺において出家し、中山門流に属して布教を展開する。1433年(永享5)鎮西総導師として肥前国小城郡の光勝寺に赴くが、本山との軋轢により破門される。その後京都に上り、本法寺を建て活動を展開する。日蓮の法華経至上主義に忠実であり、旺盛な*折伏活動は、室町将軍足利義教にも及び、投獄される。さらに「立正治国論」を著そうとしてますます激烈な弾圧をうけ、鍋にたぎる熱湯をかぶってなお信仰を貫徹したという伝説もうまれ、「鍋かむり日親」と称される。義教の横死後に赦免され、「本法寺縁起」「伝灯抄」などの著作を残す。

日新館童子訓　にっしんかんどうじくん　江戸後期の教訓書。全2巻2冊。5代会津藩主の松平容頌による親撰の形で、1803年(享和3)に上梓された。内容は会津藩の藩校(日新館)に学ぶ青少年のために、人として守るべき大切なことがらを、教訓の言辞と具体的な実例とによって記している。実例は78人の善行者が遺した事跡であり、取材の時代は古代より近世に至

り，階層は天皇・貴族より武士・庶民層に及ぶ。78人のうち35人までが孝行に関する事跡であり，「*孝」を中核に組み立てられた教訓書であることを示唆している。本書は，上記藩校の教科書としてのみでなく，領内外の士庶に広く読まれ，道徳思想史に重要な影響を及ぼした。

日新公伊呂波歌 にっしんこういろはうた　島津忠良 日新斎（1492～1568，儒仏の教養が深かった薩摩国の戦国武将）が，いろは47文字が最初にくる体裁で作った教訓的な和歌47首。1545年（天文14）頃の成立と推定できる。その内容は*三教一致論をふまえた，政道・武道・奉公・学問・修養・悟り・交友など広範囲に及ぶ訓戒である。このような歌形式の*家訓は元来口ずさみやすいものであり，島津家ではこの家訓を毎朝読むのが仕来りとなり，その実践躬行に励んだといわれる。また，近世を通じて鹿児島藩の武士にも大きな影響を与え，彼らの精神的支柱となった。なおこの家訓には，戦国武将の思想を特色づけている*天道思想や〈専制的仁政〉論に通ずる政治理念などが認められる。

日新真事誌 にっしんしんじし　明治初期の日刊邦字新聞。1872年（明治5）3月17日の創刊。"*Japan Daily Herald*"を発行していた英国人ブラック（J. R. Black）により隔日刊としてスタート，1カ月後に日刊紙となる。74年1月18日に板垣退助らの「*民撰議院設立建白書」をスクープしたことを政府は危険視したが，ブラックが外国人なので手をだせなかった。そこで，彼を太政官顧問に任じ，発行名義人から一時的に退かせた。そののち新聞紙条例を改正，外国人が新聞社オーナーになることを禁じたためブラックの手を離れ，75年12月5日廃刊となる。

日政 にっせい　→元政

日暹 にっせん　1586～1648（天正14～慶安元）　江戸初期の日蓮宗の僧。字は隆恕，智見院と号す。京都本満寺の*日遠に師事し，1623年（元和9）に本満寺16世，28年（寛永5）に身延山久遠寺26世などを歴任する。*不受不施派の*日奥に対し，日遠やその師*日乾が*受不施派の立場から反論書「破奥記」を作成した際，日暹の名で発表するなど，

一貫して自派の利害を守る行動をとった。30年の*身池対論にも受派の代表として参加し，勝利ののち幕命により池上本門寺の住職となった。だが，不受派の勢力圏である関東では末寺の抵抗も根強く，日暹のその後は，本寺権力や国主の恩の概念を確立するための努力に費やされた。

日宋貿易 にっそうぼうえき　9～12世紀段階，日本と中国宋との貿易だが，主に宋商人が博多に来航して，大宰府鴻臚館の管理下で行った貿易をいう。9世紀後半以後，中国明州（現，寧波）を根拠地とする宋商人が多数来航するようになると，10世紀初頭に朝廷は3年1航の年紀制を設けて貿易制限に向かうが，畿内貴族の*唐物への欲求は強く，貿易は事実上容認された。大宰府に宋商が来ると朝廷は唐物使を派遣し，優先的に交易を行い，残りの品々を民間貿易にゆだねた。各地の荘園や港津でも貿易は行われたらしいが，博多が主要な交易地であったことは間違いなく，唐物の流通は国内流通の比重が高かった。日本からの輸出品は金・銀・水銀・硫黄・米・木材など，宋からの輸入品には香料・染料・皮革・陶磁器・絹織物・書籍・経典などがある。ただし，宋銭は同時代でなく，のちの*日元貿易で多く輸入されたとの説もある。宋商たちは博多に「唐坊」や「大唐街」とよばれる定住地（コロニー）を作り，博多綱首と名乗り，以後12世紀半ばまで宋商人の往来は続いた。平清盛は日宋貿易を独占するために大輪田泊を改修して宋船を招き入れ，鎌倉幕府・北条氏も日宋貿易の統制を試みた。この時期の禅宗の流入も，大きな遺産の一つである。

新田邦光 にったにくにてる　1829～1902（文政12～明治35）　神道修成派の教祖。阿波国生れ。南朝の家臣であった自家の祖先の事跡を知って，勤皇の志をもち，20歳の1848年（嘉永元）に神道によって教化を行う志を立てる。以来，王政復古の運動に加わりつつ門人を教えた。68年（明治元）に東山道鎮撫使の先発として，門人を率いて美濃・飛騨国に出動し成功を収めたが，翌年嫌疑をうけて幽閉されるという経験をした。以後，官職を辞して教導に専念し，73年に修成講社を結成し，76年に

は神道修成派の特立が認可され、管長となる。「修理固成、光華明彩」を教義の中心においた、神道に儒教を加味した教えを説いた。

新田義貞 にったよしさだ　1301〜38(正安3〜暦応元・延元3)
鎌倉末〜南北朝期の武将。上野国新田郡世羅田だらが本拠。鎌倉時代には新田小太郎を称して官途がないなど、同じ清和源氏の足利氏と異なり冷遇された。元弘げんこうの乱では楠木正成まさしげの千早ちはや城包囲に参加したが、病と称して帰国し、1333年(正慶2・元弘3)挙兵、鎌倉を攻撃し、鎌倉幕府を滅ぼした。建武政権下では、従四位上越後守、また近衛中将・武者所頭人などと重んぜられた。しかし35年(建武2)、中先代なかせんだいの乱後に鎌倉で叛した足利尊氏たかうじとの箱根竹ノ下の戦いに敗れた。翌年、北畠顕家あきいえとともに尊氏を九州に追い落としたが、再び兵庫で戦って大敗した。以後、恒良つねよし親王・尊良たかよし親王を奉じて北陸地方に赴いたが、細川孝基たかもとらと戦い自刃した。

日中行事 にっちゅうぎょうじ
室町時代から近世にかけて、*修験道の峰入りの際に山中の宿泊所で行われた三時勤行ごんぎょうの一つ。ただし、彦山ひこさん修験などにおいては、山中移動の際には行われなかったという。16世紀初頭に成立した即伝そくでんの「三峰相承法則密記さんぶそうじょうほうそくみっき」に、その次第が断片的に記されているので、それをもとに記す。室町時代から近世にかけて行われた峰入りにおいては、山中の宿で毎日、初夜(戌の刻・午後8時)・後夜(寅の刻・午前4時)・日中(午の刻・正午前後)と3回の勤行が行われる。日中行事とは、そのうちの午の刻に行われる勤行をさす。次第は初夜・後夜と同様に、三音の法螺ほらの合図とともに参集した新客・度衆どしゅうが膝踞し、現参(点呼)ののち、床造・床堅とこかた・床定が行われてから勤行に入る。その際に読誦される経文は、初夜・後夜・日中とそれぞれ違う。日中の場合、勤行では九条錫杖しゃくじょう・「般若心経はんにゃしんきょう」3巻・両部大日の呪各百返・慈救明じくみょう百返・行者童子宝号百返・小木文こぼくもん一返・五輪観文一返・八句文一返が唱えられる。また、「般若心経」から慈救明の間には、床精進とこしょうじんが読経にあわせて行われる。これは閼伽あかと小木の*先達せんだつが壇板の上で2本の散杖さんじょうと手続きを調べるものであるが、詳しい作法は不明である。現在、羽黒修験の秋の峰の初夜・後夜の勤行の際に行われている床散杖は、この流れを汲む作法であると考えられている。

日朝貿易 にっちょうぼうえき　15世紀〜16世紀末の朝鮮王朝と日本との貿易
*日本国王とみなされた室町殿(足利将軍)のほか、大内氏・宗氏など守護大名や有力商人など多数が参加した。通交権は朝鮮側の官職・銅印で示され、日本側の受給者はそれぞれ受職人じゅしょくにん・受図書人じゅとしょにんとよばれた。守護クラスでは、斯波しば氏・大内氏・宗氏がそれぞれ通交証明の銅印をもらっている。多元的な通交関係が特色だが、朝鮮政府はしだいに対馬の宗氏を介しての通交統制をめざし、1438年、倭人通交者に対馬発行の文引ぶんいんの携行を義務づけた(文引制)。また15世紀後半に在京守護名義の偽使ぎしが横行すると、1474年、朝鮮政府は室町殿の提案をうけて象牙製の割符わりふを支給し、偽使の廃絶をめざした(牙符制)。通交者は三浦さんぽと総称される入港地で官貿易・私貿易を行い、漢城かんじょう(現、ソウル)に上って進上と官貿易を行う。日本からの輸出品は15世紀に銅、16世紀には銀が主で、ほかに工芸品や南海産薬種などがある。朝鮮からは大蔵経だいぞうきょうや木綿が大量に輸入された。16世紀には1510年の三浦の乱以後数度の倭変わへんとともに通交がたびたび途絶し、その都度貿易条件に制限が加えられ、宗氏は対抗手段として恒常的に偽使を派遣するようになった。

入唐記 にっとうき　→釈笑雲入明記しゃくしょううんにゅうみんき

入唐求法巡礼行記 にっとうぐほうじゅんれいこうき
*円仁えんにんの旅行記。全4巻。838年(承和5)の入唐から*五台山への巡礼、847年に帰国するまでの日記体の見聞記録。第1巻では、遣唐大使藤原常嗣つねつぐの第一船に乗って博多津を出発し、揚州への上陸、開元寺での密教修学、楚州、登州到着までを記す。第2巻では、登州上陸から五台山までを、第3巻で五台山巡礼や蘇悉地そしつじや悉曇しったんの修学などを記す。この巻で霊仙三蔵の事績も紹介される。第4巻には、会昌かいしょうの廃仏の具体的様相、帰国とその直後の状況などが記されている。

本書には、*遣唐使の具体的様相、唐の地

理・風俗・社会・経済・交通・仏教事情，さらには沿海での新羅人の貿易活動なども記録している。また，公私にわたる旅行関係の文書も収録し，貴重なものとなっている。さらに滞在中におきた，唐の武宗による会昌の廃仏の記録としても重要である。円珍の「行歴抄」，成尋の「＊参天台五台山記」と並ぶ日本人僧侶の手になる旅行記である。また，マルコ・ポーロの「東方見聞録」や玄奘三蔵の「大唐西域記」とともに三大旅行記ともされる。

入唐八家 にっとう　「にっとうはっか」とも。平安前期に唐に留学して密教を伝えた8人の僧。＊最澄（入唐804～帰国805）・＊空海（804～806）・常暁（838～839）・円行（838～839）・＊円仁（838～847）・恵運（838～847）・＊円珍（853～858）・宗叡（862～865）をさす。最澄・円行・円仁が天台宗，残る5人は真言宗。この8人は帰国ののち，請来した経典・図像・法具などの＊請来目録を朝廷に奏進している。天台宗の＊安然は，この8人の請来目録を総合・整理して，885年（元慶9）と902年（延喜2）の序をもつ「諸阿闍梨真言密教部類惣録」（「八家秘録」とも）を著した。なお，入唐八家の称は安然が使用したのが早い例である。

日葡辞書 にっぽじしょ　キリシタン時代の日本語・ポルトガル語辞典。長崎コレジオにて1603年（慶長8）本編，04年に補遺が刊行された。その主たる目的は，外国人宣教師が日本語に習熟するためである。日常の話し言葉を中心に，詩歌語・文章語・俗語・卑語・方言などの文例をもとに，意味と用法が示されている。語彙の数は両編あわせて約3万2300語である。見出し語はローマ字でアルファベット順に表記され，ポルトガル語の説明がついている。1590年代終りに編纂が開始され，4年間で完成した。室町～織豊期の日本語・思想史などの研究に不可欠の文献である。

日本永代蔵 にっぽんえいたいぐら　→日本永代蔵（にほんえいたいぐら）

新渡戸稲造 にとべいなぞう　1862～1933（文久2～昭和8）近代日本の教育者。盛岡生れ。＊内村鑑三たちと札幌農学校で学ぶ。一時開拓使として働いたのち，東京大学に入り，さらに渡米し，ジョンズ・ホプキンス大学で経済学などの研鑽を積む。母校札幌農学校の助教授として招聘をうけ，官費生としてドイツで農政学・農業経済学を学び，ハレ大学から学位を授与される。帰国後は，母校で教鞭をとるかたわら，地元のため，恵まれない若者たちのために精力的に働く。そのため体調を崩して札幌農学校を辞め，アメリカで静養する。その間，日本の文化を諸外国に知らせるために英文で書いた"BUSHIDO"（「＊武士道」）が，1900年（明治33）にアメリカで出版された。その後，台湾総督府で技師として働き，現地の産業の振興に努力する。京都帝国大学の教授をへて，06年には第一高等学校の校長になり，自由と人格の尊さを学生に教える。校長辞任後は，18年（大正7）に新設された東京女子大学の初代学長となり，女子教育に尽力する。19年には国際連盟事務局次長に推挙され，ジュネーブに住む。アインシュタイン，キュリー夫人，ベルグソンたちとともに知的協力委員会を主宰し，国際的な文化交流の場をつくる。任期終了後は貴族院議員となり，民間機関である太平洋問題調査会の理事長としても働く。「毎日新聞」の編集顧問として，Editorial Jottingに執筆する。33年（昭和8）カナダのバンフで開催された太平洋会議に出席した時に病気になり，ビクトリア市の病院にて客死する。現地の日付で10月15日のことである。

死亡の時の新聞には，「国際人新渡戸稲造」と紹介された。新渡戸はたしかに「太平洋の橋」となることを願い，国際人とよばれるにふさわしい活躍をした。同時に新渡戸は社会教育者でもあった。その一つが，札幌農学校教授の時，学びたくても学習の機会がえられない青少年のために「遠友夜学校」を設立したことである。さらに新渡戸は，「実業之日本」に毎号のように執筆するようになる。その文章に加筆しまとめたものが「＊修養」(1911)であり，ベストセラーになった。特に強調したのは「人格」の大切さである。新渡戸は当時の爵位制度を例にとり，人はすべて天から授けられた爵位，すなわち天爵をもつ，人間はすべて平等なのであると主張する。こうした考えの背景には，クエーカー教徒としての新渡戸がいる。クエーカーの教え

の中心は，「内なる光」である。人類は「内なる光」を与えられていることで，平等である。人種・男女の区別はない。すべての人が尊ばれなければならない。すべての人が教育をうける権利がある。このように考えた新渡戸は，教育者として多くの若者に感化を与えた。「新渡戸稲造全集」全23巻・別巻1冊がある。

ニニギノミコト →ホノニニギノミコト

二・二六事件（にいにいろくじけん）　1936年（昭和11）2月26日におきた*皇道派の青年将校によるクーデタ事件。1930年前後から，ワシントン体制と政党政治を維持しようとする勢力と，ワシントン体制を打破し，国家改造を図ろうとする勢力が激しく抗争していた。後者の担い手でもあった軍部内にも，国家総力戦体制を形成するために財界や官僚と提携しようとする幕僚層を中心とする*統制派と，既成勢力を打破し，天皇に直結して「*昭和維新」を図ろうとする隊付き青年将校を中心とする皇道派との抗争が進行していた。皇道派の拠点の一つであった第1師団の満州派遣が決定され，この時点からクーデタの決行に進んだ。36年2月26日早暁，皇道派青年将校は第1師団歩兵第1・第3連隊，近衛歩兵第3連隊など約1400名の兵力を率い（ほかに民間人9名も参加），首相官邸（永田町）・陸軍省（三宅坂）一帯を占拠し，蔵相高橋是清ら，内大臣斎藤実ら，陸軍教育総監渡辺錠太郎ら，首相岡田啓介と誤認された首相秘書松尾伝蔵を殺害，侍従長鈴木貫太郎に重傷を負わせた。さらに，反軍的とみなした東京朝日新聞社などを襲った。当初軍首脳部の一部は同情的態度をとったが，天皇は重臣殺傷に激怒し，参謀次長杉山元，作戦課長石原莞爾らが武力鎮圧の態勢をとった。「兵に告ぐ」のラジオ放送などで下士官・兵などが帰服し，29日にクーデタは失敗した。事件後，関係した現役将校15名，皇道派青年将校の理論的指導者*北一輝・西田税ら4名が処刑された。統制派は粛軍人事により陸軍内で主導権をえて，軍部大臣現役武官制の復活など軍部の政治的発言力が増大した。

二人比丘尼（ににんびくに）　「須田弥兵衛妻出家絵詞」「須田弥兵衛妻物語」「化野物語」

とも。江戸前期の*仮名草子。*鈴木正三の著。平仮名本2巻。1632年（寛永9）の著，正保・慶安年間（1644～52）の刊本があり，以後も63年（寛文3）をはじめ数度刊行された。内容は，討死した夫の跡を弔うため旅にでた若い未亡人が，骸骨から啓示をうけたり，知り合った美しい女房の死とその死骸の変容に無常をみたりした体験から出家を決意し，ある老比丘尼の説教により悟りをえて往生に至るというものである。一休宗純作といわれる「一休骸骨」や，蘇東坡の「九相詩」の構想をふまえている。人間は地・水・火・風が縁によって生起するところの「かりもの」である，という正三の縁起的無常観がみられる。

二宮翁夜話（にのみやおうやわ）　近世後期の農村指導者*二宮尊徳の言行を伝える語録。尊徳の門人*福住正兄が編纂し，1884～87年（明治17～20）に出版した。全5巻・233話。ほかに1928年（昭和3）刊行の続編（48話）がある。漢字仮名交りの平易な文体で綴られ，尊徳の思想の全貌を知るための手引書として読まれてきた。しかし，正兄は*鈴木重胤から平田神道を学んだ国学者でもあり，報徳思想と復古神道を融合化させた人物であり，本書にみえる言行をすべて尊徳自身によるものと判断することには留保せざるをえない。

二宮尊徳（にのみやそんとく）　1787～1856（天明7～安政3）　名の訓は「たかのり」，一般には「そんとく」。近世後期の農村指導者。通称は金次郎，尊徳は諱。相模国足柄上郡栢山村に百姓利右衛門・よし夫婦の長男として生まれる。1800年（寛政12）14歳で父を，16歳で母を亡くし，伯父二宮万兵衛家に預けられ，農作業に励むとともに，読書・算術を学ぶ。並はずれた体力で精力的に働き質入れ地を請け戻すなど，10年（文化7）24歳にして一家を再興するが，12年より3年間，小田原藩家老服部家の若党として過ごす。一時帰農するが，18年（文政元）服部家の家政回復の仕法を引き受け，藩からの借用金の運用ときびしい倹約の励行により成功した。尊徳は以後，没するまで農村復興仕法に取り組み続けることになる。

22年には，下野国桜町領（小田原藩主の

分家旗本宇津（うつ）家）の復興の仕法を命じられ，翌年には一家を挙げて桜町陣屋に赴任，37年（天保8）まで復興に取り組む。桜町仕法の成功は尊徳の声望を高め，青木村仕法・烏山藩仕法など，各地の復興策を担うこととなった。42年には幕府より御普請役格（20俵2人扶持）に登用され，利根川の分水路工事の調査を命じられた。日光神領仕法に着手していた56年（安政3）に，今市（いまいち）陣屋で70歳で没した。

尊徳は仕法を行うかたわら，48歳で執筆した「*三才報徳金毛録（きんもうろく）」が示すように，天地自然・人のあり方についての思索を深めていく。尊徳は，「天道（てんどう）」（天理・自然）に「人道（じんどう）」を対置して，人は天道に従うのみの存在ではなく，生産労働を通じて天道を改変していく存在として，人の主体性を重視した。尊徳の言行は弟子たちにより記録・編集され，幕末・明治期の人々に大きな影響を与えた。その代表的なものとして，福住正兄（まさえ）編「*二宮翁夜話」，富田高慶（たかよし）「*報徳記」「報徳論」，斎藤高行（たかゆき）「報徳外記（がいき）」「二宮先生語録」がある。

日本一鑑（にほんいっかん） 16世紀後半，明代の中国人*鄭舜功（ていしゅんこう）の日本研究書。「窮河話海（きゅうかわかい）」9巻，「桴海図経（ふかいずきょう）」3巻，「艫島新編（ろとうしんぺん）」4巻の計16巻からなる。「桴海図経」と「艫島新編」は日本の地理・地図の情報を，「窮河話海」には日本の歴史・人物・風土・習慣・言語などさまざまな情報をもりこむ。その一部「評議（ひょうぎ）」では，日中関係史関連の史書を引用して舜功が逐一コメントを付し，特に倭寇（わこう）の根本要因は内姦の誘引こそにあるとして，国内の治安強化を訴える件は重要である。また「寄語（きご）」の部分は中世日本語に漢字で音訳を付しており，国語学などでも注目を集めている。

日本逸史（にほんいっし） 散逸した「*日本後紀」の復元を試みた歴史書。全40巻。1692年（元禄5）成立。著者の*鴨祐之（かものすけゆき）は京都下賀茂神社の神官。「日本後紀」の時代である792年（延暦11）から833年（天長10）にあたる時期の国史の復元をめざし，「*類聚国史（るいじゅうこくし）」「*日本紀略」「類聚三代格（さんだいきゃく）」「公卿補任（くぎょうぶにん）」などの諸書から抜き書きし，編年的に配列する。

史料として原文を掲げ出典を注記するため当該時期についての史料集的性格があり，1724年（享保9）の出版以後，本書を活用した江戸時代の学者は多いが，今日では「日本後紀」研究の進展にともないその意義は小さくなっている。

日本イデオロギー論（にほんイデオロギーろん） *戸坂潤（とさかじゅん）が1935年（昭和10）に刊行した著作。唯物論の観点から「現代日本の日本主義と自由主義とを，様々の視角から」検討した23の論文を集めたもの。新カント派から学んだ批判的精神を日本の諸思想に適用し，唯物論を武器にして思想の本来のあり方，さらに「常識」「啓蒙」「知識階級」「大衆」の概念を検討し，思想の大衆化に必要な条件を提示する。本書の最後を次の文章で結ぶ。「今日は反動期だと云う。マルクス主義も自由主義さえも退潮した，日本はファシズムの世の中であり，又ファシズムへの道が唯一の残された方向だ，などとも云われる。だが夫（それ）は全く皮相で卑俗な通念だ。社会主義はこういう機会を利用してこそ，思想運動としての深度・身近さ・大衆化の素地を養うのだ。この素地を俟（ま）って，社会主義の政治的出発はいくど新たにされてもいいのである」。

日本永代蔵（にほんえいたいぐら） 正しくは「にっぽん―」。江戸前期の*浮世草子。全6巻6冊，全30話。*井原西鶴（いはらさいかく）の作。1688年（元禄元）刊。社会認識として，当世は「銀（かね）をためる世の中」であり，元手がなくては致富は覚束（おぼつか）ない。親の遺産があれば好運だが，心掛けが悪いと散財・放蕩してしまう。まずは「家職（かしょく）をはげみ」，「始末」（倹約）を第一とし，また「才覚」（創意工夫）のみで長者になるのも可能といい，こうした蓄財や立身の「欲心」を肯定する。この論理は小説作法として，倹約の様を過剰に描けばのちの*気質物（かたぎもの）にみられるような偏執的人物の滑稽さを醸し出し，また才覚ものちの儷偶物（れんぐうもの）浮世草子の詐欺譚に近づくものとなる。本作は副題に「大福新長者教（だいふくしんちょうじゃきょう）」とあり仮名草子の「*長者教」を意識するが，教訓一色で致富処世を説くそれに対し，始末・才覚という蓄財の資質をストレートな教訓としてではなく，写実的かつ風刺的に描きだした。ま

た，本作には商売のカタログ的な面もある。

日本往生極楽記（にほんおうじょうごくらくき）　*慶滋保胤（よししげのやすたね）撰。1巻。唐の「浄土論」「瑞応伝」にならった日本最初の*往生伝で，後代の仏教説話集にも影響を与えた。983～985年（永観元～寛和元）にまず成立し，兼明親王の加筆をえて，のち987年（永延元）頃に完成。「国史」「諸人別伝」「古老」からの聞き書きなどにより，45人の伝を収録する。同時代の往生者が多い。本書における往生思想は，天台浄土教の*諸行往生（しょぎょうおうじょう）思想，特に法華信仰と弥陀念仏行（みだねんぶつぎょう）との兼学兼修が最も多い。また念仏も*観想念仏が中心で，臨終の際の奇瑞が重視されている。

日本王代一覧（にほんおうだいいちらん）　神武（じんむ）天皇から正親町（おおぎまち）天皇に至る日本通史。全7巻7冊。*林鵞峰（がほう）の著。1652年（承応元）成立。多くの国史・小説類を参考にし簡略にまとめたもの。大老酒井忠勝（ただかつ）の求めにより著され，和漢混淆文で編年体を採用している。「本朝編年録」（1644），「*本朝通鑑（つがん）」（1670）などの大規模な歴史書の編纂を主導した鵞峰の著した簡約な通史として同時代的な需要も多く，1663年（寛文3）版をはじめとする諸本がある。寛政期（1789～1801）以後，版が重ねられ，江戸時代人の日本史の基礎認識を形成した歴史書として重要である。

日本覚書（にほんおぼえがき）　イエズス会士*フロイスの書。1585年（天正13）肥前国加津佐（かづさ）で執筆され，原本はマドリードの王立歴史学士院図書館に架蔵されている。執筆の目的は，主として在日イエズス会士に対し，日本とヨーロッパの風習を相互に比較し，日本の風習がいかに異なっているかを教えるためである。内容は多岐にわたり，衣食住，宗教，武器・武具，演劇，歌謡など全611ヵ条からなっている。フロイス自らの見聞と知識をもとに執筆したものであり，各条とも織豊期の社会・生活・風俗を知るための貴重な史料である。たとえば，第4条「坊主ならびにその風習に関すること」，第5条「寺院，聖像およびその宗教の信仰に関すること」において仏教関係の記述があり，当時の僧侶の生活ぶりや衣装，寺院の施設や仏像などを伝えている。

日本開化小史（にほんかいかしょうし）　明治期にはじめて近代史観によって描かれた日本の通史。*田口卯吉（うきち）の主著。全6巻6冊で，1877～82年（明治10～15）に出版された。バックル「英国文明史論」，ギゾー「欧州文明史」の影響をうけ，文明史観・開化史観に立つ。従来の勧善懲悪史観や英雄史観に代わり，「保生避死」を原理とする人間行動の足跡として，古代から明治維新までを説明した史学史上画期的な作品である。歴史を「貴族開化」から「平民開化」に進化する流れとして説明した。この流れを万国共通の科学的法則，「進化の理」とみなし，日本史の中でそれを論証した。近代化の歴史を内発的に説明することで，近代化＝西欧化とみる西洋コンプレックスを打破した。

日本外史（にほんがいし）　江戸後期の歴史書。全22巻。*頼山陽（らいさんよう）の著。1827年（文政10）に完成し，*松平定信（さだのぶ）に献呈された。36・37年（天保7・8）頃初刊。源平2氏から徳川氏に至る武家の興亡を，漢文体で家別，人物中心に記し，政治の実権が武家に帰した経緯を叙述し，論賛（ろんさん）（史実や人物に関する論評）を加えている。20余年の歳月を費してなった山陽のライフワークであり，生前から写本で流布し，死後刊行されて未曾有の大ベストセラーとなった。明治期以後，諸外国においても翻刻本（中国）や翻訳本が刊行された。本書が広く読まれたのは内容の親しみやすさと，簡潔・平明かつ躍動感あふれる名文によるところが大きい。他方，主として軍記物語などを素材としたため，史実に誤謬の多いことが難点である。

本書の史論には，(1)君臣秩序を重視し天皇権威を絶対化する*大義名分論の観点と，(2)政権の交替のうちに天の道徳的理法を見出すとともに，政治的実権の変動を不可避の「勢」とみる観点が認められる。(2)によって，江戸幕府の凋落を予言したのではないかと推測される記述もある。本書では，いまだ(1)(2)の内面的関係が統一的に説かれていないが，この史論は幕末の尊王討幕運動に大きな影響を与えた。

日本改造法案大綱（にほんかいぞうほうあんたいこう）　国家社会主義的な改造計画をのべた*北一輝（きたいっき）の著作。昭和期の軍部や右翼に多大な影響を与えた。北

が1919年(大正8)上海で,当初「国家改造案原理大綱」として執筆し,23年訂正・改題して刊行した。戒厳令の施行,憲法停止,議会解散,在郷軍人団を基盤とする国家改造内閣の組織,私有財産の制限,大企業の国営,華族・貴族院の廃止などを内容とし,世界再分割の必要を唱えた。謄写版印刷物などで青年将校に配布され,*二・二六事件などの思想的背景となる。天皇制・国体を体制のシンボルから運動のシンボルに転換させたものともいわれている。

日本楽府 にほんがふ *頼山陽の漢詩集。1巻。1828年(文政11)成立,30年(天保元)刊。古代から近世初期までの日本史上の史実に題材をとり,明の李東陽の「擬古楽府」にならい,楽府(古詩の一体で,平仄・押韻にとらわれず変化に富み,歌謡的色彩が濃い)の体裁で作った66編の詩を収める。自序によれば,日本66カ国の国数にあわせて,その詩数を決めたという。親友の篠崎小竹も指摘しているように,表現上の意匠を凝らすあまり詩がきわめて難解となり,山陽もこの点を考慮して門人の牧百峰に命じて各詩に史実の注解をつけさせた。また,自己の歴史観が投影する本詩集の刊行に先立って,筆禍を恐れ,稿本の段階で役人の意見にしたがい,11編を差し替えている。

日本紀講書 にほんぎこうしょ 奈良・平安時代に朝廷において行われた「*日本書紀」の講義。「日本書紀」完成の翌721年(養老5)に行われた講義を別格として,812年(弘仁3)・843年(承和10)・878年(元慶2)・904年(延喜4)・936年(承平6)・965年(康保2)まで,約30年間隔で行われた。これらの講義は長期間にわたり,元慶度の例では,878年2月25日に開始して一度中断したが,翌年5月7日に再開後,毎日続行して881年6月29日に全巻読了し,翌年8月29日に竟宴が行われた。この講義には右大臣藤原基経以下の高官が列席している。これらの講義のメモが「私記」という名で,その講義の行われた時の年号を冠して断片的に伝わっている(「弘仁私記」など)。安和の変(969)以降,断絶した。

日本紀私抄 にほんぎししょう 釼阿(1261～1338)の手になるとされる「*日本書紀」研究書。1冊。釼阿は,横浜市金沢区の真言律宗の別格本山称名寺の2代長老で,真言・律の研究を進めるかたわら,多くの神道書にふれて神道についても学を深めた。本書には,歴代天皇・皇后の名や事跡,神統図など「日本書紀」の記述に関するものをはじめ,「延喜式」神名帳や六国史などの典籍,二十二社などについての記述がみられる。しかし,同時代の他の「日本書紀」研究書と異なり,神代巻に関するものや神仏習合的記述はほとんどみられない。釼阿の研究の覚書的なものと考えられる。東京大学付属図書館に自筆本がある。

日本教会史 にほんきょうかいし 1620～24年にマカオで執筆されたイエズス会士*ロドリゲス・ツズの著作。日本を中心に中国・朝鮮を含む壮大な構想のもとに執筆が開始されたが,現存するのは第1部第1巻35章(アジア概説,日本の地理・歴史・建築・風俗・服装・礼儀作法・茶の湯),第2巻16章(日本の学芸・天文),第3巻28章(使徒トマスの中国伝道,ザビエルの日本開教から遺体のゴア帰還)である。第1～2巻は*イエズス会による日本研究の成果で,特に茶の湯の記述は草創期の茶の湯を知るうえで不可欠の史料とされている。

日本共産党 にほんきょうさんとう 日本の共産主義政党。第1次大戦後の社会運動の高揚とロシア革命の影響が波及する中で,1922年(大正11)7月15日,コミンテルン日本支部として非合法に結党された。委員長*堺利彦,党員は*片山潜・市川正一・上田茂樹・国領五一郎・*山川均・*佐野学ら。23年に弾圧にあい,その後も28年(昭和3)*三・一五事件,29年四・一六事件で大検挙にあっている。相次ぐきびしい弾圧にさらされ,35年最後の中央委員が検挙され,獄中闘争を余儀なくされた。天皇制・地主制・独占資本主義に反対する反封建の民主主義革命をめざした。「*27年テーゼ」「*32年テーゼ」が綱領的文書とされ,日本資本主義と天皇制の分析は学界にも大きな影響を与えた。戦争反対を掲げ反戦を貫いた唯一の政党となって,敗戦直後には知的・道徳的主導権をえた。敗戦後の45年10月に再建されたが,50年コミンフォルムの

にほん

批判を契機に「所感派」と「国際派」に分裂，主流派は武装闘争方針をとった。55年に第6回全国協議会などで統一を回復，自主独立路線を確立した。70年第11回大会で先進国革命路線を明確にし，89年（平成元）の東欧社会主義圏の崩壊，91年のソ連共産党解党にも独自路線で対応した。

日本基督公会 にほんキリストこうかい　日本最初のプロテスタント教会。J.H.バラの塾生が，横浜で宣教師たちが開いていた祈禱会を自分たちも行いたいと申し出た。祈禱会は予定の1週間がすぎてもやまず，1872年（明治5）3月10日，押川方義・篠崎桂之助ら9名がバラから受洗，先に洗礼をうけていた2名を含め11名をもって日本基督公会を設立させた。この教会は，当時世界の潮流をなした万国福音同盟会の9カ条（教理の基礎）を信仰告白としてうけいれ，きわめて簡潔なものであった。教会論的には，無教派的教会をめざし，教会制度としては長老派であった。しかし，その後続々と宣教師が来日したので，無教派的教会を形成していくことが困難となり，77年に日本基督一致教会の設立により終りを告げた。

日本紀略 にほんきりゃく　平安後期の史書。全34巻。編者・成立年不詳。神代から後一条天皇の末年1036年（長元9）までを内容とする。前半は題名のとおり，「日本紀」すなわち六国史のダイジェスト版（ただし「*日本書紀」の巻1・2にあたる部分はほぼそのまま）。後半の六国史以後の部分は，前半の記述の体裁にならって簡略に記事をたてる。前半部分には，「*日本後紀」の欠落部分や，「*続日本紀」から削除された藤原種継暗殺事件関係の記述を補いうる記事があり貴重である。また「日本書紀」のダイジェスト部分にも，推古紀の部分など流布本（卜部家系写本）とは異なるところもあり，注意を要する。後半の宇多～後一条朝の部分は，「*栄花物語」本編と重なる時代であり，この時期の基本的史料でもある。

日本後紀 にほんこうき　古代の官撰史書。六国史の第3番目。全40巻。編纂代表者として*藤原冬嗣の名が記されているが，彼はこの書が撰上される15年も前に亡くなっており，最初から最後まで編纂にあたったのは藤原緒嗣であった。840年（承和7）完成。桓武天皇の792年（延暦11）から淳和天皇の833年（天長10）までを内容とする。平安遷都およびその前後の興味深い時代を扱っている史書だが，散逸した巻が多く，現存するのは巻5・8・12～14・17・20～22・24の計10巻だけである。欠落部分は，「*類聚国史」「*日本紀略」などによって部分的に補うことができるが，逸文を集めて集大成したものに「*日本逸史」および朝日新聞社版「（増補）六国史」の「日本後紀逸文」がある。六国史の他の史書に比べ，人物の卒伝に儒教思想にもとづいた辛辣な人物評が加えられているところに特色がある。

日本古学派之哲学 にほんこがくはのてつがく　→日本朱子学派之哲学にほんしゅしがくはのてつがく

日本国王 にほんこくおう　日本の最高統治者をさすが，もっぱら外交関係上の呼称。唐代から元代までの中国王朝は，日本の外交主宰者としての天皇を「日本国王」とよんだ。ところが，室町時代には室町殿（足利将軍）が外交権を掌握したため，室町殿が日本国王として国際的に認知されるようになった。1401年，明の建文帝による足利義満冊封の詔書には「日本国王源道義」と書かれ，義満も中国・朝鮮向けに以後「日本国王」号を用いた。「日本国王」号は義満の「王権簒奪」問題と直結させて論じられがちだが，義満は伝統的な王朝勢力との摩擦を避けるために五山僧を外交文書起草者に登用するなど，一定の配慮を払っている。また国内的には，「天子・天皇・皇帝」を僭称するならともかく，「和王・国主・国王」はそもそも違例であったので，「日本国王」号が天皇の存在を否定することもなかった。その後，足利義持が「征夷大将軍」と名乗って明と断交したほかは，おおむね明向けに「日本国王源某」，朝鮮向けに「日本国源某」と名乗って通交した。なお朝鮮側は敵礼の観点から，室町殿を「日本国王」とよぼうとしたが，日本側の自称にあわせて「日本国源某」と宛名することもしばしばだった。豊臣秀吉の朝鮮侵略をへて江戸時代に入ると，明との復交は成功せず，朝鮮との外交関係のみが復活した。当初は，日

にほん

本が「日本国源某」と自称し，朝鮮側が「日本国王」とよぶ関係だったが，林羅山の時に朝鮮側が「日本国大君」号に変更して落着した。その後，新井白石の時代に「日本国王」号が復活したものの，徳川吉宗政権の時「大君」号に戻された。⇒朝鮮通信使

日本国見在書目録 にほんこくげんざいしょもくろく　9世紀末当時，日本に現存していた漢籍（仏典を除く）の目録。1巻。宇多天皇の命により藤原佐世が撰修。合計1578部約1万7000巻の書籍を「隋書」経籍志の体裁にならって易家・尚書家・詩家・礼家以下の40家に分類して，書名・巻数，ときには撰者名などを注記している。唯一の古写本である室生寺旧蔵本（東京国立博物館保管）は多少の省略もあるが，日本への漢籍の舶載状況をほぼ正確に知ることができる。そのほか，「旧唐書」や「新唐書」の記載の欠を補う記事も多く，日本古代の思想史・学術史はもとより，広く漢籍の書誌学的研究の重要史料の一つといえよう。古典保存会版ほかの複製本がある。

日本国国憲案 にほんこくこっけんあん　*植木枝盛によって作られた*私擬憲法。1880年（明治13）11月の国会期成同盟第2回大会で，各地で憲法見込案を作り次回大会に持参することに決めたが，それにもとづいて*立志社でも草案が作られることになり，その過程で1881年8月頃に植木も独自の草案を作った。植木による私擬憲法は厳密には，(1)「日本国憲法」と題したもの，(2)表紙に「東洋大日本国々憲案」と題され，本文が「日本国々憲按」となっているもの，(3)「日本国国憲案」の三つがある。(2)にわずかの修正を加えたものが(3)であり，両者の内容はほとんど同じであり，(2)が基本とみなされている。全部で220条からなるが，抵抗権・革命権を含む徹底した人権の保証，上院を否定した民選による一院制，皇帝特権の制限などの特徴をもつ。

日本三代実録 にほんさんだいじつろく　略称「三代実録」。古代の官撰史書。六国史の最後のもの。全50巻。858年（天安2）から887年（仁和3）まで，清和・陽成・光孝天皇の3代を扱う。901年（延喜元）藤原時平と大蔵善行らの名のもとに撰進された。「日本書紀」以来，日付はすべて干支だけで記されてきた

が，「日本三代実録」ではじめて干支とともに日付が数字で併記され，わかりやすくなった。これは六国史をもとに編纂された「*類聚国史」でも行われていることから，*菅原道真の発案であろうとされる。配流のために名が消されてしまったが，本書の実質的な編集は道真の主導のもとに行われたのではないかと考えられている。また本書には序文があり，そこに編集方針が列挙されている。その方針は「日本三代実録」だけではなく，六国史全体にあてはまる儒教的歴史観である。しかし，その中で〈委巷の常にかかわり，教世の要に背く妄誕の語は捨てて採らない〉と明言しているのにもかかわらず，仁和3年8月17日条には，武徳殿東の松原に鬼がでて通行の婦人を食い殺した記事がことごとしく書かれたりしている。このような記事は先行の史書にはみられなかったところで，〈妄誕の語は捨てて採らない〉という序文の提言に反し，実質的には儒教的歴史観の衰微を示すものといってよい。このようなところにも，官撰史書の行方が暗示されているであろう。

日本史 にほんし　イエズス会士*フロイスによって執筆された日本教会史。1563年（永禄6）来日したフロイスは，文筆と語学の才能に恵まれ，さらに来日前に*ザビエルや*アンジローらと出会っていたことから，83年（天正11）秋，開教以来30年余りへた日本布教史の執筆を命じられた。その目的は，初期宣教師の苦闘と日本人キリシタンの模範的な信仰ぶりを伝えるためであった。全体の構成は，フロイス書翰（1593年11月12日付）によれば，第1巻日本総記（所在不明）と，編年体の布教史である第2巻1549～78年，第3巻1578～89年である。「日本史」は*バリニャーノの判断で出版されず，原本は火災で焼失したが，18世紀の写本が残った。布教史であるが，布教の背景として戦国期から天下統一されていく日本社会の諸相がよく描かれ，特に織田信長や豊臣秀吉に関する記述は日本史料の欠を埋める貴重な史料である。

日本誌 にほんし　→鎖国論

日本詩史 にほんしし　江戸中期の詩史。全5巻。江村北海（1713～88）の著。1771年（明和

8）刊。著者は，福井藩儒の伊藤竜洲を父にもつ儒学者・漢詩人である。7世紀後半の近江朝の白鳳時代から，明和年間（1764～72）の同時代までの日本人の詩の変遷を記述する。短く略伝などを記し，一首をとりあげて論評する。わが国はじめての漢詩史である点に大きな意義がある。詩人は堂上貴顕から武家・庶民まで含まれ，盛名あっても詩作にみるべきものがない者にはきびしく，中正・穏当の評価がなされているが，荻生徂徠らの*護園学派に辛いのが特色である。また，わが国の詩風は中国の詩風を200年遅れて受容し，時代の「気運」（明代の胡応麟「詩藪」）によって変遷するという歴史認識を示している。

日本思想史学 日本の思想を主たる研究対象とする学問。「思想」をどのように定義するかという問題については諸説があるが，高度に体系化された頂点思想（狭義の思想）だけでなく，民間伝承や，芸術作品・儀礼などに内在する論理化されない意識（広義の思想）までを対象に含めるとする考え方が一般的である。日本のアカデミズムの世界では，西洋哲学・印度哲学・中国哲学という学問分野はあっても，日本哲学という名称はほとんど目にすることがない。これは普遍的原理の探究，思索の体系性，論理の一貫性といった西欧的な哲学の概念を日本に適用した場合，前近代の思想世界にはそうした要素が決定的に欠如しているようにみえることによる。そのため広義の思想を主要な研究対象とする日本の思想研究は，哲学ではなくもっぱら思想史という名称でよばれることになった。

日本思想史学の成立に関しては，その濫觴を江戸時代の*国学に求める見方が有力である。とりわけ日本の文化的・思想的同一性を確信し，「*古事記」「*源氏物語」の読解を通じてその解明を試みた*本居宣長は，その学問的手続きの厳密性と実証性において近代的な学問に通ずる内容をもっていたとされる。また国学に影響を与えた古学派や江戸中期から隆盛をきわめる仏教各派の宗学も，古典に対する手堅い考証面で，それ以前の主観的・観念的な教学とは明らかな断絶を有していた。江戸中期に始まるこれらの学問は，明治維新をへて西洋から移入された学術の衣を身につけ，儒学史・仏教史などの名称をもって近代アカデミズムの中にその地位を確保していくことになる。*井上哲次郎の「日本陽明学派之哲学」「日本古学派之哲学」「*日本朱子学派之哲学」の三部作は，そうした学問の系譜に連なる代表的な研究である。

こうして明治期から日本思想に対する学術的な研究が本格的に進展するが，それらはもっぱら儒学・仏教といった分野史に止まっていた。そうした区分をこえた包括的で方法的な自覚をふまえた日本思想史研究が開始されるのは，大正期における*津田左右吉・*村岡典嗣・*和辻哲郎の登場をまたなければならなかった。近代的な学問としての日本思想史学の創設者とされる彼ら3名の学風はそれぞれ異なっているが，西欧の文献学をその学問の基本にすえる点において共通性を有していた。文献学の方法にもとづく厳密な文献批判をふまえて，津田は記紀神話が歴史的事実ではなくフィクションであることを論証し，村岡は実証的な手法をふまえて本居宣長の内面世界を浮き彫りにした。1923年（大正12）には村岡を迎えて，東北帝国大学法文学部に日本ではじめて日本思想史（文化史学第一）講座が設けられた。和辻もまた倫理学の視座から，広く世界の中に日本の思想と文化を位置づけることをめざした。彼らが日本思想の客観的解明をめざす学問を展開することができた背景には，大正デモクラシーとよばれる自由な時代の雰囲気があったことも見逃すことはできない。大正期にその基礎を確立した近代的な学問としての日本思想史は，昭和期に入ると開拓から発展の時期へと向かった。しかしその一方で，40年（昭和15）には津田の著書が発禁処分をうけるなど，戦時色が強まるにつれて国家による統制が強化された。また「日本精神」の鼓吹を目的として，東京帝国大学をはじめとする多くの大学に「日本思想史」「日本精神史」の講座が設けられ，客観的な日本思想研究はしだいに逼塞せしめられた。だがそうした逆風の中でも，一部の学者やマルクス主義歴史学者によって質の高い研究が維持されていった。

45年の敗戦を契機として，それまで主役を務めていた神がかり的な日本精神論は，学問の世界から一掃された。それに代わって華々しく学界の表舞台に飛び出したのが，戦時中に地道にレベルの高い研究を蓄積していた若手研究者たちだった。家永三郎の「日本思想史に於ける否定の論理の発達」や*丸山真男の「*日本政治思想史研究」は，戦時下における良心的な学問の成果であるとともに，先鋭な問題意識に裏打ちされたそのスケールと斬新な方法において，従来の思想史研究の水準を一新するものだった。彼ら戦後第1期の知識人たちは，独善的ファシズムに対する激しい嫌悪をふまえて，多分に理想化された西欧近代と対比しながら，日本の伝統思想の研究を通じて近代日本の抱えた病巣（「封建遺制」）を白日のもとにさらしだすことを自らの課題とした。同時に，過去の日本の文化遺産の水脈から，近代化へとつながる独自の要因を積極的に掘り起こすことによって，敗戦を機にして外から与えられた表面的な変革に止まらず，日本人自身が社会を改革しうる能力をもっていることを知的伝統の中で確認しようとした。

　51年，石田一良は「文化史学の理論と方法」を著し，分野史としての思想史ではなく，人間活動の全領域を貫く広義の思想を対象とする，全体史としての思想史を提唱した。村岡が創設した東北大学の日本思想史学講座に招かれた石田は，自らの学問の体系化を精力的に進めるとともに，68年に日本思想史学会を設立するなど全国レベルで研究者の組織化にも尽力し，日本思想史学の普及と発展に大きく貢献した。戦後につくられた新制大学の制度のもとで日本思想史学を専攻する学生・大学院生も増加し，発表される著書や論文も年ごとに増加の一途をたどった。1970年代に入って刊行が開始された「日本思想大系」と「近代日本思想大系」は，日本思想史に対する人々の関心を喚起し，研究の底辺を拡大することに少なからず寄与した。1960年から70年代初頭にかけて，いわゆる「反安保闘争」と学生運動が盛り上がりをみせる中で，「近代」を信奉する既存の歴史学に対するきびしい批判の眼差しが向けられるようになった。近代化論を克服すべく，鹿野政直・安丸良夫・色川大吉らによって，社会変革の主体としての民衆のエネルギーに着目する「民衆思想史」が提唱され，学界に大きな影響を及ぼした。だが，日本が高度成長を達成して社会が安定化に向かうと，かつて存在した「封建遺制の克服」といった共通の課題は失われ，研究の動機と問題関心は分散化の方向をたどった。石田一良の仕事を最後として，体系的・通史的な日本思想史の全体像を構築しようとする試みはみられなくなり，特定の時代や人物・テクストに的を絞った堅実な研究が中心を占めるに至っている。

　こうした戦後の日本思想史研究の流れに対して，1980年代から新たな動きがうまれつつある。一つは日本思想史を「日本」という一国内で完結させるのではなく，広く世界の思想史に位置づけようとする立場である。それは具体的には，儒学を「東アジア儒教圏」の中で考えていこうとする試みや，日本仏教の特色を他の仏教文化圏との対比によって明らかにしようとする試みとして現れることになった。比較思想史ともいうべきこれらの研究の方向性はすでに中村元によって先鞭をつけられていたものだが，近年は図式的・通俗的な比較文化論に止まらず，海外の研究者との共同研究や詳細なテクスト解釈をふまえた，実証レベルで格段に高い水準の研究がうまれつつある。また，日本・韓国・中国といった現存する国家を比較の単位とするのではなく，それとは別の区分である「地域」を基準とした比較思想史研究の必要性も論じられている。

　もう一つは，欧米における最新の批評理論をふまえて，「日本思想史」の自明性を疑い，学問分野としてのそれを脱構築しようとする動きである。近代日本の学問分野が国民国家の立ち上げにともなって誕生したものであることを指摘し，そのイデオロギー性を暴露する議論は，今日各方面でみられるものである。日本思想史についてもそれを近代ナショナリズムの欲望の産物であるとして，その実体がないことを強調する立場は一つの有力な流れとなりつつある。これらの動向以外にも，近年歴史学の方面全体で「思想史化」と

もいうべき現象がおこり，思想史に関する関心が高まっていることは注目される。歴史学以外でも，文学・民俗学・美術史などの領域において，思想史にかかわる積極的な発言が目立つようになった。それにともなって素材の面でも，かつてのような体系的思想を記した文献中心の立場から，古文書・金石文・彫刻・絵画資料など多彩な資料を積極的に利用しようとする傾向が顕著となっている。

21世紀を迎えた今，人文科学の諸分野は学問の根源的な意味を問うような問題提起にさらされている。日本思想史の分野でも，研究方法や視座をめぐってさまざまな論議が錯綜している。「日本思想史」の脱構築が叫ばれる一方，日本思想史を「日本」という固定化した枠組みから解き放とうという動きも盛んである。今日，日本思想史の研究を進めるにあたって，日本思想史とは何か，何をめざそうとするのかといった根本的な問題について，議論を深めていくことが避けられない現状となっている。

日本資本主義論争 にほんしほんしゅぎろんそう　1920年代後半から30年代にかけて約10年間，*労農派と*講座派の間で，日本のマルクス主義陣営を大きく二分して展開された論争。日本資本主義の構造と歴史的性格をめぐる論争を中心としつつ，日本革命の戦術・戦略にまで至る学術的で政治的な論争として展開された。日本のように，世界史的に遅れて資本主義的出発をなし，しかもその後急速に発展をとげた国の場合，一方に独占資本が聳立するとともに，他方に古い封建的残滓が存在するという複雑な社会構造を示し，その解明に特殊な困難がともなう。この困難な問題解明に直面して論争が発生した。

主な論争点は，日本資本主義分析の方法と現段階規定，小作料の性格と農業問題，マニュファクチュア，帝国主義の成立，明治維新と天皇制などであった。とりわけ天皇制について，労農派が独占資本による階級支配の用具としたのに対し，講座派は絶対主義権力と規定した。論争は明治維新の性格と戦略規定に集約される。労農派が〈維新＝不徹底なブルジョア革命→広範な民主主義的変革をともなう社会主義革命〉，講座派が〈維新＝絶対主義の再編→ブルジョア革命→社会主義革命〉の二段階戦略論を主張し，両派は対立した。

日本社会主義史 にほんしゃかいしゅぎし　*石川三四郎が日刊「*平民新聞」第2〜57号に断続的に連載した論稿で，日本における社会主義の思想・運動の沿革を最初に体系的にとりあげたものである。全17編からなり，1編の「緒言」から8編の「国会開く」までは概略的な叙述であるが，それ以後は日本労働協会・普通選挙期成同盟会・社会主義研究会・社会民主党・社会主義協会・平民社などについて克明な記述があり，黎明期の日本社会主義運動に関する史料的な価値をもつ。なお，のち「*新日本史」第4巻（万朝報社，1916刊）に「社会主義編」として所収されるに際して，増補・改訂されるとともに文体が口語体に改められた。

日本主義 にほんしゅぎ　→国粋主義こくすいしゅぎ

日本朱子学派之哲学 にほんしゅしがくはのてつがく　1905年（明治38）に出版された*井上哲次郎てつじろうによる日本儒学の研究書。1900年の「日本陽明学派之哲学」，02年の「日本古学派之哲学」とともに三部作をなす。井上は東西哲学の融合・統一を主張し，西洋の純粋哲学に仏教の宗教哲学，儒教の道徳哲学を加えた独自の哲学を構想した。本書をはじめとする三部作は，儒教の道徳思想の系譜をたどるとともに西洋の道徳哲学との類似性を探ろうとしたものであるが，学統を重視した分類に止まり，歴史変化や社会との対応を探る思想史的考察にはならなかった。

日本出版文化協会 にほんしゅっぱんぶんかきょうかい　内閣新聞雑誌用紙統制委員会が一元的な用紙配給，書籍流通機構の設立を求めて，東京出版協会・日本雑誌協会・中等教科書協会など当時の有力な出版団体に大同団結を要請した結果，1940年（昭和15）12月19日に設立された社団法人。出版業者に企画や発行案を提出させ，出版物の事前調査を行い，内閣情報局の指導・監督のもとで用紙の割り当てを担当した。用紙という出版の生命線を掌握することで，戦時体制下の言論統制を進めた。43年3月に日本出版会と改称され，45年9月に解散，翌10月新たに日本出版協会が結成された。

日本巡察記 にほんじゅんさつき　インドのコーチンで執

筆されたイエズス会日本巡察師*バリニャーノの著作。内容は1579〜82年に行われた日本巡察報告で、全30章からなる。第1〜3章は前文で、ヨーロッパ人に馴染みのない日本の風俗・宗教・日本人について紹介し、ヨーロッパ人の日本人観に大きな影響を与えた。第4〜30章は、巡察師として日本滞在中に検討・決議された、日本の布教事業を維持・発展させるためにとるべき、制度・教育・人事・財政上の諸施策である。ヨーロッパ人宣教師が日本人・日本社会をどのようにみていたか、本音を知ることができる第一級の史料である。

日本書紀 にほんしょき　古代官撰史書である六国史の最初のもの。全30巻、系図1巻(現存せず)。720年(養老4)舎人親王らの撰。しかし、その編纂計画は天武朝に始まったと考えられている。巻1・2の2巻を神代にあて、巻3の神武天皇に始まって、以下数巻の例外を除き、それぞれの天皇1代に1巻をあてながら、持統天皇の末年までを記述している。1巻に2代以上を扱うのは、まず巻4で2代綏靖天皇から9代開化天皇までのいわゆる欠史8代を扱い、巻7が景行・成務の2代を、巻12が履中・反正の2代を、巻13が允恭・安康の2代を、巻15が清寧・顕宗・仁賢の3代を、巻18が安閑・宣化の2代を、巻21が用明・崇峻の2代を扱っている。また巻28を天武天皇上巻として、壬申の乱が独立して1巻にふりあてられている。

「日本書紀」が持統末年で筆を擱いたことは、*大宝律令完成の寸前までをその内容としているということである。そこには、神々の時代から、どのようにして、輝かしい律令国家の完成に向けて歩んできたか、という始めと終りのある歴史像が示されている。事実、「日本書紀」は一種の進歩史観に彩られている。神武天皇の東征に際して、天皇に「運、鴻荒(太古の意)に属ひ、時、草昧に鍾れり」といわせ、橿原に宮を造るにあたっては「今、運は屯蒙きに属ひて民心は素朴なり」といわせ、崇神紀7年では神武天皇が基を開いた後、天皇の代を経るにしたがって、世の中が盛んになってきたとい

う見解を示している。また大化の改新にあたっては、薄葬令をはじめとする開明改革令を発布して旧俗・愚俗を戒めているが、このようなところに「日本書紀」の進歩史観がうかがえる。「*古事記」にはこのような上古草昧の観念はない。国家の根源を説明し、氏姓の本を明らかにすることを目的として理想を推古天皇以前の過去においたのであった。

「古事記」と「日本書紀」は、従来「記紀」とよばれて、一括して扱われがちであった。しかし両者は、それぞれにそのよって立つ歴史観をまったく異にしていたのであった。そればかりでなく、「古事記」と「日本書紀」とは、その冒頭から異なる世界観を示している。「古事記」は、天地のはじめに高天原に現れた最初の神を「天之御中主神」とする。それに対し「日本書紀」は天と地の生成から語り始めて高天原を語ることなく、最初に現れた神を「国常立尊」としている。「古事記」は天の主宰者をはじめにおくが、「日本書紀」が最初におくのは国土の主宰者なのである。そして「古事記」は諸家に伝わる「*帝紀」「*旧辞」の異説を削偽討覈とし、一本化して神代を語っている。それに対し「日本書紀」は、まず本文を立てて、その後に「一書に曰く」としてさまざまな異伝を列記する。しかも、「日本書紀」の本文だけを読めば、高天原も黄泉国も登場しない。このような両者の違いに注意したうえで、記紀それぞれの思想や性格についての考察が本格的にされなければならないが、それは今後に俟つところが大きい。

なお「日本書紀」の編纂過程については、各巻の用字法や用いられている暦の違いなどの分析を通じて、2段階で行われたであろうことが推測されている。まず第1段階は、持統朝に巻14「雄略紀」から編纂が始められて巻29「天武紀」下までが完成し、そののち巻1〜13のグループが、文武天皇の時代になって編纂され、最後の段階で巻30「持統紀」が付け加えられたであろうと考えられている。巻1〜13のグループは、巻14以降のグループに比べて、和臭漢文体の目立つことが指摘されている。また、巻14以降が、持統朝に行われていた元嘉暦によって暦の計算が行わ

にほん　780

れているのに対し, 巻1〜13のグループは, 文武朝になって単独で採用された儀鳳暦によっている。

日本書紀纂疏にほんしょきさんそ　「*日本書紀」神代巻上・下を*一条兼良かねらが注釈したもの。全6巻3冊。成立時期は康正年間(1455〜57)と考えられる。のちに兼良は自筆本を紛失し, 他人から借りて書写した際にも手を入れたため, 自筆本は2系統存在する。兼良は, 東山文化を代表する知識人であり,「五百年来の学者」「無双の才人」と称され, 和漢の諸学に通じていた。そのため「日本書紀纂疏」には, 古典では「古事記」「古語拾遺」「延喜式」, 漢籍では「唐書とうじょ」「後漢書」「三五歴記さんごれきき」「山海経せんがいきょう」, 仏書では「維摩経ゆいまきょう」「華厳経」など多くの和漢の文章が引用される。思想的特色は, 北畠親房ちかふさや伊勢派の神道と同様, 神・儒・仏の*三教一致論にもとづいて「日本書紀」を解釈している点にあり, 一種の兼良の神学がのべられている。なお本書は, *吉田兼俱かねともや*清原宣賢のぶかたの「日本書紀」解釈に影響を与えた。また「日本書紀纂疏」には, 天理図書館蔵の清原宣賢書写本, 蓬左文庫本, 神宮本など多くの古写本のほか, 1721年(享保6)の木版本も存在し, 特に著名である。

日本書紀神代巻抄にほんしょきじんだいのまきしょう　「―じんだいかんしょう」とも。❶*吉田(唯一)神道の立場から「*日本書紀」神代巻を注釈したもの。本書は, 唯一神道の創唱者*吉田兼俱かねともの自筆本。上・下2巻2冊。天理図書館蔵。月舟寿桂じゅけいの聞き書きを書写したものだが, 兼俱の頭注や脚注もみられ, また大筋は一条兼良かねらの「*日本書紀纂疏」にもとづいている。神代巻に対する兼俱の講義ないし聞き書きは, 十数種類が伝存するけれども, 当書は唯一神道の神代巻注釈の標準を示すもので, その後の注釈書に影響を及ぼした。そこには*根本枝葉花実はかじつ説にもとづく思想が展開されており, 荒唐無稽な注釈も多いが, 中世の神道説を知るうえで重要な文献の一つである。

❷「日本書紀神代鈔」とも。*清原宣賢きよはらのぶかたによる「*日本書紀」神代巻の注釈書。吉田兼俱の実子で明経家清原宗賢むねかたの養子となった宣賢は, 甥の吉田兼満かねみつが出奔すると, 吉田家を存続させるため実子の兼右かねみぎを*吉田神道の後継者とした。そこで兼右に吉田家の秘説を伝えるため,「日本書紀」神代巻上を1526年(大永6)に, 神代巻下を翌年に完稿して譲与したのが本書である。吉田家と関係の深い一条兼良かねらの「*日本書紀纂疏さんそ」と実父兼俱の神代巻講釈との内容比較を行っている。

日本書紀通証にほんしょきつうしょう　*谷川士清ことすがが著した「*日本書紀」全巻の注釈書。1751年(宝暦元)成稿, 62年刊。全35巻23冊。「*釈日本紀しゃくにほんぎ」や「*神代巻口訣じんだいくけつ」「*日本書紀纂疏さんそ」などの中世の注釈書や, 吉田兼俱かねとも・度会延佳のぶよし・新井白石はくせきらの所説を引用して解説する。神代巻の注釈には特に山崎闇斎あんさいの*垂加神道の説を中心としており, 賀茂真淵まぶちは儒意を脱していないと批判を加えている。ただし, 独自の語学説にもとづく用言活用の図表である巻1付録の「倭語通音」は, 当時京都遊学中であった*本居宣長もとおりのりながが書写し, のちの両者の学問的交流を開く端緒になったとされる。さらに士清の深い漢学の素養にもとづく漢語の分析, 出典の解明は, 今日においても高い評価をえている。

日本書紀伝にほんしょきでん　「*日本書紀」神代巻の注釈書。*鈴木重胤しげたねの著。全30巻147冊。1853年(嘉永6)起稿。300巻をもって完結される構想であったが, 重胤は63年(文久3)に暗中の凶刃に倒れたため完成されず, 神代巻の天孫降臨章の注釈のところで終わっている。1751年(宝暦元)に谷川士清ことすがが「*日本書紀通証」を成稿して以後, 重胤は「祝詞のりと」を朝廷の式文として重視するとともに,「日本書紀」を朝廷の正史とする立場をとった。本書は国常立尊くにのとこたちのみことの生成以降を中心に, そのほか必要と認めた関連事項についての広範な論証を試みており, そこには多角的な独自の神典解釈がみられる。

日本女子大学校にほんじょしだいがっこう　→成瀬仁蔵なるせじんぞう

日本人にほんじん　*政教社が発行した雑誌。1888年(明治21)4月創刊。政教社のメンバーは, *三宅雪嶺せつれい・*井上円了えんりょう・*志賀重昂しげたからを主として帝国大学と札幌農学校の出身者であった。政府主導の欧化政策に反対し, 日

本在来の文化価値〈国粋〉を保存・涵養して日本の文明化を推し進むべきことを主張した。ただし、国粋を何と考えるかについてはメンバーによって異なっており、三宅にとっては日本の美術観念、井上には仏教、志賀には地理的条件であり、菊池熊太郎にとっては皇室に対する尊崇の念であった。彼らはこれらの価値を排他的に主張したのではなく、日本の歴史発展の現状をふまえ段階的に発展を図るべきだとして、すでにできた西欧文明の結果だけを輸入することに反対した。他方、日本の歴史的な発展は天皇から始められたとする*陸羯南も、89年に新聞「日本」を発行し「国民の特立と国民の統一」を主張していたが、両者は1907年合併、改題して「日本及日本人」となった。

日本人移民排斥問題 20世紀前半にアメリカ合衆国西海岸で発生したものが代表的。19世紀末、中国人に代わって徐々に増加してきた日本人移民が、20世紀に入り、本格的な農業経営に乗り出すにつれて、アメリカ人社会との間で経済的・文化的・人種的・宗教的な軋轢が発生した。その結果、1906年にサンフランシスコでの日韓学童隔離問題などをへて、13年にはカリフォルニア州で排日的な外国人土地(所有)法が成立した。さらに24年には新移民法が連邦議会を通過し、日本人の入国がほぼ全面的に禁止されるに及んだ。同法に対しては、かつて在日したアメリカ人宣教師ギューリック(Sidney Lewis Gulick)が、日米関係委員会(1916)の*渋沢栄一らと反対運動を展開する一齣もあった。

日本政記 江戸後期の歴史書。全16巻。*頼山陽の著。山陽没年の1832年(天保3)にほぼ脱稿し、門人の関藤藤陰らが補筆して完成。45年(弘化2)刊。神武天皇から後陽成天皇に至る漢文・編年体の記事に、92編の論賛(史実・人物に対する論評)が付されている(前著「*日本外史」では論賛がわずか19編)。このような本書の体裁は、父の春水が企てて未完に終わった「監古録」にならっている。山陽は1805年(文化2)に、三紀・五書・九議・十三世家・二十三策(隠史五種と称す)からなる総合的な歴史叙述の計画を示しているが、書・議・策は「新策」と「*通議」に、世家は「日本外史」に、紀は本書に具体化された。

山陽史論の中軸は、(1)天皇家の祖宗の偉大なる恩沢と結びつき、無限の余慶として天皇を永遠の君主とする不変の応報と、(2)政治の有り様によって政権交替を実現させる応報をあわせ認める複合的な天の応報観にあり、これが*大義名分論と儒教的な撫民仁政論の共通の拠り所となっている。山陽はこうした応報観念と、歴史過程に必然的・不可逆的な変化をもたらす力とされる「勢」の観念などを融合させて、日本史のダイナミズムと歴史的個性を損わずに、日本史を統一的・連続的に把握しようとしたのである。

日本西教史 フランス人イエズス会士のクラッセ(Jean Crasset, 1618～92)著「日本教会史」(1698)の和訳。ソリエー著「日本教会史」(1627)を、ザビエル書翰や他のイエズス会士の書翰などによって増補・改訂したもの。内容はまず日本の風俗を扱った日本総記、第1編に*ザビエルの来日と布教、第2～10編に布教史と殉教録があり、記述は通俗的・教訓的である。わが国では太政官翻訳局から上巻(1878)・下巻(1880)が出版され、キリシタン研究の端緒となったが、原書の事実誤認に加えて誤訳も多く、総じて史料的価値は低い。

日本政治思想史研究 *丸山真男の戦中期の3論文を収録した論文集。1952年(昭和27)に「あとがき」と索引を付して、東京大学出版会から刊行された。第1章では、朱子学的思惟様式の解体過程の中に*荻生徂徠を頂点とする古学派の思想と、そこから対立者*本居宣長への逆説的な思想継承過程が明らかにされる。近代的意識の成長が、封建的思惟様式たる儒学の外からではなく、内部からの不可測な成果としてもたらされたことを跡づけた。第2章では、「天地自然」に根拠をもつとする朱子学的制度観に対して、制度の成立根拠を「聖人作為」に見出した徂徠の制度観の特質と、その近代的思惟としての普遍性が検討される。徂徠以降の継承過程における「停滞」と、明治期以降での再生の条件とが分析された。第3

章では，近代国民国家を支える「国民主義」の近世日本での形成過程が検討され，その課題の自覚にもかかわらず，庶民層の能動的な参加が抑制されるにとどまったとされた。このように全体として，本書において丸山は，日本における近代的なるものの後進性と，そこに含まれた非停滞性という二面性を解明しようとした。

日本帝国憲法（にほんていこくけんぽう）　→五日市憲法（いつかいちけんぽう）

日本的霊性（にほんてきれいせい）　仏教思想家*鈴木大拙（すずきだいせつ）が日本人の根源的精神について言及した著作。1944年（昭和19）出版。48年の新版の序で彼は，国家主義や全体主義は「わが国のこれからのよって立つべきところのものでない」とし，「日本的霊性なるもの」をみつける必要を痛感，日本人の精神生活の中に「今まで埋もれていたものを掘り出す」ことを遂行したとのべている。本書の要点はほぼ次の3点にある。(1)日本的霊性は鎌倉時代にはじめて自覚の域に至り，それは浄土教と禅の方面にあった。(2)その特徴は，大地性・一文不知性・単刀直入性・具体的真実性・即生活事実性など。(3)禅の方面には，特に即非の論理すなわち霊性的直覚の論理が存在する。

日本道徳論（にほんどうとくろん）　明治の思想家*西村茂樹（しげき）の主著。維新以来の文明開化にともなう民心の荒廃，風俗の壊乱を憂い，「日本国の道徳の標準」を確立し，国民の道徳心を喚起せんとの意図のもとに著された。世界の道徳説を「世教」と「世外教」との2種に分類し，儒教・西洋哲学を世教，仏教・キリスト教を世外教とし，「本邦現今の時勢」に適する教えは世教であるとして，儒教を土台にしながらも西洋哲学の長所をとりいれた国民道徳論を構想している。西村は1886年（明治19）の帝国大学での演説草稿を，翌87年「日本道徳論」と題して印行して大臣以下の有識者に配布した。時の文相*森有礼（ありのり）は激賞したが，首相伊藤博文（ひろぶみ）は新政を誹謗するものと激昂して森を招いて難詰した。森は語気の激しい点の改刪を勧めたが，西村は絶版の道を選んだ。しかし偽版が出回ったので，森の忠告に従い訂正して発行することとなった。これが「日本道徳論」の第2版で，世に流布したものである。岩波文庫版「日本道徳論」は第1版を翻刻したものである。

日本二十六聖人（にほんにじゅうろくせいじん）　スペイン系フランシスコ会宣教師6名を含む26名の殉教者。サン・フェリーペ号事件の後，豊臣秀吉は，禁教下にもかかわらず布教したという理由で，在京中のフランシスコ会士とその関係者，イエズス会の日本人イルマン（助修士）を捕え，京都・大坂・堺において引き廻したうえ，1597年2月（慶長元年12月）長崎の西坂で磔刑に処した。日本最初の殉教事件として世界中を震撼させた。彼らは1862年教皇ピオ9世により列聖された。

日本農民組合（にほんのうみんくみあい）　→杉山元治郎（すぎやまもとじろう）

日本之下層社会（にほんのかそうしゃかい）　日本資本主義勃興期の下層民衆の生活・労働状況を調査・記録した古典的文献。*横山源之助（げんのすけ）の著，1899年（明治32）教文館発行。本書は，1896〜98年に横山が東京・阪神・北関東・北陸などで行った現地調査にもとづくものである。すでに「毎日新聞」などに発表したものを整理し，農務局調査などを利用しながら，都市雑業者・職人・工場労働者・小作人などの生活と労働実態を克明に描き出している。第1編東京貧民の状態，第2編職人社会，第3編手工業の現状（桐生・足利地方の織物工場，阪神地方の燐寸（マッチ）工場，生糸社会の趨勢），第4編機械工場の労働者（綿糸・紡績工場，鉄工場），第5編小作人の生活事情と付録からなる。第1次産業革命期に現れる貧富の拡大や社会の腐敗状況への憂慮からうみだされた著作で，下層社会への共感と温かい目差しをもって，精力的な調査の跡が科学的かつ文学的に記録されている。書き下ろしの付録「日本の社会運動」では，日清戦争後の機械工業の発達と労働・社会問題の発生，そして社会運動の展望について的確な現状把握が示されている。本書は，この時期の労働事情の研究として，農商務省の「*職工事情」と並ぶ高水準の資料である。

日本のカテキズモ（にほんのカテキズモ）　Catechismus Christianae fidei.　イエズス会東インド巡察師*バリニャーノが，諸宗派に通じた日本人修道士の協力をえて，1580年（天正8）から翌年にかけて日本人修道士と伝道士および宣教師用の教本として編んだもの。草稿はおそら

くスペイン語で，未定稿のまま86年ラテン語で，リスボンで刊行された。上・下2巻。邦文抄写本も発見されている。通常の対話形式のカテキズモ(公教要理)ではなく，創造主，救い，日本の諸宗教宗派の救済論的批判という長文の教理論であり，各章には「講話」concioの名が付せられている。量的には3分の2を占める上巻第1～5講の主題は，創造主宰神デウス，万物の第一原理を証明しつつ，救済に関する日本の仏教・儒教および神道の神(カミ)を，スコラ哲学とアリストテレスの学説を駆使して批判している。第6～8講の主題は，救いは真の宗教キリスト教からのみえられることを八つの論拠にもとづいて立証し，最後に三位一体論以下キリストの贖罪までが解説されている。下巻の主題は通常のカテキズモであり，十戒，秘跡と恩寵，永生と最後の審判，楽園の栄光と地獄の刑罰の解説など4講からなっている。本書は，キリシタン時代におけるヨーロッパ人宣教師の日本宗教研究の集大成版である。

日本の労働運動(にほんのろうどううんどう)　*片山潜と*西川光二郎らによる黎明期の日本の労働運動に関する著作。1901年(明治34)労働出版社より刊行。B6判で本文268頁，付録40頁の大著で，第1編労働運動，第2編各労働団体の組織，第3編労働者教育の機関，第4編労働経済団体，第5編結論からなり，草創期の日本の労働運動に関する出版物である。定価40銭。樽井藤吉や*大井憲太郎らの自由民権期の活動から説き起こし，東京船大工組合・横浜市西洋家具指物職同盟会・木挽組合など「旧式労働団体の組織」と日本鉄道矯正会・活版工組合・大日本労働協会など「新式労働団体の組織」の規約，運動を扱った雑誌・新聞・研究会・演説，さらには世界の趨勢の中での日本の労働運動の展望などが克明に書かれており，当時の労働運動の実情を記した貴重な文献である。なお片山は，1918年にアメリカで同名の英語本を出版している。

日本評論(にほんひょうろん)　❶*植村正久主筆の総合雑誌。1890年(明治23)3月創刊。広く政治・経済・思想・文学などの領域にわたり，キリスト教の立場からする評論を掲載する。その趣旨は，高邁なる道義にもとづく「健全なる文学」の奨励，進歩的立場に立つ時事評論，「真正の宗教」の弁証にあった。執筆者には板垣退助・植木枝盛・大井憲太郎・尾崎行雄ら，大西祝・坪内逍遥・戸川残花から，多彩な顔触れがみられる。内村鑑三の*第一高等中学校不敬事件の際は巌本善治らと「共同声明」(第34号)を，*教育と宗教の衝突論争では「今日の宗教及び徳育論」(第49～51号)を発表した。94年9月64号で廃刊となる。

❷1935年(昭和10)10月，日本評論社より創刊された月刊総合雑誌。同社が1926年(大正15)3月以来発行してきた「経済往来」を「日本評論」と改題し，通巻号数を継承して刊行された。主幹は43年まで室伏高信。阿部知二の「風雪」などを掲載した。しだいにファシズム体制に同調する編集となり，44年4月，戦時の雑誌統合で経済誌に転換を余儀なくされた。45年3月以降空襲で発行不能になり，敗戦後46年1月，経済雑誌のまま復刊されたが，4月もとの総合雑誌に復帰した。ルポルタージュや占領政策批判にまでふみこんだ「時の動き」を掲載，新しい総合雑誌として期待されたが，GHQから二度の弾圧をうけて編集陣が崩れ，51年6月号で停刊となった。

日本風景論(にほんふうけいろん)　*志賀重昂の著書。1894年(明治27)刊。日本の風景の独自性は火山によってできた高い山やそこから流れる急流の浸食力，気候や海流の影響など自然地理学的な条件によると説明し，その例示に山水画や浮世絵のような挿絵をたくさん用いた。その意味で，志賀の風景論は日本の山水美を伝統的表現技法によって説明した「国粋」的著作であった。ジョン・ラバック(J. Lubbock)の「自然美と其驚異」にならって書かれたとされている。大和絵風の型にはまった景観美意識の変革と，近代登山の成立に影響を与えた。

日本フェビアン協会(にほんフェビアンきょうかい)　大正末期の合法的社会主義者と作家・学者たちによる団体。社会主義が空想から現実的な段階となったという認識のもとに，イギリスのフェビアン協会をモデルとして1924年(大正13)4月27日，*安部磯雄・*石川三四郎・山崎今朝

弥さら25人の発起人によって結成された。会員は社会主義者のほか、秋田雨雀・菊池寛・小川未明・藤森成吉・前田河広一郎・木村毅・片山哲・島中雄三らと多彩である。機関誌「社会主義研究」の発行や講演会の開催などを行ったが、無産政党との関係で意見が対立したこともあり、24年末に一度解散した。25年2月に再建されたが、同年12月再び解散した。

日本プロレタリア作家同盟 1929年(昭和4)2月、旧ナップ(全日本無産者芸術連盟)の文学部が独立して結成した団体。日本プロレタリア文化連盟(*コップ)の構成団体の一つで、「プロレタリア文学」「文学新聞」を発行した。34年弾圧により解散する。国際革命作家同盟(モルプ)への加盟後は「ナルプ」(NALP)。

日本プロレタリア文化連盟 →コップ

日本文学報国会 戦時下の文学者団体。1942年(昭和17)5月～45年8月。*徳富蘇峰を会長とする。小説・劇文学・評論随筆・詩・短歌・俳句・国文学・外国文学の八つの構成部会に分かれ、発会当初約4000人の作家・文学研究者を会員とする。機関新聞「文学報国」を発行。太平洋戦争中、文壇の統一的組織結成を国から要請され、政府の外郭団体として内閣情報局の指導監督下におかれた。社団法人。目的は文学を通じての国策の宣伝普及と、日本的な世界観を確立・浸透させることであった。

日本文化史序説 独自の文化史観にもとづく総合的な日本文化史研究書。西田直二郎(1886～1964)の著。1924年(大正13)の京都大学夏期講演会における講演筆記に補訂をほどこし、32年(昭和7)に刊行。第1編「文化史研究の性質及び発達」と第2編「日本文化の展開」の2編に分かれ、全11講からなる。西田文化史学は歴史を豊かな人間性、自我の発展として捉えるとともに、歴史家の「豊かなる自己」によってはじめて歴史事象の「全体的理解」が可能になるものとし、一回性の個別的歴史事象のうちに普遍的な人間性を見出そうとする。その独創的な歴史叙述により、また当時西田が高等文官試験委員であり、本書が受験者の必読書とされていたことも手伝って、発行総数は数十万部ともいわれるベストセラーとなった。しかし戦後、その史論の主観的・観念的側面がきびしく批判された。

日本放送協会 正式には「にっぽんー」と訓む。略称はNHK。東京放送局・名古屋放送局・大阪放送局を統合し、1926年(大正15)8月に社団法人として設立される。日本唯一のラジオ放送機関となるとともに、国営放送の役割をはたす。28年(昭和3)には全国中継放送網を実現させ、同年11月に京都で行われた昭和天皇の即位礼では、20日余りにわたる特別ニュースを放送した。天皇の即位を記念する事業として始められたラジオ体操は、29年2月には全国放送となり、やがて国民精神総動員の有力な道具となる。40年11月10日に宮城前広場で行われた「紀元二千六百年記念式典」の模様は全国に中継され、近衛文麿首相が万歳を唱えた午前11時25分には、全国の人々がラジオに向かって同じように万歳を唱えた。45年8月15日正午の「玉音放送」は、出力を60キロワットに増力したうえ、昼間送電のない地方にも特別に送電するよう手筈が整えられ、短波により中国占領地・「満洲」・朝鮮・台湾・南方諸地域にも放送された。50年には放送法にもとづく特殊法人の公共放送事業体、日本放送協会となり、53年からはラジオに加えてテレビ放送が始まった。

日本文徳天皇実録 略称「文徳実録」。古代の官撰史書。六国史の第5番目。全10巻。*藤原基経を編纂代表者として、大江音人・都良香・菅原是善・島田良臣らが編纂。879年(元慶3)に完成した。850年(嘉祥3)から858年(天安2)までの文徳天皇一代だけを扱う。すでに、先行の*続日本後紀が仁明天皇一代だけを扱い、実質的にはこの書と同じく「実録」であった。ちなみに中国では、日々の天子の言動をもとに1年ごとの「起居注」が作られ、その天子が没すると毎年の「起居注」をもとにその天子一代の「実録」が作られた。さらにその王朝の滅亡後、次の王朝によって、それらの「実録」をもとに「書」の字を

付せられる「漢書」「後漢書」などの王朝史が編纂された。本書の名も，その「実録」の称にもとづいている。

日本陽明学派之哲学 にほんようめいがくはのてつがく　→日本朱子学派之哲学 にほんしゅしがくはのてつがく

日本霊異記 にほんりょういき　正しくは「日本国現報善悪霊異記」。日本最初の仏教説話集。*景戒 けいかい 撰。全3巻。787年（延暦6）に原型が完成し，のち増補され，822年（弘仁13）成立。仏教の善因善果・悪因悪果という因果応報の基本原理を，説話の形式で例証しようと意図したものである。中国唐の「冥報記」「金剛般若経集験記」にならい，日本の説話を集める。これは仏国土としての日本という自土意識の表れでもある。下巻の序には正法 しょうぼう 500年・像法 ぞうぼう 1000年・末法 まっぽう 万年説をとり，延暦6年で1722年となり末法に入ったという末法意識を記す。景戒の私度僧 しどそう 的な立場を反映し，古代の民衆の仏教信仰をうかがう説話も多い。

日本倫理思想史 にほんりんりしそうし　*和辻哲郎 わつじてつろう による日本の倫理思想の通史。1952年（昭和27）の1月と12月に上・下2巻として岩波書店から刊行され，翌年，毎日出版文化賞を受賞した。人間の倫理は，それぞれの社会の各時代に特殊な風習・制度・儀礼として表れ，それを言語化したものが倫理思想だという観点にもとづいて，古代神話から明治末期に至る思想史を通観した著作である。1930年代後半から雑誌「思想」や「岩波講座倫理学」に発表してきた諸論文を，通史の形に再編集したものであり，和辻の描く日本思想史像を展望するには問題史の形をとっていた原論文のほうがむしろふさわしい。本書では，原論文の内容に加えて，和辻倫理学の体系と思想史叙述との関係を冒頭で明示し，戦国期の思想・キリシタン思想・近世儒学・明治思想などについて，自身の見解を新たに示している。

日本労働総同盟 にほんろうどうそうどうめい　第2次大戦前の代表的な労働組合全国組織。*鈴木文治 ぶんじ らが設立した*友愛会は第1次大戦下に本格的な労働組合に脱皮，1919年（大正8）大日本労働総同盟友愛会となった。さらに協調的組合から戦闘的組合に変化し，21年日本労働総同盟と改称した。この時期，勢いを増したサンディカリスムに対抗して，共産主義的左派の影響が強まっていった。そこで鈴木・松岡駒吉 こまきち・西尾末広 すえひろ らの現実的な労働組合路線が再強化され，左右の対立が激化した。25・26（昭和元）・29年の分裂で左派・中間派が排除され，右派組合としての主導的地位を確立した。満州事変後は罷業最小化方針を決定，36年全労（全国労働組合同盟）と合同するが再び分離，40年組織を維持できず解散に至った。

日本浪曼派 にほんろうまんは　昭和前期の文芸雑誌。1935年（昭和10）3月〜38年8月。通巻29号。プロレタリア文学運動壊滅後の日本文学を，新たな浪漫主義の方向に立て直すとの企図のもとに創刊された。創刊予告に名を連ねたのは次の6名である。神保光太郎・亀井勝一郎・中島栄次郎・中谷 なかたに 孝雄・緒方隆士 たかし・保田与重郎 やすだよじゅう。さらに創刊号には緑川貢 みつぐ・太宰治 だざい・檀 だん 一雄・山岸外史 がいし・芳賀檀 まゆみ らが同人に加わり，終刊近くには50名以上となった。保田与重郎「反進歩主義文学」，亀井勝一郎「生けるユダーシェストフ論」などがある。日本の古典文学・古美術への関心から日本精神への回帰をめざしたが，結果としてファシズムの台頭という時代を反映して，国学の復興，日本主義文学勃興の素地をつくることとなった。

乳井貢 にゅういみつぐ　1712〜92（正徳2〜寛政4）江戸中期の思想家，弘前藩の勘定奉行。朱子学を空理空論として斥けて，山鹿素行 そこう・荻生徂徠 おぎゅうそらい・太宰春台 だざいしゅんだい らの*経世論を，弘前藩政の担当者，勘定奉行という実践的な立場から評価し，宝暦期（1751〜64）の藩政改革を主導しながら，独自の実学を築いた。特に武士の困窮を救済するために，土着論を主張したことは注目される。主著である「志学要弁 ようべん」10巻では，学問・信仰・経綸を広く論じている。

入学新論 にゅうがくしんろん　*帆足万里 ほあしばんり の主著。1冊。1844年（弘化元）刊。「原教」「原学」「原名」の3編からなる。もと世界の諸宗教の分布を説いた「原教付録」があったが，刊行時に削除された。「原教」では，天下の教には正教と権教 ごんきょう があるという。前者は彝倫 いりん の道としての儒教で，君子の道である。後者

にょい

は仏教で，精緻な教学はあるものの，本質的には因果応報説によって愚民を教化する方便の教であって，日本はこの「儒釈二教を以て治」をなしてきたと論じる。また，神道を正教と権教の中間に位置づけ，「老子㋑」は戦国時代の「好事者」が「荘子㋒」を剽窃した偽書であるとする。「原学」では六経の本義を，「原名」では「天」「帝」などの名義を音韻と漢字の形象によって定義している。

如意宝珠 にょいほうじゅ　仏教語。心に念じるにしたがって，あらゆる願望を叶えるという霊妙な珠。海中からえられる希有なものとされ，あるいは竜王の脳中より（「大智度論」），あるいは怪魚マカラ（摩竭魚まかつぎょ）の脳中より（「雑宝蔵経」）採れるものといい，一説には仏舎利ぶっしゃりの変形ともいわれる。造形的には上部のみ円錐形の球体がふつうで，如意輪観音や地蔵菩薩などの持物となるほか，*曼荼羅まんだらでは光焰に包まれた形でみえる。古来，宝珠を本尊とする諸種の法会ほうえがあり，密教の如意宝珠法もその一つである。また*空海くうかいの「御遺告ごゆいごう」その他によれば，空海は入唐中に恵果けいかより如意宝珠を授かり，帰国後国内の名山勝地に秘蔵したとされている。

女院 にょいん　院号を賜り，太上だいじょう天皇に准ずる待遇をうけた女性の総称。国母こくも・三后さんごう・内親王・女御にょうごなどの中から特別に宣下された。公卿の院号定いんごうさだめで選定される。991年（正暦2）に一条天皇の母の藤原詮子せんしに東三条院の号が宣下されたのが初例で，江戸時代末まで107人に院号が宣下されている。院政期から鎌倉時代にかけて多くの女院が現れ，文化の一つの発信拠点としての機能もはたした。

女房詞 にょうぼうことば　女房言葉・女中詞じょちゅうことばなどとも。前近代日本の位相語の一つ。もっぱら宮中の女官たちの間で使われた特殊な語彙群を総称する用語。後宮に仕える女官の間では，一般社会より丁重かつ上品な表現を使用することが意識され，特に物事を婉曲に表現し，かつ男社会の専有とされた漢語表現を避けることが原則とされた。その源流には，伊勢神宮などの神域で，穢れを避けるために奈良時代から用いられた*忌詞いみことばがあり，斎宮さいぐう・斎院さいいんでは特に厳格に守られ，時代が下るにしたがい宮中の女官から一般の女性社会まで広がっていった。女房詞には食物や身の回りの事物を示す名詞が多く，杓子しゃくしの語に「文字」をつけてシャモジという類（文字ことば）や，真魚まなに御をつけて丁寧にオマナとよび，味噌をムシと言い替えるのが代表的な例である。女房詞の実例は，室町時代の「海人藻芥あまのもくず」（1420成立）に集成されたものが古く，近世には民間でも女性の教養の一つとして学習された。近代以降も華族社会の一部や尼門跡あまもんぜき寺院において伝承されている。

如幻明春 にょげんみょうしゅん　→近世往生伝きんせいおうじょうでん

女紅場 にょこうば　→女紅場じょこうば

女人往生伝 にょにんおうじょうでん　江戸中期の女性の往生伝。全2巻。浄土宗の学僧向西湛澄こうさいたんちょう（1651～1712）の編著。1685年（貞享2）成立。「*古今著聞集ここんちょもんじゅう」や「*古事談こじだん」など先行の説話集からの抜き書きによって構成される。和文体。上巻は震旦しんたん（中国）で「大明比丘尼だいみょうびくに事」など24人，下巻は日本で「中将姫并曼陀羅まんだら事」など24人，合計48人の女性の往生人が収められる。序に，湛澄が恵心僧都えしんそうず（源信げんしん）の「勧女往生儀かんにょおうじょうぎ」，浄土宗西山派の僧洞空どうくうが1684年に著した「女人往生章」の事跡にならって本書を著したことが知られる。「往生極楽の為には念仏を第一とす」，「一向専修せんじゅに堅めさせ給へ」と，一向専修の念仏を勧める。

女人禁制 にょにんきんぜい　女人を穢けがれ多いものとみなし，また僧の修行を妨げる存在とみなして，特定の寺院・*霊場で区域を定めた*結界の内に女人が立ち入るのを禁じたこと。比叡山・高野山こうやさん・大峰山おおみねさんなどにみられるが，道元どうげん・法然ほうねんらはこれを批判した。女人禁制に対して，女人高野（*室生寺）・女人山上にょにんさんじょう（奈良県千光寺せんこうじ）など，女人のための霊場も設けられた。1872年（明治5）政府は神社仏閣の女人禁制を廃止したが，その後も維持する霊場もある。漁民・猟師が女人の随行を禁じ，神事祭礼に女人が表立って参加するのを禁ずる風習が現在も残っている場合がある。月経・出産などを穢とみた歴史的な女性観や，女性の社会的・経済的地位の低かったことが反映したものと考えられる。

女人成仏 にょにんじょうぶつ　女性が仏に成ること。古

来，仏教では女性の地位が低くみられ，成仏できない，浄土には女性はいないなどといわれ，「*法華経」にも女性には梵天王・帝釈天・魔王・転輪聖王・仏の5種にはなれない五つの障り（五障）があると説かれて，仏の救済からは排斥されてきた。こうした見方に対して，すべての者は成仏できると説く大乗仏教の立場から「*無量寿経」は阿弥陀仏の女人往生の誓願を説き（第三十五願），「法華経」にも竜王の娘が女性の身を転じて男子となり（変成男子）成仏するという，竜女の成仏を説く。こうした諸説をふまえて，天台浄土教が平安中期以降の中世文芸の女人往生譚に大きな影響を与え，鎌倉新仏教の祖師たちも女人成仏を説いて女人の救済に努めた。

如来 にょらい　梵語tathāgataの漢訳で，修行を完成した人の尊称。この意から，正覚をえて，衆生を教え導く釈迦の呼称となった。仏と同義語。小乗仏教では，釈迦を含めて過去七仏・定光仏・未来仏（弥勒）をさして用いられる。大乗仏教になって，阿弥陀如来・薬師如来・大日如来など多くの如来がうまれた。如来は独特の相好（三十二相などの如来好）をもつとされ，仏像で表現される場合はこれにもとづき制作された。

如来教 にょらいきょう　名古屋藩の貧農出身の女性きのに1802年（享和2）金比羅大権現が降り，宇宙創造主「如来」の教えを人々に説き始めたことが発端となり成立した教団。独自の原罪観や如来による人間の来世での救済が説かれ，名古屋藩士も入信するほど教勢は伸びたが，藩の禁止や明治維新期の神仏分離の影響もあり一時衰退した。その後，1876年（明治9）に入信した曹洞宗の僧小寺大拙により曹洞宗の傘下として復活するが，教えは仏教化し禅の影響をうける。独自の創造神話や一神教的神観は，1941年（昭和16）の弾圧の対象にもなった。「お経さま」とよばれるきのの説教の筆録集が教典である。46年に宗教法人如来宗，62年現在名称になる。

ニライカナイ　ニルヤカナヤ，ミルヤカナヤとも。奄美・沖縄地方の信仰で，水平線のはるか彼方に存在すると信じられている他界。その方角は東方というが，地域により異なる。「ニライ」のニは根の意であり，現世のあらゆる事柄の根源とされている。火や穀種もそこからもたらされたという。一方，鼠や害虫などの災いも，そこからやってくると信じられており，これらを送り返す祭もある。また，死霊の行き着く場所でもあり，久高島では神女たちが死後ニライカナイへ還るという思想もある。このようにニライカナイとは，遠くはるかな場所にあるすべての根源の地とされている。

二六新報 にろくしんぽう　1893年（明治26）10月26日，秋山定輔が東京で創刊した日刊新聞。当初は藩閥政治反対を訴える政論新聞だったが，経営難で95年6月に一度休刊。1900年2月1日の復刊後は，三井財閥攻撃や廃娼キャンペーンを次々に連載し，大衆向けの内容と廉価販売によって「万朝報」を抑え，一時は最高18万部を発行していた。日露開戦の直前，秋山がロシアのスパイという噂を立てられ，衆議院議員を辞職した頃から人気がかげり始めた。「東京二六新聞」「二六新聞」「世界新聞」などと改名を繰り返したが，40年（昭和15）9月11日，戦時統合で廃刊した。

庭 にわ　もと閉鎖的な生活空間である家屋の延長上にあって，垣根などで囲いこまれた空間。狩猟・稲刈などの労働作業場としての庭，および市庭・舞庭など交易や芸能・神事仏事の行われる共有空間をさし，集会・裁判の場にもなった。時代と社会の変化にともなって「にわ」の規模・機能が多様化し，種々の民俗語彙・制度的語彙として残っている。その後，「屋前」から「園」「苑」へと変化する。

　仏教が伝来してのち，寺院建築に庭園が付属し，さらに貴族の邸宅などにとりこまれた。その頃に樹木・草木・池・島などで「風景」を構成する様式が定着し，平安時代には浄土教の影響で，水利をとりこんで浄土世界を造形する作庭意匠が流行した。池での舟遊び，寝殿造の家屋との均衡，池・橋の形態なども複雑になり，その構想と技術を伝えるために園方（作庭）の伝書が著述された。平安時代の増円僧正「山水并野形図」，俊綱朝臣「作庭記」（「前栽秘抄」とも）などが知られ，陰陽五行説・真言秘

にわの

密説などが採用されている。

　鎌倉時代には禅宗の影響で禅院式庭園が造られるが、浄土庭園式作庭の技法と思想の影響も強い。室町時代には禅宗寺院の、いわゆる「枯山水」とよばれる*石と砂利によって造形する庭が発達した。各地に*夢窓疎石・*雪舟等楊らの名を伝える庭が多い。庭に石を配置して、「自然」を表現する精神性の強い空間であるが、これを「禅」の視覚的表現と解するのは注意を要する。なお、これと並行して「盆山」「小庭園」の鑑賞もなされた。

　戦国・江戸時代、茶の湯の発達によって「露地」「茶庭」が整備され、城郭建築に付属する大庭園、大名屋敷の庭、商家の数寄屋庭、借景式庭園などが発達し、それ以前の造庭要素が総合された。桂離宮・修学院離宮などは代表的な作例である。江戸中期になると、それまでの「閉ざされた庭」から「開かれた庭」をめざす発想がみられ、金沢の兼六園、水戸の偕楽園などは、近代の「公園」「広場」につながるものである。

庭のをしへ にわのおしえ →乳母の文

仁海 にんがい　951〜1046(天暦5〜永承元)　小野僧正・雨僧正とも。平安中期の真言僧。小野曼荼羅寺の開山。小野流の祖。和泉国出身。宮通惟平の子。高野山に登り雅真に師事し、のちに醍醐寺の元杲より伝法灌頂をうける。1018年(寛仁2)神泉苑における請雨経法の功で権律師。23年(治安3)権少僧都・東寺二長者、28年(長元元)少僧都、29年東大寺別当、31年権大僧都・東寺長者、33年法印、38年(長暦2)僧正、43年(長久4)東寺長者に復任、同年金剛峰寺座主となる。雨乞(*祈雨)を修すること9回、そのつど効験があり雨僧正と称され、輦車および封75戸を賜った。小野に曼荼羅寺を創建し、小野流を創始する。著作は180種をこえるというが、「小野六帖」「秘密家宗体要文」「灌頂御願記」などが知られる。

任官之事 にんかんのこと →関白任官記

人間の学としての倫理学 にんげんのがくとしてのりんりがく　*和辻哲郎が、「間柄」としての人間観を基礎に

788

おいた倫理学体系の構築に向かった時期に、その立場を単行書の形ではじめて宣言した本。岩波書店から1934年(昭和9)3月に刊行された。人と人との「行為的連関」、すなわち「間柄」に人間の本質があるとし、現実の「間柄」の内に働いている「道」が倫理の内実をなすと説いて、そうした倫理学につながる西洋の倫理学説の系譜と、「間柄」のあり方を探る方法論とを展望する。内容としては、その3年前に、「岩波講座哲学」第2回(1931年12月)に発表した論文「倫理学」を改訂したものであり、未完成な習作とよぶべき作品で、また和辻自身の思想形成の過程をさぐるには原論文のほうがむしろ役だつ。だが簡便な岩波全書の一冊として版を重ねているために、主著として名ざされることが多い。いわゆる和辻倫理学の体系をみるには、のちに著された「倫理学」全3巻(1937〜49)が適切である。その体系に関する入門・概説としても、本書よりむしろ、戦後の短い談話「私の根本の考え」(1951、「和辻哲郎全集」第24巻所収)が読まれるべきであろう。

忍向 にんこう →月照

忍性 にんしょう　1217〜1303(建保5〜嘉元元)　鎌倉後期の真言律宗の僧。伴貞行の子。字は良観房。大和国城下郡屏風里の人。1239年(延応元)に*叡尊を訪ね、まもなく出家する。この頃より叡尊と志した非人施行は、長く真言律宗の中心的実践となり、奈良の北山十八間戸などの創設へと発展した。また52年(建長4)以降関東に赴き、常陸国の三村寺などに拠点を築いたが、まもなく鎌倉へ進出し、時頼はじめ北条氏の帰依をうけ、特に北条重時らの保護により極楽寺を復興した。さらに摂津国多田院などの別当にも任じられて復興をすすめ、のちには四天王寺別当、東大寺大勧進職なども歴任し、西大寺以下の真言律宗の寺院を将軍家祈禱所とするなど、叡尊の最も信頼する弟子の一人として真言律宗の興隆に努めた。

人情 にんじょう →義理・人情

仁如集尭 にんじょしゅうぎょう　1483〜1574(文明15〜天正2)　戦国・織豊期の臨済宗の僧。五山文学僧の最後の一人。別号は睡足翁・雲間野衲・雲泉斎。俗姓は井上。信濃国の人。相国寺雲

頂院の亀泉集証のもとで出家し，のち法嗣となる。播磨国法雲寺・宝林寺に歴住したのち，1545年（天文14）相国寺に昇住（91世）し，雲泉軒を開創した。47年南禅寺の坐公文をうける。60年（永禄3）鹿苑院僧録司となる。絶海中津以来，夢窓派の独占であった鹿苑院塔主職を一山派出身としてはじめてつとめて，同派の発言力増大のきっかけとなった。また，詩文を*天隠竜沢に学んだ詩僧として知られ，語録「鏤氷集」4巻ほか，五山文学者として多数の著作が存在する。

忍澂 にんちょう　1645〜1711（正保2〜正徳元）江戸前・中期の浄土宗の僧。法然院の中興者。法諱は伝貞・忍澂，字は信阿，白蓮社宣誉と号す。葵翁・金毛老人ともいう。江戸の人。二見恒貞の子。11歳の時，増上寺最勝院の直伝について出家受戒し，岩槻浄国寺の万無，増上寺の林岡，下谷幡随院の知鷟に師事して宗学を究めた。その後，山城国八幡の正法寺に住し，その間に長（永）野采女から神道の要を学び，1676年（延宝4）に和泉国の浄福寺で八斎戒・菩薩戒を自誓受戒して戒律を修学した。81年（天和元），般舟道場を中興せんと伽藍を整備し，京都鹿ケ谷に法然院万無寺を再興して，浄土宗戒律主義の復興に努めた。1706年（宝永3）には，京都建仁寺の高麗版大蔵経と法然院の明版とを校合した。

仁徳天皇 にんとくてんのう　在位は5世紀前半。諡は大鷦鷯。*応神天皇の皇子。母は皇后仲姫命。応神の没後，異母弟である皇太子菟道稚郎子の排斥と皇位簒奪を試みる大山守皇子を誅し，皇太子と位を譲りあった末に難波高津宮で即位したという。長幼の序にもとづき賢者即位すべきという儒教思想の反映である。また，炊煙の立たないようすから民の困窮を悟り，3年間課役を免ずるなどの仁政を行ったとされ，聖帝と称された。記紀ともに儒教思想を帯した最初の天皇として描いている。また大阪平野一帯で，池堤・大溝の造営を行ったとされる。「宋書」倭国伝にみえる讃もしくは珍にあたると考えられている。陵は百舌鳥耳原中陵。

仁和寺 にんなじ　「にわじ」とも。御室御所

しょ・仁和寺門跡とも。京都市右京区御室大内にある真言宗御室派の総本山。886年（仁和2）光孝天皇が大内山の南麓に勅願寺を計画したが，竣工以前に没したため，父帝の遺志をうけた宇多天皇がこれを引き継ぎ，888年金堂を完成し，阿弥陀如来像を安置した。寺号は年号から仁和寺とされた。宇多天皇は899年（昌泰2）益信を戒師として落飾後，念誦堂としての円堂を仁和寺内に建立した。904年（延喜4）に同寺南西に御所（御室）を営み，ここで没した。別当幽仙が延暦寺別当となって転出後，東密系の観賢が別当となり，以後仁和寺は真言宗の重要な寺院となる。ことに入道親王の性信の，初の法親王宣下をうけた覚行以降，法親王が御室を継承した。院政期には子院60余に及び隆盛をきわめ，小野流に対する広沢六流も成立し，真言宗の重要な法脈となった。1468年（応仁2）堂塔は全焼したが，寛永年間（1624〜44）御所の紫宸殿・清涼殿を金堂・御影堂として移建し，五重塔などを建立し復興した。

仁王会 にんのうえ　仁王般若会・仁王講・仁王道場・百座会・百座道場とも。「仁王般若経」を講説し，鎮護国家を祈念する法会。鳩摩羅什訳「仁王般若波羅蜜経」護国品には，国が乱れて賊が国を破ろうとした時，100の仏・菩薩を勧請し，100人の法師を請じて100の高座を設け，100の灯・香・花を供えて，この経を講ずれば，諸鬼神が国土を守護すると説かれる。中国では559年陳の武帝が行ったものが初見で，唐代に盛んに行われた。日本では660年（斉明6）に初例がみられ，奈良時代には宮中や諸大寺，諸国で除災招福などの目的で広く行われた。平安時代には，天皇の即位ごとに行われる一代一度仁王会，春秋二季仁王会が恒例となり，また災禍があった時などには臨時仁王会も修された。

仁王経 にんのうきょう　漢訳は二訳が伝わる。後秦の鳩摩羅什訳とされる「仁王般若波羅蜜経」と唐の不空訳「仁王護国般若波羅蜜多経」である。いずれも全2巻。巻下の護国品に，国土の乱れに際しては，100の如来・菩薩・獅子座をおき，100人の法師を請

じて般若波羅蜜を講ずることにより，諸鬼神の守護によって国土を災いから護ることができると説くことから，代表的な*護国三部経の一つとなっている。

わが国では，660年(斉明6)5月に100の高座と衲袈裟を造り，仁王般若会を設けたとする「日本書紀」の記事が最古の文献である。これ以後，特に奈良・平安時代においては，*仁王会を行った記録は枚挙に暇がない。清和天皇の貞観期(859〜877)に始められた一代一度仁王会，春秋2季に恒例として行われた春秋二季仁王会，攘災招福のために行われる臨時仁王会に分けられる。またこれとは別に，*空海が始修したとされる仁王経法があり，東密の重要な護国の修法とされた。

ぬ

沼田順義 ぬまた ゆきよし　1792〜1849(寛政4〜嘉永2)　江戸後期の国学者。名は順義，字は道意，号は楽水堂。三芳野検校と称す。上野国群馬郡仲尾村の人。13歳の時，高崎の大熊松泉・吉田平格に医術を学び，のち甲斐国の儒医座光寺南屏や磯野公道から*古医方を学び，また*林述斎にも入門したといわれる。17歳で眼を患い，のち失明したが，按摩・鍼術を修め，21歳の時に駿河国清水湊で開業した。医術のかたわら国学を学び，「古事記」偽書説を唱えて，*本居宣長を批判した。後年，検校となり，江戸按摩業の総取締に任ぜられて湯島に住んだ。著書は「*級長戸風」(1830刊)や「国意考弁妄」(1833刊)など。

沼間守一 ぬま もりかず　1843〜90(天保14〜明治23)　明治前期のジャーナリスト・自由民権家。幕臣高梨仙太夫の次男として江戸に生まれ，幕臣沼間平六郎の養子となる。1859年(安政6)養父の勤務について長崎に行き，英語を学ぶ。帰国後，軍艦頭取矢田堀景蔵から海軍技術を，さらに横浜の*ヘボンから英語を学ぶ。1865年(慶応元)陸軍伝習所に入る。戊辰戦争では，東北を転戦し捕らえられるも，軍事的才能を認められて放免となり，その後高知藩から兵士伝習の教師として招聘される。72年(明治5)大蔵省出仕，その後元老院議官，さらに権大書記官となり，山形県庄内地方でおこったワッパ騒動で公正な処置をとり名声をあげた。その間，73年河野敏鎌らと法律講習会を作り，それが*嚶鳴社となる。79年2月，官吏が公衆を集めて政談演説することを禁じたことから官を辞す。79年東京府会議員，翌年以降府会議長を務めた。また，同年11月，「横浜毎日新聞」を買収して東京に移し「東京横浜毎日新聞」と改題して社長となる。自由党結党に際しては創立委員の1人であったが，国会期成同盟系の者たちと意見があわずに自由党には参加しなかった。翌82年3月，改進党結成に参加し幹

部となって活躍し，84年の解党に際しては，大隈重信おおくましげのぶ・河野らの解党論に最後まで反対し，7人の事務委員の1人としてその後の党運営にたずさわった。89年10月4日の全国有志大懇親会で，星亨ほしとおる配下の壮士から殴打されて大怪我を負い，その後運動から退いた。

沼山閑話 ぬやまかんわ →沼山閑話しょうざんかんわ

沼山対話 ぬやまたいわ →沼山対話しょうざんたいわ

ね

鼠の草子 ねずみのそうし　鼠を主人公とする*異類婚姻譚。*御伽草子おとぎぞうし・絵巻物。作者不詳。16世紀の成立。東京国立博物館蔵（1巻），サントリー美術館蔵（5巻）など。京都四条堀川に住む鼠の権吉は，子孫が畜生道から逃れることを願い人間と結婚する。清水きよみず観音の霊験により，五条油小路の柳屋三郎兵衛の女と祝言をあげるが，夫の言動に不審をいだいた妻が障子の隙間をのぞくと鼠の住処であった。妻は逃げだし都の人と結婚，鼠は出家して「ねん阿弥あみ」と改名して高野山に上る。絵巻物は書き込みがはなはだしいが，当時の婚姻儀礼や芸能を知るうえで貴重な存在である。

根南志具佐 ねなしぐさ　江戸中期の*談義本。全5巻5冊。天竺てんじく浪人（*平賀源内げんない）の著。1763年（宝暦13）刊。書名にはさまざまな表記がある。外題は「根無草ねなしぐさ」。同63年，市村座の女形2世荻野八重桐やえぎりが同僚と舟遊山で，シジミとりの最中に溺死したという実際の事件をもとに書かれた。溺死した八重桐が地獄に堕ちその有り様をのべる形をとって，当時のスキャンダル・政治風刺が語られている。題名は志道軒しどうけんの「元無草もとなしぐさ」からとも，根も葉もない話の意ともいう。なお，源内には69年（明和6）に著した「根無草後編」全5巻5冊があり，1767年の初世市川雷蔵らいぞう，68年の2世坂東彦三郎の死を題材に，吉原や歌舞伎界の裏話が展開されている。

根国 ねのくに　根の堅州かたす国・底根国とも。「*古事記」「*日本書紀」にみられる*葦原中国あしはらのなかつくにに対して存在する*他界の観念。「古事記」の用例をみると，*スサノオノミコトは「妣はの国根之堅州国に罷まからむ」とのべる。また，八十神やそがみの迫害をうけたオオナムチノカミは父スサノオの住む根の堅州国に逃れ，そこでさまざまな試練を乗り越え，嫡妻となる須勢理毘売命すせりひめのみことや生大刀いくたち・生弓矢などを奪って地上に戻り，大国主神おおくにぬしのかみとなって国作りを始めたとある。ここから根国とは，本来の意味では生の国に対する死の

国であり，そこに葦原中国の有する葦のイメージをうけて，その根のはった蛇やムカデの生息する小暗き所，地下の国というイメージが付加されることになっている。これはさらに，大祓詞にみられるような罪が祓いやられる海底の国という観念へと発展する。しかし，本来は意識をとおして死の観念を把握・克服することによって，生の世界を措定し基礎づけるという積極的な意味を有する観念である。

子日 ねのひ　干支で日を表す際，十二支の子にあたる日をいうが，特に毎年正月の初子の日には宴，小松引き，若菜摘みなどの野遊びが行われ，これらを子日遊びと総称する。その起源は中国の風習に由来するものと考えられるが，初子の日の遊宴は奈良時代半ばには始まり，平安貴族社会に定着していったが，実際には正月の第2・第3の子日であることも多い。9世紀末頃からは，小松を引き，若菜を摘んで長寿を祈る行事も始まり，若菜供進が子日の宴の一行事になるとともに，やがて若菜の羹を作って食べる風習もみられるようになった。なお，初子の日に屋内にいることを忌み避けて野外にでる，子忌の風習もあった。

涅槃会 ねはんえ　仏忌・常楽会などとも。釈迦が涅槃に入った入滅日に，釈迦への報恩謝徳のために営む法会。釈迦の入滅日には諸説あるが，一般には「涅槃経」などのいう2月15日が用いられ，涅槃像を懸けて「涅槃経」「遺教経」などが読誦されるとともに，大寺では舞楽などをともなう例があった。わが国でも諸寺院で広く行われ，東大寺・興福寺・石山寺などが有名であったが，なかでも興福寺のそれは同寺屈指の法会となり，その盛大な有様は「*三宝絵詞」の「山科寺涅槃会」の項に詳しい。

寝惚先生文集 おぼせんせいぶんしゅう　江戸中期の狂詩・狂文集。全2巻。陳奮翰(*大田南畝)作。風来山人(平賀源内)序。1767年(明和4)刊。巻1に風雅体から七言絶句までの狂詩27編，巻2に序・記・伝などの狂文10編，付録1編，計38編を収める。平秩東作の作品が1編含まれる。書名や書物の体裁は古文辞派の詩文集，*服部南郭の「南郭先生文集」を模倣し，詩文の世界では避けられる世俗の題材・内容を面白おかしく各体に書き分けている。才気と機知のあふれるパロディの遊びであり，その中に江戸の正月風景や流行風俗，貧窮武士の自虐的な心情が諧謔的に捉えられる。江戸狂詩が流行する端緒となっただけでなく，寝惚の名で大田南畝を有名にした。

ねむりさまし　江戸後期の心学書。著者は*手島堵庵。角書「児女」。1773年(安永2)京都の書肆より刊行。1冊。「いがわるふは生れはつかぬ直が元来うまれつきろくなこゝろを思案でまげるまげねばまがらぬわがこゝろ」といった，いろは……を頭字として七・七・七・五の都々逸調に詠みこんだ道歌(48首)をはじめ，種々の歌謡形式による教訓歌を収める。当代の女性や児童が口に唱え，理解して覚えやすい教訓歌であるが，単に日常教訓のみでなく，人間としての本心に目覚めることを勧める教訓歌が多い。「ねむりさまし(ねふりさまし)」(眠気覚)は，無為の生活に安んじないで，本心の自覚を促す標題である。→石門心学

根本遜志 ねもとそんし　1699〜1764(元禄12〜明和元) 江戸中期の儒学者。名は遜志，字は伯修，通称は八右衛門，武夷と号した。武蔵国久良岐郡の豪農の家に生まれる。*荻生徂徠に学び，*山井崑崙とともに*足利学校で古書の校勘にあたり，「論語義疏」の校勘・刊行に成果をあげた。中国で滅びた「論語義疏」は，こうして中国に伝わって「知不足斎叢書」に収められた。若い時には，長沼流の撃剣の奥義をもきわめた。

練供養 ねりくよう　→迎講

年忌 ねんき　→周忌

年号 ねんごう　→元号

燃犀録 ねんさいろく　*服部蘇門の著した和文の書。1巻。1769年(明和6)刊。荻生徂徠や太宰春台らの著作・文章から，その解説や考証の誤りを17条にわたって列挙・論難している。特に先人の説を，さも自分のものであるかのように誇っていることはきびしく批判した。道徳的に放縦な徂徠学派という一般的なイメージと重なって，こういう批判はスキャンダラスな読まれ方をした。徂徠学派

が，近世後期にどのようなものとしてみられていたか，その一端を示している。

年山紀聞 ねんざんきぶん　江戸前期の考証随筆。全6巻。水戸彰考館の古典学者*安藤為章の著。成立年未詳，晩年の作か。234ヵ条にわたって，古典の語句や歌文・故事・典籍についての考証を記す。為章が仕えた*徳川光圀の隠棲の地「西山」について記し，また光圀自身の歌文を著録するなど，為章が身近に接した人物についての記事がある。兄の為実の歌文を記録するのも同様であるが，なかでも大坂で師事した*契沖については聞き書きを記し，「円珠庵契沖阿闍梨」の伝を記すなど，特につながりの密接であったことが知られる。江戸小石川の彰考館や水戸の彰考別館についての記事も，為章ならではの文章である。

念誦 ねんじゅ　→諷経ふぎん

年中行事 ねんちゅうぎょうじ　「ねんちゅう―」とも。一定の時期に，1年を周期として，特定の集団の間で定まった形式で反復して行われる儀式・行事。地球の公転による自然の推移と，それに準拠する暦を基礎に，家・集落・地方・社会・国家・民族などそれぞれで共通して行われ，一種の拘束性をもつが，日本では朝廷や社寺，公家・武家などの諸階層にも独自の年中行事が形成された。年中行事は元来，宗教的・儀礼的性格が強く，日常の諸活動の中に非日常的な精神的部分が加わることによって，集団での生活の流れに，1年単位のリズムをつける役割をはたしている。

日本の年中行事の基盤は，稲作農耕を中心とした生活暦による行事・儀礼と，中国の暦法にもとづく行事との習合によって形成され，早く「養老令」には朝廷の年中行事についての規定がある。このうち神祇令では，稲作儀礼にかかわる行事と，災害を除去する*祓の行事とがみえ，雑令には正月1日の*元日節会，7日の*白馬節会，16日の*踏歌節会，3月3日の上巳節会（曲水宴），5月5日の端午節会（*五日節会），7月7日の*相撲節会，11月の新嘗祭の節日が規定されている。これ以降，日本の年中行事は時代・階層・地域などによって変遷を重ねていくが，これらは後世の一般的な年中行事においても重要な要素となった。

年々随筆 ねんねんずいひつ　江戸後期の随筆。全6巻。*石原正明の著。書名は1801年（享和元）から05年（文化2）に至る5年間の年々に記した随筆の意であり，各巻に成立の識語を記すが，この時期以外のものも含まれている。著者は*塙保己一に従って「*群書類従」の編集にたずさわった古典学者であり，品川御殿山下の書庫で記したとある。学識をうかがわせる古典語や音韻，故実などの学問的な考証随筆や，太宰春台や荻生徂徠らの漢学者，小沢蘆庵らのような歌人の人物評もある。「日本後紀」10巻本の発見者である稲山行教との交遊を記すのも珍しい。古語をいかした和文（雅文）で記されているのも特色で，雅文笑話風の一編もある。

年譜 ねんぷ　個人の生涯の事跡を年次ごとに整理した文。ここでは禅僧の年譜についてのべる。師の没後，その業績を後世に伝えるために門人が資料を整理した伝記に「行状」「塔銘」などがあり，年譜はその基礎となるもので，かつまた独自の叙述形式でもある。年譜を編纂するに際して，執筆者は師の業績を顕彰するために表現に工夫をこらし，時には出来事のあった年月日を違え，原因と結果について不正確な表現をする場合があった。

虎関師錬の直弟竜泉令淬が著した「海蔵和尚紀年録」は「続群書類従」にも収める清書本が流布しているが，その草稿「海蔵和尚紀年録稿」が残っていて，その推敲の跡をみることのできる貴重な例である。*一休宗純の「東海一休和尚年譜」は各地に写本が多くまた刊本もあるが，一休派の特異な家風と環境を反映して，その記述には作為が少なからずみえる。東福寺*円爾の「聖一国師年譜」は直弟の崇福寺鉄牛円心が円爾の遺命によって編集したものだが，すぐには流布せず，1417年（応永24）になって，岐陽方秀が博多の鉄牛の塔所四徳院で発見し，その湮滅をおそれた岐陽が誤脱を補って出版したものである。

年譜はその記事内容，編集，流布の過程をたどることによって，禅林の内実をうかがう

興味深い史料として読むことができる。

念仏 ねんぶつ　仏を憶念すること。わが国では特に阿弥陀如来を念ずることをいう場合が多い。諸経に、六念・十念などの一つとして説かれる。内容的には*観想念仏と*口称念仏とに大別されるが、法然・親鸞・一遍らの鎌倉新仏教における浄土系諸宗派の勃興・隆盛により、後世にはもっぱら口称念仏＝念仏とみなすことが一般的となる。

念仏踊 ねんぶつおどり　郷土芸能の一種。形式的には踊念仏から派生したものだが、死者や怨霊の鎮魂といった本来の機能は希薄になり、宗教儀礼というよりむしろ娯楽の範疇に入るものとなっていった。ここが両者を分かつ線といえるが、現在では各地に残る踊念仏をも芸能として念仏踊とよぶケースも多い。歴史的には平安末期、今様(歌謡)や小歌の白拍子舞にその誕生をみることができる。近世初頭には出雲のお国により*かぶき踊が始められ、舞台芸術としての歌舞伎に発展していった。一方、民衆の間では室町末期より風流踊とよばれる派手な衣装や仮面を付けた集団舞踊が流行し、そこから各地域に独特の念仏踊がうまれた。

念仏講 ねんぶつこう　ともに*念仏を唱えるために結成された相互扶助的な信仰集団。古くは平安時代の*源信らが始めた*二十五三昧会があるが、一般には中世以降に盛んとなった。定期的に会合をもち、念仏を唱え、その後に会食などをともなう場合もある。会合の回数や期日、念仏の形態は多様である。また、構成員の葬儀や追善供養を営むほか、石塔の建立などを行った。寺院や宗派によって組織されたものよりは、むしろ地縁的な共同体を背景として結成された例が多い。

念仏宗 ねんぶつしゅう　念仏門とも。「南無阿弥陀仏」と阿弥陀仏の名号を唱えることによって、極楽浄土に往生することを願う宗派の総称。中国の善導の浄土教の教えをうけつぐ流派である。鎌倉時代においては、とりわけ*法然の教義と教団を、他の宗派の人々が念仏宗とよんで非難していた。のちには、法然の流れをくむ諸派を中心に、浄土教系宗派の総称となる。具体的には、浄土宗鎮西派(いわゆる浄土宗)・浄土宗西山派・浄土真宗・時宗・融通念仏宗などがこれにあたる。

念仏禅 ねんぶつぜん　→禅浄双修

念仏草紙 ねんぶつぞうし　「念仏双紙」とも。江戸前期の*仮名草子。*鈴木正三の著。平仮名本2巻。1632年(寛永9)の成立、61年(寛文元)以降の刊行とみられる。本書は正三の後援者松平和泉守乗寿の母松樹院の所望により、反古の裏に思いつくままに書き付けたものといわれる。若く美しい比丘尼けんじゅと、僧侶幸阿の問答で構成され、物語というより仮名法語的な性格の強い作品である。同じく正三著の「*二人比丘尼」の無常観と相関し、因果応報を転じて後生善処への拠点とする場と現世を位置づけ、念仏によって唯心弥陀己心浄土を発見することで世法即仏法となると主張している。

の

能 のう　南北朝期に成立した演劇。本来，能は技芸を意味する語であったが，それが転じて劇的構成をもつ芸能のことをさした。延年ねんの能，田楽でんがくの能，猿楽さるがくの能などといったが，なかでも猿楽の能は将軍家の保護もあって飛躍的に発展したので，後世，能といえば猿楽の能をさすようになる。*猿楽は，もともと寺院における宴会芸，*呪師じゅしの走りを源流とする神事芸能(翁猿楽おきなさるがく)から始まった。これに滑稽な物まねの要素が加わり，さらに南北朝期には劇的な構成をもつ演目を有するようになる。同時代の*田楽も，本来は農耕信仰にもとづく芸能であったが，やがて曲芸をとりいれ，さらに南北朝期には劇的な演目を有するようになる。したがって，この時代には田楽の能と猿楽の能とは大差なくなり，たがいに演目の交換も行われていた。

ところが，猿楽の能は*大和四座を中心として都や幕府のある京都で上演する機会が多く，なかでも観世座の観阿弥かんあみ・*世阿弥ぜあみ父子が足利義満に見出されてからは，幕府の手厚い保護をうけるようになった。観阿弥は猿楽に音楽面で他芸能(*曲舞くせまいなど)をとりいれ，世阿弥はこれまで物まねを主としてきた*大和猿楽に，*近江猿楽の影響をうけて，*幽玄を表す能をとりいれた。これは将軍をはじめとする有識者の鑑賞にたえうる能をめざすものであるが，必ずしも将軍家は世阿弥のみを贔屓にしたわけではなく，たえず他の芸能者(たとえば近江猿楽の犬王いぬおうなど)と拮抗する中での策でもあった。ただ，世阿弥は後世にすぐれた芸論を残した点で特筆すべき存在である。能は専用の舞台をもち，笛・小鼓こつづみ・大鼓・太鼓だいこの囃子はやしの中で演じられる歌舞劇で，一部の演者は仮面をつける。豊臣秀吉なども愛好し，江戸時代には幕府の式楽として保護をうけた。

能阿弥 のうあみ　1397～1471(応永 4 ～文明 3)　室町時代の芸術家。諱は真能しんのう。号は秀峰しゅうほう。足利義政に*同朋衆どうぼうしゅうとして仕え，将軍家伝来の書画の鑑定・管理にあたる唐物奉行からものぶぎょうにもなった。自ら水墨画を描き，連歌師・表具師，香の上手，座敷飾りの指導などにも才能を発揮する。水墨画の業績として確実なのは，1468年(応仁 2)の款記がある「白衣びゃくえ観音図」で，子の周健のために泉涌寺せんにゅうじ妙厳院で描いた。72歳の作品である。また翌年の「水墨花鳥図屛風」もある。唐物奉行・座敷飾りの業績としては，「*君台観左右帳記くんだいかんそうちょうき」の原著者であり，宋元の画家150名を批評，押板の飾りなど詳細な記述を行ったことであろう。後世に与えた影響も強く，茶の湯や立花りっかの際には必ず参考に付された。連歌師としては1433年(永享 5)，北野社法楽ほうらくの際に三条実雅さねまさの一座として参加，「一日一万句」に加わった。1460年(寛正元)の室町殿連歌始れんがはじめから翌年の花頂山かちょうさん・大原野での将軍花見の会までの連歌会(義政の主催)に奉仕するなどした。自筆の「能阿句集」が現存する。子の芸阿弥げいあみ，孫の相阿弥そうあみと 3 代にわたって唐物奉行として奉仕し，*三阿弥とよばれるとともに，阿弥派の祖として仰がれた。

農家訓 のうかくん　近世の*農書。 1 冊。江戸前期の商人で治水・海運の功労者である河村瑞賢ずいけん(1618～99)の著作と伝えられるが根拠はない。むしろ本書の末尾にいうように，「北陸加陽かようの民家に生れて四十年，身命を耕作の徳に寄て立り」，すなわち金沢藩領加賀国の農民で終世農耕に励んできた人物の作とすべきであろう。成立年代不詳。本書は，天道てんどうが領主に政権を委任したとする天道委任論を説いているが，領主に向けて仁政じんせいを称揚する政道書ではない。農民たる者は，天地・父母・国司こくし(領主)の厚恩をうけているのだから，それに報いるため，公儀こうぎを尊重し法度はっとを遵守し年貢・課役を負担すべきだと説く。公事くじ・訴訟・徒党などはもってのほかであるときびしく戒める。こうした内容から，本書は金沢藩の十村とむら(他藩の大庄屋)の立場を代弁しているといえよう。なお，山名文成ぶんせい(紀伊国名草郡永穂ながほ村の農民という)による同名の著書(1784刊)がある。

農神 のうがみ　→田の神たのかみ

農業自得 のうぎょうじとく　近世の*農書。全 2 巻 2 冊。

作者は、下野国河内郡下蒲生村の上層農民である田村仁左衛門吉茂(1790～1877)。若年より農業を好み「自得」してきた経験と知識によって、天保の大飢饉をも豊作で乗り切った吉茂は、ほかの「農家の一助」ともなればと本書を執筆した。天地・万物を貫くコスモロジーに強い関心をもち、日和見(天気予報)に多くの頁をさくとともに、地域に適応した農法を主張している。1841年(天保12)、吉茂に本書の添削を乞われた*平田篤胤は、「百姓の守りとなるべき教へ」であると本書を絶賛している。52年(嘉永5)刊行。吉茂は、ほかに「農業自得附録」「農業根元記」「吉茂遺訓」などを著している。

農業全書 のうぎょうぜんしょ 江戸中期の*農書。全11巻。*宮崎安貞の著。貝原楽軒(益軒の兄)の校閲。1697年(元禄10)刊。日本で刊行された最初の農書。貝原益軒の序文、貝原好古(益軒の子)の跋文。著者の安貞は元福岡藩士で、帰農して筑紫国志摩郡女原村に住して本書を著した。著者本人の経験よりは、当時農業技術の先端地域であった山陽から近畿地方を中心に著者が見聞した農業関連技術の知見、親交のあった益軒からえた本草学や中国明代の農書「農政全書」の知識にもとづいてまとめられた。1巻の農事総論は、耕作・種品・土地・時節・鋤芸(中耕・除草)・糞(肥やし)・水利・穫収・蓄積・山林の項からなり、「農政全書」からの警句の引用を中心に基本的な農作業の心得を論じる。2～10巻では、五穀・菜・山野菜・三草・四木・菓木・諸木・生類養法・薬種類の分類で、約150の作物の具体的な性質・作法が論じられている。分類や体系に「農政全書」の影響を残しつつ、新たな作物・農業技術の知見を加えて補完された著作である。最後の付録1巻は、貝原楽軒が著した農政論。

農耕儀礼 のうこうぎれい 1年を周期として行われる、農作物の順調な成育と収穫を祈願し感謝する儀礼。国家儀礼として実修されるものと、民間儀礼として実修されるものとがある。律令国家の年中恒例祭祀としては、その年の穀物の豊穣を祈願する2月の*祈年祭、収穫感謝祭である11月の新嘗祭(*新嘗)が規定されている(「神祇令」「延喜式」「儀式」)。前者は、全国の諸社より参向した祝部に忌部が幣帛を頒つ儀で、「延喜式」神名帳記載の3132座の全官社(式内社)が対象となる。後者は、卯日の朝に諸神への班幣があり、夜から翌日未明にかけて中和院の神嘉殿において、畿内官田より収穫した新穀の神饌を天皇が神に供え自らも食す神饌親供が二度行われる。即位儀礼の一環として執り行われる*大嘗祭は、新嘗祭を基盤としてその規模を拡大したものである。

*伊勢神宮の新嘗祭は神嘗祭とよばれ、最重要祭祀と位置づけられるもので、新穀を中心とした由貴大御饌が正殿に奉奠される。伊勢神宮においては、2月(旧暦、以下同)の神田御田種下始の行事から始まり、4・7月の風日祈祭、9月の抜穂神事と、稲の成育に応じた年中諸祭が規定され、それらは9月の神嘗祭に集約されるように構成されている(「延暦儀式帳」「延喜式」「皇大神宮年中行事」)。「万葉集」の東歌(巻14-3386・3460)や「常陸国風土記」筑波郡条の福慈(富士)山と筑波山の由来譚などは古代の民間の新嘗の儀礼を反映したものとされ、忌み籠もった祭主(主として女性)が来臨する神に新穀を供える祭祀が行われていた。

納骨 のうこつ 遺骨を納骨器に入れて寺院の納骨堂や墓に納めること。納骨器には陶器、青銅・金銅・銀などの金属製、ガラス・石・木製などがあり、各時代の工芸技術が駆使されて工芸美術品として高い評価をえているものがある。葬送の儀礼として平安末期以後は、著名な霊山・霊場に遺骨や遺髪を納める風習が盛んとなり、高野山の場合、*高野聖の唱導活動が活発で、これに託して各地から納骨された。奈良*元興寺では、大量の納骨器が発掘されて、中世の庶民信仰を示す歴史的資料として知られる。

能芝居 のうしばい →辻能

農書 のうしょ 主に江戸時代に記された農業技術に関する著作のこと。実際の農業経験からの知見や、中国の農書の翻訳も含む。中国からの農書の伝来は平安初期にすでにあったが、日本で成立した最初の農書は、戦国期の伊予国の小領主土居清良の伝記「清良記」の第7巻で、1564年(永禄7)の紀年がある。

清良に家臣の松浦宗案が農業知識を言上する形式で，兵農分離以前の農業形態が語られている。

江戸時代に入ると元禄期（1688〜1704）前後に，庄屋など農村の知識人によって，各地方の特色に応じた実地経験にもとづく農書が現れた。特に重要なのは1697年（元禄10）宮崎安貞の「*農業全書」で，日本で最初に刊行された農書である。農書が最も多く現れたのは，文化・文政期（1804〜30）以降幕末までの時期である。畿内・山陽地方の農業に精通し藩の農事指導も行った*大蔵永常は，著作を通じて除虫・農具などの農業技術の普及を図った。一方，理論的な著作を著した*佐藤信淵も多くの影響を与えた。幕末には，農民自身による計画的な農業形態と成果を伝える著作が現れる。このような農書の普及と実地の努力が，かつて日本農業の技術力・生産力を支えていた。主な著作は「日本農書全集」「明治農書全集」などに所収される。

農政本論 のうせいほんろん　*佐藤信淵の農政論の書。初編3巻・中編3巻・後編3巻。1832年（天保3）成立。本書は，父祖伝来の佐藤家学の農政論書にもとづいていると誇称しているが，万尾時春「勧農固本録」，小宮山昌世「増補田園類説」，大石久敬「地方凡例録」などの多くの地方書に拠って書かれている。奥羽・関東の農村荒廃を憂える信淵は，「*鎔造化育論」「*天柱記」に展開していた，万物を生育する産霊神に仕えるという生産力増強の観点から，年貢の定免法の利点と百姓の相互扶助の必要性を説いている。本書は1871年（明治4），信淵の信奉者である農政官僚の織田完之によって刊行された。

農兵論 のうへいろん　幕末期に幕府や各藩で武士以外から軍隊，農兵を編制した。農兵一致論や農兵の構想そのものは，近世前期から熊沢蕃山・荻生徂徠らの武士土着論が知られているが，実現しなかった。幕末になると，一揆の多発，列強の来航という内憂外患の危機の中で，農兵を取り立てるべきだという見解がだされるようになった。1849年（嘉永2）に伊豆韮山代官の江川太郎左衛門英竜（*江川坦庵）が農兵取り立てを幕府に建議

したことが有名であるが，これは即座には実現されなかった。63年（文久3）文久の改革の一環として，英竜の子江川英敏が，その支配地や出羽国村山地方などで豪農の子弟から農兵を編制した。これは武州一揆など，慶応期（1865〜68）の世直し一揆の鎮圧に威力を発揮した。諸藩でも1855年（安政2）に水戸藩・萩藩が対外防備のための農兵を編制し，萩藩では63年に*高杉晋作が武士と庶民の混合の奇兵隊を組織した。

能本 のうほん　→謡曲

農本主義 のうほんしゅぎ　農業が生産活動および生活の基本であるとする思想。その思想は，古来，洋の東西を問わずみられるが，日本の近世においても*宮崎安貞・*本多利明・*佐藤信淵らの経世家をはじめ，*安藤昌益・*二宮尊徳らが農本主義者といえる。近代においては，一方での地主制と他方での資本主義的な市場経済が農業を停滞・疲弊させ，さらに近代都市文明が農村生活を混乱させていく中で，それに対応した農業経営を説く山崎延吉のような農業指導者が現れた。しかし，農村恐慌が始まり農業の危機が深まる1930年（昭和5）以後は，*橘孝三郎や*権藤成卿のように超国家思想と結びついて，農業を基本とした建国をめざし五・一五事件に関与する者や，満州事変後には，*加藤完治のように国策にそって農業移民を積極的に推進する指導者もでた。戦後の改革と高度経済成長による農業の地位の相対的低下によって，その存在基盤が失われた。

農民教訓状 のうみんきょうくんじょう　江戸後期の*往来物。竜章堂閑斎の筆により1829年（文政12）京都の書肆から刊行。1冊。作者の経歴は不明であるが，本文中に「予京師に産まれ，暫く田村に交り，農民の快楽を見聞……」とあるから，京都に生まれ農村生活の経験をもつ者であろう。内容は，まず士農工商の中で農民がはたす任務と役割について記す。ついで農業生産の技術，肥料，副業，また衣食住の生活万般にわたる心得，さらに村の共同生活安定の奉仕について説諭している。本書は，数多い農民教訓に関する往来物の中で，内容の完備している点で代表的なものの一つである。

農喩 のうゆ　近世の*農書。1冊。下野国の黒羽藩士鈴木武助正長（1732〜1806）の著作。武助は、1768年（明和5）から31年間藩の家老を務め、とりわけ郷蔵設立を奨励するなど、農政に力をいれ天明の大凶作にも餓死者をださなかった。隠退後の1805年（文化2）、天明の大飢饉の経験をもとに備荒が急務であること、「*農業全書」を読むべきこと、などを説いて執筆したのが本書である。武助の没後、12年（文化9）はじめて刊行され、黒羽藩領内に頒布されたのを嚆矢として、天保期（1830〜44）になると、岩村藩や掛川藩などの諸藩でも領内への頒布が行われるなど、藩政改革に大きな影響を与えた。

野口援太郎 のぐちえんたろう　1868〜1941（明治元〜昭和16）　明治〜昭和前期の師範教育改革者、池袋〈児童の村小学校〉創設者。福岡県出身。福岡師範学校・東京高等師範学校を卒業。小学校訓導・舎監などをへて、1901年（明治34）姫路師範学校初代校長に就任する。軍隊式・兵営式の当時の師範教育に代わる「自治自修」の師範教育を実践する。19年（大正8）帝国教育会専務主事に就任、21年教育擁護同盟を組織、23年*下中弥三郎らと新教育運動推進を期して教育の世紀社を創立する。24年池袋〈児童の村小学校〉を開校し、大正自由教育の実験校とした。主論文「新教育の原理としての自然と理性」をはじめ、その思想は明治期の天賦人権論的自由思想と儒学（性理哲学）にもとづく自然法的天概念、科学的唯物論的自然観・教育観を示し、ルソーと「消極教育」観を共有するなど楽観的人間性論を主張している。22年日本国際教育協会委員に就任。

荷前 のさき　「延喜式」などに「ハツヲ」の古訓があるように、初尾・初穂のことで、最初の収穫物を首長や神に献ずる慣例に起源をもつ。8〜9世紀以降は、陵墓へ毎年12月に幣を献ずる儀式をいうようになる。陵墓への荷前には常幣・別貢幣の二つがある。前者は、律令国家の成立とともに創始された儀式で、調の初物を全先皇陵に献ずるものであり、天皇位の一系性をシンボル化する。後者は、天皇からみた近親祖墓を中心とする一定数の陵墓に内蔵寮から献物するもので、8世紀後半の孝思想の浸透とともにうまれた天皇の祖先祭祀という性格を有する。別貢幣は室町時代頃まで残続するが、応仁の乱の混乱の中で廃絶する。

後鑑 のちかがみ　江戸幕府が編纂した室町幕府に関する歴史書。本編347巻・付録20巻。奥儒者成島良譲の編。1853年（嘉永6）成立。1331〜1597年（元弘元〜慶長2）を歴代将軍ごとに区分し、編年体で日次によって綱文を立て、次に典拠となる史料を掲載する形式をとる。幕府の紅葉山文庫や昌平坂学問所のほか、和学講談所の蔵書をも利用し、日記・軍記・文書のみならず多様な史料を引用している。多くの未刊史料を含み、「大日本史料」未刊年代については、現在でも室町幕府研究のための基本史料たるの地位を失っていない。

野槌 のつち　「*徒然草」の注釈書。全10巻。*林羅山の著。1621年（元和7）成立。「徒然草」の最初の注釈書である秦宗巴の「徒然草寿命院抄」（1601奥書）をふまえた、2番目の注釈書である。章段ごとに、語句・人物・故事・有職などの出典・典拠を漢籍・仏典・和書から示すとともに、同内容の類似例を列挙している。注釈の中で、「兼好は世俗を畜類とすれど、儒より見れば、かの世をのがれて人倫をみだる者を禽獣とす」とのべ、*吉田兼好の仏教・老荘思想を儒教的な人倫重視の立場から批判する一方で、「時をしるを学者の要とす」と説いて、明哲保身の処世法を肯定している。

詔刀師沙汰文 のっとしさたぶみ　→詔刀師沙汰文のりとしさたぶみ

野中兼山 のなかけんざん　1615〜63（元和元〜寛文3）　江戸前期の朱子学者、高知藩の家老。名は良継、通称は伝右衛門・主計・伯耆、兼山と号した。播磨国姫路で出生と伝える。高知藩主山内一豊の妹を父方の祖母にもつ。約30年間にわたって高知藩政を指導したが、谷時中に学んだ*南学（朱子学）の担い手であって、火葬を禁止して儒式の葬礼を移植しようとするなど、藩政にも南学を背景とした理念的な性格が強くみられる。中国・朝鮮の書籍の収集にも努め、「小学」「自省録」「玉山講義」などを刊行した。*山崎闇斎の思想形成に大きな影響を与えた。

ノビシヤド キリシタン時代の*イエズス会の修練院。1580年(天正8)*バリニャーノによって豊後国臼杵(うすき)に設立された。同院はイエズス会への入会を志願する者の意志を確かめ、準備期教育を行い、祈りと観想の生活をもっぱらとする施設で、修練者は2年間の修練期間ののち、清貧・貞潔・従順の3誓願を立て、*コレジオに進んだ。初代修練院長はペドロ・ラモンで、彼の指導のもと、修養と信心に関するロヨラ著「心霊修行」(現存せず)、ケンピス著「*コンテムツス・ムンヂ」、ロアルテ他著「*スピリツアル修行」などの翻訳・編纂も行った。施設は各地に移転し、1609年(慶長14)長崎で中止された。

信長記 のぶながき →信長記(しんちょうき)

信長公記 のぶながこうき →信長公記(しんちょうこうき)

野間三竹 のまさんちく 1608〜76(慶長13〜延宝4) 江戸前期の医者・儒者。名は成大、字は子苞、通称は三竹、静軒(せいけん)・柳谷などと号した。幕府奥医師の子として、京都に生まれた。李朱(りしゅ)医学を修め、1668年(寛文8)法印に叙せられた。*貞徳(ていとく)・*松永尺五(せきご)父子に学び、*木下長嘯子(ちょうしょうし)・*石川丈山(じょうざん)を敬慕し、文雅の儒者として名をなした。中国の隠士伝の集成「古今逸士伝(こきんいっしでん)」を著し、また「本朝遯史(ほんちょうとんし)」の作者で、「同志」(「古今逸士伝」序)であった*林読耕斎(どっこうさい)と同様に、隠逸志向をもっていた。著書はほかに、日本漢詩のアンソロジー「本朝詩英」(1669刊)、「沈静録」など。

野村芳兵衛 のむらよしべゑ 1896〜1986(明治29〜昭和61) 大正新教育運動・生活教育の実践家。岐阜県出身。1918年(大正7)岐阜師範学校を卒業、付属小学校訓導をへて、24年東京池袋の〈児童の村小学校〉(校長*野口援太郎(えんたろう))の開校に参加する。子供を知識の客体ではなく、自律的な認識主体へと育成する生活カリキュラムの提案と実践を展開する。「生命の本然への信順」、自己の身体を媒介とする諸活動、協働関係における自治活動を生活教育の基盤とし、伝統的自然観、近代的生の哲学を親鸞の「*自然法爾(じねんほうに)」の人間観を基底に解釈した。29年(昭和4)小砂丘忠義(ささおかただよし)らと「綴方(つづりかた)生活」を創刊、「生活科としての綴方」による自己表現欲求の開放、生活経験による社会認識・自己認識の拡大、社会変革に通じる自律的道徳の交流などの主張により、その言説空間は広く自由教育教師に支持された。「野村芳兵衛著作集」全8巻がある。

のらくろ 田河水泡(すいほう)(1899〜1989)作の子供向け漫画。戦前の「少年倶楽部」1931年(昭和6)新年号より41年10月号まで連載された。陸軍に二等卒として入隊した天涯孤独の野良犬黒吉が、失敗を繰り返しながらも出世していく過程を描き、大人気を博する。41年に軍部の圧力で連載中止となるが、戦後再び「少年クラブ」などの雑誌で連載された。50年の長きにわたって愛された漫画の主人公として類をみない。大衆文化史上重要なキャラクターであるだけに、児童文化史・漫画史など多様な観点から論じられ、軍国主義との関係について論争もなされている。

祝詞 のりと 神道祭祀において神前にて唱えられる詞章。形式は、神に奏上するものと、神事に奉仕する神職や参集した人々に宣(の)り聞かせるものとがある。内容は一般的には、祭神(さいしん)の由緒、祭の趣旨、神饌(しんせん)・幣帛(へいはく)奉献、神徳称賛、祈願よりなる。語源には、「宣り」に呪言の意の「と」が結合したとする説、「宣説言(のりときごと)」の略言とする説など諸説がある。

「*延喜式(えんぎしき)」巻8の「祝詞式」は27編の祝詞を収録する現存最古の祝詞集成で、その内訳は、祈年祭(きねんさい)以下の年中恒例祭祀の祝詞を祭日順に15編、伊勢神宮関係の祝詞9編、臨時祭関係の祝詞3編となる。表記法は、日本語の語順にしたがい、自立語を大字で、助詞・助動詞などの付属語や活用語尾などを小字の万葉仮名で記す宣命体(せんみょうたい)を用いている。ただし、「東文忌寸部(やまとのふひとべ)の横刀(たち)を献る時の呪」の1編のみは漢文体である。また、「出雲国造神賀詞(いずものくにのみやつこのかむよごと)」は新任国造が出雲の忠誠を誓う寿詞(よごと)で、他の祝詞とは異質な性格をもつ。「延喜式」にはさらに「陰陽寮式(おんみょうりょうしき)」に、12月末日の*追儺(ついな)行事の際に唱えられる「儺祭(なのまつりの)詞」1編が記載されている。これが「祝詞式」に収録されないのは、同行事に神祇官が関与しないためと考えられる。*大嘗祭(だいじょうさい)の辰日(たつのひ)に奏上される「中臣寿詞(なかとみのよごと)」は聖なる水の由来と

大嘗祭の詞章よりなり，1142年(康治元)近衛天皇大嘗祭の時に奏上された寿詞が伝存している(「台記別記」)。また，福井県小浜市の若狭彦神社所蔵「詔戸次第」は，中世の地方神社の祝詞として著名である。

祝詞講義 のりとこうぎ　→延喜式祝詞講義えんぎしきのりとこうぎ

詔刀師沙汰文 のっとしさたぶみ　「のっとし一」とも。「御師沙汰文」「両宮幣物論りょうぐうへいもつろん」「幣物論」とも。伊勢神宮の内宮ないくうと外宮げくうの間でおこった幣物に関する訴訟記録。1巻。訴訟は，1332年(正慶元・元弘2)3〜5月におきた。その内容は，諸国の檀那が内宮へ捧げようとする幣物を，外宮の詔刀師らが途中で強制的に抑えて占有しようとしたことを非としたものである。内宮惣官の大中臣親忠おおなかとみのちかただは外宮長官の檜垣常昌ひがきつねまさへ宛てて陳情を求めたが，これに対し外宮側からは，かえって内宮側がみだりに神前に私幣祈禱を行うことの非法を訴えた。このような出来事が，外宮神道(度会わたらい神道・*伊勢神道)の成立を喚起する原因の一つになったといわれており，思想史上重要な記録である。

ノロ　祝女・巫女という字をあてる。奄美あまみ・沖縄地方の各村落で，神事に仕える最高位の公的な女性祭祀者のこと。ノロとは「祈る」「宣のる」の意で，そのことを執り行うことをいう。村落祭祀を執行する神人カミンチュに属し，その統轄的役割を担い，主に叔母から姪へと世襲される。琉球王朝の時代には，王府より任命されて権限をもち，地域の支配者にもなった。明治政府はこれを廃止したためノロは公的身分を失い，その権威は島の人々の崇敬によって支えられ存続することになった。ノロの成巫式せいふしきはイザイホーとよばれ，久高島くだかじまで12年ごとの午年に行われてきたが，過疎化や人々の価値観の変化などにより遂行は困難となり，1977年(昭和52)を最後にその後予定されていたイザイホーは相次いで中止となっている。→ユタ

野呂栄太郎 のろえいたろう　1900〜1934(明治33〜昭和9)　大正・昭和初期のマルクス経済学者で，*講座派の代表的論客。北海道生れ。1926年(大正15)慶応大学卒業。在学中からマルクス主義に取り組み，24年，野坂参三のさかさんぞうらによって開設された産業労働調査所の所員となり，29年(昭和4)創立されたプロレタリア科学研究所で指導的役割をはたした。この間，*労農派との論争の中で，講座派の立場から日本資本主義分析に従事し，「日本資本主義発達史講座」(1932〜33刊)を監修した。また，コミンテルンの指導のもとで，日本共産党「*32年テーゼ」の策定に中心的な理論的役割をはたした。主著は「日本資本主義発達史」。「野呂栄太郎全集」上・下がある。

野呂元丈 のろげんじょう　1693〜1761(元禄6〜宝暦11)　江戸中期の医師・本草学者・蘭学者。名は実夫，字は元丈，通称は源次，号は連山。伊勢国多気郡勢和の生れで，高橋家から野呂家の養子となる。1712年(正徳2)京都で山脇玄修げんしゅうに医学，*並河天民てんみんに儒学，*稲生若水いのうじゃくすいに本草学を学ぶ。幕府より採薬御用を命じられ，丹羽正伯しょうはくとともに22〜23年(享保7〜8)に全国で薬草を集めた。39年(元文4)御目見めみえ医師，47年(延享4)寄合医師になる。1740年には将軍徳川吉宗の命で*青木昆陽こんようとともに蘭語を学んでおり，西洋本草学受容の先駆者である。著作は「阿蘭陀おらんだ禽獣虫魚図和解ずわげ」「阿蘭陀本草和解」など。

呪師 のろんじ　→呪師じゅし

は

梅園三語（ばいえんさんご） →三語（さんご）

俳諧十論（はいかいじゅうろん） 江戸中期の俳論書。全3巻。各務支考（かがみしこう）（1665～1731）の著。1719年（享保4）刊。美濃派の支考の俳諧総論ともいうべき理論書である。10項目にわたって，俳諧の効用・理念，修行の心得などの一般論のほか，付合（つけあい）の方法，俳席の場における心得など実際的な作法を説く。芭蕉（ばしょう）の説の祖述というより，支考の独自の俳諧観が集約されている。難解ではあるが，虚実論・姿情論・言行論など二項対立の思考を駆使し，儒仏思想を独自に吸収して徹底した議論を展開している。当時，反響は大きく，蕉門古参の越人（えつじん）の批判，さらに支考側の反論があるなど論戦が行われた。また，初期の*建部綾足（たけべあやたり）（葛鼠（かつそ））らは強い影響をうけている。

俳諧問答（はいかいもんどう） 江戸前期の俳論書。1冊。森川許六（きょりく）（1656～1715）・向井去来（きょらい）（1651～1704）の著。1697～98年（元禄10～11）成立。*芭蕉（ばしょう）直門の許六と去来との間で交わされた書簡数種を問答体の形式に編集したもの。蕉門の俳諧理念である*不易流行（ふえきりゅうこう）・さび・*しをり・*かるみ・血脈（けちみゃく）などの基本命題について，芭蕉の教えをのべる。また，芭蕉に入門するまでの許六自身の俳諧の遍歴も記されており，芭蕉の説の体得や継承を体験的に語ることをとおして，芭蕉風俳論の諸問題がのべられている。芭蕉門人の個々への批評も俳人論として重要であり，また許六・去来の二人についても，異なった個性がうかがえる。「（俳諧問答）青根が峰（あおねがみね）」（1785刊）や，同書名の「俳諧問答」（1800刊）の流布本がある。

俳諧連歌（はいかいれんが） 俳諧之連歌とも。機知や滑稽味をねらった連歌。純正連歌・正風（しょうふう）連歌に対する。*『古今和歌集』の「雑体」に「誹諧歌（はいかい）」の部立てがあり，この影響をうけて，古くは「誹諧連歌」と表記した。鎌倉初期には，後鳥羽上皇主催の有心無心（うしんむしん）連歌が盛んに行われたが，有心連歌は和歌的情趣に富み優雅であるのに対し，無心連歌は卑俗で滑稽であった。鎌倉中期以後，有心連歌は文芸性を追求し，連歌の主流となる。無心連歌は俳諧性を追求し，新奇な素材・語句を用いて機知的・滑稽的に表現したが，こうした連歌が俳諧連歌ということになる。「*菟玖波集（つくばしゅう）」には俳諧連歌も採られていたが，「*新撰菟玖波集」では有心連歌のみとなり，連歌史において俳諧連歌は傍流であったが，「新撰菟玖波集」の編者*宗祇（そうぎ）やその周辺の人々も俳諧連歌を作っており，「新撰菟玖波集」の成立とほぼ同時期に「竹馬狂吟集（ちくばきょうぎんしゅう）」，少しのちに「*犬筑波集（いぬつくばしゅう）」（「誹諧連歌抄」）が編まれ，「守武千句（もりたけせんく）」（「誹諧之連歌独吟千句」）がなされる。「犬筑波集」「守武千句」は，近世の俳諧の興隆につながっていくものとして評価される。

梅花無尽蔵（ばいかむじんぞう） 室町後期の禅僧*万里集九（ばんりしゅうく）（のちに還俗して漆桶万里（しっつうばんり））の詩文集。全7巻。生涯にわたる作品がほぼ年代順に収録されている。個々の作品に細かな注が付されているのが特色で，作者のみならず当時の文筆僧の生活を知る手がかりとなり，その史料的価値は高い。ほとんどが万里自身による注記とされるが，一部の注については江戸初期の*以心崇伝（いしんすうでん）による注が混じっているとする説もある。応仁の乱以前の作品，武蔵国江戸に下向して越後路を通って美濃国に戻る旅路の記事，美濃国における土岐（とき）・斎藤氏の支援，内戦のようす，近隣諸寺の僧や京都・地方の僧との交渉のようすなど，興味深い記事が多い。

排吉利支丹文（はいキリシタンぶん） →属文楷梯（ぞくぶんかいてい）

廃娼運動（はいしょううんどう） 明治～昭和期に公娼制廃止を要求した運動。1872年（明治5）*芸娼妓解放令以後も公娼制は存続した。廃娼運動を担ったのは神の前に人間の平等を説き，*一夫一婦制の倫理的家庭観をもつキリスト者たちであった。78年群馬県で廃娼の請願がだされ，湯浅治郎らは娼妓廃絶を訴えた。婦人矯風会（きょうふうかい）（会頭*矢島楫子（かじこ））はこれを支援し，90年公娼制廃止を請願した。1900年娼妓と貸座敷業者間の契約は無効との大審院判決がでて，*娼妓の自由廃業運動も盛んとなった。特に*山室軍平（ぐんぺい）の救世軍は，業者側の暴力

ばいし

にも屈せず自廃運動を推進した。11年公娼全廃を目的に*廓清会が創設され、遊廓反対闘争が高まり、娼妓による待遇改善ストもおこった。26年(昭和元)矯風会・廓清会合同の廃娼連盟が結成され、28～31年埼玉など全国で約5分の1の県が廃娼を実施ないしは決議した。だが十五年戦争が始まると運動は閉塞に向かい、連盟は35年国民純潔同盟と改称した。戦後46年GHQは公娼制廃止を打ち出したが、政府は売春地域を公認、事実上公娼は復活した。参政権を獲得した女性たちは団結してこれに反対、ついに56年売春防止法が成立した。買春側を罰せず〈ザル法〉とよばれたが、国家が法的に売春を社会悪として認めたものであった。

梅松論 ばいしょうろん　南北朝期の歴史書。全2巻。著者は室町幕府関係者あるいは夢窓疎石ゆかりの者か。成立は1352年(文和元・正平7)をあまり下らない頃とされる。内容は鎌倉幕府の滅亡から室町幕府が樹立されるまでの経緯を記し、「*太平記」の前半部分と重なる時代を叙述対象としているが、「太平記」とは異なる視点に立ち、足利尊氏を理想の武将として称えている。本書の政道論には(1)有徳者為君主義と(2)神孫為君主義があわせて認められるが、究極的には(2)は天の思想に立脚する(1)に掣肘されるものであった。したがって本書は、歴史的世界の盛衰を決定する政治の実相に対し、まず(1)によって、ついでその埒内で(2)をふまえて評価を下したのである。

配所残筆 はいしょざんぴつ　*山鹿素行の自叙伝的性格をもつ書。1巻。1675年(延宝3)成立。播磨国赤穂に配流中、弟と甥宛の遺書として書かれた。幼少から「聖学」確立までの思想遍歴が、林羅山や北条氏長・広田坦斎ら、その時々に出会った人々とともに語られている。特に「寛文之初」めに「世間」と「学問」とが別になると考え、朱子学を批判するようになったとのべている箇所は、素行学の理解にとって重要である。また「*聖教要録」筆禍のため幕府に召喚された際、死を覚悟し、「我を罪する者は、周公孔子の道を罪する」という遺書を懐中に忍ばせていたこと、平戸藩主が1～2万石の知行を与えても

よいと評したことなどが語られ、自信と気概に満ちた強い自我意識が表出されている。

梅荘顕常 ばいそうけんじょう　1719～1801(享保4～享和元)　江戸中期の学僧。号を蕉中・大典とも。顕常は法名。近江国の今堀家に養われ、幼少の頃、京都五山の一つ相国寺慈雲庵の独峰慈秀に入門した。禅僧としての修行のかたわら、宇野明霞・*大潮元皓に学んだが、「詩語解」(1763)は明霞の遺稿を編集したものである。学識を活かして、朝鮮通信使との応接や外交文書の作成などにもあたった。詩集に「昨非集」(兼葭堂蔵版、1761刊)、「小雲棲稿」(1775)があるほか、「世説新語」や陸羽「茶経」の注釈、「柿本人丸事跡考」(1772刊)のような和文の考証もあって幅広い著作がある。詩風は唐詩模倣の古文辞派に分類されるが、混沌社の*片山北海や六如上人との交遊もある。売茶翁(*高遊外)の伝記(「売茶翁偈語」所収)を書き、煎茶道も受け継いだ。

梅村載筆 ばいそんさいひつ　江戸初期の随筆。*藤原惺窩口語、*林羅山割記とされる。成立年未詳。写本、天・地・人の全3巻3冊。天巻121ヵ条は京都関係、宮廷の故実関係のことが多い。地巻52ヵ条は漢籍書目など、人巻134ヵ条は和漢のことなどを和文で雑記している。短文の箇条の中には、「日本は呉の泰伯の後なり」と泰伯皇胤説を紹介したもの、あるいは「道理」は「いづくにもあれ、必しも朱子象山ありと定むべからず」という朱陸折衷の立場をのべているものがある。なお人巻には、惺窩の言葉とともに、羅山が*理当心地神道を説いている箇条なども交じっている。

拝塔嗣法 はいとうしほう　禅宗における嗣法形態の一つ。すでに没した禅僧の塔(墓所)や*頂相を拝してその法を嗣ぐこと。中国の薦福承古(雲門宗)や投子義青(曹洞宗)の拝塔嗣法を先例として、日本では鎌倉末期から行われるようになった。1308年(延慶元)、禅林寺(のちの南禅寺)の住持規庵祖円が建長寺正統庵に赴き、無学祖元の塔を拝して嗣法したのが最も早い例である。*度弟院や*塔頭など法系を重視する禅院で

は，住持や塔主が後継者をえることなく没した場合にしばしばこの方法がとられた。また，有力者の法嗣となり自己の地位向上を図るために行われたこともある。この嗣法形態はのちに乱用され，法系の秩序を揺るがす要因となった。

廃仏毀釈(はいぶつきしゃく) →神仏分離令(しんぶつぶんりれい)

排仏論(はいぶつろん) 近世における儒学者・国学者・経世家などによる仏教排斥の思想。近世権力の成立によって仏教がその下に従属させられると，儒学は仏教からの自立をめざし，仏教批判が課題となった。1605～15年(慶長10～元和元)頃に林羅山が貞徳(ていとく)に論争を挑んだ「*儒仏問答」が，その最初であろう。そこでは仏教の因果応報観や*無常観，来世の観念，現世否定の思想，出家主義による*五倫五常(ごりんごじょう)の軽視などが論点となり，羅山は仏教が老子・荘子(そうじ)・儒教の説を盗用したと主張する。そこには，以後の重要な論点が先駆的に見出される。

初期では，47年(正保4)に山崎闇斎(あんさい)の「*闢異(へきい)」をはじめ，藤井懶斎(らんさい)らの朱子学者が中心で，このほか，熊沢蕃山(ばんざん)・山鹿素行(そこう)・荻生徂徠(そらい)らの著書にも，仏教は五倫五常に反する教えとしての批判がみられる。

中期になると，幕藩制の矛盾の激化による社会構造の変動，領主層の経済的危機をうけて，僧侶遊民論が新たな論点となり，中井竹山(ちくざん)の「*草茅危言(そうぼうきげん)」，正司考祺(こうき)の「*経済問答秘録」など，経世家による排仏論が著された。

後期には，水戸学からの排仏論にこれが継承された。また仏教の須弥山(しゅみせん)説を批判した山片蟠桃(やまがたばんとう)の「*夢の代」，大乗非仏説を唱えた富永仲基(なかもと)の「*出定後語(しゅつじょうごご)」や，安藤昌益(しょうえき)の「*統道真伝(とうどうしんでん)」における50カ条にわたる仏教の非合理性の指摘などが注目される。仏教渡来以前の古代を理想とする国学は，後期における排仏論を主導した。本居宣長(もとおりのりなが)に散見された仏教批判は，平田篤胤(あつたね)の復古神道において激化し，浄土真宗・日蓮宗を批判して「*出定笑語(しゅつじょうしょうご)」(「神敵二宗論」)が著された。平田派の国学者・神道家は，やがて明治維新政府の神祇政策推進の中心となったので，神仏分離令から廃仏毀釈(はいぶつきしゃく)に至った。

売文社(ばいぶんしゃ) 社会主義運動の「*冬の時代」に営まれた代筆業の会社。*大逆事件の連坐をまぬかれた社会主義者たちが，活動を禁止されるとともに親族・知己からも交わりを絶たれて職を失ったことから，糊口の資をえるため1910年(明治43)12月に東京府四谷寺町(のち四谷左門町の堺利彦宅へ移転)で開業したもので，19年(大正8)3月まで存続した。社長は*堺利彦で，社員は*大杉栄・*荒畑寒村(かんそん)・*高畠素之(もとゆき)・橋浦時雄(ときお)らである。「浮世顧問」の看板を掲げて，新聞・雑誌・書籍の原稿執筆，英・仏・独・露語の翻訳，意見書・報告書・広告文の立案・代作・添削などを業とした。同時に社会主義者たちの雌伏隠忍の場となり，毎月1回の茶話会を開き情報を交換したり，売文社出版部の本を刊行するなどした。小冊子「へちまの花」(14年1月～15年8月，全19冊。のち「新社会」と改題)を発行したが，そこには土岐哀果(あいか)・白柳秀湖(しゅうこ)・高島米峰(べいほう)・伊藤証信(しょうしん)ら30人以上の者が「特約寄書家」「社友諸名家」として名を連ねている。

売卜先生糠俵(ばいぼくせんせいこぬかたわら) 江戸後期の心学書。著者は鎌田一窓(いっそう)(1721～1804)。一窓は紀伊国湯浅に生まれ，若くして京にでて医を業とし，石田梅岩(ばいがん)の弟子斎藤全門(ぜんもん)について*石門心学を修めた。本書(1巻)は1777年(安永6)に，続編(2巻)は翌年に京都の書肆より刊行。時に筮竹(ぜいちく)をとって生業の一部とした一窓(売卜の名の由来)は，心学を老荘思想によって基礎づけ，本書において問答の形をとりつつ知足安分(ちそくあんぶん)の心境を説いた。知足とは自己・他者ともに円満具足の大実在として目覚める意であり，安分とは知足への方途であり，地に安んじ勤める業に励むの意であるとしている。

排耶蘇(はいやそ) 朱子学者*林羅山(らざん)(道春)の著作。漢文。1606年(慶長11)弟信澄(のぶずみ)(東舟(とうしゅう))とともに，著名な俳人・歌学者の*貞徳(ていとく)の紹介・同伴をえて京都下京の南蛮寺(なんばんじ)を訪れ，日本人修道士の不干斎(ふかんさい)*ハビアンと論争した記録である。まず地球説をめぐって，羅山はあくまでも儒教の方円静動説を主

張し、地球儀・プリズム・凸レンズなどは人を惑わせる「奇巧の器」にすぎぬとした。さらに前年のハビアンの護教論書「*妙貞問答」を「後世千歳の笑ひ」を残すものと批判し、中国天主教の開拓者利瑪竇（マテオ・リッチ）の新著「*天主実義」(1603)の太極・天主論と霊魂不滅論を論難した。両者の論争は対立したままで終わったが、羅山は勝利したとのべている。しかし、この論争はキリシタン史料には記録されていない。儒家による現存する最古の*排耶論である。

排耶論 はいやろん 近世におけるキリスト教排斥論。16～17世紀のカトリック教国の布教は航海・征服・植民・貿易などと一体となり、国家事業の一環として進められた。そのため豊臣秀吉や徳川家康などの天下統一者は、宣教師の活発な布教活動に疑惑をいだき、*キリシタンは神・仏を敬せず人倫を破壊し、国家の秩序を乱す邪宗門であると規定し、キリシタン排斥の姿勢を明確にした。最初の物語的排耶書は江戸幕府の禁教政策に呼応して、慶長後期に出版された「*伴天連記」である。著者不明の本書は、キリシタン宣教師による日本侵略の脅威を説き、民衆を反キリシタンに導く意図をもっていた。同系統のものに「吉利支丹由来記」(1614)がある。さらに元イルマンの背教者ハビアンは「*破提宇子」(1620)、転びバテレンのフェレイラ（日本名＝沢野忠庵）は「*顕偽録」(1636)を書き、キリスト教教理を熟知することから、教理の矛盾・不合理性を批判し、キリスト教は人倫を害し、国を危うくする宗教であると説き、幕府の禁教政策を支持した。

島原の乱後、仏教界にもようやくキリスト教を研究し、仏教哲学をもとにキリスト教を論駁する動きがでてきた。天草地方の教化にあたった禅僧の鈴木正三は、1642年（寛永19）頃執筆した「*破吉利支丹」(1662刊)でキリスト教教理と仏教を比較し、各教理について論駁を加えた。同じく禅僧の雪窓宗崔は「*対治邪執論」(1648)で、キリシタン宗門の渡来の経過、布教方法、仏教諸派へのキリシタンの見解を明らかにし、各教理を論破した。両者とも、キリシタンを奪国の先兵として危険視し、幕府の禁教・鎖国政策を正当化し、民衆にキリシタン邪宗門観を形成しようという意図があった。

俳論 はいろん 文芸批評のジャンル。俳諧に関する文芸評論の意味であるが、近代以前では、実作にかかわる式目・作法、自他の句評や他派に対する論難、師説理念の祖述など、内容的には多岐にわたり、伝書・批言・俳話と称すべきものの総称である。俳論書として刊行されたもののほかに、句の端書や書簡などに記されたものも含む。*貞徳「俳諧御傘」(1651)、斎藤徳元「誹諧初学抄」(1641)は、貞門派を代表する俳論書である。和歌連歌を重視する貞門派の俳諧論は、俗言を嫌わず作るのが俳諧であると俳言の意義を説き、連歌との相違を明確にし、近世文芸の一ジャンルとしての俳諧の独自性に自覚的であった。*宗因を総帥とする談林派は、軽口、無心所着体と称された伝統にとらわれない自由な詠み口が広く支持されて、大坂町人を中心に流行するが、宗因自身にはまとまった俳論書はなく端書などに伝えられる。俳諧は和歌の寓言、連歌の狂言であり、これは荘子の寓言説にもとづくと、弟子の岡西惟中は「俳諧蒙求」(1675)の中で宗因の考えをのべている。

*芭蕉は俳諧という文芸を、詩歌連歌や画・茶などの諸芸と同じく、風雅を求める心を根本精神とするものであり、伝統文芸に従属するものではなく、自立する当代の文芸と考えていた。しかし、芭蕉にも直接俳論として残されたものはない。去来「旅寝論」(1699)、去来・許六「*俳諧問答」(1697～98)、去来「去来抄」(1702頃)、服部土芳「*三冊子」(1706)、支考「葛の松原」(1692頃)などが蕉風俳論として伝えられている。ほとんどが断章短文の語録風のものであるが、*不易流行・まこと・*さび・しほりなどの俳諧理念、雅俗論・姿情論・虚実論など表現方法論が提示されて、豊富な蕉風作品の成果にみあった充実した内容をもっている。支考の論は儒・仏・老荘の三教を動員して、精密体系的な論になっており、批評意識の高さにおいて同時代の他の文芸ジャンルを圧倒する。禅の身体論・認識論、天台*本覚思想の自然生命観の援用が特色である。

享保期(1716〜36)頃には，江戸の沾徳が『沾徳随筆』(1718)を著し，江戸座俳諧が蕉風俳諧と異なることを主張し，都市俳諧の独自性を示した。

宝暦末年，片歌運動を提唱した*建部綾足(涼袋)に特異な俳諧観が展開されているが，安永・天明期(1772〜89)になって，蕉風の再発見期を迎える。先の芭蕉有力門人の著作は，中興期俳人の暁台や高桑闌更・月居らによって出版されている。都市俳諧を代表する*蕪村には，画俳一如・離俗論などの文人論的な主張がある。

近代になって，俳句は写生句を唱えた*正岡子規，さらにこれを発展させて，花鳥諷詠を説いた高浜虚子らが重要である。

墓 はか　広義には，遺骸を埋葬するための場所，およびそれに付随する施設のこと。死体の密葬，政治的・社会的なモニュメントの設定，霊魂の供養，死後の生活空間設定など，その目的は歴史的に多種多様である。日本の古代においては，3世紀末以降7世紀前半までは巨大な墳丘を有する*古墳が造られるが，それは王の身体の政治的モニュメントであった。庶民層の葬地では一定の埋葬設定もみられるものの，大化の薄葬令にあるような散埋や死体遺棄も普遍的にみられた。その後，律令国家は独自に葬地を設定する権利を，先皇および三后の「陵」と三位以上・氏上の「墓」に絞りこみ，その他は氏墓にあわせ葬するか，共同の葬地への収埋とした。古墳時代には，葬地への恒常的祭祀は埋葬時の儀礼や特殊例を除いて確認できない。

奈良時代になると，毎年12月に全先皇陵へ奉幣する*荷前常幣という恒例の陵墓祭祀が誕生する。しかし対象は天皇陵に限定され，諸国からの調庸物の貢献という性格をもつ祭祀は，祖先祭祀とは異なる政治的祭祀である。死者の追善は仏教によって担われており，祖先祭祀という観念は儒教思想の普及を基礎にもつ。「続日本紀」には墳側に盧を設けて死者に仕える者が現れたりするが，普遍的現象とはみなしがたい。8世紀末には，天皇が一定数の近親の陵墓へ内蔵寮から幣を奉る荷前別貢幣が成立し，9世紀後半には貴族層でも私荷前も誕生する。

しかし，これはこれ以降の祖先祭祀の先駆と位置づけられるものではなく，京都の都市民の葬地は，共同墓地として周辺の阿弥陀峰・鳥戸野・船岡山・西院・竹田などが固定していく。その他の地域でも，村落や都市の周辺部に共同墓地が設定されていたと考えられる。本来は作善を意味する*卒塔婆の設置は9世紀からみられるが，平安中期以降の浄土教・舎利信仰の普及とともに，遺体や人骨を尊重する観念が普及するとともにその役割も変化する。藤原道長は北家の墓地木幡に死者の冥福を祈って浄妙寺を建立するが，さらに11世紀末以降になると殯殿(火葬骨の一時的安置所)に詣でたり，埋葬遺体の上に阿弥陀堂や卒塔婆を建立する慣習がうまれてくる。

中世以降になると，火葬骨や爪・髪を木製や石製の*五輪塔や宝篋印塔にこめて，諸寺・霊山(高野山奥の院や元興寺の極楽坊など)に奉納することが広く行われ始める。死者のために卒塔婆を立てることは関東武士にも継承され，阿弥陀三尊種子を刻む*板碑が立てられた。なお，中世以降の死体の葬地(埋墓)と霊魂の祭場(詣墓)を区別する現象を両墓制の概念で捉える学説もあるが，霊魂の祭場は厳密には墓ではなく，それを「詣墓」と捉える観念の問題として歴史的に考察すべきであろう。室町時代には，盂蘭盆会の普及とともに墓に詣でる風習が普及し，15世紀以降は葬地が都市や集落内部にも設けられるようになる。しかし，従来の埋葬形態や死体遺棄も庶民の間では根強く残っていた。江戸時代になると，大和・河内・和泉国などの葬地へ浄土宗系の僧侶が住み，墓地を管理する墓寺を造るようになるが，夫婦単位の墓が成立してくるのは江戸末期のことであり，石碑が全国的かつ庶民層にまでみられるようになるのは明治以降のことである。

⇒山陵　葬制　祖先崇拝

破戒 はかい　*島崎藤村の長編小説。1906年(明治39)発表。被差別部落出身の小学校教員瀬川丑松は，父の戒めを守り，自分の出自を隠して生活している。しかし，被差別民の運動家猪子蓮太郎の著作にふれ，自己の不自然な生を思い知る。猪子の死を契機に，

素性を告白した丑松は，新天地を求めてテキサスへ旅立つ。丑松の内面の葛藤に対して早くから共感の批評が寄せられ，*自然主義文学の代表作とみなされた。告白のモチーフや主人公の心情に対応した自然描写などは，後続の作品に強い影響を与えている。被差別部落に対する認識に関しては，時代的制約を考慮しても問題点が多い。

葉隠 はがくれ　武士の職分を人倫の為政者として捉えた儒教的な士道に対して，士の覚悟と主君への献身・奉公に生きる道を説いたのが「葉隠」の世界である。本書は，鍋島藩士山本常朝(1659〜1719)の口述を田代陣基が筆録した聞き書きで，初会は1710年(宝永7)。常朝は，主君(鍋島直茂・勝茂)への献身，家臣としての覚悟，当世の武士批判などを語るが，それは彼が元禄期(1688〜1704)以来，経済の発展とともに戦国の気風も消え失せた泰平の世に，あえて鍋島武士の生き方の根幹である「死の覚悟」と「奉公の道」を示したかったからである。

「葉隠」における覚悟とは，「武士道と云ふは，死ぬ事と見つけたり」と，鍋島武士の生きるべき道である。常に死を覚悟する「死狂い」は，主君への奉公の場における純粋無雑の精神をめざす「曲者」であり，目的のために思慮分別をせず死のみを志向する武士である。知恵・才覚は武士の生きる道の妨げと考えられた。「死のみ誠なりけり」に徹しきった曲者・「そげ者」(削げ者，変人のこと)こそ主君にとって「よき奉公人」であった。天下静謐の世に生まれた武士にとって，伝統的な主従の情誼的結合による「男道」の世界は，もはや過去の存在となり，今や武士は手柄・功名をえる場もなく，「金銀の噂，損徳の考え，内証の咄，衣装の吟味，色欲」の雑談ばかりで，死の覚悟もない上面だけの奉公人と化したと，常朝はその現状を嘆く。「寝座の上にて息を引き切り候は，まづ苦痛の堪えがたく，武士の本意にあらず。討死ほど死によき事はあるまじき候」と切実に願う常朝にとって，現実の世は畳の上で死ぬ奉公であったからこそ，生に対する執着心を断ち切って主君に奉公すべきことが強調されたのである。⇒武士道

芳賀矢一 はがやいち　1867〜1927(慶応3〜昭和2)　明治・大正期の国文学者。越前国福井城下に生まれる。東京帝国大学に学び，ドイツに留学後，同大学教授として国文学を講じる。退官後は国学院大学学長・皇典講究所調査委員長を務める。その研究は文献学であるが，精神史として日本人論を考察した。1907年(明治40)出版の「国民性十論」は，その結論に「儒者の教理も，仏陀の教化も，我国に移し植ゑられて，却つて大いに発揚せられ，拡張せられ，其長を採り，其短を捨てた結果は，今日の日本国をして東洋の一強国たらしめたのである」とあるように，東西文明の融和を主張し，日露戦争後の日本人論の特色がよく示されている。ほかの著作に日本語文法書「明治文典」(1905)がある。

破吉利支丹 はキリシタン　「破鬼理死端」とも。江戸前期の排耶書。*鈴木正三の著。1冊。1642年(寛永19)頃の成立，現存刊本は1662年(寛文2)版。島原の乱後，正三の実弟鈴木重成が天草代官に就任すると，正三もまた天草に赴き，重成を助けて寺院創設によって教化にあたり，本書を著して諸寺に頒布した。9項目からなる。キリスト教の天地万物の創造や奇特，霊魂観念などをとりあげ，三界唯一心・心外無別法の立場から批判を加えている。教理的内容が濃く，知識階級を読者対象にしていると思われ，排耶運動のテキストにしようとした正三の意図がうかがえる。⇒排耶論

萩原朔太郎 はぎわらさくたろう　1886〜1942(明治19〜昭和17)　大正・昭和前期の詩人。群馬県前橋の富裕な医家に生まれ，若くして音楽と詩に才能を発揮した。詩は*北原白秋に兄事し，室生犀星・山村暮鳥と知り合い，1916年(大正5)には犀星と詩誌「感情」を創刊した。白秋の影響下に抒情小曲風な詩から出発し，近代的な憂愁と倦怠と孤独疎外の感情，鋭敏な感覚を口語による独自の韻律性をもつ詩風を確立した。それらの詩作は最初の詩集「月に吠える」(1917)に結集され，象徴詩的口語詩の完成者としての地位をえた。こうした感情は詩集「青猫」(1923)で虚無的に深められ，晩年を代表する詩集「氷島」(1934)は，生活の不如意が重なり，人生

の虚妄を嘆ずる絶望的心情を文語詩への回帰の中で形象した。「萩原朔太郎全集」全15巻がある。

萩原広道 はぎわらひろみち 1815〜63（文化12〜文久3）江戸後期の国学者・読本作者。通称は鹿蔵、別号は葭沼など。岡山藩士の子に生まれ、平賀元義などに歌学を、*大国隆正に国学を学んだ。1845年（弘化2）大坂にでて国学の教授をもって生活していたが、病身で貧窮に苦しんだ。「源氏物語評釈」（1861刊）は花宴の巻までであるが、江戸時代の「*源氏物語」研究の集成であるだけでなく、独自の物語構想論が示されている。また、そこには*曲亭馬琴の用いた小説批評用語と共通するものがあり、未刊に終わった馬琴の読本「開巻驚奇侠客伝」の第5集（1849刊）を書き継いでいる。ほかに中国白話小説「通俗好逑伝」の翻訳がある。

白隠慧鶴 はくいんえかく 1685〜1768（貞享2〜明和5）江戸中期の臨済宗の僧。近世臨済禅の大成者。法諱は慧鶴、道号は白隠。鵠林とも号し、神機独妙禅師・正宗国師と追諡される。駿河国駿東郡浮島ケ原の杉山氏の庶子。15歳の時、同村の松蔭寺で単嶺宗伝について得度し、沼津大聖寺の息道、美濃国瑞雲寺の馬翁、伊予国正宗寺の逸伝、越後国英巌寺の性徹に師事し、信濃国正受庵の*道鏡慧端のもとで得悟した。1718年（享保3）に京都妙心寺の第一座となり、法兄透鱗の法嗣となった。のち松蔭寺に住し、各地の招請に応じて経典・祖録を講じ、58年（宝暦8）三島竜沢寺を中興開山した。68年（明和5）12月11日、松蔭寺にて没した。門下に東嶺円慈・遂翁元盧・峨山慈棹らを輩出し、以降の臨済禅は、この法系を中心に展開した。慧端の指導をうけた白隠の禅風は、純粋禅の法系から無字の公案、隻手音声の公案など新たな公案禅の体系を形成し、禅の独自性を確立するとともに、*至道無難が示した諸教一致禅を基本的に継承し、民衆的な唯心論を「自心即浄土」「自性即仏」（「藪柑子」）という境地から把握するものであった。主著に「荊叢毒蘂」9巻、「*遠羅天釜」3巻、「*槐安国語」7巻などがある。

博打 ばくうち →賭博
博奕 ばくえき →賭博
白画 はくが →白描画
白山之記 はくさんのき →白山之記
白山曼荼羅 はくさんまんだら 白山信仰の*参詣曼荼羅図の一つ。白山連峰は、加賀・越前・美濃・飛騨国にまたがっており、中世には山麓から山上に至る登山道である禅定道が存在し、山麓には大規模な白山を信仰する集落が形成されていた。白山曼荼羅は禅定道の違いにより図像が異なっており、現存するのは加賀系・越前系・美濃系の3系統に分類できる。これらの参詣曼荼羅は、こうした白山を信仰する集落と関わりをもちながら残されてきたのであり、図中に集落の全貌を描きこんだり、土着の色合いの濃い物語を図像化したりしているところに特徴がある。

幕政委任論 ばくせいいにんろん →仁政思想
薄葬思想 はくそうしそう 葬送と埋葬施設の簡素化、もしくはその否定を理想とする思想。中国の秦漢時代の厚葬の風に対する反省から、魏の文帝・武帝が薄葬を命ずる詔を発したことが、のちの規範となった。日本では、646年（大化2）のいわゆる大化の薄葬令がこれを引用しつつ新しい葬制をたてているが、公民制の創始をめざした習俗改正を目的とする政治的な文脈で引用されているにすぎない。8世紀以降、仏教の火葬による葬送の簡素化が広く普及する。思想としては、平安時代に嵯峨・淳和両上皇の遺詔により明確な薄葬思想がうちだされ、中納言藤原吉野による儒教思想の立場からの反対はあったものの、太上天皇の葬礼はそれ以降、慣例として定着する。

白百比丘尼 はくびゃくびくに →八百比丘尼
白描画 はくびょうが 白画とも。東洋画で毛筆の線描だけで制作された絵画のこと。厳密には、輪郭線からなる線描本位の単色画のことで、墨色に限るものではないが、ふつう墨の単色画をさす。墨を面的に表現する*水墨画とは区別される。中国では晋代の書画に秀でた士大夫の画家たちの筆技が規範となり、盛唐の呉道玄（道子）、北宋末の文人李公麟が様式を確立し伝統をつないだ。日本への影響は正倉院宝物の「麻布菩薩像」などに始

まり，「*鳥獣戯画」などの白描絵巻，「随身庭騎絵巻」などの*似絵に，後鳥羽院本などの白描歌仙絵などは院政期から鎌倉時代にかけての作例である。「隆房卿艶詞絵巻」「豊明絵草紙」など白描やまと絵の様式も完成した。

博文館 1887年(明治20)に大橋佐平が創業した出版社。「日本大家論集」をベストセラーとしたほか，高山樗牛編集の総合雑誌「*太陽」をはじめとして明治期だけで60余種の雑誌を創刊した。加えて「教育全書」「工業全書」「農業全書」などの全集シリーズや，文学から医学まで幅広い領域の単行本を発行し，日本近代出版史に博文館時代を築いた。91年には取次部門として東京堂(現在の東京堂書店およびトーハンの前身)を発足させてもいる。1928年(昭和3)に「太陽」が廃刊となってからは赤字が続き，48年に博友社・交友社・好文館の3社に分裂した。

白鳳文化 7世紀後半，飛鳥文化と天平文化の間に位置する美術史・文化史の時代区分。白鳳とは白雉年号に対する私年号。この時期の美術様式は，従来の朝鮮半島諸国を介して受容された六朝文化を基礎とする飛鳥様式をふまえて，新たに初唐の文化の影響をうけて成立したものであり，清新でおおらかな明るさが特徴である。国家仏教の成立とともに百済大寺・川原寺・*薬師寺などの寺が国家主導で建立されるが，ここに積極的に初唐の新しい技術や様式が導入されたのである。建築としては，薬師寺東塔や古い様式をかなり残すが法隆寺西院伽藍がある。彫刻では，興福寺の旧山田寺仏頭，薬師寺東院堂聖観音像，法隆寺夢違観音像などが典型的であり，絵画では法隆寺金堂壁画や高松塚古墳壁画などがある。他方，文学でも同様の時代精神が感じとられる。漢文学の影響をうけて，長歌・短歌が明確に定型化されてくる。「万葉集」のいわゆる第2期の代表的歌人*柿本人麻呂らの作品には，活気にみちた精神のいぶきがあふれでいる。ただし，この白鳳文化は，次の本格的な唐文化の導入の中で完成されてくる天平文化をうみだす胎動期であり，もちろん独自の特色は有するものの次代へ連続する時代であるとみて，一つの時代として認めない見解もある。

莫妄想 「まくもうそう」とも。江戸中期の心学書。著者は*石田梅岩で，その没後に刊行された。1冊。梅岩の思想が，老荘思想と仏教，わけても禅の哲学に近い立場から記される。書名は「妄想すること莫れ」の禅語。人間と同時に宇宙の本体でもある「性」の道は究極の実在であるから，相対的な有でも無でもなく有無を止揚する絶対無であり，相対的な善でも悪でもなく善悪を止揚する絶対善である。それゆえに，道は「道ヲ得テ其道ヲ道トセバ道ニ非ズ」，弁証法的な絶対無・絶対善は，通常の学習論理・過程ではなく，永くきびしい修行の末に直覚的に悟認されるものとする。⇒石門心学

羽倉簡堂 1790～1862(寛政2～文久2) 江戸後期の幕臣・儒学者。名は用九，字は士乾，通称は外記，簡堂はその号。幕臣で代官を務めた父の任地大坂で生まれる。江戸で*古賀精里に学び，*広瀬淡窓とも交わった。父の没後，1810年(文化7)代官となり，38年(天保9)伊豆七島を巡視した。42年に老中水野忠邦に抜擢されて納戸頭・勘定吟味役兼帯となり，生野銀山・大坂を視察し，富商に献金を奨め幕府の窮乏を救ったが，忠邦の失脚とともに蟄居した。のち許されて隠居し，読書と著述に専念した。*渡辺崋山らの蛮社グループの一人としても知られ，49年(嘉永2)「海防私策」を老中阿部正弘に上申した。嘉永・安政期(1848～60)に簡堂の塾では，昌平黌書生寮にいた*松本奎堂らの学生が集まって時勢を論じあっていた。著書は「簡堂遺文」など。

筥崎八幡宮 筥崎宮とも。福岡市東区箱崎に鎮座。応神天皇・神功皇后・玉依姫命を祭神とする。観世音寺若宮の巫女の託宣により，923年(延長元)に筑前国穂波郡大分の頓宮のあった地に遷座したと伝える。平安時代には，大宰府と密接な関係を保ちながら勢力を伸ばした。遷座の背景には，新羅来寇の危機感と日中間の私的貿易に関心をもつ大宰府府官の動きがみられる。このように大宰府の支配下におかれてきたが，1185年(文治元)後白河上皇の院宣によ

り*石清水（いわしみず）八幡宮の別宮となった。文永の役後の1275年(建治元)，亀山上皇より「敵国降伏」との書を賜ったことは有名である。鎌倉時代以降は，武神として武家の篤い信仰を集めた。

箱根本地由来 はこねのほんじゆらい　箱根権現・伊豆山（走湯とうゆう）権現・三島明神の本地譚。書名は箱根と冠するが，伊豆山・三島の本地も語る。中天竺（ちゅうてんじく）の原田国の佐原中将光氏の女の常住御前は，母と死別し，後妻から数々の迫害をうけ，後妻の娘の常住才はみかねて母を諫めると，今度は常住才まで迫害された。最後に姉の常住御前は箱根権現，妹の常住才は伊豆山権現，父の佐原中将光氏は三島明神として垂迹（すいじゃく）する。本書は箱根権現・伊豆山権現・三島明神の霊験を民衆に唱導するための正本であり，中世以来，民衆の中に生き続けてきた箱根権現・伊豆山権現・三島明神への信仰を知るうえで重要な史料である。

筥根山縁起幷序 はこねやまえんぎならびにじょ　「筥根山縁起」とも。相模国足柄下郡に鎮座する箱根神社の縁起。真名本。1冊。成立の事情は，巻末に1191年(建久2)7月25日，箱根山の別当行実（ぎょうじつ）の依頼により南都興福寺の住侶信救（しんぎゅう）が記したとある。箱根権現の創祀から鎌倉時代までの縁起を編年体で記載している。主な内容は，神功（じんぐう）皇后が三韓を征討したのち，武内宿禰（たけのうちのすくね）の勧めにより相模国高麗山に百済（くだら）と新羅（しらぎ）の神々を勧請したこと，安閑（あんかん）天皇の時に仙人が箱根山へ飛来したこと，皇極天皇の時に玄利老人が東福寺を創建したこと，757年(天平宝字元)に万願（まんがん）(万巻)上人が箱根三所権現を勧請したことなどである。

恥 はじ　恥ずかしいという感情。恥ずかしさの感情は人に普遍的なものであるが，何を恥ずかしいと感じるかは文化や社会のあり方によって規定されてくる。恥は，実際に恥ずかしい思いをし，二度とそのような思いをしまいとすることから，個々人の行為を方向づける規範ともなる。また，恥ずかしさの感情は自分の実体験だけではなく，他者の体験をとおして刷り込まれたり教えられたりして，広く社会的な意識を形成することにもなる。「恥」の発生のメカニズムに関しては，大別して二つの見方があるという。一つはフランスの哲学者サルトルの羞恥論に代表されるもので，恥をあるべき状態からの失墜の感情によって説明する見方であり，もう一つの見方はドイツの哲学者マックス・シェーラーの羞恥論に代表され，志向性のズレに着目するものである。シェーラーによれば，羞恥は自分が普遍者としてふるまっている時に，他人がそのような存在として自分を注視してもおこらない（モデルあるいは患者の場合）が，普遍者として取り扱われるはずの状況のもとで，個体として注視されたりする時に生じるという。つまり，自己と他者の間で普遍者と個別者をめぐる志向性のズレがおこることによって，恥の発生を説明しようとした。

漢語での「恥」の字意は，「心」が「耳」のように柔らかくなることに由来し，やましいことがあると気が挫け，心がなよなよよして縮まる思いであるとも，「耳」の転音が音を表し，「おそれる」の意の語源「偶（ぐう）」からきて，「反省しておそれる」ということから「はじる」の意味が発生したともいう。和語の「はじ」の語源は明らかではない。「古事記」には，黄泉国（よみのくに）で見るなとの約束を破って，見てしまったイザナキノミコトに対してイザナミノミコトが「吾に辱（はじ）見せつ」と怒り，魔物を追わせた有名な話がある。このことは，秘密の暴露と恥の発生が密接にかかわっていることを象徴的に物語っている。

恥が日本の文化論の中で大きくとりあげられるようになったのは，アメリカの文化人類学者ルース・ベネディクトの「*菊と刀―日本文化の型」(1946)によるところが大きい。ベネディクトは，欧米社会を内面的制裁にもとづく「罪の文化」(guilt culture)，日本社会を外面的制裁にもとづく「恥の文化」(shame culture)と対比的に位置づけて文化の類型化を試みた。この類型化は，自己の深い「罪」意識や良心の呵責によって行動を規制する欧米人は自律的存在であり，世間や他者の目を想定した「恥」意識によって行動を規制する日本人は他律的存在であるとの価値判断をともなう傾向にあり，この点多くの日本人学者からの批判を浴びた。作田啓一（さくたけいいち）は，「罪」は罰という外からの規制が行動を拘束している場合があるし，「恥」において

も「私恥」ともいうべき内心に恥じる恥があることを指摘し、モラルの根拠付けを罪が内面的、恥が外面的という形で捉える単純な図式を批判した(「恥の文化再考」、1967)。また相良亨らは、鎌倉武士の名誉感や「*甲陽軍鑑」における「心に心を恥じる」武士の恥意識を分析し、自分が自分に深く恥じたり、尊敬する他者に恥じたりすることがあり、これは自己に内在する良心の目覚めに根ざすものであることを示唆している(「武士道」、1968)。*新渡戸稲造がその著書「*武士道」の中で、「恥はすべての徳、善き道徳の土壌である」とのべ、恥を知ることの意義を肯定的にとりあげている。これも、恥が単に外面的な評判を気にかけた他律的な行動規範としてではなく、内面化された場合に働く高次元の恥の意識が、モラルの形成に深くかかわっていると考えたからである。

橋本稲彦 はしもといなひこ 1781〜1809(天明元〜文化6) 江戸後期の国学者。通称は保次郎・稲蔵、号は琴廼舎ら。安芸国広島の商家に生まれ、年少の頃から和学を好んだ。はじめ垂加神道を学んだが、1798年(寛政10)*本居宣長に入門し、しばらく伊勢国松坂の宣長の許で研鑽を積んだ。1800年以後は、大坂にあって宣長の説を祖述し、01年(享和元)大坂を訪れた宣長を堺まで出迎え、同行している。主な著作には「紫文消息」「万葉梯」「紫文製錦」などがある。*頼山陽とは同郷であり、「紫文製錦」の序を依頼している。鈴屋門の学問伝播を考えるうえで、稲彦の活動がはたした役割は大きい。

橋本左内 はしもとさない 1834〜59(天保5〜安政6) 幕末期の開明派志士。名は綱紀、号は景岳、通称は左内。福井藩の奥外科医で25石5人扶持の橋本彦也長綱の長男。15歳で崎門学派の藩儒吉田東篁に学び、自省録「*啓発録」を著す。16歳の時に上坂し、緒方洪庵の*適塾に2年余遊学した。帰国後、藩医に任じられ種痘法の実施に尽力した。1854年(安政元)江戸に赴いて*杉田成卿らにつき、蘭学の力を深めるとともに英語・ドイツ語もほぼ読解しえた。一方、和親条約以後の政治状況にも関心を深め、*藤田東湖・*西郷隆盛らとも交渉をもった。56年御書院番、翌年藩校明道館の学監に登用されて洋書習学所を設け、政教一致・経済有用の学を鼓吹して治績をあげた。57年に江戸へでて藩主*松平慶永の侍読兼内用掛となり、一橋慶喜を次期将軍に擁立する運動にたずさわり、幕府要人・他藩主・藩士間の連絡にあたった。この頃、近い将来における国際連合の成立を予想し、ロシアと攻守同盟を結んで外国貿易を盛んに行い富国強兵をもたらすとともに、国内にあっては英明の新将軍慶喜のもと、親藩・譜代・外様の有志大名をはじめ、藩士・浪士や乞食・雲助をも参加させた統一体制樹立を考えた。しかし安政の大獄で処刑される。キリスト教や西洋政治体制にも理解を示したが、伝統的武士精神を根底に堅持していた。

橋本宗吉 はしもとそうきち 1763〜1836(宝暦13〜天保7) 江戸後期の蘭学者。名は直政のち鄭、字は伯敏、通称は宗吉、号は曇斎。阿波国生れ。のちに父とともに大坂にでて、傘工として画技に長じていた。蘭方医*小石元俊と間重富に才能を見出され、その経済支援をうけて江戸の*大槻玄沢に蘭学を学び、玄沢門下の四天王の一人に数えられる。大坂に戻ってから1798年(寛政10)大坂車町に糸漢堂塾を開き、関西地方に蘭学を広めた。著作には「阿蘭陀始制エレキテル究理原」、翻訳に「蘭科内外三法方典」など多数ある。

破邪顕正記 はじゃしょうじょうき 江戸前期の宗論書。日蓮宗から天台宗に転宗した僧侶*真沼の著。全5巻。1637年(寛永14)成立。39年の「破邪顕正記続補」もある。全67項目からなる問答体である。日蓮宗は「法華経」を正しく理解せず、諸宗を誹謗するのは誤りであると批判するとともに、末代の行者は西方安楽世界を期すべきこと、法華・真言・禅・戒律は念仏に収まること、また戒をもつことの重要性をのべて念戒双修を主張している。*安土宗論をふまえていると考えられ、本書をうけて日蓮宗側からの反論、真沼側の再反論と論争が展開した。

芭蕉 ばしょう 1644〜94(正保元〜元禄7) 江戸前期の俳諧師。本姓は松尾、名は宗房。号は桃青・風羅坊など。芭蕉は庵号。伊

賀国上野に郷士の子として生まれ，藤堂新七郎家に仕えたが，武士を廃して江戸にでる。俳諧宗匠として暮らすかたわら，神田上水の水役をも務める。のち深川の芭蕉庵に移り，各地に俳諧の旅を重ね，大坂で客死した。

俳歴は主家の嫡子の伽役として，たしなみで貞門俳諧に親しむことから始まり，*宗因の談林派に心酔し，のち独自の俳風を確立する。その遍歴は，江戸時代の俳諧が連歌から自立して江戸文芸の一ジャンルになっていく過程を，一身に体現している点に特色がある。蕉風と称される句風のよくでた俳諧撰集に「虚栗」(1682)，「冬の日」(1685)，「猿蓑」(1691)，「炭俵」(1694)などがある。*不易流行・*かるみなどの蕉風理念は，去来・許六ら高弟たちの俳論に説かれている。

芭蕉の発句はおおよそ1000句で，年代によって変化するが，人生の真実と哀歓，わが国の自然風土の情感をとらえた名句が多い。ただし，自他ともに認める連句の達人であり，歌仙を代表とする連句にこそ本領がある。

「野ざらし紀行」(1684)や「笈の小文」(没後1709刊)など，紀行文も秀逸の俳文であるが，「*おくのほそ道」(1689)の旅では，「*古今和歌集」以来の和歌の伝統に支えられた日本の美意識の再確認とともに，近世日本の新しい風景の情緒の発見をはたしている。これは芭蕉自身の反都会的な志向もあったであろうが，漂泊・遊行の伝統につながり，社会性と反社会性の境界に自己の詩精神の場所を定めたことでなしえたことでもあろう。

俳諧はもとより生活の余技の楽しみにすぎないが，芭蕉は風狂の精神から風雅・誠へと，俳諧を滑稽から人間の真実へ，人生の意味を託しうる精神活動の場へ転じた。*西行や*宗祇のような中世人への憧憬，禅を中心とする宗教的世界への親炙も大きな特色である。その反世俗性は，また当時の一般世俗の隠遁志向にも合致した。後世への影響力は大きく，俳聖と仰がれた。

場所的論理と宗教的世界観 はしょてきろんりとしゅうきょうてきせかいかん

1945年(昭和20)に脱稿された*西田幾多郎最後の完成論文。キリスト教と浄土真宗および大乗仏教の論理を批判的に総合して，新たに場所の思想や歴史的世界の概念を宗教的・形而上的に基礎づけようとしたもの。それによれば，歴史的世界における諸概念の弁証法的統一は，世界がそこにおいてある永遠の今に照らされてはじめて真の矛盾的統一，すなわち一者の自己矛盾的表現として認識されるのである。人間と実在の根底にある深みが一つの体系としてまとめられて，*西田哲学の掉尾を飾る輝かしい論文として残されることになった。

柱源護摩 はしらもとごま

*修験道の修法の中でも秘儀とされる儀礼。もともとは入峰修行で行われる峰中灌頂の一つとして行われて，六凡四聖を含む十界修行，なかんずく穀断・水行などののちに受法が許され，のちに聖護院などの寺院で伝法されるようになってからも，3週間にわたる前行が課せられていた。柱源護摩を行うにあたっては，まず，護摩炉の正面前に長方形の壇板がおかれ，その上の中央手前から奥へ独鈷，洗米の入った舎利器，三本足の水輪をおく。水輪の蓋の上には黒布をかぶせた2本の乳木と，金襴で包まれ赤紐のついた閼伽札がさしこまれている。閼伽札の前にはハート形の穴があいている。水輪の両脇には樒一房と水の入った花桶が一対おかれ，その手前に水の入った蓋付きの閼伽器二つと杓2本が安置される。右脇の机には法螺，願文，火扇，打ち鳴らし，小型の筒打木一対と大型の肘比一対が，左脇には柄香炉，小木108本，松明2本，壇木36本，檜葉，火箸，刀が準備される。

式次第は全体として導入・床堅・柱源・護摩・終結の5段構成になっている。順を追ってのべると，まず修法者は入堂のうえ，法螺を吹き，八葉の印作り，香炉と肘比をもち六大の明を観じる。これが導入部である。ついで第2段では筒打木を打ったのちに床堅の作法を行い，第3段では壇具に六大を観じる六大観を行い，閼伽の水を水輪に注ぎ，手一合，金胎乳木観，住床の諸作法が行われる。第4段では筒打木，敬白，祈禱，役行者の宝号，乳木作法，閼伽作法，舎利根源塔，乳木作法が行われ，ついで

第5段の護摩関連の作法に入る。そして終結の作法として筒打木、字母文、大日の真言を21回、役行者宝号を37回唱え、合掌した手に閼伽札をもち六大の明、住床の偈を唱え、三礼し出堂となる。

ところで、柱源の壇具は陰陽未分を示す壇板から陰陽二水・天地が生じ、その両者の交わりから父母を生じ(水輪)、そこから父母の姿(乳木)や修法者自身(閼伽札)が生じることを象徴している。修法者は自己の構成要素と宇宙のそれとが同じであると観想したうえで、宇宙と修法者が生まれ、水・米によって育てられることを観想したのちに護摩を焚いて自己の罪障を焼き尽くし、再び宇宙(大日如来)と一体化し、修法者も含めた宇宙すべてのものが本来同じ構成要素からなることを確認して修法を終えるのである。つまり、柱源護摩は、混沌の状態から天地が形成され、父母が生まれ、修法者が生まれ、そうして生成したものすべてが共通の構成要素から成立していることを象徴する儀礼であり、自己および宇宙の生成を再現する儀礼であるといえる。

走湯権現(はしりゆごんげん) →走湯権現(そうとうごんげん)

八菅修験(はすげしゅげん) 神奈川県愛甲郡愛川町の八菅山(標高225m)を拠点として活動した修験集団。八菅山は丹沢山地の東端に位置し、大山(おおやま)などと並ぶ修験の霊場であった。1419年(応永26)に記された、八菅山の住職盛誉(じょうよ)による「八菅山光勝寺再興勧進帳(かんじんちょう)」には、八菅山の開基を行基(ぎょうき)としているが、実際の成立は平安中・末期頃と推測され、鎌倉初期にはこの地の御家人海老名(えびな)氏の外護のもとに発展していったと考えられている。また、現在残る熊野長床衆(ながとこしゅう)の峰入りを示す、1291年(正応4)の碑伝などから、早くから熊野修験の影響をうけていたと考えられている。

南北朝・室町時代にいったん衰退したものの、応永年間(1394~1428)には光勝寺住職の盛誉の努力と足利持氏(もちうじ)の外護により復興した。のちに再び兵火にみまわれたものの、1541年(天文10)に後北条氏被官の遠山綱景によって堂社の造営がなされているが、この間に一山の中心は光勝寺から八菅山大権現へと変化していった。また、室町末期の「役行者本記(えんのぎょうじゃほんき)」に役行者の修行地として記載されるなど、八菅山はしだいに*本山派(ほんざんは)修験の霊場として有力な地位を占めるようになった。1552年には聖護院門跡(もんぜき)の道増(どうぞう)の、永禄年間(1558~70)には聖護院宮の代参の訪問をうけるなど、しだいに聖護院門跡との結びつきを強めた。この結果、それまで支配をうけていた小田原の大先達玉瀧院(ぎょくりゅういん)の支配を離れようとする動きがおこり、1687年(貞享4)聖護院御直末院となった。

江戸時代の八菅山は八菅山七社権現を中心とし、光勝寺を別当寺とし、そこに本坊24坊、脇坊22坊が所属し、本坊のうちから2院ずつの年番がだされ、一山の運営にあたった。また、八菅から大山方面に入る春の峰入り修行は明治初年まで継続された。一方、一山の財政的基盤が弱いことから、多くの坊は半農半修験的な生活を送り、さらに江戸中期以降は各坊の経済的・政治的な格差にもとづく階層分化が進行していった。

明治初年の神仏分離により八菅神社と改称され、各坊は復飾した。以後、神社として今に至っているが、現在、祭礼時に柴(採)灯護摩(さいとうごま)、神木(しんぼく)のぼりなどの修験的行事が復興されている。

長谷川昭道(はせがわあきみち) 1815~97(文化12~明治30) 幕末・維新期の国学者・政治家。通称は深美、号は戸隠舎(とがくししゃ)。信濃国松代藩士の長男として誕生。藩の秀才として*佐久間象山(しょうざん)と並び称される。*佐藤一斎(いっさい)に学び、藩命で象山にも洋学を学ぶがのちに離門する。国学や水戸学の影響をうけ、儒教から国学へと転回する。記紀神話を再構築して「皇学」という学問概念を確立し、洋学受容の道を開く。1851年(嘉永4)藩財政再建のため郡奉行・勝手元締役に抜擢される。ペリー来航時の出兵問題で、象山らのグループと対立する。64年(元治元)に京都留守居役として勤王の立場にたち、藩論を統一する。維新期の大学校創設に関与する。著書に「*皇道述義(こうどうじゅつぎ)」「*九経談(きゅうけいだん)総論評説」など。

長谷川時雨(はせがわしぐれ) 1879~1941(明治12~昭和16) 明治~昭和前期の劇作家・演劇評論家。本名ヤス。東京生れ。秋山源泉学校(寺子屋

式)卒。のち竹柏園で古典を学ぶ。1901年(明治34)「うづみ火」が「女学世界」に入選する。離婚後、最初の戯曲「海潮音」が05年10月「読売新聞」の懸賞に当選する。10年発表の「操」(のち「さくら吹雪」と改題)は6世尾上菊五郎の出世芸ともなり、これにより女流劇作家としての地位を確立した。女流演劇評論家としても活躍し、12年「シバキ」を創刊、13年(大正2)菊五郎と狂言座を結成する。18年三上於菟吉と再婚。「*青鞜」賛助会員。28～32年(昭和3～7)「女人芸術」を復刊・主宰し、34年新人女性作家の育成をめざし燦々会を創立する。日中戦争を契機に銃後の守りとして〈輝ク部隊〉を結成する。明治・大正期をとおして女流劇作家の第一人者として活躍した。「長谷川時雨全集」全5巻がある。

長谷川天渓 はせがわてんけい　1876～1940(明治9～昭和15)　明治～昭和前期の評論家。本名誠也。新潟県出身。1897年(明治30)東京専門学校(現、早稲田大学)卒業後、博文館に入社し、雑誌「太陽」の記者となった。高山樗牛の没後、「太陽」の文芸時評欄を担当し、「文学の試験的方面」(1905)などで、創作における科学的態度の必要を説いた。*自然主義文学が台頭してくると、「幻滅時代の芸術」(1906)や「論理的遊戯を排す」(1907)で無理想・無技巧の文学こそが時代の要請に応ずるものであると主張し、さらに「現実暴露の悲哀」(1908)では醜悪な事実の直視を唱えた。天渓の評論は、論理的整合性に欠ける傾向があるものの、その用語は自然主義のスローガンとして広く流通した。「長谷川天渓文芸評論集」がある。

長谷川如是閑 はせがわにょぜかん　1875～1969(明治8～昭和44)　「文明批評家」を自任し、終生在野の言論人として活躍した思想家。本名山本万次郎、養子に入り長谷川と改姓。東京木場の材木店主の家に生まれ、職人的世界になじみながら育つ。私塾を転々としたのち、東京法学院(現、中央大学)を卒業した。日本新聞社に入社したのち、「大阪朝日新聞」記者となるが、1918年(大正7)の*大阪朝日新聞筆禍事件(白虹事件)を機に退社した。独立して雑誌「*我等」(1919創刊)、さらに「批判」(1930創刊)を発行し、度重なる発行停止に抗しながら先鋭的な国家批判・社会批判の健筆をふるった。それらは「*現代国家批判」(1921刊)、「現代社会批判」(1922刊)、「真実はかく伴う」(1924刊)、「日本ファシズム批判」(1932刊)として刊行されたが、「日本ファシズム批判」は刊行後ただちに発売禁止となる。32年(昭和7)*唯物論研究会の創立大会議長や学芸自由同盟の創立幹事などとして反ファッショ活動に加わったが、33年11月共産党シンパ容疑で検挙され、釈放後の34年には「批判」を終刊させた。以後は〈日本国民の歴史と文明の特殊性〉についての考察に従事し、「日本的性格」(1939刊)、「続日本的性格」(1942刊)を刊行した。戦後、新聞「日本」記者時代までの半生を扱った「ある心の自叙伝」(1950刊)を刊行した。「長谷川如是閑選集」全7巻・補巻1がある。

長谷寺 はせでら　初瀬寺・泊瀬寺などとも。奈良県桜井市に所在する真言宗豊山派の総本山。*西国三十三所観音霊場の第8番札所。豊山神楽院と号する。686年(朱鳥元)道明上人が西岡に創建し(本長谷寺)、733年(天平5)徳道上人が東岡(現在地)に堂舎を建てて十一面観音像を安置したという(後長谷寺)。当初は山岳寺院として行場的性格をもち、東大寺末であったが、10世紀後半には興福寺末となった。平安時代以来、*観音信仰の興隆とともに貴顕・庶民の参詣が多く、本尊の霊験譚や当寺をめぐる信仰は物語や説話集に散見し、霊験譚を集成した「長谷寺霊験記」も編まれた。16世紀末頃に根来寺の*専誉が入寺して以来、新義真言宗の寺となる。

破提宇子 はだいうす　棄教した元イエズス会日本人修道士の不干斎ハビアンの著作。1620年(元和6)将軍徳川秀忠へ献上するため、長崎で著作・刊行した教理的排耶書。漢字片仮名交り文、58丁の木活字横本。1巻。提宇子はキリシタンの神デウス(Deus)の当て字で、書名はデウスの宗門・キリシタン宗門を論破する意。序は著作の動機、初段から7段まではデウス論、アニマ(霊魂)論、ルシヘル(堕落した諸天使の頭)論、原罪論、贖罪論、救世主論、処女マリア懐胎論、十戒論、特に彼

のキリシタン教理批判の最重要論拠である第一戒「万事ニ超テデウスヲ大切ニ敬ヒ奉ルベシ」にもとづく布教奪国論である。補遺としての夜話は、日本イエズス会の人事と布教政策に対する内部告発である。15年前の自著の護教論「*妙貞問答みょうてい」と共通する同一主題の内容だけを換骨奪胎し、神・儒・仏三教に仮託してキリシタン批判に転用し、幕府の禁教政策の正当性を論証しようとした。キリシタン教理を排除しながら、それを借用し媒介とした拒絶と受容の書である。キリシタン時代の東西思想闘争を象徴する代表的排耶書であり、日本イエズス会に「地獄のペスト」と称されるほどの衝撃、および江戸時代の*排耶論はいやろんの典拠となるなど大きな影響を与えた。幕末・明治初期に復刻された。

畠中観斎 はたなかかんさい　1752〜1801(宝暦2〜享和元)　「はたけなかー」とも。江戸中期の狂詩作者。名は正盈まさみつ、字は子允、通称は頼母たのも、号は観斎・寛斎・銅脈どうみゃく先生・片屈かたくつ道人・太平館主人など。讃岐国鵜足郡東分村の郷士の子で、京都聖護院宮の寺侍の畠中正冬の養子となった。*那波魯堂なばろどうに学び、1769年(明和6)18歳の時、狂詩集「太平楽府たいへいらふ」を刊行し、京都狂詩壇の盟主として、江戸の*大田南畝なんぽと並び称された。戯作者意識とともに士人意識をもち、71年の御蔭参おかげまいりを風刺した「勢多唐巴詩せたのからはし」(1771序)にみられるように、社会批評性をもった狂詩も残している。晩年は、*柴野栗山りつざんや*蒲生君平がもうくんぺいらとも交渉した。著書は「太平遺響いきょう」「針の供養」など。

畑中太冲 はたなかたちゅう　1734〜97(享保19〜寛政9)　「はたけなかー」とも。江戸中期の儒学者・和学者。名は盛雄もりお、字は冲卿、通称は太冲、号は荷沢かたく。仙台藩士の子。連歌師として知られた父淡也の教えをうけ、さらに徂徠そらい学者の別所毅城や*蘆野東山あしのとうざんに師事した。藩主伊達重村しげむらの顧問として江戸にいり、*細井平洲へいしゅうや*井上金峨きんがらと交遊し、諸藩邸の詩歌会に出席して文才を発揮した。荻生徂徠を批判する折衷学の盛行の中で、治国安民の礼楽制度の術については徂徠を評価する立場をとった。貨殖の術を積極的に肯定した「*貨殖論」のほかに、「類題法文るいだいほうもん和歌集注解」「源氏彙事げんじ」などの大部の注疏を著した。妻は蘆野東山の女。

秦公寺 はたのきみでら　→広隆寺こうりゅうじ

波多野精一 はたのせいいち　1877〜1950(明治10〜昭和25)　明治〜昭和期の宗教哲学者。長野県松本に生まれる。両親とともに上京。第一高等中学校をへて東京帝国大学文科大学に入学し、*ケーベルに師事して近世哲学史を学ぶ。1900年(明治33)東京専門学校(現、早稲田大学)講師として哲学史を講じる。その講義をもとに、1901年日本人による最初の本格的な哲学史である「西洋哲学史要」を公刊する。02年に*植村正久まさひさから受洗し、キリスト者となる。04年「スピノザ研究」をドイツ語で書く。同年ドイツに留学し、宗教史学派のキリスト教研究者に学ぶ。帰国後、東京帝大で「原始基督教」を講義する。17年(大正6)早稲田大学の内紛に嫌気を感じ辞職するが、京都帝国大学文学部の宗教学担当者として招聘される。35年(昭和10)に長年の研鑽の成果「宗教哲学」を出版する。定年退官後の40年「宗教哲学序説」、43年「時と永遠」を公刊し、波多野宗教哲学三部作が完成する。生を自然的生・文化的生・宗教的生と区分し、*人格主義の立場から宗教がもつ意義を鮮明にした。波多野にとって宗教とは、「他者に於て、他者よりして、他者の力によって生きる」ことであり、これが生の真相であるとする(「宗教哲学」42)。戦時中は岩手県に疎開、戦後は教え子小原国芳だにが創設した玉川学園大学の学長となる。「波多野精一全集」全6巻がある。

旗本法度 はたもとはっと　→諸士法度しょしはっと
蜂岡寺 はちおかでら　→広隆寺こうりゅうじ

八代集 はちだいしゅう　平安時代から鎌倉時代初めまでの八つの勅撰和歌集。「*古今こきん和歌集」から「*新古今和歌集」まで。すなわち「古今和歌集」「後撰和歌集」「拾遺和歌集」「後拾遺和歌集」「金葉きんよう和歌集」「詞花しか和歌集」「千載せんざい和歌集」「新古今和歌集」をいう。藤原定家ていかの「*明月記めいげつき」天福2年(1234)9月8日条に「八代集」の名がみえ、「新古今和歌集」撰上後まもなく生じた称と考えられている。

八部祓 はちぶのはらえ　(1)中臣祓なかとみのはらえ、(2)最要祓さいようのはらえ、

(3)最上祓，(4)三種大祓さんじゅ，(5)六根清浄大祓ろっこんしょうじょう，(6)身曾貴祓みそきの，(7)一切成就祓，(8)十種神宝とくさのからなる8種の祓詞はらえことばのことで，特に*吉田（卜部うらべ）神道において重要視された。(1)は中臣祓詞のこと。(2)は中臣祓詞より罪穢つみけがを清めるという要素を強調した祓詞。(3)は(2)をさらに集約した最上の祓詞である。(4)は*吉田兼倶かねともの作った3種の短文からなる祓詞。(5)は仏教用語である六根，すなわち人間の知覚・感覚器を清めるための祓詞であり，(6)は禊みそぎに関する祓詞で，別名を身曾貴大祓ともいわれる。(7)は伊勢信仰において用いられた祓詞で，これを唱えれば一切が成就するというもの。そして(8)は物部もののべ氏の祖神の饒速日命にぎはやひのみことが高天原たかまがはらから降臨した際に，天神御祖あまつみおやから与えられた10種類の神宝を振りながら唱える祓詞である。神道は*祓を根本思想としており，これらの祓詞は神道思想を知るうえで重要である。

八幡宇佐宮御託宣集 はちまんうさぐうごたくせんしゅう 「宇佐八幡宮託宣集」とも。*宇佐八幡宮の起源・祭神・託宣・古記録などを編集したもの。巻子本。全16巻。宇佐神宮寺学頭の神吽じんうん（1230～1314）が1290年（正応3）2月から1313年（正和2）にかけて編纂した。*八幡神の菩薩行や三国（日本・唐・天竺てんじく）修行のこと，小倉山・弥勒寺みろくじ・大尾社・小椋山おぐらやま社・若宮のこと，元宮の馬城峰まきのみねのこと，敵国降伏や垂迹すいじゃくのことなどが記されている。六国史をはじめ，仏典・社寺縁起・説話文学などの史料を引用しているが，神吽は社僧であったので仏教思想の濃厚な内容となっている。宇佐八幡宮の根本史料である。

八幡宮寺巡拝記 はちまんぐうじじゅんぱいき 八幡宮の*霊験記。全3巻1冊。成立は鎌倉中期頃とされる。作者は石清水いわしみず八幡宮の僧侶か。宇佐神宮をはじめ，香椎宮かしい・筥崎宮はこざき・石清水八幡宮など主要な八幡宮の縁起や霊験譚を神仏習合思想にもとづいて記してある。また，八幡宮の社名の由来，各宮の祭神・本地仏ほんじぶつなどを仏説によって解説している。たとえば，「香椎宮，此宮ハ筑前国ニオハシマス也，南方ニ向給ヘリ，中ハ聖母大菩薩オホタラ〔大多羅志女也〕，左ハ大菩薩，右ハ住吉也，香椎四所ト申時ハ，高良こうらヲ入奉也」とある。文中には「日本書紀」，諸社寺の縁起・流記などが引用されている。鎌倉時代の神道思想を知るうえでの重要な文献の一つである。

八幡愚童訓 はちまんぐどうくん 「一ぐどうくん」とも。「八幡愚童記」などとも。同名異内容の2種があり，現在では便宜上甲本・乙本に分けられ，ともに上・下2巻。その関係には諸説があるが，いずれも*石清水いわしみず八幡宮の社僧の手になると考えられ，およそ13世紀末～14世紀初頭の成立。甲本は，蒙古襲来をとりまく記述が主で，*応神おうじん天皇・神功じんぐう皇后に関する説話から説き起こし，*八幡神の異敵降伏の神威を宣揚する。随所に中世的な「日本書紀」解釈や神々の物語がみられる点が留意される。乙本は「垂迹事」から始まる14の章段からなる。*本地垂迹ほんじすいじゃく説を基に八幡神の本地を阿弥陀仏とし，その功徳や霊験譚に重きがおかれている。なお内容の近似するものに「*八幡宮寺巡拝記はちまんぐうじじゅんぱいき」がある。

八幡神 はちまん 「やはたのかみ」とも。大分県の*宇佐八幡宮以下，全国4万余に及ぶ八幡宮（八幡社）の祭神。もと宇佐氏の氏神うじがみとされるが，その起源や神格については海神，鍛冶神，ヤハタ（地名）神，ハタ（幡）を立てて祀る神，焼畑神など諸説があり，その発生・展開の過程はきわめて複雑である。早くより八幡神は誉田別尊ほんだわけのみこと（*応神天皇）との説がだされ，全国の八幡宮では応神天皇・比売大神ひめのおおかみ・神功じんぐう皇后，または応神天皇・仲哀天皇・神功皇后の3神を祀るのが通例である。

古来，八幡神の本拠豊前国は銅を産出し，銅鉱山の神としての信仰から，奈良時代半ば頃の東大寺大仏鋳造を機に託宣神たくせんしんとして中央に進出して，神階授与と封戸ふこの施入があった。781年（天応元）朝廷より「護国霊験威力神通大菩薩」の尊号が贈られ，やや遅れて僧最澄さいちょうや空海くうかいらも八幡神に接近していった。860年（貞観2）には僧行教ぎょうきょうによって，平安京に程近い山城国男山おとこやまに勧請されて*石清水いわしみず八幡宮の創立をみた。これを機に八幡神は王城鎮護の神として崇められ，やがて伊勢神宮につぐ第二の宗廟と位置づけられるに至った。その後，源頼信よりのぶ以下，清

和源氏が氏神として崇めたことから、関東や東北地方にまで広がる一方、源頼朝による幕府開設以降は、都市鎌倉の中枢に位置する*鶴岡八幡宮が重んじられるようになった。また中世以降、広く各地方に八幡宮が勧請されるに及んで、「*八幡宮寺巡拝記」や「*八幡愚童訓」「*八幡宇佐宮御託宣集」などの、祭神八幡神の由緒や託宣ほか縁起譚・利生譚の集成が行われ、また絵をともなった八幡縁起絵巻の類も多数制作された。→八幡信仰

八幡信仰 はちまんしんこう　全国に鎮座する八幡宮・八幡神社・八幡社に対する信仰。その総本宮は大分県宇佐市に鎮座する宇佐神宮(*宇佐八幡宮)であり、祭神は*応神天皇・比売大神・神功皇后である。その始原には諸説あるが、主なものは宇佐平野に聳える馬城峰の三巨石に始まるとの説、豊国奇巫や豊国法師らが行った巫術が起源との説である。後者の巫術説はヤハタ(多くの幡)に囲まれた祭場で託宣を行ったとするもので、その託宣神をヤハタの神と称したとの説である。この託宣神としての*八幡神は、その後もみられ、有名なのは*道鏡が宇佐八幡の託宣と称して皇位継承を企てた事件である。これは*和気清麻呂らに阻止されて失敗し、これを契機として八幡神は皇室の守護神として尊崇されるようになる。

　いずれにせよ、八幡信仰は、早くにシャーマニズム・道教・仏教などと融合し、内容は複雑多岐となる。たとえば、祭神の応神天皇に「護国霊験威力神通大菩薩」、その母神の神功皇后に「聖母大菩薩」との仏教的な大菩薩の神号が奉られている。菩薩とは修行の身であり、人々が救済されるまでは成仏しないとの誓願をもつ。この思想は修行僧を思わせる僧形八幡神像の形相にも表れており、八幡信仰を構成する重要な要素の一つである。さらに祭神の神功皇后と応神天皇は母子関係にあることから、母子信仰の要素もみられる。また、八幡神のもつ護国・皇室守護の思想は、宇佐八幡宮を勧請した京都の*石清水八幡宮になると顕著になった。八幡太郎の名で知られる源義家も、当宮で元服し、源氏の氏神、また武神としての神格を増強していくが、それが関東や東北地方にまで広がるのは、この石清水八幡宮の神霊を勧請した*鶴岡八幡宮の創建後のことである。八幡神は〈神は八幡〉といわれたように、神の代名詞となり、広く一般民衆に信仰されるようになるのである。

八幡曼荼羅 はちまんまんだら　神道曼荼羅の一つ。八幡曼荼羅には、垂迹曼荼羅・宮曼荼羅・梵字曼荼羅などがある。大阪府の来迎寺蔵の「八幡曼荼羅図」は、中央に僧形八幡神像、その背後に2体の女神像、前方左右に女神像と童子像、さらに2体の男神像を描く垂迹曼荼羅である。東京の根津美術館蔵の「石清水八幡曼荼羅図」は、男山全体の鳥瞰図と社殿の建物のみを描く宮曼荼羅である。また「八幡梵字曼荼羅」は、画面の大半に梵字を配置したものである。これらは寺院の法会、本地仏の供養、講中での崇敬、参詣者への*絵解きなどで用いられたものであり、多くは*本地垂迹説にもとづいて制作されたものである。

八老独年代記 はちろうひとりねんだいき　*菅野八郎の著作。1866年(慶応2)の奥州信達一揆の指導者と目され捕縛された八郎は、68年(明治元)に釈放されると、甥安蔵を江戸に派遣し戊辰戦争の戦況を細かに把握している。「八老独年代記」は、この年の4月から5月にかけての日々の見聞、「官軍」「奥羽の諸侯」「奥羽の人民」の動向をのべ、自己の見解を付したものである。八郎は、一介の「土民の身」でありながら、亡国の時に死を覚悟して主君を諌める「忠臣・義士」に自らを擬しており、このような政治主体の出現を示す重要な史料である。また、天皇が「一天の下の一世界」を支配する代の到来を主張している。

八箇祝詞 はっかのりと　→忌部八箇祝詞

伯家神道 はっけしんとう　白川神道・白川家神道とも。広義には、花山天皇(968〜1008)の皇孫延信王が臣籍降下して神祇伯に補任されて以来、白川家に伝えられた神祇道をさし、狭義では江戸時代に吉田家に対抗するうえでたてられた神道説をさす。白川家は、延信王の曾孫顕広王以来代々神祇伯を世襲したので伯家とよばれ、顕広王の玄孫資邦

王の頃から神祇伯につくと王号を称すようになったので伯王家ともよばれた。白川の家名もこの頃から始まったとされる。江戸時代になると，白川家は臼井雅胤を学頭に招いて神道説を確立させ，雅富王は「伯家部類」を編纂させてそれを集成した。その後も，学頭の森昌胤や*平田篤胤らによって教学面での充実が図られた。

八講 はっこう →法華八講

八紘一宇 はっこういちう 八紘とは四方と四隅，すなわち天下（「淮南子」地形篇）を意味し，*田中智学が1903年（明治36）に，「日本書紀」神武即位前紀の「六合を兼ねて以て都を開き，八紘を掩ひて宇と為む」から日本的な世界統一原理として造語したもの。第2次大戦中に「*大東亜共栄圏」などとともに，海外進出，アジアの日本による支配を正当化するための標語として用いられた。

白虹事件 はっこうじけん →大阪朝日新聞筆禍事件
ひしんぶんひっかじけん

八朔 はっさく 旧暦8月1日（朔日）の意。この日は，田実節・田実祝と称して，稲の実りを祈願する祭や初穂を神に供える祭が行われたほか，公家・武家では下位の者から上位の者へ物を贈る風習があった。その起源については諸説あって詳らかではないが，元来は収穫を前にして豊作を祈る稲作儀礼に由来するものか。江戸時代には，1590年（天正18）のこの日に徳川家康が江戸入城をはたしたことにちなんで，公式の祝日とされ，諸大名以下が白帷子を着用して登城し，また江戸吉原でも上級遊女が白無垢を着て祝ったという。

抜歯 ばっし 縄文時代，なかでもその後・晩期を中心に盛行した，健康な前歯を抜去する習俗。弥生前期にまで及び，男女ともに行われた。その抜き方は左右対称を基本とし，抜去する歯の特定やその本数によっていくつかの型式に分類される。一集団の中に複数の型式を含むことから，集団内での血筋の明示，呪術師や指導者という当該人物の集団内での特異性の顕示，さまざまな通過儀礼（成人式・婚姻・葬祭など）にかかわる社会的習俗を反映する行為と考えられる。

八宗綱要 はっしゅうこうよう 鎌倉時代の東大寺の学僧*凝然の著作。1268年（文永5）伊予国円明寺西谷において成立。上・下2巻。最初にインドから中国・日本に至る仏教伝来の歴史を記し，ついで当時日本において公認されていた倶舎・成実・法相・三論・天台・律・華厳・真言の八宗について，その歴史や教理の大綱をのべたもの。さらに付録として，禅宗・念仏宗についても概説している。著者の凝然は「三国仏法伝通縁起」などの仏教史叙述を得意とし，当時の仏教者自身による自己認識の書としても興味深い。問答体を宗として初学者にもわかりやすく，現代に至るまで優れた仏教入門書として評価されている。

抜隊得勝 ばっすいとくしょう 1327～87（嘉暦2～嘉慶元・元中4） 南北朝期の臨済宗*法灯派の僧。相模国中村に生まれ，1355年（文和4・正平10）29歳の時，相模国治福寺の応衡について出家したが，僧衣を着けず，経典も読まず，坐禅に励んだ。明極楚俊の弟子得瓊，建長寺の肯山聞悟に法を問い，僧衣を着した。常陸・陸奥・相模・武蔵国と師を求めて遍歴し，法灯派の禅僧で南朝の帰依もうけた孤峰覚明に参じて，法を嗣いだ。能登国総持寺の*峨山韶碩のもとで曹洞禅にも参禅した。甲斐国の武田法光（信成）の帰依をうけ，向嶽寺を開いた。向嶽寺は現在，臨済宗向嶽寺派の本山である。著述に「抜隊和尚語録」「塩山和泥合水集」がある。

八田知紀 はったとものり 1799～1873（寛政11～明治6） 江戸後期の歌人。通称は喜左衛門，号は桃岡。鹿児島藩士の家に生まれた。1825年（文政8）上京して，*香川景樹に歌道を学び，頭角を現し桂園派の有力歌人として知られた。家集に「しのぶ草」（1855刊）などがあり，また景樹没後に，師説を論じた歌論「調の説」（1837）などがある。歌風は桂園風の平明なものが多い。幕末・維新の時局に際して，鹿児島藩士の経歴から尊王討幕運動にかかわり，維新後は明治政府に出仕して，歌道御用掛を命じられた。宮廷歌人でありつつ，宮中御所の歌風の中に桂園派が進出していく際の橋渡しの役割をはたした。

法度 はっと 法の意。「法度」という用語自体は

中世を通じて使用されていたが，朝廷も鎌倉・室町幕府も自身の制定した法を「法度」とよんだことはない。制定法の名称として使用されるようになるのは，「相良氏法度」「結城氏新法度」など戦国期の分国法からであり，これが江戸幕府に引き継がれて「*武家諸法度」「禁中並公家諸法度」をはじめとする成文法の名称として定着した。近世に法度と称された法令群は禁令的な性格が強かったため，法度は禁制の意味で使われることが多くなり，やがて禁止や刑罰を意味する一般用語として使用されるようになった。

服部之総　はっとりしそう　1901～56（明治34～昭和31）昭和期の歴史学者。島根県の浄土真宗の寺に長男として生まれる。東京帝国大学文学部社会学科卒業。1928年（昭和3）に河上肇と大山郁夫が監修した「マルクス主義講座」に「明治維新史」を発表し，マルクス主義歴史研究者として出発した。1932～33年には「日本資本主義発達史講座」に「明治維新の革命及び反革命」をはじめとする論文を寄稿し，以後，いわゆる*講座派の一人として論陣を張り，中国との比較で日本の幕末期が厳密な意味でマニュファクチュア時代であるとする「幕末＝厳マニュ時代論」を提唱して，土屋喬雄ら*労農派との間で論争を展開した。35年には「歴史論」を発表し，経済史を土台として思想史や政治史が成立すると主張した。第2次大戦後は，自由民権運動・絶対主義論の研究のほか，「親鸞ノート」など親鸞や浄土真宗に関する著作も発表し，宗教史や思想史に対してマルクス主義の立場から問題提起を行った。「服部之総全集」全24巻，「服部之総著作集」全7巻がある。

服部蘇門　はっとりそもん　1724～69（享保9～明和6）江戸中期の思想家。名は天游，字は伯和，通称は六蔵，蘇門山人・蘇門道人・嘯翁と号した。京都の人。はじめ*荻生徂徠の学問に傾倒したが，のちに徂徠批判の急先鋒となり「*燃犀録」を著した。仏教や老荘思想にも惹かれ，三教主人とも号した。著作はほかに「蘇門文鈔」2冊，「*赤倶保集」などがある。

服部中庸　はっとりなかつね　1756～1824（宝暦6～文政7）　江戸後期の国学者。通称は義内。水月と号した。伊勢国松坂の人。和歌山藩士。1785年（天明5）*本居宣長に入門した。「天地初発考」「天地考」などの試論をへて，国学的宇宙論の発端である「*三大考」（1791成）を執筆した。これは「古事記伝」巻17（1797刊）に収録され，*平田篤胤らに大きな影響を与えた。1802年（享和2）には地動説に対応すべく「三大追考序」を書く。宣長の死後は，鈴屋門（本居学派）内で「三大考」への批判が高まり，いわゆる〈三大考論争〉がおこった。09年（文化6）に京都へ移り，12年には出家する。ほかの著作に，「三大考」の範囲を木星・土星にまで拡大した宇宙論「七大考」（1823成）などがある。

服部南郭　はっとりなんかく　1683～1759（天和3～宝暦9）　江戸中期の儒学者・漢詩人。名は元喬，字は子遷，通称は小右衛門，南郭・芙蕖館を号とした。京都の富裕な町人の子として生まれ，歌人として柳沢吉保に召し抱えられた。同じく吉保のもとに禄仕していた*荻生徂徠に入門し，古文辞学を修めて，太宰春台と並ぶ*蘐園学派の実力者となった。経学・経世済民論を得意とした春台とは対照的に，もっぱら詩文の世界に遊ぶ文人として活躍し，儒学の著作をまったく残さなかった。晩唐詩・宋詩をきびしく斥けて，初唐・盛唐詩を称え，「*唐詩選」を校刊して当時の詩風を一変させた。「唐詩選国字解」は，その解説書である。その文学説には，本居宣長の「*もののあはれ」論に連続する一面がみてとれる。著作はほかに「南郭先生文集」24冊などがある。⇒南郭先生灯火書

八百比丘尼　はっぴゃくびくに　「やおー」とも。白百比丘尼・白玉椿姫・八百姫・八百代姫・千代姫とも。少女が人魚の肉を食べたために不老不死となり，のちに比丘尼になったという伝説。この種の伝説は日本の各地にみられるが，なかでも福井県小浜市の空印寺のものが有名である。同寺の境内には800年も生きたという八百比丘尼の入定洞窟があり，本堂には八百比丘尼の木像を安置する。八百比丘尼は右手に白玉椿の枝をもつという特徴があり，熊野信仰とも関わりがある。八百比丘尼のゆかりの地は石川県輪島市縄又，

愛知県春日井市の円福寺，栃木県西方町，鳥取県米子市，島根県隠岐の島町などと多く，いずれもその基底には長寿を願う民衆の思想をうかがうことができる。

伴天連 バテレン Padre 司祭(しさい)・神父の呼称。原義(ポルトガル語・スペイン語・イタリア語)は父・師父で，キリシタン時代に伴天連の漢字をあてて音読し，バテレンあるいはパードレと称された。司祭は司教によって叙階され，神と人との仲介者として，ミサを執行し秘跡を授与し説教するなどの権能が与えられる聖役者である。司祭職に叙階されないイルマンIrmão(ポルトガル語，原義は兄弟)，すなわち伊留満・入満の漢字をあてた修道士・神学生・修練者とは区別される。

伴天連記 バテレンキ 現存する最古の物語的排耶書。1冊。編著者不詳。伝聞記事を含んでいるが，1606年(慶長11)日本準管区長パシオの博多滞在時に開催された九州宣教師会議，多数の登場人物など史実にほぼ即しているものがみられるので，慶長後期から元和期(1615～24)頃に博多付近で編まれたものと推定される。内容は七つのサカラメント(秘跡)のこと，サンタ・ルシヤ姫の物語，伴天連ヘルナンドと乳母サビイナの物語，シャムラウ(暹羅(シャム))弘法(ぐほう)，モンテフラタ(銀山)征伐と日本教化のことなどが語られているが，特に宣教師による日本征服説をのべた先駆的著作として注目される。国家主義が台頭した明治20年代に復刻された。

伴天連追放令 バテレンツイホウレイ キリシタン宣教師の国外追放令。1587年(天正15)豊臣秀吉が九州平定後，筑前国筥崎(はこざき)で発令した6月18日付「覚」11カ条と翌19日付「定」5カ条からなる。日本は神国・仏教国であり邪法キリシタン布教は不当であるから，宣教師は20日間以内に国外へ退去せよと命じた。要旨は，キリシタン領主への入信制と寺社破壊をともなう強制改宗の禁止，庶民の自由意志による入信の容認，一向宗の弊害との対比，ポルトガル貿易の奨励，牛馬食肉と日本人奴隷の海外売却の禁止である。追放令がでたあと，宣教師は平戸に集結したがふたたび各地に分散・潜伏し，追放令自体も貿易仲介者イエズス会士10名の長崎滞在を許可する政策へと後退

し，追放令は空文化した。統一政権による最初の禁教令・教経分離政策は，徳川家康に継承された。→キリシタン禁制

覇道 ハドウ →王道・覇道(オウドウ・ハドウ)

鳩山春子 ハトヤマハルコ 1861～1938(文久元～昭和13) 明治～昭和前期の教育家。信濃国生れ。松本藩士の子。1881年(明治14)東京女学校・東京女子師範学校を優秀な成績で卒業した。在学中，文部省のアメリカ留学の内命が撤回されるというハプニングもあった。卒業後母校の教壇に立ったが，その年のうちに鳩山和夫と結婚のため退職した。86年恩師宮川保全を助け，裁縫・編物・刺繡・造花の教科を中心に徳性ある職業女性の育成をめざした共立女子職業学校(のちの共立女子学園)の創立にかかわり，のち同校校長となる。婦人技芸慈善会・*愛国婦人会など多くの団体組織に尽力するかたわら，同校に家庭科・専門学校・高等女学校を設置し，その発展に寄与した。著書に「婦人の修養」，自身の育児経験にもとづく独自の幼児教育・家庭教育論「我が子の教育」など，訳書にイギリスの女学校家事科の教科書「模範家庭」(*A Domestic Economy Reader*)などがある。

花 ハナ 古来より樹木は神の依代(よりしろ)と考えられ，時として神そのものとして崇められてきた。また「万葉集」などでも草花を歌ったものも多く，自然に恵まれた環境の中，人々が草木に対して親しみと関心を寄せていたことがわかる。奈良時代，仏前には荘厳(しょうごん)として花が供えられていた。特に最も丁重な儀礼には，紙や布で作った「造花」が用いられた。今日でも，たとえば奈良薬師寺の*修二会(しゅにえ)は花会式(はなえしき)とよばれ，仏前には菊・桃・梅・桜などの十種十二瓶の造花が献じられている。また平安時代，貴族の間では，左右に分かれて優劣を競う物合(ものあわせ)という遊びが流行し，その中で花合や草合なども行われた。自然崇拝や仏教など，宗教と密接なつながりのあった花は，平安時代以降，徐々に宗教性から解放され，遊興的・装飾的な要素を強めていくのである。日本独自の伝統的な挿花の技法を総称して「いけばな」という。時代の変遷に応じてさまざまな様式をうみだし，その名称も変化した。室町時代において

は、いけばなの初期の形態ともいえる「立花」が流行した。また15世紀中頃、京都六角堂の池坊専慶らが活躍し、1542年(天文11)池坊専応が書き与えた「専応口伝」はいけばなを体系づけた花伝書の最初ともいわれている。安土桃山時代から江戸初期に「*立花」の形式が成立すると、「立花」がいけばなの名称となった。江戸中期、茶花の影響をうけ「抛入花」が愛好され、やがて「生花」に発展するに至った。また江戸中期には、いけばなの啓蒙と大衆化がなされ、1688年(元禄元)出版の「立花時勢粧」には「花道」という語が用いられている。

花園天皇 はなぞのてんのう　1297～1348(永仁5～貞和4・正平3)　鎌倉末期の天皇(在位1308～18)。諱は富仁。伏見天皇の第2皇子。母は左大臣洞院実雄の女顕親門院季子。大覚寺統の後二条天皇のあとをうけ、持明院統側として1308年(延慶元)に即位し、18年(文保2)*後醍醐天皇に譲位する。在位中は、伏見上皇・後伏見上皇の院政が行われた。病身でありながら、儒教や仏教に深い関心を示し、後醍醐の政治姿勢には批判的な態度を示した。26年(嘉暦元)自らの猶子量仁が皇太子に立つと、30年(元徳2)「*誡太子書」を著し、君主のとるべき姿勢を説いた。鎌倉幕府の滅亡後は、歌集の撰集に加わるなどしつつも隠棲を続け、持病の脚気で没した。

英草紙 はなぶさぞうし　江戸中期の読本。全5巻。近路行者(*都賀庭鐘)の著。1749年(寛延2)刊。「後醍醐の帝三たび藤房の諫を折く話」以下、9編の短編を収める。ほとんど中国明代の「警世通言」や「古今小説」などの白話小説に取材し、わが国の「*太平記」や「*吾妻鏡」の世界に移して翻案している。ストーリーは原話に忠実なものが多いが、わが国の歴史や風土に巧みに適合させ、名分論的主題を織り交ぜながら、和漢混淆の文体の中に処理していく手腕はすぐれている。高い教養や独自の歴史観を時代小説のうえにいかして、*浮世草子にはみられなかった新しい小説ジャンルを切り開いて、読本の祖といわれる。

花祭 はなまつり　愛知県北設楽地方で行われてきた霜月神楽系の村落祭祀。1976年(昭和51)国の重要無形民俗文化財に指定。祭日は旧暦霜月(11月)であったが、新暦に変更されてからは11月から正月までの間に各村落で行われるようになった。もとは新年を迎える直前に行われた湯立の霜月神楽を奉納する祭であり、これを地元ではハナとも称する。このハナとは稲の花の意であり、その成熟を祈る祭との解釈もあるが、その基底には湯立の湯を浴びせることにより生命を再生させる思想がみられる。祭は神社の拝殿か花宿とよばれる選ばれた民家の土間で行われ、湯釜を中心にして舞われる。舞の中に悪霊退散の呪術的所作である反閇という足踏みの所作のみられることから、祭祀は古風な神事芸であることがわかる。

なお、民間行事としての*灌仏会も現代では花祭と称している。

塙保己一 はなわほきいち　1746～1821(延享3～文政4)　江戸後期の国学者。旧姓荻野、名は保木野一。通称寅之助・千弥。号は温故堂・水母子など。武蔵国児玉郡出身。幼少時に失明し、1760年(宝暦10)江戸へでて検校雨富須賀一のもとで鍼術などを習うが、好学の按摩の噂は広がり、歌文の師として萩原宗固に入門を許される。69年(明和6)には宗固の勧めにより最晩年の*賀茂真淵に弟子入りし、六国史を学ぶ。この頃から国史・古典で名を知られるようになり、同時に歴史を中心とした学問全般の礎たる古書・古本の重要性やその散逸の危機への意識を強めていく。79年(安永8)これらの収集・校訂・出版を決意し、その編纂を開始する。これは1819年(文政2)「*群書類従」正編530巻として刊行された(続編は没後刊)。この間、1785年(天明5)水戸藩に招かれ「*源平盛衰記」「*大日本史」を校訂、93年(寛政5)には和学講談所を江戸麹町に開設し、幕府の援助のもと「武家名目抄」「史料」などの編集も行った。独自の思想はうみださなかったが、盲目という不利な条件を克服しての膨大な書物の校訂・編纂は、後代に益すること絶大であった。

羽仁五郎 はにごろう　1901～83(明治34～昭和58)　昭和期のマルクス主義歴史家。群馬県桐生の織物業者森家に生まれ、羽仁説子と結婚し

てその姓を名乗る。第一高等学校をへて，1921年（大正10）東京帝国大学法学部に入学するが，まもなく渡欧，ハイデルベルク大学に学ぶ。帰国後は文学部国史学科に再入学し，在学中にクローチェの翻訳を刊行した。卒業後，史料編纂所嘱託・日本大学教授となるかたわら，マルクス主義の歴史理論を盛んに紹介する。さらに，いわゆる*講座派の一員として，のち「明治維新史研究」（1956）にまとめられる維新史研究に取り組んだ。33年（昭和8）治安維持法違反で検挙され，太平洋戦争末期にも警視庁に留置されるが，終戦をへて釈放されたのちに，歴史学研究会の主導権を握り，幅広い活躍を再開した。参議院議員（1947〜59）も務め，「都市の論理」（1967）は学生反乱の時代風潮の中でベストセラーとなった。

土津霊神 はにつれいしん →保科正之ほしなまさゆき

羽仁もと子 はにもとこ　1873〜1957（明治6〜昭和32）　大正・昭和期の教育者，自由学園創立者。青森県出身。1891年（明治24）府立第一高等女学校を卒業，在学中に築地明石町教会にて受洗。*巌本善治よしはるの「*女学雑誌」を手伝いながら明治女学校に学ぶ。その関係から*植村正久まさひさの一番町教会に出席，植村より福音主義キリスト教の影響をうけた。郷里八戸はちのへの小学校や盛岡女学校の教員を経て，97年報知新聞社に入社，日本初の女性新聞記者となる。同僚羽仁吉一と結婚。1902年「家庭之友」（「婦人之友」の前身）を創刊し，都市化・産業化にともなう合理的・進歩的な新しい家庭観を形成する主体としての女性を育成しようとする。21年（大正10）「祈り，思想し，生活する」「自治自活」の人間像を掲げ自由学園を創設する。教育理念と執筆活動におけるその啓蒙主義思想には，明治前半期の人権思想とともに福音主義的人間観が内包されている。「羽仁もと子著作集」全21巻がある。

埴輪 はにわ　*古墳の墳丘や周堤上に立てることを目的に製作された素焼き土製品の総称。その名の由来は「日本書紀」垂仁32年7月条に語られる，野見宿禰のみのすくねがかかわる埴輪起源譚にみえ，立物たてものともいったとある。弥生後期に現れる，墓に供献される壺とそれを据える器台を加飾大型化したものを祖型に，円筒埴輪や朝顔形円筒埴輪がうまれたとされる。古墳中期までには家形や器財などの形象埴輪が，やや遅れて動物埴輪や人物埴輪が出現する。さまざまな形象埴輪は古代の葬送儀礼や王権祭祀をはじめ，古代民俗の諸相を解明する具体的な資料として重要である。

母子神 ははこがみ　「ぼししん」とも。母神とその子供の神を関連する一組として捉えた場合の呼称。通常は一組で祀られ，崇拝された。地母神じぼしんの観念に表れているとおり，古来大地の豊饒性と子供を生む女性の生産性をアナロジカルに考えることは普遍的であった。このため，各地の女神信仰は基本的に*御子神みこがみ（おもに男子）との強い関係を示している（たとえばエジプトのイシスとホルス）。実際これは地母神との関係を切り捨てたはずのキリスト教にさえ，マリア信仰という形で影響した。日本では，*八幡はちまん信仰（神功じんぐう皇后と応神おうじん天皇）や鬼子母神きしもじん信仰などが代表だが，そこには，母性のもつ過剰なまでの強さ（優しさ）に対する両義的な感情（畏敬と畏怖）をみることができる。

馬場孤蝶 ばばこちょう　1869〜1940（明治2〜昭和15）　明治〜昭和前期の英文学者・翻訳家・随筆家。本名勝弥かつや。高知県生れ。政治家の*馬場辰猪たついは兄にあたる。明治学院（現，明治学院大学）同級に島崎藤村とうそん・戸川秋骨しゅうこつがいた。1891年（明治24）6月明治学院を卒業，高知の共立中学に赴任する。93年上京し，「*文学界」同人として詩・小説・評論などを発表する。創作よりも翻訳や批評に功績を残し，翻訳集「やどり木」（1903），トルストイ「戦争と平和」（1914〜15）などがある。ほかの作品に「明治文壇回顧」（1936），「明治文壇の人々」（1942）など。

馬場辰猪 ばばたつい　1850〜88（嘉永3〜明治21）　明治前期の自由民権の思想家・活動家。高知藩士の家に生まれる。1866年（慶応2）江戸にでて，福沢諭吉ゆきちの慶応義塾で英学を学ぶ。70年（明治3）藩留学生としてイギリスへ渡り，72年政府留学生に転じて法律学を専攻する。日本学生会を発足させて留学生間の交流を図るほか，*森有礼ありのりの英語採用論には「日本語文典」を著して反駁した。74年の帰

国をはさんで78年まで滞在し，その間不平等条約の不当をイギリスで訴えた。帰国後は*共存同衆や慶応義塾出身者らと関係しながら演説活動を展開し，81年には政談演説を目的とする国友会を組織する。自由党結成に際しては中心的な役割をはたし，「*自由新聞」の創刊にも寄与したが，板垣退助鞆の洋行を批判して最終的には自由党を去る。その政治論は，官吏や貴族と人民の利害は一致しないという認識に立つ急進的なもので，83年に「天賦ぽん人権論」を刊行する。政治活動としては自由党脱党後に*末広鉄腸ろうてらと「独立党」を結成したが，84年以降の政党活動全体の後退の中で終息した。85年末，爆発物買入れの嫌疑で拘留され，翌年渡米，まもなく健康をそこねる。日本政府を非難する"The Political Condition of Japan"を公刊したのち，フィラデルフィアにて客死した。享年39。「馬場辰猪全集」全4巻がある。

馬場文耕 ぶんこう　1718？〜58（享保3？〜宝暦8）　江戸中期の講釈師，実録体小説の作者。伊予国の人で，本姓中井氏。出家・還俗をへて，江戸にでて易術を専業とした。のちに軍書の講釈を行うが，1758年（宝暦8），当時吟味中の美濃国郡上八幡ばまんの金森かなもり騒動を「武徳太平記」「珍説もりの雫ど」と題して高座に載せ，また「平かな森の雫」とした小冊子を配布し幕政を批判したため，捕縛・獄門に処せられた。著作は存疑作も多いが，17作品は確実視できる。1754〜58年に集中し，浮世草子を摸して武家の諸相を批判的に記した「世間御旗本形気せけんおはた」，巷間の噂や逸話を描いた「当世武野俗談ぶやぞくだん」「近世江都著聞集ちょちくもん」，前代の8代将軍徳川吉宗を讃美し当代の家重の治世を批判した「宝丙密秘登覧ほうへいみ」「名君享保録」，怪談風の「大和怪談頃日全書やまとかいだんけ」など，記録的なものから文芸性を有するものまで幅広い。いずれも写本。これらに表れた勧善懲悪の志向は，その根底に儒学などの既成思想を有するものではなく，独自の視点から直接に社会の不正に憤り鋭い舌鋒をふるうものである。また，当時流行の*石門心学にも批判的であったことが，文耕の事跡を唯一まとまって伝える関根只誠しせい「只誠埃録あい」にみえる。

ハビアン　1565？〜1621（永禄8？〜元和7）　不干斎巴鼻庵ふかんさい・好庵はびあんとも。日本人イエズス会修道士・転びキリシタン。加賀国または越中国生れで，僧名恵俊（恵春）と伝えられる。おそらく京都の臨済宗大徳寺に入り，1583年（天正11）京都で受洗した。86年*イエズス会に入会，豊後国白杵きつの修練院に入り，翌年の豊臣秀吉の*伴天連ばてれん追放令により島原・天草などの各地に避難した。90年，加津佐かつさの学院在学中に同地で開催された日本イエズス会第2回全体協議会に参加し，92年（文禄元）天草の学院の日本語教師となり，「平家の物語」を編纂した。97〜1602年（慶長2〜7）には長崎の学院で「仏法」を編纂し，03年以後は抜擢されて京都で活躍し，05年に護教論「*妙貞問答みょうてい」を著した。翌年新進の朱子学徒*林羅山ざんと論争し，京都でマグダレナ（京極高吉たかよしの室マリアの息女）の葬儀の，博多でシメオン黒田孝高たかたかの追悼ミサの説教者となった。07年，日本準管区長パシオの徳川家康・秀忠父子訪問旅行に随伴し，駿府で家康の側近本多正純まさずみに仏教宗派を論破した教理論要約を献上した。しかし08年，京都で修道女とともにイエズス会を脱会し，奈良・枚方の中宮ちゅうぐう・大坂・博多をへて，14年の禁教令後は長崎奉行長谷川権六ごんろくのもとで宣教師の探索に協力した。20年（元和6）排耶書「*破提宇子はだいうす」を刊行し，翌年没した。その生涯は，日本人のキリシタン思想の受容と拒絶の軌跡を示す典型的事例である。

浜成式 はまなりしき　→歌経標式かきょうひょうしき

浜松中納言物語 はままつちゅうなごんものがたり　「みつの浜松」とも。平安後期の物語。*菅原孝標女たかすえのの作か。11世紀半ばの成立。現存5巻。はじめの1・2巻を欠く。物語の構想や人物描写に「*源氏物語」の「宇治十帖」の模倣や翻案がみられるが，物語の舞台を日本と唐とにまたがって設定し展開させた気宇の大きさや，物語の中で13の夢が記され，それがみな主人公の将来の指針に信ずべきものとして示されるなど，神秘的な色合いももつ特異な物語である。「*更級さらしな日記」にも11の夢が記され，それがすべて実生活に密着している点などが菅原孝標女を作者としてうかびあがらせてい

囃子 はやし　楽器による伴奏，もしくはその演奏者。歌や舞踊は楽器とともに上演されることが多く，その楽器を囃子というが，もともと囃子は気分を高める作用があり，それは演じる人々だけでなく，神仏を囃すことでもあった。芸能によって楽器の種類は異なり，能では笛(能管)・小鼓・大鼓・太鼓の4種で，総称して四拍子といい，演奏する人を囃子方という。分業制度をとり，それぞれに流派がある。歌舞伎では舞台上の出囃子，舞台にでない陰囃子(下座)，開演・終演を知らせる儀礼囃子があり，楽器の種類も多岐にわたる。このほか寄席や民間芸能でも囃子が奏でられる。

林鶴梁 はやしかくりょう　1806～78(文化3～明治11)　幕末期の儒学者・幕臣。名は嶷，字は長孺，通称は伊太郎，鶴梁と号する。上野国群馬郡萩原の百姓の生れで，江戸の御先手同心の林家を継いだ。*長野豊山・*松崎慊堂に師事した。1845年(弘化2)甲府徽典館の学頭となり，遠江国中泉の代官，出羽国幸生の代官などを歴任した。62年(文久2)降嫁した和宮付きとなり，翌年，新徴組支配頭を務めた。豊山門下の*藤森弘庵や*藤田東湖・*橋本左内・*森田節斎・*山田方谷らと交わり，弘庵とともに尊王攘夷論を唱えた。維新後は出仕せず，講説を業とした。著書に『鶴梁文鈔』(1867刊)がある。

林鵞峰 はやしがほう　1618～80(元和4～延宝8)　江戸前期の儒学者。*林羅山の子。名は又三郎・春勝・春斎・恕。字は子和・之道，鵞峰・向陽軒などと号す。京都生れ。*那波活所からに師事したのち，1638年(寛永15)幕府に出仕した。「*寛永諸家系図伝」「華夷変態誌」などの幕府初期の編纂事業に従事し主導した。朝鮮通信使の応接，将軍代替りの諸儀礼の整備などの幕政にも関与する一方で，忍岡の学塾の機構整備，釈菜(釈奠の小規模なもの)や儒葬などの儒教的礼式の採用を行い，*林家の学問的な基礎を確立した。63年(寛文3)に将軍徳川家光に五経を講じ弘文院学士号をえたこと，「*本朝通鑑」を編纂(1664～70)した国史館とその要員を編纂の終了後に学塾に組みこんだことなど，儒者や林家の社会的位置の向上に尽力し，諸大名との交流も厚く，林家の官学化を推し進めた。日記「国史館日録」「南塾乗」は，鵞峰の活動の一端を垣間見させてくれる。その学問は朱子学を基本とするものの抱摂力があり，特に歴史学の領域にみるべきものがある。「*日本王代一覧」は代表的著作で，また文芸の素養もあり「鵞峰先生林学士文集」ほか著述は多い。文穆と私諡される。

林家 はやしけ　→林家

林子平 はやししへい　1738～1793(元文3～寛政5)　江戸中・後期の経世家。名は友直，晩年に六無斎と号す。江戸に幕臣岡村良通の次男として生まれるが，叔父の町医者林従吾に養われる。姉が仙台藩主の側室になり，兄が仙台藩に仕えたため，1757年(宝暦7)に仙台に移住する。しばしば江戸に遊学し，*工藤平助・*大槻玄沢らと交わる。また，長崎へも遊学し，オランダ商館長アレント・フェイトとも知り合う。「*三国通覧図説」(1786刊)では蝦夷地の開発を，「*海国兵談」(1787～91刊)では江戸湾防備を説いた。しかし，これらの著書は1792年(寛政4)に幕府の弾圧の対象となり，版木没収・仙台蟄居を命ぜられる。その翌年，不遇のうちに病死する。

林述斎 はやしじゅっさい　1768～1841(明和5～天保12)　江戸後期の儒学者。名は乗衡・衡，字は徳詮，号は述斎・蕉隠など。美濃国の岩村藩主松平乗薀の三男として江戸に生まれる。はじめ*渋井太室に学ぶ。1793年(寛政5)幕府の命により林信敬の養嗣子となり，大学頭となる。97年，林家の湯島聖堂を幕府直轄の学問所として整備し，小姓組番頭次席格で3000石高となった。1822年(文政5)には500石が加増された。述斎は*昌平坂学問所(昌平黌)の学問吟味では，試験科目として朱子学に統一しても，個人的な見解の小異は問わないという柔軟な態度をとっていた。この点，松平定信の意をうけて，*寛政異学の禁を主導した*柴野栗山・*岡田寒泉らとは考えを異にするが，林羅山・鵞峰以来の林家の学風の延長線上にあったといえる。また，述斎は幕府の編纂事業を推進し「*寛政重修諸家譜」編纂を

監督し、また昌平黌内に調所を設置して、「*徳川実紀」や「新編武蔵風土記稿」「朝野旧聞裒藁」などの編集を統轄した。さらに中国では散佚し、わが国で伝存する「古文孝経」「文公朱先生感興詩」などの漢籍16種を収める「佚存叢書」(1799～1810刊)を出版するなど、学問所で善本の刊行を行った。八重洲の上屋敷に庭園を造営したほか、谷中などに4カ所の別荘を設けて文人と雅会を開き、「家園漫吟」「蕉窓永言」「蕉窓文章」など多くの詩文集を残した。著書はほかに「*水雲問答」など。

林読耕斎 はやしどくこうさい　1624～61(寛永元～寛文元)　江戸前期の儒学者。名は守勝のち靖・春徳、字は子文のち彦復、通称は右近、函三・読耕斎と号す。*林羅山の四男として京都に生まれ、のち江戸に移る。幼少の時から読書を兄鵞峰に、学問を*堀杏庵・那波活所や金地院の良長老らから学んだ。博覧強記で多くの書物を読破し、文学にもたけ詩歌や連句をよくした。朝鮮通信使からその文才を称えられたことでも有名である。「豊臣秀吉譜」「中朝帝王譜」などで父の代作を務め、「本朝編年録」では文武～桓武天皇の時期を分担執筆した。剃髪し僧位をうけることが条件であった儒官に就くことを肯んぜず、父・兄と対立したが、1646年(正保3)やむなく受諾し儒官となる。56年(明暦2)法眼。隠逸への関心が強く、わが国の隠逸者列伝「*本朝遯史」を著した。「読耕先生全集」61巻30冊がある。

林鳳岡 はやしほうこう　1644～1732(正保元～享保17)　江戸中期の儒学者。名は信篤・春常、字は直民、通称は又四郎、号は鳳岡など。*林鵞峰の次男。1680年(延宝8)家督を継ぎ、将軍侍講を務めた。87年(貞享4)弘文院学士・大蔵卿法印。翌88年(元禄元)、将軍徳川綱吉の命によって上野忍岡の林家の学塾聖堂を湯島に移す。この時、蓄髪を許され従五位下大学頭となる。以後、林家の当主はこの職を世襲した。「*本朝通鑑」や「*武徳大成記」の編纂のほか、釈菜(*釈奠の小規模なもの)をつかさどり、法令・外交文書の起草に関与するなど初期林家の学風を継承した。「鳳岡林学士文集」がある。

林羅山 はやしらざん　1583～1657(天正11～明暦3)　江戸初期の朱子学者。名は信勝・忠、字は子信、通称は又三郎、剃髪して道春。羅山はその号。京都の人。1604年(慶長9)、*藤原惺窩に入門した。翌年、徳川家康に謁し、以後、家康・秀忠・家光・家綱4代の将軍に仕えた。この間、幕府の公務として、「*寛永諸家系図伝」の編纂や*朝鮮通信使の応接、外交文書の起草などに関与した。ただし、このような羅山の活動は、朱子学が幕府の官学となったことを意味するわけではない。彼は僧侶の資格で任用され、29年(寛永6)には民部卿法印という僧位をうけているからである。羅山は、そうした幕府内での地位と自己の学問との乖離を痛烈に自覚し、処世法として、公的なものと私的なものとを使い分けざるをえなかった。私的な分野では、「*春鑑抄」「*三徳抄」などの啓蒙書を著し、朱子学の普及に努めるとともに、上野忍岡の私邸に塾を開き、多くの門人を育成し、これがのちの*昌平坂学問所(昌平黌)の基となった。はじめ「理は気の条理」とする理気一元論に関心をもっていたが、元和年間(1615～24)には理気二元論に定着したといわれる。羅山は仏教の出世間性を批判して、君臣・父子の上下の人間関係は天地自然のものであると人倫と天地を貫く「上下定分の理」を説き、修養論では、道心と欲心との間断ない戦いとしての「存心持敬」の工夫を重視した。

また朱子学以外にも、羅山はさまざまな分野に知的関心をもっていた。たとえば、彼は林希逸の「老子鬳斎口義」を高く評価し、近世前期の老子受容の先鞭をつけ、また「*神道伝授」や「*本朝神社考」を著して*理当心地神道を唱え、神仏習合を批判した。ほかにも兵書の注釈書「*三略諺解」「*六韜諺解」や、「徒然草」の注釈書「*野槌」などを著している。しかし、このような百科全書的な博引旁証を誇る態度は、のちに「記誦詞章」の学と非難され、その学問と行動との矛盾に対しては、中江藤樹や山崎闇斎らの批判をうけること

になった。

林良斎 はやしりょうさい　1808〜49（文化5〜嘉永2）近世後期の陽明学者・藩士。名は時壮・久中，字は子虚，通称は求馬，良斎と号す。讃岐国多度津藩家老の子。1825年（文政8）政事方家老となる。同年，江戸勤番となり，*長野豊山から「陽明文録」を贈られ，陽明学を知る。34年（天保5）隠居。翌年，大坂に*大塩平八郎を訪ねて，陽明学を学んだ。46年（弘化3）多度津に私塾弘浜書院を開き，陽明学者*池田草庵・*春日潜庵・*吉村秋陽らと同志的な交流をした。良斎の陽明学理解の特質は慎独の功夫を重視し，朱子学を兼取する包括的なもので，左派の良知現成派には批判的であった。朱子学者*近藤篤山との間の論争は，良斎の立場をよく示している。著書は「林良斎全集」（1999刊）に収録されている。

流行神 はやりがみ　俗世間において，突発的に流行し熱狂的に信仰を集めるが，やがて急速に衰退・消滅してしまう神や仏のこと。常世神とこよ・*志多羅神しだら・福徳神など古代からみられるが，特に民俗信仰が発展した江戸時代以降に活発化した。信仰の対象となる神仏はさまざまであるが，熱狂的である反面，持続性・組織性に乏しく，霊験が個別的で現世利益的であること，影響力が狭い地域に限られることなどに特質がある。出現形式には，天空飛来型・海上漂着型・土中出現型などがあり，いずれも突発的に出現して民衆の注目を集めるが，行者ぎょうや巫女などの宗教者が介在し，*神がかりをともなうことも多かった。流行神の系譜には，*稲荷信仰・*御霊ごりょう信仰・和霊信仰・疱瘡神ほうそうがみ信仰・*恵比須えびす信仰・大黒だいこく信仰などがある。流行神は江戸時代以降にはしばしば出現したが，特にそれが頻発してみられるのは，社会的緊張や社会不安が高まった時で，社会の変革期・動揺期に民衆の救済願望がその出現を促したと考えられる。なお，これらの流行神が幕末期に相ついで開かれた*民衆宗教の土壌ともなっており，一概に一過的な現象と評価することはできない。⇒福神ふくじん信仰

祓 はらえ　解除はらえとも。神祇祭祀また陰陽道祭祀において，*罪穢つみけがれ，疾病・災厄の気などをはらい除く宗教儀礼。原義は物によって罪を贖あがい，その罪を解除すること。記紀神話に，スサノオノミコトが御田の耕作を妨げるなどの悪業を犯した代償として，千座置戸ちくらおきどを科され，アメノコヤネノミコトが祓詞はらえのことばを宣した，という起源説話が記載されている。国家的な*大祓おおはらえの初見記事は「日本書紀」天武5年（676）8月条で，各国・郡ごとに祓物はらえのものが科された。「神祇令」に毎年恒例の6月と12月の晦日の大祓が規定され，これは人々の犯した罪や災禍をはらう全朝廷的な行事で，天皇への御贖麻おおんあがものぬさ・祓刀はらえのたち奉献，祓詞奏上ののち，百官男女を祓所（朱雀門）に集めて中臣なかとみが祓詞を読み，卜部うらべが解はえ除いた。陰陽道の祓としては，川辺で実修される河臨かりん祓・*七瀬ななせ祓（河臨祓を7カ所で行う）があり，これは陰陽師が中臣祓詞を読み，人形ひとがたや解縄ほどきなわなどを川に流した。

原敬 はらたかし　1856〜1921（安政3〜大正10）明治・大正期の政党政治家。盛岡藩士の子として生まれる。1876年（明治9）司法省法学校に入学したが，79年退学する。「郵便報知新聞」「大東だいとう日報」の記者をへて，82年井上馨かおるの推薦で外務省に入省，天津てんしん領事・パリ日本公使館書記官などをへて，89年農商務省に転じた。この間陸奥宗光むつの知遇をえ，92年陸奥の外相就任とともに外務省に戻り，通商局長・外務次官・朝鮮公使を務めたが，97年に官界を退き，大阪毎日新聞社に入社，翌年社長となった。1900年*立憲政友会の設立にかかわり，星亨とおるの辞任後第4次伊藤内閣の逓相に就任した。02年衆議院議員に当選し，以来連続8回当選。この間，第1次・第2次西園寺さいおんじ内閣，第1次山本内閣の内相を歴任し，府県知事の更迭や鉄道敷設・道路網整備など地方開発政策により，政友会の党勢拡張に努めた。18年（大正7）米騒動により退陣した寺内内閣の後に，衆議院に議席を有する政党政治家としてはじめて内閣を組閣，「平民宰相」として世論の支持をうけた。原内閣は，植民地官制改革や対米協調政策において成果をあげたが，衆議院議員の選挙権拡張については，選挙権者の納税資格を直接国税10円以上から3円以上に引き下げたにとど

まり，普通選挙の実施については時期尚早の態度をとった。21年東京駅にて暗殺された。「原敬(はらけい)日記」や「原敬全集」全2巻がある。

原田東岳 はらだとうがく →詩学新論(しがくしんろん)

原坦山 はらたんざん　1819～92(文政2～明治25)　明治前期に仏教を科学的に研究した曹洞宗の僧。父は磐城平藩士の新井勇輔(ゆうすけ)。幼名良作，号は鶴巣。磐城国磐城郡の人。原氏を継ぐ。1833年(天保4)江戸にでて昌平黌(しょうへいこう)で儒学を学び，かたわら医学を修めた。26歳の時，曹洞宗の僧になる。西洋医学の研鑽に励み，仏教を科学的に研究し，実験的に立証しようとした。のちの「惑病同源論」や「心性実験録」などはその成果である。79年(明治12)東京大学で印度哲学の最初の講師となり，「大乗起信論義記(だいじょうきしんろんぎき)」を講義した。一時僧籍を離れたが，80年に復帰，小田原最乗寺の住職となる。85年学士会院会員，91年曹洞宗大学林総監。「坦山和尚全集」1巻などがある。

原念斎 はらねんさい　1774～1820(安永3～文政3)　江戸後期の儒学者で，「*先哲叢談(せんてつそうだん)」の著者。名は善・善胤，字は公道，通称は三右衛門，念斎はその号。幕府の御徒組(おかちぐみ)に属した原敬仲の子として，江戸に生まれる。折衷学者*山本北山(ほくざん)の門に入り，*朝川善庵(ぜんあん)と交わった。祖父原双桂(そうけい)を尊敬し，仁斎(じんさい)学・徂徠(そらい)学・朱子学を相対化する折衷的な家学を継承した。学派的な偏向のない公平な立場から「先哲叢談」を著し，藤原惺窩(せいか)から原双桂に至るまでの72人の儒者の伝記・故事を叙述した。昌平黌の*林述斎(じゅっさい)に認められ，幕府修史事業への参画を推薦されたが，病没した。

バリニャーノ　Alexandro Valignano　1539～1606　イタリア人のイエズス会士。日本巡察師として日本布教体制を確立した功労者。イタリアのキエティ出身。パドバ大学で法学博士の学位をえて，1566年*イエズス会に入会した。70年司祭に叙階され，東洋布教を志し，73年イエズス会総会長代理の特権をもつ東洋全域の巡察師としてインドへ派遣された。インド視察ののち79年(天正7)に来日し，82年まで滞在した。九州から安土まで視察し，臼杵(うすき)・安土・長崎において各地区の布教責任者を集め協議会を開催し，ザビエル以来30年たって山積する諸問題を処理した。その主たるものは，現地文化への適応を布教方針の大原則とし，通信制度を改革し，日本を3地区(上(かみ)・下(しも)・豊後(ぶんご))に分けて準管区に昇格させ，日本人司祭の養成のために*セミナリオなど教育機関を設立したこと，などである。帰国にあたり*天正遣欧使節の派遣を企て，インドまで同行した。90～92年同使節の帰国の際，再度来日し，豊臣秀吉と謁見し，第2次視察を行った。1598～1603年(慶長3～8)日本司教セルケイラとともに来日して第3次視察を行い，関ケ原合戦後の変動に対応した諸施策をたて，翌06年マカオで没した。主著は「*日本巡察記」「*日本のカテキズモ」「イエズス会東インド布教史」など。

張文 はりぶみ →壁書(かきがき)

播磨国風土記 はりまのくにふどき　713年(和銅6)5月の風土記撰進の詔によって播磨国が編述したもの。1巻。巻頭の一部を欠く。内容は地名伝説が中心である。他の風土記に比べて，里ごとの土壌記事が「土は上の下」とか「土は中の中」など，細かい評価がされているところに特徴がある。

播磨別所記 はりまべっしょき →天正記(てんしょうき)

春祈禱 はるきとう　新年，または春の初めに行う農耕祈願祭の一種。地方によってオコナイ・オビシャ・天道念仏(てんどうねんぶつ)などさまざまな呼称がある。オコナイは近畿地方を中心とする農耕祈願祭であり，寺や神社で頭屋(とうや)制や講組織によって行われる。オビシャは漢字を当てると御歩射であり，魔除けや豊凶の*年占(としうら)のための行事で，矢が的に当たらなくても「豊年だ」と叫ぶ。そこには*言霊(ことだま)に対する信仰がみられる。新年や初春に，その年の豊作や災いがないよう願うのは多くの人々に共通する思想であり，春祈禱はそれを神仏に祈り，確認し，予祝する儀礼である。律令国家の恒例祭祀である*祈年祭(きねんさい)，寺院における修正会(しゅしょうえ)・*修二会(しゅにえ)などと同じ願いや思想から発生した儀礼である。

春雨物語 はるさめものがたり　江戸後期の擬古物語。全10巻。*上田秋成(あきなり)の著。1808年(文化5)頃成立。平城(へいぜい)天皇を主人公にした「血かたびら」から，親殺しの青年が得脱の高僧になる

までの遍歴を描く「樊噲」まで、10編の中・短編を収める。古代の歴史や同時代の巷説・口碑に題材を求めているが、いずれも予測できない歴史の転変、また、不思議な個人の運命を描く点で共通のモチーフをもつ。漢の王充の「論衡」に影響をうけた命禄思想を人物像に仮託して描いている。死の前の3年ほどの間に書かれたと推定されているが、雄勁な文章は江戸時代に和文で書かれた物語散文の白眉である。

波留麻和解 ハルマわげ →稲村三伯

晴 はれ　日常的な普段の生活に対し、祭・祝儀・年中行事など晴れがましい状態をいう。そのような状態の場での衣服は普段着と異なる「晴着」であり、そこで食される食事も餅や赤飯あるいは白酒など、普段と違った食材が用いられたり、違った調理法がされたりする。「晴」に対して日常的な時間・空間が「*褻」である。晴と褻の周期の中で、日本人独特の生活意識が育てられてきた。

挽歌 ばんか　雑歌・相聞とともに「*万葉集」の三大部立ての一つ。本来は棺を乗せた車を挽く時にうたわれる歌の意だが、広く死者を悼む歌をさす。巻2・3・7・9・13・14の各巻に挽歌の部があり、219首が収められるほか、巻5・15〜17・19・20の各巻にも部立てをせずに挽歌が収められている。挽歌には宮廷の葬儀における公的性格のものと、近親者の死を悼み悲しんだ個人的感情を吐露したものとがあるが、*柿本人麻呂は両者における代表的歌人であった。

藩学 はんがく →藩校

反観合一 はんかんごういつ →三浦梅園

藩翰譜 はんかんぷ　諸大名家の家史の集成。全13巻。*新井白石の著。1701年(元禄14)白石が甲府藩主徳川綱豊(のちの6代将軍家宣)の命をうけ、同年脱稿、翌年清書本を進呈した。書名は綱豊の命名で、徳川将軍家を中国の王室に擬し、諸大名をその「藩翰」すなわち藩屏とする意をこめる。1600〜80年(慶長5〜延宝8)における1万石以上の大名337氏の系譜と歴代の伝記を、徳川一門・松平諸家・外戚・譜代・外様の順に平明・簡潔な和文で記す。付録に廃絶諸家を収録する。1600年を起点としたのは、白石がこの時

徳川将軍家に天命が下ったものとみていたことによる。叙述は名文として称賛されるが、短時日に完成させたため事実の誤認もあり、白石自身、致仕後もその補訂に努めている。

盤珪禅師語録 ばんけいぜんじごろく　平易な言葉で念が生じる以前の仏心を覚醒させる不生禅を唱えた*盤珪永琢の語録と行業をまとめた書。1冊。1807年(文化4)に兀兀庵嬾徴菴瀾長が「盤珪禅師語録」を刊行するが、仮名法語を漢文に書き改めていて問題がある。1941年(昭和16)鈴木大拙編で同書名(岩波文庫)が刊行され、盤珪永琢の名が知られるようになった。語録編では、玉瑞編「盤珪仏智弘済禅師御示聞書」(1757成)、祖仁逸山編「仏智弘済禅師法語」(1730成)、山堂智常編「贅語」、手簡、和歌、盤珪禅師うすひき歌、漢詩を収載する。行業編では、山堂智常編「大法正眼国師盤珪大和尚行業曲記」、祖仁逸山編「再住妙心寺開山特賜仏智弘済禅師行業略記」、湛然編「正眼国師逸事状」を収載する。

盤珪永琢 ばんけいようたく　1622〜93(元和8〜元禄6)「一えいたく」とも。江戸前期の臨済宗の僧。諱は一慧・永琢、道号は大珠・盤珪、号は仏智弘済禅師。諡は大法正眼国師。播磨国浜田の人。儒医菅原道節の三男。当初儒学の明徳に疑問をもっていたが、随鷗寺の雲甫全祥について得度する。1652年(承応元)長崎崇福寺の道者超元に参じて大悟する。54年備前国三友寺で陽明学徒と論争した。57年(明暦3)全祥の嗣牧翁祖牛から印可をうけた。72年(寛文12)妙心寺に出世する。松浦鎮信・京極高豊・加藤泰興らの大名の帰依をうけ、播磨国竜門寺、伊予国大洲如法寺、讃岐国宝津寺、江戸光林寺を創建し、開山となる。一方で、衆生のために平易な言葉で、念が生じる以前の仏心を覚醒させる不生禅を唱えて支持をえた。→盤珪禅師語録

藩校 はんこう　藩学・藩学校・藩黌とも。江戸時代より明治初年にかけ、諸藩が主として武士の子弟を対象に建営した教育機関。広義には、諸藩の設けた狭義の藩校、医学校、洋学校、国学校、*郷校、武芸稽古所などのす

べてを包括する。狭義には，藩士の子弟全員の入学を強制ないし奨励して，儒教の古典を用いての漢学教育を実施した機関をさす。後者は，1641年（寛永18）に創建された岡山藩学校をはじめ，廃藩置県実施の1871年（明治4）までの約2世紀間に255校が設立されている。その過半は18世紀中葉以降，内外の危機に対応して設けられた機関であり，藩校が武家層の子弟にあまねく漢学を機軸とする富国強兵の思想を浸透させた役割は大きい。

伴蒿蹊 ばんこうけい 1733～1806（享保18～文化3）江戸後期の歌人・文章家。名は資芳，蒿蹊は号，別に閑田子・閑田廬と号す。近江国近江八幡の富商であったが，36歳の時に家督を譲り，京都で薙髪し，蒿蹊と号す。洛東岡崎に住み，のち洛南に移る。和歌・和学を武者小路実岳に学び，古今調の歌をよくし，寛政期（1789～1801）の京都和歌四天王と称された。家集に「閑田詠草」，代表作に「*近世畸人伝」（正・続）がある。ほかに和文章史の最初の著作「国文世々の跡」，随筆「閑田耕筆」「閑田次筆」「閑田文草」などがあり，寛政期の和文文章家の第一人者と評される。また蒿蹊の作った伴家の家訓「主従心得草」は，近江商人の典型的な家訓書として思想史上においても注目される。

万歳事件 ばんざいじけん →三・一独立運動

蕃史 ばんし 人祖アダムとイブから，ナポレオンの遺体がパリに帰葬した1840年までの西洋歴史書。全2巻。写本には「茫洋子著」とあるが，*斎藤竹堂の著。1851年（嘉永4）成立。「太古」，ノアの大洪水以降の「新世界」，「西洋教祖」キリスト生誕以降の「革命」の3期に分け，「革命」の時代は西暦をもとに編年体で叙述し，所々に論評を挿入している。その中で，ヨーロッパ世界の皇帝権力と教皇権威との相克を，儒教的な政教一致論から批判し，またインカ帝国がスペインに滅ぼされた箇所では，蒙古襲来の際の北条時宗の処置を引照しながら，水戸学的な攘夷論の無謀さを論難している。なお，本書は漢文で書かれているが，同内容の和文の「無是公子」の著「洋外通覧」（1848序）も竹堂のものと推定されている。

蛮社遭厄小記 ばんしゃそうやくしょうき *高野長英の獄中記。1編。1841年（天保12）春頃の成立。長英は*蛮社の獄に連坐し，永牢の判決をうけるが，その獄中から郷党に宛てて蛮社の獄の真相を告げ，己の無実を弁じた書である。ポルトガル人来航のことから筆をおこし，近年の蘭学の隆盛をのべ，シーボルト事件の顛末にふれ，*尚歯会についても言及する。ついで「*戊戌夢物語」の執筆の動機を語り，幕府による弾圧と下獄の結末をのべる。獄中生活は比較的安楽で，近く赦免されるとの希望的観測も記されている。蛮社の獄の当事者の証言として本書は貴重である。

蛮社の獄 ばんしゃのごく 幕末期の幕府による洋学者弾圧事件。1839年（天保10）におき，田原藩士*渡辺崋山とその同志が弾圧の対象となる。官学の総帥林家の出身である目付鳥居耀蔵が中心となって画策した。39年1月，江戸湾巡見の命が*江川坦庵（英竜）と鳥居に下り，巡見・測量が実施されたが，その報告書に添付する書類として，江川は崋山に「*西洋事情書」の執筆を依頼した。それを察知した鳥居は，これ以上の洋学者の勢力拡張を阻止するために弾圧に踏み切る。崋山の知人から密告をうけたという形で，幕政批判を名目に崋山らは逮捕される。押収書類の中から「*慎機論」が見出されたことが決定的証拠となり，崋山は蟄居処分（1841年に自害）となる。また，「戊戌夢物語」の著者である*高野長英は永牢となった。訴状に名前はあげられていなかったものの，*小関三英は司直の手が身に及ぶのを恐れて自害した。この事件は鳥居の個人的怨恨が一因にあるとともに，新興の洋学者と守旧的な朱子学者との対立という構図もその背景にあった。復古主義を標榜する老中水野忠邦は，この弾圧を改革の趣旨に沿うものとみなし，鳥居はこの事件を機に水野の信頼をえて天保の改革に参画していくこととなる。

蕃書調所 ばんしょしらべしょ 幕末期の幕府による洋学教育機関。1856年（安政3），*古賀謹一郎を頭取として江戸の九段下に開設された。洋書の検閲・翻訳・刊行を業務とし，のちに教育も担当する。翌57年に幕臣とその子弟に教育を開始し，58年には陪臣にも門戸を開放し

た。対象とする言語はオランダ語に限らず，英語・仏語・独語なども教授された。また学問領域も多岐にわたり，化学・器械学・物産学・画法・数学などに及んだ。62年(文久2)に洋学調所，63年には開成所と名称が変更され，近代以降は明治政府に移管され，*東京大学の前身となる。→蛮書和解御用

蛮書和解御用　ばんしょわげごよう　江戸幕府が設置した蘭書の翻訳機関。1811年(文化8)に，天文方の高橋景保を中心として，ショメールの家庭用百科辞書を翻訳させたことが始まりである。この翻訳事業，それに携わった部局・役職のことを「蛮書和解御用」と総称していたが，この名称は固定したものではない。のちに宇田川玄真・*青地林宗も加わる。この翻訳事業の結果は，稿本の「*厚生新編」としてまとめられた。この部局は，海外情報の収集，外交文書の翻訳なども手掛けるようになり，安政年間(1854～60)には職務が激増し，天文方から独立した部局を開設し，*蕃書調所へと発展していくこととなる。

番神　ばんじん　→三十番神

番神問答記　ばんじんもんどうき　「兼倶記」「番神問答」「番神問答書」「法華番神問答書」とも。室町後期の法華神道書。全2巻。1497年(明応6)2月6日，*吉田兼倶は京都の妙顕寺・本圀寺・妙蓮寺に宛て，わが国の神代には32神があり，天台宗や内裏内侍所には*三十番神が勧請されているが，日蓮宗の三十番神は天台宗を踏襲するものか，内侍所守護の三十番神か，との質疑状をだした。これに対し，京都妙顕寺の前住持日具は「当宗独自のもの」と回答した。このような質疑の応答を集録したものが本書であり，漢文体の書と，それを和文に書き下した「番神問答抄」(1719)とがある。なお，この一件により日蓮宗は*吉田神道と関係を深めることになり，ひいては*法華神道の興起をうながす原因となった。

鑁阿寺　ばんなじ　栃木県足利市にある真言宗大日派の総本山。1196年(建久7)に足利義兼が持仏堂を建てたのが始まりと伝えられる。足氏の氏寺として，室町将軍家や鎌倉公方から所領の寄進をえて繁栄した。東光院・普賢院・千手院など12の塔頭の供僧が，「年行事」として輪番で寺務をつかさどる制度が整っていたことでも知られる。往時の繁栄を示す境内絵図が今に残り，門前に町屋が立ち並んでいたこともうかがい知れる。また，古河公方家や足利・長尾氏との関わり，年行事の活動などを物語る多くの文書を伝えている。

万安英種　ばんなんえいじゅ　1591～1654(天正19～承応3)　江戸前期の曹洞宗の僧。諱は英種，道号は万安，号は千拙。江戸の人。9歳で父を失い江戸起雲寺の叔父源室に入門，11歳で得度して具足戒をうけ，地方行脚にでた。1608年(慶長13)起雲寺に帰り大悟する。17年(元和3)源室の死去により同寺を嗣いだ。22年能登国総持寺に輪住し，以後坐禅に専念した。36年(寛永13)丹波国瑞巌寺を中興し，のち摂津国臨南庵に隠棲する。48年(慶安元)永井尚政の帰依をえて山城国の興聖寺を再建し，翌年完成させた。早くから当時の曹洞宗の宗風をきびしく批判し，その再興を念願した。著作は「臨済録鈔」「永平元禅師語録鈔」「禅林類聚撮要抄」など。

般若心経　はんにゃしんぎょう　「般若波羅蜜多心経」の略。1巻。漢訳には諸本があるが，わが国では唐の玄奘訳が用いられる。厖大な「大般若経」の肝要を抽出し，短くまとめたもので，経文はわずか260字ほどにすぎない。宗派の別を問わず広く用いられ，注疏の類も多い。小本と大本の2系統があるが，通有のものは小本に属する。その最古のサンスクリット本が奈良法隆寺に伝存する。また，最澄・円仁をはじめとする入唐僧の請来目録にも，梵本や漢字の「般若心経」がしばしばみえる。

伴信友　ばんのぶとも　1773～1846(安永2～弘化3)　近世後期の国学者・小浜藩士。幼名惟徳，通称は鋭五郎・州五郎，号は特・事負。若狭国遠敷郡小浜竹原に小浜藩士山岸惟智・さよの第4子として生まれる。14歳の時，同藩士伴信当の養子となり，翌年江戸屋敷に移る。1801年(享和元)，この頃村田春門の仲介で*本居宣長に入門を志すが，在生時に間に合わず没後の門人となる。

同じ頃，本居大平を介して宣長の没後門人を称した*平田篤胤と交友を結び，義兄弟の約をなし，文献の貸借や学説の相互検討など，深い交流がみられたが，学問的性向の相違からのちには隔意を生じた。06年（文化3）には養父の死により家督を相続し，藩主酒井忠貫・忠進に仕えた。藩士として多忙をきわめたが，京都勤番の際には史料採訪なども行った。21年（文政4）の致仕以降，学問に専念する。終生宣長を尊崇し，緻密な文献考証に優れ，「長等の山風」では壬申の乱の事実究明をするなど，国学の文献史学的方面を発展させた。また，祭神や神社由緒の考証にも意を注ぎ，近代神社史の先蹤ともされる。晩年京都に転居し，同地で没した。その他の著書に「神名帳考証」「神社私考」「駿の杉」「蕃神考」「*比古婆衣」など多数ある。

伴林光平 ばんばやしみつひら →伴林光平ともばやしみつひら

反本地垂迹説 はんほんじすいじゃくせつ →神本仏迹説しんぽんぶつしゃくせつ

万民徳用 ばんみんとくよう 江戸前期の仏教的な職業倫理書。*鈴木正三の著。成立には段階があり，1631年（寛永8）和歌山の加納氏のために「武士日用」を著し，これに続けて農人・職人・商人を対象とする3章を加え「四民日用」とした。さらに50年（慶安3）江戸四谷の重俊庵で「三宝徳用」を，52年に巻頭言のような形で「修行之念願」を加えて1本とした。61年（寛文元）刊行。1冊。仏法は公儀の下知によるべきこと，世法即仏法の理によって仏法の有用性を示したうえで，世人はその職業をまっとうすることがすなわち仏法修行となる意を著す。正三の職分思想の集大成といえる。

煩悶青年 はんもんせいねん 明治維新以来，国家の対外的独立の達成のための富国強兵は国民共通の念願であり国民各個人の目標でもあったが，日清戦争に勝利することによって，その目標はいちおう達成された。それ以後，一方では国家がいっそう強大化するために，国家に最高の価値をおくことを求める傾向が強まったが，他方で国家のために生きるというのではもはや不充分なのではないかという問いがうまれてきた。彼らの多くは国家社会とは切り離された個の世界に沈潜し，人生いかに生きるべきかを考え始めた。既成の道徳・*立身出世に対する懐疑と，「自己」とは「世界」とはという問いが青年たちを捉えた。*藤村操の自殺は，このような煩悶青年を象徴する事件であった。

万里集九 ばんりしゅうきゅう 1428～?（正長元～?）「一しゅうく」とも。室町後期の禅僧。臨済宗一山派。近江国の人。速水氏。はじめ東福寺永明院の叔父梅西□湖を頼って同院の僧童となり，15～16歳の頃に相国寺に移り，雲頂院で一山派の大圭宗价に従った。一山派の一華建俤に学芸を学び，横川景三・桃源瑞仙らとともに文筆僧としての修学時代を送った。しかし応仁の乱によって，1470年（文明2）美濃国に下り，以後還俗して，土岐・斎藤氏の援助をうけながら詩文・学芸に専念する生活に入った。これ以後，法諱の集九を用いることはなく，漆桶万里と称し，別に梅庵・椿岩，地名を江左ぞう，美濃国鵜沼の庵によって梅花無尽蔵と称した。73年に長男千里が，77年に次男百里が誕生した。85年9月，武蔵国江戸城主の太田道灌の招きに応じて下向し，城内に庵居して厚遇されたが，翌年7月，道灌が主君上杉定正に暗殺された。その後も定正に止められて，城内で黄山谷の詩を講義するなどして過ごした。88年（長享2）8月，越後国を通って帰国し，翌年5月，鵜沼に到着した。以後は美濃国で主に斎藤氏の支援をうけた。

その軌跡は大部の詩文集「*梅花無尽蔵」に詳細であるが，晩年のようすは不明である。没年についても，1502年（文亀2）75歳の画賛までは知られるが，以後は確かでない。一説に07年（永正4）80歳没とされる。著書はほかに蘇東坡の詩抄「天下白」，黄山谷の詩抄「帳中香」がある。

ひ

ヒイデスの導師 ヒイデスのどうし →ヒデスの導師のどうし

日忌 ひいみ 忌日いみびとも。*物忌ものいみをする日のこと。もとは中国から伝来した思想で，この日は邪気・不浄・穢けがれなどが襲うといわれた。そのため身を慎み，災いを避けるべき日であり，精進潔斎けっさいや神祭かみまつりを行う日ともされた。暦の悪日だ，庚申こうしんの日，親の命日，節句せっくの日などもこれにあたる。また忌日は縁起の悪い日，仕事を休む日ともいわれ，特に伊豆大島や神津島こうづじま・御蔵島みくらじまなどでは正月24日・25日をキノヒ（忌の日）と称して，この日に物忌をする行事がある。このような行事の根底には，神祭に際し，心身を清めて神を迎えるというイミコモリ（忌み籠り）の思想をみることができる。

比叡山 ひえいさん →延暦寺えんりゃくじ

日吉山王神道 ひえさんのうしんとう →山王神道さんのうしんとう

日吉山王利生記 ひえさんのうりしょうき 鎌倉時代の絵巻。全9巻。編者不詳。日吉山王に関する神祇じんぎ説話を集録する。絵は失われた諸本が多く，白描本が残されている。本文中の徴証から1268年（文永5）頃の成立と推定される。末尾の第9巻が源仲兼みなかねと・仲遠なかとお父子に関する説話を収める点から，その一族の発願による可能性が高い。また序文が*日吉神社の縁起について詳しいことから，日吉社の祠官の編纂によるものと推測する説もある。類書に「山王絵詞さんのうえことば」「*山王霊験記」があり，共通の祖本から派生したものと考えられる。続編に「続日吉山王利生記」がある。

日吉社神道秘密記 ひえしゃしんとうひみつき 「日吉社秘密記」「日吉社秘密神道記」とも。織豊期の*日吉神社に関する神道書。1巻。1577年（天正5）成立。日吉社禰宜の祝部行丸はふりべゆきまるの著。1571年（元亀2）織田信長の比叡山焼打ちにより，山麓の日吉社は累代の古記録とともに焼失し，社家の多くも殺害された。生き延びた行丸は日吉社再興のために活動するが，その一環として本書が著された。焼失以前の山王さんのう七社をはじめ，社内・社外百八社と称された境内・境外の諸末社の祭神・由緒・殿舎配置などを絵図を用いて詳細に記録している。中世日吉社の*神仏習合の様相や*山王神道の教説を知ることができる。

日吉社禰宜口伝抄 ひえしゃねぎくでんしょう 幕末・維新期に偽作された*日吉神社の記録。奥書によれば，1047年（永承2）に賀茂県主元親かもあがたぬしもとちかが祝部牧麻呂はふりべまきまろより口伝の抄を書写し，さらに1589年（天正17），日吉社司祝部行丸ゆきまるが賀茂社に伝存した本書の閲覧の機会をえて書写したという。これを信じれば，日吉社の由来を語る最古の書ということになる。しかし，近世の日吉社家の諸記録に本書の影響がみられず，幕末の社司生源寺希烈しょうげんじまれつれの「雑事記」に本書の草稿とみられる記述がある。したがって日吉社の神仏分離遂行のために，日吉社家の手により幕末・維新期に偽作された書であると考えられる。

日吉神社 ひえじんじゃ 「ひよし―」とも。日吉大社・山王権現さんのうごんげんとも。滋賀県大津市坂本に鎮座。一般に山王二十一社といわれ，上・中・下社にそれぞれ7社ずつがひとまとまりに構成され，さらに末社は108社にも及ぶ。その中心は上七社で，大和国の三輪山みわやまから勧請したとされる大宮（大比叡おおびえ・西本宮），地主としての二宮（小比叡こびえ・東本宮），神体山である八王子山に祀られる八王子・三宮と聖真子しょうしんじ・十禅師じゅうぜんじ・客人まろうどから構成される。摂関期には上七社は成立していた。特に大宮・二宮・聖真子を山王三聖さんのうさんしょうとよぶ。また八王子山には金の大巌おおいわおという磐座いわくらもある。*延暦寺の鎮守神として，延暦寺僧の管理のもとに発展した。1071年（延久3）の後三条天皇の行幸を機に，院政期以後は後白河上皇の信仰などもえて発展した。

稗田阿礼 ひえだのあれ 生没年不詳 「*古事記こじき」の序文だけに名のみえる人物。*天武てんむ天皇に舎人とねりとして仕え，天武某年，28歳の時，〈目に触れた文字はたちどころに訓よみ，聞いたことはすべて記憶した〉という才能を買われて，「帝皇の日継ひつぎ」および「先代の旧辞くじ」を誦習した。「古事記」は，のち元明天皇の命によって，*太安万侶おおのやすまろが稗田阿礼の誦習する「天武天皇の勅語の旧辞」を筆録し

たものである，とその序文に記す。「誦習」は単なる暗誦の意味ではなく，阿礼は書かれたものを目の前にして，たとえば「日下」を「くさか」と訓むというように，一つ一つの語をどう訓むかをそらんじたと解すべきであろう。

日吉本記 ひえほんぎ　中世の*山王神道の書。1巻。1235年（嘉禎元）天台宗延暦寺の僧謙忠の撰とするが，確証はない。延暦寺の鎮守である日吉社の山王二十一社（上七社・中七社・下七社）をはじめ祇園・北野に至る天台系の諸社，さらに日吉社の神宮寺や三塔九院を詠んだ七言絶句形式での漢詩文を42編収める。詩は韻をふんでおらず，最上列の文字を横に読めば神名や事項名になっており，最下列も本地仏などの名となっている。さらに詩文自体も，末尾から逆順で読めるように振り仮名を付している。内容は山王神道の教説をのべているが，思想的特色はなく，パズル的な構成ゆえに文意不明瞭の部分も多い。

東沢瀉 ひがしたくしゃ　1832〜91（天保3〜明治24）幕末〜明治期の陽明学者。名は正純，字は崇一，通称は崇一郎，沢瀉はその号である。周防国岩国藩士の長男。1854年（安政元）江戸にでて，*佐藤一斎・*大橋訥庵に学び，のち吉村秋陽らを歴訪し，陽明学に傾斜していった。63年（文久3）岩国藩校養老館の助教となるが，翌年致仕した。66年（慶応2），宗藩萩藩との連携，旧例格式の厳重な藩風の一掃をめざして，門人らと必死組を結成したが，その責を問われ，周防国柱島に流罪された。70年（明治3）沢瀉塾を開き，西洋思想に対抗して教育と著述に専念した。沢瀉は，秋陽の朱王合一論と異なり，陽明学左派に近づいていた。著作は今北洪川の「*禅海一瀾」を反駁した「禅海翻瀾」（1885刊），「証心録」（1866刊）など。

東本願寺 ひがしほんがんじ　京都市下京区烏丸通七条上ル常葉町にある真宗大谷派の本山。1592年（文禄元）本願寺12世を継いだ教如が翌93年に豊臣秀吉に退隠を命ぜられ，のち1602年（慶長7）徳川家康から寺地の寄進をうけ，03年には関東から祖像を迎えて本願寺を分立したのに始まる。近世には門跡寺院として一派本山となり，歴代門跡は生き仏のごとき尊崇をうけた。近代には伯爵に任ぜられ，真宗大谷派管長・門主の地位にあったが，1987年（昭和62）大谷派と本願寺は合併，真宗本廟を称し，門主も宗派の象徴として門首となった。1665年（寛文5）創設の学寮と講師職によって，近世を通じてほぼ安定した教学体制を貫いた。近代に入り，1890年代には西洋哲学による親鸞の再生を唱えた*清沢満之らがでて，教学的対立が始まり，1960年代からの教団改革運動となった。

東山御物 ひがしやまごもつ　室町時代，足利将軍家に所蔵された書画・器物の総称。必ずしも東山殿（足利義政）の所蔵品に限定されず，足利義満以来伝承されたもの，その後所蔵に帰したものも含む。室町時代に将軍家所蔵品を御物とよんだのをうけて，江戸時代に足利将軍家の所蔵品を東山殿御物，徳川将軍家の所蔵品を御物とよび，のちに後者を柳営御物と称して前者を東山御物とよぶ。具体的には，足利義教時代の「室町殿行幸御飾記」，義政時代の「御物御画目録」などにみえる「*唐物」の書画・器物が主なもので，絵画には「天山」「道有」「雑華室印」などの鑑蔵印が捺されている。中国明から舶載され，禅宗寺院から幕府に献上されたものが中心で，儀式・接待などに荘厳空間を演出するために用いられた。また，当時の鑑定基準で上質のものは日本での制作の手本とされ，一部は有力武家に下賜され，市中に売却されるなどした。*同朋衆や幕府と直結する相国寺都聞職などが管理したようすがみえるが，伝来と鑑賞の細部については不明のことが多い。中世末・近世初期の茶の湯において別格として扱われ，今日においても諸寺・諸家・機関に所蔵される。→君台観左右帳記

東山文化 ひがしやまぶんか　室町時代，*足利義政の東山山荘を中心とする文化活動。南北朝期から室町初期にかけての足利義満の北山山荘を中心とする*北山文化と対比される。義満の時代は，公家と武家の政権争いが収まり，鎌倉から京都に拠点を移した室町幕府が安定した時期にあたる。武家が公家文化を積極的に吸収し，明との外交貿易を通じて中国

文化を輸入した。禅宗は鎌倉から京都に中心を移して、*五山制度が確立しつつあったが、比叡山など旧仏教の勢力は依然として強く、しばしば宗門対立がみられた。また二条良基らの*連歌、世阿弥らの*猿楽など、新しい芸能分野が開拓された。

それに対して東山文化の時代には、対明貿易による*唐物が蓄積されて、幕府所蔵品を管理し座敷飾りなどに活躍する*同朋衆が新しい階層として登場した。絵画は中国絵画だけでなく日本の画僧・画家による作品も制作され、連歌・和歌の流行は変わらず、新たに蹴鞠が公家・武家の間で流行して、飛鳥井家が歌鞠の師範家として京都・地方で活躍した。禅宗は五山制度が全国的に定着し、修道中心から典籍研究の修学中心となり、文芸が盛んになった。公家は生活の困窮から地方の武家を頼って下向し、連歌師・僧体歌人・僧侶も含めて人々の全国にわたる旅がなされて、京都文化は広範囲の地方に広められた。なお、北山文化と東山文化の間にあたる足利義持・義教の時代の文化も注目すべきもので、禅宗信仰、詩画軸、唐物の流行などが顕著であり、東山文化はそれらをへてのちに、応仁の乱による影響が各分野に及んで開花したのである。

光 ひかり　明治期の唯物論的社会主義者たちによる新聞。1905年(明治38)11月20日創刊、月2回(のち3回)刊行。発行兼編集人は2号までは荒木修精、3号からは山口義三(孤剣)。光雑誌社発行、申込所は凡人社で、各号約4500部を発行したといわれる。8頁を基本として定価は3銭5厘。週刊「*平民新聞」と「*直言」の後継紙として〈日本社会主義中央機関〉を自任した。〈凡人主義〉と〈印半纏主義〉を標榜し、唯物論的社会主義の立場にたつ論調を展開して、キリスト教社会主義者たちの月刊誌「*新紀元」と対抗した。山口のほかに*堺利彦・*幸徳秋水・*西川光二郎・*大杉栄からが主な執筆者であるが、大塚甲山・児玉花外からの作品も載っている。日刊「平民新聞」の発刊準備が進む中、06年12月28日廃刊届をだし31号で終刊となった。

氷川清話 ひかわせいわ　*勝海舟晩年の談話集。吉本襄編。1897年(明治30)刊行。翌年に続編・続々編を刊行、1902年に3冊をまとめた合冊本として再編集される。直接の聞き書きに雑誌・新聞への掲載文をあわせているが、編者の意図的な改竄もみられる。73年(昭和48)に大幅改訂され「勝海舟全集」に収録される。幕末・維新期の体験談、西郷隆盛をはじめ当該期に活躍した人物評や政治・外交・時事・文芸の諸事に至るまで、内容は多岐にわたる。維新後30年をへて、藩閥政権の弊害と大政奉還の精神の退化を指摘している。日清戦争後の中国・朝鮮蔑視に反対し、アジア諸国との連帯を提唱するなど、鋭い批判精神を含んでいる。

彼岸 ひがん　一般的には「向こう岸」の意。仏教では理想の境地で、迷い・煩悩の世界である此岸から、修行を通じて渡り切った向こう岸、すなわち悟りの世界ないしは輪廻を超越した涅槃の境地をいう。日本では春と秋、春分・秋分の日を中日としてそれぞれ7日間にわたる彼岸会と称する法会が平安初期には行われ、江戸時代に年中行事化した。また在家信者が、この間寺参りや墓参を行う習わしとなった。これらの行事は、「*観無量寿経」の説く日想観(極楽浄土が太陽の沈む西にあると観ずること)に由来するともいわれるが、古来の祖先崇拝による変容をこうむった日本独自の側面もみのがせない。

樋口一葉 ひぐちいちよう　1872～96(明治5～29)　明治期の小説家・歌人。本名奈津。歌人としては夏子、作家としては一葉、新聞小説には浅香のぬま子・春日野しか子。東京生れ。青梅学校高等科卒。14歳の時、中島歌子の萩の舎塾に入る。翌1887年(明治20)長兄仙太郎が病死、長姉ふじと次兄虎之助も家をでていたので、一葉は女家督相続者となる。89年父が病死、許婚者の渋谷三郎から破談の申し入れをうける。90年頃より半井桃水に師事し、小説を書き始める。1892年3月、桃水が創刊した「武蔵野」に「闇桜」を発表する。田辺花圃の紹介で「都の花」に「うもれ木」(1892)、「暁月夜」(1893)などを発表する。「文学界」に「晴夜」「大つごもり」(1894)、「たけくらべ」(1895～96)を連載、さらに「文芸倶楽部」に「*にごりえ」

「十三夜」(1895)を発表する。「たけくらべ」は森鷗外・幸田露伴に絶賛され，小説家としての不動の地位を築くが，結核のため25歳で死去した。「樋口一葉全集」全7巻がある。

比丘尼 びくに　出家した女性。古代では348の具足戒をうけた者が尼寺などに配置された。貴族の子女が多く，当初はきびしく統制されたが，やがて綱紀もゆるくなり剃髪しない削尼もいた。古代末期から遊行聖の活躍にともなって，尼の姿をした歩き巫女が現れる。中世には*熊野比丘尼・善光寺比丘尼などが念仏勧進を行い，地獄極楽の*絵解きにたずさわった。近世には，諸国を巡り歩き歌をうたう歌比丘尼も現れる。この頃から比丘尼は堕落し，1585年(天正13)*フロイスによって著された「日欧文化比較」には，〈比丘尼の僧院はほとんど淫売婦の街になっている〉とまでいわれるようになった。

比丘尼御所 びくにごしょ　内親王・女王など皇室出身の女性が出家して住持となった寺。室町時代には，幕府の承認によって，皇族や将軍とその姻戚，幕府重臣ゆかりの人が住持となり，それぞれの寺は同様の人脈により相続された。野宮殿・入江殿など高貴の女人が出家して居宅を寺とする場合，法華寺などの古寺や新しく建立した寺を御所とする場合など系譜の違いがあり，伺候の女房がその身分序列のままに比丘尼となって奉仕した。何々御所の呼び名は多様である。京都の大聖寺・宝慈院・宝鏡寺・通玄寺曇華院・光照院などは，江戸時代にも相続された。室町初期に尼寺五山が制度化されて筆頭となった京都の景愛寺は，明応期(1492～1501)頃まで存在したが，その後衰微して，江戸初期からその長老職には大聖寺と宝鏡寺が就任した。1871年(明治4)門跡とともに比丘尼御所は廃止されたが，寺は護持された。

日暮硯 ひぐらしすずり　信濃国松代藩の家老恩田木工(杢)民親(1717～62)による宝暦の藩政改革を伝える書。二つの系統の数多くの書写本が伝えられているが，成立年と作者は未詳。藩主の全幅の信頼のもと，1757年(宝暦7)，御勝手方惣奉行家老に任ぜられた恩田が，倹約と自己規律の模範を自ら示すとともに，家中ばかりか，領民とも「相談」して改革の合意を獲得していく過程が劇的に描かれている。本書の叙述は改革の現実と等しいものでないうえに，改革の方策自体も積極的な殖産興業策ではなく，倹約と綱紀粛正による守旧的なものであるが，対話と信頼による合意形成は藩政改革の一つの範型としてうけとめられ，伝写されていった。

ビゴー　Georges Ferdinand Bigot　1860～1927　明治期に活躍したフランス人画家。パリ出身。ジャポニスムの影響をうけて日本美術に興味をもち，1882年(明治15)に来日する。以後99年に帰国するまでの17年間，急変する明治中期の日本の姿を観察し，日本人の生活風景と政治的事象を描いた。銅版画集「クロッキ・ジャポネ」(1886)などのほか，1887年から横浜居留地で雑誌「トバエ」などを刊行し，条約改正問題や当時の国際政局に対する諷刺漫画を描く。日清戦争時には，イギリスの「グラフィック」誌の特派員として朝鮮に従軍する。表現の自由が奪われることをおそれ，居留地の撤廃直前に帰国する。パリ郊外で没する。

彦山修験道秘決灌頂巻 ひこさんしゅげんどうひけつかんじょうのまき　「修験道秘決灌頂巻」「山伏口伝」「彦山流修験道秘決灌頂巻」などとも。彦山大先達宰相律師の宥快が相伝した峰中秘義および諸大事についての*切紙27通を集録した，*修験道の教義書。所収の切紙は，宥快がすべて1482年(文明14)に伝授されたものとされている。垢離・触穢・滅罪の大事など浄化に関する切紙や，彦山での正灌頂をへて大先達位についた者の相承譜など，*即伝(16世紀初頭頃に彦山に寄寓した修験者)による切紙集成にはない彦山独自のものがみられることが注目される。

彦山修験秘訣印信集 ひこさんしゅげんひけついんじんしゅう　「彦山修験秘決印信口決集」とも。16世紀の初頭頃，彦山に寄寓した修験者の阿吸房*即伝が相承した*切紙21通を集めたもの。うち後半の7通は，大正期に「修験道章疏」編纂の際に京都大学島田文庫所蔵の即伝相承の切紙から追加されたもので，同文庫所蔵で本書の底本となったものは前半の14通のみである。その14通の内容は，直接彦山に関係する

「三峰相配事」以外は修験一般に関するものであり、「*峰中灌頂本軌」や「*本山修験深秘印信集」にそれらとほぼ同内容の切紙が掲載されているところから、即伝にこれらを伝授した承雲(彦山正大先達)が金峰山から招来したものと推測される。

彦山峰中灌頂密蔵　ひこさんぶちゅうかんじょうみつぞう　彦山修験における峰中灌頂に関する*切紙18通を、阿吸房*即伝(16世紀初頭頃彦山に寄寓した修験者)がまとめたもの。1冊。即伝は、内山永久寺からこれらの切紙を相伝したとされ、18通のうち12通は内山永久寺に相伝する「*峰中灌頂本軌」所収の切紙とほぼ同じである。本書は、修験者の入峰修行の最後に秘法として伝授される正灌頂に至るまでの一連の峰中作法をのべる形となっており、中でも修験道の四度灌頂に擬死再生の意味づけがなされていることが注目される。

彦山流記　ひこさんるき　彦山(現地名は英彦山)に関する地元で最古の縁起。1213年(建保元)成立とされる。内容は、彦山権現垂迹の縁起、彦山四十九窟と彦山修験の由来、彦山権現の霊験などが主で、末尾に彦山権現の神体、四至、山内建造物、年中行事、山内衆徒の人数などを付している。彦山権現の縁起については、インドから中国の天台山王子晋の旧跡をへて彦山般若窟に至って八角の水精石として現れたのを、法蓮上人が八幡神の化身である老翁との争いのすえ宝珠として感得したこと、今一人当地にいた忍辱という比丘が苦行のすえ山頂を極めた、などの伝承を載せる。

肥後実学党　ひごじつがくとう　実学党とも。*横井小楠が、熊本藩の藩校である時習館の訓詁中心の朱子学に満足せず、自己に切実な体認を重んじて、長岡是容(監物)・荻昌国・*元田永孚らと始めた思想学習集団。朝鮮王朝の大儒であった李退渓を篤く尊敬した大塚退野の学風を継ぐことを標榜した。しだいにその影響力は、中下層の武士や惣庄屋クラスにも及んだ。現実の藩政についても実践的な意見をもつようになり、主流派の学校党から実学党とよばれて、両者は対立関係になっていった。安政期(1854〜60)になると、「明徳新民」の解釈の分裂を契機に、まず「明徳」を明らかにしてから「新民」(「民ヲ新タニスル」)をはたすべきだとする是容らと、「新民」の実践において「明徳」が明らかにされるとする小楠らとに分裂した。

比古婆衣　ひこばえ　近世後期の随筆書。*伴信友の著。全20巻。「日本書紀考」「日本書紀年暦考」などを所収する巻1・2の2冊は1847年(弘化4)に、「天石屋」などを所収する巻3・4の2冊は61年(文久元)に板本として刊行されたが、巻5以降を含む完本は1907年(明治40)「伴信友全集」第4巻に収められた。現在の巻次は編纂にともない構成されたものであり、15巻本などの写本が存在している。信友が没するまでに書きためた130余編の論考をまとめたもので、「鬼室集斯墓碑考」は、没する1カ月前の執筆である。内容は「日本書紀考」をはじめとする国史学、「読愚管抄」「よりべの水」などの国文学、「をかしといふ言の論」などの国語学分野など多岐にわたり、いずれも信友の広い学識と精緻な考証に優れた学風がよく示されている。特に「日本書紀考」では、「*日本書紀」との題名について、元は「日本紀」と題せられたが、弘仁年間(810〜824)に加筆されたと論証し、後世に影響を与えている。

久松真一　ひさまつしんいち　1889〜1980(明治22〜昭和55)　大正・昭和期の哲学・仏教学者。号は抱石庵。岐阜市に生まれる。1912年(大正元)京都帝国大学哲学科に入学、*西田幾多郎の宗教学概論の講義に感銘をうける。西田の紹介で妙心寺に参禅する。西田哲学の影響のうえに禅の体験を重ね、独自な思想を展開する。19年臨済宗大学、29年(昭和4)竜谷大学の教授、37年京都帝国大学助教授となり、学生坐禅会「真人会」を結成する。さらに京都大学心茶会・京都大学学道道場を創設する。39年刊行の著作「東洋的無」では、無としての我のうえにすべてが蘇るという東洋的無の境地を説く。46年同大学教授、57年にはハーバード大学客員教授。のちにハイデガー、マルセル、ユングらと対話した。「久松真一著作集」全8巻がある。

秘事口伝　ひじくでん　→秘伝

鎮火祭　ひしずめのまつり　→鎮火祭(ちんかさい)

秘事法門　御蔵法門・土蔵法門・庫裡法門・夜中法門・内法門・布団被り安心・内証講・いわず講・丑の時法門などとも。*浄土真宗における*異安心の一種。親鸞の子*善鸞が，夜中密かに親鸞より特別の法門を伝授されたと称したところに始まるとされる。本願寺3世覚如の著「*改邪鈔」の18条には「夜中の法門」と秘事法門らしき事例がうかがえ，「反古裏書」には越前大町の加道法師の秘事法門，「三門徒おがまずの衆」などがみえている。また，蓮如の「*御文」にも加賀国の「荻生福田の秘事」，越前・三河国の秘事法門がみえている。以上の中世における秘事法門の実態は明らかにされてはいない。

江戸時代には，善知識だのみや罪悪感を強調する地獄秘事，入信者を仏に擬する一益法門・不拝秘事・十劫秘事などが知られるが，それらは入信の儀式や信仰の相を隠蔽することが特質となり，そのため邪義として諸種の秘事法門が幕府により処断された。1757年(宝暦7)京都・摂津・河内地方，67年(明和4)江戸・関東・奥羽方面，88年(天明8)大坂方面，97年(寛政9)京都などの事例が有名である。信者を装って潜入した立松懐之(平秩東作)の「庫裡法門記」がある。また，東北地方の*隠し念仏も鍵屋流といわれる秘事法門の一種であるが，真言念仏の影響が強く，真宗系の秘事法門とは区別される。近代以降も京都市・岩手県奥州市(旧水沢市)，1951年(昭和26)には滋賀県米原市で秘事法門が報告された。

毘沙門天　梵語Vaiśravaṇa　多聞天(漢訳)ともよばれる護法神。インド古代神話における財宝神クベーラ(Kubera)にあたり，仏教では須弥山の第4層にいる*四天王のうち，北方を守護する神とされ，また福徳富貴の神としても信仰される。四天王・十二天に属する場合は多聞天とよばれ，単独で信仰される場合に毘沙門天と称されることが多い。日本では甲冑をつけ，右手に宝棒をもち，左手で宝塔を捧げもち，邪鬼を踏んで立つ姿が一般的である。ただし，中央アジアでの信仰に起源をもつ，金鎖甲をつけ地天などの上に立つ兜跋毘沙門天とよばれる像の遺例もある。四天王の多聞天が須弥壇の北東隅に安置されることから鬼門神としての信仰や，中世には七福神の一人としても数えられ，大衆に広く信仰された。

非出定後語　ひしゅつじょう　「非出定」とも。江戸中期の護法書。1冊。浄土宗の*文雄の著。1759年(宝暦9)成立。*富永仲基が大乗非仏説を説く「*出定後語」に対し，「奇論」「腐論」として反駁したもの。仲基が「出定如来」と自称し書名を「出定如来出定経典」としたことを，「幻」を好むものとしてきびしく批判した。また，仲基が仏教の戒律や世俗倫理のみを評価して小乗に止まり，心を治め成仏の智恵を説く大乗を信じていないとする。*加上説に対して，大乗は釈尊滅後に口承相伝されてきたものであるから大乗経典は創作ではないとする。仲基に大乗への信仰を求めて大乗の擁護に努めた。本居宣長は，「*玉勝間」で仲基を論破できていないと評している。

聖　ひじり　僧位・僧官はもたないが，霊能があるとされた民間宗教者の称。「日知り」が語源とされるが，早くから仏教的色彩を強め，山岳修行などで特殊な霊力をえた行者，人里離れて住む隠遁僧，民間に接近して活動し，架橋や道路開拓など社会事業をリードする僧や半僧半俗の*沙弥・沙弥尼，*優婆夷・優婆塞などの称となった。平安中期以降は，念仏や法華持経による往生者なども加わり，阿弥陀聖(市聖)*空也・革聖*行円・多武峰の聖*増賀・書写聖性空らの著名な聖が輩出した。ほかに鎌倉初期前後の仏教説話集などにも無名の聖の行状が活写されており，やがて「聖人」「上人」「*仙」なども同義に用いられるようになった。また本来彼らの多くは単独行動であったが，平安後期以降は京都北郊の大原や高野山などに集団で居住して「*別所」を形成する者もいた。中世以降はしだいに活動の分化が進み，その実態の特徴などから念仏聖・遊行聖・勧進聖・*高野聖，さらには廻国聖・十穀聖・三昧聖・*暮露々々聖など多様な聖もうまれた。以上のように，その生態・実態は実に多様であるが，広く都鄙の庶民を教化し，古代以来の日本仏教史を通じ

て，庶民仏教の展開に主導的役割をはたしたのが，彼ら聖たちであった。

聖方 ひじりかた →高野三方こうやさんかた

肥前国風土記 ひぜんのくにふどき 713年(和銅6)5月の風土記撰進の詔によって撰述された奈良時代の地誌。古風土記の一つ。1巻。「*豊後国風土記」などとともに大宰府で一括して編述されたものらしい。伝来するのは抄本。内容は地名伝説が主体で，景行けいこう天皇と日本武尊やまとたけるのみこと，*応神おうじん天皇と神功じんぐう皇后の説話が多いが，推古朝の新羅しらぎ遠征にからむ来目くめ皇子の話などもある。土蜘蛛つちぐもの服従説話が多い。

非戦論 ひせんろん 戦争はすべきでないという主張・議論。特に日露戦争の頃には，まだ反戦という言葉がなかったことから，もっぱら非戦といわれた。それに対して，対露強硬論の立場から積極的に日露開戦を唱える主張を主戦論という。

日露非戦論は，主としてキリスト教徒と社会主義者によって唱えられた。無教会派クリスチャンの*内村鑑三かんぞうは，日清戦争に際して義戦論を唱えたことを反省し，日露間の緊張が高まっていた中にあって，「万朝報よろずちょうほう」1903年(明治36)6月30日付に「戦争廃止論」を書き，戦争をいっさい否定する絶対平和論を説いた。しかし，「万朝報」が主戦論に変わったことから，同年10月，内村と社会主義者の*幸徳秋水こうとくしゅうすい・*堺利彦は退社した。幸徳・堺は翌11月に発刊した「*平民新聞」で非戦の論調を張ったが，彼らの主張は，戦争は軍部・藩閥官僚・資本家など一部の少数者の利益や名誉のためのものであり，多数の人民のためのものではないというものである。*安部磯雄いそおが会長をしていた*社会主義協会も，03年10月に2回にわたり非戦演説会を開いた。安部は，社会主義者であると同時にユニテリアン派のキリスト教徒で，同年9月の「六合りくごう雑誌」に「吾人は露人と闘ふべきか」を発表して非戦を説いていた。

当時の非戦論者には，ほかに*片山潜せん・*木下尚江なおえらのキリスト教社会主義者がいる。木下が04年1月から「毎日新聞」に連載した「火の柱」は，非戦論者のクリスチャンである新聞社の主筆を主人公にした非戦小説

である。このほか安中教会牧師の*柏木義円ぎえんは主宰紙「上毛じょうもう教界月報」で非戦を説き，召集された信徒の手記や書簡を掲載して戦闘の非情さや戦争の無意味さを訴えた。また，前橋の製糸業者深沢利重としげ(1856～1934)はハリストス正教会員であったが，正教会をはじめ日本のキリスト教徒の多くが開戦後，積極的に戦争に賛成したことを批判するとともに，実業家の立場から，この戦争が日本の国益に反するものであり，国運の衰退を招くとして特異な非戦論を説いたことで知られている。

秘蔵宝鑰 ひぞうほうやく 平安初期の*空海くうかいの著作。全3巻。天長年間(824～834)に淳和じゅんな天皇の勅命で，諸宗(華厳・法相・三論・律・天台・真言)がその教義の要旨を論述したものを献上した。空海は真言宗の立場で「*十住心論じゅうじゅうしんろん」10巻を著したが，これが大部であるため，内容を要約するような形で本書を著し，十住心の思想を示した。人間の精神が低次の段階(第一の異生羝羊いしょうていよう住心)から，最高の悟りの段階(第十の秘密荘厳ひみつしょうごん住心)に至るまでを10段階に分け，第一住心から第九住心までを顕教とし，第十住心を密教とし，顕教にまさる密教の優位性を*教相判釈きょうそうはんじゃくで説いた。

非徂徠学 ひそらいがく *蟹養斎かいようさいの著した書。漢文。1巻。1754年(宝暦4)成立，65年(明和2)刊。崎門きもんの朱子学の立場から，*荻生徂徠おぎゅうそらいの学説を論駁したもので，*伊藤仁斎じんさいへの批判にも及んでいる。徂徠が「道」を聖人の作為の所産としたことで，人々の「道」を尊ぶ気持ちが弱まり，「格物窮理かくぶつきゅうり」が疎かにされ，軽薄・放蕩の気風が広がったとして養斎はきびしく徂徠を斥けている。

常陸帯 ひたちおび 蟄居中の*藤田東湖とうこが，*徳川斉昭なりあきによる水戸藩の天保改革を叙述した書。上・下2巻。1844年(弘化元)成立。1829年(文政12)の斉昭擁立から，43(天保14)藩政精励を将軍から褒賞されるまでを記す。常陸帯の古歌から語りだされ，臣として君を慕う感情が，流麗な和文によって表出されている。斉昭が臣下ばかりか有志大名らと「議論」したようすや，検地開始の日の行動な

ど，近侍していた者でないと綴れない箇所がある。また，もともと東湖が起草した「*弘道館記」の神儒一致について，「*大和魂」の語によって弁明している。本書は多くの幕末期の志士に筆写された。

常陸国風土記（ひたちのくにふどき）　713年（和銅6）5月の風土記撰進の詔によって撰述された常陸国の地誌。古風土記の一つ。1巻。巻頭に「常陸の国の司，解け申す古老の相伝する旧聞の事」とあり，常陸国司から「解」の形式で提出された文書。はじめに常陸国全体にかかわる総説的な記事をおき，ついで新治・筑波以下の郡の記事が続き，地名伝説・土地の状況・産物などがとりあげられている。それぞれの説明が「古老曰く」としてのべられ，また他の古風土記に比べて，香（鹿）島郡の童女松原記事など駢儷体の美文調が目立つ。「*出雲国風土記」などが在地豪族の編述になるのに対し，これは中央から下向した教養豊かな貴族の手になるものであろう。

非徴（ひちょう）　荻生徂徠著「*論語徴」への弁駁書。*中井竹山の著。全20巻。1767年（明和4）脱稿。朱子学の「論語」解釈を批判した「論語徴」への竹山の再批判は激烈で，徂徠の*古文辞学の方法ばかりでなく，*伊藤仁斎を批判する徂徠の学問姿勢，さらには徂徠の人格への批判にまで及ぶ。巻1の「総非」は総論で，以下「論語」の章句を単位に「論語徴」への詳細な批判が展開される。同様に徂徠を論難することを意図した師五井蘭洲の「*非物篇」とともに懐徳堂蔵版として，正学統一の機運が進む84年（天明4）に刊行された。

日嗣（ひつぎ）　天皇の位，皇位の継承，また皇位の継承者のことをいう。758年（天平宝字2）8月1日の孝謙天皇の譲位宣命に，「日嗣と定め賜へる皇太子に授け賜はくと宣ふ天皇が御命を」（「続日本紀」）とある。また「日本書紀」には，皇極元年（642）12月条に舒明天皇の殯宮において息長山田公が「日嗣」を誄び奉ったとみえ，持統2年（688）11月条には天武天皇の殯宮で当麻真人知徳が「皇祖等の騰極の次第」を*誄したとあり，それを「古には日嗣と云ふ」と説明している。歴代天皇の皇統譜（帝皇日継）が殯宮において奏上されていたことが知られる。古代において「日」と「火」の発音は別音で，「日継」の原義を「火継」の意とすることは誤りとされる。霊または日（太陽）を嗣ぐ者の意と理解する説が有力である。

ヒデスの導師（ヒデスのどうし）　Fides no Dŏxi.「ヒイデスの導師」「信心録」とも。キリシタン版。1592年（文禄元）天草刊，文語体のローマ字本。全4巻1冊。序文を記したペドロ・ラモンが，アロバロ・ディアスや日本人修道士養方パウロと子のビセンテ法印の協力をえて編んだ。16世紀最高の神学者，ドミニコ会士ルイス・デ・グラナダの「信経序説第5部」（サラマンカ，1588）の抄訳である。第1巻は世界の創造，第2巻は信仰の卓越性，真の宗教はキリスト教であること，第3巻はイエズス・キリストの受難，贖罪による人類の救い，第4巻は信仰による救いと予言である。神の存在については，西洋近世の天文・地球物理学から生物学・解剖学など医学の新知識を網羅して論証している。キリシタン版の代表的な黙想書であるとともに，当時の貴重な国語資料である。

秀吉事記（ひでよしじき）　→天正記
秀頼事記（ひでよりじき）　→豊内記

秘伝（ひでん）　秘事口伝・密伝・奥義などとも。技術・知識の伝授に際して特に重要なこととして伝授されること，またその内容。仏教・学問などで古代から行われ，中世以後，歌道・楽道・能楽・花道・香道・茶道・蹴鞠・医術・武術などの広い分野でみられた。秘伝は技芸の細部を正確に伝えるため，社会に対して伝授する者とされる者の権威を保つためになされ，形式整備と秘密厳守とともに受ける者の稽古精進が前提として求められる。体系の全体について段階的になされる場合は伝授の最終段階になされ，*口伝・*切紙などの方法も用いられた。伝授記録の末尾に証判が付されるものがあり，代々書写されたものはその伝授の系譜を示している。「古今和歌集」の注釈に関する*古今伝授では，典型的な秘伝として知られる。発達した分野と階層は時代によって変化し，伝授関係は時代が下るにつれて拡散した。

悲田院（ひでんいん）　仏教の慈悲の思想にもとづい

て貧窮孤独の人々を救済するために設けられた施設。723年(養老7)に*興福寺におかれたのが最初で，天平年間(729〜749)には皇后宮職に*施薬院とともにおかれ，称徳天皇の時代まで機能した。平安京にも受け継がれ，荘園を財源にあてて12世紀頃まで存続した。平安京での場所ははじめ九条南におかれ，のちに五条の鴨川近くに移された。

非天経或問（ひてんけいわくもん）　江戸中期の天文書。1冊。浄土宗の*文雄の著。1754年(宝暦4)成立。天文学全般を簡潔に説く明の游子六の著「天経或問」は，1730年(享保15)西川如見によって訓点本が刊行されて一般に流布した。「天経或問」では天動地球説の立場で地球が円球であるとする地円説をとるが，文雄は同書を須弥山説を排斥し，地・水・火・風の4元素や輪廻を否定するものとして批判する。天は虚空で実体がなく，天地は動くものでないとし，北極は須弥山上の中天のことで，南極は存在せず，日月は同じ大きさで須弥山の中腹の同一軌道を運行して山下の四洲を照らすとし，仏教的世界観を擁護した。

悲田派（ひでんは）　→不受不施派

尾藤二洲（びとうじしゅう）　1747〜1813(延享4〜文化10)　江戸後期の儒者。実名は孝肇，字は志尹，通称は良佐，二洲は号，別号は約山・静寄軒・流水斎など。父は尾藤温洲，母は西山氏。伊予国宇摩郡川之江村(幕府領)に長男として出生。家は代々廻船業を営む。幼くして足に障害を負い，歩行に不自由を来しながら生涯学問に精励した。1760年(宝暦10)荻生徂徠系で漢方医の宇田川楊軒に学び，古学特に*古文辞学に心酔するが，70年(明和7)大坂にでて，漢詩人のグループ混沌社を主宰する折衷学系の*片山北海に入門する。徂徠の初期の著作*「蘐園随筆」を読んで，かえって徂徠の説に疑問をもち，朱子学に傾斜する。「*素餐録」1巻1冊や「*正学指掌」1巻1冊は，朱子の説に忠実であろうとしたその当時の著作である。二洲は大坂で家塾を開き，朱子学者の頼三兄弟(*頼春水・春風・杏坪)や*古賀精里らと親交を深める。91年(寛政3)幕府に召し抱えられ，聖堂付き儒者

となる(俸禄200石)。この前年に*寛政異学の禁が通達せられ，またすでに*柴野栗山・*岡田寒泉の両朱子学者が聖堂付き儒者として採用されているので，朱子学の正学化を推進するための人員補充とみられる。二洲の抜擢は寒泉の推薦という。

二洲は朱子学者であるが，朱子学の中核である理気説の理解では理を法則的に捉え，気一元論を唱えるなどの古義学(仁斎学)系の特徴がある。江戸で死去。二洲の詩文は「静寄軒集」に集成され，刊本としては拙修斎叢書本(木活字)12巻7冊(1836)，写本としては内閣文庫所蔵25巻(付録とも)13冊がある。

人となる道（ひととなるみち）　江戸中期の*仮名法語。*慈雲(飲光)撰述。1781年(天明元)刊。1巻。1775年(安永4)の「*十善法語」12巻を簡略化した仮名法語である。「十善法語」は，慈雲が伏見親王の乳母慧琳尼らの請に応じて，京都阿弥陀寺で講演した法話を編集したもので，十善戒を実践し本来の善(仏性)に帰することを説く。性善が人となる道であるという慈雲の教化は，民衆的戒律主義として多くの人々によって迎えられた。また1774年，後桃園天皇に献納されたものに「十善戒相」がある。

ひとのみち教団（ひとのみちきょうだん）　徳光教の教師であった御木徳一(1871〜1938)・徳近(1900〜83)父子が1924年(大正13)に開いた教団。当時は人道徳光教会と称し，31年(昭和6)にひとのみち教団と改称した。習合神道色の強い太陽神信仰が中心で，徳光教から継承した治病儀礼である「お振替」の存在と庶民向けの現世利益的道徳処世訓を説くことで評判となる。「朝まいり」とよばれる早朝集会の展開で教勢は大阪を中心に全国へ広がるが，急激な教団拡大は政府の弾圧をよび，37年に御木父子と幹部らは不敬罪で起訴され，教団も解散させられた。翌年徳一は係争中に死去。45年に自由の身になった徳近が立教したのが現在のパーフェクト・リバティー教団(略称PL教団)である。

人麻呂影供（ひとまろえいぐ）　→影供

独考（ひとりがえ）　江戸後期の随筆。全2巻。*只野真葛の著。1817年(文化14)成立。著者は

ひとり

林子平らと交遊のある仙台藩の医師*工藤平助の女。題名には，問わずがたりに疑問をもって，晴れない疑いに自分の考えを書きつけていく，の意がこめられている。天象から人情に至るまで，さまざまな話題を短い和文で記す。必ずしも反体制的・現実批判というわけではないが，男女差や経世済民など社会に疑問をもち，内省の中で矛盾をとりだして，主体的に自己の意見をもつことが女性の美徳とされなかった時代に，自己表出の書として珍しいエッセイである。添削と出版の助力を求めて，*曲亭馬琴に閲覧を乞い，きびしい批判をうけているのが象徴的である。(真葛「独考論」)。

独ごと ひとりごと 江戸中期の俳論。全2巻。鬼貫(1661〜1738)の著。1718年(享保3)刊。122段からなり，句作り，付合の修行や作法のほか，花鳥風月について随筆風にのべる。「まことのほか俳諧なし」の主張があり，*芭蕉の俳諧理念「まこと」と同趣旨の内容が披瀝されていることが注目されてきた。鬼貫の説は，句作りには姿形より，真実の心がこもっているほうが大切であるとする詞心二元論である。著者は伊丹の酒造家の上島家に生まれ，大坂にでて，のち筑後国三池藩などに仕えた。放埒な伊丹風とよばれる文学環境で育ったが，後年，芭蕉に影響され，本書の説も鬼貫独自の説というより，芭蕉説を知ってからのものとされる。

独寝 ひとりね 江戸中期の随筆。全2巻。*柳沢淇園の著。1725年(享保10)頃成立。作者は柳沢吉保家の重臣の家に生まれ，主家の転封に従って大和国郡山に移住したのを契機に，随想風に青年期の回想を記す。全140条。話題は，遊里の遊び，書画・俳諧・音曲・香など諸芸百般にわたる。この時，作者は21歳であり，青年らしい放言も含まれるが，遊里・遊女や閨房の性愛に関する豊富な経験をもとに男女の機微にふれ，色道書のように記述する。遊女と地女の比較など，遊里と日常生活世界の両面にわたる近世の性の世界をうかがううえで重要である。文章は生彩があり，早熟・多芸の才能が横溢している。性欲にかかわる本草や甲斐方言，*荻生徂徠・*大潮元皓・*岡島冠山との交遊も

記される。

鄙 ひな 中央(*都)に対して，低価値空間の意識をともなった地方の称。律令政府は，地方の中央への等質化を統治の建前として*国司を派遣したが，隋唐文化に飾りたてられた都から赴任した国司らにとって，地方は奈良時代からすでに，「天離る鄙」として認識された。平安時代も9世紀半ばになると，都鄙の懸隔の意識はさらに著しくなり，国司に任命されても現地に赴かない遥任の風が現れてくる。

日次記 ひなみき 日を追って，日々の出来事を書きとめた日記。記事の内容や記録の動機により公日記と私日記とに分けられるが，儀式記事などの部分を日次記とは別に詳細に記録したものに別記・*部類記がある。伝存する最古の日次記原本に746年(天平18)の具注暦に書かれた日記がある。平安時代の宮廷・官衙における代表的な公日記に殿上日記・外記日記があり，室町時代以降の宮廷日記に「*御湯殿上日記」がある。江戸時代には，「御日記」と称される厖大な江戸幕府日記のほか諸藩日記などがある。私日記は記主の身分階層により，皇室・公家・武家・僧侶・神官・学者・文人・庶民などの日記に分類される。

ヒヌカン ウミチムン(御三物)とも。奄美・沖縄地方に分布する火の神のこと，あるいは火の神に対する信仰。形はカマドの原型である3個の自然石であり，これらを火の神の*憑坐として礼拝した。家の守護神の一種といわれ，現行の家庭祭祀の形式である仏壇に先行する存在とも説かれる。現在は，ガスコンロの上方に小さな棚を設けてオコーロ(お香炉)をおき，それを火の神の象徴としている。ヒヌカンは沖縄で最も人々に親しまれている神であり，毎月旧暦の1日・15日は線香や水を供えて日々の感謝や願い事をする家が多くみられる。また，ヒヌカンを礼拝することを「トウシウグヮン」という。これは火の神の棚が，遠く離れた*ニライカナイを遥拝するところという意味で，ヒヌカンの神格を知るうえで重要な語である。

日野富子 ひのとみこ 1440〜96(永享12〜明応5) 室町幕府8代将軍*足利義政の正室。9代

将軍義熙(初名義尚)の生母。従一位。父は重政(初名政光)。義政の生母日野重子の意向で義政に嫁した。はじめ義政に男子がなく、弟義視を継嗣に定めたが、1465年(寛正6)義尚が生まれ、両者の対立は応仁の乱の一因になった。義尚の幼少時には兄勝光とともに執政にあたり、義熙の没後は妹の子義材を継嗣に定めている。義政が没すると義材との関係は悪化し、93年(明応2)細川政元の将軍改替を支持、義遐(のち義澄)を義政猶子分として継嗣に立てた。富子の行使した将軍家重事の決定権は、御台がまたあるいは後家の尼たる地位に由来し、中世の女性として例外的な行為に及んだわけではなかった。

美福門院 びふくもん 1117~60(永久5~永暦元) 平安後期、鳥羽天皇の皇后。近衛天皇の生母。藤原得子。父は白河院の近臣権中納言藤原長実、母は左大臣源俊房の女方子。鳥羽上皇の寵愛をえて、近衛天皇や八条院・高松院らを生んだ得子は皇后に冊立され、宮廷内に揺るぎない地位を確立、1149年(久安5)美福門院の院号を宣下された。近衛天皇早世後の皇位について、後白河天皇を中継ぎとして即位させ、保元の乱後に二条天皇に譲位させたのは、彼女の意思と手腕によるところが大きかった。56年(保元元)鳥羽上皇の臨終に際して落飾(法名は真性空)し、白河押小路殿で没した。遺骨は、鳥羽東殿に建てられた塔中に納めるよう命じた鳥羽上皇の遺志に反し、本人の遺命によって高野山に埋納された。

非物篇 ひぶつへん *五井蘭洲の著した書。漢文。全20巻・付録1巻。1784年(天明4)6巻・付録として刊行。荻生徂徠の「*論語徴」の各章(すべてではない)に論駁を加えたもので、付録として徂徠の「*弁道」への批判も付されている。朱子学の立場から、徂徠の議論の矛盾や考証の粗漏を指摘している。「論語徴」には、その解釈の大胆によって多くの支持・不支持の書物が著されたが、その代表的なものの一つである。同じく懐徳堂からだされた中井竹山の「*非徴」は、「非物篇」の不足を補って、徂徠批判を強化・徹底させるという意味をもっていた。

秘本玉くしげ ひほんたまくしげ 「玉くしげ」「玉匣」「玉くしげ別本」とも。*本居宣長が献上した政治意見書。1787年(天明7)成稿。「別巻」(「*玉くしげ」)を添えて和歌山藩主徳川治貞に献上した。具体的な政策をのべた書であり、献上時の題名は「玉くしげ」。生前は刊行されず、1851年(嘉永4)問題で上・下2巻として刊行された。政治・経済政策の根本を敬神と尊皇におき、同時代の儒教的経世論には依拠しない。藩主以下武士の大幅な倹約のほか、減税により民の負担を軽減し、金銀の通用を減少して正物取引を行うべきなどの政策を献言した。為政者の綱紀粛正と寛刑など、下を思う心による施策を主張している。

日待 ひまち 眠らずに一夜を籠もり明かし、日の出を拝する行事。共通の信仰をもつ村落の仲間が庚申・甲子・巳の日や元旦など特別の日に行ったが、その日をとって庚申待・甲子待などとよばれる場合もある。また、旧暦1・5・9月の15日前後の村の寄合を日待とするところもある。通常各家の主人または主婦1人が参加し、参加者の家が持ち回りで宿所とされた。太陽崇拝との関係は不明だが、参加前の入浴・水垢離の徹底、当日の労働の禁止や精進料理の共食などをみれば、その本質は祭祀や講にあたっての精進潔斎による*物忌にあったといえる。

火祭 ひまつり 火が中心的な役割をはたす祭。通常闇夜のなか大火を焚いたり、松明を灯しながら行われた。左義長(どんど)、柱松、盆の迎え火と送り火、ねぶた、竿灯、大文字焼きなどがある。これら火祭における火は、祭場の照明、神霊を招く目印、神霊自身の顕現など多義的に理解できるが、その根底には、穢れを焼き尽くし、浄化することのできる火の神聖な力に対する崇拝をみることができる。これは、火祭の炎にあたると病気にならないとの観念が広く流布している点などから確認できる。火を焚いて、冬の衰弱した太陽を回復させようとの霜月祭もこれに対応するが、そこには予祝的な意味も含まれている。

秘密宗 ひみつしゅう →真言宗

秘密曼荼羅十住心論 ひみつまんだらじゅうじゅうしんろん →十住

微味幽玄考（びみゆうげんこう） *大原幽学の主著。「庶人」を「性学」に導くためのいわばテキストとして執筆したもので、本文に注と細注が付されている。その原形は1836年（天保7）に著した「性学趣意」であり、「性学微味考」「性理学幽玄考」などと改題し、何度も書き直し、58年（安政5）の自刃の直前まで推敲し続けるも、結局未完に終わったと推定される。幽学は、「天地の和の別神霊の長」である「人」はいずれも、天地の和に生じるところの万物を養育する必要があると説く。そのために、人は天下の民を憐れむ武士の心を自分の心として（すなわち理想化した武士像を範として）身を修め家を斉えていかねばならないとする。

比売鑑（ひめかがみ） 江戸前期における質・量ともに最大級の女子教育書。全31巻。*中村惕斎の著。1661年（寛文元）成立。述言編12巻は1709年（宝永6）刊、紀行編19巻は12年（正徳2）刊。角書「教訓絵入」。述言編では「小学」のうち立教（子を教えること）、明倫（父子の親について）、敬身（学を勉め身を修めること）の各章を平仮名文で平易に敷衍し、朱子学的道徳の真髄を説く。それは男女の区別なく儒教的な人間社会のあり方を説くものであり、その中に女子の道徳も位置づける。すなわち、立教・明倫を説く1〜4巻は女子が親や夫に従属的な存在であることを主張するが、敬身を説く7〜12巻は、女子は無知蒙昧な従属者ではなく、理性にもとづいて主体的に家や社会の倫理へ参与することを促すものといえる。紀行編では、「列女伝」「世説新語」「後漢書」や「日本書紀」「元亨釈書」など60余の和漢の書により約280名の賢妃貞女の逸話を、述言編の主張の具体例として列記・紹介する。

神籬磐境之大事（ひもろぎいわさかのだいじ） *吉川従長の著した書。1巻。1713年（正徳3）成立。*吉川神道の最高の秘伝である「神籬磐境之伝」についての解説書である。天孫降臨に随行する太玉命・天児屋命へ与えられた神勅にもとづいて、「君臣御合体ノ道」の基本が、臣下からする天皇への絶対の従順にあることを説いている。

百一新論（ひゃくいちしんろん） *西周が著した日本初の哲学概論。またフィロソフィを「哲学」と訳した最初の文献でもある。1866年（慶応2）頃の講義録を74年（明治7）に出版。西はオランダ留学時代（1863〜65）に、全学問分野の中心的な位置を占めているのが東洋では儒学であるのに対して、西洋ではフィロソフィであるのに気づき、「それは全学問の体系的連関を明らかにして、普遍的道理の探究に立ち向かう営みにほかならない」（「開題門」）と記している。そこからフィロソフィがもつ統一科学的発想を一歩進めたのが「百一新論」である。この表題の意味は、百にも細分化された個別的学問を、一つのフィロソフィで統一的に解釈する、ということである。そこで西は、A.コント、J.S.ミル、W.ハミルトン、G.H.ルイスらを利用しつつ、人間は自然の内にいながら意味や法則をみつけだす存在者であるから、自然学のさまざまな個別科学のうちでも、とりわけ人間を観察の対象とするアントロポロギー（人性学）を重要視すべきと主張する。さらに、人性学を含む自然学全般を心理に照らして真理を発見するのが哲学だとしている。

百王思想（ひゃくおうしそう） 皇統は百代で尽き、天皇家は滅亡すると説く一種の終末論で、院政期頃から*末法思想とともに流布した。その典拠と目されているのが、*吉備真備が中国から請来したという「野馬台詩」（六朝時代の6世紀、梁の宝誌和尚作と伝えられる五言24句の短詩）で、そこには「百王、流れ畢ごとく竭きて、猿犬、英雄と称す」とある。

　この「詩」の成立事情ないし伝来の経緯などについては詳らかでないが、鎌倉末期成立の「延暦寺護国縁起」が引用する「延暦九年注」に認められるので、注が当代（790年）のものとすれば、「詩」の初見は奈良末期までさかのぼることができる。なお「詩」は、*三善清行（918没）の「善家秘記」や936年（承平6）に始まった「日本紀講筵」の覚書である「日本紀私記」丁本にもみえるので、わが国ではすでに平安前期に知られていたことは明らかである。しかし、そこではいまだ「百王」の語がみえず、終末論（皇統

の無窮性を否定する)が説かれていたとは考えられない。そもそも「百王」とは限りなく続く代々の王の総称を意味する漢語であり(「新古今和歌集」真名序の「百王」に対応する語が，同仮名序では「永き世」となっている)，わが国でも「古事記」をはじめ古来多くの文献に見出せる。

一方，「詩」の文言に通底する，皇統が「百王」すなわち百代の天皇で断絶すると主張する「百王」思想が出現するのは平安中期以降のようである。藤原実資の日記「*小右記」長元4年(1031)8月4日条にみえる，伊勢斎王の託宣記事によれば，荒祭神(伊勢大神の荒魂)が斎王嫥子に憑依して下した託宣に「降誕の始，已に王運暦数を定む。……百王の運，已に過半に及ぶ」とある。このような終末論的百王思想は院政期以降しだいに流布し，やがて末法思想と相まって時代思潮の一端を担うことになった。慈円の「*愚管抄」で力説される百王思想は，その典型的なものといえよう。なお南北朝期に入ると，北畠親房の「*神皇正統記」に説かれるように，それまでの悲観主義的百王思想を全面的に否定する主張が現れてくる。

百座会 ひゃくざえ →仁王会

百姓一揆 ひゃくしょういっき　近世，年貢・諸役を負担する百姓らが集団を形成して領主に非合法的に訴願すること。百姓の家(経営)の成り立ちと相続を求め，そのための「御救い」を要求したり，それを阻害する諸施策の排除を求め，訴願した。中世においては，一揆は百姓だけでなく社会の各層で形成され社会全体から容認されていたが，一揆を解体することで成立してきた近世権力により，一揆的結合は徒党として禁止され非合法化された。近世初期には領主との間で武装闘争する土豪一揆が頻発するが，島原・天草一揆(*島原の乱)で終焉を迎え，以後の一揆では，百姓は(武器ではなく)農具を手にとって参加した。闘争の形態としては，強訴・逃散・打ちこわし・越訴などがある。

17世紀半ばには，村役人が領主を代表して越訴したとされる代表越訴型の一揆物語が伝えられ，佐倉惣五郎らの義民の活躍が伝承されているが，史料的には確認できないものが多い。17世紀末から領内の広範な人々が城下へ強訴したり，他領へ逃散する惣百姓一揆が展開し，18世紀後半には一揆の規模が拡大し，村役人や豪商・豪農に対する打ちこわしも数を増し激しくなる。また同時期，領主の違いをこえた広域闘争が出現し，19世紀半ばにかけて各地で連続的におきている。幕末期には，貧農層が世直しを求め豪農・豪商を打ちこわす世直し一揆が増大していく。なお，18世紀半ばになると，百姓一揆を題材にした百姓一揆物語が全国各地でいっせいに作られ始める。このうち，特に義民の活躍に焦点をあてたものを義民物語とよぶ。

百姓往来 ひゃくしょうおうらい　「百姓往来」とも。江戸後期の農民子弟用の*往来物。1冊。著者は禿箒子。1766年(明和3)江戸の書肆より刊行された。内容は農具，新田の開発，肥料，稲作巡見の心得，荷物の貫目，家の造作，家財・家具・雑具，農民の常食，副業，牛馬，名前旧跡は古法にしたがうべきこと，農民の生活心得などに及んでいる。いずれの項目も，関連する単語・短句を中心とする簡潔な記述で，それだけに幼童の手習いにふさわしい手本となっている。本書は江戸後期より明治初年にかけ，数多くの重版・異版を重ねて広範な流布をとげ，農民の勤労ならびに生活にかかわる倫理思想に著しい影響を及ぼした。

百姓囊 ひゃくしょうぶくろ　*西川如見の著した農民のための教訓書。全5巻。1721年(享保6)成立，31年刊。農民を卑賤視することの誤りを主張し，「質直」「謙下」の道徳を農民のために説いた。「紅毛国」の人々の孝心の篤さにも言及があり，如見らしい合理的・国際的な感覚がうかがえる。

百姓分量記 ひゃくしょうぶんりょうき　*潭北の著した百姓のための教訓書。全5巻。1721年(享保6)の草稿を25年に改め，翌26年に刊行された。外題は「民家分量記」。「性」「明徳」「気質」「天命」などの基本概念の説明に始まって，家族・親族・地域の人間関係に即した実践的な道徳が説かれている。朱子学の立場が土台にあるが，仏教や道教に由来する慣習・行事についても寛容な立場をとって，挨拶の仕方の

ひゃく

注意に及ぶなど，百姓の生活全般にわたって丁寧で具体的な説明がなされている。

百度参り ひゃくど まいり　お百度とも。神仏に祈願する際の所作の一つで，特定の社寺に百度続けて参詣すること。平安末期に貴族などに始まり，中世以降一般民衆に拡大した。特定の社寺（神仏）を選び，100回もの参詣を続けるという行為からは，信仰の篤さと願意の強さを示し，神仏の特別の加護・霊験をうけようとの祈願者の心意が読みとれる。また，そのような強い祈願であるためか個人的なものが多かった。はじめ100日続けて参詣する形をとったが，鎌倉時代に入り，1日に100回詣でることでその代用とする形式も出現した。対象となった寺社の多くでは，入口に百度石がおかれ，そこと本堂・拝殿の往復が参詣1回の目安となった。また，仏前・神前に1回ごとに小石や紙撚りをおく慣習もうまれた。

百八町記 ひゃくはっちょうき　江戸前期の*仮名草子。全5巻5冊。如儡子（斎藤親盛，1603？～74）の作。1655年（明暦元）成立，64年（寛文4）刊。書名は儒・仏・道の三教それぞれに一理（1里＝36町。合計で108）ありの意で，三教一致の体裁をとるが，その本質は仏教を優位とする廃儒護仏論である。儒仏一致を説いた先行書「水波問答」に対して私注を加えたもので，儒教を姦偽邪悪の説とし，来世をたのむ仏教の現実逃避性を批判した朱子学に対し，現実的な効用としても仏教が優れると主張する。これらは*鈴木正三の現世仏教の影響や，作者晩年の臨済禅への傾倒によるものと思われる。この仏教への帰依，および説話や随想を含まず議論に終始する点が「*可笑記」（1642刊）と大きく異なる。

百練抄 ひゃくれんしょう　中世の歴史書。全17巻，ただし巻1～3は散逸。天皇年代記の体裁をとり，現存部分は冷泉天皇の968年（安和元）から後深草天皇の1259年（正元元）に及ぶ。成立年代には諸説あり，1259～87年（正元元～弘安10）の間とされる。ただし，巻12で順徳天皇が「佐渡院」と称されていることから，巻13まででいったん編纂が完了し，14巻以降は後日編纂された続編とする見方もある。各天皇ごとに編年体で簡単な記事が並べられており，京都の公家社会にかかわる内容が中心で，多くの貴族の日記を原拠史料としたと考えられる。編者は不明だが，勧修寺流藤原氏についての記事が多いことから，同流に属する人物が候補としてあげられる。また，外記にかかわる記事が多いことから，外記局の官人複数による編纂との説もだされ，「*平家物語」との関連も指摘されている。吉田定房・万里小路宣房が所持していた写本を，1304年（嘉元2）に金沢貞顕が書写・校合した金沢文庫本が諸本の祖本となっているが，これは現存しない。神宮文庫所蔵の旧宮崎文庫本が，その忠実な模写本として利用されている。

百科事典 ひゃっかじてん　万物百般の知識を，一定の方法にしたがって配列・集成した書物。「百科事典」の語は，1931～35年（昭和6～10）に刊行された平凡社の「大百科事典」ではじめて用いられたものだが，この種の試みは古代から続けられていた。中国では，自然界や人間社会のさまざまな事物や現象についての記述を既存の書物から抜き出し，これを分類した「類書」とよばれる編纂物が作られており，日本にも輸入され，利用されていた。類書の方式を踏襲して，9世紀末に菅原道真が六国史の記事を類聚した「*類聚国史」，10世紀前半に源順が漢語の名詞に和訓を付して集成した「*和名類聚抄」は，わが国の百科事典の先駆として注目される。中世には，平易な問答体で事物の起源・語源・意味などを記した「塵袋」「*壒嚢鈔」が普及し，両書をまとめた「塵添壒嚢鈔」は近世を通じて用いられた。また代表的な国語辞書である「*下学集」「*節用集」は，類書に通じる構成をもち，百科事典としての役割もはたしていた。

近世に入ると，学芸の発達や民間への普及の傾向をうけて，さまざまな百科事典が編纂された。中村惕斎の「*訓蒙図彙」は挿絵入りの啓蒙的事典で，これに追随する多くの部門別辞典が刊行された。さらに中国の「三才図会」にならった，寺島良安の「*和漢三才図会」は，近世の代表的百科事典である。ほかにも博物学の集大成である「庶物類纂」，武家に関する知識を集めた「武家名目抄」，西欧の百科事典を翻訳

した「*厚生新編」などがある。
　明治政府は近代化政策の一環として，イギリスの小百科事典の翻訳を行い，「百科全書」として刊行した。一方で国学的な類書の編纂にも着手し，こちらは「古事類苑」として結実した。本格的な百科事典の最初は，三省堂の「日本百科大辞典」であり，さらに，市民社会の成立を背景に編纂された平凡社の「大百科事典」は，第2次世界大戦前の日本文化の到達点を示すものである。

百巻抄（ひゃっかんしょう）　→覚禅抄（かくぜんしょう）

百鬼夜行（ひゃっきやぎょう）　「一やぎょう」とも。夜中にさまざまな異形の妖怪・鬼類が群れをなして練り歩くこと。「今昔物語集」（巻14の42，巻16の32，巻24の16）・「江談抄」などの平安時代以降の説話集，「大鏡」師輔伝などにみえる。これらの説話は，いずれも平安京という都市でのできごととして語られ，経典や仏などの力で難を逃れるというものが多い。遭遇場所としては，一条戻橋・二条大宮の辻（あははの辻）・朱雀門・神泉苑付近に特に集中している。また，百鬼夜行のおこる日を夜行日といい，10世紀の「*口遊」には夜行日のまじない歌がみえる。さらに中世の「拾芥抄」諸事吉凶日部には，百鬼夜行日が記される。

廟（びょう）　→宗廟（そうびょう）

病間録（びょうかんろく）　*綱島梁川が著した随想録。1905年（明治38）刊行。題名は結核発病後3年間の作品が収められていることに由来し，東京専門学校（現，早稲田大学）での恩師である坪内逍遥と大西祝へ献辞が捧げられている。内容は梁川の宗教上の自覚史ともいうべきもので，彼の内面のその時々の宗教経験の叙述である。死を前にした人のみがもつ異常な迫力がある。とりわけ「宗教的真理の性質」では，神は知るものではなく感じるものであり，それは理性によっては反駁されえない事実であることが主張されている。こうした考えは，西田幾多郎をはじめ同時代の多くの人々の煩悶に解決の糸口を与えた。

病者を扶くる心得（びょうじゃをたすくるこころえ）　1593年（文禄2）天草で刊行されたキリシタン書。漢字交り平仮名文。扉を欠くので表題は不明で，これは仮題である。1592年，東インド巡察師*バリニャーノにより長崎で開催されたイエズス会管区会議の決定により，日本準管区長ペドロ・ゴメスが編んだものと推定される。本書は司祭の数が少なくなる迫害の時代に備え，司祭の不在あるいは緊急の場合には，「信心の組」の組親などが未信者の病人に授洗に必要最低限の知識を与えて授洗方法を説明している。また，キリシタンの病人には，告解の準備あるいは完全な痛悔をおこすために彼らを助ける方法を教え，最後に死刑囚に対しては，覚悟と霊的援助について教導している。禁教下の潜伏キリシタン時代には，「水方」（授け役）や「触頭」が授洗を担当した。

平等院（びょうどういん）　京都府宇治市に所在する単立寺院。*藤原道長の別業宇治殿を譲り受けた子の頼通が，入末法第一年とされた1052年（永承7）に仏寺に改めて平等院と号した。翌年阿弥陀堂（俗称鳳凰堂）が竣工し，つづいて法華堂・多宝塔・五大堂・不動堂・愛染堂なども建立された。摂関家の重宝を納めた経蔵も「宇治宝蔵」として著名であったが，建物の多くは後世に焼失した。優美な外観の鳳凰堂は，*極楽浄土での往生を願う念仏や観想の実践の場として建立されたもので，堂内の本尊阿弥陀如来坐像（定朝作），50体余の雲中供養菩薩像，扉絵・壁画などの九品来迎図・阿弥陀浄土図など，さらには堂周囲の池をめぐらせた庭園ともあいまって，浄土信仰の貴重な遺構とされる。近年は堂周辺の発掘調査が進み，当初の姿が徐々に判明しつつある。

瓢鮎図（ひょうねん）　将軍足利義持の命により〈瓢箪で鯰を捉えるには？〉という題に，如拙が画を描き，大岳周崇（1345～1423）ら五山の禅僧31名が偈を寄せたもの。絵本墨画淡彩。1415年（応永22）以前の制作。現在は掛幅に改装されているが，当初は小型の衝立屏風の表裏に画と偈とが書かれ，義持の三条坊門第内の探玄と名づけられた禅室におかれていた。〈つるつるした瓢箪で，ぬるぬるした鯰を捕らえる〉という題に対して，画は異形の男が瓢箪を手に水中の鯰と向かい合うところを描き，偈はそれぞれに軽妙

な機知を効かせて応えている。「心不可得」（自分の心を捉えることはできない）という禅の基本テーゼからの連想をもとに，瓢箪や鯰といった古来超越的な力をもつとされるモチーフ，「鮎魚竹竿に上る」（ナマズが竹に上る）というパラドキシカルな成句などがとりこまれ，複雑なイメージをつくりだしている。そこに通底する「笑い」を含めて，禅問答になぞらえた高度な知的遊戯といえる。如拙は最新の流行だった梁楷りょうかいや馬遠ばえんら南宋の画院画家の風をとりいれており，大岳は序の中でこれを「新様」とよんで，「瓢鮎図」が当時のニューモードであったことを主張している。将軍と五山の禅僧との交遊の中で多様化していく室町時代の禅の一面を表象する作品である。縦111.5×横75.8cm，国宝，妙心寺退蔵院蔵。

表白 ひょうびゃく 開白かいびゃく・啓白けいびゃくとも。法会ほうえや修法の開始の時に，その趣旨や所願の内容を本尊や会衆に表し申すこと，またその文章をいう。表白文は所願の内容によってさまざまな型があり，法会・修法ごとに新作されて導師どうしが独唱するのが原則であったが，語句の使用などにはおのずから一定の次序法則がうまれた。また，公的な法会では耳にここちよい美文を賞美・競争する風潮もあって，先行する表白の収集や佳句の抄出などが行われた。安居院あぐい流の「転法輪抄てんぽうりんしょう」，真言系の「表白集」はその代表的なもので，そのほか現存する表白集の類は少なくなく，仏教史・美術史の研究に重要な史料となっている。

兵法家伝書 ひょうほうかでんしょ 「へいほうかー」とも。近世前期の剣法書。柳生但馬守宗矩やぎゅうたじまのかみむねのり（1571～1646）の著。1632年（寛永9）に完成。柳生新陰流の基本的な伝書で，進履橋しんりきょう・殺人刀せつにんとう・活人剣かつにんけん（無刀之巻を含む）の3部からなり，新陰流の技法とともに，それを支える心法しんぽうの工夫が説かれている。宗矩は身・技と心の関連を論じ，技の発揮をさまたげる心の「病気」，すなわち執着心を離れて，あらゆる状況に自由自在に応ずることのできる「無心」「平常心」の体得をめざした。それまでの技法書としての剣法書に，心法の根源性を強調したところに特色があり，ここに

金春流こんぱるりゅうの能の思想的刺激や，禅僧*沢庵宗彭そうほうの影響が認められる。

日吉神社 ひよしじんじゃ →日吉神社ひえじんじゃ

平泉澄 ひらいずみきよし 1895～1984（明治28～昭和59）大正・昭和期の国史学者。東京帝国大学教授。福井県出身。白山神社祠官平泉恰合かつあいの子。ロシア革命やデモクラシーの潮流に対抗した国家主義的関心にもとづきつつ，斬新な中世史研究を行う。1930～31年（昭和5～6）の欧州留学を通じて自らの国家主義の正しさを確信し，帰国後，天皇中心主義を綱領に掲げる東京帝大の学生団体朱光会しゅこうかいの会長となる。一般に*皇国史観と称される平泉の思想は，必ずしも神がかったものではなく，クローチェ（B.Croce），マイネッケ（F.Meinecke）らの影響をうけたものである。敗戦後も思想を変えることなく，各界に一定の影響力を保ち続けた。著書に「中世に於ける社寺と社会との関係」「国史学の骨髄」「少年日本史」など。

平賀源内 ひらがげんない 1728～79（享保13～安永8）江戸中期の物産学者・戯作者・浄瑠璃作者。名は国倫くにとも，字は子彝しい，号は鳩渓きゅうけい（物産学・油絵），風来山人ふうらいさんじん・天竺浪人てんじくろうにん（戯作），福内鬼外ふくうちきがい（浄瑠璃）など。讃岐国志度浦の生れ。高松藩足軽の子。1752年（宝暦2）長崎に遊学し本草学を学ぶ。のち家督を譲って江戸にで，本草学者田村藍水らんすい（元雄）門下で学び，*杉田玄白げんぱくと知り合う。57年湯島で第1回薬品会やくひんえを開き，のち恒例となる。62年第5回東都薬品会にて内外1300種の品目を集め，翌年そのうち主要産物を選び，これに解説と挿図を添えて「*物類品隲ぶつるいひんしつ」として刊行した。1761年牢人となり（以後，他藩に仕官することが許されなくなった），戯作を始める。64年（明和元）秩父山で石綿いしわたを発見し，これにより火浣布かかんぷ（耐火織物）を作り，以降鉱山開発を企てた。70年に初の自作浄瑠璃「神霊矢口渡しんれいやぐちのわたし」を上演した。同年，田沼意次おきつぐの命で長崎に留学した。73年（安永2）秋田藩で鉱山開発のかたわら，同藩の小田野直武おだのなおたけや藩主佐竹曙山しょざん（義敦よしあつ）に洋風画法を教えた。76年に著名なエレキテル（摩擦により静電気をおこす装置）の復原に成功した。多方面に才能を示したが，鉱山開

発は挫折し，79年誤って殺傷事件をおこし，同年江戸伝馬町の獄中で病死した。著作は本草書「神農本草経図」「神農本草倭名考」，談義本「*根南志具佐」「*風流志道軒伝」「*放屁論」など多数。

平賀粛学 ひらがしゅくがく　東京帝国大学経済学部内の派閥抗争と河合栄治郎事件をめぐり，総長平賀譲が当事者処罰で解決しようとした事件。矢内原事件や教授グループ事件をへて，同学部は左派教授一掃を図る国家主義革新派の土方成美らと，大学の自由を守ろうとする河合らとの対立が混沌をきわめていた。こうした中，1938年(昭和13)10月に河合の著作「*ファシズム批判」などが発禁処分をうけ，辞職問題に発展した。問題処理のため12月に就任した平賀は，文部省・右翼の圧力を回避して学内統一を企図し，翌年1月教授会を介さず河合・土方両教授の休職処分を決定，文部大臣に具申した。両派教官の辞表提出など騒然となったが，紛争処理には成功した。しかし，教授会の自治慣行を無視した思想処分の悪例を残した。

平田篤胤 ひらたあつたね　1776～1843(安永5～天保14)　江戸後期の国学者。通称大角・大壑。号は玄瑞・真菅乃屋(真菅屋)・気吹乃舎(気吹舎)。秋田藩士大和田祚胤の四男。1795年(寛政7)に脱藩し，江戸にでた。1800年に備中国松山藩士平田藤兵衛の養子となり，翌年に沼津藩士石橋清左衛門の女織瀬と結婚した。本居宣長の没後の03年(享和3)にはじめてその著書に接して傾倒し，04年(文化元)に家号を真菅乃屋として古道学の講釈を始めた。12年に織瀬が亡くなり，同年末に「*霊能真柱」を執筆し，翌年に出版した。これが篤胤の最初の版本となった。16年4月，下総・常陸国へ旅行を行い，その途次で石笛をえたことをきっかけとして屋号を気吹乃舎と改めた。江戸での講釈活動は配下の神職の掌握に努める吉田家の注目するところとなり，23年(文政6)吉田家から学師に任じられた。24年，碧川篤真を養子とし，娘の婿とした。篤真はのち銕胤と改名し，篤胤の存命中から没後に至る気吹乃舎の組織化を支えた。篤胤は，30年(天保元)名古屋藩から三人扶持を給されたが，34年に幕府の圧力によって篤胤への扶持米支給が打ち切られた。40年には町奉行所から「大扶桑国考」の絶板を言い渡され，同年末に秋田への追放，著作活動禁止の処分を幕府からうけた。この間，40年5月，篤胤の学問との関係を強めようと考えた白川家から学師に任命された。篤胤は43年に秋田で没する。

篤胤の学問は，江戸という場で何人もの学者と交流する中で形成された。幕臣で和学講談所に深くかかわった*屋代弘賢とは，書簡や面会など学問について盛んな情報交換を行っていた。また，本居大平を介して知り合った*伴信友との間では，ある時期まで学問的に親密な交流が重ねられていた。そのほか，最上徳内や*狩谷棭斎らとも交友関係にあった。「新修平田篤胤全集」全21巻が刊行されている。

平田銕胤 ひらたかねたね　1799～1880(寛政11～明治13)　一鉄胤とも。江戸後期～明治期の国学者。秋田藩士。伊予国新谷藩士の碧川衛門八といせの子。もと碧川篤真。1824年(文政7)1月，*平田篤胤の養子となり，篤胤の女千枝(のちにお長と改名)と結婚し，32年(天保3)10月，銕胤と改名した。銕胤は，篤胤の生前より気吹乃舎の組織化や出版活動において実質的に中心的な役割をはたし，上総・下総国をはじめとして数次にわたって各地の門人たちを訪ねて組織の充実を図った。篤胤没後は気吹乃舎当主となるが，入門者は篤胤の没後門人という形式で扱った。幕末期には秋田藩士として活動し，明治期には神祇事務局判事・内国事務局判事・明治天皇侍講・大学大博士・大教正などを歴任した。

平塚らいてう ひらつからいちょう　1886～1971(明治19～昭和46)　明治～昭和期の女性思想家・社会運動家。本名奥村明。会計検査院官吏の平塚定二郎と光沢の三女として東京麹町に誕生。東京女子高等師範学校付属高等女学校卒。1903年(明治36)日本女子大学校家政科に入学，在学中に坐禅に親しみ，卒業後慧薫の安名をえる。08年作家の森田草平と塩原心中未遂事件をおこす。11年女性文芸誌「*青鞜」を創刊し，「元始女性は太陽であ

つた」と謳い反響をよんだ。しだいに婦人問題に関心を寄せ、13年(大正2)エレン・ケイ(Ellen Key)の「恋愛と結婚」を抄訳、自ら〈新しい女〉と宣言した。

　明治民法下の婚姻制度を権力服従関係をうむものとして批判し、14年画家奥村博(博史)と共同生活を実践した。一女一男を出産、育児の経験からケイの母性主義に惹かれ、20年*母性保護論争に参加した。20年*新婦人協会を結成、男性中心社会の改造と女性・母親・子供の権利を訴えた。30年(昭和5)*高群逸枝らの無産婦人芸術連盟に加入、クロポトキン(P. A. Kropotkin)の協同自治社会構想に共鳴して消費組合〈我等の家〉を設立した。41年奥村博史と結婚(息子の兵役のため)、42年茨城県に疎開して農耕に従事した。戦後は新憲法の成立を歓迎、50年再軍備化と単独講和に反対し植村環らと平和声明をだした。53年日本婦人団体連合会初代会長、国際民主婦人連盟副会長、55年世界平和アピール七人委員会の一員となり、世界・日本母親大会の開催に貢献した。66年ベトナム反戦運動に参加するなど、戦後一貫して世界平和と母性の権利を訴えて運動に取り組み、平和・婦人運動のシンボル的存在となった。

　内面への探求、個我の自覚から婦人問題へと関心を広げた平塚は、女性の解放には社会改革とともに人間改革が必要であると説いた。恋愛・出産など自らの生活体験や外国思想の受容をとおして、女性が〈産む性〉であることの認識を深め、母性が尊重される平和な社会の実現を求めていった。著作に自伝「元始、女性は太陽であった」全4巻のほか、「平塚らいてう著作集」全7巻・補巻1がある。→婦人解放の思想

平野金華 ひらのきんか　1688~1732(元禄元~享保17)　江戸中期の儒学者。名は玄沖、字は子和、通称は源右衛門、金華と号した。陸奥国三春の人。江戸にでて、はじめ医学を学んだ。のち*荻生徂徠に入門し、詩文をよくした。1719年(享保4)朝鮮通信使の応接に従事し、詩文の贈答が知られる。著書に「金華稿刪」6巻、「文荘先生遺稿」10巻など。

平野国臣 ひらのくにおみ　1828~64(文政11~元治元)　幕末期の尊攘派志士。福岡藩の足軽平野吉郎右衛門の次男。通称は次郎。早くから国学・和歌を学び、有職故実にも通じ、尊王反幕の志をやしなう。1858年(安政5)脱藩・上京して*西郷隆盛と交わり、安政の大獄で追及された*月照を鹿児島へ逃れさせ、その投身自殺時にも立ち会っている。60年(万延元)蟄居中の*真木和泉をはじめて訪ねしばしば談合し、62年(文久2)挙兵・攘夷の決行を企てたが失敗した。翌年、学習院出仕となり、大和行幸による討幕計画に参加したが、八月十八日の政変(萩藩を中心とする尊攘派を京都から追放)で失敗した。同年、七卿落ちの一人沢宣嘉を奉じて但馬国で生野の変をおこすが、敗れて京都六角獄に拘禁された。翌年禁門の変に際し、未決のまま処刑された。国臣は王朝の風を慕い、総髪とし太刀を帯びるのを好んだ。

平野義太郎 ひらのよしたろう　1897~1980(明治30~昭和55)　昭和期のマルクス主義者で、*山田盛太郎らと並ぶ*講座派の中心的な学者・理論家。東京生れ。1921年(大正10)東京帝国大学法学部卒業。23年東京帝大助教授、30年(昭和5)共産党シンパ事件で同大学を辞職する。32年、*野呂栄太郎らとともに「日本資本主義発達史講座」の編集に従事した。主著「日本資本主義社会の機構」(1934)は、山田盛太郎「日本資本主義分析」とともに、講座派の指導的文献となった。これはまた日本共産党「*27年テーゼ」「*32年テーゼ」の戦略規定の基礎とされた。「平野義太郎著作集」全3巻のほか、「ブルジョア民主主義革命」「農業問題と土地改革」などがある。

平林初之輔 ひらばやしはつのすけ　1892~1931(明治25~昭和6)　大正・昭和期の文芸評論家。父は万蔵、母はうめ。京都府竹野郡の人。1917年(大正6)早稲田大学英文科卒業。やまと新聞社に入社、文芸時評などを担当する。20年国際通信社に移り、外電翻訳をしながらマルキシズム研究に没頭する。22年「種蒔く人」同人、初期プロレタリア文学運動の理論家として活躍する。23年早稲田大学講師、24年「文芸戦線」が創刊され同人、25年「解放」が復刊され同人となる。翌年博文館に入社、雑誌「*太陽」の編集主幹となる。29年(昭和4)「新潮」に掲載した「政治的価値と芸術

的価値」は，プロレタリア文学運動に懐疑的批判をし文壇に大きな論議をおこす．31年，パリの国際文芸家協会大会に出席したが，発病して客死した．「平林初之輔文芸評論全集」全3巻などがある．

平山行蔵　ひらやまこうぞう　1759〜1828(宝暦9〜文政11)　江戸後期の兵学者．名は潜，字は子竜，通称は行蔵，号は兵原・練武堂・運籌真人などん．幕府伊賀組同心の長男．江戸の人．1793年(寛政5)昌平黌に入門し，96年御普請役見習となるが，翌年辞職した．長沼流兵学のほかに，槍術・柔術・砲術などを習得し，道場韜略書院を開いて門人を指導した．1807年(文化4)ロシア船来航に際しては，「蛮夷」との「血戦」を求める主戦論を幕府に上申したが，容れられず，13年道場を閉鎖した．従来の中国と日本の兵学を墨守し，*林子平らの主張する西洋式銃砲の採用には反対した．長沼澹斎や荻生徂徠が依拠していた，明の戚継光の「紀効新書」を校正・板行するとともに，「*海防問答」「孫子折衷」「鈴林戹言」など数多くの著述を残した．

平山省斎　ひらやませいさい　1815〜1890(文化12〜明治23)　神道大成教の初代管長．陸奥国三春の生れ．旗本平山家の養子となり，外国奉行などを歴任した．維新後，静岡に蟄居中に井上正鉄の高弟である本庄宗秀を通じて*禊教にふれたらしい．明治初年より教導職の組織化に努め，1879年(明治12)に大成教会を結成し，82年に神道大成派(1952年神道大成教と改称)として特立を許可されたのち管長に就任した．傘下には，禊教・*淘宮・蓮門などの諸教会があったが，教派としての統一には欠けていた．著書に「修道真法」などがある．

毘盧遮那仏　びるしゃなぶつ　→盧遮那仏

ビレラ　Gaspar Vilela　1526?〜72　ポルトガル人イエズス会士．アビスの出身．1553年*イエズス会に入会する．56年(弘治2)来日し，1年間日本語を学び肥前国平戸や豊後国で布教した．59年日本人イルマン(助修士)の*ロレンソおよびダミアンを伴い上京し，将軍足利義輝に謁見し，60年布教許可状をえた．松永久秀らの妨害があったが，結城忠正，*清原枝賢，高山図書，右近父子，池田丹後守，三箇伯耆守，三木判太夫らに洗礼を授け，京畿布教の基盤を固めた．66年豊後国に移り，69年に長崎初のトードス・オス・サントス教会を建て，70年(元亀元)トルレスの死後，インドに渡り同地で没した．

広池千九郎　ひろいけちくろう　1866〜1938(慶応2〜昭和13)　明治末期〜昭和前期に活躍した法制史学者・教育家．モラロジー研究所・広池学園(麗沢大学)の創立者．豊前国中津の農家に生まれ，福沢諭吉の起案による中津市校に学んだ．小学校の教員となるが，「中津歴史」(1891)を刊行し，上京して「古事類苑」の編纂にかかわり，早稲田大学講師に就任する．中国と日本の法制史・言語の研究にうちこんで，1907年(明治40)神宮皇学館の教授(1907〜13)となったのちには，「伊勢神宮」(1908)を著し日本の「国体」の考察にまで及んだ．やがて天理教への帰依と教団との決裂をへて，「道徳科学」の探究と普及を旨とする独自の社会活動を始め，大著「道徳科学の論文」(1928)を出版し，35年(昭和10)千葉県柏に道徳科学専攻塾(モラロジー研究所)を設立した．著作集として「広池博士全集」全4巻(1937)もある．

広沢流　ひろさわりゅう　→野沢二流

広瀬旭荘　ひろせきょくそう　1807〜63(文化4〜文久3)　江戸後期の儒学者・漢詩人．名は謙，字は吉甫，通称謙吉，号は旭荘・梅墩など．豊後国日田の人．博多屋広瀬三郎右衛門の四男で，*広瀬淡窓の弟．1823年(文政6)淡窓の養子となり，*亀井昭陽に入門する．31年(天保2)淡窓の私塾*咸宜園の経営にあたったが，日田代官の教育干渉をうけて郷里を離れ，36年和泉国堺に開塾した．その後大坂・江戸を本拠としながら，全国各地を歴遊し，摂津国池田で没した．漢詩人として，清人兪樾の日本漢詩選集「東瀛詩選」の中で「東国詩人の冠」と評された．また1833年1月1日，27歳の時から没する5日前までの31年間にわたる膨大な日記「日間瑣事備忘録」166冊を残し，「吾ガ一生ノ精神，日録ニ尽ス」(「広瀬旭荘先生伝」)とのべたと伝えられる．著書は「梅墩詩鈔」4編(初編〜3編は1848刊，4編は1856刊)，「*九桂草

ひろせ

堂(きゅうけい)随筆」など。

広瀬竜田祭(ひろせたつたさい)　広瀬神社(奈良県河合町広瀬に鎮座)と竜田神社(同県三郷町立野に鎮座)の恒例祭で，広瀬神社は大忌祭(おおいみのまつり)，竜田神社は風神(かぜのかみ)祭とよばれる。祭日は両社とも同日で，4月・7月の両月4日に挙行され，朝廷より王と臣の五位以上各1人，神祇官六位以下の官人各1人が両社に派遣された(「養老神祇令」「延喜式」)。大忌祭は山谷の水が良水となって水田を潤し，悪風にあわず穀物が成熟することを祈願し，風神祭は風水の害なく穀物が成育することを祈願する(「令集解」「延喜祝詞式」)。「日本書紀」天武4年(675)4月10日条の「風神(かぜのかみ)を竜田の立野(たつの)に祠(まつ)らしむ。……大忌神を広瀬の河曲(かわくま)に祭らしむ」が文献上の初見で，以後，五穀豊穣・風雨順行祈願の祭祀として重視される。

広瀬淡窓(ひろせたんそう)　1782〜1856(天明2〜安政3)　江戸後期の儒学者・漢詩人。名は建，字は廉卿(れんけい)・子基(しき)，通称は求馬(もとめ)，号は淡窓・遠思楼(えんしろう)主人など。豊後国日田(ひた)の人。博多屋広瀬三郎右衛門の長男。1797年(寛政9)16歳の時，福岡の*亀井南冥(なんめい)・昭陽(しょうよう)父子に入門したが，2年後に病気のため退塾する。儒者として立つことを決意し，1805年(文化2)日田豆田で開塾する。門人の増加にともない，17年に*咸宜園(かんぎえん)を建て，書庫を遠思楼と命名した。終始，塾生の教育に尽力し，全国から多くの門人が集まった。淡窓自ら選んだ墓誌銘の中で，「学は大観を主とし，人と同異を争はず，傍ら仏老を喜ぶ」と記しているように，学統・学派にかかわらない，老子さえも摂取する個性豊かな思想を作りあげた。それは，「敬天(けいてん)」を根本とする思想であり，「三説」と称される著作「*約言(やくげん)」「*析玄(せきげん)」「義府(ぎふ)」に示されている。日々の行動を自己点検する「*万善簿(まんぜんぼ)」をつけて，自らを律するのにきびしかった淡窓は，教育の場では，公正厳格な評価のもとで，門弟それぞれの能力や個性を伸張させる開かれた教育実践を行った。幼少より漢詩を愛好し，平淡・濃泊の詩を数多く残した。著書はほかに「*迂言(うげん)」(1840自序)，「老子摘解(てきかい)」(1849刊)，「儒林評(じゅりんひょう)」(1836成)，漢詩集「遠思楼詩鈔」初編2巻(1837刊)・2編2巻(1849刊)など。

琵琶歌(びわうた)　楽器の琵琶にともなう歌。琵琶は雅楽の一部として存在したが，その後平安初期になると，盲僧が琵琶にあわせて「地神経(じじんきょう)」を唱え，*土公神(どくじん)を祈禱した。これを盲僧琵琶(もうそうびわ)という。中世には盲目の*琵琶法師が*平曲(へいきょく)を語るようになり，これを平家琵琶という。平家琵琶が京都で活動したのに対して，盲僧琵琶は九州に伝わり，薩摩(さつま)琵琶と筑前(ちくぜん)琵琶に分かれる。薩摩琵琶は室町末期，島津忠良(ただよし)が武士の教育に琵琶を利用したのが始まりと伝える。筑前琵琶は筑前盲僧琵琶を源とし，明治期になって完成された。

火渡り(ひわたり)　山中で修行を積んだ*山伏(やまぶし)(修験者)には超自然の力たる験(げん)が宿るとされ，火渡りや刃渡りの験力を顕示する。屋外で行う柴灯護摩(さいとうごま)では，護摩木を人間の骨に見立てて穢(けがれ)に満ちた肉体を消尽して一切の煩悩を断ち切るとされる。教義上では火生三昧(かしょうざんまい)と称し，山伏は火中の不動明王と一体不二となり，自らが火焔と一体化して火を渡ると観念する。導師は護身法で魔物を打ち祓い，印を結び真言(しんごん)を唱え，宝剣・宝弓の儀で祭場を結界して，祈願ののちに護摩木に点火する。信者の祈願内容を書いた護摩札を火中に投じて成就を願う。護摩が消火しないうちに素足で火の上を渡って，無病息災を祈り，信者も続いて渡る。護摩の灰は眼病に効くとして持ち帰る。

琵琶法師(びわほうし)　僧形で琵琶を奏でながら物語を語る盲目の芸人。起源は明らかでないが，平安時代中頃に成立した「新猿楽記」にはすでに「琵琶法師之物語」とみえることから，*猿楽(さるがく)の中に琵琶を用いて物語を語る芸があったことがわかる。1297年(永仁5)に成立した「普通唱導集(しょうどうしゅう)」には琵琶法師の唱導として「平治・保元・平家之物語」があったと伝えるから，彼らが軍記を題材にしていたことが明らかである。特に「平家物語」については*平曲(へいきょく)といわれ，南北朝期に全盛を迎える。身分は最下層であるが，覚一(かくいち)をはじめとする名人が現れた。室町初期には平曲琵琶法師は当道(とうどう)という組織を作っており，近世には検校(けんぎょう)・別当(べっとう)・勾当(こうとう)・座

頭ごとの四官も定められた。

貧窮問答歌 ひんきゅうもんどうか 「*万葉集」巻5に収められている*山上憶良の長歌と反歌。貧窮にあえぐ民衆生活の一端をうかがいうる好史料として喧伝されるが、筑前守としての憶良が実際に見聞した農民の姿を歌ったものというよりは、中国詩文の影響を強くうけて作られたものとする見方が有力になっている。ちなみに、平安時代における*菅原道真の「早寒十首」という漢詩も、貧しい人々に心を寄せて歌いあげた佳作である。

貧乏物語 びんぼうものがたり *河上肇が1916年（大正5）9～12月に「大阪朝日新聞」に掲載し、彼をして一躍ジャーナリズムの寵児たらしめた貧乏論。翌年、単行本として発刊。第1次大戦下の戦時ブームに酔う日本でも、富の対極に貧困の累積が生じ、重大な社会問題として解決が迫られていること、そしてそれはいかにして根治しうるかを、古今東西の文献を駆使しつつ論じた。河上による貧乏根治策の基本は、富者の奢侈抑制ないし廃止の域をでなかったが、大正デモクラシーの思潮の波に乗って、当時日本の思想界に大きな衝撃を与え、社会問題に関心のある者にとって必読の書となった。

ふ

ファシズム批判 ファシズムひはん *河合栄治郎によるファシズム批判の著作。1934年（昭和9）12月、日本評論社刊。河合は1932年のドイツ留学でナチスの第一党進出を目撃し、日本におけるファシズム台頭に重大な関心を向け、帰国後「滝川事件と大学自由の問題」「五・一五事件の批判」「議会主義と独裁主義との対立」など次々と発表した。これらの時論をもとに、学問的裏付けである自由主義に関する所説を加えて公刊した。当初は伏字がらみとはいえ版を重ねたが、38年に至って「時局と自由主義」など3著書とともに発禁処分をうけた。続いて安寧秩序を紊すとして起訴され、43年に有罪が確定した。判決によると、同書は国家主義を攻撃、統帥権を非難し、自由主義の極端に走って共産主義を擁護するものとされている。

無為 ぶい →無為む

封事 ふうじ →意見封事いけんふうじ

風姿花伝 ふうしかでん 「花伝」とも。*世阿弥が、父観阿弥の遺訓に自分の考えを加味してまとめた能書。1400年（応永7）から約20年をかけて執筆された。第一「年来稽古条々」は年齢に応じた稽古の仕方を説く。第二「物学条々」は役柄を女・老人・直面ひためん・物狂い・法師・修羅・神・鬼・唐事からことの9種類に分けて、いかに演じるべきかを論じる。第三「問答条々」は演技の要所を問答形式で著す。第四「神儀云しんぎに」は*猿楽の起源についての考え。第五「奥義云」は*大和猿楽と*近江猿楽、猿楽と*田楽の違いをのべる。第六「花修云」は作能上の心得。第七「別紙口伝くでん」は能における花とは何かを理論的に説く。全編を通じて能において花を表現するにはいかにすべきかという命題に答えようとしたもので、これはたんなる芸談ではなく、座の経営上の問題であるともいえる。世阿弥は本書を執筆する過程で、いわゆる幽玄論を確立していったとみられ、第五「奥義云」で*幽玄を第一とする近江猿楽に対して、

大和猿楽は物まねを通じて幽玄を表現するとのべている。観阿弥時代は鬼の芸を得意としており，世阿弥の時代になって方向転換されたことが理解される。

風水草 ふうすいそう →中臣祓風水草なかとみのはらえふうすいそう

風葉集 ふうようしゅう →神代巻風葉集じんだいのまきふうようしゅう

風葉和歌集 ふうようわかしゅう 鎌倉時代に編まれた物語和歌集。全20巻。編者不詳。1271年(文永8)成立。後嵯峨天皇の中宮であった大宮院姞子じに撰進された。「風葉」は六義ぎ(風・賦ふ・比ひ・興・雅・頌)の第一の風による。平安時代からの物語の中から和歌を抄出し，四季・神祇・釈教・離別・羈旅きり・哀傷・賀・恋・雑の9部門に分ける。最も多いのは「源氏物語」。現在では散佚した物語も含まれ，その内容をうかがう好史料であるし，現存の物語でも和歌の異同を比較するのに有効である。諸本あるが，丹鶴叢書本では1387首を収載する。

風来山人 ふうらいさんじん →平賀源内ひらがげんない

風流志道軒伝 ふうりゅうしどうけんでん 「志道軒蝴蝶こちょう物語」とも。実在の僧深井志道軒を主人公にした空想小説。全5巻。風流山人(*平賀源内げんない)の著。1763年(宝暦13)刊。志道軒は，名は浅之進，号は一無堂，1765年(明和2)に86歳で没した。もとは知足院の禅僧だったが，浅草花川戸に住み，浅草観音堂脇の三社権現前で講釈し，僧侶を罵倒し「元無草もぎくさ」という小冊子などを売って酒代にした奇僧である。この人物が人間を知るために諸国の遊廓に行き，朝鮮から中国後宮にも入り，帰国して浅草に住むまでを描いて，僧侶の愚と時世を批判した。

不易法 ふえきほう 中世法において，ある時期の判決については，是非にかかわらず，再審理を認めないことをいう。「*沙汰未練書」は「不易法トハ，是非ニ就イテ改沙汰おんさたニ及バザル事ナリ」と説明する。「*御成敗式目ごせいばい」では，前書において，式目制定以前の裁判については改沙汰をしないことをうたい，第7条において，源氏三代将軍と北条政子の時期に与えられた所領は，以前の知行者が訴訟を提起しても改められないことを定めている。こののち，*追加法は先の執権の成敗を順次不易化していく。また朝廷においても，1285年(弘安8)に後嵯峨上皇の判断が不易化されている。

不易流行 ふえきりゅうこう 俳諧用語。蕉風の俳諧理念の一つ。万代不易，すなわち易かわらないものと，一時の変化・流行，すなわち新しく更新・変化するもの。普遍と進化。荘子そうや朱子じに漢語の来歴を求め，また禅やわが国の山鹿素行そこう・伊藤仁斎じんさいに思想的根拠を求める説がある。前代から歴史を貫通して感受される美しさやあはれと，今，現在の物の生彩や時間のかがやきと，両者を兼ねることが尊重される。芭蕉その人には俳論として明言がないが，「*おくのほそ道」の旅の頃，この説の原型が会得されたといわれる。「去来抄きょらい」(1702頃)など蕉門俳論の中で，相対する概念か，また，元は一つ，一方が一方を生じ，また包摂する概念かなど，さまざまな議論が展開される。

フェノロサ Ernest Francisco Fenollosa 1853～1908 明治期に来日したアメリカの歴史学者・美術史家。米国マサチューセッツ州に生まれる。ハーバード大学で哲学と社会学を専攻し，1874年に卒業。その後さらに神学と絵画を学ぶ。1878年(明治11)にE.S.モースによばれ東京大学に着任，政治学などを講じた。日本美術への関心を深め，伝統的な美術や技法の擁護を訴えると同時に，*岡倉天心てんしんらと新しい日本美術の創造運動を進めた。さらに天心らを伴って，法隆寺をはじめとする寺社や旧家の美術品調査を精力的に行い，文化財保護行政の端緒を開いた。仏教にも惹かれ，ついには仏教徒となり85年に三井寺でらで受戒した。*東京美術学校の設立に加わり，89年の授業開始後は自ら教鞭も執ったが，翌年に職を辞して帰国した。ボストン美術館に設けられた東洋美術部の主管となる。96年には再来日し，東京高等師範学校で英語・英文学を教えた。1900年の帰国後は，アメリカやヨーロッパで講演や著述活動を行った。08年にロンドンで死去，同地に葬られたが，のち受戒した三井寺の法明院ほうみょういんに改葬された。

伝統的な日本美術に価値を見出して，その保存と振興に尽力し，西洋に紹介するとともに，日本人が自覚していなかった日本美術の

見方や価値を，日本人に教えた意義は大きい。村形明子編訳「アーネスト・F・フェノロサ資料—ハーヴァード大学ホートン・ライブラリー蔵」全3巻，アーネスト・F・フェノロサ/村形明子編著「アーネスト・F・フェノロサ文書集成—翻刻・翻訳と研究」上・下がある。

フェレイラ →沢野忠庵

不改常典 ふかいのじょうてん 「かわるまじきつねののり」とも。8世紀の元明・聖武・孝謙天皇即位時の*宣命の中で用いられる語で，*天智天皇の定めた不改常典の法にしたがって即位すると語られる。桓武天皇即位の宣命以降も，不改常典の修飾語はないが，天智天皇の定めた法については言及され続ける。古くは近江令をさすとされたが，戦後は直系もしくは嫡系の皇位継承法とする説が有力となった。今日では，天皇のあり方を規定した法とする説，皇統君臨の大原則を基礎とする君臣の義とする説，皇太子制を規定したものとする説，また奈良時代のものと桓武以降のものは別として前者を皇位継承法，後者を仮託された近江令とみる説など，多様な諸説をうみ，いまだ決着がついていない。不改常典は，皇位継承時に語られるように，君主の再生産と君臣関係の再生の問題と深くかかわる思想である。当該期の王権の質とその変化とを考える重要なキーワードだといってよい。

深田康算 ふかだやすかず 1878〜1928(明治11〜昭和3) 大正期の美学者。山形県山形生れ。第二高等学校から東京帝国大学文科大学哲学科に入学する。海老名弾正主筆の「*新人」や「思想」(岩波書店)などにしばしば投稿する。1900〜07年(明治33〜40)*ケーベルの書生となる。美術史研究のためドイツ，フランスへ留学。1910年帰朝，京都帝国大学文科大学教授となり，美学・美術史を担当する。日本の美学の草創期に大塚保治とともに，プラトン，アリストテレス，カント，シラーから同時代の人々まであらゆる学説を紹介し，その基礎を据えた。彼は，芸術においてこそ，現実生活における人間の努力をこえて，人生の全体を与えられるものであり，はじめて個性をえ，人間となりうるとした。死後まもなく「深田康算全集」全4巻が，戦後に同全3巻が出版された。

普勧坐禅儀 ふかんざぜんぎ *道元の著作。1巻。1227年(安貞元)南宋から帰国し，京都の建仁寺に寓居していた頃に撰述したもの。33年(天福元)の自筆の浄書本(永平寺蔵)が国宝に指定されている。流布本は字句に若干相違があり，道元自身がその後修正を加えたものかもしれない。対句を駆使する四六駢儷文で格調が高い。*坐禅の勧め，坐禅の仕方，坐禅の意義を謳いあげている。坐禅の仕方の部分はほとんど，先行する「禅苑清規」の「坐禅儀」や宏智正覚の「坐禅箴」にならっている。しかし，前と後のほうに独創性が発揮され，道元にとっては正伝の仏法を宣揚した最初の書であったといえよう。

諷経 ふきょう →諷経ふぎん

富強六略 ふきょうりくりゃく 江戸後期の農政論の書。高野昌碩(1760〜1802)の著。1巻。1799年(寛政11)成立。水戸藩では，農村荒廃の危機に対して，広く改革意見を求めたが，本書はそれに応じて建白された。節倹・開荒・禁遊・省役・育子・慎終の6編からなる。*立原翠軒の門人で，農村医家であった昌碩は，商品経済の浸透している農村事情をふまえて，定免法の採用，「遊民の巨魁」僧侶の出家得度制度の厳正化，城下町に居住している郡奉行の所管郡内での常勤化，さらに火葬の禁止などを求めている。本書と同年に建白された*藤田幽谷の「*勧農或問」が，藩の財政窮乏を救うという視点で貫かれていたのに対して，本書は「百姓の苦痛」をいかに減ずるかという立場から書かれている。昌碩はこの改革意見が認められて，郡奉行に抜擢された。

諷経 ふぎん 「ふきょう」とも。声をだして経を読むこと。一般に禅宗で使う用語。これに対し目で経文を黙読することを看経という。また，心に仏を念じ名号を唱えることを念誦という。朝課・日中・晩課を三時諷経という。「*夢中問答」によると，中国では毎朝粥(朝食)後，大悲呪を読む程度で，坐禅をもっぱらにしたが，日本では蒙古襲来時以後，建長寺などでも日中の諷経があり，南北朝期には三時諷経が定着しているとす

る。日本における諷経の重視がうかがえる。毎月，土地神のための土地堂諷経，歴代祖師への祖師諷経，霊験のある普庵印粛（いんしゅく）への普庵諷経，鎮守諷経などがある。

福音週報（ふくいんしゅうほう）　*植村正久（まさひさ）主筆のキリスト教週刊誌。1890年(明治23)創刊。同時に創刊された「*日本評論」が広く一般の読者を対象に，政治・社会・思想・宗教・文学などを論じたのに対して，本誌はもっぱらキリスト教界の人々に意見と情報交換の場を供することを目的とし，日本におけるキリスト教伝道の進展に寄与することをめざした。91年2月20日(第50号)の社説「不敬罪と基督教」で，*教育勅語を拝する行為を文明の時代に逆行する愚行として批判したため，51号をもって発行禁止となった。翌3月から「*福音新報」と改題して再発行された。

福音新報（ふくいんしんぽう）　*植村正久（まさひさ）主筆のキリスト教週刊誌。1891年(明治24)2月，「*福音週報」が教育勅語に対する拝礼行為を批判する社説を掲げたかどで発行禁止となったあとをうけて，同年3月に改題して再発行されたもの。*ユニテリアンやドイツの自由神学，保守的な神学の双方を意識しつつ，穏健な福音主義信仰に立って社会時評，教界の情報，新刊書紹介などを掲載し，黎明期における日本のキリスト教言論界に名を馳せた。植村の死後も継続したが，日本基督（キリスト）教団の成立にともない，1942年(昭和17)10月，「基督教世界」「るうてる」誌などと合併して「日本基督教新報」となった。

福音的基督教（ふくいんてきキリストきょう）　→高倉徳太郎（たかくらとくたろう）

福翁自伝（ふくおうじでん）　*福沢諭吉（ゆきち）による自伝文学。1897年(明治30)11月から翌年5月まで口述筆記された草稿が，98年7月から翌年2月にかけて「時事新報」に掲載され，ただちに単行本となった。少年時代から維新前後までの前半生の記述が主で，学問を志したいきさつや海外での見聞の印象を中心にしている。生き生きとした描写は数十年をへた回想とは思えない鮮やかなものであり，青年福沢が感服したのは西洋諸国の物質文明ではなく社会制度であったことについても，挿話の目配りが行き届いている。また，随所にある「門閥制度は親の敵」といった警句も印象的で心に残る。

福沢諭吉（ふくざわゆきち）　1834～1901(天保5～明治34)　幕末～明治中期の教育者・啓蒙思想家。豊前国中津藩の大坂蔵屋敷に藩士百助と妻順との第五子として生まれる。2歳で帰郷し，1846年(弘化3)頃から漢学を学んで頭角を現す。54年(安政元)長崎に赴いて蘭学にふれ，翌年大坂にでて緒方洪庵（こうあん）の*適塾（てきじゅく）に入門し，やがて塾長となる。58年江戸に赴いて中津藩邸内に蘭学塾を開くが，翌年横浜居留地でオランダ語の国際的地位を知り，英学に転向した。60年(万延元)幕府の遣米使節に随行し，帰国後は幕府の翻訳方に出向した。61年(文久元)中津藩上士の土岐太郎八の女錦と結婚する。また，同年末に欧州使節団に随行する機会に恵まれ，ほぼ1年にわたってフランス，イギリス，ドイツ，ロシア，ポルトガルを訪ねた。その経験は「*西洋事情」初編(1866)に結実した。さらに67年(慶応3)にはアメリカ東部に派遣され，大量の教科書や辞書を購入した。それらは68年(明治元)東京芝新銭座（しんせんざ）に移った*慶応義塾のかけがえのない財産となった。維新後の73年には日本初の学会である*明六社（めいろくしゃ）に参加し，学者はあくまで政治から独立すべきだとして森有礼（ありのり）らと*学者職分論を展開した。また，「*学問のすゝめ」(1871～76)，「*文明論之概略」(1875)などの前期の代表作を書く一方，教育者として慶応義塾の拡充に努め，小幡篤次郎（おばたとくじろう）・鎌田栄吉（えいきち）・石河幹明（いしかわみきあき）らの弟子を育成した。79年には*西周（にしあまね）・*加藤弘之らと東京学士院を創設して初代会長となり，翌年社交クラブとして*交詢社（こうじゅんしゃ）を設立した。さらに82年には「*時事新報」を創刊し，正確な報道と質の高い論説を提供した。彼の思想は後になるほど国益を重視する方向に向かうが，一貫して日本人一人一人の「*独立自尊」をめざすものであった。「福沢諭吉全集」全21巻・別巻1がある。⇒官民調和論　脱亜論　福翁自伝

福島事件（ふくしまじけん）　福島・喜多方（きたかた）事件とも。1882年(明治15)に福島県でおこった自由民権運動の激化事件。福島県は早くより自由民権運動の活発な地域の一つで，県会でも自由党が多数派を占めていたことから，政府は自由

党の勢力を削ぐため，82年1月，山形県令三島通庸(みちつね)に福島県令を兼ねさせた。三島は会津三方(さんぽう)道路開鑿を実行するため，会津6郡の15～60歳の男女に2年間毎月1日の夫役(ぶやく)を強制し，でられない者から男1日15銭，女1日10銭の代夫銭を徴収した。同年4～5月，県会は予算の地方税の経費支出をめぐって県令の説明を求めたが，三島はそれをいっさい無視して出席しなかったことから，自由党員県会議員宇田成一(うだせいいち)(耶麻(やま)郡選出)はすべての議案を否決することを提案し，23票対22票で可決した。しかし，三島は会津の道路工事を強行し，従わない者には警察を使って財産の差し押さえ公売処分を執行した。会津の農民たちは宇田らの指導により抵抗したが，11月20日に原平蔵・三浦文治が，同月24日には宇田ら十数人が捕らえられたことから，28日に耶麻郡・河沼郡の農民数千人が喜多方警察署に押し掛け，警察隊と衝突して多数検挙された。そのことにより指導者が兇徒嘯集罪で逮捕された(喜多方事件)。

一方，同年12月*河野広中(こうのひろなか)・田母野秀顕(たものひであき)・花香(はなか)恭次郎ら6人は，自由党福島県本部の無名館(むめいかん)で政府転覆の誓約を結んだという理由から内乱陰謀の嫌疑で捕らえられた。その6人と先の喜多方事件の逮捕者51人は，国事犯として東京の高等法院に送られた。裁判は83年2～4月に行われ，前者のうち主犯の河野だけが軽禁錮7年，他の5人は同6年となったが，後者は全員無罪となった。

服色 ふくしょく →服制
復飾 ふくしょく →還俗(げんぞく)
福神信仰 ふくじんしんこう　富や幸運などの福徳・福分をさずける神への信仰。代表的な福神に七福神や稲荷がいるが，座敷童子(ざしきわらし)や河童(かっぱ)など通常神に含めない存在も広い意味でこれに入る。古態の神が農耕などを通じて共同体全体に恩恵をもたらすのに対し，福神はそれを家あるいは個人にもたらす点で異なる。このことは福神信仰が，7世紀富士川流域に流行した常世神(とこよのかみ)(虫)以来，*流行神(はやりがみ)の信仰という形態を多くとり，しばしば稲荷のように屋敷神として勧請された理由である。商業・文化・交通の発達と人々の生活の多様化に連動して出現した，血縁・地縁を離れた個人信仰であるが，祭祀を怠れば災厄を下すなどの古い祟り神的性格は依然保持している。

福住正兄 ふくずみまさえ　1824～92(文政7～明治25)　江戸後期～明治前期の*報徳運動の指導者。相模国大住郡片岡村の大沢市左衛門の子として生まれ，*二宮尊徳(そんとく)の門人であった父の影響もあり，1845年(弘化2)尊徳に入門する。50年(嘉永3)，同国湯本村で温泉宿を営む福住家に婿養子として入る。幕末には*鈴木重胤(しげたね)に師事して平田篤胤(あつたね)の*復古神道を学び，維新後には教導職に就任した。72年(明治5)には湯本報徳社の設立にかかわり，晩年には尊徳の言行録「*二宮翁夜話」を編纂し，報徳運動をリードした。復古神道と尊徳の思想とが一致するという正兄の思想は，報徳運動の展開に大きな影響を与えた。

服制 ふくせい　公務上の地位・役職を表すための服飾の制度。わが国においては，中国の服飾を積極的にとりいれた推古朝の*冠位十二階の制定が服制の最初。「大宝律令(たいほうりょう)」「養老律令」の衣服令では，服色による位階の区別，礼服(らいふく)・朝服(ちょうふく)などの区別が行われた。平安時代には礼服はほとんど用いられなくなり，朝服が束帯(そくたい)とよばれて主流となるが，時代を追うにつれ簡素化が進んだ。鎌倉時代以降，武士の服飾にも公服が現れ，烏帽子(えぼし)を被り，直垂(ひたたれ)・大紋(だいもん)・素襖(すおう)が着用された。応仁の乱以降，烏帽子を用いない風潮が定着し，直垂・大紋に代わって素襖が一般化した。さらに，袖無しの素襖にあたる肩衣(かたぎぬ)・袴(はかま)(のちの裃(かみしも))が礼服化し，江戸幕府の成立とともに裃は式正(しきしょう)の服となった。明治期を迎え，陸海軍・太政官などではすべて洋服に改められ，断髪令で髷(まげ)を落とし，帽子を着用するようになった。

副葬品 ふくそう　死者とともに墓に納められた品物。埋葬終了後の墓上に供献された飲食品とその容器や，墓上に立てられる*埴輪(はにわ)などは含まない。出土状況やその属性から，(1)死者が身につけていた装身具や衣類，(2)死者の生前の政治的地位や権威を象徴する品，(3)邪霊が遺骸にとりつくのを防いだり，霊魂を墓内に封じこめるための呪術的な品，(4)死者に近い人々が葬送にあたり供えた品，(5)死者

が生前使用していた身の回り品，(6)葬送儀礼に用いられた品，に分類される。*古墳などでは，遺骸とは別に副葬品のみを納めた施設を墓内に設けることもある。死者の属性のみならず，往時の葬送文化を解明するうえで重視される考古資料といえる。→鏡

福田行誡 ぎょうかい　1809～88(文化6～明治21)　幕末・明治前期の代表的仏教僧。号は建蓮社立誉けんれんしゃりゅうよ。武蔵国豊島郡の人。6歳の時，小石川伝通院でんつういんにて出家する。京都・奈良・比叡山などで学び，帰京後は浄土宗学・天台学などをきわめる。1866年(慶応2)両国回向院えこういんの住職となる。維新後，廃仏毀釈きしゃくに際しては，諸宗の高僧と同盟を結び，仏教擁護と教界刷新のため活躍した。行誡自身は，廃仏は仏教自体の堕落が招いたとするきびしい自己内省に立ち，仏教復興の途を持戒堅固じかいけんごに求めた。79年(明治12)増上寺住職，87年知恩院住職・浄土宗管長となる。85年には「大日本校訂大蔵経」(「縮刷大蔵経」)を完成させている。学徳にすぐれ，当時仏教界の第一人者とされた。「行誡上人全集」1巻などがある。

福田徳三 とくぞう　1874～1930(明治7～昭和5)　明治～昭和初期の代表的経済学者。東京生れ。*植村正久まさひさから受洗。高等商業学校(現，一橋大学)研究科卒業。1898～1901年(明治31～34)にドイツに留学，ブレンターノに学ぶ。帰国して母校や慶応義塾で教えた。05年法学博士，22年(大正11)帝国学士院会員。社会問題に関心を向け*社会政策学会で活躍した。18年*吉野作造さくぞうらと*黎明会れいめいかいを結成，大正デモクラシーを擁護する言論活動も展開した。リベラリストとして帝国主義・軍国主義批判を行った。経済学者としては，古典学派を紹介し，ドイツ歴史学派の影響をうけつつ経済史・経済政策に及び，マルクス経済学を批判的に紹介した。*河上肇はじめとの資本蓄積論争は有名である。「福田徳三経済学全集」全6巻がある。

福田英子 ふくだえいこ　→妾の半生涯わらわのはんせいがい

福地源一郎 ふくちげんいちろう　1841～1906(天保12～明治39)　明治期の新聞記者・劇作家。号は桜痴おうち。肥前国長崎生れ。はじめオランダ通詞名村八右衛門に蘭学を習い，1858年(安政5)江戸にでて森山多吉郎たきちろうに英学を学ぶ。59年に外国奉行支配通弁御雇となって，英国公使オールコックらとの外交折衝にあたった。61年(文久元)，65年(慶応元)の二度にわたって幕府の遣欧使節に従って渡欧。帰国後，幕政改革を画策したが，攘夷派の迫害もあって不首尾に終わった。68年(明治元)「江湖こうこ新聞」を刊行し，明治政府を批判したため筆禍にあい投獄された。しかし，渋沢栄一えいいちの紹介もあって70年大蔵省に出仕し，財政制度の調査のため*伊藤博文ひろぶみに随行して渡米した。翌年の*岩倉遣外使節には一等書記官として加わり，木戸孝允たかよしらの政治的意見に共鳴した。74年「*東京日日新聞」主筆に迎えられると，「*朝野ちょうや新聞」などの自由民権派の新聞に対抗して政府支持の立場から論陣を張り，言論機関としての新聞の意義を認識させた。福地の政論は，秩序を保ちつつ体制内変革をめざす漸進主義を志向するものである。だが，81年の北海道開拓使払下げ問題では政府批判の先頭に立ちながら，翌年の主権論争では君主主権論を唱えて立憲帝政党を組織したため，不信を招き，影響力を失った。晩年は劇作のほか，「幕府衰亡論」などの史論で文名を馳せた。

福羽美静 ふくばびせい　1831～1907(天保2～明治40)　「一びせい」とも。幕末・明治初期の国学者・神祇官僚。津和野藩士。石見国鹿足郡木部村に生まれ，18歳で藩校の養老館ようろうかんへ入学し国学を学んだ。その後，京都で萩藩尊王攘夷派とともに尊王攘夷運動に参加した。明治維新直後には神祇事務局に務め，神祇官の復興に尽力した。神祇官設置後は神祇官僚として活動し，宣教次官事務となり宣教の中心的役割を担った。しかし，*大教宣布だいきょうせんぷ運動が進展しないことに対して平田派からの批判が寄せられ，1872年(明治5)に教部省から退いて以降は，歌道御用掛・文部省御用掛を務めた。のちに元老院議官となり，1990年には貴族院議員となった。主著に「古事記神代系図」「明治の教え」「神官要義」などがある。

服喪 ふくも　人の死に際して，近親者が一定期間，日常生活を離れて忌み籠もる礼。具体的な期間については，喪葬令そうそうりょう服紀ぶっき条に

規定がある。君・父母・夫・本主は1年間、祖父母・養父母は5カ月というように親等などの遠近にしたがって定められている。職務を離れて家に籠もるため、職事官で父母の死にあった者は、一時解任されて喪に服すとの規定が仮寧令にある。天皇の喪に服するとなると問題は重大で、廃朝により政務に滞りが生じる。桓武天皇の服喪は著名だが、9世紀には〈日をもって月に易かえる〉などの短縮の便法が案出され、他方、心喪の礼が確立していく。

福本イズム ふくもとイズム ＊山川イズムに代わって日本共産党を支配した理論。ドイツ留学を終えた福本和夫（筆名北条一雄）は、雑誌「マルクス主義」1926年（大正15）2・5月号に「山川氏の方向転換論の転換より始めざるべからず」を発表した。その中で山川イズムは「折衷主義」であり「組合主義」であると批判し、党や大衆組織の結集の前に「マルクス主義的政治意識」を分離・結晶すべきであり、そのための理論闘争を強調した。この党による指導の強調と〈結合の前の分離〉の組織論は、党再建問題で分裂の危機にあった党指導層や学生・戦闘的労働者に支持された。しかし、「分離結合論」は大衆団体の分裂、理論の現実からの遊離、党を大衆や労働者から切り離す危険を有していた。コミンテルンは「＊27年テーゼ」で、山川イズム・福本イズム双方を批判し、そのため福本イズムも急速に影響力を失った。

福本日南 ふくもとにちなん 1857～1921（安政4～大正10）明治・大正期の新聞記者・史論家。福岡藩士の子に生まれ、向陽義塾（玄洋社の前身）で学ぶ。司法省法学校に入学したが、賄征伐事件（寮の料理賄いへ不満を抱き、校長を排斥しようとした）で退校処分をうける。1889年（明治22）、陸羯南らが創刊した「日本」の編集に参画し、姉妹誌「＊日本人」にも多く寄稿した。数回にわたりフィリピン、東南アジアを視察し、南進論を主張する。08年に衆議院議員となったのちは主に文筆活動と政治活動にあたり、現在の忠臣蔵のスタイルを確立した「元禄快挙録」はベストセラーとなった。

福亮 ふくりょう 生没年不詳 飛鳥～白鳳期の僧。「＊日本書紀」には645年（大化元）唐の十大徳制にならっておかれた十師に、＊旻や道登とともに任じられたことがみえ、また「法起寺塔露盤銘」には、＊聖徳太子のために弥勒像一軀を作り、法起寺の金堂を建立したことが記されている。

袋草紙 ふくろぞうし 平安後期の歌学書。藤原清輔（？～1177）の著。全2巻。1159年（平治元）二条天皇のために書かれた。歌会の諸作法に始まり、先行歌集の成立経緯や解説、歌人たちの逸話などからなる。実例が豊富で、ことに和歌の故実に対する考証は具体的に文献や記録をあげて実証しており、和歌故実の百科事典ともいえる貴重な手引書である。のち増補されて4巻となる。

不敬罪 ふけいざい 天皇や皇族などに対する名誉毀損行為を処罰する罪名。1880年（明治13）公布の旧刑法で規定され、1947年（昭和22）日本国憲法の発布にともなう刑法一部改正によって廃止された。不敬罪が制定されたのは自由民権運動期だったので、民権運動家たちが専制政治批判の中で、天皇やその祖先、また皇祖神を批判することが不敬罪とされた。1920年代には、社会主義・共産主義者の天皇制批判に対して不敬罪が適用されることが多くなった。さらに、昭和期に入って戦時挙国一致体制を天皇制の名のもとに遂行するようになると、天皇を相対化したり、限定的な存在とするおそれのあるような宗教、たとえば＊大本教・＊天理教・キリスト教に対して、不敬罪容疑による弾圧が行われた。また、戦争末期には戦時体制で鬱積した民衆の不満が厭戦的言動に流れるのを取り締まるために用いられ、戦時統制の一翼を担った。

武家官位装束考 ぶけかんいしょうぞくこう ＊新井白石の著した書。和文。1巻。「武家次第ノ事」「武家官位ノ事」「武家装束ノ事」からなり、「延喜式」や「東鑑（吾妻鑑）」は勿論、「愚管抄」「源氏物語」も引きながら、その歴史的な変遷が要領よくまとめられている。基本的な関心は、「先王天下国家ヲ治メラレシニ必ラズ礼楽ニヨリ玉ヒシ」といわれるように、当代にふさわしい「当家一大ノ礼」の制定を促すことにあった。周王朝をはじめ多くの王朝礼が王朝の創建からしばらくたって

制定されたことを論じて、今がその時であると主張している。

武家義理物語 ぶけぎりものがたり　江戸前期の武家物の*浮世草子。全6巻6冊、全26話。*井原西鶴の作。1688年(元禄元)刊。序文に、人間の心は万人不変で職種・身分によって表れが異なるにすぎないから、人は各々の家業に努めるべきで、特に武士の誠の道は「義理に身を果せるは至極の所」であるとのべる。いわば西鶴の武家物一作目の「*武道伝来記」が敵討という非日常に視点をおいたのに対し、二作目の本作は武士の日常である義理を主題に、人との信頼や約束を守りとおす武士の清々しさを描いたものである。ただし、各話から帰納される義理概念は一般的・常識的で、かつ義理を描いたといいがたい話もあることが従来から指摘され、またそのために焦点の定まらぬ凡作と評価されてきた。近年では、本作は義理概念の形象化や新たな義理概念の提示を狙いとした作品ではなく、義理にまつわるさまざまな話柄によって、武家の心情や意識を「世の人心」の表れとして描いたものと再評価されている。

武家事紀 ぶけじき　江戸前期の歴史書。全58巻。*山鹿素行の著。赤穂配流中の1673年(延宝元)に成立。(1)前集3巻、(2)後集2巻、(3)続集38巻、(4)別集15巻の4部からなる。(1)には古代から南北朝期までの天皇中心の国家史を略叙した「皇統要略」と平氏政権後の武家の歴史を概観した「武統要略」を収める。(2)には「武朝年譜」と題する年代記と「君臣正統」と題して源頼朝から徳川家康に至る各政権に関与した人々を列挙する一覧表を収める。(3)には「譜伝」といわれる武家の伝記や「古案」といわれる古文書などを収める。(4)には武家の儀礼や生活習慣・雑芸故実に関する記述を収める。総じて本書は単なる武家中心の歴史書にとどまらず、武家の政治や生活に参考となる百科全書的な実用書でもあり、そこに著者の兵学者としての姿勢がうかがえる。

普化宗 ふけしゅう　中国唐代の禅僧普化を祖と仰ぐ禅宗の一派。中世の巷間の宗教者・芸能者であった*暮露々々・薦僧・虚無僧の流れをくむ。尺八を吹き、門付を行い、これを修行とした。暮露々々との関係を否定する説もあるが、両者とも禅宗との関係は深く、1628年(寛永5)の「暮露薦僧本則」(興国寺文書)などでも同系譜の主張がある。普化宗は、鎌倉時代の禅僧無本覚心が宋より連れ帰った居士に始まるという伝承もある。一宗として成立するのは近世で、牢人が入りこむ傾向があり、77年(延宝5)幕府の寺社奉行は虚無僧諸派の本寺・本末を規定し、保護・統制した。武蔵国鈴法寺や、下総国一月寺などを本寺とし、有力な6派があった。

武家諸法度 ぶけしょはっと　江戸幕府の基本的な法規。1615年(元和元)徳川家康が*以心崇伝らに命じて法度の草案を作成させ、同年2代将軍秀忠のいる伏見城に諸大名を集め、崇伝に朗読させた。全13カ条の漢文体の構成で、大名統制のための色彩が強く、参勤の作法や私婚の禁止、居城の修築の届けなどが規定されているが、その冒頭は「文武弓馬の道、専ら相嗜むべき事」と、文武兼備が本文の補足に掲げられている。以後、新将軍就任の際、この法度を諸大名に読み聞かせるのが原則となった。3代家光の代には、新たに大名の参勤交代の義務、新儀を企て徒党を結ぶこと、私的争論、耶蘇宗門、私的な関所の禁制などが追加・補足された。83年(天和3)5代綱吉の法度改正では、冒頭の文武兼備の条文が2カ条に分割され、「文武忠孝」の奨励と分限による兵力と武器(「人馬兵具」)の常備を心がけることという条文となり、新たに末期養子の制度を定め*殉死を禁ずる(1663年、家綱の法度で口達)付則が加えられている。その後、家宣・吉宗・家定の代にも改正された。

武家法 ぶけほう　武家社会で制定・使用された法の総称。鎌倉幕府成立以前には武士は成文法をもたず、「兵の道」と称される倫理観念、「*道理」とよばれる*慣習法に従っていた。鎌倉幕府では初期から法令と認定しうる条項を発布していたことが「吾妻鏡」に記載されているが、1232年(貞永元)7月10日に制定された「*御成敗式目」51カ条が史上初の武家法典と認識され、根本法典として権威づけられた。その後に発布された鎌倉幕府

法は「御成敗式目」への追加とされ、室町幕府法も建武年間以降の追加ということで「建武以来追加」とよばれている。このような幕府法と並んで、有力な武士が私的に制定する家法がある。鎌倉時代には、北条氏得宗家の御内法のほか、豊後国大友氏の「新御成敗状」「追加」、下野国宇都宮氏の「宇都宮弘安式条」、筑前国宗像氏の「宗像氏事書」などが早くも成立した。これらの家法は戦国大名の分国法へとつながっていく。武家法は、武家政権・武士勢力の政治的・社会的成長にともない、*公家法・*本所法を圧倒し、織豊政権の法をへて近世の幕府法・藩法へと引き継がれた。⇒追加法

普賢菩薩 梵語Samantabhadra 遍く一切仏国土に現れて教化にあたる菩薩。大乗仏教の中でも特に重要な菩薩で、文殊菩薩とともに釈迦如来の脇侍とされる。さまざまな経典の中に説かれ、「*法華経」では同経の修行を勧め、行者を守護するために六牙の白象に乗って現れるとされる。「華厳経」入法界品に説く善財童子歴参の物語では、文殊菩薩の指示に従い諸賢者を尋ねて教えをうけた善財童子が、最後に普賢菩薩から仏の法門を聞くという。密教では菩提心を象徴する菩薩とされ、胎蔵界では中台八葉院に位置し、金剛界では賢劫十六尊の一つに数えられる。日本では釈迦の脇侍としての彫像のほか、法華経信仰の隆盛による普賢信仰を示す乗象像、普賢十羅刹女の画像も多数残されている。

武功雑記 「武功実録」とも。織豊期～江戸初期の諸将士の武功談を筆録した書。全17巻。肥前国平戸藩主の松浦鎮信(1549～1614)編。1696年(元禄9)に成立。本書の記事は主として、平戸藩に仕官した大坂牢人や福島・加藤両家の牢人たちの武功談であり、1070カ条のうち特に関ケ原の戦い、大坂冬の陣・夏の陣に関連したものが多い。聞き書きであるため、記事の配列は雑然としており、内容の重複などもみられるが、信憑性の高い記述が多いといわれる。武勇談のほか、興味深い人間関係を伝える雑話も多く、当該期の世相、武士の生き方などが知られる貴重な史料である。なお、本書はあくまで聞き書きが中心であり、編者の感想・批評などはほとんど認められない。

武江年表 江戸・東京における諸事を編年的に記した書。江戸神田雉子町の名主*斎藤月岑の著。正編8巻(1848刊)・続編4巻(1878刊)からなる。江戸の地誌・風俗・災害記録・巷説など、「*江戸名所図会」編纂でえた知見をもとに江戸でおこった諸事を博捜し記録したものである。正編は1590～1848年(天正18～嘉永元)、続編には1849～73年(嘉永2～明治6)の記事が編修される。江戸時代研究の基本書であり、喜多村信節の「武江年表補正略」、関根只誠の「武江年表書入」などの諸書によって改訂された「増訂武江年表」(国書刊行会)もある。

富国強兵論 国を富ませ軍備を強力なものにしようとする考え。*本多利明が蝦夷地開拓や貿易開始を唱え、*佐藤信淵が殖産興業や海外侵略を主張したことは有名であるが、江戸時代、国産品の奨励、藩専売制など諸藩による商工業利益の活用は一般的であった。貿易構想はともなわないものの水戸藩主*徳川斉昭は、内憂外患に備えて富国策と強兵策を結合させ、蝦夷地開発、国産品の奨励、大船建造、大砲鋳造などを幕府に建白した。幕末、*橋本左内・長井雅楽らは貿易や海外進出をともなう富国強兵論を主張し、鹿児島藩などでは藩営工業、貿易、西欧軍事体系の導入が図られた。

維新後の富国論は資本主義発展政策に変化し、明治政府は官営工場の設立、北海道開拓のほか、内外通貨制度や金融制度の整備、松方デフレによる本源的蓄積の強行、民間資本の動員なども視野にいれた鉄道などのインフラ整備など統一的な殖産興業政策を展開した。また、*山県有朋の主導による*徴兵令など近代的な軍隊の整備が図られ、これら富国策・強兵策が一体的に機能することにより日本の海外侵略や対外戦争を可能にし、その成果によりいっそうの富国強兵が図られた。

賦算 鎌倉時代、*時宗の僧が遊行して、「南無阿弥陀仏、決定往生六十万人」と書かれた念仏算を人々に賦ること。またその算(札)。この算を配って結縁

者の数をかぞえた。*一遍は生涯に配布した算の数を明示している。賦算は*高野聖や善光寺聖も行ったといわれるが、一般的には時宗の場合をさしてよび、現在に及んでいる。開祖一遍の賦算は、熊野本社における啓示の「阿弥陀仏の十劫正覚に一切衆生の往生は、南無阿弥陀仏と必定するところ也、信不信をえらばず、浄不浄をきらはず、その札をくばるべし」を理論的根拠として、摂津国四天王寺に始まり、南北にわたる全国を遊行して、念仏結縁の証として賦られた。

藤井右門 ふじいうもん 1720〜67(享保5〜明和4) 江戸中期の尊王論者で、*明和事件の中心人物の一人。幼名吉太郎、実名直明、別名以貞、右門は通称。大神定之とも称する。父はもと播磨国赤穂藩の江戸家老藤井宗茂で、藩主浅野長矩の切腹・改易後、吉平と改名して越中国射水郡小杉村に居住。赤穂浪士の吉良家討入りに加わらなかったため不忠の臣と噂されていた。母は同郡大手崎村の百姓赤井屋九郎平の女で、右門は長男。1734年(享保19)京都にでて、1730年代後半(元文年間)朝廷の地下人藤井忠義の養嗣子となり、51年(宝暦元)従五位下大和守を襲職する。また、八十宮内親王の家司となる。年次は不詳であるが*竹内式部に師事し、その*尊王論の影響をうける。*宝暦事件がおこると京都から行方をくらまし、やがて江戸にでる。*山県大弐に入門し、大弐の*尊王斥覇論に心酔する。同門中の者より反逆の疑いがあるとして幕府に出訴され、67年(明和4)2月18日、大弐とともに逮捕され、吟味中に獄死した(明和事件)。死後の判決では反逆の事実のないことを認めながら、甲府城や江戸城の攻撃方法を雑談したことが不敬とされ、獄門の刑に処された。著書は伝わっていないが、和歌に巧みだったという。

藤井高尚 ふじいたかなお 1764〜1840(明和元〜天保11) 近世後期の祠官・国学者。通称は忠之丞・小膳、号は松の舎・松斎。備中国賀陽郡宮内に生まれる。「釜鳴の神事」で知られる備中国一宮の吉備津神社の社家頭を務める藤井高久の子。はじめ父とその師栂井一室に和歌を、備中国笠岡の祠官小寺清先

に和漢の学を学んだ。30歳の時、京で海量・橋本経亮らと交わり、松坂を訪ねて*本居宣長に入門した。34歳の頃、社職を継ぎ従五位下に叙される。宣長没後は鈴屋門の中心的存在の一人となり、京都の*城戸千楯の学舎鐸屋や大坂へも出講している。特に瀬戸内地域を中心に門人網を形成した。*平田篤胤とも交友をもち、篤胤の思想に対しても、神道補翼として儒仏の役割を評価することなどに一定の理解を示し、篤胤の「*鬼神新論」の序文を書いている。文芸・国語学の分野に優れるとともに、地域神職の教育にも尽力した。門下に義門・清水宣昭・業合大枝らがいる。著書に「松屋文集」「三つのしるべ」「伊勢物語新釈」「消息文例」などがある。

藤井武 ふじいたけし 1888〜1930(明治21〜昭和5) 大正期のキリスト教伝道者。*内村鑑三の門下で、無教会主義の信仰を継承・展開した。金沢市生れ。東京帝国大学法科大学を卒業後、山形県参事官となり、デンマークの国民教育に範をとり自治講習所を設立、地方人材の養成に尽くした。1915年(大正4)職を辞し、キリスト教伝道と著述に専念した。20年「旧約と新約」を刊行し、聖書、カント、ミルトン、ルターを論じた。「聖書より見たる日本」(1929)は関東大震災に神の審判をみて、聖書の歴史と哲学研究により日本の使命を確認、さらに現実の日本に幻滅し、〈滅びよ〉と予言者的叫びをあげた。また、未完に終わった「羔の婚姻」は、聖なる結婚を主題とした摂理詩である。胃潰瘍のため早世した。「藤井武全集」全12巻がある。

藤井日達 ふじいにったつ 1885〜1985(明治18〜昭和60) 大正・昭和期の宗教運動家。熊本県阿蘇郡一の宮町の農家に生まれた。日蓮宗大学を卒業後、浄土宗大学院・法隆寺勧学院・建仁寺禅堂などで他宗の教学を学んだ。1916年(大正5)奈良県の桃尾の滝で断食し大願を立てる。17年皇居二重橋前で衆生教化を宣言する。満州にわたり、18年遼陽に日本山妙法寺を建立する。関東大震災を機に帰国し、静岡県田子ノ浦や那須・熱海にも妙法寺を建立する。30年には誓願を立ててインドに渡り、ボンベイ、カルカッタなどに妙法寺を建立す

る。33年にはガンジーに会い，非暴力主義の思想に影響をうける。第2次大戦後は，不殺生・非暴力・非戦平和を唱え，実践運動の先頭に立った。各地に仏舎利塔も建立した。著書は「毒鼓」など。

藤井懶斎 ふじいらんさい　1628～1709(寛永5～宝永6)　江戸前期の儒学者。名は臧，字は季廉，通称は勝蔵，懶斎と号した。筑後国の人。はじめ真名部忠庵(真辺仲庵)と称し，筑後国久留米藩の藩医であったこともある。1674年(延宝2)に致仕し，京都にでる。当初は朱陸一致論に親近感をいだいていたが，のちに*山崎闇斎に儒学を学んだ。「本朝孝子伝」3巻，「閑際筆記」3巻，「睡余録」正編2巻・続4巻・又2巻などの著作で知られる。

武士訓 ぶしくん　伊沢長秀(号は蟠竜，1668～1730)の著作。全5巻2冊。1715年(正徳5)刊。19年(享保4)の「諸士男子訓」(別称「和俗男子訓」)の前編にあたり，両書の合本は「広益武士訓」という書名で刊行されている。巻1～4は当時刊行された家道訓・初道訓・文武訓・俗訓などを補遺した武士道の概要，巻5は武士訓で，全文87ヵ条で構成されている。蟠竜の思想的立場は「専ら程朱の説によりて学ぶべし」とあり，太極陰陽五行説による武術の説明(「太刀をひつさげたる所一大極なり。敵と向ひたてる所陰陽なり。打あはせたる所陰陽合したるなり」など)や，内なる日常生活において心が善であれば行為も善とする思想にもとづく礼儀訓に明確に示される。ほぼ同じ時代の「*葉隠」の武士道が神仏両道は「道に叶はぬ」と否定したのに対して，朱子学の君子道徳を武士道に融合しており，神儒合一思想をも継承している。

富士講 ふじこう　富士山登拝を主目的とする山岳信仰の在俗信者の組織。伝説上の富士講の開祖は長谷川角行(1541～1646)。角行は長崎の武士出身といわれ，富士の神＝仙元大日を天地万物の創造主と説き，それを信仰することで天下泰平・家内平安・病気退散が実現するとしたが，その弟子たちの布教段階では祈禱を中心とする信仰に止まっていた。だが，角行の5世代後の弟子で江戸の油商人であった食行身禄(1671～1733)が現れると，富士講は本格的信仰組織に発展した。身禄は教義の体系化に努め，富士の神を米と農事を司る神とし，それへの信仰によって幸福がえられるとした。特に身禄が理想世「みろくの世」への世直りによる衆生救済を願い，1733年(享保18)富士山中に断食入定すると信者は急速に拡大した。彼の弟子たちは*富士信仰と身禄崇拝にもとづく信者組織を作って，江戸を中心に勢力を広げた。18世紀後半には，伊藤参行(1746～1809)がでて信仰のさらなる合理化に努め，ついで*小谷三志(1765～1841)が男女平等観に立った教義を説いて不二道へと発展させた。寛政期(1789～1801)以降にはしばしば禁圧の対象とされたが，江戸の町内ごとの組織作りを行うなど着実に信仰を広め近代に至った。

藤沢東畡 ふじさわとうがい　1794～1864(寛政6～元治元)　江戸後期の儒学者。名は甫，字は元発，通称は昌蔵，号は東畡・泊園。讃岐国香川郡安原村の人。徂徠学派の中山城山に入門した。1818年(文政元)長崎に遊学し，高島秋帆の父の知遇をえて中国語を学ぶ。24年に大坂で私塾泊園書院を開き，徂徠学を講じた。44年(弘化元)高松藩より士分に列せられ，52年(嘉永5)高松藩儒官となった。東畡は，周室を尊んだ孔子が「四海をして其の君を一ならしめんと欲する」(「原聖志」)ことを志していたのに対して，周室を蔑ろにして諸侯に王道を勧めた孟子は「乱倫の魁」(「思問録」)であると非難することによって，武士の忠誠対象を藩主から天皇に転換させようとした。著書に，子の藤沢南岳が編んだ「東畡先生文集」(1884)がある。

藤沢道場 ふじさわどうじょう　→清浄光寺

富士信仰 ふじしんこう　霊峰富士に対する信仰。富士山を神として崇める信仰は古く，早くは「*常陸国風土記」筑波郡条に，祖神尊が神々のもとを巡った時，駿河国福慈岳(富士山)神のみかに宿を請うた話がみえる。富士山の神は水源神と火山神に大別できる。後者は浅間信仰として展開した。「*日本霊異記」には，*役行者が富士山で修行したことが記されているなど，古くから修験の霊場として栄えた。参詣としての富士登山が盛

ふじた

行するのは室町時代に入ってからであり，そのようすは富士参詣曼荼羅などに描かれている。江戸時代に入ると，長谷川角行が富士信仰の行法を創唱し，各地に*富士講が形成された。富士講は民衆の間に流行し，庶民が集団で富士山に登拝するようになった。富士講は明治維新後は教団化し，その信仰や思想は扶桑教や実行教として継承された。

藤田東湖 ふじたとうこ　1806〜55(文化3〜安政2) 江戸後期の水戸藩士・水戸学者。名は彪，字は斌卿，通称は虎之助・誠之進，号は東湖。*藤田幽谷の次男で水戸に生まれる。幼時から幽谷の教えをうけ，1819年(文政2)父にしたがい江戸にでて，*亀田鵬斎・*大田錦城に学び，また武術に励んだ。幽谷没後の27年(文政10)家督を嗣ぎ，彰考館編修となる。彰考館総裁代役となった29年，*徳川斉昭を藩主に擁立するために無願出府して奔走した。斉昭の藩主襲封後は，斉昭の腹心として天保期(1830〜44)の藩政改革に参画した。44年(弘化元)斉昭の致仕・謹慎処分中は蟄居し，「*回天詩史」「*常陸帯」「*弘道館記述義」を著し，「*正気歌」を作った。52年(嘉永5)自由の身となり，翌年ペリー来航後，斉昭が幕府の海防参与に任じられると，再び斉昭に仕え補佐した。55年(安政2)大地震によって江戸藩邸で圧死した。*会沢正志斎とともに，*水戸学の中心人物として*尊王攘夷論を唱え，幕末・維新期に大きな影響力を発揮した。

富士谷成章 ふじたになりあきら　1738〜79(元文3〜安永8) 江戸中期の国学者。通称千右衛門，号は北辺。兄は儒者の*皆川淇園。子に国学者の御杖。品詞分類の先駆者として，日本語を「名」(体言)，「装」(用言)，「挿頭」(副詞・接続詞など)，「脚結」(助詞・助動詞など)の4種に分類した。主著「挿頭抄」(1767刊)，「脚結抄」(1778刊)における，独自の概念語を駆使しての，それぞれへの文法的・意味的な考察の緻密さは，語をこえた文の意識，言葉の体系性の自覚をふまえている点で，それ以前の国語研究とは一線を画す。*本居春庭・山田孝雄ら後代の文法家に大きく影響した。ほかに歌風・歌語の変遷を記した「六運略図」，用言の活用表「装図」などがある。

富士谷御杖 ふじたにみつえ　1768〜1823(明和5〜文政6) 江戸後期の国学者。筑後国柳河藩士。名は成寿・成元，のちに御杖。号は北辺・審神舎。父は国学者の*富士谷成章，伯父は儒学者の*皆川淇園。京都に生まれ，12歳で父と死別するも，父(国語)と伯父(漢語)の言語研究を継承し，歌道・神道を包摂する特異な思想体系を築いた。「真言弁」(1802頃成立)では，時宜を破るがゆえに外に出しがたい「一向心」(激しい情や欲)を歌に昇華させることで，他者の共感をもえつつ，それを解消する詠歌のメカニズムを探求する。このような歌を「真言」とよび，そこに言霊の働きをみるが，これは「*古事記灯」で「倒語」説に発展した。多義的なイメージや情動をより強く喚起・伝達できる「倒語」＝象徴・比喩表現の，「直言」に対する優越を宣揚しつつ，神話を「倒語」として解釈することで，*本居宣長への徹底した批判者となった。学術語の独特な使用や造語の多用による，言葉と人間(情動・行動)の連関への分析をふまえた古典読解は，当時主流であった注釈学的な学問と異なる解釈学的なそれとして異彩を放っている。著書は「歌道非唯抄」「百人一首灯」「万葉集灯」「神明憑談」など多数。

藤田幽谷 ふじたゆうこく　1774〜1826(安永3〜文政9) 江戸後期の水戸藩士・水戸学者。名は一正，字は子定，通称は次郎左衛門，号は幽谷。常陸国水戸の古着商の次男。1784年(天明4)彰考館の*立原翠軒に入門し，89年(寛政元)彰考館員，91年には彰考館編修となり，君臣上下の名分を説いた「*正名論」を著した。97年「*丁巳封事」を藩主徳川治保に提出して，謹慎処分をうけ，また「*大日本史」編纂の方針の違いから翠軒と不和になった。99年(寛政11)彰考館に復職し，1802年(享和2)自宅に私塾青藍舎を開き，子の*藤田東湖や*会沢正志斎・豊田天功らを育てた。その後，藩主治保の信任をえて，立原派が彰考館を去ると，07年(文化4)彰考館総裁となり，「大日本史」志・表の編纂にあたった。藩政改革にも関与し，門閥派や立原派と対立した。著書に「*勧農或問

ん」「*修史始末」のほかに，藩主に上書した「*丁巳封事」などの意見書がある。

藤塚知直 ふじつかともなお　1715～78(正徳5～安永7) 江戸中期の神道家。陸奥国塩竈神社の神職。名は知直，通称は式部・雅楽，神号は豊魂霊神。知明は養子。はじめ塩竈神社社家で遊佐木斎門人の鈴木晴金から神道を，上京して野宮・正親町の公卿から神道や有職を，名古屋東照宮の*吉見幸和から神道・礼学・神前音楽などを学んだ。なかでも幸和を敬愛し，塩竈の自邸に長期滞在してもらい，その間に有志らを集めて神書講義を開催した。著書に「*恭軒先生(初学)初会記」「塩竈神社記」などがある。

不二道 ふじどう　→富士講

武士道 ぶしどう　幕藩体制の確立にともなって，武士の倫理観も変質するのも当然であるが，時代的にみて「*武道初心集」「*葉隠」の著者が指摘した寛文～元禄期(1661～1704)，徳川家康による幕府創設からおよそ60年を経過した時代には，戦国的な情誼的主従関係に生きる武士の伝統は幕藩体制の時勢に相応せず，新たに為政者としての武士の道「士道」が儒者によって説かれた。伝統的な武士の道は，「*三河物語」(大久保彦左衛門忠教)や「*鳥居元忠遺書」「葉隠」などに示されている。「主君の御脇差」という三河譜代の意識で戦国乱世を主従ともに生きた忠教にとって，幕藩体制下での当世の主君3代将軍家光は，譜代を顧みず公儀の道に外様をも重用しているとみる。主君の御慈悲・御武辺・御情を語り，「君を一心に御大切」に奉公することが譜代の生きるべき道であると教訓しているが，そこには時勢の流れに残された三河古武士の嘆きがある。体制の変化による武士の職分は人倫を正しく教化するとともに，為政者として自ら人倫の道を体現する立場にあると規定したのが*山鹿素行である。新時代の武士の教学「士道」は「*山鹿語類」士道篇において，三民に代わって人倫の道を天下に実現するために，武士は自らの道に志し「その志す所を勤め行ふ」こと，加えて自己の道義的人格の育成に努めるべきであると説く。素行の士道論は，内的な心性(清廉・正直・剛操・義理を弁ずるなど)の問題を，外的な日常の立居振舞と同一視し，内外両面を統一的に捉える道徳理論である。

武士道 ぶしどう　原題はBUSHIDO: The Soul of Japan, An Exposition of Japanese Thought．*新渡戸稲造の英文著作。1900年にアメリカのThe Leeds and Bible Companyから刊行。全17章からなり，武士道の淵源，義，勇気，仁，礼，誠，名誉，忠義，武士の教育，克己，自殺，刀，婦人の教育と地位，武士道の将来について論じる。西洋の文献を多く引用しながら，日本の文化を外国人に紹介したものである。「日本の道徳教育を宗教なしにどうして授けることができるか」とベルギーの学者ド・ラブレーから問われ，新渡戸は正邪善悪の観念の形成が少年時代に培われた武士道にあることに気づいた。さらに，アメリカ人の妻から日本の風習，たとえば日本人が贈り物をする時「つまらないもの」といい，妻や子供のことを他人に語る時に卑下することなどについて問われたことをまとめ，アメリカでの静養中に短期間で書きあげた。「武士道」のタイトルがつけられているが，武士道の文献を参照して書かれたものではなく，日本文化が決して特殊なものではないとして，外国にも理解可能であると論じたものである。日本人が英文で書いた日本紹介の書物として，特に日露戦争での日本の勝因を知りたいとの目的でよく読まれた。新渡戸にとって武士道は独立した倫理としては消えても，その感化力は滅びることなく残り，キリスト教へと引き継がれていくものであった。

藤村操 ふじむらみさお　1886～1903(明治19～36) 1903年(明治36)5月22日，「巌頭之感」を残して日光華厳の滝に投身自殺した第一高等学校生。東京生れ。東洋史家那珂通世の甥。その遺書「万有の真相は唯だ一言にして悉す，曰く「不可解」……」は，人生の価値を模索する*煩悶青年の共感をよんだ。この事件は国家主義的傾向の強かった一高で，人生の価値を求める新しい傾向がうまれてきたことを象徴する事件であった。

藤本箕山 ふじもときざん　1626～1704(寛永3～宝永元) 江戸前期の俳人・古筆鑑定家。字は

盛庸，通称は七郎左衛門，箕山は号。古筆家としての号は了因￼。本姓は藤本だが，その出自から畠山箕山とも称する。京都の紅染屋に生まれ，13～14歳頃から平沢了佐に古筆鑑定を，*貞徳に俳諧を学ぶ。同じ頃，島原遊廓に行ったのを契機として遊女の世界に魅せられ，家督相続後に家業は手代に任せ遊廓に通い詰めて破産した。「世間退出」「破家去国の身」として，三都をはじめ全国の遊廓を遍歴するが，それは単なる遊興放蕩的な態度ではなく，遊廓における諸分や遊女の手管などの「恋慕対談の実否を糺さん」とする求道的なものであった（「満散利久佐」序）。著述のうち，1656年（明暦2）刊の「満散利久佐」は，自らを「色道大祖虚光庵真月居士」と署名した大坂新町の遊女評判記である。そこで予告された島原遊廓の体系的探究書「深秘決談抄」20巻は，1678年（延宝6）「*色道大鏡」16巻（初撰本，元禄初年の再撰本は18巻）となって実現する。そのほか，古筆家としては古筆人名録「顕伝明名録」10巻（写本。1652成，以後増補あり）を編纂するなど，斯界の権威として了佐の四男了雪を支えた。*井原西鶴とも親しかったという。

藤森弘庵 ふじもりこうあん 1799～1862（寛政11～文久2） 幕末期の儒学者。名は大雅，字は淳風，通称は恭助，弘庵はその号。別号に天山・如不及斎。播磨国小野藩士の子として江戸で生まれた。小野藩右筆で世子の侍読ともなったが，1834年（天保5）致仕した。この間，*古賀侗庵・長野豊山に学んだ。小野藩を致仕した半年後に，常陸国土浦藩に招かれ，藩校郁文館の教授，さらに農政を担当する郡奉行に任ぜられ，水戸の*会沢正志斎や*藤田東湖と交わった。47年（弘化4）土浦を退去し，江戸下谷に穀塾を開き，*依田学海ら塾生を教授するとともに，詩社嚶々社の盟主となった。53年（嘉永6）ペリーが来航すると，「*海防備論」を著して，開国通商拒否を幕府に建白し，また和親条約の締結後には，開国後の内政改革案を示した「*新策談」を水戸藩主*徳川斉昭に上呈した。安政の大獄に連坐し，追放の処分をうけて下総国行徳に移住し，の

ち許されて江戸に帰った。著書はほかに「如不及斎文鈔」「春雨楼詩鈔」など。

普寂 ふじゃく 1707～81（宝永4～天明元） 江戸中期の浄土宗の律僧。*鳳潭と並んで華厳教学の中興者といわれる。法諱は普寂，字は徳門。道光・宣蓮社明誉と号す。伊勢国桑名の人。浄土真宗東本願寺派源流寺の秀観の子。青年期にかけて「倶舎論」「大乗起信論」「華厳五教章」を修学し，京都にでて鳳潭らの名匠の講義に列し，東本願寺派講師の慧然に見出され代講を務めた。その後，病患を機に出離の要法を求めて煩悶し，1734年（享保19）真宗に疑念を抱き離脱した。諸国を遍歴して，尾張国八事山で菩薩戒をうけ，別時念仏を修し，尾張国西方寺の関通のもとで戒律興隆を志す。ついで八事山に帰り*諦忍にまみえて大蔵経を閲覧し，しだいに「*華厳経」に傾倒していった。「華厳五教章衍秘鈔」などを著し，華厳教学の体系化に尽力した。また下総国大巌寺で宗戒両脈をうけ，浄土宗西山派の深草の玄門に師事し，比叡山安楽院の*霊空院（光謙）から安楽律を学び，加賀国大乗寺に参禅した。1763年（宝暦13）から江戸目黒の長泉院の住持となった。普寂の仏教は，念仏・戒律・禅を重修する中で，諸宗一致の教学的根拠を明示せんとしたところに特徴がある。

武州御嶽 ぶしゅうみたけ →武蔵御嶽神社むさしみたけじんじゃ

不恤緯 ふじゅつい 江戸後期の政治改革意見書。*蒲生君平の著。1807年（文化4）に成立。ロシアの南下政策にともなう北方問題に関し，林子平に触発された蒲生君平が，幕府の若年寄水野忠成に宛てた建白である。皇室を尊び国体の尊厳を守って，挙国一致で対外勢力を撃退すべきと主張する。その前提として，次のような内政・軍事における充実策を明示する。課役負担の軽減と農村の人口回復，外寇への迅速な対応と善政による民情の掌握，ロシア事情の正確な把握と国内事情の再点検，礼儀と刑政の基本の確立，農民徴兵による軍事力の強化である。対外政策を内政改革問題との関連で捉える，幕末*経世論の先駆的な意見書である。

不受不施派 ふじゅふせは *日蓮宗の一派。派祖は京都妙覚寺の*日奥。法華信仰のない者や謗

法の者から供養を受けない「不受」という僧侶の立場と、他宗謗法の僧侶には供養しない「不施」という信者の立場を表す。1595年（文禄4）豊臣秀吉は先祖菩提のために京都の方広寺大仏殿で千僧会を行うにあたり、各宗派に100人の僧侶の出仕を求めたが、日蓮宗ではこの千僧供養出仕をめぐって、不受不施派の妙覚寺の日奥と*受不施派の本満寺の*日重と、本法寺の日通、本国寺の日禎とが対立した。不受不施派の日奥は妙覚寺を退出し、受不施派が出仕した。

99年（慶長4）徳川家康の命で、千僧供養出仕をめぐって不受不施派の妙覚寺の日奥と受不施派の妙顕寺の日紹、妙国寺の日暁とが対決し（大坂対論）、翌年、家康は日奥を対馬国に配流した。1630年（寛永7）受不施派の身延山久遠寺の*日暹・*日乾・*日遠は、不受不施派の*日樹ら（池上派）を幕府に訴えた。対論の結果、幕府は先の家康の裁許を重視し、受不施派を認めて不受不施派が敗訴する（*身池対論）。65年（寛文5）には寛文印知の朱印状の請取証文提出をめぐって、寺領を国主の慈悲と解釈する悲田派と不受不施を厳格に守る立場とに分裂し、後者は流罪となった。69年幕府は、証文を提出しない不受不施派の寺請禁止を命じ寺院の宗判権を奪った。98年（元禄11）には悲田派も禁止された。

これにより全面的に禁止された不受不施派は地下に潜行した。表向き受不施派に転向し内心には不受不施を信じた内信、人別を脱して内信を指導した法立、寺院を離れて流浪しながら内信・法立を指導し、時に不受派公認を訴えでて流刑に処せられたこともあった法中らに分かれた。ようやく1876年（明治9）に不受不施派が、82年に不受不施講門派が公認された。

不浄観 ふじょうかん　仏教において、肉体や外界の不浄のようすを確かに認識して、煩悩や欲望を取り除こうとする観法。源信の「*往生要集」には「大文第一に厭離穢土」とは、夫れ三界は安きことなし、最も厭離すべし」として、地獄・餓鬼・畜生・阿修羅・人・天・総結の7種の様相をあげ、人道は不浄・苦・無常に分け、不浄については、

人の肉体の構造を詳細にのべて、その生死、物を食うことなどの日常がいかに不浄であるかを認識すべきことを論じた。文中に「縦ひ上饌の衆味を食ふとも、宿を経る間には、皆不浄と為る、譬へば、糞穢の大小倶に臭きが如し、此の身も、亦爾なり」、「当に知るべし、此の身は始終不浄なることを、愛する所の男女も、皆亦是くの如し、誰か智有る者、更に楽著を生ぜん」云々とある。今日でも大小便を不浄として、便所を御不浄とよぶのはこれに由来する。

不生禅 ふしょうぜん　→盤珪永琢
不浄土 ふじょうど　→穢土
付属状 ふぞくじょう　寺院や僧侶の財産を譲与する際に作成された文書。通常この類の文書は*譲状とよばれるが、寺院や僧侶関係のものを譲渡する場合にはこの名称が用いられた。書札体のものと一般的な譲状形式のものとがあり、「付（附）属」または「譲与」と書き出し、書き止めを「仍付（附）属之状如件」とするものが多い。譲与されるのは、寺院・仏像・聖教・仏具・所領などさまざまであるが、これらは時に伝法の証として譲られることもあり、そのような場合には付法状に準ずるものとなった。なお、純粋な付法状を付属状と称することもある。

婦女新聞 ふじょしんぶん　明治～昭和前期にかけて出版された女性向け週刊新聞。主宰者の福島四郎は姉の不幸な結婚とその死に憤りを覚え、また福沢諭吉の「*女大学評論」に感銘をうけて、1900年（明治33）「婦女新聞」を刊行した（1942年まで）。一夫一婦論を中心に、女性の人権と地位向上とを説いた。創刊期には*鳩山春子ら女子教育家の支援をうけ、読者層は中間層以上の女学生・女教員を中心とする。時事や婦人問題に関する論説、小説、読者の投稿などを扱ったが、特に女子教育界と婦人会の動向・情報に詳しい。

藤原貞幹 ふじわらさだもと　→藤貞幹
藤原惺窩 ふじわらせいか　1561～1619（永禄4～元和5）　織豊期～江戸初期の儒学者。名は粛、字は斂夫、号は惺窩・柴立子・北肉山人など。中世歌学の名門下冷泉家11世の孫として播磨国細川荘（兵庫県三木市）に生まれた。父は冷泉為純。幼時、生国で僧

ふじわ

となったが，三木城主別所長治の急襲により父や兄，家領を一挙に失い，叔父を頼って上洛した。京都相国寺で禅学とともに儒学を学び，しだいに儒学に専念するようになった。1593年（文禄2）には徳川家康に招かれて「貞観政要」を講ずるまでになり，96年（慶長元），新儒学の良師を求めて渡明を企てたが失敗した。のち慶長の役の捕虜*姜沆（李朝の文臣）と親交を結んで朱子学を学び，やがて還俗して儒者になった。99年，惺窩の有力な守護者であった播磨国竜野城主の赤松広通と姜沆の援助をえて，はじめて宋儒の説にしたがって四書五経に訓点をほどこしたが，広通の死により和訓本は出版されなかった。儒学者として名声をえても市井の学者に終始し，晩年は洛北市原の山荘に隠棲した。門下には惺窩門四天王とよばれる*林羅山・*松永尺五・*那波活所・*堀杏庵をはじめ，多数の学者を輩出したが，とりわけ羅山と尺五の門流はそれぞれ幕府教学と*京学の伝統を開いた。

惺窩の儒学思想は，人倫日用の学として倫理的・実践的かつ包摂的・折衷的傾向をもっているところに特色が認められ，その根底にはなにものにもとらわれない自由な心境（「洒落」）を重視する思想的立場があるといわれる。このような学風について，陽明心学の流れを汲む明朝末期の三教（儒・道・仏）一致論者林兆恩らの影響が指摘されているが，そのほかに若年に学んだ禅の余習も無視できない。したがって，惺窩を単純に排仏論者・朱子学者と即断するのは誤りである。なお惺窩には詩人的性向もあり，漢詩や和歌の作品が多い。著書には詩文集のほか「*寸鉄録」「*大学要略」「*文章達徳綱領」などがある。

藤原明衡　ふじわらのあきひら　？～1066（？～治暦2）　平安中期の官人・文人。式家の敦信の子。1056年（天喜4）式部少輔となり，1062年（康平5）文章博士を兼ね，東宮学士・大学頭を歴任した。後冷泉天皇時代の第一級の文人・学者である。「*本朝文粋」「本朝秀句」を編み，現存の往来物の中で最も古い「明衡往来」（「雲州消息」「雲州往来」とも）を著した。その他作品は「本朝続文粋」「*本朝無題詩」に収められている。久しく「*新猿楽記」も彼の著とされてきたが，近年ではその内容に照らして，11世紀末，白河院政期頃になっての著作で明衡ではないとする説が有力である。

藤原鎌足　ふじわらのかまたり　614～669（推古22～天智8）　古代の中央貴族。大化の改新の功臣で，藤原氏の祖。はじめ中臣鎌子と称した。僧*旻・*南淵請安らに隋・唐の政治状況や儒教を学び，軽皇子（孝徳天皇）や中大兄皇子（*天智天皇）に近づいて，専制権力をふるっていた蘇我本宗家の打倒を画策した。645年（大化元）6月，三韓進調の儀式の時に中大兄皇子とともに蘇我入鹿を斬り，ついでその父蝦夷を邸に包囲して滅ぼした。内臣となって改新政治に参画し，律令体制への基礎を築いた。臨終に際して，最高位の大織冠と藤原の姓とを与えられる。伝記に「*藤氏家伝」（大織冠伝）がある。

藤原公任　ふじわらのきんとう　966～1041（康保3～長久2）　平安時代の公卿・歌人。関白頼忠の子。992年（正暦3）参議。左兵衛督・検非違使別当などを歴任して，1009年（寛弘6）権大納言。24年（万寿元）致仕して洛北の北山に隠棲し，26年出家した。*藤原道長と同時代の人物である。和歌に優れ，家集に「公任集」が，歌学書に「*新撰髄脳」があり，さらに「*和漢朗詠集」を撰進する。また儀式書「*北山抄」を著し，有職故実家としても知られる。

藤原定家　ふじわらのさだいえ　→明月記

藤原実資　ふじわらのさねすけ　957～1046（天徳元～永承元）　後小野宮ともいう。平安中期の公卿。父は参議斉敏。祖父実頼の養子となり，邸宅小野宮ほか多くの資産や日記を伝領し，故実に関する家説も継承した。969年（安和2）元服して叙爵。円融・花山・一条天皇の3代にわたって蔵人頭などを務め，989年（永祚元）参議。のち中納言・大納言に昇進する間に右近衛大将なども兼ねた。三条朝から後一条朝には一段と重きを加え，1021年（治安元）右大臣，37年（長暦元）には従一位に至る。朝儀・政務に精通した彼は，九条流の*藤原道長の権勢に対し小野宮嫡流の誇り

を堅持し，道長には批判的であった。その日記「*小右記ふゆき」は摂関政治期の最重要史料の一つであり，故実書の「小野宮年中行事」も著した。

藤原得子 ふじわらのとくし　→美福門院びふくもんいん

藤原俊成 ふじわらのとしなり　1114～1204(永久2～元久元)　「一しゅんぜい」とも。平安末・鎌倉前期の歌人。俊忠ただのの子。定家さだいえの父。法名は釈阿しゃくあ。藤原道長から5代目にあたり，その家を御子左家みこひだりという。藤原基俊もととしに師事したが，源俊頼に私淑，いわゆる幽玄体を確立した。「詞花しか和歌集」以下勅撰集に400余首入集する。長寿(91歳)で，多作の人であったが，出家して釈阿と名乗っていた時期が最も充実していた。75歳の時に7番目の勅撰和歌集「千載せんざい和歌集」(1187成)を編集して，自他ともに許す歌壇の重鎮となる。歌論書「*古来風体抄こらいふうていしょう」は式子しきし内親王からの依頼で，84歳の作であるが名著の誉れが高い。家集に「長秋詠藻ちょうしゅうえいそう」があり，また，歌合うたあわせの判詞も多く書いている。

藤原仲麻呂 ふじわらのなかまろ　706～764(慶雲3～天平宝字8)　奈良時代の公卿。*藤原武智麻呂むちまろの次男。743年(天平15)参議に任じられ，*光明こうみょう皇后の信任をえ，749年(天平勝宝元)紫微中台しびちゅうだい長官となり，大納言でありながら左大臣*橘諸兄たちばなのもろえをしのぐ権勢をえた。757年(天平宝字元)橘奈良麻呂ならまろの謀反計画を未然に防ぎ，淳仁じゅんにん天皇を擁立して権力の増大を図り，*養老律令ようろうりつりょうの施行を進める。光明皇后の寵愛をうけて，恵美押勝えみのおしかつの名をえ，大保たいほ(右大臣)，ついで760年大師だいし(太政大臣)となり専制権力を振るった。しかし，その年光明皇后が没すると，淳仁天皇と孝謙こうけん上皇の不和が表面化し，さらに孝謙上皇の寵愛をうけた*道鏡どうきょうの進出により，しだいに不利な立場となる。764年，道鏡を除こうとして兵を挙げたが，失敗。琵琶湖の西北岸に追いつめられて斬死した。

藤原不比等 ふじわらのふひと　659～720(斉明5～養老4)　奈良時代の公卿。*藤原鎌足かまたりの次男。689年(持統3)史ふひとの名ではじめて史上に登場する。時に31歳。それ以前の経歴は不明。娘の宮子は文武妃で，*聖武しょうむ天皇の母。698年(文武2)鎌足の賜った藤原姓を継ぐことを許される。*大宝律令たいほうりつりょうの編纂に参画し，701年(大宝元)律令施行とともに正三位中納言，ついで大納言，元明即位のもとで708年(和銅元)正二位右大臣に任じられた。*養老律令の選定を推進し，平城遷都に際しては春日の地に*興福寺を建立した。没後に正一位太政大臣を贈られ，760年(天平宝字4)淡海公たんかいこうと諡おくりなされた。

藤原冬嗣 ふじわらのふゆつぐ　775～826(宝亀6～天長3)　平安初期の公卿。右大臣内麻呂うちまろの次男。蔵人頭くろうどのとうをへて，811年(弘仁2)参議。*嵯峨天皇の信任厚く，中納言・大納言をへて，821年(弘仁12)に右大臣。さらに淳和じゅんな天皇のもとで，825年(天長2)には左大臣に昇った。「弘仁格式こうにんきゃくしき」「内裏式だいりしき」の編纂に従事した。平安初期の政界に重きをなし，藤原北家隆盛の基礎を築き，また子弟の教育のために*勧学院を建てたりした。

藤原道綱母 ふじわらのみちつなのはは　936?～995(承平6?～長徳元)　平安中期の歌人。「*かげろふ日記」の作者。父は藤原倫寧ともやす。藤原兼家かねいえと結婚して道綱を生む。「尊卑分脈」に「本朝第一美人三人内也」とあり，自己の美貌に対する意識が結婚後の兼家との感情のもつれに微妙に反映したところがないともいえない。また当時の一夫多妻の貴族社会の中で，一夫一婦制的な妻の座を願う心情には，彼女が宮仕えをまったく経験したことのない世間知らずの女性であったことも関係していよう。「かげろふ日記」のほか，他撰の家集「道綱母集」があり，「拾遺和歌集」以下の勅撰集に40首近くが採られている。また自ら絵もよくし，「かげろふ日記」にも色彩感覚にとんだ表現がしばしばみられる。

藤原道長 ふじわらのみちなが　966～1027(康保3～万寿4)　平安中期の公卿。摂政兼家かねいえの五男。母は摂津守藤原中正なかまさの女時姫。兄に道隆みちたか・道兼，姉に詮子せんし，子に頼通よりみちがいる。986年(寛和2)一条朝に至り父兼家が摂政になると急速に昇進し，991年(正暦2)権大納言に任じられた。995年(長徳元)疫病で兄たちが死去すると，甥の伊周これちかを退けて内覧の宣旨をこうむり，右大臣・氏長者うじのちょうじゃとなり，翌年には左大臣。999年(長保元)女の彰子しょうしを一条天皇に入内じゅだいさせ，翌年に中宮

冊立。1012年(長和元)には女妍子を三条天皇に，18年(寛仁2)にはやはり女の威子を後一条天皇にそれぞれ入内させ，天皇の外戚として権勢を誇った。その間の16年(長和5)には摂政となったが，翌年には摂政を子の頼通に譲り，従一位太政大臣となる。19年には出家し，法名行観(のち行覚)を名乗る。晩年には9体の阿弥陀仏を安置した無量寿院ほかの伽藍を備えた*法成寺の造営に力を傾け，同院での道長の臨終の様は「*栄花物語」の記すところである。日記「*御堂関白記」，家集「御堂関白集」がある。

藤原通憲 ふじわらの みちのり →信西

藤原武智麻呂 ふじわらの むちまろ 680～737(天武9～天平9) 奈良時代の公卿。*藤原不比等の長男。南家の祖。721年(養老5)に中納言に任じられて太政官に加わり，729年(天平元)3月に左大臣長屋王が除かれたあと大納言となり，大納言多治比池守・大伴旅人があいついで亡くなったあとの731年後半からは，大納言のまま実質的に政界のトップに立った。734年右大臣，737年春には左大臣になったが，疫病にかかり，その年7月25日に没した。

藤原宗忠 ふじわらの むねただ 1062～1141(康平5～永治元) 中御門とも右大臣とも。平安後期の公卿。権大納言宗俊の長男で，母は藤原実綱の女。藤原道長の次男頼宗の曾孫にあたる。侍従，右・左近衛少将，右大弁などをへて，1099年(康和元)参議となる。勤勉温厚な人柄で，朝儀・故実に精通し，特に白河上皇や堀河天皇に重用され，関白藤原忠実の信任をもえて，権中納言・権大納言・内大臣と累進して，1136年(保延2)に右大臣に至った。翌々年，老病により官を辞して出家する。幼児より文章道にも励み，「作文大体」などの詩文作成の参考書を著したほか，五十数年の長期にわたる日記「*中右記」があり，院政成立前後の根本史料の一つである。

藤原基経 ふじわらの もとつね 836～891(承和3～寛平3) 平安前期の公卿。長良の三男。のち叔父にあたる*藤原良房の養子となる。864年(貞観6)参議。866年応天門の変の後で中納言に進み，870年大納言。872年に右大臣に任じられ，その年の秋に没した太政大臣良房の後をうけて政権を掌握した。陽成・光孝天皇の時代と，*宇多天皇の前半期にわたって政治を主導した。その間，後見していた陽成天皇の廃位を決断して，光孝天皇を擁立した。宇多天皇の即位にあたっては関白を務めはしたものの宇多天皇とそりがあわず，阿衡の紛議をひきおこした。

藤原師輔 ふじわらの もろすけ 908～960(延喜8～天徳4) 関白藤原忠平の次男。母は源能有の女昭子。異母兄の実頼とともに村上朝の政治に重きをなした。931年(承平元)に蔵人頭に補され，947年(元暦元)には右大臣に至る。娘の安子は村上天皇の中宮となり，冷泉・円融両天皇を生む。また子の伊尹・兼道・兼家は，次々と摂政・関白となる。官人としての資質に富み，日記「九暦」や，父忠平から受け継いだ儀式作法をまとめた「九条年中行事」を遺して，九条流故実の祖とされた。その他，父の教えを記した「貞信公教命」，子孫のために書き残した「*九条殿遺誡」，家集「師輔集」などの著述がある。

藤原良房 ふじわらの よしふさ 804～872(延暦23～貞観14) 平安前期の公卿。*藤原冬嗣の次男。*嵯峨天皇に認められて，皇女潔姫と結婚。834年(承和元)参議，翌年権中納言に進み，840年中納言。842年におこった承和の変で，妹順子の生んだ道康親王(文徳天皇)を仁明天皇の皇太子にたてて大納言に進む。848年(嘉祥元)右大臣。850年文徳天皇が即位すると，第1皇子の惟喬親王をさしおいて，女明子が生んだ生後8カ月の第4皇子惟仁親王を皇太子にたて，惟仁親王が即位(清和天皇)すると，律令制定後はじめての摂政となった。857年(天安元)人臣としてはじめて生前に太政大臣に任じられた。

藤原頼長 ふじわらの よりなが 1120～56(保安元～保元元) 宇治左大臣とも。平安後期の公卿。関白忠実の次男で，母は藤原盛実の女。異母兄忠通の子として出仕して以来昇進が早く，権中納言・権大納言をへて，1136年(保延2)17歳で内大臣，49年(久安5)には左大臣となった。実父忠実の後援により，50年には忠通に代わって氏長者となり，翌年には内覧の宣旨をこうむる。青年期より異常なほど学問

に励み，特に儒教の経書に精通して「日本第一の大学生」と称される一方，朝政の刷新と朝儀の復興をめざして果断な実行力を発揮したところから「悪左府(あくさふ)」の異名をとる一面もあった。55年(久寿2)近衛天皇の死去を機に鳥羽法皇の信任を失い，翌年，崇徳(すとく)上皇と結んで忠通らに対抗して挙兵したが，敗走中に落命した(保元の乱)。生彩に富む日記「*台記(たいき)」がある。

藤原文化(ふじわらぶんか)　狭義には藤原摂関期の文化をさすが，ふつう少し幅を広くとって，10世紀初頭から11世紀末までの宮廷を中心とした文化をいう。いわゆる「国風(こくふう)文化」の時代である。「藤原文化」の称は，この時期が*藤原師輔(もろすけ)からのち，*藤原道長(みちなが)・頼通(よりみち)を頂点として藤原氏が政治の実権をにぎって栄華を誇り，宮廷文化もその反映であったことにもとづく。10世紀初めから11世紀にかけては，隋・唐文化の消化のうえに立って，その内面化が行われた時期である。「唐」に対して「大和」の意識が自覚され，それが「大和心」を基盤にして，文化のうえに具体化されてきた時代であった。まず今までの漢詩文に代えて，「*古今和歌集」以後，「*伊勢物語」「*土左(とさ)日記」と，続いて仮名文字が詩文の表に踊りでてき，仮名文字による自由闊達な表現力の獲得は「*かげろふ日記」から「*枕草子(まくらのそうし)」「*源氏物語」へと日記・物語文学の隆盛をもたらした。史書さえも，漢文体の官撰史書が10世紀初頭の「*日本三代実録」を最後に終焉を迎えると，1020年代の終りには仮名書き物語風の私撰史書「*栄花物語」が登場してくる。

絵画においては，今まで画題も様式も中国伝来のままであったものが，和歌と結びついて，*名所絵や*四季絵などの新しい題材を描くものがうまれた。それにともない，絵画様式もしだいに日本化してくる。10世紀の終りまでには，題材を日本にとった絵画を「倭絵(やまとえ)」，それに対して従来の中国的な絵画を「唐絵(からえ)」とよぶようになった。絵を描くことが宮廷貴族の教養にもなって，専門画家の様式とは違う「引目鉤鼻(ひきめかぎはな)」の人物描写などを特徴とする「女絵(おんなえ)」をうみ，日記や物語が絵画化されていくようになる。この女絵の展開のうえに，やがて「*大和絵(やまとえ)」とよばれる日本的な絵画様式が形成され，「*源氏物語絵巻」をはじめとする*絵巻物が制作された。11世紀には「女絵」に対して専門画家の描く絵を「男絵」とよぶことも行われた。985年(寛和元)に*源信(げんしん)が「*往生要集(おうじょうようしゅう)」を著し，これを契機に貴族たちの間に*浄土教が広まっていく。仏画の面でも，貴族たちの好尚にかなった平明な色彩のものが描かれるようになった。10世紀半ばの遺品として「醍醐寺五重塔壁画」(951)があり，11世紀になると「平等院鳳凰堂(ほうおうどう)扉絵」(1052)の「阿弥陀来迎図(あみだらいごうず)」には，仏画でありながら大和絵の様式が認められる。金剛峯寺の「仏涅槃図(ぶつねはんず)」(1086)は，この時期の仏画を代表する記念すべき傑作である。

建築では貴族の住宅建築として*寝殿造(しんでんづくり)が定着したが，遺構はなく，絵巻物や古図によって知られるにすぎない。醍醐寺・仁和寺(にんなじ)・法成寺(ほうじょうじ)のような大寺院も建立されたが，醍醐寺五重塔(951)だけが現存し，阿弥陀堂の遺構として藤原頼通の建てた*平等院の鳳凰堂(ほうおうどう)とその池泉が現存する。

仏像彫刻もまたしだいに和様化を示していくが，彫刻における和様化とは，ほんらい三次元性と塊量性を本質とする彫刻がしだいに量感を失い，反定律である平面性を志向していくことである。その傾向は，すでに10世紀の法性寺(ほっしょうじ)千手観音像(924頃)・岩船寺(がんせんじ)阿弥陀如来像(946)などに現れ始めるが，11世紀に入ると東福寺同聚院(どうじゅいん)不動明王像(1006)や広隆寺千手観音坐像(1012)，興福寺薬師如来坐像(1013)などでさらに顕著になり，やがて仏師定朝(じょうちょう)によって，平等院鳳凰堂阿弥陀如来坐像にみるような平面的視覚のうえに立ちながら，円満で調和のとれた藤原様式が完成する。定朝は，寄木造(よせぎづくり)の技法を完成させて量産への道も開き，以後しばらく定朝様式にならった仏像ばかりが造られていくことになる。なお，鳳凰堂においては仏像だけが独立してあるのではなく，堂の建築，扉絵，長押(なげし)の雲中供養仏(うんちゅうくようぶつ)，堂の中央に安置された阿弥陀如来坐像と天蓋(てんがい)などの荘厳(しょうごん)すべてが一体化して造られており，総合美を成していることが注意される。

藤原文化全体に総合美への志向を見出すことができ，〈*もののあはれ〉の美感もまたそこからうまれてきたのであった。

書は10世紀に小野道風が王羲之の書風をもととしながら，宮廷貴族の好みにあった柔らかみと豊かさのある和様を創始し，道風に続いて藤原佐理・藤原行成がでて，この3人は三跡とよばれる。道風「屏風土代」，佐理「離洛帖」，行成「白楽天詩巻」などの作品がある。道風によって開かれた和様書風は行成に至って完成の域に達したということができ，行成の書風は，後世，上代様と名づけられた。

婦人解放の思想 女性差別に反対して，権利要求などを含む女性の自立と地位向上をめざした思想。男女不平等が社会的な問題として提起・認知され，婦人解放論が思想的・社会的影響力を及ぼすようになるのは明治期以降である。明治初期に西欧の啓蒙思想から天賦人権論を学んだ*福沢諭吉らは旧来の男尊女卑の女性観を批判し*一夫一婦制を唱えた。それは自由民権思想家*植木枝盛の政治的権利の主張となり，明治20年代にはキリスト教家庭観にもとづく婦人矯風会の一夫一婦の請願から*廃娼運動へと発展した。政治の世界は男性に支配され，公娼制度下で男性の性的放縦に寛容である一方で，女性には貞操が要求された。1898年(明治31)の明治民法は，西洋の法律を取り入れつつ，伝統的な儒教道徳も援用して家父権の強い「家」制度として成立した。

明治末期には*平塚らいてうが「*青鞜」で自我の覚醒を訴え，これを機に大正デモクラシーを背景に〈婦人問題〉が喧伝され，青鞜社員たちは貞操や堕胎について論じた。生命の再生産を担う女性の自立について*母性保護論争もおこり，経済的独立，母性保護，社会主義の婦人解放論が示され，*新婦人協会や*赤瀾会が誕生した。大正末から*産児制限運動が始まり，*婦人参政権運動も高まった。だが，こうした婦人解放思想や運動は，十五年戦争の中で封じられる。

戦後の新憲法で法的平等が謳われ，建て前として男女平等は認められた。とはいえ経済的自立の条件は不十分で，「家」的意識も残存した。主流となったマルクス主義女性論では，労働条件の改善，保育所の設置を要求した。女性たちは平和や生活を守る運動に立ち上がり，1955年(昭和30)主婦論争で主婦の社会参加を評価する論も登場した。70年代初めに新たにウーマン・リブ運動が開始され，戦後の男女共学・高等教育をうけた若い女性たちが自らの女意識を問い，75年国際婦人年における性別役割分業観の打破へと展開した。なお「婦人」の語は，成人した女性のみをさすことから，90年代には「女性」の使用が一般的となった。

婦人倶楽部 大正・昭和期の女性雑誌。1920年(大正9)講談社より発刊(第1巻3号まで「婦人くらぶ」)。社長の野間清治は，女性が母たる天職を自覚することを期待した。野間は大正末期に万人向け大衆誌「*キング」を創刊，〈日本の雑誌王〉を自負し〈雑誌報国〉を唱えた。「婦人倶楽部」は先行の「*主婦之友」に次ぐ女性向け生活実用誌として人気を獲得し，昭和初期には購買者獲得のための付録競争をうんだ。44年(昭和19)末に婦人雑誌で存続していたのは，「主婦之友」「女苑」と同誌のみである。戦後は高度経済成長のもとで主婦のパート化，社会参加が進み，主婦向け生活誌は70年代以降退潮に向かい，88年に休刊した。

不尽言 *堀景山の著した和文の随筆。1巻。成立年次は不詳であるが，晩年のものと思われる。はじめに，「和訓にまぎらかされ」ることなく，同訓異義の文字に注意しながら「字義」と「語勢」を体得すべきことを文章(漢文)の学習の要点として論じている。これなどは，明らかに*荻生徂徠の文章論の影響を濃厚にうけたものである。議論はさらに，「武威」を振りかざす武家政治への批判，普遍的な聖人の道に対して日本固有の道(神道)などないことが主張されていく。人君は人情に通じることが大切であって，和歌の学習によって恋の情をわがものとしなければならないとも説く。青年時代の*本居宣長が景山について学んだことから，宣長の思想形成という観点でも注目される。

婦人公論 大正期に発刊された代表的

な婦人雑誌。「中央公論」婦人問題特集号(1913)の成功をうけて，1916年(大正5)嶋中雄作(編集主幹)により創刊された。婦人問題の啓蒙をめざして女性知識人層に向けて，女子高等教育・職業・婦人参政権・恋愛・結婚などの問題を論じた。18年には同誌で*母性保護論争もおこった。昭和初期には大衆化路線を図り，実用的な生活記事を掲載した。戦後は高度成長期に入る55年(昭和30)，第1次主婦論争の舞台となった。この頃より読者からの投稿手記も積極的にとりあげ，大衆化路線を加速させた。

婦人参政権運動 ふじんさんせいけんうんどう　明治末〜昭和期の女性の参政権を要求する運動。前史として自由民権運動があるが，1890年(明治23)集会及政社法は女性の政治活動(政談の傍聴・主催，政党加入)をいっさい禁止，1900年治安警察法第5条に引き継がれ，05年今井歌子ら初期社会主義者がこの改正運動を始めた。19年(大正8)*平塚らいてう・*市川房枝らが*新婦人協会を結成，婦人参政権要求も含めた運動をおこし，治安警察法第5条の一部改正に成功した。これを支持した婦人矯風会うの*久布白落実くぶしろおちみは関東大震災で女性団体が結集したのを機に，24年房枝によびかけて婦人参政権獲得期成同盟会(翌年婦選獲得同盟と改称)を結成した。ここに大同団結がなり，全関西婦人連合会(19年恩田和子らが創設)と協力し請願を続けた。男性の普選が実現し，昭和初期に無産婦人運動も参政権を要求した。運動が高まる中で，30年(昭和5)公民権(地方政治)が一部認められそうになるが，満州事変勃発で選挙粛正運動へと戦術転回を余儀なくされた。40年婦選獲得同盟が解散し，戦時下に活動家の多くは貯蓄奨励講師など公的職務に取り込まれた。敗戦直後，房枝は戦後対策婦人委員会を創立し参政権を要求した。戦後民主改革で45年に衆議院議員選挙法が改正され，翌年の総選挙で女性衆議院議員39名が選出された。

布施 ふせ　梵語dāna(音訳は檀那だん)の漢訳。清浄な心をもって人に財物その他を施し与えることをいう。大乗仏教では，持戒・忍辱にんにく・精進しょうじん・*禅定ぜんじょう・智慧と並んで，布施は菩薩が実践すべき六つの徳目(六波羅蜜ろくはらみつ)

の一つとされ，衣食などの財物を施す「財施ざいせ」，僧が法を説き与える「法施ほうせ」の二種布施に，恐怖を取り除いて安心を与える「無畏施むいせ」を加えて三種布施(三施さんせ)と称する。今日では僧侶への謝礼の金品をいうが，これは僧侶の法施に対して財施をもってするという意味である。

武政軌範 ぶせいきはん　室町幕府の訴訟の制度を解説した書物。1冊。嘉吉〜延徳年間(1441〜92)の成立。奥書から，幕府奉行人の松田貞頼さだより(貞康とも)の作と推定される。松田氏は代々奉行人として，訴訟を管掌する家柄である。引付内談ひきつけないだん篇，侍所沙汰さむらいどころさた篇，地方沙汰篇，政所沙汰まんどころさた篇の構成をとる。著述にあたっては鎌倉幕府の訴訟の解説書である「*沙汰未練書さたみれんしょ」が意識されており，同書から多く引用がなされる。

布施松翁 ふせしょうおう　1725〜84(享保10〜天明4)　江戸中期の心学者。名は矩道のりみち，通称は松葉屋伊右衛門，松翁は号。京都の呉服商の家に生まれる。33歳頃より*石田梅岩ばいがんの高弟であった富岡以直もちなおに，ついで*手島堵庵とあんについて心学を修めた。思想的には，梅岩の説く天地ならびに人間の本体である「性」の特質を，老荘の思惟方法による「無為むい」に求めた。これを道義の世界に適用するにあたり，陽明学にしたがって知行合一ちこうごういつを強調しながら，「堪忍かんにん」の徳とその実践を重んじた。この倫理思想に拠りつつ行った*道話どうわの聞き書き「*松翁道話」は，後世の*石門心学の思想に深い影響を及ぼした。

普説 ふせつ　→陞座しんぞ

普選運動 ふせんうんどう　明治中期から大正末まで行われた普通選挙制度獲得運動。自由民権期にも普選論はみられなかったわけではないが，普選運動の本格的出発点は，1897年(明治30)に民権運動家・新聞記者・初期社会主義者などを主たる担い手として普通選挙期成同盟会が結成されたことに求められる。1911年普選法案は衆議院を通過したが，これは院外の運動に支えられたものではなく，貴族院は法案を一蹴，この年普通選挙期成同盟会も解体した。大正期に入ると，しだいに普選は論壇の主要な議題となり，*吉野作造さくぞう・*大山郁夫いくおら民本主義者により普選が唱道された。第

１次大戦後の「改造」気運の高まりの中で普選運動は大衆的広がりをみせたが、原内閣は普選を時期尚早とし20年（大正9）衆議院を解散、大勝したため、普選運動は一時沈滞した。だが清浦内閣に対して展開された第2次*憲政擁護運動では普選は主要な争点となり、24年5月の総選挙で護憲三派が圧勝すると、25年第50議会で加藤高明内閣は25歳以上の男子を有権者とする普通選挙法を成立させ、同年5月に公布された。しかし、普選法と同時に*治安維持法が制定され、また婦人参政権については、太平洋戦争後の45年（昭和20）12月の衆議院議員選挙法の改正まで実現しなかった。

扶桑略記 ふそうりゃっき　平安後期の漢文・編年体の史書。全30巻。延暦寺の*皇円阿闍梨の著と伝えるが、近年、関白藤原通憲を主宰者とし、*大江匡房を監修者として編纂されたのではないかという説がだされている。12世紀後半の成立。神武天皇の即位から堀河天皇の1094年（嘉保元）までを記すが、完本では伝わらず、巻2〜6、巻20〜30の計16巻と、神武天皇から仲哀天皇までと、聖武天皇の737年（天平9）から平城天皇の807年（大同2）までが抄本の形で現存する。六国史をはじめ、さまざまな史書・記録・寺社縁起・僧伝などを広く参照して記事を立てている。いちいちの記事に出典を明記して、それまでの史書にみられない新機軸を示すとともに、周の穆王53年壬申（B.C.949）を釈迦入滅の年として、正法1000年・像法1000年とする*末法思想を背景にして編纂されている。滅後2001年目にあたる永承7年（1052）条に、「今年初めて末法に入る」とあることはよく知られているが、それも孤立した記事ではなく、各天皇の即位年が釈迦滅後何年にあたるかを算出し続けてきてのことであった。いちいちの記事に批評は加えられてはいないが、各天皇の元年が釈迦滅後何年にあたるかを参照しながら記事を読むことにより、具体的事実のうえに時代下降の相を読みとらせようとしたものである。

風俗歌 ふぞくうた　「くにぶりうた」とも。風俗とも。古代歌謡。広義では古代の地方民謡のことだが、ことに平安時代およびそれ以前の地方民謡のうち、都に伝えられ、貴族たちの間で一種の流行歌として愛唱された甲斐歌をはじめとする数十曲をいう。歌詞だけではなく、メロディーにも独特のものがあったらしい。「土左日記」にも鹿児の崎の条に「またある人、西国なれど甲斐歌などいふ」などとある。

蕪村 ぶそん　1716〜83（享保元〜天明3）　江戸中期の俳人・画家。本姓は谷口、のち与謝。俳号は宰鳥、のち蕪村。画号は四明・謝寅など。大坂生れ。若い頃は、関東の結城や江戸、また山陰の宮津など各地を遊歴し、画事と俳諧を兼ねて暮らしていたらしい。明和期（1764〜72）以降、夜半亭2世を継ぎ、伝統と趣味を尊ぶ京都俳壇の中心として活躍した。中興期の蕉門都市俳諧を代表する俳人である。「蕪村句集」（1784跋）などに収められた句はもとより、「夜半楽」（1777刊）所収の「春風馬堤曲」、また「北寿老仙をいたむ」（1795）のような俳詩など、近代的抒情に通ずる鮮明な作品が多い。明治期に至って、*正岡子規により芭蕉に匹敵する俳人として評価が定まった。文人画も秀逸であり、俗中にあって高きに遊ぶ離俗観、詩俳一如・画俳一如の文人精神などが評価されている。

二葉亭四迷 ふたばていしめい　1864〜1909（元治元〜明治42）　明治期の小説家。本名長谷川辰之助。江戸生れ。1881年（明治14）東京外国語学校露語部に入学し、ロシア文学の魅力に目覚める。坪内逍遥の「*小説神髄」「*当世書生気質」に刺激される形で「小説総論」（1886）を執筆、近代小説に必要な模写の理念を提唱した。続いて「*浮雲」と翻訳「あひびき」（1888）とにおいて言文一致の新しい文体の創造を試み、後進の作家たちに多大な影響を与えた。その後長く文壇から離れていたが、1906年「其面影」で復帰、*自然主義文学に影響をうけた「平凡」（1907）などを発表した。文学の仕事に専念できなかった二葉亭の姿からは、変革期の人間の葛藤を読みとることができる。「二葉亭四迷全集」に岩波書店版全9巻や筑摩書房版全7巻・別巻1などがある。

補陀落 ふだらく　補陀洛・普陀落・補陀落山・

補陀落浄土とも。南方の海上にある*観音菩薩が住むと信じられた山のこと。南インドのポータラカ(Potalaka)を音写し、日本では補陀落と称して信仰されるようになったのが始まりである。中国やチベットにも補陀落に対する信仰があり、わが国では、日光の二荒山を補陀落山に擬したり、山形県の月山にも東補陀落・西補陀落という聖地がある。有名なのは和歌山県の那智山であり、平安後期以降、熊野の那智山は「補陀洛山観音浄土」として信仰され、また補陀落山の東門ともいわれた。さらに、山麓に所在する浜ノ宮補陀落山寺の前にある那智の浦から補陀落船に乗りこんで、生きながらにして補陀落浄土へ渡ろうとする補陀落渡海が盛んに行われた。現在、補陀落山寺には補陀落渡海を先導した補陀落上人の石塔が残っており、「熊野年代記」によれば、20回もの補陀落渡海が行われたことが記録されている。補陀落渡海は、16世紀中葉から17世紀中葉にかけて盛んに行われた。熊野灘のみならず、足摺岬からも補陀落渡海が試みられており、当時の民衆の思想を知るうえで重要である。なお、補陀落渡海を一種の入水往生による捨身行とみる説、あるいは水葬儀礼とみる説などがある。

補陀落渡海 ふだらくとかい →補陀落ふだらく

二人舞 ふたりまい →幸若舞こうわかまい

不断念仏 ふだんねんぶつ 7日・21日・90日など、ある期間を設けて絶えず阿弥陀の名号を称念する行法。「叡岳要記」や「山門堂舎記」に、*円仁の遺言により865年(貞観7)に比叡山東塔常行三昧堂において修せしめたとするのが最古の例。894年(寛平6)ないし895年には西塔常行堂でも行われ、その後横川の常行堂、そして多武峰や石清水八幡宮などの諸山においても行われるに至った。これらはいずれも常行堂において行われていることから、わが国では*常行三昧と不断念仏が比較的初期の頃から同一視されたようである。したがって、その濫觴はやはり比叡山上におけるそれとみられ、寺の年中行事として挙行されることが多かったが、「*日本往生極楽記」に天台座主延昌がその命終に先だって弟子たちに不断念仏を修せしめたことが記されているなど、個人的に行う場合もあった。

淵岡山 ふちこうざん 1617～86(元和3～貞享3) 江戸前期の儒学者。名は宗誠・惟元、通称は四郎右衛門・源兵衛など、岡山と号した。仙台生れ。1644年(正保元)から*中江藤樹のもとで学び、74年(延宝2)からは京都で学舎を開いた。藤樹を慕うことが深く、宗教的な色彩の強まったその晩年の学風をよく伝えている。岡山の〈良知心学〉は、会津地方をはじめ全国に広く普及した。著作に「岡山先生示教録」「岡山先生書翰集」がある。
⇒会津藤樹学

峰中灌頂本軌 ぶちゅうかんじょうほんき 室町時代頃、当山三十六正大先達の一つ内山永久寺に伝えられていた修験者の*切紙33通をまとめた*修験道の教義書。序には、内山の旭蓮が1254年(建長6)に先師の口説を記したとあるが、同じ内山永久寺関連の切紙集成である「*青笹秘要録」(一部の切紙に14世紀頃のものがある)や「*小笹秘要録」(15世紀成立)より内容的に古いとは考えられないというのが定説である。内容は、柱源を中心とする峰中灌頂関係の切紙、修験者の修行を主に密教の観点から意味づけた切紙を多く含む。本書所載の切紙は室町中期には広く流布していたらしく、この時代の切紙を集めた「*彦山峰中灌頂密蔵」(即伝撰)や「*本山修験深秘印信集」には、本書所収の切紙と同内容のものが少なくない。なお、「修験道章疏」1や「修験聖典」に所収されるが、その形態は、明治期に陸奥の修験者が内容を再検討して上・下2巻に分け、新たに「修験秘奥鈔」と改題して刊行したものを底本としている。

峰中記 ぶちゅうき *修験道における峰中の霊地、峰入り中の作法、勤行、その記録などを書き記したもの。「葛城峰中記」というように峰中記と題されたものもあるが、そういう題は付されていないものの、上記の内容をもつものも峰中記とみることができる。峰入りの修験者が忘れないために記した「手文」もこれに含まれる。峰中の霊地についてふれたものとしては、「金峰山本縁起」や「葛城峰中記」などがある。作法については、

ぶつえ

*即伝の「三峰相承法則密記」がよく知られている。

仏慧円応禅師 ぶつええんのうぜんじ →蘭坡景茞らんぱけいし

仏家神道 ぶっかしんとう　仏教者によって唱えられた神道の総称。大別して、真言宗の影響によって成立した*両部神道(真言神道)と、天台宗の影響をうけて成立した*山王神道(天台神道)とがある。ただし、初期両部神道書の成立については、天台宗の影響も指摘されており、必ずしも両者は厳密に分けられるものではない。また、初期の両部神道は*伊勢神道の成立に多大な影響を与えた。たとえば、真言密教で説く胎蔵界と金剛界の*両界曼荼羅の世界を伊勢神宮の内宮と外宮に擬し、真言密教の教理にもとづいて神道説を展開している。また「神性東通記」「*神祇秘鈔」などには、空海を天照大神と同体とする説もみられる。さらに「*中臣祓訓解」「*麗気記」など、空海に仮託された両部神道書も多い。両部神道には、主として奈良県の三輪山を中心にして展開した*三輪流神道と、空海が嵯峨天皇から授けられたとの由来をもつ*御流神道とがある。近世的な展開としては、*慈雲がでて、それまでの儒者や神道家からの批判に対して両部神道の再構築を行った。これを一般には*雲伝神道と称している。

一方、山王神道は、比叡山延暦寺の鎮守である*日吉神社を中心として成立し、天台宗の教理にもとづいて山王の2字を説明するなどの説、あるいは北斗七星と山王七社が同体であるとする説などがのべられている。主な神道書としては、「*耀天記」「*山家要略記」などがある。そして近世的な展開としては*天海がでて、山王一実神道を唱えた。これは徳川家康を*東照大権現として祀り、祭祀を行ううえでの教理的な裏付けとした。

なお、日蓮宗においては、三十番神説を中心として*法華神道が形成された。*三十番神とは、わが国の著名の30の神々が30日の間、毎日交代で「法華経」および法華経信者を守護するとの信仰であり、比叡山横川で成立したが、日蓮宗は天台宗と同じく「法華経」を中心とするので、三十番神説がそのまま受容されたのである。この法華神道の代表的な書には、「*番神問答記」「*法華神道秘訣」「神道私抄」「*鎮守勧請覚悟要」がある。これらは、いずれも三十番神の思想が中心となっている。

仏忌 ぶっき →涅槃会ねはんえ

服忌 ぶっき　親族や主君の死に際して一定期間喪に服する制度。服忌は喪に服することと、穢とりわけ死穢を忌むことを意味する。中国の儒教思想に由来し、律令の喪葬令と仮寧令で法制化された。天皇・父母・夫・本主を1年とし、以下親疎によって5カ月から7日までの服喪の期間を定めた。また官人においては、服喪のため解官する制度があった。江戸時代には、幕府が1684年(貞享元)*服忌令を制定し、諸藩や民間にもこれが流用された。なお、中世には伊勢神宮の「文保記」「*永正記」をはじめ、各地の神社で*触穢・産穢などを含めた服忌令が作られ、神祇道家の吉田家、神祇伯家でも服忌の制が定められた。

仏教 ぶっきょう　ブッダ(仏陀・仏)に由来する宗教。紀元前5～4世紀のインドの人ゴータマ・ブッダ(釈迦仏)が開祖とされる。ブッダ在世時、および滅後100年くらいまでを原始仏教(初期仏教)とよぶ。ブッダの滅後100年くらいして教団が分裂して部派仏教の時代となった。さらに、紀元前後頃に大乗仏教がおこり、7世紀頃からは密教が発展したが、インドの仏教は13世紀初めにほぼ全滅した。しかし、上座部(部派の一つ)が南・東南アジアに、初・中期の大乗仏教が東アジアに、後期の大乗仏教や密教がチベットに伝えられて今日に至っている。

日本の仏教は漢訳仏典にもとづく東アジアの漢文仏教圏の中に位置づけられ、欽明天皇の代538年または552年に百済から伝わった。古代仏教は朝鮮半島の影響が強い。律令体制下において、仏教は僧尼令によって統制されるとともに、特権を与えられて国家護持の任務をはたした。奈良時代には、*南都六宗とよばれる学問仏教(倶舎・成実・律・三論・法相・華厳の六宗)が確立されるとともに、国分寺や東大寺大仏の

建立によって*国家仏教の最盛期を迎えた。平安時代初めに入唐・帰国した*最澄・*空海は新たに*天台宗・*真言宗を開き，最澄の大乗戒の主張や空海の即身成仏論にみられるような大胆な理論を展開して，のちの日本仏教の基礎を築いた。その後，しだいに*密教が隆盛に向かい，真言宗の*東密と天台宗の*台密が対峙した。平安中期以後になると，*末法思想の流布とともに，来世の幸福を願う*浄土教もまた勢力をもつに至り，院政期には*本覚思想とよばれる日本化した現実肯定的な仏教理論が形成されるに至った。

中世仏教に関しては，かつての鎌倉新仏教中心史観に対して*顕密体制論が提起され，いわゆる旧仏教が当時大きな勢力をもっていたことが強調された。旧仏教教団においては，*貞慶・*明恵・*叡尊らによって思想的・教団的な改革が加えられ，再編がなされた。他方，鎌倉新仏教とよばれるものは，*法然・*親鸞らの浄土教，*栄西・*道元らの禅，*日蓮の法華信仰など，既成の教団の枠をはみだした新しい仏教運動を総称するもので，のちにそれぞれ宗派を形成して定着し，今日に至るまで大きな勢力を誇っている。中世後期(室町時代)にはこうした諸派が定着・普及するとともに，さまざまな文化の中に仏教の影響が広く浸透した。それとともに，*一向一揆・法華一揆のように，巨大な政治力をもつに至った。

しかし，近世に入ってその巨大な勢力が警戒されて強い統制をうけ，寺檀制度や本末制度によって政治権力に従属することとなった。ここから，江戸時代は従来仏教の衰退・堕落時代とされてきたが，実際にはその中での展開にはみるべきものがあり，今日再検討が必要とされる。また，日本の仏教は長い間*神仏習合の伝統をもつが，明治維新における*神仏分離令は仏教界に深刻な影響を与え，さらに西欧文化との触れ合いの中から近代仏教の方向が模索されるに至った。

仏教活論序論 ぶっきょうかつろんじょろん　仏教思想家*井上円了による仏教再興をめざした著作。本書は4編からなる「仏教活論」の第1部にあたる部分で，1887年(明治20)に出版された。第2部「破邪活論」，第3部「顕正活論」はそれぞれ87・90年に出版，第4部「護法活論」は円了没後の1920年(大正9)に「活仏教」として出版された。序論が最もよく読まれ，啓蒙的な影響も大きかった。その内容は，以下の通りである。仏教の再興のために西洋の哲学や科学を究明してきたが，仏教はこれらの原理に符合する。それゆえ西洋の哲学的評価に耐えうるように仏教を改良し，近代化の時代に適応させなければならない。また真理を愛する者は国を護る者であると考えられ，護国愛理が強調される。

服忌令 ぶっきれい　「ぶっきりょう」とも。江戸幕府が定めた服喪規定の法令をさし，産穢・死穢などの*触穢についての規定も含む。「服」は喪服の着用，「忌」は死穢を忌むことで，令制下の喪葬令に中国の五服の制を継受した規定がみえる。武家を対象としたものは，将軍徳川綱吉が*林鳳岡・*木下順庵・*吉川惟足らの協力のもと服喪規定を整備し，1684年(貞享元)2月30日に公布した。のち数度の改訂があり，1736年(元文元)に確定した。死没者の親疎の別によって服喪期間・忌引期間は段階分けされ，その期間内での法的任務が定められた。規定の対象となるのは武家と町人・農民で，諸藩も多くこれにならった。

仏光禅師 ぶっこうぜんし　→無学祖元

仏光派 ぶっこうは　臨済宗の一派。仏光国師*無学祖元の門派。来日して鎌倉建長寺を中心に，*高峰顕日・一翁院豪・規庵祖円・無外如大尼ほかの弟子がいる。高峰は熱心に参禅して，自筆の問答書が残っている。一翁は入元して無準師範の会下で無学と同門だったが，その来日を知って上野国長楽寺から建長寺に参じ，印可された。規庵ははじめ蘭渓道隆の大覚派だったが，無学に参じ，その死後，南禅寺開山の無関普門の会下に入り，建長寺正続庵の無学の塔に拝塔嗣法した。高峰の門下は*仏国派，一翁の門下は夢嵩門派，規庵の門下は帰雲門派とよばれる。仏国派はのちに*夢窓派をだした。夢嵩門派には京都歓喜寺・近江国崇寿寺などがあり，一翁の孫弟子夢嵩良英の嗣意翁

円浄は光厳天皇の帰依をうけた。一派の寺院は，のちに夢窓派相国寺の末寺となった。規庵は南禅寺2世となり，同寺に帰雲院を開いた。その門派は本寺のほか，薩摩国広済寺・周防国乗福寺・飛騨国安国寺などに近世初期まで法流が続き，禅宗が中央・地方に定着するのに重要な役割をはたした。

仏国禅師 ぶっこくぜんじ →高峰顕日

仏国派 ぶっこくは 臨済宗*仏光派の*高峰顕日下の門派。高峰の法嗣は多く，門派も長く続いたものが多い。美濃国永保寺開山の元翁本元の門下は南禅寺の塔頭正的庵によって正的門派，建仁寺如是院の開山此山妙在の門下は如是門派，円覚寺続灯庵の太平妙準の門下は浄智寺の塔頭正源院によって正源門派または続灯門派，伊豆国国清寺の開山無礙妙謙の門下は国清門派とよばれる。特に夢窓疎石下の*夢窓派は，幕府の積極的支持をうけて相国寺を中心に最大の勢力を保ち，室町幕府の五山制度において仏国派は主要な位置を占めた。

仏国暦象編 ぶっこくれきしょうへん 江戸後期の仏教的天文学の書。全5巻。天台宗の僧*円通の著。1810年(文化7)の序，18年刊行。仏教の宇宙観をくつがえす西洋の天文学に対抗し，経典に説かれる須弥山説や古代インドの暦法(梵暦)を説いた代表的な著作である。漢文体で著述され，西洋の天文学を批判し，また中国・西洋などの暦法の起源は梵暦にあるとするが，牽強付会の傾向があり，伊能忠敬の「仏国暦象編斥妄」など当時から批判の書が著された。また著者円通が興した梵暦運動は幕末には攘夷思想と結びつき，活動を展開した。

復古神道 ふっこしんとう *国学を基礎に，そこから派生・展開していった神道的な思想・信仰・運動の総称。江戸中期の*契沖の万葉研究を端緒とし，古書・古語に即した古典読解を通じて日本固有の精神・文化を闡明せんとする国学が勃興する。これは*荷田春満・*賀茂真淵をへて，神話・信仰への考察にふみこんだ*本居宣長の「*古事記伝」などの諸著作に至り，学問の範囲をこえ神道信仰的な意味合いを強めてくる。そこでは「漢意」批判，皇国(日本)の優越性などが主張される一方，伊勢・吉田・垂加神道など外来思想の影響をうけた旧来の神道説が否定され，純粋な神道の復活＝復古が志向されるようになる。

この傾向は，*平田篤胤の登場により転倒された形ながらいっそう強まる。篤胤は，記紀や「祝詞」などの神典を，儒教・仏教・キリスト教の思想から西洋天文学の知識まで動員して包摂的に整序・解説し，一つの新しい思想体系として提示した(「古史成文」「古史伝」)。そこでは幽冥界の主宰者，審判神たる大国主命の役割が強調されることで宗教性が深められ，死後の霊魂の行方までをも含む人間存在の全体的な意義が説明される。篤胤以降はその門人による実践活動が活発化し，祭政一致をめざす*大国隆正・*福羽美静・*矢野玄道らの政治運動は，維新の大きな動因となった。他方，農村地域では*宮負定雄・*宮内嘉長ら村落指導者層による，*産霊信仰的な理念を背景とした地域再生の努力が試みられる。また思弁的な面では，*岡熊臣の大国主命，*六人部是香の産土神，大国隆正の天照大神，*鈴木雅之の天之御中主神など，篤胤ではまだ判明ではなかった主宰神的な神観念の確立や特定の神を中心とした神学思想(世界像・世界観)の形成が進んだ。

以上のように国学を基礎として発展した復古神道は，幕末期に多様な思想的・実践的な可能性をもつまでに成長していた。しかし，明治政府の欧化政策や中心神への天照大神の選択などもあり，以後その可能性は急速に減退していった。

物産会 ぶっさんかい 江戸後期から行われた内外の自然物・産物の展示会。同趣旨で薬品会・本草会なども行われた。本草学の交流によって各地の本草学者たちが相互交流し，情報を交換する組織がうまれ，その交流の中心人物などにより実際の品目が集められて一般に公開されたのが始まりである。幕末には見世物化するものもあった。津島如蘭による1751年(宝暦元)頃の本草会が最初で，江戸では*平賀源内の企画による薬品会が57年に，京都では*小野蘭山が99年(寛政11)に物産

会を始め，門人の*山本亡羊ぼうが後を継いだ。明治期に入っても博物会としてしばしば行われた。学問的関心のほかに，各地の産物を展示・宣伝する産業振興の趣旨もあった。

仏像 ぶつぞう　仏教における仏陀ぶつだ（*如来にょらい）信仰にもとづく礼拝対象としての像。釈尊しゃくそんという人格を介して仏法を信仰するのを根本とし，また釈尊に代わる仏に対する信仰からも多様な人格的礼拝像が造られた。仏像は画像（仏画）とは区別されるが，実際の信仰活動においては重なる機能をはたした。

仏像の起源は，西方の影響をうけて1世紀末頃にガンダーラ地方に始まったとされる。日本では，6世紀中頃朝鮮半島より仏教が伝来した当初から仏像があり，平安中期以後には像の表現に大陸の影響を離れた和風化が顕著になった。中国・朝鮮の影響をうけて，日本の仏像も如来以外の阿弥陀あみ・阿閦あしゅく・薬師・盧舎那るしゃな・弥勒みろくなどの諸仏，観音・勢至せいし・文殊もんじゅ・普賢ふげん・地蔵などの菩薩のほか，明王みょうおう・天部などの諸尊像を広く仏像とよび，各尊の本誓を象徴する手指の結び方，武器などの持物に及ぶ複雑な軌矩きくをふまえた表現がなされた。

像の素材は，日本では石彫が当初から少なく，初期には銅鋳造鍍金・木彫が行われ，その後，中国の影響による乾漆かんしつ・塑造そぞうが盛んとなり，平安時代以後は木彫が主流となった。ほかに銅造・鉄造もなされた。また像の技法には，それぞれの時代の信仰心が反映されて，各時代の特徴的な豊かな様式美を示している。これらの遺品は，京都・奈良・鎌倉その他の仏教信仰の中心であった各地の寺院に多数収蔵され，地方の古刹などにも伝承されて人々の信仰を育んで今日に至り，また直接の信仰とは別に，遺品中の名品を鑑賞する美意識も歴史的に形成された。

仏足石 ぶっそくせき　仏足跡とも。仏の三十二相の一つである足下千輻輪相せんぷくりんぞうを石に彫りつけて描いたもの。通常両足をそろえ，足裏に吉祥文様を刻む。仏像が制作される以前から，インドでは仏そのものを表現したものとして礼拝の対象となっていた。日本では，黄文本実きぶみのほんじつが唐からその図様を請来し，これにもとづいて753年（天平勝宝5）に造立された奈良の*薬師寺の仏足石が現存最古の遺例である。これには，仏足石を礼讃する21首の歌を刻んだ仏足石歌碑がともなっている。

仏陀 ぶっだ　→釈迦如来しゃかにょらい

仏智広照浄印翊聖国師 ぶっちこうしょうじょういんよくしょうとくし　→絶海中津ぜっかいちゅうしん

仏道大意 ぶつどうたいい　→出定笑語しゅつじょうしょうご

仏日黙慧禅師 ぶつにちえんねぜんじ　→明極楚俊みんきそしゅん

仏日禅師 ぶつにちぜんじ　→了庵桂悟りょうあんけいご

仏法 ぶっぽう　→王法仏法おうぼうぶっぽう

仏法護国論 ぶっぽうごこくろん　→月性げっしょう

仏法之次第略抜書 ぶっぽうのしだいりゃくぬきがき　1790年（寛政2）から5年間続いた寛政の*浦上崩れうらかみくずれに際し，長崎奉行が没収した無題の14種のキリシタン関係書の一書。1605年（慶長10）にイエズス会修道士*ハビアンが京都で著した護教論「*妙貞問答みょうていもんどう」上巻（仏法編）の草稿メモの転写本と推定される。ただし，同書のように問答体ではなく，また日本の全仏教宗派（南都六宗の三論宗・法相ほっそう宗・倶舎くしゃ宗・成実じょうじつ宗・律宗・華厳宗と天台宗・真言宗・禅宗・日蓮宗・浄土宗・一向宗）を論破したものでもなく，真言宗・禅宗・一向宗のみを批判し略述したものにすぎない。

仏名会 ぶつみょうえ　仏名懺悔ぶつみょうさんげ・御仏名おぶつみょうとも。毎年旧暦12月中旬頃の3日間（当初は15日より，のちに19日より），「仏名経」の所説にもとづき，三世諸仏の名号みょうごう（当初は一万三千仏，のちに三千仏）を唱えて，その年に犯した罪障を懺悔し，滅罪生善を祈願した法会。すでに中国で行われていたが，わが国では830年（天長7）に宮中で行われたのが最初である。838年（承和5）からは宮中行事として恒例化し，会場は主として清涼殿せいりょうでんで，本尊聖しょう観音ほか地獄変屛風などを立て並べて天皇も臨席した。やや遅れて諸国の国衙がでも部内の僧を請じて行われるようになったが，平安末期には衰退した。宮中仏名会も建武年間（1334～38）には一夜のみとなって，やがて廃絶した。

物理小識 ぶつりしょうしき　中国清代の自然科学書。全12巻。明末・清初の思想家方以智ほうい（1611～71）の著。1664年（清・康熙3）序。事物の理を倫理や政治から切り離してひたすら追究する「質測」の学を提唱する。本書は，その

「質測」にもとづく自然現象の観察・実験の記録である。イエズス会の宣教師がもたらした西洋の説も引用しつつ、その話題は天文暦法・観天望気・占い・生理・医薬・鉱物・力学応用技術・動植物などにまで及ぶ。江戸時代の思想家で本書から多大な影響をうけた人物は数多く、著名なところでは*貝原益軒・*三浦梅園らの名をあげることができる。

物類品隲（ぶつるいひんしつ） 江戸中期の本草書。本文4巻・図絵1巻・付録1巻。*平賀源内の著。1763年（宝暦13）刊。田村元雄（藍水）・後藤光生（梨春）の序、久保泰亨（虫斎）の跋。源内らによって1757〜62年（宝暦7〜12）5回行われた薬品会の出品物中から、360種を選んで解説と図を加えた著作である。品隲とは品定めの意。水・土・金・玉・石・草・穀・菜・果・木・虫・鱗・介・獣の配列で品目が分類されている。付録には朝鮮人参栽培法、サトウキビの栽培法と製糖法が解説されている。従来の本草書に比して鉱物の扱いが多いのは、源内の関心の反映であろう。

武道初心集（ぶどうしょしんしゅう） 武士教訓書。*大道寺友山の著。全3巻。写本で伝わったものと、1834年（天保5）信濃国松代藩の家老恩田公準が編纂した松代版とよばれる版本との2種類のテキストがある。写本は56カ条、松代版は44カ条である。この条目整理には、編者の意図がうかがわれる。「死を常に心にあつる」覚悟を説き、農工商の三民の上に立つ「治世の武士」の職分を説く点、両者は共通する。しかし、写本では、切り取り強盗的な武士への言及や、「日本流」の武士道への称揚があったが、これらの条項は版本では削除されていて、山鹿素行流の士道論の側面が強調されている。

不動智神妙録（ふどうちしんみょうろく） 江戸前期の仏教書。1巻。*沢庵宗彭の著。1638年（寛永15）頃成立、1779年（安永8）刊。柳生宗矩に書き与えたもので、兵法に譬えをとりながら禅の世界を示したものであり、剣禅一如の境地をいう。「無明住地煩悩」を剣の立ち会いで心が奪われていること、「諸仏不動智」を剣の自由自在な働きに、「応無所住而生其心」を諸名人の境地と同じとする。また儒学の「敬」や「放心を求める」ことが修行の一段階に位置づけられ、最終的には「不動智」に至ることが求められる。「不動智」とは一処にとどまらず自由に動きながらとらわれのない心の働きをいい、「本心」「無心」と同じとされる。末尾に柳生宗矩の行状を諌める直言がおかれる。

武道伝来記（ぶどうでんらいき） 江戸前期の武家物の*浮世草子。全8巻8冊、全32話の短編集。*井原西鶴の作。1687年（貞享4）刊。西鶴の武家物の一作目で、序文に「中古武道の忠義、諸国に高名の敵うち」とあるように、近世初期までの時代設定で敵討を中心とした武士の逸話を描く。各話はほぼ和漢の典拠や類話が指摘されている。ただし、各話いずれもストーリーはきわめて複雑で、敵討の成功・苦心談や人間の対立関係を描いたと単純にはいいがたく、また敵討らしからぬ話もある。武士道の道理や忠義のあり方を論理的に展開したというよりは、敵討という極限状態を設定したうえでの武士の諸相のさまざまを提示し、それを町人感覚からみたある種の違和感として描きだしたものといえる。⇒武家義理物語

不動明王（ふどうみょうおう） 梵語Acalanātha 不動威徳明王・不動尊・不動使者・無動尊・無動使者とも。明王の中心的存在。インドのシバ神に由来するともいう。明王は密教特有の尊格で、教化しがたい衆生を救うために恐ろしい姿で現れるが、「*大日経」で不動明王は大日如来の使者とされ、「摂無礙経」などでは大日如来の教令輪身の姿とされる。このため、五大明王や八大明王の中心に位置づけられる。像容は、ふつう一面二臂で、右手に剣、左手に羂索をもつ。日本には、空海が経典・儀軌・図像を請来し、東寺講堂や、「高雄曼荼羅」（神護寺）中の像などがこれにもとづき制作された。台密での信仰は、黄不動の名で知られる不動明王（円珍感得像、園城寺蔵）以来盛んとなり、安然に始まった不動十九観も行われた。

武徳大成記（ぶとくたいせいき） *林鳳岡（信篤）・人見竹洞（友元）・*木下順庵編の徳川氏の事跡の記録。全30巻。1686年（貞享3）成立。当初、徳川氏の創業史「三河記」（全3巻）の校訂を目的としたが、根本史料・関連資料の

収集と事実の確認の作業によって大幅に増補され，本書となった。徳川氏の祖松平親氏の松平郷移住から徳川家康の東照大権現賜号までを漢字仮名交り文で記す。叙述は簡潔で典拠を明記しない。大坂の陣の記述に不適切なものがあり，当該部が再訂され「御撰大坂記」(1743)となった。なお，編纂に際し諸家が提出した編纂史料が「貞享諸家書上（じょうきょうしょけあげ）」である。

武徳編年集成（ぶとくへんねんしゅうせい） 私撰の徳川家康の伝記。全93巻。幕臣の木村高敦（毅斎，1680～1742）の著。1741年(寛保元)成立。家康の誕生から没年までを扱い，編年体・和文で記す。史料博捜のうえの記述は綿密であるが，出典は明記しない。先行する「*武徳大成記（たいせいき）」への積極的な考証を行い，考証上の補助史料を掲げ，まま他書にみえない事実を記す。ほかに高敦には関ケ原の合戦を扱った「武徳安民記（あんみんき）」，家康周辺の諸将の逸話集「武家閑談（かんだん）」があり，父の根岸直利（なおとし）撰「四戦紀聞（きぶん）」の校訂とあわせ，江戸時代の個人による家康研究の最高峰を形作る。

太占（ふとまに） 鹿の肩胛骨を焼き，吉凶を判断する古代の占い法の一つ。「神代紀」第4段一書に「時に天神（あまつかみ），太占を以て卜合（うらな）ふ」とあり，「神代記」天岩屋条には，雄鹿の肩胛骨を波波迦（ははか）(上溝桜（うわみずざくら）・朱桜（かにざくら）とも)で焼き占った話が記されている。具体的な方法は不明だが，鹿の骨にできる裂け目の形をみて占うといわれる。「魏志倭人伝（ぎしわじんでん）」に倭人の習俗として，「骨を灼きて卜し，以て吉凶を占ひ，先ず卜する所を告ぐ」とあり，卜骨（ぼっこつ）が行われていたことが知られる。また，鹿の肩胛骨を焼く卜骨は，出土例より弥生時代から行われていたことも確認されている。「神代紀」第9段一書に，中臣鈴（なかとみ）氏の祖神である天児屋命（あめのこやねのみこと）は「太占の卜事（うらごと）」をもって奉仕するとある。律令制下では*卜占（ぼくせん）は神祇官の卜部（うらべ）が担当するが，鹿の骨ではなく亀の甲を焼く*亀卜（きぼく）により卜占を行った（「職員令集解・義解」）。卜骨は東北アジアの諸民族，また内陸アジアにもみられ，北方系の習俗と考えられるが，その後，亀甲（きっこう）を焼いて吉凶を判断する亀卜が大陸より請来され，律令祭祀においては亀卜が主流となる。

蒲団（ふとん） *田山花袋（かたい）の中編小説。1907年(明治40)発表。中年作家竹中時雄の，弟子であり女学生でもある横山芳子に対する秘められた欲望を描いたもの。若い恋人田中秀夫との肉体関係が発覚したために芳子は郷里に返されるが，芳子の残された蒲団を時雄が嗅いで追憶にふける結末は，大きな反響をよんだ。花袋の実体験が素材となっており，大胆な告白の書と評価をうけ，*自然主義文学の代表作に位置づけられた。自己暴露的な手法は，のちに*私小説がうまれる要因になったともいわれる。近年では，〈新しい女〉の先駆的存在であるヒロイン芳子の造型も注目されている。

船歌（ふなうた） 櫓歌（ろうか）とも。船を漕ぎながらうたう歌。もとは*船魂（ふなだま）に対して航海の安全を祈り，大漁を祈願する歌であるといわれる。のちに労働歌としてもうたわれるようになった。近世以後，海運の発達にともない各地の俗謡としてもうたわれた。そのほかに船による神輿渡御（とぎょ）の際に儀礼的にうたわれる御船歌がある。また「日吉神社七社祭礼船謡（なえ）」は，鎌倉時代の船歌といわれる古いものである。さらに，将軍や藩主が乗船する際の祝言（しゅうげん）歌謡としての御船歌も多く作られた。現在も正月に船主が行う船祝いなどに船歌がうたわれることもある。

船魂（ふなだま） 船玉・船霊とも。船の守護神。古くは「続日本紀」天平宝字7年(763)8月条にも記載があり，漁師や船乗りの海上での安全を守護する神霊として広く信仰されていた。船中や港などに船魂社を設け，そこに祀られる神霊で，神名は住吉大神・水天宮・金毘羅権現（こんげん）・綿津見神（わたつみ）・猿田彦神（さるたひこのかみ）などとも称されるが，一般には「船玉(魂)さま」とよばれている。民間信仰では船魂や船神を女性神としており，女性の乗船を嫌う思想がある。船霊の神体は女性の毛髪，賽子（さいころ）2個，男女の人形，五穀，銭12文などといった品々で，船下ろしの前に，船魂の管掌者である船大工が船の中央部分，また帆船であれば帆柱の下に祀りこめる。

船橋宣賢（ふなはしのぶかた） →清原宣賢（きよはらののぶかた）

不亡抄（ふぼうしょう） 「不亡鈔」とも。*室鳩巣（むろきゅうそう）の著した和文の書。全4巻。成立年不詳。学

問・礼楽・孝養・育子・農工商・水土・税法をはじめ，武士の有り様に至るまで，多様な話題について自由に論じられている。「不亡」の語が「老子」の「死して亡びざるものは命なり」の一節に典拠をもつことからも明らかなように，老子を「当時の大儒」と高く評価し，その思想を「大を極めて無学に至る……心はみな経典に通ず」とまで絶賛している。武士の追腹(*殉死)を，「巧言令色こうげんれいしょく」としてきびしく批判している点も注目される。

夫木和歌集 ふぼくわかしゅう 「夫木和歌抄」とも。鎌倉後期の類題集的私撰集。書名の「夫木」は「扶桑」からとったとされる。勝間田(藤原)長清ながきよ撰。長清が師事した冷泉為相ためすけの依頼によるか。また1310年(延慶3)頃，未精撰のまま作業を終了したと思われる。「万葉集」以後の歌約1万7400首を，36巻・596題に分類する。室町時代以後の多くの類題歌集が参考とするとともに，*連歌師も付合つけあいなどの参考にした。現在伝わらない歌集の和歌を多く載せるため，散逸歌集や家集享受の貴重な資料とされる。

父母状触書 ふぼじょうふれがき 和歌山藩の初代藩主徳川頼宣よりのぶ(1602〜71)が1660年(万治3)正月，領民に対し藩の教育理念として示したのが「父母状」である。序には，他人に迷惑を及ぼす「科とがの出来ざる様に致様之有り候間，教へ申すべく候」と，その目的と条文を示している。これを厳守すれば科も生ぜぬとよく読み聞かせて，触書の趣を相守るようにのべ，「父母に孝行」「法度はっとを守る」「謙へりくだり奢おごらず」「面々の家職かしょくを勤め，正直を本とする」の4カ条が簡単な補説とともに示されている。末文には郡奉行ぐんぶぎょう・庄屋年寄としよりは「末々の百姓は虫も同前の者，聞入ききいれもこれ無」などと考えず，得心するようによく教え聞かすよう記されている。

踏絵 ふみえ →絵踏えぶみ

麓草分 ふもとのくさわけ 江戸前期の*仮名法語。*鈴木正三しょうさんの著。1巻。正三58歳，1636年(寛永13)頃の著作とみられ，刊行は没後の56年(明暦2)。正三が生涯の師友とした万安英種まんあんえいしゅが丹波国瑞巌寺に住していた時，その請により書いたと伝えられる。書名は，本文冒頭の「仏道修行に趣く人は，浅きより深きに入，麓の草を分て頂上に登る可し」に由来する。禅僧の初心からの心得を示したもので，全17カ条からなる。「剃髪受戒時」の心得から修行の心得，一寺の主となっての「檀那だんな対談事」の心得に至るまで，その道程を丁寧にのべる。「*万民徳用ばんみんとくよう」と並んで，正三が「その外は云ふ事なし」と自信をもった書である。

武野燭談 ぶやしょくだん 徳川家康から綱吉つなよしまでの歴代将軍のほか，御三家・大名・幕臣の事跡と言行をまとめた武家物語。江村専斎せんさい「老人雑話」や真田増誉ぞうよ「明良洪範めいりょうこうはん」などの先行諸書を参酌して記述している。全30巻。木村某の著と伝えられているが，詳細は不明。1709年(宝永6)成立。「東照宮」徳川家康の上意として20話を収録しているが，巻頭に「太閤大坂城自慢の事」とともに，朱子学者の林羅山らざんが登用された「林道春どうしゅんの事」を収め，家康が文武兼備を求めたことが説かれている。このほかにも「王法」と「軍法」との両立，徳川政権が「天より預かるところの権柄」であるという考え，諌言かんげんの重要性など，家康に仮託された政治思想が語られている。

冬の時代 ふゆのじだい *大逆事件以後の社会主義運動が抑圧されていた数年間の呼称。第2次桂内閣(1908年7月成立)が社会主義運動を強権的に取り締まったことから，大逆事件以後運動は逼塞状態となり，弾圧の嵐のすぎるのを待つことを余儀なくされたため，その期間を「冬の時代」という。その間彼らの主力は*売文社ばいぶんしゃを興して糊口をしのいだが，*大杉栄と*荒畑寒村あらはたかんそんは「*近代思想」を発刊して積極的に言論活動を展開した。その後，第1次憲政擁護運動(1913)やシーメンス事件(1914)などで大衆の政治運動が高揚し，大正デモクラシーへの道が開かれていくにつれて抑圧は徐々にゆるくなっていった。

ブラウン Samuel Robbins Brown 1810〜80 アメリカのオランダ改革派教会宣教師。エール大学とユニオン神学校を卒業後，1839年中国のモリソン記念学校校長となる。47年帰国，ニューヨークに新設されたローマ・アカデミーの校長になったのち，オーバン近く

のオワスコ・アウトレットのサンド・ビーチ教会牧師となる。59年(安政6)11月にG.H.F.*フルベッキ，D.B.シモンズとともに来日，63年(文久3)「日英会話編」を出版，64年(元治元)横浜英学所で英学教授となる。67年(慶応3)住宅焼失のため帰国するが，69年(明治2)宣教師M.E.キダーを伴って再来日，70年横浜修文館の教師になる。72年9月，第1回宣教師会議の委員長を務め，日本宣教の基本方針をまとめる役割をはたす。73年修文館を辞したのち，ブラウン塾を開き日本の伝道界を担う有為の人材を育てた。74年新約聖書翻訳委員長となり，完成間近い79年に病で帰米，マサチューセッツ州モンソンで死去した。高谷道男編訳「S.R.ブラウン書簡集」がある。

部落解放令 ぶらくかいほうれい →解放令かいほうれい

フランシスコ会 フランシスコかい アッシジの聖フランシスコを祖とする托鉢修道会。フィリピン経由のスペイン人宣教師が主体であった。本格的な布教は，1593年(文禄2)フィリピン総督使節として来日したバプティスタらにより京坂地方において開始された。伴天連追放令下の彼らの活動は，豊臣秀吉を刺激し*日本二十六聖人の殉教事件へと発展した。秀吉の死後，メキシコ貿易を望む徳川家康の許可のもと，江戸を中心とする東国布教が開始された。のち仙台に拠点が設けられ，ソテロにより*慶長遣欧使節の派遣が企てられた。同会士は40年間に70名(うちパードレ47名)が来日し，主として長崎・京坂・江戸などの大都市に病院を設け，貧者・病者の救済に活躍し，信心講の組織化に努めた。

風流 ふりゅう 古くは「みさお」「みやび」と読み，心が清らかなこと，洗練された美しさを意味した。平安末期には，雅やかで精巧な細工をいうようになり，転じて華美な衣裳を身にまとった舞踊をさした。また，その伴奏である拍子物(囃子物)のことも風流とよび，鎌倉時代には寺院で行われる*延年舞えんねんまいにもみられた。1444年(文安元)の序文をもつ「*下学集かがくしゅう」に「風情の義なり。日本の俗に拍子物を呼びて風流と曰ふ」とあるのは，風流の原義と当時の使われ方を示している。さらに寺社における傘鉾かさほこや山車だしもこの名

でよぶ。各地の民俗芸能に残る風流踊は，その名残である。能においても，見た目の美しさや華麗な舞台を演出する曲を風流能という。「玉井たまのい」(観世信光のぶみつ作)や「嵐山」(金春禅鳳ぜんぼう作)がこれにあたり，華麗な装束をつけて舞台を激しく動く。こうした種類の能は室町時代を通じて人気があり，むしろ能の主流であったが，*世阿弥ぜあみはさほど関心を示さず，人間の内面を描く能をめざした。狂言にも「鶴亀の風流」などがあり，めでたい詞をのべる。

不立文字 ふりゅうもんじ 禅宗の独自の主張を示す成句の一つ。文字・言句はいらない，という意味。釈尊によって説かれた法の根本は言語によらず，人の心から心へ直接に伝えられる，という。中唐の9世紀初めには「以心伝心いしんでんしん，不立文字」の二句が菩提達磨ぼだいだるまの語とされ，文字(経典)の役割をふまえながら，それを超えるところこそが肝心とされた。宋代以降は，遡って釈尊の言葉とされ，「直指人心じきしにん，見性成仏けんしょうじょうぶつ，不立文字，*教外別伝きょうげべつでん」の四句が定型句となり，経典にもとづく教学の体系をどこまでも否定する意味が含まれるようになった。

部類記 ぶるいき *日次記ひなみきである本記や別記ぺっきから，恒例・臨時の朝儀や公事などの特定の事項に関する記事を抄出・類聚し，先例や旧規を調べやすいようにしたもの。部類記には，単一の日記によるものと複数の日記によるものとがあり，それぞれはさらに対象とする事項が単一のものと複数のものとに分けられる。単一の日記から複数の項目を立て作成された代表的なものに「中右ちゅうゆう部類」があり，複数の日記から単一の項目を立て作成されたものに「改元部類記」「御産部類記」などがある。平安中期以降大量の部類記が作成されたが，その主な項目に即位・大嘗会だいじょうえ・立坊りゅうぼう(立太子のこと)・元服・行幸・院号定いんごうさだめ・叙位除目じもく・節会せちえ・凶事などがある。

古川古松軒 ふるかわこしょうけん 1726～1807(享保11～文化4) 江戸後期の地理学者。通称は平次兵衛，名は正辰まさとき，別号に黄薇山人こうびさんじんなど。備中国新本村に生まれる。生来，地理と旅行を好み，1783年(天明3)には単独で九州一円

を巡って,「西遊雑記」を著す。88年には将軍代替わりの恒例行事である幕府巡見使の一行に随従して,奥羽・松前を巡った。その時の紀行が「東遊雑記」である。*松平定信の知遇をえて,著書を献上する。ともに,実見した事実の正確な伝達を信条とした紀行である。94年(寛政6)には,幕府から武蔵国地理調査を命じられて「四神地名録」をまとめる。水戸藩の長久保赤水,寛政三博士の*尾藤二洲・*頼春水らと交遊がある。晩年は生国の岡田藩に士分として取り立てられた。

古田織部 ふるたおりべ 1543?～1615(天文12?～元和元) 織豊期の大名・茶人。美濃国生れ。通称左介,名は景安。1585年(天正13)に従五位下織部正と伝えられるが,晩年の自筆書状に織部助と書いており,織部正となったことを証明する史料はない。88年以前に重然と改名している。織田信長ついで豊臣秀吉に仕え,山城国西岡に3万5000石を与えられたという。「天王寺屋会記」天正12年10月15日条にはじめて古田左介の名が登場し,*千利休の書状にも織部の名はよく現れる。利休が蟄居を命ぜられ,91年2月13日,堺へ下る利休を細川三斎(忠興)とともに淀の泊で見送った話は名高い。利休没後も織部は利休を信奉していた。のち大坂夏の陣後,内通の嫌疑をかけられ切腹した。その美は,利休の静に対し,織部は動といわれ,茶室や茶碗などにも多種多様な作品を考案した。

古橋暉児 ふるはしてるのり 1813～1892(文化10～明治25) 幕末～明治前期の豪農・国学者・志士。三河国設楽郡稲橋村の生れ。名主として村内救済や地域の振興に尽力し,村方地主に徹した。安政年間(1854～60)に本居宣長の「*直毘霊」を読んで,国学に関心をもつ。1863年(文久3)には羽田野敬雄の紹介により,平田篤胤の没後の門人となる。以後,平田門人として尊王攘夷運動のパトロンとなり,志士として活躍する。維新後は一時,新政府の地方官僚となるが,伊那県騒動以後は,在村の協力者となる。国学思想にもとづく地方振興運動を行い,神葬祭運動においても活躍した。

フルベッキ Guido Herman Fridolin Verbeck 1830～98 アメリカのオランダ改革派教会宣教師。英語読みではバーベック,オランダ語読みではフルベック,日本ではフルベッキとよばれている。オランダのツァイストに生まれ,ユトレヒトの工学校に学ぶ。モラビアン宣教師ギュツラフの東洋伝道の講演を聞いて感銘をうける。アメリカに渡り,アーカンサス州ヘレナで土木技師になる。1854年コレラに罹った時,命が助かれば外国伝道に捧げたいと告白する。59年オーバン神学校を卒業後に結婚し,同年(安政6)11月に来日,64年(元治元)長崎で済美館の校長となる。66年(慶応2)5月,佐賀藩家老村田若狭と弟綾部にバプテスマを授け,同年6月,佐賀藩の致遠館の教師に任命され,*大隈重信や副島種臣を教えた。また勝海舟の長男小鹿,岩倉具視の息子具定・具経ら数多くの青年をアメリカのニュージャージー州ニューブランスウィックの大学やグラマー・スクールに紹介,留学の世話をした。69年(明治2)4月,明治政府の招きにより開成学校教師,のち教頭になる。同年6月,欧米使節団に関するブリーフ・スケッチを大隈重信に託し,新政府の顧問となり改革に参与した。77年7月,勲三等旭日章の受章を契機に政府関係の仕事から離れ,宣教師活動に復帰した。東京一致神学校で説教学を教え,のちに明治学院神学部教授として活躍した。高谷道男編「フルベッキ書簡集」がある。

フロイス Luís Fróis 1532～97(慶長2) ポルトガル人のイエズス会士。リスボン出身。1548年*イエズス会入会後,インドへ派遣された。61年司祭に叙階され,63年(永禄6)来日し,フェルナンデスから日本語を学んだ。64年上京し*ビレラに会い,将軍足利義輝と謁見した。66年ビレラに代わって都地区長になり,68年入京した織田信長の知遇をえて,京畿地方の布教は活発化した。76年(天正4)都地区長を*オルガンティノに譲り,豊後国臼杵に居を定め,*大友宗麟の改宗,耳川の合戦などを記録した。81年日本巡察師*バリニャーノが上京する際に通訳として同行し,信長から歓迎された。83年日本準管区長コエリョから日本教会史(「*日本

史」)の編纂の命をうけ，ただちに執筆にとりかかった。86年コエリョ上京の際に通訳として同行し，豊臣秀吉に謁見した。92年(文禄元)バリニャーノとともにマカオへ行き，「日本史」の推敲をしたが，バリニャーノは冗長にすぎると判断し，ヨーロッパに送らず刊行しなかった。95年長崎に戻り，サン・フェリーペ号事件，*日本二十六聖人の殉教事件を記録し，97年(慶長2)同地で没した。和訳の著作は松田毅一他訳「フロイス日本史」，岡田章雄訳「日欧文化比較」。

プロレタリア科学研究所 1929年(昭和4)，「諸科学のマルクス主義的研究・発表」(創立宣言)を目的として設立された理論研究団体。所長に秋田雨雀をもって出発し，機関誌として「プロレタリア科学」(月刊)を発刊した。31年に日本プロレタリア文化連盟(*コップ)に加盟し，研究活動だけでなく，勤労者や学生などの中に大衆的な啓蒙・宣伝活動を展開した。33年には日本プロレタリア科学同盟に改組した。日本共産党(第2次)の指導と影響下で終始活動したが，官憲による弾圧と内部抗争により，34年に事実上解散した。

プロレタリア教育運動 1920年代末から30年代初期にかけて展開した，反帝国主義・反戦平和・反天皇制を基本とする教育運動。コミュニズムの影響下にある組合運動，日本教育労働者組合(教労)と合法的教育研究組織である新興教育研究所(新教)の二つの団体を担い手とした。両者は，当時25万余といわれた小学校教員を対象として活動し，教員層の進歩的教師を合法的な「新興教育」に結集し，教労・新教の教育運動を推進，日本最初の本格的な教育闘争を展開した。そのプロレットカルト(proletarian culture)の立場は，「自由教育，創造的教育等の思想をつき詰めれば，当然現在社会制度に対する改造の欲求とならなければならない」という主張に表明される。また，新興教育研究所の創立宣言(1930年，山下徳治)によれば，「教育の目指す人間的解放は，政治的自由の獲得なしには幻想以外の何物でもあり得ない。……教育労働者組合はわれわれの城塞であり，「新興教育」はわれわれの武器である」と言明された。*自由教育運動が都市の新中間層の教育観を反映したのに対し，この運動は無産者・勤労者・農民・未解放部落民などを主体とする教育への欲求と権利の実現をめざして闘ったが，戦時体制にむけての当局の弾圧下，1933年(昭和8)以後急速に衰退した。

プロレタリア文化 プロレタリア文化運動の機関誌。1931年(昭和6)12月～33年12月。全18冊。日本プロレタリア文化連盟(*コップ)発行。蔵原惟人はプロレタリア文化運動を，工場や農村のサークルを基礎とする統一的運動組織に再編成することを主張したが，この主張にもとづき1931年11月，コップの結成と同時にその機関誌として創刊された。当局の徹底的な弾圧の中，運動内部の「右翼的偏向」と「日和見主義」を批判・攻撃し続けたが，小林多喜二の死後，相次いで蔵原・宮本顕治らが逮捕され，コップそのものが非合法状態に陥るとともに発刊不能となり，廃刊に至る。蔵原の「プロレタリアートと文化の問題」，小林の「日和見主義の新しき危険性」「右翼的偏向の諸問題」，宮本の「政治と芸術，政治の優位性に関する問題」などが掲載された。

文会雑記 *湯浅常山が著した和文の書。全3巻・付録1巻。1782年(天明2)の序。蘐園(徂徠学派)を中心とした諸家についての聞き書きの記録で，全810条からなる。荻生徂徠の「*学則」の成立に関する話や，「熊沢(蕃山)の知，伊藤(仁斎)の行」と並ぶべきものとして，自らの「学」を誇ったことなど興味深い逸話に富み，*蘐園学派をはじめとする近世中期の学問発達史の裏面をうかがう好材料である。

文会筆録 *山崎闇斎による朱子学学習の読書抜き書きノート。全20巻。1683年(天和3)刊。巻1「小学」「家礼」，巻2「近思録」に始まって，四書五経，さらに周子より始まる道学諸家，朱子，朱子門人，元・明・朝鮮の朱子学者までを網羅している。「述べて作らず」という孔子の言葉そのままに，徹底して朱子に学ぶという姿勢のもと，仏書も含めたこの膨大な抜き書きノートが残された。「朱子文集」と「朱子語類」の徹底した読み込みには，驚くべきものがあ

ぶんか

る。抜き書きの末尾に、細字で闇斎の短いコメントが注記されることが時としてあり、そこから闇斎の思想をうかがうことができる。

文化価値と極限概念 ぶんかかちときょくげんがいねん
*左右田喜一郎 が1922年（大正11）に刊行した著作。第1編「価値哲学研究」には4論文と付録、第2編「極限概念の哲学」研究」には2論文が収められている。「人格なきの文化価値はなく、文化価値なきの人格はあり得ない」との立場から、軍閥主義・官僚主義・共産主義を批判する。ドイツで学んだ新カント哲学が、大正デモクラシーの時代背景と結びついてうまれた経済哲学の労作である。

文学界 ぶんがくかい
明治期の文芸雑誌。1893年（明治26）1月～98年1月。創刊号から4号までは女学雑誌社、5号以降は文学界雑誌社から刊行。全58号。同人に星野天知・星野夕影・平田禿木・島崎藤村・北村透谷・戸川秋骨・馬場孤蝶・上田敏らがおり、ほかに樋口一葉・田山花袋・大野洒竹・柳田国男らが参加した。創刊号から2号までは巌本善治主宰の「*女学雑誌」の文学部門を担当するという意味合いから「女学雑誌文学界」の名称で、キリスト教的人間観にもとづき、女性啓蒙と社会改良を目的とした。3号以降は女学雑誌社から独立し、反俗的傾向を強め文学・芸術を中心とする編集方針をとる。北村「人生に相渉るとは何の謂ぞ」「*内部生命論」（1893）、樋口「たけくらべ」（1895～96）、上田「美術の翫賞」（1895）、戸川「文学復興期の事を想ふ」（1895）などが掲載された。

文学に現はれたる我が国民思想の研究
文学史をとおしてみた古代から幕末期までの日本思想史研究の書。*津田左右吉著。1916～21年（大正5～10）に貴族文学の時代、武士文学の時代、平民文学の時代（上・中、下は未完）の4巻が発行された。各時代の歴史的概観ののち、記紀の歌、万葉の歌、平安初期の文学など各時代の文学の流れを紹介し、そのうえで中国思想、恋愛観、国と家の観念などそれぞれの時代に特徴的な思想傾向について詳述する。このようにして、文学の中に人々の実生活に即した感じ方・考え方の変化を捉える。この著書に

よって、書誌的・列伝的または特殊日本的な文学史ではなく、社会思潮との関わりの中で捉えられた文学史、その意味ではじめての思想史方法論による通史が著された。第2次大戦後にだされた新版は、書名から「我が」の文字を削り、大幅に加筆されている。

文学評論 ぶんがくひょうろん
「*文学論」に続く*夏目漱石の著作。「十八世紀英文学」という題目で「文学論」の講義ののち、1905年（明治38）9月から07年3月まで東京帝国大学で講義したもの。当時漱石は「吾輩は猫である」の五、さらに「漾虚集」に収められる各編を立て続けに発表し、文名が高まるとともに創作の注文も増え、しかも講義ノートを作らねばならないというジレンマの中にいた。まず18世紀英文学の背景を「十八世紀の状況一般」の中で捉えたうえで、「アヂソン及びスチールと常識文学」「スキフトと厭世文学」「ポープと所謂人口派の詩」「ダニエル・デフォーと小説の組立」という構成で展開する。

文学論 ぶんがくろん
1907年（明治40）大倉書店から刊行された*夏目漱石の著作。1903年9月から05年6月まで東京帝国大学で講義したもの。ロンドン留学中に漱石の下宿を訪れた池田菊苗（味の素の発明者）に触発され、文学が「心理的に如何なる必要あつて、此世に生れ、発達し、退廃するか」、「社会的に如何なる必要あつて、存在し、隆興し、衰滅するか」を究めようという目的で、ロンドン滞在中に「あらゆる方面の材料」と「参考書」を購入し、「蠅頭の細字にて五六寸の高さに達した」ノートをもとに帰国後編集された。「文学的内容の形式は$(F+f)$なることを要す」という一文で、Fが「焦点的印象又は観念」を、さらにfが「これに付着する情緒」を表し、$(F+f)$とは「文学」を、読者が喚起される「情緒」まで視野にいれて捉えるものであるとする。漱石が常に自分の作品がどのように読まれるかを意識した方法的な作家であったこととあわせて、20世紀の受容理論・読者論を先取りする画期的な理論である。

文華秀麗集 ぶんかしゅうれいしゅう
平安時代の勅撰漢詩集。全3巻。818年（弘仁9）成立。*藤原冬嗣が、菅原清公・*仲雄王・*滋野貞主の

さだらとともに撰進。「*凌雲集」につぐ第2勅撰漢詩集。*嵯峨天皇・淳和天皇(当時は皇太弟)以下，藤原冬嗣をはじめとする官人や渤海客，計28人の作品148首を収める(現存本は下巻の巻首5首を欠く)。唯一，姫大伴氏という女性の詩も1首採られている。中雄王の序文がある。

文鏡秘府論 平安初期の*空海の編著。全6巻。809～820年(大同4～弘仁11)の間に成立。六朝～中唐の中国で行われた漢詩文に関する音韻論・詩格論の多数の書物から取捨選択して抽出し，それらを整合的に編纂した漢詩文作成の参考書。わが国で詩文の形式を論じた最初の書で，天・地・東・南・西・北の6巻からなる。そのうち空海自身の文章は，天巻総序，東巻小序と西巻小序だけとされるが，多くの中国文献を縦横に引用しているため，現在散逸して残らない六朝～中唐の詩論に関する書物を知るうえでも貴重である。

文芸協会 1906年(明治39)，前年ヨーロッパ留学を終えた*島村抱月により，文学・美術・演劇の刷新をめざして結成された団体(会頭*大隈重信，顧問*坪内逍遙)。その後，坪内逍遙の主導で演劇を活動の中心にし，*小山内薫・2代目市川左団次らの自由劇場とともに，*新劇運動の中核として日本の近代劇運動を先導した。シェークスピアの「ハムレット」，イプセンの「人形の家」の上演で大評判となったが，主演女優であった松井須磨子と島村の恋愛事件が坪内の怒りを買い，島村は辞任，松井は退所処分となった。協会の柱と主演女優の二人を同時に失った文芸協会は，1913年(大正2)に解散した。

文芸春秋 日本を代表する総合雑誌。1923年(大正12)1月に自宅で文芸春秋社を興した菊池寛が，川端康成・*横光利一らを編集同人とし，*芥川竜之介「侏儒の言葉」を巻頭にすえる文芸随筆雑誌として創刊した。26年9月号から時事問題を扱う総合雑誌となる。戦後は菊池が文芸春秋社を解散したため休刊するが，46年(昭和21)4月に新社が設立され(66年株式会社文芸春秋と改称)，6月号から復刊された。立花隆の

「田中角栄研究―その人脈と金脈」が74年秋から連載され，田中角栄首相を辞職に追い込んだことは有名である。菊池が1935年に創設した芥川賞発表の舞台でもある。

文芸戦線 プロレタリア文芸雑誌。1924年(大正13)6月～32年(昭和7)7月。文芸戦線社，のち労農芸術家連盟発行。全95冊。関東大震災により「*種蒔く人」が廃刊となり，その後をうけて青野季吉・今野賢三・金子洋文・小牧近江・佐々木孝丸・佐野袈裟美・中西伊之助・前田河広一郎・平林初之輔・柳瀬正夢ら13名の同人により創刊される。8号を発行後に休刊，25年6月再刊。以後山田清三郎が編集。さらに葉山嘉樹・林房雄・里村欣三・千田是也・黒島伝治・佐野碩・村山知義・藤森成吉・蔵原惟人・平林たい子らが同人となる。全日本無産者芸術連盟(ナップ)の「*戦旗」と対立し，その後ナップに完全に革命的プロレタリア文学の主導権を奪われ，衰退する。31年1月から「文戦」と改題。32年5月の労農芸術家連盟の解散により，7月号をもって終刊した。

豊後国風土記 713年(和銅6)5月の風土記撰進の詔によって撰述された奈良時代の地誌。1巻。抄本。「*肥前国風土記」とともに大宰府で編纂されたものと考えられている。地名伝説が主体。景行天皇の巡幸説話が多いが，欽明天皇のほか天武天皇の時代に大地震のあった話も記される。「肥前国風土記」と同様に土蜘蛛征討の説話が多い。

文章達徳綱領 江戸初期の漢詩文の作法書。全6巻。*堀杏庵の序によれば，*藤原惺窩の意をうけて門人の角倉素庵が編し，素庵の子玄紀が惺窩・素庵の没後に出版した。1639年(寛永16)刊か。漢詩文の本質・修辞，さらに中国文学の歴史に認められる文体に関する古人の説を集めたものである。引用書は明記されたものだけでも約70種，とりわけ明の呉訥の「文章弁体」の影響が大きいといわれる。惺窩自身は何ものべていないが，*姜沆・杏庵の序や書名によれば，本書は詩文と徳は不可分のものという文学観にもとづき，漢詩文の作法を教えるために編纂された書といえよう。なお，素

庵は本書とセットになる「文章達徳録」100余巻(文例をあげたものか)も類聚したが、これはついに出版されなかった。

文人 ぶんじん　元来、中国の士大夫（したいふ）階級の知識人・読書人をさす語であるが、わが国の文化史概念としては、祇園南海（ぎおんなんかい）・服部南郭（はっとりなんかく）・柳沢淇園（やなぎさわきえん）・田能村竹田（たのむらちくでん）ら、江戸中期を中心に明治期に至る間、中国の学問・芸術に親炙し、詩文・技芸の創作を好む、いわゆる中華趣味の知識人をさす。中国文人と異なるのは、必ずしも官僚のみではなかったことで、大名から町人まで広く、官途に就くことを厭い、世俗を離れて、自由な精神的境地に遊ぶことをめざした人々をいう。詩文以外の四芸(琴・棋・書・画)に、また文房清玩・煎茶などに遊んだ。文人画という時は、南宗画（なんしゅうが）を手本にした書巻の気を離れずに詩画一如の画風をもつ画をさし、文人精神とは、世俗の栄達をきらい、孤高・隠逸の精神をもつ反骨の精神の意味である。

文人画 ぶんじんが　→文人（ぶんじん）

文武二道万石通 ぶんぶにどうまんごくどおし　江戸後期の草双紙(黄表紙)。全3巻。朋誠堂喜三二（ほうせいどうきさんじ）(1735～1813)の著、喜多川行麿（きたがわゆきまろ）画。1788年(天明8)刊。筋立ては、源頼朝の命で畠山重忠が鎌倉中の武士を富士の人穴に入れて、文と武、そして、ぬらくらの3種に分け、さらにぬらくら武士を箱根七湯で吟味し、大磯で蕩尽させて、文武二道に導いていくというものである。将軍徳川家斉（いえなり）を頼朝に、松平定信（さだのぶ）を重忠に擬し、田沼時代から、新しく文武両道を奨励した定信執政時代の間の幕閣や官吏を諷している。著者の喜三二は秋田藩佐竹家の江戸留守居役であり、のちに人物が特定されないように改刻された版があるが、筆禍をうけ筆を折っている。

文明 ぶんめい　そもそもは世の中が開け人知が明らかになっていくことを意味する漢語で、すでに「易経」にみられるが、日本では明治以後civilizationの翻訳語として使われてきた。civilizationの原語は都市生活・洗練・礼節などを意味するラテン語のcivitas、civilitasで、17世紀に至るまで日常語として使われていた。それが政治・社会・歴史全般と関係する重要な概念に変化していったのは、王侯や教会による封建的支配の後退にともなって都市市民階層が台頭した18世紀半ばのことである。啓蒙思想家のルソーやボルテールは都市市民の生活を価値の中心とみなし、人類の歴史は終始一貫して文明へ向かって進歩していると主張した。そうした文明観では革命後のフランスが最先端とされたのであるが、19世紀に入ってドイツが成長し文明の複数性が唱えられるようになった。とはいえ、ドイツのカント、ゲーテ、ヘーゲルも、人類全体を包摂する普遍文明史の視点は有していた。

ところが、19世紀後半になってフランスが文明の先頭にあるとする考えに主にドイツから異論が唱えられ、単なる社会の進歩にすぎない文明概念に対して、民族性に根ざした文化理念を重要視する考えが芽生えてきた。文明(フランス)と文化(ドイツ)との対立は、結局20世紀の二度の世界大戦によって文明側の勝利に終わったが、戦後に普遍的文明観が再興することはなかった。現在ではcivilizationとは、多様な人間集団の独自の生活様式とその集合体を意味する文化人類学上の記述概念となっている。なお明治期の日本において、文明とは18世紀啓蒙思想上のcivilizationのことであって、福沢諭吉（ふくざわゆきち）の「＊文明論之概略」のように西洋文明のみをさし、そこに一種の規範性と価値がこめられていた。

文明一統記 ぶんめいいっとうき　室町時代の書。1巻。＊一条兼良（いちじょうかねら）の著。将軍足利義尚（あしかがよしひさ）の所望により1479年(文明11)に進上された。書名は、応仁の乱が収束に向かっていた当時の世情を反映したものである。「八幡大菩薩に御祈念あるべき事」「孝行を先とし給べき事」「正直をたとぶべき事」「慈悲をもはらにし給べき事」「芸能をたしなみ給べき事」「政道を御心にかけらるべき事」の6条からなる。八幡への祈念を通じて将軍の権威を確立すべきこと、父母への孝行、正直や慈悲の徳目の実践、芸能や酒に関する心得、政道を正しく行うべきことを教説しており、将軍としての心得や政治のあり方を説いている。

文明開化 ぶんめいかいか　西洋の文明を導入することで人民の精神を改革し、さらには政治・経済・社会の近代化を推進しようとする明治初期の動向をいう。そもそも尊王攘夷運動の帰

結としての明治維新は，西洋文明移入に対立的な概念でもありえたが，*福沢諭吉・*西周・*中村正直ら維新前にすでに西洋に留学していた啓蒙思想家たちは，政権交替の期を捉えて新政府に参加もしくは支援することで日本の近代化に貢献しようとした。そのためのサークルが*明六社(1873年発起)であって，彼らは「*明六雑誌」を拠点として論陣を張りつつ，個別に「*学問のすゝめ」「*文明論之概略」(以上福沢)，「*百一新論」(西)，「*自由之理」「*西国立志編」(以上中村訳)などで西洋文明の意義とその有益性について人々に訴えかけた。その主張の骨子として，(1)天賦人権論，(2)人間理性の重要視，(3)日常の幸福追求の肯定，(4)自然科学・機械文明への信頼などがあげられる。文明開化のブームは1870年代に頂点を迎えるが，現実には断髪や洋装，さらには肉食などが，西洋に由来する文明的あり方であるとして皮相的に受容されたにすぎなかった。

文明東漸史 ぶんめいとうぜんし　明治前期の文明史論。「聞天楼叢書」の一冊として報知社から1884年(明治17)9月に刊行された。著者の藤田鳴鶴(通称茂吉，1852〜92)は「郵便報知新聞」の記者で，立憲改進党の指導者でもあった。天文(1532〜55)から天保(1830〜44)へ至る約300年の対外関係史やキリスト教史・洋学史を記述し，明治維新の遠因が，西洋文明の日本への到達と受容にあることを論じている。福沢諭吉の「*文明論之概略」をはじめとする文明史学の潮流の中に位置づけられる史論であり，巨視的に歴史を把握する方法論は，その後の日本史学の出発点の一つとなった。

文明論之概略 ぶんめいろんのがいりゃく　*福沢諭吉の主著の一つ。1875年(明治8)刊行。F.ギゾーの「ヨーロッパ文明史」やT.バックルの「イギリス文明史」などの影響をうけて，日本が国民国家の形成のために西洋の文明を導入しなければならないのは歴史的必然であり，また猶予もないことを主張している。この書をうみだした背景には，進行中の*文明開化が生活のスタイルにとどまり，国民国家を基礎づける真の文明の育成には至っていない，という福沢の強い危機意識がある。ここで注目すべきは，福沢にとって文明とは西洋の物質文明のことではなく，国民全体の精神の発達，すなわち智徳の進歩を意味していることである。この進歩には近代科学でしか捉えられない複雑ではあるが一定の法則があり，しかもその前途は無限である。したがって，現在の西洋文明もまた過程的なものにとどまり，相対的に劣った日本も挽回が可能である。そこで福沢は，文明の進歩のためには国民各人が独立した個人となる必要があり，その国民の文明化こそが最終的には国家の独立をも保障して，そこからさらなる日本の文明の進歩が可能になる，と結論づけている。

文雄 ふんゆう　→文雄(もんのう)

へ

平安仏教（へいあんぶっきょう）
9世紀初頭の*天台宗・*真言宗の開立から、12世紀末頃のいわゆる鎌倉新仏教の成立前夜までの、平安時代における仏教をいう。この時代の初め、前代以来の*山林修行と、世俗化して政界との癒着も目に余るようになった南都仏教への批判が高まる中で、入唐僧*最澄・*空海による天台・真言両宗の開創は仏教界に新風を吹きこんだ。両宗は、比叡山（*延暦寺）と高野山（*金剛峰寺）を拠点として山岳仏教の側面を有する一方、*加持祈禱を主とする*密教の修法によって宮廷や貴族の精神生活にも深く入りこんでいった。平安京内の*東寺が空海に下賜されて教王護国寺と称するようになったり、宮中に*真言院が設けられたのはその象徴である。

しかし中期に入ると、天台僧の間に浄土信仰が高まり、*源信の「*往生要集」や、平安京の住民に念仏の功徳を広めた「市聖」*空也らの活動は貴賤上下に大きな影響を与えた。この動向に拍車をかけたのは、1052年（永承7）を末法の初年とする*末法思想の深刻視である。この頃から数量（多数）功徳主義的な造像・修法・念仏や各種の仏事が貴族たちの間に流行する一方、民間では*聖の活動が多様かつ活発となっていった。またこの頃には、*神仏習合思想が盛行して*本地垂迹説へと発展したのも一特色である。

平安時代の仏教界では、それぞれの宗派の独自性の強調のゆえに、宗派・寺院ごとに固定する排他性が顕著となり、巨大寺院の中には荘園領主化して多数の*僧兵をかかえるものもあったが、後期から末期にかけては、既存の宗派や寺院を離れて時処機相応の行業を模索する者も現れ、いわゆる鎌倉新仏教への道筋に結びついていった。

米欧回覧実記（べいおうかいらんじっき）
→特命全権大使米欧回覧実記（とくめいぜんけんたいしべいおうかいらんじっき）

平曲（へいきょく）
「*平家物語」の一節を琵琶の伴奏で語ること。13世紀後半には存在した。「*徒然草」226段には後鳥羽上皇の時、信濃前司行長が「平家の物語を作りて、生仏といひける盲目にをしへて語らせけり。……武士の事、弓馬の業は、生仏、東国の者にて武士に問ひ聞きて書かせけり。かの生仏が声を今の琵琶法師は学びたるなり」とあり、真偽はともかく、14世紀前半には起源が伝説化していた。生仏ののち一方流・八坂流の2派に分かれ、前者からは覚一なる名人がでて、当道座などの組織を整備した。15世紀中頃には500〜600名もの*琵琶法師がいたという。曲節は朗読調の「語り句」と節をつける「引き句」とに分かれる。

平家物語（へいけものがたり）
中世の軍記物語。一般に12巻。原「平家物語」は13世紀中頃までに成立か。13世紀初頭、信濃前司行長という学才ある遁世者が、天台座主*慈円の庇護下に東国生れの琵琶法師生仏の協力をえて著したという「*徒然草」226段の説が、いくつかの傍証に支えられて有力だが、異論も多い。また慈円との関係で、本書は慈円が建立した大懺法院で亡びさった平家一門の鎮魂を意図して書かれたものとされる。

本書の序章では「諸行無常」「盛者必衰」の理が説かれるとともに、歴史的世界において驕慢な権力者は必ず滅びるものとされ、その実例として和漢の反逆者が列記され、本書前半の主人公である平清盛こそその最たる人であると強調される。これによれば、本書の叙述は二つの思想的基盤に立脚していたことがわかる。すなわち(1)*無常観と(2)儒教的因果応報観である。もっとも因果応報観は仏教にもあり、本書でも両者は補強しあっている。

周知のように本書の儒教的因果応報観は、清盛とその子重盛の人物評価に端的に示されている。清盛の悲惨な最期は彼の驕慢放恣、不忠不義の悪行によるものとされ、平家一門の滅亡も究極的には清盛の悪逆無道の報いとされている。他方、重盛は清盛とは対照的に道義の体現者として称賛され、歴史と人生の真実を洞察しうる人物として理想的に描かれている。ただし、ここでの儒教的因果応報観は南北朝期の動乱を描いた「*太平記」

におけるものとは著しく異なっている。たとえば重盛は，後白河法皇を幽閉しようとした父清盛を諫めて次のようにのべている。「此仰<ruby>承候<rt>うけたまわりそうろう</rt></ruby>に，御運ははや末になりぬと覚候。人の運命の傾かんとては，必事を思い立ち候也」(巻2)。これによれば歴史的世界には人間の徳・不徳とは無関係に各人に幸・不幸をもたらす運命が存在することを前提に，清盛の運命が末になり傾きかけたことによって清盛の悪行がひきおこされた（その報いとして彼自身と一門は必ず滅びるであろう）というのである。そうだとすれば，本書は運命こそ歴史的世界の興亡・盛衰を左右する根源的な力であり，この運命が道徳的理法を介して歴史的世界を支配するものとみなしていたことになる。かくして歴史的世界を貫く道徳的理法を強調しながら，最終的には人間のいかなる行為をも，ままならぬ運命のしからしめたものとして是認しようとするのである。したがってここでは，人間の道徳的自律性は認められていないといえよう。こうした歴史観は無常観とも共鳴しあうものであり，平家一門の鎮魂を著述意図とする本書にふさわしいものであった。

本書は中世から近世へと読みつがれていったが，公家日記などに若干の記録がみえるだけでその実態を伝える資料がきわめて乏しい。中世では史書とみなされたり，仏前で一種の<ruby>法楽<rt>ほうらく</rt></ruby>として語られていたこと，また近世になると兵法的あるいは倫理的立場から解釈される一方，史実考証の資料として批判的に享受されていたことなどがうかがえるにとどまる。→<ruby>平曲<rt>へいきょく</rt></ruby>

平治物語 <ruby>へいじものがたり<rt></rt></ruby> 平治の乱(1159)を題材とする*軍記物語。全3巻。作者未詳。原典は鎌倉前期までに成立したと考えられる。「*<ruby>保元<rt>ほうげん</rt></ruby>物語」と対をなす伝本が多く，また「保元絵」「平治絵」と称する絵巻物もうみだした。特に「*平治物語絵巻」は一部現存し，古態を残す<ruby>絵詞<rt>えことば</rt></ruby>が注目される。物語の内容は諸本によって異同がかなりあるが，保元の乱からわずか3年後におこった平治の乱の詳細な顚末と，やがて源氏が平氏を滅ぼしたことを記す。合戦部分の筆致は躍動感にあふれ，なかでも悪源太<ruby>義平<rt>よしひら</rt></ruby>と平重盛<ruby>しげもり<rt></rt></ruby>の戦いを描いた<ruby>待賢門<rt>たいけんもん</rt></ruby>合戦は印象的である。さらに物語の主役が貴族から武士へと移行していくさまもうかがえる。

平治物語絵巻 <ruby>へいじものがたりえまき<rt></rt></ruby> 「*平治物語」に取材した軍記絵巻。三条殿夜討巻1巻（ボストン美術館蔵），<ruby>信西<rt>しんぜい</rt></ruby>巻1巻（静嘉堂文庫蔵），六波羅<ruby>行幸<rt>ぎょうこう</rt></ruby>巻1巻（東京国立博物館蔵），六波羅合戦巻断簡（諸家分蔵）が現存する。いずれも13世紀の成立。多数の画家の共作だが，<ruby>詞書<rt>ことばがき</rt></ruby>は一筆で藤原<ruby>教家<rt>のりいえ</rt></ruby>をあてる説がある。比叡山延暦寺に「平治絵」15巻が蔵されていたとの記録があり，現存本をこれにあてる説もある。

兵法家伝書 <ruby>へいほうかでんしょ<rt></rt></ruby> →兵法家伝書<ruby>ひょうほうかでんしょ<rt></rt></ruby>

平民社 <ruby>へいみんしゃ<rt></rt></ruby> 明治後期の初期社会主義者の団体。日露戦争の直前に主戦論に転じた「<ruby>万朝報<rt>よろずちょうほう</rt></ruby>」を退社した*幸徳秋水<ruby>こうとくしゅうすい<rt></rt></ruby>と*堺利彦が，1903年（明治36）10月23日に結成したもので，小島竜太郎・加藤時次郎の金銭的支援で11月15日に週刊「*平民新聞」を発刊した。その後，*石川三四郎・*西川光二郎<ruby>こうじろう<rt></rt></ruby>・*安部磯雄<ruby>いそお<rt></rt></ruby>・*木下尚江<ruby>なおえ<rt></rt></ruby>らが加わった。日露戦争の最中に非戦と普通選挙を主な目標として，「平民新聞」の刊行のほかに「*平民文庫」の発行・販売（伝道行商を含む），「社会主義の<ruby>檄<rt>げき</rt></ruby>」の配付，月例研究会・談話会・演説会の開催などを行った。しかし，日露講和反対運動後の戒厳令下に「平民新聞」の後を継いだ「*<ruby>直言<rt>ちょくげん</rt></ruby>」が無期限発行停止をうけ，さらに唯物論的社会主義者とキリスト教社会主義者の対立もあって，翌10月解散した。その後07年1月，日本社会党の機関紙として日刊「平民新聞」が発刊されるに際してその発行所として再興されたが，両派の対立が激しくなり，同年4月に同紙が廃刊するとともに解散した。

平民主義 <ruby>へいみんしゅぎ<rt></rt></ruby> →徳富蘇峰<ruby>とくとみそほう<rt></rt></ruby>

平民新聞 <ruby>へいみんしんぶん<rt></rt></ruby> 1903年（明治36）11月15日に*平民社から創刊された初期社会主義の新聞。*堺利彦・*西川光二郎<ruby>こうじろう<rt></rt></ruby>・*幸徳秋水<ruby>こうとくしゅうすい<rt></rt></ruby>・*石川三四郎らによって編集された。第1号の「発刊の辞」では，平民主義・社会主義・平和主義の理想郷に到達するための一機関たることが標榜された。毎号平均4000部を発行し，*非戦論と社会批判を展開した。日

露開戦前後の非戦論、最初の発売禁止となった第20号（3月27日）の「嗚呼増税！」、2度目の発売禁止となった第52号（11月6日、石川三四郎の「小学校教師に告ぐ」を含む）、発送禁止となった第53号（11月13日、「共産党宣言」序文を訳載）、全紙面を赤字で印刷した終刊の第64号（05年1月29日）などが有名である。その後、日刊「平民新聞」が日本社会党の機関紙として07年1月15日に発刊された。石川三四郎が発行兼編集人である。しかし、日本社会党が結社禁止となったことや内部の対立から4月14日第75号で廃刊した。なお、このほか「平民新聞」と題した新聞としては、07年にだされた「*大阪平民新聞」「日本平民新聞」や、大杉栄が1914〜15年にだしていた月刊紙などがある。→直言

平民文庫 へいみんぶんこ　*平民社が社会主義の宣伝のために1904年（明治37）3月〜05年7月に出版した叢書。具体的には、平民社同人編「社会主義入門」、E. ベラミー著／堺利彦抄訳「百年後の新社会」、木下尚江著「火の柱」、石川三四郎「消費組合之話」、安部磯雄著「地上之理想国瑞西」、幸徳秋水著「社会民主党建設者ラサール」、西川光二郎著「土地国有論」、田添鉄二「経済進化論」、ウィリアム・モリス著／堺利彦抄訳「理想郷」、木下「良人の自白」上・中編、西川光二郎「富の圧制」、同「人道之戦士社会主義の父カール・マルクス」、同「英国労働界之偉人ジョン・バアンス」、平民社同人編「革命婦人」、山口義三（孤剣）「社会主義と婦人」などである。初版は1000〜2000部、1冊5〜35銭であったが、「火の柱」をはじめ版を重ねるものが多く、さらに社会主義伝道行商でも売られたことから、平民社の財政にとっても大きな支えとなった。

闢異 へきい　*山崎闇斎の編纂した漢文の書。1巻。1647年（正保4）成立。30歳の闇斎が、人倫の学としての朱子学をもって思想的な立場を確立して、異端である仏教や老荘思想を排斥するものである。「闢」は、斥けるの意。かつて僧林で学び、*三教一致論にも親しんだ闇斎が、自らの過去と訣別したという意味をもつ。朱子をはじめとする宋・明の朱子学者の「正統」を擁護し「異端」を排斥する言葉を集めて、「述べて作らず」（「論語」）という態度でこの書は構成されている。同時に、「正統」「異端」の弁別に曖昧な朱子学への批判という性格をもっていることも見逃してはならない。

壁画古墳 へきがこふん　装飾古墳とも。横穴式石室や横穴の墓室や羨道の壁面、羨門外壁、さらには石棺の内外面に、彩色や線刻・浮彫りなどの技法を用いて、文様や絵画を表現した*古墳。古墳前期から中期初頭、大阪府安福寺の割竹形石棺の蓋に線刻された直弧文や、福井県小山谷古墳の舟形石棺の蓋に浮彫りされた鏡形など、石棺への加飾を初期の事例とする。5世紀中葉以降、筑後川流域から有明海沿海部、宮崎県南部で墓室の装飾として多出するようになり、6世紀後葉には九州各地をはじめ、関東から東北地方南部の太平洋沿岸地域や鳥取県などにも集中した分布域がみられる。

その初期には同心円や直弧文・蕨手文など、辟邪の意味をもつ呪的図文が主なモチーフとされ、ついで武器・武具などの具象的辟邪の図文が加わり、やがては船や馬、またそれに乗る人物、さらには狩猟や反閇などの魂振り儀礼の情景が加わり、霊魂のすみやかな他界への転生を願う主題が多くなる。往時の人々の他界観や世界観を知るうえで貴重な考古資料である。なお、奈良県の高松塚古墳とキトラ古墳の壁画は、日月星辰や四神を主なモチーフとし、大陸の古墳壁画の主題を直接うけいれて描かれたものであり、従前の古墳壁画とは関連性がない。

碧山日録 へきざんにちろく　室町時代、東福寺の僧太極蔵主の日記。書名は東福寺霊隠軒の太極の居所「碧山佳処」による。1459〜68年（長禄3〜応仁2）の記事があるが、その間に記事のない年と月がある。当時の社会情勢、寺院内外のようすを記すとともに、著名な僧の伝記の抄出、典籍の文章語句の考証、詠詩、書画の鑑賞記事があり、応仁の乱前後の社会と僧の生活についての貴重な記録である。時々記事の末尾に「日録云」として史書の論賛にあたる記事がある。なお、記主の太極の経歴は未詳のことが多い。

闢邪小言 へきじゃしょうげん　朱子学の立場から洋学を批

判した書。*大橋訥庵の著。全4巻。1852年（嘉永5）序，*楠本端山の跋をつけて57年（安政4）に刊行された。「総論」「西洋窮理を知らざるを論ず」「西洋天を知らざるを論ず」「西洋仁義を知らざるを論ず」「西洋活機を知らざるを論ず」「或問」からなる。洋学に傾倒する儒者の出現に深い危機感を抱き，義と利を峻別する「華夷の弁」によって，洋学を原理的に批判している。その際，訥庵は「祆教」キリスト教の脅威を強調するのみならず，洋学者の議論を整理したうえで，朱子学的な「理」による反論を加えているところは注目すべき点である。「彼を知り己を知る」という孫子兵法によって洋学研鑽を自己正当化し，「国家の神益」のために，西洋の進んだ科学技術を導入しようとする洋学者の採長補短主義に対して，皮相な「便利」を追い求めることであると非難する。また，現象を執拗に観察する洋学者の科学的態度については，現象を主宰する道義的な「理」を無視して，目に見える形体だけを分析しているにすぎないと批判する。また，西洋が「意気地ヲ張リ合」う競争社会であることを指摘して，「至誠惻怛ノ仁」に欠けているとする。さらに技術万能主義に対しては，精神の「活機」という立場から批判している。

壁書 へきしょ →壁書かべがき

別格官幣社 べっかくかんぺいしゃ →近代社格制度きんだいしゃかくせいど

別号 べつごう 人の呼称。本名・実名とは別につけた*名。成長の過程で集団に帰属する段階によってつけられた幼名・仮名・法名なども含まれるが，ここでは特に特定の目的をもつ擬似共同体や芸能・遊戯に参加するための一時的な別称をいう。江戸後期の戯作者の筆名十返舎一九は，本名重田貞一，幼名幾五郎，通称与七，別に酔斎と称した。俳人・画家の与謝蕪村は，俳号を宰鳥，画号を四明・朝滄・長庚・春星・謝寅と称した。鈴屋などの雅号，桂文楽などの芸名，高雄などの源氏名，筆名と同様に使われた一字姓（飛鳥井雅親の「旅」ほか），禅僧が頻用した出身地にちなむ地名（太白真玄の「河東」，景徐周麟の「江左」ほか）など長期にわたって使用されるものがあり，連歌会などのために一時的に用いた作名（三条西実隆の「信隆」ほか）もある。類似の命名法など，時代と分野の趣好が反映されていることが多い。

別時念仏 べつじねんぶつ *浄土宗において，通常の念仏とは別に特定の期間を定めて念仏を行ずること。源信の「*往生要集」（大文第6に別時念仏）に「第一に尋常の別行とは，日々の行法に於ては，常に勇進すること能はず，故に応じて時有つて，別時の行を修すべし，或は一二三日乃至七日，或は十日乃至九十日，楽に随つてこれを修せよ」，「第二に臨終の行儀……臨終の一念は百年の業よりも勝るといふ，若し此の刹那を過ぎなば，生るる処応に一定すべし」云々とあり，細かに論じられている。1日から7日，10日から90日の期限を設けて念仏に専心する「尋常の念仏」と，臨終に際して，弥陀の来迎や，浄土に往生することを願望して念仏につとめる「臨終の行儀」に分けて修された。

別所 べっしょ 11世紀頃からみられる宗教施設。もと荘園制において，開発などを目的として課役を免除されて成立した別名・別府などの制度に端を発すると思われる。本寺と密接なつながりをもちながらも，所職などを辞したいわゆる遁世僧により，半独立的な組織のもとに運営された。独自の宗教活動を行う場として，山林修行者や*聖の活動拠点ともなり，同時に民衆教化の場ともなった。また往生・終焉の地としても重視されるようになる。多くの大寺院が別所を擁するが，特に西国に事例が多くみられ，*法然をだした延暦寺黒谷別所や，*重源によって組織された東大寺別所などは有名である。

別当大師 べっとうだいし →光定こうじょう

蛇 へび 「くちなわ・へみ」とも。大蛇とも。日本各地に生息する爬虫類の一つ。アオダイショウ・シマヘビ・マムシなど，いろいろな種類がある。縄文中期の土器の文様に，蛇の霊性ないし呪術性を表したと思われるものがあり，スサノオノミコトの八岐大蛇の神話や「*常陸国風土記」の夜刀の神説話などに語られるオロチや蛇は，水稲農耕を妨げる

性格を有する点で、縄文時代のカミの残影をみる説もある。しかし、中国の竜の観念の影響をうけて、しだいに水神と結びつき、蛇は農耕神的性格を付与されるようになる。中世以降、宇賀神(うがじん)などは蛇体で表されることが多い。

辺鄙以知吾 へびいちご 「蛇覆盆子」とも。江戸中期の*仮名法語。全2巻。臨済宗の僧*白隠慧鶴(はくいんえかく)の著。1754年(宝暦4)成立。冒頭に「何某の国何城の大主何姓何某侯の閣下近侍の需に応ぜし草稿」とあるが、岡山藩主池田継政(つぐまさ)に与えられたものといわれる。書名は、「列聖叢中尤鄙賤」である蛇苺(へびいちご)の名によって卑下の意を表したものである。一国一城の主たる者は王位を守護し、撫民仁政(ぶみんじんせい)をほどこし、身体健康であることを説くとともに、「延命十句観音経」の読誦(どくじゅ)を勧め、和漢の故事を引き、治国の要道と勧善懲悪の趣旨を示す。特に下巻では、徳川家康の「*東照宮御遺訓(ごゆいくん)」を中国・日本にも類いなき宝訓であると賞賛し、為政者に看経(かんきん)・誦経(ずきょう)を行う代わりと思ってこれを読むように促している。

ヘボン James Curtis Hepburn 1815～1911 アメリカの長老派宣教医。ヘボン式ローマ字で有名。ジェイムズ・カーティス・ヘバンが正しいが、日本ではヘボン(平文)とよばれている。ペンシルベニア州ミルトンに生まれる。プリンストン大学からペンシルベニア大学医学部に入り、1836年脳卒中の研究で医学博士の学位をえ、開業医をしたのち中国伝道をする。廈門(アモイ)でカミングと施療事業に従事するが、夫人が病み帰国。ニューヨークで医院を開業し成功するが、3人の子供をあいついで亡くし失望の中で再び海外伝道を志す。58年日米通商条約締結の知らせをうけ、北米長老ミッション本部に宣教医派遣の願いをだして認められ、59年(安政6)10月、神奈川に上陸する。63年(文久3)居留地39番にヘボン施療所を開設し、クララ夫人は英学塾を開いた。64年(元治元)横浜英学所でS.R.*ブラウン、J.H.バラ、D.タムソンらと英語その他の科目を教授し、67年(慶応3)『和英語林集成』を出版する。74年(明治7)ブラウン、D.C.グリーンらと新約聖書共同訳翻訳事業に従事、79年完成させた。82年からヘボンが旧約聖書共同訳の委員長となる。89年明治学院総理、92年横浜指路(しろ)教会会堂を建設し帰国。晩年はニュージャージー州イースト・オレンジに住み、ブリック・チャーチの長老を務めた。1905年勲三等旭日章をうける。高谷道男編『ヘボン書簡集』がある。

ベルツ Erwin Otto Eduard von Bälz 1849～1913 明治期の御雇外国人。ドイツ生れの医師。1876年(明治9)に来日し、途中帰国した時期もあったが、東京大学医学部で26年間教えて〈日本の近代医学の父〉とよばれる。日本での日々の記録を長男トク・ベルツが編集した『ベルツの日記』(原題『黎明期日本における一ドイツ人医師の生活』)は、外国人からみた近代日本の政治・文化の史料として貴重である。特に日本が近代科学の「成果」のみを引き継ぐことに満足して、その精神を学ぼうとしないと批判する。

弁才天 べんざいてん 梵語Sarasvatī 弁天・妙音天(みょうおんてん)・弁財天とも。インド最古の聖典「リグ・ベーダ」に現れるサラスバーティー河を神格化した豊饒の女神。後世、言語の女神バーチュと同一視され、学問・技芸の神ともされた。仏教にとりいれられて、智慧・財福・音楽・弁舌の徳をもつものとされる。「金光明最勝王経」大弁才天品では天災地変を消滅し、戦勝をえると説かれる。日本では、奈良時代から弓・刀・斧など武具をとる八臂の造像(東大寺法華堂像など)が知られるが、平安時代には胎蔵界曼荼羅(まんだら)中の琵琶をとる二臂像が伝えられる。中世以降、財福の神としての信仰が庶民に広がり、また七福神の一つともなる。霊場として竹生島(ちくぶしま)・江ノ島・厳島(いつくしま)・箕面(みのお)・金華山・天川(てんかわ)(奈良県)・富士山などが知られる。

遍照発揮性霊集 へんじょうほっきしょうりょうしゅう →性霊集(しょうりょうしゅう)

弁天 べんてん →弁才天(べんざいてん)

弁道 べんどう *荻生徂徠(おぎゅうそらい)の著した漢文の書。1巻。1717年(享保2)成立、太宰春台(だざいしゅんだい)や服部南郭(なんかく)らの校訂をへて、没後9年の37年(元文2)に刊行された。50歳をこえた徂徠が、自己の「知命」の自覚に立って、古文辞(こぶんじ)をとおして明らかにしえた古代の先王の「道」とは何かを後代に伝え残そうとしたも

のである。徂徠は，「道」の本質を「理」に求める朱子学を批判して，「道」とは，古代の先王(聖人)が民を安んずるために立てた制度の総称だとした。「道」の把握のためには，古代の先王の制度，それにかかわる事実を伝える文献を，古代の用語法にそって理解する必要があり，先王の時代の言葉遣いに通暁するために，秦・漢より以前の書物を儒教のものに限らずに広く読むべきことが主張された。朱子も*伊藤仁斎も，この方法的な反省を欠いたまま，「道」をいたずらに個人の心・道徳の次元で捉えようとして誤ったとされ，そのために朱子学では，「聖人学んで至るべし」の標語のもとに禁欲的・抑圧的な刻苦勉励が強制されて，人々を不当に苦しめていると告発される。それに対して「道」の実現された世界では，人々はそれぞれ生まれもった気質をのびのびと発展させて，それぞれに応じた社会的役割をはたすことが可能になると説かれている。徂徠学の骨格を明らかにしたこの書は広く読み継がれ，他方では，*亀井昭陽の「読弁道」をはじめとする「弁道」批判の書も著された。

弁道書 べんどうしょ　*太宰春台の著した和文の書。1巻。1735年(享保20)刊。この書で春台は，普遍的な文明の発達史観に立って，万人の万人に対する戦いや乱婚によって象徴される未開社会からしだいに文明化していく過程を，日本史に即して論じている。そういう視点から，神道の思想を幼稚な巫祝の理論として斥け，古代天皇家の近親結婚などを人倫に悖るものとして批判した。また，人間の欲望を外から制御する装置として，特に「礼」の意義を強調している。この書は，賀茂真淵の「*国意考」をはじめとして，日本の古代の価値を擁護し，儒学の礼の作為性を批判しようとする国学・神道の側からの多くの反論を招き，*国儒論争とよばれるものに発展した。

弁内侍日記 べんのないしにっき　「後深草院弁内侍家集」「後深草院弁内侍日記」とも。鎌倉時代の女流日記文学。全2巻。作者は藤原信実の女。成立時期は不詳。1246年(寛元4)4歳の後深草天皇の践祚から，52年(建長4)までの宮廷体験を，短文にあわせて和歌1首で締めくくるという形式で記したもの。作者は天皇の東宮時代からの女房で，日記には後深草天皇の在位の前半にあたる7年間に及ぶ宮廷の出来事が描かれている。たとえば，内裏炎上といった暗い話題をとりあげてもユーモアのある明るい筆致で，宮中のようすを活写している。

弁復古 べんふっこ　*蟹養斎の著した漢文の書。1巻。「復古」を唱えて朱子学を批判する議論をまず設定して，それに論駁するという形をとって議論は進められる。「復古」を標榜する*伊藤仁斎と*荻生徂徠の学問が，ことさらに異を唱えて人々の関心を引こうとし，新奇を喜ぶ軽薄な俗情におもねったものだとしてきびしく斥けられている。

弁名 べんめい　*荻生徂徠の著した漢文の書。全2巻。成立は「*弁道」の書かれた1717年(享保2)からまもなくの頃と思われる。刊行は，「弁道」と同じく37年(元文2)。自序にあたる文章の後に，「道」「徳」「仁」に始まって「王覇」に至る70余りの基本概念について，古代の先王(聖人)の世界でのその本来の意味が解説されている。基本概念を列挙して，その本来の意味を復元しながら後世の解釈の誤りを批判していくという形式は，明らかに伊藤仁斎の「*語孟字義」にならったものである。徂徠によれば，とりあげられた基本概念は，いずれも「物の形なき者」に聖人が「名」を与えたことで，人々が知りえたものばかりである。聖人は，具体的な礼楽制度(「聖人の物となす所の者」)と一体のものとして「物の形なき者」の意義を捉えていたが，後世は，具体的な礼楽制度から離れて，主観的・観念的に「物の形なき者」を思弁するようになった。徂徠は，自らの*古文辞学の方法に立つことで，「物」と「名」が分離する以前の古代の先王(聖人)の世界における「名」の意義を捉えたとし，それぞれの概念についての朱子学や仁斎学による歪曲を批判しながらそれを提示しようとしたのである。

弁妄 べんもう　明治初年のキリスト教批判の書。幕末期の昌平黌教授*安井息軒の著。1冊。キリスト教禁制の高札が撤廃された1873年(明治6)に，島津久光の序文を冠し

て刊行された。旧約聖書を批判した第1編、新約聖書を批判した第2・3編、仏教の禍福論と比較した第4編、儒教の宇宙生成論をのべた第5編からなり、「鬼神論」と「某生と共和政事を論ずるの書」が付せられている。聖書の記事の矛盾と虚妄性を暴露するとともに、儒家的な忠孝論の立場から、キリスト教が霊魂の不滅を基にして、眼前の君父よりも、「真君真父」であるエホバを尊ぶことを非難している。こうしたキリスト教の批判自体は、新井白石の「*西洋紀聞」にもみえ、目新しいものではない。本書の眼目は、キリスト教と共和政治とを一体のものとして捉え、知識人・為政者にキリスト教が浸透することの危険性を論じた点にある。西洋では、商人の権勢が王侯と拮抗しているために、「君父を以て仮」とするキリスト教と、君主の徴税を憎み、君主のいない共和政治が盛行したのだと説いて、キリスト教＝共和政治が、万世一系の天皇の統治する「皇国」否定につながる危険性を指摘している。

ほ

帆足万里 ほあしばんり 1778〜1852(安永7〜嘉永5) 江戸後期の儒学者・理学者。名は万里、字は鵬卿、通称は里吉。文簡・愚亭と号した。豊後国日出藩主木下家の家老帆足通文の第3子として生まれる。1791年(寛政3)14歳にして脇愚山に師事し、のちには父に従って東遊し、大坂の*中井竹山、京都の*皆川淇園に学んだ。また豊後国日田の*広瀬淡窓、福岡の*亀井南溟・昭陽父子らと親交を結んだ。1800年日出藩の儒員にとりたてられ、04年(文化元)には日出藩の儒学教授となる。また同時に、家塾でも諸国からの門生の指導にあたった。32年(天保3)同藩家老となり、藩政改革に従事したが、35年には退任した。その後、家塾を再開、42年には西崦精舎を作って子弟の養成に専念し、医学・蘭学・仏学をも指導した。万里は、*三浦梅園の理学も検討し、40歳頃から、藤林普山の「訳鍵」を手がかりに蘭語を独学で修め、12種の蘭書を参考にしたうえで「*窮理通」8巻を著した。ほかに「*入学新論」「*東潜夫論」「医学啓蒙」などの著作があり、「帆足万里全集」全2巻に収められている。

ボアソナード Gustave Emile Boissionade de Fontarabie 1825〜1910 フランスの法学者。御雇外国人。パリ郊外の生れ。パリ大学助教授として日本人留学生に法律学を講義したのを機縁に、1873年(明治6)司法省雇として来日する。司法省法学校・東京法学校などで自然法の原理を紹介し、民法や刑法の講義を行った。また、フランス法にもとづいて旧刑法や治罪法(刑事訴訟法)を起草し、刑法体系の基礎を築いた。しかし、同じく起草にあたった民法草案は国情・習慣に適しないとの反対をうけ、*民法典論争の結果、施行されずに終わった。この間、台湾出兵にともなう外交交渉に随行したほか、拷問制度の廃止や条約改正運動にも大きな影響を与えた。95年帰国。

保安条例　ほあんじょうれい　*三大事件建白運動で盛り上がった反政府運動を抑えるために1887年（明治20）12月25日にだされた法律。即日施行され，全7条からなる。特に第4条では，皇居または行在所から3里以内に住む者で，内乱を陰謀または教唆し，治安を妨害する恐れがある者に退去を命じ，3年以内の出入りを禁じることができるとした。これによって，26日から年末にかけて，星亨・林有造・島本仲道・尾崎行雄・竹内綱・片岡健吉・中江兆民・吉田正春・西山志澄・山際七司ら24府県の活動家451人が東京から退去させられた。うち過半が高知県出身者である。退去命令を拒否した片岡・西山らは軽禁錮2年半に処せられた。初期議会でしばしば発動され，98年6月25日廃止となる。

法印神楽　ほういんかぐら　宮城県の旧仙台藩領の石巻市や牡鹿・本吉・気仙・桃生・登米の陸前5郡を中心に，近世期に修験道に属して法印と称された人たちが伝えた神楽。この神楽の特徴は，舞の始まる前に湯立神事が行われることで，太鼓の打ち鳴らし，祝詞奏上ののち，数個の釜に火を入れ，煮え湯を湯笹で見物人に振りかける。神楽は舞台に幕を掛け，天井に大乗という天蓋を吊し，正面に鏡と神籬を設けて演じられる。演目は初矢・白露・魔王神璽・日本武尊・蛭子・岩戸開きなど記紀神話に題材をとり，中世風に脚色をして，印・反閇などに修験の呪術や祈禱が反映されている。

法皇　ほうおう　出家した太上天皇（*上皇）の呼称。制度的にはあくまで太上天皇である。史料上は，899年（昌泰2）に出家した宇多上皇が太上天皇号を辞したのち称された「太上法皇」が初見であるが，天皇の出家は聖武天皇に始まる。平安時代以降，太上天皇尊号宣下の制度が確立してからは，出家に際して太上天皇号を辞退して御随身や封戸を返上することを奏し，天皇がそれを勅許しない勅答を下すというシステムが成立する。院政期の諸法皇は〈治天の君〉として専制的権力を有したが，鎌倉時代の院政では出家後は政務から遠ざかるようになる。

鳳凰堂　ほうおうどう　→平等院

鳳凰と桐　ほうおうときり　古来中国では，鳳凰は人間世界に幸いを告げる想像上の瑞鳥とされ，聖王が現れて天下太平になると，竹の実をくわえて桐（梧桐）の木にとまるものとされてきた。したがって，桐も高貴な木として特別視されたのである。「論語」には，鳳凰の飛来を求めてもえられぬ深い絶望の念が吐露されている。この中国の故事は日本にも古くから伝えられており，平安時代の907年（延喜7）頃から天皇の袍は臣下と区別され，鳳凰と桐と竹を文様とするようになったとされる。また鎌倉・南北朝頃から桐竹鳳凰文様にやはり中国の想像上の瑞獣麒麟が加わった。なお同じ頃に，桐は菊とともに皇室の紋となっている（ただしその後，桐紋は天皇から足利氏などの武家にも与えられて，皇室専用のものではなくなった）。

　天下統一事業を推進した織田信長・豊臣秀吉らも，鳳凰と桐に並々ならぬ関心を示しており，「*信長公記」によれば，信長の超越的権威を象徴する*安土城天主閣の3階，東の八畳敷きの間には桐と鳳凰を画題とする障壁画があった。信長の意をうけて安土城を称える「安土山之記」（「定慧円明国師虚白録」）を書いた禅僧南化玄興は，「偉なるかな。鳳凰の瑞を現し，麒麟の祥を呈するは，今の時に非ずして何れの時ならんや」とのべている。また，秀吉が桐紋（五三の桐）を愛用したことは周知の事実である。

報恩講　ほうおんこう　お七夜とも。仏教の各宗派において，宗祖の徳をたたえ恩に報いるため，その忌日に行う法会。*浄土真宗における，*親鸞のための報恩講が特に著名である。浄土真宗の報恩講は，近代以前は11月21日より忌日の28日まで七日七夜にわたり行われた。現在も全国の信者が本山へ参詣する宗派最大の行事となっている。本願寺3世の覚如の著した「報恩講式」によって法会の形態が整い，8世蓮如によって山科本願寺が創建されてから盛大に挙行されるようになり，芸能の奉仕も行われた。新義真言宗では，覚鑁の忌日に論義法要を行い，曹洞宗では道元の誕生日と忌日に同じく法会を営む。

放下 ほうか　放下僧とも。中世の芸能者・宗教者。鎌倉後期には放下の禅師とよばれる自然居士という人物が実在し、禅宗の徒としてその境地を説くが、髪を剃らず烏帽子をつけ、簓をすり、説経を行った。放下は、うち捨てるという意の禅語「放下着」に由来する。こうした禅宗の教えをうけて巷間の宗教者として活動する人々が多数現れ、謡曲の題材としてもとりいれられた。室町時代には芸能者としての側面が強まり、手鞠・品玉・輪鼓・軽業の芸やコキリコでリズムをとり歌った。民俗芸能の風流踊に放下歌が残る。

防海新策 ぼうかいしんさく　ペリー来航後の水戸学者の*海防論。*豊田天功の著。1853年(嘉永6)6月23日、前藩主*徳川斉昭に上呈された。天功はロシア、イギリス、アメリカの情勢をのべ、開国論や避戦論を批判したうえで、攘夷の実行と大艦・大砲の軍備充実を迫っている。アメリカに関する情報は、蘭学者箕作省吾の「*坤輿図識」(1844)によりながらも、「神州」日本の尚武の伝統を説き、攘夷策によって、人々から必死の力をださせ、衰弱した人気を振るい起こせと主張している。この主張は、1825年(文政8)に会沢正志斎が著した「*新論」の基本的な立場と同じものである。

判官物語 ほうがんものがたり　→義経記

宝慶記 ほうきょうき　南宋に渡った*道元が、師の如浄(1162～1227)と交わした問答、如浄から聞いた教えの記録。1巻。漢文体。1225年(南宋・宝慶元)天童山において如浄に参じ、7月外国人として随時に質問することの許可を願いでた文書から始まり、26年冬、如浄の天童山退院の頃に及ぶ。1253年(建長5)弟子の孤雲懐奘が道元の遺品中から発見して筆写した。書名は南宋の暦号による。内容は、宋代禅宗の仏教理解、寺院制度、風習・作法などへの疑点が意識的にとりだされ、詳細で緊迫感がある。菩薩戒に関する如浄の見識などには、道元の問い掛けゆえに誘発された面があるかもしれない。

礮卦 ほうけ　礮(砲)の機能を易理によって解釈した著述。*佐久間象山の著。1852年(嘉永5)成立。礮は易では睽の卦に相当するものとし、睽が火(離)と金(兌)という相反する卦からなるように、礮という優れた兵器も人を害するという点で天地の大徳である生と背反するので睽の卦にあたるという。そのうえで睽の卦の働きのすばらしさは、乖離するものを統一し事を成就させるところにあるとし、これこそ「君子の道」であるといい、有徳者たる君子の使命を強調する。要するに君子こそが優れた砲術家たりうるというのが本書の基本的主張であり、こうした考え方は明らかに〈*東洋道徳・西洋芸術〉(「省諐録」)に通底する朱子学的学問観に立脚するものであった。

保建大記 ほうけんたいき　*栗山潜鋒の著した漢文の歴史書。全2巻。1689年(元禄2)、近侍していた後西天皇の皇子八条宮尚仁親王に「保平綱史」を献上し、これをもとに、同じ水戸藩の史臣であった*安積澹泊・*三宅観瀾らとの討議をうけて、まとめなおしたものが本書である。1716年(享保元)刊。「保元より建久に至る、中間三十余年の事の最大(骨子)なるを記す者なり」と自序にあるように、保元～建久(1156~99)の時期を朝廷の衰退、武家政治の興隆という歴史の転換として捉えて、儒教的な徳治論の観点から崇徳上皇・後白河法皇の不徳に朝廷の衰微の原因を求めた。その一方で、君臣の名分を乱したものとして、源頼朝の行為も批判の対象となっている。谷秦山は、この書の講義を「*保建大記打聞」として著している。

保建大記打聞 ほうけんたいきうちぎき　*谷秦山による「*保建大記」の注釈書。全3巻。晩年、秦山は水戸彰考館総裁であった*栗山潜鋒の「保建大記」を講義した。その時の筆記録を、秦山が見直してまとめたのが本書で、秦山没後の1720年(享保5)に出版された。そもそも「保建大記」は潜鋒が18歳の時、後西天皇第8皇子の八条宮尚仁親王に進講したものを増補・改訂したもので、内容は王朝が衰微し、武門が盛んになった遠因を、*後白河天皇の践祚から崩御までに注目した史論であった。山崎闇斎や浅見絅斎亡き後、神道を主とし、儒学を従とする日本学を志した学者を探していた秦山は、その書を熟読玩味し、これこそ「神道を大根にして、孔孟の書を

羽翼にした」，まさに日本人の求むべき道（日本学）を明らかにした好著と歓喜した。しかも闇斎の学問に通じており，後学の目標とする学問であるとして，門人に逐語的かつ詳細に講じたのである。

保元物語 ほうげんものがたり 保元の乱(1156)を題材とする*軍記物語。全3巻。作者未詳。原典は鎌倉前期までに成立したと考えられる。内容は，上巻に崇徳上皇と*後白河天皇との対立から合戦の前夜を，中巻に合戦の経過と上皇方の敗北を，下巻に敗者の処遇を描く。もっぱら敗者の側に焦点をあわせ，なかでも源為朝は超人的な活躍をみせている。古態を残す半井本では，配流された為朝が伊豆の島々を支配して征伐される話で最後を結び，英雄としての造型が顕著である。また末尾近くに，*西行が配所の讃岐国で没した崇徳上皇の墓に赴き，和歌を献じてその霊を慰撫する話を載せるが，これはこの物語が怨霊の*鎮魂のために作られた可能性を示唆するものといえよう。

法語 ほうご 僧の説法，布教のために書いた文章。また特に禅宗寺院における教論，入寺・葬儀・年忌仏事や定期的な説法などをいう。仮名・仮名交り文で書いたものを仮名法語とよび，漢文表記によるものも多い。平安・鎌倉時代以後，祖師が自分の思想を体系的に論じた著，弟子が師の教えを伝えるための著述などが多くみられる。代表的なものに，法然「*一枚起請文」，親鸞「*教行信証」，唯円「*歎異抄」，道元「*正法眼蔵」，懐奘「*正法眼蔵随聞記」，日蓮「*立正安国論」，室町時代の蓮如「御文章（*御文）」などがある。禅僧の法語は多く漢文で，*語録に収められるが，月庵宗光「月庵和尚法語」，白隠慧鶴「遠羅天釜」など，仮名交り文で書いたものもある。

奉公 ほうこう →御恩・奉公

奉公心得書 ほうこうこころえがき *竹内式部の講義録。1冊。式部は，公卿などに「*日本書紀」神代巻や浅見絅斎「*靖献遺言」などを講じ，わが国の国柄や日本人としての使命を教示した。式部の教えに覚醒され感動した公卿は，桃園天皇にそれを進講した。ところが，それを快く思わない摂関家などの訴えから，式部は1756年(宝暦6)末，京都町奉行に糺問され，59年に京都から追放された（*宝暦事件）。本書は第1回糺問後の1757年6月に公卿を集め，天皇を守ることこそが日本人の至上命題であることを訴え，そのための朝臣の心得をのべた講義録である。

方広寺 ほうこうじ 京都市東山区にある天台宗の寺院。豊臣秀吉の発願になる大仏殿があった。1586年(天正14)に造営が企図され，88年頃に本格的に着工，95年(文禄4)に完工した。6丈（約18m）の木造金漆塗坐像の華厳の説法方広仏を本尊とし，これによって寺名が決定された。同年9月，秀吉の先祖のための千僧供養の法会が開かれ，豊臣氏滅亡まで続けられた。一方，大仏は96年(慶長元)の大地震で大破したので，97年には信濃国の善光寺如来が移されたが，秀吉の死の直前に戻された。その後，子の秀頼によって大仏再興が図られ，1612年に銅像大仏が落成した。14年に鋳造された洪鐘の銘文が大坂の陣の口実となったことは有名である。その後大仏は，62年(寛文2)地震で再び小破して木造に替えられ，1798年(寛政10)震火のため焼失した。現在は鐘楼と鐘を残すのみである。

方向転換論 ほうこうてんかんろん *山川均が自ら主宰した雑誌「*前衛」の1922年(大正11)7・8月号に執筆した論文「無産階級運動の方向転換」——これが方向転換論である。明治以降の日本の無産階級(社会主義・労働)運動の全面的総括にもとづいて，以後の運動の方向とあり方を提起した画期的論文である。日本ではじめて*マルクス主義(革命と改良の弁証法)を日本の具体的・歴史的条件に適用した最初の理論で，同時にこの中で，観念的革命主義のアナルコ・サンディカリスムと*福本イズムの誤りを批判した。社会主義者は少数分子の孤立した運動から脱皮して大衆の中へ帰り，大衆の日常的な経済的・政治的利益のための運動を重視するように訴えた。

豊国祭礼図屛風 ほうこくさいれいずびょうぶ 1604年(慶長9)*豊国神社で行われた臨時祭を描いた屛風絵。この年は豊臣秀吉の七回忌にあたり，徳川家康が人心を把握する目的で催したと考えられる。狩野内膳重郷筆の豊国神社本

や徳川美術館本などがあり，両者ともに六曲一双屏風，17世紀前半の作品である。画面には500名に及ぶ町衆の風流踊の輪舞，馬揃え，猿楽，田楽などがいきいきと描かれる。

豊国神社 ほうこくじんじゃ 「とよくに—」とも。京都市東山区茶屋町に鎮座。祭神は豊臣秀吉。秀吉が1598年(慶長3)8月18日に死去したのち，9月に前田玄以の奉行により，方広寺の東方の阿弥陀ケ峰で縄張が始まった。翌99年4月に至って社殿が完成し，同月13日に遺骸を伏見城より移す。17日に神号「豊国大明神」が奉じられ，18日に正遷宮，19日に正一位が贈られた。祭祀は*吉田兼見が中心となり，その弟の*梵舜が神宮寺社僧として吉田神道で奉仕した。社殿や祭礼は桃山時代を代表する華やかさを誇ったが，豊臣家の没落とともに廃され，明治期になって再興された。ほかに名古屋・大阪・長浜市などにも勧請されている。

彭叔守仙 ほうしゅくしゅせん 1490〜1555(延徳2〜弘治元) 室町後期の禅僧。臨済宗*聖一派。信濃国の人。室町幕府奉行人の諏訪氏の出。別号瓢庵。はじめ相国寺の不琢に侍したが，不琢の命で東福寺の自悦守择に師事する。1521年(大永元)壱岐国海印寺(諸山)・山城国真如寺(十刹)の公帖をうけ，翌22年，それまで夢窓派に所属したのを自悦に拝塔嗣法して，聖一派栗棘門派の人となる。この頃，諱の周仙を守仙と改める。38年(天文7)東福寺207世として入寺し，以後没年までに東福寺に24住まで繰り返し住し，善慧軒を創建した。戦乱期の東福寺経営に尽力し，47年には南禅寺の公帖もうけた。能登守護畠山氏，その家臣温井氏の帰依をうけ，能登国に三度下向してその地方の僧との交渉が深かった。多くの内外典籍を書写・読破して学・詩文の僧として知られ，各門派の僧との交友も広い。語録詩文集「鉄酸餡」「猶如昨夢集」があり，諸典籍からの抄写覚書「雑貨舗」「東語西話」の一部が残っている。

法呪師 ほうじゅし →呪師

放生 ほうじょう 捕らえた虫・魚・動物などの生き物を解放して自由にすること。特にその法会を放生会と称する。殺生・肉食を戒める*慈悲の実践として行われるもので，「*梵網経」「金光明最勝王経」などにその趣旨や因縁が説かれている。中国でも古くから行われたが，わが国では天武朝に見される。7世紀末からは諸国放生会が毎年の恒例となってしだいに寺社などにも普及していったが，特に著名なものは旧暦8月15日の宇佐・石清水の各八幡宮の行事で，鎌倉時代には鶴岡八幡宮でも始まった。なお平安時代以降は貴族・民間でも行われ，安産祈願の七仏薬師法にともない，多数の魚を河川や湖水に放つこともあった。→殺生禁断

北条氏綱遺状 ほうじょううじつなゆいじょう 「北条氏綱書置き」とも。北条早雲の嫡子氏綱(1487〜1541)が，1541年(天文10)5月，死没の2カ月前におそらく子の氏康に遺した訓誡である。氏綱は父早雲の遺志を継承し，家督の相続後も山内・扇谷両上杉氏に対抗して後北条氏の領国拡大に努め，1538年には関東一円をその勢力下に収めた。遺訓の内容は主として武将の心得を説いたもので，第1に「大将に限らず武士たる者は義を専らに守るべきこと」であるとし，「義を守りての滅亡と義を捨てての栄花」には，天地の差があるという。そこには義の道理の自覚が強調される。また第2には，人材登用の心得と善政による人心の結集こそ領国安定の要件であること，第3には「其身の分限」を厳守すべきこと，第4に古風を守り倹約することが説かれている。

北条氏長 ほうじょううじなが 1609〜70(慶長14〜寛文10) 江戸前期の兵学者・幕臣。名は氏長・正房，通称は新蔵。江戸生れ。徳川秀忠・家光の側近として仕え，1653年(承応2)従五位下安房守に叙任され，55年(明暦元)大目付，さらに58年(万治元)には大目付との兼任で宗門奉行に任じられた。13歳の時から小幡景憲に甲州流兵学を学び，のち「国家護持の作法」(「士鑑用法」)としての北条流兵学を創始した。それは，「方円神心」という神・儒・仏三教一体の概念のもとに，戦時の軍隊統制と平時の治国，技術と道徳を総合的に体系化する兵学理論であった。特に軍事技術の分野では，1650年(慶安3)オランダ人による臼砲

射撃の実演を見学して，その優れた西洋攻城法や測量術を摂取し，57年(明暦3)の江戸大火後の江戸地図作成に，その真価を発揮した。

方丈記（ほうじょうき） 鎌倉初期の随筆。1巻。かつては偽書説もあったが，現在は*鴨長明の作とされる。1212年(建暦2)3月の成立。長明は，洛南日野の法界寺のうしろに方丈の庵を結んで晩年をすごすが，書名はその「方丈」の庵にちなむ。また「本朝文粋」所載の，平安時代の漢文の名作とされる慶滋保胤の「*池亭記」にならったとされる。その普及は早く，写本の数も少なくなく，慶長年間(1596～1615)に嵯峨本・木活字本が刊行される。諸本は広本と略本の2系統に大別され，さらに広本は古本系と流布本系に分かれる。略本は後世の偽作説が有力だが，〈草稿本か〉として評価する説もある。古本系には長明自筆とする説もある大福光寺本がある。全体は1万字ほどで，構成に富み，「詩序」の5段構成にならったともされる。仮に5段に分けると，(1)無常の世における「人」と「栖」のはかなさ，(2)五つの災害で体験した「人」と「栖」のはかなさ，(3)日野における隠遁生活，(4)隠遁生活の楽しさ，(5)草庵生活における自己批判，がのべられている。「*徒然草」とともに，中世隠者文学の代表的作品である。

北条五代記（ほうじょうごだいき） 北条早雲以下，後北条氏5代の事績と世事を記した書。全10巻。三浦浄心(1565～1644)の著。1641年(寛永18)刊。序文によれば，浄心の著作「慶長見聞集」から旧友(実は浄心自身か)が後北条氏5代に関する記事を集録したものという。後北条氏の譜代の家に生まれ，典型的な戦国武士であった浄心(俗名は茂正)は，「天道」を合戦の勝敗，政権の興亡を決定する絶対者とみなしながら，「天道」の作用には倫理的応報と神秘的な支配があり，人の善悪の行為と無関係に偶然的に幸・不幸をもたらす後者の作用を「天運」(運命)と捉えている。また，後北条氏の滅亡も儒教的な意味での不徳・失政によるものではなく，究極的には天運が尽きたからであると主張している。

宝生座（ほうしょうざ） →大和四座

法成寺（ほうじょうじ） 京都市上京区の鴨川西辺に所在した寺院。1019年(寛仁3)に出家した*藤原道長が九体阿弥陀堂を建立し，翌年に無量寿院と号して落慶供養したのが始まり。22年(治安2)の金堂・五大堂の供養には後一条天皇の行幸をみ，法成寺の寺名に改められた。以後，講堂・薬師堂・十斎堂・経蔵・僧房などが次々に落成し，道長の妻倫子が設けた西北院，女の上東門院彰子が設けた東北院ともども壮大な伽藍を誇るに至った。しかし，伽藍の中心は相対して所在した五大堂と阿弥陀堂で，前者は怨霊調伏，後者は極楽往生を目的とする現当二世安楽を祈願する王朝貴族の願望をよく象徴しており，道長は当寺阿弥陀堂で臨終を迎えた。58年(康平元)の火災を機にしだいに衰退に向かった。

北条重時家訓（ほうじょうしげときかくん） 鎌倉北条氏の有力な庶族である極楽寺流の家祖北条重時の記した最古の武家家訓。「六波羅殿御家訓」と「極楽寺殿御消息」の総称。仮名文。「御家訓」43カ条は，重時が相模守に任官した1237年(嘉禎3)40歳から六波羅北方探題を辞した47年(宝治元)50歳の間の成立。嫡子長時に武家の家長としての日常生活の具体的な心構えを説いたものであるが，従者への心遣いとともに，北条氏の家督である得宗をさすと考えられる「ヲヤカタ」への奉公が強調されている点が注目される。「御消息」99カ条は，56年(康元元)59歳での出家から61年(弘長元)64歳での卒去までの成立。浄土思想を背景として，日常的道徳を後代の子孫までを対象として説いている。重時は兄の孫にあたる執権*北条時頼のもとで長く連署を務め，出家後も同時期に出家した時頼とともに，卒去に至るまで僧形で幕政を指導した。その娘は時頼の正室として嫡子時宗を生み，執権に昇った長時をはじめとする子息たちもおのおの出世をとげた。このような極楽寺流北条氏発展の基礎を築いた重時の家訓は，鎌倉幕府政治史研究の史料としても貴重である。

北条早雲廿一ケ条（ほうじょうそううんにじゅういっかじょう） →早雲寺殿廿一箇条

北条時頼（ほうじょうときより） 1227～63(安貞元～弘長3)

ほうじ　　　　　　　　　　　　　　900

鎌倉中期，幕府の5代執権。相模守。最明寺入道。時氏の子。母は安達景盛の女。京都生れ。1247年(宝治元)，有力御家人の三浦泰村とその一族を滅ぼして(宝治合戦)，北条氏の専制化を進め，49年(建長元)，土地訴訟を管轄する引付を設置するなど幕府の裁判制度を確立した。56年(康元元)出家したが，実権は把握した。諸国を巡回・視察したとの伝説がある。観阿弥作と伝える謡曲「鉢木」は，大雪の日に偶然泊まり合わせた佐野源左衛門が秘蔵の鉢の木を火に焚いて接客したのに感じて，時頼がその廉直と誠実に報いたという筋で，鎌倉武士の理想的な道義観を語る物語として後世まで伝えられ，演劇や文芸に影響を与えた。

北条泰時 ほうじょうやすとき　1183~1242(寿永2~仁治3)　鎌倉幕府の執権。父は同じく執権を務めた義時。母の出自は明らかでない。青年期に3代将軍源実朝の側近に仕えた。統治者としての自己認識は，あるいは実朝の行動に影響をうけたのかもしれない。1221年(承久3)の承久の乱では指揮官として京都に攻め上り，後鳥羽上皇の軍を打ち破った。この後，叔父の北条時房とともに初代の六波羅探題となり，京都・西国の治安の回復に努め，朝廷や貴族・大社寺との交渉に従事した。この経験も，統治者としての泰時を成長させたと思われる。24年(元仁元)父義時の死をうけて鎌倉に戻り，執権職を継いだ。自らの補佐役として連署の職を設けて時房をこれに任じ，評定衆を設置して合議を重視する政治体制を形成した。32年(貞永元)には「*御成敗式目」を制定し，法に明示したうえでの理非の決断を実現した。元来，幕府は武士の利益を代弁するために創設されたが，泰時は幕府の性格を転換し，世の中を統治するものと位置づけた。法を犯した時は御家人であっても処罰し，泰時の主導のもとで，幕府は公平性にもとづく統治機構へと成長したのである。

鳳潭 ほうたん　1659~1738(万治2~元文3)　江戸中期の華厳宗の中興者。法諱は僧濬，字は鳳(芳)潭。華嶺道人・幻虎道人と号す。摂津国豊能郡池田の人，また越中国西礪波郡埴生村の人とも伝える。喜多宗伯の子。1674年(延宝2)に河内国法雲寺で得度する。のち黄檗宗の*鉄眼道光に師事し，その勧めで華厳宗復興を志す。その後，南都に赴き華厳・倶舎・三論を修学し，35歳の時，泉涌寺雲竜院の恵応のもとで受戒した。1695年(元禄8)には比叡山安楽院の*霊空(光謙)について天台教観を相承するなど，諸宗の教理を研鑽した。1723年(享保8)京都松尾に華厳寺を建立し，華厳宗の道場として華厳教学の復興・流布に尽力した。浄土宗西山派の顕恵や浄土真宗の*法霖ら諸宗の学僧と法論を交えたが，なかでも30年，霊空と三井寺の義瑞との念仏についての論争にあたり，「念仏往生明導剤」を撰して霊空を支持し，念仏即観仏を主張したのは有名である。近世の華厳教学は，唯心論の根本哲理とされ，諸教一致論に教学的根拠を付与するものであり，鳳潭の復興運動は，その普遍性を前提に，華厳宗としての自立性を主張するものであった。

法道 ほうどう　1804~63(文化元~文久3)　江戸後期の浄土宗*捨世派の僧。大日比三師(法岸・法洲・法道)の一人。諱は法道，字は円如，号は徳蓮社・元誉・信阿・蓮庵。俗姓は村尾氏。長門国萩の人。9歳で長門国大日比の西円寺の法洲について得度し，1817年(文化14)江戸増上寺の弁信につき，21年(文政4)同寺の舜従から宗戒両脈をうけた。24年法洲の命で西円寺住持となり，本堂伽藍の新改築を行った。26年香衣綸旨を拝した。35年(天保6)上洛して「十勝論」を校合し，知恩院の聴誉より布薩戒をうけた。師の法洲によく仕えるとともに，田植念仏・初夜念仏・胎教念仏をとりいれて庶民を教化した。

法灯派 ほうとうは　→法灯派ほっとう

報徳運動 ほうとくうんどう　*二宮尊徳の思想をよりどころとした村・家の復興運動。幕末・維新期になると尊徳の仕法にならいつつ，民間で自主的に結社(*報徳社)を結んで金銭を融通しあう結社式仕法が盛んになる。これを担ったのが尊徳の門人である*福住正兄・*富田高慶・岡田良一郎らであるが，報徳運動はしだいに明治国家の形成を下支えする役割をはたすようになり，その自主性・自立性は

失われた。たとえば，福住正兄は維新後教導職に就任し，報徳の教えと*復古神道とが一致すると説いた。また，富田高慶が著した尊徳の一代記「*報徳記」は1880年代に政府が出版しており，報徳運動は明治政府の農政および教化政策に大きな役割をはたした。さらに政府は，日露戦争後には戦費の超過にともなう財政立て直しのために，*地方改良運動を行った。報徳運動の影響下で農家共同救護社や青年報徳夜学校を設立していた静岡県稲取町を，政府が模範村として表彰したことからもわかるように，その指導理念は報徳思想であった。このような状況下で，1924年(大正13)岡田良一郎らにより組織統合されたのが大日本報徳社である。→報徳仕法

報徳会 ほうとくかい 1905年(明治38)に*二宮尊徳の没後50年を記念して，平田東助・一木喜徳郎らの内務・文部・農商務官僚や実業家・大学教授などによって組織された団体。「民風の作興，自治民政，教育産業の発展」などをうたい，勤倹・節約・分度・推譲などの農民を対象とした報徳の理念を国民一般に広めることをめざして，日露戦後の肥大化した国家財政を維持し，産業の拡大を担う国民の育成を図ろうとしたものである。機関誌「斯民」を06年4月から発行し，44年(昭和19)9月まで全467号をだした。設立の当初より*地方改良運動を積極的に推進し，12年(大正元)中央報徳会と改称してからも，*青年団や町村長会の組織化などを行った。

報徳記 ほうとくき 近世後期の農村指導者*二宮尊徳の一代記。全8巻8冊。尊徳の高弟(尊徳の女婿でもある)*富田高慶の著作。尊徳の死没後の1856年(安政3)11月2日に成稿。尊徳の幼年期の行状から稿をおこし，小田原藩の家老服部家の家政再建，桜町仕法など，尊徳一代の事業を伝記風にのべている。本書は，近現代の尊徳像や尊徳仕法像の形成に決定的な影響を与えた書物であり，特に1880年代に政府(宮内省・農商務省)が本書の出版や普及にかかわったこともあって，*報徳運動の展開や明治政府の農政・農村教化政策に大きな役割をはたした。

報徳仕法 ほうとくしほう *二宮尊徳の思想をよりどころとした村・家の復興法。仕法の基本的原理は，勤労・倹約・分度・推譲であり，分度とはそれぞれの支出の限度を定めること，推譲は分度外の収入を将来あるいは他人のために積み立て提供することである。尊徳が行った仕法は，ほとんどが領主により依頼された行政式仕法であるが，それに対し幕末・維新期以後に盛んに行われたのは，民間で自主的に結社を結んで行う結社式仕法であった。遠江国報徳社など，地名を冠した民間の*報徳社(互助的な金融組織)が各地に作られ，1924年(大正13)には合同して大日本報徳社が結成された。

報徳社 ほうとくしゃ 近世末期・近代の庶民の相互扶助的金融機関。*二宮尊徳の指導によって，1843年(天保14)に始められた小田原報徳社が最初である。積立金と加入金を資金として，社員全員の入札によって最困窮者を選び無利子・年賦で貸し付け，元金の返済時に礼金としてその1カ年分をださせるものであった。頼母子などの在来金融と類似している点もあるが，貸付者の選び方や，勤労・倹約・分度・推譲などの道徳や規律を重視している点で，単なる相互扶助組織とは異なる。幕末維新期・松方デフレ期・日露戦後期などの農村の混乱・停滞期に，荒村化を防いだり農民たちを高利貸から解放する方法として，尊徳の弟子などによって関東から駿河・三河国の各地に作られていった。当初は各報徳社相互の関係はなかったが，1924年(大正13)大日本報徳社が作られて全国的な組織となった。

豊内記 ほうないき 「秀頼事記」とも。豊臣秀吉の継嗣，内大臣秀頼の伝記。全3巻。著者未詳。1615年(元和元)の豊臣氏滅亡後まもなく成立か。序によれば，秀頼の最期までを見届けた高木宗夢の物語を桑原求徳が書き集め，さらに著者がその記事に加除・訂正をほどこしたものという。本書は単なる秀頼の一代記ではなく，神儒一致論の立場から当代までの日本の治者の政道を論評し，儒教の王道政治についてのべている。その中で著者は秀吉の治政を儒教的政道論によって批判しながら，秀頼には君主としての資質はあったが，秀頼も儒教を知らず小人・佞人を近づけたため結局滅亡したと論断する。一方，徳

川家康を天道に適った有徳者と称揚し，徳川政権成立の必然性を説いている。

望楠軒神道（ぼうなんけんしんとう） *若林強斎の私塾望楠軒で教授された*垂加神道の俗称。強斎は朱子学と神道をきわめた*山崎闇斎の学問を継承するため，*浅見絅斎から朱子学を学び，高田正方（未白）らから垂加神道を学んだ。*玉木正英は強斎の学識ならびに神道家としての姿勢に驚嘆し，「守中霊社（ちゅうちゅうれいしゃ）」の神道号を授与し，やがて望楠軒は闇斎の正統学問を継承する場となった。幕末まで続いた望楠軒には，小野鶴山・*西依成斎・*松岡雄淵・*竹内式部・*梅田雲浜ら大義名分にきびしい儒者や勤王の志士を多く輩出したが，彼らは神道もきわめていた。

法然（ほうねん） 1133～1212（長承2～建暦2） 平安後期～鎌倉前期の僧。*浄土宗の開祖。法然は房号で，実名は源空。父は美作国稲岡荘の押領司漆間時国，母は秦氏某。1147年（久安3）に比叡山延暦寺にて出家，天台教学を学ぶが，50年には比叡山黒谷に隠遁し，叡空のもとで念仏者となる。これ以後，法然房源空と名乗る。75年（安元元），中国浄土教の大成者善導の「観無量寿経疏」の一文に遭遇し，専修念仏の教えに帰依する。この後，比叡山を下り東山大谷を拠点として専修念仏を説き，98年（建久9）には主著「*選択本願念仏集」を撰述した。しかし，念仏以外の修行による往生を否定した法然の教えは，延暦寺・興福寺などの反発を招き，門弟の安楽房（遵西）・住蓮房らが風紀を乱したとの嫌疑をうけたことを直接の契機として，1207年（承元元）には専修念仏が禁止され，土佐国へ流罪となった。同年末には赦免され，11年（建暦元）に京都大谷へ戻るが，翌年病床につき，教えの要点を簡潔に表した「*一枚起請文」をしたためたのち，没した。→七箇条制誡　専修念仏

豊年踊（ほうねんおどり） 作物の豊作を祈願または祝した民俗舞踊。正月には予祝として*田遊や田植踊が行われ，収穫期には豊作を祝う踊り（風流踊）をする。その間，太鼓踊や棒踊で豊作を祈願する。今日，一般的となった*盆踊もその一種とみられる。歌舞を演じ，笛や太鼓を奏でることが稲の豊凶に影響を与えると考えられた。

法然上人絵伝（ほうねんしょうにんえでん） 浄土宗の開祖*法然の伝記を絵画に表現したものの総称。最古のものと考えられるのが，法然の没後25年の1237年（嘉禎3）に成立した「法然上人伝法絵」（耽空撰）4巻であるが，原本は散佚しており，福岡県久留米市善導寺に写本が存する。「法然上人伝」（増上寺蔵），「法然聖人絵」（知恩院ほか蔵）もこの系統の作例である。「法然上人行状絵図」（知恩院蔵）48巻は，14世紀初めに後伏見上皇の命で舜昌が作成したもので，最大規模のものである。このほか，浄土真宗系のもので，1301年（正安3）に覚如が製作した「拾遺古徳伝絵詞」9巻などが知られている。

放屁論（ほうひろん） 江戸中期の戯文。1冊。風来山人（*平賀源内）の著。成立年は不明だが，1774～77年（安永3～6）の間か。「放屁論後編」とともに，80年出版の「風来六部集」に収められる。1774年，江戸両国の見世物にでた自由自在に放屁する男の芸に材をえて，真面目な顔で旧来の芸をこえた新しい芸を称揚する。これには77年の自序のある「放屁論後編」がある。著者が自らを擬した貧家銭内なる人物がエレキテル器械を作り，それを見にきた儒者石倉新五左衛門に対して，放屁男をだしに自らの不遇とそれを招いた世の中への不満を並べ立てる。

方便（ほうべん） 梵語upāya（到達するための手段の意）の漢訳。真実と対語となり，衆生を仏道に導くためのすぐれた教化方法，巧みな手段，あるいは相手の素質・根性などに応じて便宜的・暫定的にとられる手段をいう。「法華経」では「善巧方便」と訳して，これを重んじ，三乗（声聞乗・縁覚乗・菩薩乗）の教えは方便であって，真実には三乗の人すべてが仏となることのできる一仏乗（一乗）があるだけと説く。後世にはしだいに本来の意味が脱落していって，目的達成のための便宜手段を広く称するようになった。

蓬萊（ほうらい） 中国の*神仙思想にもとづく三神山の一つ。方丈・瀛州とともに中国

の東方の海上にあり，神仙(*仙)の住むとされた山。あるいは亀の背に乗るともされた。「史記」始皇本紀・封禅書ほうぜんしょや「漢書」などにみえる。日本においては奈良時代に，「*懐風藻かいふうそう」では竜門山や吉野が蓬萊・方丈・瀛州とみなされた。平安時代には，雄大な庭園を神仙境とみなす思想が導入された。嵯峨の大沢池や鳥羽上皇の鳥羽離宮は，蓬萊あるいは瀛州とみなされた。さらに，鏡背・漆器などの工芸品に吉祥文様として描かれるようになった。「栄花物語」巻8の「はつはな」には，中宮彰子の産養の儀の衣笥いしに蓬萊の図が彫りだされていたとみえ，「紫式部日記」寛弘5年(1008)11月22日条には，扇に蓬萊山が描かれたという記事がある。

法律学校 ほうりつがっこう 明治期の私立法学教育機関の総称。官立法律学校の嚆矢は，1872年(明治5)設立の司法省管轄の明法寮ほう（東京大学法学部の前身）である。一方，明治10年代以降になると，自由民権運動や欧化思想の広がりとともに，青年の学問志向が法律・政治・経済学に向かい，欧米の法律知識を教授する私立法律学校が勃興した。当時司法省を中心に勢力のあったフランス法を教授した先駆としては，80年の東京法学舎(和仏法律学校，法政大学)，明治法律学校(明治大学)，86年の関西法律学校(関西大学)がある。また，実地応用を重視した英米法学の教授機関としては，80年専修学校(専修大学)，85年英吉利いぎり法律学校(中央大学)がある。他方，89年の大日本帝国憲法発布直後には，欧米法学に偏しない日本独自の法学研究教育機関をめざし，山田顕義あきよし法相らが皇典講究所(のち国学院大学)内に日本法律学校(日本大学)を設立した。そのほか総合教育機関に法学関連学科を設置した早稲田(1882)，慶応義塾(1890)，同志社(1891)，そして1900年開設の京都法政学校(立命館大学)も含めて，いずれも03年専門学校の認可をえて，のち大学に昇格した。

保暦間記 ほうりゃくかんき 中世の歴史書。1巻。保元の乱(1156)以降，建武の新政が挫折した1339年(暦応2)まで180年余の武家中心の略史。漢字仮名交り文。著者未詳。武家社会を肯定し，14世紀中頃の成立。鎌倉幕府の修史事業「*吾妻鏡あずまかがみ」の記事以降にも扱っているため，本書でのみ知られる内容がある。本書をもとにして江戸初期，医者の*小瀬甫庵おぜほあんは，「信長記しんちょうき」「太閤記たいこうき」を改作したのと同じように，儒教的道徳評論を加えて通俗的な読み物に仕立てたが，この同名の書は中世の思想史研究には役立たない。

法隆寺 ほうりゅうじ 斑鳩寺いかるが・法隆学問寺とも。奈良県斑鳩町にある飛鳥・白鳳時代の代表的寺院。*南都七大寺の一つ。現在は聖徳宗総本山。用明天皇の遺命をうけて推古すいこ天皇と*聖徳太子が607年(推古15)に創建したと伝える。東西二つの伽藍からなる。塔と金堂が中門に対して並行に配置される西院さいいん伽藍は，法隆寺式伽藍配置とよばれるが，創建時の建築が天智朝に焼失し，持統朝頃から和銅年間(708〜715)にかけて再建されたものである。日本ばかりか世界最古の木造建築として貴重である。東院とういん伽藍は，739年(天平11)に僧*行信ぎょうしんが聖徳太子の斑鳩宮の旧跡に建立した八角円堂(夢殿ゆめどの)を中心とする。*四天王寺とともに*太子信仰の中心をなしてきた。金堂釈迦三尊像・金堂薬師如来像・百済くだら観音像・夢違ゆめちがい観音像・玉虫厨子たまむしずし・聖徳太子画像・塔本塑像とうほんそぞう群，また夢殿救世ぐぜ観音像や行信僧都ぞうず像など多くの飛鳥時代から天平時代にかけての彫刻や絵画作品などがある。奈良時代絵画の傑作であった金堂壁画は，1949年(昭和24)の火災で惜しくも大部分が損傷した。

法霖 ほうりん 1693〜1741(元禄6〜寛保元) 江戸中期の浄土真宗本願寺派の4代能化のうけ。初名は慧琳，号は日渓・松華子，諡は演暢院。3代能化若霖じゃくりんの門弟で，若霖の自坊，近江国蒲生郡日野の正崇寺を継いだ。1736年(元文元)能化に就任すると，荻生徂徠おぎゅうそらいの「学則」にならって「日渓学則」を著し，学林の体制を整備した。また，本願寺重役に対して教誨を加えて(「古数寄屋法語こすきや」)，能化の権威を高めた。本願寺派教学の大成者として知られ，天台の教理をとりいれ，義解を離れた円解を主張し，大乗仏教全体を真宗教義で包摂せんとして浄土三部経中の大経「無量寿経」を学ぶべしと説いた。法霖の死後，これらの学説をめぐって明和めいわ法論が生じた。また，華厳宗の*鳳潭ほうたんと論争を交わし，

「浄土折衝編」「笑螂臂」を著した。

宝暦事件（ほうれきじけん） *竹内式部門人の徳大寺公城・西洞院時名らの公家衆が，神書進講を家職とする吉田家（当主兼雄）を差しおいて，1756年（宝暦6）から桃園天皇に垂加神道流で神書（神代紀）を進講したことに端を発した事件。天皇は歌道以上に神書受講を重視し，特に垂加流に執心していた。それに対し，垂加流を嫌う青綺門院や，彼らの僭越な行動を恐れた前関白一条道香からの重臣が，進講の中止を要請した。しかし，天皇が拒否したため，関白近衛内前はまず京都町奉行に式部を処分させ（1759年），それに乗じて門人の公家衆や天皇の乳母らを叡慮に反して，しかも幕府の承認をへないで処罰した（1760年）。その後幕府は1767年（明和4），尊王斥覇を説き幕政を批判した*山県大弐を死罪に処したが，この*明和事件の際，すでに宝暦事件で重追放の処罰をうけていた式部が京都に立ち入ったとして，彼を八丈島へ遠島配流した。

放浪記（ほうろうき） 林芙美子（1903～51）の長編小説。1928年（昭和3）8月から数回にわたり「女人芸術」に連載。1部・2部は30年7月「新鋭文学叢書」として改造社から刊行。3部は47年5月～48年10月「日本小説」に連載，49年1月留女書店刊行。尾道市立女学校を卒業後，上京してさまざまな職業を体験した著者が，その放浪生活の苦しさを日記体で綴ったもの。ひもじさを抱えてのぎりぎりの窮乏生活が描かれるのであるが，不思議な明るさと潔さとたくましさと，そして健康な魂の有り様をうかがわせる文体である。しかし，その清明な文体の底に，作家としてのゆるぎない地位をえてからの芙美子の屈折した有り様を想起させるような，混沌とした情念が存在している。

捕影問答（ほえいもんどう） 江戸後期の対イギリス警戒論。前・後2編。*大槻玄沢の著。前編は1807年（文化4），後編は翌08年に成立。玄沢の対外関係文献を収める「婆心秘稿」全5巻の第1巻に含まれていたと推定される。当時ヨーロッパはナポレオン時代であり，オランダ本国が一時フランスに併呑され，バタビアの植民地もイギリスに占領されるなど不確かな状況下だった。前編は，オランダが雇った米船の寄港に疑念をもった玄沢が，イギリスの策動を疑い記したイギリス警戒論である。後編は，英船が蘭船をかたって長崎に入港しようとしたフェートン号事件（1808）の直後に，この事件の顛末を海外事情の推察を交えながら書いたものである。

慕帰絵詞（ぼきえことば） 本願寺の創立者*覚如上人（1270～1351）の伝記絵。全10巻。1351年（正平6・観応2）成立。各巻末尾に詞書の清書者，絵の作者の名を記す。第1・7巻は足利義教の時代に紛失したため，1482年（文明14）に補写された。覚如上人の子慈俊が父を追慕して詞書を起草したことが，奥書から明らかである。覚如上人の没後，時を経ずして起草されたことからも，詞書の内容に信憑性が認められる。また，精緻な画は風俗史料としても価値が高い。

簠簋内伝（ほきないでん） 「金烏玉兎集」とも。禁忌・吉凶に関する雑書。全5巻。撰者不詳。鎌倉後期の成立。流布本は「三国相伝陰陽輨轄簠簋内伝金烏玉兎集」と首題し，「三国相伝宣命暦経註」を尾題とする。簠簋は祭器の名で，簠は円器，簋は方器のことで天円地方にかたどり天地を意味する。金烏は日，玉兎は月の異名であり，簠簋に納めて伝えられた暦書の意という。本書は禁忌に関する暦注の解説である「三国相伝宣明暦経註」（巻1～3）に，真言系の僧侶が巻4「造屋篇」と巻5「文殊曜宿経」とを加え，さらに巻頭に，釈迦─文殊菩薩─唐の伯道上人─安倍晴明と次第する三国相伝の由来を記した「由来篇」を付加し，晴明に仮託したものである。

北槎聞略（ほくさぶんりゃく） 江戸後期の外国地誌。全11巻・付録1巻・図2軸。蘭方医で将軍侍医桂川甫周（1751～1809）の著。1794年（寛政6）成立。1782年（天明2）伊勢の神昌丸が駿河沖で難破，7カ月の漂流ののちにアリューシャン列島に漂着し，4年後ロシア人に救助された。船頭大黒屋光太夫（1751～1828）は帰国誓願のためロシア皇帝エカテリーナ2世に謁見，帰国を許され，ロシア使節ラクスマンとともに92年根室に帰還した。光太夫と磯吉の2人が翌年江戸で将軍徳川家斉に会

見，甫周が光太夫の見聞をもとに整理・記述したものである。機密文書の扱いをうけたが，異本・抄本が多数一般に流布した。

北山抄（ほくざんしょう）　平安中期の儀式書。全10巻。権大納言*藤原公任（きんとう）の撰で，11世紀初頭頃の成立。書名は公任晩年の隠棲地の名にちなみ，「北山納言記」また「四条大納言記」などとも称された。巻1・2は年中要抄上下，巻3・4は拾遺雑抄上下，巻5は践祚抄（せんそしょう），巻6は備忘，巻7は都省雑事，巻8は大将儀，巻9は羽林要抄，巻10は吏途指南と題される。巻によって執筆事情を異にし，女婿藤原教通（のりみち）のために撰した部分，また藤原道長の命によって撰した部分などが含まれる。小野宮（おののみや）・九条両流の故実を集大成した書として，「*西宮記（さいきゅうき）」とともに重んじられた。公任自筆の巻10の草稿本が伝わる（京都国立博物館保管）。

墨跡（ぼくせき）　語義としては書跡・筆跡と同じであるが，ここでは特に禅僧の書跡をさしてよぶ。先人の毛筆によるすぐれた書跡に敬意をはらい，これを鑑賞する美学は中国において早く発達し，日本もその影響をうけた。書法は〈筆をどう持つか〉の執筆法に始まり，書体・運腕（うんわん）・用筆・用墨・結構・筆力・筆勢その他の概念で要約される多様な要素からなり，時代と人によってその様相を異にした。技巧と素質を統一するものとして「気」「こころ」が重視されて，墨美は文字の造形美とともに書いた人の人格としての平直・峻鋭・重厚・飄逸（ひょういつ）などと重ねられた。日本でも，平安時代以来の漢字・仮名の名筆に対する敬意があり，室町時代には*古筆（こひつ）を鑑賞する態度がみられた。特に禅宗では修道における崇敬から祖師の墨跡を珍重する系譜があり，鎌倉時代以後，多くの遺品が伝来・保存された。茶道が流行して以後は墨跡の修道的性格とともに鑑賞的性格が強くなり，戦国期・近世初期の主に大徳寺派僧と堺の豪商，武将の茶席で飾られるようになって絵画に交じって定着し，近世を通じて珍重された。ついで明治期に至って，関東・関西の実業家を中心とする茶の湯と骨董趣味によって「名品」が再確認され，今日に及んでいる。⇒書（しょ）

卜占（ぼくせん）　占いとも。未知の出来事を明らかにしようとする宗教的・呪術的行為。一定の方法・手順に厳密にしたがうことが肝要とされ，卜占に使う事物・道具の作用の背後に働く，神の意思や宇宙の理法などを意識するタイプのほうがより宗教的と理解される傾向にある。日本でも，焼いた鹿の肩骨や亀の甲のひびの形から神慮を読みとる*太占（ふとまに）・*亀卜（きぼく）（中国起源），道の辻や橋のたもとで聞こえた声を神意と解する辻占（つじうら）・橋占（はしうら），その年の吉凶を占う*年占（としうら）としての*粥占（かゆうら）・相撲（すまい）・*流鏑馬（やぶさめ）など，古来その種類は多彩である。また，はじめ朝廷の周辺で行われていた*陰陽道（おんみょうどう）の天文・暦法占いや易占（えきせん）も，しだいに民間に伝播していった。

北地危言（ほくちきげん）　ロシアの蝦夷地（えぞち）進出に対して，対外的国家防衛を先駆的に説いた*海防論の書。1冊。1797年（寛政9）成立。大原左金吾（どんきょう，1761？～1810）の著。「外寇は天下のあたにして，一国限の寇にあらず候間，天下の人の智力を尽して」防御策を講じなければならないという国家的な立場から，藩割拠主義をこえた海防論を展開している。具体的な「富国強兵」策としては，参勤交代の人数削減，海岸設備，軍艦建造，松前・盛岡両藩の荒地の開墾を説いている。このほかに注目すべき論点は，アイヌ民族の内国化の主張である。左金吾は，「本邦の開闢以来のありがたき事実」を申し聞かせ，アイヌも「外人」ではなく，「大日本」の「国民」であることを自覚させると同時に，いろは文字を教え，武器をも賦与して「助兵」として活用すべきであると，当時の松前藩の愚民政策を批判している。

法華経（ほけきょう）　「妙法蓮華（みょうほうれんげ）経」の略。後秦の鳩摩羅什（くまらじゅう）訳が最も著名だが，他に数本の漢訳がある。全8巻・28品からなる。ただし，もとは提婆達多品（だいばだったほん）を欠く27品であった。王舎城耆闍崛山（ぎしゃくっせん）における釈迦仏の説法を集めたもので，その教法の微妙不可思議にして優れた様を蓮華の諸々の花に勝ることにたとえ，経名としている。「*金光明経」「*仁王（にんのう）経」とともに*護国三部経の一つ。また「無量義経」を開経，「観普賢（かんふげん）経」を結経として，「法華経」をあわせ法華三部経として用いることは中国南北朝時代にさかの

ぼりうる。

古くから注疏が多いが，本経によって天台宗を立てた隋の智顗の撰述による「法華玄義」「法華文句」「摩訶止観」の天台三大部が著名である。日本にも早くから入り，*聖徳太子は「法華義疏」4巻を撰述し，また606年(推古14)には岡本宮で本経を講じている。太子真筆とされる「義疏」は現在御物として伝わる。奈良県長谷寺に伝わる銅板法華説相図は，成立について諸説あるが様式上7世紀後半の作とみられ，本経の見宝塔品を表した作品である。

奈良時代には*鑑真によって天台三大部が請来され，*最澄はこれによって日本*天台宗を立て，法華一乗思想を宣揚した。平安時代には本経の書写や講説が盛んに行われ，紺紙あるいは彩牋などに金字・銀字で書写した華麗な装飾経のほか，「法華経」の経意にもとづくさまざまな絵画作品が陸続としてうみだされた。

平安後期における*末法思想の普及の結果流行した*経塚の造営に際しても，遠い将来の弥勒仏下生を期して経典を保存すべく，本経が盛んに埋納された。このように本経が，仏教文化のみならず日本の文化に及ぼした影響の大きさは他の経典とは比較しがたいほどである。鎌倉時代に入ると*日蓮がでて，「法華経」のみを唯一のよるべき教えとする教説を立て，法華宗(*日蓮宗)を興した。

法華経義疏 ほけきょうぎしょ →三経義疏

法華経寺 ほけきょうじ　千葉県市川市中山に所在する日蓮宗寺院。山号正中山。下総国守護千葉氏の被官であった富木常忍は，*日蓮が法華経至上主義を明らかにして以来，一貫して日蓮の有力な外護者の一人であった。やがて常忍は持仏堂を法華寺にあらため，2代目貫首の太田乗明の子日高が住持した本妙寺とあわせて両寺一主制が布かれ，中世末期に至って法華経寺として一体化する。法華経寺は当初から，日蓮自筆の「*立正安国論」「*観心本尊抄」をはじめとする多くの聖教・書状などを伝え，さらに初期より千葉氏の外護をうけて，中山門流として*日親をはじめ数多くの人材を輩出した。

また，日蓮宗の祈禱修法を伝えている。

反故集 ほごしゅう　江戸前期の*仮名法語。*鈴木正三の没後，その弟子たちが三河国恩真寺に残された反故中より拾い出した法語や，諸方で見出された書簡を編集したものである。全2巻。1671年(寛文11)刊。上巻は「示武士法語」から「願書」まで16編の法語，下巻は18編の書簡，および形式・内容ともに「*驢鞍橋」と似通う「聞書」と題する71編の法語とで構成される。正三の語録という点で「驢鞍橋」と共通し，刊行年次からいって「驢鞍橋」の補という関係にある。世法即仏法論を軸に，仏法にもとづく理を示すのが主な内容である。

菩薩 ぼさつ　覚有情とも。梵語Bodhisattvaの音写，菩提薩埵の略。悟りを求めて修行する者を意味し，当初は悟る以前の釈迦を意味したが，大乗仏教では仏となることを求め，かつ利他の精神で衆生などを教化することに努める聖者をさす。如来に次ぐ地位にあり，弥勒・観音・勢至・文殊・普賢・地蔵などのほか，密教では金剛薩埵・五秘密・普賢延命・准胝など種々の菩薩が現れた。また，大乗の思想から徳の高い実在の僧に対しての尊称としても用いられるようになり，インドの竜樹・世親，日本では行基・叡尊(興正菩薩)などが知られる。なお，神仏習合思想の本地垂迹説から八幡大菩薩など，神に対しても菩薩号が用いられるようになった。

菩薩道 ぼさつどう　菩薩としての修行や実践，また菩薩が自利利他を実践して悟りに至る道をいう。「菩薩行」もほぼ同義。大乗仏教を信じ歩む者のあり方を示す語句として「法華経」や「華厳経」にみえるが，大乗仏教そのものをさすこともある。わが国では「続日本紀」天平神護2年(766)条所収の宣命に「一道に志して菩薩乃行を修ひ，人を度し導かむと」云々，また「栄花物語」鳥の舞に「人趣に生まれて菩薩の行を修し，速に円満する事を得しめむ」云々とみえている。

母子神 ほしん　→母子神

蒲室疏 ほしつ　元代の臨済宗大慧派の笑隠大訢(1284〜1344，別号蒲室)が大成した疏・榜の文章法。中国の夏・殷・周・前

漢・後漢の時代には，韻律や対偶を重視しない文体が発達したが，後漢末から隋の統一に至る六朝時代（4～7世紀）に，装飾語と典故のある語を用いて対称と韻律の調和を求める文体が発達した。多くは四字句と六字句を中心にしたので四六文ともよばれ，また騈儷文ともよばれる。唐代にも文の主流であったが，唐・宋にわたってこれを批判して騈文以前の古文に復帰すべきであるとする運動がおこり，韓愈・柳宗元・欧陽修・王安石・蘇軾らが中心となった。この運動の影響は日本にも及び，*虎関師錬は古文主義を唱えながらも，実用のために四六文にも習熟するべきことを説いた。1368年（応安元・正平23）入明した*絶海中津が学んで日本に紹介して以後，禅林の文章法として定着して，室町時代に流行した。

保科正之 ほしなまさゆき 1611～72（慶長16～寛文12）江戸前期の会津藩主。父は2代将軍徳川秀忠で，3代将軍家光とは異母兄弟。高遠藩主保科正光の養子となり，のち会津藩主となる。家光の遺命で4代将軍家綱の後見役となり，幕政に参与した。一方で*吉川惟足を招いて吉田神道を，*山崎闇斎を招いて朱子学を学び，藩政に反映させた。「家訓十五箇条（*保科正之家訓）」は将来の会津藩の出処進退を方向づけたものであり，また領内の社寺などを調査・整理させて，「*会津神社志」や「会津風土記」を編纂させた。没後，土津神社に土津霊神として祀られた。

保科正之家訓 ほしなまさゆきかくん 「家訓十五箇条」とも。1668年（寛文8）4月，会津藩主*保科正之が家老田中三郎兵衛正玄を召し寄せ，手渡したのがこの家訓である。その内容には，学問の師である*山崎闇斎の意見が加えられたと思われる。原文は漢文体で15カ条からなり，*壁書の性格をもつ。その冒頭には「大君の儀，一心大切に忠勤」すべしと，将軍への絶対の忠誠を訓示し，他藩と会津藩は同列ではあってはならず，主君が公儀への逆心を抱いた時は，家臣はたとえ主君といえども謀反は不義であり，家臣の道として諌めるべきだと，儒教的な義の道に生きる武士の規範が説かれている。正之の死後も藩祖遺訓として毎年春秋の2回，藩士総登城の際に儒者に読ませ，藩主以下家臣ともども拝聴することが藩の慣例となった。この正之の精神は，会津戊辰戦争に至るまで家臣の規範として遵守された。

戊子入明記 ぼしにゅうみんき 臨済宗大鑑派のなかで信濃国開善寺の僧天与清啓が，1468年（応仁2）遣明船の正使として渡航した時の記録。全1巻だが，内容的には，1432年（永享4）・34年・51年（宝徳3）遣明船の実施の記録，応仁度遣明船の準備の記録，同実施の記録という複数の要素からなる。朝貢進上品，将軍家交易品，乗組員・商人の構成員数，勘合割印の図様，遣明船警固命令など，使船経営とくに公方船（幕府船）経営の具体像を伝える稀有な史料である。テキストとして唯一現存する嵯峨天竜寺妙智院本は，天文年間（1532～55）に二度遣明使として渡海した夢窓派華蔵門派の*策彦周良が抄写したものか。

戊戌夢物語 ぼじゅつゆめものがたり 「夢物語」とも。江戸後期の経世書。1冊。*高野長英の著。1838年（天保9）成立。戊戌は天保9年の干支。英船（実際は米船）モリソン号来航の情報をオランダ商館長ニーマンの文書からえた幕府は，打払いで臨もうとするが，これに関して，長英が夢の中の問答の形で自己の見解をのべたもの。まずイギリスの国勢を具体的に論じ，清国との貿易の中継基地として日本を望むことから，英船来航の必然性を指摘する。日本人漂着民の送還を口実にする英船を打払うことは不仁・不義であり，よくない結果を招くとして，英船入港と漂流民帰還を認めることを提案する。しかし，鎖国が国法であることを説き交易を断れば仁義の名を失わない，と論じている。

戊申詔書 ぼしんしょうしょ 1908年（明治41，戊申）10月，国民教化・民心統合のためにだされた詔書。日露戦争後，財政の悪化，農村の疲弊とともに顕著になった社会運動の活発化，実利的・個人主義的な傾向に対し，その矯正策として平田東助内相の提案をうけ第2次桂内閣が発布を奏請した。列強の一員として国運発展のため「上下心ヲ一ニシ忠実業ニ服シ勤倹産ヲ治メ」ることを求め，華美や荒怠を

戒めている。以後この趣旨によって、町村の*地方改良運動が内務省・文部省の指導で行われた。また学校や社会教育の場で、*教育勅語と並んで奉戴・読誦による普及が図られ、敗戦まで国民精神作興の役割を担った。48年(昭和23)国会で教育勅語とともに失効決議された。

母性保護論争（ぼせいほごろんそう）　大正期の代表的女性論争。女性たちが自らの思索と生活体験（職業と結婚・出産・育児）をふまえ、外来思想からも学びながら女性解放の理念をめぐって論陣を張った。1918年(大正7)「*婦人公論」3月号で、*与謝野晶子は女性の依頼主義を批判し、経済的自立をはたしてのち、結婚・出産すべきであると説いた。これに対して5月号で*平塚らいてうは、母は社会的・国家的存在であるから妊娠・育児期に国庫による保護が必要であると、エレン・ケイ(Ellen Key)から影響をうけた母性尊重の立場を明らかにした。なお、*山田わかも同様の観点に立ち、最低賃金法と社会保険を提案した。最後に9月号で、*山川菊栄はこれらの意見を批判して問題の根本的解決は経済関係の改変にあると、社会主義女性論を唱えた。菊栄は明快な理論を展開して論壇から高く評価されたが、一般には女性の経済的自立は困難であり、母性尊重主義が最も歓迎されることになった。論争後、晶子は文化学院、らいてうは*新婦人協会、菊栄は*赤瀾会の創設へと、それぞれが大正デモクラシー期を象徴するような実践活動に関与していった。ここで論じられた問題（生命の再生産と生活手段の生産との両立）は、戦後も問われ続けている課題である。

細井平洲（ほそいへいしゅう）　1728～1801（享保13～享和元)　江戸中期の儒学者。本姓は紀氏。名は徳民、字は世馨、通称は甚三郎、平洲・如来山人と号した。尾張国知多郡平島村の富農細井甚十郎の次男。1744年(延享元)名古屋の中西淡淵に入門し、翌年、中国語を学ぶために長崎に遊学し、47年帰郷。51年(宝暦元)江戸にでて、淡淵の叢桂社で教授したのち、家塾嚶鳴館を開いて教授した。64年(明和元)米沢藩の世子上杉治憲(鷹山)に学を講じ、*秋山玉山・*滝鶴台・*渋井太室らとも親しく交わった。71年藩主となっていた鷹山の招きで米沢に行き、翌年帰府した。76年(安永5)藩校興譲館が落成して、再び米沢に赴いて諸規則制定に尽力し、また領民教化のための廻村講話を行った。80年名古屋藩に出仕し、83年(天明3)藩校明倫堂の督学となる。尾張領内でもしばしば巡回講話を実施し、多くの聴衆を集めた。平洲は、荻生徂徠の聖人作為説を批判し、「天地自然の道」にもとづき、君主には、民衆の「手本」であることを自覚して、自己修養を求める一方で、民衆に対しては、卑近な実例や比喩を巧みに使った教諭を行い、「天地の誠」という裏表のない自発的な服従心を調達しようとした。後者の面だけをみれば、同時代の石門心学者の教説に相似るところがあるが、藩主とそれを輔佐する家臣にも、民衆以上の倹約と自己規律をきびしく要求していた点で、心学者と異なっていた。著書は「嚶鳴館詩集」6巻(1764刊)、「*嚶鳴館遺草」6巻(1835刊)など。

細川ガラシャ（ほそかわガラシャ）　1563～1600(永禄6～慶長5)　戦国・織豊期の代表的女性キリシタン。名は玉あるいは玉子。明智光秀の三女(次女説もある)。織田信長の媒酌で細川忠興の室となり、1582年(天正10)本能寺の変後、忠興により丹後国未土野に幽閉され、2年後に豊臣秀吉に許され大坂玉造の細川邸に移る。忠興の九州出陣中の87年、イエズス会司祭セスペデスらと会い、侍女*清原マリアから受洗した。霊名ガラシャ。忠興は棄教を迫ったが、ついに信仰は黙認した。キリシタン版「*コンテムツス・ムンヂ」を愛読し、ローマ字書状を司祭に送って信仰を深め、侍女らの改宗に努めた。1600年(慶長5)忠興が徳川家康に従い上杉征討に出陣中、石田三成らから人質要求があったが、ガラシャはこれを拒否し、家老小笠原少斎に命じて大坂の自邸内で自らを討たせた(フロイス「日本史」によれば、宣教師がガラシャにキリシタンの自殺は許されないとのべたという)。なお忠興は翌年、ガラシャの死を悼み、イエズス会士イルマン・ビセンテを招いて彼女の一周忌追悼ミサを営んだ。

細川政元（ほそかわまさもと）　1466～1507(文正元～永正

4）　室町後期の武将。父は勝元、母は山名持豊の養女（実父は山名煕貴）。父の死後家督を継いで摂津・丹波・讃岐・土佐国守護となる。幼少の間は一族の細川政国の後見をうけた。管領を四度務めた。1493年（明応2）足利義澄（香厳院清晃）を将軍家家督に立て、河内国に出陣中の将軍足利義稙（初名義材）を廃するとともに、畠山政長を攻め殺し、畿内における細川管領家の優位の確立を図った（明応の政変）。しかし、まもなく義稙が北陸に逃亡したことで二人の将軍が併存する状況となり、反政元勢力が義稙と結んだため政情の不安定化を招いた。政変の準備段階で義澄の従兄弟にあたる前関白九条政基の子（のち澄之）を養子にしたが、反政元勢力の蜂起への対応として、1506年（永正3）義稙側に属していた細川氏庶流の阿波国守護家を自方に引き込むため、同家から養子澄元を迎えて家督に定めた。この間、政元は畿内の実権掌握をめぐって有力な内衆と対立しており、家督を廃されて不満を抱く澄之を擁した香西元長らによって07年暗殺された。自らの擁立した将軍義澄の官位昇進や、1500年践祚した後柏原天皇の即位礼について「無益」と断じており、幕府から相対的に自立した地域権力を志向していたと考えられる。

ほそみ　俳諧用語。「*さび」「*しほり」などとともに、蕉風俳諧の理念を表す。藤原俊成の歌論の「心細し」、心敬の連歌論の「心をも細く艶にのどめて」（「ささめごと」）などにつながる美的理念をいうようであるが、明確な概念規定はない。「去来抄」では、句の心の問題であり、路通の「鳥どもも寝入ってゐるか余呉の海」の句を芭蕉は「ほそみ」のある句と評したと伝える。許六は「*俳諧問答」（1697〜98）の中で、芭蕉の句風は閑寂で好んでほそく、其角の句風は伊達を好んでほそく、細い点で同じであるとのべる。こまやかな感受性で対象の微妙さを把握した時に現れる詩情というあたりが、共通の理解である。

菩提　ぼだい　梵語bodhiの音写。漢訳では「智」「道」「覚」などと意訳され、仏陀の悟り、一切の煩悩から解放された迷いのない境地、あるいは涅槃などと同義。また悟りを求める心を菩提心（道心などとも）と称し、大乗仏教では、それに利他を強調して、悟りを求めて世の人を救おうと願う心をいい、密教ではすべての美徳の成立する根本としての心とされた。なおわが国では、極楽往生や故人の冥福をも菩提と称し、先祖代々の墓があって葬式その他の仏事を営んでもらう寺院を菩提寺と称するほか、平安時代の京都雲林院の菩提講が著名である。

菩提道場　ぼだいどうじょう　→道場どうじょう

北海道旧土人保護法　ほっかいどうきゅうどじんほごほう　→アイヌ同化政策アイヌどうかせいさく

発願文　ほつがんもん　→願文がんもん

法華三十番神　ほっけさんじゅうばんじん　→三十番神さんじゅうばんじん

法華三十番神抄　ほっけさんじゅうばんじんしょう　「法華三十番神鈔」とも。織豊期の法華神道書。1巻。身延山の僧*日重が、1598年（慶長3）と翌99年にわたり、摂津国の尾原氷満寺鎮守社の遷宮と拝殿再建供養の際に諸善男の前で講談した記録。本文の最初に「遷座と遷宮の別」とあるのは、この講談が鎮守社の遷宮を記念して行われたことに由来する。神仏は本来一体との思想にもとづき、天神七代・地神五代、諸社・諸神の本縁、神代巻と三十二神、*三十番神の由来などを解説している。特に鎮守の三十番神は、日蓮が吉田家の先祖の兼似から相承したと説いてあり、「*番神問答記」「*法華神道秘訣」などの影響がみられる。

法華宗　ほっけしゅう　→日蓮宗にちれんしゅう

法華神道　ほっけしんとう　*日蓮宗で唱える神道。日蓮宗では、所依の経典である「*法華経」および日蓮宗を守護する善神として法華三十番神・七面大明神・鬼子母神・十羅刹女などがあり、このうち法華三十番神が法華神道の中心思想となっている。*三十番神とは、わが国の主要な30神が1カ月30日間を番代で「法華経」および法華経信者を守護するというもので、このような結番思想の源流は天台宗にさかのぼる。ところが1497年（明応6）2月に、*吉田兼倶は京都の妙顕寺・本圀寺・妙蓮寺に宛てて、日蓮宗の三十番神は天台宗の踏襲か、内侍所を守護のものかとの質疑状をだし、これに対し妙顕

寺の前住持日具は，日蓮宗独自の三十番神であると回答し，ここに日蓮宗独自の三十番神説が成立した。

これを番神問答事件と称し，この事件を機として日蓮宗と*吉田神道との交流が深まり，兼倶は日蓮が吉田家の先祖である兼益から神道を相承したとの説まで捏造した。すでに宗祖の日蓮は，善神として天照大神や八幡大菩薩を曼荼羅の中に勧請しているが，その一方で，神天上の法門も説いている。なお，日蓮宗における三十番神の受容は*日像の時とされるが，上記の番神問答事件が法華神道の成立を促す大きな要因となり，その後，多くの法華神道書が著作された。主なものは，番神問答事件を集録した『*番神問答記』，日澄の『*法華神道秘訣』，日脩の『*鎮守勧請覚悟要』，日珖の『*神道同一鹹味抄』などである。

法華神道秘訣 ほっけしんとうひけつ 室町後期の法華神道書。全4巻。伊豆国円明寺の開山である日澄（1441〜1510）が，永正年間（1504〜21）に撰録したといわれるが，文中に日澄死後の1558年（永禄元）の記事がみえることから，後世の仮託との説もある。1・2巻は神道の事，3・4巻は諸神の事からなる。諸神を法性神・有覚神・邪横神の3種に分類して解説し，また諸神の本地は釈迦，法味は「*法華経」であるとのべ，ついで神天上の法門について説く。さらに*法華神道の中心思想の*三十番神を解説し，日蓮が吉田兼益より神道を相承した説を肯定している。法華神道の思想を知るうえで重要な史料の一つである。

法華懺法 ほっけせんぼう 中国天台宗の開祖智顗が，「*法華経」「観普賢経」にもとづいて，「法華三昧懺儀」「同行法」として組織化した懺悔法の行法。三七日の間（21日間）釈迦・普賢などの諸仏を観じて六根罪障を懺悔し，「法華経」の読誦・礼法を行う。日本では，*最澄が比叡山法華堂でこの行法を始修して，やがて「比叡懺法」（「三宝絵詞」下）として恒例化し，また*円仁によって天台宗の日常の仏事作法にもとりいれられた。このほか宮中で行われた例や，京都三千院の御懺法講なども知られているが，平安時代の貴族社会では浄土信仰とのからみから，念仏と併修されることが多かった。

法華八講 ほっけはっこう 八講とも。「*法華経」8巻を巻別に8座に分けて講讃供養する法会。1日1座もあるが，1日に朝・夕2座として4日間とすることが多い。わが国では796年（延暦15）の石淵寺の八講が最初とされ（「三宝絵詞」下ほか），10世紀後半以降，宮中・私邸・諸寺院において定期または臨時に盛んに行われた。その多くは*追善・*逆修が目的であったが，鎮護国家を祈願する准公的なものもあった。法会のうち提婆品を含む巻5が講じられる日は，「五巻日」と称して貴族たちの信仰を集めた。なお8巻に開経と結経（「無量義経」と「観普賢経」）を加えたものを法華十講といい，「法華経」28品に開結二経を加えて30座とする法華三十講もあった。

法華番神問答書 ほっけばんじんもんどうしょ →番神問答記

法性寺 ほっしょうじ 京都市東山区にあった寺院。藤原忠平の発願により，延長改元（923）とともに造営が始められ，法性房尊意を開基として創建。寺内の諸堂の中では，忠平の在世中は五大明王を安置する五大堂が重視され，忠平の妹穏子が生んだ朱雀天皇も御願堂を造営した。忠平没後も子孫による造堂・造仏があいつぎ，なかでも道長が40歳の賀に際して五大堂を造営（1006）したのは有名である。鎌倉前期には，*九条道家が寺地の大半をとりこんで*東福寺を造営した。なお当寺の旧仏に，建立当初にさかのぼる千手観音立像（国宝），道長ゆかりの五大堂中尊と目される不動明王坐像（東福寺同聚院蔵，国重文）などがある。

発心集 ほっしんしゅう 鎌倉初期の仏教説話集。流布本8巻。*鴨長明編。成立年・成立過程不詳。書名は，内容が主に発心（出家）に関することによる。源信の『*往生要集』や永観の『*往生拾因』などに思想的影響を多くうけたとされる。思想史的・宗教史的資料としての価値も高い。発心・遁世・往生譚を多く収録する一方で，それらを妨げる恩愛や妄執をとりあげている点に特色がある。仏

教説話集の中では，人間性の深い洞察を示したものとしての評価もあり，「*閑居友かんきょのとも」に影響を与えるなど，文学史のうえでも注目される作品である。

法相宗ほっそうしゅう 唯識ゆいしき宗とも。*南都六宗の一つ。*唯識の立場から，法相すなわち諸法（あらゆる存在）の性相（あり方）を究明しようとする宗派。「解深げじん密経」を正所依しょうえとする「楞伽りょうが経」など6経と「瑜伽師地ゆがしじ論」など11論とを所依の経典とする。インドの無著むじゃく・世親せしんらが教理を大成し，中国唐代の玄奘げんじょうがインドから唯識の秘奥を伝え，その弟子慈恩大師窺基きがが法相宗を確立した。わが国には7～8世紀に四度の伝来があり，第一・第二伝は元興寺がんごうじに，第三・第四伝は興福寺に伝わり，それぞれ南寺伝・北寺伝と称した。南都六宗中では最も勢力があり，三乗説を主張して新興の天台宗と激しく論争したほか，興福寺では平安時代以降にも学僧が輩出した。

法灯派ほっとうは 「ほうとうは」とも。日本禅宗二十四流の一つ，臨済宗の一派。無本覚心むほんかくしん（1207～98）を祖とし，紀伊国由良*興国寺こうこくじを本山とする。現在は臨済宗妙心寺派に含まれる。無本覚心は入宋して臨済宗楊岐派ようぎはの無門慧開むもんえかいの法を日本に伝え一派を形成した。派名は無本覚心の法灯円明ほうとうえんみょう国師号による。門派の展開をみると，高山慈照こうざんじしょうは京都の万寿寺・建仁寺に住し，建仁寺の中には法灯派の塔頭があり，五山内の一派として発展した。恭翁運良きょうおううんりょうは曹洞禅の*瑩山紹瑾けいざんじょうきんに参じて加賀国大乗寺に住し，孤峰覚明こほうかくみょうは入元して中峰明本ちゅうほうみょうほんらに参じ，帰国後，瑩山紹瑾のもとをへて，出雲国雲樹寺うんじゅじを開き，南朝の帰依をうけた。*抜隊得勝ばっすいとくしょうとは甲斐国に向嶽寺こうがくじを開き，地方にも展開をとげた。

北方性教育運動ほっぽうせいきょういくうんどう →生活綴方運動せいかつつづりかたうんどう

穂積陳重ほづみのぶしげ 1856～1926（安政3～大正15）明治・大正期の法学者。伊予国宇和島藩出身。宇和島藩の藩校をへて大学南校に学び，76～81年（明治9～14）文部省留学生として英・独に留学する。帰国後，82年東京大学法学部教授兼法学部長となり，法理学講座を担当した。フランス法優勢の法学界にイギリス法・ドイツ法を移入して，経験主義・歴史法学的学風を導入した。*民法典論争では延期論を主張し，93年設置の法典調査会の主査委員として現行民法典の起草にあたった。1916年（大正5）枢密顧問官，25年枢密院議長。また，1919年設置の臨時法制審議会総裁や帝国学士院院長などを歴任した。比較法学・法史学・法哲学などの先駆者として，「法律進化論」「隠居論」「法窓夜話」などの著作がある。

穂積八束ほづみやつか 1860～1912（万延元～大正元）明治期の憲法学者。*穂積陳重のぶしげの弟。伊予国宇和島藩出身。1883年（明治16）東京大学文学部政治学科卒。学生時代より*井上毅こわしに嘱望されて84～89年ドイツに留学し，*グナイスト，ラーバントらに国法学を学んだ。帰国後，帝国大学教授となり，憲法講座を担当して君権絶対主義の学説を展開した。*民法典論争では「民法出テテ忠孝亡フ」を著して施行延期派の旗手となった。また，天皇機関説をめぐる*美濃部達吉みのべたつきちと*上杉慎吉しんきちの論争では，神権説的な*天皇主権説を主張する上杉を擁護して美濃部説を排撃した。貴族院議員・宮中顧問官・帝室制度調査局御用掛などを歴任した。主著「憲法大意」「憲法提要」。

没理想論争ぼつりそうろんそう *坪内逍遙しょうようと*森鷗外おうがいとの間におこった文学論争。発端は逍遙が「*早稲田文学」に掲載した「シェークスピア脚本評註緒言」（創刊号，1891年10月），「我れにあらずして汝にあり」（第3号，同年11月）に対し，鷗外が「しがらみ草紙」（27号，1891年12月）に「早稲田文学の没理想－附記，其言を取らず」で批判したことからおこる。逍遙は，シェークスピアの作品が一筋縄ではいかぬほど深く広く，理想は没しているから裁断批評はせずに記述に従うことを説いた。これに対して鷗外は，ハルトマンの美学を援用し，芸術は美の理想を具現したものであるから，それを没理想とするのは誤りであると反論した。問題は「没理想」という言葉の概念が逍遙と鷗外とで異なっていたことで，最終的にその食い違いが埋められたところで論争は終わる。

仏 ほとけ →如来にょらい

ホノニニギノミコト アマツヒコヒコホノニニギノミコトとも。*天孫降臨神話において中心になる神。「*古事記」「*日本書紀」や風土記に種々の表記がみられるが，共通する神名は「ホノニニギノミコト」で，稲穂が豊かに実る意。穀霊神。天照大神の孫で，天忍穂耳命あめのおしほみみのみことの子。「古事記」によると，天照大神の命で高天原たかまのはらより豊葦原水穂国とよあしはらのみずほのくにの支配者として降臨するのは天忍穂耳命であったが，代わってホノニニギノミコトが天照大神の御魂としての鏡などの*三種の神器を授けられ，五伴緒いつとものお（天児屋命あめのこやねのみこと・布刀玉命ふとだまのみこと・天宇受売命あめのうずめのみこと・伊斯許理度売命いしこりどめのみこと・玉祖命たまのおやのみこと）とともに日向の高千穂の多気（岳）に降臨する。その地で大山津見おおやまつみ神の娘の神阿多都比売かむあたつひめと結婚し，ホホデミノミコトら三神が誕生する。「日本書紀」本文・一書では，ホノニニギノミコトは嬰児で真床追衾まとこおうふすまに包まれて降臨したとする。王権祭式の観点から，天孫降臨神話の実修儀礼を*大嘗祭だいじょうさいとする説と即位式とする説がある。

堀杏庵 ほりきょうあん　1585〜1642（天正13〜寛永19）江戸前期の儒学者・医者。名は正意せいい，字は敬夫けい，通称は与十郎，杏庵・杏隠あんいんなどと号した。近江国安土の生れ。曲直瀬正純まなせに医学を，*藤原惺窩せいかに儒学を学び，林羅山うざん・松永尺五せきご・那波活所なばかっしょとともに惺窩門の四天王と称された。1611年（慶長16）和歌山藩の儒医となり，ついで22年（元和8）名古屋藩の初代藩主徳川義直よしなおに仕え，26年（寛永3）法眼となった。国典にも通じ詩歌をよくし，36年には朝鮮通信使と応酬・唱和し，使節の一人権侙けんちょくとは「賜爵しじゃく」「亀卜きぼく」「国基」「喪」「禄位」について問答した。42年，幕命により「*寛永諸家系図伝」の編纂にあたった。著書は「杏陰集」「朝鮮征伐記」など。

堀景山 ほりけいざん　1688〜1757（元禄元〜宝暦7）江戸中期の儒学者。京都生れ。名は正超，字は君燕くんえん・彦昭げんしょう，通称は禎助，景山・垂山と号した。*堀杏庵あんの曾孫。儒医として京都で活躍した。*荻生徂徠そらいと交流があり，若き日の*本居宣長のりながも景山宅に寄

寓して儒学を学んでいる。「*不尽言ふじんげん」が主著で，ほかに「景山文集」10巻などがある。

暮露々々 ぼろぼろ　鎌倉時代末に現れた巷間の修行者で，ぼろんじ・梵字ぼんじ（梵志ぼんし）・梵論などともいい，バラモンの訳。梵字は「徒然草」115段では，九品念仏くほんねんぶつを唱え，仇討ちを行うなど武士的な要素ももつ人々と記される。旅の者を襲ったりすることもあったが，修行者的な面ももち，室町時代に書かれた「ぼろぼろのさうし（暮露々々の草紙）」では集団で行脚し乱暴を働くものの，夜は坐禅修行をするとされ，禅問答も行った。薦僧こもそうとの関係を否定する説もあるが，室町時代に薦僧は尺八しゃくはちを吹き，*一休宗純いっきゅうそうじゅんら禅宗と関わりをもち，このことから同一視されたと考えられる。江戸時代には身分的上昇をとげ，*普化宗ふけしゅうの僧となっていった。

本阿弥行状記 ほんあみぎょうじょうき　江戸時代の家書。全3巻。*本阿弥光悦こうえつを中心に父光二こうじと母妙秀みょうしゅうのことを記す上巻が主体で，中・下巻はその付録的なものである。上巻は，光悦の子光瑳こうさと孫の光甫こうほ（光瑳の子）によってまとめられ，中・下巻は「光悦・光甫の書き残した反古ほご」の中から取り出した聞き書きを集めたものとの注記があり，光甫の孫，治郎左衛門の手になるものと推測されている。光悦に関する根本史料である。本阿弥家の家書としての性格から，他見の機会が少なく，江戸時代には大田南畝なんぽがこの書に言及しているだけである。

本阿弥光悦 ほんあみこうえつ　1558〜1637（永禄元〜寛永14）　織豊・江戸初期の芸術家。室町初期以来の刀の目利めききや研ぎを職とする家系に生まれ，陶芸・書・漆芸に秀でたばかりでなく，才能豊かな知識人として近衛信尹のぶただ・*古田織部おりべ・*松花堂昭乗しょうじょう・角倉素庵すみのくらら，公卿・武家・町人などのサロンに広く交わり，当代文化の指導者としての役割もはたした。徳川家康から洛北鷹峰たかがみねを賜って芸術村を作り，俵屋宗達そうたつらと共同で活躍した。芸術作品のコーディネーターとしても手腕を発揮し，また角倉素庵と協力して活字印刷で刊行した古典は嵯峨本とよばれる。陶芸では，茶碗の縁の切り口に桃山的な豪快な

力強さをみせる。一方，書では，典雅な平安名筆をよく学んで当時の型にはまった書風を一変させ，寛永三筆の一人に数えられている。

盆踊（ぼんおどり） *盂蘭盆会（うらぼんえ）の時期，寺の境内・辻・広場などで行われる踊り。集落の構成員が老若男女問わず全体で参加した。死者の鎮魂のため時宗の念仏聖（ねんぶつひじり）らがしていた*踊念仏（おどりねんぶつ）を，風流踊（ふりゅうおどり）などの影響をうけつつ，室町後期頃から一般民衆が自身の手により行うようになったものである。祖霊（精霊（しょうりょう））を迎えるこの時期，その供養のために行ったが，このほか秋の豊作への祈願などもこめられていた。近世には，笛・太鼓さらには三味線が伴奏に加わり，唱える詞章も念仏・和讃（わさん）から流行歌（はやりうた）・民謡・俗謡などに変化し，踊りも定型化した。それとともに宗教的意味合いは薄れ，共同体の娯楽という性格がより強まった。

本学挙要（ほんがくきょよう） 幕末・維新期の国学者*大国隆正（おおくにたかまさ）の著書。上・下2巻と付録「馭戎（ぎょじゅう）問答」よりなる。1855年（安政2）4月に成稿。幕末の海外情勢が逼迫する中，まずわが国の優越性を説き，外来の儒教や仏教が渡来する以前の道のあり方について，その要点となるものをあげて解説している。「天皇は万国の総帝」との幽契神理を解明しようとする著者特有の神道観のもと，「土を孕み島を産む」という異国に例をみない「本教」の要を学び知るべきとして，大いに当時の志士の養気振作に貢献した。さらに本書には「ト・ホ・カミ・エミ・タメ」の五つの神言の意義を解釈してあり，儒学者や仏教者から「俗事」と蔑まれた「家職産業」を積極的に肯定し，実践倫理的な神道論がのべられている。

本覚思想（ほんがくしそう） 平安時代以降，江戸時代に至り，日本天台教学において独自に形成された思想。平安中期以降，天台教学は密教の即身成仏（そくしんじょうぶつ）論や現実肯定思想をとりいれた。その結果，衆生（しゅじょう）がそのままの姿で仏であるとする考え方が極端に推し進められ，「*草木国土悉皆成仏（そうもくこくどしっかいじょうぶつ）」や「煩悩即菩提（ぼんのうそくぼだい）」「生死即涅槃（しょうじそくねはん）」などの表現が好んで用いられ，修行不要論などをうみだした。また*口伝（くでん）を重視するようになり，観心（かんじん）における理論と実践も神秘的傾向を帯びた。このような思想傾向に対する批判は，平安後期以降，証真（しょうしん）らによってだされた。今日でも堕落主義的・習合的・土着的側面から仏教思想としての是非を問う議論があるが，一方で，その独自性や鎌倉仏教形成の前提としての思想的再評価も進められつつある。

本覚思想関連の文献は，最澄（さいちょう）・円仁（えんにん）・円珍（えんちん）ら，また恵心（えしん）・檀那（だんな）2流（恵檀二流）の*口伝法門（くでんほうもん）の形成により，良源（りょうげん）や源信（げんしん）らの著述に仮託されることが多いが，12世紀以降，忠尋（ちゅうじん）・皇覚（こうかく）・澄豪（ちょうごう）・静明（じょうみょう）らの周辺で盛んに著された。初期の文献は「円多羅義集（えんだらぎしゅう）」「*観心略要集」「三十四箇事書（さんじゅうしかのことがき）」などで，続いて「修禅寺決（しゅぜんじけつ）」「漢光類聚（かんこうるいじゅう）」などが現れ，*三重七箇法門・*四重興廃などの教理が完成する。

梵学津梁（ぼんがくしんりょう） 日本に伝来した梵語（サンスクリット）に関する資料を分類・集成した研究書。真言宗の僧*慈雲（じうん）（飲光（おんこう））および門弟法護・諦濡（たいだ）・語明らの編。全1000巻。慈雲の没年である1804年（文化元）頃成立。全体を，梵文資料や梵文写本を収録した本詮，各種の諸訳比証と義釈などを収めた末詮，「梵字悉曇章（ぼんじしったんしょう）」などを収める通詮，文法関係および辞典的な典籍を収めた別詮，各種の梵名を集め注釈を加えた略詮，すべての梵名を仏総名・仏別号・法蔵諸目などの16部門に分けた広詮，以上6詮の補遺である雑詮の7部門に分類される。慈雲は釈尊在世の軌則に還ることをめざしていたから，その一環として梵文経典の復元を目的として本書が編まれた。江戸時代の代表的な*悉曇学の研究書として名高い。

本歌取（ほんかどり） 歌学用語。和歌の表現技法の一つで，よく知られている古歌の特徴的な語句をもとにして和歌を作成する方法。もとにした古歌を「本歌」という。本歌とする古歌のもつ世界のうえに，新たな世界を築くことによって，複雑な情感などを表現するとともに，余情・余韻を深める効果などもある。「*新撰髄脳（しんせんずいのう）」など古くは否定的に扱われることもあったが，「俊頼髄脳（としよりずいのう）」など院

政期頃から肯定的に捉えられるようになる。*藤原俊成・藤原定家らによって技巧として完成されたとされ、「*新古今和歌集」では、その特色である象徴的表現を支えるための技巧としてしばしば用いられている。また「詠歌大概」や「毎月抄」に細かく基準が記されており、本歌と句の置き所を変えない場合は2句未満、本歌と句の置き所を変える場合は2句で、3〜4句まではよい、はじめの2句は本歌のままにしてもよい場合がある、本歌と主題などが同じにならぬように変化させる、などとある。定家よりのちは、「井蛙抄」など、具体的に例歌をあげながら技法が分類されるようになる。

本願 ほんがん 宿願とも。過去になされた誓願。仏になる以前の菩薩としての修行中に立てられた誓願。阿弥陀仏の本願は法蔵菩薩としての修行中に立てられた誓願であり、そのほか諸仏についても説かれている。本来の願いをいう一般的用語として用いられ、またその願いを具体化した寺院などの創立者、施主などをさす文字としても用いられる。誓願にはすべての仏・菩薩に共通する総願に対して、阿弥陀仏の四十八願、釈迦仏の五百誓願、薬師仏の十二願など、各仏・菩薩などの独自の誓願があり、別願とよばれる。

本願寺 ほんがんじ 京都大谷の地に建立された、*親鸞の廟堂に始まる*浄土真宗の寺院。親鸞の女覚信尼が1272年(文永9)に建立し、覚信尼とその子孫が留守職として廟堂の管理にあたったが、3代*覚如が寺院化し本願寺と称する(大谷本願寺)。8世*蓮如の時、1465年(寛正6)に延暦寺の軍勢により大谷本願寺は破却される。蓮如は近江国などを転々とし、80年(文明12)に京都郊外の山科に本願寺を再興した(山科本願寺)。山科本願寺はおおいに繁栄するが、1532年(天文元)に法華宗と六角氏の連合軍による焼き討ちをうけ、大坂の坊舎へ移転した。これを*石山本願寺とよぶ。11世*顕如の時、織田信長と合戦に及び、80年(天正8)の和睦により大坂より退去し、本願寺も炎上・消滅した。91年に顕如は豊臣秀吉より京都西六条の地を寄進されて本願寺を再興し、子の准如が継承する(*西本願寺)。准如と対立する兄教如は、1602年(慶長7)に徳川家康より東六条の地を与えられて本願寺を別立した(*東本願寺)。現在は、西本願寺が浄土真宗本願寺派の、東本願寺が真宗大谷派のそれぞれ本山である。

本願誇り ほんがんぼこり 阿弥陀仏の*本願であるすべての衆生を救い、特に罪深い悪人をこそ救うとする悪人救済の説を誤って解釈して主張する信仰態度。*親鸞は、さらに本願誇りに対する非難を批判して、「弥陀の本願不思議におはしませばとて、悪をおそれざるは、また本願ぼこりとて往生かなふべからずといふこと、この条、本願をうたがふ善悪の宿業をこころえざるなり」(「*歎異抄」)と所信を示した。

本教外篇 ほんきょうがいへん 「本教自鞭策」とも。*平田篤胤の著書。養子平田銕胤による篤胤の伝記「大壑君御一代略記」によれば、1806年(文化3)に成立。研究などでよく言及されるのは無窮会図書館神習文庫所蔵本である。同文庫本は上・下2巻で、上巻の本文は和文体で、下巻の本文は漢文体で著されており、*矢野玄道の書き入れがある。上巻は、キリスト教関係書であるマテオ・リッチ(利瑪竇)「畸人十篇」を下敷きにしながら日本の神々による議論に再構成した部分や、ジュリオ・アレーニ(艾儒略)「三山論学紀」の抄録などからなる。下巻は、ディエゴ・デ・パントーハ(龐迪我)「七克」の抄録である。研究史のうえでは、篤胤の思想形成に対するキリスト教の影響力の大きさを検討する際に、本書はその判断の具体的根拠として重視されてきた。本書において、篤胤は、天地万物の根元であり無始無終の存在として天之御中主神を考えるとともに、産霊が大神を天地万物を主宰する真主であるとする。また、現世に対して幽世が本来的世界であることを強調している。

凡下 ぼんげ →雑人 凡夫

本下迹高説 ほんじゃっこうせつ →神本仏迹説

本圀寺 ほんこくじ 京都市下京区柿本町に所在した日蓮宗寺院。中世には本国寺と称した。1971年(昭和46)山科区御陵大岩町に移転。*日蓮の鎌倉松葉ケ谷の草庵に始まるといい、日蓮の死後日朗によって洛中に草創さ

れ，1328年（嘉暦3）勅願所となったといわれる。日朗門流の日静は足利尊氏らの庇護のもと寺観を整え，妙顕寺などとともに洛中における日蓮宗の拠点となり，日静を祖とする六条門流の本山となった。寺宝として，日蓮持仏の釈迦立像，日蓮自筆の「*立正安国論」（広本），三通赦免状を伝え，信仰を集めている。近衛家をはじめとする公家諸家の崇敬も篤く，*天文法華の乱による衰微などをへて，江戸幕府や水戸徳川家の保護をうけ，再び復興した。

本佐録 ほんさろく 「正信記」「天下国家之要録」などとも。江戸初期の政論書。1巻。著者については，本多正信説（書名はそれにもとづく）と藤原惺窩説があるが未詳。成立時期も不明。ただし叙述内容から，著者が初期幕政に精通した人であったことがわかる。2代将軍徳川秀忠の求めにより治国の要を上申するという形をとり，天道の存在，君臣の理想像，大名・百姓の統制策，日中両国の治者，国家存亡の歴史とその原因などを具体的に説いたもので，初期幕政のイデオロギーの特質が端的に示されている。なお「*心学五倫書」「*仮名性理」と近似した文章が少なからず認められ，本書の成立とこれら2書の流布が無関係でなかったことを物語っている。

本山修験深秘印信集 ほんざんしゅげんじんぴいんじんしゅう *本山派修験に相伝されていた印信・口決を，大正期に「修験道章疏」が編纂される際に編者の中野達慧がまとめた書。中心は*聖護院に秘襲されていたという33通の*切紙で，これは室町時代頃の成立と推定されている。しかし，それ以外の切紙は中野が成立年代や内容をあまり考慮せずに各所から集めたもので，巻末には当山派の加行作法が付加されているなど，全体に雑然とした印象はまぬかれえない。

本山修験伝記 ほんざんしゅげんでんき 「修験伝記」とも。*本山派修験の系譜。1巻。神変大菩薩（役小角（*役行者）の諡号）から41代聖護院増賞親王に至る相承とおのおのの伝について記している。なお，大正期に編纂された「修験道章疏」に収録されるにあたり，42代盈仁法親王と43代雄仁法親王の伝が編者によって増補され，原本にあった神変大菩薩の伝が「役公徴業録」より抽出したものであるとの理由から，編者によって削除されている。本書は，寺門派の修験者について記述のある「*寺門伝記補録」などと比べると近代までの記述があることが特色で，類似の本山派修験の系譜である「深仙灌頂系譜」と比べても伝記が詳しいところに価値がある。

本山派 ほんざんは 中世から近世にかけて，*当山派とともにわが国の修験者を統轄した教派修験の一派。平安末期以来，*熊野信仰の隆盛とともに，全国各地に熊野先達が展開し，*熊野御師と結びつきながら，檀那の*熊野詣の先達や各地方での配札，熊野権現の勧請にあたっていた。それらの修験者を*聖護院を中心として組織化していくことで成立したのが，本山派とよばれる教派修験である。聖護院と熊野の関係の淵源は，1090年（寛治4）白河上皇の熊野参詣時に先達を務めた園城寺の増誉が熊野三山検校に補され，京都の聖護院を賜ったことに起因する。

室町末期，熊野三山の勢力が衰えるとともに，それまでは名目的存在にすぎなかった熊野三山検校の聖護院が，しだいに各地の熊野修験を掌握するようになっていった。組織としての形成は，20代熊野三山検校で聖護院を管領した良瑜が，大峰山で深仙灌頂を始めたことを契機とすると考えられ，この後，22代の満意以後，聖護院門跡が熊野三山検校を重代職とするようになった。一方，熊野三山奉行として，その実務を担当する若王子乗々院は，各地に散在する熊野先達の先達職を安堵することによって，その組織化を進めるようになり，各地の有力な熊野先達を年行事に補任し，霞という一定地域の先達，加持祈禱，その地域に住む配下の支配を公認し，上分をとる形で掌握していった。また15世紀後半には，聖護院門跡の道興が，関東・東北など全国各地を巡錫するなど，熊野修験の掌握を進めていった。

一方，畿内の諸大寺に依拠して活動していた当山正大先達衆は，諸国を遊行し

つつ袈裟下とよばれる配下を組織していた。霞一円支配を志向する各地の本山派修験が、霞内に住む当山正大先達衆配下の修験を掌握しようとしたことから、特に慶長年間（1596〜1615）に両者の対立が先鋭化するようになった。地縁的な修験者の支配方式である霞一円支配をとる本山派と、袈裟筋支配をとる当山派の争いは、1602年（慶長7）以降特に激化し、袈裟・入峰役銭・入峰順路・七五三祓などの訴訟が続発し、いずれも本山派が敗訴している。そして江戸幕府は1613年5月21日、*修験道法度を下し、本山・当山各別（従属関係がない）とし、これにより聖護院を本山とする本山派と、三宝院を本山とする当山派とが、幕府から修験道教派として公認された。

江戸時代における本山派の機構は、皇族が就任する聖護院門跡を推戴し、教派の運営は熊野三山奉行の若王子乗々院・積善院・住心院・伽耶院の各院家が中心となった。そして、各地の年行事が増員されるとともに、中世末期に年行事に補任した修験のうち、特に由緒のある27院を先達に昇格させた。さらに年行事の下に准年行事を設け、年行事を補佐し、末端修験者（同行）の支配にあたらせた。また、院家や主要な先達には国、年行事や准年行事は郡単位の霞が与えられた。院家や先達の霞は細分化され、年行事や准年行事にゆだねるという形がとられた。年行事や准年行事には、一定地域の同行の支配、配札、加持祈禱が認められた。一方、本山派は、筑前国宝満山、豊前国求菩提山、備前国児島の五流修験、富士の村山修験、相模国の*八菅修験などの、各地の修験霊山や一山組織を包摂していた。この中でも、児島の五流修験は、中国・四国を霞とし、独自に補任状をだしていた。末端の修験は、本山・本寺と本末関係を結ぶことで院号・坊号の補任をうけ、また、官位や装束の各種補任状が与えられた。

一方、入峰修行への参加が義務とされ、入峰修行3回の末先達、大先達（4回以上）、参仕修学者（10回）、直参（20回）、峰中出世（33回）など、峰入り回数にもとづいた位階が存在した。これらの組織を法制化したものが寺法で、本山派では17世紀後半の延宝年間（1673〜81）に作られた。寺法は、(1)公儀の禁制・裁許の遵守、(2)本山から補任をうけ、官位を有すること、(3)入峰修行を怠らないこと、(4)本山派の格式を守ること、(5)坊籍を離れて百姓・町人にならないこと、を定めている。また、江戸幕府は各宗派に、寺社奉行との仲介にあたらせる触頭を江戸におかせたが、聖護院も、元禄年間（1688〜1704）に江戸の氷川の大乗院と、のちには大久保の大聖院を江戸触頭に任じている。これらの触頭は本寺の代官として、年行事の上位とされた。また江戸後期になると、三峰山別当、相模国の八菅山、常陸国蓮上院などの由緒ある寺院や経済的に有力な寺院を直末寺として、年行事などを介さずに本山が直接支配するようになっていった。

近世において本山派の修験者は、農村や都市部において加持祈禱や卜占・日待などの呪術・宗教的活動を行い、それによって諸補任をうけ、入峰修行に入っていた。しかし江戸後期以後、大きな経済的基盤である農村が飢饉などのため荒廃したことにより、補任や入峰修行が励行されなくなり、そのため本山・本寺の財政も逼迫するようになった。

明治維新にあたり、1868年（明治元）聖護院宮の雄仁法親王は還俗し、宮門跡は廃止され、さらに新政府の神仏分離政策のもとで、1872年*修験道が廃止されたことにより、本山派は解体し、全国2万余の本山派修験の多くが還俗・廃止・転宗し、聖護院など数百が天台宗寺門派に所属した。太平洋戦争の終結後、1946年（昭和21）聖護院は天台宗を離れて修験宗を創設し、のち本山修験宗と改称して今日に至っている。

本地　ほんじ　*神仏習合に関する語。仏が日本の衆生を救済するために仮に姿をかえて現れたのが神であるとして、神は仏の「垂迹」、仏は神の「本地」であると捉えるのが*本地垂迹説であり、平安初期に発生し中世には社会に定着していった。本来は*天台宗の教学である本迹二門（本門・迹門）説に由来する語である。神を迷える衆生の一類と位置づけた奈良時代の*神身離脱説とは異なり、本地の仏と垂迹の神の関係は究極的に同

体不可分と考える。平安末期には，主要な有力神社の祭神に本地仏が設定され，仏像の造立や本地曼荼羅・本迹曼荼羅が流行した。

梵字 ぼんじ →暮露々々

本地垂迹説 ほんじすいじゃくせつ *神仏習合思想の一つ。日本の神々は仏や菩薩が姿を変えて現れたもの，とする思想。神仏習合の最初の段階では，神々は冥界に苦しむ存在で仏による救済をまつものとされ，その思想のもとに*神宮寺が建てられた。神宮寺の思想では，神は仏の下に位置づけられたが，やがて神・仏同体とする思想に発展したのが，本地垂迹思想である。859年（貞観元）8月，延暦寺の僧惠亮が加茂神と春日神に講経するため2人の年分度者を朝廷に請うた際の上表文に，「皇覚（如来）の物を導くは，且つは実により且つは権による。大士（菩薩）の迹を垂るるは，あるいは王となりあるいは神となる」（「日本三代実録」）とある。これが「垂迹」の語の初見で，ここに本地（仏・菩薩）の垂迹が神であるとする思想が示されている。平安時代の後半になると，しだいに*伊勢神宮（天照大神）は大日如来の垂迹，*八幡神は阿弥陀如来の垂迹などと，個々の神々に特定の仏・菩薩をあてはめるようにもなっていった。

本迹縁起神道 ほんじゃくえんぎしんどう 社例伝記神道とも。中世神道流派の名称。*吉田兼俱の「*唯一神道名法要集」に，両部習合神道・元本宗源神道とともに三家神道の一つとしてみえる。兼俱によれば，各地の神社の神の化現・降臨・勧請以来の縁起・由緒について一社の秘伝を構え，累世の祠官が口決（訣）によって相承する神道であり，*本地垂迹説によって神事・仏事を行う神道をいう。すなわち仏家の相承する密教的な*両部神道や，吉田家の宗源神道（*吉田神道・*唯一神道）と異なり，社家に伝承される神道を意味する。

梵舜 ぼんしゅん 1553〜1632（天文22〜寛永9）織豊〜江戸初頭の僧・神道家。*吉田兼右の子であり，*吉田兼見の弟にあたる。竜玄と号す。吉田家の菩提寺である神竜院の住持。豊臣秀吉と親交があり，秀吉

没後，兄兼見とともに*豊国神社の創建に尽力し，豊国神社神宮寺の別当となる。一方徳川家康とも親しく，神道に関する講談を行った。1616年（元和2）に家康が没すると，梵舜の指示のもと吉田神道の葬法によって久能山に埋葬したが，のち天海が山王一実神道によって日光山の東照宮に改葬した。日記に「舜旧記」（「梵舜日記」）がある。

本所法 ほんじょほう 本所とは大社寺や貴族などの，荘園領主を意味する言葉で，したがって荘園領主独自の法をさす。*律令が形骸化していくとともに，荘園領主は荘園内だけで通用する規範をもつようになる。それは多くの場合は成文化されておらず，慣習や*先例という形で存在した。朝廷にはもはや日本国中に受容される新しい法を制定するだけの権力がなくなり，鎌倉幕府もまた〈地元の先例を重視せよ〉という姿勢を打ち出したので，鎌倉時代を通じて，本所法は一定の有効性を維持した。室町時代になって，各国におかれた守護が荘園の浸食を本格的に開始するとともに，本所法は消滅する。

本草学 ほんぞうがく 江戸時代までの薬物学のこと。薬用可能な物品をその対象とし，植物・動物・鉱物など広範囲に及んだが，時代が下るにつれて博物学的色彩を帯びるようになる。本草学の起源は古代の中国と考えられ，日本には医学とともに伝わったが，江戸前期に明の李時珍の「本草綱目」（1596？）が伝来したことをきっかけに，日本の本草学は大きく変容した。*貝原益軒は1672年（寛文12）に「校正本草綱目」を刊行したが，1709年（宝永6）には独自の研鑽結果をまとめて「*大和本草」を刊行した。この頃から「日本」という地域性と「博物学」という性格が前面にでるようになり，*稲生若水の「庶物類纂」や*小野蘭山の「本草綱目啓蒙」など多くの本草書が刊行されるようになる。幕末期に近づくにつれて，*シーボルト（Seibold）らによりリンネの人為分類法が紹介され，*宇田川榕庵・*伊藤圭介らの本草学者に影響を与え，本草学本来の薬品を対象として医学に従属するという性格から変容していき，博物学的性格はさらに強まった。

本草正譌（ほんぞうせいか）→松平君山（まつだいらくんざん）

本多中書家訓（ほんだちゅうしょかくん）家訓（かくん）→本多平八郎忠勝家訓（ほんだへいはちろうただかつかくん）

本多利明（ほんだとしあき）　1743～1820（寛保3～文政3）「－としあきら・－りめい」とも。江戸後期の経世思想家。名は利明，通称三郎右衛門，号は魯鈍斎（ろどんさい）・北夷（ほくい）。越後国蒲原郡の人。18歳の時に江戸にでて，今井兼庭（かねにわ）に和算を，千葉歳胤（としたね）に天文・暦学を学んだ。1766年（明和3）24歳の時，江戸音羽（おとわ）に算学・天文の私塾を開き，また蘭学者*山村才助（さいすけ）や*司馬江漢（しばこうかん）らと交わり，新知識を習得した。1809年（文化6）加賀国金沢藩に仕えたが，1年半で江戸に戻り，以後は牢人生活を送った。天明の大飢饉とロシアの千島・蝦夷地（えぞち）進出にみられるような18世紀後半の国内外の問題に対して，自らの見聞と蘭学者からえた世界情報をもとに，外国貿易による重商主義的な富強策を説いた。著書に「*西域（せいいき）物語」「*経世秘策（ひさく）」「*交易論」などがある。

本多平八郎忠勝家訓（ほんだへいはちろうただかつかくん）　「本多中書（ちゅうしょ）家訓」「御遺書（ごゆいしょ）」とも。本多忠勝（1584～1610）は，「花実兼備の勇士なり」と徳川家康に評せられた徳川四天王の一人である。主君家康に近侍して戦に赴くこと50余度，武功に優れた江戸初期の伊勢国桑名藩主（15万石）である。家訓はきわめて簡潔であり，「心と形」から教訓されている。「世間の武士道」では形にとらわれず，「志さへ正道にて武芸を嗜み，勇猛なれば善武士」といわれるが，本多の家人（けにん）は「形物好よりして，武士の正道」に入るべきだとする。たとえ家紋（かもん）がなくても本多の家人とすぐわかるように形を整えておくこと，武士は武士の心持をもつべきであり，武士の道に生きるべきであって，公家・町人の好みにあわなくてもよいと訓誡している。

本朝怪談故事（ほんちょうかいだんこじ）　江戸初期の故事集。全4巻。厚誉春鶯廓玄（こうよしゅんおうかくげん）の著。1716年（享保元）刊。作者には西国三十三所の霊場記や巡礼歌の考証などが残されているところから，諸国を遊歴した僧らしい。本書の序には，伊勢への*お蔭参りの旅の中で，宿屋に集まった諸国の人から聞いた話をまとめたと記す。本書は，伊勢大神宮のような大社から小社に至るまで，本朝の神社関係の霊怪を記す。神霊の愛嫌，霊験，ご神体，神事，異色の祭礼など96話をあげ，これに按語（あんご）と考証を加えている。故事来歴を和漢の諸書に探るだけでなく，旅の中で古伝説や故事を採集・筆録し，当時の俗信の貴重な記録ともなっている。

本朝画史（ほんちょうがし）　江戸初期のわが国最初の本格的な画史・画人伝。狩野山雪（かのうさんせつ）による100余人の画人伝の草案をもとに，子の永納（えいのう）が*黒川道祐（どうゆう）や*林鵞峰（がほう）の助力をえて増補し，405人の伝を集めて完成させた。1691年（元禄4）に「本朝画伝」5巻として刊行され，1693年（元禄6）「本朝画史」と改題し，新たに画印1巻を加え6巻として再刊された。巻1は絵の歴史や画論。巻2「上古画録」は，飛鳥時代から鎌倉時代までの画人伝。巻3「中世名品」は，宋元画を範とする鎌倉末から室町時代の水墨画の描き手たちを作品に則してみる。巻4「専門家族」は，*狩野派（かのうは）を中心に長谷川派・雲谷派（うんこくは）などの専門画家をとりあげる。巻5は「雑伝・補遺」。巻6は中世以後の画人たちの印譜である。唐絵（からえ）に始まる日本古代の絵画がやがて*大和絵をうみ，中世に新たに宋元画が流入・受容され，狩野派に至って大和絵と宋元画をもとにした漢画の流れが折衷・止揚されたことを説いている。

本朝月令（ほんちょうげつれい）　「－がつりょう」とも。惟宗公方（これむねのきんかた）の撰の年中行事書。もと4巻（6巻ともいう）。現在は4～6月の行事を記す1巻のみが伝わる。10世紀前半の成立。内容は，恒例行事の起源や作法を先行する典籍の引用によって説明するというもので，公方自身による地の文はない。引用された書目などは三十数種に及び，逸文の宝庫としても貴重である。古写本としては尊経閣文庫の「本朝月令要文」1冊（金沢文庫本）が伝わる。

本朝皇胤紹運録（ほんちょうこういんじょううんろく）　「紹運録」「紹運図」「帝皇系譜」とも。天皇・皇親の系図。1巻。洞院満季（とういんみつすえ）の編。書名は中国の「歴代帝王紹運図」にならう。1426年（応永33）後小松上皇の命で，多数の天皇家系図を照合・勘案して作成した。北朝を正統とし，南朝を

偽朝とする。冒頭に国常立尊以下の天神7代・天照大神以下の地神5代を記したのち，神武天皇以下の人皇に続ける。原本は室町前期の称光天皇までを載せたが，書写の過程で増補され，室町後期から江戸前期の後奈良・正親町・後水尾天皇を今上と記す本が多い。「子孫あり，源氏之内に見ゆ」などの注記があり，満季の養父洞院公定の編になる諸家系図（「尊卑分脈」）と一具であったと推測される。

本朝高僧伝（ほんちょうこうそうでん）　1662人が収録される日本の高僧伝。全75巻。*卍元師蛮の編著。1702年（元禄15）成立，07年（宝永4）刊。虎関師錬の「*元亨釈書」の遺漏を補うことを意図して編纂された。中国の高僧伝や「元亨釈書」にもみえる法本・浄慧・浄禅・感進・浄律・檀興・浄忍・遠遊・読誦・願雑の10科の分類法が用いられている。これに先立って師蛮が著した禅僧伝である「*延宝伝灯録」（1678成立，1706刊）の序や，本書は序にもあるように，師蛮が青年期から長年にわたり高僧らの伝記資料の収集に努めた集大成である。ただし，本書には浄土真宗・日蓮宗の僧伝は収録されていない。

本朝女鑑（ほんちょうじょかん）　江戸初期の*仮名草子。全12巻。作者は*浅井了意か。1661年（寛文元）刊。*女訓書とよばれる，女性読者を対象にした教訓読み物の代表作である。漢の劉向編「列女伝」にならって，賢明・仁智・節義・貞行・弁通の各部に，それぞれの徳目に応じた人物をあげて説話化し，女訓の意義をのべた「女式」を加えている。とりあげられたのは，神功皇后・中将姫・遊女宮木・紫式部・清少納言らの古来の著名な女性で，儒教道徳を根幹にし*三教一致論にもとづいた観点から，家族制度とその中の女性のあるべき姿を位置づけることが目論まれているが，形象性も評価できる。

本朝書籍目録（ほんちょうしょじゃくもくろく）　「御室和書目録」「御室書籍目録」「仁和寺書籍目録」「日本書籍総目録」などと題する写本もある。わが国で撰述された書籍を分類して示した図書目録。神事から始まり，帝紀・公事・政要・詩家・管絃・人々伝・官位・雑抄など20の項目をたてて，書名と巻数をあげる。項目による書目数の多寡や，分類の混乱などもあるが，鎌倉時代以前の国書の総合的な目録として重要である。「此抄入道大納言実冬卿密々所借賜之本也，永仁二年（1294）八月四日書写之，師名在判」という奥書をもつ伝本があり，収録されている「和漢兼作集」の成立時期とを勘案して，1277〜94年（建治3〜永仁2）の間に成立したと考えられている。また，奥書にみえる滋野井実冬自身が，自家の蔵書を中心に編集したとする説もだされている。

本朝神社考（ほんちょうじんじゃこう）　*林羅山の神社研究書。上・中・下3巻。成立年代不詳。「神社考詳節」（1645刊）は本書の抄本。上巻は二十二社を，中巻は有名諸社を日本書紀神代・人代，和歌神・山岳神・年中行事神・疫神・祈雨神などの順に配列し，下巻は「霊異方術の事」として，神社以外の信仰対象である聖徳太子などの人物や地名，物語などを掲載し，3巻をとおして仏教説や自説は一字低書されている。本書は，儒者の視点からわが国の神祇信仰を概観したもので，上巻の序文末尾に，〈世の人々が崇神排仏すれば，国家は上古の淳直な状態に戻り，風俗・習慣も清浄になるであろう〉とある。

本朝神仙伝（ほんちょうしんせんでん）　平安後期の伝記集。1巻。*大江匡房の著。1098年（承徳2）頃成立。もと37人の伝があったようだが，31人の伝が現存する。中国の「列仙伝」や「神仙伝」にならい，日本における神仙の列伝として編まれたもの。神仙とみなされる要素は，(1)長寿で若々しいこと，また忽然と姿を消すこと，(2)飛行の術をもつこと，(3)鬼神を使役し，瓶・鉢を自在に飛ばすなどの呪力をもつこと，(4)深山に住み原始的な生活をしていること，(5)食物を断ち，あるいは仙薬を服すること，などである。しかし，ここにとりあげられて，神仙とみなされている人々の大半が仏教者であることが注意される。中国の「神仙伝」中の人物は，みな仏教者以外の人々だからである。本伝中，白箸翁らを正当な神仙とすれば，これら僧尼は「神仙的な」人にとどまるであろうが，そこに日本における*神仙思想の限界ないしは本質が露呈しているともいえる。

本朝世紀（ほんちょうせいき）　平安後期の史書。*藤原通憲の撰。鳥羽上皇の命をうけ，六国史の後をつぐ目的で，宇多天皇から堀河天皇までの歴史編纂が計画された。のちさらに鳥羽・崇徳と近衛天皇の3代を加え，18代の天皇記の編纂へとふくらんだ。しかし完成したのは「宇多天皇紀」だけで，通憲の非業の死により，あとは未定稿のままに終わった。完成された「宇多天皇紀」は失われ，935年（承平5）から1153年（仁平3）までの草稿本が断片的に伝わっている。

本朝智恵鑑（ほんちょうちえかがみ）　江戸前期の*浮世草子。全6巻6冊。北条団水（1663～1711）の作。1713年（正徳3）刊。知恵に関する中国の人物の故事や逸話を列記した仮名草子「智恵鑑」にならって，日本人の知恵に関する故事・逸話を集成したものである。阿倍仲麻呂・吉備真備・聖徳太子・空海・最澄・平清盛・源頼朝・楠正成・織田信長・豊臣秀吉らの，幅広い人物がとりあげられる。また，中国の故事の引用もあり，特に儒教・仏教に対する引用および主張が多い。時代的に浮世草子に分類されるが，故事に関する知識的な興味および読者に対する教訓・啓蒙を主眼とした作品で，浮世草子的な諸要素はなく，その内容は仮名草子とよぶべきものである。

本朝通鑑（ほんちょうつがん）　幕命により編修された神代から1611年（慶長16）に至る間の漢文・編年体の日本通史。*林羅山・*林鵞峰の編著。1670年（寛文10）完成。全310巻で，前編（神代紀）3巻・正編40巻（神武紀～宇多紀）・続編230巻（醍醐紀～後陽成紀）・提要30巻（正編と続編の摘要）・付録5巻（神祇・皇運・朝職上下・武職）・目録1巻・引用書目1巻からなる。書名の「本朝通鑑」は広義には全編の総称であるが，狭義には正編のみをさす。本書は，父羅山が編修した「本朝編年録」（正編）の献上本が明暦の大火（1657）で焼失したのち，鵞峰がその子梅洞や鳳岡らや門人らと残された草稿に改修をほどこすとともに続編を書き継いだものである。羅山・鵞峰父子は朱子の「通鑑綱目」の編年書法（褒貶を寓す）を参照しつつ，これを官撰の史書にストレートに適用することをはばかり，主として司馬光の「資治通鑑」により，史実を直叙して後代の鑑戒とすることをめざした。しかし，公家・武家・禅僧の日記や文集のほか古文書まで活用する一方，参考史料の出典をあげず，また歴史物語・軍記物語などの通俗史書を没批判的に採用しているところもあり，本書の史料の博捜・批判には不徹底性がみられる。なお，本書は幕府の方針で公刊されなかったが，近世武家史学の源流として，「*大日本史」や「*読史余論」などに大きな影響を与えた。

本朝遯史（ほんちょうとんし）　日本の古代から中世までの隠逸者の小伝と各伝の末尾に付された漢文の賛からなる伝記。全2巻2冊。*林読耕斎の著。野間静軒（三竹）序，自跋（1660）を付す。1664年（寛文4）刊。初期林家の歴史書編纂事業の中心にあり，隠逸に関心をもっていた読耕斎が静軒の勧めでまとめたものである。紀伝体を採用し，民黒人・猿丸をはじめ西行・鴨長明・吉田兼好などわが国の51人の隠逸者を載せる。引用書は78種にのぼる。林家の老荘思想への接近や同年刊の*元政「扶桑隠逸伝」が本書と同趣旨・同構成であることなどを勘案すると，江戸前期における隠逸志向の高まりを象徴するのが本書である。→隠逸思想

本朝二十不孝（ほんちょうにじゅうふこう）　江戸前期の雑話物の*浮世草子。全5巻5冊，全20話の短編集。*井原西鶴の作。1686年（貞享3）刊。仮名草子にもなった中国説話「二十四孝」や浅井了意作「大倭二十四孝」などの孝子説話を逆転させ，親の死に際して2倍にして返すという借金「死一倍」を借りる息子を典型とするような親不孝者を描いた。各話とも結末で親不孝者はその報いをうけ，孝道を奨励する筋立てをもつが，作者は孝道のあり方それ自体への関心よりも，不孝という題材のもとにその諸相を描きだし，当世の現実と人の心を描いたと評される。徹底して描かれた親不孝者は鮮烈な魅力を放ち，たとえば志賀直哉「*暗夜行路」では，のっぴきならぬ人間関係のもとで破滅的ながらも生き抜こうとする若者の姿を本作に読み取った。この極端で誇張的な描写はのちの*気質物に利用されるが，気質物の登場人物たちにはそう

した深刻さはなくなり笑い話へと転化した。

本朝編年録（ほんちょうへんねんろく） →本朝通鑑（ほんちょうつがん）

本朝法華験記（ほんちょうほっけげんき）　平安中期に成立した仏教説話集。比叡山横川（よかわ）首楞厳院（しゅりょうごんいん）の僧鎮源（ちんげん）が長久年間（1040〜44）に編集したもの。有名・無名の法華持経者（ほっけじきょうじゃ）の伝記や霊験譚を集成しており，上・中・下3巻，全129話からなる。極楽浄土や兜率天（とそつてん）へ往生をとげる話が多いのは，当時の*浄土教の普及の反映とみられるが，それが必ず「法華経」の功徳によって説明されている。「*日本往生極楽記」や「*三宝絵詞（さんぽうえことば）」などの先行説話集や口伝（くでん）からの採録に加えて，一部編者自身の創作もあると考えられている。「*今昔物語集」など後世の説話集にも多大な影響を及ぼした。

本朝無題詩（ほんちょうむだいし）　平安末期の漢詩集。10巻本と3巻本の系統がある。編者は不詳だが，藤原忠通（ただみち）の命をうけての編纂かといわれる。忠通をはじめ30人の作者の詩772首を37部門に分けて収録する。公卿社会の最後を飾る漢詩集である。

本朝文粋（ほんちょうもんずい）　平安時代の漢詩文集。全14巻。*藤原明衡（あきひら）編。康平年間（1058〜65）成立か。嵯峨天皇の弘仁年間（810〜824）から後一条天皇の長元年間（1028〜37）に至る約200年間の詩文の中から，特に優れたもの427編を収録する。賦（ふ）・雑詩・詔・勅書・意見封事（じ）・策問（さくもん）・論奏（ろんそう）・表（ひょう）・奏状・書状・序・詞・文・讚・論・銘・記・伝・願文・諷誦文（ふじゅもん）など39門に分類して配列している。平安時代の漢文学の精髄を知るために，きわめて重要なものである。

本朝麗藻（ほんちょうれいそう）　平安時代の漢詩文集。全2巻。高階積善（たかしなのもりよし）編。1010年（寛弘7）頃成立。作者は一条天皇・具平（ともひら）親王・藤原道長ら一条天皇時代の皇族・公卿。上巻は欠損部分が多く，現存50首。下巻は100首。女流文学が隆盛していた時代の男性文学の実態をみることができる。

煩悩（ぼんのう）　仏教語。心身を煩わし悩ませ，正しい判断を妨げる心の状態。心身を悩ます一切の精神作用を総称していう。貪（とん）（むさぼり）・瞋（しん）（いかり）・癡（ち）（無知）の三つを三毒と称し，煩悩の最も根源的なものとする。このほか，知的な迷いと情意的な迷いとに分けて6種の根本煩悩を立てる説，この根本煩悩から派生する19種ないし20種の随煩悩を立てる説，煩悩は本来清浄（しょうじょう）な人間の心に偶発的に付着したものと説く客塵（きゃくじん）煩悩説など種々ある。いずれにしても，煩悩の束縛を脱して真実の認識に達することが大乗仏教の説く悟りにほかならない。一方，煩悩もまた真実真如の表れとし，煩悩をそのまま悟りの縁とする煩悩即菩提（ぼだい）の考え方もしだいに重きを占めるようになった。

凡夫（ぼんぷ）　凡愚（ぼんぐ）・凡下（ぼんげ）とも。仏教語。仏教の道理をまだ十分に理解していない者，また俗人の意。漢語では庶民，並の人の意味であったが，仏典では世俗のことになずんでいる愚か者の意味から，やがて上記のように把握された。小乗仏教では初果（しょか）（声聞（しょうもん）の四果のうち第一の階位）に至らない前，大乗仏教では初地（しょじ）（歓喜地（かんぎじ），すなわち菩薩十地（じゅうじ）のうち第一の階位）に至らない前をいう。また凡夫は，善業（ごう）・悪業（ごう）によって生まれ変わる場所が種々異なるところから，異生（いしょう）とも意訳される。

本福寺跡書（ほんぷくじあとがき）　近江国堅田（かただ）（現，滋賀県大津市）の浄土真宗寺院本福寺の記録。本福寺蔵。1冊。戦国期の同寺6代明誓（みょうせい）の編纂。父の5代明宗（みょうそう）の編纂した「本福寺由来記」および「本福寺明宗跡書（みょうそうあとがき）」を参照しつつ，自身の見聞や所感を書き加えている。本福寺の開創と開基善道（ぜんどう）のでた三上家の由緒をのべ，同寺代々と本願寺の関係がつづられる。大谷本願寺を襲撃された*蓮如（れんにょ）が一時本福寺に難を避けたため，蓮如の行実を知る貴重な史料となっている。また，戦国期の琵琶湖の水上交通と港町堅田の様相も知ることができる。

本法寺（ほんぽうじ）　室町時代に*日親（にっしん）が洛中に設けた日蓮宗の寺院。康正年間（1455〜57）に成立したと思われ，四条高倉に設けられた弘通所（ぐつうしょ）に始まる。日親の折伏（しゃくぶく）活動の結果，弾圧をうけ破却されたが，鎌倉の狩野叡昌（えいしょう）の女壇哲尼（てつに）の外護をうけたといわれ，三条万里小路（までのこうじ）に再建され発展する。日親の洛中弘通の拠点となり，日親自ら「本法寺法式」や「本法寺縁起」を著して伽藍隆

盛を期した。のちに二十一本山の一つとなる。天文法華の乱に際しては堺に退避したが，のち一条堀川に再建，豊臣秀吉により現在の京都市上京区本法寺前町に移転した。本阿弥家とつながりをもち，特に光悦以降，多くの芸術家の帰依をうけ，優れた芸術作品を寺宝として伝える。

ほんみち不敬事件 元天理教教師の大西愛治郎(1881〜1958)が率いる天理本道が1928年(昭和3)と38年の2回にわたり，天皇否定の文書を配布して検挙・弾圧された事件。大西は当時の国家神道体制に従属する*天理教のあり方を痛烈に批判，1924年(大正13)教団追放となった。翌年天理研究会を組織し，天理教の創造神話をもとに独自の教義を展開した。28年に天皇を批判し国家危機の予言・警告文書を配布，大西はじめ多数信者が検挙，不敬罪で起訴された。36年に天理本道として再組織される。38年再び同様の文書を配布し，不敬罪および治安維持法違反で再検挙され，教団にも解散命令がだされた。終戦で全員釈放，その後全被告が免訴となり，教団も再組織され，50年には〈ほんみち〉と改称された。

梵網経 正式には「梵網経盧舎那仏説菩薩心地戒品第十」。「菩薩戒経」「梵網菩薩戒経」などと略す。「梵網経」の広本は61品に及ぶ大部の経典で，本経はその第10品のみを抜き出したものとされる。上・下2巻。後秦の鳩摩羅什訳とされるが，中国における偽経との説がある。上巻では菩薩の40の階位を説き，下巻では菩薩戒として十重四十八軽戒を説く。*最澄はこれを典拠として大乗円頓戒を主張し，大乗戒壇の設立をめざした。

奈良時代には，孝謙天皇の756年(天平勝宝8)12月，この年に没した聖武太上天皇の追善のため，諸大寺に使して「梵網経」の講師62人を請い，翌年4〜5月に国ごとに講ぜしめたり，761年(天平宝字5)6月には興福寺において毎年，光明皇后の忌日に同経を講ぜしめるなどの記録が認められる(「続日本紀」)。このうち前者を契機として，東大寺の戒壇院北堂においては毎年7月19日に梵網会が行われた(「東大寺要録」)。また752年に開眼供養がなされた東大寺大仏の台座蓮弁に表された線刻蓮華蔵世界図の図像的典拠として，「梵網経」の経説を考える説があるが，華厳・梵網の両経の影響をみる説もあり，確定されていない。古来，下巻についての注疏が多い。

本門仏立講 長松清風(1817〜90)によって1857年(安政4)に開かれた日蓮宗系の在家教団。京都の商家出身の清風は，日隆を祖とする本門法華宗に帰依し出家したが，檀林入学を拒否されるなどの差別をうけ，1855年還俗した。その後は講組織を結成し，唱題を絶対的に信ずる立場から折伏に努め，平易に教えを歌った教歌などで都市の民衆に教線を広げた。90年(明治23)の清風没後も信者組織は勢力を保ち，清風に日扇上人の号を追贈した。宗制などの面で本門法華宗との溝を深めた結果，1947年(昭和22)宗教法人法によって独立し，本門仏立宗として認承され現在に至っている。

梵暦運動 →円通

ま

埋経 まいきょう　経典を書写して，霊山・寺社の内外や墓辺の地中に埋納すること，またその経巻をいう。経巻を埋納したところを*経塚といい，平安中期から現代まで行われる。その目的は主として，釈尊入滅56億7000万年後に，兜率天の内院で修行中の*弥勒菩薩が出世して竜華樹の下で三会の説法をするのに備えて，経典を残そうとするもので，わが国には*円仁が唐からこの行事を伝えた。現存最古の埋経は，奈良県金峰山経塚出土の藤原道長発願のものである。埋納経としては「法華経」以下その開経と結経，「阿弥陀経」「般若心経」「弥勒経」「大日経」「金剛頂経」などを主とし，写経の材質も紙・瓦・銅板・石・貝殻など多種に及んでいる。

舞姫 まいひめ　*森鷗外の短編小説。いわゆる〈ドイツ三部作〉の一つ。1890年(明治23)1月「国民之友」に発表し，のち春陽堂刊行の「美奈和集」(1892年7月)に収録。鷗外その人を彷彿とさせるような若き俊英太田豊太郎は，大学卒業と同時にドイツ留学を命ぜられベルリンに赴任する。そこでの自由な空気の中で，今までの自分を飽き足らなく思うもう一人の自分に気づく。そして，窮状を救った舞姫エリスと恋におち，免官の憂き目にあう。親友相沢謙吉の計らいにより復職し帰国を許されるが，身ごもったエリスは狂気に陥る。豊太郎はエリスを残し帰国の途に就くが，その船中ですべてを回想するという形をとって物語は進められる。恋愛か功名かといった場合，功名をとるのが当然という当時の歴史的背景の中で，一人の女性を無造作に捨てることができなかった男の記録である。

舞々 まいまい　→幸若舞

致斎 まいみ　→忌　斎戒

前野良沢 まえのりょうたく　1723〜1803(享保8〜享和3)　江戸中・後期の蘭学者・蘭方医。名は熹，字は子悦，通称は良沢，蘭化あるいは楽山と号した。豊前国中津藩の藩医の家に生まれる。47歳の時に*青木昆陽にオランダ語を学び，長崎に遊学するなど，オランダ語の研鑽に励んだ。のちに1771年(明和8)*杉田玄白らとともに江戸千住小塚原の腑分(解剖)に立ち会い，西洋解剖書(いわゆる「ターヘル・アナトミア」)の精確なことに驚き，その翻訳を決意した。これは74年(安永3)の「*解体新書」へとつながるのであるが，良沢は中心的人物であったのにもかかわらず，訳が必ずしも正確ではないことに不満を示し，名前を連ねなかったといわれる。

勾玉 まがたま　曲玉とも。C字形を呈して，一端に貫通する孔をもつ*玉。湾曲した形態が名称の由来であろう。古墳時代の日本において特に盛行した装飾品。獣の歯牙に孔をあけて用いたのに始まるとされ，石製や土製が縄文時代には出現し，弥生時代にはガラス製が加わり，古墳時代に金銅製もみられる。特に古墳時代には，前代以来の硬玉のほか，碧玉や瑪瑙・滑石・水晶などの石製勾玉が垂飾品として隆盛をきわめる一方，滑石製の扁平な勾玉や子持勾玉が土製勾玉とともに祭祀具として盛んに使用される。しかし，奈良時代に入ると急速な衰退をみる。

末賀能比連 まがのひれ　本居宣長の「*直毘霊」に対する批判書。*市川鶴鳴(匡麻呂)の著。1冊。1780年(安永9)成立，刊行年不詳。名古屋在住の古文辞学派の儒者であった市川鶴鳴が友人で宣長門人の田中道麿から，宣長の「道の論」(実は「*古事記伝」再稿本収録の「道云事之論」)を呈されたことを契機とする。市川は「*馭戎概言」「古事記伝」などの宣長の学問を高く評価していたが，儒教の聖人の道を否定する見解には儒者として反対の立場をとったのである。「直毘霊」関係の論争書としては最も早く成立したもので，宣長は「*くず花」を著して再反論した。

真木和泉 まきいずみ　1813〜64(文化10〜元治元)　幕末期の尊攘派志士。最も戦闘的な討幕論を唱えて，直接行動に挺身した。名は保臣，通称は和泉，号は紫灘。筑後国久留米の水天宮祠官真木左門旋臣の長男に生まれ，22代を継いで大宮司従五位下和泉守と称した。

早くから国学・和歌に親しみ，1844年(弘化元)後期水戸学派の流れを汲んだ天保学連を結成し，藩政改革を企てたが失敗し，蟄居10年を命じられた。62年(文久2)脱藩して鹿児島に走り，島津久光の上京を機会に同志と行動をおこすが，寺田屋の変で挫折して久留米へ送還・拘禁となる。翌年許されて上京し学習院出仕となり，大和行幸・挙兵討幕を企てるが，八月十八日の政変(萩藩を中心とする尊攘派を京都から追放)で三条実美ら七卿にしたがって長州に下った。翌64年(元治元)，萩藩兵とともに上京し禁門の変となったが，またも敗れ，京都南郊の天王山で諸藩出身の志士16人と自刃した。⇒義挙三策　経緯愚説

牧口常三郎　まきぐちつねさぶろう　1871～1944(明治4～昭和19)　昭和前期の宗教家・教育思想家，創価学会初代会長。新潟県出身。北海道尋常師範学校付属小学校校長をへて，1901年(明治34)に上京する。「人生地理学」を出版し，*柳田国男らの郷土会に入会して地理学研究を進めるが，13～32年(大正2～昭和7)再び東京市内の小学校校長を歴任する。28年に日蓮正宗に入信し，30年に弟子の戸田城外(のちの城聖)と創価教育学会(のちの創価学会)を設立した。そして「創価教育学体系」(4巻で中断)を出版するとともに，創価教育学会を日蓮正宗系の宗教団体に変えていったが，国家神道への迎合を拒否して43年に治安維持法違反・不敬罪で検挙され，44年に巣鴨拘置所で病死した。「牧口常三郎全集」全10巻がある。

莫妄想　まくもうそう　→莫妄想ばくもうぞう

枕詞　まくらことば　歌学用語。語そのものの実質的な意味はなく，歌の内容とは直接に関係はないが，句調を整えながら特定の語句に冠して修飾する語。通常は五音節だが，四音・三音のものもある。口承時代の枕詞は，広く言い習わされてきた古語で，呪詞的性格を有するともされる。「*万葉集」で盛んに用いられた枕詞は，即興的・機知的なもので，種類は多いが用例は少なく，使用者が限られる。平安時代には，他の語と縁語関係をもったり，歌の内容と意味上の関連をもつようになる。以後形骸化し，あまり用いられなくなっていく。

枕草子　まくらのそうし　平安中期の随筆。随筆文学の最初のもの。*清少納言の作。1001年(長保3)頃成立。内容は，(1)「……は」「……ものは」で始まる「ものはづけ」の部分，(2)一条天皇の中宮定子に仕えて見聞した，約10年間の宮廷のようすを記した日記風な部分，(3)自然や人生などに対する感想を主体にした随筆的な部分，の3形式に分類され，300余の長短さまざまな章段からなる。成立後の早い段階で綴が乱れたものらしく，写本の系統によって章段の順序が異なっている。「枕草子」といえば一般には，「春は，あけぼの」で始まる「ものはづけ」の類聚形式の部分が有名で，たしかにこれらの記述の中には鋭い感覚と理知が示されているのも事実である。しかし，「枕草子」の本領は(3)の随筆的な部分にあるといえよう。平安時代の女流文学の中では，最も理知的な性格をもつ作品である。

真言弁　まことのべん　→富士谷御杖

正岡子規　まさおかしき　1867～1902(慶応3～明治35)　明治期の俳人・歌人。本名常規。子規のほか，獺祭書屋主人・竹乃里人など多くの雅号をもつ。伊予国松山藩士の家に生まれる。父を早くに亡くし，母方の庇護のもとに東京に遊学する。帝国大学文科大学哲学科を中退し，*陸羯南の日本新聞社に入る。後半生は病臥生活を送るが，写生を基本に俳句，ついで短歌の革新を成就する。俳句には高浜虚子・河東碧梧桐ら，短歌には伊藤左千夫・*長塚節らが集い，俳句は雑誌「ホトトギス」に，短歌はのちに雑誌「*アララギ」に受け継がれ，版図を広げて斯界に雄をなした。*夏目漱石・*森鷗外・*島崎藤村ら交遊の幅も広く，「万葉集」や蕪村らに光をあてるなど文化史的役割も大きかった。俳句・短歌のほか，幼くして漢詩をたしなみ，小説や随筆にも秀作を残した。講談社版「子規全集」全22巻・別巻3がある。⇒歌よみに与ふる書

正木ひろし　まさきひろし　1896～1975(明治29～昭和50)　昭和期の弁護士。東京都出身。本名は昊。第八高等学校在学中にエマーソンから深い影響をうける。1923年(大正12)に東京帝国大学法学部を卒業し，27年(昭和2)に弁護

士を開業する。だがそれに飽き足らず、37年4月には個人雑誌「*近きより」を刊行し、毎号すべての記事を執筆し、戦時下での抵抗の姿勢を保ち続けた。そこには言論統制が進む中で、全体主義に対する批判と個人の人権尊重を貫こうとする戦闘的リベラリズムの精神がみられる。戦後も弁護士として、人権擁護の第一線で活躍した。「正木ひろし著作集」全6巻がある。

正信記 まさのぶき →本佐録ほんさろく

正宗白鳥 まさむねはくちょう 1879～1962(明治12～昭和37) 明治～昭和期の小説家・劇作家・評論家。本名は忠夫。岡山県出身。東京専門学校(現、早稲田大学)文学科卒。*植村正久と*内村鑑三から影響をうけ、植村から受洗するが、その後教会から離れた。島村抱月の推挙で「読売新聞」に鋭い批評眼をもった評論を掲載するようになり、1903年(明治36)同社に入社した。芸術・文学・教育欄を担当し、7年間の記者生活を送った。08年、現実世界に倦怠と絶望しか感じられない知的青年を描いた「何処へ」を発表した。島崎藤村・田山花袋・徳田秋声・真山青果らとともに*自然主義文学の代表的存在となった。関東大震災後から昭和初頭にかけては、戯曲に力が注がれ、「人生の幸福」「光秀と紹巴」など、30編をこえる作品を書いた。昭和期には、真骨頂である評論が増え「文壇人物評論」「作家論」などに結実した。36年(昭和11)には*小林秀雄との、「思想と実生活」論争がおこっている。敗戦後は、特異な空想小説「日本脱出」、評論「内村鑑三」などを発表し、衰えぬ力量をみせた。なお、死の直前あらためてキリスト教への信仰を告白したことが伝えられ、文壇に衝撃を与えた。ほかの代表作に小説「微光」「泥人形」「入江のほとり」などがある。「正宗白鳥全集」全30巻がある。

政基公旅引付 まさもとこうたびひきつけ 室町後期の貴族*九条政基の日記。宮内庁書陵部に自筆原本5冊を蔵す。前関白たる政基が、1501年(文亀元)から04年(永正元)まで、家領和泉国日根荘に下向し、直務支配を行った際の記録である。和泉南部では、足利義尹方の紀伊国守護畠山尚慶(初名尚順)に与して和泉に勢力拡大を図る根来寺などと和泉国守護細川氏との間で抗争があり、代官支配では収益の確保が困難であったことが直務に及んだ背景であった。本所の視点という限定つきではあるが、村落生活の実態を活写した稀有な日記であり、荘園村落あるいは惣村研究のための貴重な史料となっている。

尸者 まさもの →憑坐より

呪 まじない →呪術じゅじゅつ

増鏡 ますかがみ 中世の歴史物語。17巻本(古本)と19ないし20巻本(流布本)がある。著者は*二条良基説が有力であるが、確証はない。1376年(永和2・天授2)までに成立。四鏡の最後の作品で、老尼から聴いた昔物語を記すという趣向になっている。「*今鏡」の後をうけて、後鳥羽天皇誕生の1180年(治承4)から*後醍醐天皇が隠岐島から京都に還幸する1333年(元弘3)までの150余年間の出来事を公家の立場から編年体で記す。承久の乱と元弘の変を両端とし、その間における主要な事件にはいちおう言及するものの、あくまで皇室との関係に主眼がおかれている。別に宮廷の諸儀式・宴遊・行幸、あるいは勅撰和歌集の撰進などに象徴される王朝文化の種々相を精叙している。なお「*源氏物語」などにならった擬古的な文章は、四鏡随一の優麗典雅な名文といわれる。

本書の歴史観は、表面的には歴史事象のすべてを*宿世の作用に帰するきわめて受動的で無気力なもののようにみえるが、実は必ずしもそうではない。本書の骨格をなす皇位継承史を新たに三種の神器観や帝徳論によって意義づけたり、皇位継承過程における明暗に循環的な交替を認めているところなどには、歴史の理法に対する積極的な関心が示されているといえよう。

益田時貞 ますだときさだ →天草四郎あまくさしろう

増穂残口 ますほざんこう 1655～1742(明暦元～寛保2) 「―のこぐち」とも。十寸穂邪馬台とも。江戸前・中期の神道家・神職。本姓は竹中氏。名は最仲、通称は大和、号は待暁翁・似切斎ほか。豊後国臼杵出身。浄土宗や日蓮宗の僧侶として江戸を中心に活動したが、上京後、還俗して近衛家に仕えた。神・儒・仏三教の研究を積み、京都や大坂などで

講釈して人気を博し，*三輪執斎 や*多田南嶺（義俊）らの識者からも注目された。彼は儒教的道徳に縛られず，恋愛や人情などの戯談を交えて神道的社会教化に努め，風流講釈と称された。また，1719年(享保4)に吉田家から神職免許を取得し，京都朝日神明社の神主にもなった。著書は「*艶道通鑑」「神路の手引草」など多数。

ますらをぶり →にひまなび

摩多羅神 まだらじん 中世の天台宗で信仰された神。入唐した*円仁 が帰国する際に船中に影向し，日本に渡っての念仏守護を誓ったと伝えられる。念仏の道場である常行堂の守護神として，比叡山常行三昧堂をはじめ，法勝寺・多武峰寺・日光輪王寺・出雲国鰐淵寺・平泉毛越寺などに祀られた。中世には大黒天・茶吉尼天・七母天などとの同体説が語られたが，なお本来の性格は謎が多い。その姿は通常，烏帽子・狩衣装束で鼓をもち唱歌する壮年男性が，舞踊する2童子を従える形で表される。後戸の護法神として，猿楽における翁の成立にかかわって語られることもある。また，天台教学が口伝法門化する中で，檀那流の奥義である*玄旨帰命壇の本尊とされた。そこでは摩多羅神を阿弥陀如来の垂迹神と位置づけ，神の所作や持ち物などを天台教学で会同して，性欲に至るまでの生命活動がそのままで悟りであることを示すと説かれたりした。そのため元禄年間(1688～1704)以降の*安楽律運動を画期に邪神視されたが，一方で寛永寺常行堂や妙法院などにおいてひそかに祀られ，日光東照宮では山王権現とともに*東照大権現の脇立として重視されていた。

町衆 まちしゅう →町衆 ちょうしゅう

松岡恕庵 まつおかじょあん 1668～1746(寛文8～延享3) 江戸中期の本草家・博物学者・儒学者。京都生れ。名は玄達，字は成章，通称は恕庵，怡顔斎・苟完居と号した。はじめ*山崎闇斎，のちに*伊藤仁斎に儒学を学び，さらに*稲生若水について本草学を学んだ。著作に「用薬須知（正編）」5巻，「用薬須知後編」4巻などがある。

松岡雄淵 まつおかゆうえん 1701～83(元禄14～天明3) 「一おぶち」とも。江戸中期の垂加神道家。名は文雄・定直・雄淵，字は仲良，通称は良庵，号は蓼蔵舎・渾成翁・玄斎。尾張国熱田神社の社家。*吉見幸和・*若林強斎・*玉木正英に師事し，朱子学や神道を学んだ。正英の高弟として頭角を現し，*谷川士清や*竹内式部らが入門した。正英の神道を巫祝的であると非難した「*神道学則日本魂」を，1733年(享保18)師に無断で刊行したため破門された。その後，吉田兼雄に招聘され，吉田家の学頭として垂加神道を伝えたが，宝暦事件以降吉田家から離れ，望楠軒の*西依成斎らと勉強会を開いて，山崎闇斎の学問の継承に努めた。

松尾芭蕉 まつおばしょう →芭蕉

松崎慊堂 まつざきこうどう 1771～1844(明和8～弘化元) 江戸後期の儒学者。名は圭次・密・明復・復，字は退蔵・希孫・明復，号は木倉・益城・慊堂と，それぞれ変えた。肥後国益城郡北木倉村の貧農の生れ。はじめ出家するが，江戸にでて還俗し，儒者を志す。1790年(寛政2)林家に入門し，昌平黌へに学ぶ。1802年(享和2)，遠江国の掛川藩校徳造書院の教授となる。世襲制度に安んずる藩士たちの教育に絶望して，14年(文化11)致仕し，江戸目黒羽沢村の石経山房に隠居した。*蛮社の獄に際して，*渡辺崋山の赦免運動に奔走したことは有名である。慊堂ははじめ朱子学を信奉したが，隠遁後は*狩谷棭斎らと親しく交わり，朱子学の空疎さを批判し，「実学」としての考証学に励んだ。唐開成石経の校訂に尽力し，「縮刻唐石経」(1844)を出版した。1823～44年(文政6～弘化元)の日記「慊堂日暦」は，同時代の学者・文人の動向ばかりか，世相などをも克明に記録している。著書に「慊堂全集」全27巻がある。門人に*塩谷宕陰・*安井息軒らがいる。

松下見林 まつしたけんりん 1637～1703(寛永14～元禄16) 江戸前期の儒医・歴史学者。名は秀明・慶摂，字は諸生，通称は見林，西峰散人と号す。大坂天満町に生まれ，句読を父見朴にうけ，医を古林見宜に学んだ。21歳で京都堀川に開業し，儒学や歴史も教授した。1690年(元禄3)讃岐国の高松藩主

松平頼常に召され，天皇陵の調査や著述出版の援助をうける。博覧強記であり，また舶来書籍の購入に熱心で蔵書10万巻に及んだという。30余年を要した代表的著作「異称日本伝ほんでん」(1693刊)は，中国・朝鮮の文献からの日本関連記事の集録であり，記事の異同の考証，按文における所見に学才を示す。

松平君山まつだいらくんざん　1697～1783(元禄10～天明3)　江戸中期の儒学者・博物学者。名は秀雲，字は士竜，通称は太郎右衛門，君山はその号。名古屋藩士の子。母は堀杏庵きょうあんの孫。1709年(宝永6)同藩士松平家の養子となる。43年(寛保3)書物奉行となり，博覧強記の君山自身も，堀家の蔵書を含めて3600冊余を文庫吏隠亭りいんていに所蔵した。考証学的な学風で，名古屋藩士の系譜集「士林泝洄しりんそかい」の纂修や，官撰地誌「張州府志」を修撰したほか，李時珍りじちん「本草綱目ほんぞうこうもく」や貝原益軒・松岡玄達げんたつの所説の誤りを正そうとした「本草正譌せいか」(1776刊)を著し，尾張博物学の端緒を開いた。*吉見幸和ゆきかず・横井也有やゆうらと交わり，門人には岡田新川しんせんらがいる。著書は詩文集「弊帚集へいそうしゅう」，「年中行事故実考こじつこう」など多数。

松平定信まつだいらさだのぶ　1758～1829(宝暦8～文政12)　江戸後期の白河藩主・老中。父は御三卿の*田安宗武たやすむねたけ。祖父は8代将軍徳川吉宗むね。号は楽翁らくおう。父の影響をうけ幼少より学問に励み，12歳の時「自教鑑じきょうかん」を著す。1774年(安永3)陸奥国白河藩主松平定邦さだくにの養子となり，83年(天明3)襲封した。87年老中首座，88年将軍補佐役となり，内外に危機を抱える幕府の建直しを図り，いわゆる寛政の改革を断行し，「*名君」と称された。改革は政治・経済面のみならず，風俗・出版・教学の分野にまで及び，有名な「寛政異学の禁」では，林家に命じて*朱子学を正学とし，その他の異学を昌平黌しょうへいこう(*昌平坂学問所)で教授することを禁じた。しかし，極度の緊縮政策はやがて人々の反発を招き，93年(寛政5)老中職を免じられた。以後，藩政に専念し，藩校立教館りっきょうかんを拡充したり，庶民教育を行う敷教舎ふきょうしゃを建てるなどの文教政策を進めた。

定信は内憂外患の危機的状況を克服するため，神君崇拝思想を力説するとともに*自己神格化を図り，また新しい朝幕関係のあり方を明示する*大政委任論(天皇→将軍)や*神国思想を唱えている。こうした政治思想は，基本的には複合的な天の思想に支えられていた。自叙伝「*宇下人言うげのひとこと」や随筆「*花月草紙そうし」など百数十点の著作を残している。

松平中納言家久訓誡まつだいらちゅうなごんいえひさくんかい　→島津家久訓誡しまづいえひさくんかい

末灯鈔まっとうしょう　*親鸞しんらんの消息(手紙)を本願寺3世覚如かくにょの子従覚じゅうかくが編集したもの。全2巻。1333年(正慶2・元弘3)成立と伝える。22通の消息を収め，数種類ある親鸞の消息集の中では最大のものである。年月日の明らかなもので最初のものは1251年(建長3)，最後のものは60年(文応元)の消息である。すべて仮名文体によって記されている。実際には手紙ではなく，*法語ほうごとよぶべきものもある。関東の門弟たちの教義上の疑問に答えたものが多く，信仰の指針として編纂されたことをうかがわせる。*自然法爾じねんほうにの思想に関する消息が含まれていることが注目される。

松永尺五まつながせきご　1592～1657(文禄元～明暦3，生没年には異説もある)　江戸前期の儒学者。名は昌三しょうぞう，字は遐年かねん，通称は昌三郎，尺五と号した。俳人・歌人として名高い松永*貞徳ていとくの子として京都に生まれ，*藤原惺窩せいかのもとで儒学を学んだ。母は冷泉為純れいぜいためずみの女。金沢藩前田家に仕えたが，京都に戻り家塾である講習堂，さらに尺五堂を開き，*木下順庵じゅんあん・*安東省庵せいあん・貝原益軒えきけん・*宇都宮遯庵とんあんらを育てた。堂上どうじょう貴顕とのつながりが深く，尺五堂は後水尾ごみずのお天皇から与えられた学寮である。著作は「*彝倫抄いりんしょう」，「尺五先生全集」2巻など。⇒京学

松永貞徳まつながていとく　→貞徳ていとく

松永道斎聞書まつながどうさいききがき　→東照宮御遺訓とうしょうぐうごいくん

松囃子まつばやし　中世，正月に行われた祝福の*門付かどつけ芸。演者はさまざまで，一般庶民によるものを「地下じげ松囃子」，大名や公卿の青侍などによるものを「殿原とのばら松囃子」，町人の女房によるものを「女松囃子」などとよ

び、このほか*声聞師によっても演じられた。室町時代に流行した。内容は祝言・風流・曲芸・猿楽などで、将軍家や権門の邸を訪れ演じた。現在では、福岡市博多で5月3・4日に行われる「どんたく」が有名である。

末法思想 釈迦入滅後の仏教流布を正法・像法・末法の三時に区分し、しだいに仏教が衰滅して、末法時にはやがて仏法滅尽を迎えるとの予言的思想。釈迦の教え（教）、その教えにもとづく実践（行）、実践の果報（証）の三つがそろった時代が正法、証を欠くのが像法、証・行ともに欠くのが末法の時代とされる。早く6世紀頃のインド仏教に萌芽があり、中国の隋唐時代にも流行し、日本では奈良時代から現れる。釈迦入滅年や三時の長さには諸説あったが、平安時代には釈迦入滅が前949年、正法・像法各千年説が有力となり、1052年（永承7）の入末法が広く信じられ、*最澄が早くも末法到来への危機意識を表明している（「守護国界章」）。中国では教団内の危機意識にすぎなかったが、日本ではあいつぐ天変地異や寺院の焼亡、戦乱、僧兵の活動といった社会現象が貴族や知識人の間に末法到来の自覚を高めさせ、*無常観や厭世観の広まり、往生極楽を願う*浄土教の興隆、また法滅尽に備えて*経塚の造営が行われた。鎌倉時代には、入末法の自覚を深めた*法然（源空）・*親鸞・*日蓮らが、末法の時代にふさわしい仏教の模索をとおして、やがてその革新を実現し、南都でも弥勒の下生を願う*弥勒信仰が貞慶らによって唱えられた。総じて末法思想は平安後期から鎌倉前半の思想史に大きな影響を与えたが、鎌倉後期には主体的な思想としての意味を喪失した。

末法灯明記 末法の年代とそれに相応した僧の性格などを説いた書。1巻。801年（延暦20）*最澄の撰とされるが、偽撰の可能性が高く、院政期以降に成立したと考えられる。その内容は、正法・像法・末法の三時説をのべ、正法500年・像法1000年説をとり、末法時における持戒を否定し、破戒・無戒の僧侶を肯定する。そして、このような僧侶こそが末法の灯明とすべきであると主張する。栄西・法然・親鸞・日蓮らの著作に最澄真撰として引用され、特に親鸞の「*教行信証」化身上巻にはほぼ全文が引用される。鎌倉新仏教の祖師たちに与えた影響には大きなものがある。

松宮観山 1686～1780（貞享3～安永9） 江戸中期の兵学者・儒学者。名は俊仍、字は旧貫、通称は主鈴、号は観山・観梅道人。本姓は菅原。下野国足利郡金剛院の修験僧の子。1699年（元禄12）江戸に遊学し、処士松宮政種の養子となった。北条氏如に北条流兵学を学び、師に従って蝦夷地・佐渡・長崎など各地を巡った。1755年（宝暦5）隠居。63年、山県大弐の「*柳子新論」に跋文を書き、大弐と論争した。69年（明和6）僧法忍の事件に連坐して、江戸所払となる。観山の学問的関心は広く、当時流行していた仁斎学・徂徠学を批判した「*学論」（1755刊）をはじめ、測量術の集大成書「分度余術」（1728）、蝦夷地開発・長崎貿易を論じた「閑窓随筆」、このほかにも垂加神道や天文学関連書など、数多くの著書を残した。⇒三教要論

松村介石 1859～1939（安政6～昭和14） 明治～昭和前期のキリスト教伝道者・教育者。道会の創始者。播磨国明石生れ。16歳の時に神戸で宣教師から英語と聖書を学び、さらに横浜でもキリスト教を学び、19歳で受洗した。生涯を伝道に捧げることを決意して築地の東京一致神学校に入学するが、宣教師と対立し退学する。1881年（明治14）岡山県高梁教会の牧師となる。その後、山形英学校教頭・北越学館教師を務めるが、正統的なキリスト教に飽き足らず、老荘・王陽明らと結びつけ「信神・修徳・愛隣・永生」を基本信条とする日本教会を1907年に組織する。さらに12年道会に改組し、「儒教的キリスト教」を提唱する。主書に「立志之礎」（1889）などがある。

松本奎堂 1831～63（天保2～文久3） 幕末期の尊攘派志士。三河国刈谷藩士で甲州流軍学師範の印南維能の次男で、養われて松本氏を継ぐ。11歳で名古屋藩儒の奥田桐園に入門し、18歳の時、槍術稽古中に左眼失明の奇禍にあう。1851年（嘉永4）昌平黌

に学び，翌年江戸藩邸の教授兼侍読となったが，議論が激直にすぎたために1年間禁錮される。53年名古屋で開塾し，61年(文久元)大坂で昌平黌の同学らと塾を開く。翌年，京都に移って藤本鉄石・吉村寅太郎らと交わり，島津久光の上京を利用して討幕を企てたが，寺田屋の変で失敗した。63年大和行幸の詔がでたのを機会に天誅組を組織して総裁となり，元侍従の中山忠光を奉じて大和国五条の幕府代官所を襲撃した。しかし，同年の八月十八日の政変(萩藩を中心とする尊攘派を京都から追放)によって形勢が逆転し，諸藩兵の追及をうけて吉野で自刃した(天誅組の乱)。

松本佐兵衛まつもとさへえ　→大山為起おおやまためおき

松浦佐用姫まつらさよひめ　伝説上の女性で，異国に男が出征するのを悲しみ，山に登って領巾を振ったとされる。この話は古くは「万葉集」，中世には「平家物語」「古今著聞集」などに載るが，本来姫のモデルが水神(蛇)の生贄となる女性であったことは，類似の話に，毎夜訪ねてきた男(蛇)の住む沼へ女性が沈むという筋が続く「肥前国風土記」などの諸伝承から推測できる。また，この種の蛇婿入譚が御伽草子「さよひめのさうし」や説経節「松浦長者」に展開する一方，悲しみのあまり姫が石と化したとする「峰相記」などの伝えも残る。柳田国男は「まつら」をマツリ・マツラフと，「さよ」を道祖神(サエノカミ)のサエと同根として巫女と関連づけた。

松浦静山まつらせいざん　1760〜1841(宝暦10〜天保12)　江戸後期の大名。名は清，通称英三郎，号は静山。肥前国平戸藩主。1771年(明和8)父松浦政信が没し，祖父誠信の養嗣子となる。75年(安永4)襲封し，藩政改革を推進した。79年藩校維新館を創立し，藩史の編纂に着手した。典籍を好み，江戸に感恩斎文庫，平戸に楽歳堂文庫を創設して図書を収集し，98年(寛政10)には聖堂再建のため幕府に2万両を献じた。1806年(文化3)致仕した。京都の*皆川淇園に師事し，江戸では*朝川善庵・*佐藤一斎に学び，*林述斎を友とし，和歌・有職・蘭学など多方面の分野に興味をもった。21年(文政4)11月17日甲子の日に起筆し，41年(天保12)6月に終わる「甲子夜話」278巻は，当代の世相風聞を記録し，江戸の文人社会の動向を知るうえでも貴重な史料である。

祭まつり　神霊を招いて神饌を供え神座などを弁備して歓待し，神威に浴し，また神霊を慰撫して豊穣や生活の安穏，災疫の除去などを祈願する儀礼。語義は諸説あるが，神や人にものを差し上げる，たてまつる意の動詞「奉る」の連用形が名詞化したもので，神の威に人が従い，奉仕することとする解釈が有力である。常設の社殿が成立する以前の古代祭祀においては，山・森・樹木・巨石・海・島などを神霊が籠もる神奈備(かんなび)，あるいはそこに神霊が依り付く神籬・磐座・磐境と観念され，神事が執り行われた。磐座を中心とする古代祭祀の実態と変遷をうかがわせる著名な遺跡として，玄界灘に位置する*沖ノ島の祭祀遺跡があげられる。また，神奈備山の代表的事例として三輪山信仰がある。

律令国家における朝廷祭祀は「養老神祇令」に規定され，神祇官が管轄する恒例祭祀としては，2月の*祈年祭，3月の鎮花祭(大神・狭井神社)，4月の神衣祭(伊勢神宮)・大忌祭(広瀬神社)・三枝祭(率川神社)・風神祭(竜田神社)，6月の*月次祭・*鎮火祭・*道饗祭，7月の大忌祭・風神祭，9月の神衣祭・神嘗祭(伊勢神宮)，11月の相嘗祭・鎮魂祭・*大嘗祭(新嘗祭)，12月の月次祭・鎮火祭・道饗祭がある。臨時祭としては天皇一代一度の大嘗祭や，*八十島祭・大殿祭・疫神祭・名神祭などがある(「延喜式」)。

律令祭祀は稲作を中心とする四季の農耕儀礼を基盤として成立し，基本的には自然の四季の循環にしたがって行われる季節祭と捉えることができる。したがって，春先の予祝儀礼と秋の収穫儀礼がその中心となり，古代の氏神祭も春秋の2回が一般的であった。「延喜式」では祭祀を序列化し，大嘗祭を大祀，祈年・月次・神嘗・賀茂の諸祭を中祀，大忌・風神・鎮花・三枝・相嘗・鎮魂・鎮火・道饗・園韓神・松尾・平野・春

日・大原野の諸祭を小祀とし，それらの*祝詞を収載している。

大嘗祭は，毎年の収穫祭儀である新嘗祭をもとに創出された国家的祭儀であるが，「儀式」「延喜式」の詳細な規定から古代の完成された祭祀の構成をうかがうことができる。神事に先立ち，10月下旬には天皇自ら河原に行幸して禊を実修し，11月より禁忌が課される散斎期間に入り，鎮魂祭の前日の丑日より卯日までの3日間は最も厳重な*斎戒が課される致斎となる。卯日の夜半から翌日の未明にかけて，神を招迎して天皇が神饌を供え，天皇自らも食す「神饌親供」が執り行われる（神人共食）。辰・巳・午日は神事の後の節会まで饗宴・賜禄・叙位が行われる。節会会場である豊楽殿には標の山がおかれるが，それは祇園祭の山鉾，各地祭礼の山車の源流である。ここに，神事奉仕者の斎戒，夜間における神霊の招迎，神人共食，神霊の鎮送，直会という日本の神祭の典型的構成をみることができる。平安時代以降，都市人口の増加は疫病・災厄発生の原因ともなり，疫神を御霊の祟りとして慰撫し祀る*御霊会が始まり，祇園・今宮社などでは年中行事の夏祭として定着する。

祭座 まつりざ →宮座

祭囃子 まつりばやし 神社の祭礼などの際，屋台や山車の上，または神楽殿などで囃される囃子音楽のこと。楽器には大太鼓・締太鼓・篠笛・鉦などが使用される。囃子は「囃す」という動詞が名詞化したもので，元来の意味は謡や舞などの芸能を「生はやす」「栄はやす」という意味である。その源流は京都の祇園祭に演奏する祇園囃子にあるとされ，この囃子は*牛頭天王に対する信仰が広まるにつれて普及していった。一方，江戸の祭囃子で有名なのは神田囃子である。一般的にいえば，江戸の祭囃子は，*太々神楽や*里神楽などの要素や江戸庶民の好みをとりいれて江戸風の発達をとげたもので，その後の地方の祭囃子に大きな影響を与えた。

真名部忠庵 まなべちゅうあん →藤井懶斎

継子話 ままこばなし 継母が実子ではない子を虐待する話。シンデレラや白雪姫など外国にも多く伝わるが，日本では平安時代の「*落窪物語」や「*住吉物語」をはじめとして，*御伽草子の中にも多く存在する。事実をもとに作品化されたのであろう。すなわち，母系制社会ではおこりえず，父系性社会において継母が継子をいじめることが現実にあった。モチーフとしては，御伽草子の「鉢かづき」のように，いじめられた継子が最終的に幸福になり，継母は逆に復讐される場合が多い。しかし，一方でただ継子が継母に殺されるだけで話が終結するなど，悲惨な結末の話もある。

マリア観音 マリアかんのん 外海・五島・長崎地方などの隠れキリシタンが，聖母マリアとして信仰の対象とした観音像。もとは中国製の白磁または青磁の観音像で，子授けや子育ての守り神とされていた仏像が日本に輸入されたものである。したがって同種の仏像は多くあり，マリア観音として認められるためには，たとえば，没収品の調書に「ハンタ，マルヤと申す白焼仏立像一体」「子抱き女体の仏」とあるように，実際に信仰の対象とされていたことが証明されなければならない。

マルクス・エンゲルス全集 マルクス・エンゲルスぜんしゅう 日本で独自に編集・刊行された，世界で最初のマルクス・エンゲルス全集。全27巻（本巻30冊・別巻1冊）。*堺利彦ら・*山川均ひとを編集の最高責任者とし，向坂逸郎・*大森義太郎が実際の編集にあたる。1928~33年（昭和3~8）に改造社（社長山本実彦）から刊行。翻訳協力者は労農派系の学者を中心とする98人。当時官憲によるきびしい検閲のため，「共産党宣言」の収録は見送り（いくつかの序文のみ収録），これ以外は主要著作のほか，新聞・雑誌記事・書簡などに至るまで網羅されている。別巻の編輯後記で向坂がのべているとおり，当時「世界に存在する唯一の全集」として世界的意義をもつ刊行物である。

マルクス主義 マルクスしゅぎ 生産力と生産関係の矛盾による歴史発展の視点を基とし，文学から政治学まで社会全般に及ぶ思想体系。K.マルクス，F.エンゲルスによって唱えられ，日本への紹介は，同志社におけるD.W.ラーネッドの講義，「六合雑誌」上の*小崎弘道の記事（1881年4月）による。日清戦争と

産業革命をへて，日本資本主義がほぼ確立した1890年代末期から1910年代前半にかけて（明治後期），日本においても社会主義の理論に依拠した運動が始まったが，マルクス主義の紹介はまだ初歩段階であった。第1次大戦と戦後恐慌，米騒動の勃発，ロシア十月革命を画期とする1910年代後半から30年代前半にかけて（大正末～昭和初期），いわゆる大正デモクラシー運動とも連動しつつ，マルクス主義は急速に発展・普及した。とりわけ第2次共産党（*講座派）と*労農派の間の論争を通じて，その全面にわたる研究が本格的に発展し，日本資本主義の構造分析と戦略・戦術への適用にまで進んだ。その集約が*日本資本主義論争であり，世界初の「*マルクス・エンゲルス全集」27巻も刊行された。

マルチリヨの栞〔マルチリヨのしおり〕 1790年（寛政2）から5年間続いた寛政の*浦上崩れに際し，長崎奉行が没収した14種の無題のキリシタン関係書のうち，*殉教の意義・覚悟・心得・模範をのべた3書に，1930年（昭和5）*姉崎正治が「マルチリヨ（殉教）の鑑」「マルチリヨの勧め」「マルチリヨの心得」という仮題を付して総称したもの。慶長・元和期（1596～1624）に信者の殉教精神を涵養するために編まれたものと思われ，編者は不明であるが神学に通じた護教論者である。1591年（天正19）刊「*サントスの御作業の内抜書」下巻や翌年刊「*ヒデスの導師」などを参照して作成されたものと推定される。

丸血留の道〔マルチルのみち〕 1790年（寛政2）から5年間続いた寛政の*浦上崩れに際して，長崎奉行が没収した無題の14種のキリシタン関係書の一書。原写本はすでになく題名もわからないが，1930年（昭和5）*姉崎正治が*殉教に関する写本を「*マルチリヨの栞」と題し，その中の第2書「マルチリヨの勧め」を「丸血留（殉教）の道」と仮題を付したものである。著者は不明，著作年代は慶長・元和期（1596～1624）と推定される。6章からなり，第1章は迫害の原因，第2章は迫害者が天罰をうけない理由，第3章は背教は大罪であること，第4章は殉教の偉大さ，第5章は殉教の栄光と報い，第6章は殉教への覚悟と準備である。ローマ字を併用した漢字片仮名交り文で誤写が多く，ローマ字の略字や合字の多いのが特色である。

丸山教〔まるやまきょう〕 明治初期に*富士講信者の伊藤六郎兵衛（1829～94）がお告げや修行をへて，独自の教えを展開させ創唱した教団。1871年（明治4）に布教を開始する。日常道徳的な教えと「御身抜」と称する儀礼による病気治しで評判になる。無資格を理由に取締りをうけた伊藤は，75年に宍野半が率いる富士一山講社に加入，活動を合法化させた。この頃から教勢は伸び，80年には信徒10万を祝う。復古的な世直し観や反文明開化的な農本主義が，農村を中心にうけいれられた。しかし，丸山教による世直しを掲げた静岡での「み組世直し事件」や伊藤の死により，1890年代後半から教勢は急速に衰退する。戦後に丸山教として独立した。

丸山作楽〔まるやまさくら〕 1840～99（天保11～明治32）幕末・明治期に活躍した政治家・国学者・歌人。島原藩士丸山正直の長子。平田篤胤の没後の門人。国学を学び，攘夷思想に傾倒し，1863年（文久3）に結成された激烈組の隊長となる。66年（慶応2）国事に奔走し，激論をたたかわせたことにより投獄される。68年（明治元）放免され，のち神祇官権判事などを歴任する。72年征韓謀議にまきこまれ，内乱罪により終身禁固刑をうける。80年に特赦により出獄したのち，元老院議官をへて貴族院議員となり，神祇官再興運動の中心人物となる。和歌をよくし，また「史学協会雑誌」の刊行，国粋主義思想の立場から仮名文字の使用を勧め，教育の重要性を説いた。

丸山真男〔まるやままさお〕 1914～96（大正3～平成8）昭和・平成期の政治学・政治思想史学者。大阪市出身。戦中期に日本政治思想史という学的領域を創始し，戦後には「超国家主義」の内在的解明を通じて日本における政治学・政治理論の基礎を築き，60年安保改訂問題では市民としての立場からの政治参加を唱道し，晩年は独自の日本思想史像を構築する仕事に従事した。戦中と戦後を通じて，その時々の「近代」批判の論調に対抗し，西欧近代のうみだした「自由」や「民主」という価値に時空をこえた普遍的な意味を見出し，それを深めていく理論的考察に努めると同時に，日本

まれ

社会においてその実現を妨げてきた要因についての批判的分析を続けた。また日本思想史においては、聖徳太子や親鸞・道元、荻生徂徠や佐久間象山、福沢諭吉や中江兆民・内村鑑三らの、普遍的原理へのコミットに支えられた多様な思想的個性の分析を通じて「伝統」への新たな視点をもつくりだした。著書は「丸山真男集」全16巻・別巻1のほか、「丸山真男講義録」「丸山真男座談」「丸山真男書簡集」「丸山真男回顧談」など。丸山の残した蔵書・草稿類をはじめとする資料は、すべて東京女子大学の丸山真男文庫に整理・保存されている。→日本政治思想史研究

マレー David Murray 1830～1905 モルレーとも。アメリカ人教育家、明治初年の文部省学監。ニューヨーク州出身。ユニオン・カレッジ卒業。オルバニー・アカデミー校長、ついでラトガース大学の数学・天文学教授となる。文部省が求めた教育近代化に協力する外国人顧問の招聘に関して、駐米小弁務使森有礼の諮問に応答した日本の教育に関する意見書と、渡米中の岩倉遣外使節団の木戸孝允・田中不二麻呂の選考によりマレーの招聘が決定した。1873年（明治6）6月末日、8月督秩官に任命、翌10月名称が変わり学監となった。以後78年末まで5年半にわたり、文教政策の最高顧問として田中文部大輔（文部卿空席）に助言・協力した。在任中、視察などにもとづきたびたび報告書を提出した。教員養成や教則、教科書に至るまで、その提案の多くがやがて政策に反映され、近代教育発展の基礎を築いた。東京大学、東京女子師範学校と付属幼稚園、教育博物館（東京上野、現在の国立科学博物館）、東京学士会院の創設に貢献した。マレーは学校教育の普及とその内容・方法の近代化と効率化のため中央集権的な政府関与の制度を支持し、彼の学制改革案である「学監考案日本教育法」は、*学制の構想をさらに整備しようとしたものである。

まれびと 民俗学の語彙。時をきめて外界・異界から来訪する神。「まれびと」「まろうと」はもと来客・*客人神を表す語。これを折口信夫が古代の来訪神の説明をするために使用した。海のかなたの常世から来訪する存在で、1年に1回、だいたいは春の初めに訪れて、富と長寿をもたらすものとされる。民俗学では、日本文化・文学・芸能の基層を解明するうえでの重要な学術用語として定着した。この語はさらに拡大し、外国から来た仏にも用いられる。「*日本霊異記」上巻第5には、仏像のことを「隣国の客神の像」と記している。

客人神 まろうど 客神・今来神とも。土着の古くからの*氏神などに対し、他の地域から新たに将来し定着した神。本来は年に一度来訪し歓待される来訪神（*まれびと）の祭祀が、恒常化した結果と考えられ、在地の神に外来神の神威をあわせて共同体の安寧を願う心意が読みとれる。主神と同等、またはやや下に位置づけられるが、完全には従属していない場合が多い。東北のアラハバキ神、南九州の門守神などが有名である。ふつう独立した社殿に祀られることは少なく、主神の傍らに客人神として配されるケースが多い。しかし出雲の美保神社のように、主神事代主神の父大国主命を別の客人神社に祀るなどのケースもある。このような摂社・末社化は、祭祀の継続により客人神がその外来性を薄めた結果であろう。→寄神

万巻 まんがん →満願

満願 まんがん 生没年未詳。一説に720～816（養老4～弘仁7） 万巻とも。奈良末～平安初期の民間修行僧。地方における神仏習合を推進した。「多度神宮寺伽藍縁起并資財帳」には、763年（天平宝字7）伊勢国多度神社の東の道場に住み、丈六阿弥陀像を造り、多度神の託宣により小堂と神像を造ったとある。「類聚三代格」2所収の嘉祥3年（850）8月5日付太政官符には、鹿島神宮寺が天平勝宝年間（749～757）に修行僧の満願により建立されたと記されている。また1191年（建久2）の「箱根山縁起」には、略伝と彼による箱根三所権現と丈六薬師像の造立を記している。箱根神社には、満願上人像とする平安初期の一木造の僧形坐像が伝わる。

卍元師蛮 まんげんしばん 1626～1710（寛永3～宝永7） 江戸前期の臨済宗の僧。「*本朝高僧伝」の編者。号は独師。俗姓は熊沢。相模国の

人。18歳で出家し、妙心寺の黙水竜器の法を嗣いだ。僧伝の編集を志し、諸国を遊歴して諸禅師に問訊し、三十数年に及ぶ史料収集を行い、1678年（延宝6）禅僧約1000人の伝記史料を収めた「*延宝伝灯録」41巻を、1702年（元禄15）には「本朝高僧伝」75巻を編した。その序文には「時は澆漓におよびて聖を去ること既にはるかなり……冀はくは後覚古人の高躅景行に監み、菩提心をおこし、以て俱に薄迦の地に至らんことを期するのみ」とあり、ここから幕藩制下での教学専念・宗学整備に終始する当時の僧界全体への批判的意味が読みとれる。

満済 まんさい　1378〜1435（永和4〜天授4〜永享7）「まんせい」とも。室町前期の真言僧。醍醐寺座主。法身院准后と称される。足利義満・義持・義教の護持僧。父は摂関家二条家の庶流今小路基冬。出雲路禅尼なる人を母として1378年（永和4）7月20日誕生。父が早世し、兄師冬に養育されたらしい。義満の猶子となり、醍醐寺報恩院の隆源大僧正を師として得度する。95年（応永2）18歳で17世三宝院門主、73代醍醐寺座主となる。治山39年の間、東寺一長者を二度、四天王寺別当を務め、法印・大僧正をへて、1428年（正長元）准三后となった。将軍護持僧の中では比較的出自の低い満済のこのような出世には、義父師冬の妻白川殿（聖護院坊官源意の女）が義満の正室日野業子に仕えたことにより、義満の知遇をえたことが大きいと考えられる。すでに義満期に護持僧のリーダー的地位にあったが、義持・義教期には単なる護持僧に止まらず、将軍の政治顧問的な役割をはたし、有力守護大名による宿老会議と将軍との間の仲介役を務めた。将軍就任に際し尽力したことから、義教の信頼は特に篤く、宿老会議からの意見具申を握りつぶすほどの権勢を誇った。「満済准后日記」がある。

万歳 まんざい　人々の長寿を予祝する祝福芸。鎌倉時代、*声聞師が禁中や諸家を訪れ、家門の繁栄と新年の賀詞をのべたてた。*門付芸の一種。やがて猿楽や曲芸・曲舞なども加わった。近世以降、大和・三河・尾張・知多などの地方で万歳の集団ができあがった。言葉の呪力によって幸をもたらすもので、万歳は*歳神の神格をもつと考えられる。現代では万歳が掛合芸であったことから、「万才」と書いて寄席芸として確立し、さらに「漫才」と書き換えられ、笑芸へと変化した。

万座祓 まんざほらえ　→万度祓まんどほらえ

卍山道白 まんざんどうはく　1636〜1715（寛永13〜正徳5）江戸前期の曹洞宗の学僧。諱は道白、号は卍山。俗姓は藤井氏。備後国の人。10歳で備後国竜輿寺の一線道播について得度し、江戸で高秀寺の文春や黄檗宗の*隠元隆琦・木庵性瑫に学び、43歳で加賀国大乗寺の月舟宗胡につき法を嗣いだ。1680年（延宝8）大乗寺に入寺し、のち摂津国興禅寺、京都禅定寺・源光庵などに歴住した。寺院転住のたびに嗣法を変える風潮や面授を軽視する宗門継承の乱れを憂い、1700年（元禄13）梅峰竺信とともに一師印証の改革を幕府に訴え、03年永平寺・総持寺法度が制定され、宗統復古を行った。以来「復古老人」と自称した。「正法眼蔵」の編集、「天童如浄和尚語録」の刊行など宗学興隆に尽力した。著作は「卍山和尚広録」「宗統復古録」「対客閑話」「禅戒訣」など多数。

満済 まんせい　→満済まんさい

満誓 まんぜい　生没年不詳　奈良時代の官人、のち出家。俗名は笠麻呂。長く美濃守を務め、木曾路の開削に尽力して功を認められる。721年（養老5）元明太上天皇の病に際して出家し、法名を満誓と名乗る。723年に筑紫観世音寺の建立に派遣され、大宰帥として現地にあった*大伴旅人と親交を結び、いわゆる筑紫歌壇の一人となる。「*万葉集」巻3・4に作品が収められている。

万善簿 まんぜんぼ　毎日の行動についての*広瀬淡窓の自己点検書。全10巻。「淡窓全集」巻下に収録。淡窓は、18歳の時、明人の袁了凡の*善書「陰隲録」をえて、功過格にしたがって、一万の善行を積むことを誓った。しかし、その時は果たせず、54歳、1835年（天保6）8月2日より始め、48年（弘化5）1月29日に一万点が完了した。さらに続けられ、54年（安政元）73歳までの記録が残されている。「義欲考」と「敬怠考」とに分

かれ、善を白丸、悪を黒丸に表示して、たとえば「勧人学」は白丸、「過食」は黒丸と、毎日の行動が点検されている。敬天思想にもとづく、自己規律の実践の記録として注目すべきである。

曼荼羅　まんだら　梵語maṇḍala　曼陀羅とも。如来や菩薩が集合した世界を描いた図。サンスクリット語maṇḍalaの音写。語源としては、maṇḍaが神髄・本質を意味し、これに接尾語のlaがついて〈本質を得る〉、すなわち最上の悟りの境地を意味するとされている。一般的にサンスクリット語では、〈円い〉〈輪のような形〉の意味で用いられ、漢訳では輪円具足・聚集・壇・道場などとされ、如来・菩薩の集合する壇の意味から、これを描いたものを曼荼羅と称するようになった。インドでは土壇に直接描き、修法が終わると破壊するが、中国・日本では紙や絹地に描かれ、多くは掛幅装にされた。

日本に正式な形で曼荼羅を伝えたのは*空海であり、彼の持ち帰った曼荼羅は、大日如来を中尊とした金剛界・胎蔵界曼荼羅で、この2種を一対とし*両界曼荼羅と称した。この図様は現図曼荼羅として、両界曼荼羅の基本的なものとして流布した。またこうした総合的曼荼羅ではなく、修法に応じて作られたもので、特定の本尊を中心にした別尊曼荼羅も用いられる。さらに密教以外でも、阿弥陀浄土変相図で当麻曼荼羅・智光曼荼羅、清海曼荼羅などと称される浄土曼荼羅がうまれたり、*神仏習合思想によって描かれた垂迹曼荼羅、霊山・霊地などと結びついた社寺の景観を描いた社寺曼荼羅なども描かれるようになった。また*日蓮宗では、「妙法蓮華経」の題目を中心に諸尊を文字で配置したものを、十界曼荼羅と称して用いている。

曼荼羅宗　まんだらしゅう　→真言宗

万灯会　まんどうえ　懺悔滅罪や報恩のための灯会（燃灯供養）の一つ。千灯会などよりさらに多く1万の灯火をともして仏に供養する法会。「大宝積経」の「菩薩蔵会」などの所説にもとづく。わが国でも7世紀以来、燃灯のことがみられたが、744年（天平16）に東大寺の前身金鐘寺と平城京朱雀大路に1万灯を点じたのが早い。以後、東大寺や本元興寺（飛鳥寺）、また薬師寺・興福寺・高野山・四天王寺などでも始められ、多くは恒例の法会となった。なお民間でも、*空也上人が963年（応和3）に京都鴨川の河原で行った例がある。

万度祓　まんどばらえ　「まんどのはらえ」とも。一万度祓・万度・万座祓とも。中臣祓詞ことばと中臣祓祭文を神前で1万回唱えて罪を清めること。しかし、「万」は数が多いとの意で、必ずしも1万ということではない。十度祓・百度祓・千度祓といった例もあり、これらを総じて数祓と称している。祓詞を数多く唱えることでその功徳を増すという思想は、僧侶の読経や念仏から影響をうけたものとされる。これらの行法は陰陽道・修験道の世界で祓修行として行われていたもので、祈禱を行った証明として祓串を祈願者に配っていた。数祓で有名なものには伊勢神宮の*伊勢御師による万度祓筥があり、これは現在の神宮大麻の由来とされている。

万葉集　まんようしゅう　約4500首の和歌を収載する最古の和歌集。全20巻。「万葉」という名には、和歌に託された思念が万代の後にまで伝えられることを予祝する思いがこめられている。この歌集に収められた和歌のうち、実作者を確定しうる最古の作は巻1所載の舒明朝（629〜641）の歌群で、最新の作は巻20末尾の「天平宝字三年（759）春正月一日」の日付をもつ*大伴家持の歌である。したがって、「万葉集」は、舒明朝から淳仁朝に至るまでの約130年の間に詠まれた歌々を集成する歌集ということになる。

上は天皇の御製から下は衆庶の作に至るまでほぼ全階層の作品を網羅するこの歌集が、特定の編者によって一挙に編まれたとは考えにくい。この歌集の基本部立てが、「雑歌」「相聞」「挽歌」であり、巻1が「雑歌」の部を、巻2が「相聞」「挽歌」の部を形成する点などからみて、この歌集は、巻1・2両巻を原核として、漸次拡張されていったものと推察される。現今の成立・編纂論によれば、745年（天平17）頃に、現存歌巻のうちの第1巻から第15巻までが、付録の小巻1巻

(現存巻16の原核)をともないつつ,「15巻本万葉」として,大伴家持の手によって編まれたと考えられる。しかし,「家持歌日誌」を構成する現存末4巻がどの時代に誰によって増補されたのかは,定かではない。増補者は,家持自身であった可能性が高いが,現存20巻本「万葉集」の成立期を特定することは至難である。ただし,772年(宝亀3)に上梓された歌論書「*歌経標式かきょうしき」が,多数の万葉歌を批評の対象としている点からみて,光仁朝の頃には,「万葉集」の一態が巷間に流布していたものと考えられる。

現存「万葉集」の研究は,平安中期に*源順したごうが訓点をほどこしたのを初発とし,鎌倉中期の僧*仙覚せんがくの新訓によって急速に進展する(「万葉集註釈」)。そして,江戸前期の国学者*契沖けいちゅうの「*万葉代匠記だいしょうき」が,全万葉歌に鑑賞的態度に立った批評を加えたことによって,研究は著しく近代化されていく。近代化とは実証的な文献理解に根ざした批評眼の確立を意味するが,一方では,そうした近代化に逆行するかのように,「万葉集」を「聖典」の地位に祭り上げようとする潮流が生ずる。万葉歌の特質を古朴・勇壮な「ますらをぶり」に求め,それを和歌のあるべき姿として称揚する*賀茂真淵かものまぶちの姿勢は,その潮流を代表するものである(「万葉考」)。しかし,「万葉集」に素朴さのみを見出し,その素朴さのうちに和歌の規範性を追い求めていく姿勢は,「万葉集」の実態を見失うことにつながる。中国流の教養を歌ににじませようとした万葉歌人たち,賀宴での座の構成を念頭におき,常に歌の場を意識しながら詠作した彼らの作品は,真淵流の見方では捉えきれないほどに複雑な側面をもつことを見定める必要がある。

万葉集古義 まんようしゅうこぎ →鹿持雅澄かもちまさずみ

万葉集註釈 まんようしゅうちゅうしゃく →仙覚せんがく

万葉代匠記 まんようだいしょうき 　江戸前期,*契沖けいちゅうが著した「*万葉集」全巻にわたる注釈書。精撰本は全20巻43冊。日本の歴史・古典に関心を寄せた*徳川光圀とくがわみつくには,万葉学者の下河辺長流しもこうべちょうりゅうに「万葉集」の注釈を依頼したが,長流ははたさずに没した。友人であった契沖が事業を引き継ぎ,1688年(貞享5)頃,初稿本が完成し水戸家に献上された。しかし光圀は満足せず,古写本で校訂された蔵本の「万葉集」を貸与し,さらに勘考を加えて90年(元禄3)に精撰本が完成し献上された。その客観的・実証的な記述は「万葉集」研究の画期となり,従来の訓みを大いに改め,これ以後の注釈は「新注」とよばれ,それ以前の「古注」と区別されるだけでなく,古典研究方法の範になった。特に初稿本は写本として広く流布したため,以降の国学者を中心とする万葉研究に多大な影響を与えた。

み

みあれ 神の出現・誕生、また神威を更新すること。「生(あ)れ」に尊敬の意の接頭語「み」が付いたもの。神祇祭祀として、賀茂別雷(わけいかずち)神社(上賀茂神社)の御阿礼(みあれ)祭が著名である。賀茂祭(葵祭)の3日前の5月12日(古くは4月中の午日)夜に行われる。祭儀次第は、同社の北北西の御阿礼所(ところ)に青柴垣の御囲(おい)(神籬(ひもろぎ))を設け、その中央に「阿礼木(あれき)」(榊)と「御休間木(おやすみぎ)」をおき、供饌(ぐせん)・奉幣(ほうへい)ののち、御囲の中で「みあれ」した神霊を神職が榊に移し、本殿に遷し鎮める。御阿礼祭の由来は「賀茂旧記」(「年中行事秘抄」所引)に記されている。賀茂御祖(みおや)神社(下鴨神社)の神迎え神事は＊賀茂御蔭(みかげ)祭という。

三井寺 みいでら →園城寺(おんじょうじ)

三浦環 みうらたまき 1884～1946(明治17～昭和21) 近代日本を代表する世界的プリマドンナ。東京生れ。東京音楽学校在学中の1903年(明治36)、日本最初のオペラ「オルフェウス」の初演で主役を務めた。14年(大正3)に渡欧し、その後も世界的名歌手カルーソーらと共演し、プッチーニのオペラ「蝶々夫人(ちょうちょうふじん)」、メサジェの「お菊さん」など、世界の檜舞台でオペラに描かれた日本女性を演じて絶賛を博した。自分を捨てた〈異人さん〉の帰りを待ち続けたのちに自己を犠牲にして自害する「蝶々夫人」は当たり役で、2000回の上演記録をもち、当時の遠い国日本の大和撫子(なでしこ)像を鮮明に体現して自らもまたマダム・バタフライとよばれた。

三浦梅園 みうらばいえん 1723～89(享保8～寛政元) 江戸中期の哲学者・経世家。幼名は辰次郎、のち晋(すすむ)、字は安貞、梅園・無事斎主人などと号した。豊後国国東郡富永村の医者の家系の次男として生まれるが、兄が夭折し代わりに家業を継ぐ。杵築(きつき)藩の儒者綾部絅斎(あやべけいさい)や中津藩の儒者藤田敬所(けいしょ)に師事するが、その期間は短かった。また、梅園にとって「外遊」とよべるものは、45年(延享2)に長崎など北九州各地に遊び、50年(寛延3)に伊勢への旅行、78年(安永7)の長崎遊学の3回程度で、ほとんど故郷を離れなかったといわれる。

梅園の思想は、そのほとんどを自らの思索と膨大な読書によって築きあげたといっても過言ではない。彼は1751年(宝暦元)頃には、天地の間に「条理」がある、という独自の考えにいきつく。これは53年の著作「玄論(げんろん)」へとつながり、その後23回の改稿と23年の歳月をへて、75年(安永4)の「玄語(げんご)」として結実するのであるが、〈天地の間に「条理」がある〉というのは、根元的な元気が天地万物を形成している様をさしている。そして、この「条理」を記述するために「反観合一(はんかんごういつ)」という方法を提示した。また、1756年に起草され、15回の改稿をへて89年(寛政元)に完成する「贅語(ぜいご)」では、「玄語」で明らかにされた梅園の思想にもとづいて過去の学説を批判的に検討している。「玄語」と「贅語」は、1763年に完成する正統的儒学とは一線を画す倫理学書の「敢語(かんご)」とあわせて、「(梅園)＊三語(さんご)」とよばれ、梅園の主著と位置づけられている。ほかに「＊価原(かげん)」「詩轍(してつ)」「造物余譚(ぞうぶつよたん)」「丙午封事(へいごふうじ)」「東遊草(とうゆうそう)」「＊多賀墨卿(たがぼっけい)君にこたふる書」など、多岐にわたる多数の著作が残されている。

三浦命助 みうらめいすけ 1820～64(文政3～元治元) 江戸末期の百姓一揆(いっき)の指導者。家名は六右衛門、法印名は義乗・明英。盛岡藩領上閉伊(かみへい)郡栗林村の上層農出身。三閉伊通(さんへいどおり)の農漁村を回村し、農・海産物の行商を行った。1853年(嘉永6)1万余人が仙台藩領に逃散(ちょうさん)して、盛岡藩の悪政を訴えた三閉伊一揆の指導者の一人として活躍した。翌年、盛岡藩に捕らえられたが逃走し、修験者(しゅげんじゃ)となる。57年(安政4)公家の二条家の家来と名乗って盛岡藩に入ろうとしたところを見破られ捕縛、盛岡の長町牢(ながまちろう)に収監され、牢死した。子孫に言い送った横帳4冊の記録「＊獄中記」を残している。

御蔭祭 みかげまつり →賀茂御蔭祭(かもみかげまつり)

三河物語 みかわものがたり 「三河記」「参州記(さんしゅうき)」「三河実記」「大久保忠教(ただたか)自記」「大久保彦左衛門筆記」とも。自伝風の徳川氏創業史。全3巻。大久保彦左衛門忠教(1560～1639)の著。

1622年(元和8)草稿がなり，その後26年(寛永3)頃まで増補・改訂が行われて成立。著者の忠教は，徳川家康・秀忠・家光の3代の将軍に仕えた旗本である。上巻は，源氏の由来から説き始め，徳川家初代の親氏から8代広忠に至る間の事績を編年的に記す。中巻は，家康の前半生にあたり，今川部将時代，三河平定と遠江進出，織田信長との同盟などについて記す。下巻は，武田氏との抗争に始まり，大坂夏の陣に終わる諸合戦と家康の死，さらに巻末には大久保一族を中心とする譜代の忠功や子孫への教訓を記す。

忠教は，望ましい主君のもつべきものとして(1)武辺(武勇)，(2)慈悲(すべての人に恩恵をほどこす)，(3)情け(君臣間に心情的合一をもたらす)をあげる。そして当代の将軍(家光)については，(1)を評価するものの，徳川氏の創業に大功のあった譜代を冷遇する主君は少しもありがたいとは思わないと断定する。しかし同時にわが子には，当将軍への絶対的献身を命ずる。幕藩体制に適合する家産官僚に転身できなかった忠教は，譜代忠節の三河武士として自己の憤懣を抑え，わが子には没我的奉公を力説したのである。

三木清 みききよし　1897～1945(明治30～昭和20)　大正・昭和期の哲学者。兵庫県出身。京都帝国大学で*西田幾多郎，ドイツでリッケルトに師事し，新カント派を学ぶも飽き足らず，当時新進のハイデガーのもと解釈学を身につける。同時に，第1次大戦後の欧州で流行した史的唯物論に強い影響をうける。パリでパスカルの解釈学的研究「パスカルに於ける人間の研究」をまとめて帰国，1927年(昭和2)法政大学教授となる。直後より「唯物史観と現代の意識」(1928)など，唯物史観を人間学的に解釈した研究を論壇に次々と発表し，*羽仁五郎とともにマルクス思想を知識階層に普及させる。しかし30年，治安維持法違反で検挙され大学を失職する。以後評論活動を続けながら，解釈学と史的唯物論を批判的に克服する独自の「行為の哲学」を構築していく。「制作」「実践」というアリストテレス的概念を駆使した「*歴史哲学」「技術哲学」「*構想力の論理」など，32年以降の著作はその独創的成果であり，そこには師の西田やハイデガーへの鋭い批判もみられる。太平洋戦争が迫ると昭和研究会に参加，当時の全体主義・軍国主義に抵抗するが45年に再検挙され，終戦直後に獄死する。「三木清全集」全20巻がある。

三種大祓 みくさのおおはらえ　→三種大祓さんしゅのおおはらえ

三熊野 みくまの　→熊野三山くまのさんざん

巫女 みこ　*神がかりして神霊を憑依させ，その神意を託宣する女性霊能者。「和名類聚抄」には「巫」を「かむなき」，男性の場合は「覡」で「おのこかむなき」と記し，男巫も存在したことが知られる。「記紀」に記される，天岩屋神話のアメノウズメノミコト，神がかりして神託を下す神功皇后などに神を祀る巫女の面影が認められる。また伊勢神宮の*斎宮，賀茂神社の*斎院はともに未婚の皇女が卜定され，神に奉仕した。令制下の神祇官には御巫5人がおかれている。全員女性で，その内訳は倭国巫2口，左京生嶋巫1口，右京座摩巫1口，御門巫1口とする(「職員令集解」所引「別記」)。これによると，大和国から採用する御巫(大御巫)は2人，平城京左京から採用する生嶋巫1人，同右京から採用する座摩巫1人，御門巫1人となる。

この御巫たちは，神祇官西院(斎院)に鎮座する23座の神々を奉祭し，具体的には御巫(大御巫)は八神殿の8座の神々，座摩巫は神祇官正庁の5座の神々，御門巫は同正庁の8座の神々，生嶋巫は同正庁の2座の神々に仕えた(「延喜神名式」)。また，鎮魂祭・新嘗祭などの朝廷四時祭，大嘗祭・八十嶋祭などの臨時祭にも奉仕した。「延暦儀式帳」によると，伊勢神宮にも神事に仕える童女が存在したことが知られ，内宮には大物忌・地祭物忌・酒作物忌など，外宮には大物忌・御炊物忌・御塩焼物忌などが規定されている。なお，鎌倉時代の「東北院職人歌合」五番本には年老いた巫女が描かれているが，これは民間を漂泊し，神霊・死霊を憑依させる口寄せ巫女・歩き巫女と思われる。

御子神 みこがみ　皇子神・王子神・*若宮・苗裔神とも。御子は神の子の意味で，威力ある祖神と親子または系譜関係にある神

みこし

のこと。また若宮の場合は，神社の主祭神の御子として位置づけられることが多い。春日大社では，摂社若宮社に天押雲根命(あめのおしくもねのみこと)を奉斎している。「記紀」の神功(じんぐう)皇后と誉田別尊(ほんだわけのみこと)(応神天皇)，「山城国風土記逸文」の玉依比売(たまよりひめ)と賀茂別雷神(かもわけいかづちのかみ)の伝承に代表されるように，巫女的性格をもつ母神から誕生し，その神観念は*母子神(ぼしじん)信仰を基盤とする。「日本三代実録」貞観8年(866)正月条に，鹿島大神の苗裔神を祀る神社が陸奥国には38社あり，「延喜式」神名帳(じんみょうちょう)には各地の御子神社が記載されている。王子では，*熊野三山の五所(ごしょ)王子や九十九(つくも)王子が知られており，また「法華経」序品の八王子に付会された祇園牛頭天王(ぎおんごずてんのう)や日吉山王権現(ひえさんのうごんげん)の眷属神の八王子(八柱御子神(やはしらのみこがみ))も注目される。東京都八王子市などに代表される王子関係の地名の背景には，王子神にかかわる信仰がみられる。

神輿 みこし →神輿(しんよ)
神輿宿 みこしやどり →御旅所(おたびしょ)
御子左家 みこひだり 「みこさけ」とも。和歌の家。藤原北家の嫡流で，藤原道長の六男長家(ながいえ)を祖とする。長家は，兼明(かねあきら)親王の御子左第を伝領したため「御子左民部卿」とよばれた。「御子左」の称はこれによるものである。以後，忠家・俊忠・俊成(としなり)・定家(さだいえ)・為家(ためいえ)と続く。「千載和歌集」の撰者であった俊成，「新古今和歌集」の選者の一人であった定家の代に和歌の家としての地位を確立した。為家以後，二条・京極(きょうごく)・冷泉(れいぜい)の3家に分かれ，和歌の指導的立場にあって勅撰集の撰者などを務めた。今日では，冷泉家のみが残る。

御斎会 みさいえ →御斎会(ごさいえ)
身自鏡 みじかがみ →身自鏡(みのかがみ)
三島神社 みしまじんじゃ 三島大社とも。静岡県三島市に鎮座。大正期以後，祭神は事代主(ことしろぬし)神・大山祇(おおやまつみ)神の2神となったが，以前は2神をめぐる祭神論争がみられた。「延喜式」神名帳(じんみょうちょう)の賀茂郡条には伊豆三島神社，「伊豆国神階帳」には「正一位三島大明神」とある。本地(ほんじ)は薬師如来。伊豆国の一宮。源頼朝をはじめ鎌倉幕府は，箱根・伊豆山(走湯(そうとう))権現とともにただならぬ尊崇を示し

た。「三宅記(みやけき)」によれば，三島大明神ははじめ后の伊古奈比咩(いこなひめ)神とともに三宅島に宮居を定めていたが，594年(推古2)に白浜へ飛来したとある。なお，現在地に遷座する前は賀茂郡に鎮座していた。三島は御島(みしま)の意で，伊豆半島および伊豆諸島の島々を造成した祖神として尊崇されてきた。

三島中洲 みしまちゅうしゅう 1830〜1919(天保元〜大正8) 幕末〜大正期の儒学者・教育者。名は毅，字は遠叔(えんしゅく)，通称は広次郎・貞一郎，中洲はその号。備中国窪屋郡中島村の庄屋の子。14歳で*山田方谷(ほうこく)に入門する。1857年(安政4)備中国松山藩に出仕した。翌年，江戸にでて昌平黌(しょうへいこう)に学び，59年松山藩校有終館(ゆうしゅうかん)の会頭となった。藩政にも参与し，維新前後には朝敵となった藩の存続のために尽力した。72年(明治5)司法省に出仕し，裁判所長・判事を歴任し，*ボアソナードから民法・自然法の講義をうけた。77年には漢学塾二松学舎(にしょうがくしゃ)を創設した。81年東京大学古典科教授，85年東京学士院会員となった。幕末の政治にかかわった経験から，陽明学の理気一元論にもとづき，自愛心や利欲を否定しない「義利合一」論を唱え，明治以後は西洋の富強と君臣道徳との「合一」を主張した。著書は「中洲講話」「中洲文稿」など。

御正体 みしょうたい →懸仏(かけぼとけ) 鏡像(きょうぞう)
水鏡 みずかがみ 歴史物語。全3巻。四鏡(しきょう)の一つ。中山忠親(ただちか)あるいは源雅頼(まさより)の作とされる。平安末期か鎌倉初期の成立。「*大鏡」の体裁をふまえ，一修行者から聴いた仙人の見聞を老尼が書きとめるという形で，同書の扱っている以前の神武(じんむ)天皇から仁明(にんみょう)天皇までの歴史を「皇代記」風に綴っている。書名は「大鏡」には及ばないが，昔のおもかげが水鏡ぐらいには正しく見えるだろうという意味でつけられた。本書は，ほとんど「*扶桑略記(ふそうりゃっき)」からの抜粋を仮名書きにしたものであるが，同書の単なる抄録にとどまらない。序において，仏教の四劫(しこう)循環を説きながら仏教的下降史観を排し，単純に昔を賛え今を謗(そし)るべきではないという独自の歴史認識を語っており，「*愚管抄(ぐかんしょう)」との関連で興味深い。

水足博泉 みずたりはくせん 1707〜32(宝永4〜享保17)

江戸中期の儒学者。名は安方または方，字は斯立，通称は平之進，博泉と号した。肥後国熊本の人で，父は水足屛山。早くから詩文に才能を発揮して，神童の名をほしいままにした。正徳年間(1711～16)の朝鮮通信使との詩文の応酬・唱和では，その早熟の才によって通信使を驚嘆させている。*荻生徂徠について古文辞学を学んだが，*伊藤東涯からもその才能を愛された。主著である「太平策」全12巻では，「学校」「制器」などが論じられて，徂徠学の礼楽論の影響をみることができるとともに，朝廷の制度への関心もうかがえる。

禊 みそぎ　水によって，身についた穢れを除き，身を清めるための神道的作法。その起源伝承は記紀神話において語られており，イザナキノミコトが黄泉国を訪問した後，身体に付いた穢を除くために，筑紫の日向の阿波岐原において川の中瀬で禊を行ったとある。禊祓ともいうが，*祓の原義は物によって罪を贖うことで，本来禊と祓は別義とされる。語源解釈には「水滌ぎ」「身滌ぎ」「身滌ぎ」「身削ぎ」などの説がある。天皇が実修する最も大規模な禊としては*大嘗祭御禊があり，「儀式」規定では，神事に先立ち10月下旬に，神祇官以下の全官人が供奉する中，天皇自ら河原(仁明朝以降は鴨川)に行幸して御禊を行う。「垢離」は海水・冷水をあびて心身の汚穢を清めるもので，禊の一種である。⇒罪穢

禊教 みそぎきょう　*教派神道の一つ。1840年(天保11)に*井上正鉄が武蔵国梅田村(現，東京都足立区)で開教した。天照大神を祀り，井上の著「唯一問答書」を教典とする。大声で「とほかみゑみため」と唱え続ける「祓修行」を中心とした息の行法によって「信心」の境地に至り，心身ともに健やかな生活のための教えを説く。高弟坂田鉄安の開いた教会が1894年(明治27)に禊教として独立を認められたが，神道大成教の所属となった教会も多かった。

溝口健二 みぞぐちけんじ　1898～1956(明治31～昭和31)　大正・昭和期の映画監督。東京生れ。1920年(大正9)日活向島撮影所に入社，23年監督に昇進する。関東大震災で京都の大将軍撮影所に移り，33年(昭和8)の「滝の白糸」以後，日本情緒に富む作品を多く手がける。「浪華悲歌」(1936)では家族の犠牲になって生きていく女を，また「祇園の姉妹」(1936)では対照的な芸者姉妹の姿をリアルに描いて名声を確立した。さらに41年の「元禄忠臣蔵」は，徹底した考証により重厚な仕上がりをみせた。戦後は「西鶴一代女」(1952)，「雨月物語」(1953)，「山椒太夫」(1954)，「近松物語」(1954)など，主に歴史劇で幽玄味あふれる様式美をきわめた。

三田演説会 みたえんぜつかい　*福沢諭吉が*慶応義塾構内で組織した日本最初の演説会。彼は演説の効用として，(1)効率的に学問を伝授できる，(2)口語体の確立に役立つ，(3)対話の技術を磨ける，(4)一般庶民の聴取能力が高まる，(5)質の高い議論が可能になる，の5点をあげる。弟子たちを募って，1874年(明治7)6月から演説会と討論会を開いた。翌年からは現在も残る三田演説館での開催が定例化し，憲法制定や国会開設を話題とした演説が行われ，そのうち優れたものは新聞に掲載されて世論の形成に寄与するまでになった。この演説会は現在も継続して催されている。

三谷隆正 みたにたかまさ　1889～1944(明治22～昭和19)　大正～昭和前期の*内村鑑三門下の法哲学者・教育者。神奈川県出身。明治学院普通学部をへて，1907年(明治40)第一高等学校文科甲類に入学する。在学中は*新渡戸稲造ならびに岩元禎に師事し，09年，「柏会」に属し内村鑑三の聖書講義に列席する。15年(大正4)，東京帝国大学法科大学英法科を卒業後，第六高等学校教授(法制・ドイツ語担当)となり，数年間カントに没頭，信仰面では岡山市蕃山町教会に属し長老も経験した。「無教会」を自負しつつ，教派的な枠には，終生とらわれなかった。1923年に結婚するも，翌年妻子と相ついで死別，その信仰が終末論的傾向を帯びる契機となった。26年(昭和元)，六高を辞して上京，29年より第一高等学校教授となる(39年病気を理由に辞職，以後42年まで同校講師。法制・ドイツ語を担当)。1920年代よりカント哲学および内村に学んだキリスト教信仰に根ざす独自の国家

論・法哲学を展開し，時代思潮と対峙した。特に「エレミヤ書」に裏付けられた預言者的な言説と卓越した人格は，「国家のための死」を宿命づけられた昭和10年代の学生に深い感化を与えた。著書に「信仰の論理」(1926)，「法律哲学原理」(1935)，「アウグスチヌス」(1937)，「幸福論」(1944)など。また「三谷隆正全集」全5巻がある。

三田文学（みたぶんがく） 明治末〜現代の文芸雑誌。何度かの休刊をへて，現在も刊行中。自然主義文学の牙城であった「*早稲田文学」に対抗する形で，*永井荷風を編集主幹に迎え，1910年(明治43)5月に創刊された。*森鷗外・上田敏・*与謝野晶子・谷崎潤一郎らが執筆，耽美的・浪漫的な傾向を強くみせ，反自然主義の一つの拠点となった。掲載作としては，鷗外「大塩平八郎」，荷風「日和下駄」などがある。のちには，西脇順三郎・堀口大学・石坂洋次郎らがここから巣立っている。第2次大戦後は，堀田善衛・遠藤周作・安岡章太郎ら芥川賞作家をうんだほか，評論家の江藤淳や柴田錬三郎らの活動の場ともなった。

道（みち） 広義では人の進むべきあり方，*道理などをさす。中国の思想では，人生論あるいは政治論での理想・模範としての意味合いと，存在根拠・存在の法則としての意味合いとの両者を含む概念である。儒家では，「聖人の道」「人道」などの語を用い，仁義・礼儀など倫理的・政治的規範や理想といった意味合いをもつものであった。他方，道家では，万物をうみだす根源であり，同時に万物に内在し，そのものを成り立たしめる根拠となるものと意味づけたのである。神仏・聖賢などが示した教え・道理・修行過程などを「仏の道」「法の道」という。さらには学問・芸能・武術・技術など，ある専門の分野をさすこともある。そこには，各分野の知識や技術の習得論から修行過程に至り，さらには人生論へとつながる過程があり，より個別的・限定的に展開されたものといえる。その範疇は，平安時代においては*紀伝道・*明経道・*明法道など，中国伝来の各種学問のことをさし，これらを総称して「諸道」ともいった。

鎌倉時代に入ると，これらの学問のほか「*古事談」第6・亭諸道篇にあるように，管絃・舞楽をはじめ，漢詩・和歌などの文学，医術，武芸などをもさし示すようになった。時代の変遷とともに，しだいに創造するものから保持されていくものへと転化し，それにともなって「道」として自覚され，継承されていったのである。さらに鎌倉末期，吉田兼好が著した「*徒然草」には「万の道」とあり，遊戯や技芸など，より広範囲な専門的なものをさした。たとえば「*東北院職人歌合」においては，鍛冶・番匠・鋳物師・医師・陰陽師などをも「みちみちのものども」と称している。また，世阿弥が著した「*風姿花伝」の冒頭には，「先，此道に至らんと思はん者は，非道を行ずべからず」と説いている。

江戸時代，17世紀に入ると各種芸道が成立し，各分野で技法取得のための体系や哲学が創出され，広く*芸道論として書き記された。その中には，平安時代の貴族社会に発した雅楽・蹴鞠・鷹匠など主として遊芸，鎌倉・室町時代以来の伝統をもつ弓馬の道・能楽・茶道・花道，江戸時代に広まった琴・尺八などの邦楽諸派や大衆芸能などに，大きく分けることができる。なかでも18世紀以降，*家元制度の成立により，茶道・華道などではさらに「道」の追求がなされた。

道饗祭（みちあえのまつり） 災厄をもたらす厄神・*疫神などの京中への侵入を防ぐための祭祀。「神祇令」天神地祇条に毎年6・12月の祭祀と規定される。同条の義解によると，卜部が祭祀を担当し，京城の四隅の道上において，侵入しようとする鬼魅を迎え止めるとする。牛皮・鹿猪皮が供饌され，左右京職も祭祀に与る(同条の集解所引「令釈」)。「延喜四時祭式」にも供饌規定があり，また「延喜祝詞式」では，侵入を防ぐ八衢比古・八衢比売・久那斗の3神を祀るとしている。類似の臨時祭として，八衢祭・京城四隅疫神祭・畿内堺十処疫神祭(「延喜臨時祭式」)などがある。

みちのく →あずま・みちのく

道廼佐喜草（みちのさきぐさ） *本居春庭の著作と伝える書。1冊。治部卿藤原貞直の1819年(文

政2)の序文をもつことから，この頃の成立であると考えられる。従来，春庭の著とされてきたが，春庭に仮託された書とみるべきである。日本と中国を比較し，歌謡・政治・神器など日本が中国より優れていることを論じ，さらに日本人は「大皇国の道」を貴ぶべきであると説いている。また儒教は唐風であって，日本には無用であるとのべ，日本における先王の道とは，天照大神（あまてらすおおみかみ）の道であり，神代から今に至るまで，その子孫が神勅のとおりに治めてきたのであり，それゆえ日本は泰平であると記している。

道々の者（みちみちのもの）　道々の輩（ともがら）とも。広義ではさまざまな芸能にたずさわる者。鎌倉時代には，たとえば曼殊院本「*東北院職人歌合（うたあわせ）」などにみられるように，鍛冶・番匠（ばんじょう）・絵師などの工匠，車借（しゃしゃく）などの商人，獅子舞（しし）・傀儡（くぐつ）など芸能民，博打（ばくち）などの勝負師，陰陽師（おんようじ）・巫女（みこ）などの下級宗教者，そのほか遊女・医師などまでが「道々の輩」に含まれた。「道々の者」の中には，公家・寺社などにその職能を通じて奉仕する供御人（くごにん）・神人（じにん）・寄人（よりうど）になる者も多く，課役免除を保証され，給免田が与えられた。鎌倉末期から南北朝期になると，工匠を除く狭義の芸能民や下級宗教者を「道々の者」とよぶ用例が増え始める。南北朝期を境に，工匠などの手工業者をさして職人とよぶようになるのと関連しており，「道々の者」「道々の輩」は手工業者・商人を含まない語となったといえよう。「日葡辞書」では「道の者」を「演劇とか笑劇を演ずる人」としているが，室町時代以降，より広く芸能民をさした。

三井高利遺訓（みついたかとしいくん）　遺訓の制定時期は確定できないが，1694年（元禄7）2月，三井高利(1622〜94)が病床にあった頃と考えてよい。本文は10カ条でまことに単純明瞭であり，三井の商法と「江戸店（だな）持ちの上方商人」特有の商人精神が認められる。高利の経営理念である「一家一本，身上一致の建（たて）」を基本精神として，大元（本家）を中枢とする同族組織の家法は，事業と資本を兄弟・共有財産とし，相互に協同して事業を経営して利益を配分するが，その場合，同族は定率の配分をうける方法が定められ，遺産相続も同様である。商人の心得として，勤労の精神を基本に「慎み，倹約，正直」を生活規範として，享楽といった人間的な欲望の抑制を心掛ける元禄商人の倫理観が示されている。⇒町人道徳

密教（みっきょう）　秘密仏教の意であり，大乗仏教の中でも後発にうまれた流れで，インドのバラモン教・ヒンドゥー教文化を積極的に摂取し，呪法や儀礼の実践と教理を統合させたもの。釈迦は，仏教での呪文・呪法を禁止したが，仏教の民衆化の中で徐々に禁はゆるめられ，土着の現世利益（げんぜりやく）的な呪法がとりいれられていった。6〜7世紀には，密教教典や儀軌（ぎき）が整備されるようになり，7〜8世紀前半にインドで成立した「*大日（だいにち）経」「*金剛頂（こんごうちょう）経」によって，大乗仏教的な成仏（じょうぶつ）思想によって教理的な意義づけが行われるようになった。その教えは現世肯定的で，人間が本来もつ仏性を，三密の瑜伽行（ゆがぎょう）（手に印契（いんげい）を結ぶ〈身〉，口に真言を唱える〈口〉，心を専一にする〈意〉）の実践によって，行者と仏の一体化を図ることで目覚めさせ，*即身成仏（そくしんじょうぶつ）をはたすというものである。中国には3〜6世紀に密教教典が伝えられていたが，大日如来に統一された体系的な「大日経」「金剛頂経」は唐代に漢訳された。

日本には，奈良時代から現世利益的な意味で密教教典の一部が伝えられ，これにもとづく変化観音の造像や信仰もみられたが（雑密（ぞうみつ）時代），平安時代の9世紀初め，*空海（くうかい）が中国から思想的に体系化された密教（純密）をもたらし，*真言宗を開いた。これを*東密（とうみつ）とよぶ。*天台宗では，最澄（さいちょう）も密教を請来したが，弟子の*円仁（えんにん）・*円珍（えんちん）が空海以後の中国で行われていた密教を持ち帰り，*安然（あんねん）によって大成された。これを*台密（たいみつ）と称し，しだいに天台教学の中で重要な位置を占めるようになっていった。

密教芸術（みっきょうげいじゅつ）　密教で用いられる彫像・*曼荼羅（まんだら）・画像・*密教図像・*密教法具などのこと。教理的にもこうした具体的造形を必要とするために重要視され，芸術的に優れた独特の作品が多く残されてきたため，仏教芸術の中でも一つのジャンルとして捉えられている。密教では，人間が本来もつ仏性を，

三密の瑜伽行（手に印契を結び〈身〉，口に真言を唱え〈口〉，心を専一にして仏を観想する〈意〉）を実践し，行者と仏の一体化を図ることによって目覚めさせ，*即身成仏をはたすという実践と結びついた成仏思想がある。その際，仏を感得するために用いられるのが，絵画などの具体的な造形による曼荼羅や画像・彫像・図像である。

特に「*大日経」による胎蔵界曼荼羅，「*金剛頂経」による金剛界曼荼羅をあわせて*両界曼荼羅と称し，最も重要視している。また修法に応じて作られたもので，特定の本尊を中心にした別尊曼荼羅も用いられる。こうして表現されたものは，密教独特のインド的色彩の濃い肉感的な様式や，明王のような忿怒相や多面多臂像など怪奇性をもつものがあり，これらも密教芸術の特色となっている。

密教では，その教えは師資相承で秘密に行われるが，諸尊を図にした図像や法具類もまた同様に師資間で伝えられた。空海が，師の恵果から賜った法具類は，根本道具として東寺の宝蔵に伝えられている。

密教図像 みっきょうずぞう　*密教の尊格が形あるものとして現れた姿を図にしたもの。密教は経軌に尊容・印相・持物・坐法などが規定され，諸尊の形そのものを重要視する。*空海は「請来目録」で，「密蔵深玄にして翰墨に載せがたし，さらに図画を仮りて悟らざるに開示す。……経疏，秘略にしてこれを図像に載せたり」と説く。本来彩色をほどこした画も含む語であったが，諸尊の像容のほか，*曼荼羅の形式などを描き写すことを阿闍梨の十三徳の一つとしたことから，多く白描で描かれたものが法流に従って伝授されてきた。そのため，一般に白描や淡彩のものをさして図像とよぶ。

密教法具 みっきょうほうぐ　*密教で用いる仏具。金銅製で，インドの武器や日用具に由来するものが多い。四つに分類されるが，まず煩悩を破砕するための道具で，金剛杵・羯磨・輪宝。ついで本来持ち備えている仏性を覚醒させるための道具で，金剛鈴。そして護摩道具の護摩壇・護摩炉・護摩杓。四つめに，諸仏を供養するための供養具で，火舎・六器・華瓶・飲食器・灑水器など。実修を重んじる密教では，これら法具類を用いて修法を行う。平安時代に*入唐八家によってもたらされたが，空海が請来したと伝える法具類は京都の東寺に伝えられ，特に著名である。

箕作阮甫 みつくりげんぽ　1799〜1863（寛政11〜文久3）　江戸後期の蘭学者。名は虔儒，字は痒西，紫川・逢谷などと号した。阮甫は通称である。美作国津山藩医の箕作貞固の次男として生まれる。16歳の頃から京都で漢方医学を修め，1822年（文政5）藩医となる。のちに江戸の宇田川玄真（榛斎）につき，蘭方医学を学ぶ。1835年（天保6）本邦最初の医学雑誌とも考えられる「泰西名医彙講」を編集・刊行した。39年には幕府天文方*蛮書和解御用掛に出仕し，外交文書の翻訳にあたる。また，対露・対米の外交交渉の通訳も務めた。56年（安政3）*蕃書調所教授となり，62年（文久2）には幕臣に列した。訳書として「玉石志林」「水蒸船説略」「海上砲術全書」，また未刊の「和蘭律書」などがある。

箕作秋坪 みつくりしゅうへい　1825〜86（文政8〜明治19）　幕末・明治前期の蘭学者。号は宜信斎。備中国阿賀郡生れ。13歳の時に儒学者の父菊池文理を失い，1841年（天保12）父の友人稲垣茂松に引き取られて漢学を学んだ。43年*箕作阮甫を頼って江戸にで，蘭学にふれた。47年（弘化4）大坂へ行き緒方洪庵の*適塾で蘭学と医学を修め，50年（嘉永3）江戸に戻って阮甫の養子となった。ペリー来航以後，外交問題が山積して洋学の必要に迫られた幕府の意向によって翻訳に従事し，また外国奉行手付ともなった。明治維新後は新政府からの招請を断わり，三叉学舎を開いて弟子を養成し，また73年（明治6）に森有礼・中村正直らとともに*明六社を創立した。

箕作麟祥 みつくりりんしょう　1846〜97（弘化3〜明治30）　明治初期の法律学者。*箕作阮甫の孫で，代々の洋学者の家系である。江戸に生まれ，1861年（文久元）蕃書調所英学教授手伝並出役となり，63年開成所教授見習，64年（元治元）外国奉行支配翻訳御用頭取となる。67年

（慶応3）渡仏するも帰国後に明治維新となり，新政府の要請でフランスの刑法・民法・商法・訴訟法・憲法などを翻訳する。また*明六社に参加して，モンテスキューの「法の精神」やT.バックルの「イギリス文明史」の抄訳を発表した。1880年（明治13）太政官大書記官・元老院議官・東京学士院会員となり，90年に貴族院議員，96年行政裁判所長官に任ぜられた。

ミッションスクール　欧米のプロテスタント系外国伝道団体（Mission）によって設立・維持されたキリスト教主義学校。幕末の開国，明治初年のキリスト教解禁によって来日した宣教師たちは，布教とともに組織的教育の必要を認めて多数の学校を設立した。英語教育・人格教育に力点をおいた中等学校として基盤をすえたのち，その多くは明治末期頃から高等教育を標榜するものに発展した。特に女子教育が軽んじられた時代に，その発展に貢献した意義は大きい。カトリックも含め広くキリスト教にもとづく学校全体をさす場合もある。キリスト教に不寛容であった時代をくぐりぬけ，今日もこれらの学校は私学の中の重要な位置を占めている。

密伝　みつでん　→秘伝

三峰信仰　みつみねしんこう　埼玉県秩父郡に鎮座する三峰神社に対する信仰。社伝によれば，三峰山に対する信仰は日本武尊が伊奘諾尊・伊奘冉尊を，この山に祀ったのに始まるという。その後，文亀年間（1501～1504）に道満が観音院を建て，神仏習合の形をとるが，近世には*本山派の修験が入り，修験道とも習合した。三峰信仰の中心は，狼を眷属とする*山岳信仰にある。狼は〈お犬さま〉と崇められ，害獣から農作物を守る大神であるとして信仰が栄えた。さらには盗賊や火災などの諸難除けとしても信仰され，「お犬さま」の神札をうけることが流行した。お犬信仰は修験山伏によって関東のみならず東北・中部地方にも普及し，各地に三峰講が結成された。

御堂関白記　みどうかんぱくき　「御堂御記」「法成寺摂政記」などとも。平安中期の摂政・太政大臣*藤原道長の日記。道長自身は関白に任命されていないが，近世以来「御堂関白記」の名称が広く流布した。道長の没後，摂関家の重宝として厳重に保管され，中世以降は近衛家に伝来した。現在陽明文庫に具注暦に記入された自筆原本14巻（半年分1巻。国宝），平安時代の古写本12巻（1年分1巻が基本），および抄出本「御堂御記抄」7種が伝わるほか，新写本も多数伝存する。記事は，道長33歳から56歳までの998～1021年（長徳4～治安元）が伝わる。それよりさかのぼる長徳元年記の抄出が存在し，内覧宣旨をうけ，右大臣・氏長者となった同年より日記を執筆し始めたものとみられる。一方，1019年（寛仁3）出家後の2年間の記事はごく簡略で，晩年の記事はない。全体として記主の性格を反映して自由奔放な書き方が目につき，誤字・宛字なども多く難解であるが，道長の政権掌握過程や，いわゆる摂関政治の実態を知るうえでの第一級史料である。「御堂関白記全註釈」が刊行中。

水戸学　みとがく　「*大日本史」の編纂を通じて，将軍家の御三家の一つである水戸藩において培われた独自の学問・思想。一般に，前期水戸学と後期水戸学とに分けて考えられるが，狭義には後期水戸学のみをさして用いることもある。*徳川光圀の指示によって始められた「本朝の史記」編纂の事業は，儒学の思想に立脚したものであった。すなわち，歴史上の事実を明らかにして，そこに「名分」の観点からの価値評価を与え，読者に道徳的な勧戒をはたすことが意図されていた。

ところが後期水戸学になると，内憂外患のもとで政治的・実践的な性格が強まり，「国体」という名の日本の固有性・尊貴性の自覚をもつことが強調されて，幕府を中心とした国家としての一体性をどう保つのかという課題に答えようとした。その背景には，国内秩序の混乱につけこんでのキリスト教の進入に対する過敏なまでの危機感がある。天皇の権威は，儒学の価値観からも，神話に起源をもった歴史観からも高められて，天皇の権威を国家の統一に役立てようという功利的な発想が前面に押し出された。ここから，歴史的な個々の天皇の行為は批判の圏外におかれ，かつて著された「大日本史」の「論纂」も削除されたのである。後期水戸学は，天保年

間(1830～44)の*尊王攘夷論の形成に決定的な理論的根拠を与え，幕末の思想家で後期水戸学から学ばなかった者はいなかったし，明治の統一国家の構想にも影響力を及ぼしている。前期水戸学の主な思想家には，徳川光圀・*安積澹泊・*三宅観瀾・*栗山潜鋒ら，後期水戸学には，*藤田幽谷・*藤田東湖父子をはじめ，*会沢正志斎・*豊田天功らがいる。

水戸家訓 みとかくん →明君家訓

南方熊楠 みなかたくまぐす 1867～1941(慶応3～昭和16) 近代日本を代表する在野の思想家・生物学者・民俗学者。紀伊国和歌山生れ。裕福な金物商の次男として中学まで和歌山ですごす。9歳頃より「和漢三才図会」などを数年かけて記憶して抄写した逸話は有名である。上京し共立学校をへて東大予備門に入学。同級に*夏目漱石・*正岡子規らがいた。少年期より動物や鉱物の採集・分類癖があり，これは彼の学問の方法論的基礎となり終生続いた。1886年(明治19)に落第や偏頭痛が原因で帰郷し，数カ月後に渡米した。カレッジに入学したが，中途退学を繰り返す。地衣類・菌類の収集標本をアメリカ人カルキンスより寄贈されたことを機に，本格的な粘菌研究を始める。92年イギリスへ渡り，「ネイチャー」に投稿した論文が認められ大英博物館嘱託の職をえて，該博な知識をより確固たるものにする。1900年帰国し，熊野を本拠として粘菌収集と宗教研究に専念した。04年以降は田辺に定住し，数年後，日本におけるエコロジー運動の先駆である神社合祀反対活動を皮切りとして，粘菌図譜の作成と民俗学分野の執筆を続けた。1914年(大正3)から雑誌「太陽」に主著「十二支考」を連載し，原資料に裏打ちされた博覧記を証明した。*柳田国男との往復書簡は，日本民俗学成立史を考えるうえで重要である。生前は「南方随筆」など3冊を出版したのみであるが，死後，膨大な書簡も収録した全集が2回出版された。

皆川淇園 みながわきえん 1734～1807(享保19～文化4) 江戸中期の儒者。京都の人。骨董商(一説に東福門院御殿医)皆川成慶の長男。名は愿，字は伯恭，通称は文蔵，淇園・筇斎・有斐斎・呑海子と号した。大井蟻亭(雪軒)・三宅元献・伊藤錦里に学ぶ。1759年(宝暦9)26歳の時，京都に講席を開き，61年，丹波国の亀山藩主松平信岑に賓師の礼をもって招かれた。公家・武家・僧侶らの多くの門弟を擁し，91年(寛政3)には平戸藩主*松浦静山が入門した。50歳の頃，開物学と称する独自の経学を創始した。そのほか漢文訓読の方法を論じ，「助字詳解」3巻(1814刊)などの語学書や，「論語繹解」10巻(1777刊)などの注釈書を多く著した。詩文に優れ，*柴野栗山・*赤松滄洲とともに三白社という詩社を結び，また*上田秋成とも親しかった。書・画を能くし，書は王羲之を範とし，画は円山応挙・望月玉蟾に学び，明和～天明期(1764～89)の京都の文人たちの中心メンバーとなった。

淇園の思想は，18世紀後半の反徂徠学運動の一つとして理解することができる。特に荻生徂徠の古文辞学の言語観を，「易」から導き出した天地の神気にもとづく「開物」の論理によって批判し，独自の言語観を作り上げた。淇園によれば，「凡そ開物とは，名に因りて以て物を開く。名を開くにあらざるなり」(「易学開物」)であって，「名」＝音声と使用字句の微細な分析をすることによって，「物」＝「字義」というイメージを開くことができるとする。淇園はこの開物学の方法によって「名疇」6巻(1788刊)を著し，徂徠の「*弁名」でとりあげられていた儒学の主要概念を解釈し直した。このほかに，詩文集「淇園詩集初編」3巻(1792刊)，「淇園文集初編」3巻(1799刊)がある。*富士谷成章は弟である。→問学挙要

六月祓 みなづきのはらえ 水無月祓・夏越祓・名越祓とも。旧暦6月晦日に行われる*祓の神事。「神祇令」に毎年恒例の6月と12月の晦日の*大祓が規定され，これは人々の犯した罪や災気をはらう全朝廷的な行事で，天皇への御祓麻・祓刀奉献，祓詞奏上ののち，百官男女を祓所(朱雀門)に集めて中臣が祓詞を読み，卜部が解え除いた。年2回の大祓は平安貴族社会に定着し，さらには民間行事として受容され

ることとなる。六月祓・夏越祓はこの6月の大祓が展開したもので、一般に茅草で作った大きな輪(茅輪)の中をくぐり祓う行事が広く行われている。これは「釈日本紀」所引「備後国風土記」蘇民将来条に、武塔神を饗応した*蘇民将来が同神の指示により、茅輪を腰の上に着けて厄疫をまぬかれたという説話に由来する。

南淵請安（みなぶちのしょうあん） 生没年不詳 大和国高市郡南淵の漢人。608年(推古16)に第2回遣隋使とともに留学し、隋が滅び唐の興るのを目の当たりにしながら、中国にあること30年余に及び、640年(舒明12)帰国する。中大兄皇子(のちの*天智天皇)・中臣鎌足(*藤原鎌足)らは、請安について儒教を学んだ。644年(皇極3)以降は名がみえず、大化の改新には参画した形跡がない。

南村梅軒（みなみむらばいけん） 生没年不詳 「なんそん―」とも。戦国期の儒学者で、後世に*南学(海南学ともいう)とよばれた土佐国の朱子学の祖。離明翁と号した。はじめ周防国山口の大内義隆に仕え、1548年(天文17)頃、土佐の地を訪れたらしい。「心は身の主にして万の根源」としたうえで、「心源」の「定静」をもって工夫の要点とし、心の「定静」を失わずに「日用の事」にあたるべきことを説いた。中世以来の禅儒一致論の典型である。朱子の新注で四書を講じて大きな影響を与えたが、同時に兵学にも長じていたという。なお梅軒を、近世、*大高坂芝山が「南学伝」において創作された人物とみなす説もある。

源順（みなもとのしたごう） 911～983(延喜11～永観元) 平安中期の学者・文人。嵯峨源氏。平安時代の代表的な辞書「*和名類聚抄」の著者として知られるが、歌人としても名高く、梨壺の五人の一人で、また三十六歌仙の一人でもある。「作文大体」の著作のほか、家集「源順集」があり、詩文が「*本朝文粋」に採られている。

源高明（みなもとのたかあきら） 914～982(延喜14～天元5) *醍醐天皇の第10皇子。母は更衣の源周子。920年(延喜20)に源姓を賜る。939年(天慶2)参議、966年(康保3)右大臣、翌年正二位左大臣に至り輦車を許される。藤原師輔の女2人を室とする。969年(安和2)年に皇太子守平親王廃位計画が発覚した安和の変にまきこまれ、大宰権帥として左遷される。藤原氏による他氏排斥事件である。971年(天禄2)に許されて翌年帰京する。彼は師輔の影響もあって有職故実に通じ、「*西宮記」を著しているが、師輔の日記「九暦」からの引用が多く、九条流の故実を重視した内容となっている。そのほか家集に「高明集」がある。

源隆国（みなもとのたかくに） 1004～77(寛弘元～承暦元) 平安時代の公卿。左大臣*源高明の孫。権大納言。鳥羽僧正*覚猷の父。藤原頼通の信任が厚く、しばしば頼通の宇治の別業で過ごし、宇治大納言とよばれた。宇治にあって、通行の旅人たちを呼び止めては、彼らから諸国のおもしろおかしい話を聞いて書きとめたという。それが「宇治大納言物語」とよばれるものであるが、散逸して伝わらない。鎌倉時代にできた「*宇治拾遺物語」の「宇治」とは、この本のことをさしている。

源為憲（みなもとのためのり） ?～1011(?～寛弘8) 平安中期の文人。光孝源氏。筑前守源忠幹の子。*源順に師事し、文章生となる。その後、内記・蔵人や遠江守・美濃守などを歴任し、1011年(寛弘8)伊賀守として任地で没する。「本朝文粋」「和漢朗詠集」「本朝麗藻」「拾遺和歌集」などに作品を残す。また仏教にも心を寄せ、*勧学会の結衆の一人となる。主な述作としては、984年(永観2)尊子内親王のため「*三宝絵詞」を、970年(天禄元)藤原為光の子誠信のために「*口遊」を、1007年(寛弘4)藤原頼通のために「世俗諺文」を著した。そのほか986年(寛和2)に「円融院御受戒記」、*空也の一周忌には「空也誄」を著した。

嶺田楓江（みねたふうこう） →海外新話

身自鏡（みのかがみ） 「みじかがみ」とも。「玉木土佐守覚書」とも。戦国武士の自叙伝。1巻。毛利元就・輝元・秀就の3代に仕えた玉木吉保(1552～1633)の著。1617年(元和3)成立か。13歳から66歳までの経験を記す。諸合戦の記録にとどまらず、当時の教育、連歌・和歌、仮名遣い、料理、検地、洛中の町名と66カ国の国名、諸事起源、易道、茶の湯、医道などに関する知識・見聞を豊富

に載せており，戦国武士の知的関心が意外に多方面に及んでいたことがわかる。また本書をとおして，戦国武士の現世利益を求める信仰や農民に対するきびしい差別観などについても知ることができる。ただし老年期の追想であるため，記述に年代の錯誤や事実誤認もある。なお巻末に，67歳以降の作である玉木家の系図と発句が加筆されている。

身のかたみ みのかたみ　室町中期の応永〜永享年間(1394〜1441)に成立したと推測される情操教育のための教訓書。1巻。全50カ条からなり，女子の心もち・化粧・衣服・作法をはじめ，作歌・芸能に至るまでの嗜みについて詳しく解説してある。著者は一条兼行といわれるが，確かではない。序文に「それ人げんのありさま。ぢやうみやうむそぢと侍るに，ことしもすぎ侍りぬ」と記すことから，当時の一般的な定命は60歳とされていたこと，さらにその年齢をこえた人物の著作であることもわかる。なお，「*めのとのさうし」にも共通する内容がみられることから，両者は関係があるといわれている。

蓑田胸喜 みのだむねき　1894〜1946(明治27〜昭和21)　大正・昭和前期の右翼運動家。熊本県生れ。東京帝国大学に在学中より熱烈な皇室崇拝主義者で，三井甲之らの「人生と表現社」に接触し，1919年(大正8)*上杉慎吉を中心とした興国同志会の設立に参加した。25年三井らとともに原理日本社を結成し，社会主義・共産主義・民主主義思想の撲滅運動に乗りだす。特に吉野作造・美濃部達吉・末弘厳太郎らや東京帝国大学を攻撃目標とし，京都帝国大学での*滝川事件の火付け役ともなった。35年(昭和10)以降は天皇機関説の排撃，*国体明徴運動のさきがけとなり，38年以降帝大粛正運動に関与した。敗戦の翌46年に自殺。著書は「学術原理日本」ほか多数。

美濃部達吉 みのべたつきち　1873〜1948(明治6〜昭和23)　明治〜昭和期の憲法学者・行政法学者。兵庫県加古郡高砂材木町で医師美濃部秀芳の次男として生まれる。1897年(明治30)帝国大学法科大学を卒業後，公法学専攻を志すが，当時の憲法学正教授*穂積八束の学説に批判的であり，また経済的な事情もあったため，内務省に勤務する。その後，比較法制史講座担当候補者として推薦されたのを機に内務省を辞し，東京帝国大学大学院に入学する。1900年ヨーロッパ在外研究中に，正式に同大学助教授に任ぜられる。02年教授，08年より行政法講座を兼担，また20年(大正9)より憲法第二講座を兼担する。G.イェリネックの影響のもと国家法人説に立脚した天皇機関説を提唱し，大日本帝国憲法(明治憲法)の立憲主義的・自由主義的解釈に尽力した。天皇機関説は大正期をとおして通説的位置にあったが，1935年(昭和10)2月，元陸軍中将菊池武夫による貴族院での天皇機関説糾弾をきっかけとして，美濃部排撃を目的とする天皇機関説事件にまきこまれる。一時は不敬罪での起訴などの動きもあったが，美濃部の貴族院議員辞職，著書4冊の発禁処分をもって事件は収束した。美濃部はそれ以降，いっさいの公職から追放された。著書に「憲法講話」(1912)，「*憲法撮要」(1923)，「行政法撮要」(1924)，「*逐条憲法精義」(1927)ほか多数。⇒天皇機関説論争

壬生狂言 みぶきょうげん　京都壬生寺に伝わる無言劇。1300年(正安2)，同寺中興の律僧円覚上人導御が融通念仏をすすめたのが始まりという。その後，本尊の地蔵菩薩の示現として「猿」，鎮守六所明神社の田植神事を模した「桶取」，地獄を描写した「餓鬼角力」などの番組が演じられるようになり，現在30番を残す。国重要無形民俗文化財。舞台となる大念仏堂は1856年(安政3)の再建で二階建で，舞台上に地蔵菩薩を安置するほか，「飛び込み」などの装置もあり，国重要文化財に指定されている。演者はもと壬生郷士で，仮面をつけ無言で演じる。金鼓・太鼓・笛の囃子を用いる。*地蔵信仰にもとづく民俗芸能である。

宮内嘉長 みやうちよしなが　1789〜1843(寛政元〜天保14)　江戸後期の国学者。名は芳住，通称主水，号は実斎。永井家より宮内家に養子に入り，下総国海上郡銚子新生町の神明社神職を継ぐ。江戸で折衷考証学派の*大田錦城に漢学を，県門の*加藤千蔭に国学・書などを学んだのち，1830年(文政13)*平田篤胤に入門する。郷里では名主として農業用

水用の池を開発するなどに活躍するかたわら，平田派門人の獲得に尽力した。農村地域の神主らしく，万物の生成をつかさどる産霊神(むすひのかみ)の重視などにその特徴がある。幕末の世直し状況の中，神話に具現する神理を宣揚せんとした「遠山毘古(とおやまびこ)」(1822成立)をはじめ，「天石笛之記(あめのいわぶえのき)」「古史独言(こしどくげん)」などの著作がある。

宮負定雄(みやおいさだお) 1797〜1858(寛政9〜安政5) 江戸後期の国学者。名は佐平。下総国香取郡松沢村の名主の家に生まれる。1826年(文政9)農村指導者として，村落の秩序維持や農作物の品種選別などの方策を「農業要集」に書く一方，江戸の*平田篤胤(あつたね)に入門する。31年(天保2)には平田国学の民衆教化を念頭に「民家要術」「*国益本論」を執筆する。天保の飢饉後は名主を退き諸国を回るが，村落・農業の指導という観点を保ちつつ，幽冥界や産霊(むすひ)に関する篤胤の神秘的教説を展開する営みを終生続けた。民俗学の先駆である篤胤の継承者として，民俗信仰・伝承に強い関心を向けた。著書はほかに「大神宮霊験雑記」「奇談雑史」「貧富正論」など。

宮城道雄(みやぎみちお) 1894〜1956(明治27〜昭和31) 日本を代表する大正・昭和期の箏曲家(そうきょく)・作曲家。神戸生れ。8歳で失明，箏を2代目中島検校(けんぎょう)に師事した。事業に失敗し夜逃げして朝鮮に渡った父の代わりに，わずか11歳で箏の師範をして貧しい一家の生活を支えた。かたわら音楽の奥義を究めたいという思いから上京し，和と洋の壁をこえて音楽を研究，次々に琴の新曲を発表した。しかし，伝統を守ることのみに汲々とする当時の邦楽界にはまったく受け入れられず，苦しい生活が続いた。昭和期に入り，来日したバイオリン奏者ルネ・シュメと代表作「春の海」を合奏，これがレコード化されてようやく世界の宮城となる。ここに至って邦楽界にも認められ，その地位は揺るぎないものとなったが，1956年(昭和31)東海道線刈谷駅で列車から転落，不慮の死を遂げた。「定本宮城道雄全集」上・下巻がある。

宮組(みやぐみ) →宮座(みやざ)

三宅観瀾(みやけかんらん) 1674〜1718(延宝2〜享保3) 江戸前・中期の儒学者。名は緝明(しゅうめい)，字は用晦(ようかい)，通称は九十郎(くじゅうろう)，観瀾または端山を号とした。京都生れ。*三宅石庵(せきあん)は兄。*浅見絅斎(けいさい)に学んだが破門され，江戸にでて*栗山潜鋒(せんぽう)の推薦で水戸藩に仕えた。天皇の正統性根拠をめぐっては，「三種の神器」を擁するものが正統だとする潜鋒に対して，「義」のあるものが正統だとする儒学的な立場を主張した。1710年(宝永7)*彰考館(しょうこうかん)総裁となる。著書は「*中興鑑言(ちゅうこうかんげん)」1巻，「観瀾集」9巻など。

三宅尚斎(みやけしょうさい) 1662〜1741(寛文2〜寛保元) 江戸中期の儒学者。名は重固，通称は儀左衛門のち丹治，尚斎と号した。播磨国明石生れ。*山崎闇斎(あんさい)に学び，その没後は*佐藤直方(なおかた)・*浅見絅斎(けいさい)に兄事した。江戸にでて，武蔵国の忍藩主阿部氏に仕えたが，1707年(宝永4)直諫により藩主正喬(まさたか)の怒りをかい幽閉された。幽閉中の思索の記録として「*狼疐録(ろうちろく)」3巻がある。尚斎は，基本的には直方から受け継いだ合理的・批判的な「理」の思想家であるが，赤穂事件については直方と見解を異にし，また他方で，神秘的な象数(しょうすう)祭祀の説を信じていた。著書には「黙識録(もくしきろく)」6巻，「祭祀来格説(さいしらいかくせつ)」1巻などがある。

三宅石庵(みやけせきあん) 1665〜1730(寛文5〜享保15) 江戸前・中期の儒学者。名は正名，字は実父，通称は新次郎，石庵または万年(まんねん)と号した。京都生れ。弟の*三宅観瀾(かんらん)とともに*浅見絅斎(けいさい)に学んだ。中井甃庵(しゅうあん)らとともに*懐徳堂(かいとくどう)を創建して，初代の学主となった。啓蒙的で朱陸(朱子学と陽明学)折衷の学問だったために「鵺(ぬえ)学問」とも評された。

三宅雪嶺(みやけせつれい) 1860〜1945(万延元〜昭和20) 明治中期〜昭和初期のジャーナリスト・哲学者・歴史家。文学博士。金沢藩医の子として金沢で生まれる。本名雄二郎(雄次郎・雄叔)。官立愛知英語学校をへて東京大学文学部哲学科に入学し，*フェノロサや*外山正一(とやままさかず)らに学ぶ。1883年(明治16)卒業後，文部省にて「日本仏教史」「日本文典」の編集に従事するが，87年辞職する。88年志賀重昂(しげたか)らと*政教社を創設し，「*日本人」を発行し，*国粋主義を主張した。彼の国粋主義は「真善美日本人」でも明らかにされたと

おり排外的なものではなかったが，井上馨外相の条約改正案に反対する対外硬派として大同団結運動に参加した。また，高島炭坑・足尾銅山事件では坑夫や被害者に対する救済を訴える論陣を張り，*社会問題研究会に参加した。「日本及日本人」以外にも，1910年頃から「実業之世界」「婦人之友」へもほぼ毎号終生寄稿をした。1887年頃から東京専門学校・哲学館などで哲学を講義していたが，特に後半生は，西洋と日本との比較を通じて雪嶺自身の「宇宙哲学」をうち立て，「同時代史」「大学今昔譚」「自分を語る」を著して哲学にかかわる一人の人間としての生涯を全うした。

都 みやこ 「みやこ」とは「宮処」，すなわち天皇の宮殿のある場所をさす。中国的な都城制が導入される以前には，天皇(大王おおきみ)の治世ごとに遷宮が行われたことが記紀の帝記的記事から確認される。これについて，従来は先帝の崩じた宮は死穢がこもるために神宝を移す必要があり，遷宮されたともいわれたが，令制以前の君臣関係が歴代ごとに再創造されることや，君主権が個人の身体と未分離であったこととも関係があるのだろう。各天皇はその宮の名称によって称されることも，当該期の君臣意識と宮とが密接な関わりをもっていたことを示している。中国的都城制の形成は，律令国家の成立，官僚制の確立と表裏一体である。日本の都城は城壁を有しないが，多くの官庁を含む宮城と官人・京戸の居住する京からなる本格的都城は，7世紀後半の藤原京ではじめて成立したようである。こうした成立事情にも示されているように，日本の都城は政治的性格がきわめて強く，平城京は王権が平安京に移るやいなや荒廃し始めるのである。しかし，流通経済の進展とともに平安京はしだいに「みやこ」から都市へと展開し，王権そのものから自律していく。政治性のぬけおちた「みやこ」は，王権の清浄空間と文化的な基軸といった新しい機能を獲得するに至る。

都新聞 みやこしんぶん 現在の「東京新聞」の前身。1884年(明治17)9月に創刊された*仮名垣魯文を主筆とする夕刊紙「今日こんにち新聞」が，88年11月16日に朝刊の劇場機関誌「みやこ新聞」に変わる。さらに翌年2月1日「都新聞」と改題され，文学・芝居・演劇に重点をおいた独特の編集路線を築いて庶民の人気を集めた。1942年(昭和17)10月1日，戦時新聞統合で徳富蘇峰が創刊した「*国民新聞」と合併，「東京新聞」となる。63年に経営危機に陥り，中日新聞社が支援，4年後に発行や営業などのほとんどの事業を引き継いだ。

都良香 みやこのよしか 834～879(承和元～元慶3) 平安前期の学者。文章博士。「*日本文徳天皇実録」の編纂にたずさわった。唐名を都賢とし，漢詩文集「都氏文集」の一部が伝わる。「*北野天神縁起」には，若き日の菅原道真が都良香の邸で弓を引き，百発百中であったという伝説が語られている。

宮座 みやざ 宮講・祭座・宮組などとも。村落共同体における祭祀組織の一つ。歴史的に変遷はあるものの，一般的にいえば，神社の祭礼に際し，村落内の一部の者が特権的に神事に与る仕組み，あるいはその人々による祭祀集団のことである。宮座の中で*頭屋とうやを交替でうけもつことがみられ，その頭屋は神社運営のうえで重要な位置を占めている。中世史料の中に「宮座」という語は見出されておらず，その用例は近世に入ってからである。また，座という名称の背景には商工業や芸能などの座との関係が考えられるが，後世には単に神前や社殿における座席や席順の意味に解されるようになる。

なお，歴史的にみると，宮座は血縁的な同族が祭祀を独占するという株座から，村座へと移行したとの見解がある。これは，村の発展とともに，他の村人にも祭祀権が解放されたことを意味している。しかし，株座以前にも同族・特定家筋に固執しない村座的な祭祀組織の存在の可能性や，宮座を特権的な祭祀組織としては捉えきれないといった根本的な指摘もある。現在も宮座は近畿地方を中心に中国・四国・九州地方でみられるが，東日本ではわずかしか残っていない。

宮崎滔天 みやざきとうてん 1870～1922(明治3～大正11) 明治・大正期の社会運動家，中国革命の支援者。熊本県玉名郡荒尾村で豪農の八男として生まれる。本名虎蔵とらぞう。長兄に民権家の宮崎八郎，ほかに民蔵・弥蔵と兄がお

り，彼らは滔天に大きな影響を与えた。徳富蘇峰の*大江義塾をへて，東京専門学校（現，早稲田大学）などで学ぶ。その間にキリスト教に入信するが，のち棄教する。1897年（明治30）孫文と交わりを結び，終生孫文のめざす中国革命を支援し続けた。1900年の恵州蜂起では孫文を助けるが失敗，その後革命運動からしばらく離れ，浪花節語りとなり，その頃に孫文を紹介することにもなった自叙伝「三十三年の夢」(1902刊)を執筆する。1905年，孫文と黄興・章炳麟とを提携させて中国同盟会の結成を実現し，自宅を同会の機関誌「民報」の発行所として提供した。また翌96年には，萱野長知らと「革命評論」を発行して中国革命を言論の面でも支援した。滔天は，西洋列強を模範とした近代化に対して頑なに抵抗し，そうした近代化ではない新たな日本のあり方を，中国革命さらにはアジア全体の革命実現の先に見出そうとした。アジアでの民族主義の勃興に，日本から真摯に応えようとした行動家であり，アジア主義の一つの典型をみることができよう。「宮崎滔天全集」全5巻がある。

宮崎安貞 みやざきやすさだ 1623～97(元和9～元禄10) 江戸前期の農学者。通称は文太夫。安芸国広島藩士の家に生まれ，最初筑前国福岡藩に仕える。帰郷後は自ら開墾や植林，農業の指導と振興などに尽力し，また，畿内をはじめとした諸国をめぐり，農業技術を学んだ。1697年(元禄10)に刊行された「*農業全書」は，全10巻に及ぶ最初の体系的な農業書であり，中国の農業書「農政全書」(1639)を参考にした，それまでの彼の研鑽の集大成といえるものである。同書は，江戸時代全般にわたって日本の農業に大きな影響を与えた。

宮沢賢治 みやざわけんじ 1896～1933(明治29～昭和8) 大正・昭和前期の詩人・児童文学者。岩手県稗貫郡花巻川口町に生まれる。盛岡高等農林学校（現，岩手大学）農林化学科卒，同研究生修了。盛岡中学時代に短歌を作り始め，高等農林時代には同人誌「アゼリア」を刊行する。1920年(大正9)日蓮主義の在家信仰団体国柱会に入会。21年上京，同年末に稗貫農学校（現，花巻農業高校）教諭となる。22年1月から「心象スケッチ」を書き始める。11月妹トシの死去により強い衝撃をうけ，翌年7月まで創作活動を休止し，深刻な信仰上の苦悩に直面する。24年詩集「春と修羅」，童話集「注文の多い料理店」を刊行。26年初めには岩手国民高等学校で「農民芸術」を講義し，貧しい農村の現状にふれる中で社会的矛盾に気づき，26年農学校を退職して独居・自炊の農民生活に入り，羅須地人協会を設立する。農村文化の興隆をめざし，農閑期には肥料設計の活動を行う。28年(昭和3)から結核のため2年間病臥，32年「グスコーブドリの伝記」を執筆する。没後に「雨ニモマケズ」(1934)，また草野心平や高村光太郎により全集が出版され，「*銀河鉄道の夜」「風の又三郎」などが発表される。「校本宮沢賢治全集」全14巻がある。

宮地直一 みやじなおかず 1886～1949(明治19～昭和24) 明治～昭和期の神道学者。精緻な実証主義にもとづく文献学的な研究方法を展開し，神道史学の先駆者として知られている。高知市の出身。東京帝国大学を卒業後，内務省に入り神社考証に従事する。同省の神社局考証課長となり，神社行政にも手腕を振るった。「八幡宮の研究」「熊野三山の史的研究」「諏訪神社の研究」など，神道史学に関する多くの業績がある。ただし神道思想に関する論考は少なく，1943年(昭和18)刊行の「神道思潮」が注目され，そこには祭祀の本義，神道の名義，神仏習合思想などの論考を収録する。主要著作は「宮地直一論集」全8巻に収められている。

宮武外骨 みやたけがいこつ 1867～1955(慶応3～昭和30) 明治～昭和期に多くの社会風刺雑誌を発行したジャーナリスト。名は「とぼね」とも自称。讃岐国生れ。同年生れに南方熊楠・夏目漱石らの著名人がいることを，「星運の恵みによるか」として後年まで述懐した。幼名は四男なので亀四郎。18歳の時，亀は「外骨内肉の者」にちなんで自ら外骨と改名する。1887年(明治20)4月に「頓智協会雑誌」を発刊，同誌第28号所載の「頓智研法発布式附研法」と題された絵と文章が明治憲法発布式を揶揄したとされ，不敬罪で3年間収監される。その後，大阪で発行した「滑稽新聞」が評判となり多くの読者をえた

が，幾度も官吏侮辱罪や風俗紊乱罪に問われた。晩年の1927年(昭和2)東京帝国大学法学部に明治新聞雑誌文庫を創設した。終生，反権力の反骨精神を貫いた。「宮武外骨著作集」全8巻がある。

宮寺縁事抄 みやでらえんじしょう →宮寺縁事抄ぐうじえんじしょう

みやび 「ひなび」に対する語。〈みや＋び〉で，「び」は「らしさ」「らしいようす」を表す接尾語。「大言海」は，「昔こそ難波だ田舎と言はれけめ今は京や引き都びにけり」(「万葉集」巻3-312)をあげて「みやこび」の略かともいう。宮廷風・都会風を意味し，貴族たちの洗練された趣味をさすようにもなり，漢語の「風雅」と相通じていき，「雅」の字があてられるようにもなる。奈良時代には，まだ十分市民権をえていず，「梅の花夢に語らくみやびたる花と我思ふ酒に浮かべこそ」(同巻5-852)の一首にしか確実な「みやび」の語の使用を認めることはできない。それは奈良時代にはまだ，「*都」と「*鄙」(地方)との深刻な対比や対立がおこっていないことを意味する。平安京になってはじめて都市的市民が誕生するとともに，「都」と「鄙」の懸隔が目立ってき，京人は「みやびかに，今めかしく」(「源氏物語」宿木)，「いまめかしく珍しきみやびを尽す」(同若紫上)のに対して，田舎などは「むつかしき物」(同蓬生)であり，「ことさらに昔のことをうつしたり」(「枕草子」)といわれるように，昔風・時代遅れであると意識された。

宮部鼎蔵 みやべていぞう 1820〜64(文政3〜元治元) 幕末期の尊攘派志士。父は肥後国益城郡田城村の医師宮部春吾。山鹿が流軍学師範であった叔父丈左衛門増美の養子となり，1849年(嘉永2)家督を相続し師範となる。50年熊本に来遊した*吉田松陰とはじめて面会して意気投合するところがあり，のちその東北遊歴にも同行した。一方，52〜53年頃，林桜園に師事して国学・神道の教養をも身につけるに至った。61年(文久元)清川八郎の来訪をうけてのち京都方面でも活躍し，三条実美らの信任をえて萩藩士とも親交があり，肥後勤王党の代表的人物として在京志士中で重きをなした。64年(元治元)京都池田屋で新撰組に襲われ，重傷を負い自刃した。40日後に真木和泉とともに京都南郊の天王山で自刃した宮部春蔵は弟である。

宮本武蔵 みやもとむさし →五輪書ごりんのしょ

宮役 みややく →神役かみやく

明庵栄西 みょうあんえいさい →栄西さい

明恵 みょうえ 1173〜1232(承安3〜貞永元) 鎌倉前期の僧。諱は成弁じょうべん，のちに高弁こうべん。平重国の子。紀伊国有田郡石垣荘の生れ。母は湯浅宗重の女で，明恵も湯浅党との関係が深い。8歳で父母に相次いで死別すると母方に養われ，翌1181年(養和元)に京都高雄の神護寺に入る。ここでも母方の叔父の上覚房じょうかくぼう行慈に師事し，倶舎・華厳・密教などの修学を始める。88年(文治4)に出家，その後盛んに密教の伝授をうけ，また華厳関係の聖教を書写した。この頃，同時に仏眼法ぶつげんほうを始修して好相をえ，また自身の夢の記録である「夢之記ゆめのき」を記し始めて晩年に至る。95年(建久6)に紀伊国に帰り，湯浅の白上かみの峰に遁世する。さらに筏立いかだちに草庵を構える。この後インド渡航計画を立てるが，春日明神の制止によって断念，ついで貞慶じょうけいに会う。1206年(建永元)に後鳥羽上皇より高山寺を賜り，以後主に京都を中心に活動する。12年(建暦2)には「*摧邪輪さいじゃりん」を著して法然ほうねんの専修念仏義を批判し，また華厳教学を中心にさまざまな詩式や観法，密教関連の著述を重ね，「舎利講式しゃりこうしき」以下の四座講式，「仏光観略次第」「光明真言こうみょうしんごん句義釈」などを著す。のちには光明真言信仰を教理的に深め，同時に公武の有力者とも交流し，在家教化にも積極的に携わった。華厳教学の中興の祖としてはたした役割は大きい。→明恵上人遺訓 夢記ゆめのき

明恵上人遺訓 みょうえしょうにんいくん 「上人御詞抄ごことばしょう」とも。*明恵の没後にあたる1235年(嘉禎元)より，人々が記憶する生前の詞を集めて編集された法語集。その原形は，明恵の遺弟高信こうしんにより，38年(暦仁元)までに編集されたことが奥書にみえる。多くは，「明恵上人伝記」の巻末に付載されて流布しているが，現在の約50条にわたる*法語の体裁は，同時期編纂の明恵の法語集である「却廃忘記きゃくはいぼうき」や，一部に本書との重複などを含む「明

恵上人遺訓抄出」などの諸本との比較により，後人による付加も多いと思われる。流布本としては高野山親王院本などが知られる。冒頭の「人は阿留辺幾夜宇和（あるべきやうわ）と云ふ七文字を持つべきなり」という一節は有名である。

明王（みょうおう） 梵語Vidyā-rāja 威怒王（いぬおう）とも。密教特有の尊格で，仏の命をうけ，調伏・教化しがたい衆生（しゅじょう）を救うため，一切の魔障を破砕する忿怒（ふんぬ）尊。または仏教に敵対する者を制圧し，化導して従わせる活動をする。密教において，如来・菩薩に次ぐ第3類に位置づけられる。如来の教令輪身（きょうりょうりんじん）として，畏怖をもって教導することを任とするため，多くは激しい忿怒を表す異形の相を呈し，武器を手にし火焰におおわれた姿態で表現される。不動・降三世（ごうざんぜ）・軍荼利・大威徳（だいいとく）・金剛夜叉（こんごうやしゃ）（あるいは烏枢沙摩）を五大明王とするほか，大輪（だいりん）・歩擲（ぶちゃく）・無能勝（むのうしょう）・馬頭（ばとう）・愛染（あいぜん）・太元帥（たいげんすい）・孔雀（くじゃく）などがあるが，孔雀は忿怒形で表現されないほか，馬頭は観音として類別されることが多い。

明経道（みょうぎょうどう） 大学寮の4学科の一つ。儒学の専門学科。「孝経」「論語」を必修とし，「礼記（らいき）」「春秋左氏伝（さでん）」（以上大経），「毛詩」「周礼（しゅらい）」「儀礼（ぎらい）」（中経），「周易（しゅうえき）」「尚書」「春秋公羊伝（くようでん）」「春秋穀梁伝（こくりょうでん）」（小経）を選択科目とする。博士（大学博士）1人，助教2人，直講（じきこう）2人，明経得業生（とくごうしょう）4人，学生400人からなり，のちに問者生（もんじゃしょう）10人が加わる。明経博士を大学博士というように，本来，奈良時代にあっては官人登用のための大学の本科であった。平安初期に明経道として整備されたが，*紀伝道に人気を奪われ，10世紀後半以降は，中原・清原家による博士職の世襲化と学問の家学化が始まった。

名号（みょうごう） 名前・名称・尊称の意。仏教では，主として仏・菩薩の名前をいう。その名には特別の力，利益（りやく）があると信じられ，名を耳に聞いたり口に唱えたりすると功徳があるとされる。法然（ほうねん）は「*往生要集」大文第7の念仏の利益（第5）に，「観無量寿経」を引いて，「命終らんとするときに臨み，合掌叉手せて，「南無阿弥陀仏（なむあみだぶつ）」と称へしむ，仏の名を称ふるが故に，五十億劫の，生死の罪を除き，化仏（けぶつ）の後に従つて，宝池の中に生る」とのべている。浄土教では六字・九字・十字名号と称して，「南無阿弥陀仏」「南無不可思議光如来」「帰命尽十方無礙光如来（むげこうにょらい）」の文字を墨書したものを軸にして仏像と同じように礼拝，口に唱えて，極楽浄土に往生することを念じた。

妙好人（みょうこうにん） 広義には念仏者を讃える称号であるが，狭義には「*妙好人伝」に示されたような浄土真宗篤信者をいう。「観無量寿経」に念仏者を人中の分陀利華（ふんだりけ）（白蓮華）と説き，善導（ぜんどう）は「観経四帖疏（かんぎょうしじょうしょ）」中の「散善義」にこれを人中の好人，妙好人とよんだことによる。親鸞もまた「愚禿鈔（ぐとくしょう）」「*末灯鈔（まっとうしょう）」などで，篤信者をさして妙好人とした。しかし，妙好人の語が広く認知・使用されたのは「妙好人伝」の版行以後である。「妙好人伝」の妙好人は，すべてが念仏を中心とした生活の中で，ひたすら阿弥陀仏の衆生救済の本願にまかせていく姿をとり，時には奇妙ともみえる言行をみせる。その反面，世俗倫理に対する順応性も特色としている。近代は広義の妙好人に研究対象が拡大され，「妙好人伝」の代表的篤信者大和国の清九郎らのほかに，赤尾道宗・浅原才市らが加えられている。

妙好人伝（みょうこうにんでん） 江戸末期，浄土真宗篤信者の叢伝。全6編12巻。本願寺派浄泉寺の仰誓（ごうせい）の編による初編，同派専精寺の僧純（そうじゅん）による2～5編，松前の象王（ぞうおう）による続編を総称していう。1842年（天保13）以来次々に版行されたが，59年（安政6）に一括版行された。157名の伝を収録し，このうち農民がほぼ4割を占めている。仰誓による初編は版行の際に僧純によって加筆がなされ，より封建倫理を強調させたものに改編されている。三業惑乱（さんごうわくらん）終了後の世相もあってか，自力を極力排除した信仰形態が見出され，さらには明確に三業帰命説（さんごうきみょうせつ）を批判する箇所もみうけられる。

名語記（みょうごき） 鎌倉時代の語源辞書。1275年（建治元），経尊（きょうそん）（稲荷法橋）の著。全10巻（巻1欠）。1～5字のカナで表記される熟語

（○字名語）をイロハ順に配列し，単語の音によって語源と語義を解釈したもの。反・略・通（通略延約説）という独断的かつ非科学的な方法によって，他の単語を適宜合成して語源を説明するため，語源説としての学問的価値は低い。しかし，文献に載ることが少ない鎌倉時代の口頭語や俗語を多く含むため，中世の語彙資料として注目すべき内容をもつ。著者が個人的に北条実時に献上した金沢文庫本が，身延山より発見され，国重要文化財に指定される（個人蔵）。

明星 みょうじょう ＊与謝野寛（鉄幹）が1899年（明治32）に設立した東京新詩社の機関誌。翌1900年に創刊され，08年100号をもって廃刊した。21年（大正10）に再度刊行されるが，文学的使命は小さい。自我拡張の高揚性と唯美，恋愛讃美の浪漫的詩歌の風は，自然主義に取って代わられるまで時代の精華となった。＊与謝野晶子・＊石川啄木・＊北原白秋・吉井勇・木下杢太郎らの，綺羅星のように若い才能が集い，森鷗外・上田敏らの西欧文芸を知る泰斗が外から助け，華麗に一時代を画した。また同誌は，その体裁・装丁・挿絵なども時代の先端をいき，画文交響の時代をうみだした。

妙正物語 みょうしょうものがたり 日蓮宗の布教を目的とする＊仮名草子。全2巻。作者は，京都妙覚寺住職の日典と伝えられるが異説もある。原本は未発見で，版本が1662年（寛文2）以後版を重ね，1823年（文政6）以降は絵入り本である。内容は，備前国の百姓で浄土真宗信者の妙正とその妻が，京で日蓮宗に改宗した息子の妙善に説得され，ついに日蓮宗に入信するという筋である。念仏信仰に対して法華信仰を宣揚し，日蓮宗の優位を平易に説きながら，貴賤貧富の別なく信者の平等な救済を強調する点に特徴をもつ。

明神 みょうじん 「あきつかみ・あきつみかみ・あらみかみ」とも。神の尊称としての神号の一つ。目にみえる可視の神の称とする説もある。霊験あらたかな神の神号である名神との混用があったが，ほぼ同義に使用される。一説には名神は神社を，明神は祭神をさすともいう。「日本後紀」弘仁5年（814）9月15日条の，明神への奉幣の記事が初見。鎮源撰「＊本朝法華験記」には，加茂明神・住吉明神・松尾明神などの神号がみえる。国内神名帳では，明神の上位の神号として大明神の号もみえる。院政期以後には，末法において衆生を救う仏・菩薩の垂迹神を，特に大明神と号したとする説もある。さらに豊臣秀吉を神に祀った際にも，豊国大明神の号が贈られた。明神号は明治初年の神仏分離の際，神号としては否定された。

妙心寺 みょうしんじ 京都市右京区花園妙心寺町に所在する臨済宗妙心寺派の大本山。開山は＊関山慧玄。山号は正法山。開基は花園法皇。山号と寺号は，関山の師宗峰妙超の命名になる。花園法皇が花園御所跡を禅寺に改め，関山を開山に迎えて建立した。その年代は諸説あって特定できないが，1342年（康永元・興国3）頃には寺基が確立した。

99年（応永6）大内義弘が幕府に反旗を翻す（応永の乱）と，住持拙堂宗朴が義弘と師檀関係にあることが露顕し，足利義満の怒りをかって中絶した。1432年（永享4）頃から日峰宗舜により再建が図られ，細川勝元の支援をうけて義天玄詔が復興に努めた。のち応仁の乱の兵火により焼失するが，雪江宗深が77年（文明9）後土御門天皇の綸旨をえて再興した。この頃は，制度上では大徳寺の末寺であったが，1509年（永正6）に後柏原天皇より紫衣出世が認められて独立した。それ以後，雪江の門下からでた景川宗隆（竜泉派）・悟渓宗頓（東海派）・特芳禅傑（霊雲派）・東陽英朝（聖沢派）の4派が成立し，各地で独自の展開をとげるようになった。戦国期には，駿河今川氏・甲斐武田氏・美濃斎藤氏などの外護をうけて多くの塔頭や末寺が創建され，江戸時代には五山派を凌駕して臨済宗の最大勢力に発展した。近世の朱印高は491石余。江戸時代の最盛期には塔頭83院を数えたが，現在は46院である。末寺は全国に3400ヵ寺余ある。

妙貞問答 みょうていもんどう イエズス会日本人修道士の不干斎＊ハビアンが，1605年（慶長10）京都で著したキリシタン護教論書。上・中・下3巻。浄土宗の妙秀とキリシタンの幽貞両尼の間に交わされた「＊二人比丘尼」の

懺悔物語形式の問答体。幽貞は，上巻で全日本仏教十二宗（南都六宗と天台宗・日蓮宗・真言宗・禅宗・浄土宗・一向宗），中巻で儒道（朱子学）と神道（吉田唯一神道）を論破し，下巻でキリシタン教理の真理性を論証し，妙秀は受洗を決意するに至る。一貫する基本的主題は創造主論と救済論である。すなわち釈迦・阿弥陀・大日・仏はいずれも人間であり，仏教に地獄・極楽と後生の救いなく，太極・天道・陰陽・鬼神に創造主の概念なく，国常立尊（くにのとこたちのみこと）以下の諸神も人間であり，「神代紀」の日本国土創成論は生殖神話にすぎぬと断じ，創造主*デウスの霊的実体と霊魂不滅を強調して儒仏の汎神論を批判し，最後にキリシタン教理に対する日本人の諸疑惑に回答している。本書は，キリシタン時代の日本人が著した唯一の体系的護教論書，16世紀西洋の天文学・地球説・スコラ哲学を駆使した最初の伝統思想論駁書，および江戸時代の合理主義的な三教（神・儒・仏）批判の先駆的著作として，日本宗教思想史上注目すべき書である。おそらく印刷されず，写本が流布した。

明法道（みょうぼうどう） 大学寮の4学科の一つ。法律を学ぶ学科。「学令（がくりょう）」に規定がなく，728年（神亀5）に律学博士2人，730年（天平2）に明法得業生（とくごうしょう）2人，明法生10人（のち20人）をおき成立する。律学博士はのちに明法博士と改称され，学生の教育にあたったばかりでなく，「令集解（りょうのしゅうげ）」にみられるように法解釈をしだいに深化させていき，またその法解釈にいくつかの学統をさえうんでいった。

妙法蓮華経（みょうほうれんげきょう） →法華経（ほけきょう）

妙々奇談（みょうみょうきだん） 江戸後期の滑稽本・評判記。周滑平（しゅうかつへい）の作。正編2巻2冊，1819年（文政2）刊。後編2巻2冊，21年頃成立。角書「学者必読」。いずれも設定は，当時高名な文人のもとへ歴史上の人物や神仏が会いに来て叱責・批判することで，筆誅を加える形式をとる。亀田鵬斎（ほうさい）の赤穂義士の碑文の誤りを大石良雄が指摘する，大窪詩仏（しぶつ）の雅号の傲慢さを釈迦が叱責する，市河米庵（べいあん）の俗に流れた書道に米元章（べいげんしょう）が正しいあり方を示す，菊池五山（ござん）の空詩・浮文を出版する金

儲け主義を柴野栗山（りつざん）が叱る，谷文晁（ぶんちょう）が自身の画風を唐画（とうが）と称することを宋紫石（そうしせき）が否定する，大田錦城（きんじょう）が夢の中で自分の書籍で作った楼閣の下でさまざまな地獄絵図のごとき有り様をみる，などである。後編はこの後日譚。かなり激烈なもので，作者は当時すでに大田錦城説，大田南畝（なんぼ）説が取り沙汰されたが，今日では武蔵国飯能の薬種屋大河原亀文（おおがわらきぶん）（1773〜1831）と確定された。本書の成立には，1815年（文化12）刊の一枚物の文人の見立て番付があり，その当否について文人や一般読者もまきこんだ騒動の中で刊行された。本書の模倣作に，善諧（ぜんかい）主人作「出放題（でほうだい）」（天保年間刊），平田篤胤（あつたね）・小山田与清（ともきよ）・石川雅望（まさもち）・岸本由豆流（ゆずる）を揶揄した小説家（しょうせつか）主人作「しりうごと（しりうごと）」（1832刊），歌舞伎役者を批評した花笠文京（ぶんきょう）作「役者必読妙々痴談（ちだん）」（1833序）などがある。

妙立（みょうりゅう） 1637〜90（寛永14〜元禄3） 江戸前・中期の天台宗の僧。「末世護法大士」と称され，天台*安楽律（あんらくりつ）の開祖とされる。法諱は慈山（じざん），字は妙立。唯忍子と号す。美作国の人。姓は和田氏。17歳の時，京都華山寺（かざんじ）の雷峰（らいほう）（愚堂東寔（ぐどうとうしょく）の高弟）の禅門に入って大悟したが，泉涌寺（せんにゅうじ）で大蔵経を披閲し，その半ばにして民衆救済の念願をおこし，のち「瓔珞経（ようらくきょう）」により自誓受戒して道俗勧化に従った。1672年（寛文12），天台三大部を読み，教観の妙旨に啓発されて天台宗に転じ，その後，秘密灌頂（かんじょう）・「梵網経（ぼんもうきょう）」の十重禁戒（じゅうじゅうきんかい）をうけ，天台戒律主義の復興に努めた。また念仏にも関心をよせ，天台教学の根本である摩訶止観（まかしかん）を念仏に集約した即心念仏を説いた。弟子の*霊空（れいくう）（光謙（こうけん））によって比叡山安楽院に改葬され，中興第一祖とされた。

三善清行（みよしのきよゆき） 847〜918（承和14〜延喜18） 平安前期の学者。巨勢文雄（こせのふみお）に学び，900年（昌泰3）に文章博士（もんじょうはかせ）となる。その年10月，辛酉（しんゆう）革命説を掲げて右大臣*菅原道真（みちざね）に書を送り，〈来年は辛酉の年で，革命の起きる年にあたるから，凶にあい禍にあたるかも知れない。学者の家から出て大臣の位にあることは吉備真備（きびのまきび）以来，ないことである。

あなたは止足とくの分を知って，辞任しないと危険に遭うでしょう〉と警告した。901年「革命勘文かんもん」を奏上し，辛酉革命説にもとづく改元を求めて容れられ，7月に昌泰4年を改め延喜元年と改元された。917年(延喜17)参議となり，善相公ぜんしょうこうとも称する。914年に醍醐天皇に奏上した「*意見十二箇条」は特に名高いが，「延喜格えんぎきゃく」の編纂に参画したほか，「智証ちしょう大師伝（円珍えんちん伝）」「藤原保則やすのり伝」「善家秘記ぜんけひき」などの著書がある。

三善為康 みよしのためやす 1049〜1139(永承4〜保延5) 平安後期の文人。越中国射水いみず郡の豪族射水氏の出身。算博士三善為長ためなかに師事し，その養子となり改姓。算道や紀伝道に通じるが，省試に落第を重ね不遇な時期をすごした。52歳で少内記となり，その後算博士・諸陵頭などを歴任した。1139年（保延5）91歳で没。著作に「朝野群載ちょうやぐんさい」「続千字文」「童蒙頌韻どうもうしょういん」などの詩作手引書，「掌中暦しょうちゅうれき」「懐中暦」（辞書，ともに散逸），また仏書には「叡山大師伝」「六波羅蜜寺ろくはらみつじ縁起」「*拾遺往生伝」「*後拾遺往生伝」がある。「本朝新修往生伝」に往生者として収録され，その浄土信仰をうかがうことができる。

未来記 みらいき 予言の書。平安時代以後にみられ，*聖徳太子の未来記と称するものが多い。*末法まっぽう思想による終末観と，救世ぐせ観音の化身とされ，隋の慧思えし禅師の後身とされた聖徳太子に対する*太子信仰とが合体した偽書である。変革期の社会不安を反映して世に影響を与えた。鎌倉時代に多く作られた，事変について予言・予測する種々の未来記は「古事談こじだん」「愚管抄ぐかんしょう」「平家物語」「太平記」などにみえる。

ミルヤカナヤ →ニライカナイ

弥勒信仰 みろくしんこう 未来に衆生しゅじょうを済度することを約束した*弥勒菩薩に対する信仰。釈迦入滅後の衆生の救済が求められておこった信仰で，仏の説法を聞いた弥勒が12年後に終命し，兜率天とそつてんに往生し，そこで常住説法しているため，兜率天へ往生しようと説いた「弥勒上生じょうしょう経」，釈迦入滅後56億7000万年後にこの世に降り，華林園の竜華樹りゅうげじゅの下で成仏じょうぶつし，三会さんねの説法（3回の大説法）を行い，一切の人を済度し，この時菩薩から弥勒仏となるという弥勒下生げしょうを説いた「弥勒下生経」「弥勒成仏経」のいわゆる弥勒三部経が用いられる。

　日本における弥勒信仰は，飛鳥〜白鳳期には，朝鮮半島経由でもたらされた半跏思惟はんかしい像にならった弥勒菩薩の造像が多くみられたが，病気平癒など現世利益げんぜりやく的な要素も交じったものであった。奈良中期以降，弥勒上生信仰が浸透し，平安中期以降，浄土教信仰の影響もうけて，弥勒浄土への往生を願う信仰が昂まった。これとともに弥勒下生信仰も盛んとなり，空海くうかいの入定にゅうじょうが弥勒の下生を待つものと解されたり，末法まっぽう思想と関連して，三会の説法の時まで経典を伝える手段としての*経塚が各地に造営された。鎌倉時代には法相宗の*貞慶じょうけいが「弥勒講式」を作成し，南都仏教でも弥勒上生信仰が唱えられ，弥勒浄土と阿弥陀浄土の優劣が論議されたりした。

弥勒菩薩 みろくぼさつ 梵語Maitreya 釈迦の次に現れる未来仏である弥勒仏の前身としての菩薩。弥勒はサンスクリット語マイトレーヤの音写で，〈慈しみ深い〉の意味から漢訳では慈氏じし・慈尊じそんとも称される。弥勒菩薩は，釈迦滅後，56億7000万年後にこの世に降り，華林園の竜華樹りゅうげじゅの下で成仏し，三会さんねの説法（3回の大説法）を行い，一切の人を済度し，この時菩薩から弥勒仏となる。現在は，すでに菩薩となり一生補処いっしょうふしょ（あと一生で成仏できる）の位にあり，兜率天とそつてんにおいて常住説法しているとされる。そのためこの兜率天は弥勒浄土とも称される。

三輪執斎 みわしっさい 1669〜1744(寛文9〜延享元) 江戸前・中期の儒学者。名は希賢，通称は善蔵，執斎または躬耕廬と号した。京都生れ。祖先は，大和国の三輪（大神おおみわ）神社の神主だという。19歳の時に江戸にでて，*佐藤直方なおかたについて朱子学を学んだ。しかし，直方の主張する「理」の超越性に違和感をもち，やむにやまれぬ純粋な心情としての「良知りょうち」の学（陽明学）を唱えた。門人に川田雄琴ゆうきんがいる。著作に「標註伝習録ひょうちゅうでんしゅうろく」3巻・付録1巻のほか，「日用心法にちようしんぼう」1巻などがある。

三輪神社 みわじんじゃ →大神神社おおみわじんじゃ

三輪大明神縁起 みわだいみょうじんえんぎ 奈良県の三輪社(*大神神社)に関する鎌倉時代の両部神道書。1巻。編者未詳。奥書によれば1318年(文保2)12月、三輪明神に参籠した時に、神宮寺の大御輪寺おおみわでらの縁起・古記録を尋ね求め抄録したものという。大御輪寺は1285年(弘安8)に*叡尊えいそんが再興して以後、西大寺流の拠点となっており、同流の僧の編纂によるものか。伊勢神宮と三輪明神が同体であり本地ほんじは大日如来であること、神宮寺大御輪寺の由来、天台宗鎮守神である日吉山王ひえさんのうが三輪からの勧請であることについて説く。*三輪流神道の現存最古の文献である。

三輪物語 みわものがたり *熊沢蕃山ばんざんの著した和文の書。全8巻。成立年代未詳。ある夜、三輪(大神おおみわ)神社の社頭で、社家しゃけ・禰宜ねぎと、公家・居士こじ・老僧など数人が、歴史の衰微を嘆きながら儒・仏・神三教の教えをめぐって対話・応答するという設定で、神儒一致論の正しさを明らかにしたものである。泰伯たいはく皇祖説(中国の聖人泰伯が渡来して天皇家を開いたという説)や*根本枝葉花実説こんぽんしようかじつせつ(神道を根本、儒学を枝葉、仏教を花実とする説)が詳しく論じられ、また日本の神話や歴史の個性についても自由に議論されている。当時の神道をめぐる思想的な論点が存分に開示されており、その点で興味深いものがある。

三輪流神道 みわりゅうしんとう 中世の両部神道系の神道流派。*大神おおみわ神社が鎮座する奈良県の三輪山を拠点とする。三輪山の平等寺に住んだ三輪上人慶円えんを祖とし、三輪明神に灌頂かんじょうを授けたと伝えるが、慶円自身の活動の詳細は不明である。*叡尊えいそんの西大寺流が、三輪山に大神神社の神宮寺である大御輪寺おおみわでらを再興してから実質的に流派が形成されたとみられる。叡尊と関連が深い伊勢神宮の周辺から伊勢神道や両部神道の教説が導入され、三輪流神道の成立を促した。1318年(文保2)に「*三輪大明神縁起」が編纂されるが、この中で三輪の神と伊勢の天照大神あまてらすおおみかみを同体とし、三輪を「本」、伊勢を「迹」として、本地垂迹ほんじすいじゃくの関係で両社を位置づける説が唱えられた。他の両部神道系の諸流派と同様に神道灌頂(互為ごい灌頂)や伝授によって奥義や行法が相承され、*御流神道ごりゅうしんとうと並ぶ真言系の神道流派となった。大工や鍛冶屋・商人・農民などに伝授された*印信いんじん・口訣くけつ類も存し、民間にも普及したことがうかがわれる。

旻 みん ?～653(?～白雉4) 日文にちもんとも。7世紀の学僧。608年(推古16)*遣隋使の*小野妹子いもこにしたがって留学。632年(舒明4)遣唐使とともに帰国する。大化の改新で国博士くにのはかせに任じられ、また衆僧を教導する十師じっしの一人となった。中国滞在20年余の学歴は仏教ばかりか儒教にも造詣深く、*南淵請安なぶちのしょうあんが周孔を講じた時、旻は「周易しゅうえき」を講じて、公子らが堂に群集したと「*藤氏家伝とうしかでん」は伝えている。朝廷の尊崇まことに篤く、その臨終にあたって画工2名が派遣され、旻のために仏・菩薩が描かれた。

民家分量記 みんかぶんりょうき →百姓分量記ひゃくしょうぶんりょうき

民間格致問答 みんかんかくちもんどう 幕末期の自然科学の入門書。大庭雪斎おおばせっさい(1806～73)の訳。全6巻、中型本。1865年(慶応元)刊。原著はヨハネス・ボイス(Johannes Bujis)の「フォルクス・ナチュールキュンデ(Volks Natuurkunde)」。序・題言・発端・本文の4部からなる。本文は、自然科学の知識が豊かな〈旦那(原文ではメィスターMeester、先生の意)〉と〈トインマン(Tuinman、庭師の意)〉との問答形式で進められ、自然現象を物理学で解説していく形式である。2人の対話は12回行われ、各回にそのテーマに関する旦那の講釈とそれに対するトインマンの質問とその答え、そしてその講釈が成り立つ証拠の事例である「証拠立」てが、話し言葉を用いてのべられている。このような話し言葉式に訳されている書としては、ほかに伊藤慎蔵しんぞう訳「颶風新話ぐふうしんわ」などがある。

民間芸能 みんかんげいのう 民俗芸能・郷土芸能・地方芸能とも。職業としての芸能ではなく、地域の住民が信仰や習慣にもとづいて維持・継承してきた芸能。人々の長命をことほぎ、五穀豊穣・悪霊退散を祈願するなど、発生理由はさまざまで、種類も豊富である。(1)*神楽かぐら。民間の神楽を*里神楽と称し、神話を題材としたり、湯立ゆだて神事を行うなど、神を迎えそ

の前で演じるものである。(2)舞楽・延年・能狂言。職業芸能を模倣するなどして民間に広まった。古来の芸の名残を今に伝えるとともに、民間ならではの新しい展開もみられる。(3)仏事の舞。来迎会の練供養のように、仏の面や衣裳をつけて行道する。あるいは仏の教えを演劇として上演する場合もあり、信仰を基にした団体が継承する。(4)*田楽。農耕行事としての芸能で、*田遊や御田植神事などがこれに該当する。五穀豊穣を祈願する。(5)*風流。きらびやかな衣裳を身にまとい、花笠などを使用する。(6)人形芝居・歌舞伎。中央の芸の模倣である場合が多く、農村舞台を作るなど、娯楽としての色彩が濃い。以上6種に分類できるが、中央の芸能の影響をうけながらも、地域性を加味し、独自の進展を遂げてきた。あるいは現在では中央には伝わらないものも多く、その価値は高い。

民間雑誌 *福沢諭吉が創刊した雑誌。1874年(明治7)2月から75年6月までが前期で、途中「家庭叢談」と誌名が変更され、77年4月に再び新聞形式の「民間雑誌」(後期)となった。発刊の目的は、福沢の「緒言」によれば、都会にいる人は田舎民間の事情がよくわからないため、地方人が不審に思ったことを投書して、その疑問に編集部が答えるようにすれば、地方と中央の交流を図ることができる、ということであった。中上川彦次郎を編集長に迎えた78年3月から日刊となったが、社説の大久保利通内務卿への批判が内務省警視局の干渉を招き、同年5月に終刊した。

明極楚俊 鎌倉時代に来日した中国元の禅僧。臨済宗松源派の虎巖浄伏の法嗣。1329年(元徳元)、日本からの特使に招かれて*竺仙梵僊と同行するのを条件に、天岸慧広・物外可什・雪村友梅らと同船して来日する。翌30年、京都で後醍醐天皇に謁して問答、鎌倉に下向して北条高時の命により建長寺に住した。鎌倉幕府の滅亡後、後醍醐天皇の帰依をえて、33年(正慶2・元弘3)南禅寺(13世)に住し、翌年、建仁寺(24世)に住して現住のまま没した。のち勅して仏日焔慧禅師と号し、その門下を焔慧派とよぶ。竺仙とともに、南北朝期の禅林に影響を与えた。

民芸運動 →柳宗悦

民芸四十年 大正・昭和期の芸術的社会思想家で民芸運動の創始者である*柳宗悦の著書。約40年間に発表した著作の中から民芸に関連する17編を選び、年代順に一冊にまとめたもの。田中豊太郎の序文と柳による後記を付して、1958年(昭和33)に宝文館より刊行された。朝鮮芸術との出会いに始まり、木喰仏の発見、雑器の美への開眼をへて民芸運動の実践に至る過程、その途上での大津絵の発掘、沖縄論、茶道論、さらに最終的には仏教美学の確立へと向かう柳の思想と活動の軌跡の多面性を示している。民芸の入門書であると同時に、精神的社会運動としての民芸運動が、近代日本においていかに広い領域とかかわっていたかを伝える内容ともなっている。

民権自由論 1879年(明治12)4月に刊行された*植木枝盛の代表的著作の一つ。植木が同年1〜3月、第2回興愛国社大会のため福岡・熊本・佐賀などを遊説し、九州滞在中に執筆した。そのため「編集人高知県士族植木枝盛／福岡県那珂郡西職人町寄留 出版人博多船木弥助 集文堂梓」となっている。全5部からなり、平易な口語体を使って自由民権思想をわかりやすく説いたものである。そのため広い層に読まれ、次々と版を重ねて海賊版まで出版されるほどのベストセラーとなり、民権思想の普及に大きな役割をはたした。付録として「民権田舎歌」が載っている。その一節に「人に才あり力もあれど／自由の権利がない時は／無用の長物益がない」とある。

民衆宗教 幕末・維新期に民衆の生活からうまれ成立した一連の「新宗教」で、大半は戦前「*教派神道」の名で一括された宗教の総称。民衆宗教という概念の創唱者といってよい宗教学者村上重良によれば、「その教義が独自の明確な体系をそなえていて、思想史的評価に耐えうるとともに、ひろく日本社会全体に一定の宗教的・思想的影響を及ぼしたと認められる宗教」が特に民衆宗教とされる。具体的には、尾張国愛知郡の熽姶喜

之*(1756〜1826)が開いた*如来教、備前国御野郡の黒住宗忠(1780〜1850)が開いた*黒住教、大和国山辺郡の中山みき(1798〜1887)が開いた*天理教、備中国浅口郡の赤沢文治(1814〜83)が開いた*金光教などをさす。このほか、武蔵国橘樹郡の伊藤六郎兵衛(1829〜94)が開いた*丸山教、丹波国福知山の出口なお(1836〜1918)の開いた*大本教なども含まれる場合が多い。

これらの宗教は、いずれも教祖の苦難・病苦などの生活体験にもとづきつつ、江戸時代に広く展開していた仏教・神道・修験道・民俗信仰を独自に解釈し、それぞれ「金比羅」「天照大神」「天理王命」「天地金乃神」といった神仏を中心とする独自の神学体系を構築し、農民・町人・武士などを中心とした信者の組織を築きあげた点に共通性が認められる。また、現世中心的であるか否か、政教一致的であるか否かなどには、各宗教によって異なる側面があるとはいえ、いずれも*神がかりを契機として開教し、病気直しなどによって影響力を拡大していった点にも共通性が存在している。こうした点から、民衆宗教とは、幕末から明治期に最底辺で呻吟していた民衆層に、新しい宗教秩序を提示することで現実的救済の方途を与えたものであったと評価できる。また、ことに天理教・大本教には明確な「世直し」の思想が示されていて、そこに幕末から近代にかけての民衆自身の変革思想を看取することも可能である。近代以降、一部を除いて官憲からきびしく弾圧され、黒住教・天理教・金光教は最終的に*教派神道に編入されたものの、そこに至るには幾多の紆余曲折を経なければならなかった。

民撰議院設立建白書 みんせんぎいんせつりつけんぱくしょ 1874年(明治7)1月17日に、民撰議院の設立を要求して左院に提出された建白書。署名者は、古沢迂郎(滋)・岡本健三郎・小室信夫・*由利公正・江藤新平・*板垣退助・*後藤象二郎・副島種臣の8人である。江藤以下4人は、征韓論に起因する前年10月の政変で辞任した元参議である。イギリス留学から帰ったばかりの古沢が英文で起草し、それを副島が中心となって修正した。内容は、当時の政府を「有司の専裁」とし、政策の「朝出暮改」や「言路壅蔽」が国家を危機に陥らせているなどとして政府を批判したものである。この建白書は受理されて、翌18日正院に上申されたが、同日の「日新真事誌」に全文が掲載されたことにより、以後、新聞・雑誌で*民撰議院論争が展開された。

民撰議院論争 みんせんぎいんろんそう *板垣退助たちによって左院に提出された*民撰議院設立建白書が、1874年(明治7)1月18日に「日新真事誌」に掲載されて以降、同年1月から7月にかけて新聞・雑誌で展開された民撰議院の早期設立の是非をめぐる論争。最も積極的にとりあげたのは「日新真事誌」で、経営者のブラックは1月27日の論説で、板垣たちの建白書がだされたことを「吾輩ノ歓喜ニ堪エサルノミナラス日本ノ幸福トモ云フヘシ」として高く評価するとともに、「御採用アラハ人民自由ノ権ヲ得ルニ至リ余等ノ歓喜トスル処ナリ」と書いた。しかし、同紙の2月3日に掲載した*加藤弘之の「民撰議院ヲ設立スルノ疑問」は、「無智不学ノ民」の多い未開の日本でそれを設立すれば国家の混乱を招くとして、時期早尚論を展開した。

これが論争の口火となり、板垣・副島種臣・*後藤象二郎の3人による「加藤弘之ニ答フル書」(2月20日)、馬城台二郎(*大井憲太郎の筆名)の投書「民撰議院ノ議ニ就キ謹テ加藤閣下ニ質ス」(2月23日)などが加藤に反論した。さらに同紙には、投書をも含めてこの問題に関する議論がしばしば掲載され本格的な論争となった。「東京日日新聞」では、建白書を批判する投書が多かったが、大井による加藤への質問、加藤の回答と反論なども載せた。「明六雑誌」もこの問題をとりあげ、*森有礼・*西周・*福地源一郎らが建白書を批判したが、*津田真道らは民撰議院の早期の設立を説いた。

この論争は、それまで一部の官僚や学者の間でのみ検討されていた民撰議院についての議論を国民の間に広く知らせたという意義があり、自由民権運動の展開につながる役割をはたした。

民俗芸能 みんぞくげいのう →民間芸能みんかんげいのう

民法典論争（みんぽうてんろんそう）　1890年（明治23）に公布された民法典の施行をめぐって展開された論争。日本における民法典編纂は*ボアソナードの指導のもと，フランス民法典を範として進められ，90年公布，93年に施行されることになっていた。しかし，1889年イギリス法学系の法学士会が「法典編纂ニ関スル意見書」を発表，民法典と商法典との不統一などを指摘して慎重論を展開すると，法典の実施可否をめぐって激しい論争が繰り広げられた。特に延期派の*穂積八束（ほづみやつか）が「民法出テテ忠孝亡フ」を著して，日本固有の家族制度を美俗と捉える立場から民法実施に反対したことは大きな影響力をもった。これに対し，断行派の梅謙次郎（うめけんじろう）や岸本辰雄らは，フランス法的市民法原理にもとづいた民法実施の必要性を強調した。結果的には92年の第三議会で，民法・商法施行を延期する法律案が可決されて延期が決定した。論争は，固有法と継受法の衝突，イギリス法・フランス法・ドイツ法の学派的抗争，自然法学と歴史法学の対立のほか，立法技術や条約改正をめぐる問題，実業界と政界の思惑など複雑な要因が絡み合って展開されたが，その後法典調査会で審議・修正された新民法はドイツ民法を模範に，戸主権を重視した家中心のものとなった。

民本主義（みんぽんしゅぎ）　大正期の政治思潮。民本主義は，官僚主義や軍人政治の対立概念として，明治末から*茅原華山（かやばら）らによって使用されていたが，この用語に明確な定義を与えたのは，1916年（大正5）に発表された*吉野作造（さくぞう）の論説「*憲政の本義を説いて其有終の美を済（な）すの途を論ず」である。吉野は，デモクラシーdemocracyの訳語として，民主主義と民本主義を区別し，民本主義は，政治の目的が民衆の利福にあり，政策決定が民衆の意向によることをその特徴とするが，それは民主主義とは異なり，君主主権か人民主権かという主権の所在を問題とせず，もっぱら主権の運用にかかわる概念とした。吉野の民本主義論は，主権論の切り離しを図るものであったため，*山川均（ひとし）からその不徹底さを批判されたが，*国体論に抵触せず議会政治の徹底化を主張するための理論を提示した点では，*大正デモクラシーの発展にとって実践的意義をもつものであった。こうして民本主義は，普通選挙・政党内閣をめざす主張として一世を風靡したが，1920年代に入り論壇の関心が社会改造に移るにともない，政治改革に中心をおく民本主義の影響力はしだいに衰えていった。

明律国字解（みんりつこくじかい）　*荻生徂徠（おぎゅうそらい）の著した「明律」の解説書。全30巻。「問刑条例」を付す。当時，和歌山藩では「明律」の研究が盛んで，榊原篁洲（こうしゅう）「大明律例諺解（げんかい）」30巻と高瀬学山（がくざん）「大明律例詳解（しょうかい）」30巻がその代表的な成果とされていたが，徂徠からすれば，俗語・役所用語の理解不足による解釈の不備が目についた。将軍徳川吉宗（よしむね）が，徂徠の弟である荻生観（北渓（ほっけい））に「明律」の官刻を命じたのをきっかけに，この書を著したものと考えられる。

む

無 む　有るに対して無いこと、存在しないこと。無縁・無学などのように後にくる言葉を打ち消す否定の文字として不と同じに使われ、また一字で禁止、疑問、肯定の是に対する否定の意味で用いられた。転じて道家思想の無心、老荘思想の作為的でない自然のままであることをいう*無為のように、根本的な観念として用いられる。

インドの初期仏教の出家教団は保守派の上座部と革新派の大衆部とに分かれ、これらは部派仏教とよばれる。彼らは経済的富裕と社会的権威をえて民衆の救済をないがしろにしたので、これを批判する運動がうまれ、在家信者に支持されて大乗仏教を名乗り、部派仏教を小乗仏教とよんで排斥した。新しい運動は一切の存在に実体は無いという思想から「*空」の観念をうみ、紀元2世紀頃に経典として「般若経」が編まれ、その思想を受け継いで「維摩経」が成立した。「維摩経」の空の思想は、たとえば病気見舞に来た文殊菩薩と維摩居士との「かの室何を以てか空にして侍者無きや」「諸仏国土、また皆空なり」、「空、分別すべきや」「分別また空なり」などの問答として語られた。空は誰もいない空っぽの空間であり、空そのものについての分別認識も否定されたのである。しかるに、中国には古くからの老荘思想に万物の根源は無であるとする考えがあり、仏教が中国に伝えられると、その思想の洗礼をうけて無は空・不空を超えた絶対的なものと理解されて、禅宗において無は最も核心的な観念となった。

唐の趙州従諗の「狗子にもまた仏性有りや無しや（犬にも仏になる可能性はあるのでしょうか）、師云く、無し」の問答をうけて、南宋の無門慧開の語録「無門関」はこの話題を第一則「趙州狗子」の*公案として掲げ、無について詳説し、禅宗の修道は「無とは何か」について全力を集中して工夫し、取り組むべきことを説いた。インドではもっぱら衆生について仏性の有無が論じられたのに対し、中国には隋唐の天台教学において草木土石のすべてのものには仏性は有るとする議論がなされたので、この「有無」の話題は奥の深いものであった。

修道においては、無の字を用いないで無を語ることもした。「碧巌集」第六十七則に「傅大士講経」という公案がある。深く仏教に帰依して自分で経典を講ずることもあった梁の武帝は、先に宝誌禅師という人が神意を顕わし衆を惑わすという罪で獄につながれていたのを解き放して、その教えをうけた。ある時「金剛経」の講義を聞こうとしたが、その頃傅大士という人がいて、宝誌は自分は講義できないが傅大士ならばできますというので、武帝は傅大士を招いて講義が始まった。ところが講座に上がった傅大士は、机を一度叩いただけですぐに下座してしまった。武帝は愕然とし、宝誌は「おわかりになりましたか」と問い、武帝が「不会（わからぬ）」と応えると、宝誌は「傅大士は金剛経を講じ了えられました」と重ねていった。この話は「金剛経」の真髄が「不説」にあることをふまえたのであり、「不会」はわからぬという表面的な意味と、「不会」に徹すれば「わからぬ」とはどういうことかを問うて禅の核心に至ることを伝える話である。そのほか、語録・詩文集を加えれば無の話題は限りなくあり、それほどに禅宗の大きなテーマであった。日本の禅宗においても無字の公案は修道第一の関門とされ、現代に至るまで継承されている。

無為 むい　「ぶい」とも。(1)仏教語。因縁や業によって生成されたものではない存在のこと。すなわち〈生じたり滅したりなど変化していく世界を離れること〉であり、「涅槃」（悟りの境地）を意味する。(2)中国では仏教以前から重要な思想上の語であり、〈何もしないこと〉〈自然にまかせること〉を意味し、老荘思想が「天下無為」などと説くように、〈何もしないで天下が治まること〉がもっとも理想的な聖人の徳とされた。⇒無

向井元升 むかいげんしょう　1609〜77（慶長14〜延宝5）江戸前期の儒医。名は玄松、のち玄升・元

升、字は素柏・以順、号は観水子・霊蘭堂という。肥前国神埼郡の出身。1617年(元和3)に父とともに長崎に移住し、同地で天文・儒医の道を学ぶ。39年(寛永16)長崎の書物改役となり、禁書の検閲にあたる。47年(正保4)長崎に聖堂を建てて祭酒となり、儒学を講じる。58年(万治元)には京都に移住し、同地で没する。著書は天文学関連として、沢野忠庵述の『*乾坤弁説』(1656)に注釈をほどこし、南蛮天文学を批判した。医学書としては、「紅毛流外科秘要」(1654)、「庖厨備用倭名本草」(1684刊)などがある。次男は俳人の向井去来である。また、門下に*貝原益軒がいる。

無外如大尼 むがいにょだい 1223〜98(貞応2〜永仁6) 鎌倉時代の禅尼。無著と号す。京都五辻大宮の景愛寺の開山となったのち、来日した*無学祖元に帰依した。無学の死後、無学の塔所として仁和寺東北に正脈院を創建した。一方、南北朝期の史料に、無学弟子の無著尼は、安達泰盛の女、金沢貞顕の妻、その娘は足利貞氏の妻、つまり足利尊氏の義母で、京都に資寿院を創建したとみえ、近世初頭にはこれらも如大の伝とされている。前記如大の伝と齟齬し、別人である可能性が高いものの、両者はきわめて似た立場にあったため混同されたのであろう。室町幕府下、正脈院の隣には足利将軍家の最初の菩提寺等持院が造られ、高師直らは正脈院を中心に真如寺を創建した。また、景愛寺は尼五山第一の格をえるなど、如大の創建寺院は足利家とかかわりながら発展している。近世以降、如大は千代野の伝説を吸収するなど、さまざまな逸話をともなって喧伝されており、禅宗の興隆期の尼僧として後世に与えた影響はみのがせない。景愛寺の塔頭であった宝慈院に木造の座像が伝わる。

迎講 むかえこう 来迎会・練供養とも。*阿弥陀如来と菩薩たちが*極楽浄土から臨終の人を現世に迎えに来る、「来迎」のありさまを再現した儀礼。平安時代より盛んとなり、「往生要集」の著者*源信が創始したと伝えられる。当初は屋内にて小型の仏像を移動させるものであったが、やがて菩薩に扮した人々が二つの堂の間を移動する屋外の大規模な儀礼となった。来迎の菩薩は、二十五菩薩と称される。多くの人々が来迎のさまを視覚的に受容することから、浄土教普及の有力な手段となった。奈良県当麻寺のものがとりわけ有名である。

無我苑 むがえん 浄土真宗の僧だった伊藤証信(1876〜1963)が、宗派にとらわれない人類愛を掲げて1905年(明治38)東京巣鴨に修養の場として設立。機関紙「無我の愛」は、社会主義者や社会運動家をはじめ多数の読者をえる。山口県や北海道などでは賛同者が独自に無我苑を開苑するほど急速に発展したが、さらなる修養をめざす伊藤の判断で翌年閉苑された。その後、1910年に伊藤が機関紙を再発行し、無我愛運動も再開された。21年(大正10)には東京中野で無我苑も再開されるが、関東大震災や経済的理由もあり、また伊藤が25年に愛知県明治村に移住したため閉苑となる。34年(昭和9)には移住先で無我苑道場も建設されたが、初期ほどの影響力はなかった。63年の伊藤の死で無我愛運動も終息した。

無学祖元 むがくそげん 1226〜86(嘉禄2〜弘安9) 鎌倉時代に来日した中国元の禅僧。臨済宗破庵派の無準師範の法嗣。俗の字を子元という。1279年(弘安2)6月、鏡堂覚円・桃渓徳悟らと同船して来日する。同年8月、北条時宗の招きで鎌倉建長寺(5世)に住し、その後82年12月、円覚寺開山となり、建長寺と兼帯して、円覚寺は2年で辞した。在日した期間は短かったが、日本に禅宗が定着するのに大きな影響を与えた。門人に*高峰顕日・規庵祖円・一翁院豪らがおり、高峰のもとに*夢窓疎石がでて、その法脈は五山派の主流として栄えた。勅して仏光禅師・円満常照国師と号し、その門下を*仏光派とよぶ。なお無学の塔所ははじめ建長寺に造られ、正続庵(のち正続院)と称したが、夢窓が後醍醐天皇の綸旨をうけて円覚寺に移し、その舎利殿を開山無学の塔頭として、伝来の「正続庵(院)文書」なども円覚寺に移管された。この塔頭の移動はのちに建長寺開山(蘭渓道隆)の門派である大覚派と円覚寺の開山門派である仏光派との対立をうむことになっ

麦と兵隊（むぎとへいたい） 火野葦平の中編小説。1937年(昭和12)7月の日中戦争勃発とともに，火野は9月に応召され，11月杭州湾に上陸する。同年春，応召前に同人誌「文学会議」に「糞尿譚」（翌年芥川賞を受賞）を発表しており，このため中支派遣軍報道部に転属され，38年5月徐州作戦に従軍する。「麦と兵隊」はその実情を詳細に描いた作品で，「改造」38年8月号に発表され，単行本として刊行されるや120万部というベストセラーとなる。日中戦争開始後はじめての苦戦といわれた徐州作戦を活写する。広大な中国の戦場となっている麦畑を，炎熱に苦しみ，汗と埃にまみれ，ひたすら進軍を続ける兵士たちのはてしなく続く長い隊列と，そこにおこるさまざまな葛藤を誠実に，しかもたくましく描いた。

無刑録（むけいろく） →蘆野東山（あしのとうざん）

無言道人筆記（むげんどうじんひっき） 江戸後期の随筆集。乾・坤の全2巻。*司馬江漢（無言道人の筆名）の著。成立年は不明だが，見出される最も遅い日付は1814年(文化11)3月10日であり，その後ほどなく書き終えたと考えられる。自筆原稿には「天地理談」の題があるが，これは別の著作の題名で，題名は江漢の号の一つである無言道人が記したという意味である。乾巻は93話，古典からの引用とその解，身辺雑記，回想，雑学の書き留めなどで，坤巻は133話，主に漢籍からの引用と和文での解を含む。特に乾巻は，江漢の伝記的事実を明らかにする情報を多く含んでいる。

武蔵御嶽神社（むさしみたけじんじゃ） 東京都青梅市御岳山に鎮座。武州御嶽などとも称される。その創建は安閑天皇や崇神天皇の代，あるいは736年(天平8)など諸説がある。現在の祭神は櫛真知命・大己貴命・少彦名命である。かつては御嶽山蔵王権現などと称し，神仏習合を背景に関東でも屈指の霊山の一つとして栄えた。近世頃より*御師組織が整備され，多くの参拝客(講)と宿坊で賑わった。これら御師や宿坊はその後も残り，現在でも宿坊を営む御師らが神職として委員会を組織し，神社の運営にあたっている。また，東京近郊でも例の少ない，獣骨を火で灼やく太占祭が継承されている。

虫送り（むしおくり） サバエ送りとも。稲作に被害をもたらす害虫を追い払うための儀礼。雨乞いとともに稲作農耕地域における最重要の共同祈願で，稲穂が実る前の虫害の時期に行われた。元来イナゴ・ウンカなどの害虫は悪神・御霊などの仕業として，外界(他界)から将来すると観念された。その霊を藁人形(人・虫)に付け村境から送り出そうとしたのがこの行為である。鉦・太鼓を鳴らし踊りながら運ばれる人形には，慰霊のため食物が入れられるが，最後に村境で松明の火で焼かれたり，川・海に流されたりする。ちなみに西国では，藁人形のことをサネモリとよんだが，これは稲の株につまずき敵に討たれた平家方武将の斎藤別当実盛の御霊が虫害をおこすという付会伝承にもとづく。

虫の音（むしのね） 蟬の声や秋鳴く虫の声に関心を寄せるのは，他の民族にはなかなかみられない日本人独特の感情である。しかし，「*万葉集」には虫の声を歌った歌はきわめて数が少なく，いずれもただ虫が鳴いているというだけで，そこに聞いている作者の感情はこめられていない。それが「*古今和歌集」以後になると，はじめて「わびしい」とか「寂しい」の感情が付随し，詠みこまれてくるようになった。10世紀頃から京都西郊の嵯峨野あたりで集めてきたマツムシや鈴虫を庭に放すことも貴族の庭で行われた。人工的な鳴く虫の飼育は18世紀の終り頃からである。

武者小路実篤（むしゃのこうじさねあつ） 1885～1976(明治18～昭和51) 明治～昭和期の小説家・戯曲家・詩人。東京都出身。学習院在学中に知り合った*志賀直哉・正親町公和・木下利玄らと，1910年(明治43)同人雑誌「*白樺」を創刊，「「それから」に就て」などの評論や多くの雑感を発表し，文学の自己本位性を力説した。翌年，中編「お目出たき人」を出版，自己の性欲を肯定する内容とともに，口語体の自由な語り口が世に新鮮な印象を与えた。第1次大戦が始まった頃より人道主義的傾向をみせ，反戦思想にもとづく「その妹」(1915)や「或る青年の夢」(1916)を執筆した。また，理想的な農村共同体の実現をめざして「*新しき村」運動を展開，18年(大

むじゅ

正7）宮崎県児湯郡木城村(現，木城町)に移住し，26年まで同地で過ごした。この間，「友情」「人間万歳」「或る男」などの代表作がうまれている。その後はさらに自由な境地から執筆活動を展開，「愛と死」(1939)，「真理先生」(1950完結)など多くの作品を世に問い，晩年まで旺盛な創作意欲をみせた。武者小路の自己肯定の思想は，抽象度が高いために時局迎合に陥りやすい短所をもつが，観念的思考を近代日本に定着させた働きは無視できない。新潮社版「武者小路実篤全集」全25巻などがある。⇒白樺派

無住道暁 むじゅうどうぎょう　1226～1312(嘉禄2～正和元)　鎌倉中期の僧。号は一円房いちえんぼう。鎌倉生れ。梶原景時かじわらかげときの孫，または曾孫とされる。18歳で常陸国法音寺ほうおんじで出家し，天台などを学び，上野国世良田長楽寺の蔵叟朗誉ぞうそうろうよのもとで臨済禅に参じた。その後，園城寺へ行き，さらに南都で律を学ぶ。鎌倉寿福寺で蔵叟朗誉に再び参じ，京都東福寺の円爾えんにのもとで臨済禅の法をうけた。1262年(弘長2) 37歳の時，尾張国木賀崎の長母寺ちょうぼじに住し，以後ほとんどをこの地ですごした。修学のようすから諸宗に学び，特に禅と律に重きをおいたが，遺偈・頂相ちんそうなどにみられるように禅僧としての立場にあった。「*沙石集しゃせきしゅう」「聖財集しょうざいしゅう」「*雑談集ぞうたんしゅう」「妻鏡つまかがみ」などの著作があり，仏法を平易に説いた。

無常感 むじょうかん　日本の思想や文芸における，仏教の*無常観の独特の受容形態を端的に表現した用語。日本の文芸における「無常」の初出は「万葉集」で，人の命のはかなさや，世の中の頼りなさを水泡や短命の花などに譬えた歌がみえており，素朴に現世を肯定していた当時にあって「人間無常」「世間無常」に想いをいたす知識人もいたことが知られる。有名な無常偈(雪山偈せっせんげ)の和訳といわれる「いろは歌」が広まってくる平安中期以降，「古今和歌集」以下の歌集や，「源氏物語」に代表される王朝文芸には人と世の無常を詠嘆する和歌や言葉が満ち，これに，*末法まっぽう思想の流行とあいまった浄土信仰が拍車をかけて，「無常＝死」とも観念されるようになる。中世になると，文芸のみならず祖師たちの思想書などにも「無常」の語が頻出

するようになる。無常を背景とした*遁世とんせいの生活をのべた「方丈記ほうじょうき」，無常観を基調に平家一門の栄枯盛衰を記述した「平家物語」はその代表で，能の中にも無常を背景とした作品が少なくない。このように古代・中世の日本人は，無常観を，仏教本来の根本的な理法あるいは悟りに至る観法かんぽう(修行方法)としてよりも，流転する万物の姿の捉え方として，すなわち人間と世間のはかなさ，頼りなさを表す無常感として，情緒的・詠嘆的に受容したのであった。

無常観 むじょうかん　無常は，梵語anityaの漢訳で，常住不変に対する無常転変の意。無常は時間にともなう変化そのものであって，「涅槃ねはん経」に「諸行は無常なり，是れ生滅の法なり」とみえるように，この世に存在する一切のものが生滅転変して，永久不変でないこと，またその様をいい，諸行を無常と観ずるのは仏教の根本的な主張であった。したがって仏教では，人や物に執着しても，それらはやがて変化消滅するから失望を招くだけであって，むしろ諸行無常の理を悟り，人や物への執着から解脱げだつすれば心の安楽をえられるとする。この教説を端的に表現しているのが有名な無常偈(雪山偈せっせんげ)で，「諸行無常しょぎょうむじょう，是生滅法ぜしょうめっぽう」の2句に「生滅滅已しょうめつめつい，寂滅為楽じゃくめついらく」の2句が続く。このように，本来の仏教においては，無常観は悟りに達するための一つの観法かんぽう(修行方法)でもあったが，東アジア諸国の中でも特に無常観の影響を強くうけた日本では，そうした教説・観法としてではなく，人間や世の中のはかなさや頼りなさを表す，情緒的・詠嘆的な*無常感として，日本的な美意識や人生観・自然観の基調の一つとなった。

無心 むしん　→有心うしん

夢酔独言 むすいどくげん　近世後期の下級旗本の自叙伝。勝海舟かつかいしゅうの父左衛門太郎惟寅だだ(通称小吉こきち，1802～50)の著。1843年(天保14)に成立。書名は号の夢酔道人に由来。閑居先の地名にならって別名「鶯谷庵うぐいすだにあん独言」とも称される。少年時代から喧嘩と遊興の放蕩三昧の生活を送り，水野忠邦だだの天保の改革時には不良旗本として謹慎隠居を命じられる。晩年に一念発起して文字を学び，無役に終わ

った生涯を回顧する。近世後期の江戸大衆文化の中に生きる下級旗本の生活と，他人への世話を美徳とする江戸下町の人生哲学を描写する。晩学ということもあって，飾らないその文体から著者の個性が鮮やかに読みとれる。

産霊信仰（むすびしんこう）　天地・万物を生みだす産霊神（むすびのかみ）に対する信仰。産霊をムスヒと清音で読むことは，「日本書紀」神代・上に「皇産霊，此をば，美武須毗（みむすひ）と云ふ」と記すことから明らかである。後世，産霊をムスビと濁音で読み，「結び」と関係づける解釈もみられたけれども，起源的には「産霊」と「結び」は別語である。ムスヒのムスは繁殖する意，ヒは神霊の意であり，ムスヒとは動植物をはじめ，万物が増えていくように生みだす不思議な力，いわば生命の根源のことで，それをつかさどっているのが産霊神である。「古事記」神代の冒頭に天之御中主神（あめのみなかぬしの）・高御産巣日（たかみむすひ）神・神産巣日（かみむすひ）神の三神が現れ，これらを造化三神と総称するように，これらはムスヒの神である。なかでも中核的位置にあるのは高御産巣日神で，別名を高木（たかぎ）神といい，「日本書紀」神代・上では高皇産霊尊（たかみむすひのみこと）と表記している。高御産巣日神は天照大御神（あまてらすおおみかみ）とともに登場することが多く，常に皇祖神的な地位で活躍する重要な神である。この神は天照大御神が石屋戸（いわやと）に籠ってしまった時，子の思金（おもいかね）神に復活の方法を考えるように命じ，また天孫降臨の際には天の安の河原に神々を招集し，邇邇芸命（ににぎのみこと）を高千穂の峰に降臨させるための司令役を務めている。その後も高木神の名でたびたび登場し，また，宮中神祇官（じんぎかん）の御巫（みかんなぎ）が天皇の守護神として祀った八神の中にも名前がみえる。産霊信仰は天地生成の根源的な神霊に対するものであるので，神道の諸信仰の中でも重要な位置を占めている。

無政府主義（むせいふしゅぎ）　一般に無政府主義（アナーキズム）とは，国家をはじめとするすべての政治権力を否定し，個人の完全なる自由とそうした個人の自主的な結合による社会の実現をめざす思想である。日本では，*幸徳秋水（こうとくしゅうすい）が滞米中の1905～06年（明治38～39）にその影響を強くうけて帰国し，歓迎演説会で「世界革命運動の潮流」と題して，普通選挙による議会政策を批判し，労働者階級による直接行動を訴えたことがその思想の始まりである。その後，大逆事件後の「*冬の時代」に*大杉栄（おおすぎさかえ）が，18年（大正7）に「センヂカリスム研究会」を組織し，翌19年近藤憲二・和田久太郎（きゅうたろう）・伊藤野枝らと新聞「労働運動」（第1次）を発刊して以降，労働運動において勢力を増し，ボリシェビズムとの対立を深めた（*アナ・ボル論争）。関東大震災の混乱の中で大杉・伊藤が虐殺されたことや社会主義運動・無産運動の興隆の中で急速に力を失ったが，*石川三四郎ら少数の思想の中に受け継がれた。

夢窓国師（むそうこくし）　→夢窓疎石（むそうそせき）

夢窓疎石（むそうそせき）　1275～1351（建治元～観応2・正平6）　鎌倉末・南北朝期の禅僧。臨済宗仏国派の*高峰顕日（けんにち）の法嗣。夢窓国師。伊勢国の人。はじめ京都建仁寺の無隠円範（むいんえんばん），鎌倉東勝寺の無及徳詮（とくせん），建長寺の葦航道然（いこうどうねん）らに師事し，1299年（正安元）来日した*一山一寧（いっさんいちねい）に参じたが，中国語による参禅に悩み，下野国雲巌寺（うんがんじ），鎌倉万寿寺・浄智寺の高峰に参じてその印可（いんか）をうけた。その後，陸奥・常陸・甲斐・美濃・土佐・上総国などを転々とし，鎌倉幕府滅亡の直前に後醍醐天皇に接近して南禅寺に住したのち，伊勢国善応寺・鎌倉瑞泉院（ずいせんいん）・甲斐国恵林寺（えりんじ）などを創建した。1334年（建武元）南禅寺に再住し，以後京都に臨川寺（りんせんじ）・三会院（さんねいん）・西芳寺・天竜寺などの拠点を作った。門人は数多く，その法脈は仏国派の中でも特に*夢窓派とよばれる。「無窓国師語録」のほか，「*夢中問答」「西山夜話（せいざんやわ）」「臨川家訓（りんせんかくん）」などの著書がある。

夢窓派（むそうは）　*夢窓疎石（むそうそせき）の門派。夢窓は後醍醐天皇のほか，足利尊氏（たかうじ）・直義（ただよし）の帰依をうけ，尊氏は足利氏が代々夢窓派に参ずることを約束した。その門人には*竜湫周沢（りゅうしゅうしゅうたく）・青山慈永（せいざん）・徳叟周佐（とくそうしゅうさ）・無求周伸（むきゅうしゅうしん）・観中中諦（かんちゅうちゅうたい）・古剣妙快（こけんみょうかい）・鉄舟徳済（てっしゅうとくさい）その他の著名な人々がいる。中でも夢窓の俗甥*春屋妙葩（しゅんおくみょうは），四辻宮出身の無極志玄（むごくしげん），方外宏遠（ほうがいこうえん）が中心となった。京都においては，臨川寺の塔頭三会院

むちゅ

...が夢窓派の拠点となり，関東では夢窓の没後に円覚寺に追造され方外が塔主となった黄梅院が夢窓派の拠点となった。関東での教線強化は，関東公方足利基氏の意向として春屋が人選し，京都から*義堂周信ほかの直弟10人を派遣し，5人ずつ建長寺・円覚寺に配属するなど周到な計画によってなされた。また，足利義満によって創建された相国寺は，はじめ官寺としてどの門派からも入寺できる十方住持利であったが，*絶海中津の代に夢窓派以外の入寺が禁止されて，一派の拠点となった。このようにして，室町時代を通じて夢窓派は五山の中で圧倒的な勢力を保った。

夢中問答 「夢中問答集」とも。南北朝期の足利直義と*夢窓疎石の問答書。全3巻3冊。片仮名交り文。1342年(康永元・興国3)成立。44年，高師直の一族大高重成によって，夢窓の生前に出版された。「問」は在俗権勢者として仏教を外護する者の立場から，信仰に関する疑問を提出する。それに対して「答」は，中国・日本その他の仏教にかかわる故事，「論語」「荘子」などの古典記事，伊勢神宮・石清水八幡宮など神道にまつわる挿話，「円覚経」「涅槃経」「楞伽経」その他の経文，梵語の字義などを噛みくだいて引用し，自分の修行時代の経験や比喩を交えながら，修道の初心者が禅・教・律に関して日常的に抱くであろうほとんどすべての疑問について平明に解説し，はっきりと結論を示して断定する啓蒙的な態度が一貫している。禅宗にかかわる多くの事例を引き，「坐禅」「無」などの根本語彙を論ずるなど禅宗を語るのが基調となっているが，教家とともに禅家がかかえる難点を指摘することも多い。「問」は趣旨がよく整理されて核心をつき，「答」もまた必要とされる知識と修道の体験が要領よくまとめられていて，読者は疑問に応じて反復熟読することで納得し，なすべき課題を自ら発見することが期待された。すぐれた仏教概論であり，手引書である。末尾に南禅寺竺仙梵僊の初跋と再跋が付いている。

陸奥話記 むつわき 「陸奥物語」「奥州合戦記」とも。陸奥国における安倍氏の反乱を源頼義・義家父子が平定した，いわゆる前九年の役(1051～62)を題材とする平安後期の*軍記物語。作者未詳。1巻。前九年の役についての基本史料の一つで，「今昔物語集」や「扶桑略記」にも本書の利用が想定されている。巻末に「今国解の文を抄し，衆口の話を拾ひて，一巻に注せり」とあり，官の公式文書である国解を披見できる人物が，合戦に遭遇した人々の話を聞きながら，乱後まもなくまとめたものと思われる。かなり和風に変化した漢文で書かれ，「将門記」とならび軍記物語の先駆をなすが，説話的な要素を多く含んでおり，よりのちの軍記物語に近い印象を与える。また，絵巻物に仕立てられて流布したことが知られる。

六人部是香 むとべ 1806～63(文化3～文久3) 江戸後期の国学者・神道家。通称は縫殿・宿禰・美濃守，葵舎・篤舎・一翁と号す。京都の人。実父忠篤は早逝したので，伯父で山城国乙訓郡向日神社祠官の六人部節香の養子となる。18歳の時に*平田篤胤に入門して国学を学び，平田派の関西重鎮として篤胤の神道思想の継承者といわれる。代表的著述である「*顕幽順考論」は，のちに孝明天皇に進講された。晩年，職を長男の是房に譲り，京都三本木に神習舎を開き，多くの門人を指導した。歌学研究の大家としても知られ，「長歌玉琴」はその研究成果を集大成したものである。ほかに「*産須那社古伝抄広義」など国学・神道に関するもの，「古今集撰緝考」をはじめとする歌学書，「篤能玉籤」などの随筆がある。

宗像神社 むなかた 「延喜式」神名帳に宗像郡宗像神社三座とあり，3座で1社を構成していた。福岡県宗像市の沖ノ島に沖津宮，大島に中津宮，田島に辺津宮が鎮座し，3宮は直線上に位置する。式内社・旧官幣大社。祭神は記紀の所伝では一致しないが，平安初期には，沖津宮が田心姫神，中津宮が湍津姫神，辺津宮が市杵島姫神に確定したとされる。この宗像三女神は記紀神話によると，スサノオノミコトとの*誓約の中で，アマテラスオオミカミの*御子神として出現し，道主貴として海北道中に

鎮座し，天孫を助けよとの命をうけて天降ったとされる。三女神は九州北部の地方豪族宗像氏の守護神であったが，朝鮮半島への航路に位置したことから，大和政権は三女神を対外航路の守護神として重視し，記紀神話に出現・鎮座の所伝が組み込まれたとされる。三神一体の構成は，綿津見（わたつみ）神・住吉神と共通する。

　律令制下には宗像郡は神郡（しんぐん）とされ，神主が宗像郡大領（だいりょう）を兼任した(800年〈延暦19〉禁止となる)。870年(貞観12)2月には，豊前貢調船が荒津で新羅（しらぎ）の賊船に襲撃された前年の事件により，奉幣使（ほうべいし）が下向し告文（こうもん）を捧げている(「日本三代実録」)。その告文には神功（じんぐう）皇后の新羅征討を宗像大神の助力によるものとする所伝がみえ，宗像神が対外的な緊張や交渉において崇拝されていたことがうかがえる。神階は天慶年間(938〜947)に正一位・勲一等に叙せられた。979年(天元2)には大宮司職が設置され，宗像氏能が初代大宮司となり，以後，大宮司職は宗像氏一門より補任された。現在の本殿は1578年(天正6)に再建されたもの。

無能（むのう）　1683〜1719(天和3〜享保4)　江戸前・中期の浄土宗の僧。諱は学運・無能，字は守一（しゅいち），号は興蓮社（こうれんしゃ）・良崇（りょうすう）。陸奥国石川郡の人。1700年(元禄13)陸奥国桑折（こおり）の大安寺の良覚（りょうかく）について出家し，同国山崎専称寺の良通（りょうつう）のもとで名越派（なごえは）の教義を修める。下総国飯沼の弘経寺（ぐぎょうじ）や江戸の増上寺で学んだのち，02年成田山新勝寺の不動尊に学業の成就を祈念し，下野国那須の専称寺で修学して良通から名越派の宗戒両脈をうけた。04年(宝永元)から日課念仏（にっかねんぶつ）と不犯（ふぼん）を誓い，各地で日課念仏に精進し，11年(正徳元)百万遍念仏を成就した。その間，奇特集・現益集（げんやくしゅう）・和歌などを作って庶民を教化した。著作は「勧化奇特集（かんけきとくしゅう）」「念仏勧化現益集（かんけげんやくしゅう）」「奥羽念仏霊現記」「伊呂波和讃（いろはわさん）」など。

無名抄（むみょうしょう）　「無名秘抄」「無明抄」などとも。鎌倉時代の歌論書。1巻。*鴨長明（かものちょうめい）の著。1211〜16年(建暦元〜建保4)成立。和歌に関する故実，歌人の逸話，詠歌の心得，和歌の風体など多方面にわたる約80段からな

る。成立事情は不詳だが，鎌倉下向の折，源実朝（さねとも）と面談したのがきっかけでうまれたともいう。*御子左家（みこひだりけ）が六条藤家（ろくじょうとうけ）を圧倒していく中，かつて後鳥羽院和歌所（わかどころ）の寄人（よりうど）を務めた長明の歌論として，「近代の歌の体の事」にみられる幽玄論への言及などは勿論のことだが，「ますほのすゝきの事」や「俊成（しゅんぜい）自讃の歌の事」など，和歌説話的な段にも興味深いものが少なくない。

村井知至（むらいともよし）　1861〜1944(文久元〜昭和19)　明治〜昭和前期のキリスト教社会主義者・英語教育者。伊予国松山生れ。1879年(明治12)同志社英学校に編入学し，*新島襄（にいじまじょう）の影響をうけてキリスト教徒となる。84年卒業後に今治（いまばり）教会で伝道に従事したが，89年よりアメリカのアンドーバー神学校およびアイオア大学で学ぶ。その間，社会主義にふれてユニテリアニズムに傾斜し，社会的キリスト教の立場をとるようになり，帰国後の98年，*労働組合期成会の評議員，*社会主義研究会の会長となる。「社会主義」(「社会叢書」第2巻，1899刊)は日本での最初の社会主義についての体系的な著書であるが，その後社会主義運動がしだいに実践的な性格を強めていくにしたがい関係を弱めた。一方，99年より1920年(大正9)まで東京外国語学校教授として(当初約1年の辞職期間あり)英語教育にあたり，外国人教師メドレーとの共著*English Prose Composition*(1916)は，英作文教科書として長らく全国的に使われた。

村岡典嗣（むらおかつねつぐ）　1884〜1946(明治17〜昭和21)　大正・昭和期の日本思想史学者。東京浅草生れ。早稲田大学・独逸（ドイツ）新教神学校などで学ぶ。早く佐佐木信綱（のぶつな）の門に連なる歌人として，また*波多野精一（はたのせいいち）門下の西洋哲学史の研究者として知られる。1911年(明治44)26歳で刊行した「*本居宣長（もとおりのりなが）」は村岡思想史学の基礎を築いた画期的名著で，多くの称賛をえた。24年(大正13)欧州留学より帰朝後，東北帝国大学教授として文化史学第一講座を担当し，日本思想史を講ずる。村岡は46年(昭和21)に退官するまで日本思想史の研究に専念して，広く未開の分野を開拓し，今なお価値を失わない多くの先駆的業績を残した。なお村岡は，東京帝国大学をはじめ諸大

学に出講し，東京文理科大学の教授も兼ねた。

村岡は，日本思想史学の学的性格について，思想は意識的発展の過程において単なる思想から学問となり，さらに哲学となる，したがって思想史は学問史や哲学史の前史に位置づけられる，その意味において思想史学はいまだ学問や哲学が独立の発展をみせなかった日本においてこそ存在意義がある，と論じる。さらに，日本思想史学の目標は，日本における外来思想を中心とする諸思想の展開史の中に，「日本的なもの」を明らかにするところにあると説く。なお，近代ドイツで成立した文献学（フィロロギー）と近世日本の*国学を思想史学の先蹤と捉え，「文献学としての国学の史的文化学的完成」に日本思想史学のあるべき実質的・具体的な姿をみようとしている。村岡の主要な業績は「日本思想史研究」全4巻（岩波書店），「村岡典嗣著作集 日本思想史研究」全5巻（第1期，創文社）に収められている。

村上専精 むらかみせんしょう
1851～1929（嘉永4～昭和4）明治・大正期の仏教学者・仏教史学者。父は広崎宗鎧。号は不住道人など。丹波国氷上郡の真宗大谷派教覚寺に生まれる。京都や愛知県宝飯郡で修学する。1875年（明治8）宝飯郡の入覚寺住職村上界雄の養子となり，村上姓を名乗る。翌年同寺住職。82年，京都の高倉学寮副寮となる。87年曹洞宗大学林に招聘されて講師に，さらに哲学館講師となる。89年仏教講話所を開き，「仏教講話集」を発行して仏教布教に努める。90年帝国大学講師となり，印度哲学を講義する。94年，鷲尾順敬・*境野黄洋らとともに雑誌「仏教史林」を創刊する。また「大日本仏教史」第1巻などを書き，仏教の歴史的研究の必要性を説いてその基礎を築く。1901年「仏教統一論」を書いたが，大乗非仏説を説くものとみなされ，本山にうけいれられず，自ら僧籍を離脱する。のち11年復籍。17年（大正6）東京帝国大学に印度哲学科が開設され，同講座の初代教授となる。18年帝国学士院会員，26年佐々木月樵のあとをうけて大谷大学学長となる。著書は「日本仏教一貫論」「日本仏教史綱」など多数。

村上天皇 むらかみてんのう
926～967（延長4～康保4）在位946～967。諱は成明。*醍醐天皇の第14皇子。母は藤原基経の女穏子。兄の朱雀天皇の譲位をうけて践祚した。949年（天暦3）に関白藤原忠平が没したのちは摂政・関白をおかず，左右大臣の藤原実頼・師輔兄弟を用いて親政を行った。諸臣からは政論を聞き，菅原文時らの*意見封事をとりいれるなど，後世に「天暦の治」とよばれる治世をしいた。自ら漢詩をよくし，笙・琴などの楽器を好み，文筆・諸芸と倹約を奨励した。宇多～朱雀朝の正史「新国史」の編纂を企てるが，未定稿に終わる。最後の官撰儀式書となる「新儀式」の編纂を行わせたほか，自身も儀式書「清涼記」を撰述した。ほかに日記「村上天皇御記（宸記）」や歌集「村上天皇御集」などがある。臨終出家し，法名は覚貞。陵は北長尾陵。

紫式部 むらさきしきぶ
生没年不詳　平安中期を代表する作家・歌人。父は藤原為時，母は藤原為信の女。藤原宣孝と結婚し，大弐三位を生む。学者の父の訓育をうけ，漢詩文の素養を身につけた。1001年（長保3）結婚後わずか3年で，疫病に夫を奪われる。その悲しみをまぎらわせながら書き始めた物語がしだいに認められ，中宮彰子のもとに出仕した。「*源氏物語」のほか，「*紫式部日記」，歌集「紫式部集」の著作がある。

紫式部日記 むらさきしきぶにっき
平安中期の日記。1巻2冊。1008年（寛弘5）秋から1010年正月までを内容とする*紫式部の宮仕え記録。中宮彰子の敦成親王（のちの後一条天皇）出産当日の，*藤原道長の邸である土御門殿の描写から始まり，道長家の内情を明確に照らしだしているほか，藤原貴族の美意識や，また式部の精神生活を読み解くうえでも貴重な作品である。

紫野社 むらさきのしゃ　→今宮神社いまみやじんじゃ

村芝居 むらしばい　→地狂言じきょうげん

村瀬栲亭 むらせこうてい
1744～1818（延享元～文政元）江戸中期の儒学者。名は之熙，字は君績，通称は嘉右衛門。京都生れ。1768～78年（明和5～安永7）の10年間は妙法院の侍読として真仁法親王の幼学の師であったが，のち儒学をもって秋田藩に仕え，子・孫

まで儒員であった。92年(寛政4)官を辞して京都に帰り、退隠の生活を送った。博識をもって知られ、考証随筆に「秋苑日渉」12巻(1807刊)、詩文に「栲亭稿」初稿・二稿・三稿(1783～1826刊)がある。京都でははじめ知恩院門前の袋町に住み、軒向かいに住んだ*上田秋成との文事・茶事をとおした交遊が知られる(「胆大小心録」)。秋成の煎茶の書「清風瑣言」の序を書いている。

村田春門（むらたはるかど）　1765～1836(明和2～天保7)　江戸後期の国学者。一柳春門とも一時いい、通称は七郎左衛門、別号は田鶴舎・楽前・笹隈翁など。伊勢国御園村の宮崎氏の子に生まれ、同国白子の村田橘彦の養子となる。20歳の時、*本居宣長に入門する。江戸にでて、旗本小笠原家に用人となって仕えたが、不行跡を理由に追われ、大坂で古学と歌学を講じた。門人に殿村・住吉・鴻池などの大坂商人や大坂城代など富豪・顕官が入門し、当時大坂では最も高名な国学者であった。のちの老中水野忠邦もその一人で、江戸に栄転した忠邦に従い、恩顧をうけた。「春門日記(楽前日記)」は1822～36年(文政5～天保7)の春門得意の時期の日記であり、歌壇や学芸壇の貴重な記事を含んでいる。

村田春海（むらたはるみ）　1746～1811(延享3～文化8)　近世後期の国学者・歌人。字は土礫、通称は平四郎・治兵衛、号は錦織斎・琴後翁など。江戸の富裕な干鰯問屋に生まれる。父春道、兄春郷とともに若年時から*賀茂真淵の門人であった。兄の死によって家業を継いだが、いわゆる十八大通の一人とされ、放蕩のためか中年に至り破産した。しかし、松平定信の援助をえるなどして以後学業に専念し、歌人としても名声をえた。*加藤千蔭と並び、真淵没後の江戸県居派の指導的立場にあり、「賀茂翁家集」を編むなど顕彰に努めた。漢学にも造詣が深く、*和泉真国との「*明道書」論争では儒教を擁護して*本居宣長の古道説には明確に反対の立場をとり、歌道においても宣長の新古今調を批判するなど、県居派としての正統性を主張した。門人として*清水浜臣・小山田与清らを輩出した。著書は「*和学大概」「琴後集」「時文摘紕」など。

村田了阿（むらたりょうあ）　1772～1843(安永元～天保14)　江戸後期の考証学者。了阿は法名、本名は高風。江戸浅草の商家の次男として生まれ、幼時から学問を好み、商売の道を嫌った。1796年(寛政8)、25歳で剃髪して下谷坂本の裏屋に引き籠もる。住居の四壁に一切経や和漢の書籍を積み、その中で起臥した。一切経を両三度熟読し、「博達広聞、東西内外該ねざるところなし」といわれた。のちに寺院からたびたび講説を請われた。著書に「考証千典」「以呂波分類」「おいまつ考」などがある。了阿は早くから世捨人となったが、*小山田与清・式亭三馬・*柳亭種彦らと交流した。

村人神主（むらびとかんぬし）　→一年神主（いちねんかんぬし）

村松家行（むらまついえゆき）　→度会家行（わたらいいえゆき）

無量寿経（むりょうじゅきょう）　浄土三部経の一つ。曹魏の康僧鎧の訳。全2巻。「*阿弥陀経」を「小経」というのに対し「大経」、また2巻であることから「双巻経」ともいう。漢訳はほかに4訳がある。上巻では無量寿仏とその仏国土について、下巻では無量寿仏の国土に生まれる衆生について説く。このうち後世に大きな思想的影響を与えたのは、上巻に説く、のちに無量寿仏として成仏する法蔵比丘が立てた四十八願である。その中でも第十八願において、十方の衆生にして至心に西方極楽浄土へ生まれたいと願い、念仏することたとえ十遍であっても、必ず往生できるようでなければ仏となることのないように、との願意を発していることが注目される。*法然はこの第十八願によって、法蔵比丘がすでに無量寿仏として成仏している以上、念仏の衆生は必ず極楽へ往生できるという主張を行った。したがって、浄土宗において最も重視されるのが「無量寿経」であり、第十八願である。仏教芸術に与えた影響という点では、ビジュアルなイメージに富む「観無量寿経」に及ばないが、浄土系系の鎌倉新仏教成立を導いた重要な経典である。

室生寺（むろうじ）　奈良県宇陀市に所在する真言宗室生寺派の大本山。山号は宀一山で、女人高野と俗称する。8世紀末近くに

「国家の奉為に」興福寺の僧*賢璟が創建し、その弟子修円が天長年間(824〜834)に堂塔を建立した。*祈雨で名高い室生竜穴神社の神宮寺の性格も兼ね備えており、室生山での祈雨は大和一国をこえて国家的にも重要視された。当寺は興福寺の別院である一方、真言密教の道場でもあった。平安後期の*舎利信仰の高まりの中で、*空海が埋めたという当寺の仏舎利の盗掘事件もあった。鎌倉時代には律僧が入寺することがあったが、江戸時代の護持院*隆光による修理を機に真言宗に転じた。今も五重塔・金堂や多数の仏像などがあり、平安初期以来の文化財の宝庫である。

室鳩巣 むろきゅうそう　1658〜1734(万治元〜享保19)江戸前・中期の儒学者。名は直清、字は師礼または汝玉、通称は新助、鳩巣または滄浪・英賀などと号した。江戸生れ。金沢藩儒であったが、藩命で京都に遊学して*木下順庵に学び、「*明君家訓」を著した。また赤穂事件では、いちはやく「赤穂義人録」を著して、大石良雄らの行動を「義」として賛美した。1711年(正徳元)新井白石の推薦によって幕府儒員となり、「六諭衍義」の仮名書御用を命じられ「*六諭衍義大意」を著した。鳩巣は、朱子学者として幕府の正統性を承認し、武士階級の道徳的な教師たろうと努めた。朱子学の学風は、バランスをもった温厚なもので、林家の博学、山崎闇斎の神道への傾斜をともに喜ばず、古学に対しても批判を隠さなかった。経学においては「大学章句新疏」「中庸章句新疏」があり、経世論には「*献可録」「*兼山麗沢秘策」、随筆には「*駿台雑話」がある。ほかに「鳩巣先生文集」前編13巻・後編20巻・補遺11巻など。

め

名君 めいくん　近世日本の理想的な幕藩領主。この語は中国古典の「明君」(明徳を備えた君主)に由来するもので、「明君」の語はすでに「懐風藻」や「太平記」などにみえる。近世に至って、名声を博した特定の幕藩領主が「明君」ないし「名君」と称されるようになった(必ずしも厳密に区別されているわけではないが、「名君」の語は政治的力量や治績をより重視するニュアンスをもっているようである。慣例にしたがい、以下この語を使う)。当該期を特色づける儒教的政治形態論によれば、将軍は日本国(天下)と日本国中の人民を天道より預かり、全国の諸大名は将軍から領国(藩)とそこの人民を預かっていると考えられ、仁政によりすべての人民を安んずることが将軍と大名の「天職」とされた。

こうした幕政委任論(いわゆる*大政委任論ではない)と一体化した*仁政思想をふまえ、「民の父母」として文教政策や農村復興政策あるいは殖産興業政策などにおいて大きな成果をあげた幕藩領主が、名君と称揚されたのである。将軍徳川吉宗、会津藩主*保科正之、水戸藩主*徳川光圀、岡山藩主*池田光政、金沢藩主前田綱紀、米沢藩主上杉治憲(鷹山)、熊本藩主細川重賢、白河藩主*松平定信、鹿児島藩主島津斉彬らが近世の代表的名君とされる。ただし、名君の仁政の内実に関する評価は必ずしも一致していない。

明訓一斑抄 めいくんいっぱんしょう　幕末の攘夷論者である水戸藩主*徳川斉昭の著作。はじめ将軍徳川家慶に献上するつもりで書いたが、1844年(天保15)幕命により致仕・謹慎の身となったため、子孫に残すと序で記している。内容は、「仁心を本とすべき事」「奢侈を禁ずべき事」「諫言を用ゆべき事」「刑は刑なきに期すべき事」「治に乱を忘るべからざる事」「仏法を信ずべからざる事」「夷狄を近づくべからざる事」など7項目からなる。

そのほとんどが「*東照宮御遺訓とうしょうぐうごゆいくん」の訓戒を用いて，「斉昭謹さいあきつつしんで按ずるに」と自己の見解を加えたものである。「本多平八郎忠勝聞書」にも同じ内容の咄がみられる。

明君家訓 めいくんかくん　*室鳩巣むろきゅうそうの著作。1692年（元禄5）正月付の鳩巣の自序が付されている。「仮設楠正成くすのきまさしげ下諸士教二十箇条」という原題をもつが，「楠諸士教くすのきしょしのおしえ」「楠公諸士教なんこうしょしのおしえ」，また徳川光圀とくがわみつくにに仮託されて「水戸家訓」「水戸黄門光圀卿家臣誡書」などの題名で流布した。1715年（正徳5）「明君家訓」の題名で柳枝軒版が刊行され，享保の改革の時期，その内容の明君の出現による澆季ぎょうきの世の治政の訓誡は，時勢に相応して爆発的に流布した。全文は20カ条で，儒教の立場から家中の士の心得，父母・兄弟・妻子に対する教訓などが平易に示されている。なお，本書はその後もその内容を改作・改変され，「細川家訓」（細川宣紀のぶのり），「酒井讃岐守忠進さぬきのかみただゆき家訓」，「白川侯家訓」（松平定信さだのぶ）などとなって藩主の家訓として流布した。

明月記 めいげつき　「照光記しょうこうき」「京門記きょうもんき」とも。平安末・鎌倉前期の貴族で，歌人として著名な藤原定家さだいえ（1162～1241）の日記。1180年（治承4）2月～1235年（嘉禎元）12月の分が現存するが，欠落部分も多い。さらに，子息の譲状ゆずりじょうなどから没年まで日記を書いていたことが知られる。貴族の日記の主要な役割は，公的な儀式の詳細を記録し，先例として子孫に伝えることにあった。しかし定家は，行事の上卿しょうけいを務める上級貴族ではなく，蔵人くろうど・弁官を歴任するような実務官人型中級貴族でもないため，公事や儀式の詳細を書き記すことが他の日記に比して少ない。その代わり，政情，歌壇の動向，それにまつわる人物評や述懐などを記す部分が多い。19歳で治承の内乱に遭遇した定家は，「世上の乱逆・追討耳に満つといへどもこれを注さず，紅旗征戎，吾が事にあらず……」とのべながら，直後に，東国の挙兵を秦末の反乱になぞらえ，追討使の発遣についても記しており，その屈折した心性をうかがうことができる。中国の故事を博引するかと思うと，突如仮名書きを試みるなど，記述の方法も個性的である。

定家の子孫冷泉家れいぜいけの時雨亭しぐれてい文庫に自筆原本54巻が伝存するほか，一部あるいは断簡が天理図書館などの機関および個人に所蔵されている。その中には，後世その書体が定家様として珍重されたため，古筆切こひつぎれとして切断されたものも多い。室町時代に二条良基よしもとらの書写したことが知られるものの，古写本は少ない。江戸時代には，徳川家康の命で五山禅僧らが冷泉家所蔵の原本を書写した紅葉山文庫本をはじめ，数多くの写本が作られた。また，原本の紙背には書状の反故ほごなどが多く残り，日記の本文とともに鎌倉前期の貴重な史料となっている。近年「冷泉家時雨亭しぐれてい叢書」として原本の影印も刊行されている。

明治憲法 めいじけんぽう　→大日本帝国憲法だいにほんていこくけんぽう

明治神祇官 めいじじんぎかん　明治初期に再興された神祇行政を管掌した中央官庁。王政復古・神武創業・祭政一致を国是として成立した明治政府は，維新直後に神祇事務科をおき，さらに神祇事務局，政体書せいたいしょ神祇官とその機能・規模を拡充し，1869年（明治2）7月8日，太政官外に特立する神祇官を設置した。職制は律令りつりょう下の神祇官にほぼならったものだが，国民教導を行う宣教や，幕末以来の修補事業を継承し*山陵さんりょうの事務を行う諸陵を所管した点に特徴がある。しかし，中央集権体制確立に向かう政府全体の流れの中で，同官中でも*福羽美静ふくばびせいらは，天皇に祭政の権を一元化する体制を志向し，これにより71年8月，太政官下での神祇省へと改組された。ただし短期間とはいえ，独立した官衙が存在した事実から，神社人や神道人によって神祇官復興を求める運動が近代を通じて展開された。

明治神宮 めいじじんぐう　明治天皇・昭憲しょうけん皇太后を祀る神社。東京都渋谷区代々木に鎮座。明治天皇は1912年（明治45），昭憲皇太后は14年（大正3）に没したが，明治維新や日清・日露戦争など近代日本の激動期に在位し，国民統合の中心にあった天皇・皇太后を奉祀しようとする機運の高まりもあり，翌15年官幣大社明治神宮の建設が政府により決定された。10万人もの青年団による勤労奉仕や，17万本（365種）に及ぶ献木がなされ，20年に創建さ

れた。45年(昭和20)空襲により社殿は焼失したが、58年再建された。祭神の御物が境内の宝物館に残る。例祭は11月3日。外苑には絵画館や競技場などの諸施設がある。

明治美術会（めいじびじゅつかい）　明治期に結成された日本初の洋画団体。1880年代の美術行政における洋画締め出し状況に不遇をかこった洋画家たちが大同団結して、1889年(明治22)に結成した。結成当初の中心メンバーは、浅井忠・小山正太郎・本多錦吉郎らら。初代会頭に帝国大学総長の渡辺洪基を迎え、美術家以外にも各界の識者130名余を賛助・名誉会員として組織した。同会の活動は、毎年の展覧会以外に講演会・討論会、会誌の発行など多岐にわたり、洋画普及に努めた。しかし93年、*黒田清輝らの参加によって、黒田ら若手作家と旧会員との間の対立が露呈、96年には黒田らは退会して白馬会を設立した。明治美術会も1901年に解散し、太平洋画会として再編されることになる。

明治文化（めいじぶんか）　明治期における「文化」という言葉は、もっぱら「文明開化」の短縮形として用いられた。「文化」がcultureの意味で使われ、人々の関心事となったのは、日露戦争以後のことである。*矢内原忠雄は、明治期の思想史の流れを〈民権論→国家論→修養論〉とし、「日露戦争直後の青年は個人の自覚、人格の価値等個人主義的内省に赴くに至り、「修養」といふ名でCultureのことが多く論じられ、考えられ、読まれた」とのべている（『学問の権威』、1939）。日露戦争は近代日本の分水嶺で、それ以前の主たる関心は国家のあり方であった。個人の自立も国家の独立に対応しており、自己形成と国家形成が結びついていた。けれども、日露戦争の勝利で日本は「一等国」の仲間入りができたとの思いから、人々の関心は国家のあり方から切り離された形での自己形成へと向けられることになった。それが「修養」であり、「身と心との健全な発達を図ること」を目的とした*新渡戸稲造の「*修養」が、生き方を模索する〈煩悶青年〉たちによく読まれた。

日露戦争以後の青年たちの求めにこたえ、指針を与えたのは、1850年代以後に生まれた明治の青年の第二世代であり、色川大吉が「明治の文化」で指摘したように「明治の文化の創始者」となった。彼らは明治維新に遅れてきた世代であり、いまだ未開拓の分野をみつけ、彼らなりの維新の達成に使命を見出した。それが「内面性」の重視であり、政治から一歩身を引き、宗教・文学・美術・思想・学問その他の分野で仕事をなしとげた。各分野の代表的人物を一名だけあげれば、宗教では*内村鑑三、文学では*夏目漱石、思想では*大西祝、学問では*柳田国男である。彼らの仕事の課題は、西洋の文化をいかに咀嚼し、自分たちの言葉で説くかであった。それは、単なる翻訳ではなく、自らの体験を土台として、自己の主張を世に問うものであった。必ずしも正確な受容ではなかったが、彼らなりの論理にもとづいた自家薬籠中の物としたところに特色がある。その正確な紹介をめざしたのが、大正期の次の世代である。

明治文化を研究対象としたのは、*吉野作造である。その動機は、明治の政治家たちに「時勢の変化を説くこと」で、旧き時代と今日の時代の違いを明らかにすることであった。特に吉野は「明治政治思想の変遷史」を明らかにすることを志した。かくして吉野は1921年(大正10)の夏以降精力的に取り組み、その研究は「*明治文化全集」全24巻に結実した。

明治文化全集（めいじぶんかぜんしゅう）　明治前半期に関する最初の文献資料集。1924年(大正13)11月、前年の関東大震災で明治期の文化財が消滅・散逸するのを憂えた*吉野作造が、尾佐竹猛・藤井甚太郎らと明治文化研究会を創立した。研究会を開いて明治初期以来の社会全体についての研究を重ねるとともに、明治維新から憲法発布・国会開設までの貴重な文献を収集・編纂し、1927～30年(昭和2～5)日本評論社より「明治文化全集」全24巻が刊行された。戦後、西田長寿・木村毅らを中心に同研究会が再興され、1955年皇室編などを除く13巻を復刻し、自由民権編(続)など3巻が新たに加えられた。1967年より憲政編(続)など計32巻が再度刊行された。

名所絵（めいしょえ）　和歌に詠まれた地方の名所（*歌枕）を描いた絵。中国的な画題に代わ

って，10世紀頃から屏風や障子などに描かれるようになる。平安時代の進展とともに都鄙の懸隔がしだいに顕著になり，地方の国司に任命された中央貴族がこれを忌避して遥任の風をうむようになったが，一方，聞き伝えられるだけのまだ見ぬ地方に対する憧憬の念をも生じさせ，そこに名所絵がうまれた。地方の歌枕を詠んだ和歌にもとづいて名所絵が描かれる一方，屏風に描かれた名所絵を見て和歌が詠まれることも行われた。この画題の伝統は近世にまで引き継がれ，葛飾北斎や安藤広重の名所絵版画がうまれた。

明心宝鑑 めいしんほうかん →善書

名疇 めいちゅう →皆川淇園

明道書 めいどうしょ *和泉真国の編集による*村田春海への論駁書。上・下2巻。1804年（文化元）成立。*本居宣長の弟子であり，その熱烈な傾倒者であった真国が，師の没後，その批判に転じていた春海へ向けて書いたもの。真国の論駁，春海の反論，真国の再論駁という構成をとる。「令義解」の文字表記の当否をめぐる学問的論議から始まり，しだいにわが国における「道」の有無，漢土（中国）の革命の歴史の是非など宣長の思想の根幹にかかわる部分へと展開する。春海の常識的な応戦に対する，古今・和漢の書籍を幅広く援用した真国の攻撃の激しさが際立つ。国学内部での歌文派文人と古道信奉者との思想的乖離を如実に示している点で注目される。

明徳記 めいとくき 明徳の乱を題材とした軍記。全3巻。作者未詳。1391年（明徳2・元中8）将軍足利義満が，山名氏清・同満幸らの企てた謀反を鎮圧した事件の顛末を詳細に描く。乱後まもなくまとめられ流布本となった初稿本系統（宮内庁書陵部本・神宮文庫本など）と，1396年（応永3）に加筆・訂正された再稿本系統（陽明文庫本）とがある。作者は義満近侍の者，あるいはその周辺の者で，素材提供者として本書にしばしば登場する時衆僧の関与が想定される。和漢混淆文で2カ所に道行き文を含む。「看聞日記」応永23年7月3日条に物語僧の「山名奥州謀反事」を語ったことがみえ，語り物として享受され

ていたと考えられる。

名物六帖 めいぶつりくじょう *伊藤東涯の著した辞書。全30冊・補遺1冊。1714年（正徳4）の自序。門人である奥田三角が校訂し，27年（享保12）以降「器財箋」5冊から順次刊行された。漢籍の読解に必要な語彙について，天文・地理・人事・動物・植物・身体などの項目に分類したうえで，ふさわしい和語を配当し，簡潔に漢籍中の用例を紹介している。

名分論 めいぶんろん →大義名分論

明六雑誌 めいろくざっし *明六社によって発刊された啓蒙雑誌。1874年（明治7）4月に創刊され，翌年11月に43号をもって終刊した。執筆者は，*森有礼・*西周・*西村茂樹・*加藤弘之・*津田真道・*中村正直・*福沢諭吉ら代表的思想家である。発刊の目的は，国民の啓蒙のために有志がその手段を議論・発表する，というところにあった。その言論は，執筆者の声望と内容の新鮮さ・多彩さによって大きな反響をえ，なかでも*民撰議院論争と学者職分論争は世間の注目を浴びた。ただし，同人の多くが官途についていたため全体の論調は政府寄りの漸進主義にとどまり，民意を結集するには至らなかった。

明六社 めいろくしゃ *森有礼のよびかけで結成された日本最初の学会。*西村茂樹が人選を行い，*福沢諭吉・*西周・*加藤弘之・*津田真道・*中村正直らの洋学者が参加した。最初の会合が1873年（明治6）9月であったためこの名称がつけられたが，同時に明け六つ（夜明け）の意味もこめられている。月に2回の例会を開催し，また講演を行った。さらに翌年4月には「*明六雑誌」第1号を発刊して外に向けての啓蒙活動を開始，そこでの*民撰議院論争・学者職分論争は世間の注目を浴びた。もっともその主要メンバーは，福沢を除いて，留学後に幕府の開成所を経由して明治政府の官吏となった人々であったため，薩長藩閥には批判的ではあるものの，日本の進歩のためには国民の文化水準にあった漸進主義が妥当である，として政府に同調的であった。75年4月，士族暴動勃発の危機が増大する情勢にあって，政府は漸次立憲政体樹立の詔を発するとともに，同年6月，讒謗律・新聞紙条例を発して言

論の取締りを強化した。その中で,政府との無用の対立を恐れた明六社は「明六雑誌」の発刊をとりやめ,同時に社も自然消滅した。

明和事件 めいわじけん　江戸中期におこった尊王運動弾圧事件。1767年(明和4)2月18日,江戸町奉行依田政次が老中の命により組下の二番組年寄同心神田武ら数十人を派遣し,八丁堀長沢町居住の牢人*山県大弐やまがただいにと同居の門人*藤井右門えもんを逮捕させた。大弐は元甲府与力で,のち上総国勝浦藩主で将軍側用人大岡忠光ただみつに仕えた経歴があり,当時,塾を開いて剣術・兵学・儒学を教授し,門人は3000人に及んだという。逮捕は,門人中の牢人4人が大弐に反逆の策謀があるとして,老中松平武元ぶげんと南町奉行所に出訴したことによる。また,上野国小幡おばた藩主織田信邦のぶくにの家老吉田玄蕃げんばは大弐の門人で,藩内の内紛から大弐の謀反に同意する人物として藩から幕府に届け出があった。逮捕者は合計36人に及び,大弐の師*加賀美桜塢おううや*宝暦ほうれき事件で重追放中の*竹内式部たけのうちしきぶもそのうちに含まれていた。

　吟味の結果,同年8月21日に判決が下り,大弐は死罪,右門は獄門,式部は遠島,玄蕃は無罪となる(桜塢はこれより前に釈放)。判決では,反逆の陰謀はなかったことが認められた。だが,大弐は兵乱の前兆を説き,また天皇への待遇の不当を訴え,具体的な要害攻略法を教えた点,右門は甲府城や江戸城の落城方法を詳細に説いた点,一言でいえば両人は内乱扇動罪にあたるとされた。式部は,御構おかまい場所(京都)へ立ち入った点が処罰対象となった。大弐が出向いて兵学を講じていた織田家中においては,吉田玄蕃に対する扱い不行届を名目に藩主は隠居,後嗣信浮のぶちかは出羽国高畠藩へ転封となった。尊王論と兵乱に対する幕府のイデオロギー的姿勢が露呈した事件である。

明和・天明文化 めいわ・てんめいぶんか　18世紀後半の文化。明和～天明(1764～89)の時代は,政治史では田沼時代と重なる時期である。文化の面においては,円山応挙おうきょ・呉春ごしゅん・長沢蘆雪ろせつ・鈴木春信はるのぶ・池大雅たいが・与謝蕪村ぶそん・*上田秋成あきなり・*本居宣長もとおりのりなが・*塙保己一はなわほきいち・河村秀根ひでね・*平賀源内げんない・*司馬江漢しばこうかん・亜欧堂田善あおうどうでんぜん・*前野良沢りょうたく・*杉田玄白げんぱくらの活躍期であった。

　1764年(明和元)には本居宣長が「*古事記伝こじきでん」を起稿し,翌年には鈴木春信が多色刷り版画の錦絵にしきえを創始し,円山応挙が「雪松図せっしょうず」を描いて応挙様式を完成させ円熟期に入っている。67年には上田秋成の「*雨月うげつ物語」が書かれ,71年には池大雅・与謝蕪村の「十便十宜図じゅうべんじゅうぎず」が描かれ,前野良沢らが腑分ふわけ(解剖)を行っている。「江戸っ子」の語の初見もこの年のことである。74年(安永3)には杉田玄白らの「*解体新書」が完成し,76年には「雨月物語」が刊行され,平賀源内はエレキテルの実験に成功した。78年前後には蕪村が多くの秀作を絵のうえで示し,79年には塙保己一が古典の集大成をめざして「*群書類従ぐんしょるいじゅう」の編纂に着手した。85年(天明5)には河村秀根らが「書紀集解しっかい」を完成させ,90年(寛政2)には本居宣長の「古事記伝」初帙5冊が刊行されている。一方,83年には*工藤平助の「*赤蝦夷風説考あかえぞふうせつこう」,86年には*林子平しへいの「*海国兵談」(全巻刊行は91年)が著されていることも注意される。その年から,長沢蘆雪は和歌山の草堂寺そうどうじなどの襖絵ふすまえを描いて,その奇才を縦横に示した。

　この時期は文化が上方かみがたと江戸を二拠点として地方に発信され,地方文化をも育てつつ,*国学の成立,医学や諸科学における蘭学の基礎づけ,また絵画においても写生画や精緻な博物画の誕生,多色刷り版画の成立など,近代への胎動を宿した時代として注目される。

巡り神 めぐりがみ　*客人神まろうどがみ信仰の一つ。村落や都市などで常に祀られる神ではなく,毎年や数年など周期的に,あるいは臨時的に巡り来る,一定の地に定まらぬ神霊のこと。その多くは異郷より幸や福,禍をもたらすとされ,丁重に祀られたり,時には災厄を地域に定着させぬように送り出されたりする。エビスに代表される*寄神よりがみ信仰や,流行病をもたらすとされた疱瘡神ほうそうがみや*疫神やくじんへの信仰などはその好例であろう。このほか,陰陽道おんようどうなどにいうところの歳徳神としとくじんや金神こんじんなど,毎年一定の法則にしたがって各方位を

巡って座を変え，人々に吉凶をもたらすとされる方位神をさす場合もある。

召禁 めしきんず →召籠

召籠 めしこめ　召禁めしきんずとも。平安中期から鎌倉時代にかけて行われた刑罰の一種。罪をえた者をある場所に閉じこめること。朝廷においては，殿上人てんじょうびとは禁中に，地下人じげにんは近衛の陣に召し籠めた。除目じもくの儀式をのぞいた者，朝廷の儀式に遅刻・欠席した者，喧嘩をした者など，比較的軽い罪に科せられた。期間は決められていない。鎌倉幕府においては，「御成敗式目ごせいばいしきもく」で悪口あっこうの咎の軽い者が召籠にあたる，とする。場所・期間は不定。なお「吾妻鏡」は，召し籠められた畠山重忠はたけやましげただが7日間，寝食を絶ち言葉を発さなかったことを事件として記している。そこで，通常の召籠の刑では，食事は与えられ，簡単な会話もできたのではないか，と解釈することができる。

めのとのさうし　めのとのそうし　中世の*女訓書じょくんしょ。1巻。作者未詳。南北朝期頃の成立か。乳母が自分の育てた姫君に対し，女子の日常生活や宮仕えにおける諸心得を教え諭すという形で書かれている。「*乳母の文めのとのふみ」と同様の立場から，冒頭で「女は心のたしなみを本ほんとせよ」といい，以下化粧・接客・人遣い・宮仕え・故実こじつ・育児など多方面に及ぶ女子の心構えについて思いつくままに書き連ねている。その間，随所に「源氏物語」などを引いて王朝風の嗜たしなみを推奨する。他方で，中世武家社会の道徳を反映して，廉恥・情け・義理の大切さを強調し，女子であっても宮仕えに二心なく命をかけるべきであり，夫にも異心なく従うようにと説いている。

乳母の文 めのとのふみ　「庭のをしへ」とも。わが国最初の*女訓書じょくんしょ。1巻。著者は*阿仏尼あぶつにと伝えられるが，女子教育のために作られた仮託書ともいわれる。阿仏尼が著者であれば，成立は1277年(建治3)ないし79年(弘安2)とされる。広本と略本の2種がある。訴訟のため鎌倉に下った阿仏尼が，宮仕えする娘の紀内侍きのないしに宛てた書簡という体裁で，故事・古歌を随所にふまえて書かれている。内容は多方面にわたり，まず心と詞ことを慎しみ，立居振舞たちいふるまいに気をつけるべきことを説き，ついで書・画・和歌・音楽・宮仕えの心得・仏道などについて，こまやかな心遣いをもって語っており，わが国最初の女子教訓書として後世に影響を与えた。

面山瑞方 めんざんずいほう　1683~1769(天和3~明和6)　江戸中期の曹洞宗の学僧。諱は瑞方，道号は面山，号は永福老人。肥後国三島の人。16歳で肥後国流長院の遼雲古峰りょううんこほうについて出家し，臨済宗の性天や律師湛堂たんどうに学んだ。21歳で江戸にでて*卍山道白まんざんどうはく・損翁宗益そんおうそうえき・徳翁良高とくおうりょうこうに歴参し，仙台に帰る損翁に随侍し，のち法を嗣いだ。1706年(宝永3)相模国老梅庵にこもり打坐し，18年(享保3)肥後国禅定寺ぜんじょうじに入寺し，29年若狭国空印寺くういんじに転住した。晩年は同地の永福庵えいふくあんに移る。諸方の求めに応じて経典・祖録を講義するとともに著作に努め，その講義は懇切丁寧で「婆々面山ばばめんざん」と称された。著作は「正法眼蔵聞解しょうぼうげんぞうもんげ」「正法眼蔵渉典録」「頌古称提じゅこしょうてい」など多数。

面授 めんじゅ　修道において，師が弟子の資質を見定めてこれに対して直接面と向かって宗法の核心を伝授すること。*口伝くでん・口訣くけつ・口授くじゅともよばれ，この作法による伝授が最も正式なものとされた。法門の秘法・作法の伝授は筆録ではいまだ間接的なものとされ，最終的に伝えられるべき奥義おうぎ・秘事は，師から面授によって伝えられることがのぞましいとされた。筆録された奥義・秘伝の文書には部分的に文字を脱落するなどして，なお口伝の余地があることを示す場合がある。師の側からすれば，その弟子がこれらの大事を伝えるべき器量であるかを判断することが求められ，弟子の側からすれば面授をうけることが名誉なこととみなされ，周囲の人々に高く評価された。この仏法作法はのちに能楽・*立花りっか・*茶の湯などの芸能の諸分野に採用されて，各分野で秘事が口伝された例が少なくない。

も

盲安杖 もうあんじょう　江戸前期の*仮名法語。*鈴木正三の最初の著作。1巻。1619年(元和5)成立、51年(慶安4)刊。正三が大坂城勤番の時、同僚で儒学を学ぶ者からの仏教批判に答える形で書いたといわれる。書名には、心盲である者が正しい道を歩くための安心の杖となる意がこめられている。「生死を知て楽み有事」から「小利をすてゝ大利に至べき事」まで全10カ条からなる処世訓で、各条の末尾に和歌・故事名句などを付しているのが特徴である。四恩論による職分論や唯心弥陀説など、正三思想の原点が示されている。

蒙古襲来絵詞 もうこしゅうらいえことば　「竹崎季長絵詞」とも。肥後国の御家人竹崎季長が、1293年(永仁元)頃に発願して作成した絵巻。全2巻。宮内庁蔵、紙本著色。文永・弘安の両度の元寇における季長の武勲と、それによって恩賞を獲得する顛末を描く。季長の功績を認め、厚遇したのは御恩奉行の安達泰盛であり、絵巻作成の大きな目的は、泰盛に対する報恩を表すことであった。人物の面貌をはじめとして、元軍との戦闘や武士の生活のようすなどが写実的に描かれており、詞書とともに、中世武士の思想と行動を生き生きと伝えてくれる。

孟子古義 もうしこぎ　*伊藤仁斎の著した「孟子」の注釈書。全7巻。朱子の「孟子集註」に対する逐条の批判の書という性格をもつ。1662年(寛文2)頃の起稿かと思われるが、何度もの推敲をへて、仁斎没後の1720年(享保5)、嗣子である*伊藤東涯によって刊行された。仁斎は「孟子」を「論語」の「義疏」として重視して、「道」「徳」「教」などの基本概念の仁斎なりの解釈は、この「孟子」解釈に基礎をおいているから、仁斎の思想を考える時に、「*論語古義」と並ぶ最も重要なものとして位置づけられる。仁斎は、独特の優れた言語・文章感覚によって、「孟子」全体を「上孟」3編と「下孟」4編に分けてその成立の経緯の差異に注目してい

たが、近代の文献学的研究においても、その洞察は高く評価されている。

申詞 もうしことば　ある人がのべた言葉。中世の歴史史料として注目されるのは、言葉の主体が貴人である場合と、訴訟関係者である場合の2種類である。まず前者であるが、朝廷の政務を遂行する際、奉行は天皇・上皇・摂関など、朝政の統轄者のもとに赴いて、一々の政治案件について指示を請う。天皇などはたとえば〈誰々に相談せよ〉、〈先例に則って事を行え〉など、端的な言葉をもってこれに応える。この言葉が申詞とよばれ、朝廷の最終判断として尊重された。後者では、訴訟当事者が官人に主張を聴取されることを問注といい、その結果を記録したものを問注記、もしくは申詞記といった。この時、申論人の主張はのべたままを表記するのが原則で、これを訴人・論人の申詞といった。

申状 もうしじょう　下の者が上の者に差し出す文書。公式様文書の解けの系統を引く。奈良時代から近世にかけて広く用いられた。書き出しは「何のなにがし申す、何々の事(何某申何々事)」と記し、書き止めは「仍って状、件の如し(仍状如件)」と結ぶ。解の伝統を引き継いで、宛先を記さないことが多い。「仍って言上、件の如し(仍言上如件)」と書き止めるものは言上状ともよばれた。また、「沙汰未練書」に「本解状トハ最初ノ訴状ナリ、又申状トモ云」とあるように、鎌倉時代では訴訟の原告が提出した最初の訴状を特に申状といい、二度目以降の申状を重申状といった。

盲僧 もうそう　「地神経」を読み、祈禱や竈祓をする僧形の盲人。近世には青眼の盲僧も数多くいた。「くずれ」とよばれる滑稽談や物語も語り、地神盲僧・仏説座頭などともよばれる。「平家物語」を語る琵琶法師が室町時代初頭から当道座として久我家の支配下にあったのに対し、盲僧はこれに属さず、地方の寺社に分散して属した。もっとも、中世においては「看聞日記」にみえるように琵琶法師が「地神経」を読むこともあった。江戸時代には当道座との対抗上、比叡山正覚院や青蓮院の支配下に入る者もあった。1872年(明治5)盲僧は廃止さ

れるが、復活を要求し天台宗に属した。

毛越寺 もうつじ　「もうつじ」とも。岩手県西磐井郡平泉町にある天台宗寺院。寺号の毛越は地名である毛越こしからの名称。12世紀前半、藤原基衡もとひらの発願による。金堂は円隆寺えんりゅうじと称し、薬師如来を安置した。その西側には円隆寺と同プランの嘉祥寺かしょうじがあり、基衡の存生中には完成せず、子の秀衡ひでひらが完成させた。こちらの本尊も薬師如来。堂の四壁には「*法華経」の経意絵が描かれていた。ほかに京都補陀洛寺ふだらくじの本尊を模した観音菩薩を本尊とした吉祥堂や、千手堂・法華堂・常行堂じょうぎょうどう・二階惣門（南大門）などの堂舎があった。庭園は平安時代庭園の現存例として、遣水やりみず跡や石組・橋跡などを残し、「作庭記」との関わりが注目される。また東に隣接して、基衡の妻の発願になる観自在王院が建立された。

毛利元就遺誡 もうりもとなりいかい　遺訓の内容は、1557年（弘治3）11月、毛利元就（1497～1571）が嫡子毛利隆元たかもと、次男吉川元春きっかわもとはる、三男小早川隆景こばやかわたかかげの3兄弟に対して、戦乱の世にあって一致協力して毛利の家を守り立て、末代に至るまでその家名を存続するための心構えを訓誡したものである。制定の時期は、元就が出雲尼子あまご氏討伐の決意を固めた頃である。その60年の戦国動乱の体験から、子息の和睦と団結を願い、家族の処置や生活上の心得を語り、後半には元就自身の率直な処世訓、念仏信仰、日輪にちりん信仰、厳島いつくしま神社への崇敬が具体的に訓誡されている。こうした訓誡の性格から、後世に「三本の矢」の教訓が創作されたのであろう。

朦朧派 もうろうは　*横山大観たいかん・菱田春草ひしだしゅんそうに代表される、日本美術院の初期メンバーをさす呼称。日本美術院は、官立の東京美術学校を免職となった*岡倉天心てんしんが新日本画の確立をめざし、1898年（明治31）に設立した。ここに集った大観・春草らは、旧来の日本画とは違って、洋画を意識して線描を抑止した没線描法の試みを大胆に展開した。この描法が批評家大村西崖せいがいによって、色・筆使いや画題が朦朧としている点から「朦朧体」と揶揄されたことで、「朦朧派」の呼称がうまれた。なお、現在の美術史研究では、「朦朧派」

が否定的な意味として使用されることはほとんどなく、日本画と洋画の融合をめざした試みとして高い評価が与えられている。

殯 もがり　古代の喪葬儀礼の一つ。人の死後、埋葬までの間は遺体を喪屋もやに安置し、遺族や近親者が喪屋に籠もり、諸儀礼により奉仕する葬制。「魏志倭人伝ぎしわじんでん」には、埋葬までの10日ほど遺族は食肉せず、他人はその家で歌舞飲酒するという喪葬の習俗を伝えている。6世紀以降に中国の殯もがり礼の影響をうけ、儀礼として整備される。天皇喪葬の場合、喪屋を殯宮あらきのみやといい、宮の南庭に設けられることが多い。殯宮儀礼として*誄しのびの奏上や和風諡号しごうの献呈、歌舞奏上が行われ、その期間は数年にもわたった（*天武天皇の殯は2年2カ月）。*記紀神話の天稚彦あめのわかひこの説話では、喪屋に持傾頭者きさり・持帚者ははき以下が奉仕したとあり、また「古記」（「喪葬令集解」所引）には、歴代の天皇死去に際して、刀を負い手に戈ほこをもつ禰義と刀を負って酒食をもつ余比あよが選ばれ、遊部あそびとして殯宮に供奉したと記している。646年（大化2）の薄葬令はくそうれいにおいて諸王以下庶民の殯は禁止され、天皇の殯宮儀礼も仏式葬儀の導入と火葬の採用により、8世紀以降急速に衰退した。

黙庵霊淵 もくあんれいえん　生没年不詳　鎌倉末・南北朝初期の画僧。最初期の水墨画家を代表する存在。鎌倉浄智寺で見山崇喜けんざんすうきに師事したのち、嘉暦年間（1326～29）頃に元に渡る。天童山景徳禅寺の雲外雲岫うんがいうんしゅう・平石如砥ひょうせき、育王山広利禅寺の月江正印げっこうしょういん、秀州本覚寺の了庵清欲りょうあんせいよく・楚石梵琦そせきぼんきに歴参し、1340年代、帰朝直前に彼地で没した。義堂周信ぎどうしゅうしんの「空華日用工夫略集くうげにちようくふうりゃくしゅう」によれば、杭州・西湖の六通寺を訪れた際に、*牧谿法常もっけいほうじょうの再来と称されたという。「四睡図しすい」（前田育徳会蔵）、「布袋図ほてい」（個人蔵）、「布袋図」（MOA美術館蔵）などは、いずれも元時代の本格的な道釈どうしゃく人物画の技法をよく咀嚼した様式を示している。

木食応其 もくじきおうご　→木食上人もくじきしょうにん
木食五行 もくじきごぎょう　→木食上人もくじきしょうにん
木食上人 もくじきしょうにん　肉類・五穀を食べず、木の

実や草などを食し，修行する僧のこと。中国では道教の修行者が穀類を食べずに修行し，仏教でも「続高僧伝」巻16の法忍伝に「三十余年木食」といった修行の様がみえる。日本でも「今昔物語集」などの説話から，木の実や草を食べ修行する僧があがめられたことがわかる。修験道でもとりいれられ，近世には木食行を行い，即身成仏する行者も現れた。著名な人物には木食応其(1536～1608)がいる。応其は興山上人ともよばれ，近江国出身の武士であったが，38歳の時，高野山で出家し客僧となる。木食修行後，小野・広沢二流の密教の法流もうけた。1585年(天正13)豊臣秀吉の高野山攻めに際し，交渉にあたり，高野山を戦火から救った。秀吉の信任厚く，高野山の所領安堵にも貢献した。東山方広寺，高野山の興山寺・青巌寺など寺社の造営に多数かかわり，97カ所の建立をなしとげたという。島津氏に講和を勧め，関ケ原の戦いでは京極高次らに和平を説いたが，西軍に加担したと疑われて高野山を退いた。また，木食五行(明満，1718～1810)は相模国大山で木食戒をうけ，千体仏の造像を発願し諸国を回って仏像を刻み，寺を建立・復興した。

黙識録 もくしきろく ＊三宅尚斎の著した書。漢文。全6巻。巻1・2の「道体」，巻3～5の「為学」，巻6の「経伝」からなる。山崎闇斎の学統らしい，尚斎の内面化された朱子学理解をよく伝えている。1715年(正徳5)の自序で，それ以降の割記の集成である。書名の「黙識」は「黙シテ之ヲ識ル」(「論語」述而篇)による。

黙照禅 もくしょうぜん 南宋代の，曹洞宗において確立された禅風，参禅指導の方法。真歇清了(1088～1151)や「黙照銘」を撰述した宏智正覚(1091～1157)は，坐禅をして心を静かにすることを重視し，悟りは自己本来にはじめから備わっていることを信じ，特別の悟りをめざす必要はないとする。湖北省の大洪山，江蘇省の長蘆山，福建省の雪峰山，浙江省の天童山などで栄えたが，大慧宗杲(1089～1163)は，この禅風を「黙照の邪禅」と罵倒し，＊公案によって悟りをめざす公案禅(看話禅)を説いた。＊道元の只管打坐は黙照禅の流れをひくが，自己本来に悟りがあるという＊本覚思想を斥けた。

黙霖 もくりん →宇都宮黙霖

物集高見 もずめたかみ 1847～1928(弘化4～昭和3)明治・大正期に活躍した国学者・国文学者。豊後国杵築生れ。物集高世の長男。長崎で蘭学を，勤皇家＊玉松操らに国学を学ぶ。明治維新後，＊平田銕胤らに国学を，東条琴台らに漢学を，近藤真琴らに洋学・英語を学ぶ。この間に月形神社宮司となる。1870年(明治3)神祇官宣教使史生となり，のち教部省・文部省に出仕する。86年帝国大学文科大学教授となり，東京帝国大学・学習院・国学院の教授を歴任する。99年東京帝国大学を退官し，のち「群書索引」「広文庫」を完成した。編著書に「初学日本文典」「言文一致」「ことばのはやし」「日本大辞林」「日本文明史略」「新撰日本大文典」などがあり，国学研究に優れた功績を残した。「物集高見全集」全5巻がある。

モダニズム 20世紀初頭に欧米で発生し，これが日本にも波及，1920年代後半から30年代半ばまで流行した。西欧モダニズムは，斬新で現代的なもの，前衛を体現し，芸術や思想面での実りをもたらしたが，日本のモダニズムは，新しい現代的なものすなわち西欧的なものと捉え，西欧化を志向し，これがとりわけ流行風俗として強く現れた。ヨーロッパの芸術革命も風俗として模倣され，ゆえに芸術面での日本モダニズムに対する評価は低いが，西欧文化受容における日本的変容の事例として興味深い現象である。モダニズムにおける西欧化は，生活の合理化と旧習からの解放という側面を有しており機能的な生活様式が導入されたが，日本家屋に洋室応接間をつけた文化住宅の流行のように，合理性を欠いた欧化も含まれていた。そして，しだいに新しいこと，当時の言葉では「尖端」それ自体が価値として追求されるようになる。雑誌記事には「モダーン」，「モガ」(モダーン・ガールの略)の語が氾濫し，断髪・洋装・厚化粧のモガは，その恋愛観や性行動が関心を集めた。このように興味本位に新奇なものを求める風潮と，モガに体現された享楽志向と一

種の性解放が*エログロ文化の状況にもつながっていった。

牧谿法常 ぼっけいほうじょう　生没年不詳　中国の南宋後期〜元初期の画僧。日本で著名な高僧無準師範ぶしゅんしはんの弟子で，杭州六通寺の住持。その作品は日中間の禅僧の交流を通じて鎌倉末期から請来されており，14世紀前半の鎌倉円覚寺の塔頭の什物目録である「仏日庵公物目録ぶつにちあんくもつもくろく」には，すでに多数の牧谿画が記録されている。その後，足利将軍家に多数の牧谿画が集積され，15世紀半ばの「*御物御画目録ぎょもつぎょがもくろく」には，100幅以上の作品が記録される。その中には，「観音猿鶴図」（大徳寺蔵），「瀟湘八景図しょうしょうはっけいず」（根津美術館，畠山記念館などに分蔵）など，現在まで伝わるものも何点か存在する。「蔭凉軒いんりょうけん日録」などの中世の日記類には，牧谿を「和尚」とよんでいる例があり，牧谿が広く認知されていたことを物語る。墨の階調を重視した柔軟で遊戯性にみちた様式は，中世・近世を通じて，日本の水墨画の様式の根幹をなす規範として尊重され続けた。可翁かおう・黙庵もくあん・能阿弥のうあみ・相阿弥そうあみ・狩野元信かのうもとのぶ・長谷川等伯はせがわとうはく・狩野探幽かのうたんゆうら，多くの画家が牧谿から多大な影響をうけている。

本居大平 もとおりおおひら　1756〜1833（宝暦6〜天保4）　近世後期の国学者。旧姓稲掛いながけ。幼名常松，のち茂穂しげほ・大平。通称は十介・三四右衛門，号は藤垣内ふじがいつ。伊勢国松坂の豆腐屋で本居宣長もとおりのりなが門人の稲掛棟隆むねたかの子として生まれ，13歳で宣長に入門する。宣長の長子春庭はるにわの失明の後，44歳の時に養子となる。宣長の没後，家督を継ぎ和歌山藩に出仕した。1809年（文化6）和歌山に移住して鈴屋すずのや門を統轄し，松坂に残った春庭とともに後進の育成に尽力した。和歌山では藩主徳川治宝はるとみに古典を進講したほか，「紀伊続風土記ぎ」の編纂にあたるなど国学者の地位を高め，藩士や領内の神職が数多く入門した。服部中庸なかつねの「*三大考さんだいこう」や平田篤胤あつたねの「*霊能真柱たまのみはしら」に疑義を呈するなどしたが，学風は穏健で，詠歌や紀行文を好んだ。しかし，単なる祖述者ではなく，宣長の未刊行著述を積極的に出版し，1000人以上の全国の門人を指導するなど，鈴屋門の維持・発展および宣長説の弘布に大きく寄与している。著書に「神楽歌かぐら新釈」「*古学要こがくよう」「稲葉集」などがある。

本居宣長 もとおりのりなが　1730〜1801（享保15〜享和元）　江戸中・後期の国学者。幼名富之助，通称は弥四郎・健蔵，名は栄貞さかさだ・宣長，号は華風・芝蘭ん・春庵しゅんあん・舜庵・中衛ちゅうえい・鈴屋すずのや。伊勢国松坂の木綿商小津定利と勝との間に生まれる。22歳の時に家業を継いでいた義兄が没して家督を相続したが，母の勧めにより医師を志し，23歳の時に京都に遊学した。*堀景山けいざんより儒学・漢学を，堀元厚げんこう・武川建徳たけのりん（幸順こうじゅん）より医学を学んだ。景山のもとで*契沖けいちゅうの「百人一首改観抄かいかんしょう」などの著書を読み，古典の学を志向した。28歳で松坂に帰り，医業のかたわら門人を対象に「源氏物語」「伊勢物語」「万葉集」などを講義し，「*紫文要領しぶんようりょう」「*石上私淑言いそのかみのささめごと」などの文芸論を著した。34歳の時，*賀茂真淵かものまぶちと対面して「古事記こじき」注釈を志す。以後，69歳に至る35年間の研究によって「*古事記伝」を完成させた。1792年（寛政4）に紀伊徳川家に召し抱えられ，1801年（享和元）に72歳で没した。

近代以降，宣長は近世国学の大成者とされ，さまざまな角度から研究されている。村岡典嗣つぐお「*本居宣長」は，宣長学の文献学的面と規範学的面とを区分し，家の宗旨である浄土宗による信仰的敬虔さも認められることを指摘し，日本思想史の中で宣長が論じられる契機となった。丸山真男「*日本政治思想史研究」では，近世政治思想の中で伊藤仁斎じんさい・荻生徂徠おぎゅうそらいらの儒教的政治思想と対比して宣長の政治思想がとりあげられ，以降の宣長研究の方向性に大きな影響を与えた。一方，小林秀雄「本居宣長」は広範な読者を獲得し，宣長の内面性や「*もののあはれ」に代表される文芸論が注目されるようになった。戦後平田派を中心とする国学者の多くが否定的に評価される中で，宣長は文献的実証性の面が評価され，ますます国学を代表する思想家とみなされるようになってきた。しかし現在では，神信仰を中心とする非合理性と「古事記伝」の注釈作業を中心とする合理性とに区分する，従来の宣長理解の傾向に対す

る批判も生じている。

本居宣長（もとおりのりなが）　日本思想史学の古典的名著。*村岡典嗣の著。1911年（明治44）警醒社より刊行。第1編「宣長伝の研究」、第2編「宣長学の研究」からなる。著者は近代ドイツのA.ベックにより大成された文献学（フィロロギー）の学問精神と実証的方法を導入し、宣長学の全体的意義について、古代の客観的闡明と古代を理想視する主観的主張が結合した「文献学的思想」と規定する。また、宣長学がそうなった心理的根拠として、(1)国家思想と尊王思想、(2)実証的・不可知論的思想、(3)敬虔思想（最も内的で、根本的なものとされる）の三つの要素をあげ、(1)の奥底にある絶対的尊信の思想と(2)の根底にある神秘思想とを結合するものが(3)であったと論じる。さらに(3)について、垂加神道と本居家の宗教である浄土宗の他力本願信仰の影響を指摘している。

本居春庭（もとおりはるにわ）　1763〜1828（宝暦13〜文政11）　近世後期の国学者。通称は健蔵・健亭、号は後鈴屋。*本居宣長の長男。母の実家の伊勢国安濃郡津に生まれ、松坂で育つ。幼少より宣長について書籍の書写に従事し、*古事記伝などの著書の版下を書くなど将来を嘱望されていたが、1791年（寛政3）眼病を患い、94年32歳で失明した。その後松坂で鍼医を開業し生計を立て、家族や門人の助力をうけながら和歌・語学を中心に国学研究を続けた。宣長の没後、宣長の養子大平が家督を継いで和歌山藩に出仕し、大平の和歌山移住後には、松坂で後鈴屋を開いて宣長の学統の維持に尽力した。1806年（文化3）には「詞八衢」を著し、動詞の活用を体系づけ、国語学の発展に大きな影響を与えた。門下は「八衢学派」とも称され、主に国語学の分野で画期的業績をあげた。著書は「古事記伝目録」「詞通路」「後鈴屋集」など。

本木良永（もときよしなが）　1735〜94（享保20〜寛政6）　「—よしなが」とも。江戸中期のオランダ通詞・蘭学者。名は良永、通称は栄之進、のちに仁太夫、字は士清、号は蘭皐。医師西松仙の次男として長崎に生まれ、1748年（寛延元）*通詞本木家の養子となる。88年（天明8）大通詞となり、オランダ商館長に随行して三度江戸に参府する。改暦に意欲的であった老中松平定信の命により、オランダの天文学書の翻訳に従事する。訳書に、日本において*地動説にはじめて言及した「天地二球用法」(1774)、また「象限儀用法」「和蘭地図略説」など14種がある。

元田永孚（もとだながざね）　1818〜91（文化元〜明治24）　幕末・明治期の儒学者、明治天皇の侍講。熊本藩士の長男。藩校時習館に学び文武を修得、特に吉山茶陵の指導のもと、*横井小楠の感化をうけた。時習館教師となるが、父の死後1858年（安政5）家督を継いで藩政に参画、京都留守居・高瀬町奉行などを務めた。維新後は70年（明治3）藩主の侍読となり、71年大久保利通の依頼で明治天皇の侍読となった。以後、朱子学と国体論による徳治主義に立って、天皇の君徳輔導・補佐に重要な役割をはたした。75年侍講、77年侍補を兼ね、翌年の大久保暗殺を機に他の侍補らと藩閥参議政治に介入、天皇親政運動を展開した。79年「*教学聖旨」を起草した。伊藤博文の「*教育議」に対して「教育議附議」で反論する一方、その教学思想を実現すべく同年「*幼学綱要」の編纂に着手した。翌80年頃に記された「国憲大綱」「国教論」では、大日本国は天孫一系の天皇が万世にわたって君臨する国であり、国教は仁義・礼譲・忠孝・正直を主義とする、という天皇中心の儒教的国教主義を主張している。86年宮中顧問官、88年枢密顧問官となり、*森有礼の啓蒙的な教育改革にも批判を加えた。89年宮内省御用掛。最晩年の90年「*教育勅語」の起草に積極的に関与して、国教確立の本懐をとげた。

元長神祇百首（もとながじんぎひゃくしゅ）　→二所大神宮神祇百首和歌

元良勇次郎（もとらゆうじろう）　1858〜1912（安政5〜大正元）　明治後期の心理学者・哲学者。摂津国三田藩士杉田泰の次男として生まれる。1871年（明治4）神戸で英学を学び、宣教師J.D.デービスの感化をうけてキリスト教に入信、75年同志社英学校に入学する。カーペンターの「精神生理学」を読んで心理学にひかれる。79年卒業し、81年には東京英和学校（のちの青山学院）の設立に奔走して設立と同

時に教授となる。この年元良家の養子となる。83年に渡米，J.S.ホールに師事して心理学・哲学・社会学を学んだ。88年にPh.Dの学位をうけて帰国し，帝国大学文科大学の精神物理学の講師となる。90年帝大教授となり，実験心理学や比較心理学を積極的に紹介した。1904年欧州に派遣されてドイツの心理学者ブントと交わり，翌年にはローマの万国心理学会で「東洋における自我の観念」を発表した。彼は，心とは一種のエネルギーであるという物心一元論の立場をとった。また論理学についても，1900年には「哲学雑誌」誌上で記号論理学をはじめて紹介した。著書に「現今将来倫理及宗教」(1900)，「論文集」(1909)などがある。

もの (1)古くは，「もののけ(*物の怪)」「ものいみ(*物忌)」の「もの」のように，人知をこえた神秘的存在をさす語。(2)個々の人物や個々の事物を個別的に捉えて表現せず，一般化して表現する時に用いられる語。「*万葉集」にもすでにその用例があるが，貴族社会の進展とともに，静かな振舞とその属性のうえに立つ類型性とが上品とされ，荒々しい激しい動作や個別性がさけられるようになった。それにともない，できるだけ事物を直接に表現しない風潮が助長され，〈書く・言う・食べる〉などのまったく異なる動作すらも，それぞれが区別されることなく，「ものす」という動詞で表現されている。

物（もの） 「物」という語には古語辞典によれば多様な意味があり，日本人の日常生活において重要な言葉であったことがよくわかる。それにもかかわらず，思想史的用語として展開したのは近世に入ってからである。それ以前に「物」という語の代用語としての役割をはたしたのは，理事無礙・事々無礙の「事」である。

近世に入って「物」という語は儒教の用語としてうけいれられ，そこでは「人・物・事」の総称として用いられた。ところで，「物」の思想には三つのタイプがある。第一は「物ニ格ル」という用例で，朱子学において「窮理」ともいわれる。日本では，この考えはルーズな解釈によって洋学にも通じるものとなった。

第二は漢の鄭玄に由来し，*荻生徂徠によってさらに展開したもので，「格物」を「物来タル」の意に解する。徂徠がこの訓に賛成したのは，一人一人の心を改めることによってよき社会をつくっていこうとする朱子学の政治思想は達成しがたいと判断し，礼楽による文治思想をめざしたからである。ところで，礼楽は文字ではなく，習熟によって身につけるほかない。習熟を重ねるうちに「物来って」それをマスターし，そのような制度をつくった聖人の考えもおのずからわかる。なぜなら礼楽，さらには六経もみな「物」であり，そしてそれは「教えの条件」である。それを読むことを重ねる過程の中で，物のほうから自分のほうにやってきておのずからわかる。すなわち「物来タル」である（以上「*弁名」）。これを「*学則」では，「六経明らかにして，聖人の道古今なし。それ然るのち天下は得て治むべし。故に君子は世を論ず。また物なり」という結論を下している。

徂徠の「物」が「人・物・事」の総称であることはいうまでもない。ところで徂徠以後，懐徳堂学派の*中井履軒は「日用当行の理は是れ事物に属す。而して人に属さず」(「中庸逢原」)として，「事物」と「人」との分離を主張する。その後，洋学の成果の日常生活への浸透(物産学の興隆)と，歴史への関心の高まりの中で「物」と「事」も分離し，「物」に関しては「本草学」は「博物学」になる。そして「格物学」は自然現象一般を明らかにするものとなり，やがて「物理」を明らかにする学問となる。このような知的環境の中で*三浦梅園は，「かたち有る物を物と申し，かたちなき物を気」——物は気の集合体，気は物を構成する最小の存在——と，「物」と「気」との関係を明確に規定する。このような知的傾向から，「物」は「物質」であるという考えもうまれた。

最後に，*西田幾多郎がこの「物」の問題に関してどのように考えたかについて一瞥する。「日本文化の問題」において，西田は物に対する二つの考え方があるとする。第一は「物に行く」ということであり，「物とな

って……する」ということである。前者は「直毘霊(なおびのみたま)」の「物に行く」という表現を「からごころ」として自然科学や科学的合理主義を否定する当時の偏狭な国粋主義者に対して、西田は「物に行く」という語を「物の真実に行く」という意に解釈して「科学的精神」と「物の真実に従うもの」として、彼らと逆にこれを認め、うけいれるべきことを説いている。

しかし西田は、「物に行く」という語は科学を受容するのに適切であるが、科学を物神化して日本人の心の文化を破壊する時、これを食い止める力をもっていないことを知っていた。そこで西田は、「物となって考え、物となって働く」という考えを提起する。

西田は西欧思想の最大の問題点は、主観・客観の二分法をとり、対象の認識には好都合だが、認識する主観としての自己を問う学問体系をもっていないことにあると考えていた。真の科学は、認識する主体も含めて考察するものでなければならない。西田は、自己をその中に含めた「社会的歴史的存在」こそ真の実在とする実在観をとり、一般者の自己限定という視座に立つ時にはじめて問題は解決され、その時自己は物となって考え、物と働く「物」観が、無心の心の文化の中で成立するとした。

物忌 ものいみ　*斎戒(さいかい)・潔斎(けっさい)とも。第一には斎戒と同じ意。神聖な存在に向かう神事や凶事(死など)などに際し、一定期間禁忌(きんき)を守り身を慎むことで、心身の清浄(しょうじょう)を求める態度またはその状態。第二には、神事にあたり厳重な禁忌を守り、神饌(しんせん)・神楽(かぐら)などを供した童女・童男をさしこうよんだ。伊勢神宮をはじめ春日・賀茂・鹿島・香取などの諸大社におかれた。第三は、「物忌」と書かれた札(物忌札)を使った謹慎行為。平安時代の貴族が、物怪(もののけ)・悪霊などによるさまざまな災いをさけるため、陰陽道(おんようどう)の占いにより期日を決めて行った。期間中は物忌札を門に立て閉門、来訪者を禁じ家に籠もったが、忌(いみ)が軽い場合、物忌札を冠や髪に付けて外出したりもした。

物語 ものがたり　ものがたる、口誦(こうしょう)文芸のこと。諸氏族によって伝承された語りごとであり、口述の形式をとったもの。その特質は、一つの筋として内容が発展し、主題がある。さらに主人公がいて、その主人公によって事件の内容が語られていく。題材としては、最初は神話・伝説のような事実そのものではなく、架空のことがらを扱ったものが多く、虚構である。表現的な形式はとらず、あくまでも語るという形式をとっている。「*古事記」「*日本書紀」や風土記(ふどき)などの説話は、口誦的なものであって、口から口へと伝承されていったものである。これらの説話風の部分は、文字が発達するにつれて文章として書き綴られるようになり、ここに記載された物語がうまれる。それには漢文的なもの、また、漢文を和文として訓読したものなどがある。*仮名(かな)がうまれるようになって、和歌から詞書(ことばがき)・消息・物語文となり、平安朝の仮名の物語ができあがってくる。それらは「物語のいできはじめの祖」といわれた「*竹取(たけとり)物語」から始まる。口誦文芸から文字文芸へと発展し、それは、平安京という都市生活の中で形成され、個人的・批評的な精神の基底となっていく。口誦文芸の世界から、仮名散文の新しい虚構文芸をうみだすこととなり、現実の人生に対する写実的な模写の叙述がみやびの心の中に表されてくる。「竹取物語」「*宇津保(うつほ)物語」「落窪(おちくぼ)物語」から「*源氏物語」に至るまで、物語の発達の経路を明確に認識することができるのである。

一方、「*伊勢物語」「平中(へいちゅう)物語」「大和(やまと)物語」など一人の人物を主人公に仮託して、その中に和歌を多くとりいれる*歌物語とも称すべきものもうまれてくる。また、「*土左(とさ)日記」をはじめ「*かげろふ日記」「*和泉式部(いずみしきぶ)日記」「*紫式部(むらさきしきぶ)日記」など、当時の女流作家たちが私生活の内面的な真実を見極めていく文学として、物語に近い一つの主題をもつ日記類が多数うまれてくる。こうして、物語は内面的写実性と叙情性とをとりあわせながら、人生の流れと個人の思想を美しく、「*もののあはれ」を語るものとなって平安朝の社会を彩っていく。人生や貴族社会などを事実と虚構を取り混ぜながら、摂関政治とその貴族社会を批判しつつ、物語として完成させたもの、その頂点に達したものが「源氏物

語」である。

　それ以降、「狭衣物語」「*浜松中納言物語」「*堤中納言物語」「とりかへばや物語」などが続いたが、貴族社会の没落にともない、今までのような女流作者たちは出現しなかった。鎌倉時代に入り、「*住吉物語」などもうまれたが、物語はしだいに衰退していった。こうした*擬古物語は、室町時代に*御伽草子の成立へとつながる。だが、「源氏物語」の影響をうけて、新たに*歴史物語と称する分野が平安末期に出現する。その代表的なものが、赤染衛門の作といわれている「*栄花物語」である。その時期の社会変動に影響をうけ、歴史的事実をある種の原史料を用いつつ、一方、六国史の編年形式をとり、仮名で表し、物語の虚構も織り交ぜながら藤原氏の発展の歴史を綴る。摂関政治の始まりから藤原道長に至るまでを、ことこまかに叙述し、さらに道長の死以降、堀河天皇までの歴史を綴る。「世継」「世継物語」ともよばれ、物語であると同時に史書ともいえるものである。さらに編年体の「栄花物語」の後に、紀伝体の「*大鏡」が出現する。これも同じく藤原氏の発展と道長の栄華を物語風にのべたものである。つづいて「*水鏡」「*今鏡」「*増鏡」などもうまれる。

　古代から中世への転換期を巧みに叙述したものとして、ほかに説話物語がある。説話物語には、平安末期の庶民生活なども少しづつ挿入され、「*今昔物語集」をはじめとして、「*古今著聞集」「*古事談」「*十訓抄」「*古本説話集」「*宇治拾遺物語」などがある。さらに*軍記物語があるが、それには「*保元物語」「*平治物語」「*平家物語」「*太平記」「源平盛衰記」などがある。特に「平家物語」は歴史事実をよく叙述し、本質的に「栄花物語」とやや類似する面もみられるが、「栄花物語」よりは虚構も多く、物語としての要素が大きい。*琵琶法師によって語られるという形式で書かれているのも、その意味は深い。口誦文芸として発展してきた物語が、その口誦の本質が稀薄になってきたところに、ふたたび民衆の生活に結びついた口誦性の深い文芸として

の文学史の発展が、ここにみられる。すなわち、一つには*説経の面から庶民に聞かせるために、また他方では、語り物の面から口誦的な部分が強くなってくるという傾向があり、興味深い文学史の一面である。

物語僧　中世、軍記などの物語を語ることを業とした僧。*琵琶法師とは違い盲目とはかぎらないし、必ずしも楽器を用いない。「*看聞日記」応永23年(1416)条にみえる物語僧は「弁説玉ヲ吐キ、言詞花ヲ散ラス」という名人で、聴衆が感嘆したと書かれており、「明徳記」の一部が語られたかと推測されている。また、「*蔭凉軒日録」永享10年(1438)条にも「物語僧一峰」が将軍の前で物語を語ったとある。このように、酒宴や茶会で余興に物語を語る芸能者であった。「*太平記」の作者とされる小嶋法師を物語僧とする説もある。御伽衆や*太平記読などは物語僧の流れをくむものといわれている。

物語風歴史　→歴史物語

ものくさ太郎　「おたがの本地」とも。立身出世物語の*御伽草子の一つ。室町時代の成立。信濃国に住む怠け者のものくさ太郎は、道に落とした餅を拾ってもらおうと待つこと3日。通りがかった地頭に頼む。地頭に扶持された太郎は都で夫役にたずさわり妻をえる。機知に富み、歌と連歌に優れたことから内裏に召されると、仁明天皇の皇子の子が善光寺に祈ってもうけた申し子であることがわかる。その後信濃に戻り、120歳の長命を保ち、「おたがの大明神」とあがめられた。卑賤の者が立身出世すれば実は貴種の出であったというモチーフ、それが歌や連歌の才能を契機として明かされる構図、本地物としての結末。庶民の思想を知るうえで欠かせない要素を備え、御伽草子の代表格といえる。

もののあはれ　「もののあはれ」は、平安時代から用いられた言葉であるが、*本居宣長はそこに文芸の本質を捉えようとすると同時に、「もののあはれ」という雅情を知ることは古の道、神道を知るための階梯とも位置づけた。宣長のいう「もののあはれ」とは喜怒哀楽・善悪にかかわらず、目に見、

耳に聞き，身に触れるすべてを，知識・分別と無関係にそのままに感じることである。当時支配的であった儒教・仏教的な教誡観からの文芸理解を否定した独自の概念である。「もののあはれ」を宣長思想の中心として位置づけた先駆者として*和辻哲郎がいるが，主には戦後以降であり，古道論的神道思想を非合理・非近代的との理由で排除した時代思潮と軌を一にしている。また，国学思想とは支配・被支配者間の矛盾を感情的共感によって隠蔽する主情主義的政治イデオロギーである，という政治思想史による理解にも「もののあはれ」は援用された。近代文学の命題の一つである文学の政治・経済・宗教からの自立の先駆と位置づける理解は日本文芸史の構築に大きく寄与しているが，「もののあはれ」を日本文芸の中でどこまで適用することが可能か，また宣長思想の中心に位置づけることが妥当であるかについては，宣長自身がこの言葉を限定的にしか用いていないこともあり，*古道論との関係を含めて考慮する必要がある。

物の怪 もののけ　人間に心身の病を引き起こす，正体不明の霊的存在。平安時代以降の文献に頻出するようになり，当初は「物怪」「物恠」と書かれて，「ぶっかい」と発音したか。物の怪のモノは広義には自然的または超自然的な霊をいい，広く怪奇現象をさすこともあった。平安中期以降は，嫉妬や怨恨をもった人の霊も物の怪として現れ，「源氏物語」葵の巻に出現する六条御息所の物の怪（*生霊）はその代表である。物の怪の現象は一般に個人の病気や心身の不調を契機としており，ある意味では宮廷などの閉鎖的社会における貴族たちの不満やもろもろの感情に根ざす幻影的発現であったともいえよう。なお当時，こうした現象に対しては，密教僧の*加持祈禱によって調伏するのが通例であった。

もののふの道 もののふのみち　弓箭の道・兵の道とも。武士の技能としての弓技などの武芸そのものや武勇などをさすことが多い。武芸は，兵の家で育まれた芸能としての武芸とみなされる。また，合戦や主従関係の中で成長した独特の倫理観もいう。だいたい10世紀頃には成立していた。後世の*武士道のような倫理・道徳とは異なる。「将門記」では兵とは，武士そのもののみならず，武士者としての自覚として描かれる。そしてこの兵の道については，「今昔物語集」巻25・29に散見され，巻25の7には「心太く手利き強力にして，思量あることもいみじ」きことを兵の道とのべている。また「今昔物語集」では，地方の武士たちの説話において盛んに兵の道が言及されている。

桃山文化 ももやまぶんか　安土桃山時代の文化の称。安土は織田信長の築いた*安土城，桃山の名は豊臣秀吉が晩年に築いた伏見城のあった桃山（伏見山）に由来する。安土桃山時代とは織豊政権の時代にほかならないから，政治史的には，信長が15代将軍足利義昭を奉じて入京した1568年（永禄11）から，または義昭を京都から追放した73年（天正元）から，豊臣政権がその実質を失った1600年（慶長5）の関ヶ原合戦までの，わずか30年ほどにすぎない。しかし文化的には，永禄～元和末年（1558～1624）頃までを一つの時代としてみることができる。

　この時代の根底にある精神は，信長の比叡山焼き打ちや石山本願寺攻めに象徴されるように，中世的な宗教的権威の否定であり，それにともなう人間精神の謳歌であった。そこには「開かれた精神」をみることができる。その「開かれた精神」に支えられた「開かれた形式」が，この時代の諸文化を支配している。1543年（天文12）種子島にポルトガル人が漂着した年から，ポルトガル人の来航を禁止した1639年（寛永16）までのほぼ1世紀間は，日本が世界に向けて国を「開いていた」時代でもあった。経済活動における楽市・楽座や特定の身分に生涯を縛られることのない人々の活動など，随所に「開かれた精神」の証をみることができる。

　絵画においても，城郭の大客殿に描かれる*障壁画は，描かれた対象を大きくみせるために近接構図がとられたが，樹木を近接的に描く時，画面の中に木の全体を収めず，幹の部分だけを描くことになった。木全体の姿は画面の外に広がって，人々の想像にゆだねられたが，画面の中に描く対象を収めきった構

図を「閉じられた形式」という時，画面の外に広がりを求めた構図は「開かれた形式」とよぶことができよう。このような精神と形式は，*北野大茶湯（きたののおおちゃのゆ）に象徴されるような*千利休（せんのりきゅう）の*佗茶（わびちゃ）の世界にもまた見出すことができる。

この時代の文化を特色づけるものは，豪壮な城郭建築とその客殿を飾る*狩野派（かのうは）を主流とした金碧障壁画（きんぺきしょうへきが）や慶長小判などの黄金趣味と，千利休に代表される佗茶の世界と，長谷川等伯（はせがわとうはく）に代表される水墨の障壁画などの枯淡な世界とである。そして，これらに南蛮文化がまた彩りを添えている。*狩野永徳（かのうえいとく）・狩野山楽（かのうさんらく）・長谷川等伯・海北友松（かいほうゆうしょう）・雲谷等顔（うんこくとうがん）らの画家たちが，城郭の客殿ばかりか寺院の客殿の襖絵（ふすまえ）などに筆を競った。また，この時代の後半には，俵屋宗達（たわらやそうたつ）や岩佐又兵衛のような京都の*町衆（まちしゅう）に基盤をもつ画家たちも輩出した。永徳・等伯をはじめ宗達に至るまでこの時代の画家たちは，極彩色の金碧画も，慈潤な味わいのある*水墨画も，ともによくしたところに特色がある。しばしば，城郭建築やその内壁を飾る金碧障壁画にみる豪奢な世界と，草庵の茶室や水墨画にみる枯淡な世界とを対比させ，その矛盾・対立の世界が桃山文化であると説かれたりする。しかし，それらは互いに矛盾・対立するものではなく，この時代の人々の中に，豪華なものに対する志向と，枯淡・閑寂なものに対する相反する志向とが同時に働いていたとみるべきである。この時代の画家たちが濃彩画においても水墨画においても，ともに優劣つけがたい力量を発揮していること，千利休が草庵の茶室に遊んだだけではなく同時に黄金の茶室をも設計し，聚楽第（じゅらくだい）のデザインにも参与し，また超俗的な茶の世界だけではなく，秀吉の懐刀として世俗的な世界においてもまた一流人であろうとしたことなどは，みなその表れである。しかも，桃山文化を支配する美意識としての「*佗び（わび）」は，豪華なものに対する志向と，枯淡・閑寂なものに対する志向とが，相反する方向に同時に働いた時，その中心点に生ずる緊張感そのものであったとみることができよう。

*茶の湯の流行は陶磁器への欲求を促したが，秀吉の無謀な朝鮮出兵の際に連れてこられた朝鮮の陶工たちによって，陶磁器もまた大きく発展した。そして，これまた朝鮮から伝えられた木活字印刷技術を使って，朝廷・民間，さらには徳川家康らにより古典の出版も行われ，古典復興の機運が生じたことも見逃せない。

森有礼（もりありのり） 1847〜89（弘化4〜明治22）変名は沢井鉄馬（てつま）とも。明治期の教育行政官僚で初代文部大臣，外交官・啓蒙思想家。鹿児島藩士の子。藩校造士館（ぞうしかん）・開成所に学ぶ。藩派遣の留学生としてロンドン大学で海軍測量術を学び，のち渡米する。神秘的キリスト教思想家T. L. ハリスのつくった共同体（Brotherhood of the New Life）で生活する。1868年（明治元）帰国し，学校取調など明治政府の要職についたが，廃刀案建議で辞職，再渡米する。少弁務使のち代理公使。帰国後，福沢諭吉らと*明六社（めいろくしゃ）を結成，「*明六雑誌」を刊行して日本最初の一夫一婦論「*妻妾論（さいしょうろん）」などを発表し，当時の封建思想の打破に努めた。また*渋沢栄一（しぶさわえいいち）らと商法講習所（現，一橋大学）を設立，商業教育の端緒を開いた。駐清公使・駐英公使をへて，85年第1次伊藤内閣の文部大臣となり，以後，教育行政家の道を歩んだ。日本国家建設に強い使命感を抱き諸学校令を公布し，欧米に範をとった近代教育制度の全面的整備に着手したが，志半ばで，89年の大日本帝国憲法発布当日，国粋主義者に刺され，翌日死去する。

思想は信教の自由，人格的関係・契約にもとづく結婚観など近代的個人主義に根差すが，当初の開明的な国家観は，天皇制絶対主義国家建設の準備期に入ると，富国強兵により日本を先進諸国と対等の位置に高めようとする現実的な国家建設へと力点が移った。「森有礼全集」全3巻がある。

森鷗外（もりおうがい） 1862〜1922（文久2〜大正11）明治・大正期の陸軍軍医・小説家・翻訳家・戯曲家・評論家。本名林太郎（りんたろう）。別号は観潮楼（かんちょうろう）主人・千朶山房（せんださんぼう）主人など。石見国鹿足郡津和野町に生まれる。父静男は津和野藩典医（てんい）。1872年（明治5）上京し，*西

周(にしあま)の家に一時寄寓する。81年7月東京大学医学部を最年少で卒業し、陸軍軍医となる。84年6月～88年9月ドイツに留学。89年海軍中将赤松則良の女登志子と結婚するが、翌年長男於菟(おと)の誕生をまって離婚する。日清・日露戦争に出征し、1899年6月～1902年3月小倉に左遷される(第12師団軍医部長)。02年判事荒木博臣の娘志げと再婚する。07年陸軍軍医総監、陸軍省医務局長。09年文学博士。10年日本初の方眼地図「東京方眼図」を立案し、16年(大正5)いっさいの職を退き予備役となる。17年帝室博物館総長兼宮内省図書頭(ずしょのかみ)となる。

　文学活動としては、ドイツ留学帰朝後の訳詩集「於母影(おもかげ)」(1889)、「しがらみ草紙」の創刊。「*舞姫」「うたかたの記」(1890)、「文づかい」(1891)。坪内逍遥との間の*没理想論争。翻訳「即興(そっきょう)詩人」(1892～1901)。日露戦争に出征中の「うた日記」(1907)。軍医総監就任後の「半日」「ヰタ・セクスアリス」(1909)、「青年」(1910～11)、「雁(がん)」(1911～13)、「*かのやうに」以下の連作(1912～13)。明治天皇の死去を契機として「興津弥五右衛門(おきつやごえもん)の遺書」(1912)、「*阿部一族」(1913)、「山椒太夫(さんしょうだゆう)」(1915)、「高瀬舟(たかせぶね)」「渋江抽斎(しぶえちゅうさい)」(1916)、「伊沢蘭軒(らんけん)」(1916～17)、「北条霞亭(かてい)」(1917～18)など、歴史小説の時代が開始される。「鷗外全集」全38巻がある。

森枳園　もりきえん　1807～85(文化4～明治18)
幕末～明治期の医者・書誌学者。名は立之(たつゆき)、字は立夫、通称は養竹、枳園はその号。備後国福山藩医の子として江戸に生まれる。福山藩医の伊沢蘭軒に医業を、*狩谷棭斎(かりやえきさい)に考証学を学んだ。1821年(文政4)家督を嗣ぎ、福山藩医となる。37年(天保8)不行跡のため免職されるが、48年(嘉永元)帰参を許された。54年(安政元)幕府医学館躋寿館(せいじゅかん)の講師となる。校勘の学に優れていた枳園は「神農本草経攷異(しんのうほんぞうきょうこうい)」を著し、唐以前の古本草復元を試み、また渋江抽斎らとともに、幕末伝存の漢籍貴重書解題の書「経籍訪古志(けいせきほうこし)」の編纂に従事した。維新後は文部省などに出仕し、79年(明治12)大蔵省印刷局に入るとともに、漢医存続のための活動を

した。

森島中良　もりしまちゅうりょう　1756?～1810(宝暦6?～文化7)　桂川甫粲(ほさん)とも。江戸中・後期の蘭学者・戯作者。字は虞臣(ぐしん)、号は桂林(けいりん)、戯作号に森羅万象(しんらばんしょう)など。江戸生れで、蘭方医・蘭学者の桂川甫三(ほさん)の子、甫周(ほしゅう)の弟。蘭学に通じ、海外事情書「*紅毛雑話(こうもうざつわ)」「万国新話」、琉球史「琉球談」、辞書として「類聚紅毛語訳(るいじゅうこうもうごやく)」「露西亜寄語(ロシアきご)」、中国語白話辞書「俗語解(ぞくごかい)」などの学問的著作のほかに、*平賀源内に私淑して洒落本(しゃれぼん)・滑稽本・読本(よみほん)・狂歌などを次々に著した。江戸十八大通の一人に数えられた。

森田節斎　もりたせっさい　1811～68(文化8～明治元)
幕末期の儒学者・志士。名は益、通称は謙蔵、節斎と号す。医者森田文庵の子として、大和国五条に生まれた。1825年(文政8)上京して*猪飼敬所(いかいけいしょ)に学び、28年*頼山陽(らいさんよう)に従学した。翌年、江戸にでて昌平黌(しょうへいこう)への*古賀侗庵(こがどうあん)に入門した。44年(弘化元)京都に開塾した。磊落にして傲岸なところのあった節斎は「孟子」を愛読し、死を賭けて節義を守る道義的な尊王論を唱え、*斎藤拙堂(せつどう)・*吉田松陰(しょういん)・*頼三樹三郎(みきさぶろう)・*梅田雲浜(うんぴん)らと親しく交わった。姫路藩の招聘を辞し、61年(文久元)倉敷に私塾を開いた。63年の天誅組(てんちゅうぐみ)の乱に五条の門人が参加していたこともあったため、天領の倉敷代官の圧迫をうけ、剃髪して愚庵(ぐあん)と号し、紀伊国で客死した。山陽門下の文章家として知られる。著書は、五条の市井民間の孝子や名代官を顕彰した「桑梓景賢録(そうしけいけん)」(1851跋)、「史記」の序と贊を解説した「太史公序贊蠡測(たいしこうじょさんれいそく)」(1856)、「節斎文集」など。

森近運平　もりちかうんぺい　1881～1911(明治14～44)
明治期の社会主義者。岡山県の農家に生まれ、1900年(明治33)岡山県立農学校を主席で卒業。岡山県の技手として農村問題に取り組む中で週刊「*平民新聞」を知り、04年4月、その読書会(岡山いろは倶楽部(クラブ))を組織して活動したため免官となる。05年3月、大阪平民社を結成した。さらに同年11月に上京して平民舎ミルクホールを経営し、06年日本社会党結成に際して評議員兼幹事となる。日刊「平民新聞」廃刊後の07年3月に大阪に戻り、

宮武外骨の支援で「*大阪平民新聞」（のち「日本平民新聞」）を発刊する。09年3月に帰郷し園芸業を営むが、10年6月に*大逆事件に関与したとの嫌疑で逮捕され、翌11年1月、冤罪のまま処刑された。

森戸事件 もりとじけん　森戸辰男らの研究論文による筆禍・学問弾圧事件。1919年（大正8）12月末、東京帝国大学経済学部紀要「経済学研究」創刊号が刊行されるや、同誌掲載の助教授森戸の論文「クロポトキンの社会思想の研究」が「純然たる無政府主義の宣伝」であると、学内の右派学生団体から批難があがった。内務省・文部省も同様に問題視したため、大学はただちに雑誌を回収した。さらに翌20年1月、学部教授会は森戸の休職を決定し、留学予定も取り消した。それにもかかわらず当時社会運動の勃興を警戒していた司法省は、森戸とともに編集発行人の助教授大内兵衛を新聞紙法の朝憲紊乱罪で起訴した。大内も休職処分となり、10月、両人にそれぞれ禁錮・罰金の刑が確定した。

モルレー →マレー

文緯 もんい　→山梨稲川

問学挙要 もんがくきょよう　経書注釈の仕方を論じた*皆川淇園の書。1冊。1774年（安永3）刊。全体は立本・備資・慎徴・弁宗・晰文理・審思の6章に分かれ、すべて兼ねて「文を学ぶ要」とされる。「聖人の道は己を脩むるに始まりて、人を安んずるに終」わるという大本を立てることを大前提にして、経典訓詁の実証的な方法を、例をあげて細叙する。本書の中で、学問の基本的な心構えを説いている箇所がある。たとえば、「私」が醜、「公」は美である理由は「天性」だと論じて、それ以上の思考を停止してしまう理性の怠惰を批判し、その根拠を徹底的に追い求めていけという（立本）。また古人の書を読み、古人の言を誦するならば、その時代の大勢・民風、その国の国制・職官・位秩、貴賤感覚、その人の身分の高下、平生の履歴などを知らなくてはならないと説いている。

文殊菩薩 もんじゅぼさつ　梵語Mañjuśrī　正しくは梵名マンジュ＝シュリーを音写した文殊師利、あるいは曼殊室利。意訳して妙吉祥ともいう。如来の智慧を象徴する菩薩で、諸経に広く説かれ、諸菩薩を主導する例が多い。普賢菩薩とともに釈迦如来の脇侍とされるが、維摩経変相における維摩との対論者としても知られる。わが国では奈良時代から造像の例がある。平安初期に勤操・泰善らが催した文殊会が、828年（天長5）以降、東寺・西寺および諸国各部での勧会となったほか、中国の文殊信仰の中心地であった五台山から円仁が請来した文殊八字法などが、*台密の重要な修法となり、疫病流行などに際して修された。また、中世には五台山文殊信仰による渡海文殊の彫刻や絵画の遺品も多く、禅宗画の中でも縄衣文殊や獅子に乗る文殊が描かれ、広く信仰され続けた。

文章経国 もんじょうけいこく　魏の文帝の「典論」に「文章は経国の大業、不朽の盛事なり」とあるのにもとづく思想。平安初期、ことに*嵯峨天皇に主導された宮廷文化の中で、この思想にもとづいて「*凌雲集」「*文華秀麗集」「*経国集」の勅撰漢詩文集が撰せられたばかりでなく、「*古語拾遺」「*新撰姓氏録」「弘仁格式」「*日本霊異記」「秘府略」「令集解」「*日本後紀」のあいつぐ編纂など、まことに文運盛んなものがあった。なお、この「文章経国」の思想は、大学寮において*紀伝道の隆盛をもたらした。

文章道 もんじょうどう　→紀伝道

門跡 もんぜき　はじめ「智証大師（円珍）の門跡」（「扶桑略記」）のように特定の一門の祖跡をさす言葉として用いられたが、のち皇子や貴族の子弟の入寺が増加すると、皇族や摂関家など貴種の出身者によって継承される、諸大寺の子院またはその院主（門主）を意味するようになった。宇多天皇の出家・入寺した仁和寺御室が早い例で、院政期に法親王の制度が確立されたことと相まって寺格として確立した。中世の代表的な門跡には、延暦寺の梶井・青蓮院・妙法院、園城寺の円満院・聖護院、真言宗の勧修寺・随心院・三宝院、興福寺の一乗院・大乗院、東大寺の東南院などがあり、各大寺の長官に就任した。門跡は、門主のもとに院家（上・中級貴族出身者の子院主）を

はじめ各大寺の寺僧を門徒として組織し、坊官・侍法師などからなる家政機構を有し、大寺あるいは一宗の運営に指導的な役割をはたした。また、巨大な荘園領主として世俗的にも大きな勢力を保った。江戸時代には幕府が門跡寺院を制度化し、宮門跡・摂家門跡・清華門跡などに区分した。また東西両本願寺ほかの浄土真宗寺院が准門跡とされた。明治維新にともない制度としての門跡号は廃され、以後現在に至るまで私称として用いられている。

門徒 もんと　仏教のある宗派もしくは宗派内の流派(門流)に属する、僧および信者のこと。本来は、弟子・門人の意味。のちに意味が限定されて、特に*浄土真宗の信者をさす。戦国期の本願寺8世*蓮如が、本願寺教団に属する人々を門徒と称して積極的に掌握して以降、浄土真宗信者としての用法が定着していく。とりわけ、末寺・*道場に属して坊主の指導をうける一般の在家信者を門徒と称した。さらには、「安芸門徒」などのように特定地域の信者集団をもさすようになった。また、浄土真宗のことを門徒宗ともよぶ。

文徳実録 とくじつろく　→日本文徳天皇実録にほんもんとくてんのうじつろく

文雄 もんのう　1700～63(元禄13～宝暦13)　「ふんゆう」とも。江戸中期の浄土宗の学僧。諱は文雄、字は僧谿、号は無相等。丹波国濃野の人。幼年に丹波国玉泉寺で出家し、京都了蓮寺の誓誉の弟子となり、江戸伝通院で学んだ。*太宰春台に師事して音韻学を学び、「磨光韻鏡」を著した。のち了蓮寺の住職となり、1750年代初め(宝暦初め)に桂林寺に隠棲し、63年(宝暦13)阿波・讃岐国を歴遊した。宗学にも優れ、富永仲基の「*出定後語」に反駁して「*非出定後語」を著し、長西が編んだ浄土宗書の目録を増補して「蓮門類聚経籍録」をまとめた。ほかに著作は「浄土宗真門学則」「浄土解行正訛集」「蓮門学則」「浄土源流章索引」など多数ある。→非天経或問

文部省教学局 もんぶしょうきょうがくきょく　1937年(昭和12)、「国体ノ本義ニ基ク教学ノ刷新新興ニ関スル事務ヲ掌ル」ために設けられた文部省の外局。従来の思想局の仕事を継承・拡充するために「教学刷新ノ中心機関」として設置された。行政機関としての教学局は、有識者よりなる参与機関と*国民精神文化研究所と協力して、「国体・日本精神」にもとづく教育強化を推進する実務を担当した。教学局参与には*和辻哲郎・*西田幾多郎・山田孝雄・小泉信三らが委嘱された。その業務には印刷物の刊行・頒布が含まれていたが、「日本精神叢書」「*臣民の道」「国史概説」などがここで編纂・刊行され、政府主導の「日本精神」にもとづく教学刷新政策を具体的に遂行した。→国体の本義

文部省訓令第12号 もんぶしょうくんれいだい12ごう　1899年(明治32)8月3日、*私立学校令と同日に告示された教育と宗教の分離訓令「一般ノ教育ヲシテ宗教ノ外ニ特立セシムルノ件」。私立学校令は、改正条約実施による「内地雑居」でキリスト教系学校が広がることを懸念し、私立学校への監督を強化するとともに宗教教育を禁止することで、その設立・発展を規制しようとしたものである。したがって草案では宗教教育・宗教儀式の禁止が含まれていたが、法典調査会において、私立学校令でこれを規定するのは穏当を欠くとして切り離すことが提案され、文部省訓令第12号として公示された。

　内容は「一般ノ教育ヲシテ宗教ノ外ニ特立セシムルハ学政上最必要トス依テ官公立学校及学科課程ニ関シ法令ノ規定アル学校ニ於テハ課程外タリトモ宗教上ノ教育ヲ施シ又ハ宗教上ノ儀式ヲ行フコトヲ許ササルヘシ」。要するに公私立を問わず、小学校令・中学校令・高等女学校令による学校の宗教教育を禁じたものである。そのため宗教系私学は、これらの法令によらず私立学校令の規制をうける各種学校にならざるをえなかった。敗戦直後1945年(昭和20)10月15日の訓令第8号で、私学の宗教教育の自由は回復した。

門葉記 もんようき　南北朝期の青蓮院門主尊円親王(1298～1356)が、延暦寺の門跡である同院に関連する記録類をまとめた編纂物。全184巻。もと130巻で、江戸時代に加筆・増補が行われた。内容は、歴代門主の御修法供養記をはじめとして、勤行・入

室出家受戒記・法会・灌頂・門主行状・寺院・勤記・雑決・山務に分類されている。収められた記録類は、平安後期から室町前期の約300年間にわたっており、処々に僧綱・坊官などの加筆がある。比較的史料の乏しい中世の延暦寺について知るうえで、「華頂要略」とともにきわめて重要な史料である。青蓮院に原本122巻が現存する。

や

八百比丘尼 やおびくに →八百比丘尼はっぴゃくびくに

八百万の神 やおよろずのかみ 「やおよろず」は数の非常に多いことで、数多くの神々のことをいう。「古事記」上巻に、神々の衆議のことを「八百万の神、天安の河原に神集ひ集ひて」とあり、また「延喜祝詞式」の「大祓祝詞」にも、「八百万の神等を神集へ集へたまひ、神議り議りたまひ」とみえる。なお上記の「八百万神」は、文脈上、高天原に存在するすべての神々と解釈することもできる。類似の表現として「八十万神やそよろずのかみ」(「日本書紀」神代紀)、「八十万群神やそよろずのもろかみ」(「同」崇神天皇7年11月条)、「千万神ちよろずのかみ」(「万葉集」巻2-167)がある。

夜会記 やかい 「夜会の記」とも。*熊沢蕃山の著した書。和文、全4巻。1715年(正徳5)刊。序文には「畠山重忠の家記に出たり」、また「江戸の城を初めし太田氏(道灌)の書ともいへり」ともあるが、いずれも仮託であろう。形式は、軍者・歌人・儒者・武士・医師・僧侶らの夜会の記録であり、夜会参加者がそれぞれの立場から、人倫道徳の普遍性、中国と日本の国ぶりの比較、日本史の展開についての見解などを論じあっている。話題の配置において構成された連続性があるわけでもなく、特定の人物が議論を主導することもなく、「夜な々々御物語」が続くという設定になっている。一つの結論を求めるというよりは、互いの見方の相違をそのまま提示することで、読者に対し、文学や礼楽も含めた人事万般について考える素材を与えようという意図が感じられる。

約言 やくげん 「敬天」思想を説いた*広瀬淡窓の主著。1冊。1828年(文政11)成立。淡窓は、六経の本旨は「敬天」にあると、儒学思想を敬天の一語に収斂させる。淡窓にとって、天はたんなる自然現象ではなく、人間に「命」を下す主宰的な上帝であった。この点、序文を寄せた*亀井昭陽が批評するように、朱子学の天理を否定して、超越者的な天

を強調した徂徠学との連続性がある。さらに淡窓は，敬天を二つの側面から論じている。一つは「畏天」，もう一つは「楽天」である。前者から，天の禍福を畏れ慎み，天の監視のもと善行に努めること，後者では，どんな苦境にあっても，運命として分に安んじて楽しむことを説いた。「楽天」の側面は，「*析玄」で論じられた老子思想と結びつくが，禍福いかんにかかわらず，自己の使命としての「職任」（「約言或問」）をはたすべきことを強く求めていた点で，いわゆる老荘思想とは切れていた。

薬師寺 やくしじ 奈良市にある法相宗大本山。*南都七大寺の一つ。680年（天武9）皇后（のちの持統天皇）の病の折，*天武天皇によって造立が祈願された。しかし，造営に着手したのは持統朝で，698年（文武2）藤原京の地に完成した。平城遷都とともに現在の奈良市西ノ京に移された。藤原京の地には最初の薬師寺の寺趾が残り，これを本薬師寺とよぶ。平城京に移された薬師寺には僧綱所がおかれた。薬師寺の伽藍配置は特に薬師寺式とよばれ，金堂前の左右に二つの塔が並び立つところに特色がある。また塔の建築にみられるように，裳階などで飾り立てられ，朱や緑や金で装飾された華美な建築デザインは，竜宮城のようだと評された。天平初期の金銅薬師三尊像，白鳳様式を伝える金銅聖観音像などのほか，天平後期の吉祥天画像などが伝えられている。

薬師信仰 やくししんこう 癒病延命などの衆生救済の仏としての*薬師如来に対する信仰。東方の浄瑠璃世界の教主である薬師如来は，衆生救済の12の大願を立てて成仏したが，その中に衆生の病苦を除き，安楽を与えるという項目があるため，治病の仏として信仰を集めた。

日本においては，7世紀前半から法隆寺・法輪寺にも薬師像の造立がみられたが，680年（天武9）*天武天皇が皇后（のちの持統天皇）の病気平癒のために*薬師寺建立を発願しており，薬師信仰の高まりを示している。また奈良末・平安初期には新たに七仏薬師に対する信仰が広まり，七高山（近江国の比叡山・比良山，美濃国の伊吹山，摂津国の神峰山，山城国の愛宕山，大和国の金峰山・葛城山）での薬師悔過も行われた。また平安前期には東北地方にまで薬師如来の造像がみられ，全国的な規模で薬師信仰が広まっていたことがわかる。平安貴族の間では，息災増益を祈る七仏薬師法が盛んに行われたが，これは天台宗の四箇大法の一つとされた密教修法である。文学では，「*日本霊異記」以降の説話集に薬師如来の霊験譚は多数みられ，中世には東西の浄土を意識して阿弥陀と薬師を夫婦と説く「*熊野の本地」など本地物語も行われた。

薬師如来 やくしにょらい 梵語Bhaiṣajyaguru-vaiḍūryaprabha 薬師琉璃光如来・薬師仏とも。東方の浄瑠璃世界の教主。まだ菩薩の時に衆生救済の12の大願を立てて成仏したが，その中に衆生の病苦を除き，安楽を与えるという項目があるため，癒病延命の仏とされた。しかし，12の大願には国家七難を摧伏することがあり，ほんらい薬師如来は医薬をつかさどるだけの仏ではなく，強力な護国の力をもった仏である。国分寺の本尊が，ほんらいの釈迦像から薬師像に入れ替わっていくのはそのためである。日光・月光菩薩を脇侍とし，十二神将を眷族とする。経典に正確な像容が書かれないため印相に違いのあるものがみられるが，日本では奈良時代以前の仏像では施無畏与願印がほとんどで，平安時代以降，右手を与願印，左手に薬壺をもつ像が一般化した。現世利益的な仏として仏教伝来時から広く信仰され，民間では神社に祀られることもあった。

役者論語 やくしゃばなし 「―ろんご」とも。江戸初期の芸談集。全4巻。八文字屋自笑（1738～1815）編。1776年（安永5）刊。元禄～宝暦期（1688～1764）の名人・上手といわれた役者の言行や逸話を書きとめ，または聞き書きしたもので，歌舞伎技芸論として江戸時代を代表する書である。「優家七部書」とよばれる「舞台百ケ条」「芸鑑」「あやめ草」「耳塵集」「続耳塵集」「賢外集」「佐渡島日記」の7部に，「三文津盆狂言芸品定」を収録する。坂田藤十郎の演技論，吉沢あやめの女形論などは，元禄歌舞伎の高い水準を示す。編集した自笑は京都の

書肆八文字屋の3世で，江戸時代を通じて歌舞伎評判記を出版していた。

疫神 やくしん →疫神 えきしん

厄年 やくどし 災厄にみまわれることが多いと信じられた年齢のこと。古くは13・25・37・49・61・73・85・97歳（以下いずれも数え年）を厄年といい，これらの年は言行を忌み慎むべきとされた。現在は男の25・42歳，女の19・33歳が厄をうけやすいと信じられている。そこで古くから災厄から逃れるためのさまざまな儀礼も行われてきた。その多くは*陰陽道 おんようどう の思想にもとづくものである。厄年が平安時代の公家の間でも信じられていたことは，「源氏物語」の「薄雲」巻に藤壺が37歳で厄年にあたるとして「今年はかならずのがるまじき年」とみえ，同「若菜」巻下に紫 むらさき が厄年にあたるとして光源氏が「さるべき御祈りなど，常よりもとりわきて，今年はつつしみたまへ」と勧めていることからもわかる。近世になると，厄除け やくよけ ・厄祓いを社寺で行うことが流行した。そして交通網が発達すると，霊験あらたかな遠隔地の神仏へ参詣して厄落としをしてもらうことが盛んになった。年の境に祝う年祝 としいわい も厄年行事の一種と考えられ，現代でも多くの寺社で厄除け祈禱が行われている。

やぐら 神奈川県鎌倉市とその周辺に集中的に分布する墳墓遺跡。山腹の岩を四角にくりぬいて作った岩穴を「やぐら」とよび，鎌倉時代には「いわや」とよんだらしく，「吾妻鏡」に「巌堂 いわどう」「岩殿観音」などの表記がみられる。鎌倉時代，鎌倉において発生・流行して，室町時代には衰微した。「やぐら」の呼称は江戸末期の「新編鎌倉志」に「鎌倉の俗語に巌窟をやぐらと云なり」とあるのが文献上の初見とされる。

玄室の中央に大穴を掘って火葬骨を埋葬し，あるいは壁面に接した床に納骨穴を作った。火葬骨とするのがふつうであるが，火葬しないで埋葬する場合もあった。岩窟の壁面には五輪塔，阿弥陀像・地蔵像などの仏像，塔婆 とうば ・板碑 いたび などが浮彫りされており，それぞれやぐら内部に安置すべき本尊・供養碑を壁面に刻みつけたもので，堂内を荘厳する意味をもった。これらはやぐらが埋葬窟と供養堂を兼ねたことを示している。やぐらの遺跡調査については，「鎌倉市史　考古編」（1959年初版以下）に詳細である。

鎌倉時代に群集した武士・僧侶の間に行われたもので，山腹に窟を作って納骨する風習は古くから各地にあったが，「やぐら」の様式は他国からもちこんだとは考えられていない。はじめは鎌倉市中にも行われたが，市中に墳墓を営むことが禁止されてからは，周辺の丘陵に作られた。寺社とともに鎌倉武士の信仰空間を示す遺跡として注目される。

八坂神社 やさかじんじゃ →祇園社 ぎおんしゃ

野史 やし 「大日本野史」とも。江戸末期の歴史書。飯田忠彦 ただひこ（1799～1860）の撰。全291巻・総目3巻。1851年（嘉永4）成立。「*大日本史」の続修を企図し，南北朝合体以後の後小松天皇から仁孝 にんこう 天皇に至る400年余の歴史を漢文・紀伝体で叙述し，典拠を付す。本紀21巻・列伝270巻からなる。編修にあたっては，実録体の歴史書や公家の日記，各種随筆などの1000種をこえる史料を収集し利用した。成立までに38年の歳月を要したといわれている。なお，かつて仕えた有栖川宮 ありすがわのみや 家に本書を献上した。そのほか忠彦には「亳埃 ごうあい」「国史姓名譜 こくしせいめいふ」などの多くの系譜書の著作がある。安政の大獄に連坐し，桜田門外の変後の喚問中，自刃して果てた彼の尊王思想とともに，本書の歴史書としての意義について再検討が必要である。

矢島楫子 やじまかじこ 1833～1925（天保4～大正14）明治・大正期の教育者・女性運動家。熊本藩郷士の矢島忠左衛門直明と鶴子の六女。幼名は勝子。徳富蘇峰 そほう・徳冨蘆花 ろか は甥。横井小楠 しょうなん 門下の林七郎と結婚し3児をもうけたが，夫の酒乱で離婚する。1872年（明治5）上京。新栄女学校（のちの女子学院）に勤務し，宣教師メアリ・ツルー（Mary True）に感銘をうけて，79年受洗した。86年アメリカの婦人キリスト教禁酒同盟の影響から東京婦人矯風会 きょうふうかい を創設（会頭矢島，93年日本基督教婦人矯風会），社会の弊風を正すために*一夫一婦制の請願，在外売春婦取締りの請願を行った。1911年公娼全廃をめざし島田三郎らと*廓清会 かくせいかい を設立し，副会長となる。早くから女性の政治参加にも関心をもち，国

会開設に際し女子の議会傍聴を要求して成功した。大正期には*新婦人協会に協力し、婦人参政権獲得期成同盟会にも入会した。1889年女子学院が創立され、院長に就任。同校ではキリスト教信仰にもとづき人格を尊重し、自立・自律の大切さを説いた。在職中(1914年まで)は修身科もなく、生徒は教育勅語を暗記する必要もなかった。卒業生からは*久布白落実らの矯風会を支えた人物を輩出した。21年(大正10)88歳でワシントン軍縮会議に出席、晩年まで精力的に活動した。→廃娼運動　婦人参政権運動

社 やしろ　→神社

ヤジロー　→アンジロー

屋代弘賢 やしろひろかた　1758～1841(宝暦8～天保12)　近世後期の和学者・能書家。諱は詮虎・詮賢など、字は伯賢、号は輪池、通称太郎。江戸神田生れ。信濃源氏村上氏を祖とし、源を称した。能書家として幕府の御右筆などを務めた。古典・故実の研究をよくし、「古今要覧稿」をはじめ多くの編著作がある。*小山田与清・*大田南畝・*平田篤胤ら知識人との親交も深く、塙保己一の「*群書類従」編纂にも尽力した。さらに、文化年間(1804～18)には各地の風俗・習慣を調査するため、質問事項をまとめた「諸国風俗問状」を作成して諸藩に配布し、回答を求めるという事業を行っており、民俗調査の先駆的業績として注目される。古物・典籍などの収集に努め、江戸の上野不忍池の側に不忍文庫を設けた。死後、蔵書は弘賢に多大な信頼を寄せていた徳島藩12代藩主の蜂須賀斉昌のもとに移され、阿波国文庫とされたが、太平洋戦争などでほぼ焼失した。墓所は東京都白山の妙清寺。→諸国風俗問状答

安井息軒 やすいそっけん　1799～1876(寛政11～明治9)　幕末～明治期の儒学者。名は衡、字は仲平、息軒と号した。日向国清武の生れ。日向国飫肥藩士安井滄洲の子。大坂で篠崎小竹に学んだのち、1824年(文政7)江戸の*古賀侗庵の門に入り、昌平黌に入学する。26年*松崎慊堂に師事する。31年(天保2)飫肥藩校振徳堂の助教となる。39年に江戸で私塾三計塾を開いて子弟の教育にあたった。62年(文久2)昌平黌教授に任命された。漢唐の訓詁学を本として宋明理学説を排斥し、「管子纂詁」(1865刊)、「論語集説」(1872)などの精密な訓詁注釈書を著した。「論語集説」は古注に拠りながらも、新注ばかりか伊藤仁斎・荻生徂徠までも摂取した江戸時代の論語注釈の棹尾を飾る書である。対外的な危機意識を強くもち、*藤田東湖・*塩谷宕陰らと交わった。息軒が「管子」を最も好んだのも、それが「洋夷」に対する現実的な方策を提示していたからであった。ペリー来航時には、武力によって威嚇するアメリカには通商を拒否し、恭順なロシアには許可すべきだと論じた「靖海私議」を著した。明治期になって「*弁妄」を著し、キリスト教と共和政体を批判した。著書はほかに「息軒遺稿」(1878)など。

安井てつ やすいてつ　1870～1945(明治3～昭和20)　名は哲子とも。明治～昭和前期の教育家。江戸生れ。下総国古河藩士の子。女子高等師範学校卒。母校の助教諭や岩手県師範学校付属小学校教師などをへてイギリスのケンブリッジ女子師範学校(Cambridge Training College for Women、現ヒューズホール)に学び、E. P. ヒューズのキリスト教的人格に感銘する。帰国後、母校の教授兼舎監。*海老名弾正より受洗。バンコク府皇后女学校教育主任に転出後、再渡英してJ. S. マッケンジーに倫理学を学び、イギリス理想主義の影響をうける。学習院女子部で教えたのち、母校で教授・付属幼稚園主事。キリスト教系雑誌「新女界」(海老名主幹)主筆。1918年(大正7)東京女子大学の開学と同時に学監となり、学長*新渡戸稲造を助け、以後、キリスト教主義人格教育に専心し、個性と教養ある女性の育成に努めた。のち同校学長となる。

安岡正篤 やすおかまさひろ　1898～1983(明治31～昭和58)　大正・昭和期の陽明学者・日本主義思想家。大阪生れ。1922年(大正11)東京帝国大学政治学科卒。1921年頃から参加していた社会教育研究所、その後身の大学寮で当時のデモクラシー思潮に対抗して日本主義を主張する講義を行った。25年行地社を脱退し、

青少年の精神教化運動を志して，27年(昭和2)金鶏(きんけい)学院を創立した。32年国維会(こくいかい)を結成し，新官僚の本山とみなされた。戦時中は大東亜省顧問となり，終戦時の「玉音放送」の原案に朱をいれた。戦後は49年に全国師友協会を設立し，政・財・官各界の指導者の教化に努めた。吉田茂・池田勇人(はやと)・佐藤栄作・福田赳夫(たけお)・中曾根康弘ら歴代首相の師といわれ，憲法改正運動などを推進した。著書は「東洋倫理概論」「政治と実践哲学」など。

保田与重郎(やすだよじゅうろう) 1910～81(明治43～昭和56) 昭和期の文芸評論家。奈良県磯城郡桜井町に生まれる。1932年(昭和7)3月「コギト」を創刊。マルクス主義文学解体後の新しい文学を確立するために，ドイツ浪漫派の影響のもとに日本古典文学の復興をめざした。東京帝国大学美学科卒。35年「＊日本浪曼派(ろうまん)」を創刊し，伝統主義・反進歩主義・反近代主義の立場から多くの評論を展開する。初期の代表的著作としては，「英雄と詩人」「日本の橋」(1936)，「戴冠(たいかん)詩人の御一人者」(1938)，「近代の終焉」(1941)，「後鳥羽院(ごとばいん)」(1942新版)がある。戦争の進展とともにジャーナリズムの寵児となり，急速に右傾化する。「文学の立場」(1940)，「美の擁護」「民族と文学」(1941)，「和泉式部(いずみしきぶ)私抄」「風景と歴史」「万葉集の歴史」「古典論」(1942)など。敗戦後に公職追放。49年雑誌「祖国」を創刊，一貫して反近代主義の立場を貫き，「日本に祈る」(1950)を発表する。ほかに「日本の美術史」(1968)，「日本の文学史」(1972)，「わが万葉集」(1982)など。「保田与重郎全集」全40巻・別巻5がある。

やすらい祭(やすらいまつり) 夜須礼(やすれい)祭とも。京都＊今宮神社の境内社である疫神(えきじん)社の祭礼。春の花の飛散する頃に散舞する疫神を鎮めるために行われる鎮花祭(はなしずめのまつり)と，疫神を御霊(ごりょう)の祟りとして慰撫し祀る＊御霊会(ごりょうえ)とが結びついた民衆祭祀。「百練抄」久寿元年(1154)4月条によると，京中の児女が鼓笛を奏して今宮神社に詣り，これを夜須礼と称したが，勅によって禁止された。この時のようすは「梁塵秘抄(りょうじんひしょう)口伝集」巻14に記され，群集した男女が風流(ふりゅう)の花をさした花傘をもち，歌舞を奏して神社に至り神前を回ったとある。勅による禁止の理由は，このやすらいが左大臣の藤原頼長を批判するデモンストレーションとして構想されたためと解されている。祭名は，唱える歌詞に付す「やすらい花や」の囃子詞(はやしことば)に由来する。頼長の失脚後，後白河天皇政権下で復興されたと思われ，鎌倉初期には3月10日の鎮花祭的な祭礼として定着する。現在は4月第2日曜日が祭日。

夜船閑話(やせんかんな) 江戸中期の＊仮名法語。＊白隠慧鶴(はくいんえかく)の著。1巻。成立年不詳。1757年(宝暦7)に京都小川源兵衛より白隠自筆の刻本と版本の両種が刊行された。禅道修行者のための養生書であるが，宗門外の人々にも広く読まれた。白隠は近世臨済禅の中興の祖として知られるが，かつて求道修行中に重い禅病にかかり，京都白河山中の白幽(はくゆう)先生を訪ね，内観修養の法を伝授され，心身治癒して徹悟することをえた。後年，門下の修行僧が参学中に疾病や禅病に悩むのをみて，「内観の法」「軟酥(なんそ)の法」を説き，これを癒した。いわゆる神仙長寿不死の神術であり，修禅者の参禅と内観の兼修が説かれている。

野叟独語(やそうどくご) 江戸後期の対露警戒論。全3巻。＊杉田玄白(げんぱく)の著。1806年(文化3)頃の成立。題名は田舎老人の独り言の意味。1804年，ロシア使節レザノフが通商を求めて長崎に来航したが失敗し，その失地回復のために千島(ちしま)・樺太(からふと)の日本人会所を襲撃するフボストス事件が06年から翌年にかけて起こった。本書はこうした出来事をきっかけに，ロシア国情の簡単な紹介と，事件の顚末，蝦夷地(えぞち)での対露対策を記したものである。内容に当時の幕政に対する辛辣な批判が含まれていたために，公表はされなかったが，幕末にはわずかながら写本があった。

耶蘇会(やそかい) →イエズス会(いえずすかい)

耶蘇会士日本通信(やそかいしにほんつうしん) →イエズス会日本書翰集(いえずすかいにほんしょかんしゅう)

耶蘇会日本年報(やそかいにほんねんぽう) →イエズス会日本年報(いえずすかいにほんねんぽう)

八十島祭(やそしままつり) 八十島神祭とも。＊大嘗祭(だいじょうさい)の翌年，即位儀礼の一環として，摂津国難波津(なにわづ)において執り行われる天皇一代一度の祭儀。文献上の初見は「文徳天皇実録」

嘉祥3年(850)9月8日条。後堀河天皇の1224年(元仁元)の祭使派遣を最後として以後廃絶する。「江次第」によれば，祭使は内侍(典侍)・蔵人・宮主・御琴弾・御巫・生島巫などで構成される。祭使一行は，天皇の衣を入れた筥をもって難波津に下向する。難波津の祭場には，宮主が壇を設け，その上に祭物がおかれ，神祇官人が琴を弾き，女官が御衣筥を開いて振る。祭儀の性格については，禊祓説と，新天皇に大八洲の霊を付着させ国土の支配権を保証する呪術的祭儀説とがある。祭神については，「延喜式」に「住吉神・大依羅神・海神・垂水神・住道神」とみえるが，これは平安朝的変容をへたもので，本来は「生島神・足島神」とする説もある。また起源についても，文徳朝の嘉祥3年(850)創始説と，5世紀の即位儀礼を淵源とする説とがある。

野沢二流　真言密教の修法の作法における二大流派で，小野流と広沢流の略。平安前期に活躍する*聖宝を祖とする流派を小野流，益信を祖とする流派を広沢流と称するが，実際に両派が確立するのは平安後期である。小野流は，さらに安祥寺流・勧修寺流・随心院流・三宝院流・理性院流・金剛王院流の6流に分かれ，特に後三者を醍醐三流と称する。広沢流は，仁和御流・西院流・保寿院流・華蔵院流・忍辱山流・伝法院流に分かれる。以上を総称して野沢十二流という。小野流が口伝を重視するのに対して，広沢流は経典儀軌を重んじるといわれるが，必ずしも明確ではない。

宿屋飯盛　→石川雅望

矢内原忠雄　1893〜1961(明治26〜昭和36)　大正・昭和期の経済学者。*新渡戸稲造の植民地学を継承し，*内村鑑三の無教会キリスト教信仰の伝道に挺身した。愛媛県越智郡富田村の西洋医家に生まれる。1917年(大正6)東京帝国大学を卒業，住友総本店に入社したが，3年後東大経済学部に招かれ，英・独・仏に留学した。「植民及植民政策」(1926)は内外の植民政策学を集大成し，体系化したものである。社会群の移住を実質的植民地と定義し，マルクス主義者などから批判・反論をうけながらも，この概念のもとに「帝国主義下の台湾」(1929)をはじめ，「満州問題」「南洋群島の研究」「帝国主義下の印度」の実証的地域研究を次々に発表した。住民参政権を認める自主主義政策を主張し，日本の植民政策を批判した。30年(昭和5)内村鑑三・*藤井武の死を転機に聖書集会を主宰し，聖書講義録・個人誌の刊行に努めた。そこに貫流する正義・平和への思いは軍国主義への抵抗であり，32年には「マルクス主義と基督教」を著し，自由主義の立場を明確にした。日中戦争が始まった時の論文「国家の理想」と「日本の理想を生かすために，先ず日本を葬って下さい」との演説が問題とされ，37年東大教授を辞職する(矢内原事件)。その後は，在野にあってキリスト教の福音と予言の弁証に生命をかけた。敗戦後，東大に復職し，植民政策を「国際経済論」と改称し，その講座を担当した。同大学社会科学研究所初代所長・経済学部長・教養学部長・東大総長(2期6年)を務めた。大学自治の原則に立ち，学生運動のあり方に警告し，外部の権力介入を排除し，学内秩序の健全化を志した。退官後，学生問題研究所を創設，キリスト教伝道に傾注した。「矢内原忠雄全集」全29巻がある。

梁川星巌　1789〜1858(寛政元〜安政5)　幕末期の漢詩人。名は孟緯，字は伯兎・公図，通称は新十郎，星巌はその号。美濃国安八郡曾根村の郷士の子。1807年(文化4)江戸にでて*山本北山の奚疑塾に入り，江湖詩社に参加し，菊池五山・大窪詩仏・柏木如亭らと交わった。17年に帰郷して私塾梨花村草舎を営み，江馬細香らと詩社白鷗社を結ぶ。22年(文政5)妻の紅蘭と西遊し，32年(天保3)江戸にでて，神田お玉が池に玉池吟社を開き，小野湖山・大沼枕山・遠山雲如らが集まった。また*藤田東湖・*佐久間象山らとも交わり，国事を論じた。45年(弘化2)帰郷。翌年，京都にでて，鴨沂小隠と号した住居で*頼三樹三郎ら勤王の志士と接触し，安政の大獄で逮捕直前に流行中のコレラに罹って，急逝した。著書は漢詩集

「星巌集」前・後編がある。

柳沢淇園（やなぎさわきえん） 1704〜58（宝永元〜宝暦8） 江戸中期の文人。名は里恭（さととも）、字は公美、淇園は号。江戸生れ。柳沢吉保家の筆頭家老曾禰保格（そねやすのり）の次男。大和国郡山への主家の転封に従って移住した。不行跡を理由に減給されることがあったが、27歳の時に家督を継ぎ、大寄合まで進んだ。早熟・鋭敏で、儒学のほか多芸多才は群を抜き、「近世畸人伝（えん）」（1790）には人に教えられる芸は16、一芸一能の者は食客として留めたという。画業は、*祇園南海（なんかい）・*服部南郭（なんかく）らとともに、文人画創始者の一人として知られる。色道論の異色の随筆に「独寝（ひとね）」（1725頃）がある。大坂の町では洒落本（ぼん）「列仙伝（れっせんでん）」（1763）、上田秋成（あきなり）の浮世草子「諸道聴耳世間猿（しょどうききみみせけんざる）」（1766）などにとりあげられる有名な粋人で、中国風の呼称「柳里恭（りゅうりきょう）」で通じた。晩年は、河内国高貴寺の*慈雲（じうん）（飲光（おんこう））に師事した。

柳田国男（やなぎたくにお） 1875〜1962（明治8〜昭和37） 日本民俗学の創唱者。兵庫県生れ。出生戸籍姓は松岡だが、26歳の時に柳田家の養子となる。はじめ農商務省官僚として農政学を志したが、農山村視察の折に見聞した土地の伝承・伝説を収集して後世に残すことに使命感をもつ。特に1909年（明治42）に出版した「後狩詞記（のちのかりことばのき）」や代表作の一つである「*遠野物語」（1910）などの出版を契機に、しだいに郷土研究（民俗学）へと傾斜していく。この頃、書簡で*南方熊楠（みなかたくまぐす）に民俗学に関する知見や外国文献などについて頻繁に質問を発して教えを乞い、南方も神社合祀反対活動の助力を依頼する関係ができた。ただし、両者の民俗学に関する視点と方法に違和感もあってか、数年後には絶交状態になる。1919年（大正8）貴族院書記官長を最後に官職を辞し、本格的に民俗学研究と文筆に従事する。はじめは関心の対象が山人（さんじん）中心であったが、1920年代以降しだいに定住農耕民（常民（じょうみん））の生活と文化、特に日本人の固有信仰のありように関心の焦点が移っていった。戦後、家制度と祖先祭祀を基底とする日本人の信仰の実相を「先祖の話」（1946）に著した。「定本柳田国男集」全31巻・別巻5がある。

柳宗悦（やなぎむねよし） 1889〜1961（明治22〜昭和36） 「一そうえつ」とも。大正・昭和期の芸術的社会思想家で民芸運動の創始者。東京生れ。学習院に学んだのち、1913年（大正2）東京帝国大学哲学科を卒業（心理学専攻）。在学中の1910年（明治43）「*白樺（しらかば）」創刊に参加して西洋の思想・芸術の紹介に力を注いだが、イギリスの詩人ブレイク（W. Blake）の研究を転機に東洋に眼を向ける。李朝白磁の美をみいだした朝鮮民族を敬愛し、19年の三・一独立運動や22年の光化門（こうかもん）取り壊し問題の際などに、日本政府の朝鮮政策を批判した。24年には京城に朝鮮民族美術館を開設した。朝鮮の芸術に接したのを契機として民芸に開眼、無名の工人が作り出す日常的で〈健康な美〉を理想とし、26年（昭和元）から運動を開始した。31年雑誌「工芸」を創刊、35年には日本民芸館を設立し、日本各地の手仕事を保護・育成するとともに、理想的美の創造を可能にする社会の実現をめざした。ロシアの無政府主義者クロポトキン（P. Kropotkin）の相互扶助思想への共感から出発した〈複合の美〉を重んじる平和思想を堅持し、アイヌ、台湾先住民、沖縄の文化的独自性を尊重、39〜40年には沖縄方言論争をおこした。民族文化共生の重要性を説いて、日本政府による周辺民族への文化的同化政策には一貫して批判的であり、大東亜共栄圏構想には距離を保っていた。戦後は民芸美のうまれる由来を仏教に求め、妙好人（みょうこうにん）・一遍（いっぺん）上人などの研究をへて独自の仏教美学の樹立へと向かった。57年文化功労者。「柳宗悦全集」全22巻がある。
⇒民芸四十年

柳原紀光（やなぎわらもとみつ） →続史愚抄（ぞくしぐしょう）

矢野玄道（やのはるみち） 1823〜87（文政6〜明治20） 幕末・維新期の国学者・神道家。通称茂太郎、号は梅廼舎（うめのや）など。伊予国喜多郡の人。大洲（おおず）藩士。1845年（弘化2）上洛して*伴信友（ばんのぶとも）に考証学を学び、翌46年江戸へでて、*平田篤胤（あつたね）の没後門人となる。51年（嘉永4）からは京都にあって*玉松操（たままつみさお）らとともに国事に奔走し、67年（慶応3）の王政復古の直後には建言書「*献芹詹語（けんきんせんご）」を提出した。維新後は、神祇官判事・大学中博士などの要職を歴任し、国学中心の教育制度樹立を

めざすも，*福羽美静らや大国隆正派の国学者などとの対立もからみ，71年(明治4)には藩預りの身となった。のちに復権し，*皇典講究所の初代文学部長なども務めた。「神典翼」「皇典翼」などの著述のほか，篤胤の「*古史伝」後半部の編纂も行った。

矢野守光 やのもりみつ 生没年不詳 江戸後期の代表的な神道講釈者。姓は藤原，通称は桜太夫・左倉，清醒舎と号した。和泉国の人。神道古典を平易に説き，広く大衆に対して神道講釈を行った。1816年(文化13)に出雲国の飯石郡や能義郡に赴き，開祖以来の一向専修の伝統を貫く浄土真宗と論争を行った。その時の内容は「新板くどき」(内題「神道真宗争論口説」)などに活写されている。39年(天保10)には吉田家から泉州神祇道取締役に任じられた。

矢野竜渓 やのりゅうけい 1850〜1931(嘉永3〜昭和6) 明治・大正期の小説家・政治家。本名文雄。豊後国佐伯生れ。慶応義塾卒。1876年(明治9)「*郵便報知新聞」の副主筆となる。78年福沢諭吉の推挙により*大隈重信のもと大蔵省少書記官，太政官少書記官，同大書記官兼二等検査官をへて統計院幹事となる。81年「郵便報知新聞」に復帰，社長となる。82年立憲改進党を結党，「郵便報知新聞」をその機関紙とした。83〜84年政治小説「経国美談」を発表。84〜86年外遊し，90年に冒険小説「浮城物語」を刊行する。96年大隈外相の時に駐清公使となるが，99年辞職。1902年国木田独歩を主幹とした近事画報社を設立するが，不首尾に終わる。晩年は「大阪毎日新聞」監査役・副社長などを務める。

八幡神 やはたのかみ →八幡神はちまんしん

藪孤山 やぶこざん 1735〜1802(享保20〜享和2) 江戸中期の儒学者。名は愨，字は士厚，通称は茂次郎，孤山はその号。熊本藩士で，朱子学者*藪慎庵の次男。1757年(宝暦7)藩命で江戸に留学し，翌年から3年間京都に学び，*西依成斎らと交わった。61年，熊本藩校時習館の訓導に抜擢され，秋山玉山の没後に助教となり，66年(明和3)2代目の教授となった。父慎庵と同様に朱子学を奉じ，時習館の学風を詩文に偏した古学から朱子学に刷新しようと試みたが，果たせなかった。*中井竹山と交わり，弟子には*脇蘭室らがいる。著書に，太宰春台の「孟子論」(「斥非」付録)に反駁した「崇孟」(1775刊)，「孤山先生遺稿」などがある。

流鏑馬 やぶさめ 騎射の一つ。馬を走らせながら通常三つの的を射る競技であり，武芸鍛錬法として鎌倉時代の武士層に広く流行するが，室町時代以降衰退していった。犬追物・笠懸とともに騎射三物とよばれた。「*中右記」「*新猿楽記」などの記述から平安後期すでに公家の行事としてその存在が確認できる一方，「*吾妻鏡」ではこれを藤原秀郷の秘伝と伝える。神社の祭・境内での開催や，使用された矢・的の神聖視などから，本来は*年占などの神事とかかわる特別な行為であったと想像できる。かなりの神社に特殊神事として現存する。

藪慎庵 やぶしんあん 1689〜1744(元禄2〜延享元) 江戸中期の儒学者。名は弘篤，通称は九右衛門，慎庵または震庵と号した。代々の熊本藩士で朱子学の立場を守ったが，*荻生徂徠とも親交をもった。礼楽の制度に関心が深く，徂徠との書簡のやりとりにおいては，徂徠の音楽史観を中心に論じあっている。砲隊長でもあった慎庵とはじめて会った徂徠が，水軍や兵学の談義に夢中になったことはよく知られたエピソードである。次子に*藪孤山がいる。著書は「慎庵遺稿」10巻。

病草紙 やまいのそうし 平安末・鎌倉初期の，奇病を描いた絵巻物。京都国立博物館本(10面，国宝)，河本家本(1幅)，広田家本(1幅)，福岡市美術館本(1幅)，諸家分蔵(8幅)が現存する。紙本著色。これらはもと一連の作品であったと考えられる。人物表現などから必ずしも病苦を悲惨なものとして描いていない。そのことからすれば，この絵巻物が蓮華王院宝蔵に収められていた*六道絵などの一部であるとの説には賛同しえないものがある。

山岡浚明 やまおかまつあけ 1726〜80(享保11〜安永9) 江戸中期の国学者・戯作者。幕臣の家に生まれ，西丸御小姓組・小普請組などの勤めのかたわら，戯作を執筆した。泥郎子の名で出版した「跖婦人伝」(1749刊)は，題名を「荘子」盗跖篇からえて，老荘思想のパロディで書かれた洒落本である。多くの模

倣作をうんで，前期戯作の濫觴となった。*賀茂真淵に入門し，わが国の古典・古書の校勘学を得意とした。地誌「武蔵志料」や名物学の書「類聚名物考」は，いずれも没年まで書きつがれた長年の労作で，後者は五十音順に配列された事物の百科事典として，質・量ともに類書中傑出したものである。

山鹿語類 やまがごるい　*山鹿素行の学問を集大成した書。門人が素行の言説を編集した形をとり，1665年(寛文5)に成立した。君道・臣道・父子道を中心に五常を論じた編(巻1～20)，士道編(巻21～32)，聖学編(巻33～43)の3編に，父親の葬礼を記録した「枕塊記」(巻44・45)が付け加えられている。君道では，君と民との相補的な関係をもとにして，風俗教化を中心とする民政の重要性を説き，士道編では，武士の存在意義を農工商の三民に対する道徳的な模範となることに求め，泰平の世に生きる武士の職分を提示している。さらに聖学編では，「性理大全」「近思録」などの宋学の基本書を巧みに読み替えることによって，独自な思想を提示している。「*聖教要録」はこの聖学編の要約である。

山鹿素行 やまがそこう　1622～85(元和8～貞享2)　江戸前期の兵学者・儒学者。山鹿流兵学の祖であり，また古学派の一人に数えられる。名は高興・高祐など，字は子敬，通称は甚五左衛門，素行は号。牢人の子として会津に生まれた。9歳で*林羅山に学び，15歳の時，兵学者小幡景憲と*北条氏長に入門した。氏長を受け継いだ素行は，兵学の立場から儒学を受容していった。はじめ朱子学を信奉していたが，その理想主義的な道徳・政治論が，武士の「今日用事物の上」に役立たないことに気づき，1662年(寛文2)頃，後世の注釈を捨て，直接「周公・孔子の書」に回帰して，農工商の三民の上にたつ武士にふさわしい，「聖学」「聖教」を確立した。朱子学の諸概念を批判した「*聖教要録」(1665)刊行のため，素行は幕府から旧主の赤穂藩浅野家に預けの処分をうけた。

素行の朱子学批判の特徴は，朱子学が仏教と等しい「異端」だとする点にある。素行によれば，朱子学は自己の内に道徳的な本来性を認めるため，それを根拠に自己の主観的な判断を絶対化し空論に陥りやすく，さらに民衆の道徳性の実現をめざす，その政治論は非現実的であるという。これに対して素行は，「性」を客観的な「条理」を認識する能力と捉え，その認識方法としての経験的な「格物致知」論を説き，日常の生活規範である「礼」による風俗教化という現実的な政治論を展開した。また「*中朝事実」(1669)を著し，天皇の万世一系性と武威を論拠にして日本の優越性を説いて，林家に代表される中華崇拝を批判した。著書はほかに「*山鹿語類」など。

山県有朋 やまがたありとも　1838～1922(天保9～大正11)　明治・大正期の代表的政治家で，陸軍を背景に政界に勢力を振るった。幼名辰之助，のち小助・小輔。萩藩の下級武士の家に生まれ，少年の頃は槍術家志望であったが，幕末の混乱の中，*松下村塾をへて過激な尊王攘夷家になった。明治維新政府の一員として徴兵制を施行し，初代陸軍卿に就任して「軍人訓誡」を発布した。これはのちに「*軍人勅諭」として拡充され，帝国陸軍の真髄とされた。陸軍畑を歩いてきたことに示されるように，山県は天皇を日本国の頂点とし，有能な政府が国民を統治するのを理想とし，対外的にも軍事力で独立を守らねばならぬとした。1890年(明治23)第1次山県内閣の時に「*教育勅語」を発布した。自由民権運動・国会開設に対してはあくまで批判的で，1887年の保安条例公布，88～90年の三新法改正による地方制度の改革をうちだした。国会開設後も*超然主義を唱え，伊藤博文の政党結成に反対した。もっとも第2次山県内閣の時には，地租増徴・京釜鉄道敷設のため憲政党と提携した。1900年代に入ってからは，元老として終生政界に影響力をもった。

山県周南 やまがたしゅうなん　1687～1752(貞享4～宝暦2)　江戸中期の儒学者。名は孝孺，字は次公，通称は少助，周南と号した。萩藩儒の子として生まれる。1705年(宝永2)19歳の時江戸にでて，*荻生徂徠のもとで古文辞学を学んだ。のち37年(元文2)藩校であ

る明倫館の2代学頭となり、学則を整備し、徂徠学を長州の地に広めた。1711年(正徳元)の朝鮮通信使との詩文の酬で活躍し、文名を高めた。著作に「*為学初問」1巻、「周南詩文集」10巻などがある。

山県太華 やまがたたいか　1781～1866(天明元～慶応2)　江戸後期の儒学者・萩藩士。名は禎、字は文祥、通称は半七、号は太華・芸窓主人。周防国吉敷郡天華村の人。1803年(享和3)藩命により、藩校明倫館の2代目学頭山県周南の裔孫山県氏を相続した。はじめ筑前国の*亀井南冥から徂徠学を学び、のち江戸に遊学し朱子学に転じた。10年(文化7)明倫館の学頭助役となり、12年、徂徠学者の中村華巌とともに藩主側儒・学頭兼務を命ぜられ、24年(文政7)側儒専任となった。35年(天保6)再び明倫館学頭となり、周南以来の学風を朱子学に改め、52年(嘉永5)に隠居した。55年(安政2)野山獄中の吉田松陰から送られた「*講孟余話」に対して反論を加え、翌年まで松陰と論争をしたことは有名である。そこでは、松陰が「天下は一人の天下なり」として、天皇統治の正当性と天皇への忠誠を説いたことに対して、「天下は天下の天下なり」という儒教的な政治論と「天地の勢」の論理を対置して、松陰に現存秩序への随順を促している。主著「国史纂論」(1839成、1846刊)は、日本史の主な政治的記事を抄出して、これに関する諸家の史論を編集し、さらに朱子学的な道義観に立った自身の評論を加えたもので、幕末の史論書の一つの典型として明治期まで読まれた。このほかの著書に、「周礼」の民政にかかわる官職に解説を加えた「民政要編」(1848刊)がある。

山県大弐 やまがただいに　1725～67(享保10～明和4)　江戸中期の儒学者で、*明和事件の中心人物。実名は惟貞のち昌貞、字は子恒のち公勝、通称は軍治のち大弐、号は柳荘、医者として洞斎。父は村瀬為信、母は山県氏(墓碑では斎藤氏)。その次男として甲斐国巨摩郡竜王村篠原(別称は北山筋篠原村)に出生。父が甲府与力番代、さらに甲府与力となるにしたがって甲府に居住する。はじめ崎門派の朱子学者で橘家神道(垂加神道分流)系の神官、*加賀美桜塢に入門し、1741年(寛保元)徂徠学系の儒者で古方派漢方医の*五味釜川に師事する。翌年京都に遊学したという説には確証がない。父の死去(1738)後、家督を継いだ兄昌樹が隠居したため、45年(延享2)甲府与力となる。50年(寛延3)に弟武門が殺人を犯し逃亡したため扶持召放となり、母方の山県姓を名乗る。江戸四谷坂町に移住し、町医者を開業する。54年(宝暦4)上総国勝浦藩主大岡忠光(若年寄のち側用人)に仕官する(7人扶持)。

60年忠光の没後に致仕し、江戸八戸堀長沢町に開塾して剣術・武田流兵学・儒学を教授する。かねてから宝暦事件で重追放に処された*竹内式部と交友、62年甲斐国で会う。また、式部の門弟*藤井右門が入塾する。門人である吉田玄蕃(小幡藩家老)の手引きにより、上野国小幡藩主織田信邦の家中に兵学を講義する。式部は、関流和算・天動地球説系天文暦学・音韻学・悉曇学・音楽学などにも造詣が深く、また政治論でいえば、従来の尊王敬幕論に代わって*尊王斥覇論を主張した。万世一系の天皇が伝統的な日本国王であり、武家政権は覇道にすぎず、人民を苦しめているとする。67年(明和4)、門人中の牢人4名が大弐に反逆の陰謀があると幕府に出訴した。幕府はその疑いはないと認めながら、天皇に対する幕府の処遇を不当とし兵乱を扇動したという名目で死罪を申し渡した(明和事件)。大弐の著書は「*柳子新論」「天経発蒙」「星経淘汰」など多数あるが、生前に刊行されたのは「素難評医事撥乱」(1765)だけである。

山片蟠桃 やまがたばんとう　1748～1821(寛延元～文政4)　江戸中・後期の町人学者。名は有躬、字は子厚、蟠桃は号。播磨国印南郡神爪の農民長谷川小兵衛の次男。13歳で大坂升屋の別家番頭升屋久兵衛の養子となり、17歳で元服し4代久兵衛になる。本家山片家の番頭として升屋の経営を立て直し、本家に認められて1805年(文化2)山片芳秀(字は子蘭)と改名した。隠居後は学問に専念して、*懐徳堂で*中井竹山・履軒兄弟に儒学を学んで合理的精神を身につけ、*麻田剛

立にうに天文学を習い，多くの蘭学書も繙いた。失明にもめげず，大著「*夢の代」全12巻を20年(文政3)に完成させた。

山川イズム　やまかわ　日本の社会主義運動が少数のインテリによる宣伝活動をこえて，労働階級の中に大衆化する状況と気運を迎えた1920年代(大正後期)，*山川均らは*方向転換論を，ついで共同(統一)戦線の一形態として，乱立する無産政党を結集した共同戦線党論を提起した(「*労農」1927年創刊号の「政治的統一戦線へ！」)。これが山川イズムである。これと対立したのが第2次(再建)共産党の指導理論となった*福本イズムである。少数先進分子の結合の前にまず自らを他から分離する必要を説いた福本の分離・結合論は，当時日本の階級情勢の現実から遊離し，大衆運動にいっそうの分裂をもちこむ弊害をもたらした。

山川菊栄　やまかわきくえ　1890～1980(明治23～昭和55)　大正・昭和期の女性運動家・評論家。東京麴町に生まれる。父の森田竜之助は畜産技師，母千世の祖父は水戸藩儒学者青山延寿。府立第二高等女学校時代に青山に改姓。1908年(明治41)女子英学塾に入学，婦人解放に関心を寄せる。卒業後平民講演会に出席，社会主義を学ぶ。16年(大正5)「*青鞜」で伊藤野枝らの主張を批判し，廃娼論争をおこす。同年*山川均らを知り，結婚する。18年*母性保護論争で社会主義女性論の理論家として評価された。21年*赤瀾会を結成，23年ベーベルの「婦人論」を全訳した。25年日本労働組合婦人部テーゼを執筆し，また労働組合婦人部の設置を要求した。テーゼでは婦人労働者の母性保護を中心に，大衆化闘争をめざして戸主制度・公娼制の廃止を主張し，植民地民族の権利をも訴えた。同年の「婦人問題と婦人運動」は代表的著作である。戦争時は生活手段として鶉を飼育し，「わが住む村」を書いた。戦後47年(昭和22)日本社会党に入党，労働省初代婦人少年局長に就任(51年まで)，62年婦人問題懇話会を創立した。74年「覚書幕末の水戸藩」で第2回大仏次郎賞を受賞し，晩年まで執筆活動を続けた。「山川菊栄集」全10巻・別巻1がある。

山川均　やまかわひとし　1880～1958(明治13～昭和33)　明治～昭和期の社会主義者・マルクス主義者で，*労農派の中心的な理論的指導者。岡山県生れ。京都の同志社補習科を中退し上京する。1901年(明治34)不敬罪で検挙され，入獄する。06年日本社会党に入党し，翌年日刊「*平民新聞」の編集にあたる。08年の赤旗事件で入獄し，*大逆事件への連坐をまぬかれる。16年(大正5)堺利彦らの*売文社で「新社会」の編集に参加する。売文社の分裂後は，堺と「社会主義研究」を19年に，「*前衛」を21年に発刊する。社会主義同盟の創立(1920)，第1次日本共産党の結成(1922)に参加する。第1次共産党事件(1923)後は，党再建路線をめぐって*福本イズムと対立して，共同戦線党論(*山川イズム)を主張した。27年(昭和2)，堺利彦らと・鈴木茂三郎・大森義太郎・向坂逸郎らと「*労農」を創刊，労農派を形成した。37年には*人民戦線事件で検挙された。戦後ただちに民主人民戦線を提唱し，46年民主人民連盟議長に就任した。47年「前進」を発刊，51年「社会主義」を創刊，大内兵衛・向坂らと社会主義協会を結成し，日本社会党左派(左派社会党)を指導した。「山川均全集」全20巻がある。

山崎闇斎　やまざきあんさい　1618～82(元和4～天和2)　江戸前期の儒学者。*垂加神道の提唱者。名は嘉(はじめは柯)，字は敬義，通称は嘉右衛門，闇斎または垂加と号した。京都の牢人(鍼医)の子。はじめ比叡山・妙心寺・汲江寺(土佐国)において禅を学んだが，土佐の地で*野中兼山・小倉三省・谷時中らの南学にふれ，朱子学に転じた。京都に戻って「*闢異」1巻を著して，朱子学を思想的な立脚点として異端を斥けることを表明した。1655年(明暦元)の開講からは，朱子とともに誤るならそれでよいという徹底した態度で朱子学を講じ，65年(寛文5)からは会津藩主*保科正之(徳川家光の異母弟)に招かれて賓師として活躍した。正之の臣下である服部安休を通じて*吉川惟足らの神道説に接し，71年に*吉田神道の伝授をうけて，霊社号である垂加を与えられた。

闇斎の朱子学の特徴は，「大全」をはじめとする明代の二次的な編纂書を排して，朱子その人の言葉に即して「道」を究めようとし

たところにある。そこでは四書の「集註」は勿論のこと、「朱子文集」「朱子語類」の精読が求められ、日本人による朱子理解として格段の深まりをみせた。また、単に知識を広げるものとしての学問（博学）が嫌われて、自らの実行・実践に切実であることがきびしく要求された。林家や貝原益軒らの朱子学に否定的な評価が下されるのは、ここに不徹底があるとされたからである。闇斎は、四書に自ら訓点をほどこしてこれを刊行し（嘉点）、俗語を交えた平易な言葉で多くの朱子学文献の講義記録を残した。のちの世代は、これらを通じて、朱子と一体化した闇斎の学問を継承した。

他方で闇斎には、「心」の「身」に対する主宰性を強調することが、禅の考える人間の主体性の理解に足をすくわれてしまうという危惧が強く、「心」と「身」とを相即のものと捉える傾向があって、実践道徳としての「敬」に比重をおいた議論が展開された。伊勢神道や吉田神道では、神の宿るべき「神明の舎」としての「心」と不離一体の、その容器としての「身」をともに慎むことを説いてきたが、闇斎はこのような神道の議論に、自分の思想と深く共鳴するものを見出した。さらに、君臣の道徳を臣下の絶対の「忠」として捉えることも、闇斎の朱子学理解と神道の議論をつなぐものとしてであり、晩年に至るほどに闇斎の神道への傾斜は強まり、自己自身の内にある「心神」を自ら拝するというところにまで行き着いた。それは朱子学を捨てるということではまったくなく、闇斎によれば、朱子学の真理が「神代巻」や「中臣祓」といった神道のテキストにも貫かれていることの発見であった。

こうして闇斎の唱えた垂加神道は、近世の前半の神道思想を席捲した。儒学の門人には、*佐藤直方・*浅見絅斎・*三宅尚斎があって崎門の三傑といわれる。神道の門人には、*玉木正英・*跡部良顕・*谷秦山らがいるが、浅見絅斎に学んだ*若林強斎が、その最も深い理解に達していたといってよい。「垂加草」30巻・付録3巻（植田玄節らの編纂）と「垂加文集」7巻、「続垂加文書」3巻・付録1巻、「垂加文集拾遺」3巻（跡部良顕らの編纂）という二つの詩文集がある。⇒仁説問答　神代巻講義　神代巻風葉集　文会筆録　大和小学

山崎宗鑑 やまざきそうかん　→宗鑑

山里 やまざと　「山里」の語は「*万葉集」にはみえず、「*古今和歌集」になってはじめて顕在化する。それまで絶対的価値をもっていたはずの都にありわびて、地方に理想郷が求められたが、失意の貴族たちには現実の地方はあまりにも遠くわびしく、都の郊外や周辺にいわば仮想の「地方」が作りだされることになった。それが「山里」である。しかし「山里はもののわびしきことにこそあれ世の憂きよりは住みよかりけり」という境地に落ち着くことは稀で、「山里は冬ぞ寂しさまさりける人目も草も枯れんと思へば」など、一度宮廷生活を味わった身には、その山里も理想郷とはなりえなかったことを示している。

山路愛山 やまじあいざん　1864～1917（元治元～大正6）　明治期の史論家・ジャーナリスト。江戸浅草の天文方屋敷に生まれる。幼名は左衛門あるいは金弥、明治以降は弥吉となる。明治維新後、一家は幕臣として静岡に移住する。7歳で旧幕臣の書家田中薫丘の麗沢舎に入り、いろはを学ぶ。15歳で、当時静岡師範学校の生徒であった高木壬太郎らと「呉山一峰三絶」を創刊した。17歳の時には、政治に関心をもち演説結社の修理社に入り、のちに静岡事件の首謀者となる人たちと知り合う。20歳の秋、キリスト教の信仰を告白し、この頃「愛山」を名乗る。翌年3月、静岡メソジスト教会の牧師平岩愃保より受洗する。東洋英和学校に入学し、*内村鑑三と出会う。26歳の時、日本メソジスト教会の機関誌として創刊された「護教」の主筆となる。翌年民友社に入り、1893年（明治26）「国民之友」に「頼襄を論ず」を発表し、*北村透谷と「人生相渉」論争を行った。99年4月「信濃毎日新聞」の主筆となり、6月に一家で長野に移る。1903年には「独立評論」を創刊し、国家社会主義の立場を表明する。39歳の時に「信濃毎日新聞」主筆を辞任し、上京する。早稲田大学・慶応義塾大学で教壇に立つこともあった。主

著に「豊太閤(ほうたいこう)」「足利尊氏」「勝海舟(かっかいしゅう)」などの史論がある。その史論は民友社の影響をうけ、平民主義の立場から「共同生活の大義」の実現を主張する。さらに「僕の頭は数学的、科学的に発達した」とのべているように、人物の考察は物質的側面を重視した。文章も一つの「事業」と考えた。『山路愛山集』『愛山文集』などがある。

山階道理 (やましなどうり) *興福寺の僧兵の*強訴(ごうそ)の際の要求が非道であることが多かったために、その主張を批判をこめて逆説的にこうよんだ。興福寺が創建当初、山階寺(やましなでら)とよばれたことに由来する。「*大鏡」5・道長上に「かの寺、いかめしうやんごとなき所なり。いみじき非道も、山階寺にかゝりぬれば、又ともかくも人もの言はず、「山しな道理」とつけて、をきつ」とみえる。僧兵が春日大社の神木(しんぼく)を奉じて入洛したため、興福寺を氏寺(うじでら)に、春日大社を氏神とする藤原氏は謹慎して朝廷には出仕しなかった。そのため政治そのものが停止してしまうので、結果的に寺側の要求がとおることが多かった。これをおして出仕した場合は興福寺により放氏(ほうし)された。

山城国一揆 (やましろのくにいっき) 1485年(文明17)12月綴喜(つづき)・相楽(さがら)・久世(くぜ)の南山城3郡でおきた国一揆。同年10月から宇治川を挟んで畠山義就(よしなり)と同政長(まさなが)の対陣が続き、河内・大和国の武士の進出にともない、南山城国人(こくじん)の所領支配は不安定化した。細川政元被官の三十六人衆を中心に、彼らは集会して一揆を結成、両畠山軍に迫ってその退陣をはたした。同時に掟法を定め、本所領回復の名目で他国武士の代官を排斥し、旧来の荘官の地位を確保した。ついで掟法を拡充して半済(はんぜい)を実施し、検断権(けんだんけん)の行使と相まって、実質的な守護権を掌握したと解される。93年(明応2)明応(めいおう)の政変ののち新守護伊勢貞陸(さだみち)の入部を認め、さらに入部反対派も貞陸の代官古市澄胤(ふるいちちょういん)に撃破されたことで、国一揆は解体したとされている。

山田寺 (やまだでら) 浄土寺(じょうどじ)とも。奈良県桜井市山田にある古代寺院趾。641年(舒明13)蘇我倉山田石川麻呂(そがのくらやまだのいしかわまろ)の発願によって造営が開始された。649年(大化5)に讒訴された石川麻呂は金堂前で自害し、一時造営が中断した。のち石川麻呂の名誉回復が図られるとともに、造営も再開され、金銅丈六仏が685年(天武14)に完成した。この像は、1187年(文治3)に興福寺に奪われ、室町時代に火災にあって、頭部のみが現存する。寺は鎌倉中期以降に荒廃。発掘調査の結果、四天王寺式伽藍配置であることが判明した。倒壊状態で発見された東面回廊は、飛鳥資料館に復元・保存され、法隆寺より古い木造建築の遺構を目の当たりにすることができる。「*上宮聖徳法王帝説(じょうぐうしょうとくほうおうていせつ)」裏書にその造営過程が記されている。

山田方谷 (やまだほうこく) 1805〜77(文化2〜明治10) 幕末・維新期の陽明学者。名は球(きゅう)、字は琳卿(りんけい)、通称は安五郎、号は方谷。備中国阿賀郡西方村で絞油業を営む農民の子。5歳の時、備中国の新見藩儒丸川松隠(しょういん)に学ぶ。1825年(文政8)備中国松山藩に仕官し、29年藩校有終館(ゆうしゅうかん)の会頭となる。34年(天保5)江戸の*佐藤一斎(いっさい)に師事して、*佐久間象山(しょうざん)らと交わる。37年有終館の学頭となり、かたわら私塾牛麓社を開く。49年(嘉永2)藩財政の元締兼吟味役となり、借財整理と国産奨励などの藩政改革に努めた。致仕したのち、藩主板倉勝静(かつきよ)が幕政に参画すると、62年(文久2)顧問となり、「誠心之立処」をもとに難局に対処した。維新後は、崇敬する*熊沢蕃山(ばんざん)に関わりある岡山の閑谷(しずたに)学校の再興にあたった。14歳の時、「草木とともに枯れんや」(述懐)と志を立てた方谷は、既成の価値基準を打破する陽明学の無善無悪説を受容し、天人合一(てんじんごういつ)の境地を目標とする主体性を説いた。陽明学説を論じた唯一の著書「孟子養気章或問(もうしようきしょうわくもん)図解」のほかに、「師門問弁録(しもんもんべんろく)」や詩文・意見書などが山田準編「山田方谷全集」全3冊にまとめられている。

山田盛太郎 (やまだもりたろう) 1897〜1980(明治30〜昭和55) 昭和期のマルクス経済学者で、*講座派の中心的理論家。愛知県生れ。1923年(大正12)東京帝国大学経済学部卒業。日本共産党シンパ事件で検挙され、30年に東京帝大助教授を辞職する。以後在野の学者として、*野呂栄太郎(えいたろう)らとともに「日本資本主義発

達史講座」の編集に従事した。戦後45年（昭和20）に東京帝大教授として復職し，農林省などの委嘱をうけて，主として農地改革推進のための諸々の政府専門委員を務めた。他方，土地制度史学会を中心に，再生産表式論を基軸とした日本資本主義の構造分析の研究に努めた。主著「日本資本主義分析」のほか，「山田盛太郎著作集」全5巻・別巻1がある。

山田わか やまだわか　1879～1957（明治12～昭和32）　大正・昭和期の女性運動家。神奈川県三浦郡の農家に生まれる。18歳の頃生家窮迫のため女衒にだまされ渡米したが，社会学者山田嘉吉と出会い結婚，06年（明治39）帰国する。エレン・ケイ（Ellen Key）に傾倒し，「*青鞜」にケイの「児童の世紀」を訳出，*母性保護論争では母性保護を主張した。20年（大正9）「婦人と新社会」を創刊した。社会の諸矛盾は人間の自己中心主義に原因があるとみて，利他主義を養成する場として家庭の役割を重視した。34年（昭和9）母子扶助法制定促進婦人連盟（委員長山田）を結成し，36年母子保護法が成立する。戦時中には「*主婦之友」独伊特派使節として渡欧し，戦後は婦人保護事業に従事した。著書に「家庭の社会的意義」（1922）など。

大和絵 やまとえ　日本古代の絵画は，「絵」という言葉さえ，大和言葉ではなく中国からの伝来であった。そして，その技法も画題も，すべて中国や朝鮮半島から伝えられたものである。ようやく10世紀になると，和歌に詠まれた名所など日本の景物が画題としてとりあげられ，描かれるようになる。このように，まず画題が日本的になったものを「倭絵」という。「倭絵」の語は，999年（長保元）の「権記」の記事を初見とする。「倭絵」の語が誕生すると，以前からの中国的な画題のものを「唐絵」とよぶようになった。「唐絵」の語は「権記」と同時代の「*枕草子」に見出すことができる。

「倭絵」が平安時代に使われた時代語であるのに対し，「大和絵」の語は美術史上の様式語である。10世紀を通じて，まず画題が日本的になっても，それはなお中国伝来そのままの絵画技法や様式で描かれていた。それが

10世紀末から11世紀を通じて，だんだんと絵の描き方そのものが日本化されてくる。それは，平等院鳳凰堂の扉絵から，やがて「*源氏物語絵巻」や「*信貴山縁起絵巻」「伴大納言絵巻」などに結実してくる描き方であった。大和絵の最も基本的な要素としては，斜め上から見下ろした構図（俯瞰法），陰影をほどこさない描法などがあげられる。

大和葛城宝山記 やまとかつらぎほうさんき　*両部神道の立場から葛城山の縁起をのべた書。尾題に「神祇宝山記」とあるほか，「葛城宝山記」「金剛宝山記」「両部神道葛城宝山記」などさまざまな別称がある。1冊。739年（天平11）*行基が勅撰を奉ったとの奥書のある本文に，745年に興福寺の仁宗が記したという「金剛縁起」が付されているが，これはもちろん後世の仮託である。両部神道書の最初期のものであるところから，13世紀頃の成立と考えられている。本文の内容は，天神の祖である梵天王が生まれた経緯，諸神の解説（天御中主尊・伊奘諾・伊奘冉・日神・月神），そのうち日神は大毘盧遮那如来のことで，これが伊勢大神の御正体たる天照大神であること，大和国葛城に座す神祇の解説（一言主神・日天子・月天子ほか），役小角（*役行者）と一言主神が協力して執金剛神の威徳によって衆生の煩悩を滅したこと，などからなる。本書は神道界で重視され，神宮秘記中の最極五書の一つに数えられた。

大和義礼 やまとぎれい　→滝川心学論

大和猿楽 やまとさるがく　大和国の興福寺や法隆寺に所属した*猿楽。平安中期から活動を始め，興福寺修二会の際の薪猿楽を務めていた。座を組織し，外山・結崎・坂戸・円満井の*大和四座が代表的である。もともと神事としての翁猿楽を演じていたが，南北朝期になると劇的構成をもつ猿楽能も演じるようになった。大和猿楽の芸風は物まねを根本とし，鬼能などを得意としていたが，*世阿弥の時代になって*近江猿楽の影響をうけ，*幽玄を表出するようになった。多くの猿楽座が消滅していく中で，大和猿楽のみは今日に至るまでその命脈を保っている。

大和三教論 やまとさんきょうろん　江戸後期の神・儒・仏三教一致の書。前編4巻・後編3巻の全7冊。武田大（琴亭）の著。1762年（宝暦12）成立，90年（寛政2）刊。武田の私塾三教舎さんきょうしゃでは神道・儒教・仏教の三教の梗概を教えており，もともと同書も来塾者向けに著されたものである。「先代旧事本紀大成経せんだいくじほんぎたいせいきょう」の影響下にあり，聖徳太子が神・儒・仏を並修し三教鼎足の大道を立てた人物として高く評価され，三教の関係は吉田神道の＊根本枝葉花実説で説明される。神・儒・仏の各講説家が自らの教えに固執していると批判して三教兼学の必要性や，古学や詩文の流行を批判して世を治め人民を安んじるために三教を並んで実践する三教並行論を主張する。

大和小学 やまとしょうがく　＊山崎闇斎あんさいの著した教訓書。和文。1巻。1658年（万治元）成立。「立教」「明倫」「敬身」からなる。「源氏物語」や「伊勢物語」を読んで道を誤る者が多いので，女性にも読みやすいように仮名書きにしたという。和漢の故事など幅広く素材を集めて，読書のあるべき姿勢・心得をはじめ，初学の者への戒めとしている。追腹ぉぃばらへの批判，泰伯たいはく皇祖説（中国の聖人泰伯が天皇家を開いたとする説）への批判，陸学への批判など，闇斎の思想形成をうかがうことができる。

大和俗訓 やまとぞっくん　＊貝原益軒えきけんの著した教訓書。全8巻。1708年（宝永5）成立。巻1・2「為学」，巻3・4「心術」，巻5「衣服・言語」，巻6・7「躬行きゅうこう」，巻8「応接」からなる。漢字を知らぬ者のために，平易な和文で著したと自序にのべられるように，朱子学の説く道徳を生活に即して丁寧に解説している。

大和魂 やまとだましい　戦前・戦時中の軍国主義の中で，「大和魂」は，武士精神の権化のように曲解され，喧伝された。しかし，「やまと魂」の語は，古く「＊源氏物語」や「＊大鏡おおかがみ」の中に「＊漢才からざえ」に対する語として使われており，「武士精神の本髄」などとはまったく無縁の語であった。「やまと魂」に対して使われる「漢才」は，ただ「ざえ（＊才）」ともいい，学問（当時の学問はみな中国伝来のものであった）そのものをさした。その学問・教養が後天的に賦与されるものであるのに対し，日本人のもってうまれた素質そのものを「やまと魂」といったのである。

「やまと魂」の語の初見である「源氏物語」の「乙女」の巻では，知育論が展開されている。紫式部むらさきしきぶは，貴族たちが学問に励まなくなってきた当時の風潮を批判して，光の君に「なほ，才ざえを本ともとしてこそ，やまと魂の世に用ひらるる方も強う侍らめ」といわせている。また「大鏡」は時平しへい伝において，菅原道真みちざねを「才ざえ世にすぐれた人」といい，藤原時平を「才ことのほか劣」ってはいるが，「やまと魂などはいみじくおはしまし人」と評している。これらの用例から，「やまと魂」の語は，日本人の先天的素質をさすとともに，タマ・タマシイの語が古来，人間に活力を与える霊魂の作用面をさす言葉（タマフリ・タマシズメなど）であることを考慮にいれたうえで，より具体的には，世智・世才・実務を処理していく能力とその能力を存分に発揮するエネルギーなどをさしていると解せられている。「源氏物語」には「絵合ぇあゎせ」の巻に，「才」に対するもう一つの語として「本才ほんざえ」という語も用いられているが，「本才」は，儀式典礼や芸能など事に役立つ現実的な才能をさす言葉であり，「やまと魂」と「本才」とはその意味するところに共通の部分がある。したがって「なほ，才を本としてこそ，やまと魂の世に用ひらるる方も強う侍らめ」というのは，〈学問を基礎にしてこそ，はじめて世に処していく思慮分別も豊かになり，世に受け入れられていくようになる〉というほどの意味である。より端的には〈学問を積み，それを活用してこそ世に処していく生命力（霊魂の作用）がかえって盛大になる〉という意味である。

「源氏物語」「大鏡」以外の「やまと魂」の用例としては，「＊今昔物語集」巻29第20話に明法博士清原善澄よしずみが強盗に殺された話を記して，盗みを終えて去っていく盗人の背に〈お前たちの顔を見たから明日訴えてやる〉とよびかけ，そのために殺されてしまった顛末を記して「善澄，才はいみじかりけれども，つゆ和魂やまとだましひなかりける者にて，かかる心幼きことをいひて死ぬるなり」と評している。

やまと

ここでも思慮分別をもって世に処していくことの意味に、「やまと魂」の語が使われている。また左大臣藤原時平に対して使われたのと類似の用例は、「中外抄」と「*愚管抄」に見出せる。「中外抄」は関白藤原忠実の談話を筆録したものであるが、その中で「摂政関白は、必ずしも漢才候はざらねども、やまとたましひだにかしこくおはしまさば、天下はまつりごたせ給なん」と*大江匡房が語ったという話を披露している。「愚管抄」では、鳥羽天皇の即位の時、東宮大夫藤原公実が外祖父として摂政の地位を望んだことを記して、たとえ師輔の流れではあっても、代々長く摂関の地位から外れた家柄の者が、菅原道真のように和漢の才に富むわけでもなく、その人柄も藤原忠実のように〈やまと魂のまさっている〉わけでもないのに、摂関の地位を望むことは何事かと、手ひどく非難している。この二つの例も世に処していく卓抜な思慮分別と、その背後にあるそのような能力をうみだす霊力とをさしているといえよう。

近世になって*本居宣長は、「しきしまの大和心を人間はば朝日に匂ふ山桜花」と歌った。ここにいう「大和心」は「やまと魂」と同義語とみてよい。一首の意は、桜の花をみて〈ああ美しい〉と素直に感じ、感動すること、そういう理屈をこえた直感がそのまま「大和心」であり、「やまと魂」である、というのである。ところが、この歌さえもが、軍国主義下の日本にあっては、桜はぱっと散るものであり、その散り際のいさぎよさこそが武士道精神としての大和魂である、とするはなはだしい牽強付会な解釈すら行われたのであった。

倭忠経 やまとちゅうきょう 「大和忠経」とも。1667年(寛文7)刊行。著者の儒者南部艸寿(?～1688)は、木下順庵の門下で、名は艸寿、字は子寿、号は立庵・陸沈軒。艸寿は、1672年長崎奉行牛込重忝の招請に応じて長崎に遊学、晩年は金沢藩前田家に仕えた。この書は後漢の馬融の作と伝えられる「忠経」(18章構成)を、上(第1天地神明章から第6兆人章)・下(第7政理章から第18尽忠章)2巻の仮名交りに改め、「大和孝経」とともに広く読まれた。自序にも忠孝は「誠に此二つの物は車の両輪のごとし。かたつかた(片方)も捨べからず」、「然れば古の聖人も、忠孝の二つを教の根本となし給へり」と、その重要性を説いている。「忠経」の単なる直訳でなく、著者自身の思想が部分的ながらうかがえる。

大和朝廷 やまとちょうてい 律令制導入以前の畿内ヤマトを中心とする統一政権。国家成立の問題と深くかかわるため多様な諸説が並立しているが、4世紀には三輪山を中心とする大和の地に強力な王権が成立していたようで、4～5世紀には列島内を政治的に統合していたと考えられる。記紀に叙述された景行天皇・ヤマトタケルノミコトの伝承や、「宋書」倭国伝の倭王武の上表文に語られた祖禰の歴史はそうしたプロセスを表現しているのだろう。ただし上表文にみられるように、この王権は宋文帝の封国として存在しているのであり、その点は邪馬台国の段階と変わらない。しかし国内では、埼玉県稲荷山古墳出土の鉄剣銘が示すように独自の天下概念が形成されつつあり、王権を軸に〈世々仕えまつる〉という氏姓による統合がうまれ始めている。中央には大臣・大連制がおかれ、中央に直属する伴造の制や部民制が王権支配を支えていた。地方支配は、国造制によって行われた。こうした国内制度の完成をふまえて、推古朝には隋との対等な外交を追求し始めるのである。→大王

倭姫命世記 やまとひめのみことせいき 鎌倉時代の伊勢神宮祠官によって著された伊勢神道書の中心的文献の一つ。1巻。伊勢内宮の伊勢国五十鈴川上に鎮座以前、垂仁天皇の皇女とされる倭姫命が、天照大神の神体を奉じて、鎮座地を各地に求める伝承を記している。その中に、伊勢神宮祠官の伝統的神明奉仕の態度としての清浄や正直などについて神道教理として記す。江戸時代になると本書を含む伊勢神道書5種に対し、「*神道五部書」とよんで特別視するようになる。中世には「神宮三部書」「禁河十二部書」などと称され、五部を選んだ呼称は存しない。

大和本草 やまとほんぞう *貝原益軒の著した本草学の書。和文。全16巻。1708年(宝永5)成立。

和漢洋の草木・禽獣・魚介・金石の類，1360余種を品別し，その名称・来歴・形状・性質・効用などを平易に解説している。「天地の道」は「物を生ずる」ことを本質とし，古になく今にあるもの，中華になく日本にあるものもあるから，これらを広く知ることによって「民生日用」に役立てることができると自序でのべている。

大和四座〔やまとよざ〕　大和で活動した猿楽座のうち，中心的な役割をはたした四座。外山〔とび〕（宝生〔ほうしょう〕），結崎〔ゆうざき〕（観世〔かんぜ〕），坂戸〔さかど〕（金剛），円満井〔えんまい〕（金春〔こんぱる〕）の各座で，興福寺に所属した。最も古くから活動していたのは*円満井座で，平安中期には興福寺修二会〔しゅにえ〕の際の薪猿楽〔たきぎさるがく〕を務めていた。鎌倉時代には京都や近江国にも進出し，南北朝・室町時代には幕府の保護もうけて活発に活動した。一座の中には本来の翁猿楽〔おきなさるがく〕を演じるグループと，演劇としての猿楽能を演じるグループがあり，前者の代表者を長〔おさ〕，後者の代表者を権守〔ごんのかみ〕あるいは大夫〔だゆう〕という。観世座の観阿弥〔かんあみ〕・*世阿弥〔ぜあみ〕は特に著名で，1374年（応安7・文中3）に京都今熊野での猿楽興行で将軍足利義満に見出され，以降保護をうけることになる。その際，大夫であった観阿弥が翁猿楽を務め，猿楽が神事芸能から娯楽芸能へと転換するきっかけになった。世阿弥は将軍の寵愛をうけ，二条良基〔にじょうよしもと〕らから貴族としての教養を授けられるほどであったが，1408年（応永15）の後小松天皇の北山殿〔きたやまどの〕行幸の際には近江猿楽の犬王〔いぬおう〕が出演するなど，必ずしも恵まれた状況ばかりではなかった。江戸時代には，幕府が四座の役者に知行・扶持・配当米を与えて保護した。⇒大和猿楽

和論語〔やまとろんご〕　→和論語〔わろんご〕

山梨稲川〔やまなしとうせん〕　1771～1826（明和8～文政9）　江戸後期の儒学者。名は治憲，字は玄度，号は稲川・東平など。駿河国庵原郡西方村の生れ。江戸にでて徂徠〔そらい〕学派の河内国狭山藩儒の陰山豊洲〔かげやまほうしゅう〕や大岳太仲〔だいがくたいちゅう〕に師事し，帰郷後は独学した。*本居宣長〔もとおりのりなが〕の字音研究に触発され，今音と違う中国語古音の研究を志し，「説文〔せつもん〕」に精通した。稲川は「説文」を字形・訓詁ではなく，音韻の面から考察し，「説文」を音韻から分類した

「文緯〔もんい〕」（1826），顧炎武〔こえんぶ〕の古音十部説により音韻研究の根本資料を抜き出した「古声譜〔こせいふ〕」などを著した。*松崎慊堂〔こうどう〕や*狩谷棭斎〔えきさい〕とも親交があった。詩文にも優れ，清人の兪曲園〔ゆきょくえん〕は「東瀛詩選〔とうえいしせん〕」で，「稲川詩草」（1821刊）中の詩を高く評価している。漢文笑話の書「肖山野録〔しょうざんやろく〕」（1819跋）は，稲川を含む複数の人々が持ち寄った説話を集めたものと推定され，平田篤胤〔あつたね〕の「稲生物怪録〔いのうぶっかいろく〕」の漢訳一編も収録されている。

山井崑崙〔やまのいこんろん〕　1680？～1728（延宝8？～享保13）　江戸中期の儒学者。生年については異説もある。名は鼎，字は君彝，通称は善六，崑崙と号した。紀伊国海部郡の人。はじめ京都の古義堂〔こぎどう〕（伊藤仁斎〔じんさい〕の開いた塾）で学んだが，*荻生徂徠〔おぎゅうそらい〕の「訳文筌蹄〔せんてい〕」をみて江戸に下り，徂徠に入門した。*足利学校で古書の校勘に従事し，校勘学史上の名著「七経孟子考文〔しちけいもうしこうぶん〕」で文名を高めた。「弁道〔べんどう〕」「弁名〔べんめい〕」「論語徴〔ろんごちょう〕」などの校訂を晩年の徂徠から委嘱されたが，徂徠没後7日にして自らも没した。⇒七経孟子考文補遺

山上憶良〔やまのうえのおくら〕　660～733？（斉明6～天平5？）　奈良時代の官人・歌人。702年（大宝2）に遣唐使粟田真人〔あわたのまひと〕に従い遣唐少録として入唐し，704年（慶雲元）頃に帰国する。伯耆守をへて，721年（養老5）多くの文士たちとともに東宮（聖武天皇）に侍る。726年（神亀3）67歳の高齢で筑前守として赴任し，6年後の732年（天平4）帰京する。その間，大宰帥〔だざいのそち〕として赴任していた*大伴旅人〔おおとものたびと〕に仕え，いわゆる筑紫歌壇の担い手の一人となり，特色ある歌を「*万葉集」巻5に残す。*柿本人麻呂〔かきのもとのひとまろ〕や*山部赤人〔やまべのあかひと〕らとはまったく違った作風を示し，美麗な叙景歌や恋歌はなく，「*貧窮問答歌」や「子等を思ふ歌」など，もっぱら実社会や実生活に題材を採った歌が多い。しかし一方，中国思想の大きな影響がうかがわれ，渡来系氏族出身説もでたが，あまり賛成はえられていない。

山上宗二〔やまのうえのそうじ〕　1544～1590（天文13～天正18）　織豊期の堺の茶人。屋号は薩摩屋，号は瓢庵〔ひょうあん〕。堺の山上に住んだことからこれを姓に用いる。*千利休〔せんのりきゅう〕の弟子。織田信長にも仕えたようであるが，豊臣秀吉に仕え

る。しかし宗二は元来固陋な性格のため、秀吉に逆らって牢人をし、一時、金沢藩前田家に仕えた。しかしここでも再び牢人し、高野山に登ったりして放浪していたが、東国へ下り、1588年(天正16)小田原の後北条氏に仕えた。この時期「*山上宗二記」などが書かれる。90年秀吉が後北条氏を攻めた時、ここでも秀吉の意見に逆らって耳鼻をそがれ、斬殺された。

山上宗二記 やまのうえのそうじき　*千利休の弟子*山上宗二が、*茶の湯の開山といわれる村田珠光以降の師弟相伝の茶の湯について書いたもので、利休茶の湯の秘伝書といえよう。原本は不明で、現存の写本は天正16年(1588)と同17年の奥書があり、利休晩年の記録である。写本は(1)「茶器名物集」(天正16年の奥書)、(2)「山上宗二記」(堺市南治好氏蔵、天正17年の奥書)、(3)「山上宗二記」(東京酒井巌氏蔵、天正18年の奥書)などがある。そのうち(1)は、天正16年2月27日付で、桑山修理大夫に書き与えたものである。(2)は天正17年2月付で、江雪斎に伝授したものである。なお、江雪斎とは後北条氏の重臣板部岡江雪斎と考えられる。(3)は江戸初期の古写本と思われ、巻末に、天正18年3月日付、皆川山城守の奥書がある。皆川山城守は、名を広照といい、下野国皆川の城主である。この「山上宗二記」の特徴としてまずふれなければならないのは、珠光・鳥居引拙・武野紹鷗・利休相伝の茶道秘伝書であり、それが利休全盛時にその弟子宗二に伝授されていることから、最も重要な史料であることがわかる。

山の神 やまのかみ　山を守護し、山をつかさどる神のこと。山の神に対する信仰は、山民と農民とでは差異がみられる。サンカ(山窩)や猟人など、山中で仕事をする人々にとっての山の神は山の守護神であり、また生殖能力の盛んな神として信仰されており、この神に対する禁忌はきびしいことが特徴である。また農民にとっての山の神は、春になると*田の神と交替するという信仰がみられ、山の神と田の神とを同一視していることがわかる。なお、山の神の実体は祖霊であるとの説もある。このように山の神の神格は単純でなく、この神に対する思想も複雑である。

山伏 やまぶし　山臥とも。山岳に登拝する峰入り修行(峰中修行)で験という超自然力を身につけた半僧半俗の宗教的職能者。修験者と同義。里人は験力を信頼して、加持祈禱や病気治しを依頼した。*修験道は、*山岳信仰を基盤に仏教や道教と混淆した信仰形態で、平安末期に成立し、*神仏習合・*権現思想・*本地垂迹説を中核とし、密教、特に天台*本覚思想の影響をうけた。鎌倉後期以降は役小角(*役行者)を祖と仰いだ。

山岳を女人禁制の修行場とし、金剛界・胎蔵界の両界曼荼羅、神仏の霊地と考え、自然に仏性を認め、岩石や樹木を拝む。山中では迷いから悟りに至る、地獄・餓鬼・畜生・修羅・人間・天・声聞・縁覚・菩薩・仏の10段階で即身成仏をとげる*十界修行を行った。六道輪廻を逃れ生きながらにして仏となる擬死再生の行である。各修行は、床堅・懺悔・業秤・水断・閼伽・相撲・延年・小木・穀断・正灌頂に充当した。独自の装束で修行し、山伏十六道具という鈴掛・結袈裟・斑蓋・頭巾などを身につけ、金剛杖をもち、法螺貝を吹いて笈を担ぐ。吉野から熊野に至る大峰山では天台宗聖護院所属の*本山派と、真言宗醍醐三宝院所属の*当山派が有力で、彦山・石鎚山・伯耆大山・白山・木曾御岳・立山・富士山・日光山・羽黒山でも独自に活躍した。神仏分離にともない1872年(明治5)の修験道廃止令で廃絶し、のち徐々に復活した。

山伏神楽 やまぶしかぐら　近世期に旧盛岡藩領内の岩手県や青森県の一部で修験・山伏の徒が演じた神楽をいう。昭和初期に本田安次によって山伏神楽と名付けられた。この神楽の特徴は、その分布地域に南北朝期以降の獅子頭を残していること、この獅子頭を神の顕現とみて権現様と称し、これを舞わせる権現舞をともなうことにある。修験者は依拠していた堂社の神霊を獅子頭に移し、これを権現様としてそれぞれの霞の範囲を祈禱して歩いていた。そして夜は民家の一間に幕を張

り，そこを舞台に神楽を演じてきた。こうした形を〈通り神楽〉や〈廻り神楽〉と称し，今も廻村を続ける神楽集団もある。山伏神楽に分類できるのは，岩手県中央部の早池峰山周辺の早池峰神楽とその系統，陸中沿岸の黒森神楽とその系統，岩手県北部の九戸地方の神楽，青森県下北半島の能舞，そして八戸市の鮫神楽などである。山伏神楽と称される所以は，山伏が修行で身につけた呪力を用いて，邪や悪なるものを倒すという演出にうかがえる。

山伏口伝 やまぶしくでん →彦山修験道秘決灌頂巻げんどうひけつかんじょうのまき

山伏祭文 やまぶしさいもん　祭儀の場へ迎える神仏の由来，儀礼の過程などの内容が読まれるものを祭文といい，独特の節がある。本来は法会修法にあたり祈禱願意をのべたもので，修験者の関与により神仏習合風に祭文とよんでいる。1117年（永久5）の「地神供祭文」（「朝野群載」所収）は，今も修験者が行っている地神や屋敷神の祭と連続するという説がある。室町時代頃から山伏が語る俗化した祭文を山伏祭文というようになった。山伏祭文の特徴は，法螺貝と錫杖を間の手にし，節を付けて語るもので，江戸時代になると*門付の遊芸として布施をもらうために語られるようになる。また三味線の普及により，浄瑠璃や歌祭文へと変遷していく。法螺貝を吹いて読むデロレン祭文は，浪花節へと成長していった。

山伏帳 やまぶしちょう　中世における寺門派の修験による熊野からの峰入りの諸職，その執行者や入峰次第を記した書。宣守大輔権僧正（経歴不明）が1366年（貞治5・正平21）に著したとされる。本来は上・下2巻があったが，現在伝わるのは下巻のみ。内容は，諸職の執行者名やその年代，熊野三山検校や寺門系修験者の入峰次第や峰中作法の記録，などからなる。古い時代の修験者の入峰の諸職や次第を知る格好の史料として，また，中世における熊野山伏の実態に迫る史料としても貴重なものといえる。

山伏二字義 やまぶしにじぎ　山伏の字義に関する*切紙を抽出してまとめた，近世の*修験道教義書。1冊。注釈者は日向国正因山見性寺の宥鑁で，1645年（正保2）に版行されている。抽出されている切紙の多くは「修験三十三通記」所収のもので，宥鑁がそれらに自己の解釈を注釈として加えたものと考えることができる。宥鑁は本書のほかに，「資道什物記」も注釈している。

山部赤人 やまべのあかひと　生没年不詳　奈良前期の宮廷歌人。長歌13首，短歌37首が「*万葉集」に採られ，711年（和銅4）前後から736年（天平8）までおよそ25年間の活躍が知られる。その作歌からみると，四国から関東にかけての地方官に任命され，「不尽山」（富士山）の歌をはじめとして，地方の自然を題材とした歌に傑作が多い。「*古今和歌集」の序に，*柿本人麻呂と技量あいならぶ奈良時代の歌人として評されている。

山村才助 やまむらさいすけ　1770～1807（明和7～文化4）　江戸後期の蘭学者・地理学者。名は昌永，字は子明，通称は才助，号は夢遊道人。常陸国土浦藩の家臣山村昌茂の長男として江戸に生まれる。市河寛斎に漢学を，*大槻玄沢に蘭学を学び，玄沢門下四天王の一人と称された。地理・歴史に関心をもち，「東西紀游」「印度志」「百児西亜志」「露西亜国志」など地理・歴史の訳書，漢訳西洋地理書と蘭学の知識を比較・検討した「明儒翻訳万国図説考証」のほか，*新井白石の世界地理書を増補した「*訂正増訳采覧異言」を1804年（文化元）幕府に献上した。

山室軍平 やまむろぐんぺい　1872～1940（明治5～昭和15）　日本最初の救世軍士官。岡山県の貧農の家に生まれる。質屋の養子となるが，勉学の志をもち上京して活版工になる。築地福音教会の路傍伝道を聞き，キリスト教に関心をもつ。1889年（明治22）同志社普通学校に入学するが，信仰上の煩悶と経済的理由により退学する。岡山孤児院の石井十次の仕事に関心を寄せ，彼をとおして救世軍を知る。95年に第一号の士官，のちに日本司令官となり，「救世軍の山室か，山室の救世軍か」といわれるほど尽力するが，その根底には彼の「聖潔」体験がある。*廃娼運動にも貢献する。キリスト教の教えを庶民に理解できるように説き，特に至誠の生き方を勧める。主

著「平民之福音」のほか、「山室軍平選集」全10巻・別冊1巻がある。

山本覚馬（やまもとかくま） 1828〜1892（文政11〜明治25） 幕末・維新期の会津藩士，明治前期の行政官・教育家。会津生れ。江戸にでて*佐久間象山に師事し，*勝海舟らとも交流する。藩主の松平容保の京都守護職就任にともない，1864年（元治元）京都に上る。鳥羽・伏見の戦いで捕われ，京都の鹿児島藩邸に幽閉される。その間に失明し，脊髄を損傷する。幽閉中の68年（明治元），鹿児島藩主にあてて諸々の近代化政策を進言した「管見」はきわめて開明的である。69年に京都府顧問に取り立てられたあと，種々の府近代化政策を立案し，府議会初代議長・京都商工会議所2代会長も歴任した。かたわら75年に*新島襄と邂逅し，所有地を新島に譲渡してキリスト教学校（同志社英学校）を京都に誘致した。翌年，妹の八重が新島と結婚。維新後，キリスト教に接近し，晩年の85年D.C.グリーンから受洗した。

山本鼎（やまもとかなえ） 1882〜1946（明治15〜昭和21） 大正・昭和前期の版画家。愛知県岡崎で医家の長男として生まれる。1891年（明治24）桜井暁雲の内弟子となり，西洋木版を学び8年間をすごす。1906年，東京美術学校洋画科を卒業後，「東京パック」に入社する。12年（大正元）に渡欧し，パリではエッチングを学ぶ。その後，モスクワに滞在，ロシアの農民美術と児童画教育に接し，16年に帰国する。18年に日本創作版画協会を創立し，版画による抽象表現を試みた。翌年には長野県に日本農民美術研究所を設立し，農民美術運動を展開した。さらに21年からは児童に対する自由画運動を展開し，美術教育の指導者としても力を発揮した。代表作品は「ロシアの子供」など。

山本周五郎（やまもとしゅうごろう） 1903〜67（明治36〜昭和42） 昭和期の小説家。本名清水三十六。山梨県出身。横浜西前小学校卒。東京木挽町にある山本質店に住み込み，店主山本周五郎よりのちにペンネームとするほどの深い感化をうける。関東大震災後関西に移住し，神戸で雑誌記者となる。1924年（大正13）帰京，日本魂社の記者となる。出世作となった「須磨寺附近」（1926）は「文芸春秋」に掲載された。25年から29年（昭和4）まで「青べか物語」（1960）の舞台となる千葉県浦安町に住み，文筆に専念する。30年土生きよ以と結婚。この頃から45年頃まで「キング」「譚海」「新少年」「婦人倶楽部」「少女倶楽部」などに少年少女小説や探偵小説を多数発表する。「婦人倶楽部」に連載された「日本婦道記」（1942〜45）が，第17回直木賞に選ばれたが辞退する。夫人を癌で失い，46年吉村きんと再婚。ほかに「柳橋物語」（1946），「山彦乙女」（1951），「よじょう」（1952），「栄花物語」（1953），「樅の木は残った」（1954〜56），「赤ひげ診療譚」（1958），「虚空遍歴」（1961〜63）などの作品がある。毎日出版文化賞・文芸春秋読者賞のいずれも辞退する。「山本周五郎全集」全30巻がある。

山本宣治（やまもとせんじ） 1889〜1929（明治22〜昭和4） 大正・昭和期の社会運動家。京都府宇治の旅館花屋敷の長男に生まれる。カナダで苦学し，1911年（明治44）帰国，東京帝国大学で動物学を専攻した。同志社大学・京都大学の講師となり，生物学を教えた。サンガー（Margaret Sanger）の来日を機に*産児制限運動に取り組んだ。日本労働総同盟大阪連合会の要請に応えて労働者・農民に性教育と産児制限を説き，社会主義運動に近付く。25年（大正14）「産児調節評論」を創刊（主幹），27年（昭和2）労働農民党京都府連委員長。28年第1回普通選挙で当選（労働農民党），29年無産党代議士として言論・集会・結社の自由，治安維持法の撤廃を訴えた。この年，右翼七生義団の一員に暗殺された。「山本宣治全集」全10巻がある。

山本亡羊（やまもとぼうよう） 1778〜1859（安永7〜安政6） 江戸後期の本草学者。名は世孺，字は仲直，通称は永吉，亡羊は号。儒医山本封山の子として京都に生まれる。父に儒学・医学を，*小野蘭山に*本草学を学ぶ。医業のかたわら儒学を講義した。一方，植物園をもち有用植物を栽培し，*物産会を開いて本草の知識を深め広めた。この物産会は亡羊の死後も続けられ，1808〜63年（文化5〜文久3）までに48回行われた。蘭山没後に京都本草学の中心人物になった。著作は「百品考

んこ」全6巻,「格知類編かくちるいへん」。

山本北山 やまもとほくざん　1752～1812(宝暦2～文化9)　江戸中・後期の儒学者・漢詩人。名は信有,字は天禧てんき,通称は喜六,号は北山・孝経楼こうけいろうなど。江戸の人。家は裕福な小普請こぶしんの御家人。自立の志を抱き,独学で四書五経を修める。*井上金峨きんがの*折衷学に共鳴し,経学は「孝経」,文章は韓退之かんたいし・柳宗元りゅうそうげん,詩は清新を主とした。1783年(天明3)「*作詩志彀さくしこう」を刊行し,当時流行していた古文辞学こぶんじがくの擬古主義を排撃して,自己の真情を平淡に表現する性霊説せいれいせつを唱え,詩風を一変させた。*寛政異学の禁に反対論を唱え,異学の五鬼の一人に数えられた。1793年(寛政5)秋田藩校明道館の教官となる。門人に大窪詩仏おおくぼしぶつ・*大田錦城きんじょう・*朝川善庵ぜんあんらがいる。著書は「神儒実学矩とくじゅじつがく」(1771刊),「作文志彀さくぶんしこう」(1779刊),「*経義撒説けいぎさつせつ」(1797刊),「*孝経楼詩話」(1809刊)など。

山本有三 やまもとゆうぞう　1887～1974(明治20～昭和49)　大正・昭和期の劇作家・小説家。本名勇造。栃木県下都賀郡栃木町に生まれる。小学校卒業後,浅草の呉服店伊勢福に奉公にだされ,苦学し1915年(大正4)29歳で東京帝国大学独文科を卒業する。在学中の14年久米正雄・*芥川あくたがわ竜之介らと第3次「新思潮」に参加する。ストリンドベリの翻訳「死の舞踏」(1916),「津村教授」(1919)を発表する。20年に「生命の冠」が明治座で上演され,以後「嬰児えいじ殺し」(1920),「坂崎出羽守さかざきでわのかみ」(1921),「同志の人々」(1923),「海彦山彦」(1923)が次々と上演され,劇作家としての地位を不動のものにする。24年「演劇新潮」を創刊,26年(昭和元)未完の長編小説「生きとし生けるもの」を「朝日新聞」に連載,また菊池寛かん・芥川らと文芸家協会を設立する。ほかに「波」(1928),「女の一生」(1932～33),「真実一路」(1935～36),「路傍の石」(1937)など。戦後は国語問題にも力を注ぎ,46年貴族院議員勅選,47年参議院議員・同文化委員長などを歴任した。「定本版山本有三全集」全12巻がある。

山脇東洋 やまわきとうよう　1705～62(宝永2～宝暦12)　江戸中期の医者,*古医方こいほう四大家の一人。名は尚徳ひさのり,字は玄飛げんぴまたは子樹しじゅ,はじめ移山のち東洋と号した。京都生れ。本姓は清水氏で,父とともに京都で山脇玄修げんしゅうに師事して養子となり,山脇姓を名乗る。ついで古医方の大家である*後藤艮山こんざんに師事し,「傷寒論しょうかんろん」にもとづく古医方を唱道した。1754年(宝暦4)には日本ではじめて官許をえた腑分ふわけ(解剖)に立ち会い,この時の記録を「*蔵志ぞうし」として59年に刊行した。「蔵志」は,古くから医学界で支配的であった「五臓六腑ごぞうろっぷ」の誤りを指摘したものとして意義のある著作である。

ゆ

湯浅常山 ゆあさじょうざん　1708〜81（宝永5〜天明元）江戸中期の儒学者・漢詩人。名は元禎、字は之祥、通称は新兵衛、常山と号した。備前国岡山藩士の子に生まれる。*服部南郭に師事し、*太宰春台やその弟子である松崎観海とも交友をもった。そうした人脈から、徂徠学派などの聞き書きである「*文会雑記」が編まれることになる。ほかに戦国武将の逸話を集めた「*常山紀談」15巻がある。

唯一神道 ゆいいつしんとう　→吉田神道よしだしんとう

唯一神道大意 ゆいいつしんとうたいい　→神道大意しんとうたいい❶

唯一神道名法要集 ゆいいつしんとうみょうほうようしゅう　室町時代の*吉田神道の書。*吉田兼倶の著。1巻。奥書に1024年（万寿元）卜部兼延の撰述とあるが、実際は兼倶の編纂であり、1484年（文明16）前後に成立した。問答体によって吉田神道の教義を体系的に論じており、吉田神道の代表的著作である。吉田神道すなわち元本宗源神道は、陰陽不測の元々、一念未生の本々を明かすものであり、万法純一の元初に帰り、一切利物の本基を開く教えであることをのべる。その教えには、「先代旧事本紀」「日本書紀」「古事記」の三部の本書にもとづく*顕露教と兼倶の創作した三部の神経にもとづく*隠幽教の顕密二教があり、前者の化儀は外清浄といい散斎に相当し、後者の名法は内清浄といい致斎に相当するという。また顕露の義には仏をもって本地となし、神をもって垂迹とするが、隠幽の義には神を本地とし仏を垂迹となすとし、顕露は浅略の義であり隠幽こそ深秘の義であると*神本仏迹説をのべている。さらに神道加持や*十八神道、進退作法など吉田神道の儀礼の意義についても体系的に記述している。

遺偈 ゆいげ　「いげ」とも。辞世頌ともいう。臨終にあたり、門弟や後の人々にむけ禅僧などが作って遺す漢詩。死刑に臨む人が短い臨刑詩を遺す事例は、中国の南北朝時代に遡り、定型化して広く漢字文化圏に及んだ。禅僧の遺偈は、死に臨む所感、生涯の総括、後に続く者への警告などを、日常的な語彙でまとめた短い個性的な詩であり、唐代の9世紀後半に始まった。禅僧の伝記では、得悟の機縁とともに特筆されることが多い。宋代には、禅僧の葬儀の際に掲示する慣例が成立し、無準師範（1178〜1249）の場合は、筆跡のようすを木版刷りにしている。

日本では遺偈の定着が遅れた。おそらく没個性的な臨終正念への志向と背反したためであろう。臨終のヒロイックな演出が少し先行し、*俊芿を除くと、宋朝禅を学んだ3世代目にあたる*道元やその弟子、同じく*円爾やその弟子以後に始まり、急速に普及していく。日本の禅僧の遺偈には、先に死んだ特別親密な人の遺偈をふまえて共感を表現する例が多い。*北条時頼の遺偈は、得宗専制の掲げる政治的カリスマ像の一部をなした。遺偈は、のち一般化して辞世の和歌や俳句を作成する文化をもたらした。

唯識 ゆいしき　一切の諸法（あらゆる存在）は識としての心が現出したものにすぎず、識以外に存在するものはないとする見解。ただし西洋思想の唯心論とは異なり、この心もまた夢幻のごとき存在とされる。この立場に立って、ヨーガ（瑜伽＝実践または修練）をとおして悟りに到達しようとする学派を瑜伽行派と称する。唯識説は弥勒によって唱えられ、無著・世親が体系化した。そして中国唐代の玄奘が、世親著「唯識三十頌」の注釈書である「成唯識論」を訳出するに及んで*法相宗が成立した。法相宗は7〜8世紀に日本に伝えられたが、唯識説は同宗の教義としてのみならず、広く仏教の基礎学としても重んじられた。なお、興福寺ほかで行われた「成唯識論」を講讃する法会を唯識会と称した。

唯識宗 ゆいしきしゅう　→法相宗ほっそうしゅう

唯物論研究 ゆいぶつろんけんきゅう　→唯物論研究会ゆいぶつろんけんきゅうかい

唯物論研究会 ゆいぶつろんけんきゅうかい　1930年代、唯物論の理論と方法の研究・普及活動を行った学術団体。1932年（昭和7）10月、*戸坂潤・岡邦雄・三枝博音・*服部之総・永田広志・本多謙三・小倉金之助が世話人とな

り、ほかに長谷川如是閑・羽仁五郎・船山信一・林達夫・伊豆公夫・伊藤至郎・石原辰郎・小泉丹・加藤正ら40人を発起人として設立された。「現実的な諸問題より遊離することなく、自然科学、社会科学及び哲学に於ける唯物論を研究し、且つ啓蒙に資するを目的」とした。当初の会員は唯物論に関心をもつ広範な学者・評論家など150人で、自然・社会・哲学の分野別研究会が活発に行われ、自然弁証法・史的唯物論・イデオロギー論・唯物弁証法などが論じられた。機関誌「唯物論研究」が同年11月から38年3月まで発行され、最盛期は数千部に達した。思想弾圧がきびしくなる中、非マルクス主義者らが離れ、唯物論者の組織に変わりつつ、ファシズム下で日本主義や観念論を批判し、科学的合理精神を掲げ続けた。38年2月に弾圧を回避して自ら解散した。出版機関の名で4月から雑誌「学芸」を発行したが、11月戸坂をはじめとする関係者が一斉逮捕され、活動は終息した。「唯物論全書」「三笠全書」の刊行の意味も大きい。

維摩会 ゆいまえ 「維摩経」を講讃する法会で、*興福寺で毎年10月10〜16日（*藤原鎌足の忌日）に行われた。その成立事情は、鎌足(614〜669)の病が「維摩経」講説で癒えたことに端を発し、子息である不比等(659〜702)も同経を信仰した。山階寺を平城京に移し*興福寺を建立すると、714年（和銅7）同経の講会を修した。一時中絶していたが、733年（天平5）復興され、801年（延暦20）より勅により毎年興福寺で行われることが定められた。のちに宮中*御斎会・薬師寺*最勝会とあわせて南都三会と称され、維摩会の講師をつとめた僧が引き続き二会の講師となった。三会の講師をはたした者は已講とよばれて、将来、律師に補任される例となった。

維摩経義疏 ゆいまきょうぎしょ →三経義疏

友愛会 ゆうあいかい *鈴木文治が創設した労働団体。*ユニテリアンの社会事業・労働者教育に従事していた鈴木が、1912年（大正元）8月に労働者15人で組織した。綱領には相愛扶助、知徳と技能の向上、協同による地位の改善を掲げた。大逆事件後の「*冬の時代」に、修養・共済活動を主として労資協調を謳い、*桑田熊蔵ら社会政策学会会員や実業家*渋沢栄一らの支援もうけた。機関紙「友愛新報」を発行し（2年後「労働及産業」に改題）、順調に会員を増やして1年後には1326人となった。第1次大戦下の経済発展で組織は全国の主要工業都市に広がり、18年には支部120、会員3万人を数える唯一の全国的労働団体となった。この間の1915〜16年、鈴木は二度訪米してアメリカ労働総同盟の運動に接し、これを契機に階級的自覚をもつ労働組合の性格を強めていった。野坂参三ら大学卒のインテリや松岡駒吉らの労働者が本部運営に参加し、会員のかかわる争議も増大した。第1次大戦後、*麻生久らら新人会会員の本部入会は労資協調主義との訣別、戦闘的組合化をいっそう進めた。19年会名を大日本労働総同盟友愛会に変更、運営も会長独裁制を廃し理事合議制に改めた。さらに機関紙を「労働」と改題、顧問制も廃止して本格的な労働組合に脱皮した。21年には*日本労働総同盟となった。

幽玄 ゆうげん 和歌・連歌・能楽用語。中国から伝来した言葉で、「幽」は奥深い、「玄」は理の深遠微妙の意である。つまり原義は、奥深くて、微妙で簡単にははかり知ることができないこと。また老荘や禅の哲理の深遠なことも意味することがあり、老荘や仏教を思想的背景にもつ。日本においては、単に〈明らかではない〉といった意味の一般語としても、仏法の深遠さを意味する仏教語としても用いられたが、それが和歌や連歌などの芸術用語としても使用されるようになり、中世の美意識を表す代表的な理念語として用いられた。しかし、抽象的であるため、芸術用語にかぎってもその用法は幅広い。

「*古今和歌集」の真名序や壬生忠岑の「和歌体十種」での幽玄は、原義に近い意味合いで使用されている。その後、藤原基俊の歌合判詞では幽玄を言葉に表れぬ余情とし、*藤原俊成の歌合判詞や*鴨長明の「無名抄」では、王朝的な優美さを意味するようになる。また俊成や藤原定家は、和歌の余情美を「幽玄」「*有心」という理念で説明している。さらにのちの*二条

良基らとは「優」を，正徹らは「妖艶」を，*心敬らは「心の艶」を，幽玄の中心的なものと考えた。*世阿弥の能楽論では美しく柔和な体を主とするが，基本的には優美さの意味合いで使用されている。また一方で，*金春禅竹らの能楽論「幽玄三輪」においては「上三輪の幽玄」を説き，天台宗の思想とかかわらせた，独自の幽玄観がみられる。このような幽玄を重んじる芸術の流れは江戸時代にも受け継がれ，良基や心敬が重要視した幽玄は，*芭蕉らの俳諧における「面影付け」にみることができる。

友社 ゆうしゃ 中世禅林で開催された詩会などに常連として集まる一団の人々をいう。また，この人々は将軍が社寺参詣する時にはこれに随侍したり，各地で催される詩会などに参加することもあった。管領・守護などの有力武家ともたがいに文芸の談話を交わし，詩会などを催した。特に足利義持の応永年間（1394～1428）には，中国士大夫の世界を模倣した雰囲気が強く，水墨画に禅僧が著賛する詩画軸の流行など，その後の活動に影響を与えた。友社としては，*義堂周信らの影響をうけた相国寺友社，*絶海中津らの影響をうけた建仁寺友社，*虎関師錬らの影響をうけた東福寺友社が知られるが，その他にも文筆僧のグループは多かった。各友社はそれぞれに特色のある学風・詩風をもったが，メンバーはその寺の僧にかぎらず，他派の僧と相互に往来し，門派をこえた学芸詩文の師弟関係があって，高い水準の作品をうんだ。いわゆる*五山文学はこの友社活動の中で隆盛したものである。

幽囚録 ゆうしゅうろく 1854年（安政元）12月，長門国萩の野山獄中における*吉田松陰の述作。すなわち，この年3月，外国渡航を企てた松陰は，下田に来泊中のペリー艦隊に潜入しようとして失敗，江戸伝馬町の獄に投じられた。9月国元での蟄居の判決をうけ，10月野山獄に移される。松陰は，この事件がやむにやまれぬものに発したと考え，その動機と思想的根拠とを，上古以来の対外関係の推移とペリー来航以後の状況の変化に即しつつ解明した。末尾に檻輿での帰国途中の作詩2首が付されており，松陰の述作中で重要なものの一つである。この事件の共犯として投獄・処罰された*佐久間象山の勧めにより著され，信濃国松代に蟄居中であった象山の許に届けられたが，象山がこれに添削・批評を加えている。

遊女 ゆうじょ 傾城とも。宴席や枕席で客をもてなす女性。宿・港・都市などに存在し，酒席で歌舞などの芸能をみせ，売春を行う場合があった。室町時代の遊女では，小栗助重を救った相模国権現堂の宿の遊女照姫や，将軍足利義満の妾高橋殿（五条東洞院の傾城）が有名である。路上で客を誘う遊女は「立君」，軒の中で客を引く遊女は「辻君」とよばれ（「七十一番職人歌合」），上杉本「洛中洛外図屏風」には遊女屋のようすが描かれている。御伽草子「猿源氏草紙」の遊女蛍火は上流階級専門で，遊女の身分には上下の差があった。戦国期には久我家が洛中の傾城座の本所となり，公事銭を徴収した。

猶存社 ゆうぞんしゃ 1919年（大正8）に設立された国家改造を目的とした最初の国家主義団体。満川亀太郎・*大川周明ら*老壮会右派を母体に結成された。会員は，のちに加わった*北一輝を中心に岩田富美夫・清水行之助・辰川竜之助・*鹿子木員信・*安岡正篤ら。国家改造・アジア民族解放を掲げ，北の「国家改造案原理大綱」（のちに「*日本改造法案大綱」）の頒布などを行った。機関誌「雄叫び」を発行し，日の会（東京帝国大学）・潮の会（早稲田大学）・魂の会（拓植大学）などの学生組織をつくった。21年には宮中某重大事件で反山県有朋派の一翼として活動したが，北と大川の活動の方向性の違いによる対立から，23年に解散した。

融通念仏宗 ゆうずうねんぶつしゅう 1117年（永久5），*良忍が阿弥陀仏から伝えられたという偈によって，名帳に名を記して同志となった者は，一人の念仏の功徳が一切の人に，他人の念仏の功徳が一人に融通して大きな利益をもたらすことを説いて，*口称念仏を勧めた。良忍は京都大原に退居して，円仁所伝の*声明を大成し，念仏合唱の経験が融通念仏の唱導につながったという。鎌倉時代，

壬生地蔵院で疫病を鎮めるために融通大念仏狂言が興業され，清涼寺で融通大念仏会が始められて，現代に及んでいる。1314年（正和3）成立の「融通念仏縁起絵巻」があり，勧進聖たちはこの絵巻物を*絵解きして結縁を勧めた。1874年（明治7）以後，大阪市大念仏寺を総本山とした。

右筆 ゆうひつ　執筆とも。貴人の側近にあり，貴人に代わって文書を代筆する者。特に武家政権での活躍が顕著で，やがてさまざまな機関におかれ，文書記録の作成に従事した。鎌倉時代の右筆として著名なものは源頼朝の右筆グループで，大江広元・平盛時・藤原邦通らがこれにあたる。彼らは幕府文書を作成するとともに，政務遂行における将軍の補佐役としても重要な役割をはたした。室町幕府では，引付頭人・引付衆の下に右筆衆・右筆方・右筆奉行などがおかれた。戦国期では織田信長の右筆である楠正虎や武井夕庵，豊臣秀吉の右筆である石田三成や前田玄以が有名である。彼らもまた主君の側近として政務に参画している。

郵便報知新聞 ゆうびんほうちしんぶん　明治期の政論新聞。1872年（明治5）6月，前島密の発起により創刊。74年6月，主筆として入社した*栗本鋤雲は*福沢諭吉に助力を乞い，民権派新聞としての地位を確立した。79年，藤田茂吉・箕浦勝人の名で連載した福沢の「国会論」は，国会開設要求に火を点ずることになった。その後明治十四年の政変で官僚を辞した*矢野竜渓（文雄）が「郵便報知新聞」を買い取り，82年4月，立憲改進党結成にあたってその機関紙とした。しかし89年，大隈重信の条約改正案を支持したことを機に紙勢を衰退させ，94年末には「報知新聞」と改題して大衆化を図り再び盛況を呈した。1926年（昭和元）以後衰退し，41年「読売新聞」に合併された。

遊民 ゆうみん　江戸時代には，儒学の立場から，牢（浪）人や僧侶，都市の浮浪の民を「士農工商」以外の「遊民」として非難する議論が展開されたが，これを特に「遊民論」とよぶ。牢人に対しては，取締りを強化せよとする議論とともに，*山鹿素行・*熊沢蕃山らは，しかるべき牢人については扶持米を与えて救済すべきことを求めている。僧侶の不労徒食を批判する議論は，江戸時代を通じてなされ，その数をきびしく制限すべきことが主張された。江戸中期以降，離農した遊民の問題が深刻となるが，これらの遊民を帰農させるべきだという議論は，*荻生徂徠・*室鳩巣・藤田東湖らが強く主張した。

幽冥観 ゆうめいかん　主に国学者によって提唱された死後の世界を中心とした他界観。*本居宣長は，「顕露事」とは朝廷の万の政で，現世においての人間の行為，「幽事」はこれに対し神事という意で，人間が認識不能な神の行為であり，現世の出来事もすべて神意であるが，人の行為と区別して神事というのであるとする。そして幽冥とは人が死後に行く予美（黄泉）国のことであり，幽事とは予美に属し，不可思議の「かみごと」であるという見解を示した。

　*平田篤胤は宣長とは異なり，幽冥を黄泉国と同一視せず，地上世界の中に存在するが人には認識不能な世界であり，死後，霊魂は消えることなく幽冥に赴き主宰神である大国主神に仕え，命令をうけ，子孫や縁ある人々を守護すると考えた。篤胤門人の*六人部是香や*矢野玄道は，幽冥観を深化させて幽界の組織を説き，出雲大社を本府，各地の産土社を支社とするなど，幽界の組織体系を叙述し，篤胤の幽冥観を発展させた。

　国学者による幽冥観は仏教・キリスト教と異なる他界観を提示しているため，明治初期の神道教化政策の中でも大きな位置を占めた。*祭神論争（1875～81）では幽冥界主宰神の大国主神奉斎の是非が問題になるなど，明治期に入っても強い思想的影響力をもち，神道の布教・教化に不可欠な要素となっていた。しかし，1882年（明治15）の神官教導職の分離以降は主に神社神道の場ではなく，教派神道各派や在野の神道人によって幽冥への関心が示された。近世中期以降の幽冥観の考究は儒教・仏教以外の論理で日本人の他界観を解明しようとしたもので，*柳田国男らの日本民俗学における他界観の研究と対比することができよう。⇒他界の観念

雄略天皇〈ゆうりゃくてんのう〉　在位は5世紀後半。諱は大泊瀬幼武〈おおはつせわかたける〉。允恭〈いんぎょう〉天皇の第5子。母は忍坂大中姫〈おしさかのおおなかつひめ〉。実力で反対勢力を排して、泊瀬朝倉宮で即位した。宮廷諸部を設置し、大蔵長官に秦酒公〈はたのさけのきみ〉を任命した。大陸から迎えた陶部〈すえつくり〉・鞍部〈くらつくり〉・画部〈えかき〉・錦部〈にしごり〉などを渡来系氏族の東漢氏〈やまとのあやうじ〉に管掌させるなど、国制の整備と文化の向上を画期的に進め、王権発展史上で重要な治世となった。なお、「宋書」倭国伝にみえる倭王武〈ぶ〉が雄略天皇であるとすれば、477年安東大将軍、翌年大将軍、翌々年には鎮東大将軍の称号をうけている。埼玉県の稲荷山古墳出土鉄剣銘の「獲加多支鹵〈わかたける〉」は、雄略をさすと考えられる。陵は丹比高鷲原〈たじひのたかわしのはら〉陵。

湯神楽〈ゆかぐら〉　→湯立神楽〈ゆだてかぐら〉

ユーカラ　アイヌの口承文学を代表する民族的叙事詩。「イリアス」や「カレワラ」などとともに世界の五大叙事詩の一つとされる。民族理想の少年英雄の生い立ち、敵との戦闘、恋、凱旋などの物語を、「われは……」と、一人称で節をつけて語る形式をとる。基本的なストーリーと常套句を中心に、伝承者によってさまざまなバリエーションが生じ、短かくても2000～3000句、長いものは2～3万句に及ぶものが幾百編も伝承されていた。演奏は語り手と聞き手が一体となって、棒で床などを打ち、掛け声をかけながら進行するが、長編が多く数晩にわたることも少なくなかった。この英雄詞曲のほか、神々や女性を主人公とするユーカラも多い。

湯起請〈ゆぎしょう〉　*誓約〈うけい〉の一種。神に対して偽りのない旨を宣誓し、自己呪詛を行ったうえで熱湯の中に手を入れる。火傷（*起請の失〈しつ〉）の程度により、犯罪の真否や主張の妥当性が証明された。記紀によれば、古代においてすでに同様の*盟神探湯〈くかたち〉が行われていた。中世においては、特に室町時代にその例が多く知られ、幕府の法廷において、文書審理などにより決着しがたい場合にしばしば所定の手続きによって行われた。まず*起請文を書いたうえ、湯立〈ゆだて〉によって湯起請を行わせ、さらに数日神前に参籠したのち奉行らが失を確かめるのが一般的であった。似た方法として、焼けた鉄をつかませる鉄火〈てっか〉起請も行われた。

遊佐木斎〈ゆさぼくさい〉　1658～1734（万治元～享保19）　江戸前・中期の崎門〈きもん〉学者・垂加〈すいか〉神道家・仙台藩儒。姓は藤原、名は好生、通称は清左衛門、号は木斎。仙台の人。医師高橋玄活に師事して四書五経の手ほどきをうけ、藩命により江戸で藩儒大島良設〈りょうせつ〉に師事した。良設と上京し、米川操軒〈そうけん〉・*中村惕斎〈てきさい〉・*伊藤仁斎〈じんさい〉についたが満足できず、学友の薦めで1678年（延宝6）*山崎闇斎〈あんさい〉に入門し朱子学や神道を、また*出雲路信直〈のぶなお〉から「日本書紀」神代巻の講義をうけた。これより儒教と神道を同一視せず、神道の優位性を主張した。帰国後は、仙台藩の学問の基礎を築き、藩主伊達家の歴史編纂に従事した。1695～97年（元禄8～10）に木下順庵〈じゅんあん〉の高弟*室鳩巣〈むろきゅうそう〉と3回にわたって行われた論争は、〈*神儒問答〈じんじゅもんどう〉〉として有名である。

遊佐木斎書簡〈ゆさぼくさいしょかん〉　→神儒問答〈じんじゅもんどう〉

譲状〈ゆずりじょう〉　譲文〈ゆずりぶみ〉・処分状・去状〈さりじょう〉とも。所領・所職〈しょしき〉などの財産を血縁者に譲渡するために、譲渡者が作成した文書のこと。非血縁者に譲る時には和与状〈わよじょう〉といって区別した。平安中期頃から一般的になった。まず「譲与」または「譲渡」と書き出し、次に譲られる所領・所職、被譲渡者、譲渡年月日が記される。多くの庶子たちに所領を配分する場合は、同一の日付で庶子たちに譲状を作成する「同日一筆譲状」形式か、多数の所領を複数の庶子に分与したことを一通の譲状に記載した「長符〈ちょうふ〉」「大間状〈おおまじょう〉」形式が用いられた。譲状作成の目的は、相続人相互間での紛争を未然に防止するためであり、単独相続が確立する室町中期頃になると、譲状は作成されなくなった。

ユタ　奄美〈あまみ〉・沖縄地方に古くからみられ、神に仕え口寄せをする人。*ノロが公的な世襲の女性司祭者であるのに対し、ユタは個人的な呪術者としての役割をはたしており、男も女もいる。成巫式〈せいふしき〉において、個人によって異なるミカタサマとよばれる守護神が定められ、その守護神が憑依〈ひょうい〉した状態の中で託宣〈たくせん〉、卜占〈ぼくせん〉、医療行為、死者の口寄せなどが行われる。世襲ではなく、すでにユタである者から巫病〈ふびょう〉と判断されることによって

ユタになる場合が多い。巫病とは，ユタになることの知らせである。心理的・精神的な原因による情緒不安定や発狂状態を示す場合の多くは巫病であるとされ，そのような身体状況をカミダーリィという。現在でも，ユタに対する人々の信頼には高いものがある。奄美や沖縄では，伝統的な宗教が衰退している傾向がみられるが，ユタのもつ宗教的信頼はむしろ盛況をみせている。

湯立神楽（ゆだて）　湯神楽・湯花神楽・霜月神楽とも。神楽の一種。伊勢神宮の*伊勢御師（おんし）により全国に伝播していった神楽で，湯立による禊祓（みそぎはらえ）がその中心である（そのため伊勢流神楽とよばれるが，現在伊勢では行われない）。神前の大釜で沸かした熱湯は浄めの力をもつとされ，神座である御幣（ごへい）や神籬（ひもろぎ）・白蓋（びゃっかい）・大乗・雲などとよばれる釜上の天蓋，四方をめぐる注連縄（しめなわ）が用意される中，神職・巫女・修験者らが祈禱ののち，笹などを使い自身や参列者に湯を振りかけた。そのほか湯立や神々への献湯での神歌（かみうた），採物（とりもの）・着面の舞などもある。霜月（旧暦11月）に行われたことから，霜月神楽ともいい，奥三河地方の花祭や信濃国下伊那遠山の霜月祭でのそれは広く知られる。

ユニテリアン　Unitarian　イエス・キリストの神性ではなく，人性を重んじるキリスト教の一派。神の唯一性を重んじ，イエスは信仰の模範とすべき人物であるとして，イエスの神性を認め，三位一体説を信条とするトリタリアン（Trinitarian）と対比される。その起源は3世紀にさかのぼり，ニケーア会議で異端とされた。日本には，1887年（明治20）にアメリカのユニテリアン協会から派遣されたA.M.ナップによって紹介され，80年には機関紙「ゆにてりあん」が後任のC.マコーレーの時に創刊される。その信者には，*安部磯雄らのキリスト教社会主義者が多い。他宗教に対して寛容な立場をとることを特色とする。

夢（ゆめ）　夢は，睡眠中の生理的・心理的な独特の経験として人類に普遍的であるが，ほとんどはたちまちに忘却される。例外的にその経験を思いおこし，他人に語り，あるいは記述する時，それは当人とその場の文化的・社会的な条件に規定されざるをえない。特に文献その他の手段によって後世に伝えられた夢や，夢への関心は，それぞれの文化・社会の中で特別の役割を担っている。日本の夢語りの記述は，奈良時代の「*古事記」「*日本書紀」や風土記などに始まる。状況的に追い詰められ日常の判断力が機能しなくなった時に，夢の威力が発揮される。祭式的な手続きによって神託（しんたく）（*託宣（たくせん））を待つと，やがて夢に神々が現れて自ら名乗り，明確な指図を下す。この神託が人々に告げられ，実行に移されるとすぐに危機から脱するのである。この神託夢の典型が，ここでは天皇の政治支配の正当性を保証していた。また神託夢への傾倒は，その後長く日本の夢文化の底流を規定し続けた。

しかし，日本の史書の模範であった中国の古代史書では神託夢に政治的権威はなく，政治支配の正当性を保証した夢の典型は，占夢（せんむ）の特殊能力によってのみ運命の前兆として解読される不可解な象徴夢であった。ここに古代における日本と中国の信仰文化と政治文化の落差が露呈する。もっとも*神がかりや夢による神託への不審，安易に追従しない態度は，すでに*道鏡（どうきょう）の宇佐八幡宮神託事件(769)の中で確認される。

夢をめぐる信仰文化においては，仏教思想をからめながら目覚めてのちの解釈が種々に展開した。「*日本霊異記（りょういき）」以後の説話集では因果応報，「*日本往生極楽記（ごくらくき）」以後の*往生伝では往生の予告や報告などが夢語りの主題になっている。和歌においては，現実に不可能な逢瀬の場を夢に見出す激しい恋情の表現が「*万葉集」に目立つ。この夢への関心は，魂が抜け出るという想念において中国の「荘子（そうじ）」の胡蝶の夢などに通ずる。平安時代の貴族の日記や物語文学では，人によって夢への関心が濃淡一様でないが，出仕を休む理由となった夢見や，夢合（ゆめあわせ），悪夢をみた時の夢祭，霊夢をもとめての寺社参籠など多様な夢文化があった。平安末期から鎌倉時代にかけて，夢語りはふたたび政治性を帯びた。藤原頼長の日記「*台記（だいき）」や九条兼実（かねざね）の日記「*玉葉（ぎょくよう）」には，身近な親族・近臣・僧侶などが，特定人物の政治

的浮沈にかかわる夢を報告しあって一喜一憂する夢語り共同体の形成がみられる。源頼朝に注進された鹿島社社僧・諏訪社神官の夢語りは，政治的・軍事的効果が大きかった。ついで慈円・明恵・法然・親鸞・道元・叡尊ら各宗の僧たちは，それぞれに夢から大いなる啓示をうけて，その信仰活動を展開した。その後「*太平記」では夢に対する不信を高く評価するが，中世の寺社縁起における夢語りは盛況で，夢想連歌や五山僧の渡唐天神像の信仰は夢語りに発し，夢幻能もまた夢に対する独特の強い関心を示す。江戸時代には，古代中国に淵源をもつ夢判断の手引書が，和風の要素を加味しつつ18世紀の出版文化に乗って流行した。→夢記

夢記 ゆめのき *夢をみた本人が，その内容の精確を期して書き残した独立の文書・記録。夢の内容が特定人物の近未来にかかわるとみて，その相手のために書き送った注進状は，平安時代末から鎌倉時代にかけて貴族・僧侶・神官などに多く，譲状・寄進状に添えられた夢記もある。また，仏道修行中の僧侶が，仏・菩薩の出現など，修行の成果のあがった証拠とみなして記録した好相日記がある。信仰上の課題に関する啓示として記録したものには，*慈円が「愚管抄」の前提にした夢想記や，*親鸞の妻帯を促した六角堂救世観音の示現を記す夢記など，歴史的に重要なものがある。*明恵の「夢之記」は，長年月にわたり時には挿絵を交えた詳細な，特異な記録である。自筆原本も京都高山寺などに大量に残っている。それは好相日記の面あり，信仰上の課題にかかわる解釈を付すものあり，解釈のつかないままの部分ありと多義であって，明恵の信仰生活をうかがううえで貴重であるが，生前中は非公開であった。明恵・慈円・親鸞らは夢記を残す一方，深くその夢とかかわる主要著書で夢には言及しない傾向がある。なお明恵・親鸞らの伝記は，早くからこれら夢語りのいくつかを詳しく記述している。

夢の代 ゆめのしろ 江戸後期の博物学的著作。全12巻。*山片蟠桃の著。1820年（文政3）完成。序文には，著者の師である*中井竹山・*中井履軒兄弟からの聞き書きとあるが，内容の豊富さは蟠桃自身の博識に負う。天文・地理・神代・歴代・制度・経済・経論・雑書・異端・無鬼・雑論の11項目に各1巻が割り当てられている（無鬼のみ上・下2巻）。天文の巻は，東洋の世界論ものべるが，これらよりも西洋天文学説を重視し，地動説を支持，17世紀後半から欧州で流行したすべての恒星がおのおの一つの世界であるとする複数世界論を展開する。これらの知識は志筑忠雄の「*暦象新書」に由来する。地理の巻は，西洋地理書をもとに諸国地理を論じる。神代の巻は伝えられる神代の記述の信憑性を疑い，歴代の巻はそれ以降の歴史を批判的に論じる。制度の巻では，行政制度の変遷と法制・貨幣制度が説かれる。経済の巻では，自由主義的見解を披露し幕府・諸藩の経済政策を批判する。経論・雑書の巻は，儒教諸著作を懐徳堂的合理性で解釈する。異端の巻では異端すなわち仏教をその非合理性のゆえに排撃し，無鬼の2巻は霊魂・幽霊・妖怪などの非在を強烈に主張する。最後の雑論では，医学と防災についてのべる。合理主義思想にもとづく日本の百科全書ともいえる大著である。

夢物語 ゆめものがたり →戊戌夢物語

由利公正 ゆりきみまさ 1829〜1909（文政12〜明治42） 正式の名は「こうせい」と読む。三岡八郎とも。幕末・明治期の政治家。福井藩出身。*横井小楠の影響をうけ，物産総会所を設立して藩財政改革を推進した。この成功によって財政家として知られ，維新後明治新政府の徴士・参与となり，会計基金の調達，太政官札の発行などによって財政・金融制度の整備にあたった。また，*五箇条の誓文の原案を起草した。1871年（明治4）東京府知事となり，町会所・興業銀行を創設して人心の安定を図った。72年*岩倉遣外使節に随行した。74年の*民撰議院設立建白書に参加し，75年には元老院議官に任ぜられた。晩年は貴族院議員に勅選された。

よ

夜明け前 よあけまえ　*島崎藤村とうそんの長編小説。第1部・第2部の2部構成。1935年(昭和10)完結。木曾路の宿駅馬籠まごめの庄屋青山家の当主半蔵は、*平田篤胤あつたねの国学を奉じる理想主義者である。彼は、村民の窮状をよく知り、王政復古の実現を願って幕末・維新の時代を奔走するが、期待した世は訪れない。半蔵は、失意の中、夜明けをみることなく狂死する。父正樹をモデルとして、日本の近代の総体を問い直す意図によって書かれた大作である。歴史観の曖昧さや叙述の不統一などの欠点を指摘されつつ、藤村文学の総決算としてだけではなく、近代屈指の歴史小説として高く評価されている。

夜居僧 よいのそう　→護持僧ごじそう

洋外紀略 ようがいきりゃく　世界主要国の略史と人物伝、それに海防論をあわせた書。写本3巻。*安積艮斎あさかごんさいの著。1848年(嘉永元)自序。上巻は箕作省吾みつくりしょうご「*坤輿図識こんよずしき」を主な情報源としながら、ロシアからコロンビアまでの11カ国の略史と国勢を記し、中巻はコロンブスとワシントン、それにオランダ海軍の将軍の伝記を載せる。コロンブス伝とワシントン伝は「坤輿図識」に、また海将の伝は大槻西磐おおつきせいばん「反金数別児倹伝ハンキンスヘールケンデン」に拠る。アヘン戦争での清朝の敗北に危機感を抱く艮斎は、「支那人」の独善的な中華思想を批判する一方で、対外的な侵略への抵抗力として君臣一体の素朴な愛郷心に期待し、「封建」諸侯の分権と鎖国体制の堅持を主張している。

洋外通覧 ようがいつうらん　幕末期の西洋通史を記述した歴史書。無是公子むぜこうしの著。全3巻3冊。1848年(嘉永元)刊。古代史に関しては「西洋列国史略」「西洋雑記」などと同様、太古(天地創造説話以後)・新世界(大洪水伝説以後)・革命(キリスト紀元以後)という区分に従っている。しかし、革命以後(ローマ帝国以後)に関しては、これまでの歴史書のように各国別の形式をとるのではなく、編年体での構成を和文ではじめて試みた書であり、その意味では意義深いといえる。作者の無是公子の素性は明確ではなく、おそらく洋学者ではないと考えられ、したがって本書は*山村才助さいすけらの著書から編纂したものと推測される。そのため内容は粗雑だといわざるをえない。

洋学 ようがく　江戸時代に興った西洋科学、西洋事情に関する研究、知識の総称。西洋学術の受容はまず、南蛮学なんばんがくとよばれるポルトガル、スペインなどからキリスト教とともに伝わった学術から始まる。しかし、いわゆる鎖国政策以降は西洋学術・文化はオランダ語を通じてのみ伝えられるものとなり、キリシタン系の南蛮学との差異化をする必要もあったため、蘭学らんがくとよばれて広く研究された。洋学という語は当初、蘭学とほぼ同意として用いられていたが、幕末期近くになるにつれ、オランダ以外の西洋諸国との交渉が開け、それらの国々の言語・文化・学問が学ばれ始めると、西洋学術を蘭学という名称で包括することはできなくなった。そこで、イギリスについての学問を英学、フランスについては仏学、ドイツについては独学などの用語も用いられてきたが、これらの総称として洋学という言葉がより有力なものとなった。

蘭学の初期は、医学・天文学を中心にして、長崎で研究されてきた。その蘭学が本格的に研究され始めるのは、享保・元文年間(1716～41)の将軍徳川吉宗よしむねの殖産興業政策が影響している。この政策に則って吉宗は、実用的な科学・技術を導入した。続いて次の田沼時代になると、西洋への関心はさらに高まり、蘭学は多方面で本格的に学ばれるようになった。この時代に訳述・刊行されたのが「*解体新書かいたいしんしょ」である。

このような発展をみせていた蘭学は、18世紀後半から19世紀初頭にかけて生じたヨーロッパ帝国主義勢力のアジア進出を契機に、〈国家にとって〉実用的な学問として評価されるようになった。アヘン戦争以降の対外危機の進行にともない、西洋式軍備の必要性は急速に進み、オランダ式砲術・兵学をはじめとし、軍事科学・技術の習得が推し進められた。開国以降、イギリス、フランス、ドイ

ようが

ツ，ロシアに関しての学問も行われるようになった頃，西洋学全般をさして洋学とよばれるようになり，明治期に入っても和学・漢学に対する用語として使用されていた用例も多くみられる。近年では，これら一連の〈南蛮学―蘭学―洋学〉の流れを，ある非西欧文化におけるヨーロッパの植民地科学へのキャッチ・アップのプロセスとして考える視点もうまれている。

幼学綱要 ようがくこうよう 「*教学聖旨せいし」を体し，明治天皇の命で*元田永孚ながざねが編纂した児童用修身書。1879年（明治12）9月に命をうけ，81年に成稿。82年12月〜83年1月に宮内省から全7巻が刊行され，88年まで各学校に下賜・下付された。頒賜の勅諭に，道徳は西洋の学でなく儒教により，仁義・忠孝を重んずべきことをのべている。孝行・忠節・和順・友愛・信義・勤学・立志・誠実・仁慈・礼譲・倹素・忍耐・貞操・廉潔・敏智・剛勇・公平・度量・識断・勉識の20の徳目について，その大意，経書けいしょの引用の後，多数の和漢の例話をあげ，挿絵をそえている。「例言」にみるように，これらの道徳が早い時期に幼童の「先入主」となるよう企図されたものである。

永観 ようかん →永観えいかん

謡曲 ようきょく 能本・謡本うたいぼんとも。能の台本。または詞章に節を付けてうたうこと。能はシテやワキが科白せりふを語るだけでなく，地謡じうたいなどが詞章に節を付けてうたい，心情を吐露したり，状況を説明したりする。狭義には一曲中の声楽部門だけを謡曲というが，広義には科白部門も含めて一曲すべてを謡曲という。広義の場合は能本というほうがふさわしい。能本の構成としては，次第，名ノリ，道行みちゆき，着ツゼリフ，一声，二ノ句，サシ，歌（上歌あげうた・下歌さげうた），掛合かけあい，語リ，地謡じうたい，クリ，クセ（曲），ロンギ，待謡まちうたい，ワカ，キリなどの種類があり，これらを適宜組み合わせて一曲を構成する。多くの場合，七五調の韻文形式をとる。また，実際の上演では所作を伴うが，特にシテは舞を舞う場合がある。この時に謡をうたいながら舞う「語リ舞」と，発声せずに囃子はやしにあわせて舞う場合がある。謡は*白拍子しらびょうしや*曲舞くせまいといっ

た先行芸能の影響をうけながら確立したが，必ずしも同じ構造をもつとはかぎらず，さらに工夫を凝らした形となる。詞章もまた先行文学や芸能の影響をうけるが，相当アレンジする。謡曲の作者は多くの場合，能役者自身であり，作詞・作曲・振付をすべて行った。江戸時代になると謡曲が教養の一つとして考えられるようになり，一般素人が習うことも多くなった。声楽部門の一部だけをうたう謡と，舞の部門の一部を舞う仕舞しまいがある。

栄西 ようさい →栄西えいさい

養生訓 ようじょうくん *貝原益軒えきけんの著した書。和文。全8巻。1713年（正徳3），84歳の時の著作である。中国の医学書の知識と長年の経験・見聞が一体となったもので，今日に至るまで長く読み継がれた。総論・飲食・飲茶・煙草・慎色欲（色欲を慎しむ）・五官・二便・洗浴・慎病・択医・用薬・養老・育幼・鍼はり・灸きゅうといった各項目について，平易に丁寧に養生の心得が説かれている。朱子学の実学としての展開をよく示している。

鎔造化育論 ようぞうかいくろん 宇宙論にもとづき，農政が為政者の本務であることを説いた*佐藤信淵のぶひろの書。1842年（天保13）の跋があるが，「*天柱記てんちゅうき」と相前後して，文政年間（1818〜30）以降に何度か書き直された。全3巻。西洋天文学の概説書である吉雄南皐よしおなんこう（俊蔵）「遠西観象図説えんせいかんしょうずせつ」（1823刊）を剽窃して，惑星の公転や自転のような最新の蘭学知識を摂取しながら，宇宙の創造と運行の根拠に産霊神むすびがみがいることを論じたうえで，万物を生育する産霊神の働きに参与する農政が，「天に事つかえる」為政者の使命であるとする。修徳の鍛錬場であるこの世界で，天に代わって万民を撫育すれば，死後は「神聖」になることができる。逆にその責務をはたさなければ，人間はたんなる糞尿を貯える器物にすぎないと説き，為政者に農政を促している。

耀天記 ようてんき 「山王さんのう縁起」とも。鎌倉時代の*日吉ひえ神社に関する縁起・伝承や山王神道説を記録した書。1巻。1223年（貞応2）の成立か。本文40条と付録2条からなる。編者未詳であるが，日吉社家の手になるものであろう。社司の祝部成仲はふりべなりなか・同親成ちかなりの説が

引かれており，日吉社家・樹下家の系統において編纂されたことが推測される。本書の3分の1をこえる分量を占める第39条「山王事」は，*山王神道の教学を体系的に記述するもので，山王神道書としては最も成立が古くかつ代表的な書とされてきた。ただし，「山王縁起」と題する92年（正応5）の古写本には，「山王事」条をはじめ数条が欠けている。したがって，原「耀天記」においては「山王事」条が含まれておらず，「耀天記」の書名とともに後世に付加された可能性が高いとされる。「山王事」条を除いた原「耀天記」の本来の性格は，日吉社の諸社の縁起・由来や祭祀・神事に関する覚書とみられ，「*山家要略記（さんげようりゃくき）」や「*渓嵐拾葉集（けいらんしゅうようしゅう）」に集成された山王神道説と系統を異にする，社司側の伝承を記録した文献として貴重である。

陽復記（ようふくき） 外宮（げくう）の祠官*度会延佳（わたらいのぶよし）が著した後期*伊勢神道の代表書。1650年（慶安3）成立。書名は「一陽来復」の月（11月）に記したことによる。上・下2巻。上巻は平易な文章で天神（てんじん）・地神（ちじん）の生成，天孫降臨，三種神宝（みくさのかんだから），神明の舎である心について，そして神宮の沿革や神・儒・仏三教の相違点など，下巻はそれらについて問答形式で補足し，さらに自らの神道観をのべている。延佳は，儒者の神儒習合的な説や態度を批判したが，神道の本義を知るうえで，儒教教義の利用とその正しい理解は不可欠であるとした。なぜならば，神道と儒道の教えは根源的に同一だからである。よって神道を秘伝や神事奉仕だけでなく，日本人の五倫の道，すなわち生活の規範と考え，そうした神道が正しく行われたならば，一君万民は楽しみ，天地は生成・発展する，としたのである。本書は版を重ねて，多くの人にうけいれられたほか，後光明（ごこうみょう）天皇にも供された。

陽明学（ようめいがく） 中国明代の王陽明（1472〜1528）が提唱した心学。もとは王学・姚江（ようこう）学といい，陽明学という呼称は日本の明治期につけられて定着した。王陽明は教条化した*朱子学を学んだ。たとえば「大学」の「格物（かくぶつ）」の物を即物的に理解し，竹の理を究めようとして挫折して，朱子学を心外の理を究めるものと決めつけた。この誤解が王陽明を

性善説の原理主義者に導いた。朱熹（しゅき）（朱子）はあるがままの姿（心）そのままの自力にゆだねてしまうと，背理態を招いてしまうとみて強く危惧して，「心即理」（心が理を創造する）とはいわずに，性が心を制御して理を創造すると覚悟して「性即理」を主張した。王陽明は性に心が制御されると心は定理に拘束されて，わたし自身（心）が自力で自前の人生を生きることはできないと考えて，「心即理」を力説し，後年は心を良知（りょうち）とも言い直して良知心学を説いた。自力にのみ依存したから既存の外在する規範から自由になって（それを無善無悪説という），真理を発見・創造することになる。そのために守旧派から激しい非難を浴びた。破壊力の大きい無善無悪説をめぐっては，王門内部でも激しい論争が展開された。また「今」という現在に実存する我々の知行は分けられないとみて，知行合一（ちこうごういつ）説を主張した。しかし，説明が稚拙なために誤解されることが多かった。良知心学は教学の枠を壊したので，禅心学を覚醒させ三教一致心学を誘発して，学術思想界が沸騰した。

日本では，本格的に陽明学を学んだ最初の人は*中江藤樹（なかえとうじゅ）である。知識として習得することが主眼ではない。いかに生きるかが主題であった。中江藤樹の門流（*淵岡山（ふちこうざん）・二見直養（ふたみなおやす）・五十嵐養庵（いがらしようあん）・植木は水（うえきはすい）・木村難波（きむらなんば））は連綿と明治期まで継承され，今日もなお熱心に学ばれているが，王陽明よりも王竜渓（おうりゅうけい）の良知現成論（ありのまま「現成（げんじょう）」のわたしに良知が丸ごと顕現している）が滋養源として活用された。これとは別に佐藤直方門から*三輪執斎（みわしっさい）が陽明学に転向し，川田雄琴（かわたゆうきん）が継承した。幕末期に*佐藤一斎（さとういっさい）と*大塩平八郎の門下に綺羅星のごとく人材が輩出し，幕末・維新期の時運開拓に大きな働きをなした。その際に，明代末期の劉念台（りゅうねんだい）の独自の誠意説が議論を沸騰させた。明治期以降に陽明学運動が最も盛り上がる。その立役者は吉本襄（よしもとじょう）・宮内黙蔵（みやうちもくぞう）・東敬治（ひがしけいじ）・石崎東国（いしざきとうこく）であった。良知心学が良心論・自力主義・自由主義と響きあうために，キリスト教受容や大正リベラリズム運動の中で，陽明学の原理主義が活学されて

よりめ

斬新な成果をうんだ。

陽明攅眉 ようめいさんび　*林羅山による陽明学批判の書。全5巻。1652年（承応元）成立。本書は明暦の大火によって焼失してしまったが、本邦最初の陽明学批判の書として注目すべきである。羅山の子林鵞峰と林読耕斎の序文によれば、羅整庵の「困知記」や陳清瀾の「学蔀通弁」などの明末・清初の陽明学批判の言説を掲げ、羅山の論難を付したものである。1650年（慶安3）に王陽明の「伝習録」、52年（承応元）に「陽明先生則言」、さらに53年に「王陽明先生文録鈔」がそれぞれ和刻されていて、陽明学流行の兆しに対する朱子学者としての危機感があったと考えられる。

養老律令 ようろうりつりょう　律令国家の基本法典*大宝律令の修訂版。律10巻・令10巻。*藤原不比等が中心となり、明法官人を主力として718年（養老2）に修訂を開始した。「弘仁格式序」などはこの年に完成とするが、論功行賞が722年に行われているから、その頃に完成したのだろう。多くは編目・字句などの形式上の改訂だが、戸令応分条の改変や公式令勅符式の削除など、社会や政治の実態にあわせた重要な変更もある。施行は成立後約40年をへた757年（天平宝字元）まで遅れる。藤原仲麻呂が政治的目的から、自分の祖父不比等の顕彰を行うために施行したものと考えられている。なお、大宝律令以降の制度の変更はさほど取り入れられていないが、これは*格式（単行法令）にゆずったためであり、*律令と格式との関係が当時どのように考えられていたかを知ることができる。

横川僧都 よかわそうず　→源信

横井小楠 よこいしょうなん　1809〜69（文化6〜明治2）幕末期の代表的な経世家。名は時存、通称平四郎、小楠は号。熊本藩士横井時直の次男として熊本に生まれる。幕末期の危機的状況の中で儒家的見識を磨き、政治・経済・教育にまたがって高度な時務論を展開した。自藩では不遇だったが、「*学校問答書」が機縁となって福井藩の賓師として迎えられ、政事総裁職となった松平春嶽（慶永）の顧問として文久の幕政改革に寄与した。その後、士道忘却の廉で士籍を奪われたが、明治新政府の参与となり、その思想の一部は「*五箇条の誓文」（1868）として結晶した。1869年（明治2）にキリスト教徒と誤解され暗殺された。

熊本藩校時習館で学び、1839年（天保10）嘱望されて江戸留学を命じられ、*藤田東湖・川路聖謨らと親交を重ねたが、翌年酒失のため帰国、謹慎を命じられた。小楠は、それまで政治と歴史への関心を中心として学問していたが、挫折を機として内面を見詰めるようになり、朝鮮の李退渓、肥後実学派の創始者大塚退野らの影響下に、朱子学への関心をもち始める。

1841年「時務策」を書き、藩政を批判した。この年、長岡是容（監物）らと「肥後実学党をつくり、朱子学系の本や「*集義和書」を手掛りとして政治のあり方を討論し、訓詁の学を主とする学校党と対立した。55年（安政2）「大学」の「明明徳、新民」の解釈の差異で盟友の長岡と絶交し、独自の道を歩み始める。この年、魏源の「海国図志」を読んで開国論に転向した。

それ以前「*夷虜応接大意」を書き、攘夷論者の折も国際普遍思想にめざめていた。「海国図志」を読むことによって国防論では海軍主義者になるとともに、国内政治では共和主義者・公論主義者となる。そして、国際的普遍思想を積極的交易論によって裏づけ、四海兄弟説を唱えた。これらを結晶したのが「*国是三論」（1860）、「海軍問答書」、「*沼山対話」（1864）、「*沼山閑話」（1865）である。最後の二論では思索を深め、思と物物を重んずる学問方法論を考え、天帝・天上という天の観念を手掛りとして、「書経」に描かれた「三代の治」を現実化する構想をもち始めた。

横井千秋 よこいちあき　1738〜1801（元文3〜享和元）近世中・後期の名古屋藩士・国学者。幼名金吾、のち時広・宏時、通称は吉平・十郎左衛門・千麻呂・田守、号は千秋・木綿苑など。名古屋藩士横井時諄の第3子として名古屋に出生。1758年（宝暦8）家督を継ぎ、知行700石。以後藩の要職を歴任する。85年（天明5）*本居宣長に入門し、以後「古今和歌集遠鏡」や「*古事記伝」など宣長の著述の出版助成を行う一方、名古屋における宣長学の普

及に貢献した。また，87年には「白真弓(しらまゆみ)」を著して宣長学の立場で政道を論じ，宣長の招聘を藩主に建言している。著書は「天真中詞(あめのまなかのことば)」「八尺勾瓊考(やさかのまがたまこう)」「玉鉾百首解(たまほこひゃくしゅかい)」「木綿苑家集」など。

横光利一(よこみつりいち) 1898〜1947(明治31〜昭和22) 昭和期の小説家。本名利一(としかず)。福島県出身。1924年(大正13年)川端康成(なり)・片岡鉄兵(てっぺい)らと同人誌「文芸時代」を創刊，独特の修辞を用いた「頭ならびに腹」「ナポレオンと田虫」などの作品を発表し，*新感覚派の旗手として注目を集める。「機械」(1930)以降は新心理主義に転じ，確固たる行動規範をもたない現代人の自意識を描いた。また，「上海(シャンハイ)」(1931年完結)からナショナリズムの問題を扱い，大作「*旅愁(りょしゅう)」(1937〜，未完)において西洋対日本の関係を執拗に追求したが，作者の死によりその試みは中絶した。代表作としてはほかに，「蠅(はえ)」「日輪(にちりん)」「春は馬車に乗って」「寝園(しんえん)」などがある。「定本横光利一全集」全16巻がある。

横山源之助(よこやまげんのすけ) 1871〜1915(明治4〜大正4) 明治期のジャーナリスト・労働問題研究家。越中国魚津で左官職人の子として育つ。政治家を志し英吉利(イギリス)法律学校に入学する。「*国民之友」の影響をうけ，*二葉亭四迷(しめい)や松原岩五郎らとの交友から，社会・労働問題に関心を向け，その実情調査の報告に取り組んだ。1894年(明治27)「毎日新聞」に入社し，日清戦争下の地方労役者や桐生・足利の工女をはじめ，各地の労働事情のルポルタージュを次々に発表した。*片山潜(せん)らの労働運動にかかわり，「*労働世界」に執筆するとともに社会主義にも賛意を示した。99年これまでの調査を整理した「*日本之下層社会」，また「内地雑居後之日本」を出版した。翌年，農商務省の「*職工事情」の調査に従事した。労働運動の敗退後は幅広い文筆活動に転じた。「横山源之助全集」全9巻・別巻2がある。

横山大観(よこやまたいかん) 1868〜1958(明治元〜昭和33) 明治〜昭和期の日本画家。水戸藩士酒井捨彦(すてひこ)の長男として生まれる。本名秀麿。1889年(明治22)東京美術学校の第一期生として入学。卒業後，同校図案科助教授となるが，98年には*岡倉天心(てんしん)に連なり，懲戒免職となる。同年，天心が設立した日本美術院に移り，朦朧体(もうろうたい)の実験を行うなど，強い社会的影響力を発揮した。1904年から翌年にかけてアメリカ，ヨーロッパを歴訪し，展覧会を行う。天心没後の14年(大正3)には日本美術院を再興する。以後，同院を主な拠点とし，日本画壇の大家としての地位を確立する。37年(昭和12)文化勲章を受章。戦中の43年には日本美術報国会会長に就任，「彩管報国」の代表的文人となる。代表作品は「屈原(くつげん)」「生々流転(せいせいるてん)」など。→朦朧派(もうろうは)

与謝野晶子(よさのあきこ) 1878〜1942(明治11〜昭和17) 明治〜昭和前期の歌人・詩人。旧姓鳳(ほう)，本名しよう。大阪府堺の菓子舗に生まれる。地元の文学愛好者のグループに入るが，1900年(明治33)*与謝野寛(ひろし)(鉄幹(てっかん))の来阪を機に，その文学思想・運動に共鳴し，新詩社に参加する。鉄幹の再度の来訪をへて恋愛関係に入り，妻子ある鉄幹のもとに出奔し，結婚に至る。こうした女としての生き方を貫こうとする体をはった行動を背景に，自我の拡張，恋愛至上主義による性につながる官能・感覚の解放，唯美的・浪漫的詩情の濃い抒情を作品にうたいあげた。それに照応する鉄幹の歌をもみだし，新詩社の歌風を一変させた。第一歌集「みだれ髪」(1901)は浪漫派歌風の鑑となり，いったん傾きかけていた新詩社を盛り返し，*石川啄木(たくぼく)・*北原白秋(はくしゅう)・木下杢太郎(もくたろう)らの若手俊秀をよびあつめ，黄金期を築いた。その後も夫鉄幹を支えながら，第2次「*明星(みょうじょう)」(1921〜27)やその後進の雑誌「冬柏(とうはく)」(1930〜52)などの運営を助けた。また，与謝野の家運の隆昌を図り，鉄幹をフランスに留学させ慶応義塾大学の教授にも就かしめた。10人の子をなして育児・家事に励みながら，歌業はもとより小説・詩，さらには古典の研究につとめて「源氏物語」の初の口語訳など，まさに八面六臂の活躍をみせた。日露戦争に従軍した弟の身を気遣った詩「君死にたまふこと勿(なか)れ」(1904)を発表し，また女性解放運動にも独自の立場から参画した。「定本与謝野晶子全集」全20巻がある。

与謝野寛(よさのひろし) 1873〜1935(明治6〜昭和10)

明治〜昭和前期の歌人・詩人。初期は鉄幹と号す。京都の浄土真宗寺院の生れ。憂国の志士を任じ，李朝末期の朝鮮に渡って日本の利権のために画策したが，挫折して帰国，詩歌を中心に文学に身を託す。落合直文のあさ香社に属し，和歌の革新に手を貸す。明治新詩社，ついで1899年(明治32)東京新詩社を結成し，翌年にはその機関誌「*明星」を創刊する。初期の〈ますらをぶり〉の激情・慷慨調から唯美的・主情的な詩風に転じて，*与謝野晶子・*石川啄木・*北原白秋らの俊秀を蝟集せしめ，浪漫主義運動の担い手になる。「東西南北」(1896)，「紫」(1901)，「相聞」(1910)などの詩歌集のほか，初期の歌論「亡国の音」(1894)がある。フランス留学をへて，晩年は慶応義塾大学・文化学院の教壇に立った。「与謝野寛短歌全集」「与謝野寛遺稿歌集」がある。

与謝蕪村 よさぶそん →蕪村

吉岡弥生 よしおかやよい 1871〜1959(明治4〜昭和34) 明治〜昭和期の医師で近代女子医学教育の先覚者。静岡県出身。漢方医の子。技術をもち経済的に自立する覚悟で，唯一女子の入学を認める東京の済生学舎に学ぶ。1892年(明治25)医師免許を取得，日本で27人目の女医となる。のち至誠医院を開業する。母校が専門学校への昇格のため女子の入学を拒否し女子在学生の退学を強要したことから，女性のための医師養成機関の必要を痛感し，1900年東京女医学校(現，東京女子医科大学)を創立，社会・国家に奉仕する臨床医の養成に努めた。東京連合婦人会・婦人同志会などの多くの婦人団体の指導者としても活躍し，女性の地位向上の啓蒙に努めた。戦後，創立以来の東京女子医学専門学校校長を退職する。著書は「統吉岡弥生伝—この十年間」「安産と育児」など。

吉川惟足 よしかわこれたる 1616〜94(元和2〜元禄7) 「きっかわー・これたる」とも。江戸前期の神道家。*吉川神道の創唱者。諱は千代松丸・元成・惟足・従時，通称は五郎左衛門，号は視吾堂・相山隠士・湘山幽子。江戸生れ。幼年より歌道を通じて古典を学んだが，壮年時，「中臣祓」などの神道書を本格的に学ぶため上京し，吉田神道の道統者で元豊国神社祠官の萩原兼従に入門した。当時，吉田家継承者の兼連が幼少のため，成人するまでの暫定的道統者を条件に，吉田神道の最奥秘伝「神籬磐境之伝」を伝授された。彼は吉田家が全国の諸社禰宜神主らを惣検校できるよう尽力したが，吉田家当主への返伝授は完遂できなかった。吉川神道は吉田神道の神学から仏教色を取り除き，儒教の理論をもって再構成したが，行法面を継承しなかったため，理学神道とも称した。だが一方で，吉田神道のように神道が神職の専有物から国家治定の道として再認識されるようになり，徳川頼宣・*保科正之・津軽信政らの大名や*山崎闇斎・服部安休らの神道家が教えをうけた。1682年(天和2)幕府*神道方となり，以降吉川家が幕末まで代々世襲した。著書は「*神代巻惟足抄」「*中臣祓聞書」など多数。

吉川神道 よしかわしんとう 「きっかわー」とも。*吉川惟足が創唱した神道。老齢の*吉田神道道統者の萩原兼従は，継承者兼連が幼少であったため，道統断絶を避ける手段として暫定的に高弟の惟足に吉田神道の最奥秘伝を伝授したのが始まりである。当時吉田神道は行事家事(鈴鹿家が担当)と学説道理の2派に分担され，惟足は後者の道統者に委任されたため，自己の神道を〈理学神道〉と自称した。吉川神道は吉田神道の神学から仏教色を除去し，儒学の理気説を用いて再構成したところに特徴がある。たとえば，惟足は神人一体となるため，人は慎みをもって心を澄明にし，祓によって実践せよ，と説いた。そして，君臣の道が永遠不変なるところに人道が行われた時，天下は静謐になると説き，その「日本ノ道」を確保することが吉川神道の極致とされた。惟足は，*保科正之の推挙で幕府に仕え，のち幕府*神道方となり，幕末まで吉川家が継承した。正之のほか，徳川頼宣や津軽信政などの大名が彼に教えを請い，会津藩や山崎闇斎の*垂加神道にも影響を与えた。

吉川従長 よしかわよりなが 1654〜1730(承応3〜享保15) 「きっかわー」とも。江戸前・中期の吉川神道家。2代神道方。名は内蔵之助・

惟順・従長，通称は源十郎，神号は円竜霊社。父は*吉川惟足。幼少から父の教育をうけ，1693年(元禄6)家督を継ぐと，父の学問の忠実な祖述者として，晩年まで精力的に*吉川神道の体系化に努めた。彼は幼少の実子従興(従安)に代えて，道統を会津藩3代当主松平正容に伝えたが，正容はのち従興に返伝授した。従長の著書と思われるものに，「鬼神口授」「神霊感応口決」「生死落着」などがある。

慶滋保胤 よししげのやすたね　?～1002(?～長保4)　平安中期の文人貴族。内記入道と称す。陰陽家*賀茂忠行の次男。本姓の賀茂を読み替え，慶滋と称す。文章博士菅原文時に師事し，文章道をおさめる。官は大内記に至る。浄土信仰に関心が深く，964年(康保元)*勧学会の結成時には指導的人物の一人となる。986年(寛和2)出家，法名寂心。出家後，*源信・*斎然らと親交をもち，源信の念仏結社の*二十五三昧会に加わり，「横川首楞厳院二十五三昧起請」を起草した。著作に「*池亭記」「*日本往生極楽記」「十六想観」などがある。彼の作った詩文の多くは「本朝文粋」に収められている。「続本朝往生伝」に伝記がある。

吉田兼倶 よしだかねとも　1435～1511(永享7～永正8)　卜部兼倶とも。室町時代の神道家。*吉田神道(元本宗源神道・*唯一神道)の創唱者。歴代神祇官人で，吉田神社の社司を兼ねた吉田流卜部氏の出身であり，神祇権大副の卜部兼名の子として生まれる。初名は兼敏であるが兼倶に改め，1467年(文正2)に神祇権大副となる。応仁の乱で朝廷社会が混乱する中，天照大神・天児屋根命以来の相承という吉田神道の教説を唱え，76年(文明8)頃より「神祇長上」「神道管領長上」を称するなど神祇道家として地歩を固めていった。また80年に後土御門天皇のために「日本書紀」を進講し，将軍足利義尚にも講書を行うなど，朝廷・武家に対し正統性を獲得していった。84年，吉田神社の境内の神楽岡に吉田神道の根本道場として斎場所*大元宮を建立し，89年(延徳元)伊勢神宮がここに飛来したと朝廷に密奏し，伊勢神宮の非難

をうけるなど論議をよんだ。この前後に「*神道大意」「*唯一神道名法要集」などを著して吉田神道の教学を完成させ，また三壇行事などの儀礼を定めていった。また，各地の神社に*宗源宣旨や*神道裁許状を発給して，神位・神号の授与，神職補任の権限を掌握し，江戸時代の吉田家による全国神社支配の基礎固めを行った。

吉田兼見 よしだかねみ　1535～1610(天文4～慶長15)　織豊期の神祇道家である吉田家の当主。1570年(元亀元)父兼右から家督を継承する。90年(天正18)に斎場所内に八神殿の再興を勅許され，これにより吉田家は廃亡した宮中の神祇官に代わる「神祇官代」の地位を獲得した。95年(文禄4)より後陽成天皇に「日本書紀」や中臣祓の講説を行い，豊臣秀吉の死後には，弟の*梵舜とともに*豊国神社の創祀を実現させた。日記に「*兼見卿記」がある。

吉田兼右 よしだかねみぎ　1516～73(永正13～天正元)　戦国期の吉田家当主。神道家。*清原宣賢(吉田兼倶の子)の次子として生まれる。吉田家当主の兼満の養子となるが，1525年(大永5)兼満が一族の兼永との争論によって出奔したため当主を嗣ぐ。兼倶以来の*吉田神道を継承し，宮中や斎場所における修法や*宗源宣旨・*神道裁許状の付与を通じてその興隆を図った。地方に下向して活動し，大内義隆・朝倉孝景ら戦国大名をはじめ，地方の祠官らに神道伝授や神道講説を行った。自筆の「神道相承抄」は神道伝授の案文をまとめたものである。諡は唯神霊社。

吉田熊次 よしだくまじ　1874～1964(明治7～昭和39)　明治～昭和期にわたる官学系教育学の重鎮。東京帝国大学教授。山形県出身。1900年(明治33)東京帝国大学文科大学哲学科を卒業。卒業論文「倫理法の必然的基礎」をまとめ，引き続き大学院で実践哲学を研究した。01年文部省より小学校修身教科書の起草を嘱託され，03年独・仏に留学した。帰国後，女子高等師範学校教授兼東京高等師範学校教授。07年東京帝大文科大学助教授として教育学講座を担当，新進有為の教育学者集団による教育学研究の基礎づくりに貢献した。1912年(大

正元）「カント及びカント以後の道徳教授論」により文学博士。近代の社会的教育思潮の広範な紹介のほか、日本における倫理学の実践体系および国民教育体系化の分野に科学的・実証的な学理的研究を導入し、「西の谷本（富(とみ)）、東の吉田」と称された。著作は「現今の教育及倫理問題」など。

吉田兼好 よしだけんこう　1283？～1352？（弘安6？～文和元・正平7？）　鎌倉後期～南北朝期の歌人。俗名卜部兼好(うらべかねよし)。一般に「吉田兼好」と称されるが、兼好在世時から近世に至るまでの資料にはそのように記されたものはない。江戸時代になって、京都吉田神社の神官の家系に生まれた関係からよばれるようになったとされる。父は治部少輔卜部兼顕(かねあき)で、兄弟に*慈遍(じへん)・卜部兼雄(かねお)がいる。はじめ堀川家に仕え、その関係で後二条天皇に蔵人(くろうど)として出仕する。のちに左兵衛佐に任じられるが、翌年に天皇が没してしまう。こうしたことを契機として、30歳前後に出家したとされる。出家の正確な時期は不明であるが、1313年（正和2）以前であるとされる。隠者(いんじゃ)となったのちも、歌人・知識人として公家や武家との交遊を継続する。洛南双ケ岡(ならびがおか)のあたりに隠遁したとされ、終焉の地は不明である。

　和歌は二条為世に学び、*古今伝授(こきんでんじゅ)をうけ、為世の十三回忌和歌の作者でもある。同じく遁世者であった頓阿(とんあ)・浄弁(じょうべん)・能与(のうよ)（もしくは慶運(けいうん)）らとともに、為世門の「和歌四天王」と称される。その詠歌は、「続千載(しょくせんざい)和歌集」以下、勅撰集に18首入集している。また「方丈記」とともに中世隠者文学を代表する「*徒然草(つれづれぐさ)」の著者としてよく知られる。「徒然草」は広く読まれ、江戸時代の作品にはしばしば引用されている。「太平記」には「能書の遁世者」と記され、高師直(こうのもろなお)の恋文の代筆をした件が記されている。近世には「徒然草」も「太平記」もよく読まれたこともあって、兼好の名はよく知られていた。近松門左衛門(ちかまつもんざえもん)作の浄瑠璃「兼好法師物見車(ものみぐるま)」や、江島其磧(えじまきせき)作の浮世草子「兼好一代記」など、艶書代筆事件が作品の素材として使用され、書名にその名が付けられることもあった。

吉田篁墩 よしだこうとん　1745～98（延享2～寛政10）　江戸中・後期の儒学者。名は坦、漢官(かんかん)、字は学儒(がくじゅ)・学生(がくしょう)、通称は坦蔵(たんぞう)、号は竹門・篁墩。江戸小石川に生まれる。上総国の大多喜藩士藤井沢右衛門定行の子。1759年（宝暦9）常陸国の水戸藩医吉田慎斎篤信の養子となって、67年（明和4）表医師に列した。79年（安永8）不行跡によって江戸・水戸構(かまい)に処せられ、88年（天明8）許された。折衷学派の*井上金峨(きんが)に学び、漢唐の注疏を重んじ、漢籍の古写本・古版本の収集と校勘に努め、*考証学を唱えた。また書画の鑑定にすぐれ、書画・名物の収集では大坂の*木村蒹葭堂(けんかどう)と並び称された。蘭学者*桂川甫周(ほしゅう)とも親交があった。著書に、古活字版の書誌学的研究の書「活版経籍考(かっぱんけい)せきこう」2巻、「論語集解攷異(こうい)」10巻（1791刊）、「近聞寓筆(ぐうひつ)」4巻（1826刊）などがある。

吉田松陰 よしだしょういん　1830～59（天保元～安政6）　幕末期の尊攘派志士・思想家・教育者。名は矩方(のりかた)、通称は寅次郎、松陰・二十一回猛士などと号する。26石の萩藩士杉百合之助(すぎゆりのすけ)の次男。5歳の時、山鹿(やまが)流軍学師範である叔父吉田大助の養子となる。11歳の時、藩主毛利敬親(たかちか)の面前で「武教全書」戦法篇を講じ、認められた。1850年（嘉永3）北部九州・長崎・熊本などを遊歴して見聞を広め、外圧の危機を実感した。51年敬親の参勤に従って江戸に赴き、*佐久間象山(しょうざん)に西洋式砲術を学んだ。この年12月、他藩の友人との約束を守るため藩の許可をえずに東北遊歴に出発し、竜飛(たっぴ)岬から北海道を眺望する体験をもったが、翌年帰国後に士籍・家禄を奪われた。しかし、敬親は松陰を惜しみ、10年間の諸国遊学を認めた。

　53年、四国・近畿各地を歴巡しつつ、江戸に到着した直後にペリーの来航に遭遇し、つぶさに状況を観察して海防のため西洋の学術摂取の急務を知る。象山と相談の結果、翌年ペリーの再来航の時、門人金子重之助とともに下田港の米艦に搭乗し外国行きを志したが失敗し、自首して幕府の獄に投じられた。国元謹慎という意外に軽い処罰により萩の野山獄(のやまごく)に移され、1年2カ月間牢居となった。この間、11人の同囚とともに「孟子(もうし)」の輪

講を行った。55年(安政2)許されて杉家の幽室に移り、父・兄らを相手に「孟子」輪講を続けて「*講孟余話」を完成させた。

このののち叔父玉木文之進らが開いていた*松下村塾を主宰し、来学する子弟を相手に教学・読書・著述にいそしんだ。およそ2年間で多くの有為の門人を育て、萩藩の維新運動ないし明治日本の創出に貢献した。58年、大老井伊直弼が勅許なくして外国条約を締結するや幕府問責の急務を痛感し、有志大名らが幕威を恐れて決起しないため、それまでの伝統的な尊王の階層秩序論、すなわち将軍・大名・藩士・庶民がそれぞれ直属する主君に忠誠を尽くすことが尊王に通ずるという考え方をのりこえ、草莽崛起の尊王を必須として老中間部詮勝への要諫などの直接行動を計画した。安政の大獄の取り調べに際し、あえて告白したため処刑された。
⇒草莽崛起論　幽囚録　留魂録

吉田神社 よしだじんじゃ　京都市左京区吉田神楽岡町に鎮座する神社。健御賀豆知命・伊波比主命・天之子八根命・比売神の4神を祭神とする。奈良の春日大社、京都市西京区の大原野神社とともに藤原氏の氏神を祀る。貞観年間(859～877)に、藤原北家魚名流の藤原山蔭が創祀したと伝える。式内社ではないが、吉田祭は公祭に与り、二十二社に加列した。平安末・鎌倉初期の頃、社務は卜部氏(吉田流卜部氏)の世襲となった。室町時代に*吉田兼倶が*吉田神道を唱え、1484年(文明16)吉田山に吉田神道の根本道場である斎場所*大元宮を設け、*大元神をはじめ伊勢両宮・式内社など全国の神々を勧請した。

吉田神道 よしだしんとう　元本宗源神道・唯一宗源神道・唯一神道・卜部神道とも。*吉田兼倶によって提唱された神道の一流派。兼倶は歴代神祇官人で、京都*吉田神社の社司を継承してきた吉田流卜部氏出身である。家学の伝統をもとに文明年間(1469～87)より神道伝授や「日本書紀」「中臣祓」の講説など活発な宗教活動を行っていく中、元本宗源神道(唯一宗源神道)を提唱していった。その教えは、神事の本源をつかさどる神である天児屋根命から唯受一流の血脈によ

り、中臣氏をへて卜部氏歴代に相承されてきたと主張している。

1484年(文明16)には吉田神社の神楽岡に斎場所*大元宮を建立し、吉田神道の道場とした。その前後に「*唯一神道名法要集」「*神道大意」などの主要経典が作成され、吉田神道が完成した。「先代旧事本紀」「日本書紀」「古事記」の三部の本書にもとづく*顕露教と、兼倶の創作になる三部の神経の教えである*隠幽教を立てた。また、*大元神を「日本書紀」にみえる造化神である国常立尊と同体である最高神格と位置づけ、宇宙の根源をつかさどるのは大元神であり、宇宙の万物は神の顕現であるとした。

さらに、*慈遍の書にみえる三教*根本枝葉花実説(神・儒・仏三教を樹木に見立てて、仏教を花実、儒教を枝葉、神道を根本とする)を利用して三教が帰一すること、中でも神道がその根本であることを主張した。度会家行から慈遍に継承された中世神道説を土台とし、密教や道教の要素を取り入れて教理を樹立した。行法面では密教の事相にならって、十八神道行事・宗源行事・神道護摩行事の三壇行事を組織した。主として陰陽道がつかさどっていた地鎮祭や井戸神祭などの雑祭式も整備していった。

江戸時代には「*諸社禰宜神主等法度」で神職の装束着用には吉田家の許状をうけることが定められ、吉田家による全国の神職支配が幕府によって公認された。これ以後、大多数の神社・神職は、吉田家が発給する*宗源宣旨や各種の裁許状によって地位や資格を与えられるようになった。

吉田静致 よしだせいち　1872～1945(明治5～昭和20)明治後期～昭和前期の倫理学者。長野県生れ。1898年(明治31)東京帝国大学文科大学哲学科を卒業、翌年ドイツに留学し1902年帰国。1909年東京帝大講師、19年(大正8)同教授となる。33年退官し、日本大学の理事となった。その学問上の立場は人格的唯心論・人本主義ともいうべきもので、自己の理想を実現しようとするところに良心があり、その向かうところに個人ばかりでなく社会の理想もあるとする。そこから階級主義や個人主義

が排されるばかりでなく，人間の内面的動機を軽視した一国全体主義をも否定されると主張した。著書は「倫理学精義」(1903)，「倫理学上より見たる日本精神」(1934)など。

吉田東洋 よしだとうよう 1816～62(文化13～文久2) 幕末期の高知藩の政治家。幼名は郁助，元服して官兵衛または元吉，本名は正秋，号は東洋。高知藩の上士吉田光四郎正清の四男として高知城下に生まれる。1841年(天保12)に家督200石を相続する。船奉行・郡奉行をへて大目付に抜擢され，藩主山内豊信の信任をうけて藩政改革に着手する。保守派の反対をうけ，酒席の過失を理由に家禄を没収される。その後，私塾少林塾を開き，*後藤象二郎・福岡孝弟らを教育する。57年(安政4)再び仕置役に抜擢され，藩政改革に取り組む。「おこぜ組」とよばれる藩士の支持をうけて，積極的な開明政策を断行するが，尊王攘夷を主張する*武市瑞山らの土佐勤王党によって暗殺される。

吉田令世 よしだのりよ 1791～1844(寛政3～弘化元) 江戸後期の水戸藩士・国学者。字は平坦，通称は平太郎，活堂と号した。常陸国水戸の人。水戸藩士の吉田尚典の子。*藤田幽谷の門に入り，その長女を娶る。*徳川斉昭の侍講として活躍した。幼少の頃より和漢才学の評判が高く，1813年(文化10)彰考館に入り，41年(天保12)に弘道館開設とともに助教・歌道懸となる。主著「宇麻斯美道」の凡例に，〈皇国学はわが大和魂を磨くにあり〉と説き，〈皇国学が諸学問の大本〉であるとのべている。さらに本文では，神道は神の始められたうまし道と強調した。また和歌をよくし，「歴代和歌勅撰考」などの著作もある。

義経伝説 よしつねでんせつ 源義経の死後，彼をめぐり形成されていった伝承の総体。義経の平家討滅に至る武人としての活躍は「*平家物語」，兄頼朝に受け入れられず死ぬまでの悲劇的な経過は「*義経記」にまとめられたが，伝承はそれに対応する範囲にとどまらず，義経の蝦夷ケ島渡りや地獄めぐり(御伽草子「御曹子島渡り」「天狗の内裏」)，さらには大陸へ渡りジンギスカンとなったなど多彩なバリエーションをうみだした。このような義経伝説の異様なまでの興隆は，「判官贔屓」という言葉だけでは十分に表現できない，御子神・貴種流離譚・鎮魂などの観念と強くかかわる，日本人の悲劇の英雄への深い情念の有り様を示している。中世・近世の芸能・文学に大きな影響を与えた。

義経物語 よしつねものがたり →義経記

芳野金陵 よしのきんりょう 1802～78(享和2～明治11) 幕末期の儒学者。名は世育，字は叔果，通称愿三郎・立蔵，号は金陵・匏宇。下総国葛飾郡松ケ崎村の儒医の次男。1823年(文政6)江戸に遊学，折衷学者亀田綾瀬に師事し，26年(文政9)浅草福井町に塾を開く。47年(弘化4)駿河国田中藩の儒員となる。ペリー来航の時に海防を論じ，老中久世広周に建言した。安井息軒・塩谷宕陰とともに，62年(文久2)幕府に招聘され昌平黌儒官，68年(明治元)昌平学校教授となった。昌平学校の廃校後は，東京大塚に隠退した。*藤森弘庵・*藤田東湖らと親交があった。著書に「金陵詩鈔」「金陵遺稿」がある。

吉野作造 よしのさくぞう 1878～1933(明治11～昭和8) 大正～昭和初期の代表的な政治学者・政論家。宮城県古川出身。第二高等学校をへて，1904年(明治37)東京帝国大学法科大学を卒業。二高時代にキリスト教に入信し，大学在学中は*海老名弾正の自由神学に傾倒した。大学院進学後，袁世凱の長男の家庭教師として中国天津に赴き，09年帰国。その直後に東大助教授となり，政治史を担当した。欧州留学をへて，14年(大正3)教授に昇進した。以後，主として「中央公論」に論説を寄稿し，世論に大きな影響を与えた。特に，1916年1月号に発表された「*憲政の本義を説いて其有終の美を済すの途を論ず」は，*民本主義を唱え，普通選挙制・政党内閣への展望を示したことで有名である。また吉野は，中国・朝鮮のナショナリズムにも理解を示し，「中央公論」1916年6月号に発表した「満韓を視察して」では，同化主義的朝鮮統治政策を批判し，また翌年には，中国の同時代史を展望した「支那革命小史」を刊行した。

第1次大戦後の世界的な「改造」気運の高まりの中で，民本主義鼓吹のため啓蒙団体

*黎明会の結成をよびかける一方，国際連盟に対しても，設立当初から国際民主主義の一環として高い評価を与えた。また，ワシントン会議後には，軍の編成に関する天皇の軍政大権のみならず，統帥に関する軍令大権までも政府の輔弼内におくべきことを主張し，軍部を政府の監督下におく制度改正を提言した。24年東大教授を辞し朝日新聞社に入社したが，筆禍事件のために退社，東大講師に復した。26年(昭和元)の社会民衆党の結成には提唱者の一人として活躍したが，マルクス主義の台頭のために，吉野の影響力はしだいに衰えていった。朝日新聞退社後の吉野は，明治文化研究に精力を注ぎ，1924年には明治文化研究会を設立し，「*明治文化全集」全24巻を編集・刊行した。満州事変に際しては批判的姿勢をとり，*赤松克麿を書記長とする社会民衆党の排外主義への傾斜を戒めた。「吉野作造選集」全15巻・別巻1がある。

吉益東洞 よします 1702~73(元禄15~安永2) 江戸中期の医者，*古医方四大家の一人。名は為則，字は公言，通称は周助，東庵のちに東洞と号した。一族の先祖は管領畠山政長という。安芸国広島の人で，1738年(元文3)両親とともに京都に移り住んだ。この頃から，〈すべての病は体内に毒が留滞することによっておこる。薬もまた毒であり，毒をもって毒を制するのである〉という「万病一毒論」を唱えていたが，一般にはうけいれられず，貧窮の淵にあえいでいた。しかるに，*山脇東洋と処方を論じたことから全国的に名声があがった。著作には「類聚方」「薬徴」や，門人の手による「医断」などがある。

吉満義彦 よしみつ 1904~45(明治37~昭和20) 昭和前期のカトリック思想家。鹿児島県大島郡亀津村出身。父の吉満義志信は村長。1922年(大正11)第一高等学校文科丙類に進学，一時，*内村鑑三に傾倒する。東京帝国大学文学部倫理学科に在学中の1927年(昭和2)，*岩下壮一の影響もあってカトリックに改宗した。翌春，渡仏してジャック・マリタンに師事，決定的な影響をうけた。帰国後は上智大学や東京帝大などで教鞭をとりつつ，カトリック思想家として存在感を発揮し，1942年には座談会「*近代の超克」にも参加した。敗戦後まもなく病没した。作家の遠藤周作は，吉満の感化をうけた一人である。「吉満義彦全集」全5巻がある。

良岑安世 よしみね の やすよ 785~830(延暦4~天長7) 平安初期の公卿・文人。*桓武天皇の皇子。802年(延暦21)良岑朝臣姓を賜り，臣籍降下する。正三位大納言。詩文に優れ，「*凌雲集」「*文華秀麗集」「*経国集」に詩文が採られているほか，「*日本後紀」「内裏式」「経国集」の編纂に加わっている。

吉見幸和 よしみ ゆきかず 1673~1761(延宝元~宝暦11) 「一ゆきかず」とも。江戸前・中期の神職・神道家。幼名は定之助，字は子礼，号は緑山・恭軒・風水翁・風水散人。尾張国名古屋出身。名古屋東照宮の神職吉見恒幸の三男。*正親町公通の猶子。一時，三輪勝弥と称し，定右衛門と名乗ったが，家督相続のため吉見氏に復し，家学の「崇道尽敬皇帝一流神道」を継承した。はじめ*松下見林・*天野信景・*浅見絅斎・壺井義知らに師事したが，正親町公通に入門してからは*垂加神道に傾倒した。なかでも*鴨(梨木)祐之・*玉木正英から熱心な指導をうけ，皇統守護の精神を体得して「神道とは天皇の道なり」と主張していた。彼は確実な歴史史料である国史官牒をもって神代以来の事実を明確にする学問を「国学(神学)」と称し，それ以外の方法でなされた古典解釈や秘伝などを徹底的に批判することで，中世以来の神道説を否定した。それは垂加神道が重視した*神道五部書にも及び，「*五部書説弁」を著すとともに，山崎闇斎と公通を除く垂加神道家をも否定するに至った。著書に「宗廟社稷答問」「増益弁卜抄俗解」「神代直説」など多数あり，門人に*河村秀根・*藤塚知直らがいる。

吉村秋陽 よしむら しゅうよう 1797~1866(寛政9~慶応2) 幕末の儒学者。名は晋，字は麗明，通称は重介，秋陽と号した。備後国三原浅野氏の家臣吉村氏の嗣子。18歳の時，京都の伊藤東里に学び，1816年(文化13)浅野氏広島邸内の朝陽館助教となる。30年(天保元)江戸にでて，*佐藤一斎に学び，陽明学に傾

いた。帰郷して48年(嘉永元)朝陽館教授となる。秋陽の学風は師の一斎をうけて，朱王合一論であった。自分の身に省みれば物との対立がなくなって，万物一体の仁が発現すると説き，時勢や功利に流されない厳粛な実修を重んじた。*春日潜庵・*林良斎・*池田草庵らと「同志」の交わりを結び，幕末の争乱期，講学と自己確立に努めた。著書は，*大橋訥庵との論争を引き起こした「格致臆議」(1848)，「王学提綱」(1861刊)など。

寄沙汰 よせさた　付沙汰とも。訴訟の本来の当事者が，第三者に委託して表面上の当事者となってもらう行為。受託した(沙汰を請け取った)者は，法廷において勝訴の実現に努める(これを「面を替える」と称した)ほかに，実力で係争地を差し押さえるなどの，直接的な行動にでることも多かった。寄沙汰を禁止して，公的な裁判制度を再構築するのは鎌倉時代の徳政の課題の一つであった。沙汰を請け取る者として代表的なのは，山僧・神人であり，既成の権力圏を超越する行動力・政治力をもつ彼らが，自力救済の代行者として期待されていたと考えられる。

依田学海 よだがっかい　1833〜1909(天保4〜明治42)　幕末〜明治期の漢学者。名は朝宗，字は百川，号は学海・贅庵・柳蔭。下総国佐倉藩士の次男として，江戸藩邸で生まれる。1852年(嘉永5)*藤森弘庵(天山)に学び，川田甕江(剛)とともに天山門下の二秀才と称された。65年(慶応元)江戸藩邸留守居役となり，穏健な尊王開国論を主張し，将軍の助命嘆願，藩主の恭順の意向を伝えるため諸藩を周旋し，69年(明治2)には*西村茂樹のもとで佐倉藩権大参事に昇進した。維新後は，文部省少書記官などを歴任し，85年の退官後は著述に親しみ，演劇改良運動に身を投じた。反時代的な「天保の老人」という自覚をもちながら，徳義を文学の理想に掲げ，写実を尊重する儒教的な文学観を堅持した。著書は「譚海」など。なお1856年(安政3)2月から1901年(明治34)2月までの日記「学海日録」は，幕末〜明治期の世相と文化を知る貴重な史料である。

予託 よたく　→託宣

依田貞鎮 よだ さだしず　1681〜1764(天和元〜明和元)　江戸中期の神道家。名は貞鎮，字は伊織，通称は定右衛門，号は偏(徧)無為。母方の姓である五十嵐氏をも名乗った。父は井田摂津守是政の曾孫。武蔵国府中出身。若くして神道・儒教・仏教を学ぶ。四天王寺に伝える祭法を学ぶため上京し，当地で私塾を開き，公家などに神道を講じ，名声は桃園天皇にまで達した。のち江戸に帰り，大名をはじめ多くの門弟に「*旧事大成経」などを講じた。著書は「先代旧事本紀箋」「三種神器伝」ほか，諸社の鎮座記を編纂するなど多数ある。

世継草 よつぎぐさ　*鈴木重胤の著書。1冊。1849年(嘉永2)成稿，翌50年刊行。関東・東北地方における間引・堕胎の風習をおさえるために，古道の立場から解説した著作。重胤は，国土万物の生成をイザナキ・イザナミの交合から基礎づけ，男女夫婦を人情の基本にすえる。夫婦が子供をもうけることは，皇祖天神の恩賜まで，治国平天下の問題であって私事ではない。生きるのに必要な最低限の衣食住は天神地祇から適切に配分されるので心配しないようにと説き，堕胎や子殺しを諫めている。父母への孝行や子育てなど人間にかかわることが究極的には神祇崇拝でもあるとして，その重要性を位置づけている点に特徴がある。

世継物語 よつぎものがたり　→大鏡

世直し大明神 よなおしだいみょうじん　世直しとは，もともとは豊作を祈念したり，地震や雷鳴の時に唱える呪文であったが，近世中・後期になると政治や社会の改革を望む風潮をさすようになり，その願望を世直しの神が叶えてくれるという神観念が表出した。早い例としては，1784年(天明4)に若年寄田沼意知を殺害した佐野善左衛門政言が，江戸で町人から世直し大明神とよばれている。一揆と関連したものでは，1836年(天保7)の三河国加茂一揆を題材にした一揆物語「*鴨の騒立」の中に，一揆勢が騒動を「世直しの神」の「現罰」と主張する記述がある。幕末期になると世直しの意識はさらに高揚し，たとえば66年(慶応2)の奥州信達の世直し一揆を指導した*菅野八郎は，「世直し八老大明

神」と喧伝された。また、幕末・明治期にうまれた*天理教や*金光教などの民衆宗教の教義にもこの意識の反映がみられ、67年の*ええじゃないかの民衆運動でも強く意識された。

夜職草 よなべぐさ　江戸後期の教訓書。著者は鈴木牧之(1770～1842)。全2巻。1824年(文政7)自序。夜なべで記したとするのが書名の由来。越後国魚沼郡塩沢で縮織の仲買と質屋を営む家に生まれた牧之は、家業を継ぎながら文雅を好み、当地方の自然および風俗・民情を記して著名な「北越雪譜」をはじめ著書も多い。本書は55歳の正月を迎えた牧之が、子孫に宛て、先祖からの家風、自己の信条、信頼した友人、日常生活の心得などを記し、万事に倹約・忍耐の徳を守るよう諭している。家業の継承・発展を機軸として日常のすみずみに及ぶ実践道徳を、きめの細かい文章で諄々と綴ってあり、鈴木家のみでなく、多くの人々に読まれて道徳思想に深い影響を及ぼした。

余は如何にして基督信徒となりし乎 よはいかにしてキリストしんととなりしか　HOW I BECAME A CHRISTIAN: Out of My Diary.　*内村鑑三の英文の自伝的著作。1895年(明治28)5月に警醒社から、同年11月にアメリカのシカゴのFleming H. Revell Companyから出版。内村のクリスチャンネームであるヨナタンを主人公として、アメリカから帰国するまでの半生を記している。全10章からなり、前半5章は札幌農学校で信者になる経緯と独立した教会建立の苦労話で、後半5章はキリスト教国アメリカの印象とキリスト教について内村がえたことが語られている。一人の日本人のキリスト教受容の特色だけではなく、二つのJ(JesusとJapan)を終生愛した内村の内面記録を読みとることができる。留学によるカルチャー・ショックも記されており、比較文化論のテキストでもある。本書はドイツ、スウェーデン、フィンランド、デンマーク、フランスの各国語に訳されている。

与人役大体 よひとやくだいたい　1862年(文久2)島津久光の命により沖永良部島に入牢となった*西郷隆盛が、村吏であり監視責任者であった土持政照に対し役人のあるべき心得を示した文書。与人役とは沖永良部島の村長のことで、力を労するのが百姓の職分、心を労するのが役人の務め、ともにもって本に報い天の負託にこたえるのが道であると説いた。その中で、この国は本来天皇のものであるが、いま政務を大名に依託し、大名の命によって諸役人が実務を施行しているとした論旨には、将軍・大名・藩士・庶民の階層秩序を重視し、尊王における将軍の特権性を主張した後期水戸学派の教説をこえるものとして注目される。

読売新聞 よみうりしんぶん　国内最大部数を誇る全国紙。1874年(明治7)11月に子安峻らにより、漢字にすべて振り仮名をつけた平易な文章が特徴の隔日刊紙として創刊される。関東大震災で新社屋が被災し、経営悪化に陥ったところを元警視庁警務部長だった正力松太郎が買収。読売巨人軍の創設、職業野球試合の開催など既存新聞社にはない発想で読者拡大に成功する。戦後は2次にわたる争議(読売新聞争議)、正力社長の戦犯容疑者指名・追放など危機の時期を乗り越えて成長し、1000万部を達成した。99年には経営難に陥った中央公論社を傘下に収めている。

黄泉国 よみのくに　「よもつくに」とも。「*古事記」神話で死んだ*イザナミノミコトが行った世界。イザナミを追ってきた*イザナキノミコトが、火を燭してそのようすをみたことが原因で、この世界は黄泉比良坂におかれた千引石で閉ざされ、行き来できなくなる。イザナミは黄泉津大神となり、現世の人間を1日に1000人ずつ死せしめる存在者となる。この世の境の比良坂は出雲国伊賦夜坂にあるとされた。この神話自体が示すように、黄泉国は単に死者の赴く地理的空間ではなく、意識に媒介された抽象的な世界観である。ただし、黄泉国の話は「*日本書紀」本文には存在せず、また「*万葉集」でもわずかにしかみられないことから、この観念が社会的に広く共有されていたとは考えがたい。

嫁入婚 よめいりこん　婚姻方式の一つ。夫の家へ嫁となって入ること、またはその儀式。歴史的には中世以降に現れた儀式で、はじめは武家社会に成立をみたが、室町末期には農民・職

人・商人などの間にも定着した。それまで一般的であった妻問婚や婿入婚とは逆に、婚姻が成立した祝儀を婿方で執り行い、はじめから婿方の住居に住むという形態をとる。そこには家格相応の思想がみられ、家を重視して縁談がまとめられた。また、結納や三々九度などの儀式も複雑な作法をともなうようになり、一方では女性の地位の低下、儒教思想を元にした婦道の形成などもみられるようになった。→婚姻

黄泉国 よもつくに →黄泉国よみのくに

四方赤良 よものあから →大田南畝おおたなんぽ

余裕派 よゆうは →高踏派こうとうは

寄神 よりがみ *客人神信仰の一つ。特に海辺に寄り来る神霊をさす、漂着神信仰である。日本では古来、海の彼方に*常世国などといった他界が存在すると信じられており、仏教の流入後は竜王の支配する竜宮などとも考えられた。これらの思想は「海上(中)他界」などと総称される。漁村では海中の石や流木、サメなどの魚類、あるいは水死体などを、他界から幸や富、あるいは疫病などの禍をもたらす使いと考え、小祠や社などを建立し手厚く祀った。*恵比須信仰はその最も顕著なものである。現在でも漁村や港には、寄神を拾い上げる作法などが伝わるところも少なくない。

憑祈禱 よりぎとう →憑物落しつきものおとし

依代 よりしろ 神霊がよりつく対象。人間がその対象になった場合の*憑坐と区別される。樹木・石岩が多いが、祓の道具である御幣や山鉾などの柱も依代だと考えられる。元来日本の神霊は特定の場所に常駐せず、祭に際し自らの存在を示現させる媒体が必要であった。天空・大地などは本来神霊や生命が立ち来る異界であり、樹木・石岩はそれら異界と人間の居住する地上とを媒介する点で依代とされたのであろう。他方、*榊に代表される樹木の常緑性や不動の石岩の永続性・神秘性は、それ自体精霊や生命を強く感受させる。その意味で依代という観念には、神霊がよりつく対象といった意味をこえて、日本人のアニミズム的傾向や生命力信仰が強く現れている。

憑坐 よりまし 神霊がよりついた童子の呼称。死霊が憑依した時は特別に尸者という。樹木や石岩などの*依代と区別する。神霊が童子につく、さらに時に託宣を下すという例は古来豊富であるが、広く分布したものにヒトツモノ(一つ物)がある。白装束・狩衣に白粉塗りの顔、額の印、御幣を垂らした菅笠など特殊な装いをした7〜12歳くらいの童子をさし、乗馬や肩車で祭に参加し、時に夢想状態で神の言葉をはいた。神のもの(言い伝え「七歳までは神の子」)でもなければ一人前の人でもなく、外見上完全な男でもなければ女でもないなど、童子はその多様な中間的性格により、天地の間(乗馬など)に位置し、神と人とを象徴的に媒介しうるとされたのである。

万朝報 よろずちょうほう 日刊新聞。1892年(明治25)に黒岩涙香(本名周六)が創刊した。相馬事件や蓮門教排撃、著名人の私生活暴露などの社会風俗関係の報道や、黒岩自身による連載小説が人気をよび、創刊3年後には東京でも最大の部数を誇る新聞となった(1895年の年間発行部数は約2000万部弱)。明治30年代には*内村鑑三・*幸徳秋水・*堺利彦らが入社したが、日露戦争をめぐって主戦論と*非戦論に分裂し、非戦論の内村・幸徳・堺が退社した。それでも反権威的な論調を維持し、明治末・大正初期の民衆運動を言論面から指導した。だが1920年(大正9)の黒岩の死後に衰退し、40年(昭和15)に「東京毎夕新聞」に合併された。

夜半の寝覚 よわのねざめ 「夜の寝覚」とも。平安後期の物語。*菅原孝標女の作とも伝えられるが未詳。全5巻。本来は20巻以上の長編大作であったらしい。夜半に寝覚めては、苦悩に沈む世にも稀な悲恋の物語が主題で、題名もそこからきている。太政大臣の中の君を主人公とし、この女主人公の恋愛心理を詳細微妙なまでに叙述する。多くの巻を欠きながら、この心理描写の卓越さがこの物語を高く評価づけている。

ら

頼杏坪 らいきょうへい　1756〜1834(宝暦6〜天保5)　江戸後期の儒学者。安芸国竹原の人。名は惟柔これやす、字は季立・千祺せんき、通称は万四郎、号は杏坪・春草堂しゅんそうどう。*頼春水しゅんすいの末弟、*頼山陽さんようの叔父にあたる。1780年(安永9)大坂に遊学し、春水のもとに寄食し*混沌社こんとんしゃに入る。83年(天明3)春水に随従して江戸に行き、闇斎学派の服部栗斎りっさいに師事し、85年広島藩儒となる。春水とともに朱子学の振興に専念し、藩学の統一に力を注いだ。また春水に代わって江戸藩邸在住の世子浅野斉賢なりかたの侍読じどくを務めるとともに、甥山陽の教導にも尽力した。1811年(文化8)郡方役所詰に転じ、治績をあげた。著書に「*原古編げんこへん」「春草堂詩鈔」「老の繋言おいのくりごと」などがある。なお「芸藩通志」編修の藩命をうけ、25年(文政8)に完成した。

来迎会 らいごうえ　→迎講むかえこう

頼山陽 らいさんよう　1780〜1832(安永9〜天保3)　江戸後期の儒学者・詩人・歴史家。名は襄のぼる、字は子成、通称は久太郎、号は山陽・三十六峰外史。朱子学者*頼春水しゅんすいの長男として大坂に生まれる。安芸国広島藩儒となった父にしたがって広島に移り、叔父*頼杏坪きょうへいについて学ぶ。幼時より神経症に悩まされる。1797年(寛政9)18歳の時、杏坪にしたがい江戸に遊学し、*尾藤二洲びとうにしゅう・服部栗斎りっさいに師事し、翌年帰郷した。1800年突如脱藩したが、捜し出されて24歳まで自宅の座敷牢に監禁される。この間に読書と著述に専念し、「*日本外史」執筆に着手している。03年(享和3)廃嫡のうえ、幽閉を許される。のち春水の友人*菅茶山かんちゃざんの廉塾れんじゅくの後継者に迎えられたが満足せず、1年余の滞在で上京し、家塾を開いた。門弟教育のかたわら処々に遊歴し、多くの文人たちと交わり、やがて山陽の文名はしだいに高まった。

山陽は朱子学を奉ずる儒者であったが、類まれな詩文の才に恵まれ、優れた作品を数多く作り、その方面の第一人者と称された。ま

た歴史家としても著名で、「日本外史」「*日本政記」で展開した史論は、幕末の志士をはじめ、その後の日本人の歴史意識、尊王思想の形成に多大な影響を及ぼした。その他の著作として「*通議つうぎ」「*日本楽府にほんがふ」「山陽詩鈔」などがある。

頼春水 らいしゅんすい　1746〜1816(延享3〜文化13)　江戸後期の儒学者。安芸国竹原の人。名は惟寛これひろ(惟完)、字は伯栗・千秋、通称は弥太郎、号は春水・霞崖かがいなど。山陽さんようの父、春風しゅんぷう・杏坪きょうへいの兄にあたる。1766年(明和3)大坂にでて、*片山北海ほっかいに師事し、北海の主宰する漢詩結社*混沌社こんとんしゃに加わって頭角を現した。懐徳堂の*中井竹山ちくざんと親交を結び、またのちに寛政三博士に数えられる*尾藤二洲びとうにしゅう・*古賀精里せいりらと朱子学を講究した。81年(天明元)広島藩儒官に抜擢され、学問所創設に参画するとともに、藩学を朱子学に統一して*寛政異学の禁の先駆となった。江戸出仕中、尾藤二洲・古賀精里の推挙で昌平黌しょうへいこうへで講義し、また*松平定信さだのぶの知遇をえる。藩命により弟杏坪と「芸備孝義伝」を編纂した。著書は「春水遺稿」「春水掌録しょうろく」など。

雷神 らいじん　雷を神格化した名称。雷は「神鳴り」とも書いて、まさに神の鳴動であると信じられていた。雷が雨をもたらし、稲の生育を促すからである。一方でその稲妻は、火をもたらすこともあって神の怒りの表現であると考えられた。したがって、雷は畏怖と尊敬という矛盾した構図の中で捉えられたのである。これを造形化することは、インドや中国にみられるが、すでに中国では鬼神きしんが小鼓こつづみをもつ。日本でもほぼ同様で、「絵因果経えいんがきょう」でも絵として描かれ、蓮華王院には彫像がある。*菅原道真みちざねがはじめ雷神と位置づけられたことは有名だが、やがて近世では俵屋宗達たわらやそうたつが屏風絵(「風神雷神図屏風」)として描いた。

頼三樹三郎 らいみきさぶろう　1825〜59(文政8〜安政6)　幕末期の尊攘派志士。*頼山陽さんようの三男。名は醇じゅん、字は子厚・子春、通称は三樹三郎・三樹八郎ともいう。号は鴨崖おうがい。京都生れ。1843年(天保14)*羽倉簡堂はぐらかんどうに伴われて江戸に遊学し、昌平黌しょうへいこうに入った。し

かし，当時朝廷を軽視する幕府に反感をもち，酔いにまかせて上野寛永寺の徳川将軍家の石灯籠を倒すことがあり，退寮処分となった。49年（嘉永2）帰京し，家塾を経営しつつ四方の志士と交わり，父の旧友であった*梁川星巌や*梅田雲浜とならんで在京志士グループの領袖となり，有志公家に意見書を提出した。将軍継嗣問題では一橋派を支持し，大老井伊直弼の排除をはかった戊午の密勅降下にもたずさわったため，安政の大獄で捕らえられ，橋本左内と同日に処刑された。

来由記らいゆき →河内屋可正旧記かわちやかしょうきゅうき

羅漢らかん 梵語arhanの漢訳である阿羅漢あらかんの略。阿羅漢は尊敬されるべき修行者・聖者を意味する。修行者の到達できる最高位にあたる。漢訳は応供おうぐ。釈尊の10の別称に応供があるように，もとは仏陀ぶっだをさしても使われたが，のちに弟子（声聞しょうもん）を意味する称となった。中国・日本では特に正法しょうぼう護持を誓った16人の弟子を十六羅漢，仏陀滅後の最初の結集けつじゅう（聖典編纂会議）に集まった500人の弟子を五百羅漢と称し尊崇した。羅漢図は，日本では平安時代からの遺品が残るが，ことに鎌倉末期以降，禅宗の隆盛にともない多くの羅漢図や羅漢像が造られた。

落書らくしょ・らくがき 権力者の批判や社会の風刺，あるいは個人攻撃を目的として書かれた匿名の文章や詩歌。943年（天慶6）に藤原仲緒を攻撃した匿名詩が問題となった，というのが早い時期の事例である。古くは漢文や漢詩が主であったが，やがて口語文の落書も現れた。後醍醐天皇の建武の新政を批判した「*二条河原落書」はことに著名である。和歌や狂歌形式の落書は「落首らくしゅ」とよばれるが，平将門まさかどの晒し首の前で詠まれたという「将門は米噛こめかみよりぞ斬られける俵藤太たわらとうだが謀にて」の一首（成立は鎌倉時代か）が最も古い事例である。寛政の改革を風刺し，大田南畝なんぽの作と噂された「世の中に蚊ほどうるさきものはなしぶんぶといふて夜もねられず」など，よく知られているものも少なくない。

落書起請らくしょきしょう 中世の寺社などの境内や所領内において，盗犯や殺人事件がおき，犯人がなかなか検挙できない時に，寺僧や住民を集めて，それぞれに思い当たる犯人の名前を書き出させる風習があった。この文書は匿名の落書で，また神に誓う*起請文の形式をとっていたので，落書起請とよばれた。1235年（嘉禎元）に大和国興福寺の寺内の事件において行われたのが史料上の初見である。1310年（延慶3）の法隆寺領の殺人事件では，寺家のみならず周辺の16の荘園に及ぶ広域の落書起請が行われ，1285年（弘安8）には興福寺によって大和国全域を対象とした，悪党検挙のための落書起請がなされた。

　落書起請をとりまとめるのは，寺僧や郷民の中の有力者であった。落書をだすように命じられた者は，拒めば犯人とみなされるので，必ずこれを書いたが，心当たりの人がいない場合は「ミズシラズ」などと書くこともできた。落書は厳密に封をされた状態で集められ，別の場所で開封され，票数の多い者が犯人とされた。しかし，どの程度の票で犯人と特定するか，風聞（噂）の数を加えて判断するか否かなど，場合によってかなりの違いがみられる。落書起請は大寺社などが治安維持のために強制したものであるが，住民たちが地域のことを知悉していたからこそ効果をもっていたのであり，当時の地域住民の能力と自治意識の高さを示すものとみることもできよう。

洛中洛外図らくちゅうらくがいず 京の市中と郊外とを春夏秋冬にあてはめ，あわせて描いた風俗画。*大和絵の*名所絵・*四季絵・年中行事絵などの伝統をふまえて，京の内外を俯瞰し，六曲一双の屏風形式で描かれることが多く，16世紀から17世紀にかけて作られた。それぞれの屏風の作品には，その作られた時期にしたがって，室町時代から織豊期へ，そして江戸時代へという移り行きが，そのまま京都の景観の変化の中に捉えられている。国立歴史民俗博物館甲本（町田家本）・上杉本・国立歴史民俗博物館乙本が古く，数としては江戸初期のものが多い。桃山時代の作品は単なる景観図に終わらず，そこに生活する人々のありさまが生き生きと表されているところに特色がある。

欄外書らんがいしょ →佐藤一斎さとういっさい

蘭学らんがく →洋学ようがく

蘭学階梯 らんがくかいてい　江戸中期の蘭学の入門書。上・下2巻。*大槻玄沢の著。1788年(天明8)刊。初の蘭学全般への入門書。上巻は9章で、日蘭通商の端緒から、西洋文物・学問の輸入が日本に裨益し、西洋諸学の精詳の称揚から、その移入・翻訳による蘭学の興隆を叙述、蘭学の勧めで終わる、蘭学史の概略である。下巻には、蘭語の文字・発音・語義・基本的文法・諸記号の解説に加えて、玄沢が眼にした日本にある蘭書が列挙される。その中には玄沢自身が翻訳することになる語学辞書・医学書のほかに、天文測量・地理・博物学・技術の書などが見出せる。最後に蘭学研究の学訓が付されている。

蘭学事始 らんがくことはじめ　江戸後期、*杉田玄白の著した回想録。上・下2巻。「*解体新書」刊行事業の中心人物で蘭学の創始者の一人である玄白が執筆し、一番弟子の*大槻玄沢の校訂をへて1815年(文化12)に成立した。その内容は、充分なオランダ語の知識もないままに開始された「解体新書」刊行事業の困難をきわめた過程や、当時の蘭学をとりまく環境を中心に書かれている。玄白が晩年に回顧しながら書きあげたものであるため、多少の事実誤認が指摘されているものの、蘭学成立期の諸事情を伝える貴重な史料とされている。江戸時代にはいくつかの写本が作られたが刊行されず、玄白の門下のみで読まれたと思われる。幕末に神田孝平により江戸本郷の露店で偶然に再発見され、69年(明治2)に福沢諭吉が木版本として刊行してから一般に広く知られるようになった。「蘭学事始」という書名ではなく、「蘭東事始」「和蘭事始」と題された写本も存在する。

蘭渓道隆 らんけいどうりゅう　1213〜78(建保元〜弘安元)　鎌倉時代に来日した禅僧。臨済宗楊岐派松源派。中国宋代の西蜀の人。無準師範・癡絶道冲らに参じ、松源崇岳の嗣無明慧性の法を嗣いだ。1246年(寛元4)来日して博多に寓居。翌年、先に入宋して旧知の律僧月翁智鏡を頼って京都に上り、泉涌寺に寄寓した。ついで鎌倉に下り、執権北条時頼と相見する。53年(建長5)、時頼は建長寺を創建して蘭渓を開山とした。時頼にとって、1247年(宝治元)の宝治合戦の後をうけて幕府内に北条氏の権力を確立する時期にあたり、その造営の政治的意義は大きかった。この時、東福寺の*円爾は雲水を派遣して蘭渓を援助した。59年(正元元)、上洛して円爾の後をうけて建仁寺11世として入寺した。建仁寺2世には新しく来日した兀庵普寧が住した。蘭渓は、建仁寺に西来院を開創して宋朝禅を掲げ、叡山別院としての同寺を禅宗中心とした。64年(文永元)頃再び鎌倉に戻り、建長寺に再住し、禅興寺を兼帯して、時頼の三回忌仏事を営んだ。しかし74年頃、中国元の使者の来日、蒙古軍襲来の動きの中で、蘭渓が蒙古の密偵であるとの噂が流れ、幕府によって甲斐国に配流された。この時、かつて同船して帰国した信濃国塩田別所の安楽寺の開山樵谷惟僊に心境を伝えた書状が知られている。のち赦免されて鎌倉に帰って没した。大覚禅師と勅諡され、その門派を大覚派とよぶ。日本に禅宗が定着する初期にあたり、その影響は大きかった。

蘭坡景茝 らんぱけいし　1419〜1501(応永26〜文亀元)　室町後期の禅僧。臨済宗*夢窓派。はじめ法諱は善秀。別号雪樵・子慎。近江国の人。紀氏ともいう。南禅寺正因庵の大模梵軌の法嗣。臨川寺・相国寺・北山等持院・東山常在光寺などに住し、1485年(文明17)南禅寺226世に昇住した。これより先、南禅寺の大模の寮舎仙館軒を独立させて仙館院を創立して、この名でよばれることが多い。没後、仏慧円応禅師の号を勅諡された。常在光寺に住した時に、紫衣の老僧の終焉の地である同寺に相国寺前住の資格で入寺するのは無理だと反対されたが、足利義政は蘭坡は例外であるとして認めた。義政の寵愛と才能の自信から周囲の反感を買うことがあったらしく、*桃源瑞仙は、〈著名な人は朴実でありえず、著述に優れる人は浮華とならざるをえないのが斯文に従事する者の常であって、蘭坡ひとりを責めるべきではない〉と援護した。1478年から長期間にわたって、宮中で「三体詩」や山谷詩を講義して評判が高かった。

り

理 り　I　古代日本仏教における理の観念

古代仏教における思想的著作で「理」について論じたものは，聖徳太子作といわれている「*憲法十七条」の3カ所のみであるが，思想的に最も意味をもつのは第10条の「我必ず聖しきに非ず。彼必ず愚かに非ず。共に是れ凡夫ならくのみ。是ょく非ぁしきの理，誰か能ょく定む可けむ」である。善悪を区別する道徳的原理さえ定かではない当時の日本社会において，自己の評価を絶対視することの誤謬を指摘するこの思想の存在は驚くべきものであった。

その後8世紀から9世紀にかけて，天台仏教の中で新しい意味の「理」の観念の受容という思想的出来事がおこった。それは*最澄ならびにその後の日本天台の僧侶たちによる中国天台の「理事無礙」思想の受容である。ここで「理」とは普遍的で無差別・平等の真理，「事」とは人間の心・意・識などの精神活動にもとづいて現象する具体的・個別的な事象である。両者は理優位の基本的性格のもとでの相互的関係にあった。このような抽象度の高い形而上的観念は古代日本になかったし，日本天台が天台思想だけでなく，最初から密教をとりいれたということも重なって，理は事において存在するだけでなく，さらにその考えを一歩進めて事こそ理であるとする「事々無礙」の考え方に移っていった。

II　江戸前期の儒学における理

日本の儒学には，古代に中国や朝鮮から伝えられた漢学や鎌倉時代に中国から伝えられた新儒教（*朱子学）の歴史があるが，ここでは江戸時代に限ることにする。そこには朱子学・陽明学，日本人が形成した*古学，それらの折衷学，独立学派など多くのものがあるが，陽明学の「心の理」はそれ以上の展開がないために，朱子学，その批判者としての古学，ならびに若干の独立学派における理の観念とその展開を考察する。

純粋の朱子学者としては*林羅山が首唱者であり，「理ニカナフハ善也。理ニソムクハ悪也」，「学問ノ道ハ先ヅ理ヲ窮ム」るにあり（「*三徳抄」）と断定したことは新時代の到来を思わせるが，彼の学問は博く浅く，文献実証主義への道を開くとともに，「上下定分ノ理」を強調し身分社会を基礎づけたことが重要である。

朱子学者として注目すべきは*山崎闇斎である。闇斎は形而上的・道徳的理を主体的にうけとめ，太極すなわち「一理」が一個の人間の中にいきいきと内在するという考えに関心をもった（この派の太極は「無極而太極」の太極）。だが，闇斎には自我的自己をこえる宗教的霊性への希求があり，儒学と神道とを合一させるに至る。多くの弟子のうち*佐藤直方と*浅見絅斎の二人は朱子学に止まった（崎門学派）。

その後，朱子学者は主理派と別系統の主気派とに分かれ，対立した。前者を代表するものは佐藤直方，後者を代表するものは経験的理を重んずる*貝原益軒である。

直方は論理追究の徹底に優れ，師を継いで一理を明らかにすることに努めた。直方の根底には鞏固な自立の精神があって，私欲にもとづくのでなければ他者を批判することは窮理の精神に適うとして，ほかの教説を奉ずる人々を批判する。そして究極的には，「我理ヲ信ズル」ことは「聖賢ヲ信ズル」ことよりも優れているという信念を表明し，*荻生徂徠を挑発するに至った。

これに対して，益軒は「宇宙内のことは皆吾が儒分内のこと」として，本草学・医学なども研鑽し，それらはすべて民生の用に達するものとした。このような態度は，一理をおろそかにするものとして直方に批判された。彼は「天下理外の事なし」とする合理主義者であった。彼の思想史上の功績は「物に在るの理」と「心に在るの理」の二つのカテゴリーを提起し，両者の混同に気づかなかった朱子学の歴史に一石を投じたことである。益軒は，その生涯の最後に「*大疑録」を書いて朱子学に対する疑問を提起し，「無極而太極」説を疑い太極のみを認め，その内容を「気」として，この点*伊藤仁斎と同じ立場に立った。ただ仁斎が人間の問題に関心

を集中したのに対して，益軒は人間とともに自然を問題とした。

朱子学の理の思想に対する本格的批判の先頭に立ったのは，古学派の伊藤仁斎である。彼は若き日の苦悩と模索の時代をこえて自己の立場を確立するが，それは存在論的には気の哲学，道徳論的には「徳行の学」「道の学」ともいうべきものであった。仁斎はなぜ窮理きゅうりの学としての朱子学を否定したのか。それはこの立場が徳行を第二義とするとか，信奉者たちが倨傲になるとか，理によって事を断定すると残忍・酷薄の心が強くなるなど，人間性をそこなうからというものだった。しかし，理を全面的に否定したのではなく，事物の理だけは認めた。だが，「事物の理」を追究する諸学は儒者にふさわしいものではないとして奉じなかった。

ところで，朱子学も道徳を重んずる学である。両者の根本の違いは，朱子学が情の発動を未然に抑えるのに，仁斎が愛と情を内容とする仁じんをその教説の中核においたことによる。

荻生徂徠の場合も仁斎と同じく「道」をめざすが，仁斎が「仁即愛」にもとづく人倫共同体の形成をめざすのに，徂徠は支配の原理として道を捉える。そして，その内容として礼楽れいがく制度に注目し，そのもつ感化力を支配の基礎として制度の制作者たる聖人を絶対化する。徂徠は一人一人の人間を教えることによって世を治めようとする朱子学は無効であり，その説く理は主観的で定準がない。他方「鈴録外書すずろくがいしょ」では，軍理にもとづいて軍法を考えるべきであるとして理を肯定する。前者にしたがって古方こほう医学(*古医方ほう)を樹立したのが*吉益東洞よしますとうどうであり，後者にしたがってオランダ医学の医理の正しさを認め洋学を選んだのが*杉田玄白げんぱくである。

徂徠自身の理の捉え方は，(1)道徳的・価値的世界には客観的理は存立しえない，(2)事物の世界には客観的理は存在しうるが，理の押さえ方については工夫の必要がある，ということである。徂徠の工夫は「窮理」に代わって「格物かくぶつ」に注目することであった。

格物については朱子学は「物ニ至ル」と訓じていたのを，徂徠は後漢の鄭玄じょうげんにしたがって「物来ル」と読む。前者の場合は「理ノ一端」しかわからない。後者の場合は主体がいわば物となってそれに習熟すると，その過程で向こうのほうから自ら充全に知らせてくれるわかり方である。

III 徂徠以後の理

江戸時代の思想史は，荻生徂徠を分水嶺として二分される。前期の思想は基本的に人間の内面を問うことに重点がおかれ，後期は外界を志向し，心から形への転換が行われる。ところで外なる世界は多様であるから，それに対応して理の形も意味もそのはたす役割も多様となる。以下，それらの姿を一瞥する。

徂徠学派の経世論者では*太宰春台だざいしゅんだいと*海保青陵かいほせいりょうが重要である。春台は，徂徠が「理」という表現に止まった語を「物理」とよぶ。この物理の語は自然科学でいう理ではなく，物事ないし人物事を意味する理である。青陵の経済思想の根本は「物ヲ売テ物ヲ買ハ世界ノ理」(「*稽古談けいこだん」)ということであり，君臣関係もこの「売買の理」で説明している。このように経験的性格の理が，社会の文脈で使用されるようになったことが注目される。

〔儒学と洋学を結ぶ理・気・物〕 8代将軍徳川吉宗以後，日本の知的世界は西洋に向かって開き始める。その成果として洋学は日本の土壌に根をおろしていくが，その時洋学への媒介をなしたのは朱子学と徂徠学の「気の(条)理」「物の理」であった。

杉田玄白の寄与が大きかったとはいえ，洋学者たちがただちに「*物」の世界に突入したのではない。物理学は*志筑忠雄しづきただおと*青地林宗あおちりんそうの場合にみられるように，儒教の「*気」の概念を通じて受容されたのであり，「物理」という概念が定着したのは幕末の*川本幸民こうみんの「気海観瀾広義きかいかんらんこうぎ」(1850～55)を通じてであった。18世紀日本の生んだ大自然哲学者*三浦梅園ばいえんは「気」の概念にもとづいて「玄語げんご」を著したが，〈形あるものを物といい，形なきものを気という〉と定義して，気から物への転換の道筋をつけた。

アヘン戦争以後の洋学研究の中心テーマは軍事学に移ったが，その変化の指導的役割を

はたしたのは*佐久間象山であった。彼は朱子学の理と自然哲学の法則とを同一化したが，その理は「物理」であった。

上述のように儒学の気の理，物の理という観念が，西洋の自然科学のさまざまな現象面を理解し受容する媒体となった。

*西周は，朱子学と徂徠学を実修し，そのうえで洋学を学んだ近代日本の最初の哲学者である。1874年（明治7）に「*百一新論」を著し，「物理」と「心理」という概念に明確な定義を下し，貝原益軒以来の課題を解決した。

物理はア・プリオリといって先天の理をさす。物質一般の道理の意である。必然の法則にしたがい人間の力ではどうにもならないことをさす。心理はア・ポステリオリといい「後天の理」をさす。人間の心裏にのみ存在し，人間が存しなかったらこの理も存しなくなる道理をいう。西はこのように両者の差異を明確に規定し，そのうえで後天の理がまったくの拵えものかというとそうではなく，世界中の賢人が造り替えようとしてもできないものとする。

理の観念には，形而上的・道徳的理が国際的平等観念を形成するという重要な一面があった。その具現者は*藤原惺窩と*横井小楠である。前者は朱印船貿易の盛んな幕政初期，後者は幕末期，開国するか鎖国を守るかの論で国中が沸騰していた時期に活躍した儒者である。惺窩は愛弟子の角倉素庵（吉田貞順）に頼まれて，安南国国王への親書と朱印船の舟中規約を書く機会をもった。親書では人間性の中にも相共通する「信」というものがあることを強調し，この信をもって友好関係を結ぼうという趣旨が記され，舟中規約の第2条には，国と国との間には風俗・言語は異なっても相共通する「天賦の理」があることが記されている。1603年（慶長8）林羅山にはじめて会った時，惺窩は次のように語っている。「理の在るや天の覆はざる無きが如く，地の載せざる無きに似たり。此の邦亦然り。朝鮮亦然り。安南亦然り。中国亦然り。東海の東，西海の西，此の言合ひ，此の理同じ。南北亦然る如し。是れ豈に至公・至大・至正・至明に非ずや。若し之を私

する者有らば我信ぜざる也（「羅山林先生文集」）。惺窩の理の普遍性についての確信はますます確固となり，儒教文化圏をこえ，世界的なものとなっていった。

横井小楠が1853年（嘉永6）に書いた「*夷虜応接大意」には，次のように記されている。「凡そ我国の外夷に処するの国是たるや，有道の国は通信を許し，無道の国は拒絶するの二ツ也。有道無道を分たず一切拒絶するは，天地公共の実理に暗くして，遂に信義を万国に失ふに至るもの必然の理也」。当時彼は攘夷論者であったが，「有道無道」を開国是非の判断基準とする以上，思想的には開国論者になっていたといえる。ここで注目すべきは「天地公共の実理」の語である。彼は，この時すでに日本・万国をともに規制する道徳的原理を認めていた。その後，彼は「理念としての開国」を「交易」という現実の場で試されることになる。この時小楠は，「鎖国の見を以てする開国」と「開かれた精神を以てする開国」とに分けて後者を選ぶ。後者のみが人類の共生を可能にする開国だからである。→道理

理学捷径 りがくしょうけい →沢庵和尚法語たくあんおしょうほうご

理学神道 りがくしんとう →吉川神道きっかわしんとう

理学秘訣 りがくひけつ 江戸後期の心学書。著者は*鎌田柳泓。1815年（文化12）11月成稿，翌年京都の書肆より刊行。1冊。全編問答の形により，まず天地自然の生成を西洋理学をもといいれながら解説し，ついで人間の生理・心理に関する解明へと進む。そして究極に，*石田梅岩の教説をうけ，宇宙・人間の本体を「性」とし，その性は静と動，有と無といった一切の相対をこえた「無極ニシテ太極」とし，この境涯を悟認する道程が人間倫理を自主的に実践する修行であるとする。本書には朱子学および老荘思想からの影響が顕著であり，*石門心学の関係では，梅岩の著書に次いで体系的な文献といえる。

理気差別論 りきさべつろん →沢庵和尚法語たくあんおしょうほうご

陸軍パンフレット問題 りくぐんパンフレットもんだい 1934年（昭和9）10月1日付で陸軍省新聞班が発行した「国防の本義と其強化の提唱」（陸軍パンフレット）が政財界に衝撃を与えた事件。満州事変以来，国家総力戦体制を作ろうとす

る陸軍統制派の池田純久少佐らは、国策研究会と協力してこれを作製・配布した。同パンフレットは「たたかひは創造の父、文化の母」とし、国防のために国際主義・自由主義・個人主義を排除すること、統制経済の実施などを主張した。財界、政友会・民政党の両政党、言論界など既成勢力は軍部の政治関与として反発し、林銑十郎*陸相は10月5日の閣議でそのような意図はないと釈明していちおう解決した。しかし、社会大衆党書記長の麻生久がパンフレットへの支持表明をするなど、このパンフレットの主張は、その後の日本の進路に大きな影響を与えた。

六合雑誌 りくごう キリスト教を基礎とした月刊総合雑誌。誌名の「六合」は宇宙・天下の意味。1880年(明治13)*小崎弘道・田村直臣・*植村正久らが、東京基督教信徒青年会(東京YMCA)を母体として発行した。海老名弾正・内村鑑三・大西祝・安部磯雄らが寄稿し、宗教・教育・政治・社会問題などについて広く評論活動を行い、思想界に影響を及ぼした。90年頃からは自由主義神学に傾き、組合教会の機関紙のようになった。98年3月、ユニテリアンの機関誌「宗教」と合併、統一基督教弘道会から発行された。1921年(大正10)終刊。

六韜諺解 りくとうげんかい 兵書「六韜」に対する朱子学者*林羅山の注釈書。写本6巻3冊。1649年(慶安2)跋。中国の施子美の「七書講義」と劉寅の「七書直解」に依拠しつつ、和文で注釈を加えている。太公望の「詐謀」に対しては、道徳的な立場から批判を加えているが、「六韜」本文の「天下は一人の天下に非ず、乃ち天下の天下なり」については、「人々ノ欲スル」利益自体を否定することなく、天下の利益を図るという観点から肯定的に解釈している。兵学的な功利性と儒学的な道徳性との間で、折り合いをつけようとしている点は興味深い。

六如 りくにょ 1734～1801(享保19～享和元) 江戸中期の僧侶・漢詩人。法名を慈周、六如は字。近江国八幡に生まれ、11歳の時、比叡山に登って天台僧となる。日光輪王寺の公遵法親王に愛顧をうけ、江戸や京都山科において仕えた。そのかたわら詩作に励み、宋

の陸放翁を宗として、宋詩の新風をわが国の詩壇に吹きこんだと評される。「六如庵詩鈔」(1783～1823刊)はその詩集、「葛原詩話」(1787・1804刊)は詩語ノートである。仏儒に通じた学僧であり、大典禅師(*梅荘顕常)・永田観鵞・*伴蒿蹊らと親しく、妙法院宮グループとの交遊も知られる。晩年は京都嵯峨の長床坊無着庵に隠棲した。

六諭衍義大意 りくゆえんぎたいい *室鳩巣による「六諭衍義」の仮名書きの解説書。1722年(享保7)刊。この「六諭」は清の世祖が民衆教化のために頒布したもので、「孝順父母(父母に孝順す)」「尊敬長上(長上を尊敬す)」「和睦郷里(郷里を和睦す)」「教訓子孫(子孫を教訓す)」「各安生理(各の生理を安んず、生業に精勤する)」「毋作非為(非為を作すなかれ、悪事をしない)」の6条からなる。それが琉球に渡って程順則による解説が付せられ「六諭衍義」として公刊され、幕府にも献上された。この書に注目した将軍徳川吉宗は、荻生徂徠に訓点を命じ、さらに鳩巣に仮名交じりの平易な説明書を著すことを指示した。こうして成立した「六諭衍義大意」は、寺子屋(手習所)の師匠たちに頒布され、諸藩でも庶民教化に活用された。

理源大師 りげんだいし →聖宝

李朱医学 りしゅいがく 中国の元朝の医家、李東垣(1180～1228)と朱丹渓(1280～1356)の唱えた医学の総称。中国の医学は、金・元の時代に陰陽五行説・五運六気説などの自然哲学と融合したものへと大きく変貌したが(金元医学と総称)、その中でも上記の二人の医学は体力の増進を主とする薬を用い温補派ともよばれ、特に日本の医学に大きな影響を与えた。最初にこれを伝えたのは田代三喜(1465～1537)で、明に渡り、李東垣と朱丹渓の医学を学んで帰国した。三喜から曲直瀬道三(1507～94)が李朱医学を学び、京都に啓迪院を建て医学教育を行い、また「啓迪集」(1574)を著してから李朱医学は全国的に広まった。道三の唱えた医学は必ずしも李朱医学の模倣ではないが、後世派とよばれ(前漢の「傷寒論」などの古代中国の医学ではなく「後の世」〈金・元の時代〉の医

学，という意味）江戸時代の医学の大きな流れとなった。のちに，陰陽五行説・五運六気説などにもとづいている点を「空理空論」と批判する古方派(*古医方)がうまれ，後世派と激しく対立した。

理趣経 りしゅきょう　唐の不空訳。1巻。正式には「大楽金剛不空真実三昧耶経」、また「般若理趣経」ともいう。わが国の密教、特に*東密において最もよく用いられる経典で、大乗経典としての「般若経」と密教経典としての「金剛頂経」が融合した内容とされ、全17段からなる。うち第1段では、悟りの境地を性の愉悦にたとえてのべる点、興味深い。空海・円仁・円珍の請来目録に本経の名がみえ、最澄の「越州録」にも「理趣品別訳経一巻」と記される。「*性霊集」には、空海の弟子忠延の亡母のために「理趣経」を講ずる表白文が納められ、本経を写経し、曼荼羅を懸けて法会を修し、亡母の往生を願ったことがわかる。また空海と最澄の間にあった交流がやがて軋轢を生じ、断交に至ることはよく知られた事実だが、この間、最澄が「理趣釈経」の借用を求めたのに対し、空海がこれを拒絶したことを示す書簡も「性霊集」に見出せる。この「理趣釈経」は本経と同じく不空の訳になる注釈書で、やはり東密で重視された。本経の経意にもとづき、理趣経曼荼羅を本尊として修される理趣経法も、東密における重要な修法として著名である。

理想主義文学 りそうしゅぎぶんがく　19世紀末ヨーロッパにおこった近代科学精神と結びついた自然主義の運動はわが国にも及び、明治40年代の文学の主流をなすに至る。人間の猥雑さと現実の暗黒面を描く*自然主義文学の風潮を強く否定する立場から、1910年(明治43)*武者小路実篤を中心に同人誌「*白樺」が創刊され、理想主義的な人道主義にもとづいて自我の尊厳を強く主張した。同人は主として学習院関係の華族層出身であったため、個性主義や自由主義を主張することに比較的苦悩が少なく、自由で明るくのびやかな文学世界を展開した。それはまたわが国の文学界に、真の意味で解放された市民階級の文学が確立したことをも意味する。

代表的作品に、武者小路「お目出たき人」(1910)、「幸福者」「友情」(1919)、*志賀直哉「城の崎にて」「和解」(1917)、*有島武郎「カインの末裔」(1917)、「或る女」(1911～13)、長与善郎「青銅の基督」(1923)、「竹沢先生と云ふ人」(1924～25)、など。また大正期に入り、近代詩の分野では「明星」「スバル」の系統から出発した*高村光太郎が、*白樺派の影響をうけて理想主義的な色彩を帯びるようになり、「道程」(1914)において人道主義的な激しい情熱とのびやかで力強い調子の詩風を示し、自然主義の影響をうけた口語自由詩とは別の世界を提示した。そのほかに千家元麿「自分は見た」(1918)、山村暮鳥「風は草木にささやいた」(1918)、室生犀星「愛の詩集」(1918)などがある。

理想団運動 りそうだんうんどう　*内村鑑三の提案をうけ、「*万朝報」が中核となっておこした社会改良運動。1901年(明治34)7月設立。社主の黒岩涙香が「平和なる檄文」を発表し、内村・*幸徳秋水・*堺利彦らの記者たちは、民主的変革と平和主義を標榜する。漸進的・修養的・クラブ的であり、政治と宗教の倫理化を志し、3200人余の地方の会員などが参加した社会運動であった。03年10月、日露戦争をめぐって黒岩は主戦論に転じ、*非戦論の内村・幸徳・堺は退社したが、理想団の活動は続けた。しかし、万朝報紙の経営方針を幸徳らが批判し、黒岩と分裂した。そのため「万朝報」を中心とする黒岩の理想団活動、幸徳・堺の「*平民新聞」による社会主義活動、内村の聖書研究会による教友会活動の三つに分かれた。これらは大正デモクラシーに継承された思想的系譜に位置づけられる。

立花 りっか　生け花の装飾法の一つ。平安時代では寝殿造を飾る花が大きな瓶に生けられ(「枕草子」)、花宴の節会において花が観賞された。南北朝期以降、書院造が現れ、座敷に花を立てる(立花)方法が確立する。富阿弥は将軍足利義政の求めに応じ、三条家の秘本を相伝するため「仙伝抄」(1455)を著した。ここでは花の立て方を理論化するとともに、真・行・草の三種を定めてい

る。立花の様式は中心的な花である心(身・真とも)と，これに添える下草との組み合せによって成り立つが，座敷飾りは真の立花を中心とし，むしろ花を生ける瓶(*唐物)に重きをなす考え方であった。花の理論がより確立するのは，16世紀初め，いわゆる天文花伝書による。その一つ池坊専応の「専応口伝」(1542)は，伝統的な座敷飾りとしての花(真の立花)ではなく，生活に根ざした行・草の花をめざした。ここにこれまでの〈たてはな〉から〈りっか〉への変化が認められる。やがて池坊専好の頃となると，立花は公家や僧侶だけでなく民衆にも広まり，狂言「真奪」にも「あなたこなたの立花の会は，おびただしい数でござる」といわれるまでになった。→花

立憲政友会 りっけんせいゆうかい　明治〜昭和初期の代表的政党。帝国議会開設直後の藩閥と民党との抗争は，しだいに両者を縦断する政党の必要性の認識をもたらし，1900年(明治33)*伊藤博文を総裁とし，伊藤系官僚と憲政党所属議員を中心とした立憲政友会が設立された。03年*西園寺公望が伊藤の後継総裁に就任した。日露戦後には，官僚閥の支持をうけた桂太郎と衆議院の多数派を背景にした西園寺が交互に政権を担当する，いわゆる〈桂園体制〉が成立した。14年(大正3)総裁は西園寺から*原敬に代わり，原は18年米騒動で退陣した寺内内閣の後を襲い，衆議院に議席を有する政党政治家としてはじめて内閣を組閣，〈平民宰相〉として世論の支持をうけた。原は鉄道敷設・道路網整備のような地方開発政策で党勢を拡張する一方，従来藩閥が独占的な影響力を有していた官僚・貴族院などに政友会の勢力を扶植することで，政党政治の確立に貢献した。しかし，原没後の政友会は，党内対立と保守化のためしだいに党勢を縮小した。1920年代後半には，政友会をその一翼とする二大政党が交互に政権を交代する慣行が定着しかけたが，32年(昭和7)*五・一五事件で犬養毅首相が暗殺されたことで，政党内閣の時代は幕を閉じた。その後の政友会は，*国体明徴運動に同調するなど，政党政治の復権に寄与するところは少なく，1940年新体制運動の際に解党した。

立斎公御咄之覚 りっさいこうおはなしのおぼえ　→立花立斎家中定書

栗山上書 くりやまじょうしょ　将軍家への政治上の意見書。*柴野栗山の著。写本。1763年(宝暦13)成立といわれている。天下を治めるには恩と威，文徳と武威が必要であると冒頭にのべる。恩・文徳については，公事(訴訟などで，天下万民の理非を立ててやることが，「天道」から万民を預かる将軍家の役目だ，とする。ここには，「理」を曲げられれば，一命をも捨てる意地がある点では，「百万石の加賀守」も「田地一反」もたない土民でも「人」として変わらないという人間平等観が現れている。また武威については，将軍家の御威光を支えるはずの譜代大名や旗本が経済的に困窮し，堕落している現状を憂え，綱紀粛正のために賞罰原理による学問奨励の必要性を説いている。

立志社 りっししゃ　1874年(明治7)4月，高知で作られた士族結社。征韓論で下野し，74年1月に民撰議院設立建白書を提出して却下された*板垣退助を中心に，旧高知藩士族など205人によって結成された。社長は*片岡健吉。士族授産と相互扶助をも目的としたが，中心は政治活動である。77年西南戦争がおこると，社員の中にはそれに呼応する動きもあったが，批判的な社員たちは同年6月に片岡を中心に国会開設を建白した。75年2月に大阪で結成した愛国社が一時休業状態であったのを，78年9月，立志社が中心となって再興し，自由民権運動の全国組織とした。また，80年4月の*国会期成同盟および81年10月の自由党結成に際しても，中心的な結社となる。81年9月の「日本憲法見込案」は，*私擬憲法の中でも植木枝盛案などとならんで，最も立憲主義的な色彩の強いものである。82年5月，海南自由党の結成により解散した。

律宗 りっしゅう　*南都六宗の一つ。「四分律」や「梵網経」などを所依の経典として，浄戒を固く守ることによって成仏をめざす宗派。わが国には，中国律学の大成者道宣の孫弟子にあたる*鑑真によって伝えられた。戒律研究の根本道場として*唐招提寺が創建されて平安初期まで継承されたが，

一時衰退した。平安末期以降，実範・*貞慶・覚盛・*叡尊らがでて復興された。特に叡尊は*西大寺を拠点に，その弟子*忍性は鎌倉極楽寺に拠って教えを広め，やがて西大寺流律宗は全国的広がりをみせた。また*俊芿らが入宋して伝えた戒律は，覚盛らの「南京律」に対し，京都*泉涌寺を中心に「北京律」として確立された。

立正安国論 *日蓮の著作。1260年（文応元）成立。「*観心本尊抄」「*開目鈔」などとともに，日蓮教学の骨格をなす。法華経至上主義の提唱後まもなく，下総国の布教をへて鎌倉に進出した日蓮は，天変地異・社会不安に対して仏法にその解決を求めて「守護国家論」を著し，ついでその内容を拡充・発展させて本書を著す。その中では主客の問答体をもって，自然災害や社会不安の原因を顕密諸宗の流布に求めて批判し，特に法然の専修念仏義を攻撃してその禁圧と法華経至上主義を説き，最後に他国侵逼難を予言する。本書は勘文としての性格をもっており，前執権の北条時頼に提出された。自筆本が千葉県市川市の中山法華経寺などに伝来する。

立正佼成会 庭野日敬(1906〜99)と長沼妙佼(1889〜1957)が教義解釈をめぐって霊友会をともに脱会し，1938年（昭和13）大日本立正交成会を創立したことに始まった教団。日敬の姓名鑑定や方位鑑定による相談や，妙佼の霊能と自己の体験からなされる細かな指導で教勢は急速に拡大した。57年の妙佼の死以降，庭野による「法華経」帰依と根本仏教の精神をもとにした教義が確立する。法座とよばれる，信者の相互指導的な布教法で数多くの中高年女性信者を獲得した。60年に立正佼成会と改名。新宗教教団としては創価学会に次ぐ大教団であり，海外にも多数の信者を擁する。65年以降，宗教諸派の協力の提唱や平和運動・援助活動に熱心にたずさわり，多彩な活動を展開した。1951年発足の新日本宗教団体連合会では中心的存在である。

立身出世 本人の能力・努力・機転などによる社会的地位の上昇を是認する観念。封建的身分秩序が社会の活力と国民国家形成の阻害要因になっていた反省から，維新後積極的に肯定されるようになった。すなわち，中村正直訳「*西国立志編」(1870〜71)や福沢諭吉の「*学問のすゝめ」(1871〜76)は，人々に自らの才覚と努力で立身出世を勧める内容であり，多くの読者に希望を与えた。しかし，明治後期以降しだいに社会階層が固定化されるようになると，社会的移動のコースは主に学歴によって限定され，立身出世は官界(軍部も含む)での上昇を意味するまでに矮小化された。

律令 中国に起源をもち，その影響のもと東アジア諸国で行われた国家統治のための体系的法典。律は刑罰法で，令は行政法を中心とする国制の基本を定めた法である。中国では秦漢時代からまず律が発達し，令は補足的に成立してくる。一方，日本ではまず令が編纂され，*大宝律令で制定された律も唐律に少し手を加えたものにすぎなかった。これは，日本における律令法の導入が社会の法観念の自律的発達と即応してなされたものではなく，国際関係の中で政治的目的をもって継受されたことによる。特に令の最初におかれた官位令は，官位相当制を規定するもので，天皇を軸にする位階制を基礎とした日本的国制の根幹である。日本の律令制が単なる唐制の輸入でないことを示している。

理当心地神道 *林羅山が創唱した神道説。神仏習合説や両部神道・吉田神道など従来の神道説を批判し，神儒一致思想をもって独自の神道説を唱えた。なかでも，「儒道ノ中ニ神道ヲ兼タリ」と儒教理論をもって神道を説き，「神道即王道」を主張した点に特徴があった。たとえば，歴代の帝王は，神武天皇以来天照大神から三種の神器を授けられてきたが，それは智・仁・勇の三達徳をそなえた王道を顕在化したものであるから，神道と王道を一体として国政を治め守ってきたことになるという。また，宋学の理気説にならって，神は理であるとし，その神は民の心に宿るため，民は神の主人であるが，一方で神はその主人の魂であるから，民を治めることが同時に神を敬うことにもなるという。だが，それができるのは清明

なる心をもつ帝王一人であると説き，それを知ることが理当心地神道であるとものべる。そうした説は，著書の「*神道伝授」にまとめられており，若狭国の小浜藩主酒井忠勝らの大名や多くの弟子に伝えられた。なかでも弟子の黒沢石斎（安部弘忠）は，その神道説をもって神仏習合化した出雲大社を批判し，わが国最初の神仏分離実現への原動力になった。

李部王記 りぶおうき →李部王記りぶおうき

蓼不恦緯 りふじゅつい 江戸後期の*経世論。土生（羽生）懋斎の著。著者の懋斎は号で，名を遠業，通称は熊五郎と称し，紀伊国出身で本多利明の門人か友人とされるが，詳細は不明。成立年も不詳であるが，本文中にロシア使節の来訪や大黒屋光太夫の帰国を「先年」と表現していることから，1790年代後半と推定される。ロシアの南下政策の真意が通商交易とシベリア開拓にあるとみて，従来の侵略に対する海防論的な対応策を批判する。積極的な交易政策と奥蝦夷を拠点とした海外進出を提唱する。担当奉行の新設や開発事業の奨励策など，これに即応できる国内諸制度の整備を主張する。

李部王記 りぶおう 「りぶおうき」とも。「吏部王記」などとも。醍醐天皇の皇子*重明親王の日記。書名は親王の極官式部卿の唐名による。儀式・故実の典拠として，古代・中世の貴族社会で重視されて広く利用された。今日では原本・写本とも失われ，諸書に引用された逸文の集成によって，920～953年（延喜20～天暦7）の記事が知られている。これら逸文によって，もとは朝儀に関する詳細な記録を随所に含み，本記の部類記も作られたらしいことも判明している。

隆円 りゅうえん ？～1834（？～天保5） 江戸後期，「*近世念仏往生伝」などを著した浄土宗の学僧。字は智周託静。号は託蓮社調誉順阿。別称に八一道者。俗姓は永井。京都北野の人。生年に父を失い，9歳で出家する。江戸の増上寺に掛錫し，隆善・円宣両脈を相承した。1785年（天明5）祐信の門に入り，89年（寛政元）武蔵国滝山の大善寺に移籍した。91年京都に戻り北野回向院に，96年専念寺17世住職になる。著書には前記のほかに「*南紀念仏往生伝」「淡海往生伝」「専念法語」など多数ある。教説を理解できない「愚夫痴女」の浄土往生を「良導」し，「自証往生」こそが最重要と説いたその思想は，教団形骸化の中で，*法然への回帰を志向したものといえる。

竜温 りゅうおん 1800～85（寛政12～明治18） 江戸後期～明治期の真宗大谷派の僧侶。諱は竜温，諡は香山院。俗姓は樋口氏。陸奥国会津西光寺の義教の子。幼年より儒学を学び，1824年（文政7）東本願寺の高倉学寮で修学し，智積院・園城寺などに遊学した。39年（天保10）京都円光寺に入寺し，49年（嘉永2）擬講，61年（文久元）嗣講，65年（慶応元）講師を歴任し，護法場の運営に尽力した。仏法擁護とキリスト教排斥運動を行った。72年（明治5）教部省設置にともない大講義となり，翌年一等講師，76年権少教正となる。著作は「*総斥排仏弁」「闢邪護法策」「闢邪行経」「神儒対揚正理論」「浄土論講義」「愚禿鈔講義」「住生礼讃講述」「成唯識論講録」など多数。

琉球神道記 りゅうきゅうしんとうき 江戸時代の仏教書。全5巻3冊。*袋中の著。1605年（慶長10）成立，48年（慶安元）刊。袋中が1603～06年琉球国に滞留した時，国士三位黄冠の馬高明から琉球国の神道伝記の述作を求められて書いたもの。仏教の三国世界観と*本地垂迹説によって琉球の神祇をのべる。第1巻では，仏教的世界観である須弥山とその四方にある四州についてのべる。第2巻では，天竺（インド）を諸仏が出現した仏国とし，第3巻では震旦（中国）を王国として盤古王から明の太祖（朱元璋）に至る歴史を概観する。第4巻では琉球にある垂迹の本地である寺院の本尊を説明し，第5巻で琉球にある神祇の縁起をのべる。島津氏による征服以前の古琉球をよく伝えている。

竜宮 りゅうぐう 海底にあるとされた竜王の住む宮殿。「*法華経」をはじめとする仏典に説かれる。日本においては，「三宝絵詞」巻下・薬師寺最勝会では*薬師寺が竜宮を模したものとされる。「凌雲集」の菅野真道の漢詩では*神泉苑に竜宮を重ね，「今昔物語集」巻16には観音の利生とし

て竜宮を来訪して富をえる話がある。この説話においては，竜宮は海中ではなく池の中に存在している。また竜宮の宮殿は，七宝や玉で造られていると描写される。中世以降には，閻魔の庁などの他界や異郷と同一視されることもあった。

竜渓性潜　りゅうけいしょうせん　1602〜70（慶長7〜寛文10）「りょうけい―」とも。江戸前期の*黄檗宗の僧。諱は宗潜・宗琢・性潜，道号は竜渓，号は如常老人。諡は大宗性統禅師。京都の人。8歳で東寺に入り密教を学び，16歳で摂津国普門寺で出家する。山城国妙心寺で経論を講義したが，*隠元隆琦が長崎に来日すると普門寺に招請して弟子となる。1657年（明暦3）宮中で後水尾上皇に説法し，上皇を禅に誘う。63年（寛文3）万福寺完成にともない西堂となり，翌年近江国正明寺の住職となる。70年大坂九島院に滞在中，大津波に遭遇し没した。また著作は，林羅山の「本朝神社考」を反駁して神仏の一致を論じた「弁正録」や「竜渓和尚二会語録」「宗統録」「鉄鎚録」「心経口譚」など。

隆光　りゅうこう　1649〜1724（慶安2〜享保9）江戸前・中期の新義真言宗の僧。諱は隆長・隆光，字は俊宣・栄春。大和国二条の人。1658年（万治元）大和国唐招提寺の朝意に入門し出家・受戒した。61年（寛文元）大和国長谷寺で亮汰に学び，さらに高野山・興福寺・法隆寺・醍醐寺で修学に努めた。86年（貞享3）将軍家祈禱寺である江戸の知足院に入住して，徳川綱吉と生母桂昌院の信任をえて権僧正に昇任した。88年（元禄元）知足院を神田橋外に移し，のち護持院と改め伽藍を拡張した。95年大僧正に昇任して新義真言宗の僧録となった。1707年（宝永4）護持院から成満院に移った。綱吉に近侍して*生類憐みの令を進言するなど権勢を振るった。綱吉没後は大和国超昇寺に退隠した。著作は「隆光僧正日記」「般若理趣経解嘲」「聖無動経慈怒鈔」「筑波山縁起」など。

留魂録　りゅうこんろく　幕末期の思想家・志士*吉田松陰が，1859年（安政6）10月26日すなわち処刑の前日，牢内において*松下村塾の門人たちに宛て自らの心境と希望を伝えた遺書。およそ4800字。事ここに至ったのは，自らの学問足らずと至誠の及ばなかったゆえとして，処刑に連累者をださなかったことを喜ぶとともに，30歳にして目前に死を控えながら，四季の循環と穀物の収穫に喩えた死生観を語り，門人らの継志活動を期待した。本書は2部作成されて，萩へ送られて父母兄弟らも一読したものは亡失した。いま一部は，伝馬町獄で同囚であった沼崎吉五郎が遺託をうけて遠島中これを護持し，76年（明治9）野村靖に手交したため伝わった。

柳子新論　りゅうししんろん　江戸中期の儒学者*山県大弐の著書。1巻1冊13編，1884年（明治17）刊，敬業館所蔵版。巻末に「宝暦己卯（1759）春二月」付の大弐の跋があり，旧宅の跡から掘り出した古書を転写したと記しているが，大弐自身の著作である。書名中の柳子の語は，大弐の号柳荘に由来する。大弐は，政治の基準は概念（名）と実態（実）の一致におくべきで，中国の聖人はこの実現に努めたが，それを継ぐべき儒家も法家も片面的で不十分とする。基準となるのは神武天皇以来の朝廷の政治（朝政）で，聖人の治世に劣らないものであったが，政権が武家に移ってから名と実が一致せず，秩序は乱れ人民は重税をはじめとする苛酷な政治に苦しんでいる。人が禽獣と異なるのは身分制度によって秩序を保っている点であるから，天子を重んじ律令など古制を尊び，良民と雑民（賤民身分）の差別をきびしくして名と実の一致を図るべきである，と主張する。言辞・語法にはきわめて慎重であるが，従来の尊王敬幕論と異なる*尊王斥覇論を説いており，幕政批判の原点となった著作である。徂徠学的な政治制度の人作説と*尊王論とが結びついている点でも注目される。

竜湫周沢　りゅうしゅうしゅうたく　1308〜1388（延慶元〜嘉慶2・元中5）　南北朝期の禅僧。臨済宗*夢窓派，寿寧門派の祖。甲斐国の人。妙沢とも自称し，別号は咄哉。幼時より同郷の*夢窓疎石に師事し，*竺仙梵僊に参じたのち夢窓の法を嗣いだ。公帖をうけて甲斐国恵林寺に入院するが，まもなく*春屋妙葩を助けて夢窓派を統率するた

め上京した。嵯峨臨川寺三会院さんねの塔主となる。建仁寺・南禅寺・天竜寺を歴住し，南禅寺内に慈聖院と夢窓の塔院上生院を創建した。美濃国の守護土岐頼康の招聘により，揖斐大興寺の開山ともなった。晩年は嵯峨の寿寧院じゅんに退居。夢窓の「三会院遺誡かい」にならって「寿寧院遺誡」を制定し，寿寧門派を確立した。慈聖院と寿寧院に塔す。密教への関心が高かったようで，自画自賛の不動明王画像をいくつか残している。それらの画像では「妙沢」と称した。また，その行状には夢にみる無準師範きほんの法衣や感得した密庵咸傑かんけつの竹箆を所持していたとするなど，不思議な物語が付随する。語録に「竜湫和尚語録」2巻，詩文集に「随得集」2巻がある。

柳亭種彦 りゅうてい たねひこ 1783～1842(天明3～天保13) 江戸後期の戯作者。本姓は高屋たか，名は彦四郎。200俵取りの旗本の家に生まれたが，小普請組に属して無役のまま終わった。狂歌を唐衣橘洲からころもに学び，「近世怪談霜夜星しもよ」(1808，葛飾北斎かつしか画)などの読本ほんの秀作を残している。また，俳書や浄瑠璃正本の収集と「環魂紙料すきか」(1826刊)，「用捨箱ようしゃ」(1841刊)などの考証随筆でも知られる。「修紫田舎源氏にせむらさき」(初編1829刊)は，「源氏物語」をパロディ化した40編に及ぶ長編合巻ごうかんで，歌川国貞さだの役者似顔絵とともに世に迎えられて，江戸時代屈指のベストセラーとなった。しかし，38編の刊行後，風紀を乱すものとして絶版の処分をうけた。

竜熙近 りゅう ひろちか 1616～93(元和2～元禄6) 江戸前期の外宮祠官・神道家。通称は伝左衛門，号は尚舎しょう・生白。伊勢国度会わたらい郡出身。前期*伊勢神道を理解するためには仏教研究の必要性を主張し，著書「*神国決疑編けつぎへん」で，*度会延佳のぶよしに代表される神儒一致的な後期伊勢神道よりも，神仏一致的な神道こそ伊勢神道の伝統である，と論じた。また万福寺の*隠元隆琦りゅうきのもとで参禅したり，神宮の法楽などの仏教行事に積極的に参加したりするなど，晩年まで伝統的な伊勢神道を明らかにするために仏教の研究・実践に努めた。

了庵桂悟 りょうあん けいご 1425～1514(応永32～永正

11) 室町時代の禅僧。臨済宗聖一派大慈門派。はじめ道号桃渓とうけい，別号は伊川いせん・三浦さん・鉢袋子はった。伊勢国の人。大愚性智だいぐ・*雲章一慶うんしょういっけい・惟肖得巖いしょうとくがんらについて学ぶ。大愚の嗣大疑宝信だいぎほうしんの法嗣。豊後国広福寺(諸山)・伊勢国安養寺(同)・京都真如寺(十刹)などの公帖じょうをうけ，1478年(文明10)東福寺(171世)に入寺し，以後16住に及ぶ。南禅寺にも再住した。1506年(永正3)，生前に勅して仏日禅師の号を特賜された。10年，遣明使として出発し，翌年到着。滞在中に王陽明ようめい・儋仲和せんちゅうわらと交友，13年(明正徳8・日本永正10)，中国五山育王山いくおう広利寺101世住持に任じられた。この年，帰国。禅林諸派の僧と交友が広く，*三条西実隆さねたから公家とも親交があった。宮中で「金剛経」を講じて教学に詳しかったが，東福寺復興のために周防国の大内政弘と折衝するなど実務にも有能であった。明から帰国した翌年に90歳で没した。

竜安寺 りょうあんじ 京都市右京区竜安寺御陵ノ下町にある臨済宗妙心寺派の寺。山号大雲山。もと徳大寺山荘の地で，1450年(宝徳2)に細川勝元が義天玄詔ぎてんげんしょうを請じて創建した。勧請開山は日峰宗舜にっぽうそうしゅんで，妙心寺派の拠点となった。応仁・文明の乱後，細川政元が特芳禅傑とくほうぜんけつを請じて再興した。1797年(寛政9)に火災にあい，この時に残った塔頭西源院えいげん方丈が移築され，現方丈となる。方丈庭園は，独創的な枯山水かれさん石庭として著名で，白砂に15の石を配し，油土塀に囲まれる。寺内の鏡容池きょうようちは徳大寺山荘の遺構という。西源院本「太平記」などの文化財を伝える。

凌雲集 りょううんしゅう 平安前期の漢詩集。1巻。*嵯峨天皇の勅命で編纂されたわが国最初の*勅撰漢詩集。782～814年(延暦元～弘仁5)の詩90首を集める。平城へいぜい・嵯峨・淳和じゅんなの天皇をはじめ，賀陽豊年かやのとよとし・小野岑守みねもりら23人の作者が数えられる。詠題は多岐にわたるといっても，遊覧・宴の詩が多く，公的で唱和的な要素を多く含む詩集である。その序には，文章を「経国けいこくの大業」とする儒教的文学観が表れている。

両界曼荼羅 りょうかい まんだら 両部曼荼羅とも。胎蔵界

胎蔵曼荼羅と金剛界曼荼羅とからなり，*大日如来を主尊として諸尊を配置し，2種の大系を象徴的に表したもの。胎蔵界曼荼羅は「*大日経」を原典とし，大日如来の慈悲が，衆生の中にある仏性の種子を母の胎内のごとく育み，悟りへ導くさまを諸尊の働きとともに図示したもの。金剛界曼荼羅は「*金剛頂経」を原典とし，大日如来を中心に金剛界37尊を基本の構成要素とし，修行者が曼荼羅上の仏を感応し，現世のままの即身成仏を期すものである。両曼荼羅はインドでの成立，中国への伝来も別であったが，両図を一具のものとして統合したのが，空海の師恵果であったとされる。恵果が図絵させ，空海が請来した両界曼荼羅原本は現存しないが，東密で用いられる現図曼荼羅の祖本とされる。なお，台密では異本を用い，特に金剛界は現図では九会曼荼羅だが，一会のみの八十一尊曼荼羅を主用する。

良寛 りょうかん　1758〜1831（宝暦8〜天保2）江戸中・後期の禅僧。幼名は栄蔵，元服して文孝。良寛は法名，道号は大愚。越後国出雲崎の神職・庄屋の山本家に長男として誕生，少年時に儒学を学ぶ。1775年（安永4）18歳で庄屋見習いとなるが，突然出家する。79年，備中国玉島の曹洞宗円通寺の国仙和尚が来訪したのを機に参禅し，正式に得度した。師に随行し同寺で修行した。91年（寛政3）国仙の死を契機に諸国行脚にでるが，これ以後当時の禅宗の腐敗や形式主義に背を向けたと思しい。96年，越後国に帰り，国上（現，燕市）の五合庵などに住し托鉢僧として清貧の日々を送った。漢詩・和歌・書をよくし，漢詩は形式にこだわらず自由で禅の精神を叙しつつ一宗一派にとらわれず，また宗門の腐敗をてきびしく批判した。和歌は，堂上派風・古今調・万葉調をへて独自のおだやかな歌風を確立した。書家としても名高く，*亀田鵬斎にも影響を与えた。国学・神道の理解も深く，晩年は浄土真宗に近づき雑炊宗とも評された。著作に自稿漢詩集「草堂集」，自稿歌集「布留散東」。自伝資料は皆無だが，大関文仲ぷの「良寛禅師伝」（1818頃成），貞心尼の「蓮の露」（1835成），解良栄蔵「良寛禅師奇話」（1845以後

成）が，その豊富な学識，清浄無欲の高風，子供と手毬で遊ぶなど，愛すべき超俗的な姿を伝える。

良観 りょうかん　→忍性
両儀集説外記 りょうぎしゅうせつがいき　→天文義論
両宮幣物論 りょうぐうへいもつろん　→詔刀師沙汰文
竜渓性潜 りょうけいしょうせん　→竜渓性潜
令外官 りょうげのかん　令の規定にない新設の官司・官職。*大宝律令の施行直後から職員令の欠を補うためにおかれ，中納言・参議などはその設置の早い例である。平安初期には蔵人・検非違使をはじめ，上は関白まで，天皇の*宣旨によって任命され，官位相当をもたず，本官をもちながら兼帯する官職がおかれた。これら平安時代になってはじめておかれた官職が「令外官」を代表することとなった。唐の制度をほとんどそのままにうけいれた令制の官僚機構は複雑・煩瑣で，日本の実情にあわないものも多く，手続きの簡略化や素早い政治処理を必要とするところに令外官がうまれた。これは律令体制の和様化ないし国風化といえる。

良源 りょうげん　912〜985（延喜12〜寛和元）平安中期の天台僧。近江国浅井郡に生まれ，12歳で比叡山に登り，顕密の学を学ぶ。南都の碩学法蔵らを論破した*応和の宗論などにより名声を高め，966年（康保3）に18代天台座主となる。就任後まもなく延暦寺は大火にみまわれるが，良源はよく復興に努力し，以前にましての繁栄を招来した。藤原摂関家との結びつきが強く，藤原師輔の子尋禅に座主の地位とともに多くの堂舎や荘園をゆずったことから，比叡山の世俗化・門閥化を招いたとも評されるが，「（良源）二十六箇条起請」を制定し，比叡山山内の綱紀統制にも努めた。「*極楽浄土九品往生義」ほか多数の著書があり，門下に*源信ら多数の学僧を輩出した。没後，良源を比叡山の護法神的な存在として崇める元三大師信仰がうまれた。

良定 りょうじょう　→袋中
梁塵秘抄 りょうじんひしょう　平安後期の歌謡集。後白河法皇撰。全20巻（うち口伝集10巻）。1180〜85年（治承4〜文治元）頃成立。巻1の抄本と巻2，口伝集巻10のみ現存。平安後期の

＊今様を分類・集成したもの。巻1からの抄出21首と，巻2の545首と計566首が現存する。今様は流行歌であるから次々とできては消えていく運命にあったが，後白河法皇がそれを惜しんで収集したものである。「＊徒然草」にも記されているが，口伝集巻10だけが知られ，歌謡を収録する巻1抄本と巻2とは明治末年に発見された。⇒後白河天皇

良知心学 りょうちしんがく →陽明学ようめいがく

両統迭立 りょうとうてつりつ　鎌倉後期，後嵯峨天皇のあとを継いだ皇子，後深草天皇の系統（持明院統じみょういんとう）と，亀山天皇の系統（大覚寺統だいかくじとう）の双方から，ほぼ交互に天皇をたてた事態をいう。後嵯峨上皇が，治天の君の後継者を定めることなく，1272年（文永9）に没したことに端を発する。単に皇位の問題にとどまらず，それぞれがもつ膨大な皇室領荘園（長講堂ちょうこうどう領・八条院領）の帰属などもからみ，また，貴族間の抗争をうむことにもなった。鎌倉幕府は，文保の和談ぶんぽうのわだんをはじめ，その斡旋にあたったが，積極的介入の意図はもっておらず，事態は流動的であった。これが，＊後醍醐ごだいご天皇の倒幕や，＊南北朝の対立に引き継がれることになる。

良忍 りょうにん　1073～1132（延久5～長承元）光静（乗）坊・聖応しょうおう大師（1773年〈安永2〉贈諡号）とも。平安後期の天台宗の僧で＊融通念仏ゆうずうねんぶつ宗の祖。また天台＊声明しょうみょうの中興の祖。尾張国知多郡富田の郡の領主秦道武の子。12歳で比叡山に登り，東塔檀那院の良賀りょうがについて得度し，良仁と名乗る（のち良忍と改称）。良賀らから天台教学を学び，禅仁ぜんにん・観勢から大乗円頓戒えんどんかいを復興・相承した。30歳をすぎて洛北大原に隠棲して，来迎院らいごういん・浄蓮華院じょうれんげいんを建立した。声明・梵唄ぼんばいの諸流を学び，これらを総合して伝えた。また貴賤を問わず，一人の念仏が衆生の念仏と相即し融通しあい，成仏をかなえる融通念仏を唱えて，念仏者名帳への勧進を説いた。1124年（天治元）勅をうけて内裏で融通念仏会えを開く。来迎院で1132年（長承元）没した。鎌倉時代以後の説話や縁起などで宗祖としての事績が伝えられる。

両部神道 りょうぶしんとう　真言しんごん神道とも。密教の系統の神道流派。両部とは密教の金剛界こんごうかい・胎蔵界たいぞうかいをいう。両部神道の名称は，＊吉田兼倶かねともが「＊唯一神道名法要集」で「両部習合神道」としてはじめて用い，「胎金の両界を以て，内外の二宮に習ねね，諸尊を以て，諸神に合す。故に両部習合の神道と云ふ者か」と，説明されている。「宝志ほうし和尚伝」や「中臣祓訓解なかとみはらえくんげ」の奥書により，平安末期には形成されていたとされるが，発生年代にはなお検討の余地がある。

初期の両部神道は，大日如来を本地仏ほんじぶつとする＊伊勢神宮の信仰と密接にかかわって形成された。ただし「中臣祓訓解」「仙宮院せんぐういん秘文」「天地霊覚れいかく秘書」など，鎌倉中期までの書は台密の教学にもとづいており，伊勢の仙宮院を拠点とする天台宗園城寺おんじょうじの系統の僧侶によって著されたと思われる。また平安末期以降，＊重源ちょうげんや＊貞慶じょうけい・＊叡尊えいそんら南都の僧侶も伊勢参宮を遂げて神宮周辺で活動し，その形成に関与したと想像される。鎌倉中期に大中臣おおなかとみ祭主家出身で醍醐寺の僧である通海つうかいの活動により，伊勢大神宮寺が建立されるとともに，真言宗が両部神道の担い手となっていった。鎌倉後期の成立とされる「＊麗気記れいきき」「天地麗気府録」などは真言宗の教学にもとづいており，伊勢神宮の祭神や由緒・儀式を密教的に解釈し，天地開闢以来の諸神を両部曼荼羅まんだらの諸尊に配することがその主たる内容である。伊勢神宮の外宮祠官の唱えた＊伊勢神道とも密接な関係にあり，度会家行わたらいいえゆきの「＊類聚神祇本源るいじゅじんぎほんげん」などの著作にも両部神道書が多数引用されている。「麗気記」をめぐっては神祇灌頂じんぎかんじょうの一種である麗気灌頂の儀礼がうまれ，注釈書も多く著された。

両部神道は密教の法脈によって相承され，多数の流派が形成された。大神おおみわ神社の三輪別所みわべっしょ（平等寺）を開いた慶円きょうえんの門流に伝わった＊三輪流神道，室生寺むろうじを拠点とした室生流神道，＊御流神道ごりゅうしんとうなどがある。三輪流では，職人や婦女子に対して＊印信いんじんを伝授するなど，民衆教化も活発になされた。近世には慈雲尊者飲光じうんそんじゃおんこうによって＊雲伝神道うんでんしんとうが唱えられた。

両部神道口決鈔 りょうぶしんとうくけつしょう　「両部神道立派りっぱ口決鈔」「両部神代一貫じんだいいっかん口決鈔」とも。

源慶安みなもとの(1648〜1729)が著した*両部神道の概説書。1716年(享保元)自序，19年刊，95年(寛政7)補刻。全6巻6冊。神道・儒教・仏教・道教・陰陽道から西洋の天文地理に至る諸学問を兼学兼用し，その勝劣を分かち，学者の疑惑を論破し，儒・仏・神三教の至極の塩水が味わえることを目的にした独特の神道書である。慶安は我国(日本)の大道である両部神道は，両部の神職や天台・真言の僧家以外に，二条家などの歌学の家にも秘伝されており，歴代の歌書はみな両部神道書であるとする。この書が刊行されると，鳳潭の「*両部神道口決鈔心鏡録」など次々に批判書がでた。

両部神道口決鈔心鏡録 りょうぶしんとうくけつしょうしんきょうろく *鳳潭(芳潭)ほうたんの著作。1731年(享保16)刊。全5冊。鳳潭(諱は僧濬しゅん)は鉄眼てつげん門下で，華厳寺を創建して華厳宗の復興に努める一方，八宗を兼学して多くの研究書を著し，諸宗の学僧と論争するなど近世を代表する学僧であった。本書は，1719年に刊行された源慶安みなもとのの著*両部神道口決鈔」を批判したものである。なかでも*天海が唱えた*山王さんのう(一実)神道とは，立川流の邪教から発したもので，決して空海くうかいにさかのぼりうるものではないことを論駁している。

両墓制 りょうぼせい →葬制そうせい

了誉 りょうよ →聖冏しょうげい

料理書 りょうりしょ 古代の食生活は，故実書や説話集などからうかがえるが，具体的に食材や調理法を記した料理書は中世から出現する。宮中の御厨子所預おみずしどころあずかりを務めた高橋(紀)家に伝来した「厨事類記ちゅうじるいき」(「群書類従」飲食部所収)は，式正しきしょうの料理の調度や配膳を主に記したもので，料理法の記述は少ないが，鎌倉時代にさかのぼる料理書として古い作品である。また類書の部分的残存と思われる「世俗立要集せぞくりつようしゅう」も，鎌倉時代の宮中における配膳の作法を中心とする。概して中世の料理書は，調理そのものよりも，配膳や食事の作法を主眼として記されている。室町時代以降，料理を家業とする家が成立してから，「四条流包丁書」「大草家おおくさけ料理書」などが現れるが，いずれも調理の秘訣を雑然と集めたもので，実技の多くは口伝くでんによっていたらしい。近世，寛永20年(1643)の序をもつ「料理物語」は，食材と調理法を具体的に詳しく記録するため，実用に耐える料理書として世に迎えられ，版本として流布した。このほか江戸時代には「豆腐百珍とうふひゃくちん」(1782)をはじめ，趣味的な料理書が数多く書かれ，出版されて世に迎えられた。

旅愁 りょしゅう *横光利一よこみつりいちの未完の長編小説。1937年(昭和12)4月から46年4月にかけて，「東京日日新聞」「文芸春秋」「文学界」「人間」などに分載される。1939〜46年，改造社刊(全4巻)。横光が晩年10年をかけた作品であるが，未完に終わった。渡欧の船上で知り合った矢代耕一郎・宇佐美千鶴子・久慈・早坂真紀子らの人間模様を，主にパリを舞台として描く前半部と，先祖がらみの不思議な因縁をこえて，カトリック信者である千鶴子と矢代が婚約するまでの後半部とに分けることができる。矢代はヨーロッパを知るにつれその合理主義を懐疑し，最終的に伝統的な古神道への道を選ぶ男として設定されている。矢代とは逆に，ヨーロッパの合理主義・科学主義に心酔するのが久慈である。東洋と西洋の精神性をめぐる対立を作品の根本的テーマとしている。

林下 りんか 山林さんりんとも。幕府の官寺体系から除外されている禅宗寺院の総称。五山ござん・十刹じっさつ・諸山の叢林そうりんに対し，それ以外の禅院をいう。叢林を構成する五山派以外の門派に対して用いられることもある。水辺林下すいへんりんかの略。京都の大徳寺(大応派下徹翁派てっとうはなど)・妙心寺(同関山派かんざんは)や，曹洞宗の越前国永平寺・能登国総持寺などが代表的な林下禅院である。また，地方に分散する大拙祖能だいせつそのうや遠渓祖雄えんけいそゆう門下の幻住派げんじゅうはなど，中小の門派・寺院も多くは林下に含まれる。概して鎌倉・京都以外の地を拠点として活動した。応仁の乱以降，妙心寺派や曹洞宗を中心に教勢を拡大し，守護大名や戦国大名の外護を獲得した。戦国期には，五山派に代わって*禅宗の主流となった。

この頃の林下の特徴は，次の点に集約される。すなわち，諸方の名僧知識を訪ねて歴参するという，叢林からは失われた禅宗本来の修行形態(行雲流水こううんりゅうすい)を依然として維持

していたこと。問答を中心とし，入室参禅を重視したこと。公案の解答を口訣伝授する密参が盛んに行われたことである。密参の流行は，社会的な口訣伝授の風潮を背景とするもので，参禅の形式化を意味している。しかし一方では，俗人に禅修行の門戸を開くきっかけとなり，戦国大名や商人など有力な外護者を獲得するうえで大きな役割をはたした。

林家 りんけ 「はやしけ」とも。江戸幕府の中で儒者を家業とした家。初代*林羅山が徳川家康に登用されて以来，幕府崩壊の時にその職を離れるまで，代々幕府教学の中心となった。羅山，その子鵞峰・読耕斎までは剃髪して僧形で法印と称したが，5代将軍徳川綱吉に仕えた3代目の鳳岡の時に束髪を命じられ，大学頭を称し，上野忍岡から湯島に移された聖堂の祭酒となった。以後，祭酒職と大学頭の官命を世襲した。寛政期(1789～1801)には，老中松平定信の命によって岩村藩松平家から述斎を養子として迎え，林家の私的な施設であった湯島の聖堂を幕府直轄の学問所(*昌平坂学問所)として整備した。幕府権力の創出期の羅山以来，林家は法度・外交文書の起草，日光社参への供奉，吉時に際して賀詩文の献上など幕府の儀礼執行を担った。将軍の呼称や朝鮮通信使接待の儀礼をめぐる，鳳岡と*新井白石との間の衝突もここからうまれた。西洋列強の外圧が迫った19世紀になると，林家は外交政策に関与し，ペリー来航時には述斎の子復斎が使節の応接にあたった。また，代々の林家の家業として重要な公務は，歴史書の編纂であった。羅山の「*寛永諸家系図伝」，鵞峰の「*本朝通鑑」，述斎の「*寛政重修諸家譜」「*徳川実紀」の編纂はその成果である。林家は，羅山以来，朱子学の研究・普及に努め，湯島の聖堂で孔子を祀る*釈奠を行い，代々儒葬によって埋葬した。述斎の時，聖堂が幕府直轄になったことは，朱子学の「官学」化を意味した点で画期的であった。→林鵞峰　林述斎　林読耕斎　林鳳岡

臨済宗 りんざいしゅう 中国の*禅宗，五家七宗の一つ。臨済義玄(？～867)を祖とする。五家七宗とは，禅宗六祖慧能以降の南宗禅において独自の宗風を打ち立て，唐から宋代にかけ展開した諸集団のことをいう。曹洞宗・雲門宗・法眼宗・潙仰宗・臨済宗が成立し，これを五家という。臨済宗は宋代になると，黄龍慧南の黄竜派，楊岐方会の楊岐派が現れ，公案看話禅を提唱し，これらを加えて七宗という。

日本には*道元が曹洞宗を，*栄西が臨済宗黄竜派を伝えるが，その他の臨済宗はすべて楊岐派の禅である。日本へは平安時代末に覚阿が禅を伝えたが法流は続かず，栄西(黄竜派)から本格的に禅が展開する。同時期の大日能忍の*達磨宗」と称して勢力をもったが，門弟は道元のもとに吸収された。臨済宗では，*円爾(聖一派)が九条道家の帰依をうけて京都東福寺を拠点に広がり，円爾は鎌倉幕府との関係も深く，公武あげて禅がうけいれられた。鎌倉には*蘭渓道隆・*無学祖元らの中国僧が来日し，本格的な大陸様の禅院が整備され，儀式・制度も整えられた。

日本への伝禅は二十四流とも，四十六流ともいわれる。北条氏，さらに室町幕府によって京・鎌倉の*五山制度が作られると，臨済宗は諸派が集まり，五山派として五山・十刹・諸山に住持を輩出した。五山の台頭は顕密諸宗に対抗する勢力となり，延暦寺などによる反禅宗の強訴もおこった。宗峰妙超の開いた大徳寺，関山慧玄の妙心寺は五山とは別に*林下とよばれ，禅問答による密参印可を重視した。室町幕府が衰えると林下禅が戦国大名などに受容され，教線を広げた。臨済禅は文化面でも，文学・絵画・思想などに大きな影響を与えた。江戸時代には中国から*黄檗宗も加わるが，妙心寺派が最大門派となり，*白隠慧鶴らがでて公案禅を整備した。現在，南禅寺派・天竜寺派・相国寺派・建長寺派・円覚寺派・大徳寺派など14派がある。

臨時教育会議 りんじきょういくかいぎ 1917年(大正6)に設置され，19年まで継続した内閣直属の教育に関する諮問機関。「内閣総理大臣ノ監督ニ属シ教育ニ関スル重要ノ事項ヲ調査審議」するため発足したこの教育会議は，20年来未解

決のままであった学校制度の整備・拡大と，第１次大戦後の世界情勢に対応する「教育施策の大方針」の確立を課題とした。その学制改革案は，小学教育，男子高等普通教育，大学教育および専門教育，師範教育，女子教育，実業教育，通俗教育(以後社会教育)，視学制度，学位制度にわたる諮問に対し，12件の答申と２件の建議により提起された。答申における改革構想の焦点は，高等教育の量的拡大に対応する制度的再編成に向けられ，その後の*大学令・*高等学校令の公布・施行につながった。そのほか義務教育費国庫負担制の検討，記憶中心教授の改革，教員の資質向上の必要などを提案した。しかし，答申に付け加えられた二つの建議，「兵式体操振興ニ関スル建議」と「教育ノ効果ヲ完カラシムヘキ一般施設ニ関スル建議」は，護国思想・防衛思想の涵養，精神的支柱としての天皇中心の「国体明徴」を強調し，高等教育の量的拡大に対応する当時の官僚的国家主義者の危機感を示しており，この建議が以後の教育動向に重大な影響を与えた。

臨川寺 りんせんじ 京都市右京区嵯峨にある臨済宗天竜寺派の寺。山号霊亀山。亀山法皇の離宮川端殿の跡地に，後醍醐天皇が皇子世良親王の遺志をついで，1335年(建武２)*夢窓疎石を開山として創建した。夢窓は塔頭三会院を中心に一派の拠点とした。十刹で，南北朝後期の一時期には五山ともなる。たびたび火災にあって再建され，しだいに近接する*天竜寺の塔頭として位置づけられていく。臨川寺版は，南北朝期に春屋妙葩らにより出版された*五山版の一つ。「臨川寺重書目録」をはじめ，文書は天竜寺などに少なからず伝わる。

る

類聚国史 るいじゅうこくし 「るいじゅー」とも。六国史の記事を，神祇・帝王・後宮・人・歳時・音楽・賞宴・奉献・政理・刑法・職官・文・田地・祥瑞・災異・仏道・風俗・殊俗(外国)などの部門別に分類して，編纂しなおしたもの。ただし，職官・文・田地・祥瑞・災異の部門には多くの欠巻がある。散逸した「*日本後紀」の逸文を引用しているなど，六国史の欠落を補う意味でも貴重である。*菅原道真の編。もと200巻からなるか。なお，本書は「*日本三代実録」の内容をも含むが，「日本三代実録」は道真の配流後に完成されている。そこで，その部分は後世の人の手によるものとする増補説もある。しかし，「日本三代実録」の編纂には道真が中心になっていたと推測され，道真の配流後その事実が消されてしまったが，道真が「類聚国史」を編纂した時には「日本三代実録」の草稿はほぼ完成しており，道真はそれを使用しえたであろうとする見方もある。

編年体の史書である六国史を，このような部門別の書に編纂しなおしたことは，前例を即座に参照して，政務の便を図ろうとする意図にでるものであったことが推測される。だが「日本三代実録」をもって官撰史書が終わったことと重ねあわせて考える時，時間軸を基礎とする編年体からこのような類聚体へという思考の変化の中に，この時期の歴史意識の衰退が感じられる。

類聚神祇本源 るいじゅじんぎほんげん 鎌倉時代の*伊勢神道の書。伊勢神宮外宮の禰宜・度会家行の撰。全15編。1320年(元応２)成立。「日本書紀」「古語拾遺」「先代旧事本紀」をはじめ，*神道五部書や「*麗気記」などの伊勢神道・両部神道系の神書，さらに仏書や漢籍などを引用し，天地開闢から伊勢神宮の鎮座に至るまでの由来や神宮の禁戒・神鏡に関する諸説を整理している。最後の「神道玄義篇」は問答体で神祇の本源を説き明かす内容となっており，伊勢神宮の縁起・由来を説く

という従来の伊勢神道の性格を脱して，仏教や道家思想・宋学を援用しつつ神を心の中に求めており，普遍的な神道教説が論じられている。

盧遮那仏 るしゃなぶつ　梵語Vairocana　毘盧遮那仏びるしゃなぶつとも。「華厳経」教主のVairocanaの音写だが，仏駄跋陀羅ぶっだばっだら訳の同経〈六十華厳〉(旧訳・晋訳)や大乗戒経の「梵網経ぼんもうきょう」で盧遮那仏とされ，実叉難陀じっしゃなんだ訳の「華厳経」〈八十華厳〉(新訳・唐訳)では毘盧遮那仏と音写される。また密教の「大日経」「金剛頂経」などインド中期密教経典の教主もバイローチャナで，これは大日如来と訳される。「華厳経」の盧遮那仏は永遠普遍の真理の当体たる法身仏ほっしんぶつであり，十方諸仏を統轄するものである。奈良時代に「華厳経」の信仰が高まり，聖武天皇が造立した東大寺大仏も盧遮那仏であるが，台座の蓮弁一葉ごとに須弥山しゅみせん世界と一世界ごとの釈迦仏が毛彫されていることから，「梵網経」の影響も強いことがわかる。

留守希斎 るすきさい　1705〜65(宝永2〜明和2)江戸中期の儒学者。名は友信，字は希賢または士実，通称は退蔵，希斎または括嚢と号した。陸奥国仙台の人。伊達家の陪臣の子。一時，仙台藩儒の*遊佐木斎ゆさぼくさいの養子となったが，京都の*三宅尚斎しょうさいに学び，尚斎の異姓養子不可論をうけいれて仙台を出奔し，本姓に復した。大坂で講席を開き，宝暦期(1751〜64)の闇斎あんさい学派の中心人物となった。ただ，神儒合一を否定した尚斎の門下であったにもかかわらず，神儒兼学の木斎の立場を捨てることはなかった。国郡郷里・中国夷狄いてきなどの称号について，徂徠学そらいがくを批判した「称呼弁正しょうこべんせい」を著した。著書はほかに中国語の俗語・方言の辞書「語録訳義」など。

れ

麗気記 れいきき　鎌倉時代の真言宗系の両部神道書。全18巻。編者・成立年代未詳。1320年(元応2)に成立した度会家行いえゆきの「*類聚神祇本源るいじゅうじんぎほんげん」での引用を初見とする。「*中臣祓訓解なかとみのはらえくんげ」「*大和葛城宝山記かつらぎほうざんき」「両宮形文深釈りょうぐうぎょうもんじんしゃく」などの両部神道書や，*神道五部書などの伊勢神道書の影響が認められ，伊勢神宮の周辺で成立したと推測される。伊勢神宮の祭神および天神七代・地神五代の神々を両部曼荼羅まんだらの諸仏・諸菩薩や諸天に配当し，神々の尊貴性や本迹ほんじゃく関係，降臨・鎮座の次第などを密教の教説により説いている。伊勢の内宮・外宮を「両宮両部不二」と説くなど，伊勢神道に通ずる主張がみえる。*両部神道においては「日本書紀」と並んで重んじられ，麗気灌頂かんじょうが行われ，注釈書も多数著された。

礼儀類典 れいぎるいてん　江戸前期の有職故実ゆうそくこじつ書。全515巻。*徳川光圀みつくに編。1682年(天和2)霊元れいげん天皇の内々の勅命をうけて，83年ないし84年(貞享元)初め頃から編纂事業が開始された。1701年(元禄14)までに草稿完成(光圀はその前年に死去)。10年(宝永7)に幕命により嗣子綱条つなえだの序文を付した清書本が幕府に進納され，幕府を通じて同本が朝廷に献上された。さらにその後，改訂増補本が二度にわたって朝廷に献上されたといわれる。なお「礼儀類典」の題名は，霊元上皇から賜ったものである。本書の内容は143項目に及ぶ恒例と，91項目に及ぶ臨時の朝儀・公事くじに関する記事とを，10世紀前半から16世紀前半までの日記類を主とする諸記録から抄出し，分類・配列した総合部類記である。光圀は「史記よりはすぐれ候而官家之御用に相立ち申すべし」(「口上之覚書こうじょうのおぼえがき」)と語ったと伝えられる。だが，この事業を推進した真の目的は，廃絶しつつあった朝儀・公事の記録を整備することにより，江戸幕府を正当化する朝廷の尊厳性を維持しようとするところにあったとみられる。

霊空　れいくう　1652～1739（承応元～元文4）　江戸前・中期の天台宗の僧。天台律宗の総本寺安楽院の中興者。法諱は光謙、字は霊空。幻々庵と号す。筑前国福岡の人。姓は岡本氏。14歳で福岡松源院の豪光について出家し、17歳の時、比叡山に登り天台教学を学ぶ。その後、天台戒律主義の復興と教観の正旨を説く*妙立に師事し、1678年（延宝6）に「梵網経」の十重禁戒をうけた。「闢邪篇」を撰して、*玄旨帰命壇の口伝法門を排斥した。妙立の没後の1693年（元禄6）、輪王寺公弁入道親王の命により比叡山安楽院の住持となり、妙立を中興第一祖として、四分律と梵網大戒を兼学する*安楽律の本拠とした。その後、東叡山浄名院・日光山楽雲院の律院を整備し、天台戒律主義の再興に尽力した。著書はほかに「文句講録」など多数ある。

霊験記　れいげんき　神仏や経典などの霊験譚を記した書の総称。「*日本霊異記」「*今昔物語集」には、仏・菩薩や経典に関する霊験譚が数多く収録されている。単行のものとしては、「今昔物語集」巻17に実叡撰「地蔵菩薩霊験記」がとりいれられていて、平安時代には地蔵菩薩単独の霊験説話集があったことが知られる。また「法華経」や法華持経者の霊験を集成したものには、鎮源撰「*本朝法華験記」、源西撰「探要法華験記」、散逸書として「扶桑略記」などに引用される薬恒撰「（本朝）法華験記」、慶滋保胤撰「日本法華験記」、智源撰「法華験記」などがある。

霊場　れいじょう　神仏や聖者・祖師の事跡とゆかりのある山岳・土地・場所をいい、霊地・霊験所ともいう。聖なる空間として禁忌崇拝の対象とされた。選ばれた山川樹木・岩石などを中心に、礼拝する御堂・社寺などが建立されて、信仰する人々が参詣・*巡礼した。日常の俗的空間から聖なる空間に身を入れることによって、罪・穢を滅し、浄化・再生することを願った。崇拝の対象となる自然物や聖者などについての神話伝説が口伝もしくは著述されるなどして、崇拝信仰は物語的に構成されていることが多い。また特定の神仏・聖者にまつわる類似の伝説が広がりをもった各地に伝播されて、信仰圏を形成することもある。空海・泰澄らに対する信仰はその例である。「*一遍聖絵」（第1・第3段）に「文永八年（1271）の春、ひじり善光寺に参詣し給ふ、この如来は、天竺の霊像として日域の本尊となり給へり、酬因の来迎をしめして影向を東土の境にたれ、有縁の帰依をあらためて、霊場を信州のうちにしめ給ふ」、「同」（第8・第4段）に「弘安十年（1287）のはる、播磨国書写山に参詣給、……まことにこれ一乗純熟の勝地、六根清浄の霊場也、ひじり渇仰のあまり、本尊を拝みたてまつるべき所望ありけるに」云々とある。

霊宗神道　れいしゅうしんとう　江戸前期の「*旧事大成経」で創唱され、*乗因や*依田貞鎮（徧無為）によって継承された神道。「大成経」は天思兼命の伝えた「霊宗道」の存在を説き、さらにその教理を展開する。同書は神・儒・仏の*三教一致論を基調とするが、そのうちの日本・異国に共通する普遍的な法を宗源神道、日本独自の優れた法を斎元神道とし、霊宗神道はそうした二つを束ね本源を明らかにする法と定義されている。つまり普遍と特殊を止揚し、いずれにも偏さない教えとされる。それはまた「天皇の心」と関連づけられ、地上の秩序の要とみなされているようにもみえる。その後、戸隠山別当の乗因は、「大成経」所説の影響下に自らの神道を「修験一実霊宗神道」と称した。「先代旧事本紀大成経」巻1に天思兼命の子孫として阿知・祝部両氏をあげるのにもとづき、乗因は自らを阿知一族と称し、「戸隠別当阿知祝部一実道士祠」の石碑を建てるなど、霊宗神道の影響を強くうけたことが確認できる。また依田は、「大成経」の研究活動をへて「霊宗全書」などの大部の神道書を著した。その所説の性格づけは、その後の「大成経」信奉者たちの思想動向も含め、今後の研究課題として残されている。

黎明会　れいめいかい　大正中期の民本主義啓蒙団体。*大阪朝日新聞筆禍事件で気勢をあげた右翼団体浪人会と*吉野作造との立会演説会を機に、吉野・*福田徳三のよびかけで、1918年（大正7）12月に結成された。「世界の

大勢に逆行する危険なる頑冥思想を撲滅すること」を綱領の一つに掲げ，23名の知識人を会員として出発した。毎月講演会を開催し，講演集「黎明運動」を刊行して*民本主義の啓蒙活動を行った。講演会では，国際連盟規約問題，山東問題，朝鮮問題，治安警察法第17条撤廃問題など，内外の重要な問題が扱われたが，国際労働会議（ILO）代表選出問題で黎明会内部で対立がおき，20年4月*森戸事件に寄せての学問の自由に対する特集号で「黎明運動」は終刊となり，黎明会も同年夏に解散した。

玲瓏集（れいろうしゅう） 江戸前期の仏教書。1巻。*沢庵宗彭（たくあんそうほう）の著。1628年（寛永5）刊。武士問題を論じた部分と仏教教理を説く部分に分かれる。武士問題では，武士をめぐる欲・生命・義という三つの関係を論じて，中正の心である直心を規準に行動してはずれない欲念を義として，武士に義にもとづいた行いを求める。また近世社会の君臣関係を例にとって神を尊崇する神の道を説き，遊びを肯定しつつその節度の必要性を説く。仏教教理の面では，一遍（いっぺん）の念仏の歌，すべてのものがあるがままに生起し存在することを示す「十如是（じゅうにょぜ）」，人が死んで次の生をうけるまでの期間である「中有（ちゅうう）」などを平易に説く。

歴史哲学（れきしてつがく） *三木清の1932年（昭和7）の著作。「続哲学叢書」の一冊として岩波書店より刊行。従来の解釈学や唯物史観とは異なる，行為者の立場に立った独自の歴史観が呈示される。その眼目は，歴史を過去からの成長・発展と捉える連続的歴史観の批判にある。われわれの行為は，過去からの諸因果に拘束されながらも，その諸因果を己れの目的論の中に取り込むことで，新たな歴史的次元を創始するものである。行為は歴史の過程を切断し，別の次元において始まる限り自由を有する。歴史は，この非連続的・超越的な行為により形成されていく。また歴史記述に関しても，現在の行為的視点からなされる過去の再構成として論じられる。

歴史物語（れきしものがたり） 物語風歴史とも。「歴史物語」の名称は*芳賀矢一（はがやいち）によって使われ，一般化したもの。六国史（りっこくし）の漢文体の正史に対し，仮名書き・和文体で綴られた「*栄花（えいが）物語」を最初とし，以下「*大鏡（おおかがみ）」「*今鏡（いまかがみ）」「*水鏡（みずかがみ）」「*増鏡（ますかがみ）」などをいう。一口に「歴史物語」といっても，「栄花物語」は編年体，「大鏡」は紀伝体という形式の違いなど，その性格はさまざまである。共通項は仮名書き・和文体というだけといえるが，六国史が中国史書の厳密な編纂方法に学びながら，大和言葉とは根本的に違う漢文体で書かれることにより，人情の機微や生活感情などを十分に表せなかったのに対し，自由な表現を獲得したところに新しい意味があった。六国史の最後となった「*日本三代実録」が撰上されてから，「栄花物語」の正編ができるまで120年ほどの歳月が流れている。一方，797年（延暦16）に「*続日本紀（しょくにほんぎ）」が撰上されてから901年（延喜元）に「日本三代実録」が撰上されるまでの年数は104年間である。どちらもほぼ等しい歳月といえようが，「続日本紀」から「日本三代実録」までの間には，次々と史書がうみだされたのに対し，「日本三代実録」から「栄花物語」までの1世紀間は，まったくの空白である。官撰史書が終焉したあと，歴史物語という新しい形がうまれてくるためには，それほどの時間を要したのであった。

暦象新書（れきしょうしんしょ） 江戸後期の天文物理学書。上・中・下3編。*志筑忠雄（しづきただお）訳。上編は1798年（寛政10）成立，中編は1800年成立，下編は02年（享和2）成立。原著は英国オックスフォード大学のジョン・ケイル（John Keill）の"Introductio ad verum phisicum"(1701) と"Introductio ad veram astronomium"(1718)のルロフス（Johan Lulofs）による蘭訳本（1741）である。この原書は，ニュートンの力学，自然哲学の体系的な教科書である。志筑の訳本は，日本においてはじめてニュートンの自然哲学を紹介したものである。ただし，正確にニュートンの学説を翻訳しているわけではなく，志筑独自の*気の理論を援用した理解によって紹介している。

暦道（れきどう） 陰陽道（おんようどう）・天文道と並ぶ陰陽寮所管の学問の分科。令の規定では，暦の作成は中務省管下の陰陽寮の所管で，造暦を職掌とする暦博士と暦生（れきしょう）10人がおり，具注（ぐちゅう）御暦2巻と頒暦（はんれき）166巻については中務省が

11月1日に，七曜ようの御暦については正月1日に奏進することになっていたが，平安中期に賀茂保憲やすのりがでて以降，賀茂氏が暦博士や造暦宣旨せんを独占するようになり，院政期以後は賀茂氏が博士の職とともに家職として世襲した。

恋愛 れんあい　明治期になってloveの訳語としてつくられた言葉。外来語であるloveが日本に紹介された時に，従来の言葉の愛・恋とは違う意味を感じ，ラブとそのまま表記したが，既存の愛恋を逆さにして恋愛とした。この恋愛という言葉は「女学雑誌」の誌上で*巌本善治よしはるらにより男女の精神的関係を意味する言葉として用いられ，流行語となる。そうした風潮を憂えた*徳富蘇峰そほうは「国民之友」(1891)で「非恋愛」を掲載し，「恋愛何物ぞ」と恋愛よりも大事なことがあるのではないか，と批判をした。けれども*北村透谷とうこくが論文「*厭世詩家と女性」(1892)の冒頭で，「恋愛は人世の秘鑰やくなり，恋愛ありて後人世あり，恋愛を抽ぬき去りたらむには人生何の色味かあらむ」と主張し，当時の若者に衝撃を与えた。それ以後，多くの恋愛論が刊行され，代表的なものに，*厨川白村はくそん「近代の恋愛観」(1922)，土田杏村きょうそん「恋愛論」(1931)がある。こうした恋愛論は従来の男女関係を批判し，恋愛の精神的側面を強調するところに特色がある。しかし言葉が先行して，恋愛成立のための社会的状況を無視している，あるいは身体的側面を過小評価し，一つの観念にとどまっているとの批判がある。

連歌 れんが　中世に流行した詩形式の一つで，五七五の長句と七七の短句を交互に連鎖させる。10人前後の連衆じゅうが集まることによって成立する寄合よりあいの文芸。13世紀初め，後鳥羽上皇の時，和歌的な連歌の有心衆うしんしゅうと俳諧的な連歌の無心衆むしんしゅうが競詠，百韻連歌をうむきっかけとなった。鎌倉時代を通じて連歌は洗練されていき，賦物ふしものや去嫌きらいといった規則も整備される。これまで公家や武家に限られていたのが庶民(地下じげ)にも広まり，花下はなのもとの連歌も行われた。南北朝期になると，二条良基よしもとが撰した「*菟玖波集つくばしゅう」(1356)が準勅撰になり，「*連歌新式」(1372，「応安新式」とも)を定めた。その協力者であった*救済ぐさい法師は，北野連歌を確立，以後北野天神が連歌の神として信仰されるようになった。この2人に周阿しゅうあを加えて三賢という。室町時代後半は七賢(智蘊ちうん・宗砌そぜい・行助ぎょうじょ・能阿のうあ・*心敬しんけい・*専順せんじゅん・宗伊そうい)が活躍する。なかでも心敬は「ささめごと」を著し，仏道と歌道を一体とみなす幽玄の境地を樹立した。その後，*宗祇そうぎが現れ，七賢の句を集めた「*竹林抄ちくりんしょう」(1476以前)，さらには「*新撰菟玖波集」(1495)を完成，正風しょうふう連歌を確立した。一方で連歌は徐々に大衆化し，*宗鑑そうかんの「誹諧連歌抄」に代表される*俳諧連歌も行われ，江戸時代の俳諧へと流れていく。

連歌師 れんがし　もともとは連歌をよくする人の意であったが，のちに宗匠になった人や連歌を生業とする人などをさすようになる。室町時代から安土桃山時代まで，連歌が盛んに行われていた時代には，*宗祇そうぎやその門弟たちのように有名な連歌師のほかに，名だけしか知られぬような連歌師も多く存在した。江戸時代になって，連歌が儀式的なものになるにつれて連歌がなされる場が固定化され，それにともない収入がえられる場が少なくなり，連歌師の数も減少した。宗祇に代表される室町時代の連歌師は，地方武士などのもとで連歌を興行し，中央の文化を地方に伝播した働きが注目される。宗祇以後，しだいに家として世襲されるようになる。江戸幕府の連歌会かいに一座する，紹巴じょうはの家系である里村北家と昌叱しょうしつの家系である里村南家が江戸時代の代表的連歌師の家であり，ほかに仙台藩伊達家に仕えた猪苗代家いなわしろと石井家がよく知られる。また，「北野の連歌師」と称された北野天満宮の宮仕みやじのように社寺に属する者もいた。

連歌七賢 れんがしちけん　宗砌そぜい・智蘊ちうん・*心敬しんけい・*専順せんじゅん・能阿のうあ・行助ぎょうじょ・賢盛けんせい(宗伊そうい)の7人の総称である。いずれも宗祇そうぎ編「*竹林抄ちくりんしょう」に付句つけく・発句ほっくを収録された連歌作者である。書名の竹林にちなみ，中国の「竹林の七賢人」になぞらえてこの呼称がある。「*菟玖波集つくばしゅう」の代表的作者の救済ぐさい・二条良基よしもと・周阿しゅうあをさす「連歌三

賢」に対しての造語とも考えられる。この7人は，応仁の乱前後の連歌の隆盛期に活躍しており，宗祇以前の代表的連歌作者である。

連歌新式 れんがしんしき　連歌を行うにあたって，新しく定めた決まりごと(式目という)。連歌の本式目に対して，新しい式目の意を示し，「建治(弘安)新式」とよばれるもの，それを増補・改定した二条良基編「応安新式」，宗砌の改訂にさらに補訂などをした一条兼良編「新式今案」，さらに増補・改訂がなされた肖柏編「連歌新式追加並新式今案等」がある。連歌史上特に重視されたのが「応安新式」である。時代が下るにつれ式目は煩瑣になっていったが，その基本にすえられていた。

蓮華王院 れんげおういん　京都市東山区に所在する天台宗の寺。現在は妙法院の所管。後白河法皇が，御所法住寺殿の一郭に平清盛に命じて建造した御堂で，1164年(長寛2)に落慶供養が行われた。御堂は，鳥羽上皇の得長寿院にならって丈六の本尊，等身の観音像千体を安置した千体観音堂で，その柱間の数から三十三間堂とも称される。のち五重塔・不動堂・宝蔵や，二十二社を勧請した惣社も建立された。なかでも宝蔵は典籍・絵巻・楽器類のほか，後白河法皇ゆかりの多彩な宝物を納め，院政文化の一面を象徴するものであった。現本堂の三十三間堂は，1266年(文永3)の再建で，鎌倉時代の和様建築の代表作である。安置される仏像群も鎌倉彫刻の代表作の一つ。

蓮如 れんにょ　1415〜99(応永22〜明応8)　室町前・中期の浄土真宗の僧。諱は兼寿，晩年は信証院と号す。父は本願寺7世存如，母は不詳。1431年(永享3)に天台宗の青蓮院にて出家，以後長く修学の生活を送る。57年(長禄元)の父の死により，43歳にして大谷の*本願寺8世となる。*御文とよばれる平易な文体の手紙を精力的に書き送り，当時衰退気味であった本願寺教団の復興に努めた。比叡山延暦寺と対立したため，65年(寛正6)に延暦寺衆徒により大谷本願寺を破却される。襲撃を逃れ，近江国の金森・堅田・大津などを転々としたのち，71年(文明3)に越前国の吉崎に坊舎を建設し本拠と した。しかし，隣国加賀の一向一揆が政治的傾向を強めていったことを警戒して，75年に吉崎を離れ，78年より山科に本願寺の造営を開始し，以後同所を拠点とする。89年(延徳元)寺務を子の実如に譲り，96年(明応5)には大坂(石山)に本願寺を建設した。99年，山科にて死去。著作に「正信偈大意」などがある。

ろ

驢鞍橋（ろあんきょう） 江戸前期の*仮名法語。*鈴木正三（しょうさん）の没後，弟子の恵中（えちゅう）が記録していた正三晩年の言行録を編集して刊行したもの。初版は1660年（万治3）刊。片仮名本。全3巻。書名は，愚かな息子が父の死後，驢馬（ろば）の鞍を父の下頷の骨と勘違いして形見としたという故事から，転じて真実を見極めない愚か者を示す諺に由来する。全412条に及び，正三の仁王（におう）禅，世法即仏法などの仏法観を網羅し，また正三の出家の意図や葬礼の次第，あるいは数々の著作物の叙述背景などの行実にも言及する。版が重ねられ，その後の近世仏教の展開に大きな役割をはたし，近時にもたびたび講じられている。

老子形気（ろうしけいき） 江戸中期の*談義本（だんぎぼん）。全5巻5冊。1753年（宝暦3），大坂刊。*新井白蛾（はくが）の著。無為自然の誠の道が廃れてのち，善悪・仁不仁・忠不忠・遇不遇などの価値が分別したとし，才智を嫌い無欲を説くなど，近世庶民向けの知足安分論（ちそくあんぶんろん）を主張する。また儒・仏・神三教に対しても寛容で，適宜それらを対比・併記するが，その狙いは諸教の一致にはなく，のちに易学の大家となる著者らしく，陰陽五行説（いんようごぎょうせつ）をとおして理解された老荘思想があくまで基本である。文学的には，複数の登場人物などによる談話形式をとり，天狗（てんぐ）・貧乏神・動物（鶴と蜉蝣（かげろう））などの異類をも登場させ，喩え話には和漢の典籍・故事のほか当世の風俗（遊里・芝居・高利貸）をもってする点など，初期談義本の基本的性質を備える。しかし，寓言論的な構築意識は希薄で，常に主張を和歌・狂歌に託し，たとえ俗語を用いても伝統的な和歌・和文の修辞から脱しておらず，すでに前年に刊行された静観房好阿（せいかんぼうこうあ）の*当世下手談義（とうせいへただんぎ）には及ばない。題名に「形気」というが，浮世草子の*気質物（かたぎもの）の発想とは無縁である。

老子国字解（ろうしこくじかい） *海保青陵（かいほせいりょう）の「老子」注釈書。全6巻。寛政年間（1789〜1801）成立。本書の特徴は，「荘子（そうじ）一部皆虚誕」であると「荘子」を否定して，老子と荘子とを分離したうえで，功利的な老子は，仁義を説いた孔子の「ウラ」をのべたまでで，「孔子ヲ助ケタル人」であって，「真ノ儒者」であると評価している点にある。注釈の中では，自己を客観化・対象化する認識論や，「下ハ愚ガヨキ也。上ハ智ガヨキ也」という愚民観的な統治論を展開している。ただ，この愚民観は，「凡ソ人ハ皆同格也。上ノ人モ人也。下ノ人モ人也。人ガ人ヲ自由ニセントスル事ハ元来六ケ敷事」であるという，人間の知的能力における平等観と現実認識のもとでの立論であったことは，注意を要する。

老子特解（ろうしとっかい） *太宰春台（だざいしゅんだい）の著した「老子」の解釈書。全2巻。刊行は1783年（天明3）。春台の晩年の書で未完に終わったが，後を託された門人の宮田明（金峰（きんぽう））が完成させた。春台は，その自序において，世の衰微のさまをみるにつけ，老子が自らの思いを「老子」にのべた時代と重なると説き，そのような時代には「*無為（むい）」の思想こそが「先王の道」よりも重要な意味をもつと論じている。

老松堂日本行録（ろうしょうどうにほんこうろく） →宋希璟（そうきけい）

老壮会（ろうそうかい） 1918年（大正7），満川亀太郎（みつかわかめたろう）らが設立した研究会。日本主義者の満川が，ロシア革命や米騒動などを契機とするデモクラシー思想の広がりや社会問題の顕在化に刺激され，現状打開の方向を探ろうとして設立した。満川や*大川周明（おおかわしゅうめい）をはじめとする後年の国家主義運動の指導者ばかりでなく，*堺利彦（さかいとしひこ）・高尾平兵衛（たかおへいべえ）らの社会主義者，*高畠素之（たかばたけもとゆき）らの国家社会主義者のほか，*大井憲太郎・嶋中雄三（しまなかゆうぞう）・*下中弥三郎（しもなかやさぶろう）ら多彩な人々が参加した。22年まで44回，500名をこえる参加者があったといわれる。会として独自の社会的活動を行ったわけではないが，国家改造を話し合った場として，後年のさまざまな国家主義運動の母体の一つとなった。

狼疐録（ろうちろく） *三宅尚斎（みやけしょうさい）の著した書。漢文。全3巻。1709年（宝永6）の自序。書名は「詩経」豳風狼跋篇にもとづき，大難にあっても恒常を失わないという意味。1707年忍

藩主阿部正喬への諫言によって城内に2年余の間幽閉され，幽閉中に血書をもって著したのがこの書である。理気鬼神についての省察が中心で，祖霊の来格(祭場への来臨)について，独自の宗教哲学的な思索が展開されている。

労働組合期成会（ろうどうくみあいきせいかい） 労働組合運動の育成のために組織された啓蒙・宣伝団体。1897年(明治30)発足。母体は，1891年サンフランシスコで*高野房太郎・城常太郎・沢田半之助らが結成した職工義友会。彼らは日清戦争後の日本に帰国し，97年同会を再組織，高野起草の「職工諸君に寄す」を各工場に配布して同業組合の結成を呼びかけた。また島田三郎・佐久間貞一・鈴木純一郎らの協力をえて労働演説会を重ね，7月に労働組合期成会を発足させた。幹事長に高野，幹事に*片山潜・沢田ら，評議員に佐久間・鈴木・島田のほか*安部磯雄・*村井知至らが就任した。同会の指導で12月，日本最初の労働組合である鉄工組合が会員1180名で結成された。これとともに労働運動の機関紙「*労働世界」を発刊した。98年の日本鉄道矯正会や，99年の活版工組合の成立にも一定の影響を及ぼした。同会はメーデーを真似た労働者運動会の企画や，共働店(消費組合)・独立共働工場・国民貯蓄銀行の設立，*工場法の制定，*治安警察法反対など多彩な活動を展開，99年には会員数5700名に達した。しかし，しだいに官憲の圧迫が加わり，1900年の治安警察法制定で致命的な打撃をうけ，労働運動の急速な退潮とともに01年に消滅した。

労働世界（ろうどうせかい） *労働組合期成会の機関紙。1897年(明治30)12月創刊，月2回発行。主筆の*片山潜のほか，*高野房太郎・*横山源之助・*安部磯雄・*村井知至らが執筆した。労資協調的な論調から，99年には社会主義への傾斜を強め政治運動との結合を論じた。各地の組合結成や労働争議，労働者の状態なども詳しく掲載され，初期の労働運動の発展に大きく寄与した。運動の衰退とともに，1901年12月100号で廃刊した。翌1月から片山は日刊「内外新報」を発刊，4月から再び旬刊「労働世界」に切り換えた。さら

に03年3月半月刊の「社会主義」と改題して，社会主義運動の機関誌的役割を担った。

労農（ろうのう） *労農派の事実上の機関誌。1927年(昭和2)12月号から32年6月号まで発刊。その同人は，明治以降の社会主義運動の中心にあった*堺利彦・*山川均・*荒畑寒村のほか，鈴木茂三郎・黒田寿男・青野季吉・小堀甚二・*大森義太郎・*猪俣津南雄・向坂逸郎・高橋正雄ら。日本共産党(第2次)の指導理論であった*福本イズムへの反批判と，あわせて自らの積極的見解を展開した。〈戦闘的マルキスト理論雑誌〉と銘打った創刊号の山川論文「政治的統一戦線へ！」に基本見解が集約されている。その骨子は，*日本資本主義論争における労農派の見解の原型をなす日本資本主義の性格規定と国家権力の特質ならびに戦略論，無産政党の乱立を背景とした共同戦線党の提起である。「労農」の終刊をうけ，32年7月から鈴木が中心となって「前進」を創刊した。「労農」全12巻，「前進」全2巻，「労農・前進」別巻1がある。

労農派（ろうのうは） 労農派の名称は1927年(昭和2)に創刊された雑誌「*労農」に由来する。この雑誌は*講座派・日本共産党(第2次)と対立する立場で，マルクス主義の理論的・実践的な論陣を張った。この立場に結集した思想・理論集団をさす。講座派との間でマルクス主義者を二分して争われた*日本資本主義論争は特に有名である。その主要メンバーは，*堺利彦・*山川均・*猪俣津南雄・鈴木茂三郎・*大森義太郎・青野季吉・*荒畑寒村・小堀甚二・向坂逸郎・稲村順三・高橋正雄・大内兵衛・*櫛田民蔵・有沢広巳・土屋喬雄・宇野弘蔵ら。労農派の基本見解は社会主義・平和革命論として，「社会主義協会テーゼ(提言)」，「社会主義協会提言の補強」に戦後発展的に継承・集約されている。

浪漫主義文学（ろうまんしゅぎぶんがく） 18世紀後半〜19世紀前半にヨーロッパを席巻した文芸思潮。市民社会の成熟にともない個性や自我を尊重し，個人の絶対化と内面の真実の追求をめざす。日本においては，世俗的な習慣や封建的倫理観にとらわれることなく，あくまでも個

人を優先し自らの欲するものに正直であろうとする，青年らしい革新的な気風に満ちた風潮となって現れた。この浪漫主義文学運動を推進したのは，初期の*森鷗外と，*北村透谷を中心とする「*文学界」の面々であった。それがさらに華やかな「*明星」の詩歌中心の運動に引き継がれていくのであるが，ヨーロッパで主流であった無制限な主観主義と自我の絶対化は当時の日本においては退けられ，弱められていく。*島崎藤村の詩を代表とする感傷と悲哀と厭世観は，そこからうまれた。一方「明星」は，詩の本質は自我の発揮にあるとして，個性の自由を奪うあらゆる因習や規範の排除を要求したが，それは現実を離れ，*与謝野晶子の「みだれ髪」の世界に通じる空想と神秘の世界に近づくことでもあった。後期浪漫主義文学はよりその傾向が強まり，*土井晩翠・薄田泣菫・蒲原有明・伊良子清白らの詩，*国木田独歩らの初期の小説，また泉鏡花らの小説をあげることができる。

ロエスレル Karl Friedrich Hermann Roesler 1834〜94 ドイツの国家学・経済学者。1861年，27歳でロストック大学教授に就任するが，宗教的理由により不遇をかこち，78年(明治11)外務省顧問として招聘され来日する。93年の帰国まで内閣顧問として，商法典をはじめ*皇室典範を含む種々の法律制度の整備に尽力した。とりわけ*大日本帝国憲法の起草にあたっては助言者として重用され，草案を起草した*井上毅との間では，君権から国民権・内閣・議会ほか行財政まで，立憲的統治のあり方そのものについて広範な質疑と答議がかわされた。また，彼の「日本帝国憲法草案」は，井上案の検討・修正過程で*伊藤博文により重要資料として参照され，その多大な影響が確認されている。

櫓歌 ろか →船歌

鹿苑寺 ろくおんじ 京都市北区金閣寺町にある臨済宗相国寺派の寺。山号北山。通称金閣寺。もと西園寺家の山荘で，*足利義満が北山殿を建てた。義満ついで夫人北山院日野康子が1419年(応永26)死去すると北山殿は解体され，舎利殿＝金閣を中心に禅寺鹿苑寺が成立したらしい。勧請開山は*夢窓疎石。寺名は義満の法号鹿苑院殿にちなむ。応仁・文明の乱などでの荒廃ののち，中世末から江戸時代に整備され，江戸初期の住持鳳林承章の「*隔蓂記」に詳しい。三重楼閣の金閣は1950年(昭和25)焼失ののち再建され，前面の鏡湖池は西園寺家山荘の浄土庭園を受け継いでいる。

鹿苑僧録 ろくおんそうろく 室町時代に成立し，近世初期に至るまで存続した禅林官寺(五山・十刹・諸山)の総轄的管理機構。1379年(康暦元・天授5)4月，*春屋妙葩が初代の僧録に任じられた。ついで足利義満の時に夢窓派の安聖寺を鹿苑院と改めて相国寺の塔頭として，*絶海中津を院主とした。次の空谷明応の代から相国寺前住の資格者が鹿苑院主に任じられ，院主が僧録に任じられるようになったのでこの名がある。*夢窓派の人が任じられ，一山派の人が任じられた蔭涼職とともに禅林で権勢をふるった。1615年(元和元)7月，昕叔顕晫の代に，「五山十刹諸山之法度」によって蔭涼職とともに廃止され，19年9月に南禅寺金地院の*以心崇伝が僧録に任じられ，金地僧録と称した。

鹿苑日録 ろくおんにちろく 室町中期〜江戸初期の臨済宗相国寺鹿苑院主歴代の日記。1487年(長享元)から1651年(慶安4)までの記事があり，門人の記録や文書の控えなども含む。主な記主に*景徐周麟・梅叔法霖・*西笑承兌・有節瑞保らがいる。原本はもと157冊あり，東京帝国大学付属図書館に購入されたが，関東大震災で焼失し，原本の一部分だけが残存する。刊本があるが写本は少ない。「蔭涼軒日録」とともに五山禅林の実情をうかがう貴重な史料である。⇒鹿苑僧録

六斎日 ろくさいにち 仏教で，1カ月のうち特に持戒・清浄たるべしと定められた6カ日のこと。一般には8・14・15・23・29・30日で，前半・後半の3カ日ずつを三斎日と称した。もと古代インドの信仰を仏教にとりいれたもので，これらの日に，出家者は布薩説戒して自らの行為を反省懺悔し，在家者は八斎戒を守るものとされた。令制でも六斎

日には死刑執行を含め広く*殺生禁断と規定され、以後、鎌倉時代に至るまで六斎日殺生禁断令がしばしば出されている。なお、六斎日に1・18・24・28日の4カ日を加えた十斎日もあり、各日に配当された諸仏・諸菩薩を念じることによって罪障消滅・増福利益があるとの所説にもとづき、十斎講も営まれた。⇒六斎念仏

六斎念仏 ろくさいねんぶつ *念仏踊の一つで、月のうち8・14・15・23・29・30日を「*六斎日」といい、この日は諸事を謹慎し、心身を清浄にして死霊・怨霊の鎮魂を祈念する踊念仏を六斎念仏とよぶ。鉦を打ち、節をつけて経文を唱えて踊ったが、のちに笛・太鼓も加わった。盂蘭盆や地蔵盆の頃に能・浄瑠璃・歌舞伎・獅子舞・祇園囃子も加わるなどして、芸能娯楽的性格が強い。京都地方の吉祥院天満宮・上久世・壬生寺などで現代でも行われる。ほかに西方寺などで行われるものは、講中の人々が集まって鉦・太鼓を打って念仏を唱える信仰性の強いものである。

六色の禁忌 ろくじきのきんき 神祇祭祀における代表的な禁忌。神官が*斎戒の一環として行った。古代国家の神祇制度は「神祇令」に規定があり、斎戒を、神事にあたっての厳格な致斎とその前後の散斎とに区別した。六色の禁忌は散斎に該当する。喪に服し弔うことや病人を問うこと、宍（獣肉）を食すこと、刑を判ずること、罪人を決罰すること、音楽をなすこと、穢悪に与ることの禁止からなり、犯した者は罰せられる規則であった（なお「神祇令」は唐の「祠令」を制度的に受け継ぐが、宍を食することの禁は日本独自のもの）。死穢のように直接的な接触に対してか、刑の決定のように間接的な関係に対してかの違いは別にして、これらが基本的に、心身の清浄を保つことの裏返しとしての穢れ（不浄）忌避の規定であることは、斎戒の心構えにかかわる音楽の禁以外が、同じく広い意味での穢との接近・接触を禁じる規定である点から明らかである。ここからは、古くは人間を圧倒する神聖性の一部として「斎」＝隔離の対象であった、過剰な存在・力としての穢が、神聖（清浄）から分離されて「*忌」＝忌避の対象に変化してきている時代状況を知ることができる。⇒タブー　罪穢

六地蔵 ろくじぞう 地蔵は民衆を教化する菩薩であり、6躰の地蔵菩薩が地獄・餓鬼・畜生・修羅・人間・天界の六道を守護するとされた。寺や墓地・辻などに石像の地蔵を造立して堂舎に安置した。京都では、7月（今の8月22・23日）に地蔵尊を安置する6カ所の仏堂を巡拝する六地蔵巡りが行われた。江戸時代、1691年（元禄4）に慈済庵空無が6躰の地蔵を造立して、江戸の駒込瑞泰寺・千駄木専念寺・日暮里浄光寺・池之端心行寺・寛永寺慈済庵・浅草寺正智院に安置した。別に宝永年間（1704～11）に造立された「後の六地蔵」もある。これらの六地蔵巡りは今日もなされ、庶民の*地蔵信仰を語る例である。

六字名号 ろくじみょうごう 「南無阿弥陀仏」の六字、またはそれを記したものをいう。*名号とは〈仏・菩薩の名〉のこと。*浄土教では阿弥陀如来を信仰の中心とするから、〈阿弥陀如来に帰依したてまつる〉という意味の「南無阿弥陀仏」という言葉を重視し、布教や結縁のために六字名号を書き記して掛軸とする。特に*浄土真宗では、親鸞が六字名号を本尊として弟子に書き与えたため、本尊とされることが多い。また浄土真宗では、「帰命尽十方無碍光如来」（意味は同じ）の十字名号も用いられる。

六勝寺 ろくしょうじ 平安後期の院政期に、京都東郊白河の地にあいついで建立された六つの*御願寺の総称。白河天皇が藤原師実から献上された別荘を寺に改めて法勝寺としたのが最初。以下、堀河天皇の尊勝寺、鳥羽天皇の最勝寺、待賢門院（鳥羽天皇の中宮）の円勝寺、崇徳天皇の成勝寺、近衛天皇の延勝寺が続いた。なかでも法勝寺・尊勝寺は2町四方以上の規模をほこり、各寺とも、多くは受領の成功によって、密教・浄土教が渾然一体となった多数の堂舎・仏像が営まれて院政政権の象徴ともなった。各寺にはまた別当・執事などもおかれたが、1185年（文治元）以降は仁和寺を総検校にいただくようになった。

六代勝事記 ろくだいしょうじき 鎌倉前期の貴族の回想

ろくど

文。1巻。漢字仮名交り文。著者不詳。1224年（元仁元）前後の成立。承久の乱における朝廷方の敗北に愕然とした著者は、6代の天皇の代を振り返る。まず高倉天皇の代を称讃し、ついで安徳・後鳥羽・土御門・順徳・廃帝（仲恭）の代におこった京都・鎌倉の主な事件をとりあげて為政者の徳失を明らかにし、乱直後の後堀河天皇の即位で筆をとめる。なかでも後鳥羽が、天皇・上皇の地位にあって朝廷の政治を指導して幕府と対立する経緯は詳しく、著者の批判もきびしい。「時の人」が登場して臣下の責任を問おうとすると、「心有る人」が君主の責任に帰そうとする巻末の記述は、著者の意図を語っている。

六道絵 ろくどうえ　衆生が因果応報によって生死を繰り返すという6種の世界、すなわち六道（地獄・餓鬼・畜生・阿修羅〈修羅〉・人間・天〈天上〉の諸道）の様相を、経典の所説にしたがって図示した絵画をいう。一般に各道での苦悩を深刻に表現することにより、煩悩を捨てて仏道に励むことを勧めるもので、しばしば図相を説明する*絵解きをもともなった。わが国の遺品では経典見返し絵や絵巻・掛軸などが知られ、平安末期の「*地獄草紙」「*餓鬼草紙」などはもと後白河法皇ゆかりの蓮華王院宝蔵の六道絵巻の一部とみる説があり、承久本「*北野天神縁起」にも克明な六道図が描かれる。また大津市聖衆来迎寺の六道絵は「往生要集」にもとづく15幅からなる大作である。なお中世には、地獄からの救済者である地蔵や十王像が描きこまれた作品もある。→地獄絵　六道思想

六道思想 ろくどうしそう　六道は、衆生が自ら作った業によって生死を繰り返す六つの世界のことで、六趣・六界などともいう。すなわち地獄・餓鬼・畜生・修羅（阿修羅）・人間・天（天上）の六つで、特に地獄・餓鬼・畜生を三悪道（三悪趣）とも称するが、仏教では、解脱しない限り、衆生は迷いの世界である六道を輪廻しなければならないとされる。経典跋語などを別にすると、日本における六道・地獄などの語の初出は9世紀初頭の「*日本霊異記」である。10世紀以降、律令体制の動揺とそれにともなう社会変動、また戦乱や災害が頻発する中で*末法思想・*無常観が強まるとともに、六道観念はしだいに深刻化し、源信の「*往生要集」が六道の恐怖を克明に描写して以来、文芸や美術の世界に大きな影響を与えるとともに、「地獄極楽」の併称も一般化するようになった。また、主として*絵解きによる教化を目的に、六道や地獄の苦相を描いた*六道絵・*地獄絵の類も盛んに制作される一方、六道輪廻の衆生救済にあたる尊格として、六道のそれぞれに配された6体の観音（六観音）や、特に地獄での救済に利益があるとされる*地蔵信仰も普及し、やがて*六地蔵も成立した。なお中世以降、死者の副葬品として棺に納める6枚の銭を六道銭と称した。→十界

六波羅殿御家訓 ろくはらどのごかくん　→北条重時家訓

六波羅蜜寺 ろくはらみつじ　京都市東山区松原通大和大路にある真言宗智山派の寺。*西国三十三所の第17番札所。平安中期、*空也が京都の疫病流行に際し、金色1丈の十一面観音像、6尺の梵天・帝釈天・四天王像を造立した。963年（応和3）10余年を費やして金字大般若経一部600巻の書写をとげ、供養を行った時に設けられた堂が西光寺となった。のち弟子中信が六波羅蜜寺と改称し、天台別院とした。空也由来の本尊観音像とともに、六波羅が「無常所」（葬墓地）である鳥辺野への入口にあたることから、霊験あらたかな地蔵菩薩（鬘掛地蔵）への信仰も昂まり、貴賤を問わず崇敬を集めた。鎌倉時代の念仏聖の姿で表された空也像の彫刻があることでも著名である。幾度かの火災で焼亡したが、将軍足利義詮が円海に命じて大修理を加え、真言宗となった。

鹿鳴館 ろくめいかん　→欧化主義

ロザリヨ記録 ロザリヨきろく　日本で17年間布教した殉教者、ドミニコ会士ファン・デ・ロス・アンヘレス・ルエダ（1580頃～1624）が、1622年（元和8）マニラで編訳した信心書。文語体のローマ字本。表題「ビルゼン・サンタ・マリアの尊きロザリヨの修行と、同じくゼズスの御名のコフラディア（信心の組）に当る略の記録」が示すように、ロザリヨの修行（量的に

は90％を占める）とコフラディアの記録からなり，巻末に「此の経に籠もる目録」が付されている。内容はロザリヨの信心の由来，意義，方法，霊的効果，この信心による奇跡物語，ゼズスの御名の組の規則と連禱である。禁教迫害下に信仰を堅持するためにはたしたロザリヨの組とゼズスの御名の組の役割は大きかった。

魯迅 ろじん　1881〜1936　近代中国の作家・社会批評家・文学史家。本名は周樹人しゅじん，字は予才よさい。浙江省紹興に生まれる。16歳の時南京で給費制の礦務鉄路学堂に入り，22歳で卒業。省政府の給費生として日本に留学し，東京の弘文こうぶん学院に学び，2年後に仙台の医学専門学校に入学する。この時の日本人教員と魯迅との交流を*太宰治だざいおさむは「惜別」に描いている。医学校を2年で退学し，身体の病よりも精神の改造を痛感し，文芸運動をおこそうと東京に戻るが，失意のうちに帰国する。1911年辛亥しんがい革命が成功し，魯迅は臨時政府の教育部官吏として勤務する。17年雑誌「新青年」により文学革命運動がおこり，翌年「狂人日記」が発表され，ここに中国の新しい文学が誕生する。「阿Q正伝あきゅうせいでん」（1921〜22）がその代表作である。軍閥政府の民衆への弾圧がきびしさを増す中，魯迅ら文化人は南下し，上海シャンハイに脱出した後も死の直前まで社会批評を続けた。そのほかに第1創作集「吶喊とっかん」（1923），第2創作集「彷徨ほうこう」（1926）などもある。「魯迅全集」全20巻がある。

六角堂 ろっかくどう　京都市中京区堂ノ前町に所在する寺院。正しくは紫雲山頂法寺ちょうほうじと称し，もと天台宗で現在は単立寺院。平安時代の縁起によれば，聖徳太子が当地に来て六角の堂を建立し，如意輪観音を安置したとされる。実際には10世紀末頃の創建と推定され，平安京に最初に出現した私寺とみられる。以後，*西国三十三所の第18番札所として，*観音信仰・*太子信仰とがあいまって貴賤の信仰を集めた。1201年（建仁元）*親鸞しんらんが当寺参籠によってえた夢想が，浄土真宗開立の契機となったことは有名である。中世後期には京都下京の町堂の地位を占め，また当寺塔頭の池坊いけのぼうが華道発祥の地ともなった。

ロドリゲス João Rodriguez Tçuzu　1562？〜1633　ポルトガル人イエズス会士。セルナンセーリエ出身。1577年（天正5）に来日し，80年に*イエズス会に入会後，日本で神学教育をうけ，96年マカオで司祭に叙階された。語学の才能に恵まれ，通詞伴天連つうじバテレンとして知られ，90年インド副王使節の資格で来日した*バリニャーノ，96年（慶長元）日本司教マルチンスらの上京の際，通訳として同行し，豊臣秀吉と謁見した。96年スペイン船サン・フェリーペ号の積荷没収事件，そして*日本二十六聖人の殉教事件の際，ロドリゲスの外交的努力によりイエズス会への波及が最小限に止められた。秀吉の死後，徳川家康の知遇をえた。1601年イエズス会日本管区の会計係（プロクラドル）となり，日ポ貿易に介入しすぎて長崎の役人や商人の恨みを買い，10年のポルトガル船マードレ・デ・デウス号焼討事件の後，マカオへ追放され，同地で没した。フロイスと並ぶ日本通の一人で，日本で「日本大文典」（1604〜08），マカオで「日本小文典」（1620）を刊行し，「*日本教会史」（1620〜24）を執筆した。これらはイエズス会による日本研究の成果であり，今日なお，広く利用されている。和訳の著作は土井忠生訳「日本大文典」，池上岑夫訳「日本語小文典」，土井忠生他訳「日本教会史」上・下。

ロレンソ　1526〜92（大永6〜文禄元）　日本人最初のイルマン（助修士）。肥前国生れの琵琶法師であった。1551年（天文20）周防国山口で*ザビエルから洗礼をうけ同宿となり，63年（永禄6）にイルマンになり日本人初のイエズス会士となった。京都開教をめざす*トルレスは，*ビレラにロレンソを同伴させた。弁舌巧みなロレンソは63年結城忠正，高山図書ずしょ・右近うこん父子，*清原枝賢えかたら武士や公家の改宗に成功し，69年織田信長の面前で日蓮宗の*朝山日乗にちじょうを論破するなど，初期教会の柱として活躍した。

論語古義 ろんごこぎ　*伊藤仁斎じんさいの著した「論語」の解釈書。全10巻。仁斎は「論語」を「最上至極宇宙第一の書」とまで讃えていたから，本書は仁斎の主著というべきものである。「*孟子古義もうしこぎ」などと同様，幾度もの推敲・添削を重ねて，仁斎没後の1712年（正

ろんご

徳2)に嗣子である*伊藤東涯らの補綴をへて刊行された。「総論」として「叙由」「綱領」が掲げられ，本文の解釈へと進む。朱子の「論語集註」をふまえながらも，核心的な部分の解釈においては，仁斎の独創的な思想が存分に読みこまれている。「論語」の全体を，まずはじめに編纂された郷党篇までの「上論」と，その増補として編まれた先進篇以下の「下論」に分け，その文体の相違などを指摘したことも，近代の文献研究に先立つものとして高く評価されている。

論語古訓外伝 ろんごこくんがいでん　*太宰春台の著した「論語」の解釈書。全20巻・付録1巻。1741年(寛保元)の自跋，刊行は4年後の45年(延享2)。1737年(元文2)に「論語古訓」10巻を著したのち，そこでの諸家先人の注解の取捨選択の根拠を「論語」のそれぞれの章について解説したもので，「論語古訓」10巻よりも立ち入った春台の見解をうかがうことができる。付録として「論語前後編説」を収めている。基本的には荻生徂徠の「*論語徵」を継ぐ立場にあるが，場合によっては徂徠に反して独自の見解をのべ，また徂徠が斥けた朱子の解釈を採るところもみえる。「論語徵」には載せられていない徂徠の説も引かれることがあり，その意味でも興味深い。

論語集説 ろんごしゅうせつ　→安井息軒やすいそっけん

論語徵 ろんごちょう　*荻生徂徠の著した「論語」の解釈書。全10巻。1720年(享保5)頃に一応の成立をみたが，その後も補綴がなされ，刊行は徂徠没後の37年(元文2)である。朱子の「論語集註」と伊藤仁斎の「*論語古義」を，いずれも「古言」を知らない者による後世の解釈として斥け，「論語」をまとまった著作としてではなく，時にふれての孔子の発言の集成として捉え，その発言のなされた場に戻して解釈しようとしている。
　内容上の特色は，孔子を挫折した革命家として位置づけ，孔子の伝えようとした「道」を「先王の礼楽」として捉えたところにある。顔淵との対話などで明らかなように，孔子は，新たな王者のもとで「礼楽」の制定に与ろうという素志を懐いていたが，「天命」はそれを許さなかったと徂徠は考えた。また「君子」を，「礼楽」を体得して「徳」を身につけた政治の担い手，「小人」を民衆として配当して，多くの章を道徳的というよりも政治的な次元から解釈した。「古言」の探求のため，儒学の正統の文献以外に，仏書も含む古書を博捜して議論を進めていることも注目すべき特色である。
　このように強い個性をもったこの書は，時に奇矯ともいえる解釈をも含み，また激しい論争的な性格をもったため，近世後期の「論語」解釈史は，「論語徵」への批判・擁護の歴史の様相を呈したといっても過言ではない。太宰春台「論語古訓」・「*論語古訓外伝」，五井蘭洲「*非物篇」，中井竹山「*非徵」，宇野明霞「論語考」，亀井南冥「論語語由」，中井履軒「論語逢原」，冢田大峰「冢註論語」，履善「論語訳説」，東条一堂「論語知言」，安井息軒「論語集説」などがその代表的な著作である。

わ

和 わ　自・他が反目せずになごやかに調和し、いさかうことのないこと。党派性を除去して、全体が和らいだ状態。*聖徳太子の「*憲法十七条」の第1条に、「和をもって貴しとなし、忤(さか)ふることなきを宗(むね)とせよ」とある。儒教では、「論語」に「礼の用は和を貴しとなす」とあり、たんに和を保つといっても、「礼をもってこれを節せざればまた行はるべからず」といい、身分に応じた秩序が保たれたうえではじめてすべての調和が成り立つ、とする。したがって、儒教的「和」はすべてが等しくなる「同」ではない。しかし、「憲法十七条」に始まり、日本で説かれてきた「和」は、儒教の礼の観念を背景にした「和」ではなく、満場一致的な「和」を意味するところが多い。

和学 わがく　和学(倭学)とは、*漢学に対し、日本の文化・文学を対象とする学問ということで、それ以上、特に学問的姿勢や方法について限定を要しない用語である。近世の用例としては、林鵞峰(がほう)の「忍岡(しのぶがおか)家塾規式」に経科・読書科・文科・詩科とともに立てられたのが早い。具体的には細川幽斎(ゆうさい)・中院通勝(なかのいんみちかつ)・北村季吟(きぎん)のような歌学者でも、林羅山(らざん)・貝原益軒(えきけん)・新井白石(はくせき)らの漢学者(儒学者)でも、日本文化・文学にかかわる業績は和学の範囲とみなしうる。それに対し*国学は、狭義には「古事記(こじき)」「万葉集」「律令(りつりょう)」「延喜式(えんぎしき)」「和名類聚抄(わみょうるいじゅうしょう)」などの古代文献にもとづき、日本の古代文化・文学を明らかにしようとするもので、契沖(けいちゅう)・荷田春満(かだのあずままろ)・賀茂真淵(かものまぶち)・本居宣長(もとおりのりなが)・平田篤胤(あつたね)らを中心に確立された学問をいう。また広義には、もっと幅広く、神道・歴史・有職故実(ゆうそくこじつ)・官職・文学など日本の諸学問全般をさしていい、和学とほぼ同義で用いられると思われる。

したがって国学の語が用いられている場合には、広義・狭義どちらの概念なのかをまず疑ってみるという余計な手続きが必要となる。それにこの国学という術語は、近代に入って盛んに使用されるようになったもので、江戸時代には、むしろ和学のほうが一般的であった。*古学(こがく)という呼称も行われていたが、古学は、同じく狭義の国学に相当し、契沖以来の万葉学に立脚した新しい学問に限定されよう。和学・古学とも概念が明確で、使用にあたって何の躊躇もなく使える言葉であり、国学よりも江戸時代の用例につながりやすい点でも、好ましいと考えられる。

一方、国学というと、真淵や宣長の漢意(からごころ)批判など、儒学に対する思想的な面が強調されがちである。しかし、彼らの学問の基本は、あくまで「古事記」「万葉集」の訓詁注釈であり、古意・古言(こげん)の解明であり、またその活用にこそあったというべきである。同時に彼らは、それ以前に「古今和歌集」「源氏物語」などの研究者であり、歌人であった。たとえば宣長が、生涯、二条派の歌人であった事実を軽くみるべきではなかろう。つまり、契沖も真淵も宣長も、国学者である以前に和学者であったというべきである。要は、その人の学問を評価する時に、表面的な目立った部分だけをみて評価するか、もっと基礎的な部分をみて評価するかという問題でもあろう。

一例をあげれば、契沖の「源註拾遺(げんちゅうしゅうい)」は、それまでの源氏研究を一新させた、新注として認識されている事実がある。しかし、契沖の業績は、それ以前に「河海抄(かかいしょう)」「花鳥余情(かちょうよじょう)」「細流抄(さいりゅうしょう)」など、中世以来の古注をふまえてはじめて達成することができたのであり、その点、他の和学者の仕事も同様である。今日の源氏研究において、契沖以前と以降を区別してみたところで、なにほどの意味もないのではないか。かつ研究史上からみて、江戸初期の中院通勝の著「岷江入楚(みんごうにっそ)」と比較して、単純に「源註拾遺」のほうが有益であるとはいいにくい。ともかく国学という言い方に固執することによって、彼らの学問が、あたかも純粋培養したかのような錯覚に陥ることは、学問的にも好ましいことではない。

和学講談所 わがくこうだんしょ　→塙保己一(はなわほきいち)

和学大概 わがくたいがい　和学の歴史的経緯・範囲・

意義を簡潔にのべた書。*村田春海の著。1冊。1792年(寛政4)成立。*和学は治国のため儒者の必ず学ぶべきものと説き，国史実録，律令典故，古言の解釈の3分野に分類し，その中でも古言の学はその他2分野を学ぶための基本と位置づけている。春海の和学とは，儒者の兼学すべき学問をいい，日本の古代の神道に「道」の存在を究明することを目的とした*賀茂真淵・*本居宣長の*古学とは，研究方法や対象がほぼ重なるにもかかわらず異質である。しかし，日本の国史・制度にうとい当時の儒者への批判や，未刊行古書の刊行の提案など，古典研究者としての高い知見がうかがわれる。

和学弁 わがくべん　篠崎東海(1687〜1739)の著した書。全4巻。1758年(宝暦8)刊。故実の考証をもっぱらとした随筆である。東海は，医学を修めて*伊藤東涯にも学んだ博学の学者で，この書においても，和漢はもとより梵語についても博識の一端を披瀝している。また，日本人が日本のことを学ぶにあたって，「和学」を自ら名乗るのは不見識だとも論じている。

我津衛 わがつえ　江戸後期の心学書。著者は*手島堵庵。全3巻。1775年(安永4)京都の書肆より刊行。宿老の口を藉りて，「主人の心得の話」「家頼の心得のはなし」「親の身にとりて心得の話」「子の身にとりて心得のはなし」をはじめ45カ条を設け，日常の人間関係および商取引活動にかかわる教訓について諭している。書名は，堵庵自身が上記の訓言を世渡りの杖として生きてきた事実に由来させている。*石門心学の教化理念を平易化して説いた内容であるが，通俗道徳の押しつけでなく，人間として「本心」よりの自主的実践に方向づけている点に特徴がある。

ワカドシサン →歳神

若林強斎 わかばやしきょうさい　1679〜1732(延宝7〜享保17)　江戸前・中期の朱子学者・垂加神道家。名は正義・進居，通称は新七・進七，号は強斎・寛斎・自牧・披瓊，霊社号は守中霊社。近江国生れ。*浅見絅斎に師事し，崎門朱子学を学んだ。闇斎学を究めるために*垂加神道の体得・実践にも志し，その中で闇斎未完の大著「*神代巻風葉集」を編纂・復元し，学友*玉木正英から*橘家神道を伝授された。「君を怨むる心おこらば天照大神の御名を唱ふべし」との楠木正成の精神を景仰して名付けた私塾望楠軒には，山口春水・小野鶴山(女婿)・松岡雄淵・*西依成斎ら多数の俊秀が集まり，若狭国小浜藩の庇護のもとに塾は幕末まで続いた。著書は「家礼訓蒙疏」「神道夜話」「*神道大意」ほか多数。

若松賤子 わかまつしずこ　1864〜96(元治元〜明治29)　明治期の翻訳家・文筆家。本名松川甲子，通称島田嘉志。会津若松の生れ。横浜の大川家の養女となり，7歳からキダーの塾フェリス・セミナリー(現，フェリス女学院)に学ぶ。1877年(明治10)受洗。82年卒業，母校の教師となり和文章・英文訳解・家事経済などを担当し，「文学会」を創立した。86年から「女学雑誌」に寄稿を始め，89年同誌主宰者の*巌本善治と結婚した。結核に冒されながら一男二女を育て，32歳で死ぬまで主に同誌を舞台に，代表作「少公子」など英米文学の翻訳・翻案，自作小品ほか，婦人・家庭・教育に関する多数のエッセイを発表した。94〜96年，英文雑誌"The Japan Evangelist"の婦人・児童欄の編集者として毎号，女性・宗教・日本文化・時事に関する英文記事を寄せた。

若宮 わかみや　本宮に対する新宮，親神に対する*御子神。歴史的には八幡宮・春日社・熊野社などの若宮が名高い。縁起などをみると，本来的にそれは非業の死を遂げた人の御霊であり，巫女の託宣を通じ祭祀が始まったケースが多い。御霊神が若宮と称された裏に，その祟りを親神の統制下におこうとする思惟がうかがえる一方，和魂化してしまった旧来の神(本宮)に替わり，荒々しい(若々しい)霊威をもって立ち現れる新しい神への期待を読むことも可能である。いずれにせよ若宮の成立には，*御霊信仰や巫女につながる*母子神信仰，あるいは霊魂の衰弱と復活にかかわる生死観(子供は先祖の生まれ変わり)など多様な宗教観念の複合が予想される。

和漢三才図会 わかんさんさいずえ　江戸中期の百科事典。全105巻(首1巻・目録1巻)。寺島良安

ぁ(1654〜?)の著。1712年(正徳2)自序。正徳期から享保初年(1716〜)にかけて刊行された。中国明代の百科事典である王圻の「三才図会」にならって，万物を天・地・人の3部に分け，天部は天部時候・暦日吉凶，人部は人倫・宗教など人にかかわるものと鳥獣魚虫，地部は山水金石，和漢の地理，植物などの105部門に分類する。各名目について多くは図解し，和名・漢名を記し，諸書を引いて詳しい説明を与え，自身の「按」も加えている。個々の記述には，明の李時珍の「本草綱目」やわが国の中村惕斎の「*訓蒙図彙」(1666)など和漢の多くの文献を参照し，図示という方法によって明快な知識を記載している。江戸時代に出版された有数の絵入り百科事典であり，長く利用され，*南方熊楠が書写した話は有名である。中国的な知性を基本にした世界観ではあるが，その分節の仕方は，18世紀初頭のわが国の文明の到達点の把握と啓蒙のあり方を考える点で示唆に富む。著者は大坂の医師で，完成までに30年余の歳月を要したといわれる。

和漢のさかい わかんのさかい　室町後期，茶道の祖とされる村田珠光が弟子の古市澄胤に宛てたとされる伝書「心の友」にみえる言葉。「此道の一大事ハ，和漢のさかいをまぎらかす事」云々とある。室町時代の*茶の湯の道具は，中国大陸から輸入される「*唐物」が中心であったが，後期になるとしだいに日本で生産される「備前物」「信楽物」などの「和物」も使用されるようになり，その状況をふまえて，唐物名品を否定するのではないが和物の価値も対等に認めるべきことをのべた画期的な提唱である。ここでは唐物による作法をこなしたうえで和物を扱うことを勧める文脈の中でいわれており，未熟な者がみだりに和物に手をだすことを戒めている。絵画の分野でも，それまでの中国画家一辺倒から，日本画家の作品も評価するようになりつつあった。中世から近世にかけての日本の美意識転換を示唆する言葉である。⇒東山文化

和漢朗詠集 わかんろうえいしゅう　平安中期の詞華集。全2巻。*藤原公任撰。上巻は四季，下巻は雑部。朗詠するのにふさわしい漢詩文の秀句ならびに和歌を集める。中国のものは白居易の詩句が多く集められ，日本では*菅原道真や菅原文時の漢詩文，和歌では*柿本人麻呂・*紀貫之・凡河内躬恒らの作品が多い。漢詩と和歌とを並列する形式は，すでに「*新撰万葉集」にその先駆がある。しかし「新撰万葉集」で万葉仮名で書かれていた和歌が，ここでは平仮名書きになる。このように，漢詩と和歌とを並列することが，しだいに〈*和漢のさかい〉をまぎらかし，中国文化の受容が変容へと進んでいくのである。

脇坂義堂 わきさかぎどう　?〜1818(?〜文政元)　江戸後期の心学者。京都の町家に生まれる。*手島堵庵・*布施松翁について心学を修めたが，神・儒・仏三教の批判を禁ずる社約に反するなどの行為により，堵庵より破門された。のち売卜で生業を立てたが，やがて寛政期(1789〜1801)に江戸の*中沢道二に救われ，庄内藩・大垣藩の江戸藩邸において藩主や藩士に進講し，また駿府・高岡・金沢などの諸地方に遊説した。基本的な教化理念を，日常の労働や生活に励みつつ，老荘の諭す「*無為」の境涯を悟認する点におき，「*民の繁栄」「忍徳教」「売卜先生安楽伝授」をはじめ多くの心学書を著して，心学教化の普及に貢献した。⇒石門心学

脇蘭室 わきらんしつ　1764〜1814(宝暦14〜文化11)　江戸後期の儒学者。名は長之，字は子善，通称は儀一郎，号は蘭室・愚山など。豊後国速見郡小浦の庄屋の子。1784年(天明4)熊本の*藪孤山に入門し，また*三浦梅園にも学んだ。のち大坂にでて，1787年(天明7)懐徳堂の*中井竹山に師事した。98年(寛政10)熊本藩校時習館の訓導に招聘されたが，翌年辞任し，豊後国鶴崎に定詰する教導方として，熊本藩士子弟の教育や著作に専念した。門人に*帆足万里・角田九華がいる。著書は「代頌編」(1805)，「蘭室集略」(初編は1813刊，続編は1830刊)など。

ワーグマン Charles Wirgman　1832〜91(明治24)　幕末・明治期に活躍した画家。ロンドン出身。「イラストレイテッド・ロンドン・ニューズ」の特派員画家として，1861年

わくん

(文久元)来日する。同年，イギリス公使オールコック一行とともに長崎から江戸へのぼった。江戸で東禅寺_{とうぜんじ}事件に遭遇し，「浪士乱入図」を描いたのをはじめ，生麦_{なまむぎ}事件・薩英戦争など幕末激動期の動向を伝える作品を残す。62年には外国人による最初の漫画雑誌「ジャパン・パンチ」を横浜で創刊する。この月刊雑誌は87年(明治20)まで発行され，*ビゴーの「トバエ」に影響を与える。高橋由一_{ゆいち}や五姓田義松_{ごせだよしまつ}らを教えた近代日本洋画史上初期の指導者でもある。晩年は不遇で，横浜で没した。

和訓栞 _{わくんのしおり} 「わくんかん」とも。*谷川士清_{ことすが}により編纂され，没後後人により増補訂正・刊行された国語辞典。内題および版心では「倭訓栞」。前・中・後の3編，計93巻82冊で構成され，俗語・雅語_{がご}を問わず2万語をこえる語を所収した。五十音順に語をあげ，現在の国語辞書の配列に近い形をとっている。ただし，本書「和訓」の命名が漢字の意味に拘泥するものとして批判をする者もある。編纂完了は士清死去の前年1775年(安永4)で，その後子孫代々により断続的に刊行され，1887年(明治20)に終了した。

和気清麻呂 _{わけのきよまろ} 733〜799(天平5〜延暦18) もと備前国藤野郡を本拠とする豪族磐梨別公_{いわなしわけのきみ}の出身。姉の広虫_{ひろむし}(法均尼_{ほうきんに})とともに朝廷に出仕して，*孝謙(称徳)天皇に寵愛された。764年(天平宝字8)恵美押勝_{えみのおしかつ}の乱に功あって，藤野和気真人_{ふじののわけのまひと}の姓を賜う。769年(神護景雲3)*道鏡_{どうきょう}が皇位を窺った時，道鏡の野心を退けたため称徳天皇の逆鱗にふれ，別部穢麻呂_{わけべのきたなまろ}と改名させられて大隅国に配流された。翌年，称徳天皇の死去とともに召還された。長岡京の造営に功があったが，さらにひそかに平安京への遷都を進言し，造宮大夫に任じられ，没した時なおその任にあった。

和気広世 _{わけのひろよ} 生没年不詳 奈良末期〜平安前期の官人・学者。*和気清麻呂_{きよまろ}の長男。785年(延暦4)藤原種継_{たねつぐ}暗殺事件に連坐したが，のち許されて大学別当となる。墾田20町を大学寮に入れて勧学料とし，諸儒を集めて陰陽ならびに典薬関係の書を講じさせた。また大学の南辺の私宅を大学別曹_{べっそう}として

*弘文院_{こうぶんいん}と名づけ，墾田40町を宛てている。典薬関係の書を講じさせたことは，和気氏がやがて医家として朝廷に仕えることと関係があろう。

和気真綱 _{わけのまつな} 783〜846(延暦2〜承和13) 平安前期の官人。*和気清麻呂_{きよまろ}の五男。蔵人_{くろうど}・左右近衛中将・内蔵頭・河内守・摂津守などを歴任し，840年(承和7)参議となり，公卿に列した。*最澄_{さいちょう}・*空海_{くうかい}を援助して，天台・真言両宗の発展に尽力した。

倭寇図巻 _{わこうずかん} 16世紀に活動した後期倭寇の行動を活写した絵画史料。東京大学史料編纂所蔵。絹本著色。題箋に「明仇十洲台湾奏凱図_{みんきゅうじっしゅうたいわんそうがいず}」とあるが，画者は仇十洲(英_{えい})ではなく，画像の舞台も台湾ではない。作風は17世紀中国の呉派文人画のものとされるが，作者は不明。内容は倭寇船団の出現，上陸，形勢の眺望，掠奪・放火，明官兵との接戦，明兵側の勝報，明官兵の出撃，の順で展開し，倭寇掃討を主題としている。鉄砲・船隻・武器などを描く貴重な絵画史料である。なお倭寇とは日本人の海賊の意味であるが，実態は中国人を主とする多民族混成集団であった。この「倭寇図巻」にみえる倭寇の構成は中国人のみとみられ，被虜人_{ひりょにん}であろうか，女性も登場している。縦32cm×横全長522cm。

和光同塵 _{わこうどうじん} 仏・菩薩が衆生_{しゅじょう}救済のために，その本来の姿や本質を隠して，権の姿をとって衆生と同じ次元に現れ，さまざまな苦難や悲哀を味わい，煩悩の塵に同じたのちに昇華して，日本の神として示現することをいう。本来は「老子」第4章に「その光を和らげて，その塵に同ず」とあるのにもとづくが，これが仏教に転用された。「摩訶止観_{まかしかん}」(6の下)に「和光同塵は結縁_{けちえん}の始め，八相成道_{はっそうじょうどう}は以てその終りを論ず。また名づけて化_けとなす，また名づけて応_{おう}となす」とあり，これを典拠として，*本地垂迹説_{ほんじすいじゃくせつ}の進展の中で仏・菩薩が日本の神祇_{じんぎ}として現れたことを示す語として用いられた。

和魂漢才 _{わこんかんさい} 漢才は，儒教を中心とする中国の学問およびそれを身につけること。平安時代に，ただ「*才_{ざえ}」といえば漢才_{かんざい}をさ

した。和魂は、「*源氏物語」や「*大鏡おおかがみ」にいう「*大和魂やまとだましい」のことで、世事をうまく処理していく日常的な才能のことをいう。「源氏物語」の「乙女」の巻に、「才を本もととしてこそ、やまと魂の世に用ひらるる方も強う侍らめ」とあり、〈世智・世才・実務を処理していく能力も、学問に裏づけられてはじめて世にうけいれられていくようになっていく〉という意味のことをいっている。「和魂漢才」は、それを四字熟語に圧縮したものだが、その初見は「*菅家遺誡かんけいかい」である。ただし、この書は*菅原道真みちざねにはなんの関わりもなく、室町時代の仮託の書である。にもかかわらず、そこに使われた「和魂漢才」の語は、*平田篤胤あつたねをはじめとして後世の国学者たちに大きな影響を与え、また幕末・明治期には「*和魂洋才」の語が、これからうまれた。

和魂洋才 わこんようさい　西洋文化受容の際のスローガン。その語源は、幕末期に平田派の国学者が唱道した「*和魂漢才わこんかんさい」にあり、これをもじったものである。日本人に固有の精神（*大和魂やまとだましい）をもって西洋の学問、特に科学技術を摂取し、活用しようという主張で、明治期以後に頻繁に用いられた。近代西洋の圧倒的な軍事力の前では弱者たることを自覚せざるをえない知識人層が、その自尊心を損なうことなく、強者の科学技術を導入しようとする屈折した心境が投影されたスローガンである。ただし、このような発想自体は、佐久間象山しょうざんの〈*東洋道徳・西洋芸術〉といった発言にもみられる。西洋文化を科学技術のみに限定して理解・摂取しようとするその採長補短主義は、殖産興業を推進するイデオロギーとしては好都合であったが、同時に、近代の西洋科学技術がその背後にもつ世界観・歴史的経緯への全体的な考察を軽視する危険性も孕んでいた。また、近代化が定着したのち、和魂洋才というスローガンは大和魂という概念のみを残し、これのみが強調される時代となっていく。同時期の東アジアという枠組みを通じてみるならば、和魂洋才と類似のスローガンとして、清朝末期に「中体西用」論、李朝末期に「東道西器」論が唱道されている。近代西洋文化に接触した東アジアの知識人層が、ほぼ共通の発想をもっていたことがわかる。

和算 わさん　近世において日本人によって展開された伝統的な数学。その数学にたずさわった人々を「和算家」と称する。和算の起源は、戦国末期に中国大陸から「そろばん」の計算法が輸入されたことを端緒とする。当時著しく進展をみせた経済活動は商業算術に関する知識の需要を創出したが、それに応えて吉田光由みつよしは算術の啓蒙書である「*塵劫記じんごうき」（初版1627刊）を出版する。吉田の著書に刺激され、類似の著書が多数出版されるようになるが、その過程で数学の難問の解答を競いあう風潮が発生した。「塵劫記」は主として日用算術のレベルをのべるに止まっていたが、それ以後の算書は殊更に難問を追求し、あらゆるジャンルの問題が研究の対象となった。たとえば天文・暦学の分野からは数論的な問題が、検地けんちの実務からは各種図形の面積・体積計算が考察された。それらの問題群がでそろった時期に、統一的な方法論を打ち立てて、以後の研究の基礎を確立したのが、*関孝和たかかずであった。関の影響は幕末にまで及び、彼の設定した枠組みの中で以後の和算研究は展開した。

　関以後の和算家が追求した主たる問題は、暦法にかかわるものや、曲線図形の求積に代表される「円理えんり」とよばれる分野であった。文化現象としてみた場合、和算を担った人々は各階層にわたり、この数学は趣味として享受されていたことが特徴としてあげられる。和算家の中で一大流派を形成していたのは関を開祖と仰ぐ「関流」であったが、彼らは独自の*家元いえもと制を立て、免許状を発行して門弟を統率した。彼らの数学的知識は精密化される一方、彼らなりの実学と数学の融合を求めていった。しかし、幕末に紹介され始めた西洋数学が、軍事科学の強力な基礎になっていることは彼らを覚醒させ、和算家の間に急速に西洋数学を浸透させる契機となった。和算の終焉は1872年（明治5）に通達された学制により、西洋数学にもとづく公教育が決定された時である。以後、計算道具としての「そろばん」を残して、和算は消滅する。

和讃 わさん　仏教における和語による讃歌。別

に漢語による漢讃，梵語による梵讃ぼんさんがある。仏・菩薩などの功徳を称える仏讃ぶっさん，祖師・高僧の業績を称える僧讃そうさん，経典教義を説いた法讃ほうさんなどがあり，各首七五音の句に曲節をつけて朗唱した。平安中期の天台浄土教の興隆によって流布・定着し，鎌倉時代には新仏教が教線を拡大するために和讃を使って布教し，飛躍的に流行した。親鸞の「*三帖さんじょう和讃」（浄土和讃・高僧和讃・正像末しょうぞうまつ和讃），一遍の「別願讃べつがんさん」など，浄土真宗・時宗で特に盛んであった。

和市 わし　中世の市場における物資と銭貨の交換比率・相場。本来は，強制的な売買を意味する「強市ごうし」に対する語で，合意の売買・交換を意味した。地域ごとの経済圏の形成，代銭納の一般化とともに，荘園経営のうえで大きな意味をもつようになった。和市は，市場の開催日に商人と荘園代官の間で決定されることが多かったが，百姓が加わる場合もあった。和市の変動を利用して代官が私腹を肥やしたり，生産地と消費地での地域間格差を利用して遠隔地商人が活躍するなど，商業や流通にかかわる重要な要素であった。

和字年中行事 わじねんじゅうぎょうじ　→建武年中行事けんむねんじゅうぎょうじ

和寿礼加多美 わすれかたみ　*高野長英たかのちょうえいの獄中手記。1冊。1839年（天保10）成立。「鳥の鳴音な」ともいい（本書末尾に記された，「論語」に由来する「此書は即ちまさに死なんとする鳥の啼声なきごえにあるぞかし」の一文による），幻夢山人げんむさんじんの名で書かれた。同じく獄中で書かれた「*蛮社遭厄ばんしゃそうやく小記」とともに，同39年の*蛮社の獄で捕らえられた長英が身の潔白を主張し，事件の真相を暴き，謀略の首謀者を想定し弾劾する著作である。長英自身，捕縛の原因は，直接は「*戊戌夢物語ぼじゅつゆめものがたり」の筆禍と考えるが，背後には蘭学を滅却しようとする儒家の策動があることを見通している。

早稲田文学 わせだぶんがく　文芸雑誌。(1)第1次。1891年（明治24）10月～98年10月，東京専門学校，のち早稲田文学社発行。全156冊。主宰*坪内逍遥しょうよう。(2)第2次。1906年1月～27年（昭和2）12月，金尾文淵堂，早稲田文学社，東京堂，春秋社，再度東京堂発行。全263冊。主宰*島村抱月ほうげつ・本間久雄ら。(3)第3次。34年6月～49年3月，早稲田文学社，戦後は新星社，三笠書房発行。全143冊。主宰谷崎精二・逸見ひろ。(4)第4次。49年5～9月。銀柳書房発行。全4冊。主宰谷崎精二。(5)第5次。51年11月～53年8月，早稲田文学社発行。全20冊。主宰谷崎精二。(6)第6次。59年1～8月，雪華社発行。全8冊。編集丹羽にわ文雄・石川達三・火野葦平あしへい。第7・8次は省略。特徴的なのは第2次と第3次で，第2次では自然主義の主張とその擁護が中心となる。また第3次では戦時中の時局におもねる風潮の中で自由主義の最後の砦となるが，戦後は目立った活動はない。

和荘兵衛 わそうべえ　江戸中期の*談義本。全4巻4冊。遊谷子ゆうこくし（伝記未詳）の作。1774年（安永3），京都刊。角書「異国奇談」。書名は日本の荘子そうじという意。長崎の貿易商四海屋荘兵衛の異国遍歴譚で，不老不死国，自在国（衣食住に不自由しない），嬌飾国・好古国（貧困・不作法を顧みず芸道・文芸にうつつをぬかす），自暴国（胸に穴が開いた人の世界で身分制度がない），大人国（儒・仏・神の教えを知らない）などを遍歴する。各編末に記される教訓は，平易で凡庸な知足安分論ちそくあんぶんろんの域をでず，大人国の無為自然の人々に聖賢の教えを説こうとしたが，逆に老荘思想の観点から小智と指摘されるといった程度のものである。異国遍歴の形式は平賀源内げんない「*風流志道軒伝しどうけんでん」（1763刊）の人気にあやかったと思われるが，文体・奇抜さともに及ぶものとはいえず，その老荘思想も*佚斎樗山ちょざんの諸作品ほどの工夫や独自性は見出せない。江戸末期に至り文芸性を強めた談義本においては，平易で庶民的な教訓を旨としたため，再版も多く近世を通じて広く読まれた。1779年には追随作の沢井某作「和荘兵衛後編」全4巻が刊行され，曲亭馬琴ばきん「夢想兵衛胡蝶むそうびょうえこちょう物語」（1810刊）にも利用された。

和俗童子訓 わぞくどうじくん　*貝原益軒えきけんの著した教訓書。全5巻。1710年（宝永7）に成立。「総論」「年に随ふ教法」「読書法」「手習法」「女子を教ふる法」から構成されている。男子は外にでて学習する機会も多いが，女子への教

育は怠りがちであるとして,「女子を教ふる法」が設けられていることは注目すべきである。童子は「性相近くして未だ習はざるの時」であるから,中国の「小学」を一つの範としながら,平易な和文で著したと自序にのべられている。

私小説 わたくししょうせつ →私小説しょうせつ

私の個人主義 わたくしのこじんしゅぎ 1914年(大正3)11月25日,学習院輔人会ほじんかいの依頼で行われた*夏目漱石そうせきの講演。内容は,まず漱石自身の半生を振り返るところから始まる。大学卒業後に松山・熊本・ロンドンと移動する中で,「文学とは何か」という概念を「根本的に自力で作り上げ」なければならないことに気づき,「自己本位」という認識に至ったこと,さらに社会的に富裕層の子弟の集まる学習院の生徒向きに「個性」「権力」「金力」にふれて,「自己の個性の発展を仕遂げようと思うならば,同時に他人の個性も尊重しなければならない事」,「自己の所有している権力を使用しようと思うならば,それに付随する義務というものを心得なければならない事」,「自己の金力を示そうと願うなら,それに伴う責任を重んじなければならない事」の三点を説く。

渡辺重石丸 わたなべいかりまる 1836~1915(天保7~大正4) 「―いかりまる」とも。幕末~明治期の神職・国学者。豊前国中津に渡辺重蔭しげかげの次男として生まれる。はじめ重任と称したが,平田篤胤あつたねの「*霊能真柱たまのみはしら」を読み,名を重石丸に改めた。1864年(元治元)私塾道生館どうせいかんを開き,67年(慶応3)には篤胤の没後の門人となる。明治維新後は,京都の皇学所御用掛・大学校御用掛となり,72年(明治5)教部省出仕考証掛になったのを機に上京し,大教院皇学講師など神祇行政の官職を歴任した。82年にそれらを引退し,在野で著述と教育活動を行った。著書の「真天主教説略しんてんしゅきょうせつりゃく」「天御中主神考あめのみなかぬしのかみこう」などには,キリスト教思想の影響がみられる。

渡辺海旭 わたなべかいきょく 1872~1933(明治5~昭和8) 明治~昭和初期の浄土宗の僧,仏教学者。号は壺月こげつ。父は渡辺啓操。東京浅草に生まれる。14歳の時,浄土宗の端山海定のもとで出家得度し,名を海旭と改める。浄土宗教学本校を卒業後,「浄土教報」の主筆,浄土宗第一教校の教諭となる。仏教清徒同志会の発足に加わる。1900年(明治33)ドイツに留学し,11年間仏教を中心に比較宗教学などを研究,社会事業にも関心をもった。帰国後,宗教大学・東洋大学教授・芝中学校校長などを務める。12年(大正元)仏教徒社会事業研究会を設立する。22年*高楠たかくす順次郎と「大正新修大蔵経」の都監になり,刊行事業に尽力する。29年(昭和4)日本仏教学協会を設立する。学会・教育界・社会事業など広範囲に活動した。「壺月全集」全2巻などがある。

渡辺崋山 わたなべかざん 1793~1841(寛政5~天保12) 江戸後期の文人画家・蘭学者。名は定静さだやす,通称は登のぼる,字は子安・伯登はくと,号は崋山(のち崋山)・寓絵堂ぐうかいどう・全楽堂など。田原藩士渡辺定通さだみちの長男として,江戸の上屋敷に生まれる。少年時より家計の窮迫を救うために画業の内職に励む。画業は谷文晁ぶんちょうに師事するが,のちに洋画に傾倒し,蘭学への素地を作る。本格的に蘭学を研究するのは,1832年(天保3)に藩の年寄役となり,海岸掛を兼務して海防問題と取り組むようになってからである。*高野長英ちょうえい・*小関三英さんえいらに蘭書の翻訳を依頼するとともに,西洋事情を研究した。彼のもとには同学の士が参集し,「蘭学にて大施主」との評判をえる。しかし林大学頭だいがくのかみ一門および鳥居耀蔵ようぞうらの反感を買い,39年の*蛮社ばんしゃの獄の弾圧の対象となる。翌年,三河国田原の在所に蟄居を申し渡される。蟄居後は画業に専念するが貧窮であった。みかねた門人らが江戸で画会を開くが,不謹慎との悪評が立ち,藩主に罪が及ぶのを恐れ,41年に自害した。著書は蛮社の獄の容疑の証拠とされた「*慎機論しんきろん」,写生入りの旅日記「参海雑志さんかいざっし」など。また,鷹見泉石たかみせんせき・佐藤一斎いっさい・松崎慊堂こうどうらの肖像画を残している。

渡辺蒙庵 わたなべもうあん 1687~1775(貞享4~安永4) 江戸中期の儒者。名は操,字は友節,号は蒙庵。遠江国浜松の人。小川朔庵さくあんに医学を,中野撝謙きけんに経学を学ぶ。撝謙門下の*太宰春台だざいしゅんだいと交遊し,古文辞学こぶんじがくを吸収した。1725年(享保10)浜松藩に出仕し,34年まで仕えた。致仕後は,浜松城下に塾を開い

た。門人に*賀茂真淵(1723年頃に入門)がいる。孫娘の夫*内山真竜によって、「蒙庵先生詩文集」が没後に編まれた。著書に「老子愚読」(1748刊)、「荘子口義愚解」(1762刊)、「弁道解嘲」がある。蒙庵は老子を経、荘子を伝とする立場から、「一時の憤激、時を救う薬言」である老子の道は「虚無恬澹」であって、孔子の道と同じではないと説き、林希逸の「老子鬳斎口義」を「宋学の流弊」があるとして批判した。また欲望は「天性」であると肯定している。

和田正勝家訓 姫路藩家臣の和田正勝が子孫に与えた家訓といわれるが、正勝の経歴は不詳である。奥書によれば、1714年(正徳4)に書き置かれた25カ条の内容は、正勝が80年にわたる体験にもとづいて、日常の生活上の心得や行為規範を示したものであり、近世大名の家訓に比して家訓としての特色はない。神仏の信仰、奉公の心得、武芸の奨励、一心堅固であるべきこと、召使いに対する心得をはじめ、きわめて日常的な博打の禁止、飲酒の心得、借財の注意、外出の心得などが雑然と並記された構成で、儒教的な理念や政道の心得を説いたものでもない。その理由は、正勝の身分と政治立場に由来すると考えられる。

度会家行 わたらいいえゆき 1256~?(康元元~?) 鎌倉後期・南北朝期の伊勢神宮外宮の祠官。*伊勢神道の大成者。はじめの名は行家。外宮の三禰宜の度会(村松)有行の子。1297年(永仁5)皇字論争の申し披きのため*度会行忠の命により上洛するなど、行忠のもとで神道の研鑽を積んだ。1306年(徳治元)51歳にしてようやく九禰宜に補せられ、以後累進して41年(暦応4・興国2)86歳で一禰宜に就任した。この間、1317年(文保元)に「*神道簡要」、20年(元応2)には主著「*類聚神祇本源」、30年(元徳2)に「*神祇秘鈔」を著して伊勢神道の教説を大成するとともに、本朝の道としての神道の確立に努めた。鎌倉後期の朝廷における神道への関心の高まりの中で、「類聚神祇本源」も後宇多上皇と後醍醐天皇の叡覧に与った。36年(建武3・延元元)建武の新政瓦解にともなう後醍醐天皇の吉野遷幸以降、南朝側に立って積極的な活動を行い、*北畠親房と親交を結ぶことにより、家行の説く伊勢神道の教えは親房の思想に大きな影響を与えることになる。49年(貞和5・正平4)違勅の罪により北朝より禰宜職を解任され、その後の消息は不詳である。著書にはほかに「*瑚璉集」がある。

度会神道 わたらいしんとう →伊勢神道

度会常昌 わたらいつねまさ 1263~1339(弘長3~暦応2・延元4) 鎌倉後期・南北朝期の伊勢神宮外宮の祠官。はじめの名は常良。外宮の一禰宜の度会(檜垣)貞尚の次子。1292年(正応5)はじめて八禰宜に補せられ、以後累進して1316年(正和5)一禰宜となる。*度会行忠の薫陶をうけ、「*皇字沙汰文」の編纂に携わったとされる。後醍醐天皇の信任をうけて倒幕祈禱に奉仕するとともに、神宮や神道に関する勅問に奉答するなど学徳兼備の長官として重きをなし、伊勢神道の普及に貢献した。神道説をめぐる*慈遍との交流は著名で、著書に「*大神宮両宮之御事」「文保服忌令」「元徳奏覧度会系図」などがある。

度会延佳 わたらいのぶよし 1615~90(元和元~元禄3) 出口延佳とも。江戸前期の神道家。通称与三次郎、はじめ延良と称した。伊勢外宮の神職の家に生まれる。「*神道五部書」などに代表される*伊勢神道の再評価に努めた一方で、仏教色を排除し儒教の理論をもって新たな神学、いわゆる後期伊勢神道を樹立した。「*陽復記」はその代表的な著書である。彼は古典の考証でも優れた業績を残し、なかでも「鼇頭古事記」は*本居宣長も参考にした名著である。また伊勢神宮神域の整備や外宮の地位向上にも尽力し、神宮文庫の前身である豊宮崎文庫を設けて古書の収集や神職への教育にも力を注いだ。

度会行忠 わたらいゆきただ 1236~1305(嘉禎2~嘉元3) 鎌倉後期の伊勢神宮外宮の祠官。*伊勢神道の形成期の神道家。外宮の権禰宜の度会(西河原)行継の子で、のち祖父の一禰宜行能の養嗣子となる。1251年(建長3)16歳で八禰宜に補せられ、以後累進して三禰宜まで昇った。83年(弘安6)内宮造営にからんで咎めをうけて禰宜を解任されたが、87年院宣によ

り復任した。この間、上洛し関白鷹司兼平の命により「*伊勢二所太神宮神名秘書」を撰進するとともに、神祇官にて神道の伝授をうけた。二禰宜在職中の96年（永仁4）におこった内宮との皇祖論争では、外宮側の中心人物として外宮に「皇」の字を冠することの正当性の論証に尽力した。1304年（嘉元2）一禰宜長官に進んだが、翌年70歳で没した。神宮の故実に精通するとともに、両部神道や神祇官系の神道説をも吸収することによって祠官家伝来の神道説を集成・発展させ、伊勢神道の教説の確立に大きな役割をはたした。その膝下から*度会常昌や*度会家行らの神道家が輩出し、伊勢神道が大成されることになる。ほかの著書に「*古老口実伝」「*心御柱記」などがある。

和辻哲郎 わつじてつろう　1889～1960（明治22～昭和35）　大正・昭和期に活躍した倫理学者・文化史家。兵庫県仁豊野に生まれる。第一高等学校をへて、東京帝国大学文科大学哲学科で*ケーベルに師事し、1912年（大正元）に卒業した。当初は〈*煩悶青年〉たちの一人として世紀末芸術への嗜好をみせていたが、それを克服して、「ニイチェ研究」（1913）、「偶像再興」（1918）といった著書に表された*人格主義と*教養主義の立場を打ちだし、阿部次郎や倉田百三とともにその代表者となる。また、大正デモクラシーの潮流の中、言論の自由と普通選挙制を唱え、デモクラシーと高度な文化の発祥地としての古代ギリシアと類似した世界を日本の古代に見出して、「古寺巡礼」（1919）、「日本古代文化」（1920）を著した。

しかし、関東大震災と京都帝国大学文学部倫理学講座への着任（1925）、西欧留学をへて、その思想は「人格より人間へ」の転回をみせる。すなわち、*マルクス主義や人間学の著作、さらにハイデガー「存在と時間」からうけた衝撃を通じて、個人主義の人間観を批判し、人間は常に何らかの「間柄」に埋めこまれた存在だとする「人間の学」に根ざした、巨大な倫理学体系の構築を始めた。これは、東京帝国大学文学部教授への転任（1934）をへて、主著「倫理学」全3巻（1937～49）に結実する。また、この転回は同時に、日本の風土に根ざした「国民性」への考察を通じて、日本の倫理思想の伝統を探る仕事へとつながり、「上代に於ける「神」の意義の特殊性」（1936）などの諸論文から、戦後の大著「*日本倫理思想史」全2巻（1952）に至る一連の思想史研究をうみだした。著作は「和辻哲郎全集」全25巻・別巻2（1961～63、91～92）に収録されている。⇒人間の学としての倫理学

話頭 わとう　→公案

王仁 わに　生没年不詳　和邇吉師とも。応神天皇の時代に、*阿直岐について百済から日本にはじめて儒教を伝えたとされる人物。文（書）首氏（西文氏ともいう）の始祖とされる。「*日本書紀」応神16年条に、阿直岐の推薦によって招かれ、菟道稚郎子皇子の師として諸典籍を教えたとだけ記すが、「*古事記」には「論語」10巻と「千字文」1巻を伝えたとある。

和邇吉師 わにきし　→王仁

佗び わび　「*さび」とともに*茶の湯の根本的な理念を表す語で、「佗ぶ」という動詞が名詞化したもの。元来、この語は心細い・寂しい・貧しい・物足りない・不足不満などの意味で、「万葉集」や「古今和歌集」「伊勢物語」などにこの語が現れ、「徒然草」にも「いとわびし」という語が登場している。1466年（文正元）の「蔭涼軒日録」には「佗び人」とある。茶書の中で「佗び」の語がみえる最も早い例は、1564年（永禄7）真松斎春渓の奥書があり、翌年曲直瀬道三などに伝えた「分類草人木」であろう。ここでいう「佗タル人」とは、茶器を一点も所持していないということではなく、名物道具のようにこれといった目立つような道具はもっていないという意味のようで、このような佗びた茶事でも面白いといっている。また、「大名富貴ノ人、数寄ハ佗タルガ面白シト云テ、座敷モ膳部モ貧賤ノマネ専トス。不可然。可有様コソ面目ナレ」とあり、大名や富貴の人が、佗びの外側だけをまねしてもその域に達しない。富貴の人は、金持ちらしくふるまうのがよいとある。「紹鷗佗の文」にも「佗び」の語は現れるが、「*山上宗二記」には「佗び数寄」という言葉がみられ、「胸

の覚悟一，作分一，手柄一此三箇条ノ調タルヲ佗数寄ト云々」とある。一物をももたないが，胸の覚悟，作分，手柄の三つがととのっている人を「佗び茶人」であるという。なんとなく外形からも物質的にも貧弱であるが，内面や精神面が豊富であるというような意味にとれる。また「*南方録」にも「佗び」の語は現れるが，久保利世の茶書「長闇堂記」(1640)には「宗易(千利休)華美をにくまれしゆへか，わびのいましめのための狂歌よみひろめ畢」とある。佗びは華美とは反対という意味であろう。

佗茶 わびちゃ 佗び数寄とも。足利義政たちの書院の茶は，高雅で貴族的な美を追求したものであったが，村田珠光はこのような茶にあきたりなくなり，庶民の出で経済的にも豊かでなかった珠光は，大徳寺の*一休宗純に参禅し，茶室を四畳半に縮めた。完全な美より不完全な美を求め，「月も雲間の無きはいやにて候」(「*禅鳳雑談」)と語ったという。また「藁屋に名馬をつなぎたるはよし」(「*山上宗二記」)といい，外見は粗末な感じであるが，中味は充実していることがよいという。その愛用した茶器は，珠光青磁の茶碗や拋頭巾の茶入のように唐物でも粗相なものであった。このような*茶の湯の傾向は珠光の世嗣村田宗珠や，鳥居引拙・十四屋宗伍・粟田口善法らによって進められ，*武野紹鷗によっていっそう深まっていった。紹鷗は常に連歌師*心敬の「枯レカヂケテ寒カレ」という言葉を読み，「茶湯ノ果モ其ノ如ク成タシ」(「山上宗二記」)と常に語っていた。佗茶の理念に関しては，藤原定家の「見渡せば花も紅葉も無かりけり浦の苫屋の秋の夕暮れ」の歌をとりあげている。またその好みも珠光よりいっそう佗びた道具を用い，信楽水指や備前建水，竹の自在鈎，木地の釣瓶形水指など，日常の雑器からとった道具を使用した。佗茶は*千利休によってほぼ完成したといえる。利久の茶の理念は，藤原家隆の「花をのみ待つらむ人に山里の雪間の草の春を見せばや」の歌を引いており，四畳半茶室を三畳敷・二畳敷に限定した。

和名類聚抄 わみょうるいじゅうしょう 「和(倭)名抄」とも。平安時代の百科辞書。*源順編。承平年間(931〜938)の成立。意義分類体の辞書としてわが国最古のもの。天・人(衣食・調度を含む)・動植物24部128門からなる10巻本と，これに歳時・音楽・職官・国郡・香薬などを加えた32部249門からなる20巻本とがある。部門別に漢語を収集・掲出して，漢文で注解をほどこし，和訓を万葉仮名で記している。

和与 わよ 本来，贈与を意味し，中世では，寄進・譲与など，動産・不動産の無償による自発的な贈与行為をさした。非血縁者への譲与を他人和与とよぶ。また，和解を意味するようにもなり，当事者間の協議による紛争解決手段の名称となった。公権力と無関係に行われる場合もあるが，訴訟の中途で和与が成立することも多かった。鎌倉幕府では和与が奨励され，この場合には和与条件とその遵守を誓約した和与状が交換され，幕府による下知状が交付された。地頭と領家の間の和与では，荘園がおのおのの支配領域に分割される下地中分が行われることもあった。

和様 わよう 日本風の芸術様式。書・建築・絵画・彫刻などにおいて，平安時代中頃以降の様式をさして用いる。奈良時代は律令制度に象徴されるように，中国の文化の影響を強くうけて国家が成立していた。ところが平安時代になると，唐文化の見直しが図られるようになった。平安初期では*格式や*令外官に代表されるように，日本の慣習にあわせる工夫がほどこされるのである。平安中期には唐が衰退したこともあって，日本独自の文化が表面に現れ，主流を占めるようになる。

こうした流れの中で，これまでの*唐様に対立する概念として意識されるのが和様であった。平仮名が創出され，女性によって物語が書かれるようになるのも，その一環として位置づけることができる。概して唐様は漢字に象徴されるように直線的・男性的・公的であるのに対して，和様は曲線的・女性的・私的なものとして始まり，優雅で柔和な雰囲気をさす。それは平安京の気候風土(環境)と無関係ではなかろう。あるいは外敵の侵入がさほど心配されないという地理的条件も視野に入れるべきと考えられる。たとえば書では

漢字が曲線的に書かれるが，これは小野道風らによって確立されたものである。以後，藤原佐理・藤原行成をへて，法性寺流や世尊寺流・尊円流などをうんだ。建築では，中国宋時代の大仏様や禅宗様に対して，木割を太くし大らかな意匠で過度の装飾をほどこさない方法が確立され，以後の建築の規範となった。絵画では*大和絵の技法をうみだし，彫刻でも宇治*平等院鳳凰堂の阿弥陀如来像（定朝作）に代表されるように，容貌・体軀ともに柔和な造形がなされるようになった。

妾の半生涯 わらわのはんせいがい　女性解放運動の先駆者である福田英子(1865～1927，本名英)の自伝。1904年(明治37)刊。英は備前国岡山に下級士族景山家の二女として生まれ，15歳で小学校助教となる。1882年*岸田俊子の遊説に接して民権・女権運動にめざめ，有志と岡山女子懇親会を結成する。翌年，女性も平等に学問ができるように，教師であった母や兄らと蒸紅学舎を開く。だが，女生徒を自由党の集会に参加させた理由で，ほどなく解散させられる。84年上京して勉学。翌年，朝鮮内政変革の企てに加わり，*大阪事件に紅一点として連坐，入獄する。89年大赦で出獄後，同志*大井憲太郎と内縁関係に入り一子をもうけるが，大井の裏切りで離別する。91年，女性の経済的自立を図って，親・兄弟とともに実業女学校を開校するが，2年ほどで経営困難となる。その頃社会運動家福田友作と結婚，3人の子をなすも死別する。新たに角筈女子工芸学校と，作品販売を行う日本女子恒産会をおこす。本書はここまでを綴ったもので，自由民権に立つ半生の戦いを回顧しつつ，新しい社会主義の原理に立脚する次なる戦いを，自己と社会に宣言するものとのべている。女性の自叙伝として先駆的であるだけでなく，自由民権の時代を語る貴重な歴史記録である。

わらんべ草 わらんべぐさ　「狂言昔語鈔」とも。江戸初期の狂言伝書。全5冊。大蔵(弥右衛門)虎明(1597～1662)の著。1660年(万治3)成立。著者は狂言三代流儀の一つ大蔵流の13代。父の虎清からうけた教えを中心に，家伝の芸論を「昔人云」の書き出しで，88ヵ条にわたって記す。修行・稽古，故実・作法など狂言師としての心得などのほか，狂言の起源や，また鷺流への批判と自流の自負が記される。狂言は能に対して，書の草書と楷書，文芸の俳諧と連歌の関係と同じとし，「能の狂言」の狂言観を示す。能の各役との細かい応接の心得なども具体的に記されるのも，狂言のおかれた位置がわかって興味深い。

我等 われら　大正・昭和初期の総合雑誌。1919年(大正8)2月，筆禍事件で大阪朝日新聞社を退社した*鳥居素川・長谷川如是閑・*大山郁夫らにより創刊される。如是閑を中心に多彩な社会批評を展開したが，経営不振のため30年(昭和5)3月号でいったん終刊した。同年5月「批評」と改題し，新人会系の雑誌「社会思想」を吸収合併して再発足した。だが，満州事変後の右傾化の中で「批評」はたびたび発禁処分にあい，如是閑自身も日本共産党の外郭組織への資金援助の事実を問題とされ，治安維持法違反容疑で召喚・取り調べをうけ，34年2月「批評」は無期休刊となった。→大阪朝日新聞筆禍事件

和論語 わろんご　「やまとろんご」とも。近世前期の教訓書。全10巻。1669年(寛文9)刊。序によれば17名の撰者が，1219年(承久元)より1628年(寛永5)までのおよそ400年間にわたって書き加えてきたものとされるが，実は沢田源内による偽書である(伊勢貞丈「安斎随筆」)。本書は，諸書にみえる神々・天皇をはじめ多くの著名人の神託・勅・政道論・処世論などを，時に和訳や書き換えを交じえながら集成したもので，一種の金言名言集といえる。近世中期以降流布し，石田梅岩の心学書などにも引用される。なお，本書から75編を抜粋した勝田充編「和論語抄」(1850刊)がある。総じて*吉田神道の影響が顕著に認められ，神道優位の主張も散見するが，本書の思想的基盤は近世思想を特徴づける*三教一致論にあったといえよう。

宏智派 わんしは　禅宗の一派。中国曹洞宗は芙蓉道楷ののち，真歇清了(1089～1151)と宏智正覚(1091～1157)に分かれ，日本*曹洞宗は真歇の法脈をうける*道元の一派(永平下)が主流となった。宏智の法脈

は，鎌倉末期に来日した東明慧日〈とうみんえにち〉と南北朝期に来日した東陵永璵〈とうりょうえいよ〉によって伝えられ，室町初期の宏智派は永平下とも交渉があった。東明は1309年(延慶2)に来日し，北条貞時〈さだとき〉に招かれて円覚寺(10世)・建長寺(17世)に住し，円覚寺に白雲庵を創建した。北条氏が滅亡し，東明が没した後，その門人の別源円旨〈べつげんえんし〉は朝倉氏に招かれて越前国に赴き，同地に自派の拠点を作り，不聞契聞〈ふもんかいもん〉が白雲庵を守った。東明の門人月篷円見〈げっぽうえんけん〉は建仁寺に洞春庵〈どうしゅんあん〉*を創建して，京都における宏智派の拠点となった。また51年(観応2・正平6)，東明の法嗣で，円覚寺開山無学祖元〈むがくそげん〉の俗甥である東陵が来日し，足利直義〈ただよし〉に帰依されて，建長寺(31世)・南禅寺(23世)に住した。この派は地方に教線を広げ，越前国に弘祥寺〈こうしょうじ〉・善応寺〈ぜんのうじ〉・吉祥寺〈きっしょうじ〉などを開き，三河・尾張・肥後国にも度弟院〈たくていいん〉があり，諸山位に列せられた寺も数カ寺ある。この派には入元して古林清茂〈くりんせいも〉に参じ，帰国して元・明文化を紹介し，*金剛幢下〈こんごうどうか〉として詩文学芸に活躍した人が多い。また*中巌円月〈ちゅうがんえんげつ〉のように，はじめ東明に参じ，入元して古林や大慧派〈だいえは〉の東陽徳輝〈とうようとっき〉に参じ，帰国後東陽の法を嗣いだ人もいる。室町後期に活躍した*月舟寿桂〈げっしゅうじゅけい〉もこの一派と関係が深い。

日本思想史年表

1) 西暦は1582年10月4日までユリウス暦，翌5日以降はグレゴリオ暦である
2) 年号欄の小文字は改元月日を示し，1872年までは太陰暦である。南北朝期の年号は北朝／〔南朝〕の順に示す
3) 年号・事項欄の丸数字は閏月，事項欄の明朝体は思想史事項，細ゴシック体は一般歴史事項を示す
4) 出来事や著作物の年代などが確定できない場合は，人物の没年で示した

西暦	年 号	事　　項
513	(継体7)	6. 百済，五経博士段楊爾を日本へ派遣する。
516	(　　10)	9. 百済，段楊爾を五経博士漢高安茂と交代させる。
538		この年，百済の聖明王，仏教を伝える（一説に552年）。
553	(欽明14)	6. 百済に暦博士・医博士・易博士の交代を要請。
554	(　　15)	2. 百済，五経博士王柳貴を前任者馬丁安と交代させる。
592	(崇峻5)	10. 法興寺の仏堂・歩廊の建設にかかる。
594	(推古2)	2. 三宝(仏教)興隆の詔が下される。
604	(　　12)	1. 冠位十二階制を施行。　4. 厩戸皇子(聖徳太子)，「憲法十七条」をつくる。
606	(　　14)	4. 法興寺(飛鳥寺)丈六本尊像が完成する。この年，初めて灌仏会・盂蘭盆会が行われる。
607	(　　15)	この年，法隆寺が創建される（一説）。　7. 第2回遣隋使派遣。
608	(　　16)	9. 第3回遣隋使派遣。
620	(　　28)	この年，厩戸皇子・蘇我馬子，「天皇記及国記・臣連伴造国造百八十部并公民等本記」を編纂。
622	(　　30)	2. 厩戸皇子没(49，一説に621年)。
630	(舒明2)	8. 第1回遣唐使派遣。
640	(　　12)	10. 第3回遣隋使とともに渡航した南淵請安・高向玄理ら，帰国。
645	大化　元 [6.19]	6. 大化の改新。　6.19 初めて年号(大化)を用いる。
663	(天智2)	8. 白村江の敗戦。　9. 百済の王族・知識人ら，日本に亡命してくる。
672	(天武元)	6〜9. 壬申の乱。
681	(　　10)	2. 浄御原律令の編纂を始める。　3. 「帝紀」・上古諸事の検討作業を開始。
682	(　　11)	8. 宮廷の儀礼・言語を規定。　9. 跪礼・匍匐礼をやめて立礼を用いる。
684	(　　13)	10. 八色の姓を制定。
690	(持統4)	11. 初めて元嘉暦と儀鳳暦を用いる。この頃から伊勢神宮の式年遷宮が行われる。
694	(　　8)	12. 藤原京に遷都。
700	(文武4)	3. 道昭没し(72)，初めて火葬に付す。
701	大宝　元 [3.21]	3. 大宝令を施行。中央に大学，地方に国学をおく。
710	和銅　3	3. 平城京に遷都。
712	5	1. 太安万侶，「古事記」を撰上。
713	6	5. 諸国に「風土記」の撰上を命じる。
717	養老　元 [11.17]	4. 行基の民衆運動盛んとなり，これを禁圧する。
718	2	この年，養老律令がつくられる。

西暦	年号	事項
720	養老 4	5. 舎人親王ら,「日本書紀」を撰上。
729	天平 元 [8.5]	2. 長屋王の変。 8. 藤原光明子を皇后に立てる。
738	10	この年, 国分寺造立の詔がだされる(一説に741年)。
740	12	9. 藤原広嗣の乱おこる。 10. 聖武天皇, 平城京を離れ, 以後745年まで恭仁京・紫香楽宮・難波宮を転々とする。
743	15	10. 紫香楽宮で大仏造立が発願される。
745	17	1. 行基を大僧正に任ずる。 5. 平城京に還都。 8. 平城京で大仏造立を再開。
749	天平感宝元 [4.14] 天平勝宝元 [7.2]	2. 行基没(82)。 4. 聖武天皇, 東大寺盧遮那仏の前に北面し,「三宝の奴」と称する。
751	3	11.「懐風藻」成る。
752	4	4. 東大寺の大仏開眼供養が行われる。
754	6	1. 鑑真来日。 4. 鑑真, 東大寺に戒壇を建て, 聖武太上天皇らに授戒。
757	天平宝字元 [8.18]	4. 家ごとに「孝経」を所蔵させ, 孝行を奨励する。
760	4	この頃, 僧延慶ら撰「藤氏家伝」成る。
762	6	この頃, 淡海三船, 天皇漢風諡号を撰進。
763	7	8. 儀鳳暦を廃し, 大衍暦を行う。 12. 満願, 多度神の神託をうけ, 神宮寺を創建。
766	天平神護 2	10. 道鏡, 法王となる。
770	宝亀 元 [10.1]	8. 称徳天皇没し(53), 道鏡, 下野国薬師寺に配流される。
772	3	5. 藤原浜成,「歌経標式」を著す。
781	天応 元 [1.1]	6. 石上宅嗣没(53)。生前, 私立図書館の芸亭を建てる。
783	延暦 2	6. 私寺建立の禁止をはじめ, 仏教統制政策が布かれる。
784	3	11. 長岡京に遷都。この頃までに「万葉集」全巻成る。
794	13	10. 平安京に遷都。
797	16	2. 菅野真道ら,「続日本紀」を撰進。 12. 空海「三教指帰」成る。
804	23	7. 最澄・空海ら, 遣唐使に従い唐に渡る。
805	24	4. 桓武天皇, 早良親王の怨霊を恐れる(「怨霊」の語の初見)。 6. 最澄, 唐より帰国。
806	大同 元 [5.18]	1. 最澄, 天台宗を開く。 3. 桓武天皇没(70)。 8. 空海, 唐より帰国。
807	2	2. 斎部広成,「古語拾遺」を奏上。
809	4	延暦・大同年間に和気広世, 弘文院(大学別曹)を創設。
812	弘仁 3	6. 第1回日本紀講書。以後ほぼ30年間隔で965年まで行われる。
814	5	この頃, 小野岑守ら,「凌雲集」を撰進。
815	6	7. 万多親王ら,「新撰姓氏録」を撰進。
816	7	6. 空海, 高野山に真言道場(金剛峰寺)を開くことを許される。
817	8	2. 最澄,「照権実鏡」を著し, 徳一と論争を始める。
818	9	3. 最澄, 大乗戒壇創立を上請し,「守護国界章」を著す。この年, 藤原冬嗣ら,「文華秀麗集」を撰進。
819	10	3. 最澄,「山家学生式」をまとめる。
820	11	2. 最澄,「顕戒論」を上奏。 4.「弘仁式」「弘仁格」を撰進(830年施行)。
821	12	この年, 藤原冬嗣, 勧学院(大学別曹)を創立。
822	13	6. 最澄没し(56), 死後7日目に大乗戒壇が勅許される。この頃, 景戒「日本霊異記」完成か。

西暦	年号	事項
823	弘仁 14	1. 東寺を空海に賜う。 2. 比叡山寺を延暦寺と号し，官寺とする。
827	天長 4	5. 良岑安世ら，「経国集」を撰上。
828	5	この頃，空海，綜芸種智院を創設。
830	7	12. 仏名会が宮中で初めて修される(838年から恒例化)。この頃，空海，「(秘密曼荼羅)十住心論」「秘蔵宝鑰」を著す。
831	8	この年，滋野貞主ら，「秘府略」を撰集。
833	10	2. 清原夏野ら，「令義解」を撰上。
834	承和 元 [1.3]	4. 紀伝博士を廃し，文章博士を増員して定員2名とする。12. 空海の奏請により，宮中に真言院がつくられ，後七日御修法を恒例とする。
835	2	3. 空海没(63)。
839	6	6. 東寺講堂の諸仏像の開眼供養が行われる。
840	7	12. 藤原緒嗣ら，「日本後紀」を撰上。
847	14	9. 円仁，唐より帰国，その後朝廷の尊崇を集める。
851	仁寿 元 [4.28]	この年，円仁，比叡山東塔の常行三昧堂で初めて常行三昧を修する。
858	天安 2	11. 藤原良房，人臣初めての摂政となる(実質は866年)。
859	貞観 元 [4.15]	8. 恵亮，年分度者2名を賀茂・春日両社におく(「垂迹」の語の初見)。この年，僧行教，宇佐八幡神を勧請して石清水八幡宮を創設。
860	2	10. 「御注孝経」を採用。
866	8	③. 応天門の変おこる。 7. 最澄に伝教大師号を，円仁に慈覚大師号を贈る。
869	11	8. 藤原良房ら，「続日本後紀」を撰上。
879	元慶 3	11. 藤原基経ら，「日本文徳天皇実録」を撰上。
888	仁和 4	6. 阿衡の紛議おこる。
892	寛平 4	5. 菅原道真，「類聚国史」を撰上。
894	6	9. 菅原道真の建議により遣唐使を廃止。
897	9	7. 宇多天皇，「寛平御遺誡」を著す。
900	昌泰 3	9. 奨学院を大学別曹とする。
901	延喜 元 [7.15]	1. 菅原道真を大宰府に左遷。 2. 私に壇法を修することを禁じる。三善清行，「革命勘文」を奉る。 8. 藤原時平ら，「日本三代実録」を撰上。
903	3	2. 菅原道真没(59)。
905	5	4. 紀貫之ら，「古今和歌集」を撰進。
907	7	11. 藤原時平ら，「延喜格」を撰上。
914	14	4. 三善清行，「意見十二箇条」を奏上。
923	延長 元 [閏4.11]	3. 皇太子保明親王没(21)。その死は菅原道真の怨霊のせいと信じられる。
927	5	12. 「延喜格式」が完成する。
935	承平 5	この年以降に紀貫之「土左日記」成る。
937	7	10. 「権現」の語の初見(「石清水文書」同年10月14日大宰府牒状)
938	天慶 元 [5.22]	この年，空也，念仏を京都の人々に勧める。承平年間に源順編の「和名類聚抄」成る。
939	2	11. 平将門，常陸国衙を襲う(平将門の乱，〜940)。
940	3	2. 将門，討たれる(世寿不詳)。この頃，「将門記」成る。
941	4	この年，「道賢上人冥途記」が書かれる。
947	天暦 元 [4.22]	6. 菅原道真の霊を祀る北野天神社が創立される。
951	5	10. 梨壺に撰和歌所をおく。この頃，「伊勢物語」「僧妙達蘇生注記」成るか。

西暦	年号	事項
		この年以降に「後撰和歌集」成る。
964	康保 元[7.10]	3. 慶滋保胤ら、初めて勧学会を修する。
965	2	8. 日本紀講書、これを最後に以後行われなくなる。
968	安和 元[8.13]	この頃から僧兵の動きが顕著となる。
969	2	3. 安和の変。この頃以降、撰国史所が活動を停止。
970	天禄 元[3.25]	12. 源為憲「口遊」成る。この頃から祇園御霊会が行われる。
974	天延 2	藤原道綱母の「かげろふ日記」、この年の記事をもって終わる。
976	貞元 元[7.13]	6. 内裏焼失し、7月円融天皇、藤原兼通の堀河第に移る。
982	天元 5	10. 慶滋保胤、「池亭記」を著す。
984	永観 2	11. 源為憲、「三宝絵詞」を著す。
985	寛和 元	4. 僧源信、「往生要集」を著す。
987	永延 元[4.5]	この頃、慶滋保胤、「日本往生極楽記」を完成。
991	正暦 2	9. 皇太后藤原詮子に東三条院の女院号を宣下（女院号の初め）。
1001	長保 3	この頃、清少納言「枕草子」成るか。
1006	寛弘 3	この頃、「拾遺和歌集」成る。
1007	4	この頃、紫式部「源氏物語」の一部が流布する。この頃、「和泉式部日記」成るか。
1010	7	この頃、「紫式部日記」「本朝麗藻」や惟宗允亮「政事要略」が成る。
1012	長和 元[12.25]	この頃、藤原公任、「和漢朗詠集」を撰するか。
1019	寛仁 3	3. 藤原道長、出家し法成寺建立を発願。
1034	長元 7	この頃、「栄花物語」正編成る。
1044	寛徳 元[11.24]	この頃、僧鎮源、「本朝法華験記」を著す。
1051	永承 6	この年、奥羽で前九年の役おこる（～1062）。
1052	7	この年より末法に入ったと信じられる。
1053	天喜 元[1.11]	3. 平等院鳳凰堂が建てられる。
1059	康平 2	この頃、「更級日記」成る。
1083	永保 3	9. 奥羽で後三年の役おこる（～1087）。
1086	応徳 3	9.「後拾遺和歌集」が撰進される。11. 院政が始まる。この年、白河上皇、鳥羽離宮の造営に着手。
1092	寛治 6	「栄花物語」続編の記事がこの年で終わる。
1094	嘉保 元[12.15]	この年以後に皇円「扶桑略記」成る。
1096	永長 元[12.17]	6～7. 洛中に田楽が流行する。
1098	承徳 2	この頃、大江匡房「本朝神仙伝」成る。
1099	康和 元[8.28]	この頃、大江匡房「続本朝往生伝」成る。
1106	嘉承 元[4.9]	この年、「東大寺要録」成る。
1109	天仁 2	この頃、「江談抄」「讃岐典侍日記」成る。
1111	天永 2	11. 大江匡房没（71）。この頃までに三善為康「拾遺往生伝」成る。
1116	永久 4	この年、三善為康、「朝野群載」を編集。
1120	保安 元[4.10]	この年以降に「今昔物語集」成るか。
1124	天治 元[4.3]	この頃、三善為康「掌中歴」成る。
1127	大治 2	この年あるいは前年、源俊頼、「金葉和歌集」を撰進。
1130	5	この頃、「古本説話集」「大鏡」成るか。
1138	保延 4	この頃、三善為康「後拾遺往生伝」成る。

西暦	年号	事項
1139	保延 5	この年以降に蓮禅「三外往生記」成る。
1140	6	10. 佐藤義清(西行)，出家。
1144	天養 元 [2.23]	この頃，橘忠兼「色葉字類抄」3巻本成る。
1151	仁平 元 [1.26]	12. 藤原宗友「本朝新修往生伝」成る。
1152	2	この年までに藤原顕輔，「詞花和歌集」を撰進。
1156	保元 元 [4.27]	7. 保元の乱おこる。
1157	2	この頃，藤原清輔「袋草紙」成る。
1159	平治 元 [4.20]	12. 平治の乱おこる。
1164	長寛 2	9.「平家納経」が厳島神社に奉納される。12. 蓮華王院三十三間堂が創建される。
1166	仁安 元 [8.27]	8. 藤原俊成，和歌の評に「幽玄」の語を使う。
1167	2	2. 平清盛，太政大臣となる。
1169	嘉応 元 [4.8]	3. 後白河上皇，「梁塵秘抄口伝集」を撰述。 6. 後白河上皇，出家。
1170	2	この頃，「今鏡」成る。
1175	安元 元 [7.28]	この春，法然(源空)，比叡山をでて専修念仏を唱える。
1177	治承 元 [8.4]	4. 京都大火(安元の大火)。大極殿炎上し，以後再建されず。
1178	2	この頃，平康頼「宝物集」成る。
1179	3	この頃，「年中行事絵巻」成る。
1180	4	6. 福原遷都。 8. 源頼朝，伊豆に挙兵。11. 平安還都。12. 南都焼き打ち。
1185	文治 元 [8.14]	3. 平家，壇ノ浦の戦いで滅ぶ。
1186	2	4. 東大寺造営のため伊勢神宮で「大般若経」を転読。 8. 西行，陸奥国への途次，鎌倉で頼朝に和歌と弓馬について語る。この秋，法然と南都北嶺の碩学らとの間で浄土宗義上の問答(大原問答)。この年，康俊「東大寺衆徒参詣伊勢神宮記」成る。この年，頼朝，朝廷に13カ状の施政方針を示す。
1187	3	9.「千載和歌集」成る(序文，実際の成立は翌年4月の補訂をへて8月)。
1189	5	8. 頼朝，平泉を制圧し，奥州藤原氏滅ぶ。
1190	建久 元 [4.11]	2. 法然「浄土三部経釈」成る。西行没(73)。10. 重源，東大寺を再建。この年，法然「無量寿経釈」成る。この頃，西行「贈定家卿文」成る。
1191	2	7. 栄西，南宋より帰国，肥前国平戸に禅院を創建し，臨済宗を伝える。この頃，「菅根山縁起幷序」成る。
1192	3	3. 後白河法皇没(66)。 6. 荒木田忠仲「皇太神宮年中行事」成る。 7. 頼朝，征夷大将軍となる。
1193	4	5. 曾我兄弟，富士の巻狩で父の仇を討つ(後年，曾我の仇討として「曾我物語」などが成立)。この年以後，貞慶「愚迷発心集」成るか。
1194	5	7. 天台宗僧徒らの訴えで，朝廷が栄西・能忍らの達磨宗の布教を禁止。10.「天神記」(「北野天神縁起」の最古伝本，建久本)成る。
1195	6	3. 後鳥羽天皇・頼朝，東大寺供養に臨席。11. 重源，醍醐寺に宋本一切経7000余軸を納入。この年，栄西「出家大綱」成る。この頃までに「水鏡」成るか。
1197	8	この年，静胤「多武峰略記」成るか。
1198	9	この頃，法然「選択本願念仏集」成る。この年，栄西，「興禅護国論」を著す。
1199	正治 元 [4.27]	1. 源頼朝没(53)。
1201	建仁 元 [2.13]	12. 東大寺の僧形八幡神像が完成。この年，親鸞，比叡山をでて京都六角堂へ

西暦	年号		事　項
			参籠，法然の門に入る。この年，貞慶「弥勒講式」，明恵(高弁)「華厳唯心義」成る。
1202	建仁	2	この年，栄西，建仁寺を創建。
1203		3	10. 運慶・快慶ら，東大寺南大門の金剛力士像(2軀)を完成。
1204	元久 元[2.20]		11. 法然，「七箇条制誡」をつくる。この年，栄西「日本仏法中興願文」成る。
1205		2	3.「新古今和歌集」成る。10. 貞慶，法然の浄土宗を批判した「興福寺奏状」を草す。
1206	建永 元[4.27]		6. 重源没(86)。11. 明恵，高山寺を開く。
1207	承元 元[10.25]		2. 法然を土佐国へ，行空を佐渡国へ，親鸞を越後国へ流罪。
1208		2	2. 慈円「天台勧学講縁起」成る。
1209		3	この年以前に「長谷寺霊験記」成るか(成立年に諸説あり)。
1210		4	この年以前に「神宮雑例集」成る。
1211	建暦 元[3.9]		1. 栄西，「喫茶養生記」を著す。3. 俊芿，南宋より帰国，2000余巻の経論を請来，のち上洛して泉涌寺を再興。
1212		2	1. 法然没(80)。3. 鴨長明「方丈記」成る。11. 明恵「摧邪輪」成る。この頃以降，鴨長明「発心集」成るか。
1213	建保 元[12.6]		2. 貞慶没(59)。6. 明恵，「摧邪輪」を補足した「摧邪輪荘厳記」を著す。この年以前に源実朝「金槐和歌集」成るか。この頃，「北野天神縁起」(建保本)成るか。
1215		3	7. 栄西没(75)。この年，明恵「四座講式」成る。この年以前に源顕兼「古事談」成る。
1216		4	⑥. 鴨長明没(62カ)。
1219	承久 元[4.12]		1. 源実朝，暗殺される(28)。この年，藤原定家「毎月抄」成る。この頃，「北野天神縁起」(承久本)成るか。
1220		2	この年，慈円，「愚管抄」の大半を脱稿。
1221		3	5. 後鳥羽上皇と近臣，鎌倉幕府打倒のため挙兵(承久の乱)。乱後，まもなくして「宇治拾遺物語」成るか(一説)。この年，明恵「華厳仏光三昧観秘宝蔵」，聖覚「唯信鈔」成る。
1222	貞応 元[4.13]		3. 慶政「閑居友」成る。
1223		2	4. 明全，道元らを伴い入宋。12. 運慶没(83カ)。この年，「耀天記」成るか。この頃，「六代勝事記」成る。
1224	元仁 元[11.20]		5. 延暦寺の大衆，一向専修の濫行の停止を朝廷に請う。6. 北条義時没(62)。この年，親鸞，「教行信証」の執筆開始か(成立年は諸説あり)。
1225	嘉禄 元[4.20]		6. 大江広元没(78)。7. 北条政子没(69)。9. 慈円没(71)。
1227	安貞 元[12.10]		③. 俊芿没(62)。この冬，道元，宋より帰国し，早々に「普勧坐禅儀」を選述。
1228		2	4～5. 興福寺と延暦寺の衆徒争う。この年，弁長(聖光)「末代念仏授手印」成る。
1230	寛喜	2	6. 冷害・大水害で全国的に大凶作。
1231		3	この年，全国的に大飢饉で，多数の国民が餓死。この年，道元「弁道話」成る。
1232	貞永 元[4.2]		1. 明恵没(60)。8. 御成敗式目(貞永式目)を制定。この年，藤原定家「新勅撰和歌集」成るか(完成は1235年)。
1233	天福 元[4.15]		3. 下河辺行秀(智定房)，熊野那智浦から補陀落渡海。この年，狛近真「教訓

西暦	年号	事項
		抄」成る。この頃，道元，宇治に興聖寺を開く。
1234	文暦 元 [11.5]	この春，道元「学道用心集」（1巻）成る。 6. 幕府，専修念仏を禁止。
1235	嘉禎 元 [9.19]	3. 聖覚（安居院の法印）没(69)。この頃，藤原定家「小倉百人一首」の原形成る。藤原定家の日記「明月記」，この年12月で終わる。
1236	2	この頃，後鳥羽上皇「遠島御歌合」成る。
1237	3	この年，弁長「浄土宗要集」，同「徹選択本願念仏集」成る。この年，「法然上人伝法絵」（耽空撰，4巻本，現存せず）成る。
1238	暦仁 元 [11.23]	この年，高信「栂尾明恵上人遺訓」成る。この頃，懐奘「正法眼蔵随聞記」成る。
1239	延応 元 [2.7]	2. 後鳥羽上皇，隠岐で没(60)。
1240	仁治 元 [7.16]	この頃までに「平家物語」成るか（成立年は諸説あり）。
1241	2	8. 藤原定家没(80)。
1242	3	1. 豊後国の大友氏，家法を制定。 6. 北条泰時没(60)。この年，良遍「法相二巻鈔（大意抄）」成る。
1244	寛元 2	7. 道元，越前国に大仏寺を開く（2年後に永平寺と改称）。この年，良遍「観心覚夢鈔」成る。
1246	4	この年，蘭渓道隆，宋より来日。この頃，良遍「真心要決」成る。
1247	宝治 元 [2.28]	11. 証空没(71)。この頃，親鸞「教行信証」成るか。この頃までに北条重時「六波羅殿御家訓」成る。
1248	2	1. 親鸞「浄土和讃」，同「高僧和讃」成る。
1249	建長 元 [3.18]	3. 京都の大火，蓮華王院の本堂（三十三間堂）などを焼亡。
1251	3	10. 宗性「日本高僧伝要文抄」成る。
1252	4	8. 鎌倉深沢の里に金銅八丈の釈迦如来像（鎌倉大仏）の鋳造を開始。 10. 伝六波羅二臈左衛門「十訓抄」成る。
1253	5	1. 道元「正法眼蔵」成る。 4. 日蓮，安房国から鎌倉へでて，「法華経」を唱える。 8. 道元没(54)。 11. 北条時頼，蘭渓道隆のため建長寺を創建。
1254	6	10. 橘成季「古今著聞集」成る。この年，良忠「選択伝弘決疑鈔」，旭蓮「峰中灌頂本軌」成る。
1255	7	8. 親鸞「愚禿鈔」成る。 11. 笠間時朝，常陸国鹿島社で一切経を供養。建長年間，西園寺実氏，「大般若経」を伊勢大神宮に奉献。この年，証定「禅宗綱目」成る。この年以前に親鸞「浄土文類聚鈔」成る。
1257	正嘉 元 [3.14]	この年，住信「私聚百因縁集」成る。この頃，親鸞「唯信鈔文意」成る。この頃，「北野天神縁起」（正嘉本）成るか。
1258	2	9. 親鸞「正像末和讃」成る（草稿は前年頃）。
1259	正元 元 [3.26]	この年，日蓮「守護国家論」成る。この年，全国的に大飢饉，疫病が蔓延，死者多数。
1260	文応 元 [4.13]	6. 幕府，国土安穏のため，諸国の寺社に「大般若経」「最勝経」「仁王経」などの転読を命じる。 7. 日蓮，「立正安国論」を著して北条時頼に進覧。
1261	弘長 元 [2.20]	5. 日蓮，伊豆国へ流罪となる（～1263）。この頃までに北条重時「極楽寺殿御消息」（家訓）成る。
1262	2	1. 日蓮，伊豆国で「四恩鈔」を著す。 2. 叡尊，忍性とともに鎌倉で社会救済事業を開始。 11. 親鸞没(90)。
1263	3	11. 北条時頼没(37)。

西暦	年号	事項
1266	文永 3	1. 日蓮「法華題目抄」成る。
1268	5	1. 凝然「八宗綱要」成る。この頃，「諸社縁起」成るか。この年以前に「八幡宮寺巡拝記」成る。
1271	8	9. 日蓮，佐渡国に流罪となる。10. 亀山天皇，石清水八幡宮に行幸し異国調伏を祈禱。この年，東巌慧安，石清水八幡宮に祈願。この年，「風葉和歌集」成る。この頃，一遍，踊念仏を始める。この頃までに「石清水物語」成るか。
1272	9	2. 日蓮，佐渡国で「開目鈔」を著す。この冬，覚信尼，親鸞の廟堂を建て，影像を安置(本願寺の創建)。この年，覚済「迷悟抄」成る。
1273	10	この年，日蓮「勧心本尊抄」，同「如説修行鈔」，卜部兼文「古事記裏書」成る。
1274	11	2. 幕府，日蓮の佐渡流罪を赦す。3. 日蓮，鎌倉に帰着。5. 日蓮，身延山久遠寺を開く。10. モンゴル(元)・高麗軍による日本侵攻(文永の役)。この年，日蓮「立正観鈔」，同「法華取要抄」成る。この頃，敵国降伏の祈禱が盛行。
1275	建治 元 [4.25]	この夏頃，一遍，熊野の証誠殿で百日参籠，熊野権現の託宣をうける(時宗の始まり)。この年，日蓮「神国王御書」，同「撰時抄」成る。この頃，北条実時，武蔵国六浦荘金沢郷の別荘に文庫を創始(金沢文庫の基礎)。この頃までに承澄「阿娑縛抄」成るか。
1276	2	この年，日蓮「報恩抄」成る。
1277	3	この年，日蓮「四信五品抄」，同「下山抄」成る。
1278	弘安 元 [2.29]	6. 宗性没(77)。 7. 蘭渓道隆没(66)。これ以前に潭朗「金言類聚抄」成るか。この年，懐奘「光明蔵三昧」，日蓮「本尊問答抄」成る。この頃までに行仙房「念仏往生伝」成る。この頃，「北野天神縁起」(弘安本)成るか。この頃までに仏教説話集「撰集抄」成るか。
1279	2	6. 宋僧の無学祖元ら，北条時宗の招きにより来朝。この年，熱原の法難おこる。この年，伝阿仏尼「乳母の文」成る(1277年説もある)。
1280	3	この頃，阿仏尼「十六夜日記」成る。
1281	4	5〜⑦. モンゴル(元)・高麗軍による日本来襲(弘安の役)。 8. 叡尊，諸僧を集め，石清水八幡宮で敵国退散の報賽として一切経を転読。この年，日蓮「三大秘法鈔」，同「聖愚問答鈔」(一説に1265年とも)成る。この頃，敵国降伏の祈禱が盛行。この頃，神道五部書の一つ「倭姫命世記」成立か。この頃，「保元物語」成立か。
1282	5	10. 日蓮没(61)。 12. 無学祖元，元寇で死去した人の追善のため円覚寺を開く。
1283	6	8. 無住道暁「沙石集」成る。この頃，親鸞の語録を唯円がまとめたという「歎異抄」成るか。
1284	7	この年，大休正念「大休念禅師語録」成る。
1285	8	12. 度会行忠「伊勢二所太神宮神名秘書」成る。これより以前に神道五部書の一つ「伊勢二所皇太神御鎮座伝記」成るか。
1286	9	3. 叡尊「感身学正記」成る。この頃，通海「太神宮参詣記」成る。
1287	10	この頃，「一代要記」成るか。この頃までに「百練抄」成るか。
1288	正応 元 [4.28]	この年，「山王霊験記」(静岡県日枝神社本)成る。
1289	2	8. 一遍没(51)。
1290	3	4. 神祇官，石清水八幡宮など13社に21日間の異国降伏の祈禱を命じる。 8.

西暦	年号	事　項
		叡尊没(90)。
1293	永仁 元 [8.5]	この頃，「蒙古襲来絵詞」成る。
1295	3	9．伝六条有房「野守鏡」成る。この年以前に神道五部書の一つ「天照坐伊勢二所皇太神宮御鎮座次第記」成るか。この年，覚如「(本願寺聖人)親鸞伝絵」成る。この頃までに覚如「報恩講式」成るか。
1296	4	10．「天狗草紙」成る。この年，度会行忠「御正体奉仕記」成る。この頃までに神道五部書の一つ「造伊勢二所太神宮宝基本記」成るか。
1298	6	この頃，伝度会常良「皇字沙汰文」成る。この頃，六郎兵衛入道蓮行「東征絵伝」成るか。
1299	正安 元 [4.25]	8．聖戒「一遍聖絵」成る。この年，無住道暁「聖財集」成る。これ以前に，伝度会行忠「心御柱記」成る。この頃，「吾妻鏡」成るか(成立年に諸説あり)。
1300	2	8．度会行忠「古老口実伝」成る。この年，無住道暁「妻鏡」成るか。
1301	3	この年以前に卜部兼方(懐賢)「釈日本紀」成る。
1302	乾元 元 [11.21]	この頃，「八幡愚童訓」乙本成るか。
1303	嘉元 元 [8.5]	7．忍性没(87)。
1305	3	⑫．度会行忠没(70)。この年，無住道暁「雑談集」成る。
1307	徳治 2	この年，「法然上人行状絵図」の制作を開始(完成は14世紀中頃か)。
1309	延慶 2	3．「春日権現験記」成る。
1311	応長 元 [4.28]	⑥．「松崎天神縁起」成る。7．凝然「三国仏法伝通縁起」成る。この年，凝然「浄土法門源流章」成る。
1312	正和 元 [3.20]	3．「玉葉和歌集」奏覧(翌年完成)。
1313	2	8．神咒「八幡宇佐宮御託宣集」成る。この年以前，後深草院二条「とはずがたり」成る。
1317	文保 元 [2.3]	8．度会家行「神道簡要」成る。
1318	2	6．光宗「渓嵐拾葉集」成る。この頃までに「八幡愚童訓」甲本成るか。この頃，「三輪大明神縁起」成るか。
1319	元応 元 [4.28]	12．「荏柄天神縁起」成る。
1320	2	1．度会家行「類聚神祇本源」成る。この書の成立後に，度会家行「瑚璉集」成る。
1322	元亨 2	8．虎関師錬「元亨釈書」成る。
1323	3	この頃，向阿証賢「西要抄」成る。
1324	正中 元 [12.9]	この年，存覚「諸神本懐集」，同「破邪顕正鈔」，同「浄土真要鈔」，同「女人往生聞書」成る。この頃，「石山寺縁起」(絵巻)の制作始まるか。この年以前に向阿証賢「三部仮名鈔」成る。
1325	2	8．瑩山紹瑾没(58)。この年，虎関師錬「仏語心論」，栄海「真言伝」成る。
1326	嘉暦 元 [4.26]	9．覚如「執持鈔」成る。
1328	3	この年，「二十二社并本地」成る。
1330	元徳 2	5．度会家行「神祇秘鈔」成る。
1331	3	この年，覚如「口伝鈔」成る。
1332	〔元弘元〕 [8.9] 正慶 元 [4.28] 〔　2〕	3．幕府，後醍醐天皇を隠岐に配流。この年，慈遍「旧事本紀玄義」，度会家行ら「詔刀師沙汰文」成る。
1333	2	5．北条高時(31)らが自殺し，鎌倉幕府滅ぶ。この年，従覚「末灯鈔」成る。この

西暦	年 号	事 項
	〔元弘3〕	頃，慈遍「天地神祇審鎮要記」成る。この頃，「承久記」成るか(成立年に諸説あり)。
1334	建武 元 [1.29]〔建武元〕[1.29]	8.「二条河原落書」みられる。この年，後醍醐天皇「建武年中行事」成る。
1335	2〔 2〕	この頃，度会常昌「太神宮両宮之御事」成る。この頃，吉田兼好「徒然草」成る(成立年は諸説あり)。
1336	3〔延元元〕[2.29]	11. 足利尊氏，「建武式目」を制定，幕府を開設。12. 後醍醐天皇，吉野へ逃れる(南朝)。
1337	4〔 2〕	この年，覚如「本願鈔」成る。
1338	暦応 元 [8.28]〔 3〕	8. 足利尊氏，征夷大将軍となる。この頃までに北畠親房「元元集」成る。この年，存覚「報恩記」成るか。
1339	2〔 4〕	7. 度会常昌没(77)。 8. 後醍醐天皇没(52)。この年，夢窓疎石「臨川家訓」成る。この年，北畠親房「神皇正統記」成るか。この頃，北畠親房「東家秘伝」成るか。
1340	3	この年，慈遍「豊葦原神風和記」，北畠親房「職原抄」成る。
1342	康永 元 [4.27]〔興国元〕[4.28]〔 3〕	9. 夢窓疎石「夢中問答」成る(1344年刊行)。
1343	2〔 4〕	この年，覚如「最要鈔」成る。
1346	貞和 2	7. 虎関師錬没(69)。11.「風雅和歌集」成る(完成は1349年)。
1350	観応 元 [2.27]〔正平元〕[12.8]〔 5〕	この頃までに「太平記」の原形本成るか。
1351	2〔 6〕	9. 夢窓疎石没(77)。10. 従覚「慕帰絵詞」成る。この年以前に北畠親房「二十一社記」成る。
1352	文和 元 [9.27]〔 7〕	この年，尊円親王「入木抄」成る。この年以降に吉田兼好没(70カ，生没年不詳の説あり)。
1354	3〔 9〕	4. 北畠親房没(62，延文3・4年説もあり)。この頃までに託何「器朴論」成る。
1356	延文 元 [3.28]〔 11〕	この頃，度会家行100歳を迎える(没年不詳)。11. 諏訪(小坂)円忠「諏訪大明神絵詞」成る。
1357	2〔 12〕	この春，二条良基ら「菟玖波集」成る。
1358	3〔 13〕	4. 足利尊氏没(54)。
1359	4〔 14〕	この年，存覚「歎徳文」成る。
1360	5〔 15〕	8. 存覚「六要鈔」成る。延文〜応安期に「神鳳鈔」成る。
1361	康安 元 [3.29]〔 16〕	この頃までに安居院の「神道集」成るか。

西暦	年号	事項
1366	貞治 5 〔正平21〕	10. 峨山韶碩没(92)。
1367	6 〔 22〕	11. 将軍足利義詮，病のため政務を義満に譲り，細川頼之を執事(のちの管領)とする。この年より1388年まで，義堂周信「空華日用工夫略集」に記事あり。この年，忌部正通「神代巻口訣」成る。
1371	応安 4 〔建徳2〕	12. 興福寺衆徒，神木を奉じて入京・強訴する。この頃，「太平記」(40巻本)成る。応安年間に二条良基，「筑波問答」を著す。
1372	5 〔文中元〕[4.?]	3. 頓阿没(84)。12. 二条良基，「応安新式」を撰する。
1375	永和 元[2.27] 〔天授元〕[5.27]	1. 中巌円月没(76)。この年，大内義弘，先に九州の大半を制圧した九州探題今川貞世に呼応して，豊前国に出兵。
1376	2 〔 2〕	この年，絶海中津ら，明より帰国。
1379	康暦 元[3.22] 〔 5〕	④. 足利義満，細川頼之の管領職を罷免。10. 幕府，南禅寺の春屋妙葩を僧録司とする。
1381	永徳 元[2.24] 〔弘和元〕[2.10]	12. 宗良親王，「新葉和歌集」を撰上。
1382	2 〔 2〕	11. 相国寺仏殿・法堂の立柱上棟。
1383	3 〔 3〕	9. 義満，絶海中津を相国寺鹿苑院初代塔主に任じる。
1384	至徳 元[2.27] 〔元中元〕[4.28]	この頃，「融通念仏縁起絵巻」(至徳本)成る。
1386	3 〔 3〕	7. 幕府，京都・鎌倉禅林の五山・十刹・諸山の寺格を定め，南禅寺を五山之上とする。
1388	嘉慶 2 〔 5〕	4. 義堂周信没(64)。 6. 二条良基没(69)。 8. 春屋妙葩没(78)。
1392	明徳 3 〔 9〕	⑩. 後亀山天皇，京都に還り，神器を後小松天皇に授ける(南北朝の合一)。
1393	4	11. 幕府，洛中辺土の土倉・酒屋の役を定める。
1394	応永 元[7.5]	12. 義満，太政大臣となる。
1395	2	6. 義満の出家(法名天山道義・道有)，近臣も多くならって出家。この頃，花山院長親「両聖記」成る。
1397	4	4. 北山第(金閣)上棟。
1399	6	10～12. 大内義弘，1395年に九州探題を解任された今川貞世(了俊)と提携し大軍を率いて和泉国堺に来り，義満に反抗して戦死(応永の乱)。義満は有力守護の力を削減し，対外貿易の主導権を握る。
1401	8	3. 相国寺，京都五山第一となる。 5. 義満，明・朝鮮に使者を送る。この年，明より勘合符を支給される(勘合貿易開始)。
1405	12	4. 絶海中津没(70)。
1408	15	5. 足利義満没(51)。
1411	18	この年より1435年まで，満済「満済准后日記」に記事あり。
1416	23	この年より1448年まで，伏見宮貞成親王「看聞御記」に記事あり。

西暦	年号	事項
1419	応永 26	6. 九州探題渋川義俊・宗貞茂ら，対馬来寇の朝鮮兵を撃退(応永の外寇)。
1420	27	10. 宋希璟，「老松堂日本行録」を著す。
1422	29	1. 一条兼良，「公事根源」を著す。 5. 足利義持，大蔵経を朝鮮に求める。
1424	31	2. 幕府，鎌倉府と和睦。
1428	正長 元 [4.27]	1. 足利義持没(43)。義持の弟青蓮院義円，還俗して将軍となる(のちの義教)。 8～11. 近江・山城の郷民，徳政を要求して蜂起(正長の土一揆)。
1430	永享 2	この年，世阿弥「申楽談儀」成る。
1432	4	9. 飛鳥井雅世・尭孝ら，足利義教の富士遊覧に随行して「富士紀行」(尭孝の著)などを残す。
1433	5	2. 伏見宮貞成親王「椿葉記」成る。 10. 後小松上皇没(57)。
1434	6	5. 世阿弥，佐渡国に配流となる。
1435	7	6. 三宝院満済没(58)。この年6月より1493年9月まで(途中欠)，「蔭涼軒日録」に記事あり。
1439	11	①. 上杉憲実，下野国の足利学校を再建。 6. 飛鳥井雅世，「新続古今和歌集」を撰進。
1441	嘉吉 元 [2.17]	6. 赤松満祐，将軍義教(48)を暗殺し，播磨国に下向(嘉吉の乱おこる)。
1444	文安 元 [2.5]	⑥. 「下学集」成る。
1446	3	4. この月より1473年まで，瑞渓周鳳「臥雲日件録(抜尤)」に記事あり。 5. 行誉「塵嚢鈔」成る。
1449	宝徳 元 [7.28]	1. 幕府，足利持氏の子(成氏)を関東公方とする。 4. 足利義成(のち義政)，室町幕府8代将軍となる。
1450	2	6. 細川勝元，京都に竜安寺を創建。
1455	康正 元 [7.25]	6. 足利成氏，下野国古河に拠る(古河公方の初め)。この秋頃に金春禅竹，「六輪一露之記」を著す。
1456	2	8. 伏見宮貞成親王没(85)。
1457	長禄 元 [9.28]	12. 義政，弟政知を伊豆国堀越に遣わす(堀越公方の初め)。
1459	3	この年より1468年まで(途中欠)，太極蔵主「碧山日録」に記事あり。
1460	寛正 元 [12.21]	この年，飢饉で死者多数，年貢未進・逃散が各地に頻発。
1463	4	1. 雲章一慶没(78)。 5. 心敬，「ささめごと」(上巻)を撰す。この夏，南江宗沅没(77)。
1464	5	12. 義政，弟の浄土寺義尋(のち義視)を継嗣として還俗させる。
1465	6	8. 義政，東山山荘の地を定む。 11. 日野富子，義尚を生む。以後，義視との継嗣争いが続く。
1467	応仁 元 [3.5]	5. 幕府の有力守護畠山・斯波氏の内紛，細川勝元・山名持豊の覇権争い，義政の後継をめぐる対立から東西軍に分かれて，応仁・文明の乱おこる。 9. 一休宗純，南山城薪の酬恩庵に入る。この年，桂庵玄樹・雪舟等楊ら，天与清啓正使の遣明使に随行。この前後から天文期頃にかけて，多くの公家が京都近郊に乱を避けて疎開，家領維持のために短期・長期にわたって在国し，有力武家への寄寓，朝廷御料所の年貢催促，将軍の下向在所への随行などが目立つ。僧侶もまた縁故をたよりに地方に下向した。この機会に京都文化の地方伝播がなされた。
1468	2	4. 心敬，「ひとりごと」を著す。
1471	文明 3	1. 宗祇，関東において東常縁より古今伝授をうける。 3. 心敬，「老のくりごと」を著す。 7. 蓮如，越前国吉崎に坊舎を建てる。この年，申叔舟，「海

西暦	年号	事　項
		東諸国記」を編む。
1472	文明 4	12. 一条兼良，「花鳥余情」を著す。
1473	5	3. 山名持豊没(70)。 5. 瑞渓周鳳没(83)，細川勝元没(44)。この年，桂庵玄樹，明より帰る。
1475	7	先の山名持豊・細川勝元の死去により乱の覇権争いの色彩が薄れ，この年4月，東西両軍に和解の動きあり。 8. 蓮如，加賀の一向一揆のために越前国吉崎を去る。
1477	9	11. 土岐成頼，義視を奉じて美濃国に帰る。また大内政弘・畠山義就ら領国に帰り，京都の戦乱は一応終息。
1478	10	7. 義政，義視と和す。
1479	11	4. 蓮如，山城国山科に本願寺を建立。
1480	12	7. 一条兼良，将軍足利義尚のために「樵談治要」「文明一統記」を著す。 9. 京都の一揆，連日酒屋・土倉などを襲う。10. 宗祇，「筑紫道記」を著す。
1481	13	4. 一条兼良没(80)。11. 一休宗純没(88)。
1482	14	3. 細川政元・畠山政長，畠山義就を討つため摂津・河内国に出兵。幕府，この年より連年，東山山荘造営のために段銭・夫役を課す。
1484	16	4. この月より1486年12月まで，季弘大叔「蔗軒日録」に記事あり。
1485	17	9. 万里集九(漆桶万里)，太田道灌に招かれ江戸に下向。12. 山城国の住民，国人を中心に畠山政長・義就の軍勢撤去を要求(山城の国一揆)。
1486	18	7. 太田道灌没(55)。
1487	長享 元[7-20]	9. 足利義尚，六角高頼を討つため近江国坂本に出陣。この年より1651年まで，「鹿苑日録」に記事あり。
1488	2	6. 加賀の一向一揆，蜂起して守護富樫政親(34)を自殺させる。希世霊彦没(86)。 9. 日親没(82)。
1489	延徳 元[8-21]	3. 足利義熙(義尚改名)没(25)。10. 桃源瑞仙没(60)。
1490	2	1. 足利義政没(55)。12. 飛鳥井雅親没(74)。
1491	3	1. 足利義視没(53)。 6. 彦竜周興没(34)。
1492	明応 元[7-19]	9. 伊地知版「大学章句」が薩摩国桂樹院で再刊される。
1493	2	11. 横川景三没(65)。
1495	4	2. 真盛没(53)。 3. 雪舟等楊，如水宗淵に「破墨山水図」を与える。 6. 宗祇，大内政弘の奏請により，猪苗代兼載とともに，三条西実隆・二階堂行ニらの参加と肖柏・宗長らの助力により，准勅撰集「新撰菟玖波集」を編む(奏覧は9月)。
1496	5	5. 日野富子没(57)。10. 蓮如，摂津国大坂に坊舎(のちの石山本願寺)を建立する。
1499	8	3. 蓮如没(85)。
1500	9	9. 天隠竜沢没(79)。
1501	文亀 元[2-29]	2. 蘭坡景茝没(83)。この年3月から1504年まで，九条政基「政基公旅引付」に記事あり。
1502	2	7. 宗祇没(82)。
1505	永正 2	6. 近衛政家没(62)。
1506	3	7. 越前守護朝倉貞景，加賀・能登・越中の一向一揆が越前国に入るのを破り， 8月，吉崎道場を破却。
1507	4	6. 細川政元没(42)。

西暦	年号		事　項
1508	永正	5	5. 尋尊没(79)。　6. 桂庵玄樹没(82)。
1509		6	9. 江南院竜霄没(61)。
1510		7	この年より1513年の間に三条西実隆,「細流抄」を著す。
1511		8	10.「君台観左右帳記」(相阿弥系本)成る。
1514		11	9. 了庵桂悟没(90)。
1516		13	4. 九条政基没(72)。
1518		15	3. 景徐周麟没(79)。
1519		16	8. 印融没(85)。 北条早雲没(88)。
1521	大永 元[8.23]		3. 後柏原天皇, 足利義稙・本願寺光兼の献金により, 践祚後22年で即位式を行う。
1525		5	2. 実如没(68)。
1526		6	4. 今川氏親, 家法「今川仮名目録」を定める。
1527		7	4. 肖柏没(85)。
1529	享禄	2	11.「七十一番職人歌合」(職人尽絵)成る。
1530		3	7. 狩野正信没(世寿不詳, 97カ)。この頃, 宗鑑,「犬筑波集」を撰す。
1532	天文 元[7.29]		3. 宗長没(85)。　8. 六角定頼, 法華宗徒を率い山科本願寺を焼く。
1533		2	8. 阿佐井野宗瑞「論語」を刊行。 12. 月舟寿桂没(世寿不詳)。
1536		5	4. 伊達稙宗, 分国法「塵芥集」を制定。　7. 天文法華の乱おこる。
1537		6	10. 三条西実隆没(83)。
1544		13	この頃,「多胡辰敬家訓」成る。
1545		14	この頃, 島津忠良「日新公伊呂波歌」成る。
1546		15	この年, 曲直瀬道三(田代三喜に師事), 医学校啓迪院にて李朱医学を教授。
1547		16	6. 武田晴信(信玄),「甲州法度之次第(信玄家法)」(26カ条本)を制定。
1548		17	この頃, 南村梅軒(南学の祖), 土佐国に渡り儒学を講じたとされる。
1549		18	7. イエズス会士ザビエル, 鹿児島に来航しキリスト教を伝える。
1551		20	9. 大内氏滅び, 勘合貿易断絶。
1552		21	11.「塵塚物語」(著者未詳)成る。
1556	弘治	2	11. 結城政勝,「結城氏新法度」を制定。
1558	永禄 元[2.28]		この年,「武田信繁家訓」成る。
1559		2	〈朝鮮〉この年, 李滉(退渓)「朱子書節要」「自省録」成る。
1560		3	5. 桶狭間の戦い。この頃以降(~1573), 三好長治の重臣篠原長房,「新加制式」を制定。この頃から後期倭寇の活動が活発になる。
1567		10	4. 六角義賢・義治父子と有力家臣20名, 相互契約というユニークな形で「六角氏式目」を制定。
1568		11	9. 織田信長, 足利義昭を奉じて入京。
1569		12	4. 信長, イエズス会士ルイス・フロイスに布教許可状を与える。
1570	元亀 元[4.23]		9. 石山合戦おこる(~1580)。この頃までに「朝倉宗滴話記」成る。
1571		2	9. 信長, 延暦寺を焼き打ち。この年, 曲直瀬道三「啓迪集」成る(1649年刊行)。
1573	天正 元[7.28]		4. 信長, 足利義昭を追放し, 室町幕府は事実上滅亡。
1577		5	6. 信長, 安土城下を楽市とする。この年, 祝部(生源寺)行丸(日吉社禰宜)「日吉社神道秘密記」成る。
1579		7	5. 信長, 安土城天主(天守)に移り住み, この頃までに自己神格化を宣言(キリシタン史料による)。同月, 安土宗論おこる。この頃, 日淵(述)・日允(記)「安土宗論実録」成る。

西暦	年号	事項
1580	天正 8	この年, 肥前国有馬と近江国安土にセミナリヨ, 豊後国府内にコレジヨを創設。
1582	10	1. 天正遣欧使節の派遣。 6. 本能寺の変。 7. 太閤検地(〜1598)。
1583	11	4. 豊臣秀吉, 賤ケ岳の戦いにて柴田勝家を破り, 信長の後継者の地位を確立。
1586	14	8. 三条西実枝(講)・細川幽斎(編)「詠歌大概抄」成る。
1587	15	6. 秀吉, 伴天連追放令を発令。
1588	16	7. 秀吉, 倭寇取締令・刀狩令を発令。
1589	17	この頃までに大村由己「天正記」成る。
1590	18	1.「節用集」(天正本)刊行。 6. 活字印刷機伝来し, キリシタン版始まる。珠光撰「浄土三部経音義」成る。〈明〉この年, 李時珍「本草綱目」成る(1596年刊行, 1607年日本に伝来)。
1591	19	8. 秀吉, 身分統制令を発令。この年,「サントスの御作業の内抜書」(ローマ字本, 加津佐版),「どちりいなきりしたん」(国字本, 加津佐版)刊行。
1592	文禄 元 [12-8]	4. 文禄の役おこる(〜1593)。この年,「ヒデスの導師」(ローマ字本, 天草版)など刊行。
1593	2	12. 藤原惺窩, 徳川家康に「貞観政要」を講義。この年,「伊曾保物語」「金句集」(いずれもローマ字本で天草版)刊行。
1595	4	9. 日奥, 方広寺大仏殿での千僧供養会出仕を拒否(不受不施派のおこり)。
1596	慶長 元 [10-27]	11. 長宗我部元親・盛親父子「長宗我部元親百箇条」成る。 12. サン・フェリペ号事件ののち, 26聖人殉教。この年,「コンテムツス・ムンヂ」(ローマ字本, 天草版)刊行。この頃, 栗崎道喜, ルソンより帰り南蛮流外科医術を伝える。
1597	2	2. 慶長の役おこる。 9. 朝鮮文人の姜沆, 日本に連行される(〜1600)。その間, 四書五経の新注和刻本の刊行に尽力し, 藤原惺窩ら日本の知識人と交友。
1598	3	8. 秀吉の死去(63)により, 朝鮮より撤兵。その際, 朝鮮より活字印刷・製陶法伝わる。〈明〉この頃, 袁宏道ら公安派が王世貞・李攀竜らの古文辞学を批判。この頃までに太田牛一「信長公記」の原形成立か。
1599	4	4. 豊国神社が創建され, 朝廷より秀吉に「豊国大明神」の神号が贈られる。 5. 家康, 足利学校庠主の元佶に「孔子家語」「六韜」「三略」を刊行させる。
1600	5	9. 関ケ原の戦い。この冬, 藤原惺窩, 儒者の服装である深衣道服を着用し, 家康に謁見する。
1601	6	この年, 頼慶・貞安「貞安問答」成る。
1602	7	2. 東西本願寺に分立。〈明〉この年, マテオ・リッチ(利瑪竇)「坤輿万国全図」刊行。
1603	8	2. 家康, 征夷大将軍となる。 11. 林羅山, 勅許をえずに朱熹の「論語集註」を講じ, 翌年, 明経博士清原秀賢から告訴される(異説もある)。この年,「日葡辞書」刊行。〈明〉この年, マテオ・リッチ「天主実義」刊行。
1604	9	この年, 頼慶「光明真言鈔」刊行。この頃までに小瀬甫庵「信長記」成る(1622年刊行)。この年, 林羅山,「既読書目」の中に「天主実義」を挙げる。
1605	10	8. 林羅山, 家康に出仕。この年, ハビアン「妙貞問答」成る。
1606	11	6. 林羅山, イエズス会士ハビアンと宗論し, のちに「排耶蘇」を著す。
1607	12	4. 林羅山, 儒者でありながら剃髪し将軍の侍講となる。 5. 朝鮮使来日し, 翌月幕府に国書を奉呈する(国交回復)。
1608	13	11. 日蓮宗の日経と浄土宗の廓山, 江戸城で宗論(日蓮宗の弾圧)。この年, 袋中「琉球神道記」(清書本)成る。

西暦	年号	事項
1609	慶長 14	2. 島津氏，琉球に出兵。 3. 対馬の宗氏，朝鮮と己酉約条を締結。 8. オランダ，平戸商館を開き貿易を開始。この頃，「伴天連記」(現存最古の排耶書)成る。
1610	15	この年，京都で原田アントニヨ「こんてむつすむん地」(国字抄本で一般信者向きのもの)刊行。
1612	17	3. 天領でキリスト教禁止，翌年12月全国に及ぶ。
1613	18	9. 支倉常長ら慶長遣欧使節の派遣(~1620)。 9. イギリス，平戸商館を開き貿易を開始。
1614	19	10~12. 大坂冬の陣。この頃，三浦浄心「慶長見聞集」成る。慶長期に細川幽斎(述)・烏丸光広(記)「耳底記」成る。慶長期頃に小瀬甫庵編「政要抄」刊行。慶長末~元和期に「太平記評判秘伝理尽鈔」の講釈(太平記読)流行し始める。
1615	元和 元 [7.13]	4~5. 大坂夏の陣。 7. 武家諸法度・禁中並公家諸法度・諸宗本山本寺諸法度が制定される。大坂の陣後まもなく「豊内記」(著者未詳)成るか。
1616	2	1. 〈中国〉ヌルハチ，後金を建国(1636年清と改称)。 3. 日奥「宗義制法論」(受不施派の日乾「破奥記」に対する反駁書)成る。 4. 徳川家康没(75)。 7. 天海，天台宗の大僧正となる。 8. 中国を除く外国船の寄港地を平戸・長崎に限定。この年，聖憲(著)・良尊(注)「阿字観鈔」成る。
1617	3	2. 前年亡くなった家康に朝廷より「東照大権現」の神号が贈られる。 3. 日光東照宮を創建。 5. 〈明〉如惺「大明高僧伝」成る。
1618	4	1. 林羅山「老子口義」(「老子廬斎口義」訓点本跋)成る。
1619	5	この年，鈴木正三「盲安杖」，山本玄仙「万外集要」(南蛮流を加味した医書)成る。
1620	6	この年，林羅山「惺窩先生行状」成る。この年，ハビアン「破提宇子」刊行。
1621	7	この秋，林羅山「野槌」，小笠原作雲「諸家評定」(武士道書)成る。この頃までに高坂昌信原作「甲陽軍鑑」成る。この年から1623年頃までに富山道冶「竹斎」(古活字版)成稿・刊行か。
1622	8	8. 長崎でキリシタンを大量処刑(元和の大殉教)。
1623	9	11. イギリス，平戸商館を閉鎖し，日本より撤退。〈明〉この年，アレニ(艾儒略)「職方外紀」(世界地理書。1630年の寛永禁書令により輸入禁止となる)刊行。
1624	寛永 元 [2.30]	3. イスパニア船の来航を禁止。
1625	2	11. 天海，寛永寺を創建。この年以降に，小瀬甫庵「太閤記」成る。
1626	3	この年，以心崇伝・烏丸光広「寛永行幸記」成る。この頃，大久保忠教「三河物語」(最終稿)成る。
1627	4	この年，林羅山・菅得庵「惺窩文集」成る。この年，吉田光由「塵劫記」(和算書)，「長者教」(著者未詳)刊行。
1628	5	この年，安楽庵策伝「醒睡笑」成る。
1629	6	5. 林羅山「春鑑抄」刊行。 6. 紫衣事件おこり，大徳寺の沢庵宗彭ら流罪となる。 12. 林羅山，儒者でありながら民部卿法印(最高の僧位)となる。この頃，林羅山「三徳抄」成るか。この年以降に土居水也「清良記」成る(成立時期には諸説ある)。
1630	7	2. 日蓮宗の不受不施派と受不施派が江戸城で身池対論。 4. 日樹・日奥ら不受不施派への弾圧強化される。 12. 中江藤樹「林氏剃髪受位弁」成る。林羅山，上野忍岡の私邸に塾を開く。この年，幕府，キリスト教に関する書籍の輸

西暦	年号	事項
		入を禁止。
1631	寛永 8	8. 竹中重門「豊鑑」成る。
1632	9	9. 柳生宗矩「兵法家伝書」完成。この頃，鈴木正三「二人比丘尼」成る。
1633	10	2. 奉書船以外の渡航を禁止。
1634	11	10. 中江藤樹，大洲藩を脱藩し近江国小川村に帰る。
1635	12	5. 貿易地を長崎に限り，日本人の海外渡航・帰国を禁止。 8. 外交文書における将軍の呼称を「日本国大君」とする。この秋，那波活所，和歌山藩に出仕。11. 寺社奉行を設置。
1636	13	1. 如儡子「可笑記」成る(加筆のうえ1642年刊行)。 4. 〈清〉後金，国号を清と改称。この年，沢野忠庵(フェレイラ)「顕偽録」成る。
1637	14	3. 天海版大蔵経の刊行開始(～1648)。 10. 島原の乱(～1638)。この年，真沼「破邪顕正記」成る。〈朝鮮〉この年，李氏朝鮮，清に服属する。〈明〉この年，宋応星「天工開物」刊行(1771年，和刻本刊行)。
1638	15	10. 朝山意林庵「清水物語」刊行(寛永末年までに反駁書の「祇園物語」成る)。この頃，沢庵宗彭「不動智神妙録」成る(1779年刊行)。
1639	16	7. ポルトガル人の来航禁止。 8. 「吉利支丹物語」刊行。この年，藤原惺窩「文章達徳綱領」刊行か。
1640	17	4. 天海(文)・狩野探幽(画)「東照社縁起」完成(真名・仮名文の両本があり，まず真名本上巻のみ1635年に成る。また仮名本には絵が付されている)。 6. 宗門改役を設置。 9. 松永尺五「彝倫抄」刊行。この年あるいは翌年，中江藤樹「翁問答」成る。
1641	18	5. 平戸のオランダ商館を長崎の出島に移す。この頃，中江藤樹「孝経啓蒙」(初稿)成る。
1643	20	9. 林羅山ら「寛永諸家系図伝」成る(真名本は日光東照宮に納める)。
1644	正保 元 [12.16]	3. 〈明〉明滅亡し，東アジア世界の「華夷」秩序に変容生じる。寛永末期に林羅山「本朝神社考」成るか。正保期に林羅山「神道伝授」成り，正保期以後に伝平岩親吉編「三河後風土記」成るか。
1645	2	この年，宮本武蔵「五輪書」成るか。
1647	4	この年，山崎闇斎「闢異」，那波活所「活所備忘録」(1630年 5 月起稿)成る。この年，中江藤樹「鑑草」刊行。
1648	慶安 元 [2.15]	この年，明の丘瓊山「文公家礼儀節」の和刻本刊行，中山三柳「飛鳥川」成る。
1649	2	2. 慶安の御触書を公布(その存在を疑問視し，後年の作とする説もある)。
1650	3	5. 熊沢蕃山，岡山藩番頭(3000石)となる。11. 度会延佳「陽復記」成る。この年，「心学五倫書」(著者未詳)，山崎闇斎「白鹿洞学規集註」刊行。
1651	4	7. 由井正雪の乱。12. 末期養子の禁を緩和。
1652	承応 元 [9.18]	この年，林鵞峰「日本王代一覧」成る(1663年初刊)。
1653	2	この年，「性理大全」の和刻本(小出永庵訓点)刊行。
1654	3	7. 明僧隠元隆琦，長崎に至り黄檗宗を伝える。
1655	明暦 元 [4.13]	この年，如儡子「百八町記」成る(1664年刊行)。
1656	2	3. 辻原元甫「女四書」刊行。この年，高坂昌信原作「甲陽軍鑑」刊行(現存最古の版本)。
1657	3	1. 明暦の大火，江戸城天守閣・本丸などを焼失。 2. 徳川光圀，「大日本史」編集

西暦	年　号	事　　　項
		に着手（～1906年完成）。
1658	万治　元[7.23]	この年，向井元升編著「乾坤弁説」成る。
1659	2	6．隠元，黄檗山万福寺を創建。この年，朱舜水(明末の儒者)，長崎に亡命。この年，林鵞峰・林読耕斎編「羅山先生集」成る(1662年刊行)。この年，堀杏庵「朝鮮征伐記」刊行。
1660	3	この年，林読耕斎「本朝遯史」成る(1664年刊行)。この年，鈴木正三(述)・恵中(編)「驢鞍橋」(仮名法語)刊行。
1661	寛文　元[4.25]	12．鄭成功，オランダ人を降し台湾に拠る。この年，中村惕斎「比売鑑」成る。この年，鈴木正三「万民徳用」，同「因果物語」(片仮名本)刊行。寛文・延宝期頃，「本佐録」(本多正信に仮託された偽書)成るか。
1662	2	5．伊藤仁斎，京都堀川に古義堂を開く。この年，鈴木正三「破吉利支丹」刊行。この頃，伊藤仁斎，「論語古義」「孟子古義」を起稿か。〈清〉康熙年間に范鋐「六諭衍義」成る。
1663	3	5．殉死を禁止。
1665	5	3．山崎闇斎，会津藩主保科正之に招かれる。7．諸宗寺院法度・諸社禰宜神主等法度を制定。朱舜水，水戸藩主徳川光圀に招かれる。この年，山鹿素行「山鹿語類」，同「聖教要録」，那波活所「活所遺稿」成る(翌年刊行)。
1666	6	3．浅井了意「伽婢子」刊行。10．山鹿素行，「聖教要録」において朱子学を批判したかどで，赤穂藩に流される。この年，会津藩・水戸藩・岡山藩，寺社整理を行う。この年，中村惕斎編「訓蒙図彙」刊行。この頃，伊藤仁斎「論語古義」「孟子古義」(初稿)成る(それぞれ1712年と1720年に刊行)。
1667	7	6．「摧邪評論」(著者未詳，真宗の僧恵海か)刊行。8．滝川怨水「滝川心学論」刊行。この年，南部艸寿「倭忠経」刊行。
1668	8	8．「儒仏論聞書」(著者未詳)刊行。この年，林梅洞(著)・林鵞峰(補)「史館茗話」刊行。
1669	9	6．アイヌ首長シャクシャインの戦いおこる。12．山鹿素行「中朝事実」成る。この年，吉川惟足「神道大意講談」成る。この年，沢田源内「和論語」刊行，鉄眼版(黄檗版)大蔵経の刊行開始(1681年完成)。
1670	10	6．林羅山・林鵞峰「本朝通鑑」成る。
1671	11	10．宗門人別改帳の作成が制度化される。この年，石川丈山「覆醤集」刊行。この年，山崎闇斎，垂加神道を唱える。
1672	12	この年，保科正之編「二程治教録」成る。
1673	延宝　元[9.21]	この年，山鹿素行「武家事紀」成る。
1674	2	この年，関孝和「発微算法」刊行。
1675	3	1．山鹿素行「配所残筆」成る。〈清〉游子六編著「天経或問」成る。
1676	4	この頃，熊沢蕃山「集義和書」(二版本)刊行(1672年刊行の初版本を大幅に改訂)。この年，潮音道海ら「旧事大成経」刊行開始(～1679，のち1681年に大成経事件がおこり，幕命により禁書とされて版木は破却された)。
1679	7	この年，名古屋玄医，「医方問余」を著し，古医方を唱える。
1680	8	この年，宇都宮遯庵「蒙求詳説」成る。
1682	天和　2	7．幕府，「天下一」号の使用を全面的に禁止。10．井原西鶴「好色一代男」刊行。12．吉川惟足，幕府より神道方を任命される。この年までに山崎闇斎「中臣祓風水草」成る。

西暦	年号	事項
1683	天和 3	5. 伊藤仁斎「語孟字義」(第一稿本)成る(1705年11月刊行)。この年、山崎闇斎「文会筆録」刊行、佐藤直方「講学鞭策録」成る。
1684	貞享 元[2.21]	10. 渋川春海の貞享暦を採用(翌年施行)。
1686	3	9. 阿部正武監修・林鳳岡ら編「武徳大成記」成る。この頃、熊沢蕃山「大学或問」成る。
1687	4	1. 幕府、生類憐みの令を発布(～1708)。 4. 井原西鶴「武道伝来記」刊行。12. 熊沢蕃山、「大学或問」で時事を論じたかどにより下総国古河に禁錮となる。この年、浅見絅斎「靖献遺言」成り、藤井懶斎「仮名本朝孝子伝」刊行。
1688	元禄 元[9.30]	1. 井原西鶴「日本永代蔵」刊行。
1690	3	この年、中村惕斎「四書章句集註鈔説」、契沖「万葉代匠記」(精撰本)成る。
1691	4	1. 林鳳岡、蓄髪を許され、従五位下大学頭となり、以後林家が正式に儒官の家として幕府の文教政策の中心的位置を占める。 2. 湯島聖堂(昌平坂学問所)落成する。 3. 狩野永納「本朝画伝」刊行。 4. 日蓮宗悲田派を禁止。この年、伊藤仁斎「童子問」(第一稿本)成る(1707年9月刊行)。この年、「仮名性理」(藤原惺窩に仮託された偽書)刊行。
1692	5	5. 幕府、新規寺院の建立を禁止。
1693	6	この年、比叡山に安楽院が設置され、安楽律が唱えられる。
1694	7	11. 戸田茂睡「梨本書」成る。
1695	8	この年、西川如見「華夷通商考」刊行。
1696	9	この年、松浦鎮信(肥前国平戸藩主)「武功雑記」成る。
1697	10	7. 宮崎安貞「農業全書」刊行。
1698	11	この年、槇島昭武編「合類大節用集」成る。
1702	15	2. 新井白石、「藩翰譜」(前年成る)を徳川綱豊に進呈。 3. 卍元師蛮「本朝高僧伝」成る。12. 赤穂浪士の討入り。この年、松尾芭蕉「おくのほそ道」刊行。
1703	16	10. 室鳩巣「赤穂義人録」成る(1709年補訂)。元禄期に盤珪永琢「盤珪仏智弘済禅師御示聞書」成る(1758年刊行)。
1707	宝永 4	12. 跡部良顕編「垂加翁神説」成る。
1708	5	8. 宣教師シドッチ、屋久島に来着。この年、三宅尚斎「祭祀来格説」成る。
1709	6	6. 新井白石による「正徳の治」始まる。この頃、「日光邯鄲枕」(著者未詳。近世民衆思想史の重要文献で、写本として流布した)成る。
1710	7	8. 閑院宮家創設される。
1711	正徳 元[4.25]	2. 外交文書で将軍の呼称が「日本国大君」から「日本国王」に改められる。
1712	2	3. 新井白石「国書復号紀事」成る。この春、白石、将軍徳川家宣に日本史(のちの「読史余論」)の進講始める。この年、三輪執斎「標註伝習録」、寺島良安「和漢三才図会」成る。この年、西川如見「天文義論」刊行。
1713	3	3. 新井白石「采覧異言」成る。この年、貝原益軒「養生訓」成る。
1714	4	この夏、貝原益軒「大疑録」成る。この年、跡部良顕ら編「垂加文集」刊行(～1724)。
1715	5	1. 海舶互市新例を発令。 4. 増穂残口「艶道通鑑」刊行開始。11. 近松門左衛門「国性爺合戦」が大坂竹本座で初演。
1716	享保 元[6.22]	3. 新井白石「古史通」成る。 8.「女大学宝箱」(著者未詳。今日ふつうに「女大学」といえば本書をさす)刊行。10. 白石、「折たく柴の記」起稿。この

西暦	年号	事　項
1717	享保 2	年, 享保の改革始まる(～1745。荻生徂徠・室鳩巣らが活躍)。この年, 栗山潜鋒「保建大記」刊行。この年, 安積澹泊「大日本史賛藪」起稿(1720年までに完成)。この頃, 山本常朝(述)・田代陣基(録)「葉隠」成るか。〈清〉この年,「康熙字典」成る。7. 荻生徂徠「弁道」成る。同「弁名」もこの頃に成るか。昌平坂学問所で庶民の聴講を許す。荻生徂徠, この頃から本格的に古文辞学を提唱する。
1719	4	10. 朝鮮への国書における将軍の呼称が元の「日本国大君」に改められる。この年, 西川如見「町人嚢」刊行。
1720	5	12. 漢訳洋書の輸入制限を緩和。この年までに「康熙字典」, 日本に伝来。
1721	6	この年, 田中丘隅「民間省要」, 潭北「百姓分量記」(「民家分量記」とも, 1726年刊行)成る。
1722	7	この年, 跡部良顕「日本養子説」成り, 室鳩巣「六諭衍義大意」刊行。この頃, 伊藤東涯「古今学変」成る。
1724	9	11. 大坂に懐徳堂開設される(初代学主三宅石庵)。12. 伊藤東涯「制度通」成る。この頃, 新井白石「読史余論」, 同「西洋紀聞」(あるいは翌年)完成。
1726	11	この年から翌年の間に荻生徂徠「政談」成る。
1727	12	この年, 服部南郭著・望月三英ら編「南郭先生文集」(初編)刊行(～4編1758年)。この頃, 玉木正英「玉籤集」成る。この年までに大道寺友山「武道初心集」成るか。
1728	13	この年, 雨森芳洲「交隣提醒」成る。この頃, 三井高房「町人考見録」成る。
1729	14	この年, 太宰春台「経済録」成る。この年, 石田梅岩, 京都で心学の講席を開く。
1732	17	10. 室鳩巣「駿台雑話」成る。〈琉球〉蔡温ら,「(琉球王)御教条」を発布。
1736	元文 元 [4-28]	この年, 吉見幸和「五部書説弁」成る。この年, 太宰春台「聖学問答」刊行。
1739	4	7. 石田梅岩「都鄙問答」, 玉木正英「神代巻藻塩草」刊行。この年, 湯浅常山「常山紀談」成る。
1745	延享 2	この年, 富永仲基「出定後語」刊行。
1746	3	2. 富永仲基「翁の文」刊行。
1748	寛延 元 [7.12]	8. 竹田出雲ら「仮名手本忠臣蔵」を大坂竹本座で初演。
1753	宝暦 3	3. 安藤昌益「自然真営道」(3巻3冊)刊行(1755年2月頃, 同稿本101巻93冊成るか)。
1754	4	②. 山脇東洋ら, 初めて屍体を解剖し, のち1759年「蔵志」を刊行。
1757	7	6. 竹内式部「奉公心得書」成る。
1758	8	7. 幕府, 竹内式部らを処罰(宝暦事件)。この年, 大我「三彝訓」刊行, 伊藤東涯「紹述先生文集」の刊行開始(1761年完了)。
1759	9	この年, 山県大弐「柳子新論」成る。
1762	12	この年, 功存「願生帰命弁」(本願寺派三代宗論の一つ, 三業惑乱の発端となる)成る。
1763	13	この年, 三浦梅園「敢語」成る。
1765	明和 2	7. 呉陵軒可有ら編「誹風柳多留」(初編)刊行(～167編1838年)。この頃, 賀茂真淵「国意考」成る(1760年9月までに稿本成るともいう)。
1767	4	8. 山県大弐ら処刑され, 竹内式部も八丈島に流罪(明和事件)。
1768	5	3. 上田秋成「雨月物語」(初稿)成る(1776年4月刊行)。

西暦	年号	事　項
1771	明和 8	3. 前野良沢・杉田玄白ら，江戸千住小塚原で刑死者の解剖をみてオランダ語の解剖書「ターヘル・アナトミア」の翻訳開始。この春，お蔭参りが大流行(1705・1830年にも発生)。この年，本居宣長「直毘霊」成る。
1773	安永 2	この年，三浦梅園「価原」成る。
1774	3	8. 杉田玄白・前野良沢ら「解体新書」(「ターヘル・アナトミア」の翻訳書)刊行。
1775	4	5. 三浦梅園「玄語」成る。10. 杉田玄白「狂医之言」成る。この年，慈雲「十善法語」(仮名法語)成る(口語体本と文語体本の二種がある)。
1776	5	11. 平賀源内，エレキテル(起電器)を完成。
1777	6	1. 前野良沢「管蠡秘言」成る。11. 尾藤二洲「素餐録」成る。12. 三浦梅園「多賀墨卿君にこたふる書」成る。
1779	8	この年，塙保己一，「群書類従」正編の編纂に着手(1819年完成・刊行)。
1780	9	4. 市川鶴鳴(匡麻呂)「末賀能比連」，本居宣長「くず花」成る。
1782	天明 2	〈清〉この年，「四庫全書」(漢籍の一大叢書)完成(1772～)。
1783	3	1. 工藤平助「赤蝦夷風説考」上巻成る。9. 大槻玄沢「蘭学階梯」成る。
1786	6	この年，林子平「海国兵談」成る。この年，大槻玄沢，江戸に芝蘭堂を設立。
1787	7	6. 寛政の改革始まる(～1793)。12. 本居宣長「秘本玉くしげ」成る。天明期に中井竹山「逸史」完成(1799年，幕府に献上)。
1789	寛政 元[1.25]	この年，中井竹山「草茅危言」，三浦梅園「贅語」成る。
1790	2	4. この頃までに本居宣長・上田秋成「呵刈葭」成る。5. 寛政異学の禁。この年，本居宣長「古事記伝」の刊行開始(～1822)。
1791	3	5. 服部中庸「三大考」成る。この年，藤田幽谷「正名論」成る。
1792	4	5. 幕府，林子平を禁錮とし「海国兵談」「三国通覧図説」の絶版を命じる。9. 昌平坂学問所にて初めて「学問吟味」が実施される。この年，冢田大峰「聖道得門」成る。
1793	5	11. 塙保己一，和学講談所を建てる。この年，本居宣長，「玉勝間」を起稿(～1801)。
1795	7	6. 中沢道二「道二翁道話」(初編)刊行。12. 司馬江漢「和蘭天説」成る(翌年刊行)。この年，大田錦城「疑問録」成る。
1796	8	この年，本居宣長「源氏物語玉の小櫛」成る。稲村三伯ら訳「ハルマ和解」(日本初の蘭日辞書，「江戸ハルマ」とも)を刊行。
1798	10	6. 本居宣長「古事記伝」成る(1767～)。7. 近藤重蔵，エトロフ島に大日本恵土呂府の標柱を立てる。8. 本多利明「西域物語」，ついで10月「経世秘策」(後編)成る。この年，志筑忠雄訳著「暦象新書」上編成る(中編は1800年，後編は1802年)。
1800	12	1. 松平定信編「集古十種」成る。3. 幕府直轄の昌平坂学問所が落成し，諸士の入学が許可される。
1801	享和 元[2.5]	3. 伊能忠敬，幕命により全国測量を開始。8. 志筑忠雄，ケンペル「日本誌」を「鎖国論」として抄訳。
1802	2	11. 杉田玄白「形影夜話」成る。この年，山村才助「訂正増訳采覧異言」成る。山片蟠桃「夢の代」起稿(1820年完成)。
1806	文化 3	この年，亀井南冥「論語語由」刊行。平田篤胤「本教外篇」成る。
1807	4	9. 杉田玄白「野叟独語」成るか。

西暦	年号		事項
1808	文化	5	7. 大槻玄沢「捕影問答」前編(前年夏に成る)・後編完成。 8. フェートン号事件。この年,富士谷御杖「古事記灯」,蒲生君平「山陵志」刊行。中井履軒「史記雕題」成る。〈清〉段玉裁「説文解字注」成る。
1809		6	この年,林述斎・成島司直ら,「徳川実紀」の編纂を開始(正本1843年,副本1849年完成)。
1810		7	この年,円通「仏国暦象編」成る。
1811		8	10. 司馬江漢「春波楼筆記」成る。この年,平田篤胤「出定笑語」,同「古道大意」成る。平田篤胤「古史徴」脱稿(1818・19年刊)。
1812		9	12.「寛政重修諸家譜」,平田篤胤「霊能真柱」成る。この年,菅茶山「黄葉夕陽村舎詩」(正編)刊行(後編は1823年刊)。
1813		10	この年,佐藤一斎「言志録」,海保青陵「稽古談」成る。
1814		11	11. 曲亭馬琴「南総里見八犬伝」(第1輯)刊行され(～1842),読本が流行。黒住宗忠,黒住教を開教。この年,香川景樹「新学異見」刊行。
1815		12	4. 杉田玄白「蘭学事始」成る(1869年,福沢諭吉,木版本として刊行)。
1816		13	4. 司馬江漢「天地理譚」成る。10. 鎌田柳泓「理学秘訣」(前年11月成る),原念斎「先哲叢談」刊行。
1821	文政	4	7. 伊能忠敬「大日本沿海輿地全図」が完成し,幕府に献上(忠敬の没後3年)。この年,鶴峰戊申「天の真はしら」刊行(1818年成る)。
1823		6	7. シーボルト(オランダ商館付医師のドイツ人),長崎出島に着任。
1825		8	2. 幕府,異国船打払令を出す。 3. 会沢正志斎「新論」成る。この年,青地林宗訳著「気海観瀾」(日本最初の物理・化学の紹介書)成る。
1827		10	5. 頼山陽「日本外史」成り,松平定信に献呈。この年,佐藤信淵「経済要録」成る。
1828		11	10. 高橋景保,シーボルトに日本地図を贈ったことが発覚し,下獄される(シーボルト事件)。
1832	天保	3	9. 頼山陽「日本政記」ほぼ成る。
1833		4	1. 宇田川榕庵「植学啓原」成る。 4. 大塩平八郎「洗心洞劄記」成る。この年,会沢正志斎「迪彝篇」成る(1843年刊)。
1835		6	3. 柴田鳩翁「鳩翁道話」(正編)刊行(～1839)。
1836		7	この年,帆足万里「窮理通」,広瀬淡窓「儒林評」成る。
1837		8	2. 大塩平八郎の乱おこる。 6. 生田万の乱おこる。 8. 斎藤拙堂「士道要論」成る。
1838		9	3. 渡辺崋山「鴃舌小記・鴃舌或問」成る。 10. 高野長英「戊戌夢物語」,渡辺崋山「慎機論」成る。中山みき,天理教を開く。この年,緒方洪庵,大坂に適塾を開く。大原幽学,下総国香取郡長部村に先祖株組合を結成。古賀侗庵「海防臆測」(巻上)成る(巻下は1840年)。
1839		10	3～4. 渡辺崋山「(初稿・再稿)西洋事情書・外国事情書」成る。 5. 幕府,渡辺崋山・高野長英らを捕らえる(蛮社の獄)。
1840		11	この年,梁川星巌「星巌集」成る。〈清〉アヘン戦争おこる(～1842)。
1841		12	2. 高野長英「蛮社遭厄小記」成る。 5. 天保の改革始まる(～1843)。この年,安積艮斎「艮斎間話」(正編)刊行。
1842		13	6. 人情本の発売が禁止され,その代表的作者の為永春水,処罰される。 7. 異国船打払令を緩和し,異国船への薪水給与を許可。〈清〉この年,魏源「海国図志」

西暦	年号	事　　項
		(50巻本)成る(その後増補されて60巻の刊本となり，1851年長崎に舶載された)。
1844	弘化　元[12.2]	6. 藤田東湖「回天詩史」成る。この年，帆足万里「東潜夫論」成る。
1845	2	この年，箕作省吾(編訳)「坤輿図識」正編刊行(補編は1846年刊)。
1846	3	この年までに大原幽学「微味幽玄考」巻4まで成稿(全11巻とされるが未完に終わる)。
1847	4	9. 藤田東湖「弘道館記述義」(再稿本)成る。
1848	嘉永　元[2.28]	6. 伊達千広「大勢三転考」成る(1873年刊)。
1853	6	6. ペリー米艦隊，浦賀に来航。　7. プチャーチン露艦隊，長崎に来航。
1854	安政　元[11.27]	3. 日米和親条約(神奈川条約)を締結。この年，佐久間象山「省諐録」成る。
1855	2	1. 天文方蛮書和解御用を独立させ，洋学所を設立。
1856	3	2. 洋学所を蕃書調所と改称。この年，吉田松陰「講孟余話」，月性「仏法護国論」，富田高慶「報徳記」成る。
1858	5	6. 日米修好通商条約を締結。
1859	6	9. 安政の大獄始まる(～1860)。10. 吉田松陰「留魂録」成り，翌27日松陰は処刑される(30)。この年，農民赤沢文治，金光教を開く。大蔵永常「広益国産考」刊行完結(1842～)。
1860	万延　元[3.18]	1. 勝海舟ら，咸臨丸で太平洋を横断し米国に向かう。　3. 桜田門外の変。この年，横井小楠「国是三論」成る。
1861	文久　元[2.19]	12. 福沢諭吉・福地源一郎ら，遣欧使節に随行。加藤弘之「鄰艸」成る。
1862	2	1. 坂下門外の変おこる。　2. 和宮親子内親王，将軍徳川家茂に降嫁。この春，今北洪川「禅海一瀾」成る。　8. 生麦事件。
1863	3	4. 幕府，5月10日に攘夷決行することを上奏。　7. 薩英戦争(同年10月和議成立)。　8. 天誅組の変。八月十八日の政変(七卿落ち)。
1864	元治　元[2.20]	7. 佐久間象山，公武合体・開国進取を説き，暗殺される(54)。禁門の変おこる。　8. 第1次長州征討始まる。四国連合艦隊，下関を砲撃。〈清〉この年，ホイートン(著)・マーティン(漢訳)「万国公法」刊行(翌年，日本で復刻出版)。
1865	慶応　元[4.7]	10. 条約勅許。
1866	2	1. 坂本竜馬らの周旋により薩長同盟成立。　3～5. アーネスト・サトウ「英国策論」成る。12. 福沢諭吉「西洋事情」(初編)刊行(～1870)。
1867	3	6. 坂本竜馬「船中八策」成る。　8. 「ええじゃないか」の大衆乱舞おこる(翌年4月頃まで)。10. 大政奉還。柳河春三，「西洋雑誌」を創刊(日本初の近代的雑誌，～1869)。12. 王政復古の大号令。この頃，鈴木雅之「撞賢木」成る。
1868	明治　元[9.8]	9. 明治と改元，一世一元の制を定める。
1869	2	6. 版籍奉還。
1870	3	7. 加藤弘之「真政大意」刊行。11. 中村正直訳「西国立志編」刊行(～1871)。12. 「横浜毎日新聞」創刊。
1871	4	7. 廃藩置県。
1872	5	2. 福沢諭吉「学問のすゝめ」(初編)刊行(～第17編1876年刊)。　6. 「郵便報知新聞」創刊。　8. 学制頒布。11. 森有礼「信教自由論」発表される。
1873	6	9. 加藤祐一「文明開化」(初編)刊行。12. 安井息軒「弁妄」刊行。
1874	7	1. 民撰議院論争おこる(～7月)。　3. 西周「百一新論」刊行。　4. 「明六雑誌」創刊。

西暦	年号		事　　項
1875	明治	8	6. 讒謗律・新聞紙条例を制定。 8. 福沢諭吉「文明論之概略」刊行。この年，加藤弘之「国体新論」刊行。
1877		10	9. 田口卯吉「日本開化小史」刊行始まる(～1882)。
1879		12	1.「朝日新聞」，「東京経済雑誌」(主幹田口卯吉)創刊。 4. 植木枝盛「民権自由論」刊行。 8. 明治天皇，「教学聖旨」(元田永孚起草)を示す。 9. 学制を廃し，教育令を制定。
1880		13	10.「六合雑誌」(東京基督信徒青年会)創刊。 12. 教育令改正。
1881		14	3. 西園寺公望・中江兆民ら，「東洋自由新聞」創刊。 10. 明治十四年の政変。
1882		15	1. 軍人勅諭発布。 10. 加藤弘之「人権新説」刊行。 11. 中江兆民訳「民約訳解」(巻之一)刊行。 12. 宮内省編「幼学綱要」刊行始まる(～1883)。
1883		16	1. 馬場辰猪「天賦人権論」，植木枝盛「天賦人権弁」刊行。 6. 出版条例改正(届出制と罰則強化)。 10. 有賀長雄「社会学」(巻1 社会進化論)刊行される(12月に巻2 宗教進化論，1884年6月に巻3 族制進化論を刊行)。 11. 鹿鳴館開館式。
1884		17	1. 井上哲次郎ら，哲学会を結成。 10. 植村正久「真理一斑」刊行。
1885		18	6. 坪内逍遥「当世書生気質」刊行開始(～1886)。 7.「女学雑誌」創刊。
1886		19	3. 帝国大学令公布，東京大学が東京帝国大学になる。 4. 小崎弘道「政教新論」刊行。
1887		20	2. 徳富蘇峰，民友社を設立し「国民之友」を創刊。 4. 西村茂樹「日本道徳論」刊行。 5. 中江兆民「三酔人経綸問答」刊行。 6. 二葉亭四迷「浮雲」(第1編)刊行(～1890)。
1888		21	4. 志賀重昂ら，「日本人」を創刊(1907年1月「日本及日本人」と改題)。 7.「東京朝日新聞」創刊。 11.「大阪毎日新聞」創刊。
1889		22	2. 大日本帝国憲法発布。 5. 民法典論争おこる(～1892)。 6. 伊藤博文「帝国憲法・皇室典範義解」刊行。 10. 岡倉天心ら，「国華」を創刊。
1890		23	1. 森鷗外「舞姫」発表される。 2. 徳富蘇峰，「国民新聞」を創刊。 7. 哲学研究会を結成(会長加藤弘之，1894年3月東洋哲学会と改称)。 10. 教育勅語発布。
1891		24	1. 第一高等中学校不敬事件(内村鑑三が教育勅語に拝礼することを躊躇)。 6. 陸羯南「近時政論考」刊行。 11. 幸田露伴「五重塔」発表される(～1892)。
1892		25	3. 久米邦武，「神道は祭天の古俗」の論文により帝国大学教授を非職となる。加藤万治・北村透谷ら，「平和」を創刊。 8. 清沢満之「宗教哲学骸骨」刊行。 11.「万朝報」(社主黒岩涙香)創刊。
1893		26	1.「文学界」創刊。 2. 内村鑑三「基督信徒の慰」刊行。 5. 北村透谷「内部生命論」発表される。 12. 徳富蘇峰「吉田松陰」刊行。
1894		27	5. 北村透谷自殺(27)。 6. 高等学校令公布。 8. 日清戦争勃発(1895年4月講和条約調印)。 10. 志賀重昂「日本風景論」刊行。
1895		28	1.「太陽」創刊。樋口一葉「たけくらべ」(9月に「にごりえ」発表される。 5. 内村鑑三「余は如何にして基督信徒となりし乎」刊行。
1896		29	5. 竹越与三郎「二千五百年史」刊行。 11. 神宮司庁蔵版「古事類苑」刊行始まる(～1914)。
1897		30	1. 尾崎紅葉「金色夜叉」の連載始まる(～1902)。 3. 新聞紙条例改正公布。

西暦	年号	事　項
1898	明治 31	4. 社会問題研究会設立。 6. 京都帝国大学設立。 10. 社会主義研究会設立。 11. 徳冨蘆花「不如帰」の連載始まる(～1899)。柏木義円ら、「上毛教界月報」を創刊。
1899	32	1.「中央公論」創刊(「反省雑誌」を改題)。 4. 横山源之助「日本之下層社会」刊行。 7. 改正条約実施(治外法権の撤廃)。 8. 私立学校令公布, 文部省訓令第12号により公認学校での宗教教育を禁止。
1900	33	1. 社会主義協会設立(改称)。 4.「明星」(主幹与謝野鉄幹)創刊。 8. 徳冨蘆花「自然と人生」刊行。 9. 内村鑑三,「聖書之研究」を創刊。
1901	34	3. 国木田独歩「武蔵野」刊行。 9. 中江兆民「一年有半」(10月に「続一年有半」)刊行。 11. 波多野精一「西洋哲学史要」刊行。
1902	35	1. 日英同盟調印。 8. 宮崎滔天「三十三年の夢」刊行。
1903	36	3. 農商務省商工局編「職工事情」(5巻)刊行。 4. 小学校令改正(国定教科書制度の確立)。 5. 一高生藤村操, 日光華厳の滝で自殺(16)。 6. 伊藤左千夫ら,「馬酔木」を創刊。 7. 幸徳秋水「社会主義神髄」, 関戸覚蔵「東陲民権史」刊行。 11. 平民社を結成(10月)した幸徳秋水・堺利彦ら, 週刊「平民新聞」を創刊。
1904	37	1. 丘浅次郎「進化論講話」刊行。 2. 日露戦争勃発(1905年9月に日露講和条約調印)。 3. 河口慧海「西蔵旅行記」上巻(5月に下巻)刊行。 8. 木下尚江「良人の自白」発表される。 9. 与謝野晶子「君死にたまふこと勿れ」発表される。 10. 福田英子「妾の半生涯」刊行。
1905	38	2. 平民社,「直言」を創刊。 7. 綱島梁川「予が見神の実験」発表される。 11. 石川三四郎ら,「新紀元」を創刊。
1906	39	3. 堺利彦,「社会主義研究」を創刊。島崎藤村「破戒」刊行。 5. 北一輝「国体論及び純正社会主義」刊行。
1907	40	1. 日刊「平民新聞」創刊。 12. 大隈重信撰「開国五十年史」刊行(～1908)。
1908	41	4. 田添鉄二「近世社会主義史」刊行。 10. 戊申詔書発布。伊藤左千夫,「アララギ」を創刊。
1909	42	1.「スバル」創刊。 5. 新聞紙法公布(新聞紙条例廃止)。 6. 幸徳秋水ら,「自由思想」を創刊。
1910	43	4. 武者小路実篤・志賀直哉ら,「白樺」を創刊。 5.「三田文学」(永井荷風主幹)創刊。 6. 長塚節「土」の連載始まる(～11月)。柳田国男「遠野物語」刊行。 8. 韓国併合に関する日韓条約調印。 12. 石川啄木「一握の砂」刊行。
1911	44	1. 大逆事件の判決で幸徳秋水ら12名死刑となる。西田幾多郎「善の研究」刊行。 2. 幸徳秋水「基督抹殺論」刊行。徳冨蘆花, 第一高等学校で「謀叛論」を講演。南北朝正閏問題おこる。村岡典嗣「本居宣長」刊行。 8. 夏目漱石, 和歌山で「現代日本の開化」を講演。 9. 平塚らいてう,「青鞜」を創刊。
1912	大正 元 [7.30]	1. 中華民国成立。 2. 三教会同(神道・仏教・キリスト教代表者と政府の会合)。 3. 美濃部達吉「憲法講話」刊行され, その後天皇機関説論争始まる。 5. 仏書刊行会「大日本仏教全書」刊行開始(～1922)。 6. 成瀬仁蔵・姉崎正治ら, 帰一協会を設立。 7. 明治天皇没(61)。 9. 乃木希典(62)夫妻殉死。 10. 大杉栄・荒畑寒村ら,「近代思想」を創刊。
1913	2	3. 三宅雪嶺「明治思想小史」刊行。柳田国男,「郷土研究」を創刊。 9. 中里介山「大菩薩峠」の連載始まる(～1941)。

西暦	年号		事項
1914	大正	3	1．堺利彦，「へちまの花」を創刊。 4．夏目漱石「こゝろ」(初出は「心」)の連載始まる(～8月)。阿部次郎「三太郎の日記」刊行。 7．第1次大戦始まる(1918年11月休戦協定調印)。 11．夏目漱石，学習院で「私の個人主義」を講演。
1915		4	10．大杉栄・荒畑寒村ら，「近代思想」(第2次)を再刊。
1916		5	1．朝永三十郎「近世に於ける「我」の自覚史」刊行。「婦人公論」(中央公論社)創刊。吉野作造「憲政の本義を説いて其有終の美を済すの途を論ず」発表される。 2．芥川竜之介・菊池寛ら，「新思潮」(第4次)を創刊。 8．津田左右吉「文学に現はれたる我が国民思想の研究」刊行開始(～1921)。 9．河上肇「貧乏物語」の連載始まる(～12月)。 11．倉田百三「出家とその弟子」発表される(～1917年3月)。
1917		6	2．石川武美，「主婦之友」(東京家政研究会)創刊。 5．「思潮」(主幹阿部次郎)創刊。
1918		7	7．鈴木三重吉，「赤い鳥」を創刊。 11．武者小路実篤，宮崎県に「新しき村」をつくる。 12．徳富蘇峰「近世日本国民史」刊行開始(～1962)。大学令・改正高等学校令公布。この年，大阪朝日新聞筆禍事件おこる。
1919		8	1．河上肇，「社会問題研究」を創刊。 4．山本実彦，「改造」を創刊。山崎今朝弥・山川均ら，「社会主義研究」を創刊。
1920		9	1．森戸辰男「クロポトキンの社会思想の研究」を「経済学研究」創刊号に掲載し，休職処分となる。賀川豊彦「死線を越えて」発表される(～5月)。 3．権藤成卿「皇民自治本義」刊行。 6．有島武郎「惜みなく愛は奪ふ」刊行。
1921		10	1．内務省神社局「国体論史」刊行。志賀直哉「暗夜行路」(前編)発表される(～8月)。 2．小牧近江ら，「種蒔く人」(第1次)を創刊。 7．西田天香「懺悔の生活」刊行。
1922		11	1．山川均・田所輝明ら，「前衛」を創刊。 4．木村泰賢「原始仏教思想論」刊。 6．阿部次郎「人格主義」刊行。
1923		12	1．菊池寛，「文芸春秋」を創刊。 4．「赤旗」創刊。 5．北一輝「日本改造法案大綱」刊行。 9．関東大震災。大杉栄・伊藤野枝ら虐殺される。 11．国民精神作興に関する詔書。
1924		13	6．青野季吉ら，「文芸戦線」を創刊。 9．内藤湖南「日本文化史研究」刊行。 10．横光利一・川端康成ら，「文芸時代」を創刊。
1925		14	1．「キング」(講談社)創刊。 3．普通選挙法案修正可決。 4．治安維持法公布。 7．細井和喜蔵「女工哀史」刊行。 11．柳田国男ら，「民族」を創刊。
1926	昭和	元 [12.25]	2．福本和夫「社会の構成並に変革の過程」発表される。 12．大正天皇没(48)。
1927		2	7．岩波文庫の刊行始まる。芥川竜之介自殺(36)。 10．吉野作造ほか編「明治文化全集」の刊行始まる(～1930)。 12．「労農」(主幹山川均)創刊。
1928		3	2．「岩波講座世界思潮」12巻の刊行始まる(～1929)。 3．服部之総「明治維新史」発表される。 5．「戦旗」創刊。狩野亨吉「安藤昌益」発表される。 6．「マルクス・エンゲルス全集」(改造社)刊行始まる(～1933)。治安維持法改正(死刑・無期刑を追加)。 10．三木清ら，「新興科学の旗のもとに」を創刊。
1929		4	4．島崎藤村「夜明け前」(第1部)発表される(～1935)。 8．宮本顕治「「敗北」の文学」発表される。 9．小林秀雄「様々なる意匠」発表される。
1930		5	11．九鬼周造「「いき」の構造」，渡辺大濤「安藤昌益と自然真営道」刊行。
1931		6	1．田河水泡「のらくろ二等卒」の連載始まる。 9．満州事変始まる。

西暦	年号		事項
1932	昭和	7	2．西田直二郎「日本文化史序説」刊行。 5．五・一五事件。野呂栄太郎ほか編「日本資本主義発達史講座」全7巻の刊行始まる（〜1933）。
1933		8	3．国際連盟脱退。10．中野正剛「国家改造計画綱領」刊行。
1934		9	5．出版法改正公布。10．陸軍省，「国防の本義と其強化の提唱」（陸軍パンフレット）を頒布。
1935		10	2．中井正一・新村猛ら，「世界文化」を創刊。 3．保田与重郎ら，「日本浪曼派」を創刊。 4．美濃部達吉の「憲法撮要」など3著書発禁となる。 7．戸坂潤「日本イデオロギー論」刊行。 9．和辻哲郎「風土」刊行。
1936		11	2．二・二六事件。 9．永田広志「日本唯物論史」刊行。
1937		12	4．和辻哲郎「倫理学」刊行（〜1949）。 5．文部省，「国体の本義」を刊行・配布。 7．日中戦争始まる。 9．「中央公論」掲載の矢内原忠雄「国家の理想」が全文削除となる。10．島木健作「生活の探求」刊行。
1938		13	4．国家総動員法公布。 6．高群逸枝「大日本女性史」（第1巻）刊行。10．河合栄治郎の「ファシズム批判」など4著書発禁となる。
1939		14	6．大西克礼「幽玄とあはれ」刊行。 9．第2次大戦始まる（〜1945）。
1940		15	2．津田左右吉の「古事記及日本書紀の研究」など4著書発禁となる。丸山真男「近世儒教の発展における徂徠学の特質並その国学との関連」発表される（〜5月）。 9．日独伊三国同盟。
1941		16	3．治安維持法改定（予防拘禁制を追加）。 7．文部省教学局「臣民の道」刊行。12．ハワイ真珠湾を空襲，対米英宣戦布告。言論・出版・集会・結社等臨時取締法公布。
1942		17	1．座談会「世界史的立場と日本」（「中央公論」）発表される。 6．小林秀雄「無常といふ事」発表される。岩下壮一「中世哲学思想史研究」刊行。 9．座談会「近代の超克」（「文学界」9・10月号）発表される。12．村岡典嗣編「本居宣長全集」刊行始まる（〜1944年8月中絶）。
1943		18	1．谷崎潤一郎「細雪」発表される（3月「中央公論」への発表中断）。 2．出版事業令公布。 6．波多野精一「時と永遠」刊行。
1944		19	9．大日本戦時宗教報国会を結成。12．鈴木大拙「日本的霊性」刊行。
1945		20	8．昭和天皇，「終戦」詔勅放送。

編集委員紹介（＊は代表編者）

＊石毛　　忠　　いしげ　ただし　（防衛大学校名誉教授　1938年生）
＊今泉　淑夫　　いまいずみ　よしお　（東京大学名誉教授　1939年生）
＊笠井　昌昭　　かさい　まさあき　（同志社大学名誉教授　1934年生）
　鈴木美南子　　すずき　みなこ　（フェリス女学院大学国際交流学部教授　1942年生）
　竹居　明男　　たけい　あきお　（同志社大学文学部教授　1950年生）
　田尻祐一郎　　たじり　ゆういちろう　（東海大学文学部教授　1954年生）
＊原島　　正　　はらしま　ただし　（東洋英和女学院大学人間科学部教授　1941年生）
　前田　　勉　　まえだ　つとむ　（愛知教育大学教育学部教授　1956年生）
＊三橋　　健　　みつはし　たけし　（國學院大學神道文化学部教授　1939年生）
　吉馴　明子　　よしなれ　あきこ　（恵泉女学園大学人文学部教授　1943年生）

にほんしそうしじてん
日本思想史辞典

2009年4月10日　第1版第1刷印刷
2009年4月22日　第1版第1刷発行

代表編者　　石毛　忠・今泉　淑夫・笠井昌昭・原島　正・三橋　健
発行者　　野澤伸平
発行所　　株式会社山川出版社
　　　　　〒101-0047　東京都千代田区内神田1-13-13
　　　　　電話　03(3293)8131(営業)　03(3293)8135(編集)
　　　　　http://www.yamakawa.co.jp　振替　00120-9-43993
印刷・製本　図書印刷株式会社
装　幀　　菊地信義

© Tadashi Ishige et al. 2009　Printed in Japan　ISBN 978-4-634-62210-4

・造本には十分注意しておりますが、万一、落丁・乱丁本などがございましたら、小社営業部宛にお送りください。送料小社負担にてお取り替えいたします。
・定価はケースに表示してあります。